EUROPA LEHRMITTEL

EUROPA-FACHBUCHREIHE
für Holztechnik

Holztechnik Fachkunde

25. Auflage

Bearbeitet von Lehrern an beruflichen Schulen und Ingenieuren

Lektorat: Martin Eckhard, Tischlermeister

VERLAG EUROPA-LEHRMITTEL · Nourney, Vollmer GmbH & Co. KG
Düsselberger Straße 23 · 42781 Haan-Gruiten

Europa-Nr.: 40117

Bearbeiter der Holztechnik – Fachkunde:

Bounin, Katrina	Dipl.-Ing., Oberstudienrätin	Walheim
Eckhard, Martin	Tischlermeister, Pädagoge	Calw
Hammerl, Dietmar	Tischler, Oberstudienrat	Ottersberg, Bremen
Krämer, Georg	Dipl.-Holzwirt	Bad Wildungen
Letsch, Bernhard	Dipl.-Ing. (FH), Professor	Biel, Schweiz
Nutsch, Torsten	Dr.-Ing.	Schwäbisch Gmünd
Nutsch, Wolfgang	Dipl.-Ing. (FH), Studiendirektor	Stuttgart
Schlatter, Kuno	Dipl.-Ing. (FH), Oberstudienrat	Löffingen
Siebert, Dittmar	Dipl.-Ing. (FH), Holztechnik	Schauenburg
Willgerodt, Frank	Studiendirektor	Neumagen, Dhron

Leitung des Arbeitskreises:

Martin Eckhard, Calw

Bildbearbeitung:

Wolfgang Nutsch, Stuttgart

Verlag Europa-Lehrmittel, Zeichenbüro, Ostfildern

25. Auflage 2019
Druck 5 4 3 2 1

Alle Drucke derselben Auflage sind parallel einsetzbar, da sie bis auf die Behebung von Druckfehlern untereinander unverändert sind.

ISBN 978-3-8085-4197-5

http://www.europa-lehrmittel.de
Satz: Satz+Layout Werkstatt Kluth GmbH, 50374 Erftstadt
Umschlaggestaltung: Blick Kick Kreativ KG, 42653 Solingen
Druck: mediaprint solutions GmbH, 33100 Paderborn

Vorwort zur 25. Auflage

Die 25. Auflage „Fachkunde – Holztechnik" ist eine vollständige Neubearbeitung, die insbesondere der fortschreitenden Digitalisierung im Unterricht Rechnung trägt. Sie folgt dem Wunsch vieler Lehrerinnen und Lehrer nach besserer medialer Ausstattung von Schulbüchern. Inhaltlich deckt sie nicht nur die in den bundeseinheitlichen Rahmenlehrplänen geforderten Bildungsinhalte im Bereich der Technologie ab, sondern geht mit weiterführenden und anspruchsvolleren Inhalten darüber hinaus.

Neu ist die zusätzliche Digitalisierung von Inhalten durch Animationen, Lehrfilme und weitergehende Informationen. Im Buch verweisen Symbole auf zusätzliche Inhalte, die auf der mitgelieferten DVD abrufbar sind. Im digitalen Schulbuch sind diese Inhalte interaktiv und direkt von der Buchseite aus verlinkt.

Alle Themenbereiche sind klar, überschaubar und so gegliedert, dass Inhalte sowohl sachlogisch aufeinander aufbauen als auch mit zunehmender Tiefe aufgearbeitet sind. Dadurch bietet das Buch beim angeleiteten und selbstgesteuerten Lernen eine wichtige, leicht zu handhabende Informationsquelle, die besonders für einen handlungsorientierten Unterricht von hohem Wert ist.

Das Fachbuch beginnt mit Berufsbild und Arbeitsplatz und erläutert den Berufsanfängern die betriebliche Organisation sowie die Betriebsabläufe. Es stellt das Holz und weitere Werkstoffe vor, erklärt das Herstellen und Zusammenfügen von Teilen sowie die dafür benötigten Handwerkzeuge und beschreibt den Bau von Einzelmöbeln. Es folgen anspruchsvollere Themen, wie zum Beispiel Oberflächenmittel und Oberflächenbehandlung, Maschinen und Maschinenarbeit bis hin zur CNC-Bearbeitung. Betriebstechnische Anlagen, der Bau von Einbauschränken und die Konstruktion und Montage von Bauelementen des Innenausbaus wie Wand- und Deckenverkleidungen, Innentüren, Holztreppen, Trennwände, Fußböden sowie Haustüren und Fenster vervollständigen die inhaltliche Bandbreite zeitgemäßer Tischlerarbeiten.

Selbstverständlich sind die Bestimmungen der Sicherheit, des Umweltschutzes und der Ökologie berücksichtigt. Alle Ausführungen, insbesondere die bauphysikalischen Inhalte, sind der aktuellen Normen- und Vorschriftenlage angepasst. Chemische, physikalische und elektrotechnische Grundlagen am Buchende dienen der Information und dem vertiefenden Verständnis.

Die 25. Auflage der „Fachkunde – Holztechnik" enthält einen Datenträger, auf dem alle Bilder und Tabellen des Buches sowie alle ergänzenden Inhalte enthalten sind. Bewusst wurde auf die Verknüpfung zu externen Inhalten des Internets verzichtet. Damit tragen die Autoren einer vereinfachten Unterrichtsführung Rechnung, die digitale Inhalte auch ohne netztechnische Erfordernisse im Unterricht einsetzbar macht. Die digitale Buchversion mit ihren multimedialen Verknüpfungen kann ebenfalls ohne Netzanbindung, aber auch in digitalen Netzen verwendet werden.

Beide Buchversionen eignen sich gleichermaßen für Berufsanfänger und Meisterschüler sowie Studierende und erleichtern selbstverständlich auch das Selbststudium. Sie ergänzen die weiteren Fachbücher Holztechnik des Verlags und können parallel eingesetzt werden

Sommer 2019 — Martin Eckhard

Inhaltsverzeichnis

4 Herstellen und Zusammenfügen von Teilen

5 Möbelbau

1 Beruf und Arbeitsplatz

1.1 Beruf des Tischlers und Holzmechanikers

Durch den Umgang mit unterschiedlichen Materialien und Produkten, sowie den unterschiedlichsten Fertigungsmethoden ist der Beruf des Tischlers und Holzmechanikers sehr vielseitig.

Er umfasst folgende Tätigkeiten:

- Umgang mit Holz, Holzwerkstoffen, Kunststoffen, Metallen, Glas, Dämmstoffen und Dichtstoffen,
- Arbeiten innerhalb des Fertigungsbetriebes und auch auf der Baustelle,
- Arbeiten von Hand, Bedienen von Maschinen und von computergesteuerten Anlagen,
- Montage von vorgefertigten Teilen, Bau und Einbau von Möbeln, Innenausbau von Gebäuden,
- Herstellung von Serienmöbeln,
- Entwerfen von Möbeln, Herstellen von Skizzen und Zeichnungen, Planung von Arbeitsabläufen, Berechnung der Kosten,
- Ermittlung des Materialbedarfs,
- Auswahl und Beschaffung von Werkstoffen und Betriebsmitteln,
- Durchführung von Qualitätssicherung und Qualitätskontrolle

  sowie
- Kundenberatung und Kundenbetreuung.

1.1.1 Berufsfeld

Die Ausbildung in der gewerblichen Wirtschaft erfolgt in verschiedenen Berufsfeldern. Ein **Berufsfeld** ist eine Zusammenlegung artverwandter Berufe. Man unterscheidet beispielsweise im gewerblichen Bereich folgende Berufsfelder: Holztechnik, Bautechnik, Elektrotechnik, Farbtechnik und Raumgestaltung sowie Metalltechnik.

In den einzelnen Berufsfeldern wird unterschieden, ob die Ausbildungsbetriebe einer **Industrie- und Handelskammer** (IHK) oder einer **Handwerkskammer** (HWK) angeschlossen sind und somit zu Facharbeitern bzw. Gesellen ausbilden **(Bild 2)**.

Die Grenze zwischen Handwerksbetrieb und Industriebetrieb ist heute fließend. Grundsätzlich kann jedoch festgestellt werden, dass sich der Industriebetrieb mithilfe automatisierter Arbeitsabläufe auf die Herstellung bestimmter Produkte wie Fenster, Türen und Möbel spezialisiert hat. Der Handwerksbetrieb stellt seine Erzeugnisse dagegen vorwiegend nach individuellen Kundenwünschen her.

Bild 1: Auszubildende in der Tischlerwerkstatt

Ausbildung im Industriebetrieb – IHK

Berufsbezeichnung	Tätigkeitsfelder
Fahrzeuggestellmacher	Holzteile an Fahrzeugaufbauten
Leichtflugzeugbauer	Segel- und Sportflugzeuge
Holzmechaniker	Ladenbau, Industriemöbel, Fenster und Türen, Kisten- und Gestellindustrie
Modelltischler	Modelle von Maschinen- u. Geräteteilen als Grundform für Metallgussteile
Schiffszimmerer	Decksaufbauten, Treppen in Schiffen

Ausbildung im Handwerksbetrieb – HWK

Berufsbezeichnung	Tätigkeitsfelder
Böttcher	Fässer, Kübel
Bootsbauer	Segel- u. Sportboote, Motorboote und kleine Fischkutter
Tischler	Möbel, Fenster, Türen, Böden, Decken- und Wandverkleidungen, Laden-, Praxis- und Büroeinrichtungen, Treppen und Einbauteile
Wagner	Campingfahrzeuge, Sportgeräte

Bild 2: Berufe im Berufsfeld Holztechnik, unterschieden nach Kammerzugehörigkeit

Kenntisse und Fertigkeiten des Tischlers

- Berufsausbildung
- Aufbau und Organisation des Ausbildungsbetriebes
- Arbeits- und Tarifrecht
- Sicherheit und Gesundheitsschutz am Arbeitsplatz, Umweltschutz und rationelle Energieverwendung
- Planen und Vorbereiten von Arbeitsabläufen
- Anfertigen und Lesen von Skizzen und Zeichnungen, Grundlagen der Formgebung
- Unterscheiden von Holz und Holzwerkstoffen,
- Auswählen von Werkstoffen nach Verwendungszweck und Wirtschaftlichkeit
- Bearbeiten von Holz und Holzwerkstoffen
- Verarbeiten von Furnieren
- Verarbeiten von Kunststoffen
- Verarbeiten von Metallen und Glas
- Einrichten, Bedienen und Warten von Maschinen, Anlagen und Vorrichtungen
- Herstellen von Teilen und Zusammensetzen von Erzeugnissen
- Montieren von Beschlägen
- Veredeln von Oberflächen
- Ausführen des konstruktiven und chemischen Holzschutzes
- Einbauen von montagefertigen Teilen und Zusammensetzen zu Erzeugnissen
- Instandhalten von Teilen und Erzeugnissen
- Vorbereiten und Ausführen von Restaurierungsarbeiten
- Qualitätssicherung und Qualitätskontrolle

Bild 1: Ausbildungsberufsbild nach § 4 der Ausbildungsverordnung

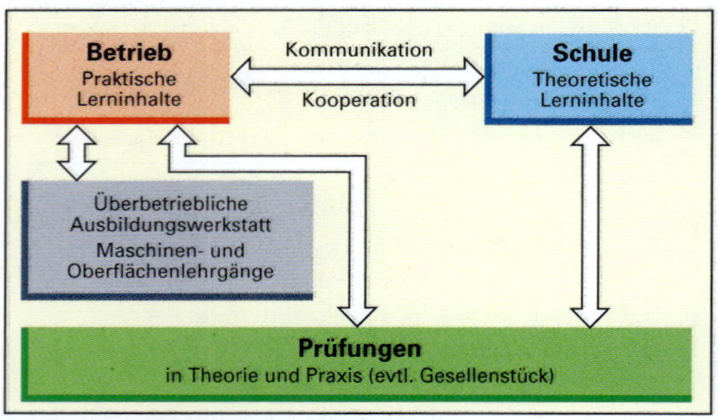

Bild 2: Duale Ausbildung in Deutschland

1. Ausbildungsjahr

1 Einfache Produkte aus Holz herstellen
2 Zusammengesetzte Produkte aus Holz und Holzwerkstoffen herstellen
3 Produkte aus unterschiedlichen Werkstoffen herstellen
4 Kleinmöbel herstellen

2. Ausbildungsjahr

5 Einzelmöbel herstellen
6 Systemmöbel herstellen
7 Einbaumöbel herstellen und montieren
8 Raumbegrenzende Elemente des Innenausbaus herstellen und montieren

3. Ausbildungsjahr

9 Bauelemente des Innenausbaus herstellen und montieren
10 Baukörper abschließende Bauelemente herstellen und montieren
11 Erzeugnisse warten und instand halten
12 Einen Arbeitsauftrag aus dem Tätigkeitsfeld ausführen

Bild 3: Lernfelder in der Tischlerausbildung

1.1.2 Ausbildung

Die gesetzlichen Vorgaben für die Ausbildung zum Tischler sind für die betriebliche Ausbildung in der „Ausbildungsordnung für Tischler" und für die schulische Ausbildung durch den „Rahmenlehrplan" festgeschrieben. Vorrangiges Ziel ist es, die berufliche Ausbildung im Sinne einer „beruflichen Handlungsfähigkeit" zu gestalten. Junge Gesellen und Gesellinnen sollen unter Beachtung von Nutzung und Gestaltung Arbeitsaufträge selbstständig planen und durchführen. Die Arbeitsergebnisse müssen eigenverantwortlich im Sinne einer Qualitätskontrolle bewertet und beurteilt werden. Die Fertigkeiten und Kenntnisse, die sich der Auszubildende während seiner Lehrzeit aneignet, werden im sogenannten **Ausbildungsberufsbild** zusammengefasst **(Bild 1)**.

Die Ausbildung selbst wird unterteilt in eine **„Berufsfeldbreite Grundbildung"** und eine **„Berufliche Fachbildung" (Bild 2, Seite 15)**. Die berufliche Grundbildung ist in den Bundesländern unterschiedlich geregelt. In den meisten Fällen befinden sich die Auszubildenden von Anfang an in den Betrieben und besuchen an ein oder zwei Tagen in der Woche die Berufsschule.

Da die Ausbildung an zwei Lernorten, nämlich im Betrieb und in der Berufsbildenden Schule, stattfindet, spricht man in Deutschland auch von der **„Dualen Ausbildung" (Bild 2)**.

Die schulischen Lerninhalte sind innerhalb von drei Lehrjahren auf zwölf Lernfelder verteilt **(Bild 3)**.

Die gesamte Ausbildungsdauer beträgt in der Regel drei Jahre. Sie kann aber unter bestimmten Bedingungen um bis zu einem Jahr verkürzt werden. Während der Ausbildung wird eine Zwischenprüfung durchgeführt, die über den Stand der Kenntnisse und Fertigkeiten Aufschluss gibt. Den Abschluss der Ausbildung bildet die Gesellenprüfung bzw. Facharbeiterprüfung. Die Abschlussprüfung besteht aus einem theoretischen und einem praktischen Teil. Im theoretischen Teil wird das Fachwissen und die berufliche Handlungskompetenz in schriftlicher und mündlicher Form überprüft. Die praktische Überprüfung besteht aus mehreren Teilen. Im Handwerk wird eine Arbeitsprobe durchgeführt und ein Gesellenstück gefertigt. In der Industrie werden mehrere Arbeitsproben unter Berücksichtigung betrieblicher Arbeitsabläufe erstellt. Hierbei wird besonderer Wert auf den fachgerechten Einsatz von Maschinen gelegt.

1.1.3 Weiterbildung

Die Voraussetzung für eine berufliche Weiterbildung ist immer die abgeschlossene Berufsausbildung und ein für die jeweilige Weiterbildung erforderlicher allgemeinbildender Abschluss. Dies kann ein Abschluss der Sekundarstufe, ein fachbezogenes oder ein allgemeines Abitur sein.

Teilweise ist vor dem Besuch einer Weiterbildungseinrichtung eine ein- bis mehrjährige Berufserfahrung nachzuweisen.

Man unterscheidet die Anschlussweiterbildung, die Anpassungsfortbildung und die Aufstiegsfortbildung.

Anschlussweiterbildung: Sie setzt nach Abschluss der Ausbildung ein und soll in ausgewählten Qualifikationsbereichen, wie z.B. der CNC-Technik, eine Vertiefung und Spezialisierung erreichen und somit die Berufsfähigkeit des Gesellen erhöhen.

Anpassungsfortbildung: Sie orientiert sich an der technischen und wirtschaftlichen Entwicklung und soll die Beschäftigten in die Lage versetzen, mit der beruflichen Entwicklung Schritt zu halten und zeitgemäß zu arbeiten.

Aufstiegsfortbildung: Sie ermöglicht den beruflichen Aufstieg zum Meister, Techniker oder Ingenieur. Eine mehrjährige Berufspraxis wird für die Fortbildung zum Meister, Gestalter und Techniker vorausgesetzt **(Bild 1)**.

- Meisterprüfung für das Tischlerhandwerk
- Staatlich geprüfter Holztechniker/Gestalter
- Führungskraft des Handwerks z. B. (Betriebswirt, Refafachmann)
- Staatlich geprüfter Restaurator/staatlich geprüfte Restauratorin
- Staatlich geprüfter Gestalter/staatlich geprüfte Gestalterin
- Geprüfter Konstrukteur/Geprüfte Konstrukteurin Fachrichtung Holztechnik
- Fachhochschul- und Hochschulabschlüsse mit Studium von
  - Architektur und Innenarchitektur
  - Ingenieurstudium für Holz- und Kunststofftechnik
  - Diplomstudiengang zum Holzwirt
  - Diplomstudiengang zum Designer
  - Berufsschullehrer

Bild 1: Möglichkeiten der Aufstiegsfortbildung im Tischlerberuf

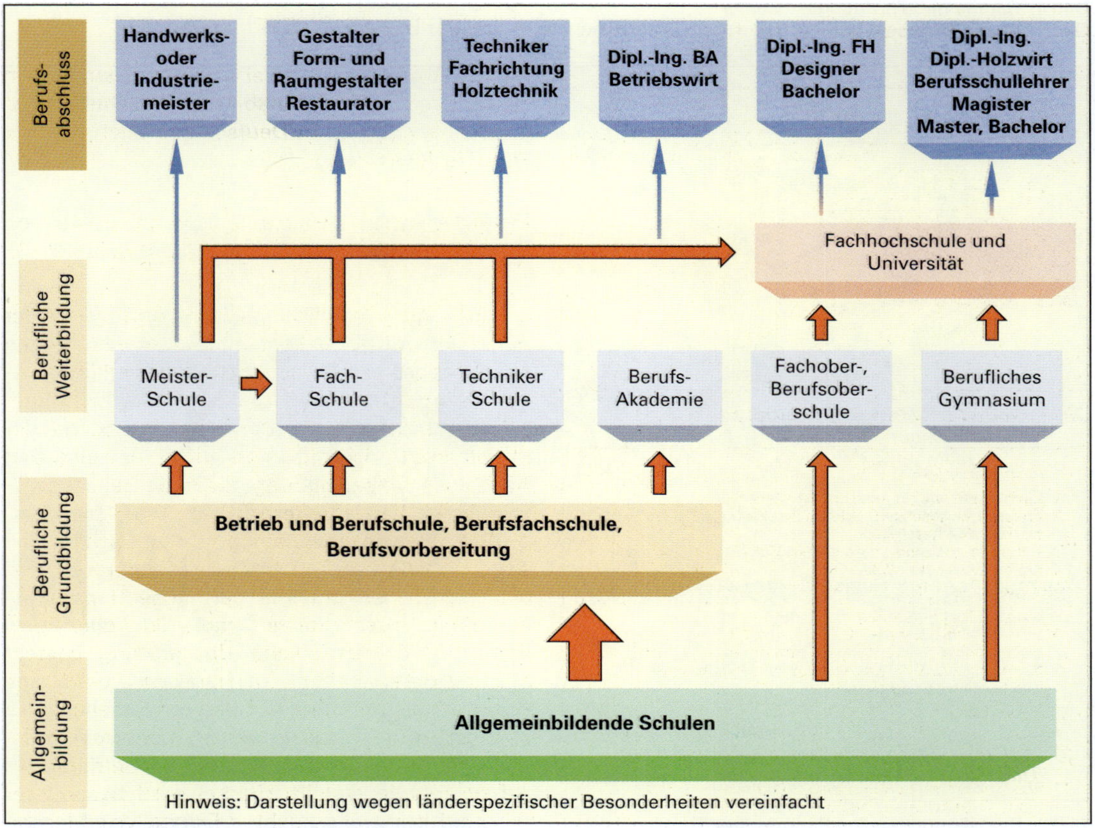

Bild 2: Übersicht der Aus- und Weiterbildungsmöglichkeiten im Fachgebiet Holztechnik

Maschinenraum
- Zuschneiden
- Ablängen
- Aushobeln
- Fräsen
- Herstellen von Verbindungen
- Herstellen von Bohrungen u. Aussparungen
- Flächen und Kanten furnieren und belegen
- Schleifen und Kalibrieren

Bankraum
- Fertigungsvorbereitung z. B. Anreißen
- Montage und Einbau von Beschlägen
- Nacharbeiten z. B. Verputzen und Handschliff
- Vorbereitung für die Oberflächenbehandlung

Oberflächenbehandlungsräume
- Lackvorbereitung
- Beizen, Patinieren
- Grundieren, Lackieren
- Ölen, Wachsen
- Zwischenschliff
- Trocknung

Bild 1: Räume und Fertigungsstellen in einer Tischlerei

1.2 Der Betrieb

Ein Betrieb ist eine wirtschaftliche Einheit, die Güter beziehungsweise Dienstleistungen für die Bedarfsdeckung der Menschen erstellt und auf Märkten anbietet. Bei der Organisation eines Betriebes unterscheidet man die Aufbauorganisation und die Ablauforganisation.

1.2.1 Betriebsnotwendige Räume

Bei der Planung und Einrichtung eines Holzbearbeitungsbetriebes steht die Schaffung optimaler Fertigungsbedingungen im Vordergrund. Die betriebsnotwendigen Räume und der erforderliche Maschinenpark müssen ablauforientiert angeordnet sein. Für Zulieferung, Auslieferung, den innerbetrieblichen Transport und die Zwischenlagerung von Werkstücken ist genügend Platz vorzusehen. Größe und Maschinenaufstellung hängen von der Art der Fertigung und der Anzahl der Mitarbeitenden ab. Als Größe gilt bei einem Betrieb ab 8 Mitarbeitern eine Betriebsfläche von 100 m^2 bis 120 m^2 pro Mitarbeiter. Die Anordnung und Einrichtung der Räume sollen effiziente Produktionsprozesse und Produktionsabläufe ermöglichen. Die Flächen in einem Betrieb teilen sich auf in Haupt- und Nebenflächen. Bei den Hauptflächen handelt es sich um Fertigungsflächen, Lagerflächen und Verwaltungsflächen. Nebenflächen sind Sozial- und Sanitärräume, sowie Funktionsräume (Heizungsräume, Drucklufträume) und Flächen für den Materialfluss. Die wichtigsten Fertigungsräume in einer Tischlerei sind der Maschinenraum und der Bankraum **(Bild 1 und Bild 2)**.

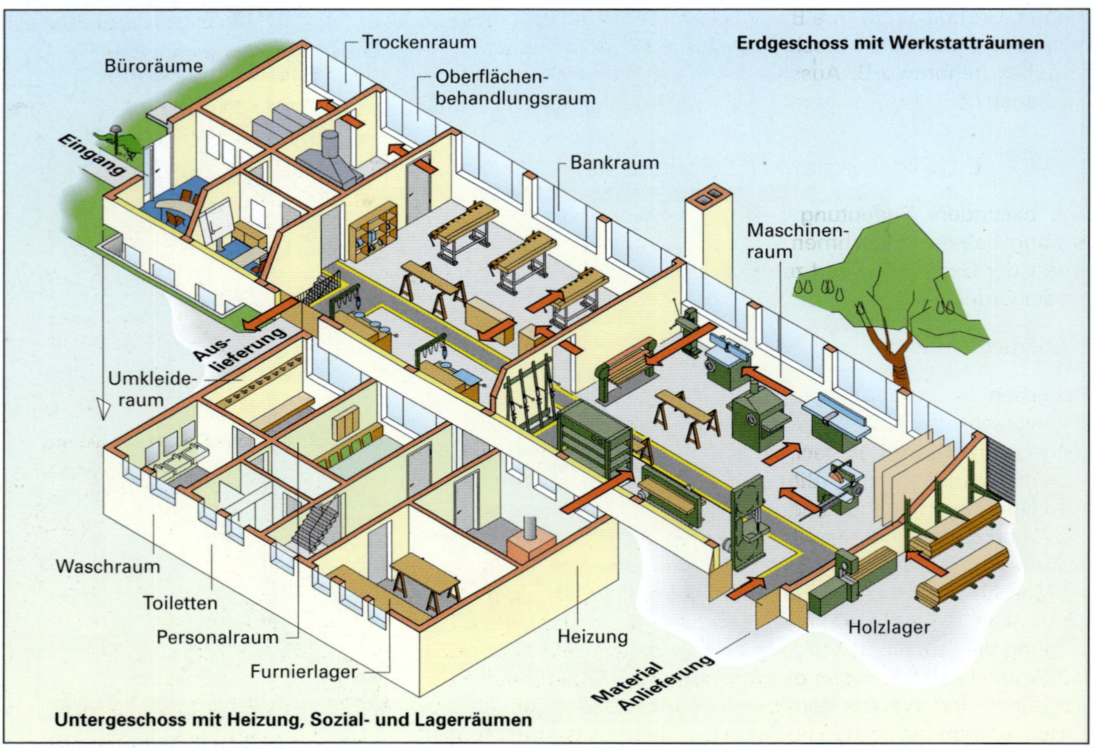

Bild 2: Betriebsnotwendige Räume eines Tischlereibetriebs mit ablauforientierter Anordnung der Räume und Maschinen (rote Pfeile stellen den Materialfluss dar).

Im **Maschinenraum (Bild 1)** befinden sich Säge-, Hobel-, Fräs-, Bohr- und Schleifmaschinen. An ihnen werden Holz und Holzwerkstoffe zugeschnitten, gehobelt und gefräst, verleimt oder beschichtet und für die Endmontage vorbereitet.

Im **Bankraum** werden die Werkstücke mithilfe von Handwerkzeugen und Handmaschinen für die Oberflächenbehandlung vorbereitet und zusammengebaut **(Bild 2)**.

Zu den Räumen für die **Oberflächenbehandlung** gehören der Vorbereitungsraum, der Spritzraum und der Trockenraum.

Lagerräume dienen zur Aufbewahrung von Verbrauchsmaterialien. Sachgemäße Lagerung erhält die Qualität der Werkstoffe und Werkstücke. Gesundheitsgefährdende Stoffe erfordern spezielle Lagermöglichkeiten. Folgende Lagerräume werden unterschieden: Massivholzlager, Plattenlager, Furnierlager, Lager für Kunststoffe, Beschlägelager, Lacklager, Fertiglager sowie Lager für Späne und Holzreste.

Nach der Arbeitsstättenverordnung sind Gewerbebetriebe verpflichtet, die nötige Anzahl von Sozialräumen einzurichten. Ihre Beschaffenheit und Einrichtung wird in den Arbeitsstättenrichtlinien (ASR) vorgeschrieben. Zu den **Sozialräumen** gehören: Duschen und Waschräume, Pausenräume, Umkleideräume und Toiletten.

Bei **Büroräumen** unterscheidet man Räume für die Betriebsleitung, die Verwaltung und die Arbeitsvorbereitung.

Technikräume sind Heiz- oder Kompressorräume sowie Räume für die Späneabsaugung und -lagerung. Sie enthalten technische Anlagen, von denen Brand- oder Gesundheitsgefahren ausgehen können. Grundlage für ihre Beschaffenheit sind technische Richtlinien und gesetzliche Vorschriften. Zu den **Sonderräumen** eines Betriebes gehören z.B. Ausstellungs- und Besprechungsräume. Sie dienen der Produktpräsentation und Kundenberatung **(Bild 3)**.

Bild 1: Fertigungsraum einer Tischlerei

Bild 2: Bankraum einer Lehrwerkstatt mit angeschlossenem Maschinenraum

Bild 3: Ausstellungsraum eines Bauelementeherstellers

1.2.2 Unfallschutz am Arbeitsplatz

Eine besondere Bedeutung bei der Betriebs- und Fertigungsplanung haben Maßnahmen zur Verhütung von Unfällen. Zum Schutz der Gesundheit und zur Vermeidung von Unfällen gilt folgender Grundsatz:

> Sicherheit durch Ordnung und Sauberkeit (SOS)

Sicherheit erreicht man durch das Beachten der Unfallverhütungsvorschriften (UVV), das Tragen der persönlichen Schutzausrüstung **(Bild 4)** und die fachgerechte Verwendung betrieblicher Sicherheitseinrichtungen **(Bild 5)**. Besondere Vorschriften gelten beim Umgang mit giftigen oder gefährlichen Stoffen. Defekte Geräte, Werkzeuge und Maschinen dürfen nicht benutzt werden. **Ordnung** am Arbeitsplatz schützt den Menschen vor Unfällen sowie Maschinen, Werkzeuge und Material vor Beschädigung. Übersichtlichkeit erspart unnötiges Suchen. Auf Baustellen wird durch Ordnung die Sturz- und Stolpergefahr verringert. Schmutz, Staub und Späne beeinträchtigen die Funktion und Wirkungsweise von Maschinen und Werkzeugen. Deshalb sind diese regelmäßig zu warten, zu reinigen und die Funktion der Sicherheitsvorrichtungen zu überprüfen. Sauberkeit am Arbeitsplatz erhöht die Qualität des Endproduktes.

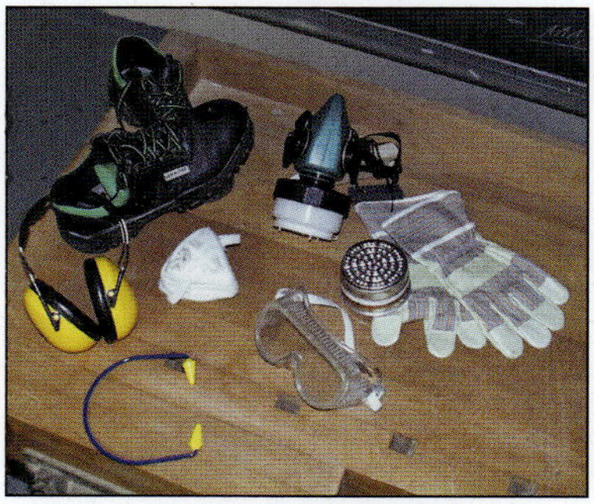

Bild 4: Persönliche Schutzausrüstung

Bild 5: Betriebliche Sicherheitseinrichtung, Messerwellenabdeckung bei einer Abrichthobelmaschine

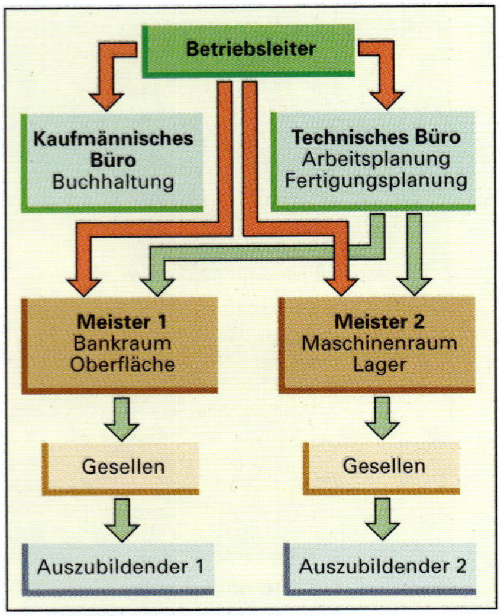

Bild 1: Mögliche Aufbauorganisation eines Handwerk-Betriebes

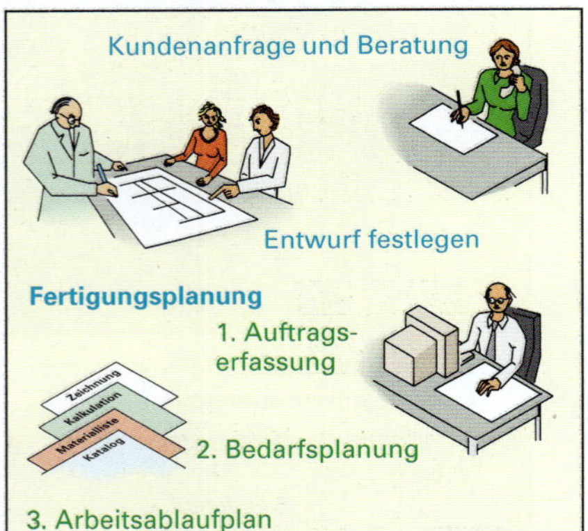

Nr.	Arbeitsbereich	Arbeitsschritte	Werkzeuge, Maschinen	Zeit (min)
1	Sägearbeiten	Rohholz besäumen, auf Breite sägen und ablängen	Kreissägemaschine	50
2	Hobelarbeiten	Fläche abrichten Winkelkante	Abrichthobelmaschine	35
3	Hobelarbeiten	Auf Dicke hobeln	Dickenhobelmaschine	

Bild 2: Fertigungsplanung

1.2.3 Aufbauorganisation

Ein Betrieb besteht aus unterschiedlichen Betriebsteilen. Diese haben das gemeinsame Ziel einer möglichst hohen Produktivität und Rentabilität. Man unterscheidet die Bereiche Auftragsbeschaffung, Materialbeschaffung, Arbeitsvorbereitung, Produktion, Montage, Qualitätsmanagement und Verwaltung.

Die verschiedenen Aufgabenstellungen werden im Kleinbetrieb von einer Person übernommen. In größeren Betrieben werden die Aufgaben von Abteilungen in eigener Verantwortung bearbeitet. Damit eine Firma mit unterschiedlichen Abteilungen reibungslos arbeiten kann, müssen die Zuständigkeiten und Verantwortungsbereiche geregelt werden. Es muss eine sogenannte Aufbauorganisation geschaffen werden **(Bild 1)**. Diese legt die Aufgaben, Kompetenzen und die Verantwortlichkeiten jedes einzelnen Mitarbeiters fest. Sie regelt dadurch auch die hierarchische Struktur eines Betriebes mit den Entscheidungs- und Anordnungskompetenzen. Die kleinste organisatorische Einheit eines Betriebes bezeichnet man als Stelle. Auszubildende, Gesellen, Facharbeiter und Meister besitzen eine Stelle und haben die ihnen zugeordneten Aufgaben im Sinne des Betriebes verantwortungsvoll zu erfüllen. In größeren Betrieben werden mehrere Stellen zu Abteilungen zusammengefasst. Die Aufbauorganisation stellt somit das organisatorische Gerüst einer Firma dar. Stellenbeschreibungen definieren, welche Aufgaben wo und von wem erfüllt werden.

1.2.4 Ablauforganisation

Die Ablauforganisation strukturiert den Arbeitsprozess. Sie **plant, steuert** und **kontrolliert** Arbeitsabläufe und **regelt** das Zusammenspiel von Mensch, Maschine und Arbeitsmitteln. Sie ordnet den Arbeitsprozess sachlich, zeitlich und räumlich. Die Ablauforganisation umfasst alle betrieblichen Abläufe. Dazu gehören Arbeitsvorbereitung, Materialbeschaffung, Rechnungswesen, Werbung, Qualitätsmanagement und Fertigungsplanung. Ziel der Ablauforganisation ist eine Minimierung der Durchlaufzeiten durch Optimierung des Einsatzes von Arbeitskräften und Sachmitteln. Ein Produkt soll in möglichst kurzer Zeit hergestellt werden. Dies senkt die Kosten und erhöht die Wertschöpfung. Dadurch werden Arbeitsplätze gesichert.

1.2.4.1 Planung

Die Herstellung eines Werkstückes erfolgt in einer sachlogischen Abfolge der Fertigungsschritte. Im kleinen und überschaubaren Handwerksbetrieb werden häufig alle Fertigungsschritte von einer Person durchgeführt. Im Industriebetrieb wird der Arbeitsprozess stark gegliedert und es findet eine Spezialisierung statt. Deswegen müssen die Werkstücke mehrmals von Maschine zu Maschine oder von einem Fertigungsbereich zum anderen transportiert werden. Der Fertigungsablauf muss so gestaltet werden, dass keine Engpässe und keine Leerläufe entstehen. Die automatisierte Komplettbearbeitung auf CNC-Maschinen minimiert die Durchlaufzeiten.

Die **Fertigungsplanung** setzt sich im Wesentlichen aus drei Bereichen, der Auftragserfassung, der Bedarfsplanung und der Arbeitsablaufplanung zusammen **(Bild 2)**.

Auftragserfassung: Zur Erfassung des Auftrages wird das Produkt in Teilerzeugnisse untergliedert und mit Positionsnummern versehen. Bei Teilerzeugnissen handelt es sich um die Einzelkomponenten eines Werkstücks, die getrennt gefertigt werden. Hierzu gehören Halbzeuge, die weiterverarbeitet oder in das Werkstück eingebaut werden, wie z. B. Glasscheiben oder Marmorplatten.

Bedarfsplanung: Ist der Auftrag erfasst und gegliedert, wird aufgrund der vorhandenen Daten eine maßstabsgetreue Fertigungszeichnung erstellt. Diese muss alle Maße, Angaben zu Materialien, Beschlägen und Oberfläche enthalten. Anhand dieser Angaben werden Material- und Stücklisten erstellt. Der Einsatz von Maschinen und besonderen Werkzeugen wird in der Bereitstellungsliste festgehalten. Die Planung des Personalbedarfs und des Zeitbedarfes gehören ebenfalls zur Bedarfsplanung.

Die **Arbeitsablaufplanung** beschreibt die Herstellung eines Werkstückes in der zeitlichen Aufeinanderfolge der einzelnen Fertigungsschritte. Sie enthält, unterteilt nach Teilerzeugnissen, Angaben zu Werkzeugen, Maschinen und sonstigen Arbeitsmitteln. Außerdem gibt sie Hinweise zur Arbeitssicherheit und besonderen Fertigungstechniken. Sie legt auch die kalkulierte Vorgabezeit für den einzelnen Arbeitsschritt fest **(Bild 1)**.

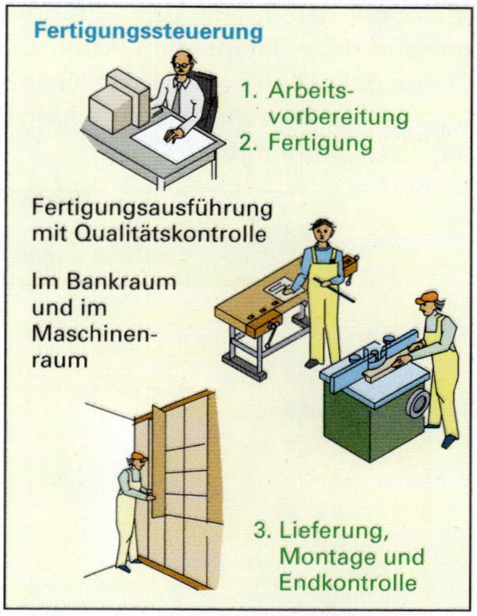

Bild 1: Fertigung und ihre Planung

1.2.4.2 Steuerung

Die Steuerung des Produktionsprozesses erfolgt entweder direkt durch die Betriebsleitung oder durch die von der Betriebsleitung beauftragten Facharbeiter oder Abteilungen. Sie umfasst ebenfalls alle Bereiche betrieblicher Abläufe. Eine Steuerung ist deshalb notwendig, damit bei zeitgleicher Bearbeitung mehrerer Aufträge die Material- und Maschinenbereitstellung sowie der Einsatz der Mitarbeiter einen reibungslosen Produktionsablauf gewährleisten. In größeren Betrieben werden die Fertigung und Zwischenlagerung der Teilerzeugnisse elektronisch überwacht. Somit wird sichergestellt, dass in der abschließenden Endmontage alle Teilerzeugnisse termingerecht zur Verfügung stehen. Die Darstellung von Planungsprozessen erfolgt meist in Diagrammen, die es ermöglichen selbst komplexe Abläufe und Zusammenhänge anschaulich darzustellen. Übliche Diagramme sind das Flussdiagramm, das Balkendiagramm, das Ablaufdiagramm und der Netzplan **(Bild 2)**.

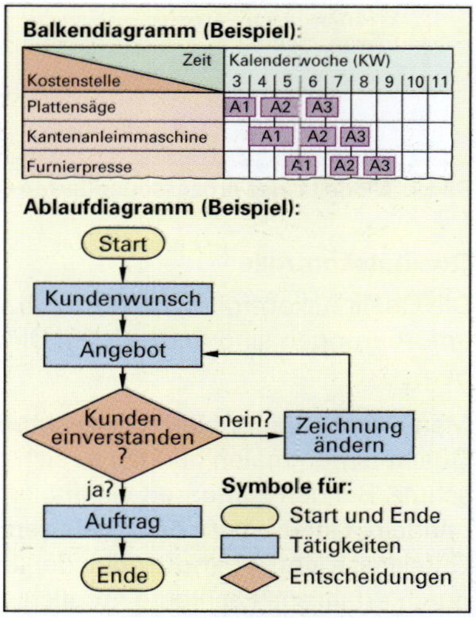

Bild 2: Steuerung von Betriebsabläufen mithilfe verschiedener Diagramme

1.2.4.3 Qualitätsmanagement, Qualitätskontrolle, Qualitätssicherung

Qualität ist in der DIN definiert als „die Gesamtheit aller Merkmale und Merkmalswerte eines Produktes oder einer Dienstleistung bezüglich ihrer Eignung, festgelegte und vorausgesetzte Erfordernisse zu erfüllen". Der Qualitätsbegriff kann daher nicht nur auf die Qualität des Produktes beschränkt sein, sondern muss auch die Bereiche Service-, Fertigungs-, Organisations- und Mitarbeiterqualität berücksichtigen.

Der Kunde erwartet nicht nur ein einwandfrei funktionierendes Produkt, sondern macht seine Kaufentscheidung auch von Service und Beratung, Umweltverträglichkeit sowie Sicherheit und Wartung des Erzeugnisses abhängig. Um die Qualität eines Produktes oder einer Dienstleistung zu erhalten oder zu verbessern, gewinnt die Qualitätskontrolle und Qualitätssicherung eine immer größere Bedeutung. Durch die Einführung eines Qualitätssicherungssystems (= Qualitätsmanagement) ist es möglich, den vielfältigen Anforderungen des erweiterten Qualitätsbegriffes Rechnung zu tragen.

Grundlage der systematischen Qualitätssicherung ist dabei ein gedankliches Modell, der sogenannte Regelkreis der Qualitätssicherung oder auch **PDCA-Zyklus (Bild 3)**.

Planen – Durchführen – Prüfen – Handeln

Planen (**P**lan)

Festlegen der Ziele und Prozesse, die zum Erzielen von Ergebnissen in Übereinstimmung mit den Kundenanforderungen notwendig sind

Durchführen (**D**o)

Verwirklichen der Prozesse

Prüfen (**C**heck)

Überwachen und Messen von Prozessen und Produkten

Handeln (**A**ct)

Ergreifen von Maßnahmen zur ständigen Verbesserung der Prozessleistung

Bild 3: PDCA-Zyklus

Man geht davon aus, dass die Produktion nicht nur aus der Planung und Fertigung besteht. Vielmehr müssen die entstehenden Produkte bereits während der Fertigung in ihrer Qualität überwacht werden. Treten dabei Fehler in Werkstücken oder Abläufen auf, so müssen sowohl für die aktuelle, aber viel wichtiger für die künftige Wiederholungsfertigung entsprechende Änderungen in die Produktionsabläufe eingebracht werden **(Bild 1)**.

Bild 1: Modell eines prozessorientierten Qualitätsmanagement-Systems

Qualitätskontrolle

Die Qualitätskontrolle überprüft, ob vorgegebene Qualitätsanforderungen eingehalten werden. Qualitätsanforderungen sind entweder in DIN-, EN- oder ISO-Normen oder auch durch Kundenwünsche vorgegeben.

Man unterscheidet hierbei messbare, zählbare und beurteilbare Qualitätsmerkmale. Bei den **messbaren** Qualitätsmerkmalen handelt es sich z.B. um die Erfüllung von Anforderungen an den Wärme- oder Schallschutz. Bei den **zählbaren** Qualitätsmerkmalen kann es sich um die Kontrolle einer geforderten Stückzahl handeln. Unter einem **beurteilbaren** Qualitätsmerkmal versteht man beispielsweise die Einschätzung der Güteklasse von Vollholz oder der Schönheit eines Furnierbildes. Eine Beurteilung ist im Regelfall nur durch erfahrene Fachleute möglich.

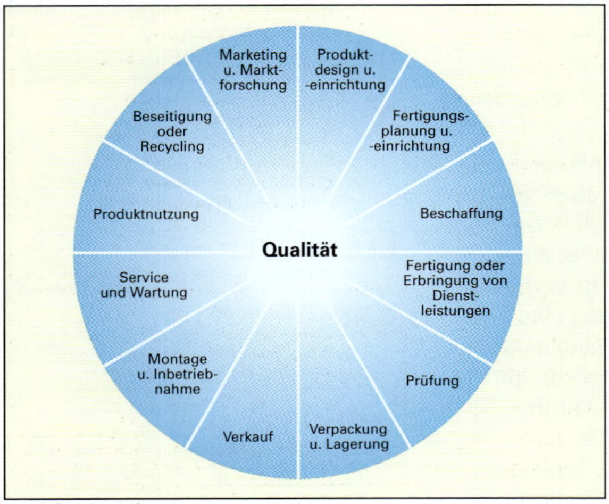

Bild 2: Faktoren der Qualitätssicherung

Qualitätssicherung

Nicht mehr nur der Hersteller, sondern viel mehr der Kunde beurteilt „Qualität".

Da der Qualitätsbegriff alle Bereiche einer Unternehmung betrifft, ist es erforderlich, Maßnahmen der Qualitätskontrolle für alle Bereiche zu planen und zu organisieren **(Bild 2)**. Dies wird durch die Installation eines Qualitätssicherungssystems nach den Vorgaben der **DIN EN ISO 9001** ermöglicht. Die Norm DIN EN ISO 9001 ermöglicht dem Unternehmen einen gewissen Freiraum in der Einführung eines Qualitätsmanagements. Wichtige Grundsätze, die berücksichtigt werden sollen, sind die Kundenorientierung, die Führung, die kontinuierliche Verbesserung, der prozessorientierte Ansatz sowie das Beziehungsmanagement.

Qualitätssicherung ist nicht nur Aufgabe der Firmenleitung, sondern wird als Verpflichtung aller in einem Betrieb tätigen Personen gesehen.

Qualitätsmanagement

Hauptziel des Qualitätsmanagements (QM) ist es, eine möglichst hohe Kundenzufriedenheit zu erreichen, indem die Anforderungen des Kunden unter Beachtung technischer Normen und Regeln bestmöglich erfüllt werden.

> Qualität ist, wenn der Kunde zurückkommt und nicht das Produkt.

Die DIN 9001 schlägt zur Erreichung dieses Ziels das Modell eines prozessorientierten Qualitätsmanagements vor. Ein prozessorientiertes Modell ist nicht statisch, sondern beständig bestrebt sich zu ändern bzw. zu verbessern. Ein Qualitätsmanagement-System umfasst die Bereiche: Festlegung von Qualitätszielen, Bereitstellung von Ressourcen, Lenkung von Dokumenten und Daten, Produktrealisierung, Prozesslenkung, Schulung der Mitarbeiter, Kontrolle, Beschaffung von Werkstoffen, Kennzeichnung der Produkte, Verbesserungsmaßnahmen und Kundenzufriedenheit.

Die Einführung eines Qualitätsmanagement-Systems ist häufig nicht nur Folge eines eigenständigen Qualitätsanspruchs des Betriebsinhabers oder der Firmenleitung. Häufig ist ein durch ein Zertifikat nachgewiesenes QM-System auch marktwirtschaftliches Erfordernis. Insbesondere für Aufträge im öffentlichen oder internationalen Raum werden nur zertifizierte Betriebe berücksichtigt. Die Einführung erfolgt in einer festgelegten Reihenfolge **(Bild 1)**: Zunächst wird der Ist-Stand der bestehenden Betriebsabläufe und Fertigung erfasst. Qualitätsverantwortliche werden benannt, die für die Umsetzung der Qualitätsziele verantwortlich sind. Dann werden Qualitätsziele (Sollziele) formuliert und in einem Qualitätshandbuch festgeschrieben.

Kann ein Betrieb gesichert nachweisen, dass er alle qualitätsrelevanten Prozesse im Qualitätshandbuch erfasst hat und die darin dokumentierten Verfahren einhält, kann dies durch eine Zertifizierungsstelle bescheinigt werden **(Bild 2)**.

Wichtig für das Verständnis des Qualitätsmanagements ist, dass nicht nur von einer völlig fehlerfreien Fertigung ausgegangen wird, sondern vielmehr auch beschrieben ist, wie sich Mitarbeiterinnen und Mitarbeiter im Fehlerfall verhalten sollen.

Verfahrensanweisungen regeln demnach nicht nur den Optimalfall, sondern auch Abweichungen davon. Eine Verfahrensanweisung beschreibt beispielsweise detailliert, wie sich ein Mitarbeiter beim Auftreten eines Fehlers zu verhalten hat und welche Maßnahmen eventuell zu ergreifen sind **(Bild 1, Seite 20)**. Wichtig ist im Sinne des Qualitätsmanagements, dass dabei die Ursachen des Fehlers erforscht werden und durch eine Anpassung der Prozesse und ihrer Dokumentation künftig vermieden werden.

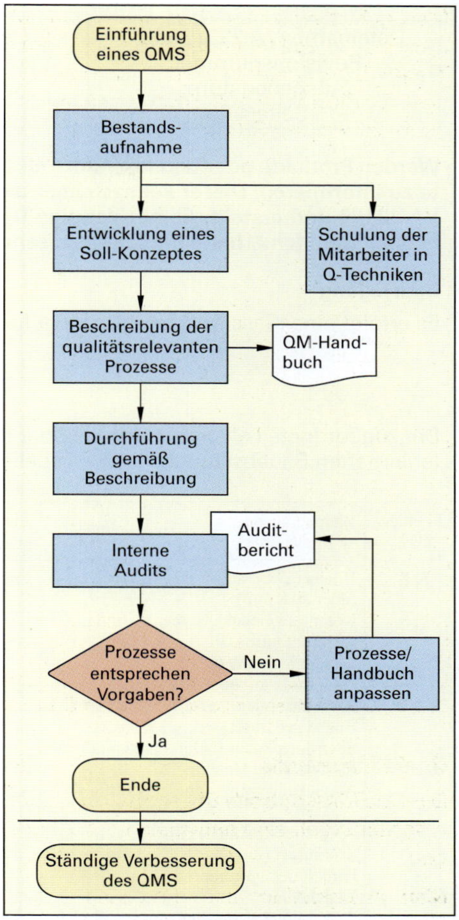

Bild 1: Abläufe im QM-System

TÜV CERT

ZERTIFIKAT

Die TÜV CERT-Zertifizierungstelle des TÜV Saarland e. V.

bescheinigt gemäß TÜV CERT-Verfahren, dass das Unternehmen

MÜLLER + SCHÄFER GmbH
Fensterbau
D – 66415 Saarbrücken

für den Geltungsbereich Herstellung und Vertrieb von

Kunststofffenstern

ein Qualitätsmanagementsystem eingeführt hat und anwendet.

Durch in Audit, Bericht-Nr. B 483/02, wurde der Nachweis erbracht, dass die Forderungen der

DIN EN ISO 9001 : 2000

erfüllt sind. Dieses Zertifikat ist gültig bis **Juni 2013**.
Zertifikat-Registrier-Nr. **71 100 9 049**
Erstzertifizierung: April 2002

Saarbrücken, 28.06.2008

TÜV SAARLAND

TÜV CERT-Zertifizierungsstelle des TÜV Saarland e. V.

Bild 2: Zertifizierungs-Urkunde

Dateiname: VA 23315A.doc Revisionsnummer: Ausgabedatum: Seite 4/6	**Qualitätsmanagement Verfahrensanweisung (VA) Lenkung fehlerhafter Prozesse**	Firmenlogo

Werden Produkte oder Bauabschnitte als fehlerhaft erkannt, so ist unverzüglich der direkte Vorgesetzte zu informieren. Dieser kennzeichnet die fehlerhaften Einheiten entsprechend den Festlegungen in VA 12100 und erstellt die notwendige Dokumentation. Alle Fehler sind zu dokumentieren, gegebenenfalls sind fehlerhafte Einheiten zu separieren.

Beurteilung

Es erfolgt eine Klassifizierung der identifizierten Fehler in:
> kritische Fehler **(KF)**
> Hauptfehler **(HF)**
> Nebenfehler **(NF)**

Der zugeordnete Fehler entscheidet über die weitere Behandlung des fehlerhaften Produktes oder des fehlerhaften Bauabschnittes (siehe Tabelle)

Fehler-klasse	Wareneingang ➥ Maßnahmen	Zwischenprüfung ➥ Maßnahmen	Warenendprüfung (Kunde) ➥ Maßnahmen
KF	Konus bei Geländerstäben zu dick (über 29,8 mm) Konus bei Geländerstäben zu dünn (unter 29 mm) Scheiben verkratzt Ahornholz mit über 50% Kern Eicheholz mit über 50% Splint Buche gedampft stark scheckig Sperrholzplatten sind in Farbe n.i.O. Falsche Sorte Holz Abdeckung nicht sauber geschliffen **– Verbrauchsmaterial** Schrauben verrostet Farbe/Lack gefroren **ZURÜCK**	Leimfugen gehen auf (stark) Stufen/Pfosten: starke Rissbildung falsche Farbe **EINSTUFUNG FÜR ALTERNATIVVERWENDUNG GGF. ENTSORGEN**	Mangel zum Auftrag vor Einbau, z. B. Stabfarbe (Türenfarbe) Passungenauigkeit (kann nicht montiert werden) Scheiben sind verkratzt **ZURÜCK BZW. DEMONTAGE**
HF	Holz zu feucht, (Nachtrocknen) Lack zu dünn **EINLAGERN**	Lack-/Beizmängel leichte Passungenauigkeit leichte Risse, die ausgekittet werden können **NACHARBEIT**	Leichte Passungenauigkeit (auf Baustelle beheben) Leichte Lack- oder Beizmängel Teile sind schief montiert **NACHARBEIT**
NF	Konus bei Geländerstäben zu dünn (29,3 mm – 29 mm) Ahornholz mit über 30% – 50% Kernanteil Eicheholz mit über 30% – 50% Splintanteil Buche gedampft leicht scheckig **– Verpackungsmaterial** Pappe und Folie mit falschen Maßen **EINLAGERN + PREISNACHLASS**		Treppe ist montiert und Abweichungen zum Auftrag, z. B. Farbe, Holz, Ausstattung. Kunde ist mit Holzauswahl nicht zufrieden **PREISNACHLASS**

Bewertung und Behandlung fehlerhafter Produkte

Fehlerhafte Produkte können

- zur Erfüllung der vereinbarten Qualitätsanforderungen nachgearbeitet werden,
- mit und ohne Reparatur aufgrund einer Sonderfreigabe abgenommen werden oder
- zurückgewiesen, verschrottet oder demontiert werden.

Über eine Sonderfreigabe entscheidet der Betriebsleiter.

Bild 1: Auszug aus einer Verfahrensanweisung „Lenkung fehlerhafter Produkte"

2 Werkstoffe

Werkstoffe werden im Allgemeinen in fünf Werkstoffgruppen eingeteilt. Man unterscheidet dabei **Metalle** wie Eisen oder Aluminium, **Nichtmetalle** wie Diamant oder Graphit, **organische Werkstoffe** wie Holz oder Kunststoff, **anorganische nichtmetallische Werkstoffe** wie Glas oder Keramik sowie die Halbleiter. Kombinationen aus Werkstoffen verschiedener Gruppen nennt man **Verbundwerkstoffe**.

In der Holztechnik werden viele Werkstoffe be- und verarbeitet und als Werkzeuge verwendet. Für die fachgerechte Auswahl und Bearbeitung sind tiefergehende Kenntnisse über die Werkstoffe und ihre Eigenschaften notwendig.

2.1 Holz als Rohstoff

Die Holzgewinnung steht in untrennbarem Zusammenhang mit dem Wachstum des Einzelbaumes und seiner Wachstumsumgebung im Wald. Zur fachgerechten Beurteilung der Eignung als Werkstoff benötigt man deshalb nicht nur Kenntnisse und Informationen über das Holz und seine Eigenschaften, sondern auch über die Holzgewinnung sowie die damit verbundenen ökologischen Zusammenhänge und seine Weiterverarbeitung.

2.1.1 Wald

Rund ein Drittel der Festlandfläche der Erde besteht aus Wald. Bezogen auf die Waldnutzung unterscheidet man zwischen **Primär- oder Urwald**, also Wald, der weitgehend ohne menschliche Eingriffe gewachsen ist und **Wirtschaftswald**. Bezogen auf die geographische Breite und die damit verbundenen unterschiedlichen klimatischen Bedingungen und Niederschläge unterscheidet man im Wesentlichen zwischen **tropischen** und **subtropischen Wäldern** im Bereich des Äquators, den **Wäldern der gemäßigten Zonen** mit deutlichen Wechseln der Jahreszeiten sowie den **borealen Wäldern** der Nordhalbkugel. Etwa ein Drittel der bewaldeten Festlandfläche der Erde entfällt auf diese boreale Zone.

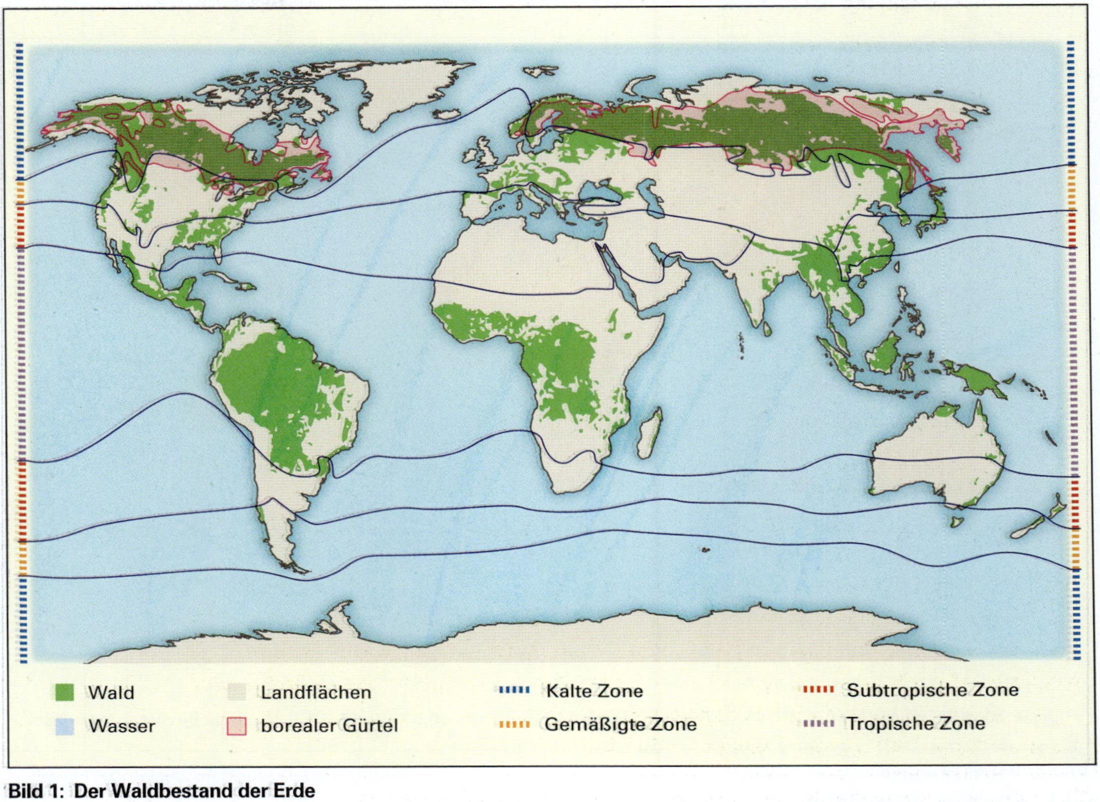

Bild 1: Der Waldbestand der Erde

Weltweit werden die Waldbestände und ihre Veränderungen von der Ernährungs- und Landwirtschaftsorganisation der Vereinten Nationen FAO (Food and Agriculture Organization) systematisch erfasst und ausgewertet. Demnach sind etwa 33 % des weltweiten Waldbestandes Urwälder (die Hälfte davon in den Tropen), rund 60 % sind natürliche Wälder, die deutlich durch menschliches Handeln beeinflusst sind, 7 % sind Waldplantagen.

Der weltweite Waldbestand verändert sich. Dies hat mit klimatischen Veränderungen, aber auch Veränderungen der Waldnutzung, zu tun. In weiten Teilen der Erde werden Wald- in Agrarflächen umgewandelt. Zwar nimmt der prozentuale Waldbestand der Erde in den letzten Jahren weniger stark ab, dennoch sind große regionale Unterschiede zu verzeichnen. Derzeit entspricht der Waldverlust von jährlich 4,5 Millionen Hektar einem durchschnittlichen Verlust von 8,6 Hektar **pro Minute, dies entspricht der Fläche von rund zwölf Fußballfeldern.**

Waldverluste

An der Spitze der Staaten mit Waldverlusten steht Brasilien (984 Tsd. Hektar pro Jahr), Indonesien (684 Tsd. Hektar), Myanmar (546 Tsd. Hektar), Nigeria (410 Tsd. ha) und Tansania (372 Tsd. Hektar). Bezogen auf die Gesamtfläche hat kein Staat mehr Wald verloren als Nigeria: Zwischen 2010 und 2015 sind jährlich 5 % der Waldfläche verloren gegangen.

Waldzuwächse

An der Spitze der Staaten mit Waldzuwächsen stand mit großem Abstand China mit einem Plus von 1,5 Millionen Hektar. Es folgten Australien (308 Tsd. Hektar), Chile (301 Tsd. Hektar), die USA (275 Tsd. Hektar) sowie die Philippinen (240 Tsd. Hektar).

Derzeit beträgt weltweit der Waldzuwachs jährlich etwa 3,3 Millionen Hektar. In den Jahren 2000 bis 2005 lag der Zuwachs noch bei jährlich 5,9 Millionen Hektar. Da sich die Zuwachszahlen verringern, ist bei Fortsetzung dieser Tendenz mittelfristig weltweit wieder mit einer Abnahme der Waldflächen zu rechnen.

Die Urwälder sind als Ökosysteme einzigartig und sind für viele natürliche Kreisläufe unverzichtbar. In ihren Böden und Wäldern sind große Mengen Kohlenstoff gespeichert, die bei der Abholzung als Treibhausgas (Kohlendioxid) in die Atmosphäre abgegeben werden.

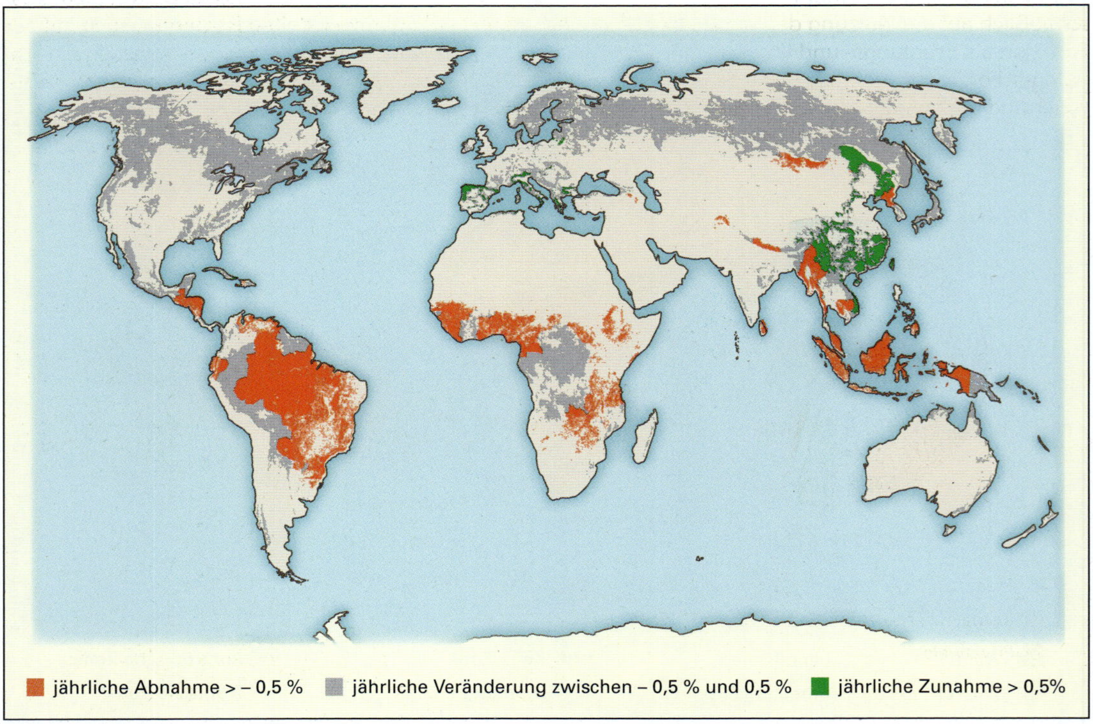

Bild 1: Veränderungen im weltweiten Waldbestand, Quelle: Food and Agriculture Organization (FAO): Global Forest Resources Assessment 2015

Durch die Abholzung fallen die alten Baumbestände, die für die Akkumulation von Kohlenstoff besonders wichtig sind, auch für die Zukunft aus. Umso dramatischer ist es, dass sich die mit Urwäldern bedeckte Fläche in den Tropen seit 1990 um 10 % reduziert hat.

2.1.1.1 Aufgaben des Waldes

Weltweit erfüllen Wälder neben vielfältigen anderen Aufgaben vorrangig zwei Hauptaufgaben:

- Der Wald bietet Schutz und Lebensraum für etwa zwei Drittel aller Pflanzen- und Tierarten der Erde. Dieser Lebensraum für biologische Vielfalt *(biological diversity)* ist insbesondere durch die starke Abholzung des tropischen Regenwaldes gefährdet. Man geht davon aus, dass der dadurch entstehende Verlust täglich etwa 100 Arten umfasst.
- Dem Wald kommt, nach den Ozeanen, die zweitwichtigste Bedeutung für das Erdklima zu. In den Wäldern und den Waldböden der Erde wird mehr als die doppelte Menge an klimaschädlichem Kohlenstoff gespeichert als in der Atmosphäre vorhanden ist. Durch die starke Entwaldung der vergangenen Jahrzehnte wurde dieser in Form des umweltschädigenden Kohlenstoffdioxids CO_2 freigesetzt und nicht mehr in Wasser und Sauerstoff umgewandelt.

Neben den genannten Aufgaben spielt der Wald aber auch für den Wasserkreislauf eine wichtige Rolle. Er filtert das Wasser und hält die Bodenfeuchtigkeit länger als unbewaldete Böden, weil die Verdunstung aus dem Waldboden und die Abgabe des Wassers durch die Blätter der Bäume nur langsam vor sich geht. Der Wald ermöglicht damit eine ausgeglichene Wasserführung der Bäche und Flüsse, vor allem während der Schneeschmelze. Die Gefahr von Überschwemmungen ist in waldreichen Gebieten weit geringer als in waldarmen Gebieten. Der Wald verhindert den Abtrag des Oberbodens durch Wind, Wasser, Geröll- und Schneelawinen und damit die Verkarstung einer Landschaft. Zudem wird der Grundwasserspiegel durch das Wurzelwerk der Bäume vor dem Absinken geschützt.

2.1.1.2 Wald und seine Nutzung

Natürlich haben die Wälder für den Menschen auch eine wirtschaftliche Funktion. Diese beruht nicht ausschließlich auf der Nutzung des Holzes, sondern, besonders in dichter besiedelten Regionen, auch auf der Funktion als Erholungs- und Freizeitraum. Der dauerhafte Erhalt dieser Hauptfunktionen ist das Ziel nachhaltiger Forstwirtschaft. In vielen Staaten wie auch den Ländern Europas wird dieser Prozess auf politischer und wirtschaftlicher Ebene durch gemeinsame Vereinbarungen abgesichert.

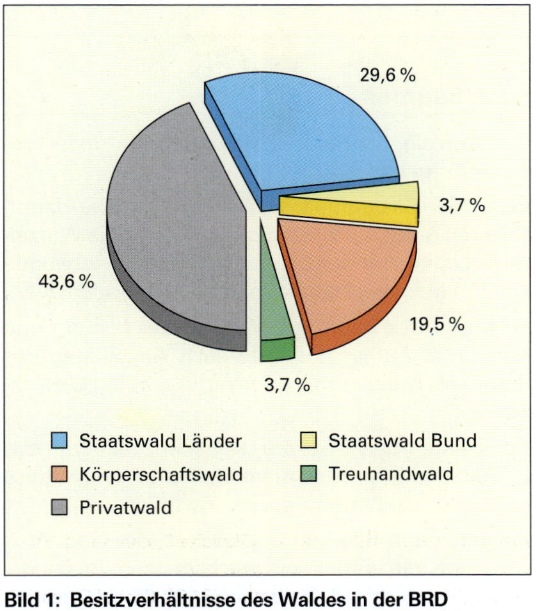

Bild 1: Besitzverhältnisse des Waldes in der BRD

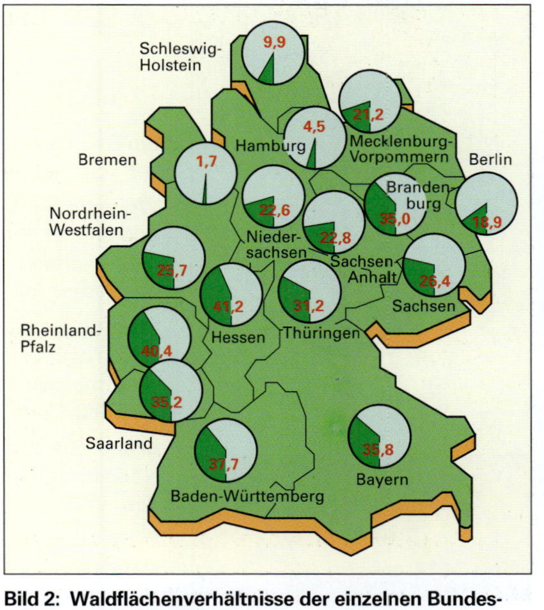

Bild 2: Waldflächenverhältnisse der einzelnen Bundesländer der BRD

2.1.1.3 Waldbestand in der Bundesrepublik Deutschland

Der seit Jahren langsam zunehmende Waldbestand der Bundesrepublik Deutschland umfasst rund 11 Mio. Hektar (110 000 km^2) oder rund 30% der Bodenfläche der Bundesrepublik. Im Vergleich hierzu beträgt der Anteil der Waldfläche an der Bodenfläche Europas rund 36%. Der Wald wird nach seinen Eigentümern in Staatswald (Bund und Länder), Körperschaftswald (Gemeindewald, Stadtwald), Privatwald und Treuhandwald unterschieden.

Bild 1: Besenkroniger Baum

Bild 2: Wipfelschäftiger Baum

2.1.1.4 Waldzustand

Wälder oder Bäume unterliegen vielfältigen Umwelteinflüssen, die sich auf deren Zustand auswirken. Dies können insbesondere klimatische Einflüsse wie Trockenheit oder Sturm, Veränderungen der Luft- und Bodenqualität, aber auch Schädlinge und Pflanzenkrankheiten sein. Die Auswirkungen können insbesondere am Zustand der Baumkronen und an Nadel- oder Blattverlusten abgelesen werden.

Ausgelöst durch ein massives Baumsterben wird der Waldzustand seit Mitte der 80er-Jahre des letzten Jahrhunderts deutschland- und europaweit systematisch erfasst und ausgewertet. Die Ergebnisse werden in Deutschland jährlich im sogenannten Waldzustandsbericht des Bundesministeriums für Verbraucherschutz, Ernährung und Landwirtschaft veröffentlicht.

Ziel des Berichts ist es, die Wirksamkeit verschiedener Maßnahmen zur Umweltverbesserung auch langfristig wissenschaftlich zu bewerten und konkrete forstwirtschaftliche Maßnahmen aus den Ergebnissen abzuleiten. Die jüngeren Untersuchungen zeigen generell eine anhaltende Verbesserung des Zustands von Laub- und Nadelbäumen, aber einzelne Baumarten, wie beispielsweise die Eiche, unterliegen weiterhin regional unterschiedlich starken Schädigungen. (siehe: http://www.bundeswaldinventur.de)

2.1.2 Baum

2.1.2.1 Teile des Baumes

Ein Baum besteht aus Wurzeln, Stamm (Schaft) und Krone. Jeder dieser Teile hat bestimmte Aufgaben.

Wurzeln: Sie bilden in ihrer Gesamtheit das Wurzelwerk. Die Haupt- und Nebenwurzeln dienen der Verankerung des Baumes. Die Wurzelhaare nehmen das zum Leben und Wachstum des Baumes notwendige Wasser mit den in ihm gelösten Nährsalzen aus dem Boden auf.

Stamm: Er trägt die Krone des Baumes und dient der Leitung und Speicherung der Nähr- und Aufbaustoffe. Je nach Ausbildung des Stammes wird der Baum als besenkronig oder wipfelschäftig bezeichnet **(Bild 1 und Bild 2)**.

Krone: Sie besteht aus Ästen und Zweigen, Knospen, Blättern bzw. Nadeln, Blüten und Früchten. Die Krone dient über die Fotosynthese dem Wachstum des Baumes, außerdem dessen Fortpflanzung.

Die Krone ist bei freistehenden Bäumen voll ausgebildet (sog. Freistandsbäume), bei Bäumen, die im Bestand wachsen (sog. Bestandsbäume) schwach, bei Bäumen, die am Waldtrauf wachsen (sog. Traufbäume) einseitig.

2.1.2.2 Ernährung des Baumes

Der Baum bildet seine zum Leben und Wachsen notwendigen Aufbaustoffe selbst.

Dazu nimmt der Baum durch zahlreiche **Spaltöffnungen** an der Unterseite der Blätter Kohlenstoffdioxid aus der Luft und durch die Wurzeln Wasser und anorganische Stoffe aus dem Boden auf. Das Kohlenstoffdioxid und das Wasser werden in den Blättern mithilfe des Blattgrüns und des Sonnenlichts als Energiequelle zu Zucker und Stärke umgewandelt. Der dabei freiwerdende Sauerstoff wird durch die Spaltöffnungen der Blätter wieder an die Luft abgegeben. Die Umwandlung der vom Baum aufgenommenen anorganischen, körperfremden Stoffe in organische, körpereigene Stoffe nennt man **Assimilation**. Da diese Umwandlung nur bei Licht, d.h., nur am Tage stattfindet, nennt man diesen Vorgang auch **Fotosynthese (Bild 1)**. Die Nadeln erfüllen grundsätzlich die gleiche Funktion wie die Blätter.

Aus dem Zucker und der Stärke bildet der Baum weitere körpereigene, organische Stoffe, erst Glukose, dann Zellulose, Lignin, Harze und Fette. Dazu benötigt er verschiedene Grundstoffe, wie zum Beispiel Nährstoffe. Diese in dem Bodenwasser gelösten Nährsalze enthalten z.B. Stickstoff, Phosphor, Silicium, Schwefel, Kalium, Kalzium, Magnesium und Eisen und werden von den Wurzeln aufgenommen.

Zur Umwandlung von Zucker und Stärke in körpereigene organische Stoffe wird Sauerstoff benötigt, den der Baum durch die Rinde und die Zellen der Wurzeln aufnimmt. Dabei wird Kohlenstoffdioxid abgegeben. Diesen Vorgang nennt man **Dissimilation** oder Atmung. Die Dissimilation findet vornehmlich nachts statt. Dabei wird vom Baum kein Sauerstoff abgegeben, sondern aufgenommen.

Die Aufnahme des Wassers und der in ihm gelösten Nährsalze erfolgt hauptsächlich durch die Saugkraft der Wurzeln bzw. den **Wurzeldruck**. Durch die Verdunstung, die sog. **Transpiration**, des Wassers über die Spaltöffnungen in den Blättern entsteht ein Sog, der das Bodenwasser durch die Leitzellen des Splintes, dem Xylem, bis zu den Blättern und Nadeln hochzieht.

Der Wassertransport wird zusätzlich durch Diffusion und **Osmose** sowie durch Kohäsions- und Kapillarkräfte unterstützt. In den Bastzellen, dem **Phloem**, werden die körpereigenen Aufbaustoffe zu den Wachstumszonen und in die Speicherzellen der Wurzeln, des Stammes und der Äste geleitet.

Die Aufbaustoffe werden vom Baum zur Zellbildung bzw. zum Wachstum gebraucht. Dieses Wachstum läuft nach bestimmten Gesetzmäßigkeiten in den Wachstumszonen, insbesondere im Kambium, ab.

Neben dem Wachstum der Bäume läuft die Zersetzung der abgestorbenen Blätter, Äste und anderer Baumteile auf und im Boden ab.

Pilze und Bakterien zersetzen das organische, pflanzliche Material wieder in CO_2, Wasser und Mineralstoffe. Der Wald erzeugt somit keinen Abfall, er nutzt die aus dem Zersetzungsprozess entstandenen Stoffe wieder als Nährstoffe.

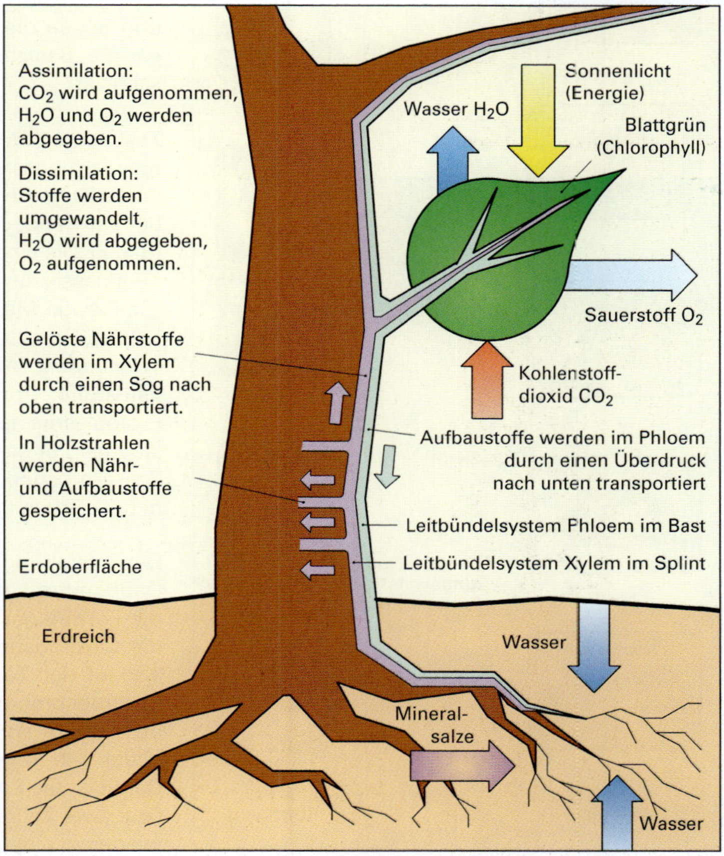

Bild 1: Fotosynthese und Transportsystem des Baumes

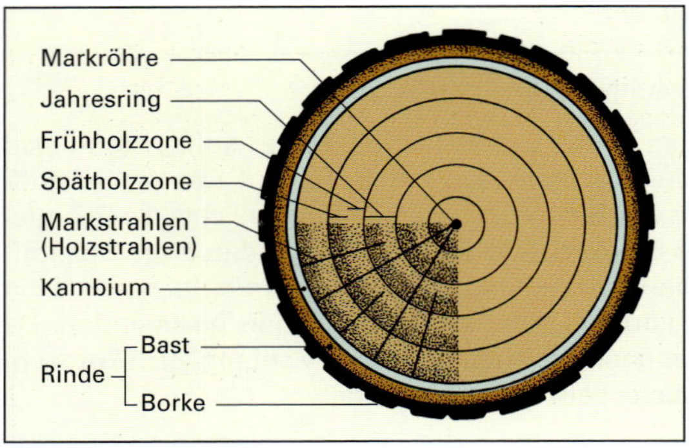

Bild 1: Zellverbände im Stammquerschnitt

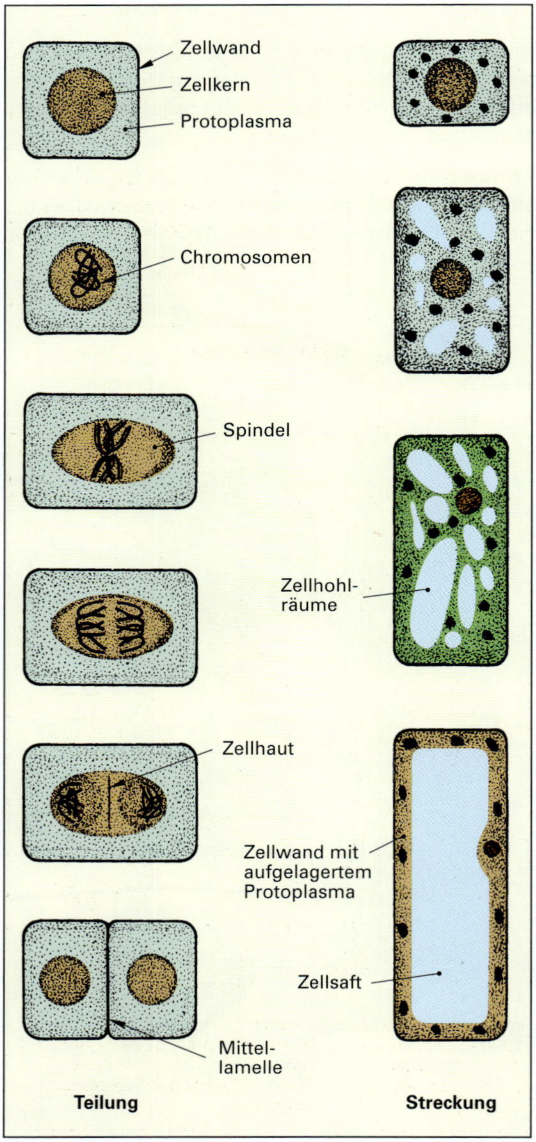

Bild 2: Zellteilung und Zellstreckung (schematisch)

2.1.2.3 Wachstum des Baumes

Das Wachstum des Baumes beginnt in unseren Breiten im Frühjahr und dauert bis zum Spätsommer und Herbst. Während der Wintermonate wächst der Baum nur geringfügig.

Das **Längenwachstum** (primäres Wachstum) beginnt mit dem Austrieb der End- oder Triebknospen des Stammes, der Äste und Zweige. In den Knospen befinden sich Wachstums- oder Vegetationszonen, in denen sich die Zellen fortlaufend teilen und danach strecken. Das Längenwachstum des Baumes setzt sich fort über eine entsprechende Zellstreckung im Kambium.

Das **Dickenwachstum** (sekundäres Wachstum) des Baumes erfolgt nur im Kambium. Das **Kambium** ist eine dünne Zellschicht, die einem Zylinder ähnlich um die Holzteile des Baumes liegt **(Bild 1).** Im Kambium werden während der Wachstumsperiode drei Arten von Zellen gebildet: teilungsfähige Zellen zu seiner eigenen Vergrößerung und, auf den Stammquerschnitt bezogen, Bastzellen an seiner Außenseite sowie Holzzellen an seiner Innenseite **(Bild 1).** Ein Teil der Bastzellen verholzen und bilden die Rindenschicht. Deren Aufgabe ist es, die Bastzone vor äußeren Einwirkungen zu schützen.

Zellbildung: Holzzellen bilden sich über mehrere Entwicklungsstufen aus teilungsfähigen Zellen. Teilungsfähige Zellen bestehen im Wesentlichen aus der **Zellwand,** dem **Protoplasma** und dem **Zellkern (Bild 2).** Die einer Haut ähnelnde Zellwand ist dünn, durchlässig und weich. Das Protoplasma ist eine zähflüssige Masse aus Wasser mit darin gelösten Salzen, Eiweißen, Fetten, Säuren und besonderen Wirkstoffen. Außerdem enthält sie Zucker und Farbstoffe. Von den einzelnen Bestandteilen im Protoplasma ist der Zellkern der wichtigste Bestandteil. Er steuert alle Vorgänge in der Zelle. Im Zellkern befinden sich die Chromosomen, die Träger der Erbanlagen einer Zelle bzw. eines Baumes.

Die Entstehung neuer Zellen erfolgt durch Teilung. Dabei nimmt zunächst der kugelförmige Zellkern die Form einer Spindel an. Zugleich spalten sich die Chromosomen der Länge nach. Im weiteren Verlauf der Teilung wandert die eine Hälfte der Chromosomen an die eine Spindelspitze, die andere Hälfte an die andere Spindelspitze. Danach bildet sich in der Mitte der Spindel eine Zellhaut. Damit ist die Zellteilung abgeschlossen **(Bild 2).** Es sind zwei Zellen entstanden, wovon die eine sich wieder zu einer teilungsfähigen Zelle weiterentwickelt.

Die teilungsfähige Zelle ist die kleinste Organisationsform des Lebens. Nach der Zellteilung bzw. nach dem Absterben des Protoplasmas wird am Zellbegriff festgehalten. Die jetzt gemeinte Zelle besteht lediglich aus der Zellwand, die einen z. B. mit Luft oder Wasser gefüllten Hohlraum umschließt.

Die nicht mehr teilungsfähige Zelle beginnt, sich zu strecken. Durch das Strecken erreichen die Zellen oft ein Vielfaches ihrer Länge. Außerdem nimmt der Durchmesser der Zelle zu. Durch diese Vergrößerung entstehen im Protoplasma Hohlräume, die sich immer mehr vergrößern. Wenn das Längen- und Dickenwachstum abgeschlossen ist, liegt das Protoplasma als dünne Schicht auf der Innenseite der Zellwand **(Bild 2, Seite 28)**.

Die Zellwand der nicht mehr teilungsfähigen Zelle verdickt sich vor allem durch Auflagerung von Zellulose und Lignin. Die langen Fäden der Zellulose bilden das aus mehreren Schichten bestehende tragende Gerüst, in das Lignin eingelagert wird. Erst durch das Einlagern von Lignin in das aus Zellulose gebildete Zellgerüst entsteht „Holz“. Die fertige Holzzelle, die mit benachbarten Holzzellen in Verbindung steht, ist fest, steif und von endgültiger Form.

Die langgestreckten Zellen, die überwiegend in Stammlängsrichtung angeordnet sind, stellen die Verbindung zwischen Wurzeln und Blättern bzw. Nadeln dar. Sie stützen den Baum in sich und geben ihm Festigkeit. Außerdem bilden sie ein Leitungs- und Speichersystem für Nähr-, Aufbau- und Speicherstoffe.

Der bei der Zellvergrößerung entstandene Hohlraum füllt sich mit Zellsaft, einer wässrigen Lösung aus verschiedenen Mineralsalzen. Diese Lösung dient dem Baum als Nährstoff **(Bild 1, Seite 27)**.

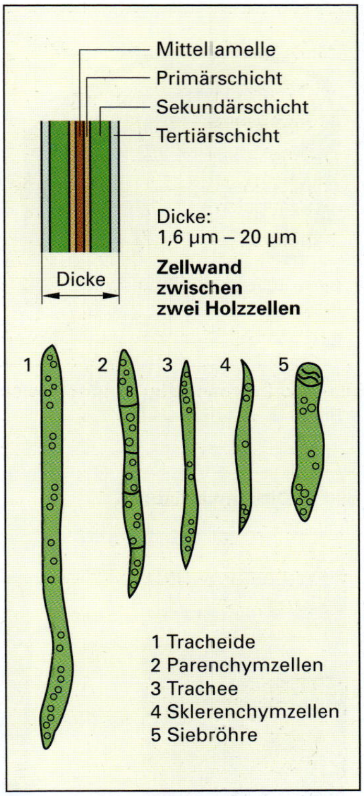

Bild 1: Holzzellen

Holzzellen, die nicht mehr als Transportweg für Nährstoffe gebraucht werden, bestehen aus der Zellwand und dem Zellhohlraum. Bei diesen Zellen ist der Zellhohlraum teilweise oder ganz mit Ablagerungs- oder Holzinhaltsstoffen, wie z. B. mit Fett, Öl, Harz, Wachs, Terpentin, Gerb- und Farbstoff gefüllt.

Die fertig ausgebildeten Holz-Einzelzellen sind bei Nadelholz zwischen 0,7 mm und 11 mm lang bei einem Durchmesser zwischen 4 µm und 80 µm. Laubholzzellen sind zwischen 0,1 mm und 2 mm lang bei einem Durchmesser zwischen 5 µm und 500 µm (1 µm = 1/1000 mm). Die Einzelzellen stehen untereinander in direkter Verbindung, bei Nadelhölzern über sog. Hoftüpfel, bei Laubhölzern über sog. Siebporen oder Siebplatten am Zellende **(Bild 1 und Bild 2, siehe auch Bild 2, Seite 33)**.

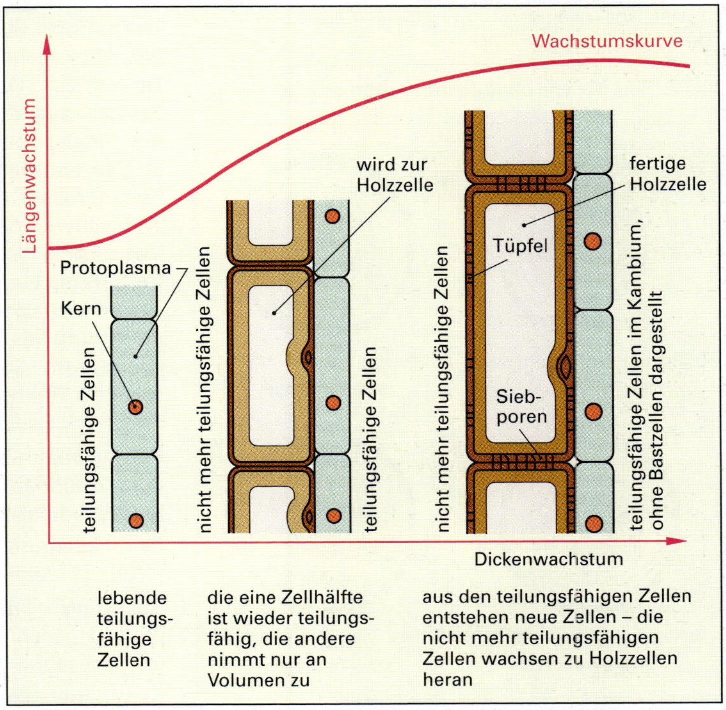

Bild 2: Dicken- und Längenwachstum durch Zellteilung (Längsschnitt)

2.1.2.4 Aufbau des Stammes

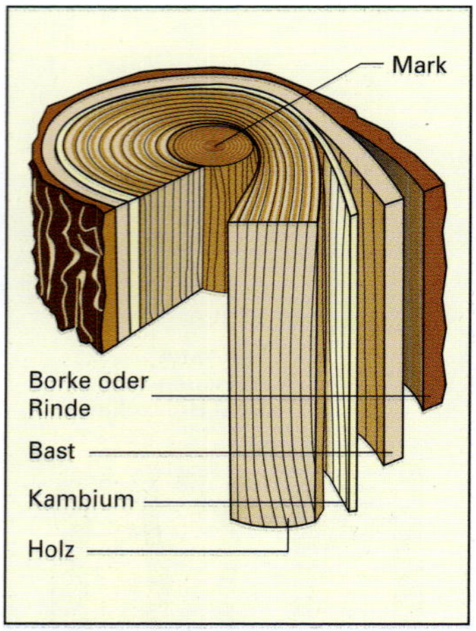

Bild 1: Dickenwachstum

Im Quer- und Längsschnitt des Stammes ist die Anordnung der während der Wachstumsperiode entstandenen Zellen zu erkennen. Die Zellen bilden bestimmte Zonen **(Bild 1)**.

Bastzellen bilden nach außen die **Rinde** bzw. die **Borke.**

Holzzellen sind die nach innen, dem **Mark** zu liegenden Zellen.

Kambium ist die Wachstumsschicht, die sich zwischen der Bastschicht und den Holzzellen befindet.

Borke besteht aus dem abgestorbenen äußeren Teil der Rinde. Durch das Wachstum reißt die Borke auf.

Frühholz setzt sich zusammen aus Zellen, die sich im Frühjahr und Sommer bilden. Diese Zellen sind weiträumig bzw. großlumig, dünnwandig und von heller Farbe.

Spätholz besteht aus Zellen, die im Spätsommer und Herbst entstehen. Sie sind kleinlumig und dickwandig. Durch die unterschiedliche Lichtbrechung erscheint Spätholz dunkler als Frühholz.

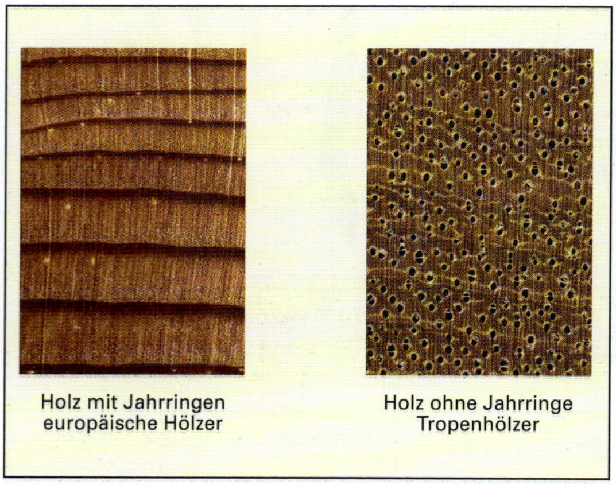

Bild 2: Holz mit und ohne Jahrringe (Hirnschnitt)

Jahrringe setzen sich zusammen aus Früh- und Spätholz. An der Zahl der Jahrringe lässt sich das Alter eines Baumes ablesen.

Bei Tropenholz treten an die Stelle der Jahrringe unregelmäßige und wenig ausgeprägte Zuwachszonen. Deshalb haben Tropenhölzer einen kaum sichtbaren oder einen unregelmäßigen Verlauf der Jahrringe **(Bild 2).**

Die äußeren Jahrringe dienen der Saft- bzw. Wasserführung des Baumes. Dieser Teil des Holzes wird **Splintholz** genannt. Manche Baumarten haben nur einen schmalen Splintholzring, bei anderen geht das Splintholz vom Mark bis zum Kambium durch. Bei einer großen Zahl von Baumarten tritt mit zunehmendem Alter eine Verkernung des Holzes ein. Die älteren, inneren Jahrringe des Splintholzes stellen die Saft- bzw. Wasserführung ein und werden mit Holzinhalts- oder Ablagerungsstoffen wie Gerb- und Farbstoff, Harz, Wachs und Fett gefüllt. Dadurch arbeitet das Holz weniger, wird schwerer, fester und dauerhafter. Tritt mit der Verkernung der inneren Holzschichten auch eine Verfärbung ein, nennt man das Holz **Kernholz.** Holz, das verkernt ist oder nur noch in geringem Maß der Ernährung des Baumes dient, sich aber in der Farbe kaum vom Splintholz unterscheidet, bezeichnet man als **Reifholz.** Man unterscheidet Splintholz-, Kernholz-, Reifholz- und Kernreifholzbäume **(Bild 3).**

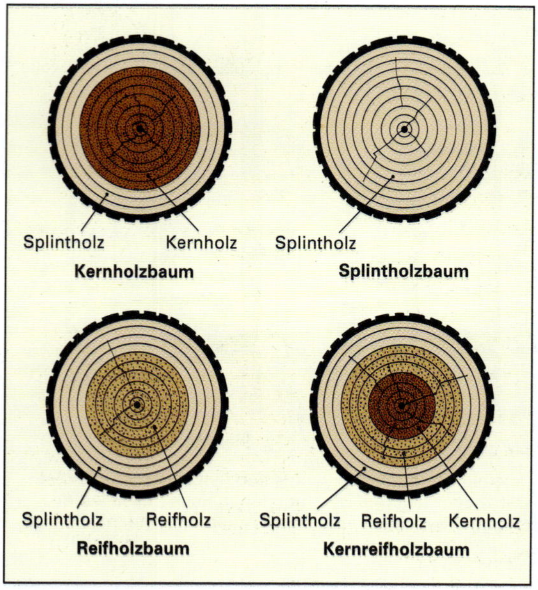

Bild 3: Einteilung der Bäume nach Kern und Splint

Kernholzbäume zeigen deutlich Splint- und Kernholz. Zu ihnen zählen Eibe, Eiche, Kiefer, Lärche, Nussbaum, alle Obstbäume außer Birnbaum.

Reifholzbäume sind z.B. Birnbaum, Feldahorn, Fichte, Linde, Rotbuche und Tanne.

Splintholzbäume haben nur Splintholz, das durchgehend gleichmäßig hart ist. Dazu gehören Berg- und Spitzahorn, Birke, Erle, Weißbuche und Aspe.

Kernreifholzbäume haben Kern-, Reif- und Splintholz. Ein Kernreifholzbaum ist z.B. die Rüster (Ulme).

2.1.2.5 Holzfehler am Stamm

Holzfehler sind Abweichungen vom normalen Wuchs eines Baumes, vor allem seines Stammes **(Bild 1 und Bild 1, Seite 32)**. Ursachen für Holzfehler können insbesondere eine extreme Standortlage des Baumes sowie Ernährungsstörungen und Witterungseinflüsse sein.

Krümmung oder Krummschäftigkeit: Die Krümmung des Schaftes zeigt sich als Abweichung der Baumachse von der Geraden. Das Gegenteil von krummschäftig ist geradschäftig. Schnittholz wie z.B. Kanthölzer und Balken, hergestellt aus krummschäftigen Stämmen, weist durch die angeschnittenen Fasern eine verringerte Biege- und Zugfestigkeit auf. Auf der anderen Seite können aus Krummholz gefertigte, gekrümmte Holzteile aufgrund des gekrümmten Faserverlaufs eine erhöhte Festigkeit aufweisen und z.B. im Boots- und Sitzmöbelbau eingesetzt werden.

Abholzigkeit: Ein Stamm wird als abholzig bezeichnet, wenn die Abnahme des Durchmessers auf 1 m Stammlänge mehr als 1 cm beträgt. Schnittholz aus stark abholzigen Stämmen weist durch die angeschnittenen Fasern eine verringerte Biegefestigkeit auf.

Drehwüchsigkeit: Beim drehwüchsigen Stamm verlaufen die Holzfasern in ihrer Längsrichtung schraubenförmig rechts- oder linksdrehend um den Stamm. Drehwüchsiges Holz wirft und verzieht sich.

Frostleiste und Blitzrinne: Dies sind längs der Stammachse laufende Überwallungswülste, die mehrere Meter lang sein können. Das Ausmaß des Wulstes ist abhängig von der Zahl der Jahrringe, die zur Überwallung des darunterliegenden Risses gebraucht werden. Das Holz ist vor allem aufgrund der Innenrisse für viele Zwecke unbrauchbar.

Zwieselung: Bei der Zwieselung sind zwei oder mehr Stämme der gleichen Baumart in Bodennähe miteinander verwachsen (es entsteht ein Doppelkern) oder es hat sich ein junger Baum gegabelt. Die Zwieselung gilt als Stammformfehler. Das Schnittholz ist häufig für den Tischler unbrauchbar, insbesondere dann, wenn der Doppelkern unvollkommen verwachsen ist. Bei einigen Holzarten, z.B. bei Nussbaum und Mahagoni, ist eine Verarbeitung der Zwiesel zu wertvollem Pyramidenmaserfurnier möglich.

Ästigkeit und Beulen: Ästigkeit ist ein Sammelbegriff für die Häufigkeit des Vorkommens von Ästen. Daneben spielt für die Qualität des Stammholzes die Größe und Beschaffenheit der Äste eine Rolle. Äste können den Nutzwert eines Stammes bzw. die Gebrauchsfähigkeit von Schnittholz stark herabsetzen, manchmal aber können Äste den Schmuckwert einer Oberfläche steigern. Beulen am Stamm sind Überwallungen darunterliegender Äste. Das überwallte Holz kann von Pilzen befallen sein.

Krebswucherung: Krebswucherungen am Baum sind knollen- oder beulenförmige Wucherungen, hervorgerufen durch Holz zerstörende Pilze.

Rot- oder Druckholz: Rotholz bildet sich häufig bei Nadelhölzern als Reaktionsholz bei einseitiger Beanspruchung des Baumes, z.B. durch Wind. Druckholz ist dunkler und spröder als normal gewachsenes Holz, Schnittholz aus Rotholz neigt zum Verziehen.

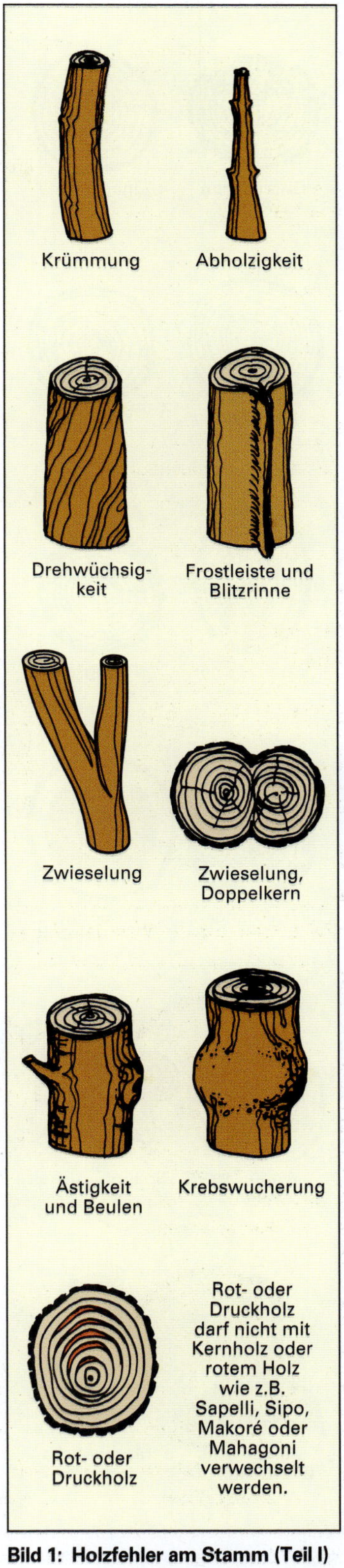

Bild 1: Holzfehler am Stamm (Teil I)

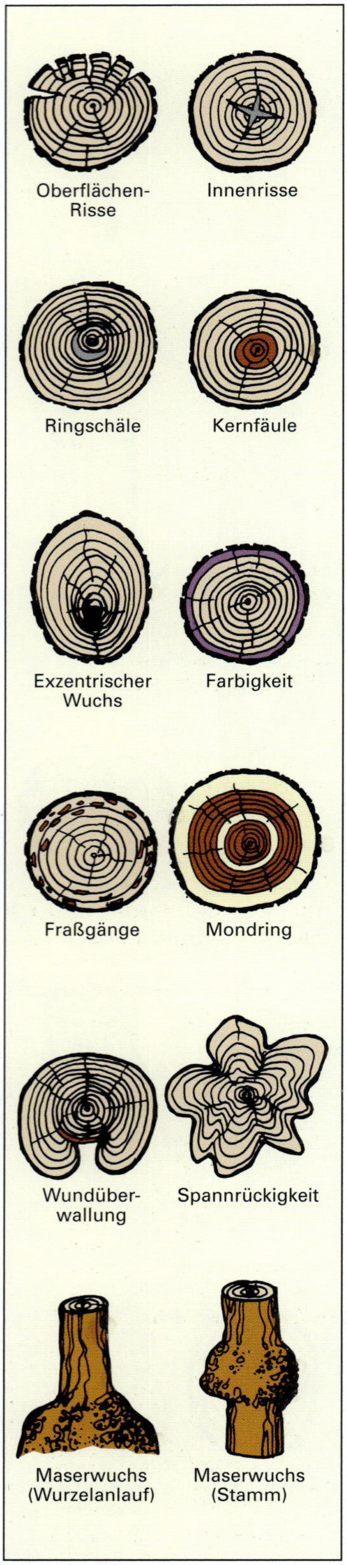

Bild 1: Holzfehler am Stamm (Teil II)

Risse: Stämme können an der Oberfläche sichtbare und im Innern unsichtbare Risse aufweisen. Risse werden immer durch Spannungen verursacht. Risse können daher schon im lebenden Baum entstehen, z.B. durch Wuchsspannungen, Windeinwirkung und Frostperioden. Am häufigsten kommen sie am Stamm gefällter Bäume als Folge von zu rascher Trocknung vor durch dann auftretende Schwind-Zugspannungen. Dabei wird die Rissbildungsgefahr erhöht, wenn der Stamm bereits innere Spannungen aufweist, z.B. bei exzentrischem Wuchs oder bei Reaktionsholz. Der Ringriss, die sog. Ringschäle, geht auf eine Rissbildung innerhalb eines Jahrringes zurück. Jahrringe lösen sich voneinander. Ursache sind hier Spannungen im Holz, vor allem in Zonen ungleicher Jahrringbreiten. Das Holz kann je nach Ausmaß der Risse in seinem Wert erheblich gemindert sein.

Kernfäule: Verschiedene Holz zerstörende Pilze können am wachsenden Baum das Kern- und Reifholz befallen. Erst verfärbt sich befallenes Holz, dann wird der Stamm von innen nach außen zersetzt. Je nach Farbe des zersetzten Holzes wird von Rotfäule (meist bei Nadelhölzern) oder von Weißfäule (meist bei Laubhölzern) gesprochen.

Exzentrischer Wuchs: Bei diesem Wuchsfehler liegt das Mark außerhalb des Mittelpunktes des Stammquerschnittes. Auf der einen Seite des Querschnittes sind die Jahrringe eng zusammengedrängt, auf der gegenüberliegenden Seite sind die Abstände weit. Schnittware aus diesen Stämmen verzieht sich bei ungeeignetem Einschnitt.

Farbigkeit: Unter Farbigkeit werden am Stammquerschnitt sichtbare Farbstreifen und Farbflecken verstanden. Für die Einordnung des Rohholzes in eine Güteklasse spielt das Ausmaß der Farbigkeit keine Rolle.

Fraßgänge oder Fluglöcher von Insekten (Wurmlöcher): Am wachsenden und gefällten Baum kann Holz durch die Fraßgänge und Fluglöcher holzbewohnender Insekten bzw. deren Larven geschädigt und in seinem Wert gemindert sein.

Mondring: Als Mondring wird eine helle, auf dem Stammquerschnitt ringförmig erscheinende Zone bezeichnet. Im Kernholz, vor allem bei Eichen, liegt im Stammquerschnitt ein Splintholzring mit einer geringen natürlichen Resistenz. Außerdem ist der Wert des Holzes durch den Farbfehler gemindert.

Wundüberwallung: Am wachsenden Baum können geschädigte Stellen überwallt werden, eine vollständige Überwallung gelingt selten. Eine überwallte Stelle weist stets Faserabweichungen auf, außerdem ist sie häufig von Pilzen befallen; das Holz hat an Wert verloren.

Spannrückigkeit: Bei diesem Wuchsfehler, der häufig bei der Weißbuche vorkommt, weist der Stamm im Querschnitt stärkere Einschnürungen und Ausbuchtungen bzw. Wellenlinien auf. Aufgrund unausgeglichener Spannungen neigt das Schnittholz stark zum Verzug.

Maserwuchs: Beim Maserwuchs handelt es sich um stark veränderte Holzstrukturen. Stellen mit Maserwuchs kommen am Wurzelanlauf (Wurzelmaserknollen) sowie am Stamm (Maserstamm) vor. Maserwüchsiges Holz ist schwer zu bearbeiten, wird aber wegen seiner besonderen Textur für die Herstellung hochwertiger Furnier- und Drechslerarbeiten verwendet.

2.1.3 Aufbau des Holzes

Holz besteht aus einer Vielzahl von Zellen, die sich nach Art, Form und Aufgabe unterscheiden. Die einzelnen Bestandteile der Zellen bzw. des Holzes gehen aus der chemischen Zusammensetzung hervor.

2.1.3.1 Chemische Zusammensetzung des Holzes

Die chemische Zusammensetzung des Holzes weist größere Unterschiede zwischen den einzelnen Holzarten, geringere zwischen Hölzern der gleichen Art und zwischen den verschiedenen Zonen eines Holzes (z. B. Kern und Splint) auf.

Hauptbestandteile des Holzes sind Zellulose (zwischen 42% und 51%), Hemizellulose (zwischen 24% und 40%), Lignin (zwischen 18% und 30%), Nebenbestandteile, sog. Extraktstoffe, wie z. B. Harze, Terpentine, Fette, Wachse und Farbstoffe (zwischen 1% und 10%) und Asche, d. h., nicht verbrennbare Bestandteile aus z. B. Kalium, Natrium, Magnesium, Phosphor und Eisenoxid (zwischen 0,2% und 0,8%).

Grundstoffe des Holzes sind Kohlenstoff (etwa 50%), Wasserstoff (etwa 6%), Sauerstoff (etwa 44%) und Stickstoff (bis etwa 0,25%) und die oben genannten Extraktstoffe. Die chemische Zusammensetzung von Zellulose und Lignin ist ähnlich **(Bild 1)**.

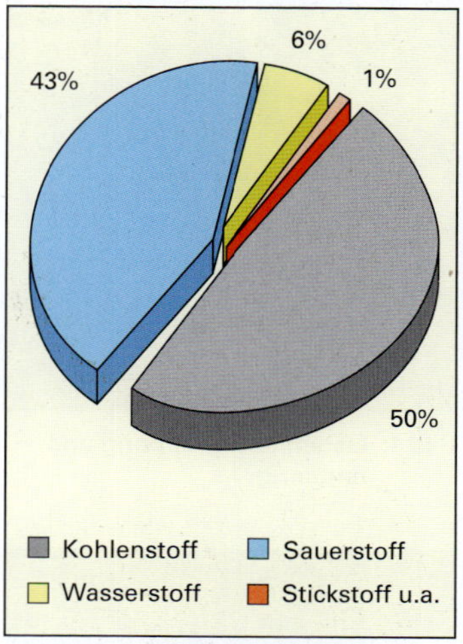

Bild 1: Chemische Zusammensetzung des Holzes

2.1.3.2 Zellarten

Holzzellen müssen verschiedene Aufgaben erfüllen. Sie sind diesen Aufgaben entsprechend ungleich beschaffen **(Bild 1 und Bild 2, Seite 29)**.

Benachbarte Zellen sind durch Öffnungen in den Zellwänden, den sog. Tüpfeln, miteinander verbunden. Tüpfel ermöglichen den Wasser- und Stofftransport von Zelle zu Zelle, vor allem in horizontaler Richtung des Stammes.

Die Laubholztüpfel bilden ein netzartiges Geflecht aus feinen Zellulosefäden, sog. Zellulosefibrillen, mit sehr kleinen Öffnungen ohne Verschlusseinrichtung.

Die Nadelholztüpfel, sog. **Hoftüpfel,** sind komplizierter ausgebildet als die Laubholztüpfel. Hoftüpfel sind kleine, durch eine dünne Schließhaut, dem sog. Torus, verschließbare Öffnungen in den Zellwänden **(Bild 2)**. Über die Tüpfelöffnung ist ein Wasser- und Stoffaustausch von Zelle zu Zelle ebenso möglich wie ein Zellverschluss bei einer Verletzung des Baumes. Ein Tüpfelverschluss ist irreversibel, er erschwert das Trocknen und Imprägnieren von Holz.

Nadelhölzer wie Fichte, Kiefer und Lärche enthalten in speziellen Zellen Harz, das über **Harzgänge** oder Harzkanäle an die verschiedenen Holzzonen weitergeleitet wird. **Harzgallen** oder Harztaschen sind mit Harz gefüllte flache Hohlräume innerhalb vergrößerter Harzgänge.

Tanne, Eibe, Zypresse und Wacholder haben keine Harzgänge; bei ihnen befindet sich das Harz im Bereich der Außen- oder Rindenzone.

Die Anzahl und der Durchmesser der Zellen innerhalb eines Jahrringes sind bestimmende Faktoren dafür, ob ein Holz als **feinjährig** oder als **grobjährig** bezeichnet wird. Die Begriffe fein- und grobjährig sind maßlich nicht festgelegt **(Bild 3)**.

Zellarten

Nadelbäume haben:
Tracheiden, Siebröhren, Parenchymzellen, Harzgänge.

Laubbäume haben:
Tracheen, Sklerenchymzellen, Parenchymzellen, Siebröhren.

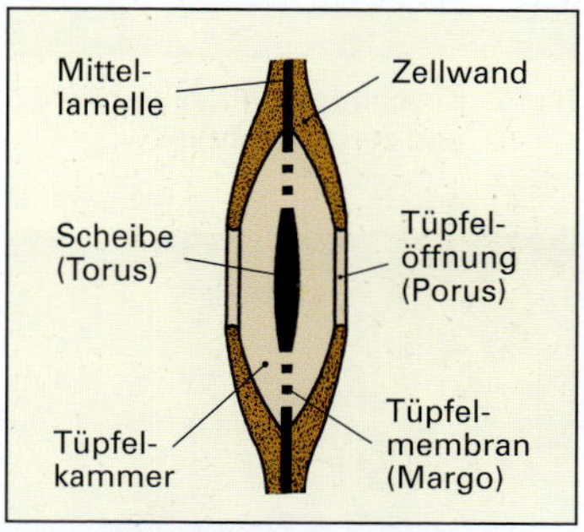

Bild 2: Hoftüpfel (Schema)

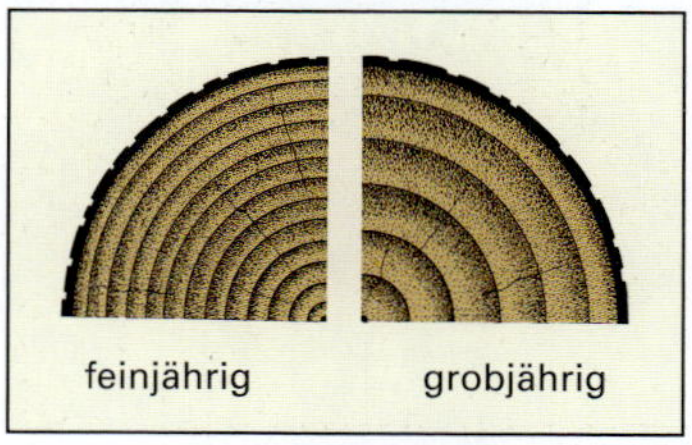

Bild 3: Fein- und grobjähriges Holz

Bild 1: Eichenholz, grobporig und ringporig

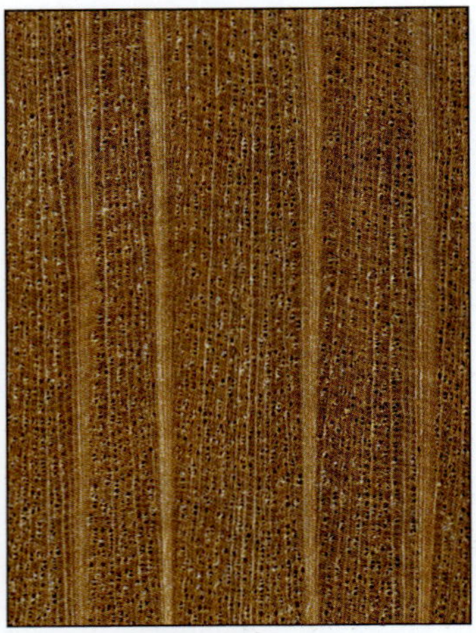

Bild 2: Kirschbaumholz, feinporig und zerstreutporig

Bild 3: Holz- oder Markstrahlen

Sklerenchymzellen, auch Stütz-, Festigungs- oder Libriformzellen genannt, sind schmale, an den Enden spitz zulaufende und ineinander verzahnte Zellen mit dicken Wänden. Sie bilden die Hauptholzmasse der Laubhölzer und haben die Aufgabe, dem Holz seine Festigkeit zu geben, z. B. Zug- und Druckfestigkeit.

Tracheen, auch als Leitzellen, Gefäße oder Poren bezeichnet, sind röhrenartige Zellen, die miteinander zu einem durchgehenden aufwärts gerichteten Leitungssystem verbunden sind und für die Leitung des von den Wurzeln aufgenommenen Wassers und der darin gelösten anorganischen Nährstoffe dienen. Diese Zellen sind in einer Zone des Splintes der Laubhölzer enthalten. Die Zone, in der die Tracheen vorkommen, wird Xylem genannt.

Leitzellen sind im Hirnholz als Poren, im Langholz als nadelfeine Vertiefungen sichtbar. Die Größe und Verteilung dieser Zellen im Holz beeinflussen die Holzstruktur und sind ein wichtiges Erkennungsmerkmal der verschiedenen Holzarten. Eiche, Esche, Nussbaum und Ulme haben z. B. so große Poren, dass man sie mit dem bloßen Auge erkennen kann. Das Holz dieser Baumarten wird als **grobporig** bezeichnet **(Bild 1)**. Bei Ahorn, Birnbaum, Linde, Birke und Buche sind die Poren ohne Lupe nicht zu erkennen. Es sind **feinporige** Hölzer **(Bild 2)**. Nach der Verteilung der Poren im Hirnholz unterscheidet man **ringporige** und **zerstreutporige** Hölzer **(Bild 1 und Bild 2)**. Ahorn, Birnbaum, Buche z. B. sind zerstreutporig, Eiche, Esche und Ulme dagegen ringporig.

Siebröhren (im Laubholz) und **Siebzellen** (im Nadelholz) bilden im Bast ein weiteres Leitungssystem. Die einzelnen Röhren bzw. Zellen sind insbesondere bei Laubhölzern durch siebartige Querwände, sog. Siebplatten, voneinander getrennt. Dieses Leitungssystem ist abwärts gerichtet. Es dient dem Transport der in den Blättern bzw. Nadeln gebildeten organischen Aufbaustoffe, der Assimilate. Die Assimilate, hauptsächlich Zucker, sind in Wasser gelöst. Die Zone im Bast, in der Siebröhren und Siebzellen vorkommen, wird Phloem genannt **(Bild 1, Seite 28)**.

Tracheiden, die nur bei Nadelhölzern vorkommen, sind Zellen, die einerseits dem Holz Festigkeit geben und andererseits die Aufgaben aufwärts gerichteter Leitzellen übernehmen. Die Tracheiden bilden bei den Nadelhölzern mit ca. 95 % die Hauptholzmasse. Die Querschnittsform dieser Zellen ist nahezu rechteckig.

Parenchym- oder Speicherzellen kommen bei Laub- und Nadelhölzern vor. Sie dienen der Speicherung von Nähr- und Aufbaustoffen sowie von Stoffwechselprodukten. Die gespeicherten Nähr- und Aufbaustoffe benötigt der Baum vor allem zum Austrieb der Knospen und Blüten im Frühjahr, nicht mehr gebrauchte Stoffwechselprodukte werden gelagert. Die dünnwandigen Speicherzellen liegen vereinzelt in Faserrichtung, in der Hauptsache aber quer dazu, strahlenförmig vom Mark ausgehend **(Bild 3)**. Sie reichen bis in den Bast. Man nennt deshalb die horizontal verlaufenden Speicherzellen auch Mark- bzw. Holzstrahlen. Die Holzstrahlen sind besonders im Radial- oder Spiegelschnitt des Eichenholzes als sog. „Spiegel" sichtbar. Holzstrahlen spielen für die Umwandlung des Splintholzes in Kernholz eine wesentliche Rolle, indem in ihnen Kernstoffe entstehen und dort abgelagert werden.

2.1.4 Holzarten

Auf den nachfolgenden Seiten sind ausgewählte Nadelholz- (NH) und Laubholzarten (LH) beschrieben und jeweils auf der gegenüberliegenden Seite abgebildet. Die Handelsnamen werden mit **Kurzzeichen** nach DIN EN 13556, z.B. **Fa**gus **sy**lvatica **(FASY)** für Rotbuche oder **Pic**ea **ab**ies **(PCAB)** für Fichte angegeben, welche die nicht mehr gültige DIN 4076 ablöst.

Die Software **„macroHOLZdata“** enthält Bilder und Beschreibungen von insgesamt 130 Holzarten (15 Nadelholz- und 115 Laubholzarten), Bambus und Kokos in 12-facher Vergrößerung sowie eine Datenbank zur Abfrage von 68 Kriterien zu technologischen Eigenschaften, Strukturmerkmalen und Verwendungszwecken. Anwendungsbeispiele und Beschreibungen wichtiger Funktionen werden in **Bild 1** sowie auf **Seite 578** am Beispiel „Auswahl von Holzarten und Eigenschaften für Terrassendielen und Holzfassaden“ beschrieben.

DIGITAL+

Die Software unterstützt den direkten Vergleich von Querschnitten oder Eigenschaften mehrerer Holzarten. **Bild 1** zeigt die Abfrage von Unterschieden zwischen Holzarten als Merkmals- und Bildvergleich am Beispiel der Gattung *Shorea* in mehreren Schritten mit jeweils dazu gehörigen Menüfenstern:

Schritt 1: Klicken auf das Symbol rechts oben und <*Shorea*> eingeben und die Option <*Select all*> klicken. Dann werden als Suchergebnis die als „Meranti“ gehandelten Holzarten Balau/Bangkirai, Dark Red Meranti, White seraya blau markiert angezeigt. Alternativ können die einzelnen Holzarten auch durch Festhalten der Taste <*Strg*> und Klicken mit der linken Maustaste ausgewählt werden.

Schritt 2: Klicken auf das Symbol (= Differences between taxa). Dann wird in einer Liste ein Vergleich der ausgewählten Holzarten zu allen Merkmalen angezeigt; Unterschiede sind fett hervorgehoben.

Schritt 3: Klicken auf das Symbol (= information about taxa).

Schritt 4: Über die Option <*Vollständige Beschreibung*> und klicken auf die Option <*Display*> erhält man ein Merkblatt zu der jeweils (im Menuefeld oben blau angezeigten) ausgewählten Holzart.

Schritt 5: Über die Option <*Multiple images ...*> und <*First image of all selected taxa*> und bestätigen mit <*Ok*> erhält man als Ergebnis einen direkten Bildvergleich der ausgewählten Holzarten im Querschnitt.

Ergebnis: Die weißen horizontalen Bänder sind Harzkanäle. Die drei Holzarten unterscheiden sich vor allem durch Farbe, Dauerhaftigkeit und Rohdichte.

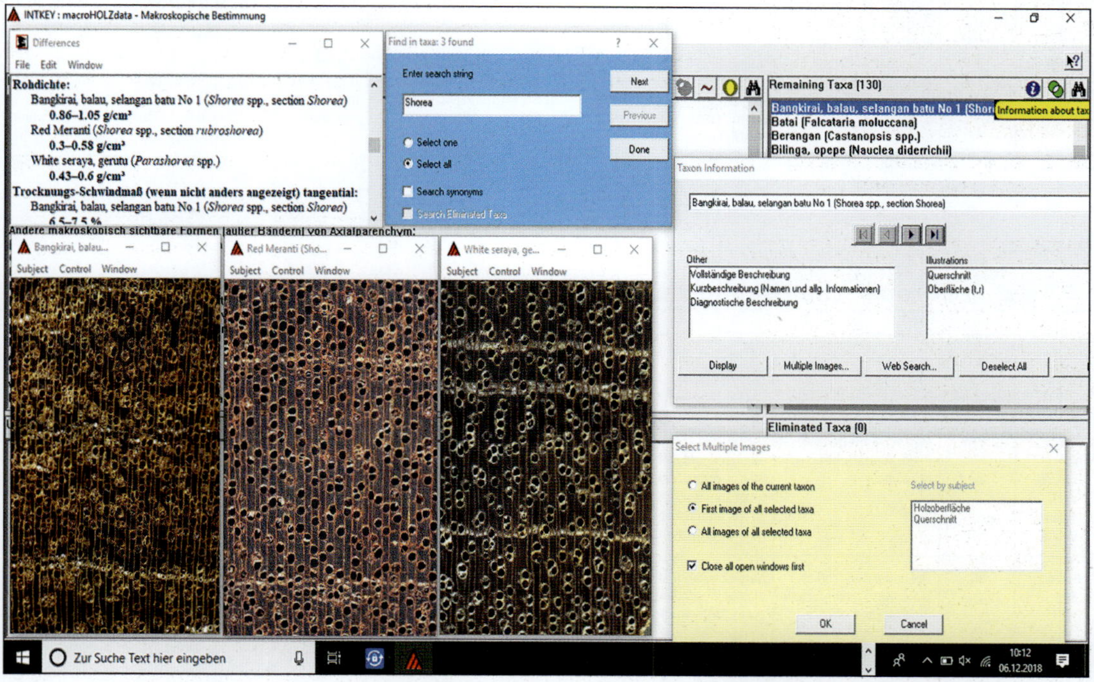

Bild 1: Suchfunktion und Bildvergleich mit macroHOLZdata am Beispiel von Meranti (Shorea-Arten).

2.1.4.1 Europäische Nadelhölzer (NH)

Holzart	Rohdichte in kg/m³ bei 15 % HF	Holzfarbe	Eigenschaften	Verwendung	Beständigkeit Dauerhaftigkeitsklasse	Besonderheiten
Eibe (EIB), TXBC	660	Splint gelblichweiß, Kern rötlich, Altersfarbe rotbraun bis orangebraun, dunkelt stark nach	ziemlich hart, schwer, sehr fest, zäh und elastisch, schwindet wenig, gutes Stehvermögen, gut zu trocknen, keine Harzkanäle, mäßig leicht zu bearbeiten, gute Oberflächenbehandlung	Drechsler-, Schnitzerei- und Bildhauerarbeiten, Messwerkzeuge, Musikinstrumente, bedingt Deckfurniere	witterungsfest, beständig gegen Pilz- und Insektenbefall 2	gehobelte Längsschnittflächen glänzend, markante Fladerung, sehr dekoratives Holz, Knollenmaser besonders gefragt
Fichte (FI), PCAB	470	Splint und Kern gelbweiß bis rötlichweiß, Altersfarbe gelblichbraun	weich bis mittelhart, mäßig leicht, elastisch und fest, schwindet wenig, gutes Stehvermögen, gut zu trocknen, leicht zu bearbeiten, gut zu beizen und zu imprägnieren	Tischler- und Bautischlerarbeiten, Holzwerkstoffe, Schälfurniere, Industrieholz, Papierherstellung	bedingt witterungsfest, nicht beständig gegen Pilz- und Insektenbefall 4	gehobelte Längsschnittflächen seidig glänzend, vorhandene Harzgallen sind auszubohren, Astquerschnitte in der Regel oval
Kiefer (KI), PNSY	520	Splint gelblichweiß bis rötlichweiß, Kern dunkler, dunkelt stark nach	mäßig hart, leicht, elastisch und sehr fest, schwindet wenig, gutes Stehvermögen, gut zu trocknen, leicht zu bearbeiten, ist vor dem Beizen zu entharzen	Möbel- und Bautischlerarbeiten, Fuß- und Parkettböden, Furniere, Sperrholz, Holzwerkstoffe	mäßig witterungsfest, Splintholz nicht beständig gegen Pilz- und Insektenbefall 3–4	gehobelte Längsschnittflächen matt bis wachsig glänzend, sehr harzig, häufig vorkommende Harzgallen sind auszubohren, Kiefernholz verblaut
Lärche (LA), LADC	590	Splint gelblichweiß bis gelb, Kern rötlichbraun, dunkelt stark nach	mäßig hart, mäßig schwer, elastisch und fest, schwindet wenig, gutes Stehvermögen, gut zu trocknen, leicht zu bearbeiten, nur bedingt beiz- und imprägnierbar	Innen- und Außenarbeiten, Möbel, Deck- und Sperrfurniere	bedingt witterungsfest, unter Wasser sehr dauerhaft, wenig anfällig für Pilz- und Insektenbefall 3–4	gehobelte Längsschnittflächen teils matt, teils glänzend, gering harzig, Lärchenholz hat einen aromatischen, angenehmen Geruch
Tanne (TA), ABAL	470	Splint und Kern weiß bis weißgrau, Altersfarbe rötlichgrau	weich, mäßig leicht, elastisch und fest, schwindet wenig, gutes Stehvermögen, gut zu trocknen, leicht zu bearbeiten, gut zu beizen und zu imprägnieren	Tischler- und Bautischlerarbeiten, Holzwerkstoffe, Schälfurniere, Industrieholz, Papierherstellung	mäßig witterungsfest, nicht beständig gegen Pilz- und Insektenbefall 4	gehobelte Längsschnittflächen matt, nicht harzig, Astquerschnitte meist rund, Tannenholz hat einen unangenehmen Geruch
Weymouthskiefer (KIW), PNST	400	Splint weiß bis hellgelb, Kern gelbbraun, dunkelt stark nach	weich, ziemlich leicht, elastisch und mäßig fest, schwindet wenig, gutes Stehvermögen, gut zu trocknen, leicht zu bearbeiten, schwer zu beizen und zu imprägnieren	bedingt für Tischler- und Bautischlerarbeiten, Sperrfurniere, Modellholz, mäßig bedingt als Bauholz	mäßig witterungsfest, nicht beständig gegen Pilz- und Insektenbefall 4	gehobelte Längsschnittflächen matt bis wachsig glänzend, sehr harzig, in vorhandenen Harzgallen sind Harzgallenflicken einzusetzen
Zirbelkiefer (KIZ), PNCM	420	Splint gelblichweiß, Kern rötlichbraun, dunkelt stark nach	weich. leicht, mäßig elastisch und fest, gutes Stehvermögen, gut zu trocknen, leicht zu bearbeiten, schlecht zu beizen und zu imprägnieren	Innenausbau, Vertäfelungen, Möbel, Furniere, Schnitz- und Modellholz, Fuß- und Parkettböden	bedingt witterungsfest, mäßig beständig gegen Pilz- und Insektenbefall 3–4	gehobelte Längsschnittflächen mattglänzend, zahlreiche Harzgänge, auffallend viel verwachsene, kastanienbraune Äste, Astholz weich

2.1.4.2 Europäische Laubhölzer (LH)

Holzart	Rohdichte in kg/m³ bei 15 % HF	Holzfarbe	Eigenschaften	Verwendung	Beständigkeit Dauerhaftigkeitsklasse	Besonderheiten
Ahorn (AH) Bergah. ACPS, Feldah. ACCM	610	Holz weiß bis gelblichweiß, Altersfarbe grauweiß	mäßig hart, mittelschwer, fest, elastisch und zäh, schwindet mäßig, gutes Stehvermögen, neigt zum Reißen, ist langsam zu trocknen, gut zu bearbeiten, gute Oberflächenbehandlung	Furniere, Holzwaren, Haushaltsgeräte, Musikinstrumente	nicht witterungsfest, anfällig gegen Pilz- und Insektenbefall, bei falscher Trocknung blaustreifig 5	gehobelte Längsschnittflächen seidigglänzend, oft wimmeriger, welliger Faserlauf, im Radialschnitt kleine, glänzende „Spiegel" sichtbar
Birke (BI), BEPU	650	Splint weiß bis rötlichweiß, Kern gleichfarben, dunkelt stark nach	hart, schwer, fest, zäh und elastisch, schwindet mäßig, gutes Stehvermögen, mäßig gut zu trocknen, gut zu bearbeiten, gute Oberflächenbehandlung	Tische und Stühle, Fuß- und Parkettböden, Holzgegenstände, Furniere und Sperrholz	nicht witterungsfest, stark anfällig für Pilz- und Insektenbefall 5	gehobelte Längsschnittflächen mattglänzend, feine Porenrillen, im Radialschnitt gelbliche „Spiegel", oft dunkelbraune Flecken, „Markflecken", Faserverlauf unregelmäßig, ausgeprägte flammige Zeichnungen, „geflammt"

Abbildungen der auf Seite 36 beschriebenen Laub- und Nadelholzarten

Eibe

Fichte

Kiefer

Lärche

Tanne

Weymouthskiefer

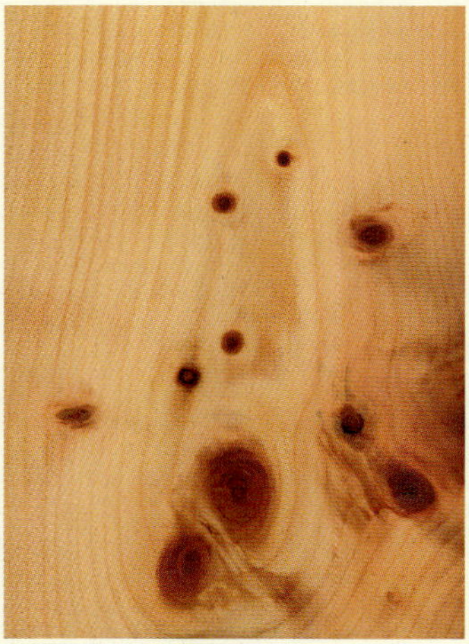

Zirbelkiefer

Ahorn

Birke

Holzart	Rohdichte in kg/m³ bei 15 % HF	Holzfarbe	Eigenschaften	Verwendung	Beständigkeit Dauerhaftigkeitsklasse	Besonderheiten
Birnbaum (BB), PYCM	740	Splint blassgrau bis rötlich, Kern gleichfarben, dunkelt bei älteren Bäumen rotbraun nach	hart, schwer, zäh, wenig elastisch, gutes Stehvermögen, schwer zu trocknen, neigt zum Reißen, bedingt gut zu bearbeiten, gute Oberflächenbehandlung	Furniere für Möbel und Innenausbau, Holzgegenstände, Drechslerholz	nicht witterungsfest, anfällig für Pilz- und Insektenbefall –	gleichmäßige Struktur, oft „geflammt", im Radialschnitt zahlreiche feine Poren, gedämpftes Birnbaumholz ist farbintensiver
Eiche (EI), QCXE	670	Splint grauweiß, schmal, Kern gelbbraun bis lederbraun, dunkelt stark nach	hart, mittelschwer, elastisch, sehr fest, schwindet wenig, gutes Stehvermögen, trocknet langsam, gut zu bearbeiten, bedingt gute Oberflächenbehandlung	Innen- und Außenarbeiten, Bauholz, Fuß- und Parkettböden, Brücken- und Wasserbau, Sperrfurniere, Möbel	Kernholz sehr witterungsfest und dauerhaft, Splintholz sehr anfällig für Pilz- und Insektenbefall (Europa) 2–4	gehobelte Längsschnittflächen schwachglänzend, Porenrillen deutlich sichtbar, im Radialschnitt mattglänzende „Spiegel", säuerlicher Geruch
Erle (ER), Schwarzerle ALGL, Grauerle ALIN	530	Splint rötlichgelb bis gelbrot, dunkelt bräunlich nach	weich, leicht, schwindet mäßig, gutes Stehvermögen, gut zu trocknen, leicht zu bearbeiten, gute Oberflächenbehandlung, Ersatzholz für Nussbaumholz	Modelltischlerarbeiten, Möbel, Musikinstrumente, Bilderleisten, Sperrfurniere, Holzwerkstoffe, Ersatzholz für Nussbaumholz	nicht witterungsfest, stark anfällig für Pilz- und Insektenbefall 5	gehobelte Längsschnittflächen mattglänzend, Porenrillen kaum sichtbar, im Radialschnitt unregelmäßig vorhandene „Spiegel"
Esche (ES), FXEX	690	Splint weißgrau bis weißgelb, Kern gleichfarben, bei alten Bäumen dunkler; Falschkern wird Olivesche genannt	hart, schwer, fest, zäh und biegsam, schwindet wenig, gutes Stehvermögen, mäßig gut zu trocknen, gut zu bearbeiten, gute Oberflächenbehandlung	Wagen- und Karosseriebau, Sportgeräte, Deckfurniere	gering witterungsfest, nicht beständig gegen Pilz- und Insektenbefall, neigt zu Verfärbungen 5	gehobelte Längsschnittflächen mattglänzend, auffallend große Porenrillen; Holz mit welliger Zeichnung wird Wellenesche genannt
Hain- oder Weißbuche (HB), CPBT	770	Splint und Kern gelblichweiß bis grau, ohne Kernfärbung	sehr hart, schwer und zäh, schwindet beim Trocknen stark, reißt und wirft sich, schwer zu bearbeiten, gute Oberflächenbehandlung	Hobelsohlen, Werkzeughefte, Hammer- und Werkzeugstiele	nicht witterungsfest, anfällig für Pilz- und Insektenbefall, verstockt leicht 5	gehobelte Längsschnittflächen schwachglänzend, Jahresringe kaum sichtbar, oft wellig verlaufend, vergilbt gern, sorgfältige Oberflächenbehandlung notwendig
Kirschbaum (KB), PRAV	600	Splint rötlichweiß, Kern dunkler, oft grünstichig oder grünstreifig, dunkelt nach	mäßig hart, mittelschwer, fest, zäh, schwindet und reißt wenig, gut zu bearbeiten, gute Oberflächenbehandlung	Furniere für Möbel und Innenausbau, Holz für Kunstgegenstände, Musikinstrumente	bedingt witterungsfest, anfällig für Pilz- und Insektenbefall –	gehobelte Längsschnittflächen schwachglänzend, im Radialschnitt hellglänzende „Spiegel"
Linde (LI), TIXX	560	Splint weißgelb bis leicht rötlich, sehr breit, Kern gleichfarben, oft grünlich getönt	weich, leicht, zäh und ziemlich elastisch, mäßig biegsam, gutes Stehvermögen, bedingt gut zu trocknen, gut zu bearbeiten, gute Oberflächenbehandlung	Schnitz- und Drechslerarbeiten, Kunstglieder, Zeichentische, Sperrfurniere, Blindholz	mäßig witterungsfest, wenig dauerhaft, anfällig für Pilz- und Insektenbefall 5	gehobelte Längsschnittflächen mattglänzend, gerade faserig, dichtes Gefüge, oft von bräunlichen Streifen durchzogen, im Radialschnitt kleine „Spiegel"
Nussbaum (NB), JGRG	680	Splint weißgrau bis gelbgrau, schmal, Kern graubraun bis rötlichbraun	hart, schwer, fest, zäh und sehr elastisch, schwindet wenig, gutes Stehvermögen, langsam zu trocknen, mäßig gut zu bearbeiten, mäßig gute Oberflächenbehandlung	Möbel- und Innenausbau, Fuß- und Parkettböden, Deckfurniere	mäßig witterungsfest, nicht beständig gegen Pilz- und Insektenbefall 3	gehobelte Längsschnittflächen mattglänzend, Porenrillen gut sichtbar, im Radialschnitt teils feine, teils auffallende „Spiegel", frisch eingeschnitten angenehm säuerlicher Geruch
Pappel oder **Aspe** (PA), POAL	500	Splint weißlich bis weißgrau, Kern bräunlich bis rötlich	sehr weich und leicht porös, schwindet wenig, gutes Stehvermögen, bedingt gut zu trocknen, neigt zum Werfen, leicht zu bearbeiten, mäßig gute Oberflächenbehandlung	Zeichentische, Kunstglieder, Zündhölzer, Sperrfurniere und Blindholz, Möbel, Papier	nicht witterungsfest, anfällig für Pilz- und Insektenbefall (Europa) 5	Holzstruktur gleichmäßig, unauffällige Fladerung, grobjähriges Holz meist filzig
Platane (PLT), PLXH	600	Splint weißlich bis schwach rötlich oder hellbraun, Kern hellbraun bis braun, dunkelt nach	schwer, ziemlich hart, fest, zäh und elastisch, schwindet stark, schlechtes Stehvermögen, bedingt gut zu trocknen, mäßig gut zu bearbeiten, gute Oberflächenbehandlung	Ausstattungsholz, Deckfurniere, Massivholzmöbel	gering witterungsfest, anfällig für Pilz- und Insektenbefall –	gehobelte Längsschnittflächen mattglänzend, im Radialschnitt große glänzende „Spiegel", im Sehnenschnitt rötliche Streifen
Rotbuche (BU), FASY	690	Splintholz und Reifholz gelblichweiß, dunkelt gelbbraun nach	hart, schwer, fest, schwindet sehr stark, geringes Stehvermögen, neigt zum Reißen, ist langsam zu trocknen, gut zu bearbeiten, gute Oberflächenbehandlung	Einfache Möbel, Biegeholz, Treppen, Fuß- und Parkettböden, Sperrholz, Holz für Werkzeug-, Maschinen- und Karosseriebau	nicht witterungsfest, anfällig für Pilz- und Insektenbefall, verstockt leicht 5	gehobelte Längsschnittflächen matt, Porenrillen kaum sichtbar, im Radialschnitt mattglänzende „Spiegel", gedämpftes Buchenholz leicht biegbar
Rüster oder **Ulme** (RU), ULMI	680	Splint gelblichweiß, Reifholz dunkler, Kern hellbraun bis braun, Altersfarbe ausgeglichen	mäßig hart, schwer, fest, schwindet mäßig, gutes Stehvermögen, ist langsam zu trocknen, neigt zum Reißen, schwer zu bearbeiten, gute Oberflächenbehandlung	Furniere, Möbel, Sitzmöbel, Sportgeräte, Fuß- und Parkettböden	nicht witterungsfest, reißt und wirft sich leicht, anfällig für Pilz- und Insektenbefall 4	gehobelte Längsschnittflächen matt bis glänzend, im Radialschnitt kleine „Spiegel", gezackte Fladerung im Tangentialschnitt

Abbildungen der auf Seite 38 beschriebenen europäischen Laubholzarten

Birnbaum

Eiche

Erle

Esche

Hain- oder Weißbuche

Kirschbaum

Linde

Nussbaum, europ.

Pappel oder Aspe

Platane

Rotbuche

Rüster oder Ulme

2.1.4.3 Außereuropäische Nadelhölzer (NH)

Holzart	Herkunftsland	Rohdichte in kg/m³ bei 15% HF	Holzfarbe	Eigenschaften	Verwendung	Beständigkeit Dauerhaftigkeitsklasse	Besonderheiten
Douglasie oder **Oregon pine,** PSMN	Westliches Nordamerika	510	Splint weiß bis gelblichgrau, Kern gelblichbraun bis rotbraun nachdunkelnd	hart, fest, schwindet mäßig, gutes Stehvermögen, gut zu bearbeiten, nachträglicher Harzaustritt störend	Innen- und Außenbau, Vertäfelungen, Verkleidungen, Fußböden, Parkett, Sperrholz	mäßig bis gut witterungsfest, mäßig beständig gegen Pilzbefall 3–4	schmaler Splint, schlecht zu imprägnieren, kann leicht verblauen, harzhaltig, Harzaustritt möglich
Hemlock, Western (HEM), TSHT	Nordamerika	490	Splint gelblichgrau, Kern gelblichbraun, schwach nachdunkelnd	weich, mäßig fest, spröd, schwindet wenig, gutes Stehvermögen, gut zu bearbeiten	Innenausbau, Vertäfelungen, Saunabau, Blindholz	nicht witterungsfest, nicht beständig gegen Pilzbefall 4	feine Struktur, gut zu verleimen, gut zu beizen, schwer zu imprägnieren
Pitch Pine (PIP), PNPL	Südöstliches Nordamerika, Mittelamerika	600	Splint gelblichweiß bis braun, Kern gelblichbraun bis braun, nachdunkelnd	hart, schwer, sehr fest, schwindet mäßig bis gering, gutes Stehvermögen, gut zu bearbeiten	Innen- und Außenbau, Fenster, Türen, Fußböden, Außenverkleidungen	mäßig bis gut witterungsfest, nicht beständig gegen Pilzbefall 3	gut zu imprägnieren, Harzaustritt möglich, Splintholz ist als **Red Pine** (PIR) im Handel
Red Cedar, Western, THPL	Nordwestliches Nordamerika	370	Splint braunstreifig weiß, Kern gelbbraun bis rotbraun, schwach nachdunkelnd	weich, fest, spröd, schwindet gering, gutes Stehvermögen, gut zu bearbeiten	Innen- und Außenbau, Fenster, Türen, Tore, Außenverkleidungen, Sperrholz, Schindeln	witterungsfest, beständig gegen Pilz- und Insektenbefall 2–3	schmaler Splint, gut zu imprägnieren, verfärbt sich dunkel
Redwood, Kalifornisches, SESM	Westliches Nordamerika	430	Splint weiß bis gelblichgrau, Kern rötlich bis violett, nachdunkelnd	weich, sehr fest, leicht, schwindet gering, gutes Stehvermögen, gut zu bearbeiten	Innen- und Außenbau, Außenverkleidungen	witterungsfest, beständig gegen Pilz- und Insektenbefall –	schmaler Splint, gut zu imprägnieren, Verfärbungen bei Berührung mit Metallen

2.1.4.4 Außereuropäische Laubhölzer (LH)

Holzart	Herkunftsland	Rohdichte in kg/m³ bei 15% HF	Holzfarbe	Eigenschaften	Verwendung	Beständigkeit Dauerhaftigkeitsklasse	Besonderheiten
Abachi oder **Obeche,** TRSC	Westafrika	430	Splint und Kern weißgrau bis blassgelb	weich, mäßig fest, schwindet wenig, gutes Stehvermögen, gut zu bearbeiten	Innen- und Außenbau, Modellbau, Absperrfurniere, Blindholz	nicht witterungsfest, verblaut leicht, anfällig für Insekten- und Pilzbefall 5	ungeeignet für Außenarbeiten, schwer zu imprägnieren, Abachi-Geruch verflüchtigt mit zunehmender Austrocknung
Afrormosia (AFR), PKEL	Elfenbeinküste, Kongo	690 streuend	Splint weiß bis hellgrau, Kern gelblichbraun bis oliv, nachdunkelnd	mäßig schwer, hart, zäh, schwindet wenig, gutes Stehvermögen, gut zu bearbeiten, gut beiz- und polierbar	Innen- und Außenbau, Parkettböden, Furniere	witterungsfest, nicht anfällig für Pilz- und Insektenbefall, gerbsäurehaltig 1–2	starker Wechseldrehwuchs, feuchtes Holz, in Verbindung mit Metallen Verfärbungen und Korrosionserscheinungen, beim Trocknen Rissbildung; CITES-geschützt Annex II
Afzelia oder **Doussié,** AFXX	Tropisches Afrika	790	Splint gelblichgrau, Kern hellbraun bis rotbraun, stark nachdunkelnd	ziemlich hart, ziemlich fest, schwindet wenig, mäßig gutes Stehvermögen, mäßig gut zu bearbeiten, spröd	Innen- und Außenbau, Fuß- und Parkettböden, Furniere, Fenster, Treppen	witterungsfest, sehr beständig gegen Pilz- und Insektenbefall 1	schwer zu trocknen, schwer zu imprägnieren, Rissbildung bei frischem Holz
Ebenholz oder **Makassarebenholz** (EBM), DSCL	Südostasien, Indonesien, Westafrika	1050	Splint gelblichweiß bis rötlich, Kern braun bis tiefschwarz	sehr hart, sehr fest, arbeitet wenig, mit geschärften Werkzeugen gut zu bearbeiten, Oberflächenbehandlung bedingt gut	wertvolle Furniere für Möbel und Innenausstattung, Drechslerarbeiten, Kunstgegenstände, Musikinstrumente	witterungsfest, sehr beständig gegen Pilz- und Insektenbefall, termitenfest –	unregelmäßiger Faserverlauf, spröde, Splintholz nicht verwertbar, Gefahr der Rissbildung, durch Schleifstaub Hautreiz
Iroko oder **Kambala** (IRO), MIXX	Tropisches Afrika	630	Splint hellgelb bis grau, Kern grüngelb bis olivbraun, stark nachdunkelnd	mäßig hart, fest, zäh, schwindet mäßig, gutes Stehvermögen; gut zu bearbeiten, mineralische Einlagerungen erschweren jedoch spanende Bearbeitung	Innen- und Außenbau, Fuß- und Parkettböden, Furniere	witterungsfest, beständig gegen Pilz- und Insektenbefall 1–2	schwer zu streichen und zu lackieren, feuchtes Holz in Verbindung mit Metallen führt zu Verfärbungen, Hautreizung durch Holzstaub
Limba (LMB), TMSP	West- und Zentralafrika	560	Splint und Kern hellgelb oder Kern dunkelbraun bis olivgrau, nachdunkelnd	mäßig hart, fest, elastisch, schwindet mäßig, gutes Stehvermögen, gut zu bearbeiten, besonders gut zu beizen	Innenausbau, Sperrholz, Furniere	nicht witterungsfest, nicht beständig gegen Pilz- und Insektenbefall 4	gelegentlich weich und filzig, bei Insektenbefall braune Verfärbung
Mahagoni echtes (MAE), SWMC	Mittel- u. nördliches Südamerika	600 streuend	Splint hellgrau, Kern rotbraun, nachdunkelnd	hart, fest, geringes Schwindmaß, gutes Stehvermögen, gut zu bearbeiten, Oberflächenbehandlung sehr gut	Innenausbau, Schiffs-, Yacht- und Bootsbau, Fenster, Türen, Furniere, Möbel	witterungsfest, beständig gegen Pilz- und Insektenbefall 2	streifig durch Wechseldrehwuchs, besondere Textur bei Pyramidenmahagoni, neigt beim Bearbeiten zum Einreißen; CITES-geschützt Annex II

Abbildungen der auf Seite 40 beschriebenen außereuropäischen Holzarten

Douglasie

Hemlock

Pitch Pine

Western Red Cedar

Redwood

Abachi oder Obeche

Afrormosia

Afzelia oder Doussié

Ebenholz

Iroko oder Kambala

Limba

Mahagoni

Holzart	Herkunftsland	Rohdichte in kg/m³ bei 15 % HF	Holzfarbe	Eigenschaften	Verwendung	Beständigkeit Dauerhaftigkeitsklasse	Besonderheiten
Makoré (MAK), TGHC	Westafrika, Ghana	660	Splint graurosa, Kern hellrot, nachdunkelnd	mäßig hart, sehr biegefest und elastisch, mäßiges Schwindmaß, Stehvermögen befriedigend, gut zu bearbeiten, Oberflächenbehandlung gut	Innenausbau, Möbel, Fahrzeugbau, Schiffs- und Bootsbau, Fuß- und Parkettböden, Furniere, Sperrholz	witterungsfest, beständig gegen Pilz- und Insektenbefall, termitenfest 1	Entzündung der Schleimhäute und Hautrötungen durch Schleifstaub, Glanzstreifen durch Wechseldrehwuchs, natürlicher Glanz
Mansonia oder **Bété** (MAN), MAAL	Westafrika	650	Splint weißgrau, Kern graubraun bis violett, verblassend	mäßig hart, mäßig fest, sehr elastisch, mäßig schwindend, mäßiges Stehvermögen, Rissbildung möglich, gut zu bearbeiten, Oberflächenbehandlung gut	Innenausbau und Möbel, Parkett, Sitzmöbel, Furniere, Drechslerarbeiten	witterungsfest, beständig gegen Pilz- und Insektenbefall, termitenfest 1	härter und fester als Nussbaum; gesundheitsschädlicher Schleifstaub, frisches Holz in Verbindung mit Metallen bewirkt Verfärbungen und Korrosion
Meranti, Dark Red (MER/DRM), SHDR	Südostasien, Philippinen, Indonesien, Malaysia	710 streuend	Splint gelblichgrau, Kern blassrosa bis rotbraun	mäßig hart, fest, zäh; gut zu trocknen, zu bearbeiten, zu nageln und zu schrauben, zu beizen und zu lackieren; Verleimung etwas erschwert, gutes Stehvermögen	Ausstattungsholz für Möbel und Innenausbau, Furniere, Sperrholz; Konstruktionsholz für innen und außen, Fenster, Türen, Boote	im frischen Zustand pilz- und insektenanfällig; ziemlich gut witterungsbeständig 2–4	z.T. auch als **Lauan** bezeichnet; Austauschholz für Sipo und Okume; Handelssortierungen sind White M., Yellow M., Light red M., Dark red. M.
Niangon (NIA), HEXN	Westafrika, Ghana, Gabun, Elfenbeinküste, Liberia	630 streuend	Splint weißlich bis rötlichgrau, Kern hell- bis dunkelrotbraun	gutes Stehvermögen; erschwerte Trocknung, Verklebung und Oberflächenbehandlung; geringe Neigung zum Reißen, befriedigend zu bearbeiten	Furniere, Möbel, Innenausbau (Parkett, Treppen), Konstruktionsholz für innen und außen, Fenster, Türen, Boote	beständig gegen Pilz- und Insektenbefall, gute Witterungsbeständigkeit 3	bei Berührung mit Eisen Korrosionsgefahr; bezüglich der Eigenschaften und Verwendung ähnlich wie Eiche, Sipo, Iroko und Dark Red Meranti
Padouk (PAF), PTXX	Westafrika, Südostasien, Malayischer Archipel	800	Splint weißlichgelb, Kern hell-dunkelrot, nachdunkelnd, später verblassend	sehr hart, sehr schwer, sehr elastisch, mäßig gut zu bearbeiten, schwindet wenig, Oberflächenbehandlung bedingt gut	Parkett, Sitzmöbel, Musikinstrumente, Intarsien, Furniere	witterungsfest, beständig gegen Pilz- und Insektenbefall 1	Wechseldrehwuchs, Innenrisse und Wuchsfehler, grobe Struktur
Palisander ostindischer DLLT, **Palisander Rio-** (PRO), DLNG	Vorderindien, Java Südöstliches Brasilien	850 870	Splint gelblich, Kern violettbraun Splint gelblich, Kern rotbraun bis schwarz	sehr hart, fest, schwindet wenig, gutes Stehvermögen, gut zu bearbeiten mit hartmetallbestückten Werkzeugen; Oberflächenbehandlung wegen öliger Inhaltsstoffe nur bedingt gut	Drechslerarbeiten, Schnitzereien, Wasserwaagen, Druckstöcke, Furniere, Intarsien, Musikinstrumente	witterungsfest, mäßig beständig gegen Pilz- und Insektenbefall –	starker, aromatischer, süßlicher Geruch, Gesundheitsschäden durch Sägespäne und Schleifstaub, bleicht bei Sonneneinstrahlung aus; Gefahr der Rissbildung beim Trocknen; Rio-Palisander ist CITES-geschützt Annex I
Ramin (RAM), GYBN	Südostasien	650	Splint gelblich, Kern gelblich bis hellbraun, schwach nachdunkelnd	mäßig hart, ziemlich fest, schwindet mäßig, mäßiges Stehvermögen, gut zu bearbeiten, Oberflächenbehandlung gut, gut beizbar	Profilbretter für Innenausbau, Furniere, Sperrholz, wichtiges Leistenholz; auch Eicheersatz, Möbel	nicht witterungsfest, anfällig für Pilz- und Insektenbefall, oft schwarzblau verfärbt 5	für Außenverkleidungen ungeeignet, in frischem Zustand unangenehmer Geruch, Werkzeuge schnell stumpf; Gefahr der Rissbildung bei Trocknung; CITES-geschützt Annex III
Sapelli oder **Sapelli-Mahagoni** (MAS), ENCY	Westafrika	650	Splint hellgrau bis gelbweiß, Kern rosafarben, nachdunkelnd	ziemlich hart, fest, zäh und elastisch, mäßig schwindend, Stehvermögen mäßig, mäßig gut zu bearbeiten, neigt zum Einreißen, Oberflächenbehandlung sehr gut	Innen- und Außenausbau, Parkett, Handläufe, Bootsbau, Furniere	mäßig witterungsfest, beständig gegen Insekten, mäßig beständig gegen Pilzbefall 3	gleichmäßig drehwüchsig, spannrückig, Verblauung bei Metallberührung, durch Schleifstaub Hautreizungen; unangenehmer, scharfer Geruch; ausgezeichnete Oberflächen
Sen (SEN), kein neuer Code	Ostasien	520	Splint weißlich bis gelb, Kern weißgelb bis braun	mäßig hart, zäh und elastisch, schwindet mäßig, mäßig gutes Stehvermögen, gut zu bearbeiten, Oberflächenbehandlung gut	Innenausbau, Möbel, Furniere	nicht witterungsfest, anfällig für Pilzbefall –	Farbschwankungen möglich, gelegentlich starke, dunkle Verfärbung; äußerlich eschenähnliches Holz
Sipo (MAU) ENUT	West- und Zentralafrika	590	Splint hellgrau bis rötlich, Kern hellbraun bis braun, nachdunkelnd	ziemlich hart, geringe Festigkeit, schwindet mäßig, Stehvermögen mäßig bis gut, gut zu bearbeiten, Oberflächenbehandlung gut	Innen- und Außenausbau, Bootsbau, Furniere, Fenster, Sperrholz	witterungsfest, beständig gegen Pilz- und Insektenbefall 2–3	dunkle, ringförmige Aderungen; fleckige Verfärbungen möglich; eng verwandt mit Sapelli
Teak (TEK), TEGR	Südostasien, Anbau in Ost- und Westafrika	690	Splint gelblichweiß bis grau, Kern gelbbraun bis dunkelbraun, nachdunkelnd	hart, fest, sehr elastisch, arbeitet wenig, sehr gutes Stehvermögen, schwindet sehr wenig, gut zu bearbeiten, Oberflächenbehandlung bedingt gut	Innen- und Außenausbau, Schiffs- und Wasserbau, Sitzmöbel, Fußböden, Kunstgegenstände, Furniere, Fenster, Außentüren	witterungsfest, beständig gegen Pilz- und Insektenbefall sowie gegen Bohrmuschel und Termiten 1–3	Gesundheitsschäden beim Bearbeiten, Vorbohren beim Nageln und Schrauben erforderlich, starke Abnutzung der Werkzeuge; fettig anfühlend
Wenge (WEN), MTLR	Kamerun, Kongo, Zaire	880	Splint gelblichweiß, Kern braun, nachdunkelnd	hart, fest, elastisch, gutes Stehvermögen, schwindet wenig, neigt zu Splitterbildung, gut zu bearbeiten, Oberflächenbehandlung bedingt gut	Innenausbau und Möbel, Parkett, Treppenbau, Furniere	witterungsfest, beständig gegen Pilz- und Insektenbefall 2	Verleimung nur bedingt gut, oft Splitterbildung, grobe Struktur, Farbe bleicht aus

Abbildungen der auf Seite 42 beschriebenen außereuropäischen Holzarten

Makoré

Mansonia

Meranti

Niangon

Padouk

Rio-Palisander

Ramin

Sapelli

Sen

Sipo

Teak

Wenge

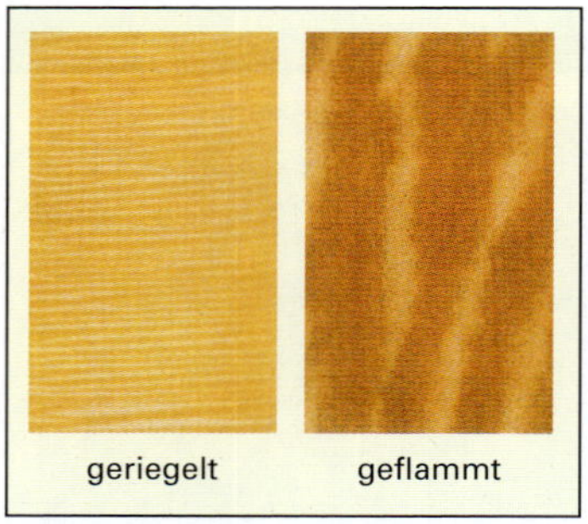

Bild 1: Texturen geriegelt, geflammt

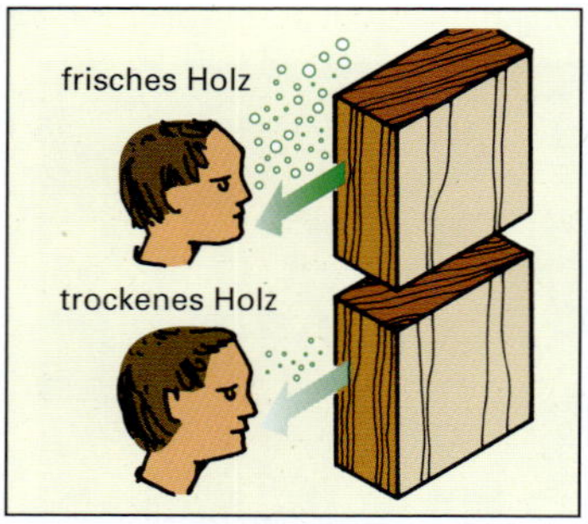

Bild 2: Geruch des Holzes

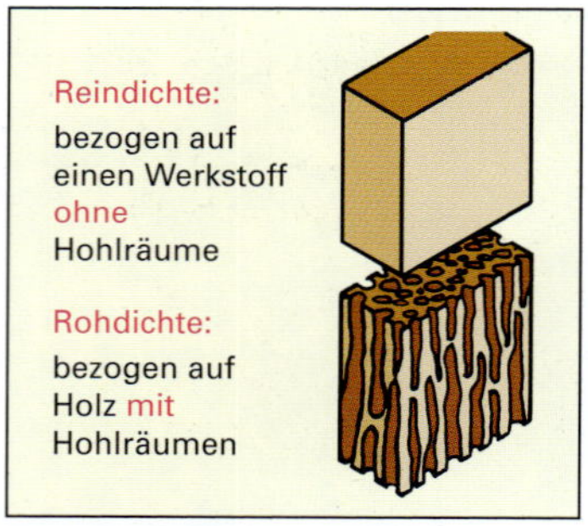

Bild 3: Reindichte und Rohdichte

Tabelle 1: Mittelwerte der Rohdichte bei verschiedenem Feuchtegehalt *u*

Holzart	Rohdichte in g/cm³ $u = 0\%$	Rohdichte in g/cm³ $u = 15\%$
Fichte	0,42	0,47
Kiefer	0,49	0,52
Lärche	0,55	0,59
Tanne	0,43	0,48
Ahorn	0,60	0,61
Eiche	0,65	0,67
Esche	0,67	0,69
Rotbuche	0,68	0,69

2.1.5 Eigenschaften des Holzes

Holzarten unterscheiden sich vor allem durch Struktur (z.B. Textur, Glanz), Inhaltsstoffe (z.B. Farbe, Dauerhaftigkeit, Geruch) und physikalische Eigenschaften (z.B. Rohdichte, Festigkeit). Diese Holzeigenschaften bestimmen, für welche Verwendung das Holz besonders geeignet ist und wie es sich trocknen, mechanisch bearbeiten und kleben lässt oder wie die Oberfläche behandelt werden kann.

2.1.5.1 Holzartendatenbank

Mit der auf DVD beiliegenden **Holzarten-Datenbank macroHOLZdata** können Verwendungszweck, chemische und physikalische Eigenschaften sowie die Struktur der Holzarten (Bilder im Längs- und Querschnitt, Originalfarbe, in 12-facher Lupenvergrößerung) anhand vorgegebener Merkmale gezielt abgefragt und verglichen werden.

Die **Textur,** also Struktur, Färbung und Schnittrichtung (quer, radial, tangential) hängt von der Wuchsrichtung (gerade, wechselwüchsig, drehwüchsig, wellig), dem Anschnitt der Jahresringe bzw. Zuwachszonen (Früh- und Spätholzanteil) sowie von Holzfasern, Kern- und Splintholz, Poren- und Speicherzellen und Holzstrahlen ab. Man unterscheidet u.a. gestreifte, gefladerte oder blumige, geriegelte und wimmrige (welliger Faserverlauf), pyramidenförmige oder geflammte Texturen **(Bild 1)**.

Die natürliche **Farbe** des Holzes wird durch Einlagerung von Holzinhaltsstoffen im Kernholz festgelegt. Das weichere und nicht dauerhafte Splintholz hebt sich häufig durch helle Farbe ab. Bei einigen Holzarten unterscheiden sich Kern- und Splintholz farblich nicht, wie beispielsweise bei Fichte oder Rotbuche. Durch Sonnenlicht wird die natürliche Holzfarbe dunkler (Ausnahme: Wengé wird hell). Die Schnittfläche frisch gefällter Erlen verfärbt sich durch Reaktion mit Luftsauerstoff orange.

Ein natürlicher **Glanz** entsteht durch Lichtreflektion von Radial- und Spiegelschnitt sowie Holzoberflächen, die abweichend vom Faserverlauf angeschnitten sind, wie z.B. Riegelwuchs bei Ahorn oder Wechseldrehwuchs, vor allem bei tropischen Holzarten.

Der **Geruch** des Holzes wird von leicht flüchtigen Inhaltsstoffen wie ätherische Öle erzeugt und ist holzartentypisch. Diese Inhaltsstoffe werden durch Bearbeitung des Holzes freigesetzt **(Bild 2)** und können sensibilisierend auf Atemwege, Haut und Gesundheit wirken.

2.1.5.2 Rohdichte

Rohdichte ist das Verhältnis der Masse aus Holz und Wasser zum Volumen einschließlich der Zellhohlräume (Poren) bei gegebener Holzfeuchte. Abhängig von der Holzfeuchte ändert sich die Masse und innerhalb des Fasersättigungsbereiches (des in den Zellwänden gebundenen Wassers) ändert sich das Volumen durch Quellen oder Schwinden. Daher wird die Rohdichte immer bezogen auf eine bestimmte Holzfeuchte u [%] angegeben **(Bild 3, Tabelle 1)**. Vor allem mechanische Festigkeitseigenschaften, Härte, Abrieb, Bearbeitbarkeit und Trocknung sind abhängig von der Rohdichte. Die Rohdichte ist abhängig von Holzfeuchte und Spätholzanteil.

Reindichte ist das Verhältnis der wasserfreien Holzmasse (Zellwandsubstanz) zum Holzvolumen ohne Zellhohlräume. Sie beträgt für alle Holzarten 1,56 g/cm³ oder 1560 kg/m³.

2.1.5.3 Festigkeit

Unter Festigkeit versteht man den inneren Widerstand eines Werkstoffes oder Bauteiles gegen einwirkende Kräfte in [N/mm²] bis zu bleibenden Verformungen oder bis zum Bruch. Bei der Verwendung von Holz unterscheidet man statische Belastungen, wie Zug-, Druck-, Biege-, Knick-, Scher-, Torsions- und Spaltfestigkeit. Die Festigkeit von Holz nimmt mit zunehmender Rohdichte, Spätholzanteil, abnehmender Holzfeuchte und Temperatur zu. Unregelmäßiger Wuchs, Faserabweichungen, Risse und Äste mindern die Festigkeit von Holz erheblich. Wird Holz für tragende und aussteifende Zwecke verwendet, ist ein rechnerischer Nachweis anhand von Sortier- und Gebrauchsklassen zu führen (siehe Seiten 76 und 77 und Seite 579).

Die **Zugfestigkeit** quer zur Faser beträgt nur 5% bis 10% der Längszugfestigkeit **(Bild 1, Tabelle 1, Seite 46)**.

Die **Druckfestigkeit** von Holz parallel zur Faser (Längsdruckfestigkeit) ist fünf- bis achtmal höher als quer zur Faser (Querdruckfestigkeit) **(Bild 2 und Tabelle 1, Seite 46)**. Hirnholzparkett wird längs zur Faser und Bodendielen werden quer zur Faser beansprucht. Die Druckfestigkeit wird vor allem bei der Holzauswahl für Treppen, Böden und Tischplatten berücksichtigt. Druckstellen beim Einsatz von Pressen und Zwingen **(Bild 3)** können durch glatte und großflächige Zulagen vermieden werden. Druckstellen in Holz können mit Wasser und Wärmezufuhr (z. B. feuchten Lappen und Bügeleisen) wieder aufgequollen werden.

Die **Biegefestigkeit** von waagrecht verwendetem Holz ist der Widerstand gegen Durchbiegung quer zur Faserrichtung, wie z. B. bei Einlegeböden, Kleiderstangen, Regalen, Treppenstufen oder Dachlatten. Beim Biegen wird eine Seite auf Zug und die gegenüberliegende Seite auf Druck beansprucht; in der Schwerachse ist die Biegespannung gleich Null. Sie nimmt zu mit abnehmender Länge des Werkstückes oder Abstandes der Lagerpunkte und zunehmender Materialstärke. Sie ist abhängig von der Faserrichtung längs oder quer, radial oder tangential sowie von der Astigkeit des Holzes **(Bild 4, Tabelle 1, Seite 46)**.

Die **Knickfestigkeit** muss dort beachtet werden, wo schlanke stabförmige senkrechte Holzbauteile in ihrer Längsachse auf Druck beansprucht werden **(Bild 5)**. Werden Bauteile, wie z. B. Pfosten, Säulen, Stützen oder Möbelbeine zu stark in Längsrichtung gedrückt, knicken sie seitlich nach der schwächsten Seite aus. Die Knickfestigkeit ist abhängig vom Schlankheitsgrad (Verhältnis von Länge zur geringsten Dicke), der Querschnittsform des Werkstückes, der Rohdichte und Holzfeuchte, der Holzart sowie von der Einspannung des Stabes.

Scherfestigkeit ist der Widerstand, den Holz oder Holzwerkstoffe tangential oder senkrecht zur Faserrichtung wirkenden Schub- und Scherkräften entgegensetzen **(Bild 1 und Tabelle 1, Seite 46)**. Parallel zur Faser wirken Schubkräfte auf Verstrebungen, Klebe- und Holzverbindungen. Sie treten auch bei der Zerspanung von Holz auf. Die Scherfestigkeit senkrecht zur Faser kommt vorzugsweise bei Holzverbindungen, wie z.B. Graten vor. Häufig wird das Werkstück gleichzeitig auf Biegung, Zug oder Druck beansprucht.

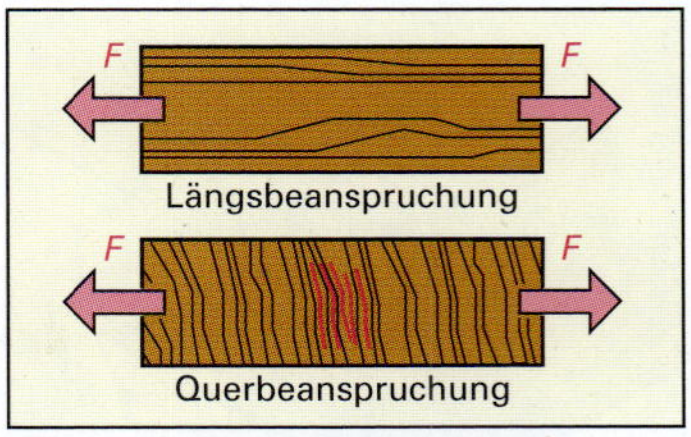

Bild 1: Zugbeanspruchung von Holz

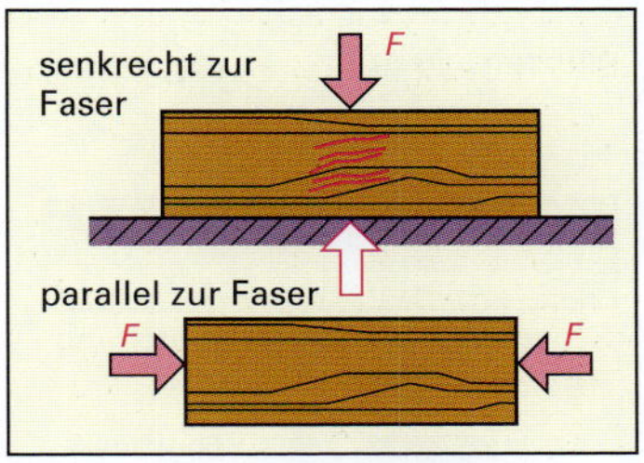

Bild 2: Druckbeanspruchung von Holz

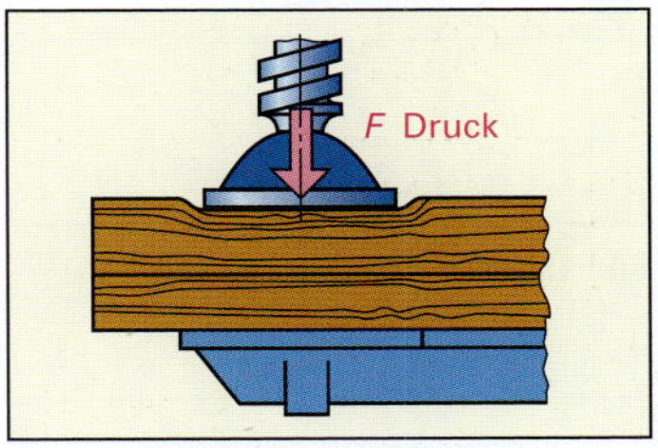

Bild 3: Auf Druck beanspruchtes Holz durch Zwingen

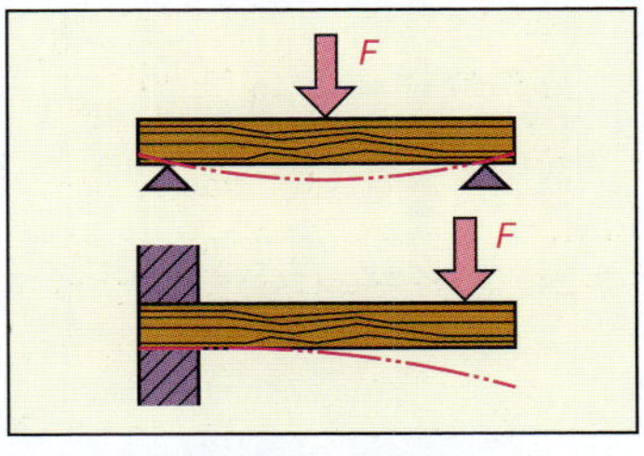

Bild 4: Biegebeanspruchung von Holz

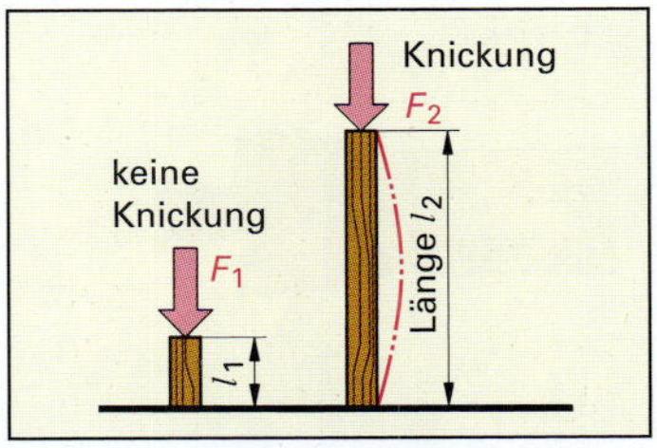

Bild 5: Knickbeanspruchung von Holz

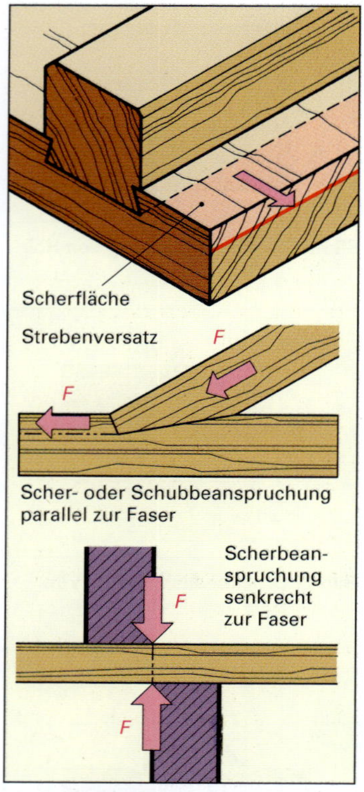

Bild 1: Scherbeanspruchung von Holz

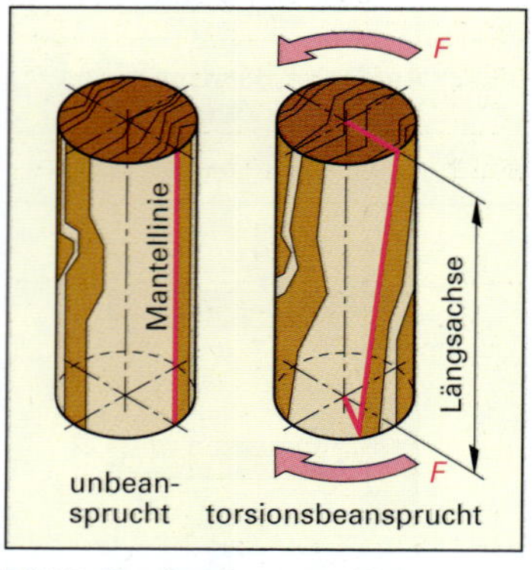

Bild 2: Torsionsbeanspruchung von Holz

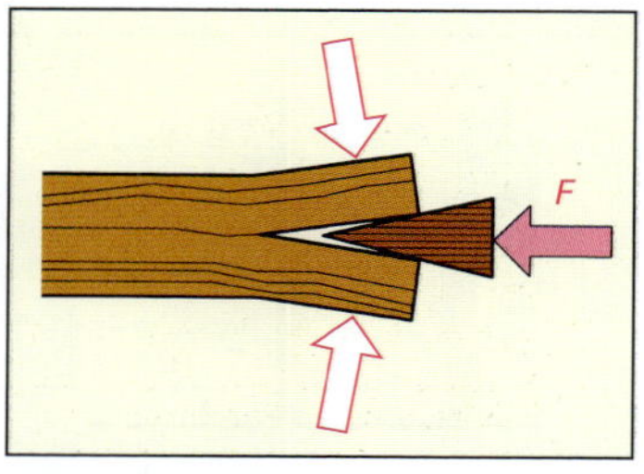

Bild 3: Spaltbeanspruchung von Holz

Torsionsfestigkeit von Holz ist der Widerstand gegen Verdrehen um die Längsachse der Fasern bis zum Bruch. Häufig werden die Werkstücke nur verwunden. Dabei lockert sich das Holzgefüge ohne zu reißen oder zu brechen. Die Torsionsfestigkeit des Holzes hängt von der Holzart, dessen Rohdichte und der Holzfeuchte ab. Beim Drechseln werden Holzteile beispielsweise auf Torsion beansprucht **(Bild 2)** und Metallschrauben scheren beim Überdrehen ab.

Die **Spaltfestigkeit** ist der Widerstand des Holzes gegen das Zertrennen seines Gefüges beim Eindringen eines Keils in Faserrichtung **(Bild 3)**. Die Spaltfestigkeit hängt von der Schärfe und Geometrie des Spaltkeils, der Holzstruktur und der Holzfeuchte ab. Feuchtes Holz lässt sich leichter spalten als trockenes Holz. Holz lässt sich in radialer Richtung (entlang der Holzstrahlen) leichter spalten als in tangentialer Richtung; quer zur Faserrichtung ist Holz nicht spaltbar. Astiges Holz (Douglasie), feinporiges Holz (Ahorn), Holz mit welligem Faserverlauf (Hainbuche) und Holz mit hoher Rohdichte (Obstholzarten) erhöhen den Spaltwiderstand. Für die Herstellung von Fassdauben, Leitersprossen und Schindeln werden gut spaltbare Holzarten verwendet, deren Spaltoberfläche parallel zur Faser verläuft, wie z. B. bei Tanne und Eiche. Die Oberfläche gespaltenen Holzes, z. B. bei Schindeln weist nur wenige angeschnittene Fasern auf. Dies verhindert das Eindringen von Wasser.

Tabelle 1: Festigkeitswerte parallel zur Faser bei einer Holzfeuchte *u* 12 bis 15 % anhand von idealen Laborproben

Holzart	Zugfestigkeit in N/mm²	Druckfestigkeit in N/mm²	Biegefestigkeit in N/mm²	Scherfestigkeit in N/mm²	Brinell-Härte in N/mm²
Fichte	80 … 90	40 … 50	65 … 77	5,0 … 7,5	31
Kiefer	99 … 105	45 … 55	79 … 100	7,2 … 11,2	39 … 41
Lärche	92 … 110	45 … 62	88 … 100	8,8 … 10,9	47 … 52
Tanne	80 … 93	40 … 52	62 … 74	4,9 … 7,5	29 … 33
Douglasie	82 … 105	42 … 68	70 … 100	7,0 … 10,2	39 … 49
Ahorn	80 … 140	46 … 62	85 … 135	8,5 … 11,0	48 … 61
Eiche	88 … 110	52 … 64	86 … 108	9,3 … 11,5	50 … 65
Esche	130 … 160	43 … 59	100 … 127	12,0 … 13,4	64
Rotbuche	100 … 135	52 … 64	90 … 125	7,7 … 10,0	70

Quelle: SELL, J., 1997: Eigenschaften und Kenngrößen von Holzarten. 4. Aufl.

Die angegebenen mittleren **Festigkeitswerte** basieren auf idealen Laborproben aus trockenen, homogenen, astfreien und geradfaserigen Holzproben. In der Praxis werden niedrigere Festigkeitswerte anhand der Beanspruchung entsprechenden Sortier- und Gebrauchsklassen angewendet **(siehe Seiten 76 und 77 und Seite 579)**.

2.1.5.4 Härte, Plastizität, Elastizität, Biegsamkeit

Härte ist der Widerstand, den Holz dem Eindringen eines Prüfkörpers in seine Oberfläche oder einem Abrieb entgegensetzt. Härte und Abriebwiderstand von Holz sind umso größer, je höher die Rohdichte und der Spätholzanteil und je niedriger die Holzfeuchte ist **(Bild 1, Seite 47)**. Die Unterscheidung in **harte Holzarten** erfolgt nach ihrer mittleren Darrdichte $r_0 \geq 0{,}55$ g/cm³ oder ≥ 550 kg/m³ (Rohdichte bei 0 % Holzfeuchte). Alle anderen Holzarten gelten als weiche Holzarten.

Der englische Begriff „hardwood" bedeutet „Hartholz" und „Laubholz" und der englische Begriff „softwood" bedeutet „Weichholz" und „Nadelholz". Aber nicht jedes Laubholz ist hart, wie z. B. Pappel, Linde oder Erle, und nicht jedes Nadelholz ist weich, wie z. B. Eibe oder Kaurikiefer.

Die **Härte** von Holz **(Bild 1)** wird nach verschiedenen Verfahren geprüft, deren Ergebnisse nicht direkt vergleichbar sind. Bei der Härteprüfung von Holz nach ISO 3350 (Brinellverfahren) wird eine Hartmetallkugel (Durchmesser 10 mm) mit einer festgelegten Kraft senkrecht in den Prüfkörper gedrückt und die erzeugte Eindrucksfläche (Kalotte) ermittelt. Die **Brinellhärte** ist in Faserrichtung etwa doppelt so hoch wie senkrecht zur Faser.

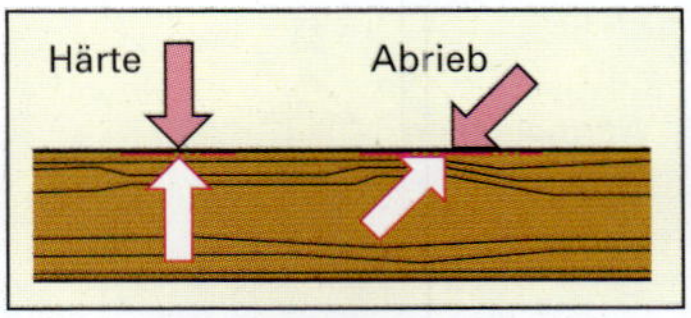

Bild 1: Härte und Abrieb von Holz

Plastizität: Holz ist plastisch, wenn das Holzgefüge nach Überschreiten eines Fließbereiches durch Krafteinwirkung, wie z. B. Erhitzen, Dämpfen, Kochen, Trocknen, Biegen oder Pressen nicht mehr in seine Ausgangsform zurückkehrt und seine neue Form dauerhaft beibehält. Gedämpfte Rotbuche und Birke eignen sich sehr gut für die Herstellung gebogener Massivholz- oder formgepresster Sperrholzteile **(Bild 2)**. Die Grenze der Plastizität bzw. der Biegsamkeit ist dann erreicht, wenn die Zug- oder Druckfestigkeit überschritten werden und das Holz bricht **(Bild 4)**.

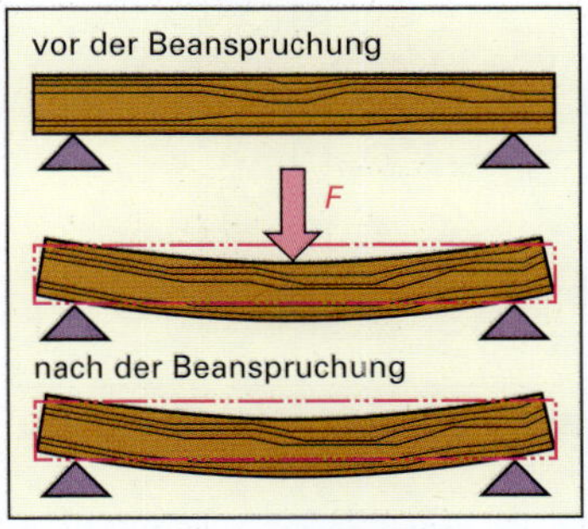

Bild 2: Plastisches Verhalten von Holz

Elastizität: Holz ist elastisch, wenn es nach eingewirkter Kraft wieder in seine ursprüngliche Ausgangsform zurückkehrt **(Bild 3)**. Die Elastizitätsgrenze ist dann überschritten, wenn durch das Biegen eine bleibende Verformung eintritt. Die Elastizität ist abhängig von Holzart, Holzstruktur, Rohdichte, Holzfeuchte und Holztemperatur. Sehr elastische Holzarten, wie z. B. Esche, Hickory oder Rotbuche werden für Sportgeräte, Sitzmöbel und im Fahrzeugbau verwendet.

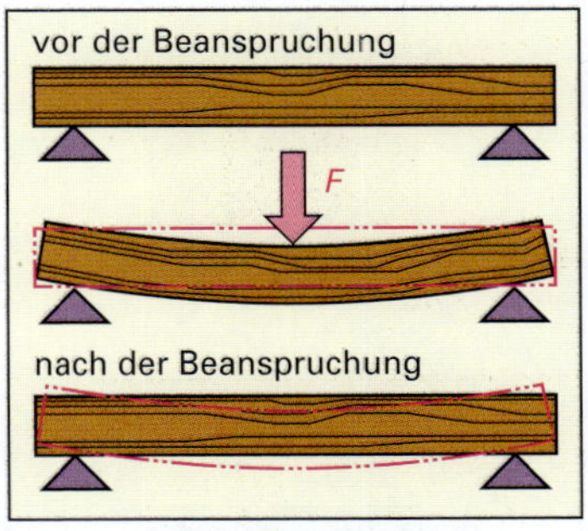

Bild 3: Elastisches Verhalten von Holz

Massivholz oder Sperrholz wird mithilfe von Dampf, Pressdruck und Wärme über die Elastizitätsgrenze hinaus gebogen oder verformt. Nach Abkühlen und Trocknen des Holzes federt das verformte Werkstück geringfügig zurück, wenn die Biege- oder Verformungsradien nicht zu klein sind. Zum Faserbruch kommt es, wenn die Druck- oder Zugkräfte größer sind als die Biegefestigkeit des Holzes: Die Holzfasern des Werkstückes verformen sich in der Druckzone als Stauchung und in der Zugzone als Bruch **(Bild 4)**.

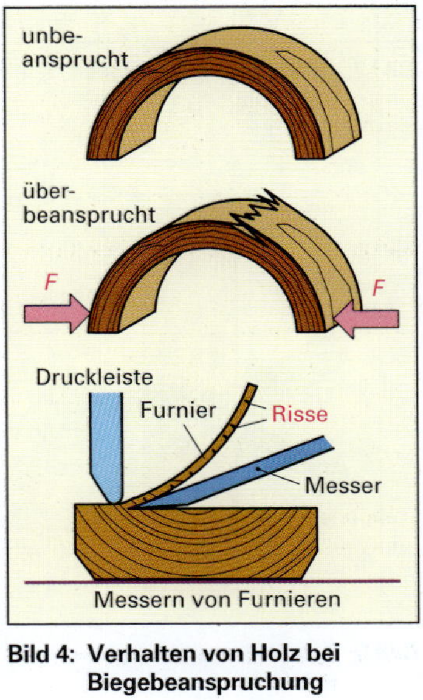

Bild 4: Verhalten von Holz bei Biegebeanspruchung

2.1.5.5 Natürliche Dauerhaftigkeit, Resistenz

Unter **natürlicher Dauerhaftigkeit** des Holzes versteht man die Widerstandsfähigkeit **(Resistenz)** des Kernholzes gegen Holz abbauende Pilze und des Splintholzes gegen Holzinsekten. Sie hängt ab von Art und Konzentration der pilzwidrigen (fungiziden) und insektenwidrigen (insektiziden) Inhaltsstoffen.

Nach DIN EN 350 werden Holzarten bzw. deren Kernholz für ihre Verwendung im Außenbereich und in Feuchträumen in fünf Dauerhaftigkeitsklassen eingeteilt. Splintholz gilt als nicht dauerhaft (Klasse 5). Holzarten unterscheiden sich hinsichtlich ihrer Dauerhaftigkeit erheblich (siehe Seiten 36 bis 43 und Seite 579). DIN 68800 gibt die Dauerhaftigkeit von Holzprodukten an, die mit chemisch vorbeugendem Holzschutz behandelt sind. Die Dauerhaftigkeit ist u. a. bedeutend für die Dimensionierung von Holzkonstruktionen.

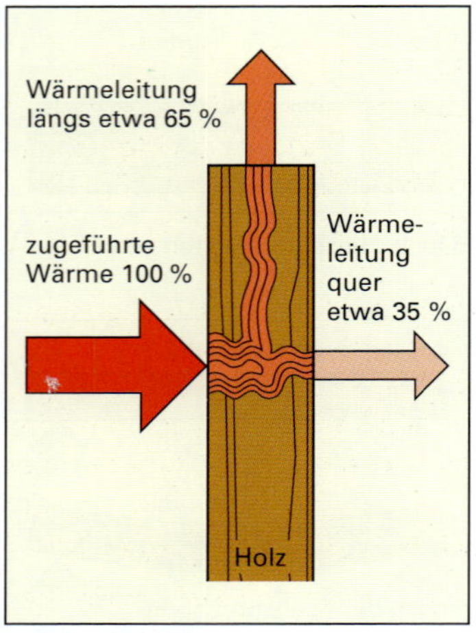

Bild 1: Wärmeleitfähigkeit von Holz

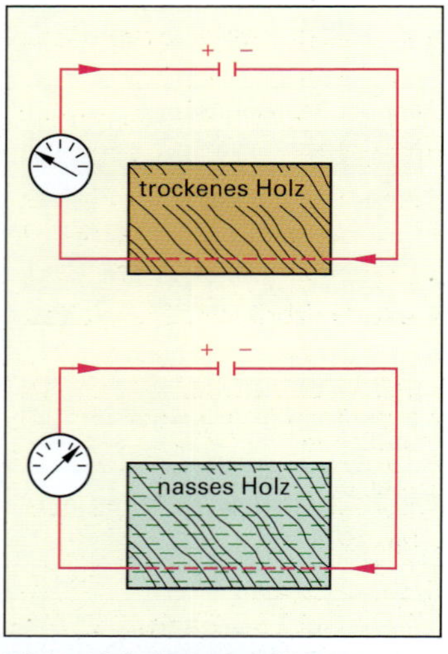

Bild 2: Elektrische Leitfähigkeit von Holz

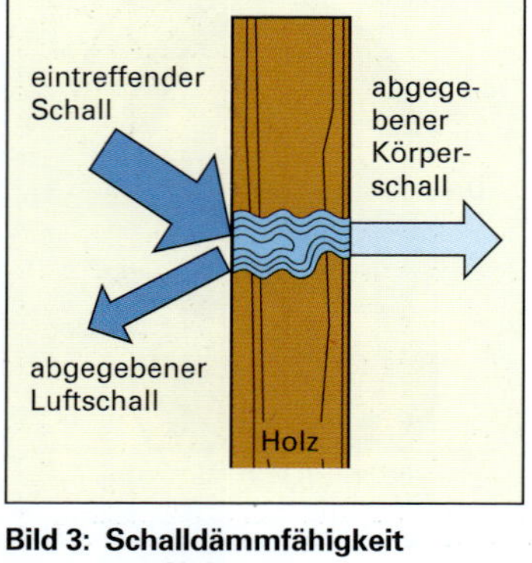

Bild 3: Schalldämmfähigkeit von Holz

2.1.5.6 Leit- und Dämmfähigkeit

Die **Wärmeleitfähigkeit** des Holzes nimmt mit der Rohdichte und Holzfeuchte zu. Im Vergleich zu anderen Werkstoffen leitet Holz die Wärme schlecht von einer Oberfläche zur anderen hindurch. Die Wärmeleitfähigkeit in Holz hängt von seiner porigen Struktur ab und ist in Faserrichtung fast doppelt so hoch wie quer zur Faser **(Bild 1)**. Trockenes Holz setzt dem Wärmedurchgang einen hohen Widerstand entgegen und ist deshalb ein schlechter Wärmeleiter **(Wärmeleitfähigkeit siehe Tabelle 1, Seite 437)**. Holz eignet sich deshalb zur Wärmedämmung oder für den Fenster- und Holzhausbau.

Die **elektrische Leitfähigkeit** des Holzes ist vorwiegend von der Menge und der Verteilung des Wassers im Holz bis zum Fasersättigungsbereich (FSB), also bis zur maximalen Wasseraufnahme der Zellwände abhängig **(Bild 2)**. Sie steigt bei weiterer Wasseraufnahme in den Zellhohlräumen über die Fasersättigung hinaus nur noch gering. Zwischen 5% und 20% Holzfeuchte nimmt die elektrische Leitfähigkeit fast gleichförmig zu. Entsprechend nimmt der elektrische Widerstand bei der Holzfeuchtemessung nahezu linear ab.

Holz ist wegen seiner fast geschlossenen Oberfläche bzw. der geringen Tiefe der Holzporen und der relativ geringen Rohdichte wenig zur **Schalldämmung** geeignet. Die auftreffenden Schallwellen werden zum größten Teil an der Holzoberfläche reflektiert. **(Bild 3)**. Diese Eigenschaft ist bei Verwendung als sogenanntes Resonanzholz für den Musikinstrumentenbau vorteilhaft.

2.1.5.7 Dimensions- und Formstabilität

Die Dimensions- und Formstabilität von Holz, auch als Maßhaltigkeit oder Stehvermögen bezeichnet, hängen von folgenden Faktoren ab:

- absolutes Quell- bzw. Schwindmaß,
- Unterschied zwischen tangentialer und radialer Quell- bzw. Schwindbewegung (Anisotropie),
- Abweichung des Faserverlaufs,
- Angleichgeschwindigkeit der Holzfeuchte,
- Querschnittsabmessungen sowie
- Inhomogenität des Umgebungsklimas.

Die Dimensions- und Formstabilität wird schlechter, je mehr und je anisotroper eine Holzart schwindet oder quillt und je rascher sie auf Holzfeuchte- und Klimawechsel reagiert. Man unterscheidet folgende Dimensions- und Formstabilität bei Holz:

- sehr gutes Stehvermögen, wie z. B. Teak oder Abachi
- gutes Stehvermögen, wie z. B. Iroko oder Douglasie
- mittleres Stehvermögen, wie z. B. Lärche oder Esche
- geringes Stehvermögen, wie z. B. Buche.

Bei Holzarten mit Wechseldrehwuchs, wie z. B. Mahagoni oder Limba erhält man einen vorteilhaften Absperreffekt, wenn der Holzquerschnitt mehrere Wechseldrehwuchszonen umfasst. In der Software **macroHOLZdata** können Holzarten gezielt nach <*Wechseldrehwuchs (nur bei Laubhölzern)*>, <*Angleichgeschwindigkeit der Holzfeuchte*> und nach <*Stehvermögen (Dimensions- bzw. Formstabilität)*> ausgewählt werden.

2.2 Holzverwertung

Holz wird über eine Reihe von Arbeitsschritten bearbeitet und zu einer Vielzahl von Produkten verarbeitet. **Bild 1** gibt eine grobe Übersicht der Verwendungsmöglichkeiten für Holz zu Bau-, Schnitt- und Möbelholz, Brennstoff und Kompost. Mithilfe von **macroHOLZdata** können Holzarten hinsichtlich ihrer vorzüglichen Eigenschaften und Verwendung ausgewählt werden nach <*Verwendung außen vs. innen*>, <*Verwendung tragend vs. nicht tragend*> sowie <*Verwendung, besonders geeignet*>.

Holz wird zunächst stofflich genutzt. Holzprodukte werden nach Gebrauch (Seiten 385 bis 387) wieder als Rohstoff eingesetzt, wie z. B. Altpapier oder Altholz in der Holzwerkstoff- und Papierindustrie. Holz wird erst am Ende seiner stofflichen Nutzung oder als Restholz aus der Produktion energetisch verwertet **(Kaskadennutzung, Bild 1, Seite 385)**. Die während der Produktion anfallenden Resthölzer sind entweder Rohstoff für andere Produkte oder sie werden zur Erzeugung von Wärme und Strom, z. B. für die Holztrocknung, eingesetzt.

Haupterzeugnisse, Neben- und Koppelprodukte sowie Restholz können wie folgt eingeteilt werden:

- Stamm-, Roh- oder Rundholz ab Waldstraße wird zu Säge-, Schnittholz und Hobelware in der Holzbearbeitungsindustrie verarbeitet.
- Koppel- oder Nebenprodukte, die unweigerlich bei der Erzeugung eines Hauptproduktes anfallen, wie z. B. Sägespäne und Hackschnitzel für die Herstellung von Holzwerkstoffplatten und Holzpellets bei der Schnittholzerzeugung durch Säge- und Zerspanertechnik.
- Waldrestholz wird im Zuge der Durchforstung und Holzernte vor allem zu Energieholz-Hackschnitzeln aufbereitet.
- Industrierestholz oder Nebenprodukte, wie z. B. Rinde und Schwarten werden in der Holzbearbeitungs-, Holzwerkstoff-, Papier- und Zellstoffindustrie stofflich oder energetisch verwertet.
- Industrierestholz oder Nebenprodukte, wie z. B. Sägespäne, Säumlinge, Spreissel oder stückige Produktionsreste aus Holz und Holzwerkstoffen werden in der Holzverarbeitungsindustrie und im Holzhandwerk betriebsintern energetisch verwertet.
- Industrierestholz oder Nebenprodukte werden zur Erzeugung von Holzkohle, Holzbriketts, Energieholz-Hackschnitzel und Rindenmulch verwertet.

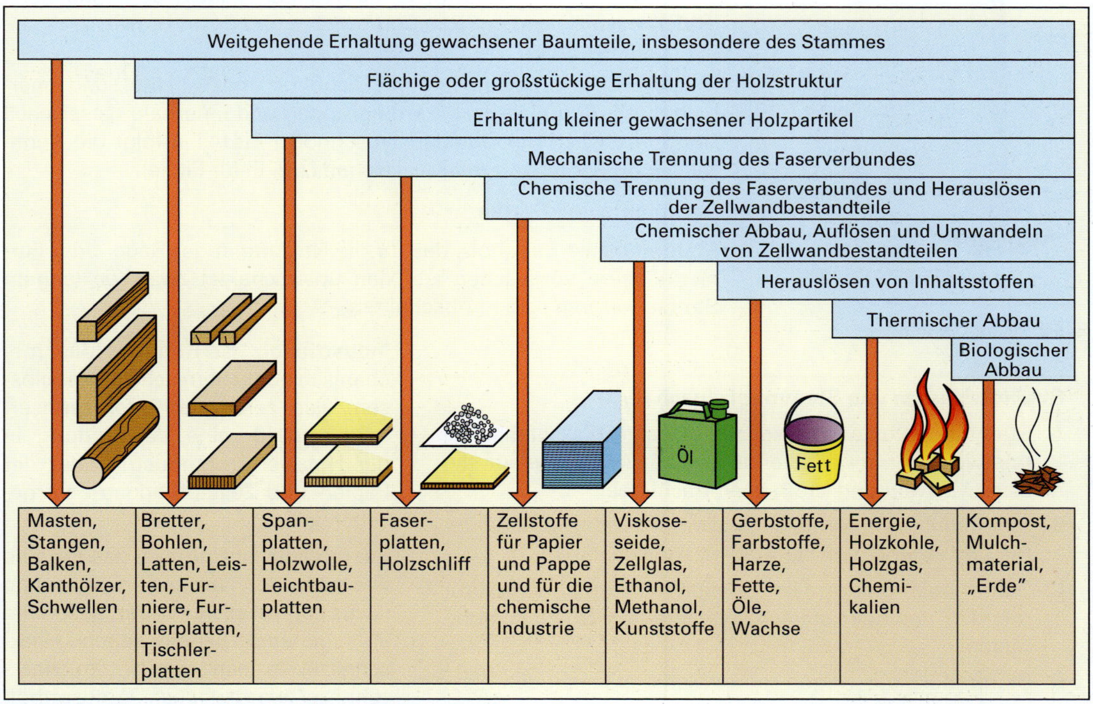

Bild 1: Stoffliche und energetische Verwertung von Holz

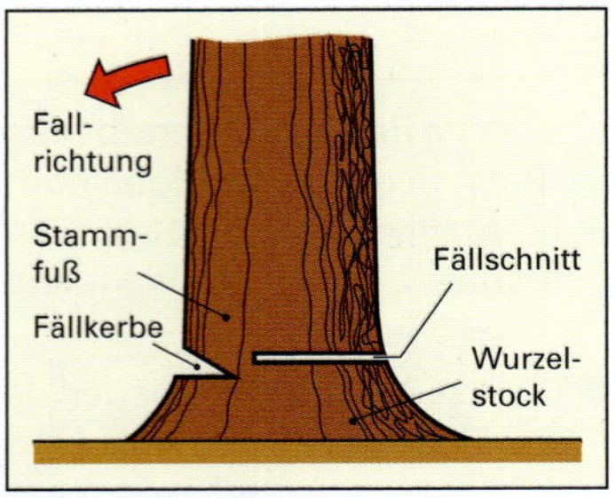

Bild 1: Fällkerbe und Fällschnitt

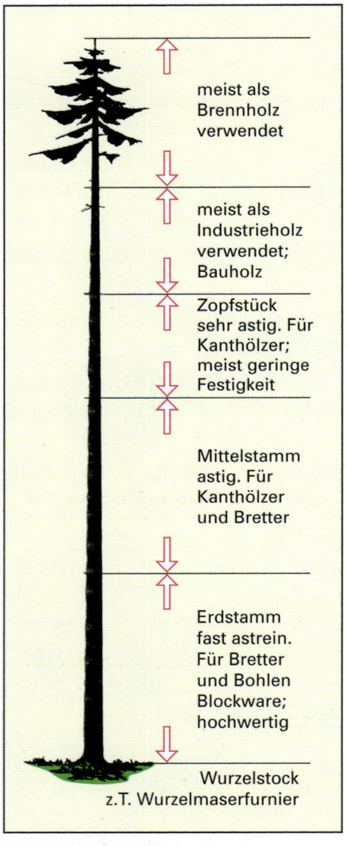

Bild 2: Stammeinteilung

2.2.1 Stammverwertung

2.2.1.1 Fällen, Ausformen und Sortierung des Stammes

Fällen: Beim Fällen eines Einzelbaumes von Hand wird mit einer Motorkettensäge eine rechtwinklig zur Fallrichtung angelegte keilförmige Fällkerbe angesägt. Die Fällkerbe schützt zusätzlich den Stamm vor einem Einreißen beim Fallen. Damit der Baum fällt, erhält er einen Fällschnitt. Dieser muss der Fällkerbe gegenüberliegen und mehrere Zentimeter über der Fällkerbsohle angesetzt werden, damit der Stammfuß nicht einreißt **(Bild 1)**. Werden Bäume großflächig und mit starker maschineller Unterstützung gefällt, spricht man von **Holzernte.** Die dabei eingesetzten Forstmaschinen nennt man deshalb **Harvester.** Dies sind geländegängige Fahrzeuge mit Greifern, die den Stamm fällen, entasten, entrinden, vermessen und in die erforderlichen Nutzlängen auftrennen.

Der Wurzelstock, auch Stuppen genannt, verbleibt in der Regel im Boden. Bei wertvollen Holzarten, wie z. B. bei Nuss-, Kirsch- und Eichenbäumen, wird manchmal der Wurzelstock ausgegraben und zu Wurzelmaserfurnieren verarbeitet.

Ausformen: Der gefällte Baum wird ausgeformt. Beim Ausformen werden die Äste entfernt (meist mit der Motorkettensäge) und der obere Teil der Krone abgetrennt, übrig bleibt der Stamm **(Bild 2)**. Die Stämme der Nadelhölzer werden häufig entrindet, um einem Befall durch Holzschädlinge vorzubeugen. Laubholzstämme werden in der Regel nicht entrindet, damit vermeidet man Rissbildung durch zu schnelles Trocknen.

Sortierung: Stammholz, auch Rohholz genannt, wird auf Grundlage der **„Rahmenvereinbarung für den Rohholzhandel in Deutschland (RVR)“** nach Holzarten, nach Sortimenten und Sorten sowie nach seiner Qualität sortiert.

Holzarten: Die Einteilung erfolgt in Laubholz und Nadelholz und innerhalb dieser Gruppen in Holzartengruppen und innerhalb dieser nach Holzarten. Nach der Datenaustauschnorm ELDAT erfolgt die Kennzeichnung der Holzart mit Kurzzeichen (z. B. Ei für Eiche).

Sortimente und Sorten

Stammholz ist Rundholz, das für die Nutzung in der Säge- oder Furnierindustrie vorgesehen ist. Man unterscheidet zwischen langem Stammholz und seinen Abschnitten.

Industrieholz ist Rohholz, das mechanisch oder chemisch aufgeschlossen, also zerkleinert oder zerfasert wird und für eine Verwendung in der Holzwerkstoffindustrie oder der Papier- und Zellstoffindustrie vorgesehen ist.

Energieholz ist Rohholz, das für eine energetische Nutzung vorgesehen ist. Es kommt als Rundholz, gespalten als sogenannte Scheite oder als Hackschnitzel in den Handel. Zu Hackschnitzel werden auch Waldresthölzer verarbeitet.

Qualitätsklassen von Stammholz (nach RVR)

A Stammholz von ausgezeichneter Qualität. Es ist fehlerfrei und weist nur unbedeutende Qualitätsmerkmale auf, die seine Verwendung kaum beeinträchtigen.

B Stammholz von normaler Qualität mit wenigen und/oder mäßig ausgeprägten Qualitätsmerkmalen.

C Stammholz von normaler Qualität mit vermehrt vorkommenden und/oder stärker ausgeprägten Qualitätsmerkmalen.

D Stammholz, das wegen seiner Merkmale nicht den Klassen A, B und C angehört, aber als Stammholz nutzbar ist.

2.2.1.2 Einschneiden des Stammholzes

Zum Einschneiden des Stammholzes werden Sägewerksmaschinen verwendet. Man unterscheidet Gattersägen, Blockbandsägen, Doppelkreissägen und kombinierte Spaner-Kreissägeanlagen.

Die **Gattersäge** stellt die traditionellste Technik der Rundholzbearbeitung dar. Mehrere Sägeblätter werden, je nach Bauart der Gattersäge, horizontal oder vertikal nebeneinander im Sägerahmen aufgespannt **(Bild 1)**. Durch eine oszillierende Sägebewegung und gleichzeitigen Vorschub des Stammes wird dieser in seiner gesamten Länge in einzelne Formate aufgetrennt. Der frei veränderliche Abstand der Sägeblätter zueinander bestimmt die Dimensionen des zugeschnittenen Holzes.

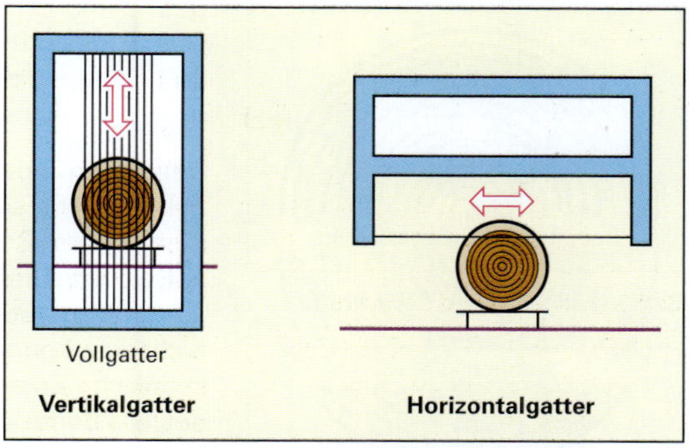

Bild 1: Vertikalgatter und Horizontalgatter

Bei der **Blockbandsäge** werden, je nach Bauart, der Stamm an einem feststehenden Bandsägeaggregat oder das Sägeaggregat am fest eingespannten Stamm vorbeigeführt **(Bild 2)**. Dieser Vorgang wird mehrfach durchgeführt und der Stamm so in Einzelformate aufgetrennt.

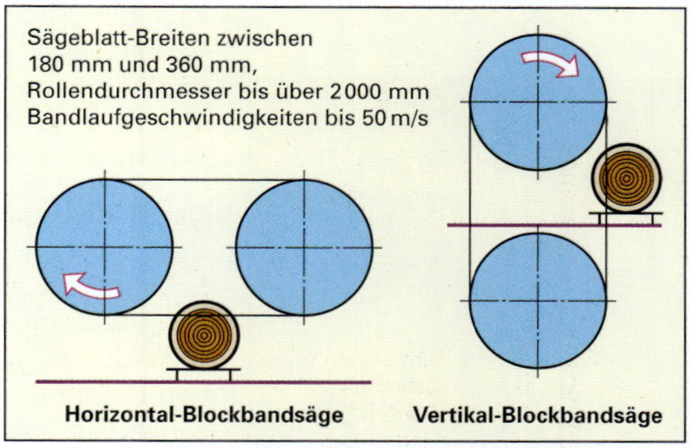

Bild 2: Blockbandsägen

Die mit Gattersäge und Blockbandsäge erzeugten Formate müssen in nachfolgenden Bearbeitungsschritten zur weiteren Bearbeitung noch besäumt werden.

Beim Einsatz von **Spaner-Kreissägeanlagen** entfällt der Arbeitsgang des Besäumens. Im ersten Arbeitsschritt werden zwei gegenüberliegende Stammflächen plan gefräst, danach wird der Stamm um 90 Grad in seiner Längsachse gedreht und der Vorgang auf den beiden anderen Seiten wiederholt. Danach wird der Stamm zwischen zwei gegenläufige Kreissägeblätter **(Doppelkreissäge)** geführt, die auf einer Schnittebene jeweils oberhalb und unterhalb des Stammes liegen. Die Anordnung mehrerer Kreissägeblätter auf einer Welle erlaubt das gleichzeitige Auftrennen des Stammes in kleinere Einzelformate **(Bild 3)**. Da die einzelnen Fräs- und Sägeaggregate bei jedem Stamm individuell und automatisch positioniert werden können, ist eine optimale Ausnutzung des Stammholzes bei der Auftrennung in kleinere Formate gewährleistet. Spaner-Kreissägeanlagen sind Teil industrieller Sägewerksbearbeitung. Ziel ist die Maximierung der erzielbaren Schnittholzausbeute bei unterschiedlichsten Eingangsformaten der Holzstämme. Die Zerspanung aller abfallenden Stammteile ermöglicht zudem die sofortige Weiterverwertung in Form von Hackschnitzeln ohne weitere Aufarbeitung von Schwarten und anderen Schnittabfällen.

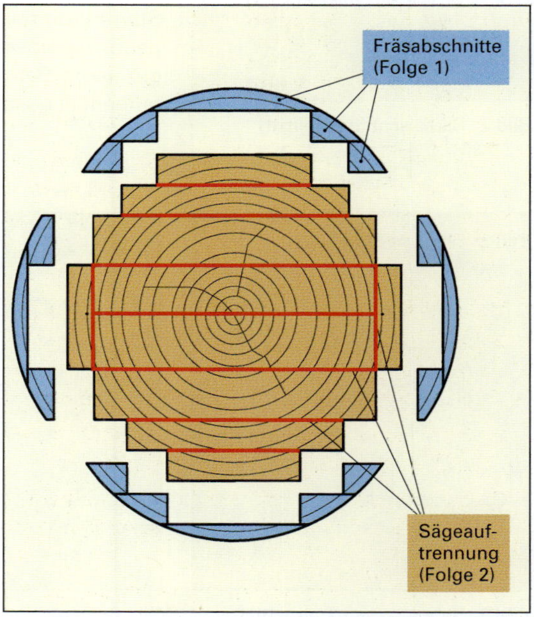

Bild 3: Bearbeitungsfolgen an Spaner-Kreissägeanlagen

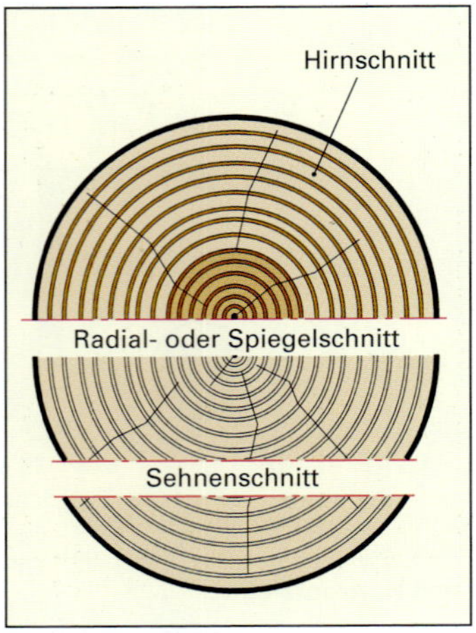

Bild 1: Schnitte am Stamm

Bild 2: Radialschnitt (schlicht)

2.2.1.3 Hauptschnitte des Holzes

Beim Holz bzw. Stamm unterscheidet man drei Hauptschnitte, den Quer- oder Hirnschnitt, den Radial- und den Tangentialschnitt. Radial- und Tangentialschnitt sind Längsschnitte, d.h. Schnitte, die parallel zur Stammachse bzw. zur Faserrichtung geführt sind **(Bild 1)**.

Der **Quer- oder Hirnschnitt** liegt quer zur Stammachse. Auf der Schnittfläche sind von innen nach außen das Mark, die Jahrringe, der Bast und die Borke zu sehen sowie die vom Mark ausgehenden, nach außen verlaufenden Holz- oder Markstrahlen. Das Kambium, das sich von außen nach innen an den Bast anschließt, ist mit bloßem Auge nicht zu erkennen **(Bild 1, Seite 28)**. Der Querschnitt ist für das makroskopische Erkennen des Holzes mit dem Mikroskop am besten geeignet. Die **Bilder 4 und 5** zeigen hochauflösende Querschnitte von Fichte und Buche, die mit dem Rasterelektronenmikroskop (REM) entstanden sind.

Die ringförmig angeordneten Jahrringe können verschieden breit sein. Die Breite ist von der Baumart, mehr noch von den klimatischen Verhältnissen abhängig, unter denen ein Baum wächst. Je üppiger das Wachstum ist, desto breiter sind in der Regel die Jahrringe. Man spricht dann von **grobjährigem** Holz im Gegensatz zu **feinjährigem** Holz, das aus sehr schmalen Jahrringen besteht **(Bild 3, Seite 33)**.

Der **Radial- oder Spiegelschnitt** verläuft durch die Stammachse in Richtung der Holzstrahlen. Dabei erscheinen die Jahrringe auf der Schnittfläche als annähernd parallele Streifen **(Bild 2)**. Bei verschiedenen Holzarten, wie z.B. bei Eiche, Buche, Rüster und Platane, sind auf der Schnittfläche quer zur Stammachse verlaufend die angeschnittenen Holzstrahlen als blanke, glänzende Flächen (als sog. Spiegel) zu sehen. Die Spiegel sind für die Textur des Holzes mitentscheidend.

Der **Sehnen-, Tangential- oder Fladerschnitt** verläuft ebenfalls in Richtung der Stammachse, geht aber nicht in Richtung der Holzstrahlen, sondern in Richtung einer Sehne zum Stammumfang. Weil sich der Stamm mit seinen Jahrringen nach oben zu verjüngt, ergeben die kegelförmig übereinander gestülpten Jahrringe bei jedem Schnitt langgezogene Parabeln auf der Schnittfläche. Dadurch entsteht die für tangential geschnittenes Holz typische Fladerung **(Bild 3)**.

Bild 3: Sehnen- oder Tangentialschnitt (gefladert)

Bild 4: Querschnitt von Fichte bei 250-facher Vergrößerung

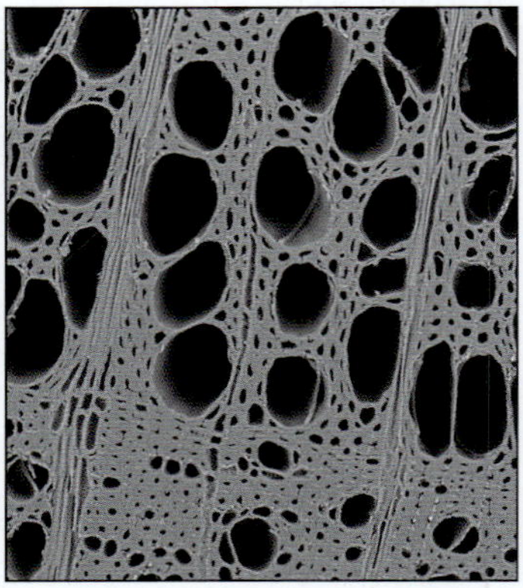

Bild 5: Querschnitt von Buche bei 300-facher Vergrößerung

2.2.2 Holz als Schnitt- und Handelsware

2.2.2.1 Schnittholz

Schnittholz wird durch Sägen oder Zerspanen von Stammholz oder größeren Holzquerschnitten in Längsrichtung hergestellt. Es kann scharfkantig sein oder Baumkanten aufweisen. Je nach Schnittführung und -anordnung unterscheidet man verschiedene Schnittarten, die das Stammholz in Balken, Kanthölzer, Bohlen und Bretter auftrennen.

Balken und Kanthölzer

Beim Einschneiden des Stammholzes mit Sägewerksmaschinen zu Balken und Kanthölzern werden verschiedene Schnittarten unterschieden **(Bild 1)**. Die Einschnittart hat Auswirkungen vor allem auf das Schwindverhalten des Querschnittes **(Bild 1, Seite 89)**.

Bretter und Bohlen

Das Einschneiden des Stammholzes zu Brettern und Bohlen erfolgt in der Regel mit dem Vollgatter. Unterschieden werden hauptsächlich der Rund-, Model-, Spiegel- und Riftschnitt **(Bild 2)**. Beim Rundschnitt wird der Stamm in einem Gatterdurchgang aufgeschnitten. Die dabei anfallenden Bretter und Bohlen sind unbesäumt. Sollen sie besäumt werden, kann die Besäumung konisch oder parallel erfolgen **(Bild 3)**. Bei konisch besäumter Schnittware verlaufen die Säge- und Besäumschnitte entlang der Baumkante. Bei parallel besäumter Schnittware verlaufen sie parallel zueinander; die Bretter und Bohlen sind dabei in ihrer ganzen Länge gleich breit. Bretter und Bohlen haben eine rechte und eine linke Seite **(Bild 3)**. Rechte und linke Seite sind am Hirnholz am Verlauf der Jahrringe zu erkennen. Die linke Seite, auch als Splintseite bezeichnet, ist diejenige Seite, die dem Kern (der Markröhre oder dem Herz) abgewandt ist; die rechte Seite ist dem Kern zugewandt. Die Unterscheidung in linker und rechter Seite ist in der Holzverarbeitung wichtig, so z. B. bei Breitenverbindungen durch Verleimen, beim Hobeln von Hand und im Hinblick auf die Schwindformen. Der Tischler legt häufig einen besonderen Wert auf Bretter und Bohlen mit stehenden Jahrringen. Holz mit stehenden Jahrringen arbeitet weniger als solches mit liegenden. Für Schnittholz mit stehenden Jahrringen müssen als besondere Einschnittarten Rift- und Spiegelschnitte gewählt werden. Für diese Einschnittarten sind im Vollgatter zwei und mehr Sägedurchläufe erforderlich. Jeder zusätzliche Durchlauf führt dabei zu einer Verteuerung des Schnittholzes, hinzu kommt der zusätzliche Schnittverlust.

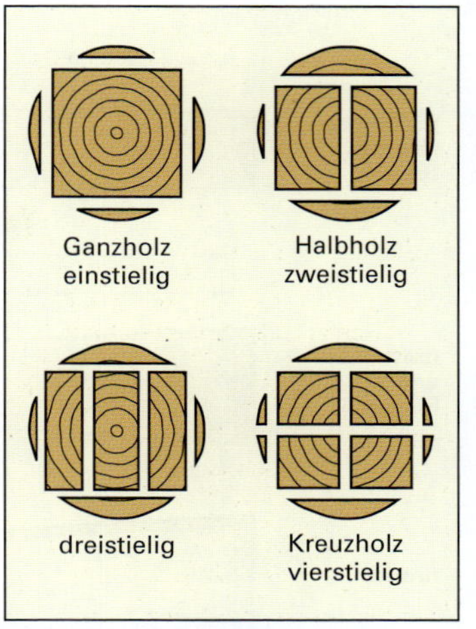

Bild 1: Einschnittarten bei Balken und Kanthölzern

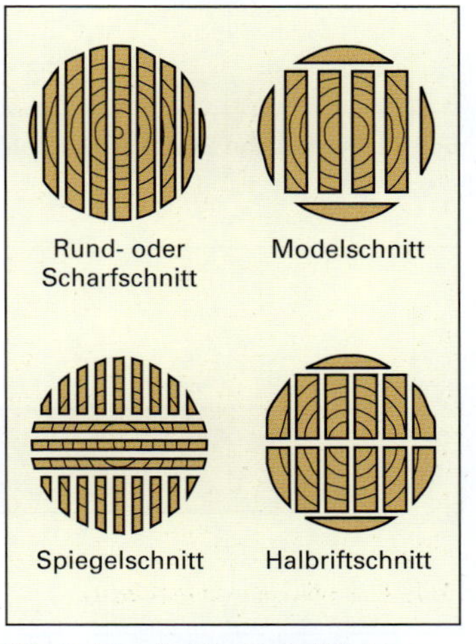

Bild 2: Einschnittarten bei Bohlen und Brettern

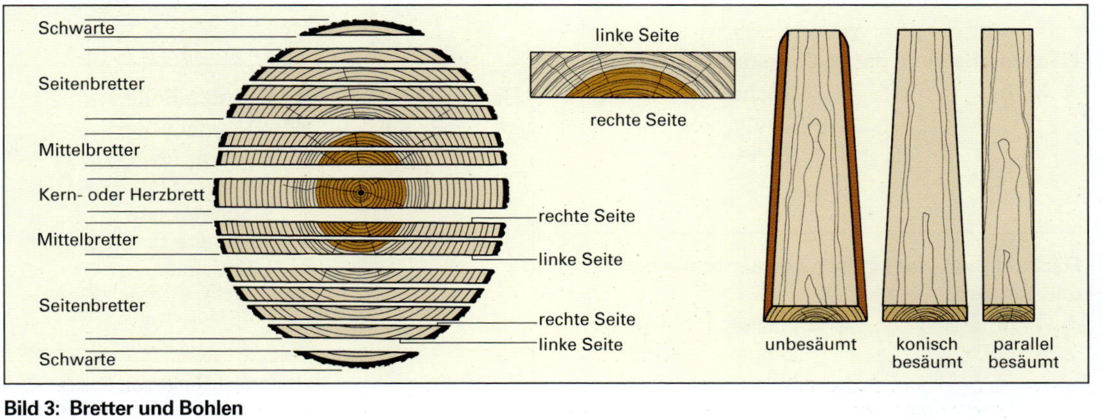

Bild 3: Bretter und Bohlen

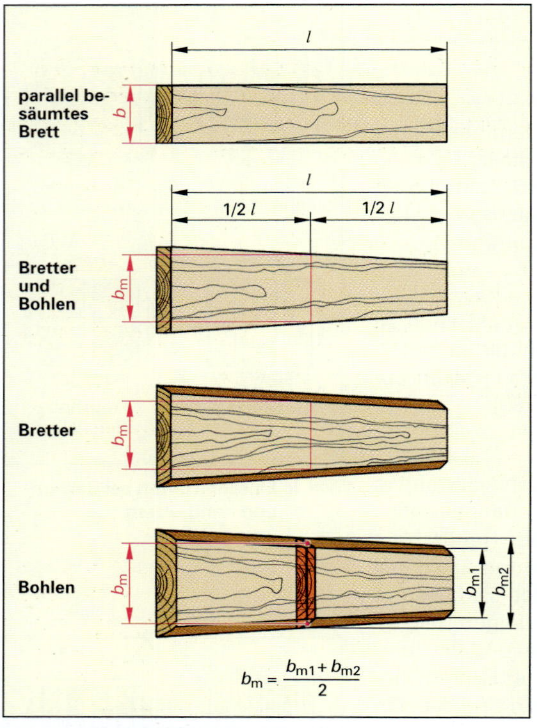

Bild 1: Messen von Brettern und Bohlen

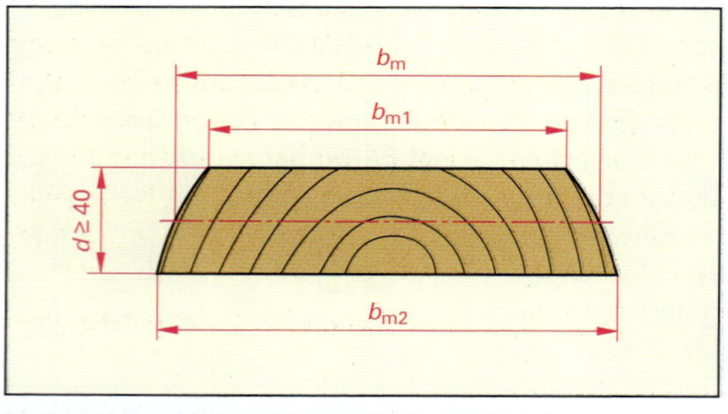

Bild 2: Aufmaß der mittleren Breite bei Bohlen

Flächeninhalt von parallel besäumten Brettern:

$A = l \cdot b$ — A = Fläche, l = Länge, b = Breite

Flächeninhalt von konisch besäumten Brettern und Bohlen:

$A = l \cdot b_m$ — A = Fläche, l = Länge, b_m = mittlere Breite

Messen und Berechnen des Schnittholzes

DIN 68250 und DIN 68371 legen fest, wie und an welcher Stelle Länge, Breite und Dicke von besäumtem und unbesäumtem ungehobelten Nadel- und Laubschnittholz zu messen und der Flächeninhalt sowie das Volumen zu errechnen sind.

Die Länge (l) des Schnittholzes wird am kürzesten Abstand zwischen den Hirnholzenden gemessen **(Bild 1)**.

Die Breite (b) bei parallel besäumtem Schnittholz ist an beliebiger Stelle ohne Baumkante zu messen, mindestens 150 mm von den Hirnholzenden entfernt.

Die Breite von nicht parallel besäumtem (konisch besäumtem) Schnittholz misst man in der Mitte der Länge (b_m). Gemessen wird auf der Seite, an der sich keine Baumkante befindet **(Bild 1)**.

Die Breite von unbesäumtem Schnittholz wird in der Mitte der Länge gemessen (b_m). Bei Brettern nimmt man das Maß an der schmalen (linken) Seite, bei Bohlen den Mittelwert (b_m) aus den Breitenmaßen beider Seiten **(Bild 1 und Bild 2)**.

Die Dicke (d) des Schnittholzes ist an einer beliebigen Stelle, mindestens 150 mm von den Hirnholzenden entfernt, zu messen.

Der Flächeninhalt (A) des Schnittholzes wird aus den Längen- und Breitenmaßen errechnet und in Quadratmetern (m^2) angegeben.

Das Volumen (V) des Schnittholzes wird aus den Längen-, Breiten- und Dickenmaßen errechnet und in Kubikmetern (m^3) angegeben.

Flächeninhalt von unbesäumten Brettern:

$A = l \cdot b_{m1}$ — A = Fläche, l = Länge, b_{m1} = Breite

Flächeninhalt von unbesäumten Bohlen:

$A = l \cdot \frac{b_{m1} + b_{m2}}{2}$ — A = Fläche, l = Länge, b_{m1} = mittlere Breite auf der Schmalseite, b_{m2} = mittlere Breite auf der Breitseite

Volumen = Flächeninhalt mal Dicke; $V = A \cdot d$

2.2.2.2 Güte- und Sortierklassen

Normen und Handelsregeln, wie die **Tegernseer Gebräuche** (TG), bestimmen die Einteilung von Stamm- und Schnittholz in Formen und Maße sowie Güteklassen. Die dort getroffenen Festlegungen unterscheiden sich teilweise hinsichtlich der Verwendung für Tischlerarbeiten und für bauliche und konstruktive Zwecke. Für häufig verwendete oder wertvolle Holzarten gelten außerdem Sortierregeln und -merkmale, die zu einer Einteilung in Sortier- oder Festigkeitsklassen führen.

Tabelle 1: Schnittholzgrößen

Schnittholzarten	Schnittholzeinteilung				
	DIN 4074/DIN 68365		TG		Allgemeiner Sprachgebrauch
	Dicke/Höhe	Breite	Dicke/Höhe	Breite	
Balken	–	–	–	–	Schnittholz: Dicke ≥ 6 mm
Kreuzholz (Rahmen)	–	–	Querschnittsfläche > 32 cm²		
Kantholz	$b \leq h = 3\,b$	$b > 40$ mm	–	–	Leisten: Dicke: 2 mm … ≤ 40 mm Breite: 2 mm … ≤ 75 mm
Bohle	$d \geq 40$ mm	$b > 3\,d$	Querschnittsfläche > 32 cm²	$b > 80$ mm	
Brett	$d < 40$ mm	$b \geq 80$ mm	Querschnittsfläche > 32 cm²	$b > 80$ mm	Brett: Dicke: 8 mm … ≤ 36 mm Breite: ≤ 80 mm
Latte	$d \leq 40$ mm	$b < 80$ mm	Querschnittsfläche > 32 cm²	$b > 80$ mm	

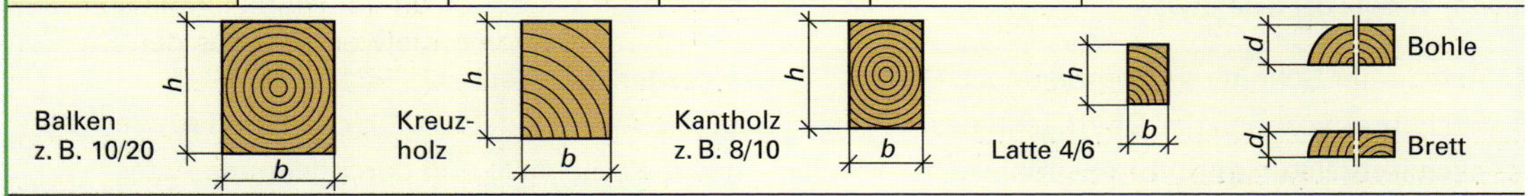

TG: Tegernseer Gebräuche b = Breite d = Dicke h = Höhe

Die beim Einschneiden des Langholzes anfallende Schnittware wird vom Handel einerseits nach Holzart (Sortiment), Abmessungen (Dimensionen) **(Tabelle 1)**, nach Sortier- und Festigkeitsklassen sowie nach der Holzfeuchte eingeteilt. Normen regeln die Einteilung in Sortierklassen anhand von **Sortiermerkmalen**. Dabei werden die Längen- und Breitenabmessungen sowie die von Natur aus vorhandenen Fehler berücksichtigt, z.B. Äste, Krümmungen, Drehwuchs oder Rotholz. Auch Mängel, die nach dem Fällen durch unsachgemäße Behandlung des Holzes entstanden sind, z.B. Trocknungsrisse, Verfärbungen und Insektenbefall, haben Einfluss auf die Zuordnung zu einer Sortierklasse. Bei der Anwendung der Sortiermerkmale wird außerdem zwischen visueller und maschineller Sortierung unterschieden.

Buchstaben und Zahlenwerte kennzeichnen die Sortierungen. Die **Tabelle 2** gibt Auskunft über übliche Sortierungen von Nadel- und Laubschnittholz.

Tabelle 2: Sortierklassen nach DIN 4074 (Auszug)

	Nadelschnittholz			Laubschnittholz		
Güte	gering	mittel	hoch	gering	mittel	hoch
Bohlen und Bretter	S7	S10	S13	LS7	LS10	LS13
Kanthölzer	S7	S10	S13	LS7K	LS10K	LS13K
biegebeanspruchte Bohlen und Bretter	S7K	S10K	S13K	LS7	LS10	LS13
Festigkeitsklasse nach DIN EN 338	C16	C24	C30	Die Festigkeitsklassen werden, je nach Holzart mit D30, D35, D40, D60 oder D70 gekennzeichnet		
Tragfähigkeit	gering	üblich	überdurchschnittlich			

Die normgerechte Sortierung wird durch ein Übereinstimmungszeichen bestätigt, das auf dem Holz oder auf dem Lieferschein aufgedruckt sein muss.

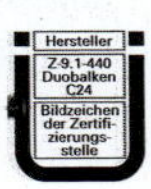

2.2.2.3 Sortiermerkmale des Schnittholzes

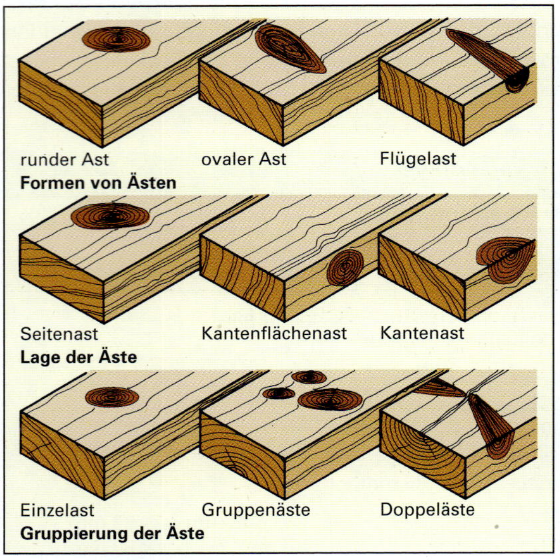

Bild 1: Äste in der Schnittware

Äste sind für den Baum lebensnotwendig. Im Schnittholz mindern sie je nach Anzahl, Größe, Lage und Beschaffenheit die Festigkeit des Holzes und dessen Widerstandsfähigkeit gegen Pilze. Außerdem erschweren sie die Bearbeitung und verändern das Aussehen eines Möbels oder Bauteils nachteilig **(Bild 1)**. Manchmal allerdings bieten gut verwachsene Äste reizvolle Gestaltungsmöglichkeiten, so z. B. die Äste der Zirbelkiefer. Größere Äste können insbesondere bei tragenden und maßhaltigen Bauteilen, wie z. B. bei Bauholz, Fenstern und Türen, den Nutzwert des Holzes sehr herabsetzen; die Biege- und Zugfestigkeit wird vermindert. Äste bewirken eine Krümmung von Konstruktionshölzern, wie z. B. von Rahmenhölzern. Zu biegende Holzteile brechen an der Aststelle und Äste zeichnen sich durch den Anstrich verbunden mit Rissbildung im Anstrich ab.

Äste in der Schnittware werden nach DIN 68256 verschieden unterteilt:
nach ihrer Form an der Oberfläche des Holzes in längliche Äste (Flügeläste), in ovale und runde Äste;
nach ihrer Lage im Holz in Seitenäste, Kantenflächenäste, Kantenäste und durchgehende Äste;
nach ihrer Lage zueinander auf einer Seite des Holzes in Einzel-, Gruppen- und Doppeläste;
nach dem Grad der Verwachsung mit dem umgebenden Holz in verwachsene und nicht verwachsene Äste und
nach dem Zustand der Äste in gesunde, angefaulte und faule Äste.

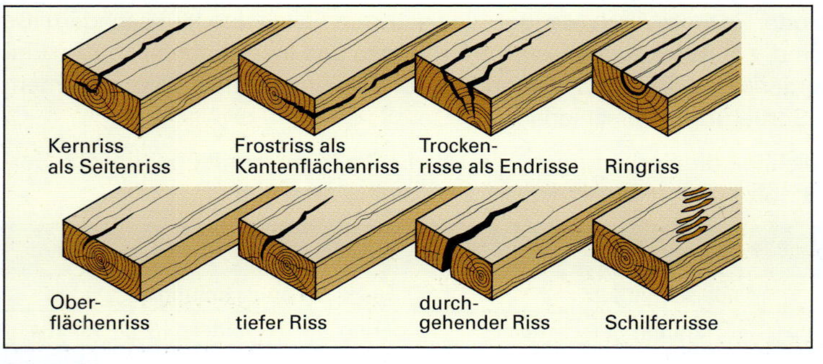

Bild 2: Risse

Risse (Bild 2) treten in verschiedenen Richtungen und Größen im Holz auf. Sie mindern die Holzfestigkeit. Die Ursache der Rissbildung sind Spannungen im Holz. Sie können am stehenden Baum, beim Fällen und Transportieren, beim Trocknen und schließlich bei der Belastung des Schnittholzes hervorgerufen worden sein.

Risse im Schnittholz werden nach ihrer Länge, ihrem Verlauf zur Längsrichtung des Holzes, ihrer Lage und Tiefe beurteilt: **Kernrisse** sind radial gerichtet. Sie verlaufen vom Kern in Richtung Splintholz und mit großer Ausdehnung in Längsrichtung des Holzes. **Trockenrisse** treten am gefällten Stamm auf und verlaufen in radialer Richtung von Brettern und Bohlen. **Ringrisse** treten beim gefällten Kernholz auf. Sie folgen den Jahresringen und sind an ihrer großen Ausdehnung in der Längsrichtung des Holzes zu erkennen. **Schilferrisse** sind schuppige Ablösungen flächiger Holzschichten, die in der Mitte der Herzbretter schräg zum Faserverlauf vorkommen. **Seitenrisse** sind an den Seiten (Breitflächen), aber auch am Hirnholz zu finden. **Kantenflächenrisse** sind Risse an den Kantenflächen (Schmalflächen), die auch am Hirnholz auftreten können. **Endrisse** befinden sich an den Enden des Holzes. **Oberflächenrisse**, auch als Haarrisse bezeichnet, gehen bei bis zu 50 mm dickem Holz nicht tiefer als 5 mm, bei dickerem Holz nur bis zu 1/10 der Holzdicke. **Tiefe Risse** gehen tiefer als Oberflächenrisse. **Durchgehende Risse** sind an zwei Seiten oder an den Enden des Holzes sichtbar.

Holzstruktur

Markröhre oder **Mark:** Die Markröhre liegt zentral im Stamm innerhalb des ersten Jahrringes und weicht in Farbe und Struktur vom umgebenden Holz ab. Sie ist sichtbar in Kernbrettern und Kernbohlen. Der Markbereich ist häufig stark rissig, sodass dieser Bereich aus Bohlen und Brettern herausgetrennt werden muss.

Faserneigung: Bei der Faserneigung handelt es sich um eine Abweichung der Faser von der Längsrichtung des Holzes. Die Faserabweichung wirkt sich nachteilig auf mechanisch beanspruchte Holzbauteile aus und ist häufig ein Anzeichen von Drehwuchs.

Druckholz (Buchs oder Rothärte): Beim Druckholz handelt es sich um eine örtlich begrenzte Veränderung der Holzstruktur, hervorgerufen durch eine Verdickung der Zellwände infolge von Lignineinlagerung, hauptsächlich an der auf Druck beanspruchten windabgekehrten Seite von Nadelholzbäumen. Druckholz ist Reaktionsholz und erkennbar an der rötlichen Holzfärbung. Das Holz ist hart und spröde und neigt zu Formänderungen bzw. Verwerfungen.

Zugholz: Das Zugholz ist eine örtlich begrenzte Veränderung der Holzstruktur, hervorgerufen durch eine Verdickung der Zellwände infolge von Zelluloseeinlagerung während des Wachstums. Zugholz kommt vor an Laubbäumen an der auf Zug beanspruchten Windangriffsseite. Zugholz ist Reaktionsholz, erkennbar an der rauen, wolligen Schnittfläche, es ist etwas heller als das angrenzende „normal gewachsene" Holz. Die wollige Struktur erschwert die spanende Bearbeitung. Die Bestimmung erfolgt nach DIN 68367.

Wirbel: Bei Wirbel handelt es sich um einen gewellten oder unregelmäßigen Verlauf der Holzfaser, häufig im Bereich überwallter Aststümpfe. Liegt ein mehr kreisförmiger oder wirbeliger Faserverlauf von der Größe eines kleinen Astes oder eines Wasserreisers vor, wird von Rosen, Röschen oder Wimmern gesprochen. Furniere mit Rosen können sehr dekorativ sein. Holz mit Wirbel wirft sich und bildet Risse. Wirbel werden nach DIN 68367 bestimmt **(Bild 1)**.

Drehwuchs: Man unterscheidet zwischen einfachem Drehwuchs und Wechseldrehwuchs. Der einfache Drehwuchs ist gekennzeichnet durch einen spiraligen, im Wesentlichen parallelen Faserverlauf schräg zur Baumachse. Links- und Rechtsdrehung sind möglich. Der Grad der Faserneigung entscheidet über den Gebrauchswert des drehwüchsigen Holzes. Das Schnittholz weist meist Risse auf und wird windschief **(Bild 2 und Bild 2, Seite 60)**.

Beim **Wechseldrehwuchs**, der bei tropischen und subtropischen Holzarten vorkommt, sind die Fasern aufeinander folgender Wachstumszonen abwechselnd geneigt in entgegen gesetzten, von der Baumachse abweichenden Richtungen. Durch den gleichmäßigen Wechsel der Fasern sind die Spannungen im Schnittholz weitgehend ausgeglichen, es verzieht sich in der Regel nur wenig. Wechseldrehwuchs führt zu einer Widerspänigkeit und zu einer streifenförmigen Textur. Die spanende Bearbeitung des Holzes ist erschwert, weil bei einem Holzstreifen mehr mit der Faser und beim daneben liegenden mehr gegen die Faser gearbeitet wird. Die Auswirkungen des Wechseldrehwuchses auf die Textur der Oberfläche zeigen sich an den durchge-

Bild 1: Wirbel

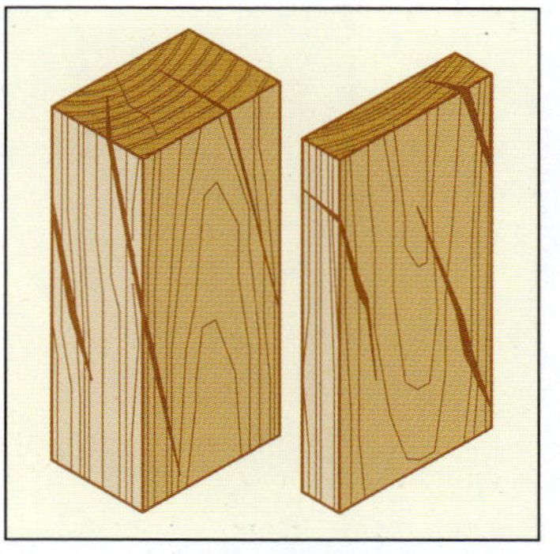

Bild 2: Drehwuchs mit Rissverlauf

Bild 3: Wechseldrehwuchs

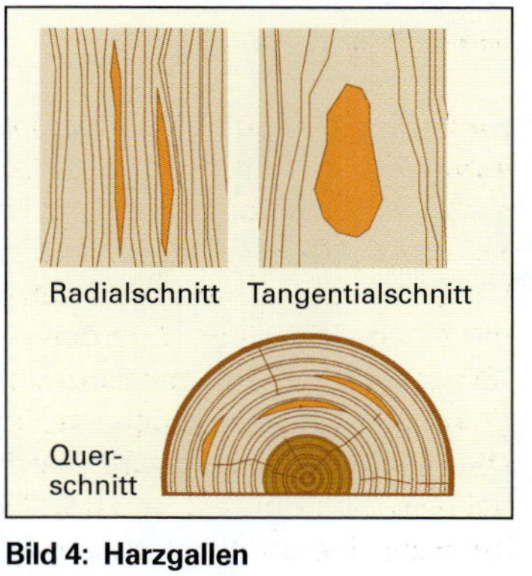

Bild 4: Harzgallen

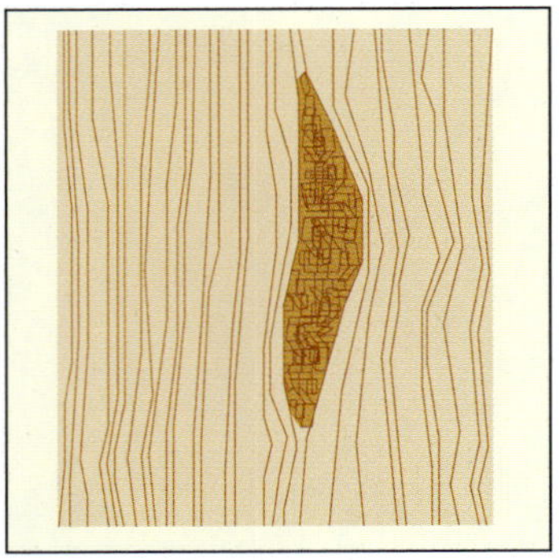

Bild 1: Rindeneinschluss

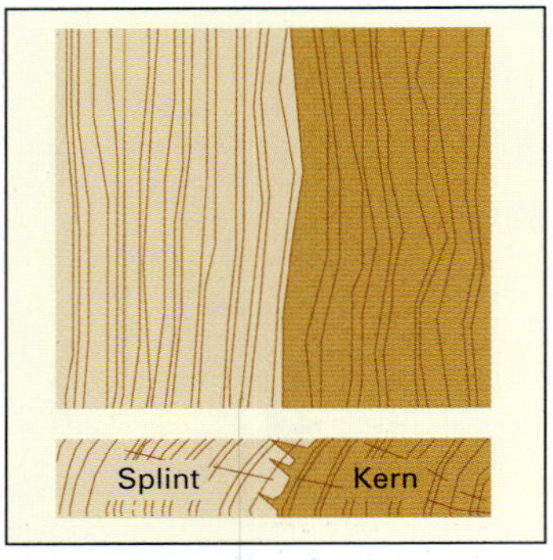

Bild 2: Falschkern

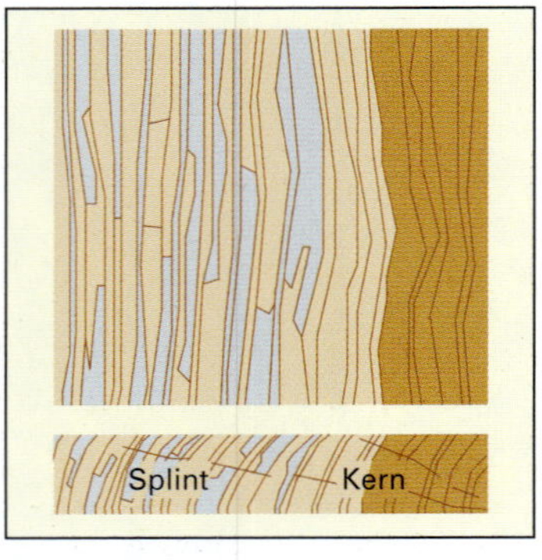

Bild 3: Flecken

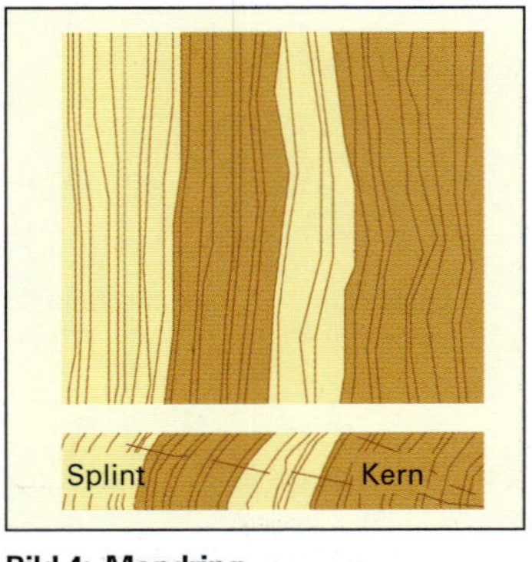

Bild 4: Mondring

henden hellen und dunklen Streifen, wie z. B. bei Sapelli und Abachi. Das Holz hat eine streifige Textur **(Bild 3, Seite 57)**. Die Bestimmung des Drehwuchses erfolgt nach DIN 52181, DIN 68367 und DIN 4074.

Harzgallen (Harztaschen): Harzgallen sind mit Harz gefüllte flache Hohlräume, die sich innerhalb eines Jahrringes von Nadelhölzern befinden. Ihre Form auf Schnittflächen ist im Radialschnitt länglich-streifig, im Tangentialschnitt länglich-oval und im Querschnitt schmalbogenförmig **(Bild 4, Seite 57)**.

Von verkientem Holz wird gesprochen, wenn eine Zone im Holz einen besonders hohen Harzgehalt aufweist. Der Harzgehalt der einheimischen Nadelhölzer liegt zwischen 0,8% und 6,5%. Höhere Werte weisen die Schwarzkiefer sowie mehrere außereuropäische Kiefernarten auf, bei verkientem Holz liegen die Werte bei über 40%. Tanne, Eibe und die einheimischen Laubhölzer enthalten kein Harz.

Rindeneinschlüsse: Bei Rindeneinschlüssen handelt es sich um teilweise eingewachsene kleinere oder größere Rindenteile **(Bild 1)**. Die Einschlüsse gehen auf eine äußere Verletzung eines Baumes zurück, wie z. B. auf Hagelschlag bzw. auf eine Überwallung verletzter Stellen. Bei der Rotbuche werden die Rindeneinschlüsse Steingallen genannt. Rindeneinschlüsse werden in der Regel als Fehler angesehen, beim sog. Birkenmaser jedoch sind sie Bestandteil der Textur und somit dekoratives Gestaltungselement.

Falsch- und Spritzkern: Falsch- und Spritzkern sind bei verschiedenen Laubhölzern aufgrund von Umwelteinflüssen als unnormal starke Verfärbungen verschiedener Tönung und Intensität im Stamminneren entstanden. Die Härte des Holzes ist nicht vermindert. Der Falschkern, der bei der Rotbuche Rotkern und bei Esche und Birke Braunkern genannt wird, weist im Gegensatz zum Kernholz keine erhöhte natürliche Resistenz auf. Der Falschkern kann als Farbkern angesehen werden und den Wert von entsprechenden Furnieren beträchtlich erhöhen, wie z. B. bei der sog. Olivesche. Der Spritzkern, auch Flamm- oder Strahlenkern genannt, stellt eine besondere Form des Falschkerns bei der Rotbuche dar. Er ist im Stammquerschnitt an der besonders dunklen Farbe und am gezackten Rand erkennbar **(Bild 2)**. Die Bestimmung des Falschkerns erfolgt nach der DIN 68367.

Gerbstoffverfärbung: Bei gerbstoffhaltigen Hölzern kann der Gerbstoff oxidieren. Es entstehen bis in eine Tiefe von bis zu 5 mm rötlichbraune und bläulich-braune Verfärbungen.

Flecken und Fladern: Flecken und Fladern sind örtliche Verfärbungen des Splintholzes, entstanden am stehenden Baum in Form von Flecken und Streifen, deren Farbe sich nur wenig von der des Kernholzes unterscheidet. Die Härte des Holzes wird nicht verringert **(Bild 3)**.

Eingeschlossenes Splintholz (Mondring): Eingeschlossenes Splintholz ist eine helle, auf dem Holzquerschnitt ringförmig erscheinende Zone von bis zu 30 mm Breite im Kernholz, insbesondere bei Eichen. Mondringe entstehen aufgrund einer gestörten Kernholzbildung am wachsenden Baum. Die helle Zone unterscheidet sich in ihren Eigenschaften nur wenig vom Splint. Das Holz ist somit in seinem Wert gemindert **(Bild 4)**.

Pilzbefall und Einlauf

Kernfäule und Rotstreifigkeit: Eine Reihe von Holz bewohnenden und Holz zerstörenden Pilzen können den wachsenden Baum oder das im Wald gelagerte Holz befallen und in seinem Wert mindern. Holz bewohnende Pilze verursachen Verfärbungen, Holz zerstörende Pilze erst Verfärbungen, dann Festigkeitsverluste **(Bild 1)**. Bei der Kernfäule weist das Kernholz oder die Zone um das Mark eine unnormale Färbung auf. Das Holz hat eine verminderte Festigkeit. Die Kernfäule wird nach ihrer Farbe in Rotfäule, meist bei Nadelhölzern, und Weißfäule, meist bei Laubhölzern, unterschieden. Bei der Rotstreifigkeit ist der Splintbereich von Nadelhölzern rötlich und bräunlich streifenförmig verfärbt und die Festigkeit des Holzes gemindert. Die Rotstreifigkeit wurde nach dem Fällen des Baumes durch holzzerstörende Pilze verursacht.

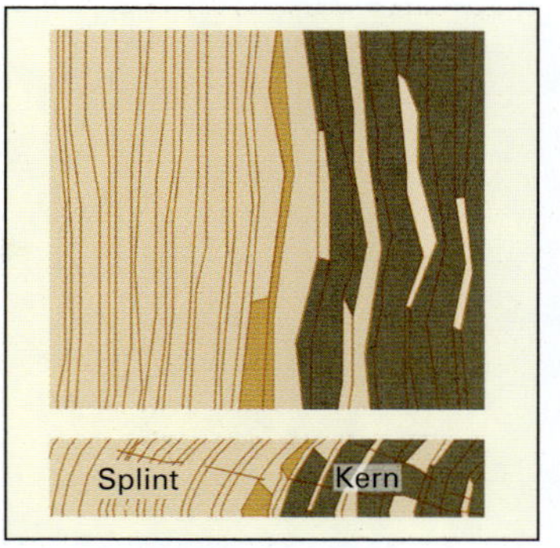

Bild 1: Kernfäule

Kernflecken und Streifen: Kernflecken und Streifen entstehen unter dem Einfluss von Pilzen im Kernholz des stehenden Baumes. Das Schnittholz ist an den entsprechenden Stellen verfärbt, seine Festigkeit häufig vermindert.

Verstocken oder Splintfäule: Verstocken entsteht am gelagerten Baumstamm durch Holz zerstörende Pilze als bräunliche und weißlich-fleckige Verfärbung des Splintholzes von Laubhölzern, insbesondere der Rotbuche. Die Festigkeit des Holzes ist vermindert.

Bild 2: Rotstreifigkeit

Verfärbungen durch Pilzbefall: Bei diesen Verfärbungen handelt es sich um eine Änderung der natürlichen Farbe des Splintholzes, verursacht durch verschiedene Pilze. Die Holzfestigkeit ist nicht gemindert. Die Verfärbung tritt an der Oberfläche oder bis mehrere Millimeter tief im Holz auf. Die Bläue ist eine der bekanntesten Verfärbungen. Das Holz ist grau bis bläulich verfärbt. Eine weitere wichtige Verfärbung stellt die sogenannte Splintverfärbung dar. Das Holz ist orange, gelb, rosa oder hellviolett verfärbt **(Bild 2 und Bild 3)**.

Schimmel: Schimmel entsteht durch verschiedene Pilze, die das Holz an der Oberfläche bewohnen. Sie verursachen Verfärbungen. Festigkeitsverluste entstehen nur selten.

Bild 3: Splintholzverfärbung

Einlauf (Eingrauen, Vergrauen oder Braunstreifigkeit): Einlauf entsteht an lagernden frischen Stämmen von Laubhölzern. Von den Hirnenden aus entwickeln sich über biochemische Vorgänge graue bis bräunliche Verfärbungen, die sich zungen- oder streifenförmig mehr oder weniger tief in den Stamm hineinziehen. Pilze sind an dieser Erscheinung nicht beteiligt. Betroffen ist nur das Kernholz.

Insektenbefall

Fehler durch Insektenbefall: Verschiedene Insekten haben den wachsenden Baum oder den im Wald gelagerten Baumstamm befallen. Die entstehenden Fraßgänge der Larven sind stets ein wesentlicher Qualitätsfehler des Schnittholzes. Die Fraßgänge werden eingeteilt nach Lage, Tiefe und Durchmesser. Die Qualität des Schnittholzes ist abhängig von der Anzahl der Fraßgänge je einen Meter Länge **(Bild 4)**.

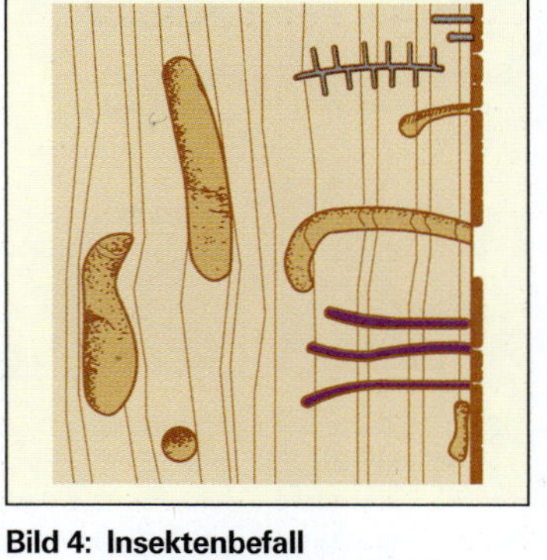

Bild 4: Insektenbefall (verschiedene Insekten)

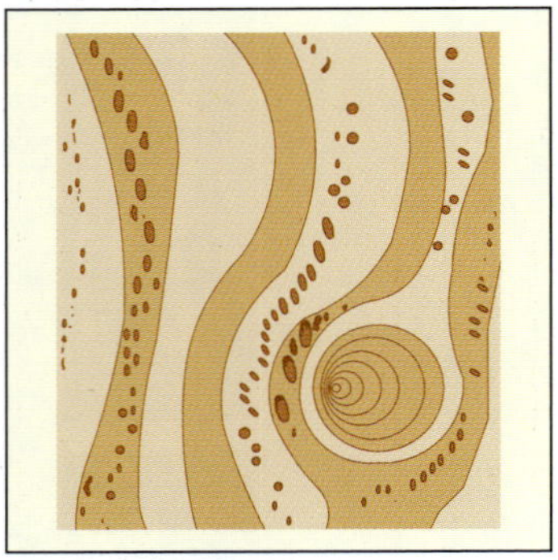

Bild 1: Mistelbefall (Mistellöcher)

Mistelbefall

Mistellöcher: Mistellöcher sind Löcher im Schnittholz, hervorgerufen durch einen Mistelbefall des wachsenden Baumes. Die immergrünen Misteln haben ihre zum Wachstum notwendigen Nährstoffe mithilfe von sogenannten Senkerwurzeln dem Wirtsbaum entzogen. Abgestorbene Senkerwurzeln hinterlassen im Holz Löcher mit etwa 5 mm Durchmesser. Die Schäden zeigen sich meist am Nadelholz, weil hier die Misteln im Gegensatz zu Laubholz am Stamm wachsen **(Bild 1)**.

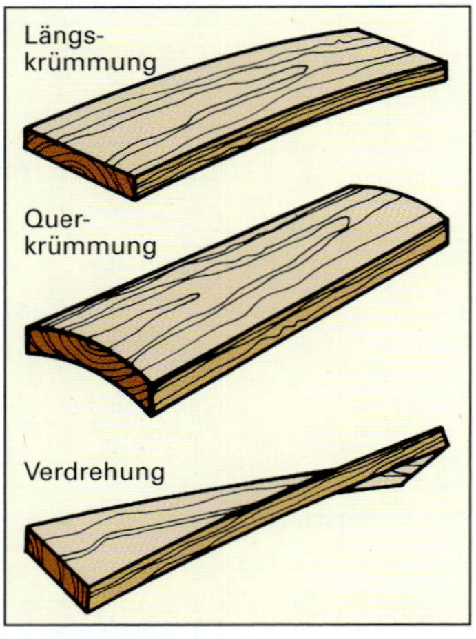

Bild 2: Verformungen

Verformungen

Verformungen, man spricht auch von verworfenem oder verzogenem Holz, sind einfache oder mehrfache Krümmungen in Längsrichtung des Schnittholzes. Die Schmalfläche des Schnittholzes kann eine Längskrümmung aufweisen, ein Brett oder eine Bohle kann in der Breite gekrümmt, d.h. hohlgezogen bzw. gewölbt sein. Schnittholz kann in Längsrichtung spiral- bzw. propellerförmig verdreht sein, wobei von windschiefem Holz gesprochen wird. Die Verformungen gehen auf mehrere Ursachen zurück, z.B. auf ungleiches Schwindverhalten, auf Trockenspannungen, Stapelfehler und Drehwuchs. Die Verformungen können im ungünstigen Fall zu hohen Materialverlusten bei der spanenden Bearbeitung führen oder das Holz für die vorgesehene Verwendung unbrauchbar machen. Man muss hierbei zusätzlich berücksichtigen, dass die Verformungen nach der spanenden Bearbeitung des Schnittholzes am Werkstück in der Regel erneut auftreten **(Bild 2)**.

Bild 3: Baumkante bei Brettern und Bohlen

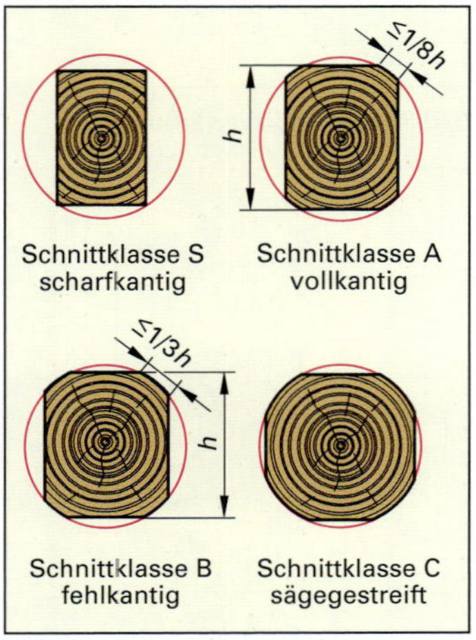

Bild 4: Baumkanten bei Balken und Kanthölzern

Baumkante und Merkmale an der Schnittfläche

Baumkante: Als Baum-, Fehl- oder Waldkante wird der am besäumten Schnittholz verbliebene Teil der Stammoberfläche verstanden, das Schnittholz ist nicht scharfkantig. Der Einfluss der Baumkante auf die Tragfestigkeit von Bauholz ist unbedeutend, Auflagerflächen können jedoch verkleinert sein. Bei vielen Holzverbindungen ergeben sich bei fehlkantigem Holz Anschlussprobleme, sodass die Baumkante ein qualitätsminderndes Merkmal darstellt. Daneben spielt die Baumkante bei der Breitenmessung von Brettern und Bohlen eine wesentliche Rolle **(Bild 3 und Bild 4)**.

Merkmale an der Schnittfläche: Durch das Einschneiden eines Stammes können sich am Schnittholz Unregelmäßigkeiten ergeben. Es handelt sich um von den Sägezähnen hinterlassene Spuren an der Oberfläche, vor allem um aufgerichtete Holzfasern, die nach Tiefe und Rauigkeit eingeteilt werden. Außerdem kann die Schnittfläche unebengesägt, d.h. rippig, wellig oder verdreht sein. Bei Unregelmäßigkeiten am Schnittholz ist zu beachten, dass die Solldicken der Werkstücke nur mit größeren Nenndicken des Schnittholzes erzielt werden können.

2.2.2.4 Halbfertigwaren

Halbfertigwaren aus Holz sind Erzeugnisse bzw. Zulieferartikel, die in einem oder mehreren Produktionsprozessen für einen bestimmten Verwendungszweck vorbearbeitet sind. Diese Halbfertigwaren dienen in der Regel anderen Betrieben der Holzverarbeitung, z. B. der Tischlerei, zur Herstellung von Fertigprodukten.

Zu den Halbfertigwaren zählen z. B. Bauelemente wie Türen und Türbekleidungen, Fenster, Parkett, Treppen, profilierte Bretter, gedrechselte Teile, Möbelfüße, Sitze und Schubkastenteile, Stäbe und Leisten **(Bild 1)**. Viele dieser Halbfertigwaren sind genormt.

Die **Tabellen 1 bis 3** zeigen Normmaße gebräuchlicher Halbfertigwaren.

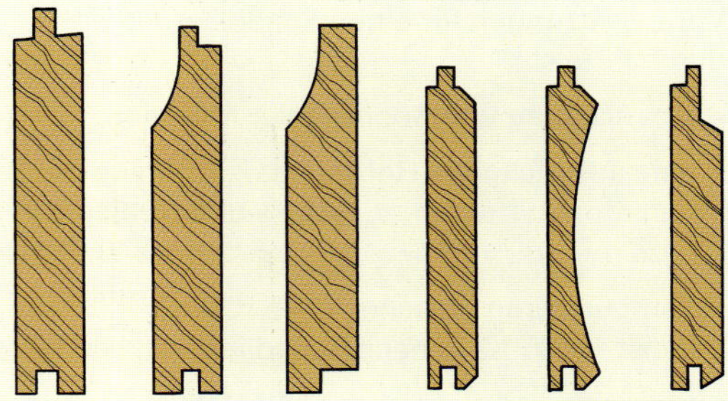

1 Gespundetes Brett
2 Stülpschalungsbrett, gespundet
3 Stülpschalungsbrett, gefalzt
4 Fasebrett, gespundet
5 Fasebrett, gespundet mit Hohlkehle
6 Profilbrett mit Schattennut

Bild 1: Halbfertigwaren (Beispiele)

Tabelle 1: Profilholz aus Nadelholz, Maße in mm

Dicke Zielmaße $u \leq 12\%$		Dicke Zielmaße $u \leq 17\%$	
Dicke t	Dickenbereich	Dicke t	Dickenbereich
10	9,5 … 10		
12	11,5 … 12	12	11,5 … 12,5
13	12,5 … 13	14	13,5 … 14
15	14,5 … 15	16	15,5 … 16
18	17,5 … 18,5	19	18,5 … 19,5
20	19,5 … 20,5	21	20,5 … 21,5
Breite Zielmaße $u \leq 12\%$		Breite Zielmaße $u \leq 17\%$	
Breite b	Breitenbereich	Breite b	Breitenbereich
69	67 … 69	71	69 … 71
75	73 … 75		
94	92 … 94	96	94 … 96
114	112 … 114	116	114 … 116
119	117 … 119	121	119 … 121
144	142 … 144	146	144 … 146

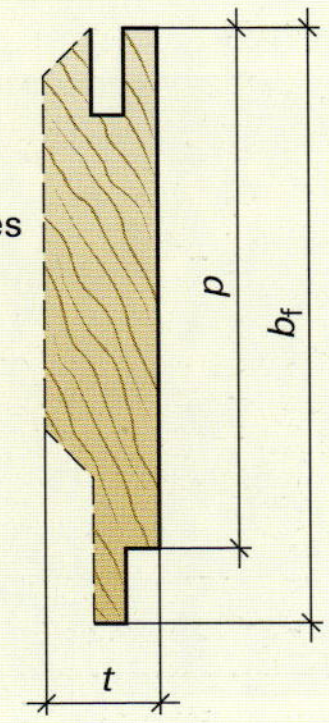

Tabelle 2: Gespundete Bretter aus Nadelholz (DIN 4072) in mm

Europäische Hölzer				Nordische Hölzer			
Dicke t	Abw.	Breite b	Abw.	Dicke t	Abw.	Breite b	Abw.
15,5	± 0,5	95	± 2,5	19,5	± 0,5	96	± 1,5
19,5		115		22,5	± 1	111	
25,5	± 1	135	± 2	25,5		121	± 2
35,5		155					

Europäische Hölzer			Nordische Hölzer		
Länge	Stufung	Abw.	Länge	Stufung	Abw.
≥ 1500 … ≤ 4500	250	+ 50	1800 … 6000	300	+ 50
> 4500 … ≤ 6000	500	– 25			– 25

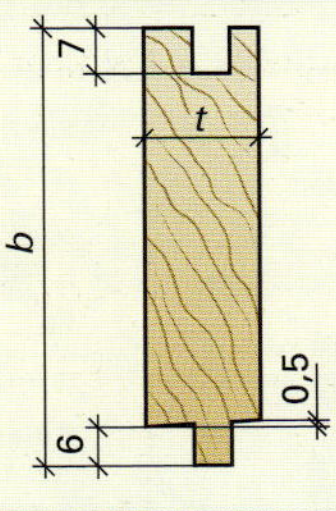

Tabelle 3: Fußleisten (DIN 68125) in mm

Europäische Hölzer				Nordische Hölzer			
Dicke t	Abw.	Breite b	Abw.	Dicke t	Abw.	Breite b	Abw.
15	± 0,5	73	± 1	12ww	± 0,5	58	± 1
19,5		42				70	
21		42					

Europäische Hölzer			Nordische Hölzer		
Länge	Stufung	Abw.	Länge	Stufung	Abw.
≥ 1500 … ≤ 3000	500	+ 50	1800 … 6000	300	+ 50
> 3000 … ≤ 4500	250				
> 4500 … ≤ 6500	500	– 25			– 25

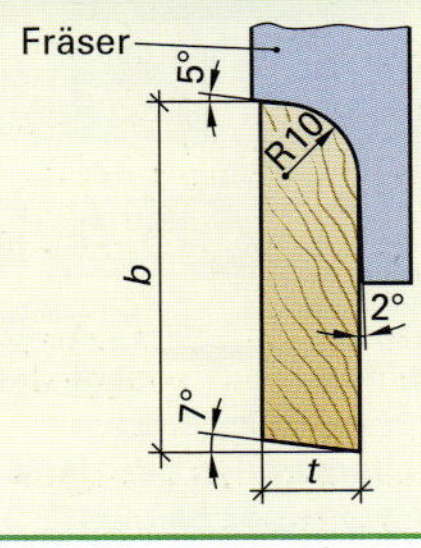

Voraussetzungen für einen Schädlingsbefall durch Pilze sind:

- Übertragung von Sporen oder Mycelien,
- eine ausreichende Holzfeuchte; für Bläue- und Schimmelpilze min. u_m = 18 % und für Fäulepilze min. u_m = 22 %,
- Temperaturen zwischen 0–45 °C, meist 10–35 °C, je nach Schädlingsart, sowie
- geeignete und ausreichende Nährstoffe im Holz.

Fehlt eine der genannten Voraussetzungen ist ein Befall i. d. R. nicht möglich.

Bild 1: Entwicklungskreis Pilz (Basidiomycet) am Beispiel Hallimasch: im Uhrzeigersinn von oben links: Sporen, Mycel, junge und alte Stränge am Holz und Fruchtkörper

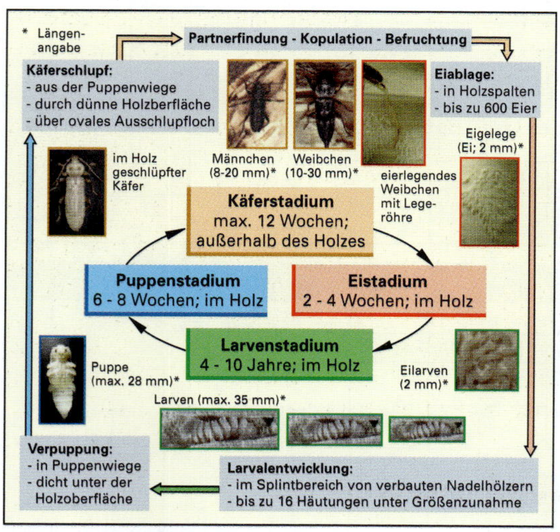

Bild 2: Lebenszyklus des Hausbockkäfers (*Hylotrupes bajulus* (L.))

2.3 Holzschädlinge

Holz unterliegt, wie alle organischen Stoffe, ständiger Veränderung durch Umwelteinflüsse und Umgebungsbedingungen. Dieser natürliche Vorgang kann zur Schädigung und Wertminderung durch tierische oder pilzliche Organismen, aber auch durch Sonnenlicht führen.

Holzschädlinge sind meist Pilze oder Insekten. Sie werden eingeteilt in Forst- und Lagerschädlinge sowie Schädlinge des verarbeiteten Holzes.

Bei **holzzerstörenden Insekten** wird zwischen Frischholzinsekten (Forstinsekten), Feuchtholzinsekten und Trockenholzinsekten unterschieden. Erstere schädigen den lebenden oder kränkelnden Baum sowie den gefällten oder windgeworfenen berindeten Stamm. Trockenholzschädlinge befallen das trocknende oder abgetrocknete Holz in unverarbeitetem oder verarbeitetem bzw. verbautem Zustand. Werden verbaute/verarbeitete Hölzer feucht, nass und/oder von Pilzen befallen, dann können bestimmte Insekten auch als Feuchtholzinsekten angreifen und den Holzkörper weiter zerstören. Neben den Holzfeuchteansprüchen ist für jede Art der Holzinsekten spezifisch, welche Holzart(en) sie jeweils befallen oder schädigen können.

Bei Pilzen werden generell drei Entwicklungs-Stadien unterschieden: Aus **Sporen** entwickelt sich nach der Infektion ein **Mycel** (Pilzgeflecht). Die Mycelien dienen der Nährstoffversorgung und an ihnen wachsen **Fruchtkörper**. In den Fruchtkörpern entstehen wieder Sporen und so schließt sich der Kreis **(Bild 1)**. Eine Infektion von Holz ist durch die Allgegenwart von Sporen fast jederzeit möglich, sobald das Holz feucht genug ist. Bäume schützen sich dagegen durch ihre Rinde.

Bei den Insekten, beispielhaft aufgezeigt am **Lebenszyklus des Hausbockkäfers (Bild 2)**, schlüpfen die Geschlechtstiere (Adulti) aus dem Holz und finden sich mittels Geruchsstoffen zur Fortpflanzung. Das befruchtete Weibchen legt mit einer ausstülpbaren Legeröhre die Eier in Trockenrisse, alte Larvengänge oder unter abgeplatzte Oberflächen. Von diesen Plätzen aus bohren sich die Eilarven in den Holzkörper ein, wachsen unter vielen Häutungen mit Größenzunahmen heran und das älteste Larvenstadium sucht sich zur Verpuppung einen Platz dicht unter der Holzoberfläche. Nach der Verpuppung nagt sich der fertige Käfer über das Ausschlupfloch aus dem Holz heraus. Der Kreislauf kann erneut beginnen.

2.3.1 Forstschädlinge

Forstschädlinge befallen den stehenden Baum und teilweise auch das gelagerte Holz. Sie haben Strategien entwickelt, die Rinde zu überwinden.

2.3.1.1 Forstpilze

Fäulepilze ernähren sich vom Holz; einige Arten haben sich auf bestimmte Baumarten spezialisiert. Viele Forstpilze sind **Weißfäulepilze**, d. h., sie bauen im Holz sowohl Cellulose und Hemicellulose als auch das Lignin ab – das Holz wird heller und faserig. Es kommen aber auch **Braunfäulepilze** vor. Diese bauen insbesondere die Cellulose und Hemicellulose des Holzes ab, welche im Holz ein tragendes Gerüst bilden – das Holz wird braun und zerfällt zu Quadern (Würfelbruch).

Der **Eichenwirrling** ist Braunfäule-Erreger und befällt alte Eichen und Kastanien und Bauholz aus diesen Bäumen. Der **Kiefernbaumschwamm** befällt meist ältere Kiefern, aber nicht das Bauholz; er verursacht eine Weißlochfäule. Die verschiedenen **Hallimasch**-Arten sind Weißfäule-Erreger und befallen fast alle Baumarten, wenn diese geschwächt oder alt sind. Bauholz wird nicht befallen. Der **Wurzelschwamm** ist ein Weißfäule-Erreger und befällt alle Baumarten, oft auf Pionierstandorten. Bauholz wird nicht befallen. Der **Schwefelporling** befällt Eichen und Robinien und ist ein Braunfäule-Erreger. **Bild 1** zeigt Fruchtkörper verschiedener Forstpilze.

Bild 1: Fruchtkörper von: Eichenwirrling, Kiefernbaumschwamm, Hallimasch, Wurzelschwamm, Schwefelporling.

2.3.1.2 Frischholzinsekten

Die Forstinsekten (holzzerstörende Forstinsekten) **(Bild 2)**, die Holz schädigen oder zerstören können, gehören vor allem zu den Käfern **(Coleoptera)**: Bockkäfer, Borkenkäfer, Werftkäfer, Rüsselkäfer sind die wichtigsten Familien. Weiterhin sind unter den Hautflüglern **(Hymenoptera)** holzzerstörende Ameisen und die Holzwespen zu nennen. Die Ordnung Schmetterlinge **(Lepidoptera)** verzeichnet neben vielen blatt- und nadelschädigenden Arten (Nonne, Schwamm-, Kiefernspinner) auch Holzschädlinge mit den Holzbohrern und Glasflüglern. In Einzelfällen können zudem auch massive Schädigungen durch eingeschleppte Termiten **(Isoptera)** oder andere weniger häufige Insektenfamilien erfolgen.

Bild 2: Holzzerstörende Forstinsekten: Bockkäfer, Borkenkäfer, Werftkäfer, Rüsselkäfer, Holzwespe, Weidenbohrer

2.3.2 Holzschädlinge in lagerndem und feucht verbautem Holz

An gelagertem oder feucht verbautem Holz tritt kaum Insektenbefall auf, aber häufiger Pilzbefall durch holzzerstörende oder holzbewohnende Pilze. Ursachen dafür sind meist fehlerhafte Lagerung und Einbau.

Bild 1: Rotstreifepilze an gestapeltem Holz, vorzugsweise am Splintholz

Bild 2: Bläuepilze an lagerndem Holz

Bild 3: Bläuepilze am Splintholz eines Zauns

Bild 4: Querschnitt: Kleine Fruchtkörper von Bläuepilzen durchbrechen eine Beschichtung

2.3.2.1 Holzzerstörende Pilze

Rotstreifigkeit oder Rotstreife ist definiert als Holz-Farbfehler und anfänglicher Befall bei unsachgemäßer Lagerung; z.B. im Wald oder im Holzlager **(Bild 1)**. Das Holz bleibt nagelfest und die mechanischen Eigenschaften werden nur schwach gemindert. Aus einer Rotstreifigkeit kann sich allerdings bei längerem Befall ein Fäuleschaden entwickeln. Im Rotstreifen-Holz lassen sich viele Fäulepilze des Waldes nachweisen; es sollte gemieden werden. Ein Auftreten von Rotstreife an verbautem Holz ist meist auf Sortierfehler zurückzuführen.

Schichtpilze kommen an durchnässtem oder periodisch nassem Holz vor. Am Befalls-Anfang bleibt das Holz nagelfest. Bewachsen wird zuerst das Splintholz aller Holzarten und es entsteht eine langsam voranschreitende Weißfäule. Für den Befall sind Holzfeuchten deutlich über $u_m = 30\,\%$ nötig.

2.3.2.2 Holzbewohnende Pilze

Holzbewohnende Pilze ernähren sich im Wesentlichen von den leicht löslichen Bestandteilen des Holzes, sie zerstören das Holz kaum. Zu den holzbewohnenden Pilzen gehören vor allem Schimmel- und Bläuepilze. Eine Infektion durch deren Sporen ist jederzeit möglich. Wachsende Schimmel- und Bläuepilze sind ein Hinweis auf eine zu hohe Holzfeuchtigkeit, also ein Mangel.

Unter „Verblauen" versteht man die farbliche Veränderung von Laub- und Nadelholz durch **Bläuepilze (Bild 2 und Bild 3)**. Die Verfärbungen können nicht abgewischt, aber in Grenzen ausgeblichen werden. Die mechanischen Eigenschaften des Holzes werden nur geringfügig beeinflusst. Verblautes Holz ist nach DIN 4974-1 und gemäß den „Tegernseer Gebräuchen für Bauschnittholz", das nach Tragfähigkeit bemessen wird, in Grenzen zulässig. Bei verblautem Holz an sichtbaren Stellen lehnen Kunden das gelieferte Werk allerdings oft ab. Bläuepilzschäden sollten daher vermieden werden.

Jedes Splintholz verblaut; Kiefernsplintholz ist besonders empfindlich. Frisches und feuchtes Splintholz kann nach dem Einschnitt bei sommerlicher Wärme innerhalb von wenigen Tagen verblauen. Bläuepilze ernähren sich von leicht löslichen Nährstoffen im Splintholz, die im Kernholz fast fehlen, daher sollte bei exponierten und gut sichtbaren Holzkonstruktionen wie Zäunen oder Außenverkleidungen auf Splintholz verzichtet werden.

Ein Streichen von verblautem Holz ist nur sinnvoll, wenn die Bauteilfeuchte nach dem Streichen so niedrig ist und bleibt, dass sich Bläuepilze nicht mehr entwickeln. Ist die Holzfeuchte hoch oder steigt innerhalb von 10 Jahren wieder an, kann es passieren, dass Bläuepilz-Fruchtkörper die Beschichtung durchbrechen **(Bild 4, Seite 64)**. Beim Imprägnieren und Lackieren können bei verblautem Holz weitere Schäden entstehen, wenn Schutzmittel nicht gleichmäßig eindringen oder Lacke, Öle und Lasuren nicht richtig haften.

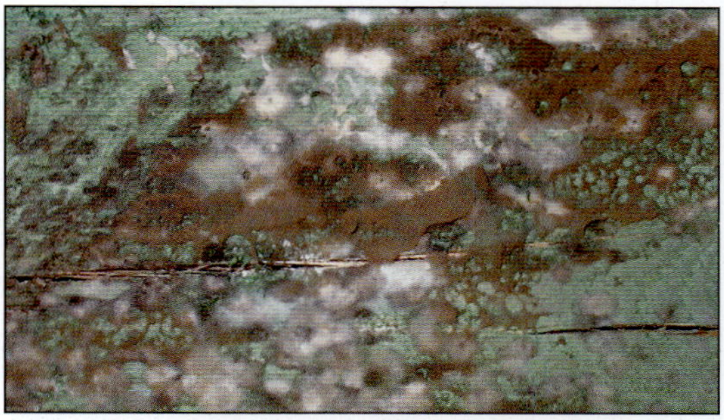

Bild 1: Schimmelpilze an einem grün gefärbten Sparren

Schimmelpilze (Bild 1) wachsen auf der Holzoberfläche und können im Gegensatz zu Bläuepilzen vom Holz abgewischt werden (z. B. mit ca. 70 %igem Alkohol). Bei vorbelasteten Personen können Schimmelpilze Allergien oder selten auch Pilzinfektionen auslösen. Daher sollten Schimmelpilze in Innenräumen nicht geduldet werden.

2.3.3 Holzschädlinge in verarbeitetem Holz

2.3.2.2 Holzfäulepilze

Die in zentral geheizten Gebäuden vorhandene Holzfeuchte von 6–15 u_m % reicht für das Hausfäulepilz-Wachstum nicht aus. Schäden entstehen, wenn ein Feuchtigkeitsproblem besteht. Sie sind ernst zu nehmen, da im Extremfall Gebäudeteile einstürzen können. Wird ein Befall vermutet, ist zu klären, ob ein Befall mit dem Echten Hausschwamm vorliegt, da dann besondere Maßnahmen nötig sind. Die Sanierung ist nach DIN 68800-4 zu planen und auszuführen.

Zur Ausbreitung bilden alle wichtigen Hausfäulepilze **Mycelien** und **Stränge**, das sind haut-, lappen-, wurzel- oder bandähnliche Geflechte, die im und am Mauerwerk und Holz auftreten. Sie dienen der Nährstoff- und Wasseraufnahme und deren Transport. Die meisten, wichtigen Hausfäulepilze verursachen eine Braunfäule, so auch die ersten vier der unten vorgestellten Pilze.

Echter Hausschwamm *(Serpula lacrymans)*

Der **Echte Hausschwamm (Bild 2)** ist der wichtigste holzzerstörende Gebäudepilz. Die Gefährlichkeit des Echten Hausschwammes beruht darauf, dass er als einziger Pilz alle vier wichtigen Fähigkeiten, zum Besiedeln eines Gebäudes beherrscht. Diese sind die Fähigkeit, anorganische Materialien zu durchwachsen (versteckte Lebensweise; Mauerwerkdurchwuchs); die Fähigkeit, Holz unter Fasersättigung zu bewachsen; die Fähigkeit, ein dichtes Mycel zur Abschottung und Minderung der Austrocknung zu bilden sowie die Fähigkeit, in trockenem Holz ca. 1 Jahr zu überdauern, d. h., in der sogenannten „Trockenstarre“ zu überleben. Bei der Betrachtung einzelner Fähigkeiten sind dagegen andere Pilze oft „leistungsstärker“.

Bild 2: Echter Hausschwamm: Fruchtkörper und Mycel/Stränge

Kellerschwämme oder Braunspor-Rindenpilze *(Coniophora sp)*

Die **Kellerschwämme (Bild 3)** durchwachsen Mauerwerk und Decken mithilfe ihrer Mycelien, die oft als braun-schwarze Stränge ausgebildet sind. Der Kellerschwamm ist der zweit-wichtigste Hausfäulepilz. Anders als der Name vermuten lässt, werden Bauteile im gesamten Haus befallen, wenn sie feucht genug sind. Auch im Freien werden Hölzer zerstört, oft im Erd-Kontaktbereich. Wie der Haus-

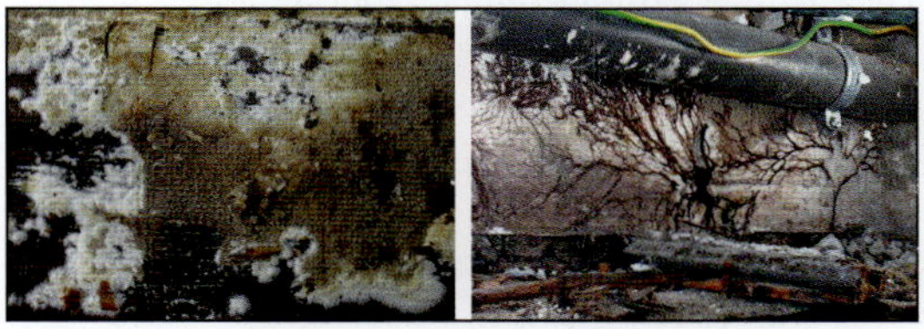

Bild 3: Kellerschwamm: Fruchtkörper und Mycel/Stränge

schwamm besitzen die Kellerschwämme alle wichtigen Fähigkeiten zur Gebäudebesiedlung, nur ein dickes Mycel bilden sie kaum. Im trockenen Holz überleben sie ca. 2 Jahre.

Weiße Porenschwämme oder Braunfäuletrameten *(Antrodia/Oligoporus sp.)*

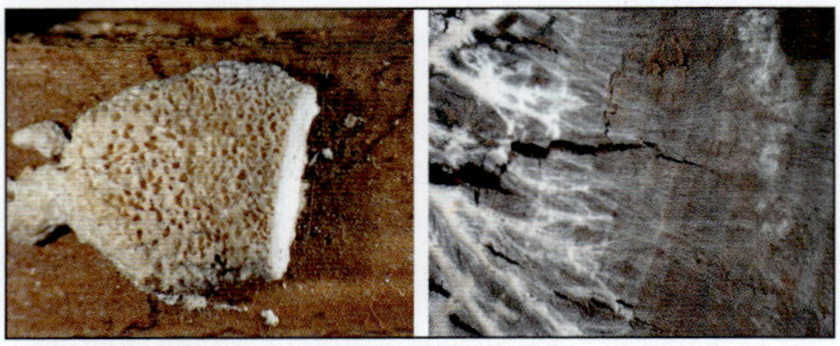

Bild 1: Porenschwämme: Fruchtkörper und Mycel/ Stränge

Die **Weißen Porenschwämme (Bild 1)** treten an gelagertem und verbautem Holz auf, im Freien wie im gesamten Gebäude, vom Keller bis zum Dachstuhl, an Fachwerk wie an Fenstern. Die meisten Porenschwamm-Arten zerstören Nadelholz, nur wenige auch Laubhölzer. Wie der Hausschwamm besitzen die Porenschwämme fast alle wichtigen Fähigkeiten eines Hausfäulepilzes, nur Mauerwerk durchwachsen sie kaum. Im trockenen Holz überleben sie über 9 Jahre.

Blättlinge *(Gloeophyllum sp.)*

Bild 2: Blättlinge: Fruchtkörper und Mycel

Die **Blättlinge (Bild 2)** treten oft an verbautem Nadelholz im Freien auf, dazu zählen auch Fachwerk, Fenster, herausragende Balkenlagen und Fassaden. Im Freien werden alle Nadelhölzer angegriffen, wenn sie nicht geschützt sind. Die Blättlinge verursachen, wie viele Fäulepilze im Freien, zuerst eine Innenfäule. Diese wird oft erst durch das Auftreten von Fruchtkörpern, ein Versagen der Tragfähigkeit oder durch Lack-Schäden erkannt. Im trockenen Holz überleben sie über 9 Jahre und ertragen hohe Temperaturen. Massive Schäden bis hin zum Dacheinbruch sind innerhalb von 1,5 Jahren möglich, aber selten.

Ausgebreiteter Hausporling *(Donkioporia expansa)*

Bild 3: Hausporling: Fruchtkörper und Mycel

Der **Hausporling (Bild 3)** wurde erst seit 1990 als wichtiger Hausfäulepilz erkannt, er dürfte der dritthäufigste sein, im Süden häufiger als im Norden. Im Gegensatz zu den vorgenannten Pilzen verursacht er eine Weißfäule. Befallen werden feuchte Bereiche, z. B. unter Küchen, aber auch nasse Holzkonstruktionen in Unterbodenbereichen und Dachböden. Besonders häufig ist er in Fachwerk und in Bädern nach schleichenden Wasserschäden. Im Gegensatz zu den Haus- und Kellerschwämmen sowie den Tintlingen und Sternsetenpilzen kann der ausgebreitete Hausporling Mauerwerk nicht durchwachsen. Die verursachten Schäden an Laub- oder Nadelholz sind oft erheblich, es kann zu unerwarteten Einbrüchen tragender oder nichttragender Gebäudeteile kommen.

2.3.3.2 Gebäudeinsekten

Lebens- und Entwicklungsbedingungen

Die Lebens- und Entwicklungsbedingungen der holzzerstörenden Insektenarten sind von Art zu Art unterschiedlich („artspezifisch"). Entwicklungszeiten, Ansprüche an die chemische Zusammensetzung der jeweiligen Holzarten, den mechanischen Zustand des Holzes, die Holzfeuchte und die vornehmlich herrschenden Temperaturen sind von entscheidender Bedeutung. Viele Holzinsekten nutzen das Holz als Nährsubstrat (Käfer, Holzwespen, Holzbohrer), als Nestsubstrat (Holzameisen, Holzbienen) oder deren Kombination (Termiten, Rüsselkäfer). Andere suchen es als Brutsubstrat mit symbiotischen Pilzen (Ambrosiakäfer, umfassend Borken-, Werft- und Kernholzkäfer), als Verpuppungs- oder Arretierungssubstrat

(Speckkäfer, Motten) auf, wobei bei letzteren beiden das Holz nur oberflächlich abgenagt wird. Gleiches gilt für soziale Wespen, die das oberflächlich abgeschabte Holz zum Nestbau nutzen. Die Larven sind zumeist die eigentlichen Holzzerstörer, bei Rüsselkäfern und Holzbohrkäfern können auch die Geschlechtstiere noch Holz fressen. Charakterisiert werden die einzelnen Befälle insbesondere über das spezifische Bohrmehl (Farbe, Konsistenz, Kotpartikel), die Ausschlupflöcher (Form, Größe), die Bohrgänge sowie natürlich die aufgefundenen Insekten.

Aus der Vielzahl der holzzerstörenden Insekten sind diejenigen Insekten ausgewählt, die in Mitteleuropa bei der Fertigung von Holzteilen und/oder im verbauten Holz der Gebäude begegnen können. Bei massivem Befall können z. B. Möbel pulverisiert, Brettware selbst im Kern stark geschädigt oder Konstruktionshölzer in ihrer Tragkraft stark beeinträchtigt werden. Es handelt sich dabei vorwiegend um Arten, die trockenes Holz befallen.

Hausbockkäfer (*Hylotrupes bajulus* (L.)); auch „Balkenbock“, „Großer Holzwurm“

Die **Hausbockkäfer (Bild 1)** sind 8–30 mm lang, wobei Männchen gegenüber Weibchen durchschnittlich kleiner sind. Männchen haben längere Fühler, Weibchen weisen ein verlängertes Analschild auf, aus dem eine Legeröhre ausgestoßen wird. Die Flügeldecken sind schwarz bis hellbraun mit weißgrauen Haarflecken. Die zylindrischen Larven sind elfenbeinfarben und bis 35 mm lang. Sie befressen nur das Splintholz von trockenem Nadelholz (vor allem Bauholz). Die Entwicklungsdauer kann meist 3–6 Jahre dauern. Die Ablage von bis zu 600 Eiern erfolgt portionsweise mit einer Legeröhre in Holzrisse und -spalten. Die Larvenentwicklung ist von Umweltfaktoren und dem Nährwertgehalt (insbesondere Eiweiß) des Holzes abhängig. Der Ausschlupf der Käfer über Ausschlupflöcher (z.T. gefranst bzw. gezackt; oval mit 3–4 × 5–10 mm) beginnt im Juni, die Flugzeit reicht bis August. Geschlechtstiere nehmen keine Nahrung auf. Die Larvengänge sind im Querschnitt oval und weisen eine „Rippelmarkenstruktur“ der Gangwände auf. Das Bohrmehl mit walzenförmigen Kotpartikeln liegt meist locker in den Gängen vor. Die Hausbockkäfer sind in Mitteleuropa als „Kulturfolger“ in Gebäuden verbreitet. Fälschlicherweise werden sie als „Holzbock“ (= Hundezecke) bezeichnet.

Bild 1: Hausbockkäfer: Larve, Geschlechtstier, Schadensbild

Gewöhnlicher Nagekäfer (*Anobium punctatum* (De Geer)); auch „Möbelkäfer“, „(Kleiner) Holzwurm“

Der **Gewöhnliche Nagekäfer** ist 3–5 mm lang **(Bild 2)** und dunkelbraun (selten hell). Sie weisen wie andere Nagekäferarten ein helmartiges Halsschild auf; in Seitenansicht zeigt sich ein charakteristischer Mittelhöcker. Die Generationsdauer beträgt meist 2–3 Jahre. Die Flugzeit kann im April beginnen und bis maximal November dauern. Geschlechtstiere nehmen keine Nahrung auf. Die Eiablage (20–40) erfolgt einzeln oder gruppenweise in Holzrisse oder in alte Larvengänge. Die 6 mm langen Larven sind bauchseitig gekrümmt. Die Käfer „klopfen“ nicht. Dieser weltweit bedeutende Käfer befällt eine Vielzahl von trockenen, verarbeiteten Nadel- und Laubholzarten. Er neigt zu Massenvermehrungen und kommt in (alten) Dachstühlen, Kunst- und Sakralgegenständen sowie Möbeln und landwirtschaftlichen bzw. handwerklichen Objekten vor. Der Befall erfolgt i. d. R. mit „Ortstreue“ bis zur kompletten Zerstörung des jeweiligen Holz-

Bild 2: Gewöhnlicher Nagekäfer: Larve, Geschlechtstier, Schadensbild

körpers, wobei immer die Gefahr des Neubefalls von anderen Objekten besteht. Die 1–2 mm messenden runden Ausschlupflöcher zeigen oberflächlich bei Massenbefall einen „schrotartigen Beschuss". Das Bohrmehl weist walzenförmige z.T. einseitig zugespitzte Kotpartikel in feinem Genagsel auf. Verwechslungsmöglichkeit besteht mit einigen anderen Arten dieser Familie hinsichtlich der Struktur des Bohrmehls und der Größe der Ausschlupflöcher.

Splintholzkäfer *(Lyctinae)*

Bild 1: Brauner Splintholzkäfer: Larve, Geschlechtstiere, Schadensbild

Diese Unterfamilie der Holzbohrkäfer *(Bostrichidae)* ist nur mit wenigen Arten in Deutschland vertreten. Die Tiere werden häufig mit Importhölzern und Bambus eingeschleppt. Bei uns heimisch ist der Parkettkäfer (*Lyctus linearis* (Goeze)), die wichtigste eingeschleppte Art ist der Braune Splintholzkäfer (*Lyctus brunneus* (Stephens)) **(Bild 1)**.

Die abgeflachten Käfer sind 2,5–7 mm lang. Zwei größere Endglieder an der Fühlergeißel, ein rechteckiges Halsschild und lange schlanke Flügeldecken sind charakteristisch. Die älteren Larvenstadien sind bauchseitig gekrümmt („anobienähnlich").

Für den Braunen Splintholzkäfer sind folgende Merkmale hervorzuheben: Die Generationszeit beträgt in Mitteleuropa 1,5–4 Jahre (in Herkunftsländern bis 4 Generationen pro Jahr). Die Flugzeit in Räumen beginnt schon ab Frühjahr. Nach einem Probefraß der begatteten Weibchen am Holz erfolgt die Eiablage mit max. 50 Eiern einzeln oder in Gruppen in angeschnittene oder selbst genagte Holzgefäße, Ausschlupflöcher und Risse. Die Tiere sind dämmerungsaktiv. Befallen werden neben den tropischen Laubholzarten auch einheimische Laubhölzer (außer Rotbuche) mit hohem Eiweiß- und Stärkegehalt (kein Befall des Kernholzes!). Die Ausschlupflöcher sind nur 1–2 mm im Durchmesser. Das Bohrmehl ist fein („talkumartig") und kann locker oder verpresst in den Bohrgängen vorliegen. Bei Massenbefall umhüllt bisweilen nur eine papierdünne Außenschicht den pulverisierten Innenbereich.

Holzwespen *(Siricidae)*

Bild 2: Holzwespe: Larve, Geschlechtstiere, Schadensbild

Die **Holzwespen (Bild 2)** sind wichtige Frischholzinsekten, deren Larven sich jedoch auch im trockenen verarbeiteten Holz zum Vollinsekt entwickeln können. Beim Ausschlüpfen werden bisweilen diverse Auflagen durchfressen, was dann sekundär zu Feuchteeintrag und Schäden durch Hausfäulepilze führen kann. Der wichtige Vertreter ist die Riesenholzwespe *(Urocerus gigas L.)*. Die gelb-schwarz gefärbten Weibchen sind einschließlich ihrer Legescheide bis 45 mm lang; Männchen sind stets kleiner. Die bis 30 mm langen walzenförmigen Larven sind weißlich, augenlos und mit einem Stachel am Hinterende ausgestattet. Die Larven leben in Symbiose mit einem Weißfäulepilz, der beim Einstich des Legebohrers eingebracht wird und eine „Vorverdauung" des Holzes für die Larven leistet. Die Generationszeit beträgt 2–4 Jahre. Ausschlupflöcher sind rund mit 2–8 mm Durchmesser. Die Larvengänge sind fest mit Bohrmehl verstopft, was in der Verarbeitung leicht übersehen wird.

2.4 Holzschutz

Ziel des Holzschutzes ist es, verarbeitetes und gelagertes Holz vor Minderung seiner Gebrauchseigenschaften und Zerstörung zu schützen. Holzschutz im weiteren Sinn umfasst dabei alle Maßnahmen, die das Holz vor UV-Strahlung, vor Schlagregen und Feuchtigkeitsaufnahme, vor mechanischer Beanspruchung, vor Brand und Feuer, vor Pilzen oder vor Insekten schützen.

Die hierfür zu treffenden Schutzmaßnahmen ergänzen und überschneiden sich teilweise. So kann Holz beispielsweise durch fachgerechte Konstruktionen gegen Feuchtigkeitsaufnahme geschützt werden. Holzfeuchtigkeit wiederum ist eine Lebensgrundlage für Pilze oder tierische Holzschädlinge. Dieser Schutz kann aber auch durch die Auswahl geeigneter resistenter Holzarten erreicht werden.

Länderbauordnungen schreiben einen **vorbeugenden** Holzschutz für tragende Bauteile, wie z. B. für Dachgebälk, Stützbalken, Holzfachwerk, Pergolen, Treppen, Treppen- und Balkongeländer vor. Die vorbeugenden Schutzmaßnahmen für tragende Bauteile sind in der DIN 68800, Teil 3, beschrieben, die bekämpfenden Maßnahmen bei einem Pilz- oder Insektenbefall in der DIN 68800, Teil 4.

Maßnahmen zum Holzschutz setzen einen umfassenden Überblick über mögliche Maßnahmen und deren Wirkung voraus. Ein verändertes Verständnis der ökologischen Zusammenhänge erfordert dabei, dass alle Maßnahmen zum Schutz des Holzes möglichst geringe Wechselwirkungen, vor allem mit anderen Organismen erzeugen. Konkret bedeutet das, dass bei Planung, Konstruktion und Holzauswahl zunächst alle holzeigenen Schutzfunktionen und Eigenschaften berücksichtigt werden. Weitere vorbeugende oder bekämpfende Schutzmaßnahmen werden dann getroffen, wenn durch Konstruktion oder Holzeigenschaft kein ausreichender Schutz gewährleistet werden kann oder bereits Schädigungen vorliegen.

Beim Holzschutz sind also viele Einzelaspekte zu berücksichtigen. Da die Holztechnik Fachkunde diese im jeweiligen Sinnzusammenhang intensiv beschreibt, soll die folgende Tabelle Orientierung zu den Einzelaspekten bieten.

Tabelle 1:

Schutzbereiche, Schutz vor		UV-Strahlung	Witterung, Schlagregen	Feuchtigkeitsaufnahme	Mechanische Beanspruchung	Pilze und Bakterien, **s. a. 2.3**	Insekten, **s. a. 2.3**	Brand und Feuer, **s. a. 9.4**
			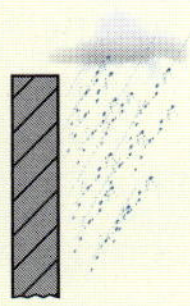	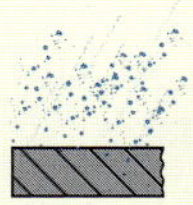	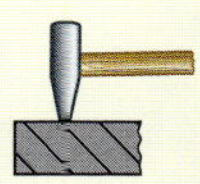	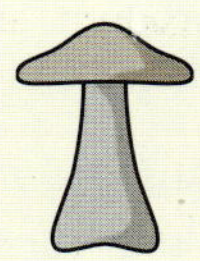	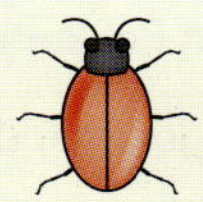	
vorbeugender HS DIN 68800-1		X	X	X	X	X	X	X
Kapitel 2.4.1	Natürlicher Holzschutz	X		X	X	X	X	
Kapitel 2.4.2	Baulich-konstruktiver HS DIN 68800-2	X	X					
Kapitel 2.4.3	physikalischer HS	X	X	X	X			
Kapitel 2.4.4	chemischer HS DIN 68800-3					X	X	X
bekämpfender HS DIN 68800-4						X	X	

2.4.1 Vorbeugender natürlicher Holzschutz

Der vorbeugende natürliche Holzschutz umfasst alle eigenen schützenden Eigenschaften des Werkstoffs Holz. Diese stehen deshalb bei der Holzauswahl und der zweckgebundenen Verwendung im Vordergrund und dienen vorrangig dem Schutz vor Pilzen, aber auch vor Insekten.

Die unterschiedliche Widerstandsfähigkeit bzw. Dauerhaftigkeit der einzelnen Holzarten gegen die Einwirkungen von Pilzen und Insekten ist hauptsächlich abhängig vom Gehalt des Holzes an pilzwidrigen (fungiziden) und insektenwidrigen (insektiziden) Inhaltsstoffen. Diese kommen im Kernholz vor. Deshalb ist Kernholz in der Regel widerstandsfähiger als Splintholz. Die Verwendung von Kernholz erweist sich damit als eine wichtige vorbeugende Holzschutzmaßnahme gegen Pilze und Insekten. Kernholz steht allerdings nur selten in ausreichenden Mengen zur Verfügung. Deshalb müssen auch die weit weniger widerstandsfähigen Splint- und Reifhölzer verarbeitet werden. Das Holz dieser Holzarten muss in jedem Fall imprägniert werden, wenn es im Außenbereich Anwendung findet. Dies gilt auch für das Splintholz von Kernholzbäumen.

Tabelle 1: Natürliche Dauerhaftigkeit von Vollholz gegenüber Pilzen (DIN EN 350-2)

Dauerhaftigkeitsklassen		Holzart (Beispiele)
1	sehr dauerhaft (sehr resistent)	Afzelia, Afrormosia[1)], Bubinga, Greenheart, Macoré, Padouk, Robinie[1)], Teak[1)]
2	dauerhaft	Edelkastanie, Eiche europ., Sipo[1)]
3	mäßig dauerhaft (mäßig resistent)	Dark Red Meranti, Douglasie (Oregon Pine)[1)], Lärche[1)], Nussbaum europ., Sapelli, Western Red Cedar[1)]
4	wenig dauerhaft (wenig resistent)	Abachi, Fichte, Hemlock, Limba, Tanne, Ulme (Rüster), Weymouthskiefer
5	nicht dauerhaft (nicht resistent)	Ahorn, Birke, Buche, Erle, Esche, Linde, Pappel

[1)] Bei diesen Hölzern schwankt die Dauerhaftigkeit. Hier sind sie jeweils in die günstigere Klasse eingeordnet.

Die natürliche Widerstandsfähigkeit, Dauerhaftigkeit oder Resistenz von Vollholz gegenüber Pilzen wurde anhand von Versuchen ermittelt und in Dauerhaftigkeits- oder Resistenzklassen zusammengefasst **(Tabelle 1, siehe auch Seiten 36, 38, 40 und 42).** Die natürliche Resistenz unterscheidet sich zwischen den einzelnen Holzarten stark. Bei Kernhölzern bezieht sich die angegebene Resistenz in den fünf Klassen auf das Kernholz, nicht auf das anfälligere Splintholz. Das Splintholz aller Hölzer sollte der Resistenzklasse 5 zugeordnet werden.

2.4.2 Vorbeugender baulich-konstruktiver Holzschutz

Ziel des baulich-konstruktiven Holzschutzes ist die dauerhafte Trockenhaltung des verbauten Holzes, die somit dem Pilzbefall vorbeugt. Die folgenden Konstruktionsregeln fassen den Inhalt der Norm 68800 in wesentlichen Punkten zusammen.

Holz muss genügend Abstand vom Erdreich haben, damit kein Spritzwasser an das Holz gelangen kann.

Einbauten wie Fenster und Türen sollen nicht fassadenbündig eingesetzt werden, weil sie dadurch nur unzulänglich vor Witterungseinflüssen geschützt sind.

Die Anschlüsse von Holz an andere Bauteile müssen so ausgebildet sein, dass kein Wasser in das Holz eindringen kann. Holz soll wegen seiner Kapillarwirkung möglichst nicht direkt an andere Werkstoffe stoßen.

Luft muss immer freien Zugang zum Holz haben. Deshalb sind Außenbauteile zu hinterlüften und Einbauschränke, Wand- und Deckenverkleidungen mit Zu- und Abluftöffnungen zu versehen.

An Stellen, an denen das Holz Feuchtigkeit aufnehmen kann, sind senkrechte oder waagerechte Sperrschichten anzubringen.

Das Holz muss ungehindert arbeiten können, damit keine Spannungen zur Rissbildung führen.

Der Wassergehalt des Holzes muss auf Dauer $< 20\,\%$ betragen; Pilzbefall ist bei diesem Wert in der Regel nicht möglich.

Stark harzhaltiges Holz ist an der Fassade problematisch. Bei Temperaturen um 60 °C wird das Harz flüssig. Als Folge des Harzflusses können sich fest verwachsene Äste lockern und Anstriche abheben sodass Wasser in das Holz eindringen kann.

Waagerecht angeordnete Holzteile müssen ein ausreichend großes Gefälle (Abschrägung) sowie Abtropfmöglichkeiten erhalten, um die Ableitung des Wassers schnell zu ermöglichen.

Kanten und Ecken sollen leicht abgerundet werden, damit hier die Schutzbeschichtung so dick wird wie auf den übrigen Flächen und so das Holz besser schützt.

2.4.3 Physikalischer Holzschutz

Der physikalische Holzschutz umfasst Maßnahmen, die die Dauerhaftigkeit des Holzes gegen mechanischen Abrieb, Witterungseinflüsse und Sonneneinstrahlung unterstützen.

Dieser Schutz wird in der Regel durch Beschichtungs- und Imprägniermaßnahmen mit Lacken, Ölen und Lasuren erreicht, wobei die verwendeten Materialien keinen direkten, sondern nur indirekten Schutz vor Pilz- oder Insektenbefall bewirken, indem sie vorrangig die Feuchteaufnahme des Holzes verhindern. Obwohl diese Materialien eine schützende Wirkung auf das Holz ausüben und in ihren wässrigen, öligen oder lösemittelhaltigen Ausgangsstoffen den chemischen Holzschutzmitteln ähneln, werden physikalisch wirksame Oberflächenmaterialien **nicht als Holzschutzmittel**, häufiger als **Wetterschutzmittel** bezeichnet.

Wetterschutzmittel bestehen aus den Bindemitteln **Öl**, **Alkydharz** (ölbasiert) oder **Acrylat**. Organische oder pflanzliche Löse- oder Verdünnungsmittel oder Wasser als Dispersions- oder Emulsionsmittel ermöglichen die Verarbeitung als Oberflächenmittel. Der Zusatz von Pigmenten oder UV-Filter beeinflusst die Farbigkeit bzw. verringert den Ligninabbau. Die Molekülgröße der Bindemittel sowie die Eindringeigenschaften der Löse- bzw. Verdünnungsmittel bestimmen maßgeblich die Eigenschaften und Anwendungen **(Bild 1)**. Die großmolekularen Acrylate dringen praktisch gar nicht in die Holzporen ein, sondern lagern sich von außen auf der Holzoberfläche ab. Lösemittelhaltige Alkydharze dringen tiefer ein als in Wasser gelöste oder emulgierte Alkydharze. Entsprechend dieser Eigenschaften entsteht eine mehr oder weniger dicke Schicht auf dem Holz, man spricht deshalb von **Imprägnierungen** ohne Schichtaufbau, **Dünnschicht-** oder **Dickschichtlasuren**, die die Holzmaserung erkennen lassen, sowie **deckenden Lacksystemen**. Dünnschichtlasuren sind in der Regel dampfdiffusionsoffen, ein Ausgleich der Holzfeuchte mit der Feuchte der Umgebungsluft ist möglich und damit das Schwinden und Quellen. Bei Dickschichtlasuren und deckenden Lacksystemen ist dies in der Regel nicht möglich. Diese jeweiligen Eigenschaften erlauben deshalb die für den Anwender vereinfachende Einteilung in die Eignung von Dünnschichtlasuren für **nicht maßhaltige** und Dickschichtlasuren und Lacke für **maßhaltige** Anwendungen.

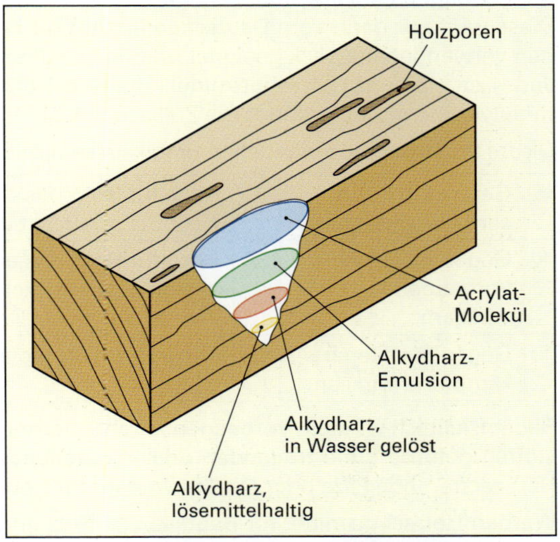

Bild 1: Vereinfachtes Schema der Eindringtiefen verschiedener Holzschutzmittel in die Holzfaser

Je nach Einsatzzweck und Schutzwirkung werden Wetterschutzmittel normalerweise mehrschichtig aufgebracht, optimal ist eine Kombination aus Imprägnierung, Grundierung und Deckschicht. Hierbei kommen sowohl ölige Systeme als auch Systeme auf Alkydharz oder Acrylbasis zum Einsatz, die untereinander aber nicht kombinierbar sind.

Wetterschutz für maßhaltige Bauteile kann nur mit Dickschichtlasuren oder Lacksystemen erreicht werden, Dünnschichtlasuren oder ölige Systeme sind nur für nicht maßhaltige Anwendungen geeignet.

Thermisch modifiziertes Holz (TMT)

Die thermische Behandlung von Holz vor der Bearbeitung zählt ebenfalls zu den Maßnahmen des physikalischen Holzschutzes. Durch starke Erwärmung und vollständige Trocknung unter gleichzeitigem Sauerstoffentzug verändern sich die Holzzellen in biochemischen Prozessen so, dass die Eigenschaft zur nachträglichen Feuchteaufnahme erheblich vermindert wird. Das Schwund- bzw. Quellverhalten kann dabei um bis zu 70% reduziert werden.

Thermisch modifiziertes Holz wird industriell in verschiedenen Verfahren hergestellt und eignet sich durch die mit der Herstellung verbundenen Veränderungen (z.B. Verminderung der Spaltfestigkeit) vorrangig für den Einsatz im Außenbereich.

2.4.4 Chemischer Holzschutz

Als vorbeugenden chemischen Holzschutz bezeichnet man Holzschutzverfahren, bei denen dem Holz biozide Wirkstoffe zugeführt werden oder das Holz durch chemische Prozesse so verändert wird, dass seine Resistenz gegen Pilze, Insekten und UV-Licht erhöht wird. Hierbei werden lösemittelhaltige, ölige und wässrige Holzschutzmittel eingesetzt.

Lösemittelhaltige Holzschutzmittel verwendet man bei trockenem und halbtrockenem Holz (max. 20% bzw. bis 30% Holzfeuchte), ölige Holzschutzmittel bei trockenem Holz (bis 20% Holzfeuchte). Wässrige Holzschutzmittel werden in der Regel bei halbtrockenem Holz (20% bis 30% Holzfeuchte) oder bei nassem Holz (über 30% Holzfeuchte) eingesetzt.

Sie benötigen eine allgemeine **bauaufsichtliche Zulassung,** die in allen Bundesländern gültig ist **(Bild 1).** Diese wird nur dann vom **Deutschen Institut für Bautechnik** (DIBt) erteilt, wenn das Holzschutzmittel für den verwendeten Zweck geeignet und bei bestimmungsmäßiger Verwendung nachweislich wirksam ist. Jedes zugelassene Holzschutzmittel erhält ein Prüfzeichen und wird im jährlich erscheinenden Holzschutzmittelverzeichnis aufgeführt. Die Zulassung ist befristet und beträgt maximal 5 Jahre.

Die im Prüfbescheid vergebenen Prädikate kennzeichnen die Wirksamkeit und haben folgende Bedeutung:

P	Gegen **P**ilze wirksam (Fäulnisschutz)	W	Auch für Holz, das der **W**itterung ausgesetzt ist, geeignet. Es darf jedoch nicht in Erdkontakt und nicht in ständigem Kontakt mit Wasser stehen.
Iv	Gegen **I**nsekten **v**orbeugend wirksam	E	Auch für Holz, das extremer Beanspruchung (**E**rdkontakt) ausgesetzt ist, geeignet. Das Mittel schützt auch bei ständigem Kontakt des Holzes mit Wasser sowie bei Schmutzablagerungen in Rissen und Fugen.
Ib	Gegen **I**nsekten **be**kämpfend wirksam	B	Gegen Ver**b**lauung an verarbeitetem Holz wirksam

Bauaufsichtlich wird ein vorbeugender chemischer Holzschutz nur bei Bauteilen aus Holz oder Holzwerkstoffen gefordert, die **tragenden oder aussteifenden Zwecken** in baulichen Anlagen dienen und durch Holz zerstörende Pilze oder Insekten gefährdet sind.

Werden Holzschutzmittel für Bauteile aus Holz oder Holzwerkstoffen **bei nichttragenden und nicht aussteifenden Zwecken,** wie z.B. Wandverkleidungen, Fenstern und Außentüren eingesetzt, ist für die verwendeten Materialien keine baurechtliche Zulassung vorgeschrieben. Dies gilt ebenfalls für Mittel, die zum vorbeugenden oder bekämpfenden Holzschutz von Gegenständen eingesetzt werden, die keine baulichen Anlagen im Sinne der Landesbauordnung darstellen (z.B. Gartenmöbel oder alte Möbel) und/oder vorbeugend gegen holzverfärbende Organismen (z.B. Bläuepilz) wirken. Hersteller können entsprechende Holzschutzprodukte aber freiwillig, z.B. durch die Gütegemeinschaft Holzschutzmittel nach Gütezeichen RAL prüfen und bewerten lassen **(Bild 1).**

Mittel für tragende und aussteifende Bauteile zur Vorbeugung

Mittel für nicht tragendes Holz zur Vorbeugung und Mittel zur Bekämpfung

Bild 1: Kennzeichnung der Holzschutzmittel

2.4.4.1 Acetyliertes Holz

Bei diesem Verfahren der chemischen Modifikation wird Holz unter Druck oder Vakuum und Wärme mit Essigsäureanhydrid behandelt **(siehe Kapitel 11.4.1.5).** Bei Temperaturen von ca. 120 °C reagieren (verestern) Teile der Zellwand mit diesem Zusatz. Dadurch werden die molekulare Zusammensetzung des Holzes und seine Eigenschaften dauerhaft verändert. Das behandelte Holz (Markenname Accoya) kann weniger Wasser aufnehmen, schwindet und quillt dadurch weniger und erhöht durch die geringere Holzfeuchtigkeit den Widerstand gegen Pilzbefall und Insekten. Durch die dauerhaft geringere Feuchtigkeit erhöht sich zudem die Witterungsbeständigkeit.

2.4.4.2 Wässrige Holzschutzmittel

Bei wässrigen Holzschutzmitteln handelt es sich um Salze, die durch Lösen im Wasser ein gebrauchsfertiges Holzschutzmittel ergeben. Ein Teil der Salze ist fixierend (schwer auswaschbar), ein Teil nicht fixierend (auswaschbar). Die Holzschutzmittel beider Produktgruppen sind teilweise für tragende Bauteile (z. B. Stützen und Träger) und teilweise für nichttragende und nicht maßhaltige Bauteile (z. B. Dachschalungen, Zäune) zugelassen. Die meisten salzhaltigen Holzschutzmittel sind eingefärbt. Dabei lässt die Farbe des imprägnierten Holzes keinen Rückschluss auf die holzschützende Wirkung des Schutzmittels zu. Beim Herstellen der Schutzmittellösung ist auf die vorgeschriebene Schutzmittelkonzentration zu achten.

Tabelle 1: Wasserlösliche Holzschutzmittel zur vorbeugenden Behandlung

Bezeichnung	Wirkstoffe	Prüfprädikate (siehe Seite 72)	Anwendungsbereich	Umwelthinweise	zugelassenes Einbringverfahren
B-Salze	anorganische Borverbindungen	Iv, P	für alle witterungsgeschützten Holzbauteile	nicht für Holz, das Niederschlägen, der Erdfeuchtigkeit oder anderem Kontakt mit Wasser ausgesetzt ist	teilweise zum Streichen, Tauchen, Spritzen (Sprühen) in stationären Anlagen, teilweise zur Kesseldruck- und Trogtränkung
SF-Salze	Silicofluoride	Iv, P			
CFB-Salze	Bor- und Fluorverbindungen; Chromate	Iv, P, W	für alle Holzbauteile im Innen- und Außenbereich, vorzugsweise für Holz mit geringer bis mittlerer Auswaschbeanspruchung	nicht für Holz in ständigem Kontakt mit Wasser und Erdkontakt	Kesseldruck- und Trogtränkung
Quats	spezielle Ammoniumverbindungen	Iv, P, W			
CKB-Salze	Kupfersalze, Zusatz von Borverbindungen; Chromate	Iv, P, W, E	für alle Holzbauteile im Innen- und Außenbereich, vorzugsweise für Holz mit starker Auswaschbeanspruchung	auch geeignet für Holz in Erdkontakt oder in ständigem Kontakt mit Wasser	
CKF-Salze	Kupfersalze, Zusatz von Fluorverbindungen; Chromate	Iv, P, W, E			
CK-Salze	Kupfersalze, Chromate	Iv, P, W, E			
Betain-Präparate	Polymeres Betain, z.T. zusätzlich Bor- und Kupferverbindungen	Iv und P sowie W und E, je nach Zusammensetzung	nur im Innen- oder Außenbereich ohne oder im Außenbereich mit Erdkontakt anwendbar in Abhängigkeit von der Zusammensetzung des Mittels	nicht geeignet für Holz mit direktem Kontakt mit Tieren, Lebens- und Futtermitteln	
Cu-HDO-Präparate	Cu-HDO, Bor- und Kupferverbindungen, Lösevermittler	Iv, P, W sowie E, je nach Zusammensetzung			
CKA-Salze	Kupfersalze, Zusatz von Arsenverbindungen; Chromate	Iv, P, W, E	für alle Holzbauteile im Innen- und Außenbereich, vorzugsweise für Holz mit starker Auswaschbeanspruchung	auch geeignet für Holz in Erdkontakt oder in ständigem Kontakt mit Wasser	nur Kesseldrucktränkung

Hinweis: Fluorverbindungen können Glas und Nichteisenmetalle angreifen; die Einschränkungen des Prüfbescheides sind jeweils zu beachten.

2.4.4.3 Lösemittelhaltige Holzschutzmittel

Lösemittelhaltige Holzschutzmittel bestehen aus organischen Wirkstoffen gegen Pilze (Fungizide) und Insekten (Insektizide) in organischen Lösemitteln. Zusätzlich können Bindemittel und Pigmente enthalten sein. Bis zum Abdunsten der Lösemittel besteht teilweise eine erhöhte Entflammbarkeit. Auf das imprägnierte Holz kann ein deckender Anstrich aufgebracht werden.

Tabelle 1: Lösemittelhaltige Lösemittel

Bezeichnung	Wirkstoffe und Hauptbestandteile	Prüfprädikate (siehe Seite 72)	Anwendungsbereich	Umwelthinweise	zugelassenes Einbringverfahren
Lösemittelhaltige Präparate	organische Fungizide und Insektizide, organische Lösemittel, teilweise eingefärbt, unterschiedlich hoher Gehalt an Bindemitteln	Iv, P, W, teilweise mit erhöhter Wirksamkeit	Innen- und Außenbereich, Anwendungsbeschränkungen sind in den „Besonderen Bestimmungen der Prüfbescheide" angegeben	die Lösemittel verdunsten während des Trocknungsvorganges; nach dem Abdunsten überwiegend geruchsfrei und keine Erhöhung der Entflammbarkeit	in der Regel Streichen, Spritzen (Sprühen), Tauchen, Trogtränkung, z.T. Druckverfahren

Lösemittelhaltige Holzschutzmittel sind nur für halbtrockene und trockene Hölzer gemäß DIN 4074 geeignet. Alle Mittel werden in flüssiger Form geliefert, sie dürfen nicht verdünnt werden. Anwendungseinschränkungen und Hinweise in den Prüfbescheiden sind zu beachten.

2.4.4.4 Ölhaltige Holzschutzmittel

Ölige Holzschutzmittel (Teerölpräparate) sind nur für Holz im Außenbereich zugelassen. Für den Tischler sind sie im Rahmen dieses Fachbuches ohne Bedeutung.

2.4.5 Verarbeitung und Entsorgung chemischer und physikalischer Holzschutzmittel

Die vorbeugende Wirksamkeit von Holzschutzmitteln ist stark von der **Eindringtiefe** in die Holzsubstanz abhängig. Man unterscheidet dabei zwischen **Nichtdruckverfahren**, wie Streichen, Spritzen, Tauchen und Tränken sowie **Druckverfahren**, bei denen höhere Eindringtiefen erreicht werden. Diese sind in der Norm 68800 Teil 3 in **Eindringtiefenklassen** NP (engl. new penetration class) festgelegt. Da sich die Eindringung in Kern- und Splintholz unterscheidet, wird dieser Unterschied in den Prüftiefen berücksichtigt. Hierbei wird die seitliche Eindringung am Längsholz und nicht die Eindringung über das Hirnholz geprüft.

Die von Holzschutzmitteln ausgehenden Gefahren erfordern, dass alle Herstellerhinweise bezüglich der Verarbeitung und der erforderlichen Mengen beachtet werden. Diese sind in Technischen Merkblättern und Sicherheitsdatenblättern dokumentiert. Beim Streichen ist in der Regel ein mehrmaliger Auftrag zum Erreichen der Schutzwirkung erforderlich, Spritzen von Holzschutzmitteln ist ausnahmslos nur in stationären Anlagen erlaubt. Bei der meist industriellen Anwendung der Trog- und Tränkverfahren können die erforderlichen Aufnahmemengen im Holz durch Gewichtsmessungen oder Flüssigkeitsabnahme in den Behältnissen bestimmt werden.

Tabelle 2: Eindringtiefenklassen

Eindringtiefenklasse	Erforderliche Eindringtiefe	Eindringtiefenklasse	Erforderliche Eindringtiefe
NP1	Keine	NP4	Mindestens 25 mm seitlich im Splintholz
NP2	Mindestens 3 mm seitlich im Splintholz	NP5	Gesamtes Splintholz
NP3	Mindestens 6 mm seitlich im Splintholz	NP6	Gesamtes Splintholz und mindestens 6 mm im freiliegenden Kernholz

Die Verarbeitung von Holzschutzmitteln mit allgemeiner baurechtlicher Zulassung darf nur durch sachkundige und geschulte Personen oder entsprechende Betriebe erfolgen.

Um Gesundheitsschäden beim Umgang mit Holzschutzmitteln zu vermeiden, sind folgende Schutzmaßnahmen einzuhalten:

- Die in den Gebrauchsanweisungen der Hersteller genannten Sicherheitsempfehlungen sind ebenso zu beachten wie die einschlägigen Gesetze, Verordnungen und Vorschriften. Diese sind u. a. enthalten in der Informationsschrift des ehemaligen Bundesgesundheitsamtes in Berlin „Vom Umgang mit Holzschutzmitteln“ und in der vom Industrieverband Bauchemie und Holzschutzmittel in Frankfurt/ Main herausgegebenen Schrift „Merkblatt für den Umgang mit Holzschutzmitteln“.
- Holzschutzmittel sind so zu lagern, dass sie für Unbefugte nicht zugänglich sind. Bis zur Verarbeitung sind sie im Originalbehälter zu belassen.
- Das Berühren der Mittel mit ungeschützten Händen ist möglichst zu vermeiden. Besondere Vorsicht ist bei Vorhandensein offener Wunden, Hautabschürfungen usw. geboten.
- Es ist dafür zu sorgen, dass bei der Verarbeitung die Umgebung nicht beeinträchtigt wird und Holzschutzmittelreste nach Beendigung der Arbeit sicher aufbewahrt werden, sodass sie nicht in den Boden oder in Oberflächengewässer gelangen können. Unverbrauchte Schutzmittelreste dürfen nur durch die hierfür zuständigen Stellen bzw. durch besonders zugelassene Firmen beseitigt werden. Entleerte Behältnisse sind möglichst bald zu vernichten.
- Beim Verarbeiten von lösemittelhaltigen Holzschutzmitteln ist das Arbeiten mit offenem Feuer unzulässig.
- Der Auftraggeber ist vom Anwender auf die Wartezeit hinzuweisen, die der Hersteller des verwendeten Holzschutzmittels bis zur regelmäßigen Benutzung behandelter Innenräume vorschreibt.
- Die Verarbeitung von Holzschutzmitteln soll nur durch zuverlässige und geschulte Personen erfolgen.
- Undurchlässige Schutzhandschuhe sowie eine angemessene Oberbekleidung sind zu tragen. Zu empfehlen ist das Eincremen aller unbedeckten Körperteile mit einer Hautschutzsalbe, fettfrei bei öligen, fetthaltig bei wasserlöslichen Holzschutzmitteln. Beim Spritzen und Sprühen wird das Tragen von Schutzbrille und Atemschutz dringend empfohlen. Gelangen Spritzer in die Augen, so ist sofort gründlich mit Wasser zu spülen. Bei Arbeiten in Innenräumen ist für eine gute Durchlüftung zu sorgen. Ist das nicht möglich, ist das Tragen einer Atemschutzmaske unerlässlich. Das Arbeiten mit Holzschutzmitteln bei höheren Temperaturen kann besonders leicht zur Schädigung der Gesundheit führen.
- Beim Umgang mit Holzschutzmitteln sind Essen, Trinken und Rauchen zu unterlassen.
- Nach der Arbeit sind Hände und Gesicht mit Wasser, Seife bzw. mit einem geeigneten Reinigungsmittel sorgfältig zu reinigen.
- Bei regelmäßigem Umgang mit Holzschutzmitteln ist mindestens einmal wöchentlich die Arbeitskleidung zu wechseln.
- Treten bei der Verarbeitung von Holzschutzmitteln gesundheitliche Beeinträchtigungen wie Kopfschmerzen, Übelkeit, Schwindelgefühl oder andere Beschwerden auf, ist unverzüglich für ausgiebige Frischluftzufuhr zu sorgen und ein Arzt hinzuzuziehen, dem das Etikett oder der Beipackzettel vom Holzschutzmittelgebinde vorzulegen ist.

In der Bundesrepublik Deutschland gibt es eine Reihe von Informations- und Behandlungszentren für Vergiftungen, an die sich der Arzt wenden kann. Die Zentren sind aufgeführt im „Holzschutzmittelverzeichnis“ und in der Informationsschrift des ehemaligen Bundesgesundheitsamtes „Vom Umgang mit Holzschutzmitteln“.

Bei der Verarbeitung von Holzschutzmitteln fallen überwachungsbedürftige Abfälle an, die sachgerecht entsorgt werden müssen. Überwachungsbedürftige Abfälle, wie z. B. Schutzmittelreste, leere Gebinde, belastetes Holz in Form von Säge- und Hobelspänen, von Schleifstaub und stückigem Holz stellen ein Umweltproblem dar, das durch die Zusammenarbeit von Abfall erzeugendem Betrieb (Abfallentstehung), Abfall entsorgendem Betrieb (Abfallentsorgung und Abfalltransport) und Abfall beseitigendem Betrieb (Abfallbehandlung) gelöst werden muss. Ein Entsorgungskonzept ist auf den Seiten 385 und 387 dargestellt.

2.4.6 Gebrauchsklassen von tragenden Bauteilen

Bereits bei der Planung von tragenden und aussteifenden Bauteilen aus Holz und Holzwerkstoffen müssen diese in Gebrauchsklassen (GK) eingeteilt werden. Diese Einteilung muss begründet sein und dokumentiert werden. Maßgeblich für die Einteilung in Gebrauchsklassen sind die Holzfeuchte im Gebrauchszustand sowie die Allgemeinen Gebrauchsbedingungen. Die **Tabelle 1** (angepasster Auszug aus DIN 68800-1) definiert die Gebrauchsklassen hinsichtlich der Holzfeuchte und ordnet diesen die Anforderungen an das Holzschutzmittel zu (s. a. **Tabelle 1, Seite 73**).

Tabelle 1: Gebrauchsklassen (GK) in Bezug auf Holzfeuchte und allgemeine Gebrauchsbedingungen

GK		Holzfeuchte/ Exposition [a b]	Allgemeine Geschäftsbedingungen	Gefährdung durch				Auswasch-beanspru-chung
				Insek-ten	Pilze[c]	Moder-fäule	Holzschäd-linge im Meerwasser	
0		trocken (ständig ≤ 20 %) mittlere relative Luft-feuchte bis 85 %[d]	Holz oder Holzprodukt unter Dach, nicht der Bewitterung und keiner Befeuchtung ausgesetzt, die Gefahr von Bauschäden durch Insekten kann ausgeschlossen werden	Nein	Nein	Nein	Nein	Nein
1		trocken (ständig ≤ 20 %) mittlere relative Luft-feuchte bis 85 % [d]	Holz oder Holzprodukt unter Dach, nicht der Bewitterung und keiner Befeuchtung ausgesetzt	Ja	Nein	Nein	Nein	Nein
2		Gelegentlich feucht (> 20 %) mittlere relative Luftfeuchte über 85 %[d] oder zeitweise Befeuchtung durch Kondensation	Holz oder Holzprodukt unter Dach, nicht der Bewitterung ausgesetzt, eine hohe Umgebungsfeuchte kann zu gelegentlicher, aber nicht dauernder Befeuchtung führen	Ja	Ja	Nein	Nein	Nein
3	3.1	Gelegentlich feucht (> 20 %) Anreicherung von Wasser im Holz, auch räumlich begrenzt, nicht zu erwarten	Holz oder Holzprodukt nicht unter Dach, mit Bewitterung, aber ohne ständigen Erd- und Wasserkontakt. Anreicherung von Wasser im Holz, auch räumlich begrenzt, ist aufgrund von rascher Rücktrocknung nicht zu erwarten	Ja	Ja	Nein	Nein	Ja
	3.2	Häufig feucht (> 20 %) Anreicherung von Wasser im Holz, auch räumlich begrenzt, nicht zu erwarten	Holz oder Holzprodukt nicht unter Dach, mit Bewitterung, aber ohne ständigen Erd- und Wasserkontakt. Anreicherung von Wasser im Holz, auch räumlich begrenzt zu erwarten	Ja	Ja	Nein	Nein	Ja
4		Vorwiegend bis ständig feucht (> 20 %)	Holz oder Holzprodukt in Kontakt mit Erde oder Süßwasser und so bei mäßiger bis starker[f] Beanspruchung vorwiegend bis ständig einer Befeuchtung ausgesetzt	Ja	Ja	Ja	Nein	Ja
5		Ständig feucht (> 20 %)	Holz oder Holzprodukt ständig Meerwasser ausgesetzt	Ja	Ja	Ja	Ja	Ja

a Die Begriffe „gelegentlich“, „häufig“, „vorwiegend“ und „ständig“ zeigen eine zunehmende Beanspruchung an, ohne dass hierfür wegen der sehr unterschiedlichen Einflussgrößen genaue Zahlenangaben möglich sind.

b Der Wert von 20% enthält eine Sicherheitsmarge.

c Holz zerstörende Basidomyzeten sowie Holz verfärbende Pilze.

d Maßgebend für die Zuordnung von Holzbauteilen zu einer Gebrauchsklasse ist die jeweilige Holzfeuchte.

e Bauteile, bei denen über mehrere Monate Ablagerungen von Schmutz, Erde, Lauf u. Ä. zu erwarten sind sowie Bauteile mit besonderer Beanspruchung, z. B. durch Spritzwasser, sind in GK 4 einzustufen.

f „Mäßige“ bzw. „starke“ Beanspruchung bezieht sich auf das Gefährdungspotenzial für einen Pilzbefall (Feuchteverhältnisse, Bodenbeschaffenheit) sowie die Intensität einer Auswaschbeanspruchung.

Bestimmte, besonders geeignete Holzarten können in den Gebrauchsklassen auch ohne zusätzlichen Holzschutz verwendet werden. **Tabelle 1** (Auszug aus DIN 68800-1) ordnet Splint und Kernholz einiger Holzarten den Gebrauchsklassen zu. Vorausgesetzt wird dabei aber immer, dass die Regeln des konstruktiven Holzschutzes bei der Planung und Ausführung berücksichtigt werden.

Tabelle 1: Gebrauchsklassen einiger Holzarten

Holzart		Gebrauchsklasse	
Handelsname	**Wissenschaftlicher Name**	**Splintholz**	**Farbkernholz**
Nadelhölzer			
Douglasie	*Pseudotsuga menziesii*	0	0, 1, 2, 3.1[a]
Fichte	*Picea abies*	0	0
Kiefer	*Pinus sylvestris*	0	0, 1.2[a]
Lärche	*Larix decidua*[b]	0	0, 1, 2, 3.1[a]
Southern Pine	*Pinus elliottii*[b]	0	0, 1
Tanne	*Abies alba*	0	0
Western Hemlock	*Tsuga heterophylia*	0	0
Yellow Cedar	*Chamaecyparis nootkatensis*	0	0, 1, 2, 3.1
Laubhölzer			
Afzelia	*Afzelia bipindensis*[b]	0, 1	0, 1, 2, 3.1, 3.2, 4
Azobé/Bongossi	*Lophira alata*	0, 1	0, 1, 2, 3.1, 3.2, 5
Buche	*Fagus sylvatica*	0	0
Eiche	*Quercus robur* *Quercus pefraea*	0	0, 1, 2, 3.1, 3.2
Ipe	*Tabebuia heptaphylla*[b]	0, 1	0, 1, 2, 3.1, 3.2, 4
Teak	*Tectona grandis*	0, 1	0, 1, 2, 3.1, 3.2, 4[c]

a Das Farbkernholz von Douglasie und Lärche kann ohne zusätzliche Holzschutzmaßnahmen in GK 2 und GK 3.1 eingesetzt werden, unabhängig davon, dass es nur in Dauerhaftigkeitsklasse 3–4 eingestuft ist, da sich der Einsatz dieser beiden Holzarten in GK 2 und GK 3.1 seit der letzten Ausgabe von DIN 68800-3:1990-04 in der Praxis bewährt hat. Das Farbkernholz von Kiefer kann aus dem gleichen Grund in GK 2 eingesetzt werden.

b Es kommen mehrere botanische Arten infrage. Genannt wird jeweils nur die häufigste Art.

c Teak aus Plantagen ist für GK 4 nicht geeignet.

2.4.7 Bekämpfender Holzschutz und Sanierungsmaßnahmen

Maßnahmen des bekämpfenden Holzschutzes richten sich gegen Holz zerstörende Pilze und Insekten bei verbautem Holz und Holzwerkstoffen an tragenden und nicht tragenden Bauteilen sowie an Mauerwerk. Die Bekämpfung Holz zerstörender Pilze und Insekten kann mit unterschiedlichen Verfahren und Mitteln erfolgen. Ziel der dauerhaften Bekämpfung ist nicht nur der akute Befall, sondern möglichst auch die Vorbeugung eines Neubefalls durch Verringerung des Feuchtegehalts und damit Entziehung der Lebensgrundlage. Deshalb werden Maßnahmen des bekämpfenden Holzschutzes meist im Zusammenhang mit umfassender Sanierung durchgeführt.

Die Durchführung bekämpfender Holzschutzmaßnahmen ist in der DIN 68800 Teil 4 geregelt und erfolgt durch sachkundige und qualifizierte Fachbetriebe. Wie beim vorbeugenden Holzschutz dürfen dabei nur Holzschutzmittel angewendet werden, die eine bauaufsichtliche Zulassung haben oder deren Wirksamkeit nachgewiesen ist.

2.4.7.1 Maßnahmen bei Pilzbefall

Befallene Holzbauteile werden entfernt, dabei ist zu beachten, dass auch ausreichend Holz über den sichtbaren Befall hinaus entfernt und entsorgt wird. Das verbleibende Holz sowie die ersetzten Teile sind mit vorbeugendem Holzschutz zu versehen. Pilzdurchwachsenes Mauerwerk wird gründlich gereinigt und mit Schwammsperrmitteln versehen.

2.4.7.2 Maßnahmen bei Insektenbefall

Akutem Insektenbefall kann mit unterschiedlichen Verfahren begegnet werden. Man unterscheidet dabei **Chemische Verfahren** durch Oberflächenbehandlung oder Bohrlochverfahren, **thermische Verfahren** durch erhitzte Luft oder Mikrowellenbestrahlung sowie **Begasung** mit erstickenden oder giftigen Gasen.

Die Oberflächenbehandlung beim bekämpfenden Holzschutz entspricht in ihren Verfahren dem vorbeugenden Holzschutz. Da es sich dabei aber meist um verbautes Holz handelt, ist besonders auf eine Aufbringung des Holzschutzmittelfilms in Ritzen und Spalten zu achten. Beim sogenannten **Schaumverfahren** werden wässrige bzw. wasserbasierte Holzschutzmittel mit Aggregaten aufgeschäumt und als Schaumschicht aufgebracht oder in Hohlräume eingebracht. Sie erleichtern dadurch die Eindringung ins Holz oder in unzugängliche Holzteile. Beim **Bohrlochverfahren** unterscheidet man zwischen Bohrlochtränkung und Bohrlochdrucktränkung. In beiden Fällen werden die befallenen oder gefährdeten Holzteile mit Bohrungen mit einem Durchmesser zwischen 10 mm und 15 mm im Abstand zwischen 10 cm und 40 cm versehen. Diese werden dann drucklos oder unter Druck wiederholt mit einer Schutzmittellösung gefüllt und anschließend verdübelt. Beim sog. **Patronenverfahren** werden die Bohrlöcher mit Salzpatronen gefüllt. Die Salze lösen sich bei erhöhter Feuchte und diffundieren in das Holz. Bei der Bekämpfung des Gewöhnlichen Nagekäfers in Möbeln und Kunstgegenständen werden häufig **Injektionsspritzen** verwendet. Mit ihnen lassen sich Holzschutzmittel durch die Ausfluglöcher in die Fraßgänge tief einbringen, ohne dass die Holzoberfläche fleckig wird. Die Ausfluglöcher werden anschließend mit Kitte oder Wachse verschlossen.

Bei den thermischen Verfahren unterscheidet man zwischen der Erwärmung geschlossener Räume, in die die beweglichen Bauteile eingebracht und anschließend erhitzt werden und den Verfahren, bei denen große Mengen erwärmter Luft (bis 120 °C) beispielsweise in Dachstöcke oder Kirchenschiffe geleitet wird. Dabei werden die befallenen Holzbauteile für die Dauer von 30 min bis zu mehreren Stunden auf mindestens 55 °C erwärmt. Mit zunehmender Temperatur werden nicht nur Eier und Larven, sondern Insekten in allen Stadien zuverlässig abgetötet. Dieses Verfahren bringt eine starke Holztrocknung, verbunden mit Rissbildungen, mit sich. Es eignet sich somit nicht für Möbel und Holzkunstwerke. Die **Mikrowellenbestrahlung** befallener Holzteile zählt ebenfalls zu den thermischen Verfahren, da sowohl die Wassermoleküle im Holz als auch in den tierischen Organismen erhitzt werden. Ein ähnlicher Effekt auf den lebenden Organismus stellt sich beim **Hochfrequenzverfahren** ein. Es ähnelt dem Mikrowellenverfahren, zugrunde liegt dabei aber eine höhere Arbeitsfrequenz. Hierbei wird das zu behandelnde Werkstück von zwei Metallplatten ummantelt, zwischen denen ein hochfrequentes Wechselfeld erzeugt wird. Die dabei entstehende Reibung in den sich ausrichtenden Wassermolekülen erwärmt das Bauteil von innen. Bei allen thermischen Verfahren wird der Insektenbefall getötet, aber der Neubefall nicht vorbeugend verhindert.

Die **Begasung mit erstickenden Gasen** wie Stickstoff oder Kohlestoffdioxid setzt hochdichte Räume oder Container voraus und kann deshalb normalerweise nur bei beweglichen Bauteilen oder Möbeln angewendet werden. Das Wirkungsprinzip beruht darauf, dass der für die Insekten notwendige Luftsauerstoff dem Holz über einen langen Zeitraum, meist mehrere Wochen, entzogen und durch die erstickenden Gase ersetzt wird.

Bei der **Begasung mit toxischen Gasen** werden Sulfuryldifluorid oder Hydrogencyanid bzw. deren flüchtige Verbindungen in geschlossene Räume oder ganze Gebäude geleitet. Die insektentötende Wirkung ist dabei stark von der Raumkonzentration, der Einwirkungsdauer sowie der Raumtemperatur abhängig. Auch nach der eigentlichen Begasung kann es in den Räumen zu gefährlichen Gasrestkonzentrationen kommen, deshalb sind begaste Räume über längere Zeit noch nicht für einen dauerhaften Aufenthalt geeignet.

Bauteile an Bauwerken, an denen Maßnahmen des bekämpfenden Holzschutzes durchgeführt wurden, sind nach DIN 68800-4 dauerhaft zu kennzeichnen. Dabei sind neben anderen Informationen insbesondere das Durchführungsjahr sowie die Art der Behandlung und die dabei verwendete Menge des Holzschutzmittels anzugeben und dauerhaft am Bauteil anzubringen. Außerdem sind dem Auftraggeber nach Durchführung der Maßnahmen ein umfangreiches **Protokoll** auszuhändigen, das eine spätere Rekonstruktion von Ablauf und Umfang der Holzschutzmaßnahme ermöglicht.

2.5 Holzfeuchte

Holzfeuchte oder Holzfeuchtigkeit ist das in Prozenten ausgedrückte Verhältnis zwischen der Masse des im Holz enthaltenen flüssigen oder dampfförmigen Wassers und der absolut trockenen Holzmasse (Darrmasse). Frisch gefälltes und frisch eingeschnittenes Holz enthält je nach Holzart, Standort und Alter eines Baumes zwischen 50 % und mehr als 100 % Wasser bzw. Feuchte. Sie ist bei Laubhölzern im Allgemeinen höher als bei Nadelhölzern. Auch innerhalb eines Stammes zeigen sich Unterschiede; Früh-, Splint- und Zopfholz enthalten mehr Wasser als Spät-, Kern- und Stammholz. Frisch gefälltes und eingeschnittenes Holz ist in der Regel für eine Verwendung ungeeignet. Es muss ihm deshalb soviel Feuchte entzogen werden, dass es dem Holzfeuchtegehalt in seiner späteren Umgebung entspricht **(Tabelle 1)**. Dies erfolgt durch das Trocknen des Holzes.

Tabelle 1: Soll-Holzfeuchte bei der Holzverwendung

Verwendung	Holzfeuchte
Bauholz	≤ 20 %
Bauteile, die ständig mit der Außenluft in Verbindung stehen, z. B. Fenster, Außentüren; DIN 18355	10 %–15 %
Parkettfußböden; DIN 280	7 %–11 %
Innenausbauteile, die nicht mit der Außenluft in Verbindung stehen, wie z. B. Einbaumöbel, Innentüren, Treppen, Fußböden, Wand- und Deckenverkleidung; DIN 18355	6 %–10 %
Möbel in ofenbeheizten Räumen	10 %–12 %
Möbel in zentralbeheizten Räumen	8 %–10 %
Sportgeräte	13 %–17 %
Musikinstrumente	5 %–11 %
Bootsbauten	16 %–18 %

Diese Holzfeuchten stellen sich bei den entsprechenden relativen Luftfeuchten und Lufttemperaturen ein.

2.5.1 Bestimmung der Holzfeuchte

Die Holzfeuchte u kann mit der Darrprobe, mit elektrischen Widerstandsmessungen, mit elektronischen Feldmessverfahren und optischen Infrarotverfahren ermittelt werden.

Die Holzfeuchtemessung mittels **Darrprobe** ergibt die genauesten Messergebnisse und gilt als Referenzverfahren für andere Messmethoden. Dabei entnimmt man einem Brett, mindestens 60 cm vom Hirnende entfernt, mehrere kleine Probestücke von etwa 10 cm bis 20 cm Länge und wiegt diese. Man erhält dabei die **Masse des feuchten Holzes** m_u. In einem kleinen elektrisch beheizten Trockenofen oder auf einer Wärmeplatte trocknet man diese Holzproben bei 103 °C solange, bis die Masse nicht mehr abnimmt. Die nach dem Trocknen festgestellte Masse ist die **Masse des darrgetrockneten Holzes** m_o mit einem Feuchtegehalt von 0 %. Bei der prozentualen Berechnung der Holzfeuchte wird nach DIN 52183 der Wassergehalt der Probestücke auf ihre Darrmasse bezogen. Die Darrprobe wird in der betrieblichen Praxis selten angewendet.

Die **elektrische Holzfeuchtemessung** beruht auf dem Prinzip der Messung des elektrischen (ohmschen) Widerstands. Hierbei werden zwei Elektroden in definiertem Abstand quer zur Holzfaser in die Holzfaser eingeschlagen oder eingebohrt und der elektrische Widerstand zwischen diesen beiden Punkten gemessen. Da die Leitfähigkeit von feuchtem Holz höher als diejenige von trockenem Holz ist, kann der gemessene Wert in die jeweilige Holzfeuchte umgerechnet werden.

Die Soll-Holzfeuchte ist die Endfeuchte, die bei der Holztrocknung angestrebt werden muss, damit das Holz am Verwendungsort weder schwindet noch quillt.

Wird die Soll-Holzfeuchte überschritten, besteht die Gefahr, dass das Holzbauteil am Verwendungsort schwindet; wird die Soll-Holzfeuchte unterschritten, kann das Holzbauteil quellen.

Beispiel: Nassmasse = 180 g,
Darrmasse = 150 g

Holzfeuchte u in %

$$= \frac{(\text{Nassmasse in g} - \text{Darrmasse in g}) \cdot 100\,\%}{\text{Darrmasse in g}}$$

$$u = \frac{m_u - m_o}{m_o} \cdot 100\,\% = \frac{(180\ \text{g} - 150\ \text{g}) \cdot 100\,\%}{150\ \text{g}}$$

$$= \frac{30\ \text{g} \cdot 100\,\%}{150\ \text{g}} = \mathbf{20\,\%}$$

Der Messbereich bei diesem Verfahren beginnt bei etwa 4% Holzfeuchte; bis etwa 20% Holzfeuchte beträgt die Messgenauigkeit ungefähr +/– 2% Holzfeuchte. Oberhalb der Fasersättigung bis maximal etwa 100% muss mit größeren Ungenauigkeiten der Anzeige gerechnet werden. Da die Holztemperatur sowie die spezifischen Eigenschaften der Holzarten ebenfalls einen Einfluss auf das Messergebnis haben, müssen diese über zusätzliche Wahlschalter oder Eingaben bei der Messung berücksichtigt werden **(Bild 1 und Bild 2)**.

Die Holzfeuchtemessung nach dem **Dielektrizitätsverfahren** beruht auf der unterschiedlichen Durchlässigkeit von Holz und Wasser gegenüber elektrischen Feldern. Hierbei ist eine zerstörungsfreie Messung der Holzfeuchte durch Auflegen des Messgeräts möglich. Bei diesem Verfahren spielen vor allem die Rohdichte der Holzart sowie die glatte Auflagefläche für das Messgerät eine wichtige Rolle **(Bild 3)**.

Die Messung der **Infrarotreflexion** ist ein industrielles Verfahren, bei dem die unterschiedliche Reflexion infraroter Strahlen durch Holz oder Wasser ausgewertet wird. Es eignet sich nur für die Feuchtemessung von Furnieren oder Holzoberflächen, kann dafür aber für Messungen im Durchlaufverfahren angewendet werden.

Bild 1: Elektrisches Feuchtemessgerät

Bild 2: Holzfeuchtemessung mittels Einschlagelektroden

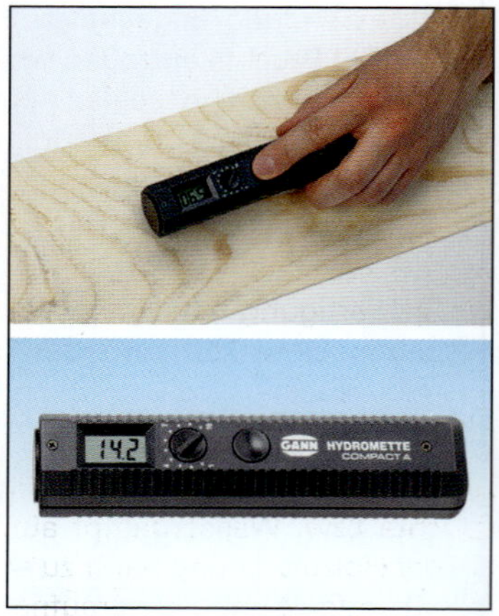

Bild 3: Holzfeuchtemessung nach dem Dielektrizitätsverfahren

2.5.2 Trocknung des Holzes

Die Trocknung des Holzes beruht im Wesentlichen auf zwei physikalischen Vorgängen, auf der Bewegung des Wassers vom Holzinneren nach den Außenflächen sowie auf der Abgabe des Wassers an die das Holz umgebende Luft.

Nach dem Fällen eines Baumes befindet sich das Wasser als „freies Wasser" in den Zellhohlräumen und als „gebundenes Wasser" in den Zellwänden **(Bild 1, Seite 88)**. Das freie Wasser wird während des Trocknungsvorganges verhältnismäßig schnell abgegeben, weil die Bewegung des Wassers nach außen durch das röhrenartige Zellgefüge des Holzes erleichtert wird. Die Abgabe des gebundenen Wassers erfolgt dagegen nur langsam, weil es nur durch Diffusion, d.h., durch die Bewegung von Wasserdampf durch ein Wasserdampfdruckgefälle innerhalb des Zellverbandes nach außen gelangen kann. Die Abgabe des an der Holzoberfläche befindlichen Wassers an die Luft erfolgt durch Verdunstung.

Durch das Verdunsten entsteht im Holzgefüge ein Sog, der für die Bewegung des Wassers sorgt. Die Bewegung des Wassers vom Holzinnern nach außen nennt man Feuchtefluss: Ohne Verdunstung kein Feuchtefluss und ohne Feuchtefluss keine Verdunstung. Das freie Wasser aus dem Holz verdunstet bis zum Fasersättigungsbereich **(Tabelle 1, Seite 88)**.

Das Verdunsten des Wassers an der Holzoberfläche ist im Wesentlichen abhängig von der Luftfeuchte, der Lufttemperatur, der Luftbewegung und von der Größe der Holzoberfläche.

Hauptanliegen der Holztrocknung ist, Holz möglichst wirtschaftlich und schonend auf eine Soll-Feuchte zu trocknen, damit das Holz während der Bearbeitung und als Endprodukt die jeweils geeignete Holzfeuchte aufweist. Dies gilt für die Freilufttrocknung und für die Technische Holztrocknung gleichermaßen.

Zwischen der Holzfeuchte und der relativen Luftfeuchte stellt sich ein Ausgleich ein. Holz gibt solange Wasser an die umgebende Luft ab oder nimmt von ihr solange Feuchte auf, bis ein Ausgleich zwischen beiden erreicht ist, d.h., bis zwischen Holz und Luft kein Feuchtegefälle mehr vorhanden ist. Diesen Zustand bezeichnet man als Holzfeuchtegleichgewicht. In unserem Klima beträgt die relative Luftfeuchte während der Zeit von März bis September im Durchschnitt etwa 70%, die Temperatur im Durchschnitt etwa 15 °C. Das Feuchtegleichgewicht ist dann bei etwa 15% Holzfeuchte erreicht. In den Wintermonaten, in denen die relative Luftfeuchte höher als in den Sommermonaten ist, herrschen auch erhöhte Holzfeuchten von um 20% vor. Bei natürlicher Trocknung kann das Holz in unserem Klima also nur auf etwa 15% Feuchte herabgetrocknet werden. Das Holz ist dann „lufttrocken" **(Bild 1)**.

Lufttrockenes Holz eignet sich für Holzbauteile, die ständig mit der Außenluft in Verbindung stehen, wie z.B. Fenster, Fensterläden und Haustüren. Holz für die Fertigung von Möbeln und für den Innenausbau muss weiter herabgetrocknet werden. Die Soll-Holzfeuchten sind auf diesen Sachverhalt abgestimmt **(Tabelle 1, Seite 79)**.

Da Holz nur trocknet, solange die umgebende Luft Feuchte bzw. Wasserdampf aufnehmen kann, ist bei der Holztrocknung dafür zu sorgen, dass feuchte Luft entfernt und wasseraufnahmefähige Luft an das Holz herangeführt wird. Dies geschieht bei der natürlichen Holztrocknung durch die natürliche Luftbewegung und bei der künstlichen Trocknung durch Ventilatoren. Je stärker die Luftbewegung, je trockener die Luft, je dünner die Schnittware und je größer die Holzoberfläche ist, desto schneller verläuft die Trocknung.

Holz wird im Freien einschließlich überdachter und durchlüfteter Holzlagerplätze (Schuppen) sowie mithilfe technischer Anlagen wie Ventilatoren getrocknet.

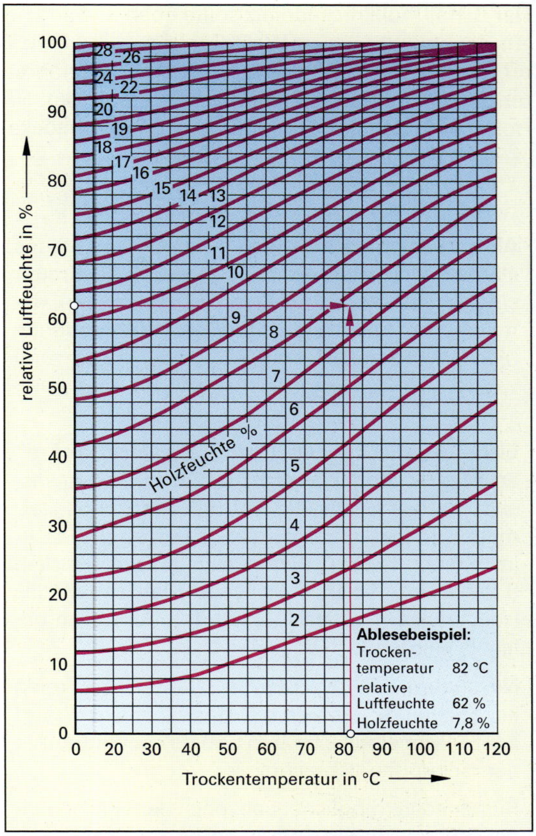

Bild 1: Holzfeuchte-Gleichgewichtslinien zur Ermittlung der Holzfeuchte bei Normalluftdruck

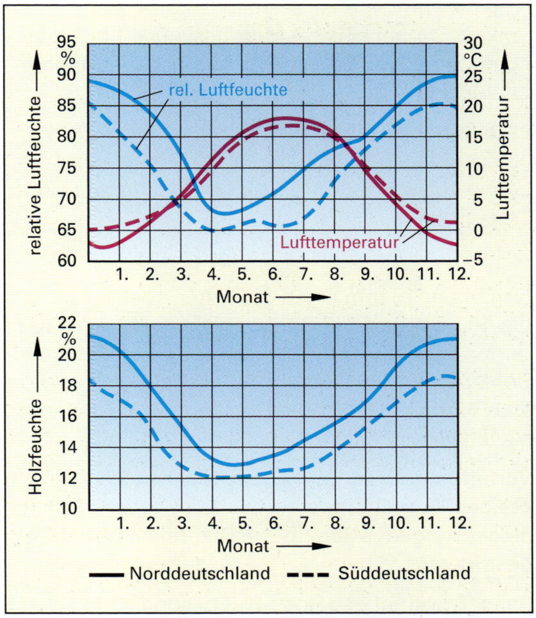

Bild 2: Klimakurven und Holzfeuchtegleichgewicht für die Freilufttrocknung

2.5.2.1 Freilufttrocknung

Unter Freilufttrocknung, auch natürliche Holztrocknung genannt, versteht man das Vortrocknen des Holzes im Freien und im offenen überdachten Schuppen unter Ausnutzung des natürlichen Klimas. Um eine gute Trocknung zu erreichen, muss der Trockenplatz fachgerecht angelegt und der Stapelunterbau zweckmäßig eingerichtet sein. Das Trockengut muss gestapelt bzw. umgestapelt und zur Nachtrocknung in Schuppen eingebracht werden.

Der Schnittholztrockenplatz sollte eben und so angelegt sein, dass die Stapel in ihrer Längsrichtung quer zur Hauptwindrichtung West-Ost liegen. Auf dem Trockenplatz sollte jeder Holzstapel getrennt nach Holzart ohne Schwierigkeit umgesetzt oder abgefahren werden können. Der Platz sollte mit Kies oder Schotter bedeckt oder mit Steinpflaster belegt sein. Häufig ist der Boden der Trockenplätze auch betoniert. Holzabfälle und vor allem pilzbefallene Holzstücke sind vom Trockenplatz fernzuhalten.

Verschiedene Holzarten brauchen eine besondere Behandlung und Pflege bei der Trocknung:

Ahorn behält seine weiße Farbe nur bei anfangs stehender Trocknung in Schuppen. Die Bretter sind auf den Kopf zu stellen (Zopfstapelung), damit die im Stammende größere Wassermenge rascher verdunsten kann. Sobald die Bretter rund werden, muss waagerecht gestapelt und halbjährlich umgestapelt werden.

Eiche und **Esche** stapelt man zunächst im Freien. Die Hirnenden sind zu schützen. Regenwasser spült die Gerbsäure aus und macht das Holz milder und spannungsfreier. Bleibt aber Wasser im Stapel stehen, bilden sich braune Flecken (Lohflecken). Nach etwa einem Jahr muss das Holz in einem gedeckten, luftigen Schuppen gelagert werden.

Nussbaum kann als Stamm so lange im Freien liegen bleiben, bis sich die Rinde löst. Dann wird der Stamm eingeschnitten und das Schnittholz in den Schuppen gebracht.

Rüster sollte möglichst bald nach dem Fällen eingeschnitten und in Schuppen gestapelt werden, da sie zum Reißen neigt.

Rotbuchen, Erlen und **Birken** verstocken leicht. Ihre Schnittware ist deshalb trocken und vor direkter Sonneneinstrahlung geschützt im Schuppen zu lagern. Gedämpfte Rotbuche ist unempfindlicher.

Weißbuchen und **Linden** sind sofort nach dem Einschneiden in Schuppen zu bringen und liegend zu lagern, um die Gefahr des Verstockens möglichst gering zu halten.

Beim **Stapelbau** ist auf einen einwandfreien Stapelunterbau, die richtige Auswahl und Lage der Stapelleisten, den Schutz der Hirnenden sowie auf das sorgfältige Stapeln und Abdecken der Schnittware zu achten.

Der **Stapelunterbau** besteht aus Stapelfüßen und Lagerhölzern **(Bild 1, Seite 83)**. Der Abstand der Stapelfüße richtet sich nach der Dicke des Trockengutes. Je dicker das zu stapelnde Schnittholz ist, desto größer kann der Abstand der einzelnen Stapelfüße voneinander sein, in der Regel 1,00 m bis 1,25 m in der Längsrichtung und 0,50 m bis 1,50 m in der Querrichtung. Um eine gute Durchlüftung der Stapel zu ermöglichen, sollten die Stapelfüße so hoch sein, dass die unteren Stapelschichten 0,40 m bis 0,60 m über dem Boden liegen. Die Lagerhölzer müssen in der Querrichtung waagerecht liegen, in der Längsrichtung mit einem Gefälle von 1 cm bis 5 cm auf einen Meter. Dadurch kann eingedrungenes Regenwasser abfließen.

Stapelleisten oder Stapellatten ermöglichen die Durchlüftung des Trockengutes. Besonders geeignet sind Leisten mit quadratischem Querschnitt, weil sie nicht falsch aufgelegt werden können. Stapelleisten sollten so lang sein, dass das Stapelschnittholz in seiner ganzen Breite aufliegt. Dadurch wird ein Verziehen des Schnittholzes vermieden. Überlange Leisten ermöglichen eine Querverbindung zwischen den einzelnen Stapeln und vermindern so die Gefahr des Einstürzens der Holzstapel **(Bild 1, Seite 83)**.

Beim **Stapeln** des Schnittholzes müssen die Stapelleisten senkrecht übereinander liegen, damit ein Durchbiegen und Verziehen der Bretter oder Bohlen vermieden wird. Die Leistenabstände richten sich nach der Dicke der Stapelware. Bei Brettern bis zu 15 mm Dicke sollte der Abstand nicht mehr als 50 cm, bei Brettern bis zu 30 mm Dicke 75 cm bis 100 cm und bei Bohlen nicht mehr als 130 cm bis 150 cm betragen. Innerhalb eines Stapelfeldes dürfen nur Leisten mit gleichen Querschnittsmaßen aufgelegt werden. Dadurch bleiben die Brett- bzw. Bohlenzwischenräume in der Höhe gleich und das Schnittholz verzieht sich nicht. Stapelleisten sollten aus Fichtenholz sein, weil Fichtenholz kaum Verfärbungen des Trockengutes hervorruft und keine Druckstellen verursacht.

Verfärbungen an den Auflageflächen des Schnittholzes können durch Leisten mit runden oder dreieckigen Ausschnitten vermieden werden. Durch diese Leisten erhält man kleinere Auflageflächen und eingedrungenes Regenwasser kann besser abfließen, sodass die Trocknung an den Auflageflächen nicht gestört wird.

Beim Trocknen des Holzes ist besonders auf den Hirnendenschutz des Trockengutes zu achten. Um das Einreißen der Hirnenden zu vermeiden oder auf ein Mindestmaß zu beschränken, müssen diese vor direkter Sonneneinstrahlung geschützt werden. Dies erreicht man durch breitere Stapelleisten, die man an den Hirnenden des gestapelten Schnittholzes vorstehen lässt. Bei Hölzern, die zu besonders starker Rissbildung neigen, wie z.B. Laubhölzer, können die Hirnenden mit Papierstreifen oder mit einem schützenden Farbanstrich versehen werden. Auch das Benageln der Hirnenden mit Brettstücken, Schalbrettern oder Schwarten schützt weitgehend vor einem Einreißen. Bei Buchenholz werden zum Schutz gegen tiefes Einreißen auch Wellenbänder aus Stahl in die Hirnenden eingeschlagen; diese Wellenbänder verhindern jedoch nicht das Auftreten von Trockenspannungen.

Beim Stapeln von Schnittholz unterscheidet man vor allem zwischen dem Block- und dem Kastenstapel.

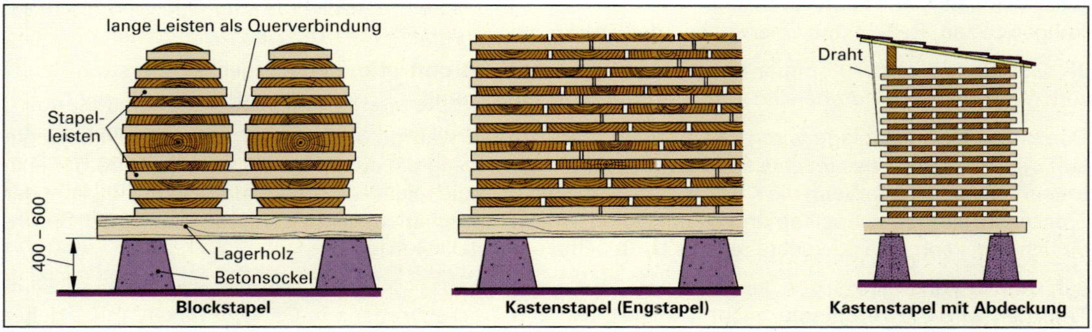

Bild 1: Stapelarten

Beim **Blockstapel** werden frisch eingeschnittene, unbesäumte Bretter und Bohlen stammweise aufgestapelt. Werden einzelne Blöcke aufgestapelt, spricht man von einem Einzelblockstapel. Beim Doppelblockstapel stapelt man zwei Blockstapel mit durch beide Blöcke gehende Stapelleisten auf. Beim **Kastenstapel** wird in der Regel besäumte Schnittware aufgeschichtet. Soll frisch eingeschnittenes Holz getrocknet werden, sollte der Abstand der Bretter bzw. Bohlen 15 cm bis 20 cm voneinander betragen. Diese Art des Stapels nennt man Kastenweitstapel. Beim Kastenengstapel wird meist schon angetrocknetes Schnittholz mit einem Abstand von 2 cm bis 5 cm gestapelt. Die obersten Brettlagen des Stapels müssen durch eine Abdeckung gegen Regen und Sonnenbestrahlung geschützt werden. Sie muss noch genügend Luftdurchzug ermöglichen. Bei Pultdächern muss die Abdeckung ein genügend großes Gefälle haben und so angelegt sein, dass das Regenwasser nicht in den Stapel eindringen kann. Einmal im Jahr sollte umgestapelt werden. Dabei dürfen die Stapelleisten nicht mehr an ihren alten Platz zu liegen kommen. Die Dauer des Trocknungsvorganges hängt von der Holzart, von der Dicke des zu trocknenden Schnittholzes und vom örtlichen Klima (Temperatur, relative Luftfeuchte, Windbewegung) ab. Hat das Holz eine bestimmte Feuchte, kommt es bis zur Endtrocknung in Schuppen, die die Luft ungehindert durchziehen lassen, Regen und Sonne aber abhalten **(Tabelle 1)**.

Tabelle 1: Trockendauer bei der Freilufttrocknung von 25 mm dickem Schnittholz

Holzart	Trockendauer in Tagen	Holzart	Trockendauer in Tagen
Weichhölzer		**Harthölzer**	
Kiefer	60–200	Birke	70–200
Fichte	90–200	Eiche	100–300
Pitch Pine	30–130	Roteiche	70–200
Oregon Pine (Douglasie)	20–200	Esche	60–200
		Hikory	60–200
		Kastanie	60–150
Harthölzer		Kirschbaum	70–200
Ahorn	50–200	Mahagoni	60–150
Buche	70–200	Nussbaum	70–200

Bei der Freilufttrocknung rechnet man allgemein bei Nadelhölzern und weichen Laubhölzern mit einer Trocknungsdauer von einigen Wochen bis 8 Monaten, bei harten Laubhölzern bis zu mehreren Jahren.

2.5.2.2 Technische Holztrocknung

Unter technischer Holztrocknung, auch künstliche Holztrocknung genannt, versteht man ein Trocknen, bei dem die im Holz enthaltene Feuchte mit Wärme in Wasserdampf umgewandelt wird. Das Wasser verdampft im Holz und verdunstet an der Holzoberfläche. Von hier wird es mithilfe verschiedener Verfahren abgeführt. Je nach Art der Wärmezufuhr bzw. der technischen Ausstattung der Trockenanlage unterscheidet man hauptsächlich die Kammertrocknung, die Kondensationstrocknung, die Hochfrequenz- und die Vakuumtrocknung. Mit der technischen Holztrocknung wird Holz vor allem wirtschaftlich und schonend getrocknet. Die Trockenzeiten werden auf wenige Tage oder Stunden verkürzt und der Feuchtegehalt des Holzes kann genau bestimmt werden. Die Holzgüte wird verbessert und der Holzverlust verringert.

Kammertrocknung

Dieses Verfahren, auch **Frischluft-Abluft-Trocknung,** Verdunstungs- oder **Konvektionstrocknung** genannt, hat die größte praktische Bedeutung. Das zu trocknende Holz wird in wärmegedämmten Kammern aus Stahl, Aluminium oder Mauerwerk gestapelt. Die Kammern, nach Größe und Form verschieden, sind mit Einrichtungen ausgestattet, mit deren Hilfe die Luftfeuchte, die Lufttemperatur und die Luftströmung so eingestellt oder reguliert werden können, dass das zum Trocknen des Holzes günstigste Klima erreicht wird. Diese technischen Einrichtungen sind im Wesentlichen: Heizungsanlage, Sprühleitung, Motor mit Axial-Ventilator, Frischluft- und Abluftklappe, Zwischendecke mit Umlenkbogen sowie Mess- und Kontrollgeräte zum Regeln und Überwachen des Trocknungsvorganges **(Bild 1).**

Je nach Bauweise der Kammer unterscheidet man **Längsstromtrocknung,** bei der der Luftstrom längs zum eingestapelten Holz geleitet wird, und **Querstromtrocknung.**

Durch die Heizungsanlage wird die Kammerluft erwärmt. Erwärmte und von den Ventilatoren bewegte Luft gibt Wärme an das feuchte Holz ab und nimmt gleichzeitig die aus dem Trockengut als Dampf austretende Feuchte auf. Wenn die Kammerluft zu trocken bzw. die relative Luftfeuchte zu niedrig ist, läuft der Trockenvorgang zu schnell ab und es entstehen Trocknungsschäden, wie z. B. Risse. Mithilfe der Sprüheinrichtung kann eine geeignete relative Luftfeuchte eingestellt werden.

Luft kann in Abhängigkeit von der Temperatur nur eine begrenzte Menge Wasserdampf aufnehmen. Beim Trocknen wird die Temperatur nicht geändert. Um den Trockenvorgang in Gang zu halten, muss daher immer wieder frische Luft, sogenannte trockene Luft, über Zuluftklappen in die Trockenkammer eingeführt werden, während wasserdampfangereicherte Luft, sogenannte feuchte Luft, über Abluftklappen ins Freie geleitet wird. Die Konvektionstrocknung wird deshalb auch als Frischluft-Ablufttrocknung bezeichnet. Konvektion heißt Fort- oder Wegführung.

Wie die einzelnen Einrichtungen der Trockenkammer aufeinander abgestimmt werden müssen, hängt von der Holzart ab, die getrocknet werden soll, von der Dicke des Trockengutes, von der Anfangsfeuchte und von der gewünschten Endfeuchte. Verschiedene Holzarten können mit Temperaturen unter 100 °C, andere über 100 °C getrocknet werden. Harte Hölzer sind schwieriger zu trocknen und verlangen längere Trockenzeiten als weiche Hölzer. Holz mit einer hohen Anfangsfeuchte muss länger in der Kammer bleiben als bereits vorgetrocknetes Holz.

Eine einwandfreie Trocknung wird nur erreicht, wenn nach einem **Trocknungsplan** „gefahren" wird. Dieser kann an Hand von Tabellen festgelegt werden. Moderne Trockenkammern arbeiten halb- oder vollautomatisch. Dies erleichtert die Arbeit und erzielt sichere Trocknungsergebnisse.

Nach dem Trocknungsplan erfolgt die Trocknung des Holzes in der Regel in fünf Stufen, dem **Aufheizen** der Kammerluft, dem **Durchwärmen** des in der Kammer befindlichen Holzes, dem eigentlichen **Trocknungsvorgang** durch den Einsatz erwärmter Frischluft und Sprühdampf, dem **Konditionieren,** d. h. dem Nachvergüten des Trockengutes am Ende der Trocknung, um noch Holzfeuchteunterschiede und Trockenspannungen auszugleichen, sowie dem langsamen **Abkühlen.**

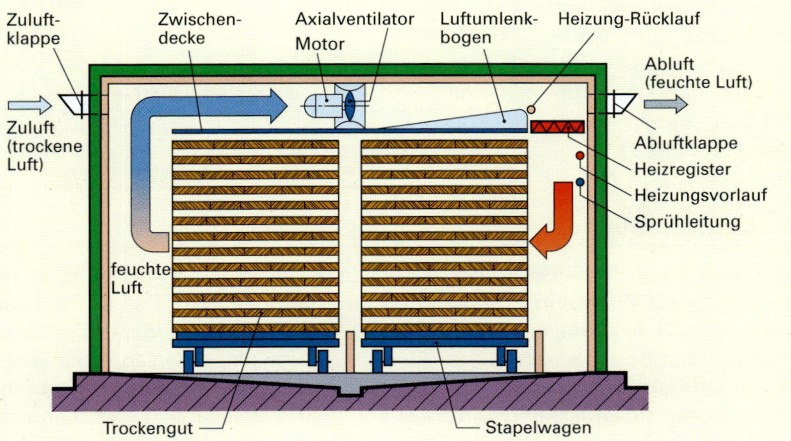

Vorteile:

Trocknen aller Holzarten, in jeder Dicke, bei beliebigen Anfangs- und Endfeuchten, bei kurzen bis mittleren Trocknungszeiten

Nachteile:

Großer Energieaufwand, Gefahr von Fehltrocknungen, Umweltprobleme durch Abwasser, Abluft und Lärm

Bild 1: Kammertrocknungsanlage

Je nach Trockentemperatur der Luft wird zwischen Niedrig-, Normal- und Hochtemperaturtrocknung unterschieden.

Niedrigtemperaturtrocknung: Hier wird das Holz bei Temperaturen unter 45 °C getrocknet. Die Trocknung geht langsam vonstatten, das Holz wird daher schonend und spannungsfrei getrocknet (sog. milde Trocknung). Dieses Verfahren wird eingesetzt bei dicken, schwer zu trocknenden und zu Verfärbungen neigenden Hölzern. Die End-Holzfeuchte liegt bei 20%, d.h., es handelt sich um ein Vortrockenverfahren.

Normaltemperaturtrocknung: Die Trockentemperaturen liegen zwischen 45 °C und 90 °C. Dieser Temperaturbereich ist geeignet für Nadelhölzer und für leicht zu trocknende Laubhölzer. Die Anfangsfeuchte ist nicht begrenzt. Mit diesem Verfahren wird auf Endfeuchte getrocknet.

Hochtemperaturtrocknung: Die Trockentemperaturen liegen zwischen 100 °C und 130 °C. Durch das schnelle bzw. scharfe Trocknen besteht die Gefahr von Trocknungsschäden, wie z.B. von Rissbildungen, Verfärbungen und Verschalung. Dieses Verfahren wird für Nadelhölzer eingesetzt. Viele Laubhölzer, wie z.B. Eiche und Rotbuche, dürfen erst bei einer Holzfeuchte unter 30% mit Hochtemperatur getrocknet werden.

Bei der Hochtemperaturtrocknung wird zwischen der Heißlufttrocknung und der Heißdampftrocknung unterschieden. Bei der Heißlufttrocknung wird mit heißer trockener Luft (Dampf-Luft-Gemisch) getrocknet, die Trocknung ist „scharf". Bei der Heißdampftrocknung wird überhitzter Wasserdampf ohne Luftbeimischung verwendet. Die Trocknung ist weniger scharf.

Kondensationstrocknung

Bei der Kondensationstrocknung wird die in der Kammer befindliche Luft wechselweise erwärmt und abgekühlt. Die Erwärmung und Abkühlung der Luft wird durch ein Holzentfeuchtungsgerät, den Kondensationstrockner, erreicht. Dieses Gerät kann sich innerhalb der Trocknungskammer befinden oder außerhalb angebracht sein **(Bild 1)**. Der Kondensationstrockner arbeitet wie eine Kältemaschine. Die Kammerluft, die die Holzfeuchte aufgenommen hat, wird durch den Kondensationstrockner angesaugt und durch einen Verdampfer geführt. Hier wird die Luft bis unter den Kondensationspunkt bzw. Taupunkt abgekühlt. Die in der Luft vorhandene Feuchtigkeit schlägt sich dadurch an einem Verdampfer als Wasser nieder und wird nach außen abgeführt. Die so entfeuchtete Luft wird anschließend wieder erwärmt. Die erwärmte Luft, die wieder Feuchtigkeit aus dem Holz aufnehmen kann, wird mithilfe des Kammerventilators durch die Holzstapel geführt. Dieser Vorgang wird solange fortgesetzt, bis das zu trocknende Holz die verlangte Holzfeuchte erreicht hat (maximal 12%).

Kondensationstrockner werden vor allem zur Trocknung von empfindlichen Hölzern eingesetzt, d.h., von Hölzern, die eine besonders schonende Trocknung verlangen. Da diese Holztrocknung in der Regel bei niedrigen Temperaturen unter 40 °C erfolgt, ist die Gefahr des Reißens und Verziehens weitgehend beseitigt. Außerdem wird ein Verschalen, Verfärben oder ein Zellkollaps vermieden.

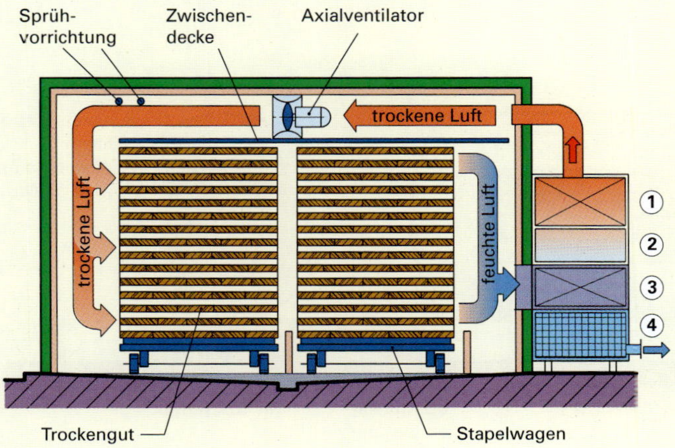

1 Heizregister: Zusatzheizung zum Erwärmen der Luft

2 Kompressor: gekühlte und getrocknete Luft wird aufgeheizt

3 Kühlaggregat (Verdampfer): feuchte, warme Luft wird angesaugt und gekühlt

4 Kondensator: die Feuchte der gekühlten Luft wird auskondensiert; entzogenes Wasser läuft ab

Bild 1: Kondensationstrocknungsanlage

Hochfrequenztrocknung

Bei der Hochfrequenztrocknung durchläuft das Holz auf einem Transportband ein hochfrequentes elektrisches Wechselfeld, dessen Leistung den verschiedenen Trockenheitsgraden des Holzes angepasst werden kann. Der Vorteil dieser Trocknungsart liegt darin, dass das Holz im Inneren sehr schnell aufgeheizt wird. Das begünstigt die Trocknung, sodass eine wesentlich kürzere Trocknungszeit, auch bei größeren Querschnitten, erreicht wird als bei anderen Trocknungsverfahren. Die Trockenzeit liegt im Bereich von Minuten. Hölzer wie Eiche und Buche neigen beim Hochfrequenztrocknen zu Verfärbungen **(Bild 1).**

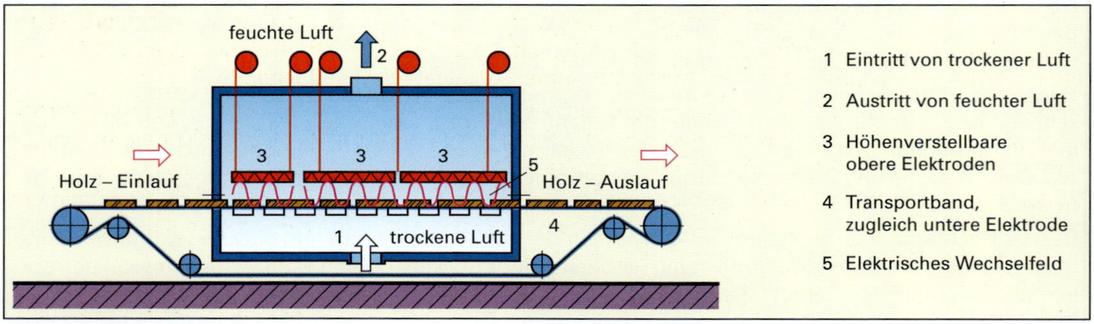

Bild 1: Hochfrequenztrocknungsanlage

Vakuumtrocknung

Beim Vakuumtrocknen befindet sich das zu trocknende Holz in einem röhrenförmigen Metallzylinder, in dem ein Unterdruck herrscht. Der um etwa 200 mbar verringerte Luftdruck hat zur Folge, dass die Verdampfung der Holzfeuchte bei Trockentemperaturen unter 80 °C sehr schnell erfolgt. Das Vakuumtrocknen kann in verschiedener Weise durchgeführt werden **(Bild 2).**

Bei der Anlage mit **Heizplatten** werden zwischen die einzelnen Holzlagen Heizplatten gelegt, die durch Schlauchleitungen mit einem Heizsystem verbunden sind. Nach dem Einbringen des Trockengutes in den Trockner wird aufgeheizt und der Luftdruck herabgesetzt. Die Wärmezufuhr erfolgt fortlaufend (kontinuierlich). Die aus dem Holz verdampfende Feuchtigkeit wird an eingebauten Kühlflächen abgekühlt und ausgeschieden. Kurz vor Erreichen der gewünschten Endfeuchte wird die Heizung abgeschaltet. Dann wird die Kammer belüftet und geöffnet.

Bei der **plattenlosen** Vakuumtrocknung werden zwischen die einzelnen Holzlagen Stapelleisten gelegt, damit die erwärmte Luft die Holzlagen umstreichen kann. Die Erwärmung der Luft erfolgt über Heizregister. Die erwärmte Luft wird mit Ventilatoren umgewälzt. Die Vakuumtrocknung wird in der Regel eingesetzt, wenn nur geringe Holzmengen schnell und schonend getrocknet werden sollen.

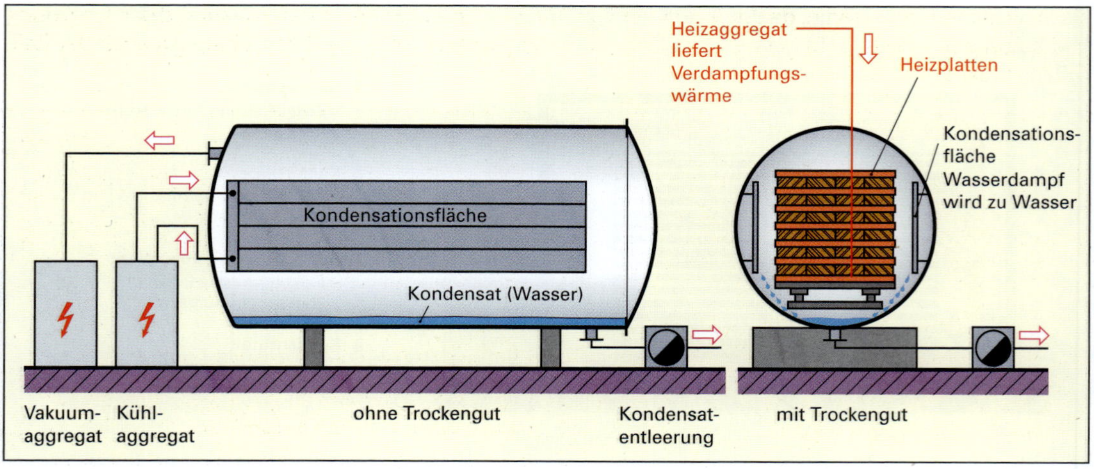

Bild 2: Vakuumtrocknungsanlage

2.5.2.3 Trocknungsfehler

Bei der unsachgemäßen Trocknung des Holzes können Trocknungsfehler auftreten. Sie bedeuten fast immer eine mehr oder weniger starke Qualitätsminderung des Holzes.

Formänderungen des Trockengutes können durch Schwindvorgänge im Allgemeinen nicht verhindert werden **(Seite 89)**. Man kann sie nur durch vorsichtiges Trocknen in Grenzen halten.

Verfärbungen entstehen vorwiegend bei Laubhölzern. Ursache dafür sind meist zu hohe Trocknungstemperaturen oder zu langes Sprühen. Buche verfärbt sich z. B. rötlich, Kiefer und Esche werden braun. Ahorn darf, wenn es seine weiße Farbe nicht verlieren soll, nur wenig gesprüht werden. Insbesondere Nadelhölzer, vor allem Kiefer, können sich auch durch Bläuepilze beim Trocknen verfärben. Dieses Pilzwachstum wird durch hohe Luftfeuchtigkeit und zu langsame Feuchteabfuhr begünstigt.

Harzausfluss tritt bei harzhaltigen Hölzern dann auf, wenn bei Temperaturen von 60 °C und mehr getrocknet wird. Ein Harzausfluss mindert zwar die technischen Eigenschaften des Holzes nicht, stört aber die spanende Bearbeitung, die Verleimung und Oberflächenbehandlung.

Rissbildungen sind neben den Oberflächenrissen und Innenrissen, die als Folge von Verschalungen entstehen, Haarrisse und Hirnrisse. Haarrisse entstehen, wenn das in der Trockenanlage befindliche Holz in der Durchwärmphase zu schnell erwärmt wird, Hirnrisse bei zu schnellem Trocknen.

Zellkollaps, auch Zellschwund oder Zelleinbruch genannt, entsteht, wenn Laubholz mit großer Rohdichte, wie z. B. Eiche und Buche, und Holzfeuchten über der Fasersättigung bei Temperaturen von mehr als 60 °C schnell getrocknet wird. Bei diesem Trockenklima verdampft und entweicht das im Holz enthaltene Wasser zu schnell. Es entsteht eine starke Sogwirkung, verbunden mit einem Unterdruck in den Zellen. Die Zellen schwinden dabei stark und fallen in sich zusammen, sie kollabieren. An der Holzoberfläche sind starke unregelmäßige Verformungen des Holzquerschnittes zu sehen, im Holz Innenrisse. Die Verformungen können während des Trockenvorganges über Dämpfen, die Sprühdampfeinrichtung wird eingeschaltet, wieder rückgängig gemacht werden. Risse dagegen bilden sich nicht mehr zurück.

Unter **Verschalen** versteht man das ungleichmäßige Trocknen des Holzes und die dadurch entstehenden Rissbildungen. Die Ursache dafür ist fast ausschließlich zu schnelles, zu „scharfes" Trocknen, bei dem die Außenschichten des Holzes zu schnell Feuchte abgeben. Dadurch schwinden die äußeren Holzschichten und der Feuchtefluss von innen nach außen wird zwangsweise unterbrochen. Da das Volumen der inneren, feuchteren Holzteile aber gleich bleibt, entstehen in den äußeren Schichten Spannungen, die zu **Oberflächenrissen (Bild 1)** führen. Dies kann durch Sprühen verhindert werden. Man nennt diesen speziellen Fehler auch **„äußere Verschalung"** und unterschiedet ihn damit von einem Fehler, der wesentlich seltener auftritt, der **„inneren Verschalung"**. Dieser Fehler tritt auf, wenn die Feuchtigkeit zu langsam abgeführt wird. Dabei entstehen **Innenrisse (Bild 2)**.

Besonders nasses und dickes, vor allem aber dichtes bzw. schweres Holz verschalt bei unsachgemäßer Trocknungsführung sehr leicht. In älterer Fachliteratur wird für den Nachweis der Verschalung die Gabelprobe empfohlen, bei der getrocknetes Holz kammförmig eingesägt wird. Durch die auftretenden Verformungen können Spannungen direkt nach der Trocknung nachgewiesen werden. Die **Gabelprobe** ist technisch nicht mehr notwendig, da durch aufwendige Feuchtemessungen des Holzes während der Trocknung und automatisierte Abläufe bei zeitgemäßen Trockenanlagen sowohl die Verschalung als auch der Zellkollaps praktisch nicht mehr auftreten.

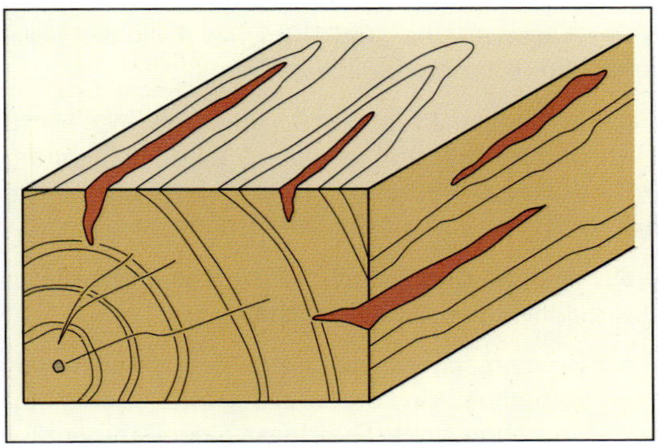

Bild 1: Oberflächenrisse als Trockenfehler

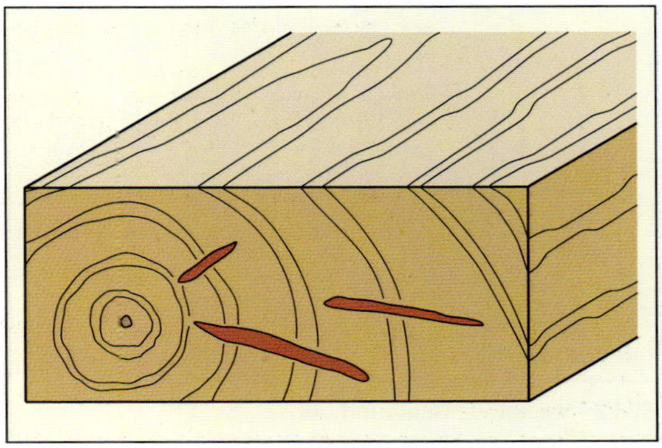

Bild 2: Innenrisse als Trockenfehler

2.5.3 Schwindung des Holzes beim Trocknen

Durch die Abgabe von Feuchtigkeit unterhalb des Fasersättigungsbereiches vermindern sich Abmessungen und Volumen des Holzes; der Vorgang wird Schwindung genannt, der umgekehrte Vorgang Quellung.

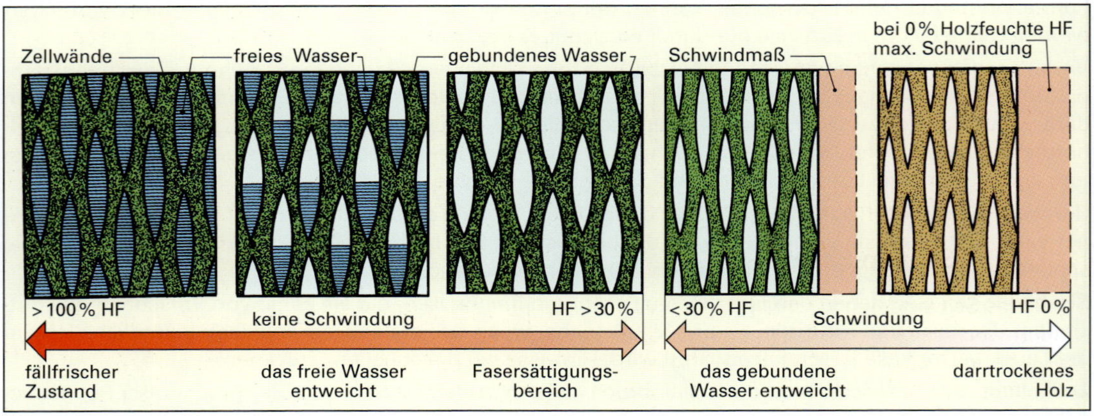

Bild 1: Schwindung beim Trocknen des Holzes

Tabelle 1: Fasersättigungsbereich

Holzart	Feuchte
Rotbuche, Birke	32 %–35 %
Fichte, Tanne	30 %–34 %
Kiefer, Lärche	26 %–28 %
Eiche, Esche, Nussbaum	23 %–25 %

In der Praxis wird zur Vereinfachung als Fasersättigung eine Holzfeuchte von 30 % bezeichnet.

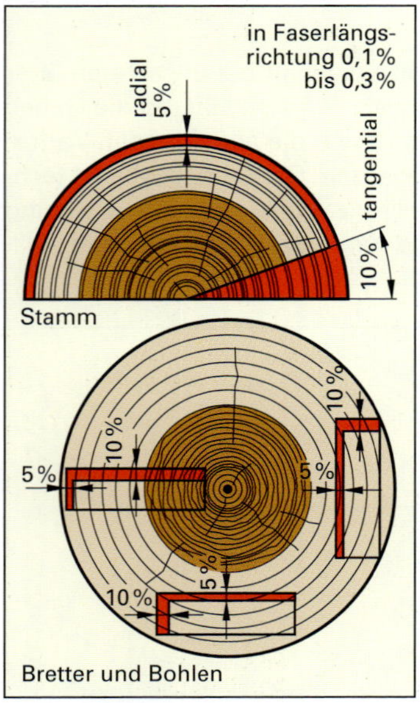

Bild 2: Maximaler Schwund bei einer Trocknung von 30 % auf 0 % Holzfeuchte

Die Wasserabgabe vollzieht sich in den äußeren Zellen früher als in den inneren Zellen. Harzarme Holzteile, der Splint und der obere Stammteil geben das Wasser schneller ab als harzreiche Holzteile, der Kern und der untere Stammteil. Die Wasserabgabe verläuft umso schneller, je größer das Feuchtegefälle zwischen Holz und umgebender Luft ist.

Während der Abgabe des freien Wassers ändern sich Volumen und Form des Holzes nicht. Die Fasern bzw. Zellwände sind zu diesem Zeitpunkt noch gesättigt. Deshalb spricht man von einer Fasersättigung. Die Fasersättigung unterscheidet sich bei den einzelnen Holzarten und auch innerhalb eines Stammes; sie liegt bei den wichtigsten Hölzern zwischen 23 % und 35 % Holzfeuchte. Deshalb spricht man von einem Fasersättigungsbereich **(Tabelle 1)**.

Schon während des Verdunstens des freien Wassers beginnt bei einem Feuchtegefälle zwischen feuchtem Holz und trockener Umgebungsluft das Verdunsten des gebundenen Wassers. Dabei wird das Volumen des Holzes kleiner; das Holz schwindet **(Bild 1)**. Das Schwinden setzt im Fasersättigungsbereich ein, also bei etwa 30 % Holzfeuchte, und hält solange an, bis die Holzfeuchte 0 % beträgt bzw. bis der darrtrockene Zustand erreicht ist.

Unterschieden werden drei Richtungen, in denen das Holz schwindet: längs (in Richtung des Faserverlaufs), radial (in Richtung der Holzstrahlen) und tangential (in Richtung der Jahresringe).

In Richtung des Faserverlaufs beträgt die Schwindung insgesamt 0,1 % bis 0,3 %, in Richtung der Holzstrahlen etwa 5 % und in Richtung der Jahresringe um 10 % **(Bild 2)**. Bei einigen Holzarten weichen diese Schwindmaße jedoch erheblich von diesen Durchschnittswerten ab.

In **Tabelle 1, Seite 89,** sind die durchschnittlichen Schwindmaße in Prozent je 1 % Wassergehaltsänderung angegeben.

Die Schwindung in der Breite macht sich selbst an fachgerecht gefertigten Tischlerarbeiten bemerkbar. So können z. B. kantenbündig eingearbeitete Hirnleisten vorstehen, breite Querfriese einer Rahmentüre mit den Hirnenden der aufrechten Friese nicht mehr bündig sein.

Tabelle 1: Schwindmaße in Prozent je 1% Feuchtegehaltsänderung (Mittelwerte)

Holzart	Schwindung in Richtung der Markstrahlen (radial)	Schwindung in Richtung der Jahrringe (tangential)	Holzart	Schwindung in Richtung der Markstrahlen (radial)	Schwindung in Richtung der Jahrringe (tangential)
Ahorn	0,21	0,30	Kirschbaum	0,16	0,26
Rotbuche	0,20	0,41	Lärche	0,14	0,30
Eiche	0,16	0,36	Nussbaum	0,18	0,29
Fichte	0,19	0,39	Tanne	0,14	0,28
Kiefer	0,16	0,36	Ulme (Rüster)	0,22	0,43

2.5.3.1 Schwindformen

Durch das Schwinden ändert sich nicht nur das Volumen des Holzes, sondern auch seine Form. Die Formänderung hängt von der Lage der Jahrringe im Holzquerschnitt ab. Frühholzzellen der Jahrringe sind großlumig und haben dünne Zellwände. Sie speichern aus diesem Grunde mehr freies Wasser und weniger gebundenes Wasser als die kleinlumigen Spätholzzellen mit ihren dicken Zellwänden. Die Frühholzzellen geben deshalb im Vergleich zum Spätholz viel freies Wasser und nur wenig gebundenes Wasser ab. Die Schwindung ist demnach beim Frühholz klein und beim Spätholz groß.

In radialer Richtung werden die beim Schwinden des Spätholzes auftretenden starken Spannungen nur teilweise vom dünnwandigen Frühholz auf die nächste Schicht Spätholz übertragen. In tangentialer Richtung können sich Früh- und Spätholz mehr oder weniger ungehindert bewegen. Das Spätholz zieht sich beim Schwinden stark zusammen, die angrenzenden Frühholzzellen passen sich den Volumen- und Formveränderungen der Spätholzzellen durch Verformen der Frühholz-Zellwände weitgehend an. Diese Verformung der Frühholz-Zellwände ist die Ursache für geringes Schwinden und Quellen in radialer Richtung bzw. für starkes Schwinden und Quellen in tangentialer Richtung.

Das Schwinden zeigt sich im Holzquerschnitt besonders als Breiten- und Dickenschwindung, als Formänderungen und als Risse, als sog. Schwind- oder Schwundrisse **(Bild 1)**.

Je weniger das Holz arbeitet, umso besser ist sein Stehvermögen bzw. seine Dimensions- und Formbeständigkeit.

Mit den Schwindzahlen **(Tabelle 1)** kann bei einer Feuchteabgabe des Holzes das Schwindmaß errechnet werden, bei einer Feuchtezunahme das Quellmaß.

Vorgänge beim Quellen und Schwinden in den Zellwänden

Die Zellwände der Holzzellen bestehen aus mikroskopisch kleinen Fasern und Faserbündeln. Bei einer Feuchteaufnahme unterhalb der Fasersättigung dringt Wasser vor allem über Diffusionsvorgänge in die Zwischenräume der Fasern und Faserbündel ein und drückt diese auseinander. Dieser Vorgang überträgt sich auf das gesamte Holzstück; das Holzvolumen nimmt zu, d. h., das Holz quillt.

Entweicht Feuchtigkeit unterhalb der Fasersättigung, gehen die elastischen Fasern und Faserbündel der Zellwände wieder in ihre Normallage zurück, das Holz schwindet.

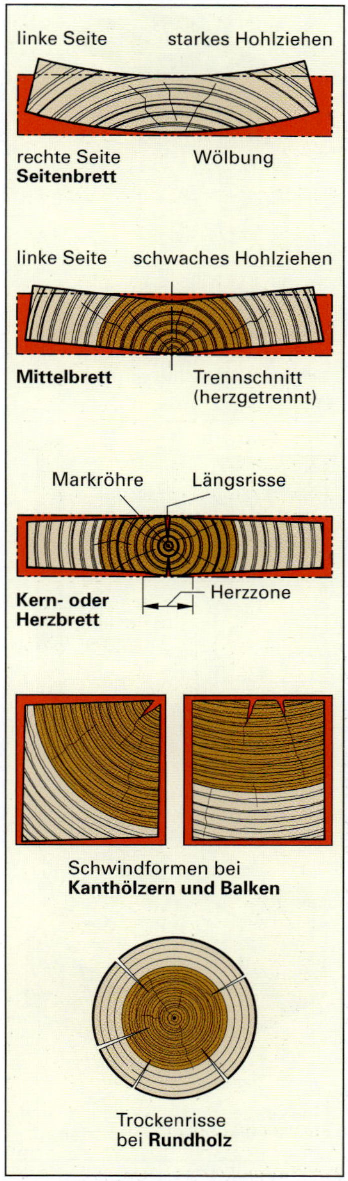

Bild 1: Schwindformen bei Massivholz

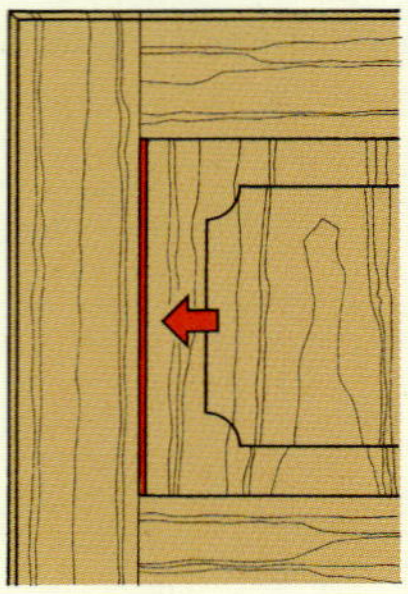

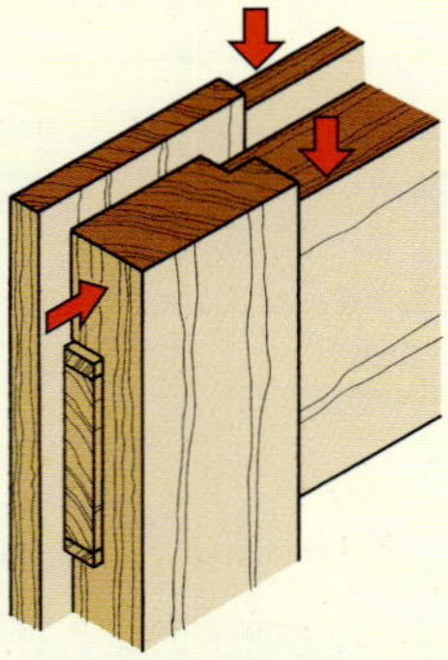

Breitenschwindung bei Füllungen und Rahmen kann durch die richtige Holzfeuchte vermieden werden.

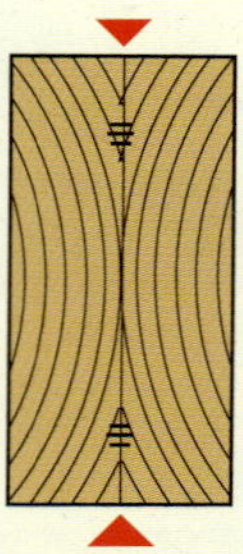

Dicken-verleimung

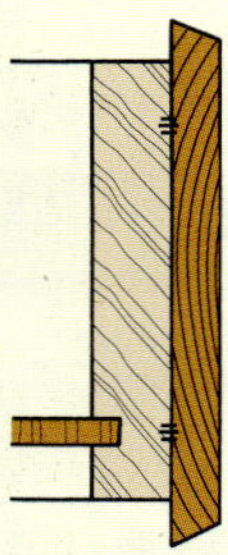

Schub-kastendoppel

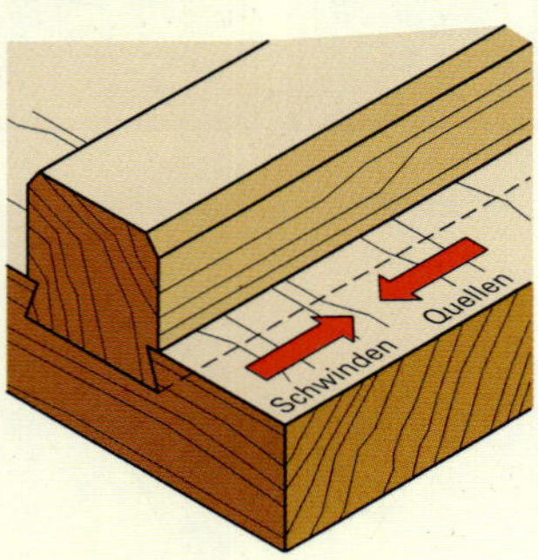

Eine Gratleiste läßt Schwinden und Quellen von Massivholzplatten zu

Bild 1: Maßnahmen gegen das Arbeiten des Holzes

Beispiel zur Berechnung des Schwindmaßes:

Ein Kernbrett aus Rotbuchenholz von 280 mm Breite und 40 % Holzfeuchte trocknet auf 8 %. Wie breit ist das Brett nach dem Trocknen?

Beim Trocknen von 40 % auf 30 % entsteht keine Schwindung. Beim Trocknen von 30 % auf 8 % beträgt die Feuchteänderung 22 %. Für Rotbuche beträgt die Schwindzahl in radialer Richtung 0,20. Daraus errechnet sich eine Schwindung von insgesamt 4,4 % (aus 22 % · 0,20 = 4,4 %) oder 12,12 mm. Das Brett ist somit nach dem Trocknen noch etwa 268 mm breit.

2.5.3.2 Maßnahmen gegen das Arbeiten des Holzes

Die Dimensions- und Formbeständigkeit von Holz bzw. Holzbauteilen kann durch eine richtige Holzauswahl und Trocknen des Holzes auf den geeigneten Feuchtegehalt, durch sachgemäßes Verkleben von Vollholzflächen und Anwendung geeigneter Konstruktionen sowie durch Absperren des Holzes erzielt oder verbessert werden.

Bei der Holzauswahl kann auf das Stehvermögen des Holzes in Bezug auf Abmessung und Form gegenüber wechselndem Umgebungsklima geachtet werden, indem gut stehende Holzarten verwendet werden, wie z. B. Birnbaum, Erle, Nussbaum, Afzelia und Teak **(Seiten 36 bis 43)**. Bretter und Bohlen mit stehenden Jahrringen werfen sich im Vergleich zu solchen mit liegenden Jahrringen nur wenig.

Holz sollte vor dem Verarbeiten auf den Feuchtegehalt getrocknet werden, den es auch am künftigen Verwendungsort annimmt. Hierbei ist zu beachten, dass diese Feuchtigkeit, je nach Aufstellungsort und Raumklima, auch deutlich geringer sein kann als in den Verarbeitungs- und Herstellungsräumen. In diesen Fällen muss besonders sorgfältig auf die Verwendung gut getrockneten Holzes und eine kurze und trockene Zwischenlagerung vor der Auslieferung geachtet werden.

Vollholzflächen verleimt man in der Breite so, dass man die Bretter gestürzt verleimt und dass Kern an Kern und Splint an Splint kommen. Auf diese Weise bleiben Vollholzflächen weitgehend gerade **(siehe Seite 230)**. Bei Dickenverleimungen bleiben die Fugen geschlossen, wenn die linken Vollholzseiten zusammengeleimt werden **(Bild 1)**. Bei Schubkästen bleibt beim Trocknen des Vollholz-Doppels die Fuge zwischen Doppel und Schubkastenvorderstück geschlossen, wenn das Doppel mit der linken Seite aufgeleimt wird **(Bild 1)**.

Durch die Anwendung geeigneter Konstruktionen kann dem Arbeiten des Holzes so entgegengewirkt werden, dass es nicht stört oder den Gebrauch eines Möbels oder Holzbauteils einschränkt. Beispiele solcher Konstruktionen sind Rahmen und Füllung, Gratverbindungen **(Bild 1)** sowie Nut- und Federverbindungen.

Maßnahmen gegen das Arbeiten des Holzes sind auch das Verkleben von Furnieren zu Furniersperrholz, das Aufschneiden des Holzes zu Leisten und Stäben mit anschließender und schwundgerechter Wiederverleimung sowie ihr Absperren mit Absperrfurnier (Tischlerplatte).

2.6 Kunststoffe und Kunststoffverarbeitung

In der Holztechnik werden viele Werkstoffe verarbeitet oder bearbeitet, die entweder ganz aus Kunststoffen bestehen, wie z.B. Lacke und Kleber, oder bei denen die Kunststoffe wichtige Bestandteile sind, wie z.B. Schichtpressstoffplatten oder Holzspanplatten. Auch Fertigteile, wie z.B. Beschläge und Halbzeuge, Abschlussprofile, Fußleisten, sind oft aus Kunststoffen **(Bild 1)**.

2.6.1 Aufbau, Bezeichnungen, Eigenschaften der Kunststoffe

Hauptrohstoffe für Kunststoffe sind Erdöl, Erdgas, Kohle, Wasser und Luft. Aus diesen werden zunächst auf chemischem Wege Vorprodukte erzeugt, deren Moleküle aus wenigen Atomen bestehen, z.B. Ethylen (C_2H_2) oder Formaldehyd (CH_2O). Diese Kleinmoleküle nennt man Monomere.

Durch die chemische Verbindung von tausenden von Monomeren (mono, griech. = allein) entstehen riesige Großmoleküle, die Makromoleküle (makro, griech. = groß). Makromoleküle können fadenförmig gebaut sein oder sich zu räumlichen Gebilden vernetzen, was für die späteren Eigenschaften der Kunststoffe von großer Bedeutung ist. Stoffe aus Makromolekülen bezeichnet man als Polymere (poly, griech. = viel).

Alle Kunststoffe sind Polymere. Kunststoffe bestehen wie die natürlichen organischen Stoffe, z.B. Baumwolle, Horn und die Zellulose des Holzes, im Wesentlichen aus den Elementen Kohlenstoff (C), Wasserstoff (H) und Sauerstoff (O). Sie zählen deshalb ebenfalls zu den organischen Stoffen. Bei einigen Kunststoffen ist jedoch Silicium das wichtigste Element. Man bezeichnet diese Art von Kunststoffen als Silikone.

Nach DIN EN ISO 1043 und DIN ISO 1629 haben Kunststoffe Kurzbezeichnungen, die von ihren chemischen Namen abgeleitet sind. Man bezeichnet z.B. Polyvinylchlorid als PVC, Polyethylen als PE und Phenol-Formaldehyd-Harz als PF. Da die Kunststoffe in irgendeiner Stufe ihrer Verarbeitung plastisch sind, werden sie auch Plaste genannt.

Bei Kunststoffen lässt sich fast jede Stoffeigenschaft durch die entsprechende chemische Zusammensetzung und das Herstellungsverfahren des Kunststoffes oder durch Mischen verschiedener Kunststoffe erzielen.

Die hohe Widerstandsfähigkeit der Kunststoffe ist zwar für deren Gebrauch von Vorteil, für die Entsorgung jedoch von Nachteil. Durch das Ansteigen der großindustriellen Kunststoffproduktion ist die Entsorgung zu einem großen Problem für den Umweltschutz geworden.

Bild 1: Anwendungsbeispiele von Kunststoffen

Eigenschaften von Kunststoffen:

- Geringe Dichte,
- korrosions- und chemikalienbeständig,
- einstellbare mechanische Eigenschaften,
- gut umformbar und bearbeitbar,
- elektrisch isolierend,
- einfärbbar,
- wärmedämmend und
- glatte, dekorative Oberfläche.

Eigenschaften von Kunststoffen, die deren Einsetzbarkeit beschränken:

- Meist geringe Wärmebeständigkeit,
- meist keine hohe Festigkeit,
- zum Teil brennbar und
- zum Teil unbeständig gegen Lösemittel.

Bei der großtechnischen Kunststoffherstellung unterscheidet man zwischen Polymerisation, Polykondensation und Polyaddition.

Bei der **Polymerisation** werden meist gleiche Monomere zu fadenförmigen oder linearen Makromolekülen aneinandergefügt. Monomere, wie z. B. Ethylen (C_2H_2) werden nach dem Aufsprengen der Doppelbindungen zu langen Molekülfäden zusammengefügt oder polymerisiert. Aus Ethylen wird Polyethylen PE **(Bild 2).** Wichtige Polymerisate neben Polyethylen (z. B. für Bautenschutzfolien oder Rohre) sind Polyvinylchlorid (z. B. für Kantenprofile, Bodenbeläge, Fensterrahmenprofile) und Polyvinylacetat (KPVAC- oder Weißleim).

Bild 1: Fensterrahmenprofil aus PVC

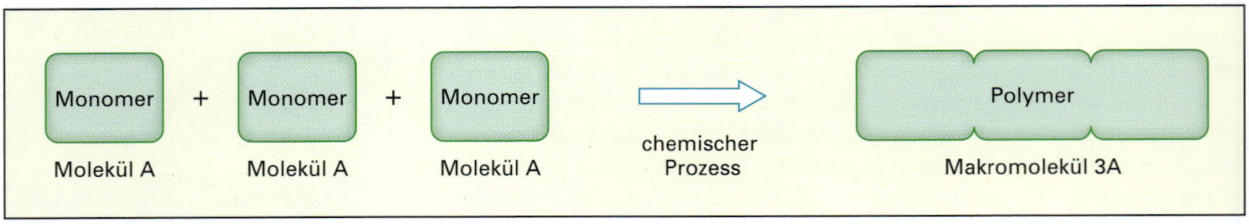

Bild 2: Polymerisation (vereinfachtes Schema)

Bei der **Polykondensation (Bild 3)** bilden sich die Makromoleküle durch die Verbindung von verschiedenartigen Grundmolekülen, z. B. von Phenol (C_6H_5OH) mit Formaldehyd (CH_2O) unter gleichzeitiger Abspaltung (Kondensation) einfacher Stoffe, wie z. B. Wasser (H_2O).

Wichtige Polykondensate sind Phenolharz, Resorcinharz, Harnstoffharz, Melaminharz und die Polyamide.

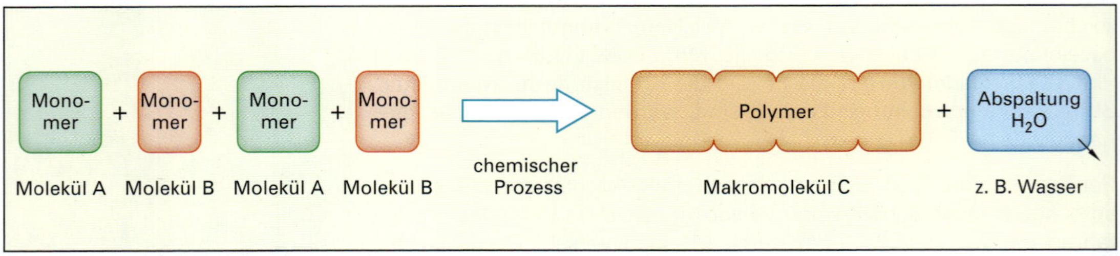

Bild 3: Polykondensation (vereinfachtes Schema)

Bei der **Polyaddition** bilden sich fadenförmige oder räumlich vernetzte Makromoleküle ebenfalls durch die Verbindung verschiedenartiger Grundmoleküle, z. B. von Di-Alkoholen ($C_4H_8(OH)_2$) mit Di-Isocyanaten ($C_6H_{12}(CNO)_2$) ohne Abspaltung von Nebenprodukten.

Wichtige Kunststoffe, die durch Polyaddition entstehen sind Polyurethanharz-Klebstoffe (KIS) und Polyurethanschäume (PU-Schaum) **(Bild 4)**.

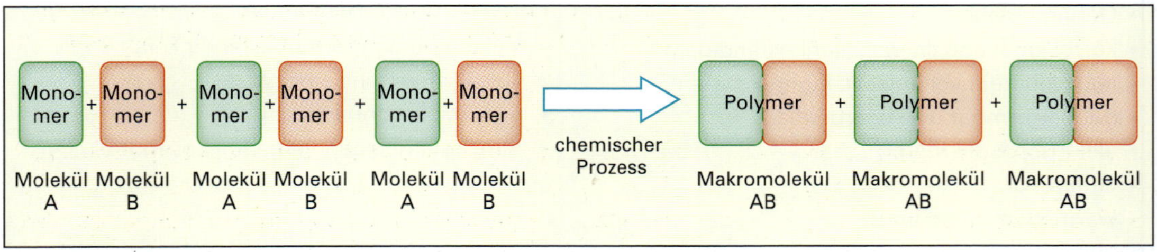

Bild 4: Polyaddition (vereinfachtes Schema)

2.6.2 Arten der Kunststoffe

Die Kunststoffe werden in der Regel nach ihren mechanischen Eigenschaften und dem Verhalten bei Erwärmung in Thermoplaste, Duroplaste und Elaste eingeteilt. Eine vierte Gruppe, die Silikone nehmen eine Sonderstellung ein.

Tabelle 1: Arten von Kunststoffen nach ihrem Verhalten bei Erwärmung

Die Molekülketten	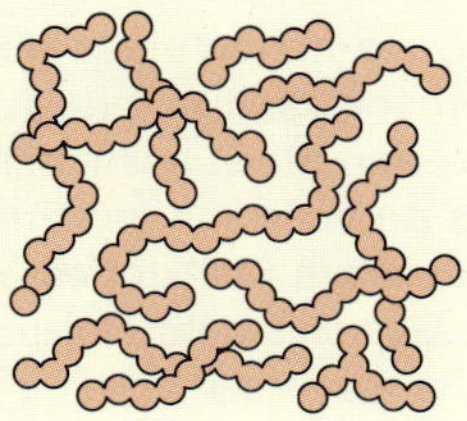 **Plastomere** (Thermoplaste) Moleküle weitmaschig und unvernetzt	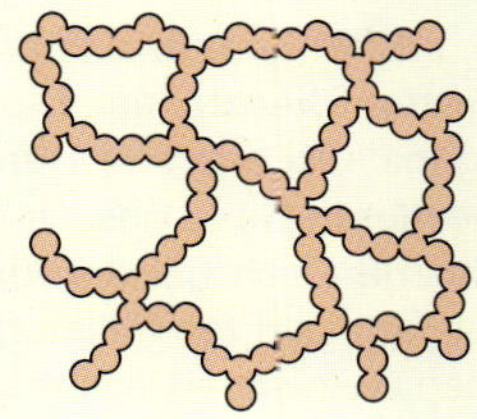 **Elastomere** (Elaste) Moleküle weitmaschig und vernetzt	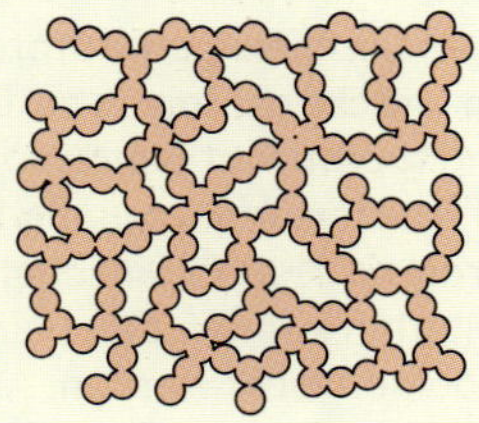 **Duromere** (Duroplaste) Moleküle engmaschig und vernetzt
Eigenschaften	weich bis hart schweißbar warm verformbar chemikalienbeständig	weich elastisch hitzebeständig chemikalienunbeständig	hart bis spröde gut spanbar hitzebeständig chemikalienbeständig
Beispiele aus der Praxis	PVC-Fensterprofile Acrylglas KPVAC-Klebstoff	Silikon Acryl Kontaktkleber	DD-Lacke HPL-Platten Kondensationsklebstoff

2.6.2.1 Thermoplaste

Bei niedriger Temperatur liegen die Fadenmoleküle dicht und fast unbeweglich aneinander.

Der Kunststoff ist hart und spröde. Mit zunehmender Temperatur bewegen sich die Molekülfäden immer mehr, die Anziehungskräfte zwischen ihnen werden geringer. Der Kunststoff wird elastisch. Bei weiterer Erwärmung verringern sich die Anziehungskräfte so sehr, dass die einzelnen Molekülfäden aneinander vorbeigleiten, der Kunststoff ist plastisch. Da die Molekülfäden sich auch bei weiterer Temperaturerhöhung in ihrer Bewegungsfreiheit behindern, wird der Kunststoff nur zähflüssig, jedoch nicht gasförmig. Bei Abkühlung verlaufen die Zustandsänderungen in umgekehrter Reihenfolge. Sie lassen sich beliebig oft wiederholen, sofern nicht durch Überhitzung die Molekülfäden auseinanderbrechen und damit die chemische Zersetzung des Kunststoffes eintritt. Thermoplaste können in ihrem festen Zustandsbereich spanend bearbeitet werden. Im plastischen Zustand lassen sie sich durch Biegen, Ziehen und Blasen spanlos verformen. Ist der Kunststoff weich, verarbeitet man ihn durch Spritzen, Pressen, Walzen oder Verschäumen.

> Thermoplaste sind Kunststoffe, die bei Erwärmung weich werden und sich bei Abkühlung wieder verfestigen.
>
> Sie bestehen aus fadenförmigen Makromolekülen, die meist wie Fasern eines Filzes durcheinander liegen oder auch gebündelt (teilkristallin) sein können **(Tabelle 1)**.

2.6.2.2 Duroplaste

Duroplaste, auch Duromere genannt, sind Kunststoffe, die sich in ausgehärtetem Zustand auch bei stärkerer Erwärmung nicht mehr erweichen und schmelzen lassen. Sie bestehen aus Makromolekülen, die in der Regel durch Polykondensation aus verschiedenen Vorprodukten gebildet werden. Die Makromoleküle haben bei den Duroplasten raumnetzartige Gestalt **(Tabelle 1, Seite 93)**.

Duroplaste werden vom Tischler in Form von Lack oder Klebstoff selbst verarbeitet. Sie werden in zwei Komponenten, dem Grundstoff und dem Härter getrennt geliefert.

Die meist flüssigen Vorprodukte, z. B. Phenol und Formaldehyd, erhärten unter Einwirkung von Wärme und Druck chemisch zu Duroplasten. Dieser Aushärtungsvorgang kann unterbrochen, aber nicht rückgängig gemacht werden. Nicht ganz ausgehärtete Duroplaste sind meist noch löslich oder schmelzbar. Der Aushärtungsvorgang kann wieder in Gang gesetzt und bis zur vollständigen Erhärtung weitergeführt werden. Diese Eigenschaft macht man sich bei den duroplastischen Klebstoffen und Lacken zu Nutze. Weiterhin können den beiden Ausgangsstoffen Füllstoffe, z. B. Gesteinsmehl, Holzmehl oder Textilschnitzel beigemischt werden. Aus diesen Gemischen lassen sich in Formpressen beliebig geformte Gegenstände mit den unterschiedlichsten Eigenschaften herstellen.

Auch Furniere und Textilbahnen können mit den Harzen getränkt und zu Platten oder Formteilen gepresst werden. Sie härten dabei vollständig aus. Vollständig ausgehärtete Duroplaste lassen sich nicht mehr thermoplastisch verarbeiten, die Formgebung muss deshalb vor oder während der endgültigen Erhärtung erfolgen. Ausgehärtete Duroplaste sind nicht mehr löslich, nicht mehr schmelzbar, sie bleiben hart oder elastisch und zersetzen sich mit zunehmender Temperatur und verkohlen. Eine besondere Bedeutung haben Duroplaste als Schaumstoffe.

Duroplastische Werkstoffe können durch Bohren, Fräsen, Sägen und Feilen spanend verformt werden.

2.6.2.3 Elastomere

Elaste, auch Elastomere genannt, sind Kunststoffe mit elastischen Eigenschaften. Sie unterscheiden sich von den übrigen elastischen Kunststoffen dadurch, dass ihre Elastizität temperaturunabhängig ist.

Elaste bestehen wie Duroplaste aus räumlich vernetzten Makromolekülen. Ihr Molekülnetz ist jedoch weitmaschiger und loser als bei den Duroplasten. Elastomere sind nicht thermoplastisch und daher nicht warm verformbar und auch nicht schweißbar. Beim mechanischen Verformen werden die Maschen auseinander gezogen, ohne dass sich dabei die Vernetzungsstellen lösen.

Nach der Verformung ziehen sich die Maschen gummiartig in ihre ursprüngliche Lage zurück, der Kunststoff nimmt seine vorherige Form wieder an **(Tabelle 2, Seite 96)**.

2.6.2.4 Silikone

Silikone sind Kunststoffe, die flüssig als Silikonöl, pastös als Silikonkautschuk oder fest als Silikonharz hergestellt werden. Silikone sind wasserabweisend und temperaturbeständig. Sie werden als Schmiermittel für Kunststoffe und Dichtmittel im Baubereich eingesetzt.

Die Silikone gehören zu einer Kunststoffgruppe, die eine andere Zusammensetzung als die übrigen Kunststoffe hat und bei der die Kohlenstoffatome durch Siliciumatome ersetzt sind. Die Eigenschaften der Silikone hängen von der Länge der Makromoleküle und dem Grad ihrer Vernetzung ab. Silikone mit fadenförmigen Makromolekülen sind die Silikonöle. Schwach vernetzte Makromoleküle führen zu den gummielastischen Silikonkautschuken **(Tabelle 2, Seite 96)**. Eine besondere Eigenschaft der Silikone ist ihre Wasser abstoßende Wirkung und ihre dauerhaft hohe Temperaturbeständigkeit. Silikonöle verwendet man zum Imprägnieren von Mauerwerk und Wasser abstoßenden Textilien. Versiegelungsmassen, die z. B. zum Verglasen von Fensterscheiben und zum Füllen von Bewegungsfugen eingesetzt werden, sind ebenfalls Silikone, nämlich sogenannte Silikonkautschuke.

Tabelle 1: Wichtige Thermoplaste

Bezeichnung	Eigenschaften	Bearbeitbarkeit	Verwendung
Polyvinyl-chlorid (PVC) Hart-PVC ρ = 1,38 kg/dm³	bis 80 °C hart, bis 165 °C plastisch-weich, beständig gegen Säuren, Laugen, Salze, Alkohole, Benzine und Öle, alterungsbeständig, witterungsbeständig, nicht beständig gegen Lösemittel wie Benzol und Aceton (wirken quellend)	biegen spanen schweißen kleben	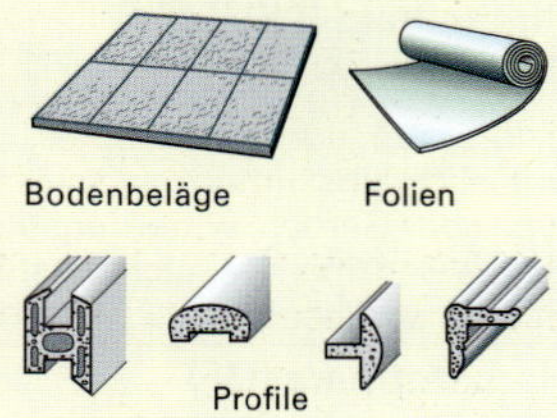 Bodenbeläge Folien Profile
Weich-PVC ρ = 1,25 kg/dm³	bis zu 40 °C gummielastisch-weich, lederartig, versprödet allmählich, nicht so chemikalienfest wie Hart-PVC		
Polystyrol (PS) ρ = 1,05 kg/dm³ geschäumtes Polystyrol (etwa 95% Luft) ρ = 0,02 kg/dm³	bis etwa 70 °C wärmebeständig, farblos, glasklar, Oberfläche glänzend, ABS-Mischpolymerisat (Acryl-Butadien-Styrol) ist besonders schlagfest, bedingt beständig gegen Säuren, Laugen und Salze, wird von fast allen Lösemitteln angegriffen	spanen (Splittergefahr) schweißen kleben schäumen	 Hartschaumplatten Verpackungen
Polyvinylacetat (PVAC) ρ = 1,2 kg/dm³	wenig hart, erweicht bei etwa 80 °C, bei normaler Temperatur elastisch bis mäßig hart, durchscheinend weiß, mit Wasser als Dispersionsmittel mischbar	streichbar	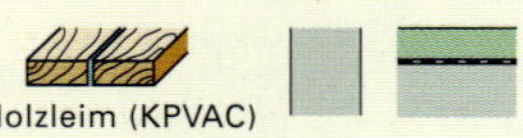 Holzleim (KPVAC) Zusatzmittel fürPutz,Beton und Estrich
Polyethylen (PE) ρ = 0,90 kg/dm³ Hochdruck-PE PE-HD (weich), Niederdruck-PE PE-LD (hart)	bei normaler Temperatur fest, schmilzt bei etwa 115 °C, bei – 50 °C noch elastisch, milchig weiß, matt-glänzend, durchscheinend, fühlt sich wachsartig an, beständig gegen Säuren, Laugen und Salze, Benzine, Öle, bedingt beständig gegen Lösemittel	spanen schweißen nicht kleben	PE-HD: 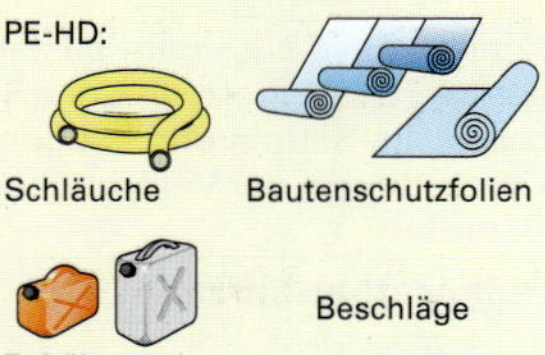 Schläuche Bautenschutzfolien Beschläge Behälter
Polymethyl-methacrylat (PMMA) (Acrylglas) ρ = 1,18 kg/dm³	bei normaler Temperatur fest, über 90 °C plastisch-zäh, lichtecht, glasklar, schwer zerbrechlich, staubempfindlich, kratzempfindlich, witterungsbeständig, beständig gegen schwache Säuren und Laugen, Öl, Benzin, wird von einigen Lösemitteln angegriffen	spanen schweißen kleben	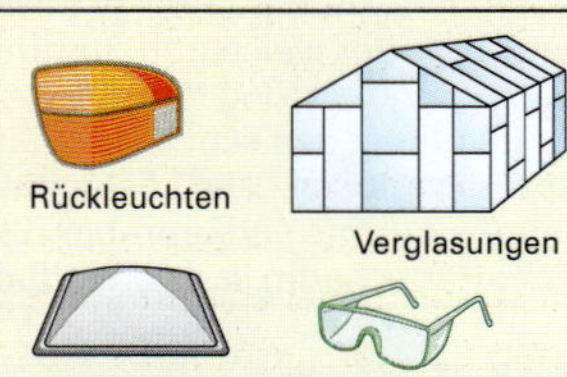 Rückleuchten Verglasungen Lichtkuppeln Schutzbrillen
Polycarbonat (PC) ρ = 1,3 kg/dm³	glasklar, sehr schlagzäh, bruchfest, hoher Oberflächenglanz, hohe Festigkeit von –150 °C bis +135 °C, witterungsbeständig, schwer entflammbar, beständig gegen Alkohol, Benzine, Öle, Fette, teilweise gegen Lösemittel und Säuren, nicht gegen Laugen	spanen (Splittergefahr) schweißen kleben schäumen	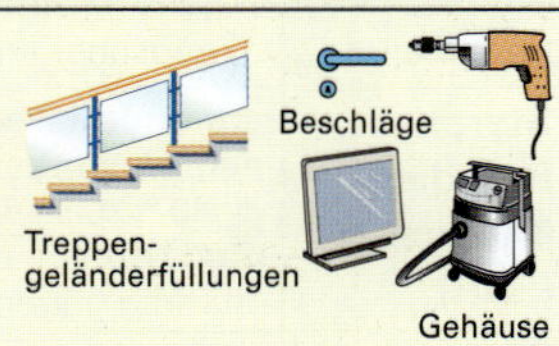 Beschläge Treppen-geländerfüllungen Gehäuse
Polyamide (PA) ρ = 1,13 kg/dm³	milchig-weiß bis gelblich, sehr zähhart und verschleißfest, formbeständig bei 90 °C bis 150 °C, beständig gegen Benzine, Öle und Lösemittel, nicht beständig gegen Säuren und Laugen, verspinnbar	spanen kleben schweißen verspinnen	 Beschläge Schutz-helme Keilriemen Zahnräder Flachriemen
Polyiso-butylen (PIB) ρ = 0,93 kg/dm³	gummielastisch, plastisch von – 30 °C bis + 65 °C, beständig gegen Säuren und Laugen, nicht beständig gegen Lösemittel, Öle und Benzine, witterungs- und alterungsbeständig	spachteln schäumen spritzen	Klebstoffe 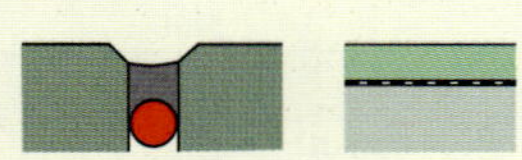 dauerelastische Fugendichtungs-massen Dichtungs-bahnen

Tabelle 1: Wichtige Duroplaste

Bezeichnung/Eigenschaften	Bearbeitbarkeit	Verwendung (Beispiele)
Phenolharz (PF) ρ = 1,4 kg/dm³ gelb-braun, dunkelt nach, hart und spröde, unlöslich, unschmelzbar, schwer entflammbar, typischer Geruch, witterungsbeständig, beständig gegen Benzine, Öle, nicht beständig gegen starke Säuren und Laugen	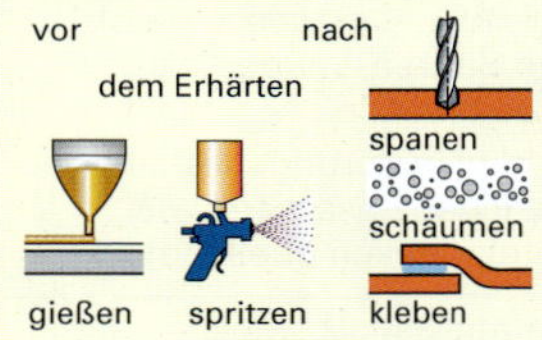	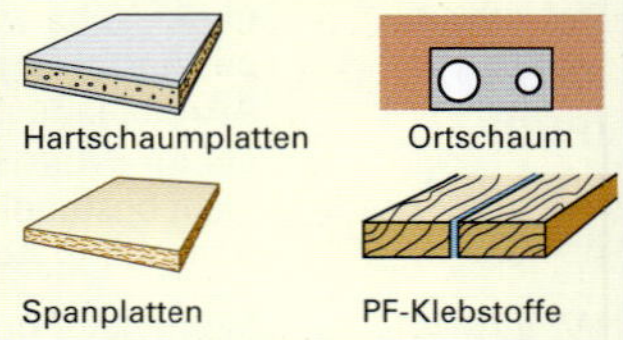
Harnstoffharz (UF) **Melaminharz (MF)** ρ = 1,5 kg/dm³ farblos, glasklar, dunkelt nicht nach, hart und spröde, unlöslich, nicht schmelzbar, geruchlos, beständig gegen Benzine, Öle, Fette, nicht beständig gegen starke Säuren und Laugen	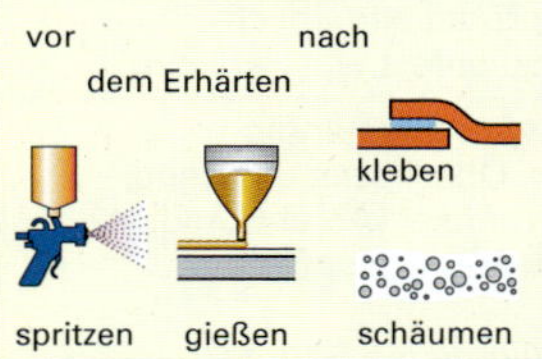	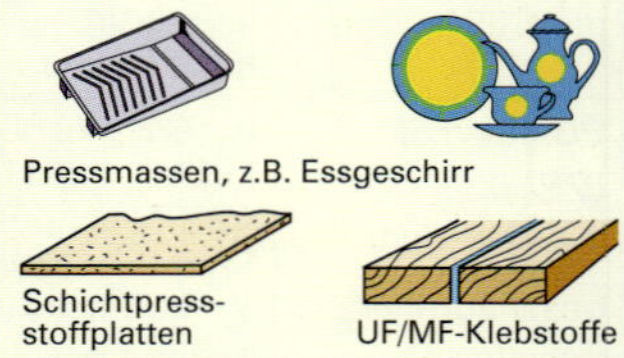
Ungesättigte Polyesterharze (UP) ρ = 1,3 kg/dm³ farblos, glasklar, hart und spröde, unlöslich, nicht schmelzbar, mit Glasfaser verstärkt hohe Festigkeit (GF-UP), beständig gegen Alkohole, Benzine, Öle und Fette, nicht vernetzt thermoplastisch	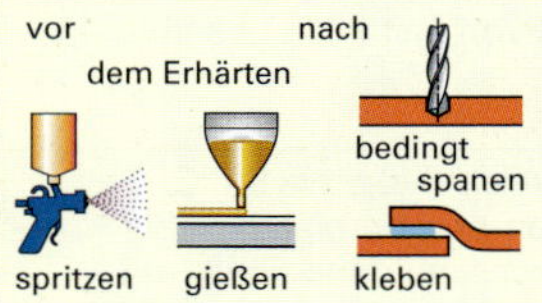	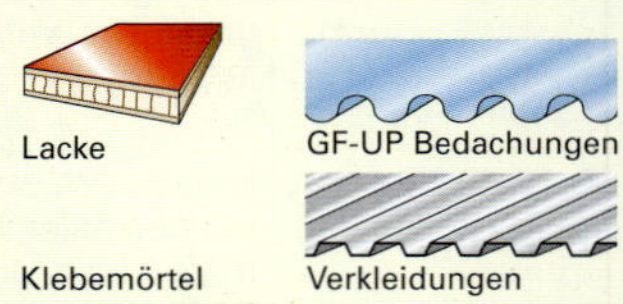
Epoxidharze (EP) ρ = 1,3 kg/dm³ honiggelb, in flüssigem Zustand giftig, hart und spröde, unschmelzbar, unlöslich, beständig gegen schwache Säuren und Laugen, gegen Benzine, Öle, Fette, bei der Verarbeitung entweichen giftige Dämpfe!	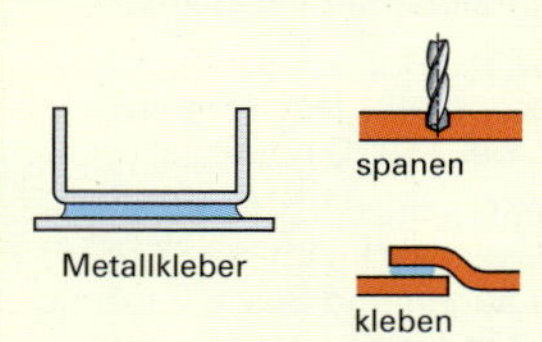	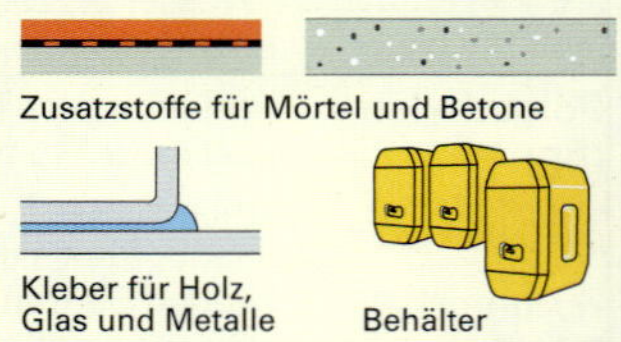
Polyurethanharze (PUR) ρ = 1,26 kg/dm³ honiggelb, durchsichtig, je nach Vernetzung hart und zäh oder weich und gummielastisch, bei linearer Vernetzung thermoplastisch, schäumbar, beständig gegen schwache Säuren und Laugen sowie gegen fast alle Lösemittel, mit Flammschutzmitteln normal entflammbar (B2), PUR-Hartschaum schwer entflammbar (B1)	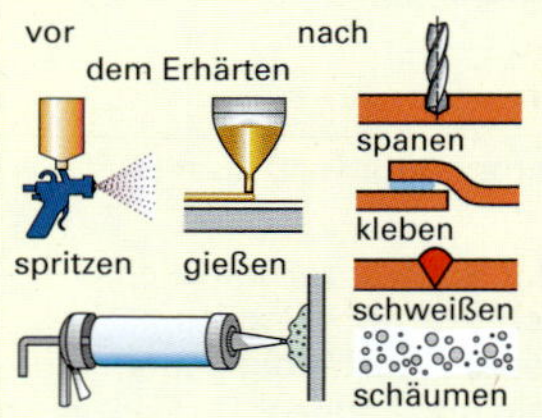	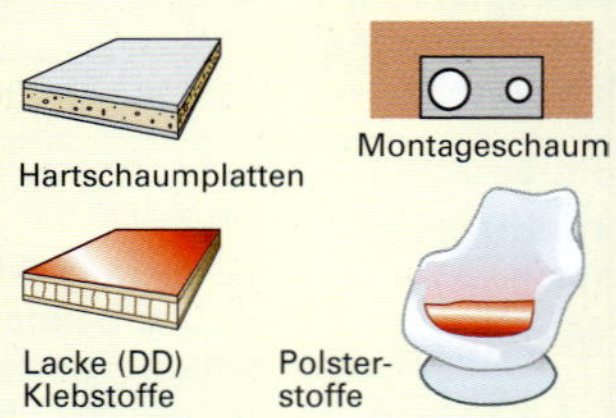

Tabelle 2: Elaste und Silikone

Bezeichnung	Eigenschaften/Verarbeitbarkeit	Verwendung (Beispiele)
Styrol-Butadien-Kautschuk (SBR)	gummielastisch, abriebfester, alterungs- und temperaturbeständiger als Naturgummi (– 40 °C bis +110 °C), beständig gegen Säuren und Laugen, unangenehmer Geruch, unbeständig gegen Benzine, Öle und Fette	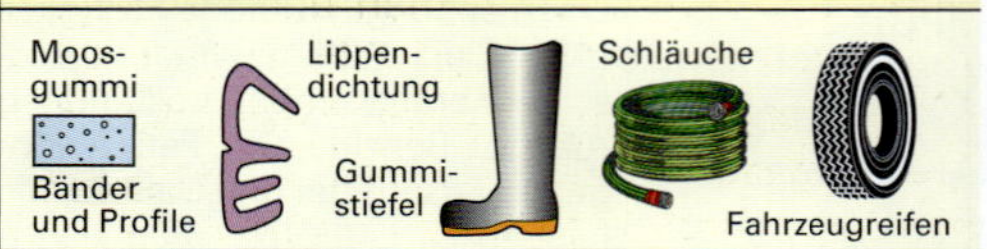
Butyl-Kautschuk (IIR)	gummielastisch bis dauerplastisch, hohe Alterungsbeständigkeit, wärmebeständig von – 40 °C bis 130 °C, beständig gegen Säuren und Laugen, unbeständig gegen Benzine, Öle und Fette	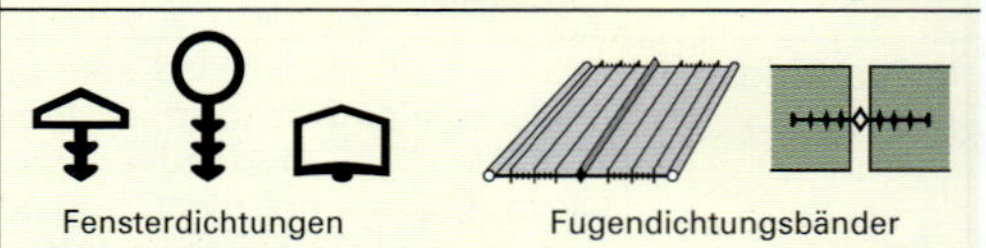
Silikon-Kautschuk (Q)	gummielastisch bis plastisch-elastisch im Bereich von – 90 °C bis +180 °C, alterungsbeständig, unlöslich, Wasser- und Klebstoff abweisend, spritz- und spachtelbar, schäumbar	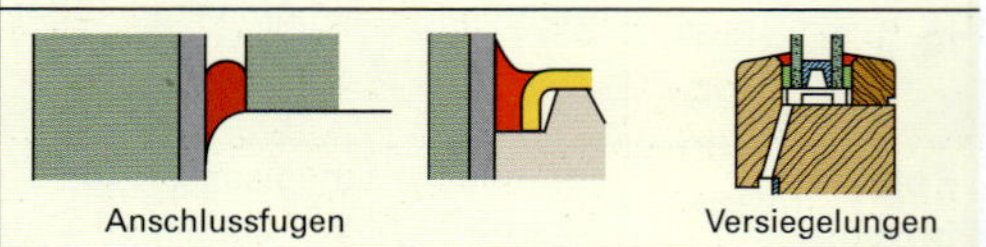
Poly-chloropren-Kautschuk (CR)	gummielastisch, witterungsbeständig, spritz- und spachtelbar, beständig gegen Öle und Benzine	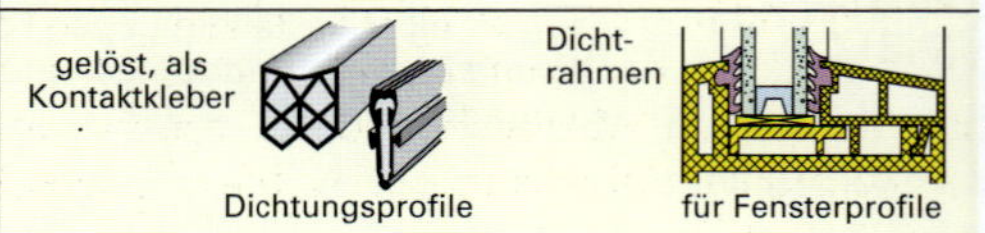

2.6.3 Verarbeitungsverfahren von Kunststoffen

Kunststoffe werden industriell aus Granulat, Pulver, Pasten oder Flüssigkeiten hergestellt. Die Formgebung eines Kunststoffes kann durch das Urformen oder durch das Umformen erfolgen. Den Prozess der Herstellung von festen Körpern aus formlosem Stoff nennt man **Urformen. Umformen** nennt man den Vorgang der Weiterverarbeitung von Halbzeugen, die durch Urformen entstanden sind.

Halbzeuge, wie zum z.B. Kunststoffplatten, Folien oder Profile, sind Zwischenprodukte, die vom holz- und kunststoffverarbeitenden Handwerksbetrieb zum Endprodukt oder Fertigteil weiter verarbeitet werden, **Fertigteile** erhält man auch durch das Urformen. Diese Verfahren des Urformens sind das Spritzgießen, das Strangpressen, das Kalandrieren, das Formpressen und das Schäumen **(Tabelle 1)**. Diese Fertigungsverfahren erfolgen hauptsächlich in der Industrie. Im holz- und kunststoffverarbeitenden Betrieb werden vor allem Halbzeuge durch die Verfahren des Thermoformens, des Trennens und des Fügens zum Endprodukt fertig bearbeitet. Unter Thermoformen versteht man das Biegen und Abkanten thermoplastischer Kunststoffe, unter Trennen die spanende Bearbeitung mit Säge-, Hobel-, Schleif- und Fräsmaschinen und unter dem Fügen verschiedene Verfahren des Klebens und Schweißens.

Tabelle 1: Übersicht über Verarbeitungsverfahren und Bearbeitungsverfahren von Kunststoffen

Urformen	Umformen	Thermoplaste	Duroplaste	Elaste
Strangpressen **Spritzgießen**	**Thermoformen**	biegen, abkanten		
Kalandrieren	**Spanen** (beachten: Spanwinkel, Kühlung)	bohren, fräsen, hobeln	schleifen, schneiden, feilen	
Formpressen	**Fügen**	schweißen (nur mit gleichen Werkstoffen)		
Schäumen	**Kleben** (beachten: Verarbeitungsvorschriften)	alle Kunststoffe sind klebbar, aber nicht mit jedem Klebstoff		

2.6.3.1 Verfahren des Urformens von Kunststoffen

Formteile aus thermoplastischen Kunststoffen, wie z.B. Eimer, Schutzhelme und Kunststoffflaschen, stellt man durch **Spritzgießen** her. Platten, Folien, Profile und Rohre fertigt man durch **Kalandrieren** und durch **Strangpressen (Bild 1)**. Schichtpressstoffplatten werden in Formpressen unter hohem Druck hergestellt. Montage- und Klebeschäume sowie Dämmstoffe erhält man durch das Aufschäumen von Kunststoffen.

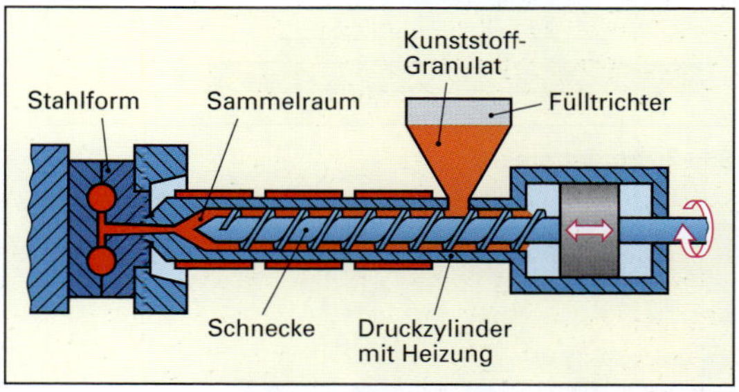

Bild 1: Strangpresse (Extruder)

Strangpressen

Profile, Stäbe, Rohre, Platten und Folien werden auf Strangpressen hergestellt. Strangpressen werden auch **Extruder** genannt. Die in einem beheizten Zylinder sich drehende Schnecke transportiert die Kunststoffmasse vom Fülltrichter bis zur Austrittsöffnung und presst die plastische Masse durch das Mundstück. Je nach Form des Mundstücks entstehen nach dem Abkühlen endlose Kantenprofile, Fensterprofile, Fußleisten und Rohre sowie Folien und Platten.

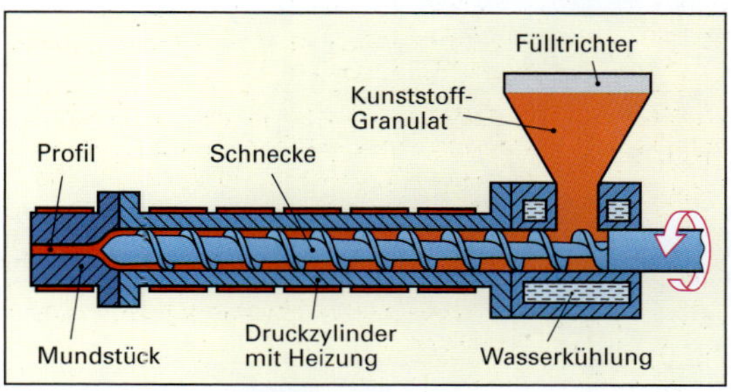

Bild 2: Schneckenspritzgießmaschine

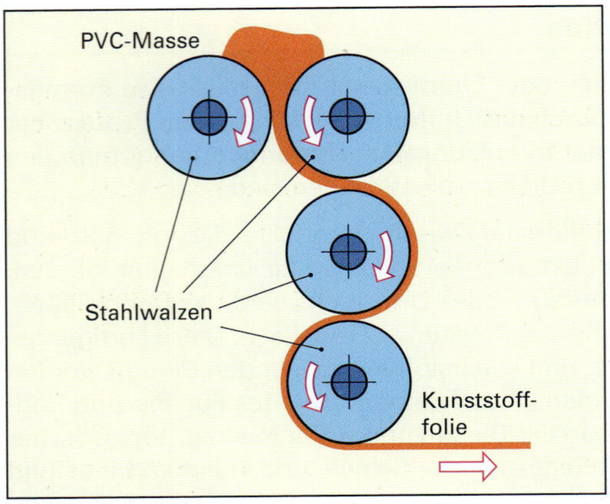

Bild 1: Folienkalander

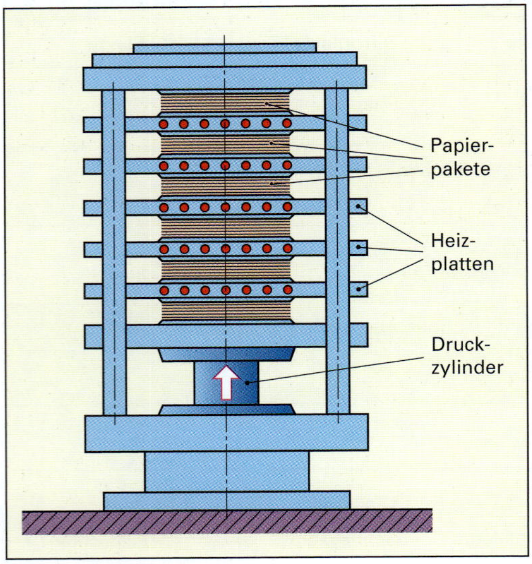

Bild 2: Etagenpresse

Bild 3: Ausschäumen von Baufugen mit Ortschaum

Spritzgießen

Beim Spritzgießen wird die plastifizierte Kunststoffmasse mittels einer Schnecke in den Sammelraum gefördert und durch eine axiale stoßartige Bewegung der Schnecke in das anliegende Formwerkzeug gespritzt **(Bild 1, Seite 97)**. In dem allseitig geschlossenen Formwerkzeug erkaltet der Kunststoff und erhärtet. Danach wird das Formwerkzeug geöffnet und das Gussteil ausgeworfen. Durch Spritzgießen werden z. B. Teile für Möbel- und Baubeschläge hergestellt.

Kalandrieren

Folien zur Beschichtung von Holzwerkstoffen werden hauptsächlich auf Kalandern hergestellt **(Bild 1)**. Ein Kalander ist ein Walzwerk mit drei oder vier gegenläufig sich drehenden beheizten schweren Stahlwalzen, die die vorgeknetete Kunststoffmasse zu einer endlosen Folie mit der gewünschten Dicke auswalzen. Durch die Anordnung einer Prägewalze können auch Folien mit Oberflächenstruktur hergestellt werden. Auf Kalandern können auch Gewebebahnen mit Kunststoff beschichtet werden, z. B. bei der Herstellung von Fußbodenbelägen und Dichtungsbahnen. Durch Warmverpressen mehrerer Folien lassen sich Platten von größerer Dicke erzeugen.

Formpressen

Zur Erzeugung von Schichtpressstoffplatten tränkt man Papierbahnen mit duroplastischen Kunstharzen, z. B. Phenolharz oder Harnstoffharz. Jeweils mehrere Papierbahnen werden aufeinander gelegt und in beheizten Etagenpressen **(Bild 2)** in Form gepresst. Die Papierpakete erhärten dabei zu homogenen Platten.

Schäumen

Durch Schäumen erhalten Kunststoffe ein zelliges Gefüge, bei dem kleine kugelförmige Hohlräume, die mit Luft oder einem anderen Gas gefüllt sind, eng aneinander liegen oder teilweise ineinander übergehen. Fast alle Kunststoffe lassen sich aufschäumen. Die Schaumkunststoffe sind weitgehend wasserfest, korrosionsbeständig und widerstandsfähig gegen pflanzliche und tierische Schädlinge. Sie haben eine geringe Rohdichte und eine hervorragende Wärmedämmfähigkeit. Kunststoffschäume werden meist auf großen Gieß- oder Spritzanlagen fabrikmäßig gefertigt und als Formteile oder Platten geliefert. Schäumt man Kunststoffschäume, z. B. Polyurethanschäume, unmittelbar an der Baustelle auf, spricht man von **Ortschaum**. Auf diese Weise können Fugen zwischen Fensterrahmen und Mauerwerk, Mauerschlitze und andere schwer zugängliche Hohlräume an Ort und Stelle ausgeschäumt werden. Man verwendet sie auch als **Montage- und Klebeschäume (Bild 3)**.

2.6.3.2 Umformen von Kunststoffen

Für die Bearbeitung von Kunststoffen können die für den Werkstoff Holz verwendeten Werkzeuge eingesetzt werden. Zu beachten ist allerdings, dass manchen Kunststoffen Füll- oder Verstärkungsstoffe zugesetzt sind, die eine übermäßige Abnutzung der Werkzeugschneide bewirken können. Außerdem haben Kunststoffe die Eigenschaft, die beim Zerspanungsvorgang entstehende Wärme schlecht abzuleiten. Dies muss bei den maschinentechnischen Parametern, wie Schnittgeschwindigkeit, Vorschubgeschwindigkeit und der Schneidengeometrie der eingesetzten Werkzeuge berücksichtigt werden. Unter den Bearbeitungsverfahren von Kunststoffen sind im holz- und kunststoffverarbeitenden Betrieb vor allem das Umformen, das Trennen und das Fügen von Bedeutung.

Thermoformen

Thermoplastische Kunststoffe haben die Eigenschaft im erwärmten Zustand weich und somit plastisch verformbar zu werden. Unter Einwirkung von Kraft und Wärme kann man sie auf verschiedene Art und Weise umformen. Erkaltet der Kunststoff wieder, bleibt er verformt. Soll eine Platte aus thermoplastischem Kunststoff gebogen werden, ist diese an der Biegezone bis in den elastischen Bereich zu erwärmen und von Hand über eine Kante oder in einer Vorrichtung abzuwinkeln. Zum Erwärmen eignet sich eine Heizschiene, ein Heizstrahler, ein Heißluftgebläse oder ein Infrarotstab. Das Abkanten muss in einem Zuge geschehen **(Bild 1)**. Soll eine thermoplastische Kunststoffplatte scharfkantig abgewinkelt werden, erwärmt man die Platte an der vorgesehenen Stelle durch Eindrücken eines keilförmigen Heizelements bis zur halben Plattendicke. Durch sofortiges Abkanten der Platte entsteht an der Innenseite der Kante eine Verschweißung. Man bezeichnet dieses Verfahren als **Abkantschweißen (Bild 2)**.

Elastische und duroplastische Werkstoffe lassen sich nicht thermoplastisch verformen.

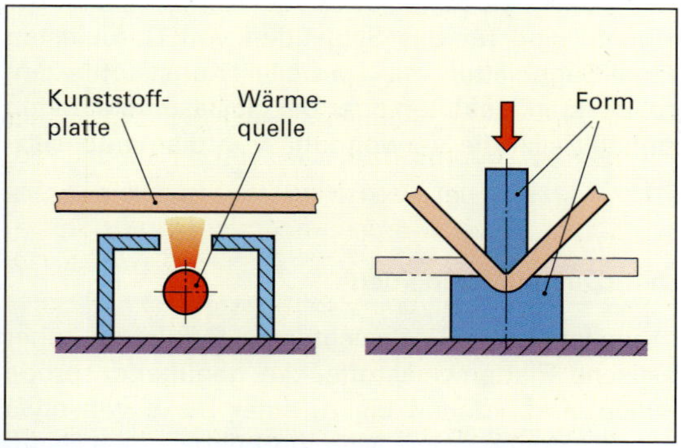

Bild 1: Biegen einer Platte aus thermoplastischem Kunststoff

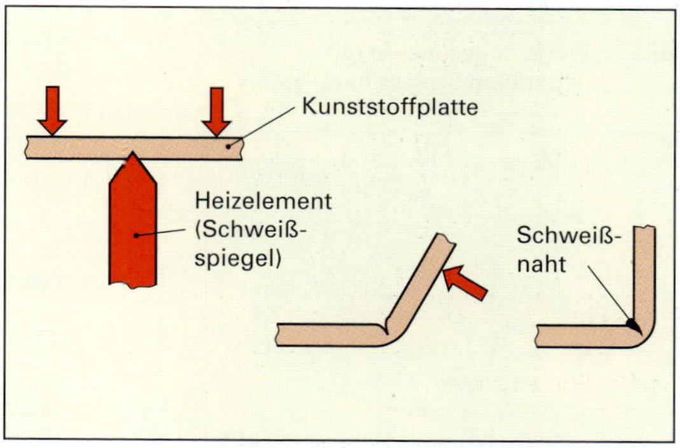

Bild 2: Abkantschweißen

Bearbeiten durch Spanen

Unter Spanen versteht man in der Kunststoffverarbeitung hauptsächlich die Bearbeitung durch Sägen, Schneiden, Ritzen, Fräsen, Bohren und Schleifen. Trennen lassen sich Thermoplaste und Duroplaste. Die Zerspanung von Kunststoffen ist grundsätzlich mit den üblichen Holzbearbeitungsmaschinen und Werkzeugen möglich. Wegen der vielfältigen und teils sehr unterschiedlichen Materialeigenschaften der Kunststoffe müssen Herstellerangaben zur Verwendung der möglichen Werkzeuge beachtet werden. Insbesondere durch schlechte Wärmeleitfähigkeit, geringe Temperaturbeständigkeit und große Wärmeausdehnung der Kunststoffe ist dies von Bedeutung. Die Bearbeitungsflächen erwärmen sich beim Zerspanen, was die Güte der Schnittkante negativ beeinflusst. Thermoplaste sollen sich während des Bearbeitungsvorgangs nicht über 60 °C, Duroplaste nicht über 150 °C erwärmen. Schnittgeschwindigkeit, Vorschubgeschwindigkeit und Zahngeometrie **(Bilder 1 und 2, Seite 100)** nehmen direkten Einfluss auf die Erwärmung und müssen deshalb dem Kunststoff angepasst werden. Außerdem entstehen gesundheitsschädliche Dämpfe und Stäube und eine für den Menschen schädliche Geruchsbelästigung und Staubentwicklung, die eine persönliche Schutzausrüstung erfordern.

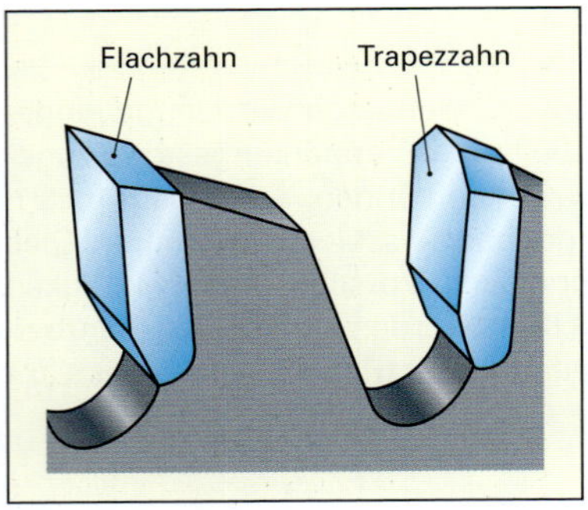

Bild 1: Trapez-Flachzahn mit negativem Spanwinkel für Kunststoffprofile und -platten

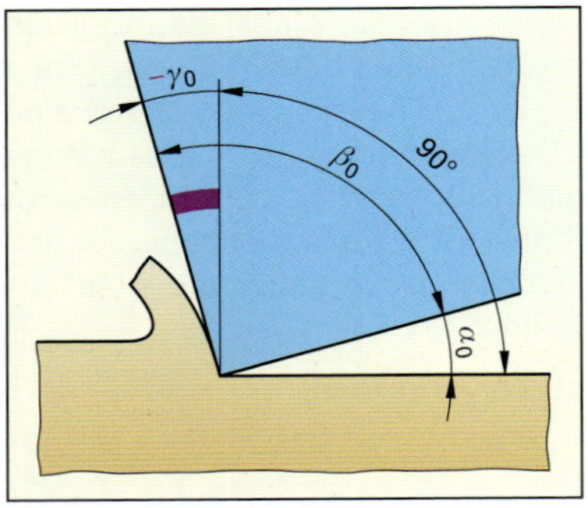

Bild 2: Werkzeugschneide mit negativem Spanwinkel $-\gamma$

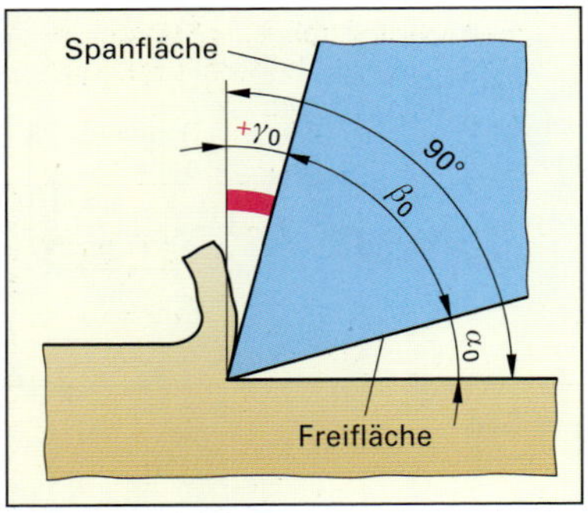

Bild 3: Werkzeugschneide mit positivem Spanwinkel $+\gamma$

Kennwerte von Sägeblättern für die Kunststoffbearbeitung

Schneidenwerkstoff: SS, HM, PKD

Zahnform: Trapez-Flachzahn, Hohlzahn

Spanwinkel, abhängig von Schneidenwerkstoff:

Thermoplast:	SS γ = +5° bis +8° HM γ = 0° bis 5°
Duroplast	SS γ = +5° bis +8° HM γ = +5° bis +8°

Bearbeiten durch Sägen

Beim Sägen von Platten auf der Kreissägemaschine ist darauf zu achten, dass diese gut auf dem Maschinentisch aufliegen. Ein Flattern der Platte führt zu unsauberem Schnitt und ist sehr gefährlich. Kreissägeblätter sollten mit Hartmetallschneiden bestückt, ungeschränkt und hohl geschliffen sein. Als Zahnform hat sich der Trapez-Flachzahn mit negativem Spanwinkel $-\gamma$ oder mit einem sehr geringen positiven Spanwinkel $+\gamma$ **(Bild 1)** und der Hohlzahn mit positivem Spanwinkel bewährt **(Bilder 2 und 3 sowie Tabelle 1, Seite 302)**.

Die günstigste Schnitt- und Vorschubgeschwindigkeit sowie den richtigen Blattüberstand sind den Herstellerangaben zu entnehmen. In der Regel erfordern härtere und sprödere Kunststoffe niedrigere Schnitt- und Vorschubgeschwindigkeiten. Für die Absaugung der Späne, Staubteilchen und Dämpfe ist zu sorgen. Zum Sägen von Kunststoffen kann man alle in der Holzbearbeitung gebräuchlichen Sägen verwenden. Beim Sägen ist für eine gute Auflage des Werkstückes zu sorgen. Feinsägen sind für Kunststoffe besonders geeignet. Maschinelles Sägen kann mit Bandsägemaschine oder Kreissägemaschine erfolgen.

Geradlinige Schnitte führt man auf der Kreissägemaschine aus. Mit der Bandsägemaschine werden in der Regel bogenförmige Schnitte ausgeführt sowie Profile und Stäbe abgelängt. Während für das gelegentliche Sägen von thermoplastischen Kunststoffen die in der Holzbearbeitung üblichen Sägeblätter aus Werkzeugstahl benutzt werden können, sind für das Schneiden von Duroplasten hartmetallbestückte Sägeblätter mit spezieller Kunststoffbezahnung erforderlich. Bei stark gefüllten oder bei glasfaserverstärkten Kunststoffen empfiehlt sich die Verwendung von diamantbesetzten Trennscheiben.

Bearbeiten durch Ritzen und Schneiden

Duroplastische Kunststoffe, z. B. Schichtpressstoffplatten, aber auch thermoplastische Plattenwerkstoffe, die genügend spröde und kerbempfindlich sind, können bis zu einer Dicke von etwa 3 mm durch Ritzen getrennt werden. Man führt dabei einen Handritzer, der hartmetallbestückt sein kann, unter Druck an einem Lineal entlang und kerbt die Platte zu etwa einem Drittel bis zur Hälfte ihrer Dicke ein. Danach wird die Platte über einer Kante, ähnlich wie beim Glasschneiden, abgebrochen.

Weichere Plattenwerkstoffe, vor allem Folien, lassen sich mit besonders geformten Messern schneiden. Thermoplastische Kunststoffe kann man mit dem Schweißkolben trennen. Folien und Platten aus Weichgummi können auch mit einer Schere geschnitten werden.

Bearbeiten durch Feilen und Raspeln

Das Feilen wird hauptsächlich bei der Bearbeitung von geschweiften oder krummflächigen Werkstücken sowie beim Kantenbrechen und Entgraten angewendet. Für duroplastische Kunststoffe eignen sich die gehauenen Feilen. Thermoplaste kann man mit gefrästen Feilen, möglichst mit gröberer Zahnteilung, bearbeiten. Besonders geeignet sind die sogenannten Hobelfräserfeilen.

Bearbeiten durch Bohren

Zum Bohren von harten und spröden Kunststoffen, insbesondere von Duroplasten, kann man die für die Metallbearbeitung üblichen Spiralbohrer verwenden. Weichere Kunststoffe bohrt man mit **Kunststoffspiralbohrern (Bild 1)**. Diese haben einen steileren Drall, größere Spannuten und einen Spitzenwinkel von 60° bis 90°. Dadurch wird die Spanabfuhr beschleunigt und die Gefahr des Hakens bzw. Hochziehens des Werkstücks verringert. Bei leicht schmierenden Kunststoffen wie PP oder PE wird mit einem großen Vorschub bei kleiner Schnittgeschwindigkeit gearbeitet, um die Wärme über den Span abzuleiten.

Bohrungen in duroplastische Kunststoffe mit größeren Durchmessern können mit **Zylinderkopfbohrern,** ausgeführt werden. Beim Bohren tieferer Löcher ist durch mehrmaliges Liften des Bohrers das Bohrloch von Spänen freizuhalten. Dies ermöglicht ein Abkühlen des Bohrers. Für Kunststoffe mit hohem Füllstoffgehalt und für glasfaserverstärkte Duroplaste verwendet man **Kunststoffbohrer mit Hartmetallschneiden.**

Wegen der starken Erwärmung während des Bohrvorgangs und der dadurch bedingten Materialausdehnung des Werkstoffs können Bohrlöcher nach dem Abkühlen einen geringeren Durchmesser als der Bohrerdurchmesser haben. Man verwendet deshalb größere Bohrerdurchmesser für die gewünschten Lochdurchmesser.

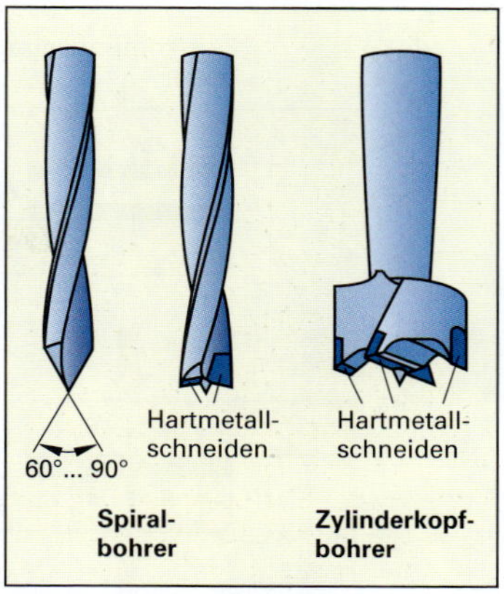

Bild 1: Kunststoffbohrer

Bearbeiten durch Hobeln

Das maschinelle Hobeln von Kunststoffen in der Industrie ist wegen der geringen Schnittgeschwindigkeit unwirtschaftlich. Es findet in geringem Umfang, beispielsweise in der Kantenbearbeitung, im Handwerk statt. Hierzu verwendet man modifizierte **Handhobel mit Metallsohlen** und verringertem Spanwinkel sowie ein hartmetallbeschichtetets Hobeleisen **(Bild 2)**.

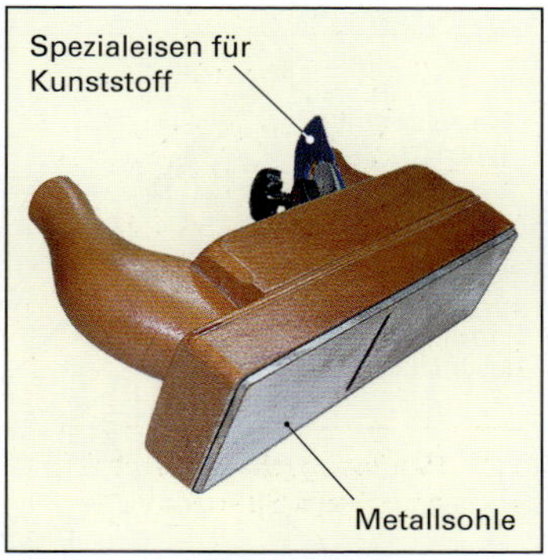

Bild 2: Bestoßhobel für Kunststoffkanten mit Metallsohle und Spezialeisen

Bearbeiten durch Fräsen

Kunststoffe werden in holzverarbeitenden Betrieben durch Handoberfräsen oder CNC-Oberfräsen bearbeitet. Die Werkzeuge sind hartmetallbestückt. Schnittgeschwindigkeit und Vorschub müssen auf den Werkstoff abgestimmt sein, um eine zu starke Erwärmung des Werkstoffes zu vermeiden.

Bearbeiten durch Schleifen

Duroplaste lassen sich besser schleifen als Thermoplaste. Thermoplaste neigen beim Schleifen zu starker Erhitzung, sie „Schmieren". Bei maschineller Bearbeitung müssen deshalb die Bearbeitungsgeschwindigkeiten dem jeweiligen Kunststoff angepasst werden. Schleifen ist mit handelsüblichen Trocken- und Nassschleifpapieren möglich.

Bearbeiten durch Fügen

Unter dem Fügen von Kunststoffen versteht man die beiden Verfahren **Kleben** und **Schweißen.** Durch Kleben werden gleiche oder verschiedene Kunststoffe mit Klebstoffen verbunden. Beim Schweißen werden gleichartige Kunststoffe miteinander durch Erwärmung verbunden.

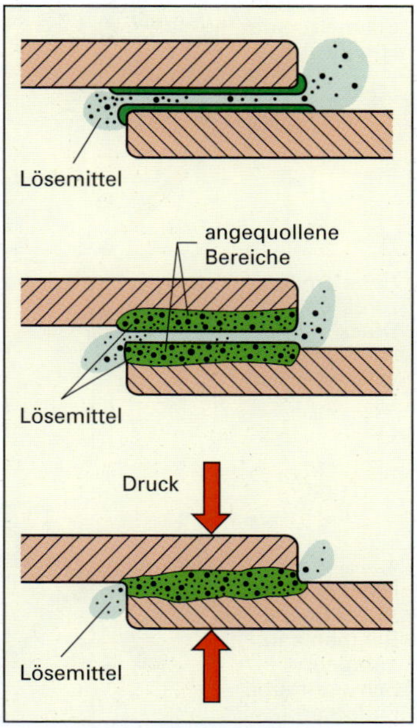

Bild 3: Kleben mit Lösemitteln (Quellverschweißung)

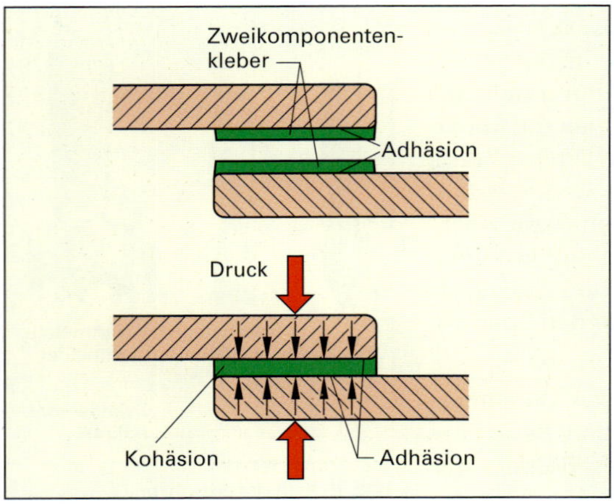

Bild 1: Kleben mit Zweikomponentenkleber

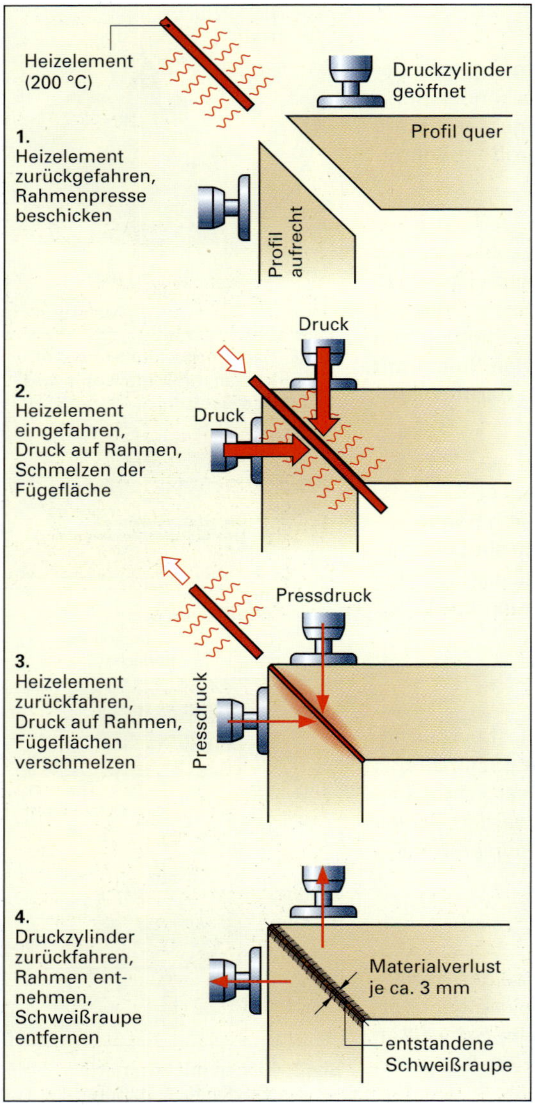

Bild 2: Arbeitsschritte beim Verschweißen einer Rahmenecke aus Kunststoff

Kleben

Kunststoffe lassen sich bis auf wenige Ausnahmen, z. B. Polyethylen, gut miteinander verkleben. Klebemittel und Klebeverfahren richten sich in der Regel nach der Art des zu verklebenden Kunststoffes.

Manche Kunststoffe müssen für das Kleben vorbereitet werden. Dies kann durch Reinigen und Entfetten, Schleifen oder Abflammen geschehen. Beim Abflammen wird die Kunststoffoberfläche mit einer Gasflamme oder Heißluft 3–5 Sekunden lang auf etwa 300 °C erwärmt. Die Molekülstruktur wird verändert und die Oberfläche erscheint matt.

Bei Teilen aus **thermoplastischen Kunststoffen** lässt man die Klebeflächen mit einem Lösemittel anquellen, bevor der Kleber möglichst dünn aufgetragen und die Teile unter leichtem Druck zusammengefügt werden. Der Druck ist solange beizubehalten, bis das Quellmittel und das Lösemittel des Klebers aus der Klebefuge weitgehend verdunstet sind. Dabei kommt es zwischen den Molekülfäden der Klebeflächen und dem Kleber zu einer gegenseitigen Verfilzung, die nach dem vollständigen Verdunsten des Lösemittels zu einer Verbindung führt, deren Festigkeit einer Verschweißung ähnlich ist (Diffusionsverklebung) **(Bild 3, Seite 101)**.

Sehr zuverlässige Kleber für Thermoplaste sind Lösungen des zu verklebenden Kunststoffes. Sind Teile des gleichen Kunststoffes miteinander zu verbinden, so weicht man die beiden Klebeflächen durch ein für den betreffenden Kunststoff geeignetes Lösemittel auf und drückt sie aneinander.

Teile aus duroplastischen Kunststoffen haben schwer angreifbare, oft glatte Oberflächen. Es empfiehlt sich daher, die Klebeflächen durch Aufrauen, z. B. mit Schleifpapier, für den Kleber griffig zu machen und zu reinigen (Adhäsionsverklebung). Als Kleber kommen vorwiegend duroplastische Stoffe infrage. Diese werden in der Regel mit Härtern, z. B. Phenolharz- und Harnstoffharzkleber, oder als Zweikomponentenkleber, z. B. Epoxidharz- und Polyurethankleber, verarbeitet. Beim Ansetzen dieser Kleber ist besonders auf ein gründliches Mischen der beiden Bestandteile zu achten und das vorgeschriebene Mischungsverhältnis genau einzuhalten **(Bild 1)**. Zu beachten ist, dass nicht alle Kunststoffe mit allen Klebstoffen verklebt werden können. Hierzu sind besonders die Verarbeitungsvorschriften der Hersteller zu beachten.

Schweißen

Unter Kunststoffschweißen versteht man das Verbinden von thermoplastischen Kunststoffen durch Wärme und Druck mit oder ohne Verwendung von Zusatzstoffen. Zusatzstoffe sind zum Beispiel Schweißschnüre oder Schweißstäbe. Beim Verschweißen werden die beiden Kunststoffteile gleichzeitig an den Verbindungsstellen durch Erwärmung in einen schmelzflüssigen Zustand gebracht und unter leichtem Druck zusammengefügt. Nach dem Abkühlen verfestigen sich die ineinander geflossenen Kunststoffe. Die beiden Fügeteile bilden eine Einheit.

Der Schweißvorgang verläuft prinzipiell immer in 5 aufeinanderfolgenden Schritten:

- Reinigen der Fügeflächen
- Erwärmen der Fügeflächen
- Druck aufbringen
- Abkühlvorgang unter Druck
- Nachbearbeitung der Schweißnaht

Weil die verschiedenen Kunststoffarten bei unterschiedlichen Temperaturen in den plastischen Zustand übergehen, können nur gleiche oder nahverwandte Kunststoff-Arten miteinander verschweißt werden.

Schweißverbindungen sind ausschließlich bei thermoplastischen Kunststoffen möglich. Bei fachgerechter Anwendung sind die Schweißnähte homogen und von hoher Qualität. Alle Schweißverfahren erfordern eine Wärmezufuhr, die ein kontrolliertes Schmelzen der Fügeflächen bewirkt. Dies ist wichtig, da der Kunststoff bei zu hoher Schweißtemperatur zerstört wird.

Die für das Schweißen erforderliche Wärme wird elektrisch erzeugt und mit Heizelementen, erwärmter Luft, Strahlung oder Induktion auf das Werkstück übertragen.

Je nach Art der Wärmezufuhr unterscheidet man eine Vielzahl von Schweißverfahren. Übliche Verfahren im Handwerk sind das **Heizelementschweißen,** das **Warmgasschweißen** und das **Hochfrequenzschweißen**.

Heizelementschweißen

Beim Heizelementschweißverfahren wird die Wärme zum Schmelzen der Fügeflächen mit Elementen aus Metall **(Bild 1 und Bild 2)** übertragen. Die elektrisch beheizten Elemente bringen die beiden Fügeteile im direkten Kontakt in den schmelzflüssigen Zustand. Das Schweißelement wird zurückgezogen und die Fügeteile werden zusammengepresst.

Bild 1: Rahmenecke mit Schweißnaht

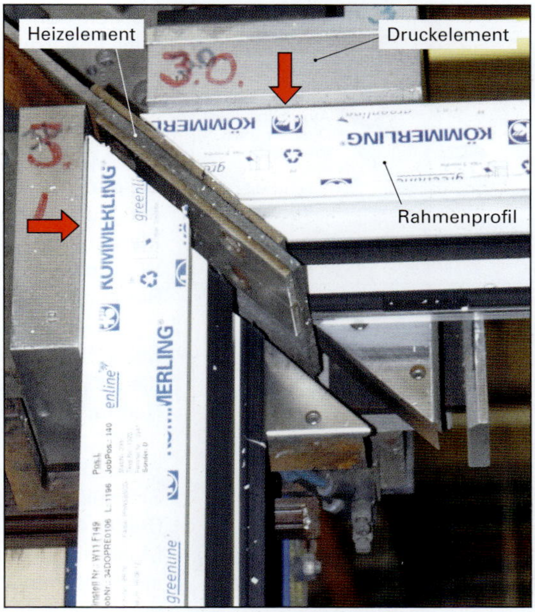

Bild 2: Fensterprofil in der Rahmenpresse

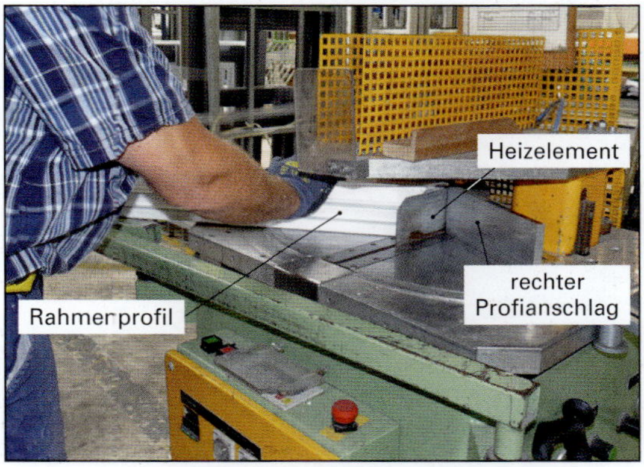

Bild 3: Gehrungsschweißmaschine für Sonderfenster

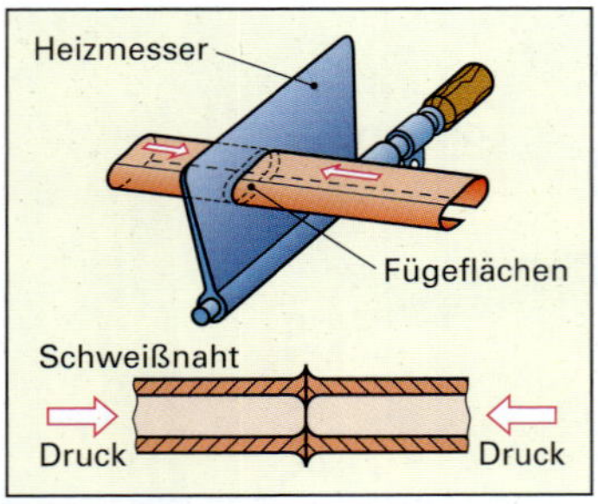

Bild 1: Prinzip des Heizelementschweißens mit Schweißkolben

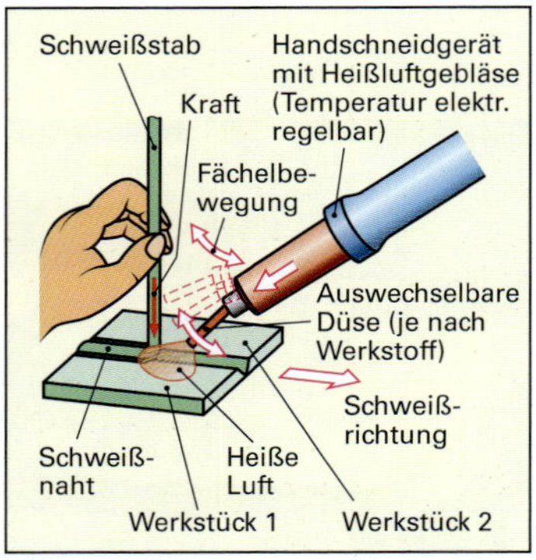

Bild 2: Warmgasfächelverfahren

Bild 3: Handschweißgerät

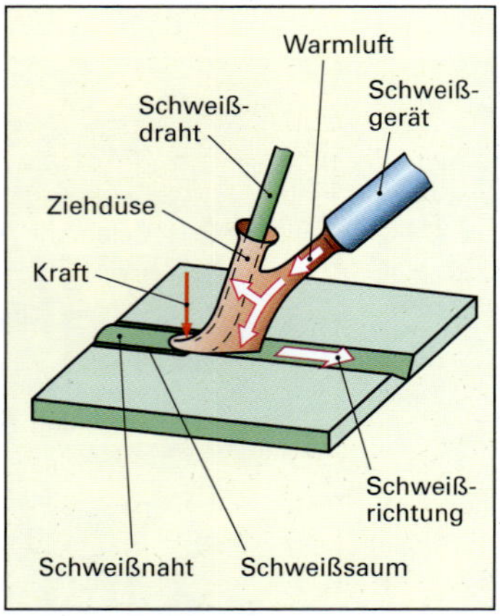

Bild 4: Warmgasziehverfahren

Beim **Heizelementstumpfschweißen** verwendet man als Heizelement den Schweißkolben, der auch als Schweißmesser oder Schweißkeil bezeichnet wird. Der Schweißkolben ist dem Lötkolben ähnlich und hat vorne eine messerförmige Wärmeplatte, die elektrisch beheizt werden kann **(Bild 1)**. Man benutzt ihn zum Stumpfschweißen von Profilen mit kleineren Querschnitten, z. B. von Tischkanten, Handlaufprofilen oder Fensterdichtungen. Dabei werden die zu verbindenden Stirnflächen von beiden Seiten an die erhitzte Wärmeplatte des Schweißkolbens gedrückt. Sobald der Kunststoff zu fließen beginnt, wird der Schweißkolben entfernt und die beiden verflüssigten Profilenden fest gegeneinander gedrückt. Nach dem Abkühlen ist die Verbindung fest und kann sofort nachgearbeitet werden.

Das **Wärmeimpulsschweißen** ist das am weiten verbreitetste Heizelementverfahren. Wegen der schlechten Wärmeleitfähigkeit des Kunststoffes kann es nur für dünne Folien eingesetzt werden. Es dient daher hauptsächlich für Verpackungen. Beim Schweißvorgang werden dünne Metallschienen mit einem kurzen, hohen Stromimpuls erwärmt und anschließend auf die zu verbindenden Folien gepresst. Diese erwärmen sich und verschmelzen. Damit die Metallschienen nicht an den Folien kleben, sind sie mit einer Antihaftbeschichtung versehen.

Bei den **Warmgasschweißverfahren** erhitzen warme Gase, meist Luft, den Kunststoff und bringen ihn in einen schmelzflüssigen Zustand. Man unterscheidet das Warmgasfächel-, das Warmgaszieh- und das Warmgasextrusionsverfahren. Bei beiden ersteren Verfahren wird ein Rundstab als Schweißzusatzstab verwendet.

Beim **Warmgasfächelverfahren** wird der Schweißstab frei geführt und die zu verschweißende Stelle in fächelnden Bewegungen mit einem Heißluftgebläse **(Bilder 2 und 3)** erwärmt.

Beim **Warmgasziehverfahren** wird der Schweißstab in einem Schweißgerät geführt und mit Druck in die Schweißfuge eingebracht **(Bilder 4 und 5)**. Der Schweißzusatzwerkstoff sollte aus dem gleichen Material wie der zu verschweißende Grundwerkstoff sein. Das zu verschweißende Material kann als Schweißschnur über eine Rolle oder, auf bestimmte Längen abgelängt, von Hand zugeführt werden.

Beim **Hochfrequenzschweißen** werden die Fügeteile durch eine hochfrequente Schwingung erwärmt und dann zusammengepresst.

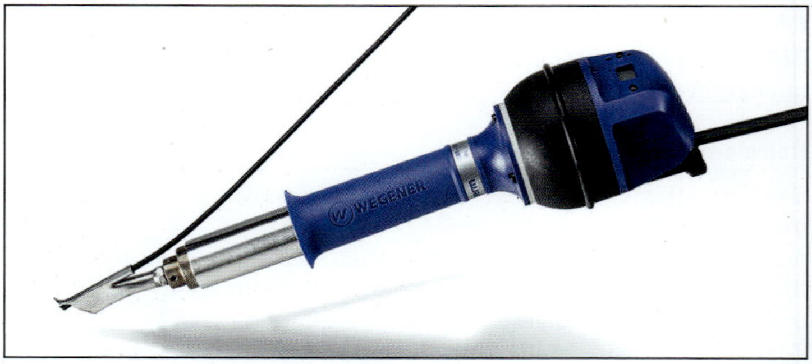

Bild 5: Geräte zum Warmgasschweißen

2.7 Klebstoffe und Klebstoffverarbeitung

Klebstoffe sind Werkstoffe, die in der Lage sind, Werkstücke (Fügeteile) möglichst unlösbar und dauerhaft miteinander zu verbinden. Beim Tischler handelt es sich bei den Fügeteilen in den meisten Fällen um Holz oder Holzwerkstoffe. In vielen Fällen bestehen sie aus dem gleichen Werkstoff. Bei der **Kombinationsverklebung** bestehen die Fügeteile aus verschiedenen Werkstoffen, wie zum Beispiel Holz und Metall **(Bild 2)**. Die Güte einer Klebeverbindung ist immer abhängig von der Wirksamkeit der beiden Molekularkräfte **Adhäsion** (Anhangkraft) und **Kohäsion** (Zusammenhangkraft). Adhäsion bedeutet in diesem Zusammenhang die Fähigkeit eines Klebstoffs an der Fügefläche anzuhaften. Kohäsion ist die Fähigkeit eines Klebstoffs bei Belastung die Krafteinwirkung so aufzunehmen, dass die Leimfuge nicht zerstört wird.

Die Molekularkräfte Kohäsion und Adhäsion können nur dann wirksam werden, wenn bestimmte Grundbedingungen bei der Verarbeitung, wie z.B. Fettfreiheit und Staubfreiheit auf den zu verklebenden Flächen eingehalten werden. Es muss der richtige Klebstoff für die jeweilige Verleimungsaufgabe ausgewählt werden. Außerdem müssen die Verarbeitungsvorschriften der Hersteller beachtet und eingehalten werden.

Klebstoffe müssen hierbei immer höheren Anforderungen gerecht werden. Sie müssen gegen klimatische Einflüsse wie Temperaturschwankungen, Wechselfeuchte und gegen pflanzliche und tierische Schädlinge beständig sein. Sie sollen möglichst schnell Abbinden und Aushärten und dabei möglichst bald ihre Endfestigkeit erreichen. Sie sollen einfach zu verarbeiten und dabei gesundheitlich unbedenklich sein. Die Verklebung muss dauerhaft sein und hohen mechanischen und klimatischen Beanspruchungen widerstehen.

Deshalb ist für den jeweiligen Verleimungsfall der geeignete Klebstoff auszuwählen, um eine optimale und dauerhafte Verbindung der Fügeteile zu erreichen. Herstellerunterlagen erleichtern dabei die Produktauswahl und erläutern die richtige Anwendung.

Bild 1: Typische Verleimarbeit in einer Tischlerei

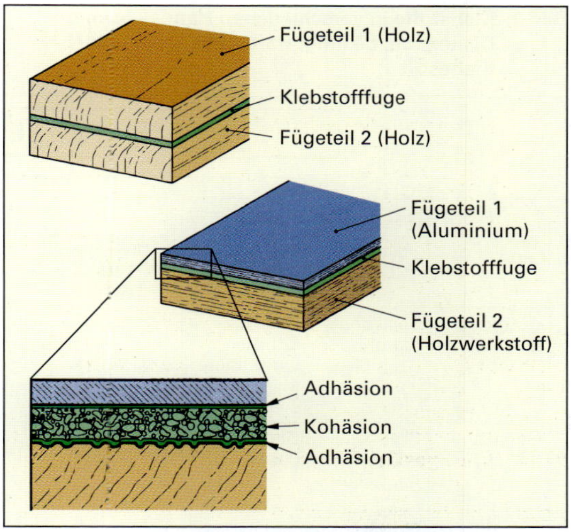

Bild 2: Verklebung von gleichen Werkstoffen und Kombinationsverklebung

Anforderungen an einen Klebstoff

- einfach zu verarbeiten
- akzeptable Abbindezeit
- Haltbarkeit
- Temperaturbeständigkeit
- Feuchtebeständigkeit
- hohe Festigkeit
- schnelle Endfestigkeit
- gesundheitlich unbedenklich
- UV-beständig

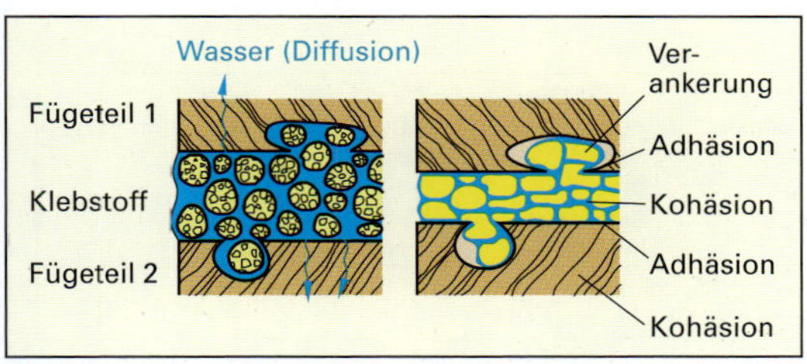

Bild 3: Fuge bei wasserhaltigen Klebstoffen

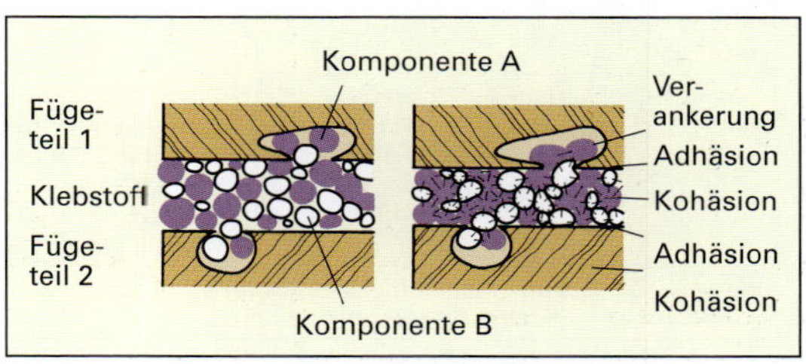

Bild 4: Fuge bei Reaktionsharzklebstoffen

2.7.1 Klebstoffe in der Holztechnik

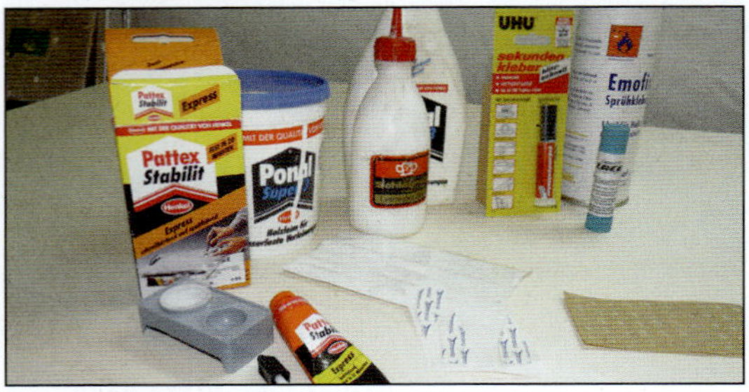

Bild 1: Klebstoffe in verschiedenen Handelsformen: Dispersion, Lösung, Haftstreifen, Sprühkleber, Klebestift

Die in der Holztechnik verwendeten Klebstoffe können nach den folgenden Kriterien unterteilt werden:

- nach Art des Lösemittels wie Wasser oder leicht flüchtige Stoffe
- nach Art der Grundstoffe wie natürlicher, synthetischer und chemischer Zusammensetzung
- nach Art des Abbindens, chemisch oder physikalisch
- nach der Verwendung zur Konstruktions-, Montage-, Flächen- oder Kantenverleimung und
- nach der Beständigkeit (D1–D4; C1–C4)

KLEBSTOFFE in der Holztechnik

	NATÜRLICHE KLEBSTOFFE		KÜNSTLICHE (SYNTHETISCHE) KLEBSTOFFE				
	Pflanzliche Leime	**Tierische Leime**	**Dispersionsleime (Weißleime)**	**Kondensationsklebstoffe**	**Kontaktkleber**	**Reaktionsharzkleber**	**Schmelzkleber**
Ausgangsstoff	Sojabohne, Kartoffel, Baumharz	Haut Knochen, Leber, Blut, Milch	Dispersion von Kunstharzen	Kunstharze mit Formaldehyd	Kunstharz in leicht flüchtigen Lösungsmittel oder Wasser	chemisch reaktionsfähige Kunstharze	Kunstharze ohne Lösungsmittel
Grundstoff	Eiweiß, Stärke, Kautschuk	Glutin, Casein	**PVAC** Polyvinylacetat	Harnstoff-Harz, Phenol-Harz, Melamin-Harz, Recorccin-Harz	**PCB** Polychlorbutadien, **PCP** Polychloropren	Epoxid-Harz, Polyurethanharze Cyanacrylate	Ethylen-Vinylacetat, Polyamid, Polyurethan
Handelsform	Pulver	Perlen, Flocken, Tafeln, Pulver, Granulat	dickflüssig, wasserverdünnbar	Pulver, flüssig	pastös, Gel, flüssig	flüssig, 2 Komponenten A+B (A = Harz + B = Härter)	Pulver, Patronen, Granulat, Platten
Kurzzeichen/ Handelsname		Titebond Hautleim, Hasen-Leim	**KPVAC** Ponal, Rakoll, Uhu, Holz, Kleiberit	**KUF** Kaurit, Ponal UF **KPF** Kleberit, Tegofilm **KMF** Pressal HM, Kauramin **KRF** Bindan CIN, Keimfix	**KPCP** Uhu Kontakt, Pattex, Kleberit	**EP Epoxidkleber,** Uhu Endfest **PU** Leim, Ponal Construct **Sekundenkleber**	**KSCH** Schmelzkleber **EVA** Ethylen-Vinylacetat **PA** Polyamid **PUR** Polyurethan
Verwendung	Montageleim	Restaurierung von Möbel, Musikinstrumente	Allzweckleim für Konstruktion, Montage, Flächen etc.	Konstruktion, Montage, Flächen **(FURNIER)**	Kombinationsverklebungen mit vielen verschiedenen Werkstoffen, Flächen	Spezialverklebungen, viele Werkstoffe für kleine Kontaktflächen und dünne Fuge	Kantenverleimung, Heißklebepistole oder Kantenanleimmaschine
Beanspruchungsgruppe nach DIN	D1 D2	D1	D2, D3, D4 (D4 nur mit Härter)	KUF D2/D3, KUF D4, KMF D3, KRF D3/D4	keine	PU-Leim D3/D4, Sekundenkleber	keine
Besonderheit	heute von geringer Bedeutung	Granulat wird im Wasserbad auf 60–70 °C erhitzt	Weißpunkttemperatur zwischen 2 °C und 8 °C mit Wasser verdünnbar	beim Abbinden wird Wasser freigesetzt	Ablüftzeit beachten, kurzer Pressdruck, **gefährliche Inhaltsstoffe**	EP + PU, 2K Kleber, keine Nebenprodukte beim Abbinden, gefährliche Inhaltsstoffe	in der Serienfertigung

Hinweis: Der Begriff „Klebstoff" ist der Oberbegriff für Leime und Kleber. Als Leim wird ein Klebstoff bezeichnet, dessen Lösungsmittel Wasser ist. Kleber haben kein oder ein leicht flüchtiges Lösungsmittel.

Bild 2: Einteilung der in der Holztechnik verwendeten Klebstoffe

2.7.1.1 Klebstoffe nach Art der Lösemittel

Ist der Grundstoff des Klebstoffes in Wasser gelöst erhält man eine Dispersion. Man spricht in diesem Fall, wegen des milchig weißen Aussehens, von einem „Weißleim". Ist der Grundstoff dagegen in einem leicht flüchtigen Lösemittel gelöst, spricht man von einem „Kleber" oder Lösemittelklebstoff. Kleber ohne Lösemittel werden als Haftkleber bezeichnet. **Klebstoff** ist somit der Oberbegriff für Leim und Kleber. Klebstoffe erhalten das Kurzzeichen **K.** Beispiel: **K**PVAC (**K**lebstoff aus dem Grundstoff PVAC)

2.7.1.2 Klebstoffe nach Art der Grundstoffe

Natürliche Klebstoffe

Die Grundstoffe für Klebstoffe können von Pflanzen oder Tieren stammen. Klebstoffe rein pflanzlichen Ursprungs haben heute keine Bedeutung mehr. Die Ausgangsstoffe für tierische Klebstoffe sind das Kasein, das aus Milch gewonnen wird, und das Glutin, eine Eiweißverbindung, das aus tierischen Abfällen durch Auskochen gewonnen wird. Glutinleime gewinnt man auch aus Schlachtabfällen.

Synthetische Klebstoffe

Die Grundstoffe von synthetischen Klebstoffen sind mit wenigen Ausnahmen künstlich hergestellte thermoplastische, duromere oder elastomere Kunstharze, im geringen Umfang auch natürliche oder synthetische Kautschuke. Diese werden mit leicht flüchtigen Lösemitteln als Klebelösung oder Wasser als Dispersion verarbeitungsfertig hergestellt. Lösemittelfreie synthetische Klebstoffe lassen sich durch Erwärmung verarbeiten (Schmelzkleber)

2.7.1.3 Klebstoffe nach Art des Abbindevorgangs

Unter dem Abbinden versteht man das Aushärten des Klebstoffs in der Klebefuge. Der Abbindeprozess kann physikalisch oder chemisch erfolgen. Physikalisch abbindende Klebstoffe härten entweder durch Abgabe des Lösemittels in das Fügeteil oder durch Verdunstung aus. Chemisch abbindende Klebstoffe härten durch die Zugabe einer weiteren Komponente (meist Härter) aus. Die chemische Reaktion wird dabei durch den Härter beschleunigt oder erst in Gang gesetzt. Auch Feuchtigkeit, Wärme oder UV-Bestrahlung können einen Abbindeprozess in Gang setzen und beschleunigen.

Kleber	Dispersionsleim	Kondensationsleim
Kautschuke	Wasser	Kunstharz
+ Lösemittel	+ Klebstoffmoleküle	+ Formaldehyd
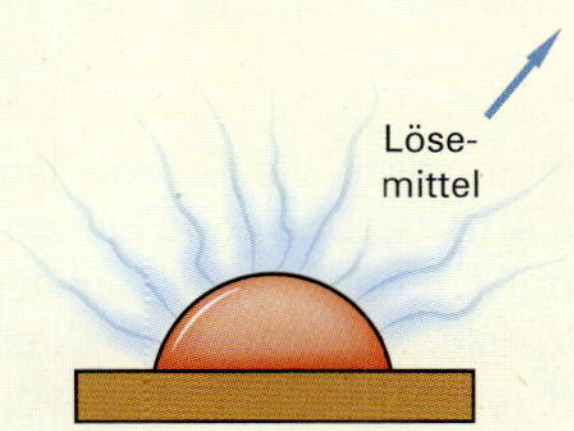	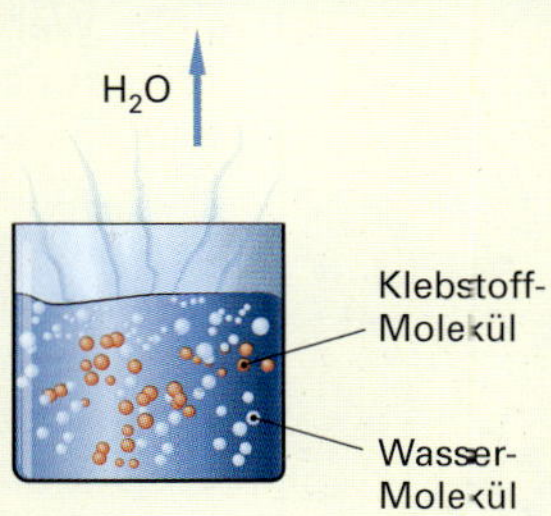	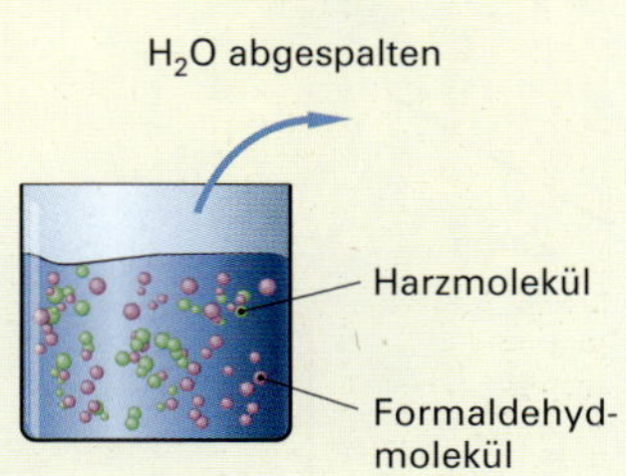
Lösemittel verdunstet → der Kleber härtet aus Beispiel: Kontaktkleber	Wasser verdunstet → der Leim erhärtet Beispiel: Weißleim	Chemische Reaktion (Kondensation) Klebstoff erhärtet und spaltet Wasser ab Beispiel: Harnstoffharzleim
Physikalisches Abbinden	Physikalisches Abbinden	Chemisches Abbinden

Bild 1: Abbindevorgang bei Klebern und Leimen

Bild 1: Konstruktionsverleimung in einer Lehrwerkstatt

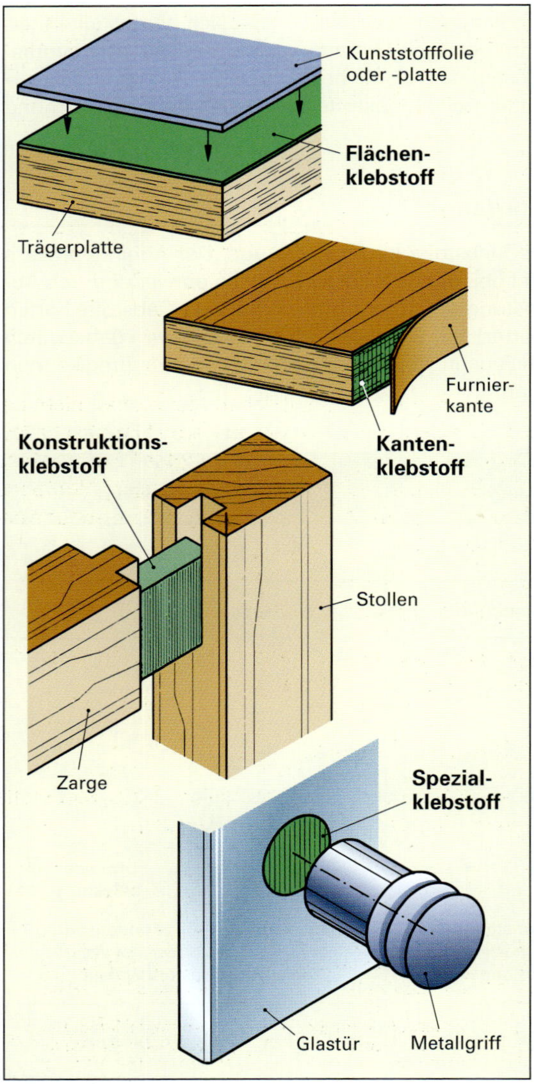

Bild 2: Klebstoffe nach ihrer Verwendung

2.7.1.4 Klebstoffe nach Art ihrer Verwendung

Nach der Verwendung unterscheidet man **Konstruktions- und Montageklebstoffe, Flächenklebstoffe, Kantenklebstoffe** und **Spezialklebstoffe**.

Mit **Konstruktions- und Montageklebstoffen** werden Einzelteile zu einem Produkt verleimt (z. B. Möbelkorpus) oder Bauteile auf der Baustelle mit dem Baukörper verbunden (z. B. Fenster). Die zu verleimenden Teile müssen oft hoher mechanischer Beanspruchung standhalten oder bestehen aus verschiedenen und problematischen Werkstoffen. Deshalb werden diese Klebstoffe von den Herstellern für besondere Anwendungen modifiziert. Sie können beispielsweise besonders wasserbeständig, fugenfüllend oder besonders schnell aushärtend sein. Der meistverwendete Konstruktionsklebstoff in der Holzverarbeitung ist der KPVAC-Klebstoff, umgangssprachlich als „Weißleim“ bezeichnet. Montageklebstoffe sind pastöse und spaltüberbrückende Klebstoffe. Bei der Montage können sie mechanische Befestigungen, wie Schrauben und Nägel ersetzen. Ihre besonderen Vorteile liegen bei der Kombinationsverleimung **(Bild 2, Seite 105)**.

Flächenklebstoffe werden in der Holzverarbeitung hauptsächlich für das Furnieren, aber auch zum Beschichten mit Folien und dem Laminieren eingesetzt. Diese Klebstoffe müssen sowohl für saugende, wie für nichtsaugende Untergründe, für verschiedene Werkstoffe sowie für manuellen bzw. maschinellen Leimauftrag modifiziert sein. Sie müssen schnell aushärten und eine bestimmte Beständigkeit gegen Feuchtigkeit besitzen. Ein typischer Flächenklebstoff ist ein Furnierleim, wie z. B. Harnstoff-Formaldehydharz-Leim (Handelsname Kauritleim). Bei vielen Flächenklebstoffen erhöht Wärmezufuhr die Abbindegeschwindigkeit. Man spricht dann von einem Warm- oder Heißleim.

Kantenklebstoffe dienen dazu die Schmalflächen von Möbelbauteilen, Arbeitsplatten und Elementen des Innenausbaus mit Furnierstreifen, Kunststoffkanten oder Vollholzleisten zu verdecken. Dies geschieht in der Regel maschinell mit sogenannten Kantenanleimmaschinen. Der Klebstoff kann sich hierzu schon auf der Kante befinden oder wird von der Maschine zugeführt.

Die gebräuchlichsten Klebstoffe sind hierzu EVA- und Polyurethan-Klebstoffe, die zur Gruppe der Schmelzkleber gehören. Schmelzklebstoffe (KSCH), auch Schmelzkleber oder Hotmelts (engl.) genannt, sind feste, lösemittelfreie Kunstharzklebstoffe, die sich bei Erwärmung verflüssigen und sich innerhalb von wenigen Sekunden nach dem Abkühlen wieder verfestigen.

2.7.1.5 Klebstoffe nach Maß der Beständigkeit

Klebstoffe werden nach DIN EN 204 und DIN EN 205 in je vier verschiedene Beanspruchungsgruppen **D1–D4 und C1–C4** eingeteilt. Klebstoffe müssen nach dieser DIN EN bestimmte mechanische Festigkeiten erreichen und gegen Feuchtigkeit und Temperatur nach vorgegebenen Bedingungen beständig sein. Die Kennzeichnung D1–D4 bezieht sich auf thermoplastische, die Bezeichnung C1–C4 auf duroplastische Klebstoffe.

Tabelle 1: Beanspruchungsgruppen der Klebungen gemäß DIN EN 204

Beanspruchungsgruppe	Klimabedingungen und Anwendungsbereiche[1]
D1/C1	Innenbereich, wobei die Temperatur nur gelegentlich und kurzzeitig mehr als 50 °C und die Holzfeuchte maximal 15% beträgt, z.B. bei Innentüren, Möbeln, Verkleidungen.
D2/C2	Innenbereich mit gelegentlicher kurzzeitiger Einwirkung von abfließendem Wasser oder Kondenswasser und/oder kurzzeitiger hoher Luftfeuchte mit einem Anstieg der Holzfeuchte bis maximal 18%, z.B. bei Küchen, Badezimmern.
D3/C3	Innenbereich mit häufiger kurzzeitiger Einwirkung von abfließendem Wasser oder Kondenswasser und/oder eine langzeitige Einwirkung hoher Luftfeuchte. Außenbereich, vor der Witterung geschützt, z.B. bei Außentüren, Fenstern, Treppen.
D4/C4	Innenbereich mit häufiger starker Einwirkung von abfließendem Wasser oder Kondenswasser. Außenbereich, der Witterung ausgesetzt, jedoch mit angemessenem Oberflächenschutz, z.B. in Hallenbädern, für Duschkabinen, für Fenster und Außentüren mit Lasur oder dunklem, deckendem Anstrich, außerdem für Leitern und Treppen.

[1] Sind höhere oder andere als die in der Tabelle angegebenen Anforderungen an die Klebungen zu erwarten, wie z.B. bei Anwendung in anderen Klimazonen, dann sind besondere, den praktischen Bedingungen entsprechende Vereinbarungen über die Holzarten und Klebstoffarten zu treffen und erforderlichenfalls weitere Prüfungen nach DIN EN 205 durchzuführen.

2.7.1.6 Spezialklebstoffe

Mit Spezialklebstoffen lassen sich Verklebungsaufgaben lösen, die mit den üblichen Klebstoffen nicht bewältigt werden können. Besonders dort wo extreme mechanische Belastungen, extreme klimatische Bedingungen, hohe Temperaturen oder hohe Feuchtebelastung herrschen, ist ihr bevorzugtes Einsatzgebiet. Ihre Anwendungsgebiete liegen im Ingenieurholzbau (Holzbrücken, Leimbinder für Hallen), im Bootsbau und bei industrieller Fertigung, wie zum Beispiel Flächen- oder Kantenbeschichtungen. Beispiele für Spezialklebstoffe sind der Epoxidharzkleber und der Polyurethankleber.

2.7.2 Klebstofftypische Verarbeitungsformen und Abbindeprozesse

Jeder Klebstoff erfordert eine besondere Verarbeitung und bindet unterschiedlich ab. Außerdem ist die ausgehärtete Klebstofffuge, je nach verwendetem Klebstoff, unterschiedlich belastbar.

2.7.2.1 Verarbeitung und Abbinden natürlicher Klebstoffe

Zu den Klebstoffen aus Naturprodukten zählen die Kaseinleime (KC) und Glutinleime (KG). Klebstoffe pflanzlicher Herkunft haben heute in holzverarbeitenden Betrieben eine geringe Bedeutung.

Kaseinleime (KC)

Kaseinleime sind physikalisch abbindende Leime auf der Basis von Kasein, das aus Magermilch gewonnen wird. Kaseinleim ist als weißliches Pulver im Handel. Das Pulver ist feuchtigkeitsanziehend (hygroskopisch) und muss deshalb in luftdicht verschlossenen Behältern gelagert werden. Zum Verarbeiten wird das Pulver mit Wasser angerührt, der Klebstoffansatz wird kalt oder heiß verarbeitet.

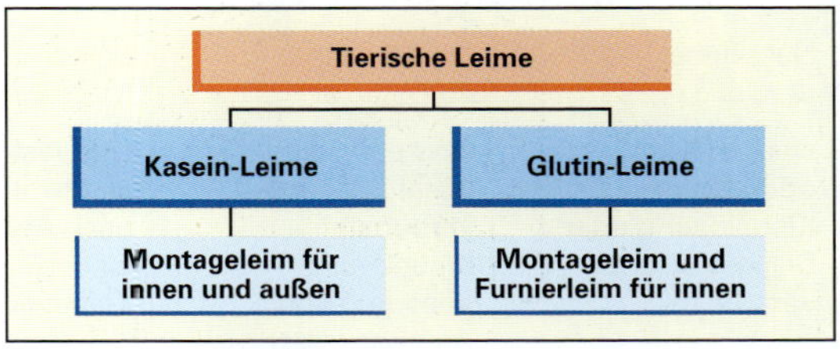

Bild 1: Natürliche Klebstoffe

Bild 1: Leimkocher eines Restaurators

Bild 2: Handelsform von Glutinleim

Glutinleime (KG)

Der Hauptbestandteil der Glutinleime ist das Glutin, eine Eiweißverbindung, die aus tierischen Abfällen durch Auskochen gewonnen wird. Nach Art des verwendeten Ausgangsmaterials unterscheidet man Hautleime, die man aus Rohhautabfällen und Sehnen gewinnt, Lederleime aus Rohleder, Knochenleime aus entfetteten Knochen und Mischleime durch Mischen dieser Leime. Glutinleime werden bei etwa 70 °C im Wasserbad geschmolzen **(Bild 1)**. Dabei werden sie zu einer klebrigen, streichfähigen Flüssigkeit. Sie ergibt nach dem Abkühlen eine harte und feste Leimschicht. Sie sind alterungsbeständig, unkompliziert zu verarbeiten, überlackierbar und beizbar. Die Endfestigkeiten werden nach etwa 24 Stunden erreicht. Durch Erwärmen kann der ausgehärtete Leim wieder erweicht werden. Glutinleime sind als hellgelbe bis dunkelbraune Perlen, Flocken, Tafeln oder Pulver im Handel **(Bild 2)**. Die Glutinleimfugen sind zähhart, aber nicht feuchtigkeits- und wärmebeständig. Der Glutinleim wird von Bakterien und Schimmelpilzen angegriffen. Er kann deshalb nur zur Herstellung von Verleimungen von Werkstücken für trockene Innenräume verwendet werden.

Das Hauptanwendungsgebiet von Glutinleimen liegt in der Restaurierung antiker Möbel und im Musikinstrumentebau.

2.7.2.2 Verarbeitung und Abbinden synthetischer Klebstoffe

Im Möbel- und Innenausbau sowie in der Fenster- und Haustürfertigung sind fast ausschließlich synthetische Klebstoffe in Gebrauch, weil diese den technischen Anforderungen an eine Verklebung im Hinblick auf Verarbeitbarkeit, Einsatzbereich und Festigkeit bzw. Beständigkeit im Gegensatz zu den natürlichen Klebstoffen am besten genügen.

Tabelle 1: Synthetische Klebstoffe – Art des Abbindens, Handelsform und Verarbeitung

KPVAC Weißleim	**PCB** Polychlorbutadien **PCP** Polychloropren	**KSCH** Schmelzkleber **EVA** Ethylen-Vinylacetat **PA** Polyamid **PUR** Polyurethan	**KUF** Harnstoff-Harz-Leim **KPF** Phenol-Harz-Leim **KMF** Melamin-Harz-Leim **KRF** Recorcin-Harz-Leim	**KEP** Epoxid-Harz **PU**-LEIM Cyanacrylate (Sekunden-kleber)
Physikalisches Abbinden			Chemisches Abbinden	
durch Verdunsten des wässrigen Lösemittels	durch Verdunsten des leicht flüchtigen Lösemittels	durch Abkühlen	durch Kondensation	durch Polyaddition
Nasskleber	Kontaktkleber	Schmelzkleber	Kondensationskleber	Reaktionsharzkleber
werden flüssig oder pastös als Klebelösung oder Dispersion verarbeitet	sind pastös oder fest, Lösemittel muss verdunsten, Klebekraft ist abhängig vom Anfangspressdruck	sind fest, müssen erwärmt werden, nach Abkühlung einsetzen der Klebewirkung	werden flüssig verarbeitet, Viskosität überprüfen, Härter und Wärme beschleunigen den Aushärtevorgang	2K-Klebstoffe, Leimpulver und Härter werden vor Verarbeitung gemischt

Einige Zusatzstoffe **(Tabelle 1)** können die Viskosität, den Abbindeprozess, die Klebeeigenschaften, die Verarbeitbarkeit und die Farbe der synthetischen Klebstoffe beeinflussen:

Tabelle 1: Bestandteile und Zusatzstoffe von synthetischen Klebstoffen

Bestandteil des Klebstoffs	Funktion/Eigenschaft	Stoffbeispiel
Grundstoff	Basis des Klebstoffs, der die grundlegenden Eigenschaften bestimmt.	Polyvinylacetat (PVAC) Harnstoffharz (UF)
Lösemittel	Lösen den Grundstoff, ohne die stofflichen Eigenschaften zu verändern.	Aceton, Ethylacetat
Verdünnungsmittel	Verdünnen den Grundstoff zum Erreichen der richtigen Viskosität.	Methanol, Xylol
Härter	Starten den Abbindeprozess.	Hydroxide, Säuren, Salze
Füllstoffe	Senken den Klebstoffverbrauch und verhindern Leimdurchschlag. Es handelt sich um nicht klebende Zusätze, die die Viskosität verändern.	Gesteinsmehle, Ton
Streckmittel	Senken den Klebstoffverbrauch durch eigene Klebewirkung.	Roggenmehl, Sojamehl
Farbpigmente	Verändern die Klebstofffarbe, die Leimfuge wird farblich angepasst.	Titanoxid (= Titanweiß)
Haftvermittler	Erhöhen die Haftung des Klebstoffes auf den Fügeteilen bei Werkstücken mit problematischen Haftungseigenschaften.	kunststoffanlösende Mittel

Polyvinylacetat-Klebstoffe (KPVAC) = Weißleime

Polyvinylacetat-Klebstoffe sind die typischen und gebräuchlichsten Klebstoffe in holzverarbeitenden Betrieben. Sie eignen sich für fast alle Anwendungen im Möbelbau und Innenausbau. Nach ihrer Anwendung werden sie als Konstruktions- oder Montageleime, in ihrer modifizierten Form als Furnier-, Misch- und Lackleime angeboten. Bei „Weißleimen" handelt es sich um eine Dispersion des thermoplastischen Kunststoffs Vinylacetat, die ein milchig weißes Aussehen hat. Der Abbindeprozess kann durch Erwärmung beschleunigt werden, was man sich beim Furnieren zunutze macht. Die Zugabe verschiedener Kunstharze und anderer Stoffe erhöhen ihre Einsatzbereiche.

Furnierleime sind Weißleime, die zum Furnieren verwendet werden. Sie enthalten meist Füll- und Streckmittel.

Verarbeitungsdaten von Polyvinylacetat-Klebstoffen

	Montageleime	**Furnierleime**
• Auftragsmenge	stark abhängig von der Fügeteiloberfläche	140 g/m² bis 200 g/m²
• Wartezeit	5 min bis 30 min	5 min bis (seltener) 30 min
• Abbindetemperatur	in der Regel um 20 °C (Raumtemperatur)	meist 100 °C, seltener bis etwa 150 °C
• Pressdruck	Weichholz 0,3 N/mm² bis 0,4 N/mm² Hartholz 0,6 N/mm²	Weichholz bis etwa 0,3 N/mm² Hartholz bis etwa 0,5 N/mm²
• Presszeit	bis 30 min	bei 20 °C ca. 20 min, bei 50 °C ca. 6 min, bei 80 °C ca. 4 min
• Nachbindezeit	bis 3 h, bis zur vollständigen Aushärtung auch mehrere Tage	Abkühl- und Konditionierzeit vorteilhaft

Weißleime als **Lackleime** sind abgewandelte (modifizierte) KPVAC-Klebstoffe. Sie lösen, bedingt durch Zusatzstoffe, Nitrozellulose-Lackschichten teilweise an, sodass es bei der Montage- und Korpusverleimung zu einer haltbaren Verbindung kommt. Die Verbindung entsteht vor allem durch eine starke Adhäsion zwischen Lack und Leim. Lackleime haben eine Wartezeit von 5 min bis 20 min. Die Nachbindezeit beträgt bis zu mehreren Stunden. Zu beachten ist, dass der aus der Klebfuge austretende Lackleim unter Umständen die angrenzende Lackierung anlöst.

Mischleime bestehen aus Polyvinylacetat-Klebstoffen, denen etwa 10% Harnstoff-Formaldehydharz-Klebstoffe (KUF) beigemischt werden. Die Gebrauchsdauer des Mischleims beträgt bis 15 Stunden, die Wartezeit bis zu 15 min. Durch den Zusatz von Harnstoff-Formaldehydharz-Klebstoffen wird die Feuchtefestigkeit der Verleimung erhöht und die Elastizität der Fuge verringert. Die Angaben über Temperatur, Pressdauer, Nachbindezeiten, Pressdrücken, Holz-, Raum- und Luftfeuchten entsprechen denen der Montageleime. Mischleime werden bei Innenbauteilen und Möbeln verwendet, die erhöhter Feuchtigkeit ausgesetzt sind, sowie bei witterungsgeschützten Außenbauteilen. Im Handel sind 1-Komponenten-Leime, die den Härter beinhalten und 2-Komponenten-Leime, bei denen der Härter vor der Verarbeitung selbst untergemischt werden muss, erhältlich.

Harnstoff-Formaldehydharz-Klebstoffe (Urethan-Formaldehydharz-Leim) **KUF**

Harnstoff-Formaldehydharz-Klebstoff wird hauptsächlich als Flächenleim zum **Furnieren** verwendet. Er besitzt eine gute Wasserfestigkeit (D3).

Harnstoff-Formaldehydharz Leim (K**U**F) gehört wie Melamin-Formaldehydharz-Leim (K**M**F), Phenol-Formaldehydharz-Leim (K**P**F) und Resorcin-Formaldehydharz-Leim (K**R**F) zu den **Kondensationsharz-Klebstoffen**. Diese entstehen in einem chemischen Prozess, bei dem das Kunstharz mit Formaldehyd reagiert und duroplastisch aushärtet. Der Abbindeprozess ist immer eine chemische Reaktion. Ist die chemische Reaktion abgeschlossen, also der Leim ausgehärtet, ist die Klebefuge hart und spröde und wasserbeständig. Kondensationsharz-Klebstoffe werden bei der Herstellung vorkondensiert, d.h., der Abbindeprozess wird schon gestartet. Danach wird er mit Wasser verarbeitungsfähig in den Handel gebracht. Beim Verarbeiten der Leimflotte wird die unterbrochene Kondensation durch Wärme oder durch Zugabe von Härtern, sog. Vernetzern oder Beschleunigern, wieder in Gang gesetzt und bis zum vollständigen Aushärten fortgesetzt. Auch bei Raumtemperatur findet eine langsame Aushärtung statt. Kondensationsharzklebstoffe können daher nur begrenzt lange gelagert werden. Ein Klebstoffdurchschlag lässt sich nicht mehr entfernen.

Verarbeitungsdaten von Harnstoff-Formaldehydharz-Klebstoffen

- Reifezeit — etwa 60 min
- Gebrauchsdauer — zwischen 2 h und 70 h, abhängig vom Härter
- Abbindetemperatur — 20 °C (kalthärtende Klebstoffe), bis 120 °C (warmhärtende Klebstoffe und Klebfilme)
- Auftragsmenge — 120 g/m² bis 150 g/m²
- Wartezeit — etwa 10 min
- Pressdruck — etwa 0,3 N/mm² (Montageleime), bis 10 N/mm² (Furnierleime und Klebfilme)
- Presszeit — 15 min bis 6 h (Montageleime), warmhärtende Furnierleime 1 min bis 10 min

Melamin-Formaldehydharz-Klebstoff (KMF)

Verklebungen mit Melaminharzklebstoffen sind beständig gegen die Einwirkungen von kaltem und heißem Wasser, aber nur begrenzt wetterbeständig (D3). Sie werden als Konstruktions- und Montage-Klebstoffe und als Tränkharz für die Laminatherstellung verwendet.

Verarbeitungsdaten von Melamin-Formaldehydharz-Klebstoffen

- Reifezeit — keine erforderlich
- Gebrauchsdauer — etwa 24 h
- Wartezeit — etwa 10 min
- Pressdruck — bis 0,3 N/mm² (Montageleime), 0,2 N/mm² bis 0,8 N/mm² (Furnierleim)
- Presszeit — bei 20 °C etwa 1 h, bei 140 °C wenige Sekunden

Phenol-Formaldehydharz-Klebstoffe (KPF)

Die Verklebungen mit Phenolharz-Klebstoffen sind wasser-, koch-, tropen- und wetterbeständig. Die Fugen sind dunkelbraun und relativ elastisch. Phenolharz-Klebstoffe werden dort verwendet, wo eine erhöhte Wasserbeständigkeit gefordert wird, wie z.B. bei Fenstern, Fassadenelementen, Schiffsausbauten und im Bootsbau. Ein Vorteil der Phenolharz-Klebstoffe liegt darin, dass sie auch für Holz mit einer höheren Holzfeuchte bis etwa 25 % geeignet sind.

Verarbeitungsdaten von Phenol-Formaldehydharz-Klebstoffen

• Reifezeit	bis etwa 15 min
• Gebrauchsdauer	bis 3 h
• Auftragsmenge	120 g/m² bis 160 g/m²
• Wartezeit	bis 15 min
• Abbindetemperatur	bei warmhärtenden Furnierleimen 90 °C bis 140 °C
• Pressdruck	0,5 N/mm² (Montageleime), etwa 4 N/mm² (Absperrfurniere), 0,8 N/mm² bis 2,0 N/mm² (Klebfilme)
• Presszeit	kalthärtende Montageleime bis 4 h mit anschließender Nachbindezeit von etwa 12 h; warmhärtende Klebstoffe 5 min bis 10 min

Resorcin-Formaldehydharz-Klebstoff (KRF)

Resorcin-Formaldehydharz-Klebstoff ist wasserfest (D4) und erfüllt höchste Anforderungen an die Klebstoffverbindung. Er wird im Bootsbau und im Holzingenieurbau verwendet. Dort werden höchste Ansprüche an Wasserbeständigkeit und mechanische Belastbarkeit gestellt. Resorcin-Formaldehydharz-Leim kann auch für die Verleimung von Holz mit hoher Holzfeuchte verwendet werden. Die dunkelbraune Leimfuge ist seewasserfest und bis 200 °C temperaturbeständig.

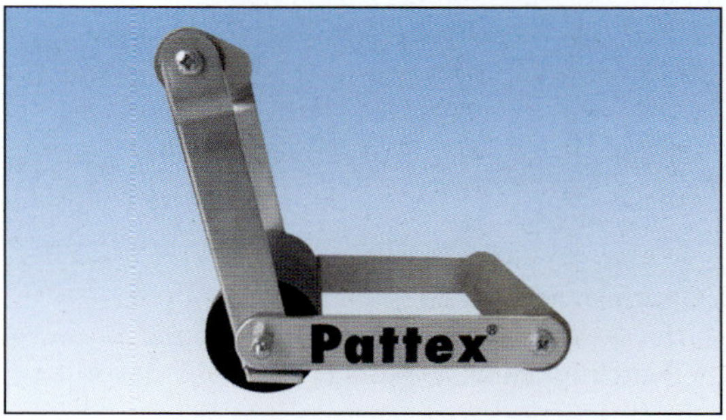

Bild 1: Andruckwalze für Kontaktklebstoffe

Polychlorbutadien-Kontaktklebstoffe (KPCP)

Alleskleber für unterschiedliche Materialien und Anwendungsfälle. Sie sind gebrauchsfertig in Tuben oder Dosen im Handel. Polychlorbutadien-Kontaktklebstoffe sind flüssig bis pastös und enthalten ein leicht flüchtiges Lösungsmittel. Nach dem dünnen Klebstoffauftrag verdunstet das Lösemittel in kurzer Zeit (Ablüftzeit). Erst dann dürfen die Fügeteile zusammengebracht werden. Der aufgetragene Klebstoff muss sich vor dem Zusammenfügen der beiden Teile trocken anfühlen. Er darf bei Berührung mit dem Finger nicht am Finger anhaften oder Fäden ziehen (Fingerprobe). Als Auftragsgeräte sind nach dem Maß der Zähflüssigkeit (Viskosität) des Klebstoffes Pinsel, Spachtel, Spritzpistolen oder Auftragswalzen möglich. Eine einwandfreie Verklebung setzt einen kurzen hohen Pressdruck von 0,5 N/mm² bis 1,5 N/mm², evtl. mit einer Andruckwalze **(Bild 1)**, voraus. Der Anwendungsbereich von Kontaktklebstoffen ist breit gestreut, beschränkt sich aber auf den Innenraum, da er nicht feuchtebeständig ist. Für Konstruktionsverklebungen sind Kontaktklebstoffe deshalb nicht geeignet.

Eigenschaften und Verarbeitungsdaten für Kontaktklebstoffe (Polychlorbutadien-Klebstoffe)

Verarbeitungstemperatur: 18 °C–25 °C

Temperaturbeständigkeit: –15 °C–+70 °C

offene Zeit: ca. 15 min bis 2 Stunden
(bis zum Ablüften des Lösemittels)

Presszeit: 9 min bis 5 Stunden

Pressdruck: 0,5 N/mm²

Offene Zeit: bis 2 Stunden
Auftragsmenge (je nach Typ):
spritzbar 50 g/m²–100 g/m²
streichbar 250 g/m²–350 g/m²

Klebstoffauftrag:
Mit Spritzpistole oder Auftragswalze bei Flächenverklebung

Mit Pinsel oder Leimspachtel bei Kanten- und Montageverklebung

Klebstoffauftrag immer auf beide Fügeteile, Kontaktklebstoffe sind feuergefährlich und ihre Dämpfe gesundheitsschädlich.

Eigenschaften und Verarbeitungsdaten für Epoxidharz-Klebstoffe (EP)

Verarbeitungstemperatur:
kalt bei Raumtemperatur
warm bei 100 °C

Expoxidharz-Klebstoffe kleben auf fast allen Untergründen

sehr gute Chemikalienbeständigkeit

Kontaktklebstoffe sind feuergefährlich und ihre Dämpfe sehr gesundheitsschädlich.

Arbeitsschutz- und Gesundheitsschutzmaßnahmen sind einzuhalten.

Eigenschaften und Verarbeitungsdaten für Polyurethanharz-Klebstoffe (KPUR)

Verarbeitungstemperatur: nicht unter 5 °C

Temperaturbeständigkeit: –30 °C–+120 °C

Klebefuge: zäh, chemisch beständig, weichelastisch bis hartelastisch

offene Zeit (je nach Typ): 5 min–60 min

Presszeit (je nach Typ): 9 min–5 Stunden

Pressdruck (je nach Typ): 0,3 N/mm²–0,8 N/mm²

Gebrauchsdauer: 30 min–120 min
(kann bis auf 24 h verlängert werden)
Feuchtigkeit beschleunigt den Abbindevorgang

Auftragsmenge (je nach Typ): 150 g/m²–250 g/m²

Ausführung:
flüssig für Flächenverklebung
dickflüssig bis pastös als Montagekleber
pastös als Multispachtel- und Klebemasse

PU-Klebstoffe sind insbesondere für die Kombinationsverklebung geeignet.

Eigenschaften und Verarbeitungsdaten für Sekundenkleber

Verarbeitungstemperatur: 7–30 Sekunden

Presszeit: 30–60 Sekunden

Endhärte: nach ca. 8 Stunden

Sekundenkleber
- erreichen eine sehr hohe Festigkeit
- sind hoch hitzebeständig
- besitzen eine hohe Alterungsbeständigkeit
- Feuchtigkeit beschleunigt den Abbindeprozess

Die Dämpfe bei Sekundenklebern sind sehr gesundheitsschädlich.

Arbeitsschutz- und Gesundheitsschutzmaßnahmen sind einzuhalten.

Reaktionsharzkleber

Gebräuchliche Reaktionsharz-Klebstoffe sind die **Epoxidharz-Kleber (EP)**, die **Polyurethanharz-Klebstoffe (KPUR)** und die **Cyanacrylat-Klebstoffe (Sekundenkleber)**.

Epoxidharz-Kleber (EP) sind lösemittelhaltige Klebstoffe. Sie werden für Spezialverklebungen verwendet. Sie haften auf fast allen fettfreien Materialien und werden besonders für Kombinationsverleimungen eingesetzt. Sie bestehen aus zwei Komponenten (A = Harz + B = Härter), die kurz vor der Verleimung gemischt werden. Im Handel werden langsam (10 Stunden) oder schnell abbindende (5–10 Minuten) Kleber angeboten. Epoxidharz-Kleber sind auch für dickere Fugen verwendbar. Sie besitzen eine hohe Chemikalienbeständigkeit, Temperatur- und Feuchtebeständigkeit (D4) und sind mechanisch hoch belastbar. Dicke Fugen sind möglich, da Epoxidharz-Kleber gute Fülleigenschaften besitzen.

Polyurethanharz-Klebstoffe (KPUR)

Polyurethan-Klebstoffe erfüllen höchste Anforderungen an Wasserfestigkeit, Wärmefestigkeit, mechanischer Festigkeit, Formbeständigkeit und Chemikalienbeständigkeit. Sie werden dort eingesetzt, wo die Grenzen des „Weißleims" in Bezug auf seine Festigkeit und Wasserbeständigkeit erreicht sind, also insbesondere im Bereich der Montage- und Konstruktionsverleimung. Deswegen kommen sie auch als Flächenleim und als Klebstoff mit fugenfüllender Funktion zur Anwendung. Sie werden für die Verleimung von Haustüren, Küchenarbeitsplatten, Treppenwangen und Bauteilen in Küchen und Bädern verwendet. Sie bestehen aus einer Kunstharzkomponente und einem Härter. Polyurethan Klebstoffe werden flüssig bis pastös verarbeitet und können, transparent, milchig weiß oder von hellbrauner Farbe sein. Ihre Besonderheit ist, dass sie **unter Wasseraufnahme aushärten**. Die zu verklebenden Bauteile können daher vor der Verklebung angefeuchtet werden, was die Abbindegeschwindigkeit erhöht.

Cyanacrylat-Klebstoff (Sekundenkleber)

Sekundenkleber sind Spezialkleber, die für fast alle Materialen verwendet werden können. Allerdings sind sie nur für kleine Kontaktflächen und dünne Fugen geeignet. Sie härten innerhalb von Sekunden (7–30 sek) unter Wasseraufnahme aus. Ihre Endhärte erreichen sie aber erst nach mehreren Stunden (8 Stunden). Für den Abbindeprozess reicht die Feuchtigkeit der Luft oder des Werkstoffes aus. Sekundenkleber werden in verschiedenen Viskositäten und Aushärtegeschwindigkeiten hergestellt.

Schmelzklebstoffe (KSCH)

Schmelzklebstoffe, auch Schmelzkleber oder Hotmelts (engl.) genannt, sind feste, lösemittelfreie Kunstharzklebstoffe. Sie werden bei Erwärmung flüssig und bei Abkühlung wieder fest. Die Schmelztemperaturen liegen je nach Art des Klebstoffes zwischen etwa 100 °C und 280 °C. Die Klebewirkung setzt sofort nach dem Erstarren der Schmelze ein, was nur wenige Sekunden dauert. Somit ist dieser Klebstoff sehr gut für kleinere Montage- und Reparaturarbeiten, z.B. auf der Baustelle geeignet **(Bild 1)**. Sein Hauptaufgabengebiet ist jedoch die Kantenverleimung mit Kantenanleimmaschinen. Das schnelle Erstarren der Klebstoffe macht erst eine vollautomatische und kontinuierliche Verklebung mit Verarbeitungsgeschwindigkeiten von bis zu 40 m/min möglich **(Bild 2, Seite 155)**. Das Kantenmaterial kann Vollholz oder Furnier sein oder aus verschiedenen Arten von Kunststoff bestehen. Nach ihren Ausgangsstoffen, ihrem chemischen Herstellungsprozess und ihrer Temperaturbeständigkeit unterscheidet man:

- Ethylvinylacetat-Schmelzklebstoffe **(EVA)**
- Polyamid-Schmelzklebstoffe **(PA)**
- Polyurethan-Schmelzklebstoffe **(PUR)**

Bild 1: Heißklebepistole mit Schmelzkleberpatrone

Bild 2: Leimauftragswalze für dickflüssige Klebstoffe

Tabelle 1: Eigenschaften der Verklebung mit Schmelzklebstoffen

Temperaturbeständigkeit	Feuchtebeständigkeit	Anwendungsbereiche und Verarbeitungstemperatur
EVA-Schmelzklebstoffe		
von etwa –10 °C bis etwa +75 °C	eine Holzfeuchte von > 10% sowie eine nachträgliche Feuchteeinwirkung schwächt die Fugenfestigkeit; die Fugen sind nur feuchtfest (D1)	Einsatz für Erzeugnisse in trockenen Innenräumen; problematisch bei Küchen- und Badezimmermöbeln. Verarbeitungstemperatur 180 °C bis 210 °C.
Polyamid-Schmelzklebstoffe		
von etwa –20 °C bis etwa +130 °C teilkristalline Struktur	wie EVA-Schmelzklebstoffe Feuchtefestigkeit (D2)	Bessere Wärme-, Kälte- und Chemikalienbeständigkeit als EVA-Schmelzklebstoffe bei gleicher Adhäsion. Häufig angewendet für die Verklebung von Kunststoffen auf Schmalflächen für trockene Innenräume. Verarbeitungstemperatur 170 °C bis 260 °C.
Polyurethan-Schmelzklebstoffe		
von etwa –40 °C bis etwa +140 °C bei unbestrahlten Fugen, bei einer UV-Härtung bis ewa 200 °C	Feuchtebeständigkeit höher als die der thermoplastischen Schmelzklebstoffe (D3/D4)	Besonders hohe Chemikalien-, Lösemittel-, Temperatur- und Feuchtebeständigkeit. Einsatz bei bewitterten Bauteilen (z.B. Umleimer bei Haustüren), bei Badezimmer- und Küchenmöbeln. Verarbeitungstemperatur 120 °C bis 150 °C.

Vorbereitung und Durchführung von Verklebungen:

- Vorbereitung der zu verklebenden Werkstücke.
- Auswahl und eventuelle Aufbereitung des geeigneten Klebstoffes.
- Auswahl und Bereitstellung von Maschinen, Werkzeugen und Hilfsmitteln.
- Beachten der Verarbeitungshinweise des Klebstoff-Herstellers.
- Beachten der Arbeitsschutzmaßnahmen für den jeweiligen Klebstoff.

Die Klebstofftechnologie verwendet hierzu bestimmte Begriffe, die die einzelnen Arbeitsschritte beim Herstellen einer Klebstoffverbindung erläutern und beschreiben. Es handelt sich um die sogenannten **„Klebstofftechnischen Begriffe"**. Sie sind Bestandteil der Verarbeitungshinweise von Klebstoffen. **Verarbeitungshinweise** sind Angaben, Richtlinien und Arbeitsschutzmaßnahmen, die bei Verwendung eines Klebstoffes beachtet werden müssen. Sie sind vom Hersteller deutlich sichtbar auf der Verpackung oder dem Klebstoffbehälter anzubringen.

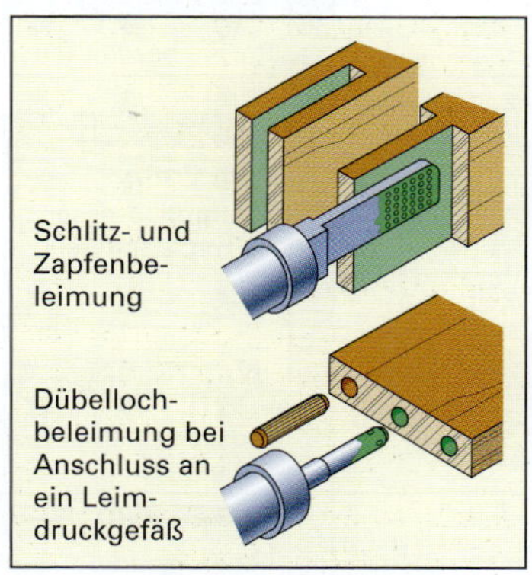

Bild 3: Leimauftrag mit Leimdruckgerät und verschiedenen Aufsätzen

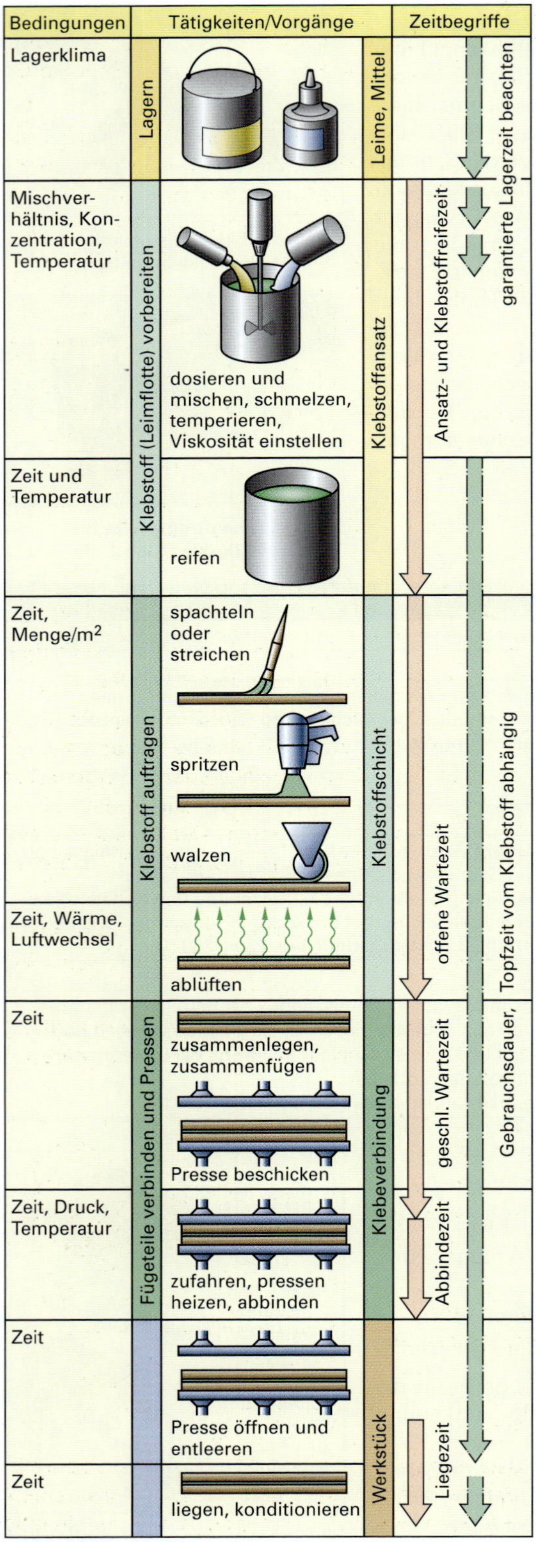

Bild 1: Arbeitsschritte und Zeitbegriffe am Beispiel des Furnierens

2.7.3 Klebstofftechnische Begriffe

- **Abbinden** ist der Vorgang des Erhärtens eines Klebstoffes. Man unterscheidet physikalisches und chemisches Abbinden.
- **Abbinde- bzw. Härtetemperatur:** Dies ist die Temperatur während der Abbinde- bzw. Aushärtezeit. Bei der Kaltverklebung liegt sie zwischen 5 °C und etwa 30 °C, bei der Warmverklebung (Heißverklebung) über 30 °C bis über 200 °C
- **Abbinde- oder Härtezeit:** Die Zeit, die ein Klebstoff benötigt, um die Fugenfestigkeit zu erreichen, und die die Aufhebung des Pressdruckes erlaubt, wird Abbindezeit genannt. Bei manchen Klebstoffen ist nach der Abbindezeit die Fugenfestigkeit noch nicht groß genug, um die Werkstücke gleich weiterbearbeiten zu können. Sie benötigen eine anschließende Nachbindezeit. Während der Nachbindezeit ruhen z. B. beschichtete Platten, indem man sie aufeinander stapelt. In der Nachbindezeit ist kein Pressdruck erforderlich. Bei Reaktionsharz-Klebstoffen spricht man nicht von Abbinden, sondern von Aushärten.
- **Adhäsion:** Die Adhäsion ist die Anhangkraft zwischen den Molekülen verschiedener Stoffe, wie z. B. die Anhangkräfte zwischen Holzwerkstoff und Klebstoff.
- **Beanspruchungsgruppen:** Klebstoffe für Holz und Holzwerkstoffe werden nach DIN EN in Abhängigkeit von der Klebfestigkeit in die Beanspruchungsgruppen D1 (C1) bis D4 (C4) eingestuft. Die Klebstoffe müssen die in der Norm angegebenen Anforderungen an die feste Klebstofffuge hinsichtlich der Beständigkeit gegen Klima- und Wassereinwirkungen erfüllen **(Tabelle 1, Seite 109).**
- **Dispersion:** Eine Dispersion ist ein heterogenes Gemisch aus mindestens zwei Stoffen, die sich nicht ineinander lösen oder chemisch miteinander verbinden, wie z. B. die Klebstoffmoleküle des Weißleims. Die Klebstoffmoleküle sind nicht im Wasser gelöst, sondern nur fein verteilt bzw. dispergiert.
- **Formaldehydemissionen:** Kondensations-Klebstoffe enthalten Formaldehyd. Formaldehyd ist in der EU derzeit wie folgt eingestuft: „Haut sensibilisierend“, „ätzend“, „giftig“ und „Verdacht auf Krebs erzeugende Wirkung“. Es sind daher möglichst alternative Klebstoffe anzuwenden. Man unterscheidet die Emissionsklassen E1 und E2 **(Seite 119, Holzwerkstoffe).**
- **Fugendicke:** In der Klebstofftechnologie werden dünne und dicke Leimfugen unterschieden. Die dünne Leimfuge ist max. 0,1 mm, die dicke Leimfuge ist über 0,1 mm.

- **Härter:** Ein Härter ist bei 1-Komponenten- und 2-Komponenten-Klebstoffen der Anteil an einem Klebstoffgemisch, der den Abbindeprozess einleitet bzw. beschleunigt. Bei 2-Komponenten-Klebstoffen wird er kurz vor der Verarbeitung untergemischt. Der Klebstoff hat eine zeitlich eingeschränkte Gebrauchsdauer (Topfzeit).
- **Heißsiegelverfahren** oder **Wärmeaktivierkleben:** Bei diesem Verfahren wird ein viskoser thermoplastischer Klebstoff, meist KPVAC-Leim, aufgetragen. Nachdem der Klebstoff abgetrocknet ist, werden die miteinander zu verklebenden Flächen zusammengelegt und gepresst. Durch Wärmeeinwirkung verflüssigt sich der „Leimfilm" noch einmal. Die beiden Oberflächen verbinden sich bei der Abkühlung.
- **Kohäsion:** Die Kohäsion ist die Zusammenhangkraft zwischen den Molekülen gleicher Art; wie z.B. die Kräfte der Klebstoffmoleküle eines Klebstoffs untereinander.
- **Konditionieren:** Zeit, nach dem Verleimungsvorgang (z.B. Entnahme aus der Furnierpresse). Das Werkstück ruht bis zur Weiterverarbeitung. Dadurch können Wärme und Feuchtigkeit entweichen und Spannungen können sich ausgleichen. Manche Klebstoffarten härten während dieser Ruhephase nach (siehe Abbindezeit)
- **Pressdruck:** Der Pressdruck ist der Druck auf die Klebstofffuge während der Abbinde- oder Härtezeit.

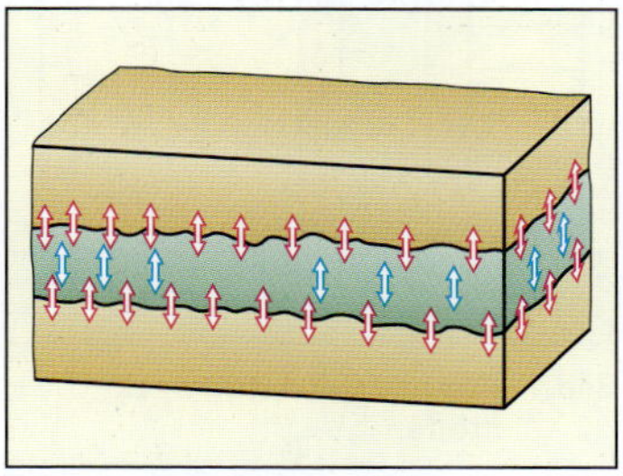

Bild 1: Kohäsion (blau) und Adhäsion (rot)

- **Presszeit:** Die Presszeit oder Pressdauer ist die Zeit zwischen Beginn und Ende des vollen Pressdruckes. Bei Kontaktklebstoffen wird von Anpresszeit gesprochen.
- **Reifezeit:** Darunter versteht man die Zeit vom Ansetzen eines Klebstoffes bis zum verarbeitungsfähigen Zustand. Erst am Ende der vorgeschriebenen Reifezeit darf der Klebstoff aufgetragen werden.
- **Streck- und Füllmittel:** Streckmittel sind pulverisierte, quellfähige organische Stoffe mit eigener Klebekraft, wie z.B. Stärke und wasserlösliche Zellulose. Füllmittel wie z.B. pulverisierte Duroplaste, Gesteins- und Rindenmehle weisen keine eigene Klebekraft auf. Mit beiden Mitteln werden die Eigenschaften des viskosen Klebstoffes sowie der festen Klebstofffuge verändert. Diese Mittel dürfen deshalb nur in genau vorgeschriebenen Mengen dem flüssigen Klebstoff hinzugefügt werden. Der Klebstoffhersteller liefert die Klebstoffe meist gebrauchsfertig. Bei eigenmächtigen Veränderungen durch Zusätze erlischt die Produkthaftung.
- **Topfzeit (Gebrauchsdauer):** Die Topfzeit ist die Zeit, die ein Klebstoff von seinem verarbeitungsfähigen Zustand bis zum Beginn des Abbindens im Klebstoffgefäß verbleiben kann. Am Ende der Topfzeit ist der Klebstoff unbrauchbar.
- **Untermischverfahren:** Bei 2-Komponenten-Klebstoffen werden Klebstoff und Härter vor dem Leimauftrag gemischt. Der Abbindeprozess beginnt im Moment des Mischens. Nicht verwendeter Klebstoff muss entsorgt werden.
- **Viskosität:** Die Viskosität bezeichnet die Dickflüssigkeit bzw. Dünnflüssigkeit eines Klebstoffes. Bei den meisten Klebstoffen ist die Viskosität vom Hersteller eingestellt, sie sind „gebrauchsfertig". Bei bestimmten Klebstoffen muss sie überprüft oder selbst eingestellt werden. Eine falsche Viskosität kann z.B. beim Furnieren zu Leimdurchschlag führen.
- **Vorstreichverfahren:** Ein Leimauftragsverfahren bei 2-Komponenten-Klebstoffen, wobei Klebstoff und Härter nicht gemischt, sondern getrennt auf die beiden Fügeteile aufgetragen werden. Der Abbindeprozess beginnt im Moment des Zusammenlegens der Teile, wenn also Klebstoff und Härter in Berührung kommen.

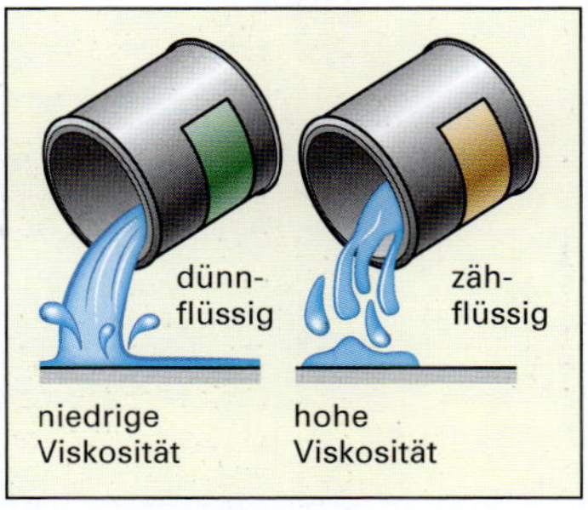

Bild 2: Viskosität

- **Wartezeit:** Man versteht darunter die Abtrocknungszeit vom Leimauftrag auf die Fügeteile bis zum Erreichen des vollen Pressdruckes. Unterschieden werden die offene und die geschlossene Wartezeit. Die **offene Wartezeit** ist die Zeit vom Auftragen des Klebstoffes bis zum Zusammenlegen der miteinander zu verklebenden Fügeteile. Die **geschlossene Wartezeit** schließt sich an die offene Wartezeit an und endet mit dem Erreichen des vollen Pressdruckes.

Bild 1: **Produkte aus Holzwerkstoffen**

2.8 Plattenwerkstoffe – Holzwerkstoffe

Plattenwerkstoffe sind vorwiegend industriell hergestellte großflächige Bauteile, die durch Weiterverarbeitung und Bearbeitung in der Möbelindustrie, im Handwerksbetrieb oder bei Montagefirmen verwendet werden. Sie werden für die Produktion von Möbeln, für den Innenausbau oder als Beplankung im Fertighausbau verwendet. Nach ihren Ausgangsmaterialien unterscheidet man:

- Holzwerkstoffplatten,
- Verbundwerkstoffe
- Mineralische Plattenwerkstoffe

Holzwerkstoffplatten werden vorwiegend aus zerkleinertem Holz unter Zugabe von Bindemitteln hergestellt. **Verbundwerkstoffplatten** sind schichtförmig unter Verwendung verschiedener Werkstoffe aufgebaut (z. B. Schaumkernplatten). Sie werden auch als Sandwichplatten bezeichnet. **Mineralische Plattenwerkstoffe** enthalten mineralische Bestandteile wie Gips oder Zement (z. B.: „Kunst-Stein"-Platten im Sanitärbereich). Wegen der ständig steigenden Zahl neu entwi-

Tabelle 1: Technische Klassen* für Holzwerkstoffe nach DIN EN 13986 (06.2015)

Farbcode 1. Streifen: weiß = Tragfähigkeit →				nicht tragend			tragend			tragend		
Farbcode 2. Streifen: gelb = Tragfähigkeit				allgemeine Verwendung			allgemein belastbar			hoch belastbar		
Ausgangsstoffe	Kurzzeichen	Holzwerkstoff	Norm	Trockenbereich	Feuchtbereich	Außenbereich	Trockenbereich	Feuchtbereich	Außenbereich	Trockenbereich	Feuchtbereich	Außenbereich
Vollholzteile	SWP	Massivholzplatte	DIN EN 13353	SWP/ 1 NS	SWP/ 2 NS	SWP/ 3 NS	SWP/1 S	SWP/2 S	SWP/3 S	SWP/ 1 SD	SWP/ 2 SD	SWP/ 3 SD
	LVL	Furnierschichtholz	DIN EN 14279	LVL/1 NS	LVL/2 NS	LVL/3 NS	LVL/1 S	LVL/2 S	LVL/3 S			
		Sperrholz Furniersperrholz Mittellagensperrholz Verbundsperrholz	DIN EN 313-1	636-1 NS	636-2 NS	636-3 NS	636-1 S	636-2 S	636-3 S			
Holzspäne	OSB	Langspanplatte	DIN EN 300	OSB/1			OSB/2	OSB/3			OSB/4	
	P ES/ESL ET/ETL	Kunstharzgebundene Spanplatten: – Flachpressplatte – Strangpressplatte Vollplatte – Strangpressplatte Röhrenplatte	DIN EN 309 DIN EN 312 DIN EN 14755 DIN EN 14755	P1/P2 ES/ESL ET/ETL	P3		P4	P5		P6	P7	
		Zementgebundene Spanplatten	DIN EN 634-2			EN 634-2			EN 634-2**			EN 634-2
Holzfasern	HB	Harte Holzfaserplatte	DIN EN 622-2	HB	HB.H	HB.E	HB.LA	HB.HLA1		HB.HLA2		
	MBH	Mittelharte Holzfaserplatte	DIN EN 622-3	MBL MBH	MBL.H MBH.H	MBL.E MBH.E	MBH.LA1	HB.HLS1		MBH.LA2	MBH.HLS2	
	SB	Poröse Holzfaserplatte	DIN EN 622-4	SB	SB.H	SB.E	SB.LS	SB.HLS				
	MDF	Mitteldichte Faserplatte – LMDF Leicht MDF – ULMDF Ultraleicht MDF	DIN EN 622-5	MDF L-MDF UL1-MDF UL2-MDF	MDF.H L-MDF.H MDF.RWH		MDF.LA	MDF.HLS				
Span- oder Fasermittellage mit Deckschichten aus Kunststoff	MFB	Kunststoffbeschichtete Flachpressplatten oder -faserplatten	DIN EN 14322	Beispiele: MFB P MFB HB MFB SB MFB MDF etc.								

Farbcode: 2. oder 3. Streifen = Feuchtebereich → blau, grün, braun

Anmerkung:

Farbcode für Anwendungsklasse:

- 1 oder 2 Streifen weiß = immer nicht tragend
- 2 Streifen gelb = tragend, allgemein belastbar
- 1 Streifen gelb = tragend, hoch belastbar

Farbcode für Nutzungsklasse:

- Streifen blau = Trockenbereich
- Streifen grün = Feuchtebereich
- Streifen braun = Außenbereich

* Die Technische Klasse (Produkt-Leistungsklasse) legt die Anforderungen für ein Produkt und dessen vorgesehenen Verwendungszweck fest, z. B.: P6 – hochbelastbare Flachpressplatte für den Trockenbereich

** nur unter bestimmten Voraussetzungen für tragende Zwecke zulässig

ckelter Plattenwerkstoffe wird durch Normgebung eine Vereinheitlichung der Leistungsmerkmale bestimmter Plattenwerkstoffe auf europäischer Ebene angestrebt. Genormte Werkstoffe sind gekennzeichnet und lassen somit Rückschlüsse auf die mechanische Belastbarkeit sowie das Verhalten bei Feuchte und Brand und somit auch auf ihren Verwendungszweck zu. Je nach Vorgabe dürfen in einigen Ländern für bestimmte Verwendungszwecke nur genormte Plattenwerkstoffe verwendet werden. Bei Verwendung nicht genormter Bauteile ist im Einzelfall auch eine bauaufsichtliche Zulassung möglich.

Holzwerkstoffe (DIN EN 13986) sind Werkstoffe, die aus zerkleinertem Vollholz, wie Spänen, Fasern, Leisten, Furnieren unter Zugabe von Bindemitteln zu Platten oder Formteilen verpresst werden. Sie können je nach den gewünschten Eigenschaften und Anforderungen Anteile von Papier, Kunststoffen, Metallen oder zellulosehaltige Fasern von Nutzpflanzen wie Raps, Reis oder Hanf enthalten.

Durch ihren homogenen Aufbau sind sie maßhaltiger und ermöglichen großflächigere Holzkonstruktionen.

Die Verwendung von Holzwerkstoffen verringert den Verbrauch des Rohstoffes Holz. Sie lassen sich ökonomischer verarbeiten und ermöglichen Gestaltungsmöglichkeiten im Möbelbau, wie sie mit Vollholz nicht zu erreichen sind.

Für die Verwendung im Bauwesen müssen sie entweder genormt oder für den Einzelfall bauaufsichtlich zugelassen sein. In der Norm DIN EN 13986 sind die für Europa festgelegten Begriffe, die Leistungseigenschaften, die Einteilung in Schadstoffklassen und die durchzuführenden Qualitätskontrollen festgeschrieben. Jeder Hersteller von Holzwerkstoffen ist außerdem verpflichtet sein Produkt mit dem sogenannten CE-Kennzeichen zu versehen **(Seite 544)**. Hiermit gewährleistet der Hersteller eine Übereinstimmung (**Konformität)** seines Produktes mit den Vorgaben der Norm. Das CE-Kennzeichen ist kein Gütesiegel, es gewährleistet nur, dass das Produkt den in der Norm festgelegten Kriterien entspricht.

Holzwerkstoffe lassen sich bezogen auf ihre Ausgangsstoffe in folgende Gruppen einteilen: **Vollholzwerkstoffe, Spanwerkstoffe, Faserwerkstoffe** und **Verbundwerkstoffe.** Zusätzliche Angaben weisen auf die mechanische Belastbarkeit, die Feuchtebeständigkeit, die Verwendung von Holzschutzmitteln, besondere Verwendungsmöglichkeiten, das Maß der Formaldehydausdünstung und eine spezifische Beschichtung hin. **Tabelle 1, Seite 118,** zeigt eine Übersicht von Holzwerkstoffplatten nach DIN EN 13986.

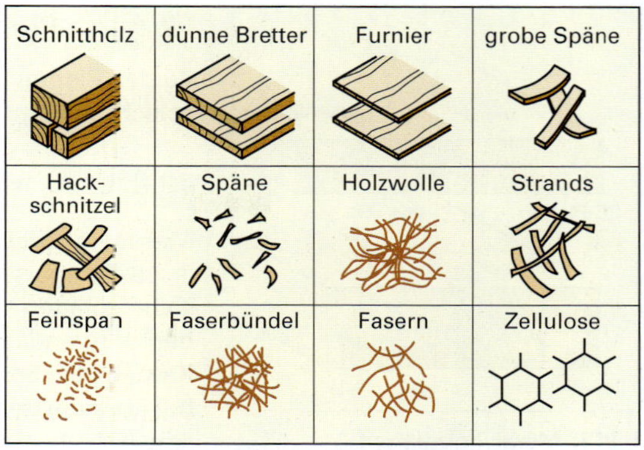

Bild 1: Bestandteile für Holzwerkstoffplatten

Anwendungsklassen

Die Anwendungsklasse legt die mögliche Verwendung eines Werkstoffes fest. Man unterscheidet:

allgemeine Zwecke: alle nicht tragenden Anwendungen, z. B. Möbel und Innenausbau

nicht tragende Zwecke: Einsatz unter nicht tragenden Bedingungen, z. B. als Teil eines Gebäudes oder einer Konstruktion

tragende Zwecke: Einsatz in einer tragenden Konstruktion als sogenanntes Tragwerk, d. h. in planmäßig miteinander verbundenen Teilen, deren mechanische Festigkeit und Standsicherheit berechnet ist.

Anwendungklassen werden durch Farbcodes gekennzeichnet **(Tabelle 1, Seite 118).**

Nutzungsklassen

Die Nutzungsklasse legt fest in welchen Bereichen Holzwerkstoffe eingesetzt werden dürfen. Man unterscheidet:

Trockenbereich: entspricht Nutzungsklasse 1, das bedeutet eine durchschnittliche Temperatur von 20 °C und eine relative Luftfeuchte von 65 %, die nur einige Wochen im Jahr überschritten wird.

Feuchtbereich: entspricht Nutzungsklasse 2, das bedeutet eine durchschnittliche Temperatur von 20 °C und eine relative Luftfeuchte von 85 %, die nur einige Wochen im Jahr überschritten wird.

Außenbereich: entspricht Nutzungsklasse 3, das bedeutet Klimaverhältnisse, die höhere Feuchtegehalte als Nutzungsklasse 2 bewirken.

Nutzungsklassen werden durch Farbcodes gekennzeichnet **(Tabelle 1, Seite 118).**

Emissionsklassen

Die Emissionsklasse legt die maximal zulässige Formaldehydausdünstung bei Holzwerkstoffen (DIN EN 13986) fest. Man unterscheidet:

Klasse E1 – Ausdünstung kleiner 0,124 mg/m^3

Klasse E2 – Ausdünstung größer 0,124 mg/m^3

In Deutschland sind nur noch Werkstoffe der Emissionsklasse E1 zugelassen.

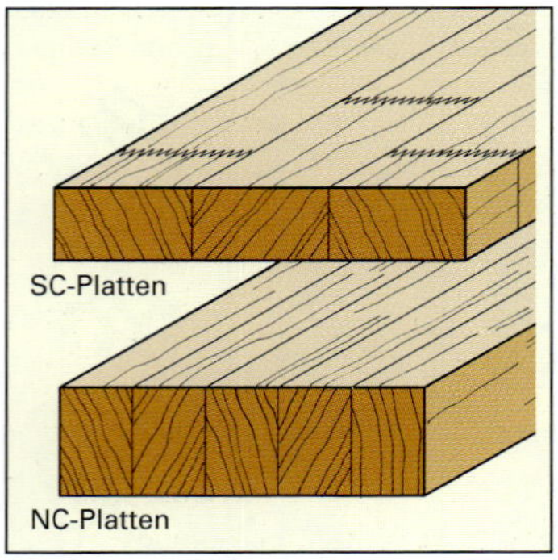

Bild 1: Massivholzplatten

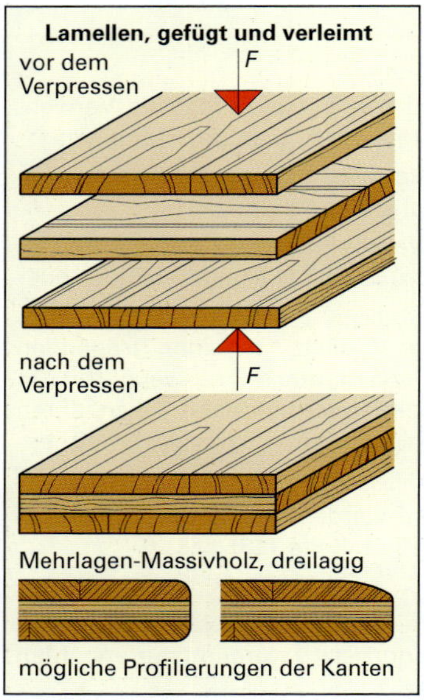

Bild 2: Mehrlagen-Massivholz

2.8.1 Platten aus Vollholzteilen

Zu den Platten aus Vollholzteilen gehören **Massivholzplatten, Furnierschichtholz** und **Sperrholz.**

2.8.1.1 Massivholzplatten (SWP)

Massivholzplatten (DIN EN 12775) bestehen aus Holzstücken, die an ihren Schmalseiten miteinander verklebt sind. Bei mehrlagigen Massivholzplatten werden auch die Breitseiten miteinander verleimt. Bei den verwendeten „Holzstücken" kann es sich um **Bretter, Lamellen, Kanteln, Stäbe** oder **Bohlen** handeln. Die Holzstücke können sich hierbei über die gesamte Plattenlänge erstrecken (NC-Platte) oder gekürzt sein **(Bild 1).** Gekürzte Holzstücke werden an der Hirnseite stumpf gestoßen und verleimt oder mit Keilzinken verbunden (SC-Platte). Nach den Verwendungsbedingungen unterscheidet man:

Massivholzplatten SWP/1 = Verwendung im Trockenbereich
Massivholzplatten SWP/2 = Verwendung im Feuchtbereich
Massivholzplatten SWP/3 = Verwendung im Außenbereich

Weitere Klassifizierungsmerkmale sind Angaben zur Tragfähigkeit, das Aussehen der Oberfläche, die Länge der Holzstücke und die Oberflächenbeschaffenheit wie beschichtet, unbeschichtet, geschliffen, ungeschliffen oder roh, lackiert.

Herstellung: Die einzelnen Holzteile werden an Vielblattkreissägen auf Dicke und Breite geschnitten. Die Schmalseiten müssen zum Verleimen gefügt, die Breitflächen auf Dicke geschliffen werden. Hochwertige Flächen werden vor dem Verleimen der Lamellen und Verpressen der Flächen nach Farbe und Maserung sortiert.

Massivholzplatten werden einlagig **(Bild 1)** und mehrlagig **(Bild 2)** hergestellt.

Verwendung: Mehrlagiges Massivholz wird für größere Flächen mit Massivholzcharakter verwendet. Es kann wie Massivholz an den Breit- und Schmalflächen bearbeitet werden, ohne besondere Anleimer anbringen zu müssen. Durch kreuzweise Verklebung bleiben die Flächen gut stehen.

Kennzeichnung Massivholzplatte:

- Name des Herstellers, Handelsmarke oder Zeichen
- Nummer der europäischen Norm EN 13353
- Plattentyp mehrlagig oder einlagig (mehrlagige Massivholzplatten sind mit dem Buchstaben L und einer Zahl, zur Angabe der Lagen zu kennzeichnen; einlagige Massivholzplatten sind mit dem Symbol „L1" und zusätzlich mit den Buchstaben „NC" bei Platten mit in der Länge durchgehenden Stücken oder mit den Buchstaben „SC" bei Platten mit in der Länge gekürzten Stücken zu kennzeichnen)
- Holzart und Erscheinungsklasse der Oberfläche
- Nennmaße in mm (Dicke, Breite, Länge)
- Nutzungsklasse 1, 2 oder 3
- Formaldehydklasse nach DIN 13986
- Datum der Herstellung (oder Datumscode)

  Bsp.: Tischler AG SWP/2 S EN13986 L1 SC Ki
  28 x 400 x 2400 E1 37/2019

Bestimmte Plattenbezeichnungen deuten auf die Art der Verwendung hin. Man unterscheidet **Möbelbauplatten, Arbeitsplatten** und **Fertigparkett.**

Möbelbauplatten sind in bestimmten Abmessungen und Stärken im Handel erhältlich. Ihre Flächen sind geschliffen, die Kanten können gefast oder gerundet sein. Möbelbauplatten können nach dem Formatschnitt zu einfachen Plattenmöbeln oder Regalen zusammengefügt werden.

Arbeitsplatten sind in genormten Maßen im Handel. Sie werden insbesondere in Küchen oder Hausarbeitsräumen eingesetzt. Ihre Verleimqualität muss deshalb den erhöhten Anforderungen gerecht werden. Die Vorderkante ist gerundet. Bei rechtwinkligen Plattenanschlüssen wird die Fuge durch spezielle Aluminiumprofile und Dichtstoffe vor dem Aufquellen geschützt.

Fertigparkettplatten oder **-dielen** haben je nach Hersteller einen zwei- oder dreischichtigen Aufbau.

Die absperrende Schicht besteht in der Regel aus Stabholz, auf der die Laufschicht aufgeleimt ist. Bei zweischichtigem Aufbau wird die Tragschicht mehrfach eingeschnitten, um ihr die verziehende Kraft zu nehmen. Dreischichtiges Fertigparkett entspricht im Aufbau Mehrlagenmassivholz. Die Mittel- und Unterschicht besteht aus leichtem Nadelholz, meist Fichte. Die Laufschicht besteht aus optisch ansprechenden und widerstandsfähigen Hölzern wie Eiche, Buche, Ahorn, Black Cherry, Birke und andere.

Fertigparkett ist an den Kanten mit Nut und Feder zum Verlegen vorbereitet. Es wird vom Hersteller mit einer strapazierfähigen Oberfläche versehen. Kleinformatiges Fertigparkett aus Parkettstäben wird auf den Estrichboden geklebt, großformatiges, wie zum Beispiel Parkettdielen, werden schwimmend verlegt.

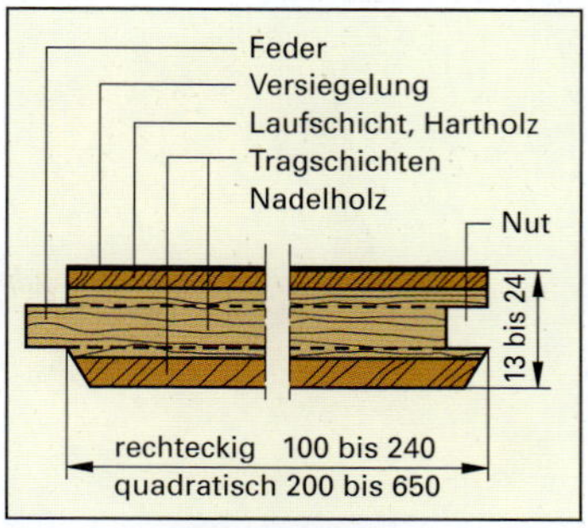

Bild 1: Fertigparkett-Element

2.8.1.2 Furnierschichtholz (LVL)

Furnierschichtholz (DIN EN 14279) ist ein Verbund aus Furnieren, in dem die Furniere vorwiegend in derselben Faserrichtung ausgerichtet sind. Ihre Klassifizierung erfolgt über ihre Beständigkeit gegen Feuchte in:

Furnierschichtholzplatten LVL/1 = Verwendung im Trockenbereich
Furnierschichtholzplatten LVL/2 = Verwendung im Feuchtbereich
Furnierschichtholzplatten LVL/3 = Verwendung im Außenbereich

In den jeweiligen Feuchteklassen werden besondere Anforderungen an die Qualität der Verklebung und die biologische Dauerhaftigkeit gestellt. Die Anwendungsklasse wird dem Kurzzeichen in Klammern hinzugefügt, **Bsp.: LVL/3 (nicht tragend).**

Normgerechtes Furnierschichtholz muss außerdem noch allgemeine Anforderungen an die Furniergüte, die Festigkeit, den Feuchtegehalt, den Formaldehydgehalt und die Rohdichte erfüllen.

Eigenschaften: Durch die stark richtungsbetonte Schichtung der Furniere erhält Furnierschichtholz eine große Festigkeit in Richtung des Faserverlaufs, die weit über der Festigkeit des Vollholzes liegt. Diese Festigkeit nimmt noch mit der Feinschichtigkeit des Plattenaufbaus zu. Es können 7 bis 20 Furnierlagen pro Zentimeter Plattendicke sein. Schichtholz wird in Dicken von 4 mm bis 100 mm hergestellt. Es lässt sich wie Sperrholz mit den üblichen Holzbearbeitungswerkzeugen und -maschinen bearbeiten.

Verwendung: Furnierschichtholz wird für Konstruktionselemente mit hoher Biege- und Zugbeanspruchung in Längsrichtung verwendet, wie z.B. im Sportgerätebau, Treppenbau, Flugzeugbau, Modellbau und Gestellbau.

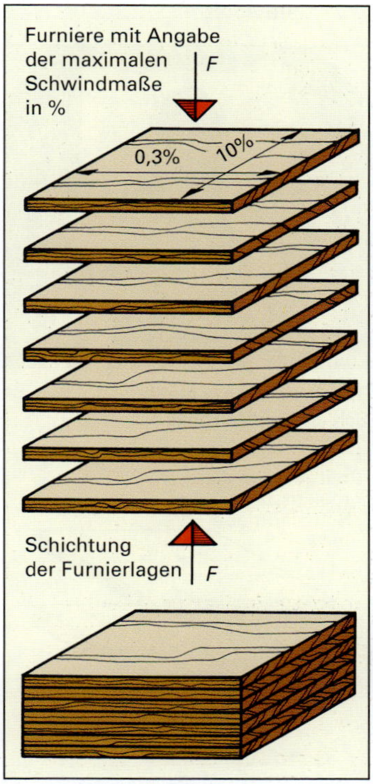

Bild 2: Furnierschichtholz

Sonderformen von Furnierschichtholz

Kunstharzpressholz ist hochverdichtetes, viellagiges Furnierschichtholz mit einem hohen Klebstoffanteil.

Herstellung: Für die Herstellung werden Schälfurniere aus Rotbuche mit einer Stärke von weniger als 0,8 mm verwendet. Stark heruntergetrocknet werden sie in ein Tauchbad oder in einen Vakuumbehälter mit 50% wässriger Phenolharzlösung gelegt. Die mit Kunstharz getränkten Furniere werden auf den zum Verpressen erforderlichen Feuchtegehalt getrocknet und dann in hydraulischen Pressen unter hohem Druck (2000 bis 3000 N/cm²) und bei hoher Temperatur (135 °C bis 155 °C) verpresst. Dabei wird das Holz verdichtet, die Poren wer-

Bild 3: Kunstharzpressholz

Bild 1: Stuhlsitz aus Kunstharzpressholz

Bild 2: Fertigung eines Schichtholzformteils

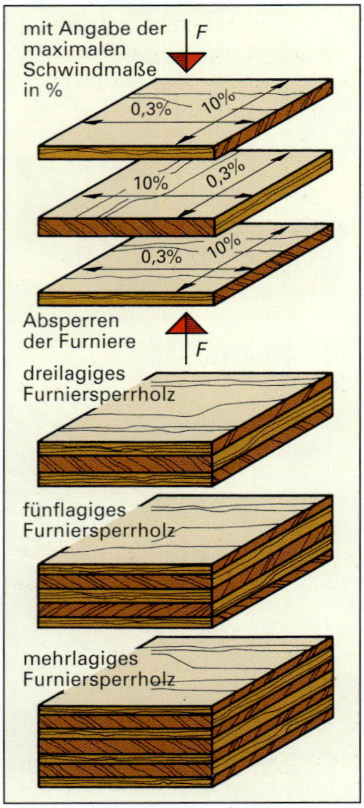

Bild 3: Aufbau von Furniersperrholz

den mit Kunstharz gefüllt und die eng aneinander liegenden kunstharzgetränkten Zellwände dauerhaft und unlösbar miteinander verklebt **(Bild 3, Seite 121)**.

Eigenschaften: Kunstharzpressholz hat wegen seines hohen Kunstharzanteils und der hohen Dichte hervorragende mechanische Eigenschaften. Es ist sehr hart („Panzerholz"), weist hohe Druck- und Abriebfestigkeit auf und ist beständig gegen Wasser, Öle, Laugen und schwache Säuren. Es lässt sich fräsen, hobeln, bohren und sägen, mit Gewinde versehen, feilen und schleifen. Die Oberfläche ist durch die Pressbleche blank und glatt. Durch das verwendete Phenolharz erhält es eine braune Farbe. Es wird in Plattendicken von 4 mm bis 100 mm hergestellt.

Verwendung: Kunstharzpressholz wird in holzverarbeitenden Betrieben für Fräs- und Bohrschablonen verwendet. Seine durchschusshemmende Eigenschaft macht man sich in der Sicherheitstechnik, z. B. bei Bankschaltern, zu nutze. Stark verdichtete Schichtholzformteile sind ein weiteres Anwendungsgebiet **(Bild 1)**.

Schichtholzformteile: Schichtholzformteile sind einfach gekrümmte Teile aus Furnierschichtholz. Sie haben eine höhere Festigkeit als Vollholz. Sie werden meist aus Rotbuchefurnieren hergestellt. Für besondere Fälle werden die Sichtflächen mit ansprechenden Furnieren anderer Holzarten versehen. In industrieller Fertigung werden aus Schichtholzformteilen Stuhlzargen und -gestelle, Tischzargen und Federleisten hergestellt **(Bild 2)**.

2.8.1.3 Sperrholz

Unter **Sperrholz (DIN EN 636)** versteht man kreuzweise verleimte Vollholzschichten, die sich gegenseitig am Schwinden und Quellen behindern, sie sperren sich gegenseitig ab. Sperrholz muss im Querschnitt nach Schichtdicke, Holzart und Faserrichtung symmetrisch aufgebaut sein. Deshalb bestehen Sperrhölzer immer aus einer ungeraden Anzahl von Schichten **(Bild 3)**.

Unabhängig von Holzart sowie Anzahl und Dicke der einzelnen Schichten gilt es als normgerecht, wenn die in der Norm festgelegten Werte für die Biegebeanspruchung, die Qualität der Verleimung und die biologische Dauerhaftigkeit erfüllt sind. Unter der biologischen Dauerhaftigkeit versteht man den natürlichen Widerstand gegen holzzerstörende Pilze und Insekten.

Nach dem Aufbau werden folgende Sperrhölzer unterschieden:

Furniersperrholz: 3 oder 5 Schichten aus Schälfurnieren,

Multiplexplatte: mehr als 5 Lagen Schälfurniere,

Mittellagensperrholz mit Mittellagen aus Vollholzstreifen (Tischlerplatten) und

Verbundsperrholz mit Mittellage aus verschiedenen Werkstoffen.

Herstellung und Besonderheiten von Furniersperrholz

Schälfurniere werden zugeschnitten und die Fugen gefügt. Die Decklagenfurniere müssen nach Qualität, also ohne Äste, Risse oder Farbstreifen, sortiert werden. Auch die Mittellagenfurniere dürfen keine größeren Fehlerstellen und Äste aufweisen, da sich diese durch die

Decklagenfurniere abzeichnen können. Die auf Plattengröße vorbereiteten Furnierlagen werden in Leimauftragsmaschinen beleimt, in der gewünschten Zahl und Lagenfolge aufeinander gelegt und in Heißpressen verleimt.

Nach dem Pressen muss Sperrholz so gelagert werden, dass sich die durch den Leim eingebrachte Feuchtigkeit sowie die inneren Spannungen ausgleichen können. Diesen Vorgang nennt man „Konditionieren". Danach werden die Platten auf Format geschnitten, geschliffen, kontrolliert und gekennzeichnet.

Eigenschaften: Sperrholz hat eine höhere Festigkeit, eine bessere Maßhaltigkeit und Formbeständigkeit als Vollholz. Sperrholz kann wie Vollholz mit den üblichen Holzbearbeitungswerkzeugen und -maschinen, wie z. B. gesägt, gefräst, gehobelt und geschliffen, bearbeitet werden.

Verwendung: Sperrholz wird wegen der geringen Schwindmaße für großflächige, meist nicht selbsttragende Teile im Möbel- und Innenausbau, wie für Rückwände, Füllungen und Schubkastenböden verwendet. Aus dickeren Furniersperrhölzern (Multiplexplatten) lassen sich Möbelbauteile **(Bild 1)** und Arbeitsplatten fertigen. Es eignet sich gut für den Bau von Frässchablonen und Treppenstufen.

Sperrholz mit hoher Feuchtebeständigkeit wird als Beplankung im Kühlmöbel- und Kühlraumausbau, sowie für großflächige Konstruktionselemente in Feuchträumen eingesetzt.

Verarbeitung: Sperrholz wird zweckmäßig mit hartmetallbestückten Werkzeugen bearbeitet. Beim Zuschnitt auf Formatkreissägen ist für eine sichere Auflage der Platte auf dem Maschinentisch zu sorgen. Die aufsteigenden Sägezähne des Sägeblattes heben sonst die leichten Platten aus dem Sägeschnitt heraus, sodass gefährliche Rückschläge mit hoher Verletzungsgefahr entstehen können.

Zum Beleimen und Beschichten können alle in Tischlereibetrieben gebräuchlichen Klebstoffe verwendet werden. Soll Sperrholz überfurniert werden, muss der Furnierverlauf rechtwinklig zum Faserverlauf der äußeren Furnierlagen der Platte verlaufen, damit eine Rissbildung des Deckfurniers vermieden wird. Dies ist bereits beim Zuschnitt der Platten zu berücksichtigen.

Besondere Sperrhölzer

Sperrholz kann durch seinen Aufbau, die Qualität der Verklebung und die Oberflächenbeschaffenheit für einen ganz bestimmten Verwendungszweck vorbereitet sein. Man unterscheidet: Stabsperrholz, Stäbchensperrholz, Bausperrholz, Edelfurniertes Sperrholz, Sperrholzformteile, Flugzeugsperrholz, Bootsbausperrholz, Betonschalungsplatten, Dampfsperre-Furnierplatten und Sternholz.

Stabsperrholz

Stabsperrholz, früher Tischlerplatte genannt, besteht aus einer Mittellage von nebeneinander liegenden 24 mm bis 30 mm breiten Leisten, die durch beidseitig quer aufgeklebte Furniere abgesperrt werden.

Herstellung: Stabsperrholz wird ausschließlich industriell hergestellt. Für die Qualität des Stabsperrholzes sind in hohem Maße die Art und der Aufbau der Mittellagen bestimmend. Die Leisten der Stabmittel-

Bild 1: Korpusecke aus Multiplexplatte

Kennzeichnung Furniersperrholz-Platte:
(VP = Veneer Plywood)

- Name des Herstellers, Handelsmarke oder Zeichen
- Nummer der europäischen Norm EN **636** und den Anwendungsbedingungen
  - **1** zur Verwendung im Trockenbereich,
  - **2** zur Verwendung im Feuchtbereich oder
  - **3** zur Verwendung im Außenbereich,
- Buchstabe zur Angabe der vorgesehenen Verwendung: „S" für tragende Zwecke oder „NS" für allgemeine Zwecke
- Formaldehydklasse nach DIN 13986
- Nenndicke in mm
- Chargennummer oder Herstellungswoche und -jahr

Beispiel: (Firma) Furniersperrholz EN 636-2 G E1 8 18/20XX

Abmessungen (Dicke in mm):
Furniersperrholz: 4, 5, 6, 8, 10, 12
Multiplexplatten: 12, 15, 18, 22, 25, 30, 35, 40, 50

Bild 2: Stabsperrholz furniert

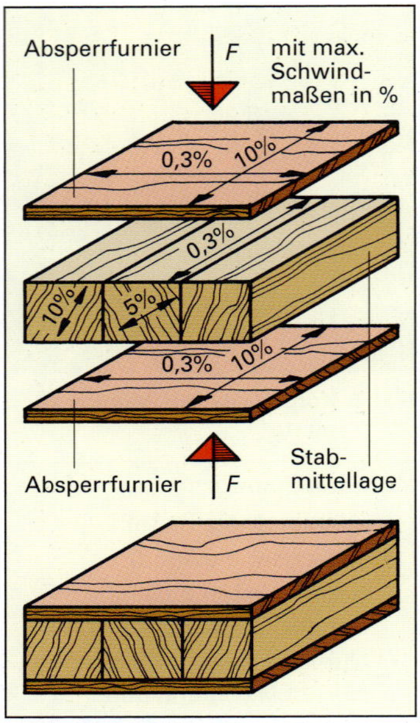

Bild 1: Stabsperrholz

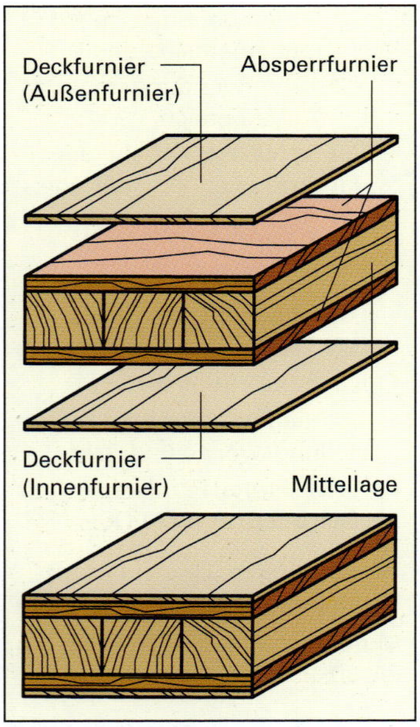

Bild 2: Überfurniertes Stabsperrholz

Tabelle 1: Abmessungen der Stab- und Stäbchensperrholzplatten

Dicken in mm	13, 16, 19, 22, 25, 28, 30, 38
Längen in mm	1220, 1530, 1830, 2050, 2500
Breiten in mm	2440, 2500, 3500, 5100, 5200, 5400

lage bestehen in der Regel aus Fichte oder Kiefer. Die Jahresringe des Mittellagenholzes sollten möglichst stehend verlaufen. Da sich die Fehler der Mittellage an der Plattenoberfläche durch das Absperrfurnier abzeichnen können, werden große Äste und Risse, sowie Baumkanten und Harzgallen bei der Herstellung herausgeschnitten und die einzelnen Leisten auch in der Länge dicht gestoßen.

Die Herstellung der Mittellagen erfolgt in Leistenzusammensetzmaschinen, wobei die Leisten eingelegt und die Mittellage verklebt oder nur durch Klebstoffpunkte zusammengehalten werden.

Die Mittellagen werden mit Furnieren quer zur Faserrichtung in hydraulischen Heißpressen abgesperrt. Damit sich die Schwind-, Quell- und besonders die Torsionskräfte der Absperrfurniere nicht auf die Mittellagen übertragen, darf deren Dicke nur etwa 13% der Plattendicke betragen. Die Dicke der Absperrfurniere beträgt z.B. bei einem 13 mm dicken Stabsperrholz 1,5 mm bis 2 mm, bei einer 16 mm dicken Platte 2,5 mm bis 2,8 mm und bei über 25 mm dickem Sperrholz 3,0 mm bis 3,5 mm. Als Absperrfurniere verwendet man in Deutschland vorwiegend die Holzart Buche, in Skandinavien und Polen Birke und Fichte und in Italien Pappel. Die bisher verwendeten Tropenhölzer Limba, Ilomba, Abachi und Okoume wurden weitgehend verdrängt. Nach dem Pressen ist eine mehrtägige Lagerung in einem Zwischenlager erforderlich, damit sich die durch den Leim eingebrachte Feuchtigkeit innerhalb der Platten gleichmäßig verteilen oder entweichen kann. Diesen Vorgang nennt man konditionieren. Erst dann werden sie auf Größe geschnitten, fein quer geschliffen und mit einem Stempel gekennzeichnet.

Eigenschaften: Durch die kreuzweise Absperrung der Holzlagen gleichen sich die Schwindrichtungen des Holzes aus, sodass Stabsperrholz in jeder Richtung des Formats annähernd gleiche Schwindmaße aufweist **(Bild 1)**, die sich im Rahmen des geringen Längenschwindmaßes der Hölzer bewegen. Je schmaler die Leisten der Mittellagen, je gleichmäßiger der Verlauf der Hauptschwindrichtungen der einzelnen Mittellageleisten zueinander und je gleichmäßiger die Absperrfurniere, desto besser ist das Stehvermögen der Platten und desto ebener deren Oberfläche. Stabsperrholz hat ein relativ geringes Gewicht, lässt sich gut furnieren und leicht mit allen Holzbearbeitungswerkzeugen und -maschinen bearbeiten. Es kann durch die Vollholzmittellage verhältnismäßig stark auf Biegung belastet werden. Diese Biegefestigkeit erhöht sich noch durch die nachträglich aufgeleimten Deckfurniere. Da die größte Biegefestigkeit in Richtung der Mittellage liegt und der Faserverlauf der Deckfurniere quer zum Faserverlauf des Absperrfurniers liegen muss, ist beim Zuschnitt auf den Verlauf der Mittellage Rücksicht zu nehmen **(Bild 2)**.

Verwendung: Stabsperrholz wird im Möbelbau für großflächige, selbsttragende Teile wie Korpusteile, Türen und Einlegeböden verwendet. Im Innenausbau eignet es sich für den Bau von Verkleidungen, Einbaumöbeln und Türblättern.

Verarbeitung: Stabsperrholz besteht aus Holz und kann daher mit allen Hand- und Maschinenwerkzeugen des Tischlers gesägt, gefräst, gebohrt, gestemmt, gehobelt und geschliffen werden. Beim Fräsen der Kanten werden die Schneiden jedoch im Bereich der Klebstofffugen schneller stumpf und schartig. Deshalb sind bei umfangreichen Fräsarbeiten hartmetallbestückte Werkzeuge zu verwenden.

Als Eckverbindungen sind besonders Verbindungen mit Dübeln oder mit Formfedern geeignet, weil dabei der Plattenquerschnitt durch das Bohren bzw. Einsatznuten nicht geschwächt wird. Zum Verleimen können alle in Tischlereibetrieben üblichen Klebstoffe verwendet werden. Stabsperrholz wird meistens überfurniert. Um eine Rissbildung des Deckfurniers zu vermeiden, muss die Faserrichtung des Deckfurniers rechtwinklig zum Faserverlauf des Absperrfurniers liegen **(Bild 2, Seite 124)**. Sichtbare Kanten erhalten Anleimer oder dicke Furnierkanten. Bei der Verwendung von dünnen Furnierkanten ist zu beachten, dass sich das Hirnholz des Absperrfurniers sowie Fehler der Mittellage auf den Furnierkanten abzeichnen.

Sonderform: Stabplatten mit Spandecks sind den Verbundwerkstoffen zuzuordnen. Sie erhalten als Decklagen statt Absperrfurniere dünne Span- oder MDF-Platten. Sie sind leichter als Spanplatten und durch die gleichmäßige Oberflächenstruktur gut zu furnieren, zu lackieren oder zu beschichten.

Stäbchensperrholz

Stäbchensperrholz **(Bild 1)** ist wie Stabsperrholz aufgebaut. Die Mittellage besteht jedoch aus bis zu 8 mm dicken, miteinander verklebten Stäbchen aus Rundschälfurnieren. Da beim Herstellen der Schälfurniere das Holz in Richtung der Jahresringe abgetrennt wird, weisen die Stäbchen vorwiegend stehende Jahresringe auf. Dadurch bleiben hier die Oberflächen eben.

Bausperrholz

Nach der Art der Mittellage unterscheidet man Baustabsperrholz und Baustäbchensperrholz. Beide Arten werden mit dicken Absperrfurnieren aus widerstandsfähigen Holzarten wie Buche oder Makore in hochwertiger Verklebungsklasse hergestellt. Die Platten sind für den Fertighausbau, Containerbau und auch als Betonschalungsplatten geeignet. Bei Betonschalungsplatten kann sich die Oberflächenstruktur auf die Betonoberfläche übertragen.

Edelfurniertes Sperrholz

Edelfurniertes Sperrholz ist Sperrholz dessen Deckschicht mit einem hochwertigen, optisch ansprechenden Furnier beklebt ist. Es wird im Möbelbau, Ladenbau, im Innenausbau und im Schiffausbau verwendet. Dort findet es Verwendung als Füllung, als Verkleidung für Theken und raumteilende Elemente, sowie Decken- und Wandbekleidungen.

Sperrholzformteile

Sperrholzformteile **(Bild 1, Seite 126)** bestehen aus rechtwinklig oder sternförmig geschichteten Schäl- oder Messerfurnieren, die in Formen zu mehrfach gekrümmten Holzteilen gepresst werden. Der Klebstoff zwischen den Furnierlagen hält nach seiner Aushärtung die gekrümmten Furnierschichten in der durch die Form vorgegebenen Lage, sodass ein Rückfedern der Krümmungen verhindert wird. Nach dem Pressen können die Formteile auf das gewünschte Endformat gefräst werden. So lassen sich z.B. mehrfach geformte Stuhl- und Polstermöbelteile, Gehäuse für Gebrauchsgegenstände und Möbelteile herstellen.

Festigkeitsklasse

Die **mechanische Belastbarkeit** eines Plattenwerkstoffes wird über die Werte von Biege-Elastizitätsmodul und Biegefestigkeit definiert.

Das **Biege-Elastizitätsmodul (E-Modul)** ist ein theoretischer Wert, der die Spannung angibt um einen Werkstoff um 100 % zu dehnen. Dies ist praktisch jedoch nicht möglich, da der Werkstoff vorher reißt.

Je höher der Wert des E-Moduls, umso steifer ist ein Werkstoff (Stahl ca. 200000 N/mm²; Aluminium 70000 N/mm²; MDF-Platte 1300 bis 1700 N/mm²; Vollholz parallel zur Faser 7000 bis 20000 N/mm²).

Die **Biegefestigkeit** beschreibt die Belastung, die ein Werkstoff bis zum Bruch aufnehmen kann (MDF 15 bis 34 N/mm², Vollholz parallel 55 bis 170 N/mm²). Je belastbarer ein Werkstoff ist, umso höher ist der Wert der Biegefestigkeit.

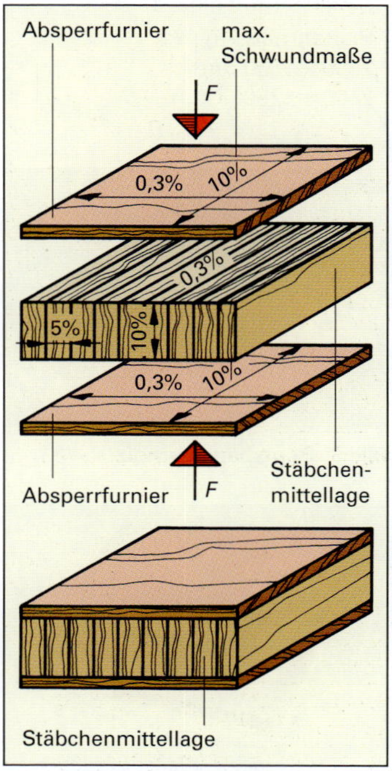

Bild 1: Stäbchensperrholz

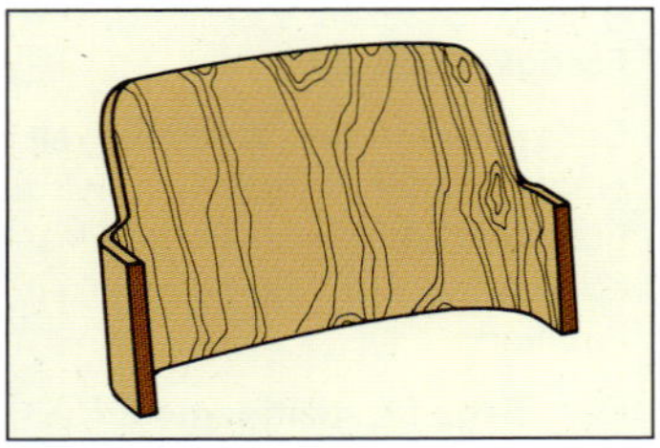

Bild 1: Sperrholz-Formteil

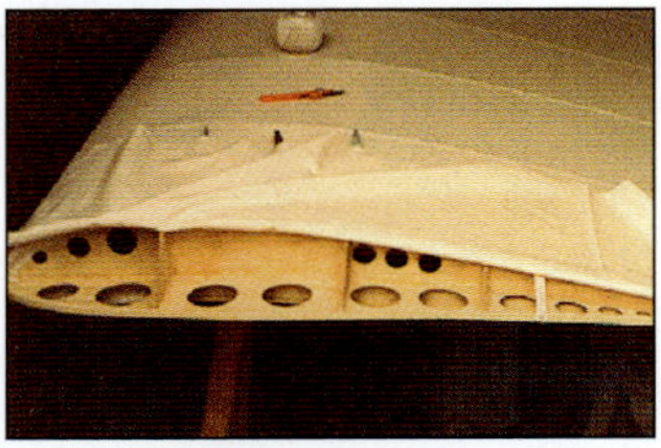

Bild 2: Flügel aus Flugzeugsperrholz

Abmessungen Flugzeugsperrholz
3 bis 16 Lagen
Dicke in mm: 0,4 bis 8
Plattenmaße in mm:
50 x 250 bis 1500 x 1500

Abmessungen Bootsbausperrholz
meist 3 Lagen
Dicke in mm: 3 bis 30
Plattenmaße in mm:
2500 x 1530 und
2500 x 1250

Bild 3: Bootsbausperrholz

Bild 4: Betonschalungsplatte

Flugzeugsperrholz

Flugzeugsperrholz ist besonders dünnes und leichtes Sperrholz. Es wird 3-, 5-, 7-, 12- oder 16-lagig hergestellt. Die Stärke liegt zwischen 0,4 mm (3-lagig) bis 8 mm (16-lagig). Die meist verwendeten Holzarten sind Birke, Pappel und Buche. Für die exklusive Verwendung wird Flugzeugsperrholz auch mit Furnieren aus Nussbaum, Kirsche, Teak, Mahagoni oder Vogelaugenahorn produziert. Flugzeugsperrholz ist in Plattengrößen von 500 mm x 250 mm bis 1500 mm x 1500 mm erhältlich. Es erhält seine vergleichsweise hohe Festigkeit durch die große Anzahl von kreuzweise verleimten Furnierschichten bei gleichzeitig geringer Materialstärke. Man kann es sehr gut fräsen oder mit dem Laser bearbeiten. Flugzeugsperrholz hat seine frühere Bedeutung im Flugzeugbau weitgehend verloren und wird heute vorwiegend im Modellbau eingesetzt **(Bild 2)**.

Bootsbausperrholz

Bootsbausperrholz **(Bild 3)** ist ein aus Schälfurnieren bestehendes Sperrholz mit hoher Beständigkeit gegen Feuchteeinwirkungen. Die Bootsbau-Platten sind kochfest, seewasserfest und tropenfest verleimt. Sie werden sowohl für die Konstruktion des Rumpfes und den Decksaufbau, als auch für den oft sehr anspruchsvollen Innenausbau verwendet.

Ein Kantenschutz und eine Behandlung der Fuge ist jedoch unbedingt erforderlich. Typische Hölzer für den Rumpf- oder Decksaufbau sind Eiche, Lärche, Khaya, Okume, Sipo und Sapeli. Für den Innenausbau werden Khaya, Teak, Esche, Oregon, Sipo und Sapeli verwendet. Gängige Plattenmaße sind 2500 mm x 1530 mm und 2500 mm x 1250 mm bei einer Stärke zwischen 3 mm bis 30 mm.

Betonschalungsplatten

Betonschalungsplatten **(Bild 4)** bestehen im allgemeinen aus wasserfest verleimten Furniersperrholzplatten oder aus 3-Schicht-Vollholzplatten, die entweder unbeschichtet oder beidseitig mit einer Beschichtung aus einem Phenolharzfilm versehen sind. Betonschalungsplatten werden im Hoch- und Tiefbau eingesetzt. Sie werden benötigt, um dem Beton während des Aushärtungsprozesses eine Form zu geben. Durch unterschiedliche Oberflächen der Platten kann dem Beton eine unterschiedliche Struktur verliehen werden. Bei den kunstharzbeschichteten Platten gibt es Unterschiede hinsichtlich der Qualität und Menge des Beschichtungsfilmes. Aus diesen Faktoren resultiert die Strapazierbarkeit der Platten.

Dreischicht- und Vollholzschaltafeln bestehen aus Nadelholz, sind mit mechanischer Verbindung und mit oder ohne Stahlprofilschutz der Stirnkanten versehen. Sie sind wasserfest verleimt und meistens mit Kunstharz oberflächenbehandelt.

Dampfsperre-Furnierplatten

Dampfsperre-Furnierplatten haben eine Sperrschicht aus Aluminiumblech. Die Mittellage kann sowohl aus Sperrholz, aber auch aus Kunststoff-Hartschaum bestehen. Diese Platten werden vor allem im Türen- (Haustüren) und Fensterbau verwendet.

Sternholz

Sternholz ist ein mehrlagiges Sperrholz (mindestens 5 Lagen), bei dem die einzelnen Furnierlagen um 15° bis 45° gegeneinander verdreht sind. Dadurch sind Sternholzplatten praktisch richtungsneutral belastbar. Sie eignen sich zum Beispiel zur Herstellung mechanischer Bauteile wie Zahnräder, Griffhebel und Frässchablonen.

Bild 1: Verschiedene Spanplatten

2.8.2 Platten aus Holzspänen

Spanplatten (DIN EN 309) werden durch Verpressen von kleinen Holzteilen unter Hitzeeinwirkung und der Verwendung von einem Bindemittel hergestellt. Bei den Holzteilen kann es sich um Holzspäne, Hobelspäne oder Sägespäne handeln. Auch die holzfaserähnlichen Pflanzenteile von Flachs, Hanf, Zuckerrohr sowie verschiedener Getreidearten können bei der Spanplattenherstellung verwendet werden. Zum Beispiel für Hanfleichtbauplatten.

Nach der Lage der Späne im Plattenquerschnitt unterscheidet man **Langspanplatten (OSB), Flachpressplatten (P1 bis P7)** und **Strangpressplatten (ES, ET).** Weitere Klassifizierungsmerkmale sind Schichtaufbau, Oberflächenbeschaffenheit, Ausgangsmaterial und Verwendungszweck, z.B. P7 = hochbelastbare Platte für Feuchtbereich **(Tabelle 1, Seite 118 und Seite 129).**

Unbeschichtete Spanplatten müssen bestimmte allgemeine Anforderungen erfüllen. Sie dürfen beispielsweise einen bestimmten Wert der Feuchtigkeit oder Formaldehydabgabe nicht überschreiten. Flachpressplatten erhalten dann das Klassifizierungsmerkmal P1. Aus erhöhten Anforderungen für die Verwendung, wie beispielsweise hohe Luftfeuchtigkeit oder erhöhte mechanische Belastung ergeben sich die Plattentypen P2 bis P7 **(Seite 129).**

Werden Spanplatten mit Kunststoff beschichtet erfolgt die Klassifizierung über die Leistungsmerkmale der Trägerplatte (Rohspanplatte). Zusätzliche Angaben geben Auskunft über die Merkmale der beschichteten Platte. Eine Flachpressplatte für allgemeine Verwendung im Trockenbereich, die mit Kunststoff beschichtet ist, wird folgendermaßen bezeichnet: **MFB P2 DIN EN 312 19 mm.**

Formaldehydausdünstung

Zur Herstellung von Spanplatten werden verschiedene Bindemittel (Klebstoffe) benötigt. Es handelt sich hierbei um Harnstoffharz-, Melaminharz- oder Phenolharzklebstoffe, auch Diisocyanatklebstoffe, sowie deren Mischungen. Während des Aushärtens der Klebstoffharze wird unter anderem Formaldehyd, ein stechend riechendes Gas frei. Es kann bei hoher Konzentration die Schleimhäute reizen und zu Kopfschmerzen führen. Entsprechend ihrer Formaldehydausdünstung werden Spanplatten in die Emissionsklassen E1 oder E2 eingeteilt **(siehe Seite 119).** Für den Möbel- oder Innenausbau dürfen in Deutschland nur noch Spanplatten der Emissionsklasse E1 verwendet werden.

Durch Lacküberzüge, Kunststoffbeschichtungen oder Furniere können E2-Platten die Emissionsklasse E1 erreichen. Spanplatten für allgemeine Zwecke werden auch als formaldehydfrei angeboten. Als Bindemittel wird ein vernetzter Polyharnstoff eingesetzt, der unlöslich und nach dem Lebensmittelgesetz unbedenklich und umweltfreundlich ist.

2.8.2.1 Langspanplatten

Langspanplatten (OSB), auch OSB-Platten, (engl.: **o**riented **s**trand **b**oard) sind Mehrschichtplatten, die aus langen, schlanken und ausgerichteten Spänen (strands) in definierter Form und Abmessung hergestellt werden (DIN EN 300 und DIN EN 12369-1).

Man unterscheidet:

OSB/1-Platten = nicht tragende Verwendung im Trockenbereich
OSB/2-Platten = tragende Verwendung im Trockenbereich
OSB/3-Platten = tragende Verwendung im Feuchtbereich
OSB/4-Platten = hochbelastbare Verwendung im Feuchtbereich und für Wandkonstruktionen im Fertighausbau

Bild 2: Langspanplatten

Durch eine besondere Streuung liegen die Flachspäne in den Außenschichten vorwiegend in Längsrichtung der Platte und in der Mittelschicht vorwiegend in Querrichtung. In Längsrichtung weist die Platte die größte Biegefestigkeit auf. Verleimung und Spänestruktur verlei-

Kennzeichnung

Spanplatten dürfen nach der Norm freiwillig mit 25 mm breiten farbigen Streifen gekennzeichnet werden. Durch die Anzahl und die Reihenfolge der Farbstreifen lässt sich schnell die Güte einer Platte feststellen.

für OSB-Platten gilt:
OSB/1-Platten: weiß/blau
OSB/2-Platten: gelb/gelb/blau
OSB/3-Platten: gelb/gelb/grün
OSB/4-Platten: gelb/grün

Abmessungen

Im Handel sind Pressspanplatten in folgenden Abmessungen erhältlich:

- Dicke: 8, 10, 13, 16, 19, 22, 25, 28, 35 und 40 mm,
  extra dünn ab 2,5 mm (dann auch Dünnspanplatte genannt) und
  extra dick bis 80 mm.
- Format:
  bis 5600 × 2070 (2100) mm
  Dünnspanplatten, als Endlosplatte (Coil) aufgewickelt, bis zu 100 Meter lang.
  Nut- und Federplatten: Außenmaße
  2050 mm x 925 mm oder
  2050 mm x 615 mm

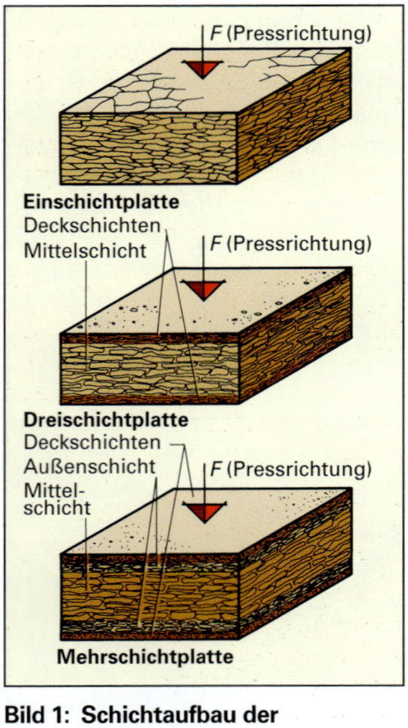

Bild 1: Schichtaufbau der Spanplatten

hen der OSB-Platte ihr charakteristisches Aussehen. Die Biegefestigkeit ist durch die langen schlanken Späne in den Außenschichten größer, als bei normalen Spanplatten. Allerdings muss beim Zuschnitt auf die Längsrichtung der Platte Rücksicht genommen werden. OSB-Platten werden überwiegend als Bauplatte oder furniert als Ersatz für Sperrholz in Innenausbau und Möbelbau eingesetzt. Sie sind durch Aufdruck oder Aufkleber dauerhaft zu kennzeichnen (Hersteller, DIN EN Nr., Plattentyp, z. B. OSB2, Nenndicke, Formaldehydklasse, Herstellungsdatum).

OSB-Platten lassen sich wie Spanplatten bearbeiten. Bei Beschichtungen muss das Material allerdings so dick sein, dass sich die grobe Spanstruktur nicht an der Oberfläche abzeichnen kann.

2.8.2.2 Kunstharzgebundene Flachpressplatten

Kunstharzgebundene Flachpressplatten (P1 bis P7) sind Spanplatten deren Bindemittel (Klebstoff) aus Kunstharzen bestehen. Sie werden bevorzugt im Trockenbereich, können aber auch im Feuchtbereich eingesetzt werden. Für die erhöhten Feuchtebedingungen im Außenbereich werden zementgebundene Spanplatten verwendet. Die Späne bei Spanplatten liegen vorzugsweise parallel zur Plattenebene. Nach der Art der Späneverteilung im Plattenquerschnitt unterscheidet man **Einschichtplatten, Drei- oder Mehrschichtplatten, Platten mit allmählichem Übergang der Spänestruktur** und **Platten mit besonders feinspaniger Oberfläche:**

Einschichtplatten haben eine durchgehend gleichmäßige Späneschicht.

Drei- oder Mehrschichtplatten weisen losere Mittelschichten und dichtere Deckschichten auf, dadurch erreicht man mit ihnen eine höhere Biegefestigkeit **(Bild 1)**.

Platten mit allmälichem Übergang der Spänestruktur sind wurf- oder windgeschüttete Platten, bei denen sich die dünnen leichteren Späne in den Außenschichten und die dickeren schweren Späne in der Mittelschicht befinden.

Platten mit feinspaniger Oberfläche lassen mit ihrer glatten feinspanigen Oberfläche eine Direktlackierung, Pressbeschichtung oder Folienkaschierung zu.

Herstellung: Flachpressplatten werden aus Spänen von Kiefer, Fichte, Pappel, Erle, Buche und Birke hergestellt. Die Späne gewinnt man aus gesundem, dünnem und entrindetem Stammholz, Astholz, Industrieholz (Abfallholz) oder anderen holzfaserähnlichen Pflanzenteilen. Das Holz wird in Großzerspanern je nach Verwendung zu Deckschicht- oder Mittelschichtspänen zerkleinert. Anschließend werden die Späne auf eine Holzfeuchte von 3% bis 4% heruntergetrocknet, durch Wind- oder Siebsichtung mehrfach sortiert und in Trockenbunkern zwischengelagert **(Bild 1, Seite 129)**.

Die Menge der Deckschicht- und Mittelschichtspäne wird entsprechend der gewünschten Plattendicke mittels Feinwaagen dosiert. Auf dem Weg zu den Formmaschinen werden die Späne im Sprüh- und Umwälzverfahren mit Kunstharzen wie Harnstoff-, Melamin- oder Phenolharz oder auch mit Diisocyanatklebstoffen (Isocyanate) beleimt. In den Formmaschinen werden die Späne auf Förderbändern zu einem Spankuchen gestreut, die Mittelschicht im Wurfsichtungsverfahren und die Decklagen im Windsichtungsverfahren aufgebracht. Dadurch gelangen die feineren Späne an die Plattenoberfläche.

Das gestreute Spanvlies wird in Pressen vorverdichtet, abgelängt und dann einer Mehretagenpresse oder einer kontinuierlich laufenden Walzenpresse zugeführt. Während des Pressvorgangs härtet der Kunstharzklebstoff bei einer Temperatur von 170 °C bis 190 °C und einem Druck von etwa 300 N/cm² aus. Nach dem Pressen werden die Platten rückgekühlt und etwa eine Woche gelagert. Während dieser Zeit sollen sich Feuchtigkeit und Wärme im Plattenquerschnitt ausgleichen, um innere Spannungen und Formveränderungen abzubauen (Konditionieren). Die letzten Arbeitsgänge sind das Schleifen, sowie die Kontrolle und Kennzeichnung der Platten.

Klassifizierung der Spanplatten

Gemäß **DIN EN 312** unterscheidet man 7 Plattentypen:

Plattentyp P1: Platten zur allgemeinen Verwendung im Trockenbereich

Plattentyp P2: Platten für Inneneinrichtungen und Möbel zur Verwendung im Trockenbereich

Plattentyp P3: Platten für nicht tragende Zwecke zur Verwendung im Feuchtbereich

Plattentyp P4: Platten für tragende Zwecke zur Verwendung im Trockenbereich

Plattentyp P5: Platten für tragende Zwecke zur Verwendung im Feuchtbereich

Plattentyp P6: Hochbelastbare Platten für tragende Zwecke im Trockenbereich

Plattentyp P7: Hochbelastbare Platten für tragende Zwecke im Feuchtbereich

Im Feuchtbereich darf sich der Feuchtegehalt des Materials auf den Wert einstellen, der einer Temperatur von 20 °C und einer relativen Luftfeuchte von 85 % entspricht. Dieser Wert darf nur kurzfristig und für wenige Wochen pro Jahr überschritten werden.

Eigenschaften: Spanplatten für den Möbelbau und den Innenausbau haben eine Rohdichte von etwa 600 kg/m³. Sie weisen feine Deckschichten und lockere, meist grobe Mittelschichten auf. Dadurch erreichen sie eine höhere Biegefestigkeit, als bei einem homogenen Spanaufbau des Plattenquerschnitts. Flachpressplatten sind weitgehend maß- und formbeständig. Die Plattentypen **P1, P2 und P3** sind für selbsttragende Plattenkonstruktionen geeignet. Die Plattentypen **P4** bis **P7** lassen sich wegen ihrer höheren Festigkeit auch als tragende Elemente einsetzen. Flachpressplatten lassen sich gut mit den üblichen Werkzeugen und Maschinen der Holzverarbeitung

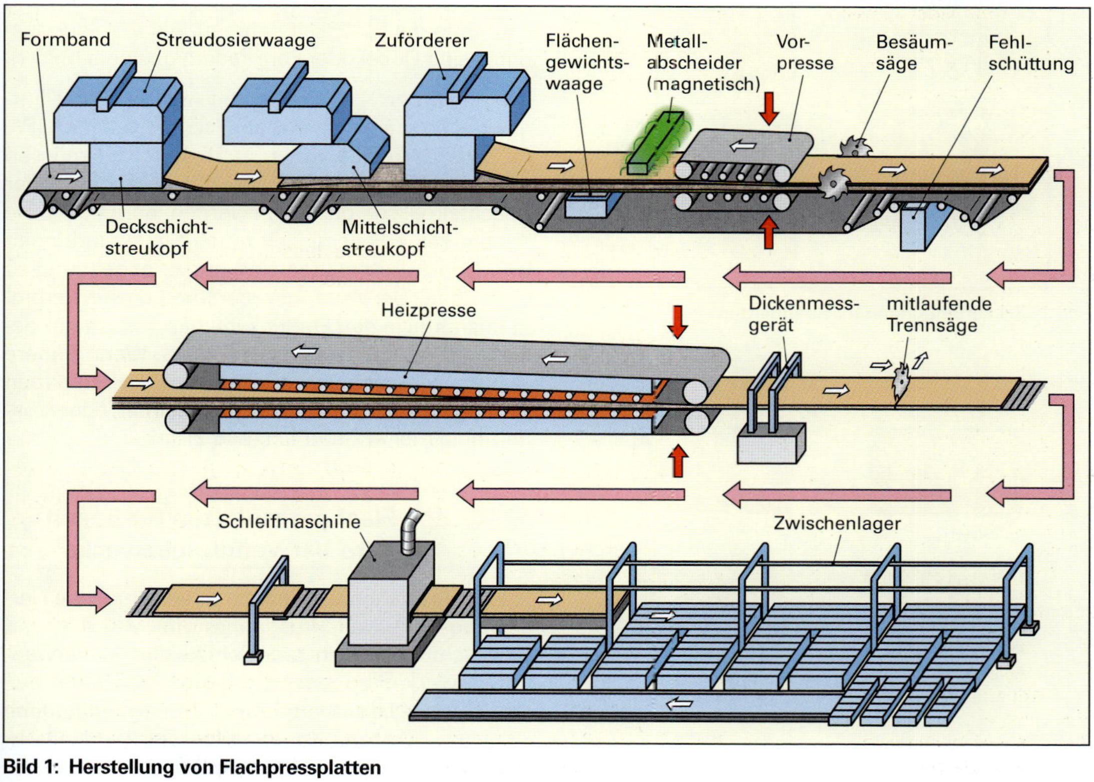

Bild 1: Herstellung von Flachpressplatten

Kennzeichnung der Spanplatte

- Name des Herstellers, Handelsmarke oder Zeichen
- Nummer der europäischen Norm EN 312
- Plattentyp, z. B. P2
- Nenndicke
- Formaldehydklasse
- Chargennummer oder Herstellungswoche und -jahr

Für weitere Leistungseigenschaften müssen zusätzliche Angaben gemacht werden, z. B. bei Decken, Wänden, Fußböden DIN EN 1287.

Eine farbliche Kennzeichnung mit 25 mm breiten Streifen ist möglich:

P1-Platten: weiß/weiß/blau
P2-Platten: weiß/blau
P3-Platten: weiß/grün
P4-Platten: gelb/gelb/blau
P5-Platten: gelb/gelb/grün
P6-Platten: gelb/blau
P7-Platten: gelb/grün

Bsp.: **Tischler AG P4 DIN EN 312 E1 21 28/20XX**

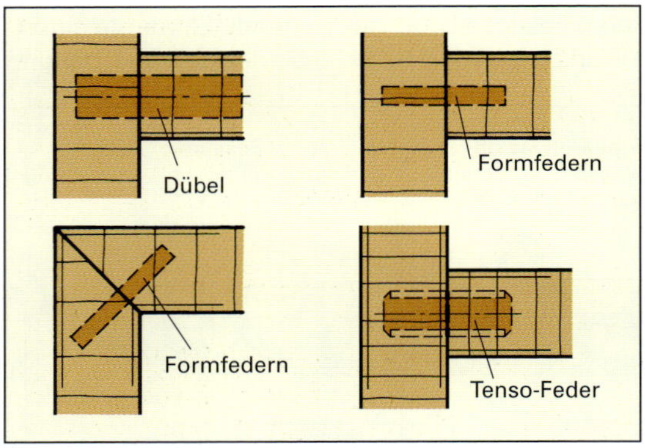

Bild 1: Eckverbindungen für Spanplatten

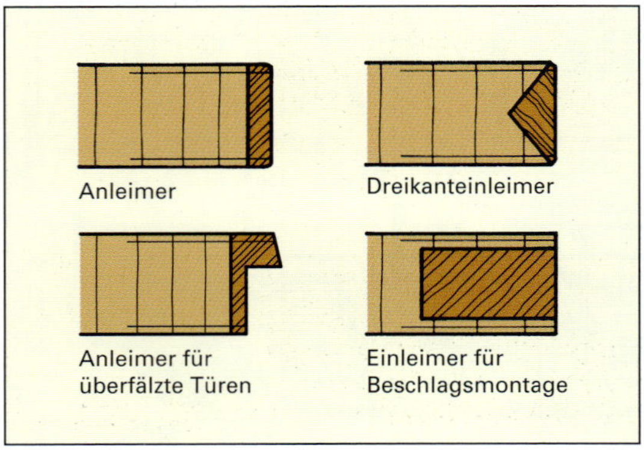

Bild 2: Anleimer und Einleimer an Spanplattenkanten

bearbeiten. Durch die annähernd gleiche Biegefestigkeit in allen Richtungen der Plattenebene muss beim Zuschnitt keine Verarbeitungsrichtung eingehalten werden. Sie können mit den üblichen Klebstoffen verleimt, die Flächen lackiert, furniert oder mit Kunststoff beschichtet werden.

Verwendung: Sollen Flachpressplatten für den Möbel- oder Innenausbau ohne Feuchteeinwirkung verwendet werden, reicht eine Platte der Klassifizierung P1 oder P2 aus. Ist im Innenausbau mit erhöhter Feuchte zu rechnen (Küche, Bad) muss eine P3-Platte verwendet werden. Werden Flachpressplatten für Decken-, Wand-, Dachkonstruktionen oder im Fertighausbau verwendet, also mit zusätzlich tragender Funktion, muss mindestens eine P4-Platte verwendet werden. Die max. zulässige Belastung und Feuchtebelastung der einzelnen Plattentypen P1 bis P7 ist in der DIN EN 312 geregelt **(siehe Tabelle 1, Seite 118)**.

Verarbeitung: Flachpressplatten können mit den üblichen Holzbearbeitungsmaschinen und -werkzeugen gesägt, gehobelt, gefräst und geschliffen werden. Da die Klebstoffharze die Werkzeugschneiden stark beanspruchen, sind hartmetallbestückte Werkzeuge zu verwenden. Bedingt durch die lose Mittelschicht mit geringer Querzugs- und Scherfestigkeit, sollten quer durch die Flächen laufende Nuten vermieden werden. Sie würden die aussteifende Deckschicht der Spanplatte zerschneiden und der Platte die Festigkeit nehmen. Als Verbindungsmittel sind Dübel oder Formfedern geeignet **(Bild 1)**.

Die sichtbaren Kanten erhalten Anleimer oder Furnierkanten. Verarbeitet man Flachpressplatten (P3, P5, P7) für Feucht- oder Außenbereiche müssen auch nicht sichtbare Kanten mit Anleimern oder Spachtelmassen geschützt werden, damit über die Kanten keine Feuchtigkeit in die Platte eindringen kann. Flachpressplatten sind gut zu nageln und zu schrauben. Der Auszugswiderstand dieser Verbindungsmittel in den Plattenkanten ist jedoch nur gering und die Spaltgefahr sehr groß. Wenn höhere Auszugswiderstände von Nägeln und Schrauben verlangt werden, sind Vollholzanleimer oder Vollholzeinleimer erforderlich **(Bild 2)**.

2.8.2.3 Flachpressplatten für besondere Verwendungszwecke

Flachpressplatten werden durch verschiedene Herstellungsverfahren, Ausgangsstoffe, Zusätze und Beschichtungen den unterschiedlichsten Verwendungszwecken angepasst. Man unterscheidet beispielsweise: **Leichtbauplatten, Zementgebundene Flachpressplatten, Kunststoffbeschichtete Flachpressplatten und Strangpressplatten.**

Leichtbauplatten werden entweder aus Holzspänen mit einer besonders lockeren Spanstruktur, aus Nadelholzspänen oder aus Schäben (faserigen Pflanzenteile) von Hanf, Stroh oder Flachspflanzen hergestellt. Durch Verwendung leichter Holzarten und geringerer Verdichtung beim Herstellungsprozess verringert sich die Rohdichte auf bis zu 200 kg/m³ bis 500 kg/m³. Leichtbauplatten werden wegen der verringerten Rohdichte entweder als Schalldämm- oder als Wärmedämmplatten eingesetzt. Im Innenausbau werden sie zur Wand- oder Deckenverkleidung oder für leichte Trennwände verwendet. Auch als Arbeitsplatten im Küchenbereich sind sie mit entsprechender Beschichtung oder Ummantelung einzusetzen.

Zementgebundene Flachpressplatten (DIN EN 633 und DIN EN 634) zählen nach DIN EN 13986 zu den Holzwerkstoffen. Sie bestehen aus 63,5% Holz, 25% Zement, 10% gebundenem Wasser und 1,5% Zusatzstoffen. Die Holzteile können auch durch andere Teile pflanzlichen Ursprungs ersetzt werden. Als Bindemittel wird Portland- oder Magnesiazement verwendet. Dadurch wird ihre mechanische Belastbarkeit und ihre Feuchtebeständigkeit wesentlich erhöht.

Herstellung: Holzspäne, Zement und Zusatzstoffe werden gemischt und dann zu einem dreischichtigen Spanvlies geformt und anschließend in Hochdruckpressen auf ein Drittel ihrer Schüttdicke gepresst. Die frisch gepressten Platten werden in Klimakammern rückgekühlt und dann in Reifelagern konditioniert.

Eigenschaften: Je nach Zusammensetzung sind sie schwerentflammbar oder nicht brennbar. Sie sind witterungsbeständig, verrottungsfest und termitenfest. Ihre Oberflächen sind furnierfähig, können mit Fliesenplatten beklebt und mit Kunstharzputzen oder Farben beschichtet werden. Leime und Farben müssen jedoch zementverträglich, d.h. alkaliverträglich sein. Zementgebundene Spanplatten sind mit hartmetallbestückten Werkzeugen zu bearbeiten.

Verwendung: Zementgebundene Spanplatten werden als Fußbodenverlegeplatten, als Wand- und Deckenplatten in Feuchträumen, für Außenverkleidungen sowie für Brand- und Schallschutzkonstruktionen eingesetzt.

Sie werden in den für Spanplatten üblichen Dicken hergestellt.

Kunststoffbeschichtete Flachpressplatten

Bei den kunststoffbeschichteten Flachpressplatten (MFB + Plattentyp der unbeschichteten Platte) handelt es sich um keinen eigenen Plattentyp, sondern um kunstharzgebundene Flachpressplatten der

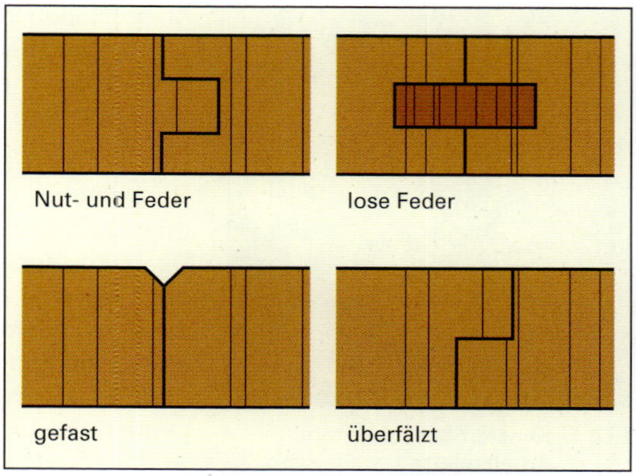

Bild 1: Kantenausbildung bei zementgebundenen Holzspanplatten

Kennzeichnung der zementgebundenen Platte:
- Name des Herstellers, Handelsmarke oder Zeichen
- Nummer der entsprechenden Norm
- Plattentyp 1 oder 2
- Klasse des Brandverhaltens
- Nenndicke
- Chargennummer oder Herstellungswoche und -jahr
- Farbkennzeichnung:
  2 Streifen weiß
  1 Streifen braun

Bsp.: **Tischler AG. DIN EN 634-1-19-17/20XX**

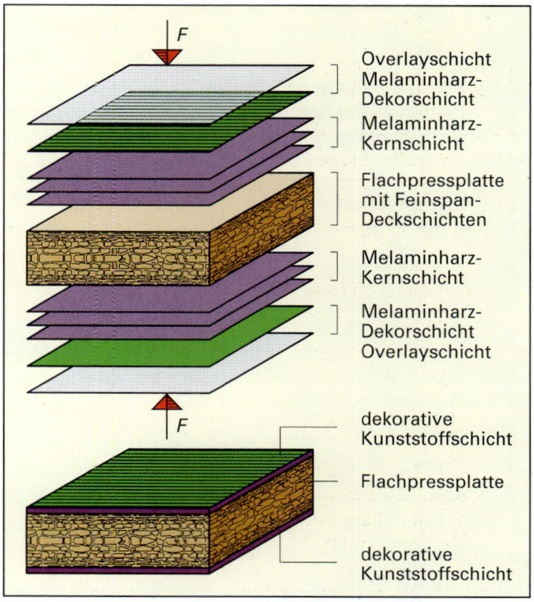

Bild 2: Kunststoffbeschichtete Flachpressplatte

Bild 1: Kunststoffbeschichtete Arbeitsplatte

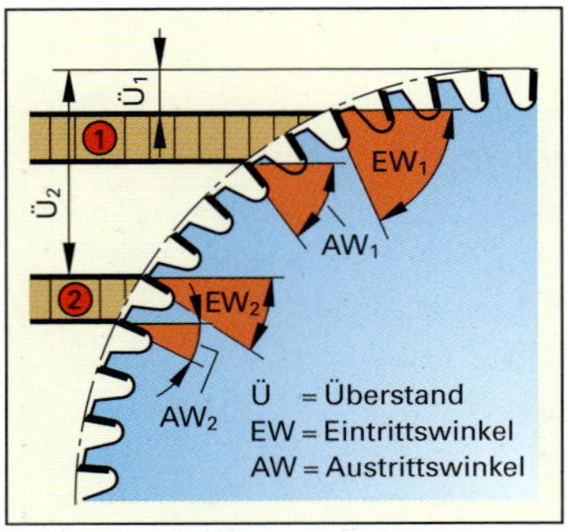

Bild 2: Eintritts- und Austrittswinkel der Sägezähne

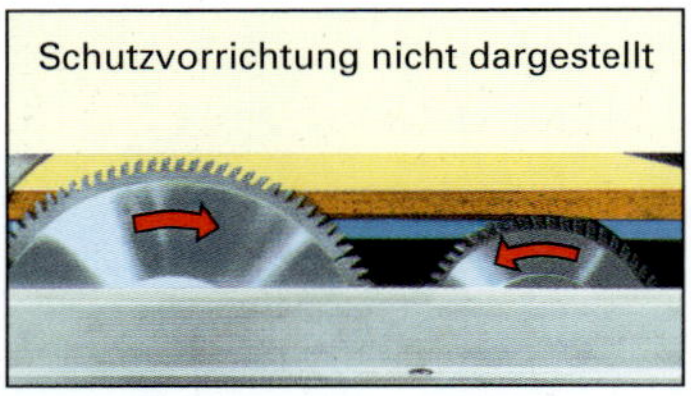

Bild 3: Zuschnitt von beschichteten Platten an der Kreissäge mit Vorritzsäge

Schnittgeschwindigkeit v_c
50 m/s bis 70 m/s

Zahnvorschub f_z
0,03 mm bis 0,05 mm

Beispiel zur Berechnung der Vorschubgeschwindigkeit v_f

Formel: $v_f = f_z \cdot n \cdot Z$
Vorschub $f_z = 0{,}04$ mm
Zähnezahl $Z = 52$
Drehzahl $n = 4000$ 1/min
$v_f = 0{,}04 \text{ mm} \cdot 4000 \text{ 1/min} \cdot 52$
$= 8320$ mm/min
≈ 8 m/min

Klassifikation P1 bis P3, die werkseitig mit kunstharzgetränkten Papieren beschichtet sind. Man unterscheidet allgemeine Eigenschaften wie Abrieb, Chemikalien- und Lichtbeständigkeit sowie Eigenschaften für besondere Verwendungszwecke. Die Anforderungen an die Beschichtung sind in DIN EN 14322 geregelt.

Herstellung: Kunststoffbeschichtete Flachpressplatten sind meist dreischichtige Flachpressplatten mit dekorativen Deckschichten. Die Deckschichten sind aus 3 bis 6 Lagen phenolharzgetränkter, bei geringer Lagenzahl auch aus melaminharzgetränkten Natron-Kraftpapieren und einer Melaminharzdekor- oder Overlayschicht aufgebaut. Diese Kunststofflagen werden in Pressen bei einem Druck von 300 N/cm² und einer Temperatur von 155 °C untereinander und mit dem Spanplattenkern verbunden. Dabei ergeben polierte Pressbleche glänzende Oberflächen, matte Pressbleche eine matte und strukturierte Bleche eine strukturierte Oberfläche. Kunststoffbeschichtete Flachpressplatten werden in vielen Dessins und Farben, auch mit Holzdekor oder Metalleffekt hergestellt **(Bild 2, Seite 131)**.

Eigenschaften: Kunststoffbeschichtete Flachpressplatten sind oberflächenfertig **(Bild 1)**. Nach dem Zuschnitt müssen nur die sichtbaren Kanten beschichtet werden. Die Platten haben eine Rohdichte von etwa 710 kg/m³, weisen eine hohe Biegefestigkeit auf und bleiben gut stehen. Ihre Oberflächen sind porenfrei und hart, weitgehend abriebfest, beständig gegen kochendes Wasser und heiße Topfböden und gegen die im Haushalt üblichen Laugen, Säuren und Alkohole. Sie sind geschmacks- und geruchsneutral, leicht zu reinigen und kurzzeitig zigarettenglutfest. Kunststoffbeschichtete Holzwerkstoffe sind aber nicht beständig gegen stark färbende Tinkturen, Salz- und Salpetersäure, Ätznatron, Wasserstoffperoxyd und Ätzkali. Mit scharfen und spitzen Gegenständen können die Oberflächen beschädigt werden.

Verwendung: Kunststoffbeschichtete Flachpressplatten werden in allen Bereichen des Möbel- und Innenausbaus verwendet, besonders dann, wenn unempfindliche Oberflächen im Küchen- und Labormöbelbau sowie im Ladenbau verlangt werden.

Verarbeitung: Kunststoffbeschichtete Flachpressplatten haben eine fertige Oberfläche, die beim Transport und Bearbeiten nicht beschädigt werden darf. Deshalb müssen sie sorgfältig ins Lager eingebracht und dem Lager wieder entnommen werden. Große Platten sind hochkant zu tragen, um eine starke Durchbiegung und ein Reißen der Deckschicht zu vermeiden. Die Maschinentische müssen sauber sein, damit die Oberflächen der Platten nicht zerkratzt werden. Zum Sägen, Bohren und Fräsen eignen sich wegen der harten Dekorschichten hartmetallbestückte Werkzeuge. Damit Ober- und Unterseite ausrissfreie Kanten erhalten sind Sägeblätter mit besonderer Bezahnung zu verwenden.

Neben der Vorschub- und Schnittgeschwindigkeit ist auch die richtige Einstellung der Sägeblatthöhe zu beachten **(Bild 2)**. Mit größer werdendem Überstand des Sägeblattes über die obere Schnittkante wird die Güte der oberen Schnittkante besser und die der unteren schlechter, denn ein kleiner Schneideneintrittswinkel ergibt eine gute obere Schnittkante und ein großer Schneidenaustrittswinkel ergibt eine gute untere Schnittkante. Der richtige Sägeblattüberstand muss durch Schnittversuche ermittelt werden.

Einige Formatkreissägemaschinen haben kleine Vorritzsägen. Diese werden auf die Schnittkanten des Hauptsägeblattes eingestellt **(Bild 3)**.

Nach dem Formatschneiden muss man auf die sichtbaren Kanten Anleimer, ABS-Kanten, Polyesterkanten oder Melaminharzkanten aufbringen. Bei Arbeitsplatten, Fensterbänken usw. kann die Kunststoffbeschichtung um die Kante herumgezogen werden **(Bild 1, Seite 132)**.

Zum Fräsen sind besondere Fräser mit austauschbaren Hartmetall-Wendeplatten geeignet.

Als Eckverbindung eignen sich die stumpfe Dübelung und die Formfederverbindung. Bei stumpfer Dübelung an eine beschichtete Seite ist die Zahl der Dübel zu erhöhen. Die beschichtete Fläche kann aufgeraut werden oder es sind Lackleime zu verwenden.

Verschmutzte Platten lassen sich mit Spiritus oder mit Benzin-Gemischen reinigen. Es dürfen keine scheuernden Reinigungsmittel verwendet werden. Zwischen die fertigen Werkstücke sollten beim Aufstapeln schmale Styroporstreifen oder kleine Filzplättchen gelegt werden, damit die Flächen nicht verkratzen.

Klassifizierung nach Schichtdicke und Abriebfestigkeit

Schichtdicke der Kunststoffschicht:

- Klasse 1 bei Schichtdicke bis 0,14 mm
- Klasse 2 bei Schichtdicke über 0,14 mm

Abriebklassen N, M, H und S:

- **N** normale Widerstandsfähigkeit
- **M** mittlere Widerstandsfähigkeit
- **H** hohe Widerstandsfähigkeit
- **S** starke Widerstandsfähigkeit

Strangpressplatte (ES, ET)

Bei **Strangpressplatten (DIN EN 14755)** liegen die Späne nicht wie bei der Flachpressplatte parallel, sondern senkrecht zur Plattenebene. Man unterscheidet Vollplatten (ES) und Röhrenplatten (ET). Beide Plattentypen werden mit geringerer Verdichtung oder mit Ausgangsstoffen mit niedriger Rohdichte als Leichtplatten hergestellt. Das Kurzzeichen wird um den Buchstaben L (light) erweitert (ESL, ETL).

Herstellung: Beim Strangpressverfahren **(Bild 1)** werden die mit Leimharzen vermischten Späne über ein Pendelrohr der Strangpresse zugeführt. Der Presskolben der Strangpresse stopft die Späne ununterbrochen rechtwinklig zur Plattenebene in den beheizten Presskanal, indem Spanmasse verdichtet und verleimt wird. Das aus dem Presskanal austretende endlose 1250 mm oder 1850 mm breite Band wird zu Platten abgelängt. Die Vorteile des Strangpressverfahrens liegen unter anderem darin, dass auch Holzabfälle wie Schwarten, Säumlinge, Anschäler, Reste aus der Furnierherstellung und selbst Sägemehl verwendet werden können.

Eine Sonderform ist die Strangpressröhrenplatte. Sie hat röhrenförmige Aussparungen und wird nach einem patentierten Verfahren hergestellt. Die Röhren entstehen dadurch, dass im Presskanal mehrere Heizrohre im Querschnitt der gewünschten Aussparung angeordnet sind, über die sich der Presskolben während des Pressvorgangs stülpt. Durch die entstandenen Hohlräume wird eine nicht unwesentliche Gewichtsersparnis erreicht.

Eigenschaften: Strangpressplatten haben wegen ihrer Spanlage bzw. der verringerten Querschnittsfläche eine geringe Biegefestigkeit. Sie werden deshalb mit Furnieren, Furnierplatten, Holzfaserplatten oder Kunststoffplatten beplankt. Beplankte Platten weisen ein gutes Stehvermögen auf und können besonders in den quer zur Pressrichtung verlaufenden Kanten gut genagelt und geschraubt werden. Strangpressplatten können wie Flachpressplatten mit allen Holzbearbeitungsmaschinen und -werkzeugen bearbeitet werden.

Verwendung: Strangpressplatten kommen als Rohplatten in Türen und Wandelementen zur Anwendung. Zur Gewichtsersparnis werden bevorzugt Röhrenplatten verwendet. Beplankte Strangpressplatten **(Bild 2)** eignen sich für die Herstellung von Verkleidungen im Innenausbau.

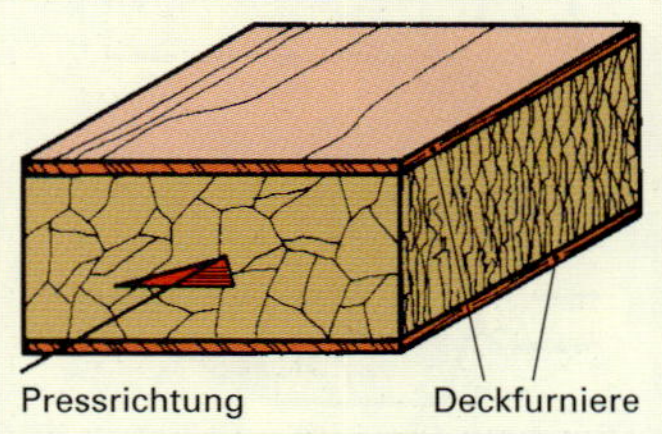

Bild 1: Strangpressvollplatte

Bild 2: Strangpressröhrenplatte

Kennzeichnung Strangpressplatte:

- Name des Herstellers
- Nummer der europäischen Norm EN 14755
- Plattentyp, z. B. ES
- Nenndicke
- Formaldehydklasse
- Chargennummer oder Herstellungswoche und -jahr

Für weitere Leistungseigenschaften müssen zusätzliche Angaben gemacht werden:

z. B. bei Decken, Wänden, Fußböden DIN EN 1287

Bsp.: **(Tischler AG) ES DIN EN 14755 E1 25 17/20XX**

Rohdichten und Maße von Strangpressplatten

Rohdichte von ES, ET mindestens 550 kg/m³

Rohdichte von ESL, ETL geringer als 550 kg/m³

Dicken

Vollplatten 8 mm bis 25 mm

Röhrenplatten 23 mm bis 50 mm

für Wandplatten im Fertighausbau bis 120 mm

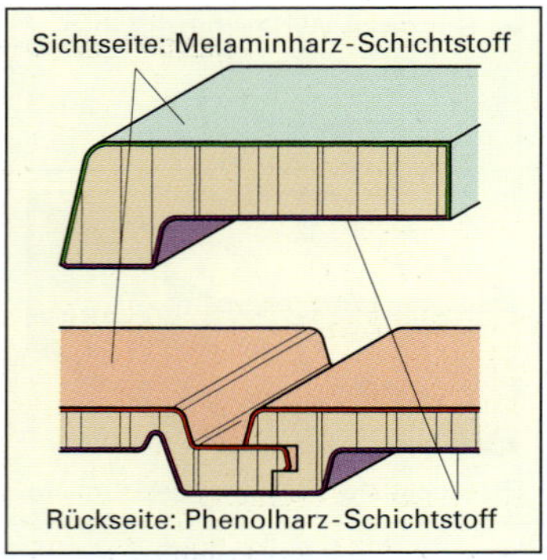

Bild 1: Spanholzformteile

Bild 2: Vorder- und Rückseite einer Harten Holzfaserplatte

Abmessungen Harte Holzfaserplatten

Dicken in mm: 1,6; 2,0; 2,5; 3,0; 3,2; 3,5; 4,0; 5,0; 6,0; 8,0

Breiten in mm: 1830, 2050

Längen in mm: 1300, 1730, 2600, 5200

Rohdichte: 800 kg/m³ bis 900 kg/m³

Spanholzformteile

Aus Holzspänen können auch zwei- oder dreidimensional verformte Erzeugnisse hergestellt werden. Bei Verwendung der Teile in trockenen Innenräumen werden die Späne mit Harnstoffharzen beleimt, bei Verwendung in Feuchträumen oder im Freien mit Phenol-, Kresol- oder Melaminharzen.

Die Oberflächen können mit Furnieren, Kunststoffschichten in vielen Dekors, Textilien oder Metallfolien beschichtet werden. Für die Außenverwendung sind die Formteile auf der Sichtseite meistens mit dem besonders widerstandsfähigen und transparenten Melaminharz beschichtet. Vom Tischler werden Spanholzformteile für Fensterbänke, Tischplatten oder Verbretterungen verwendet **(Bild 1)**.

2.8.3 Platten aus Holzfasern

Holzfaserplatten (DIN EN 633) werden aus Holzfasern (Lignozellulosefasern) oder anderen zellulosehaltigen Fasern wie Rapsstroh oder Flachsschäben hergestellt. Sie erhalten ihren Zusammenhalt durch Verfilzung der zerfaserten Rohstoffe und durch die Bindekraft fasereigener oder zugesetzter Klebstoffe. Ihre Eigenschaften lassen sich durch unterschiedliche Pressdrücke und -temperaturen und durch Zugabe besonderer Stoffe verändern. Durch nachträgliche Oberflächenbehandlung können sie dem späteren Verwendungszweck angepasst werden. Nach der DIN EN 316 werden Platten nach dem Herstellungsprozess in Platten nach dem Feuchtverfahren und dem Trockenverfahren unterschieden. Nach dem Feuchtverfahren hergestellte Platten sind die **Harten Holzfaserplatten (HB)**, die **Mittelharten Holzfaserplatten (MBH)** und die **Porösen Holzfaserplatten (SB)**. Nach dem Trockenverfahren hergestellte Platten werden als **Mitteldichte Faserplatten (MDF)** bezeichnet. In DIN EN 622 werden die Anforderungen und Verwendungsbereiche der einzelnen Plattentypen festgelegt **(Tabelle 1, Seite 118)**.

2.8.3.1 Harte Holzfaserplatten (HB)

Harte Holzfaserplatten (DIN EN 622-2) sind aus Lignozellulosefasern nach dem Nassverfahren hergestellte Platten, deren Rohdichte größer als 900 kg/m³ ist **(Bild 2)**.

Herstellung: Holz wird zunächst mechanisch zu Hackschnitzeln zerkleinert, dann im Dampfmahlverfahren bei hohem Dampfdruck und hoher Temperatur zerfasert. In Rührwerk- oder Propellerbütten wird der Faserstoff vermischt und je nach Plattenart noch mit Bindemitteln und Zusatzstoffen aufbereitet. Die so vorbereitete Fasersuspension wird auf Langsiebmaschinen zu Faservliesen aufgeschüttet, durch Unterdruck entwässert und durch mehrere nachgeschaltete Walzen vorverdichtet. Anschließend werden sie in Durchlauf- oder Mehretagenpressen auf ihre Enddicke gepresst und getrocknet. Nach dem Rückkühlen und konditionieren können sie auf Format geschnitten werden.

Während des Pressvorgangs muss überschüssiges Wasser aus den Platten entweichen können. Deshalb sind die Unterseiten der Druckplatten siebartig gestaltet. Dadurch erhalten harte Holzfaserplatten auf der Rückseite ihre charakteristische Struktur **(Bild 2)**.

Eigenschaften: Harte Holzfaserplatten besitzen eine glatte Oberseite und herstellungsbedingt eine siebgenarbte Unterseite. Sie lassen sich mit den üblichen Maschinen und Werkzeugen bearbeiten sowie nageln, schrauben und leimen. Durch die annähernd gleichen Schwindmaße in jede Richtung der Plattenebene ist die Verarbeitungsrichtung ohne Bedeutung. Da Holzfaserplatten bei Feuchtigkeit ihre Maße verändern, muss die Plattenfeuchtigkeit dem Verwendungsort angepasst werden.

Im Handel sind auch gelochte, mit Oberflächenstruktur geprägte, mit Holzmustern bzw. Dekoren bedruckte, kunstharzlackierte oder mit PVC-Folie kaschierte harte Holzfaserplatten erhältlich.

Verwendung: Harte Holzfaserplatten eignen sich wie das Furniersperrholz für großflächige, nicht selbsttragende und in einer Richtung zu krümmende Teile. Sie werden im Innenausbau zur Beplankung von Trennwänden und Türen und im Möbelbau für kleinere Rückwände und Schubkastenböden verwendet. Der Modellbau, die Konstruktion von Campingfahrzeugen und Innenausstattung im Schiffs- und Flugzeugbau sind weitere Einsatzbereiche.

Verarbeitung: Bei der maschinellen Verarbeitung sind hartmetallbestückte Werkzeuge zu verwenden. Nur sie gewähren annehmbare Standzeiten. Zum Verleimen untereinander oder zum Beplanken sind besonders KPVAC-Leime geeignet. Die Flächen können deckend lackiert oder auch überfurniert werden. Vor der Oberflächenbehandlung sollten die glatten Flächen durch Schleifen aufgeraut werden.

2.8.3.2 Mittelharte Holzfaserplatten (MBH)

Mittelharte Holzfaserplatten (DIN EN 622-3) sind wie die Harten Holzfaserplatten aus Lignozellulosefasern nach dem Nassverfahren hergestellt. Allerdings werden sie mit einem geringeren Druck verpresst, was zu einer geringeren Rohdichte führt. Man unterscheidet:

Mittelharte Holzfaserplatten mit hoher Dichte (MBH). Sie haben eine Rohdichte von 560 kg/m³ bis 900 kg/m³ und

Mittelharte Holzfaserplatten mit geringer Dichte (MBL). Ihr Rohdichtebereich liegt zwischen 400 kg/m³ bis 560 kg/m³.

Herstellung, Verwendung und Verarbeitung sind ähnlich wie bei Harten Holzfaserplatten. Die hochbelastbare Variante (HB.HL2S) kann als tragendes Element im Fertighausbau verwendet werden **(Tabelle 1, Seite 118)**.

Kennzeichnung Harte Holzfaserplatte:

- Name des Herstellers, Handelsmarke oder Zeichen
- Nummer der europäischen Norm EN 622-2
- Kurzzeichen für den Plattentyp (HB, HB.H, HB.E)
- Nenndicke in mm
- Chargennummer oder Herstellungswoche und -jahr

Für weitere Leistungseigenschaften müssen nach DIN EN 12871 zusätzliche Angaben bei Decken, Wänden und Fußböden gemacht werden.

Eine farbliche Kennzeichnung mit 25 mm breiten Streifen ist möglich:

HB-Platten:	weiß/weiß/blau
HB.H-Platten:	weiß/blau
HB.E-Platten:	weiß/grün
HB.LA-Platten:	gelb/gelb/blau
HB.LA1-Platten:	gelb/gelb/grün
HB.LA2-Platten:	gelb/blau
HB.HLS2-Platten:	gelb/grün

Bsp.: **Tischler-AG HB.E DIN EN 12871 E1 4,0 17/20XX**

Kennzeichnung Mittelharte Faserplatte:

- Name des Herstellers, Handelsmarke oder Zeichen
- Nummer der europäischen Norm EN 622-3
- Kurzzeichen für den Plattentyp
  für **allgemeine Zwecke**: (MBL, MBH, MBL.H, MBH.H, MBL.E, MBH.E) und
  für **tragende Zwecke** (MBH.LA1, MBH.LA2 oder MBH.HLS1, MBH.HLS2).
- Nenndicke
- Chargennummer oder Herstellungswoche und -jahr

Eine farbliche Kennzeichnung mit 25 mm breiten Streifen ist möglich.

Bsp.: **Tischler-AG MBH DIN EN 622-3, 2 30/20XX**

Verarbeitungsregeln

- Beim Zuschnitt auf der Formatkreissäge ist das Verkanten zu vermeiden. Es kann zu gefährlichen Rückschlägen kommen.
- Bei Feuchteaufnahme können sich Holzfaserplatten stark ausdehnen. Dies ist bei den Konstruktionen zu beachten.
- Kunststoffbeschichtete Platten dürfen beim Transport nicht zu stark gebogen werden, da sonst die Beschichtung reißt.
- Während der Verarbeitung muss das Verkratzen der dekorativen Oberfläche durch Schutzmaßnahmen vermieden werden.

Bild 1: Poröse Holzfaserplatte

Bild 2: Profiliertes Werkstück aus MDF-Platte

Abmessungen und Kennzeichnung Poröse Holzfaserplatten

Dicken in mm:
6, 8, 10, 12, 15, 20, 25, 30, 35, 40, 50

Breiten in mm:
1000, 1250, 1500, 2000

Längen in mm:
1250, 2000, 2500, 2750, 3000, 3500, 5000

Rohdichte:
230 kg/m³ bis 350 kg/m³

Kennzeichnung:
Name des Herstellers, Handelsmarke
Nummer der Europäischen Norm EN 622-4, Plattentyp SB **(Tabelle 1, Seite 118)**,
Nenndicke in mm
Chargen-Nummer oder Produktionsdatum

Bsp.: **Tischler-AG SB.HE DIN EN 622-4 E 8 07/20XX**

2.8.3.3 Poröse Holzfaserplatten (SB)

Poröse Holzfaserplatten (DIN EN 622-4) werden entsprechend ihrer Verwendung auch als Holzfaserdämmplatten bezeichnet. Ihre Rohdichte liegt zwischen 230 kg/m³ und 400 kg/m³. Sind Poröse Holzfaserplatten im Bauwesen der Witterung ausgesetzt, erreicht man durch Bitumentränkung nahezu Witterungsbeständigkeit.

Herstellung: Die Herstellung erfolgt wie bei den Harten Holzfaserplatten. Allerdings ist der Pressdruck geringer und auch die Dickenquellung der Fasern wird nicht unterbunden. Dadurch bleibt die poröse Struktur der Fasersuspension erhalten. Nach dem Verdichten werden die Platten getrocknet, rückgekühlt und auf Format geschnitten.

Eigenschaften: Poröse Holzfaserplatten haben ein lockeres Gefüge. Sie sind durch die feine Oberseite streich- und tapezierfähig. Sie haben wärmedämmende, schalldämmende und schallschluckende Eigenschaften. Bitumengetränkte Poröse Holzfaserplatten sind nahezu verrottungsfest.

Verwendung: Poröse Holzfaserplatten verarbeitet man zu Trennwänden und Türmittellagen. Bitumierte Platten eignen sich zur Trittschalldämmung und als Schicht gegen Feuchtigkeit wie beispielsweise bei Dachkonstruktionen **(Bild 1)**.

2.8.3.4 Faserplatten nach dem Trockenverfahren (MDF)

Faserplatten, nach dem Trockenverfahren (DIN EN 622-5) auch MDF-Platten genannt, sind aus Lignoszellulosefasern hergestellte Platten mit einer Rohdichte zwischen 550 kg/m³ und 900 kg/m³. Ihr Aufbau ist nahezu homogen. Man unterscheidet nach dem Gewicht **Leicht-MDF (L-MDF)** mit einer Rohdichte von 550 kg/m³ bis 650 kg/m³ und **Ultraleicht-MDF (UL-MDF)**. Mitteldichte Holzfaserplatten werden für deckend lackierte, profilierte oder mit Folien kaschierte Werkstücke verwendet **(Bild 2)**. Besondere Vorteile bietet dabei die durchgefärbte MDF-Platte. Selbst bei der Flächen- oder Kantenbearbeitung bleibt der homogene Farbverlauf bestehen. Beschädigungen an der Oberfläche sind kaum erkennbar. Sie werden vorzugsweise im Laden- und Messebau eingesetzt **(Bild 2, Seite 137)**.

Abmessungen und Kennzeichnung MDF-Platten

Dicken in mm:
6, 8, 10, 12, 16, 19, 22, 25, 28, 30, 32, 35, 40, 45, 50

Breiten in mm:
1830, 2070, 2200

Längen in mm:
2200, 2620, 3660, 4100, 5240, 5600

Rohdichte:
MDF 800 kg/m³ bis 900 kg/m³
L-MDF, UL-MDF 450 kg/m³ bis 650 kg/m³

Kennzeichnung:
Name des Herstellers
Nummer der Europäischen Norm EN 622-5, Plattentyp **(Tabelle 1, Seite 118)**,
Nenndicke in mm
Formaldehydklasse E1 oder E2
Chargen-Nummer oder Produktionsdatum

Bsp.: **Tischler-AG MDF.H EN 622-5 E1 19 43/20XX**

Herstellung: Nadelholz, meistens zwei Meter langes Rundholz, wird in einem Schälrotor entrindet und in einem Scheibenhacker zu ca. 20 x 20 x 5 mm großen Hackschnitzeln zerkleinert. In einem Kocher werden die Hackschnitzel unter einem Dampfdruck von 7 bis 8 bar bei einer Temperatur von 140 °C bis 160 °C erweicht. So aufbereitet können die Hackschnitzel im **Refiner** (Feinmahlwerk) unter vollem Dampfdruck zu feinen Fasern zermahlen werden. Der Abstand der großen Mahlscheiben beträgt weniger als 0,1 mm. Die noch feuchten Fasern werden mit einer genau dosierten Menge Klebstoff bedüst und dann in einem 80 m langen Röhrentrockner mit einem Durchmesser von 1,20 m auf 8% bis 10% Feuchtigkeit getrocknet.

Nach einer Zwischenlagerung in Faserbunkern gelangen die Fasern in die Mattenstreuanlage, in der diese zu einem Faserkuchen gestreut werden. Für eine 16 mm dicke MDF-Platte ist ein etwa 800 mm dicker Faserkuchen erforderlich.

In einer Vorpresse wird der Faserkuchen vorverdichtet und dann in kontinuierlich laufenden, endlosen Metallbändern der Rollenpresse zugeführt.

In dieser über zwanzig Meter langen Presse wird der vorverdichtete Faserkuchen bei 230 °C auf das Plattenmaß bis zu einer Dickengenauigkeit von +/– 0,2 mm gepresst und ausgehärtet **(Bild 1)**. Nach Rückkühlung, Formatschnitt und einer mehrtägigen Lagerung im Reifelager werden die Platten kalibriert und geschliffen.

Eigenschaften: MDF-Platten haben eine mittlere Rohdichte von 600 kg/m³ bis 900 kg/m³. Aufgrund des sehr feinen, homogenen Plattenaufbaus können die Kanten und auch die Flächen profiliert werden. Bei Platten über 15 mm Dicke sind gute Schraubhaltefähigkeiten in der Fläche und in der Kante gegeben. Bei formaldehydarmen MDF-Platten liegt der Perforatorwert unter dem in Emissionsklasse E1 zugelassenen Wert.

Wegen der guten Bearbeitungseigenschaften, auch an den Kanten, und der guten Lackierungs- und Beschichtungsmöglichkeiten ergeben sich für diesen Werkstoff neue Gestaltungsmöglichkeiten. Bei den durchgefärbten MDF-Platten entfällt eine besondere Oberflächenbehandlung der Kanten. Diese können, wie die Flächen, direkt nach dem Feinschliff lackiert werden.

Verwendung: MDF-Platten werden anstelle der üblichen Spanplatten dann eingesetzt, wenn es auf eine besonders feine Oberfläche der Werkstücke ankommt, die deckend lackiert oder mit Folien kaschiert werden soll. Durchgefärbte MDF-Platten werden für Design-Möbel, Deko-Objekte, den modernen Innenausbau und Möbelbau sowie den Ladenbau und Messebau verwendet. Die MDF-Platte mit der Bezeichnung MDF.RWH genügt höheren Feuchtigkeitsansprüchen und wird als Unterdeckplatte für Dachdeckungen und Wände verwendet **(Tabelle 1, Seite 116)**.

Verarbeitung: MDF-Platten können maschinell bearbeitet werden. Sie lassen sich mit den in der Holzverarbeitung üblichen Leimen verbinden. Da die Saugfähigkeit der Kanten und der Ausfräsungen in der Fläche größer ist als die der unbearbeiteten Flächen, empfiehlt es sich, diese Teile vor der Oberflächenbehandlung mit einer Sperrgrundierung vorzubehandeln.

Bild 1: Herstellung von MDF-Platten in kontinuierlich arbeitenden Rollenpressen

Bild 2: Durchgefärbte MDF-Platten

2.8.3.5 Kunststoffbeschichtete Holzfaserplatten

Wie bei den Spanwerkstoffen werden fertigbeschichtete Faserwerkstoffe mit dem Kurzzeichen MFB (engl.: **m**elamin **f**aced **b**oard) versehen. Diesem Kurzzeichen wird die genormte Plattenbezeichung angehängt. **MFB EN 622-2** ist also eine melaminharzbeschichtete harte Holzfaserplatte **(Bild 3)**.

Holzfaserplatten können einseitig oder beidseitig mit Kunststoff beschichtet werden. Die Beschichtung kann glatt oder strukturiert sein. Sie werden unifarben, in veschiedenen Dekors oder Holzimitationen hergestellt **(Bild 1, Seite 138)**. Sie dürfen nur im Innenbereich verwendet werden.

Herstellung: Als Trägerplatte wird beispielsweise eine harte Holzfaser platte verwendet. Die glatte Seite wird mit einem melaminharz-

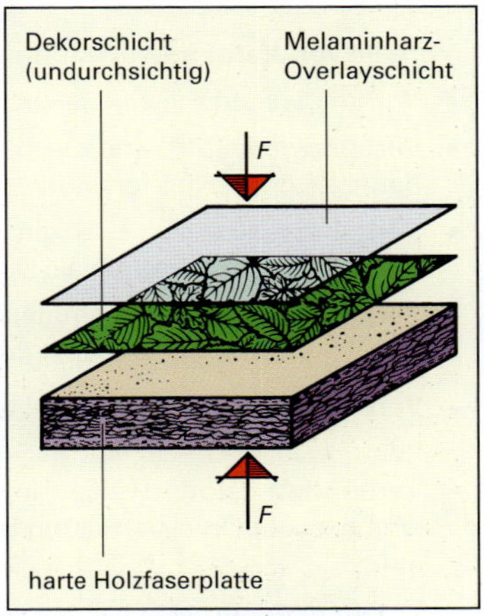

Bild 3: Aufbau einer kunststoffbeschichteten Holzfaserplatte

Bild 1: Kunststoffbeschichtete Holzfaserplatten

Emissionsklasse bei kunststoffbeschichteten Holzfaserplatten.

Die Emissionen der Beschichtung einer kunststoffbeschichteten Holzfaserplatte haben keine Auswirkung auf die Emissionsklasse der Trägerplatte. Die Trägerplatte ist allein für die Emissionsklasse maßgebend.

Bild 2: Verbundwerkstoffplatte

Vorteile von Verbundwerkstoffen

- Verbundwerkstoffe sind leicht
- Verbundwerkstoffe sind mechanisch belastbarer als der volle Werkstoff
- Verbundwerkstoffe besitzen Hohlräume und eignen sich deshalb als Dämmstoffe
- Verbundwerkstoffe sind materialsparend
- Verbundwerkstoffe sind kostensparend
- Verbundwerkstoffe sind vielseitig einsetzbar
- Verbundwerkstoffe weisen im Querschnitt eine bessere Druckverteilung bei Belastung auf
- Verbundwerkstoffe eröffnen neue technische Möglichkeiten

getränkten undurchsichtigen Dekorpapier belegt. Diese Dekorschicht wird durch eine Melaminharz-Overlayschicht geschützt. Dekor- und Overlayschicht werden in Mehretagenpressen unter hohem Druck und hoher Temperatur mit der Hartfaserplatte verschweißt. Dabei härtet die duroplastische Overlayschicht glashart und vollkommen transparent aus. Nach einer schonenden Rückkühlung und dem anschließenden Konditionieren in geschlossenen Stapeln werden die Platten auf Format geschnitten, auf Fehler kontrolliert und versandt.

Eigenschaften: Kunststoffbeschichtete Holzfaserplatten haben wegen ihrer melaminharzgetränkten Dekor- und Overlayschicht eine geschlossene porenfreie Oberfläche. Sie werden an Holzbearbeitungsmaschinen mit hartmetallbestückten Werkzeugen bearbeitet. Die Eigenschaften der Oberfläche entsprechen denen der kunststoffbeschichteten Spanplatten. Die Formaldehydbelastung der Beschichtung kann vernachlässigt werden. Eine Klassifizierung nach E1 oder E2 wird nur durch die Trägerplatte bestimmt.

Verwendung: Kunststoffbeschichtete Harte Holzfaserplatten werden in der Möbelindustrie hauptsächlich für Rückwände und Schubkastenböden sowie im Karosseriebau verwendet.

2.8.4 Verbundwerkstoffplatten

Verbundwerkstoffe (oder auch Komposite) bestehen aus zwei oder mehr Materialien, welche zu einer Struktureinheit verbunden sind und erkennbare Grenzflächen aufweisen. Die Werkstoffeigenschaften der einzelnen Verbundpartner bleiben dabei erhalten, ergänzen sich jedoch im Verbundwerkstoff, sodass ein Werkstoff mit den positiven Eigenschaften der verschiedenen Materialien entsteht. Für die Eigenschaften der Verbundwerkstoffe sind sowohl die stofflichen Eigenschaften sowie die Geometrie der einzelnen Komponenten als auch ihre gemeinsamen Grenzflächen von Bedeutung. Daraus ergeben sich für die Verbundwerkstoffe vielfältige Möglichkeiten. Grundsätzlich werden nach der Art des Verbundes **Teilchen-Verbundwerkstoffe, Faser-Verbundwerkstoffe und Plattenförmige Verbundwerkstoffe** unterschieden. In der Holzverarbeitung sind vor allem die plattenförmigen Verbundwerkstoffe von Bedeutung.

Plattenförmige Verbundwerkstoffe werden auch als Laminate bezeichnet. Im Bauwesen bestehen plattenförmige Verbundwerkstoffe in der Regel aus einer Mittellage und abschließenden Decklagen.

Die **Mittellagen** von Verbundwerkstoffen können aus Vollholzleisten, Spanplatten, Faserplatten, Schaumstoffen, Papier oder anderen zellulosehaltigen Stoffen aus Pflanzenfasern, Kunststoffen, Metallen und mineralisch gebundenen Stoffen bestehen **(Bild 2)**. Auch neu entwickelte Kompositwerkstoffe finden zunehmend Verwendung. Die Mittellage kann hierbei homogen oder inhomogen ausgeführt sein. Typische inhomogene Mittellagen sind Sechseckwaben-, Wellstegwaben und Leisten aus Span- oder Faserwerkstoffen.

Decklagen bestehen aus dünnen Faser- oder Spanplatten, Kunststoffplatten oder Metallfolien.

Eigenschaften: Verbundwerkstoffe werden hergestellt um die vorhandenen Materialeigenschaften eines Werkstoffes zu verbessern oder zu modifizieren. Im Innenausbau sind dies vorrangig Gewichtsersparnis, Beständigkeit gegen Feuchtigkeit und hohe mechanische Belastung bei gleichzeitig geringer Materialstärke.

Verwendung: Verbundwerkstoffe werden für großflächige Teile, wie Trennwände, Decken und Fußböden verwendet oder als Konstruktionselemente im Leichtbau. Einsatzbereiche sind der Messebau, Kulissenbau im Theater, Fertighausbau, Containerbau, Ladenbau, Wohnwagen- und Caravanbau, sowie Boots- und Flugzeugbau.

Typische plattenförmige Verbundwerkstoffe sind Sperrtüren, Stabplatten mit Spandeck, Papierwabenplatten und Schaumkernplatten sowie Aluminiumverbundplatten

Sperrtüren (DIN 68706) sind als Rohlinge oder gebrauchsfertig erhältlich. Sie bestehen aus einem 55 mm bis 75 mm breiten umlaufenden Rahmen, der Einlage und den beiden Deckplatten **(Bild 1)**.

Einlagen können Hohlraumeinlagen oder Füllstoffe sein. Hohlraumeinlagen sind Papier- oder Pappewaben, zu Wellen verleimte senkrecht stehende Furnierstreifen, Holzfaserplattenstreifen, Vollholz- oder Spanholzleisten. Zu den Füllstoffen gehören poröse Holzfaserdämmplatten, Schaumstoffe, Korkplatten, Gipskartonplatten, Voll- oder Röhrenspanstrangpressplatten und Vollholzmittellagen.

Die Decklagen bestehen aus Furniersperrholz, Holzfaserplatten oder dünnen Spanplatten.

Normale Sperrtüren haben ein geringes Gewicht und eine Dicke von 38 mm bis 40 mm. Sie sind je nach Einlagen und Deckplatten unterschiedlichen Klimaklassen und Beanspruchungsklassen zugeordnet **(Tabelle 1)**. Die Türen können mit Glasausschnitt, Spionloch, Lüftungs- oder Briefschlitz versehen, die Kanten glatt oder gefälzt sein.

Besondere Sperrtüren können durch ein höheres Gewicht bessere Schalldämmwerte erreichen, andere können durch Bleieinlagen als Strahlenschutztüren eingesetzt werden. Sperrtüren für Haustüren sind 58 mm bis 70 mm dick und weisen Konstruktionen auf, die dem Verziehen entgegenwirken. Brandschutz- und Rauchschutztüren haben Einlagen aus nicht brennbaren Stoffen und sind an den Kanten mit Brandschutzstreifen, sogenannten Expansionsstreifen, versehen **(Seite 491, Bild 1)**. Sperrtüren für einbruchshemmende Türen sind aus stabilen Einlagen und Decklagen aufgebaut **(Bild 2)**. Bei durchschusshemmenden Türen besteht die Einlage aus beschussfestem Lagenholz.

Sperrtüren kommen roh oder auch furniert, fertig lackiert, mit Kunststoff- oder Metallauflagen in den Handel. Sie werden auch angeschlagen mit montagefertigem Türfutter und Bekleidungen geliefert.

Stabplatten mit Spandeck entsprechen in ihrem Aufbau dem Stabsperrholz. Anstelle der Absperrfurniere werden für die Decklagen jedoch dünne Span- oder MDF-Platten verwendet. Dadurch sind sie leichter als Spanplatten, aber durch die gleichmäßige Oberflächenstruktur gut zu furnieren, zu lackieren oder zu beschichten.

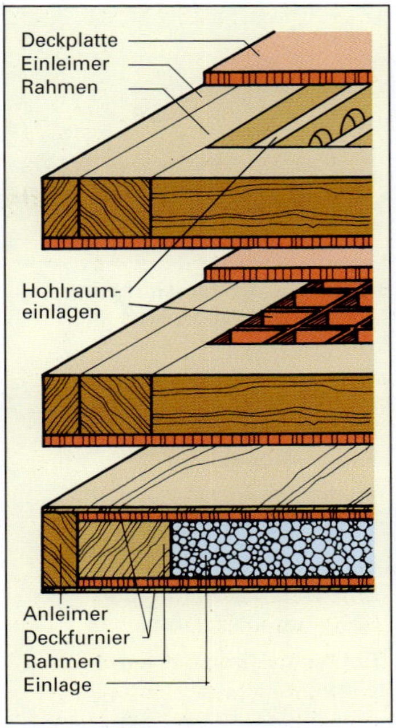

Bild 1: Verschiedene Sperrtürmittellagen

Tabelle 1: Beanspruchungsklassen für Sperrtüren

Hygrothermische Beanspruchung			
Klasse	I	II	III
	normale	mittlere	hohe
	Klimabeanspruchung		
Mechanische Beanspruchung			
Klasse	N	M	S
	normale	mittlere	hohe
	mechanische Beanspruchung		

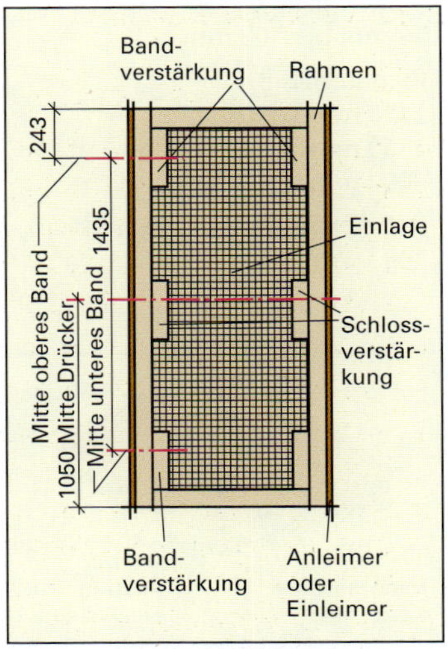

Bild 2: Aufbau einer Sperrtür

Bild 1: **Kunstharzbeschichtete Papierwabenplatte mit Spandeck**

Abmessungen Papierwabenplatte

Plattendicken:
16 mm bis 100 mm

Plattenmaße:
2750 mm x 2020 mm oder
3050 mm x 1250 mm

Rohdichten von 100 kg/m³ bis 260 kg/m³

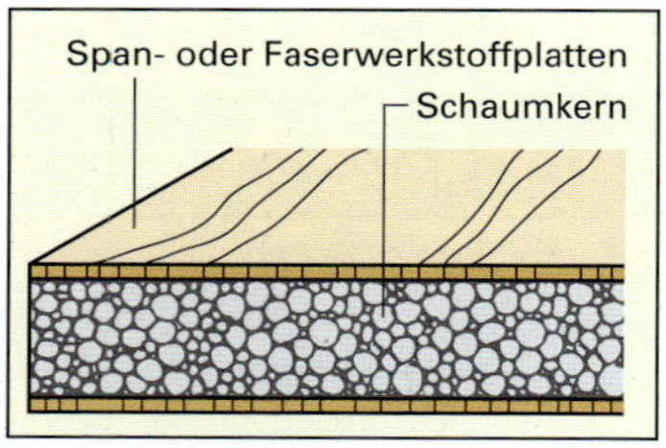

Bild 2: **Schaumkernplatte**

Abmessung Schaumkernplatten

Plattendicken:
13 mm bis 100 mm

Plattenmaße:
2750 mm x 2020 mm,
2500 mm x 1250 mm,
3000 mm x 1250 mm

Rohdichten von 100 kg/m³ bis 400 kg/m³

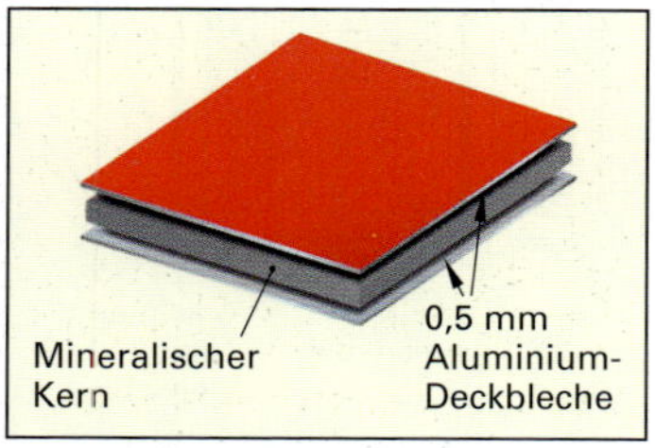

Bild 3: **Aluminium-Verbundplatte**

Die **Papierwabenplatte** ist der Vorläufer der Verbundwerkstoffe im Bauwesen. Schon in den 50er-Jahren kam sie als Ergänzung zur Tischlerplatte auf den Markt und wurde dort zur Herstellung der ersten industriell hergestellten Serienmöbel verwendet. Wegen ihres schichtartigen Aufbaus wird sie auch als „Sandwichplatte“ bezeichnet **(Bild 1)**.

Aufbau: Die Mittellage besteht aus einer Wellstegeinlage, die aus Wellpappestreifen oder aus Sechseckwaben aus Hartpapieren zusammengesetzt sind. Die Kaschierung erfolgt mit dickem Karton (Flächengewicht 300–600 g/m²) oder aus dünnen Spanplatten.

Die Mittellage kann zur Verstärkung der Platte mit Spanplattenstreifen ausgesteift werden.

Verwendung: Im Möbel- und Innenausbau, für Displays, in der Werbung und der Verpackungsindustrie, im Ladenbau, Kulissenbau im Theater usw.

Schaumkernplatten haben eine Mittellage aus Polystrol, Polyurethanharz, Phenolharz- oder Melaminharzschaum. Auch Glas (Blähglas) und speziell aufbereitete Metalle sind möglich. Die Deckschichten können aus Span- oder Faserwerkstoffen bestehen, aber auch aus Kunststoff oder Metall. Je nach Verwendungszweck werden durch die verschiedenen Materialien spezielle Platteneigenschaften erreicht. Sie sind besonders leicht, haben sehr gute Schall- oder Wärmedämmwerte, sind unter extremen Klimabedingungen einsetzbar oder werden für Sonderfälle im Fahrzeug und Bauwesen verwendet **(Bild 2)**.

Verwendung: Die Einsatzmöglichkeiten reichen von der Inneneinrichtung im Schiffsbau, Fahrzeug- und Flugzeugbau, über Schall- und Brandschutzmaßnahmen, dem Messebau, Ladenbau, Kulissenbau, Caravanbau, dem Fenster- und Fassadenbau bis hin zur Verpackungsindustrie.

Aluminium-Verbundplatten

Eine Aluminium-Verbundplatte ist eine vergleichsweise leichte, dennoch biegesteife Werkstoffplatte mit Polyethylen-Kern und Aluminium-Deckschichten. Die Vorder- und Rückseite ist entweder einbrennlackiert, strukturlackiert, gewalzt oder eloxiert. Obwohl sie ursprünglich für den Displaybereich entwickelt wurden, werden sie auch im Innen- und Außenbereich eingesetzt **(Bild 3)**.

Eigenschaften: Aluminium-Verbundplatten sind trotz geringer Dicke (4 mm) äußerst biegesteif, chemikalienbeständig, temperaturbeständig (–50 °C–+80 °C), UV-beständig, weitgehend formstabil und gut zu verarbeiten. Sie werden je nach Hersteller in Stärken von 2 mm bis 6 mm und Plattenmaßen bis maximal 1,75 m in der Breite und 11 m in der Länge angeboten. Die Stärke der Aluminium-Deckschicht beträgt 0,3 mm. Sie werden mit verschiedenen Oberflächendekoren hergestellt, können unifarben sein oder mit diversen Motiven bedruckt werden. Sie sind umweltfreundlich, da sie sich vollständig recyceln lassen.

Verarbeitung: Aluminium-Verbundplatten sind mit den üblichen Holzbearbeitungsmaschinen oder auf CNC-Bearbeitungszentren zu bearbeiten. Sie sind sägbar, fräsbar, scherbar (mit Schlagscheren) und stanzbar. Es müssen Hartmetall-Vielzahn-Kreissägeblätter mit Trapez-Flachzahn und einer Zähnezahl zwischen $z = 60$ bis 96 eingesetzt werden. Die Drehfrequenz sollte, je nach Anwendungsfall, zwischen $n = 2000\ ^1/_{min}$ bis $n = 5000\ ^1/_{min}$ liegen.

Die Verbindung einzelner Bauteile kann mit Schrauben, Nieten, Klemmen, durch Heißluftschweißen oder Kleben erfolgen.

Sie sind dreidimensional durch Abkanten, Rundbiegen oder durch die Fräskanttechnik verformbar.

Die Oberflächen lassen sich überlackieren, kaschieren, im Siebdruckverfahren oder digital bedrucken **(Bild 1)**.

Verwendung: Aluminium-Verbundplatten werden im Laden- und Innenausbau, im Shop-Design, im Messebau, im Möbelbau und in der Werbetechnik verwendet.

In der Architektur und der Industrie wird eine Sonderform, die Aluminium-Leichtbauplatte als Fassaden- und Bedachungselement eingesetzt **(Bild 2)**. Hier kann die Mittellage ein Aluminium-Wabenkern oder Aluminium-Steg sein, für den Innenbereich sogar ein Papiersteg bzw. ein Papierwabenkern.

Bild 1: Unifarbene Deckschichten für Aluminium-Verbundplatten

Bild 2: Aluminium-Leichtbauplatten

2.8.5 Mineralische Plattenwerkstoffe

Mineralische Plattenwerkstoffe finden vorrangig im Innenausbau, aber auch im Außenbereich Verwendung. Mit ihnen werden Decken und Wände verkleidet oder leichte Trennwände erstellt. Im Küchen- und Ladenbau dienen sie als Arbeitsplatten bzw. Thekenplatten. Thermisch verformt stellt man aus ihnen Wasch- oder Spülbecken her **(Bild 3)**. Im Außenbereich dienen sie der Fassadenverkleidung.

Nach ihren Bestandteilen unterscheidet man **Mineral-Kunststoffplatten, Quarzwerkstoffe, Gipsplatten, Gipsfaserplatten** und **Faserzementplatten.**

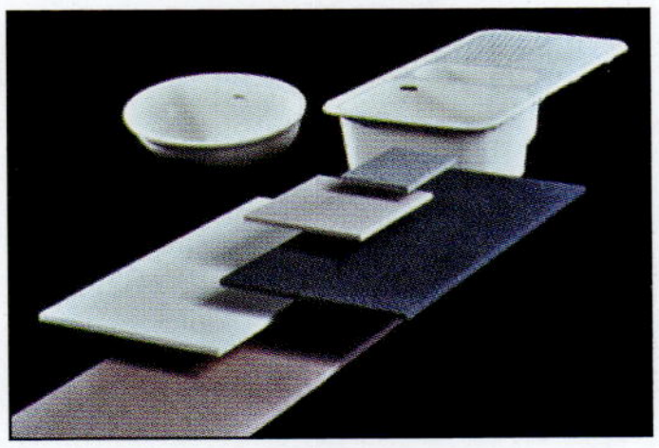

Bild 3: Erzeugnisse aus mineralischen Werkstoffen

2.8.5.1 Mineral-Kunststoffplatten

Mineral-Kunststoffplatten sind künstlich hergestellte Platten mit steinähnlichem Aussehen („Kunststein"). Sie können mit den in einer Tischlerei üblichen Maschinen und Werkzeugen bearbeitet werden. Die Platten bestehen zu $^2/_3$ aus fein gemahlenen Mineralien, z. B. Aluminiumhydroxid, das aus Aluminiumerz gewonnen wird und Kunstharzen als Bindemittel. Nach der Art des Bindemittels unterscheidet man acrylgebundene und polyestergebundene Mineralwerkstoffe. Je nach Zusammensetzung können die Platten durchgehend in Farbe und Struktur wie Granit-, Marmor- oder Travertinplatten aussehen oder nur einfarbig in verschiedenen Farbtönen hergestellt werden. Die Platten werden in Küchen, Bädern, im medizinischen Bereich, im Innenausbau und Ladenbau, für strapazierte und dekorative Flächen wie Arbeitsplatten und Verkleidungen eingesetzt **(Bild 4)**.

Eigenschaften: Mineral-Kunststoffplatten sind durchgehend homogen, von dichter Struktur und dreidimensional bearbeitbar **(Seite 142, Bild 1)**. Dadurch sind sie ideal für ästhetisch-kreative Gestaltungen. Sie sind wetter-, licht- und farbbeständig, beständig gegen viele Säuren und Laugen, Aceton und Alkohol, sowie abrieb-, schlag- und verrottungsfest. Wegen der porenfreien und glatten Oberfläche können keine Flüssigkeiten eindringen. Bakterien und Schimmelpilze können sich nicht festsetzen. Dadurch sind sie hygienisch, lebensmittelunbedenklich und geschmacksneutral. Es ist ein geringer Reinigungs- und Pflegeaufwand erforderlich, Reparaturen lassen sich einfach und problemlos durchführen.

Bild 4: Erzeugnisse aus Mineral-Kunststoffplatten im Sanitärbereich

Bild 1: Bearbeitung eines Erzeugnisses aus Mineralwerkstoffen

Allgemeine Eigenschaften von Mineral-Kunststoffplatten

widerstandsfähig:	weitgehend schlag-, kratz- und verschleißfest
hygienisch:	porenfrei und fugenlos, dadurch wird die Ausbreitung von Pilzen und Bakterien verringert
pflegeleicht:	Reinigung und die Behebung kleiner Schäden wie Brandflecken lassen sich mit haushaltsüblichen Scheuermitteln beseitigen
thermisch verformbar:	unter kontrollierbarer Temperatur lassen sich zwei- oder dreidimensionale Objekte herstellen
transluzent:	besonders bei Plattenstärken von 6–12 mm lässt sich die Lichtdurchlässigkeit für Möbel und Objekte nutzen
nicht-toxisch:	es findet keine Ausdünstung von Gasen statt; bei Verbrennung wird hauptsächlich CO_2 freigesetzt, die optischen hellen Gase sind nicht giftig

Bild 2: Arbeitsplatte mit Spülbecken aus thermisch verformter Mineral-Kunststoffplatte

Ihre Wärmebeständigkeit lässt kurzzeitig Temperaturen über 200 °C zu. Mineral-Kunststoffplatten sind schwer entflammbar, entsprechend den Bedingungen B 1 **(Tabelle 1, Seite 455)**.

Sie sind mit anderen Werkstoffen wie Keramik, Stein, Holz, Metall kombinierbar. Die Dichte der Platten liegt bei 1750 kg/m³. Die lieferbaren Dicken liegen bei 3 mm bis 19 mm. Typische Plattenmaße sind bei einer 19 mm starken Platte 760 mm × 3658 mm, bei einer 6 mm Platte 760 mm x 2490 mm.

Verarbeitung: Mineral-Kunststoffplatten lassen sich mit in Tischlereien vorhandenen Werkzeugen und Maschinen sägen, fräsen, bohren und schleifen **(Bild 1)**. Es sind allerdings hartmetallbestückte Werkzeuge erforderlich. In der Furnierpresse erhitzt, werden die Platten weich und sind in diesem Zustand verformbar. Darüber hinaus können sie mittels thermischer Verfahren zu dreidimensionalen Produkten, wie Waschbecken, Duschwannen oder anderen plastischen Objekten geformt werden.

Mit farblich abgestimmten Spezialklebern kann man die Platten zu einem nahezu homogenen Werkstück verbinden. Die Klebefuge ist bei fachgerechter Verarbeitung nicht sichtbar. Zum Verputzen sind Schleifpapiere mit zunehmend feinerer Körnung und Stahlwolle einzusetzen. Beim Verkleben der Mineral-Kunststoffplatten auf Unterkonstruktionen sind dauerelastische Kleber auf Neoprenbasis oder Silikon zu verwenden, da temperaturbedingte Längenausdehnungen auftreten können **(Bild 3, Seite 143)**. Eine Oberflächenbehandlung ist nicht erforderlich.

Verwendung: Die Mineral-Kunststoffplatte ist ein äußerst dauerhaftes und vielseitig verwendbares Material mit benutzerfreundlichen Eigenschaften für den privaten und gewerblichen Bereich. Ihre Vorzüge überzeugen vor allem beim Innenausbau, aber auch im Außenbereich findet sie gelegentlich Verwendung, z. B. für großflächige Schilder. Da sie äußerst hygienisch und pflegeleicht sind eignen sich Mineral-Kunststoffplatten für Anwendungen in Küche und Bad, wo sie oft für Arbeitsflächen, Waschbecken und Waschtischanlagen verwendet werden **(Bild 2)**. Ihre Festigkeit erlaubt die Verarbeitung zu WC- oder Duschkabinen, Trennwänden oder Mobiliar. Man findet dieses Material in Restaurants und Kantinen, in Großküchen und auf Flughäfen genauso wie in Büros, Banken oder Schulen.

2.8.5.2 Quarzwerkstoffe

Quarzwerkstoffe stellen eine Weiterentwicklung der bekannten Mineralwerkstoffe dar. Sie bestehen zu 90 bis 96% aus Quarz, das in großer Menge als Bruchstein bei der Natursteinherstellung anfällt.

Die fein gemahlenen Bruchsteine, das sogenannte Quarzgranulat wird mit Farbpigmenten und Harz gemischt und in einem speziellen Vakuum- und Vibrationsprozess unter hohem Druck verpresst. Nach dem Aushärten erlangt es die Eigenschaften von Stein, jedoch mit einer höheren Funktionalität und größeren Widerstandsfähigkeit, sowie sehr guten hygienischen Bedingungen. Wird das Gemisch vor dem Verpressen mit Perlmutt-, Glas- oder Spiegelstücken angereichert, lassen sich besondere Oberflächeneffekte erzielen **(Bild 1)**.

Eigenschaften: Quarzwerkstoffe weisen im Prinzip die gleichen Eigenschaften wie Mineralwerkstoffe auf. Wegen des hohen Mineralanteils und der Verwendung von Polyester oder Epoxidharz als Bindemittel sind jedoch Chemikalienbeständigkeit, Hitzebeständigkeit und Härte deutlich erhöht. Ein beispielsweise heißer Kochtopf kann auf einer Küchenarbeitsplatte schadlos abgestellt werden. Die porenfreie Oberfläche gewährleistet eine hervorragende Fleckfestigkeit. Trotz hoher Farbechtheit sind jedoch Einbußen bei der Lichtechtheit in Kauf zu nehmen.

Verarbeitung: Da es sich bei Quarzplatten letztendlich um Stein handelt, müssen für den Zuschnitt unbedingt diamantbestückte Werkzeuge verwendet werden. Eine Oberflächenbehandlung ist jedoch nicht zwingend notwendig, da Quarzwerkstoffe eine homogene und nahezu porenfreie, geschlossene Oberfläche besitzen, die nicht versiegelt werden muss.

Verwendung: Besonders die Härte und die hygienischen Eigenschaften sind Gründe für die Verwendung von Quarzsteinplatten in den Bereichen Küche, Bad, Krankenhaus, Labor und dem anspruchsvollen Objektbereich wie Lounges oder Hotelbars **(Bild 2)**.

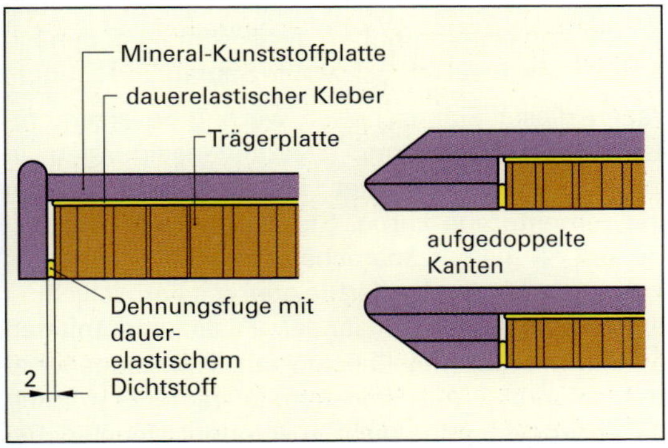

Bild 3: Belag und Kanten mit Mineral-Kunststoffplatten

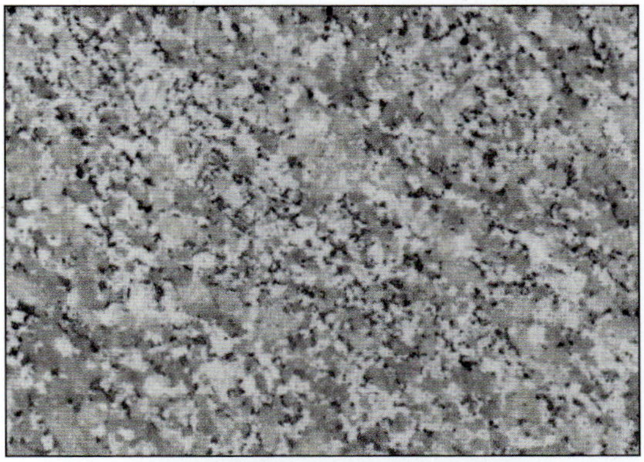

Bild 1: Mineral-Kunststoffplatte in Granitstruktur

Bild 2: Verwendung von Quarzwerkstoffen im Objektbereich

Tabelle 1: Spezifische Eigenschaften der Mineralwerkstoffplatten

acrylgebundene Platte	polyester-gebundene Platte	Quarzwerkstoff
thermisch verformbar	bedingt thermisch verformbar	nicht verformbar
hohe Chemikalien-beständigkeit	höhere Chemikalien-beständigkeit	höchste Chemikalien-beständigkeit
Hitzebeständig bis ca. 130 °C		hoch hitzebeständig
Mohs Härte 2–4		Mohs Härte 5–8
fugenfrei	fugenfrei	sichtbare Fuge
relativ teuer	preisgünstig	
mit Hartmetall-werkzeugen bearbeitbar	mit Hartmetall-werkzeugen bearbeitbar	nur mit Diamant-werkzeugen bearbeitbar

Bild 1: Gipsplatte

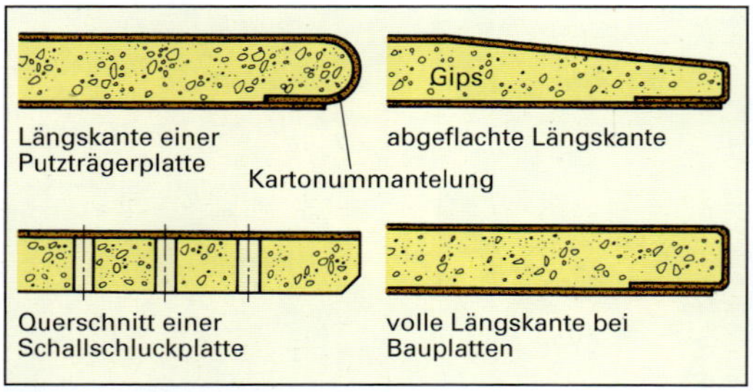

Bild 2: Kantenausbildung von Gipsplatten

Bild 3: Faserzementplatte

Brandschutzklassen

Baustoffe werden nach dem Grad ihrer Entflammbarkeit und der Flammausbreitung in verschiedene Brandschutzklassen eingeteilt und müssen dementsprechend gekennzeichnet werden. Die Kennzeichnung gibt Auskunft über die **Baustoffklasse**, das **Rauchverhalten** und das **Abtropfverhalten** eines Werkstoffes **(siehe Seite 454)**.

Holzwerkstoffe sind normalerweise normalentflammbare Baustoffe und fallen dementsprechend unter die Baustoffklasse D. Mineralisch gebundene Plattenwerkstoffe sind je nach Zusammensetzung schwer entflammbar bis nicht brennbar und fallen somit unter die Baustoffklassen A, B oder C.

2.8.5.3 Gipsplatten nach DIN EN 520

Gipsplatten (früher Gipskartonplatten genannt) bestehen aus Gips, deren Flächen und Längskanten zur Aussteifung und Festigkeit mit Karton ummantelt sind **(Bild 1)**. Es gibt z. B. Gipsplatten für Beplankungen von Wänden und Decken (Typ A oder E). Gipsplatten Typ F für höhere Anforderungen an den Brandschutz, Gipsplatten Typ P als Putzträgerplatte sowie Gipsplattentypen mit anderen Eigenschaften und Anwendungsmöglichkeiten.

Gipsplatten werden als Trockenputze oder Deckenverkleidungen entweder auf Unterkonstruktionen aus Holz oder Metall mit Klammern, Nägeln oder Schrauben befestigt oder direkt mit besonderen Gipsen oder Klebern an die Rohbauwände gesetzt. Die Fugen und die Löcher der Befestigungsmittel sind auszuspachteln. Damit die Fugen nicht wieder reißen, werden sie durch Glasfaserstreifen gesichert. Gipsplatten können auch als Einlage in schalldämmende Bauteile eingebaut werden. Gipsplatten werden in Dicken von 9,5 mm, 12,5 mm, 15 mm, 18 mm und 22 mm hergestellt.

Gipsfaserplatten werden aus Gipsen und Zellulosefasern, die aus Altpapieren gewonnen werden, hergestellt. Sie enthalten keine zusätzlichen Bindemittel, sind aber durchgehend faserverstärkt.

Gipsfaserplatten werden für Deckenverkleidungen, für Trennwände, als Estrichelement für trittschalldämmende und wärmedämmende Fußböden eingesetzt **(Bild 2)**. Sie sind universell als Bau-, Brandschutz- und Feuchtraumplatten zu verwenden. Gipsfaserplatten können auf Unterkonstruktionen geschraubt oder mit Montageklebern auch auf unverputzte Wände geklebt werden. Sie sind 10 mm, 12,5 mm oder 15 mm dick, 2540 mm bis 3000 mm lang und 1245 mm breit.

2.8.5.4 Faserzementplatten

Faserzementplatten werden aus mineralischen und synthetischen Fasern, Zement und Wasser hergestellt **(Bild 3)**. Durch diese Rohstoffe sind Faserzementplatten nicht brennbar und beständig gegen Pilze, Bakterien, Insekten, schwache Säuren und Laugen.

Wegen dieser Eigenschaften werden Faserzementplatten für Wand- und Deckenverkleidungen in Feuchträumen verwendet. Die Rohplatten haben eine zementgraue Farbe. Sie können mit Dispersions- oder Kunstharzanstrichen versehen werden. Es sind aber auch durchgefärbte oder mit Farbschichten versehene Platten im Handel. Faserzementplatten können mit hartmetallbestückten Werkzeugen bearbeitet werden. Alle Befestigungselemente müssen aus verzinkten oder nicht rostenden Metallen bestehen.

2.9 Belagstoffe – Furniere und ihre Verarbeitung

Furniere sind dünne Holzblätter, die auf Trägerplatten aufgeklebt werden. Sie vermitteln so den Eindruck von Vollholz. Die Furnierherstellung und Verarbeitung war schon ca. 3000 v. Chr. in Ägypten bekannt, aber erst mit der Entwicklung der maschinellen Furnierherstellung um 1900 und der industriellen Produktion von Holzwerkstoffplatten (Spanplatten) ab ca. 1950 konnte sich die furnierte Fläche als Oberfläche für Möbel und Innenausbauelemente durchsetzen. Furniere werden aus der Stammware oder aus dem Wurzelstock (Wurzelknolle) von gesunden Bäumen gewonnen.

> Nach DIN 4079 sind Furniere dünne Holzblätter, die durch Sägen, Messern oder Schälen von einem Stamm oder Stammteil abgetrennt werden.

Bild 1: Manuelle Furnierherstellung mit der Klobsäge um 1800

Die Dicke von Furnieren ist nicht prinzipiell festgelegt. Die DIN gibt aber bei jeder Holzart sogenannte Nenndicken vor **(Tabelle 1)**. Hierbei wird unterschieden zwischen Normalfurnier (0,5 mm–0,6 mm), Starkfurnier (0,9 mm–2,5 mm) und Mikro-Furnier (0,1 mm–0,3 mm). Nenndicken werden bei Normalfurnier für bestimmte Holzarten festgelegt (z. B. Nussbaum 0,5 mm oder Esche 0,6 mm). Nadelhölzer werden in der Regel etwas dicker hergestellt.

Die Breite und Länge der Furnierblätter ist abhängig von der Größe des Stammes und der Art der Herstellung **(Bild 2)**. Ist die Breite des Furnierblattes nicht ausreichend um das Werkstück vollständig zu belegen, werden Furniere „zusammengesetzt“. Hiermit lässt sich ein „Furnierbild“ erstellen, das die Schönheit des Werkstoffes Holz hervorhebt.

Die Qualität eines Furniers hängt zum einen vom Rohholz (Stamm) und zum anderen von der Art der Herstellung ab. Im Gegensatz zum Rohholz gibt es keine einheitliche Klassifizierung für Furniere.

Tabelle 1: Handelsübliche Furnierdicken

mm	Holzart
0,50	Nussbaum, Mahagoni, Makoré, Palisander
0,55	Ahorn, Birke, Buche, Birnbaum, Kirschbaum, Afromosia, Sen, Teak
0,60	Eiche, Erle, Esche, Pappel, Rüster, Limba
0,65	Eiche, Linde, Pappel
0,70	Abachi
0,90	Kiefer, Lärche, Fichte
1,00	Tanne

Furnierarten: nach dem Herstellungsverfahren	**Sägefurnier**	**Schälfurnier**	**Messerfurnier**
	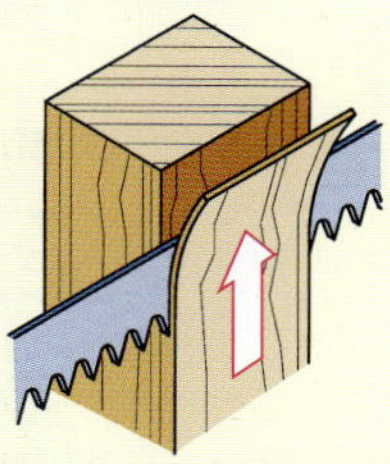	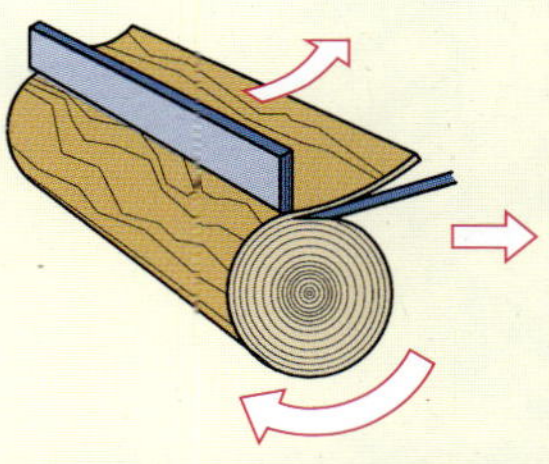	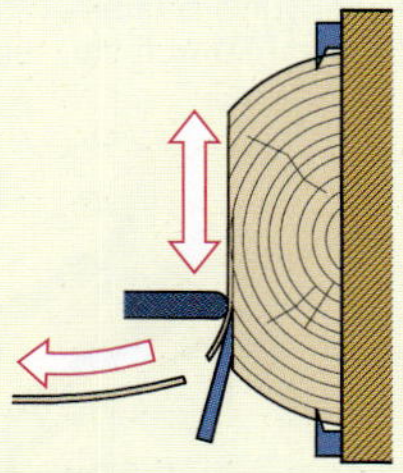
Eigenschaften	frei von Haarrissen Dicke 1 mm bis 4 mm (bis 10 mm)	feine Haarrisse auf der Furnierblattunterseite Dicke 0,5 mm bis 4 mm	feine Haarrisse auf der Furnierblattunterseite Dicke 0,5 mm bis 4 mm
Vorteile	natürliche Farbe Block muss nicht aufbereitet (gedämpft) werden	bei exzentrischem Schälen lebhafte Maserung kaum Verschnitt (zur Sperrholzherstellung)	Furnier hat natürliche Maserung, Block rechts oder links einspannbar, kaum Verschnitt
Nachteile	hoher Verschnitt und Zeitaufwand (teuer)	Furnier hat unnatürliche Maserung, Farbänderung durch Dämpfen	Farbänderung durch Dämpfen, Furnierblätter leicht rissig

Bild 2: Arten der Furnierherstellung, Vor- und Nachteile der Furniere

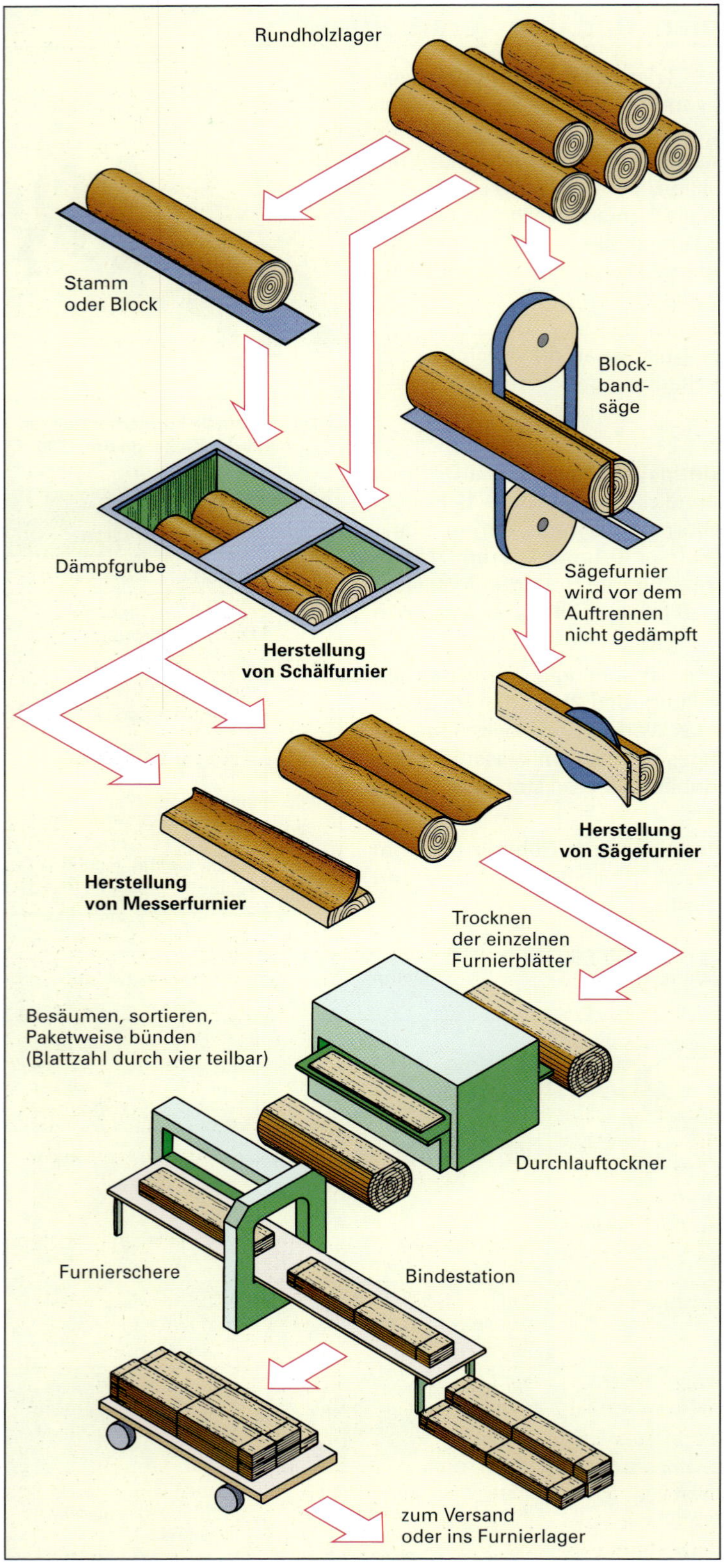

Bild 1: Arbeitsschritte bei der Furnierherstellung

Ein Rohholzstamm der Güteklasse A erhält den Kennbuchstaben F (= Furnierqualität), was auf seine besondere Eignung zur Furnierherstellung hinweist. Furnier ermöglicht eine ökonomische Nutzung des Werkstoffes Holz. Aus 1 m^3 Eiche-Vollholz lassen sich ca. zwei Schlafzimmerschränke erstellen. Mit der gleichen Menge erhält man ca. 750 m^2 0,7 mm starkes Eichenfurnier, mit denen man ca. 50 Schränke furnieren kann.

2.9.1 Einteilung der Furniere

Furniere werden unterschieden nach der Art der Herstellung und der Art der Verwendung. Nach der Art der Herstellung ist zwischen Messer-, Schäl- und Sägefurnieren zu unterscheiden **(Bild 2, Seite 145)**. Nach der Art ihrer Verwendung unterscheidet man zwischen Deckfurnieren, Unterfurnieren und Absperrfurnieren **(Bild 2, Seite 151)**.

Die Furnierherstellung erfolgt bei den **Sägefurnieren, Schälfurnieren** und den **Messerfurnieren** prinzipiell in der gleichen Abfolge der Bearbeitungsschritte. Unterschiede gibt es nur in der Vorbehandlung (Dämpfen oder nicht Dämpfen) und in der Art und Weise wie das Furnierblatt vom Stamm getrennt wird, ob durch Sägen, Messern oder Schälen.

2.9.2 Schritte bei der Furnierherstellung

Lagerung und Vorsortierung: Die Stämme werden auf dem Holzlagerplatz des Furnierherstellers nach Qualität und Holzart vorsortiert. Sie müssen ständig mit Wasser berieselt werden. Durch die Feuchtigkeit werden Farbveränderungen und Rissbildungen durch Austrocknen vermieden.

Zurichten: Ist die Auswahl des Stammes für eine bestimmte Furnierart, die Entrindung, das Ablängen und die Festlegung der Einteilung des Stammquerschnitts in Blöcke „Quartiere" **(Bild 1)**.

Kochen/Dämpfen: Die Stämme und Quartiere zur Herstellung von Messer- und Schälfurnieren werden gedämpft. Da das Holz meist zu hart und zu spröde ist, kommen die Furnierblöcke (Quartiere) oder ganze Stämme vor dem Messern oder Schälen in Dämpf- oder Kochgruben. In den Dämpfgruben besprüht man sie mit Dampf, in den Kochgruben liegen sie in heißem Wasser. Je nach Holzart, Rohdichte und Blockvolumen dauert diese Behandlung mehrere Stunden oder Tage. Das so vorbereitete Holz wird weich und geschmeidig und lässt sich dadurch besser weiterverarbeiten. Bei den meisten Holzarten tritt durch Kochen oder Dämpfen eine Farbänderung ein.

Abtrennen des Furnierblattes: Vom vorbereiteten Stamm oder Stammteil (Block, Quartier) werden durch Sägen, Messern oder Schälen die Furnierblätter abgetrennt **(Bild 2, Seite 145)**.

Trocknen: Die einzelnen Furnierblätter werden direkt nach dem Abtrennvorgang in sogenannten Durchlauftrocknern heruntergetrocknet. Die Reihenfolge der Furnierblätter muss hierbei unbedingt eingehalten werden, damit das „Bild" beim späteren Zusammensetzen der Furniere stimmt. Moderne Trockner vermessen die Furniere während des Trockenvorgangs. Die Ausbeute eines Stammes kann so direkt ermittelt werden.

Beschneiden und Bündeln: Nach dem Trocknen werden die einzelnen Furnierblätter zu Paketen mit 16, 24 oder 32 Stück (Anzahl muss durch 4 teilbar sein) gebündelt und an pneumatisch arbeitenden Scheren in möglichst rechteckige Formate geschnitten.

Konditionierung, Lagerung: Furniere sind sehr empfindliche Werkstoffe, zu hohe oder zu niedrige Luftfeuchtigkeit, falsche Temperatur und Sonnenlicht können Qualität und somit den Verkaufswert verringern. Zu trocken gelagert können Furniere brüchig oder spröde, zu feucht gelagert können sie wellig oder „stockig" werden. Bei Einwirkung von direktem Sonnenlicht können sie nachdunkeln oder ausbleichen.

Taxierung: Unter der Taxierung versteht man die Festlegung des Verkaufspreises aufgrund der Qualität und der Abmessungen des Furnierblattes. Einzelne Hersteller geben zusätzlich Hinweise auf die mögliche Verwendung, z.B. Schlafzimmerqualität, Türenqualität oder Paneelqualität. Diese Angaben sind aber nicht genormt und herstellerbedingt verschieden.

Bild 1: In Quartiere eingeteilter Stamm vor dem Ablängen

Bild 2: Entnahme der Quartiere aus der Dämpfgrube

Bild 3: Zuführen des frisch gemesserten Furniers in den Durchlauftrockner

Bild 4: Furnierlager mit gebündelten Furnierpaketen

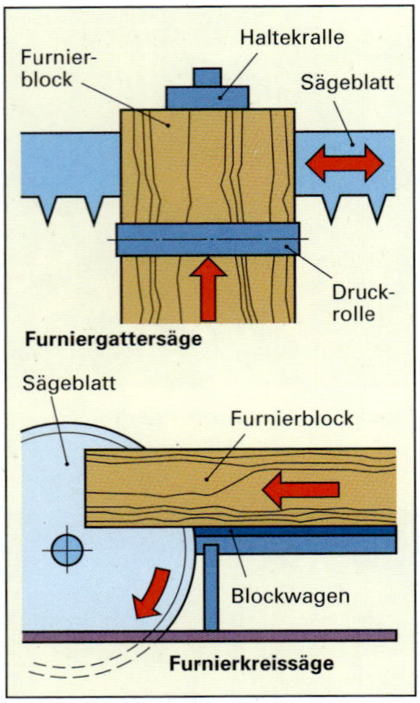

Bild 1: Herstellen von Sägefurnieren (Schema)

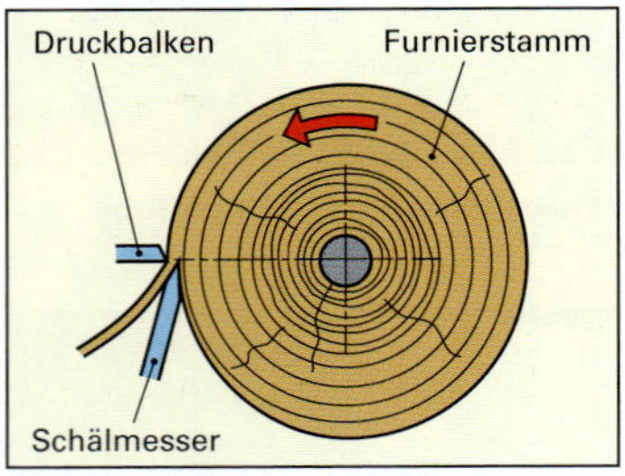

Bild 2: Herstellen von Schälfurnieren durch Rundschälen

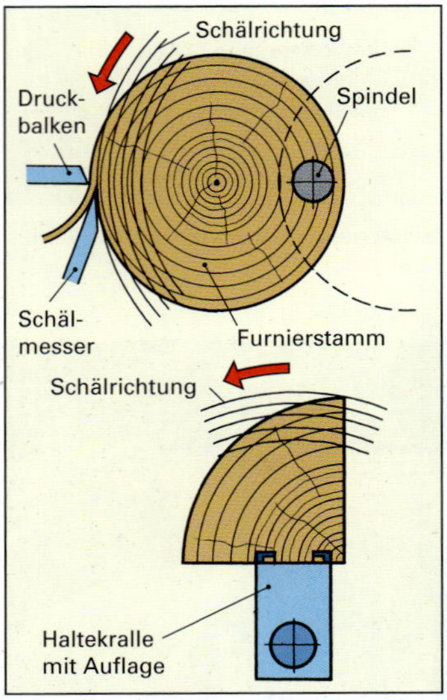

Bild 3: Herstellen von Schälfurnieren durch exzentrisches Schälen (Schema)

2.9.3 Furniere nach Art der Herstellung

2.9.3.1 Sägefurniere

Sägefurniere werden mit Sägen von der gesamten Stammlänge oder von Stammteilen in Längsrichtung abgetrennt. Dies erfordert einen hohen Zeitaufwand und ergibt einen hohen Schnittverlust bis zu 150 %. Allerdings müssen die Stämme, die für Sägefurniere verwendet werden, nicht gedämpft werden und behalten dadurch auch ihre natürliche Farbe. Sägefurniere haben eine Dicke von 1,2 mm bis 2,5 mm, in Sonderfällen bis 10 mm.

Vor der Entwicklung von Sägemaschinen wurden Sägefurniere von Hand mit der Klobsäge vom Stamm abgetrennt **(Bild 1, Seite 145)**.

Sägefurniere werden heute mit der Furniergattersäge oder mit der Furnierkreissäge geschnitten **(Bild 1)**.

Beim Sägen mit der Furniergattersäge wird der zugerichtete Block stehend auf dem Blockwagen der Gattersäge aufgespannt und von unten nach oben gegen das sich waagerecht hin und her bewegende Sägeblatt geführt. Ein sogenanntes Messer bildet die seitliche Führung des Sägeblattes, lenkt das abgetrennte Furnierblatt ab und entlastet zugleich das Sägeblatt.

Beim Sägen mit der Furnierkreissäge wird der zugerichtete Block waagrecht liegend auf dem Blockwagen eingespannt und gegen das übergroße Sägeblatt geführt. Das Messer, das das abgetrennte Furnierblatt von der Säge wegdrückt, hat die Funktion eines Spaltkeils. Mit der Furnierkreissäge können verhältnismäßig lange Blöcke geschnitten werden. Außerdem kann mit einer wesentlich höheren Vorschubgeschwindigkeit gefahren werden als mit der Furniergattersäge.

2.9.3.2 Schälfurniere

Schälfurniere werden zentrisch **(Rundschälen)** oder mit außermittiger Drehachse **(Exzentrisch** oder Stay-Lock) in einer Drehbewegung von einem Stamm oder Stammteil abgetrennt **(Bild 2 und Bild 3)**.

Vor dem **Rundschälen** müssen die Stämme zentriert werden, d. h., an beiden Stirnenden des Stammes wird der Mittelpunkt angerissen. Die zentrierten Stämme kommen dann in die Schälmaschine, indem man sie in den Zentrierpunkten einspannt. Beim Schälen wird das Schälmesser gegen den sich drehenden Stamm geführt, sodass ein zusammenhängendes Furnierband entsteht **(Bild 4)**.

Bild 4: Furnier-Schälmaschine

Damit das Furnier möglichst keine Risse bekommt, ist vor dem Schälmesser ein Druckbalken eingesetzt. Das Schälmesser rückt entsprechend der eingestellten Furnierdicke stetig nach. Das beim Schälen anfallende endlose Band wird hinter der Schälmaschine aufgehaspelt oder mit einer Furnierschere in kurze Furnierstücke geschnitten. Man kann auch den Stamm entlang seiner Mantellinie mit einer Ritzsäge einschneiden. Dadurch fällt nach jeder Drehung des Stammes ein zugeschnittenes Furnierblatt in der Größe des jeweiligen Stammumfangs an. Mit Schälmaschinen können Furniere von 0,5 mm bis 10 mm Dicke hergestellt werden. Rundschälfurniere werden als Absperrfurniere oder für Mittellagen bei der Herstellung von Stäbchenplatten verwendet. Außerdem dienen sie zur Herstellung von Furnierschichtholz und Furniersperrholz. Aus optischen Gründen können Schälfurniere aus Birke, Esche, Ahorn und Buche auch als Deckfurniere verarbeitet werden. Die charakteristische Zeichnung von Birke (geflammt), von ungarischer Esche (gewellt) und von Zuckerahorn (Vogelaugenahorn) erreicht man nur durch Schälen.

Beim **exzentrischen Schälen** wird das Schälholz exzentrisch, d.h. außerhalb der Stammachse, in die Schälmaschine eingespannt. Den Schälstamm kann man entweder als Rundholz oder als Halb- bzw. Viertelholz zurichten. Die Jahresringe werden bei dieser Schälart in verschiedenen Winkeln angeschnitten, sodass sich das Bild entsprechend verändert. Je nach Stammteilung und Stammeinspannung erhält man gefladerte oder gestreifte Furniere **(Bild 3, Seite 148; Bild 1, Seite 150)**.

Exzentrisch geschälte Furniere ähneln in ihrer Struktur bestimmten Messerfurnieren. Allerdings liegen die Jahresringe in der Regel durch das bogenförmige Anschneiden etwas weiter auseinander als bei den Messerfurnieren. Das exzentrische Schälen eignet sich besonders für das Herstellen von Maserfurnieren, dies sind Furniere aus Wurzelknollen.

Vorteile der Schälfurniere:

Schälfurniere zeigen eine außergewöhnliche Maserung. Beim Schälen fällt nur wenig Verschnitt an, weil das endlose Furnierband leicht auf das gewünschte Breitenmaß geschnitten werden kann.

Nachteile der Schälfurniere:

Schälfurniere zeigen bei den meisten Holzarten eine unnatürliche, unruhige Zeichnung. Schälfurniere haben auf der linken Seite feine Schälrisse.

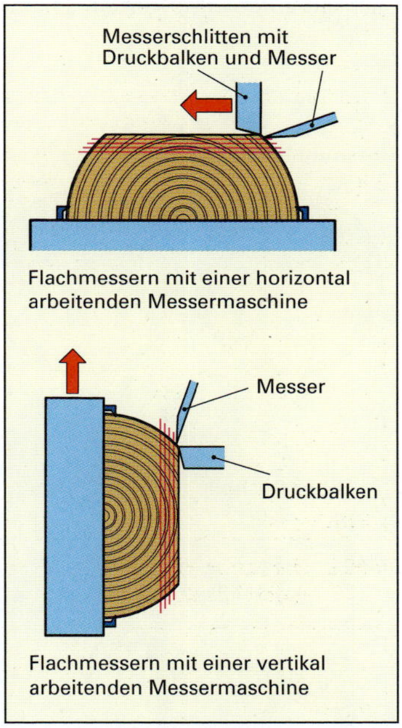

Bild 1: Horizontales und vertikales Messer (Schema)

2.9.3.3 Messerfurniere

Messerfurniere werden auf Furniermessermaschinen **(Bild 2)** hergestellt. Hierzu werden die Quartiere oder Messerblöcke mittels Spannbacken auf dem Maschinentisch der Messermaschine befestigt. Es gibt **vertikal und horizontal arbeitende** Messermaschinen **(Bild 1)**. Bei der vertikal arbeitenden Messermaschine bewegt sich der eingespannte Furnierblock von unten nach oben gegen das feststehende Furniermesser.

Bei der horizontal arbeitenden Messermaschine gleitet der Messerschlitten auf beidseitig angebrachten Führungsbahnen über den feststehenden Furnierblock. Bei beiden Maschinenarten wird der Furnierblock bei jeder Vorwärtsbewegung des Furniermessers um die Furnierdicke zugestellt. Dadurch wird bei jedem Hub ein Furnierblatt abgetrennt. Damit das Holz beim Abtrennen des Furniers nicht

Bild 2: Furnier-Messermaschine, horizontal arbeitend

Vorteile der Messerfurniere:

Messerfurniere behalten wie die Sägefurniere ihre natürliche Maserung, gefladert oder gestreift. Bei ihrer Herstellung entsteht bis auf den Messerrest kein Verschnitt.

Nachteile der Messerfurniere:

Messerfurniere weisen oft Farbänderungen auf. An ihrer Unterseite werden die Holzzellen leicht verschoben und angeknickt. Dadurch entstehen Risse. Diese Seite bezeichnet man als linke Furnierseite, die nach Möglichkeit aufgeleimt werden soll.

einreißt, ist vor dem Furniermesser ein Druckbalken angebracht. Außerdem kann das Furniermesser schräg zum Furnierblock eingespannt sein, damit die Holzfasern schräg, d.h., im ziehenden Schnitt, angeschnitten werden. Durch die Einspannbacken kann man die Furnierblöcke nicht ganz abmessern, sodass Messerreste übrig bleiben.

Messerfurniere werden in Deutschland nur quer zur Stammachse gemessert. Man bezeichnet dies als Quermessern. In Asien, Amerika und im übrigen Europa wird auch parallel zur Stammachse gemessert. Man nennt dies Längsmessern.

Das Furnierbild des Messerfurniers wird nicht allein vom natürlichen Wuchs des Holzes bestimmt, sondern auch von der Zurichtungsart und der Schnittführung beim Messern **(Bild 1)**.

Der runde Stamm wird halbiert, gedrittelt oder geviertelt. Die Viertelblöcke nennt man Quartiere.

Beim **Flachmessern** wird ein Halbblock von außen nach innen geschnitten **(Bild 1)**. Dabei entsteht zuerst der Fladerschnitt mit einer leb-

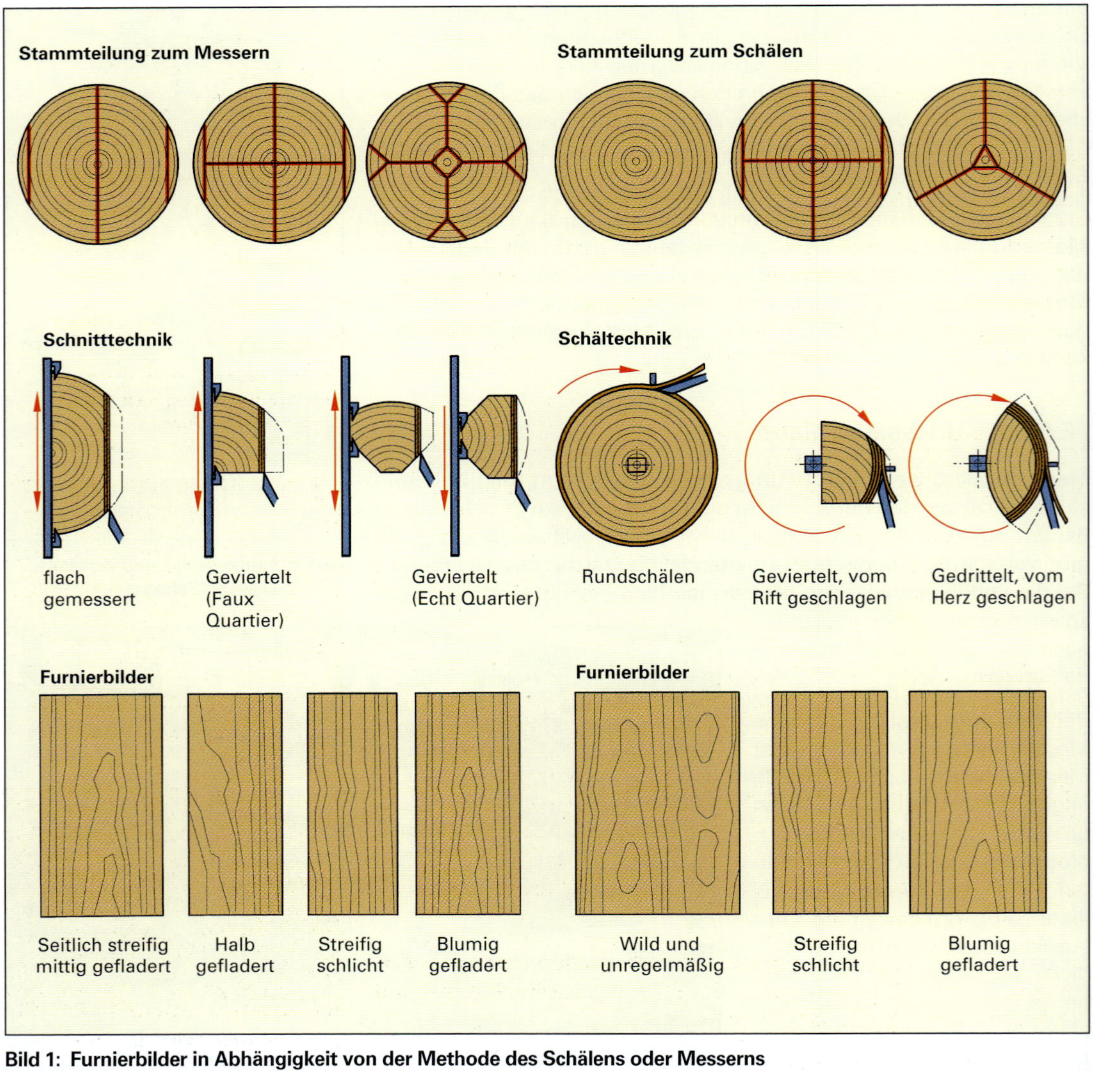

Bild 1: Furnierbilder in Abhängigkeit von der Methode des Schälens oder Messerns

haften, gefladerten Zeichnung, dann zur Mitte hin eine streifige Maserung der Furniere.

Flach-Quartier-Messern ist ein Flachmessern mit einem Viertelstamm (Quartier). Dadurch entsteht eine feine blumige Maserung.

Beim **Echt-Quartier-Messern** erhält man Furniere mit streifiger Maserung bzw. im Kernbereich, durch das schräge Anschneiden der Holzstrahlen (Markstrahlen), Furniere mit Spiegel, wie z. B. bei Eiche.

Beim **Faux-Quartier-Messern** entsteht eine halbfladrige (halbblumige) Maserung. Derartige Furniere werden durch Stürzen zu einem Bild zusammengesetzt **(Bild 1)**.

Bild 1: Halbfladeriges Furnier doppelt gestürzt

2.9.4 Furniere nach Art der Verwendung

Nach Art der Verwendung unterscheidet man **Deckfurniere** für sichtbare Flächen, **Unterfurniere** für eine höhere Oberflächengüte und **Absperrfurniere,** die einem Verziehen des Trägerwerkstoffs entgegenwirken **(Bild 2)**.

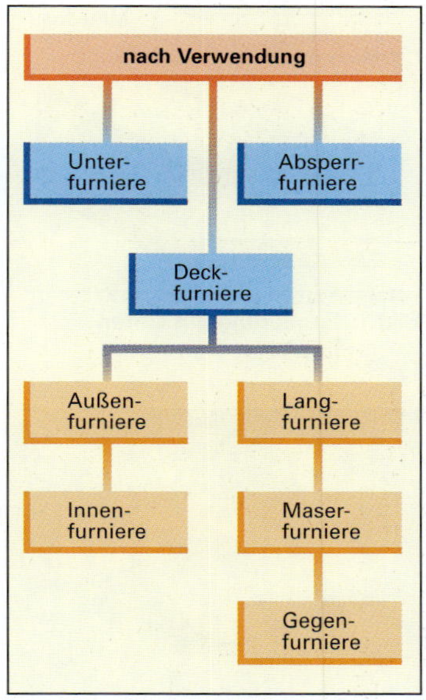

Bild 2: Furnierarten nach der Verwendung

2.9.4.1 Deckfurniere

Deckfurniere können Außen- oder Innenfurniere sein.

Außenfurniere bilden bei Erzeugnissen, wie z. B. bei Möbeln oder Möbelteilen, die Außenflächen, Innenfurniere die Innenflächen. Deckfurniere werden auf Trägerplatten, wie Stab- oder Stäbchenplatten, Furnierplatten, Spanplatten oder Holzfaserplatten aufgeleimt. Sie dienen vor allem dem Verschönern der Holzoberflächen.

Wertvolle Hölzer werden durch das Furnieren wirtschaftlicher ausgenutzt. Die Dicke der Deckfurniere beträgt nach DIN 4079 bei Laubhölzern 0,55 mm bis 0,75 mm, bei Nadelhölzern 0,85 mm bis 1,0 mm. Für besondere Arbeiten stellt man Deckfurniere bis 3,0 mm Dicke her.

Bei Deckfurnieren unterscheidet man je nach Faserverlauf die Langfurniere **(Bild 3)** und die Maserfurniere **(Bild 4)**. Langfurniere (L) sind Furniere aus Stammabschnitten, bei denen die Schnittführung parallel zur Stammachse erfolgte.

Bild 3: Langfurnier, schlicht

Maserfurniere (M) sind Furniere, die aus Wurzelknollen oder Stammstücken mit sehr unregelmäßigem Wuchs hergestellt wurden, wie z. B. Wurzelmaser oder Knollenmaser.

Als Gegenfurniere bezeichnet man Furniere, die auf der nicht sichtbaren Seite eines Werkstücks, z. B. auf der Rückseite einer Wandverkleidung, aufzuleimen sind, da sich einseitig furnierte Flächen verziehen. Das Gegenfurnier, das keine dekorativen Ansprüche zu erfüllen hat, muss in der gleichen Faserrichtung wie das sichtbare Deckfurnier aufgeleimt werden.

Bild 4: Maserfurnier aus der Wurzelknolle

Bei der Bezeichnung eines Furniers wird die Herstellungsart, der Faserverlauf L oder M, die Furnierdicke (z.B. 0,65 mm), die DIN-Nummer und die Holzart, z. B. EI für Eiche, angegeben.

Beispiel: Messerfurnier L 0,65 DIN 4079-Ei

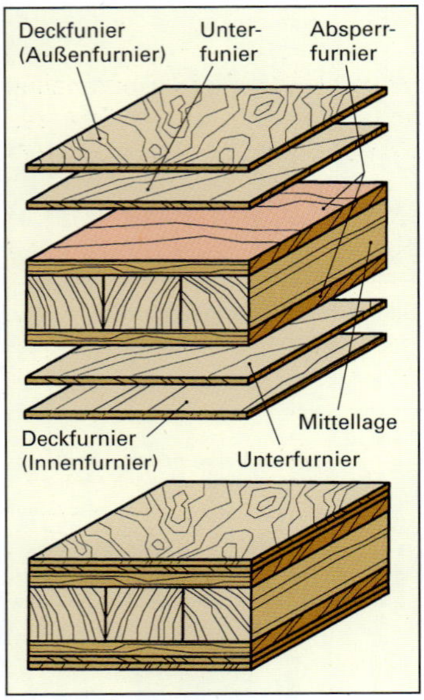

Bild 1: Furnierung mit Unterfurnieren

Bild 2: 3-D-Furnier

Bild 3: „Fineline"-Furnier

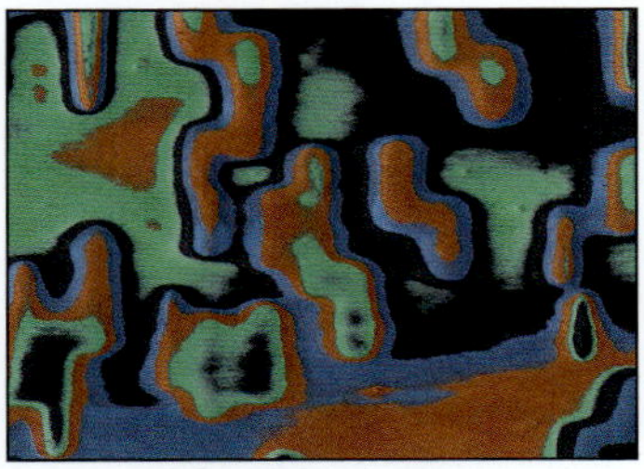

Bild 4: Phantasiefurnier mit ausdruckstarkem Furnierbild

2.9.4.2 Unterfurniere

Unterfurniere sind Furniere, die unter dem Deckfurnier auf das Absperrfurnier aufgeleimt sind. Sie sollen das Reißen des Deckfurniers verhindern, wenn dieses z. B. ein Maserfurnier ist oder wenn bei Deckfurnier und Absperrfurnier die Maserung aus konstruktiven Gründen parallel verlaufen muss. Das Unterfurnieren verbessert somit die Güte der Plattenoberfläche. Bei Sperrholzplatten legt man Unterfurnier etwa 30° bis 45° schräg zum Absperrfurnier auf. Als Unterfurniere eignen sich besonders dünne und feinporige Furniere **(Bild 1)**.

2.9.4.3 Absperrfurniere

Absperrfurniere sollen das Arbeiten des Holzes verhindern. Sie werden in Dicken von 1,5 mm bis 3,5 mm hergestellt und in der Regel auf die Mittellage von Stab- oder Stäbchenplatten aufgeleimt **(Bild 1 und Bild 2, Seite 124)**. Sie sollen 10 % der Plattendicke nicht überschreiten, damit die Absperrfurniere die abgesperrte Platte nicht verziehen.

2.9.4.4 Sonder- und Spezialfurniere

3-D-Furnier ist ein 1,5 mm starkes, mechanisch behandeltes Furnier, das auf der Rückseite mit Leimfäden verstärkt wurde. Es wird als Deckfurnier für dreidimensional verformte Werkstücke oder zur Herstellung von Formlagenholz verwendet **(Bild 2)**.

Digitalbedruckte Furniere werden im Durchlaufverfahren mit lichtechten Farben bedruckt. In diesem Verfahren kann man wertvolle Hölzer imitieren oder bildhafte Darstellungen auf die Oberfläche des Furniers bringen.

Fineline-Furniere (Multilaminar Wood), Farbmusterfurniere (Alpi), Phantasiefurniere sind Furniere verschiedener Holzarten oder helle großflächige Schälfurniere aus einfachen Holzarten, wie z. B. Pappel, die künstlich eingefärbt und zu einem Block verleimt werden. Dieser Block wird dann gemessert **(Bild 3)**.

Durch unterschiedliche Farbanordnung und Anschnittwinkel entstehen phantasievolle Ornamente oder auch ornamentale Muster in jeder nur erdenklichen Farbzusammenstellung. Die Furnierblätter haben keine natürliche Struktur und werden dort eingesetzt wo besondere optische Effekte erzielt werden sollen **(Bild 4)**.

Thermisch modifiziertes Furnier

Wie beim thermisch behandelten Vollholz wird auch beim thermisch behandelten Furnier die Zellstruktur des Holzes verändert. Dadurch erhöht sich die Feuchtebeständigkeit und die Beständigkeit gegen tierische und pflanzliche Schädlinge. Der Farbton wird dunkler, was an das Aussehen tropischer Hölzer erinnert.

Geflexte Furniere werden in einer Walzenpresse einem hohen Druck ausgesetzt. Die Holzfaser wird gebrochen und wird dadurch flexibel. Allerdings verliert geflextes Furnier an Festigkeit und wird deshalb auf der Rückseite mit einem Vlies verstärkt. Derart modifiziertes Furnier kann im Postforming-Verfahren zum Furnieren von profilierten Leisten verwendet werden.

2.9.5 Furnieren und Furnierverarbeitung

Unter Furnieren versteht man das Aufleimen eines Furniers auf ein Trägermaterial. Trägermaterialien können z. B. Furnier- und Stabsperrholz, Span- und Faserplatten sowie Vollholz sein. Besondere Verarbeitungstechniken sind das Furnieren von gewölbten und profilierten Flächen und Kanten, sowie Einlegearbeiten, die sogenannten Intarsien.

2.9.5.1 Auswählen der Furniere

Zum Auswählen der Furniere gehören Erfahrung und ein sicheres Gefühl für die Schönheit und Wirkung des Holzes. Es ist dabei abzuwägen, ob ein Möbelstück bei einer entsprechenden Holzart eine schlichte oder gefladerte Oberflächenstruktur erhalten soll **(Bild 1 und Bild 2)**. Für eine Möbeleinheit sollten möglichst nur Furniere vom gleichen Stamm verwendet werden, da selbst minimale Farbabweichungen nach der Oberflächenbehandlung erkennbar sind. Um unerwünschte Formänderungen zu vermeiden, ist grundsätzlich beidseitig mit gleicher Furnierfaserrichtung zu furnieren. Wird eine Platte nur einseitig furniert, entstehen einseitige Spannungen, die zu unerwünschten Formveränderungen führen und normalerweise nicht ausgleichbar sind. Bei Türen und freistehenden Flächen müssen außerdem die Außen- und Innenfurniere gleich dick sein, damit sich die Türen bzw. Flächen infolge unterschiedlicher Spannungen nicht verziehen können.

Beim Auswählen der Deckfurniere ist zu beachten, dass deren Faserrichtung beim Auflegen auf Sperrholz immer quer zur Faserrichtung des Absperrfurniers verlaufen muss, beim Aufleimen auf Vollholz immer in gleicher Richtung wie die Fasern des Vollholzes. Damit ein symmetrisches Furnierbild entsteht, werden Furnierblätter gestürzt, d.h., die im Stamm aufeinanderliegenden Furnierflächen werden auseinander geklappt. Dies bedingt, dass die Blattzahl eines Furnier-Paketes immer durch 2 bzw. 4 teilbar sein muss.

Bild 1: Rüsterfurnier, schlicht, gestreift

Bild 2: Rüsterfurnier, gefladert

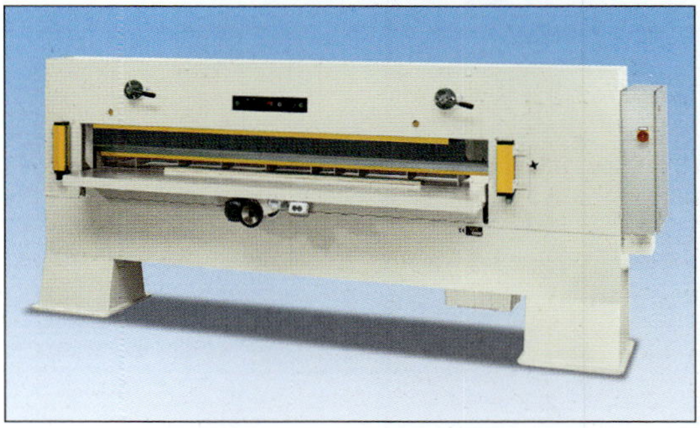

Bild 3: Furnierschere

2.9.5.2 Zuschneiden der Furniere

Bevor Furniere zugeschnitten werden, ist ihr Feuchtegehalt zu prüfen. Die Verarbeitungsfeuchte von Furnieren sollte 6% bis 10% betragen. Der Zuschnitt der Furniere erfolgt paketweise. Der Längsschnitt, sowie das Säumen und Fügen wird mit der Furnierfügemaschine oder Furnierschere **(Bild 3)**, bei einzelnen Furnierblättern auch mit der Furniersäge durchgeführt **(Bild 3, Seite 206)**. Um die Güte der Schnittkante zu verbessern, kann der Zuschnitt mit der Furnierschere in 2 Schritten erfolgen. Dies ist besonders von Bedeutung, um die Güte der Fügekante beim Zusammensetzen der Furniere zu verbessern.

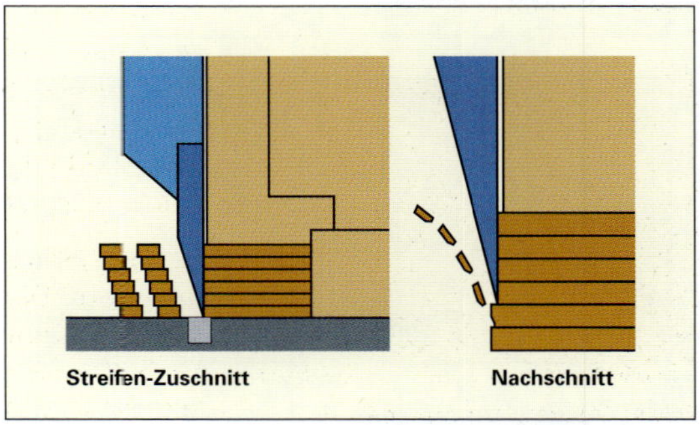

Bild 4: Formatschnitt an der Furnierschere in 2 Schritten

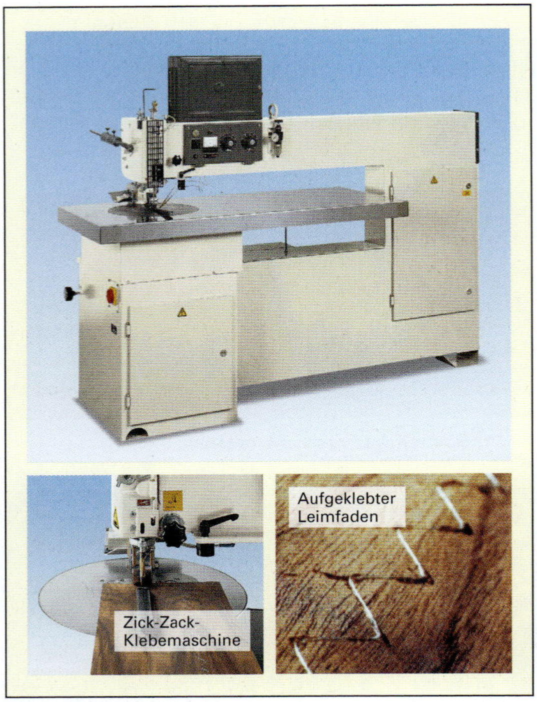

Bild 1: Furnierzusammensetzmaschine

Bild 2: Variationen von Kreuzfugen

Ein Fügen ist auch auf der Abrichthobelmaschine möglich, wenn man die Furniere zwischen zwei Bretter spannt. Sind wellige Furniere, wie z. B. Maser- und Wurzelfurniere, zu verarbeiten, müssen diese vor dem Fügen einmal oder mehrmals gepresst werden, damit die Fugen nach dem Aufleimen gut passen. Dazu werden sie leicht angefeuchtet und unter geringem Druck bei einer Temperatur bis etwa 40 °C in die Presse gespannt. Zwischen Heizplatten und Furnier gelegtes farbfreies und unbedrucktes Papier saugt dabei einen Teil der zugeführten Feuchtigkeit auf. Erst wenn die Furniere trocken sind, dürfen sie weiterverarbeitet werden.

2.9.5.3 Zusammensetzen der Furniere

Furnierblätter haben in der Regel nicht die für das Werkstück erforderliche Breite und müssen daher zusammengesetzt werden. Dabei werden die einzelnen Furnierblätter mit Fugenpapier, mit Klebefilmstreifen, mit Polyamidstreifen oder mit Leim zu einer Furnierfläche verbunden. Das Zusammensetzen der Furniere erfolgt von Hand mit einem Furnierfugenklebeapparat. Damit die Furniere nicht einreißen, können auch die Hirnenden mit Fugenpapier überklebt werden. Bei hochglänzenden Oberflächen können die Kanten der Furnierblätter zur besseren Verbindung kurz vor dem Auflegen auf den Furnierträger zusätzlich beleimt werden, damit sich die Fugen später nach dem Beschichten nicht abzeichnen.

Das maschinelle Zusammensetzen der Furniere kann im Längs- oder Querdurchlauf erfolgen. An der Furnierzusammensetzmaschine **(Bild 1)** werden die Furniere in Längsrichtung mit einem Polyamidfaden im Zickzackverfahren zusammengesetzt. Dabei wird der Leimfaden durch einen beheizten Fadenführer einseitig oder beidseitig aufgetragen und durch Druckrollen plan gewalzt. Bei anderen Maschinen können die Fugen mit KPVAC-Klebstoffen, mit Schmelzklebstoffen oder mit Harnstoffharzklebstoffen verklebt werden. In mittleren bis größeren Betrieben stehen Fugenverleimmaschinen zur Verfügung, die mit PVAC-Schnellbindern im Querdurchlauf ein Verleimen der Fugen ermöglichen. Verleimte Fugen können auch durch zusätzliche Fadenheftung gesichert werden.

Eine besondere optische Wirkung erreicht man durch die Kreuzfuge. Bei dieser Art des Zusammenlegens von Furnieren werden 4 Furnierblätter gegeneinander gestürzt. Die Wirkung kann durch die Verwendung von schlichten oder gefladerten Furnierblättern variiert werden **(Bild 2)**.

2.9.5.4 Vorbereiten des Furnierträgers

Unter dem Vorbereiten des Furnierträgers versteht man das Vorbereiten der Fläche und das Vorbereiten der Kanten einer zu furnierenden Trägerplatte. Trägerplatten sind meistens Holzwerkstoffplatten wie Spanplatten, Holzfaserplatten, Tischlerplatten und Sperrholz. Herstellungsbedingt können Unterschiede in der Dicke bestehen, die ausgeglichen oder kalibriert werden müssen. Auch Schmutz, Staub, Fett und Vertiefungen in der Oberfläche müssen beseitigt werden, um eine einwandfreie Oberfläche zu erhalten. Deshalb müssen die zu furnierenden Flächen an Schleifmaschinen geschliffen werden. Zum Kalibrieren ist eine Breitbandschleifmaschine einzusetzen. Zum Reinigen der Oberfläche kann man auch die Langbandschleifmaschine verwenden.

Damit die Schmalflächen (Kanten) der Trägerplatten verdeckt werden, sind Umleimer aus Vollholz, Furnier oder Kunststoff anzubringen. Das Kantenmaterial muss in Material und Farbe der Beschichtung der Trägerplatte angeglichen werden. Es besteht die Möglichkeit die Umleimer vor oder nach dem Furniervorgang anzubringen. Vor dem Furniervorgang angebrachte Anleimer werden überfurniert und sind auf der Fläche der Werkstoffplatte nicht mehr zu erkennen.

Die Vollholz-, Furnier- oder Kunststoffumleimer können mit mobilen oder stationären Kantenanleimmaschinen (**Bilder 1 bis 3**) maschinell oder manuell mit pneumatischen oder mechanischen Spannvorrichtungen, wie Schraubzwingen oder Schraubknechten, auf die Schmalflächen der Platte aufgeleimt werden. Bei Vollholzumleimern an Rundungen muss die Faserrichtung beachtet werden **(Bild 1, Seite 156)**.

Bild 1: Mobiles Kantenanleimgerät

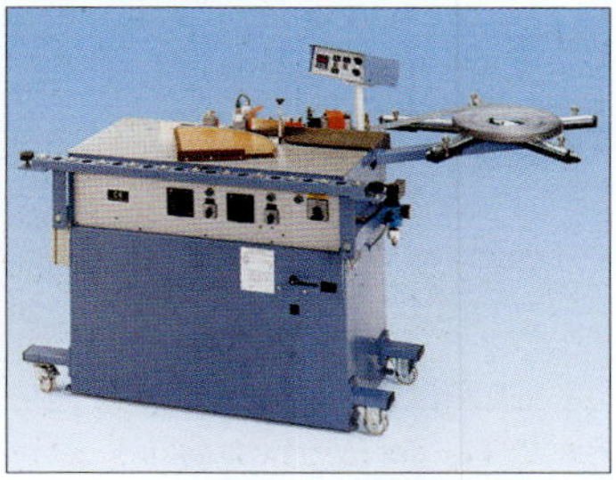

Bild 2: Kantenanleimmaschine für Formteile

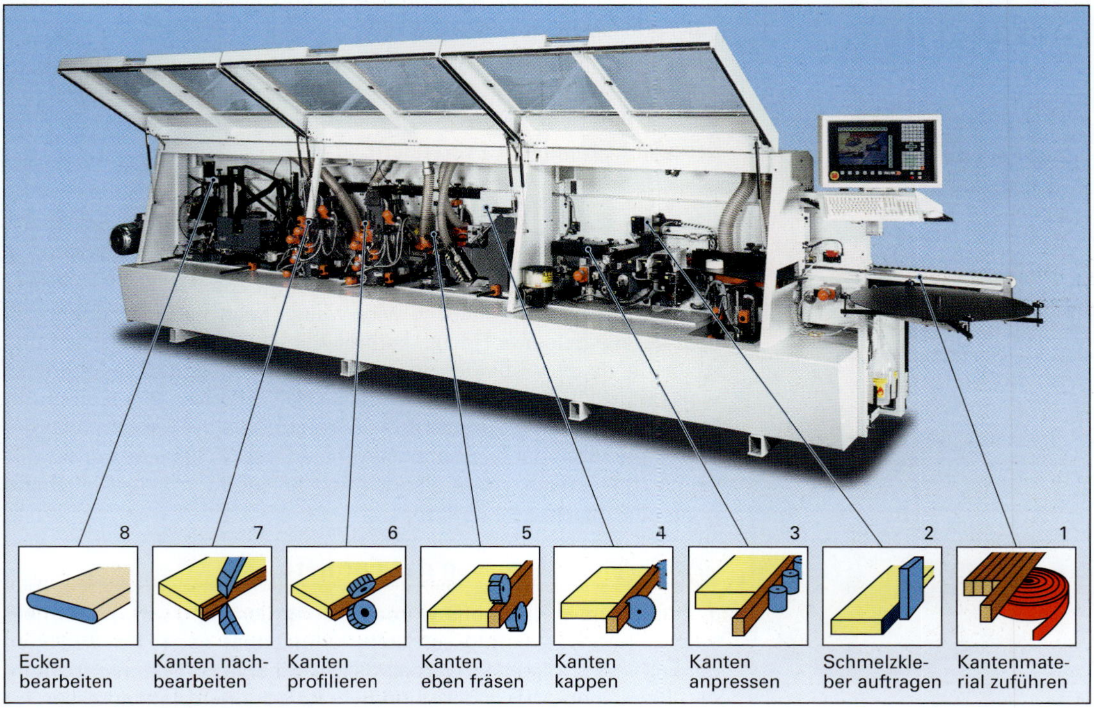

Bild 3: Kantenanleimmaschine

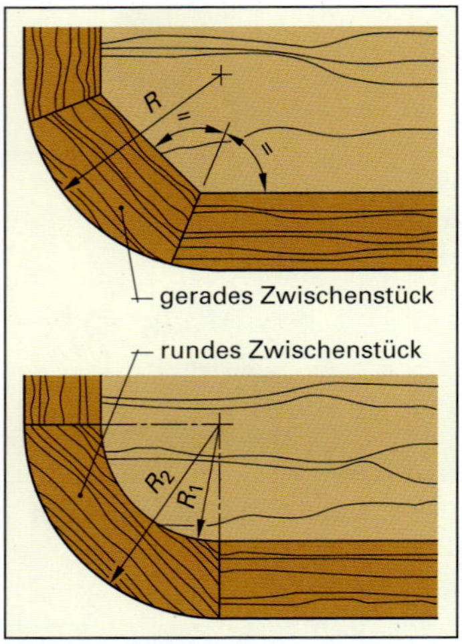

Bild 1: Vollholzumleimer an Rundungen

Bild 2: Leimauftrag mit dem Leimroller

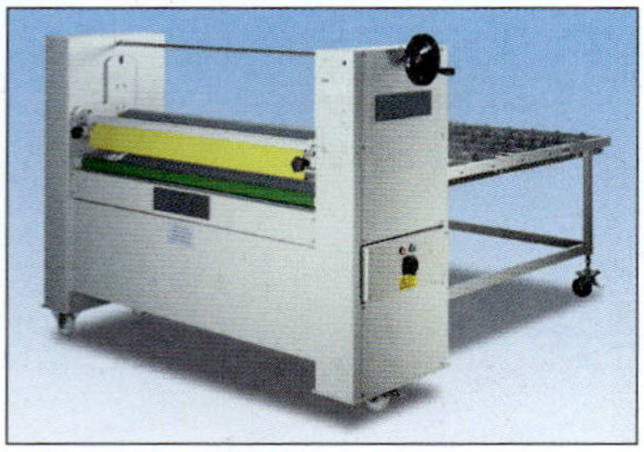

Bild 3: Leimauftragmaschine

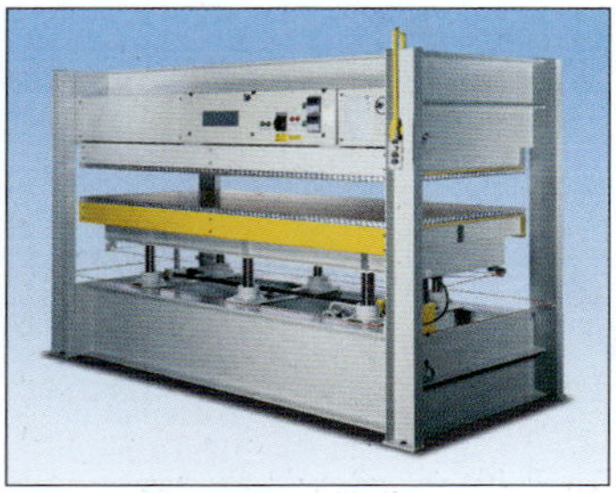

Bild 4: Heizplattenpresse

Eine Kantenanleimmaschine oder Kantenanleimautomat ist eine Maschine, bei der verschiedene Aggregate in einer bestimmten Reihenfolge angeordnet sind. Die Werkstücke werden automatisch eingezogen und an den verschiedenen Aggregaten vorbeigeführt, an denen die einzelnen Arbeitsvorgänge automatisch durchgeführt werden. Vorab muss die Maschine eingestellt, mit dem entsprechenden Kantenmaterial bestückt und der Schmelzkleber in Form von Granulat zugefügt werden. Die Aggregate fräsen die zu bearbeitende Kante vor, tragen den Klebstoff auf, führen die Kante zu und pressen sie an, kappen die Überstände, fräsen die Kanten bündig und versehen sie eventuell noch mit einem Profil. Mit einer Flächenzieheinrichtung werden, als letzter Schritt, die Fügekanten geglättet **(Bild 3, Seite 155)**.

Manuell werden Umleimer mit PVAC-Leim, Kontaktklebstoff oder wenn sie schon mit Schmelzkleber vorbeschichtet sind, mit einem mobilen Kantenanleimgerät aufgeklebt **(Bild 1, Seite 155)**. Kanten von runden oder ovalen Werkstücken oder von geraden Werkstücken mit abgerundeten Ecken und einem Außenradius von mindestens 25 mm können an Formteil-Kantenanleimmaschinen angeleimt werden. Die Furnier- oder Kunststoffkanten werden dabei nach der Klebstoffangabe mittels Andruckrollen, die sich dem Werkstück anpassen, angepresst **(Bild 2, Seite 155)**.

2.9.5.5 Leimauftrag

Das Auftragen des Leimes erfolgt entweder mit dem Leimroller (Handwalze) **(Bild 2)**, dem gezahnten Spachtel (Leimkamm) oder mit der Leimauftragmaschine **(Bild 3)**. Die Auftragsmenge ist von der Leimart, von der Leimviskosität und den zu verleimenden Werkstoffen abhängig. Wird zu wenig oder zu viel Leim aufgetragen oder ist der verwendete Leim zu dünnflüssig oder zu dickflüssig ist keine hochwertige Verleimung möglich. Es entstehen Verleimfehler oder Furnierfehler **(Tabelle 1, Seite 160)**.

Häufig werden diese erst sichtbar, wenn die furnierte Fläche gebeizt oder lackiert wird. Unter Umständen ist es deshalb erforderlich, die Viskosität des Leimes zu überprüfen oder durch die Zugabe von Wasser oder Leimpulver zu verändern.

2.9.5.6 Auflegen der Furniere

Die Furniere werden möglichst kurz vor dem Pressvorgang aufgelegt. Legt man die Furniere zu früh auf, so nimmt das Furnier das Wasser aus dem Leim auf, quillt und wird wellig. Legt man die Furniere zu spät auf die beleimte Fläche, kommt keine einwandfreie Verleimung zustande, da der Abbindeprozess des angegebenen Leimes schon zu weit fortgeschritten ist. Furniert man z. B. Türflächen eines mehrtürigen Einbauschrankes, müssen die Furnierfugen und Furnierbilder der einzelnen Türen genau übereinstimmen. Deshalb kann es notwendig sein, Furniere nach dem Auflegen mit Leimklammern oder Klebeband gegen Verrutschen zu sichern.

2.9.5.7 Aufpressen der Furniere

Je nach Art des Klebstoffs werden die Furniere kalt, warm oder heiß aufgepresst. Das Aufpressen sollte unmittelbar nach dem Auflegen der Furniere erfolgen. Es werden dazu mechanische Spannvorrichtungen für kleinere Werkstücke und hydraulische Heizplattenpressen für größere Werkstücke verwendet **(Bild 4)**.

Die Heizplattenpresse **(Bild 4, Seite 156)** besitzt zwei Heizplatten aus Aluminium (Einetagenpresse) zwischen die das zu furnierende Werkstück gelegt wird. Verfügt eine Heizplattenpresse über mehrere Heizplatten, spricht man von einer Mehretagenpresse. Die Heizplatten können mittels Dampf, Heißwasser oder elektrischem Strom erwärmt werden. Der Pressdruck wird durch Hydraulikzylinder erzeugt. Heiztemperatur und Pressdruck können der Leimart und der Art des Furniergutes entsprechend eingestellt werden. Die Beschickung und Entleerung der Presse erfolgt von Hand. Pressen mit kurzer Aufheizzeit und mit schnellem Schließ- und Öffnungsvorgang werden als Kurztaktpressen bezeichnet.

Bei Durchlaufpressen **(Bild 2)** wird das Pressgut auf dem Transportband eines Belegtisches vorgerichtet. Nach dem Öffnen der Presse werden die fertigen Werkstücke durch das Pressenband auf der Auslaufseite ausgefahren und auf eine Auslaufrollbahn geschoben, während synchron dazu von der Eingabeseite her das neue Pressgut in die Presse eingeführt wird. Solche Pressen können auch in einer Fertigungsstraße eingesetzt werden, wobei dann der Pressvorgang taktweise durchgeführt wird. Da hier schnell reagierende Klebstoffe in Verbindung mit einer hohen Presstemperatur verwendet werden, müssen Beschickzeit, Schließzeit, Presszeit, Öffnungszeit und Entleerzeit aufeinander abgestimmt sein.

Bei Heizplattenpressen müssen die Oberflächen der Heizplatten immer sauber sein. Leimreste und Rückstände führen bei den nachfolgenden Pressvorgängen zu Furnierfehlern. Die Metalloberflächen müssen deshalb nach jedem Gebrauch gereinigt und ggf. mit einem säurefreien Trennmittel eingerieben werden. Damit vor allem helle Hölzer nicht verfärbt werden, kann man zwischen Furnier und Pressplatten unbedrucktes, farbfreies Papier legen.

2.9.5.8 Konditionieren

Unter dem Konditionieren versteht man das schonende Anpassen der frisch furnierten Platte an die Umgebungssituation. Nach der Entnahme der Platten aus der beheizten Presse setzt eine starke äußere Abtrocknung ein. Dies bewirkt, dass sich die Platten verziehen und dass an den Oberflächen Risse entstehen. Deshalb werden die Platten nach einer kurzen Abkühlphase direkt aufeinandergelegt, die oberste Platte wird dabei abgedeckt. Während der mehrstündigen Ruhezeit kann der Leim voll aushärten und die durch den Leim eingebrachte Feuchtigkeit sich im Pressgut gleichmäßig verteilen. Außerdem können sich die durch Druck, Temperatur und Feuchte verursachten Spannungen in der Platte abbauen.

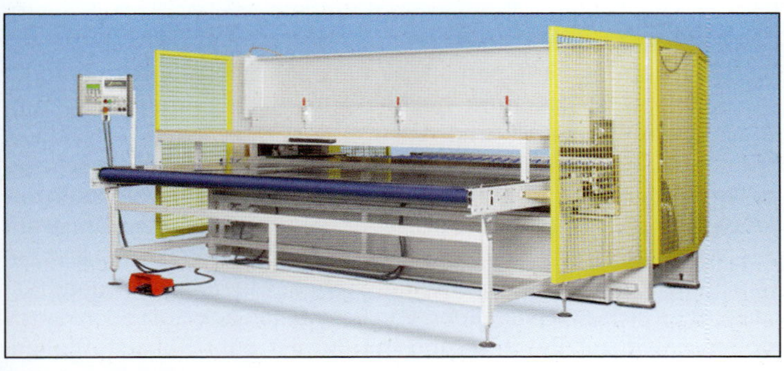

Bild 2: **Durchlaufpresse**

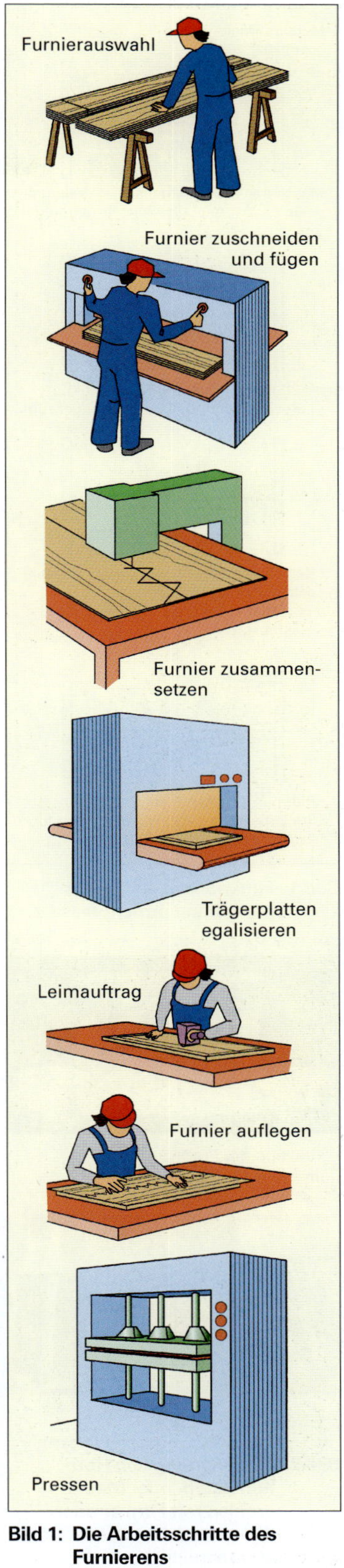

Bild 1: Die Arbeitsschritte des Furnierens

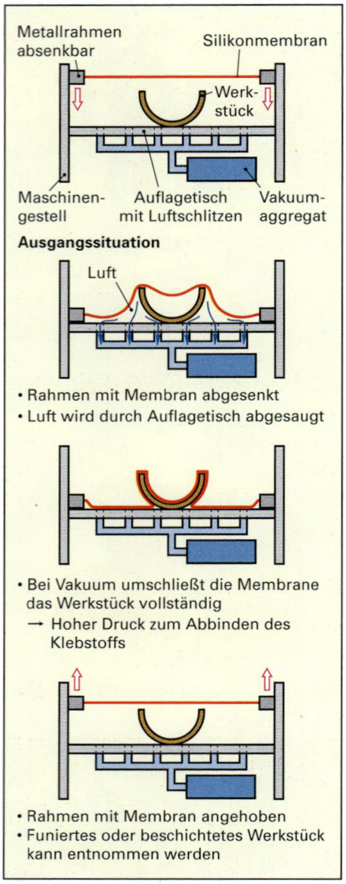

Bild 1: Funktionsweise der Membran-Formenpresse

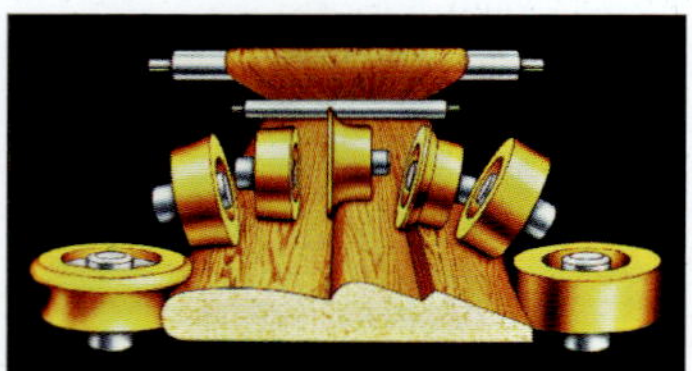

Funktion der Profilummantelungsmaschine

Beispiele ummantelter Profile

Bild 2: Beschichtung von Holz-, Kunststoff- oder Metallprofilen mit Furnier oder Kunststofffolien mit der Profilummantelungsmaschine

Nach der Konditionierung sind überstehende Furniere mit den Plattenkanten bündig zu schneiden. Dies erfolgt manuell mit dem Stechbeitel oder dem Furnierkantenbeschneider. Im Industriebetrieb erfolgt die Nachbearbeitung maschinell im Durchlaufverfahren.

2.9.5.9 Besondere Furnierverarbeitungstechniken

Besondere Furnierverarbeitungstechniken sind das Unterfurnieren, das Furnieren von gewölbten oder profilierten Flächen und das Furnieren profilierter Kanten. Die Intarsientechnik und die Marketerie dienen vorwiegend der künstlerischen Gestaltung furnierter Flächen.

Unterfurnieren

An hochglänzenden Flächen zeigen sich an den Deckfurnieren gelegentlich feine Risse, weil die Absperrfurniere nach dem Furnieren noch arbeiten. Besonders häufig treten diese Trockenrisse auf, wenn das Deckfurnier (Edelfurnier) gleichlaufend zur Faserrichtung des Sperrfurniers aufgetragen werden muss, wie z. B. bei querfurnierten Türen. Um diese Risse zu vermeiden, ist vor dem Deckfurnieren ein zweites Absperren, das Unter- oder Blindfurnieren, notwendig. Das Unterfurnier wird, beidseitig gleichlaufend, meist schräg zum Sperrfurnier aufgeleimt. Als Unterfurniere eignen sich besonders Abachi-, Limba- und Gabunfurniere **(Seite 152).**

Auch bei Maserfurnieren ist die Gefahr der Rissbildung sehr groß. Deshalb sollten Sperrplatten vor dem Aufleimen von Maserfurnieren unterfurniert werden. Weil das Deckfurnier mit dem Sperrfurnier nicht gleichlaufen darf, müssen auch bei dekorativen Furnierarbeiten, wie bei Kreuzfugen oder schachbrettartig zusammengesetzten Furnieren, die Sperrplatten unterfurniert werden. Werden als Trägermaterial Feinspanplatten oder MDF-Platten verwendet, kann ein Unterfurnieren entfallen. Gelegentlich müssen auch Rahmen für Glasfüllungen bei Schränken stumpf oder auf Gehrung furniert werden. Damit die Fugen am Stoß der Rahmenhölzer nicht aufreißen empfiehlt es sich, die Rahmen zuerst beidseitig schräg zum Rahmenholz unterzufurnieren und anschließend das genau auf Stoß zusammengesetzte Deckfurnier aufzuleimen.

Furnieren von gewölbten und profilierten Flächen

Formteile, wie geschweifte Möbelteile, Einrichtungselemente für den Laden- und Innenausbau, den Schiffs- und Flugzeugbau sowie den Fahrzeugbau können in einer Membran-Formenpresse mit Furnier- oder Kunststofffolie beschichtet werden. Hierzu wird das zu beschichtende oder zu furnierende Werkstück auf dem mit Luftschlitzen versehenen Auflagetisch der Membranformenpresse positioniert. Das beleimte Furnier wird nun auf dem Werkstück fixiert. Ein stabiler Metallrahmen der eine hochelastische und sehr belastbare Silikonmembrane enthält wird bis auf den Ablagetisch abgesenkt. Die elastische und hochbelastbare Silikonmembran umschließt das Werkstück und erzeugt einen luftdichten Abschluss. Mithilfe einer Vakuumpumpe wird nun die verbleibende Luft zwischen Werkstück und Silikonfolie abgesaugt und ein Vakuum erzeugt. Die Silikonmembrane presst sich mit einem hohen Druck auf das Werkstück. Nach dem Abbinden des Klebstoffs kann das beschichtete Werkstück entnommen werden. Membran-Formenpressen eignen sich zur Herstellung von Formteilen aus Holz oder Kunststoffen sowie zur Beschichtung mit Furnier oder Kunststofffolien. Die Silikonmembran besitzt eine Reißdehnung von 700 %, erzeugt einen Druck von ca. 18 N/mm² und ist thermisch von –40 °C bis +220 °C belastbar.

Furnieren von Profilen und profilierten Kanten

Profilierte Halberzeugnisse, wie z. B. Fensterbänke, Abschlussleisten, Deckleisten, Blenden oder profilierte Stäbe kann man in selbst hergestellten Furniervorrichtungen beschichten. Dabei wird das Furnier durch ein Gegenprofil mit elastischer Zulage oder mittels flexibler Druckelemente, wie Leinenstoffen, Gummimatten oder Gummischläuchen, an das Werkstückprofil angedrückt. Eine weitere Möglichkeit besteht auch, wie bei der Flächenbeschichtung, in der Verwendung einer Membran-Formenpresse **(Bild 1, Seite 158)**. Diese hat den Vorteil, dass gleichzeitig verschiedene Werkstücke eingebracht werden können und sie auch bei kleinen Stückzahlen eine ökonomische Arbeitsweise erlaubt. Sollen längere Stäbe oder Profile furniert bzw. mit Kunststofffolie beschichtet werden, so geschieht dies mit einer Profilummantelungsmaschine. In der Maschine werden dabei die Profile erwärmt, der Schmelzkleber, Lösemittel- oder PVAC-Kleber aufgetragen und das Furnier durch profilgerecht angeordnete Walzen und Rollen angedrückt **(Bild 2, Seite 158)**. Die Furnierüberstände werden anschließend mit einem Säge- oder Fräsaggregat bündig geschnitten.

Intarsien und Marketerie

Bei einer Intarsie (ital.: intarsiare = einlegen) handelt es sich um eine Furnierfläche aus der Teile ausgeschnitten und dafür Teile einer anderen Holzart wieder eingesetzt werden. Bei Furniereinlegearbeiten unterscheidet man Furnieradern, Furnierstreifen oder Furnierbilder.

Unter Furnieradern versteht man schmale Furnierstreifen mit unterschiedlicher Breite (**Bild 1**).

Furnierstreifen setzen sich aus Adern und einfachen geometrischen Formen mit ornamentalem Charakter zusammen **(Bild 2)**. Sie werden für Teile von Möbeln oder kleinere Objekte verwendet.

Furnierbilder sind bildhafte Motive, die aus freien Formen und verschiedenfarbigen Furnierarten zu einem Gesamtbild zusammengefügt werden **(Bild 3)**.

Intarsien dienen zur Ausschmückung furnierter Flächen bei Möbeln und Wandvertäfelungen und im künstlerischen Bereich, z. B. bei der individuellen Gestaltung von Musikinstrumenten. Ein bildhaftes Motiv, das aus einzelnen Furnierstücken zusammengesetzt wird, nennt man auch Marketerie **(Bild 4)**. Im Gegensatz zur Intarsie werden dabei Furnierstücke nicht in eine Furnierfläche eingelegt, sondern separat zusammengesetzt und als Ganzes dann auf den Furnierträger aufgeleimt.

Herstellung

Furnieradern und Streifenornamente können von Hand oder maschinell zugeschnitten werden. Hierzu benötigt man einen Adernschneider (**Bild 5**), eine Furnierfügemaschine, eine Furnierschere oder eine Furniersägemaschine. Für die manuelle Verarbeitung gibt es verschiedenartige Furniermesser für gerade Schnitte oder Rundungen, Anschlaglineale und Schablonen. Die einzusetzenden Furnierteile werden durch Klebestreifen mit dem umgebenden Furnier verbunden, auf den Furnierträger aufgelegt und dann verleimt. Nach dem Abbinden des Leimes werden dann die Klebestreifen sorgfältig abgeschliffen.

Bild 1: Furnieradern

Bild 2: Furnierstreifen

Bild 3: Furnierbild auf einem antiken Möbel

Bild 4: Zusammensetzen der Einzelteile einer Marketeriearbeit

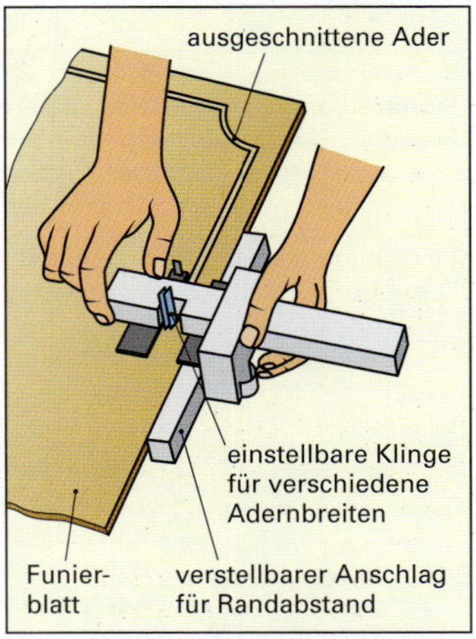

Bild 5: Handhabung des Furnieradernschneiders

2.9.5.10 Fehler beim Furnieren von Plattenwerkstoffen

Beim Verarbeiten der Furniere und dem Furnieren kann es zu Fehlern kommen, die sich meistens erst nach dem Schleifen oder bei der Oberflächenbehandlung zeigen. So deuten z. B. undichte Fugen auf fehlerhaftes Fügen oder Zusammensetzen der Furnierblätter hin, Leimdurchschlag auf eine zu dünne Leimflotte oder Kürschner auf zu geringen Leimauftrag. Ziel ist deshalb die frühzeitige Vermeidung und nicht die nachträgliche Beseitigung.

Tabelle 1: Fehler beim Furnieren von Plattenwerkstoffen

Fehlerarten	Mögliche Ursachen	Künftige Vermeidung	
Kürschner 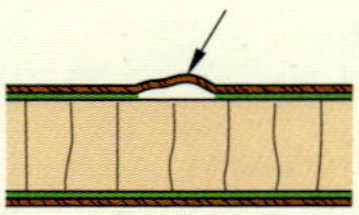	– Vertiefung in der Trägerplatte – vermesserte Furniere – kein oder zu wenig Leim angegeben – Schmutz oder Fett auf der Trägerplatte	– Trägerplatten säubern und plan schleifen – gleichmäßiger Leimauftrag – Furnierdicke überprüfen	
Leimdurchschlag 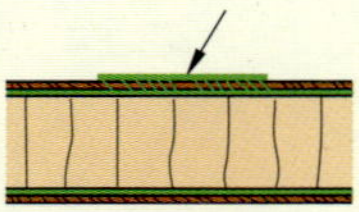	– zu viel Leim oder zu dickflüssigen Leim aufgetragen – zu dünnflüssigen Leim verwendet – grobporiges Furnier	– Leim nach Herstellerangaben ansetzen – Leimflotte bei dunklen Hölzern einfärben	
Offene oder überschobene Fugen 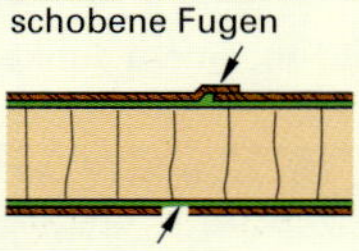	– Fehler beim Fügen – Fehler beim Zusammenkleben – welliges Furnier – zu frühes Auflegen des Furniers auf beleimte Fläche	– Furnier erst kurz vor dem Pressen auflegen, damit es nicht quellen kann – welliges Furnier vor dem Fügen anfeuchten und eben pressen	
Eindruckstellen 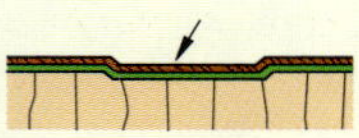	– verunreinigte Pressfläche – Furnierstücke zwischen Pressfläche und Werkstück beim Pressen	– Pressfläche vor dem Auflegen auf Sauberkeit überprüfen, z. B. alte Leimreste entfernen	
Risse im Furnier	– welliges Furnier – Hirnenden nicht mit Klebstreifen gesichert – Verwendung von zu feuchtem Furnier – zu frühes Auflegen auf beleimte Trägerplatte	– wellige Furniere vor dem Auflegen eben pressen – trockene Furniere verwenden – geringerer Wasseranteil im Leim	
Verschieben des Furniers beim Pressen	– Unachtsamkeit beim Beschicken der Presse – zu geringer Überstand des Furniers über das Trägermaterial	– Anleimen von Anschlagklötzchen gegen das Verschieben	
Verfärbung des Furniers	– zu lange Presszeit – zu hohe Verleimtemperatur – Verfärbung durch Trennmittel	– schneller abbindende Klebstoffe verwenden – niedrigere Verleimtemperatur einstellen – säurefreies Trennmittel verwenden	
Markierungen und Wellen in der Fläche 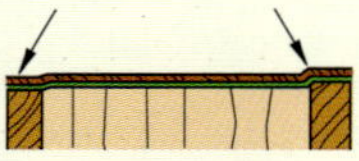	– Unebenheiten der Trägerplatte – nachträgliches Schwinden oder Quellen des Kantenholzes – Kantenquerschnitt zu groß	– gleiche Holzfeuchte von Trägerplatte und Kantenholz – Trägerplatte vor dem Furnieren vollständig plan schleifen	

2.10 Belagstoffe – Schichtpressstoffplatten und ihre Verarbeitung

Plattenwerkstoffe werden außer mit Furnier noch mit verschiedensten Schichtstoffen aus Kunststoff, Folien oder dem Naturstoff Linoleum beschichtet.

2.10.1 Dekorative Schichtstoffe

Dekorative Schichtstoffe sind Plattenwerkstoffe, die im Innenausbau und im Hochbau eingesetzt werden. Alle dekorativen Schichtstoffe sind Laminate, d.h., dass sie aus einzelnen Schichten bestehen, die in einem industriellen Prozess unter Einwirkung von hohem Druck und hoher Temperatur zu einem homogenen Verbund verschweißt werden. Man unterscheidet (**Bild 1**):

- In Mehretagenpressen diskontinuierlich hergestellte Dekorative Schichtstoffe, die nicht dicker als 2 mm sind, nennt man **Hochdrucklaminate HPL** (engl.: **h**igh **p**ressure **l**aminate).
- Hochdrucklaminate mit einer Dicke d ≥ 2 mm bezeichnet man als **Kompaktplatten.**
- Werden die Dekorativen Schichtstoffe in einem kontinuierlichen Prozess mit Doppelbandpressen hergestellt, spricht man von **Kompaktlaminat CPL** (engl.: **c**ompact **p**ressure **l**aminate). Diese Laminate sind sehr dünn und rollfähig und werden für die Beschichtung im Möbelbau und Innenausbau verwendet.

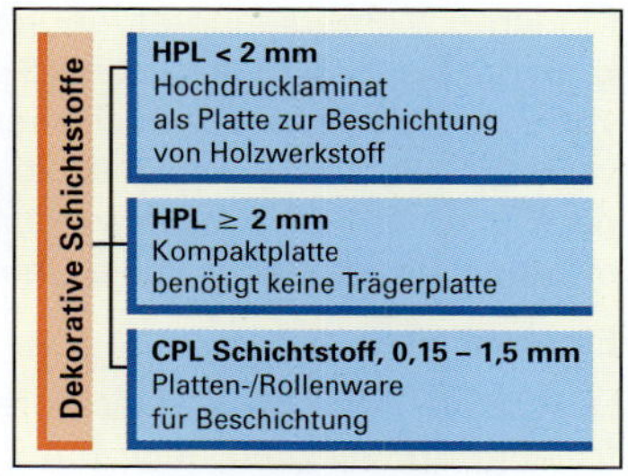

Bild 1: Übersicht dekorativer Schichtstoffe

2.10.1.1 Dekorative Hochdruck-Schichtpressstoffplatten HPL

Dekorative Hochdruck-Schichtpressstoffplatten (Hochdrucklaminate) HPL sind duroplastische Kunststoffe. Sie sind oberflächenfertig, werden zum Beschichten von Plattenwerkstoffen verwendet und sind in der DIN EN 438 genormt. Eine Klassifizierung erfolgt nach der Art der Verwendung (z.B. horizontal, Außenbereich, Fußböden), der Materialstärke (d ≥ 2 mm, d < 2 mm) und anwendungsspezifischen Anforderungen (Standard, schwer entflammbar, starke Beanspruchung) **(Tabelle 1).**

Tabelle 1: Klassifizierung von Hochdruck-Schichtpressstoffplatten (HPL)

	HPL ≥ 2 mm	HPL < 2 mm Fußböden	HPL ≥ 2 mm	HPL ≥ 2 mm Außen	HPL Oberfläche	HPL alternativer Kern
Hauptklassifizierung	H/V	AC1–AC6	G	G/D	C/T	C/T
Unterklassifizierung	G/D		S/F	S/F	S/P/F	S/F
Typ	S/P/F		C	E	A/M/V	B/R
DIN EN	438-3	438-5	438-4	438-6	438-8	438-9

Beispiel: HGS = horizontale Standardanwendung

Bedeutung der Kennbuchstaben:
A = Perlglanz-Schichtpressstoff
AC = Abriebbeständigkeitsklasse
B = Schichtpressstoff mit farbigem Kern
C = Kompakt-Schichtpressstoff
D = starke oder sehr starke Beanspruchung
E = Anwendung im Freien
F = flammenhemmender Schichtpressstoff
G = allgemeine Zwecke oder mäßige Beanspruchung
H = horizontale Anwendung
M = Metall-Schichtpressstoff
P = nachformbarer Schichtpressstoff
R = Schichtpressstoff mit metallverstärktem Kern
S = Standardqualität
T = dünner Schichtpressstoff
V = vertikale Anwendung
W = Holz-Schichtpressstoff

Herstellung

Dekorative Hochdruck-Schichtpressstoffplatten HPL bestehen aus mehreren Schichten Zellulosebahnen (Papierbahnen), die mit einem wärmehärtenden duroplastischen Kunstharz getränkt sind. Der typische Aufbau einer einseitig beschichteten Dekorativen Hochdruck-Schichtpressstoffplatte besteht aus einem

Rückseitenpapier, Gegenzugschicht, der tragenden Kernschicht aus mehreren Lagen mit Melaminharz oder Phenolharz getränktem Kraftpapier (80–300 g/m²), einem **Dekorpapier** (50–160 g/m²), das die gewünschte Farbe bzw. das Muster (Dekor) trägt und einem transparenten **Overlaypapier** (15–80 g/m²), das dem Schutz des Dekors dient **(Bild 2, Seite 161)**.

Mehrere dieser getränkten Schichten, mit einer Schichtdicke von 0,5 mm bis 2 mm, werden aufeinandergelegt und in Mehretagenpressen bei einem Druck zwischen 50 und 90 bar und einer Temperatur > 120 °C zu einem homogenen Kunststoff miteinander verschweißt. Moderne Mehretagenpressen verfügen über 45 Etagen. Jede Etage kann mit bis zu 24 Platten von 0,5 mm bis 1,9 mm oder Kompaktplatten von 2 mm bis 42 mm bestückt werden. Die Presszeit beträgt, abhängig von der Bestückung, zwischen 20 min und 60 min. Nach der Entnahme der Platten aus der Presse werden die Platten auf Format geschnitten, eventuell geschliffen und die Oberflächen auf Fehler überprüft.

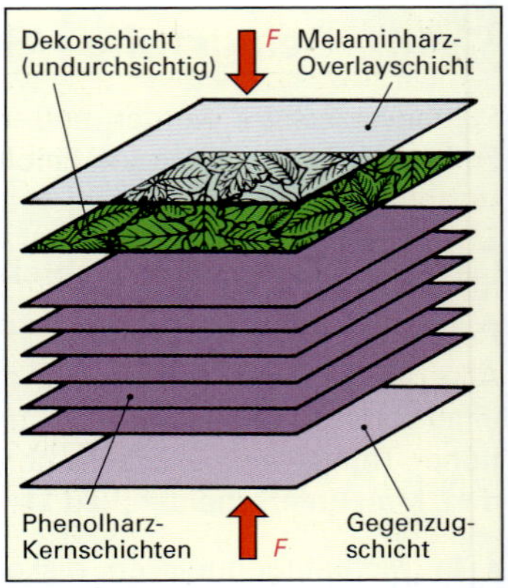

Bild 1: Aufbau einer HPL-Platte

Eigenschaften

Dekorative Hochdruck-Schichtpressstoffplatten können in allen Farben, Mustern (Dekoren), mit fotografischen Motiven und auch mit strukturierten Oberflächen hergestellt werden. Die Oberfläche ist dicht, porenfrei, schlag- und abriebfest sowie unempfindlich gegen Alkohol und viele Haushaltschemikalien. Sie ist gut zu reinigen und besitzt eine lange Lebensdauer. Dekorative Hochdruck- Schichtpressstoffplatten sind geschmacks- und geruchsneutral, kurzzeitig zigarettenglutfest, hitze- und lichtbeständig, schwer entflammbar und schmelzen und tropfen im Brandfall nicht. Die üblichen Schichtpressstoffplatten sind 0,5 mm bis 1,9 mm dick.

Verwendung

Schichtpressstoffplatten können zur Beschichtung von Holzwerkstoffplatten für den Innenausbau und den Möbelbau, zur Weiterverarbeitung von Halbfertigprodukten, wie Fensterbänken und Türrohlingen, zur Beschichtung von Formteilen oder zur Beschichtung von Metallen und Mineralwerkstoffen verwendet werden. Als Kompaktplatten werden sie im Innenbereich für Trennwände und im Außenbereich als Fassadenverkleidungen eingesetzt. Wegen ihrer guten mechanischen und physikalischen Eigenschaften werden sie für Innentüren, Trennwände, Wand- und Deckenverkleidungen, Fußböden, Treppen, Fensterbänke, Tische und Arbeitsplatten verwendet. In Krankenhäusern, Labors, Großküchen, Kantinen und Gaststätten werden ihre chemischen und physiologischen Eigenschaften in Bezug auf Hygiene, Chemikalienunempfindlichkeit und ihre Unbedenklichkeit im Umgang mit Lebensmitteln geschätzt.

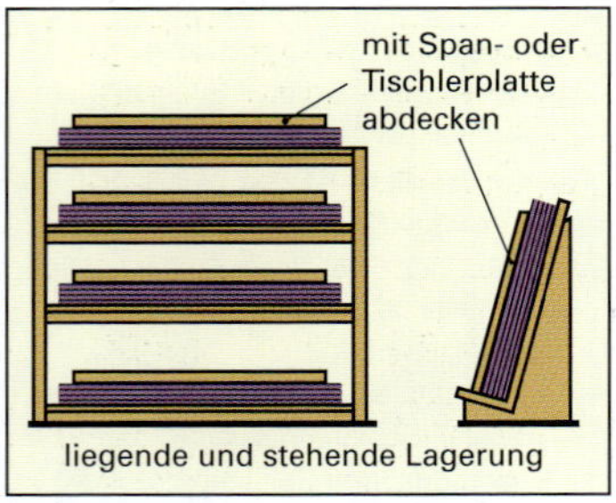

Bild 2: Lagerung der Schichtpressstoffplatten

Bild 3: Transport der Schichtpressstoffplatten

Lagerung und Transport

Hochdruck-Schichtpressstoffplatten sind vor Nässe zu schützen und in geschlossenen Räumen zu lagern. Die Platten können liegend in Regalen oder mit einer Neigung von etwa 80° stehend untergebracht werden. Es ist zweckmäßig, immer zwei Dekorseiten gegeneinander zu lagern. Die oberste Platte ist durch eine schwere Holzwerkstoffplatte abzudecken, damit sich die dünnen Schichtpressstoffplatten nicht werfen **(Bild 2)**. Beim Transport ist unbedingt darauf zu achten, dass die Dekorseiten nicht gegeneinander verschoben werden, da sonst die Flächen verkratzt werden. Außerdem ist ein starkes Durchbiegen der Platten beim Transport zu vermeiden (**Bild 3**).

Trägerplatten

Die dünnen Schichtpressstoffplatten müssen auf Trägerplatten aufgeklebt oder aufgeleimt werden. Die Trägerplatten müssen gut stehen bleiben, eben sein und dürfen nicht mehr als 8 % bis 10 % Feuchtigkeit aufweisen. Am besten geeignet sind Spanplatten oder MDF-Platten mit möglichst feinen Deckschichten. Ungeeignet sind Platten aus Vollholz. Nach dem Pressen werden die Platten besäumt, auf der Rückseite geschliffen und zum Nachhärten gelagert.

Materialauswahl

Schichtpressstoffplatten besitzen trotz Beharzung der Papiere noch hygroskopische Eigenschaften, dehnen sich durch Feuchtigkeit aus und schwinden bei Trockenheit. Darüber hinaus ist bei Schichtpressstoffplatten eine Wärmeausdehnung und ein Schwinden durch Nachhärtung der Kunstharze festzustellen. Da für die Papierbahnen die Holzfasern maschinell geschüttet werden, liegen die Fasern vorwiegend in einer Richtung, sodass sich die Platten in der Länge bis 0,15 % und in der Breite bis 0,3 % ausdehnen bzw. zusammenziehen. Grundsätzlich dürfen freistehende Platten nur beidseitig beschichtet werden. Dabei ist darauf zu achten, dass die Erzeugungsrichtung der Schichtpressstoffplatten auf beiden Seiten gleich ist **(Bild 1)**. Diese ist an den Schleifspuren auf der Rückseite der Platte zu erkennen.

Besonders bei freistehenden Werkstücken, z. B. bei Türen, sollten die Kunststoffplatten auf beiden Seiten die gleiche Dicke und Qualität aufweisen. Selbst Platten aus unterschiedlichen Lieferungen können ein Verziehen des Werkstückes bewirken, frisch produzierte und abgelagerte Platten sollten deshalb nicht zusammen verarbeitet werden. Aus diesem Grund müssen Trägerplatten und Schichtpressstoffplatten vor dem Verarbeiten klimatisiert werden. Sie müssen dazu in Temperatur und der Feuchtigkeit den Bedingungen angeglichen werden, denen sie nach dem Verarbeiten ausgesetzt sind (Gebrauchsklima). Das erreicht man durch mehrtägiges Lagern bei einer Temperatur von 20 °C und bei einer relativen Luftfeuchte von 50 % bis 60 %.

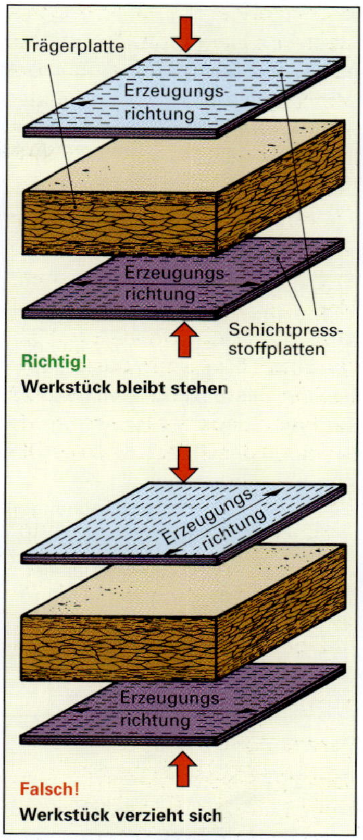

Bild 1: Beschichten mit HPL-Platten

Bei freistehenden Werkstücken müssen stets beidseitig beschichtet, die Erzeugungsrichtung der HPL-Platten auf beiden Seiten gleichlaufend und Dicke, Qualität und Feuchtigkeit der HPL-Platte beiderseits gleich sein.

Maschinelle Bearbeitung

Bei allen Bearbeitungsverfahren ist zu beachten, dass eine örtliche Überhitzung durch unsachgemäße Werkzeugführung vermieden werden muss. Außerdem ist zur Verminderung von Staubbelastung am Arbeitsplatz für eine gute Absaugung zu sorgen. Bedingt durch den hohen Anteil von Kunstharzen unterliegen HPL-Platten einem erhöhten Werkzeugverschleiß. Die Auswahl von HM- oder PKD-bestückten Werkzeugen sowie deren Einsatz erfolgt nach den Angaben des Werkzeugherstellers.

Da der Werkstoff spröde ist, neigen Schichtpressstoffplatten beim Sägen zu Ausrissen auf der Unterseite. Dies spielt beim Grobzuschnitt vor dem Verpressen keine Rolle. Beim Formatierungsschnitt mit der Kreissäge müssen Ausrisse aber unbedingt vermieden werden. Geeignete Zahnformen für die Sägeblätter sind Hohlzahn oder Trapez-Hohlzahn **(Tabelle 1, Seite 302)**. Ebenfalls geeignet ist die Bearbeitung auf Kreissägen mit Vorritzern **(Bild 2, Seite 299)**.

Die höchste Schnittqualität erreicht man beim formatierenden Umfräsen. Erfolgt dies auf Tischfräsmaschinen, ist eine entsprechende Längenzugabe einzukalkulieren. Dies gilt auch, wenn die Werkstücke auf der CNC-Maschine formatiert werden. Da hier die Zerspanungsparameter optimal gewählt werden können **(Tabelle 1)**, erzielt man dabei die besten Ergebnisse.

Erfolgt die Flächenbeschichtung nach der Kantenbeschichtung, müssen die überstehenden Platten bündig gefräst werden **(Bild 2)**.

Tabelle 1: Bearbeitung an Maschinen

Arbeitsgang	Schnittgeschw. m/min	Vorschubgeschw. m/min
Zuschnitt	40–60	10–30
Kantenfräsen	40–60	5–15
Nuten	40–60	3– 8
Formatschnitt	40–60	6–20

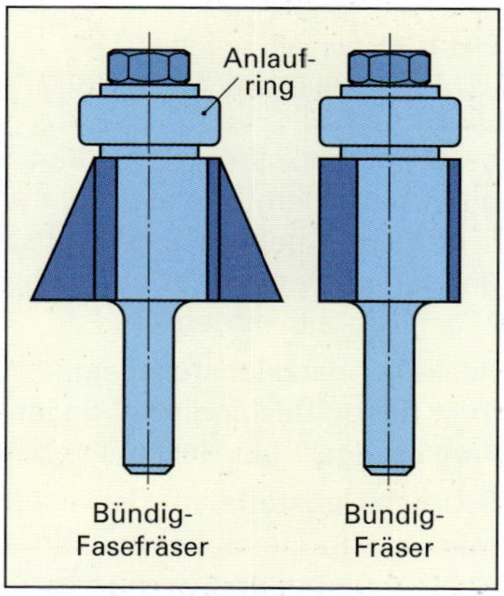

Bild 2: Kantenfräser

Tabelle 1: Klebstoffe/ Klebeverfahren

Klebstoff-Auftrag in g/m²	Press-druck in bar	Presszeit bei Temperatur in min/°C
Dispersions-Klebstoff		
90–150	2–5	10–60/20° 4–12/40° 1– 2/60°
Kondensations-Klebstoff (z. B. Harnstoffharz ca. 10 % gefüllt)		
Klebstoff-Auftrag in g/m²	Press-druck in bar	Presszeit bei Temperatur in min/°C
90–180	3–5	15–180/20° 5– 30/40° 1– 12/60° (Härterabhängig)
Kontakt-Klebstoff		
Klebstoff-Auftrag in g/m²	Press-druck in bar	Presszeit bei Temperatur in min/°C
je 150–200 (beidseitig)	min. 5	kurz bei 20°, 40° oder 60°

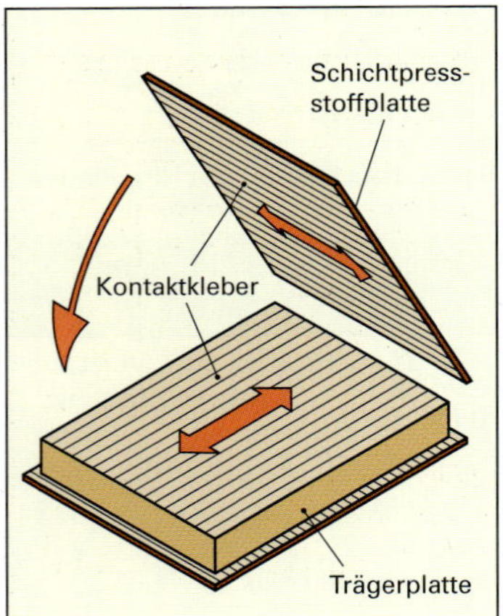

Bild 1: Kleberauftrag mit Zahnspachtel

Klebstoff

Zum Aufkleben bzw. Aufleimen von Schichtpressstoffplatten eignen sich Dispersionklebstoffe, Kontaktklebstoffe, Reaktionsharzklebstoffe und Schmelzkleber. Für den Pressvorgang sind Blockpressen, Ein- oder Mehretagenpressen, Kontaktpressen und Kontinuierliche Pressen im Einsatz.

Da die Ansprüche an die Klebefuge sehr vielfältig sind und auch die Trägerplatten sehr unterschiedliche Eigenschaften besitzen, ist es wichtig, für die jeweilige Anwendung den optimalen Klebstoff zu verwenden. Hinweise hierzu findet man in den Technischen Merkblättern der Klebstoffhersteller sowie in den Verarbeitungshinweisen der Schichtstoffplatten-Produzenten. Zu beachten ist, dass jeder Klebstoff materialabhängige Vorteile und Nachteile besitzt.

Dispersionsklebstoffe

Mit PVAC-Leim lassen sich dauerhafte, zähelastische Verbindungen herstellen. Weil Schichtpressstoffplatten wasserundurchlässig sind, muss das im Leim enthaltene Wasser vollständig vom Trägermaterial aufgenommen werden, aus dem es dann später langsam verdunstet. Je wasserärmer der Leim, je saugfähiger das Trägermaterial und je höher die Presstemperatur ist, desto kürzer ist auch die Abbindezeit **(Tabelle 1)**.

Kondensationsklebstoffe härten spröde aus. Deshalb sollten sie nicht verwendet werden, wenn Platten auf Biegung beansprucht werden. Die frisch beschichteten Platten sind noch mindestens 10 Stunden unmittelbar aufeinander in geschlossenen Stapeln zu lagern, damit sich die Feuchtigkeit in der Trägerplatte gleichmäßig verteilen kann. Diesen Vorgang nennt man **Konditionieren.** Damit beim Pressen die Kunststoffoberflächen nicht beschädigt werden, müssen die verwendeten Zulagen einwandfrei sauber sein. Es ist ratsam, Papier zwischen die Schichtpressstoffplatten und Zulagen bzw. Heizplatten zu legen.

Kontaktkleber haben den Vorteil, dass sie keine Feuchtigkeit an die Trägerplatten abgeben. Sie enthalten Lösemittel, die leicht verdunsten. Man trägt den Kleber auf beide zu verbindenden und gereinigten Flächen gleichmäßig auf. Das Verteilen geschieht am besten mit einem gezahnten Spachtel, und zwar so, dass man auf der Trägerplatte den Kleber beispielsweise längs und auf der Rückseite der Schichtpressstoffplatte quer angibt. Dadurch ergeben sich beim Aufeinanderlegen viele Kontaktpunkte **(Bild 1)**. Nach dem Auftragen des Klebers ist das Ablüften der Klebeflächen sehr wichtig. Erst nach 10 bis 20 Minuten, wenn der Kleber bei der Fingerprobe keine Fäden mehr zieht, dürfen die Flächen zusammengebracht werden. Dabei muss die Kunststoffplatte genau aufgelegt werden, weil sie sofort haftet und nicht mehr verschiebbar ist. Beim Aufkleben mit Kontaktklebern erzielt man die beste Haltbarkeit durch ein kurzes, aber starkes Pressen in einer Furnierpresse. Eine fachgerechte Verklebung mit einem Kontaktkleber ist wasserfest und bleibt dauernd elastisch. Die Temperaturbeständigkeit liegt bei normalen Kontaktklebstoffen nur bei 70 °C. Sollten die Werkstücke höheren Temperaturen ausgesetzt werden, so ist ein Kleber mit Härter zu verwenden. Dadurch kann die Wärmebeständigkeit auf 130 °C erhöht werden.

Reaktionsharzklebstoffe eignen sich für nahezu alle Verklebungssituationen. Ihr größter Vorteil liegt in ihrer hohen Beständigkeit gegen Feuchte- und Wärmeeinwirkungen. Bei Metallen muss eine Vorbehandlung erfolgen. Ein Nachteil von Reaktionsharzklebstoffen ist ihr hoher Preis.

Schmelzklebstoffe werden hauptsächlich für die maschinelle Kantenbelegung verwendet. Dies können manuelle Kantenaufleimgeräte oder sogenannte Kantenaufleimautomaten sein, bei denen die komplette Kantenbearbeitung vom Leimauftrag über das Anpressen, das Kappen der Überstände und die Nachbearbeitung in einem sehr schnellen Durchlauf erfolgt.

Kantenbearbeitung

Wenn Dekorative Hochdruck-Schichtpressstoffplatten oder Kompaktplatten verarbeitet werden, muss eine Kantennachbearbeitung erfolgen. Werden Dekorative Hochdruck-Schichtpressstoffplatten auf eine Trägerplatte aufgeleimt, lässt man die Beschichtung etwas überstehen. Dieser Überstand wird mit der Trägerplatte bündig gefräst und danach wird üblicherweise eine Kante aus Schichtpressstoff, Kunststoff, PVC-Profilen, Metallprofilen oder Holzumleimern aufgebracht **(Bild 1)**. Neuere Kantenmaterialien, Klebstoffe und Kantenanleimmaschinen erlauben eine sogenannte **„Nullfuge"**. Hierbei ist mit dem bloßen Auge keine Fuge zwischen dem Anleimer und der beschichteten Werkstoffplatte erkennbar **(Bild 2)**.

Kantennachbearbeitung mit nachformbaren Schichtpressstoffplatten

Die Kanten mit Dekorativen Hochdruck-Schichtpressstoffplatten belegter Trägerplatten können auch im „Nachform-Verfahren" beschichtet werden. Hierzu ist es erforderlich, dass die Trägerplatte eine vorab rund gefräste Kante besitzt und der Schichtpressstoff für die Nachformung geeignet ist. Es muss sich deshalb um eine Dekorative Hochdruck-Schichtpressstoffplatte vom Typ P gemäß DIN EN 438-3 handeln **(Tabelle 1, Seite 161)**. Diese ermöglicht es, mit verschiedenen Verfahren eine bereits mit HPL beschichtete Platte mit einer fugenlosen Kontur zu versehen. Die Vorteile der fugenlosen Kanten liegen in der leichten Reinigung und auch das Eindringen von Feuchtigkeit wird verhindert. Abgerundete Kanten sind außerdem weniger empfindlich gegen Schlagbeanspruchung. Mit nachformbaren Schichtpressstoffplatten lassen sich konkave, nach innen gewölbte, und konvexe, nach außen gewölbte Radien bis zu einem Biegeradius von etwa 10 mm formen. Dadurch werden scharfe Kanten vermieden und die Beschichtung geht fugenlos von der Fläche in die Kante über. Im Wesentlichen sind zwei Verfahren zu unterscheiden. Zum einen kann die Schichtpressstoffplatte vorgebogen und dann aufgeleimt werden, zum anderen wird erst die Fläche beschichtet und anschließend die Rundung geformt **(Postforming) (Bild 4)**. In jedem Fall ist aber die zu verformende Stelle zu beheizen. Das kann durch Infrarotstrahler, durch ein beheiztes Rohr oder durch Heizschienen geschehen. Im warmen Zustand wird die Platte in einer geeigneten Vorrichtung auf den gewünschten Radius gebogen und anschließend mit Luft oder Wasser gekühlt **(Bild 3 und Bild 1, Seite 166)**. Diese Rundungen sind für Arbeitsplatten in Küchen, für Büroeinrichtungen, für Verkleidungselemente oder für Fensterbänke zweckmäßig.

Ausschnitte und Bohrungen

Schichtpressstoffplatten reagieren auf Temperatur- und Feuchtigkeitsschwankungen. Um Spannungsrisse bei Aussparungen zu vermeiden, müssen scharfe Ecken vermieden werden. Die Ecken sollen mindestens einen Radius von 10 mm aufweisen. Deshalb führt man Aussparungen am besten mit der Oberfräse aus. Bohrungen lassen sich mit Spiralbohrern mit kleinem Spitzwinkel herstellen. Damit die Schichtpressstoffplatten auf der Unterseite nicht abplatzen, muss das Werkstück beim Bohren fest auf eine ebene Holzunterlage gepresst werden. Es ist darauf zu achten, dass Schraubenlöcher etwas größer als der Durchmesser des Schraubenschaftes gebohrt sind. Falsch durchgeführte Bohrungen oder zu klein vorgebohrte Schrauben können zu Rissen in der Schichtpressstoffplatte führen.

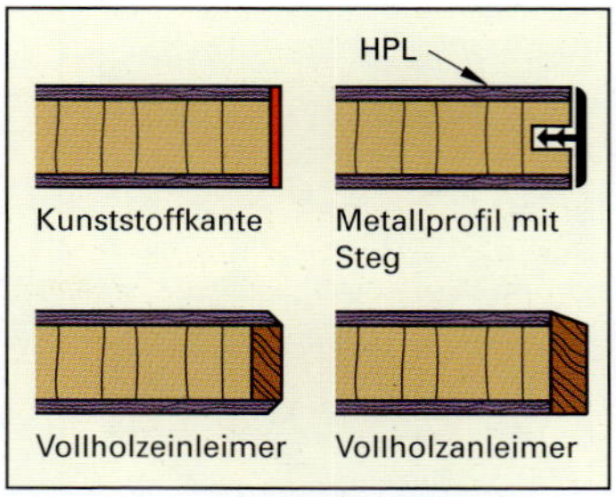

Bild 1: Kantenschutz bei Schichtpressstoffplatten

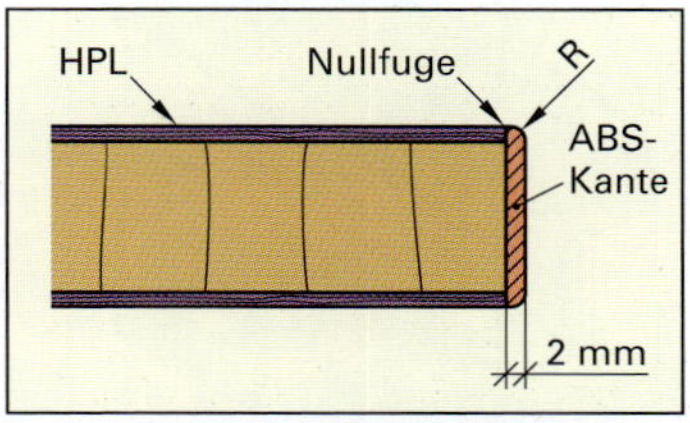

Bild 2: Nullfuge zwischen ABS-Kante und Plattenbeschichtung

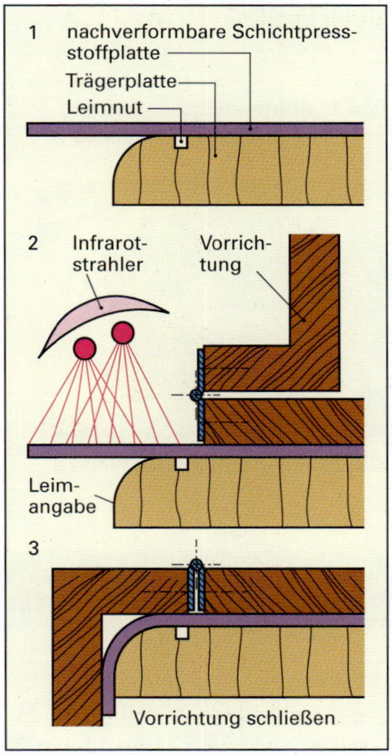

Bild 3: Nachformung von Schichtpressstoffen in Vorrichtung

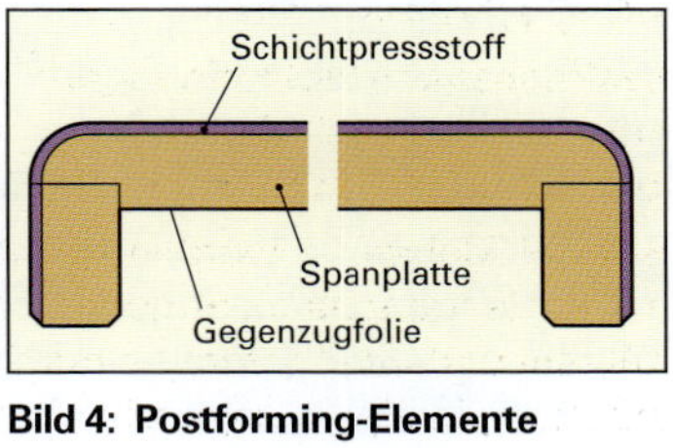

Bild 4: Postforming-Elemente

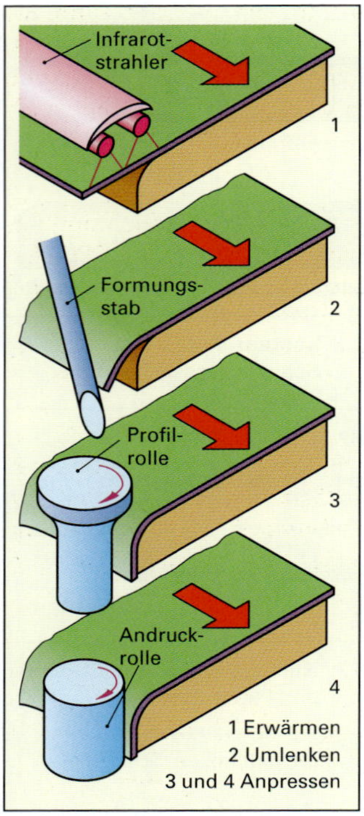

Bild 1: Kontinuierliches Formen im Durchlauf (Schema)

Bild 2: HPL-Kompaktplatte mit Dekor

2.10.1.2 Kompaktplatten

Dekorative Hochdruck-Schichtpressstoffplatten mit einer Dicke ≥ 2 mm werden Kompaktplatten genannt. Kompaktplatten werden bis zu einer Dicke von 42 mm hergestellt. Sie benötigen keine Trägerplatten und können somit selbsttragend im Innenausbau oder im Außenbereich eingesetzt werden. Die Oberflächen von HPL-Platten sind von der Struktur der Pressbleche abhängig. Verchromte blanke Pressbleche ergeben glänzende Oberflächen, matte Pressbleche ergeben matte Oberflächen und strukturierte Pressbleche erzeugen die entsprechende Oberflächenstruktur. So können HPL-Platten mit Poren oder sägerauen Strukturen einen echt wirkenden Materialcharakter erhalten, der durch die spezifische **Overlayschicht** mit Holzfurnieren noch verstärkt wird.

Bei Kompaktplatten ist kein Anleimer, aber eine **Kantennachbearbeitung** erforderlich. Kompaktplatten werden, insbesondere in der industriellen Fertigung, mit diamantbestückten Spezialfräsköpfen bearbeitet. Bei der Bearbeitung werden die Kanten plan gefräst, genutet, gefast oder profiliert. Da ein gewisser, wenn auch minimaler Messerschritt auf der Kantenfläche erkennbar ist, muss dieser in einem nachfolgenden Arbeitsschritt, dem Profilfinish, entfernt werden. Für diese Nachbearbeitung wird eine Bearbeitungszugabe von 0,2 mm bis 0,5 mm empfohlen. Sie erfolgt an Kantenautomaten mit speziellen Aggregaten durch Schleifen, Polieren oder mit einer Ziehklingenvorrichtung. Ein anschließendes Ölen mit silikonfreiem Öl erhöht die optische Güte der Plattenkante.

2.10.1.3 Kompaktlaminat CPL

Dekorative Hochdruck-Schichtpressstoffplatten, die in kontinuierlich arbeitenden **Doppelbandpressen** oder in zweiseitig beheizten **Rollenbandpressen** als **Endlosband** hergestellt werden, nennt man **Kompaktlaminat** oder CPL (engl.: **c**ontinous **p**ressed **l**aminate). CPL ist dünner als HPL und wird deshalb auch als Rollenware geliefert. Es dient vorrangig der Flächenbeschichtung und eignet sich besonders gut zur Beschichtung kleiner Radien. Technisch sind Schichtdicken unter 0,5 mm möglich. Das Endlosverfahren verringert den Längenverschnitt und ermöglicht höhere Produktionsmengen als bei HPL. CPL-Platten unterscheiden sich von HPL-Platten nur durch die Schichtstärke. Aufbau und Herstellung sind bis auf den Pressvorgang nahezu identisch.

Tabelle 1: Vergleich der Eigenschaften von HPL- und CPL-Platten

	HPL	CPL
Bestandteile	Papier und Kunstharze	Papier und Kunstharze
Dichte	1350 kg/m³	1350 kg/m³
Dicke	0,5 mm–2 mm (40 mm)*	0,15 mm–1,5 mm
Strukturtiefe	max. 500 µm	max. 150 µm
Press-temperatur	≥ 120 °C	150 °C–170 °C
Presszeit	20–60 min	8–15 min
Pressdruck	≥ 50 bar	30 bar–70 bar
Lieferform	Platten	Platten/Rollen
Format	Fixlängen	variable Längen

* für Kompaktplatten

Herstellung

HPL-Schichtstoffe bestehen, wie die HPL-Platten, aus Zellulosefaserbahnen, die mit wärmehärtenden Harzen getränkt sind und unter hohem Druck und hoher Temperatur zu einem homogenen Werkstoff verschweißt werden. Beim Pressvorgang im Endlosverfahren ist ein geringerer Druck als bei HPL-Platten notwendig (30 bar–70 bar). Die Presstemperatur dagegen ist etwas höher und liegt in einem Bereich zwischen 150 °C und 170 °C. Die Presszeit liegt bei 8 bis 15 Sekunden und bei einer Vorschubgeschwindigkeit von 8 bis 15 m/min.

Eigenschaften

Die Eigenschaften von Kompaktlaminat (CPL) sind nahezu identisch mit denen der HPL-Platten. Die Oberfläche der Platte ist benutzungsfertig, weitgehend abriebfest und fleckenunempfindlich.

Die Rückseite ist aufgeraut, sodass sie wie die HPL-Platten auf Trägerplatten aufgeleimt werden kann. Sie besitzen eine dichte und porenfreie Oberfläche. CPL ist wesentlich dünner als HPL und hat deshalb bei einer strukturierten Oberfläche eine geringere Strukturtiefe. Kompaktlaminat wird in Stärken von 0,15 mm bis 1,5 mm, mit einer Breite von 1000 mm und 1310 mm sowie variablen Längen zwischen 800 mm bis 5600 mm hergestellt.

Verwendung

Kompaktlaminat wird wie Furnier flächig mit der Trägerplatte verklebt oder zur Kantenbeschichtung, als Schichtstoffkanten, mithilfe von Kantenanleimmaschinen aufgebracht. Schichtstoffkanten aus CPL sind 0,3 mm bis 0,5 mm dick, mindestens 16 mm breit und werden gerollt in Längen von 25 m bis 400 m geliefert. Zur flächigen Beschichtung von Formteilen verwendet man besondere Vorrichtungen oder eine Vakuum- Membranpresse. CPL-Schichtstoffe werden im Möbelbau und Innenausbau besonders für gebogene Flächen und Werkstücke mit gerundeten Kanten verwendet.

Verarbeitung

Kompaktlaminat lässt sich wie die HPL-Platten mit allen herkömmlichen Tischlerwerkzeugen gut bearbeiten. Die verwendeten Trägerplatten müssen sauber sein und eine feine Oberfläche aufweisen, damit sich Unebenheiten nach der Beschichtung nicht abzeichnen können. Zum Aufkleben auf Trägerplatten sind Dispersionsklebstoffe, z. B. spezielle PVAC-Leime, Kondensationsharzklebstoffe, z. B. Harnstoff- oder Melamin-Harz-Leime sowie Kontaktklebstoffe, z. B. Polychloropren-Kleber, geeignet.

2.10.2 Folien

Folien sind dünne, weich bis hart eingestellte Kunststoffbahnen, die zum Beschichten von Holzwerkstoffen geeignet sind. Je nach Herstellung und Verwendung sind thermoplastische Folien, wie PVC-Folien, und duroplastische Folien, wie Dekor-, Grundier- und Gegenzugfolien, zu unterscheiden **(Bild 1)**. Aus diesen wird auch Kantenmaterial hergestellt. PVC-Folien und ABS-Kanten bestehen durchgehend aus einem Material. Sie sind oberflächenfertig. Duroplastische Folien, auch Filme genannt, werden aus kunstharzgetränkten Papieren hergestellt, die nach dem Aufleimen meist noch oberflächenbehandelt werden müssen. **Dekorfolien** können unifarben, farbig gemustert oder mit Holzmaserung versehen sein. Sie bilden entweder die fertige Oberfläche oder müssen wie Furnierflächen noch oberflächenbehandelt werden.

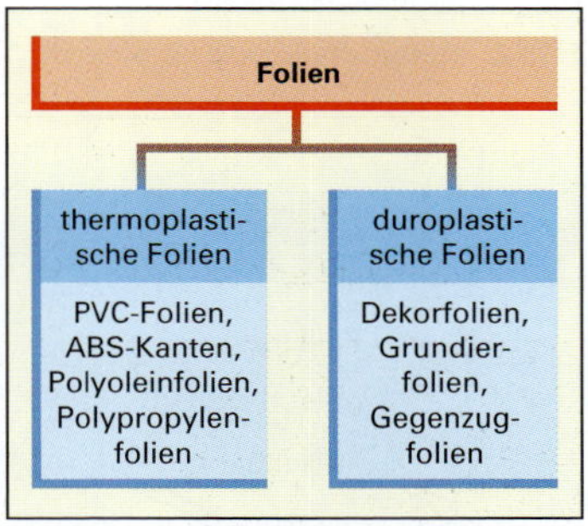

Bild 1: Folienarten (Übersicht)

Grundierfolien verwendet man zum Grundieren (Kaschieren) der Trägerplatten, um saubere und glatte Oberflächen zu erhalten. Sie können bei Bedarf noch vor dem Lackauftrag geschliffen werden.

Gegenzugfolien werden anstelle eines Furniers zum Zugausgleich auf die nicht sichtbare Fläche einseitig furnierter Platten aufgeleimt **(Bild 2)**.

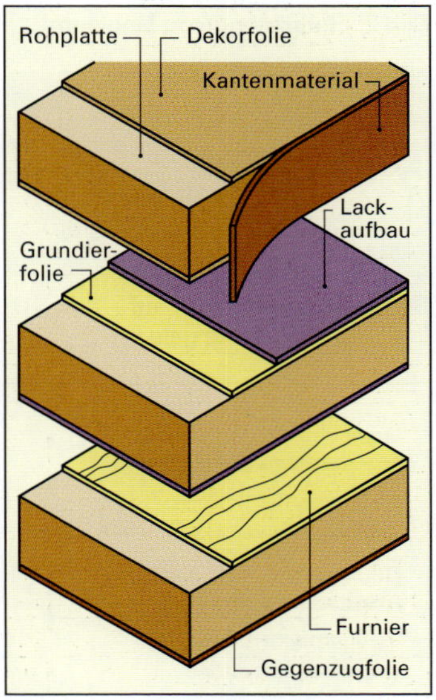

Bild 2: Einsatzmöglichkeiten der Folien

2.10.2.1 Formpressen mit Folien

Folien eignen sich auch zum Beschichten profilierter Schmal- und Breitflächen (Formpressen). Entscheidend für das Gelingen des Formpressverfahrens ist neben der Pressvorrichtung die Eigenschaft und Dicke der Folie, die Dichte und Oberfläche des Trägermaterials sowie die Zusammensetzung des Klebstoffes. Geeignet sind Folien von 0,25 mm bis 0,6 mm, in besonderen Fällen bis 1 mm. Als Trägermaterial eignen sich feinspanige MDF-Platten Die Oberfläche muss zum Bekleben fein geschliffen, die an- oder eingefrästen Profile müssen sauber geglättet sein. Um das Aufquellen der Späne zu begrenzen, sind wasserarme Klebstoffe zu verwenden. Geeignet sind Polyurethan-Dispersionen, die mit den Isocyanaten relativ langsam vernetzen. Die mit Klebstoff beschichtete und mit Folie belegte Fläche wird in die auf die Werkstückgröße vorbereitete Formpresse eingelegt **(Bild 1, Seite 168)**. Über dem Werkstück wird zunächst ca. 100 °C heiße Druck-

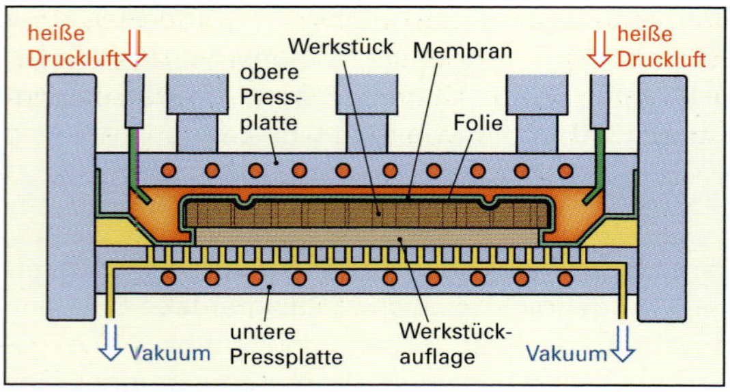

Bild 1: Pressvorrichtung zum Formpressen bzw. Tiefziehen von Folien

luft mit 40 bis 60 N/cm² eingedrückt. Unter dem Werkstück wird dann ein Vakuum erzeugt. Durch die heiße Druckluft beginnt die Folie zu „fließen" und kann nun mit der Membran auf die Fläche gepresst und durch das Vakuum in die eingefrästen Vertiefungen und um die Kanten gezogen werden. Nach dem Tiefziehen der Folie wird die Temperatur heruntergefahren und auf Verleimtemperatur gehalten. Nach der Abbindezeit des Klebstoffes werden die am Werkstück überstehenden Folien abgeschnitten und die Kanten fein bearbeitet.

2.10.3 Linoleum

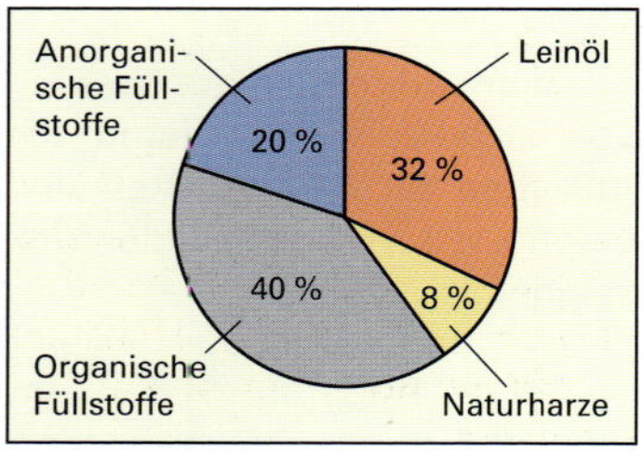

Bild 2: Bestandteile von Linoleum

Linoleum (lat.: oleum lini = Leinöl) ist ein natürlicher Werkstoff, der aus einer Mischung von oxidiertem Leinöl (Linoxin), Holzmehl, Korkmehl, gemahlenem Kalkstein, Naturharzen und Farbpigmenten besteht. Das Linoxin und die Harze sind Bindemittel (ca. 40 %), Holz- und Korkmehl sowie das Kalksteinpulver sind reine Füllmittel (ca. 60 %) **(Bild 2)**. Eine Mischung der Bestandteile wird auf Jutegewebe oder kaschiertes Papier aufgepresst (**Bild 3**). Linoleum wird ein-, mehrfarbig oder gemustert in Bahnen hergestellt. Es wird als Fußbodenbelag oder als Belagmaterial bei Möbeln verwendet.

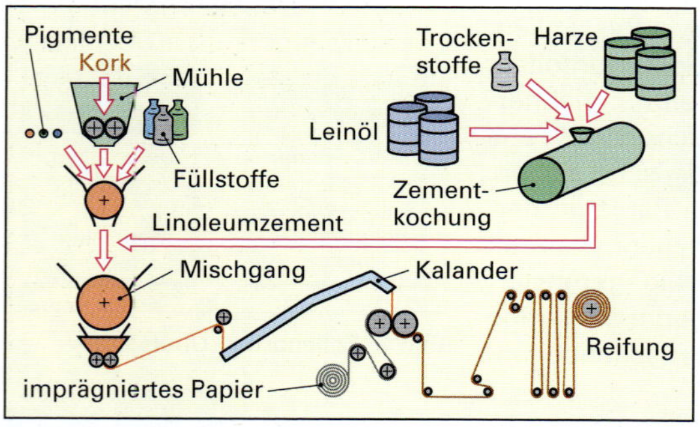

Bild 3: Herstellung von Linoleum

Verarbeitung

Linoleum ist als Linoleumfliese, Linoleumdiele, Rollware und Klick-Linoleum auf dem Markt. Ähnlich wie beim Klick-Laminat können die einzelnen Elemente zusammengesteckt und das Linoleum schwimmend verlegt werden. Hierbei wird das Linoleum auf eine Trägerplatte geleimt. Eine Korkschicht dient als Trittschalldämmung. Linoleum bietet ein angenehm weiches Trittgefühl, ist robust und langlebig, verträgt sich gut mit Fußbodenheizungen und wirkt selbst an kalten Tagen fußwarm. Daneben ist das Naturprodukt Linoleum von sich aus antistatisch, antibakteriell, hygienisch und pflegeleicht. Es ist in vielen Dekors erhältlich. Linoleum ist griffsympathisch und pflegeleicht und wird deshalb auch im Möbelbau für Tisch- und Arbeitsflächen sowie Möbelfronten verwendet **(Bild 4)**. Dieses spezielle **Möbellinoleum** wird anstatt auf Jute auf imprägniertes Papier kalandriert. Im Möbelbau wird Linoleum auf Trägerplatten aufgeleimt. Als Trägermaterial sind ebene und gebogene Trägerplatten geeignet. Das Linoleum wird mit Dispersionsklebstoffen unter geringem Druck in der Furnierpresse oder der **Membranpresse** (Vakuumpresse) aufgebracht. Bei der Verwendung von jutekaschiertem Linoleum müssen die Kanten der beschnittenen Platte durch einen Anleimer geschützt werden. Beim Ebenfräsen oder -hobeln des Anleimers darf die Linoleumfläche nicht beschädigt werden **(Bild 5)**. Bei der Verwendung von Möbellinoleum kann die angefräste Linoleumkante als Sichtkante erhalten bleiben.

Bild 4: Möbellinoleum auf Trägerplatte geleimt

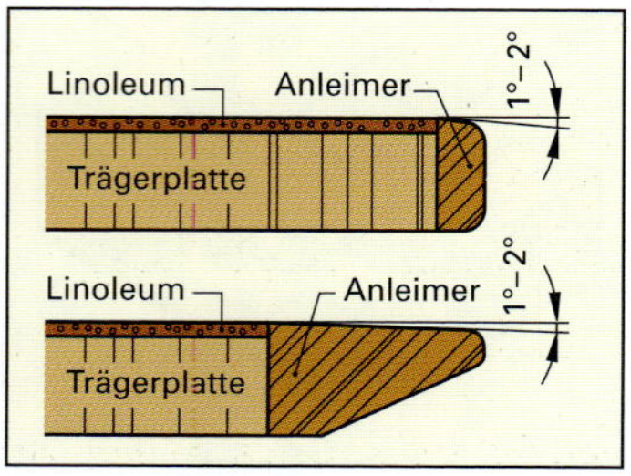

Bild 5: Kantenschutz bei Linoleumflächen

Eigenschaften

Die Basiszusammensetzung und technischen Eigenschaften sind in der DIN EN 548 festgelegt. In der Norm ist Linoleum nach der Art des Bindemittels definiert: Es muss aus Leinöl oder anderen trocknenden Pflanzenölen und Harzen bestehen. Der Mindestanteil an Füllmitteln (Kork-, Holzmehl) muss 30 % betragen. Hauptvorteil des Linoleums ist seine Widerstandsfähigkeit gegen mechanische und chemische Beanspruchungen. Verformungen (Druckstellen) die durch hohe Belastungen entstehen, bilden sich nach einiger Zeit fast vollständig zurück. Linoleum kann als schwer entflammbar oder normal entflammbar eingestuft werden. Es ist beständig gegenüber einigen Säuren und Lösungsmitteln sowie einer Vielzahl von Chemikalien.

2.11 Metalle

Bei den Metallen werden Eisenwerkstoffe, Nichteisenmetalle, Hartmetalle und Stellite unterschieden.

2.11.1 Eisenwerkstoffe

Stahl und Gusseisen sind Eisenwerkstoffe. Sie bestehen vor allem aus dem in der Natur in Eisenerzen vorkommenden chemischen Element Eisen (Fe). Eisenwerkstoffe entstehen, wenn dem flüssigen Eisen andere Stoffe beigemengt werden oder wenn das Eisen weiterverarbeitet wird.

2.11.1.1 Roheisengewinnung und Hochofenerzeugnisse

Das Rohmaterial zur Herstellung der Eisenwerkstoffe wird im Hochofen gewonnen. Die Gesamthöhe des Hochofens kann bis 80 m betragen, sein Durchmesser bis 12 m und sein Fassungsvermögen bis über 1000 m³. Er ist 5 Jahre bis 10 Jahre ununterbrochen in Betrieb; dann ist ein Neubau notwendig. In kleinen Hochöfen werden täglich bis zu 1000 t Roheisen erzeugt, in großen bis zu 6000 t. Roheisen ist ein Zwischenprodukt, das im Hochofen entsteht und noch weiterbearbeitet werden muss.

Roheisengewinnung: Der Hochofen wird ständig von oben mit Eisenerz, Koks und Kalk gefüllt **(Bild 1)**. Der Koks dient hauptsächlich als Brennmaterial zum Schmelzen der Eisenerze und als Reduktionsmittel des Eisenoxids, der Kalk bindet die von Eisenerzen und Koks herrührenden Verunreinigungen zu Schlacke. Diese hat eine geringere Dichte als das Roheisen und schwimmt deshalb auf ihm; sie läuft über eine Schlackenrinne ab.

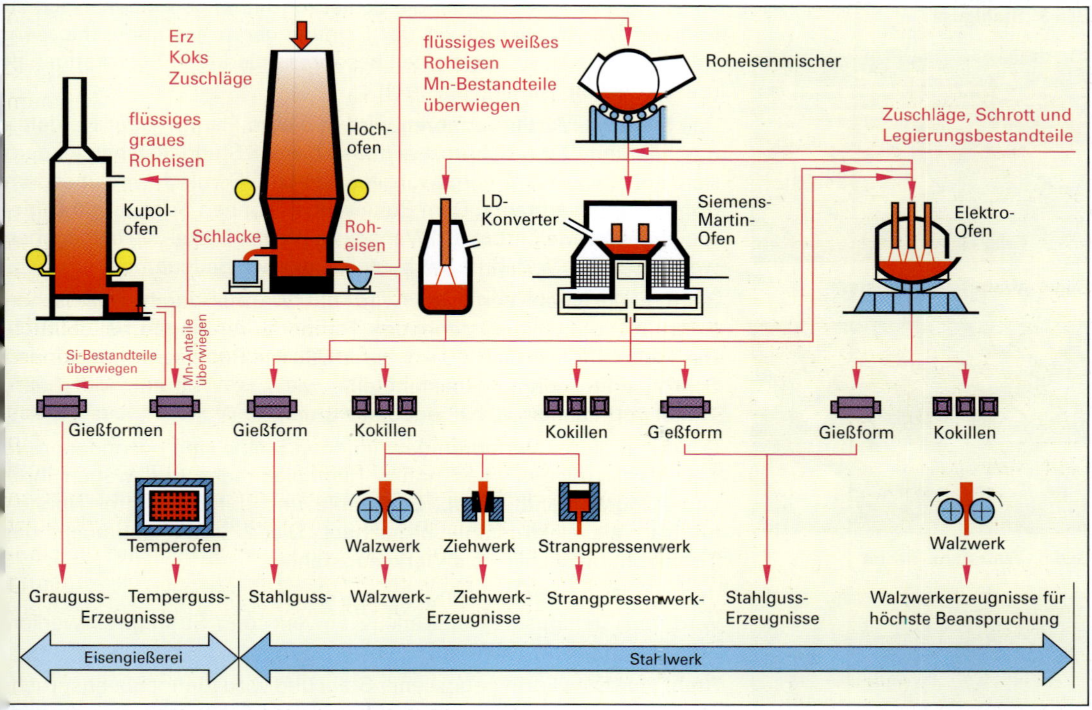

Bild 1: Übersicht über die Herstellung von Gusseisen und Stahl

Hochofenerzeugnisse: Erzeugnisse des Hochofens sind Gase, Schlacke und Roheisen. Schlacke wird zu Schlackenwolle, Schlackensteinen, Hüttenbims, Schlackensand, Hochofenzement und Mineraldünger weiterverarbeitet.

Bild 1: Roheisen

Bild 2: Schlacke

Bild 3: Stahlguss

Bild 4: Walzstahl, Formstahl

Bild 5: Walzstahl, Bleche

Bild 6: Ziehstahl, Draht

Roheisen erhält neben Eisen (Fe) 3% bis 5% Kohlenstoff (C), 0,4% bis 2% Silicium (Si), 0,5% bis 6% Mangan (Mn) sowie geringe Mengen Schwefel (S), Phosphor (P) und Stickstoff (N). Roheisen mit einem hohen Siliciumgehalt hat eine graue Bruchfläche. Es ist spröde und gut gießbar. Wegen seiner guten Gießbarkeit wird es in Eisengießereien zu **Gusseisen** weiterverarbeitet. Roheisen mit einem hohen Mangangehalt hat eine weiße Bruchfläche; es wird in Stahlwerken zu Stahl weiterverarbeitet.

2.11.1.2 Herstellung von Stahl

Die Weiterverarbeitung von Roheisen zu Stahl nennt man Frischen. Beim Frischen werden Kohlenstoff und andere im Roheisen enthaltene Stoffe, sog. Eisenbegleiter, wie Silicium, Mangan, Schwefel und Phosphor, durch Verbrennen ganz oder teilweise aus dem Roheisen entfernt. Durch das Frischen wird das im erstarrten Zustand spröde **Roheisen (Bild 1)** zum elastischen Stahl. Das Frischen erfolgt durch das Sauerstoff-Blasverfahren, das Siemens-Martin-Verfahren (Herdfrischen) sowie durch das Elektrostahl-Verfahren **(Bild 1, Seite 169)**.

Beim **Sauerstoff-Blasverfahren,** dem LD-Verfahren (Linz-Donawitz-Verfahren), befindet sich das Roheisen in einem konverterartigen Tiegel. Mit einem wassergekühlten Rohr, der Sauerstofflanze, wird Sauerstoff von oben mit einem Druck von 8 bar bis 12 bar auf das flüssige Roheisen geblasen. Dem Roheisenbad können Schrott und Legierungsbestandteile beigegeben werden. Durch die Zufuhr von Sauerstoff entstehen Temperaturen zwischen 2000 °C und 3000 °C. Dabei verbrennen die Verunreinigungen, die sog. Eisenbegleiter, fast vollständig oder werden an die **Schlacke (Bild 2)** gebunden. Nach 25 Minuten bis 30 Minuten ist der Reinigungsprozess abgeschlossen. Der entstandene Stahl hat einen besonders niedrigen Stickstoffgehalt und ist deshalb zäh und elastisch.

Das **Siemens-Martin-Verfahren** wird in einem Flamm- oder Herdofen durchgeführt. Der Frischprozess dauert bis zu 8 Stunden. Ein unter dem Herd auf etwa 2000 °C vorgewärmtes Gas-Luft- Gemisch wird über dem Roheisenbad verbrannt. Dem Roheisenbad können Schrott und Legierungszusätze wie Chrom (Cr), Vanadium (V) und Nickel (Ni) beigegeben werden. Dieses Verfahren hat heute kaum noch Bedeutung.

Beim **Elektrostahl-Verfahren** wird die Wärme durch elektrischen Strom erzeugt. Die entstehenden Temperaturen liegen bei 3500 °C. Die Elektroöfen fassen 50 kg bis 10000 kg Roheisen. Ihm können Schrott und Legierungsbestandteile, wie z.B. Wolfram, Molybdän, Tantal und Vanadium, beigegeben werden.

Die durch dieses Verfahren gewonnenen Stähle sind besonders rein. Sie werden wegen ihres hohen Reinheitsgrades und wegen ihrer Legierungsbestandteile als **Edelstähle** und aufgrund ihrer Herstellungsart als Elektrostähle bezeichnet. Diese Stähle gebraucht der Tischler hauptsächlich als **Werkzeugstähle.**

Je nach Weiterverarbeitung des gereinigten Roheisens, des Stahls, wird von Stahlguss-, Walzwerk-, Ziehwerk- und Strangpresswerkerzeugnissen gesprochen.

Stahlguss ist in Form gegossener Stahl und wird für hochbeanspruchte Maschinen- und Motorenteile verwendet **(Bild 3). Walzwerkerzeugnisse** sind Stab- und Formstähle **(Bild 4)**, Bleche **(Bild 5)**, Rohre und Stahldrähte. **Ziehwerkerzeugnisse** sind vor allem Drähte und glatte Stähle mit kleinem Querschnitt **(Bild 6)**. Im Strangpresswerk werden Formstähle mit kompliziertem Querschnitt hergestellt.

2.11.1.3 Stahl

Stähle werden nach den Hauptgüteklassen und ihrer chemischen Zusammensetzung (DIN EN 10020) in unlegierte, nichtrostende und andere legierte Stähle eingeteilt. Die unlegierten und die anderen legierten Stähle unterscheidet man weiter in **Qualitätsstähle** und **Edelstähle.** Legierte Stähle unterteilt man in **niedrig legierte** und **hoch legierte** Stähle.

Nach ihrer Verwendung unterscheidet man Stähle in die nicht genormten Begriffe **Baustähle** und **Werkzeugstähle.**

Der Begriff Edelstähle kennzeichnet Stähle besonderer Reinheit. Fälschlicherweise werden nicht rostende Stähle häufig als Edelstähle bezeichnet. Nicht rostende Stähle bilden aber eine eigene Güteklasse.

Hauptgüteklassen				
Unlegierte Stähle		nichtrostende Stähle	Andere legierte Stähle	
Qualitätsstähle	Edelstahl		Qualitätsstähle	Edelstahl

Tabelle 1: Werkzeugstähle für die Bearbeitung von Holz und Holzwerkstoffen

Arten	Eigenschaften und Verwendung
Unlegierte Stähle	Die Stähle bestehen aus Eisen (Fe) und Kohlenstoff (C). • Spannwerkzeuge, Maschinenteile, Verbindungsmittel, Beschläge
1. Werkzeugstähle (WS-Stähle)	Der Kohlenstoffgehalt von 0,5 % bis 1,5 % dient zum Härten der Stähle • Bohrwerkzeuge, Bandsägeblätter
2. Unlegierte Edelstähle	Unlegierte Stähle mit besonders hohem Reinheitsgrad (sog. Elektrostähle)
Legierte Stähle	Die Stähle enthalten neben Fe und C Legierungsbestandteile, die in der Summe unter 5 % liegen. • Spannwerkzeuge, Maschinenteile, Verbindungsmittel, Beschläge
1. Legierte Werkzeugstähle (SP-Stähle)	Die auch als Spezialstähle bezeichnete Sorte ist härtbar; SP-Stähle weisen eine erhöhte Zähigkeit und Schneidhaltigkeit auf. • Werkzeuggrundkörper, Schneidenträger, z.B. für Hartmetalle, Maschinenwerkzeuge
2. Legierte Edelstähle	Stähle mit besonders hohem Reinheitsgrad; Legierungsbestandteile in der Summe unter 5 %, korrosionsbeständige Stähle
Hochlegierte Stähle	Diese Stähle enthalten zwischen 5 % und 30 % Legierungsbestandteile; die Stähle sind naturhart, sie werden nicht künstlich gehärtet. Sie sind hart, aber wenig elastisch, d.h., sie sind relativ spröde. Wegen der großen Bruchgefahr der Werkzeuge sind an den Maschinen besondere Schutzeinrichtungen vorgeschrieben.
1. Hochlegierte Werkzeugstähle (HL-Stähle)	Diese auch als Hochleistungsstähle bezeichnete Sorte enthält mehr als 5 % Legierungsbestandteile. • Fräswerkzeuge, korrosionsbeständige Stähle
2. Schnellarbeitsstähle (SS-Stähle)	SS-Stähle enthalten maximal 12 % Legierungsbestandteile. • Fräs- und Hobelwerkzeuge
3. Hochlegierte Schnellarbeitsstähle (HSS-Stähle, HS-Stähle)	Diese auch als Hochleistungsschnellarbeitsstähle bezeichnete Sorte enthält mehr als 12 % Legierungsbestandteile. • Hobel-, Fräs- und Verbundwerkzeuge

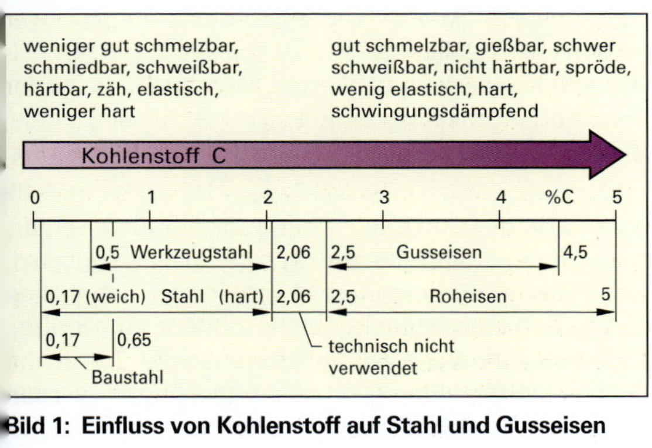

Bild 1: Einfluss von Kohlenstoff auf Stahl und Gusseisen

Legierungsbestandteile, die die Eigenschaften der Stähle verändern (Beispiele):

Chrom	**Cr**	→ erhöht Zug-, Warm- und Verschleißfestigkeit, Härte, Korrosionsbeständigkeit
Cobalt	**Co**	→ erhöht Härte, Schneidhaltigkeit, Warmfestigkeit
Molybdän	**Mo**	→ erhöht Zug- und Warmfestigkeit, Schneidhaltigkeit
Nickel	**Ni**	→ erhöht Werkstofffestigkeit, Zähigkeit, Korrosionsbeständigkeit
Vanadium	**V**	→ erhöht Dauerfestigkeit, Warmfestigkeit, Härte
Wolfram	**W**	→ erhöht Zug- und Warmfestigkeit, Härte, Schneidhaltigkeit

2.11.1.4 Eisen-Gusswerkstoffe

Eisen-Gusswerkstoffe oder Gusseisen entstehen durch Umschmelzen und Reinigen des grauen Roheisens in der Eisengießerei. Man unterscheidet vor allem Grauguss und Temperguss **(Tabelle 1)**.

Tabelle 1: Eisen-Gusswerkstoffe

Arten	Eigenschaften und Verwendung
Grauguss (Gusseisen)	Kohlenstoffgehalt zwischen 2,6 % und 3,6 %; Grauguss ist hart, spröde, schlag- und stoßempfindlich, nicht schmied-, härt- und schweißbar. • Lager- und Motorengehäuse, Maschinentische und andere Maschinenteile, Rohre
Temperguss	Das Gusswerkstück wird einer besonderen Wärmebehandlung von bis zu mehreren Tagen unterzogen (getempert); Temperguss ist im Vergleich zu Stahl spanend leicht zu bearbeiten, z. T. härtbar, z. T. schweißbar. • Beschläge, Schlüssel, Flügelmuttern und Flügelschrauben, Handräder, Türschlösser, Hebel, Ventile

Bild 1: Kupfer, Dachrinne

Bild 2: Verzinkte Stahltreppe mit Oxidationsschicht

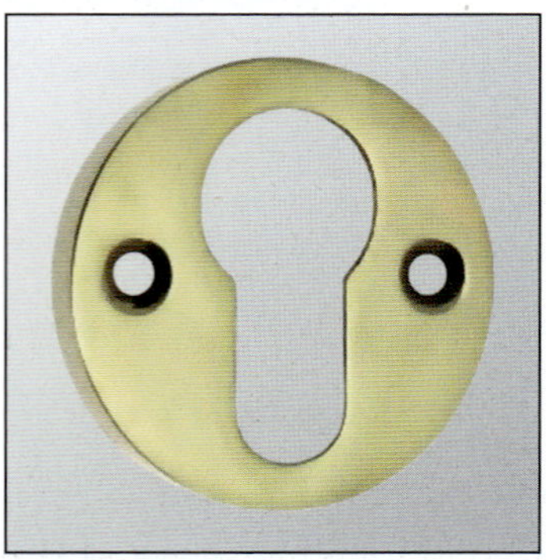

Bild 3: Messing, Schlüsselschild

2.11.2 Nichteisenmetalle

Nichteisenmetalle werden nach ihrer Dichte in **Schwermetalle** und in **Leichtmetalle** eingeteilt. Die wichtigsten Nichteisen-Schwermetalle sind Kupfer, Zink, Blei, Nickel und Chrom. Von den Leichtmetallen werden im Bauwesen am häufigsten Aluminium und Aluminium-Legierungen verwendet. Mit Ausnahme von Kupfer werden alle Nichteisenmetalle von frischem Mörtel und Beton angegriffen. Sie müssen deshalb durch Anstriche oder durch Abkleben mit Papier oder Folie solange geschützt werden, bis der Mörtel oder der Beton vollständig erhärtet ist.

Kupfer (Cu) ist weich, zäh und dehnbar **(Bild 1)**. Reines Kupfer sieht rotglänzend aus. Es besitzt eine hohe Leitfähigkeit für Wärme und elektrischen Strom. Kupfer ist korrosionsfest. Es bildet mit der Kohlensäure der Luft eine dünne, wasserunlösliche grüne Schutzschicht aus Kupferkarbonat, die man auch Patina nennt. Kommt Kupfer mit Essigsäure in Berührung, so entsteht der giftige und wasserunlösliche Grünspan. Kupfer wird zu Blechen, Folien, nahtlosen Rohren, Profilen und Drähten verarbeitet. Es eignet sich zum Verkleiden von Türen und Fassaden. Kupfer lässt sich gut löten, unter bestimmten Bedingungen auch schweißen, aber aufgrund seiner geringen Härte nur schwer zerspanen.

Zink (Zn) ist ein bläulich-weißes und bei Zimmertemperatur ziemlich sprödes Metall. Die Vorkommen sind häufig, selten aber in Reinform. Zink zählt zu den unedlen Metallen, bildet aber an seiner Oberfläche mit Umgebungsluft schnell eine Oxidations- und Karbonatschicht **(Bild 2)**. Diese wirkt als Schutzschicht; Zink eignet sich deshalb sehr gut zum Korrosionsschutz von Eisen und Stahl, wie z. B. bei Schrauben und Drahtstiften. Die häufigste Verwendung findet Zink in Legierungen.

Messing (CuZn) ist eine Kupfer-Zink-Legierung **(Bild 3)**. Sie ist härter und fester als reines Kupfer. Messing eignet sich z. B. für Beschläge, Schrauben und Zierleisten. Messing ist spröder als Stahl.

Blei (Pb) sieht mattgrau aus und ist das schwerste Nichteisenmetall. Es überzieht sich an der Luft schnell mit einer dunkelgrauen Schutzschicht. Diese Schicht verleiht Blei eine gute Korrosionsbeständigkeit auch gegen Säuren. Bleiverbindungen sind sehr giftig; daher sind beim Umgang mit Blei und Bleiverbindungen besondere Vorschriften zu beachten. Blei wird als Türeinlage in strahlenschützende Türen und Trennwänden oder bei der Herstellung von Bleiverglasungen verwendet. Da Blei sehr weich ist, lässt es sich kalt umformen.

Aluminium (Al) hat eine matte Oberfläche. Es leitet elektrischen Strom und Wärme sehr gut. An der Luft überzieht sich Aluminium mit einer Oxidschicht und wird dadurch sehr korrosionsbeständig. Aluminium verwendet man als Bleche für Fassadenverkleidungen und als Folien für Sperrschichten. Aluminium-Legierungen mit Magnesium und Silicium haben eine hohe Festigkeit und sind korrosionsbeständig. Aus ihnen werden beispielsweise Bleche, Rohre, Fensterprofile, Regenschutzschienen, Türdrücker oder Fensteroliven hergestellt. Aluminium oder Aluminium-Legierungen können gegen Korrosion durch Eloxieren (**e**lektrisch **ox**idieren) geschützt werden **(Bild 1)**.

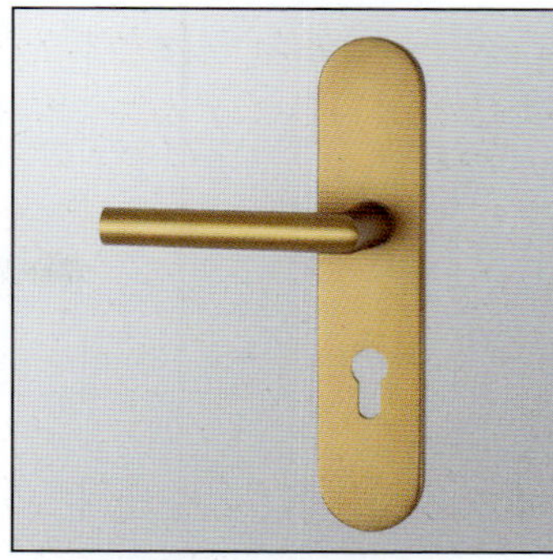

Bild 1: Drückergarnitur, eloxiert

2.11.3 Hartmetalle

Hartmetalle (HW) sind Verbundwerkstoffe aus harten, feinkörnigen Carbidteilchen (z. B. Wolframcarbid) und einem zähen Bindemetall, meist Cobalt. Die Carbide werden zusammen mit Cobalt zu feinem Pulver zermahlen und als Pulvermischung unter hohem Druck zu Flachstäben oder gleich in die endgültige Form der Werkzeugschneiden gepresst. Cobalt dient als Bindemittel. Die aus den Flachstäben hergestellten Werkzeugschneiden werden, wie auch die gleich in die endgültige Form gebrachten Schneiden, bei hohen Temperaturen und bei hohem Druck fertig gesintert. Beim Sintern schmilzt das Cobalt und verbindet die Carbidteilchen zu einem kompakten Formteil. **Sintern** ist ein Glühen von gepressten Metallpulverteilchen, bei dem ein zusammenhängendes Kristallgefüge entsteht. Nach dem Sintern sind die Werkzeugschneiden so hart, dass ihre Bearbeitung nur noch mit Diamant- oder Siliciumkarbidwerkzeugen möglich ist. Hartmetalle werden beispielsweise zu Schneidplatten verarbeitet **(Bild 2)**. Hartmetall ist sehr spröde. Die Schneiden müssen deshalb auf einen elastischen Träger aus Stahl aufgelötet werden. Hartmetallbestückte Werkzeuge lassen wesentlich höhere Schnittgeschwindigkeiten zu als Werkzeuge mit Stahlschneiden. Der Standweg der Hartmetallschneiden beträgt das 10-fache bis 60-fache des Standwegs von Stahlschneiden.

Bild 2: Hobelmesserwelle mit Hartmetall-Schneidplatten

Hartmetalle sind schlag- und stoßempfindlich. Die Schneiden müssen deshalb besonders geschützt werden. Eine Berührung mit Metall, wie z. B. das Auflegen dieser Werkzeuge auf Maschinentische, ist auf jeden Fall zu vermeiden.

2.11.4 Korrosion und Korrosionsschutz

Unter Korrosion versteht man den Angriff und die Zerstörung von Werkstoffen durch chemische oder elektrochemische Vorgänge mit Wirkstoffen, sog. korrosiven Mitteln, wie z. B. Wasser und Luft (Sauerstoff) **(Bild 3)**.

2.11.4.1 Korrosion

Chemische Korrosion: Bei der chemischen Korrosion werden Eisenwerkstoffe von außen her durch Sauerstoff (Oxidation) ohne die Mitwirkung von Wasser chemisch verändert. Gase, Dämpfe und höhere Temperaturen können den Vorgang beschleunigen. Diese Oxidation darf nicht verwechselt werden mit der Oxidation von Nichteisenmetallen, bei denen an der Oberfläche eine dichte und schützende Oxidschicht entsteht.

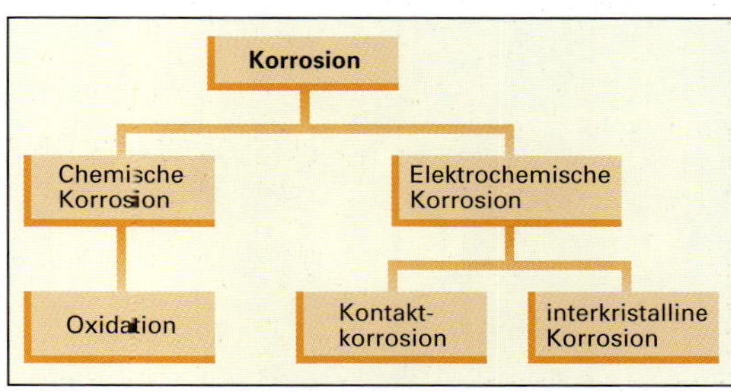

Bild 3: Korrosion von Metallen

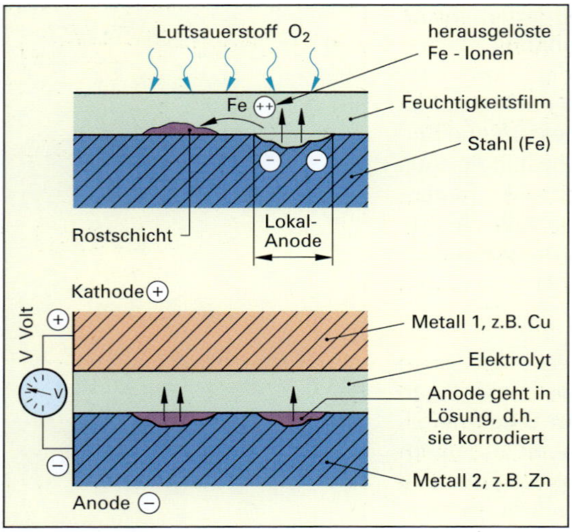

Bild 1: Elektrochemische Korrosion

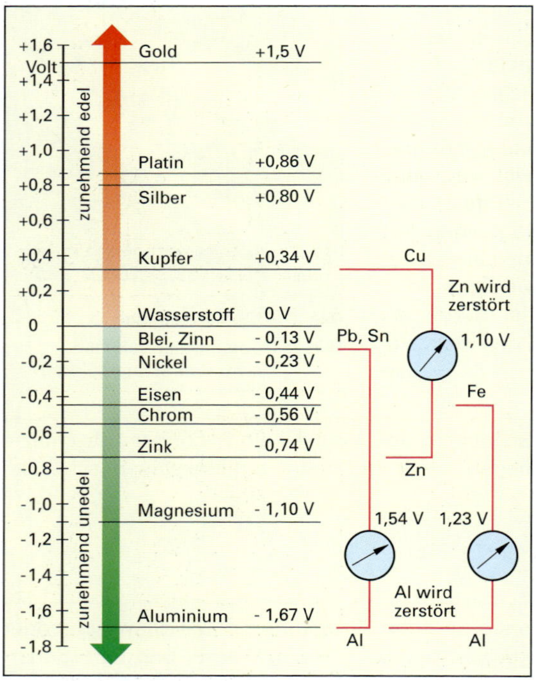

Bild 2: Elektrochemische Spannungsreihe

Bild 3: Korrosion, rostfreier Stahl und verzinkte Scheibe

Elektrochemische Korrosion: Unterschieden wird zwischen der elektrochemischen Sauerstoffkorrosion feuchter Stahloberflächen und der elektrochemischen Korrosion an Korrosionselementen **(Bild 1)**. Die elektrochemische Sauerstoffkorrosion kommt insbesondere bei unlegiertem und niedriglegiertem Stahl vor. Wenn die Stahloberfläche mit einem Feuchtigkeitsfilm überzogen ist, geht bei Einwirkung von Luftsauerstoff das Eisen (Fe) in Lösung. Es entstehen Eisen-Ionen, die mit dem Luftsauerstoff zu Eisenhydroxid $Fe(OH)^3$ reagieren, aus dem dann Eisenoxidhydrat FeO(OH), der sogenannte **Rost,** entsteht.

Bei einem aus Zink und Kupfer bestehenden galvanischen Element ist Kupfer „edler" als Zink, deshalb wird hier Zink zerstört.

Vergleicht man Metalle mit dem elektrisch neutralen Wasserstoff, so zeigt sich, dass zwischen Wasserstoff und den jeweiligen Metallen eine verschieden hohe elektrische Spannung besteht. Diese Spannungsunterschiede lassen sich in der elektrochemischen Spannungsreihe darstellen **(Bild 2)**.

Mithilfe dieser Spannungsreihe lässt sich für jedes galvanische Element die Spannung errechnen. Ein Element, z. B. aus Kupfer und Zink, ergibt 1,10 Volt.

Metalle, die Pluspole bilden, werden als **edle** Metalle, solche, die Minuspole bilden, als **unedle** Metalle bezeichnet. Je größer der Abstand eines Metalls in der Spannungsreihe von Wasserstoff ist, umso edler (+) bzw. unedler (–) ist das Metall. Je weiter die beiden Metalle eines galvanischen Elementes in der Spannungsreihe auseinanderliegen, desto rascher wird das unedlere Metall zerstört **(Bild 3)**.

Man kann daher Metalle vor Korrosion schützen, indem man die Metalle anwendet, die in der Spannungsreihe eng beieinanderliegen. So darf z. B. Kupfer nicht mit verzinkten Stahlschrauben befestigt werden. Daneben besteht die Möglichkeit, die Kontaktstelle zwischen verschiedenen Metallen mit einer nichtleitenden Zwischenschicht, z. B. mit einem Anstrich, zu schützen und die stromleitende Feuchtigkeit von der unmittelbaren Kontaktstelle fernzuhalten.

2.11.4.2 Korrosionsschutz

Schutzmaßnahmen in Form von Überzügen halten Flüssigkeiten und Sauerstoff von der Metalloberfläche ab, sodass eine Korrosion verhindert oder verlangsamt wird.

Einölen und Einfetten: Bei Metallteilen, die blank bleiben müssen, wird säurefreies Mineralöl oder mineralisches Fett (Vaseline) verwendet, z.B. bei gelagerten Leichtmetallen und Stahlteilen, bei Messgeräten und Gleitflächen.

Anstriche: Auf die gereinigten und entfetteten Oberflächen werden Kunstharzanstriche oder verflüssigte Kunststoffpulver (Pulverlacke) in mehreren Schichten aufgetragen.

Eloxieren: Werkstücke aus Aluminium und Aluminiumlegierungen werden in einem Schwefelsäurebad (Pluspol, Anode) und an eine Bleiplatte (Minuspol, Katode) des elektrischen Gleichstromkreises angeschlossen. Der dabei entstehende Sauerstoff ergibt eine harte und widerstandsfähige Oxidschicht, die Eloxalschicht.

Eloxal ist **el**ektrisch **ox**idiertes **Al**uminium. Im Gegensatz zu den durch Galvanisieren hergestellten Überzügen befindet sich die Eloxalschicht hauptsächlich in der Werkstückoberfläche, nicht auf ihr. Dadurch ist sie sehr haltbar. Durch die Art der Legierung oder durch Zusätze im Schwefelsäurebad können verschiedene Färbungen der Eloxalschicht erreicht werden.

Metallische Überzüge: Sie können u.a. durch Tauchen in geschmolzenem Metall, durch Aufspritzen von flüssigem Metall, durch Galvanisieren oder durch Plattieren aufgebracht werden. Beim Tauchverfahren wird das in einem Säurebad gereinigte und entfettete Werkstück in flüssiges Metall, wie Zink und Zinn getaucht. Auf diese Weise wird z.B. **verzinkt** bzw. feuerverzinkt.

Zum **Galvanisieren,** dem sog. Vermetallen, wird ein galvanisches Element hergestellt **(Bild 4, Seite 648)**. Das Werkstück und das Überzugsmaterial werden nach der Spannungsreihe so an die Pole einer Gleichstromquelle angeschlossen, dass das Überzugsmaterial über das Elektrolyt zum Werkstück wandert. Zum Galvanisieren eignen sich besonders Nickel, Chrom, Kadmium, Zink, Silber und Gold.

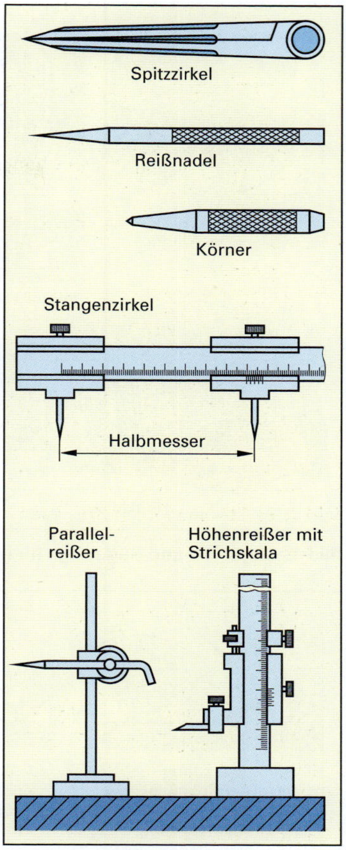

Bild 1: Anreißwerkzeuge

2.11.5 Metallbearbeitung

Zur Metallbearbeitung zählen das Messen und Anreißen, das Sägen, Feilen, Bohren, Senken, Biegen und Abkanten sowie das Gewindeschneiden. Bei der maschinellen Metallbearbeitung gehärteter Stähle muss beachtet werden, dass entstehende Wärme umgehend abgeleitet wird, da sonst das Metall seine Härte wieder verliert.

Messen und Anreißen

Beim Messen und Anreißen werden die Maße der Zeichnung mit verschiedenen Geräten auf das zu bearbeitende Werkstück sichtbar übertragen. Verwendet werden Strichmaßstäbe, Messschieber (Schieblehren), Winkelmessgeräte, Reißnadeln, Zirkel und Körner **(Bild 1)**.

Strichmaßstäbe sind einfache Längenmaßstäbe aus Stahl.

Messschieber bestehen aus einer Metallschiene mit Millimetereinteilung **(Bild 1, Seite 199)**.

Winkelmessgeräte benutzt man zum Anreißen und Prüfen beliebiger Winkel an Werkstücken **(Bild 2)**.

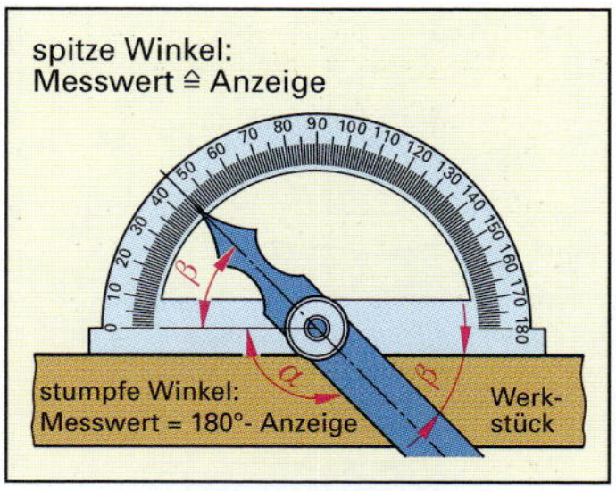

Bild 2: Universalwinkelmesser

Reißnadeln bestehen aus einem Stahlstück in der Form eines Bleistiftes. Ihre Spitze ist gehärtet. Mit Reißnadeln kann man in Metalloberflächen feine Linien einritzen **(Bild 1)**.

Bild 3: Stangenzirkel

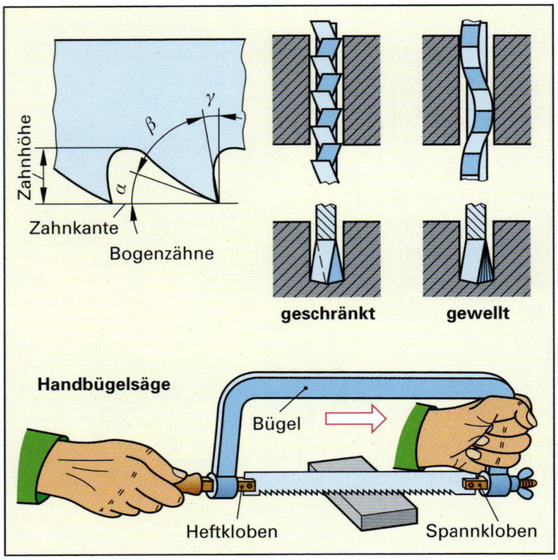

Bild 1: Sägeblatt und Bügelsäge für Metalle

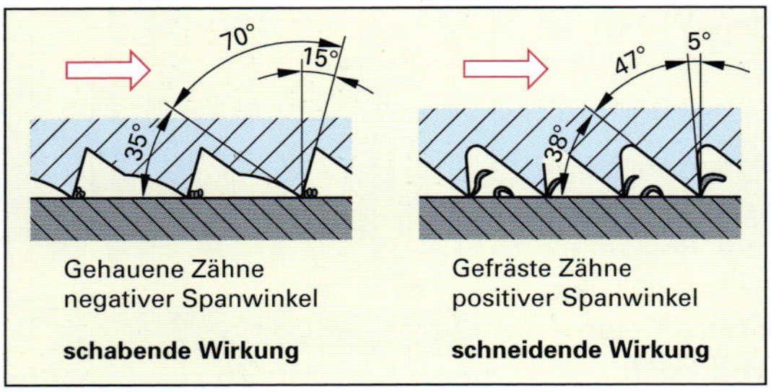

Bild 2: Metallfeilen

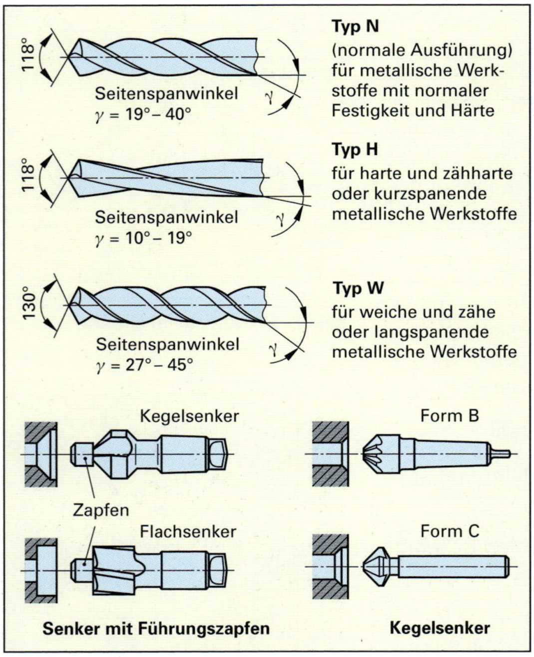

Bild 3: Spiralbohrer und Kegelsenker für Metalle

Zirkel mit zwei verstellbaren Schenkeln aus Stahl und mit gehärteten Spitzen werden zum Anreißen von Kreisen und Rundungen verwendet **(Bild 1, Seite 175)**.

Körner werden zum Ankörnen von Lochmitten benutzt. Durch die Ankörnung wird das Anbohren erleichtert. Die Form des Körnerschaftes ist zylindrisch, die der Körperspitze kegelförmig **(Bild 1, Seite 175)**.

Stangenzirkel dienen zum Anreißen größerer Kreise sowie zum Abgreifen und Übertragen größerer Maße **(Bild 3, Seite 175)**.

Sägen

Die Wirkungsweise der Metallsägen und die der Holzsägen ist nahezu gleich. Damit das Sägeblatt beim Sägen nicht klemmt, sind seine Zähne geschränkt oder das Blatt ist leicht gewellt **(Bild 1)**. Der Keilwinkel der Zähne beträgt etwa 50°. Die Anzahl der Zähne auf je 25 mm Länge des Sägeblattes richtet sich nach dem zu sägenden Metall. Für weiche Metalle wie Aluminium und Kupfer nimmt man Sägeblätter mit großer Zahnteilung, für harte Metalle wie für Stahl und Gusseisen solche mit kleiner Zahnteilung.

Feilen

Metalle lassen sich wie Holz mit Feilen bearbeiten. Die Spanabnahme erfolgt je nach Zahnform schabend oder schneidend **(Bild 2)**. Bei weichen Metallen verwendet man Feilen mit grobem Hieb, bei harten Metallen solche mit feinem Hieb. Feilen werden außerdem durch ihre Querschnittsform unterschieden, z.B. Flachfeilen und Halbrundfeilen **(Seite 215)**.

Bohren und Senken

Der Tischler benutzt zum **Bohren** von Löchern in Metalle vorzugsweise Spiralbohrer aus legiertem Werkzeugstahl, selten Bohrer mit Hartmetallschneiden. Seitenspan- und Spitzenwinkel des Bohrers richten sich nach der Härte des zu bohrenden Metalls. Der Seitenspanwinkel oder Spiralwinkel **(Bild 3)** beträgt bei harten Metallen, wie z.B. bei Stählen, 10° bis 13°, der Spitzenwinkel 130° bis 140°. Zum Bohren weicher Metalle, wie z.B. von Messing, eignen sich Bohrer mit einem Seitenspanwinkel von 34° bis 40° und einem Spitzenwinkel bis 118°.

Vorteile des Spiralbohrers sind seine gute Führung im Werkstück sowie sein gleich bleibender Durchmesser beim Nachschleifen.

Durch **Senken** mit dem Kegelsenker werden Bohrränder entgratet und Einsenkungen für Niete und Schraubenköpfe durchgeführt.

Umformen

Beim Umformen wird das Metall durch eine äußere Krafteinwirkung in eine andere Form gebracht und dadurch bleibend verformt. Von den verschiedenen Umformverfahren für Metalle ist für den Tischler das Biegen, bei Blechen auch als Abkanten bezeichnet, besonders wichtig. Schmale Werkstücke, wie z. B. Stuhlwinkel, werden unter Zuhilfenahme eines Hammers im Schraubstock oder über die Kante einer Metallplatte gebogen. Größere Bleche biegt man mit besonderen Einspannvorrichtungen im Schraubstock. Je größer der Biegeradius des Werkstückes ist, desto mehr federt es beim Biegen wieder zurück. Hartes Metall, wie z. B. Stahl, federt mehr zurück als weiches Metall, wie z. B. Kupfer. Man muss deshalb das Werkstück überbiegen, um die gewünschte Biegung zu erhalten **(Bild 1)**.

Weiche Metalle, wie z. B. Aluminium und Kupfer, sind bei geringem Kraftaufwand und geringer Bruchgefahr sehr gut kaltumformbar, harte Werkstoffe, wie z. B. hochlegierte Stähle, schlecht oder überhaupt nicht (Bruchgefahr).

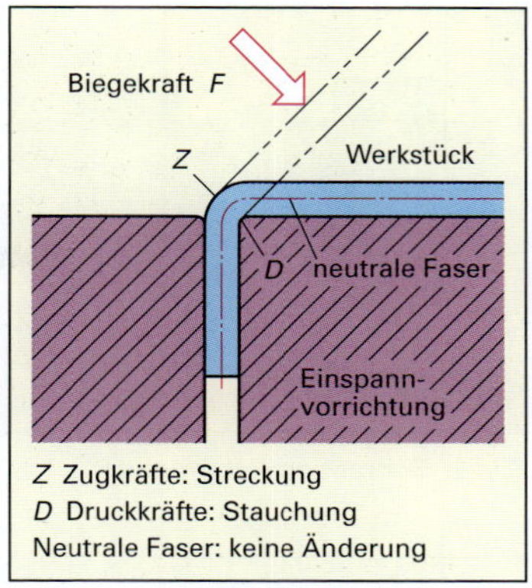

Bild 1: Umformen (Biegen)

Gewindeschneiden

Man unterscheidet Außen- und Innengewinde. Außengewinde haben z. B. Schraubenbolzen, Innengewinde z. B. Muttern.

Außengewinde werden mit dem Schneideisen geschnitten. Der Bolzendurchmesser muss hierbei um $^{2}/_{10}$ mm bis $^{3}/_{10}$ mm kleiner als der Durchmesser des Gewindes sein. Durch den etwas kleineren Durchmesser des Bolzens wird das Gewinde sauber geschnitten und das Schneidwerkzeug geschont.

Innengewinde schneidet man bei dünnen Werkstücken mit einem Gewindebohrer, bei dickeren Werkstücken mit einem Gewindebohrersatz **(Bild 2)**.

Der Gewindebohrersatz besteht aus Vor-, Mittel- und Fertigschneider. Die Bohrung muss in beiden Fällen größer sein als der Kern- oder Innendurchmesser des Gewindes, sonst frisst sich der Gewindebohrer fest und bricht ab. Der Gewindebohrer wird mit einem Windeisen eingedreht **(Bild 3)**.

Es gibt verschiedene Gewinde. Der Tischler schneidet meist das metrische ISO-Gewinde. Dieses Gewinde wird nach einem Norm-**S**ystem gefertigt, das von einer **i**nternationalen **O**rganisation für Normung aufgestellt wurde. Der Begriff **m**etrisch weist auf das Maßsystem mit dezimaler Teilung hin, das auf dem Meter aufgebaut ist.

- Bei der spanenden Metallbearbeitung müssen die Werkzeuge auf das zu bearbeitende Metall abgestimmt sein.
- Bei direktem Kontakt dürfen Metalle nicht in Kombination angewendet werden, wie z. B. Stahl und Messing.

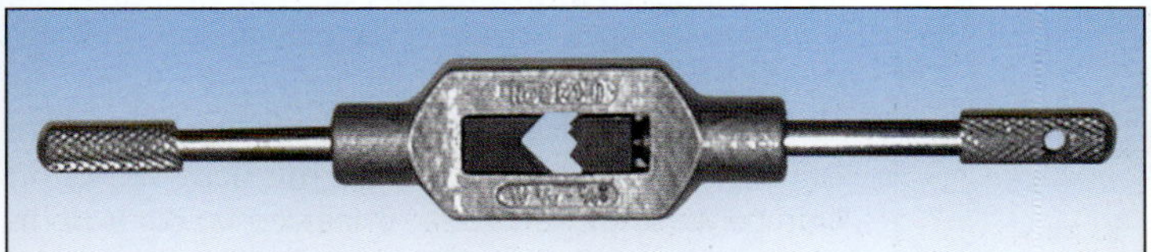

Bild 3: Verstellbares Windeisen

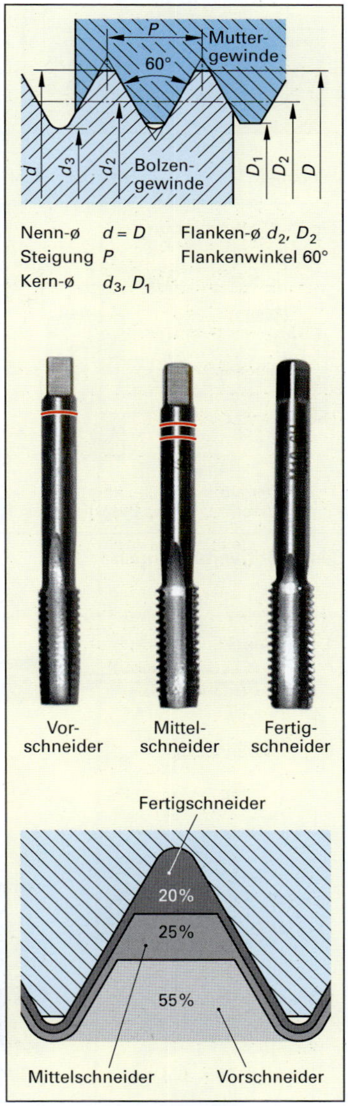

Bild 2: Gewindeschneiden

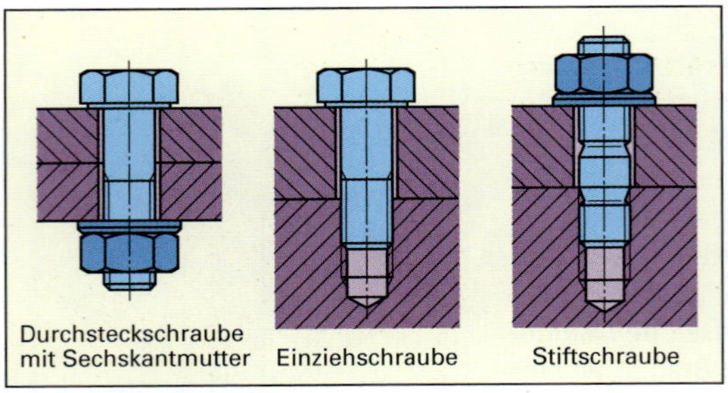

Bild 1: Schraubenverbindungen

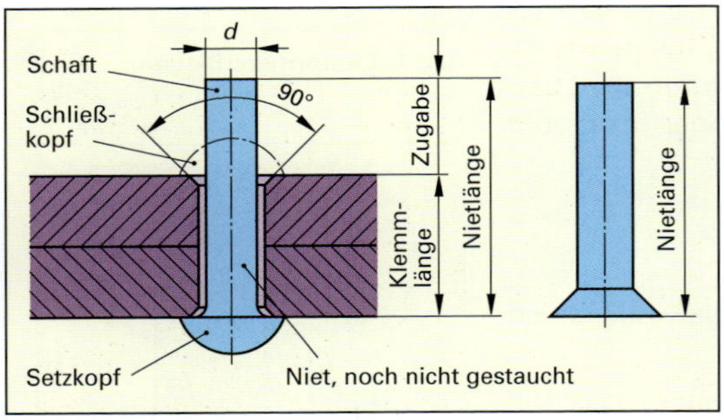

Bild 2: Nietverbindung

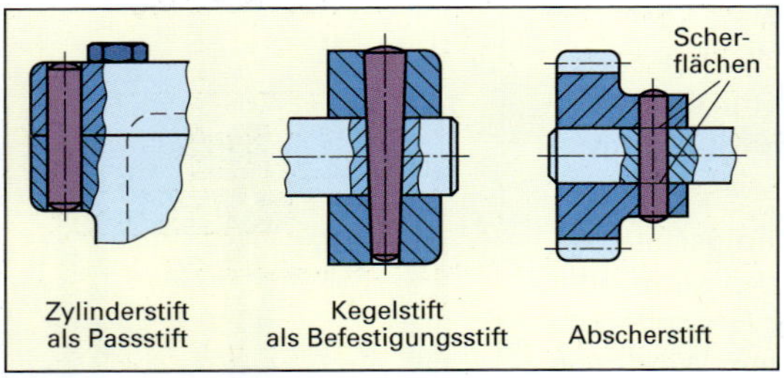

Bild 3: Stiftverbindungen

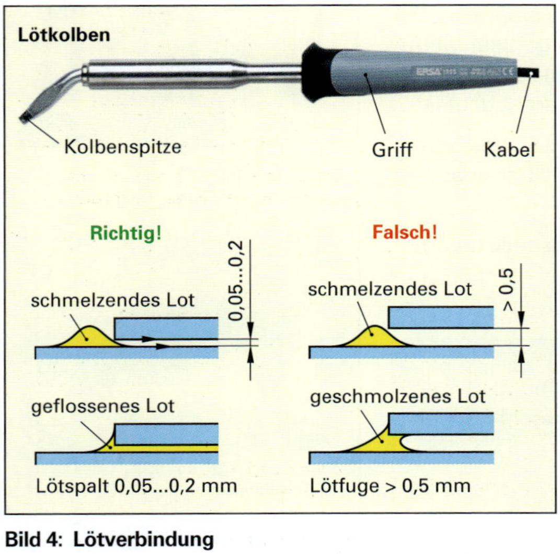

Bild 4: Lötverbindung

2.11.6 Verbinden von Metallen

Das Verbinden von Metallen nennt man auch Fügen. Man unterscheidet das Schrauben, Nieten, Stiften, Löten, Schweißen und Kleben.

Schrauben

Schrauben ist eine lösbare Verbindungsart. Schraubenverbindungen können mit Durchsteck-, Einzieh- und Stiftschrauben ausgeführt werden. Bei der Durchsteckverschraubung werden die zu verbindenden Teile durch Schraube und Mutter zusammengehalten. Die Muttern unterscheiden sich nach ihrem Verwendungszweck in der Form, z. B. Sechskant-, Hut- und Flügelmutter (**Seite 226**).

Bei der Einziehverschraubung weist ein Werkstück ein Innengewinde auf. Die Stiftverschraubung ist eine Sonderform der Einziehverschraubung; eine Mutter ersetzt hier den Schraubenkopf **(Bild 1)**.

Nieten

Unter Nieten versteht man das unlösbare Verbinden von Metallteilen durch Stauchen eines Nietes **(Bild 2)**. Der in die übereinander liegenden Bohrungen eingesteckte Niet wird mit dem Nietenzieher angezogen und mit dem Hammer vorgestaucht. Danach wird auf das vorgestauchte Nietende ein Metallbolzen, ein Döpper, aufgesetzt. Er hat am aufgesetzten Ende die negative Form des gewünschten Nietkopfes. Schlägt man mit einem Hammer auf den Döpper, entsteht der zweite Nietkopf, der sog. Schließkopf.

Stiften

Durch Stiften werden Metallteile mittels eingesteckter oder eingepresster zylindrischer Stahlstifte zusammengehalten. Stiftverbindungen sind lösbar. Man kann mit ihnen die zu verbindenden Teile in ihrer Lage zueinander festlegen **(Bild 3)**.

Löten

Löten ist ein stoffschlüssiges Verbinden von metallischen Werkstoffen mithilfe eines geschmolzenen Zusatzmetalls, dem sog. Lot **(Bild 4)**. Das Lot hat einen niedrigeren Schmelzpunkt als die zu verlötenden Metallteile. Die auf den Oberflächen der Werkstücke befindliche Oxidschicht wird mit einem Flussmittel, dem Lötwasser, entfernt. Das bei entsprechender Erwärmung flüssige Lot wird über die Kapillarwirkung in den Lötspalt hineingezogen. Von dort aus dringt es in die äußerste Schicht der zu verlötenden Teile ein und löst diese teilweise an. Auf diese Weise bildet das Lot mit dem Werkstoff eine Legierung. Nach dem Erstarren ist die Verbindung fest und dicht sowie leitfähig für Wärme und Strom.

Schweißen

Unter Schweißen versteht man das Verbinden zweier Metalle durch Wärme. Die zu verbindenden Stellen werden durch Wärmezufuhr flüssig und plastisch gemacht. Die Verbindung ist nicht lösbar. Für den Tischler ist hauptsächlich die Unterscheidung in Gas- und Autogen-Schweißen sowie das Lichtbogenschweißen wichtig. Beim **Gasschweißen** wird der Werkstoff mit einer Gas-Sauerstoff-Flamme bei Temperaturen um 3200 °C zum Schmelzen gebracht und mit dem Schweißstab (auch Schweißdraht genannt) zusammengeschweißt **(Bild 1)**. Als Gas wird hauptsächlich Acetylen verwendet.

Beim **Lichtbogenschweißen,** auch Elektroschweißen genannt, wird mithilfe eines elektrischen Lichtbogens der Werkstoff an der Schweißstelle zum Schmelzen gebracht, gleichzeitig schmilzt die Elektrode als Zusatzwerkstoff ab und bildet eine Schweißraupe. Die Temperaturen am Werkstück liegen bei 4200 °C **(Bild 1)**. Zur Erzeugung des Lichtbogens wird ein Pol der Stromquelle mit einer Polklemme an das Werkstück, der andere Pol an die Stabelektrode geklemmt.

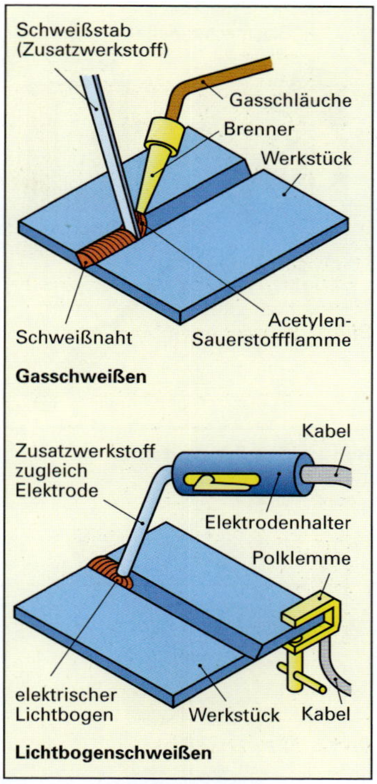

Bild 1: Schweißverbindungen

Kleben

Durch Kleben mit Kunstharzklebstoffen lassen sich Metallteile unlösbar miteinander verbinden **(Bild 2)**. Daneben dient Kleben zum Sichern von Schrauben und Dichten von Fügeflächen. Man verwendet hauptsächlich Reaktionsklebstoffe auf der Basis von Epoxid- und Polyurethanharz, aber auch von Phenol- und Acrylatharz. Unterschieden werden Warmkleber und Kaltkleber sowie Ein- und Zweikomponentenkleber. Warmkleber härten bei einer Erwärmung auf 120 °C bis 180 °C in wenigen Minuten bis in zwei Stunden aus. Kaltkleber härten bei Raumtemperaturen teilweise in wenigen Sekunden oder erst in 80 Stunden aus. Einkomponentenkleber sind fertig gemischte Kleber, Zweikomponentenkleber bestehen aus zwei flüssigen oder pastenförmigen Bestandteilen, die im vorgeschriebenen Verhältnis miteinander vermischt werden müssen. Nicht jeder Klebstoff eignet sich für jedes Metall und für jeden Einsatzbereich.

Für das Herstellen einer Klebeverbindung bei Metall gelten bestimmte Arbeitsregeln.

Arbeitsregeln

- Die Fügeflächen müssen ausreichend groß, sauber, leicht angeraut und fettfrei sein.
- Die geklebten Fügeflächen sollen möglichst nur auf Abscheren beansprucht werden, Schäl-, Biege- und Zugbeanspruchung führen zum Aufreißen der Klebeschicht.
- Zum Kleben vorbereitete Oberflächen dürfen nicht mit bloßen Händen berührt werden.
- Die Fügeflächen sollen unmittelbar nach der Vorbehandlung miteinander verklebt werden.
- Während der Aushärtung müssen die zu verklebenden Teile gegen Verrutschen gesichert werden, zum Teil ist ein Pressdruck erforderlich.
- Flüssige Klebstoffe können ätzend wirken und gesundheitsschädliche Dämpfe abgeben.

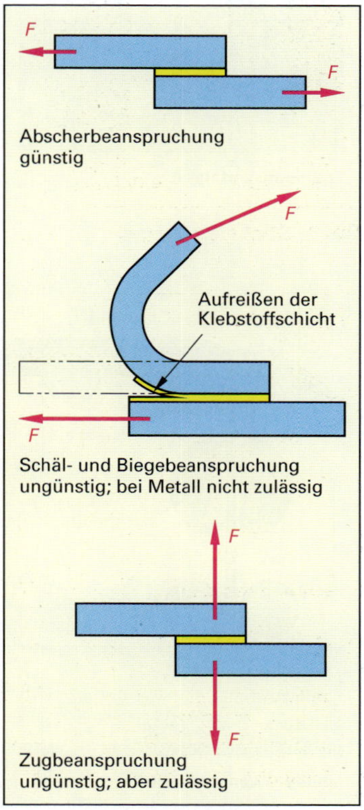

Bild 2: Klebeverbindungen

Bild 1: Mundblasverfahren

2.12 Glas und Glasverarbeitung

Glas ist ein geschmolzenes Gemenge aus mehreren Rohstoffen. So kann z.B. Fensterglas aus 60 % Quarzsand, 14 % Dolomit, 5 % Kalkstein, 1 % Sulfat, 18 % Natriumkarbonat und Farbmitteln zusammengesetzt sein. Die Zusammensetzung des Glases bestimmt dessen Lichtdurchlässigkeit.

2.12.1 Glasherstellung

Die Rohstoffe werden fein gemahlen, miteinander vermischt und im Schmelzofen bei rund 1600 °C geschmolzen. Nach Abkühlung auf etwa 1000 °C ist die Glasschmelze so dickflüssig, dass sie sich formen lässt. Nach den verschiedenen Formverfahren spricht man von Blas-, Zieh-, Float- oder Schwimmglas, Guss-, Press- und Schaumglas sowie von Glasfasern. Die Gläser lassen sich durch gesonderte Verfahren wie Schleifen weiterverarbeiten.

Blasverfahren

Beim Blasverfahren unterscheidet man das Mundblasverfahren und das maschinelle Blasverfahren. Zum Mundblasen wird die Glasmacherpfeife verwendet. Mit ihr lassen sich an den Enden geschlossene zylinderförmige Gläser blasen, bei Zuhilfenahme einer Blasform auch schwierigere Formen wie Flaschen und Trinkgläser. Wenn die Endkappen des Zylinders abgeschnitten werden, entsteht eine Glaswalze. Sie lässt sich in Längsrichtung aufschneiden und zu einer flachen Glasscheibe strecken. Die beiden Endkappen werden als Butzenscheiben verwendet. Nach diesem Verfahren wurde jahrhundertelang Flachglas hergestellt.

Das Arbeitsprinzip des maschinellen Blasverfahrens gleicht dem des Mundblasverfahrens mit Formen **(Bild 1).**

Ziehverfahren

Beim Ziehverfahren wird mit Maschinen in ununterbrochenem Betrieb ein breites Glasband in der gewünschten Dicke aus der Schmelze gezogen, das nach dem Erstarren in Tafeln zerlegt wird.

Das Fourcault-Verfahren wird seit 1914 eingesetzt, es ist zur Herstellung dünner Gläser ab 0,5 mm Dicke geeignet.

Das Libby-Owens-Verfahren wird seit 1917 eingesetzt und ist besonders für die Herstellung dicker Gläser bis 30 mm Dicke geeignet **(Bild 2).**

Die Glastafeln sind glatt und in sich gleichmäßig dick. Senkrecht zur Ziehrichtung enthalten sie jedoch kleine Längswellen, die bei der Weiterverarbeitung zu Spiegelglas abgeschliffen werden müssen.

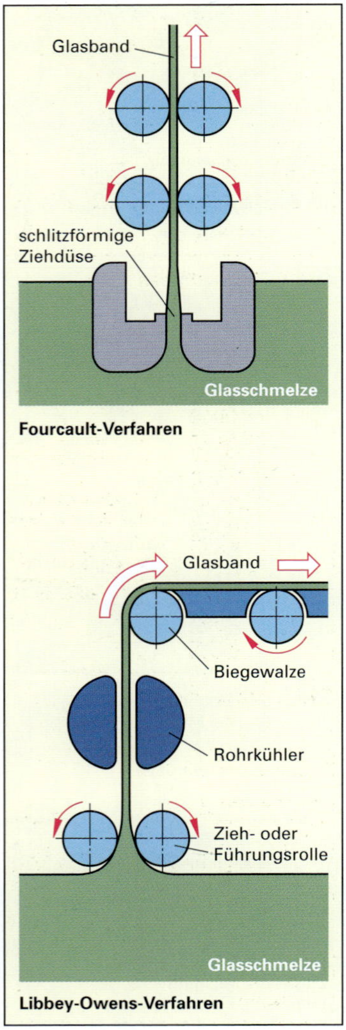

Bild 2: Ziehverfahren

Float- oder Schwimmverfahren

Beim Float- oder Schwimmverfahren, das in den Jahren 1950 bis 1960 entwickelt wurde, läuft die Glasschmelze aus einer Schmelzwanne auf ein Zinnbad. Über dem Zinnbad befindet sich ein Schutzgas aus einem Stickstoff-Wasserstoff-Gemisch, das zum Schutz des flüssigen Zinns vor Oxidation bei Einwirkung des Luftsauerstoffs dient. Die Dichte des Zinns ist mit 7,3 g/cm³ größer als die der Glasschmelze mit etwa 2,5 g/cm³. Die Glasschmelze schwimmt deshalb auf dem Zinnbad zu einem auf beiden Seiten völlig ebenen 1,5 mm bis 12 mm gleich dicken planparallelen Glasband aus. Das feste Glas braucht daher nicht mehr geschliffen und poliert zu werden.

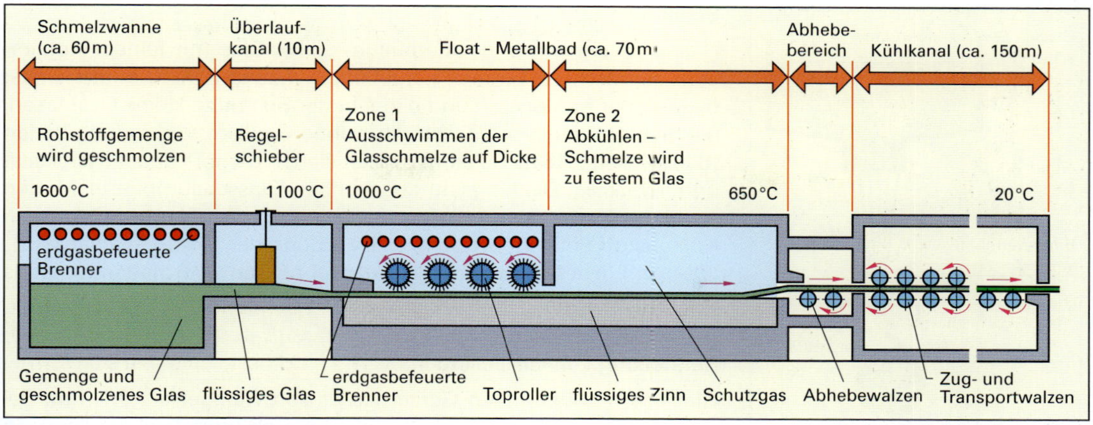

Bild 1: Float- oder Schwimmverfahren

Das meiste Fenster- und Spiegelglas wird in Westeuropa nach diesem Verfahren hergestellt.

Die Dicke des Glasbandes wird über die Fließ- oder Transportgeschwindigkeit der Schmelze reguliert, vor allem aber über sogenannte Toproller. Die einem feingezahnten dicken Kreissägeblatt ähnlichen Toproller an beiden Seiten der Floatwanne greifen auf das plastische Glasband und transportieren dieses in Richtung des Kühlkanals. Dabei wird je nach Einstellwinkel der Toproller zum ausschwimmenden Glasband die schwimmende plastische Glasschmelze auf der ganzen Bandbreite von etwa 3,20 m entweder „zusammengedrückt" (das Glas wird dicker) oder „auseinander gezogen" (das Glas wird dünner). Nach dem Ausschwimmen der Glasschmelze auf Glasdicke wird das entstandene Endlos-Glasband auf etwa 650 °C abgekühlt, vom Zinnbad abgehoben und dem Kühlkanal zugeleitet. Nach dem spannungsfreien Kühlen auf Raumtemperatur wird das Glasband an automatisch arbeitenden Stationen, zum Teil mit Laserstrahlen, auf Fehler überprüft und danach in Scheiben geschnitten. Die Scheiben werden gestapelt und zum Versand bereitgestellt **(Bild 1)**.

Gieß- und Walzverfahren

Beim Gießverfahren wird die Schmelze auf einen Gießtisch gegossen und mit einer über dem Tisch im Abstand der gewünschten Glasdicke befindlichen Walze auf Dicke gewalzt **(Bild 2)**.

Mit dem Walzverfahren werden dickes Flachglas und Ornamentglas gefertigt. Zwischen einem sich drehenden, wassergekühlten Walzenpaar, das bei der Ornamentglasherstellung Prägungen enthält, wird die Glasschmelze zu einem endlosen Glasband ausgewalzt. Bei diesem Verfahren lassen sich auch Drahtgewebe in die Schmelze einwalzen und aufgebogene Gläser, wie z. B. U-Gläser, anfertigen **(Bild 3)**.

Pressverfahren

Das Pressverfahren dient zur Erzeugung dickwandiger Massenartikel wie Glasbausteine, Glasdachziegel und Glasfliesen. Bei diesem Verfahren wird die mengenmäßig abgemessene Glasschmelze in eine Metallform gebracht und durch einen Stempel mit Gegenform gepresst.

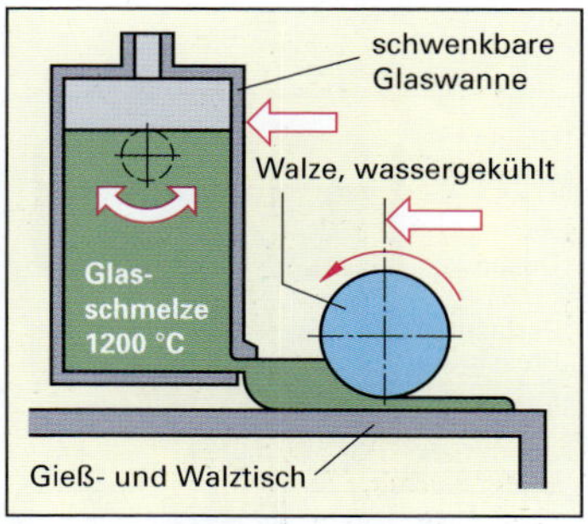

Bild 2: Gießverfahren

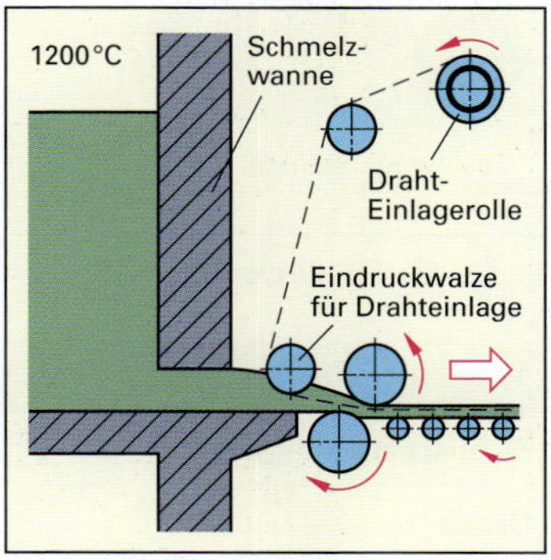

Bild 3: Walzverfahren

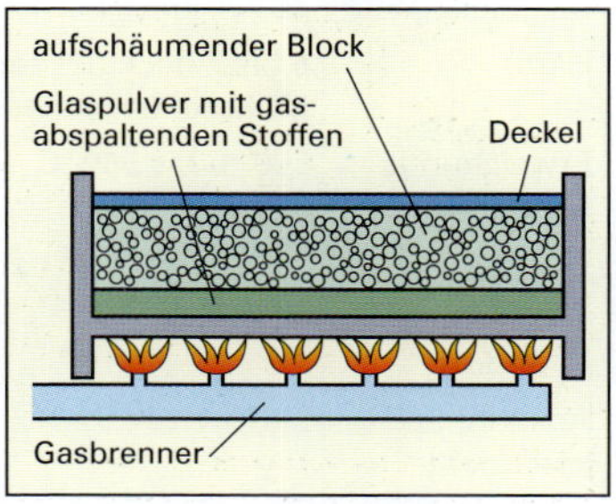

Bild 4: Schaumglasherstellung

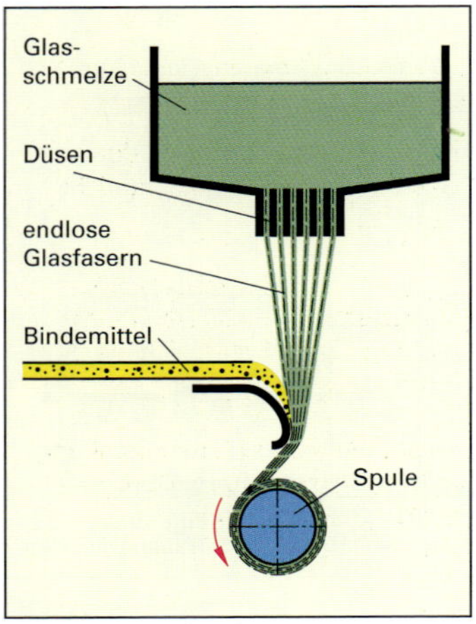

Bild 1: Düsen-Ziehverfahren

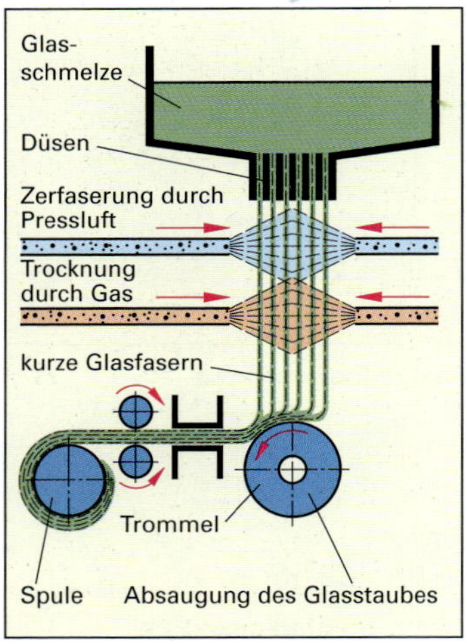

Bild 2: Düsen-Blasverfahren

Schäumverfahren

Hier wird pulverisiertes Aluminium-Silikat-Glas mit feinem Kohlenstoff vermischt, in Formen gefüllt und auf etwa 1000 °C erhitzt. Dabei oxidiert der Kohlenstoff und bildet in der Schmelze kleine Gasblasen, die eine geschlossene Zellstruktur ohne kapillare Verbindung bilden **(Bild 4, Seite 181)**. Schaumglas ist daher dampf- und flüssigkeitsundurchlässig. Die langsam abgekühlten Glasschaumblöcke werden zu Platten oder Formteilen aufgeschnitten. Durch überschüssigen Kohlenstoff entsteht die schwarze Färbung des form-, feuchtigkeits-, pilz- und insektenbeständigen unbrennbaren Wärmedämmstoffes **(Bild 4, Seite 181)**.

Herstellung von Glasfasern

Glasfasern haben einen Durchmesser von weniger als 0,1 mm. Bei ihrer Herstellung wird flüssige Glasschmelze durch feine Platindüsen gezogen, dann zusammengefasst und aufgespult oder die Glasschmelze wird mittels Dampfdruck oder Druckluft zerfasert **(Bild 1 und Bild 2)**.

Die unbrennbaren Glasfasern werden zu Glasfasererzeugnissen wie Gewebe, Matten, Glaswolle und Vliesen verarbeitet. Diese dienen dann z. B. als Schall- und Wärmedämmstoff, zur Verstärkung von Kunstharzschichten und Gipskartonplatten.

2.12.2 Glasarten

Bei der Verarbeitung der Glasschmelze entstehen die verschiedenen Glasarten, die auch als Glasgrunderzeugnisse bezeichnet werden, wie z. B. Fensterglas, Gussglas oder Drahtglas.

Diese Gläser werden dann zu Glaserzeugnissen bzw. Funktionsgläser, wie z. B. Sicherheitsglas, Brandschutzglas, Sonnenschutzglas, Schallschutzglas und Spiegel weiterverarbeitet.

Fensterglas ist ein planes, gleichmäßig dickes, durchsichtiges, ungefärbtes oder gefärbtes Alkali-Kalk-Glas, beide Oberflächen sind feuerblank (d. h., nicht poliert), DIN 1249 **(Tabelle 1 und Tabelle 1, Seite 183)**.

Tabelle 1: Eigenschaften und technische Daten von Fensterglas

Eigenschaften	Daten	Eigenschaften	Daten
Dichte	2,5 g/cm³	Absorption	1,6% bis 2,5%
Druckfestigkeit	700 N/mm² bis 930 N/mm²	Oberflächenreflexion	5% bis 8%
Zugfestigkeit	30 N/mm² bis 90 N/mm²	Wärmeleitfähigkeit	0,80 W/(mK)
Biegefestigkeit	45 N/mm²	Wärmedurchgangskoeffizient (für 2 mm bis 4 mm dicke Glasscheiben)	5,9 W/(m²K)
Härte	6 bis 7 nach der zehnteiligen Mohsschen Härteskala		
Erweichungstemperatur	560 °C bis 580 °C	Widerstandsfähigkeit gegen Säuren und Laugen	Gegen Säuren und Laugen weitgehend beständig. Fluorwasserstoffsäure und Fluorverbindungen greifen Glas stark an.
Lichtdurchlässigkeit	72% bis 88% je nach Glasdicke		
E-Modul	$7{,}3 \cdot 10^4$ N/mm²	Widerstandsfähigkeit gegen Wasser	Die eingesetzte Scheibe ist gegen Wasser unempfindlich. Dringt jedoch bei gelagertem Glas Wasser zwischen zwei Scheiben, werden alkalische Bestandteile des Glases gelöst; das Glas wird blind.
Ausdehnungskoeffizient	$9 \cdot 10^{-6}$ K^{-1}		

Tabelle 1: Mängel und Fehler bei Fensterglas und Spiegelglas			
Mängel und Fehler	Beschreibung	Mängel und Fehler	Beschreibung
Schliere oder Glasinhomogenität	entsteht durch ungleichmäßige Glaszusammensetzung; die Brechungszahlen unterscheiden sich	Blase	bildet sich im Glasinnern durch Gaseinschluss; Durchsicht nicht verzerrungsfrei
Entglasung	entsteht meist durch zu langsames Abkühlen der Schmelze und zeigt sich als Glastrübung	Knoten	entsteht bei Entmischung einzelner Glasbestandteile bei Raumtemperatur und zeigt sich als Eintrübung
Stein	undurchsichtiger Einschluss im Glas	Ziehstreifen	entstehen bei der Glasherstellung mittels Ziehverfahren; Durchsicht nicht verzerrungsfrei
Bläue	Verfärbung durch Alkaliablagerungen auf der Oberfläche		

Antikglas wird meist durch Blasen, seltener durch Gießen und Walzen hergestellt. Es enthält die besonderen Merkmale der in der Antike erzeugten Gläser wie Blasen, Schlieren und Unebenheiten.

Drahtglas ist weißes oder farbiges Gussglas mit Drahtnetzeinlage. Bei der Drahtnetzeinlage kann es sich um ein Geflecht, ein Gewebe oder um ein punktgeschweißtes Drahtnetz handeln. Die Festigkeit des Glases wird durch die Drahtnetzeinlage nicht erhöht. Bei Scheibenbruch jedoch bleibt die Scheibe durch die Einlage weitgehend erhalten. Die Scheibe ist somit splitterbindend.

Drahtornamentglas ist ein Gussglas mit Drahtnetzeinlage und weist eine ein- oder beidseitig geprägte Oberfläche auf. Es ist weiß oder farbig, lichtdurchlässig und klar aber nicht verzerrungsfrei durchsichtig **(Bild 1)**.

Drahtspiegelglas erhält nach dem Guss durch Schleifen und Polieren ebene Oberflächen, sodass die Durchsicht verzerrungsfrei ist.

Gussglas weist je nach Walzenoberfläche glatte, ein- oder beidseitig gemusterte Oberflächen auf. Gussglas wird klar oder farbig sowie mit oder ohne Drahtnetzeinlage geliefert.

Kathedralglas ist eine Sonderart des Ornamentglases. Seine Oberfläche ist unregelmäßig klein- oder großgehämmert. Sie ähnelt dem früher in Kirchen und Kathedralen verwendeten mundgeblasenen Fensterglas. Mit Kathedralglas werden z.B. Zimmer- und Möbeltüren verglast **(Bild 2)**.

Opakglas ist in der Masse durchgefärbtes, undurchsichtiges Glas. Die eine Oberfläche kann geschliffen, die andere zum Aufbringen von Mörteln oder Klebern gerippt sein. Opakglas verwendet man insbesondere für Tischplatten, kleinere Zwischenböden und für Wandverkleidungen.

Ornamentglas ist Gussglas mit ein- oder beidseitig gemusterten Oberflächen. Dieses Glas wirkt durch seine Oberflächenstruktur besonders dekorativ **(Bild 3)**.

Spiegelglas bzw. Kristallspiegelglas ist planes, durchsichtiges Glas, hergestellt im Floatverfahren oder durch Schleifen und Polieren beider Oberflächen. Die Durchsicht ist verzerrungsfrei.

Die Bezeichnung „Kristallspiegelglas" soll den Begriff Spiegelglas lediglich aufwerten.

Bild 1: Drahtornamentglas

Bild 2: Kathedralglas

Bild 3: Ornamentglas

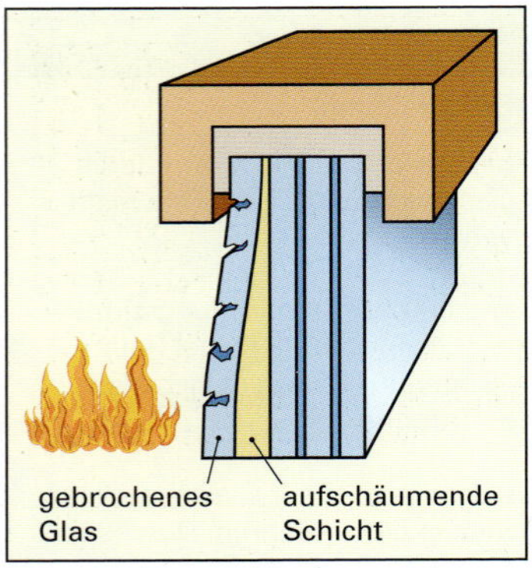

Bild 1: EI-Glas mit Brandschutzzwischenschichten

Bild 2: ESG hält sehr hohe Spannungen aus

Bild 3: ESG-Bruch, kleine Glasstücke, Spannungsentladung

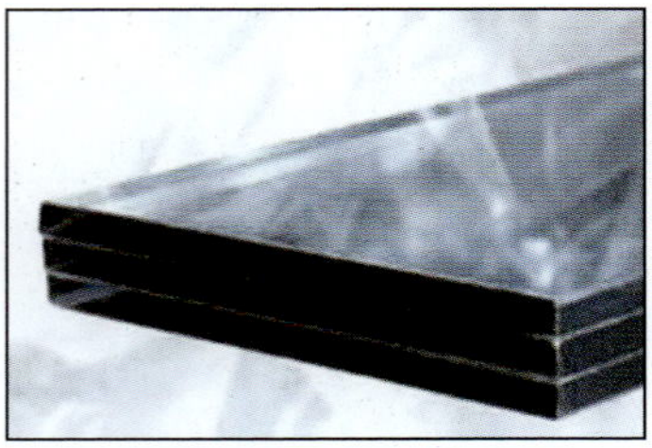

Bild 4: VSG, Scheiben mit Folie

Bild 5: VSG, splitterbindend

2.12.3 Funktionsgläser, Herstellung und Verarbeitung

Entspiegeltes Glas ist ein einseitig oder beidseitig beschichtetes Glas, das eine besonders niedrige Lichtreflexion aufweist und daher maximale Transparenz und Durchsicht bietet. Entspiegeltes Glas wird für Schaufenster, Vitrinen und Bilder verwendet.

Brandschutzglas wird unterschiedlich klassifiziert. Die alte Norm DIN 4102 wurde mittlerweile teilweise durch die EN 13501 ersetzt. Dort werden Brandschutzgläser mit der Klasse E (früher G) bezeichnet, welche nur den Durchgang von Feuer und Brandgas verhindern. Diese Gläser sind zum großen Teil hitzebeständige dünnere ESG-Gläser. Gläser, welche zusätzlich den Durchtritt von Wärmestrahlung stark hindern, werden als EI (früher F) klassifiziert. Dabei darf die Oberflächentemperatur nicht höher als auf 140 °C ansteigen. Es handelt sich um vorgespanntes Glas mit Gelfüllung oder mehrscheibiges Verbundglas mit Brandschutzzwischenschichten **(Bild 1)**. Bei der neuen Klasse EW darf der Strahlungsdurchgang nicht mehr als 15 KW/m² betragen. Eine Prüfdauer bzw. Feuerwiderstand von 30, 60, 90 oder 120 Minuten spiegelt sich wider in der Klassifizierung, z. B. EI30, EI60, EI90 usw.

Bei der Herstellung von **Einscheibensicherheitsglas (ESG)** wird zuerst eine normale Floatscheibe auf Maß geschnitten, anschließend durch Wärme behandelt und durch schnelle Abkühlung wird ein Spannungszustand im Glas eingefroren. Bei Beanspruchung wird aus der äußeren Druckzone eine Zugzone und aus der inneren Zugzone eine Druckzone. Die Spannungen heben sich bei Belastung auf. Dadurch kann diese Scheibe erhebliche Spannungen (120 N/m² Biegezugfestigkeit) aushalten **(Bild 2)**. Man erhält eine höhere Stoß- und Schlagfestigkeit und eine 5-fach erhöhte Temperaturdifferenz-Beständigkeit. Empfindlich sind die Kanten. Diese sollten geschützt oder geschliffen sein. Beim Zerbrechen von ESG wird der Spannungszustand schlagartig aufgelöst, was zur totalen Zerstörung der Scheibe in kleinste Teile führt **(Bild 3)**. Das Glas wird z. B. für Ganzglastüren eingesetzt.

Verbundsicherheitsglas (VSG) entsteht, wenn zwei oder mehrere Glasscheiben mittels hochreißfester, elastischer Polyvinyl-Folien (PVB-Folien) miteinander fest verbunden werden **(Bild 4)**. Verbund-Sicherheitsglas ist ein splitterbindendes Glas. Das bedeutet, dass beim Bruch einer VSG-Scheibe die Bruchstücke an der Folie haften. Dies bedeutet eine erhebliche Minderung der Verletzungsgefahr. Die zähelastische Folie erschwert zusätzlich das Durchdringen des Gesamt-Glaselementes, sodass auch die aktive Sicherheit deutlich erhöht wird. Kombinationen von mehreren Scheiben und verschieden dicken PVC-Folien geben der Einheit je nach Aufbau zusätzlich eine verbesserte Beschuss- und Einbruchhemmung. Üblicherweise werden Floatscheiben für die VSG-Herstellung verwendet. Dadurch ist die Scheibe gegen Bruch bei weitem nicht so widerstandsfähig, wie eine ESG-Scheibe. VSG findet Anwendung, wo Splitterbindung mit raumabschließender Wirkung gefordert wird, wie bei der inneren Scheibe von Dachverglasungen und bei Brüstungsscheiben, wo Absturzgefahr besteht. VSG findet Anwendung beim Einbruchschutz. Man unterscheidet nach EN 356 durchwurfhemmende Verglasungen mit den Klassen P1A bis P5A und durchbruchhemmende Verglasungen mit den Klassen P6B bis P8B. Durchschusshemmende Gläser entsprechend EN 1063 werden gemäß Klassifizierung BR1–BR7 mittels speziellen kalibrigen Geschossen geprüft. Anhand der TRAV (Technische Regeln für absturzsichere Verglasungen) wird die Dicke und Art der VSG-Scheiben insbesondere für Brüstungsverglasungen festgelegt.

Mehrscheiben-Isolierglas besteht aus zwei oder mehreren Glasscheiben, welche durch einen oder mehrere getrocknete und hermetisch abgeschlossene Scheibenzwischenräume (SZRs) voneinander getrennt sind. Der Isolierglas-Randverbund besteht grundsätzlich aus einer zweistufigen Dichtung:

a) Eine auf die Seitenflächen jedes Abstandhalters rundum aufextrudierte Butylschnur als Primärdichtung. Sie dient als Wasserdampf- und Gasdiffusionssperre und hat damit die Aufgabe, die Einheit vor dem Eindringen von Luftfeuchtigkeit und dem Entweichen von Gas zu schützen.
b) Ein Sekundär-Dichtstoffauftrag (z.B. Polysulfid, PU, Silikon) entsprechend der Systembeschreibung.

Diese Sekundärdichtung hat zwei Aufgaben zu erfüllen:

1. Das dauerhafte Verbinden der Scheiben, indem der Dichtstoff eine chemische Bindung mit den Glasoberflächen am Scheibenrand eingeht.
2. Luft- bzw. gasdichtes Verschließen der Einheit, d.h., der Dichtstoff hat zugleich die Aufgabe, den SZR hermetisch abzudichten. Dieser dauerelastische Verbund nimmt die Beanspruchungen aus Pump-, Sog-, Druck-, Scher- und Temperaturbewegungen auf. Durch die Füllung des Hohlraumes der perforierten Abstandhalterprofile mit Trockenmittel wird das Gas im SZR getrocknet. Das Trockenmittel hat weiterhin die Aufgabe, den während der Lebensdauer der Isolierglas-Einheit im Randbereich eindiffundierenden Wasserdampf zu absorbieren **(Bild 1)**. Der SZR wird je nach Produkt mit Umgebungsluft oder Gasen, z.B. Argon, Krypton oder Xenon befüllt und kann Einbauten, z.B. Sprossen, enthalten.

Der Wärmefluss durch Isolierglas wird bestimmt durch Wärmestrahlung, Wärmeleitung des Gases im SZR und Konvektion (Bewegung) des Gases im SZR **(Bild 2)**.

2-fach-Wärmeschutzglas ist ein Isolierglas, bei dem die Innenseite der dem Raum zugewandten Scheibe mit einer Edelmetallschicht bedampft ist. Diese Beschichtung, die sog. Wärmefunktionsschicht kann aus Silber, Gold, Zinnoxid oder anderen Edelmetallverbindungen bestehen. Unter dieser Wärmefunktionsschicht befindet sich eine Haftschicht, darüber eine Deck- und Schutzschicht. Die Haft- und Deckschicht entspiegelt die dazwischenliegende Funktionsschicht mit dem Ergebnis einer verbesserten Lichtdurchlässigkeit und Farbneutralität. Außerdem wird durch die Haft- und Deckschicht der Durchgang der Wärmestrahlung (Infrarotstrahlung) vom Innenraum ins Freie vermindert **(Bild 3 und Bild 4)**.

Bei Mehrscheiben-Isolierglas, das mit einer Wärmefunktionsschicht aus Silber beschichtet ist, wird der Strahlungsaustausch zwischen beiden Scheiben beinahe vollständig unterdrückt. Der U_g-Wert bei einer Zweifachverglasung sinkt von etwa 3,0 W/(m²K) bis auf 1,4 W/(m²K). Wird zudem die Luft im SZR durch ein Edelgas wie Argon oder Krypton ersetzt, das über eine geringere Wärmeleitfähigkeit verfügt, sinkt der U_g-Wert zusätzlich um 0,3 W/(m²K) auf 1,1 W/(m²K).

3-fach-Wärmeschutzglas hat eine doppelte Bedampfung der beiden inneren Scheiben und in beiden SZRs entsprechende Edelgasfüllungen. Wählt man entsprechend dem Edelgas den optimalen SZR, kann man einen U_g-Wert von bis zu ca. 0,5 W/(m²K) erreichen. 3-fach-Wärmeschutzglas ist gemäß den Anforderungen der EnEV für Fenster Stand der Technik und sollte, soweit bauphysikalisch sinnvoll, entsprechend eingesetzt werden **(Bild 4)**.

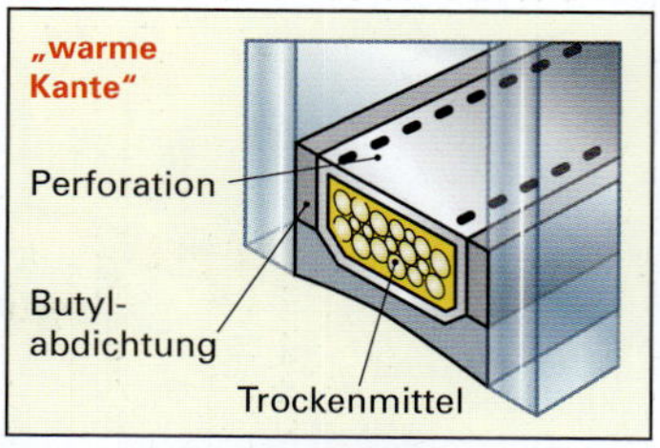

Bild 1: Wärmebrückenreduzierter Randverbund aus Edelstahl

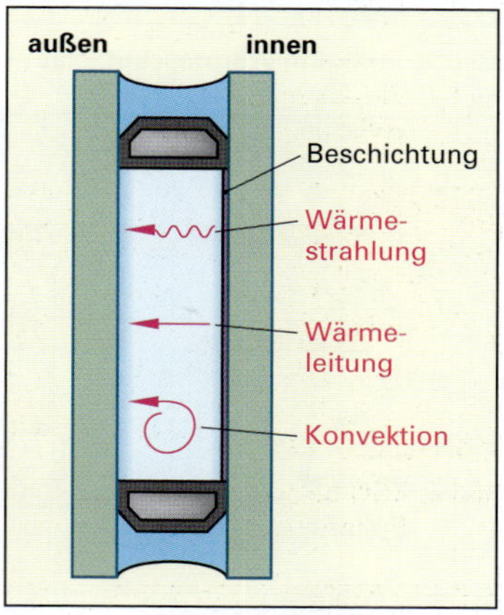

Bild 2: Parameter Wärmeglas

Bild 3: 2-fach-Wärmeschutzglas

Bild 4: 3-fach-Wärmeschutzglas

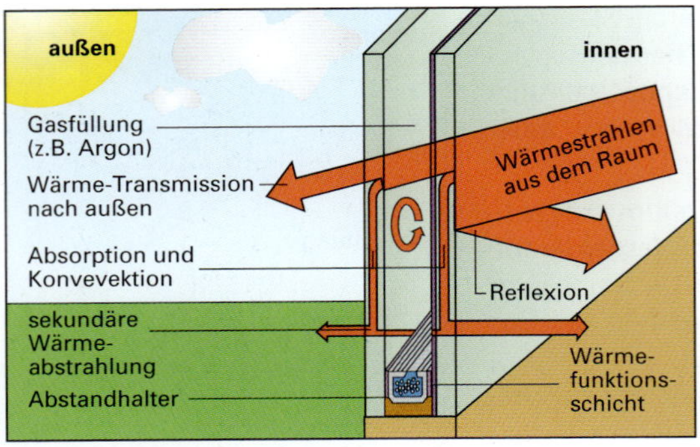

Bild 1: Funktion Wärmeschutzglas

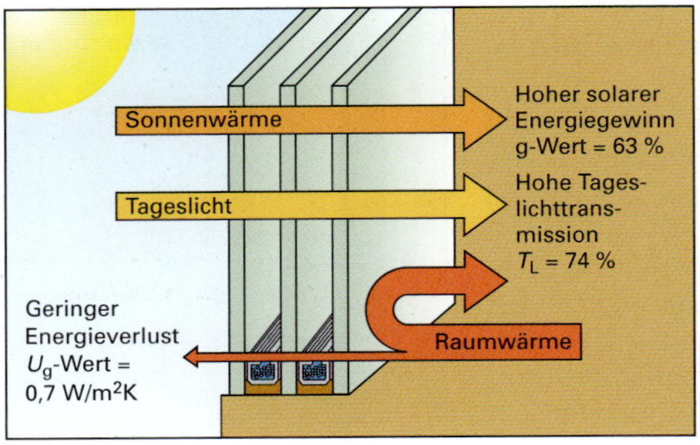

Bild 2: Zusammenhang Transparenz und g-Wert

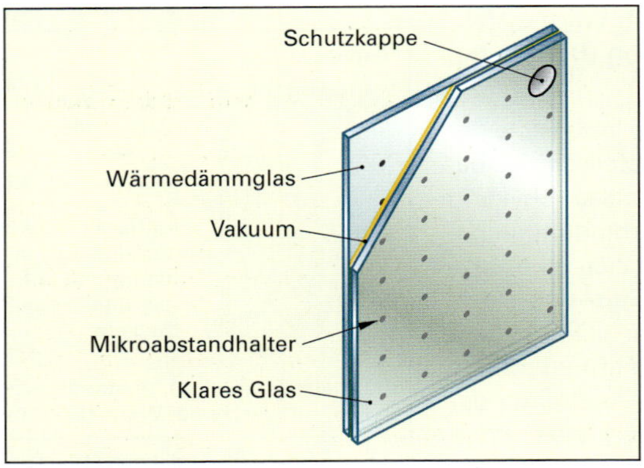

Bild 3: Vakuumglas

Bild 4: Ausrichtung zur Sonne für Energiegewinnung

Der Gesamtenergiedurchlassgrad (*g*-Wert) wird immer entscheidender. Er setzt sich zusammen aus der direkt durchgelassenen Sonnenstrahlung sowie der Wärmeabgabe nach innen durch Strahlung und Luftbewegung. Ein g-Wert von 0,6 bedeutet, dass 60% der eingestrahlten Sonnenenergie ins Innere des Raumes gelangen. Der Rest der eingestrahlten Energie wird reflektiert (zurückgestrahlt) oder von der Scheibe absorbiert (aufgenommen) **(Bild 1)**. In der Heizsaison ist ein hoher g-Wert somit vorteilhaft, weil mehr solare Energie das Haus erwärmt. Bei hochwärmedämmenden Gebäuden wie Passivhäusern werden großflächige Fenster mit Dreifach-Wärmeschutzglas und relativ hohem g-Wert (>0,6) und moderatem U_g-Wert von 0,6–0,7 W/(m²K) auf der Südseite, evtl. auch auf der Ost- und Westseite zur Wärmegewinnung eingebaut **(Bild 2)**.

Vakuumglas besteht aus zwei 3 mm starken Floatglasscheiben (eine mit Wärmedämmbeschichtung) und 0,2 mm Vakuum. Punktförmige Abstandhalter sorgen dafür, dass die beiden Scheiben auf Abstand bleiben. Auf diese Weise verringert sich die Wärmeleitung und Konvektion im Scheibenzwischenraum erheblich. Diese Vakuumeinheit weist einen U_g-Wert von 1,5 W/m²K auf **(Bild 3)**.

Sonnenschutzglas entspricht im Aufbau dem Wärmeschutzglas. Die Wärmefunktionsschicht ist hier jedoch auf der Innenseite der Außenscheibe aufgebracht. Die Oxidschicht reflektiert und absorbiert die Sonnenstrahlen **(Bild 3, Seite 185)**. Dieser Effekt lässt sich auch durch Einfärben der Außenscheibe erzielen.

Lichtstreuendes Mehrscheiben-Isolierglas enthält zwischen den beiden verbundenen Glasscheiben eine Kapillarplatte aus feinen, glasklaren Kunststoffröhren oder ein Glasfasergespinst. Durch die Einlage wird eine verstärkte Lichtstreuung bewirkt, sodass die Tiefenausleuchtung eines Raumes gleichmäßig und schlagschattenfrei ist.

Schallschutzglas reduziert die Schallübertragung durch ein hohes Scheibengewicht, durch ungleich dicke Einzelscheiben, durch einen möglichst großen Scheibenzwischenraum sowie durch eine Schwergasfüllung mit Schwefelhexafluorid oder Freanon. Wenn bei dieser Isolierverglasung die Außenscheibe zusätzlich aus zwei oder mehr, mit einem speziellen Gießharz verbundenen Scheiben besteht (Gießharzverbundscheibe), wird der Schalldämmwert um mehrere Dezibel verbessert.

Mattglas ist ein einseitig gleichmäßig aufgerautes Glas. Das Aufrauen geschieht durch Ätzen mit Fluorwasserstoffsäure, durch Sandstrahlen oder durch feines Schmirgeln bzw. Schleifen.

Spiegel werden aus ebenem Glas durch Belegen der Rückseite mit einer reflektierenden Schicht hergestellt **(siehe Seite 191)**.

2.12.4 Glasbearbeitung

Glas kann geschnitten, gebohrt, an den Kanten geschliffen bzw. poliert und verformt werden.

Glasschneiden. Glas trennt man mit einem Glasschneider. Seine Schneide ist härter als Glas. Ein Glasschneider besteht aus dem Heft zum Halten, der Zwinge (Fassung oder Schaft) und aus dem hammerförmigen Kopf mit dem Schneidkörper.

Der Kopf ist ein- oder beidseitig mit Nuten (Krösel) zum Abbrechen schmaler Glasstreifen versehen. Als Schneide dient ein in den Kopf eingelöteter Diamant. Es werden auch drehbar gelagerte, auswechselbare Rädchen aus Hartmetall oder Stahl von etwa 4,5 mm Durchmesser verwendet **(Bild 1)**.

Beim Schneiden wird Glas durch einseitiges Ritzen geschwächt und durch Druck von der Gegenseite gebrochen. Es darf nie zweimal an der gleichen Stelle geritzt werden, weil sonst die Schneide des Glasschneiders beschädigt würde. Bei Verwendung einer Schneidflüssigkeit wie Terpentinöl oder Petroleum wird die Trennbarkeit des Glases verbessert, außerdem ist ein verringerter Schneiddruck notwendig und eine länger bestehende Spannung im Schnitt wird herbeigeführt. Daneben bewirkt die Schneidflüssigkeit ein gutes Gleiten des Schneidwerkzeugs.

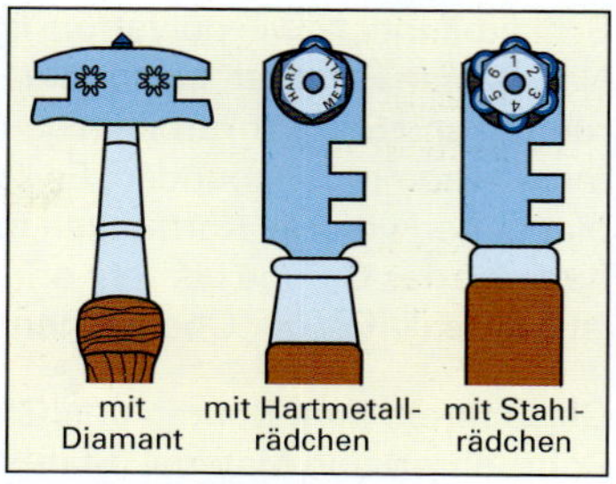

Bild 1: Glasschneider

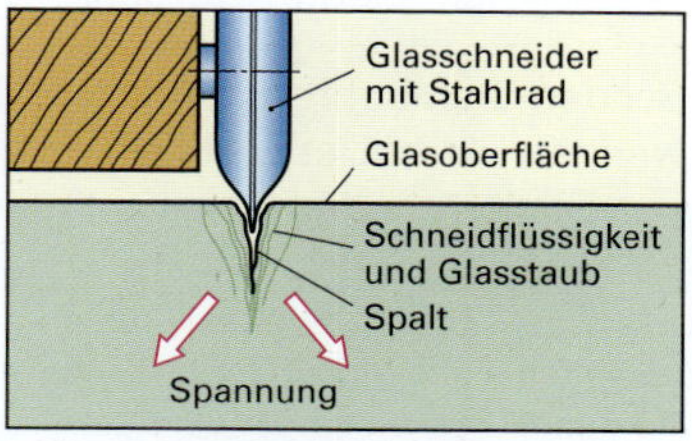

Bild 2: Schneidvorgang bei Glas

Warmer Schnitt: Bezeichnung für einen frischen Schnitt.
Das Glas lässt sich an der Schnittkante leicht brechen.

Kalter Schnitt: Bezeichnung für einen älteren Schnitt.
Die Spannung im Schnitt ist verloren gegangen; das Glas lässt sich an der Schnittstelle nicht mehr bzw. nicht mehr einwandfrei brechen.

Nach der DIN 1249 gibt es für geschnittene Glasarten folgende Bearbeitungsqualitäten:

Geschnitten KG: Die Schnittkante ist unbearbeitet, scharfkantig.

Gesäumt KGS: Die gesäumte Kante entspricht der Schnittkante, deren Ränder sind mit dem Schleifwerkzeug mehr oder weniger stark gebrochen.

Arbeitsregeln zum Schneiden von Glas

- Das Glas muss beim Schneiden auf eine ebene, saubere Tischfläche gelegt werden, damit es durch den Schneiddruck nicht bricht.
- Spiegel dürfen nur auf einer mit Stoff oder Filz bespannten Unterlage geschnitten werden, damit sie nicht verkratzt werden.
- Zum Anreißen auf Glas eignen sich Fettstifte, Signierkreide und Signierstifte.
- Vor dem Schneiden ist die Schnittstelle zu säubern, damit der Glasschneider angreifen kann.
- Ein Diamant muss beim Schneiden so gehalten werden, dass er in Schneidrichtung mit dem Glas einen Winkel zwischen 80° und 85° bildet, damit er nicht stechend oder schleppend schneidet.
- Beim Schneiden darf die Neigung des Glasschneiders nicht verändert werden, um einen ungenauen Schnitt zu vermeiden.
- Der Glasschneider wird mit leichtem, gleich bleibendem Druck geführt. Dadurch wird der Schnittspalt gleichmäßig und der Glasschneider wird geschont.
- Bei dünnerem Glas wird mit geringerem Druck als bei dickerem Glas geschnitten; besonders bei dünnem Glas dürfen die Schneiden des Glasschneiders keine Mängel aufweisen.
- Auf das Schneiden soll der Bruch erfolgen („warmer Schnitt"). Wartet man mit dem Bruch mehrere Tage, bricht das Glas nur noch schlecht („kalter Schnitt").
- Zum Schneiden von Rundungen oder Kurven werden Schablonen verwendet, an deren Kanten der Glasschneider entlang geführt wird.

Glasschleifen und Glaspolieren. Glas wird hauptsächlich nass geschliffen, weil es beim Trockenschliff heiß werden und springen würde. Zum Schleifen werden Schleifwalze, Flachstein, Schleifscheiben und Schleifbänder sowie pulverförmige Schleif- und Poliermittel aus Natur- oder Kunststeinen verwendet. Als Natursteine kommen feinkörnige Sandsteine und Lavasteine zur Anwendung, als Kunststeine neben Korunden und Siliciumkarbiden hauptsächlich Diamantstaub. Die Schleifkörner für die Glasbearbeitung sind meist keramisch gebunden. Es kommen jedoch auch Kunstharz-, Silikat-, Magnesit-, Gummi- und Metallbindungen vor. Die Körnungen für den Glasschliff gehen bis 600, die Härtestufen von sehr weich bis sehr hart und das Gefüge bis sehr offen. Kanten werden häufig mit Korkbändern nachgeschliffen. Glaspolieren ist ein Schleifen der Oberflächen mit ganz feinem Schleifmittel (Schleifpuder).

Glasbohren. Zum Bohren von Glas werden spezielle Bohrer verwendet, die nach Form (Dreikant-, Flach-, Rohrbohrer) und Material (Stahl, Hartmetall, Diamant) veschieden sind. Als Bohrmaschine dient meist die Tischbohrmaschine. Um ein Bohrloch mit einwandfreien Kanten zu erzielen, muss von beiden Seiten der Glasscheibe gebohrt werden.

Bei den Stahlbohrern wird als Bohrmittel mit Wasser aufgeschlämmtes Siliciumkarbid (Schleifmittel) verwendet. Hierbei ist die Kühlung mit Bohröl, Wasser, Terpentinöl oder Petroleum wichtig. Bei Anwendung von Diamantbohrern braucht man nur Kühlmittel anzuwenden.

Nach der DIN 1249 gelten für geschliffene und polierte Glaskanten folgende Bearbeitungsqualitäten:

Maßgeschliffen

KMG: Die Glasscheibe wird durch Schleifen der Kanten auf das geforderte Maß gebracht. Blanke Stellen sind zulässig.

Geschliffen

KGN: Die Kante ist durch Schleifen ganzflächig bearbeitet. Sie hat ein schleifmattes Aussehen und keine blanken Stellen.

Poliert

KPO: Die polierte Kante ist eine verfeinerte geschliffene Kante.

Glasverformung. Glas erweicht bei steigender Temperatur allmählich. Bei etwa 570 °C lässt sich Glas verformen. Man spricht von **Biegen,** wenn Glas für Vitrinen oder Schaufenster in einer Richtung verformt wird, von **Bombieren,** wenn eine Glasscheibe allseitig zu einer Wölbung gekrümmt wird. Aufgabe des Tischlers ist es, die Art der Verformung durch eine genaue Zeichnung mit Angaben über Glasdicke, Glashöhe und Bogenlänge anzugeben oder eine genaue Schablone der gebogenen Scheibe herzustellen. Nach der vom Tischler angegebenen Form wird eine Biegeform aus Schamotte oder Stahlblech hergestellt. Die Biegeform wird mit der aufgelegten Glasscheibe in den Biegeofen gefahren. Bei Erweichungstemperatur schmiegt sich dann die Glasscheibe der vorgegebenen Form an.

2.12.5 Besondere Bearbeitungstechniken

Besondere Bearbeitungstechniken sind z.B. die Glasmalerei und Bleiverglasung, das Sandstrahlen und Ätzen, die Glasgravur und die Betonverglasung.

Glasmalerei

Unter Glasmalerei versteht man Glasgemälde, wie z.B. Kirchen- und Wappenfenster, die aus bemalten oder unbemalten und in Blei gefassten Glasstücken bestehen.

Die Umrisse und Farben des endgültigen Bildes werden meist auf Karton vorgezeichnet. Die Umrisse der einzelnen Glasstücke werden anhand einer Schablone ausgeschnitten. Bei der **bunten Glasmalerei** werden dann auf der Innenseite der geschnittenen Flachglasstücke die Konturen des Bildes in Schwarz gezeichnet und auf der Außenseite die entsprechenden Schmelzfarben aufgetragen. Bei diesen handelt es sich um Farbmittel, wie sie auch zum Färben der Glasmasse bei der Glasherstellung verwendet werden. Die Schmelzfarben werden im Brennofen bei etwa 600 °C auf das Flachglas aufgeschmolzen **(Bild 1).**

Bild 1: Glasfenster von Chagall im UNO-Gebäude (Ausschnitt)

Neben der bunten Glasmalerei gibt es die **Schwarzlotmalerei.** Bei ihr wird ausschließlich die Farbe Schwarz verwendet.

Bleiverglasung

Bei der Bleiverglasung werden einzelne, bemalte oder unbemalte Glasstücke durch H-, U- oder I-förmige Bleistreifen, sog. Bleiruten, zusammengehalten, sodass die Fensterfläche in geometrische Linien, in Ornamente oder Figuren gegliedert ist. Die Bleiverglasung muss man in engem Zusammenhang mit der Glasmalerei sehen.

Die Glasstücke werden zwischen die aufgeriebenen, etwas hochgebogenen Wände des Bleistreifens eingesetzt. Wenn alle Glasstücke richtig sitzen und die Bleistreifen ausgerichtet sind, werden die Bleiwände an die Glasstücke angerieben und an den Treff- bzw. Knotenpunkten verlötet. Zum Verlöten wird Lötzinn verwendet, weil sein Schmelzpunkt um etwa 100 °C niedriger ist als der von Blei. Beim Löten bleibt so das Blei unbeschädigt.

Das Bleifeld wird nach dem Löten verkittet, besonders wenn es wasserdicht sein soll. Zu diesem Zweck reibt man unter die Wände der Bleistreifen einen niedrigviskosen Dichtstoff und drückt danach die Bleiwände an das Glas an.

Beim Herstellen der Bleiverglasung sind bestimmte Bleiverbandsregeln einzuhalten **(Bild 1)**: Das **Umblei** soll möglichst selten unterbrochen, sondern umgeschlagen bzw. umgeknickt werden, damit das Bleifeld stabil wird. Im Bleifeld sollte die **Flechttechnik** zur Anwendung kommen. Bei ihr geht ein Bleistreifen nur über zwei Scheiben. Günstig sind Kreuz- und Stoßbünde. Beim **Kreuzbund** geht ein Bleistreifen durch, zwei Bleistreifen stoßen seitlich dagegen; dadurch wird ein Kreuz gebildet. Beim **Stoßbund** geht ein Bleistreifen durch, ein anderer Bleistreifen, die Sprosse, stößt dagegen **(Bild 2)**.

Wenn eine Bleiverglasung vor Umwelteinflüssen dauerhaft geschützt werden soll, wird sie in den Scheibenzwischenraum einer Isolierscheibe eingebettet **(Bild 3)**.

Sandstrahlen von Glas

Das Sandstrahlen von Glas wird mit einem Sandstrahlgebläse durchgeführt. Gestrahlt wird mit scharfkantigem Sand oder Siliciumkarbid in einer Strahlkabine mit Absaugvorrichtung. Beim Strahlen werden aus der Glasoberfläche feinste Glassplitter herausgerissen, sodass die Oberfläche aufgeraut und matt ist. Teile der Glasfläche lassen sich mit selbstklebenden Folien und Blechschablonen abdecken. Auf diese Weise ist es möglich, die Glasfläche mit Schriften, Streifen und Ornamenten künstlerisch zu gestalten.

Beim Sandstrahlen entsteht gesundheitsgefährdender Staub. Es sind daher die entsprechenden Vorschriften der Berufsgenossenschaft einzuhalten.

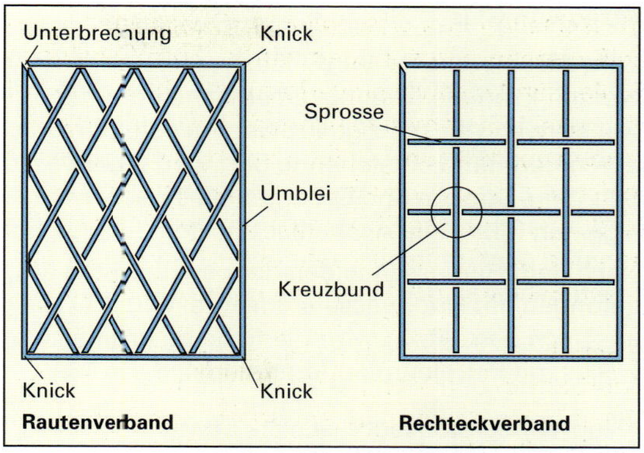

Bild 1: Prinzip der Flechttechnik

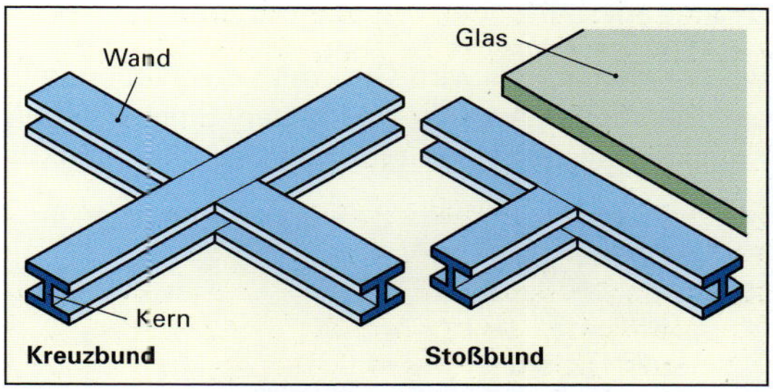

Bild 2: Kreuz- und Stoßbund

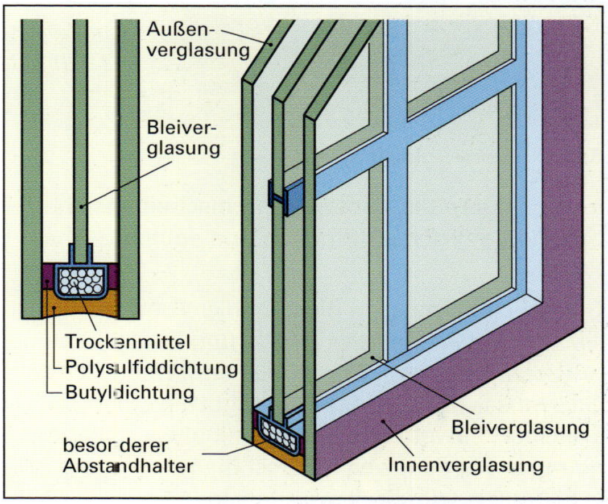

Bild 3: Isolierglas mit innen liegender Bleiverglasung

Bild 4: Glasgestaltung, durch Ätzen oder Gravur erzeugt

Ätzen von Glas

Zum Ätzen von Glas wird Fluorwasserstoffsäure verwendet. Sie greift als einzige Säure Glas an. Geätzt werden kann die gesamte Oberfläche oder nur Teile von ihr. Die Glasfläche erhält einen Rand aus Bordwachs, wenn sie ganz geätzt werden soll. Bordwachs ist eine Mischung aus Wachs, Harz und Talg. In das durch den Rand entstehende Bett wird Fluorwasserstoffsäure (Flusssäure HF) gegossen. Zum Ätzen von Schriften, Streifen und Ornamenten streicht man die Glasflächen mit Asphaltlack oder einem anderen geeigneten Mittel ein. Asphaltlack besteht aus Asphalt, Kolophonium, Stearin und Terpentinöl.

Nach dem Herausschneiden der gewünschten Muster aus der Lackschicht werden die entstehenden Vertiefungen mit Fluorwasserstoffsäure gefüllt. Diese greift in wenigen Minuten das Glas aber nicht den Lack an. Nach dem Ätzen wird die Scheibe gründlich mit Wasser abgewaschen und der Lack bzw. das Bordwachs mit Petroleum entfernt **(Bild 4, Seite 189).**

> Fluorwasserstoffsäure ist stark ätzend und sehr giftig; bei ihrer Verarbeitung sind deshalb immer Gummihandschuhe und Absauganlagen zu verwenden sowie die übrigen Vorschriften über den Umgang mit Fluorwasserstoffsäure einzuhalten.

Glasgravur

Bei der Glasgravur wird Glas mit verschieden geformten Schleifkörpern maschinell geschliffen, um ihm ein dekoratives Aussehen zu geben. Eingeschliffen werden geometrische Muster wie pyramidenförmige Kristalle, Facetten oder figürliche Darstellungen **(Bild 4, Seite 189).**

Bild 1: Betonverglasung

Betonverglasung

Bei der Betonverglasung werden farbige Glasplatten oder Glasbrocken in Beton eingelegt. Das Glas muss aus Sicherheitsgründen mindestens 20 mm dick sein. Seine Oberflächen sind glatt oder strukturiert **(Bild 1).**

Lagerung und Transport von Glas

Glas ist spröde. Es darf deshalb nicht auf Metall oder Stein abgestellt werden, sondern nur auf weichen Materialien wie Holz, Pappe und Filz. Die Unterlage muss frei von Fremdkörpern sein, damit das Glas nicht zerkratzt wird oder bricht.

Insbesondere die Kanten von **Einscheibensicherheitsglas** (ESG) und **teilvorgespanntem Glas** (TSG) sind besonders bruchempfindlich und sollten deshalb beim Transport gut geschützt und sorgsam behandelt werden.

Glasscheiben müssen dicht an dicht und möglichst steil an einer glatten, elastischen Fläche anliegen, weil sie sonst leicht brechen. Druck- und Zugspannungen müssen vermieden werden, wenn es nicht zum Glasbruch kommen soll. Diese treten auf, wenn sich zwischen den Scheiben Fremdkörper befinden. Gestapeltes Glas muss vor Feuchtigkeit geschützt werden, weil es sonst blind, d. h., undurchsichtig wird. Glas muss beim Transport sowohl als Einzelscheibe wie auch in der Glaskiste immer auf der Kante stehen bzw. hochkant getragen werden, weil es sonst Biegespannungen unterliegt und bricht. Damit das Glas nicht verkratzt wird, sind Papier- oder Korkzwischenlagen beim gleichzeitigen Transport mehrerer Glasscheiben notwendig.

Wegen der Bruch- und Unfallgefahr ist beim Transport großflächiger Scheiben darauf zu achten, dass die hochkant getragenen Scheiben nicht kippen. Beim Umgang mit großflächigen Scheiben sind auf jeden Fall Handgelenkschutzbinden aus Leder und Lederschürzen als Sicherheitskleidung erforderlich. Bei der Lieferung von Isolierglas als Wärmeschutzglas, wobei mindestens eine Scheibe mit einer Edelmetallschicht zur Reflektion der Infrarotstrahlung beschichtet ist, muss man bei Lagerung im Freien darauf achten, dass voreinander gestellte Scheiben nicht der Sonnenstrahlung ausgesetzt werden. Durch die verschiedenen reflektierenden Edelmetallschichten mehrerer Scheiben kommt es zu einer Wechselwirkung der Strahlung im Scheibenpacket, welche schnell zum Glasbruch führen kann, da die Scheiben sich stark erwärmen und Spannungen aufbauen.

Dies ist besonders wichtig, wenn mehrere Scheiben auf Glasböcken an die Baustelle geliefert werden. Man kann Schaden verhindern, indem man den Bock und die Scheiben mit einer lichtundurchlässigen Plane vollflächig abdeckt.

2.12.6 Spiegel

Spiegel bestehen aus einer Flachglasscheibe deren Rückseite mit einer Silberschicht belegt ist. Diese Silberschicht reflektiert einfallendes Licht, man nennt sie deshalb die Reflexionsschicht. Zum Schutz der Reflexionsschicht werden weitere Metallschichten, Kunststofffolien, Schutzlacke oder eine zweite Glasscheibe aufgebracht **(Bild 1)**.

Die verschiedenen Schichten können so aufgebracht sein, dass einfallende Lichtstrahlen zum größten Teil zurückgeworfen, teilweise verschluckt oder teilweise durchgelassen werden. Man klassifiziert Spiegel deshalb auch nach dem **Reflexionsgrad,** dem **Absorptionsgrad** und dem **Transmissionsgrad (Bild 1)**.

Nach Art und Reihenfolge der einzelnen Schichten sowie dem Grad der Lichtdurchlässigkeit werden folgende Spiegelarten unterschieden **(Bild 2 und Tabelle 1, Seite 193)**:

- Kristall-Spiegel,
- Garantie-Spiegel,
- Verbund-Sicherheitsspiegel, einfach,
- Verbund-Sicherheitsspiegel, doppelt,
- Folien-Sicherheitsspiegel,
- einfache Spionspiegel und
- Verbund-Spionspiegel.

Bei gefärbten Spiegeln wird die Flachglasscheibe eingefärbt, was aber gleichzeitig zu einer höheren Absorption und somit zu einer Verringerung der Reflexion führt. Spiegel und die an sie gestellten Qualitätsanforderungen sind in der Norm DIN EN 1036 festgelegt. Da die Reflexionsschicht sehr empfindlich ist, muss ihre Beständigkeit durch besondere Testverfahren überprüft werden. Die Qualität eines Spiegels hängt von der Güte des verwendeten Glases, der Art der Reflexionschicht und Beständigkeit der Schutzschichten und Decklacke ab. Äußere Einflüsse, wie hohe Feuchtigkeit, hohe Temperatur und salzhaltige Meeresluft können die Schutzschichten beschädigen, was zu einer Oxidation der Silberschicht und somit zu einem „Blindwerden", meist im Randbereich des Spiegels führt **(Bild 1, Seite 192)**.

Immer größere Bedeutung erlangen die sogenannten Acrylglas-Spiegel. Die reflektierende Silberschicht wird bei diesen auf eine Trägerplatte aus Kunststoff aufgebracht. Ihr großer Vorteil liegt in der hohen Bruchfestigkeit, dem geringeren Gewicht und einem deutlich reduzierten Verletzungsrisiko. Sie sind einfacher zu verarbeiten und finden vor allem in sensiblen Bereichen, wie in Flugzeugen, in Kinderzimmern, in der Gastronomie und im Messebau Verwendung.

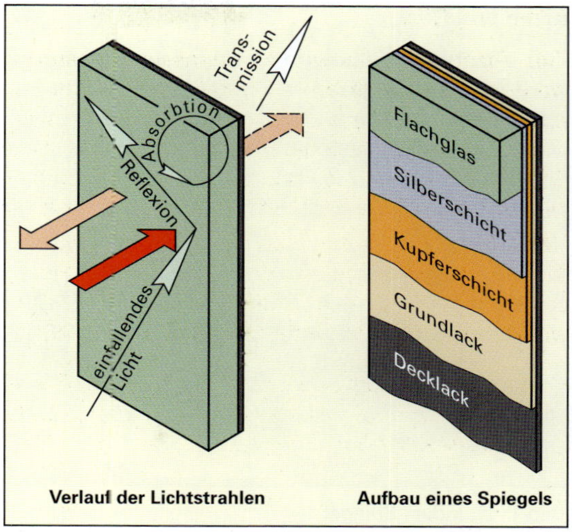

Bild 1: Spiegelaufbau

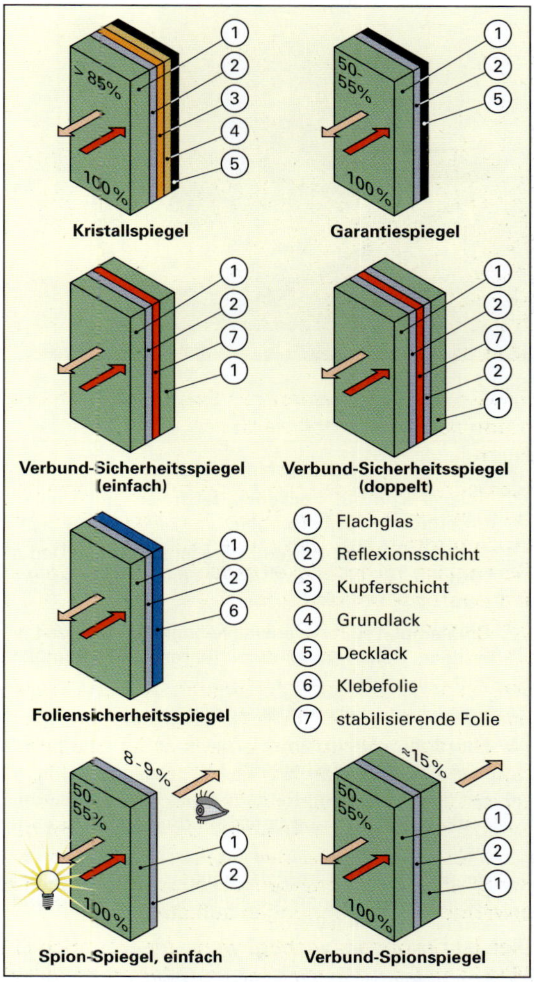

Bild 2: Spiegelarten

Bild 1: „Blinder" Spiegel

Bild 2: LED-Spiegel

Allgemeine Verarbeitungshinweise

1. Spiegel sind auf **trockenen, fettfreien und ebenen** Untergründen zu befestigen.
2. Für ausreichende **Hinterlüftung** ist zu sorgen. Damit wird ein „Blindwerden" durch Feuchtigkeit vermieden.
3. **Glühlampen** sind mit ausreichendem **Abstand** zu befestigen. Hohe Temperaturen führen zu Spannungen und zum Bruch.
4. Spiegel sollen **demontierbar** sein.
5. Klebstoffe dürfen die Rückseite bei aufgeklebten Spiegeln nicht beschädigen.
6. Bei der Montage im Rahmen muss der Spiegel **umseitig Luft** haben und unten auf dreieckigen Klötzen stehen.
7. Bei Spiegeln, die im Falz montiert werden, ist der Überschlag zu sehen. Deshalb muss der **Falzgrund sauber** bearbeitet werden.
8. **Große Spiegelflächen** sind wegen erhöhter Unfallgefahr **besonders sicher zu montieren.**

Herstellung

Auf die gereinigte und polierte Floatglasscheibe wird eine reflektierende Silberschicht aufgebracht. Bei industriell hergestellten Spiegeln wird hierzu fast ausschließlich das **Magnetron-Sputter-Verfahren** (Kathodenstrahlverfahren) angewandt. Hierbei werden im Vakuum mehrere Schichten aufgesputtert (engl.: to sputter = zerstäuben). Dieses Beschichtungsverfahren besteht aus folgenden Arbeitsschritten:

- Sensibilisieren
- Versilbern
- Verkupfern

Beim **Sensibilisieren** wird die Glasoberfläche für eine möglichst hohe Haftung der Silberschicht vorbereitet. Das **Versilbern** erfolgt durch einen Nebel aus einer Silbernitratlösung. Das Silber aus der Lösung lagert sich mit einer Schichtdicke von 70 Nanometer auf der Oberfläche ab und wird durch das anschließende **Auftragen einer Kupferschicht** vor der Oxidation geschützt. Je nach Art des Spiegels **(Bild 2, Seite 191)** können dann verschiedene Lackschichten, Folien oder eine zweite Glasscheibe aufgebracht werden.

Bearbeitung

Bei der Bearbeitung von Spiegeln sind dieselben Regeln und Arbeitsschutzmaßnahmen, die auch für Glas gelten, zu berücksichtigen. Beim Trennen und der Kantenbearbeitung ist jedoch besonders darauf zu achten, dass die Silberschicht nicht beschädigt wird und sich nicht nachträglich verfärbt. Die Kanten kann man schleifen, polieren oder facettieren.

Verwendung

Spiegel werden für Möbeltüren, Innentüren, Wandvertäfelungen, Bäder, Garderoben verwendet und im Ladenbau eingesetzt. Man kann mit ihnen Möbel- und Wandflächen gestalten, dunkle Räume aufhellen oder enge Räume optisch erweitern. LED-Spiegel sind mit integrierten Beleuchtungselementen ausgestattet **(Bild 2)**.

Montage

Die Befestigung von Spiegeln erfolgt mechanisch mit Haftblechen, die auf der Rückseite des Spiegels aufgeklebt und deren Gegenstücke an der Wand befestigt werden **(Bild 1, Seite 193)**.

Bei der Befestigung mit Klebstoffen wird ein doppelseitiges Klebeband auf den Spiegel aufgebracht. Für die anschließende Wandbefestigung muss dieser genau positioniert werden, da ein nachträgliches Verschieben nicht mehr möglich ist. Die volle Klebekraft wird erst nach 24 Stunden erreicht. Ein hoher Anpressdruck fördert die vollflächige Haftung.

Bei der Befestigung mit **Silikonkleber** wird dieser senkrecht und in regelmäßigen Abständen streifenförmig auf die Rückseite des Spiegels aufgebracht. Pro 1 kg Spiegelgewicht ist ein Silikonstreifen von mindestens 20 cm Länge erforderlich. Zu beachten ist, dass ein lufthärtender Einkomponenten-Silikonkleber nach 24 Stunden erst 50% seiner mechanischen Festigkeit erreicht (**Bild 1**). Die magnetische Befestigung besteht aus einem Haftblech und einem Gegenstück. Das Gegenstück besitzt einen Magneten und wird an der Wand befestigt (**Bild 1**).

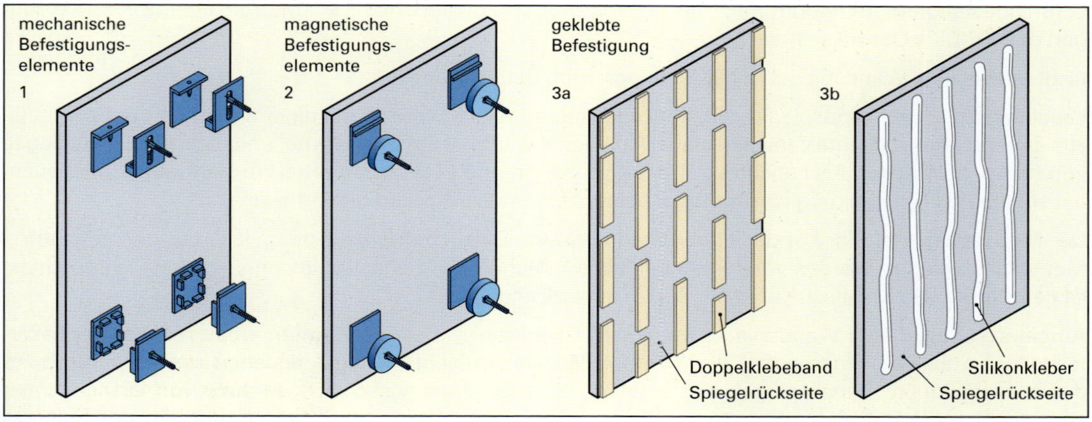

Bild 1: Spiegelbefestigung

Tabelle 1: Spiegelarten, Aufbau und Verwendung

Spiegelart	Glasdicken in mm	Aufbau	Verwendung, Eigenschaften
Kristall-Spiegel	3, 4, 5, 6	Flachglas, Reflexionsschicht aus Silber, Schutzschicht aus Kupfer, Grund- oder Decklack	für trockene Innenräume Farbton: Klar, Bronze, Grau, Goldtopas, Champagner, Rosalin, Grün, Blau
Garantie-Spiegel	4, 6	Flachglas, Reflexionsschicht, Schutzschicht	Schwimmbäder, Reithallen, Saunen, Schiffsbau wetterbeständig (Reflexionsschicht ist gegen Wasserdampf und salzhaltige Meeresluft beständig)
Verbund-Sicherheits-Spiegel, einfach	3+3 oder 3+6	Flachglas, Reflexionsschicht, stabilisierende Folie, Flachglas	in öffentlichen Einrichtungen, wie Schwimmbädern, Turnhallen, Kindergärten, Hotels, Schulen ... höhere mechanische Beanspruchung
Verbund-Sicherheits-Spiegel, doppelt	3+3 oder 3+6	Flachglas, Reflexionsschicht, stabilisierende Folie, Reflexionsschicht, Flachglas	in öffentlichen Einrichtungen höhere mechanische Beanspruchung, beidseitig reflektierend
Folien-Sicherheits-Spiegel		Flachglas, Reflexionsschicht, sehr dicke, stabilisierende Folie	in Wohnwagen, Kraftfahrzeugen, Innenausbau nur eine Glasscheibe, dadurch Gewichtsersparnis, höhere mechanische Beanspruchung
Spion-Spiegel, einfach		Flachglas, sehr dünne Reflexionsschicht	im Ladenbau Durchsicht vom dunklen in den hellen Raum, sehr dünne Reflexionsschicht
Verbund-Spion-Spiegel	6	Flachglas, sehr dünne Reflexionsschicht, Flachglas	in Türen oder Vertäfelungen als Spiegelfüllung eingesetzt zweite Glasschicht als Schutzschicht, Durchsicht vom dunklen in den hellen Raum

Spezial- und Sonderspiegel im Innenbereich

Ein **Deko-Spiegel** ist ein Wandspiegel, der die verschiedensten Möglichkeiten nutzt, um seine Grundfunktion als Spiegel hin zum Dekorelement zu erweitern. Er kann gezielt zur Raumgestaltung eingesetzt werden. Der Deko-Spiegel kann rechteckig, rund, oval oder beliebig geformt, beleuchtet oder unbeleuchtet, mit oder ohne Rahmen sein. Man kann ihn mit Glasbildern, Gravuren, Ornamenten und einer Vielzahl technischen Zubehörs versehen. Dies können Steckdosen, Tastschalter oder berührungslose Schalter, USB-Ladestationen, Bluetooth-Receiver, analoge- oder digitale Uhren, Kosmetikspiegel, Spiegelheizungen und TV-Bildschirme sein.

Lichtspiegel sind Wandspiegel mit einer integrierten Beleuchtung.

Leuchtspiegel sind Wandspiegel, die, im Gegensatz zum Lichtspiegel, mit einer extern an der Spiegelfläche angebrachten Leuchte versehen sind. Die Spiegel werden somit von vorne, und nicht wie Lichtspiegel, von hinten beleuchtet. Als Leuchtmittel stehen Halogen und LED-Leuchtmittel zur Verfügung. Die Leuchten sollten den Spiegel möglichst optimal beleuchten und außerdem blendfrei sein.

Der **Motivspiegel** ist ein Wandspiegel ohne integrierte Beleuchtung. Nur die gelaserten und satinierten Motive des Spiegels werden von hinten beleuchtet. Mithilfe der Sandstrahltechnik werden Lichtdurchlässe geschaffen, die Glasfläche wird bei Bedarf zusätzlich gelasert.

Ambiente-Spiegel sind Wandspiegel mit einem Glasrahmen. Der Glasrahmen erhält mithilfe der Lasertechnik eingravierte, ornamentale und filigrane Muster. Ambiente-Spiegel bestehen aus einem Verbund des vorderseitigen Kristallspiegels mit einer rückseitigen Floatglasscheibe. Mithilfe von LED-Leuchten wird der Spiegel von hinten beleuchtet. Die besondere Lichtstimmung entsteht durch die eingravierten und durchleuchteten Motive des Spiegelrahmens.

Beim **Spiegel mit Glasbild** wird die Spiegelfläche geteilt. Ein Teil der Spiegelfläche besteht aus einem Glasbild, die andere aus einem hochwertigen Kristallspiegel. Diese Teile werden in einer Fläche vereint. Wie beim Design-Effekt-Spiegel besteht das Bild oder das Ornament aus einer halbdurchlässigen Folie, die durch die rückseitige Beleuchtung ihren besonderen Effekt erzielt.

Bei dem **VSG-Sicherheitsspiegel** (Verbundsicherheitsspiegel) wird die Glasschicht mit einer zähelastischen transparenten Folie und einer weiteren Glasscheibe verklebt, die bei Bruch das Abfallen der scharfkantigen Glassplitter verhindert. In öffentlichen Einrichtungen müssen Spiegel entweder ganzflächig mit Silikon verklebt oder mit einer Splitterschutzfolie versehen sein.

Bei einem **Theaterspiegel** handelt es sich um einen Wandspiegel, dessen senkrechte Kanten mit einer Reihe von Lichtquellen versehen sind. Die Leuchtmittel sind in bestimmten Abständen in die Spiegelfläche integriert. Ihre Anzahl ist abhängig von der Höhe des Spiegels. Bei einer Kantenhöhe von 90 cm werden an jeder senkrechten Kante 6 Leuchtmittel verwendet. Als Leuchtmittel werden Halogenlampen verwendet, die ebenfalls verspiegelt sein können. Dadurch wird die Blendwirkung verringert. Theaterspiegel sind in der Größe so bemessen, dass sie den gesamten Oberkörper widerspiegeln. Sie werden aus sehr hochwertigem 6 mm starken Kristallglas hergestellt. Ihr Spiegelbild ist nahezu verzerrungsfrei. Sie finden Verwendung als professionelle Schminkspiegel, in Friseursalons, Schauspielhäusern, Parfümerien und Kosmetikschulen.

Ein **TV-Spiegel** ist ein Wandspiegel, in dessen Spiegelfläche ein Fernsehbildschirm integriert ist. Je nach Ausführung ist entweder die ganze Glasfläche als Spiegel verwendbar oder nur der Teil, in dem sich kein Fernsehbildschirm befindet. TV-Spiegel finden Verwendung auf Messen, in Ausstellungsräumen, Empfangshallen und in öffentlichen Wartebereichen. Im privaten Bereich werden sie in Schlafzimmern und Bädern verwendet.

Bei einem **Design-Effekt-Spiegel** handelt es sich um einen Wandspiegel, der durch seinen kreativ gestalteten Rahmen aus Glas einen besonderen gestalterischen Effekt erzielt. Dieser Effekt wird hierbei verstärkt, indem der Rahmen, der aus einer halbdurchlässigen Folie besteht, von hinten mit LED-Lichtbändern beleuchtet wird. Die halbdurchlässige Folie des Spiegelrahmens ist Teil des Spiegelaufbaus.

Teillack-Spiegel bestehen aus einer verbundfreien Glasfläche. Zum einen wird der lackierte Bereich mithilfe der Lasertechnik mit einem sogenannten „Motivfenster" versehen und zum anderen erhält die Spiegelfläche filigrane Gravuren oder Ornamente. Die Spiegelfläche wird dann mit LED-Licht hinterleuchtet. Die von hinten beleuchteten Motive und Gravuren vermitteln eine räumliche Wirkung und erzeugen eine besondere Lichtstimmung. Teillack-Spiegel zählen zu den Design-Spiegeln.

3 Werkbank und Handwerkzeuge

Hobelbank und Handwerkzeuge sind traditionell die personengebundenen Fertigungsmittel des Tischlers, für deren Pflege und Zustand er selbst verantwortlich ist. Für die rationelle Fertigung werden spezielle Montageplätze verwendet. Dabei kommen anstelle der stationären Werkzeugschränke mobile Werkzeugwagen zum Einsatz.

3.1 Werkbank und Werkzeugaufbewahrung

Die Hobelbank ist die Werkbank des Tischlers und dient zum Auflegen und Einspannen der Werkstücke bei deren Bearbeitung. Sie besteht aus der Platte und dem Gestell **(Bild 1)**. Die schwere **Platte** ist aus hartem Rotbuchenholz. Auf der linken Seite der Bankplatte befindet sich die **Vorderzange.** Man benötigt sie zum Einspannen der Werkstücke vor allem beim Bestoßen, Fügen und Sägen. Die **Hinterzange** auf der rechten Seite dient zum senkrechten Einspannen der Werkstücke und zum Einspannen zwischen die Bankhaken. Die Zangen werden mithilfe eines **Zangenschlüssels** bewegt.

Kippladen-Hobelbänke sind mit einer verschließbaren **Kipplade** ausgestattet, in der Bankwerkzeuge untergebracht sind **(Bild 2)**.

Die **Bankhaken** dienen zum waagerechten Einspannen längerer, flächiger Werkstücke. Die rückseitig an der Bankplatte angebrachte Beilade ist für ein vorübergehendes Ablegen von Werkzeugen bestimmt. Die **Seitenbankhaken** dienen zum Einspannen zusammengebauter Kästen. **Spitzbankhaken** ermöglichen ein sicheres Halten von dünnen Brettern, Leisten und Stäben. Bei Verwendung von Spitzbankhaken mit nur einer Spitze lässt sich das eingespannte Werkstück beim Bearbeiten drehen **(Bild 3 und Bild 5)**.

Der höhenverstellbare **Bankknecht** wird zum Unterstützen schwerer und langer Stücke verwendet **(Bild 4)**.

Arbeitsregeln

- Um die Bankplatte vor Beschädigungen zu schützen, darf ohne Unterlage oder Beilage auf der Platte weder gebohrt, gestemmt noch gesägt werden.
- Metallteile dürfen nicht in die Zangen eingespannt werden, um Beschädigungen der Spannflächen zu vermeiden.
- Auf den Zangen darf nicht gestemmt werden. Dies schadet der Zangenführung.
- Mit dem Hammer darf man nicht auf die Bankhaken schlagen, damit die Bankhakenköpfe nicht beschädigt werden.

Bild 1: Hobelbank

Bild 2: Kipplade mit Werkzeugsatz

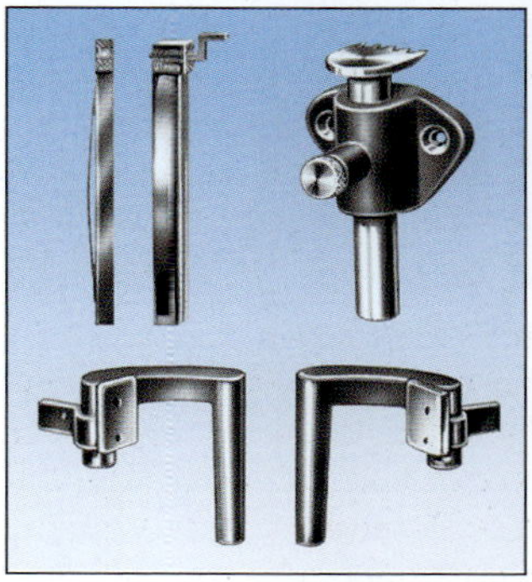

Bild 3: Sonderbankhaken

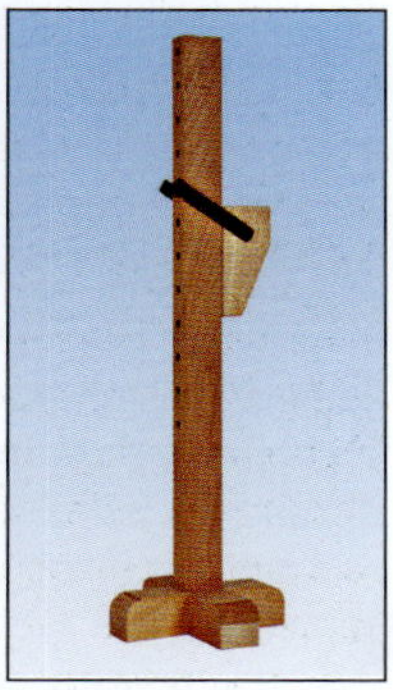

Bild 4: Bankknecht

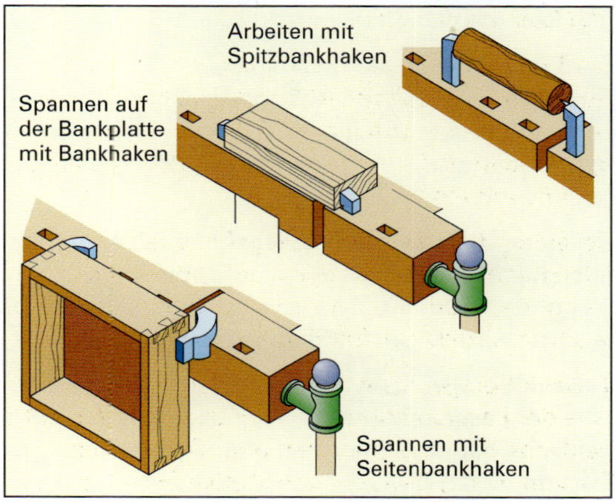

Bild 5: Arbeiten mit der Hinterzange

Bild 1: Werkzeugschrank

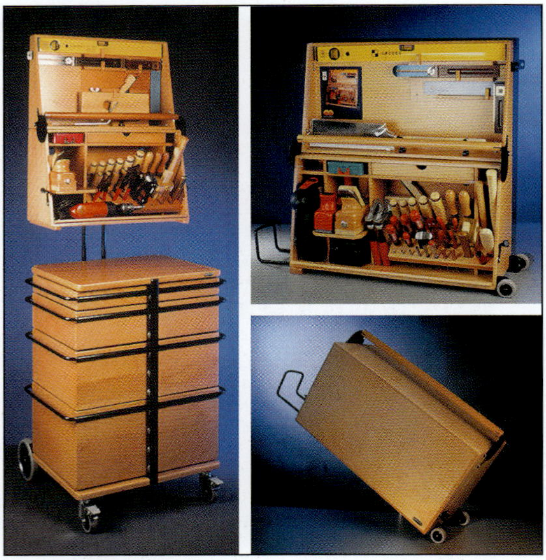

Bild 2: Mobile Werkzeugboxen

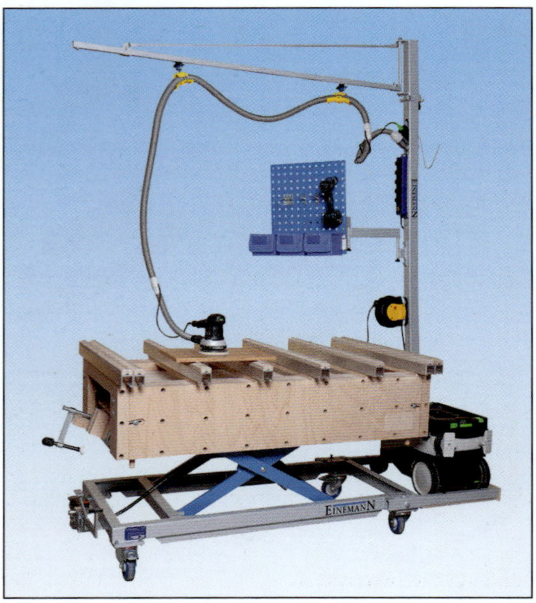

Bild 3: Mobiler Montagearbeitsplatz

Bei Hobelbänken ohne Kipplade werden die Handwerkzeuge in gesonderten **Werkzeugschränken** übersichtlich und griffbereit untergebracht. Diese sollen möglichst in der Nähe der Hobelbank an der Wand angebracht werden **(Bild 1)**.

Für flexible Werkbänke oder Montagen sind mobile **Werkzeugboxen** besonders praktisch. Sie können an die Fertigungsplätze gefahren werden und sind auch für den Einsatz auf Montage außerhalb der Werkstatt geeignet **(Bild 2)**. Wichtig ist dabei, dass, entsprechend der Montageanforderungen, unterschiedliche Werkzeuge und Hilfsmittel individuell zusammengestellt und sicher zum Montageort transportiert werden können.

Zeitgemäße und rationelle Fertigungsverfahren

Ständig wechselnde Produkte und deren rationelle Fertigung erhöhen die Anforderungen an Arbeitsplatzergonomie und Flexibilität hinsichtlich der Anordnung von Spannelementen sowie der Verfügbarkeit von Energieanschlüssen, Werkzeugen und Montagezubehör. Hobelbänke erfüllen diese Anforderungen meist nicht und werden deshalb zunehmend durch **Montagearbeitsplätze** ersetzt **(Bild 3)**.

Beim ergonomischen Arbeitsplatz lässt sich die Arbeitshöhe individuell und angepasst an unterschiedliche Werkstücke schnell verändern. Elektromotorische oder hydraulische **Höhenverstellung** ermöglicht eine schnelle Anpassung auf rückenschonende und entlastende Arbeitshöhen.

Häufig benötigte Werkzeuge oder Montagegegenstände werden an Hängevorrichtungen in Griffnähe gehalten, nach Gebrauch wieder eingezogen oder in Ablagen sortiert zur übersichtlichen Entnahme bereitgehalten.

Verschiebbare und in der Länge veränderbare **Werkstückauflagen** ermöglichen auch eine werkstückdurchdringende Bearbeitung ohne Beschädigung der Arbeitstische.

Manuelle und pneumatische Spannwerkzeuge und Hilfsmittel lassen sich durch Systemaufnahmen flexibel platzieren und erleichtern Arbeiten ohne die Zuhilfenahme weiterer Personen.

Elektrische oder pneumatische **Energieanschlüsse** sowie entsprechende Abrolleinrichtungen vermindern die Unfallgefahren durch herumliegende Zuleitungen **(Bild 1, Seite 220)**. Mitgeführte Absaugvorrichtungen ermöglichen sauberes Arbeiten und erfüllen damit auch die Anforderungen an die **Arbeitsplatzsicherheit** und den **Gesundheitsschutz.** Stabile und feststellbare Rollen erleichtern die Verbringung in unterschiedliche Räume oder Montageorte.

3.2 Handwerkzeuge

Obwohl Tischler die Werkstücke in der Regel mit Maschinen bearbeiten, können sie nicht völlig auf den Einsatz von Handwerkzeugen verzichten. Sie benötigen Werkzeuge zum Messen, Anreißen, Stemmen oder Hobeln von Hand, Vorrichtungen zum Herstellen von Gehrungen und zum Spannen von Werkstücken.

3.2.1 Messzeuge und Anreißwerkzeuge

Messen ist das Vergleichen z. B. einer Länge oder eines Winkels mit dem entsprechenden Messzeug (Messmittel). **Anreißen** ist das Übertragen einer Maß- oder Winkelgröße auf ein Werkstück durch Markierung mittels eines Bleistiftes oder eines Anreißwerkzeugs.

3.2.1.1 Längenmesszeuge

Zur Längenmessung können mechanische Längenmesszeuge, wie Gliedermaßstäbe, Rollbandmaße, Messstäbe, Messlehren und Messuhren sowie elektronische Messmittel, wie Laser-Entfernungsmesser, verwendet werden.

Der Gliedermaßstab ist ein oder zwei Meter lang und in Zentimeter und Millimeter eingeteilt. Er besteht aus mehreren Gliedern, die durch federnde Drehgelenke miteinander verbunden sind **(Bild 1)**.

Der feste Stahlmaßstab ist 100 mm bis 500 mm lang und hat eine 0,5-mm-Teilung. Er eignet sich für Metallarbeiten und beim Arbeiten an Maschinen **(Bild 1)**.

Rollbandmaße bestehen meist aus gehärtetem, leicht gewölbtem Federstahl, der aufgerollt in einer Kapsel untergebracht ist. Rollbandmaße eignen sich neben dem Messen und Anreißen gerader Längen besonders zum Messen und Anreißen geschweifter Teile. Die zehn und mehr Meter langen Rollbandmaße erleichtern das Messen großer Strecken. Lange Messbänder können auch aus beschichtetem Leinengewebe sein.

Elektromechanische Rollbandmaße zeigen die gemessenen Werte auf einem Display an. Das Maßband wird beim Herausziehen über Fotozellen abgelesen, die Werte gespeichert und auf dem Display angezeigt. Der Messbereich ist in der Länge auf 5 Meter begrenzt **(Bild 2)**.

Teleskopmessstäbe sind bis auf mehrere Meter teleskopartig ausziehbare Leichtmetallprofile **(Bild 3)**. Sie eignen sich besonders zur Maßaufnahme großer Raumhöhen und Öffnungen. Die Maße können im Anzeigefeld abgelesen werden.

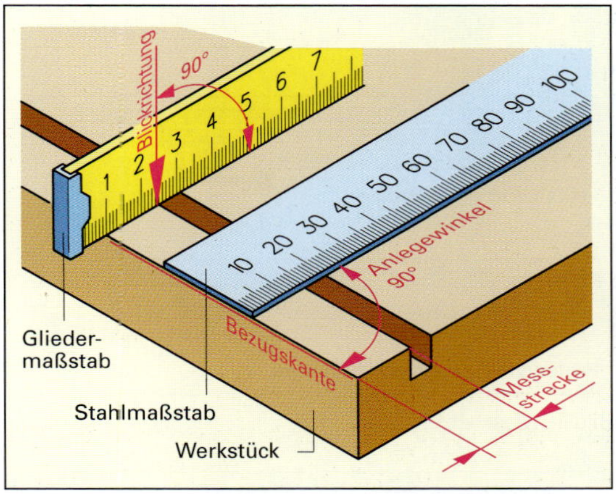

Bild 1: Anlegen und Ablesen von Maßstäben

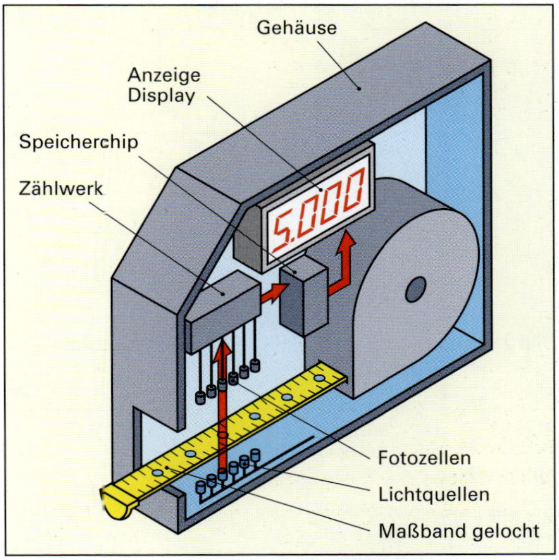

Bild 2: Elektromechanisches Rollbandmaß

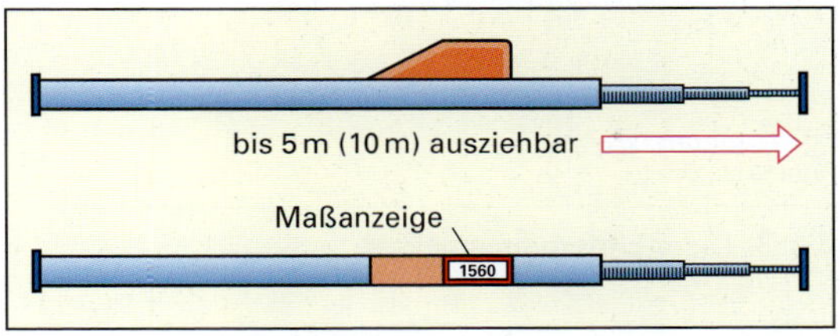

Bild 3: Teleskopmessstab

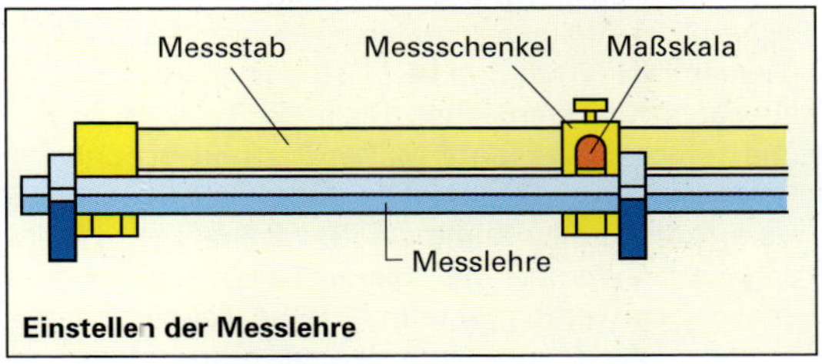

Bild 4: BS-Schieblehre

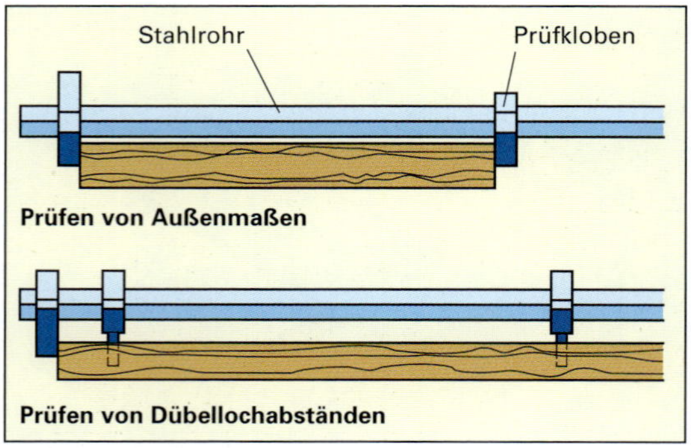

Bild 1: Messlehren

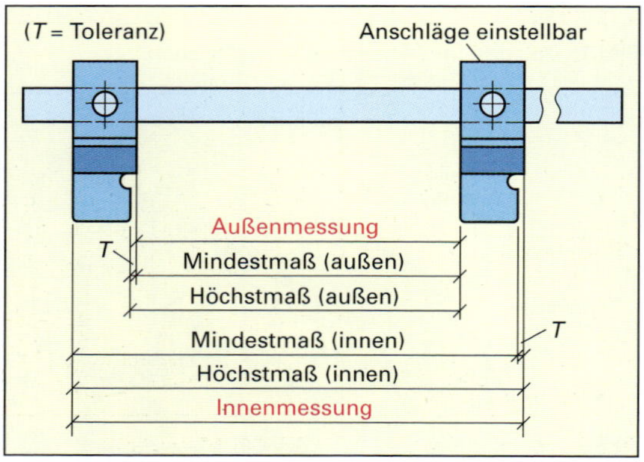

Bild 2: Messlehre (Schema) für tolerierte Werkstücksabmessungen

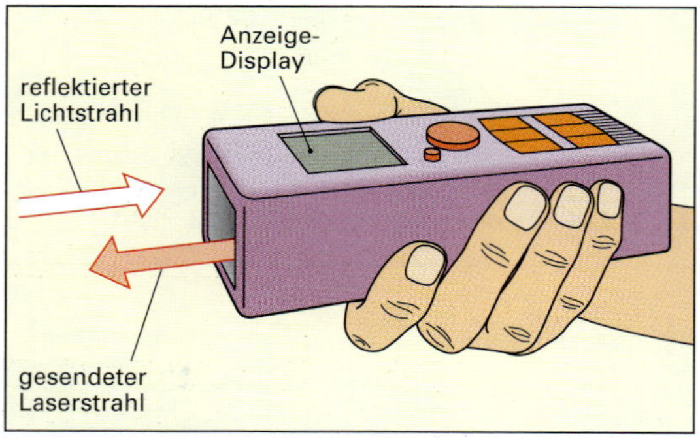

Bild 3: Laser-Entfernungsmesser

Teleskopmessstäbe gibt es auch mit digitaler Anzeige und mit elektronischer Mess- und Speichervorrichtung.

Messlehren sind Längenmesszeuge, die besonders bei der Fertigung von Werkstücken und Werkstückteilen mit gleichen Abmessungen verwendet werden können. Mit ihnen kann man z. B. Längen- und Breitenmaße, Dübellochabstände und den Verlauf von Nuten einstellen und nachprüfen. Die Messlehren bestehen meist aus einem quadratischen Stahlrohr und verschiedenen Prüfkloben (**Bild 1**). Diese sind auf dem Rohr verschiebbar und können nach vorgegebenen Maßen darauf festgestellt werden. Die Längen des Stahlrohres liegen zwischen 1000 mm und 3000 mm.

Messlehren können auf die Nennmaße oder bei tolerierten Maßen für das zulässige Kleinstmaß und zulässige Größtmaß des betreffenden Nennmaßes eingestellt werden **(Bild 2)**.

Die BS-Schieblehre wird zum Einstellen und Prüfen der Messlehren verwendet. Dieses Messzeug besteht aus einem Messstab mit Millimetereinteilung. Auf dem beweglichen und feststellbaren Messschenkel sind mithilfe einer Feineinstellung Zehntelmillimeter ablesbar **(Bild 4, Seite 197)**.

Formenlehren, Eckenlehren und Abstandslehren sind weitere Lehren, die in der Serienfertigung zum Beispiel zum Prüfen von Profilabläufen, Rundungen und Kantenabständen von Nuten und Leisten eingesetzt werden **(Bild 3, Seite 199)**.

Laser-Entfernungsmesser ermitteln Längen optisch durch Aussenden und Empfangen von reflektierenden Lichtstrahlen, zum Beispiel von Laserstrahlen. Sie eignen sich für Längen von 0,50 m bis 50 m. Die Maße werden berührungslos ermittelt und auf dem Display angezeigt **(Bild 3)**.

Interne Speicher ermöglichen umfangreiche Rechenoperationen der gemessenen Werte. So können beispielsweise Raumvolumen oder Winkel anhand gemessener Werte sofort errechnet werden, Messwerte gespeichert oder per Funkübertagung an Zentralrechner gesendet werden.

Toleranzen sind **akzeptable Abweichungen** von Normwerten und Plandaten, die die einwandfreie Funktion eines oder mehrerer Bauteile (gerade noch) gewährleisten. Sie werden bei der Planung zugrunde gelegt und sichern die Austauschbarkeit einzelner Teile sowie das Zusammenspiel aller Teile. In der Holztechnik sind diese in DIN 68100 und DIN 68101 festgelegt. Sie beziehen sich meist auf Längen, Durchmesser und Winkel, aber auch auf Oberflächen. Die in der Toleranz bezeichnete Abweichung vom **Nennmaß** ist eine konstruktions- und fertigungsbedingte Maßgröße und bezeichnet die Differenz zwischen dem oberen und dem unteren **Grenzmaß,** also dem **Höchst- und dem Mindestmaß.** Toleranzangaben können als Faktor des Sollwerts (%), als maximale oder minimale Abweichung vom Sollwert oder als bestimmter erlaubter Bereich (Toleranzfeld) angegeben werden. Maßtoleranzen können **symmetrisch,** z. B. 25 ± 0,1, oder **asymmetrisch,** z. B. 25 +0,4/–0,1, angegeben werden. Asymmetrische Toleranzen mit höherer Obergrenze ermöglichen, dass Abweichungen nicht zum Ausschuss eines Bauteils führen, sondern gegebenenfalls eine Nachbearbeitung ermöglichen.

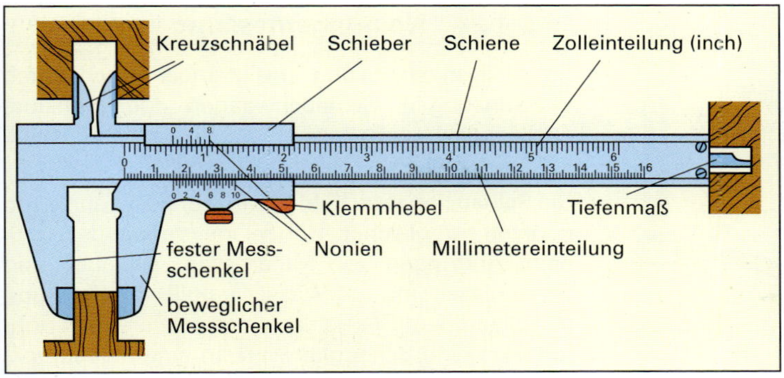

Bild 1: Universal-Messschieber

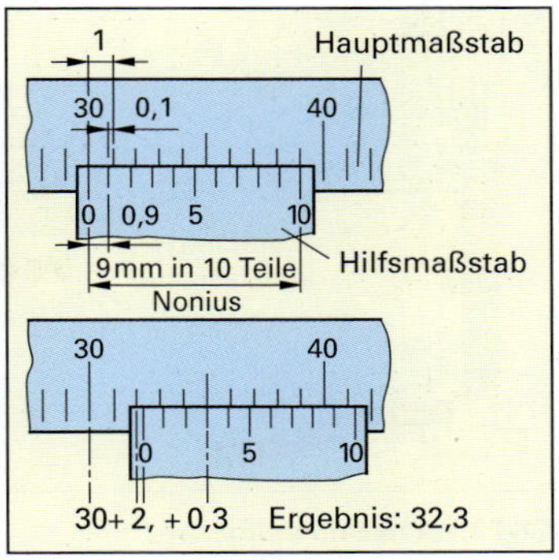

Bild 2: Zehntel-Nonius

Der **Messschieber** (Schieblehre) kann zum Messen von Dicken benutzt werden **(Bild 1)**. Mit ihm können auch kleinere Innen- und Außenmessungen sowie Tiefenmessungen ausgeführt werden. Mithilfe der Noniusteilung ist es möglich, eine Messgenauigkeit von $^1/_{10}$ Millimeter zu erreichen.

Der **Nonius** ist ein Hilfsmaßstab. Beim Zehntel-Nonius sind 9 mm in 10 Teile geteilt **(Bild 2)**. Der Skalenwert des Nonius ist also:

$$9 \text{ mm} : 10 = 0{,}9 \text{ mm} \triangleq 0{,}1 \text{ mm}.$$

Beim Ablesen des Zehntel-Nonius betrachtet man den Nullstrich des Nonius als Komma, das die Ganzen von den Zehnteln trennt. Man liest also zuerst links vom Nullstrich auf dem Hauptmaßstab die vollen Millimeter ab und sucht dann rechts vom Nullstrich den Teilstrich des Nonius, der sich mit einem Teilstrich des Hauptmaßstabes deckt. Dieser gibt dann die Zehntel-Millimeter an.

Messschieber gibt es auch mit Digitalanzeige.

Die **Messuhr** ist ein Dickenmesszeug, das sich besonders zum Messen von Furnieren und Platten bis 30 mm Dicke eignet. Der Messwert kann in Zehntel-Millimetern abgelesen werden **(Bild 4)**.

Das **Einstell-Messgerät** eignet sich für das Einstellen von Maschinenwerkzeugen **(Bild 5)**. Mit ihm können Schnitttiefe und Schnitthöhe der Werkzeugschneiden bei allen Arten von Fräsern und auch Sägen eingestellt werden **(Bild 2, Seite 319)**.

Einstell-Messgeräte gibt es auch mit eingebautem Mikroprozessor und elektronischer Digitalanzeige.

Laser-Messgeräte ermöglichen ein berührungsfreies Vermessen komplizierter Formen im Möbelbau, Innenausbau, Treppenbau und Spezialausbau wie der Ausbau von Yachten. Moderne Geräte lassen sich mit einem Notebook koppeln, sodass das Aufmaß digital und online erfolgt. Aus der Erfassung können gleichzeitig CAD-Pläne in 2D oder 3D erstellt werden **(Bild 6)**.

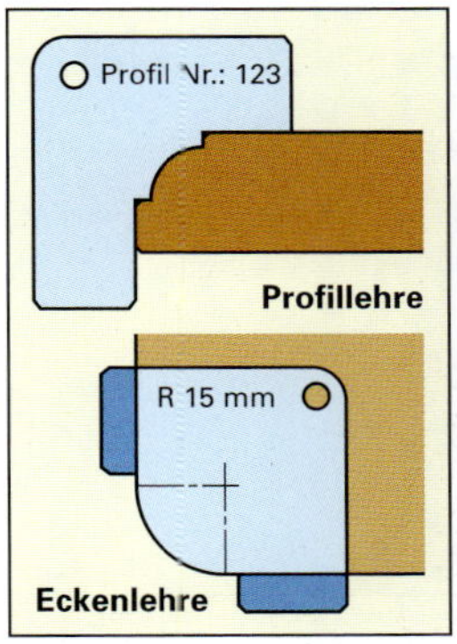

Bild 3: Formlehren

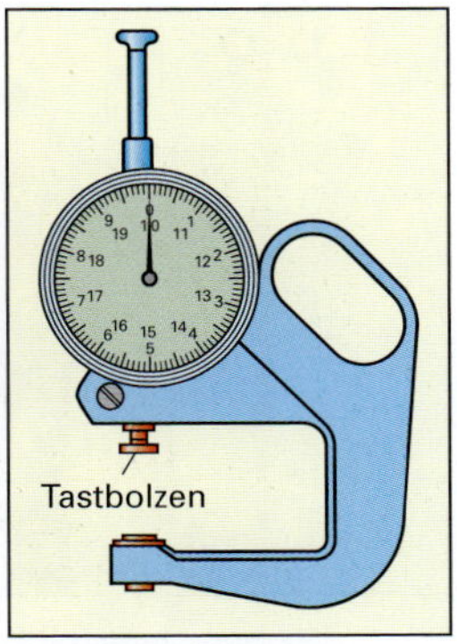

Bild 4: Messuhr

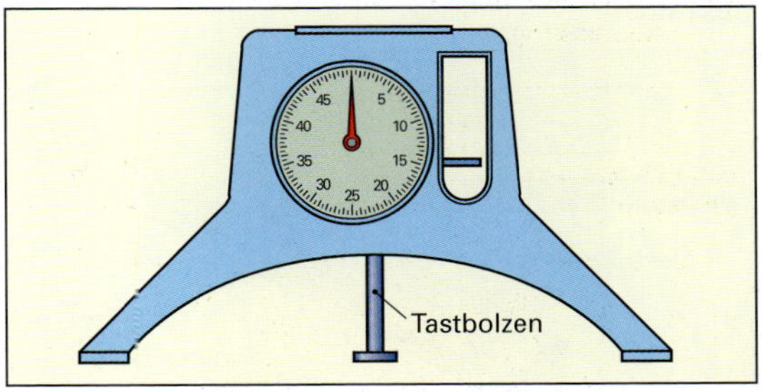

Bild 5: Einstell-Messgerät

Bild 6: Laser-Messgerät mit Notebook

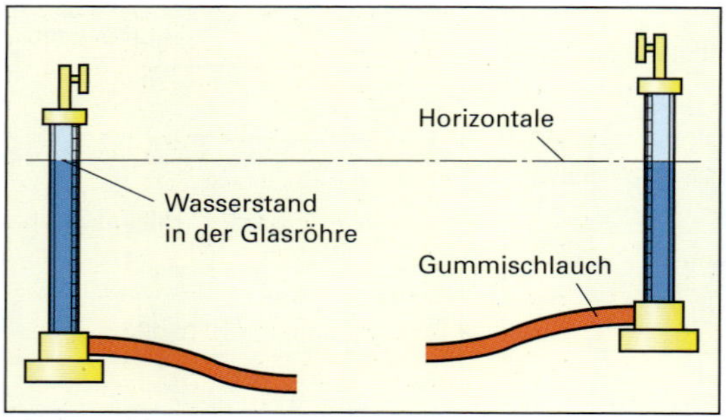

Bild 1: Schlauchwaage

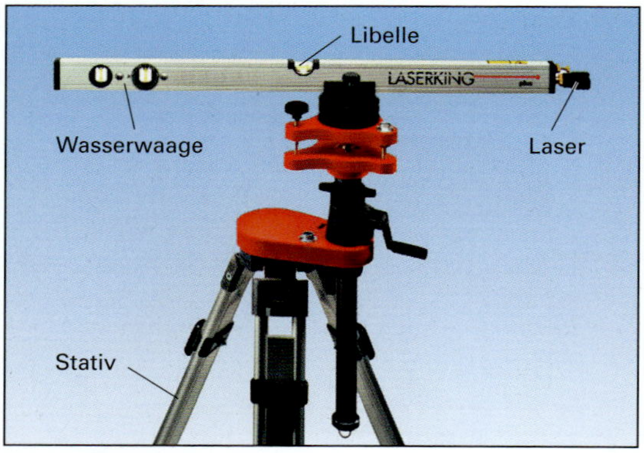

Bild 2: Wasserwaage mit Laser

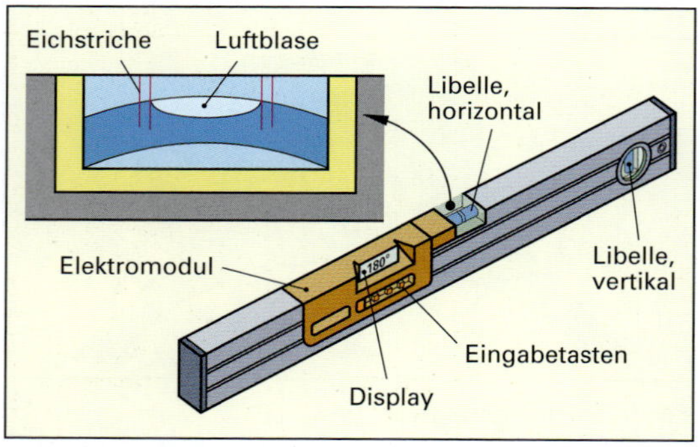

Bild 3: Elektronische und herkömmliche Wasserwaage

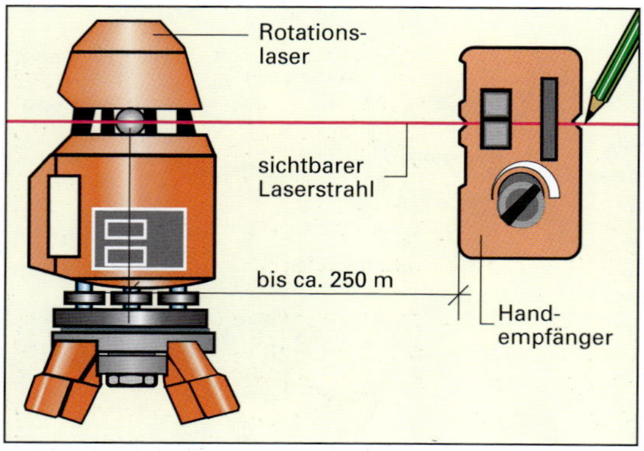

Bild 4: Rotationslaser

3.2.1.2 Neigungsmessung

Die Neigungsmessung erfolgt mechanisch durch Wasserwaagen, Schlauchwaagen oder Senklote oder optisch-elektronisch mit einem Laser-Nivelliergerät oder einer elektronischen Wasserwaage.

Die **Schlauchwaage (Bild 1)** wird zur Festlegung von Punkten in gleicher Höhenlage verwendet, z. B. beim Anbringen von Meterrissen. Schlauch und Schaugläser sind mit Wasser gefüllt. Ihre Funktion beruht auf dem Gesetz der kommunizierenden Röhren. Das eine Schauglas wird an einem Festpunkt angehalten und das andere Schauglas am anderen Ende des Schlauches in der Höhe solange verfahren, bis sich der Wasserspiegel auf die Höhe des Festpunktes einstellt. Bei der Handhabung ist darauf zu achten, dass der Schlauch nicht abgeknickt wird.

Die **Wasserwaage** braucht man zum Prüfen und Ausrichten der waagerechten und senkrechten Lage von Flächen bei Bauarbeiten. Die senkrechte Lage kann auch mittels Senkel (Lot) geprüft werden. Die Wasserwaage legt man auf die zu prüfende Fläche bzw. auf ein Richtscheit. Liegt die Fläche waagerecht bzw. senkrecht, stellt sich die Luftblase in der Libelle zwischen den inneren Markierungsstrichen ein **(Bild 3)**.

Die **Wasserwaage mit eingebautem Laser** kann auf ein Stativ geschraubt werden. Durch den Laserstrahl lassen sich bei ausgerichteter Wasserwaage Höhenmaße wie Meterriss auf die Wände übertragen **(Bild 2)**.

Bei einer **elektronischen Wasserwaage** wird die Luftblasenstellung der Libelle durch Fotozellen erfasst und im elektronischen Messwerk ausgewertet. Die Daten werden im Display angezeigt. Statt einer Libelle können auch runde Sensorgehäuse eingebaut sein, die mit einer geeigneten Flüssigkeit gefüllt sind. Die Lage des Flüssigkeitsspiegels, der sich durch die Drehung im Gerät ja verändert, wird sensorisch erfasst, elektronisch ausgewertet und im Display angezeigt. Bei manchen „elektronischen Wasserwaagen“ lässt sich der gewünschte Neigungswinkel einstellen und bei Erreichen dieses Wertes ertönt ein Signal **(Bild 3)**.

Rotationslaser erzeugen einen bis 800 U/min umlaufenden Laserstrahl, der sich an den Wänden abzeichnet. Die Lasergeräte werden auf ein Stativ gestellt oder an Säulen befestigt. Die Grobhorizontierung des Instruments erfolgt von Hand mithilfe einer Dosenlibelle durch Justierschrauben, die Feinhorizontierung stellt sich automatisch ein **(Bild 4)**. Die Rotationslaser eignen sich für das horizontale Ausrichten von Deckenverkleidungen, von Unterkonstruktionen für abgehängte Rasterdecken und Anbringen von Meterrissen oder durch Schwenken in die Vertikale für das Ausrichten von Trennwänden.

3.2.1.3 Winkelmesszeuge

Zum Messen, Anreißen und Prüfen von Winkeln dienen mechanische Winkelmesszeuge wie Winkelmesser, Winkelmaß, Schmiege und Gehrungsmaß. Es gibt auch Schmiegen mit elektronischer Winkelanzeige.

Zum Messen von Winkeln benutzt man den Winkelmesser **(Bild 2, Seite 175)**. Die für den Tischler wichtigen Winkel von 90° (rechter Winkel) und 45° (Gehrungswinkel) können mithilfe fester Anschlagwinkel geprüft und angerissen werden.

Winkel und Winkelmaß bestehen aus dem Anschlag (Kopfstück) und der Zunge. Anschlag und Zunge bilden einander einen Winkel von 90° **(Bild 1)**. Große Winkel, mit langem Anschlag und langer Zunge, werden auch als Winkelmaß bezeichnet.

Beim **Gehrungsmaß** bildet die Anschlagkante mit der Zungenkante einen Winkel von 45° **(Bild 2)**. Die **Schmiege** hat eine bewegliche Zunge. Sie dient zum Abnehmen, Übertragen und Anreißen beliebig großer Winkel **(Bild 3)**.

Schmiegen mit elektronischer Winkelmessung haben im Drehpunkt der Schenkel ein Messwerk, welches die Winkelpositionen ermittelt und im Display anzeigt. Während mit einer normalen Schmiege die Winkelgröße nur abgegriffen und übertragen werden kann, wird mit der „elektronischen Schmiege“ die Winkelgröße in Grad und Sekunden genau angezeigt.

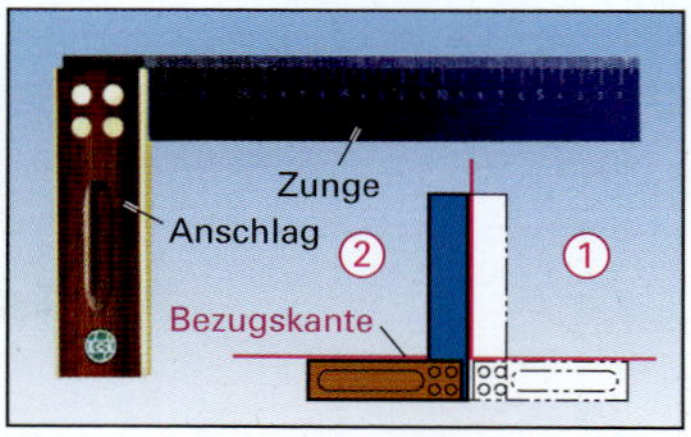

Bild 1: Winkel und Winkelkontrolle

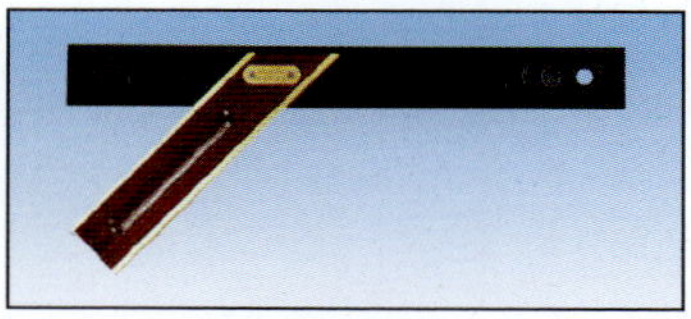

Bild 2: Gehrungsmaß

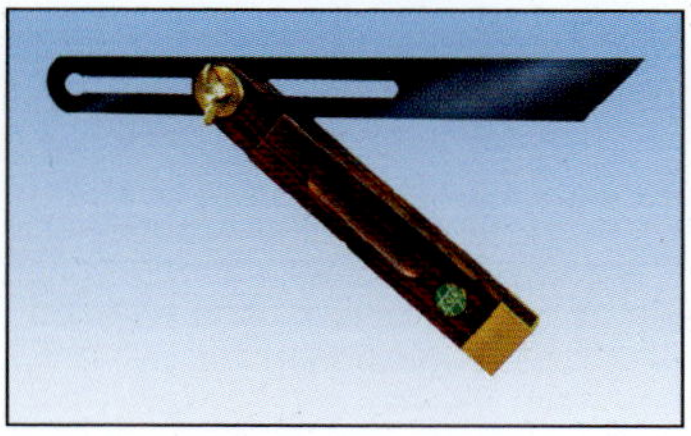

Bild 3: Schmiege

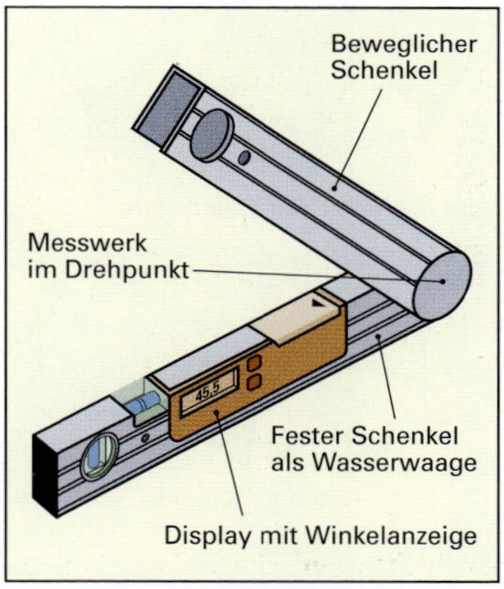

Bild 4: Elektronischer Winkelmesser

3.2.1.4 Anreißwerkzeuge

Das **Streichmaß** verwendet man zum Anreißen von Rissen, die parallel zu einer Kante verlaufen sollen. Beim Anreißen ist der Anschlag des Streichmaßes fest an das Werkstück zu drücken. Es gibt Streichmaße für zwei und für vier Einstellmöglichkeiten **(Bild 5)**.

Der **Spitzbohrer (Bild 6)** ermöglicht einen scharfen Riss. Weil damit die Holzfläche verletzt wird und der Riss schlecht sichtbar ist, wird oft ein scharf gespitzter, harter Bleistift dem Spitzbohrer vorgezogen.

Zirkel werden zum Einteilen von Strecken und Anreißen von Bögen, Kreisen und Ellipsen verwendet. Dazu dienen der kleine **Spitzzirkel (Bild 1, Seite 175)**, der große **Holzzirkel**, der **Stangenzirkel (Bild 3, Seite 175)** sowie der **Ellipsenzirkel**.

Arbeitsregeln

- Beim Messen und Anreißen mit Längenmesszeugen ist das Messmittel fest und vollflächig auf das zu messende oder anzureißende Werkstück aufzulegen.
- Beim Anreißen und Ablesen eines Maßes ist senkrecht vom oder zum Messmittel zu blicken.
- Der Messschieber darf beim Messen nicht verkantet werden.
- Beim Anlegen der Winkelmesszeuge darf der Anschlag nur an ebenen bzw. fluchtenden Werkstückkanten und immer nur an der gleichen Bezugskante angelegt werden.

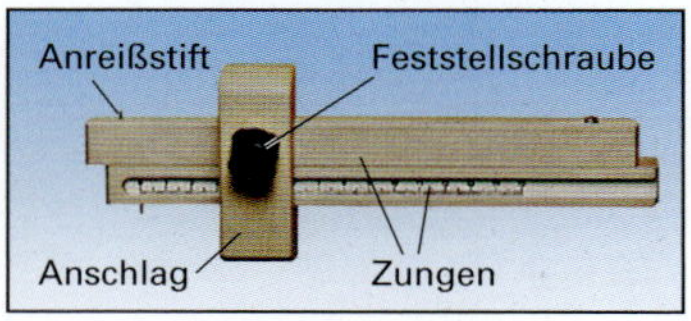

Bild 5: Streichmaß

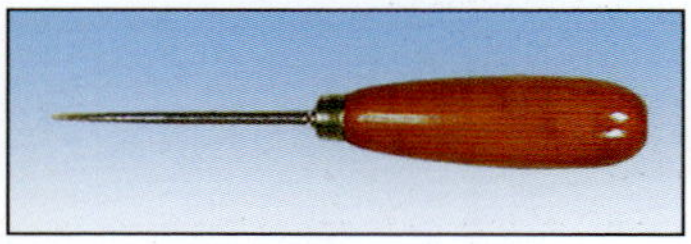

Bild 6: Spitzbohrer

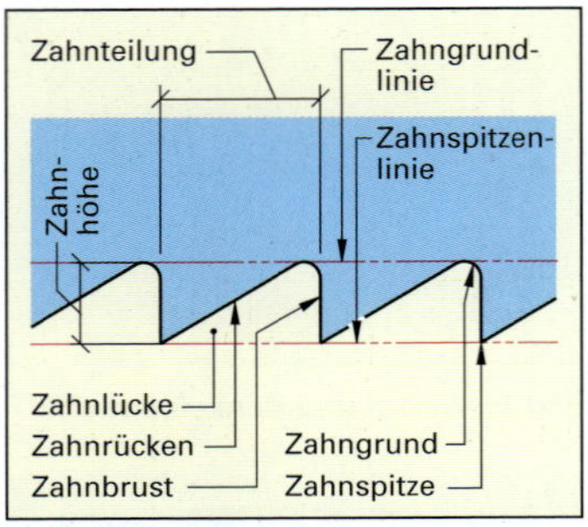

Bild 1: Bezeichnungen am Sägeblatt

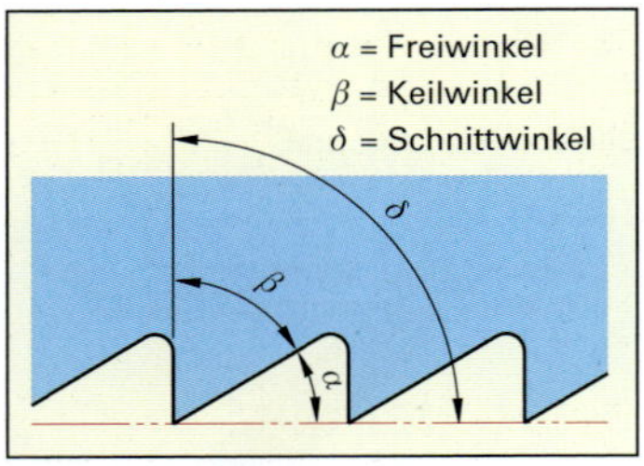

Bild 2: Frei-, Keil- und Schnittwinkel bei Sägezähnen

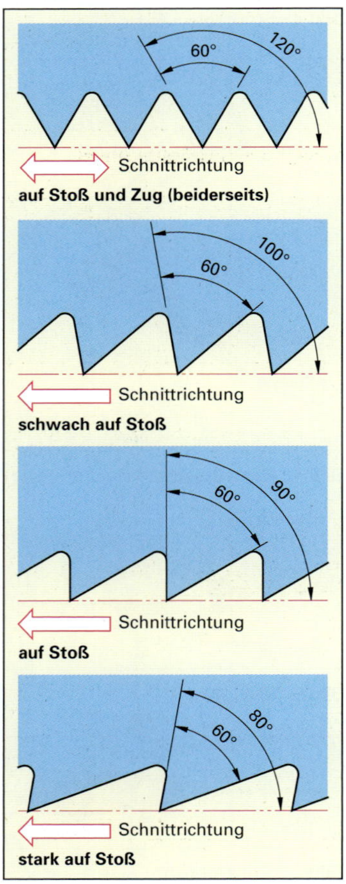

Bild 3: Bezahnungsarten durch verschiedene Schnittwinkel

3.2.2 Werkzeuge zum Sägen

Unter Sägen von Hand versteht man das Abtrennen und Auswerfen kleiner Holzspäne durch Hin- und Herbewegen des Sägeblattes. Sägeblätter können in Gestelle oder Bügel gespannt oder ungespannt mit Heft versehen sein.

3.2.2.1 Sägeblätter und Bezahnung

Sägeblätter sind aus gehärtetem Werkzeugstahl. Sie bestehen aus dem eigentlichen Blatt und den Sägezähnen.

Sägezähne haben die Form von hintereinander gereihten gleich großen Dreiecken, deren Spitzen alle auf einer Linie, der **Zahnspitzenlinie,** liegen. Der der Schnittrichtung entgegengestellte Teil des Sägezahnes wird als **Zahnbrust**, der freischneidende Teil des Zahnes **Zahnrücken** genannt. Unter **Zahnteilung** (Zahnlänge) versteht man die Entfernung von **Zahnspitze** zu Zahnspitze. Die tiefste Stelle zwischen zwei Zähnen heißt **Zahngrund.** Als **Zahnhöhe** bezeichnet man den senkrechten Abstand der Zahnspitzenlinie von der **Zahngrundlinie.** Die **Zahnlücke** (Spanraum) ist der freie Raum zwischen zwei Zähnen **(Bild 1)**.

Der Winkel, der von der Zahnbrust und der Zahnspitzenlinie gebildet wird, heißt **Schnittwinkel.** Zahnbrust und Zahnrücken bilden den **Keilwinkel,** der bei den meisten Handsägen 60° beträgt **(Bild 2).** Den Winkel zwischen Zahnrücken und Zahnspitzenlinie nennt man **Freiwinkel.** Vom Schnittwinkel sowie von der Größe der Zähne hängt die Schnittwirkung der Säge ab.

Ist der Schnittwinkel 120°, die Zahnform demnach ein gleichschenkliges Dreieck, schneidet die Säge sowohl beim Vorwärtsführen als auch beim Zurückführen. Sie arbeitet „auf Stoß und Zug". Mit der Verkleinerung des Schnittwinkels nimmt sowohl die Sägewirkung als auch der erforderliche Kraftaufwand zu. Dabei greift die Säge nur noch beim Vorwärtsstoßen an. Sie arbeitet bei einem Schnittwinkel von etwa 100° „schwach auf Stoß", bei einem Schnittwinkel von 90° „auf Stoß" und bei einem Schnittwinkel unter 90° „stark auf Stoß" **(Bild 3)**. Die Zähne stehen „auf Zug", wenn die Zahnbrust dem Schneidenden zugekehrt ist. Je nach dem Schnittwinkel unterscheidet man die Arbeitsrichtung bei Handsägen in solche **auf Stoß,** in eine solche **auf Zug** und eine solche **auf Stoß und Zug.**

Mit der Größe der Zähne nimmt die Schnittwirkung zu. Was man bei großer Bezahnung an Zeit spart, benötigt man mehr an Kraftaufwand. Außerdem wird der Schnitt grob und unsauber. Wo ein feiner, sauberer Schnitt nötig ist, verwendet man deshalb Sägen mit kleiner Bezahnung.

Die Sägeblätter müssen bei ihrer Verwendung in gerader Flucht gehalten werden, d.h., sie müssen die erforderliche Arbeitssteifigkeit besitzen. Diese wird bei einem Teil der Handsägen durch eine entsprechende Blattdicke oder durch einen aufgesetzten Rücken erreicht. Bei anderen erhalten die Sägeblätter ihre Steifigkeit durch ein Gestell aus Holz oder durch einen vorgespannten Metallbügel, mit deren Hilfe das Sägeblatt gestreckt oder gespannt werden kann.

3.2.2.2 Sägearten

Die wichtigsten Handsägen in Tischlereien sind die Gestellsägen und die Heftsägen.

Gestellsägen

Bei Gestellsägen ist das Sägeblatt mit seinen zwei Angeln und durch die Griffe (Hörner) mit den beiden Sägearmen so verbunden, dass durch Drehen dieser Griffe das Sägeblatt geneigt werden kann. Zur handlichen Führung der Gestellsäge sind die Sägearme an ihrem unteren Teil handlich zugerichtet. Mit einem Spanndraht mit Gewindebolzen und Flügelmutter kann das Sägeblatt gespannt werden. Der mittig eingesetzte Steg steift das Gestell dabei aus **(Bild 1)**.

Zu den Gestellsägen gehören die Spannsägen, Absatzsägen, Schweifsägen und die Schittersägen.

Spannsägen (DIN 7245, Form C) sind 700 mm lang und haben verhältnismäßig große, auf Stoß stehende Sägezähne. Die Spannsägeblätter haben deshalb einen gröberen Schnitt mit einer hohen Schnittleistung. Man verwendet sie zum Zu- und Querschneiden von Schnittholz.

Absatzsägen (DIN 7245, Form D) sind 600 mm oder 700 mm lang. Die Sägezähne der Absatzsägeblätter sind etwa halb so groß wie die der Spannsägeblätter und stehen schwach auf Stoß. Sie eignen sich deshalb für Arbeiten, die einen feinen, sauberen Schnitt verlangen, wie z.B. für das Absetzen von Zapfen und das Anschneiden von Zinken.

Schweifsägen (DIN 7245, Form E) sind Gestellsägen zum Schneiden von Schweifungen. Das Sägeblatt ist nur 4 mm bis 10 mm breit und 600 mm lang und hat kleine Zähne wie die Absatzsäge. Damit auch innerhalb einer Fläche Schnitte möglich sind, ist das Schweifsägeblatt aushängbar **(Bild 2)**.

Schittersägen (DIN 7245, Form G) sind 700 mm oder 800 mm lange Gestellsägen mit Sägeblättern, deren große Bezahnung auf Zug und auf Stoß steht. Man verwendet sie zum Ablängen von Brettern, Bohlen und von Kanthölzern.

Heftsägen

Zu den Heftsägen gehören Feinsägen, die Fuchsschwänze, die Rückensägen, die Gratsägen, die Furnierschneider und Stichsägen.

Feinsägen (DIN 7235, Form A, B, C, E) sind kleine Rückensägen mit besonders feiner Bezahnung. Feinsägezähne stehen schwach auf Stoß. Die Zahnlänge beträgt nur 1,5 mm **(Bild 3)**.

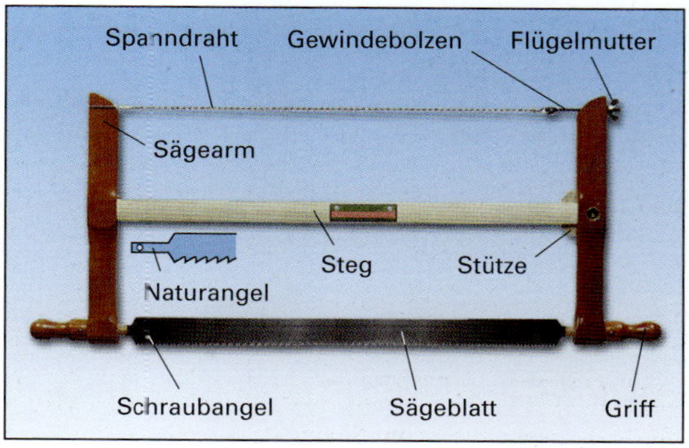

Bild 1: Gestellsäge

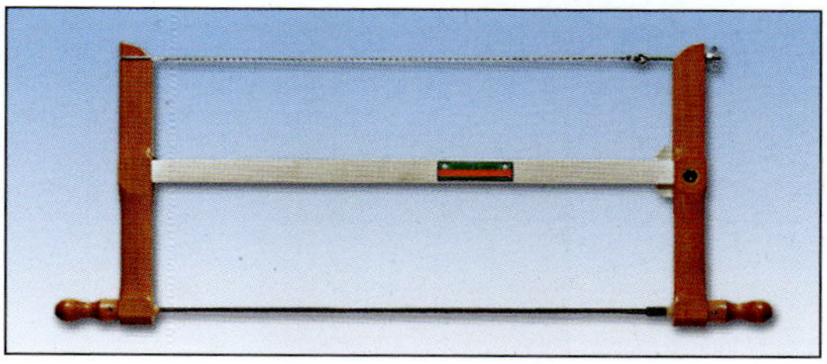

Bild 2: Schweifsäge

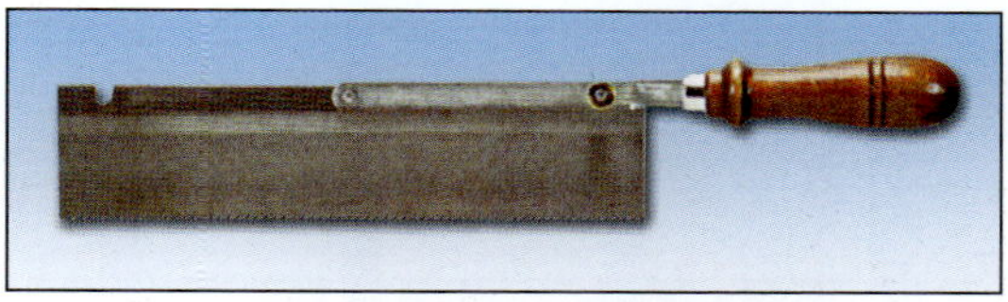

Bild 3: Feinsäge mit umlegbarer gekröpfter Angel

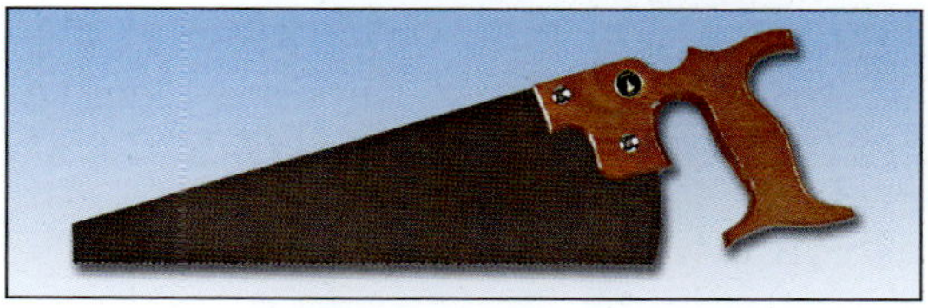

Bild 4: Fuchsschwanz

Bild 5: Rückensäge

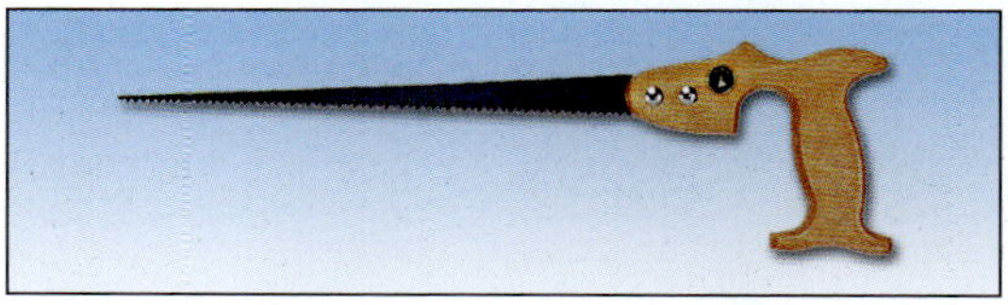

Bild 6: Stichsäge

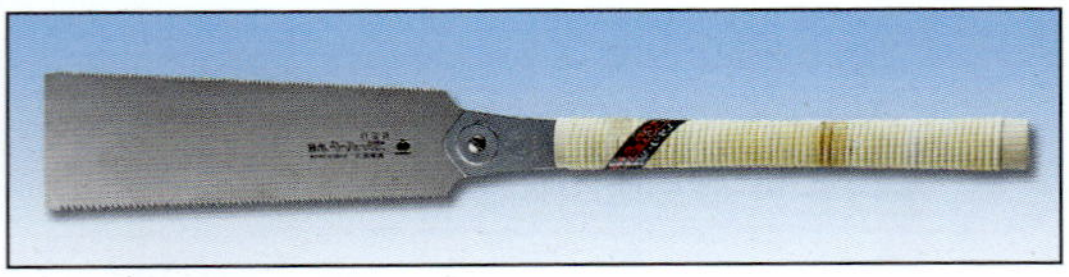

Bild 1: Japanische Feinsäge

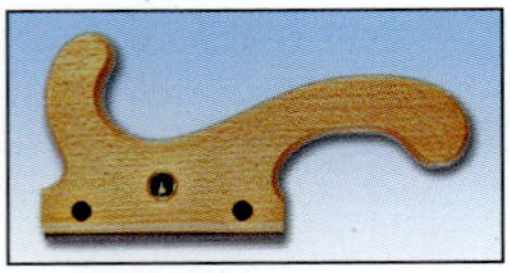

Bild 2: Gratsäge

Bild 3: Furniersäge

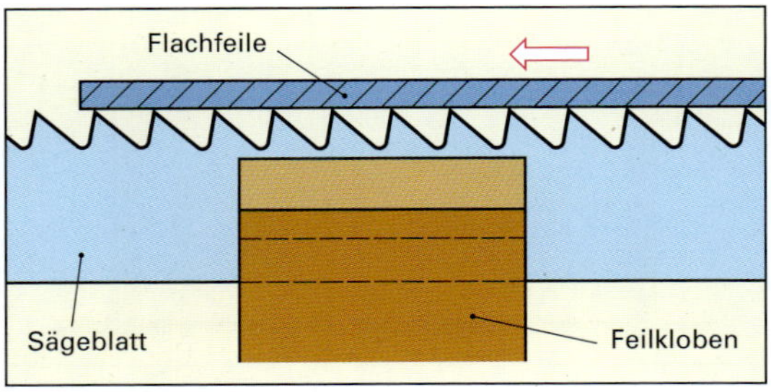

Bild 4: Abrichten der Zahnspitzen

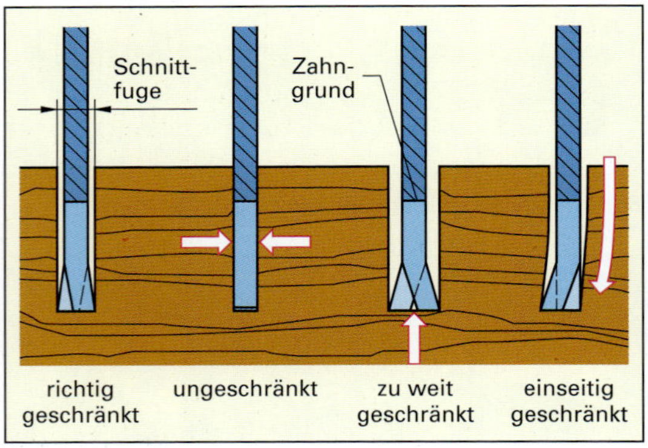

Bild 5: Der Schrank bei Handsägen

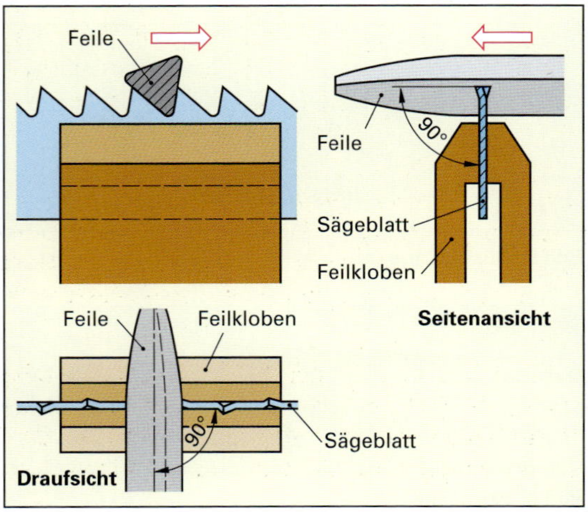

Bild 6: Feilenführung beim Schärfen

Man unterscheidet Feinsägen mit **gerader Angel** (Form A), Feinsägen mit **gekröpfter Angel,** d.h., parallel zum Blatt abgebogener Angel (Form B und C) und **umlegbare** Feinsägen (Form E).

Die rechts oder links gekröpfte Angel ermöglicht ein Führen des Sägeblattes auf ebener Fläche. Bei umlegbaren Feinsägen kann nach Lockerung einer Schraube die Angel von einem Blattende auf das andere umgelegt werden. Die Zähne der umlegbaren Feinsägen sind gleichschenklig, die Säge arbeitet daher auf Zug und auf Stoß **(Bild 3, Seite 203)**.

Japanische Feinsägen haben ein trapezförmiges Sägeblatt mit sehr feiner Bezahnung, die auf Zug wirkt **(Bild 1).** Mit ihr lassen sich sehr feine Schnitte längs und quer zur Faser durchführen. Die breiten Sägeblätter sind im Bereich des Sägeblattkörpers dünner ausgeschmiedet und im Bereich der Sägezähne dicker geschmiedet. Damit erreicht man ohne Schränkung der Zähne einen reibungsarmen Schnitt. Japanische Sägen arbeiten auf Zug, damit können die Sägeblätter dünner gehalten werden, da sie sich beim Ziehen geraderichten; Verstärkungen am Sägeblattrücken können dadurch entfallen. Die Sägezähne sind an der Zahnbrust wechselseitig zur Sägeblattmitte schräg angeschliffen. Damit sind ausrissfreie Sägeschnittflanken möglich.

Die Sägeblätter sind an einem langen Griff befestigt und können, wenn sie stumpf sind, ausgewechselt werden. Japanische Sägen können nicht selber geschärft werden.

Fuchsschwänze (DIN 7244) haben auf Stoß stehende, grobe Zähne. Ihre Steifigkeit erhalten sie durch eine entsprechende Blattdicke. Fuchsschwänze benötigt man vor allem zum Zerteilen großer Platten **(Bild 4, Seite 203)**.

Rückensägen (DIN 7243) erhalten ihre Blattversteifung durch einen „Rücken". Die kleinen, leicht auf Stoß stehenden Zähne ermöglichen einen feinen Schnitt **(Bild 5, Seite 203)**.

Stichsägen (DIN 7258) eignen sich zum Schneiden von Rundungen innerhalb großer Flächen. Sie dienen vor allem zum Erweitern kleiner Öffnungen. Die Zähne sind nicht geschränkt. Damit das Blatt nicht klemmt, ist es am Rücken dünner als an den Zahnspitzen **(Bild 6, Seite 203)**.

Gratsägen sind Handsägen, die ausschließlich auf Zug schneiden. Sie dienen zum Einschneiden der Gratnuten **(Bild 2)**.

Furniersägen haben ein kleines Sägeblatt mit runder Zahnspitzenlinie, die Zähne sind messerartig angeschliffen. Durch den gekröpften Griff ist eine sichere Führung an einem Anschlag möglich. Sie dient zum Ablängen und groben Zuschneiden von Furnieren **(Bild 3)**.

3.2.2.3 Instandhalten von Sägen

Das Sägeblatt muss stets sauber gehalten, vor Rost geschützt, richtig geschränkt und geschärft und, wenn nötig, vor dem Schärfen abgerichtet werden.

Abrichten

Liegen die Zahnspitzen nicht in einer geraden Flucht bzw. sind die Zähne eines Sägeblattes ungleichmäßig, so „hackt“ oder „hüpft“ die Säge beim Schneiden. Eine derartige Bezahnung wird durch Abrichten **(Bild 4, Seite 204)** wieder brauchbar. Die Zahnspitzen des im Feilkloben eingespannten Blattes werden beim Abrichten mittels Flachfeile auf gleiche Höhe und die Zähne danach mittels Dreikantfeile auf gleiche Form gefeilt. Das Abrichten erfolgt vor dem Schränken und Schärfen.

Schränken

Beim Schränken biegt man mit der Schränkzange die Zähne abwechselnd nach rechts und links aus. Das Schränken verbreitert die Schnittfuge über die Dicke des Sägeblattes hinaus. Dadurch wird das Klemmen des Sägeblattes verhindert und durch kleine Korrekturen der Schnittrichtung das genaue Sägen am Riss ermöglicht.

Die Schrankweite darf jedoch nicht mehr als doppelte Blattdicke betragen. Auch muss der Schrank nach beiden Seiten gleichmäßig sein, da sonst die Säge nach der stärker geschränkten Seite verläuft **(Bild 5, Seite 204)**. Die Schranktiefe sollte nur etwa die Hälfte der Zahnhöhe betragen, weil sich sonst am Zahngrund Risse bilden und die Zähne abbrechen können.

Sägen für feinere Arbeiten werden weniger weit geschränkt als solche für grobe Arbeiten. Weiches und feuchtes Holz verlangt weiten Schrank. Sägen, deren Bezahnungszone dicker ist als der Rücken oder mit denen nur eine sehr geringe Schnitttiefe erreicht werden muss, brauchen nicht geschränkt zu werden.

- Für die geplante Sägearbeit wird die passende Säge ausgewählt, z.B. für Längsschnitte Sägen mit großer Sägezahnung auf Stoß oder schwach auf Stoß, für feine und genaue Sägearbeiten, wie z.B. für das Zinken und Schlitzen, Sägen mit feiner Sägezahnung.
- Das zu schneidende Werkstück wird so eingespannt, dass es nicht federn oder dem Sägedruck ausweichen kann.
- Beim Sägen mit der Gestell- oder Spannsäge ist darauf zu achten, dass das Blatt genügend gespannt und nicht in sich verdreht ist.
- Die Säge wird fest angefasst, der Sägeschnitt wird mit mäßigem Anpressdruck durchgeführt.
- Beim Sägen wird die ganze Länge des Sägeblattes ausgenutzt.
- Beim Zurückführen der auf Stoß arbeitenden Sägen darf kein Druck ausgeübt werden.
- Die letzten Sägebewegungen vor der Durchtrennung werden besonders leicht und vorsichtig ausgeführt. Das Einreißen des Holzes wird durch Festhalten oder Unterlegen des abfallenden Stückes verhindert.
- Sägen werden mit einem Schutz der empfindlichen Sägezähne transportiert. Beim Transport oder der Ablage von Gestellsägen unter der Hobelbank wird das entspannte Sägeblatt mit den Zähnen zum Steg verdreht.
- Beim Schärfen der Sägen wird gegen die Stoßrichtung der Zähne gefeilt.
- Das Abrichten der Sägezähne erfolgt vor dem Schränken, das Schränken erfolgt vor dem Schärfen.
- Sägeblätter werden nicht mit den Fingern oder Händen berührt. Handschweiß führt zu Rostbildung auf dem Sägeblatt.
- Handsägen werden so abgelegt, dass die Sägezähne nicht versehentlich mit anderen Metallgegenständen in Berührung kommen.

Schärfen

Das Schärfen geschieht durch Feilen der Zahnbrust und des Zahnrückens mittels **Dreikantfeile**. Das Sägeblatt wird zu diesem Zweck bis nahe der Zahngrundlinie in den **Feilkloben** gespannt. Beim Schärfen ist die waagerecht zu haltenden Feile mit leichtem Druck so zu führen, dass die Zahnränder voll und gleichmäßig erfasst werden. Dabei ist stets gegen die Stoßrichtung der Zähne zu feilen (**Bild 6, Seite 204**). Die Zähne der Stichsäge werden abwechselnd nach rechts und links mit der Dreikantfeile schräg gefeilt.

Die **Furniersäge** wird mit einer kleinen Dreikantfeile geschärft, jedoch nicht geschränkt. Damit eine möglichst dünne Schneide entsteht, spitzt man die Zähne auch in der Dicke an. Das Zuspitzen erfolgt mit einer kleinen Flachfeile auf der dem Griff zugewandten Seite des Blattes. Die dabei entstandene Fase wird mit dem Abziehstein abgezogen. Beim Abziehen ist darauf zu achten, dass die Zähne spitz bleiben. Nach dem Schärfen wird das Blatt am Griff befestigt.

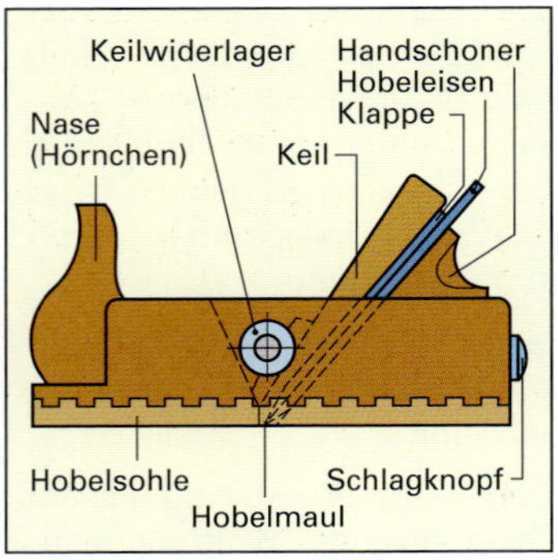

Bild 1: Hobel, Begriffe

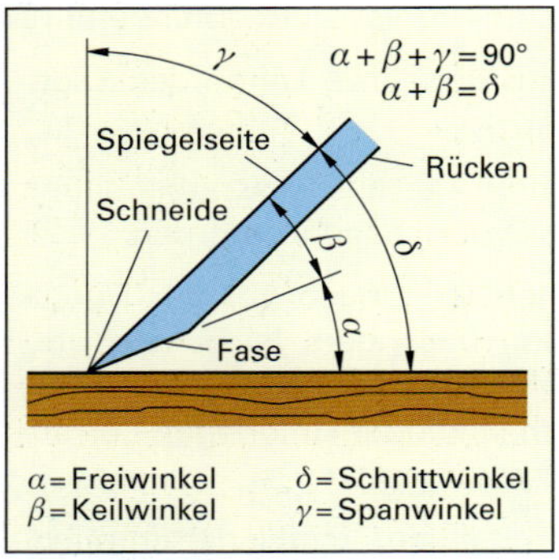

Bild 2: Teile und Winkel an Hobeleisen

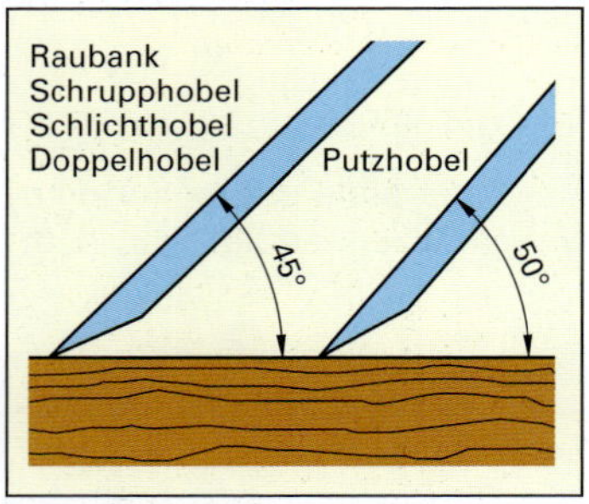

Bild 3: Schnittwinkel bei den Hobeln

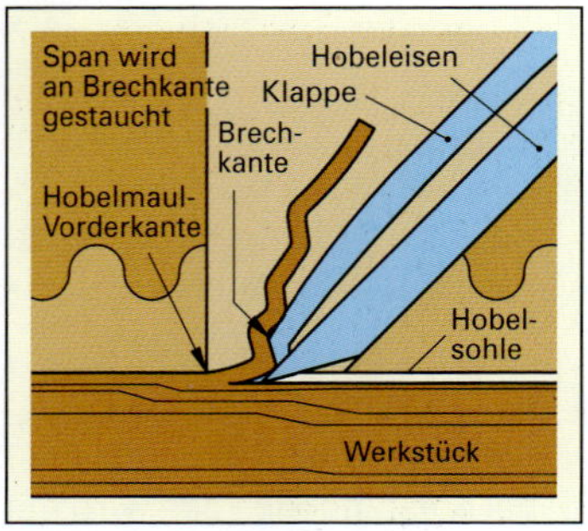

Bild 4: Doppel-Hobeleisen mit Klappe (Keil nicht dargestellt)

3.2.3 Werkzeuge zum Hobeln

Unter Hobeln versteht man das Abtrennen eines Spanes von einer Holzfläche mithilfe eines Hobels.

3.2.3.1 Teile der Hobel

Hobel bestehen in der Regel aus dem Hobelkasten mit dem Spandurchgang oder Maul und Spanloch sowie aus dem Hobeleisen und der Einrichtung zu dessen Befestigung **(Bild 1)**.

Hobeleisen

Hobeleisen sind aus Werkzeugstahl, der in seinem vorderen Teil so gehärtet ist, dass eine abziehfähige, scharfe Schneide angeschliffen werden kann.

Nach der Form unterscheidet man Hobeleisen für Schlicht-, Raubank- und Putzhobel (DIN 5145), Hobeleisen für Schrupphobel (DIN 5146) und Hobeleisen mit Stiel für Sims-, Form- und Falzhobel (DIN 7372). Bei den Hobeleisen gibt es jeweils die Form A, Einfach-Hobeleisen ohne Schlitz, die Form B, Einfach-Hobeleisen mit Schlitz, und die Form C, Doppel-Hobeleisen. Bei den Hobeleisen mit Stiel unterscheidet man die Form A, Einfach-Hobeleisen mit Stiel, und Form D, Doppel-Hobeleisen mit Stiel.

Die vordere Seite des Hobeleisens nennt man die **Spiegelseite.** Die entgegengesetzte Seite bezeichnet man als **Rücken.** Die am unteren Teil angeschliffene Fläche heißt **Fase.** Sie läuft zur Spiegelseite hin als **Schneide** aus **(Bild 2)**.

Für die Schnittleistung eines Hobels sind der Schnittwinkel, der Keilwinkel und der Freiwinkel des Hobeleisens von Bedeutung.

Der **Schnittwinkel** ist bei den einzelnen Hobelarten verschieden. Er beträgt bei der Raubank, bei Schrupphobel, Schlichthobel und Doppelhobel 45° (DIN 5151). Beim Putzhobel und Reformputzhobel 50° **(Bild 3)**. Ausnahme macht der Zahnhobel mit einem Schnittwinkel von 70° bis 80°.

Der **Keilwinkel** soll ungefähr 25° betragen. Vom Keilwinkel hängt die Standzeit der Schneide ab. Ist der Keilwinkel kleiner als 25°, bricht die Schneide, besonders beim Hobeln von Holz mit Ästen, leicht aus. Ein Keilwinkel von mehr als 30° erschwert das Abtrennen von Holzspänen. Als Faustformel gilt: Die Länge der Hobeleisenfase soll etwa das Doppelte der Hobeleisendicke betragen **(Bild 2, Seite 207)**.

Als **Freiwinkel** bezeichnet man den Winkel, den die Fase des Hobeleisens mit der Hobelsohle bildet. Ein Freiwinkel muss immer vorhanden sein, weil sonst die Schneide nicht in die Holzfläche eindringen kann **(Bild 2)**.

Doppel-Hobeleisen

Hobeln mit einem Einfach-Hobeleisen kann oft ein Einreißen des zu hobelnden Holzes nicht verhindern. Deshalb versieht man das Hobeleisen mit einer **Klappe.** Hobeleisen mit Klappe bezeichnet man als Doppelhobeleisen. Die Klappe hat die Aufgabe, den Span unmittelbar hinter der Schneide zu brechen, damit er nicht einreißen kann. Die Klappe erfüllt nur dann ihren Zweck, wenn ihre Vorderkante, die Brechkante, richtig ausgebildet ist. Die Brechkante ist sehr klein und muss einen Winkel von etwa 60° zur Spiegelfläche des Hobeleisens aufweisen **(Bild 4)**. Außerdem muss die Vorderkante der Klappe in der ganzen Breite dicht auf dem Eisen aufliegen, damit sich keine Späne zwischen Klappe und Eisen verkeilen können. Je feiner die Arbeit, desto geringer ist der Abstand der Brechkante zur Hobelschneide. Er beträgt ungefähr 1,0 mm bis 0,5 mm.

Hobelkasten

Der Hobelkasten besteht aus gedämpftem Rotbuchen- oder Obstbaumholz mit einer Sohle aus Weißbuchen- oder Pockholz. Weitere Teile sind die Nase (Hörnchen) sowie der Keil und das Keilwiderlager. Außerdem befindet sich am hinteren Teil des Hobelkastens der Schlagknopf und der Handschutz. In der Mitte der Hobelsohle liegt der Spandurchgang (Hobelmaul). Hobelkasten und Hobelsohle sind miteinander verzahnt und verleimt **(Bild 1, Seite 206)**.

3.2.3.2 Einstellen des Hobels

Der Überstand der Schneide des Hobeleisens gegenüber der Hobelsohle ergibt die Spandicke. Das Einstellen der Spandicke erfolgt durch Hammerschläge auf den Schlagknopf beim Zurücknehmen des Eisens oder durch Schläge auf das Hobeleisen beim Vorstellen des Eisens und durch Sichtkontrolle über die Hobelsohle. Vor der Schneide des Hobeleisens entsteht beim Abtrennen des Hobelspanes im Holz ein vorauseilender Spalt. Um ein zu tiefes Einreißen zu vermeiden, ist die vordere Kante des Spandurchganges nur wenig von der Schneide des Hobeleisens entfernt **(Bild 1)**. Die Kante drückt beim Hobeln auf die Holzfläche, knickt den abgetrennten Span frühzeitig und wirkt wie eine Brechkante. Ist das Hobelmaul zu groß, so wird der Span zu spät gebrochen und reißt tief ein. Die Größe des Hobelspandurchganges muss immer der Hobelart entsprechen. So muss z. B. beim Schrupphobel das Hobelmaul sehr groß, beim Putzhobel aber sehr klein sein.

3.2.3.3 Schärfen des Hobeleisens

Beim Hobeln wird nur mit scharfem Hobeleisen eine gute Fläche erzielt. Ist die Schneide nur wenig stumpf und weist sie keine Scharten auf, so kann sie durch Abziehen wieder geschärft werden. Schartige oder sehr stumpfe Hobeleisen muss man an der Schleifscheibe schleifen.

Schleifen mit Schleifscheiben

Beim Schleifen an einer Schleifscheibe wird das Hobeleisen lose auf eine ebene Auflage gelegt oder in einen Schlitten eingespannt. Während des Schleifens wird das Eisen seitlich an der Schleifscheibe hin- und herbewegt. Beim Schleifen entsteht durch die Reibung Wärme. Deshalb darf nur mit mäßigem Druck geschliffen werden, damit die Schneide nicht blau anläuft und dadurch an Härte verliert **(Bild 4)**.

Abziehen mit Abziehsteinen

Nach dem Schleifen muss das Hobeleisen abgezogen werden. Erst dadurch erhält es die richtige Schärfe. Zum Abziehen von Hand werden natürliche oder künstliche Abziehsteine verwendet **(Bild 5)**. Maschinell können die Eisen auf Läppscheiben abgezogen werden.

Natürliche Abziehsteine sind der Belgische Brocken und der Arkansasstein. Beim **Belgischen Brocken** wird das Abziehen nur unter Ver-

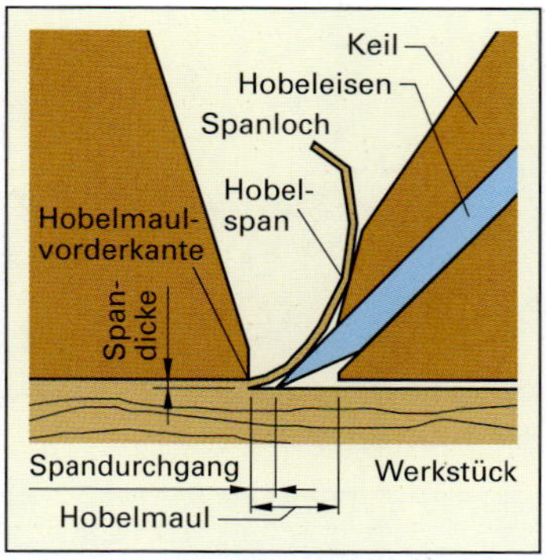

Bild 1: Spanbildung beim Hobeln

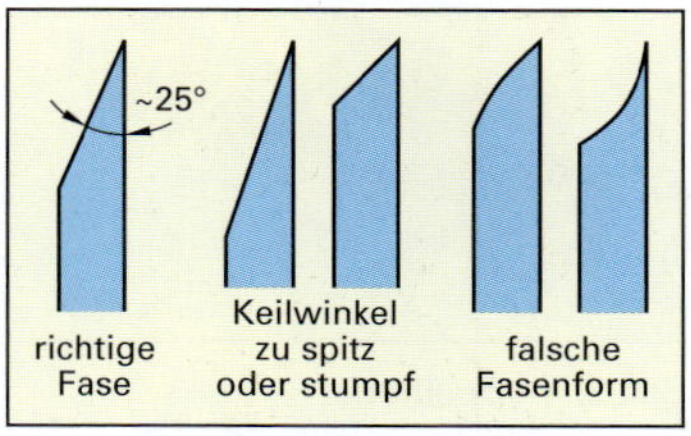

Bild 2: Fasenform

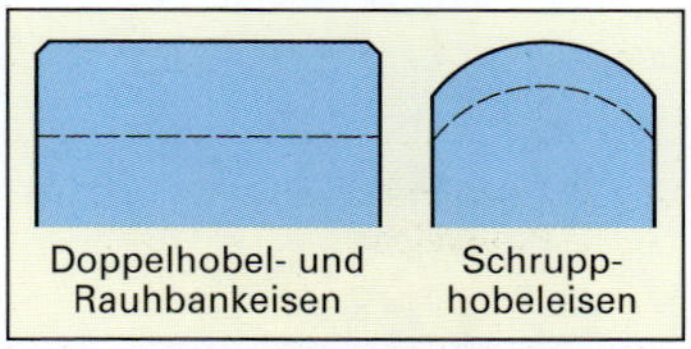

Bild 3: Schneidenformen

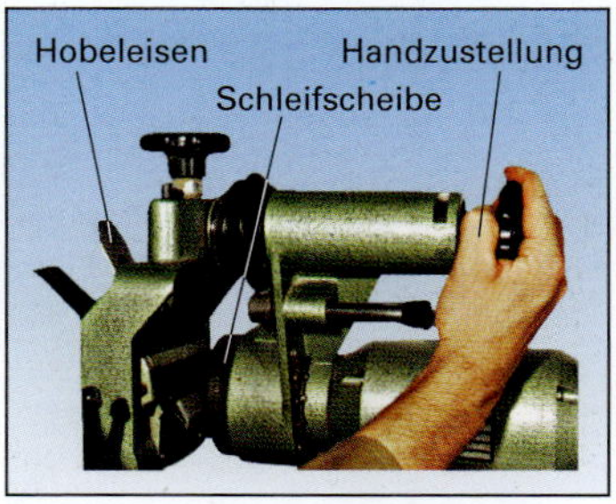

Bild 4: Schleifen eines Hobeleisens an einer Schleifscheibe

Bild 5: Abziehen der Hobeleisen

Bild 1: Schlichthobel

Bild 2: Doppelhobel

Bild 3: Putzhobel

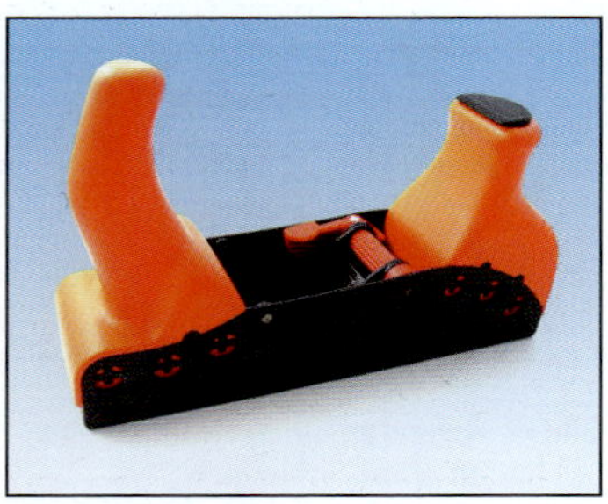

Bild 4: Hobel mit Wechselklinge

Bild 5: Reform-Putzhobel

wendung von Wasser vorgenommen. Beim **Arkansasstein** dagegen wird zum Abziehen ein Gemisch von Petroleum und Öl verwendet.

Künstliche Abziehsteine werden in verschiedenen Feinheitsgraden hergestellt. Manche besitzen eine grob- und eine feinkörnige Seite. Die grobkörnige Seite dient zum Vorabziehen und die feinkörnige Seite zum Feinabziehen. Bei künstlichen Abziehsteinen kann man entweder Wasser oder ein Ölgemisch verwenden.

Beim Abziehen wird die Fase gut aufliegend in kreisender Bewegung solange über den Abziehstein geführt, bis die Fase spiegelblank und der Grat entfernt ist. Die Spiegelseite des Eisens wird nur ab und zu über den Abziehstein geführt, um den Grat aufzurichten und schneller zu entfernen **(Bild 5, Seite 207)**.

Läppscheiben sind Kunststoffscheiben, die sehr feine Schleifmittel enthalten, mit denen die Eisen maschinell abgezogen werden können.

Heute gibt es auch Hobeleisen mit aufgesetzten Wendemessern. Sind diese stumpf, werden sie einmal gewendet und das nächste Mal gegen ein neues, scharfes ausgewechselt.

3.2.3.4 Pflege des Hobels

Um mit einem Hobel eine gute Arbeit zu erzielen, muss die Hobelsohle sauber, vollkommen gerade und eben sein. Bei abgenutzter vorderer Maulkante, bei Riefen und Klebstoffresten auf der Hobelsohle muss diese auf einem über einen Maschinentisch gespannten Schleifband abgerichtet werden. Das zurückgenommene Eisen muss hierbei im Hobelkasten verkeilt sein.

3.2.3.5 Hobelarten

Die wichtigsten Hobelarten des Tischlers sind Putzhobel, Schlichthobel, Doppelhobel, Simshobel und Raubank.

Die **Raubank** (DIN 5145 und DIN 7218) ist ein 550 mm oder 480 mm langer Hobel mit einem 54 mm oder 48 mm breiten Doppel-Hobeleisen. Sie wird verwendet, um ebene Holzflächen, Fugen und gerade Kanten herzustellen. Wegen ihrer Länge eignet sie sich zum Bearbeiten langer Arbeitsstücke **(Bild 6)**.

Der **Doppelhobel** (DIN 7219) ist 240 mm lang und besitzt ein 45 mm oder 48 mm breites Doppel-Hobeleisen. Sein Schnittwinkel beträgt 45° und sein Spandurchgang ist ungefähr 1 mm groß. Der Doppelhobel wird an Stelle der Raubank bei kleineren Werkstücken und zum Bestoßen von Hirnholz verwendet **(Bild 2)**.

Bild 6: Raubank

Der **Putzhobel** (DIN 7220) ist nur 220 mm lang, also kürzer als der Doppelhobel, und besitzt ebenfalls ein 45 mm oder 48 mm breites Doppel-Hobeleisen. Er wird verwendet zum Putzen von Vollholz und furnierten Flächen sowie für feine Einpassarbeiten. Der Schnittwinkel beträgt 50°. Durch die steilere Stellung des Eisens wird das Einreißen des Holzes zusätzlich vermindert **(Bild 3, Seite 208)**.

Metallhobel mit Wechselklingen aus Hartmetall erfüllen weitgehend die Aufgaben von **Reform-Putzhobeln.** Schneidenüberstand und Klappeneinstellung lassen sich über Hebel spielfrei vor- und zurückstellen. Die Hobelmaulöffnung lässt sich beim Reform-Putzhobel einfach verkleinern oder vergrößern **(Bilder 4 und 5, Seite 208)**.

Der **Schlichthobel** (DIN 7311) ist so groß wie der Doppelhobel, aber nur mit einem 45 mm oder 48 mm breiten Einfacheisen (DIN 5145) ausgerüstet. Der Schnittwinkel beträgt wie beim Doppelhobel 45°. Der Spandurchgang ist 1 mm groß. Mit dem Schlichthobel werden raue und unebene Flächen und Kanten eben gehobelt (geschlichtet). Auch zum Bestoßen von Hirnholz ist er geeignet **(Bild 1, Seite 208)**.

Der **Schrupphobel** (DIN 7310) ist 240 mm lang und hat ein 33 mm breites Eisen, dessen Schneide bogenförmig angeschliffen ist. Der Radius ist so groß wie die Eisenbreite. Das Schrupphobeleisen steht beim Hobeln weiter vor als die Eisen anderer Hobelarten und hebt deshalb einen dickeren Span ab. Der Spandurchgang ist entsprechend größer. Der Schrupphobel wird zum Vorhobel stark verformter oder rauer Hölzer und zum Abhobeln dicker Holzschichten verwendet.

Der **Zahnhobel** (DIN 7312) ist so groß wie der Putzhobel und hat ein 48 mm breites Eisen. Sein Schnittwinkel beträgt 70° bis 80°. Dadurch wirkt das Hobeleisen mehr schabend als schneidend. In die Spiegelfläche des Eisens sind kleine Rillen im Abstand von 1 mm eingefräst, die an der Schneide feine Zähnchen bilden. Der Zahnhobel wird zum Aufrauen von Flächen verwendet.

Der **Simshobel** (DIN 7306 und 7307) dient zum Aushobeln und Nachhobeln von Fälzen, Profilen und Profilkanten. Ihn gibt es mit Einfach-Hobeleisen und mit Doppel-Hobeleisen. Beim Doppel-Simshobel lässt sich der vordere Teil der Hobelsohle verstellen. Dadurch kann das Hobelmaul größer bzw. kleiner eingestellt und das Hobeleisen gewechselt werden **(Bild 1)**.

3.2.3.6 Sonderhobel

Sonderhobel können in der Werkstatt vorhanden sein, gehören aber in der Regel nicht in den Standard-Werkzeugsatz des Tischlers. Hierzu gehören unter anderem der verstellbare Falzhobel, der Grathobel, der Nuthobel, der Grundhobel, der Schiffhobel und die Schabhobel.

Der **verstellbare Falzhobel** hat einen verstellbaren Seiten- und Tiefenanschlag. Man kann damit die Breite und die Tiefe des Falzes einstellen. Der Vorschneider verhindert bei Querholz und wimmerigem Holz das Einreißen.

Der **Grathobel** dient zum Anhobeln von Gratfedern. Seine Sohle steht in einem Winkel von 75° bis 80° zur rechten Seitenfläche des Hobels. Eine Anschlagschiene ermöglicht das genaue Einstellen. Der Vorschneider verhindert bei Querholz das Einreißen. Vorschneider und Eisen müssen übereinstimmen **(Bild 2)**.

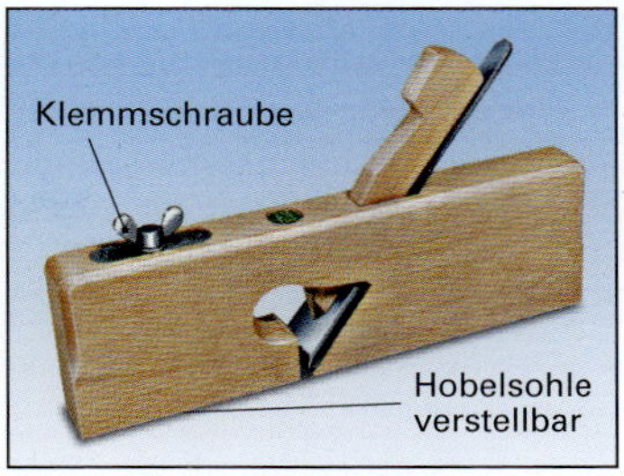

Bild 1: Doppel-Simshobel

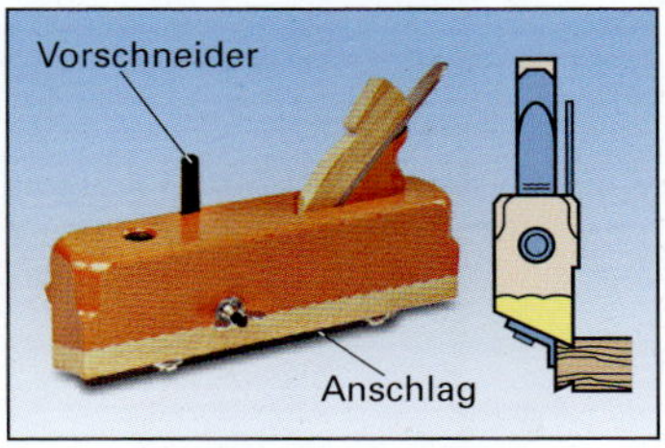

Bild 2: Grathobel

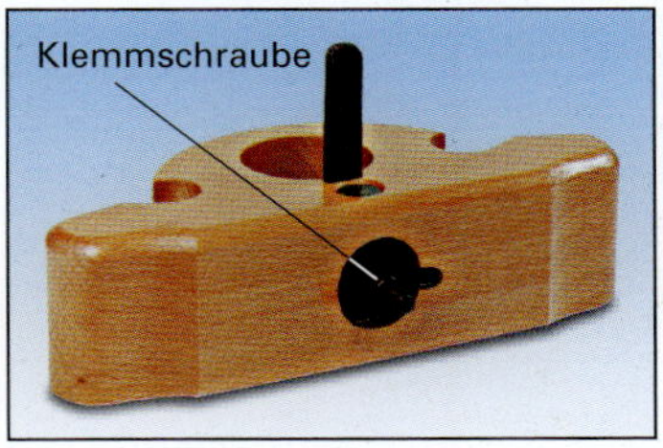

Bild 3: Grundhobel

Bild 4: Schiffhobel

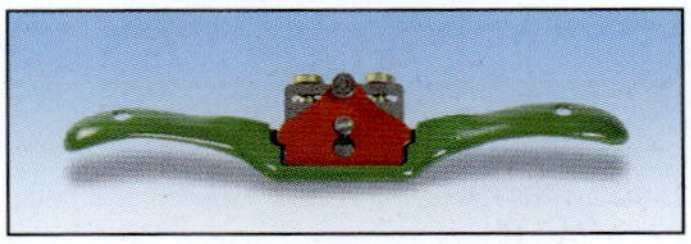

Bild 5: Schabhobel

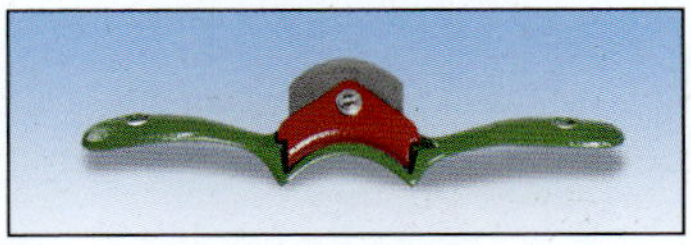

Bild 6: Schabhobel mit hohler Schneide

DIGITAL+

- Für jede Arbeit und Spanabnahme ist der Hobel entsprechend einzustellen.
- Die Hobelsohle ist von Zeit zu Zeit einzufetten.
- Hobeleisen sind rechtzeitig zu schärfen.
- Hobel dürfen nicht auf der Hobelsohle abgestellt, sondern müssen auf die Seite gelegt werden.
- Hobeleisen dürfen nicht übermäßig fest verkeilt werden.

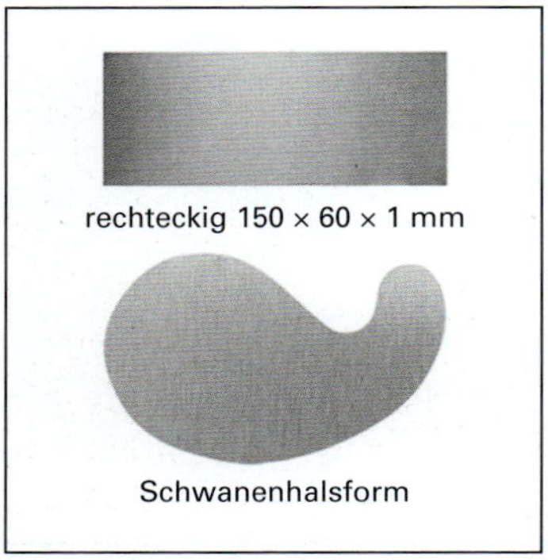

Bild 1: Ziehklingen in verschiedenen Formen

Bild 2: Ziehklingenschaber mit Wechselklinge

Bild 3: Ziehklingenhobel

Bild 4: Leim- und Farbschaber

Mit dem **Nuthobel** lassen sich je nach Breite des eingesetzten Eisens verschieden breite Nuten herstellen. Anschläge ermöglichen die Einstellung der Nuttiefe und der Lage der Nut.

Der **Grundhobel** hat ein 10 mm, 15 mm oder 20 mm breites Eisen. Mit ihm werden der Grund von Nuten wie Gratnuten und der Grund von Ausnehmungen für Beschläge auf die eingestellte Tiefe ausgearbeitet **(Bild 3, Seite 209)**.

Der **Schiffhobel** ist mit Doppeleisen ausgerüstet und besitzt eine konvex und konkav verstellbare Eisensohle. Sie ist durch eine Stellschraube der hohlen oder gebogenen Form des Werkstücks anzupassen **(Bild 4, Seite 209)**.

Der **Schabhobel** hat ein einfaches Eisen. Diesen gibt es mit gerader oder hohler Schneide. Schabhobel mit gerader Schneide benutzt man zum Bearbeiten geschweifter Teile mit engen Radien, den mit hohler Schneide für die Bearbeitung von Rundstäben **(Bilder 5 und 6, Seite 209)**.

3.2.4 Werkzeuge zum Schaben

Werkzeuge zum Schaben sind die Ziehklingen. Sie sind spanabhebende Werkzeuge, bei denen die Spanabnahme durch einen feinen, angezogenen Grat erfolgt.

Einfache Ziehklingen

Die Ziehklinge ist ungefähr 60 mm breit, 150 mm lang und 1 mm bis 3 mm dick. Sie ist aus Werkzeugstahl und eignet sich nur zum Abputzen von Hartholz. Die Ziehklinge dient zum Abputzen ebener und gewölbter Flächen und Kanten sowie zum Putzen von Maserfurnieren und verwachsenem Holz. Außerdem wird sie zum Nachputzen eingerissener Stellen und zum Entfernen kleinster Unebenheiten verwendet. Weil die Ziehklinge mehr schabt als schneidet, raut das Holz, besonders wenn es gebeizt wird, sehr stark auf. Mit der Ziehklinge geputzte Hölzer müssen deshalb gewässert und nochmal nachgeschliffen werden **(Bild 1)**.

Ziehklingen gibt es auch in Schwanenhalsform. Sie eignet sich besonders zum Bearbeiten gewölbter Flächen und großer Profile.

Ziehklingenschaber

Ziehklingenschaber haben einen Holzgriff mit auswechselbarer Stahlklinge. Wenn die Klinge abgestumpft ist, wird eine neue Klinge aus einem Magazin zugeführt. Diese Klingen können nicht nachgeschärft werden **(Bild 2)**.

Ziehklingenhobel

Beim Ziehklingenhobel ist eine Ziehklinge in ein hobelähnliches Gerät eingespannt **(Bild 3)**. Zum Schärfen kann die Klinge einfach und leicht ausgewechselt werden. Der Ziehklingenhobel wird zum Abziehen großer Flächen sowie zum Entfernen von Leimspuren und Papierresten verwendet.

Leimschaber

Leimreste von Flächenverleimungen müssen vor der Weiterverarbeitung und zur Schonung von Maschinen und Werkzeugen entfernt werden. Mit dem Leimschaber werden ausgetretene Leimreste von den Oberflächen geschabt **(Bild 4)**. Gute Ergebnisse erzielt man dabei, wenn diese vor der Aushärtung entfernt werden. Bei der Entfernung ausgehärteter und spröder Leimreste, besteht die Gefahr, dass anhaftendes Holz ausgerissen wird. Hierbei muss auch eine Schutzbrille getragen werden.

3.2.4.1 Schärfen der Ziehklingen

Zum Schärfen der **einfachen Ziehklingen** spannt man eine, besser aber mehrere Klingen, in einen einfachen Holzfeilkloben oder zwischen zwei rechtwinklige Hartholzklötze in die Hobelbank. Die Längskanten der Ziehklinge werden mit einer feinen Flachfeile rechtwinklig gefeilt. Anschließend werden sie solange mit dem Abziehstein in kreisender Bewegung abgezogen, bis kein Feilstrich mehr vorhanden ist und die Kanten vollkommen gerade sind. Zum Schluss werden dann abwechselnd Kanten und Flächen abgezogen, um den entstandenen Grat restlos zu entfernen und Feilstriche zu beseitigen. Zum Anziehen des Schneidgrates legt man die Ziehklinge auf die Hobelbank und streicht mit einem leicht eingefetteten **Ziehklingenstahl** unter Druck einige Male flach über die Fläche **(Bild 1)**. Dadurch werden die Kanten der Ziehklinge etwas verdichtet. Nun rückt man die Ziehklinge über die Hobelbankkante vor, hält sie gut fest und streicht mit der Kante des Ziehklingenstahles unter mäßigem Druck in einem Zug von der vorderen Ecke der Ziehklinge zum Körper, wodurch der Schneidengrat entsteht. Soll ein stärkerer Grat erzielt werden, so wird dieser Vorgang wiederholt **(Bild 2)**.

Ist der Grat durch Benutzen der Ziehklinge abgenutzt, streicht man zum Nachschärfen der Ziehklinge den stumpf gewordenen Grat zuerst mit dem flach aufgelegten Ziehklingenstahl zurück und zieht wie vor beschrieben einen frischen Schneidgrat an.

Der **Ziehklingen-Gratzieher** ist eine Vorrichtung, mit dem an geraden Ziehklingenkanten sicher im vorgeschriebenen Winkel der Schneidgrad angezogen werden kann. Dabei wird die Ziehklinge in die Hobelbank gespannt und der Gratzieher unter leichtem Druck vor- und rückwärts über die Kante der Ziehklinge geführt **(Bild 3)**.

Ziehklinge und Gratzieher bzw. Ziehklingenstahl sind zuvor leicht einzufetten. Beim Einspannen der Ziehklinge in die Hobelbank ist als Zulage ein dicker weicher Lappen zu benutzen.

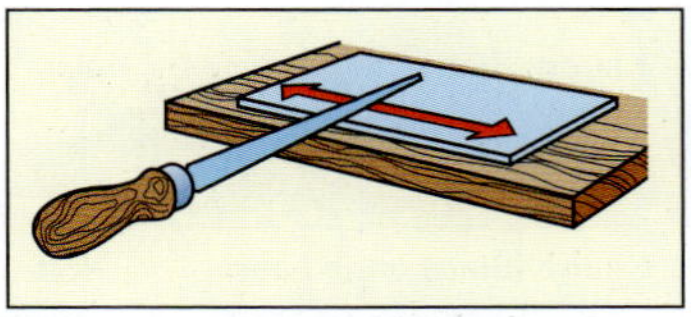

Bild 1: Verdichten der Ziehklingenkante

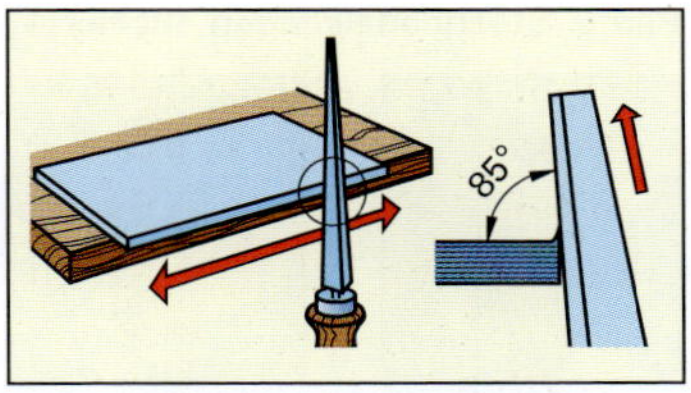

Bild 2: Anziehen des Grates mit dem Ziehklingenstahl

Bild 3: Anziehen des Grates mit dem Gratzieher

- Beim Bearbeiten von Flächen sind nur scharfe Ziehklingen zu verwenden, die einen gardinenfeinen Span erzeugen.
- Ziehklingen eignen sich nur zum Glätten von Harthölzern.
- Die Längskanten der Ziehklinge sind vor dem Anziehen des Grates rechtwinklig zu feilen und abzuziehen.
- Der Ziehklingenstahl ist beim Anziehen des Grates in der richtigen Schräge zu halten.
- Ziehklinge und Ziehklingenstahl bzw. Gratzieher sind für das Anziehen des Grates leicht einzufetten.

3.2.5 Werkzeuge zum Stemmen

Unter Stemmen versteht man das Lostrennen und gegebenenfalls Auswerfen einzelner, grober Späne aus Holz oder Holzwerkstoffen. Die wichtigsten Werkzeuge zum Stemmen sind Stechbeitel, Lochbeitel, Hohlbeitel sowie der Schreinerklüpfel.

Stechbeitel

Stechbeitel dienen vornehmlich zum Ausstemmen von Zinken, Schwalbenschwänzen und Gratnuten sowie zum Einlassen von Be-

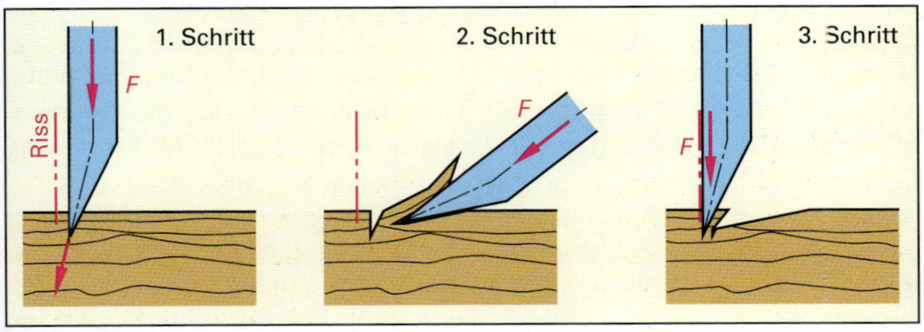

Bild 4: Stemmvorgang

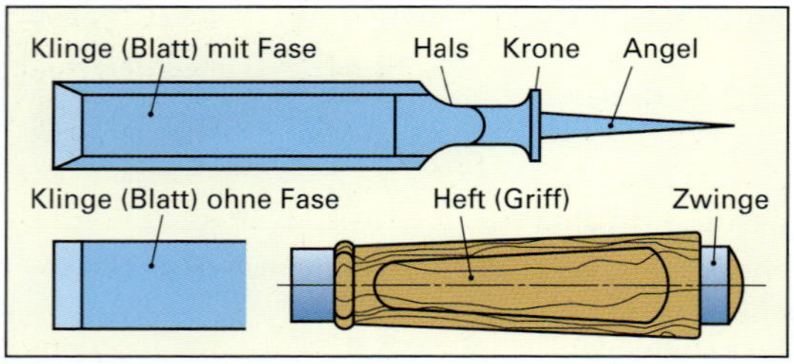

Bild 1: Stechbeitelklingen mit Heft

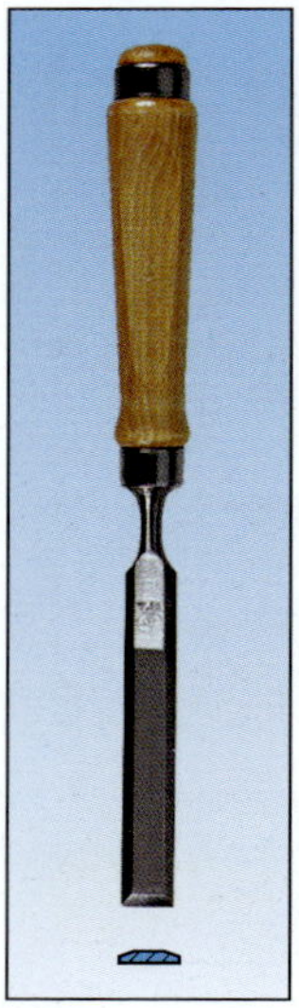

Bild 2: Stechbeitel

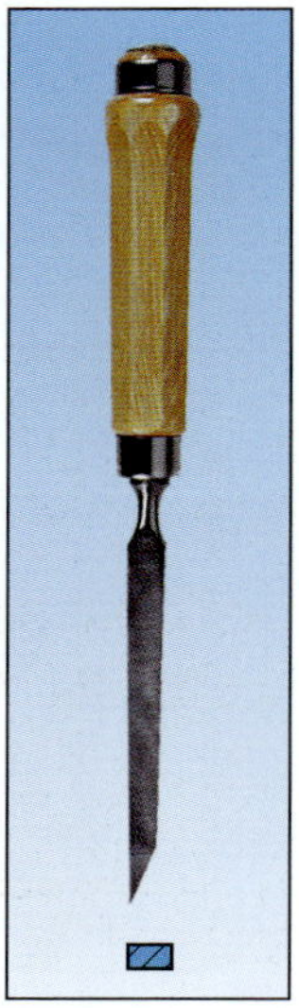

Bild 3: Lochbeitel

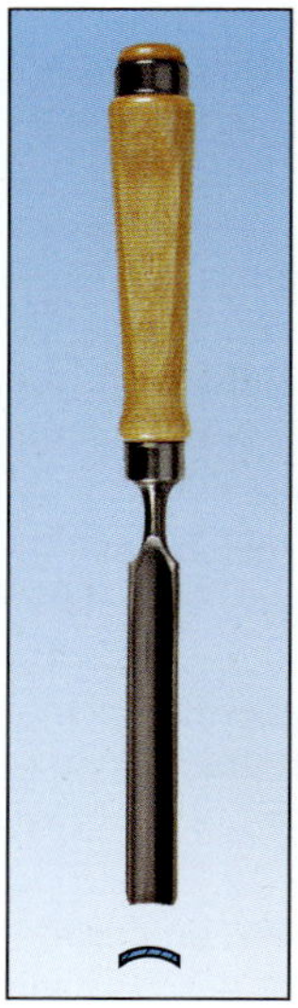

Bild 4: Hohlbeitel

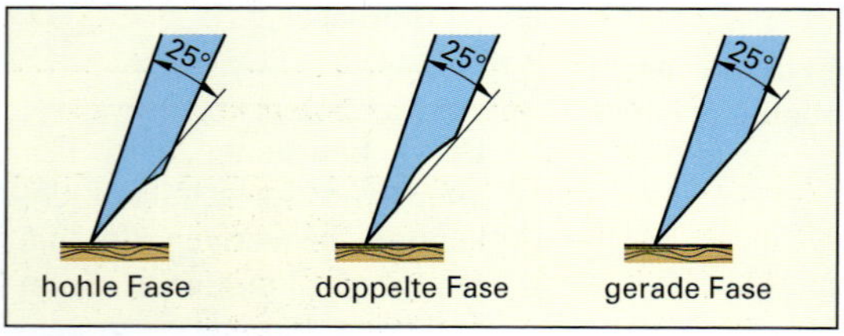

Bild 5: Fasen am Lochbeitel

schlägen. Sie gibt es nach DIN 5139 in Breiten von 3 mm bis 50 mm. In den Bankwerkzeugkästen befindet sich meist nur ein Satz von sechs Stechbeiteln mit den gebräuchlichsten Breiten von 6, 10, 12, 16, 20 und 26 mm.

Stechbeitel bestehen aus der Klinge oder dem Blatt aus Werkzeugstahl, dem Hals, der Krone oder dem Bund, der Angel und dem Heft oder Griff **(Bild 1 und 2)**. Die Klinge kann gerade oder abgeschrägte Kanten haben.

Zum Ausstemmen von Zinken und Schwalbenschwänzen eignen sich besonders Stechbeitel mit seitlich abgeschrägten Kanten, weil mit ihnen die Ecken sauber abgestemmt werden können. Für stärkere Beanspruchung eignen sich Stechbeitel mit rechteckigem Querschnitt. Diese nennt man Stemmbeitel.

Die Krone an der Klinge dient als Anschlag für das Heft. Sie verhindert, dass die Angel beim Stemmen zu tief in das Heft eindringt.

Das Heft besteht aus Weißbuchenholz oder aus Kunststoff. Zwei Zwingen (Metallringe) umschließen oben und unten das Heft. Die untere Zwinge soll verhindern, dass sich das Heft beim Auftreiben auf die Angel spaltet; die obere Zwinge verhindert beim Draufschlagen das Aufspalten des Hefts.

Lochbeitel

Die Lochbeitel **(Bild 3)** werden zum Ausstemmen von Zapfenlöchern verwendet. Ihre Breiten sind nach DIN 5143 genormt und betragen 4 mm bis 26 mm. Die gebräuchlichsten Breiten sind 4, 5, 6, 8, 10, 12, 13 und 16 mm. Die Lochbeitel werden beim Stemmen mehr beansprucht als die Stechbeitel. Die Lochbeitelklingen sind deshalb dicker als breit. Sie sind außerdem seitlich verjüngt. Dadurch gleiten sie besser in das Stemmloch ein und können sich in diesem nicht so leicht festklemmen. Das Heft ist größer und kräftiger als das der Stechbeitel und hat meist einen eisernen Schlagknopf.

Hohlbeitel

Hohlbeitel werden zum Nachstechen von Hohlkehlen und zum Einlassen von runden Beschlagteilen verwendet. Die Klingen der Hohlbeitel sind nach DIN 5142 genormt **(Bild 4)**. Sie haben Breiten von 4 bis 32 mm. Es gibt Hohlbeitel, bei denen die Schneide innen angeschliffen ist (Form A), und solche, bei denen die Schneide außen angeschliffen ist (Form B).

Meißel

Bei den Meißeln unterscheidet man Flachmeißel, Spitzmeißel oder Rundmeißel. Sie bestehen aus Werkzeugstahl und dienen zum Herstellen von Löchern und Aussparungen in Mauerwerk oder Beton. Um beim Arbeiten Verletzungen zu verhüten, muss der „Bart“, der sich durch die Hammerschläge am Meißel bildet, rechtzeitig abgeschliffen werden.

Schreinerklüpfel

Zum Stemmen mit Stechbeiteln und Lochbeiteln wird der Schreinerklüpfel aus Buchenholz verwendet. Dadurch werden die Hefte der Stemmwerkzeuge geschont **(Bild 1, Seite 213)**. Der Bildhauerklüpfel hat einen runden Kopf aus Buchenholz.

3.2.5.1 Schärfen der Stemmwerkzeuge

Beitel werden wie Hobeleisen geschärft. Der günstigste Keilwinkel beträgt 25°. Die Ecken müssen scharfkantig bleiben. Wegen des Eingleitens in das Stemmloch dürfen besonders Lochbeitel nicht hohl geschliffen sein. Außerdem bricht sonst die Schneide leicht aus **(Bild 5, Seite 212)**.

Bei kleinen Schleifscheiben ist es besser, wenn die Lochbeitel an der seitlichen Fläche der Schleifscheibe geschliffen werden, weil dann die Fase gerade wird. Zum Schleifen an der Seite der Schleifscheibe ist eine feste Auflage oder eine besondere Vorrichtung nötig.

Hohlbeitel legt man zum Abziehen auf eine feste Unterlage und zieht mit einem Abziehstein über die Fase. Die hohle Seite muss mit einem kleinen halbrunden Abziehstein abgezogen werden.

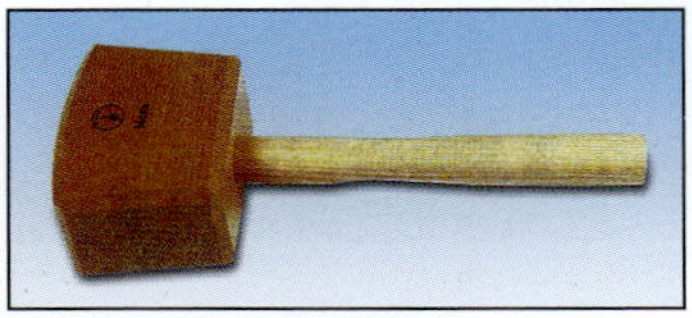

Bild 1: Schreinerklüpfel

- Zum Stemmen ist in der Regel der Klüpfel zu verwenden.
- Beim Transport der Stech-, Loch- und Hohlbeitel sind deren Schneiden zu schützen.
- Stech-, Loch- und Hohlbeitel dürfen an künstlichen Schleifscheiben nur mit mäßigem Druck geschliffen werden.
- Lochbeitel sind mithilfe einer Auflage oder Vorrichtung an der Seitenfläche der Schleifscheibe zu schleifen.

3.2.6 Werkzeuge zum Bohren

Bohren ist ein spanabhebendes Arbeitsverfahren durch sich vorwiegend zentrisch drehende und schneidende Werkzeuge. Man unterscheidet Bohren von Hand und Bohren mit geführten Bohrmaschinen **(Seiten 323 bis 324)**. Zu den Werkzeugen zum Vorbohren von Hand gehören **Spitzbohrer** und **Reibahlen**. Zentrumbohrer, Schlangenbohrer, Spiralbohrer, Forstnerbohrer und Versenker werden ausschließlich mit Handbohrmaschinen verwendet. Zu den Handbohrwerkzeugen können der Tiefensteller und der Dübelanspitzer gerechnet werden).

Spitzbohrer und Reibahlen

Spitzbohrer oder Vorstecher dienen zum Anreißen und zum Vorstechen von kleinen Löchern für kleine Holzschrauben. Reibahlen werden wie Spitzbohrer zum Vorstechen von Löchern eingesetzt Durch Drehen der kantigen Ahle nach dem Vorstechen wird das Loch erweitert **(Bild 2)**.

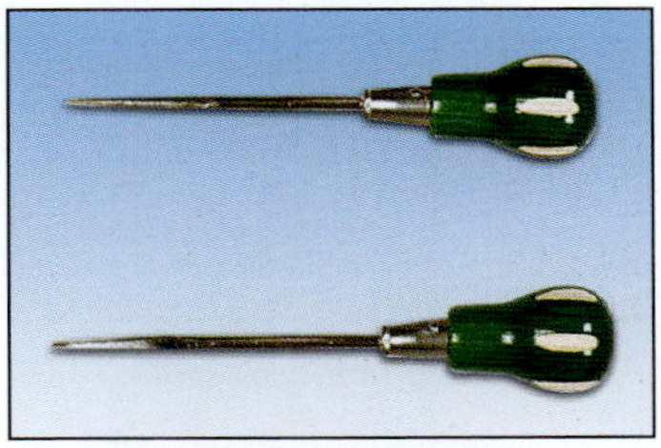

Bild 2: Spitzbohrer und Reibahle

Tiefensteller

Tiefensteller sind Metallringe mit unterschiedlich großen Bohrungen, die auf den Bohrerhalm geschoben und dort durch Verschraubung fixiert werden. Sie erlauben eine variable Begrenzung der Bohrtiefe und werden vorwiegend beim Handbohren verwendet. Beim Aufsetzen auf der Werkstückoberfläche hinterlassen Tiefensteller Spuren, die durch die Verwendung von kugelgelagerten Tiefenstellern für große Bohrerdurchmesser vermieden werden **(Bild 3)**.

Bild 3: Kugelgelagerter Tiefensteller

Dübelanspitzer

Mit Dübelanspitzern werden selbst hergestellte Holzdübel aus Rundmaterial an den Enden angefast und für das erleichterte Eintreiben in die Aufnahmebohrung vorbereitet.

Zentrumbohrer

Zentrumbohrer haben eine Zentrierspitze, einen Vorschneider und einen Spanabheber. Die Spitze erleichtert das genaue Ansetzen des Bohrers im Bohrzentrum und gibt ihm zugleich eine gute Führung. Der Vorschneider schneidet den Lochumfang vor, der Spanabheber trennt die Späne ab.

Zentrumbohrer mit verstellbarem Messer ermöglichen das Bohren von Bohrlöchern, für die keine Bohrer mit festen Durchmessern vorhanden sind **(Bild 4)**.

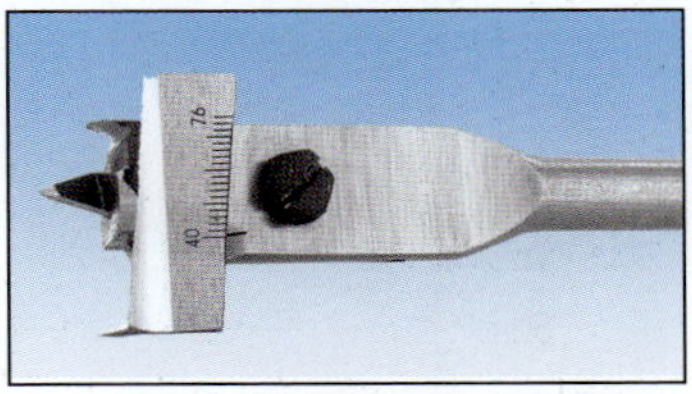

Bild 4: Zentrumbohrer, verstellbar

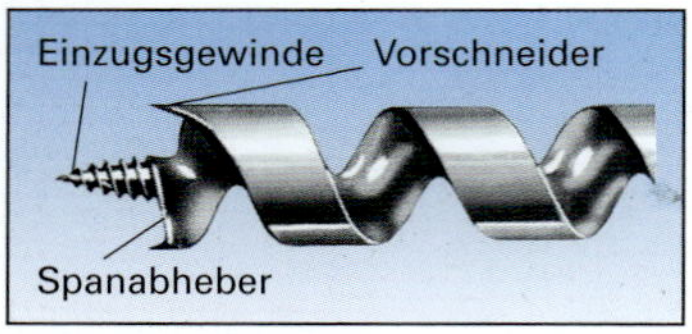

Bild 1: Schlangenbohrer

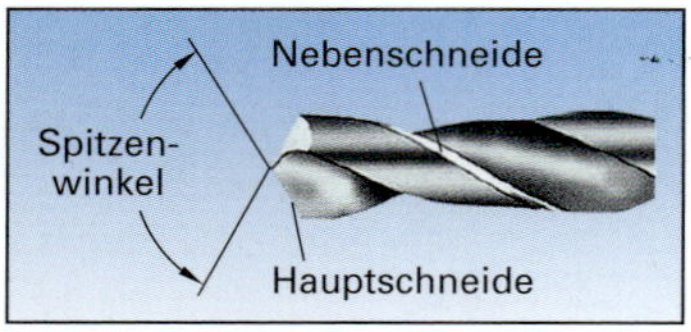

Bild 2: Spiralbohrer mit zwei Spannuten und Dachspitze

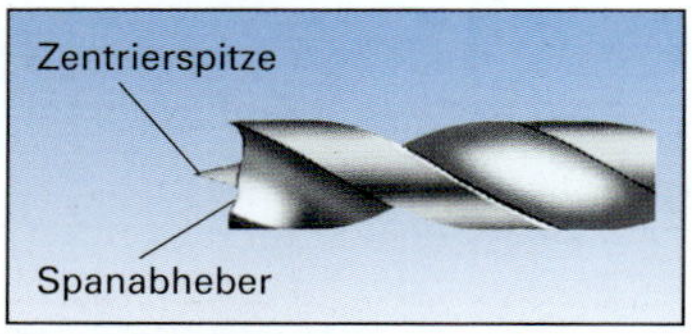

Bild 3: Spiralbohrer mit Zentrierspitze

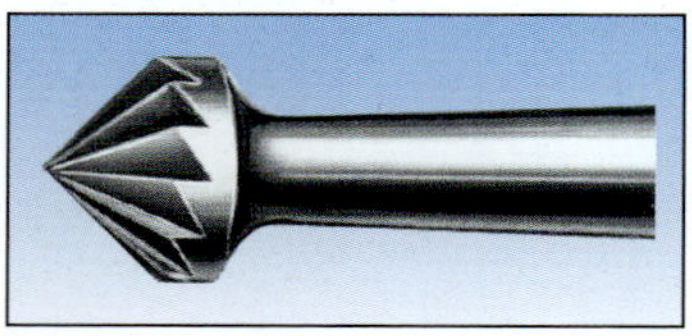
Bild 4: Versenker

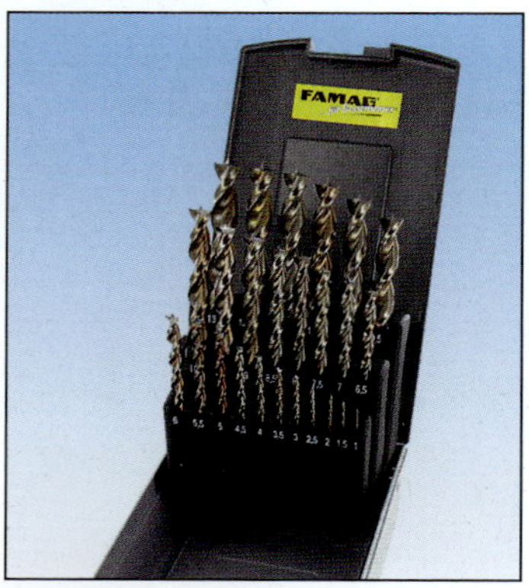

Bild 5: Bohrerkassette

Bild 6: Aufbewahrung von Bohrern

Schlangenbohrer

Schlangenbohrer haben eine Gewindespitze, ein oder zwei Vorschneider und ein oder zwei Spanabheber. Die Transportschlangen fördern die anfallenden Späne selbsttätig aus dem Bohrloch. Sie eignen sich zum Bohren von Hart- und Weichholz und zum Bohren von Hirnholz. Schlangenbohrer heben feine Späne ab und schneiden sich durch die besondere Form der Transportschlange mit sauberer Bohrwandung in das Holz ein **(Bild 1)**. Sie sind besonders gut für tiefe Bohrungen in Weichholz geeignet.

Spiralbohrer

Spiralbohrer teilt man in Spiralbohrer mit einer Spannut und in Spiralbohrer mit zwei Spannuten ein.

Spiralbohrer mit einer Spannut (DIN 7480) besitzen eine eingefräste Spannut zum Auswerfen der abgetrennten Späne. Die Spannut bildet eine Spirale, die an der Bohrerspitze zu einer Schneide zugeschliffen ist. Die Bohrer eignen sich für Weichholz.

Spiralbohrer mit zwei Spannuten (DIN 7487) gibt es mit Dachspitze und mit Zentrierspitze. Bei Spiralbohrern mit Dachspitze **(Bild 2)** sind die Schneiden (Hauptschneiden) in einem der Härte des zu bohrenden Werkstoffes entsprechenden Winkel (Spitzenwinkel) angeschliffen. Der Spitzenwinkel bei Holzbohrern liegt etwa bei 130°, für Metallbohrer bei 118°. Die Wangen der Spannuten sind meist in der Schneidrichtung zu einer Fase angeschliffen. Die Fase wirkt als zweite Schneide (Nebenschneide) zum sauberen Ausschneiden der Bohrlochwandung.

Spiralbohrer mit **Zentrierspitze (Bild 3)** haben neben der Zentrierspitze zwei Vorschneider, zwei Spanabheber und an den Wangen der Spannuten in der Regel eine Nebenschneide. Sie werden zum Bohren von Dübellöchern in Langholz, in Querholz und in Holzwerkstoffen eingesetzt.

Versenker

Versenker, auch Ausreiber oder Krauskopf genannt, haben eine kegelartige Spitze mit mehreren Schneiden. Sie werden zum Ausreiben von Bohrungen verwendet. Der Senkwinkel beträgt 90°. Sie haben einen zylindrischen Schaft für die Aufnahme in Bohrfuttern **(Bild 4)**. Durch ihre schabende Wirkung eignen sie sich ausschließlich für Vollholz. Für die Anwendung in beschichteten Materialien oder Kunststoff und Metall verwendet man Kegelsenker **(siehe Seite 176)**. Diese haben zwei Schneiden, deren Schneidengeometrie ähnlich den Bohrern ist. Bei ihrem Eindringen in die Oberfläche werden Späne angeschnitten. Dies erzeugt eine glatte Oberfläche der Versenkbohrung. Kegelsenker können wegen ihrer fehlenden Zentrumspitze nur bei bereits vorhandenen Bohrungen eingesetzt werden. Bohrersenker werden, ähnlich den Tiefenstellern, am Bohrer befestigt.

3.2.6.1 Pflege der Bohrer

Bei Bohrern sind die Spitzen und die Schneiden besonders empfindlich. Diese Teile dürfen nicht mit Metallgegenständen in Berührung kommen. Deshalb werden Bohrer einzeln in Bohrerkassetten **(Bild 5)** oder Holzklötzen steckend oder in übersichtlichen Aufbewahrungskisten liegend aufbewahrt **(Bild 6)**.

Durch Harz verschmutzte Bohrer sind in Petroleum oder Terpentinöl und heißem Wasser zu reinigen. Dabei darf nicht mit metallenen Gegenständen nachgeholfen werden.

3.2.7 Werkzeuge zum Raspeln und Feilen

Raspeln und Feilen sind spanabhebende Werkzeuge. Sie bestehen aus dem gehärteten Raspel- oder Feilenkörper und aus der ungehärteten Angel. Die Angel ist ein verjüngter Ansatz zum Aufstecken des Griffes (Heftes). Die Länge des Raspel- bzw. Feilenkörpers wird vom Angelansatz bis zur Spitze gemessen **(Bild 1)**.

Raspeln und Feilen unterteilt man nach ihrer Länge, nach der Hiebart, nach der Hiebteilung, nach der Form des Querschnitts und nach der Herstellungsart der Zähne. Im Wesentlichen unterscheiden sich Raspeln und Feilen in der Art der Herstellung der Zähne sowie in ihrer Form.

3.2.7.1 Raspeln

Die in den Raspelkörper eingeschlagenen, versetzt stehenden einzelnen Zähne werden nach Form und Herstellung als Raspel- oder Pockenhieb bezeichnet **(Bild 2)**. Je nach der Zahl der Hiebe, Hiebzahl, unterscheidet man nach DIN 7263 drei Hiebnummern, 1, 2 und 3. Hiebzahl ist die Anzahl der Einhiebe je Quadratzentimeter Raspelfläche. Mit steigender Hiebnummer bei gleicher Raspellänge nimmt die Feinheit der Raspel zu. Nach der Form des Raspelquerschnitts unterscheidet DIN 7263 **flachstumpfe Holzraspeln, halbrunde Holzraspeln, Kabinettraspeln** und **runde Holzraspeln (Bild 3)**.

Sonderformen der Raspel sind die **Treppenbauraspeln**. Sie eignen sich vor allem zum Nacharbeiten von Handlaufkrümmungen bei Treppen. Der Handel bietet auch **gefräste** Raspeln an **(Bild 4)**.

Raspeln gibt es in Längen 150, 200, 250 und 300 mm.

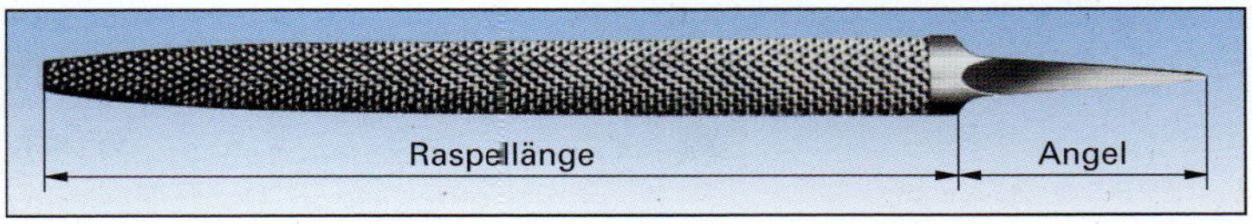

Bild 1: Holzraspel, halbrund

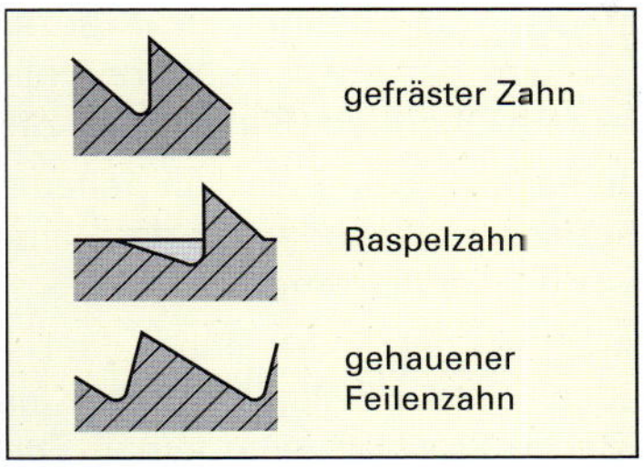

Bild 2: Zahnformen bei Feilen und Raspeln

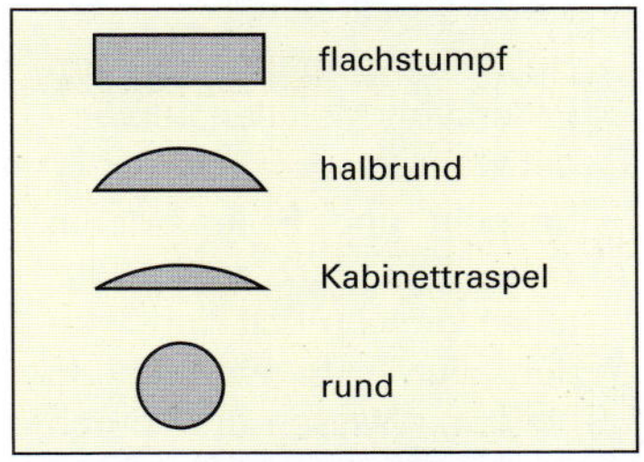

Bild 3: Raspelquerschnitte

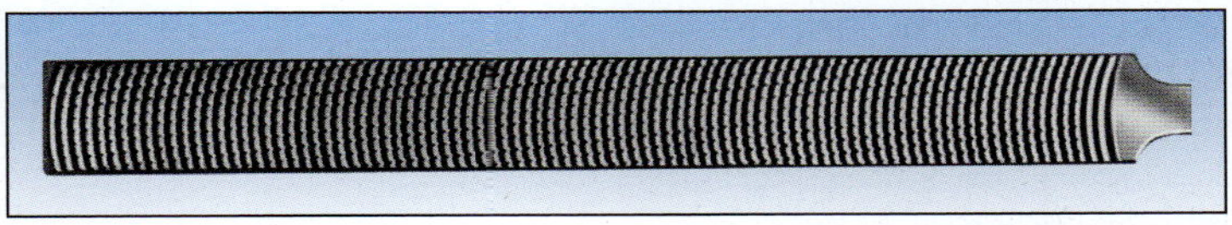

Bild 4: Gefräste Raspel

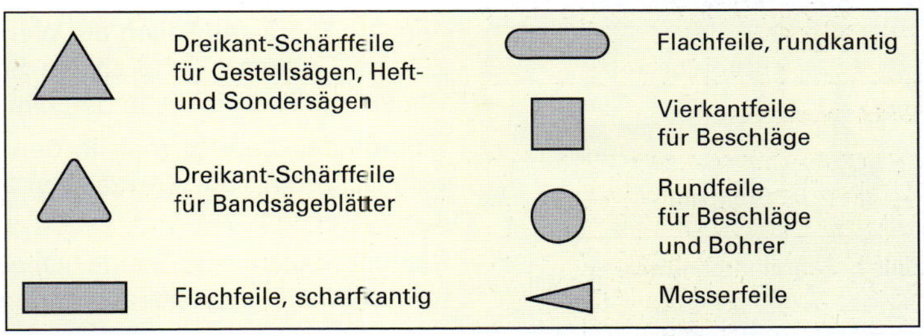

Bild 5: Querschnitte von Feilen

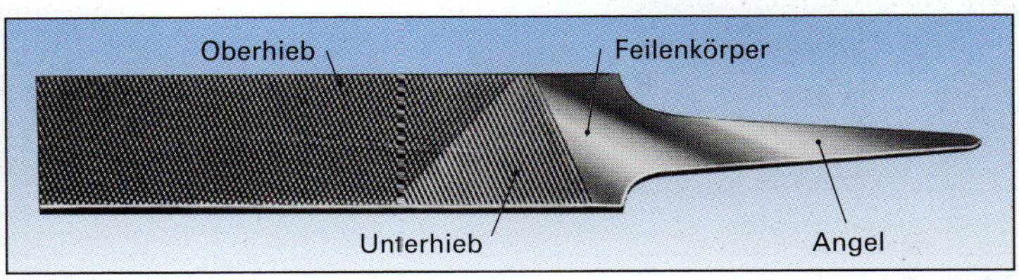

Bild 6: Flachstumpfe, zweihiebige Feile

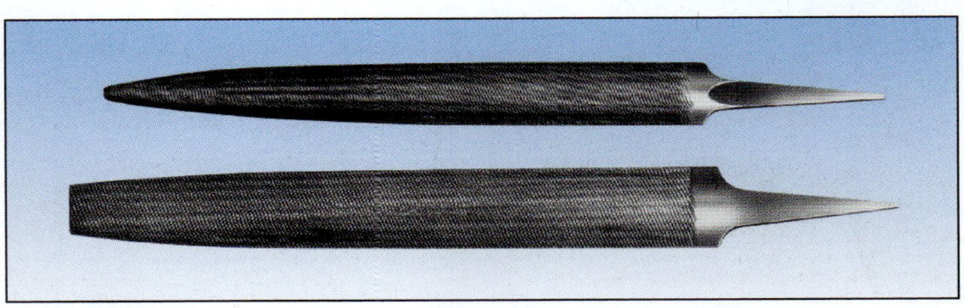

Bild 7: Halbrundfeile und Kabinettfeile

- Die zu bearbeitenden Werkstücke sind so einzuspannen, dass sie nicht federn.
- Raspeln und Feilen müssen ein fest sitzendes Heft haben.
- Auf Raspeln und Feilen ist nur beim Vorwärtsführen Druck auszuüben.
- Holzfeilen dürfen nicht zum Feilen von Metallen verwendet werden.
- Raspeln und Feilen, deren Zähne mit Harz- oder Holzteilen verschmutzt sind, werden durch Einweichen in heißem Wasser und durch Ausbürsten mit einer Wurzelbürste gereinigt.
- Mit Metallspänen verstopfte Feilen sind mit einer Messingbürste zu reinigen.
- Feilen dürfen nie mit ihren Hiebflächen aufeinander gelegt werden.

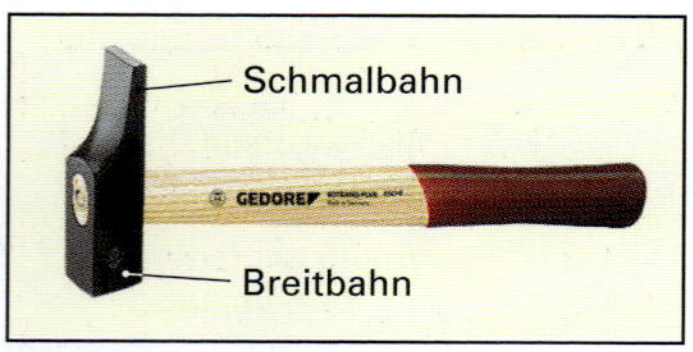

Bild 1: Schreinerhammer

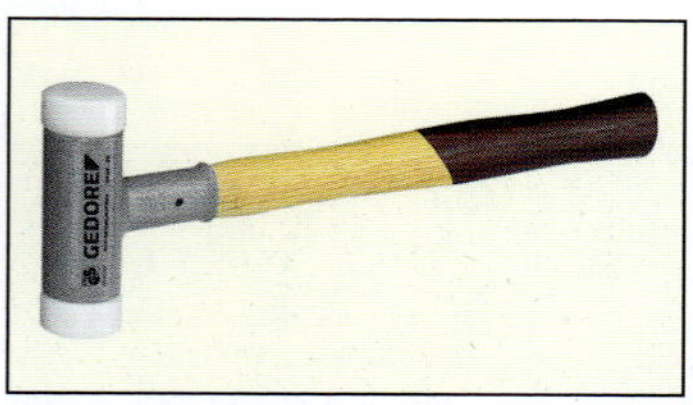

Bild 2: Schonhammer

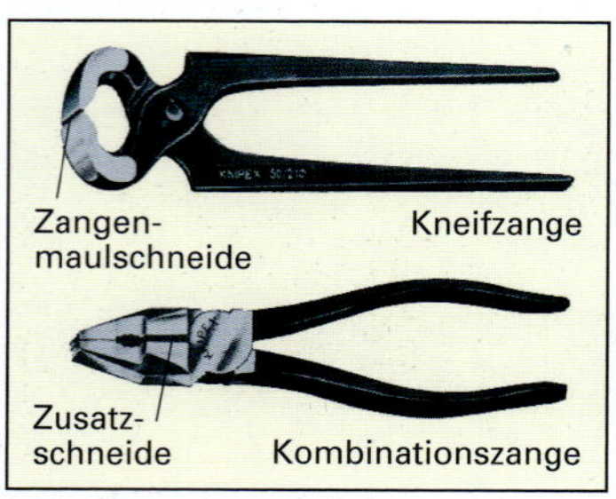

Bild 3: Zangen

3.2.7.2 Feilen

Im Gegensatz zu den einzeln stehenden Raspelhieben der Raspeln haben die Feilen mehr oder weniger zusammenhängende Zahnreihen. Sie werden entweder gehauen oder gefräst. Feilen mit gehauenen Zähnen wirken schabend, solche mit gefrästen Zähnen mit Spanbrechern schneidend. Beide Zahnarten werden als „Hieb" bezeichnet. Es gibt ein- und zweihiebige Feilen. Bei Feilen mit „Einhieb" liegen die Hiebe parallel zueinander. Bei Feilen mit „Zweihieb" liegen die Hiebe kreuzförmig aufeinander (Kreuzhieb). Bei der Herstellung dieser Feilen wird der etwas gröbere Unterhieb gehauen und auf diesen der feinere Oberhieb **(Bild 6, Seite 215)** gesetzt.

Je nach Hiebzahl werden gehauene Feilen mit Hiebnummern 1 bis 4 bezeichnet, seltener mit der Hiebnummer 5. Bei gefrästen Feilen gibt es drei Hiebnummern.

Auch bei den Feilen hängt die Hiebteilung von der Hiebnummer wie auch von der Feilenlänge ab. Kleine Feilen mit gleicher Hiebnummer wie große Feilen sind feiner. Entscheidend ist die Hiebzahl. Sie gibt die Anzahl der Hiebe je 1 cm Feilenlänge in Richtung der Feilenachse an. Feilen gibt es in den Längen 250, 300, 350 und 400 mm.

Für die Bearbeitung von Holz, Kunststoffen, Horn und ähnlichen Werkstoffen eignen sich Kabinettfeilen mit Einhieb. Es sind aber auch Halbrundfeilen mit Einhieb im Gebrauch **(Bild 7, Seite 215)**.

Eine Sonderform der Feilen sind die **Treppenbaufeilen,** die zum Glätten der durch Raspeln grob bearbeiteten, rauen Holzoberfläche verwendet werden.

Für die Bearbeitung von Metallen unterscheidet man neben gehauenen und gefrästen Feilen die Werkstattfeilen und die Präzisionsfeilen. Zu den Letzteren gehören die Schärffeilen und die Schlüsselfeilen. Werkstattfeilen gibt es in den Längen 100 mm bis 350 mm.

Schärffeilen benutzt man in den Holzbearbeitungsbetrieben sowohl zum Schärfen von Werkzeugen als auch zum Nacharbeiten von Beschlagsteilen.

Schlüsselfeilen sind kleine Feilen mit verschiedenen Querschnittsformen. Sie eignen sich besonders für feine Metallfeilarbeiten.

3.2.8 Werkzeuge zum Nageln und Schrauben

3.2.8.1 Hammer

Der Hammer besteht aus einem Stahlkörper mit einer Breit- und einer Schmalbahn (Finne) sowie einem ovalen, nach vorn verjüngten Stiel aus Eschenholz. Der Stiel ist genau in die Bohrung des Stahlkörpers eingepasst und durch einen eingeleimten Holzkeil oder durch einen Patentstahlkeil gesichert **(Bild 1)**. Schonhämmer oder Gummihämmer eignen sich besonders für Montagearbeiten. Die ballige oder weiche Schlagfläche vermeidet Beschädigungen an empfindlichen Oberflächen **(Bild 2)**.

3.2.8.2 Zangen

Zu den gebräuchlichsten Zangen gehören die Kneifzange und die Kombinationszange. Die Kneifzange dient vor allem zum Herausziehen von Nägeln. Ist das Zangenmaul beschädigt oder stumpf, so lässt sich die Zange durch fachgerechtes Feilen wieder Instandsetzen **(Bild 3)**.

Bei der **Kombinationszange** sind die Greifflächen gezahnt. Man verwendet sie vorwiegend zum Umbiegen von dünnen Metallteilen, zum Festhalten von Rundkörpern sowie mithilfe ihrer Zusatzschneiden zum Abzwicken von kleineren Nägeln und Schrauben **(Bild 3, Seite 216)**.

3.2.8.3 Schraubendreher

Der Schraubendreher besteht aus der Klinge und dem Heft **(Bild 1)**. Die Klinge ist entweder auswechselbar oder mit dem Heft und der Zwinge vernietet. Manchmal geht sie durch das ganze Heft und besitzt an ihrem hinteren Ende einen Schlagknopf. Damit die Schlitze der Schrauben durch den Schraubendreher nicht beschädigt werden, muss die Klinge die richtige Breite haben und flach (nicht keilförmig) angeschliffen sein. Sie soll möglichst fest im Schraubenschlitz sitzen. Schlitzschrauben haben den Nachteil, dass das Werkzeug zum Schrauben im Schraubenkopf nicht auf die Schraubenachse zentriert wird. Deshalb werden heute überwiegend Kreuzschlitzschrauben oder Innenvierkantschrauben verwendet. Für diese Schrauben eignen sich Schraubendreher, bei denen die Klingen dem jeweiligen Verwendungszweck durch Auswechseln angepasst werden können **(Bild 2)**. Diese Wechseleinsätze nennt man **Bits (Bild 3)**, die dazu passende Öffnung im Schraubenkopf nennt man **Antrieb**. Im Grundsatz unterscheidet man **Kreuzschlitzantriebe** (System Philips und Pozidriv), **Innensechskantantriebe** (System Inbus) und **Innenvielzahnantriebe** (System Torx, AW, Sit u.a.). Bei den Innenvielzahnantrieben unterscheidet man wiederum gerade Formen, die geringe Auswurfkräfte beim Drehen erzeugen, und konische Formen, bei denen das Ansetzen des Bits erleichtert wird.

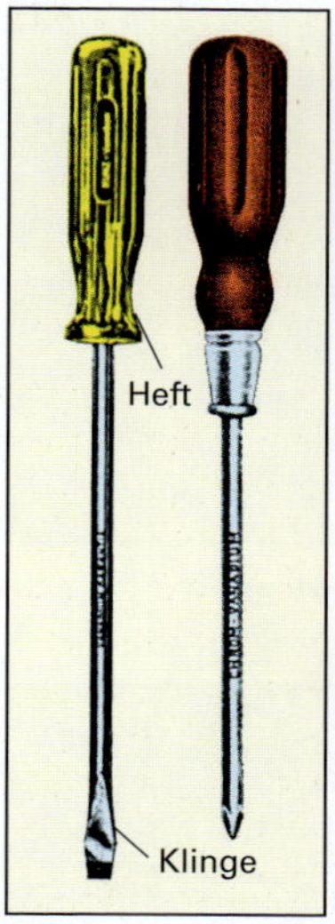

Bild 1: Schraubendreher

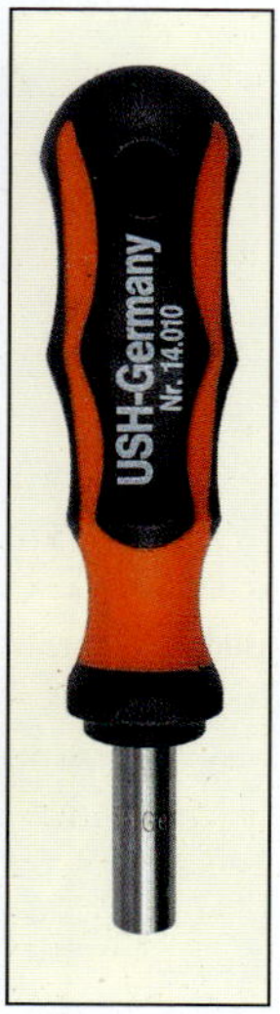

Bild 2: Schraubendreher mit Bit-Adapter

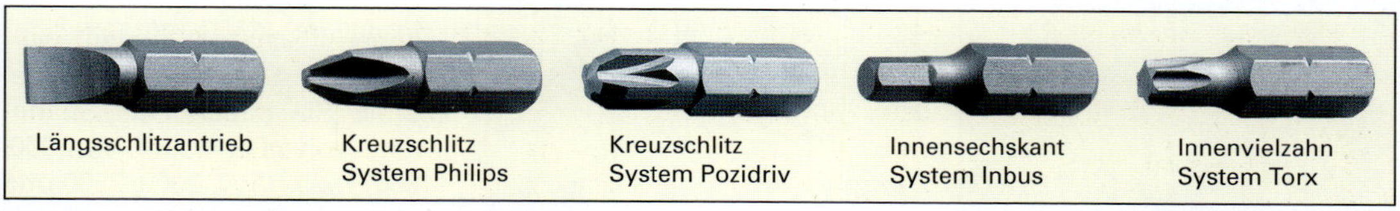

Bild 3: Verschiedene Schraubklingen-Formen, Bits

3.2.8.4 Elektro- und Akku-Schrauber

Rationelle Fertigungs- und Montageverfahren erfordern Maschinen und Werkzeuge mit denen Schrauben sicher und schnell eingedreht und auch wieder gelöst werden können. Hierfür werden elektrisch betriebene Handmaschinen eingesetzt, bei denen Drehfrequenz, Drehmoment und Drehrichtung dem Einsatzzweck angepasst werden können. Diese Arbeiten können mit stromnetzunabhängig betriebenen Akku-Schraubern auch dann ausgeführt werden, wenn kein Stromnetz zur Verfügung steht oder der Einsatz von netzstrombetriebenen Schrauben aufgrund von Feuchtigkeit ausgeschlossen ist **(Seiten 292 und 293)**. Meist besitzen diese Schrauber ein Bohrfutter, in das Bohrwerkzeuge, aber auch die verschiedenen Bits **(Bild 3)** für den Schraubenantrieb eingesetzt werden können. Das Drehmoment ist auf verschiedene Größen (von 28 N/m bis 60 N/m) einstellbar. Die Drehzahl kann mit dem Schalter stufenlos geregelt werden. Rechts- und Linkslauf ist einstellbar. Der aufladbare Akku kann schnell gewechselt werden **(Bild 4)**. Manche Akku-Schrauber sind zusätzlich mit einer Beleuchtung zur Arbeitsfläche hin ausgestattet.

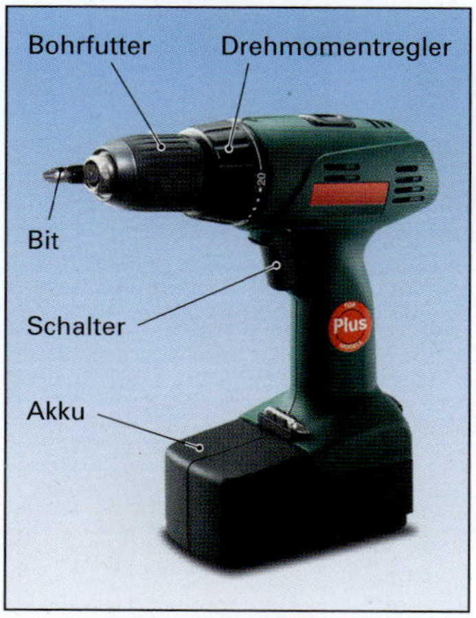

Bild 4: Akku-Schrauber und Akku-Bohrmaschine

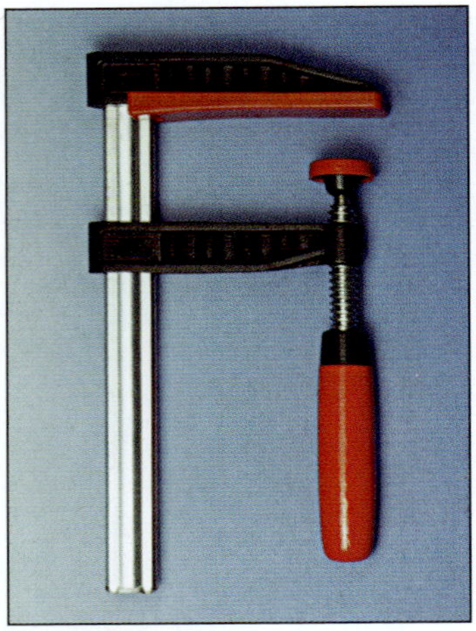

Bild 1: Schraubzwinge

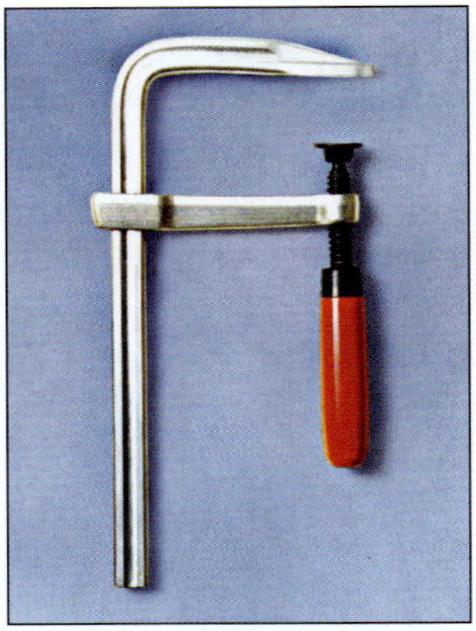

Bild 2: Ganzstahl-Schraubzwinge

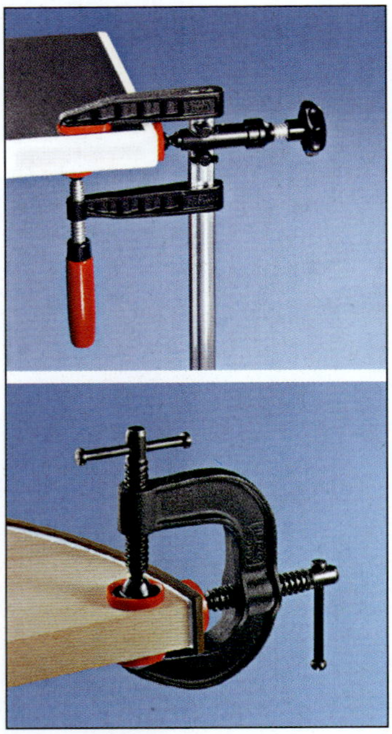

Bild 3: Kantenzwingen

Bild 4: Zwingenwagen

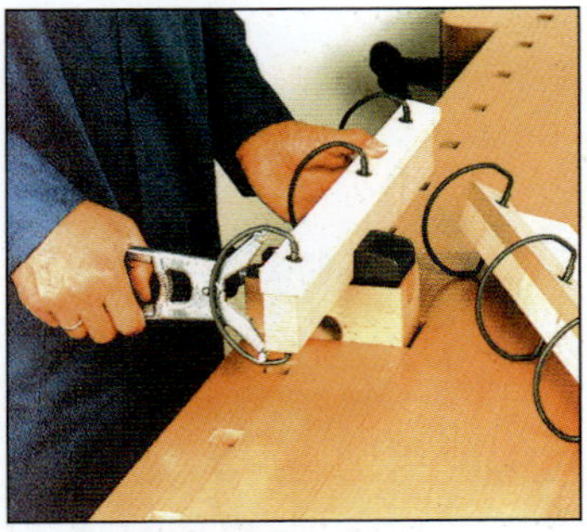

Bild 5: Leimklammern

Bild 6: Gehrungsklammern

3.3 Werkzeuge zum Spannen

3.3.1 Mechanische Spannwerkzeuge

Die **Schraubzwinge** ist das wichtigste mechanische Spannwerkzeug. Sie besteht aus einer Stahlschiene und zwei Spannarmen aus Temperguss. Der eine Arm ist mit der Stahlschiene fest verbunden, der andere auf ihr verschiebbar. Im beweglichen Arm befindet sich eine Stahlspindel mit Holzgriff. Oberer Spannarm und Druckplatte sind mit Kunststoffschutzkappen überzogen. Die Spannweite der Zwingen beträgt 160, 200, 250 und 300 mm, die Ausladung der Arme 80, 100, 120, 140 und 175 mm **(Bild 1)**.

Bei den sogenannten Ganzstahl-Schraubzwingen besteht die Schiene und der obere Arm aus einem Stück **(Bild 2)**.

Längere Schraubzwingen werden auch **Schraubknechte** genannt. Sie haben eine Spannweite von 400, 600, 800, 1000, 1250, 1500, 1800, 2000, 2500 und 3000 mm.

Die **Kantenzwinge** kann in Verbindung mit einer Schraubzwinge verwendet werden. Es gibt aber auch spezielle Kantenzwingen aus Temperguss **(Bild 3)**.

Zwingenwagen werden zur geordneten Ablage der Schraubzwingen und Schraubknechte verwendet **(Bild 4)**.

Der **Türspanner** besteht aus einer Stahlschiene mit zwei Backen und einer Stahlspindel mit einer Kurbel. Ein Backen kann auf der Schiene verstellt werden, der andere mittels Spindel bewegt und gegen das Werkstück gedrückt werden. Wird der Türspanner häufig gebraucht, so setzt man ihn zweckmäßig auf ein Gestell.

Türfutterspanner gestatten ein exaktes Justieren des Türfutters in der Maueröffnung, zum Beispiel zum Einschäumen des Türfutters. Sie haben Spannweiten von 500 mm bis 1000 mm **(Bild 1)**.

Kniehebelspanner werden auf Vorrichtungen zum Spannen der Werkstücke eingesetzt. Mit ihnen lassen sich hohe Drücke erzeugen.

Die **Hebel-Leimzwinge** ist aus Weißbuchenholz. Sie hat an ihrem verstellbaren Arm einen Exzenterhebel und eignet sich besonders zum Aufleimen von kleinen Stäben.

Die **Leimklammern** werden mithilfe einer Spreizzange angesetzt. Sie sind zum Aufleimen von schwachen Leisten geeignet und ersetzen die Schraubzwingen **(Bild 5, Seite 218)**.

Die **Gehrungsklammern** werden ebenfalls mithilfe einer Spreizzange angesetzt. Sie eignen sich zum Verleimen von Gehrungen wie Bilderrahmen **(Bild 6, Seite 218)**.

Rahmeneckspanner haben ein Gehäuse aus Druckguss, in die Druckspindeln eingedreht sind. Sie eignen sich zum Verleimen von Rahmenecken auf Gehrung oder stumpf mit einem Winkel von 90° **(Bild 2 und Bild 3)**.

Gehrungsspanner sind Vorrichtungen, mit denen, zusammen mit Schraubzwingen, Gehrungen beliebiger Winkel verleimt werden können **(Bild 4 und Bild 5)**.

Die **Gehrungsspannlade** ist eine massive Vorrichtung, auf der Gehrungen mit den Winkeln von 15° bis 120° (mit 15° Arretierung) unverschieblich verleimt werden können **(Bild 6)**.

Der **Korpusspanner** ist für das Verleimen von kleinen Möbelkästen geeignet. Sie besitzen feste Spannbacken und eine Spindel in der Spannachse. Sie haben Spannweiten von 700, 1000 und 1500 mm **(Bild 7)**.

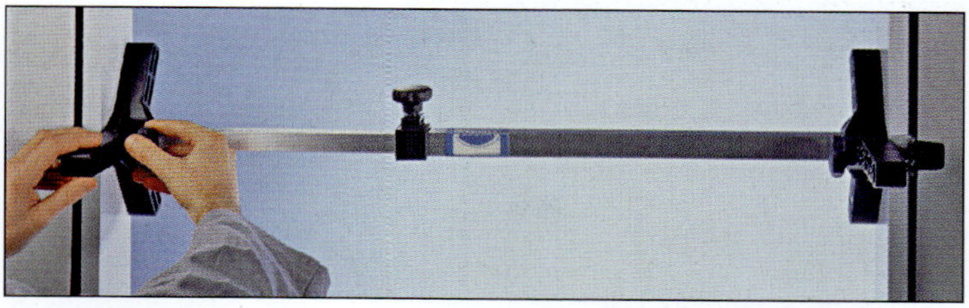

Bild 1: Türfutterspanner

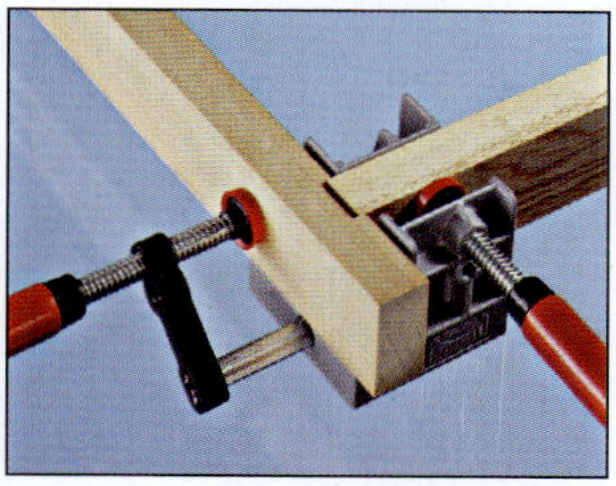

Bild 2 und Bild 3: Rahmeneckspanner

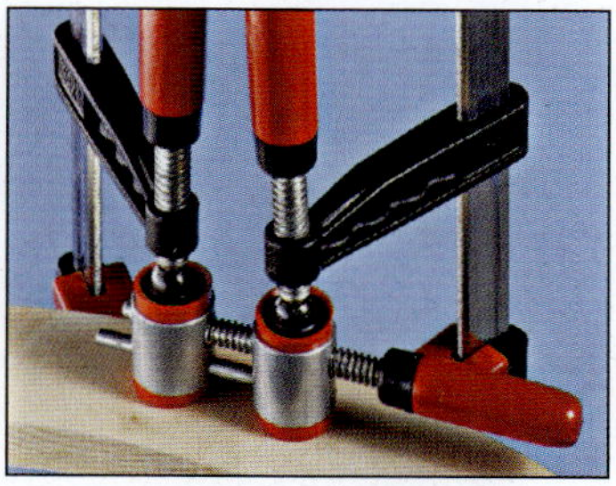

Bild 4 und Bild 5: Gehrungsspanner

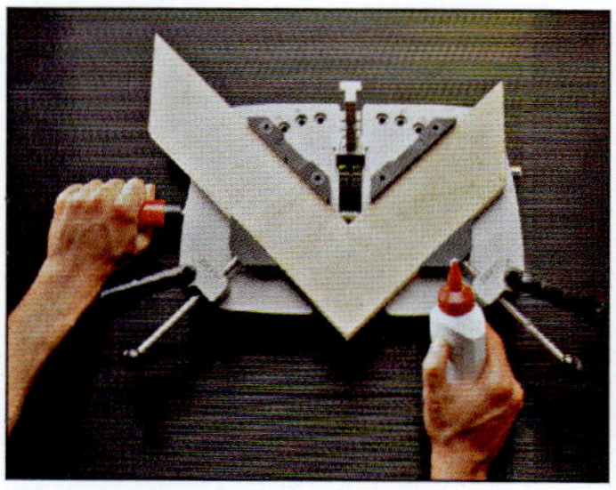

Bild 6: Gehrungsspannlade

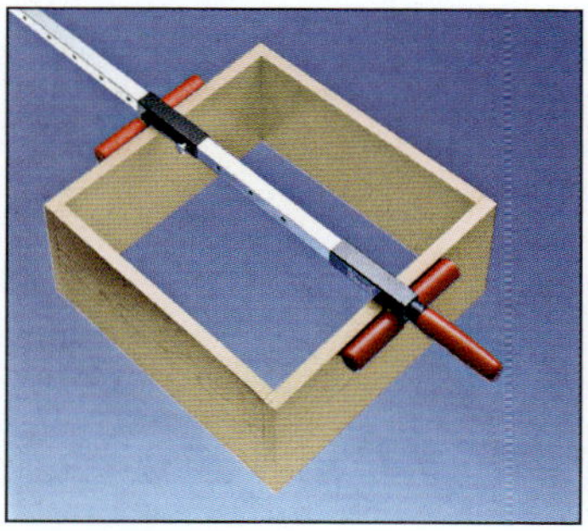

Bild 7: Korpusspanner

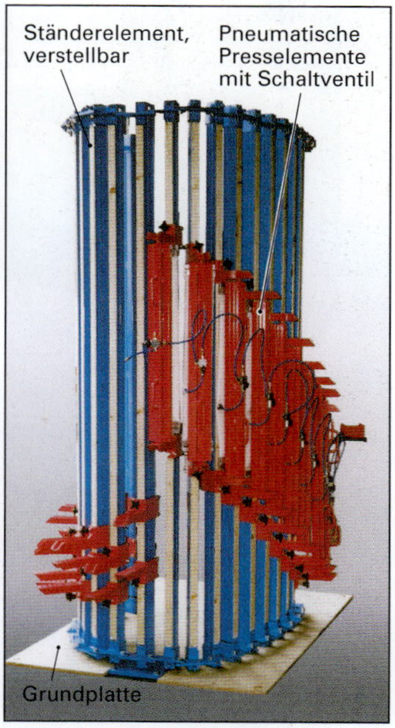

Bild 8: Rundwangenpresse

Bild 1: Montagestation mit Vakuumspannern

Bild 2: Rahmen- und Fugenverleimpresse

Bild 3: Korpuspresse

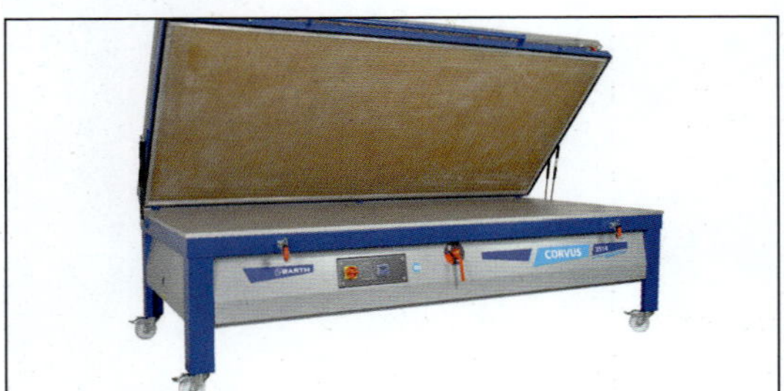

Bild 4: Vakuumpresse

Fahrbare Montagestationen werden auf der Baustelle oder auch in der Werkstatt eingesetzt. Große Werkstückauflagen und Vakuumspannvorrichtungen ermöglichen die schnelle Werkstückspannung und einen sicheren Halt bei der Bearbeitung **(Bild 1)**.

3.3.2 Pneumatische und hydraulische Spannwerkzeuge und -maschinen

Häufig gleichartige oder aufwendig zu spannende Konstruktionen erfordern Maschinen, die für diese speziellen Verleimaufgaben geeignet sind. Man unterscheidet Fugenverleimpressen, Rahmenpressen, Korpuspressen, Rundwangenpressen für den Treppenbau sowie kombinierte Pressen für unterschiedliche Einsatzzwecke.

Rahmen- und Fugenverleimpressen sind stabile Metallgestelle, die mit variablen Druck- und Spannelementen ausgestattet sind **(Bild 2)**. Die für den Anpressdruck erforderliche Kraft wird durch Hydraulikzylinder, Pneumatikzylinder oder durch Kurbelpressen erzeugt.

Niederhalter fixieren speziell bei Flächenverleimungen das Leimgut eben auf der Auflagefläche. Gurtspannvorrichtungen ermöglichen das Aufleimen von Kanten auf runde Werkstücke.

Korpuspressen eignen sich besonders für die rechtwinklige Verleimung von Möbelteilen, geteilte Presseinrichtungen erlauben die gleichzeitige Beschickung und Spannung an einer Maschine **(Bild 3)**. Für die industrielle Fertigung können die Spannflächen noch zusätzlich geheizt werden. Damit erreicht man kürzere Spannzeiten.

Rundwangenpressen dienen zum Verleimen runder Wangen und Krümmlinge aus Furnierschichten. Die Vertikalständer können auf den gewünschten Radius eingestellt werden. Sie sind mit Pressbalken und pneumatischen Presselementen ausgestattet, die auf die zu verleimenden Schichten den erforderlichen Druck erzeugen **(Bild 8, Seite 219)**.

Bei **Vakuumpressen** wird unter einer luftdichten und extrem dehnfähigen Membran ein Vakuum erzeugt, sodass durch den Unterdruck die Folie dicht um das Werkstück gepresst wird **(Bild 4)**. Diese Maschinen gibt es als Vakuumsäcke oder Tischmaschinen mit Klappdeckeln. Hiermit lassen sich profilierte Oberflächen aber auch ebene Flächen mit empfindlichen Beschichtungsstoffen bekleben. Auch stark gekrümmte Werkstücke lassen sich so beschichten, hierbei muss die Beschichtung vor der Verpressung gut fixiert werden.

3.4 Werkzeuge und Vorrichtungen zum Herstellen von Gehrungen

3.4.1 Gehrungsschneidlade

Die Gehrungsschneidlade besteht aus einem Grundbrett und zwei seitlichen Leisten (Wangen). In den Wangen befinden sich unter einem Winkel von 45° Einschnitte, in denen beim Anschneiden einer Gehrung eine Säge mit feinen Zähnen geführt wird. Die Gehrungsschneidlage wird besonders für Leisten mit geringem Querschnitt verwendet **(Bild 1)**.

Bild 1: Gehrungsschneidlade

3.4.2 Gehrungsstoßlade

Die Gehrungsstoßlade wird auf der Hobelbank befestigt und dient zum Einspannen der Werkstücke beim Nachhobeln (Zusammenpassen) von Gehrungsflächen. Man verwendet sie vor allem dann, wenn der Sägeschnitt zu grob ist. Beim Bestoßen wird das Werkstück so eingespannt, dass die Gehrungsfläche nur wenig über die Stoßlade vorsteht. Der vorstehende Teil wird mit einem Putzhobel oder einem Hirnholzhobel bis auf die Gehrungstoßlade abgehobelt. Dabei soll aber von der Stoßlade nichts abgehobelt werden **(Bild 2)**.

Bild 2: Gehrungsstoßlade

3.4.3 Gehrungssäge

Bei Gehrungssägen ist ein Sägeblatt in eine Vorrichtung eingebaut, die ein genaues Gehrungsschneiden in verschiedenen Winkeln ermöglicht. Die Blattaussteifung erfolgt durch eine Spannvorrichtung. Die Gehrungswinkel können auf 90°, 45° (Viereck), 36° (Fünfeck), 30° (Sechseck) und 22,5° (Achteck) eingestellt werden **(Bild 3)**.

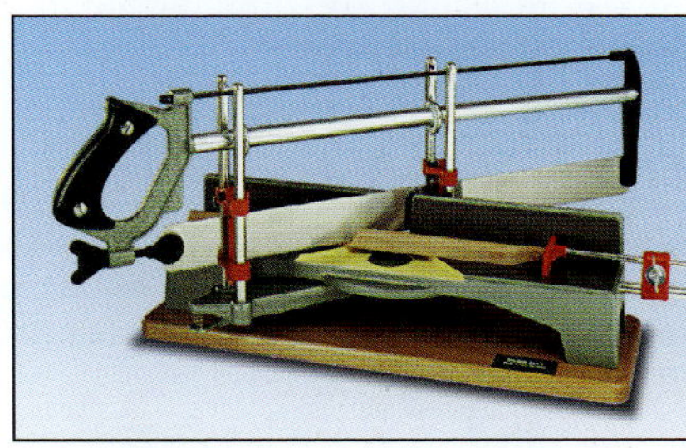

Bild 3: Gehrungssäge

3.4.4 Gehrungsstanze

Gehrungsstanzen dienen zum Schneiden von Gehrungen an Leisten. Die erzielten Schnittflächen sind durch die Schneidmesser glatt. Die Schneidmesser werden durch einen langen Hebel und Übersetzung nach unten geführt. Die Gehrungsstanzen lassen sich in beliebige Winkel zwischen 45° und 90° einstellen. Mit besonderen Schneidmessern werden Gehrungsstanzen als Sprossenstanzen für Fenster- und Türsprossen eingesetzt **(Bild 4)**.

Bild 4: Gehrungsstanze

- Gehrungen müssen bei profilierten Rahmen oder Leisten die Winkelhalbierende sein, damit die Profillinien im Gehrungsschnitt genau aufeinander treffen.
- Gehrungsschnitte müssen so genau sein, dass Gehrungen allseitig dicht sind.
- Das Holz für die auf Gehrung zusammen zu leimenden Ecken muss trocken sein. Beim Nachtrocknen werden Gehrungsfugen, besonders breiter Rahmen, innen undicht.

4 Herstellen und Zusammenfügen von Teilen

4.1 Verbindungsmittel

Verbindungsmittel sind Federn, Dübel, Nägel, Drahtstifte, Klammern und Schrauben. Sie werden zum festen oder lösbaren Verbinden von Holz oder Holzwerkstoffen verwendet.

4.1.1 Federn

Federn **(Bild 1)** können in die Nuten zweier zu verbindender Werkstücke eingeleimt oder lose eingesetzt werden.

Eingeleimte Federn können aus Furniersperrholz, harten Faserplatten, aus Kunststoff oder auch aus Massivholz hergestellt sein. Bei Vollholzfedern sind Langholz- oder Querholzfedern zu unterscheiden. Durch die Federn wird die Leimfläche der Verbindung vergrößert. Außerdem bieten sie durch die Fixierung in den Nuten eine gute Hilfe beim Verleimen. Breite und Dicke der Federn richten sich nach den jeweiligen Maßen der zu verbindenden Werkstücke **(Seite 229)**.

Lose eingesetzte Federn bestehen meist aus Furniersperrholz oder aus harten Holzfaserplatten. Sie werden vor allem zum Verbinden von Verbretterungen und Paneelen verwendet. Wenn sie bei einer breiteren Schattennut sichtbar sind, können sie auch furniert werden.

Formfedern (Lamellofedern) sind etwa 4 mm dick und haben eine annähernd elliptische Form, die auf den Schneidenumfang des Nutfräsers abgestimmt ist. Sie werden nur stellenweise eingesetzt und schwächen dadurch die zu verbindenden Werkstücke kaum. Sie sind für die Verbindung von Massivholz und Holzwerkstoffen für stumpfe Fugen und Gehrungsfugen geeignet. Die **Tenso-Federn** bestehen aus Kunststoff und sind zweiteilig. Sie benötigen zum Verleimen keine Spannmittel. Die Nuten werden mit besonderen Fräsern und Maschinen in die Plattenkanten oder in die Kanten und Flächen eingefräst **(Bild 2, Seite 234)**.

Kunststofffedern haben eine Dicke von etwa 2 mm und weisen zur besseren Verzahnung Leimrillen und Leimlöcher auf. Man unterscheidet Winkelfedern und gerade Federn. Sie sind für Gehrungsverbindungen bzw. stumpfe Verbindung von Vollholz, Sperrholz und Spanplatten geringer Dicken geeignet **(Bild 1)**.

Schwalben-Federn (Hoffmann-Schwalbe) bestehen aus Kunststoff und haben im Querschnitt betrachtet eine gespiegelte Keilform, bei der die schräg nach innen zulaufenden Flächen feine Rippen aufweisen. Durch die zweiseitige Gratform werden die zu verbindenden Flächen fest zusammengefügt, sodass ein Verpressen mit Zwingen o. Ä. entfällt. Die Nuten für die Schwalben-Federn müssen mit Gratfräsern in die zu verbindenden Flächen eingefräst werden. Hierfür stehen besondere Handmaschinen, aber auch stationäre Spezialmaschinen zur Verfügung. Je nach Werkstückgröße sind verschieden große oder lange Schwalben-Federn einzusetzen. Sie sind für die Eckverbindungen von Kranzprofilen, Rahmen, Handläufen usw. geeignet **(Bild 1)**.

4.1.2 Dübel

Dübel sind glatte oder geriffelte runde Buchenholzstäbe mit verschieden großen Durchmessern und Längen. Die gebräuchlichsten Durchmesser sind 6, 8, 10, 12, 14, 16, 18 und 22 mm. Fertigdübel gibt es in

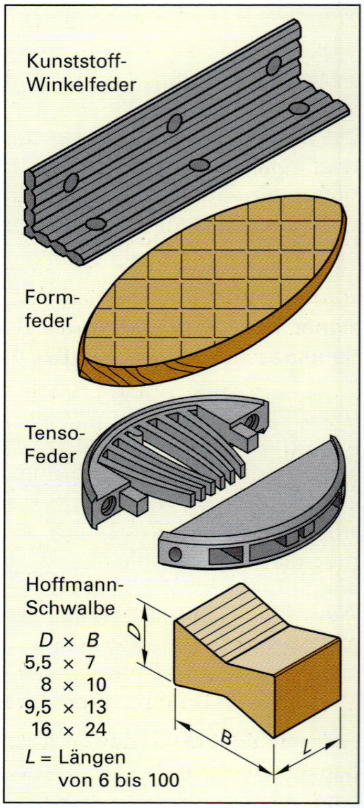

Bild 1: Federn

Tabelle 1: Holzdübel, Maße nach DIN 68150

∅ mm	Längen in mm					
6	25	30	35	40		
8	25	30	35	40	50	
10	30	35	40	45	50	60
12	35	40	45	50	60	80
14	50	60	80	120	140	160
16	60	80	120	140	160	
18	80	120	140	160		
20	60	120	160			

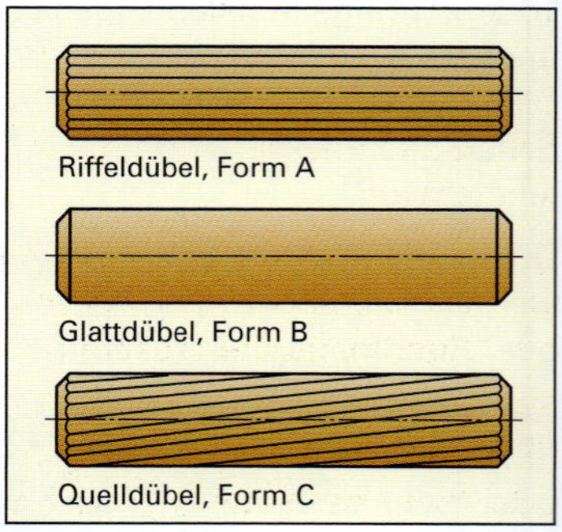

Bild 2: Holzdübel

verschiedenen Längen und Durchmessern mit bereits abgefasten Enden. Sie sind in DIN 68150 genormt **(Tabelle 1, Seite 222)**. Es sind Riffeldübel, Glattdübel und Quelldübel zu unterscheiden **(Bild 2, Seite 222)**. Durch die Riffelung der Dübeloberfläche kann der Leim aus der Sackbohrung beim Eintreiben des Dübels besser entweichen und sich an der Dübelfläche gleichmäßiger verteilen. Quelldübel quellen nach Aufnahme von Leimfeuchtigkeit und schmiegen sich dadurch fester an die Dübellochwandungen an. Dübel eignen sich für stumpfe Verbindungen im Plattenbau und für Eckverbindungen im Rahmen- und Gestellbau.

Flachdübel (Domino-Dübel, Festo) stellen eine Synthese von Runddübel und Zapfen dar. Sie sind für Plattenverbindungen, aber weil verdrehsicher, besonders für Rahmen- und Gestellverbindungen geeignet. Die Langlöcher für die Flachdübel werden mit einer speziellen Handmaschine eingefräst **(Bild 1)**.

Kunststoffdübel (Knapp-Dübel) weisen ein Gewinde sowie Löcher und Leimschlitze auf, die für eine zugfeste Verankerung sorgen. Empfohlen wird für das Einleimen der Kunststoffdübel ein PU-Klebstoff, der sich geringfügig ausdehnt und den Dübel dadurch im Bohrloch kraftschlüssig befestigt. Kunststoffdübel verwendet man für witterungsbeständige Verbindungen. Sie gibt es in den Abmessungen ∅ 6 × 28 mm und ∅ 8 × 36 mm **(Bild 2)**.

Winkeldübel sind um 90° abgewinkelte Dübel. Sie werden zum Verbinden von Gehrungen verwendet. Sie bestehen aus Kunststoff und haben bei einem Durchmesser von 6 mm eine Schenkellänge von 25 mm, beim Durchmesser von 8 mm 30 mm.

Federstahldübel werden zum Verbinden von Korpusteilen oder Blenden aus Massivholz oder Spanplatte verwendet, wenn man zum Verbinden keine Zwingen ansetzen kann. Der Federstahl erzeugt nach dem Eintreiben im Bohrloch einen so großen Kompressionsdruck, dass Pressmittel entfallen können und die Verbindungen sofort belastbar sind. Sie gibt es für 6 mm, 8 mm und 10 mm Dübellochbohrungen **(Bild 3)**.

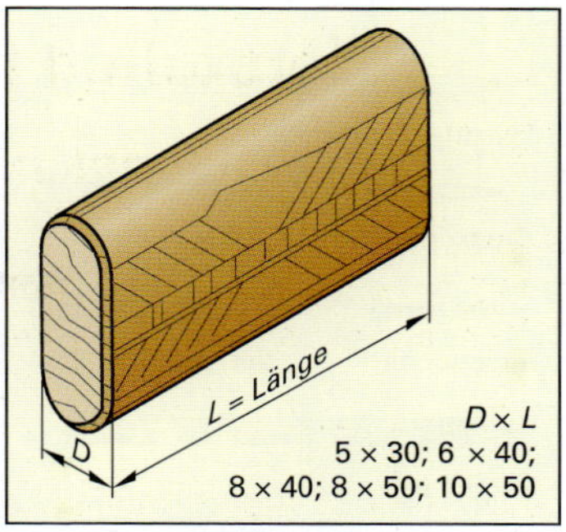

Bild 1: Flachdübel

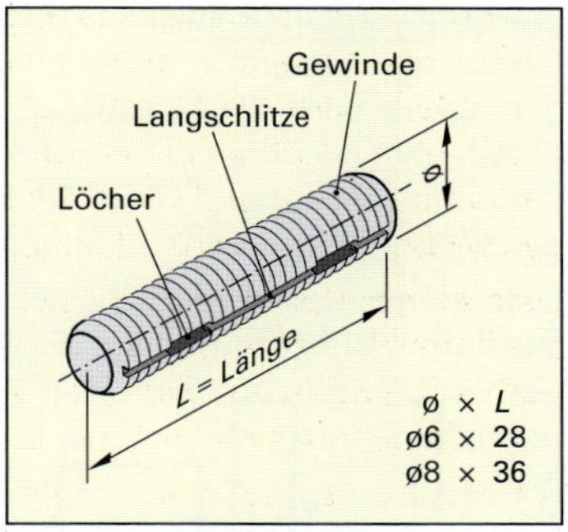

Bild 2: Kunststoffdübel

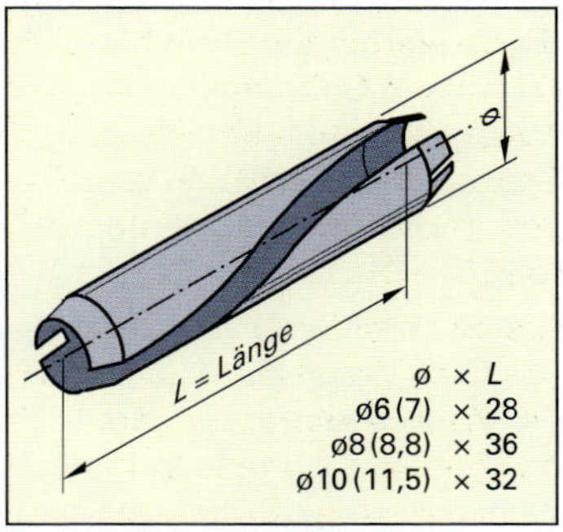

Bild 3: Federstahldübel

4.1.3 Drahtstifte und Nägel

Drahtstifte bestehen aus dem Kopf, dem Schaft und der Spitze. Nach der Form des Drahtstiftkopfes unterscheidet man nach DIN EN 10230-1 Drahtstifte mit glattem Flachkopf, Drahtstifte mit geriffeltem Senkkopf und Drahtstifte mit Stauchkopf **(Bild 4)**.

Drahtstifte werden nach Gewicht gehandelt. Das Füllgewicht der Drahtstiftpakete liegt je nach Größe der Drahtstifte zwischen 1 kg und 10 kg. Farbige Aufkleber geben das Nettogewicht, die Drahtstiftart und Drahtstiftgröße an. Zum Beispiel Paketinhalt 2,5 kg, Drahtstifte DIN EN 10230-1, Senkkopf, 28 × 60. Dabei gibt die erste Zahl den Schaftdurchmesser in Zehntelmillimetern, die zweite die Länge in Millimetern an.

Drahtstifte können auch mit einem Magazinnagler eingeschlagen werden. Die dabei verwendeten Drahtstifte werden in Nagelstreifen oder Rundmagazinen zusammengehalten **(Bild 3, Seite 291)**.

Neben den allgemein üblichen Drahtstiften gibt es noch Sonderausführungen wie **Breitkopfstifte, Tapezierstifte, Hakenstifte, Schlaufen, Leichtbauplattenstifte, Fitschbandstifte, Verbandstifte, Stahlnägel, Gewindenägel, Fenstersternnägel** und **Color-Pins (Bild 3, Seite 224)**.

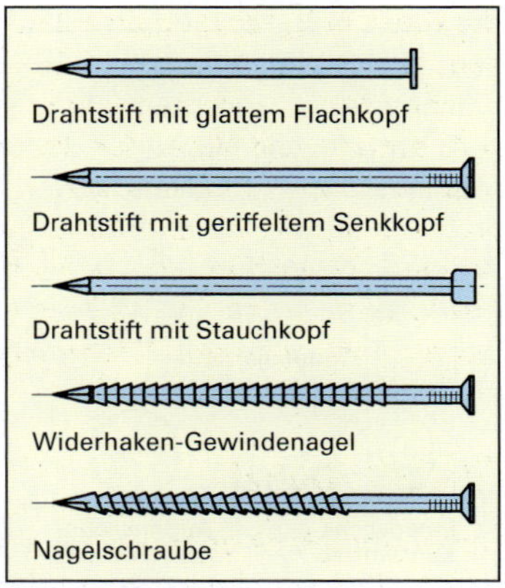

Bild 4: Drahtstifte

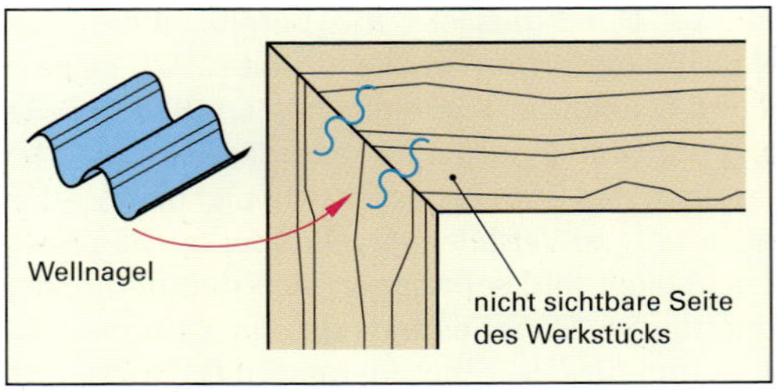

Bild 1: Wellnagel

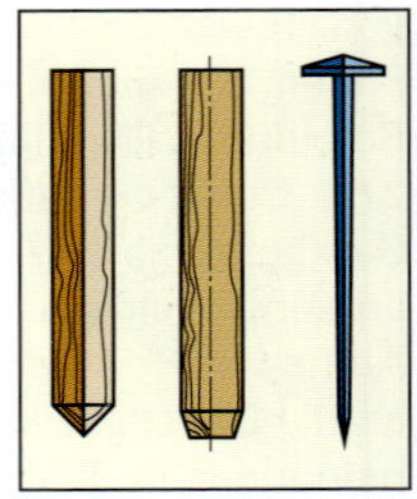

Bild 2: Nägel

Besondere Nägelformen sind die Schmiedenägel, Holznägel und Wellnägel. **Schmiedenägel** werden vornehmlich als Ziernägel verwendet. Hier sind handgeschmiedete und maschinell hergestellte Formen zu unterscheiden **(Bild 2)**.

Holznägel können einen runden oder quadratischen Querschnitt aufweisen und sind an einem Ende zugespitzt. Sie werden heute nur noch aus gestalterischen Gründen und selten zur Stabilisierung von Holzverbindungen eingesetzt **(Bild 2)**.

Wellnägel sind dünne gewellte Blechstreifen, die zum Stabilisieren stumpf verleimter Ecken verwendet werden. Sie werden in der Regel mit besonderen Druckluftnaglern eingetrieben, und zwar an den Stellen, an denen sie später nicht sichtbar sind **(Bild 1)**.

4.1.4 Klammern

Klammern sind Verbindungsmittel aus u-förmigem Stahldraht. Nach ihrer Form unterscheidet man Schmal-, Normal- und Breitrückenklammern. Die Klammern können eine Länge von 8 mm bis 64 mm und eine Drahtdicke von 1 mm bis 1,6 mm haben. Klammern werden z. B. zur Befestigung von Möbelrückwänden, Verbretterungen und Dämmmaterialien verwendet. Sie können nur mit Klammernaglern eingetrieben werden **(Bild 4)**.

4.1.5 Holzschrauben

Holzschrauben verwendet man vorwiegend zum Verbinden von Holzteilen und zum Befestigen von Beschlägen. Sie weisen im Schaft ein Gewinde auf, das sich gut in das Holz einschneidet. Sie unterscheiden sich im Wesentlichen durch die Metallart, aber auch durch die Kopfform, die Gewindeausführung und die Antriebsflächen.

Holzschrauben bestehen meistens aus Stahl (St), können aber auch aus Messing (Ms) oder Edelstahl sein. Nach den **Kopfformen** unterscheidet man Senk-, Halbrund- und Linsensenk-Holzschrauben **(Bild 5)**. Senk-Holzschrauben mit Senk-Frästaschenkopf ermöglichen ein flächenbündiges Versenken des Schraubenkopfes **(Bild 1, Seite 225)**. Eine besondere Kopfform stellen die Rundkopfschrauben, die sogenannten Pan Head-Schrauben, dar **(Bild 2, Seite 225)**.

Der **Schraubenschaft** ist in der Regel im oberen Drittel glatt und weist nur auf der unteren Länge ein Holzgewinde auf. Dadurch können Holzteile dichter zusammengeschraubt werden. Um ein leichteres Eindrehen der Holzschrauben zu ermöglichen, können die Gewinde mit einer gleitfördernden Beschichtung versehen sein. Besondere Gewindeformen, wie z. B. das asymmetrische Gewinde, erleichtern ebenfalls das Ein- und Herausdrehen der Schrauben. Neu entwickelte Spitzenfor-

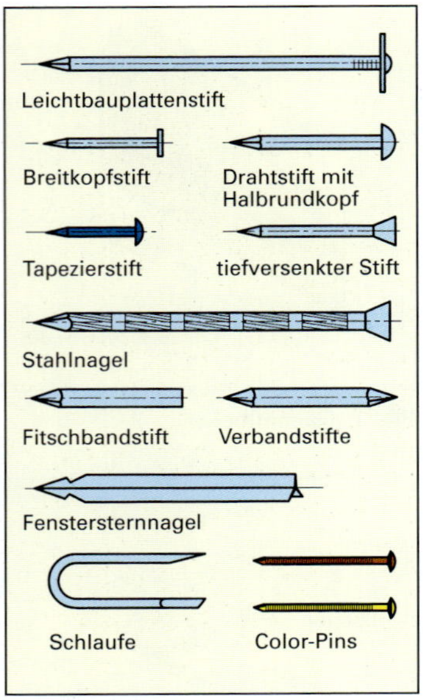

Bild 3: Drahtstifte/Nägel

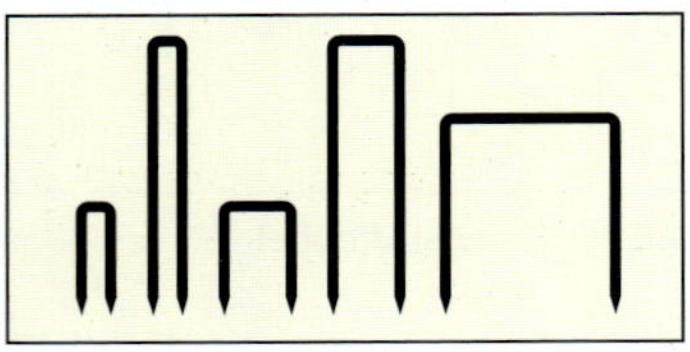

Bild 4: Klammern

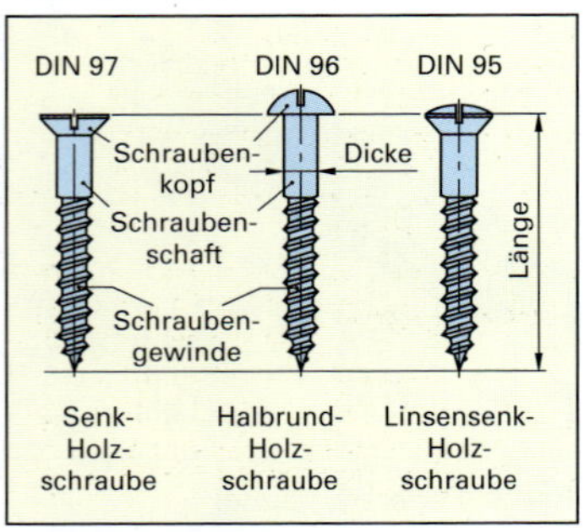

Bild 5: Holzschrauben nach DIN

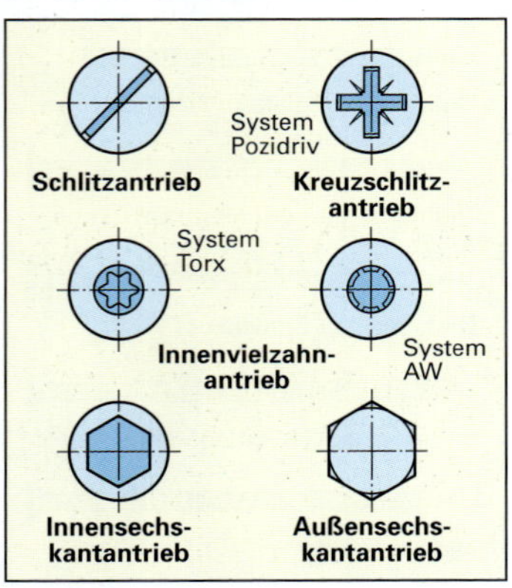

Bild 6: Schrauben-Antriebsflächen

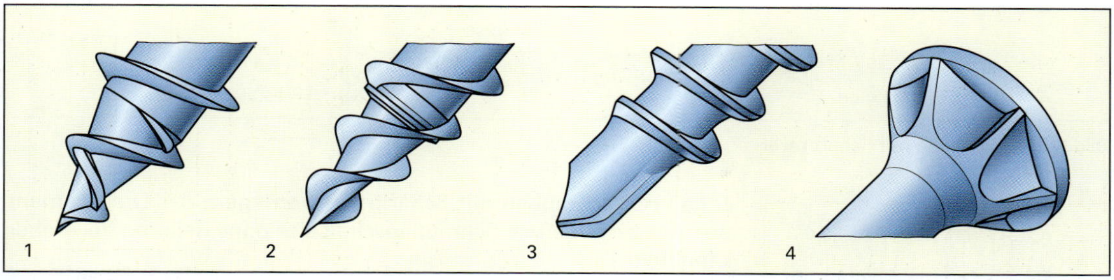

Bild 1: Neue Gewinde- und Kopfformen bei Holzschrauben: 1 mit Gegengewinde, 2 Ringgewinde, 3 Bohrgewinde und 4 Frästaschenkopf.

men der Holzschrauben, z. B. mit Gegengewinde oder Ringgewinde, verringern das Aufspalten des Holzes bzw. der beschichteten Spanplatten. Holzschrauben mit Bohrspitze erlauben auch ein Eindrehen der Schrauben bei geringen Randabständen **(Bild 1)**. Die Holzschrauben mit den besonderen Gewindeformen und die sogenannten Spanplattenschrauben mit dem sehr scharfen Doppelganggewinde, dürfen nicht in Kunststoffdübeln eingesetzt werden, weil sie die inneren Dübelflächen aufreiben oder einschneiden und dadurch nicht den erforderlichen Spreizdruck erzeugen können.

Am Schraubenkopf befindet sich die **Antriebsfläche**. Diese kann als **Schlitz, Kreuzschlitz, Innensechskant** (Inbus) oder **Innenstern** (AW, Torx) ausgebildet sein **(Bild 6, Seite 224)**. Zum Ein- und Herausdrehen sind hierfür die passenden Schraubendreher oder Bits, bei Verwendung von Akkuschraubern, zu verwenden. **Vierkant**-Holzschrauben und **Sechskant**-Holzschrauben werden zum Verbinden dicker Werkteile oder schwerer Beschläge auf Holzkonstruktionen verwendet. Man dreht sie mit Schraubenschlüsseln der entsprechenden Maulweite ein **(Bild 2)**.

Auf europäischer Ebene sind die Holzschrauben in der DIN EN 14592 genormt. Werden Schrauben für statisch berechnete Verbindungen, wie z. B. bei Decken- und Dachkonstruktionen, verwendet, müssen diese die Europäische Technische Zulassung (ETA) besitzen. Hier sind Schrauben mit den Durchmessern von 3 mm bis 14 mm und den Längen von 18 mm bis 1500 mm, sowie nach Materialfestigkeit und Beschichtungsdicke, beispielsweise von Zink oder Nickel definiert.

4.1.6 Schrauben für besondere Zwecke

Neben den universell einsetzbaren Schrauben werden für die verschiedensten Befestigungsaufgaben spezielle Schrauben angeboten.

Rückwandschrauben weisen einen vergrößerten Schraubenkopf auf. **Klavierbandschrauben** haben einen Durchmesser von nur 3 mm. Sie gibt es in den Längen von 10 mm bis 25 mm.

Zierkopfschrauben sind Senkholzschrauben, die im Schraubenkopf eine Bohrung oder ein Innengewinde (Kopfgewinde) aufweisen. Nach dem Eindrehen dieser Schrauben wird in die Kopfbohrung eine Kunststoff-Abdeckung eingedrückt oder in das Kopfgewinde eine Zierkappenschraube eingedreht **(Bild 2)**.

Stockschrauben besitzen vorn ein Holzgewinde und am anderen Ende ein metrisches Gewinde. Sie werden mithilfe einer Hutmutter ins Holz eingedreht. Die Befestigung erfolgt darauf mit einer Mutter mit metrischem Gewinde **(Bild 2)**.

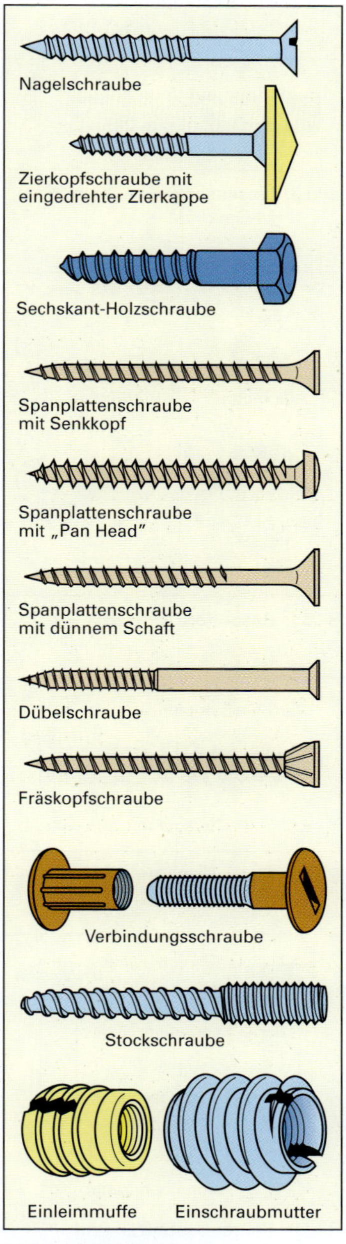

Bild 2: Holzschrauben

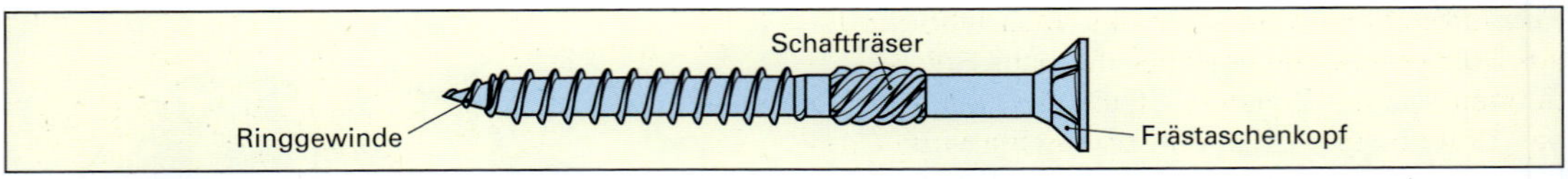

Bild 1: **Holzschraube mit Schaftfräser**

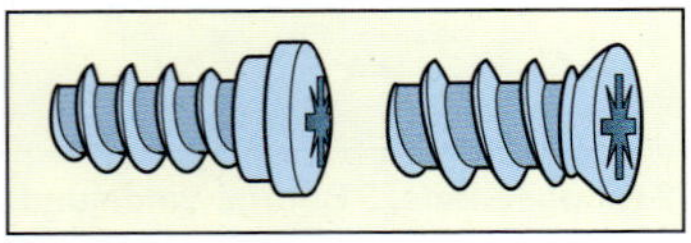

Bild 2: **Euroschrauben**

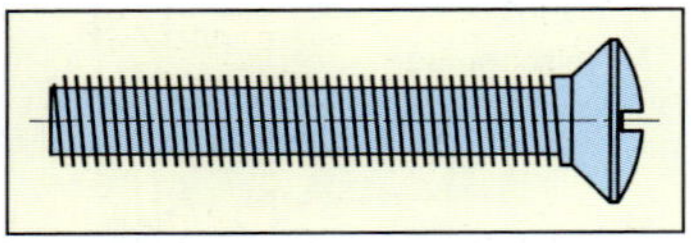

Bild 3: **Linsensenkschraube mit M-Gewinde**

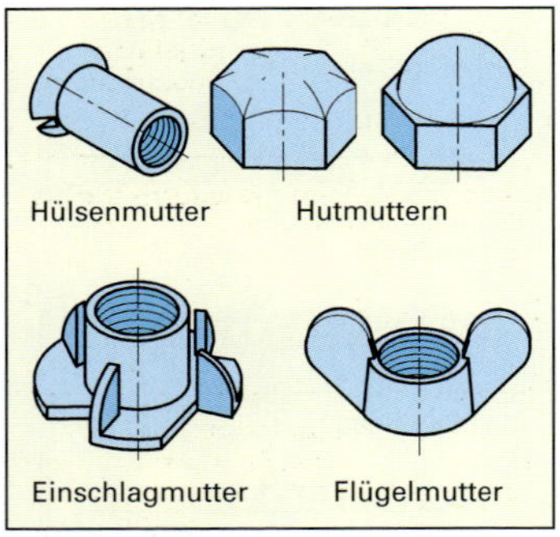

Bild 4: **Besondere Muttern**

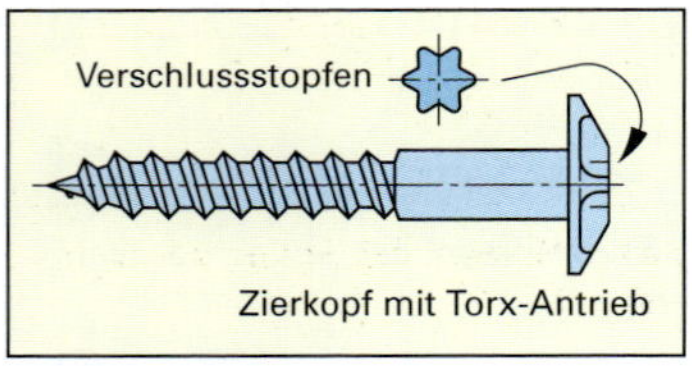

Bild 5: **Sicherheitsschraube**

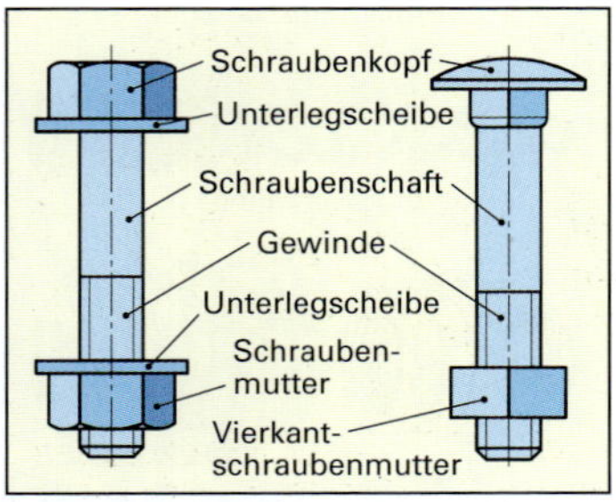

Bild 6: **Schraubenbolzen und Flachrundschraube**

Lange Holzschrauben mit Schaftfräser verringern das Drehmoment, weil der gewindefreie Schraubenschaft sich ohne Reibung frei drehen kann **(Bild 1)**.

Euroschrauben werden für die Befestigung von Montageplatten oder von Beschlagsteilen in den Reihenbohrungen (∅ 5 mm) verwendet **(Bild 2)**.

Eckverbinderschrauben sind zum Verbinden vorgebohrter Korpusteile im Möbelbau zu verwenden. Sie können Kopflochbohrungen zur Aufnahme von Kunststoff-Abdeckkappen aufweisen **(Bild 2, Seite 239)**.

Justierschrauben weisen unter dem Schraubenkopf ein dickeres Gewinde auf, das sich z. B. in eine im Spreizdübel zu befestigende Grundlatte eindreht. Durch Linksdrehung kann dann der Abstand der Latte einjustiert werden **(Bild 7)**.

Sicherheitsschrauben sind Holzschrauben oder Schrauben mit metrischem Gewinde, die eine besondere Kopfform aufweisen. Nach dem Eindrehen kann das Antriebsloch mit einem Stopfen verschlossen werden, sodass man die Schraube nicht mehr losdrehen kann **(Bild 5)**.

Einschraubmuttern (Rampamuffen) aus Stahl oder Messing haben außen ein Holzgewinde und innen ein metrisches Gewinde. Sie dienen zur Verankerung von Maschinenschrauben in Holz oder Holzwerkstoffen **(Bild 2, Seite 225)**.

Einleimmuffen werden in passende Bohrungen eingeschlagen und eingeleimt. Sie weisen innen zum Eindrehen von M-Gewindeschrauben ein metrisches Gewinde auf **(Bild 2, Seite 225)**.

Verbindungsschrauben bestehen aus einer M-Gewindeschraube und einer Hülsenmutter. Sie werden häufig zum Zusammenschrauben von Möbelseiten verwendet **(Bild 3 und Bild 2, Seite 225)**.

Flachrundschrauben haben ein metrisches Teilgewinde und weisen unter dem abgeflachten Schraubenkopf ein Vierkantansatz auf, der beim Anziehen der Schraubenmutter das Mitdrehen der Schraube verhindert **(Bild 6)**.

Schraubenbolzen verwendet man zum Verbinden stark beanspruchter Werkteile. Sie haben einen Gewindeschaft und einen Vierkant- oder Sechskantschraubenkopf. Da sich beim Anziehen der Schraube der Schraubenkopf und die Schraubenmutter ins Holz eindrücken würden, sind auf beiden Seiten entsprechend große Unterlegscheiben zu legen **(Bild 6)**.

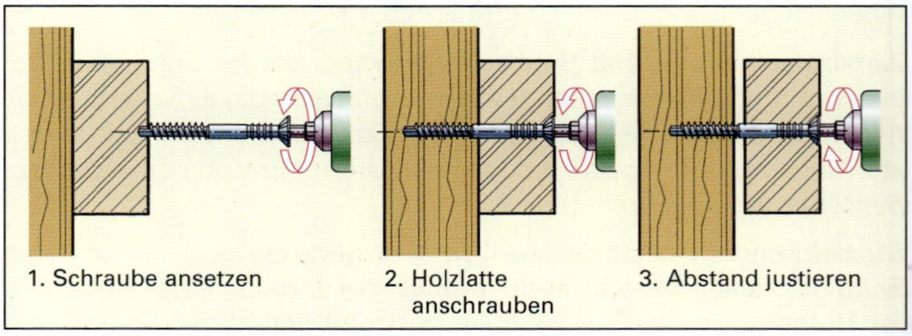

Bild 7: **Arbeiten mit Justierschrauben**

Holzverbindungen können aus Massivholz oder aus Holzwerkstoffen bestehen. Manche Holzverbindungen wie die Zinkung, Schlitz und Zapfen und das Graten eignen sich nur für das Verbinden von Massivholzteilen, andere wie das Dübeln und Formfedern besonders für Verbindungen von Werkstücken aus Holzwerkstoffen.

Die Teile können unlösbar oder lösbar miteinander verbunden werden. Bei unlösbaren Holzverbindungen sind die Teile miteinander verleimt. Bei lösbaren Verbindungen müssen diese durch geeignete Verbindungselemente zusammengefügt oder durch Beschläge miteinander verbunden werden.

4.2 Holzauswahl und Holzzuschnitt

Werkstücke aus Massivholz müssen aus Brettern oder Bohlen zugeschnitten werden. Damit man die Werkstücke sauber aushobeln kann, muss die Rohdicke der Bretter oder Bohlen etwa 5 mm mehr als die Fertigdicke betragen. Natürlich richtet sich die Rohdicke auch nach der Beschaffenheit des Rohholzes und der Länge des herauszuarbeitenden Werkstücks. Bei krummen Brettern oder Bohlen und langen Werkstücken können 5 mm zwischen Roh- und Fertigdicke zu knapp sein.

Im Stamm fallen Seitenbretter, Mittelbretter und ein Herzbrett an **(siehe Seite 53)**. Von allen muss die Baumkante durch Besäumen entfernt werden. **Seitenbretter** zeigen eine schöne Fladerung. Soll diese erhalten bleiben, trennt man die Seitenbretter in der Mitte nicht auf. Allerdings muss man berücksichtigen, dass sich diese verwerfen können. Außerdem arbeiten sie durch die liegenden Jahresringe besonders in der Breite **(siehe Seite 88)**. Die Äste erscheinen als Rundäste. Gesunde Äste können im Werkstück enthalten sein, dürfen aber nicht in dem Verbindungselement liegen. **Mittelbretter** werden in der Mitte, etwa im Bereich der Markröhre aufgetrennt. Die Äste erscheinen hier meistens als Ovalast. Wenn sie zu groß oder nicht fest eingewachsen sind, müssen diese ausgebohrt oder herausgetrennt werden. Bei **Herzbrettern** erhält man Werkstücke mit vorwiegend stehenden Jahresringen. Dadurch arbeiten sie in der Breite am wenigsten. Die Maserung in der Fläche ist schlicht und streifig. Die Äste erscheinen hier als Flügeläste. Da sie das Werkstück durch den unterbrochenen Faserverlauf verziehen, müssen diese unbedingt herausgetrennt werden **(Bild 1)**.

Wird Holz verwendet, dessen Splint nicht verarbeitet werden darf, wie zum Beispiel bei Eiche, dann muss dieser beim Besäumen restlos entfernt werden **(Bild 2)**.

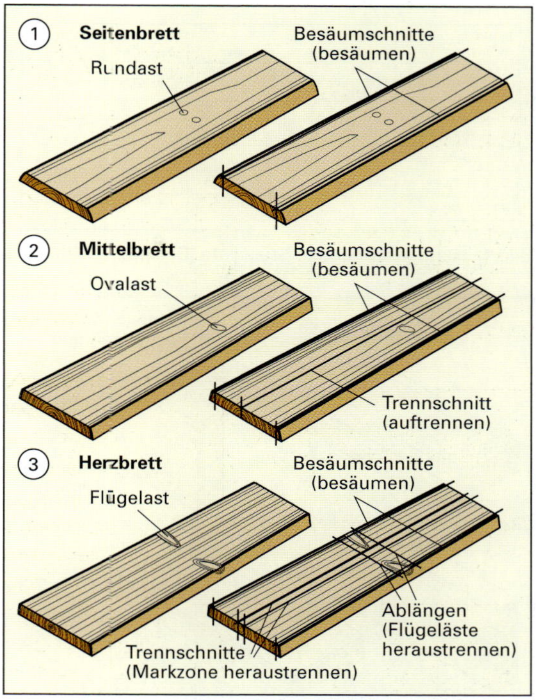

Bild 1: Brettarten und die erforderlichen Besäum- und Trennschnitte

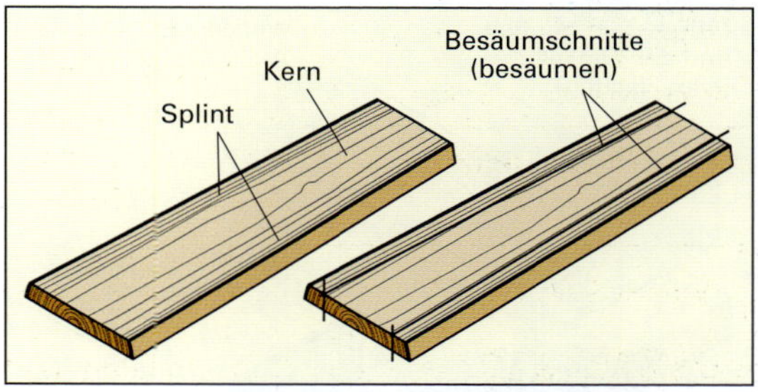

Bild 2: Besäumschnitte bei Hölzern mit Splint, der nicht verwendet werden darf

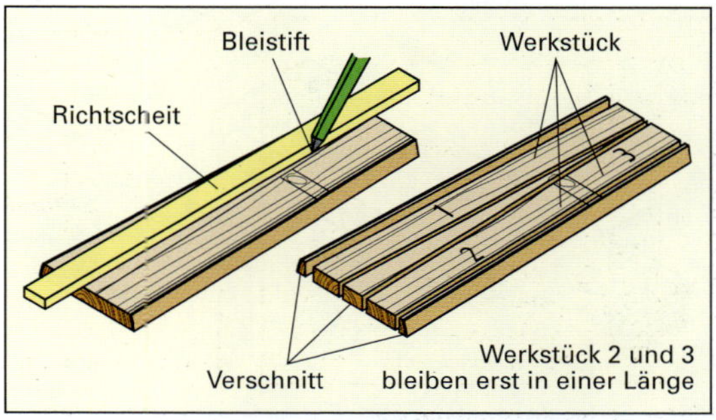

Bild 3: Anreißen und Zuschneiden der Werkstücke

Stückliste Auftrag:		Auftrag Nr. 512		Kunde Holzwarth			Liefertermin Dez. 2018		Blatt Nr.: 1
lfd. Nr.	Bezeichnung	Mat.	Stück	Fertigmaß in mm			Roh-dicke	Kanten	Bemerkung
				Länge	Breite	Dicke			
1	2	3	4	5	6	7	8	9	10
1	Seite, längs	Kl	2	420	120	14	20		
2	Seite, quer	Kl	2	310	120	14	20		
3	Boden	FW	1	298	408	6			
4	Furnier	Kl	2	408	298				

Bild 1: Handgeschriebene Stückliste (Beispiel)

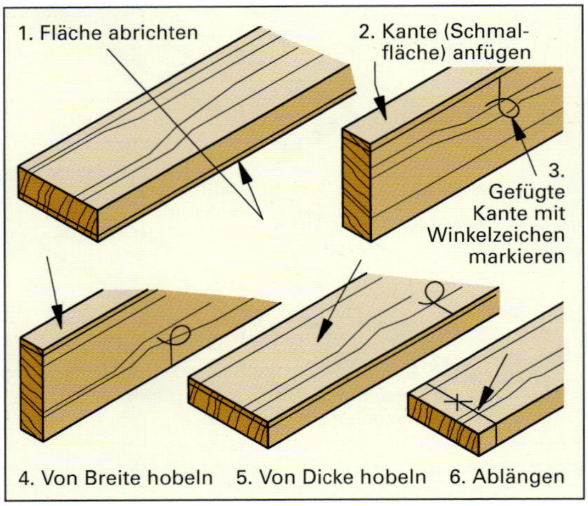

Bild 2: Arbeitsgänge für das Ausformen eines Werkstücks mit geraden parallelen Kanten

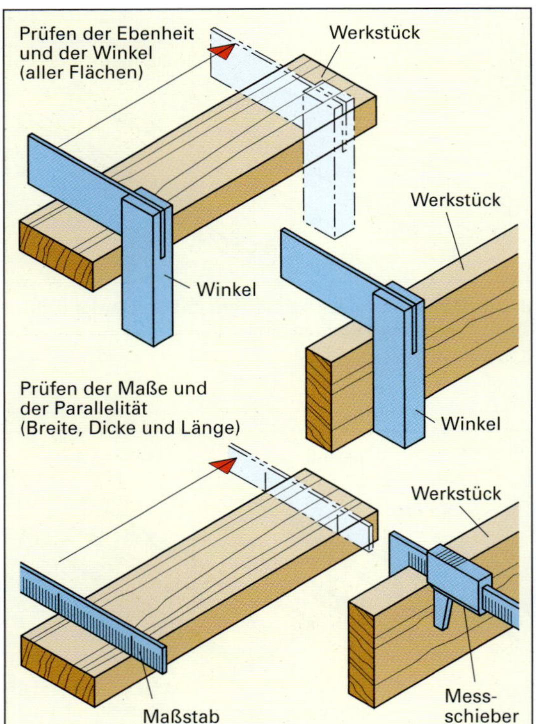

Bild 3: Prüfen des ausgeformten Werkstücks

Für den Zuschnitt wird eine Material- oder Stückliste angefertigt, aus der man die Maße der Werkstücke entnehmen kann **(Bild 1).** Das Holz wird nach den vorgenannten Kriterien für das geplante Produkt ausgewählt. An einem Richtscheit oder einer Schablone werden die zu fertigenden Teile auf der Brettoberseite angerissen. Die Positionsnummern aus der Materialliste können auf die Teile geschrieben werden. Beim Einsatz von Besäumkreissägen und Laserrichtstrahlen kann das Anreißen gerader Teile entfallen. In jedem Fall ist für die weitere Bearbeitung des Werkstücks wie Aushobeln oder Fräsen eine ausreichende Bearbeitungszugabe zu berücksichtigen **(Bild 3, Seite 227).**

Bei geraden Werkstücken wird nach dem Zuschnitt eine Fläche eben abgerichtet, dann eine Schmalfläche des Brettes winklig zu dieser und gerade angefügt. Nun können die Teile von Dicke und von Breite gehobelt werden. Erst nach der Flächenbearbeitung werden die Werkstücke abgelängt **(Bild 2).**

Qualitätskontrolle bei Werkstücken mit rechteckigem Querschnitt:

- Sind alle Flächen ausrissfrei, gerade und eben **(Bild 3)**?
- Stimmen die Winkel der einzelnen Flächen zueinander?
- Sind die vorgegebenen Maße eingehalten?
- Wurde das Holz wirtschaftlich ausgenutzt, sodass nur wenig Verschnitt entstanden ist?

4.3 Breitenverbindungen

Breite Flächen werden im Allgemeinen aus Sperrholz- oder Spanplatten hergestellt. Aus gestalterischen oder technischen Gründen sind gegebenenfalls auch breite Flächen aus Massivholz zu fertigen. Diese können als unverleimte und verleimte Breitenverbindungen hergestellt werden.

4.3.1 Unverleimte Breitenverbindungen

Unverleimte Breitenverbindungen sind dann zu wählen, wenn breite Flächen aus Massivholz bestehen sollen, diese aber besonders großen Feuchtigkeitsschwankungen ausgesetzt sind. Jedes einzelne Brett muss die Möglichkeit haben, ungehindert zu arbeiten. Die unverleimten Breitenverbindungen benötigen deshalb eine Unterkonstruktion, auf der die Bretter befestigt werden können, und eine Verbindung untereinander, die das Arbeiten in der Breite im Einzelnen zwar ermöglicht, aber dies nicht oder nur wenig zu erkennen gibt.

Bei den unverleimten Breitenverbindungen unterscheidet man die überfälzte, gespundete und gefederte Fuge sowie die überschobene Schalung.

4.3.1.1 Überfälzte Fuge

Bei der überfälzten Fuge erhält jedes Brett an den Kanten einen Wechselfalz. Beide Fälze haben dieselbe Abmessung. Die Falzhöhe beträgt die Hälfte der Brettdicke. Die Falztiefe sollte annähernd die halbe Brettdicke betragen. Will man die Trennungen der einzelnen Bretter in der Fläche besonders betonen, kann man die Brettkanten mit einer Fase oder einem Profil versehen. Diese Verbindung wird nur bei einfachen Verschalungen angewendet **(Bild 1)**.

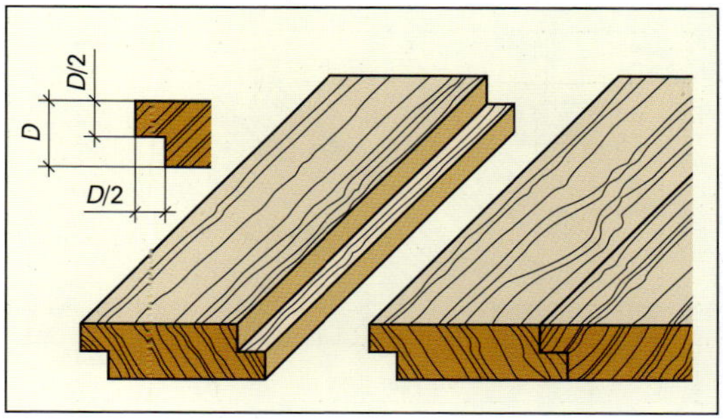

Bild 1: Überfälzte Fuge

4.3.1.2 Gespundete Fuge

Bei der gespundeten Fuge wird an der einen Kante des Brettes die Feder und an der anderen Kante die Nut angefräst. Die Verbindung kommt zustande, indem man die Feder des einen Brettes in die Nut des anderen Brettes führt. Die Nut sollte etwas tiefer sein als die Feder breit ist, damit bei zusammengesteckter Verbindung die Fuge dicht wird. Für die Abmessungen der Nut und Feder gelten, wenn nicht die Normmaße angewendet werden **(Bild 2)**: Federdicke und Nutbreite etwa $^1/_3$ Brettdicke, Nuttiefe etwa $^1/_2$ Brettdicke oder $1\,^1/_2$ Federdicke **(Bild 3)**.

Die gespundete Fuge wird hauptsächlich bei Wand- und Deckenverkleidungen, Türaufdoppelungen, Außenverschalungen und Fußbodendielen angewendet. Nut- und Federbretter sowie Hobeldielen sind in genormten Abmessungen im Handel. Bei ihnen liegt die Feder außermittig, damit entweder bei Fußbodendielen die Abnutzungsschicht oder bei Verschalungen die sichtbaren Kanten dicker werden.

Bei Wand- und Deckenverkleidungen werden die Nut- und Federbretter auf der Unterkonstruktion häufig unsichtbar befestigt. Hierfür sind besondere Profilbrett-Krallen oder Klammern im Handel **(Bild 2)**.

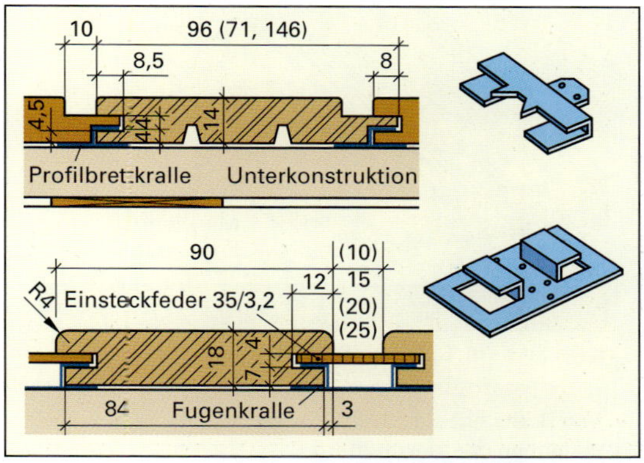

Bild 2: Genormtes Nut- und Federbrett und Akustikbrett

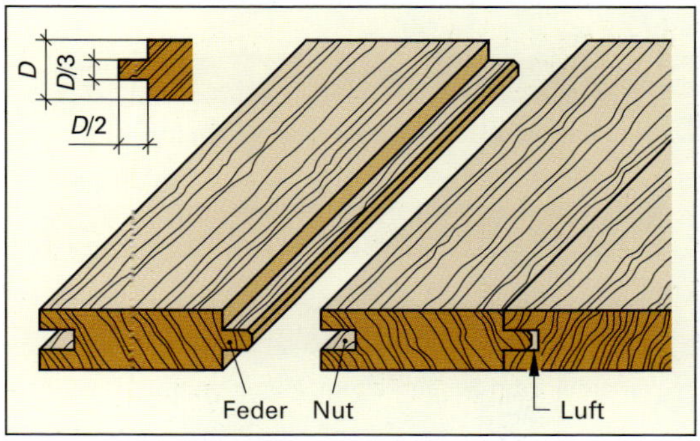

Bild 3: Gespundete Fuge

4.3.1.3 Gefederte Fuge

Bei der gefederten Fuge werden beide Längskanten des Brettes genutet. Die Federn werden gesondert hergestellt. Dadurch entsteht kein Holzverlust in der Breite. Die Federn können aus Sperrholz oder Hartfaserplatten sein. Die Breite der Feder sollte ungefähr 1 bis $1\,^1/_4$ der Brettdicke betragen, die Federdicke etwa $^1/_3$ der Brettdicke. Die Federn müssen etwas schmaler als die Tiefe beider Nuten sein, wenn die Fugen dicht werden sollen **(Bild 4)**. Die Fugen können auch sichtbar gestaltet werden, indem man die Längskanten profiliert oder bzw. und die Federn breiter macht, sodass diese sichtbar werden. Die sichtbaren Federn kann man furnieren, mit Kunststoff oder Metall kaschieren. Diese Breitenverbindung wird wie die gespundete Fuge bei Wand- und Deckenverkleidungen, Haustüraufdoppelungen usw. verwendet.

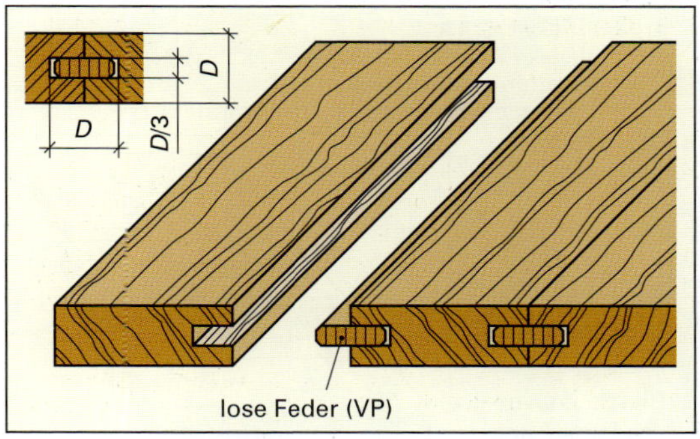

Bild 4: Gefederte Fuge

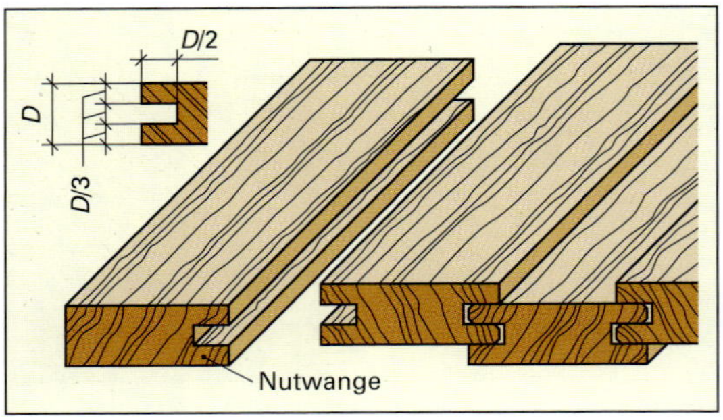

Bild 1: Überschobene Schalung

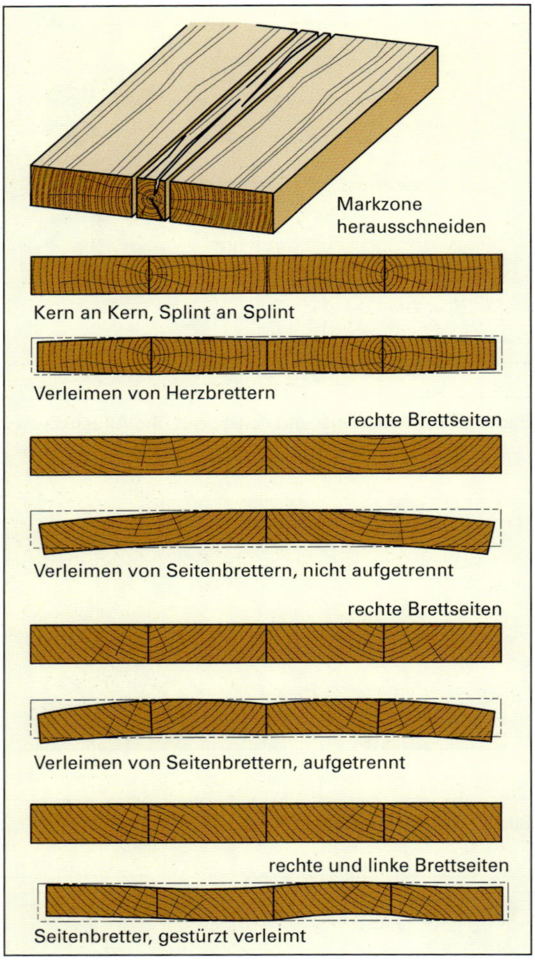

Bild 2: Verleimregeln

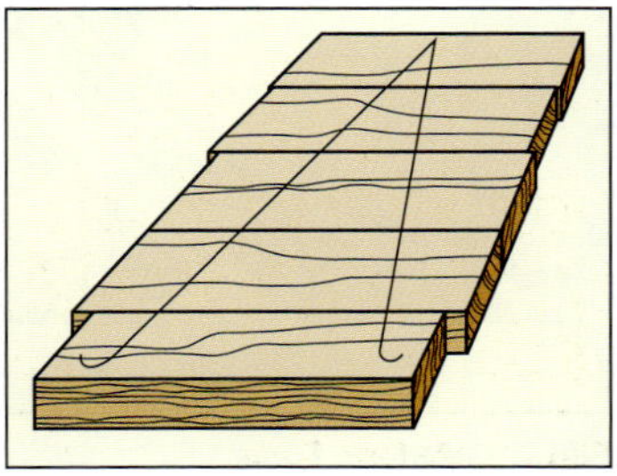

Bild 3: Zusammenzeichnen der Bretter

4.3.1.4 Überschobene Schalung

Mit der überschobenen Schalung wird z. B. bei Haustür- und Garagentoraufdoppelungen eine besonders ausdrucksvolle plastische Wirkung erzielt.

Bei dieser Verbindung sind die Bretter an den Kanten so genutet, dass die obere Nutwange des einen Brettes und die andere Nutwange des anderen Brettes gut ineinander passen **(Bild 1)**.

4.3.2 Verleimte Breitenverbindungen

Bei Massivholzmöbeln und bei stark beanspruchten Arbeitsplatten benötigt man breite Flächen mit dichten Fugen. Deshalb sind die einzelnen Bretter zu verleimen.

4.3.2.1 Verleimregeln

Vor dem Verleimen der Bretter ist zu entscheiden, ob die Holzfläche lebhaft gefladert oder mehr schlicht und streifig sein soll, ob die verleimten Holzflächen frei aufliegen, in Nuten eingespannt sind oder von eingegrateten Leisten eben gehalten werden. Zur Auswahl stehen Herzbretter, Mittelbretter und Seitenbretter.

Bei **Herzbrettern** ist die Markzone unbedingt herauszutrennen, weil hier das Holz zur Rissbildung neigt **(Bild 2)**. Dadurch erhält man zwei Bretthälften mit je einer Kernholzzone und einer Splintholzzone. Da Splintholz und Kernholz verschieden stark arbeiten, muss Kernholz an Kernholz und Splintholz an Splintholz geleimt werden. So entstehen an den Leimfugen weichere Übergänge. Flächen aus verleimten Herzbrettern schwinden und quellen in der Breite wenig und behalten durch die stehenden Jahresringe eine nahezu ebene Oberfläche. Die Holztextur ist allerdings schlicht bzw. streifig.

Seitenbretter können so verleimt werden, dass die Holzfladerung voll erhalten bleibt. Solche Flächen werfen sich und werden rund. Sie müssen deshalb durch Gratleisten oder Hirnleisten gesichert oder im Rahmen gehalten werden. Für frei aufliegende Flächen müssen auch die Seitenbretter aufgetrennt werden. Sie werden dann so verleimt, dass abwechselnd die rechte und die linke Brettseite nach oben liegt und Kern an Kern und Splint an Splint. Dies wird dann gestürzte Verleimung genannt **(Bild 2)**.

Mittelbretter werden in der Mitte aufgetrennt und so wie die Seitenbretter verleimt.

Eine Verleimung von Herz- und Seitenbrettern untereinander gemischt sollte wegen des unterschiedlichen Arbeitens des Holzes unterbleiben.

Zur Leimangabe werden die Bretter in der Regel zu einem Stapel zusammengelegt. Damit die Bretter zum Verleimen wieder in der richtigen Reihenfolge liegen, müssen sie vorher zusammengezeichnet werden **(Bild 3, Seite 230)**.

4.3.2.2 Stumpfe Fuge

Die Schmalflächen der Bretter werden stumpf miteinander verleimt. Voraussetzung für eine einwandfreie Verleimung ist eine gut passende Fuge. Das Fügen der Schmalflächen kann von Hand mit der Raubank oder maschinell auf der Abrichthobelmaschine und an Mehrseitenhobelmaschinen geschehen. In der Regel werden die besäumten bzw. aufgetrennten Bretter im rohen Zustand gefügt und verleimt. Danach wird die ganze Fläche abgerichtet und auf Dicke gehobelt. Diese Breitenverbindung wird für die Herstellung von breiten Vollholzflächen im Möbel- und Innenausbau angewendet **(Bild 1)**.

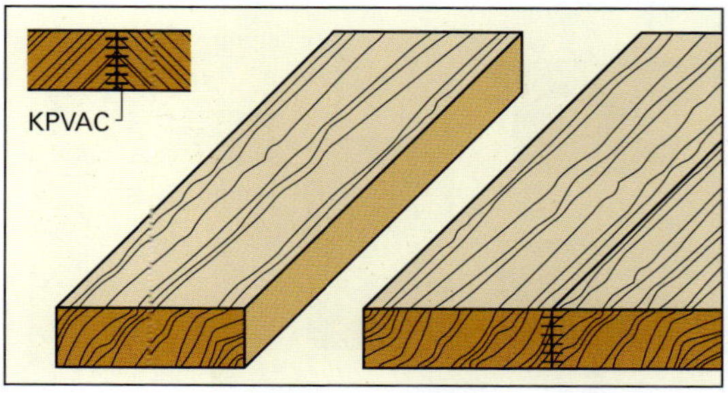

Bild 1: Stumpfe Fuge

4.3.2.3 Kronenfuge

Die Kronenfuge sichert zusätzlich zur Verleimung die Leimfuge und vergrößert die Leimfläche. Eine besonders hohe Fugenfestigkeit wird z. B. bei Arbeitsplatten und Treppenstufen verlangt. Die Schmalflächen werden mit Fugenverleimfräsern auf der Tischfräsmaschine hergestellt. Vor dem Fräsen sind die Bretter auf Dicke zu hobeln und an den Schmalflächen zu fügen. Nach dem Verleimen sollten die Werkstücke nochmals mit geringer Spanabnahme auf Dicke gehobelt werden. Der Fugenverleimfräser muss in der Höhe so eingestellt sein, dass die einzelnen Bretter an beiden Schmalflächen nur durch Drehen des Brettes gefräst werden können **(Bild 2)**.

Bild 2: Kronenfuge

4.3.2.4 Gedübelte Fuge

Eine erhöhte Festigkeit kann durch Dübel in der Fuge erreicht werden. Außerdem bieten Dübel eine Verleimhilfe. Um die Fugen dicht zu bekommen, müssen die Dübel 2 mm bis 3 mm kürzer als die Dübellöcher sein, damit der überschüssige Leim von den Dübellöchern aufgenommen werden kann **(Bild 3)**.

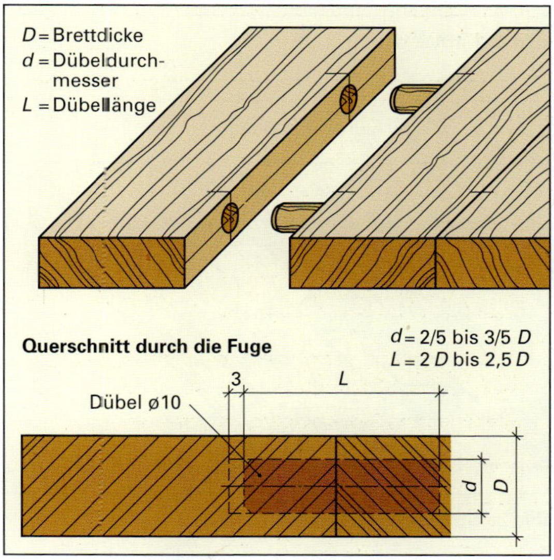

Bild 3: Gedübelte Fuge

4.3.2.5 Gefederte Fuge

Leimfugen können auch durch Federn aus Holzwerkstoffen gesichert werden. Die Konstruktion entspricht der unverleimten gefederten Fuge **(Bild 4)**. Teilweise werden auch Formfedern als Verleimhilfen eingesetzt.

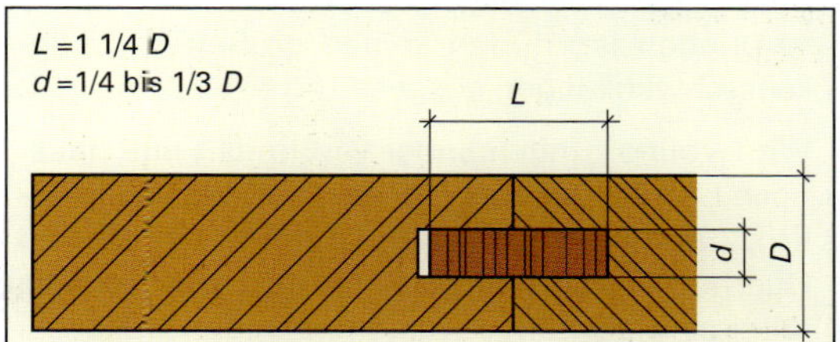

Bild 4: Gefederte Fuge

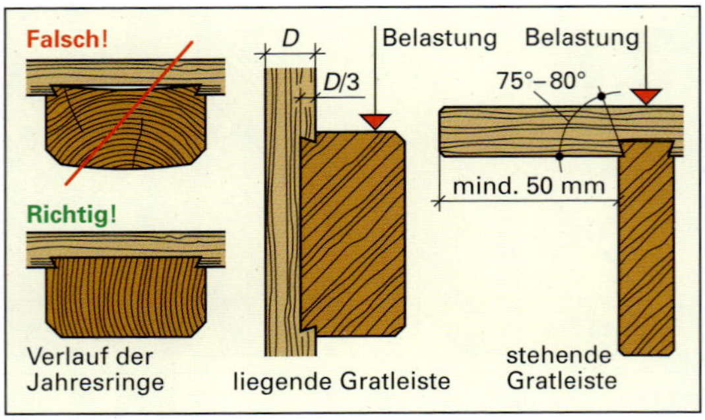

Bild 1: Gratleisten

Bild 2: Hirnleisten

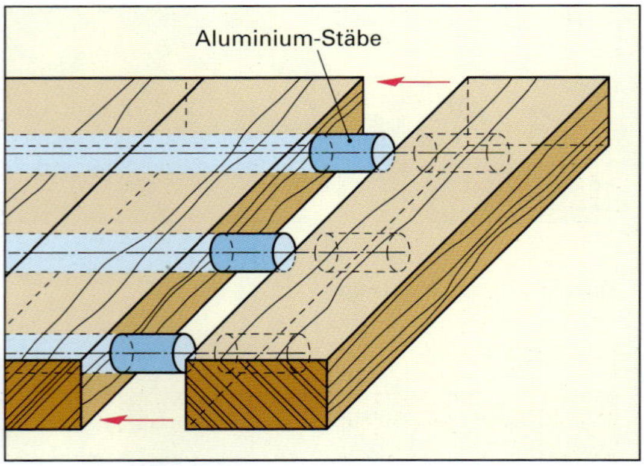

Bild 3: Stabilisierende Stäbe

Konstruktionen aus Vollholz, besonders verleimte oder solche, bei denen Querholz mit Langholz verbunden ist, dürfen keinen großen Feuchtigkeitsschwankungen ausgesetzt werden.

Wird Vollholz miteinander verbunden und dabei noch Leim angegeben, ist es unbedingt erforderlich, dass man nur Langholz mit Langholz und Querholz mit Querholz verleimt, denn Vollholz arbeitet in der Länge wenig und in der Breite viel **(Seite 88)**.

4.3.3 Sicherung von verleimten Vollholzflächen

Freistehende Vollholzflächen können durch Grat- oder Hirnleisten so gesichert werden, dass sie zwar noch arbeiten, sich aber nicht mehr werfen und verziehen können.

4.3.3.1 Gratleisten

Gratleisten sind Leisten mit einem an einer Fläche angearbeiteten Grat, der in eine in die Holzfläche eingeschnittene oder maschinell eingefräste Gratnut einzuschieben ist. Damit sich der Grat in der Gratnut verkeilen kann, sind beide zum vorderen Ende hin 1 mm bis 2 mm konisch angearbeitet.

Man unterscheidet stehende und liegende Gratleisten **(Bild 1)**.

Stehende Gratleisten sind schmal und hoch. Sie werden hauptsächlich für liegende Flächen verwendet, weil die stehende Gratleiste die Belastung besser aufnimmt **(Bild 1)**.

Liegende Gratleisten sind breit und flach und werden meist für stehende Flächen wie bei Türen verwendet. Bei liegenden Gratleisten ist darauf zu achten, dass sie stehende Jahresringe aufweisen. Gratleisten mit liegenden Jahresringen können sich werfen und sich durch das größere Schwindmaß lockern **(Bild 1)**.

Bei der Gratung kommen Holzteile mit unterschiedlichem Schwindverhalten und Schwindmaßen zusammen. Damit die breite Vollholzfläche auf der Gratleiste ungehindert arbeiten kann, ist es notwendig, dass der Grat in der Gratnut an den Enden Luft aufweist und die Gratleiste nur an einem Ende eingeleimt wird.

4.3.3.2 Hirnleisten

Hirnleisten verhindern das Werfen von schmalen Vollholzflächen. Sie können an die Hirnenden gefedert, gezapft und gekeilt oder in die Hirnenden eingeleimt sein. Bei geleimten Hirnholzleisten dürfen die Flächen höchstens 200 mm breit sein. An breiteren Vollholzflächen dürfen die Hirnholzleisten nur in der Mitte mit dem querlaufenden Holz verleimt und durch Zapfen verbunden werden **(Bild 2)**.

4.3.3.3 Stabilisierende Stäbe

Vollholzteile können auch auf stabilisierende Stäbe aus Aluminium oder rechteckigen Holzleisten aufgefädelt werden **(Bild 3)**. Sie sind von außen unsichtbar und verhindern das Werfen der Vollholzflächen **(Flächensicherung)**.

4.4 Kasteneckverbindungen

Um Möbelkörper, Kästen und Kisten herstellen zu können, muss man breite Flächen an ihren Enden miteinander verbinden. Die Flächen können aus Vollholz, aus Sperrholz- oder aus Spanplatten hergestellt sein. Je nach Verwendung der Erzeugnisse, nach Art des zu verarbeitenden Werkstoffs oder nach der Wirtschaftlichkeit des Fertigungsverfahrens können verschiedene Eckverbindungen zur Anwendung kommen.

4.4.1 Genagelte Eckverbindungen

Die Nagelung kommt bei einfachen Erzeugnissen vor. Nägel halten im Hirnholz nicht so gut wie im Langholz. Deshalb wird man für die Herstellung von Transportkisten, Lagerregalen u. a., bei denen es auf große Haltbarkeit der Verbindung ankommt, Eckleisten vorsehen. Hier werden Drahtstifte mit Senkkopf verwendet, die sich nicht so leicht in das Holz einziehen können. Damit die Haltbarkeit der Nagelung noch größer wird, können die Nägel ganz durch die Eckleisten geschlagen, auf der anderen Seite mit einem Flacheisen winklig abgekröpft und in dieser Form wie ein Widerhaken umgebogen werden **(Bild 1)**.

In Kistenfabriken und Zimmereibetrieben kommen zum Nageln Druckluftnagler zum Einsatz **(Bild 3, Seite 291)**.

Für die feinere Nagelung wählt man Drahtstifte mit Stauchkopf, weil sie versenkt und ausgekittet werden können. Wenn außen an den Brettenden zu nageln ist, kann das Holz durch die keilförmige Spitze des Drahtstiftes aufspalten. Die Spaltwirkung wird vermindert, indem man die Spitze des Drahtstiftes mit dem Hammer staucht. Unter der stumpfen Spitze werden die Holzfasern zerdrückt und nicht auseinander gekeilt.

Drahtstifte sind im Schaft glatt und lassen sich daher in Richtung der Nagelachse leicht wieder herausziehen. Um die Haltbarkeit einer Nagelung zu erhöhen, ist schwalbenschwanzförmig zu nageln. Die Nagellänge sollte das 2,5-fache der Dicke des zu befestigenden Teiles betragen **(Bild 2)**.

Wird eine Holzfläche an der Verbindungsstelle ausgefälzt, spricht man von einer **ausgefälzten Nagelverbindung.** Durch den Falz erhält die andere Holzfläche einen Anschlag, wodurch diese beim Nageln nicht verrutschen kann. Meist wird zusätzlich Leim angegeben. Die ausgefälzte Nagelverbindung eignet sich für Werkstücke, bei denen eine Unter- und Draufsicht nicht möglich ist **(Bild 2)**.

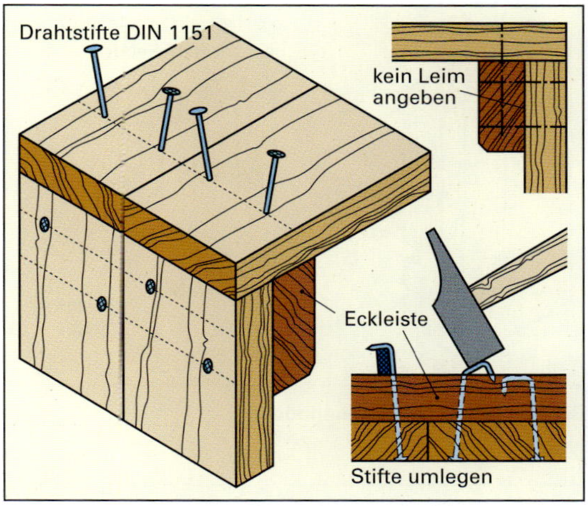

Bild 1: Genagelte Kistenecke

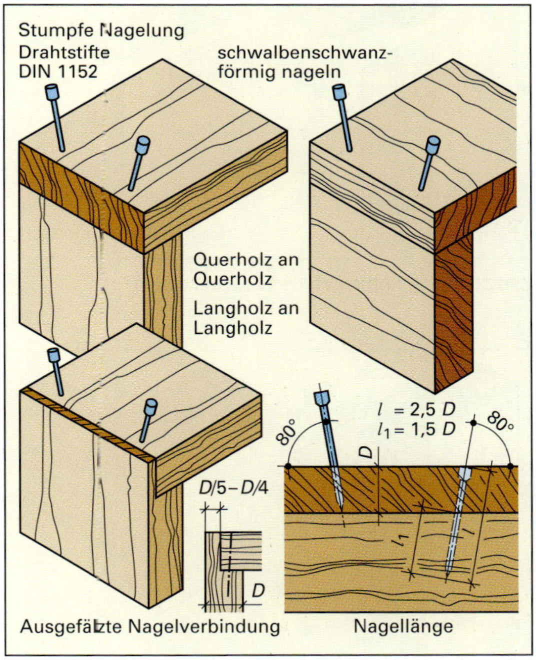

Bild 2: Die Nagelung

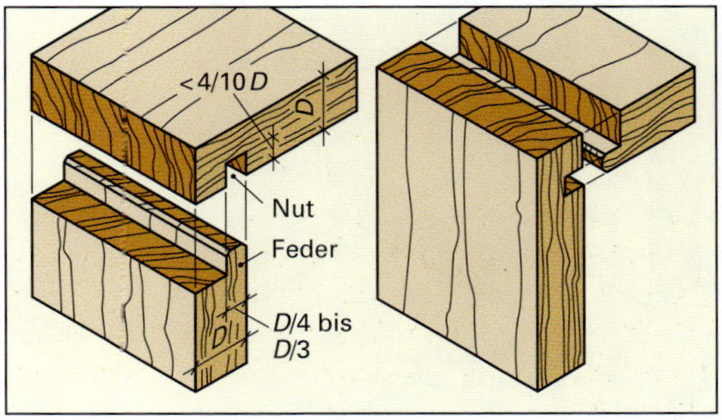

Bild 3: Gefederte Außenecken

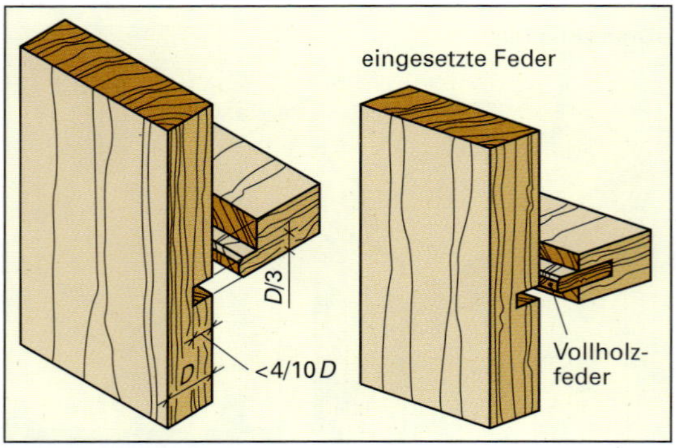

Bild 1: Gefederte Zwischenböden

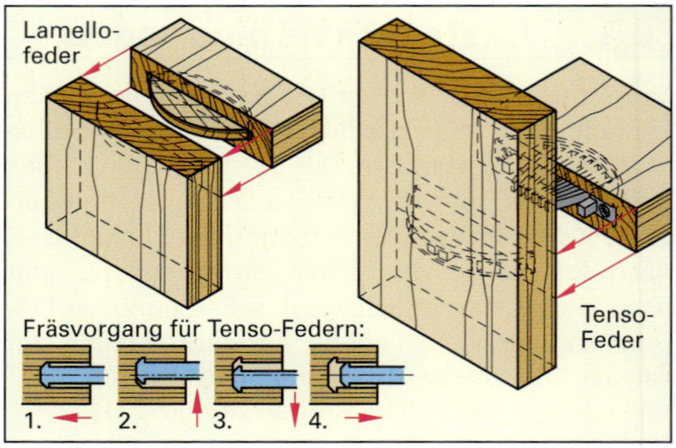

Bild 2: Verbindung mit Formfedern

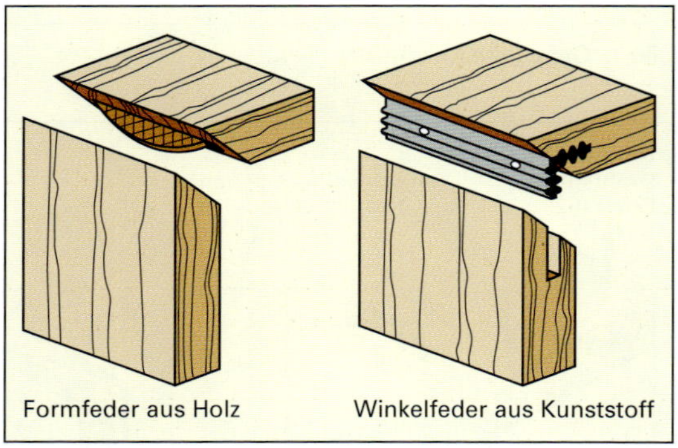

Bild 3: Auf Gehrung gefederte Kastenecken

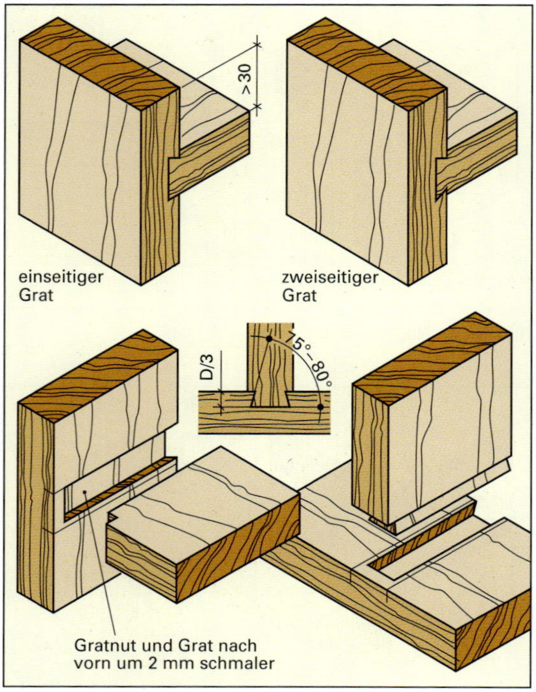

Bild 4: Gegratete Eckverbindung

4.4.2 Gefederte Eckverbindungen

Bei der gefederten Eckverbindung sollte die Federdicke nicht mehr als $^1/_4$ bis $^1/_3$ der Bodendicke betragen und nicht tiefer als $^4/_{10}$ der Seitendicke eingenutet werden **(Bild 3, Seite 233)**. Bei Zwischenböden kann die Feder oben oder unten angeschnitten werden. Wird sie oben angeschnitten, kann der Boden bei starker Belastung im Bereich der Feder aufspalten. Bei unten angeschnittener Feder bildet sich bei Belastung eine von oben sichtbare Fuge **(Bild 1)**.

Die gefederte Eckverbindung eignet sich an Außenecken bei Erzeugnissen aus Vollholz und Tischlerplatten, nicht aber für Werkstücke aus Spanplatten. Die Verbindung wird verleimt. Sie kann beim Bau von Regalen, Türfuttern, Schubkästen u.a. angewendet werden.

Anstelle eingeschnittener oder angefräster Federn können auch Federn aus Furnier-Sperrholz, Holzfaserplatten oder Querholz eingenutet werden. Bei gefederten Ecken auf Gehrung muss die Feder möglichst dicht an die Innenkante gesetzt werden, damit diese so breit wie möglich sein kann **(Bild 3)**. Bewährt haben sich auch einige besondere Federarten wie Formfedern aus Holz (Lamellofedern) oder Kunststoff (Tenso-Federn) sowie die Kunststoff-Winkelfedern für Platten-Verbindungen auf Gehrung **(Bild 2 und Bild 1, Seite 222)**.

4.4.3 Gegratete Eckverbindungen

Das Graten ist eine Holzverbindung, die sich nur für T-förmige Plattenverbindungen aus Vollholz eignet. Ihre Haltbarkeit hängt im hohen Maße von der richtigen und sorgfältigen Ausführung des Grates und der Gratnut ab. Die Nut wird immer in das durchgehende Teil eingeschnitten oder mit der Handoberfräse eingefräst und der Grat an das stumpf auftreffende Werkteil angearbeitet. Damit der durchgehende Teil durch die Gratnut nicht zu sehr geschwächt wird, ist diese nur etwa ein Drittel tief in das Holz einzuschneiden.

Der Grat wird mit dem Grathobel angestoßen oder an der Fräse angefräst. Er erhält nur eine Schräge von 75° bis 80°, damit das Holz am Grat nicht abscheren kann. Gratnut und Grat sind nach vorn etwas konisch. Dadurch zieht der Grat die Verbindung beim Zusammenbau im letzten Drittel oder Viertel der Bodenbreite zusammen.

Je nach Ausführung des Grates unterscheidet man den einseitigen und den zweiseitigen Grat.

Da der Grat meist in die Nut eingetrieben wird, entstehen an den Wangen der Gratnut Kräfte, die im Holz aufgefangen werden müssen **(Seite 46)**. Aus diesem Grund ist bei der Gratverbindung auf genügend Vorholz (> 30 mm) zu achten **(Bild 4, Seite 234)**.

4.4.4 Gedübelte Eckverbindungen

Die Dübelung ist eine Verbindung, die mit Handbohrmaschinen und Bohrvorrichtungen oder mit Dübelmaschinen und auf Dübelautomaten hergestellt wird. Durch die runde Form und durch die Abstände der Dübel bzw. Dübellöcher wird das Holz der zu verbindenden Teile nur sehr wenig geschwächt. Außerdem lassen sich die Möbelteile beim Zusammenbau leicht zusammenstecken. Die Dübelung kann zur Verbindung von Möbelteilen aus Vollholz-, Sperrholz- und Spanplatten angewendet werden. Man unterscheidet die **stumpfe Dübelung** und die **Dübelung auf Gehrung (Bild 1)**. Bei der letzteren Verbindung werden vorwiegend Winkeldübel verwendet **(Seite 223)**.

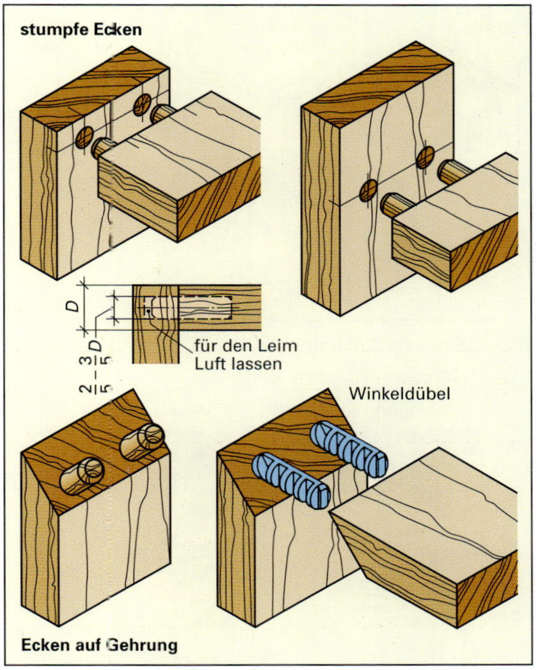

Bild 1: Gedübelte Eckverbindung

4.4.5 Fingerzinkung

Bei dieser Eckverbindung verlaufen alle Schnittflächen der Zinken parallel zueinander. Deshalb zieht diese Verbindung beim Zusammenbau nicht von selbst an. Sie muss in Korpuspressen oder Vorrichtungen verleimt werden. Durch diese allseitig parallelen Flächen lassen sich die Fingerzinken an Maschinen anschneiden oder mit Spezialfräsern an der Fräsmaschine ausfräsen **(Bild 2)**.

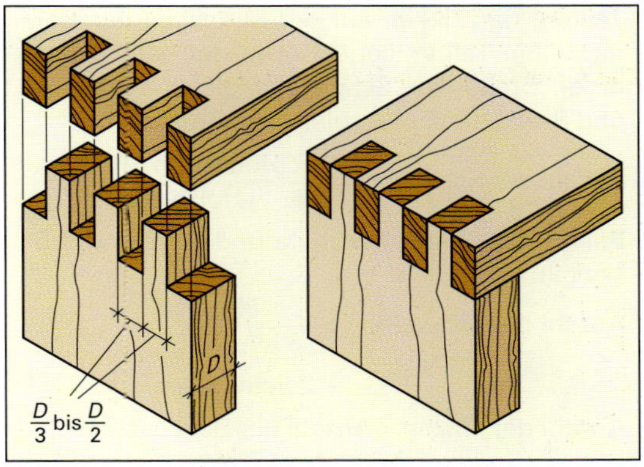

Bild 2: Fingerzinkung

4.4.6 Fingerzapfen

Fingerzapfen eignen sich für den Einbau von Zwischenböden. Die Zapfenlöcher müssen von Hand in die Seiten gestemmt werden. Ein genaues Anreißen auf beiden Brettseiten ist erforderlich. Zum besseren Halt kann man die Fingerzapfen auch von außen verkeilen. Man muss dann darauf achten, dass die Keile quer zur Holzfaser der Seite eingetrieben werden **(Bild 3)**.

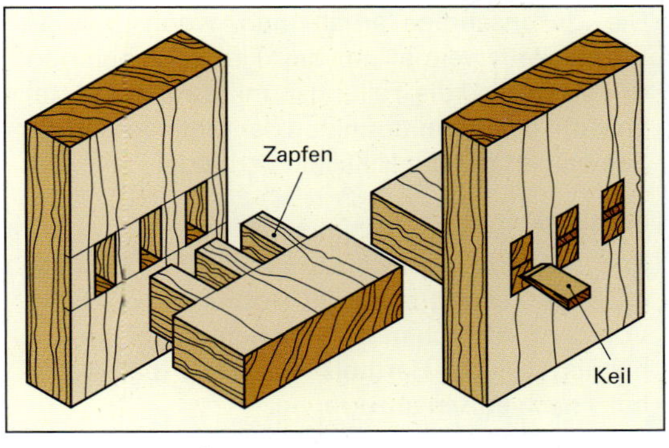

Bild 3: Fingerzapfen

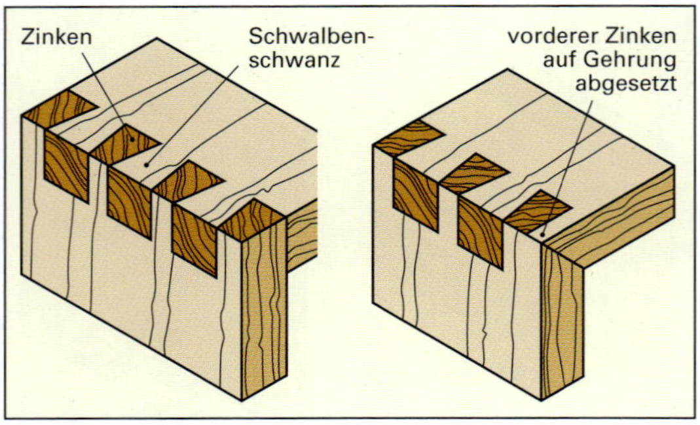

Bild 1: Einfache Zinkung

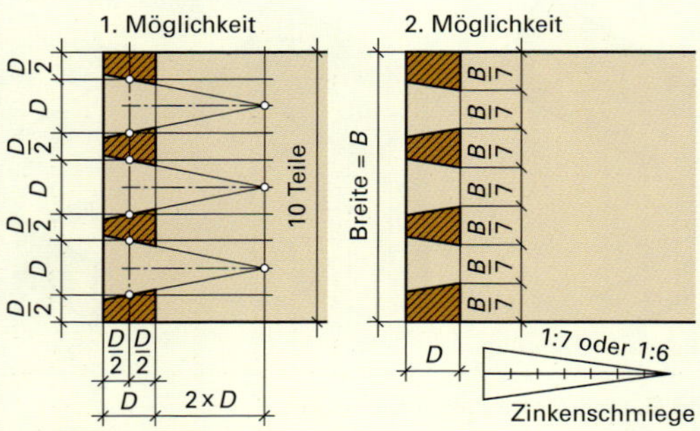

Möglichkeit 1

Teilung der Zinken auf der Mittellinie der Holzdicke. Ein Teil entspricht etwa der halben Holzdicke. Breite der Schwalben gleich zwei Teile und Breite der Zinken gleich ein Teil. Formel:

$$\text{Anzahl der Schwalben} = \frac{\text{Holzbreite}}{3 \cdot 1/2\ \text{Holzdicke}}$$

Bei 80 mm Werkstückbreite und 16 mm Holzdicke gilt:

$$\text{Anzahl der Schwalben} = \frac{80}{3 \cdot 1/2 \cdot 16}$$

~ 3 Schwalben

Anzahl der Zinken = Anzahl der Schwalben + 1
= 3 + 1 = **4 Zinken**

Gesamtteile = Teile der Schwalben (6) + Teile der Zinken (4) = **10 Teile**

Die Zinkenschräge erhält man, wenn man die Brettdicke zweimal in die Fläche hineinträgt (Hilfslinie) und die Teilungspunkte auf der Mittellinie mit den Schnittpunkten der Mittelachsen der Schwalben mit der Hilfslinie verbindet.

Möglichkeit 2

Den Innenriss durch eine ungerade Zahl so teilen, dass die Teilung etwa der Holzdicke entspricht. Von den Teilstrichen sind die Schmiegen im Verhältnis 1:7 (bei Hartholz) oder 1:6 (bei Weichholz) nach außen anzutragen.

Bild 2: Einteilung der Zinken

4.4.7 Gezinkte Eckverbindungen

Das Zinken ist eine mehrfache Verzahnung keilförmiger Zapfen, die man Zinken bzw. Schwalbenschwänze nennt. Man wählt diese Verbindung zum Zusammenbau von Vollholzflächen, da die so verbundenen Teile ungehindert schwinden und quellen, sich aber nicht werfen können. Die gebräuchlichsten Zinkungsarten sind die einfache Zinkung und die halbverdeckte Zinkung.

4.4.7.1 Einfache Zinkung

Bei der einfachen Zinkung, auch offene Zinkung genannt, sind die Zinken und Schwalbenschwänze sichtbar **(Bild 1).** An welche Werkstücke die Zinken oder Schwalbenschwänze anzuschneiden sind, hängt von der späteren Beanspruchung des Möbelteils und der Möglichkeit des Zusammenbaus ab. Weil diese Verbindung gleichzeitig auch schmückend sein kann, muss man die Einteilung der Zinkung sorgfältig vornehmen. Hierfür gibt es zwei Möglichkeiten **(Bild 2).**

Nach dem Anreißen der Zinken werden diese so angesägt, dass die Zinkenrisse stehen bleiben. Anschließend folgt das Ausstemmen der Zwischenräume für die Schwalbenschwänze. Zum Anreißen der Schwalbenschwänze wird das Brett mit den fertigen Zinken so auf das „Schwalbenbrett" gestellt, dass es mit den Hirnkanten genau bündig liegt. Mit einem Spitzbohrer reißt man die Schwalbenschwänze sorgfältig an.

Die Schwalbenschwänze sind genau am Riss und so zu schneiden, dass sie auf der Außenseite geringfügig breiter sind als auf der Innenseite. Dadurch erzielt man eine gut passende Verbindung.

Nach dem Ausstemmen der Zwischenräume für die Zinken sind die Innenseiten der Bretter zu putzen und zu schleifen. Nach dem Angeben des Leimes an Zinken und Schwalbenschwänze werden die Teile unter Verwendung einer Hartholzzulage mit dem Hammer zusammengeklopft und winkelrecht ausgerichtet **(Bild 1, Seite 237).**

Sollen bei Vollholzmöbeln die Vorderkanten auf Gehrung zusammenstoßen, dann kann man die ersten Zinken auf Gehrung absetzen **(Bild 1).**

4.4.7.2 Halbverdeckte Zinkung

Wenn man die Zinkung von einer Seite nicht sichtbar haben will, wendet man die halb verdeckte Zinkung an. Die Zinkenteilung ist auch hier nach den beiden genannten Beispielen möglich. Allerdings ist nun statt der Holzdicke die Höhe der Zinken einzusetzen. Den Holzteil, der die Hirnenden

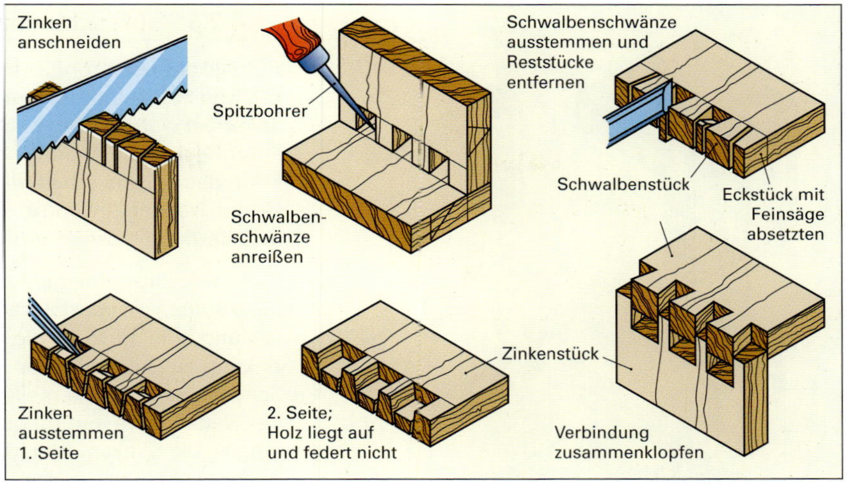

Bild 1: Herstellen einer einfachen Zinkung

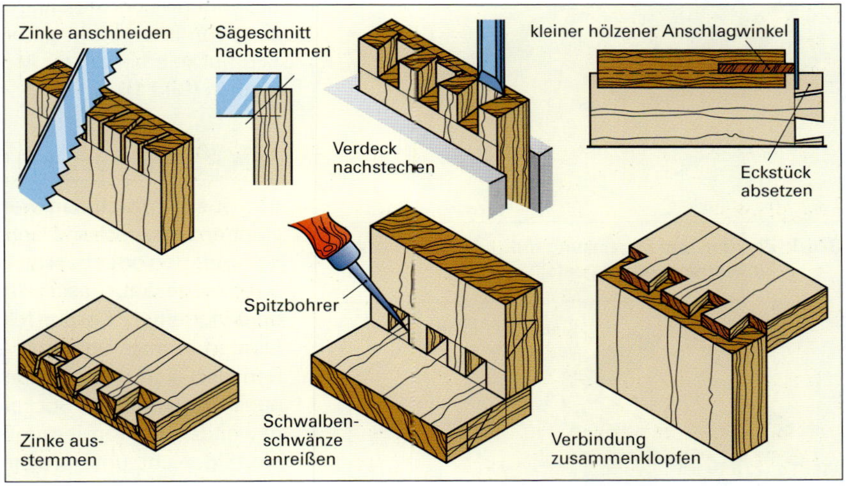

Bild 2: Herstellen einer halbverdeckten Zinkung

der Schwalben abdeckt, nennt man Verdeck. Die Dicke des Verdecks sollte etwa $^1/_4$ bis $^1/_3$ der Holzdicke betragen. Das Anschneiden der Zinken kann nur von der Innenkante des Werkstücks her geschehen. Die stehengebliebenen Ecken der Zinken, die mit der Säge nicht erfasst werden können, müssen beim Ausstemmen nachgestochen werden. Nach dem Ausstemmen der Zinken werden die Schwalbenschwänze angerissen, angeschnitten und ausgestemmt bzw. abgesetzt **(Bild 2)**.

Bild 3: Zinkenfräsgerät (die Oberfräse ist nicht dargestellt)

DIGITAL+

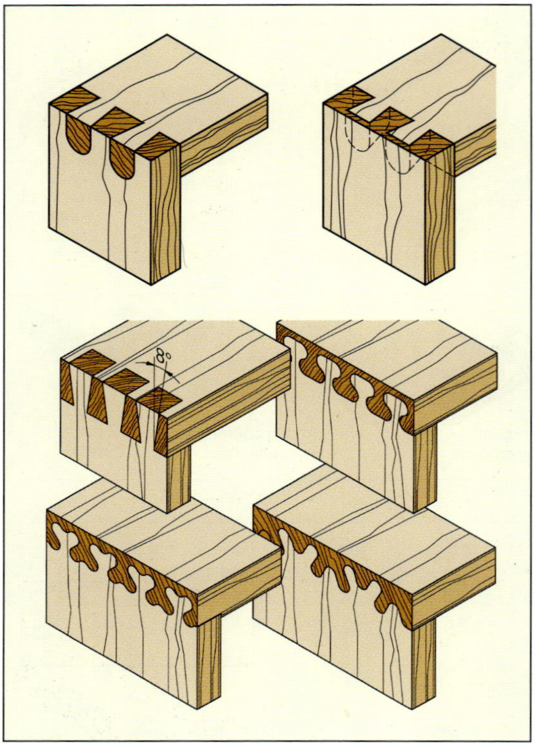

Bild 1: Zinkung und Zierzinkung mit Zinkenfräsgerät hergestellt

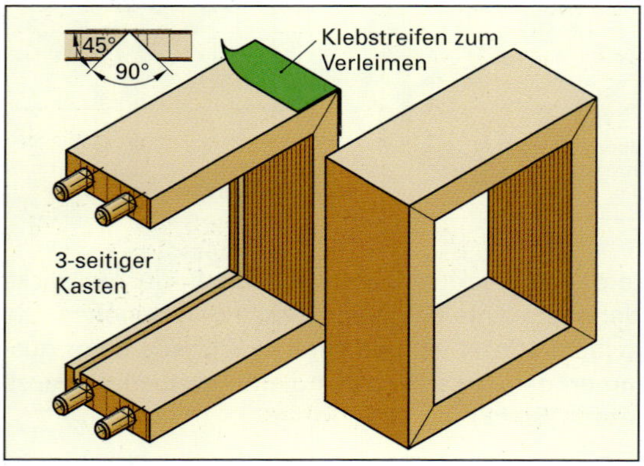

Bild 2: Faltsystem

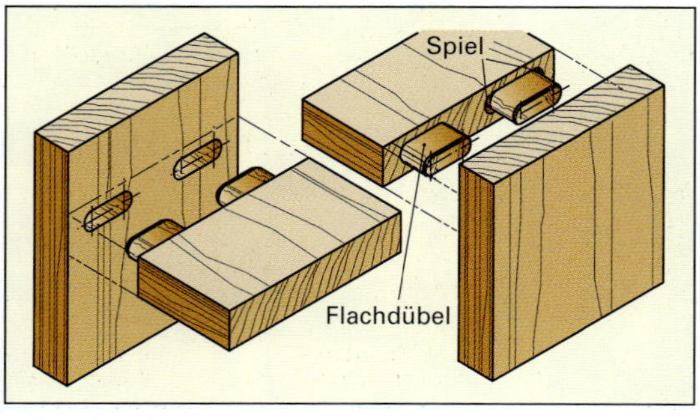

Bild 3: Verbindung mit Flachdübeln

4.4.7.3 Maschinenzinkung

Auf Zinkenfräsen können in einem Arbeitsgang Zinken und Schwalbenschwänze mit einem Gratfräser angefräst werden, der durch einen Führungsstift an Führungskegeln entlang geführt wird. Durch die Form des Fräsers erhalten die Zinken einen runden Grund. Mit der Zinkenfräsmaschine kann offen und halb verdeckt gezinkt werden **(Bild 3, Seite 237)**.

Neuartige Zinkenfräsgeräte, auf die eine Handoberfräse aufgesetzt werden kann, ermöglichen die Herstellung von Zinken, die nicht von einer Handzinkung zu unterscheiden sind, d.h., hier sind die Schwalben und Zinkenteile eckig ausgefräst. Durch frei verstellbare Führungsfinger können darüber hinaus die Zinken und Schwalben in beliebiger Breite hergestellt werden.

Besondere Führungsfinger erlauben die Herstellung von interessant geformten Zierzinken, die als Schmuckelement am Möbel eingesetzt werden können **(Bild 1)**.

4.4.8 Faltsystem

Auf Spezialmaschinen werden den jeweiligen Abständen entsprechend Gehrungsnuten so in die fertig furnierten oder beschichteten Flächen eingefräst oder eingesägt, dass sich daraus ein dreiteiliger oder vierteiliger Korpus falten lässt. Die Gehrungen werden stumpf verleimt. Dieses Verbindungssystem lässt sich rationell herstellen und wird bei kleinen Korpusmöbeln, Sockeln, Schubkasten usw. angewendet. Bei furnierten Elementen läuft das Furnierbild nicht unterbrochen um die Ecke herum **(Bild 2)**.

4.4.9 Verbindung mit Flachdübeln

Bei besonders dicken und stark belasteten Böden können für T-förmige Verbindungen Flachdübel eingesetzt werden. Zum Einfräsen der länglichen Löcher sind spezielle Handmaschinen zu verwenden, die auf die Dicke und auch Breite der jeweils verwendeten Flachdübel schnell einzustellen sind **(Bild 3)**.

4.4.10 Lösbare Kasteneckverbindungen

Große Schränke lassen sich zusammengebaut schlecht verpacken und transportieren. Deshalb werden die Ecken solcher Schränke lösbar mit Verbindungsbeschlägen ohne Leimung nur durch Schraub- oder Exzenterkräfte zusammengehalten. Zur Sicherung der Verbindung kann zusätzlich gedübelt werden.

Verbindungsschrauben, die durch die Seite in den **Quermutterbolzen** im Boden eingedreht werden, sind von außen sichtbar. Der Schraubenkopf kann durch eine Abdeckkappe verdeckt werden **(Bild 1)**.

Einteilverbinder sind besondere Schrauben, die durch die Seite in die Bodenkante eingedreht werden. Für die Herstellung der Bohrung ist ein besonderer Stufenbohrer erforderlich **(Bild 2)**.

Miniverbinder sind den Exzenter-Schrankverbindern ähnlich, allerdings ist bei diesem Beschlag nur das kleine Exzentergehäuse im Boden sichtbar. Durch die Verwendung eines Gelenk-Verbindungsbolzens lassen sich Böden und Seiten in verschiedenen Winkeln zusammensetzen **(Bild 3)**.

Die radial einschiebbaren **Verbindungsfedern** benötigen zur Herstellung der Nut spezielle Fräsmaschinen und Werkzeuge. Mit diesen „Clamex-Verbindern" können Seiten und Böden stumpf, auch auf Gehrung, miteinander zusammengespannt werden. Auf der Innenfläche bleibt lediglich eine 6 mm große Bohrung sichtbar **(Bild 4)**.

Exzenter-Schrankverbinder bestehen aus dem Exzentergehäuse, dem Verbindungsbolzen und der Muffe. Die Muffe wird in die Bohrung der 32-mm-Lochreihen in den Seiten eingesetzt und der Verbindungsbolzen in die Muffe eingedreht. Der Boden erhält die passende Ausfräsung bzw. Bohrung für den Bolzen und das Exzentergehäuse. Durch Drehung des Exzentergehäuses wird der Boden mit der Seite fest verspannt. Der Beschlag kann durch eine Abdeckkappe verdeckt werden **(Bild 5)**.

Trapez-Schrankverbinder werden in den Boden in die hierfür vorgesehene Bohrung eingepresst. Durch den Verbinder wird der Boden mit der Seite verschraubt **(Bild 5)**.

Mit **Schrankverbindungsschrauben** können die Schrankelemente wie Sockel oder Kranz mit den Seiten verschraubt werden **(Bild 5)**.

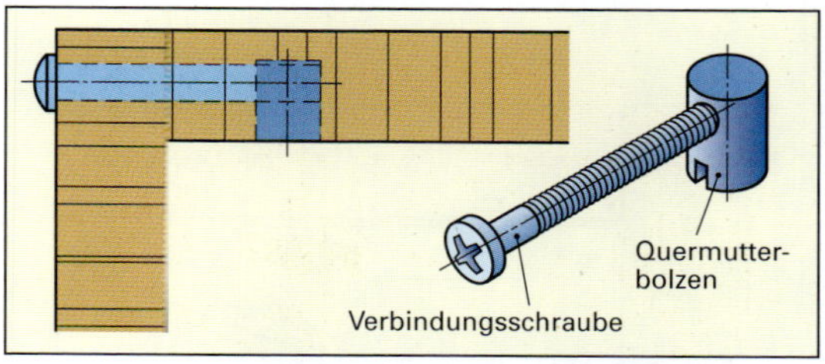

Bild 1: Verbindungsschraube mit Quermutterbolzen

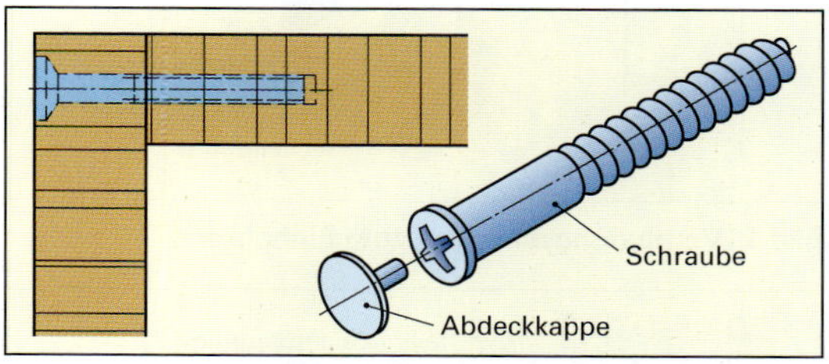

Bild 2: Einteilverbinder

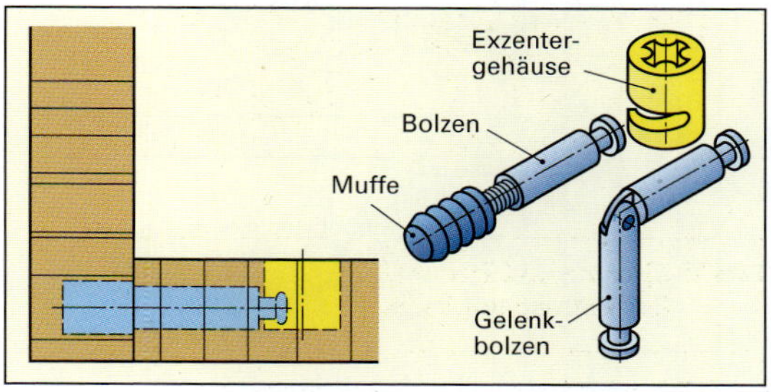

Bild 3: Miniverbinder

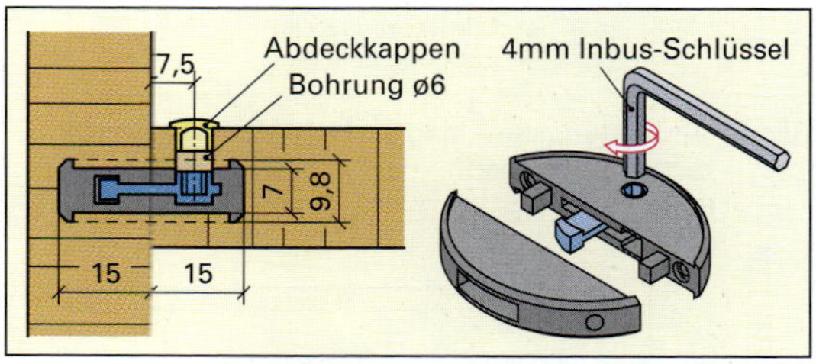

Bild 4: Verbindungsfeder (Clamex)

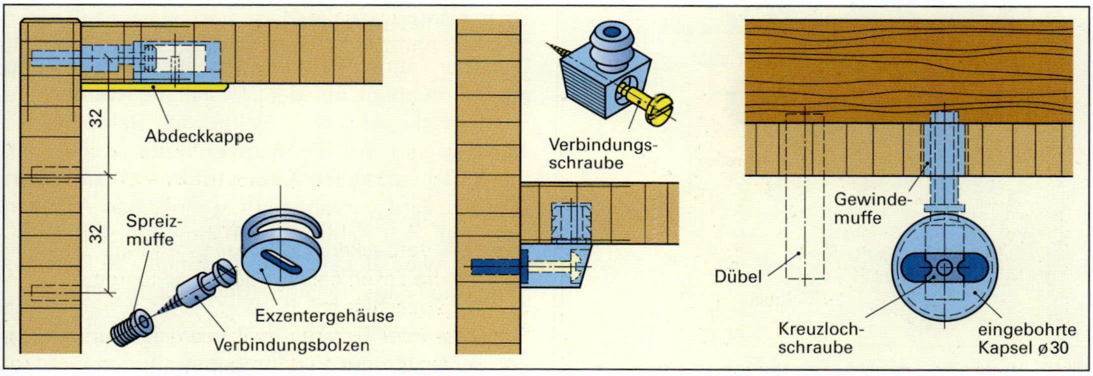

Bild 5: Exzenter-Schrankverbinder, Trapez-Schrankverbinder und Schrankverbindungsschraube

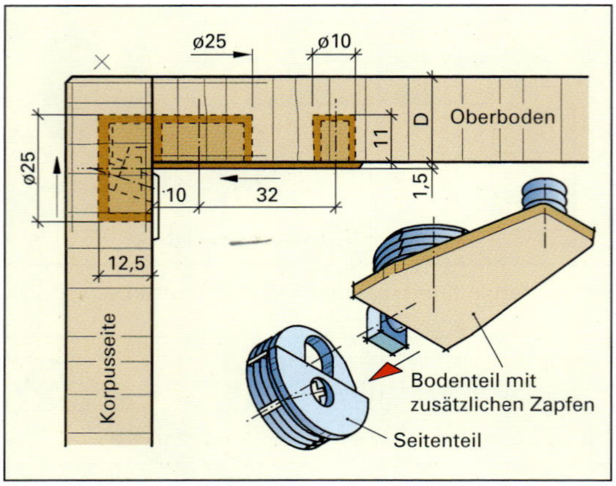

Bild 1: Verbindungsbeschlag zum Einbohren

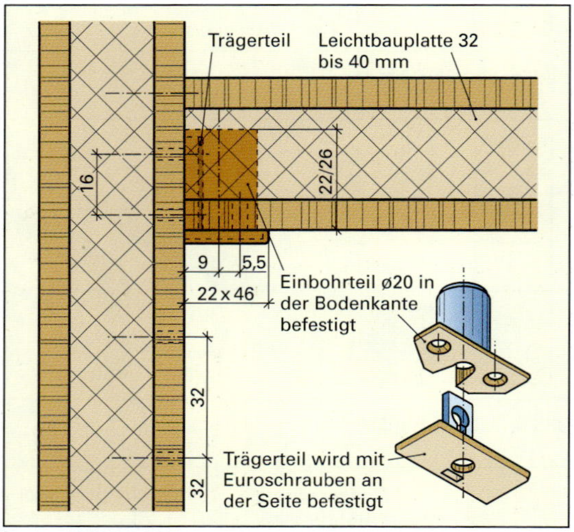

Bild 2: Verbindungsbeschlag für Hohlraumplatten mit dicken Decklagen

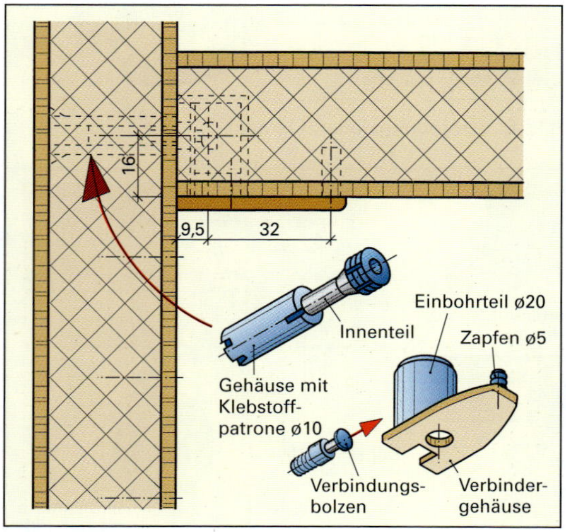

Bild 3: Verbindungsbeschlag für Hohlraumplatten mit dünnen Decklagen

Verbindungsbeschlag zum Einbohren in die Korpusseite und in den Ober- und Unterboden. Im Seitenteil befindet sich eine kleine Kreuzschlitzschraube, mit der der Beschlag zusammengespannt, aber auch wieder gelöst werden kann **(Bild 1)**.

Verbinder in Hohlraumplatten. Hohlraumplatten, auch Leichtbauplatten genannt, weisen eine lockere Mittellage meist aus Pappewaben auf, in der man mechanisch nichts befestigen kann. Entscheidend für die Auswahl der Verbinder, ist die Dicke der Decklage der Hohlraumplatten. Bei mindestens 8 mm dicken Decklagen können an den Flächen der Hohlraumplatten Verbindungsbeschläge befestigt werden **(Bild 2)**. Bei dünneren Deckplatten sind speziell mit Klebstoffpatrone ausgestattete Plattenverbinder zu verwenden, die in der Regel in die Plattenhohlräume zwischen die Decklagen eingeklebt werden. In diese sind dann die Verbinder sicher zu befestigen **(Bild 3)**.

4.5 Rahmeneckverbindungen

Rahmen sind in der Regel tragende oder aussteifende Konstruktionselemente. Rahmen dürfen sich deshalb nicht verziehen. Für Rahmenhölzer sind Herzbretter am geeignetsten **(Bild 2, Seite 241)**. Sie müssen astfrei sein, weil in Herzbrettern die Äste als Flügeläste erscheinen, die den Rahmen an der Aststelle verziehen. Nicht nur die Holzauswahl ist für die Herstellung eines Rahmens wichtig, sondern auch die fachgerecht ausgeführte Eckverbindung. Schräg angeschnittene Schlitze oder Zapfen sowie ungenau sitzende Dübel können den Rahmen verziehen. Vor dem Anschneiden der Eckverbindungen sind die Rahmenhölzer zusammenzuzeichnen **(Bild 1, Seite 241)**. Bei den Rahmeneckverbindungen unterscheidet man die Überblattung, den Schlitz und Zapfen, die gestemmte, die gefederte und die gedübelte Rahmeneckverbindung.

4.5.1 Überblattung

Die Überblattung ist die einfachste Eckverbindung im Rahmenbau. Bei der Herstellung werden die Rahmenecken bis zur Hälfte der Rahmendicke wechselseitig um die Rahmenbreite ausgeklinkt. Diese Verbindung muss verleimt werden. Die Überblattung wird vorwiegend bei einfachen Arbeiten oder bei sehr schwachen Rahmenhölzern angewendet, wie z. B. bei Zierbekleidungen für Zimmertüren und Fliegenfenstern **(Bild 3, Seite 241)**.

Für schwache Zierrahmen kann die Überblattung auch auf Gehrung zusammengeschnitten werden. Sie weist dadurch eine sehr kleine Leimfläche auf.

4.5.2 Schlitz und Zapfen

Zum Herstellen von Möbel- und Fensterrahmen eignet sich vor allem die Schlitz- und Zapfenverbindung. Dabei kann der Zapfen entweder rechtwinklig **(Bild 4)**, einseitig oder beidseitig auf Gehrung abgesetzt sein. Die aufrechten Rahmenteile (Rahmenfriese) erhalten in der Regel Schlitze, die waagerechten Rahmenteile Zapfen. Bei besonders belasteten Eckverbindungen oder bei dicken Rahmenhölzern können Doppelzapfen angeschnitten werden **(Bild 2, Seite 242)**.

Dient der Rahmen zur Aufnahme von Holz- oder Glasfüllungen, erhält er meist an der Innenkante einen Falz **(Bild 3, Seite 242)**. Die eingelegte Füllung wird im Falz durch Füllungsstäbe gehalten **(Bild 5, Seite 245)**.

Sollen Füllungen im Rahmen fest eingebaut sein, sind die Rahmen mit einer Nut zu versehen **(Bild 5, Seite 242)**. Erhalten die Innenkanten der Friese Profile, so wird der Profilteil entweder auf Gehrung abgesetzt **(Bild 4, Seite 242)** oder er wird überschoben. Bei überschobenem Profil erhält die Zapfenbrust das Gegenprofil; sie wird gekontert **(Bild 2, Seite 243)**.

4.5.3 Gestemmte Rahmeneckverbindungen

Bei Rahmen mit breiten Friesen oder bei Zargen wird nicht bis zum Hirnende durchgeschlitzt, sondern ein Zapfenloch gestemmt. Dadurch bekommt der Zapfen auch in der Breite einen festen Halt, besonders dann, wenn er noch verkeilt wird. Diese Verbindung wird nur noch selten bei Rahmentüren wie Haus- und Zimmertüren angewendet. Hierbei wird der Zapfen so weit ausgeklinkt, dass dabei ein schmaler Nutzapfen entsteht **(Bild 5)**. Er verhindert das Werfen des Frieses. Die Zapfenlöcher werden von Hand mit dem Lochbeitel, maschinell mit der Langlochbohrmaschine oder mit der Kettenfräsmaschine ausgearbeitet. Durchgehende Zapfen können von der äußeren Rahmenkante verkeilt werden.

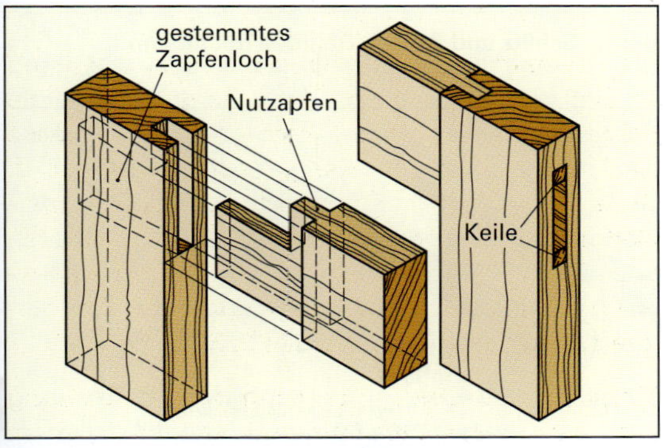

Bild 5: Gestemmter Zapfen mit Nutzapfen

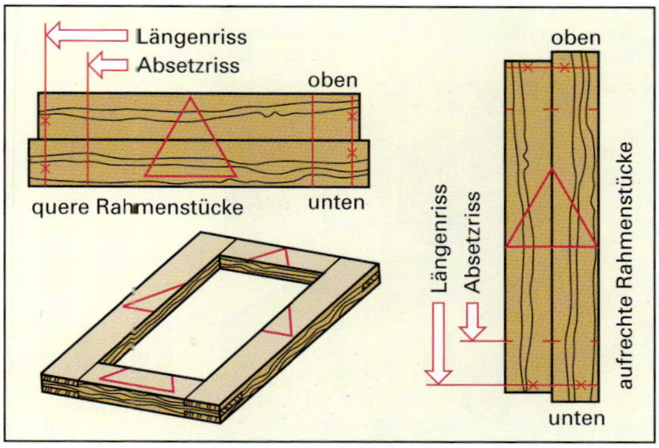

Bild 1: Zusammenzeichnen der Rahmenhölzer

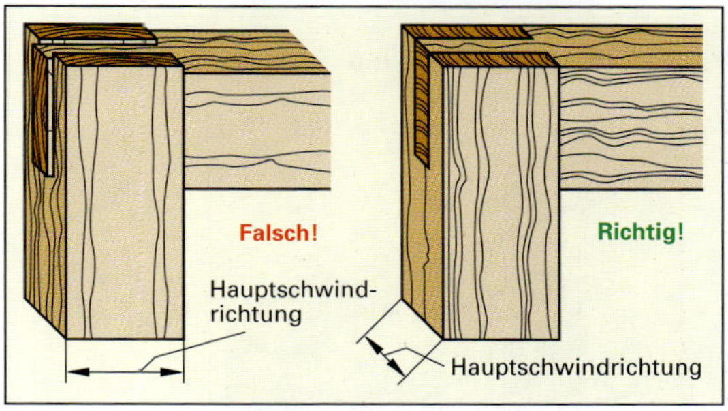

Bild 2: Holzauswahl für Rahmenhölzer

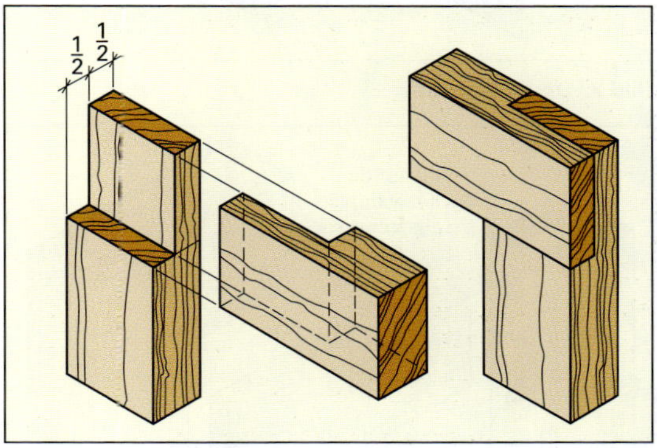

Bild 3: Überblattung

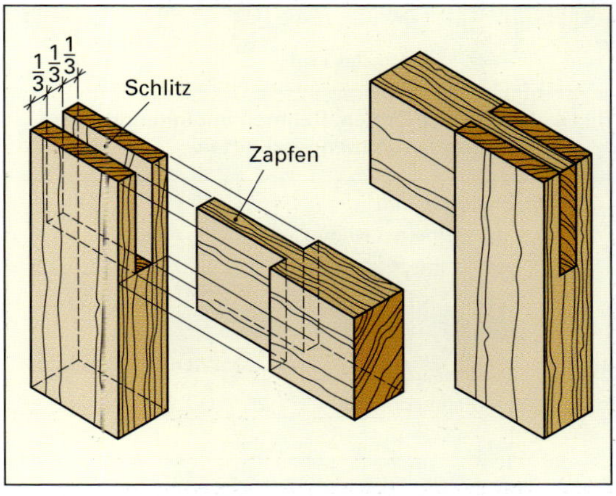

Bild 4: Schlitz und Zapfen

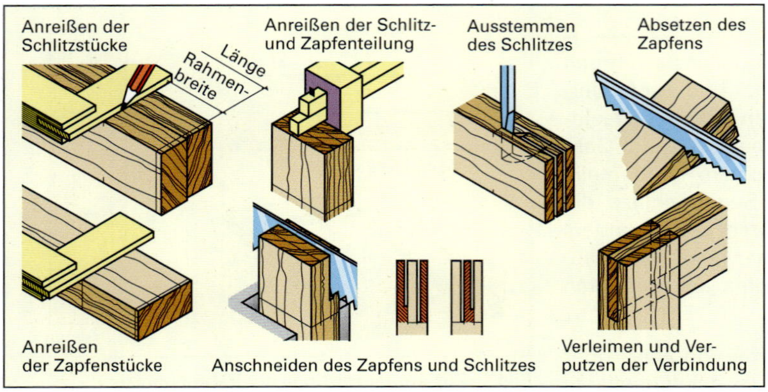

Bild 1: Herstellen einer Schlitz- und Zapfenverbindung

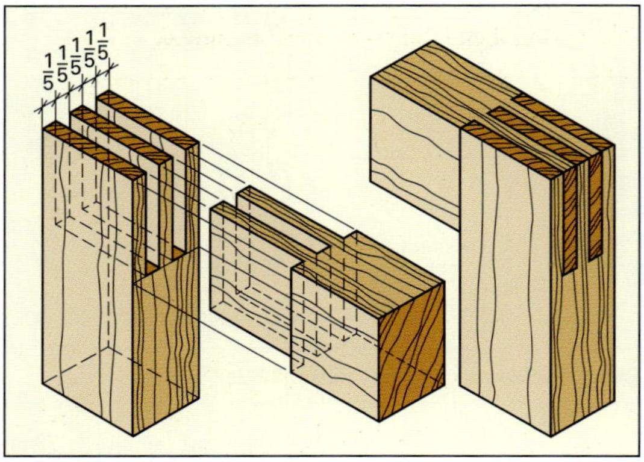

Bild 2: Doppelzapfen

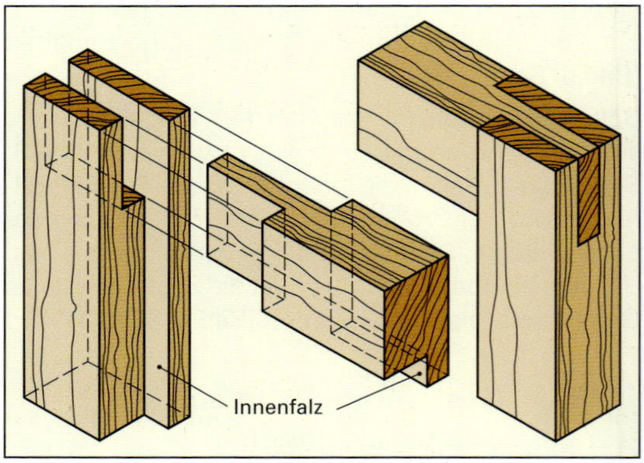

Bild 3: Schlitz und Zapfen, Rahmen mit Innenfalz

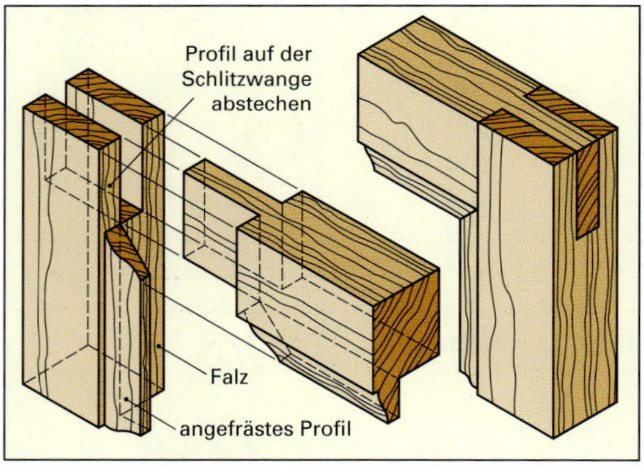

Bild 4: Schlitz und Zapfen, Rahmen mit Innenprofil auf Gehrung zusammengeschnitten

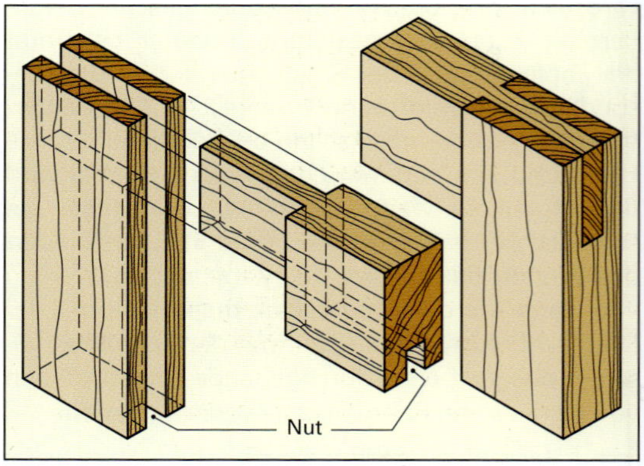

Bild 5: Schlitz und Zapfen, Rahmen mit Innennut

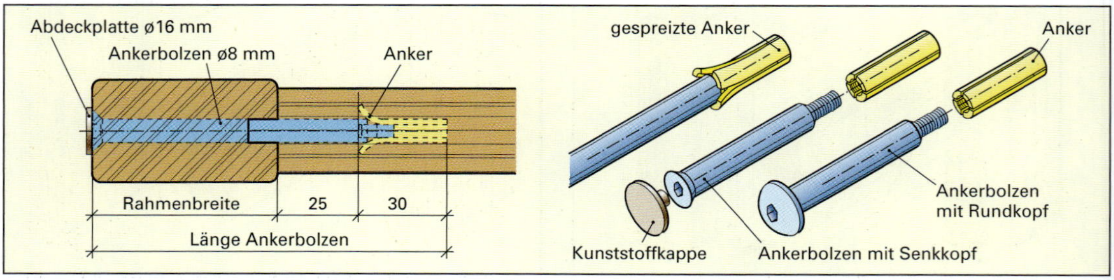

Bild 6: Verschraubte Rahmeneckverbindung

4.5.4 Verschraubte Rahmeneckverbindungen

Sollen die Rahmenecken wieder gelöst werden, kann man diese mit besonderen Spreizdübeln verschrauben. Diese lösbare Rahmenverbindung wird bei genuteten Rahmen angewendet, wenn die Füllung, wie z. B. eine Glasfüllung, einmal ersetzt werden muss **(Seite 242, Bild 6)**.

4.5.5 Gedübelte Rahmeneckverbindungen

Bei der gedübelten Rahmeneckverbindung können die Rahmen stumpf, auf Gehrung, mit oder ohne Nutzapfen, mit Profil oder mit Konterprofil zusammengedübelt werden **(Bild 1 und Bild 2)**.

Die Verwendung eines Nutzapfens ist dann von Vorteil, wenn es sich um besonders breite Rahmenhölzer handelt, die stärker schwinden oder sich werfen können. Bei der Herstellung einer gedübelten Rahmenverbindung ist darauf zu achten, dass der Bohrer beim Bohren der Dübellöcher nicht verläuft, da sonst der Rahmen nach dem Zusammenbau windschief werden kann.

Werden die Rahmen für Füllungen gefälzt oder genutet, muss die Brüstung der Querstücke dieser Profilierung angepasst werden.

4.5.6 Gefederte Rahmeneckverbindungen

Rahmenecken können auch mittels Federn verbunden werden. Sind die Federn so dick und breit wie ein üblicher Zapfen, bezeichnet man diese auch als falsche Zapfen. Hierbei werden die aufrechten und queren Rahmenhölzer auf Gehrung geschnitten und für die entsprechende Feder oder den falschen Zapfen genutet **(Bild 3 und Bild 4)**. Bei Verwendung kleiner Formfedern ist die Verbindung allseitig unsichtbar.

Bild 1: Gedübelte Rahmeneckverbindungen

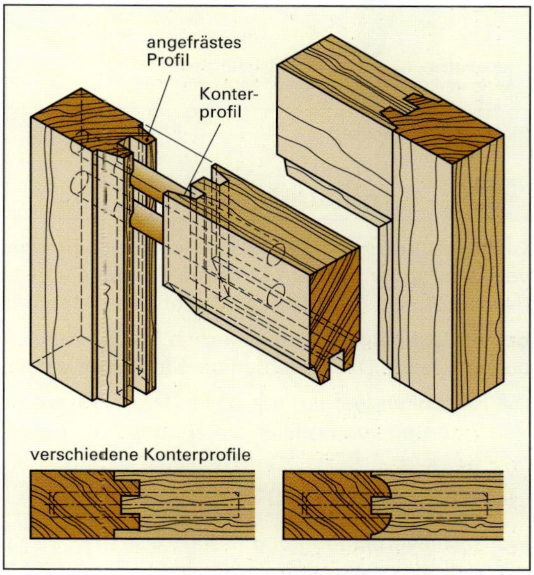

Bild 2: Gedübelte Rahmenecke mit Konterprofil

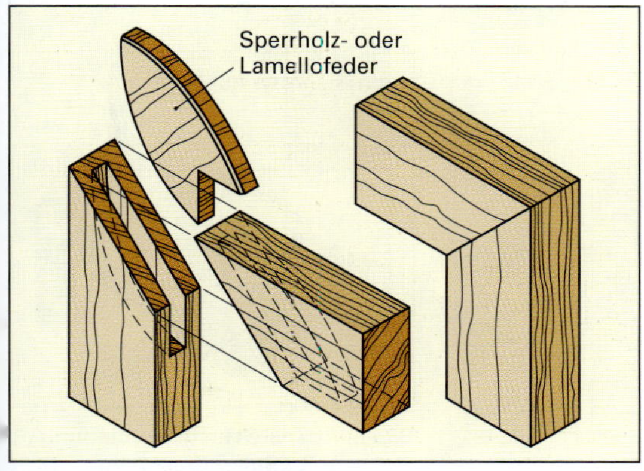

Bild 3: Rahmenecke mit falschem Zapfen

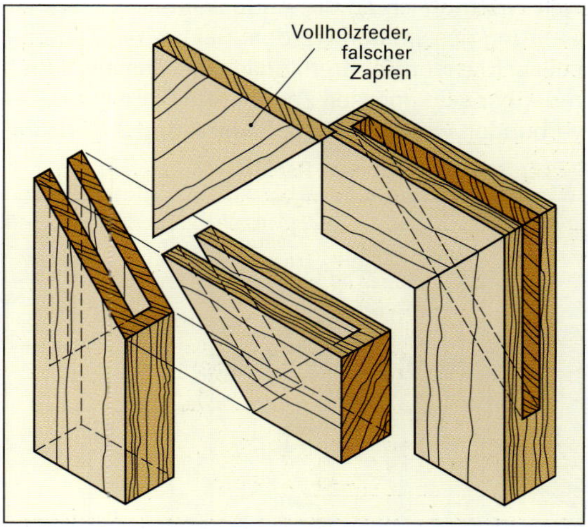

Bild 4: Gefederte Rahmenecke

4.6 Sprossenverbindungen

Sprossen werden in der Regel kreuzweise überblattet. Die Sprossenhölzer erhalten meist eine Fase oder ein Profil und einen Falz zur Aufnahme der Glas- und Holzfüllungen. Bei Sprossen mit Fase **(Bild 1)** schneidet man die senkrechten Sprossen beidseitig schräg und zum Überblatten die halbe Holzdicke von hinten ein. Dabei werden die waagerechten Sprossen von vorn rechtwinklig eingeschnitten. Bei Sprossen mit Profil müssen Gehrungen an der Verbindungsstelle angeschnitten werden. Diese Arbeit lässt sich auch mit einer Sprossenstanze ausführen **(Bild 4, Seite 221)**.

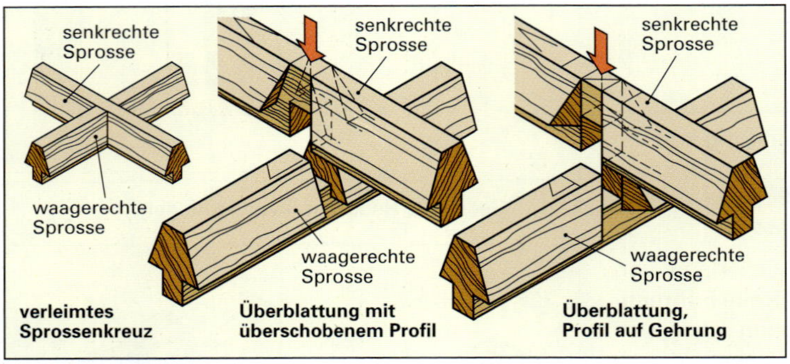

Bild 1: Kreuzsprossen

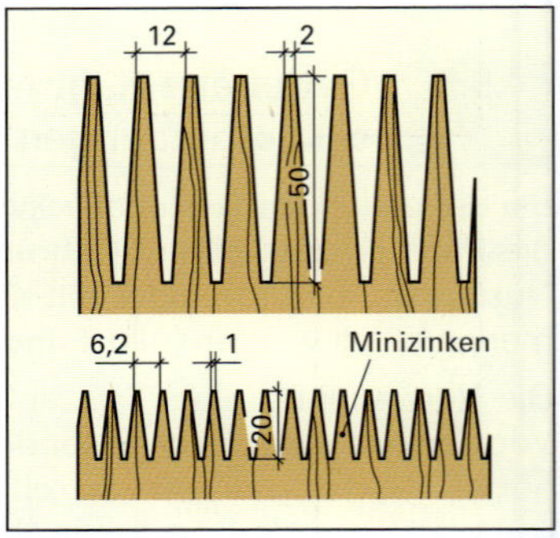

Bild 2: Keilzinken

4.7 Längsverbindungen

Längsverbindungen ermöglichen das Zusammensetzen von Holz in Richtung der Holzfasern. Eine Längsverbindung von Hölzern kann man durch eine Überblattung, durch Schlitz und Zapfen, durch lose oder falsche Zapfen sowie durch Schichtverleimung oder Keilzinkung herstellen.

Bei der **Schichtverleimung** werden Bretter auf gleiche Dicke gehobelt und in mehreren Schichten aufeinander geleimt. Dabei werden die Stoßfugen versetzt angeordnet.

Die **Keilzinken** werden mit besonderen Fräsern an die Werkstückenden angefräst. Sie wird z.B. für die Verlängerung von Profilleisten, Brettern und Rahmenhölzern angewendet **(Bild 2)**.

4.8 Gestellverbindungen

Bei Gestellverbindungen müssen Füße bzw. Tischbeine mit den Zargen verbunden werden. Hierfür eignen sich die gestemmte Zargenverbindung **(Bild 3)** und die gedübelte Zargenverbindung **(Bild 4)**. Damit trotz geringer Fußquerschnitte die Zapfen und Dübel weit ins Holz eingreifen können, sind die Zargen so weit wie möglich an die Außenkante der Füße zu setzen. Außerdem können die Zapfen und Dübel auf Gehrung geschnitten werden. Bei breiten Zargen lassen sich die Dübel auch versetzt bohren. Sollen die Gestelle zum besseren Transport zerlegbar sein, müssen Zargen und Füße mit besonderen Beschlägen verbunden werden **(Bild 5, Bilder 2 und 3, Seite 245)**.

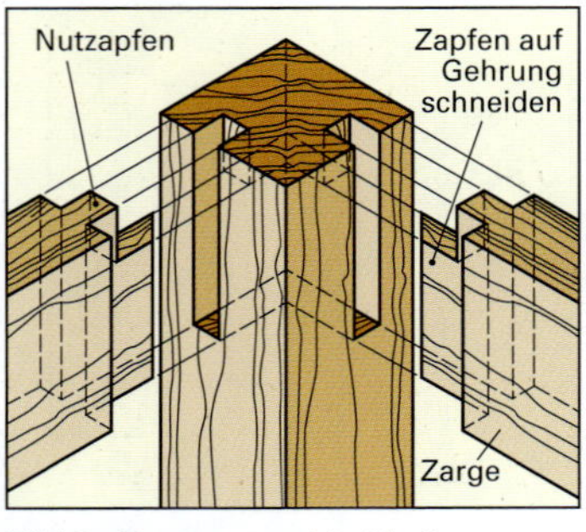

Bild 3: Gestemmte Verbindung

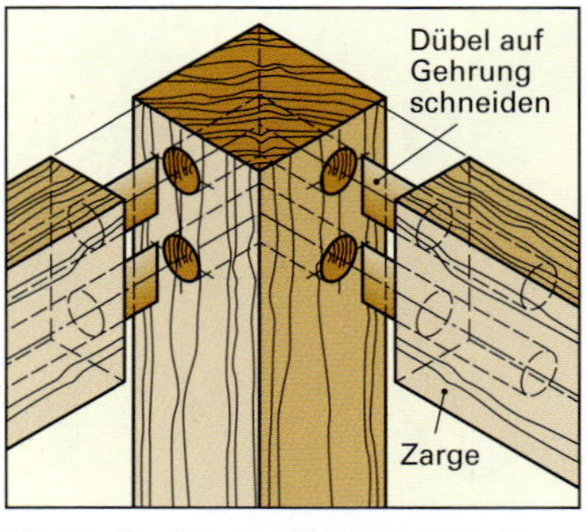

Bild 4: Gedübelte Gestellverbindung

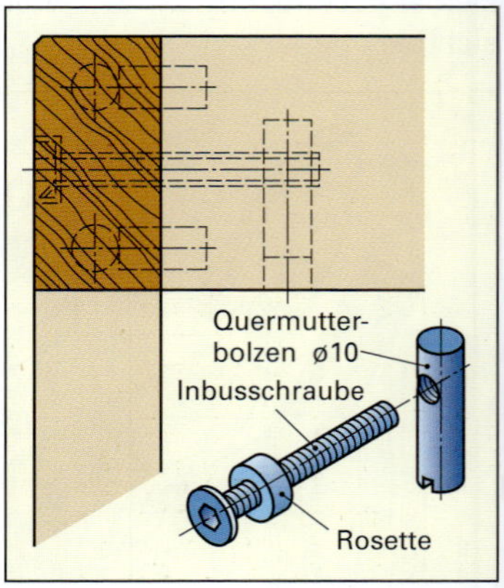

Bild 5: Lösbare Gestellverbindung mit Inbusschraube im Quermutterbolzen

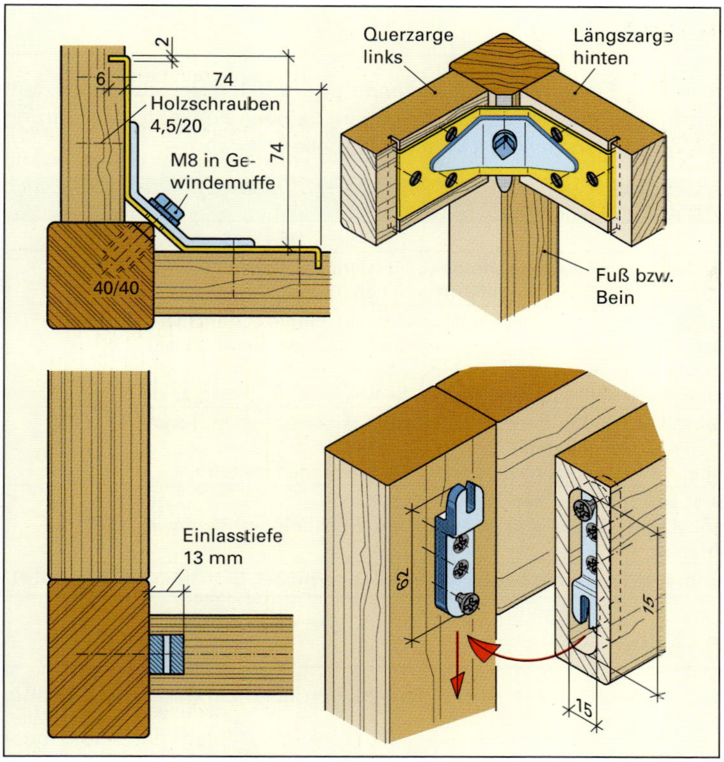

Bild 1: Gestellverbindung mit Spezialbeschlägen

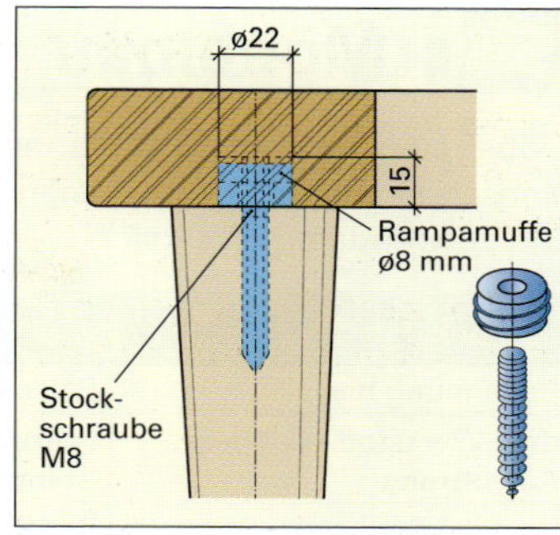

Bild 2: Lösbare Fußbefestigung

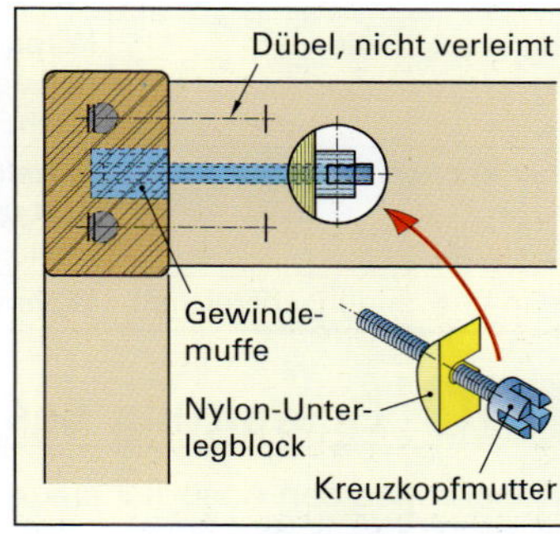

Bild 3: Lösbare Gestellverbindung

4.9 Rahmen und Füllungen

Füllungen können aus Vollholz, Sperrholz, Spanplatten, Holzfaserplatten oder Glas sein. Sie können entweder in den Rahmen eingenutet, in einen Falz eingelegt und ein- bzw. zweiseitig verleistet sowie überschoben angeordnet werden **(Bild 5)**.

Falzleisten sollten gegenüber den Rahmenhölzern vorspringen oder zurückspringen. Sie können aber auch mit einem kleinen Falz als Schattenfuge gegenüber der Rahmenkante abgesetzt werden. Sollen die Flächen sehr stark gegliedert werden, können Füllungen mit Kehlstoß oder Kehlstoßrahmen eingebaut werden.

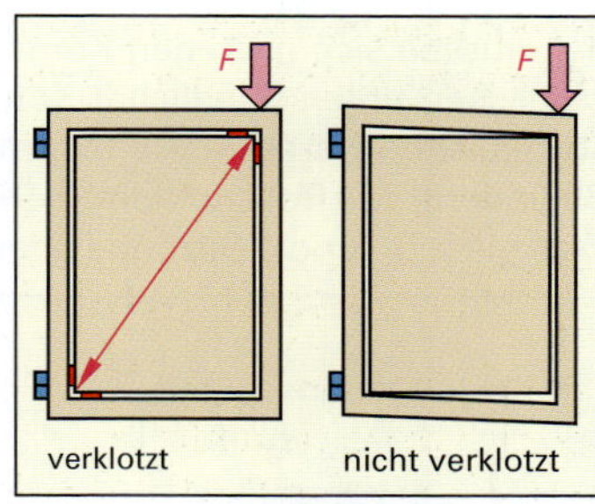

Bild 4: Verklotzen der Füllungen

Glasfüllungen darf man nur verleisten, damit man sie im Falle einer Beschädigung austauschen kann. Damit Füllungen besonders zierliche Rahmen im Winkel halten, sind diese im Rahmen zu verklotzen **(Bild 4)**.

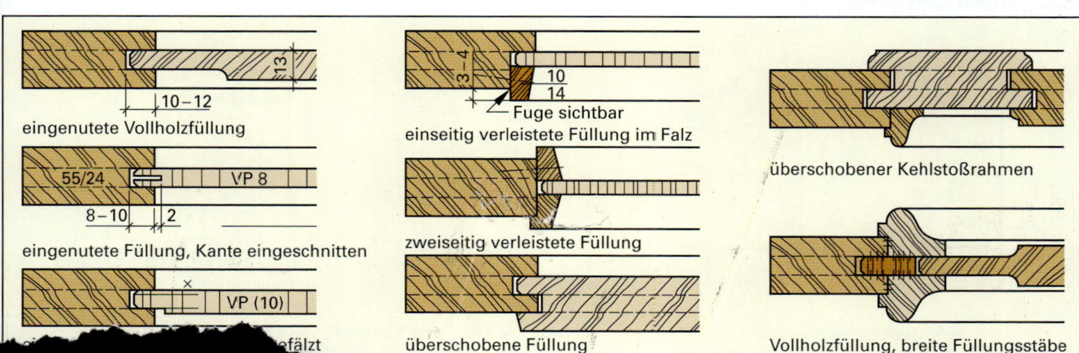

5 Möbelbau

Möbel sind nicht ortsfeste, sondern mobile Einrichtungsgegenstände und erfüllen verschiedene, dem Menschen dienende und seinen Bedürfnissen entsprechende Aufgaben. Je nach Funktion, Ausführung und verwendetem Werkstoff werden Möbel unterschiedlich benannt **(Tabelle 1)**.

Tabelle 1: Möbelbegriffe nach DIN 68880

Benennung nach:	Beispiele:
dem Werkstoff oder der Ausführung	**Holzmöbel, Korbmöbel, Kunststoffmöbel, Metallmöbel, Polstermöbel, Stilmöbel** (Möbel, die sich in ihrer Form an einen früheren Möbelstil anlehnen)
der Funktion	**Behältnismöbel,** wie z.B. Kleiderschränke, Geschirrschränke, Anrichten, Kommoden **Kleinmöbel,** wie z.B. Servierwagen, Blumentische, Garderobenständer **Liegemöbel,** wie z.B. Bett, Liege **Sitzmöbel,** wie z.B. Bänke, Stühle, Hocker, Sessel, Sofas
der Konstruktion	**Korpusmöbel,** wie z.B. Kommoden, Schränke, Sekretäre, Truhen, Tonmöbel **Regale,** Möbel mit offenen Frontflächen **Tisch,** Möbel mit waagerecht auf einem Gestell ruhenden Platten
der Verwendung im Raum	**Einzelmöbel,** wie z.B. Anrichten, Kommoden, Tische **Systemmöbel,** wie z.B. An- und Aufbaumöbel, Einbaumöbel, Raumteiler, Endlosschränke
den Verwendungsbereichen	**Wohnraummöbel, Küchenmöbel, Schulmöbel, Labormöbel, Gartenmöbel, Büromöbel**

5.1 Gestaltung des Möbels

Möbel sollen den Ansprüchen und Bedürfnissen der Menschen gerecht werden. Sie müssen zweckmäßig und schön gestaltet sein.

Die Zweckmäßigkeit wird durch richtige Maße, durch die Wahl des geeigneten Werkstoffs und eine ihm gemäße Bauweise sowie durch zweckentsprechende Oberflächenbehandlung erreicht. Die Maße der Möbel müssen sich nach den Körpermaßen des Menschen richten. Möbel werden so gebaut, dass sie von Menschen unterschiedlicher Körpergröße benutzt werden können. Man legt deshalb hierbei die durchschnittlichen Körpermaße (Normalmaße) zu Grunde. Ausnahmen bilden die Möbel und Einbauten für Behinderte wie Rollstuhlfahrer. Die Maße müssen sich aber auch auf den Gebrauch des Möbels beziehen. Dies gilt z.B. für die Sitzhöhe oder Arbeitshöhe eines Möbels **(Bild 1)**.

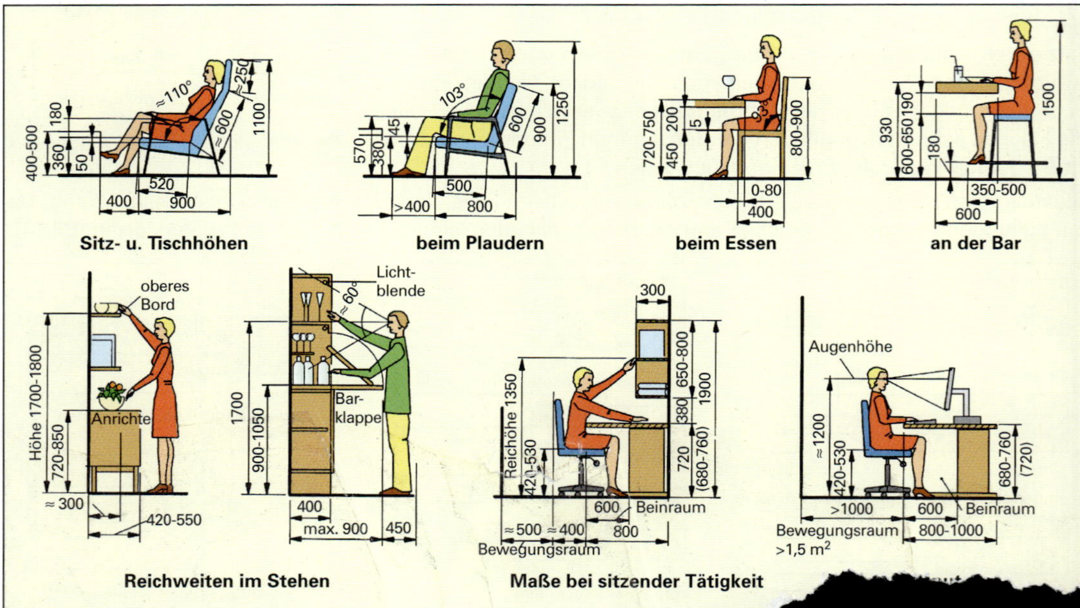

Bild 1: Berücksichtigung der Körpermaße des Menschen

Ein Esszimmertisch hat eine Höhe von 720 mm bis 750 mm. Der dazu passende Stuhl eine Sitzhöhe von 420 mm bis 460 mm. Die Höhe des Tisches für eine Sitzgruppe beträgt nur 400 mm bis 650 mm und entspricht der Sitzhöhe von 380 mm bis 400 mm der dazu gehörenden Sessel. Die Arbeitsplatte eines Küchenmöbels ist 800 mm bis 950 mm hoch, weil man davon ausgeht, dass die Arbeit hier meist im Stehen verrichtet wird. Schreibtische sind 720 mm bis 760 mm hoch, wenn sich der Bürostuhl auf eine Sitzhöhe von 420 mm bis 530 mm einstellen lässt, Schreibpulte 1100 mm bis 1150 mm **(Bild 1, Seite 246)**.

Die Zweckmäßigkeit eines Möbels verlangt ferner, dass die Größe und Menge der **unterzubringenden Gegenstände** berücksichtigt werden. So müssen sich z. B. Tiefe und Höhe eines Kleiderschrankes nach den Ausmaßen der Kleidungsstücke, die Tiefe einer Wäschekommode nach den Maßen der zusammengelegten Wäschestücke richten. Ein über den Kleiderbügel gehängter Mantel bedingt eine lichte Innentiefe des Schrankes von 560 mm und eine Mindesthöhe der Kleiderstange von 1400 mm. Bei Kleiderschränken mit Schiebetüren ist das lichte Tiefenmaß um 20 mm bis 40 mm zu erhöhen, weil sonst die innere Schiebetür an der Garderobe entlang scheuert **(Bild 1)**.

Für den Entwurf von Bücherschränken sind es die Maße der Bücher, für Geschirrschränke die Höhen der Gläser und Durchmesser der Geschirre, die die Abmessungen bestimmen. Bei Möbeln, die gleichzeitig verschiedenen Zwecken dienen sollen, bestimmt der größte der unterzubringenden Gegenstände die Hauptmaße. Verstellbar angeordnete Inneneinteilungen können hier die Ausnutzung des Innenraumes verbessern.

Bei der Festlegung der Größe eines Möbels sind außerdem der **Aufstellungsort** und die **Beförderungsmöglichkeit** zu berücksichtigen. Meistens ist es das Maß der Diagonale des Schrankkörpers, das hier zu Problemen führt. Schmale Treppen und Gänge verlangen zerlegbare Möbel **(Bild 3)**.

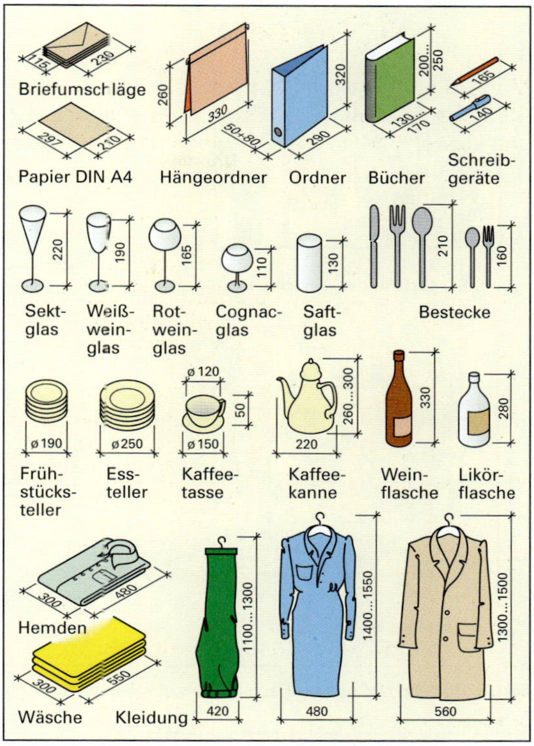

Bild 1: Maße unterzubringender Gegenstände

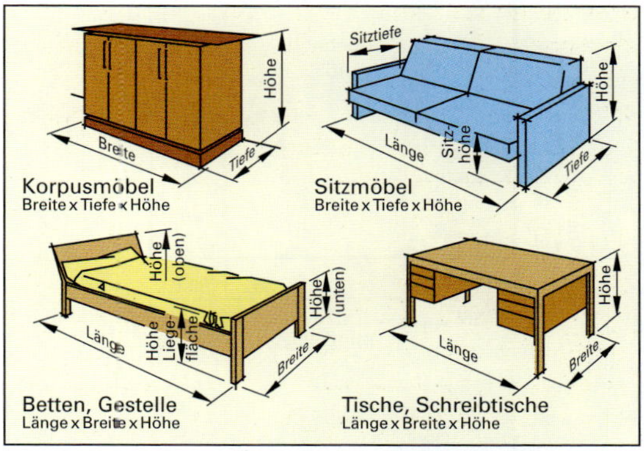

Bild 2: Maßangaben bei verschiedenen Möbelarten

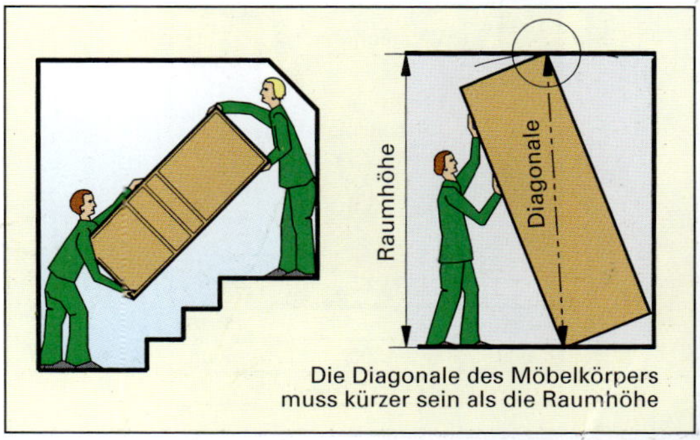

Bild 3: Transport- und Montagemöglichkeit berücksichtige[n]

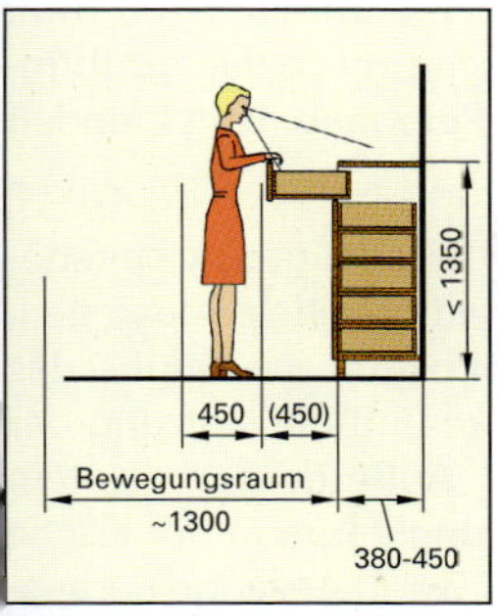

Bild 5: Höhe des obersten Schubkastens

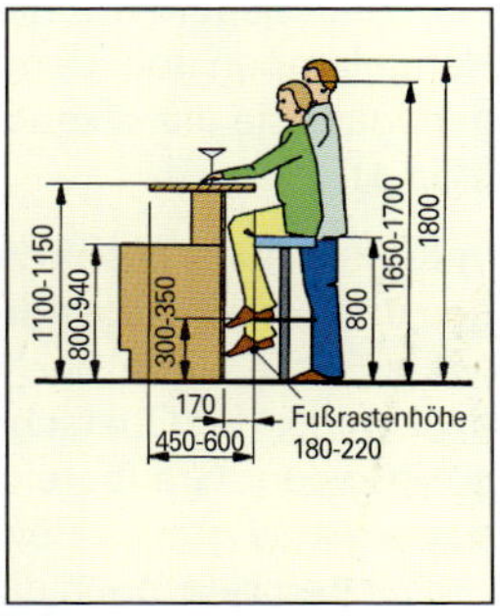

Bild 4: Maße an einer Bar

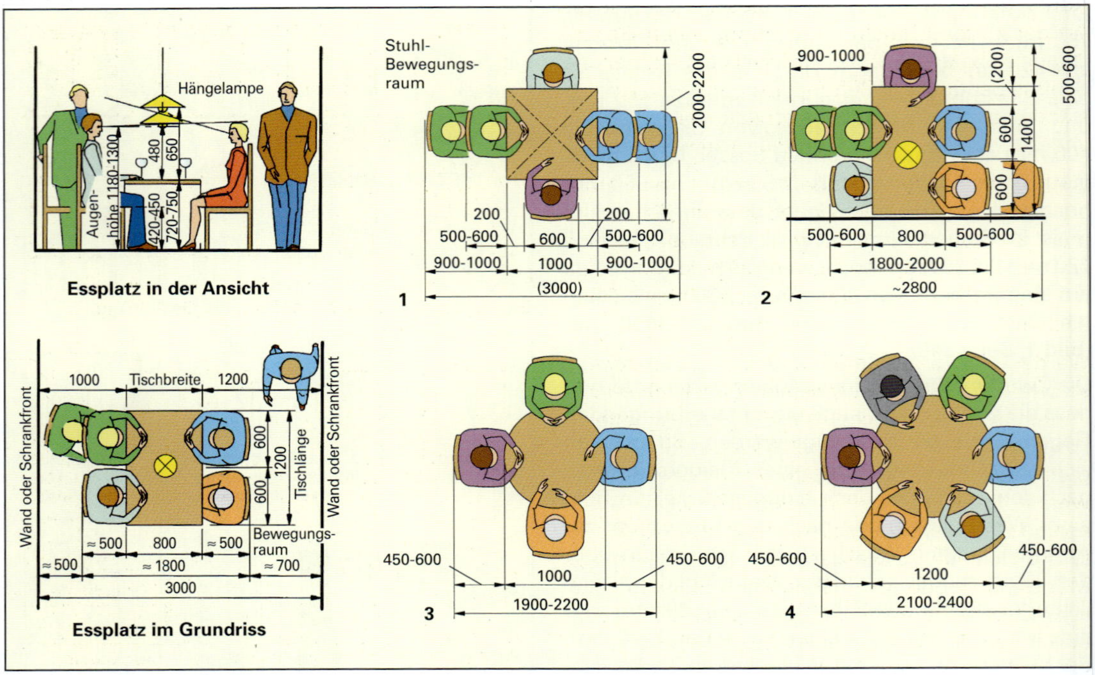

Bild 1: Platzbedarf am Esstisch und an eckigen und runden Tischen

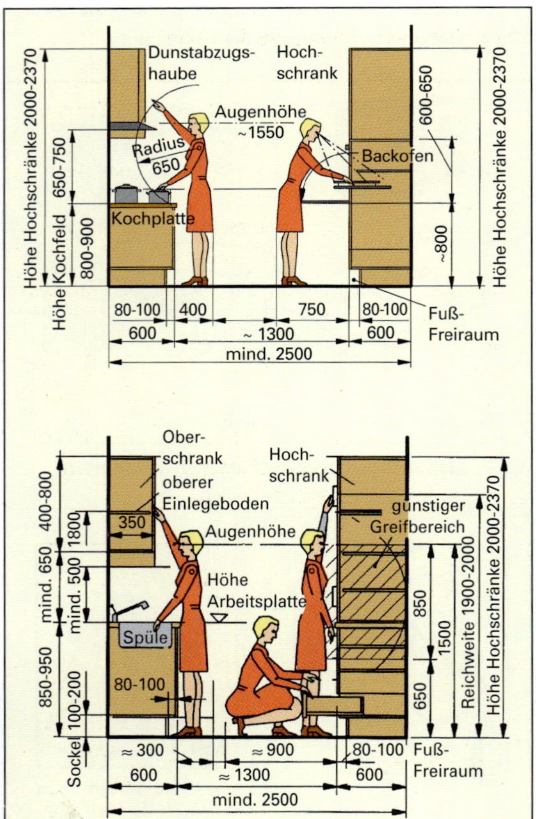

Bild 2: Platzbedarf in der Küche

Der Platzbedarf bei Sitzgruppen ergibt sich aus der Personenzahl, die am Tisch Platz nehmen soll und dem erforderlichen Bewegungsraum um die Sitzgruppe herum. Die geringste Breite eines Esstischs z.B. beträgt 800 mm. Für jede Person rechnet man eine Breite an der Tischkante von 600 mm. Sitzen vier Personen am Tisch, so ergibt sich für je zwei Personen an den Längskanten des Tisches eine Länge von 1200 mm. Soll noch eine Person an der Stirnseite des Tisches sitzen, ist der Tisch um 200 mm zu verlängern. Etwas schwieriger ist die Tischgröße bei runden Tischen zu ermitteln. Allgemein gilt für vier Personen eine Tischgröße von 1000 mm Durchmesser, für sechs Personen 1200 mm **(Bild 1)**.

Wird der Esstisch in eine Nische eingebaut, benötigt man hinter den Stühlen einen Bewegungsraum. Zum Aufstehen und Besetzen des Stuhles 500 mm und zum Begehen hinter der Stuhlreihe 700 mm. Hängelampen über dem Tisch sind so tief anzubringen, dass sie die sitzenden Personen nicht blenden **(Bild 1)**.

In Küchen sind besonders die richtigen Arbeitshöhen und die günstigsten Greifbereiche zu beachten, wie z.B. die Höhe der Kochplatte, der Spüle, des Backofens, der Oberschränke und die Nutzung der günstigsten Greifbereiche. Außerdem muss ein ausreichend großer Bewegungsraum in der Küche vorhanden sein, auch dann, wenn Auszüge herausgezogen und Spülmaschinenklappen geöffnet sind **(Bild 2)**.

Außer Berücksichtigung aller dieser Maße ist die Art der in den Möbeln unterzubringenden Gegenstände zu beachten. So erfordern Lebensmittel und Schuhe genügend Belüftung. Empfindliche Gegenstände sollten staubdicht, wertvolle verschließbar, andere wieder sichtbar untergebracht werden.

Wichtig ist auch, dass Möbel in der Bauweise, Holzart und Oberfläche zweckmäßig sind. Z.B. wählt man für stark beanspruchte Gasthaustische eine kräftige Bauweise, für Küchen und Labors Möbel mit unempfindlichen und strapazierfähigen Oberflächen.

Werden alle diese Gesichtspunkte berücksichtigt, so erfüllt ein Möbel zwar seinen Zweck, aber nicht immer alle Ansprüche an die **Formschönheit.** Formschön wird ein Möbel hauptsächlich durch gute **Maßverhältnisse, klare Linienführung** und **werkstoffgerechte Verarbeitung (Bild 1).** Auch kleine und scheinbar nebensächliche Dinge, wie Profile **(Bild 3),** Intarsien, Schnitzarbeiten sowie Beschläge, Möbelknöpfe oder Griffe **(Bild 2)** sind für das gefällige Aussehen eines Möbels bedeutsam. Diese Mittel können die Wirkung einer Arbeit heben, bei falscher Anwendung allerdings auch herabsetzen. Vor allem ist bei der Verwendung schmückender Teile jedes Übermaß zu vermeiden. Ferner sollte ein Möbel seiner Umgebung in Form, Holzart und Farbe angepasst sein.

Für **edle Maßverhältnisse und gute Ausschmückung** gibt es keine allgemein gültigen Regeln. Man kann jedoch durch jahrelanges Beobachten und Vergleichen viel Erfahrung erwerben. Mithilfe des **Goldenen Schnittes** kann man wohl ein harmonisches Maßverhältnis erreichen; seine Anwendungsmöglichkeit ist aber begrenzt, da er für die Zweckform eines Möbels selten angewendet werden kann. Letzten Endes ist das Gestalten formschöner Möbel eine Sache des Gefühls, der Begabung sowie der Erfahrung und Übung **(Bild 4).**

1 : 1,618 **0,618 : 1** **3 : 5 : 8 : 13 : 21...**

Verhältniszahlen des „Goldenen Schnittes"

Gestaltungsregeln

Beim Entwurf der Möbel sind alle Maße des Menschen, wie Sitzhöhen, Arbeitshöhen, Griffbereiche, und die Abmessungen der unterzubringenden Gegenstände zu berücksichtigen. Für formschöne Möbel sind gute Maßverhältnisse, klare Linienführung und werkstoffgerechte Verarbeitung zu beachten.

Jegliches Übermaß schmückender Elemente ist zu vermeiden.

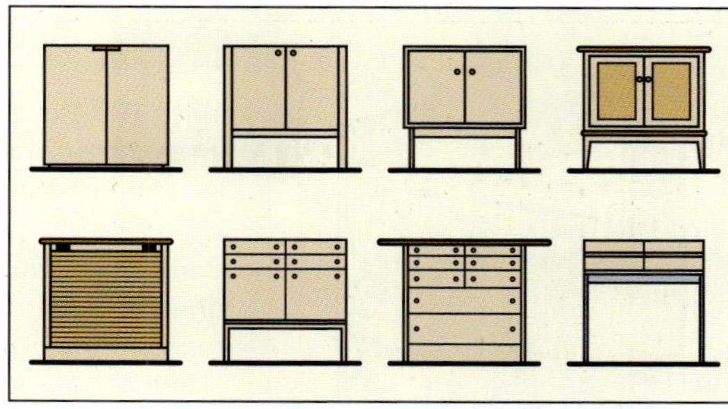

Bild 1: Die Bauweise beeinflusst die Gestaltung

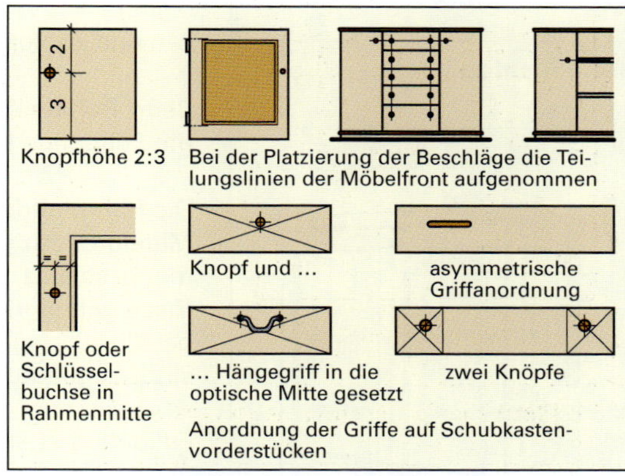

Bild 2: Geordnete Platzierung der Griffe

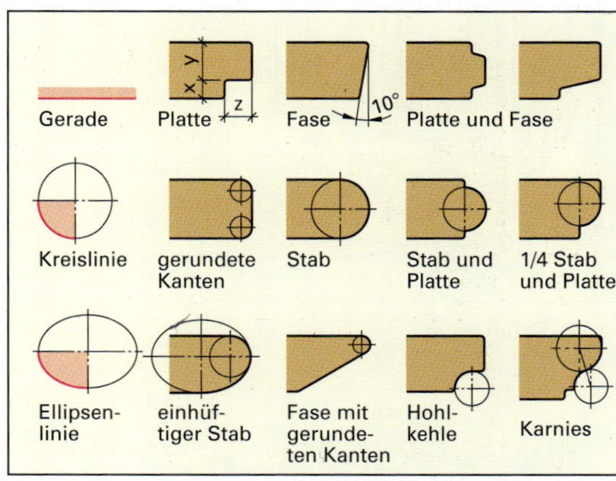

Bild 3: Profilelemente und Profilarten

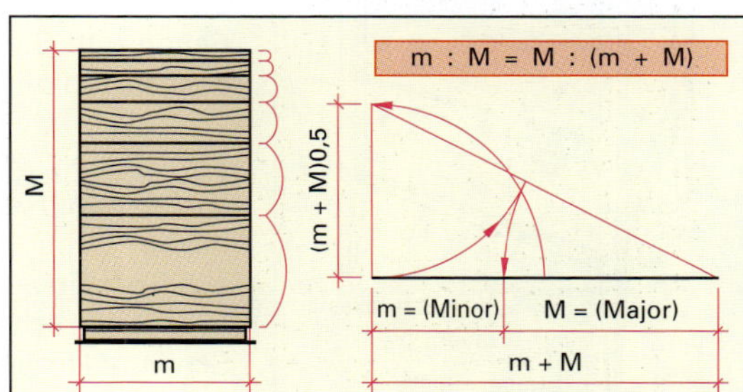

Bild 4: Goldener Schnitt und Anwendungsmöglichkeit

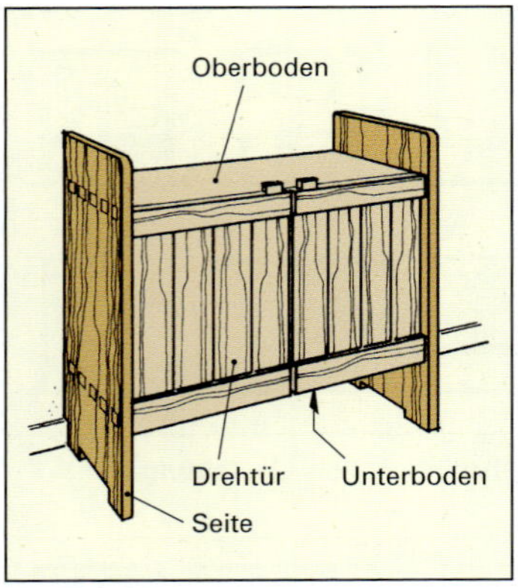

Bild 1: Brettbau

Bild 2: Rahmenbau

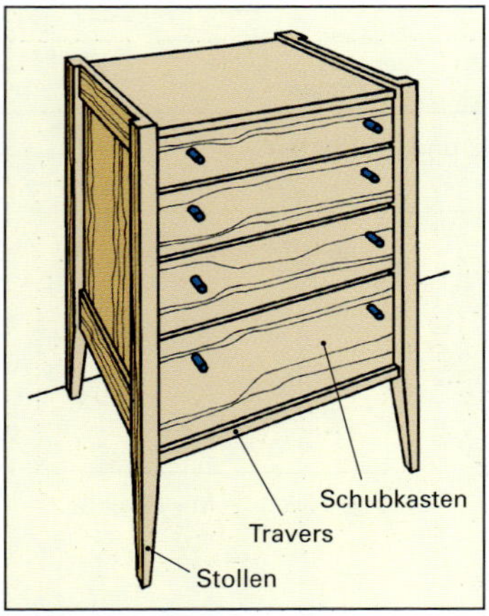

Bild 3: Stollenbau

5.2 Möbelbauarten

Nach der Beschaffenheit der einzelnen Möbelteile und nach der Art ihres Zusammenbaus unterscheidet man den Brett-, Rahmen-, Stollen- und Plattenbau.

Beim **Brettbau** fertigt man die einzelnen Möbelteile aus verleimten oder unverleimten Brettern **(Bild 1).** Dabei nimmt man in der Regel die rechte Seite des Holzes nach außen, da diese die schönere Zeichnung (Textur) hat. Bei der Wahl der einzelnen Bretter ist auf gleichmäßige Farbe und Zeichnung zu achten. Der Zusammenbau erfolgt durch Holzverbindungen, die das Arbeiten des Holzes berücksichtigen. Geeignete Holzverbindungen dafür sind Graten, Nuten und Federn, Zinken und Zapfen sowie Verkeilen.

Beim **Rahmenbau** fertigt man die flächigen Möbelteile als Rahmen mit Füllungen **(Bild 2).**

Die Rahmenfriese bleiben dann gut stehen, wenn sie aus Herz- oder Mittelbrettern gefertigt werden. Die Friese werden entweder zusammengeschlitzt, -gestemmt oder -gedübelt. Die senkrechten Rahmenfriese gehen im Allgemeinen durch. Rahmenfriese haben die Aufgabe, die Füllungen aufzunehmen und eben zu halten. Zu diesem Zweck sind sie genutet oder gefälzt **(Bild 5, Seite 245).**

Füllungen stellt man aus Vollholz, Sperrholz- oder furnierten Spanplatten her. Sie dürfen, vor allem wenn sie aus Vollholz sind, nicht fest mit dem Rahmen verbunden werden. Bei der Holzauswahl ist wie bei dem Brettbau auf Farbe und Zeichnung des Holzes zu achten. Außerdem ist die rechte Seite nach außen zu nehmen. Es ist vorteilhaft, die Füllungen in einen Falz zu legen. Beim Schwinden von Vollholzfüllungen erscheinen dann keine unbehandelten Randstreifen, wenn man die Füllungen erst nach der Oberflächenbehandlung mit Füllungsstäben im Rahmen befestigt. Bei Türen lässt man die Füllungsstäbe etwas über den Rahmen vorstehen; dagegen sollten sie bei den Seiten mit den Friesen bündig sein oder zurückstehen, damit Fachböden und Laufleisten an den Rahmenfriesen dicht anschließen. Bei Zwischenwänden und Rückwänden nutet man die Füllungen im Allgemeinen ein. Beim Zusammenbau können die Böden mit den Seiten unlösbar verleimt oder mittels Schrankbeschlägen lösbar miteinander verbunden werden **(Seite 239).**

Beim **Stollenbau** erhalten die Seiten Stollen. Sie dienen zugleich als Möbelfüße. Seiten, Türen und Böden können als Rahmen gearbeitet oder aus Platten hergestellt sein **(Bild 3).** Die Stollen sind mit den Seiten durch Dübel oder Federn verbunden. Die Böden werden mit den Seiten und Stollen verdübelt, verleimt oder lösbar mittels Schrankbeschlägen miteinander verschraubt.

Bei Stühlen, Hockern, Tischen und Fußgestellen sind die Stollen (Füße) durch Zargen miteinander verbunden. Als Verbindungsmittel dienen Dübel oder Zapfen **(Seite 244).** Sitzflächen und Tischplatten aus Sperrholz- oder Spanplatten werden auf das Gestell geleimt und evtl. zusätzlich gedübelt. Sind sie aus Vollholz, werden sie mittels Schwundklötzen oder Schwundklammern auf dem Zargengestell so befestigt, dass das Holz arbeiten kann. Tischplatten aus Vollholz erhalten häufig noch Gratleisten.

Beim **Plattenbau** bestehen die Möbelteile aus furnierten Sperrholz- oder Spanplatten **(Bild 1)**. Die sichtbaren Kanten der Platte sind mit Anleimern zu versehen. Die Verbindung der Seiten mit den Böden erfolgt stumpf oder auf Gehrung mittels Dübeln oder Formfedern, aber auch mit lösbaren Verbindungsbeschlägen **(Seite 239)**. In Plattenbauweise hergestellte Möbel erhalten entweder einen Sockel oder ein Fußgestell. Es können aber auch die Seiten als tragendes Element bis zum Boden durchgehen.

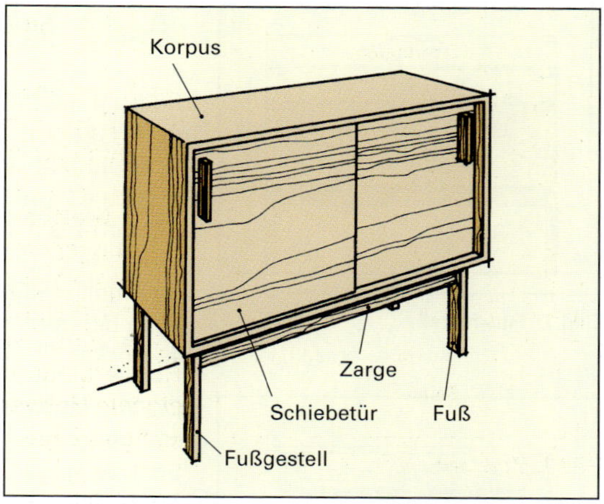

Bild 1: Plattenbau

5.3 Möbelteile

Im Allgemeinen bestehen Möbel aus dem Möbelkorpus, dem Fußgestell bzw. dem Sockel und der Möbelfront. Der Möbelkorpus wird aus den Korpusseiten links und rechts, dem Oberboden und Unterboden, eventuell einer oder mehrerer fest eingebauter Mittelseiten oder Zwischenböden und der Rückwand zusammengefügt. Statt des Oberbodens werden zum Teil sogenannte Zinkleisten verwendet, auf denen das Blatt oder die Platte befestigt wird. Der Unterboden kann eine Rahmenkonstruktion sein, die durch einen Staubboden abgedeckt wird. In den Korpus können die Einlegeböden eingelegt und Schubkästen, Auszüge oder Einsätze eingesetzt werden. Für den klassischen Schubkasteneinbau können Traversleisten und Mittelsteg, sowie Lauf-, Streif- und Kippleisten erforderlich werden **(Seite 271)**. Manchmal wird der Korpus oben noch durch eine Platte oder ein Kranzgesims abgeschlossen.

Der Korpus wird von einem Sockel, Sockelrahmen oder Fußgestell getragen, wenn nicht die Seiten oder Stollen direkt auf dem Fußboden stehen und diese dadurch die Ableitung der Belastungskräfte übernehmen **(Bild 2)**.

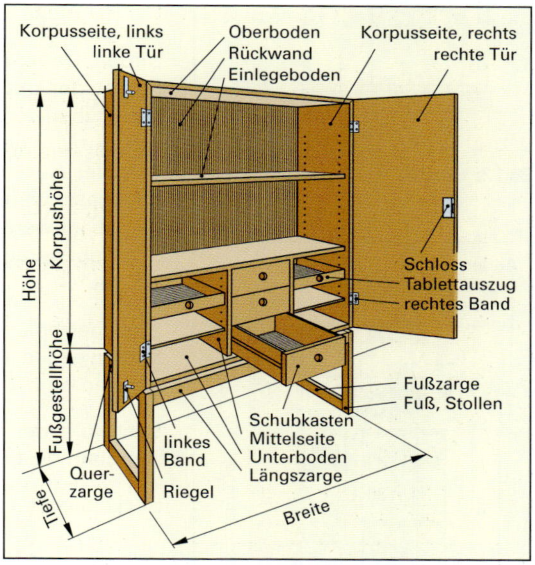

Bild 2: Möbelteile und Teilebezeichnungen

5.4 Möbelkorpus

Der Möbelkorpus kann je nach verwendetem Material, der Nutzung am Ort und den Transportmöglichkeiten sowie nach der gewünschten Gestaltungsform auf unterschiedliche Weise konstruiert werden. Für Massivholzmöbel (Vollholzmöbel) sind die Brettbauweise, die Rahmenbauweise und die Stollenbauweise zu unterscheiden. Furnierte oder mit Kunststoff beschichtete Möbel werden in Plattenbauweise hergestellt **(Bild 3)** oder in der Mischung Rahmenbau mit Plattenbau oder Stollenbau mit Plattenbau **(Seite 250)**.

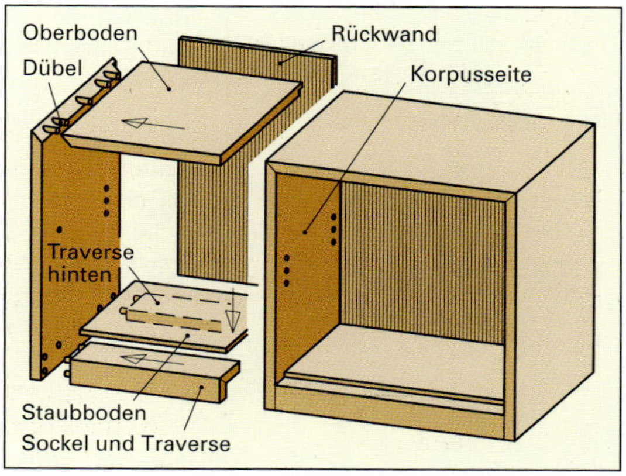

Bild 3: Möbelkorpus in Plattenbauweise

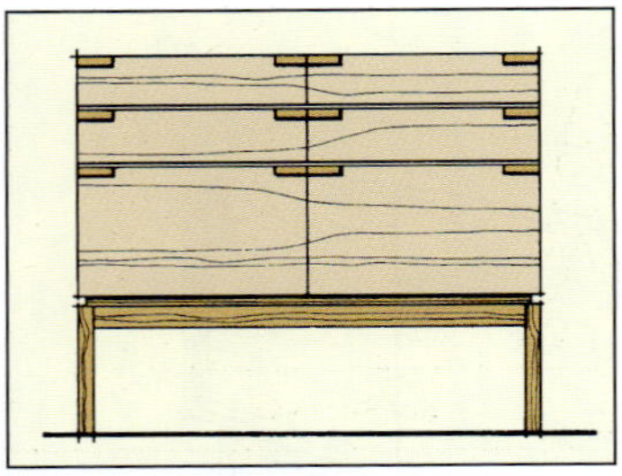

Bild 1: **Fußgestell**

Bild 2: **Sockel**

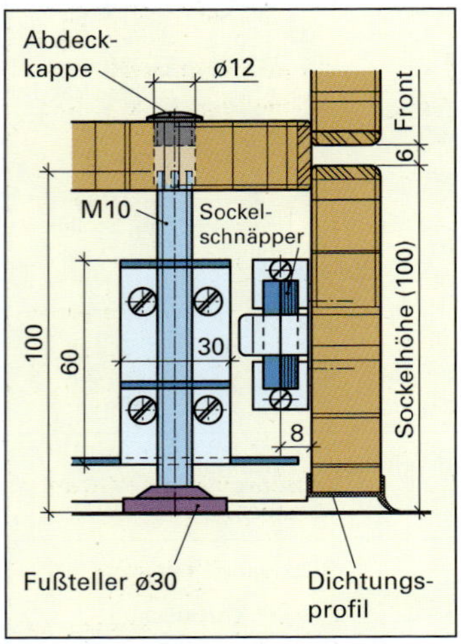

Bild 3: Sockelhöhenversteller

5.4.1 Fußgestelle und Sockel

Fußgestelle und Sockel haben die Aufgabe, das Möbel zu tragen. Sie müssen die Belastungskräfte aus dem Eigengewicht des Möbels und dem Gewicht der Gebrauchsgegenstände aufnehmen und in den Fußboden ableiten. Dabei darf sich der Unterboden des Möbels nicht mehr als 2 mm, bei stumpf einschlagenden Türen z. B. nicht mehr als 0,5 mm bis 1 mm durchbiegen, um die Funktion der Frontteile störungsfrei zu gewährleisten. Außerdem haben Fußgestelle und Sockel für einen stabilen Stand des Möbels zu sorgen, d. h., das Möbel muss auch bei geöffneten Frontteilen kippsicher stehen. Es sind Fußgestelle, Sockel, Sockelrahmen und Sockelblenden zu unterscheiden.

Die Ausformung und Dimensionen der Füße und Zargen, die Fußgestellhöhe sowie der Rücksprung bzw. Vorsprung des Gestells oder Sockels gegenüber den Korpuskanten, beeinflussen wesentlich die ästhetische Wirkung des gesamten Möbels. Bei Fußgestellen mit schlanken hohen Füßen z.B. löst sich der Möbelkorpus optisch vom Fußboden, das Möbelstück wirkt leichter **(Bild 1)**.

Sockel **(Bild 2)** bestehen aus kastenförmig zusammengebauten Holzzargen. Damit das Möbel auf dem Boden nicht schaukelt, ist der Sockel an der Unterkante zur Mitte hin auszuklinken. Der Sockel springt gegenüber dem Möbelkorpus seitlich, vorn und auch hinten etwas zurück. Wird der Schrank an der Wand angepasst, können die Seitenteile des Sockels länger sein, damit auch dieser an den Fußleisten angepasst werden kann. In den Sockel können auch Höhenversteller eingebaut werden, die durch eine Bohrung im Unterboden mit einem Schraubendreher verstellt werden können **(Bild 3)**.

Sockel werden in der Regel aus Vollholz gefertigt. Werden sie aus Stabsperrholz, Span- oder MDF-Platten hergestellt, sind die unteren Kanten gegen aufsteigende Feuchtigkeit, wie sie in Küchen und Bädern anfallen kann, durch Anleimer oder Kunststoffprofile zu schützen.

Sockelblenden werden entweder vor die Einstellfüße gesetzt oder zwischen die beiden durchlaufenden Seiten eingebaut.

Sockelblenden lassen sich dann wieder abnehmen, wenn sie vor die Füße oder die Korpusseiten mittels Schnäpper geklippst wurden.

5.4.2 Rückwände

Rückwände haben an Schränken zwei Aufgaben zu erfüllen. Sie sollen den Schrank rückwärtig abschließen und den Schrankkorpus im Winkel halten, um dadurch die störungsfreie Funktion von Türen und Klappen zu gewährleisten **(Bild 1, Seite 253)**. Als Material können Plat-

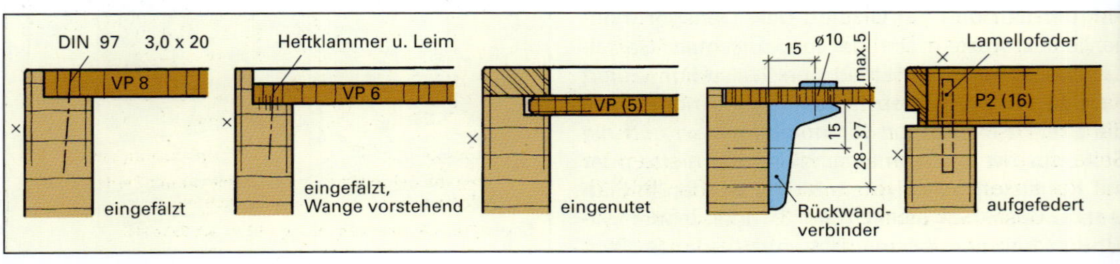

Bild 4: Einbauarten von Rückwänden

tenwerkstoffe wie harte Holzfaserplatten, Furniersperrholz, Spanplatten, bei dicken Rückwänden auch Stab- bzw. Stäbchensperrholz, aber auch Glastafeln und Metallbleche verwendet werden. Bei Massivholzmöbeln wird man die Rückwände auch aus Vollholz, z.B. in Rahmen und Füllungskonstruktion, herstellen.

Die Dicke der Rückwände beträgt bei harten Holzfaserplatten 3,5 mm bis 5 mm, bei Furniersperrholzplatten 4 mm bis 8 mm und bei Spanplatten 8 mm bis 10 mm. Gemäß VOB (**V**ergabe- und Vertrags**o**rdnung für **B**auleistungen) sollen bei **Einbauschränken** die Rückwände, wenn sie aus Furniersperrholz bestehen, mindestens 6 mm dick sein, oder wenn sie aus Spanplatten sind, 8 mm. Die Oberfläche der Rückwände kann je nach Qualität der Möbel unbehandelt, furniert und mindestens einseitig oberflächenbehandelt oder kunstharzbeschichtet sein. Rückwände können in einem Falz oder in einer Nut eingebaut werden. Bei großen Einbauschränken muss die Rückwand vom Innenraum des Schrankes her eingesetzt und befestigt werden, weil der Schrank ja zu dicht an der Raumwand aufgestellt wird **(Bild 4, Seite 252)**.

5.5 Möbelfront

Möbelfronten haben die Aufgabe, den Möbelkorpus gegen unmittelbaren Zugriff, vor Einsicht oder gegen Verstauben zu sichern. Je nach Handhabung, Platzbedarf beim Öffnen und Schließen oder nach benötigter Funktion können dies Drehtüren, Schiebetüren, Rollläden, Klappen und Schubkasten sein.

5.5.1 Drehtüren

Drehtüren sollen die Vorderfront eines Möbels so abschließen, dass der Inhalt des Möbels gegen Staub, Sicht, schädliche Lichteinwirkung oder auch gegen Diebstahl geschützt ist.

Drehtüren können als Brettertüren, aus furnierten Sperrholz- oder Spanplatten, aus Rahmen mit Füllungen aus Holz oder Glas oder als Ganzglastüren hergestellt werden. Drehtüren schlägt man an einer Längskante mit Bändern oder Scharnieren an, sodass sie sich um diese drehen können. Sitzen die Bänder, Fitschen oder Scharniere auf der rechten Seite, spricht man von einer rechten Tür, sitzen sie auf der linken Seite, von einer linken Tür **(Bild 2)**. Um die Beschläge nicht zu überlasten, dürfen Drehtüren nicht zu breit sein und sollten die Form eines stehenden Rechtecks haben.

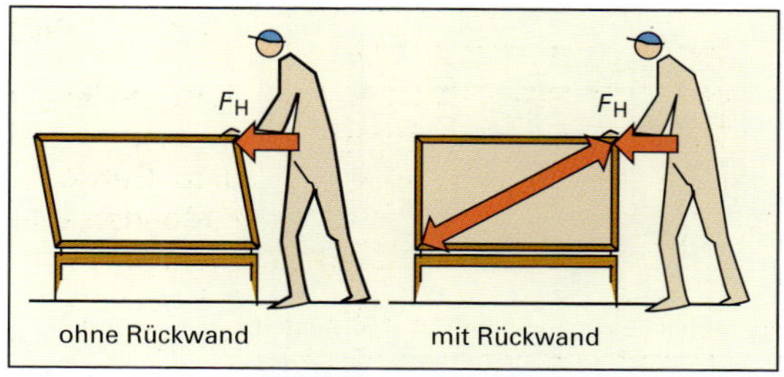

Bild 1: Statische Aufgabe der Rückwand

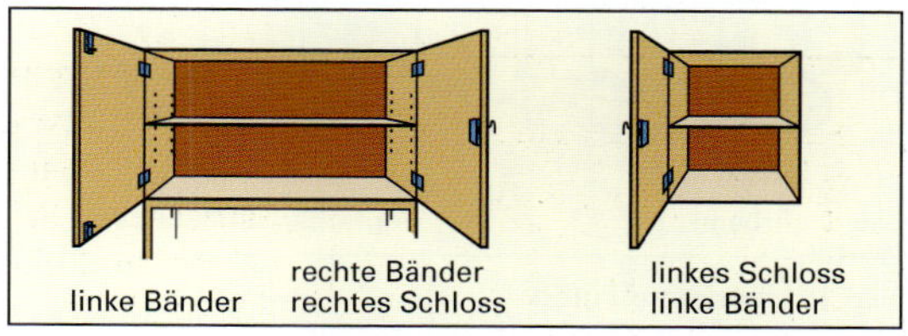

Bild 2: Drehrichtung der Türen

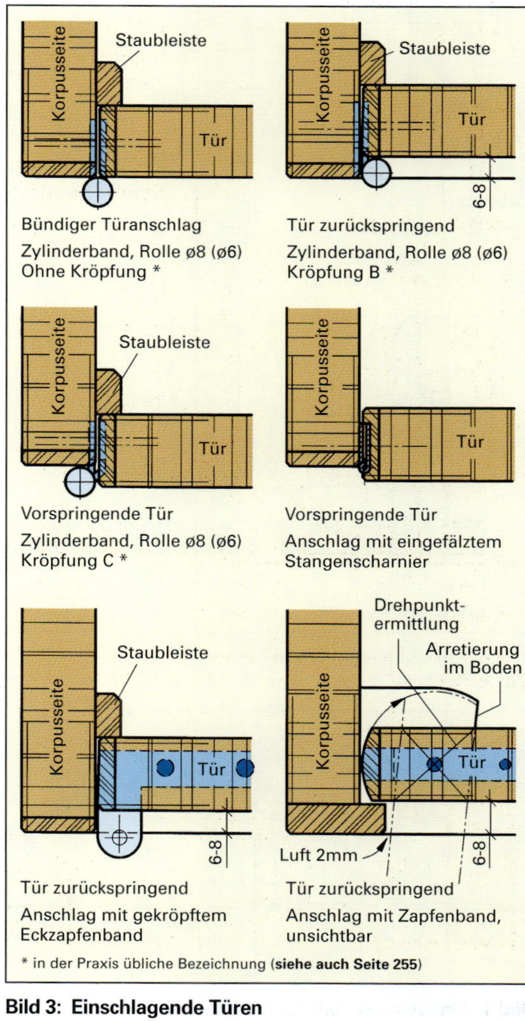

Bild 3: Einschlagende Türen

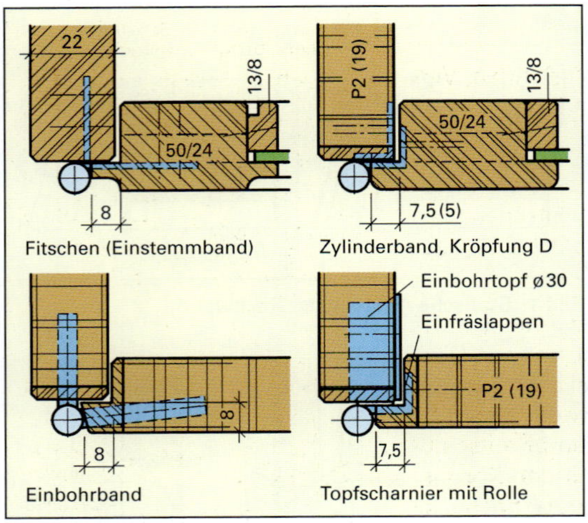

Bild 1: Überfälzte Türen

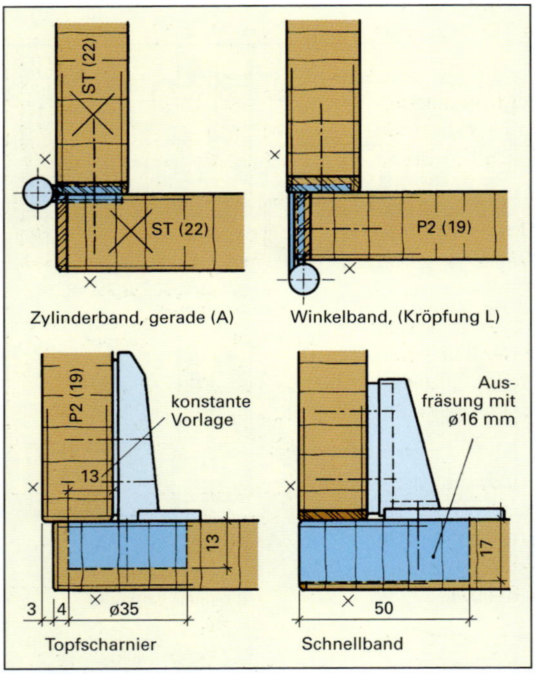

Bild 2: Aufschlagende Türen

5.5.1.1 Bauarten der Drehtüren

Man unterscheidet stumpf einschlagende, überfälzte und stumpf aufschlagende Türen.

Einschlagende Türen liegen zwischen den Möbelseiten. Man kann sie entweder vor- oder zurückspringend anschlagen **(Bild 3, Seite 253)**. Sollen die Türen gut gegen Staub abgedichtet werden, müssen die Seiten und Böden ausgefälzt oder mit Staubleisten versehen werden. Auch ein auf den Unterboden eingelegter Boden kann als Staubkante oder Anschlag dienen. Man verwendet für zurückstehende Türen Bänder und Scharniere mit der Kröpfung B und für vorstehende Türen Bänder mit der Kröpfung C. Zum Anschlagen einschlagender Türen können aber auch Stangenscharniere oder besondere Topfscharniere mit stark gekröpftem Montagearm sowie Zapfenbänder und Eckzapfenbänder verwendet werden **(Bild 1, Seite 255)**.

Überfälzte Türen liegen mit dem Überschlag auf den Möbelseiten. Die Kanten des Überschlags können stumpf, abgefast oder profiliert sein. Zum Anschlagen verwendet man Zylinderbänder mit Kröpfung D oder Einbohrbänder. Die Dicke des Überschlages muss bei der Verwendung von Einbohrbändern mindestens 8 mm betragen, damit die Türkante durch die Einbohrzapfen nicht aufspaltet **(Bild 1)**.

Aufschlagende Türen liegen stumpf auf den Möbelseiten. Das Anschlagen kann mit geraden Scharnieren oder Zylinderbändern, mit Winkelbändern und mit Topfscharnieren erfolgen **(Bild 2)**. Bei der Verwendung von geraden Scharnieren oder Bändern schwenken die Kanten stumpf aufschlagender Türen beim Öffnen weit aus, sodass mehrere Möbel mit den Seiten nicht dicht aneinander gestellt werden können. Bei der Verwendung von Winkelbändern (Kröpfung L) können stumpf aufschlagende Türen bis 270° geöffnet werden.

Mittelanschlüsse sind bei doppeltürigen Möbeln erforderlich. Die Türen müssen auch in der Mitte so über- oder gegeneinanderschlagen, dass sie dicht schließen. Als Anschluss eignen sich Schlagleisten oder Überfälzungen **(Bild 3)**.

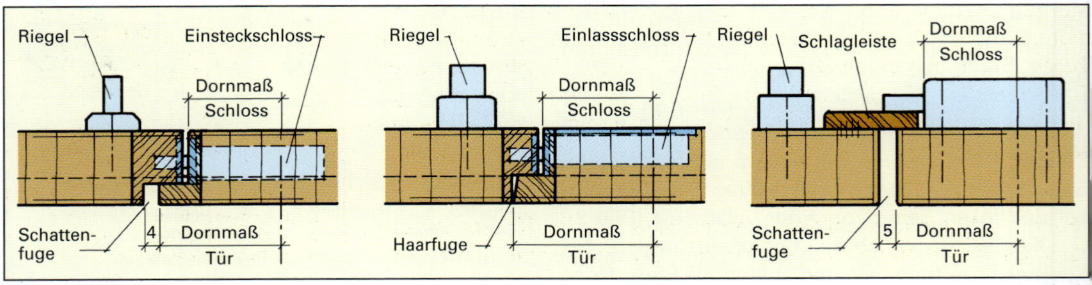

Bild 3: Mittelanschlüsse

5.5.1.2 Beschläge

Als Beschläge werden alle Teile bezeichnet, die zum Verbinden, Verschließen und Drehen von Möbelteilen dienen. Sie sind in der Regel aus Metall oder aus Kunststoff.

Fitschen (Einstemmbänder) weisen Einstemmlappen auf, die in die Korpus- und Türkanten eingestemmt werden müssen. Fitschen werden nur bei überfälzten Türen und im Möbelbau nur noch bei Restaurationen verwendet **(Bild 1)**.

Bänder (Zylinderbänder) haben ein zylindrisches Gewerbe. Sie bestehen aus dem Stiftlappen (Korpusteil) und dem Lochlappen (Türteil). Die Lappen können gerade oder gekröpft sein. Bei den Kröpfungen unterscheidet man die Kröpfungen B, C und D sowie Winkelbänder. Bänder mit geraden Lappen wendet man für stumpf aufschlagende Türen oder für einschlagende Türen an, die mit den Korpuskanten bündig sind. Bänder mit der Kröpfung B (Form C, nach DIN 81402) eignen sich für einschlagende und zurückstehende Türen, Kröpfung C (Form B, nach DIN 81402) für vorstehende Türen und Kröpfung D (Form D, nach DIN 81402) für überfälzte Türen. Winkelbänder Kröpfung L sind nur für stumpf aufschlagende Türen zu verwenden **(Bild 1)**.

Bänder gibt es in Edelstahl, in Messing und auch in Leichtmetalllegierung, verschiedenartig eloxiert. Ihre Größe wird bestimmt durch die Länge und den Durchmesser des Gewerbes sowie durch die Breite der geöffneten Lappen.

Einbohrbänder haben anstelle von Anschraublappen Einbohrzapfen **(Bild 1)**. Mithilfe einer Einbohrlehre lassen sich die Löcher für die Zapfen rasch und genau in Seiten- und Türkante einbohren.

Zapfenbänder eignen sich zum nicht sichtbaren Anschlagen einschlagender Türen **(Bild 3, Seite 253)**. Damit die Unterkante der Tür einen ausreichenden Luftspalt erhält, hat das untere Zapfenband eine Unterlegscheibe. Bei **Eckzapfenbändern** ist in den Korpusecken die kleine Rolle sichtbar **(Bild 1 und Bild 3, Seite 253)**.

Scharniere haben ein mehrgliedriges Gewerbe. Lange, über die ganze Türkante reichende Scharniere werden als **Stangenscharniere** bezeichnet **(Bild 1)**. Mit Scharnieren angeschlagene Türen sind nicht aushängbar. Die Lappen sind meistens gerade (Form A). Es gibt aber auch Scharniere mit der Kröpfung B (Form F, nach DIN 81402).

Topfscharniere sind mit mehreren Drehpunkten ausgestattet. Dadurch ist ein unsichtbarer Anschlag der Türen möglich. Topfscharniere bestehen aus dem Topf und dem Montagearm **(Bild 2)**. Der Topf wird in die Türinnenseite eingebohrt, der Montagearm mit Montageplatten an der Korpusseite befestigt. Normale Topfscharniere eignen sich nur für stumpf aufschlagende, etwa 20 mm dicke Türen. Sie haben einen Öffnungswinkel von 95°. Es gibt aber auch Topfscharniere für dickere Türen, für größere Öffnungswinkel, für Haarfugenanschlag, für einschlagende Türen und verschiedene Anschlagwinkel.

Für die richtige Auswahl der Topfscharniere und der Distanzplatten sind die Angaben und Tabellen in den Beschlagskatalogen zu beachten.

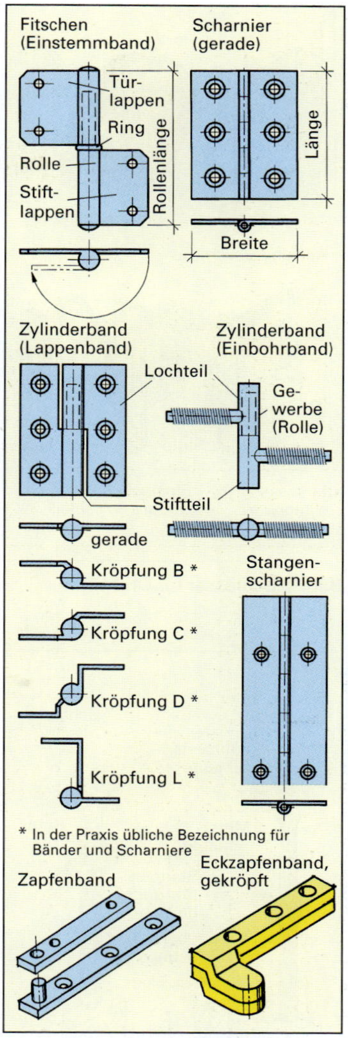

Bild 1: Klassische Beschläge zum Anschlagen von Drehtüren

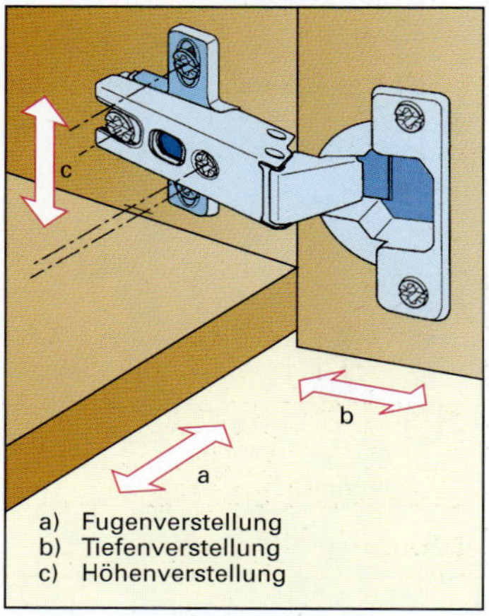

Bild 2: Topfscharnier

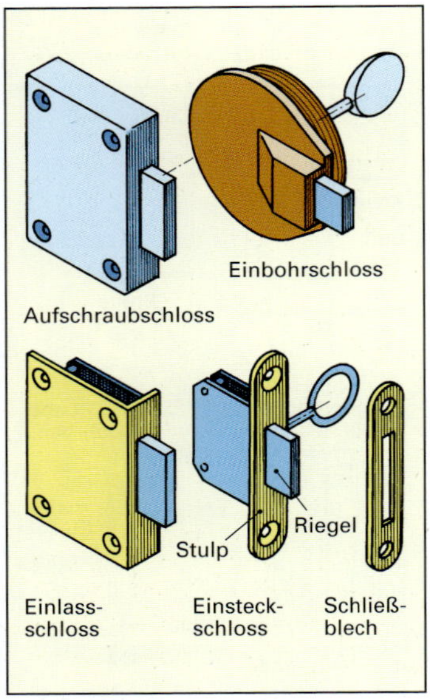

Bild 1: Schlösser für Drehtüren

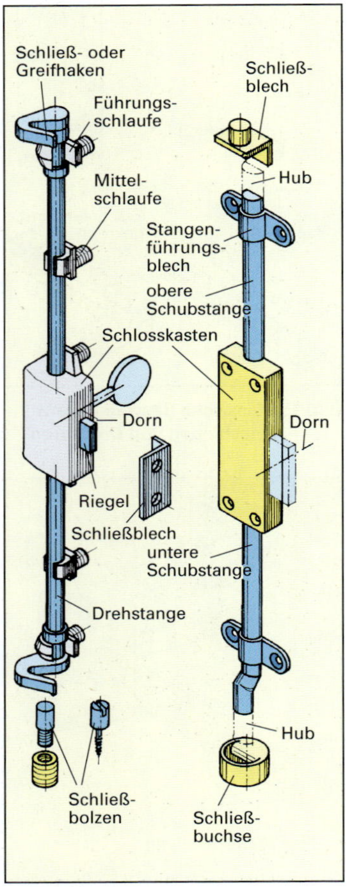

Bild 2: Drehstangenschloss und Schubstangenschloss

Scharniere mit mehreren Drehpunkten werden in die Türkante und in die Korpusseite mit der Oberfräse eingefräst oder eingebohrt. Die Drehtüren haben eine gedachte Drehachse. Die Scharniere sind in der Möbelfront nicht sichtbar **(Bild 1, Punkt ⑥, Seite 259)**.

Zum Verschließen bzw. Zuhalten der Drehtüren sind Schnäpper, Magnetverschlüsse, Schlösser und Riegel einzusetzen.

Schnäpper unterteilt man in Kugel- und Rollenschnäpper. Sie werden in der Regel an die Türinnenseite geschraubt. Die Kugel oder Rolle greift hinter oder in einen am Korpus befestigten Anschlag.

Magnetverschlüsse bestehen aus dem Fangmagneten und der Haftplatte. Sie können zum Aufschrauben oder Einbohren vorgesehen sein. Es gibt auch Magnete, die überfurniert werden können und somit unsichtbar sind.

Bei der Verwendung von **Topfscharnieren** mit **eingebauter Federzuhaltung** können zusätzliche Verschlüsse entfallen. Um bei solchen Türanschlägen die Schließgeräusche der Türen zu dämpfen, sollten am Türaufschlag Gummipuffer eingebaut werden.

Schlösser für Drehtüren können Aufschraubschlösser, Einlassschlösser, Einsteckschlösser, Schubstangenschlösser und Drehstangenschlösser sein **(Bild 1 und Bild 2)**.

Aufschraubschlösser werden auf die Rückseite der Tür geschraubt. Bei einflügeligen Türen greift der Riegel in ein Schließblech, das in die Korpusseite eingelassen wird. Bei Doppeltüren fasst dieser hinter die zweite Tür, die an dieser Stelle meist etwas verstärkt werden muss **(Bild 1 und Bild 3, Seite 254)**.

Einbohrschlösser werden in die Rückseite der Tür in eine hierfür vorgesehene Bohrung eingepresst **(Bild 1)**. Man benötigt keine Schrauben zur Befestigung.

Einlassschlösser werden so in die Rückseite der Tür eingelassen, dass die Schlossplatte mit der Türinnenfläche bündig ist. Der Riegel fasst in ein Schließblech, das bei einflügeligen Türen in die Korpusseite oder bei Doppeltüren in die Kante der anderen Tür einzulassen ist **(Bild 1 und Bild 3, Seite 254)**.

Einsteckschlösser werden in die Türkante so eingefräst, dass nur noch der Schlossstulp mit dem Riegel sichtbar ist **(Bild 1 und Bild 3, Seite 254)**.

Drehstangenschlösser bestehen aus dem Schlosskasten, den Drehstangen und den Schließhaken. Bei ihnen fassen Schließhaken an den Enden der Drehstangen hinter Schließbolzen, die im Oberboden und im Unterboden eingeschraubt werden **(Bild 2)**.

Schubstangenschlösser verschließen die Türen an der Türober- und -unterkante, indem sich die Schubstangen in Schließbleche oder in Schließbuchsen im Ober- und Unterboden einschieben. Die Schlosskasten können aufgeschraubt oder bündig eingelassen sein. Die Schubstangen können durch Leisten abgedeckt werden. Es gibt Schubstangenschlösser mit dreifacher Verriegelung, wobei die Türen zusätzlich noch in der Mitte verriegelt werden. Sie sind besonders für hohe Türen geeignet **(Bild 2)**.

Schubriegel verwendet man bei zweiflügeligen Türen zum Halten der linken Tür **(Bild 1, Seite 257)**. Hier sind gekröpfte und gerade Riegel zu unterscheiden. Bei stumpf aufschlagenden Türen sind gekröpfte Riegel zu verwenden. Bei der Verwendung von Stangenschlössern können Schubriegel entfallen.

Bei der **Bestellung von Schlössern** ist zu beachten, ob es sich um eine Rechts- oder Linkstür handelt, welche Schlossart und welche Schließart gewählt wird. Außerdem ist das Dornmaß zu berücksichtigen. Das **Dornmaß** ist das Maß vom Stulp des Schlosses bis zur Mitte Dorn (Schlüsselloch) **(Bild 3, Seite 254)**. Besonders bei Rahmentüren ist darauf zu achten, dass das Schlüsselloch in der Mitte des Rahmens zu liegen kommt. Die meisten Schlösser sind so beschaffen, dass sie für linke und rechte Türen und auch für Schubkästen (lad, von Schublade) eingebaut werden können. Je aufwendiger die Schließungsart des Schlosses ist, desto sicherer ist das Schloss. Man unterscheidet Nutenbart-, Zuhaltungs- oder Zylinderschlösser. Die Schlüssellöcher können durch Schlüsselbuchsen oder durch Schlüsselschilder verziert bzw. abgedeckt werden.

Heute gibt es auch Schlösser, die berührungslos **elektronisch** öffnen und schließen. Der Code des Schlosses und des Schlüssels müssen übereinstimmen. Sie sind für große Schließanlagen geeignet.

5.5.1.3 Anschlagen der Drehtüren

Unter Anschlagen versteht man das Anbringen der Türbeschläge.

Lappenbänder und -scharniere werden in der Regel von Hand eingelassen. Zuerst wird der Türlappen an der Türkante befestigt, dann die Tür so auf den Korpus gelegt, dass diese in den Fälzen allseitig genügend Luft hat. Nun wird die Höhe des Stiftlappens angerissen, der Lappen eingelassen und angeschraubt. Zunächst schraubt man jeden Bandteil nur mit wenigen Schrauben fest. Erst wenn die Türen richtig sitzen, werden die restlichen Schrauben eingedreht. Lappenbänder mit abgerundeten Lappen können eingefräst werden.

Bei **Einbohrbändern** wird der Einbohrzapfen am Lochteil des Bandes in die Türkante und der Zapfen am Stiftteil des Bandes in die Korpuskante eingebohrt. Zum exakten Einbohren dieser Bänder sind besondere Bohrlehren erforderlich.

Bei **Zapfenbändern** muss zuerst der Drehpunkt ermittelt werden. Dazu zeichnet man den Querschnitt der geschlossenen und geöffneten Tür übereinander. Der Schnittpunkt der eingezeichneten Mittelachsen oder Diagonalen ist der gesuchte Drehpunkt **(Bild 3, Seite 253)**. Der Beschlagteil mit dem Zapfen wird in die Türkante eingelassen, der Beschlagteil mit der Bohrung in den Korpus. Zum Einsetzen und Aushängen der Tür muss das obere oder das untere Zapfenband der Tür gelöst werden.

Topfscharniere bestehen aus dem Topf und dem Montagearm mit der Montageplatte. Der Topf wird zusammen mit den Befestigungsbohrungen in die Innenseite der Tür eingebohrt, die Montageplatte auf die Innenfläche der Korpusseite geschraubt. Hierzu stehen Einbohrlehren zur Verfügung oder die Bohrungen werden auf Dübelmaschinen oder CNC-Maschinen erstellt. Bei Topfscharnieren sind die Anschlagsanleitungen genau zu beachten. Türdicke, Seitenauflage sowie die Fuge sind dabei maßgebliche Faktoren.

Bei modernen Topfscharnieren wird der Montagearm auf die Montageplatte aufgeklippst. Die Türen können so ohne Werkzeug montiert und wieder leicht gelöst werden. Außerdem können sie mit Federzuhaltung und „Soft-Schließmechanik" ausgestattet sein.

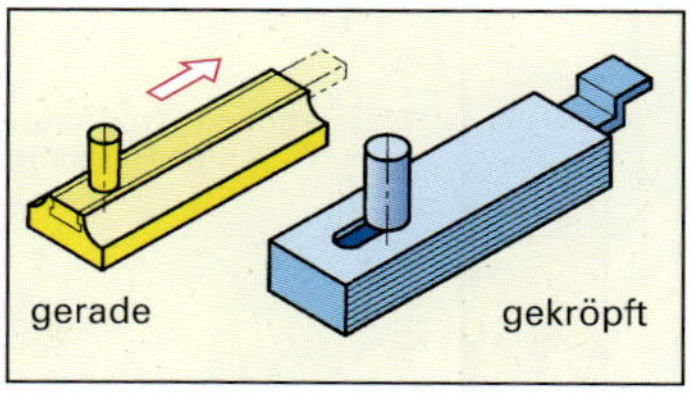

Bild 1: Riegel

Arbeitsregeln

- Da sichtbare Beschläge die Gestaltung des Möbels wesentlich beeinflussen, sind sie sorgfältig auszuwählen und zu platzieren.
- Richtig angeschlagene Türen dürfen beim Schließen oder Öffnen weder spannen noch am Möbelkorpus streifen.
- Sind mehrere Türen an einem Schrank überfälzt oder stumpf aufschlagend angeschlagen, muss die Fuge zwischen den Türkanten gleichmäßig breit sein. Alle Ober- und Unterkanten der Türen müssen fluchten.
- Beim Anschlagen der Türen muss der Schrank im Winkel stehen und die Korpuskanten müssen fluchten.
- Schlösser und Riegel müssen beim Schließen leicht zu betätigen sein und die Türen auf die Korpuskanten gut anziehen.

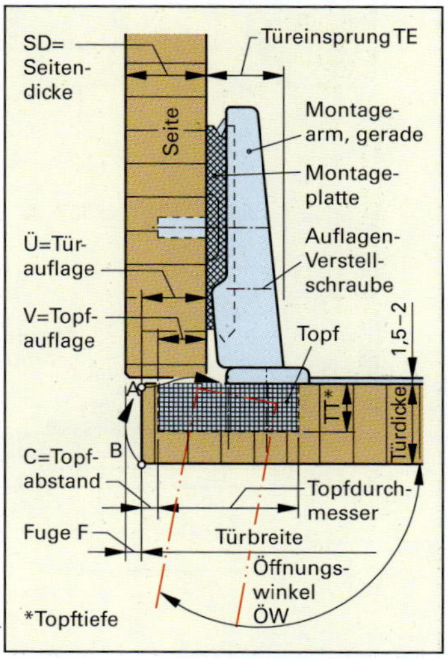

Bild 2: Begriffe beim Topfscharnieranschlag

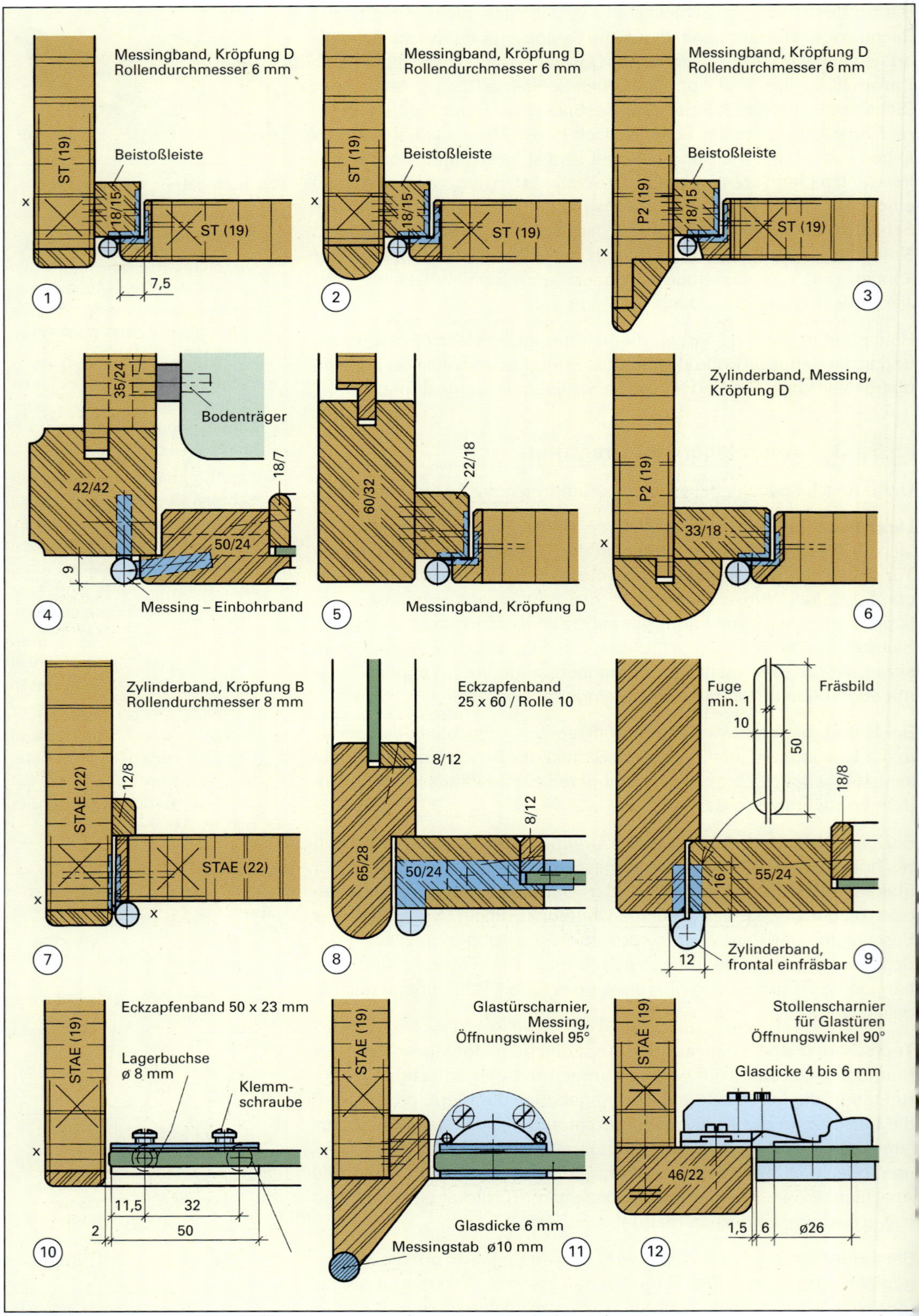

Bild 1: Anschlagmöglichkeiten überfälzter und einschlagender Drehtüren

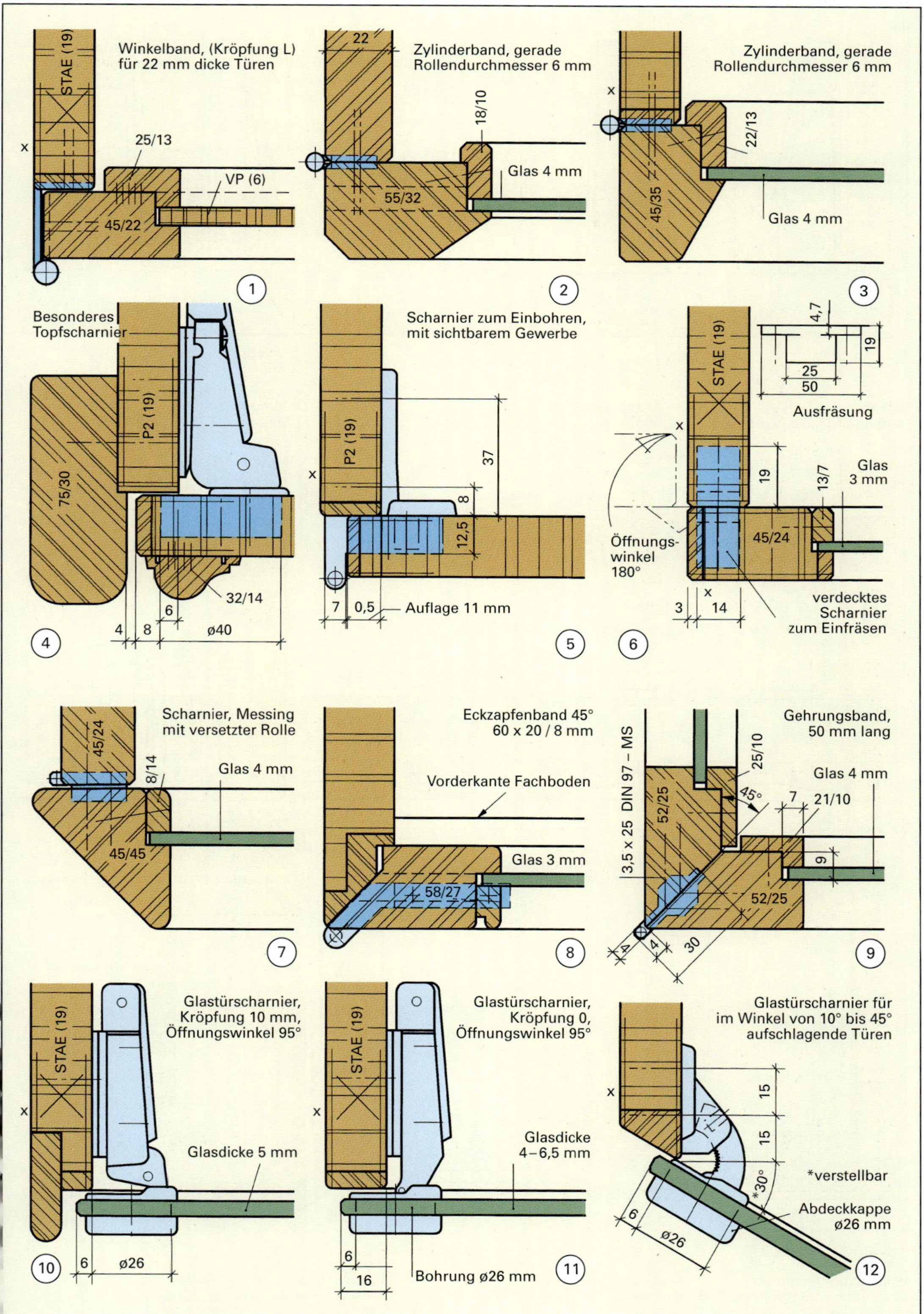

Bild 1: Anschlagmöglichkeiten stumpf aufschlagender Drehtüren

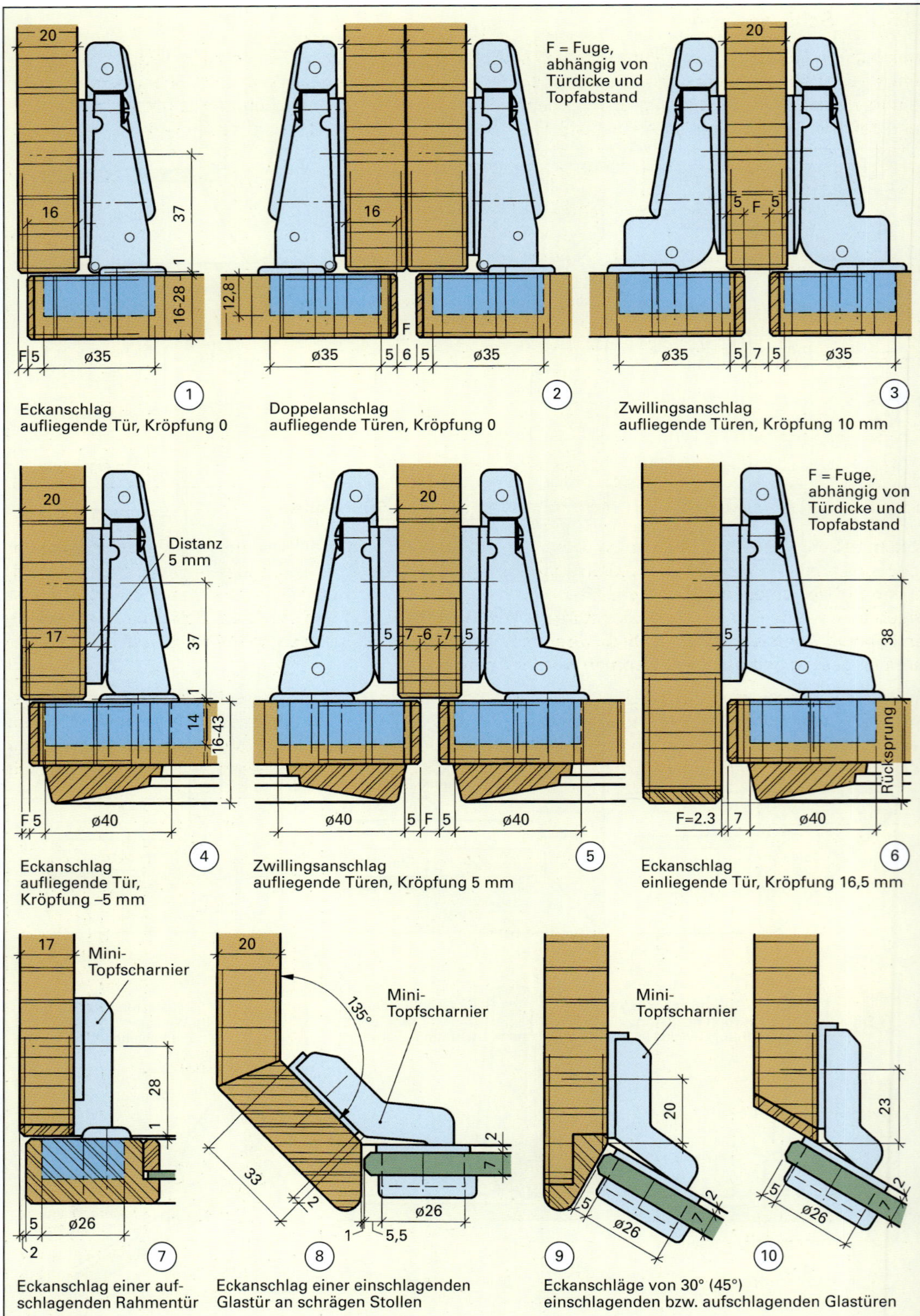

Bild 1: Anschlagmöglichkeiten mit Topfscharnieren

5.5.2 Schiebetüren

Schiebetüren werden horizontal im Möbelkorpus bewegt. Sie beanspruchen somit keinen Drehraum vor dem Möbel **(Bild 1).** Schiebetüren können aus Holzwerkstoffen oder aus Glas sein und stehend oder hängend geführt werden. Je nach Beschlag ist außerdem eine rollende und gleitende Führung zu unterscheiden. Stehend geführte Schiebetüren sollen breiter sein als hoch, damit sie beim Bewegen nicht verkanten **(Bild 2).**

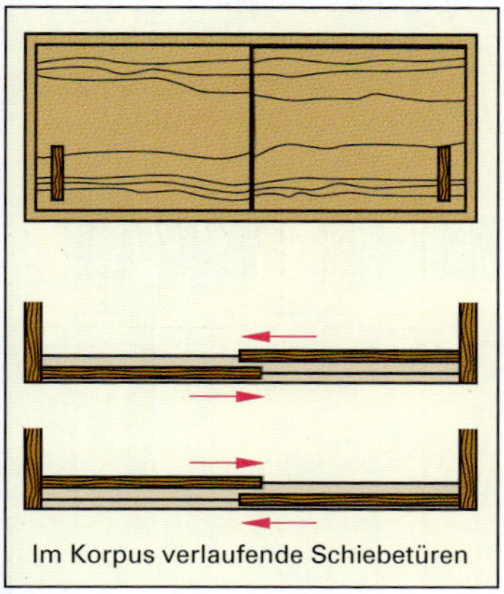

Bild 1: Schiebetüren im Korpus

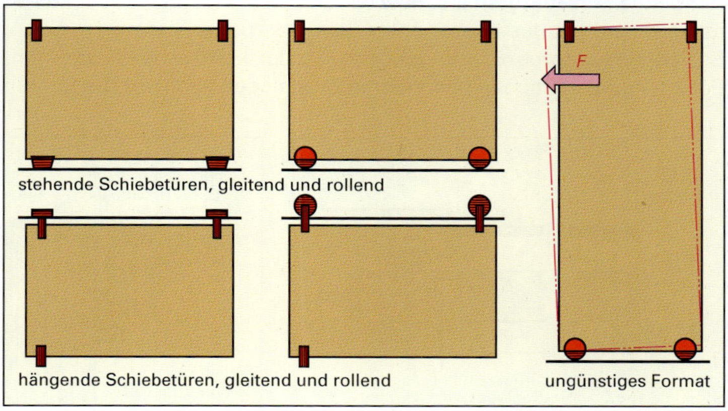

Bild 2: Arten und Format der Schiebetüren

Stehende Schiebetüren werden an der Unterkante in Laufbeschlägen geführt und an der Oberkante in der richtigen Lage gehalten. Holzschiebetüren laufen in der Regel auf Kunststoffschienen. Zum besseren Gleiten sind in die Unterkante der Tür Gleiter einzuleimen. Sie müssen möglichst nah an den Außenkanten angebracht werden, damit die Schiebetüren in der Mitte frei laufen und sich beim Schieben nicht verkanten können. Oben werden die Schiebetüren in Nuten geführt. Sie müssen so tief sein, dass die Schiebetüren eingesetzt und herausgenommen werden können.

Im Handel gibt es komplette Schiebetürbeschläge, die aus Lauf- und Führungsschienen und den dazu gehörenden Laufrollen und Führungsriegeln bestehen **(Bild 3).** Durch Betätigung der Führungsriegel, die an der Oberkante der Schiebetüren montiert werden, können die Schiebetüren leicht eingesetzt oder herausgenommen werden. Für große und vor allem für schwere Schiebetüren eignen sich Rollen mit

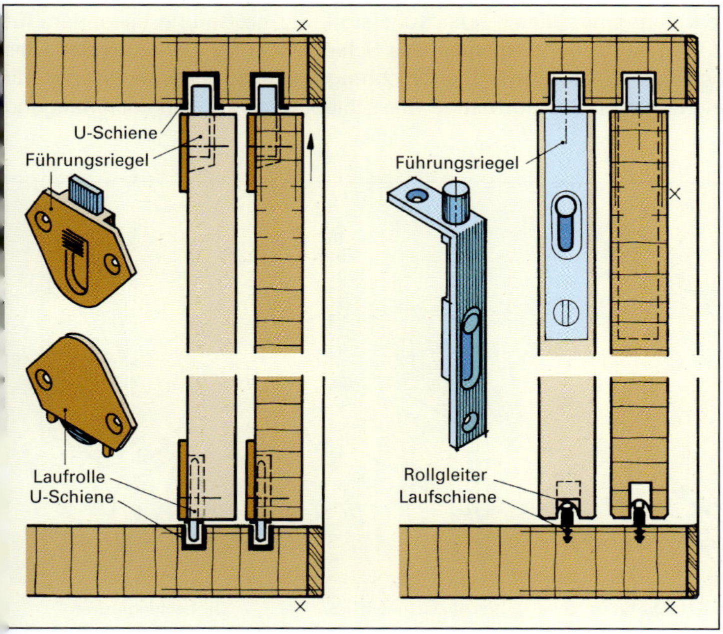

Bild 3: Stehende Schiebetüren

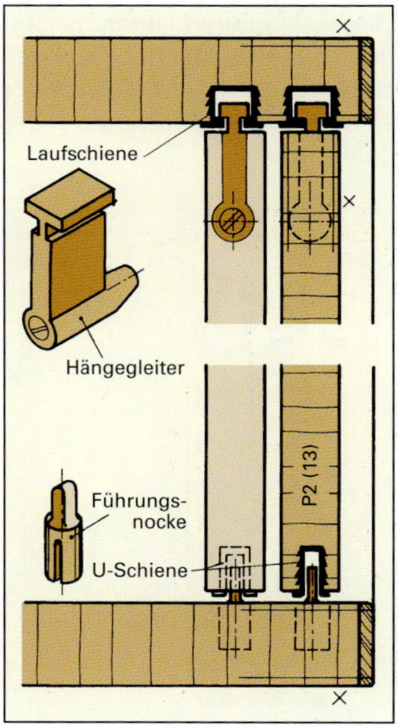

Bild 4: Hängende Schiebetüren

Kugellagern, die auf Kunststoff- oder Metallschienen laufen. Diese sind in den Laufwerken abzustoppen und erhalten Auflaufsicherungen. Als Griffe verwendet man Metallmuscheln, Holzmuscheln oder Griffleisten. Zum Abdichten gegen Staub dienen Staubleisten, die verschieden ausgebildet sein können **(Bild 1)**. Zusätzlich können bei größeren Schiebetüren am Oberboden oder im Laufrohr **mechanische Dämpfungssysteme** eingebaut werden, die die Schiebetüren zur Endstellung hin automatisch sanft schließen.

DIGITAL+

Hängende Schiebetüren aus Holz werden an der Oberkante mit Gleit- oder Rollenbeschlägen in Laufschienen aufgehängt, die in oder unter dem Oberboden befestigt sind. An der Unterkante werden hängende Schiebetüren durch Führungsnocken in der senkrechten Lage gehalten **(Bild 4, Seite 261)**. Hängende Schiebetüren können in besonderen Beschlägen auch vor der Schrankfront geführt werden **(Bild 2)**.

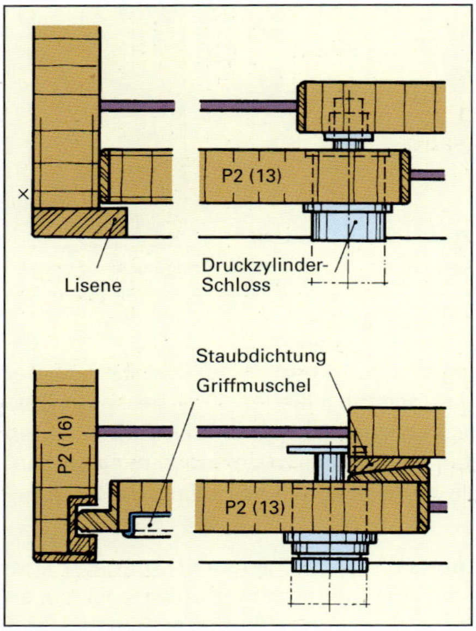

Bild 1: Verschluss der Schiebetüren

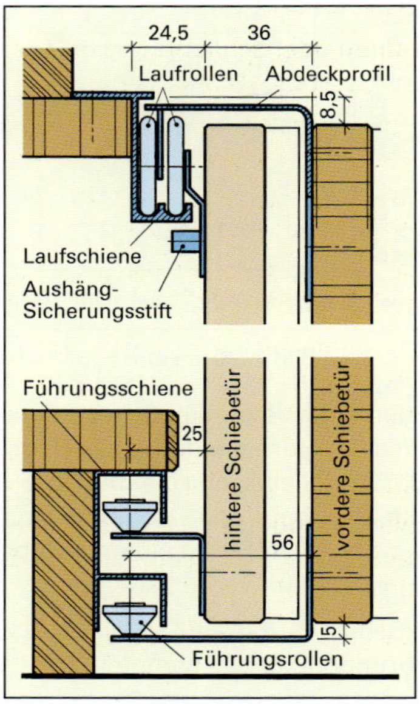

Bild 2: Vorfront-Schiebetüren

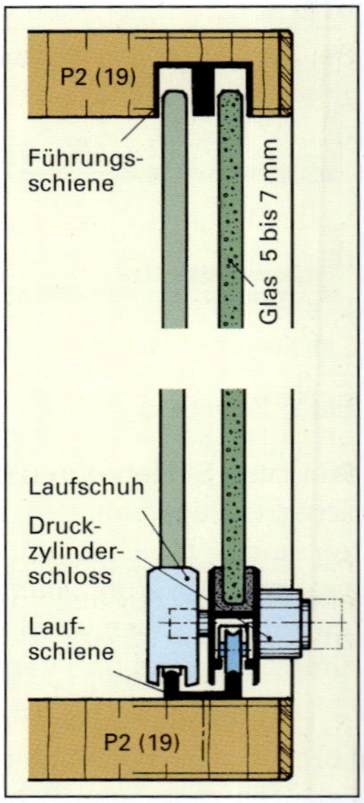

Bild 3: Glasschiebetüren

Glasschiebetüren laufen meist in Beschlägen aus Metall oder Kunststoff. Für große und besonders für hohe Glasschiebentüren verwendet man Laufschuhbeschläge. Als Schiebetürgriffe dienen in das Glas eingeschliffene Vertiefungen. Zum Abdichten kann man Staubdichtungsschienen verwenden, die mit einer Haarbürste versehen sein können **(Bild 3)**. Großformatige Glasschiebetüren können auch hängend geführt werden.

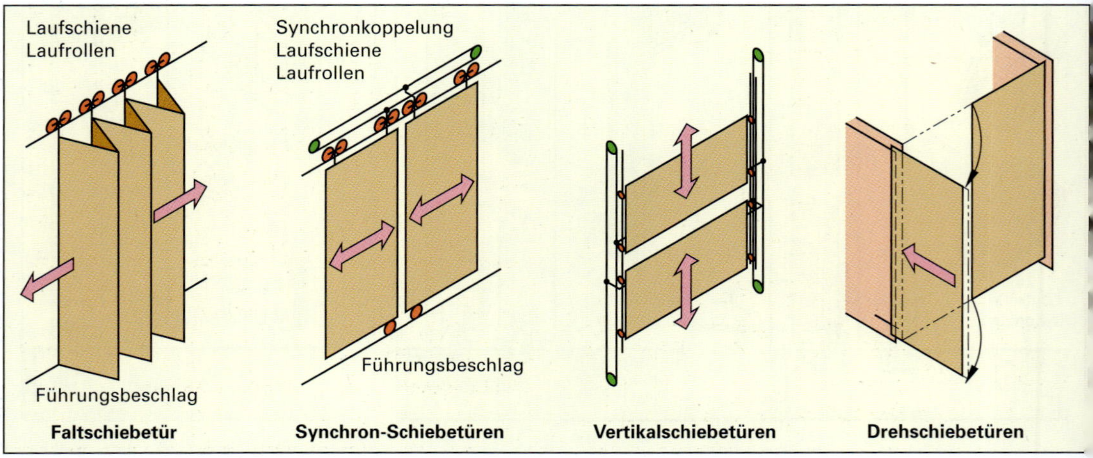

Bild 4: Schiebetür-Sonderkonstruktionen

Schiebetürschlösser. Schiebetüren aus Holz können an der Kante durch Flügelriegelschlösser oder bei doppelten Schiebetüren im Überschlag durch Druckzylinderschlösser verschlossen werden **(Bild 1, Seite 262)**. Glasschiebetüren mit besonderen Laufschuhbeschlägen haben in der Regel Druckzylinderschlösser im Laufschuh **(Bild 3, Seite 262)**.

Schiebetür-Sonderkonstruktionen benötigen spezielle Beschläge. Hierzu gehören die Falt-, Synchron-, Vertikal- und Drehschiebetüren **(Bild 4, Seite 262)**.

Bei **Faltschiebetüren** laufen die Türflügel in oder auf einer Laufschiene am Oberboden. Sie sind miteinander so verbunden, dass sie beim Öffnen nach außen hin auffalten **(Bild 2)**.

Bei **Synchronschiebetüren** öffnen oder schließen beide Türen gleichzeitig durch eine Kopplung im Beschlag **(Bild 4, Seite 268)**.

Vertikalschiebetüren laufen in speziellen Schiebetürbeschlägen und öffnen und schließen diese vorwiegend synchron. In der Regel ist bei Vertikalschiebetüren ein Gewichtsausgleich erforderlich, um die Türen in jeder Stellung zu halten **(Bild 4, Seite 268)**.

Drehschiebetüren lassen sich bei einer Öffnung von 90° in den Korpus parallel zur Korpusseite hineinschieben **(Bild 2)**.

Einteilige Schiebetüren aus satiniertem Glas oder aus furniertem oder beschichtetem Holzwerkstoff erlauben ein variables Verschließen oder Öffnen von nebeneinanderliegenden Schrank- oder Regalfächern **(Bild 2)**.

Flächenbündige Schiebetüren liegen im geschlossenen Zustand in einer Ebene. Spezielle Beschläge ermöglichen ein Vorschwenken der zu öffnenden Tür und dann ein paralleles Verschieben vor der Front.

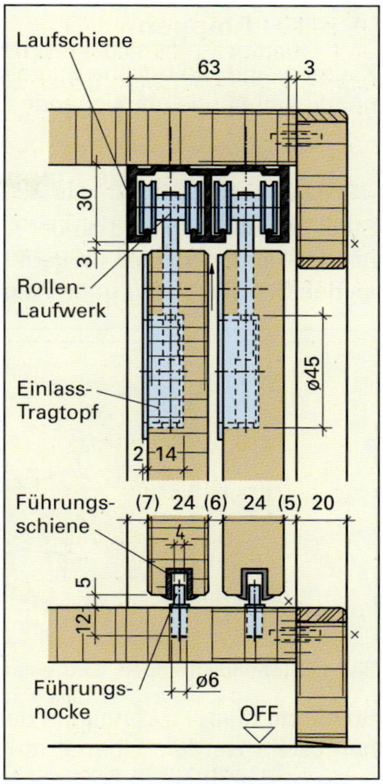

Bild 1: Schwere Holzschiebetüren

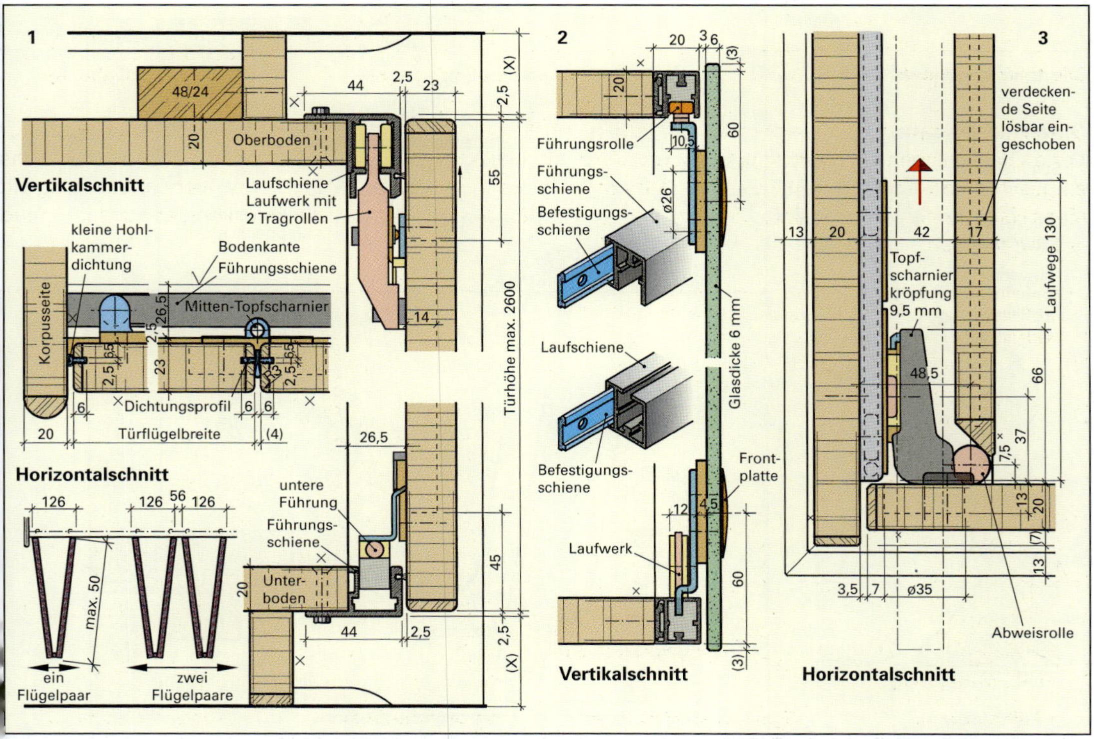

Bild 2: Schiebetür-Sonderkonstruktionen. 1 Faltschiebetür, 2 einteilige Glasschiebetür, 3 Drehschiebetür

5.5.3 Klappen

Klappen sind türähnliche Bauteile, die horizontal angeschlagen sind. Bei Klappen unterscheidet man stehende, hängende und liegende Klappen.

5.5.3.1 Stehende Klappen

Stehende Klappen sind an der Unterkante angeschlagen und werden von oben nach unten bewegt. Stehende Klappen können im geöffneten Zustand als Abstell- oder Schreibfläche benutzt werden. Sie sollten an den Schränken nur unter Augenhöhe angeschlagen werden.

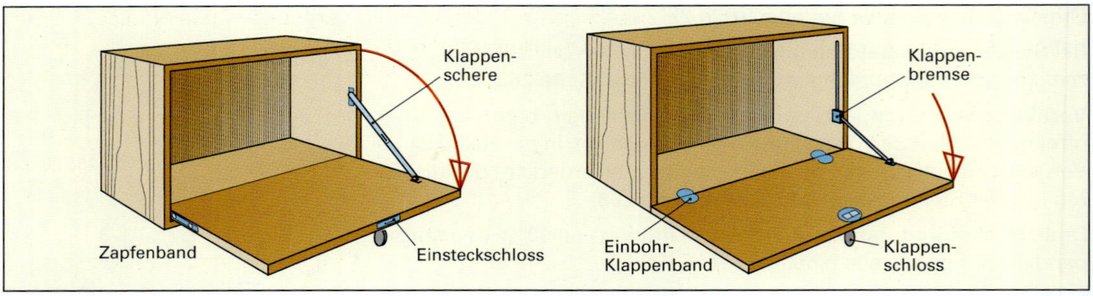

Bild 1: Stehende Klappen, links einschlagend, rechts stumpf anschlagend

Stehende Klappen können in den Korpus einschlagend oder stumpf auf die Korpuskanten aufschlagend hergestellt werden. Überfälzte Klappen sind selten, weil sie sich am Boden nicht fugenlos anschlagen lassen. Im geöffneten Zustand sollten Boden und Klappe eine ebene Fläche bilden. Außerdem sollte kein Zwischenraum zwischen Boden und Klappe entstehen. Dies kann bei einschlagenden Klappen durch entsprechende Fälzungen und bei stumpf aufschlagenden Klappen durch besondere Klappenbänder erreicht werden **(Bild 1)**.

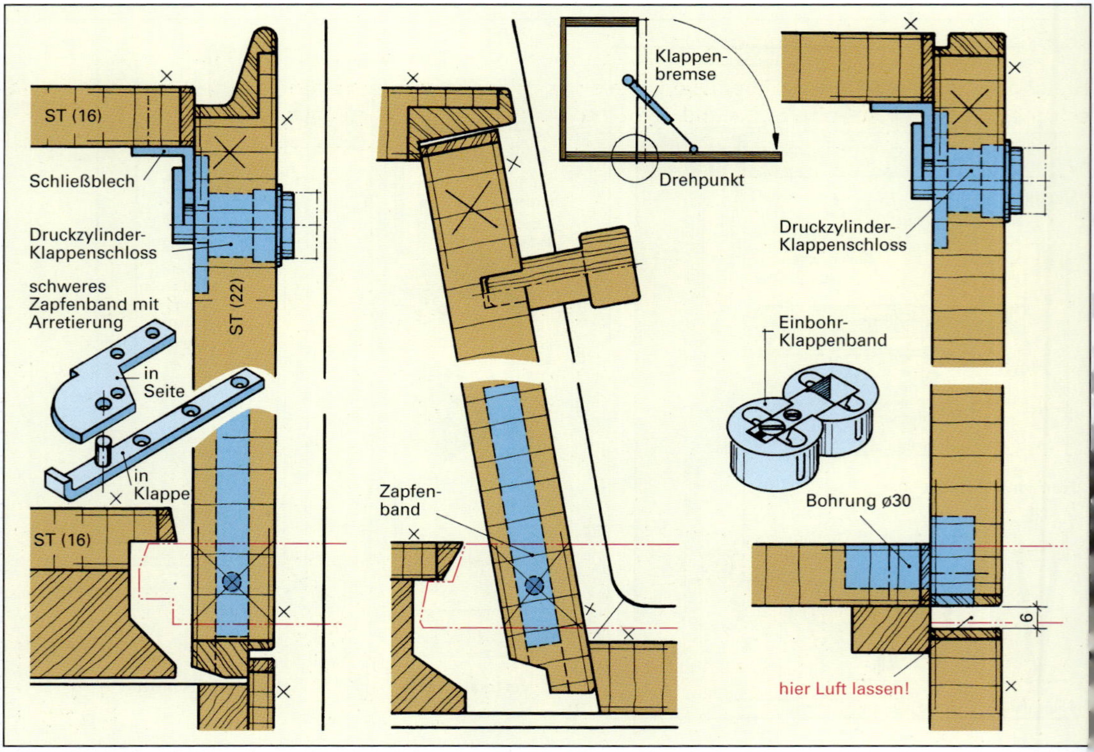

Bild 2: Einschlagende und aufschlagende, stehende Klappen

Beschläge für stehende Klappen, die in den Korpus einschlagen, sind Zapfenbänder. Hierfür sind besonders die schweren Zapfenbänder mit Arretierung geeignet **(Bild 2, Seite 264)**. Stumpf auf die Korpusseiten aufschlagende Klappen werden am zweckmäßigsten mit den einbohrbaren Klappenscharnieren angeschlagen. Die Klappenscharniere erlauben ein Aushängen der Klappe sowie eine Verstellung der Klappe um einige Millimeter in der Tiefe, Höhe und Breite. Bei diesen einbohrbaren Klappenscharnieren ist die Innenfläche der geöffneten Klappe mit dem Boden bündig. Unter der Klappenkante muss eine Fuge von 4 mm bis 6 mm bleiben **(Bild 1, Seite 264)**.

Das Schließen oder Zuhalten der Klappen geschieht am sichersten mit Schlössern. Schlagen die Klappen unter einen Boden, können Einlass- oder Einsteckschlösser verwendet werden. Bei stumpf auf den Oberboden schlagenden Klappen sind besondere Druckzylinder-Klappenschlösser geeignet. Es gibt diese Klappenschlösser mit Zwangsschließung, bei denen sich der Schlüssel im geöffneten Zustand nicht herausziehen lässt, also dann auch nicht aus dem Schloss fallen kann **(Bild 2, Seite 264)**.

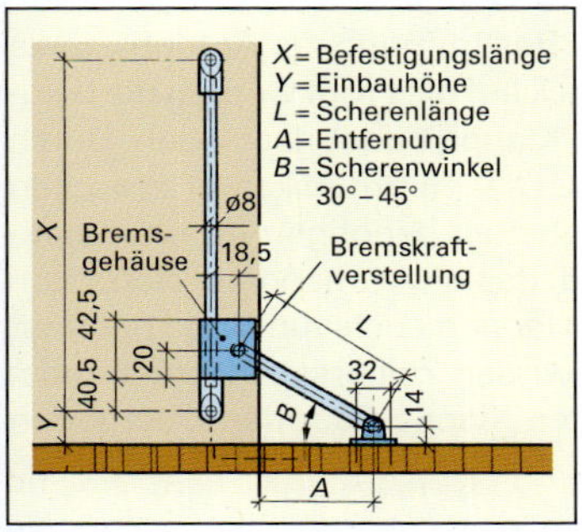

Bild 1: Klappenhalter mit Bremse

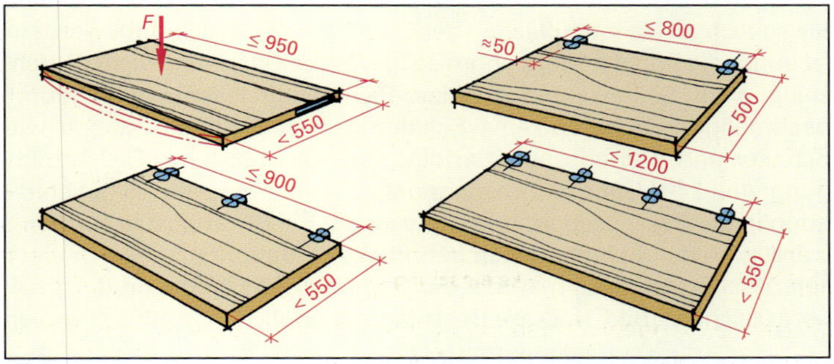

Bild 2: Abmessungen der Schreibklappe mit Zapfenband oder mit Einbohr-Klappenband

Klappen mit großer Ausladung und besonders Schreibklappen sollten seitlich zusätzlich durch Scheren oder Klappenhalter bzw. Klappenbremsen gesichert werden **(Bild 1)**.

5.5.3.2 Hängende Klappen

Hängende Klappen werden an ihrer Oberkante angeschlagen und bewegen sich nach oben. Hier sind einschlagende, stumpf aufschlagende und überfälzte Klappenanschläge möglich **(Bild 3)**.

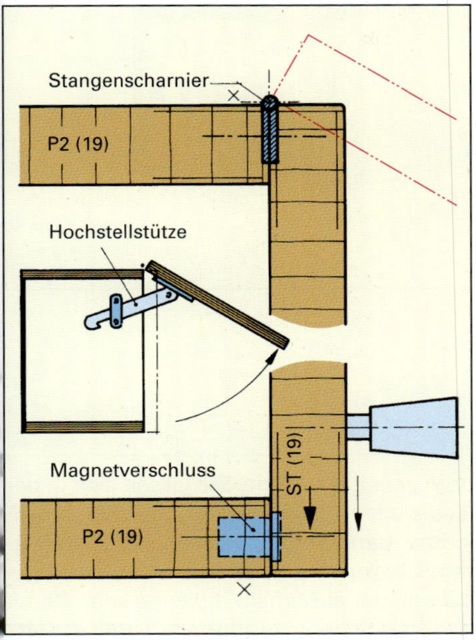

Bild 3: Hängende Klappen

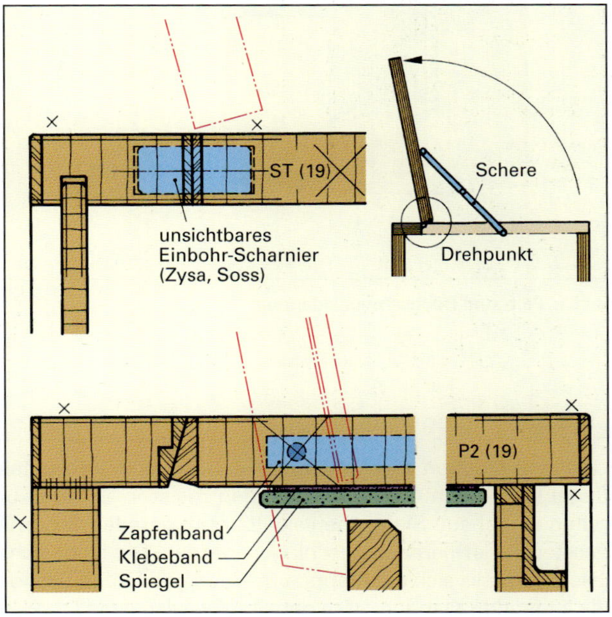

Bild 4: Liegende Klappen

Beschläge für das Anschlagen hängender Klappen sind die für Drehtüren üblichen Bänder und Scharniere. Beim Verwenden von Zylinderbändern ist für eine Klappe ein linkes und ein rechtes Band zu verwenden, damit sie nicht unbeabsichtigt ausgehängt wird. Für stumpf aufschlagende hängende Klappen sind besondere Scharniere entwickelt worden, die die hochgestellten Klappen offen halten. Sie lassen sich erst nach nochmaligem Anheben wieder schließen. Das Offenhalten hängender Klappen kann aber auch durch besondere pneumatische Deckelstützen oder mechanische Hochstellstützen erreicht werden. Zum Verschluss hängender Klappen sind Schlösser und Schnäpper sowie Magnetverschlüsse geeignet.

5.5.3.3 Falt- und Hochschwenkklappen

An Oberschränken in Küchen werden häufig hängende **Faltklappen** oder **Hochschwenkklappen** angeschlagen. Hierfür gibt es elektromotorisch betriebene **Antriebseinheiten** mit eingebauten Kraftspeichern, die seitlich an die Innenflächen der Oberschränke geschraubt werden. Die Bestimmung der Antriebsstärke ist abhängig von der Klappengröße bzw. dem Klappengewicht. Durch Druck auf die Front werden die beidseitig in den Seitenkanten eingelassenen **Schaltertasten** betätigt und die Klappe öffnet nach oben. Durch nochmaligen Druck auf eine Schaltertaste schließt die Klappe wieder. Die Kommunikation zwischen Schalter und Antriebseinheit erfolgt drahtlos über Funk. Die Antriebseinheiten benötigen für die Betätigung eine 24-V-Gleichstromspannung, die über ein Netzteil geliefert wird, das die vorhandene Netzspannung in die Betriebsspannung umwandelt. Bei Stromausfall können die Klappen auch von Hand geöffnet werden. In den Schaltertasten befinden sich Batterien, die nach einer gewissen Zeit ersetzt werden müssen. Wichtig ist, dass man bei der Planung den Überstand der geöffneten Klappe über den Oberboden berücksichtigt **(Bild 1)**. Diese Beschläge ermöglichen grifflose Fronten.

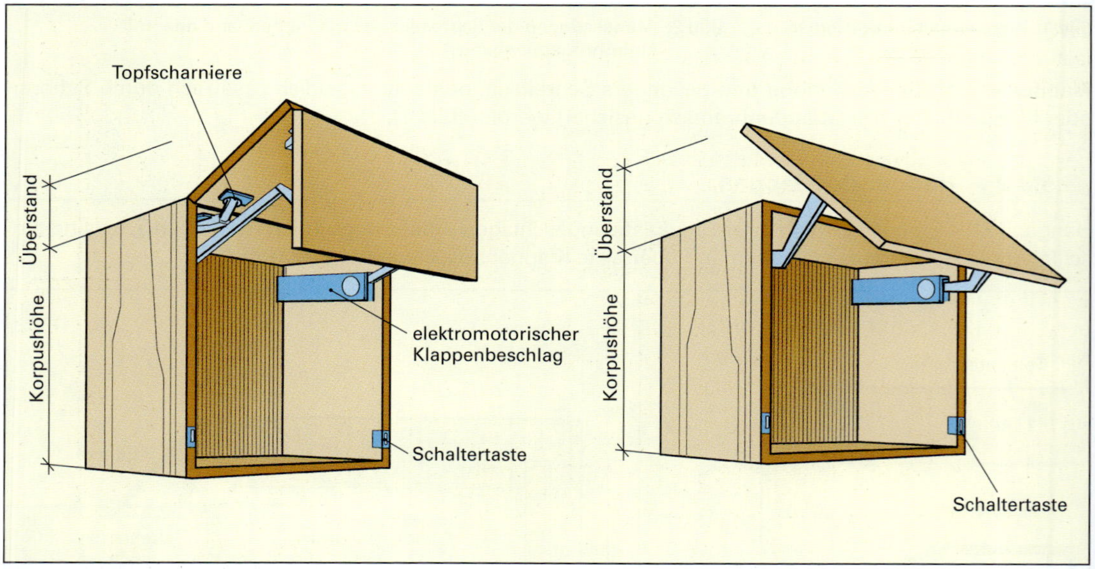

Bild 1: Falt- und Hochschwenkklappen

5.5.3.4 Liegende Klappen

Liegende Klappen verschließen einen Korpus in horizontaler bzw. geneigter Ebene. Sie lassen sich in der Regel nach oben öffnen und werden meist in Schreib- und Lesepulten, Barschränken oder Schminktischen eingebaut. Sie können sichtbar mit geraden Scharnieren bzw. Bändern oder nicht sichtbar mit verdeckten Scharnieren angeschlagen werden. Die nicht sichtbaren Scharniere werden in die Kanten eingelassen, sodass sich die Klappe um einen gedachten Drehpunkt dreht, der außerhalb der Fuge liegt. Damit die liegenden Klappen offen gehalten werden, sind Deckelstützen oder Scheren anzubringen **(Bild 4, Seite 265)**. Verschlossen werden sie mit Flügelriegelschlössern.

5.5.4 Möbelrollläden

Schränke werden dann mit Möbelrollläden verschlossen, wenn diese über längere Zeit geöffnet bleiben können und wenn der Verkehrsraum vor den Schränken nicht durch geöffnete Türen oder Klappen beeinträchtigt werden soll. Es gibt senkrecht und waagerecht verlaufende Möbelrollläden **(Bild 1)**.

Senkrecht laufende Rollläden können je nach Konstruktion nach oben oder nach unten geöffnet werden. Die Rollladenfläche läuft dabei entweder hinter die Rückwand oder wird oben bzw. unten im Schrankraum aufgerollt **(Bild 2)**.

Für nach oben zu öffnende Rollläden aus Kunststoff oder Aluminium gibt es Beschläge, die aus Umlenkwelle und Wickelwelle bestehen. In die Wickelwelle ist ein Federmechanismus eingebaut, der für den erforderlichen Gewichtsausgleich sorgt, sodass der Rollladen leicht zu öffnen ist und an jeder beliebigen Stelle geöffnet stehen bleibt. Zu den Rollladenprofilen gibt es passende Führungsschienen und -bogen, die einen störungsfreien Lauf gewährleisten **(Bild 1, Seite 268)**.

Waagerecht laufende Rollläden werden beim Öffnen seitlich verschoben. Dabei läuft die Rollladenfläche an der Korpusseite entlang bis hinter die Rückwand **(Bild 3)**.

Da das ganze Gewicht des Rollladens auf der unteren Führung lastet, sind die Nuten z.B. mit Kunststoff auszulegen oder besondere Beschläge zu verwenden.

Möbelrollläden bestehen aus schmalen Holzleisten bzw. aus besonderen Kunststoffprofilen und dem Schlossstück. Die Leisten der Holzrollläden können aus Vollholz oder aus furniertem Furniersperrholz sein, die auf der Rückseite mit Jute oder Drillich beleimt sind. Da die Textilbahn wie ein Gelenk zwischen den Leisten wirkt, darf zum Aufleimen nur zähelastischer Leim wie Glutinleim oder PVAC-Leim verwendet werden. Aluminium- und Kunststoffrollläden werden aus Aluminium- bzw. Kunststoffprofilen zusammengesetzt. Die erste Leiste des Rollladens wird am Schlossstück befestigt.

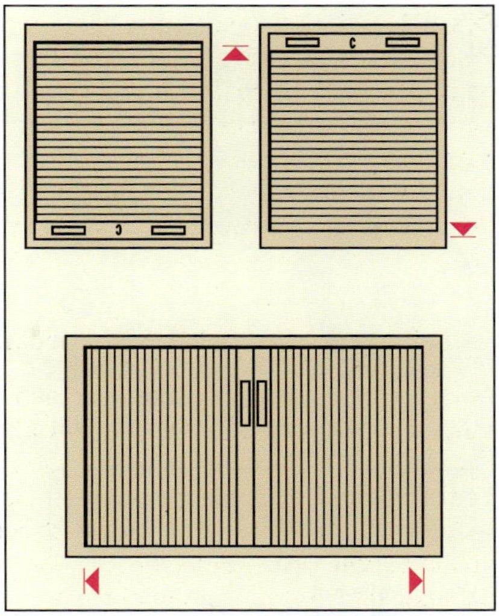

Bild 1: Senkrecht und waagerecht laufende Möbelrollläden

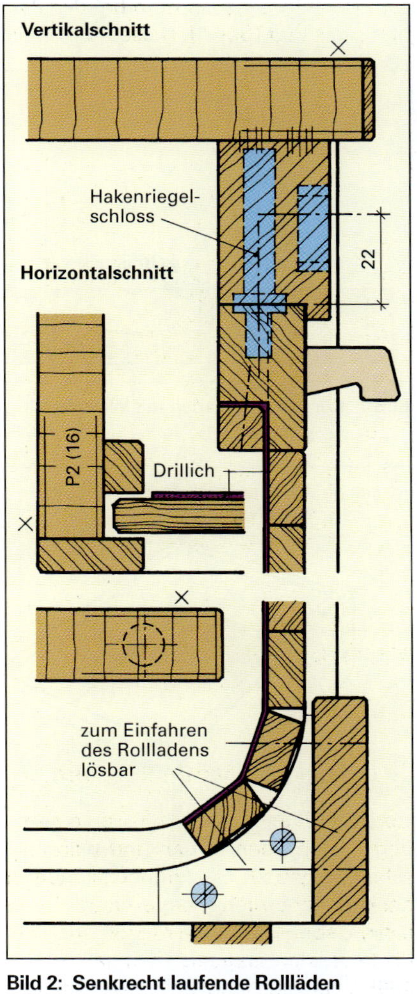

Bild 2: Senkrecht laufende Rollläden

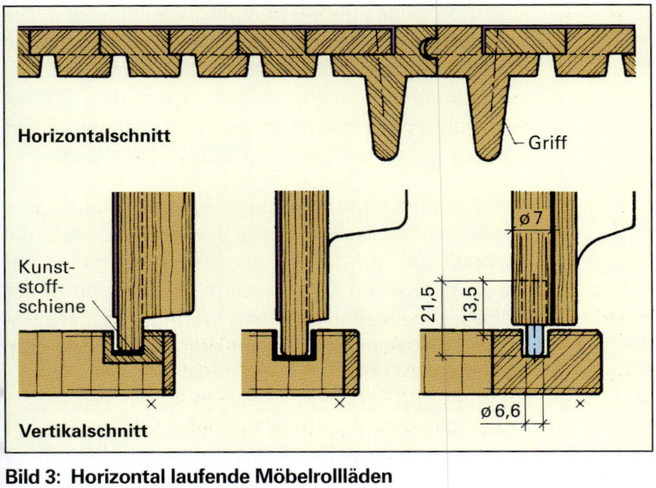

Bild 3: Horizontal laufende Möbelrollläden

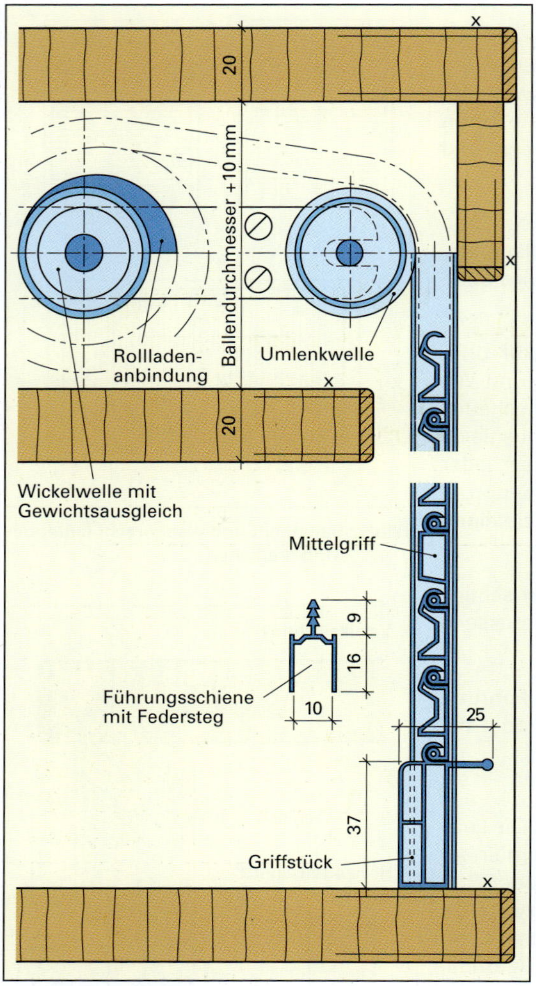

Bild 1: Kunststoffrollladen mit Wickelwelle

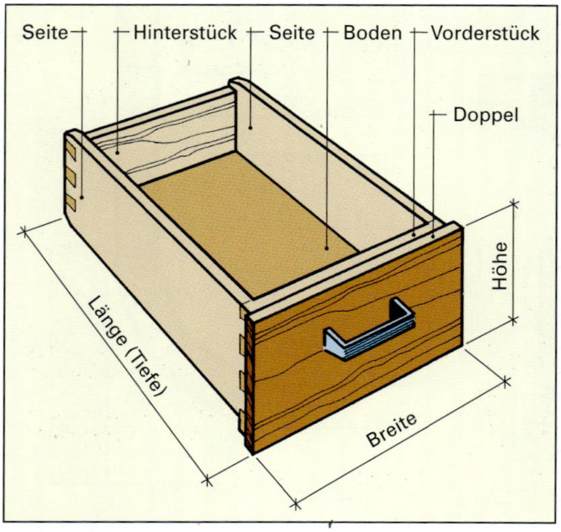

Bild 2: Teile des Schubkastens

Am Schlossstück sind die Griffe angebracht. Außerdem wird hier das Schloss oder das Schließblech eingebaut. Zum Verschließen von Rollläden werden Hakenriegel-Einsteckschlösser verwendet. Rollläden werden in Nuten geführt, die zum besseren Lauf mit Kunststoffschienen ausgeleimt werden können. Die Führungsnuten müssen so breit sein, dass der Rollladen genügend Spiel hat und leicht zu führen ist. Damit das Schlossstück bei den nach unten zu öffnenden Rollläden nicht abreißt, muss der Rollladen arretiert werden. Es können auch Gewichtsausgleichsbeschläge an der Rückfront des Rollladenschrankes oder auf dem oberen Zwischenboden montiert werden, die den Rollladen in jeder Höhe halten. Für Reparaturen muss sich der Rollladen im zusammengebauten Korpus ausbauen bzw. einbauen lassen **(Bild 2, Seite 267)**.

5.5.5 Schubkästen

In Schubkästen lassen sich Gebrauchsgegenstände übersichtlich geordnet und leicht zugänglich unterbringen. Schubkästen können eine Möbelfront beleben oder als Innenschubkasten, englische Züge und Tablettauszüge auch hinter Türen eingebaut werden.

5.5.5.1 Teile der Schubkästen

Ein Schubkasten besteht aus Vorderstück, Seiten, Hinterstück und Boden **(Bild 2)**.

Schubkastenvorderstücke können zur Anschlagsart der Drehtüren passend einschlagend, vorstehend, aufgedoppelt sowie stumpf aufschlagend ausgebildet sein **(Bild 1, Seite 269)**. Die Vorderstücke können aus Vollholz-, Stab- oder Stäbchensperrholz oder Spanplatten hergestellt werden. Die Vorderstücke werden mit den Seiten durch Zinken oder Dübel, seltener durch Grate verbunden. Bei aufgedoppelten Vorderstücken kann das Doppel aufgeleimt oder von innen auf das Vorderstück des Kastens geschraubt werden **(Bild 2, Seite 269)**.

Bestehen die Schubkastenseiten aus Metallzargen, werden an der Rückfront des Vorderstücks Beschläge befestigt, mit denen man das Vorderstück vor die Zargenkanten klipsen kann. Seitlich und in der Höhe ist meistens noch eine geringe Justiermöglichkeit der Vorderstücke auf den Zargen gegeben **(Bild 3, Seite 269)**.

Damit klassisch geführte Schubkästen gut laufen, sollte ihre Länge größer als die Breite sein.

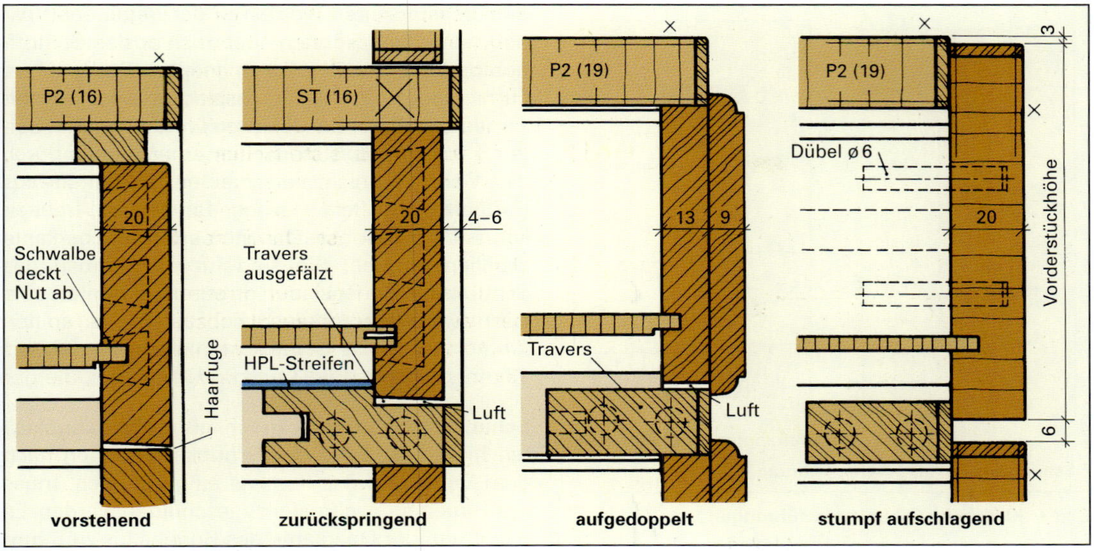

Bild 1: Bauarten des Schubkastenvorderstücks

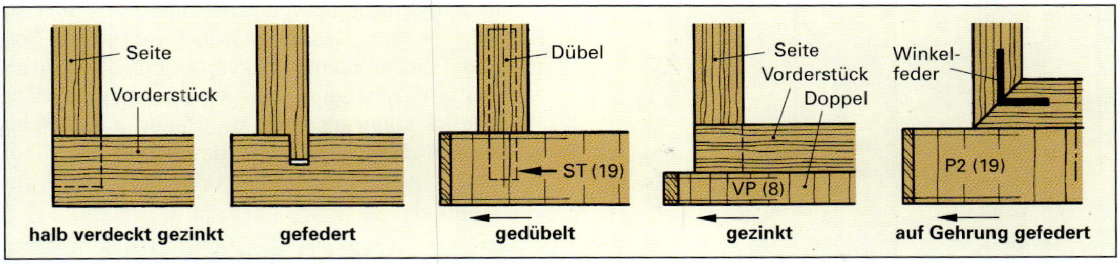

Bild 2: Verbindungen von Schubkastenvorderstück und Schubkastenseite

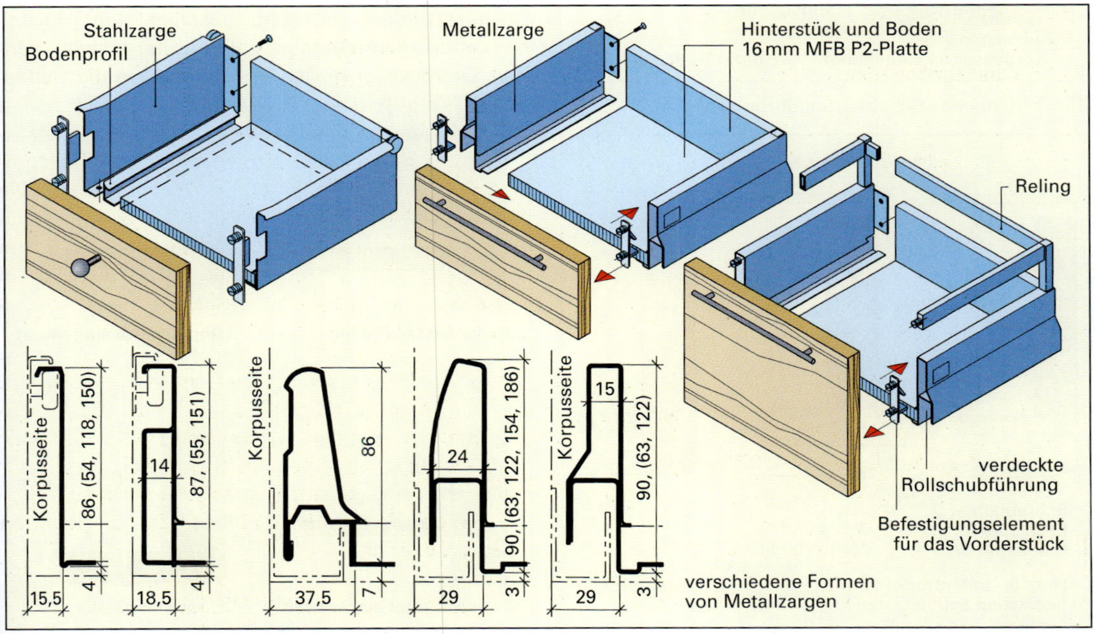

Bild 3: Schubkasten mit Metallzargen

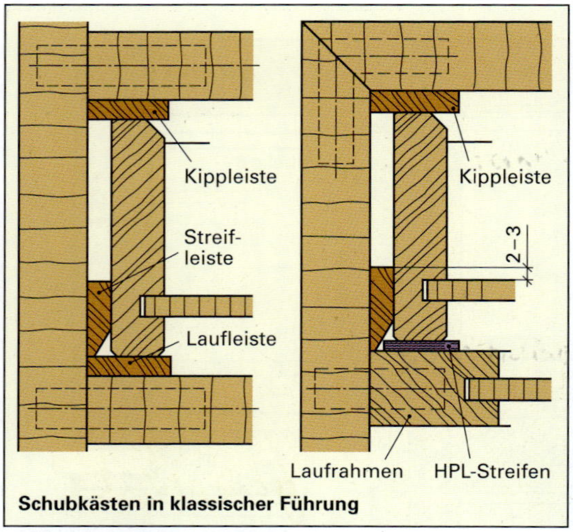

Bild 1: Klassische Schubkastenführungen

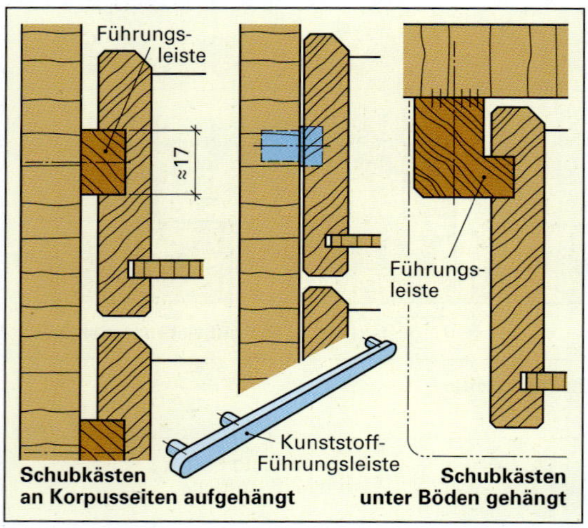

Bild 2: Hängende Schubkastenführungen

Schubkastenseiten werden in der Regel aus Vollholz hergestellt, können aber auch aus Kunststoffhohlprofilen, kunststoffummantelten Spanplatten, Furniersperrholz, Flachpressplatten oder Metallzargen bestehen. Schubkästen werden an den Seiten geführt. Damit die Seiten aus Vollholz durch den Gebrauch nicht verschleißen, sollten sie aus Hartholz hergestellt werden. Bei feinen Arbeiten können die Schubkastenseiten an ihrer Oberkante profiliert werden. Sie sind für den Einbau des Schubkastenbodens und gegebenenfalls für eine Führungsleiste zu nuten. Schubkastenseiten sollten für normal große Schubkästen etwa 12 mm bis 13 mm dick sein **(Bild 1 und Bild 2)**.

Schubkastenhinterstücke schließen den Schubkasten hinten ab. Wird der Schubkastenboden nach dem Verleimen des Kastens eingeschoben, muss das Hinterstück schmaler zugeschnitten werden. Es reicht von der Oberkante des Bodens bis zu 5 mm bis 8 mm unter die Seitenoberkante. Das Hinterstück sollte deshalb niedriger als die Seiten sein, damit beim Einschieben des Schubkastens die Luft entweichen kann. Das Hinterstück wird mit den Seiten durch Zinken oder Dübel verbunden. Die Zinken und Dübel sitzen dabei am bzw. im Hinterstück. Das Hinterstück kann auch wie die Seiten ausgebildet werden. In diesem Fall wird der Schubkasten auf Gehrung zusammengefedert oder maschinell gezinkt **(Bild 3)**.

Schubkastenböden haben die Aufgabe, den Kasten im Winkel zu halten und die Last der Gegenstände zu tragen. Sie können aus Furniersperrholz harten Holzfaserplatten, kunststoffbeschichteten Holzfaserplatten, weniger aus Vollholz hergestellt werden. Die Böden werden in der Regel in die Seiten

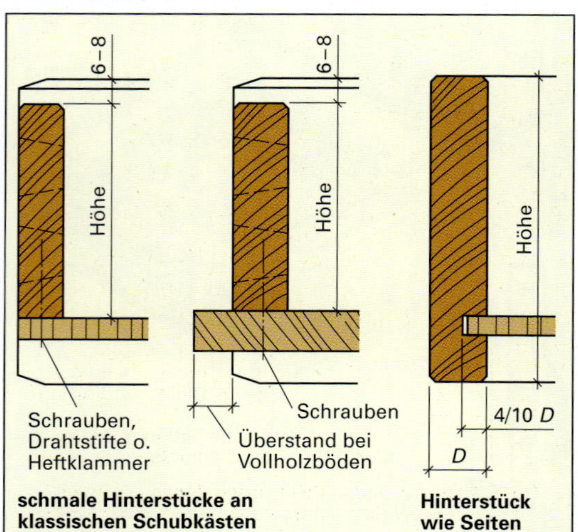

Bild 3: Bauarten des Schubkastenhinterstücks

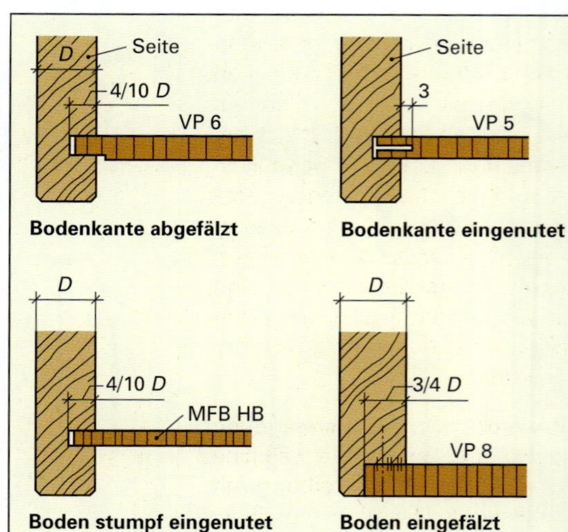

Bild 4: Einbauarten des Schubkastenbodens

und in die Vorderstücke eingenutet. Sie können allseitig eingenutet oder auch eingefälzt werden **(Bild 4, Seite 270)**. Im Allgemeinen wird der Boden nach dem Verleimen des Kastens in die Nuten eingeschoben. Er muss dann von unten an dem Hinterstück mit Schrauben, Nägeln oder Heftklammern befestigt werden. Damit der Boden gut in die Schubkastennut passt, kann er an den Kanten abgefälzt oder eingeschnitten werden.

> Schubkastenböden über 0,25 m² Größe müssen aus mindestens 6 mm dicken Furnierplatten bestehen.

5.5.5.2 Schubkastenführung

Die Schubkastenführung muss so ausgebildet sein, dass sich die Schubkästen gut und leicht führen lassen. Es ist zwischen der klassischen, der hängenden und der mechanischen Schubkastenführung zu unterscheiden. Bei der **klassischen Schubkastenführung** geben Lauf-, Streif- und Kippleisten dem Schubkasten die Führung **(Bild 1 und Bild 1, Seite 270)**. Schubkästen müssen mit ihren Seiten auf **Laufleisten** gleiten. Wird ein Schubkasten auf einen Laufrahmen oder auf eine Platte gesetzt, so leimt man 4 mm bis 5 mm dicke Laufleisten aus Hartholz auf. Diese sollten bis knapp an das Vorderstück heranreichen, damit der Schubkasten möglichst weit herausgezogen werden kann, ohne dass er kippt. Man kann auch einen Laufrahmen herstellen. Dabei sind die Laufleisten 3 mm bis 4 mm dicker als die vordere Querleiste (Traverse).

Streif- oder Streichleisten geben dem Schubkasten die seitliche Führung. Damit die Reibung mit der Schubkastenseite möglichst gering ist, sollten die Streifleisten nicht zu breit sein.

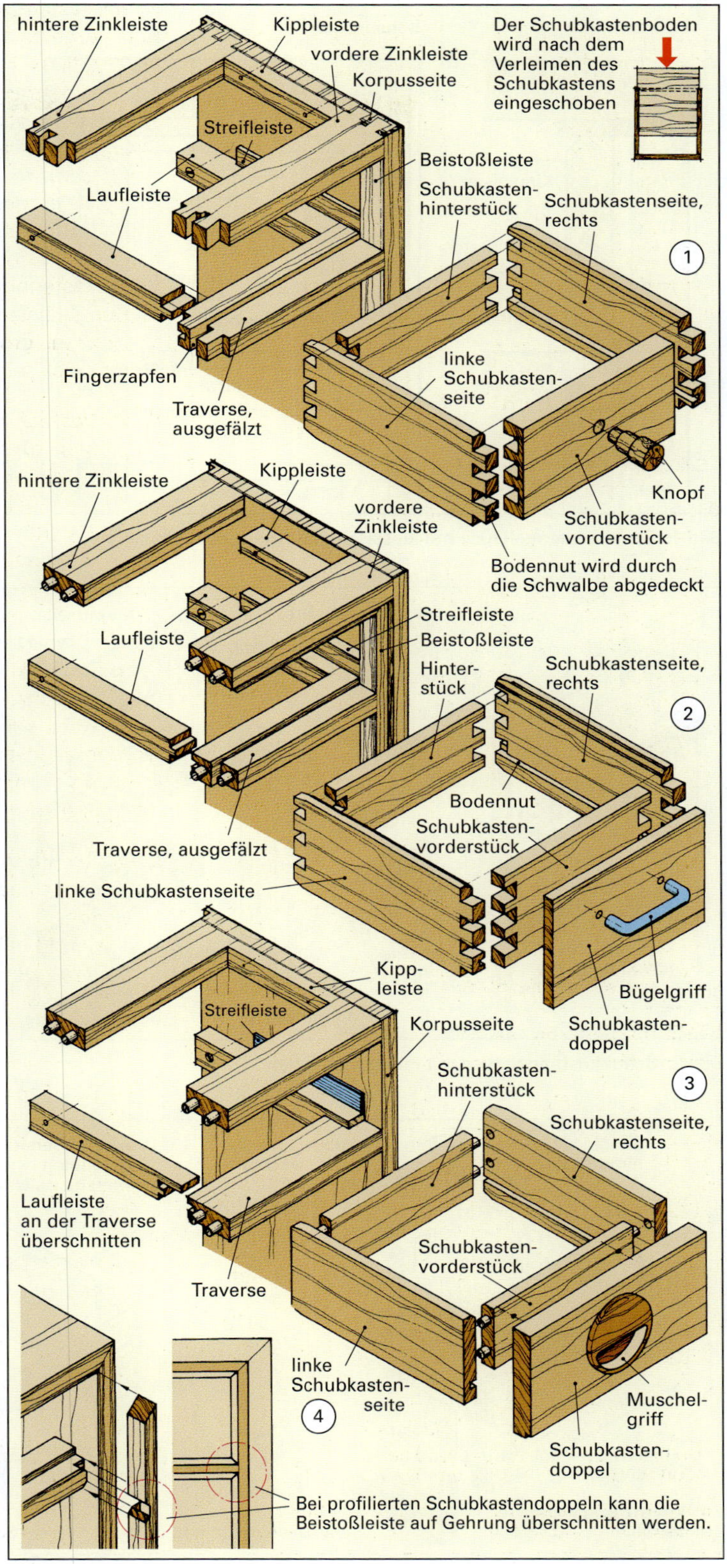

Bild 1: Klassische Schubkastenführungen

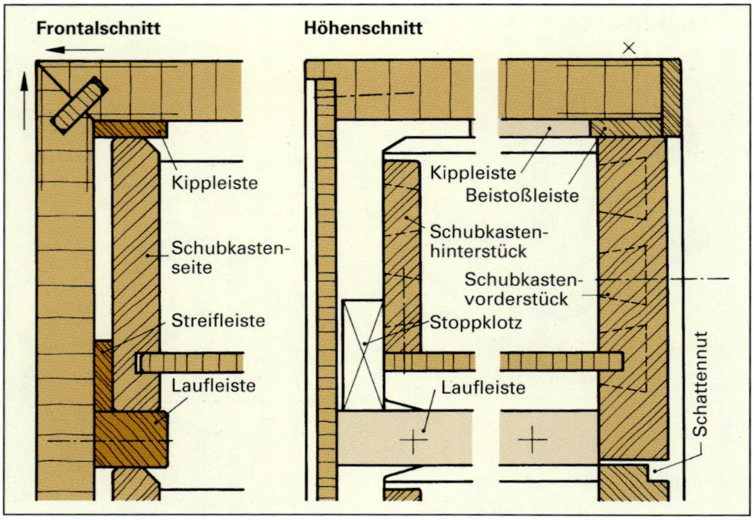

Bild 1: Schubkastengehäuse mit klassisch geführtem Schubkasten

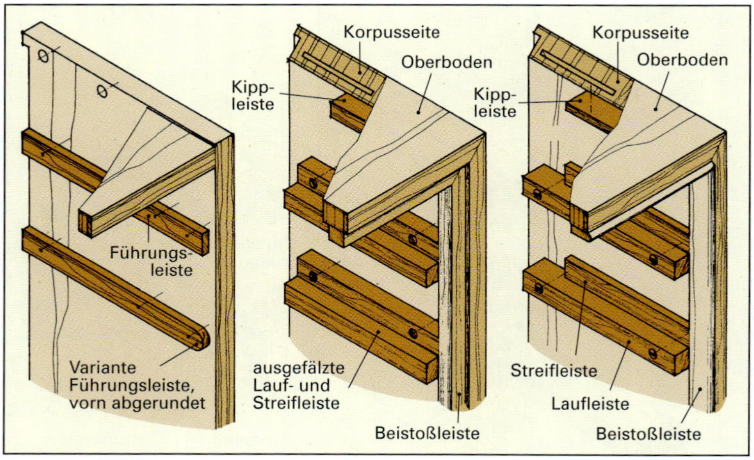

Bild 2: Schubkastengehäuse mit Führungsleisten

Ihre inneren Unterkanten werden abgefast, damit vorhandener Staub den Lauf des Schubkastens nicht beeinträchtigt. Als Länge genügen zwei Drittel der Schubkastentiefe **(Bild 1, Seite 270)**.

Kippleisten geben dem Schubkasten beim Herausziehen die obere Führung und verhindern dadurch ein Kippen. Sind Schubkästen zwischen Laufrahmen eingesetzt, bilden die Unterkanten des oberen Laufrahmens die Kippleisten **(Bild 1, Seite 270)**.

Bei der **hängenden Schubkastenführung** werden die Schubkästen meist an Hartholz- oder Kunststoffführungsleisten aufgehängt **(Bild 2 und Bild 2, Seite 270)**. Zu diesem Zweck sind die Schubkastenseiten passend zu den Führungsleisten auszunuten **(Bild 3)**. Die Führungsleisten übernehmen dabei die Funktion der Lauf-, Streif- und Kippleisten. Sie sind in der richtigen Höhe an die Korpusseiten anzuschrauben bzw. mit Leim und Heftklammern zu befestigen. Das Vorderstück muss die Führungsleisten abdecken. In besonderen Fällen können Schubkästen auch unter Oberböden bzw. unter Arbeitsplatten gehängt werden **(Bild 2, Seite 270)**.

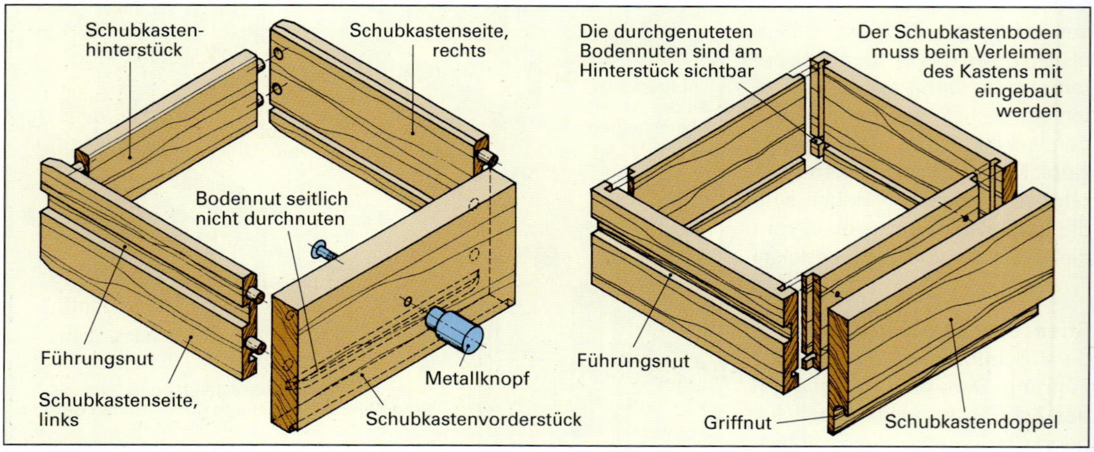

Bild 3: Schubkästen für hängende Führung

Mechanische Führungen werden dann eingebaut, wenn die Schubkästen schwer belastet werden sollen, breiter als tief sind oder wenn man die Schubkästen besonders weit aus dem Gehäuse ziehen möchte. Bei den mechanischen Führungen ist zwischen Teilauszügen und Vollauszügen zu unterscheiden **(Bild 3)**.

Teilauszüge verbessern die Laufeigenschaften des Schubkastens erheblich. Bei **Vollauszügen** lassen sich die Schubkästen außerdem noch bis zum Hinterstück aus dem Gehäuse ziehen. Es gibt auch Schubkastenseiten aus Metallprofilen **(Bild 3, Seite 269)** mit eingebauten mechanischen Führungen.

Teilweise sind mechanische Führungen mit Vorrichtungen ausgestattet, die die Schublade in das Gehäuse selbsttätig und sanft einziehen und ein leichtes Aus- und Einhängen des Kastens ermöglichen **(Bild 2)**.

Elektromechanische Schubkastenführungen benötigen eine am Stromnetz angeschlossene Antriebseinheit, die die Schubkästen bei Berührung der Front automatisch öffnet und schließt **(Bild 1, Seite 277)**.

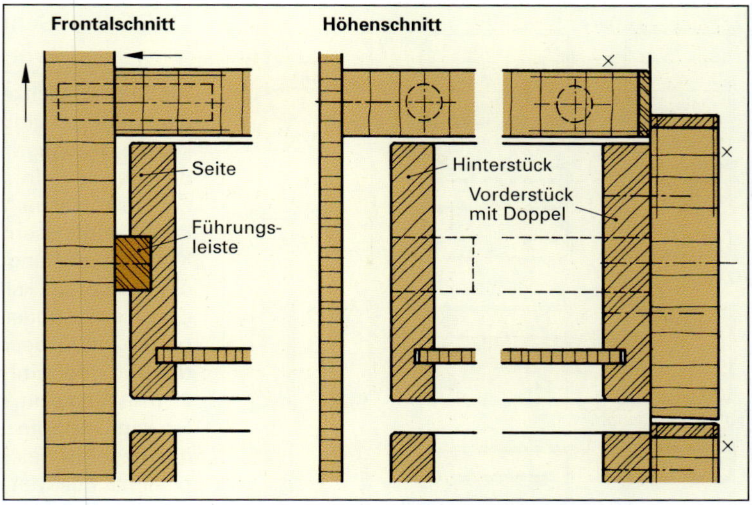

Bild 1: Schubkastengehäuse mit hängend geführtem Schubkasten

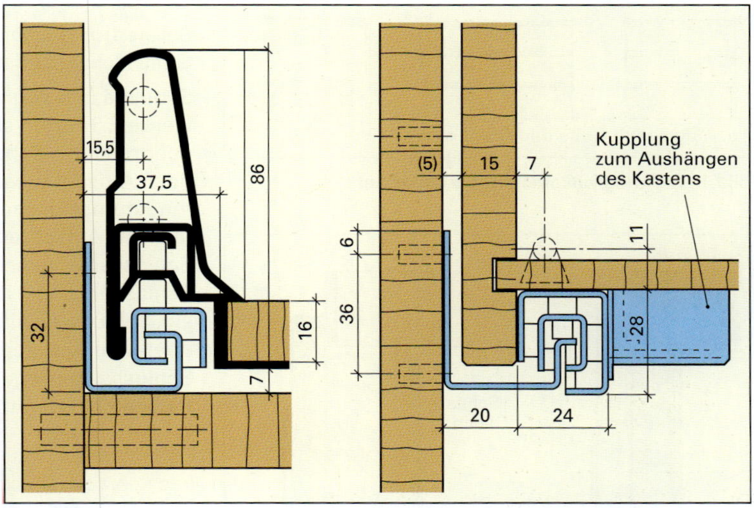

Bild 2: Mechanische Schubkastenführungen mit Selbsteinzug

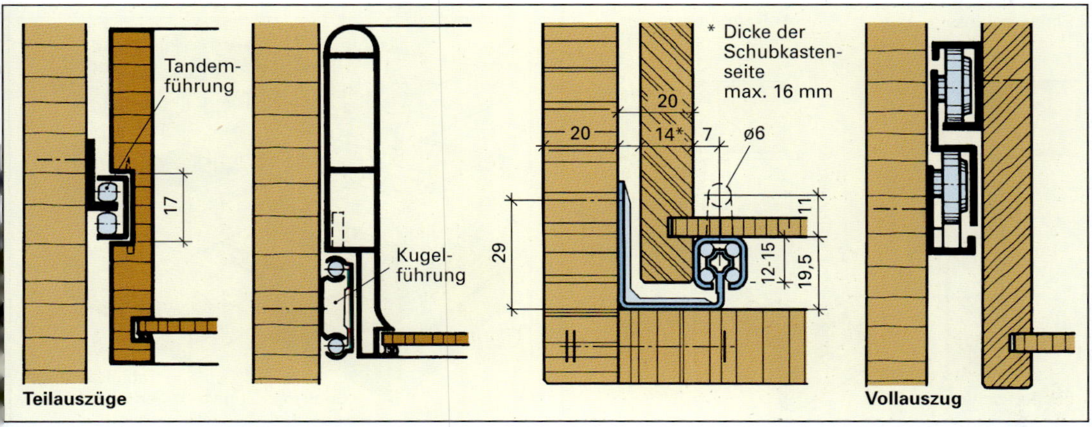

Bild 3: Mechanische Schubkastenführungen

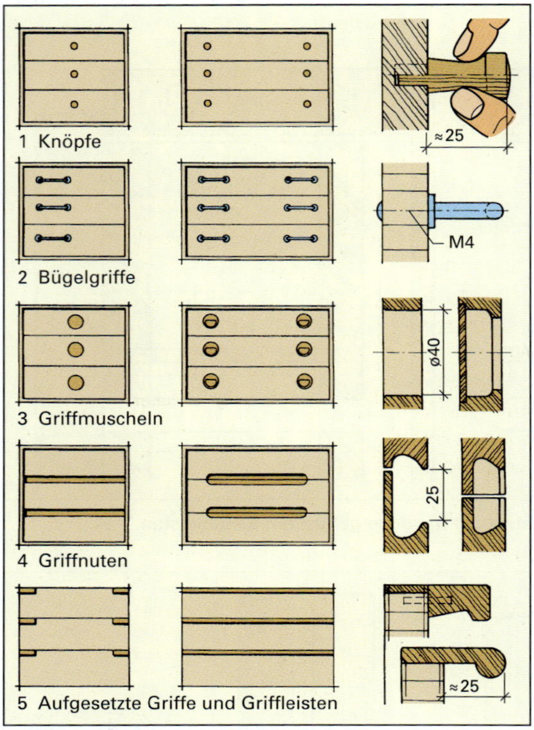

Bild 1: Griffmöglichkeiten bei Schubkästen

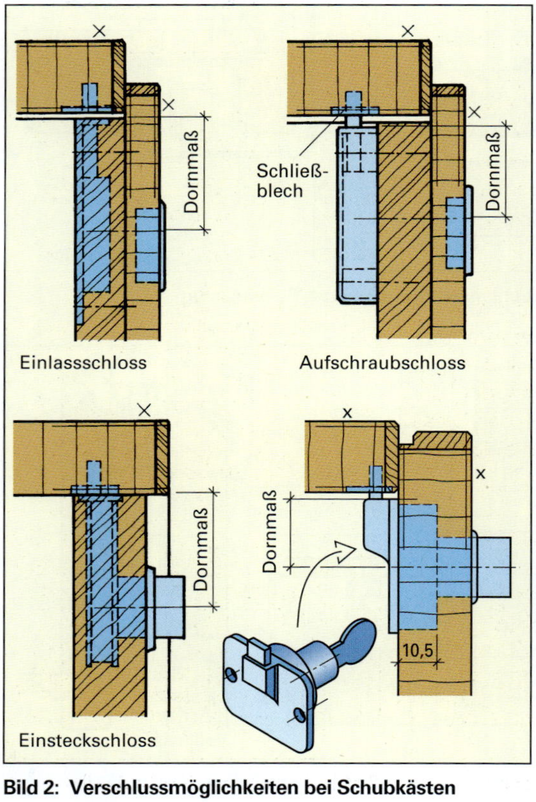

Bild 2: Verschlussmöglichkeiten bei Schubkästen

5.5.5.3 Schubkastengriffe und -verschlüsse

Als Griffmöglichkeiten eignen sich bei Schubkästen gedrechselte Holzknöpfe, Holzmuscheln, Metallknöpfe, Hängegriffe, Bügelgriffe sowie vorstehende oder eingefräste Griffleisten. Da die Griffe die architektonische Wirkung der Möbelfront besonders beeinflussen, sind sie sorgfältig auszuwählen. Knöpfe und Hängegriffe sind etwas über die Mitte der Vorderstückshöhe zu setzen. Man bezeichnet dies als die optische Mitte. Besonders bei Hängegriffen ist zu beachten, dass die Bohrlöcher über der Mitte der Griffe liegen. Griffnuten sollten etwa 25 mm breit sein, damit man noch bequem eingreifen kann. Knöpfe und Muscheln aus Holz werden in der Regel in das Vorderstück eingebohrt und eingeleimt. Für Metallknöpfe muss das Vorderstück ganz durchgebohrt werden, damit diese von innen mit Gewindeschrauben am Vorderstück befestigt werden können **(Bild 1)**.

Bei elektromechanischen Schubkastenführungen sind Griffe nicht unbedingt erforderlich **(Bild 1, Seite 277)**.

Schubkästen können auch verschließbar gemacht werden. Hierfür sind für einschlagende und aufgedoppelte Schubkastenvorderstücke Einlass- oder Aufschraubschlösser geeignet. Schubkästen mit stumpf aufschlagenden Vorderstücken können mit Aufschraubschlössern oder Einlassriegel-Schlössern verschlossen werden **(Bild 2)**. Das Schlüsselloch ist durch eine Schlüsselbuchse oder ein Schlüsselschild einzufassen. Sollen sämtliche übereinander liegende Schubkästen mit einem Schlüssel verriegelt werden, muss man einen Zentralverschluss einbauen.

Bei Innenschubkästen und Auszügen ist darauf zu achten, dass sie sich auch dann aus dem Korpus ausziehen lassen, wenn die Drehtüren nur 90 Grad geöffnet sind.

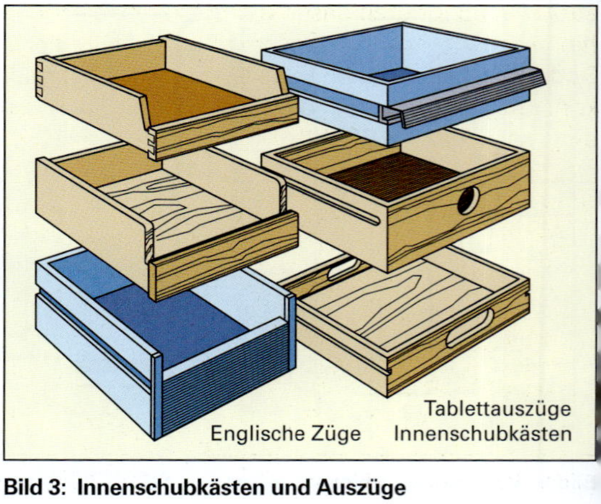

Bild 3: Innenschubkästen und Auszüge

5.6 Möbeleinbauten

Durch eine zweckmäßige Inneneinteilung wie durch Einlegeböden, Einsätze, Auszüge oder Innenschubladen oder durch eine sinnvolle Innenbeleuchtung wird der Nutzungswert der Möbel erhöht.

5.6.1 Einlegeböden

Möbel-Einlegeböden können aus Vollholz, Stab- und Stäbchensperrholz oder furnierten Flachpressplatten bestehen. Die Dicke der Einlegeböden ist von der Stützweite der Auflager und der späteren Belastung, wie z. B. durch Bücher, Geschirr und Wäsche, abhängig. Sie sind in der Regel 16 mm bis 22 mm dick. Damit die Kanten der Einlegeböden nicht so stark erscheinen, kann man diese profilieren. Die Bodenauflagen sollten nicht mehr als einen Meter auseinander liegen, um ein starkes Durchbiegen zu vermeiden. Auch sind Böden aus Vollholz und Stabsperrholz höher belastbar als solche aus Spanplatten.

Einlegeböden dürfen nicht mehr als $^1/_{250}$ der Stützweite durchbiegen, wenn sich unter den Einlegeböden Schubkästen oder Türen befinden, sogar nur $^1/_{300}$. Dabei geht die DIN 68874 von vier Beanspruchungsgruppen aus.

Beanspruchungsgruppe L 25:	Nutzlast 25 kg/m², z. B. leichte dekorative Gegenstände
Beanspruchungsgruppe L 50:	Nutzlast 50 kg/m², z. B. Haushaltsporzellan, Wäsche
Beanspruchungsgruppe L 75:	Nutzlast 75 kg/m², z. B. Bücher
Beanspruchungsgruppe L 125:	Nutzlast 125 kg/m², z. B. schwere Bücher, Akten

Oft sind verschieden hohe Gegenstände in einem Möbelfach abzustellen. Deshalb sollen Bodenträger verstellbar sein. Als Träger dienen für Vollholzböden angeschraubte oder in Zahnleisten gelagerte Tragleisten, für Einlegeböden aus Span- oder Sperrholzplatten Bodenträgerstecker oder -nägel **(Bild 1 und Bild 4).** Eine gute Verstellmöglichkeit bieten auch die Bodenträgerschienen **(Bild 5)** und das System 32 **(Bild 2).**

In Vitrinen bestehen die Einlegeböden in der Regel aus 6 mm bis 8 mm dickem Glas. Die Glasbodenträger müssen durch ihre Konstruktion oder durch das Material ein Verrutschen der Böden verhindern. Eine besondere Konstruktion stellt die Befestigung der Bodenträger an dünnen Metallstangen oder Drahtseilen dar. Diese können gleichzeitig für die Stromführung der Niedervoltlampen eingesetzt werden **(Bild 3).**

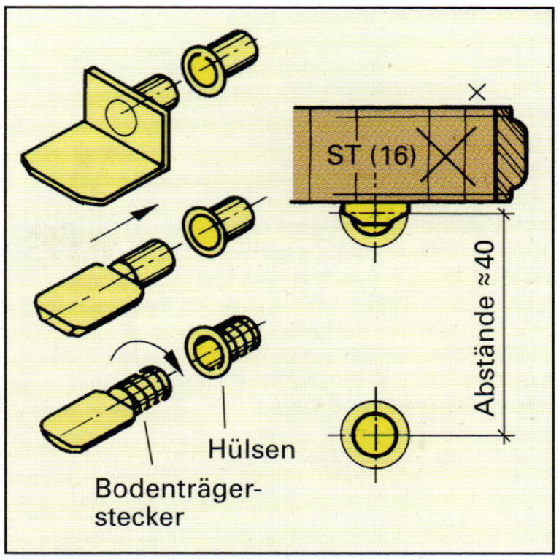

Bild 1: Bodenträgerstecker

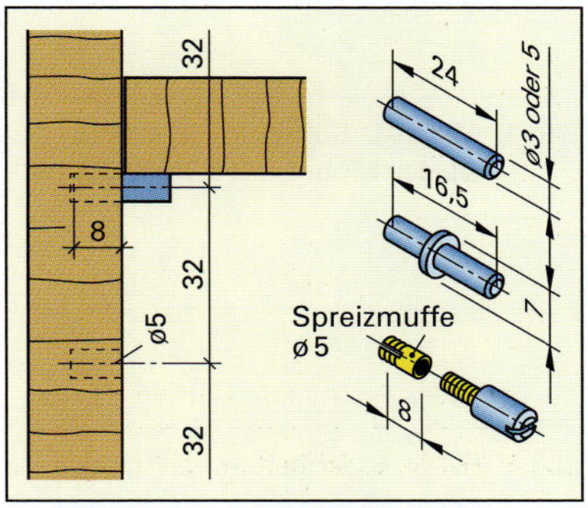

Bild 2: Bodenträger für 32er System

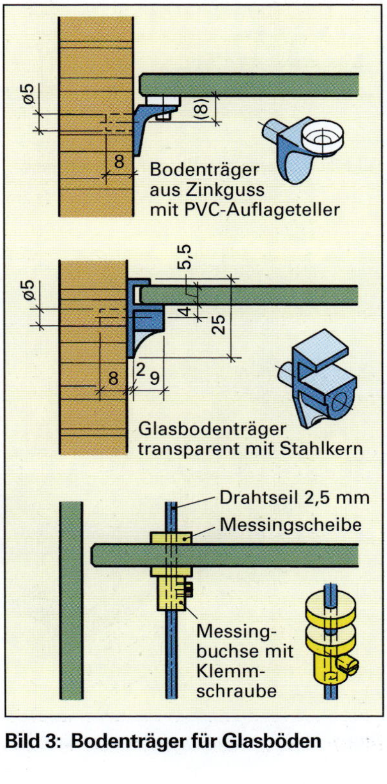

Bild 3: Bodenträger für Glasböden

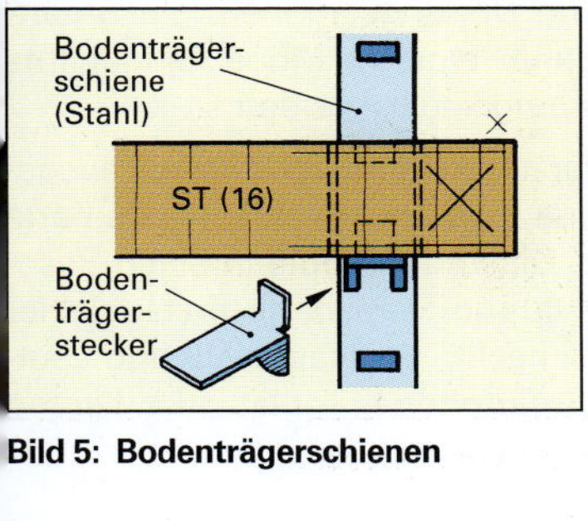

Bild 5: Bodenträgerschienen

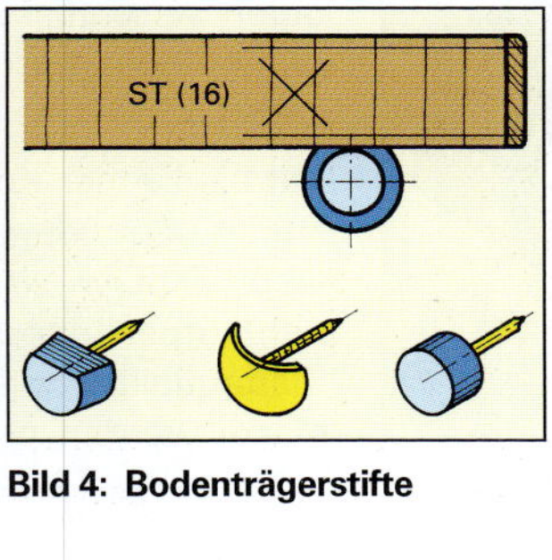

Bild 4: Bodenträgerstifte

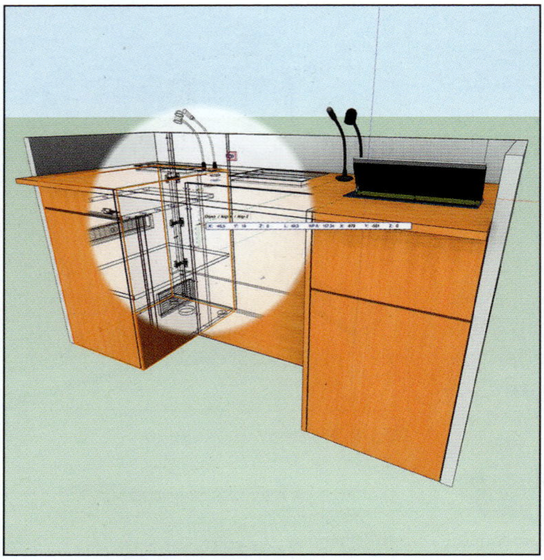

Bild 1: Mit CAD-Software entworfenes und visualisiertes Möbel in 3-D-Darstellung

Bild 2: Höhenverstellbarer Schreibtisch

Bild 3: Körperschallwandler (Exciter)

5.7 Elektrifizierung und Digitalisierung von Möbeln

Die Digitalisierung hält in den Betrieben, die Möbel herstellen, Einzug auf mehreren Ebenen. So können Kunden mit im Netz bereitgestellten Produktkonfiguratoren Möbel und Möbelteile, wie z. B. Korpusse oder Schubkästen, an jedem Ort und zu jeder Zeit selbst zusammenstellen. Geeignete Branchen-Software erstellt eine CAD-Zeichnung **(Bild 1),** eine Zuschnittliste und eine Beschlagliste. Die Nutzung von umfangreichen Datenbanken mit zigtausend Daten erleichtert die Planung, die Arbeitsvorbereitung und die Fertigung. An den ausgedruckten Zeichnungen und Listen ist nach einer programmgesteuerten Plausibilitätsprüfung eine Kontrolle möglich. Eine dreidimensionale Darstellung ermöglicht Herstellern und Kundschaft eine bessere Vorstellung und Ausarbeitung.

Die Bearbeitungsdaten werden dann direkt an die CNC-Maschinen übertragen und gefertigt.

3-D-Drucker produzieren bislang erst kleinteilige Möbelstücke wie Stühle und Dekorationsartikel, werden aber verstärkt beim Bau von Modellen eingesetzt.

Möbelteile können mit geeigneten Komponenten elektrisch betätigt, bewegt, beleuchtet und akustisch aktiviert werden.

Die elektrisch unterstützte Bewegung von Möbelbeschlägen bietet ein hohes Maß an Bedienungskomfort, eine bequemere Anpassung an die Ergonomie der Nutzer, die optimale Nutzung von Raumhöhe und -tiefe und hält Einzug in alle Bereiche des Wohnens und Arbeitens.

Langes Arbeiten am Computer in Sitzhaltung belastet Rücken, Nacken und Schultern unverhältnismäßig stark. Höhenverstellbare Schreibtische (**Bild 2**) ermöglichen in kurzer Zeit einen unkomplizierten Wechsel der Arbeitshaltung vom Sitzen in den Stand und zurück. Auch eine Neigung der Tischplatte ist möglich.

Nützliche Nebeneffekte neben der Entlastung von Bandscheiben und Rückenmuskulatur sind geringere Ermüdung und erhöhte Konzentrationsfähigkeit. Ein durchdachtes Kabelmanagement ermöglicht bei in Rahmen und Tischplatte verdeckt liegenden Kabeln mehrere Einsteckmöglichkeiten für sämtliche notwendigen Anschlüsse und Dockingstationen. Ein Smartphone kann auch durch eine im Möbel eingebaute Ladestation kabellos aufgeladen werden.

Mit bis zu vier Körperschallwandlern (Exciter) ausgestattete Soundsysteme **(Bild 3)** verwandeln jede harte Oberfläche wie Holz, Glas oder Metall in einen Resonanzkörper, der Musik und Sprache in erstaunlicher Klangqualität hörbar macht. Musikauswahl und Lautstärke werden per Smartphone, Tablet oder Laptop kabellos via Bluetooth gesteuert.

Drehtüren öffnen oder schließen sich durch leichtes Antippen, großformatige Schiebetüren gleiten geräuschlos in ihren Führungen **(Bild 2)**, Klappen schwenken automatisch nach oben oder unten **(Bild 1, Seite 266)**. Schubkästen fahren nach kurzem Antippen von einem Elektromotor bewegt auf oder zu.

Arbeitsplatten in Küchen lassen sich, je nach Körpergröße oder Tätigkeit nach oben und unten verfahren. Tische können in einer idealen Höhe als Theke oder als Esstisch in Position gebracht werden. Im **Bild 3** kann die rechte Tischhälfte als Büroarbeitsplatz genutzt werden, in der linken Hälfte, auf Thekenhöhe gefahren, sind die entsprechenden Geräte integriert. Wird die linke Hälfte in Sitzhöhe positioniert und die rechte „hochgeliftet", kann diese beispielsweise als Esstisch oder Bar genutzt werden.

Mit einem Lift lässt sich der Fernseher aus einem Möbel fahren und nach Bedarf kann er wieder versenkt werden. Im Möbel eingebaute Druckschalter oder auch Funktaster lösen diese Bewegungsabläufe aus. Ein integrierter Sicherheitsstopp verhindert das versehentliche Einklemmen von Fingern oder Gegenständen, über Datenleitungen vernetzte Antriebseinheiten verhindern, z. B. bei Eckschränken, Kollisionen und Beschädigungen. Der Antrieb ist später nachrüstbar. Auch zweiflügelige Türen lassen sich automatisch öffnen, indem ein Mitnehmer die zweite Tür nach Auslösen der ersten Tür öffnet oder schließt.

Besonders bei Schubkästen in Küchen und Büros erleichtern elektrische Antriebe die Arbeit, da beide Hände „frei sind", denn grifflose Fronten lassen sich mit elektromechanisch unterstützten Öffnungssystemen durch leichtes Antippen mit Hüften, Knie oder Fuß leise und sanft öffnen und schließen.

Neben herausfahrbaren Fernsehern gehören integrierte Lautsprechersysteme, Anschlüsse für Multimediasysteme, integrierte Microserver, Touchpanels, Schalter und andere Bedienelemente immer häufiger zur Ausstattung im multimedialen Wohnzimmer.

Elektromotorisch verstellbare Fernsehsessel und Sofas samt Kopfteilen oder Fußauflagen mit Memory-Funktion speichern nutzerbezogene Positionen. Funkschalter als Fernbedienung sind für höhenverstellbare Tische, Jalousien, Markisen, Rollos usw. im Einsatz. Besonders in Labors, Krankenhäusern sowie in altersgerechten und barrierefreien Wohnungen sind solche komfortablen Steuerungen sehr nützlich.

Ein Haushalt, in dem Haushalts- und Multimedia-Geräte in gegenseitigem Austausch stehen und zentral ferngesteuert werden können, wird als Smart Home bezeichnet. Neben den Haushaltsgeräten können Heizung, Licht, Jalousien per Computer, Smartphone oder über Sprachbefehle und Handzeichen per endgerätloser Steuerung von zu Hause oder von unterwegs eingestellt werden.

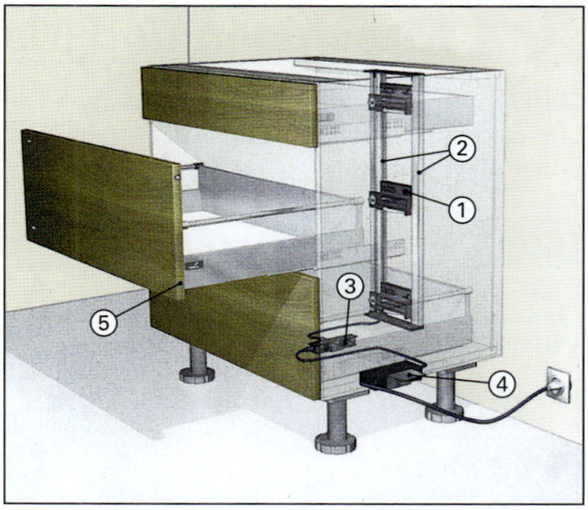

Bild 1: Elektromechanische Schubkastenauszüge;
Systemkomponenten: 1 = Antriebseinheit, 2 = Tragprofil, 3 = Verteiler, 4 = Netzteil, 5 = Puffer

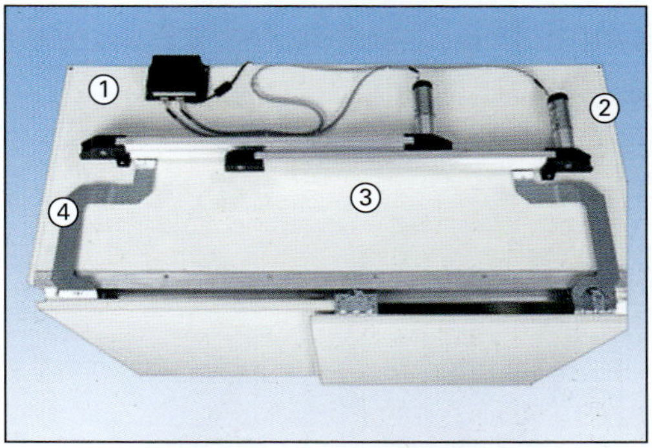

Bild 2: Elektrischer Antrieb für Schiebetüren
1 = Transformator, 2 = Elektroantrieb, 3 = Führungsschiene 4 = Anbindungsarme

Bild 3: Multifunktionstisch mit zwei verstellbaren Tischbereichen, hier als Esstisch

6 Maschinen und Maschinenarbeit

Maschinen kann man in Kraftmaschinen und Arbeitsmaschinen unterscheiden. Kraftmaschinen wandeln Energie in nutzbare Bewegung um, Arbeitsmaschinen können kraftübertragend, ortsändernd oder formändernd wirken.

6.1 Elektromotoren

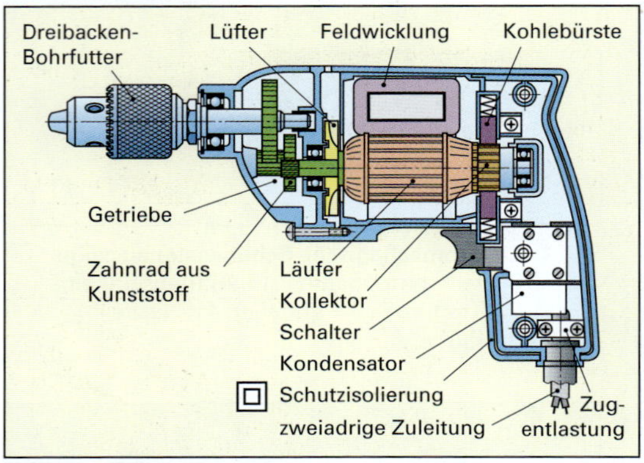

Bild 1: Handbohrmaschine mit Universalmotor

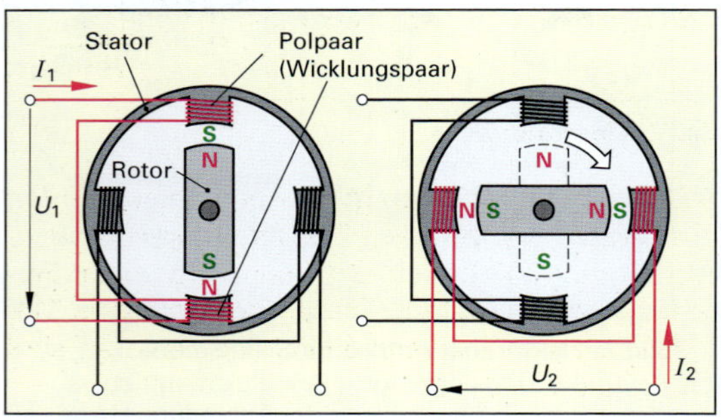

Bild 2: Permanenterregter Schrittmotor

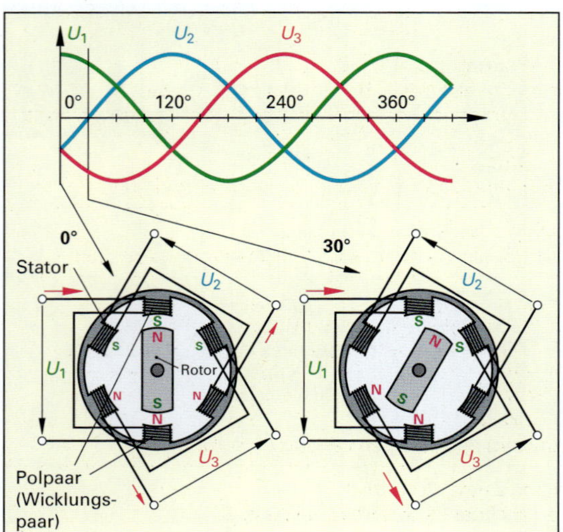

Bild 3: Synchronmotor

Der Elektromotor ist eine Kraftmaschine, die elektrische Energie in Bewegungsenergie umsetzt. Es gibt ihn in den verschiedensten Bauformen und Leistungsklassen. Für den betrieblichen Umgang mit Motoren benötigt man Kenntnisse über die verschiedenen Motorarten und über den sicheren Umgang mit ihnen.

6.1.1 Motorarten

Man unterscheidet folgende Motorarten:

Gleichstrommotoren besitzen einen Dauermagneten oder einen Elektromagneten im Stator. Den Rotorwicklungen wird über den Kollektor Strom zugeführt, und zwar immer der Rotorwicklung, die in der Richtung des Statormagnetfelds steht **(vgl. 17.3.8)**. Der Wicklungsstrom erzeugt ein Magnetfeld, das sich vom Statorfeld abstößt und so den Motor antreibt.

Ein **Universalmotor** ist im Prinzip ein Gleichstrommotor mit einer Wicklung zur Erzeugung des Statorfeldes. Er kann mit Gleichstrom oder Wechselstrom betrieben werden. Bei Wechselstrombetrieb ändert sich die Stromrichtung in der Statorwicklung und gleichzeitig in der Rotorwicklung. Deshalb hat die wechselnde Stromrichtung keinen Einfluss auf den Drehsinn.

Die Antriebswicklungen von **Schrittmotoren** befinden sich im Stator. Der Rotor besteht entweder aus einem Dauermagneten oder aus weichmagnetischem Material. Durch aufeinander folgende Ansteuerung der Statorwicklungen richtet sich der Rotor schrittweise nach dem jeweils erregten Polpaar aus (**Bild 2**). Die Anzahl der Polpaare (Wicklungspaare) im Stator und die Rotorgeometrie bestimmt die Winkelschrittgröße des Motors.

Synchronmotoren, Asynchronmotoren und Linearmotoren sind **Drehstrommotoren** und werden mit Drei-Phasen-Wechselstrom (Drehstrom) betrieben.

Ein **Synchronmotor** ist im Prinzip so aufgebaut wie ein Schrittmotor mit einem dauermagnetischen Rotor und 3 Polpaaren im Stator. Die Statorwicklungen werden allerdings nicht einzeln nacheinander angesteuert, sondern mit zeitlich versetzten Wechselströmen (Drehstrom) betrieben. Dadurch entsteht im Gehäuse ein Drehfeld, als ob ein Dauermagnet um den Rotor kreisen würde **(Bild 3)**. Der permanent erregte Rotor folgt diesem Drehfeld mit gleicher Frequenz (synchron).

Die meisten **Asynchronmotoren** sind **Kurzschlussläufermotoren**. Bei ihnen besteht der Rotor aus Kupfer- oder Aluminiumstäben, die an den Enden miteinander verbunden sind (die Kurzschlusswicklung) (**Bild 1**). Der Stator besitzt wie der Synchronmotor 3 Polpaare, die ein Drehfeld erzeugen. Das Drehfeld erzeugt in der Kurzschlusswicklung einen Strom, dessen Magnetfeld zusammen mit dem Drehfeld den Rotor antreibt. Dazu muss der Rotor langsamer laufen als das Drehfeld, da in ihm sonst kein Strom induziert werden kann: Der Motor läuft asynchron.

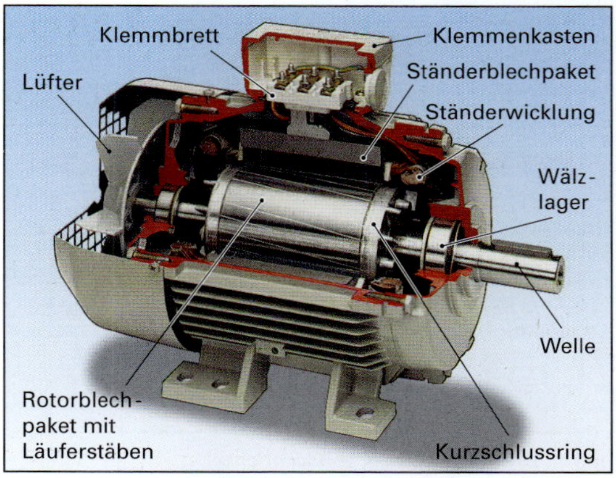

Bild 1: Kurzschlussläufermotor

Schneidet man einen Synchronmotor in Gedanken längs der Achse auf und rollt ihn flach ab, so erhält man einen **Linearmotor (Bild 2)**. Die 3 Wicklungspaare des vorigen Stators sind im Schlitten des Linearmotors nebeneinander angeordnet. Der Schlitten läuft auf einer Führung, in der Dauermagnete abwechselnder Polarität nebeneinander angebracht sind. Bei Betrieb mit 3-Phasen-Wechselstrom entsteht im Schlitten ein Wanderfeld, mit dem sich der Schlitten auf dem Magnetfeld der Führung „entlanghangelt". Analog zum Kurzschlussläufermotor gibt es auch Linearmotoren mit Kurzschlussstäben in der Führung.

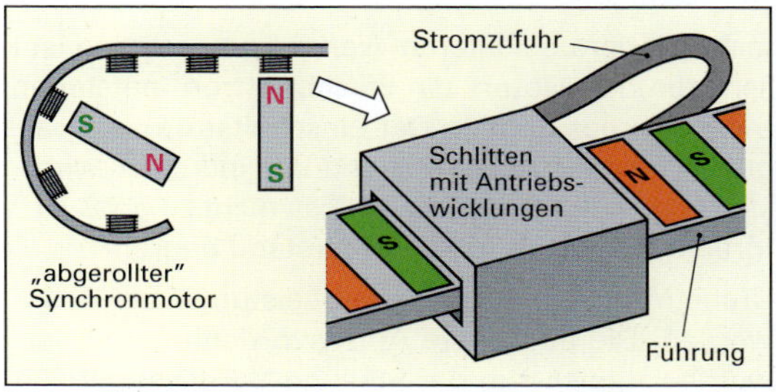

Bild 2: Linearmotor

Drehstrommotoren können am 50-Hz-Netz höchstens 3000 Umdrehungen pro Minute erreichen. Werden höhere Drehfrequenzen gewünscht, dann kann man für kleinere Leistungen Universalmotoren verwenden. Für größere Leistungen braucht man eine Stromversorgung mit höherer Frequenz, z.B. einen **Frequenzumformer** (-umrichter), der 300 Hz liefert. Die Drehfrequenz eines an 300 Hz angeschlossenen Motors liegt nahe bei 18000 U/min, z.B. bei Oberfräsen. Mit höherer Frequenz betriebene Motoren sind kleiner und leichter als Motoren gleicher Leistung für Netzfrequenz.

Eigenschaften der Motorarten	
Gleichstrommotor	• großer Drehfrequenzbereich • Kohlebürsten bedürfen Wartung • als Servomotor mit geringem elektronischen Aufwand einsetzbar
Universalmotor	• großer Drehfrequenzbereich • Kohlebürsten bedürfen Wartung • Einsatz hauptsächlich in Kleinmaschinen (z.B. Handbohrmaschine)
Schrittmotor	• exakte, einfache Einstellung der Winkelposition • Einsatz als Servomotor, z.B. als Vorschubantrieb in Werkzeugmaschinen
Synchronmotor	• bleibt bei Überlast stehen • exakte Drehfrequenzvorgabe durch Umrichter möglich • Einsatz als Servomotor, z.B. als Vorschubantrieb in Werkzeugmaschinen
Asynchronmotor	• einfacher, robuster Aufbau • vielfältige Einsatzmöglichkeiten • mit elektronischem Aufwand auch als Servomotor einsetzbar
Linearantrieb	• lineare Bewegungen ohne Getriebe möglich • wenig bewegte Masse ⇒ schneller, dynamischer Antrieb • Umrichter mit elektronischer Regelung nötig • Einsatz z.B. in Schlitten bei Werkzeugmaschinen und im Transrapid

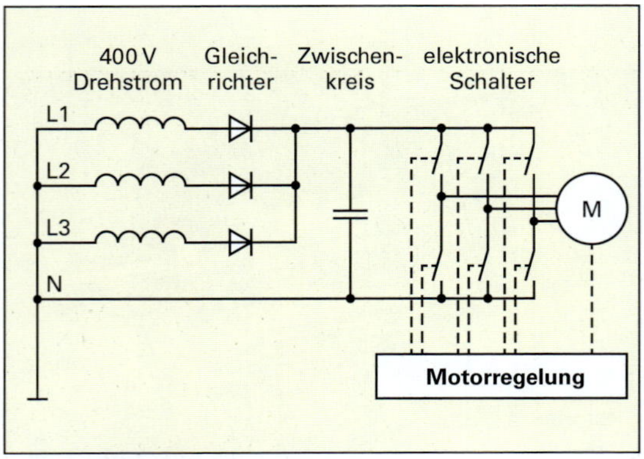

Bild 1: Drehstrommotor mit Umrichter

Elektronisch angesteuerte Motoren können ausgehend vom Stillstand bis hin zu sehr hohen Drehzahlen eingesetzt werden. Dazu erzeugt ein Umrichter zuerst im Zwischenkreis eine Gleichspannung **(Bild 1)**. Im nächsten Schritt erzeugt er dann über hochfrequent angesteuerte elektronische Schalter drei Wechselspannungen variabler Frequenz und Stärke, die schließlich das benötigte Drehfeld im Elektromotor bereitstellen. Damit werden hochdynamische Regelungen für Servomotoren (Synchron- oder Asynchronmotoren) möglich, wie sie z. B. für Werkzeugmaschinen notwendig sind. Aber auch Servomotoren mit deutlich kleinerer Leistung, wie z. B. für Schubladenantriebe, benötigen eine Leistungselektronik, die bereits im Motor mit integriert sein kann.

6.1.2 Betriebs- und Arbeitssicherheit

Insbesondere bei älteren Werkzeugmaschinen ist keine Leistungselektronik verbaut. Hier kann beim Einschalten des Motors ein Einschaltstrom entstehen, der das Zweifache bis Zwölffache des normalen Betriebsstromes beträgt. Der Einschaltstrom ist deshalb so groß, weil im Stillstand in den Antriebswicklungen noch keine Gegenspannung induziert wird, die der Betriebsspannung entgegenwirkt. Damit die stoßartige Belastung des Netzes nicht zu groß ist, wird der Einschaltstrom bei größeren Gleichstrommotoren durch einen Anlasswiderstand begrenzt.

Drehstrommotoren mit einer Leistung über 4 kW dürfen nur mit einer Anlassvorrichtung eingeschaltet werden. Die einfachste Anlassvorrichtung ist der **Stern-Dreieck-Schalter (Bild 2)**. Die Motorwicklungen werden zunächst in der Stellung Y (Stern) mit 230 V versorgt. Erst wenn der Motor seine volle Drehzahl erreicht hat, darf in die Stellung △ (Dreieck) weitergeschaltet werden. Jetzt wird der Motor mit der vollen Spannung von 400 V (Kapitel 17.3.9) versorgt. In manchen Maschinen erfolgt diese Umschaltung automatisch. Der Anlassvorgang verläuft am schnellsten, wenn der Motor unbelastet ist.

Die Stellung Y ist nur für den Anlassvorgang nötig. Würde der Motor in dieser Stellung belastet, dann wäre nur ein Drittel der Nennleistung zulässig. Bei voller Belastung würden die Motorwicklungen den dreifachen Strom aufnehmen und sie würden durch Überhitzung beschädigt werden.

Bei Überlastung eines Motors können die Wicklungen zerstört werden.

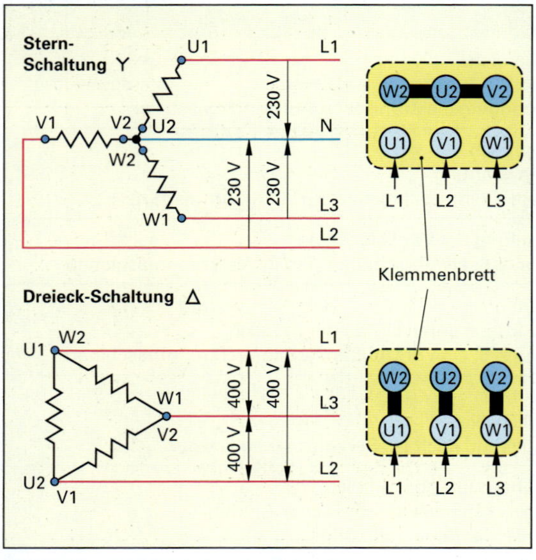

Bild 2: Stern-Dreieck-Anlasssteuerung

Die im Motorstromkreis eingebauten Sicherungen müssen so träge sein, dass sie während des für kurze Zeit auftretenden Einschaltstromes noch nicht auslösen. Fließt der Einschaltstrom aber dauernd, z. B. bei blockiertem Motor, dann müssen die Sicherungen abschalten bevor die Motorwicklungen Schaden nehmen. Deshalb müssen die Sicherungen auf den Motor abgestimmt sein.

Ein Motor, der blockiert, ist sofort abzuschalten.

Längere Zeit andauernde Motorüberlastungen, die jedoch nicht so hoch sind, dass die Sicherungen auslösen, können dem Motor trotzdem schaden. Daher verwendet man Motorschutzschalter, die genau auf den Motor abgestimmt sein müssen und bei Überlastung abschalten. Motorschutzschalter sprechen durch ihre eingebauten Bimetallauslöser erst nach einiger Zeit an, indem dieser sich bei Wärme krümmt und den elektromagnetischen Schnellauslöser betätigt.

6.2 Maschinenantriebe

Die von den Kraftmaschinen umgewandelte Energie muss zur technischen Nutzung an die Arbeitsmaschinen übertragen werden. Man unterscheidet zwei Antriebsarten zur Übertragung der meist drehförmigen Bewegungen.

6.2.1 Direktantrieb, ungeregelt und geregelt

Beim **Direktantrieb** ist der Motor in der Maschine eingebaut und überträgt die Drehbewegung direkt auf die Arbeitswelle (**Bild 1**). Dies vermeidet Energieverluste. Ein Nachteil des Direktantriebs sind die niedrigen und meist fest eingestellten Drehfrequenzen des Elektromotors, die den Anforderungen an die spanende Holzbearbeitung nicht gerecht werden. Abhilfe schaffen elektronische Regeleinrichtungen, die eine stufenlose Anpassung der Drehfrequenz ermöglichen sowie der indirekte Antrieb mittels Riemen.

Bild 1: Direktantrieb an der Langlochbohrmaschine

6.2.2 Riementriebe

Beim Riementrieb wird die Drehbewegung mithilfe von Riemen auf die Arbeitswelle übertragen (**Bild 2**). Die Drehfrequenz kann über verschieden große Riemenscheiben angepasst werden. Auch werden keine Schwingungen des Motors auf die Arbeitswelle übertragen, was sich positiv auf die Oberfläche des bearbeiteten Werkstücks auswirkt.

Bei Holzbearbeitungsmaschinen werden mehrere Arten von Riemen verwendet. Je nach Form und Querschnitt unterscheidet man Flach-, Keil- und Zahnriemen.

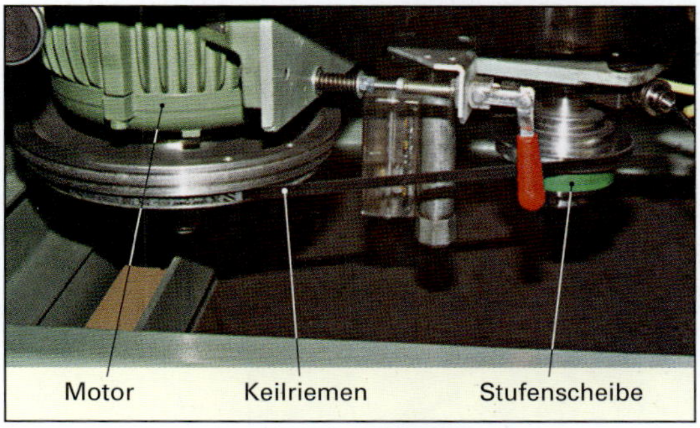

Bild 2: Riemenantrieb an der Tischfräse

Flachriemen sind mehrschichtig aufgebaut **(Bild 3)**. Die Mittelschicht besteht aus faserigem Polyamid oder ähnlichem Kunststoffgewebe, das beidseitig mit Gummi ummantelt ist. Das Gummi verleiht dem Riemen gute Haftung auf der Riemenscheibe, die Polyamidschicht sorgt für die erforderliche Zugfestigkeit. Die Achsrichtungen der Wellen müssen exakt parallel ausgerichtet sein, da sonst der Flachriemen von der Welle springen kann. Bei Flachriemen lässt sich ein Schlupf, d. h. das Gleiten des Riemens auf der Riemenscheibe, nicht vermeiden. Vorteilig ist der geringe Reibungsverlust in der Kraftübertragung, da nur die Laufflächen der Scheiben belastet sind. Flachriemen spielen wegen des möglichen Riemenschlupfs bei modernen Holzbearbeitungsmaschinen nur eine geringe Rolle.

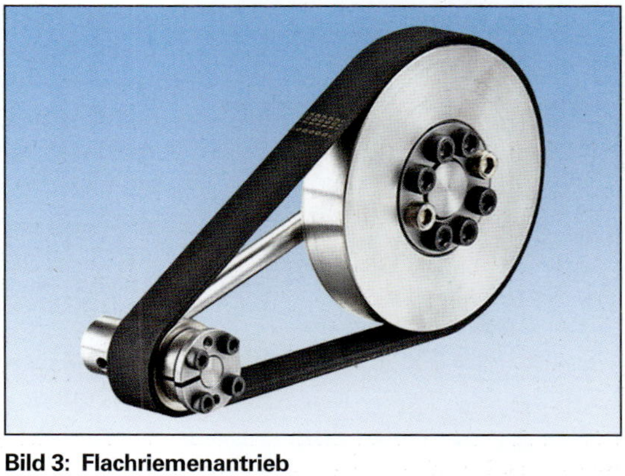

Bild 3: Flachriemenantrieb

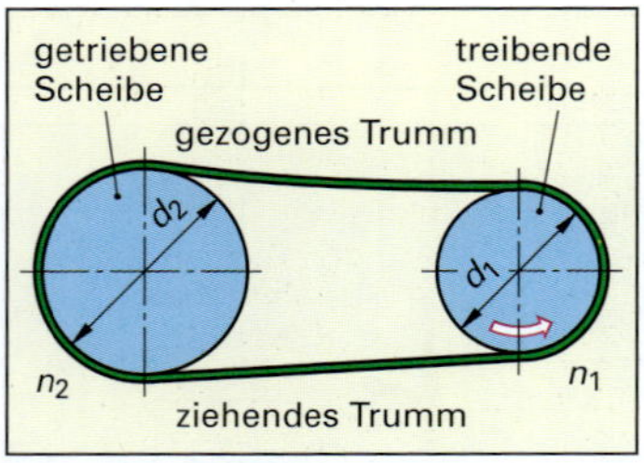

Bild 1: Riementrieb, offen

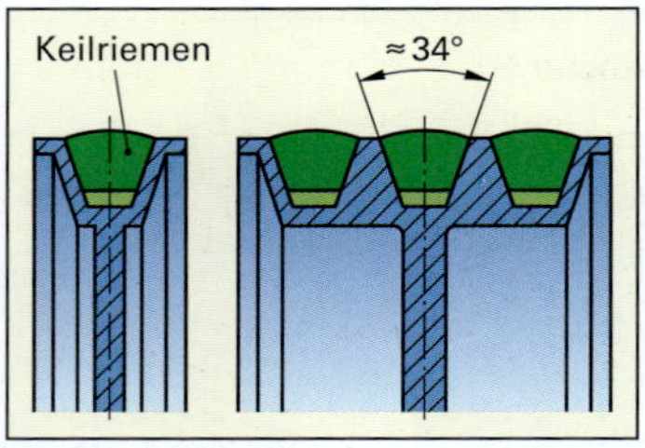

Bild 2: Keilriemenscheiben (Schnitt)

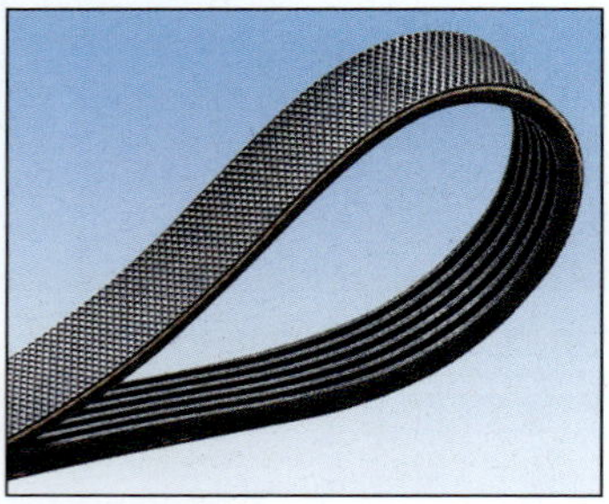

Bild 3: Keilrippenriemen

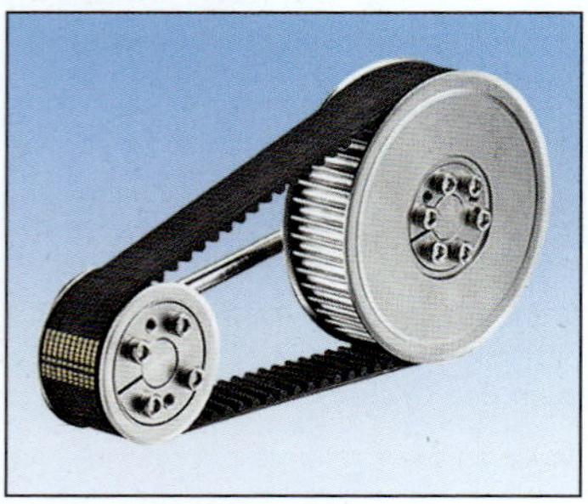

Bild 4: Zahnriemenantrieb

d_1 → Durchmesser der treibenden Scheibe
d_2 → Durchmesser der getriebenen Scheibe
n_1 → Drehfrequenz der treibenden Scheibe
n_2 → Drehfrequenz der getriebenen Scheibe
i → Übersetzungsverhältnis

$$\frac{n_1}{n_2} = \frac{d_2}{d_1} \qquad i = \frac{n_1}{n_2}$$

Beim **offenen Riementrieb** haben treibende und getriebene Scheibe die gleiche Drehrichtung. Der belastete Riementeil wird auch ziehendes Trumm, der entlastete Riementeil gezogenes Trumm genannt **(Bild 1)**. Die Anordnung der Scheiben führt dazu, dass der Riemen die Scheiben nur teilweise umschlingt, was sich auf die Riemenhaftung auswirkt. Hierbei gilt, dass die Haftung mit der Größe des Umschlingungsbogens zunimmt.

Durch den Einbau von Umlenkrollen lässt sich der Umschlingungswinkel vergrößern, was sich aber in höheren Reibungskräften bemerkbar macht.

Keilriemen sind Gummiriemen mit keilförmigen Flanken **(Bild 2)**. Eine Gewebeverstärkung unter der Oberfläche und eingelegte Zugschnüre verbessern die Zugfestigkeit. Breite und Höhe des Keilriemens müssen so bemessen sein, dass der Riemen nicht auf dem Grund der Riemenscheibe aufsitzt. Dies würde das für die Übertragung der Drehbewegung erwünschte Festkeilen der Riemenflanken verhindern. Zur Erhöhung der Reibung können auf den Wellen mehrere Keilriemen nebeneinander angebracht werden. Dies erhöht zudem die Sicherheit beim Ausfall eines Riemens.

Um Riemenschlupf zu vermeiden, wird eine bestimmte Spannung benötigt. Hierfür reicht das Eigengewicht des Riemens nicht aus. Man verwendet zum Spannen des Keilriemens Motorwippen oder Spannrollen.

Keilrippenriemen vereinbaren die Vorteile von Flachriemen und Keilriemen. Bei ihnen sind auf der Innenseite eines Flachriemens mehrere trapezförmige Rippen ausgeformt **(Bild 3)**. Diese erhöhen die Reibung auf der Antriebswelle und vermindern damit den Schlupf. Antriebswelle und getriebene Welle sind mit entsprechenden Rillen versehen, sodass der Riemen seitlich nicht von der Welle springen kann.

Zahnriemen sind endlose und mit Stahl oder Gewebe verstärkte Kunststoffriemen, deren verzahnte Innenkanten passgenau zur Welle gearbeitet sind **(Bild 4)**. Hier tritt kein Schlupf auf. Sie eignen sich besonders für drehzahlsynchrone Übertragungen, wie sie z.B. bei den Ein- und Auszugswalzen der Dickenhobelmaschine erforderlich sind.

6.2.3 Übersetzungen

Wird der Schlupf beim Riementrieb nicht berücksichtigt, so haben beide Scheiben, auch bei verschiedenen Durchmessern, stets die gleiche Umfangsgeschwindigkeit. Es ändern sich aber bei unterschiedlichen Scheibendurchmessern die Drehfrequenzen der Scheiben. Diese verhalten sich umgekehrt wie die Scheibendurchmesser zueinander.

> Das Verhältnis der Drehfrequenz n der treibenden zur getriebenen Scheibe nennt man Übersetzungsverhältnis i.

Eine **Übersetzung** bedeutet nicht zwangsweise eine Erhöhung der Drehfrequenz der getriebenen Scheibe. Auch bei gleichbleibender Umdrehung spricht man von Übersetzung, wogegen die Verringerung der Drehfrequenz meist als **Untersetzung** bezeichnet wird.

Bei Holzbearbeitungsmaschinen sind oft unterschiedliche Drehfrequenzen erforderlich. Man kann sie erreichen, indem man Riemenscheiben mit unterschiedlich großen Durchmessern (Stufenscheiben) auf die Antriebswellen montiert und durch Umlegen des Riemens die Übersetzungsverhältnisse verändert **(Bild 1)**. Dadurch ändert sich aber nur die Drehfrequenz der getriebenen Scheibe.

Weitere Abstufungen der Drehfrequenz erreicht man durch Verdopplung der Drehfrequenz am Antriebsmotor. So sind beispielsweise bei zweistufigem Motor und dreifacher Abstufung der Riemenscheiben sechs verschiedene Drehfrequenzen erreichbar.

Reicht diese Abstufung, wie z.B. beim Vorschubapparat, nicht aus, so werden stufenlose Regelgetriebe eingesetzt **(Bild 2)**. Hierbei werden keilförmige Scheibenpaare verschiebbar zueinander angeordnet. Verringert man den Zwischenabstand der Scheiben, so führt dies zu einer größeren Umlaufbahn des Riemens, was einem größeren Scheibendurchmesser und damit einem anderen Übersetzungsverhältnis gleichkommt.

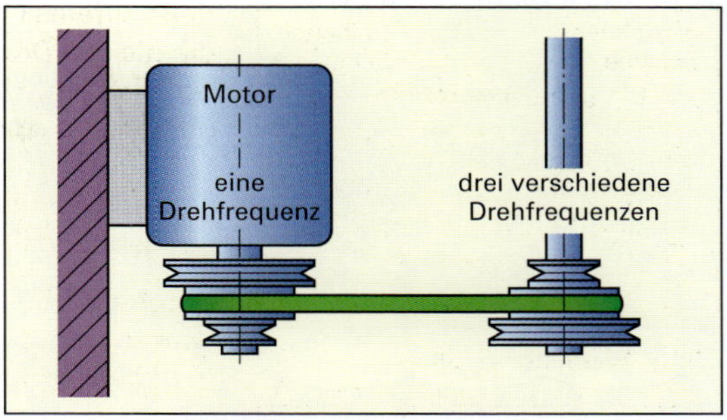

Bild 1: Stufenscheibenantrieb

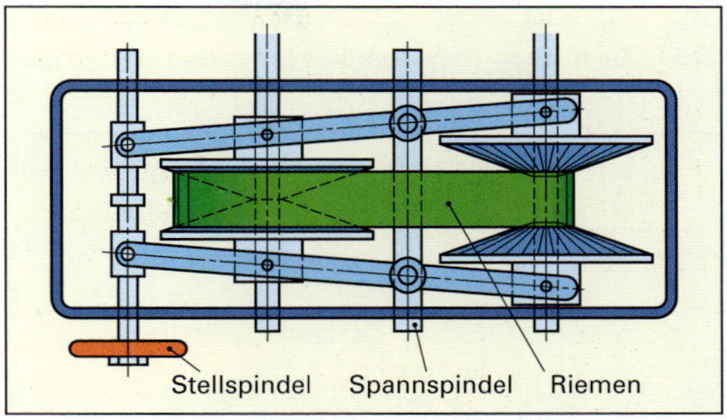

Bild 2: Stufenloses Regelgetriebe

Unfallschutz bei Riementrieben

Riementriebe, die im Verkehrs- oder Arbeitsbereich liegen, sind mit Schutzvorrichtungen zu verkleiden.

Keilnuten und vorstehende Keile an Riemenscheiben sind zu verkleiden, auch wenn sie außerhalb des Arbeits- oder Verkehrsbereiches liegen.

Die selbstständige Bedienung und Wartung von Triebwerken darf nur zuverlässigen Personen übertragen werden, die damit vertraut und älter als 18 Jahre sind.

6.3 Zerspanung durch Maschinenwerkzeuge

Bei Maschinenwerkzeugen unterscheidet man nach Art der Werkstoffzerspanung hin- und hergehende (oszillierende), umlaufende und sich drehende (rotierende) Maschinenwerkzeuge **(Bild 3)**.

Oszillierende Maschinenwerkzeuge sind z. B. Gattersägeblätter und Stichsägeblätter.

Umlaufende Maschinenwerkzeuge sind Bandsägeblätter, Säge- und Fräsketten sowie Schleifbänder.

Rotierende Maschinenwerkzeuge sind Kreissägeblätter, Hobelmesserwellen, Fräs- und Bohrwerkzeuge.

Diese Zerpanungsarten werden auch kombiniert. Bei Schleifmaschinen wird häufig die umlaufende Bewegung mit einer oszillierenden Bewegung gekoppelt.

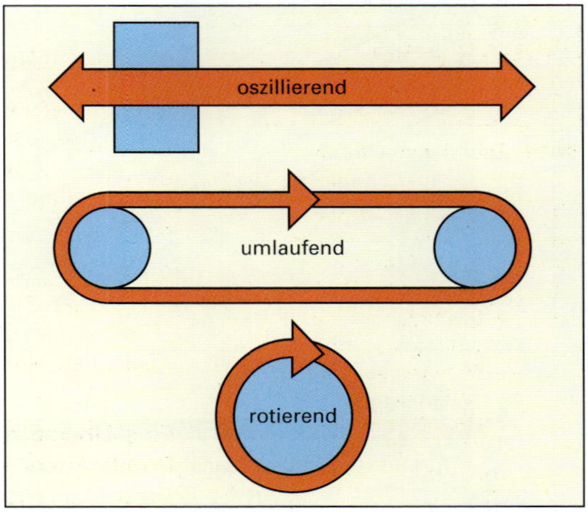

Bild 3: Zerspanungsarten

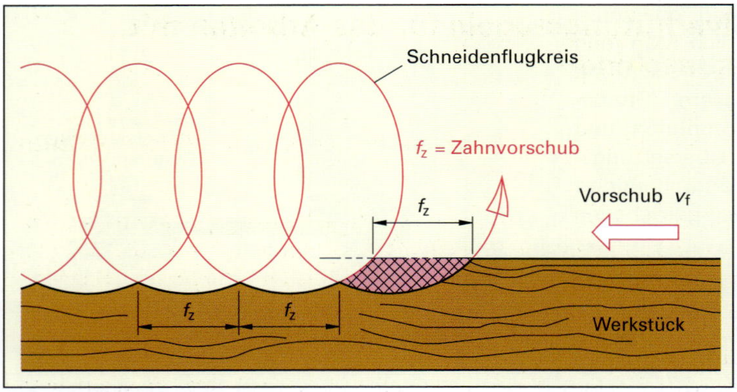

Bild 1: Zerspanung bei einem Hobelmesser

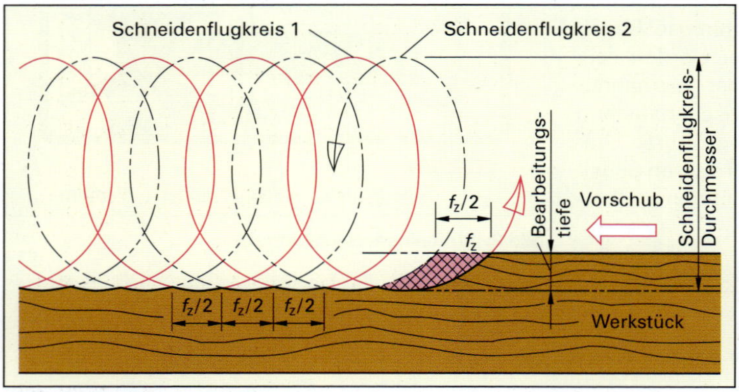

Bild 2: Zerspanung bei zwei Hobelmessern

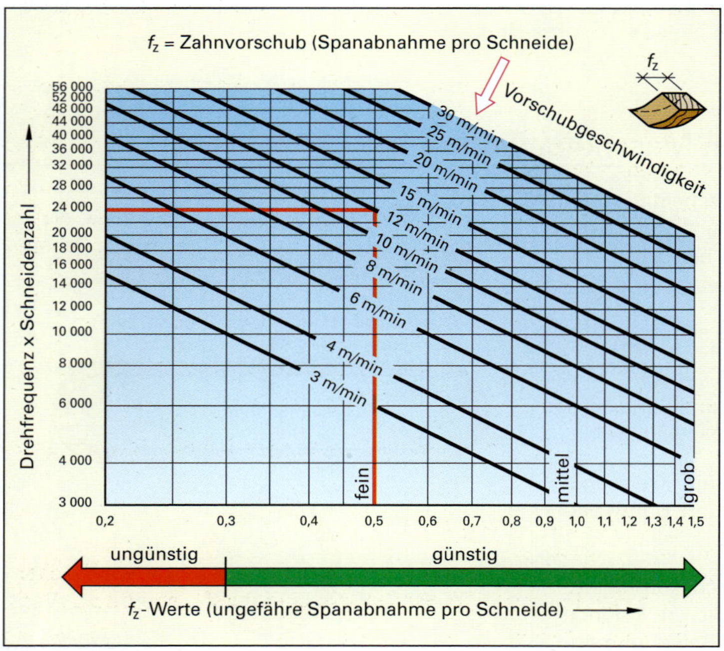

Bild 3: Diagramm zur Ermittlung günstiger Spanungsbedingungen

Die Güte der Schnittflächen wird wesentlich von der Art der Zerspanung und anderen Faktoren wie Drehfrequenz, Vorschubgeschwindigkeit sowie Anzahl und Geometrie der Werkzeugschneiden beeinflusst.

Wird ein Werkstück über eine Messerwelle geführt, entstehen auf der bearbeiteten Werkstückoberfläche wellenförmige Messerschläge. Die Länge eines einzelnen Messerschlages entspricht der Dicke des abgetrennten Spans und wird **Zahnvorschub** f_z genannt **(Bild 1)**.

Der Einsatz weiterer Schneiden **(Bild 2)**, die Verlangsamung des Vorschubs oder die Erhöhung der Drehfrequenz verringern den Zahnvorschub und verbessern die Oberflächengüte. Vorschub und Drehfrequenz können nicht beliebig verändert werden. Zu geringer Vorschub führt neben Reibungswärme zu einer schabenden Zerspanung mit erhöhtem Verschleiß, die Schneide stumpft schneller ab und die bearbeitete Fläche zeigt Brandflecken. Auch für die Drehfrequenz gibt es materialbedingte Obergrenzen. An rotierenden Werkzeugen besteht die Gefahr, dass sich die aufgelöteten Hartmetallschneiden durch die auftretenden Fliehkräfte vom Träger lösen.

Bei manuellem Vorschub ist das Einhalten einer gleich bleibenden Vorschubgeschwindigkeit nicht möglich. Die erreichte Oberflächengüte muss deshalb immer wieder kontrolliert werden.

Lesebeispiel zum Diagramm (Bild 3)

Drehfrequenz $n = 6000/1$ min
Schneidenzahl $z = 4$
Vorschub $v_f = 12$ m/min

Die Drehfrequenz n multipliziert mit der Schneidenzahl z ergibt 24000 1/min. Der Schnittpunkt dieser Linie mit der Vorschublinie 12 m/min ergibt einen Zahnvorschub von 0,5 mm und liegt im günstigen Bereich.

6.4 Allgemeine Unfallverhütungsregeln für das Arbeiten mit Holzbearbeitungsmaschinen

- Jugendliche dürfen nicht mit dem Betreiben und Instandhalten von Säge-, Hobel-, Fräs- und Schälmaschinen mit mechanischem Antrieb betraut werden.
- Unter Betreiben versteht die Holz-Berufsgenossenschaft eine Maschine zu rüsten, einzustellen, ein- und auszuschalten sowie das Zu- und Abführen von Werkstücken. Instandhalten bedeutet Pflegen und Säubern einer Maschine, Überprüfung der Arbeitssicherheit sowie die Beseitigung von Schäden und Mängeln.
- Auszubildende über 15 Jahren dürfen an diesen Maschinen beschäftigt werden, soweit dies zum Erreichen ihres Ausbildungsziels erforderlich ist und ihr Schutz durch die Aufsicht eines Fachkundigen gewährleistet ist.
- Beim Arbeiten an Maschinen ist, besonders an den Handgelenken, enganliegende Kleidung zu tragen. Fingerringe und Armbanduhren dürfen beim Arbeiten an Maschinen nicht getragen werden.
- Lange Haare sind bei Maschinenarbeiten durch eine geeignete Kopfbedeckung zusammenzuhalten.
- Zur Verfügung gestellter Gehörschutz ist unbedingt zu nutzen, da durch Lärm verursachte Gehörschäden nicht heilbar sind.
- Für Arbeiten an Maschinen und in Lagern sowie beim Transport von Werkstücken müssen Schutzschuhe getragen werden.
- Bei Arbeiten, bei denen lose Splitter oder Funken entstehen können, sind die Augen durch Schutzbrillen zu schützen.
- Der Genuss von Alkohol und anderen berauschenden Mitteln ist zu unterlassen. Beschäftigte dürfen sich durch deren Genuss nicht in einen Zustand versetzen, durch den sie sich selbst oder andere gefährden.
- Maschinen und Maschinenwerkzeuge sind vor ihrer Benutzung auf ihre Unfallsicherheit zu prüfen. Mängel sind sofort zu melden.
- Jeder, der eine Maschine in Betrieb setzt oder an ihr arbeitet, hat darauf zu achten, dass niemand gefährdet wird. Dies gilt insbesondere dann, wenn mehrere Personen an der Maschine beschäftigt sind. Personen, die an einer Maschine arbeiten, dürfen nicht angesprochen oder gestört werden, solange sie dem Werkzeug ein Werkstück von Hand zuführen.
- Auf sich drehenden Werkzeugen müssen der zulässige Drehfrequenzbereich sowie das Herstellerzeichen dauerhaft angebracht sein. Ausgenommen sind Fräswerkzeuge mit weniger als 16 mm Schaftdurchmesser und Bohrwerkzeuge.
- Nicht einsatzbereite Maschinen sind als solche zu kennzeichnen und vom Stromnetz zu trennen.
- Vor Reinigungs- oder Wartungsarbeiten sind die Maschinen gegen unbeabsichtigtes Einschalten zu sichern.
- Lose Späne oder Splitter sind mit geeigneten Hilfsmitteln und nur bei ausgeschalteter Maschine zu entfernen.
- Maschinen dürfen nur in stillgesetztem Zustand verlassen werden.
- Werkstücke müssen bei der Bearbeitung mit Holzbearbeitungsmaschinen sicher aufliegen und sicher geführt oder fest eingespannt sein. Die freien Enden langer Werkstücke sind durch Lagerböcke, Verlängerungstische oder andere Vorrichtungen zu stützen.

Bild 1: Mobile Absaugung für Handmaschinen

Bild 2: Handkreissäge mit Führungsschiene

Bild 3: Schattenfugenkreissäge

6.5 Handmaschinen

Zur Arbeitserleichterung werden anstelle der Handwerkzeuge häufig Handmaschinen eingesetzt. Diese ermöglichen schnelleres und weitgehend präziseres Arbeiten. Wegen ihres geringen Gewichts eignen sie sich auch besonders für Bau- und Montagearbeiten.

Spanende Handmaschinen müssen mit einer Vorrichtung zum Absaugen der anfallenden Späne ausgerüstet sein und werden an mobile Kleinabsaugungen **(Bild 1)** angeschlossen.

6.5.1 Handkreissägemaschinen

Handkreissägemaschinen dienen zum Ablängen von Brettern und Bohlen sowie zum Zuschneiden verschiedener Holzwerkstoffe und anderer Plattenmaterialien.

Das mit dem Antriebsmotor direkt verbundene Sägeblatt ist oberhalb der Auflageebene durch eine Haube vollständig abgedeckt. An der Unterseite befindet sich eine Schwenkhaube, die beim Anfahren an das Werkstück selbsttätig zurückschwingt und nach erfolgtem Schnitt das Sägeblatt wieder verdeckt. Ab einer Sägetiefe von 18 mm müssen Handkreissägen mit einem Spaltkeil ausgerüstet sein. Dieser darf für Eintauchschnitte auch federnd gelagert sein. Sein Abstand zum Schneidenflugkreis darf 5 mm nicht überschreiten. Zur Herstellung verschiedener Schnittkanten kann der Auflagetisch schräg gestellt und in der Schnitttiefe dem Werkzeug angepasst werden **(Bild 2)**.

Sägeschnitte können an einem im Gehäuse eingebauten Parallelanschlag, an einer Anschlagschiene oder nach Anrisszeiger durchgeführt werden. Mithilfe von Zusatzvorrichtungen ist ein Umbau der Handkreissäge zu einer kleinen, ortsveränderlichen Tischkreissäge möglich.

Die **Tauchkreissäge** wird für Einsetzarbeiten, d.h., für das Sägen von Ausschnitten innerhalb eines Werkstücks, verwendet. Das Sägeblatt kann nach Freigabe einer Verriegelung gegen das Werkstück abgesenkt werden, wobei auch hier die Schnitttiefe fest eingestellt wird.

Eine Sonderform der Tauchkreissägen ist die **Schattenfugensäge.** Sie wird in besonders leichten Ausführungen hergestellt, da hiermit häufig „über Kopf" gearbeitet wird. Die Schnittführung erfolgt hier parallel zur Wand. Zeitaufwendige Einpassarbeiten von Verkleidungsteilen entfallen **(Bild 3)**.

Für die Bearbeitung der verschiedenen Werkstoffe werden Kreissägeblätter mit entsprechenden Zahnformen angeboten.

6.5.2 Handstichsägemaschinen

Handstichsägen verwendet man für Geraden- und Bogenschnitte in Vollholz, Holzwerkstoffen, Kunststoffen und Nichteisenmetallen **(Bild 1).**

Die Drehbewegung des Antriebsmotors wird in eine Auf- und Abbewegung des Sägeblatts umgewandelt. Zusätzlich zum Arbeitshub des Sägeblatts führen manche Maschinen eine Pendelbewegung nach vorne aus. Dies erleichtert den Vorschub in dickeren Werkstoffen. Man bezeichnet diese Sägen als **Pendelstichsägen.** Als Auflage bei der Bearbeitung dient eine in der Neigung veränderliche Fußplatte. Diese wird bei der Bearbeitung fest gegen das Werkstück gedrückt. Je nach verwendetem Material können Sägeblätter in verschiedenen Blattbreiten in der Werkzeugaufnahme festgeklemmt werden **(Bild 2).**

Mit Stichsägen sind Parallelschnitte mithilfe eines verstellbaren Führungsanschlags sowie Bogenschnitte mit Bogenanschlag oder nach Riss möglich. In Plattenwerkstoffen können auch Eintauchschnitte ohne Vorbohren durchgeführt werden.

6.5.3 Handhobelmaschinen

Mit Handhobelmaschinen werden Vollholzkanten eben und bündig gehobelt sowie Fälze in Vollholz hergestellt.

Handhobelmaschinen werden überwiegend für Anpassarbeiten auf der Baustelle verwendet **(Bild 3).**

Das Maschinengehäuse nimmt den Antriebsmotor und die Messerwelle auf. Zwei Anschlaghälften vor und hinter der Messerwelle dienen als Arbeitsauflage. Zur Spandickeneinstellung kann der vordere Anschlag über einen Dreh- und Führungsknopf angehoben und abgesenkt werden. Zur präzisen Bearbeitung wird die Maschine mit einem verstellbaren und schwenkbaren Füge- und Falzbreitenanschlag ausgerüstet. Die Späne werden über eine seitlich angebrachte Spanöffnung abgesaugt. Die Messerwelle wird von einer schwenkbaren Abdeckung erst beim Anfahren an das Werkstück freigegeben und schließt sich nach der Bearbeitung durch Federkraft. Die Standardbreite der Messerwelle für den Innenausbau beträgt 75 mm. Handhobelmaschinen dürfen erst mit ruhender Messerwelle auf der Unterlage abgelegt werden.

Eine Sonderform der Handhobelmaschine ist die **Bündighobelmaschine (Bild 4).** Mit ihr werden an Plattenwerkstoffe angeleimte Vollholzkanten bündig gehobelt. Die Messerwelle ist seitlich der Auflagefläche gelagert. Dies ermöglicht das Bündighobeln allseitig umleimter Werkstücke in einem Arbeitsgang.

Bild 1: Stichsägemaschine

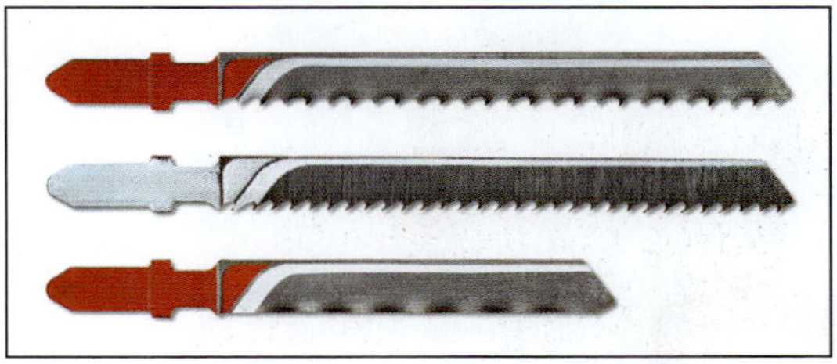

Bild 2: Stichsägeblätter

Bild 3: Handhobelmaschine

Bild 4: Bündighobelmaschine

6.5.4 Handfräsmaschinen

Mit Handfräsmaschinen werden folgende Arbeiten durchgeführt:

- Nut-, Gratnut- und Falzfräsungen
- Profilfräsungen an geraden, geschweiften und gewölbten Werkstücken
- Einlassarbeiten von Beschlägen
- Bündigfräsen von Anleimern, Deck- und Kantenfurnieren und
- Kopierfräsen mithilfe von Schablonen.

Im Maschinengehäuse befinden sich der Antriebsmotor sowie die direkt damit verbundene Arbeitsspindel mit der Werkzeugaufnahme **(Bild 1)**. Über eine Säulenführung ist die Arbeitsauflage höhenverstellbar mit dem Gehäuse verbunden. Auf der Unterseite der Maschine können beliebig einstellbare Anschläge angebracht werden, sodass gerade Werkstücke kantenparallel bearbeitet werden können. Für die Bearbeitung geschweifter Werkstücke können Werkzeuge verwendet werden, bei denen entweder ein kugelgelagerter Anlaufring oder ein Anlaufzapfen am Werkzeug befestigt sind **(Bild 2)**. Handfräsen werden mit verschiedenen Motorleistungen und regelbaren Drehfrequenzen hergestellt.

Die Werkzeuge werden mit einer **Konusspannschraube** auf der Frässpindel befestigt. Hierfür stehen eine Vielzahl von verschieden geformten Fräsern zur Verfügung. Werkzeuge mit einem Fräsdurchmesser größer als 16 mm unterliegen bezüglich Bauart und Schneidenüberstand den Vorschriften für Handvorschubwerkzeuge und müssen mit **MAN** (manueller Vorschub) dem Herstellerkennzeichen, dem Schneidenmaterial, den Werkzeugmaßen, der maximalen Drehfrequenz sowie der **minimalen Einspannlänge** markiert sein.

Handfräsmaschinen werden in mehreren Ausführungen hergestellt. Man unterscheidet zwischen **Handoberfräsen** für den Innenausbau, Bündig- oder Fasefräsen für die Kantenbearbeitung und Kittfräsen zum Entfernen von Kitt und Glasresten an Fensterrahmen. Mit speziellen **Dübelfräsern (Bild 3)** können Langlöcher und Rasterbohrungen gefräst werden.

In der Bauform abweichend hiervon sind die Handnutfräsmaschinen (Lamellennuter) **(Bild 4)**. Ein winkelgetriebener Schlitznutfräser wird aus dem Maschinengehäuse gegen das Werkstück geschoben. Nach dem Fräsvorgang nimmt dieser durch Federkraft wieder die verdeckte Ausgangsstellung im Maschinengehäuse ein. Die entstehenden Nuten werden für Lamellenverbinder, Beschlagsverbinder oder Harzgallenflicken benutzt.

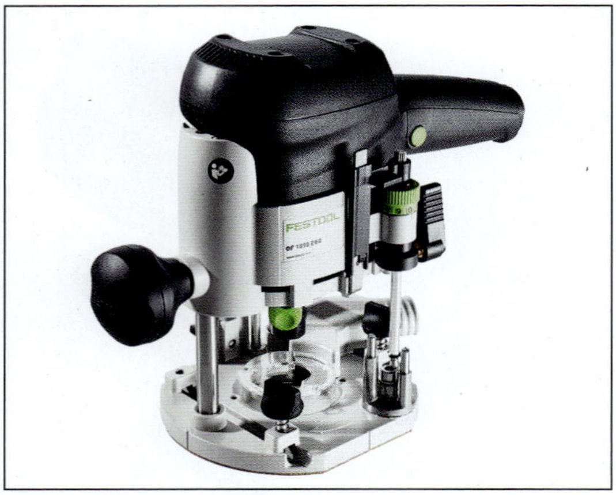

Bild 1: Handoberfräsmaschine

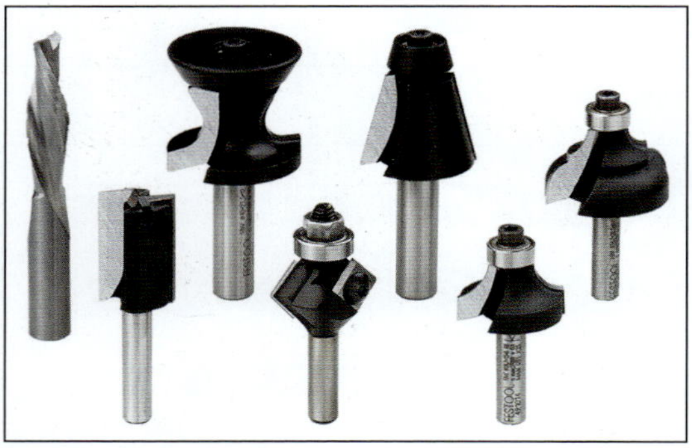

Bild 2: Fräswerkzeuge mit Anlaufring und Schaftkennzeichnung

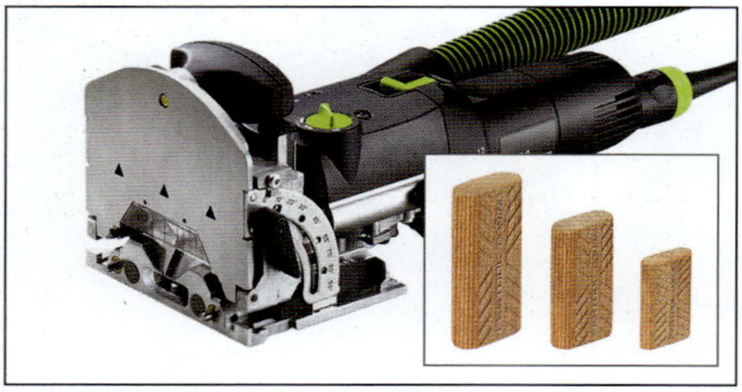

Bild 3: Dübelfräser mit Flachdübeln

Bild 4: Lamellen-Nutfräser mit Formfeder

6.5.5 Handbohrmaschinen

Mit Handbohrmaschinen **(Bild 1)** werden Montagebohrungen, hauptsächlich in Vollholz, Holzwerkstoffen, Kunststoffen, Metallen, Mauerwerk und Beton durchgeführt. Im Innenausbau werden meist kleinere und handliche, häufig auch akkubetriebene Bohrmaschinen verwendet. Sie können über eine elektronische Regelung in der Geschwindigkeit dem Werkstoff angepasst werden. **Bohrschrauber** haben zusätzlich noch polumschaltbare Motoren, sodass auch Schrauben ein- und ausgedreht werden können. **Schlagbohrmaschinen** werden meist in schwereren Ausführungen hergestellt und verfügen über zwei Gänge und ein zuschaltbares Schlagwerk, sodass auch Mauerwerk und Beton gebohrt werden können.

Bei **Bohrhämmern** wird die Drehbewegung mit einer pneumatischen Hammerbewegung gekoppelt **(Bild 2)**. Dadurch kann ohne hohen Kraftaufwand auch harter Beton gebohrt werden. Die Hammerbewegung kann für den Einsatz in porösen oder empfindlichen Werkstoffen auch abgeschaltet werden. Bei einigen Maschinen kann man auch die Drehbewegung ausschalten, sodass reine Meißelarbeiten durchgeführt werden können. Für die Verwendung im Baubereich sind hartmetallbestückte Bohrwerkzeuge besonders gut geeignet **(siehe Bild 1, Seite 474, und Bild 5, Seite 325)**.

6.5.6 Handschleifmaschinen

Mit Handschleifmaschinen werden Vollholz, Holzwerkstoffe, Kunststoffe und Metalle geschliffen. Es gibt

- Handbandschleifmaschinen,
- Schwing- und Dreieckschleifmaschinen,
- Teller- und Rotationsschleifmaschinen sowie
- Winkelschleifmaschinen.

Mit der **Handbandschleifmaschine** werden größere Flächen mit hoher Abriebleistung geschliffen **(Bild 3)**. Über zwei Umlenkrollen läuft ein endloses Schleifband. Die zwischen den Rollen liegende Arbeitsauflage ist mit dem Maschinengehäuse verbunden. Sie endet auf einer Maschinenseite bündig mit dem Schleifband, sodass auch Fälze bearbeitet werden können. Entstehender Schleifstaub wird über einen Stutzen am Maschinengehäuse abgesaugt. Ein mit dem Gehäuse verbundener Auflage- oder Bürstenrahmen verhindert das Verkanten der Maschine bei größeren Arbeitsflächen. Durch Anbringung eines Einbaurahmens kann sie als Standmaschine benutzt werden. So können auch kleinere oder schmalere Werkstücke bearbeitet werden **(Bild 4)**.

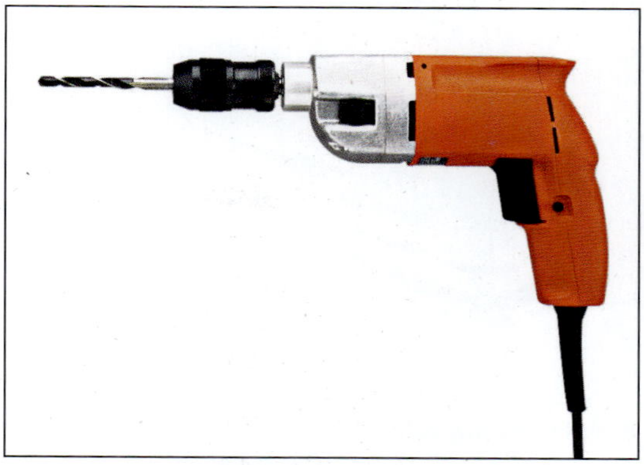

Bild 1: Handbohrmaschine

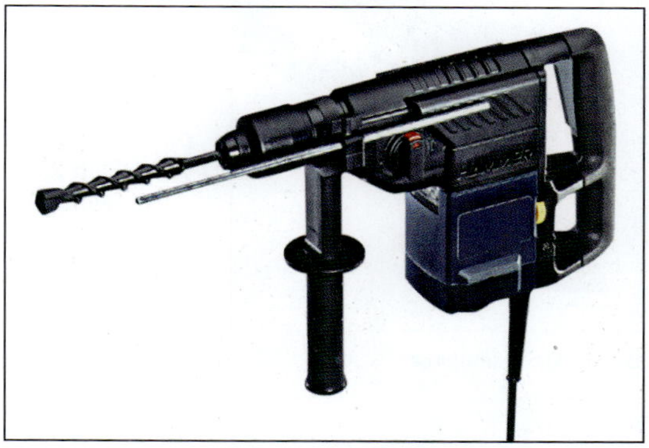

Bild 2: Bohrhammer

Bild 3: Handbandschleifmaschine im Einsatz

Bild 4: Handbandschleifmaschine im Auflagerahmen

Bild 1: Schwingschleifer

Bild 2: Deltaschleifer

Bild 3: Rotationsschleifer

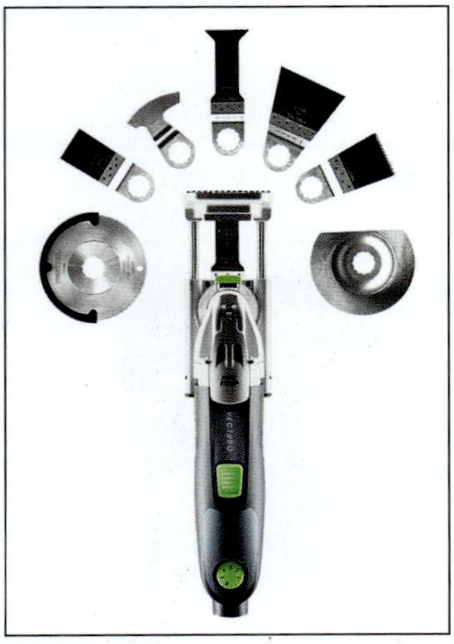

Bild 4: Oszillierer und Werkzeuge

Mit dem **Schwingschleifer** werden meist Fein- und Lackschliffe durchgeführt **(Bild 1)**. Der Antriebsmotor ist mit dem Schleiftisch über eine Exzenterkupplung verbunden. Dadurch kommt eine Schleifbewegung zu Stande, bei der geradlinige und kreisförmige Bewegungen sich überlagern. Durch die rechteckige Bauweise des Schleifschuhs können auch Innenkanten gut geschliffen werden. Schwingschleifer müssen mit Anschlüssen für Staubabsaugungen ausgerüstet sein.

Eine Sonderform des Schwingschleifers stellt der **Deltaschleifer** dar **(Bild 2)**. Durch die spezielle, nahezu dreieckige Ausführung des Schleifschuhs lassen sich Innenecken und andere, schwer zugängliche Stellen oder Profile besonders gut schleifen.

Bei der **Tellerschleifmaschine** ist der Antriebsmotor über einen Winkelantrieb mit einem rotierenden Schleifteller verbunden, der mit Schleifpapier belegt wird. Durch die Drehbewegung erreicht man eine hohe Abriebleistung. Man setzt sie zur Entfernung von alten Anstrichen und Lackresten ein. Bedingt durch Schleifbewegung und hohen Abrieb sind plane Schleifflächen schwer zu erreichen.

Dieser Nachteil wird beim **Rotationsschleifer** dadurch ausgeglichen, dass die Drehbewegung mit einer Exzenterbewegung verbunden wird **(Bild 3)**. So lässt sich eine hohe Oberflächengüte bei gutem Abrieb erzielen.

Winkelschleifmaschinen können wahlweise mit Schleif- oder Polieraufsätzen ausgerüstet werden. Durch die stärkeren Antriebsaggregate können auch schwerere Schleif- oder Polierarbeiten ohne Überlastung der Maschinen durchgeführt werden.

Oszillierer oder **Multicutter** beruhen im Wirkprinzip auf der Schwingschleifmaschine **(Bild 4)**. Als Werkzeuge können, neben diversen Schleif- und Spachtelwerkzeugen auch Sägeblätter eingesetzt werden. Diese zeichnen sich durch einen schnellen und sehr geringen Werkzeughub aus. Dementsprechend klein und fein sind die Sägeblätter, die durch ihre Bauform auch nahezu ausrissfreie Schnitte erlauben.

Oszillierer werden sehr vielfältig eingesetzt. Flächenbündige Trennschnitte, Tauchschnitte, Entfernung von Bodenbelägen und Demontageschnitte von Rahmen oder Einbauten in unterschiedlichsten Materialien, wie Holz und Holzwerkstoffe, Metalle und Kunststoffe sind durch die Auswahl geeigneter Sägewerkzeuge möglich.

Unfallverhütung bei Handmaschinen

- Handmaschinen dürfen nur im Stillstand abgelegt werden.
- Beim Werkzeugwechsel müssen sie vom Netz getrennt werden.
- Besonders gefährdet sind die Anschlussleitungen elektrischer Geräte. Bei der Bearbeitung müssen diese aus dem Gefahrenbereich gehalten werden.
- Handmaschinen möglichst beidhändig führen.
- Werkstücke sind bei der Bearbeitung gegen Verrutschen zu sichern.
- Splitter, Funken, Späne oder Lärm können zu Verletzungen oder Schädigungen führen. Schutzbrillen, Schutzmasken oder Absaugungen verhindern Unfälle.

6.5.7 Druckluftwerkzeuge und -geräte

Druckluftwerkzeuge eignen sich zur Bearbeitung von Holz, Kunststoff und Leichtmetall dort, wo stationäre Maschinen nicht eingesetzt werden können. Sie sind handlich und leicht, unempfindlich gegen Staub und Feuchtigkeit sowie betriebs- und unfallsicher, besonders bei Anforderungen an den Explosionsschutz.

Bei drehenden Druckluftwerkzeugen erfolgt der Antrieb durch Druckluftmotoren. Die Drehfrequenz ist durch die Steuerung der Strömungsgeschwindigkeit stufenlos regelbar (bis 20000 1/min). Eine Überlastung des Werkzeugs ist nicht möglich, da es bis zum Stillstand betrieben werden kann. Bei entsprechenden Motoren kann auf Rechts- oder Linkslauf umgeschaltet werden.

Zum Einsatz kommen **Druckluft-Schrauber** mit oder ohne automatische Schraubenzuführung **(Bild 1).** Durch eine eingebaute Rutschkupplung können verschiedene Anziehdrehmomente eingestellt werden. **Druckluft-Bohrmaschinen** haben in der Regel ein geringes Gewicht und einen geringen Luftverbrauch.

Schleif- und Polierarbeiten können mit **Druckluft-Winkel-** oder **Schwingschleifern** ausgeführt werden, wenn Schleifscheiben, Schwabbelscheiben oder ähnliche Werkzeuge aufgesetzt werden **(Bild 2).** Häufig wird bei Druckluftwerkzeugen durch entsprechende Führung der Abluft die Bearbeitungsstelle am Werkstück von Spänen und Staub freigesaugt bzw. freigeblasen. Damit wird ein genaueres Arbeiten ermöglicht.

Schlagende Druckluftwerkzeuge bestehen aus einem Zylinder mit wechselseitig beaufschlagten Kolben wie bei einem doppeltwirkenden Zylinder. Dazu gehören die **Schlagbohrer** sowie die **Magazinnagler** mit Längsmagazin oder mit Rundmagazin **(Bild 3).** In die Magazine werden in Nagelstreifen zusammengehaltene Drahtstifte eingelegt. Zum Eintreiben von Metallklammern werden die **Klammernagler** verwendet.

Zum Spritzen von Lacken werden **Spritzpistolen** verwendet **(Bild 4).** Die Druckluft wird dabei als Zerstäuberluft zum Zerstäuben des Spritzgutes und als Steuerluft zur Bildung eines Rund- oder Flachstrahles benötigt **(Bild 5).** Sie muss ölfrei, trocken und sauber sein, da nur so eine einwandfreie Oberflächenbeschichtung erreicht werden kann.

Bild 1: Druckluftschrauber

Bild 2: Druckluftschleifer

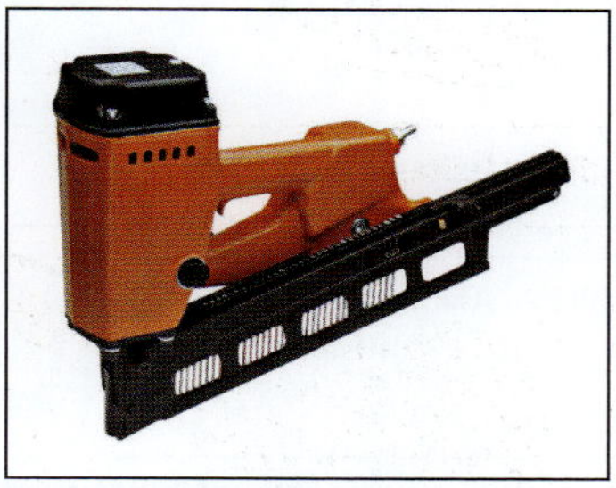

Bild 3: Magazinnagler

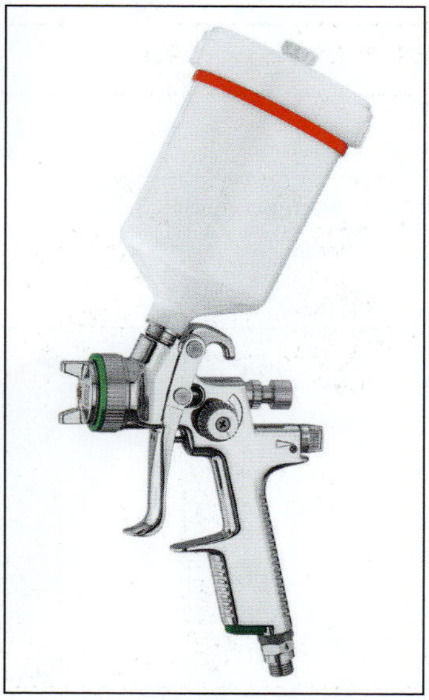

Bild 4: Becher-Spritzpistole

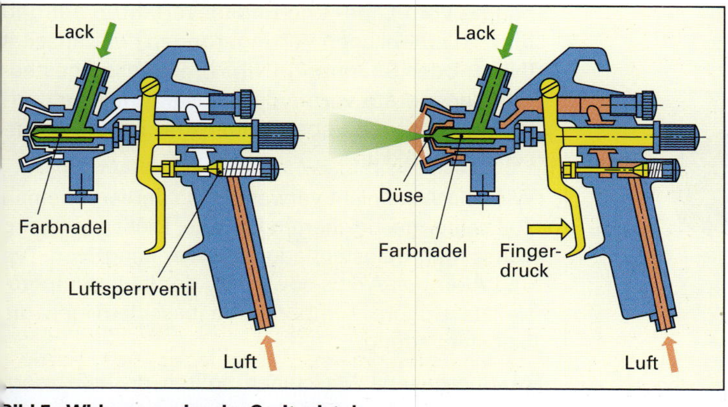

Bild 5: Wirkungsweise der Spritzpistole

Bild 1: Akku-Handkreissäge

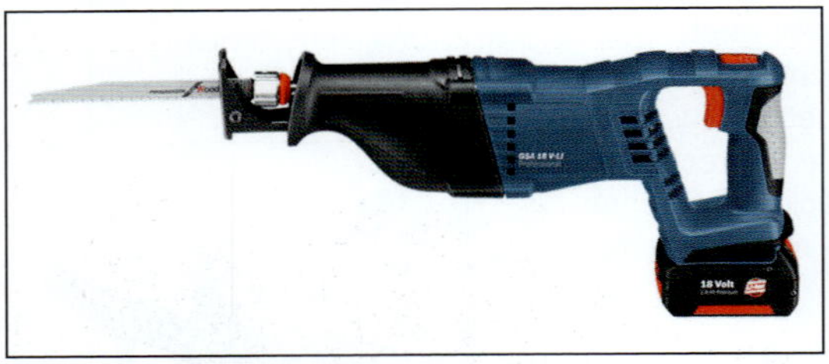

Bild 2: Akku-Säbelsäge

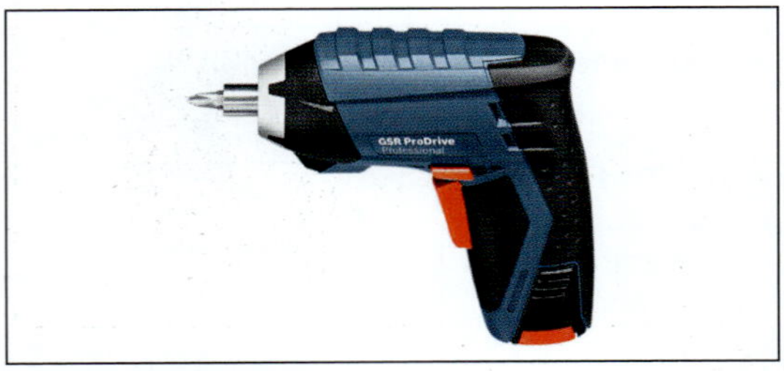

Bild 3: Akku-Schrauber, 3,6 V

Bild 4: Akku-Schrauber, 10,8 V

6.5.8 Akkubetriebene Handmaschinen

Akkubetriebene Handmaschinen sind Maschinen, bei denen die zur Arbeit notwendige Energie in wieder aufladbaren Akkumulatoren gespeichert wird. In einem Akkumulator wird beim Aufladen elektrische Energie in chemische Energie gewandelt. Wird ein Verbraucher angeschlossen, so wird die chemische Energie wieder in elektrische Energie zurückgewandelt.

Für viele Montagearbeiten auf der Baustelle, aber auch bei der betrieblichen Montage, werden netzunabhängige Handmaschinen eingesetzt.

Die Unabhängigkeit von der Stromversorgung einerseits, aber auch die Anfälligkeit der elektrischen Zuleitungen und die damit verbundenen Unfallgefahren andererseits, machen diese Handmaschinen zwischenzeitlich unersetzbar.

Waren anfänglich praktisch nur akkubetriebene Bohrmaschinen und Schrauber im Einsatz werden zwischenzeitlich nahezu alle Handmaschinen der Holzverarbeitung als Akkugeräte angeboten.

Man unterscheidet zwischen integrierten Akkus, die fest mit dem Maschinengehäuse verbunden sind und wechselbaren Akkus, die zum Ladevorgang entfernt werden.

Bei Akkus unterscheidet man im Wesentlichen zwischen Nickel-Metallhydrid-Akkumulatoren (NiMH) und Lithium-Ionen-Akkumulatoren (Li-Ion). Früher gebräuchliche Nickel-Cadmium-Akkumulatoren (NiCd) sind stark umweltgefährdend und werden deshalb nur noch selten angeboten.

Entscheidend für die Betriebsbereitschaft ist die Ladungsmenge sowie der Ladezustand der Akkus. Die Ladungsmenge, die ein Akkumulator speichern kann, wird in Amperestunden (Ah) angegeben und als „Kapazität" (Nennkapazität) bezeichnet. Der sogenannte **Memory-Effekt** bei NiCd oder Batterieträgheitseffekt bei NiMH tritt abhängig vom Lade- und Entladeverfahren auf und führt zu erheblichen Verringerungen der Kapazität (NiCd) oder Spannung (NiMH). Prozessorgesteuerte Ladegeräte vermeiden diesen Effekt und erhöhen somit die Lebensdauer und Einsatzbereitschaft des Akkus.

Wird ein Akku nicht verwendet, so verliert er einen Teil seiner gespeicherten Energie. Diesen Vorgang nennt man Selbstentladung. Diese hängt von Typ und Alter des Akkus sowie von der Lagertemperatur ab. Höhere Temperaturen beschleunigen die Selbstentladung.

Akkubetriebene Maschinen sollten deshalb möglichst kühl gelagert werden.

Um die Spannung der Akkumulatoren zu vervielfachen, werden mehrere Zellen gleicher Kapazität in Reihe geschaltet. Die Zellen können dabei in einem gemeinsamen Gehäuse zusammengefasst werden.

Akku-Handmaschinen können aufgrund ihrer häufig verwendeten Akkuspannung folgendermaßen eingeteilt werden:

- Leichtklasse bis 7,2 Volt
- Kompaktklasse 7,2 bis 10,8 Volt
- Standardklasse 10,8 bis 18 Volt
- Leistungsklasse 18 bis 24 Volt
- Hochleistungsklasse bis 36 Volt

Kabellose Ladung von Akkugeräten

Die sogenannte **induktive Ladung** erfolgt ohne direkte Stromverbindung des Akkus mit dem Stromnetz.

In einer Ladestation erzeugen zwei von Wechselstrom durchflossene Spulen ein elektromagnetisches Feld. Wird die Maschine in diese Station gestellt, laden sich die verbrauchten Lithium-Ionen-Akkus dabei wieder auf.

Wichtige Hinweise für den Umgang mit Akkumaschinen:

- Hohe und zu tiefe Temperaturen verringern die Leistungsfähigkeit von Akkus drastisch. Achten Sie deshalb darauf, dass Handmaschinen beispielsweise nicht in Heizungsnähe gelagert werden.
- Die Lagerung im Montagefahrzeug und die damit verbundene Aufheizung im Sommer ist ebenfalls zu vermeiden. Dies gilt ebenso für die Lagerung und den Montageeinsatz in den Wintermonaten.
- Die Arbeitsbereitschaft hängt sehr stark mit dem Ladezustand des Akkus zusammen. Achten Sie deshalb bereits beim Kauf auf die Beschaffung von Ersatzakkus. Moderne Ladegeräte haben kurze Ladezyklen, diese schonen die Akkus zudem besser als lange Ladezeiten.
- Intelligente Ladegeräte prüfen zusätzlich den Ladezustand eines Akkus. Wird diese Kapazitätsprüfung durchgeführt, so darf der Akku erst nach vollständigem Ablauf der Prüfung und anschließender Aufladung eingesetzt werden.
- Verbrauchte oder beschädigte Akkus müssen der Wiederverwertung zugeführt werden. Sie dürfen keinesfalls über den Hausmüll entsorgt werden.

Bild 1: Akku-Schrauber, 10,8 V

Bild 2: Akku-Schrauber, 18 V

Bild 3: Akku-Bohrhammer, 36 V

6.6 Stationäre Maschinen

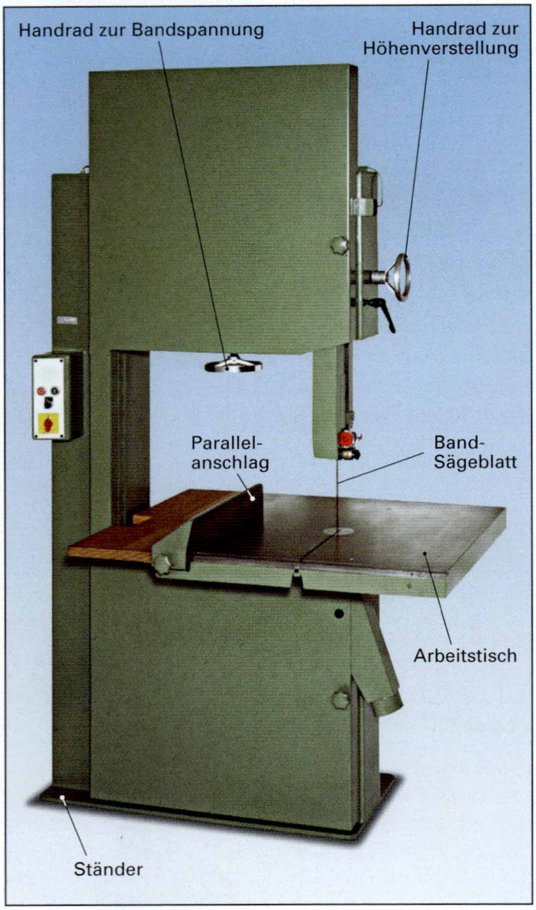

Bild 1: Bandsägemaschine

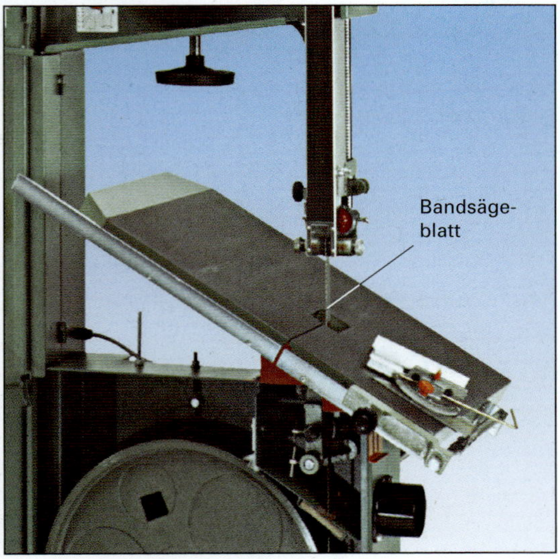

Bild 2: Schwenkbarer Arbeitstisch

6.6.1 Sägemaschinen

Sägemaschinen zerspanen den Werkstoff in geradliniger oder kreisförmiger Schnittbewegung. Die Werkzeuge sind endlose Sägebänder oder kreisrunde Sägescheiben. Sägemaschinen werden zum Auftrennen, Ablängen, Schlitzen, Nuten und Fälzen von Werkstücken verwendet.

Man unterscheidet Bandsägemaschinen, Kreissägemaschinen und Dekupiersägemaschinen.

6.6.1.1 Bandsägemaschinen

Bei **Bandsägemaschinen (SB)** wird die kreisförmige Bewegung des Antriebsmotors durch ein endloses Sägeband in eine geradlinige Schneidbewegung an der Sägestelle umgewandelt.

Aufbau

Der **Maschinenständer** von Bandsägemaschinen trägt den Arbeitstisch, den Antriebsmotor, die Sägeblattrollen und die Sägeblattführung **(Bild 1)**. Ein endloses Sägeblatt läuft über die obere und untere Bandrolle. Die untere Bandrolle, die fest mit dem Maschinenständer verbunden ist, wird direkt oder über einen Kurzriemen von einem Elektromotor angetrieben. Die obere Bandrolle ist über ein Handrad in der Höhe verstellbar. Ihre Achse ist federnd gelagert, um Schnittstöße abzufangen und die Wärmedehnung des Sägeblatts auszugleichen. Der zwischen den Bandrollen angeordnete Arbeitstisch nutzt den absteigenden Teil des Sägeblatts. Die durch das Sägeblatt auftretenden Schnittkräfte werden gegen den Arbeitstisch abgeleitet, das Werkstück erhält dadurch eine sichere Auflage. Der **Arbeitstisch**, der nach innen und außen schwenkbar sein kann, weist eine verschließbare Nut für den Sägeblattwechsel auf **(Bild 2)**. An der Durchtrittstelle des Sägeblatts befindet sich eine auswechselbare Einlage. Sie dient dem Schutz des Sägeblatts und muss aus zerspanbarem Material wie Hartholz, Aluminium oder Kunststoff sein. Auf dem Arbeitstisch ist ein geführter und verstellbarer **Parallelanschlag** angebracht. Für Gehrungs- und Ablängschnitte können außerdem noch weitere, meist abschwenkbare Anschläge an der Maschine aufgesetzt werden **(Bild 1, Seite 295)**. Bei Bandsägemaschinen darf nur der zur Spanung notwendige Arbeitsbereich des Sägeblatts freiliegen. Alle anderen Bereiche müssen zur Vermeidung von Unfällen wirksam verkleidet oder verdeckt sein. Dies ermöglicht auch die Absaugung der beim Sägevorgang anfallenden Späne.

Bandsägemaschinen ab Baujahr 1982 müssen beim Ausschalten bis zum Stillstand der Maschine abgebremst werden können.

Um Beschädigungen des Bandsägeblatts zu vermeiden, sind die Bandrollen mit einem Kork-, Gummi- oder Kunststoffbelag, der sogenannten **Bandage,** versehen. Durch eine ballige Ausformung des Rollenbelags läuft das Sägeblatt immer auf der Mitte der Bandrolle **(Bild 2)**. Zur weiteren Regulierung des Sägeblatts kann die obere Bandrolle im Achswinkel nach vorne und hinten geneigt werden. Das Griffrad für die Verstellung befindet sich meist auf der Rückseite der Maschine. Das Sägeblatt kann so gefahrlos bei laufender Maschine reguliert bzw. eingestellt werden.

Der Werkstückdruck bewirkt eine Lageänderung des Sägeblatts auf den Bandrollen. Man benötigt deshalb im Arbeitsbereich eine **Sägeblattführung,** die das Ausweichen des Sägeblatts nach hinten verhindert sowie eine seitliche Führung des Sägeblatts gewährleistet **(Bild 3)**. Hierfür sind über dem Arbeitsbereich und unter dem Arbeitstisch Bandsägeblattführungen angeordnet. Ohne Sägedruck darf das Sägeblatt diese gehärteten Stahlrollen nicht berühren. Wegen der unterschiedlichen Sägeblattbreiten müssen diese Führungen nach vorne und seitlich beweglich sein, sodass die Rollen der Führung beim Sägen keinen Kontakt mit den Sägezähnen bekommen.

Zusätzlich ist die obere Sägeblattführung über ein Handrad höhenverstellbar, sodass die Durchgangsöffnung der jeweiligen Werkstückdicke angepasst werden kann. Dadurch wird eine optimale Führung nahe am Werkstück gewährleistet.

Werkzeuge

Das **Bandsägeblatt** besteht aus unlegiertem Werkzeugstahl. Länge, Breite und Dicke richten sich nach dem jeweiligen Rollendurchmesser der Bandsägemaschine. Bandsägeblätter sind genormt. Die Länge liegt zwischen 2250 mm und 8500 mm, die Breite zwischen 6,3 mm und 63 mm. Die Sägeblattdicke soll $^{1}/_{1000}$ des Rollendurchmessers nicht übersteigen.

Je nach Sägeaufgabe kommen verschiedene Sägeblätter mit unterschiedlichen Abmessungen und Zahnformen zum Einsatz. Gerade Schnitte werden mit breiten Sägeblättern durchgeführt. Sie bieten eine gute Führung und ihre Neigung zum Verlaufen ist gering. Schweif- und Bogenarbeiten werden mit schmalen Sägeblättern durchgeführt. Diese passen sich dem Kurvenradius besser an, sodass auch kleinere Radien gesägt werden können.

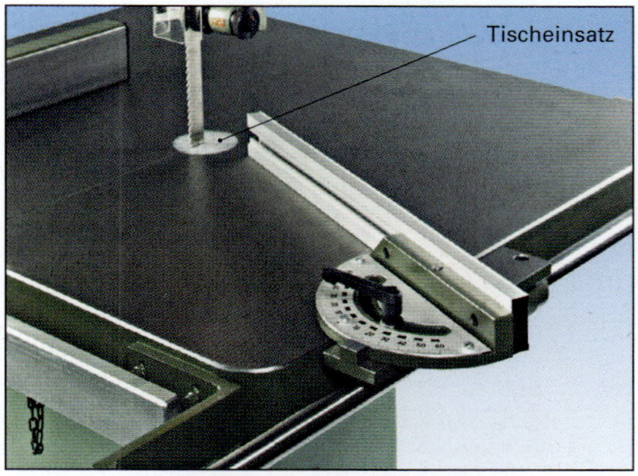

Bild 1: Abläng- und Gehrungsanschlag

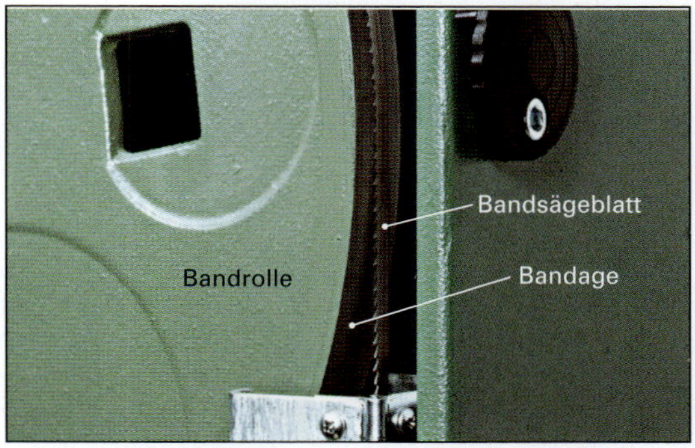

Bild 2: Sägeblattbandage

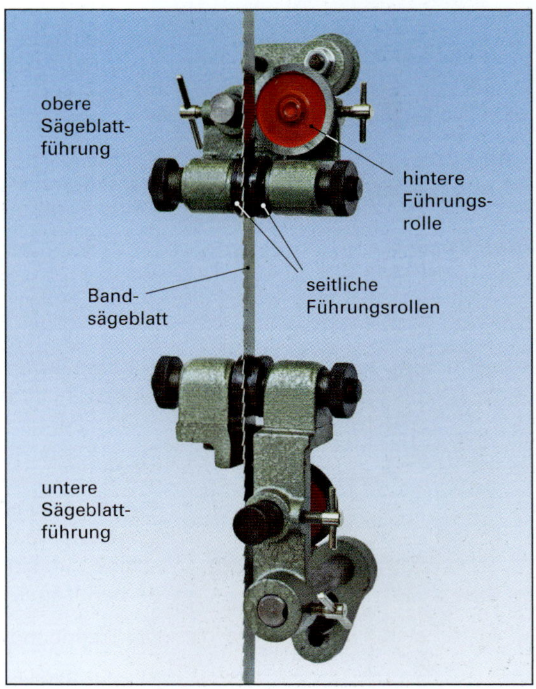

Bild 3: Sägeblattführung

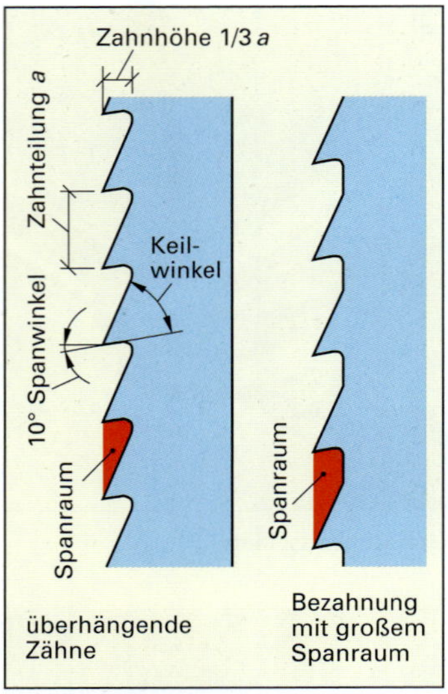

Bild 1: Bandsägeblatt für Längsschnitte

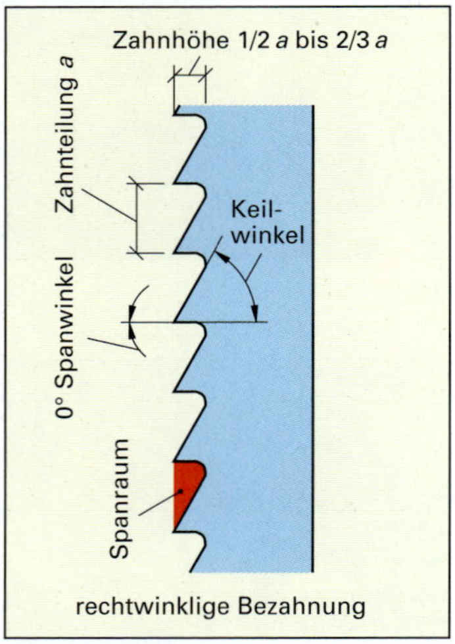

Bild 2: Bandsägeblatt für Querschnitte

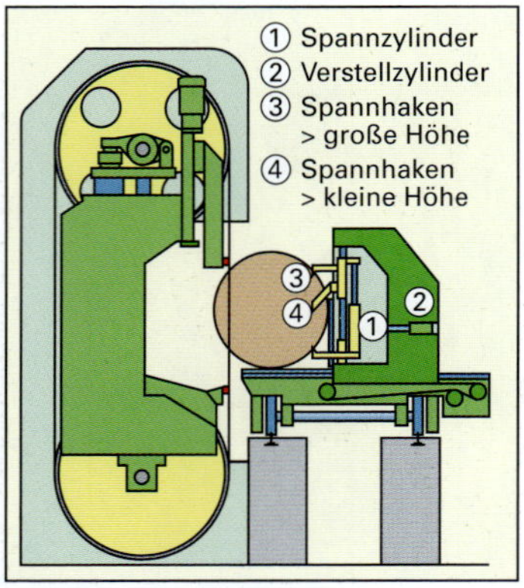

Bild 3: Schema Blockbandsäge

Für die Schnittqualität spielt die Zahnform eine große Rolle. Deshalb werden je nach Werkstoffbeschaffenheit und Schnittrichtung verschiedene Sägeblätter eingesetzt.

Längsschnitte in Weichholz werden mit Sägeblättern durchgeführt, die einen großen Zahnraum zum Abtransport der Späne und einen positiven Spanwinkel haben **(Bild 1)**.

Für Querschnitte in Weichholz werden Sägeblätter mit rechtwinkligen Zähnen eingesetzt **(Bild 2)**. Der Spanwinkel beträgt bei dieser Zahnform 0°, der Schnittwinkel 90°. Längs- und Querschnitte in Hartholz werden auch mit diesem Sägeblatt durchgeführt.

Den Abstand zwischen den einzelnen Zähnen nennt man Zahnteilung, den Abstand zwischen Zahnspitze und Zahngrund nennt man Zahnhöhe. Zahnteilung und Zahnhöhe stehen in einer Wechselwirkung zueinander. Zunehmende Zahnhöhe bedeutet eine Vergrößerung des Zahnraums, die Späne werden gut abgeführt. Gleichzeitig nimmt die Widerstandsfähigkeit des Sägezahns ab.

> Als Faustformel für die Sägezahnhöhe gilt:
> Bei positivem Spanwinkel beträgt die Zahnhöhe $^1/_3$ der Zahnteilung, bei rechtwinkligen Zähnen $^1/_2$ bis $^2/_3$ der Zahnteilung.

Für einen einwandfreien Schnitt spielt die **Schränkung** eine große Rolle. Der gleichmäßige Schrank sorgt für den besonders bei Schweifungen erforderlichen Freischnitt. Die Schrankweite richtet sich nach dem zu sägenden Holz. Harte und trockene Hölzer erfordern einen geringen Schrank, weiche und frische Hölzer erfordern einen weiten Schrank. Um Einrisse am Sägeblattgrund zu vermeiden, werden Sägezähne höchstens bis zur Hälfte ihrer Höhe geschränkt. Die Schrankweite beträgt das $1^1/_2$-fache der Blattdicke.

Das **Schärfen** der Bandsägeblätter erfolgt nach dem Schränken mit einer Schärfmaschine. Geschärft wird mit einer Schleifscheibe oder Dreikantfeile von der Löt- oder Schweißstelle ausgehend gegen die Schnittrichtung des Sägeblatts. Eine Schleifscheibe oder Dreikantfeile bewegt sich dabei waagerecht und rechtwinklig zum Sägeblatt. Beim Schleifen oder Feilen ist darauf zu achten, dass der Zahngrund eine runde Form erhält. Dies vermeidet Einrisse bei starker Werkzeugbelastung.

Bandsägen werden für alle Arten von Längs- und Querschnitten in Hart- und Weichholz eingesetzt. Dabei wird nach Riss oder am Anschlag gearbeitet. Grundsätzlich kann mit Bandsägen keine hohe Schnittgüte erreicht werden. Die Schnittkanten sind meist rau und müssen nachgearbeitet werden.

6.6.1.2 Trenn- und Blockbandsägemaschinen

Trennbandsägemaschine und **Blockbandsägemaschine** entsprechen in technischem Aufbau und Arbeitsweise der normalen Bandsägemaschine. Sie sind entsprechend größer gebaut und arbeiten mit Sonderbandsägeblättern.

Die Trennbandsäge dient zum Auftrennen großer Bohlen und Kanteln.

Mit der Blockbandsäge werden Stämme und blockverleimte Mittellagen aufgetrennt **(Bild 3)**.

Mobile Blockbandsägen ermöglichen individuelle Stammauftrennungen vorort und sind meist horizontal ausgerichtet. Mit ihnen können Stammlängen bis zu 10 Meter und Durchmesser von etwa 1 m aufgetrennt werden. Je nach Ausführung wird die verschmutzte Rinde im Bereich des Sägeblatteintritts entfernt, damit keine Erdreste und Verunreinigungen in die Schnittfuge gelangen. Die Zuführung der Stämme erfolgt mit hydraulischer Unterstützung, die gesägten Bretter werden manuell abgestapelt.

Bild 1: Mobile Blockbandsäge, horizontal

6.6.1.3 Unfallsicheres Arbeiten an Bandsägemaschinen

Vor Beginn einer Sägearbeit wird die Sägeblattführung soweit wie möglich gegen das Werkstück abgesenkt. Für Trenn- und Bogenschnitte wird das Werkstück dann gleichmäßig dem Rissverlauf folgend vorgeschoben. Die Hände befinden sich dabei immer seitlich des Bandsägeblatts **(Bild 1)**. Das Zurückziehen des Werkstücks muss vermieden werden, da hierbei das Sägeblatt von den Bandrollen laufen kann.

Werden lange Werkstücke gesägt, so sind diese gegen Abkippen vom Arbeitstisch zu sichern. Tischverlängerungen oder griffbereite Rollböcke mindern diese Gefahr.

Besonders bei Trennschnitten von hochformatigen Querschnitten besteht erhöhte Unfallgefahr durch Verkanten und Kippen des Werkstücks. Hierfür müssen geeignete Hilfsmittel wie Anlegewinkel und Schiebehölzer bereitgestellt und benutzt werden **(Bild 2)**. Rundhölzer neigen beim Sägen zum Mitdrehen. Dies wird durch eine mitgeführte Keilstütze verhindert.

Bild 2: Handhaltung bei Trennschnitten

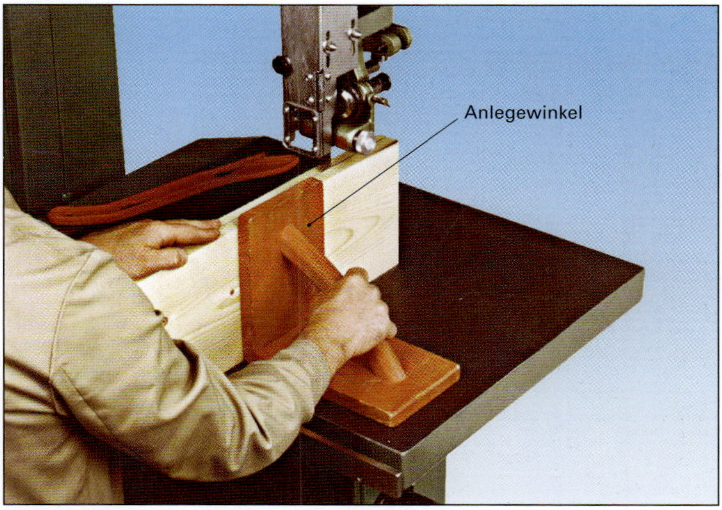

Bild 3: Hochkantschneiden nach Trennriss

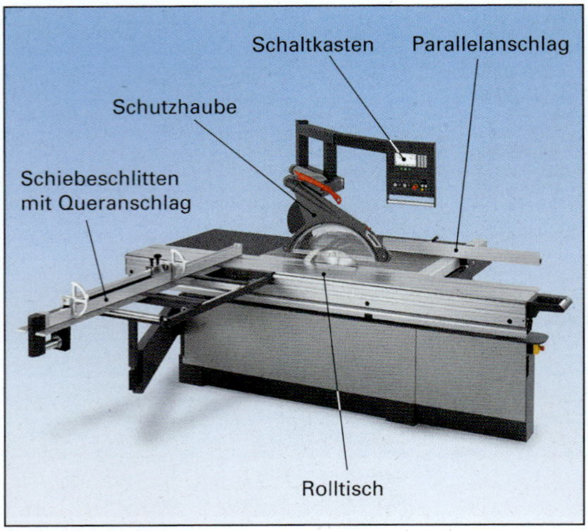

Bild 1: Formatkreissägemaschine

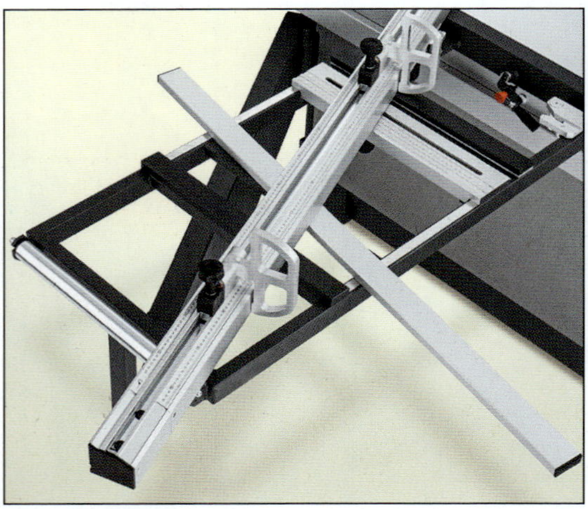

Bild 2: Winkelverstellbarer Queranschlag

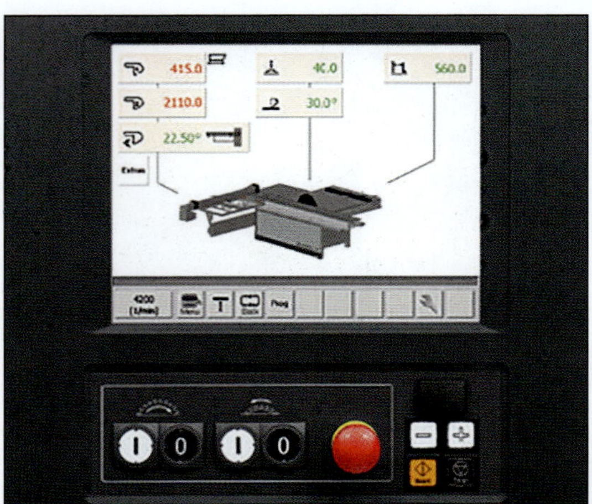

Bild 3: Bedienelemente als Touchpanel

6.6.1.4 Kreissägemaschinen

An Kreissägen werden viele Tischlerarbeiten durchgeführt.

Man unterscheidet je nach Einsatzgebiet:

- **Tischkreissägemaschinen (SKT),**
- **Formatkreissägemaschinen (SKF),**
- **Doppelabkürz- und Mehrblattkreissägemaschinen (SKD, SKM),**
- **Besäumkreissägemaschinen (SKB),**
- **Furnierkreissägemaschinen (SF),**
- **liegende und stehende Plattenkreissägemaschinen (SPH, SPV),**
- **Pendelkreissägemaschinen (SKP) und**
- **Kappkreissägemaschinen (SKK).**

Die Tischkreissägemaschine gehört zu den Standardmaschinen in Tischlereien. Auf ihr werden Werkstücke abgelängt und auf Breite gesägt.

Auf dem Maschinenständer der Tischkreissägemaschine ist der Arbeitstisch befestigt **(Bild 1).** Dieser weist eine Durchtrittsöffnung für das Kreissägeblatt auf. Zum Schutz vor Berührung des Sägeblatts dient die nach oben schwenkbare **Schutzhaube** über dem Sägeblatt. Sie ist mit der zentralen Maschinenabsaugung verbunden und entfernt die an der Schnittstelle entstehenden Späne und Stäube.

Im Inneren sind die Maschinenaggregate zum Antrieb der Sägewelle, sowie die Mechanik zur Höhen- und Schrägverstellung des Kreissägeblattes untergebracht. Schwenk- und Höhenverstellbewegung erfolgen über Handrad oder elektromotorisch. Die Schrägverstellung des Sägeblatts erlaubt das präzise Ansägen von Winkeln zwischen 0° und +/– 46°.

Der Antrieb der Kreissägewelle erfolgt mittels Riemenantrieb über verschieden große Riemenscheiben oder stufenlos regelbaren Synchron-Servomotoren **(siehe Seite 278).**

Auf der rechten Seite des Maschinentisches befindet sich der **Parallelanschlag.** Er ermöglicht Werkstückschnitte auf Breite, wobei das gewünschte Maß auf einer Skala voreingestellt wird. Auf der linken Maschinenseite ist ein **Rolltisch** befestigt. Dieser nimmt den festen oder winkelverstellbaren **Queranschlag** auf **(Bild 2).** Auch am Queranschlag können gewünschte Maße und Winkel auf Skalen voreingestellt werden. Zum **Ablängen** werden Werkstücke auf den **Rolltisch** aufgelegt, am Anschlag angelegt und am Kreissägeblatt vorbeigeführt.

Die elektrischen **Bedienelemente** sind in einem schwenkbaren Schaltkasten oberhalb des Arbeitstisches angebracht **(Bild 3).** Je nach Maschinenausführung können auch Anschlagpositionen, Schnitthöhen, Winkeleinstellungen und Drehfrequenzen an **Touchpanels** eingegeben oder digital übertragen und abrufbar gespeichert werden.

Die **Formatkreissäge** wird zum Zuschnitt- und Formatschnitt von Holzwerkstoffen und Vollholz verwendet. Sie ist mit einem großen Arbeitstisch und einem stabilen und winkelverstellbaren Parallelogramm-Schiebetisch ausgestattet. Dieser erlaubt mit seiner großen Auflagefläche genaue Schnitte auch bei großen Werkstückabmessungen. Der lange Rolltisch kann bei dieser Maschine auch für Besäumschnitte in Vollholz genutzt werden.

Auf der **Doppelabkürzkreissäge** werden Bretter und Rahmenhölzer in einem Arbeitsgang an zwei Kanten beschnitten **(Bild 1)**. Hierzu wird ein Sägeaggregat auf einem Laufschlitten achsparallel bis zum gewünschten Zwischenabstand verschoben. Zum ausrissfreien Sägen von kunststoffbeschichteten Holzwerkstoffen sind diese Sägen meist mit Vorritzaggregaten ausgerüstet **(Bild 2)**. Das zu bearbeitende Werkstück wird mit Vakuumspannern auf einem Rolltisch festgehalten und gleichzeitig an den beiden Sägeblättern vorbeigeführt. Diese rücken beim Zurückfahren des Rolltischs selbstständig je 2 mm auseinander.

Mit der **Mehrblattkreissäge,** auch Zuschnittautomat genannt, wird Vollholz mehrfach aufgetrennt. Sie ermöglicht das Auftrennen von Vollholz zu schmalen Leisten in einem Durchlauf. Hierfür können auf einer Arbeitswelle mehrere gleich große Sägeblätter aufgespannt werden. Der Vorschub des Werkstücks erfolgt automatisch über ein Gliedertransportband mit Walzenvorschub. Gliederrückschlagsicherungen mit einer Maximalbreite von 15 mm verhindern das Zurückschlagen der Werkstücke gegen den Bediener.

An der **Besäumkreissäge** werden Baumkanten vom Vollholz abgetrennt und Bretter auf Breite gesägt **(Bild 3)**. Die Werkstücke werden auf einem langen Arbeitstisch durch pneumatische Niederhalter festgespannt. Diese verschließen gleichzeitig den Arbeitsraum des Kreissägeblatts, das mechanisch gegen das Werkstück vorgeschoben und anschließend in seine Ausgangsposition unter dem Maschinentisch abgesenkt wird. Die Auslösung des Sägevorgangs erfolgt mittels Fußschaltern. Da die Werkstücke von Hand zugeführt werden, verhindern mechanische Sensoren im Bereich der Niederhalter den Sägevorgang, falls Körperteile unter den Spannelementen eingeklemmt worden sein sollten.

Die **Furnier- und Fügekreissäge** ähnelt in ihrem Aufbau der Besäumkreissäge **(Bild 4)**. Hier werden Furniere und Plattenwerkstoffe mit Druckbalken auf dem Maschinentisch gehalten, der Vorschub des Sägeaggregats erfolgt meist von Hand.

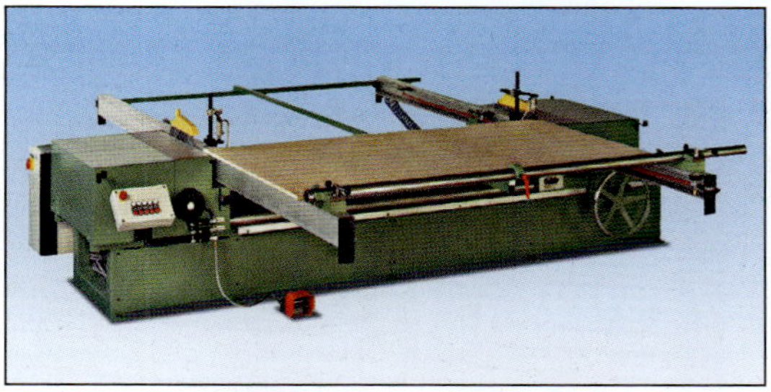

Bild 1: Doppelabkürzkreissäge

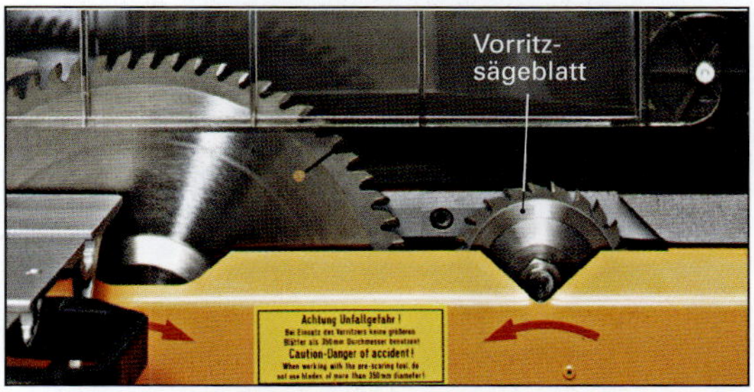

Bild 2: Vorritzaggregat

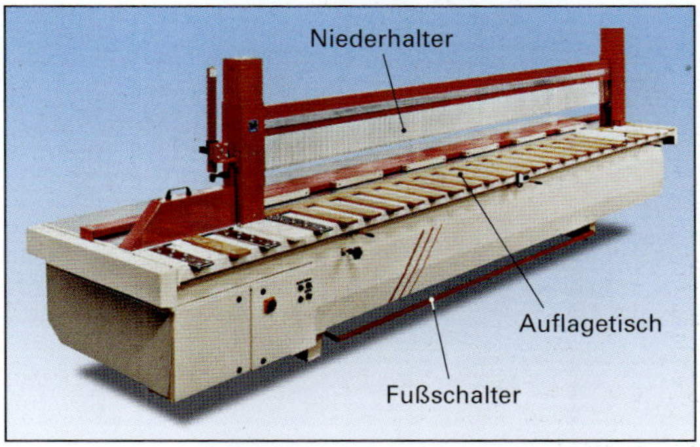

Bild 3: Besäumkreissäge

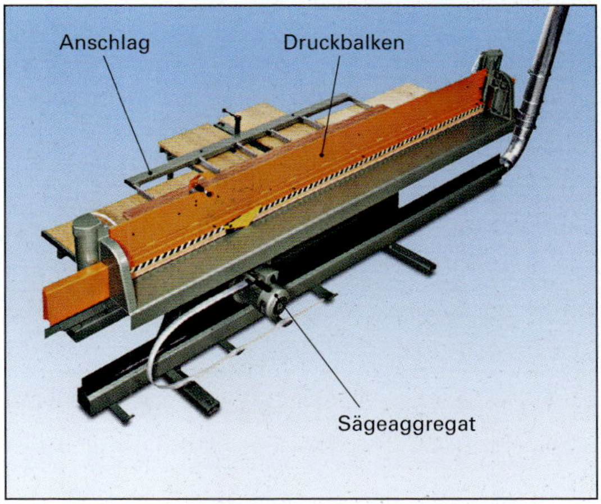

Bild 4: Furnierkreissäge

Bild 1: Vertikale Plattensäge

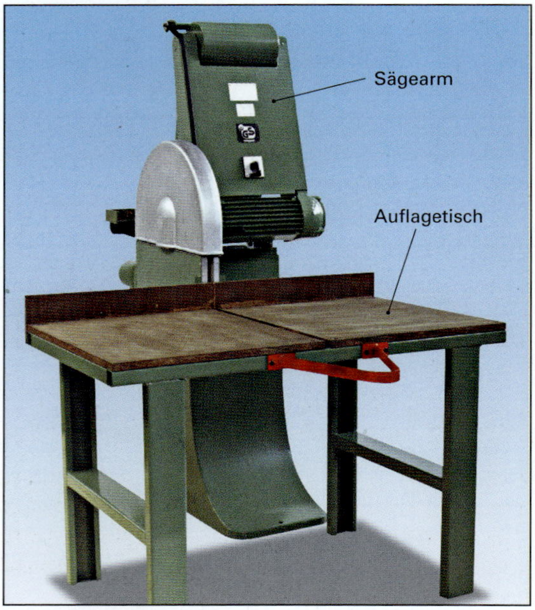

Bild 2: Pendelkreissäge

Bild 3: Kapp-Zugsäge

Da sich der Druckbalken in unmittelbarer Nähe zum Sägeaggregat befindet, sind hier gerade und splitterfreie Fügeschnitte, wie sie besonders bei Furnieren verlangt werden, möglich.

Plattenkreissägen verwendet man zum Aufteilen von Holzwerkstoffen. Man unterscheidet vertikale und horizontale Maschinen. Wegen ihres geringen Platzbedarfs werden häufig vertikale Plattensägen eingesetzt **(Bild 1)**. Bei dieser Maschine stehen die Platten auf einem leicht nach hinten geneigten Ständer. Das in Laufschienen geführte Sägeaggregat wird von Hand oder elektromotorisch gegen die Platten geführt. Es sind sowohl waagerechte als auch senkrechte Schnitte möglich. Beim Einsatz schwenkbarer Auflagen können auch beliebige Winkelschnitte ausgeführt werden. Das Ziel der Bearbeitung sind präzise, anleimfähige Formatierungsschnitte. Hierfür werden stabile und verwindungssteife Aggregatführungen benötigt. Zusätzlich sorgen wahlweise einsetzbare Vorritzaggregate für ausrissfreie Schnittkanten. Bei horizontalen Plattenkreissägen können mehrere aufeinanderliegende Platten gleichzeitig bearbeitet werden. Der Vorschub und die Positionierung des Sägeaggregats erfolgen elektromotorisch. Die Schnittführung bei diesen Maschinen ist häufig programmgesteuert, sodass auch ein verschnittoptimierter Zuschnitt möglich ist.

Die **Pendelkreissäge** dient zum Ablängen von Vollholz, Holzwerkstoffen, Kunststoffen und Aluminium-Profilen **(Bild 2)**. Sie wird, wie die Besäumkreissäge, in der Nähe des Holzlagerplatzes aufgestellt. Im Gegensatz zur Tischkreissäge wird hier das Sägeaggregat gegen das Schnittgut geführt. Ein federgehaltener Sägearm führt das direkt angetriebene Sägeblatt durch das Schnittgut und anschließend wieder in die Ruhestellung zurück. Für Gehrungsschnitte kann der Sägearm nach rechts und links geschwenkt werden. Zur sicheren Zuführung der Werkstücke sind beiderseits des Sägearms Rollentische mit verstellbaren Längenanschlägen angebracht. Da die Schnittbewegung gegen die bedienende Person erfolgt, muss sichergestellt sein, dass das rotierende Sägeblatt die Ausrückbewegung nicht beschleunigt. Dies wird durch konstruktive Maßnahmen und die Verwendung von Sägeblättern mit negativem Spanwinkel erreicht.

Die **Kapp-Zugsägen** werden für Quer- und Winkelschnitte in Vollholz, Kunststoffen oder Leichtmetallen eingesetzt **(Bild 3)**. Ein vollständig verkleidetes Sägeblatt wird von oben gegen das Werkstück abgekippt oder gezogen. Öffnen und Schließen der Sägeblattabdeckung erfolgen zwangsgeführt.

DIGITAL+

6.6.1.5 Kreissägeblätter

Die Werkzeuge der Kreissägemaschinen nennt man Kreissägeblätter. Dies sind runde Metallscheiben, auf deren Umfang die Sägezähne angeordnet sind. Sägeblätter unterscheiden sich in Durchmesser, Anzahl und Form der Zähne sowie in der Art des verwendeten Materials.

Einteilige Kreissägeblätter werden aus einem Stück Stahl gestanzt und mit der gewünschten Zahnform versehen. Sie werden in der Holzverarbeitung zwar noch verwendet, spielen aber wegen ihrer ausschließlichen Eignung für Massivholz und ihrer materialbedingt schnelleren Abnutzung nur noch eine untergeordnete Rolle.

Bild 1: Verbundkreissägeblätter

Bei **Verbundkreissägeblättern** werden auf den Metalltragkörper Schneiden aus Hartmetall oder polykristallinem Diamant aufgelötet **(Bild 1)**. Diese Schneiden sind immer dicker als der Tragkörper, das Schränken der Zähne ist deshalb nicht notwendig. Auch hier werden verschiedenartige Zahnformen mit unterschiedlicher Schneidengeometrie gefertigt. Die hohe Leistungsfähigkeit der Hartmetallschneide kann aber nur ausgenutzt werden, wenn das jeweils geeignete Sägeblatt ausgewählt wird. Dies hat auch Einfluss auf den Standweg, also die Strecke, auf der ein Werkzeug Zerspanungsarbeit mit optimaler Schnittgüte leistet.

Bei der Zerspanung spielen eine Vielzahl von Faktoren wie Zahnform, Anzahl und Anschliff der Zähne eine wesentliche Rolle. Man spricht hier von der **Schneidengeometrie** des Sägezahns.

Um das Eindringen des Sägezahns in das Werkstück zu ermöglichen, muss ein auf den Werkstoff abgestimmter Keilwinkel eingehalten werden. Die Art des Eindringens wird durch Schnitt- und Spanwinkel bestimmt. In Abhängigkeit hiervon steht der Rückenfreiwinkel. Er bestimmt den Abstand nichtschneidender Zahnteile vom Werkstück und vermindert, ebenso wie der Nebenfreiwinkel, somit die Reibung. Neben diesen Winkeln spielt die Ausformung des Spanraums eine große Rolle. Er soll die abgetrennten Späne vollständig aufnehmen und somit die Spanfläche räumen. Negative Spanwinkel werden bei Kappsägen und für Schnitte in Nichteisenmetalle eingesetzt **(Bild 2)**.

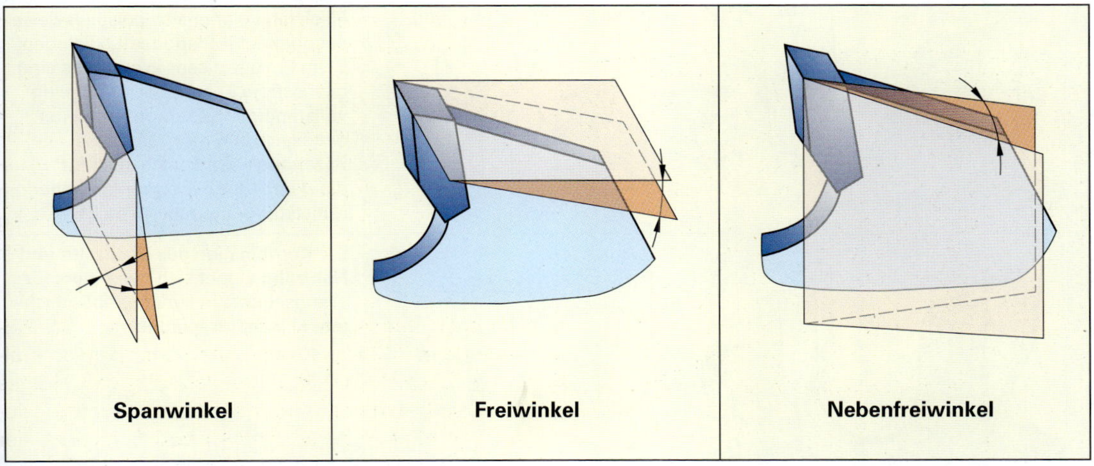

Bild 2: Winkel an den Zahnschneiden

Tabelle 1: Zahnformen bei Verbundkreissägeblättern

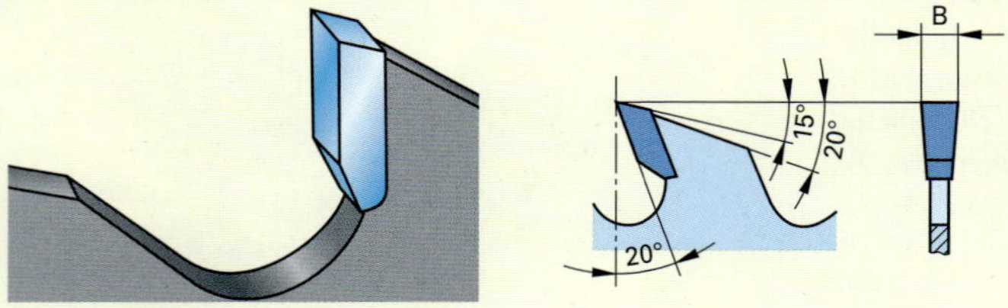

Der **Flachzahn** wird für Längsschnitte in Hart- und Weichholz verwendet. Zwischen den Zähnen wird manchmal ein Abweiser eingearbeitet. Er begrenzt die Spanabnahme der einzelnen Sägezähne und erhöht dadurch die Bearbeitungssicherheit.

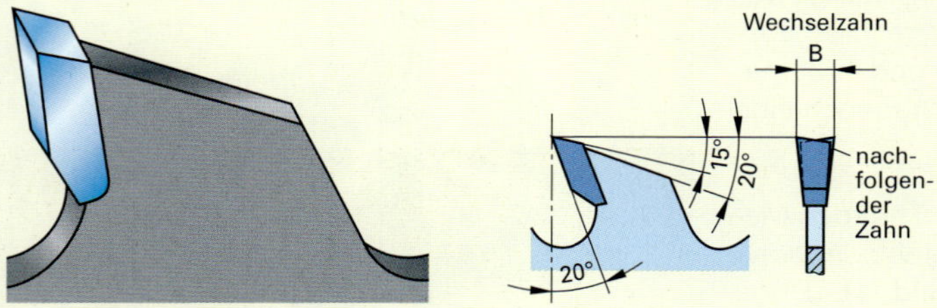

Beim **Wechselzahn** sind die Zahnrücken und bisweilen auch die Zahnbrust der jeweils folgenden Zähne wechselseitig abgeschrägt. Dieses Sägeblatt wird auch als Universalkreissägeblatt bezeichnet, da es für Längs- und Querschnitte sowie bei den meisten Holzwerkstoffen eingesetzt werden kann.

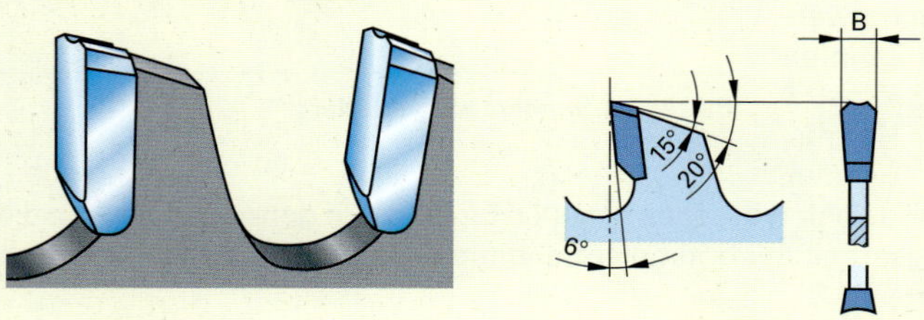

Für furnierte Werkstoffe eignet sich auch der **Hohlzahn.** Die runde Ausformung der Zahnbrust ermöglicht feinste und ausrissfreie Schnitte.

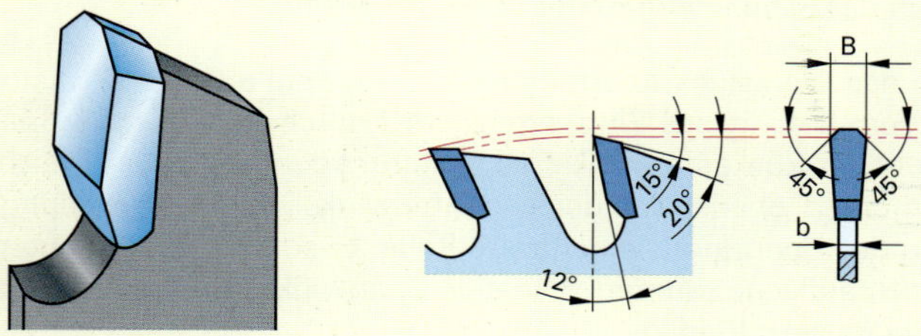

Beim **Trapezzahn** sind die Ecken des Zahnrückens abgeschrägt. Hiermit werden ausrissfreie Schnitte in kunststoff- oder lackbeschichteten Materialien durchgeführt.

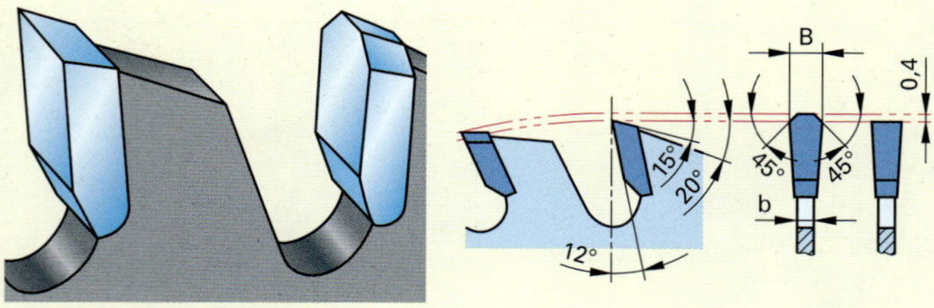

Die Kombination aus **Trapez- und Flachzahn** eignet sich beispielsweise besonders für Plattenaufteilanlagen. Beim Einsatz dieses Werkzeugs sind ausrissfreie Kanten bei gleichzeitig vollständiger Spanräumung durch den Flachzahn möglich. Diese Bezahnung eignet sich auch für die Bearbeitung thermoplastischer Kunststoffplatten bis 10 mm Dicke.

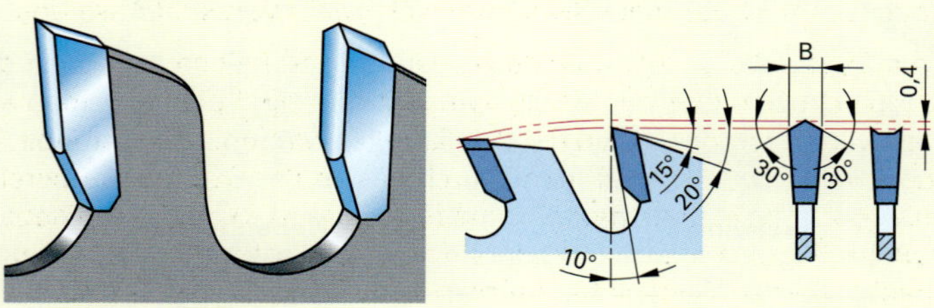

Die Kombination aus **Dachzahn und Hohlzahn** eignet sich besonders für Trennschnitte in kunststoffbeschichteten Flachpressplatten.

Neben der Zahnform spielt die **Schnittgeschwindigkeit** eine Rolle. Sie entspricht der Umfangsgeschwindigkeit der Werkzeugschneide und beeinflusst Schnittqualität, Standweg und somit die Wirtschaftlichkeit eines Werkzeugeinsatzes. Da die richtige Schnittgeschwindigkeit neben der Eigenschaft des Schneidenwerkstoffs auch vom Material des Werkstücks abhängig ist, können die Werte der Tabelle immer nur anzustrebende Richtwerte darstellen **(Tabelle 1)**.

Tabelle 1: Schnittgeschwindigkeit für HM-bestückte Kreissägeblätter

Werkstoff	v_c in $\frac{m}{s}$
Weichhölzer	70 bis 100
Harthölzer	70 bis 90
Spanplatten	60 bis 80
Tischlerplatten	60 bis 80
Hartfaserplatten	60 bis 80
Kunststoffbeschichtete Platten	60 bis 120

Für die Lebensdauer eines Sägeblatts spielt die **Pflege und Instandhaltung** eine große Rolle. So sind Sägeblätter einer regelmäßigen Sichtkontrolle zu unterziehen. Sägeblätter mit schadhaften oder fehlenden Zähnen sind sofort aus der Maschine zu entfernen, da keine ordnungsgemäße Schnittgüte mehr gewährleistet ist.

Aber auch verharzte Sägeblätter sind zu entfernen und zu reinigen, da der anhaftende Schmutz die Schnittqualität wesentlich beeinflusst.

Eine **regelmäßige Reinigung** verlängert wegen der verbesserten Spanungseigenschaften auch die Standwege des Werkzeugs. Die Nachschärfkosten werden dadurch deutlich verringert. Außerdem sind Sägeblätter regelmäßig auf Schadstellen und Haarrisse im Tragkörper zu untersuchen. Treten diese auf, darf das Sägeblatt nicht mehr verwendet werden.

Bild 1: Aufspannung des Kreissägeblatts

Bei Kreissägeblättern wird der Tragkörper vom Hersteller in der Randzone durch Hämmern oder Walzen gestreckt. Diesen Vorgang nennt man **Vorspannung.** Sie ist in der Lage, die beim Bearbeiten durch Flankendruck und Reibungswärme auftretenden Spannungen auszugleichen. Die Vorspannung ist für die Laufruhe und damit für die Schnittgüte von großer Bedeutung. Kreissägeblätter, die ihre Vorspannung durch übermäßige Erwärmung verloren haben, weisen einen unruhigen Lauf und schlechte Schnittqualitäten auch in geschärftem Zustand auf. Diese Sägeblätter können nicht mehr benutzt werden.

Bild 2: Aufbewahrung von Kreissägeblättern

Das **Schärfen** der Verbundkreissägeblätter geschieht mit der Schärfmaschine. Da dem Tischler die für die verschiedenen Zahnformen erforderlichen Vorrichtungen und Maschinen häufig fehlen, werden die Schärfaufträge meist an hierauf spezialisierte Firmen vergeben. Beträgt die Resthöhe oder Restdicke der Schneidplatten weniger als 1 mm, so kann das Werkzeug nicht mehr verwendet werden.

Das **Aufspannen** des Sägeblatts auf die Sägewelle erfolgt mithilfe zweier Spannscheiben, zwischen die das Sägeblatt gespannt wird **(Bild 1)**. Eine Druckmutter mit Linksgewinde presst die Spannscheiben auf der Welle zusammen. Das Linksgewinde verhindert das Lösen der Druckmutter während des Betriebs. Es ist darauf zu achten, dass die Bohrungen des Sägeblatts mit dem Durchmesser der Sägewelle übereinstimmen. Sägeblätter mit einer größeren Bohrung können mithilfe eines eingepressten oder eingeklebten Zwischenringes aufgespannt werden. Beim Sägeblattwechsel ist darauf zu achten, dass weder die Druckmutter noch die Spannscheiben beschädigt werden. Sägeblätter müssen so aufbewahrt werden, dass ihre Schneiden weder untereinander noch direkt mit harten Metallen Berührung haben **(Bild 2)**.

Bild 1: Arbeitsstellung außerhalb des Gefahrenbereichs

Bild 2: Einstellung des Spaltkeils

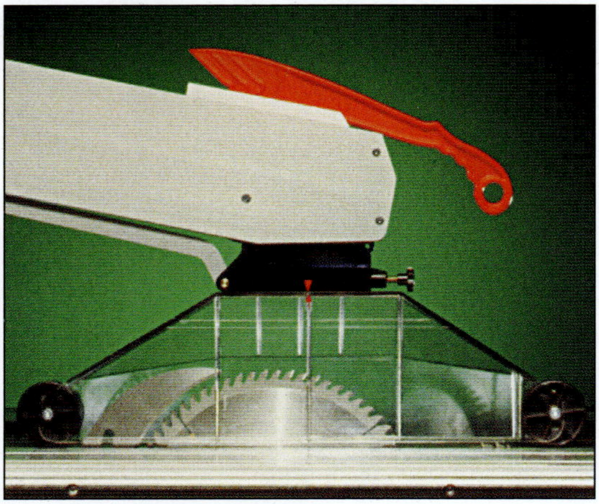

Bild 3: Einstellung der Schutzhaube

6.6.1.6 Unfallsicheres Arbeiten an Kreissägemaschinen

Da viele Tischlerarbeiten an der Kreissäge erfolgen, muss besonderer Wert auf Unfallsicherheit gelegt werden.

Beim Arbeiten an Kreissägen muss die Bedienperson außerhalb des Gefahrenbereichs, also seitlich neben der Maschine stehen **(Bild 1)**. Unfallverhütende Vorrichtungen und Hilfsmittel müssen nahe bei der Maschine bereitgestellt und eingesetzt werden.

Hierzu zählt der **Spaltkeil,** der hinter dem Sägeblatt befestigt ist. Er soll bei Trennschnitten die Sägefugen offenhalten. Fehlt der Spaltkeil, so kann die Fuge durch Spannungen im Holz zugedrückt werden. Dies hat zur Folge, dass der aufsteigende Teil des Zahnkranzes das Werkstück erfasst, beschleunigt und gegen die Bedienperson schleudert. Um Unfälle zu vermeiden, muss der Spaltkeil richtig bemessen sein. Er muss dünner als die Schnittfugenbreite und dicker als der Sägeblatt-Tragkörper sein. Der Abstand zum Sägeblatt muss so eng sein, dass keine Werkstückteile in den Zwischenraum geraten können. Auch darf der Spaltkeil das Sägeblatt keinesfalls berühren. Als Abstand sind 8 mm bis 10 mm vorgeschrieben. Der Spaltkeil muss zusätzlich gegen Abkippen auf das Sägeblatt durch eine Zwangsführung gesichert sein. Wird ein kleineres Sägeblatt eingewechselt, so ist der Abstand zwischen Zahnkranz und Spaltkeil erneut einzustellen, erforderlichenfalls muss der Spaltkeil gegen einen solchen mit kleinerem Biegeradius ausgetauscht werden. Um auch Verdecktschnitte ausführen zu können, darf die Oberkante des Spaltkeils geringfügig (etwa 2 mm) unter dem Schneidenflugkreis liegen **(Bild 2)**.

Bei **Einsatzschnitten** an der Kreissäge muss der Spaltkeil für die Schnittführung entfernt werden. Die hierbei auftretende Rückschlaggefahr muss durch den Einsatz geeigneter Schutzvorrichtungen und **Rückschlagsicherungen** vermieden werden. Die Spaltkeilhalterung ist auch bei entferntem Spaltkeil festzuziehen, um Berührungen der Halterung am Sägeblatt zu vermeiden. Von der Oberseite wird das Sägeblatt durch eine **Span- oder Schutzhaube** abgedeckt. Diese wird bis auf die Werkstückoberkante abgesenkt und verhindert so das Berühren des Sägeblatts **(Bild 3)**. Beim Sägen hochgeschleuderte Späne werden zurückgehalten und durch die Absaugöffnung der Spanhaube entfernt. Die Spanhaube muss so gestaltet sein, dass selbst bei größtmöglicher Schnitthöhe alle Teile des Sägeblatts und des Spaltkeils vollständig verdeckt sind.

Wird das Sägeblatt schräg gestellt, so muss die Schutzhaube gegen eine breitere Ausführung ausgetauscht werden.

Tisch- und Formatkreissägen sind mit einem **Parallelanschlag** ausgerüstet. Mit seiner Hilfe werden Werkstücke von Breite gesägt. Er reicht von der Vorderkante des Arbeitstischs bis hinter den Spaltkeil. Durch Umlegen des profilierten Anschlags kann eine hohe und eine niedere Anschlagkante verwendet werden. Zusätzlich lässt sich der Parallelanschlag noch in Längsrichtung verstellen und festspannen.

Werden Werkstücke von Breite gesägt, so wird der längenverstellbare Anschlag soweit zurückgezogen, dass seine Spitze an eine gedachte Linie stößt, die in der Sägezahnmitte beginnt und auf dem Maschinentisch unter einem Winkel von etwa 45° nach hinten verläuft **(Bild 1)**.

Werden Werkstücke mit einer **Breite unter 120 mm** gesägt, so wird zusätzlich der Anschlag so gewendet, dass seine niedere Kante zum Einsatz kommt. In dieser Einstellung ist auch das Sägen von dünnen Leisten möglich, wobei die Schutzhaube voll abgesenkt bleiben kann. Für diese Arbeiten unter 120 mm Werkstückbreite ist die Verwendung eines Schiebestocks oder Schiebeholzes zwingend vorgeschrieben **(Bild 1)**. Bei Arbeiten, die eine exakte Führung am Anschlag entlang erfordern, kann der Anschlag in der Grundstellung, also mit hoher Anschlagkante, verbleiben. Dies ist beim Schlitzen und Einsetzsägen erforderlich.

Beim **Ablängen kurzer Werkstücke** aus langen Teilen am Winkelanschlag wird der Parallelanschlag bis hinter das Sägeblatt zurückgezogen. Das Verklemmen der abgelängten Werkstückteile wird dadurch verhindert **(Bild 2)**. Damit diese nicht mit dem aufsteigenden Teil des Zahnkranzes in Berührung kommen und die Bedienperson gefährden, wird auf dem Arbeitstisch ein Abweiser montiert. Ein zusätzlicher Hilfsanschlag ermöglicht, unter Verwendung einer entsprechenden Schablone, die Herstellung nicht rechtwinkliger Werkstücke **(Bild 3)**.

Für Tisch- und Formatkreissägen gibt es einen **Vorschubapparat,** der anstelle des Parallelanschlages in die vorhandene Führung eingesetzt wird **(Bild 4)**. Der so montierte Vorschubapparat kann über die Anschlagverstellung auf der gewünschten Schnittbreite festgestellt werden. Drei schräg gestellte Gummiwalzen transportieren Werkstücke bis zu einer Durchlasshöhe von 85 mm sicher am Sägeblatt entlang. Bei Schnittbreiten unter 80 mm wird außerdem das Sägeblatt vom Vorschubapparat abgedeckt. Werden breitere Teile gesägt, so wird die Spanhaube eingesetzt.

Bild 1: Einstellung des Anschlags beim Sägen von Breite

Bild 2: Einstellung von Anschlag und Abweiser beim Ablängen kurzer Werkstücke

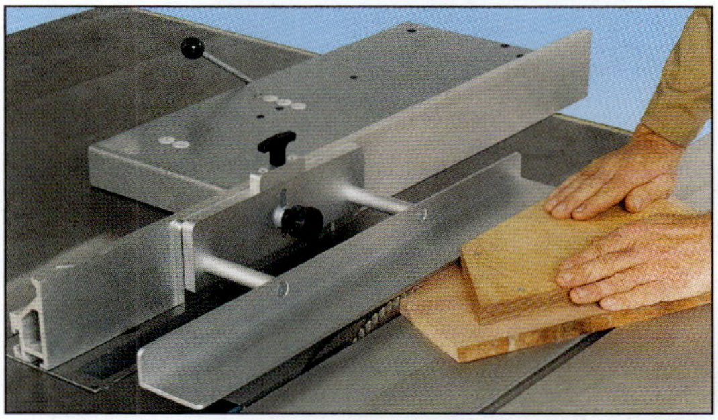

Bild 3: Schablonensägen mit Hilfsanschlag

Bild 4: Kreissäge-Vorschubapparat

Bild 1: Einsatz des Niederhalters

Bild 2: Fälzen auf der Kreissägemaschine

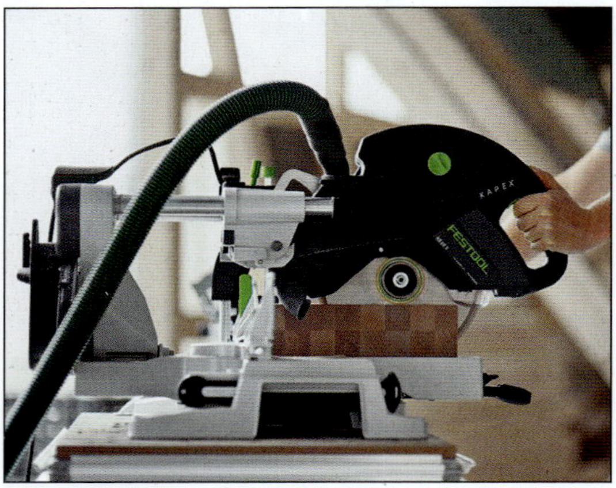

Bild 3: Ablängen an der Kappkreissäge

Bild 4: Dekupiersägemaschine

Besäumschnitte können mithilfe des Rollwagens an der Formatkreissägemaschine durchgeführt werden. Bei dieser Arbeit ist darauf zu achten, dass das Werkstück sicher auf dem Schiebetisch festgehalten wird. Hierzu wird in eine entsprechende Nut ein Niederhalter eingeführt und befestigt **(Bild 1)**.

Ein mit Klemmspitzen versehener Queranschlag hält das Werkstück sicher auf dem Rollwagen und erlaubt, bei zurückgezogenem Parallelanschlag, auch Leistenschnitte ohne weiteres Umrüsten der Maschine.

Beim **Fälzen von Werkstücken** auf der Kreissäge ist die Schnittfolge so einzurichten, dass beim zweiten Einschnitt das frei werdende Leistenteil nicht zwischen dem Anschlag und dem Sägeblatt eingeklemmt werden kann, sondern auf der dem Anschlag abgewendeten Seite gefahrlos abgetrennt wird **(Bild 2)**.

Beim **Arbeiten an Gehrungskapp- und Zugkreissägen** ist vor Beginn zu prüfen, ob das Sägeaggregat selbstständig in die Ausgangsposition zurückkehrt und dort einrastet. Lange Werkstücke sind durch geeignete Auflagen gegen Abkippen zu sichern. Beim Nachschieben des Werkstücks oder beim Entnehmen von Abschnitten darf nicht unter das Sägeblatt gefasst werden **(Bild 3)**.

Da kurze Abschnitte beim Abtrennen vom Sägeblatt erfasst und weggeschleudert werden können, muss bei diesen Arbeiten eine Schutzbrille getragen werden. Spezielle **Querschnittsägeblätter** mit neutralem oder negativem Spanwinkel verringern das ungewollt schnelle Einziehen der Sägezähne ins Werkstück.

6.6.1.7 Dekupiersägemaschinen

Die Schnittbewegung der Dekupiersäge ist an der Schneidstelle geradlinig **(Bild 4)**. Diese Werkzeugbewegung wird durch eine exzentrisch auf der Antriebsscheibe gelagerte Pleuelstange erzeugt. Ihre Bewegung treibt ein geführtes und federgespanntes Sägeblatt an, sodass der Abwärtshub jeweils zur Schnittbewegung genutzt wird.

Mit Dekupiersägen werden feine Schweifarbeiten und Intarsienschnitte durchgeführt. Die Sägeblätter sind entsprechend dünn und schmal ausgeformt. Um Verformungen des dünnen Sägeblatts zu vermeiden, darf das Werkstück nur mit geringem Druck gegen das Sägeblatt geführt werden.

Da der Aufwärtshub das Werkstück vom schrägstellbaren Arbeitstisch abheben kann, ist dieses beim Sägen fest gegen die Auflage zu pressen. Diese Aufgabe wird bei einigen Maschinen durch einen höhenverstellbaren Niederhalter übernommen.

6.6.2 Hobelmaschinen

An Hobelmaschinen werden raue und unebene Holzoberflächen gegen eine rotierende Messerwelle geführt. Dadurch erzeugt man glatte und ebene Oberflächen. Man unterscheidet:

- **Abrichthobelmaschinen (HA),**
- **Dickenhobelmaschinen (HD),**
- **kombinierte Abricht-Dickenhobelmaschinen (HA/HD)**

und

- **Mehrseitenhobelmaschinen (HM).**

6.6.2.1 Abrichthobelmaschinen

Die Abrichthobelmaschine verwendet man zum Abrichten von Brettern, Bohlen oder Kanthölzern, zum Bestoßen von Winkelkanten sowie zum Anfügen und zum Fasen **(Bild 1)**.

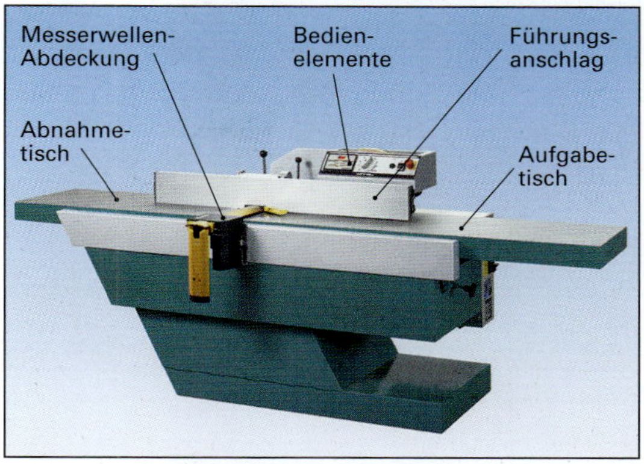

Bild 1: Abrichthobelmaschine

Aufbau

Im schweren Maschinenständer ist die Messerwelle gelagert. Auf dem Ständer sind die beiden Arbeitstische, die man als Aufgabe- und Abnahmetisch bezeichnet, befestigt. Die gesamte Antriebsmechanik, bestehend aus dem leistungsstarken Elektromotor und dem Kurzriemen, sind im Inneren des Maschinenständers untergebracht. Abrichthobelmaschinen werden in verschiedenen Tischlängen und Hobelbreiten hergestellt.

Bedienelemente wie Haupt- und Aggregatschalter sind oberhalb der Arbeitsebene angeordnet. Zum Schutz vor Berührung dient eine Messerwellenabdeckung **(Bild 2)**. Diese verdeckt die Messerwelle vor und hinter dem auf den Arbeitstischen angeordneten Führungsanschlag. Durch eine Federmechanik wird nur der zur Werkstückbearbeitung benötigte Teil der Messerwelle freigegeben und nach der Bearbeitung sofort wieder geschlossen.

Bild 2: Führungsanschlag mit Messerwellenabdeckung

Die Arbeitstische dienen zum Auflegen der Werkstücke beim Zuführen gegen die Messerwelle sowie bei der Abnahme nach erfolgter Bearbeitung. Beide Arbeitstische sind über Handräder oder Hebel in der Höhe verstellbar. Damit eine Spanabnahme zu Stande kommt, muss die Höhe des Zuführtisches unter dem äußersten Messerflugkreis liegen. Diese Höhendifferenz bestimmt das Maß der Spanabnahme bei einem Arbeitsgang. Der Abnahmetisch wird genau auf die Höhe des Messerflugkreises eingestellt. Beim Messerwechsel muss er neu angepasst werden. Beide Tische sind an den der Messerwelle zugeordneten Kanten mit gesonderten Tischlippen ausgestattet **(Bild 3)**. Diese können zur Lärmminderung kammartig geschlitzt sein.

Bild 3: Abrichttisch mit kammartig geschlitzten Tischlippen

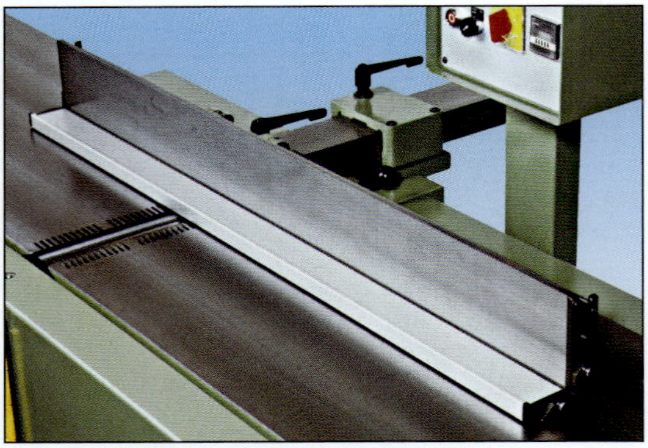

Bild 1: Vorgeschwenkter Fügeanschlag

Ihr Abstand zur Messerwelle darf auch bei Höhenveränderung des Zuführtisches maximal 5 mm betragen. Unter der Tischebene werden die abgenommenen Späne aufgefangen und über Stutzen der zentralen Späneabsaugung zugeführt. Als seitliche Führung beim Hobelvorgang dient der **Fügeanschlag (Bild 1).** Dieser kann in seiner Stellung zur Messerwelle je nach Werkstückbreite seitlich verändert und für Abschrägarbeiten bis zu einem Winkel von 45° geschwenkt werden. Am Fügeanschlag ist ein kleiner Hilfsanschlag angebracht, der bei Bedarf vor das Anschlaglineal geklappt werden kann. Er verhindert beim Fügen schmaler Leisten Berührungen der Schiebehand mit der Messerwelle.

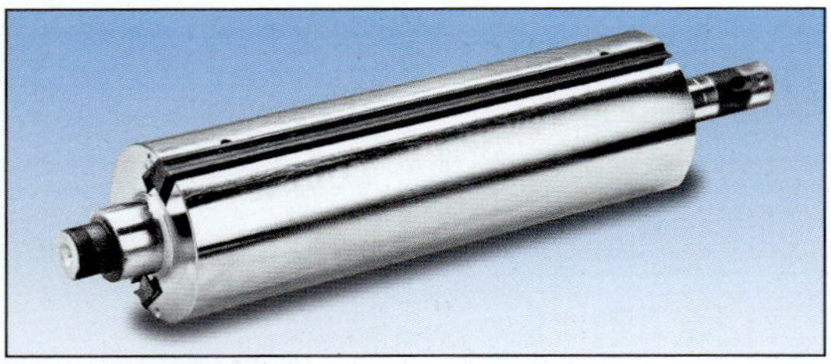

Bild 2: Zwei-Messerwelle

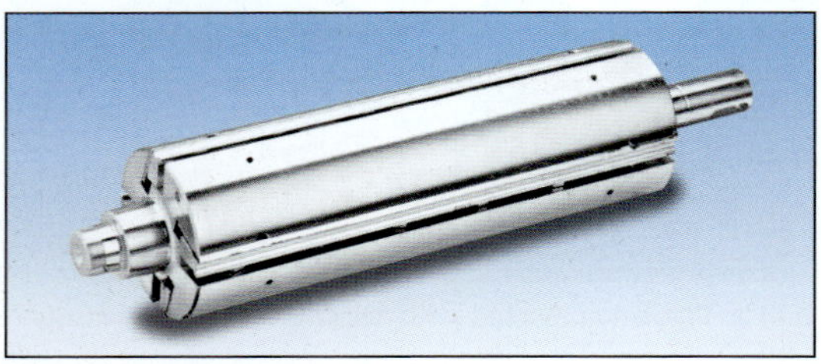

Bild 3: Vier-Messerwelle

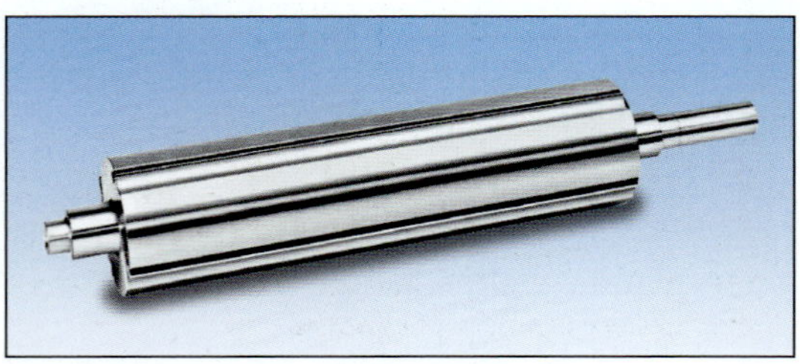

Bild 4: Messerwelle mit Fliehkraftspannung

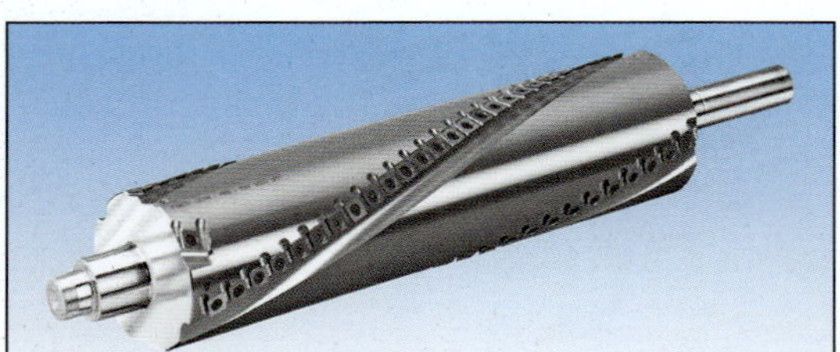

Bild 5: Spiralmesserwelle mit Wendemessern

6.6.2.2 Hobelmesserwellen

Die Messerwellen werden in verschiedenen Bauarten hergestellt. Grundform bildet die **Rundmesserwelle,** bei der mittels Druckbalken zwei oder vier Hobelmesser aus HSS-Stahl mit dem Wellenkörper verbunden werden **(Bild 2 und Bild 3).** Um eine gleichmäßige Spanabnahme aller Messer zu gewährleisten, muss der Flugkreis aller Messer exakt übereinstimmen. Da dieser Messerwechsel mittels Druckschrauben und Druckbalken zeitaufwendig ist, wurden Messerwellen verwendet, bei denen besonders ausgeformte **Einwegmesser** mittels Fliehkraftspannung **(Bild 4)** immer auf dem gleichen Messerflugkreis gehalten werden. Die dabei eingesetzten HSS- oder HM-Messer sind an beiden Längskanten geschärft **(Werkzeugstähle siehe Seite 171).** Ist eine der beiden Schneidkanten stumpf, so wird das Messer gewendet. Das Nachschärfen dieser Messer ist nicht möglich. Neben der geringen Rüstzeit beim Messerwechsel zeichnen sich diese Wellen vor allem durch ihre hohe Rundlaufgenauigkeit und ihren geräuscharmen Lauf aus.

Bei der **Spiralmesserwelle** sind die Schneiden spiralförmig auf der Mantelfläche der Hobelwelle angeordnet **(Bild 5).** Einteilige Spiralmesser früherer Bauart haben sich nicht durchgesetzt, üblich ist die Bestückung mit wechsel- und wendbaren Hartmetallschneiden. Vorteile der spiralförmigen Schneidenanordnung sind, neben dem geräuscharmen Lauf, die hohe Schnittgüte, da die Späne im ziehenden Schnitt schräg abgenommen werden.

Einige Hersteller bieten Messerwellen an, bei denen in einem Teil des Schneidenbereichs zusätzlich schnell zu wechselnde Wendeplattenmesser aus Hartmetall eingesetzt werden. Dies ist vor allem dann sinnvoll, wenn häufig Fügearbeiten mit harten Hölzern oder Holzwerkstoffen durchgeführt werden

Das **Einsetzen und Einstellen** der Hobelmesser erfolgt bei **Rundmesserwellen** mithilfe einer Einstellvorrichtung **(Bild 1)**. Zuerst werden die Messer auf gleiche Schneidenbreiten kontrolliert, um Unwuchten beim Rundlauf und die unzulässige Verwendung von Messern unter 15 mm Breite auszuschließen. Daraufhin werden die Anlageflächen der Welle von Staub und Harz gereinigt sowie die Messer vollständig entfettet. Dies ist notwendig, da die Messer ausschließlich durch die Druckkräfte der Spannschrauben in der Welle gehalten werden und Fett oder Öl diese Haftreibung mindern kann. Anschließend werden die Messer gegen die Druckfedern in die Welle gedrückt und die Einstellvorrichtung von oben aufgesetzt **(Bild 2)**. Die in der Vorrichtung arbeitenden Druckstollen gewährleisten den gleichmäßigen Messerüberstand. Dieser Abstand zu den Spanbrecherlippen der Druckleisten darf maximal 1,1 mm betragen. Daraufhin werden die Druckschrauben von innen nach außen leicht angezogen und dann erst, wieder von innen beginnend, festgezogen. Hierbei sind unbedingt genau passende Gabelschlüssel zu verwenden, um Beschädigungen der Druckschrauben und Verletzungen beim Abrutschen des Werkzeugs zu vermeiden.

Bei **Einwegwendemessern mit Fliehkraftspannung** werden für den Messerwechsel die hinter den Messern sitzenden Druckkeile durch leichte Schläge gelöst. Danach lassen sich die Messer seitlich aus ihrer formschlüssigen Befestigung herausschieben. Der Einbau erfolgt in umgekehrter Reihenfolge, wobei darauf zu achten ist, dass die Messer seitlich mit der Welle abschließen. Beim Ingangsetzen der Welle werden die Druckkeile mit den Hobelmessern durch Fliehkraft schon nach wenigen Umdrehungen gegen den Wellenkörper verspannt.

Beim **Austausch von Hartmetall-Wendeplattenmessern** ist der präzise Sitz durch die Werkzeugform und die Werkzeugaufnahme gewährleistet.

Sind alle Messer sorgfältig eingesetzt, erfolgt zuerst die Einstellung des Abnahmetisches **(Bild 3)**. Dieser wird derart in der Höhe verstellt, dass seine Fläche auf der Höhe des äußeren Schneidenflugkreises liegt. Dies wird bei ausgeschalteter Maschine und unwirksamer Bremse am besten mit einem geraden Stück Kantholz über die gesamte Tischbreite kontrolliert. Liegt der Abnahmetisch zu niedrig, entsteht am Werkstück ein Absatz sobald dieses den Zuführtisch verlässt. Ist der Abnahmetisch zu hoch eingestellt, so stößt die Vorderkante des Werkstücks dagegen. Anschließend wird der Zuführtisch auf das Maß der gewünschten Spanabnahme eingestellt.

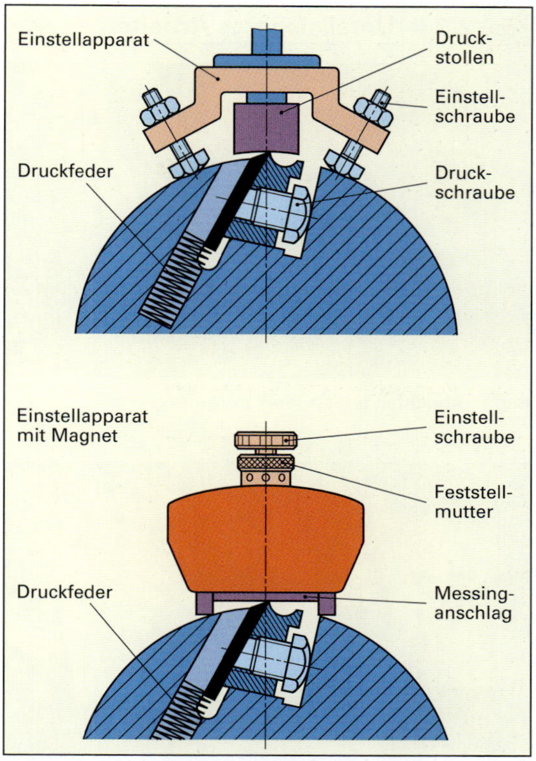

Bild 1: Einstellen der Hobelmesser

Bild 2: Einsetzlehre für Hobelmesser

Bild 3: Einstellung des Abnahmetisches

6.6.2.3 Unfallsicheres Arbeiten an Abrichthobelmaschinen

Bild 1: Abrichten breiter Werkstücke

Bild 2: Abrichten kurzer Werkstücke mit der Zuführlade

Bild 3: Fügen am Fügeanschlag

Vor Beginn einer Hobelarbeit wird der Fügeanschlag gerade soweit nach hinten geschoben, dass die gesamte Werkstückbreite bearbeitet werden kann. Dann wird bei Brettern die **hohle Seite** auf den Maschinentisch gelegt und mit leichtem Druck über die Welle geführt. Dabei wird das Werkstück mit beiden Händen bei **geschlossener Handhaltung (Bild 1)** so geführt, dass hauptsächlich Druck gegen den Abnahmetisch ausgeübt wird. Für kurze Werkstücke unter 400 mm Länge ist eine **Zuführlade** zu benutzen, die in Griffnähe bereitgestellt werden muss **(Bild 2)**. Diese wird beim Zuführen gegen die Welle um etwa 20° schräg gestellt, damit der Schneidendruck nicht auf einmal gegen die Werkstückkante wirkt.

Wird ein **Vorschubapparat** eingesetzt, ist dieser so anzuordnen, dass das abgerichtete Werkstück auch noch über die Welle auf den Abnahmetisch geführt wird.

Zum **winkligen Bestoßen** wird die abgerichtete Seite zum Anschlag gewendet und erneut über die Welle geschoben **(Bild 3)**. Für die Bearbeitung schmaler Leisten ist der große Hauptanschlag ungeeignet. Deshalb wird für diese Arbeiten der **niedere Hilfsanschlag (Bild 1, Seite 308)** vor den Hauptanschlag geschwenkt. Werkstücke können so sicher gehalten und an der Messerwelle vorbeigeführt werden. Grundsätzlich muss die Abrichthobelmaschine bei allen Arbeiten so gerüstet sein, dass nur der benutzte Teil der Welle freiliegen darf. Verschiedene Wellenabdeckungen übernehmen diese Aufgabe durch Federkraft. Da dies beim älteren Gliederwellenschutz nicht der Fall ist, muss hier zusätzlich noch die Fügeleiste verwendet werden.

6.6.2.4 Dickenhobelmaschinen

Mit der Dickenhobelmaschine (HD) werden Bretter und Bohlen von Dicke, Kanthölzer von Dicke und Breite gehobelt. Die Werkstücke werden im Allgemeinen vor dem Dickenhobeln abgerichtet.

Im schweren und geräuschgedämmten Maschinenständer sind die Messerwelle, die Vorschubeinrichtung sowie der Antriebsmotor untergebracht **(Bild 1)**. Der **Arbeitstisch** ruht auf mehreren Schraubspindeln. Er ist zur Einstellung des Werkstückmaßes von Hand oder elektromotorisch in der Höhe verstellbar. Die voreingestellten Maße werden an einer Maßskala oder digital angezeigt. Die eingestellte Tischhöhe darf sich während des Hobelvorgangs nicht ändern. Hierzu dient eine mechanische Klemmung, die bei neueren Maschinen entfällt, da sich deren Arbeitstische automatisch feststellen. Die oberhalb des Arbeitstisches im Maschinenständer gelagerte Messerwelle sowie die zum Werkstücktransport erforderlichen Vorschubwalzen bleiben in der Höhe unverändert. Da die Vorschubgeschwindigkeit von Holzart und gewünschter Oberflächengüte abhängig ist, wird hierfür meist ein zweiter Antriebsmotor eingesetzt, um Geschwindigkeitsanpassungen vornehmen zu können. Sowohl die vor der Messerwelle gelegene **Einzugswalze** als auch die dahinter angeordnete **Auszugswalze** müssen sich mit exakt gleicher Geschwindigkeit bewegen. Dies erreicht man durch Antriebsketten **(Bild 2)**.

Um einen sicheren Werkstücktransport auch verschieden dicker Werkstücke nebeneinander zu gewährleisten, muss die Einzugswalze so flexibel sein, dass Höhendifferenzen ausgeglichen werden **(Bild 1, Seite 312)**. Dies erreicht man durch Verwendung von Einzugswalzen, die mit einem mittelharten Gummi belegt sind **(Bild 3)**. Die **Gliedereinzugswalze,** die aus mehreren geriffelten und in der Höhe gegeneinander verschiebbaren Metallwalzen besteht, wird heute ausschließlich im Holzbau verwendet. Die Oberfläche der Auszugswalze muss glatt sein, um Beschädigungen der gehobelten Holzoberfläche zu vermeiden. Harzreiche oder nasse Hölzer gleiten oft schlecht auf dem Arbeitstisch. Das Gleiten wird bei manchen Maschinen durch zwei in den Arbeitstisch eingelassene und in der Höhe verstellbare **Tischwalzen** erleichtert. Da das Werkstück während des Hobelvorgangs fest auf den Arbeitstisch angepresst werden muss, sind beidseitig der Messerwelle **Druckbalken** angebracht. Auch hier müssen verschieden dicke Werkstücke sicher angedrückt werden. Deshalb besteht der vor der Messerwelle liegende Druckbalken aus mehreren gegeneinander verschiebbaren Einzelteilen. Man nennt ihn dann Gliederdruckbalken.

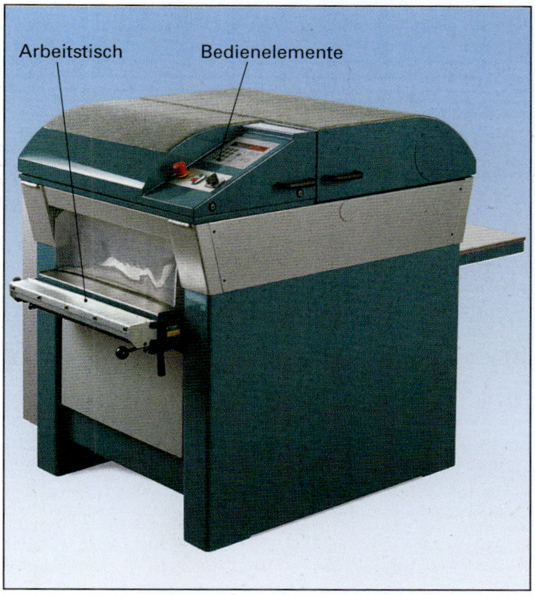

Bild 1: Dickenhobelmaschine

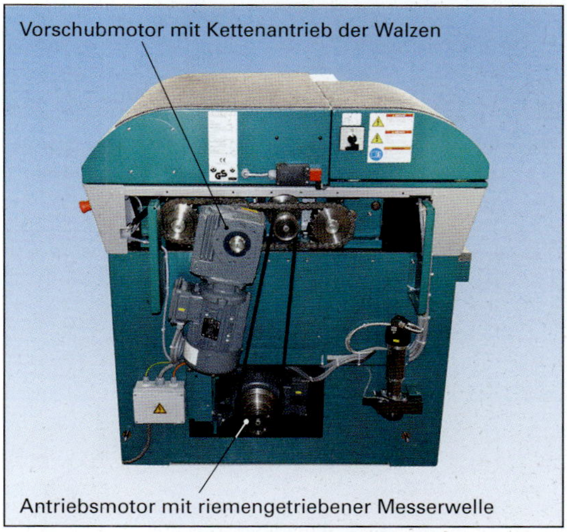

Bild 2: Dickenhobelmaschine mit geöffneter Antriebsseite

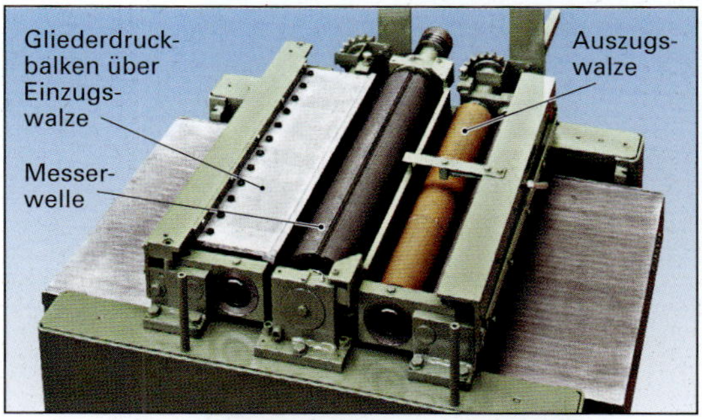

Bild 3: Anordnung von Messerwelle und Walzen

Bild 1: Höhenausgleich der Einzugswalze bei unterschiedlichen Werkstückdicken

Bild 2: Bearbeitungsspindel bei einer Mehrseitenhobelmaschine

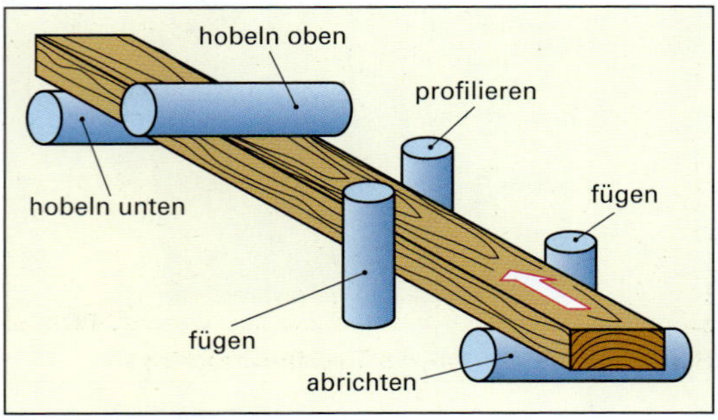

Bild 3: Anordnung der Bearbeitungsspindeln bei Mehrseitenhobelmaschinen (Schema)

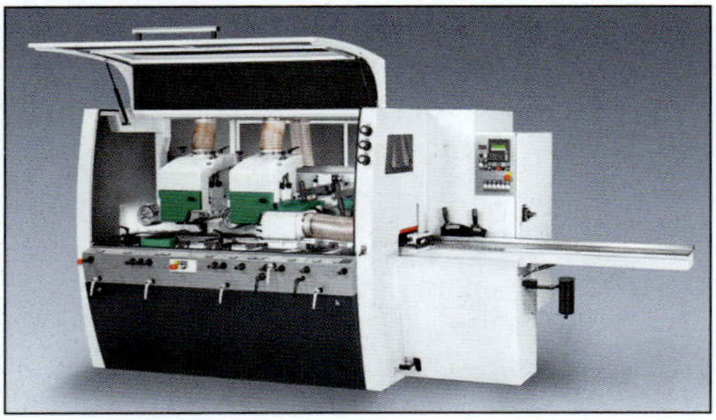

Bild 4: Mehrseitenhobelmaschine

Die rotierende Messerwelle wirkt in ihrer Kraftrichtung gegen die Bedienperson, die vor der Maschine die Werkstücke zuführt. Damit sie nicht von Werkstücken getroffen werden kann, ist auf der Zuführseite der Maschine eine **Rückschlagsicherung** angebracht. Diese besteht aus beweglichen Greifergliedern von höchstens 15 mm Breite, die drehbar auf einer Achse angeordnet sind. Sie pendeln zur Wellenseite hin. Ihre Rückbewegung muss durch einen Anschlag begrenzt sein, der ein Durchpendeln der Greifer verhindert.

Die bei der Bearbeitung anfallenden Späne werden durch einen oberhalb der Messerwelle angeordneten Stutzen der zentralen Absaugung zugeführt. Dessen Durchlass muss so gestaltet sein, dass durch ihn hindurch die Messerwelle nicht berührt werden kann.

6.6.2.5 Mehrseitenhobelmaschinen

Mit der Mehrseitenhobelmaschine (HM) werden Abricht-, Füge- und Dickenhobelvorgang in einem Arbeitsdurchlauf durchgeführt **(Bild 2)**. Das Werkstück wird über Transportrollen an verstellbaren Bearbeitungsspindeln vorbeigeführt, die die gleichzeitige Bearbeitung aller Werkstücklängskanten ermöglichen. Der Einsatz zusätzlicher Fräsgeräte ermöglicht auch noch die gleichzeitige Profilierung der gehobelten Kanten **(Bild 3)**. Die Anpassung der Aggregate auf das gewünschte Werkstückformat erfolgt elektromotorisch, wobei die Einzelpositionen digital angezeigt und teilweise auch speicherprogrammierbar eingestellt werden. Werkstückquerschnitte zwischen 8 mm × 20 mm und 120 mm × 230 mm werden so stufenlos hergestellt.

Da das Werkstück hierbei durch kraftbetriebene Spann- und Vorschubeinrichtungen zugeführt und transportiert wird, können an dieser Maschine auch Werkzeuge für mechanischen Vorschub eingesetzt werden. Meist werden an die Bearbeitungsqualität der Werkstücke hohe Ansprüche gestellt. Dies setzt geringe Werkzeugtoleranzen voraus. Man kann deshalb neben den üblichen fliehkraftgespannten Hobelköpfen Werkzeuge verwenden, die mithilfe einer hydraulischen Spannvorrichtung spielfrei auf der Arbeitsspindel befestigt werden. Diese werden **Hydro-Hochgenauigkeitswerkzeuge** genannt und ihre Rundlaufgenauigkeit von wenigen hundertstel Millimetern ermöglicht exakte Werkstückoberflächen.

Da bei der Mehrseitenhobelmaschine viele Aggregate gleichzeitig im Einsatz sind, wird der Maschinenständer über Schwenktüren meist vollständig gekapselt **(Bild 4)**. Dies reduziert die Lärmbelastung erheblich und erleichtert die Absaugung der bei der Fertigung anfallenden Späne.

6.6.3 Fräsmaschinen

Fräsmaschinen dienen zur Herstellung von Fälzen, Nuten und Profilen sowie zur Fertigung von Holzverbindungen. Es können gerade und geschweifte Werkstücke aus Vollholz, Holzwerkstoffen oder Kunststoffen bearbeitet werden. Die Schnittrichtung des Fräswerkzeugs ist kreisförmig. Das Werkstück wird am Werkzeug vorbeigeführt, wobei der Vorschub manuell oder mit einem Vorschubapparat erfolgt.

Man unterscheidet:

- **Tischfräsmaschinen (FT),**
- **Tischoberfräsmaschinen (FO) und**
- **Kettenfräsmaschinen (FK).**

6.6.3.1 Tischfräsmaschinen

Im schweren Maschinenständer sind die gesamte Antriebsmechanik sowie die stehende Frässpindel untergebracht **(Bild 1)**. Der waagerechte Arbeitstisch, der zur Auflage des Werkstücks dient, ist fest mit dem Ständer verbunden. Er weist eine Öffnung für die Frässpindel auf. Diese kann durch Einlageringe den verschiedenen Werkzeugdurchmessern angepasst werden. Anbaubare Rolltische und Tischverlängerungen erleichtern den Werkstückvorschub sowie die Werkstückauflage. Auf dem Arbeitstisch ist abnehmbar ein verstellbares Anschlaglineal mit Klemmschrauben befestigt. Es dient zur Werkstückführung bei geradliniger Bearbeitung und besteht aus zwei Hälften. Diese sind in Längsrichtung verschiebbar gelagert, um die für die Bearbeitung notwendige Öffnung so gering wie möglich zu halten. Brückenglieder, die diese Öffnung über dem Werkzeug noch zusätzlich verringern, werden schwenkbar oder einschiebbar an den Hälften befestigt. Die Positionierung der Frässpindel und Anschläge sowie die Einstellung der Drehrichtung und Drehfrequenz erfolgt manuell oder elektromotorisch. Große Displays erlauben die direkte Eingabe der Einstellwerte und geben Rückmeldung über die jeweiligen Einstellungen **(Bild 2)**.

Zur Erleichterung stets wiederkehrender Fräsaufgaben können hierfür ausgestattete Fräsmaschinen die Fräser- und Anschlagposition speichern, per Laserscanner einlesen und automatisch immer wieder anfahren.

Für die Bearbeitung bogenförmiger Werkstücke am Anlaufring kann der gesamte Anschlag gelöst, nach hinten weggeschwenkt und durch spezielle Bogenfräsanschläge ersetzt werden **(Bild 3)**.

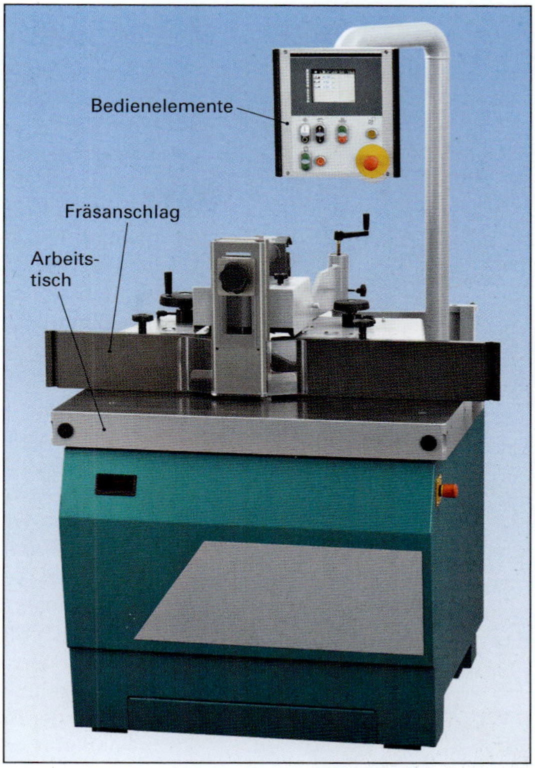

Bild 1: Tischfräsmaschine

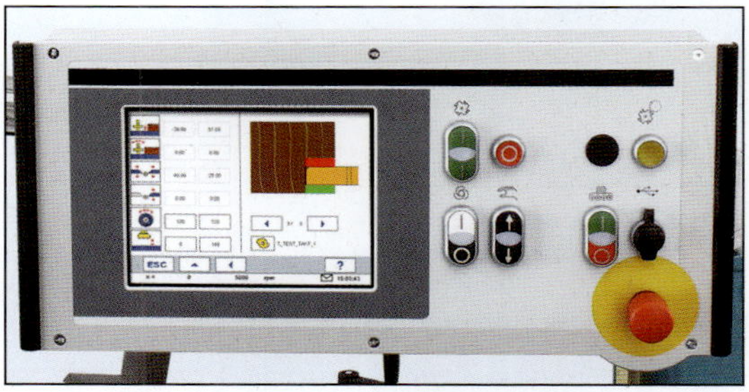

Bild 2: Bedienelemente der Tischfräsmaschine

Bild 3: Bogenfräsanschlag

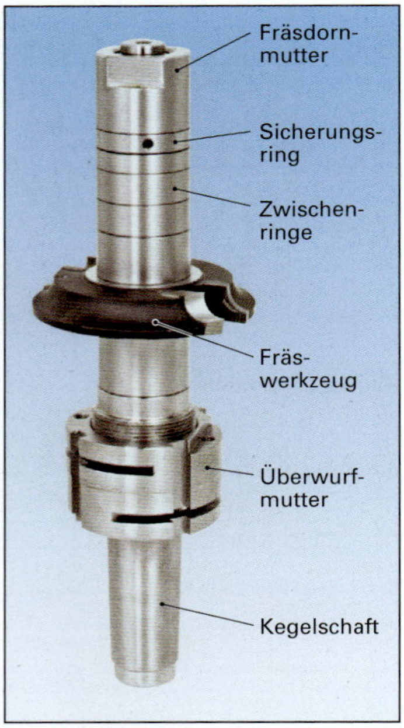

Bild 1: Fräsdorn mit Überwurfmutter

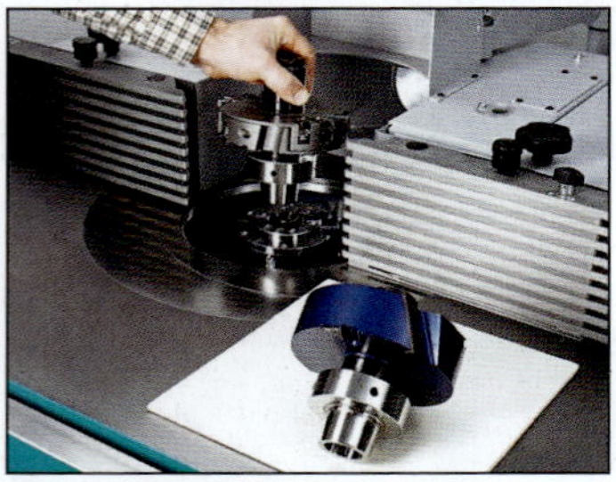

Bild 2: Frädorne mit Schnellwechselspannfutter

Bild 3: Geöffnete Antriebseinheit

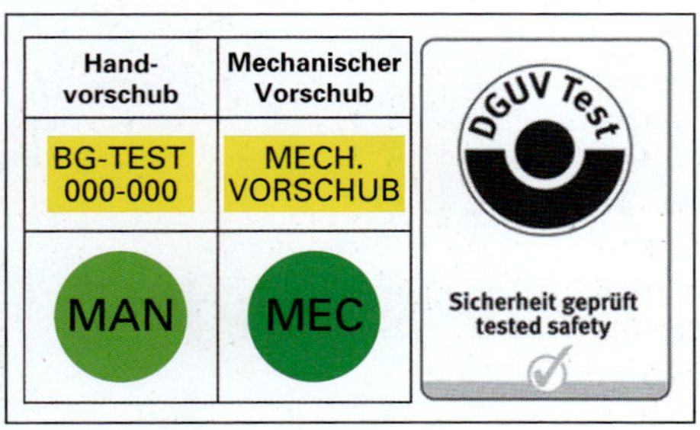

Bild 4: Kennzeichnung von Fräswerkzeugen

Die **Frässpindel** kann über spezielle Führungen in der Höhe verstellt und zusätzlich geschwenkt werden. Die Höhenverstellung und Schwenkbewegung erfolgen mechanisch über Handräder oder elektromotorisch. Der Schwenkbereich beträgt 45° nach vorne und 5° nach hinten. Über einen Kegelschaft mit Überwurfmutter **(Bild 1)** oder ein **Schnellwechselspannfutter** (HSK) **(Bild 2)** wird der Fräsdorn mit der Frässpindel verbunden. Die für die Bearbeitung benötigten Werkzeuge werden auf dem Fräsdorn mit der Fräsdornmutter und Zwischenringen befestigt **(Bild 1)**. Die Durchmesser der Fräsdorne betragen 30 mm oder 40 mm. Da die Frässpindel beim Ausschalten der Maschine automatisch abgebremst wird, muss die Fräsdornmutter gegen selbsttätiges Öffnen gesichert werden. Dies geschieht mithilfe einer Längsnut im Fräsdorn, der einen Zwischenring mit Greifnoppe aufnimmt. Dieser spezielle Ring wird direkt unter der Fräsdornmutter eingelegt und verhindert, dass sich die Mutter bei schnellem Abbremsen selbsttätig öffnet. Diese Sicherung wird auch drehbar, mit der Fräsdornmutter verbunden, gefertigt. Wegen der Verschiedenartigkeit der zu verwendenden Fräswerkzeuge müssen Anpassungen der Drehfrequenz vorgenommen werden können. Dies erfolgt durch Umlegen des Keilriemens auf verschieden große Riemenscheiben an Fräsmotor und Frässpindel. Zusätzlich kann die Geschwindigkeit des Antriebsmotors in jeder dieser Stellungen verdoppelt werden. Verschiedene Hersteller bieten auch Bauformen an, bei denen die Drehfrequenz durch Regeleinrichtungen direkt über die Bedienelemente stufenlos eingestellt werden kann. Frässpindeln werden im Allgemeinen im Rechtslauf, d. h., von der Antriebsseite gesehen im Uhrzeigersinn betrieben. Da bei besonderen Arbeiten auch Linkslauf benötigt wird, kann die Drehrichtung des Antriebsmotors über Polumschaltung an der Steuereinheit **(Bild 2, Seite 313)** geändert werden.

6.6.3.2 Fräswerkzeuge und Kennzeichnung

Da auf Fräsmaschinen viele verschiedene Arbeitsgänge durchgeführt werden, gibt es für diese Verwendungszwecke eine Vielzahl unterschiedlicher Werkzeuge. Nach ihrer Bauart unterscheidet man einteilige Fräser, Verbundfräser, zusammengesetzte Fräser sowie Fräsersätze.

Auf Werkzeugen für Tischfräsmaschinen müssen der Name oder das Zeichen des Herstellers, der Bereich der zulässigen Drehfrequenzen, die Werkzeugmaße, die Schneidstoffgruppe sowie die Kennzeichnung der zulässigen Vorschubart dauerhaft angebracht sein.

Nach DIN-EN 847 sind Fräswerkzeuge für Handvorschub mit der Kennzeichnung **MAN** versehen. Ältere Werkzeuge mit dem deutschen Prüfkennzeichen **BG-TEST** dürfen weiterhin eingesetzt werden.

Fräswerkzeuge für mechanischen Vorschub sind mit der Kennzeichnung **MEC** versehen. Ältere Werkzeuge mit der Kennzeichnung mech. Vorschub dürfen, sofern sie die notwendigen Kennzeichnungen aufweisen, weiterhin eingesetzt werden.

Die auf den Werkzeugen angegebenen Drehfrequenzbereiche dürfen niemals überschritten und auch nicht unterschritten werden.

Bei **einteiligen Werkzeugen** bestehen der mit der Aufnahmebohrung versehene Tragkörper und die Werkzeugschneiden aus einer Materialart. Solche Werkzeuge werden nur noch vereinzelt eingesetzt. **Verbundwerkzeuge (Bild 1)** bestehen aus Werkzeugträgern, die mit Schneiden aus harten Werkstoffen unlösbar bestückt sind. Schneidenwerkstoffe sind HSS-Stahl, Hartmetall, Stellite oder **polykristalliner Diamant (DP).** Nutfräser, Abplattfräser, Hohlkehlen- und Rundungsfräser sowie unverstellbare Fasefräser werden in dieser Technik hergestellt. Bei der Verwendung von PKD als Schneidenwerkstoff werden die Schneiden häufig in einzelne Segmente unterteilt und auf dem gesamten Werkzeugumfang platziert **(Bild 2). Zusammengesetzte Werkzeuge (Bild 3)** bestehen aus mehreren, lösbar miteinander verbundenen Teilen. Die Schneidenträger sind mit dem Tragkörper auswechselbar verbunden.

Der Vorteil der zusammengesetzten Werkzeuge liegt in der Wirtschaftlichkeit und Flexibilität. Die Schneidenbefestigung ist **formschlüssig;** unbeabsichtigtes Lösen der Schneidenteile oder Spandickenbegrenzer ist nicht möglich. Zu dieser Werkzeuggruppe gehören Falz- und Hobelköpfe, Profilköpfe, Wendemesserköpfe, verstellbare Nutfräser, Fasefräser und Schlitzscheiben. **Fräser- oder Werkzeugsätze (Bild 4)** bestehen aus mehreren, gemeinsam eingespannten Einzelwerkzeugen. Verwendung finden hier einteilige, zusammengesetzte und Verbundwerkzeuge. Die zulässige Drehfrequenz bei Werkzeugsätzen richtet sich immer nach dem Einzelwerkzeug mit der niedrigsten zulässigen Drehfrequenz. Eingesetzt werden sie z.B. in der Fensterfertigung oder als Nutenbrettfräser.

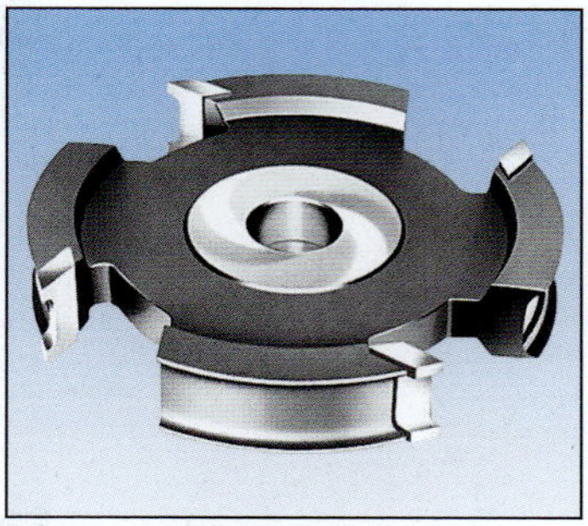

Bild 1: Verbundwerkzeug

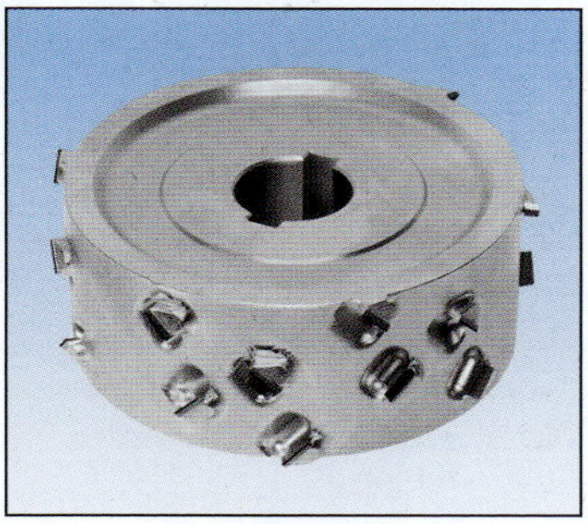

Bild 2: Werkzeug mit DP-Schneiden

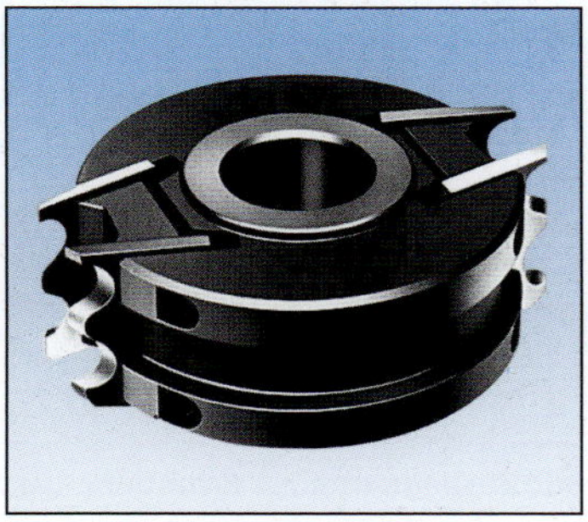

Bild 3: Zusammengesetztes Werkzeug

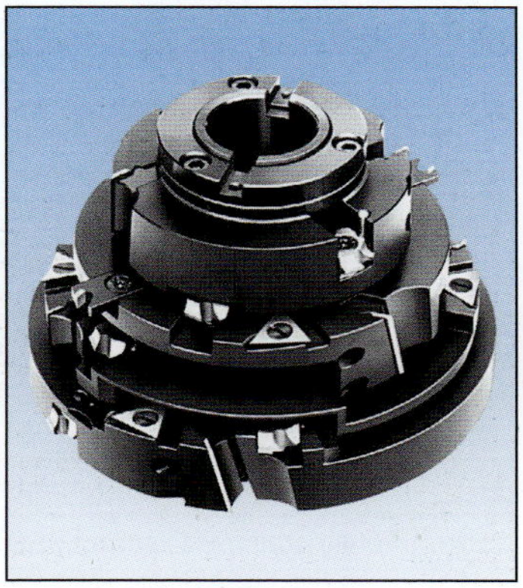

Bild 4: Werkzeugsatz

Vorschubarten bei Fräsarbeiten

Der sichere Umgang mit Fräsmaschinen setzt eine genaue Kenntnis der Werkzeuge, ihrer Einsatzbereiche und der für diese Werkzeuge zulässigen Vorschubarten voraus. **Handvorschub** bedeutet das Halten und Führen von Werkstücken oder Werkzeugen von Hand. Unter diese Vorschrift fallen auch Vorschubapparate **(Bild 1, Seite 316)** und Vorrichtungen wie Schiebeschlitten, bei denen der Vorschub manuell oder unverriegelt mit dem Werkzeugantrieb durchgeführt wird. Werkzeuge für Handvorschub sind rückschlagarm, meist auf maximal 1,1 mm spandickenbegrenzt, haben eine weitgehend kreisrunde Bauform und ihre Spanlücken sind eng begrenzt. Zulässig sind im Einzelfall auch bestimmte Rundformfräser mit einem maximalen Schneidenüberstand bis 3 mm. Ferner muss die Schneidenbefestigung stoff- oder formschlüssig sein. Fräswerkzeuge müssen mit dem zulässigen Drehfrequenzbereich, dem Namen oder Zeichen des Herstellers oder Lieferers, den Werkzeugmaßen (Schneidenkreisdurchmesser × Schnittbreite × Bohrungsdurchmesser), dem Kurzzeichen der Werkzeug-Schneidstoffgruppe **(Tabelle 1, Seite 316)** sowie der Kennzeichnung **MAN** versehen sein. Die ältere Prüfkennzeichnung BG-Test ist weiterhin zulässig. Werkzeuge, bei denen die Kennzeichnung unleserlich wurde, können bei Erfüllung aller übrigen Bedingungen mithilfe von Prüfschablonen auf Spanlücke und Messerüberstand, und somit auf die Eignung für Handvorschub geprüft werden.

Bild 1: Vorschubapparat

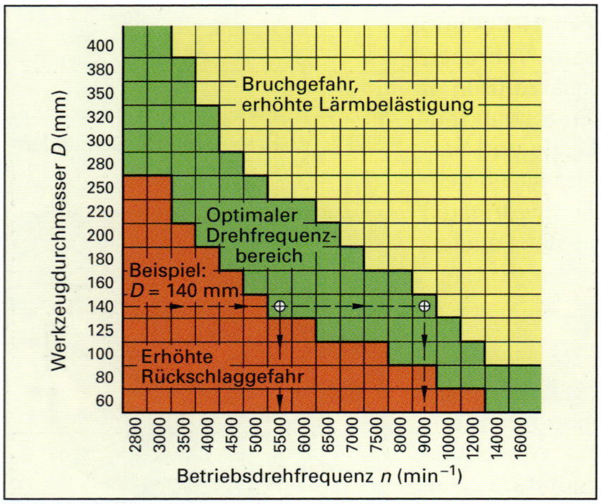

Bild 2: Diagramm zur Ermittlung der Drehfrequenz

Tabelle 1: Kennzeichnung der Werkzeug-Schneidstoffgruppen

SP	Legierter Werkzeugstahl (mindestens 0,6% (und nicht mehr als 5% Legierungsbestandteile)
HL	Hochlegierter Werkzeugstahl (mehr als 5% Legierungsbestandteile, z. B. 12% Cr)
HS	Hochlegierter Schnellarbeitsstahl (mehr als insgesamt 12% Legierungsbestandteile W, Mo, V, Co)
SC	Beschichteter Stahl
HW	Unbeschichtetes Hartmetall auf Wolframkarbid-Basis [ISO 513]
HC	Beschichtetes Hartmetall [ISO 513]
ST	Gusslegierungen auf Kobalt-Basis, z. B. Stellite
DP	Polykristalliner Diamant [ISO 513]
DM	Monokristalliner Diamant

Mechanischer Vorschub bedeutet, dass das Werkstück durch kraftbetriebene Spann- und Vorschubeinrichtungen zugeführt und vorgeschoben wird. Werkzeuge hierfür müssen mit der Höchstdrehfrequenz, dem Namen oder Zeichen des Herstellers oder Lieferers, den Werkzeugmaßen (Schneidenkreisdurchmesser × Schnittbreite × Bohrungsdurchmesser), dem Kurzzeichen der Werkzeug-Schneidstoffgruppe sowie der Kennzeichnung MEC versehen sein.

Betriebe, in denen keine Maschinen mit mechanischem Vorschub vorhanden sind, dürfen diese Werkzeuge nicht aufbewahren.

Die richtige **Drehfrequenzauswahl** spielt zur Verhütung von Unfällen eine große Rolle. Bei zu geringer Drehfrequenz erhöht sich die Rückschlaggefahr, bei zu hoher Drehfrequenz ist neben der Lärmbelästigung auch Materialbruch des Werkzeugs möglich. Da nicht alle verwendeten Werkzeuge mit dem erforderlichen Aufdruck des Drehfrequenzbereichs versehen sind, geben Diagramme in Abhängigkeit vom Werkzeugdurchmesser die Drehfrequenz an. Grundlage der Diagramme bildet die für Vollholz und Holzwerkstoffe vorgeschriebene Mindestschnittgeschwindigkeit von 40 m/s **(Bild 2)**.

Benutzung und Instandhaltung von Fräswerkzeugen

- Werkzeuge müssen regelmäßig gereinigt werden.
- Werkzeugteile aus Leichtmetalllegierungen dürfen, z. B. von Harz, nur mit Lösemitteln gereinigt werden, die die mechanischen Eigenschaften dieser Materialien nicht beeinträchtigen.
- Schneiden und Werkzeugkörper müssen so aufgespannt sein, dass sie sich beim Betreiben nicht lösen können.
- Befestigungsschrauben und -muttern müssen unter Verwendung geeigneter Schlüssel und mit dem vom Hersteller angegebenen Drehmoment angezogen werden.
- Die Spannflächen müssen von Verschmutzungen, Fett, Öl und Wasser gereinigt werden.
- Spannschrauben müssen nach den Anleitungen des Herstellers angezogen werden.
- Beschädigte Werkzeuge müssen instand gesetzt oder der weiteren Nutzung entzogen werden.

Fräswerkzeugarten

Nutfräser werden in den gebräuchlichsten Nutbreiten von 4, 6, 8, 10, 12, 14 und 16 mm in HSS oder HM hergestellt. Sie haben 4 bis 12 Zähne und sind entweder umfangschneidend oder zusätzlich beidseitig flankenschneidend ausgebildet. Andere Nutbreiten werden mit **Verstellnutern** hergestellt. Man unterscheidet zweiteilige Nuter, bei denen die gewünschte Nutbreite durch Einlegen von Zwischenringen erreicht wird, und stufenlose Verstellnuter, bei denen die Nutbreite mithilfe einer Gewindebüchse eingestellt wird **(Bild 1)**.

Fügefräser werden in Breiten von 10 mm bis 100 mm hergestellt. Die 2 bis 4 Zähne sind ausschließlich umfangschneidend und deshalb für Fälzarbeiten ungeeignet. Man stellt sie in HM und HSS her **(Bild 2)**.

Falzfräser werden in Breiten zwischen 10 mm und 100 mm in HLS, HSS und HM hergestellt. Sie sind grundsätzlich umfangschneidend und flankenschneidend und werden meist mit 2 bis 6 Zähnen gefertigt. Sie werden entweder mit seitlich hinterschliffenen Hauptschneiden für den Flankenschnitt oder gesonderten Vorschneidern hergestellt **(Bild 3)**.

Fasefräser werden mit festen Fasewinkeln von 5° bis 60° oder als frei einstellbare Verstellfräser mit HM-Wendeplatten hergestellt. Bei **Verstellfasefräsern** kann der Schneidenträger anhand einer Skala stufenlos bis 85° nach links oder rechts geschwenkt werden **(Bild 4)**.

Profilfräser werden in gängigen Rundungs- oder Hohlkehlenprofilen als Verbundfräser in HSS oder HM hergestellt **(Bild 5)**.

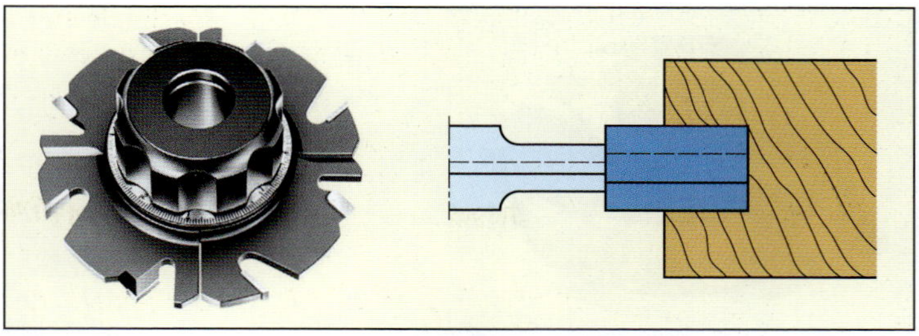

Bild 1: Nutfräser mit stufenlos einstellbarer Nutbreite

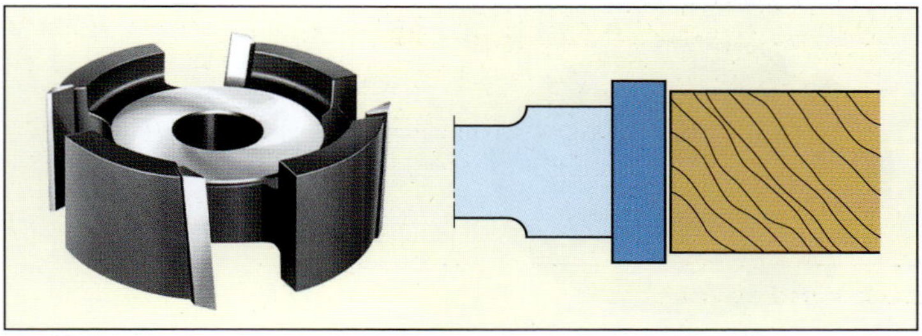

Bild 2: Fügefräser, umfangsschneidend

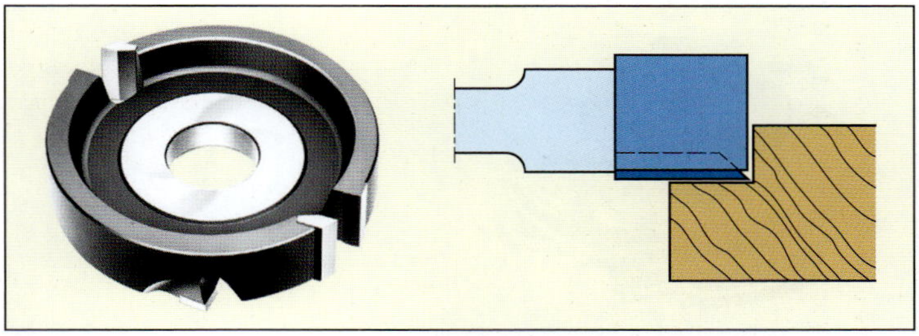

Bild 3: Falzfräser, umfangs- und flankenschneidend

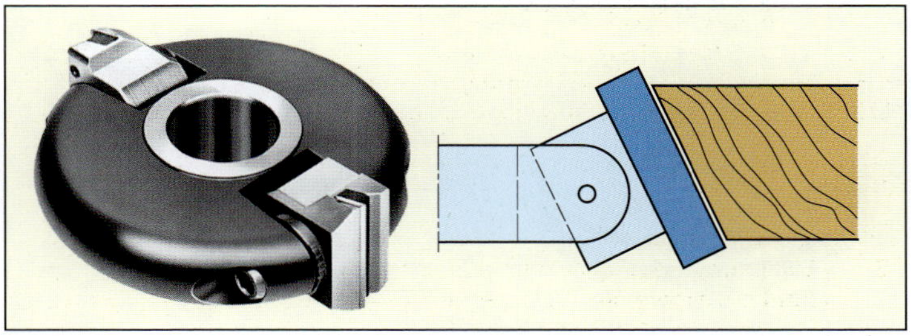

Bild 4: Stufenlos einstellbarer Fasefräser

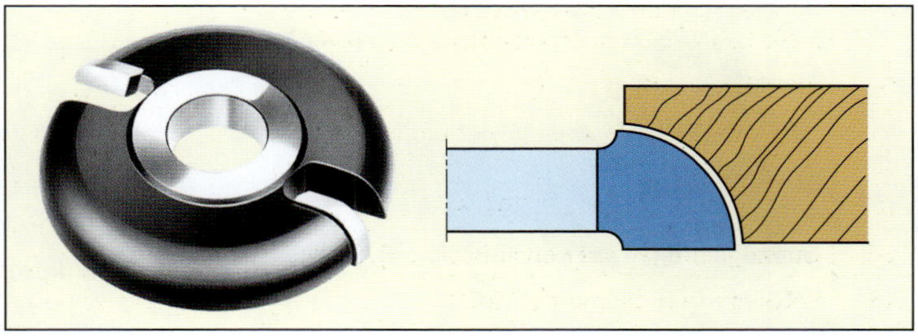

Bild 5: Profilfräser für Hohlkehlen

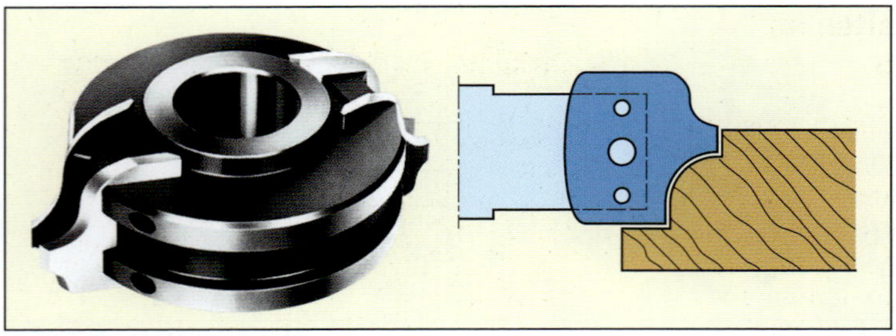

Bild 1: Universal-Profilfräskopf

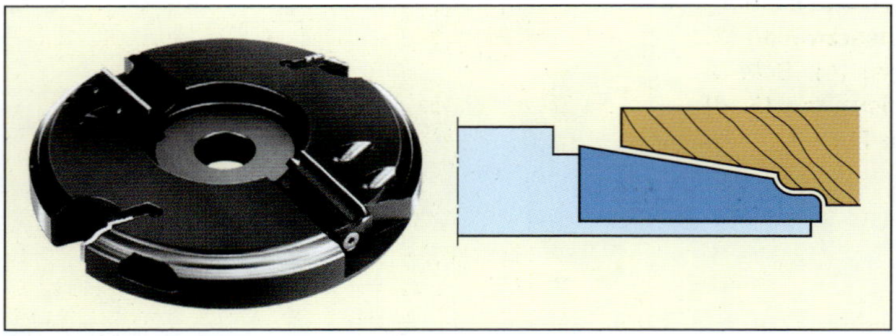

Bild 2: Abplattmesserkopf mit HM-Wendeplatten

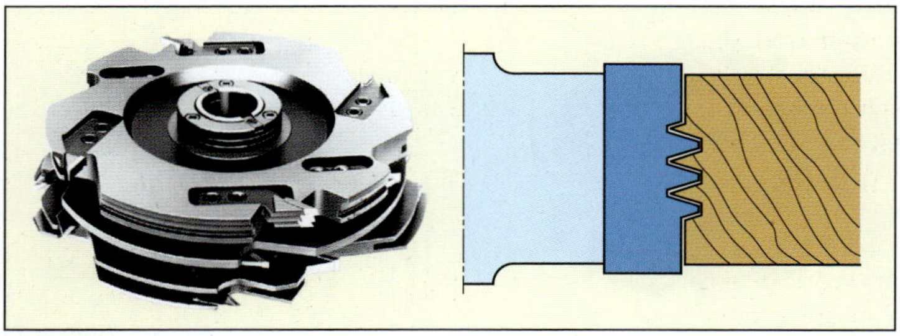

Bild 3: Verleimfräser

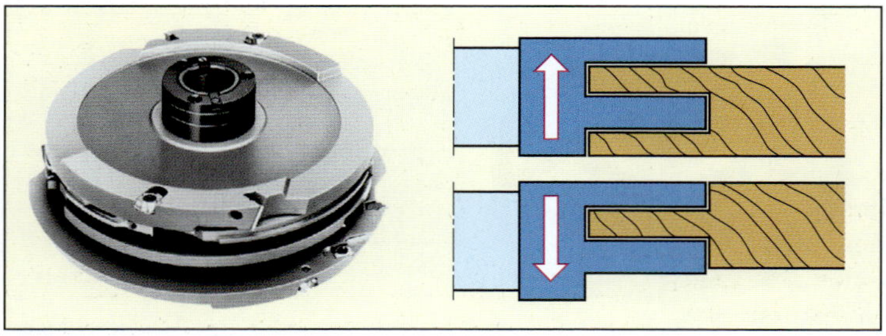

Bild 4: Werkzeugsatz für Schlitz und Zapfen

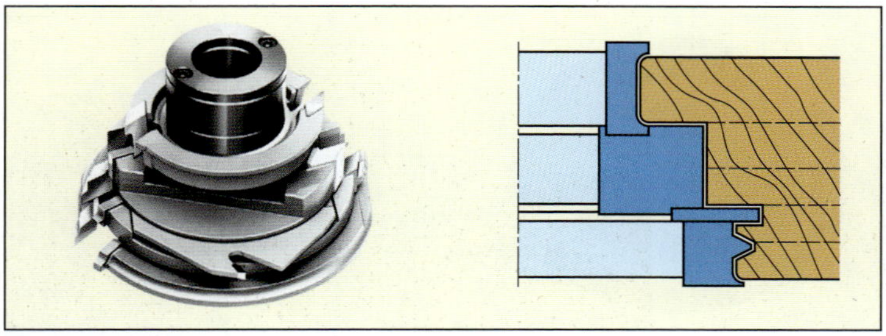

Bild 5: Werkzeugsatz für die Fensterherstellung

Flexibler sind die sogenannten **Universal-Fräsköpfe,** bei denen verschiedene Profilmesser aus HSS oder HM mit Spannkeilen auf dem Tragkörper aufgespannt werden **(Bild 1).** Um den für Handvorschub höchstzulässigen Schneidenüberstand von max. 1,1 mm einzuhalten, wird bei diesen Fräsern zusätzlich zum Profilfräser ein gleich gestalteter Abweiser mit aufgespannt.

Abplattfräser für die Fertigung profilierter Füllungen werden mit zwei Umfangsschneiden und zwei Flankenschneiden für die Abplattfläche hergestellt. Sie sind in HSS oder HM erhältlich und für Abplattbreiten bis 65 mm geeignet **(Bild 2)**.

Verleimfräser und Minizinkenfräser werden für die Breiten-, Gehrungs- und Längsverleimung von Vollhölzern eingesetzt. Die zahnförmig ausgebildeten Verleimflächen, der mit diesem Werkzeug bearbeiteten Werkstücke weisen eine größere Leimfläche auf und verschieben sich beim Verleimen nicht. Man stellt sie in HSS oder HM her **(Bild 3)**.

Werkzeugsätze sind Kombinationen von Einzelwerkzeugen, die zusammen eingesetzt werden. Mit ihnen lassen sich Schlitz und Zapfen **(Bild 4),** Nut- und Federprofile sowie Konterprofile für die Türen- und Fensterfertigung herstellen **(Bild 5).** Da diese Werkzeuge überwiegend in der Serienfertigung eingesetzt werden, sind sie meist mit auswechselbaren Schneiden bestückt. Hinsichtlich ihrer Verwendung für Handvorschub müssen alle zusammen verwendeten Einzelwerkzeuge den hierfür geltenden Vorschriften entsprechen. Ist dies nicht der Fall, so dürfen solche Werkzeugsätze nur bei mechanischem Vorschub eingesetzt werden.

6.6.3.3 Unfallsicheres Arbeiten an Tischfräsmaschinen

Für das Arbeiten an Tischfräsmaschinen müssen bestimmte Sicherheitsvorrichtungen bereitgehalten werden. Verschiedene Arbeitsgänge können nur unter Zuhilfenahme dieser Vorrichtungen sicher und unfallfrei ausgeführt werden. Die abgebildete Tafel **(Bild 1)** enthält die Grundausstattung zum Rüsten und Einstellen verschiedener Arbeitsgänge für geradlinige und bogenförmige Bearbeitung. Dazu gehören **Tischverlängerung (1), Rückschlagsicherung (2)** und **Spannlade für Einsatzfräsen (3), Spannlade für stirnseitige Fräsungen (4), Schutzhaube und Anschläge für Bogenfräsungen (5, 6), Andruckrolle (7),** ein **Wechselgriff für Nachschiebehölzer (8)** und eine **Einstell-Messuhr (9).**

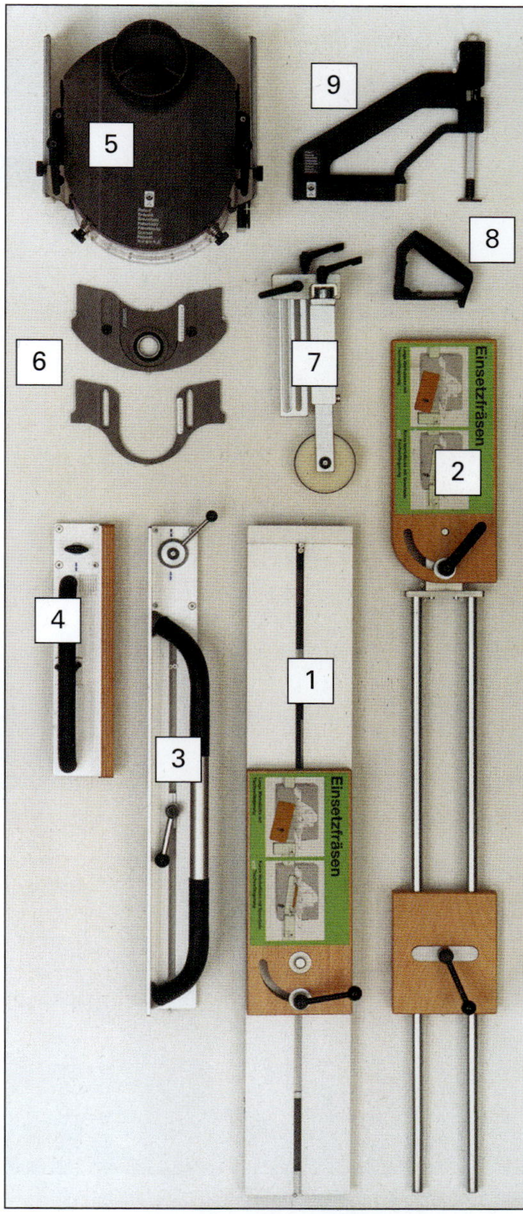

Bild 1: Sicherheitsvorrichtungen für Tischfräsmaschinen

Rüsten der Maschine

Nachdem das Werkzeug ausgewählt und auf Schadstellen, Verschmutzung, Vorschubart und Drehfrequenzbereich sichtkontrolliert wurde, ist dieses auf den Fräsdorn aufzuspannen und die Spindelverriegelung zu lösen. Anschließend wird die Durchtrittsöffnung zum Maschinenständer mit geeigneten Einlegeringen soweit wie möglich geschlossen. Die Einstellung der gewünschten Fräsmaße erfolgt mithilfe geeigneter Messuhren **(Bild 2).** Probefräsungen zur Maßkontrolle sollen möglichst vermieden werden. Dann werden die Anschlagschrauben festgezogen. Nach der Montage eventuell notwendiger Vorrichtungen werden Drehfrequenz und Drehrichtung an der Fräsmaschine vorgewählt und diese in Betrieb genommen.

Fräsen von Längsseiten

Werden Werkstücke an Längskanten gefräst, so sind diese nur mit vollständiger Handauflage am Werkzeug vorbeizuführen **(Bild 1, Seite 320).** Der Zerspanungsraum ist durch Verschieben der An-

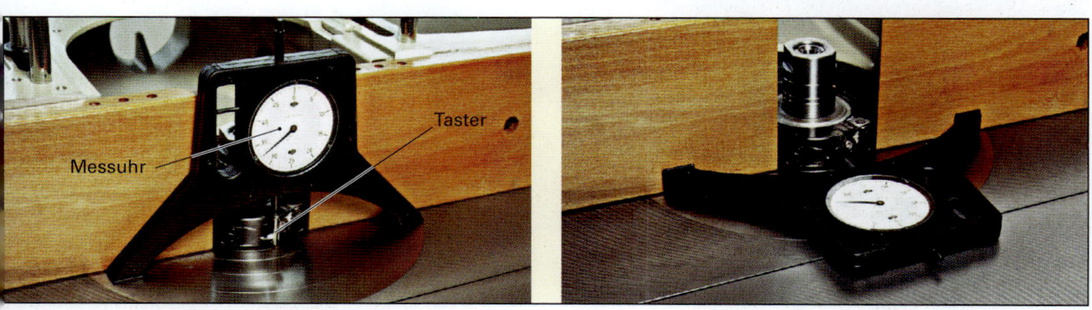

Bild 2: Fräsereinstellung mit Messuhr

Bild 1: Fräsen von Längsseiten

Bild 2: Fräsen mit dem Vorschubapparat

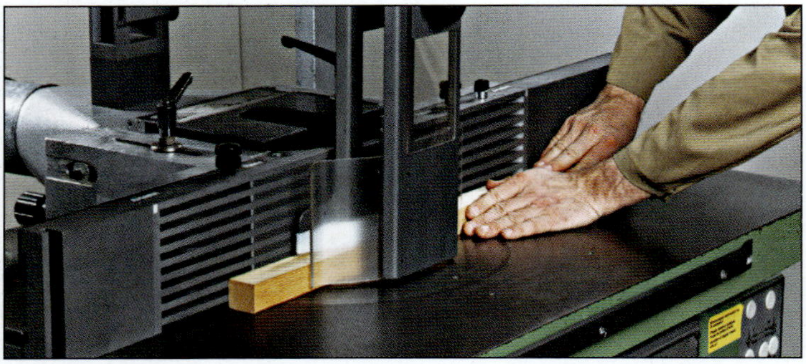

Bild 3: Fräsen schmaler Längsseiten

Bild 4: Fräsen schmaler Querseiten

schlaghälften so gering wie möglich zu halten. Wenn möglich, müssen ein durchgehender Anschlag oder schwenkbare Brückenglieder verwendet werden. Andernfalls muss ein Handabweisbügel die Gefahrenstelle über dem Werkstück verkleiden. Bei vielen Arbeiten kann auch ein Vorschubapparat mit nur geringem Rüstaufwand eingesetzt werden **(Bild 2)**. Da er nach den Vorschriften der Holz-Berufsgenossenschaft zur Gruppe Handvorschub gehört, müssen bei seiner Verwendung für diese Vorschubart zugelassene Werkzeuge mit **MAN-Zeichen** eingesetzt werden. Der Vorschubapparat wird so eingestellt, dass seine Rollen das Werkstück beim Vorschub mit etwa 5° Neigung gegen den Anschlag drücken.

Fräsen schmaler Längsseiten

Schmale Werkstücke können beim Handvorschub nicht mehr sicher geführt werden. Druckfedern oder Andruckrollen sorgen beim Arbeiten für ausreichenden Anpressdruck an den Anschlag **(Bild 3)**. Auch hier muss der Zerspanungsraum durch geeignete Hilfsmittel verdeckt werden, sofern dies nicht mit den Druckkämmen bereits gegeben ist.

Fräsen schmaler Querseiten

Schmale Querseiten lassen sich ohne Hilfsmittel nur sehr schwer am Anschlag vorbeiführen. Man verwendet für diese Arbeiten ausreichend breite Schiebehölzer, die im Wechselgriff festgeklemmt werden oder aber spezielle Klemmvorrichtungen. Diese lassen sich schnell auf die gegebenen Holzbreiten einstellen und ermöglichen sowohl einen sicheren Halt als auch eine gute Werkstückführung. Dies gilt speziell für die Herstellung von Konterprofilen bei Rahmeneckverbindungen **(Bild 4)**.

Einsetzfräsen kleiner und langer Werkstücke

Einsetzfräsungen **(Bild 1)** müssen grundsätzlich mit Rückschlagsicherungen durchgeführt werden. Klemmhölzer auf den Tischverlängerungen ermöglichen Einsetzfräsungen bei langen Werkstücken und dienen gleichzeitig als Endanschläge. Kleine Werkstücke werden mithilfe einer veränderlichen Spannlade und unter Verwendung der Rückschlagsicherung dem Werkzeug zugeführt **(Bild 2)**.

Fräsen bogenförmiger Werkstücke

Während Außenbögen noch am Längsanschlag bei durchgehendem Vorsatzbrett gefräst werden können, benötigt man für Innenbögen Bogenfräsanschläge oder Anlaufringe **(Bild 3)**. Beim Bogenfräsanschlag wird oberhalb des Werkzeugs ein durchbrochener Anschlag montiert. Dessen Außenrundung ist vom Fräserdurchmesser unabhängig und markiert nur an einem Punkt die äußerste Frästiefe. Zum Fräsen am Anlaufring wird dieser zusammen mit einem Kugellager auf dem Fräsdorn montiert. Eine Zuführleiste erleichtert den Werkstückvorschub und verhindert gleichzeitig das Mitdrehen des Anlaufrings. Anlaufringe werden in verschiedenen Durchmessern in Abstufungen von 5 mm hergestellt. Werkstücke können direkt am Anlaufring oder mithilfe von Kopierschablonen bearbeitet werden **(Bild 4)**. Arbeiten am Anlaufring dürfen nur bei gleichzeitiger Verwendung einer Schutzhaube über der Frässpindel durchgeführt werden.

Bei der Verwendung von Kopierschablonen muss der Durchmesser der Anlaufringe bei der Schablonenfertigung berücksichtigt werden. Bei der Verwendung des Bogenfräsanschlags entfällt dies, da dieser stufenlos einstellbar ist.

Bild 1: Einsetzfräsen langer Werkstücke

Bild 2: Einsetzfräsen mit der Spannlade

Bild 3: Bogenfräsen direkt am Anlaufring

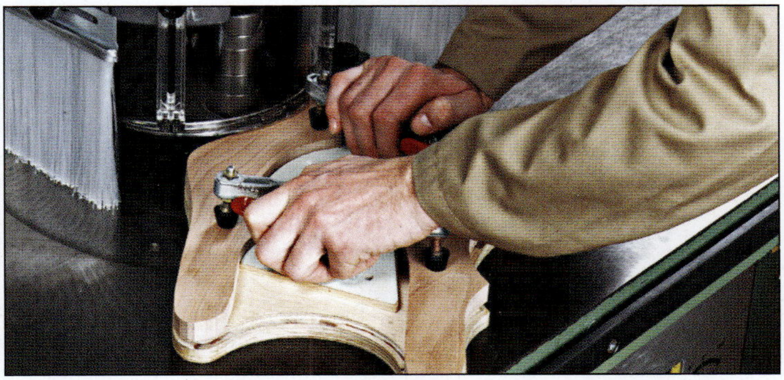

Bild 4: Bogenfräsen mit Kopierschablone

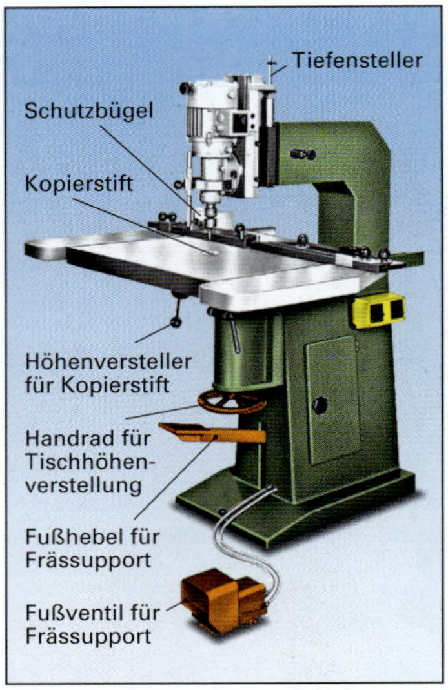

Bild 1: Tischoberfräsmaschine

Bild 2: Kettenfräsmaschine

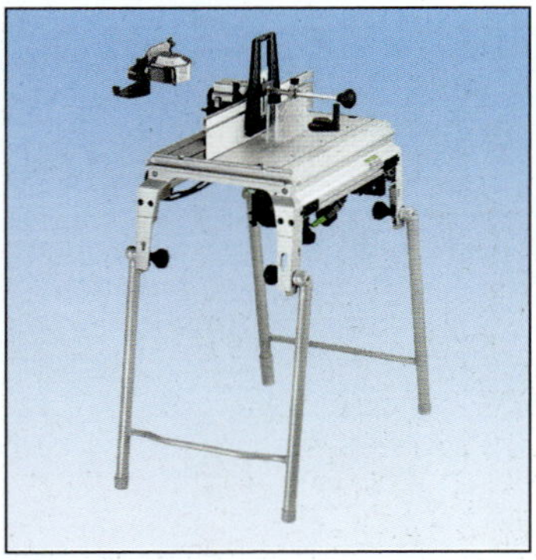

Bild 3: Teilstationäre Fräsmaschine

6.6.3.4 Oberfräsmaschine

Die Oberfräsmaschine (FO) wird zum Graten und Nuten, zum Ausfräsen von Formen nach Schablonen und zum Ausfräsen von Vertiefungen in Werkstücken verwendet **(Bild 1)**.

Der Maschinenständer trägt über einen Auslegerarm den schwenkbaren und höhenverstellbaren Werkzeugträger. Der Arbeitstisch wird pneumatisch oder über Fußhebel in die Arbeitshöhe gebracht. Werkstücke werden mithilfe von Schablonen und einem im Tisch eingelassenen Führungsstift oder am verstellbaren Anschlaglineal bearbeitet. Der Antrieb des Werkzeugträgers erfolgt direkt. Da hohe Drehfrequenzen von 12000 1/min bis 24000 1/min benötigt werden, kommen Antriebsmotoren mit Frequenzumformern zum Einsatz. Für Tischoberfräsen verwendet man ein- und mehrschneidige Werkzeuge in einteiliger Ausführung oder in Wendeplattenausführung. Einschneidige Werkzeuge werden unter Beachtung der Schneidengeometrie in Exzenter-Spannfutter gespannt. Zweischneidige Werkzeuge werden in zentrischen Spannfuttern eingesetzt. Fräsbohrer mit einem Durchmesser von 16 mm und mehr unterliegen bezüglich Schneidenüberstand und Bauart den Vorschriften für Werkzeuge für Handvorschub. Bei Fräsern bis 30 mm Durchmesser muss der Drehfrequenzbereich nicht angegeben werden.

6.6.3.5 Kettenfräsmaschine

Die Kettenfräsmaschine (FK) dient zum Herstellen von Zapfenlöchern oder Schlosskastenausfräsungen **(Bild 2)**. Es gibt sie als Ständer- und als Wandmaschinen. Die Werkstücke werden am Maschinenständer zur Bearbeitung festgeklemmt. Dann wird der bewegliche Oberschlitten mit Fräskette und Führungsschiene gegen das Werkstück abgesenkt und nach Beendigung durch Federzug in die Ausgangsstellung zurückgeführt. Beim Absenken wird das Antriebsaggregat automatisch eingeschaltet. Zur Vermeidung von Unfällen muss der Oberschlitten deshalb gegen unbeabsichtigtes Absenken gesichert sein.

Beiderseits der Fräskette sind Schutzstangen angebracht. Diese sichern den Bediener gegen unbeabsichtigtes Berühren der Fräskette und nehmen an ihren Enden zusätzlich eine Spanbrechervorrichtung auf.

6.6.3.6 Teilstationäre Oberfräse

Diese Maschinen bilden eine Sonderform zwischen Handoberfräsen und Tischfräsen. In einem kompakt zu transportierenden **Aufnahmetisch** ist durch spezielle Vorrichtungen eine leicht zu demontierende Handoberfräse angebracht **(Bild 3)**. Montagearbeiten unterschiedlichster Art mit vielen Materialien erfordern zunehmend präzisere Arbeiten am Montageort. Mit teilstationären Maschinen können sowohl stationäre Fräsarbeiten als auch, nach Entnahme der Oberfräse, mobile Fräsarbeiten durchgeführt werden. Hinsichtlich der durchzuführenden Arbeiten und der notwendigen Sicherheitsvorrichtungen gelten die Vorschriften für unfallsicheres Arbeiten an Tischfräsmaschinen. Wegen der besonderen Unfallgefahren bei ortsveränderlichen Maschinen und an Montageorten ist insbesondere auf eine gesicherte Zuführung der elektrischen Anschlüsse zu achten. Die Maschinen sind zum Anschluss an mobile Absauggeräte vorbereitet, bei Arbeiten in Innenräumen sind diese zu benutzen.

6.6.4 Bohrmaschinen

Das Bohren ist eine spanende Bearbeitung, bei der durch die Drehbewegung des Werkzeugs kreisrunde Löcher oder Langlöcher mit abgerundeten Enden hergestellt werden. Beim Bohren zylindrischer Löcher erfolgt der Vorschub, ausgeführt durch Werkzeug oder Werkstück, in Richtung der Bohrerachse. Langlöcher werden zuerst in Achsrichtung und dann stufenweise quer dazu bearbeitet **(Bild 3, Seite 327)**.

6.6.4.1 Ständerbohrmaschine

An der Ständerbohrmaschine (BS) werden kleinere Montagebohrungen nach Riss durchgeführt. Arbeitsständer und Antriebseinheit sind über eine Säule miteinander verbunden **(Bild 1)**. Über eine Klemmspannung wird der Arbeitstisch höhenverstellbar an der Säule festgehalten. Zur Anpassung an verschiedene Bohrmaterialien und Werkzeugdurchmesser kann die Drehfrequenz der Arbeitsspindel reguliert werden. Dies geschieht entweder über verschieden große Riemenscheiben oder über ein stufenloses Regelgetriebe. Beim Bohren ist auf eine sichere Auflage des Werkstücks zu achten. Kleine Werkstücke werden beim Bohren in Bohrschraubstöcke gespannt.

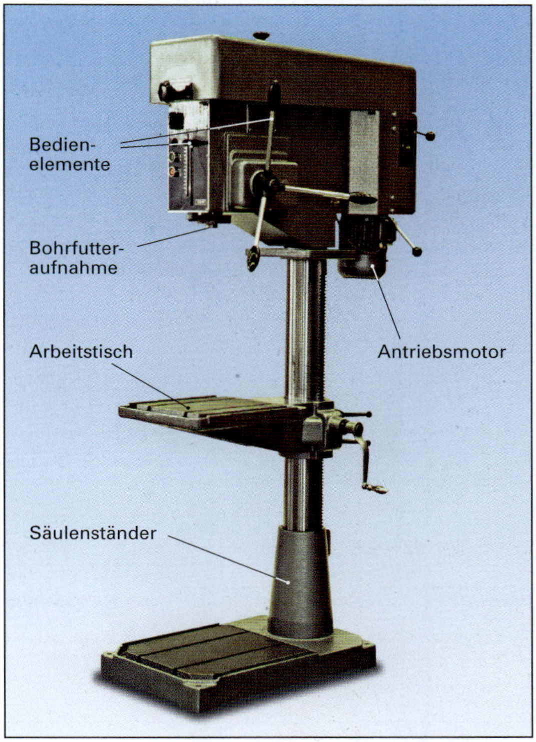

Bild 1: Ständerbohrmaschine

6.6.4.2 Astlochbohrmaschine

Die Astlochbohrmaschine (BA) dient zum Ausbohren von Ästen, zum Herstellen von Querholzzapfen (Füllscheiben) und zum Einbohren von Beschlägen. Der an einem Maschinenständer oder an der Wand montierte Auslegerarm trägt das Antriebsaggregat sowie mehrere Bohrspindeln **(Bild 2)**. Durch einen Handhebel wird der Antriebsmotor gegen den Arbeitstisch abgesenkt. Dabei treibt ein Mitnehmer die auf einem Drehkranz befestigten Bohrwerkzeuge so an, dass immer nur ein Werkzeug zum Einsatz kommt. Die federunterstützte Rückführung des Bohraggregats kuppelt dann den Bohrerantrieb automatisch wieder aus. Der Bediener wird mit einer durchsichtigen Schutzscheibe gegen Holzsplitter und Späne geschützt. Wird die Senk- und Hubbewegung des Bohrwerkzeugs automatisch durch pneumatische Zylinder ausgeführt, dann spricht man von einem Astausflickautomat. Die Hubbewegung wird über ein Fußventil ausgelöst. Verschiedene Automaten sind zusätzlich mit einer Vorrichtung ausgerüstet, die in die ausgebohrten Astlöcher sofort Querholzzapfen einleimt und flächenbündig einpresst.

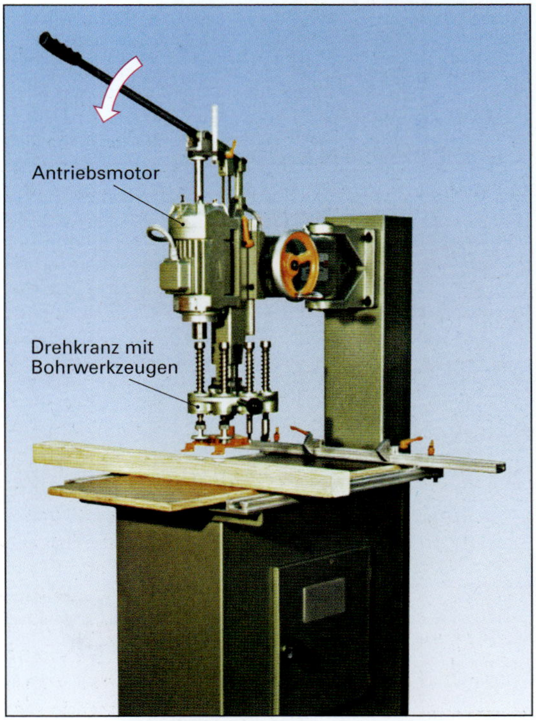

Bild 2: Astlochbohrmaschine

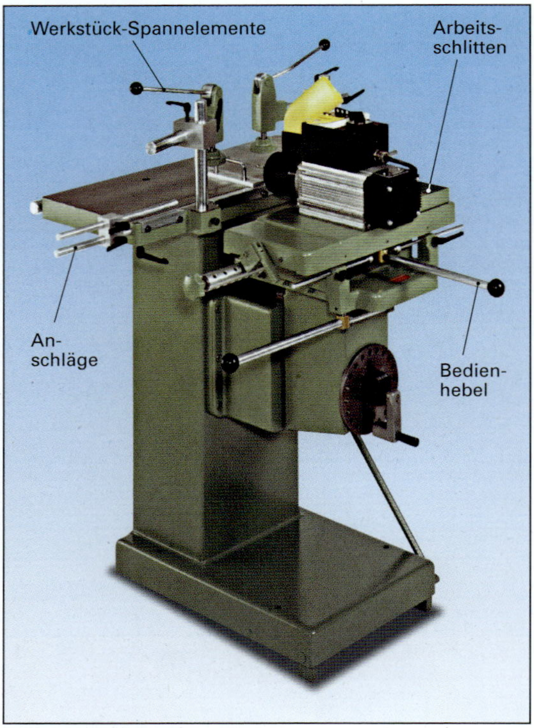

Bild 1: Langlochbohrmaschine

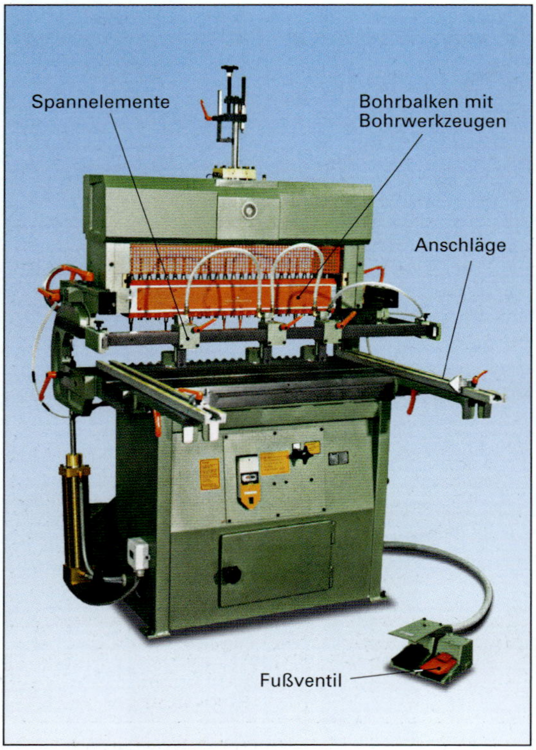

Bild 2: Dübellochbohrmaschine

6.6.4.3 Langlochbohrmaschine

Die Langlochbohrmaschine (BL) dient zum Herstellen von Langlöchern sowie zum Bohren von Dübellöchern.

Der Maschinenständer trägt den meist feststehenden Arbeitstisch sowie die Anschlaglineale **(Bild 1)**. Der Antriebsmotor und die direkt angetriebene Bohrspindel sind auf einem seitlich sowie axial verschiebbaren Arbeitsschlitten höhenverstellbar mit dem Ständer verbunden. Zum Bohren wird das Werkstück mittels Kniehebelspanner oder pneumatischem Zylinder auf dem Arbeitstisch festgespannt. Dann wird das Bohrwerkzeug gegen das Werkstück geführt.

Bei der Herstellung von Langlöchern werden zuerst die axialen Bohrungen durchgeführt. Dann wird das zwischen den Bohrungen stehen gebliebene Holz durch seitliches Hin- und Herbewegen des Schlittens ausgefräst. Diese Bewegungen werden durch klemmbare Anschlagsstifte begrenzt. Um ein Verlaufen des Werkzeugs bei Langlöchern zu vermeiden, wird die endgültige Bearbeitungstiefe stufenweise ausgearbeitet.

6.6.4.4 Dübellochbohrmaschine

Die Dübellochbohrmaschine (BD) dient zur Herstellung flächiger und stirnseitiger Dübellöcher sowie zum Bohren von Lochreihen und Beschlagsbohrungen **(Bild 2)**. Der am Maschinenständer schwenkbar befestigte Aggregatträger nimmt den Antriebsmotor sowie die über Zahnräder miteinander verbundenen Bohrspindeln auf. Ein pneumatischer Zylinder steuert die Ausrückbewegung des gesamten Bohrbalkens. Das Werkstück wird hierzu mittels Spannelementen und Anschlaglineal auf dem Arbeitstisch festgehalten. Der über Fußventil ausgelöste Absenkvorgang startet gleichzeitig den Antrieb der Bohrwerkzeuge. Um Rüstzeiten von Dübelbohrungen für Lochreihen- oder Beschlagsbohrungen zu verkürzen, kann der Bohrbalken mit den aufgespannten Werkzeugen um 90° verdreht werden. So kommt, ohne zusätzlichen Werkzeugwechsel, jeweils der gewünschte Werkzeugtyp zum Einsatz.

Müssen Bohrungen schräg zur Auflagefläche durchgeführt werden, kann der Aggregatträger in jeder beliebigen Neigung zwischen 0° und 90° festgeklemmt werden.

Bedingt durch den gegenseitigen Antrieb der einzelnen Bohrspindeln drehen sich die Bohrwerkzeuge abwechselnd im und gegen den Uhrzeigersinn. Dies muss beim Werkzeugwechsel entsprechend berücksichtigt werden.

6.6.4.5 Maschinen-Bohrwerkzeuge

Man unterscheidet Spiralbohrer, Forstnerbohrer, Kunstbohrer, Beschlagbohrer, Langlochfräsbohrer, Sonderbohrer und Versenker. Maschinen-Bohrwerkzeuge werden mit dem Namen, dem Durchmesser und dem Schneidenmaterial gekennzeichnet und sind normalerweise rechtsschneidend.

Spiralbohrer

Spiralbohrer werden zum Bohren von harten und weichen Hölzern, Holzwerkstoffen, Kunststoffen, Metallen und Mauerwerk verwendet. Die mit den Schneiden abgetrennten Späne werden von den Spannuten im Bohrloch weitertransportiert und nach außen gefördert.

Bei **Spiralbohrern mit Dachspitze** sind die Hauptschneiden in einem der Härte des zu bohrenden Werkstoffs entsprechenden Winkel (Spitzenwinkel) angeschliffen **(Bild 1)**. Dieser beträgt beim Bohren von Metallen 118°, für Hölzer und Holzwerkstoffe 130° und für Kunststoffe, je nach deren Eigenschaften, zwischen 60° und 90°. An die in Schneidenrichtung liegenden Wangen der Spannuten werden werksseitig Fasen angeschliffen. Diese Fasen, die man als Nebenschneide bezeichnet, säubern die Bohrlochwandung und dienen beim Bohrvorgang als Seitenführung.

Spiralbohrer mit Zentrierspitze eignen sich durch die besondere Ausformung der Bohrerspitze zur Herstellung zentrumsgenauer Bohrungen. Die Hauptschneiden aus Hartmetall oder Werkzeugstahl sind so angeschliffen, dass sich die seitlichen Enden zu Vorschneidern verjüngen **(Bild 2)**. Auf die Nebenschneiden wird bei diesen Bohrern verzichtet, da die Vorschneider die Bohrwand exakt ausarbeiten und die seitliche Führung durch die Zentrierspitze gewährleistet ist. Man verwendet diese Bohrer für die Bearbeitung von Hölzern und Holzwerkstoffen, sowie für weiche Metalle und Kunststoffe. Für die Bearbeitung beschichteter Holzwerkstoffe oder füllstoffreicher Kunststoffe empfiehlt sich die Verwendung von Bohrern mit Hartmetallschneiden **(Bild 3)**.

Spiralbohrer mit Hartmetall-Dachspitze eignen sich zum Bohren von Mauerwerk, Naturstein, Beton und Fliesen. Der Durchmesser der aufgesetzten Hartmetallspitzen ist größer als der Schaftdurchmesser und schützt diesen vor Beschädigungen **(Bild 4)**. Diese Bohrer werden auch mit speziellen Bohrhammerschäften zum schnellen Einsetzen und Auswechseln in die Bohrfutter der Bohrhämmer gefertigt **(Bild 5)**.

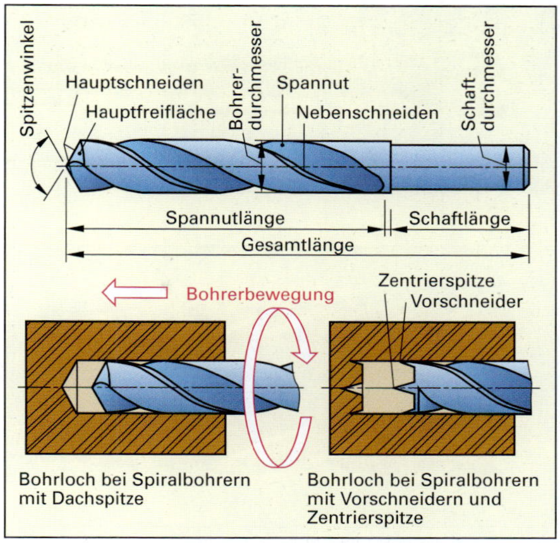

Bild 1: Spiralbohrer

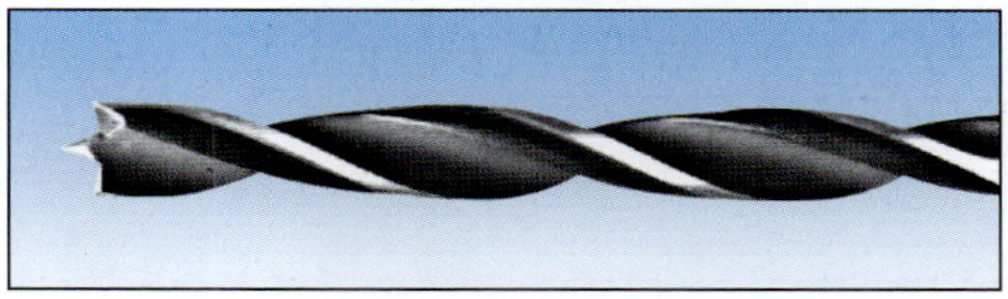

Bild 2: Spiralbohrer mit Zentrierspitze

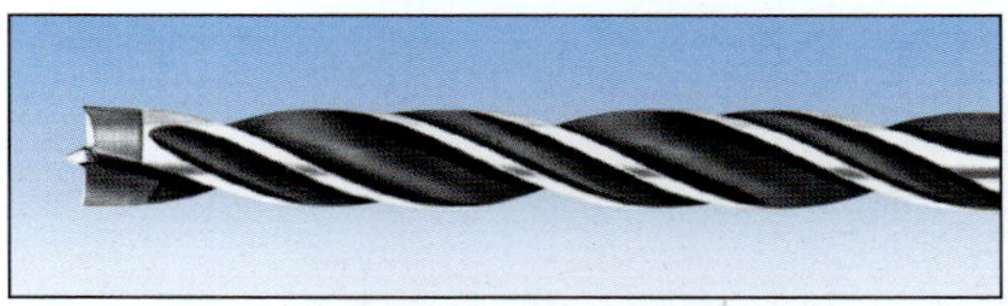

Bild 3: Spiralbohrer mit Zentrierspitze und Hartmetallschneiden

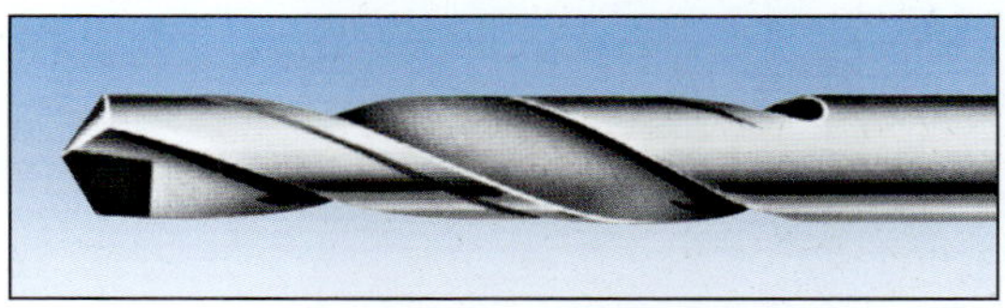

Bild 4: Spiralbohrer mit Hartmetall-Dachspitze

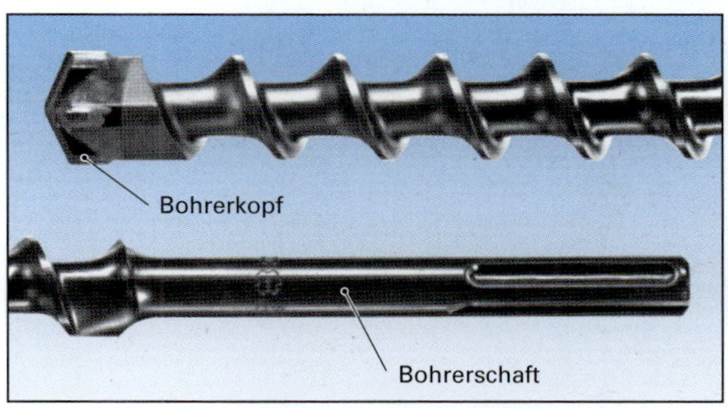

Bild 5: Spiralbohrer mit Hartmetall-Dachspitze und Bohrhammerschaft

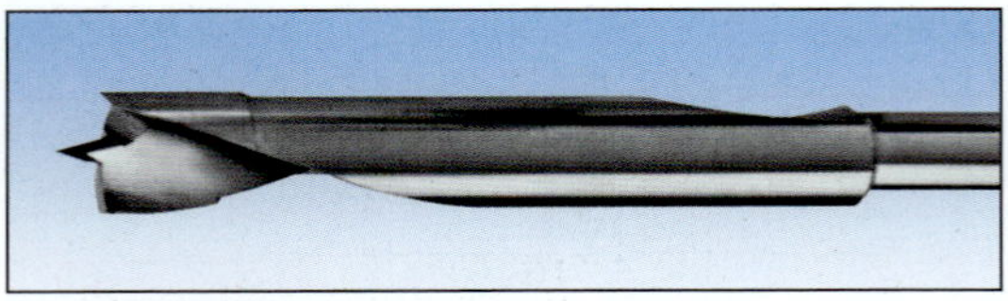

Bild 1: Dübelbohrer mit einer Spannut

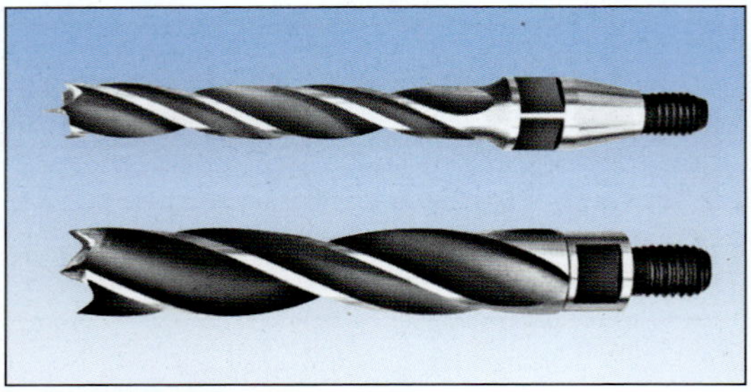

Bild 2: Maschinen-Dübelbohrer

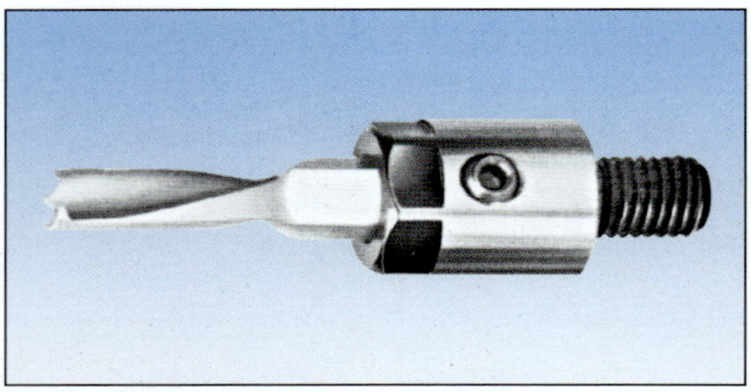

Bild 3: Maschinen-Dübelbohrer, rechts schneidend

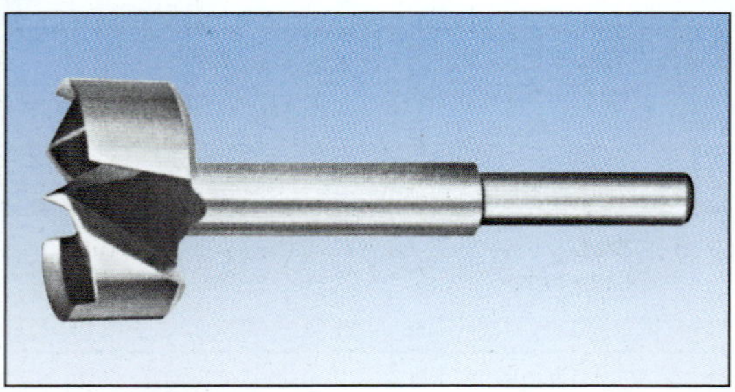

Bild 4: Forstnerbohrer

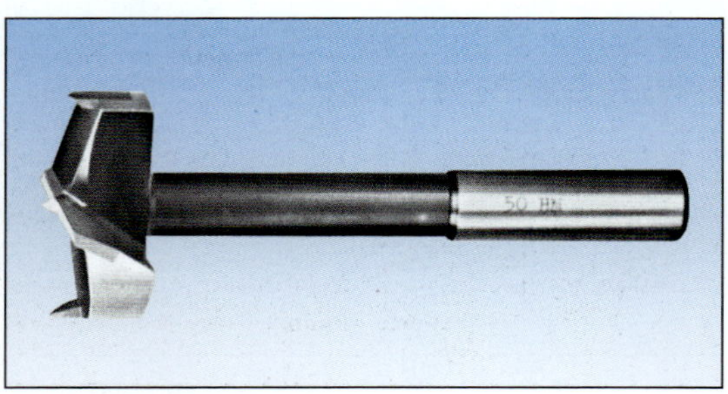

Bild 5: Zylinderkopfbohrer

Dübelbohrer

Dübelbohrer ähneln in ihrem Aufbau den Spiralbohrern mit Zentrierspitze. Sie sind mit einer oder zwei Spannuten erhältlich. Da mit ihnen überwiegend Sacklöcher in Vollholz und Holzwerkstoffen hergestellt werden, sind die Spannuten steiler angeordnet und gewährleisten somit eine schnellere Spanabfuhr aus dem Bohrloch **(Bild 1)**.

Da sie insbesondere auch in Dübelbohrautomaten und Bearbeitungszentren mit hohen Bohrleistungen eingesetzt werden, sind die Schneiden meist hartmetallbestückt. Für diesen speziellen Einsatz in Reihenbohrbalken werden auch linksdrehende Dübelbohrer hergestellt, die farblich gesondert gekennzeichnet sind. Ihre Schäfte sind zylindrisch geformt und zur präzisen Aufnahme in Bohrautomaten mit Gewinden und Zentrierkonus ausgestattet **(Bild 2 und Bild 3)**.

Forstnerbohrer

Forstnerbohrer **(Bild 4)** haben einen niedrigen zylindrischen Schneidkopf, eine Zentrierspitze und zwei Hauptschneiden. Die innen angeschliffene Umfangsschneide dient als Vorschneider und bestimmt den Durchmesser des Bohrlochs. Die Hauptschneiden sind rechtwinklig zur Bohrerachse angeordnet und bohren den Grund des Bohrlochs glatt aus. Die Zentrierspitze dient dem Ansetzen des Bohrers und ist niedrig gehalten, um bei Sackbohrungen mit geringer Restwandung nicht durchzustoßen. Da durch die Umfangsschneiden beim Bohren hohe Reibung entsteht, verjüngt sich dieser zum Schaft hin. Weil bei Forstnerbohrern fast der gesamte Umfang vorschneidet, können auch Bohrungen ausgeführt werden, die seitlich teilweise über die Werkstückkante hinausragen. Forstnerbohrer eignen sich zum Bohren von Hart- und Weichhölzern sowie von Holzwerkstoffen.

Zylinderkopfbohrer

Zylinderkopfbohrer **(Bild 5)** sind eine Weiterentwicklung der Forstnerbohrer. Ihr nicht vollständig umlaufender Schneidkopf weist neben der Zentrierspitze und den geraden Hauptschneiden zwei einzelstehende Vorschneider auf. Diese sind im Gegensatz zu den Vorschneiden des Forstnerbohrers auch leicht nachzuschärfen. Wegen der vergrößerten Spanöffnung im Bohrerkopf werden die Späne besser aus dem Bohrloch abgeführt.

Zylinderkopfbohrer werden für Bohrarbeiten in Vollholz und in hartmetallbestückter Ausführung auch für Holzwerkstoffe und Kunststoffe eingesetzt.

Beschlagbohrer

Beschlagbohrer wurden speziell zur Anfertigung ausrissfreier und maßhaltiger Bohrungen zur Aufnahme von Möbelbeschlägen entwickelt. Sie ähneln in ihrem Aufbau dem Kunstbohrer, werden aber nur in Durchmessern von 15 mm bis 40 mm gefertigt. Mit diesen Bohrern werden ausschließlich flache Sackbohrungen in Vollholz, Holzwerkstoffen und Kunststoffen durchgeführt. Sie weisen deshalb verschleißarme Hartmetallschneiden mit einzelstehenden und gut nachschleifbaren Vorschneidern in Ausführungen mit 2 oder 3 Hauptschneiden auf. Diese Bohrer sind auch mit auswechselbaren Hartmetall-Hauptschneiden und -Vorschneidern erhältlich **(Bild 1)**. Dadurch sind Bohrungen mit höchster Maßhaltigkeit möglich, da sich der Bohrerdurchmesser durch Verschleiß oder Schärfarbeiten nicht verändert.

Bild 1: Beschlagbohrer mit Hartmetall-Wechselschneidplatten

Langlochfräsbohrer

Mit Langlochfräsbohrern **(Bild 2)** werden Langlöcher und Zapfenlöcher hergestellt. Sie eignen sich aufgrund ihrer Bauweise ausschließlich für den Einsatz auf Langlochbohrmaschinen. Im Gegensatz zu Spiralbohrern weisen sie nur gerade Spannuten auf. Dies bedeutet, dass beim Bohren die geringe Spanabfuhr berücksichtigt werden muss. Langlöcher werden deshalb nicht auf einmal bis zur endgültigen Bearbeitungstiefe gebohrt, sondern mit dem Bohrwerkzeug stufenweise ausgearbeitet **(Bild 3)**. Die zwei bis drei, in Achsrichtung angeordneten Schneiden sind häufig mit Aussparungen versehen. Diese Spanbrechnuten erleichtern die Zerspanung und den Späneauswurf.

Nach DIN 6442 unterscheidet man zwischen der Form A mit abgesetztem Zylinderschaft und der Form B mit durchgehendem Zylinderschaft.

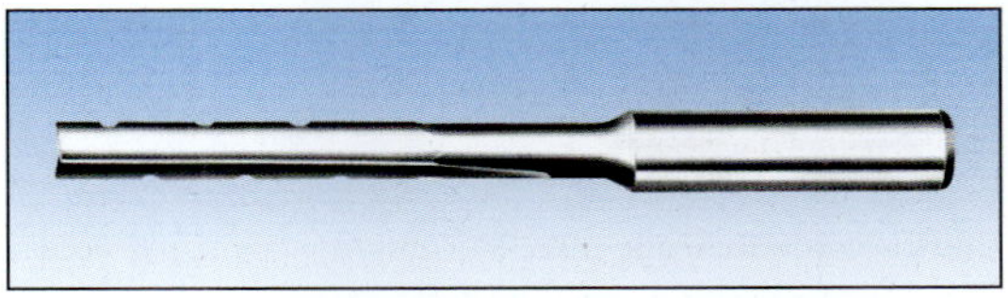

Bild 2: Langlochfräsbohrer

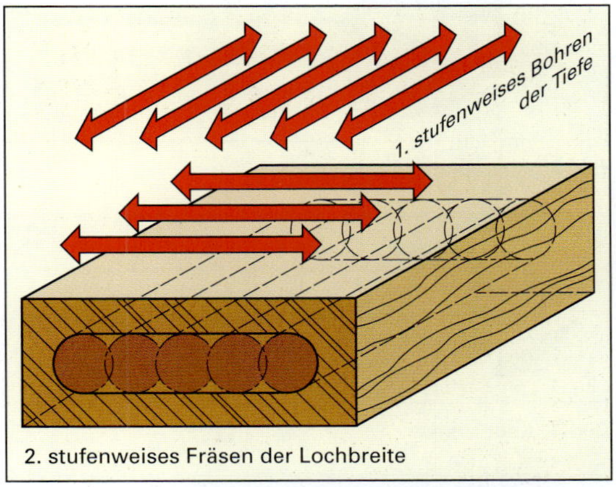

Bild 3: Stufenweise Hin- und Herbewegungen beim Langlochbohren

Sonderbohrer

Stufenbohrer sind Werkzeuge, bei denen sich der Bohrerdurchmesser zur Bohrerspitze hin stufenweise verjüngt **(Bild 4)**. Man verwendet diese Bohrer zum gleichzeitigen Bohren eines Loches mit zwei verschiedenen Durchmessern. Dadurch lassen sich beispielsweise der Bohr- und Versenkarbeitsgang verbinden. Man verwendet sie auch beim Anschlagen von Zimmer- und Möbeltüren mit Einbohrbändern, da die Bohrlochform dem Einschraubgewinde sicheren Halt bietet.

Beim **Vorbohrer für Bodenträgerhülsen** ist das Bohrwerkzeug bereits mit einem der Länge der Bodenträgerhülse entsprechenden Bohrloch-Tiefenanschlag ausgestattet **(Bild 5)**.

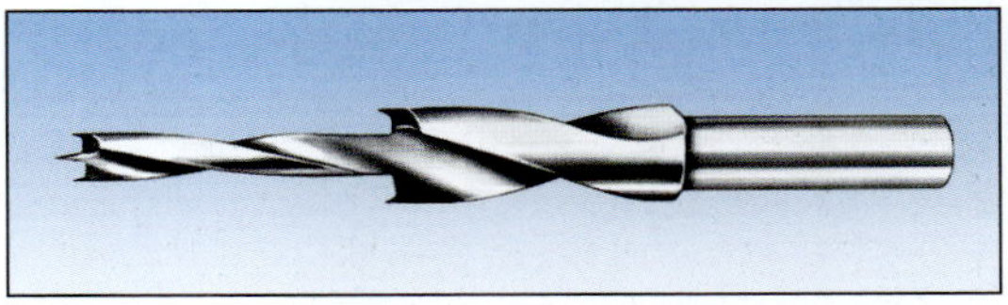

Bild 4: Stufenbohrer

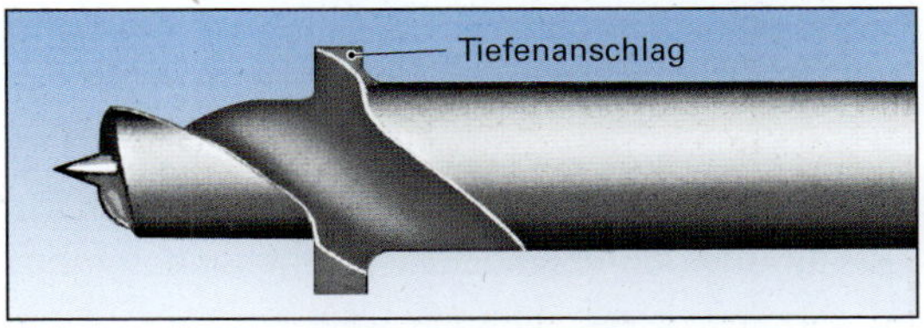

Bild 5: Vorbohrer für Bodenträgerhülsen

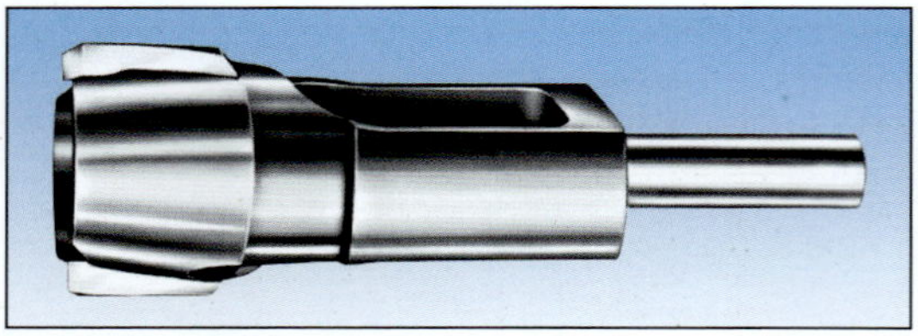

Bild 1: Scheibenschneider

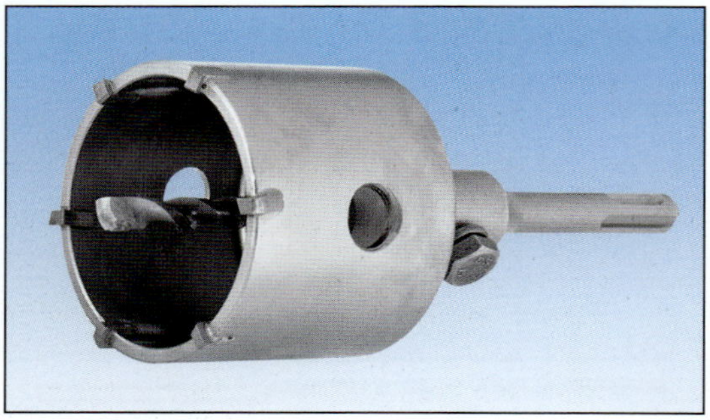

Bild 2: Hohlbohrkrone mit HM-Zähnen

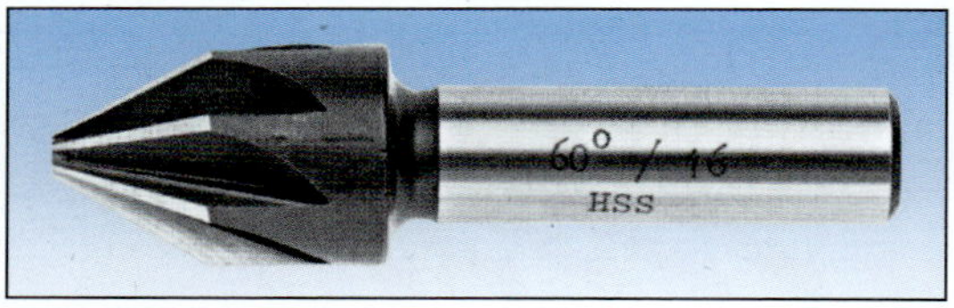

Bild 3: Ausreiber

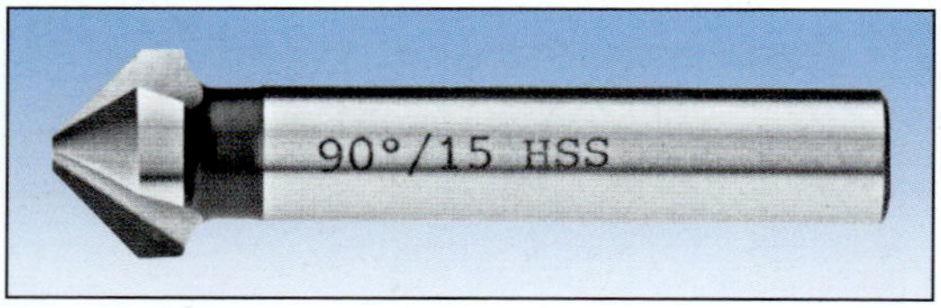

Bild 4: Kegelsenker

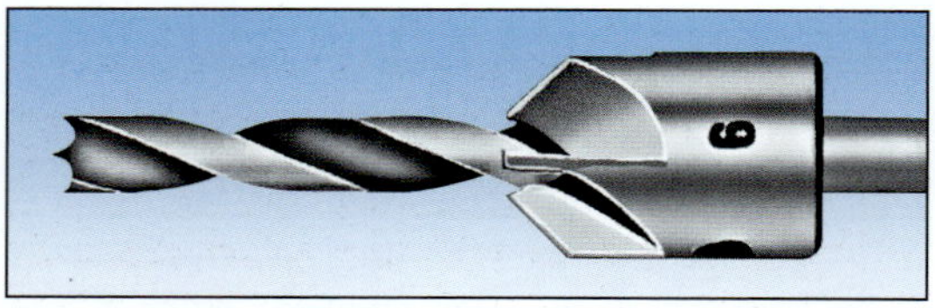

Bild 5: Aufstecksenker

Scheibenschneider sind nach DIN 7489 genormte Bohrwerkzeuge, mit denen man Scheiben und Zapfen aus Querholz zum Ausflicken von Astlochbohrungen herstellt. Der jeweils um 5 mm steigende Bohrerinnendurchmesser liegt zwischen 10 mm und 60 mm **(Bild 1)**.

Hohlbohrkronen, Lochfräser oder **Lochsägen** werden mit Bohrmaschinen betrieben und dienen zum Herstellen großer Bohrdurchmesser in Holz, Holzwerkstoffen, Kunststoffen, leicht zu bearbeitenden Metallen sowie Mauerwerkstoffen **(Bild 2)**. Je nach Ausführung sind sie mit einem Sägezahnkranz oder aufgelöteten Hartmetallzähnen versehen. Ein mittig angebrachter Bohrer erleichtert das Ansetzen des Bohrers und sichert die Führung des Fräskranzes.

Versenker

Versenker und Ausreiber haben eine kegelförmige Spitze mit mehreren Schneiden. Sie werden zum Ausreiben von Schraubenlöchern und Dübellöchern verwendet. Der Senkwinkel beträgt 60° und 90°. Versenker werden in Handbohrmaschinen oder mit Handgriff auch manuell verwendet. Die Schneidenzähne sind so geformt, dass das Holz beim Versenken abgeschabt wird **(Bild 3)**.

Beim **Kegelsenker,** der für den Einsatz in der Metallbearbeitung entwickelt wurde, sind die Schneiden leicht hinterschliffen, sodass beim Eindringen in das Holz Späne abgeschnitten werden. Er eignet sich deshalb nicht nur für harte und weiche Metalle, sondern auch für den Einsatz bei Vollholz und Holzwerkstoffen **(Bild 4)**.

Aufstecksenker werden mit einer Klemmschraube so an Spiralbohrern befestigt, dass in einem Arbeitsgang gebohrt und gesenkt werden kann **(Bild 5)**. Damit ist auch gleichzeitig die Bohrtiefe festgelegt. Wendet man den Aufstecksenker auf dem Bohrwerkzeug, dient er auch als Bohrtiefenbegrenzer.

- Bohrer werden nach Größe und Bauart getrennt aufbewahrt. Dies erspart lästige Sucharbeit.
- Die schneidenden Teile der Bohrwerkzeuge dürfen nie mit anderen Bohrern oder Metallgegenständen in Berührung kommen. Eine liegende Aufbewahrung in Kisten und Schachteln scheidet deshalb aus.
- Besser und übersichtlicher ist die stehende Aufbewahrung in speziellen Bohrerträgern oder Holzklötzen.
- Stumpfe Bohrer sind sofort auszusondern und zum Schärfen bereitzuhalten.
- Verharzte Bohrer können mit Nitroverdünnung oder heißem Wasser gereinigt werden.

6.6.5 Schleifmaschinen

Schleifmaschinen dienen zum Glätten der Werkstückoberfläche. Die Zerspanung erfolgt dabei durch die Körner des Schleifmittels. Man unterscheidet bei den Schleifmaschinen:

- **Bandschleifmaschinen (SchB)**
- **Kantenschleifmaschinen (SchK) und**
- **Breitbandschleifmaschinen (SchBB)**

6.6.5.1 Langbandschleifmaschinen

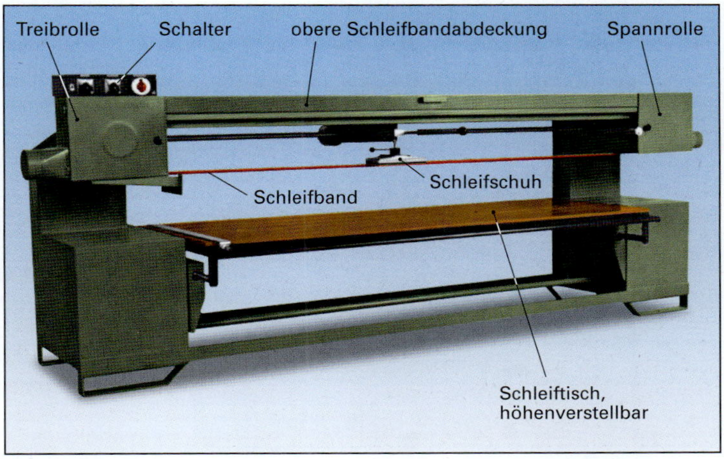

Bild 1: Langbandschleifmaschine

Der schwere Maschinenständer trägt die beiden Schleifbandrollen, über die das Schleifband gespannt ist **(Bild 1)**. Die linke Rolle (Treibrolle) ist fest gelagert und mit dem Antriebsmotor verbunden. Die rechte Rolle (Spannrolle) ist beweglich gelagert und zum Wechseln und Spannen des Schleifbandes verstellbar. Gespannt wird mit Spanngewicht oder Schraubenfeder. Verschiedene Maschinen besitzen beide Spannmöglichkeiten, die unabhängig voneinander eingesetzt werden können. Das Spanngewicht spannt das Schleifband sehr elastisch. Dies ermöglicht auch das Schleifen von leicht gewölbten Werkstücken. Die weniger elastische Federspannung eignet sich besser für Flächenschliffe.

Unterhalb des Schleifbandes ist der höhenverstellbare Schleiftisch angeordnet. Dieser kann durch Teleskopführungen quer zum Schleifband bewegt werden. Das Werkstück wird auf dem Schleiftisch durch eine Anschlagschiene oder durch Vakuum-Saugnäpfe festgehalten.

Zwischen den Bandrollen sitzt der in Längsrichtung verschiebbare Schleifschuh. Dieser wird über einen Handgriff gegen das laufende Schleifband und das darunter liegende Werkstück gedrückt. Zur Schonung des Schleifbandes ist seine Unterseite mit einem Belag aus Filz oder Kunststoff oder mit einer Bürste versehen. Der Schleifschuh muss etwas schmäler als das Schleifband sein, wodurch eine Rillenbildung durch das Einschleifen der Kanten im Werkstück vermieden wird. Bei manchen Maschinen wird anstelle des Schleifschuhs auch ein Druckbalken oder eine Kontaktrolle verwendet.

Der beim Schleifen entstehende Schleifstaub muss zur Vermeidung von Gesundheitsschädigungen sowie zur Schonung von Schleifband und Maschinenlager abgesaugt werden. Hierzu ist das Schleifband auf der Oberseite sowie im Bereich der Rollen verkleidet und mit Absaugstutzen versehen.

Meist sind Maschinenschalter und Absaugung miteinander gekoppelt. Entstehender Schleifstaub wird sofort abgesaugt. Die Werkstückoberfläche kann damit besser kontrolliert werden. Hierzu dienen auch die im Bandbereich angeordneten Lampen, die den gesamten Schleifbereich beleuchten.

Zum Schleifen kleinerer oder schmaler Werkstücke kann die obere Schleifbandabdeckung aufgeklappt werden. Sie gibt den oberen Schleiftisch frei und muss bei Benutzung des Schleifschuhs geschlossen werden.

Bandschleifmaschinen können über Polumschaltung sowohl im Rechtslauf als auch im Linkslauf betrieben werden. Bei einigen Maschinen kann über ein Regelgetriebe die Schleifgeschwindigkeit dem Schleifgut angepasst werden.

Für verschiedene Schleifaufgaben stehen Schleifbänder mit unterschiedlichen Körnungen zur Verfügung. In der Regel wird mit einem groben Band vorgeschliffen und mit einem zweiten Band feingeschliffen. Hierzu muss das Schleifband gewechselt werden. Nach dem Bandwechsel ist darauf zu achten, dass das Band gleichmäßig und mittig zum Schleifschuh läuft, gegebenenfalls kann mit der Bandlaufregulierung eine Anpassung vorgenommen werden.

Bei der **Doppelbandschleifmaschine** sind zwei Schleifbänder nebeneinander angeordnet. Vorschliff und Feinschliff können ohne Bandwechsel durchgeführt werden.

Für **Nassschliffarbeiten** von Lacken oder Kunststoffen gibt es Maschinen mit einer Sprüheinrichtung. Das laufende Schleifband wird gleichmäßig mit Schleifflüssigkeit benetzt und entstehender Schleifschlamm sofort abgespült.

Die Länge der endlosen Schleifbänder beträgt 7000, 7600 oder 8000 mm, ihre Breite 150 mm.

Diese Angabe sowie die Angabe der Körnung ist auf der Schleifbandinnenseite aufgedruckt. Außerdem markiert ein dort angebrachter Pfeil die Hauptlaufrichtung des Schleifbandes, welche beim Bandwechsel berücksichtigt werden muss. Nicht gebrauchte Bänder werden in trockenen Räumen hängend gelagert. Beschädigte Schleifbänder dürfen an der Maschine nicht mehr benutzt werden.

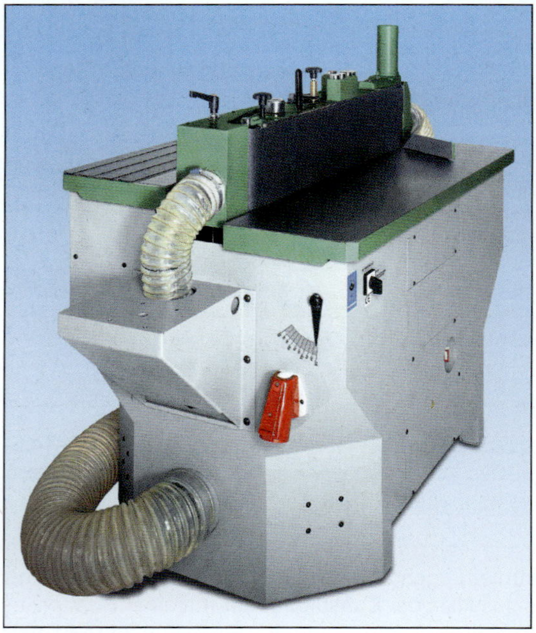

Bild 1: Kantenschleifmaschine

Bild 2: Schleifen langer und gerader Werkstückkanten

6.6.5.2 Kantenschleifmaschinen

An Kantenschleifmaschinen **(Bild 1)** werden gerade, schräge oder geschweifte Kanten, meist vor dem Flächenschliff, bearbeitet. Bei ausreichend breiten Schleifbändern können auch Vollholzschubkästen eingepasst werden.

Ein endloses Schleifband läuft über zwei senkrecht gelagerte Schleifbandrollen. Der waagerecht angebrachte Arbeitstisch lässt sich in Höhe und Neigung zum Schleifband verändern. Lange, gerade Werkstücke werden an beiden Anschlaghälften am Schleifband entlang geschoben, kurze gerade Werkstücke werden in ihrer gesamten Länge an das Schleifband gedrückt **(Bild 2)**. Schweifungen werden mit einer entsprechend geformten Auflage an einer Umlenkrolle geschliffen. Diese kann bei einigen Maschinen außerdem im Durchmesser besonderen Schleifaufgaben angepasst werden. Bei Kantenschleifmaschinen wirkt die Bearbeitungskraft nicht gegen den Arbeitstisch, sondern in Richtung der Bandbewegung. Werkstücke müssen deshalb beim Zuführen an das Schleifband zusätzlich an einem auf dem Arbeitstisch angebrachten Anschlag geführt werden. Dies gilt besonders für die stirnseitige Bearbeitung rechteckiger Werkstücke.

Da meist nur ein kleiner Abschnitt des Schleifbandes zum Einsatz kommt, nutzt es sich dort schnell ab. Verändert man die Neigung einer Umlenkachse, so verändert sich die Lage des Schleifbandes auf der Bandrolle. Bei **oszillierenden Maschinen** wird diese Lageänderung durch eine dauernde Pendelbewegung der Umlenkachse bewusst herbeigeführt; die Schleifbänder nutzen sich gleichmäßiger ab. Zusätzlich können noch Kantenbrech- und Faseeinrichtungen anmontiert werden.

6.6.5.3 Breitbandschleifmaschinen

An Breitbandschleifmaschinen werden Vollholzflächen, rohe und furnierte Holzwerkstoffe sowie lackierte Werkstücke geschliffen **(Bild 1)**.

Im Maschinenständer sind waagerecht ein oder mehrere endlose Schleifbänder untergebracht **(Bild 2)**. Parallel zur Schleifebene wird das Werkstück durch ein Transportband über oder unter dem Schleifband vorbeigeführt. Man unterscheidet Maschinen mit zylindrischer Eingriffszone, solche mit ebener Eingriffszone und Kombinationen aus beiden Bauarten. Der Andruck des Schleifbandes an das Werkstück erfolgt je nach Bauart durch eine elastisch ummantelte Kontaktwalze, durch einen durchgehenden oder geteilten (Segment-) Druckbalken oder durch einen federnd gelagerten Transporttisch. Bei der Verwendung von Drucksegmenten werden die Dicke und die Form des Werkstücks durch Taster bei der Zuführung zur Maschine abgemessen und an die Drucksegmente weitergeleitet **(Bild 3)**. So können auch Werkstücke mit Ausschnitten oder unsymmetrischer Außenkontur exakt geschliffen werden.

Je nach Ausstattung ist die Maschine mit einem oder mehreren Schleifbändern verschiedener Körnung bestückt, die einzeln oder gemeinsam eingesetzt werden. Dies ermöglicht verschiedene Schliffqualitäten in einem Durchlauf.

Zur Erhöhung der Schleifqualität und um ungleichmäßige Abnutzung zu verhindern, oszillieren die Schleifbänder während des Schleifvorgangs. Ein zur Vorschubrichtung schräg gestelltes Schleifaggregat erhöht ebenfalls die Schleifqualität. Mit Querschliffaggregaten erreicht man einen besseren Materialabtrag, nachgeschaltete Aggregate entfernen die entstandenen Schleifspuren. Der entstehende Schleifstaub wird bereits im Maschinengehäuse abgesaugt. Zusätzlich wird das Werkstück vor Verlassen der Maschine abgebürstet.

Holzwerkstoffe weisen häufig Toleranzen in der Dicke auf. Man schleift sie deshalb vor der Weiterverarbeitung an der Breitbandschleifmaschine auf die gleiche Dicke. Diesen Vorgang bezeichnet man als **Kalibrieren.** Hierfür werden Maschinen mit Kontaktwalzen verwendet, wohingegen Maschinen mit Druckbalken ausschließlich zur Verbesserung der Oberflächengüte eingesetzt werden **(Egalisierschliff)**. Der über Druckbalken und Drucksegmente einstellbare Anpressdruck ermöglicht auch schwierige Furnier- und Lackschliffarbeiten. Spezielle Zusatzaggregate mit rotierenden Bürsten ermöglichen die Herstellung strukturierter Oberflächen **(Bild 4)**.

Bild 1: Breitbandschleifmaschine

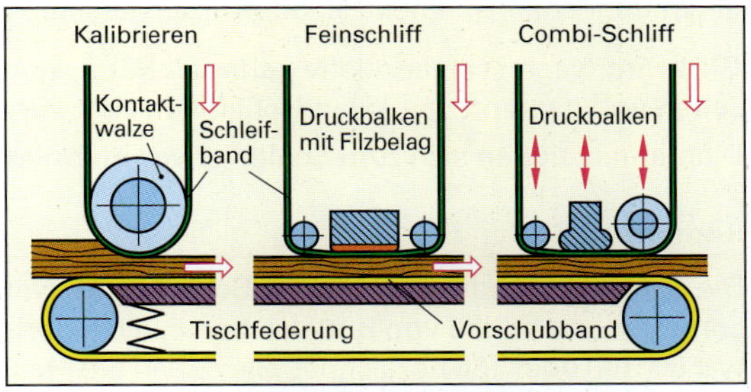

Bild 2: Breitbandschleifmaschine (Schema)

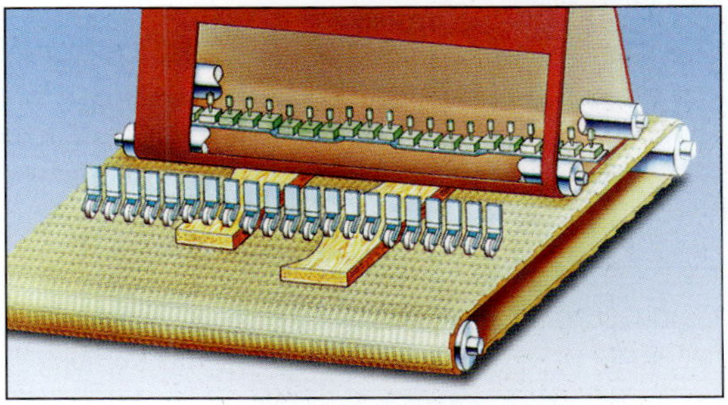

Bild 3: Prinzip Segmentdruckbalken

Bild 4: Bürstenwalze

6.6.5.4 Schleifmittel

Zum Schleifen von Holz, Holzwerkstoffen, von Lacken und Kunststoffen sowie von Metalloberflächen werden Schleifpapiere, Schleifgewebe, Schleifbänder und besondere Schleifmittel benutzt. Werkzeuge werden mit Schleifscheiben und Abziehsteinen geschärft.

Als Schleifmittel dienen natürliche und künstliche Schleifkörner.

Natürliche Schleifmittel werden aus Flint (Feuerstein), Granat, Naturkorund, Schmirgel, Quarz (Sandstein) und Naturdiamanten hergestellt. Diese Schleifmittel sind unterschiedlich hart, weshalb sie nur selten eingesetzt werden.

Künstliche Schleifmittel sind Körner aus Elektrokorund (Aluminiumoxid), Siliciumkarbid (Carborundum), Bornitride, Glas und künstlich erzeugte Diamanten. Diese Schleifmittel haben gleich bleibende physikalische und chemische Eigenschaften. Die Körner sind spitz oder blockig.

Korunde eignen sich je nach Art zum Schleifen der verschiedenen Werkzeugstähle und Metallflächen, von Hart- oder Weichholz, von Kunststoffen oder Lacken. Die KNOOP-Härte liegt zwischen 1635 N/mm^2 und 2080 N/mm^2.

Siliciumkarbide dienen zum Schleifen von furnierten oder lackbeschichteten Flächen, von Gusseisen und Nichteisenmetallen sowie von Werkzeugstählen. Keramisch gebundene Silicium- und Borkarbide werden ferner neben Diamanten als Läppmittel bei Hartmetallwerkzeugen eingesetzt. Die KNOOP-Härte beträgt 2480 N/mm^2. Bornitride sind mit 4700 N/mm^2 nicht ganz so hart wie Diamanten; sie verhalten sich Stahl gegenüber chemisch neutral. Sie werden deshalb als Schleifmittel für hochlegierte Stähle verwendet.

Glas wird wegen seiner relativ geringen Härte, seiner großen Sprödigkeit und seiner scharfen Kanten nur selten und dann nur zum Handschliff von Holz verwendet. Glaskörner stumpfen schnell ab.

Diamanten eignen sich zum Schleifen von Hartmetallen; die KNOOP-Härte beträgt 7000 N/mm^2.

Körnung

Die natürlichen oder künstlichen Schleifstoffe werden zerkleinert. Das dabei entstehende Korngemisch sortiert man mithilfe von Rüttelsieben in die einzelnen Körnungen. Die Körnungen werden mit Nummern wie 60, 100 oder 150 bezeichnet. Sie geben die Maschenzahl je 25,4 mm Länge einer Siebseite an. 25,4 mm entsprechen einem Inch oder einem englischen Zoll. Fallen die Körner mit der Korngröße 60 durch ein Sieb, das auf einer Siebfläche von 645,16 mm^2 (645,16 mm^2 = 25,4 mm · 25,4 mm) 3600 Maschen (3600 = 60 · 60) enthält, bleiben sie auf dem nächst feineren Sieb liegen. Deshalb bekommt ein großes Schleifkorn eine niedrige, ein kleines Schleifkorn eine hohe Nummer. Die Trennung ab Körnung 240 erfolgt in einem mit Alkohol gefüllten Fallrohr. In der Flüssigkeit sinken die größeren Körner infolge ihrer größeren Masse schneller als die kleineren Körner, sodass sich Schichten mit verschieden großen Körnern bilden. Die Schleifmittel werden je nach Körnung für verschiedene Schleifarbeiten verwendet **(Tabelle 1)**.

Tabelle 1: Körnung und ihre Verwendung

Körnung	Nummer der Körnung								Verwendung
grob	P 6	P 8	P 10	P 12	P 14	P 16	P 20	P 24	für Sonderschleifarbeiten
mittel	P 30	P 36	P 46	P 54	P 60				P 30 bis P 46: zum Entfernen von Leim-, Lack- und Anstrichschichten P 54 bis P 90: zum Vorschleifen gehobelter und furnierter Flächen, zum Entfernen von Fugenpapier
fein	P 70	P 80	P 90	P 100	P 120	P 150	P 180		P 100 bis P 180: zum Feinschleifen furnierter Flächen
sehr fein	P 220	P 240	P 280	P 320	P 400	P 500	P 600	P 800	P 220 bis P 400: Schleifen von Spachtel, Lack und Kunststoff P 500 bis P 800: für Sonderschleifarbeiten

6.6.5.5 Schleifpapiere und Schleifgewebe

Schleifpapiere und Schleifgewebe bestehen aus Papieren oder Geweben, auch Kornträger oder Unterlage genannt, auf die mit speziellen Leimen eisenfreie Schleifmittel aufgeleimt sind **(Bild 1)**. Eisen verursacht beim Schleifen gerbstoffhaltiger Hölzer schwarze Punkte oder Flecken.

Kornträger

Als Kornträger für den Holzschliff wird hauptsächlich Papier verwendet, für spezielle Zwecke Gewebe wie Leinen, außerdem Kombinationen von Gewebe und Papier. Das **Rohpapier** muss besonders zugfest und zäh sein. Es kann aus einer oder aus mehreren Schichten bestehen. Ein einschichtiges Papier mit einem Gewicht von 70 g/m² bis 80 g/m² wird z. B. für den Handschliff von Lackoberflächen und Holz benutzt, ein mehrschichtiges Papier mit 240 g/m² für die starke Beanspruchung auf Schleifmaschinen.

Bei den **Geweben,** meist verbundene Glasfasern **(Fiber),** unterscheidet man stärkere Arten für den Maschinenschliff, schwächere für weniger starke Beanspruchung oder für den Profilschliff.

Kombinierte Kornträger bestehen aus mehreren mit Stoffgeweben verstärkten Papieren. Diese Kornträger werden zu Schleifbändern verarbeitet. Sie sind verhältnismäßig steif. Deshalb können sie stark beansprucht werden, wie z. B. in Breitbandschleifmaschinen.

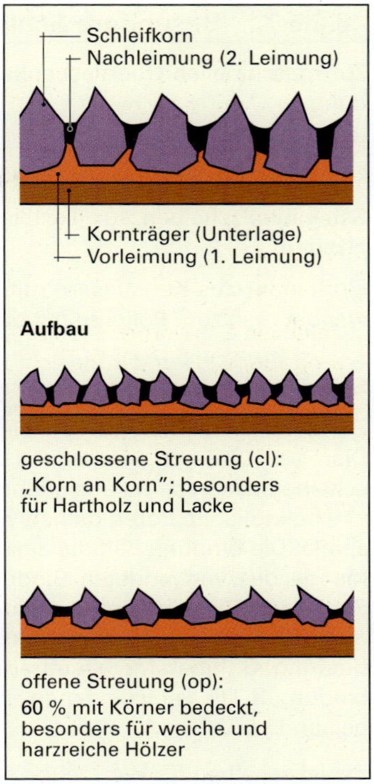

Bild 1: Aufbau und Streuung von Schleifpapieren

Streuung

Bei den Schleifpapieren und Schleifbändern werden die geschlossene und die offene Streuung unterschieden. Im Handel gibt es auch die halboffene Streuung (hop). Bei der geschlossenen Streuung befindet sich Korn an Korn, sodass der Kornträger zu 100% bestreut ist und somit eine besonders große Anzahl von Schneidkanten enthält. Bei der offenen Streuung ist der Kornträger bis zu etwa 60% bestreut **(Bild 1)**. In die zwischen den einzelnen Körnern entstehenden Zwischenräume kann Schleifstaub eindringen und von der zu schleifenden Oberfläche abtransportiert werden. Offene Streuung und ausgerichtete Schleifmittel mit geometrischen Formen vermindern zudem die Schleiftemperatur. Auf diese Weise kommt es nicht zum sogenannten Schmieren und zu Brandflecken auf den zu schleifenden Flächen.

6.6.5.6 Schleifbandlagerung

Beim Transport und bei der Lagerung müssen Beschädigungen durch Werfen und Knicken unbedingt vermieden werden. Bis zum Gebrauch sollten Schleifbänder möglichst in der Originalverpackung aufbewahrt werden **(Bild 2)**. Die Lagerumgebung sollte nicht zu trocken oder feucht sein, keinesfalls aber in feuchten Kellern oder unmittelbar neben oder über Heizungen. Der Verpackung entnommene Schleifbänder werden am besten hängend aufbewahrt, viele Hersteller empfehlen als Auflager hierbei einen Stab mit mindestens 50 mm Durchmesser **(Bild 3)**.

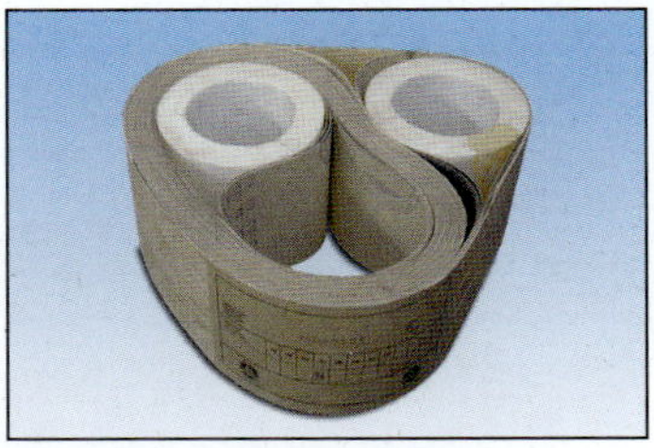

Bild 2: Schleifbänder in der Originalverpackung

Schleifbänder müssen vor jeder Inbetriebnahme einer Sichtkontrolle unterzogen werden, beschädigte Schleifbänder dürfen auf Bandschleifmaschinen nicht weiterverwendet oder aufgelegt werden. Beim Auflegen der Schleifbänder ist die Laufrichtung zu beachten, die als Pfeil auf der Rückseite aufgedruckt ist.

Grundsätzlich dürfen Schleifbänder nicht unter Spannung aufgelegt werden. Erst wenn die endgültige Position auf den Umlaufrollen gefunden ist, wird die Bandspannung, möglichst unter gleichzeitigem Drehen der Rollen, erhöht.

Bild 3: Hängende Aufbewahrung

6.6.5.7 Besondere Schleifmittel

Zur maschinellen Oberflächenbehandlung kommen spezielle Bänder, Matten und Scheiben zur Anwendung.

Bänder, Matten und Scheiben aus einem Stahlwollegeflecht sowie Nylonfaservliesbänder mit Schleifkörnern auf einer Gewebeunterlage werden zum Mattschleifen lackierter Flächen eingesetzt.

Schwabbelscheiben aus Textilien dienen in Verbindung mit Schwabbelwachs zum Polieren lackierter Flächen.

Florbänder aus Kunstfasern mit eingewebter Wolle oder Baumwolle und einer Lauffläche aus PVC verwendet man zum Polieren mit der Bandschwabbelmaschine.

Schleifscheiben und Abziehsteine

Bei **Schleifscheiben** werden die Schleifkörner aus Korund **(A)**, Bornitrid **(B)**, Siliciumkarbid **(C)** oder Diamant **(D)** durch Bindemittel zusammengehalten. Im Bindemittel befinden sich Poren. Eine Schleifscheibe besteht somit aus gebundenen Schleifkörnern und eingeschlossenen Poren. Die an der Oberfläche befindlichen Poren dienen während des Schleifens zur Aufnahme und zum Abtransport der Schleifspäne. Die Bindung hält die einzelnen Körner so lange fest, bis sie stumpf sind und ausbrechen. Art und Menge des verwendeten Bindemittels beeinflussen den Härtegrad und die Schleifeigenschaften der Schleifscheibe. Man unterscheidet keramische Bindung **V** (aus Feldspat, Ton, Quarzsand), Kunstharzbindung **B**, auch faserstoffverstärkt **BF** (aus Phenolharz), Metallbindung **M** (aus Sintermetall), galvanische Bindung **G** (über Metallauftrag), Gummibindung **R**, auch faserstoffverstärkt **RF** (Naturharz), Silikatbindung **S**. Die verschiedenen Bindemittel unterscheiden sich in der Elastizität, Sprödigkeit und Wärmebeständigkeit.

Schleifscheiben für Werkzeuge mit Stahlschneiden sind meist keramisch gebunden. Die keramische Bindung lässt sich in verschiedenen Härtegraden herstellen, ist aber gegen Stoß empfindlich.

Das Gefüge der Schleifscheiben kann offen oder geschlossen sein **(Bild 1)**. Die Kennziffern 0 bis 14 bezeichnen die Art des Gefüges. Je größer die Kennziffer ist, desto offener ist das Gefüge und desto mehr Poren hat die Schleifscheibe. Eine sehr poröse Schleifscheibe führt die Späne besonders gut ab. Außerdem werden durch die Aufnahme von Luft oder flüssigen Kühlmitteln Schleifscheibe und Werkzeugschneide gekühlt. Schleifscheiben mit den Kennziffern 4 und 5 werden im Allgemeinen zum Schleifen von unlegierten und legierten Werkzeugstählen **(WS, SP)**, 6 und 7 von hochlegierten Werkzeugstählen **(HL)**, Schnellarbeitsstählen **(SS)** und hochlegierten Schnellarbeitsstählen (**HSS**) verwendet. Für Hartmetalle **(HM)** und Hartlegierungen (Stellite) eignen sich Schleifscheiben mit den Gefügekennziffern 8 und 9.

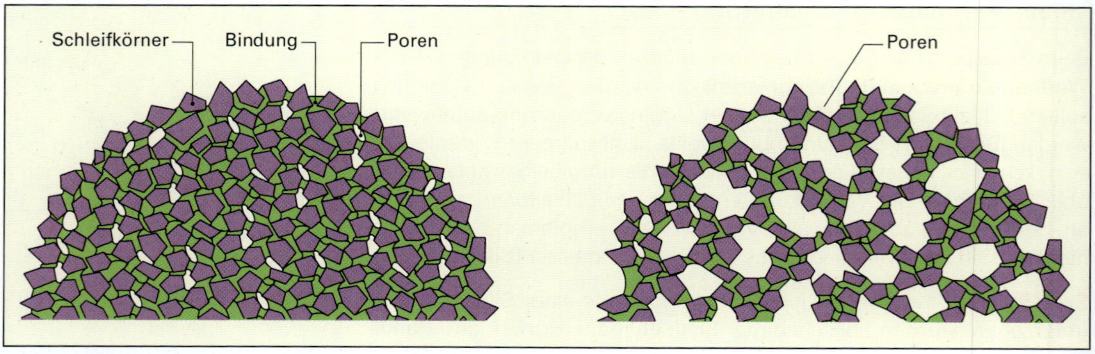

Bild 1: Aufbau von harten und weichen Schleifscheiben

Schleifscheiben unterscheiden sich in der Härte. Unter der Härte der Schleifscheiben versteht man nicht die Härte des einzelnen Schleifkornes, sondern die Festigkeit, mit der die Schleifkörner durch die Bindung festgehalten werden. Die Härte der Schleifscheibe muss auf die Härte des zu schleifenden Werkzeuges abgestimmt sein.

Harte Werkzeugschneiden verlangen weiche Schleifscheiben, weiche Werkzeugschneiden harte. Wird z.B. ein harter Werkzeugstahl mit einer zu harten Schleifscheibe geschliffen, brechen die abgenutzten Schleifkörner wegen der Härte (Festigkeit) der Bindung nicht aus, sondern setzen zusammen mit dem Schleifstaub die Poren der Schleiffläche zu.

Bei den weichen Schleifscheiben brechen die stumpfen Schleifkörner aus der Bindung aus und geben scharfe Schleifkörner frei.

Der für ein Werkzeug notwendige Härtegrad der Schleifscheiben wird vom Werkzeughersteller angegeben.

Die Härtegrade von Schleifscheiben sind: Äußerst weich **(A, B, C, D)**, sehr weich **(E, F, G)**, weich **(H, I, J, K)**, mittel **(L, M, N, O)**, hart **(P, Q, R, S)**, sehr hart **(T, U, V, W)**, äußerst hart **(X, Y, Z)**.

Zum Schleifen von Werkzeugstählen verwendet man häufig Schleifscheiben mit den Härten L und M, von Hochleistungsstählen K, von Hochleistungsschnellstählen J und bei Hartmetallwerkzeugen noch geringere Härten.

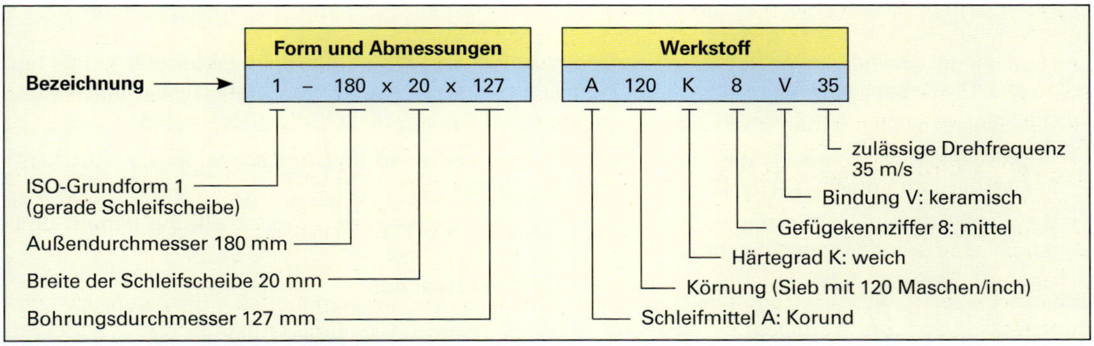

Bild 1: Bezeichnung von Schleifscheiben (Beispiel)

Tabelle 1: Auswahl von Schleifscheiben für den Werkzeugschliff (Beispiele)

Hartmetall-Schneiden			Schnellarbeitsstahl-Schneiden		
Schleifmittel	C	→ Siliziumkarbid	Schleifmittel	A	→ Korund
Härtegrad	J	→ weich	Härtegrad	J–K	→ weich
Körnung	70–100	→ fein	Körnung	46–90	→ mittel bis fein
Hartmetalle und Schnellarbeitsstähle sind „harte“ Schneidenmaterialien, der Härtegrad der Schleifscheibe muss daher „weich“ sein.					

Arbeitsschutz beim Werkzeugschliff

- Es darf nur mit unbeschädigten Schleifscheiben geschliffen werden. Nicht sichtbare Beschädigungen kann man durch die Klangprobe feststellen. Eine rissfreie Schleifscheibe ergibt einen hellen Klang.
- Neue sowie ausgewechselte Schleifscheiben müssen vor Inbetriebnahme bei abgesperrtem Gefahrenbereich mindestens fünf Minuten probelaufen.
- Es dürfen nur Schleifscheiben verwendet werden, die folgende Angaben tragen: Art der Bindung, Abmessung der Scheibe, zulässige Drehzahl, Körnung, Härte und Prüfvermerk des Herstellers.
- Bei Schleifarbeiten ist stets eine Schutzbrille zu tragen und das splittersichere Schutzfenster der Schleifmaschine in Schutzstellung zu bringen.

Abziehsteine verwendet man zum Feinschliff und Abziehen der Werkzeugschneiden. Unterschieden werden natürliche und künstliche Abziehsteine **(Seite 207)**.

Natürliche Abziehsteine sind **Belgische Brocken** (zum Abziehen wird Wasser benutzt) und **Arkansassteine** (zum Abziehen wird Petroleum oder ein Öl-Petroleum-Gemisch benutzt). Künstliche Abziehsteine entsprechen nach Material und Aufbau den Schleifscheiben.

6.6.5.8 Werkstückschliff

Aufgaben des Schleifens von Werkstücken

Das Schleifen dient

- **der Formgebung,** d.h., Werkstücke werden eben geschliffen, auf Dicke geschliffen (kalibriert) und profiliert (das Profil wird angeschliffen, nicht angefräst).
- **der Verbesserung der Oberfläche,** d.h., spanend bearbeitete oder mit groberem Schleifpapier eben geschliffene Oberflächen werden durch Feinschleifen von vorhandenen Bearbeitungsspuren befreit; auf der Oberfläche befindliche Verunreinigungen werden durch feinkörnige Schleifpapiere entfernt; die Oberfläche wird zur Verbesserung der Haftung bzw. der mechanischen Adhäsion aufgeraut.

Arbeitsregeln für den Werkstückschliff

- Schleifbänder sind spannungsfrei aufzulegen und vor jedem Einsatz auf Unversehrtheit zu prüfen.
- Die Laufrichtungspfeile auf der Bandrückseite sind zu beachten.
- Die Bandgeschwindigkeiten betragen beim Holzschliff 24 m/s bis 30 m/s, beim Lackschliff 12 m/s bis 15 m/s. Die Bandgeschwindigkeiten sind für eine einwandfrei geschliffene Oberfläche einzuhalten.
- Das Schleifen soll mit möglichst niedrigem Schleifdruck erfolgen.
- Vorgeschliffen wird nur so lange, bis die Oberfläche entsprechend eben und sauber ist, nachzuschleifen ist, bis vom Vorschliff keine Rauigkeit mehr vorhanden ist.
- Der Schleifstaub ist abzusaugen, damit es nicht zum Schmieren der Bandoberfläche kommt und damit keine Brandflecken entstehen.
- Die Schleifbänder sind bei längeren Stillstandzeiten zu entspannen.

Tabelle 1: Schleifverfahren, Schleifmittelformen, Schleifmittelanwendung

Verfahren	Schleifmittelform		Schleifmittelanwendung
Manuelle Verfahren (Handschliff, Schleifen mit Handmaschinen)			
Handschliff	Blätter und Rollen (DIN 69177), Schleifvlies		Kanten, Profile, Konturen; Flächenschliff Holz und Furnier; Schleifen nach dem Wässern und Bleichen; von Grundierungen; Lackzwischenschliff
Schleifen mit Exzenter-, Winkel- und Bürstenmaschine, Schleifteller	Scheiben (DIN 69177)	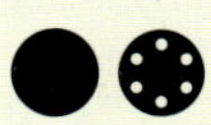	zum Strukturieren und Restaurieren; Schleifen nach dem Wässern und Bleichen von Grundierungen; Lackzwischenschliff
Schleifen mit Schwingschleifmaschine, Handschleifblöcken	Streifen		Kanten, Flächenschliff Holz und Furnier; Schleifen nach dem Wässern und Bleichen von Grundierungen; Lackzwischenschliff
Schleifen mit Handbandschleifmaschinen	Handschleifbänder (DIN 69130)		Kanten schleifen und Kanten bündig schleifen, Flächenschliff von Holz und Furnier
Maschinelle Verfahren (mit stationären Maschinen)			
Kontakt- und Kissenschliff	Breitbänder (DIN 69130)		Kalibrierschliff von Massivholz und Plattenwerkstoffen, Feinschliff von Flächen aus Holz, Furnier, Holzwerkstoffen; Lackzwischenschliff
Kanten und Konturenschliff	Kantenbänder, Hülsen (DIN 69130)		Kanten schleifen, Feinschleifen von Konturen und Kanten
Flächenschliff	Langbänder (DIN 69130)		Kanten bündig schleifen, Kanten schleifen; Feinschliff von Flächen aus Holz, Furnier, Plattenwerkstoffen; Lackzwischenschliff
Profilbandschliff	Profilbänder (DIN 69130)		Schleifen von Profilen und Konturen (Vor- und Feinschliff)
Die Prüfung der Qualität der geschliffenen Oberfläche kann nach der Richtlinie VDI 3414 erfolgen.			

6.7 Grundlagen der Steuerungs- und Regelungstechnik

Steuerungs- und Regelungseinrichtungen bewirken in Maschinen und Anlagen selbsttätig ablaufende Vorgänge. Solche Vorgänge sind z. B. Spann-, Vorschub- oder Werkzeugbewegungen an Maschinen sowie Ein- und Ausschaltvorgänge an Heiz-, Kühl-, Sprüh- oder Belüftungsaggregaten, z. B. bei Trocknungs- oder Bewitterungsanlagen. Man unterscheidet mechanische, pneumatische, hydraulische, elektrische sowie elektronische Steuerungs- und Regelungseinrichtungen.

6.7.1 Steuerung

Unter Steuern versteht man den selbsttätigen Ablauf eines vorherbestimmten Vorganges in einer Maschine oder Anlage, ohne dass dieser während des Ablaufs korrigiert wird.

Beispiel einer pneumatischen Steuerung

In einer gesteuerten Bohreinrichtung soll ein Werkstück eine Bohrung erhalten **(Bild 1)**.

Der Spannzylinder der pneumatischen Spanneinrichtung darf erst ausfahren, wenn sich ein Werkstück in der Vorrichtung befindet (Taster 1 für Werkstückkontrolle) und wenn der START-Taster (2) gedrückt ist. Die Verknüpfung dieser beiden Eingangssignale ergibt das Ausgangssignal (3), welches das Wegeventil (4) schaltet. Der Zylinder der Spanneinrichtung fährt aus (A +). Ist der erforderliche Spanndruck erreicht, gibt der Druckschalter (5) das Signal für die Werkstückbearbeitung. Durch das Signal an den Bohrzylinder (6) beginnt der Vorhub (B +) für die Bohrmaschine. Der untere Grenztaster (7) wird durch die Bohrmaschine betätigt und signalisiert, dass die Bohrtiefe erreicht ist (8). Der Bohrzylinder erhält das Rückhubsignal (9) und fährt zurück (B –). Der obere Grenztaster (10) löst mit seinem Signal (11) den Rückhub (A –) des Spannzylinders aus. Das gebohrte Werkstück kann jetzt der Vorrichtung entnommen werden.

Zur Erläuterung von Steuerungsvorgängen werden genormte Fachbegriffe verwendet. So werden z. B. der EIN-Taster und die Grenztaster **Signalglieder** genannt. Die Wegeventile nennt man **Stellglieder** und die Druckluft, mit der der Spannzylinder bzw. der Bohrzylinder angesteuert werden, bezeichnet man als **Stellgröße.** Der Weg, den Spannglied bzw. Bohrer zurücklegen, ist die **Steuergröße.** Die Baueinheiten, wie Spannzylinder und Bohrzylinder, welche durch die Signale beeinflusst werden, nennt man **Steuerstrecke.**

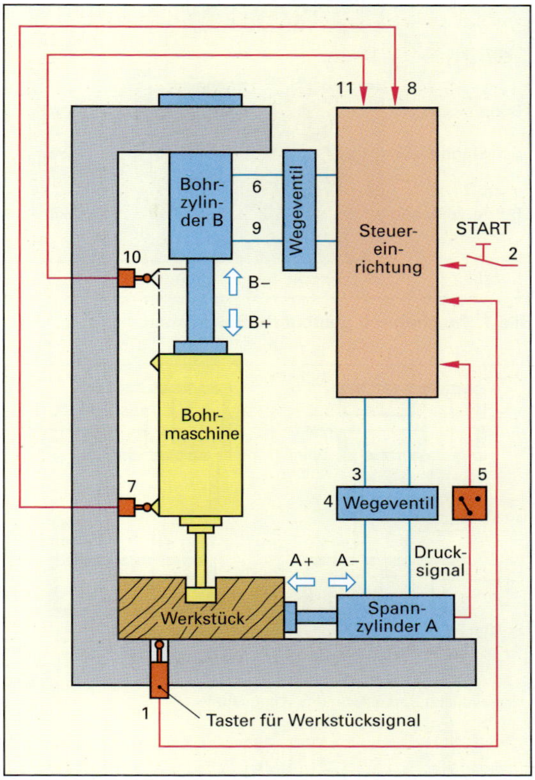

Bild 1: Ablaufsteuerung

Arten von Steuerungen

Verknüpfungssteuerungen sind Steuerungen, die nur weiterschalten, wenn Signale logisch verknüpft sind, z.B. wenn der Taster für das Werkstücksignal UND der Starttaster betätigt werden **(Bild 1).**

Prozessabhängige Ablaufsteuerungen sind Steuerungen, bei denen ein nachfolgender Arbeitsschritt erst beginnt, wenn der vorhergehende abgeschlossen und ein Signal ausgelöst wird.

Wegplansteuerungen sind Ablaufsteuerungen, bei denen die Arbeitsschritte den abgefahrenen Wegen, z.B. denen eines Werkzeugs, entsprechen.

Verbindungsprogrammierte Steuerungen sind Steuerungen, bei denen der Programmablauf durch die Wahl der Bauteile und deren Verknüpfung fest vorgegeben ist **(Bild 4, Seite 341).**

Speicherprogrammierte Steuerungen (SPS) lassen für den Steuerungsablauf mehrere Programme zu. Wird ein anderer Programmablauf gewünscht, muss nur das Programm geändert werden **(Bild 1, Seite 343).**

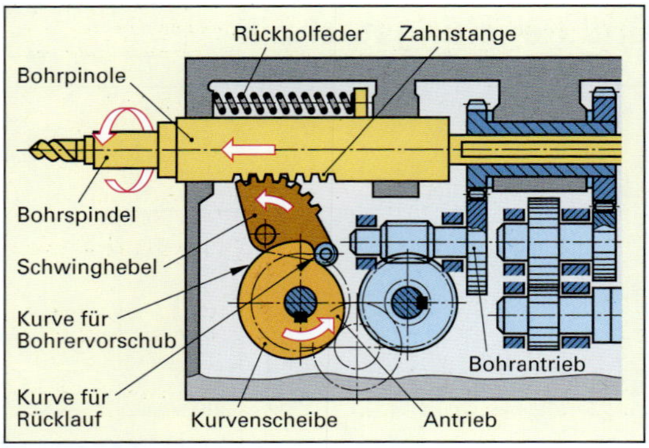

Bild 1: Mechanisch gesteuerte Bohreinheit

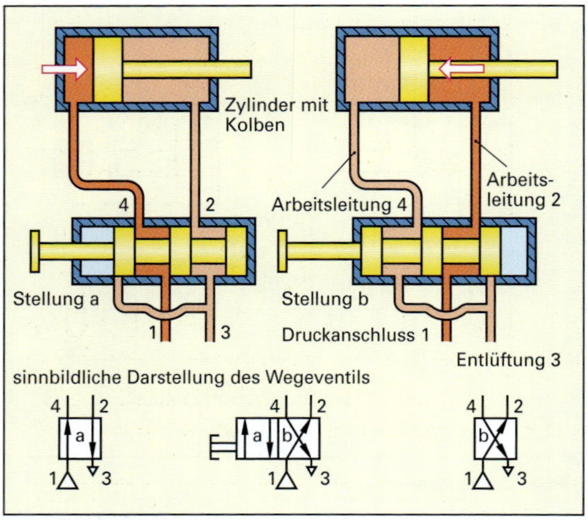

Bild 2: Steuerung eines doppelt wirkenden Zylinders durch ein Wegeventil

Ventilart	Schaltzeichen	Bezeichnung der Anschlüsse
3/2-Wegeventil, geschlossen, hebelbetätigt mit Rückstellfeder	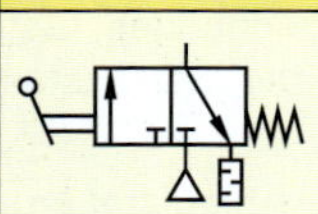	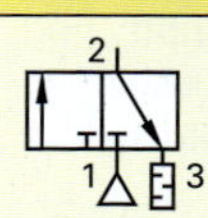
3/2-Wegeventil, offen, druckbetätigt mit Rückstellfeder	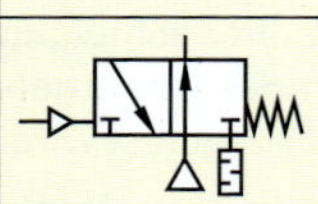	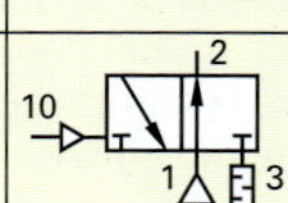
5/2-Wegeventil, beidseitig druckbetätigt	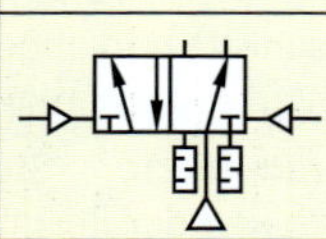	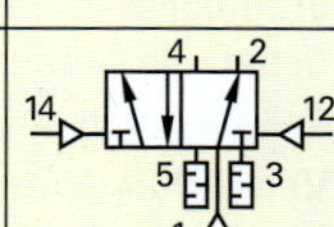

Arbeitsleitungen	**Steuerleitungen**
1 Druckluftversorgung	Betätigung am Anschluss **10:** sperrt Anschluss 1
2 Arbeitsleitung	Betätigung am Anschluss **12:** verbindet die Anschlüsse 1 und 2
4 Arbeitsleitung	Betätigung am Anschluss **14:** verbindet die Anschlüsse 1 und 4
3 Entlüftungsleitung	
5 Entlüftungsleitung	

Bild 3: Bezeichnungen in Schaltzeichen von Wegeventilen

6.7.2 Mechanische Steuerungen

Bei mechanischen Steuerungen werden die Signale durch Nocken, Kurvenscheiben oder Kurventrommeln erzeugt, die dann Kupplungen und Getriebe schalten. Mechanisch gesteuert ist z.B. eine Bohreinheit, bei der ein mit einem Zahnsegment versehener Schwinghebel in die Verzahnung der Bohrstange eingreift und von einer Rückholfeder gegen die Kurvenscheibe gedrückt wird **(Bild 1)**. Bei der Drehung der Kurvenscheibe wird der Bohrer stetig vorgeschoben und nach Erreichen der Bohrtiefe schnell zurückgefahren.

6.7.3 Pneumatische Steuerung

Pneumatische Arbeitselemente, wie z.B. Druckluftzylinder, werden in Fertigungsanlagen und Automaten durch pneumatische Ventile gesteuert. Diese Ventile steuern als Wegeventile die Richtung der Druckluft sowie Durchflussbeginn und -ende, als Sperrventile die Richtung und als Stromventile den Volumenstrom der durchströmenden Luft. Druckventile begrenzen die Höhe des Luftdrucks **(siehe auch Seite 367)**.

6.7.3.1 Wegeventile

Mit einem Wegeventil kann beispielsweise die Bewegungsrichtung eines doppelt wirkenden Zylinders gesteuert werden **(Bild 2)**.

In der Stellung a des Wegeventils strömt die Druckluft vom Druckanschluss 1 zum Anschluss der Arbeitsleitung 4. Die Kolbenstange fährt aus. Die vom Kolben im anderen Zylinderraum verdrängte Luft entweicht über die Arbeitsleitung 2 durch das Wegeventil zur Entlüftung 3 und damit ins Freie. In der Stellung b des Wegeventils wird die Druckluft vom Anschluss 1 zur Leitung 2 und die aus dem Zylinder verdrängte Luft vom Anschluss 4 zur Entlüftung 3 geleitet. Die Kolbenstange fährt zurück.

In der **sinnbildlichen Darstellung der Wegeventile** wird jede Schaltstellung durch ein Rechteck dargestellt **(Bild 3)**. In den Rechtecken bezeichnen Pfeile den Weg des Luftstromes zwischen den Anschlüssen. Die Rechtecke der Schaltstellungen a und b werden aneinander gezeichnet und die Anschlussleitungen an die Ausgangsstellung herangezogen. Um die Wirkungsweise des Wegeventils in der Schaltstellung a erkennen zu können, denkt man sich alle Anschlussleitungen von Schaltstellung b nach Schaltstellung a verschoben.

In der **Kurzbezeichnung** werden Wegeventile nach der Anzahl der gesteuerten Anschlüsse und Schaltstellungen benannt. So nennt man das Wegeventil mit 3 Anschlüssen und 2 Schaltstellungen ein 3/2-Wegeventil (gesprochen: 3 Strich 2-Wegeventil).

Die **Betätigung der Wegeventile** kann von Hand oder mit dem Fuß, mechanisch, elektrisch pneumatisch oder durch Kombination von zwei Betätigungsarten erfolgen. Betätigungen durch Luftdruck können direkt oder über ein Vorsteuerventil indirekt auf das Wegeventil wirken. Indirekte Betätigungen werden eingesetzt, wenn die auslösende Kraft gegenüber der eigentlichen Betätigungskraft klein gehalten werden soll. Die Betätigungsarten sind genormt und werden außerhalb der Ventile rechtwinklig zu den Anschlüssen an das Schaltzeichen angeordnet **(Bild 1)**.

Die **Steuerung von Zylindern** erfolgt mit Wegeventilen.

Bei der **direkten Steuerung** eines einfachwirkenden Zylinders ist in der Stellung b (Ruhestellung) des 3/2-Wegeventils der Weg der Druckluft zum Zylinder gesperrt **(Bild 2)**. Die Kolbenstange fährt erst aus, wenn das Wegeventil in die Schaltstellung a geschaltet wird. Bei der direkten Steuerung des doppelt wirkenden Zylinders **(Bild 2)** fährt die Kolbenstange in der Schaltstellung a des 4/2-Wegeventils aus. Anstelle des 4/2-Wegeventils kann auch ein 5/2- oder 5/3-Wegeventil verwendet werden.

Bei **indirekten Steuerungen** wird das Wegeventil [1.4] des Zylinders durch die von den Wegeventilen [1.1] und [1.2] (Signalelemente, Signalaufnehmer) kommenden Signale angesteuert **(Bild 3)**. Wird das Wegeventil [1.1] kurz betätigt, schaltet der Druckimpuls das Wegeventil [1.3] in die Stellung a. Diese Schaltstellung behält es auch bei, wenn das Drucksignal von [1.1] nicht mehr vorhanden ist. Das Wegeventil [1.3] dient damit als Signalspeicher. Die Kolbenstange fährt aus und betätigt in der vorderen Endlage das Wegeventil [1.2]. Dieses Drucksignal stellt am Wegeventil [1.3] die Stellung b wieder her. Die Kolbenstange fährt zurück.

6.7.3.2 Sperrventile

Sperrventile werden von der Druckluft betätigt und lassen diese nur in einer Strömungsrichtung durch.

Rückschlagventile lassen die Luft von 1 nach 2 durchströmen, sperren aber den Durchfluss in der Sperrrichtung von 2 nach 1 **(Bild 4)**.

Wechselventile besitzen zwei wechselseitig sperrbare Anschlüsse 1 (links) und 1 (rechts) sowie einen Ausgang 2 **(Bild 5)**. Wird entweder der Eingang 1 (links) oder der Eingang 1 (rechts) mit Druckluft beaufschlagt, sperrt das Sperrelement den nicht beaufschlagten Eingang ab **(ODER-Verknüpfung)** und die Druckluft gelangt zum Anschluss 2.

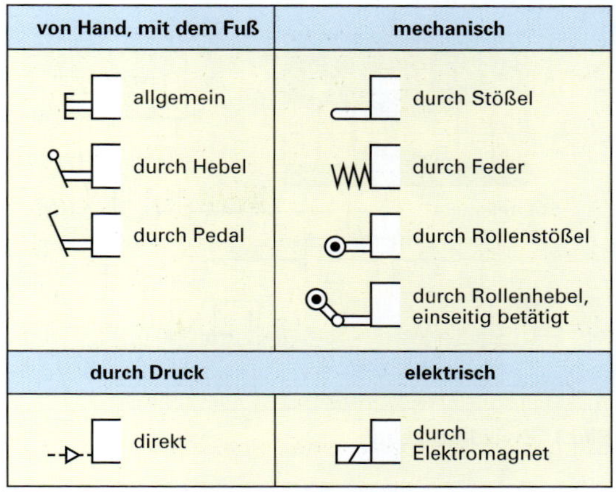

Bild 1: Betätigungsarten von Ventilen

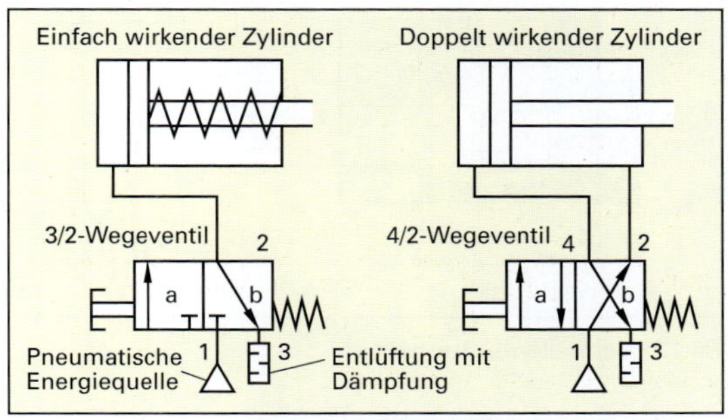

Bild 2: Direkte Steuerung von Zylindern

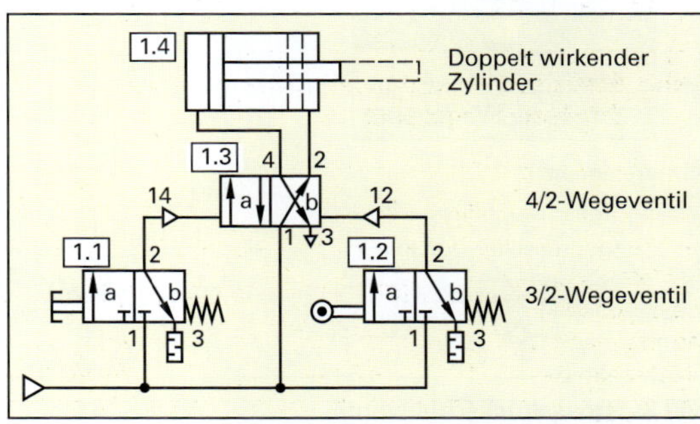

Bild 3: Indirekte Steuerung eines doppelt wirkenden Zylinders

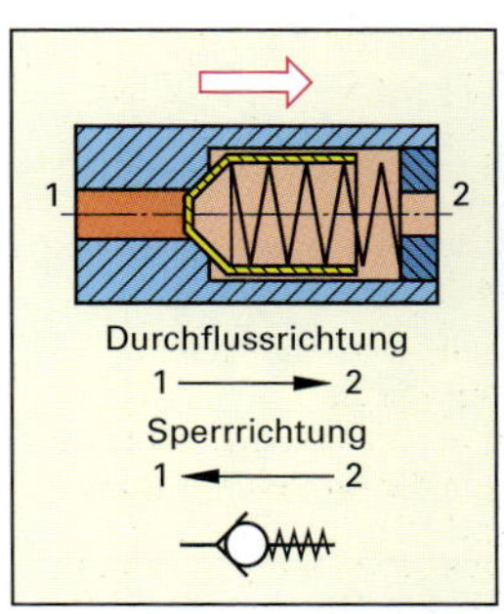

Bild 4: Rückschlagventil

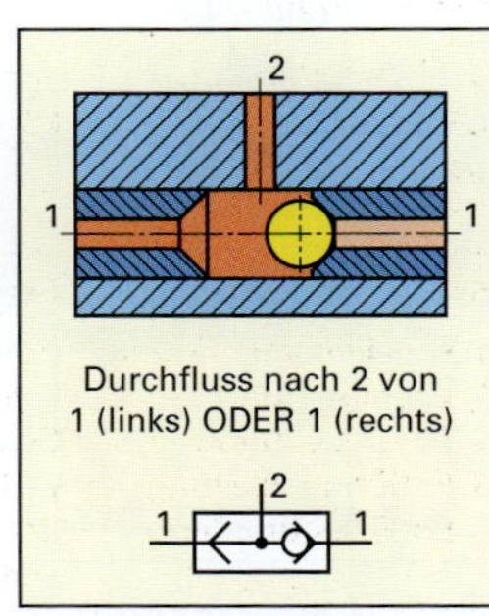

Bild 5: Wechselventil

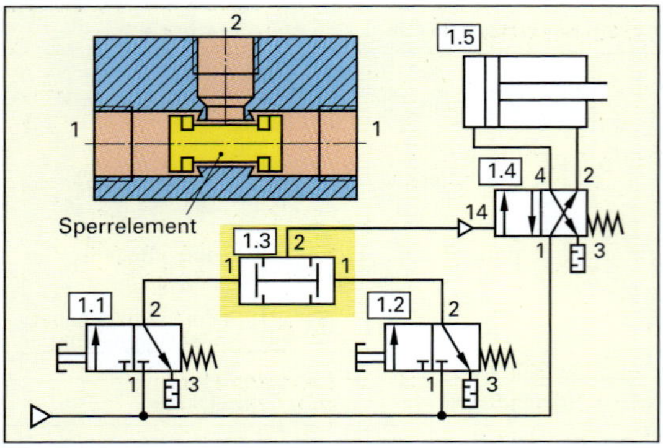

Bild 1: **Zweidruckventil**

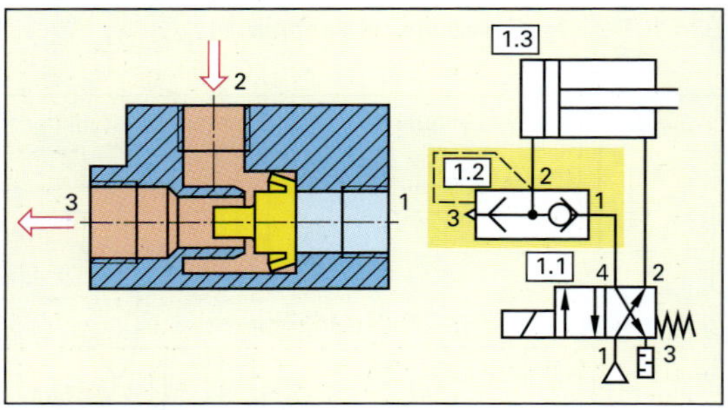

Bild 2: **Schnellentlüftungsventil**

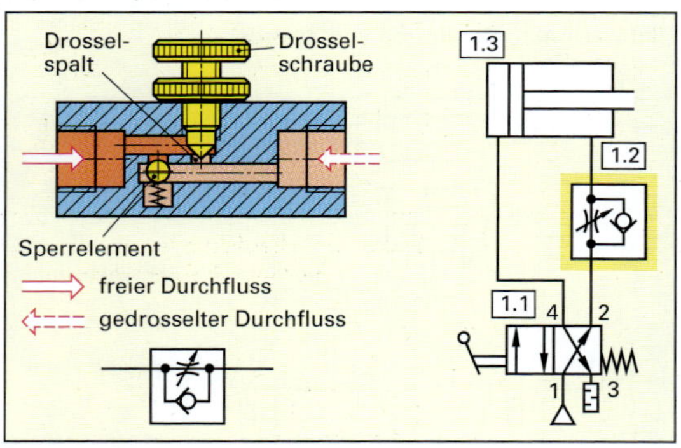

Bild 3: **Drosselrückschlagventil**

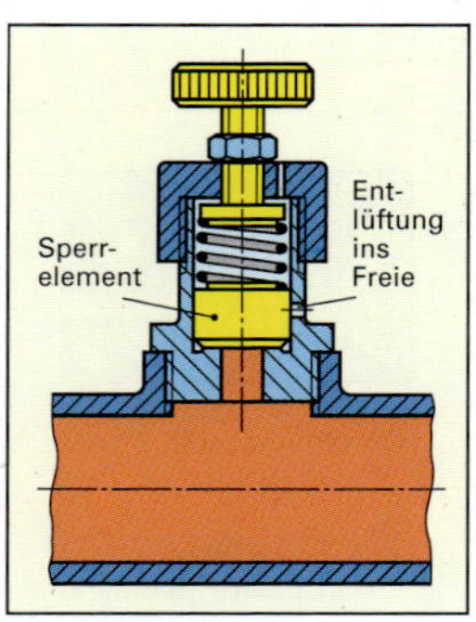

Bild 4: **Druckbegrenzungsventil**

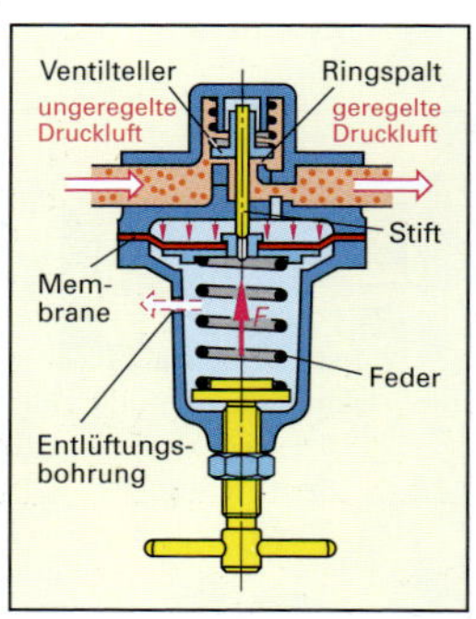

Bild 5: **Druckregelventil**

Zweidruckventile besitzen zwei Eingänge 1 (links) 1 (rechts) sowie einen Ausgang 2 **(Bild 1)**. Wird nur einer der beiden Eingänge mit Druckluft beaufschlagt, sperrt das Sperrelement die Verbindung zum Ausgang 2. Erst wenn an beiden 1-Eingängen Druckluft ansteht, ist Durchfluss zum Ausgang 2 möglich. Zweidruckventile verknüpfen somit zwei Eingangssignale zu einem Ausgangssignal **(UND-Verknüpfung)**. Die Kolbenstange im Zylinder 1.5 fährt erst aus, wenn beide 3/2-Wegeventile 1.1 und 1.2 gedrückt sind und das Ausgangssignal des Zweidruckventils 1.3 das Wegeventil 1.4 in die Stellung a geschaltet hat.

Schnellentlüftungsventile werden direkt an den Zylinder angebaut. Sie leiten die aus dem Zylinder beim Rückhub ausströmende Luft nicht über das Wegeventil zurück, sondern unmittelbar ins Freie **(Bild 2)**. Durch den kürzeren Weg werden der Strömungswiderstand der Abluft verringert und die Rücklaufgeschwindigkeit des Kolbens erhöht.

6.7.3.3 Stromventile

Mit Stromregelventilen wird die Größe des durch eine Leitung fließenden Druckluftstroms eingestellt. Drosselventile und Drosselrückschlagventile können in die zum Zylinder führende Leitung (Zuluftdrosselung) oder in die vom Zylinder kommende Leitung (Abluftdrosselung) eingebaut werden.

Drosselrückschlagventile werden von der Druckluft in einer Richtung frei durchströmt, während der Durchfluss in der Gegenrichtung gedrosselt wird. Bei dem doppelt wirkenden Zylinder in **Bild 3** wird mit dem in die Arbeitsleitung eingebauten Drosselrückschlagventil die Ausfahrgeschwindigkeit mittels **Abluftdrosselung** eingestellt. Dadurch steht beim Schalten des Wegeventils die Druckluft ohne Verzögerung am Kolben zur Verfügung. Der Rückhub erfolgt ungedrosselt (schnell).

6.7.3.4 Druckventile

Die wichtigsten Druckventile sind das Druckbegrenzungsventil und das Druckregelventil.

Druckbegrenzungsventile sichern Druckbehälter, Leitungen und Bauelemente gegen unzulässig hohen Druck **(Bild 4)**. Sie sind in der Ruhestellung geschlossen. Das Sperrelement öffnet, wenn die Druckluftkraft größer wird als die eingestellte Federkraft.

Druckregelventile halten den Druck in der Arbeitsleitung konstant. Sie sind in der Ruhestellung offen. Die Druckregelung erfolgt über eine Membrane, auf die von oben der Arbeitsdruck und von unten die Kraft der Einstellfeder wirkt **(Bild 5)**.

6.7.3.5 Darstellung einer pneumatischen Steuerung

Der Aufbau und die Wirkungsweise pneumatischer Steuerungen werden durch Schaltpläne (vgl. DIN ISO 1219-1 und 1219-2) und Funktionsdiagramme dargestellt, wenn notwendig auch durch Lagepläne erläutert.

Der **Lageplan** dient dem besseren Verständnis der Vorrichtung und zeigt die räumliche Anordnung der Arbeitselemente **(Bild 1).**

Der **Schaltplan** stellt die Funktion einer Steuerung ohne Berücksichtigung der räumlichen Anordnung der Steuer- und Arbeitselemente dar, wobei die Ventile und Geräte in der Ausgangsstellung der Steuerung gezeichnet werden. In der Reihenfolge des Bewegungsablaufes unterteilt man die Steuerung in einzelne, nebeneinander liegende Schaltkreise. Die Schaltkreise werden mit 0 beginnend (z. B. für die Versorgung) fortlaufend nummeriert. Die Bauteile erhalten die Schaltkreis-Nummer (z.B. 1) und die Bauteil-Nummer (z. B. 3). Die Kennzeichnung lautet also z. B. 1.3 **(Bild 4).**

In einer Bohreinrichtung fährt z.B. der Spannzylinder 1.6 aus, wenn das Wegeventil 1.1 gedrückt wird und der Bohrzylinder 2.5 eingefahren ist. Die Kontrolle erfolgt über das Ventil 1.2. Die ausfahrende Kolbenstange des Spannzylinders löst kurz vor ihrer Endstellung über das Wegeventil 2.1 die Arbeitsbewegung des Bohrzylinders aus. Dieser fährt mit der am Drosselrückschlagventil eingestellten Geschwindigkeit aus und steuert sich in der vorderen Endstellung durch das Wegeventil 2.2 selbst um. Beim Rückhub des Bohrzylinders wird der Spannzylinder durch das Wegeventil 1.3 wieder zurückgeholt, wobei dieser in der Endlage das Wegeventil 1.2 auslöst. Ein erneuter Spannvorgang kann aber erst erfolgen, wenn auch das Wegeventil 1.1 gedrückt wird, da das Zweidruckventil 1.4 nur öffnet, wenn an beiden Eingängen gleichzeitig Druckluft ansteht (UND-Funktion) **(Bild 4).**

Das Funktionsdiagramm zeigt als Weg-Schnittdiagramm den Bewegungsablauf und die steuerungstechnische Verknüpfung der Bauelemente **(Bild 2 und Bild 3).**

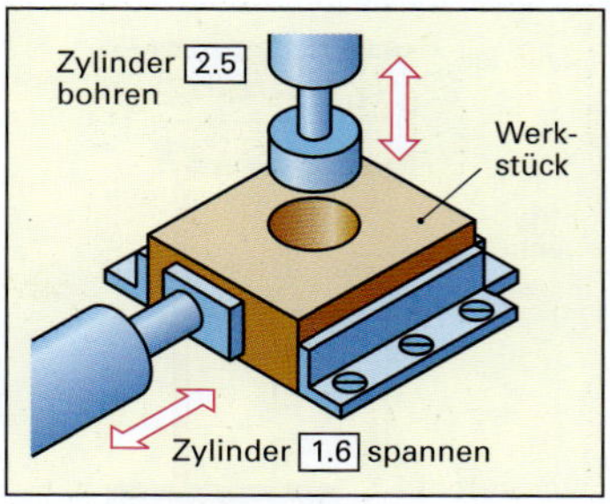

Bild 1: Lageplan einer Bohreinrichtung

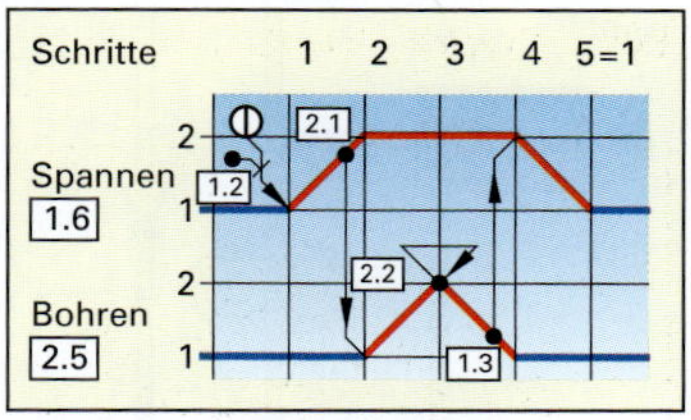

Bild 2: Funktionsdiagramm der Bohreinrichtung

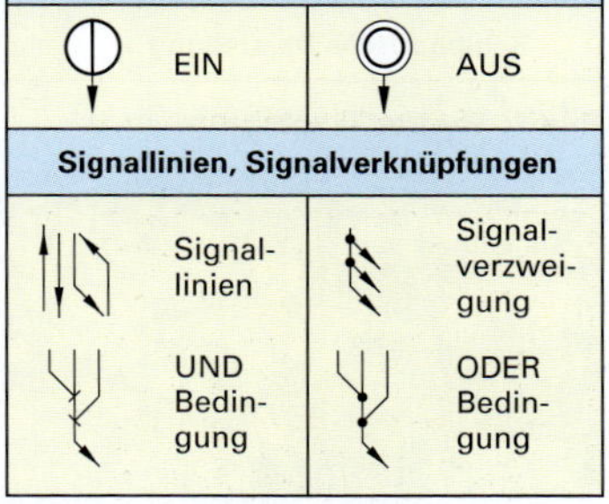

Signalglieder	
EIN	AUS
Signallinien, Signalverknüpfungen	
Signal-linien	Signal-verzwei-gung
UND Bedin-gung	ODER Bedin-gung

Bild 3: Schaltzeichen in Funktionsdiagrammen

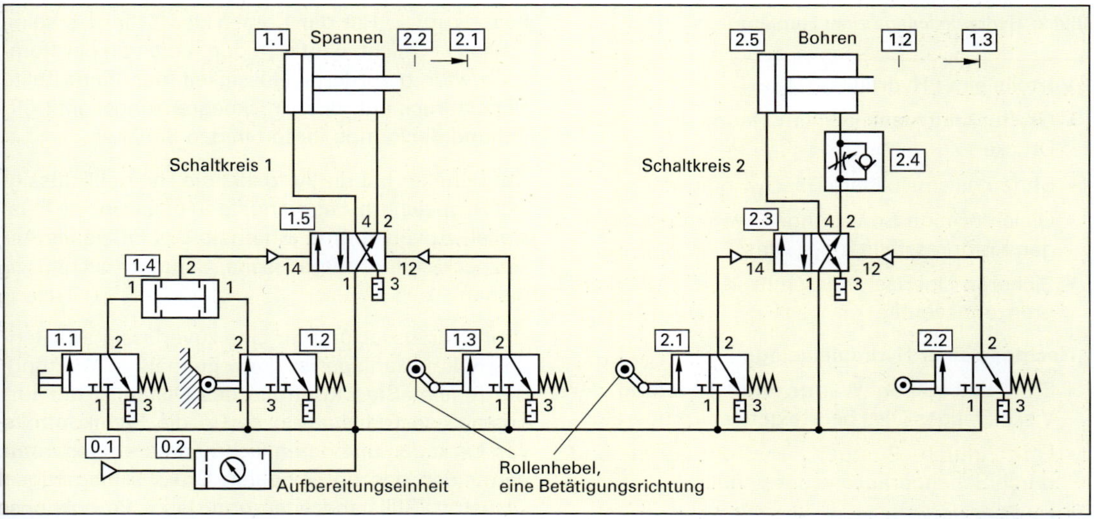

Bild 4: Schaltplan einer Bohreinrichtung

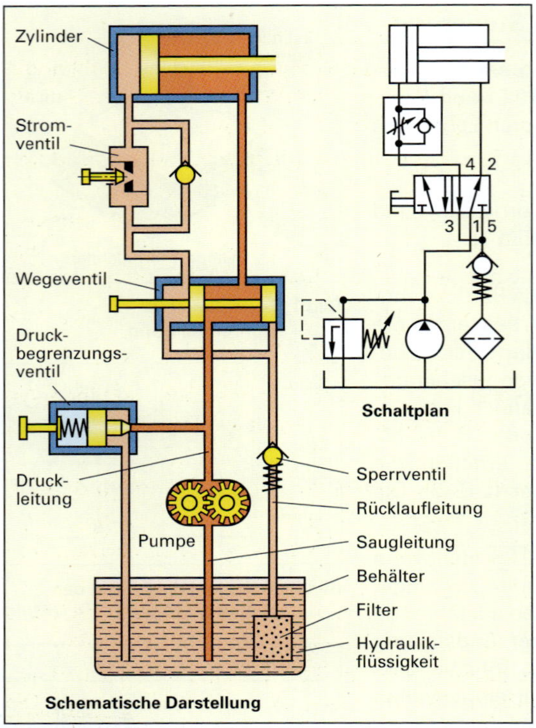

Bild 1: Hydraulikanlage

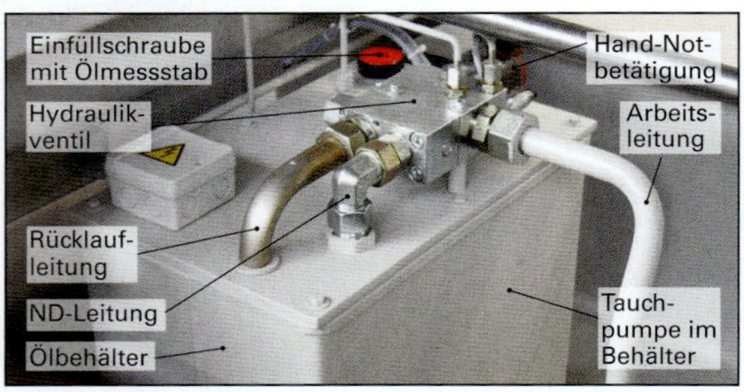

Bild 2: Hydraulikanlage einer Furnierpresse

Vorteile einer Hydraulikanlage

- Große Kräfte auf kleinem Raum durch hohe Drücke
- Stufenlos einstellbare Geschwindigkeiten
- Gleichförmige Bewegungen wegen der geringen Kompressibilität des Öles
- Sicherer Überlastungsschutz durch Druckbegrenzungsventile

Nachteile einer Hydraulikanlage

- Entwicklung von Wärme und Änderung der Viskosität des Öles bei steigender Temperatur
- Lärm durch Pumpen, Hydromotoren und durch Schaltgeräusche der Ventile
- Lecköl kann austreten

In der senkrechten Koordinate wird der Zustand der Arbeitselemente, d. h., ihre Lage und ihre Bewegungsrichtung, dargestellt. In der waagerechten Koordinate werden die Arbeitsschritte und gegebenenfalls der zeitliche Ablauf gezeigt. In das Raster der waagerechten Zustandslinien und der senkrechten Schnittlinien werden die Funktionslinien, die den Bewegungsablauf und die Schaltzustände der Bauglieder beschreiben, eingezeichnet **(Bild 3, Seite 338).**

Schmale Volllinien (blau) entsprechen dem Zustand der Ausgangsstellung, breite Volllinien (rot) zeigen den Zustand der aktiven Geräte, z. B. die Kolbenstange des Zylinders fährt aus oder ein, ein Ventil wird betätigt und schließt **(Bild 3, Seite 338).**

6.7.4 Hydraulische Steuerungen

Die Hydraulik umfasst den Antrieb und die Steuerung von Maschinen durch Druckflüssigkeiten. Hydraulisch werden z. B. Furnierpresse, Festhaltebacken an Kappsägen sowie Bremsen an Kraftfahrzeugen betätigt.

Zu den grundlegenden Bauelementen hydraulischer Anlagen **(Bild 1 und Bild 2)** gehören:

Behälter für die Hydraulikflüssigkeit, Saugleitungen, Pumpen, Druckleitungen, Druckbegrenzungsventile, Hydrospeicher, Wegeventile, Stromventile, Zylinder, Hydromotoren, Rücklaufleitungen, Filter und Rückschlagventile.

Die Pumpe saugt Hydraulikflüssigkeit aus dem Behälter und drückt sie beim Start durch das Wege- und Stromventil in den Zylinder. Die vom Kolben verdrängte Hydraulikflüssigkeit fließt durch das Wegeventil und durch das Sperrventil in den Behälter zurück. Hat der Kolben des Zylinders seine Endlage erreicht, baut sich durch die von der Pumpe weiter geförderte Flüssigkeit der eingestellte Höchstdruck auf, das Druckbegrenzungsventil öffnet und die Pumpe fördert in den Behälter.

Der Behälter hat die Aufgabe, die Hydraulikflüssigkeit zu speichern, Leckverluste zu ersetzen, die Flüssigkeit zu kühlen und innerhalb des Filters als Absetzbecken für mitgerissene Schmutzteilchen zu dienen.

Grundvoraussetzung für eine zuverlässig arbeitende Hydraulikanlage ist die regelmäßige Wartung. Die regelmäßige Kontrolle des Ölstands, der turnusmäßige Ölaustausch sowie die Sichtkontrolle von Leckagen und deren fachmännische Reparatur vermeiden den unter hohem Druck schlagartigen Ölaustritt, Stillstandzeiten und damit Produktionsverluste.

6.7.5 Verknüpfung von Signalen

Je nach Aufgabe der Steuerung müssen oft Steuersignale miteinander verknüpft werden. Unabhängig davon, ob es sich um pneumatische, hydraulische oder elektrische Signale handelt, werden diese Signale häufig in der UND-Funktion und in der ODER-Funktion als logische Verknüpfung angewendet.

Diese Verknüpfungen werden durch genormte **Schaltzeichen,** durch eine **Funktionstabelle** oder durch eine **Gleichung** dargestellt **(Bild 1).**

Eine **Funktionstabelle** für die beiden Eingangssignale E1 und E2 mit den zwei Werten 0 (Signal nicht vorhanden) und 1 (Signal vorhanden) besteht für alle Kombinationsmöglichkeiten aus 4 Zeilen. Das Ausgangssignal ist nicht vorhanden (Signal 0), wenn die logische Funktion nicht erfüllt ist, und vorhanden (Signal 1), wenn die logische Funktion erfüllt ist.

UND-Funktion

Das **Schaltzeichen** für ein UND-Glied wird als Rechteck mit einem &-Zeichen dargestellt. Die Eingangssignale E1 und E2 werden auf der linken Seite, das Ausgangssignal auf der gegenüberliegenden Seite als waagerechte Linien angegeben.

In der **Funktionstabelle** nimmt bei der UND-Funktion **(Bild 1)** das Ausgangssignal A nur dann den Zustand 1 an, wenn die beiden Eingangssignale E1 UND E2 vorhanden sind (Signal 1).

Bei **pneumatischen Steuerungen** kann die UND-Verknüpfung durch hintereinander geschaltete Wegeventile oder mit einem Zweidruckventil erreicht werden.

Sind im **elektrischen Stromlaufplan** die Schließer E1 (bzw. S1) UND E2 (bzw. S2) betätigt, zieht das Relais an und betätigt den Schließer A. Eine beispielsweise angeschlossene Lampe ist damit eingeschaltet.

In **elektronischen Steuerungen** wird für die UND-Verknüpfung z. B. der TTL-Baustein (**T**ransistor-**T**ransistor-**L**ogik-Baustein) Typ 7408 verwendet. Er hat 4 integrierte UND-Elemente mit je 2 Eingängen. Die Elemente sind in ein Plastik-Steckgehäuse eingegossen, das 14 Anschlüsse (Pins) hat. Die Abstandsmaße der Pins entsprechen dem Rastermaß **gedruckter Schaltungen.**

Logische Verknüpfungen können auch **softwaremäßig** verwirklicht werden, z.B. frei programmierbar in Programmen für Mikroprozessoren oder Computer. Eine softwaremäßige Verknüpfung für eine **Speicherprogrammierte Steuerung (SPS)** zeigen **Bild 1 und Bild 1, Seite 344.**

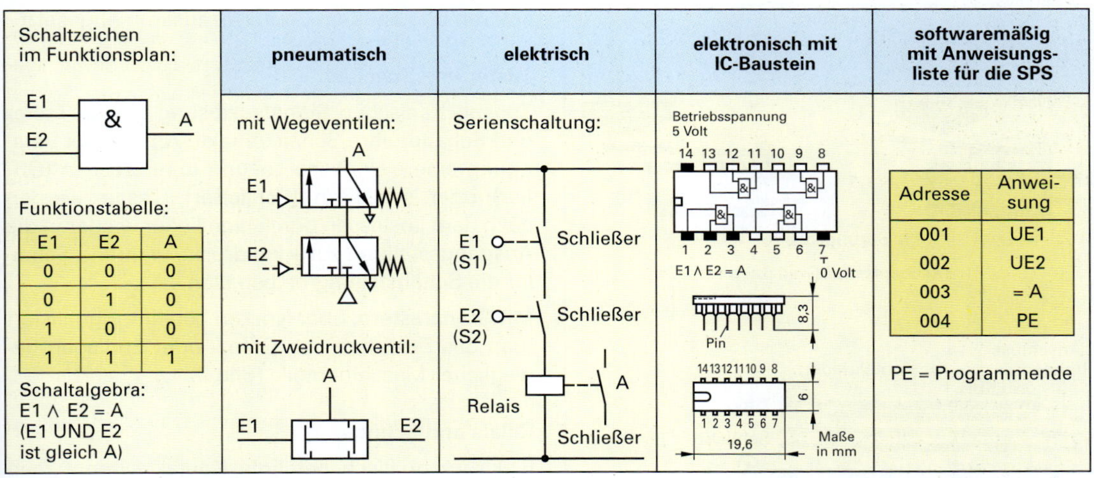

E1	E2	A
0	0	0
0	1	0
1	0	0
1	1	1

Adresse	Anweisung
001	UE1
002	UE2
003	= A
004	PE

Bild 1: UND-Verknüpfung

ODER-Funktion

Das **Schaltzeichen** für ein ODER-Glied ist ein Rechteck mit einem ≥ 1-Zeichen.

Bei der ODER-Funktion nimmt in der **Funktionstabelle** das Ausgangssignal A den Wert 1 an, wenn mindestens ein Eingangssignal den Wert 1 hat. A ist also 1, wenn E1 ODER E2 ODER beide 1-Signal haben **(Bild 1, Seite 344).**

In **pneumatischen** und **elektrischen Steuerungen** erreicht man die ODER-Funktion z. B. durch Parallelschalten von Wegeventilen bzw. Schließerkontakten. In **gedruckten Schaltungen** setzt man z. B. den TTL-Baustein Typ 7432 mit 4 integrierten ODER-Elementen ein.

Schaltzeichen im Funktionsplan:

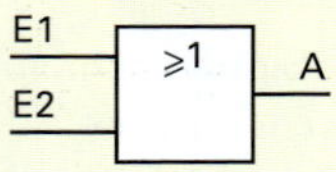

Funktionstabelle:

E1	E2	A
0	0	0
0	1	1
1	0	1
1	1	1

Schaltalgebra:
E1 ∨ E2 = A
(E1 ODER E2 ist gleich A)

pneumatisch

mit Wegeventilen:

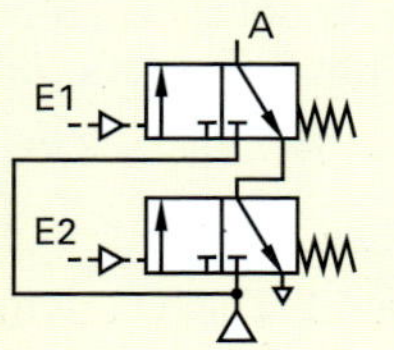

mit Wechselventil:

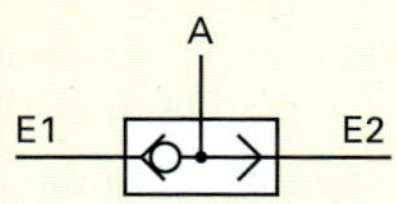

elektrisch

Parallelschaltung:

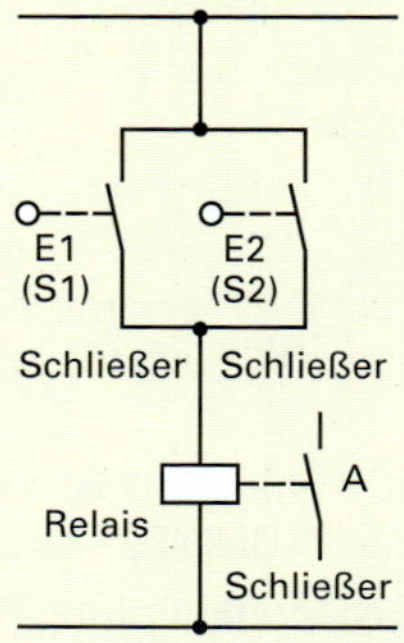

elektronisch mit IC-Baustein

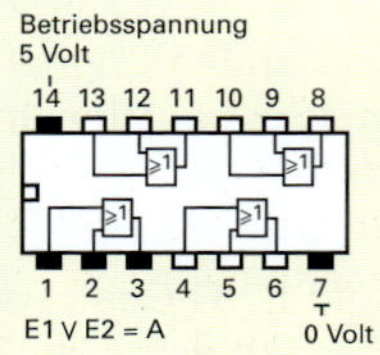

softwaremäßig mit Anweisungsliste für die SPS

Adresse	Anweisung
001	UE1
002	OE2
003	= A
004	PE

PE = Programmende

Bild 1: ODER-Verknüpfungen

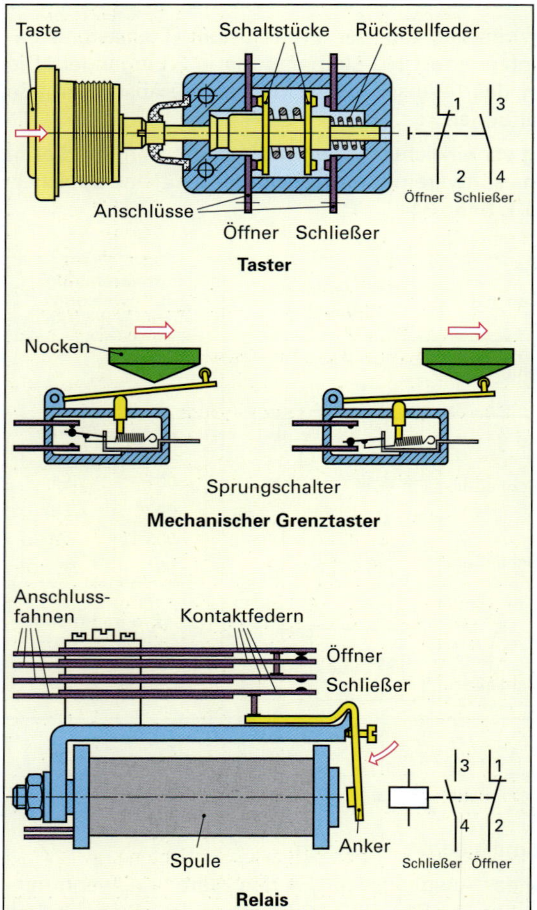

Bild 2: Elektrische Betriebsmittel

6.7.6 Elektrische Steuerungen

Elektrische Steuerungen werden u. a. aus Schaltern, Tastern, Relais, Schützen, Elektromagneten aufgebaut. Diese Bauteile bezeichnet man als **elektrische Betriebsmittel.** Elektrische Steuerelemente besitzen Kontakte zum Öffnen oder Schließen.

Elektronische Steuerungen wirken dagegen kontaktlos. Sie sind aus Transistoren, Röhren, Kondensatoren und anderen Bauteilen zusammengesetzt.

Taster und Schalter

Zur mechanischen Signalauslösung dienen Taster und Schalter. Ihre Schaltkontakte können bei Betätigung eine elektrische Leitung unterbrechen **(Öffner)** oder schließen **(Schließer).** Taster werden nach dem Loslassen durch eine Feder wieder in die Ausgangsstellung zurückgedrückt, während Schalter die Schaltstellung beibehalten.

Mit **Grenztastern,** über Nocken betätigt, signalisiert man das Erreichen von Grenz- oder Endlagen beweglicher Maschinenteile **(Bild 2).**

Relais und Schütze

Elektromagnetisch betätigte Kontakte nennt man Relais oder Schütze. Mit Relais schaltet man elektrische Leitungen bis etwa 1 kW, mit Schützen höhere Leistungen. Das Relais besteht aus einer Spule mit Eisenkern und mehreren Kontaktfedern als Öffner und Schließer. Wenn die Spule des Relais von einem Gleichstrom durchflossen wird, entsteht im Eisenkern eine Magnetkraft, die den Anker anzieht und das Relais schaltet **(Bild 2).**

Mit **Relais** und **Schützen** können Schaltsignale von einem Stromkreis auf den anderen übertragen werden. Sie selbst benötigen für ihre Betätigung geringe Leistungen, können aber über ihre Kontakte leistungsstarke Stromkreise schalten (Verstärker). Durch Reihen- und Parallelschaltungen elektrischer Kontakte können Schaltsignale miteinander verknüpft und von Bedingungen abhängig gemacht werden. Es bedeutet: DC = Gleichstrom, AC = Wechselstrom **(Bild 1)**.

Der **elektrische Steuerteil** nimmt über Taster, Schalter oder Sensoren Signale auf (Schaltzeichen **Tabelle 1**). Relais oder Schütze verarbeiten (verknüpfen, verzögern, verstärken) die Signale und geben Schaltsignale an elektromagnetisch betätigte, pneumatische Wegeventile **(Bild 2)**.

Im **pneumatischen Energieteil** steuern elektromagnetisch betätigte 3/2-, 4/2- oder 5/2-Wegeventile die Zylinder und Motoren, die ihrerseits Bauelemente wie Maschinen oder Vorrichtungen antreiben.

Bei der Darstellung elektropneumatischer Steuerungen wird der pneumatische Energieteil vom elektrischen Steuerteil getrennt gezeichnet. Der Energieteil wird als **Pneumatikschaltplan** ausgeführt.

Den elektrischen Steuerteil (Kurzzeichen **Tabelle 2**) zeichnet man als **Stromlaufplan**, der den Signalablauf der Steuerung klar erkennen lässt **(Bild 2)**.

Als Beispiel einer elektropneumatischen Steuerung zeigt **Bild 2** die direkte Steuerung eines Zylinders. Dazu benötigt man ein 3/2-Wegeventil, das als federrückgestelltes Ventil mit einem Elektromagneten (Y1) ausgerüstet ist. Bei einem doppelt wirkenden Zylinder verwendet man z. B. ein 4/2-Wegeventil mit beidseitig angebauten Elektromagneten (Y1 und Y2).

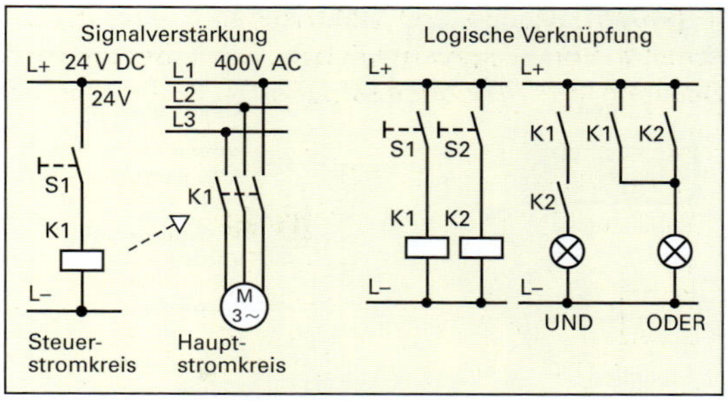

Bild 1: Schaltungen eines Relais

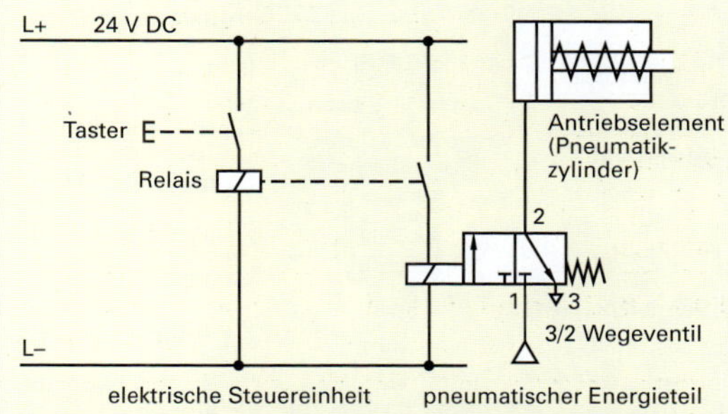

1. Stromlaufplan in zusammenhängender Darstellung

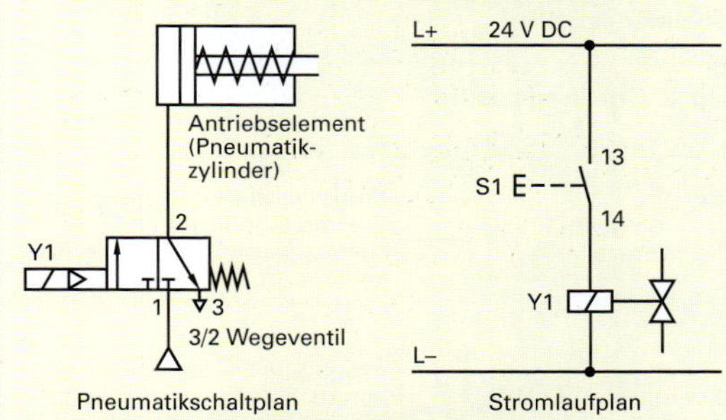

2. Stromlaufplan in aufgelöster Darstellung

Bild 2: Direkte Steuerung eines Zylinders

Tabelle 1: Elektrische Schaltzeichen

Betriebsmittel	Schaltzeichen	Betriebsmittel	Schaltzeichen
Handbetätigter Taster	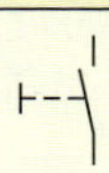	Notausschalter	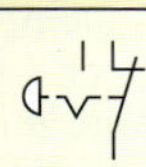
Durch Druck betätigter Taster	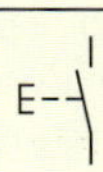	Relais mit Schließer	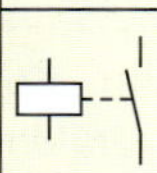
Handbetätigter Schalter (eingerastet)	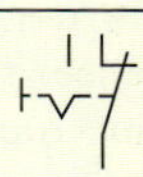	Relais mit Öffner	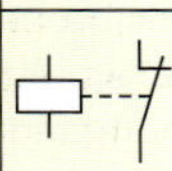
Rollenbetätigter Taster	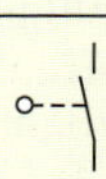	Elektrisch betätigtes Wegeventil	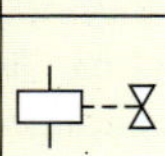

Tabelle 2: Kennzeichnung von Leitern und Betriebsmitteln

Art des Leiters	Kurzzeichen	Betriebsmittel	Kurzzeichen
Außenleiter 1	L1 ●	Schutzeinrichtung z. B. Sicherung	F
Außenleiter 2	L2 ●		
Außenleiter 3	L3 ●	Meldeeinrichtung z. B. Signalleuchte	H
Neutralleiter	N ●	Schütz, Relais	K
Plusleiter	L+ ●	Motoren	M
Minusleiter	L– ●	Schalter, Taster	S
Schutzleiter	PE ◐	elektr. betätigte mech. Einrichtung, z. B. Magnetventile	Y

Farbkennzeichnung: L1 + L3 = schwarz, L2 = braun, N = blau, Pe = grün-gelb, L+ = rot, L– = blau

6.7.7 Regelung

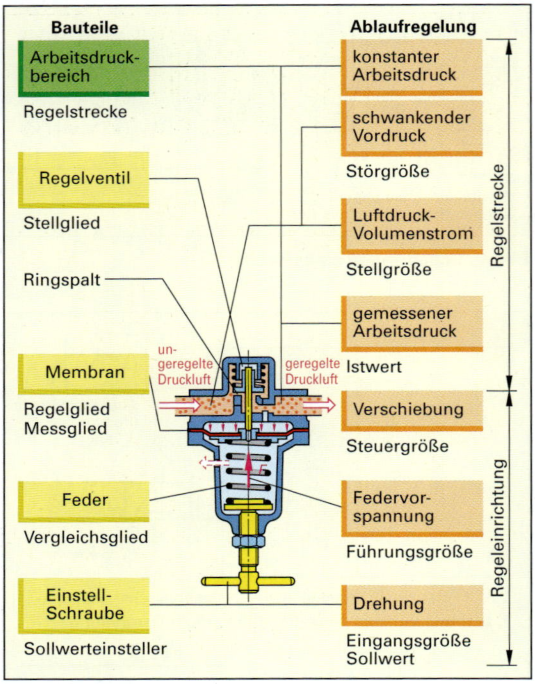

Bild 1: Druckregelventil

Bild 2: Fachbegriffe der Regelungstechnik

Wenn die erreichbare Genauigkeit von gesteuerten Vorgängen an Maschinen, Anlagen und Geräten nicht mehr ausreicht, wird die Regelungstechnik zu Hilfe genommen.

Unter Regeln versteht man die Beeinflussung eines Vorganges in einer Maschine oder Anlage, in dem der Istwert stetig gemessen, mit dem Sollwert verglichen und danach die Abweichung beseitigt wird.

Beispiel einer Regelung

Eine Druckregeleinrichtung soll für den Arbeitsbereich einer Druckluftanlage zu hohe oder schwankende Drücke ausgleichen und konstant halten. Dazu wird ein Druckregelventil eingesetzt **(Bild 1)**. Bei diesem Ventil wird durch Drehen der Einstellschraube der Sollwert für die Druckluft am Ausgang des Geräts vorgegeben. Die Federvorspannung wirkt von unten auf die Membran, während gleichzeitig der Arbeitsdruck durch eine kleine Öffnung von oben her einen Gegendruck auf die Membran erzeugt.

Strömt Luft zu den Zylindern und ist damit der Arbeitsdruck kleiner als der an der Einstellschraube eingestellte Sollwert, drückt die Feder die Membran und damit auch den Verschiebestift nach oben. Dadurch vergrößert sich der Ringspalt des beweglichen Regelventils, es fließt mehr Druckluft von der Vordruckseite her nach, was einen Anstieg des Arbeitsdrucks bewirkt. Dieser drückt wiederum von oben auf die Membran, der Ringspalt verkleinert sich und der Arbeitsdruck wird dadurch verringert. Steigt dagegen der Arbeitsdruck in der Arbeitsleitung, z. B. durch Erwärmung an, hebt die Membran vom Stift ab, sodass die überschüssige Luft von der Arbeitsleitung über die Entlüftungsöffnung im Ventilgehäuse ins Freie entweichen kann.

Dieser Regelungsvorgang wiederholt sich so lange, bis der Istwert des Arbeitsdrucks dem eingestellten Sollwert entspricht.

Anwendung einer Regelung

Eine Regeleinrichtung wird beispielsweise benötigt zum Konstanthalten von pneumatischen oder hydraulischen Drücken, der Temperatur oder einer bestimmten Luftfeuchte. In der Holzverarbeitung geschieht dies beispielsweise in einer Holztrocknungsanlage. Zu regeln ist auch häufig die Geschwindigkeit einer Bewegung, die Lage beweglicher Maschinenteile oder die Drehfrequenz, beispielsweise der Frässpindel an Tischfräsmaschinen.

6.8 CNC-Maschinen

6.8.1 Geschichtliche Entwicklung

Im 18. Jahrhundert begann die Entwicklung von numerisch gesteuerten Maschinen. Der Franzose B. Bouchon und der Engländer M. Falcon fertigten schon 1725 bzw. 1728 halbautomatische Steuerungsvorrichtungen für die Herstellung von Webmustern. Gesteuert wurden die Vorgänge durch Lochkarten aus Karton. Das Massachusetts Institute of Technology (MIT) in Cambridge entwickelte die erste NC-Maschine. Es war eine 3-Achs-Fräsmaschine, deren Steuerung auf Röhren und Relais basierte. Als Datenträger wurden Lochstreifen verwendet. Die Firma Reichenbacher stellte 1975 auf der Ligna (Weltmesse für Forst- und Holzwirtschaft) in Hannover als erster europäischer Hersteller eine NC-Maschine zur Holzbearbeitung vor.

6.8.2 NC-Steuerung

Als Numerische Steuerung (NC) (engl.: numerical control) bezeichnet man eine Apparatur zur Steuerung von Maschinen. Über einen Datenträger kann es die Programm-Codes in Steuerbefehle, Arbeits- bzw. Bewegungsabläufe umsetzen **(Bild 1).** Der Begriff wurde insbesondere bei der ersten Generation numerischer Steuerungen angewendet (1949—1979).

6.8.2.1 CNC-Steuerung

Als **Computerized Numerical Control (CNC)**, übersetzt „computergestützte numerische Steuerung", ist eine elektronische Anwendung zur Steuerung und Regelung von Maschinen und Anlagen. Die Ergänzung zu NC ist die integrierte Programmerstellung. Das erstellte Programm wird in NC-Code übersetzt, welcher über Steuerbefehle zur Umsetzung in Fahrbefehle, Bewegungsabläufe sowie Bearbeitungen an der Maschine führt. Bei CNC handelt es sich deshalb immer um programm- und damit ablaufgesteuerte Bearbeitungsvorgänge an Maschinen. Der Programmierer muss also alle Bearbeitungsbewegungen in der richtigen Reihenfolge, mit den richtigen Werkzeugen, Drehfrequenzen, Vorschüben, Geometriedaten vor Ablauf an der Maschine und ohne Fehler in einem Programm erstellen. Die Erstellung der Programme kann direkt an der Maschine oder durch Mitarbeiter im Büro am PC mit derselben Programmoberfläche erfolgen. Dieses Programm kann dann per Datenträger (USB, CD, DVD, Diskette) oder über eine Netzwerkverbindung (Ethernet, LAN, WLAN, online) an die Maschine übertragen werden. Über das **„HMI"**, das sogenannte „Human-Machine-Interface" kann der Mensch das CNC-Bearbeitungszentrum bedienen, beobachten und in Prozesse eingreifen **(Bild 3).**

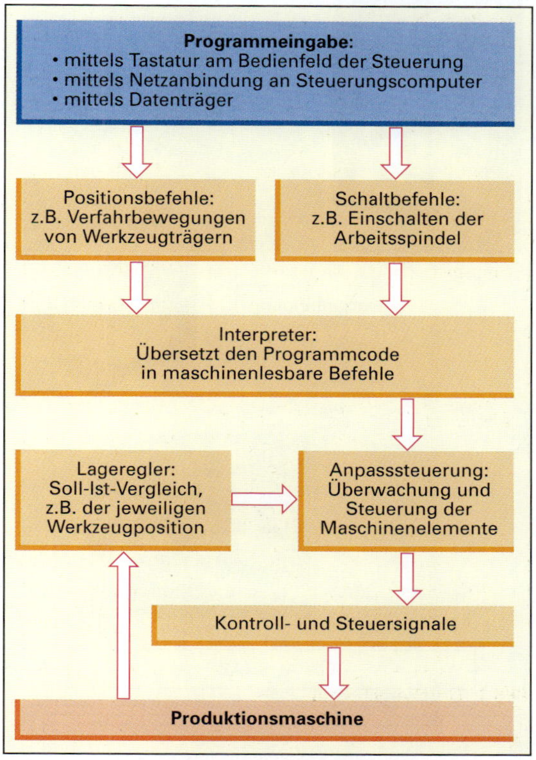

Bild 1: Aufbau numerischer Steuerungen

Bild 2: Schaltschrank mit SPS-Steuerung

Bild 3: Maschinenbedienterminal „HMI"

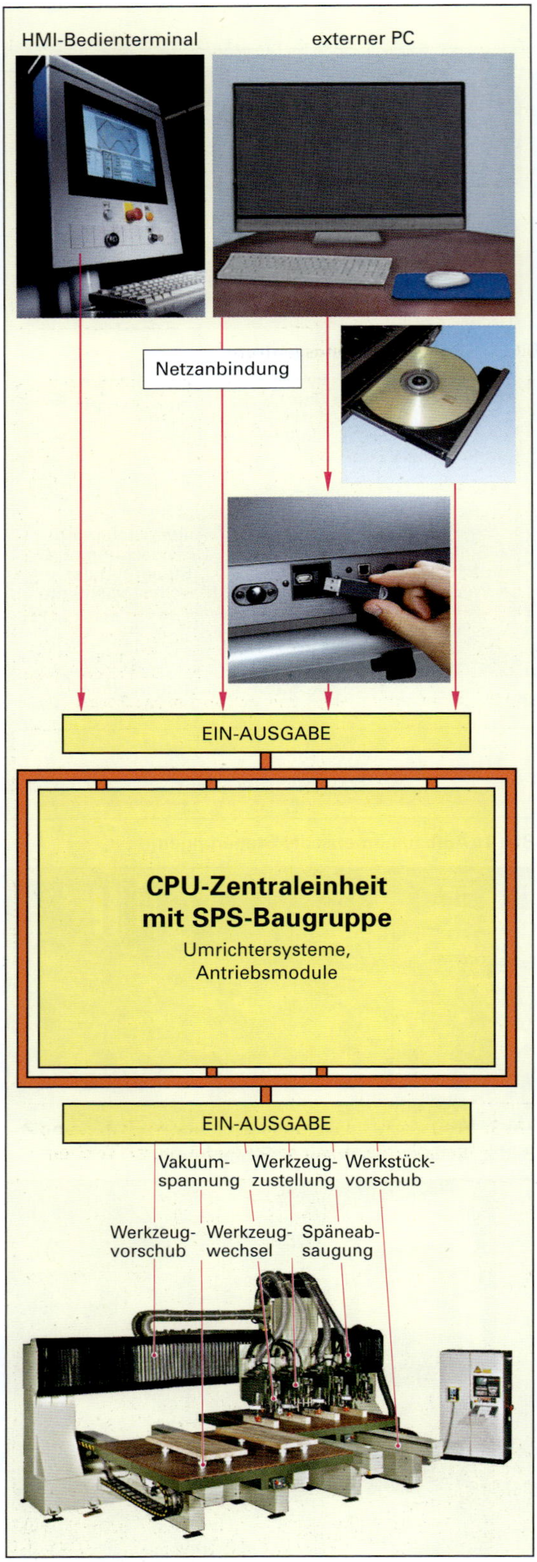

Bild 1: Aufbau und Aufgaben einer CNC-Steuerung

6.8.2.2 SPS-Steuerung

Die eigentliche Ansteuerung erfolgt heutzutage über eine sogenannte speicherprogrammierbare Steuerung (SPS) und wird auf digitaler Basis programmiert. Eine SPS hat Eingänge, Ausgänge sowie ein eigenes Betriebssystem. Die Anbindung der SPS an die Maschine bzw. Anlage erfolgt mit Sensoren und Aktoren. Die Sensoren sind an die Eingänge der SPS geschaltet und vermitteln der SPS das Geschehen in der Maschine oder Anlage. Beispiele für Sensoren sind z.B. Lichtschranken, Inkrementengeber, Endschalter oder elektronische Sensoren. Die Aktoren sind an den Ausgängen der SPS angeschlossen und bieten die Möglichkeit, die Maschine oder Anlage zu steuern. Beispiele für Aktoren sind Relais, Schütze zum Einschalten von Elektromotoren, Lageregler, Zylinder und Stellmotoren. Die SPS-Steuerung befindet sich als Einzelgerät (Baugruppe) in der Regel im Schaltschrank und kann über das HMI programmiert werden. Moderne SPS sind klassische Mikrocontroller mit eigener CPU und einer Basis-Software, die ebenfalls die wortweise Verknüpfung von Eingabe/Ausgabe-Signalen (E/A-Signalen) erlaubt. Die Basis-Software besteht aus einem Echtzeitbetriebssystem und SPS-spezifischen „Bausteinen", die SPS-Funktionen wie Zeitfunktionen und Schnittstellen zu modularen Erweiterungsbauteilen realisieren. Neuere Systeme gehen hier noch einen Schritt weiter. Diese vereinen die Annehmlichkeiten und Vorzüge von SPS, IPC zu PAC-Systemen (engl. programmable automation controller) und ermöglichen durch ihre einfache Programmierweise neben erhöhtem Anwenderkomfort eine bessere und schnellere Anbindung an ihrem Einsatzort. Die SPS arbeitet nach dem EVA-Prinzip, sie besitzt also einen **E**ingabe-, einen **V**erarbeitungs- und einen **A**usgabeteil. Die E/A-Geräte sind mit der SPS verdrahtet **(Bild 2, Seite 347)**.

6.8.2.3 CPU-Zentraleinheit

Die Steuerung eines CNC-Bearbeitungszentrums erfolgt über eine direkt in die Steuerung integrierte CPU als Zentraleinheit, die mit Positions-, Drehwinkel- und Zustands-Sensoren den IST-Zustand erfasst und nach Berechnung der Interpolation zum SOLL-Zustand aus dem CNC-Programm die Steuerung der Motoren und andere gesteuerte Maschinenelemente entsprechend regelt **(Bild 1)**. Die Interpolation erfolgt dabei im Bereich von Millisekunden, sodass eine hohe Präzision auch bei hoher Geschwindigkeit selbst bei komplizierten Formen gewährleistet ist. Die CNC-Technik erlaubt eine automatisierte Bearbeitung mit mehreren gleichzeitig gesteuerten Achsen. Man klassifiziert CNC-Steuerungen nach der Anzahl der gleichzeitig interpolierbaren Achsen, wobei noch zwischen Punkt-, Strecken- und Bahnsteuerung unterschieden wird.

6.8.3 CNC-Bearbeitungszentrum

Bei CNC-Bearbeitungszentren wird die Werkstückbearbeitung durch programmierbare Werkzeugbewegungen ausgeführt. Große Fertigungspräzision, hohe Fertigungsgeschwindigkeiten sowie flexible Einsatzmöglichkeiten sind die besonderen Merkmale dieser Maschinentechnik. In der Holzverarbeitung werden mit CNC-Maschinen meist Werkstücke aus Vollholz, Holzwerkstoffen, Kunststoff und Nichteisenmetallen gefräst, gebohrt, gesägt, geschliffen und teilweise Montagearbeiten durchgeführt **(Bild 1)**.

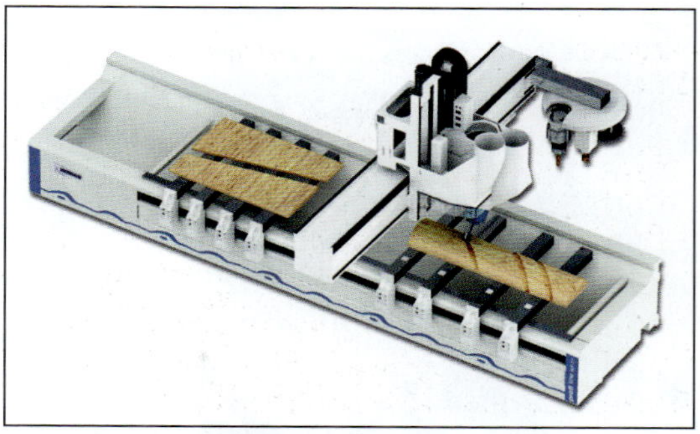

Bild 1: CNC-Bearbeitungszentrum

6.8.3.1 Maschinenaufbau

Je nach Bauart unterscheidet man bei standardisierten CNC-Bearbeitungszentren Portalmaschinen von Auslegermaschinen.

Die Portalmaschine besteht aus einem brückenartigen Portal, an welchem das Bearbeitungsaggregat bzw. der Bearbeitungskopf beweglich angeordnet ist **(Bild 2)**. Durch die statische 2-Punkt-Lagerung des Portalsystems erhält man einen sehr steifen und schwingungsarmen Maschinenaufbau. Grundsätzlich erhöhen sich dadurch die Bearbeitungsgenauigkeiten und Oberflächenqualitäten. Die Werkstückabmessungen sind in einer Achsrichtung durch die beiden Auflager des Portals begrenzt. Wenn das Maschinenportal über dem Maschinentisch verfährt, bezeichnet man dies als Gantry-Bauweise. Dieser Begriff stammt aus dem Kranbau. Ursprünglich wurden spezielle Portalkräne mit parallelen Antrieben auf einem Schienensystem von der Fa. Gantry entwickelt. Bei der Kreuztischbauart können bei feststehendem Portal ein oder mehrere Maschinentische im rechten Winkel dazu bewegt werden **(Bild 3)**. Am Portal kann man einseitig oder zweiseitig mehrere voneinander unabhängige Bearbeitungsköpfe ansteuern. Die Kapazität ist durch die Möglichkeit der Pendelbelegung von zwei Tischen größer, allerdings auch der Platzbedarf.

Bild 2: „Gantrymaschine" mit verfahrbarem Portal

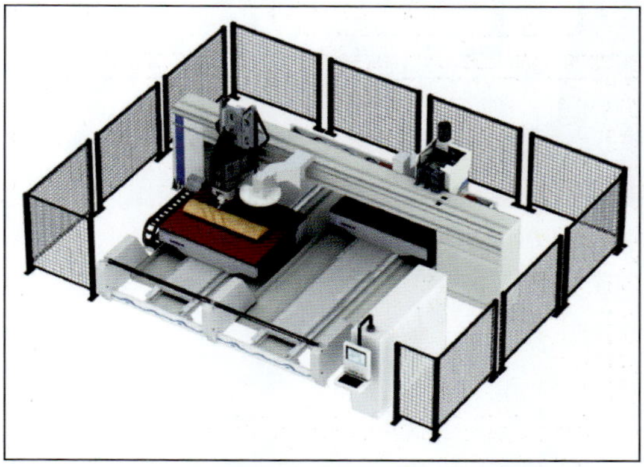

Bild 3: Kreuztischbauart mit feststehendem Portal und 2 unabhängig voneinander verfahrbaren Tischen

Die Auslegermaschine hat ein festes Maschinenbett, an welchem in einer Längsrichtung beweglich, ein Fahrständer mit einem Kragarm und an diesem quer verfahrbar ein Bearbeitungskopf befestigt ist **(Bild 4)**. Der Fahrständer verfährt in der Regel in Richtung der X-Achse. Der abgewinkelte Kragarm ragt über den Maschinentisch. An diesem kann sich das Bearbeitungsaggregat horizontal in Richtung der Y- Achse und vertikal in Richtung der Z-Achse bewegen. Die Maschine ist dreiseitig frei zugänglich. Die Größe des Werkstücks ist nicht begrenzt, da es an drei Seiten überstehen kann, ohne die Bearbeitungsfähigkeit der Maschine einzuschränken. Dieses Maschinenkonzept ist preisgünstiger und platzsparender.

Bild 4: CNC-Auslegermaschine mit 5-Achs-Kopf

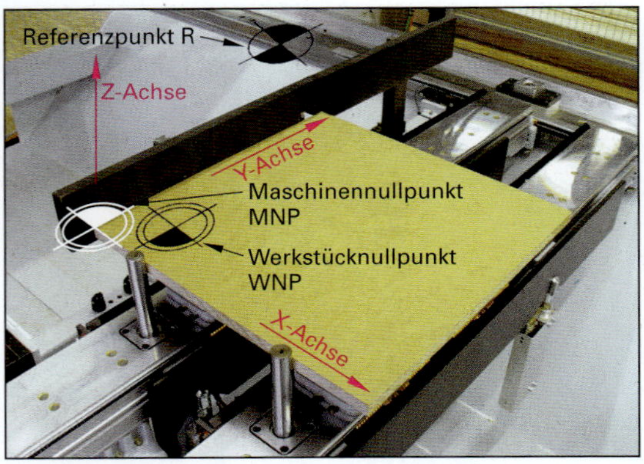

Bild 1: Lage der Raumachsen und Nullpunkte

Bild 2: 4-Achs-Bearbeitungskopf mit Bohrkopf

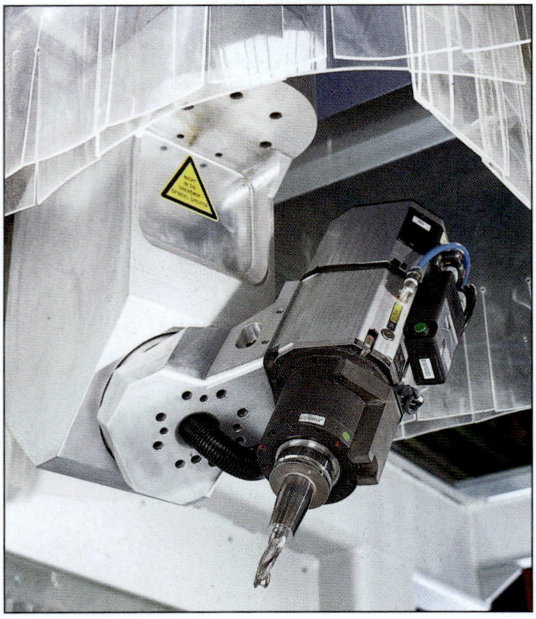

Bild 3: 5-Achs-Hauptbearbeitungsspindel (kardanisch)

6.8.3.2 Maschinentisch, Arbeitsraum

Der Maschinengrundkörper, also der Maschinenständer einer CNC-Maschine sollte stabil sein, um die während der Bearbeitung durch die hohen Vorschubgeschwindigkeiten auftretenden, extremen kinematischen Kräfte und Schwingungen aufnehmen zu können. Der Arbeitstisch dient der Auflage und dem Spannen des Werkstücks während der Bearbeitung. Grundsätzlich unterscheidet man Konsolentische von festen, glatten Tischen. Zur Werkstückpositionierung dienen Anschlagbolzen oder Anschlaglineale. Auf dem Tisch befinden sich verschiedene Spannsysteme. Diese sind abhängig von der Größe, Form und dem Material des Werkstücks. Man unterscheidet Vakuumspannsysteme, Druckluftspannsysteme und Spannvorrichtungen. Der Tisch mit den Spannsystemen und der möglichen Position für jedwede Bearbeitung definiert den Arbeitsraum der Maschine. Die Positionierung des Bearbeitungskopfes erfolgt über X-, Y- und Z-Koordinaten bezogen auf den Werkstücknullpunkt **(Bild 1).** Der Maschinennullpunkt ist über den Schnittpunkt der Anschlagslinien definiert. Der Werkstücknullpunkt kann gegenüber dem Maschinennullpunkt verschoben werden. Zudem gibt es einen Referenzpunkt zum „Eichen" der Maschine.

6.8.3.3 Bearbeitungskopf

Der Hauptbearbeitungskopf besteht mindestens aus der Hauptbearbeitungsspindel, in die unterschiedliche Werkzeuge und Aggregate aus dem Werkzeugmagazin eingewechselt werden können. Es können kleinere Nebenspindeln und/oder ein kompletter Bohrkopf, sogar ein kleiner Werkzeugwechsler, vorhanden sein **(Bild 2).** Somit ist der Bearbeitungskopf sehr variantenreich konstruiert. Auch die Absaughaube und damit die Absaugleistung kann sehr unterschiedlich sein. Späne, welche nach unten fallen, können nur bei Konsolentischen durch ein Späneförderband abtransportiert werden.

Die **Hauptbearbeitungsspindel** kann unterschiedlich ausgelegt sein. Bei CNC-Plattenbearbeitung reicht eine einfache Konstruktion mit einer Leistung von 4 bis 8 KW. Bei der CNC-Massivholzbearbeitung muss diese entsprechend stabil und leistungsfähig ausgeführt sein, da hohe Zerspanungsleistungen gefordert werden **(Bild 3).** Sie sollte mindestens mit einer Leistung von 10 KW, besser 14–19 KW, ausgestattet sein. Bei dauerhaftem Einsatz mit hoher Zerspanungsleistung (Treppen-, Fensterbau) ist eine Flüssigkeitsumlaufkühlung des vektorgeregelten Drehstrom-Asynchronmotors zur besseren Wärmeabfuhr sinnvoll. Der Drehfrequenzbereich sollte mindestens bis 18000 1/min gehen. Moderne Maschinen, insbesondere bei Auslegung zur Hochgeschwindigkeitsbearbeitung, haben einen Drehfrequenzbereich bis 40000 1/min.

6.8.3.4 Anzahl der Achsen

Nach Art und Umfang der Bearbeitungsmöglichkeiten unterscheidet man 3-achsige-, 4-achsige- und 5-achsige-CNC-Bearbeitungszentren.

Bei einer **3-achsigen Maschine** kann ein vertikal orientierter Hauptbearbeitungskopf im Bereich der Raumachsen (die x-Achse ist die Länge des Arbeitstisches, die y-Achse ist die Breite des Arbeitstisches und die z-Achse ist die vertikale Richtung im Bereich des Arbeitstisches) mit räumlicher Simultaninterpolation (alle Richtungen gleichzeitig) verfahren. Mit Schaftfräsern kann man Konturbearbeitungen vornehmen. Der Einsatz von Aggregaten, auch einem Sägeaggregat oder Bohraggregat ist nicht möglich. Meistens haben diese Maschinen aber einen Bohrkopf, mit dem man vertikal und horizontal in X+, X–, Y+ und Z– bohren kann **(Bild 1)**. Zudem gibt es meistens eine Nutsäge, mindestens zu verfahren in X-Richtung. Mit dieser Maschine kann man im Möbelbau schon sehr viele Bearbeitungen vornehmen. Die vierte Achse ist aber entscheidend für einen universellen Einsatz. Bei einem **4-achsig** angesteuerten CNC-Bearbeitungszentrum kommt neben den 3 räumlichorientierten Hauptachsen noch eine vertikale Drehachse, die sogenannte C-Achse, hinzu. Mit dieser Achse können Bearbeitungsaggregate, welche in die Hauptbearbeitungsspindel eingewechselt wurden, definiert und vertikal gedreht werden. Dadurch kann man z. B. mit einem vertikal orientierten Sägeaggregat horizontal in allen Richtungen schneiden, ein horizontal orientiertes Bohraggregat kann ebenso in jedem Winkel bohren, ein Langlochaggregat kann horizontal in jedem Winkel fräsen und über einen Zyklus bohren. Mit einer **4-achsigen Maschine** kann man fast alle gewünschten Bearbeitungen im Möbelbau, Treppen- und Fensterbau durchführen **(Bild 2)**. Bei einem **5-achsig** angesteuerten CNC-Bearbeitungszentrum kommt neben der vertikalen Drehachse noch eine horizontale Drehachse hinzu. Diese wird je nach Definition als **A-Achse** bzw. **B-Achse** bezeichnet. Das Bearbeitungswerkzeug in der Hauptbearbeitungsspindel kann nun in alle Richtungen unter beliebiger Winkelorientierung verfahren werden **(Bild 3)**. Deshalb ist der Einsatz von Aggregaten weitestgehend überflüssig. Ein wichtiges konstruktives Kriterium ist die Größe des Bearbeitungskopfes. Je größer der Bearbeitungskopf ist, umso eher kann es zu einer Kollision kommen. Die softwaretechnische Ansteuerung einer 5-Achsmaschine ist wesentlich aufwendiger und komplizierter als bei einer 3- bzw. 4-Achsmaschine. **5-achsig interpolierte Fräsbahnen** können im Alltagsbetrieb nur von einer speziellen **CAD/CAM-Software** rationell erstellt werden. Eine „Programmierung von Hand" ist wegen der Komplexität für den Maschinenbediener zu aufwendig.

Bild 1: Bohrkopf mit horizontalen Bohrern und Nutsäge

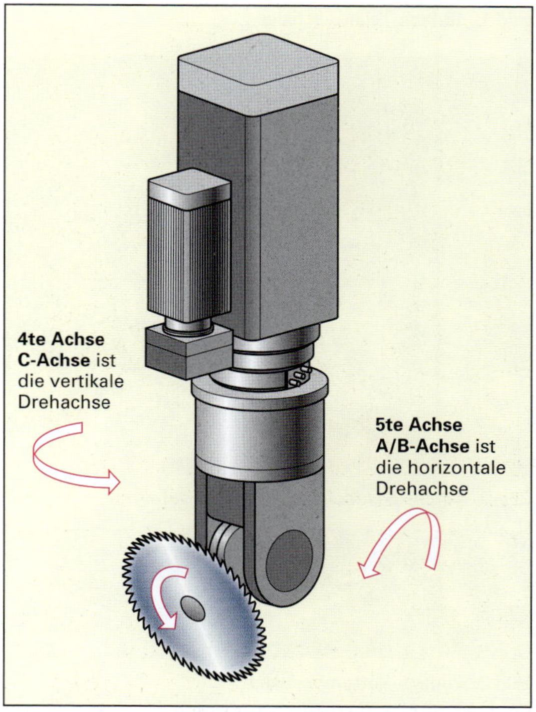

Bild 2: 4. und 5. Achse als Drehachsen

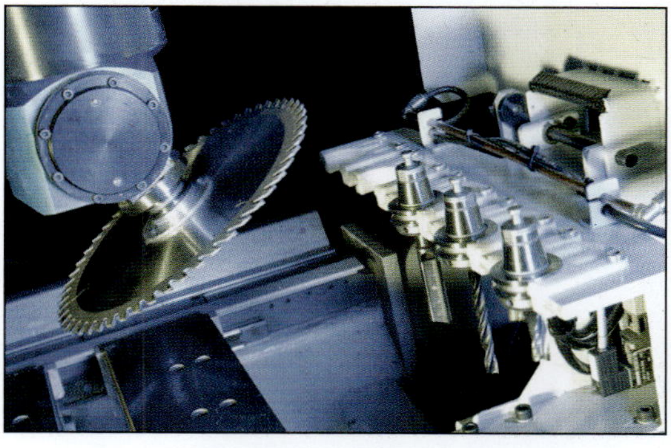

Bild 3: 5-Achs-Aggregat, Pickup-Einwechselplätze

Bild 1: 18-fach-Tellerwechsler

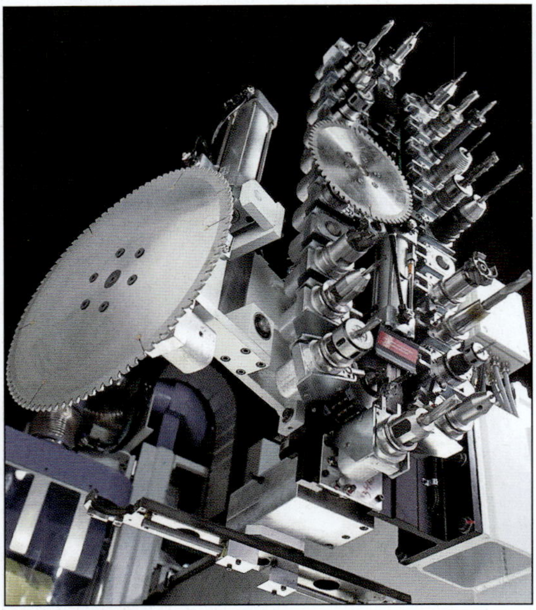

Bild 2: 28-fach-Kettenwechsler

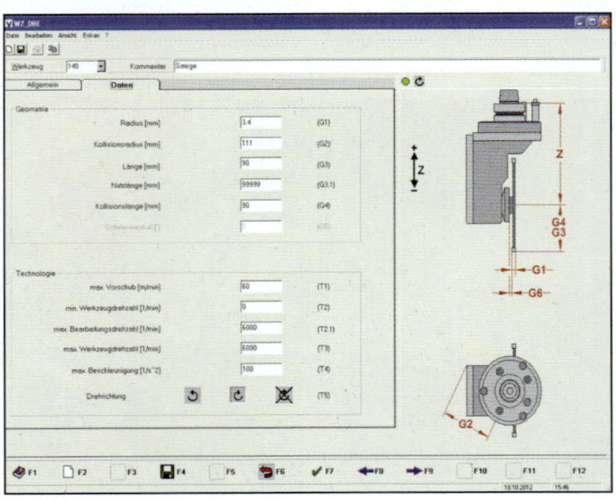

Bild 3: Werkzeugdatenbank

6.8.3.5 Werkzeugwechselsystem

Neben den fest eingespannten Werkzeugen und Aggregaten, welche sich im Bohr- und Bearbeitungskopf befinden, ist mindestens eine Hauptbearbeitungsspindel vorhanden. Diese kann programmgesteuert einwechselbares Werkzeug und auch Aggregate aufnehmen. Die Ablage des Werkzeugs erfolgt in einem Werkzeugmagazin. Dieses Magazin nennt man **Werkzeugwechsler**, welcher fest oder mitfahrend sein kann. Bei CNC-Bearbeitungszentren für die Holzbearbeitung gibt es meistens mitfahrende **Tellerwechsler** oder **Kettenwechsler (Bild 1 und 2)**. Da die Werkzeuge bei einem Tellerwechsler kreisförmig angeordnet sind, stößt man ab einer Anzahl von 18–24 Werkzeugplätzen mit dem Werkzeugradius an bauartbedingte Grenzen. Um eine größere Anzahl von Werkzeugen zu magazinieren, werden Kettenwechsler eingesetzt. In jedem Fall ist das individuelle Platzangebot für ein Werkzeug im Wechsler sehr unterschiedlich und begrenzt. Nicht jedes Aggregat und nicht jedes CNC-Werkzeug mit größerem Durchmesser passt in jeden Werkzeugwechsler. Bei größeren Werkzeugen muss teilweise wegen des begrenzten Platzangebots jeder zweite Platz unbelegt bleiben. Auch die Bestückung des Werkzeugwechslers ist je nach Maschinenhersteller sehr unterschiedlich und hat Vor- und Nachteile. Bei großen Werkzeugdurchmessern muss ein genauer Belegungsplan mit abwechselnd großen und kleinen Werkzeugen erstellt werden. Die Bestückung des Werkzeugwechslers erfolgt von Hand in den Wechsler. Eine andere Möglichkeit ist die Belegung über einen Aufnahmeplatz, den sogenannten Pickup-Platz, an der Vorderseite der Maschine.

6.8.3.6 Werkzeugdatenbank

Damit die Maschine ein Werkzeug ohne Kollision einwechseln und entsprechend zur Bearbeitung verwenden kann, muss das Werkzeug mit allen notwendigen Maßen und einer Werkzeugnummer zur Identifizierung in einer Werkzeugdatenbank angelegt werden **(Bild 3)**. Hinter der Werkzeugnummer steht Text für den Bediener mit einer Werkzeugbeschreibung. Über die verknüpfte Werkzeugkennung kann man festlegen, um welche Art es sich bei dem Werkzeug handelt, z. B. Schaftfräser oder Aggregat. Entsprechend der Kennung müssen alle notwendigen Maße der Werkzeugart eingegeben werden. In jedem Fall sind mindestens der Radius, die Länge des Werkzeugs, Kollisionsmaße, der max. Vorschub, die Drehrichtung und die Bearbeitungsdrehfrequenz einzugeben. Die Maschine kann über einen Frequenzumformer jede beliebige Drehfrequenz und Vorschübe fahren. Auch die Drehrichtung ist variabel. Fehlerfreie Eingaben in der Werkzeugdatenbank sind die Grundlage für kollisionsfreies Arbeiten.

6.8.4 CNC-Werkzeuge und Aggregate

Als Werkzeugaufnahme wird insbesondere bei Neumaschinen der **Hohlschaftkegel**, abgekürzt HSK, eingesetzt. Dabei wird meist die Größe **HSK-F 63** gemäß DIN 69893 verwendet **(Bild 1)**. Bei älteren Maschinen gibt es noch die Steilkegel **SK 30** und **SK 40** gemäß DIN 69871. Mittels dem **Spannzangenfutter** und einsetzbaren, außen konischen Spannzangen kann man **Schaftwerkzeuge** mit Durchmessern von 6–25 mm verwenden **(Bild 2)**. Diese Technik eignet sich für normale Vorschübe und Drehfrequenzen bis 20.000 1/min. Bei thermischen **Schrumpf-Spannfuttern** wird mittels Hitze eine Aufnahme vergrößert. Nach Einsetzen des Werkzeugschafts wird die Aufnahme kontrolliert abgekühlt. Das Futter schrumpft sich auf dem Schaft spielfrei fest. Die bewegten Massen sind geringer, die Aufnahme ist stabiler. Diese besteht aus einem Teil, dem sogenannten **Monoblock**. Dadurch können Schrumpf-Spannfutter mit wesentlich höheren Drehfrequenzen und Vorschüben gefahren werden. Für eine Hochgeschwindigkeitsbearbeitung, abgekürzt **HSC-Bearbeitung**, ist dies Voraussetzung. Zum Schärfen kann man Aufnahme mit Werkzeug zum Schärfdienst geben. Nach dem Schärfen müssen in der Werkzeugdatenbank neue Daten eingegeben werden. Die Vermessung des Werkzeugs erfolgt hochgenau durch den Schärfdienst. Für Plattenwerkstoffe, insbesondere **abrasive Werkstoffe** wie Spanplatten oder MDF-Platten erreicht man die höchsten Standwege mit **Diamantwerkzeugen**. In der CNC-Massivholzberarbeitung, im Treppenbau, insbesondere für Hartholz, sind Hartmetalle als Schneidenwerkstoffe gut geeignet. Für Weichholz mit großer Inhomogenität, z.B. durch verwachsene Äste, eignet sich **Schnellarbeitsstahl (HSS)**.

Bei CNC-Bearbeitungszentren mit 4-Achs-Ansteuerung ist der Einsatz von **Aggregaten** in jedem Fall notwendig. In erster Linie kommen Aggregate mit horizontaler Drehwirkung zum Einsatz. Im Aggregat befindet sich ein Umlenkgetriebe, welches den vertikalen Antrieb in eine horizontale Drehung übersetzt. Über die C-Achse kann das Aggregat im beliebigen Winkel um die senkrechte Achse gedreht werden. Aggregate sind in der Anschaffung teurer als normale CNC-Schaftfräser. Sie unterliegen durch die vorge-nannte Mechanik dem **Verschleiß** und haben im Dauereinsatz deshalb nur eine begrenzte Lebensdauer. Die Werkzeughersteller bieten aus diesem Grund **Hochleistungsaggregate** an. Diese zeichnen sich durch besonders stabile Auslegung und Dimensionierung der Verschleißteile und eine **Ölbadschmierung** aus. Die wichtigsten Bearbeitungsaggregate sind **Sägeaggregate, Bohraggregate, Langlochaggregate (Bild 3 und 4)**.

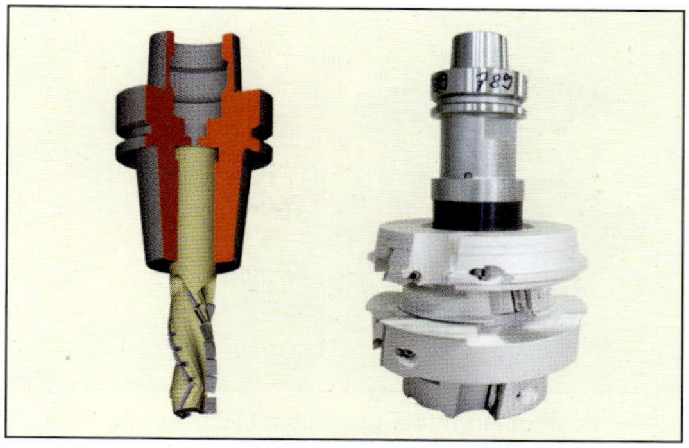

Bild 1: Schaftwerkzeuge mit HSK-F 63-Aufnahme

Bild 2: Schaftwerkzeug im Einsatz zur Plattenformatierung

Bild 3: Langlochaggregat, Einfräsen von Stäben im Handlauf einer Treppe

Bild 4: Hochleistungs-Sägeaggregat

Bild 1: Positionierung Sauger durch LED-Anzeige

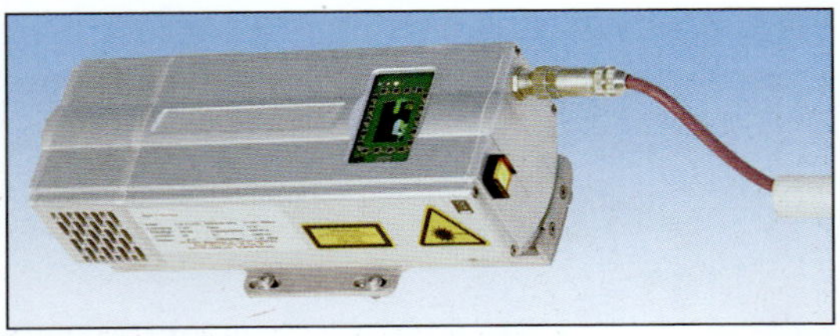

Bild 2: Deckenprojektionslaser

Bild 3: Laserprojektion auf dem Werkstück, hier Wange

Bild 4: Verfahrbarer, automatisch rüstender Tisch

Bild 5: Positionierung am Anschlag

6.8.5 Rüst- und Positioniersysteme

Das Rüsten der Spannelemente kann in der einfachsten Form durch manuelle Positionierung oder mittels Rüsthilfen erfolgen.

Rüsthilfen können durch:

1. automatische Spannung der Konsolen in X-Richtung an der programmierten Stelle und Anzeige der Positionsdaten der Sauger in Y-Richtung an der Konsole digital ablesbar zur manuellen Rüstung derselben,
2. Anzeige der Position der Konsolen und Spannelemente über sichtbare Anzeigen, z. B. in Form von LEDs **(Bild 2),**
3. Anzeige der Saugerposition durch Verfahren des Hauptbearbeitungskopf mittels Punktlasers an der programmierten Saugerposition oder
4. Projektion der Saugerposition und/oder der programmierten Konturen mittels Deckenlasers auf das Werkstück **(Bild 2 und 3)** erfolgen.

Es gibt aber auch eine automatische Positionierung der Spannwerkzeuge mittels eines vollautomatisch rüstenden Tischs **(Bild 4).** Dies ist die rationellste und schnellste Methode der Spannelementerüstung. Durch Verfahren der Konsolen kommt es zu einem kleinen Schleppfehler. Dieser ist beim Einsatz von Vakuumspannern unbedeutend. Sollen jedoch pneumatische Fensterspanner genau positioniert werden, gibt es nur eine Methode: das Verfahren der Konsolen gegen Anschläge. Dies ist besonders im Fensterbau sehr wichtig. Im Treppenbau kann das Auseinanderfahren von Spannern bei der Stufentrennung interessant sein.

Die programmierte, über die Belegung bestimmte Position des Werkstückes auf dem Maschinentisch, ist folgendermaßen festgelegt:

1. Durch Anschlagspositionierung mittels mehrerer Anschlagbolzen oder/und Anschlaglineals **(Bild 5).**
2. Durch Verfahren des Hauptbearbeitungskopfes, an welchem ein Punktlaser befestigt ist, der die Kontur abfährt.
3. Durch Projektion der Kontur auf den Maschinentisch mittels des Deckenprojektionslasers. Das Werkstück wird auf den Saugern gemäß dieser Projektion manuell positioniert **(Bild 3)** oder
4. durch das Spannmittel selbst, z. B. pneumatische Fensterspanner oder Blockspanner. Das Werkstück wird gegen einen Anschlag am Spanner gelegt.

Es gibt auch Tische, deren Vakuumspanner sich programmgesteuert auf- und absenken lassen. Hier können, ähnlich wie beim Nesting, zuschnittoptimierte Bearbeitungen ausgeführt werden.

6.8.6 Maschinenprogrammierung

Ein CNC-Bearbeitungszentrum lässt sich mit unterschiedlicher Software ansteuern. Es gibt sehr große Unterschiede hinsichtlich der Möglichkeiten, der Leistungsfähigkeit, der Qualität und dem Preis. Software für CNC-Maschinen lässt sich meist auf normalen PCs mit den gängigen Betriebssystemen installieren. Die neueren Windows-Betriebssysteme werden bevorzugt, da sie eine vertraute Benutzeroberfläche bieten.

Man kann Software für CNC-Bearbeitungszentren in die drei Hauptbereiche **CAD, CNC und CAD/CAM** gliedern.

6.8.6.1 CAD (Computer Aided Design)

CAD ist die Abkürzung für Computer Aided Design (Computer unterstütztes Zeichnen). Mittels eines klassischen CAD-Programms (z.B. Auto-CAD) können technische Zeichnungen grafisch konstruktiv am PC erstellt und für vielfältige Zwecke als Werkzeug genutzt werden **(Bild 1 und 2)**. Ein vektororientiertes CAD-Programm unterscheidet sich von einem pixel-basierten Grafikprogramm dahingehend, dass alle geometrischen Daten innerhalb einer Zeichnung im Hintergrund rechnerisch ermittelt werden. Dies führt einerseits zu einer sehr hohen Genauigkeit, andererseits liegen alle geometrischen Daten numerisch, digital vor. Offene CAD-Systeme wie Auto-CAD bieten Programmentwicklern eine Basis zur gezielten Anwendungsprogrammierung.

6.8.6.2 DIN/ISO-Programmierung

Die grundlegendste Stufe der Programmierung an einem CNC-Bearbeitungszentrum ist die sogenannte DIN/ ISO-Programmierung. Diese bezieht sich auf die Norm DIN 66025/ISO 6983. Innerhalb einzelner Sätze werden sogenannte G-Befehle verwendet, welche mit Adressen und Zahlen kombiniert werden. Der DIN-Code besteht ausschließlich aus numerischen Programmzeilen, welche mittels eines einfachen Schreibprogramms, dem sogenannten Editor, erstellt und bearbeitet werden können. Durch die genormte Struktur kann der G-Code im Prinzip von jeder CNC-Maschine verarbeitet werden, obwohl es unterschiedliche „Dialekte" gibt. Die Programmierung ist wegen des fehlenden grafischen Bereichs anspruchsvoll und in der Kontrolle schwierig **(Bild 3)**. Dadurch können Fehler leichter übersehen werden. Jedoch reduziert sich letztendlich jedes übergeordnete Programm durch Übersetzung, die sogenannte Generierung, auf diesen DIN-Code. Diese Kenntnisse können für einen Maschinenbediener sehr nützlich sein.

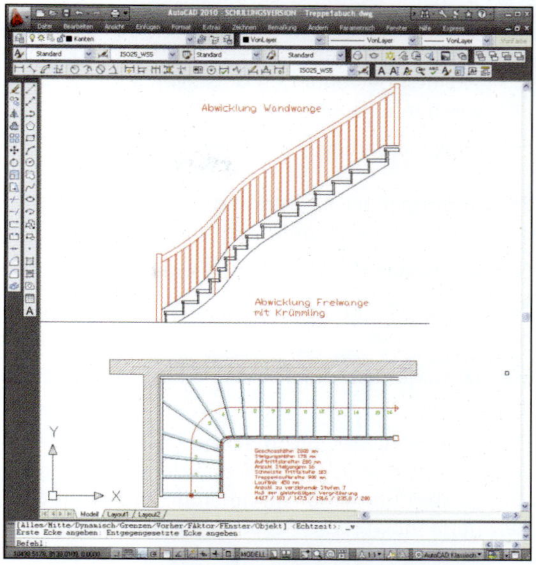

Bild 1: **CAD-2D-Treppenkonstruktion, Grundriss, Aufriss**

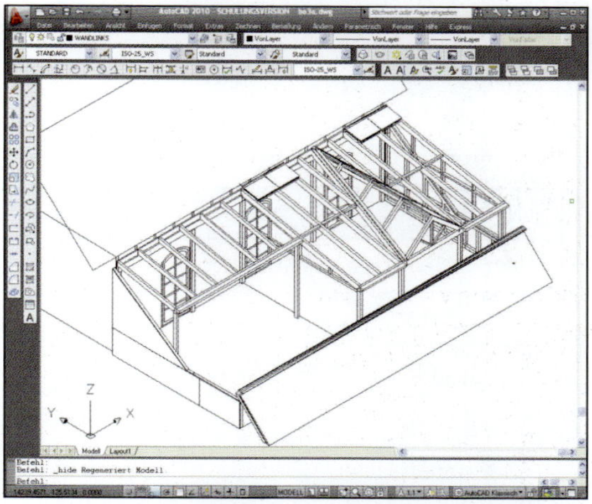

Bild 2: **CAD-3D-Wintergartenkonstruktion, Isometrie**

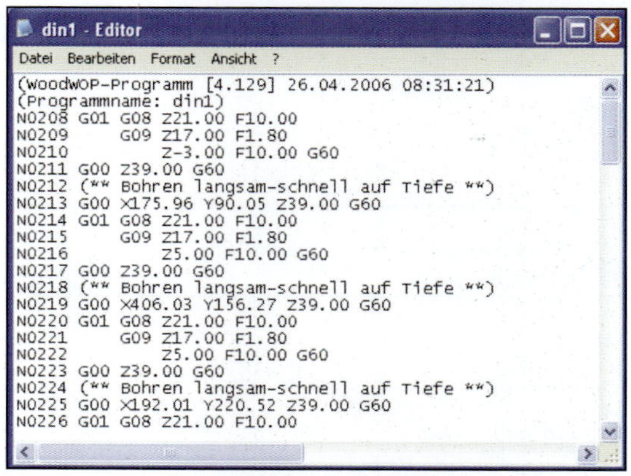

```
(WoodWOP-Programm [4.129] 26.04.2006 08:31:21)
(Programmname: din1)
N0208 G01 G08 Z21.00 F10.00
N0209     G09 Z17.00 F1.80
N0210         Z-3.00 F10.00 G60
N0211 G00 Z39.00 G60
N0212 (** Bohren langsam-schnell auf Tiefe **)
N0213 G00 X175.96 Y90.05 Z39.00 G60
N0214 G01 G08 Z21.00 F10.00
N0215     G09 Z17.00 F1.80
N0216         Z5.00 F10.00 G60
N0217 G00 Z39.00 G60
N0218 (** Bohren langsam-schnell auf Tiefe **)
N0219 G00 X406.03 Y156.27 Z39.00 G60
N0220 G01 G08 Z21.00 F10.00
N0221     G09 Z17.00 F1.80
N0222         Z5.00 F10.00 G60
N0223 G00 Z39.00 G60
N0224 (** Bohren langsam-schnell auf Tiefe **)
N0225 G00 X192.01 Y220.52 Z39.00 G60
N0226 G01 G08 Z21.00 F10.00
```

Bild 3: **Beispiel für DIN/ISO-Programmierung**

Programmaufbau eines DIN-Programms

CNC-Programme bestehen aus einer geordneten Folge von Informationen, die eine Maschinensteuerung in Maschinenbewegungen umsetzen können. Diese Informationen sind nach Form und Inhalt in der **DIN 66025** vereinheitlicht.

Nach DIN gliedert sich ein Programm in folgende Einzelelemente **(Bild 1):**

Programmtechnische Informationen, die den Programmablauf sowie den Informationsfluss an die Maschinensteuerung geben,

Geometrische Informationen, die die Bearbeitungskontur sowie das verwendete Maßsystem festlegen,

Technologische Informationen, die die mechanischen Einzelheiten, wie z. B. Vorschub und Drehfrequenz, bestimmen und

Zusatzfunktionen, die den Betriebszustand der Maschine, wie z.B. Spindeldrehsinn und Werkzeugwechsel, regeln.

Die Summe dieser Informationen in einer Reihe nennt man **Satz.** Jede Einzelinformation ist ein **Wort,** wobei die Reihenfolge der Wörter bindend festgelegt ist. Jedes Wort besteht wiederum aus einer **Adresse** (Buchstabe) und einer unmittelbar folgenden **Schlüsselzahl.** Alle möglichen Adressen dürfen in einem Satz genannt werden, Adresswiederholungen oder sich gegenseitig widersprechende Adressen in einem Satz sind nicht zulässig.

Programmtechnische Informationen	Geometrische Informationen						Technologische Informationen			Zusatz-Funktion
N	G	X	Y	Z	I	J	F	S	T	M
%001 (Schrankseite Kunde Müller)										
N10	G90						F3000	S10000	T01	M03
N20	G01	X-10	Y-15	Z20						
N30	G02				I20	J40				

Satz (Zeile N10 … M03) – Wort (N30) – Adresse (F) – Schlüsselzahl (3000)

Bild 1: Elemente eines DIN-Programms

N	G	X	Y	Z
%001 (Schrankseite Kunde Müller)				
N10	G90			
N20	G01	X-10	Y-15	Z20

Bild 2: Kennzeichnung des Programmanfangs

Programmtechnische Informationen

Damit eine Maschinensteuerung verschiedene Programmbefehle richtig deuten kann, müssen diese im Ablauf geordnet sein. Hierzu zählt die Kennzeichnung des **Programmanfangs** durch ein %-Zeichen. Unmittelbar darauf folgt der **Programmname,** der meist numerisch vom Programmierer vergeben wird. Zur Hilfe bei der Programmerstellung oder als Erläuterung für den Maschinenbediener können an jeder Stelle des Programms Anmerkungen gemacht werden. Sie müssen zwischen runden Klammern (...) stehen und werden von der Steuerung nicht beachtet **(Bild 2).**

Geometrische Informationen

Die **Wegbedingung** regelt Art und Bedingung, unter denen Verfahrbewegungen von der Maschine durchgeführt werden. Sie besteht aus der Adresse G (engl.: go = gehen) und einer zweistelligen Schlüsselzahl. So bedeutet beispielsweise der Befehl **G01,** dass die Maschine eine **geradlinige Bewegung** durchführen soll. Die **Koordinatenwörter** legen den Endpunkt oder die Verfahrstrecke der im jeweiligen Satz programmierten Bewegung fest. Sie bestehen aus der Adresse X, Y oder Z für die gewählte Maschinenachse und einem Zahlenwert, der wahlweise die Verfahrstrecke oder die Zielkoordinate der jeweiligen Achse angibt **(Bild 1)**.

Die Maßangaben erfolgen auf zwei Arten:

Absolute Maßeingabe bedeutet, dass alle Maße, die über die Koordinatenwörter eingegeben werden, vom Werkstücknullpunkt aus gemessen werden **(Bild 2)**. Diese Bemaßung entspricht der **aufsteigenden Bemaßung** bei der Zeichnungserstellung. Die dazugehörige Wegbedingung lautet **G90**.

Inkrementale Maßangabe bedeutet, dass alle Maße als Verfahrbewegung vom jeweilig letzten Werkstückstandpunkt eingegeben werden **(Bild 3)**. Diese entspricht der **Kettenbemaßung** oder **teilenden Bemaßung.** Die entsprechende Wegbedingung lautet **G91.** Innerhalb eines Programms kann zwischen absoluter und inkrementaler Eingabeart gewechselt werden.

Die Befehle zur Maßangabe zählen zu den **modalen** (selbsthaltenden) Befehlen, d. h., sie sind solange wirksam, bis sie durch einen widersprechenden Befehl in einem anderen Satz aufgehoben werden. Befehle, die nur im aktuellen Satz wirksam werden, nennt man **satzweise wirksame** Befehle.

Tabelle 1: Wichtige geometrische Informationen nach DIN 66025

Befehl	Wegbedingungen
G00	Positionierbewegung im Eilgang
G01	Geradeninterpolation in Vorschubgeschwindigkeit
G02	Kreisinterpolation im Uhrzeigersinn
G03	Kreisinterpolation gegen Uhrzeigersinn
G40	Aufhebung Fräserradiuskorrektur
G41	Fräserradiuskorrektur nach links
G42	Fräserradiuskorrektur nach rechts
G59	Nullpunktverschiebung
G90	absolute Maßeingabe
G91	inkrementale Maßeingabe

N	G	X	Y	Z
N10	*G90*			
N20	*G01*	*X4*	*Y2*	*Z0*

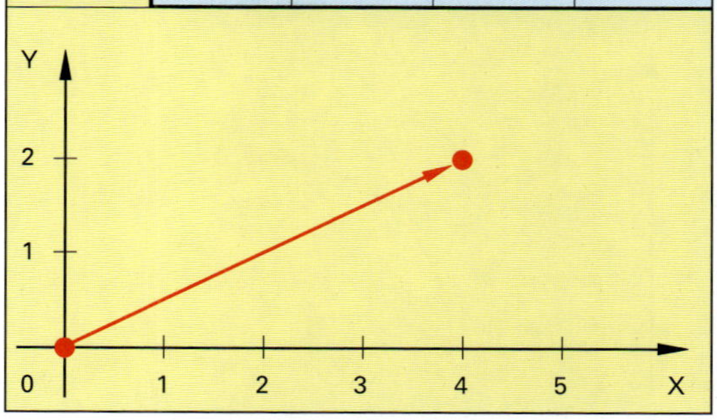

Bild 1: Geradlinige Bewegung G01

N	G	X	Y	Z
N10	*G90*			
N20	*G01*	*X2*	*Y2*	*Z0*

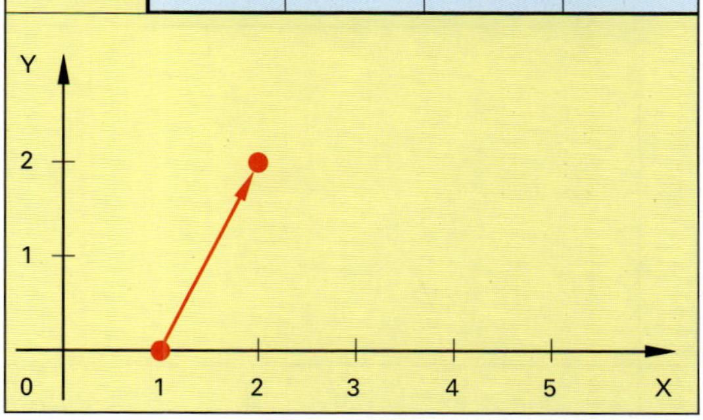

Bild 2: Absolute Maßeingabe G90

N	G	X	Y	Z
N10	*G91*			
N20	*G01*	*X2*	*Y2*	*Z0*

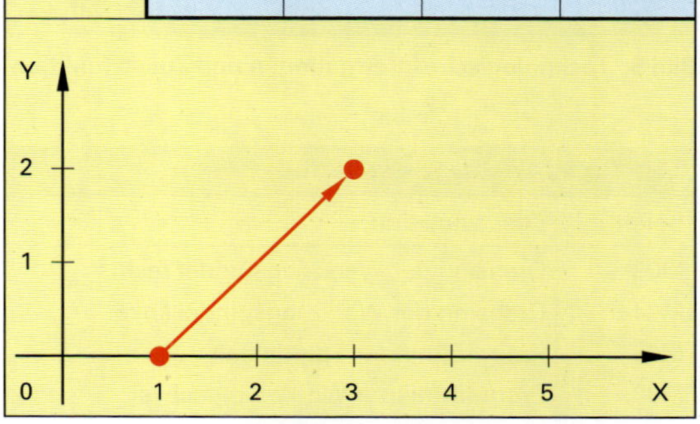

Bild 3: Inkrementale Maßeingabe G91

N	G	X	Y	I	J
N10	*G90*				
N20	*G02*	*X4*	*Y2*	*i4*	*J0*

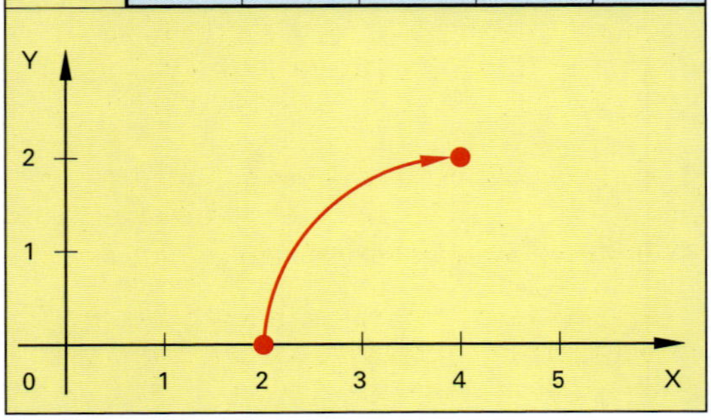

Bild 1: Absolute Kreisprogrammierung

N	G	X	Y	I	J
N10	*G91*				
N20	*G02*	*X2*	*Y2*	*i2*	*J0*

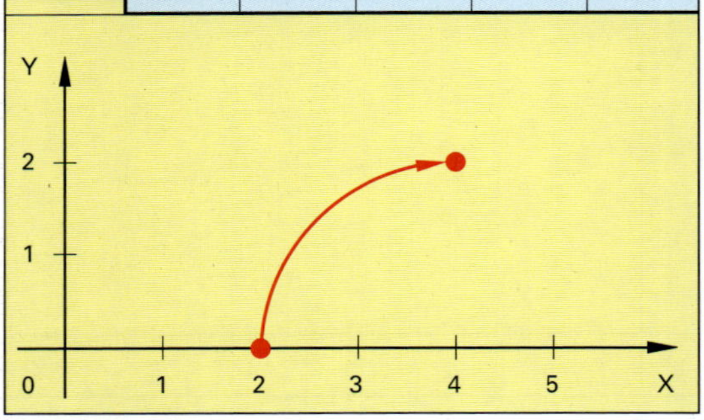

Bild 2: Inkrementale Kreisprogrammierung G02

N	G	F	S	T	M
N10	*G90*				
N20	*G01*	*F3000*	*S9000*	*T01*	*M03*

Bild 3: Technologische Informationen und Zusatzfunktion

Tabelle 1: Wichtige Zusatzfunktionen

Befehl	Zusatzfunktion
M03	Drehsinn der Werkzeugspindel rechts
M04	Drehsinn der Werkzeugspindel links
M05	Programmierter Spindelhalt
M06	Programmierter Werkzeugwechsel
M30	Programmende mit Rücksprung

Werden Kurvenbahnen programmiert, so benötigt die Maschinensteuerung neben der Festlegung des Zielpunkts und des Drehsinns der Kurvenbahn auch Angaben zu den gewählten Kurvenradien **(Bild 1)**. Man nennt diese Angaben **Interpolationsparameter.** Sie beziehen sich bei Kurvenbahnen auf den Kreismittelpunkt und bestehen aus einer Adresse I, J oder K und der jeweiligen Maßzahl. Die Adressen sind den Maschinenachsen wie folgt zugeordnet:

- **I dem Mittelpunktabstand parallel zur X-Achse,**
- **J dem Mittelpunktabstand parallel zur Y-Achse und**
- **K dem Mittelpunktabstand parallel zur Z-Achse.**

G02 steht bei der Kreisprogrammierung für Verfahrbewegungen im Uhrzeigersinn, **G03** für Verfahrbewegungen gegen den Uhrzeigersinn, jeweils bezogen auf den Werkzeugstandpunkt. Die Angabe des Kreisendpunkts erfolgt bei G90 als Zielkoordinate **(Bild 1)** und bei G91 als Verfahrstrecke auf den einzelnen Achsen, ausgehend vom Werkzeugstandpunkt **(Bild 2)**.

Technologische Informationen

Mit der Adresse **F** (engl.: feedrate) und einer Schlüsselzahl wird die **Vorschubgeschwindigkeit** an die Maschinensteuerung übermittelt. Die Schlüsselzahl bedeutet die Vorschubgeschwindigkeit in mm/min.

Die Adresse **S** (engl.: spindle speed) und eine Schlüsselzahl legt die **Drehfrequenz** der Werkzeugspindel in der Einheit 1/min fest. Falls spanungstechnisch möglich, kann die Drehfrequenz auch in Form einer konstanten Schnittgeschwindigkeit in m/min eingegeben werden.

Die Adresse **T** (engl.: tool) und eine zweistellige Schlüsselzahl bezeichnen ein im Werkzeugspeicher der Steuerung hinterlegtes **Werkzeug (Bild 3)**.

Zusatzfunktionen

Zusatzfunktionen bestehen aus der Adresse M und einer zweistelligen Schlüsselzahl. Mit diesen M-Befehlen werden Betriebszustände der Maschine festgelegt. Die DIN unterscheidet bei diesen Befehlen zwischen verschiedenen Arten von CNC-Maschinen. So unterscheiden sich die M-Befehle von Holzbearbeitungsmaschinen teilweise von denen, die in der Metallbearbeitung Verwendung finden **(Tabelle 1)**.

Für die Holzbearbeitung typische Zusatzfunktionen sind z. B. der Befehl für die Zuschaltung der Späneabsaugung und der Befehl für die Aktivierung der Spannvorrichtung.

Programmarten

Bei der CNC-Programmierung werden Programmanfang und Programmende gekennzeichnet, die einzelnen Bearbeitungsschritte durch Nummerierung zeitlich geordnet und in dieser Reihenfolge von der Steuerung abgearbeitet. Diese Form des Programms nennt man **Hauptprogramm.** Es bezieht sich auf ein konkretes Werkstück.

Kehrt bei der Bearbeitung eines Werkstücks mehrmals der gleiche Arbeitsgang wieder, so kann für diesen ein eigenes Programm, ein **Unterprogramm,** geschrieben werden. Dieses Programm wird dann bei Bedarf aus dem Hauptprogramm aufgerufen und abgearbeitet. Danach springt die Steuerung wieder in das Hauptprogramm zurück. Unterprogramme werden mit der Adresse L und einer Schlüsselzahl für die Programmnummer aufgerufen. Programmanfang und Programmende müssen wie beim Hauptprogramm gekennzeichnet sein. Unterprogramme können nicht nur aus dem Hauptprogramm, sondern auch aus Unterprogrammen aufgerufen werden. Man nennt dies **Unterprogramm-Schachtelung.**

Eine weitere Möglichkeit zur Programmierung wiederkehrender Bearbeitungsschritte, wie z.B. Reihenlochbohrungen oder Taschenfräsungen, sind sogenannte **Bearbeitungs-Zyklen.** Hier werden unter der Adresse G und einer zweistelligen Schlüsselzahl Bearbeitungsmuster aufgerufen. Diese müssen noch in ihren Dimensionen bestimmt werden. Daraufhin errechnet die Steuerung die für die Bearbeitung notwendigen Verfahrbewegungen selbstständig. Bearbeitungs-Zyklen sind abhängig vom jeweiligen Maschinentyp und deshalb in der DIN nicht näher bestimmt. Entsprechende Festlegungen können deshalb vom Hersteller getroffen werden.

6.8.6.3 WOP – Werkstattorientierte Programmierung

Die werkstattorientierte Programmierung, auch WOP genannt, stellt nach der DIN-Programmierung eine höhere Stufe in der softwaretechnischen Ansteuerung eines CNC-Bearbeitungszentrums dar. Bekannte Applikationen aus der Holzbranche sind WoodWOP, Imawop und weitere ähnliche Anwendungen **(Bild 1 und 2).**

Einzelne Bearbeitungsschritte an einem Werkstück, wie z.B. Bohren, Fräsen, Sägen, werden programmiert. Die windowsbasierte, dialoggeführte Oberfläche ist sehr benutzerfreundlich. Anhand einer grafischen Benutzeroberfläche wird das Werkstück mit den einzelnen Bearbeitungen angezeigt. Im grafischen Bereich wird sofort sichtbar, was numerisch programmiert wurde und kann anhand der grafischen Anzeige sofort kontrolliert werden. Dadurch ist es im Vergleich zur DIN/ISO-Programmierung viel einfacher, Fehler zu entdecken.

Die einzelnen CNC-Bearbeitungsschritte nennt man Makros. Diese werden als Liste sichtbar hintereinander gereiht und können geändert, verschoben und gelöscht werden **(Bild 1, Seite 360).** Innerhalb der bearbeitungsartspezifischen Makros wird nur das abgefragt, was für diese Bearbeitung unmittelbar notwendig ist. Über weitere Parameter sind zusätzliche Eingaben möglich. Auch die Sauger bzw. Spanner werden im WOP programmiert. Über CNC-Generieren wird das WOP-Programm in DIN/ISO-Code übersetzt, der die Maschine ansteuert. WOP ist eine sehr anschauliche Benutzerführung, da sie mit Symbolen arbeitet.

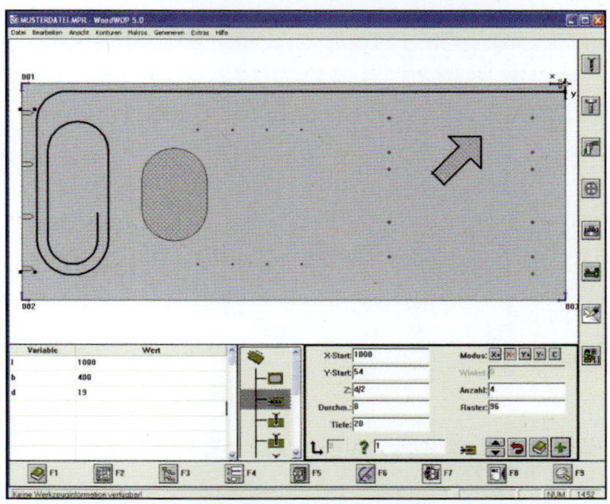

Bild 1: Benutzeroberfläche von WoodWOP 5.0

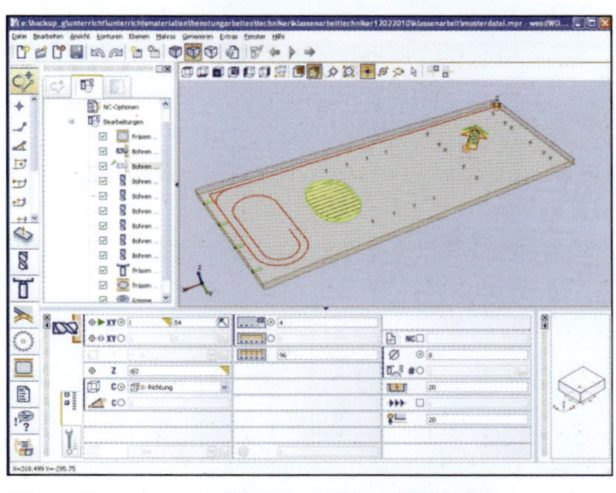

Bild 2: Benutzeroberfläche von WoodWOP 6.0

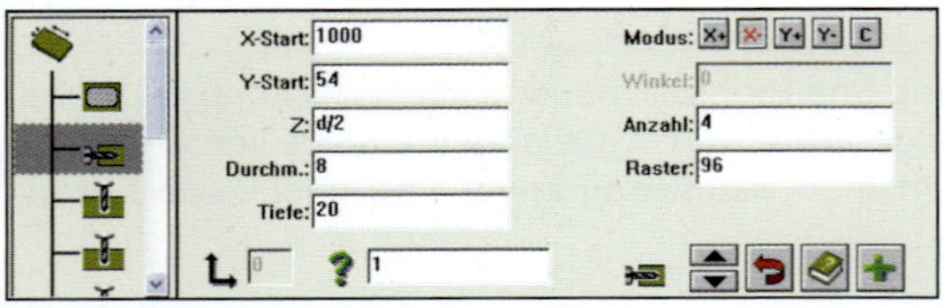

Bild 1: WOP, links Makroliste, rechts Bohrmakro

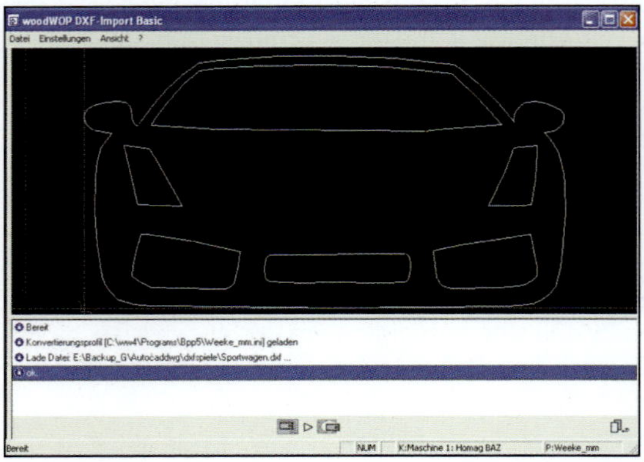

Bild 2: Postprozessor zum Einlesen von CAD-Konturen

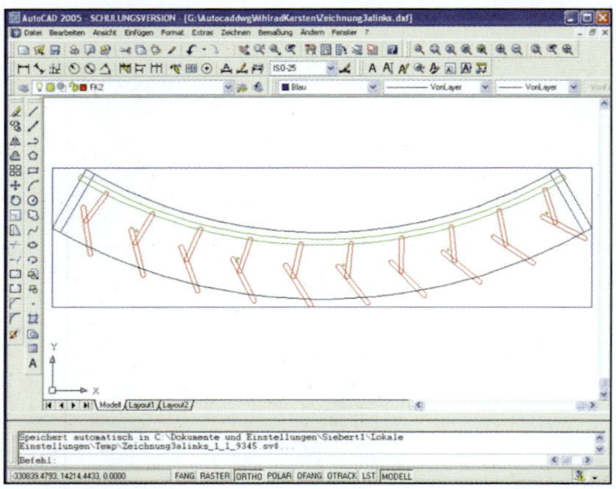

Bild 3: CAD, Konstruktion wird als .dxf abgespeichert

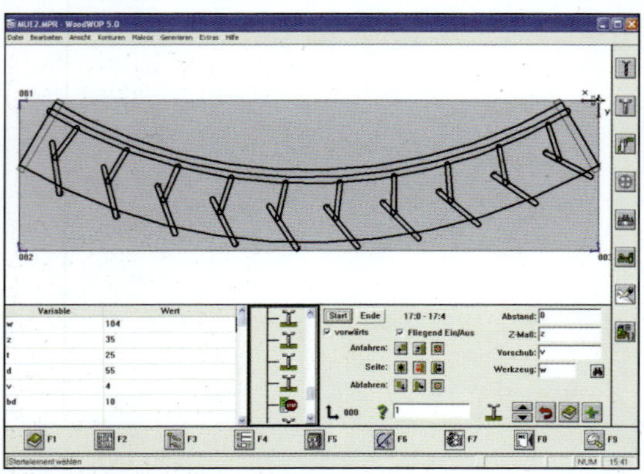

Bild 4: Import des .dxf mittels Postprozessor in WOP

woodWOP 7.0 stellt eine wesentlich verbesserte Weiterentwicklung dar, da die grafische Anzeige dreidimensional ist und vermehrt hilfreiche Elemente aus dem CAD integriert wurden. Durch die dreidimensionale Grafik wird es möglich, über ein zusätzliches Simulationsprogramm die programmierten Inhalte virtuell in einem Film darstellen zu lassen. Mögliche Kollisionen können somit im Vorfeld festgestellt werden. Dies verbessert die Sicherheit. Mit WOP ist es möglich, produktunabhängig alles das zu programmieren, was die Maschine technisch auch herstellen kann (Einschränkung: fünfachsig interpolierendes Fräsen). Deshalb dient WOP meist als direkte Eingabe- und Benutzeroberfläche für den Bediener am Bearbeitungszentrum und teilweise als Schnittstelle für CAD- und CAD/CAM-Systeme. Da man nicht wie im CAD grafisch konstruieren kann, ist WOP für sich allein in seinen Möglichkeiten begrenzt.

6.8.6.4 Postprozessor

Alles was in WOP programmiert wurde, muss zur Bearbeitung in DIN-Code mittels eines Postprozessors umgewandelt werden. Ein Postprozessor ist nichts anderes als ein Übersetzungsprogramm. Es dient zur Übersetzung der eingegebenen Daten aus einem bestimmten Programm in die vorgeschriebene Befehlsstruktur und Schreibweise einer anderen Software wie den DIN/ISO-Code. Da alle CNC-Bearbeitungszentren auf der untersten Ebene mit DIN/ISO-Code angesteuert werden, bedarf es dieses Übersetzungsprogramms **(Bild 2)**. Der Vorteil ist, dass ein WOP-Programm plattformunabhängig zur Anwendung gebracht werden kann, wenn es jeweils für die Maschine und den Dialekt des DIN/ISO-Codes einen Postprozessor gibt.

6.8.6.5 Import-CAD-Daten in WOP

Die oberste Stufe in der Programmierhierarchie ist die Kombination von klassischem CAD und CNC. Zweidimensional kann man im CAD grafisch am Bildschirm relativ einfach zeichnen. Wird eine vorgegebene Layertechnik benutzt, so besteht die Möglichkeit, durch klassische zeichnerische Darstellung in Form von Grundriss, Aufriss, Seitenriss, Schnitte, mehrere Teile welche zueinander verbindungstechnisch passen sollen, zu konstruieren **(Bild 3)**. Dabei werden Konturen, Bearbeitungen, Bohrungen, Verbindungen vererbt. Dadurch kann man die traditionelle Konstruktion mittels Brettaufriss in der Werkstatt komplett ersetzen. Der Vorteil besteht darin, dass alle zeichnerischen Daten exakt durch die Software in der Grafik berechnet, digital vorliegen. Mit den Möglichkeiten eines Windows-Betriebssystems kann man aus einer Gesamtkonstruktion, Einzel- und Detailzeichnungen ableiten und z.B. als Schablonenzeichnungen ausdrucken.

Über eine Zeichnungsexportdatei (.dxf-Schnittstelle) aus dem CAD können mittels Postprozessor Dateien in ein WOP-System importiert werden **(Bild 4, Seite 360).** Die gezeichneten Elemente und Konturen werden zu Bearbeitungsschritten. Innerhalb eines WOP-Programms müssen, je nach Leistungsfähigkeit des Postprozessors, noch Angaben hinsichtlich werkzeug- und bearbeitungsspezifischer Daten wie Werkzeugeinstellunge, Vorschub sowie An- und Abfahren von der Kontur vorgenommen werden.

Auf diese Weise lassen sich alle zeichnerisch konstruierten Details als Bearbeitungen in ein CNC-Programm übertragen und dadurch an einem CNC-Bearbeitungszentrum herstellen. Die ganze Leistungsfähigkeit des CAD, insbesondere die grafische Konstruktion, ist auf diese Weise sehr gut verwertbar.

6.8.6.6 CAD/CAM-Software

Anders wie im klassischen CAD arbeitet eine CAD/CAM-Software projektorientiert und ist viel komplexer aufgebaut. CAD/CAM-Software ist in der Regel produktbezogen programmiert und kann neben der automatischen Erstellung von CNC-Programmen für ein komplettes Produkt oder Projekt eine Vielzahl weiterer betriebsnotwendiger Aufgaben im Produktionsablauf erfüllen, da es sehr oft als Branchensoftware aufgebaut ist **(Bild 2).** In jedem Fall arbeitet es mindestens immer mit Voreinstellungen, welche aus einer Datenbank entnommen werden. Es werden stammdatenabhängig Baurichtlinien bzw. Bauteiltechniken festgelegt, auf deren Basis die gewünschten Produkte variabel konstruiert werden können. Im CAD-Teil werden diese grafisch zwei- oder dreidimensional angezeigt und können dort zum Teil geändert und angepasst werden **(Bild 3 und 4).**

Der Betrieb muss sich somit konstruktiv festlegen und Standards bilden. Ein professionelles CAM-Modul erstellt direkt aus der Software, mit Zugriff auf eine eigene Werkzeugdatenbank, ein mehr oder weniger maschinenunabhängiges DIN/ISO-Programm. Änderungen und Eingriffe an diesem Programm sind seitens des Maschinenbedieners nicht mehr notwendig. Je leistungsfähiger dieses CAM-Modul ist, umso konstruktiv optimierter ist die CNC-Bearbeitung hinsichtlich Ablauf, Qualität und Vorschubgeschwindigkeit. Trotzdem sind auch diese Programme begrenzt. In jedem Fall muss eine CAD/CAM-Software in bezug auf Stammdaten, Konstruktionsfestlegung an das entsprechende Unternehmen individuell angepasst werden. Dieser Aufwand ist relativ hoch, kostenintensiv und sollte genauestens geplant werden. Wenn die Anpassung jedoch möglichst umfangreich stimmig erfolgt, ist eine solche Software wesentlich leistungsfähiger und schneller wie die vorgenannten Systeme. Allerdings ist die Software um ein vielfaches teurer.

Bild 1: Fertigung des Programms am CNC-BAZ

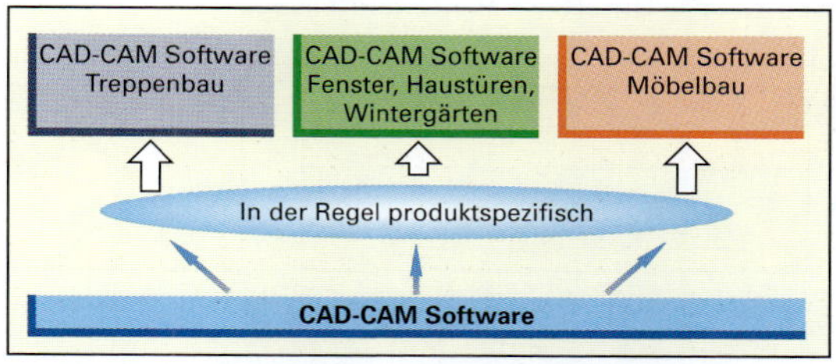

Bild 2: CAD-CAM-Software ist produktspezifisch

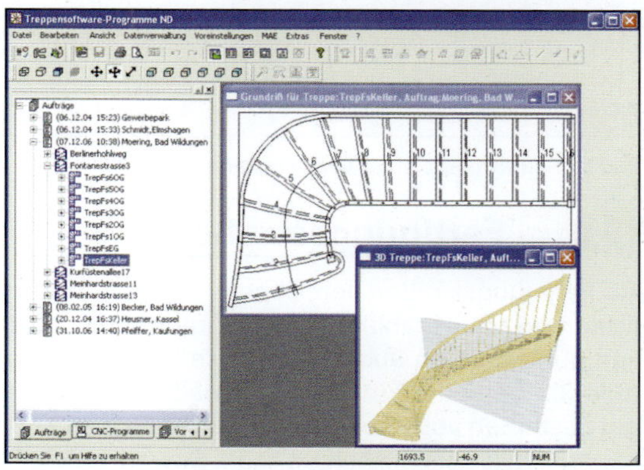

Bild 3: CAD/CAM-Software, Treppenbau

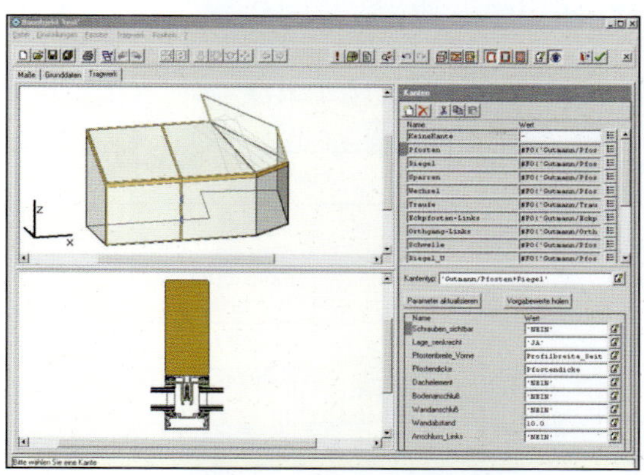

Bild 4: CAD/CAM-Software, Wintergartenbau

6.8.7 CNC-Plattenaufteilsäge

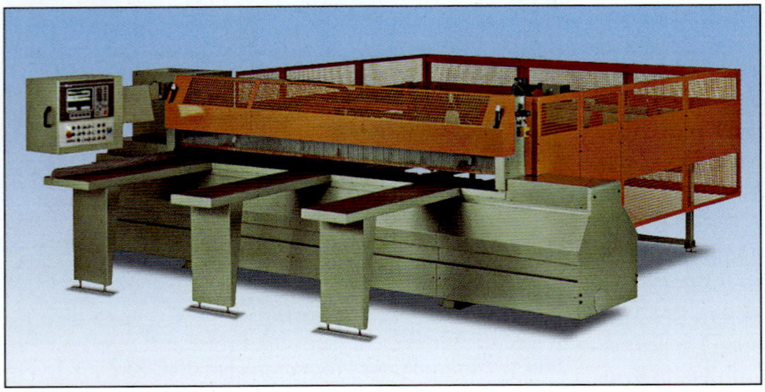

Bild 1: CNC-Untertisch-Plattenaufteilsäge

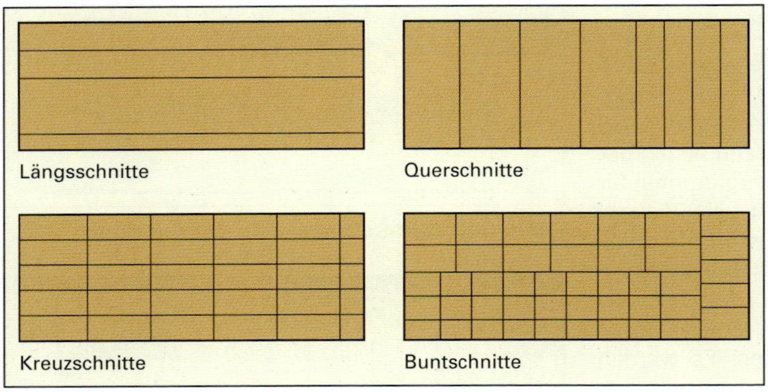

Bild 2: Schnittpläne einer CNC-Plattenaufteilsäge

Aufgabe der CNC-Plattenaufteilsäge ist die Aufteilung großformatiger Plattenwerkstoffe in kleine Zuschnittformate **(Bild 1)**. Hierfür werden die Stücklisten der benötigten Werkstücke an die Maschinensteuerung übergeben. Diese erstellt am Bildschirm einen verschnittoptimierten Aufteilplan, der vom Bediener noch verändert werden kann. Nach Lage der Schnitte unterteilt man Längs- und Querschnitte, Kreuzschnitte sowie die Buntaufteilung, bei der Längs- oder Querschnitte versetzt angeordnet sind **(Bild 2)**.

Das für die anschließende Fertigung benötigte CNC-Programm wird von der Steuerung automatisch erstellt.

Je nach Lage des Sägeaggregats unterscheidet man Untertisch- oder Portalplattenaufteilsägen. Bei Portalmaschinen ist das Sägeaggregat meist schwenkbar angeordnet, sodass Längs- und Querschnitte ohne Drehung der Werkstücke möglich sind.

6.9 Fertigungsstraßen

Als Fertigungsstraßen bezeichnet man die Verkettung mehrerer Produktionsmaschinen mit dem Ziel, möglichst hohe Stückzahlen im Fluss produzieren zu können. Neben der spanenden Bearbeitung können auf Fertigungsstraßen auch Werkstücke beleimt, verpresst und einzeln kommissionsweise verpackt werden **(Bild 3)**. Materialzufuhr und Materialtransport zwischen und zu den Einzelmaschinen erfolgen bei Fertigungsstraßen vollautomatisch. Hierfür werden Transportrollen oder Bänder eingesetzt, mit deren Hilfe der Materialfluss gelenkt werden kann. Sowohl für die Planung und Fertigung als auch für die Produktionsüberwachung werden häufig spezielle computergesteuerte Systeme wie PPS eingesetzt. Der Nachteil von Fertigungsstraßen ist, dass beim Ausfall einer Einzelmaschine bzw. Komponente, die gesamte Straße steht.

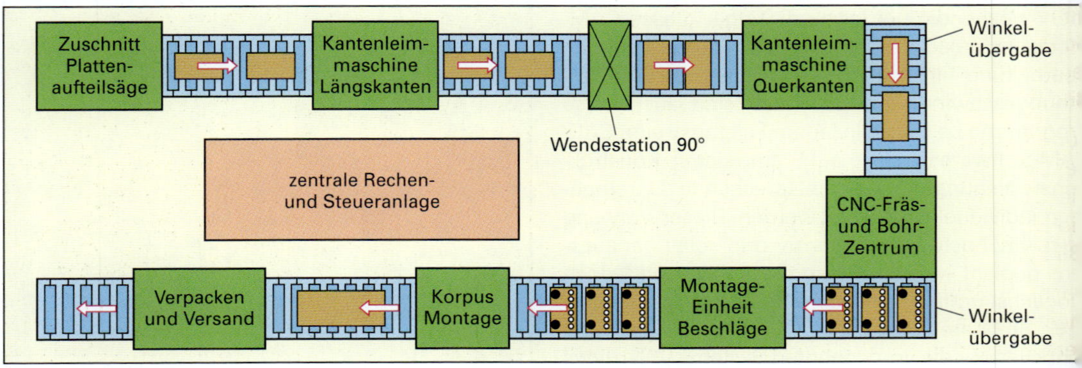

Bild 3: Schema Fertigungsstraße mit Winkelübergabe

6.10 Werkzeugschärfmaschinen

An Werkzeugschärfmaschinen werden abgenutzte oder schneidenbeschädigte Werkzeuge geschliffen, gefeilt und erforderlichenfalls geschränkt oder bestimmten Form- und Geometrievorgaben entsprechend abgeändert. Werkzeuge werden zum Schärfen üblicherweise aus der Maschine oder dem Werkzeugträger entnommen und auf spezielle Schärfaufnahmen montiert. Hochpräzise Werkzeuge mit höchster Rundlaufgenauigkeit, wie sie z. B. in Mehrseitenhobelmaschinen eingesetzt werden, verbleiben zur Vermeidung von Aufspanntoleranzen beim Schärfen im Werkzeugträger.

Gereinigte und gewartete Werkzeuge sind die Voraussetzungen für genaues und unfallsicheres Arbeiten. Da die Instandhaltung moderner Maschinenwerkzeuge großer Präzision und somit besonderer Maschinen bedarf und in vielen Bereichen Einwegschneiden aus Hartmetall eingesetzt werden, werden nur noch wenige Schärfarbeiten vom Schreiner selbst ausgeführt. Fachbetriebe übernehmen diese Aufgabe und gewährleisten fachgerecht geschärfte Werkzeuge, auch bei schwieriger Schneidengeometrie. Vielfach müssen für die verschiedenartigen Schneidenwerkstoffe auch besondere Schleifwerkzeuge eingesetzt werden, deren Anschaffung für kleinere Betriebe nicht rentabel ist.

Schärfarbeiten werden deshalb von Tischlern überwiegend nur an einfach zu schärfenden Werkzeugen, wie Bandsägeblättern, Streifenhobeleisen oder Handwerkzeugen durchgeführt. Hierbei muss vor allen Dingen darauf geachtet werden, dass sich durch den Nachschliff keine unerwünschten Veränderungen an der Schneidengeometrie ergeben. Außerdem führt zu starke Erwärmung beim Schleifen zu Veränderungen im Materialgefüge. Besonders gehärtete Stähle verlieren durch starke Erwärmung ihre Materialeigenschaften, stumpfen schnell ab oder werden völlig unbrauchbar. Werkzeugschleifmaschinen mit hoher Schleifleistung verfügen deshalb über Kühleinrichtungen, bei denen die Schleifstelle mit Kühlflüssigkeit besprüht und anfallender Abschliff abtransportiert wird **(Bild 1 und Bild 2)**.

Für die häufig zu schärfenden Handwerkzeuge stehen Maschinen zur Verfügung, die insbesondere die Überhitzungen der Werkzeugschneiden durch die Beilage wärmeleitender Materialien vermeiden **(Bild 3)**.

Da beim Schärfen Schneidenmaterial unter Wärmeeinwirkung abgenommen wird, sind insbesondere die Augen bei Schärfarbeiten vor glühenden Spänen oder Schleifpartikeln zu schützen.

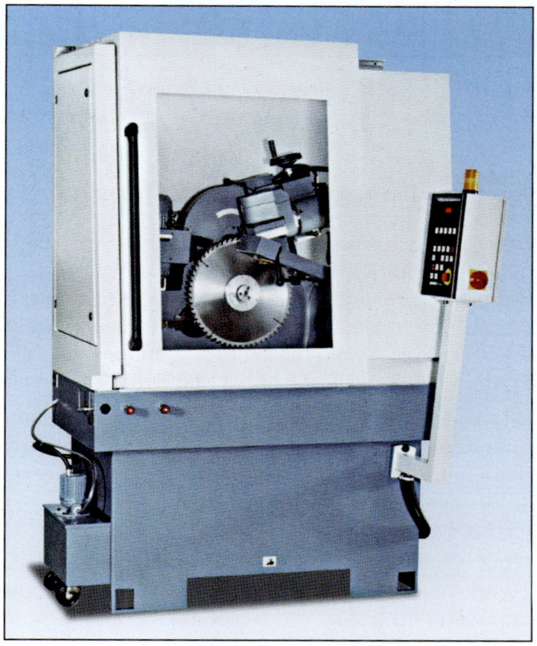

Bild 1: Schärfmaschine für Kreissägeblätter

Bild 2: Detailaufnahme Schärfmaschine

Bild 3: Schärfmaschine für Handhobeleisen

7 Betriebstechnische Anlagen

Zu den betriebstechnischen Anlagen gehören u.a. die pneumatischen Anlagen, die Fördermittel, die Späneabsaugung, die Heizung, die Abscheidesysteme für Lackieranlagen und die Feuerschutzanlagen.

7.1 Pneumatische Anlagen

Druckluft ist in einem Behälter verdichtete atmosphärische Luft. Der Druck, den diese verdichtete Luftmenge auf die Behälterwand ausübt, ist umso größer, je höher ihre Temperatur und je kleiner der Behälterraum ist. Beim Verdichten von Luft wendet der Verdichter, auch Kompressor genannt, mechanische Arbeit auf, wodurch der Luft Energie zugeführt wird. Diese Energie kann mithilfe der Druckluft über eine gewisse Entfernung zu Arbeitsmaschinen, -geräten oder -elementen geleitet werden. In diesen wird die gespeicherte Energie durch das Entspannen der Druckluft wieder in mechanische Arbeit umgesetzt.

Druckluft wird als Energieträger in den Holz verarbeitenden Betrieben z. B. zum Heften, Nageln und Schrauben, zum Bohren und Schleifen, zum Pressen und Transportieren, zum Lack- und Beizspritzen, zum Reinigen, zum Schäumen und Versiegeln sowie zum Regeln und Steuern verwendet.

Vorteile der Druckluft als Energieträger

universell verwendbar	Zum Betrieb von Druckluftwerkzeugen und -geräten, für Steuer-, Mess- und Regelzwecke gut geeignet
umweltfreundlich	Sauber, geräuscharm
überlastbar	Keine Überlastungsschäden bei Druckluftwerkzeugen und -geräten
explosionssicher	Luft ist nicht brennbar, nicht explosibel
temperaturunempfindlich	Erzeugung unabhängig von Umgebungstemperatur
speicherbar	Mit Druckluftbehälter große und kleine Mengen sofort verfügbar
schnell fließend	Schnelles Arbeits- und Übertragungsmittel mit hohem Anfahrmoment
reagiert rasch	Schneller Wechsel Start-Stopp, geringe Trägheit der Luft
stufenlos regelbar	Durch Drosselung leichtes Verändern der Arbeitsdrücke
keine Rückleitungen	Nur Druckluft-Zuleitungen, meist als Ringleitungen, erforderlich

Nachteile von Druckluft als Energieträger

Druckbegrenzung	Wirtschaftlicher Arbeitsdruck bis etwa 6 bar
ungleichmäßiger Vorschub	Da Luft kompressibel ist, sind die Bewegungen lastabhängig, d.h., kleine und konstante Kolbengeschwindigkeiten sind ohne zusätzliche Hilfsmittel nicht möglich
Wartung	Verunreinigungen und Kondenswasser müssen aus der Druckluft entfernt werden
Leckverluste	Durch ständige Luftverluste entstehen hohe Betriebskosten
Geräuschbelästigung	Durch laute Kompressoren und Abluftgeräusche der Ventile und Motoren. Abhilfe: Geräuschdämpfung durch Schalldämpfer
Energiekosten	Druckluftenergie ist wesentlich teurer als elektrische Energie (Kostenverhältnis 14 : 1)

Damit Druckluft an den verschiedenen Stellen im Betrieb zur Verfügung steht, ist eine Druckluftanlag einzurichten. Diese besteht aus den drei Einheiten Drucklufterzeugung, Druckluftverteilung und Druckluf aufbereitung **(Bild 1, Seite 365)**. An den verschiedenen Anschlussstellen dieser Druckluftanlage könne die pneumatischen, d.h. mit Druckluft arbeitenden Maschinen und Geräte, angeschlossen werden. Fü alle Teile und Elemente einer pneumatischen Anlage sind in der ISO 1219 Benennung und Bildzeichen zu bildlichen Darstellung, wie z.B. in Schaltplänen, enthalten.

7.1.1 Drucklufterzeugung

Die im Betrieb erforderliche Druckluft wird durch Verdichter erzeugt. Verdichter können fahrbar oder ort fest gebaut sein. Nach Art der Drucklufterstellung unterscheidet man hauptsächlich Hubkolbenverdichte und Rotationsverdichter, Letztere meist als Schraubenverdichter.

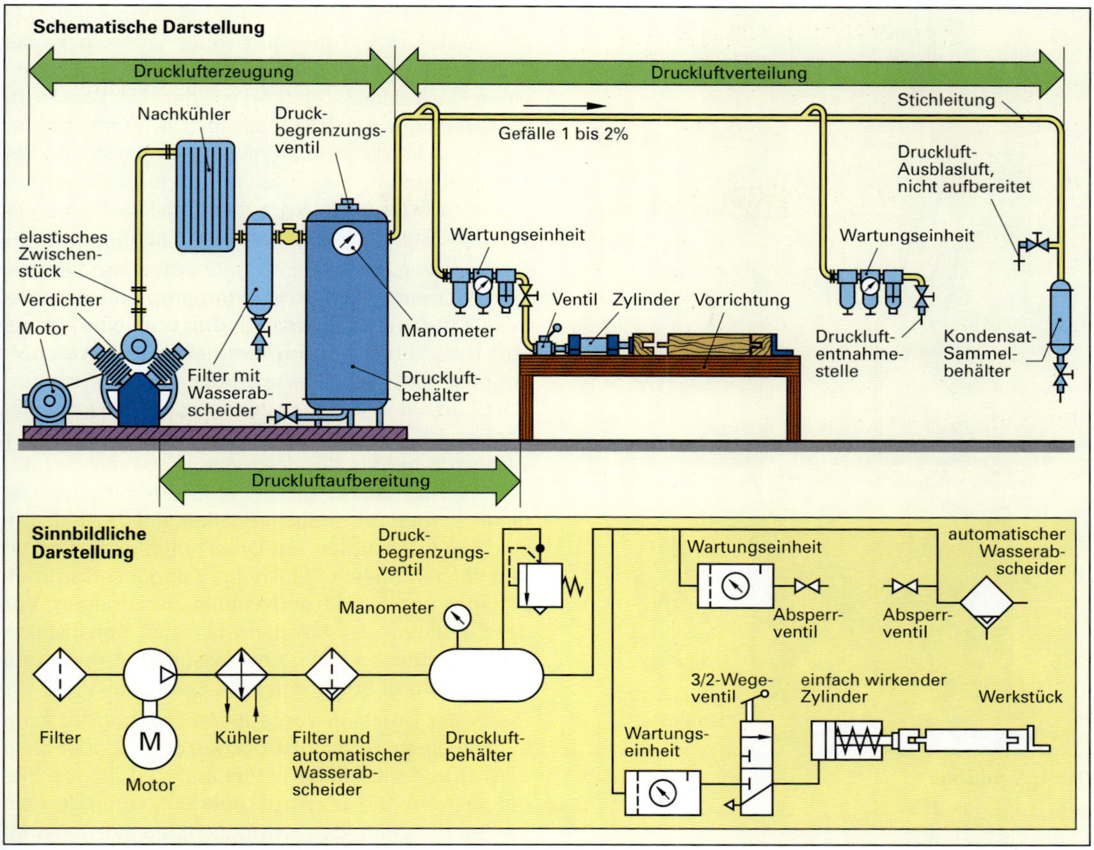

Bild 1: Darstellung einer Druckluftanlage

Bei **Hubkolbenverdichtern** wird die Luft durch Hin- und Herbewegen eines Kolbens angesaugt und verdichtet **(Bild 1, Seite 366)**. Die Druckluft wird in einem Druckluftbehälter gespeichert. Der Verdichter benötigt möglichst kühle und staubfreie Luft. Verschmutzte Luft muss gefiltert werden. Der Verdichter wird meistens durch einen Elektromotor oder in besonderen Fällen durch einen Dieselmotor angetrieben. Der Elektromotor wird meist durch eine Aussetzregelung gesteuert. Diese schaltet den Motor bei Erreichen des Höchstdruckes im Druckluftbehälter ab und bei entsprechendem Druckabfall wieder ein.

Bei **Membranverdichtern** wird die Luft durch eine sich bewegende Membrane angesaugt und verdichtet **(Bild 1, Seite 366)**. Die verdichtete Luft bleibt hier ölfrei und muss daher nicht gereinigt werden.

Beim **Schraubenverdichter** greifen zwei Schraubenwellen mit unterschiedlichen Durchmessern und unterschiedlichen Drehfrequenzen ineinander. Durch die Drehung der Läufer wird die angesaugte Luft dadurch verdichtet, dass sich die Luftkammern um die Schraubenwellen zur Druckseite bzw. zur Austrittsöffnung hin immer mehr verkleinern **(Bild 1, Seite 366)**. Die Abdichtung der einzelnen Kammern erfolgt durch einen Ölfilm. Die Druckluft wird nach dem Verdichten durch einen Ölabscheider gereinigt. Ein Druckluftbehälter ist auch beim Schraubenkompressor nicht notwendig, weil über einen Regler automatisch die erforderliche Druckluftmenge mit konstantem Druck geliefert wird. Vorteilhaft ist die geringe Lärmbelästigung und der ruhige Lauf. Nachteilig ist, dass Schraubenkompressoren erst ab etwa 1000 l/min wirtschaftlich arbeiten.

Die im Holz verarbeitenden Betrieb verwendeten Verdichter können je nach Druckbedarf ein- oder zweistufig gebaut sein. Die zweite Verdichtungsstufe wird dort benötigt, wo höhere Drücke erforderlich sind. Dabei wird die in der ersten Stufe vorverdichtete Druckluft in einer zweiten Stufe noch höher verdichtet. Übliche Arbeitsdrücke sind bei Kolbenverdichtung einstufig bis 10 bar, zweistufig bis 15 bar, bei Schraubenverdichtern einstufig bis 15 bar, zweistufig bis 22 bar.

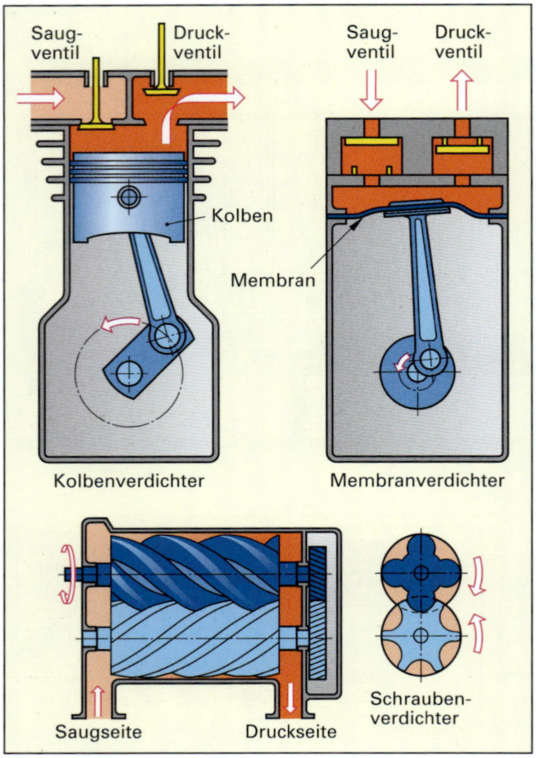

Bild 1: Verdichter

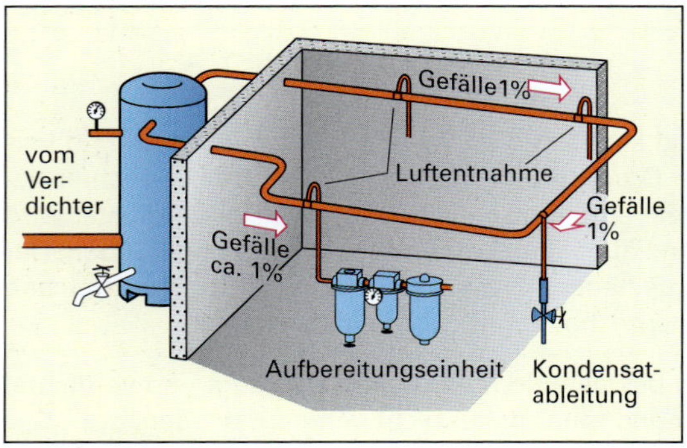

Bild 2: Druckluftverteilung

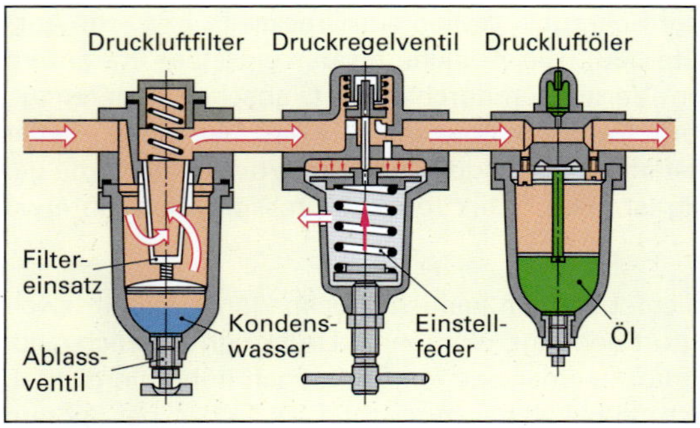

Bild 3: Wartungseinheit

Bei der Verdichtung von Luft wird Wärme frei. Diese Wärme muss über luft- oder wassergekühlte Kühlrippen am Verdichtergehäuse und evtl. durch einen **Nachkühler** abgeführt werden. Der **Druckluftbehälter** oder **-speicher** ist meist in unmittelbarer Nähe des Verdichters aufgestellt. Er hat neben der Luftspeicherung die Aufgabe, die einzelnen Pumpenstöße auszugleichen, sodass die Druckluft unter gleichmäßigem Druck ausströmen kann.

Die vom Verdichter angesaugte Luft enthält immer eine bestimmte Menge Wasserdampf, die der relativen Luftfeuchte entspricht. Da 1 m³ verdichtete Luft (Druckluft) auch nur so viel Feuchtigkeit aufnehmen kann wie 1 m³ unverdichtete, atmosphärische Luft, wird bei einer Verdichtung und anschließender Abkühlung der Druckluft der überschüssige Wasserdampf als Kondenswasser aus der Luft abgeschieden. Damit dieses anfallende Kondensat nicht zu den Verbraucherstellen gelangen kann, sind am Nachkühler, am Druckluftbehälter und an den tiefsten Stellen der Anlage Kondensatsammelbehälter und Entleerungsventile anzubringen. Vor der Einleitung des Kondensats in die Kanalisation ist das enthaltene Öl vom Wasser zu trennen und fachgerecht zu entsorgen **(Bild 1, Seite 365)**.

Die in der Druckluft vorhandene Feuchtigkeit kann auch in einem **Drucklufttrockner,** der vor oder nach dem Druckluftbehälter eingebaut wird, abgeschieden werden. Die so getrocknete Luft verhindert ein Rosten der Leitungen, ermöglicht ein störungsfreies Arbeiten der Druckluftwerkzeuge und ist zum Lackspritzen bestmöglichst geeignet.

7.1.2 Druckluftverteilung und -aufbereitung

Die Verteilung der Druckluft erfolgt vom Druckluftbehälter aus über das Druckluftnetz **(Bild 2)**. Die Druckluftleitungen können als Stichleitung oder als Ringleitung verlegt werden. Waagerechte Leitungen müssen wegen der Ableitung von Kondenswasser in Strömungsrichtung 1% bis 2% Gefälle haben. Undichte Stellen im Druckluftnetz, auch Leckagen genannt, bewirken einen dauernden Druckluftverlust und verursachen so erhebliche Kosten. Die Druckluftentnahmestellen sind in der Regel mit selbstabstellenden Kupplungen versehen, die durch Eindrücken der Kupplungsstecker an die Druckluftschläuche schnell anzuschließen sind.

Vor den Zylindern und Ventilen ist die **Wartungseinheit** eingebaut **(Bild 3)**. Deren **Filter** reinigt die Druckluft von Verunreinigungen und Feuchtigkeit. Das **Druckregelventil** hält den Druck in der nachfolgenden Steuerung konstant und der **Öler** mischt der Druckluft fein zerstäubtes Öl bei, um Korrosion in den Pneumatikelementen zu verhindern.

7.1.3 Pneumatische Arbeitselemente

Druckluftzylinder und Druckluftmotoren wandeln die in der Druckluft gespeicherte und durch die Druckluft übertragene Energie in mechanische Arbeit um.

Druckluftzylinder

Die **Druckluftzylinder** führen geradlinig hin- und hergehende Bewegungen aus, die durch eine Kolbenstange übertragen werden. Man unterscheidet einfach wirkende und doppelt wirkende Zylinder.

Beim **einfach wirkenden Zylinder** schiebt die Druckluft den Kolben mit der Kolbenstange nur nach einer Richtung **(Bild 1)**. Die eingebaute Feder oder eine äußere Kraft holen den Kolben in seine Ausgangslage zurück.

Bei **doppelt wirkenden Zylindern** wird der Kolben nach beiden Richtungen durch Druckluft bewegt **(Bild 2)**. Zylinder mit eingebauter Dämpfung bremsen den Kolben am Ende des Hubes ab. Kurz bevor der Kolben seine Endlage erreicht, kann die Druckluft nicht mehr durch die große Mittelbohrung entweichen, weil diese durch den Dämpfungszapfen gesperrt wird. Sie muss jetzt den einstellbaren Drosselspalt durchströmen. Dazu braucht sie mehr Zeit. Der Kolben wird elastisch abgebremst und fährt sanft in seine Endlage ein. Die Dämpfungswirkung lässt sich einstellen, indem der Querschnitt des Drosselspalts verändert wird.

Zylinder mit beidseitiger Kolbenstange ermöglichen durch die doppelte Lagerung der Kolbenstange die Belastung mit Querkräften **(Bild 3)**.

Druckluftmotoren

Druckluftmotoren treiben Druckluftwerkzeuge mit drehender Arbeitsbewegung an. Sie werden meist als **Lamellenmotoren** gebaut. Diese bestehen aus dem Gehäuse und dem Rotor mit den Lamellen, die den sichelförmigen Arbeitsraum in mehrere Druckkammern unterteilen **(Bild 4)**. Die durch die Druckluftzuführung einströmende Druckluft dreht den exzentrisch gelagerten Rotor an den in Schlitzen radial verschiebbaren Lamellen. Da sich die Druckkammern bei der Drehung vergrößern, entspannt sich die Druckluft und strömt dann durch den Auslass ins Freie. Das abgegebene Drehmoment des Motors hängt vom Druck der Luft und von der beaufschlagten Fläche der Lamellen ab. Druckluftmotoren für zwei Drehrichtungen besitzen zwei Druckluftanschlüsse, die je nach der gewünschten Drehrichtung des Motors abwechselnd mit Druckluft versorgt werden.

Pneumatische Bauelemente werden in Schaltplänen durch Schaltzeichen dargestellt **(Bild 3)**.

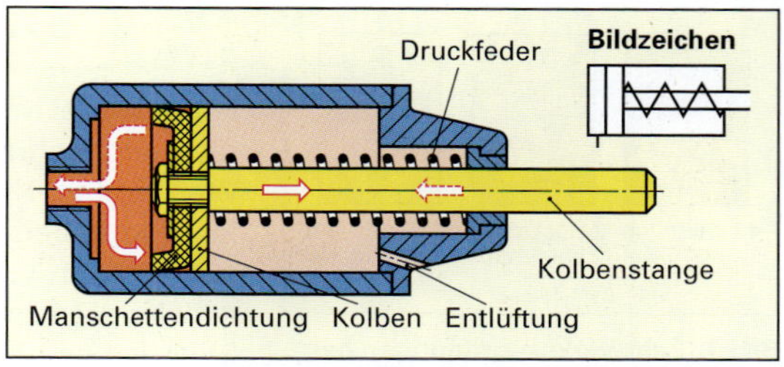

Bild 1: Einfach wirkender Zylinder

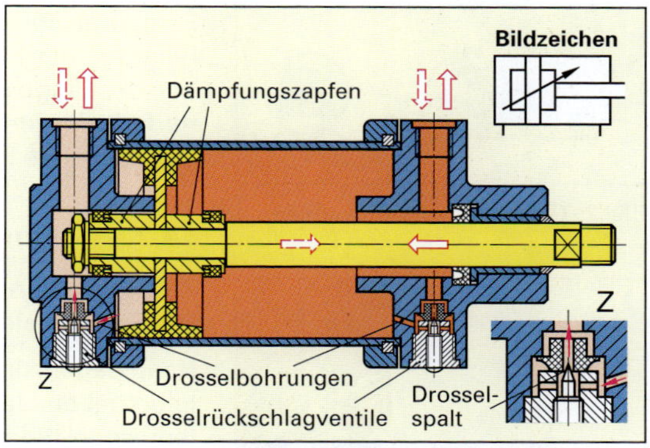

Bild 2: Doppelt wirkender Zylinder mit beidseitig einstellbarer Dämpfung

Zylinder	
einfach wirkend mit Rückholfeder	doppelt wirkend ohne Dämpfung
doppelt wirkend mit doppelter konstanter Dämpfung	doppelt wirkend mit doppelter einstellbarer Dämpfung
doppelt wirkend mit beidseitiger Kolbenstange und doppelter einstellbarer Dämpfung	
Motoren	
Konstantmotor mit einer Drehrichtung	Verstellmotor mit zwei Drehrichtungen

Bild 3: Schaltzeichen von Arbeitselementen

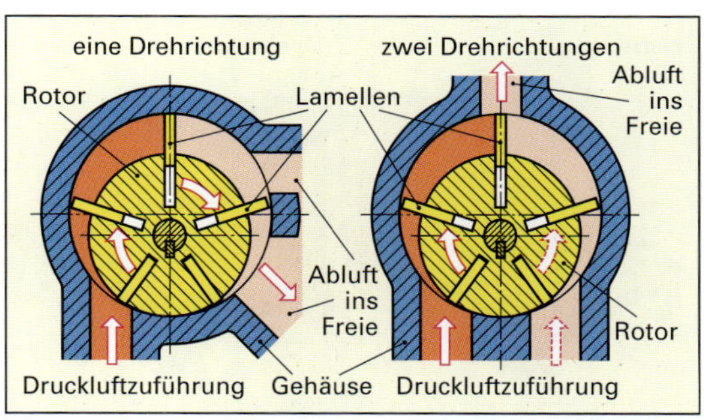

Bild 4: Druckluft-Lamellenmotor mit zwei Drehrichtungen

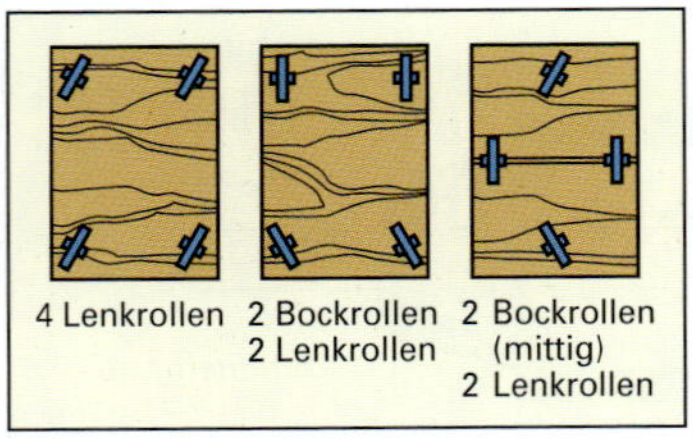

Bild 1: Fahrwerksanordnungen bei Handwagen

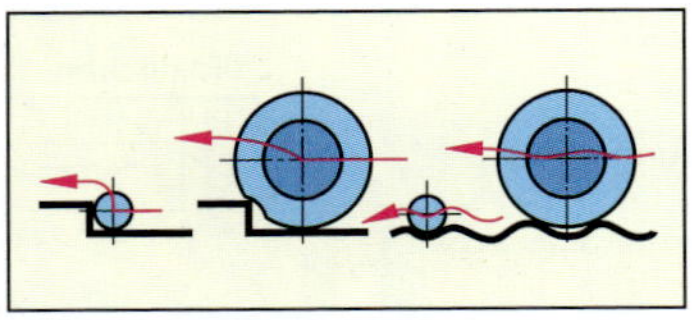

Bild 2: Große und kleine Laufrollen

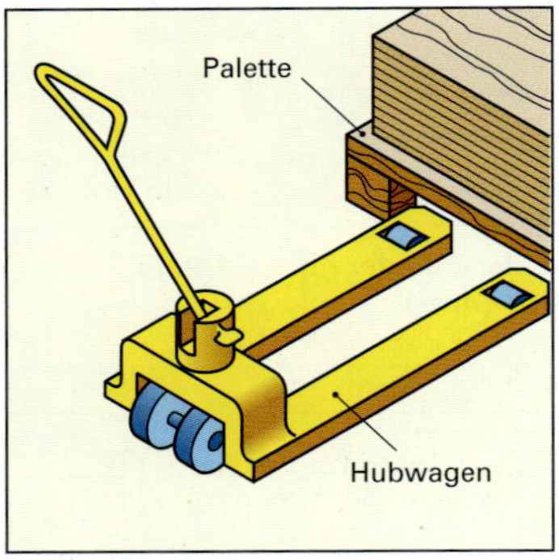

Bild 3: Hubwagen und Palette

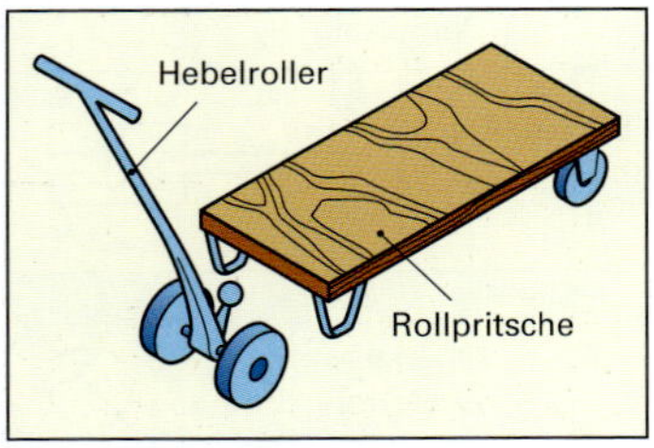

Bild 4: Hebelroller und Rollpritsche

7.2 Fördermittel

Fördermittel im innerbetrieblichen Transport sind Vorrichtungen, Geräte und Fahrzeuge zum Transportieren bzw. zum Bewegen von Werkstoffen, Hilfswerkstoffen, Werkstücken, Erzeugnissen und Abfällen. Sie haben die Aufgabe, die Arbeitskräfte vor großer Beanspruchung und vor unproduktiver Transportarbeit zu entlasten, die Arbeitsplätze im Hinblick auf die Unfallgefahr sicherer zu machen, den Materialfluss zügiger zu gestalten und Beschädigungen der Erzeugnisse beim Transport auf ein Mindestmaß zu begrenzen. Die Entscheidung für ein geeignetes Fördermittel hängt im Wesentlichen vom Fertigungsablauf, der Größe und dem Gewicht des Fördergutes, der Richtung der Förderbewegungen, der Gebäudebeschaffenheit sowie von der Länge und Breite der Förderwege ab. Es sind Flurförderer und flurfreie Förderer zu unterscheiden, die entweder stetig oder nicht stetig arbeitende Fördermittel sein können.

7.2.1 Flurförderer

Zu den Flurförderern gehören die Handwagen, Hubwagen, Hebelroller, Gabelstapler, Rollenbahnen und Bandförderer.

Handwagen sind das wirtschaftlichste Fördermittel in Klein- und Mittelbetrieben. Je nach Aufbau sind Platten-, Bügel-, Rungen- und Kastenwagen **(Bild 5)** zu unterscheiden. Für spezielle Aufgaben können sie als Werkzeug-, Montage- (**Seite 369**), Zwingen- **(Seite 218)** oder Lacktrockenwagen **(Seite 430)** ausgestattet sein. Entscheidend für die Beweglichkeit der Handwagen ist die Fahrwerksanordnung **(Bild 1)**. Bei der Anordnung von vier Lenkrollen sind die Wagen sehr beweglich und lassen sich auf engstem Raum einsetzen. Sie sind aber bei langen Förderwegen sehr schlecht in der Förderrichtung zu halten. Fahrwerksanordnungen mit zwei festen Bockrollen und zwei Lenkrollen haben dagegen eine gute Geradeauslaufeigenschaft und sind noch ausreichend beweglich. Für schweren Transport haben sich große Rollen mit Vollgummibereifung bewährt. Sie überwinden leichter Hindernisse und überrollen Unebenheiten im Fußboden besser als kleine Rollen **(Bild 2)**.

Hubwagen weisen ein flach gebautes Fahrgestell auf, das unter die Ladeeinheiten wie Paletten oder Transportkisten gefahren werden kann. Durch eine hydraulische Hubvorrichtung kann der Wagen angehoben und die Ladeeinheit transportiert werden **(Bild 3)**.

Hebelroller werden mit Rollpritschen zusammengekoppelt, die vorn zwei Stützen und hinten zwei Laufrollen aufweisen **(Bild 4)**.

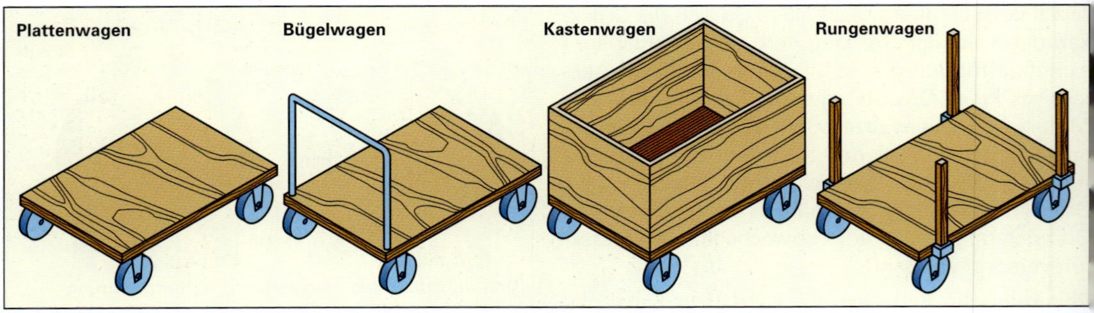

Bild 5: Handwagen mit verschiedenen Aufbauten

Hubtische eignen sich dazu, Werkstücke auf Maschinentischhöhe zu bringen. Sie können feststehend oder fahrbar sein **(Bild 4)**.

Gabelstapler sind sowohl Hubgeräte als auch Fahrgeräte. Sie eignen sich besonders zum Beladen und Entladen von Lastkraftwagen mit schwerem Transportgut sowie zum Beschicken von Platten- und Vollholzlagern **(Bild 1)**.

Rollenbahnen bestehen aus den Tragprofilen und den Transportwalzen. Sie können schwach geneigt als Schwerkraftförderer oder eben für die Lagerung und den manuellen Transport sowie mit Antrieben aufgebaut werden. Rollenbahnen werden für die Zwischenlagerung selbst schwerster Werkstückstapel eingesetzt. Zur Sicherheit sind die letzten Rollen mit einer Auslaufsperre oder -bremse versehen **(Bild 2)**.

Röllchenbahnen bestehen aus den Tragprofilen und den Transportröllchen. Sie werden meistens als Schwerkraftförderer eingesetzt, d. h., das Fördergut wird durch sein eigenes Gewicht auf den schwach geneigten Röllchenbahnen gefördert.

Bandförderer bestehen aus angetriebenen Plattenbändern oder Textilbändern. Sie werden in der Endmontage oder Abnahmekontrolle eingesetzt, weil auf ihnen auch Erzeugnisse mit Fußgestellen oder Sockeln einen sicheren Stand haben.

7.2.2 Flurfreie Förderer

Zu den flurfreien Förderern gehören Hängebahnen und Hängekrane.

Hängebahnen werden beim Platten- oder Vollholzschnitt eingesetzt. Sie bestehen aus den Laufschienen, der Hängebahn, der Laufkatze und dem Lastaufnahmemittel **(Bild 3)**. Das Lastaufnahmemittel ist dem Fördergut anzupassen. Greif- oder Vakuumhaltevorrichtungen ermöglichen den Transport selbst schwerer Werkstoffe durch eine Bedienperson aus dem Lager zur Maschine.

Schleppkreisförderer (Power- und Free-Förderer) sind meistens geschlossene Fördersysteme, die aus der Führungsschiene, der Zugkette, den Laufrollen und Gehängeanschlüssen bestehen. Die Führungsschienen können in beliebiger Linienführung verlegt werden, sodass das Fördergut an jeden gewünschten Platz transportiert werden kann. Sie werden besonders in der Oberflächenbehandlung eingesetzt und sind in der Regel stetig arbeitende Fördermittel **(Bild 2, Seite 430)**.

Bild 1: Gabelstapler

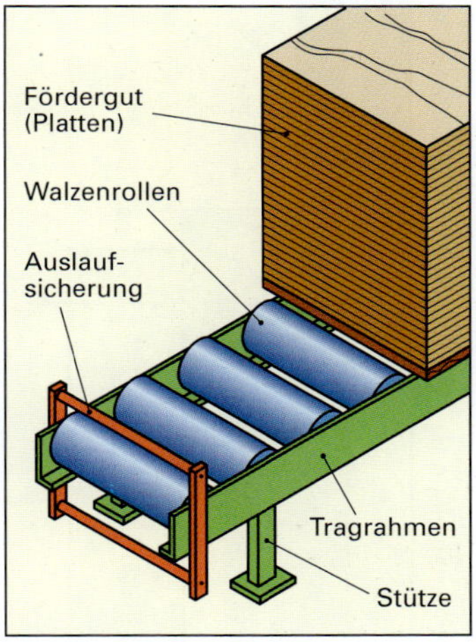

Bild 2: Rollenbahn

Bild 3: Hängebahn

Bild 4: Hubtisch, fahrbar

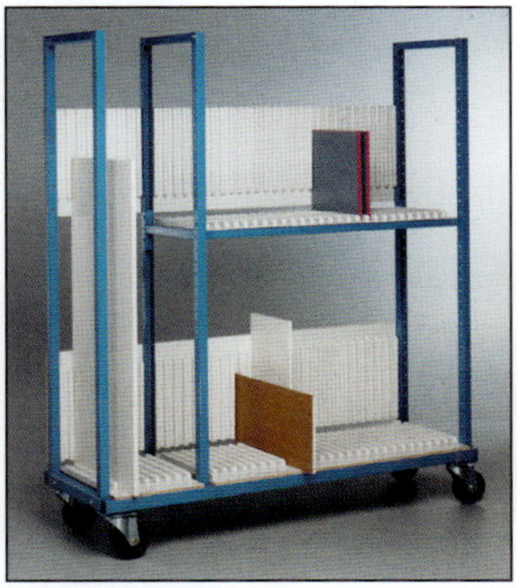

Bild 5: Montagewagen

7.3 Lagertechnik

Unter Lagertechnik versteht man die Lagerung von Werkstoffen, wie Vollholz, Plattenwerkstoffe und Furniere, von Hilfswerkstoffen, wie z.B. Beschläge, Klebstoffe, Verbindungsmittel, Lacke und Öle, von Werkzeugen und Handmaschinen sowie von Abfällen. Für jedes Lagergut ist eine geeignete Lagereinrichtung zu schaffen. Hierzu gehören die verschiedenen Regalsysteme, wie Fachbodenregale, Palettenregale, Kragarmregale und Durchlaufregale. Lager sind Räume, die auch für die Lagerung von Gefahrstoffen, wie beispielsweise Lacke, Verdünnungsmittel, Schäume oder Klebstoffe, geeignet sind. Die Lager sind räumlich und technisch nach dem vorhandenen Fertigungsfluss des Betriebes so einzurichten, dass möglichst kurze Förderwege zu den betreffenden Betriebsmitteln bestehen. Tätigkeiten wie Fördern, Heben, Bereitstellen (Kommissionieren), Verteilen und Verpacken sollen mithilfe geeigneter Lagersysteme und Fördermitteln in kurzer Zeit und ergonomisch mit geringer körperlicher Belastung durchgeführt werden können. Lager dienen als **Puffer** zwischen Anlieferung und Produktion. Kurzfristiges Zwischenlagern von Teilen nennt man Puffern. Damit können Zeitschwankungen vor oder während der Produktion ausgeglichen werden.

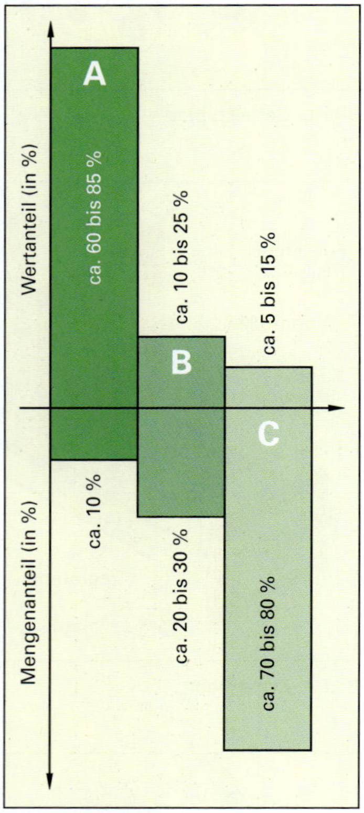

Bild 1: ABC-Analyse von Lagerartikeln

Eine wichtige Aufgabe der Lagerlogistik ist das rechtzeitige Beschaffen und Bereithalten des Materials in wirtschaftlich sinnvollen Mengen und in geeigneten Lagersystemen. Bei der Verwaltung der Lager (Lagermanagement) müssen die Anzahl der zu lagernden Artikel, die Kosten, die Lagerkapazität, die Bestandskosten, die täglichen Warenein- und -ausgänge, die Lagerreichweite und die Verteilung erfasst und ggf. nach ABC-Kategorien eingeteilt werden.

A-Artikel sind Waren, deren Beschaffungswert mit 70 bis 80% des Verbrauchswertes am höchsten, deren Mengenanteil mit lediglich 10 bis 20% allerdings am geringsten ist. **B-Artikel** liegen bei einem mittleren Wertanteil von 10 bis 25% und einem mittleren Mengenanteil von 20 bis 30%. **C-Artikel** haben mit etwa 70 bis 80% des gesamten Lagerbestands den höchsten Anteil (Schrauben, Dübel etc.), tragen aber nur wenig zum Gesamtwert und Umsatz bei. Allerdings verursachen C-Teile die höchsten Beschaffungskosten. Gelagertes Material, Lagerräume und Lagertechnik verursachen Kosten. Unnötig hohe Bestände belegen Flächen und binden Kapital. Zudem besteht die Gefahr der Überalterung des Materials.

7.3.1 Lagersysteme

In holzverarbeitenden Betrieben kommen hauptsächlich Fachbodenregale, Kragarmregale, Vertikalregale, Palettenregale und Durchlaufregale zum Einsatz. Alle Regalsysteme müssen für jedes Lagergut eine ausreichende Standsicherheit und Dimensionierung in Länge, Breite, Höhe und Form aufweisen und einen direkten Zugriff beim Beschicken und der Entnahme gewährleisten.

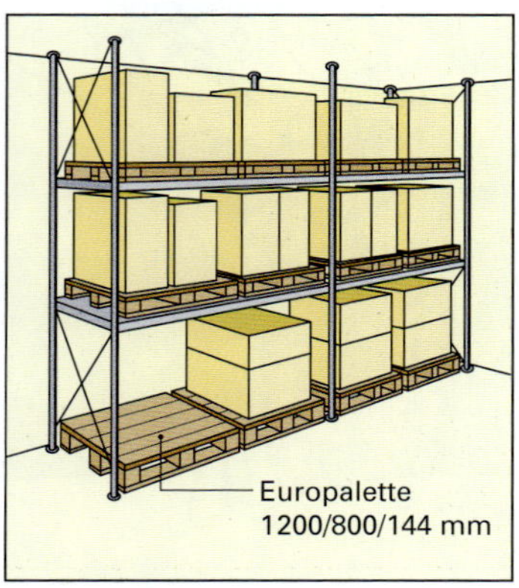

Bild 2: Palettenregal

7.3.1.1 Regallagerung

Palettenregal

Europaletten und Gitterboxpaletten sind weltweit verbreitete Lade- und Transporthilfsmittel. Eine Euro(pool)palette nach EN 13698-1 hat die Maße 1200 mm × 800 mm × 144 mm (Grundfläche 0,96 m^2). Sie kann von allen 4 Seiten mit Hubwagen, Gabelstapler oder Regalbediengeräten (RBG) aufgenommen werden, man nennt sie deshalb Vierwegpalette. Regalreihen sind schnell veränderbar und ergänzbar, sie können je nach Trägerabstand eine oder mehrere Paletten aufnehmen **(Bild 2)**.

Unterschiedlich belastbare Auflageböden, Gitterroste, Wannenböden für Gefahrstoffe, Streben sowie Durchschubsicherungen sind Lagerzubehör und ermöglichen die Aufbewahrung unterschiedlichster Materialien.

Um möglichst wenig Fläche zu bebauen, werden Hochregallager (ab 12 m) mit Dach- und Wandelementen bis zu 50 m Höhe gebaut, die mit speziell angefertigten Regalbediengeräten bestückt werden.

Um Lagerfläche effektiv zu nutzen, wird eine möglichst geringe Gassenbreite angestrebt. Frontstapler benötigen breite Verkehrswege, Längs- und Vierwegestapler schmälere. Ein gelb/schwarz markierter Anfahrschutz an Durchfahrts- und Eckbereichen, entsprechend der DGUV-Regel 108-007, schützt Regale, Pfosten und Fahrzeuge vor Beschädigungen.

Bei der **chaotischen** bzw. **dynamischen** Lagerverwaltung gibt es keine fest zugeordneten Lagerplätze. Die Zugriffshäufigkeit und der momentan verfügbare Lagerplatz bestimmen den Lagerort. Häufig gebrauchte Artikel können auf kürzestem Transportweg zum gewünschten Platz transportiert werden. Diese Organisation der Lagerhaltung kann nur mit Rechnerunterstützung realisiert werden und erzeugt deshalb auch entsprechende Kosten. Die Auswertung der Verbrauchsdaten unterstützt dagegen die Reduzierung der Lagermenge sowie die Verkleinerung des Sortiments und spart somit Kosten.

Fachbodenregal

Fachbodenregale bestehen aus den Regalseiten und den meist in der Höhe verstellbaren Fachböden. Diese können fest oder herausziehbar sein.

Schrauben und Beschläge als klassische Standardartikel werden meist in Fachbodenregalen (Magazinen) gelagert **(Bild 1)**, kleinere Teilmengen aber auch direkt am Arbeitsplatz. Durch farbliche und gut lesbare Kennzeichnungen kann eine schnelle sowie sichere Einlagerung und Entnahme erreicht werden. Schrauben beispielsweise werden, sortiert nach Kopfform, Länge, Durchmesser, Antrieb und Oberflächenbeschichtung, auf den Fachböden abgelegt. Trennleisten zwischen den Paketen verhindern ein seitliches Verrutschen.

Bei leicht geneigten Fachböden rutschen die Artikel stets ganz nach vorne. Eine Anschlagleiste verhindert das Herausrutschen und ermöglicht eine gut lesbare Kennzeichnung. Diese umfasst z.B. Art, Größe, Menge, Bestellnummer, Hersteller sowie den Strichcode des Artikels. Die zusätzliche Angabe des Mindestbestandes und der Bestellmenge erleichtern die Neubeschaffung **(Bild 1)**.

Bild 1: Fachbodenregale mit herausziehbaren oder leicht geneigten Fachböden

Bild 2: Fahrbares Fachbodenregal für Kantenmaterial

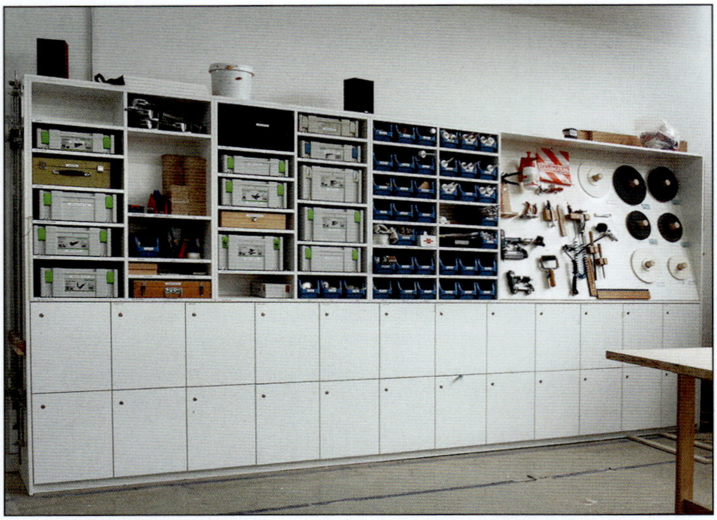

Bild 1: Regal für Handmaschinen, Hilfsstoffe und Werkzeuge, teilweise abschließbar

Schrankregale mit Dreh- oder Schiebetüren verhindern unbefugten Zugriff und Verschmutzen.

Bei Schubkastenlagerung sorgt eine angepasste Innenaufteilung für gute Übersicht.

Feste oder fahrbare Fachbodenregale eignen sich als **Kantenmateriallager** für unterschiedliche Rollengrößen. Eine systematische Organisation mit farblichen Differenzierungen nach Dekor, Material (Kunststoffe, Holzarten usw.) mit gut lesbarer Beschriftung und einem an der Seitenwand oder dem Fachboden befestigten Kantenstreifen sorgen für Übersichtlichkeit und klares Erkennen **(Bild 2, Seite 371)**. Diese Art der Lagerung ermöglicht einen schnellen und verwechslungsfreien Zugriff. Kantenklammern oder Klebestreifen verhindern ein ungewolltes Aufrollen.

Bild 2: Lacklager nach DGUV 209-046

Handmaschinen werden in Betrieben zur Benutzung für alle Mitarbeiter oder speziell für einzelne Mitarbeiter bereitgestellt. In offenen Fachbodenregalen mit eindeutig gekennzeichneten Lagerplätzen ist klar zu erkennen, ob die Maschine gerade im Einsatz ist. In (verschließbaren) Schränken können Handmaschinen für Montageteams zusammengestellt und aufbewahrt werden **(Bild 1)**.

Lager für Lacke sollen nach den Vorschriften der DGUV 209-046 (Deutsche gesetzliche Unfallversicherung) wegen des Brandschutzes aus nicht brennbaren Materialien gebaut sein **(Bild 2)**. Lager für brand- oder explosionsgefährdende Stoffe, z.B. Lacke, Verdünnungen oder Späne, unterliegen speziellen Vorschriften im Hinblick auf Lagermenge, Explosionsschutz und Umweltgefährdung.

Kragarmregal

Kragarmregale bestehen aus Ständern, an denen die ausladenden Kragarme in verschiedenen Höhen montiert sind. Es gibt sie mit einseitig und beidseitig angebrachten Kragarmen.

Sie sind für Langgut wie Kanthölzer, Bohlen, Bretter, Profile, Stäbe und bei tiefen Kragarmen auch für Plattenwerkstoffe **(Bild 1, Seite 373)** sowie Gebinde geeignet.

Die Beschickung und Entnahme kann bei kleineren Regalsystemen von Hand oder mit Seiten- oder Vierwegestaplern erfolgen, die die Raumhöhe ausnutzen und weniger breite Gassen benötigen.

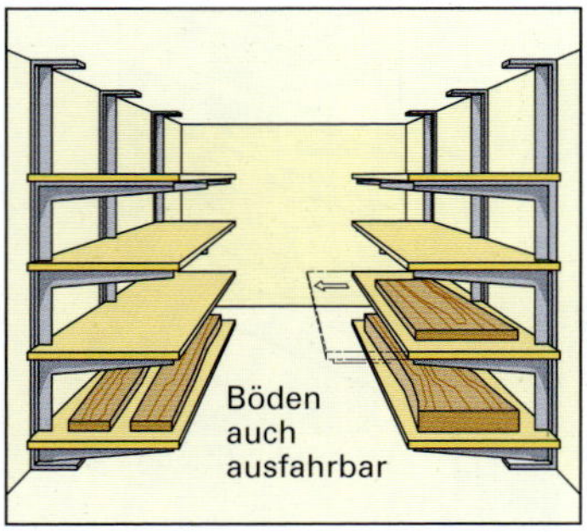

Bild 3: Kragarmregal für Vollholzsortimente mit Teleskoparmen

Kragarmregale als Vollholzlager befinden sich in unmittelbarer Nähe zu den Maschinen für den Zuschnitt mit Ablängsäge, Kreissäge oder Handkreissäge. Ausziehbare Kragarme (Teleskoparme) ermöglichen das Anzeichnen, Begutachten oder Umsortieren von Brettern und Bohlen **(Bild 3)**.

Ein Zuschnittwagen kann nach dem Einsatz unter den unteren Armen zwischengeparkt werden. An den Stützen befestigte Dächer sorgen für Witterungsschutz bei Regalen, die im Freien aufgestellt sind **(Bild 2)**.

Bild 1: Kragarmregal für Plattenwerkstoffe; Beschickung und Entnahme durch Vierwegestapler

Bild 2: Witterungsgeschütztes beidseitiges Kragarmregal

Vertikalregal

Vertikalregale sind für die senkrechte Lagerung kleinerer Mengen von Plattenwerkstoffen, Profilbrettern, Leisten und Stabmaterialien geeignet. Sie benötigen nur wenig Grundfläche. Unterteilungsarme bzw. -bügel oder Zwischenwände trennen die jeweiligen Fächer ab und ermöglichen einen leichten und direkten Zugriff auf jedes einzelne Teil. Eine vor dem Regal angebrachte Rolle erleichtert die Entnahme von Plattenwerkstoffen durch eine Einzelperson **(Bild 3)**. Besonders leicht gehen das Beschicken und die Entnahme mithilfe einer Hängebahn **(Bild 3, Seite 369)**. Zum Zuschnitt sollte eine stehende Plattensäge in unmittelbarer Nähe stehen. Auf Schienen verfahrbare Regale lassen eine unmittelbare Beschickung der vertikalen Plattensäge zu **(Bild 4)**.

Wegen der Unfallgefahr durch umstürzende Platten dürfen in seitlich offenen Gestellen nur Platten der gleichen Sorte und Abmessungen gelagert werden, damit nicht „geblättert" werden muss. Zudem muss der Neigungswinkel für die Platten mindestens 10° betragen.

Für Zuschnittreste sollten gesonderte Fächer bereitgestellt werden. Eine Sortierung nach Größen und Dekoren erleichtert das Suchen. Eine Beschriftung über oder neben den Fächern und eine an der Vorderseite angebrachte Skala, z.B. in 10 cm Abständen, verkürzt das Einsortieren und die Entnahme deutlich.

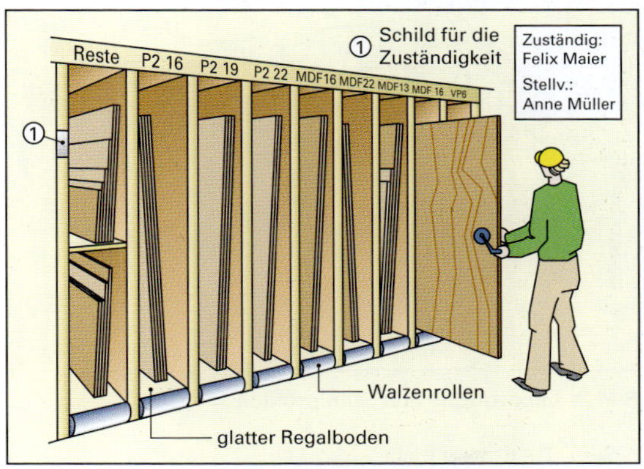

Bild 3: Vertikales Plattenregal mit stirnseitig angebrachten Rollen

Lagerlift

Lagerlifte sind Umlaufregale auf der Basis des Paternoster-Prinzips **(Bild 1, Seite 374)** und wie ein überdimensionaler Schubladenschrank mit einer vorderen und hinteren Tablarreihe aufgebaut. Ein Aufzug fährt die einzelnen Tablare, z.B. durch Bedienung an einem Touchscreen, an eine Aufzugsöffnung in einer ergonomisch günstigen Höhe. Der Zugang kann durch einen Code auf einzelne Personen beschränkt sein.

Lagerkleinteile oder mittelgroße Artikel sind in Fächern, Boxen, Kasten, Kartons oder lose auf Tablaren einsortiert.

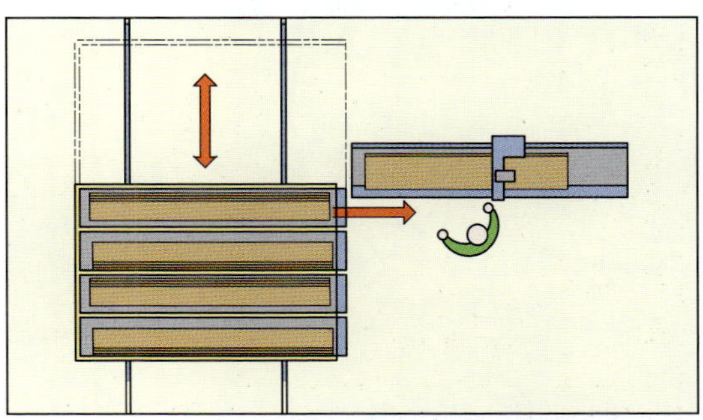

Bild 4: Verfahrbares Plattenregal (links) mit Anbindung an eine vertikale Plattensäge (rechts)

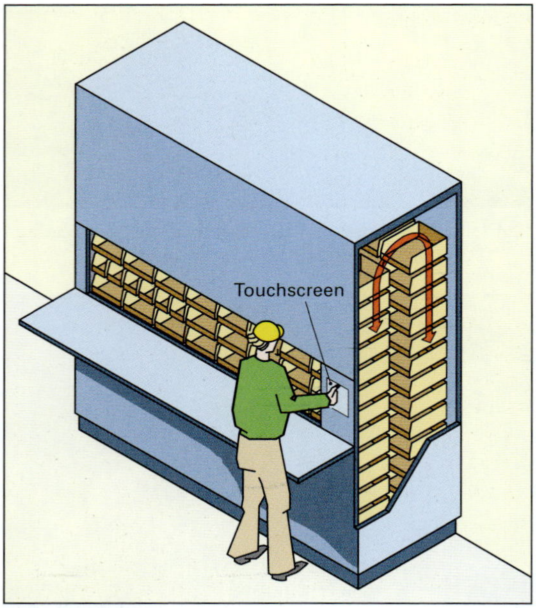

Bild 1: Lagerlift

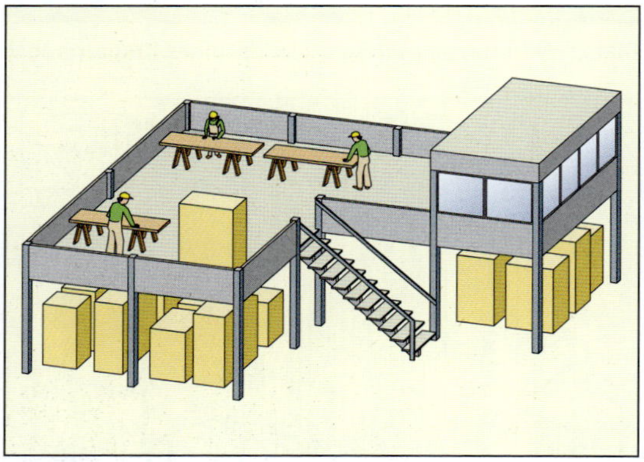

Bild 2: Lagerbühne aus Stahlprofilen

Bild 3: Flächenlager; automatische Beschickung und Entnahme durch Vakuumgreifer

Durch das „Ware-zur-Person"-Prinzip verringern sich Wege-, Such- und Zugriffszeiten beim Nachschub für die Kommissionierung und Montage.

Durchlaufregal

Durchlaufregale sind geeignet für Plattenstapel, die mit oder ohne Paletten auf Rollenbahnen **(Bild 2, Seite 369)** abgesetzt werden. Durch Anschieben oder durch Schwerkraft werden sie zu einer gebremsten Rolle am Bahnende befördert. Der älteste Stapel steht am Ende der Rollenbahn an erster Stelle zur Entnahme durch Handhubgeräte, Stapler oder Hubtische. Dieses Prinzip wird **FIFO** (**f**irst **i**n, **f**irst **o**ut) genannt. Solche Lager werden oft als Pufferlager verwendet.

Einfahrregal

Einheitlich beschaffene Produkte mit einem hohen Warenumschlag werden in Einfahrgassen direkt vom Stapler in oder auf Lagersysteme abgelegt. Das Ein- und Auslagern erfolgt nach dem **LIFO**-Prinzip (**l**ast **i**n, **f**irst **o**ut).

7.3.1.2 Lagerbühnen

Lagerbühnen ermöglichen eine bessere Ausnutzung der Raumhöhe. Durch sie kann eine zweite oder dritte Raumebene genutzt und die Produktionsfläche um das zwei- oder dreifache erweitert werden **(Bild 2)**. Unter den im Abstand variablen Achsmaßen der Stützen können Produktionsflächen, Montagearbeitsplätze o. Ä. angeordnet werden. So kann ein kostspieliger und zeitintensiver Gebäudeanbau vermieden werden. Aufstiege und Geländer sind nach den Vorgaben der Berufsgenossenschaft absturzsicher anzubringen.

7.3.1.3 Flächenlager

Flächenlager bilden oft eine Einheit aus Lagergut, Transportmittel und Bearbeitungsmaschine. Die Platz- und Raumausnutzung ist besonders effektiv.

Ein EDV-gesteuertes Flächen(platten)lager optimiert sämtliche Abläufe im Lager und benötigt keine Verkehrswege; deshalb reichen nur wenige Zentimeter Abstand zwischen den Stapeln. Lagerplätze oder Lagerzonen können für gemischte, chaotische oder artenreine Bewirtschaftung vergeben werden. Die Ein- und Auslagerung sowie die Beschickung der liegenden Plattensäge erfolgen vollautomatisch **(Bild 3)**. Dadurch wird Personal eingespart. Kurze Handlingzeiten durch Vakuumgreifer erhöhen die Maschinenauslastungen und Rentabilität. Ein Zutritt in den Lagerbereich ist nur möglich, wenn die Maschinenanlage abgeschaltet ist. Das Anwachsen des Restebestandes wird durch ein

Restemanagement mit integrierter Vermessung der Platten verhindert.

Eine Etikettierstation druckt vor der Plattenaufteilung Teileetiketten, klebt sie auf und gewährleistet einen effizienten und jederzeit nachvollziehbaren Materialfluss.

Software organisiert die gesamte Lagertechnik und -organisation vollautomatisch.

7.3.1.4 Kommissionslager

Spezielle Artikel, die nur für einen Auftrag eingekauft werden, sollten aus Organisations- und Platzgründen stets getrennt von den Standardartikeln gelagert werden. Das Lager sollte in der Nähe des Eingangs sein, da die Waren nicht lange im Betrieb verbleiben und bald weiterverarbeitet und ausgeliefert werden. Eine Kennzeichnung und Beschriftung als Kommissionsware ist wegen der Übersichtlichkeit und dem leichteren Auffinden unbedingt vorzunehmen.

7.3.1.5 Konsignationslager

Beim Konsignationslager stellt ein Lieferant oder Dienstleister ein Warenlager im Betrieb auf. Erst wenn der mit einer Zugangsberechtigung ausgestattete Verarbeiter die Ware entnimmt, wird die entnommene Ware in Rechnung gestellt.

7.3.2 Lagerbehälter

Lagerbehälter bestehen aus Karton, Kunststoff oder Metall. Stapelbare Behälter verbessern Lagermöglichkeiten, Raumausnutzung und Transport.

In **Kartons** werden Schrauben und Beschläge gelagert **(Bild 1)**. Sichtfenster ermöglichen ein sicheres Erkennen. Deckel, als Schütten ausgebildet, ermöglichen ein sicheres Öffnen und Schließen. Etiketten (evtl. doppelt aufgeklebt) mit Beschriftung und Barcode-Kennzeichnung erleichtern das Ablesen der genauen Bezeichnung und das bequeme Nachbestellen der Ware. Piktogramme und ein Farbleitsystem helfen beim schnellen Erkennen der verpackten Waren.

Sichtlagerkästen eignen sich für kleinere Artikel oder Reste von verbrauchten Verpackungen **(Bild 2)**. Sie sind übereinander stapelbar oder in Wandschienen einhängbar. Durch viele Größen und Farben kann eine übersichtliche und leicht zugängliche Lagerung erfolgen.

Neben vielen Sondermaßen werden hauptsächlich Eurokasten oder Euro-Stapelbehälter verwendet. Ihre Abmessungen sind von den Grundmaßen der Europalette abgeleitet und in ihren Teilabmessungen untereinander kombinierbar **(Bild 3)**. Ihre Robustheit verdanken sie verstärkten Ecken, Verstärkungsrippen, Profilverstärkungen und einem umlaufenden Stapelrand. Es gibt sie mit und ohne Deckel, mit Kartenhalter für Kanban, mit Chip, mit Etikettenfeldern für Beschriftungen oder Barcodes, mit Klammern oder Taschen, mit Griffmulden, mit offenen oder geschlossenen Handgriffen oder mit Koffergriffen. Stapelbare Klappbehälter, z.B. Systainer, sparen bis zu 80% Lagervolumen.

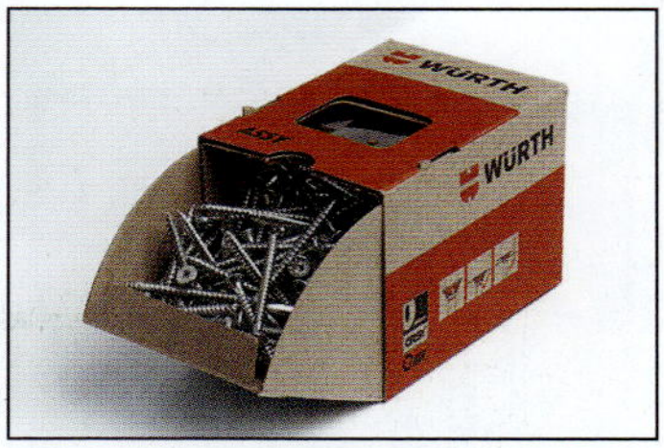

Bild 1: Kartonbehälter für Schrauben, Deckel als Schütte

Bild 2: Sichtlagerkästen

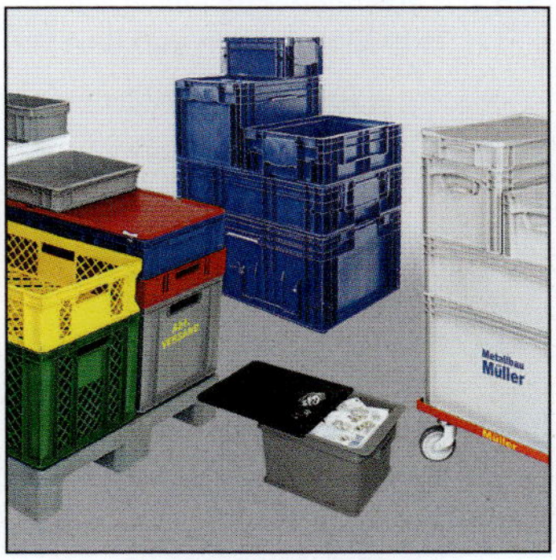

Bild 3: Euro-Stapelbehälter

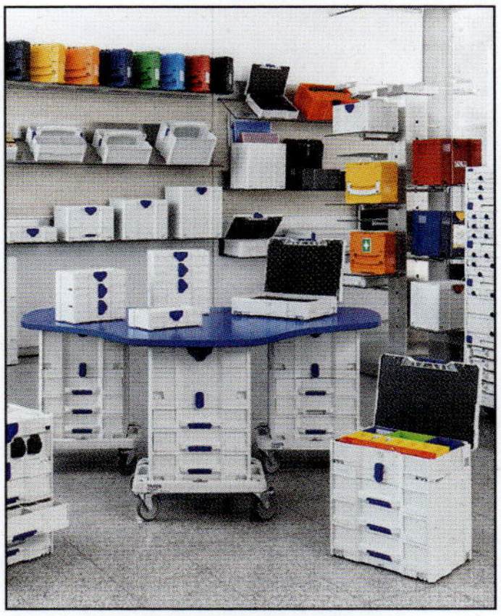

Bild 4: Systainersortiment

Bild 1: Gitterbox aus Metall

Bild 2: Selbstklebende Folientasche zum Einschieben von Karten

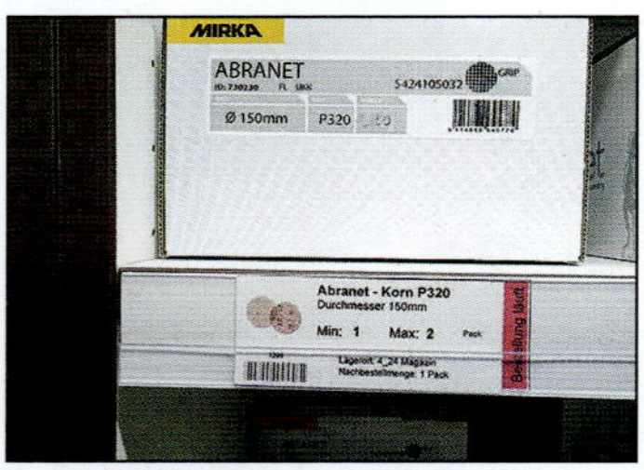

Bild 3: Transparente Einsteck- oder Scannerschiene, selbstklebend oder magnetisch

Bild 4: Lagerartikel wird mit transportablem Scanner eingelesen

Systainer lassen sich leicht öffnen, schließen und miteinander koppeln. Das modulare, miteinander kombinierbare und verknüpfbare System hat sich zum Präsentieren, Ordnen, Transportieren und Lagern bei Handmaschinen, Werkzeugen und Hilfsstoffen bewährt **(Bild 4, Seite 375)**. Es verringert die Transport- und Rüstzeiten deutlich.

Besonders robuste, temperaturunempfindliche und lösungsmittel- bzw. chemikalienbeständige Behälter bestehen aus Stahlblech oder Aluminium.

Gitterboxen bestehen aus einer Eckpfosten- bzw. Rungenkonstruktion aus Winkeleisen mit Sickenblechwänden und -boden oder Gitterwänden **(Bild 1)**.

Zur besseren Entnahme von Stückgut können eine oder zwei Seitenwände mit einer Klappe versehen werden. Als weitere Variante ist ein geschlossener Transportbehälter mit Deckel möglich, entweder mit oder ohne Verriegelung. Die Blechbehälter können mit einem Gabelstapler aufgenommen oder mit Ösen zum Kranen mit Traversen angefertigt werden.

7.3.3 Kennzeichnung von Regalen und Behältern

Die Kennzeichnung von Lagerbehältern, Regalen und Lagergängen sorgt für mehr Übersichtlichkeit, Ordnung und Sicherheit.

Auf Verpackungen und Regalböden können selbstklebende Beschriftungsleisten in passenden Höhen und Längen angebracht werden.

Neutrale oder eingefärbte Sichttaschen oder Beleghalter nehmen angelieferte oder selbst ausgedruckte Warenzettel geschützt auf **(Bild 2 und Bild 3)**.

Magnetbandrollen haften auf Stahl- oder Blechunterlagen.

Ein firmeneigenes Farbleitsystem erleichtert das Management im Lager.

Scanner nehmen strichcodierte Artikel auf, die nachbestellt werden müssen. Diese Daten können direkt auf den PC oder online zum Lieferanten übertragen werden **(Bild 4)**.

Mit Sensoren ausgerüstete Lagerplätze lösen bei Unterschreitung des Mindestbestandes eine neue Bestellung aus und verwalten so das Lager vollautomatisch.

Das Kanbanprinzip

Das japanische Wort „Kanban" bedeutet Karte, Etikett oder Aufkleber. Erreicht eine Ware den Mindestbestand, entnimmt eine Arbeitsperson die Kanbankarte der Ware und heftet sie an die Kanbantafel (weiße Tafel mit Haftnotizen oder Karteikarten) oder gibt sie in einen Sammelbehälter (Verbrauchssteuerungsprinzip bzw. Holsystem). Dort nimmt sie eine Fachkraft für das Bestellwesen auf und bestellt die Ware nach. Farben veranschaulichen die Dringlichkeit der Bestellung. Nach der Bestellung im System wird die Karte an den Lagerort zurückgebracht und so eingesteckt, dass man erkennen kann, dass das Material zwar bestellt ist aber noch nicht geliefert wurde. Speziell für den Betrieb angefertigte Kanban-Karten enthalten gut leserlich alle notwendigen Bilder, Texte, Strichcodes und sonstige Informationen, sodass ein zügiger und fehlerfreier Bestellvorgang ausgelöst wird.

7.4 Absaugung von Holzstaub und Holzspänen

In Betrieben der Holzwirtschaft erfassen Absauganlagen die an der Maschine anfallenden Holzspäne sowie den Holzstaub und transportieren diese über ein System aus Rohren, Ventilatoren und Abscheideanlage in einen Bunker oder in eine Absackanlage. Alle zerspanenden Maschinen müssen abgesaugt werden.

Die Absauganlage sorgt für eine staubarme Atem- und Umgebungsluft und verringert Brand- und Explosionsgefahr. Durch Abführen von Holzstaub und -spänen werden die Fertigungsgenauigkeit und die Standwege der Werkzeuge erhöht. Die gesammelten Holzabfälle können in Betrieben der Holzwirtschaft als Heizmaterial verwertet werden. Damit können Lüftungswärmeverluste, die durch die Absaugung entstehen, ausgeglichen werden.

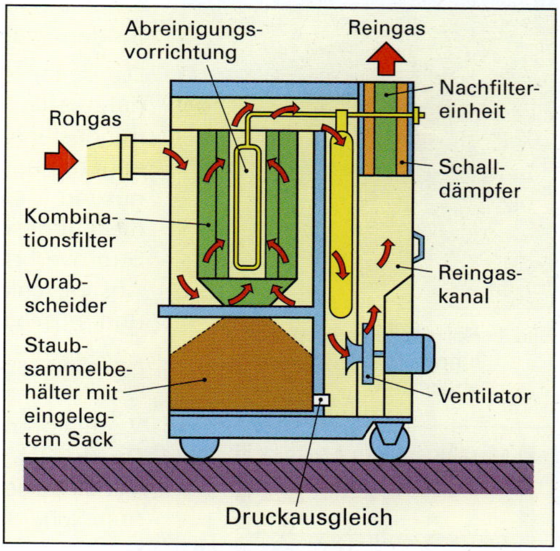

Bild 1: Entstauber, mobil

7.4.1 Absaugsysteme

Absauganlagen werden unterschieden in Industriestaubsauger, mobile Entstauber, stationäre Einzelabsaugung, Zentralabsaugung und Gruppenabsaugung.

Holzstaub geprüfte **Industriestaubsauger** (Kennzeichen **„M"**) dienen zum Reinigen der Maschinen, der Werkstatt und der Handarbeitsplätze. Sie können auch zum Absaugen von Handkreissägen, Oberfräsen, Flachdübelfräsen und Handschleifmaschinen eingesetzt werden.

Mobile Entstauber sind fahrbare Absauganlagen für stationäre Maschinen, Handmaschinen sowie Hand- und Schleifarbeitsplätze. Sie haben einen Rohrdurchmesser bis max. 350 mm und sind für den gleichzeitigen Betrieb von mehreren Holzbearbeitungsmaschinen mit einem Gesamtluft-Volumenstrom bis max. 8000 m³/h ausgelegt. Sie vereinen alle technischen Anforderungen inkl. Luftrückführung, Explosionsschutz, Füllstandsüberwachung sowie automatischer Filterreinigung und dürfen im Arbeitsraum aufgestellt werden **(Bild 1)**.

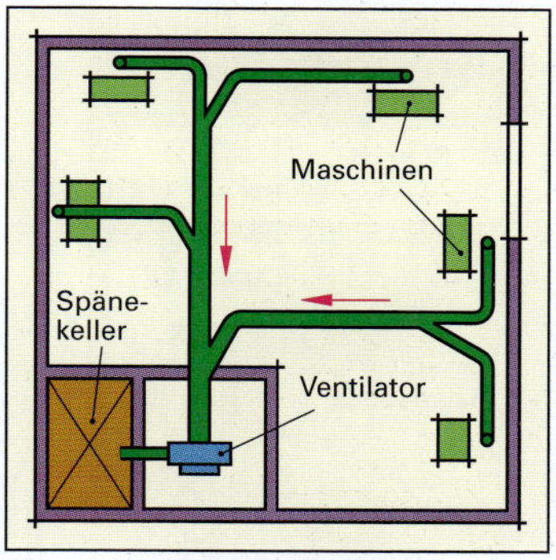

Bild 2: Zentralabsaugung

Die **stationäre oder mobile Einzelabsaugung** wird z.B. für das getrennte Sammeln der Reste an Kantenanleimmaschinen eingesetzt, damit halogenorganisches Material, wie z.B. PVC, nicht mit thermisch nutzbaren Holzresten vermischt wird.

Holzbearbeitungsmaschinen werden über einen Ventilator **(Zentralabsaugung, Bild 2)** oder über mehrere Ventilatoren **(Gruppenabsaugung, Bild 3)** abgesaugt.

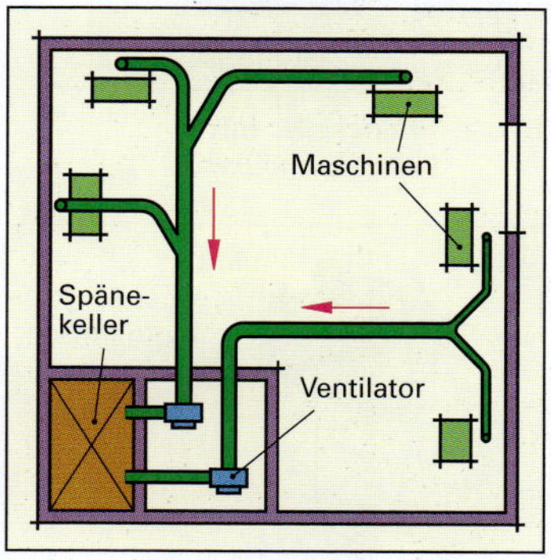

Bild 3: Gruppenabsaugung

Die Zentralabsaugung kommt in kleineren Betrieben vor, in denen an zwei und gelegentlich an drei Standardmaschinen gleichzeitig gearbeitet wird **(Bild 2)**. Die Zentralabsaugung kann stationär oder mobil sein. Die Gruppenabsaugung wird in größeren oder spezialisierten Betrieben (Holztreppen-, Holzfensterproduktion) eingesetzt. Sollen mehr als drei Maschinen oder sollen Maschinen mit hohem Luftvolumenstrom (z.B. Breitbandschleifmaschine, Vierseiten-Hobelmaschine) gleichzeitig betrieben werden, wird die Absauganlage in Gruppen mit jeweils eigenem Ventilator aufgeteilt **(Bild 3)**.

Das Rohrsystem kann entweder über oder unter der Decke (Überflur-Absaugung), in Bodenkanälen oder unter der Geschossdecke (Unterflur-Absaugung) geführt werden.

Sperrschieber regulieren den Luftvolumenstrom der Absauganlage, in dem nicht betriebene Holzbearbeitungsmaschinen lüftungstechnisch von der Absaugung ausgeschlossen werden. Sperrschieber können von Hand oder automatisch (elektrisch oder pneumatisch) betrieben werden.

Bild 1: Holzspäne werden nur innerhalb des Rohrradius abgesaugt.

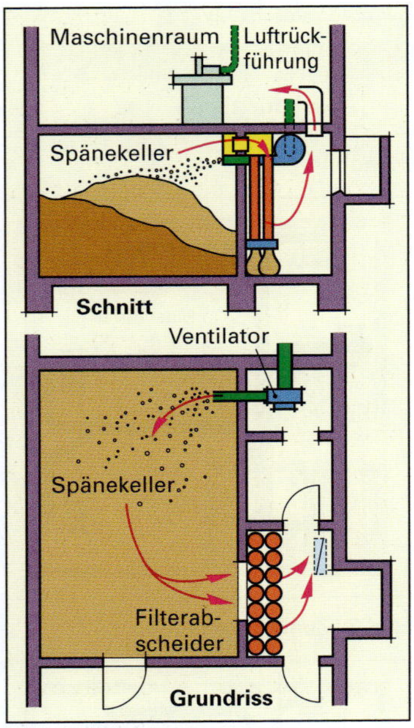

Bild 2: Spänekeller mit Filterabscheider

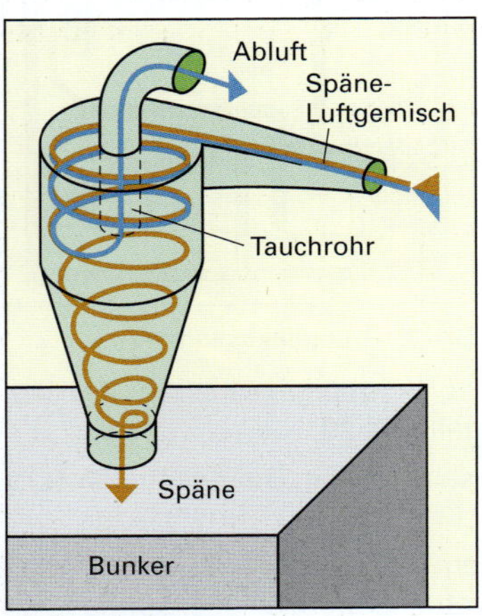

Bild 3: Zyklonabscheider

Automatische Sperrschieber öffnen sich beim Einschalten der Maschine zeitlich verzögert. Sie sind vorteilhaft bei häufig benutzten Maschinen oder an Maschinen, bei denen ein Handschieber nicht direkt für den Bediener erreichbar ist.

Die Luftgeschwindigkeit in Absauganlagen soll bei trockenem Material mindestens 20 m/s und bei feuchtem bzw. sehr grobem Material mindestens 28 m/s betragen. Lange Rohrleitungen, Krümmungen mit engem Radius, flexible Schläuche, offene Sperrschieber an nicht genutzten Maschinen sowie Fehlluft aus undichten Rohren verringern die Luftgeschwindigkeit und die Absaugleistung. Dies erhöht den Stromverbrauch unnötig. Lange und flächige Holzreste im unteren Absaugschlauch der Formatkreissäge mindern die Absaugleistung und müssen deshalb regelmäßig entfernt werden.

7.4.2 Ventilatoren

Ventilatoren haben die Aufgabe, Holzstaub und -späne mit Luft im Druck oder Sog zu erfassen und zu transportieren. Ein Pfeil auf dem Ventilatorgehäuse gibt die richtige Laufrichtung an **(Bild 4)**. Man unterscheidet Rohluft- und Reinluftventilatoren.

Reinluftventilatoren sind hinter dem Filterelement angeordnet und erzeugen sowohl im Rohrleitungssystem als auch im Filter einen Unterdruck oder Sog.

Rohluftventilatoren sind am Ende des Hauptrohres vor der Filteranlage angeordnet. Späne, Staub und Luft werden durch den robust gebauten Ventilator befördert. Vor dem Rohluftventilator ist das Rohrleitungssystem im Unterdruck (Sog), nach dem Ventilator herrscht Überdruck. Damit die Ventilatorflügel nicht beschädigt werden, kann ein selbsttätig wirkender Brockenabscheider vorgeschaltet werden, der grobe Holzstücke durch Schwerkraft ausscheidet **(Bild 4)**. Rohluftventilatoren haben wegen ihrer robusten Bauweise einen niedrigeren Wirkungsgrad und damit einen höheren Stromverbrauch als Reinluftventilatoren.

7.4.3 Abscheideeinrichtungen

Abscheideeinrichtungen reinigen die abgesaugte Luft von Spänen und Staub. Zunächst werden die Späne vom Staub durch Schwerkraft getrennt, z.B. Zyklonabscheider **(Bild 3)**. Danach wird der Staub in nachgeschalteten Filterschläuchen aus Baumwolle oder Kunststoffgewebe abgeschieden. Die Filterschläuche werden regelmäßig von Hand oder automatisch abgerüttelt, sodass der Staub zusammen mit den Spänen in Absackanlagen, Spänebunkern **(Bild 3)**, Containern oder Silos gesammelt wird.

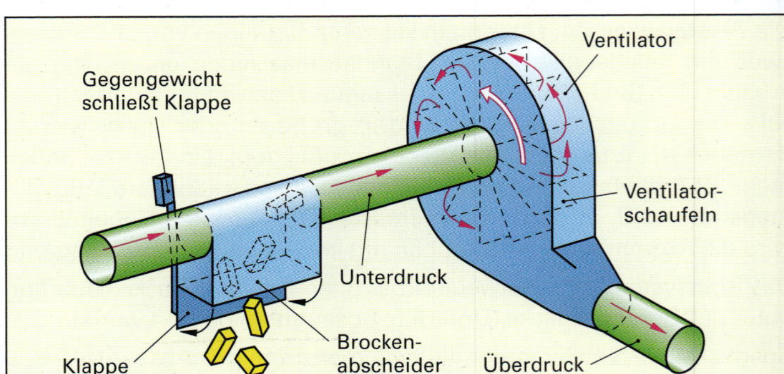

Bild 4: Arbeitsweise eines Brockenabscheiders und eines Ventilators

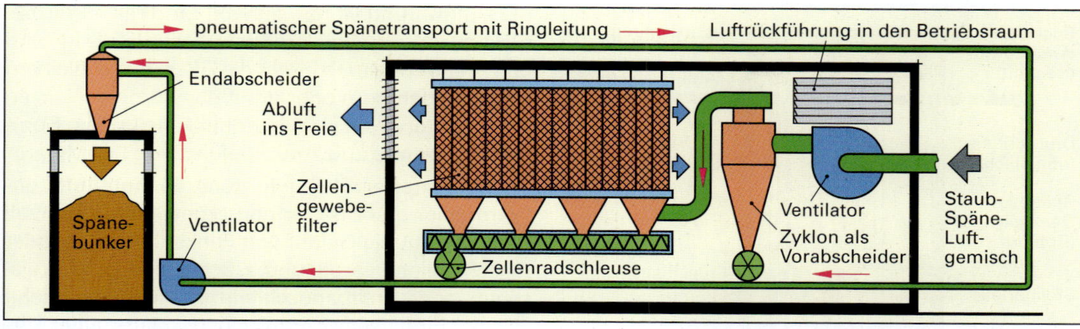

Bild 1: Spänetransportanlage mit Ringleitung

Seit es für handbeschickte Feuerungen Wechselklappen gegen Brandrückschlag gibt, können Schleifstaub und Späne für die gemeinsame Verbrennung auch zusammen abgesaugt werden.

In der Werkstatt aufgestellte Feuerungen bis 50 kW und Späne- oder Farbnebelabsaugung müssen lüftungstechnisch aufeinander abgestimmt werden.

Feuchte Sägespäne in Sägewerken können direkt über **Fliehkraftabscheider** oder **Zyklone** abgeschieden werden. Die eingeblasenen Späne werden an die Wandung des Zyklons gedrückt und sinken spiralförmig nach unten, während die gereinigte Luft nach oben entweicht **(Bild 3, Seite 378)**. Feine und trockene Späne sowie Holzstaub müssen zusätzlich über eine Filteranlage abgeschieden werden, damit ein Grenzwert von max. 20 mg/m³ in der Abluft (7. BImSchV*) eingehalten werden kann **(Bild 1)**.

* 7. Bundes-Immissionsschutzverordnung: Auswurfbegrenzung von Holzstaub

7.4.4 Filteranlagen bis 8000 m³/h

Neue Entstauber oder Einzelabsaugungen sind in Arbeitsräumen nur mit Reinluftventilator und Volumenstrom bis 8000 m³/h zulässig. Dabei muss das abgesaugte Material kontinuierlich ausgetragen, platzsparend brikettiert oder in Behältern bis 500 Liter Fassungsvermögen gesammelt werden.

Ältere Filteranlagen mit rohluftseitigem Ventilator und einem Luftvolumenstrom bis 6000 m³/h dürfen weiterhin betrieben werden, wenn das Filtermaterial und die Sammelsäcke für Staub und Späne intakt und dicht angeschlossen sind. Die erforderliche Filterfläche A [m²] kann aus Anzahl (n), Länge (L) und Umfang ($D \times \pi$) der Filterschläuche errechnet werden: $A = n \times L \times D \times \pi$.

7.4.5 Rückluft

In der Rückluft dürfen max. 0,2 mg/m³ einatembarer Holzstaub enthalten sein bei max. 50 % Anteil der Rückluft an der gesamten Zuluft (Prüfzeichen H2). Bei 100 % Rückluft muss ein Reststaubgehalt von max. 0,1 mg/m³ einatembarer Holzstaub (Prüfzeichen H3) gewährleistet sein.

Bei alten Filteranlagen mit Rückluft und Luftvolumenstrom ≤ 10 000 m³/h kann auf eine Überwachung des Reststaubgehaltes verzichtet werden, wenn das Filtermaterial unbeschädigt ist und eine Filterflächenbelastung von 150 m³/h nicht überschritten wird.

Stationäre, mobile Absauganlagen und Industriestaubsauger müssen hinsichtlich Holzstaub (H2, H3, U, K1) und Brandschutz (B1) geprüft sein **(Bild 2)**.

Bild 2: Prüfzeichen der Berufsgenossenschaft und des Berufsgenossenschaftlichen Instituts für Arbeitssicherheit (BIA)

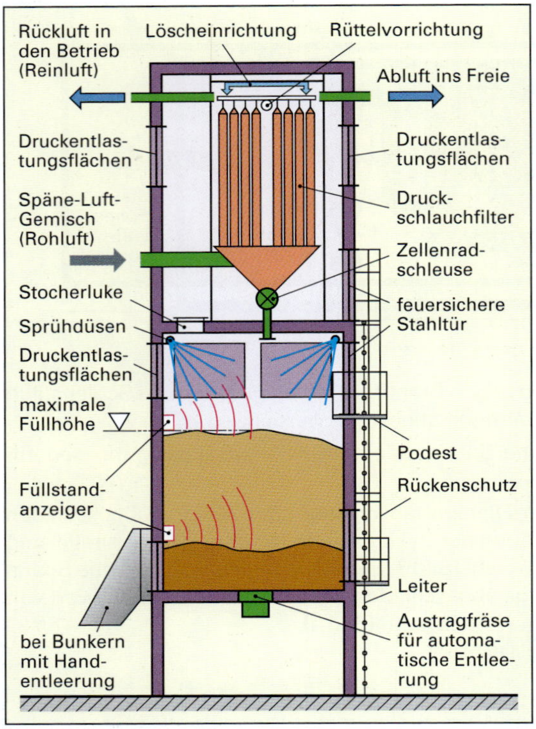

Bild 1: Spänebunker

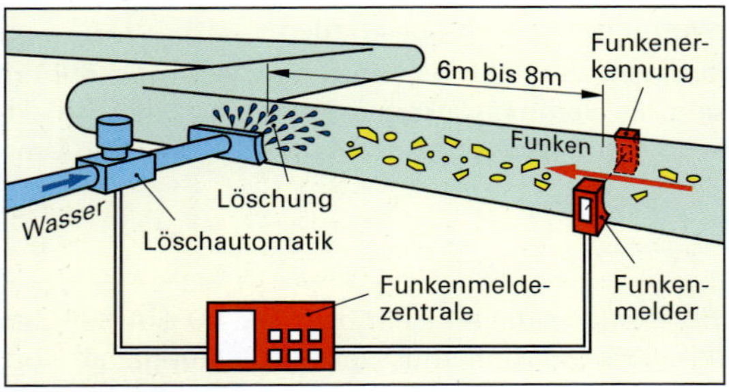

Bild 2: Wirkungsweise einer Funkenlöschanlage

- Holzstaub gilt als krebserzeugender und haut- bzw. atemwegssensibilisierender Gefahrstoff nach Gefahrstoffverordnung (GefStoffV/TRGS 553).
- **Holzstaub allgemein** (TRGS 905) und insbesondere **Holzstaub von „Harthölzern"** sind als **krebserzeugender Gefahrstoff** (TRGS 906) eingestuft, wobei das verursachende krebserzeugende Prinzip noch nicht identifiziert werden konnte.
- Holzstaub bestimmter Holzarten wirkt bei empfindlichen Menschen als **sensibilisierender Gefahrstoff im Kontakt mit der Haut** oder in den **Atemwegen** (TRGS 907).
- **Holzstaub** (Partikelgröße < 200 µm) kann ab einer Menge von 30 g/m³ Luft ein **explosionsfähiges Staub-Luft-Gemisch** bilden.

Rückluftführung ist nur sinnvoll für direkte Wärmerückgewinnung bei großer Absaugleistung und dauerhaftem Betrieb. Steht die Filteranlage in einem kalten Nebenraum oder draußen, würde bei kurzen Absaugintervallen im Winter nur kalte und im Sommer nur warme Luft zurückgeführt.

Bei sehr großer Absaugleistung können Luft-Luft-Wärmetauscher zur Wärmerückgewinnung sinnvoll sein. Besteht die Gefahr von Funkenbildung bei der maschinellen Bearbeitung, z. B. bei Mehrblatt- Kreissägen oder Breitbandschleifmaschinen, empfiehlt sich der Einbau einer Funkenlöschanlage in der Förderleitung zur Filteranlage **(Bild 2)**.

Für den Transport von Holzstaub und Spänen zu einem weiter entfernt stehenden Silo oder Bunker werden zusätzlich Druckventilatoren zwischengeschaltet, die Holzspäne und -staub mit Überdruck befördern. Bei Späneförderung mit Ringleitung wird die Fortluft nicht nach draußen geblasen, sondern wieder als Transportluft und als Druckausgleich zurückgeführt **(Bild 1, Seite 379)**.

7.4.6 TRGS 553 – Staubarme Arbeitsbereiche

Die Technische Regel für Gefahrstoffe (TRGS) 553 Holzstaub beschreibt organisatorische, technische und persönliche Schutzmaßnahmen für die dauerhafte und sichere Einhaltung staubarmer Tätigkeiten und Arbeitsbereiche.

Vor Beginn der Beschäftigung von Arbeitnehmern müssen Unternehmer eine Arbeitsbereichs- und Gefährdungsanalyse durchführen, bei der die Arbeitsplatzbelastung durch Holzstaub ermittelt, beurteilt und dokumentiert wird.

Staubarme Arbeitsbereiche: Betriebsarten, Arbeitsbereiche und stationäre Maschinen sowie Schleif- und Handarbeitsplätze gelten als staubarm, wenn der Grenzwert von 2 mg/m³ einatembarem Holzstaub über einen Arbeitstag dauerhaft und sicher eingehalten wird. Dies erfordert u. a. eine Absauganlage nach Stand der Technik, Atemschutzmasken mit P2-Filter oder Partikel filtrierenden Masken FFP2 bei zeitlicher Überschreitung des Luftgrenzwertes für bestimmte Arbeitsbereiche, Maschinen oder Tätigkeiten sowie bei Verarbeitung von atemwegssensibilisierenden Holzarten. Weitere Anforderungen sind:

- Betriebsanweisung zu „Holzstaub",
- jährliche Unterweisung der Beschäftigten über den Umgang mit Gefahrstoffen,
- jährliche Unterweisung der Beschäftigten über Reinigung von Maschinen, Arbeitsplatz sowie Werkstatt mit Holzstaub geprüftem Industriestaubsauger sowie
- regelmäßige Funktionsprüfung der Absauganlage.

7.4.7 Spänebunker

Im Bunker oder Silo werden die abgeschiedenen Späne gelagert. Innerhalb des Spänesilos herrscht eine explosionsgefährdende Atmosphäre. Daher sind Spänesilos mit Druckentlastungsflächen wie z.B. Berstklappen oder -scheiben gegen Staubexplosion ausgestattet, die den Druck einer Staubexplosion nach draußen ableiten ohne Personen zu gefährden. Elektrische Installationen und verwendete Taschenlampen müssen auf Explosionsschutz geprüft sein.

Oberhalb des Filters befinden sich Löscheinrichtungen, die eine Brandbekämpfung ohne Öffnen oder Betreten des Silos erleichtern. Der Füllstand im Silo kann z.B. über Schaugläser kontrolliert werden. Das Überschreiten der maximalen Füllhöhe wird durch optische oder akustische Signale angezeigt **(Bild 1, Seite 380)**.

Das Arbeiten in Silos für Holzstaub und -späne ist nur mit Erlaubnisschein und entsprechender Unterweisung durch den Unternehmer über **„Sicheres Arbeiten in Silos für Holzstaub und -späne"**, Einfahreinrichtung, Auffanggurt, Höhensicherungsgerät mit Rettungshubeinrichtung, Vollmaske mit Partikelfilter P2 sowie einer zweiten Person für ggf. Rettungs- und Hilfsmaßnahmen zulässig.

7.5 Abscheidesysteme bei Lackiereinrichtungen

Bei der Oberflächenbehandlung von Holz werden unterschiedliche Beizen, Wachse, Öle, Lasuren und Beschichtungsstoffe wie Reaktionsharzlacke, Lösemittellacke, Alkydharzlacke oder Wasserlacke verarbeitet. Der Auftrag der Lacke auf die Holzoberfläche kann durch Spritzen, Gießen, Walzen, Tauchen oder Streichen erfolgen. Es soll möglichst die Auftragsart mit dem geringsten Lack- und Lösemittelverbrauch gewählt werden (siehe Seite 424 und Seite 427).

7.5.1 Abscheidesysteme

Beim Lackauftrag durch Spritzen gelangt nicht die gesamte Lackmenge auf das Werkstück. Ein Teil davon, der sogenannte „Overspray", wird als Spritzverlust am Werkstück vorbeigespritzt und muss im Spritzstand aus der Luft entfernt werden. Dies kann im Trocken- oder Nassabscheideverfahren geschehen.

Beim **Trockenabscheideverfahren (Bild 1, Seite 382)** wird die Abluft durch Filtermatten aus Glasfasergewebe oder Pappe gesaugt, wobei die Lackteilchen im Filtermaterial hängen bleiben. Die Filtermatten müssen nach einer gewissen Zeit ausgetauscht und entsorgt werden.

Beim **Nassabscheideverfahren** wird der Overspray durch einen Wasserschleier an der Spritzwand aufgenommen und in ein Absetzbecken geleitet **(Bild 1)**. Dort wird diesem Wasser ein flüssiges oder pulverförmiges Koagulierungsmittel zugegeben, das sich mit den Lackteilchen verbindet und einen Lackschlamm bildet. Dieser kann abgesaugt und entsorgt werden **(Bild 2)**. Auch bei der Verarbeitung von Wasserlacken muss das Abwasser gereinigt und neutralisiert werden, bevor es in die Kanalisation abgelassen werden kann. Rückstände aus der Oberflächenbehandlung dürfen nicht über die Kanalisation entsorgt werden.

Zur Wiederverwertung des Oversprays wurden verschiedene Recyclingverfahren (re = zurück, cycling = in den Kreislauf bringen) entwickelt.

Bild 1: Lacknebel-Nassabscheidung in der Spritzkabine

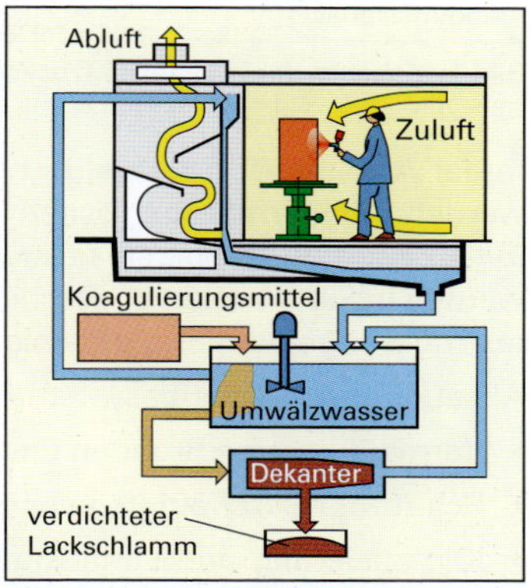

Bild 2: Schema der Lacknebelabscheidung und Lackschlamm-Entsorgung

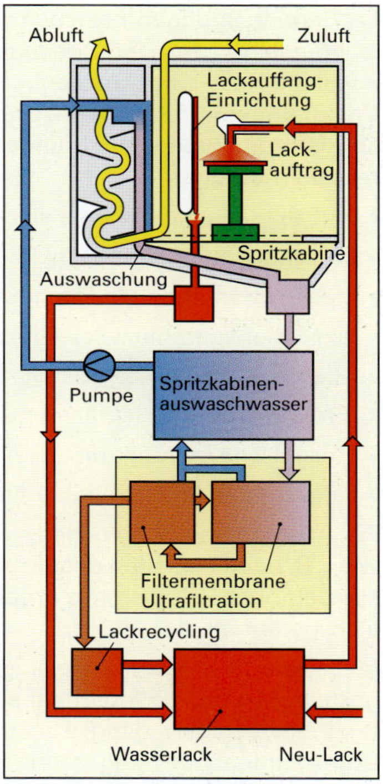

Bild 3: Schema des Wasserlack-Recyclings durch Ultrafiltration

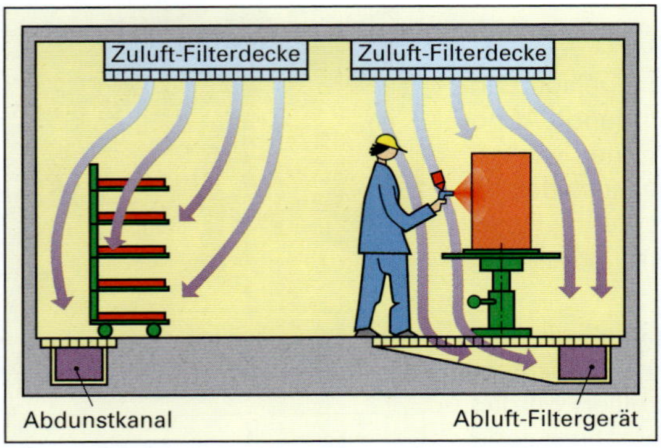

Bild 1: Schema der Lacknebel-Trockenabscheidung

Bei der Verarbeitung von UV-Wasserlacken kann der Overspray durch Ultrafiltrationsmembranen vom Wasser getrennt werden. Oder in einem anderen Verfahren wird das Lösemittel Wasser in einem Vakuum bei 40 °C verdampft **(Bild 3, Seite 381)**. Der restliche Lack ist danach wieder verwertbar. Es gibt auch Spritzwände, die anstelle von Wasser mit dem zu verarbeitenden Wasserlack berieselt werden, sodass der Overspray direkt in den Umlauflack gespritzt wird und somit eine fast vollständige Materialausnutzung möglich ist.

Im Lackierraum wird klimatisierte Luft im leichten Überdruck zugeführt (Zuluft). Gesundheitsschädliche oder explosionsfähige Luft wird an Personen vorbei über Bodenkanäle und Partikelabscheidung in der Absaugwand fortgeführt (Abluft). Die abgesaugte Luft darf nicht in Arbeitsräume zurückgeführt werden. Abluft mit organischen Lösemitteln kann durch Bakterien oder Aktivkohle gereinigt oder als Zuluft in Feuerungsanlagen nachverbrannt werden. Die abgeschiedenen Festkörper- oder Staubpartikel werden in Filtermatten abgeschieden. Sie lagern und haften auf allen Flächen im Lackierraum. Filtermatten müssen regelmäßig gereinigt und abgelagerter Staub entfernt werden.

Absaug- und Abscheidesysteme in Lackiereinrichtungen haben drei wesentliche Aufgaben:

- Vermeidung von Bränden und Explosionen
- Schutz der Beschäftigten vor gesundheitsschädlichen Gasen, Dämpfen oder Stäuben aus der Luft
- Klimatisierung und Luftaustausch während der physikalischen Trocknung und chemischen Aushärtung von Beschichtungsstoffen

7.5.2 Lackiereinrichtung

Lackiereinrichtungen bestehen aus Lackierraum mit Spritzstand, Spritzkabine, Hordenwagen oder Ablageregalen, Zuluft und Bodenabsaugung (weil organische Lösemittel schwerer sind als Luft), Absaugwand mit Nass- oder Trockenfilter, Abdunstbereich und Trockenraum sowie Lacklager oder Lackschrank. Die für Betriebe der Holzwirtschaft zuständige Berufsgenossenschaft informiert in der Broschüre **BGI 740 Lackierräume und -einrichtungen für flüssige Beschichtungsstoffe,** wie Lackiereinrichtungen ausgestattet sein müssen:

- gut zu reinigende Wände aus feuerfesten Materialien
- rutschhemmende und elektrostatisch ableitende Fußböden
- nach außen öffnende Fluchttüren und kurze Rettungswege
- explosionsgeschützte elektrische Einrichtungen
- Brand- und Explosionsschutz sowie Feuerlöscher
- Erdung elektrisch leitfähiger Geräte (z. B. Spritzpistole)
- Technische Lüftung mit ausreichend dimensionierter Zu- und Abluft
- Filtermatten und geeignete Atemschutzmasken mit Aktivkohlefilter

Für Arbeitsbereiche, in denen ständig, langzeitig oder häufig eine explosionsfähige Atmosphäre auftritt, wie z. B. beim Schleifen oder Erhitzen entzündlicher Beschichtungsstoffe über den Flammpunkt für Heißspritzen oder Reinigen mit organischen Lösemitteln, gilt ein Umkreis bis zu 5 m als brand- und explosionsgefährdet.

Im Lackierraum darf nur diejenige Menge an entzündlichen Beschichtungsstoffen und Lösemittel bereitgestellt werden, die innerhalb einer Arbeitsschicht verarbeitet wird. Gefährliche Stoffe, ob entzündlich, brennbar, explosiv, giftig, ätzend oder reizend, werden in nicht zerbrechlichen Behältern abgefüllt und in Lagerräumen oder Lagerschränken aus nicht brennbarem Material aufbewahrt. Eine Bodenwanne schützt Boden, Kanalisation und Grundwasser vor auslaufenden Flüssigkeiten und eine Zwangslüftung sorgt dafür, dass evtl. entstehende Gase nicht zu gesundheits- oder explosionsgefährlicher Atmosphäre führen.

7.5.3 Verordnungen und Bestimmungen

Hochentzündliche Beschichtungsstoffe (Flammpunkt unter 0 °C und Siedepunkt bei höchstens 35 °C) oder leichtentzündliche flüssige Beschichtungsstoffe (Flammpunkt zwischen 0 °C und weniger als 21 °C) dürfen nur in brand- und explosionsgeschützten Lackierräumen, Spritzkabinen oder Spritzständen bereitgestellt, zubereitet, aufgetragen und getrocknet werden. Entzündliche Beschichtungsstoffe (Flammpunkt mindestens 21 °C, höchstens 55 °C), die z. B. für Heiß-Spritzen über den Flammpunkt erhitzt werden, gelten als leichtentzündlich.

Durch Spritzverfahren bildet sich ein feinverteiltes Gemisch aus Dämpfen mit Luftsauerstoff, das unabhängig vom Flammpunkt immer als leicht entzündlich gilt. Dies gilt nicht für Wasserlacke mit hohem Wasseranteil.

Wasserlack als Sprühnebel in fein verteiltem Zustand gilt als nicht entzündlich, wenn für seine Bestandteile einschließlich Reinigungsmittel folgende Formel gilt:

Wasser [%] > 1,70 × organ. Lösemittel [%] + 0,96 × organ. Festkörperanteil [%].

Durch Oxidation von Rückständen aus trocknenden Ölen, wie z. B. Leinölfirnis und Teaköl, oder von Polyesterharzen, kann es zur Selbstentzündung kommen. Die Stäube vieler ausgehärteter Lacke können unter bestimmten Bedingungen und Konzentration eine explosionsfähige Atmosphäre bilden. Daher ist es wichtig, Filtermatten und Lackierräume regelmäßig vom Staub ausgehärteter Lacke zu reinigen. Die Konzentration von Lösemitteln und Staubpartikeln in der Atemluft wird während der Oberflächenbehandlung durch Absaugung und persönlichen Atemschutz (Filtermaske FFP2 mit Aktivkohlefilter) auf ein gesundheitsverträgliches Maß reduziert.

Die maximale Arbeitsplatzkonzentration (MAK-Werte) gesundheitsgefährdender Stoffe ist inzwischen für mehr als 30000 Stoffe festgelegt. Die Wirkung vieler einzelner Stoffe oder Wirkkombination unterschiedlicher Stoffgemische auf Menschen ist wenig bekannt. Daher werden gezielte Lüftung oder Absaugung und geeigneter Atemschutz nicht nur bei der Oberflächenbehandlung, sondern auch bei der Verarbeitung von Dicht- und Klebstoffen, Bleich- und Abbeizmitteln, Holzschutzmitteln, bei Schleif- und Reinigungsarbeiten sowie bei Wasserlacken und Isocyanatklebern aus gesundheitlichen Gründen empfohlen.

Tabelle 1: MAK-Werte wichtiger Arbeitsstoffe in Holzbetrieben

Stoff	MAK-Wert	
	mg pro m³	ppm oder cm³ pro m³
Aceton	1200	500
Ethanol (Sprit)	960	500
Formaldehyd	0,37	0,30
Methanol	260	200
Styrol	85	20
Terpentinöl	560	100
Toluol	190	50

Die maximale Arbeitsplatzkonzentration eines gesundheitsgefährdenden Stoffes (MAK) ist die höchstens zulässige Konzentration eines gas-, dampf- oder staubförmigen Arbeitsstoffes in der Luft, die bei Einwirkung am Arbeitsplatz auf Haut und Atemorgane nach aktuellen Erkenntnissen während einer Arbeitszeit von 8 Stunden pro Tag (42 Stunden pro Woche) über eine längere Periode die Gesundheit der weit überwiegenden Anzahl gesunder Menschen an ihrem Arbeitsplatz **nicht** gefährdet.

MAK-Werte gelten für reine Stoffe, nicht für Stoffgemische. Sie werden in Milligramm Stoff je Kubikmeter Luft (mg pro m³), in Kubikzentimeter Stoff je Kubikmeter Luft (cm³ pro m³) oder in Teile Stoff je Million Teile Luft (**p**ars **p**er **m**illion, ppm) angegeben (1 ppm = 1 cm³ pro m³) **(Tabelle 1)**. Die MAK-Werte werden anhand neuerer Erkenntnisse fortlaufend aktualisiert.

Die europäische Chemikalienverordnung **REACH** (**R**egistration, **E**valuation, **A**uthorisation and Restriction of **Ch**emicals) regelt die Registrierung, Bewertung und Kennzeichnung, Zulassung und Beschränkung sowie Informationen zu Herstellung und Verwendung von Chemikalien und Leitlinien für die sichere Verwendung von Chemikalien, die in der europäischen Union hergestellt oder importiert werden.

Die europäische **Decopaint**-Richtlinie regelt die Begrenzung der Emissionen **flüchtiger organischer Verbindungen** (engl.: **v**olatile **o**rganic **c**ompounds, abgekürzt **VOC)** in Lösemitteln u.a. in Farben und Lacken zur Oberflächenbeschichtung von Holz. Seit ihrer Einführung hat der Anteil Wasser als Lösemittel in der Beschichtung von Holz und Holzwerkstoffen zur Reduzierung klima- und gesundheitsschädigender Emissionen zugenommen.

Die **VOC-Richtlinie** (31. BImSchV) regelt die Begrenzung flüchtiger organischer Verbindungen von Lösemitteln in Dekorfarben und -lacken sowie in Produkten der Fahrzeugreparaturlackierung. Sie dient zum Klimaschutz und zur Luftreinhaltung in Beschichtungen und in Lackieranlagen. Anlagen mit einem Verbrauch an organischen Lösemitteln ab 5 Tonnen pro Jahr sind anzeigepflichtig. Anlagen mit einem Verbrauch > 25 kg/h oder > 15 t/a genehmigungspflichtig nach **4. BImSchV**.

Tabelle 1: Lackiereinrichtungen in Abhängigkeit der jährlichen Verbrauchsmenge branchenüblicher Lacke und Beizen in holzverarbeitenden Betrieben

Verarbeitungsmenge	Lackiereinrichtung
> 200 Liter pro Jahr	Lackierraum, Spritzkabine, Spritzstand mit wirksamer technischer Lüftung
> 100 Liter ≤ 200 Liter pro Jahr	mindestens Spritzwand mit wirksamer technischer Lüftung
≤ 100 Liter pro Jahr	mindestens natürliche Lüftung

7.6 Feuerungsanlagen

In Betrieben der Holzbearbeitung und Holzverarbeitung können neben Öl, Gas und Kohle auch Holzreste aus der Produktion als Brennstoffe eingesetzt werden. Die 1. Bundes-Immissionsschutzverordnung (1. BImSchV) regelt den Betrieb von nicht genehmigungspflichtigen Feuerungsanlagen mit einer Nennwärmeleistung < 1000 kW. Für eine emissionsarme und effiziente Verbrennung sind bedarfsgerechte Dimensionierung der Holzfeuerung, Auswahl des geeigneten Brennstoffes, mechanische oder manuelle Beschickung sowie Reinigung und Wartung entscheidend.

Betriebe der Holzwirtschaft dürfen Holzreste aus der Produktion in Feuerungen ≥ 50 kW Nennleistung (ab 22. März 2010 ≥ 30 kW Nennleistung) und entsprechender Typenprüfung des Kesselherstellers für die Brennstoffe Nr. 6 und 7 (siehe Infokasten) als Brennstoff thermisch nutzen. Handbeschickte Stückholzkessel **(Bild 1)** mit Wasser als Wärmeträger können nur unter Volllast und mit einem ausreichend dimensionierten Wärmespeicher emissionsarm betrieben werden.

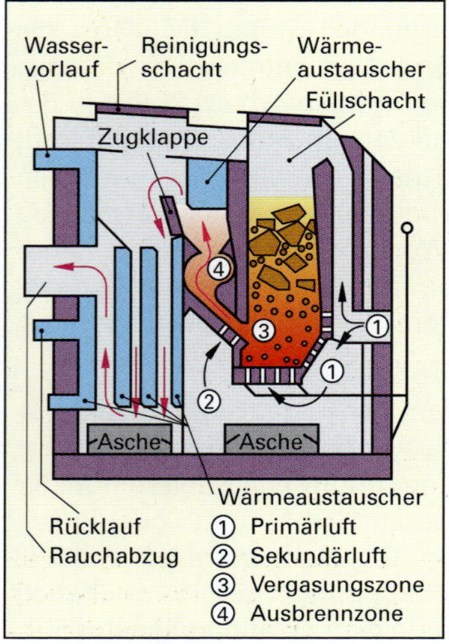

Bild 1: Handbeschickter Füllschachtkessel für Stückholz und Späne

In Kleinfeuerungen ≥ 50 kW (ab 22. März 2010 ≥ 30 kW Nennleistung) dürfen folgende Brennstoffe nach 1. BImSchV verbrannt werden:
- naturbelassenes, stückiges Holz mit Rinde (§ 3 Brennstoff, Abs. 1, Nr. 4),
- Späne, Holzstaub, Hackschnitzel und normgerecht erzeugte Holzpresslinge aus naturbelassenem Holz (§ 3 Brennstoff, Abs. 1, Nr. 5),
- gestrichenes, lackiertes oder beschichtetes Holz ohne Holzschutzmittel und halogenorganischen Verbindungen wie z.B. Chlorverbindungen (§ 3 Brennstoff, Abs. 1, Nr. 6) sowie
- Reste von Sperrholz, Spanplatten oder Faserplatten, auch wenn sie mit Melaminharz oder mit dekorativen Hochdruckschichtstoffen (HPL) beschichtet sind (§ 3 Brennstoff, Abs. 1, Nr. 7).

Nicht verbrannt werden dürfen:
- halogenorganische Beschichtungen oder Kanten (z.B. PVC),
- mit Holzschutzmittel imprägniertes oder behandeltes Holz und Holzwerkstoffe (z.B. Dachlatten),
- Holz aus Abbruch und Gebrauchtholz (z.B. Holzfenster, Sperrmüll)
- Holz und Holzwerkstoffe mit Brandschutzbeschichtungen.

7.7 Altholz – Restholzverwertung

Altholz ist Industrierestholz und Gebrauchtholz, soweit dies Abfall im Sinne des Kreislaufwirtschaftsgesetzes ist. Industrierestholz ist Restholz aus der Holzverarbeitung. Zu Gebrauchtholz zählen z.B. Holzfenster, Möbel, Zäune, Paletten und andere Holzprodukte mit mehr als 50% Masse an Holz, die bereits einmal in Gebrauch waren. Altholz wird in vier Kategorien eingeteilt (siehe Infokasten Seite 384 und Seite 385).

Presslinge aus Holzresten (Holzbriketts oder Holzpellets) dürfen als Produkte für die Verbrennung in Feuerungsanlagen außerhalb von Betrieben der Holzbe- und -verarbeitung nur aus naturbelassenem Holz und normgerecht hergestellt werden. Betriebsintern dürfen Presslinge aus Restholz thermisch verwertet werden.

Industrierestholz A II und Presslinge daraus dürfen nur in Anlagen der Holzwirtschaft mit einer Nennleistung ≥ 50 kW (ab 22. März 2010: ≥ 30 kW Nennleistung) energetisch genutzt werden, wenn hierfür eine Typenprüfung des Herstellers oder eine Ausnahmegenehmigung vorliegt. Holzreste können inzwischen auch in Anlagen kleiner Leistung zur gleichzeitigen Erzeugung und Eigenverwertung von Strom und Wärme (= Kraft-Wärme-Kopplung, Abk.: KWK) verwertet werden.

Industrierestholz A III und A IV ist als Brennstoff für Feuerungsanlagen nach 1. BImSchV nicht zulässig und kann nur in genehmigungspflichtigen Anlagen mit hohen Feuerraumtemperaturen und aufwendigen Abgasfiltern thermisch entsorgt (= unschädlich gemacht) werden.

Gebrauchtholz A I (z.B. Holzpaletten ohne Kunststoff- oder Pressspanfüße) und A II (z.B. Sperrmüll-Möbel) dürfen in der Holzverarbeitung nur nach Aufbereitung durch einen zugelassenen Altholzaufbereiter stofflich zur Herstellung z.B. von Spanplatten oder energetisch verwertet werden. Holzreste aus der Holzbearbeitung (Sägewerk) sind Koppel- oder Nebenprodukte, wie z.B. Sägemehl für Pellets oder Hackschnitzel für die Herstellung von Spanplatten. Sie gelten nicht als Abfall oder Altholz.

Altholzkategorie A I: naturbelassenes oder lediglich mechanisch bearbeitetes Altholz, das bei seiner Verwendung nur unerheblich verunreinigt wurde. Dies entspricht den Brennstoffen Nr. 4, 5 und 5a der 1. BImSchV.

Altholzkategorie A II: verleimtes, gestrichenes, beschichtetes, lackiertes oder anderweitig behandeltes Holz ohne halogenorganische Verbindungen in der Beschichtung und ohne Holzschutzmittel. Dies entspricht den Brennstoffen Nr. 6 und 7 der 1. BImSchV.

Altholzkategorie A III: Altholz mit halogenorganischen Verbindungen in der Beschichtung ohne Holzschutzmittel, z.B. PVC.

Altholzkategorie A IV: mit Holzschutzmitteln behandeltes Altholz, wie Holzmasten, Bahnschwellen, Hopfenstangen, Rebpfähle oder sonstiges Altholz, das aufgrund seiner Schadstoffbelastung nicht den Altholzkategorien A I, A II oder A III zugeordnet werden kann, ausgenommen PCB-Altholz (= Altholz aus Dämm- und Schallschutzplatten, die mit polychlorierten Biphenylen behandelt wurden).

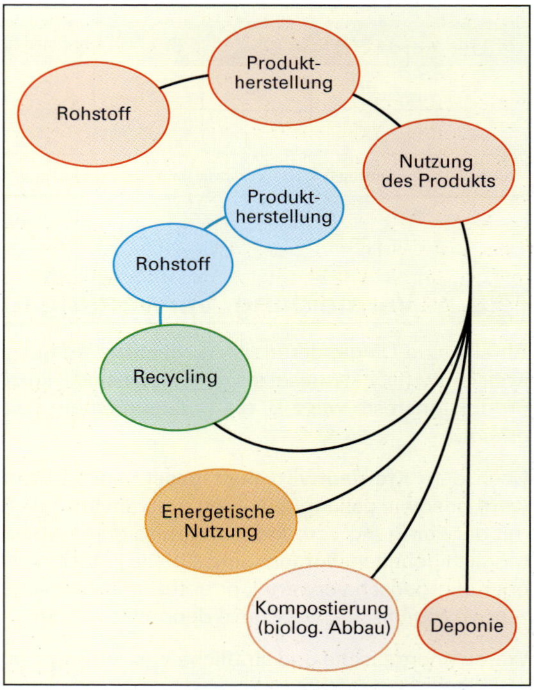

Bild 1: Lebensweg eines Produkts

Durch Zerkleinern von stückigen Holzresten und Brikettieren oder Pressen von Holzspänen kann Restholz im Volumen reduziert sowie platzsparend als Brennstoff gelagert werden. Betriebe der Holzwirtschaft können ihre Holzreste aus der Produktion auch über die sogenannte Spänebörse an andere Betriebe abgeben, wenn diese über eine entsprechende typengeprüfte Holzfeuerung für z.B. Brennstoffe Nr. 6 und 7 nach 1. BImSchV (diese entsprechen der Altholzkategorie A II) verfügen.

Sofern eine direkte Verwendung von Holzresten aus der Produktion besteht, ist das Restholz kein Altholz und kein Abfall, sondern ein Koppelprodukt oder Nebenerzeugnis. Beispiele sind: Sortenreine MDF-Reste als Rohstoff für die Herstellung von **W**ood-**P**lastic-**C**omposites **(WPC)** oder naturbelassene Säumlinge und Kappstücke aus Buchenholz für die Herstellung von Holzkohle und Holzessig oder Holzpresslingen.

Holzpresslinge (Holzbriketts, Holzpellets) aus Holzspänen oder Holzhackschnitzeln kleiner Partikelgröße müssen normgerecht aus naturbelassenem Holz hergestellt sein. Holzpresslinge aus Holzresten der Brennstoffe Nr. 6 und 7 der 1. BImSchV (= Altholzkategorie A II) dürfen nur in Betrieben der Holzwirtschaft in dafür typengeprüften Feuerungen oder in genehmigungspflichtigen Feuerungen verbrannt werden.

Durch Analyse der Asche und des Verbrennungsrückstandes kann gerichtsfest nachgewiesen werden, ob z.B. Gebrauchtholz mit Beschichtungsstoffen, Anstrichen oder Holzschutzmitteln verbrannt wurde. **Tabelle 1** zeigt in **blauer Farbe** diejenigen Grenzwerte chemischer Elemente, die laut Literaturangaben von Natur aus in Holz vorkommen können. Weicht ein Wert für die in **roter Farbe** zugebilligten Grenzwerte für naturbelassenes Holz ab, kann auf Brennstoffmissbrauch geschlossen werden.

Tabelle 1: Orientierungswerte für Holz (blau: mg/kg TS) und Holzaschen (rot: mg/kg OS) aus Kleinfeuerungsanlagen

As	Pb	Cd	Cr	Cu	Ni	Zn	Ti	Cl
2	20	2	20	20	10	200	10	k.A.
30	200	10	400	600	200	2000	500	4000

(As, Pb, Cd, Cr, Cu, Ni, Zn, Ti im Königswasseraufschluss, Cl im S4-Eluat)

Quelle: GRAS, B., CARSTENSEN, H.-W., CORNELISSEN, J., 2009: Brennstoffmissbrauch in Holzfeuerungen erkennen.

Tabelle 2: Grenzwerte für Hackschnitzel und Holzspäne zur Herstellung von Holzwerkstoffen (mg/kg TS)

As	Pb	Cd	Cr	Cu	Hg	Fl	PCP	PCB	Cl
2	30	2	30	20	0,4	100	3	5	600

Quelle: AltholzV Anhang II, TS = Trockensubstanz, OS = Originalsubstanz (PCP = Pentachlorphenol; PCB = Polychlorierte Biphenyle)

7.8 Vermeidung, Verwertung und Beseitigung von Gewerbeabfällen

Abfälle sind Dinge, derer sich ihr Besitzer entledigt, entledigen will oder muss und die im Anhang I des Kreislaufwirtschaftsgesetzes aufgelistet sind. Hierzu zählen z. B. Verpackungen, gebrauchte Produkte oder Produktionsreste wie z.B. die Späne in einem vollen Silo im Sommer, wenn keine thermische Nutzung erfolgt.

Nach dem **Kreislaufwirtschaftsgesetz** sollen Erzeugnisse möglichst langlebig, reparierbar, wieder verwertbar sowie gesundheits- und umweltverträglich (nachhaltig) hergestellt werden **(Bild 1, Seite 385)**. Die mit der Fertigung verbundenen Emissionen, Abwässer und Abfälle sollen vermieden oder so gering wie möglich gehalten werden. Sind Abfälle jedoch nicht zu vermeiden, sollen sie (ab 100 kg) getrennt, stofflich oder energetisch verwertet, oder thermisch beseitigt bzw. unschädlich gemacht oder (bei < 50 Masseprozent an organischer Substanz) deponiert werden.

Waren energetische und stoffliche Verwertung lange gleichberechtigt, so gilt jetzt folgende Rangfolge von Abfällen:

- Vermeidung von Abfällen vor Aufbereitung (z. B. Altholztrennung) vor
- Wiederverwendung (z.B. Möbel) vor
- Recycling (z.B. aufbereitetes Altholz für Holzwerkstoffe) vor
- energetischer Nutzung (z. B. Spänefeuerung) vor
- Beseitigung (z.B. Altholz A IV).

Diejenige Maßnahme hat Vorrang, die den Schutz von Mensch und Umwelt unter Berücksichtigung der zu erwartenden Emissionen, der Schonung der natürlichen Ressourcen, der einzusetzenden oder zu gewinnenden Energie sowie der Anreicherung von Schadstoffen in Erzeugnissen, in Abfällen zur Verwertung oder in daraus gewonnenen Erzeugnissen bietet.

Nach der **Abfallverzeichnisverordnung (AVV)** wird jede Abfallart einem 6-stelligen Abfallschlüssel zugeordnet, z. B. 03 01 03 = Späne, Abschnitte, Verschnitt von Holz, Spanplatten und Furnieren oder 15 01 03 = Holzpaletten. 03 XX XX steht für Abfälle aus der Holzverarbeitung und der Herstellung von Platten, Möbeln, Zellstoffen, Papier und Pappe. 15 XX XX steht für Verpackungsabfall.

Abfälle werden hinsichtlich ihrer Belastungen für die Umwelt und Gesundheit sowie ihrer Möglichkeit zur Verwertung oder Beseitigung eingestuft in **nicht überwachungsbedürftige Abfälle** zur Verwertung, in **überwachungsbedürftige** und in **besonders überwachungsbedürftige Abfälle** zur Verwertung oder zur Beseitigung **(Bild 1)**.

Abfälle zur Verwertung, die nicht überwachungsbedürftig sind, wie z. B. Späne aus Holz und Holzwerkstoffen unterliegen keinem Nachweisverfahren und keiner Transportgenehmigung. Sie können innerhalb sogenannter Spänebörsen von Holzverarbeitungsbetrieben zur thermischen Verwertung abgeholt werden, wenn eine dafür zulässige und typengeprüfte Feuerung vorhanden ist. Ein Übergabe- bzw. Übernahmeschein mit Abfallart und Menge dient hierbei als Nachweis für die ordnungsgemäße Entsorgung.

Abfälle, die nach Art, Beschaffenheit oder Menge in besonderem Maße gesundheits-, luft- oder wassergefährdend, explosibel oder brennbar sind, gelten als besonders überwachungsbedürftig. Sie können verwertet oder beseitigt werden.

Für überwachungsbedürftige Abfälle bis 2000 t pro Jahr und für besonders überwachungsbedürftige Abfälle bis 2 t pro Jahr je Abfallart oder Sammelentsorgung von Kleinabfällen sind Entsorgungsnachweise und Abfallbilanzen nicht erforderlich.

Besonders **überwachungsbedürftige Abfälle zur Beseitigung** sind **mit * gekennzeichnet** wie z. B. **17 02 04 * Holz, Glas und Kunststoff mit schädlichen Verunreinigungen** (= ausgebaute Holzfenster mit z. B. schwermetallhaltigen Anstrichen oder Bläueschutzimprägnierung) oder z. B. Holz aus Abbruch, das mit chemisch vorbeugendem Holzschutzmittel imprägniert wurde.

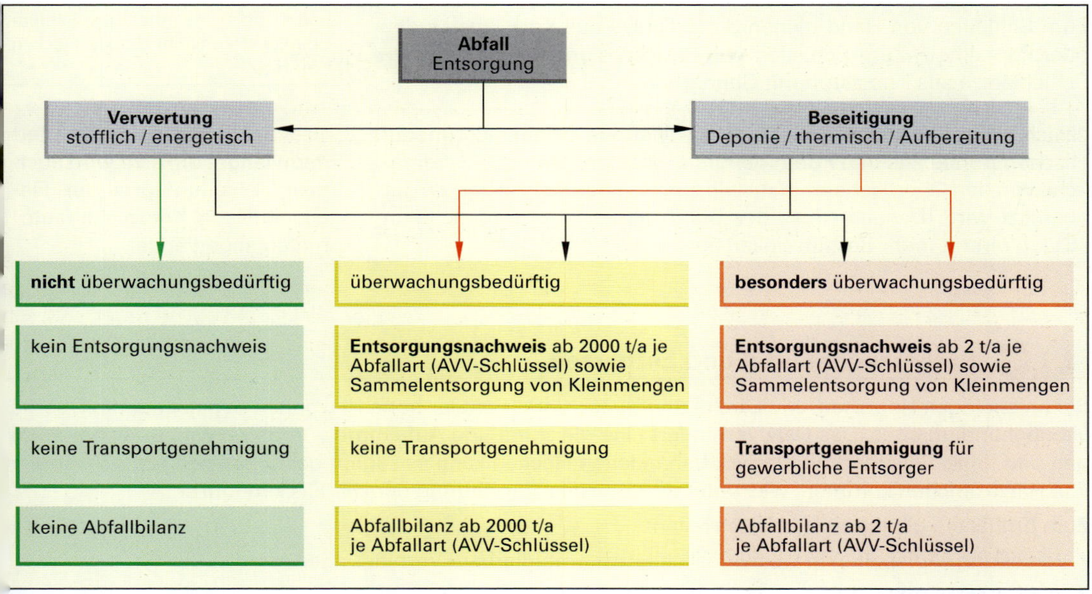

Bild 1: Entsorgungsbedingungen von Abfällen zur Verwertung und Beseitigung

8 Oberflächenmittel und Oberflächenbehandlung

Unter Oberflächenmittel und Oberflächenbehandlung versteht man alle Werkstoffe bzw. Arbeitsverfahren, die der Verschönerung und dem Schutz der Holzoberfläche dienen.

8.1 Vorbereiten der Flächen

Eine geeignete und sorgfältig durchgeführte Vorbereitung der Flächen bildet die Voraussetzung für eine technisch und ästhetisch einwandfreie Oberflächenbehandlung.

8.1.1 Putzen und Schleifen

Putzen

Das Putzen der Oberfläche ist eine alte, heute nur noch selten angewandte Technik zur Feinbearbeitung des Holzes. Beim Putzen wird die Holzoberfläche in Faserrichtung mit dem Putzhobel, dem Ziehklingenhobel und der Ziehklinge spanend bearbeitet bzw. geglättet.

Schleifen

Schleifen ist ein Glätten der Oberfläche durch die Abnahme von feinen Spänen. Die Körnung des Schleifpapiers muss auf den zu schleifenden Werkstoff sowie auf die geforderte Oberflächenqualität abgestimmt sein. In Abhängigkeit von der Körnung kann man zwischen Grob-, Vor-, Nach- und Endschliff unterscheiden. Geschliffen wird bei zu beizenden und mit transparenten Überzugsmaterialien zu beschichtenden Oberflächen zumindest im letzten Schleifgang parallel zur Faser, damit in der fertigen Oberfläche keine Schleifriefen zu sehen sind. Bei deckend zu beschichtenden Flächen kann auch quer zur Faser geschliffen werden. Die Oberfläche wird durch das Querschleifen der härteren Spätholzjahrringe besonders glatt.

Zum Schleifen von Hand dienen Schleifklötze aus Kork, aus Linden- oder Pappelholz. Zum Schleifen von Profilen eignen sich besondere Schleifklötze aus Kunststoff mit Gegenprofil.

Nach jedem Schleifen muss der Schleifstaub mit einer nicht-metallischen Bürste aus den Poren gebürstet werden, damit die Oberfläche von den Oberflächenmitteln wie z. B. von Beizen und Lacken gut benetzt wird. Danach muss der Staub abgesaugt werden, denn Staub nimmt mehr Beizflüssigkeit auf als die Holzflächen.

Tabelle 1: Abgestufter Holzschliff

Körnung	Anwendung	Schliff
16 bis 60	Vorschleifen von Vollholz, Abschleifen von alten Lackschichten	Grobschliff
60 bis 120	gehobelte und gefräste Vollholzflächen, furnierte Flächen	Vorschliff
120 bis 220	Vollholz, furnierte Flächen, gewässerte Flächen	Nachschliff
280 bis 600	Schleifen grundierter und zwischenlackierter Flächen	Feinstschliff (Endschliff)

Arbeitsregeln beim Schleifen

- Geschliffen wird mit scharfem Schleifpapier unter mässigem Druck, damit die Fasern nicht niedergedrückt werden bzw. keine Brandflecken entstehen.
- Das Schleifpapier muss eisenfrei sein, denn eisenhaltiges Schleifpapier verursacht dunkle Flecken im Holz.

Das Schleifen erst quer und dann längs zur Faser wird auch beim Schleifen furnierter Flächen mit sog. Kreuzschliffautomaten angewendet.

8.1.2 Entharzungsmittel und Entharzen

Bei harzhaltigen Holzarten, wie Lärche und Kiefer, wirkt sich der hohe Harzgehalt negativ auf die Oberflächenbehandlung aus. Das Harz verhindert eine gleichmäßige Aufnahme von Beize, was zu einem fleckigen Bild führt. Bei einer mit Klarlack behandelten Flächen kann es zudem bei Erwärmung zum Austreten von Harztröpfchen kommen, was unter dem Lackfilm zur Bildung dunkler Flecken führt.

Zum Entharzen gibt es zwei Möglichkeiten:

- Verseifung (Aufspalten in wasserlösliche bzw. emulgierbare Verbindungen)
- Herauslösen mit Lösemitteln

Zum Verseifen werden spezifische Holzseifen, evtl. mit Zusatz von etwas Ammoniak verwendet.

Zum Herauslösen mittels Lösemittel werden leicht flüchtige Benzine, Alkohole, Aceton und Ethylacetat eingesetzt.

Hinweise zum Entharzen:

- Das Entharzen erfolgt auf der schon geschliffenen Holzoberfläche.
- Die Holzoberfläche stark benetzen und mit einer Porenbürste (Wurzelbürste) in Faserrichtung kräftig bürsten.
- Der sich beim Bürsten bildende Schaum mit klarem, warmem Wasser vollständig von der Oberfläche entfernen.
- Die Tiefenwirkung des Entharzens beträgt nur ca. 1 mm. Daher nicht oder nur sehr vorsichtig nach dem Entharzen schleifen.
- Im Handel erhältliche Entharzer vereinen häufig beide Prinzipien (Verseifen und Lösen von Harzen). Hier ist ein Nachwaschen oftmals nicht notwendig, da diese Mittel das Harz auf der Oberfläche gleichmäßig verteilen und somit das Saugverhalten homogenisieren.

8.1.3 Behandeln von Klebstoffrückständen

Klebstoff, der beim Furnieren durch das Furnier dringt und in den Poren sowie auf der furnierten Fläche sichtbar ist, bezeichnet man als Klebstoff- oder Leimdurchschlag. Klebstoffrückstände entstehen, wenn Fugenpapier nicht vollständig entfernt wird und wenn bei der Montage Klebstoff aus der Fuge gequetscht wird. Klebstoffrückstände führen beim Beizen und Lackieren zu Farbunterschieden. Flächen und Poren werden beim Beizen dunkel, wenn der Klebstoff Beize aufnimmt und hell, wenn er keine Beize aufnimmt. Nicht alle Klebstoffrückstände lassen sich entfernen.

Tabelle 1: Entfernen von Klebstoffrückständen

Klebstoffart	Entfernungsmöglichkeiten
PVAC-Klebstoffe	PVAC-Rückstände können im frischen Zustand mit warmem Wasser ausgewaschen werden, im abgebundenen Zustand jedoch nur mit Aceton oder einem anderen geeigneten Lösemittel. Lösemittel lösen den Klebstoff an. Wenn sie zu lange auf die Fläche einwirken, kann es zur Kürschnerbildung kommen.
Kondensations- und Reaktionsklebstoffe	Kondensationsharz-Rückstände lassen sich nicht entfernen. Vorbeugend kann die Leimflotte im gewünschten Holzfarbton eingefärbt werden. Klebstoff-Rückstände sind dann auf der fertigen Oberfläche nicht oder nur wenig sichtbar.
Folienklebstoffe, Kontaktklebstoffe, thermoplastische Schmelzklebstoffe	Folien-, Kontakt- und Schmelzklebstoff-Rückstände entfernt man mit einem Lösemittel, das der Klebstoffhersteller liefert. Wirken die Lösemittel zu lange auf die furnierte Fläche ein, entstehen Kürschner.

8.1.4 Wässern

Beim Hobeln, Fräsen und Schleifen der Holzoberfläche (besonders von weichen Hölzern) werden nicht abgetrennte Holzfasern niedergedrückt. Im Laufe der Bearbeitung können durch unsachgemäße Behandlung Druckstellen entstehen. Wird die Oberfläche anschließend mit wässrigen Beizen oder Lacken behandelt, quellen diese Fasern und Druckstellen wieder auf und ergeben eine aufgeraute Oberfläche. Beim Beizen kann es zu einer ungleichmäßigen Aufnahme der Farbstoffe kommen.

Um diese Effekte zu vermeiden, sollten insbesondere weiche (vorgeschliffene) Hölzer vor dem letzten Schleifgang gewässert werden. Durch das Wässern werden außerdem die Holzporen von Staubpartikeln gereinigt.

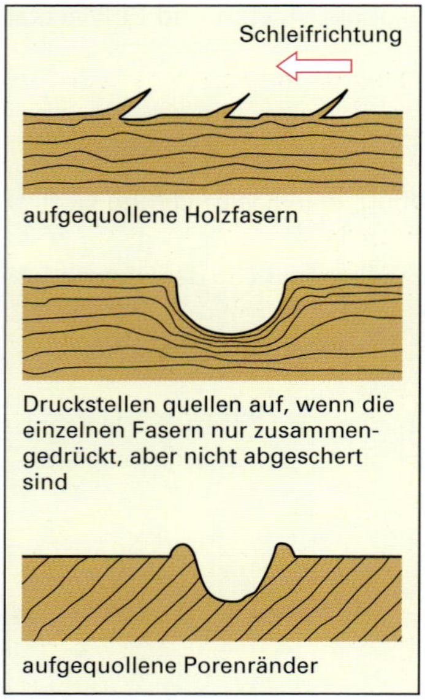

Bild 1: Aufquellbare Teile an der Holzoberfläche

Beim Einsatz von wässrigen Beizen und Lacken kommt der Bearbeitungsgüte der spanenden Bearbeitung (Hobeln und Schleifen) eine wesentlich höhere Bedeutung zu. Das Niederdrücken von Holzfasern kann durch den Einsatz von sehr scharfen Werkzeugen und Schleifmitteln weitestgehend vermieden werden.

Hinweise zum Wässern:

Gewässert wird mit warmem, reinem Wasser.

- Der Zusatz von 5 g Kernseife pro Liter und 5–10 % Ammoniak erhöht die Wirkung und reinigt und entharzt zugleich.
- Bei gerbstoffhaltigen Hölzern darf kein Ammoniak verwendet werden, da es zu Verfärbungen kommen kann.
- Nach dem Wässern das Holz gut trocknen lassen.
- Nach dem Wässern und dem Trocknen mit sehr scharfem und feinkörnigem Schleifpapier schleifen und anschließend den Staub sorgfältig ausbürsten oder absaugen.
- Gebleichte Flächen brauchen nicht mehr gewässert werden, da das im Bleichmittel enthaltene Wasser diese Funktion übernimmt.

8.1.5 Kitte und Auskitten

Mit Kitt werden kleinere Vertiefungen in bereits bearbeiteten Flächen ausgefüllt. Je nach der vorgesehenen Oberflächenbehandlung werden verschiedene Kitte verwendet.

Tabelle 1: Kitte und Auskitten

Kittart	Ausbesserungsmöglichkeiten
Holzkitt	Holzkitt, auch als flüssiges oder plastisches Holz bezeichnet, ist der am meisten verwendete Kitt. Er setzt sich aus Holzmehl und einem schnell trocknenden Bindemittel zusammen. Dieser Kitt kann mit Aceton verdünnt und im eingetrockneten Zustand wieder gebrauchsfähig gemacht werden. Er nimmt wegen des Bindemittels meist weniger Beize auf als die umgebenden Holzflächen. Deshalb muss er bei zu beizenden Flächen auf den gewünschten Farbton eingefärbt werden. Daneben gibt es auch beizbare Holzkitte.
Hirnholzkitt	Hirnholzkitt besteht aus abgeschabtem Hirnholz oder Schleifstaub, vermischt mit Klebstoff. Dieser Kitt nimmt keine Beize an. Er muss daher bei seiner Anwendung auf die zu beizenden Flächen abgetönt werden. Die ausgekitteten Stellen müssen vor der Weiterverarbeitung gut austrocknen.
Wachskitt	Wachskitte bestehen meist aus Hartwachs. Hartwachs ist in Stangenform erhältlich und wird in fast allen Farben hergestellt. Die Kitte werden mit einem Lötkolben geschmolzen oder mit einem angewärmten Spachtel in die schadhafte Stelle gedrückt. Danach schabt man die überstehenden Reste mit einem weichen Werzeug ab. Wachskitte werden auch zum Ausbessern fertig behandelter Oberflächen verwendet.
Schellack	Schellackstangen eignen sich zum Ausfüllen von Vertiefungen in Flächen, die poliert werden sollen. Schellack ist abtönbar; er wird wie die Wachskitte verarbeitet und auch zum Ausbessern von gebeizten und lackierten Flächen verwendet. Schellack ist ein natürliches Harz, das von der Gummilacklaus ausgeschieden wird.

Fehler bei transparent zu lackierenden Flächen können ausgebessert werden:

- **Vor dem Beizen und Lackieren:** Die zur Ausbesserung verwendeten Stoffe müssen mit der Beize bzw. mit dem Lack verträglich sein.
- **Nach dem Beizen bzw. Lackieren:** Neben der Verträglichkeit der Stoffe spielt der Glanzgrad der ausgebesserten Stelle eine wesentliche Rolle.

8.1.6 Fleckenentfernung

Die Qualität einer Oberfläche wird durch Flecken wesentlich gemindert. Flecken müssen daher vor dem Beizen und Lackieren entfernt werden.

Besonders kritisch sind Verunreinigungen mit Silikon, weil diese Stellen kaum sichtbar sind, aber bei weiterer Bearbeitung Beizen und Lacke abweisen, sodass es hier zu Lackkratern auf der Fläche kommt. Der Einsatz von Silikonspray im Maschinensaal kann über weite Distanzen zu Rückständen auf Oberflächen führen.

Feste Verunreinigungen werden vorsichtig abgeschabt oder abgekratzt. Die zurückbleibenden Partikel nach jeder Art von Fleckentfernung werden mit einer Wurzelbürste oder Messingbürste ausgebürstet. Es sollten keine Stahldrahtbürsten verwendet werden, da Eisenrückstände mit den nachfolgenden Stoffen bei der Oberflächenbehandlung reagieren können, was zu Verfärbungen führt.

Tabelle 1: Fleckenentfernung

Fleckenart	Entfernungsmöglichkeiten
Öl und Fett	Öl- und Fettflecken entfernt man mit einem Brei aus Magnesia oder Schlämmkreide und einem Lösemittel, der auf die Flecken aufgetragen wird. Nachdem das Lösemittel verdunstet ist, saugt das Pulver die gelösten Stoffe auf. Das Pulver wird dann abgebürstet.
Kalk, Gips, Zement	Kalk-, Gips- und Zementflecken sind mit verdünnter Essigsäure oder verdünnter, eisenfreier reiner Salzsäure zu entfernen. Die behandelte Fläche muss mit reinem Wasser mehrmals gut nachgewaschen werden, damit keine Säurereste im Holz zurückbleiben.
Oxidationsflecken	Oxidationsflecken entstehen dann, wenn Metalle mit gerbsäurehaltigem Holz in Berührung kommen. Zum Ausbleichen dieser Flecken verwendet man Wasserstoffperoxid oder Zitronensäure. Wichtig ist, dass sofort mit Wasser nachgewaschen wird, wenn der Fleck entfernt ist. Dadurch wird eine Bleichung des Holzes vermieden.
Wasserflecken	Wasserflecken entfernt man durch Abwaschen der Fläche mit warmem, sauberem Wasser. Dem Wasser kann zur Verstärkung der Wirkung bei gerbstoffarmen Hölzern Salmiak hinzugegeben werden, bei gerbsäurehaltigen Hölzern Essig- oder Zitronensäure.
Silikonflecken	Silikon mechanisch entfernen, Oberfläche gründlich schleifen und entstauben, ggf. mit organischen Lösemitteln, speziellen Silikonentfernern oder heißer Seifenlösung mit Ammoniakzusatz auswaschen.

8.1.7 Bleichmittel, Bleichen und Egalisieren

Das Bleichen von Hölzern wird angewendet, um diese aufzuhellen oder ihre natürlichen Farbschwankungen auszugleichen.

Durch Bleichen werden die häufig wenig lichtechten natürlichen Farbstoffe des Holzes mehr oder weniger stark zerstört. Die Farbstoffe können aufgehellt (Teilbleichung) oder vollständig ausgebleicht (Totalbleichung) werden. Nach dem Bleichen kann man das Holz mit einer lichtechten Beize im gewünschten Farbton beizen.

Zum Bleichen verwendet man Wasserstoffperoxid, Oxalsäure, Kleesäure, Zitronensäure und Bleichbeizen.

Bleichen ist ein chemischer Vorgang, also entweder eine

Oxidation (Sauerstoffzufuhr) wie beim Bleichen mit Wasserstoffperoxid, Javelwasser und den Bleichbeizen oder eine

Reduktion (Sauerstoffentzug) wie bei der Oxalsäure, dem Kleesalz und der Zitronensäure.

Bild 1: Eiche gebleicht (unterer Teil des Musters)

Wasserstoffperoxid hat als Bleichmittel die größte Bedeutung. Damit Wasserstoffperoxid nicht vorzeitig zerfällt, ist ein Stabilisator beigemischt. Kurz vor dem Bleichvorgang wird der Aktivator zugesetzt. In speziellen Fällen kann auch 25-prozentige Salmiaklösung als Aktivator verwendet werden.

Der Weißgrad der Fläche lässt sich durch mehrmaliges Bleichen oder durch Anwendung stärkerer Konzentration verbessern, nicht durch größere Auftragsmengen.

Tabelle 1: Bleichmittel und Bleichen (Überblick)

Bleichmittel	Beschreibung
Wasserstoffperoxid	Wasserstoffperoxid ist eine farb- und geruchslose, die Haut ätzende Flüssigkeit. Sie wird meist als 35-prozentige Lösung geliefert und kann in dieser Konzentration verarbeitet werden. Niedrige Konzentrationen lassen sich durch Zugabe von Wasser herstellen. Dieses Bleichmittel zerfällt bei Einwirkung von Licht, Wärme, Salmiak oder besonderer Aktivatoren sowie bei Berührung mit Metall leicht in Wasser und Sauerstoff. Dieser abgespaltene Sauerstoff bleicht. Sauerstoffreste im Holz können Nachbleichungen bewirken.
Oxalsäure und Kleesalz	Gerbsäurehaltige Hölzer, wie z.B. Eiche, werden selten gebleicht, meist nur aufgehellt. Oxalsäure und Kleesalz eignen sich gut zum Bleichen und Aufhellen von Eiche. Die heiß aufgetragene Lösung soll noch in feuchtem Zustand mit Wasser nachgewaschen werden, damit es nicht zur Zerstörung des Überzugmaterials kommt. Die gebleichten Flächen sind zur nachträglichen Behandlung mit Ölen ungeeignet. Beide Säuren sind gesundheitsschädigend. Anstelle der beiden Bleichmittel wird deshalb in der Regel die Zitronensäure verwendet.
Zitronensäure	Zitronensäure ist ungiftig. Mit ihr werden gerbstoffhaltige Holzarten gebleicht oder aufgehellt.
Javelwasser	Javelwasser ist eine wässrige Kaliumhypochlorit-Lösung und gehört zu den oxydierenden Bleichmitteln. Es wird in 12 bis 13-prozentiger Konzentration vor allem zum Bleichen von Nadelholz eingesetzt, da es stark alkalisch ist und gleichzeitig eine entharzende Wirkung hat. Es muss nach dem Bleichen neutralisiert werden, z.B. durch das Nachwaschen mit 10-prozentiger Essigsäure. Bei schlecht bleichenden oder gerbstoffhaltigen Hölzern auch in Kombination mit Wasserstoffperoxid: Im ersten Arbeitsgang werden die Farbstoffe mit Javelwasser aufgehellt. Im zweiten Arbeitsgang werden die Gerbstoffe mit Wasserstoffperoxid aufgehellt.
Bleichbeizen	Bleichbeizen vereinen das Bleichen und Beizen in einem Arbeitsgang. Sie werden vornehmlich bei Nuss- und Kirschbaumholz zur Erzeugung eines einheitlichen Farbtons angewendet. Bleichbeizen bestehen aus Wasserstoffperoxid, in dem besondere Farbstoffe gelöst sind. Ihre Topfzeit beträgt nur wenige Stunden.

Hinweise zum Bleichen mit Wasserstoffperoxid:

- Arbeits- und Sicherheitsvorschriften sind dringend einzuhalten.
- Aktivierte Bleichmittel dürfen nicht in Druckgefäßen und auch nicht in Airless- und Airmix-Auftragsverfahren verarbeitet werden. Explosionsgefahr!
- Keine Verarbeitung von Bleichmitteln in einer Spritzkabine in der zuvor NC-Lacke verarbeitet wurden. Die in den Leitungen befindlichen Lackstäube können sich durch die Einwirkung des Wasserstoffperoxids entzünden.
- Probebleichung vornehmen.
- Vorbehandlung: Holzüblicher Schliff mit eisenfreiem Schleifpapier.
- Bleichmittel mit Kunststoffpinsel oder Schwamm satt auftragen. Flüssigkeit in eisenfreien Gefäßen verarbeiten.
- Nachwaschen ist nicht grundsätzlich notwendig, verringert aber die Gefahr, dass Reste zurückbleiben und dass z.B. bei Eiche ein Gelbstich entsteht.
- Kontakt mit Metallen kann zu Verfärbungen führen. Dämpfe des verdunsteten Bleichmittels führen zu Korrosion von ungeschützten Eisenteilen.
- Die Trocknung beträgt in Abhängigkeit der Holzart bei 20 °C zwischen 48 und 72 Stunden.
- Gewisse PUR-Lacke reagieren auf Peroxid-Reste. Daher nur peroxidbeständige Produkte einsetzen.
- Nach dem Bleichvorgang sollte das aufgeraute Holz nur leicht nachgeschliffen werden.

Peroxide sind chemisch aggressiv und wirken ätzend auf die Haut, die Schleimhäute und die Augen. Deshalb ist beim Arbeiten mit Wasserstoffperoxid unbedingt notwendig, Schutzbrille, Schutzhandschuhe und eine Gummischürze zu tragen. Es besteht die Gefahr von Selbstentzündung von Lappen und Holzstaub.

Wasserstoffperoxid zerfällt nach Zugabe eines Aktivators in Wasser und reaktiven Sauerstoff:

$$2\,H_2O_2 \rightarrow 2H_2O + O_2$$

Egalisieren

Bei stark unterschiedlich saugenden Flächen, z. B. bei Hirnholz oder wimmerwüchsigen Flächen, kann es beim Beizen zu stark unterschiedlicher Farbwirkung kommen. Diese Flächen sollten vorher egalisiert werden. Eingesetzt werden hierzu egalisierende Beizen oder Beizausgleicher.

8.2 Beizmittel

Durch das Beizen soll wie durch das Färben die natürliche Farbe des Holzes verändert werden, um

- Farbunterschiede von Vollholz und Furnier an- und auszugleichen,
- die Holzstruktur (Maserung) besser hervorzuheben,
- den Konstruktionen und Objekten, wie z. B. einem Möbel, eine individuelle farbliche Note zu geben oder
- die Lichtbeständigkeit des Holzes bzw. seiner Farbe zu verbessern.

Beizen ist ein chemischer Vorgang, bei dem durch chemisch reagierende Stoffe, teilweise auch in Kombination mit Farbstoffen, die Farbe des Holzes verändert wird.

Färben ist ein physikalischer Vorgang, bei dem in Wasser oder in organischen Lösemitteln gelöste Farbstoffe oder unlösliche Pigmente an die Holzfasern gebunden werden.

Beide Verfahren werden in der Holztechnik begrifflich nicht unterschieden, es wird der Begriff „Beizen“ verwendet.

In der Praxis gibt es für Beizmittel eine Vielzahl von verschiedenen Begriffen. Neben firmenspezifischen Begriffen werden Beizen häufig nach den darin enthaltenden Inhaltsstoffen bezeichnet wie z. B. Wachsbeizen, Substratbeizen, Pigmentbeizen und Farbstoffbeizen. Sie werden aber auch nach der Art der Lösemittel in Lösemittelbeizen oder Wasserbeizen unterschieden.

Beizen lassen sich nach dem Wirkprinzip in physikalisch wirkende Beizen (Farbstoffbeizen) und in chemisch wirkende Beizen einteilen.

8.2.1 Farbstoffbeizen

Farbstoffbeizen sind Auflösungen von synthetischen Farbstoffen und Zusatzstoffen oder von besonders fein gemahlenen Pigmenten (sog. mikronisierten Pigmenten) mit einem mehr oder weniger hohen Bindemittelanteil. Bei den Pigmentbeizen dient das Bindemittel zur Fixierung der unlöslichen Farbkomponenten an die Holzfaser. Die Zusatzstoffe gewährleisten ein gleichmäßiges Aufziehen der Beizen und gutes Eindringen der Farbstoffe. Die Farbstoffbeizen werden von keiner anderen Beizenart an Farbkraft und Farbvielfalt übertroffen. Ihre Anwendung ist verhältnismäßig einfach, sie werden in der Regel verarbeitungsfertig angeliefert. Der Beizvorgang besteht hierbei im Wesentlichen im Tränken der Holzfaser mit Farbstoffen. Die Farbstoffe lagern sich in den Holzfasern ab, d. h., sie werden von den Holzfasern physikalisch gebunden. Im Handel sind Farbstoffbeizen unter den Bezeichnungen Wasser-, Hartholz-, Bleich-, Antik-, Rustikal-, Lösemittel-, Öl-, Nebel- und Spiritusbeizen erhältlich. Mit Ausnahme der Spiritusbeizen besitzen Farbstoffbeizen eine gute bis sehr gute Lichtechtheit und Beständigkeit gegen verdünnte Säuren und Laugen. Bei Nadelhölzern entsteht ein **negatives Beizbild (Bild 2, Seite 394)**, da sich im porösen Frühholz mehr Farbstoffe anlagern als im Spätholz. Gebeizte Holzflächen müssen zum Schutz vor Feuchtigkeit noch einen Überzug erhalten. In **Bild 1** ist dargestellt, wie bei löslichen Farbstoffen die Holzstruktur nicht verdeckt wird. Dadurch entstehen transparente, brillante und tiefenwirksame Beizbilder. Bei Farbstoffbeizen wird der Holzuntergrund etwas verdeckt. Sie erzielen dennoch einen Beizcharakter. In der Regel sind alle Beizen einer Serie untereinander mischbar.

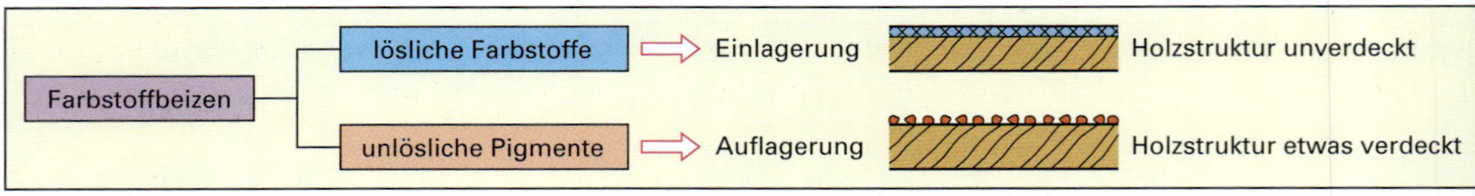

Bild 1: Farbstoffbeizen

Wasserbeizen

- werden gebrauchsfertig angeboten
- rauen die Oberfläche stärker auf. Wässern ist deshalb vorteilhaft
- haben im Vergleich zu reinen Lösemittelbeizen längere Trockenzeiten und höheren Aufwand beim Zwischenschliff
- können nach Herstellerangaben überlackiert werden
- sind durch den Einsatz von Wasser als Lösungsmittel umweltfreundlicher

Lösemittelbeizen

- werden gebrauchsfertig angeboten
- rauen die Oberfläche nicht auf
- haben im Vergleich zu Wasserbeizen kürzere Trockenzeiten
- nachfolgende Lackierung ist mit allen Lacksystemen problemlos möglich
- sind sehr gut lichtbeständig

8.2.2 Chemische Beizen

Beim chemischen Beizen wird der Farbton des Holzes durch eine chemische Verbindung der Beize mit den im Holz enthaltenen Gerbstoffen verändert. Weil sich im dichten Spätholz die eingebrachten Stoffe stärker konzentrieren, reagiert dieses stärker als das weichere Frühholz. Dadurch entsteht ein positives Beizbild **(Bild 3)**. Die Reaktion findet bis in tiefere Holzschichten statt. Die chemischen Beizen werden auch als Doppelbeizen, Reaktionsbeizen oder Weichholzbeizen bezeichnet. Da die dafür eingesetzten Metallsalze gesundheitsgefährdend sind, wurden sie durch Einkomponenten-Positivbeizen ersetzt. Doppelbeizen sind aber nach wie vor noch im Handel und werden zu Restaurierungsarbeiten eingesetzt.

Bild 2: Negatives Beizbild

Bild 3: Positives Beizbild

Einkomponenten-Positivbeizen

Bei Einkomponenten-Positivbeizen (EP-Beizen, Positivbeizen, Nadelholzbeizen) wird in einem Arbeitsgang ein positives Beizbild erzeugt. Die Einkomponenten-Positivbeizen enthalten spezielle reaktive Positivzusätze, mikronisierte Pigmente und Farbstoffe. Sie sind meist frei von Metallsalzen und untereinander mischbar. Die Reaktionszeit und Trockenzeit beträgt zwischen 4 bis 12 Stunden. Während der Reaktionszeit nicht künstlich trocknen. Beim Überlackieren auf die Empfehlung der Lackhersteller achten, da in einigen Fällen nicht mit Wasserlack überlackiert werden kann. Für nicht stark beanspruchte Flächen kann bei speziellen EP-Beizen die gebeizte Fläche mit einer Leder-Sisalbürste poliert werden.

Beiztechnik mit EP-Beizen:

- Probebeizung auf Originalholz vornehmen.
- Vorschliff bei Weichholz, Körnung 100 bis 120.
- „Satter“ Auftrag (60 bis 80 g/m²) mit Pinsel oder Spritzpistole, Überschuss nicht vertreiben.
- Nicht künstlich trocknen.
- Nachfolgende Lackierung muss mit Lackhersteller abgestimmt werden.

Doppelbeizen (Vor- und Nachbeizen)

Vor der Entwicklung der Einkomponenten-Positivbeizen wurde das positive Beizbild durch die chemischen Beizen erzeugt. Bei Hölzern, die keine oder nur wenig Gerbsäure enthalten (z. B. Nadelhölzer), werden beim chemischen Beizen mit einer **Vorbeize** Gerbstoffe auf die Holzfläche gleichmäßig aufgetragen. Mit der anschließenden **Nachbeize,** bei der auch Farbstoffe beigefügt sein können, werden Metallsalze aufgebracht, die dann mit der Gerbsäure reagieren, was zur gewünschten Farbtonveränderung führt.

Vorbeizen

Vorbeizen sind Lösungen gerbsäurehaltiger Mittel, die sich untereinander mischen lassen:

- **Tannin,** auch Gallgerbsäure genannt, ist eine Gerbsäure aus Eichenrinde oder aus Galläpfeln.
- **Pyrogallol** wird aus Teer gewonnen. Im Handel bezeichnet man es auch als Gallsäure.
- **Brenzkatechin** wird meist synthetisch, seltener aus Fichtenrinde, hergestellt.
- **Katechu** wird meist synthetisch, seltener aus Fichtenrinde, hergestellt. Katechu, auch „Japanische Erde“ genannt, ist ein brauner, harzartiger Gerbstoffextrakt.

Vorbeizen verlieren bereits wenige Stunden nach dem Ansetzen ihre Wirkung. Deshalb löst man sie erst kurz vor dem Gebrauch in heißem Wasser auf. Die Vorbeizen sollen nicht mit Metall in Berührung kommen. Zum Ansetzen werden Gefäße aus Glas, Porzellan oder Kunststoff und zum Auftragen werden Pinsel ohne Metallzwingen verwendet. Aus dem gleichen Grund müssen vor dem Auftragen der Vorbeize alle Beschläge von den Werkstücken entfernt werden. Vorgebeizte Flächen darf man nicht schleifen und wegen der Gefahr der Fleckenbildung nur mit Handschuhen berühren oder bewegen.

Nachbeizen

Nachbeizen sind meist giftige Schwermetallsalze, die mit den Gerbstoffen reagieren. Dabei bildet sich der Beizton. Es gibt verschiedene Nachbeizen:

- **Kaliumkarbonat**, eine meist weiße, bröckelige Masse, wird im Handel als Pottasche bezeichnet.
- **Natriumkarbonat**, auch Soda genannt, ist ein weißes Pulver, das aus der Luft Feuchtigkeit aufnimmt. In Wasser aufgelöst, reagiert es wie eine Lauge.
- **Kupfersulfat** (Kupfervitrol) besteht aus blauen, giftigen Kristallen.
- **Kaliumchromat** besteht aus zitronengelben, lichtempfindlichen, giftigen Kristallen.
- **Kaliumbichromat** besteht aus rötlich-gelben, lichtempfindlichen, giftigen Kristallen.

Zur Steigerung der Farbtonbildung und Beizwirkung setzt man den Nachbeizen Salmiak zu. Ob Salmiak zugesetzt werden kann oder nicht, hängt vom Überzugsmaterial ab. Bei der Verarbeitung von Vor- und Nachbeizen ist ein gleichmäßiger Beizauftrag sehr wichtig, um einheitliche, fleckenlose Beizungen zu erhalten.

Räuchern

Bei gerbstoffhaltigen Holzarten ist eine Farbveränderung durch Räuchern möglich. Unter Räuchern versteht man Beizen mit Ammoniakdämpfen (Salmiakgeist). Es wird vorwiegend bei Eichenholz angewendet. Die Ammoniakdämpfe reagieren mit den Gerbstoffen im Holz und bilden dabei die zwischen Naturbraun und Schwarzbraun liegenden Farbtöne. Das Holz lässt sich je nach Dampfkonzentration und Einwirkdauer (6 bis 12 Stunden) mehrere Millimeter tief räuchern. Das Einatmen von Ammoniak-Dämpfen ist gesundheitsschädlich.

Räucherbeizen

Mit Räucherbeizen können auf gerbstoffreichen Laubhölzern, wie Eiche, ähnliche Beizeffekte wie beim Räuchern erzielt werden. Die Farbtöne sind lichtecht.

8.2.3 Kombinationsbeizen

Mit Kombinationen von in Wasser, Ethanol oder Lösemittel gelösten Farbstoffen, farbbildenden Chemikalien, Pigmenten und Bindemitteln können vielfältige Effekte erzielt werden. Kombinationsbeizen sind sehr häufig auf die Eigenarten der Hölzer abgestimmt, wie z. B. Räucherbeizen für Eichenholz, Echt-Mahagonibeizen für Mahagonihölzer und Bleichbeizen für Aufhelleffekte. Die Bezeichnungen dieser Beizen sind in der Regel firmenspezifisch und weisen häufig auf den zu erzielenden Effekt hin, wie z.B. Rustikalbeizen, Wachsbeizen und Kombibeizen. Bei diesen Beizen ergeben die Farbstoffe Farbkraft und Farbvariationen. Der Anteil an farbbildenden Chemikalien bewirkt ein Hervorheben der Holzstruktur. Pigmente heben bei stark porigen Hölzern die Poren besonders hervor. Bei diesen Beizen ist beim Auftrag der anfallende Überschuss zu „vertreiben“, also mit einem Schwamm oder Lappen aufzunehmen oder zu verteilen.

Bleichbeizen

Beim Bleichbeizen können Holzoberflächen in einem Arbeitsgang mithilfe von Wasserstoffperoxid, Katalysatoren und peroxidbeständigen Wasserbeizlösungen gebleicht und gebeizt werden. Dieses vorwiegend industrielle Verfahren wird hauptsächlich eingesetzt, um Laubhölzern einen einheitlichen, gewünschten Farbton zu geben.

8.2.4 Farbtongebung mit natürlichen Farbmitteln

Die Verwendung von natürlichen Farbmitteln **(Tabelle 1)** vorgeschichtlicher Zeit hat sich teilweise bis heute fortgesetzt. Die natürlichen Farbstoffe sind in der Regel nur wenig lichtecht und entsprechen daher nur geringen Ansprüchen. Mineralische Farbmittel sind lichtecht, ergeben aber beim Färben bzw. Beizen von Holz deckende Effekte, d.h., die Holzstruktur wird etwas verschleiert.

Tabelle 1: Natürliche Farbmittel (Beispiele)

Stoffgruppe	Farbstoff bzw. Pigment		Farbton
Pflanzenfarbstoffe	**Gummigutt**	aus dem Gummiharz des indischen Cambogebaumes	Gelb
	Indigo	aus den Blättern des Indigobaumes	Blau
	Karmin	aus dem Kernholz des roten Sandelholzbaumes	Rot
	Krapplack	aus den Wurzeln der Krapp-Pflanze	Rot
	Schüttgelb	aus Kreuzbeeren und aus dem Holz des Färber-Maulbeerbaumes	Gelb
Tierfarbstoffe	**Indischgelb**	aus dem Urin indischer Kühe, die mit Blättern des Mangobaumes gefüttert werden	Gelb
	Karminlack	aus einer speziellen Schildlaus	Rot
	Sepia	aus dem Tintenbeutel des Tintenfisches	Gelb bis Braun
Mineralische Farbmittel (Pigmente)	**Grafit**	aus kristallinem Kohlenstoff	Schwarz
	Grünerde	aus verschiedenen Silikaten und Ton	Grau
	Kasseler Braun	aus braunkohleartiger Erde	Braun
	Ocker	der verschiedensten Art aus Eisenoxid und Ton	Gelb bis Rot
	Umbra	aus Manganoxid und Ton	Rot bis Braun
	Zinnober	aus natürlichem roten Quecksilbersulfid	Rot

8.2.5 Patinieren und eingefärbt lackieren

Durch **Patinieren** wird der natürliche Alterungs- und Abnützungsprozess eines alten Möbels imitiert. So erscheinen z.B. Vertiefungen dunkler, während hervorgehobene oder stark beanspruchte Stellen hell erscheinen. Mit einem eingefärbten NC-Lack wird die Farbe auf der Oberfläche an denjenigen Stellen fein vernebelt, die nachher dunkler erscheinen sollen. Hierzu kommen Spritzpistolen mit feinen Düsen zum Einsatz. Bei Bedarf wird der eingefärbte Lack noch an einigen Stellen mit einer sehr feinen Stahlwolle abgerieben.

Wie auch das Patinieren ist die Farbgebung mittels eingefärbtem Lack im eigentlichen Sinn kein Beizen. Hier ist auf ein sehr sorgfältiges Spritzen zu achten, da durch mehrmaligen Auftrag der Farbton kräftiger erscheint. Mit dem Beizen bzw. Färben und anschließendem Klarlackauftrag werden meist bessere Ergebnisse erreicht.

8.2.6 Beizen und Färben

Vorbereiten der Flächen: Die Holzflächen müssen vor dem Beizen geschliffen, gewässert und nachgeschliffen werden. Harzreiche Holzoberflächen sind vor dem Beizen zu entharzen, aufzuhellende Hölzer durch Bleichen vorzubehandeln. Vor dem Beizen muss der Staub aus den Poren entfernt werden.

Der Farbton der gebeizten Oberflächen setzt sich aus dem Farbton des Holzes und der Beize sowie aus dem Zusammenwirken von beiden zusammen. Unterschiedliche Hölzer, auch derselben Holzart, erzeugen unterschiedliche Farbtöne beim Beizen. Deshalb sind Probebeizungen und eventuell Farbkorrekturen an der Beize erforderlich.

Beizlösungen werden in sauberen, verschließbaren Glas- oder Kunststoffgefäßen aufbewahrt. Kommen sie mit eisenhaltigen Gefäßen in Berührung kommt es zu Farbtonänderungen. Die Gefäße müssen entsprechend ihrem Inhalt beschriftet sein, damit Verwechslungen ausgeschlossen sind.

- Mit Wasserstoffperoxid gebleichte Hölzer eignen sich nicht zum Beizen mit chemischen Beizen, denn diese sind gegen diese Bleichmittel besonders empfindlich.
- Chemische Beizen werden wegen einer Reihe von nachteiligen Eigenschaften, wie z.B. nur Brauntöne, lange Entwicklungszeiten und einem gesundheitsgefährdenden Potenzial, nur noch selten angewendet. Dies gilt auch für das Räuchern und Räucherbeizen.

8.2.6.1 Auftragen der Beizlösung

Zum Auftragen der Beizlösung werden das Handauftragsverfahren, das Spritz- sowie das Tauch- und Walzverfahren angewendet.

Probebeizung: Das Beizen beginnt mit einer Probebeizung auf einem größeren Stück des verarbeiteten Vollholzes oder der furnierten Fläche.

Beim Beizen der Probeflächen muss die Beize vor dem Vertreiben genauso lange in das Holz eindringen können wie beim Beizen des Werkstückes. Nur so kann überprüft werden, ob der nach einer Musterkarte bzw. Farbtonkarte ausgewählte Beizton mit dem geforderten Farbton der zu beizenden Fläche übereinstimmt. Dabei ist zu berücksichtigen, dass sich der Farbton der gebeizten Flächen durch den nachfolgend aufzubringenden Überzug wie Lack und Wachs nochmals ändert.

Handauftragsverfahren: Die Beizen werden auf die gründlich entstaubte Oberfläche kalt aufgetragen. Warme Beizlösungen ergeben einen dunkleren Farbton als kalte. Staub verursacht kleine helle oder dunkle Punkte. Beschlagteile aus Metall dürfen mit der Beize nicht in Berührung kommen, sie sind deshalb vor dem Beizauftrag zu entfernen.

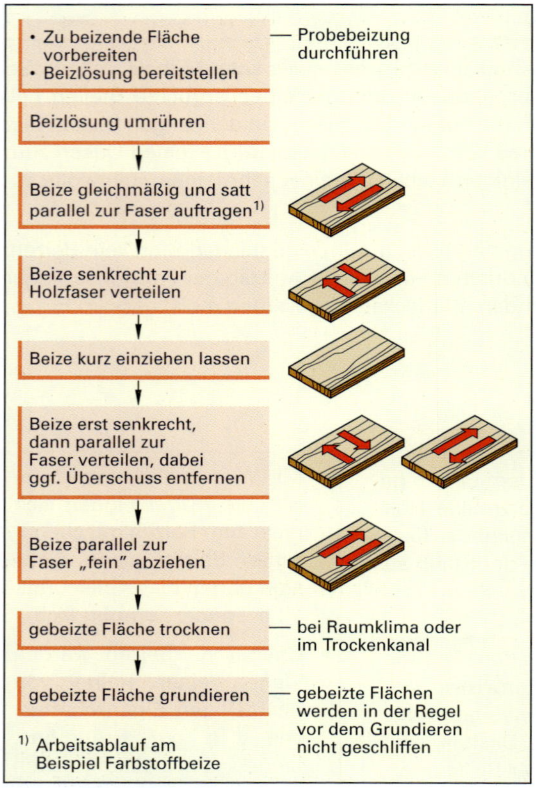

Bild 1: Arbeitsablauf beim Beizen mit dem Handauftragsverfahren

Bild 2: Beizanlage

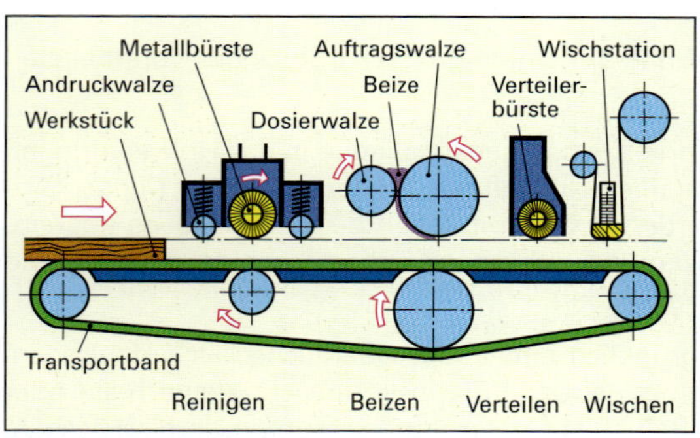

Bild 3: Arbeitsweise einer Beizanlage

Die zu beizenden Flächen legt man möglichst waagerecht, damit die Beize nicht an den Flächen herunterfließen kann. Senkrecht stehende Flächen werden von unten nach oben gebeizt. Auf diese Weise entstehen keine Streifen.

In **Bild 1** sind die einzelnen Arbeitsschritte beim Handauftragsverfahren für Farbstoffbeizen dargestellt.

Vor- und Nachbeizen (chemische Beizen): Vorbeizen trägt man mit einem Pinsel oder Schwamm satt auf, damit sich das Holz gleichmäßig vollsaugen kann. Der Auftrag erfolgt in Faserrichtung, sodass beim Nachbeizen keine Querstreifen sichtbar werden. Das Vertreiben der Beize wird mit weißer Putzwolle oder einem breiten Pinsel mit weichen Borsten vorgenommen. Die vorgebeizte Fläche darf nicht geschliffen werden. Durch Schleifen würde der Gerbstoffgehalt ungleich verändert, was beim Nachbeizen Flecken ergeben würde.

Nachbeizen werden nach dem vollständigen Trocknen der Vorbeize aufgetragen.

Pinsel zum Auftragen chemischer Beizen dürfen keine Metallzwingen haben, weil durch chemische Reaktion mit Metall auf der Holzoberfläche Flecken entstehen. Die Beizlösung wird in Faserrichtung satt aufgetragen, nach kurzem Anziehen vertrieben, der Überschuss von der Fläche genommen und anschließend in Faserrichtung egalisiert. Die abgenommene überschüssige Beize darf nicht mit unbenutzter, frischer Beize vermischt werden, weil dadurch die frische Beize verunreinigt wird.

Spritzverfahren: Beim Spritzverfahren unterscheidet man zwischen dem Handspritzverfahren und dem automatischen Spritzverfahren (Spritzautomat oder Spritzroboter). Beim automatischen Auftrag muss darauf geachtet werden, dass bei der Überlagerung der Spritzbahnen keine Streifen entstehen, wenn der Überschuss anschließend nicht abgenommen wird. Der Spritzdruck beträgt in der Regel 1,5 bis 3 bar, der Düsendurchmesser liegt zwischen 1,0 und 1,8 mm und die Auftragsmenge bei ca. 120 g/m^2.

Walzen: Beim Walzverfahren wird zunächst mit einer rotierenden Bürste die Oberfläche entstaubt. Anschließend wird die Beize mit einer Moosgummiwalze oder einer glatten Gummiwalze aufgetragen **(Bild 2 und Bild 3)**. Die Auftragsmenge liegt zwischen 10 g/m^2 und 60 g/m^2. Die Vertreiberbürste drückt die Beize in die Poren und nimmt gleichzeitig die überschüssige Beize von der Oberfläche. Mit der Wischwalze oder mit dem Wischband wird die Beize egalisiert.

Tauchen: Das Tauchverfahren eignet sich nur zum Beizen von Massenartikeln mit geringem Anspruch an die Oberflächengüte. Die zu beizenden, meist kleineren Gegenstände werden in die kalte Beizlösung eingetaucht. Nach dem Herausnehmen lässt man die überschüssige Beize von der Oberfläche ablaufen. Nach wenigen Minuten egalisiert man den Beizauftrag. Zum Tauchen eignen sich nur spezielle Tauchbeizen.

8.2.6.2 Trocknen der gebeizten Fläche

Die mit Farbstoffbeizen behandelte Fläche kann man bei Raumklima oder im Trockenkanal trocknen; die Farbstoffe bzw. Farbpigmente bilden den Farbton, sobald das Lösemittel bzw. das Wasser verdunstet ist. Die Trockenzeiten bei Raumklima und rein physikalischer Trocknung betragen zwischen 1 und 10 Stunden.

Bei den chemischen Beizen und bei den Einkomponenten-Positivbeizen entwickelt sich der Farbton erst nach einer Reaktionszeit von mehreren Stunden. Die mit diesen Beizen gebeizten Flächen können daher meist erst am folgenden Tag weiterbehandelt werden. Die chemische Reaktion erlaubt keine schnelle Trocknung, sie benötigt hierbei Raumklima. Nach Reaktionsende ist eine Nachtrocknung im Trockenkanal möglich.

Die Trockendauer von gebeizten Flächen hängt von folgenden Faktoren ab:

- von der Raumtemperatur
- vom Lösemittel der Beize
- vom Saugvermögen des Holzes
- von der vorherrschenden relativen Luftfeuchte
- von der Auftragsmenge an Beize
- von der Holztemperatur

8.3 Beschichtungsstoffe

Beschichtungsstoffe auf Basis von organischen Filmbildnern stellen den größten Anteil bei der Oberflächenbeschichtung von Holz und Holzwerkstoffen. Mit Ausnahme von Pulverlacken sind sie vor und während der Bearbeitung flüssig. Nach der Verfestigung bilden die in den Beschichtungsstoffen enthaltenen Filmbildner einen schützenden und dekorativen Film auf dem Untergrund (Substrat).

8.3.1 Eigenschaften von flüssigen Beschichtungsstoffen

Die Kenntnisse über die Verarbeitungseigenschaften der Beschichtungsstoffe und über die Eigenschaften des Lackfilms sind entscheidend für die dauerhafte Erfüllung der Anforderungen an eine Oberflächenbeschichtung. Neben diesen Kenntnissen über den Beschichtungsstoff müssen auch die Umgebungsbedingungen bekannt sein, da eine starke Wechselwirkung zwischen Umgebungsbedingungen und Verarbeitungseigenschaften besteht. Die einzelnen Verarbeitungsparameter und Umgebungsbedingungen sollten dokumentiert werden. Dies stellt sicher, dass:

- die hergestellte Oberfläche reproduzierbar ist;
- die Qualität auf Dauer sichergestellt werden kann;
- Verbrauchsmengen und damit die Kosten transparent sind.

8.3.1.1 Viskosität

Die Viskosität, auch als Fließverhalten oder Konsistenz bezeichnet, ist ein Maß für die Zähflüssigkeit eines Beschichtungsstoffes. Die Viskosität hat vor allem Bedeutung für das Einstellen eines Beschichtungsstoffes im Zusammenhang mit der Auftragstechnik (Verarbeitungs-Viskosität) und für das Verlaufsverhalten des flüssigen Beschichtungsstoffes auf der Oberfläche.

Das Fließverhalten kann durch Löse- und Verdünnungsmittel, durch andere Stoffzusätze wie Härter, Pigmente und spezielle Additive sowie durch Wärme (Warmlacke) verändert werden.

- Hochviskose Lacke und Anstrichstoffe sind zähflüssig, das Material ist „dickflüssig".
- Niedrigviskose Lacke und Anstrichstoffe sind leichtflüssig, das Material ist „dünnflüssig".

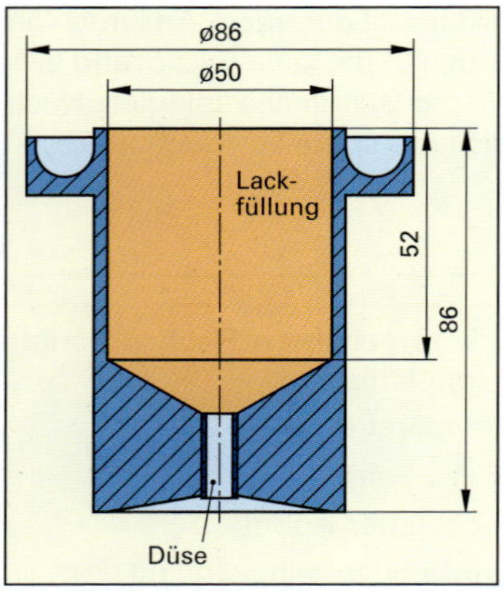

Bild 1: Auslaufbecher nach EN ISO 2431

Zum Messen der Viskosität eines Beschichtungsstoffes gibt es verschiedene Verfahren. Meist werden in einen **Auslaufbecher** (Kapillarviskosimeter) 100 ml des Beschichtungsstoffes gefüllt und die Zeit in Sekunden gemessen, die der Beschichtungsstoff braucht, um durch eine Düse von 4 mm, 6 mm oder 8 mm Durchmesser zu fließen; bei Holzlacken wird in der Regel die 4-mm-Düse verwendet (DIN 53211 bzw. EN ISO 2431; **Bild 1**). Das Fließverhalten der Beschichtungsstoffe ist temperaturabhängig, gemessen wird bei 20 °C bzw. 23 °C.

Lackviskosität (Beispiele) bei einer 4-mm-Düse:

- Spritzlacke: Grundierung etwa 20 DIN-Sek
  Decklackierung etwa 30 DIN-Sek
- Tauchlacke: 30 DIN-Sek bis 300 DIN-Sek und mehr
- Gießlacke: 30 DIN-Sek bis 80 DIN-Sek
- Walzlacke: 120 DIN-Sek bis 150 DIN-Sek

Angaben von Lackherstellern beziehen sich häufig noch auf einen DIN-Auslaufbecher nach DIN 53211, obwohl diese Norm offiziell nicht mehr gültig ist. Die Auslaufzeiten von DIN-Becher und ISO-Becher unterscheiden sich aber erheblich und können nicht miteinander verglichen werden!

Mit dem Fließbecher wird die **relative** Viskosität gemessen, bei der die Auslaufzeit als Maß für die Viskosität des Lackes genommen wird.

Streng genommen kann auf diese Weise nur eine Newton'sche Flüssigkeit gemessen werden. Das bedeutet, dass das Verhältnis zwischen Schubspannung und Schergeschwindigkeit (dynamische Viskosität in Pascalsekunde Pa × s) linear ist. Solch eine Newton'sche Flüssigkeit ist z. B. Wasser. Flüssigkeiten, deren Viskosität sich bei steigender Schubspannung bzw. steigender Schergeschwindigkeit ändert (z. B. durch Rühren oder durch Beanspruchung beim Spritzen), bezeichnet man als **strukturviskos** bzw. **dilatant.** Bei strukturviskosen Flüssigkeiten nimmt die Viskosität bei zunehmender Beanspruchung ab. Sogenannte „nicht tropfende" Farben zeigen ein strukturviskoses Verhalten. Das bedeutet, dass sie im Ruhezustand „dickflüssiger" sind als während der Applikation. Bei dilatanten Stoffen steigt die Viskosität bei zunehmender Beanspruchung.

Sinkt die Viskosität in Folge der Beanspruchungszeit, so spricht man von **Thixotropie.** Thixotrope oder strukturviskose Lacke werden beispielsweise zum Lackieren von senkrechten Flächen eingesetzt, wenn die Gefahr einer Läuferbildung gegeben ist.

8.3.1.2 Dichte

Die Dichte eines Lackes ist das Verhältnis von seiner Masse (in g) zu seinem Volumen (in cm^3). Sie wird z. B. mit einem sogenannten Pyknometer (Messbecher) gemessen, der ein definiertes Volumen hat. Über das gemessene Gewicht vom Messbecher mit und ohne Inhalt, lässt sich somit die Dichte errechnen. Die meisten Lacke in der Holzindustrie besitzen eine Dichte von ca. 1 g/cm^3.

8.3.1.3 Festkörpergehalt

Das Bindemittel eines Lackes, der Filmbildner, ist für die Bildung eines Lackfilms entscheidend. Verschiedene im Filmbildner enthaltene Stoffe, wie z. B. Pigmente und Füllstoffe, sind zwar Filmbestandteile aber keine Filmbildner. Die Bindemittel und die festen Filmbestandteile ergeben zusammen den Feststoffgehalt (Festkörpergehalt). Sie ergeben im getrockneten Zustand die fertige Schichtdicke.

Der Festkörpergehalt unterscheidet sich bei den einzelnen Lacken **(Seite 401, Tabelle 1 und Bild 1)**. Vom Festkörpergehalt ist somit die Trockenfilm-Dicke abhängig.

Tabelle 1: Festkörpergehalt von Holzlacken (Richtwerte)[1]

Klarlack	Festkörpergehalt in %	Klarlack	Festkörpergehalt in %
Dünnschichtlasuren	20 bis 25	Säurehärtende Lacke	30 bis 50
Dickschichtlasuren (Lacklasuren)	35 bis 40	Polyesterlacke	85 bis 95
Cellulose-Nitratlacke	20 bis 50	Alkydharzlacke	30 bis 35[1]
Hydrolacke	30 bis 60	Acrylharzlacke	um 25[1]
Polyurethanharzlacke	30 bis 50		
[1] Bei pigmentierten Lacken kann sich der Festkörpergehalt um 25 % bis 30 % erhöhen.			
Klassifikation			
Low-Solid-Lack	10 bis 30	Medium-Solid-Lack	60 bis 80
Standard-Solid-Lack	30 bis 60	High-Solid-Lack	80 bis 100

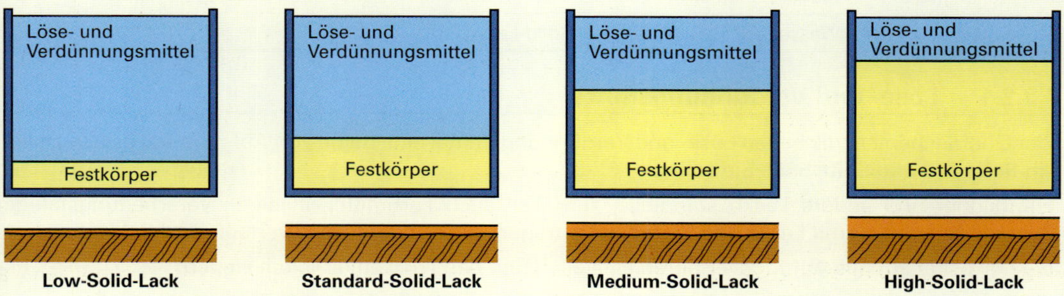

Um eine bestimmte Schichtdicke zu erzielen, sind unter Umständen mehrere Lackaufträge erforderlich.

Bild 1: Festkörpergehalt und Trockenfilm-Dicke

8.3.2 Hauptbestandteile der Lacke

Im **Bild 2** ist die Zusammensetzung eines Lackes beispielhaft dargestellt. Als Lösungsmittel werden organische Lösemittel, Wasser oder eine Mischung aus Wasser mit einem geringen Anteil an organischen Lösemitteln eingesetzt. Die Bindemittel, Harze oder auch Filmbildner bilden nach der Trocknung den eigentlichen Film, also die Lackschicht. Additive und Hilfsmittel bestimmen zahlreiche Verarbeitungs- bzw. Gebrauchseigenschaften des Lackes. Pigmente und Füllstoffe werden für die Farbgebung eingesetzt. Für verschiedene Anwendungen und Verarbeitungsformen ist eine Vielzahl von Lacken erhältlich. Die Auswahl des Lackes wird im Wesentlichen durch die an die fertige Oberfläche gestellte Anforderung und geforderte Beständigkeit bestimmt. Daneben bestimmt auch die zum Einsatz kommende Applikations- und Trocknungs- bzw. Härtungstechnologie die Art und Eigenschaft eines Lackes.

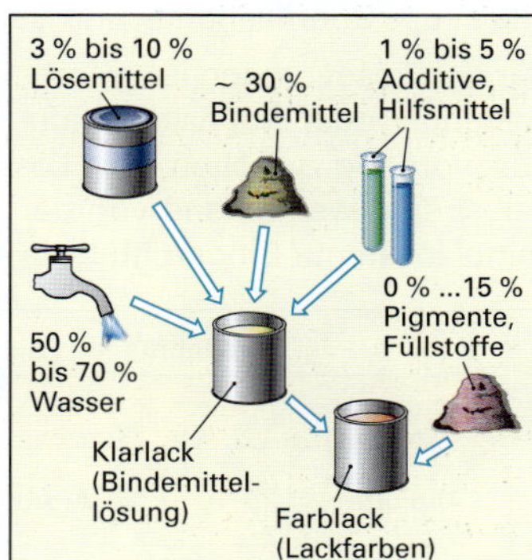

Bild 2: Beispielhafte Zusammensetzung eines Wasserlackes

Lacke müssen vielfältige Anforderungen und Beständigkeiten erfüllen.

Je nach Einsatzgebiet müssen Lacke optischen, mechanischen und thermischen Anforderungen genügen. Sie müssen auch eine Beständigkeit gegen Flüssigkeiten und feste Substanzen aufweisen. Zudem sollten sie gegen den Einfluss von UV-Licht beständig sein.

Die Einteilung der Lacke kann nach unterschiedlichen Merkmalen erfolgen. Beispiele für die Einteilung sind in **Tabelle 1, Seite 402** angegeben. Bei der Auswahl eines Beschichtungsstoffes werden mehrere dieser Zuordnungskriterien nebeneinander verwendet, um für einen konkreten Anwendungsfall die geeignete Beschichtung zu erhalten.

Tabelle 1: Einteilung der Lacke bzw. Beschichtungsstoffe

Einteilungsmerkmal	Beispiele für die Lackbezeichnung
Verwendungszweck (Anwendungsbereich)	Innenlack, Außenlack, Holzlack, Bootslack, Möbellack, Fensterlack, Parkettlack, Sitzmöbellack
Art des Filmbildners	Nitrolack, Polyurethanharzlack, Polyesterharzlack, Alkydharzlack, Acrylharzlack, SH-Lack
Klassifikation des Festkörperanteils	Low-Solid-Lack, Standard-Solid-Lack, Medium-Solid-Lack, High-Solid-Lack
Funktion im Schichtaufbau	Primer (Haftgrund), Sperrgrund, Spachtel, Füller, Grundierlack (Grundierung), Decklack, Überzugslack, Einschichtlack, Mehrschichtlack
Auftragstechnik	Spritzlack, Airless-Lack, Tauchlack, Gießlack, Walzlack
Porigkeit	offenporiger Lack, halboffenporiger Lack, geschlossenporiger Lack
Verfestigung	physikalisch trocknender Lack, chemisch-härtender Lack (Reaktionsharzlack), oxidativ-härtender Lack, strahlenhärtbarer Lack (z. B. UV-härtender Lack)
Oberflächeneffekt	Klarlack, Mattlack, Seidenglanzlack, Glanzlack, Hochglanzlack, Effekt-Lack, Reißlack
Umweltverträglichkeit	Wasserlack, Pulverlack, High-Solid-Lack

8.3.2.1 Löse- und Verdünnungsmittel

In der Oberflächentechnik haben Löse- und Verdünnungsmittel eine Reihe von Aufgaben zu erfüllen **(siehe auch Seite 383 und Seite 583)**. Sie sollen

- Filmbildner und andere Lackbestandteile, zum Teil auch Farbmittel, in einen verarbeitungsfähigen Zustand bringen, damit Lacke und Beizen aufgetragen und auf der Fläche verteilt werden können,
- die Viskosität auf das Auftragsverfahren einstellen und das Trockenverhalten steuern,
- die Benetzung, Dispergiervorgänge, das Fließverhalten, den Verlauf und den Glanzgrad beeinflussen und
- beim elektrostatischen Auftragsverfahren elektrische Eigenschaften des Beschichtungsmaterials regulieren.

Lösevermögen und Einteilung

Das Lösevermögen der Lösemittel hängt stark von ihrem molekularen Aufbau ab; ein Universalmittel, das alle in der Oberflächentechnik verwendeten Stoffe löst, gibt es nicht.

Für den Lösevorgang ist entscheidend, dass sich die zwischen den Lösemittelmolekülen befindlichen Anziehungs- oder Kohäsionskräfte möglichst wenig von den Anziehungskräften unterscheiden, die beim Lösevorgang zwischen dem Lösemittel und den Bindemittelmolekülen entstehen. Die Anziehungskräfte selbst sind weitgehend von der Polarität des Lösemittels bzw. Bindemittels abhängig. Dabei gilt: Lösemittel lösen nur Bindemittel, die sog. Filmbildner, wenn die Polarität beider Stoffe ähnlich ist **(Bild 1)**.

abnehmende Polarität ← niederpolar — mittelpolar — hochpolar → zunehmende Polarität

Aliphate	Aromate	Ester und Ketone	Alkohole und Ether	Wasser
z.B. Benzine, natürliche Terpentine	z.B. Toluol, Xylol	z.B. Butylacetat bzw. Aceton	z.B. Propanol-Verbindungen	Wasser
gelöst werden (Beispiele):				
• verschiedene Alkydharze • modifizierte Acrylate Gut geeignet zum Lösen unpolarer Bindemittel.	• Polyester • Acrylate	• breites Löslichkeitsspektrum Derzeit zählen Ester und Ketone zu den wichtigsten Lösemitteln.	• Nitrozellulose • Phenol-, Harnstoff-, Melaminharze • Hilfslösemittel in wasserverdünnbaren Lacken	• Mit herkömmlichen Lacken völlig unverträglich. Bei speziellem chemischen Lackaufbau ist Wasser Verdünnungsmittel

Bild 1: Polarität von Lösemitteln und Löslichkeit von Filmbildnern

- **Echte Löser:** Sie sind in ihrem chemischen Aufbau dem Bindemittel sehr ähnlich; sie lösen es daher gut.
- **Latente Löser:** Diesen Lösemitteln müssen andere Lösemittel zugemischt werden, damit sie ein ausreichendes Lösevermögen für das zu lösende Bindemittel aufweisen.
- **Nichtlöser:** Sie haben keine lösende Wirkung. Nichtlöser werden dem echten Löser in kleineren Mengen als Verschnitt hinzugefügt. Verschnittmittel sind wesentlich preisgünstiger als echte Löser; die lösenden Eigenschaften des Echten Lösers gehen durch den Nichtlöser nicht verloren. Nichtlöser kann man als Verarbeitungshilfe ansehen.

Unterschieden werden die Lösemittel im Zusammenhang mit ihrem Lösevermögen in echte Löser, latente Löser und in Nichtlöser. Latente Löser und Nichtlöser werden in der Praxis meist als Verdünnungsmittel bezeichnet.

In der betrieblichen Praxis wird zwischen Lösemitteln und Verdünnungsmitteln unterschieden.

Lösemittel dienen als leichtflüchtige Flüssigkeiten zum Auflösen bzw. zum Verflüssigen von Harzen, Nitrozellulosen, Wachsen und Ölen, ohne sich dabei selbst chemisch zu verändern. Der Vorgang ist physikalisch. Beim Trocknen des auf der Oberfläche aufgetragenen Überzugsmaterials verdunsten die Lösemittel, zurück bleibt der gelöste Stoff als Film oder Bindemittel.

Verdünnungsmittel zählen ebenfalls zu den leichtflüchtigen Flüssigkeiten. Sie sind mit dem Oberflächenmaterial mischbar, lösen es aber nicht. Ein Beispiel dafür ist Wasser in Dispersionsanstrichen. Daneben können geeignete Lösemittel als Verdünnungsmittel eingesetzt werden und umgekehrt. Mit Verdünnungsmitteln werden die Überzugsmaterialien verarbeitungsfähig gemacht und die für das jeweilige Auftragsverfahren notwendige Viskosität eingestellt. Außerdem dienen Verdünnungsmittel bei chemisch härtenden Einkomponentenlacken als eine Art Trennschicht zwischen den Reaktionspartnern zum Schutz vor vorzeitigem Aushärten des Lackes im Gebinde. Löse- und Verdünnungsmittel haben bei der Verarbeitung von chemisch und physikalisch gefestigten Lacken eine Reihe von Funktionen zu erfüllen **(Bild 1)**. Eine Ausnahme bilden Pulverlacke und High-Solid-Lacke, die keine oder nur wenige Lösemittel enthalten.

In konventionellen Lacksystemen kommen ausschließlich organische Lösemittel zum Einsatz (**V**olatile **O**rganic **C**ompounds **VOC)**, welche überwiegend aus Erdöl hergestellt werden. Zum einen stellen diese Stoffe eine Gesundheits- und Umweltbelastung dar, zum anderen sind sie aufgrund ihrer leichten Entzündlichkeit eine große Gefahrenquelle im Betrieb. Zahlreiche Bestrebungen gelten daher der Reduzierung bzw. der Vermeidung von VOC innerhalb der Oberflächenbeschichtung.

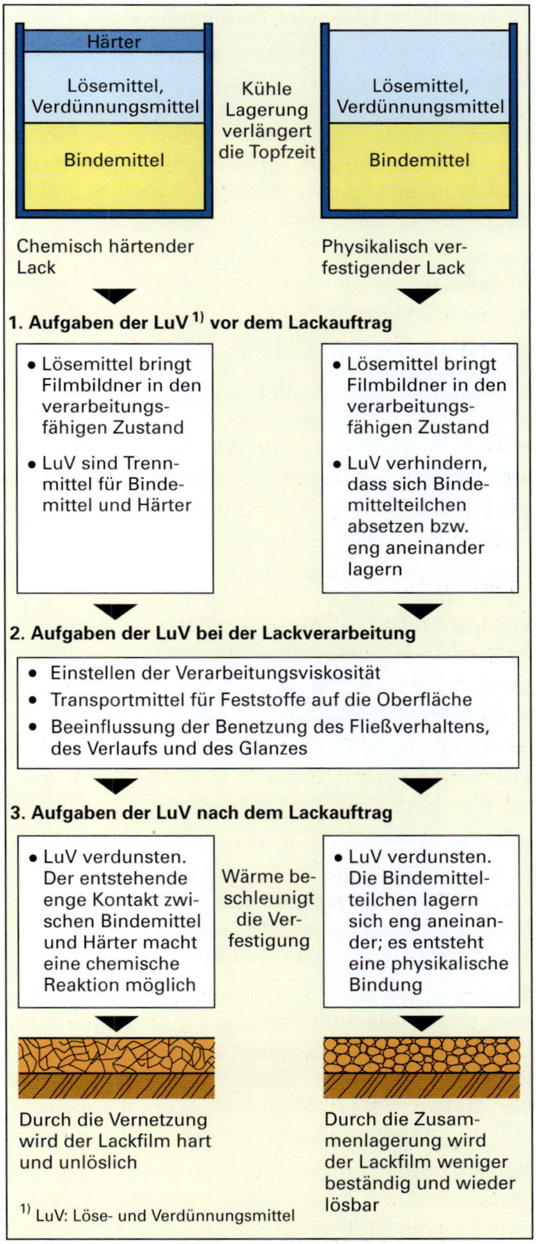

Bild 1: Einfluss der Löse- und Verdünnungsmittel während der Lackverfestigung

Ein hoher VOC-Gehalt kann vermieden werden durch den Einsatz von:

- **Wasserverdünnbaren Lacksystemen,**
- **Lacken mit einem sehr hohen Festkörperanteil (High-Solid-Lacke) und**
- **strahlenhärtbaren Lacken mit 100 % Festkörpergehalt.**

Arten von Lösemitteln

Löse- und Verdünnungsmittel werden nach ihrem chemischen Aufbau in anorganische und organische Stoffe unterteilt. Die Löse- und Verdünnungsmittel lassen sich in Gruppen zusammenfassen.

Anorganische Löse- und Verdünnungsmittel

Wasser: Mit Wasser können die wasserfreundlichen Molekülgruppen wasserlöslicher Bindemittel, sog. Wasserlacke, aufgelöst werden. Wasser ist im Gegensatz zu den organischen Löse- und Verdünnungsmitteln umweltfreundlich und nicht gesundheitsschädlich. Überzugsmittel, die die Umwelt weniger belasten als andere Erzeugnisse der gleichen Produktgruppe, erhalten zur Kennzeichnung der verringerten Umweltbelastung das Umweltkennzeichen **Blauer Engel.** Viele umweltbelastende lösemittelhaltige Beschichtungen können durch wasserlösliche und wasserverdünnbare Systeme ersetzt werden, man spricht dabei von Wasser-, Hydro- und Aqualacken.

Bei der Anwendung von Wasser (Verdunstungszahl VZ 80, **siehe Seite 405**) trocknen die Beschichtungsmaterialien bei sonst gleichen Bedingungen wesentlich langsamer als bei Anwendung organischer Löse- und Verdünnungsmittel.

Organische Löse- und Verdünnungsmittel

Reine Kohlenwasserstoffe, sog. Aliphate: Bei diesen aus Kohlenstoff und Wasserstoff bestehenden Löse- und Verdünnungsmitteln handelt es sich um leichtflüchtige, kettenförmig aufgebaute Benzine, z.B. Testbenzin, um ketten- oder ringförmig aufgebaute Terpentinöle und um ringförmig aufgebaute Zykloalkane, z.B. Tetralin und Dekalin. Mit diesen Stoffen werden vor allem Öle, Wachse und Alkydharze gelöst. Terpentinöl, das aus dem Harz von Nadelhölzern (meist von Kiefern) gewonnen wird, kann als Naturprodukt bezeichnet werden. Ein Gemisch aus Terpentinöldämpfen und Luft ist explosionsfähig.

Aromatische Kohlenwasserstoffverbindungen, sog. Aromate: Diese Stoffe, wie z.B. Toluol, Styrol und Xylol, bestehen aus ringförmig aufgebauten, ungesättigten Kohlenwasserstoffverbindungen. Sie sind reaktionsfreudig und lösen Harze, Wachse und Öle in der Regel besser als die reinen Kohlenwasserstoffe. Ihr Einsatz ist jedoch durch die erhöhte Gesundheitsgefährdung problematisch.

Alkohole: Zu den kettenförmig aufgebauten Alkoholen zählen vor allem Butanol, Ethanol, Methanol, Benzyl- und Methylbenzylalkohol, Methylcyclohexanol. Spiritus besteht aus Ethanol und Zusätzen. Die Anzahl der OH-Gruppen im Alkoholmolekül und die Polarität des Bindemittels sind ausschlaggebend für das Lösevermögen der Alkohole. Die in der Holztechnik verwendeten Überzugsmaterialien werden mehr oder weniger gut gelöst. Die Gesundheitsgefährdung ist niedriger als bei den Aromaten.

Ketone: Zu diesen ketten- oder ringförmig aufgebauten, wasserklaren und brennbaren Löse- und Verdünnungsmitteln mit gutem Lösevermögen für Lackharze zählen Aceton, Methylisobutyl- und Methylisoamylketon, Cyclohexanon, Butanon und Isophoren. Aceton ist gut im Wasser lösbar, bei den anderen Verbindungen ist die Wasserlöslichkeit gering. Mehrere Ketone, z.B. Aceton, verdunsten schnell, sodass z.B. Verlaufsstörungen beim Lackauftrag auftreten können, der Lack schwimmt nicht einwandfrei aus.

Ester: Bei den kettenförmig aufgebauten und farblosen Estern handelt es sich um wasserklare, häufig fruchtartig riechende Stoffe mit gutem Lösevermögen. In der Mischung mit Alkohol steigern sie deren Lösevermögen. Zu den Estern zählen Methyl-, Ethyl-, Butyl-, Methylglykol- und Ethylglykolacetat sowie Glykolsäurebutylester. Diese Stoffe sind in den anderen organischen Löse- und Verdünnungsmitteln lösbar, in Wasser teils wenig und teils überhaupt nicht. Ester können in Gegenwart starker Basen oder Säuren (z.B. säurehärtende Lacke) verseifen, d.h., sich zersetzen.

Ether: Zu den kettenförmig aufgebauten und angenehm riechenden Ethern zählen Verbindungen wie Tetrahydrofuran, Methyl-, Ethyl- und Butylglykol sowie Methyl- und Ethyldiglykol. Ether sind gute Lösemittel für die Lacktechnik. Sie mischen sich kaum mit Wasser aber gut mit anderen organischen Flüssigkeiten. Diethylether, der sog. Ether, wird wegen seiner schnellen Verdunstung (VZ 1) nur selten als Lösemittel eingesetzt, die anderen Ether sind wichtige Lösemittel für die Lacktechnik.

Lösemittelgemische: In der Praxis werden häufig Lösemittelgemische verwendet, um wichtige Eigenschaften der flüssigen Überzugsmaterialien wie Verlauf- und Trocknungsverhalten besser beeinflussen zu können. Die verwendeten Bezeichnungen für diese Lösemittelgemische drücken bereits ihren Anwendungsbereich aus: Kunstharzverdünnung für Kunstharzlacke, Streich- und Spritzverdünnung für entsprechende Auftragsverfahren, **Nitroverdünnung** zum Verdünnen von Nitrozellulose-Lacken, **Universalverdünnung** für unterschiedliche Überzugsmittel und **Spezialverdünnung** für ein spezielles Überzugsmittel. Bei Lösemittelgemischen ist die Lösekraft häufig größer als bei getrennter Anwendung.

Eigenschaften und Kenngrößen von Lösemitteln

Dichte

Die Dichte der meisten organischen Löse- und Verdünnungsmittel ist im flüssigen Zustand kleiner als die von Wasser, im gasförmigen jedoch größer als die von Luft. Diese Stoffe schwimmen deshalb auf dem Wasser und sinken als Dämpfe auf den Boden. Beim Verarbeiten dieser Stoffe, z.B. beim Lackauftrag, muss deshalb die Absauganlage die Dämpfe im Bodenbereich erfassen und abführen.

Verdunstungszahl

Mit der Verdunstungszahl (VZ) wird angegeben, um wie viel Mal langsamer ein Löse- oder Verdünnungsmittel im Vergleich zu Ether verdunstet. Ether hat die Verdunstungszahl 1, Wasser die Verdunstungszahl 80. Wasser braucht also bei gleichen Bedingungen 80-mal länger als Ether, bis es verdunstet ist.

Die Löse- und Verdünnungsmittel werden nach ihrer Verdunstungszahl in vier Gruppen eingeteilt **(Tabelle 1)**.

Tabelle 1: Verdunstungszahlen

Bezeichnung der Gruppe	Verdunstungszahl VZ	Beispiele
leichtflüchtig	unter 10	Aceton, Methanol, Toluol, Ethanol
mittelflüchtig	10 bis 35	Butanol, Butylacetat, Xylol, Styrol
schwerflüchtig	35 bis 50	Terpentinöl, Cyclohexanon, Methylglykolacetat, Ethylglykol
sehr schwer flüchtig	über 50	Testbenzin, Wasser, Methylisoamylketon, Tetralin, Dekalin

Leichtflüchtige Löse- und Verdünnungsmittel können den Lackverlauf stören, zu Blasenbildung in der Lackschicht führen und beim Trocknen des Anstrichstoffes der Oberfläche Wärme entziehen. Durch den Wärmeentzug kann die Klarlackoberfläche eintrüben, d.h., weiß anlaufen. Schwerflüchtige Löse- und Verdünnungsmittel verzögern die Trocknung des Überzugsmaterials, ergeben aber eine gleichmäßig durchtrocknende Lackschicht mit verbessertem Glanz. Um die vorteilhaften Eigenschaften der einzelnen Löse- und Verdünnungsmittel nutzen zu können, werden in der Regel Lösemittelgemische eingesetzt. Damit ist es möglich, Überzugsmaterial und Auftragsverfahren aufeinander abzustimmen.

Flammpunkt

Der Flammpunkt ist die niedrigste Temperatur einer brennbaren Flüssigkeit, bei der so viel Flüssigkeit verdampft, dass sich das entstehende Dampf-Luftgemisch durch Fremdzündung, z.B. bei Annäherung einer Zündflamme, entflammen lässt. Mit dem Flammpunkt wird somit der Grad der Feuergefährlichkeit von brennbaren Flüssigkeiten angegeben.

8.3.2.2 Filmbildner

Die Filmbildner (Harze) führen nach der Trocknung und Aushärtung zum eigentlichen Lackfilm. Die Eigenschaften der Filmbildner sind im Wesentlichen verantwortlich für die Resistenz, Haftung und für das Aussehen des Beschichtungsstoffes. Sie können im Lösemittel als echte Lösung, kolloidale Lösung oder als Dispersion zum Einsatz kommen.

Bei Lacken kommen fast ausschließlich synthetische, d.h., aus Erdölderivaten künstlich hergestellte Filmbildner **(Tabelle 2)**, zum Einsatz.

Tabelle 2: Synthetische Filmbildner

Polykondensationsharze	Polyadditionsharze	Polymerisationsharze
Phenolharze Harnstoffharze Melaminharze Polyesterharze	Polyisocyanate (Polyurethan) Epoxidharze	Acrylate Polyacrylate Polyvinylharze

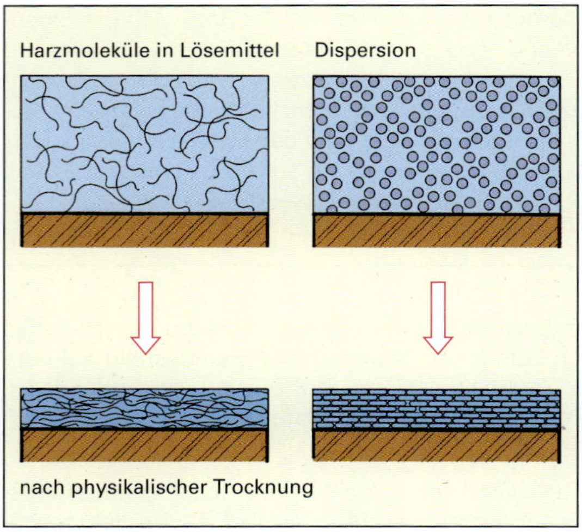

Bild 1: Schemaskizze der Filmbildung von in Lösemitteln gelösten Harzmolekülen (linkes Bild) und von Dispersionen (rechtes Bild)

Bei der Filmbildung, also beim Übergang vom flüssigen in den festen Zustand, unterscheidet man zwei Arten:

- **Physikalische Trocknung:** Während der Trocknung des Lösemittels rücken die Filmbildeteilchen eng aneinander. Es entstehen physikalische Anziehungskräfte, die mit kleiner werdendem Abstand immer stärker werden. Die Moleküle werden chemisch nicht verändert, dadurch ist dieser Vorgang auch reversibel.
- **Chemische Härtung:** Nachdem das Lösemittel verdunstet ist, findet anschließend eine chemische Reaktion statt. Durch Vernetzung der Molekülketten wird ein sehr widerstandsfähiger Film gebildet. Bei der chemischen Härtung unterscheidet man folgende Reaktionstypen:
  - **Polykondensation**
  - **Polyaddition**
  - **Polymerisation**

Bei der physikalischen Trocknung von in Lösemitteln gelösten Harzmolekülen, verschlaufen sich die Molekülketten bei der Trocknung unter Bildung von Raumstrukturen. Bei der Filmbildung von Dispersionen verschmelzen die kugelförmigen Teilchen bei der Trocknung zu einem festen Film **(Bild 1)**.

Filmbildner aus natürlichen Harzen

Einen Naturstoff als Ausgangsrohstoff haben **Cellulose-Derivate** (Nitrocellulose, Cellulose-Acetobutyrat, Veresterung von Cellulose). Cellulose wird aus Holz oder Baumwolle gewonnen und wird in einem aufwendigen Prozess modifiziert und lacktechnisch aufbereitet. Aufgrund ihrer geringen Beständigkeit und ihrer sicherheitstechnischen Auflagen verlieren diese weitverbreiteten Lacke zunehmend an Bedeutung. Neben der o.g. Cellulose ist mit Öl **verkochtes Kolophonium** ein wichtiger Grundstoff für Möbel- und Parkettöle.

Eigenschaften der Lackfilme: Die Oberflächenschicht aus Naturharzen ist meist weniger wasser- und alkoholfest, wärmebeständig und kratzfest, hart und glänzend als eine entsprechende Oberflächenschicht aus synthetisch hergestellten Stoffen. Die Überzugsmittel aus Naturharzen wurden fast ganz durch Kunstharze ersetzt.

Aufbau der Harzlösungen: Zur Herstellung von Lacken, Mattierungen und Polituren aus natürlichen Stoffen dienen eine Reihe von Naturharzen **(Tabelle 1, Seite 407)**. Verschiedene Harze dienen auch als Bindemittel für Hartöle **(siehe Kap. 8.3.3.9)**.

Verarbeitung der Harzlösungen: Das wichtigste Überzugsmittel aus natürlichen Harzen ist die Schellacklösung.

Schellacklösungen mit geringer Konzentration (30 % bis 40 %) werden mit dem Pinsel oder mit dem Polierballen aufgetragen. Nach dem Trocknen wird die Oberfläche mit feinem Schleifpapier leicht geschliffen. Auf die so grundierte Fläche wird dann mit einem Polierballen konzentrierte Schellacklösung mit einigen Tropfen Polieröl (Gleitöl) in mehreren Arbeitsgängen aufgetragen. Man poliert solange, bis die Poren gefüllt sind und eine geschlossene Oberfläche entstanden ist. Auspoliert wird mit einem frischen Ballen unter Zuhilfenahme von Benzoelösung. Dadurch werden die Ölspuren entfernt und eine hochglänzende Fläche erreicht.

Die anderen Harzlösungen werden meist als Lack, weniger als Politur und Mattierung verwendet.

Tabelle 1: Naturharze für Überzugsmittel

Harzart	Ursprung	Schmelztemperatur in °C	Farbton	Lösemittel	Hinweise
Schellack	harzartige Ausscheidung der Lackschildlaus; Indien	60 bis 100	braungelb bis rotbraun	Spiritus, Alkohol	für Möbelpolituren verwendbar, zäh-elastisch
Bernstein	Harze vorzeitlicher Nadelbäume; Ostseestrand	290 bis 385	hellgelb bis schwarz-braun	verschiedene Öle, Alkohol	zur Herstellung harter, dunkler Lacke, z.B. von Fußbodenlacken
Kopale	Harze tropischer Laubbäume; Afrika, Südostasien	105 bis 120 (Manilakopale)	hellgelb bis dunkelbraun	Alkohol	zur Herstellung hoch-wertiger Öllacke
Dammar	Harze tropischer Laubbäume; Sundainseln	weißer Dammar 80 bis 90 schwarzer Dammar 160 bis 180	weiß bis braun	Kohlen-wasserstoffe, Aromate, Terpentinöl	nicht gilbend, gut wasserbeständig
Sandarak	Harz von Zypressen; Nordafrika	100 bis 130	hellgelb	Terpentinöl, Alkohol	zur Herstellung von Spirituslacken, spröde
Benzoe	Harz von Styrax-Sträuchern; Thailand, Indonesien	75 bis 80	bräunlich	Alkohol, Ether	zur Herstellung feiner Spirituslacke
Kolophonium (Baumharze)	Harz von Kiefern und Fichten	65 bis 85	hellgelb bis braun	Alkohol, Terpentinöl, Testbenzin	stark gilbend, weich und spröde, Ausgangsprodukt hochwertiger Öllacke

8.3.2.3 Additive und Hilfsmittel

Wesentliche Produkt- und Verarbeitungseigenschaften von Lacken werden durch Additive und Hilfsmittel gesteuert **(Tabelle 2)**. Sie sind in der Regel nicht flüchtig und verbleiben im Lackfilm.

Tabelle 2: Additive und Lackhilfsmittel

Additiv, Hilfsmittel	Zweck
Tenside	Netz- und Dispergierhilfen
Entschäumer	Entlüften des flüssigen Beschichtungsmaterials
Antihautmittel	Verhinderung der Hautbildung an der Oberfläche oxidativ trocknender Systeme
Rheologische Additive	Steuern das Viskositätsverhalten (z.B. Thixotropie)
Verlaufsmittel	Glättung der Oberfläche während der Trocknung
Verzögerer	Verhinderung der Blasenbildung während Applikation und Trocknung
Trockenstoffe	Trocknungsbeschleunigung oxidativ trocknender Systeme
Weichmacher	Elastizität des Lackfilms
Schleifmittel	Verbesserung der Schleifbarkeit von Grundierungen
Slip Additive	Verbesserung der Oberflächenglätte
Mattierungsmittel	Einstellung des Glanzgrades
Lichtschutzmittel	Absorption der UV-Strahlung um Vergilbung des Substrats zu verzögern
Biozide	Schutz des flüssigen (wässrigen) Beschichtungsstoffes und des Substrats Holz vor Pilz-, Bakterien- und Insektenbefall

8.3.2.4 Pigmente und Hilfsmittel

Bei Pigmenten **(Bild 1)** und Füllstoffen handelt es sich um unlösbare Teilchen, die zur Farbgebung eingesetzt werden oder bestimmte Eigenschaften wie Füllvermögen oder Schleifbarkeit beeinflussen sollen. Pigmente dürfen nicht mit Farbstoffen verwechselt werden, die zwar ein gutes Farbvermögen haben aber aufgrund ihrer Löslichkeit keine Deckkraft besitzen **(Kap. 8.2)**. Bei Farbpigmenten wird zwischen organischen und anorganischen Pigmenten unterschieden.

Die farbgebende Deckkraft von Pigmenten beruht auf der Fähigkeit der Pigmente Licht zu streuen und in bestimmten Wellenlängenanteilen Licht zu absorbieren. Der reflektierte Anteil des auftreffenden Lichtes erscheint dem menschlichen Auge als Farbe.

Bild 1: Farbpigmente: Eisenoxidgelb, Umbra, Eisenoxidrot, Titandioxid (weiß), Eisenoxidschwarz, Ultramarinblau

8.3.3 Lacksysteme

Lacksysteme existieren in einer großen Vielfalt. Ihre Einteilung und Klassifizierung richtet sich nach verschiedenen Kriterien, wie z.B. **Anwendungszweck** (Möbellack, Bootslack), **Applikationsart** (Spritzlack, Walzlack), **Trocknungsart** (physikalisch, chemisch) oder nach den **Filmeigenschaften** (Hochglanzlack, Mattlack). Im Folgenden werden die Lacke im Wesentlichen nach ihrer Bindemittelgruppe eingeteilt bzw. im Fall der Wasserlacke nach dem Hauptlösemittel. Eine Sonderstellung nehmen UV-härtende Lacksysteme ein, da dieses System nach dem Auslösemechanismus des chemischen Härteprozesses klassifiziert wird.

8.3.3.1 Cellulosenitrat-Lacke (CN-Lacke)

Aufbau des Lackes: Cellulosenitrat-Lack, auch als Nitrozellulose-Lack, Nitro-, NC- oder CN-Lack bezeichnet, besteht aus einer Reihe von Komponenten **(Bild 1)**. Cellulosenitrat ist als Bindemittel die Hauptkomponente. Je nach Stickstoffgehalt werden der A-Typ (alkohollöslich) und der E-Typ (esterlöslich) unterschieden. Das alkohollösliche Cellulosenitrat bildet das Bindemittel für Polituren und Mattierungen, das esterlösliche Cellulosenitrat für pigmentierte Lacke. Eine Zusatzkomponente als Bindemittel ist Alkydharz. Andere Komponenten oder Zusätze sind Weichmacher, Mattierungs-, Schleif- und Lichtschutzmittel sowie Löse- und Verdünnungsmittel. CN-Lacke weisen in der Regel eine sehr gute Verträglichkeit mit anderen Lacken auf.

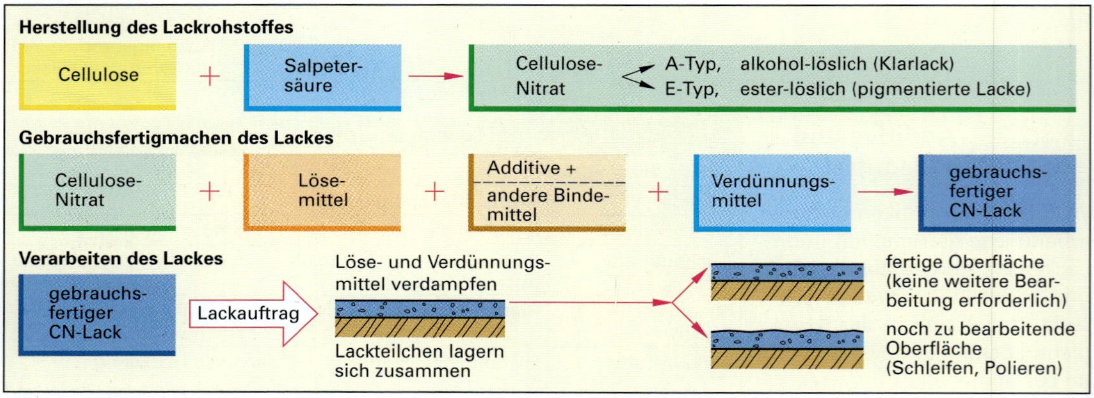

Bild 1: Aufbau der CN-Lacke (prinzipiell)

Verarbeiten des Lackes: CN-Lacke werden bei Temperaturen nicht unter 15 °C mit den üblichen Auftragsverfahren verarbeitet, in kleineren Betrieben meist im Spritzverfahren. Zu hohe Luftfeuchte führt dazu, dass der Lackfilm weiß anläuft.

- Zum Spritzen werden Düsen mit einem Durchmesser von 1,5 mm bis 1,8 mm verwendet. Der Spritzdruck beim Hochdruckspritzen beträgt zwischen 2,5 bar und 3 bar.
- Bei Grundierungen darf nicht mehr Lack als höchstens 200 g/m^2 aufgetragen werden, weil es sonst zur Trübung der Grundierschicht und Verschleierung der Holzfarbe und Holzstruktur kommt.
- Grundierungen können bei Trocknung mit Raumtemperatur schon nach 20 min bis 30 min Trockenzeit geschliffen werden.
- Die Trockentemperaturen dürfen bei den meisten CN-Lacken 45 °C nicht überschreiten, weil die CN-Lacke leicht entzündbar sind. Grundsätzlich gilt die Regel: Je geringer die Auftragsmenge und je höher die Trockentemperaturen, desto kürzer die Trockenzeit.

Eigenschaften des Lackfilms:
- Der Lackfilm trocknet schnell, er weist eine relativ hohe Härte auf.
- Die Neigung zur Vergilbung und die Feuergefährlichkeit des Lackfilms sind groß.
- Der Lack ist nur wenig beständig bei Einwirkungen von Chemikalien, Feuchte und Wärme; die Kratzbeständigkeit und Abriebbeständigkeit sind sehr gering.
- CN-Lacke werden wegen ihrer einfachen Verarbeitung und schnellen Trocknung häufig zum Restaurieren von Flächen eingesetzt.

8.3.3.2 Säurehärtende Lacke (SH-Lacke)

Aufbau des Lackes: Der Hauptbestandteil des Bindemittels der säurehärtenden Lacke ist Harnstoff-, Melamin- oder Phenolharz, häufig in Kombination mit Alkydharz oder Nitrozellulose (Nitro-Kombi-Lack) **(Bild 1).** Die Verfestigung des Lackes läuft in Stufen ab. Zuerst verdunsten die Löse- und Verdünnungsmittel, dann kommt es zwischen dem SH-Lackharz und dem Härter zu einer chemischen Reaktion (Polykondensation); Formaldehyd und Spaltprodukte (Wasser) werden freigesetzt.

Verarbeiten des Lackes: Der SH-Lack wird als Zweikomponentenlack und als Einschichtlack mit den üblichen Auftragsverfahren bei Raumtemperaturen nicht unter 15 °C aufgetragen. Die Auftragsmenge sollte 200 g/m² nicht überschreiten, weil sonst die Gefahr besteht, dass der Lackfilm rissig wird. Die Trocken-Filmdicke liegt in der Regel zwischen 20 µm und 60 µm (1 µm = $^1/_{1000}$ mm), in Sonderfällen bei 100 µm. Müssen mehrere Lackschichten aufgetragen werden, um z.B. eine geschlossene Filmschicht zu erzielen, wird nass in nass gearbeitet oder die erste Lackschicht wird zwischen- bzw. angeschliffen.

Folgende Verarbeitungsregeln müssen beachtet werden, wenn die Lackschicht die an sie gestellten Anforderungen erfüllen soll:

- Die vorgeschriebene Härtermenge muss eingehalten werden. Bei zu viel Härter wird der Lackfilm zu hart und spröde, bei zu wenig Härter bleibt die Lackschicht plastisch und klebrig. Bei einem Zweikomponenten-SH-Lack werden etwa 10% Säure als Härter hinzugefügt.
- Ammoniakdämpfe (Salmiak) dürfen sich beim Verarbeiten von SH-Lack nicht in der Raumluft oder auf der Fläche befinden, weil sich sonst die SH-Lackschicht weiß verfärbt (Fehlhärtung durch die Kombination Säure und Lauge).
- Der Säuregehalt des Lackes kann bei verschiedenen Holzarten wie z.B. Fichte, Lärche, Buche und Kirschbaum zu Verfärbungen führen. Hier ist ein Isolier- oder Sperrgrund erforderlich, z. B. aus Polyurethanlack.
- Der Säuregehalt des viskosen Lackes führt bei Metallen, z. B. bei Beschlägen und Auftragsgeräten, zu Korrosion. Daher sind besondere Schutzmaßnahmen notwendig.
- Beim Verarbeiten der SH-Lacke ist auf eine gute Be- und Entlüftung des Arbeitsplatzes zu achten.

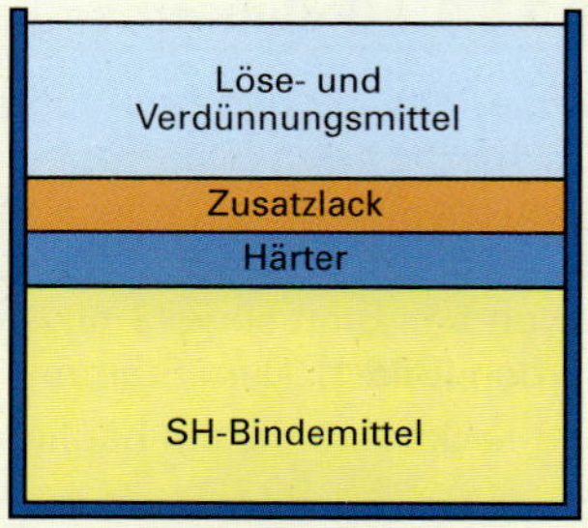

Nitrozellulose trocknet schnell. Dadurch kann die Lackfläche bereits nach einer verhältnismäßig kurzen Reaktionszeit weiterbearbeitet werden.

Alkydharz macht den Lackfilm elastischer. Dadurch kann der Lackfilm Bewegungen des Untergrundes (Quellen, Schwinden) mitmachen, ohne dass es zur Bildung von Mikrorissen in der Lackschicht kommt.

Bild 1: SH-Kombi-Lack

SH-Lacke: Arten

SH-Lack: SH-Lackharz und Härter werden vor dem Auftragen gemischt (Zweikomponentenlack).

SHE-Lack: SHE-Lackharz ist mit einem höheren Anteil an physikalisch trocknenden Filmbildnern und dem Härter vermischt. SHE-Lack ist nur begrenzt lagerfähig.

SH-Hydrolack: Der Lack enthält als Verdünnungsmittel Wasser, er wird daher auch als SH-Wasserlack bezeichnet.

Eigenschaften des Lackfilms:

- Der Festkörpergehalt von etwa 50% bringt eine gute Füllkraft mit sich; es gibt Matt- und Glanzlacke.
- Härte und Abriebfestigkeit der Lackschicht sind hoch, die Elastizität ist niedrig. Angewendet wird der SH-Lack vor allem für Sitz-, Büro-, Schul- und Küchenmöbel sowie für Innentüren und Parkett.
- Der Lackfilm ist gegen Wasser und Chemikalien einschließlich Löse- und Verdünnungsmittel bei kurzer Einwirkung mäßig beständig. SH-Lacke sind für bewitterte Oberflächen ungeeignet.
- Durch Zusätze von Alkydharzen und Nitrozellulose ändern sich die Eigenschaften des SH-Lackfilms mehr oder weniger in Richtung dieser Zusätze.
- Die Gefahr, dass Formaldehyd auch nach dem Aushärten abgegeben wird, bringt mit sich, dass der Einsatz dieses wirtschaftlich vorteilhaften bzw. preisgünstigen Lacksystems zurückgeht.

8.3.3.3 Polyurethan-Lacke (PUR-Lacke)

Aufbau des Lackes: Polyurethanlacke werden wegen der Handelsnamen der beiden Lackkomponenten „Desmodur" und „Desmophen" auch als DD-Lacke bezeichnet. Desmophen ist der sog. Stammlack, Desmodur der Zusatzlack oder Härter. Der Stammlack besteht aus einem speziellen Polyesterharz, der Härter aus einem Di-Isocyanat. PUR-Lack ist ein sehr variationsfähiger Lack; er ist von hart bis elastisch einstellbar und er kann sowohl physikalisch trocknend als auch chemisch bzw. oxidativ vernetzend eingestellt werden **(Bild 1)**. Dem Stammlack können Farbmittel beigemischt sein.

PUR-Lacke sind die am häufigsten eingesetzten Lacke in der Holzverarbeitung.

Polyurethan-Beschichtungsstoffe

Einkomponenten-Lacke	Physikalisch trocknende PUR-Lacke	Zweikomponenten-Lacke	Sonderformen der PUR-Lacke
• oxidativ trocknend bei Raumtemperaturen (Temp. bis 80 °C sind möglich) • feuchtigkeitshärtend bei Raumtemperaturen • feuchtigkeitshärtende Gemische bei Raumtemperaturen	• nicht reaktive, thermoplastische Polyurethane bei Raumtemperatur trocknend (Temp. bis um 130 °C sind möglich); lösemittelhaltiges System • Polyurethandispersion bei Raumtemperaturen trocknend; wässriges System	• Polyurethanbildung durch Härtung bei Raumtemperaturen (Temp. bis 130 °C sind möglich), lösemittelhaltiges System • Polyurethanbildung durch Härtung bei Raumtemperaturen (Temp. bis 130 °C sind möglich); wässriges System	• Acrylat-PUR-Lacke physikalisch trocknend bzw. chemisch härtend, qualitativ hochwertige Kombi-Lacke • UV-härtende PUR-Lacke. Sie enthalten sog. Photoinitiatoren, die eine Aushärtung durch UV-Strahlen möglich machen

Bild 1: Einteilung der Polyurethan-Beschichtungsstoffe

Verarbeitung des Lackes: PUR-Lacke können mit allen Auftrag- oder Applikationsverfahren aufgetragen werden, weil die Topfzeit nur wenige Minuten bis zu acht Tagen betragen kann. Je nach erforderlicher Schichtdicke werden zwischen 80 g/m² und 400 g/m² Lack aufgetragen. Bei den einzelnen Lackaufträgen sollen möglichst nicht mehr als 120 g/m² auf einmal aufgetragen werden, damit der Lack blasenfrei ausschwimmt.

Der Festkörpergehalt liegt zwischen 30 % und 50 % (z.T. auch bei 80 %). Bei der Grundierung ist er niedrig, bei der Zwischen- und Decklackierung hoch. Die Trocken-Filmdicken liegen in der Regel zwischen 40 µm und 100 µm, in Sonderfällen auch über 100 µm.

Wichtig für eine einwandfreie Durchhärtung der matten oder hochglänzenden Lackschicht ist die Einhaltung besonderer Verarbeitungsbedingungen:

- Die Temperatur im Arbeitsraum sollte nicht unter 20 °C liegen. Der Lackfilm ist bei 20 °C Raumtemperatur nach ein bis sechs Stunden staubtrocken, z.T. nach zwei Stunden schleifbar, nach sechs bis 24 Stunden durchgehärtet und nach zwei bis drei Tagen belastbar.
- PUR-Lacke vergilben, wenn sie auf Flächen aufgetragen werden, die mit Wasserstoffperoxid gebleicht wurden. In diesen Fällen muss der PUR-Lack durch einen geeigneten Isolier- oder Sperrgrund geschützt werden.
- Verschiedene PUR-Lacke schützen als Isolier- oder Sperrgrund vor Holzinhaltsstoffen, die die Aushärtung der Zwischen- und Decklackierung stören. PUR-Lacke eignen sich jedoch nicht für ölige Hölzer (z. B. Teak) und für geölte Flächen; hier kommt es zur Grauschleierbildung.
- Die vorgeschriebene Luftfeuchte und Holzfeuchte sind bei der Verarbeitung einzuhalten.

Eigenschaften des Lackfilms:

- Der Lackfilm haftet auch auf schwierigen Untergründen, er kann hart bis elastisch eingestellt werden.
- Die Oberflächen weisen eine sehr hohe mechanische und chemische Beständigkeit auf.
- PUR-Lacke werden überall dort eingesetzt, wo die Oberflächen einer hohen Belastung ausgesetzt sind (Böden, Treppen, Sitz-, Schul-, Labor-, Küchen- und Badmöbel).
- Sie sind lebensmittelecht und werden daher häufig für die Beschichtung von Tischen und Arbeitsplatten eingesetzt.

8.3.3.4 Polyester-Lacke (UP-Lacke)

Polyester-Lacke waren sehr verbreitet, da mit großen Schichtstärken Hochglanzoberflächen erzeugt werden konnten. Aufgrund der Gefahr der Selbstendzündbarkeit und der schwierigen Verarbeitung sind sie aber nur für speziell eingerichtete Betriebe geeignet. So sollten diese Betriebe z. B. mit einer Nass-Abscheidung für den Lacknebel ausgerüstet sein. Die Lacke haben an Bedeutung verloren, da mittlerweile Hochglanzoberflächen für Standardanwendungen durch PUR-Systeme erzeugt werden können.

Aufbau des Lackes: Ungesättigte Polyester-Lacke sind aus mehreren Komponenten zusammengesetzt: Stammlack (Polyesterharz bzw. Polystyrol), Härter (Peroxidverbindung), Beschleuniger (Kobaltverbindung), Paraffin oder Wachs (schützt vor Sauerstoffzutritt), Stabilisatoren, Farbmittel, Löse- und Verdünnungsmittel.

Die Gefährlichkeit der einzelnen Komponenten fordert die strikte Einhaltung der vorgeschriebenen Sicherheitsvorkehrungen und der persönlichen Schutzmaßnahmen.

Das Prinzip des chemisch komplizierten Härtevorganges geht aus **Bild 1** hervor.

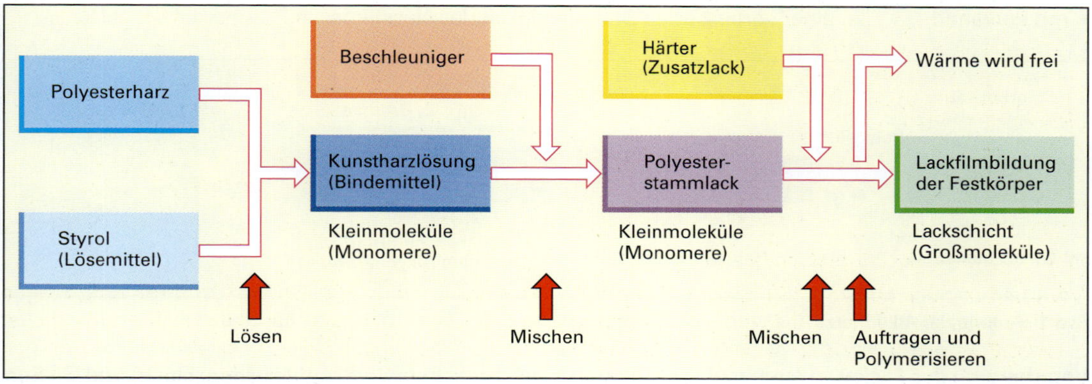

Bild 1: Härtung des Polyester-Lackes

Verarbeiten des Lackes: Polyester-Lacke werden durch Spritzen, Gießen und Walzen verarbeitet. Die aufzutragende Lackmenge richtet sich nach den an die Oberfläche gestellten Anforderungen. Die Auftragsmenge liegt zwischen 300 g/m² und 800 g/m², nur bei offenporigen Oberflächen liegt sie darunter. Die Trockenfilmdicken liegen bei Hochglanzflächen zwischen 300 µm und 500 µm, bei matten Oberflächen zwischen 20 µm und 50 µm. In der Regel wird die gesamte Auftragsmenge an UP-Lack in einem Arbeitsgang aufgebracht. Wenn ein Auftrag von zwei Schichten notwendig ist, wird die zweite Schicht aufgetragen sobald die erste Schicht nach 10 Minuten bis 30 Minuten zu gelieren beginnt. In kleineren Betrieben wird der Lack unmittelbar vor dem Verarbeiten mit dem Härter gemischt (sog. Untermischverfahren) und dann gespritzt oder im Handgießverfahren aufgetragen. Zum Spritzen muss der Lack verdünnt werden.

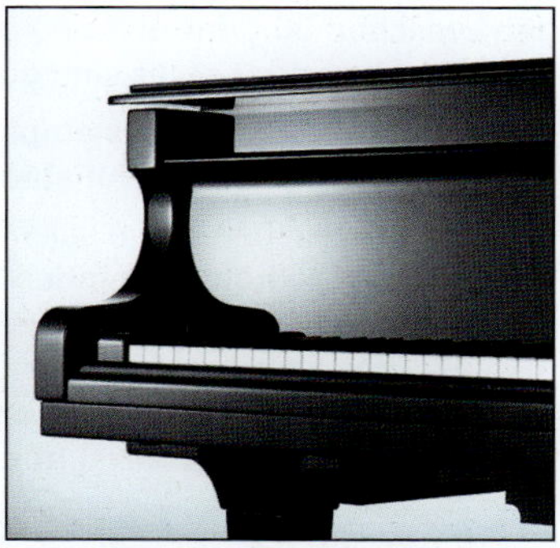

Bild 2: Mit Polyesterlack lackierter Flügel

Eigenschaften des Lackfilms:

- Polyesterlacke können in dicken Schichten aufgetragen werden, da das Styrol als Reaktivverdünner den Lackfilm nicht verlässt.
- Der getrocknete Lackfilm ist höchst kratz- und abriebfest und beständig gegen Wasser, Alkohol, Aceton und eine Vielzahl von Lösemitteln.
- Polyesterlacke dienen hauptsächlich zur Herstellung von Hochglanzoberflächen.

8.3.3.5 Alkydharz-Lacke (AK-Lacke)

Aufbau des Lackes: Alkydharz-Lacke sind mit Ölen bzw. Fettsäuren oder anderen Komponenten (synthetische Carbonsäuren) modifizierte Polyesterharze **(Bild 1).** Je nach Modifikation sind die Alkydharz-Lacke physikalisch trocknend, oxidierend oder chemisch härtend eingestellt. Die oxidativ und chemisch härtend eingestellten AK-Lacke sind grundsätzlich höher belastbar als die physikalisch trocknenden Systeme. Ein Nachteil des Öls ist die relativ langsame Trocknung.

Verschiedene Alkydharze sind wasserverdünnbare Systeme, andere Alkydharze werden durch aliphatische Lösemittel gelöst.

Alkydharze können Zusatzstoffe wie z.B. Trockenstoffe und Pigmente enthalten. Außerdem werden sie häufig mit anderen Lacken und Lackrohstoffen vermischt, um bestimmte Eigenschaften des Alkydharz-Films zu verbessern. So führt die Vermischung

- mit Cellulosenitrat zur besseren Anfangs-Trocknung und Haftfestigkeit,
- mit Epoxidharz zur besseren Haftfestigkeit und Chemikalienbeständigkeit,
- mit Urethan zu einer verbesserten Abrieb-, Wasser- und Chemikalienbeständigkeit,
- mit Silikon zu einer verbesserten Wärme- und Wetterbeständigkeit und
- mit Polyamid zu einer verbesserten Standfestigkeit des Nassfilms.

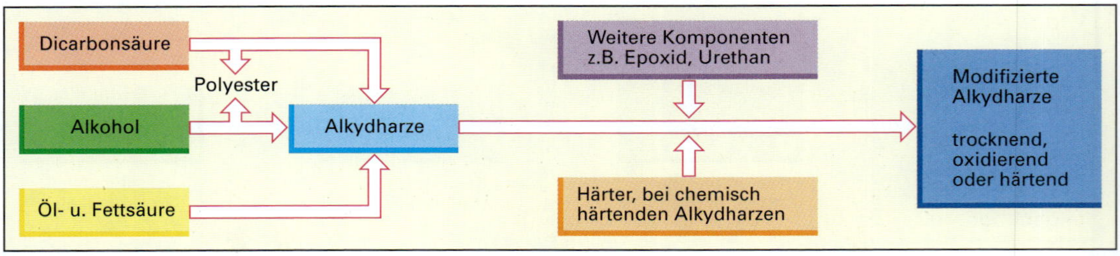

Bild 1: Aufbau der Alkydharze

Verarbeitung des Lackes: Alkydharz-Lacke werden durch Streichen, Spritzen, Tauchen, Fluten und Gießen aufgebracht, in kleineren Betrieben meist durch Spritzen, seltener durch Streichen (Fenster).

Gespritzt wird mit kleinem Düsendurchmesser bei einem Druck von etwa 5 bar. Die Auftragsmengen liegen zwischen 70 g/m² und 500 g/m², die Trockenfilmdicken zwischen 30 µm und 120 µm. Die Verlaufseigenschaften des Lackes sind gut, d. h., der frisch aufgebrachte Lack fließt gut zusammen.

Die unteren Verarbeitungstemperaturen liegen bei 8 °C. Bei kaltem Untergrund ist bei wasserverdünnbaren Lacken ein weißes Anlaufen möglich.

Die Trockenzeit beträgt je nach Schichtdicke und Lackzusammensetzung zwischen einer Stunde und 48 Stunden. Die lufttrocknenden Lacke (Trocknung der Lacke bei Raumtemperatur) dürfen in nicht zu dicken Schichten aufgetragen werden, damit sie unter der sich zuerst bildenden Lackhaut einwandfrei durchtrocknen können. Dagegen können die Schichten bei den wärmetrocknenden Lacken, den sog. Einbrennlacken, dicker sein. Hier liegen die Trockentemperaturen bei 120 °C bis 180 °C. Die Belastbarkeit der wärmetrocknenden Lacke ist höher als die der lufttrocknenden Lacke.

Eigenschaften des Lackfilms:

- Die guten Verlaufseigenschaften machen eine Endbearbeitung überflüssig.
- Durch die vielfältigen Unterschiede in Aufbau und Zusammensetzung des Lackes sind Lackfilme mit sehr unterschiedlichen Eigenschaften möglich. Aufgrund der vorteilhaften Eigenschaften wird der Lack angewendet bei Fußböden, Parkett, Treppen, Fenstern und Fassadenbekleidungen, Innen- und Außentüren, Küchen-, Badezimmer- und Gartenmöbeln.
- Alkydharz-Lacke haften gut auf dem Untergrund.
- Für bewitterte Flächen sind nur pigmentierte Lacke geeignet.
- Nachteile des Lackfilms sind eine relativ geringe Chemikalienbeständigkeit (besonders gegenüber alkalisch wirkenden Stoffen), die allmählich einsetzende Versprödung und Vergilbung sowie der Glanzverlust (verbunden mit Kreidung).

8.3.3.6 Acrylharz-Lacke (AC-Lacke)

Aufbau des Lackes: Acrylharze werden durch Polymerisation von Acrylmonomeren gewonnen. Diese thermoplastischen, fadenförmig aufgebauten Moleküle können über den Einbau von Fremdmolekülen unterschiedlich funktionelle Gruppen aufweisen, sodass die AC-Lacke, je nach molekularem Aufbau, physikalisch trocknend, luft- und wärmehärtend bzw. vernetzend eingestellt sind. Bei nichtvernetzenden Acryllacken fehlen die funktionellen Gruppen. Diese pigmentierten oder nicht pigmentierten Lacke werden mit einem Festkörperanteil von 40 % bis 60 % meist als sog. Allein-Filmbildner verarbeitet. Lösemittel für AC-Harze sind Aliphate, bei wasserverdünnbaren Systemen Wasser.

Aufgrund ihres Aufbaus lassen sich AC-Lacke unterscheiden in

- nicht vernetzende Acryllacke mit einem Glanzgrad von hochglänzend bis stumpfmatt,
- fremdvernetzende Acryllacke als Einkomponenten-Lacke oder als 2-Komponenten-Systeme,
- wässrige Einkomponentenlacke (sog. Wasserlacke); diese Systeme verfilmen physikalisch, z. T. zusätzlich oxidativ oder auch nachvernetzend,
- wässrige Zweikomponenten-Lacke; diese Lacke enthalten meist zusätzlich wasserverdünnbare und vernetzende Harze, sog. Vernetzerharze, wie z. B. Melaminharz, und
- strahlenhärtende, festkörperreiche Acrylharze. Sie sind umweltfreundlich.

Die Verarbeitung entspricht der des Alkydharzes.

Eigenschaften des Lackfilms:

- Der Lackfilm haftet gut am Untergrund, ist hart aber trotzdem flexibel.
- Der Lackfilm weist eine hohe Wasser- und Alkalifestigkeit auf.
- Der Lack ist z. T. auch im Außenbereich nur wenig anfällig gegenüber Vergilbung, Versprödung und gegenüber einem Glanzverlust.

8.3.3.7 UV-härtende Lacksysteme

Die Bezeichnung **UV-härtende Systeme** bezieht sich auf das Härtungsverfahren der Lacke. Durch das Bestrahlen mit UV-Licht setzen die in den Lack eingebrachten Photoinitiatoren Radikale frei, die dann im Lackfilm eine Polymerisation in Gang setzen. UV-härtende Lacksysteme auf Basis von Acrylaten oder UPE-Harzen zeichnen sich durch sehr beständige Oberflächen aus.

UV-härtende Lacke können mit einem Festkörpergehalt von nahezu 98% bis 100% hergestellt werden. Diese Systeme werden zum Beispiel als Grundierung im Walzverfahren aufgebracht und härten innerhalb Sekunden aus **(s. a. Kapitel 8.6.2)**.

Auf Basis von Polyacrylaten werden wasserverdünnbare Systeme mit einem Festkörpergehalt von 35% bis 40% eingesetzt. Diese werden zuerst physikalisch getrocknet, bevor dann die chemische Härtung durch UV-Bestrahlung der getrockneten Oberfläche gestartet wird. Bei den UV-härtenden Lacken werden hochreaktive chemische Rohstoffe verwendet. Deshalb sind während der Verarbeitung umfangreiche Sicherheitsmaßnahmen zu beachten. Hautkontakt sollte unbedingt vermieden werden.

UV-härtende Systeme zeichnen sich durch eine sehr hohe chemische und mechanische Beständigkeit aus.

Sollen nachfolgende Lackschichten auf eine ausgehärtete UV-Lackschicht aufgebracht werden, so ist darauf zu achten, dass durch einen Zwischenschliff eine ausreichend mechanische Verankerung der nachfolgenden Lackschicht stattfinden kann.

Eine Aushärtung findet nur durch die UV-Bestrahlung statt. Es muss darauf geachtet werden, dass alle Stellen der beschichteten Teile mit UV-Licht ausreichend bestrahlt werden. Die UV-Lampen besitzen eine begrenzte Lebensdauer und die Strahlungsintensität muss regelmäßig überprüft werden. Neben den Investitionskosten für die UV-Härtung sind insbesondere auch die Betriebskosten (Strom, UV-Lampen) zu beachten. Aktuelle Entwicklungen gehen dahin, die mit Quecksilber dotierten UV-Lampen durch energiesparende LED-Lampen zu ersetzen.

Das Einsatzgebiet dieser Lacke reicht von hochbeanspruchten Möbeloberflächen bis hin zu industriell hergestelltem Fertigparkett.

Eigenschaften des Lackfilms:

- Ausgehärtete UV-Lacke weisen eine hohe chemisch und mechanische Beständigkeit auf. Daher sind sie geeignet für hoch beanspruchte Flächen, wie z.B. Tische, Küchen- und Badmöbel, sowie Fußböden.
- Das Reparieren von ausgehärteten Lackfilmen ist aufgrund ihrer hohen mechanischen Beständigkeit schwierig. In der Regel muss die komplette Oberfläche angeschliffen werden.

8.3.3.8 Wasserlacke

Aufbau des Lackes: Wasserlacke, auch als Hydro- und Aqua-Lacke im Handel, sind Lacke, bei denen als Löse- und Verdünnungsmittel hauptsächlich Wasser verwendet wird. Der Anteil an organischen Löse- und Verdünnungsmitteln liegt zwischen 3% und 10%, sodass die Umweltbelastung vermindert wird. Wasserlacke sind als schadstoffarm eingestuft.

Das Bindemittel dieser Lacke besteht aus Kunstharzen, so z.B. Polyurethan-, Polyester-, Alkyd- und Acrylatharzen, deren Moleküle wasserfreundliche Molekülgruppen enthalten **(Bild 1)**. Diese modifizierten Harze sind lösbar mit Wasser und mit organischen Lösemitteln. Die wasserfreundlichen Kunstharze werden wegen ihrer Teilchengröße von etwa 1 nm bis 40 nm als Dispersion verarbeitet, nicht als echte Lacklösung. Der Festkörpergehalt liegt meist zwischen 30% bis 35%.

Tabelle 1: Eigenschaften der Filmbildung

Physikalisch trocknend: Einkomponenten-Lacke wie z.B. Reinacrylat-Dispersion oder Acrylat-PUR-Dispersion	Nach dem Verdunsten des Wassers bilden die Bindemittelteilchen den Lackfilm, man sagt, sie verfilmen.
Physikalisch-chemisch trocknend bzw. härtend ohne Härterzusatz: UV-Wasserlacke oder ungesättigte Acrylharze	Aushärtungsmechanismus wird nach dem Verdunsten des Wassers durch Zuführung hoher Energie (z.B. UV-Licht) ausgelöst.
Physikalisch-chemisch trocknend bzw. härtend mit Härterzusatz: z.B. 2K-Wasserlacksysteme, PUR-Acrylat-Dispersion in Verbindung mit Härter	Aushärtung nach dem Verdunsten des Wassers durch Reaktion mit der Vernetzer-Komponente (Härter).

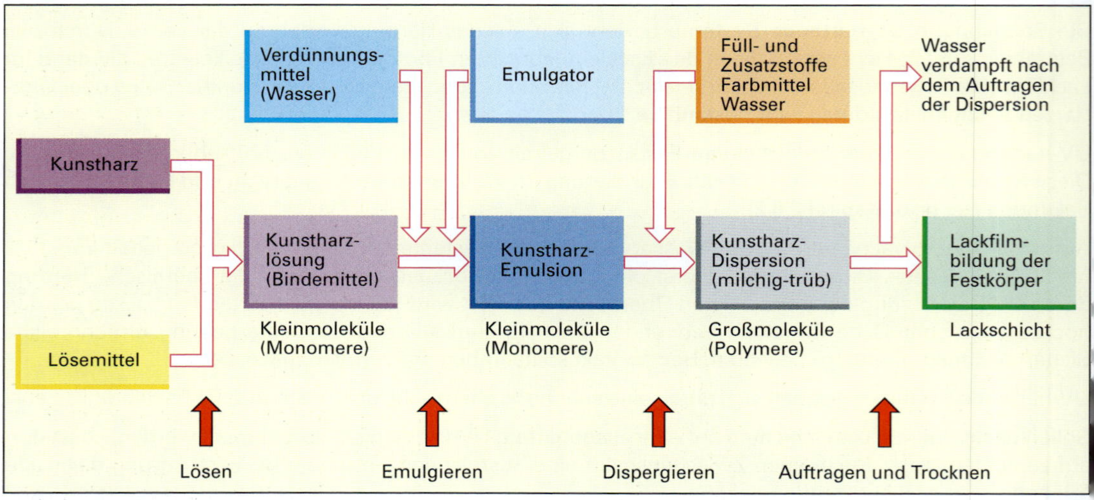

Bild 1: Kunstharzdispersion (Dispersions-Wasserlack)

Verarbeitung des Lackes:

- Wasserlacke werden grundsätzlich mit den gleichen Auftragsverfahren wie die anderen Lacke verarbeitet, insbesondere aber durch Spritzen, Streichen und Walzen.
- Beim Trocknen der Lacke ist die verlängerte Trockenzeit infolge der langsamen Verdunstung bzw. Verdampfung von Wasser (VZ 80) zu berücksichtigen. Die Trockenzeit hängt von der Luftfeuchte, der Lufttemperatur und der Luftbewegung im Lackier- und Trockenraum ab. Beim Lackieren gilt die Regel: Je dicker die aufgetragene Lackschicht ist, desto langsamer trocknet sie. Wasserlacke sind bei Raumtem-

peratur (18 °C bis 20 °C) und einer Luftfeuchte von 65 % nach 10 min bis 15 min staubtrocken und nach etwa 60 min können sie zwischengeschliffen werden.

- Wasser führt bei der Grundierung zum Anrauen der Oberfläche. Das Anrauen sorgt für eine bessere Haftung mit dem Untergrund. Durch den Zwischenschliff der Grundierung wird die Rauheit wieder aufgehoben.
- Nach dem Auftragen sind Dispersionen milchig-trüb. Erst beim Trocknen bildet sich ein klarer und transparenter Film. Die Transparenz dunkler Hölzer oder dunkel gebeizter Oberflächen kann bei fehlender Sperrschicht durch eine Grauschleierbildung eingetrübt sein.
- Durch die Verwendung von Wasser als Löse- und Verdünnungsmittel verringern sich die Sicherheitsanforderungen an den Arbeitsplatz. So ist z. B. kein Explosionsschutz erforderlich.

Besonderheiten der Untergrund-Vorbereitung:

- Wasserlack haftet aufgrund seiner Polarität gut bis sehr gut. Dazu muss der Untergrund angeschliffen sein (Körnung 180 bis 220). Dieser Anschliff gilt für die Grundierung und Zwischenlackierung.
- Wasserlacke, als Grundierung und Zwischenanstrich verwendet, können nach etwa 60 min zwischengeschliffen werden. Der Schleifstaub wird mit einem fusselfreien Tuch entfernt. Damit der Verbund zwischen den einzelnen Lackschichten verbessert wird, sollte gleich nach dem Zwischenschliff weiterlackiert werden.
- Farbstoffbeizen auf Wasserbasis mit löslichen Farbstoffen sind ungeeignet, sie „bluten" aus, wenn Wasserlack aufgetragen wird. Geeignet sind Farbstoffbeizen auf Pigmentbasis (Pigmentbeizen).
- Wasserlacke lösen wasserlösliche Holzinhaltsstoffe an, sodass diese „ausbluten". Bei farblosen Lackierungen ist dies unproblematisch. Bei Farblackierungen ist ein Zweikomponentensystem (auch auf Wasserbasis) in ausreichender Schichtdicke als Sperrgrund erforderlich.

Besonderheiten der Gerätetechnik:

- Alle Geräte und Geräteteile, die mit Wasserlack in Kontakt kommen, müssen korrosionsbeständig sein (Edelstahl, Kunststoff).
- Verschmutzte Zuluft und verschmutzte Spritzpistolen führen zur Kraterbildung. Die Auftragsgeräte können mit Wasser und mit Aceton und anderen organischen Lösemitteln gereinigt werden.
- Der Düsendurchmesser und die Maschenweite der Filter müssen auf die Materialdrücke und die Viskosität des Lackes sowie auf die zu beschichtenden Objekte abgestimmt sein.
- Beim Lackauftrag müssen im Arbeitsraum die Temperatur, die Luftfeuchte und die Abluftgeschwindigkeit dem Beschichtungsmaterial angepasst sein. Die Abluftgeschwindigkeit und die Temperatur dürfen nicht zu hoch und die Luftfeuchte nicht zu niedrig sein.

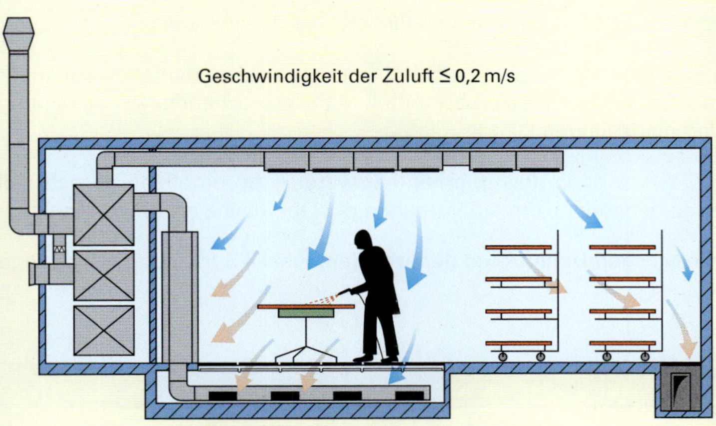

Arbeitsraum für die Wasserlackverarbeitung

Eine Trockenabscheidung bindet die in der Raumluft enthaltenen Lackteilchen in einfach austauschbaren Filtermatten, die unterhalb der im Fußboden eingebauten Gitterroste angeordnet sind.

Die Zuluft von oben sorgt mit ihrer vertikalen Luftströmung über den Arbeitsplatz bzw. über das Werkstück zur Unterflurabsaugung dafür, dass sich kein Spritznebel im Arbeitsraum und auf den frisch beschichteten Flächen ansammelt.

Die Abluftführung der Unterflurabsaugung unterstützt die vertikale Luftströmung.

Die Unterflurabsaugung ist für das Beschichten unterschiedlich großer Werkstücke sehr vorteilhaft.

Eigenschaften des Lackfilms:

- 2-K- und UV-härtende Wasserlacke erreichen eine sehr hohe mechanische und chemische Beständigkeit, vergleichbar mit klassischen PUR-Lacken auf Lösemittelbasis.
- Manche Wasserlacke „feuern" aufgrund ihrer Teilchengröße das Holz nicht oder nur wenig an. Insbesondere bei Obsthölzern sollte bei Bedarf auf einen „anfeuernden" Lack umgestellt werden.

8.3.3.9 Öle und Wachse

Bild 1: Grundstoffe für Öl-Harz-Wachsgemische: Rizinusöl, Leinöl, Kollophoniumharz, Carnaubawachs, Bienenwachs und Candellilawachs

Öle und Wachse bestehen zu einem überwiegenden Teil aus natürlichen Rohstoffen. Es ist allerdings schwierig zwischen natürlichen und synthetischen Mitteln klar zu trennen. Viele dieser Stoffe müssen aufbereitet werden, damit sie verarbeitet werden können. Überwiegend werden Öl-Harz-Wachsgemische eingesetzt. Meist sind dies trocknende Öle. Die Aushärtung erfolgt durch oxidative Trocknung. Um diesen Trockenprozess zu beschleunigen, werden häufig Trockenstoffe (Sikkative), wie z.B. Kobalt und Zink zugegeben. Einige Öle haben eine stark anfeuernde Wirkung und betonen somit die Holzstruktur. Schrankinnenräume sollten nur geölt werden, wenn sichergestellt ist, dass die oxidative Trocknung abgeschlossen ist, bevor der Schrank montiert wird.

Ist die Trocknung nicht abgeschlossen, kommt es zu einer unangenehmen Geruchsbildung im Schrank. Geölte Oberflächen haben eine sehr angenehme Haptik. In Abhängigkeit der diversen Produkte können mit Öl-Harz-Wachsgemischen eine relativ hohe chemische und mechanische Beständigkeit erreicht werden. Ein großer Vorteil ist die einfache Reparierbarkeit von geölten Flächen (mit Ausnahme spezieller UV-Öle). Der Kunde sollte aber darauf hingewiesen werden, in welcher Form und in welchem Umfang eine Nachbehandlung geölter Oberflächen notwendig ist.

Bei den Öl-Harz-Wachsgemischen unterscheidet man zwischen **lösemittelfreien** und **lösemittelhaltigen** Ölen. Die lösemittelhaltigen Öle werden auch als **Hartöle** bezeichnet.

Ein Großteil der lösemittelfreien Öle setzt sich zusammen aus einem verkochten Öl-Kollophoniumharz-Gemisch und verschiedenen Hartwachsen, wie z.B. Carnaubawachs **(Bild 1)**. Als Sikkative werden geringe Mengen von Kobalt, Mangan, Zink und Zirkon zugegeben. Die lösemittelfreien Öle ergeben nur eine sehr geringe Schicht, man spricht dann auch von nicht-schichtbildenden Ölen.

Neben der Verwendung als Möbelöl werden diese Öle auch im Parkettbereich verwendet.

Lösemittelhaltige Hartöle, auch als schichtbildende Öle bezeichnet, enthalten neben den oben genannten Inhaltsstoffen noch aliphatische Kohlenwasserstoffe als Lösemittel. Mit entsprechender Auftragsmenge bilden die Hartöle einen relativ widerstandsfähigen Film.

Lösemittelfreie und lösemittelhaltige Öle können auch pigmentiert werden. So empfiehlt es sich helle Hölzer mit weiß-pigmentierten Ölen zu behandeln, um ein Vergilben der Oberfläche zu minimieren.

Der Auftrag von Ölen bzw. Öl-Harz-Wachsgemischen kann durch Rollen, Pinsel, Spritz- und Walzanlagen geschehen.

Tabelle 1: Häufig eingesetzte Öle für Öl-Harz-Wachsgemische

Ölart	Ursprung	Eigenschaften
Leinöl	Samenöl des Flachs (Leinsamen)	Dunkelgilbung, Eigengeruch
Ricinenöl	Rizinus-Samen	geringe Vergilbung, Eigengeruch
Holzöl	Samen des Tungbaums (Asien)	gute Trocknung, spröde, Eigengeruch
Safloröl (Distelöl)	Samen der Färberdistel	geringe Vergilbung, Eigengeruch

Tabelle 1: Häufig eingesetzte Wachsarten als Grundstoff für Öl-Harz-Wachsgemische bzw. Finish

Wachsart	Ursprung	Schmelzpunkt in °C	Farbton	Lösemittel	Verseifung	Hinweise
Bienenwachs (Weichwachs)	tierisch (Bienenwabe)	62 bis 66	hellgelb bis braunrot	Terpentinöl	ja	Holzwachse, auch in Mattlacken und Mattinen enthalten
Carnauba-wachs (Hartwachs)	pflanzlich (Wachspalme)	80 bis 90	graubraun, gelblich	Ether, Alkohol	teilweise	Wachsemulsionen, auch im Bohnerwachs enthalten
Paraffinwachs (synthetisch abgewandel-tes Produkt)	pflanzlich (Braunkohle, Mineralöl)	50 bis 75	weiß bis gelblich	Benzin, Terpentinöl	nein	als synthetisch abge-wandeltes Produkt, höher beanspruchbar als die Naturwachse
Montanwachs (synthetisch abgewandel-tes Produkt)	pflanzlich (Braunkohle)	75 bis 85	dunkel- oder hellbraun	Benzol (Benzol ist als stark gesund-heitsgefährdend eingestuft)	teilweise	in Kunstwachsen enthalten
Gereinigtes Erdwachs (Zeresin)	mineralisch (Mineral)	55 bis 86	gelblich-weiß	Benzin, Terpentinöl	nein	in Wachsbeizen und Poliermitteln enthalten

Arbeitsweise für die Behandlung von Möbeloberflächen mit lösemittelfreien Ölen:

- Feinschliff mit Körnung 180–240,
- Auftrag mit Rolle, Pinsel, Spritzen oder Walze (40–60 ml/m²),
- nach 45 min das überschüssige Öl mit Exzenterschleifer und speziellem Kunststoffvlies (Pad) einschleifen. Anschließend auspolieren mit feinerem Pad,
- Trocknen ca. 6–12 Std.,
- bei starker Beanspruchung weiteren Auftrag von 10–20 ml/m² und anschließend mit feinem Pad auspolieren.

Bei ölgetränkten Lappen und Rollen besteht die Gefahr der Selbstzündung. Die Lappen und Rollen müssen deshalb in einem luftdicht verschlossenen, nicht brennbaren Behälter aufbewahrt werden!

8.3.3.10 Laugen und Seifen

Durch das Laugen und Seifen von hellen Hölzern erhält man sehr natürliche, nicht vergilbende Oberflächen. Laugen und Seifen werden hauptsächlich bei Holzfußböden, Holzdecken, Holzwänden und bei Möbeln angewendet.

Beim Laugen von Nadelhölzern mit Kalklauge werden die Doppelbindungen des Lignins sowie Tanine und niedermolekulare Zuckerverbindungen herausgelöst. Fettsäuren und Harzsäuren werden neutralisiert (verseift), wodurch sie wasserlöslich werden. Beim Laugen von Laubhölzern wird Zitronensäure eingesetzt. Nach dem Laugen kann geseift, geölt, gewachst oder lackiert werden.

Die Seifen setzen sich aus Wasser, Flüssigseifen, Fettsäuren und Kalilauge zusammen.

Arbeitsweise für das Laugen:

- Feinschliff mit Körnung 120 oder 150.
- Mit Rolle oder Pinsel satt auftragen.
- Nach ca. 2 bis 5 Std. zweiter Auftrag, es sollte sich eine gleichmäßige weiße Schicht gebildet haben.
- Trocknung mindestens 24 Std. für weitere Bearbeitung.
- Oberfläche mit Pad, mit 120er bis 180er Schleifpapier oder Bürste schleifen bzw. abbürsten. Anschließend abkehren oder absaugen.
- Oberfläche seifen, ölen, wachsen oder lackieren.

Arbeitsweise für das Seifen:

- Seife 1:7 bis 1:10 mit warmem Wasser mischen, satt auftragen und 20 min einwirken lassen, anschließend mit Bürste oder Schleifvlies einmassieren.
- Nach 3 Std. Trockenzeit mit feinem Pad polieren.
- Vorgang 2- bis 3-mal wiederholen.
- Zur Reinigung und Pflege Holzbodenseife im Verhältnis 1:40 mit warmem Wasser mischen und Oberfläche nebelfeucht wischen.

8.3.3.11 Lasuren

Aufbau der Lasuren: Lasuren sind transparente, durchscheinende oder mit Pigmenten versehene Anstrichstoffe, die entweder farblos sind oder die Holzfarbe verändern, wobei die Holzstruktur und die Holzmaserung noch erkennbar sind. Die in der Lasur enthaltenen Pigmente schützen das Holz vor der UV-Strahlung bzw. vor Vergrauung. Lasuren mit Holzschutzmitteln dürfen wegen den Inhaltsstoffen in der Regel nur im Außenbereich eingesetzt werden.

Eine aus Wachslasuren bestehende Anstrichschicht ist gut Wasser abweisend und elastisch, ein Überlackieren ist aber in der Regel nicht möglich.

Lasuren enthalten Bindemittel auf der Basis von meist oxidativ trocknenden Alkydharzen und von wasserverdünnbaren Acrylaten. Es gibt lösemittel- und wasserverdünnbare Lasuren, letztere kann man als Lasur-Dispersionen bezeichnen. Der Festkörpergehalt, der zwischen 20% und 40% liegt, führt häufig dazu, dass bei einem Auftrag nur ein dünner Anstrichfilm entsteht, der bei Außenanwendung tropfbares Wasser (Regenwasser) abweist aber Wasserdampf hindurchlässt. Entsprechend dünnschichtige Lasuranstriche werden deshalb auch als offenporige Anstriche, als atmungsaktive Anstriche und als ventilierende Anstriche bezeichnet. Bei einer nur geringen Filmdicke wird vom Holz Feuchte in Form von Wasserdampf aufgenommen und wieder abgegeben, die entsprechenden Bauteile, z.B. Fenster und Türen, sind somit nicht maßhaltig. Unterschieden werden Imprägnier- und Lacklasuren.

Imprägnierlasuren, sog. Dünnschicht- oder Holzschutzlasuren, sind in der Regel niedrigviskose Lasuren mit einem relativ geringen Festkörpergehalt. Das Eindringvermögen dieser Lasuren ist gut; sie dringen zwischen 1 mm und 3 mm tief in das Holz ein, Holzschutzmittel befinden sich hauptsächlich im Holz, nicht auf der Oberfläche. Die Trockenfilmschicht ist nach dreimaligem Lasur-Auftrag zwischen 15 µm und 25 µm dick. Die Filmschicht ist somit nicht geschlossen, die Oberfläche ist zwar Wasser abweisend, das Bauteil aber nicht maßhaltig. Eine Nachbehandlung der Oberfläche wird meist nach ein bis zwei Jahren notwendig.

Lacklasuren, sog. Dickschichtlasuren, sind höherviskose Lasuren mit einem höheren Festkörpergehalt. Die Trockenfilmschicht-Dicke kann nach dreimaligem Auftrag etwa 60 µm betragen; für maßhaltige Bauteile wird eine Schichtdicke von mindestens 60 µm gefordert. Der Anstrich-Film wird bei diesen Lasuren durch Witterungseinflüsse relativ langsam abgebaut, eine Nachbehandlung ist nach etwa fünf Jahren notwendig.

Verarbeitung der Lasuren: Die Verarbeitung erfolgt häufig mit dem Pinsel. Daneben wird das Spritzverfahren und das Tauchverfahren bei Grundierungen angewendet. Aufgetragen werden meist mehrere Schichten mit einer Zwischentrocknung mit einer Dauer von Stunden bis Tagen. Dabei darf der maximale Feuchtegehalt des Nadelholzes und des tropischen Laubholzes ≤ 15% betragen, der des europäischen Laubholzes ≤ 12%.

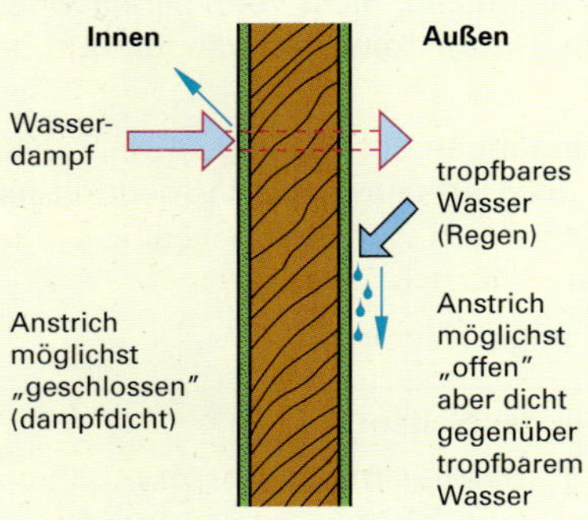

- Im Jahresmittel diffundiert Wasserdampf vom Gebäudeinnern ins Freie, wenn er nicht über die Lüftung nach außen entweichen kann.
- Die innere Anstrichschicht muss dampfdichter sein als die äußere, damit der von innen in das Holz bzw. in die Konstruktion eingedrungene Wasserdampf nach außen entweichen kann.
- Durch die äußere Anstrichschicht muss Wasserdampf austreten können, gleichzeitig muss diese Schicht so geschlossen sein, dass das tropfbare Wasser nicht eindringen kann.
- Durch das Auftragen mehrerer sog. offenporiger Anstrichschichten erzielt man eine größere Anstrichschicht-Dicke und damit auch eine verringerte Dampfdurchlässigkeit. Die Folge einer vollständigen Dampfsperre ist, dass sich der Anstrich außen blasenförmig vom Untergrund abhebt und das darunter liegende Holz von Pilzen befallen wird.

Bild 1: Anstriche und Wasserdampf

Eigenschaften der Lasurschichten: Die Anstrichschicht ist in Abhängigkeit von ihrer Dicke mehr oder weniger dampfdurchlässig. Imprägnierlasuren weisen keine oder nur minimale Eigenspannungen auf, sie bilden daher keine Blasen, reißen nicht und platzen nicht ab.

Die Oberfläche ist matt bis seidenmatt. Haftung, Elastizität, Härte, Abriebwiderstand und die Beständigkeit gegenüber Chemikalien sind zufriedenstellend. Lasuren werden im Innen- und Außenbereich verwendet. Lasierte Möbeloberflächen entsprechen in der Regel nicht den ästhetischen Ansprüchen.

8.4 Oberflächenbehandlung

Bei der Oberflächenbehandlung unterscheidet man im Wesentlichen das Grundieren und Decklackieren. Beides kann transparent oder deckend ausgeführt werden **(Bild 1)**. Bei der transparenten Beschichtung bleibt die Holzstruktur (Bild und Porigkeit) sichtbar bzw. teilweise sichtbar, während man bei der deckenden Beschichtung die Holzstruktur gar nicht mehr bzw. bei der deckenden offenporigen Lackierung (z. B. bei Eiche oder Esche) nur noch das Porenbild erkennen kann.

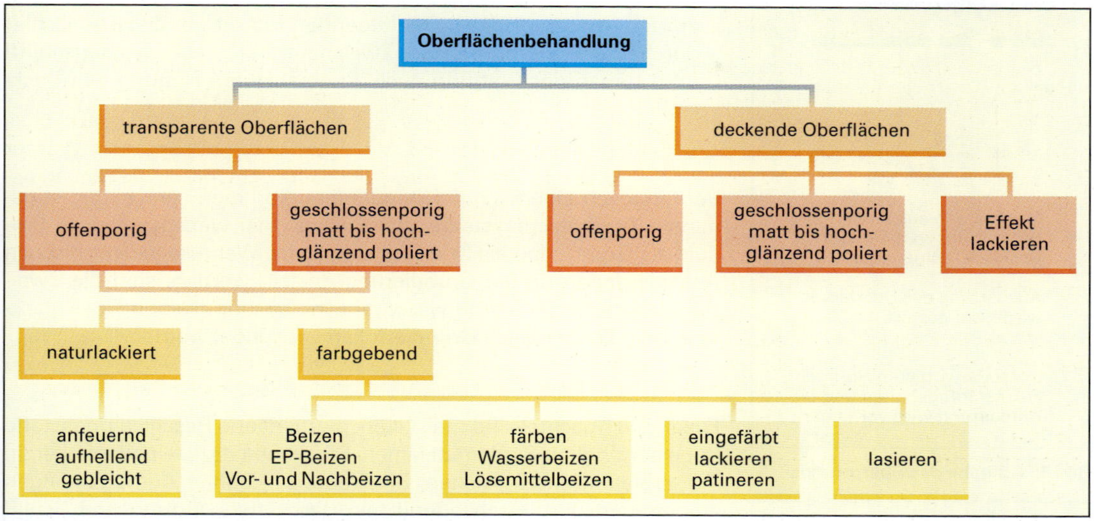

Bild 1: Übersicht über die Oberflächenbehandlung von Holz und Holzwerkstoffen

8.4.1 Grundieren

Das Grundieren ist der erste Arbeitsgang bei der Oberflächenbehandlung von Holz mit filmbildenden Überzugsmaterialien. Es erfolgt nach der Vorbehandlung wie Wässern, Schleifen, Bleichen und Beizen.

Die Grundierung **(Bild 2)** hat folgende Aufgaben zu erfüllen:

- **Haftvermittler**: Das gesamte Beschichtungssystem muss eine ausreichende Haftung zwischen allen Schichten besitzen. Die Grundierung muss eine Haftung (Adhäsion) bzw. Verankerung mit dem Untergrund (Substrat) als auch mit der nachfolgenden Deckschicht ergeben. Die Haftung auf dem rohen Untergrund hängt im Wesentlichen von der Benetzung der Oberfläche mit dem flüssigen Lack ab. Die Benetzung hängt wiederum von der Oberflächenspannung der Flüssigkeiten und dem Trägermaterial (Substrat) ab. Die Viskosität des Lackes spielt eine weitere wesentliche Rolle bei der Benetzung. Die Haftung zwischen der Grundierung und dem Decklack geschieht durch eine mechanische Verankerung nach dem Zwischenschliff und durch das Anlösen bzw. Anquellen der Grundierung durch das Lösungsmittel der nachfolgenden Decklackierung. Chemisch vernetzende Systeme müssen, je nach Aushärtungsgrad, angeschliffen werden, da sie im ausgehärteten Zustand praktisch nicht mehr angelöst werden.
- **Isolierung/Sperrgrund**: Mit dem Sperrgrund **(Bild 1, Seite 420)** werden Einflüsse vom Trägermaterial, wie Holzinhaltsstoffe (z. B. bei exotischen Hölzern), Klebstoffe, Beizen oder Bleichmittel, von der nachfolgenden Schicht ferngehalten. Ebenso kann der Sperrgrund auch Einflüsse von oben (z. B. UV-Licht oder Reaktionslacke) auf das Trägermaterial unterbinden.

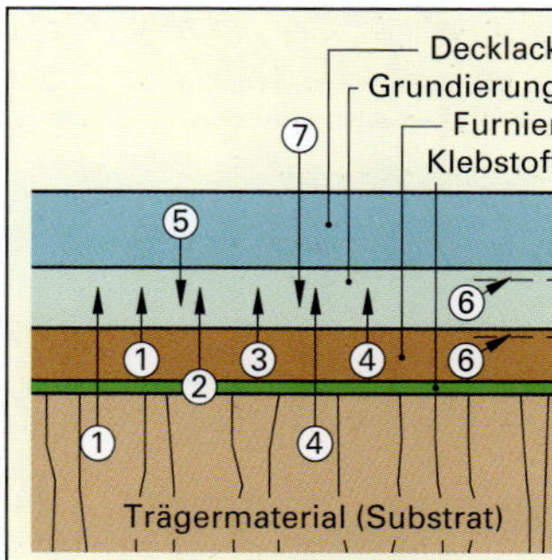

(Schichtdicken nicht maßstäblich)

① Holzinhaltsstoffe aus Trägerplatte und Furnier
② Klebstoffe aus Fuge und Durchschlag
③ Stoffe aus der Vorbehandlung, z. B. Bleich- und Beizmittel
④ Quellen und Schwinden von Trägerplatte und Furnier
⑤ Decklack, z. B. Löse- und Verdünnungsmittel
⑥ Schliff beeinflusst die Haftung
⑦ Einflüsse von außen, z. B. UV-Strahlung, Wärme

Bild 2: Einflüsse auf die Grundierung

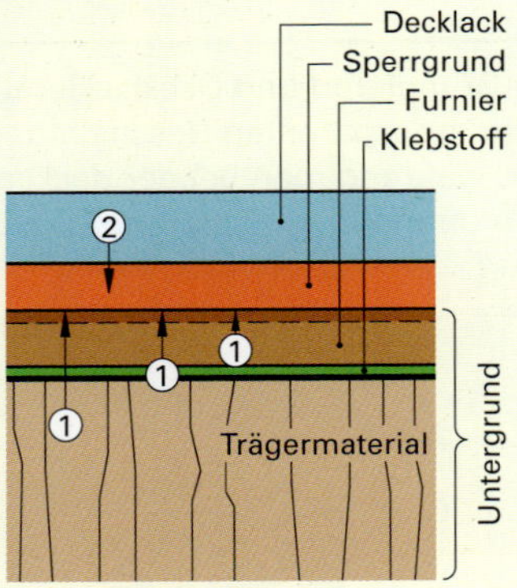

① Inhaltsstoffe aus dem Untergrund werden vom Decklack ferngehalten

Aushärtung des Decklackes wird nicht gestört

② Decklack wird vom Holz oder Furnier ferngehalten und die Anfeuerung wird verhindert

Bild 1: Aufgabe des Sperrgrunds

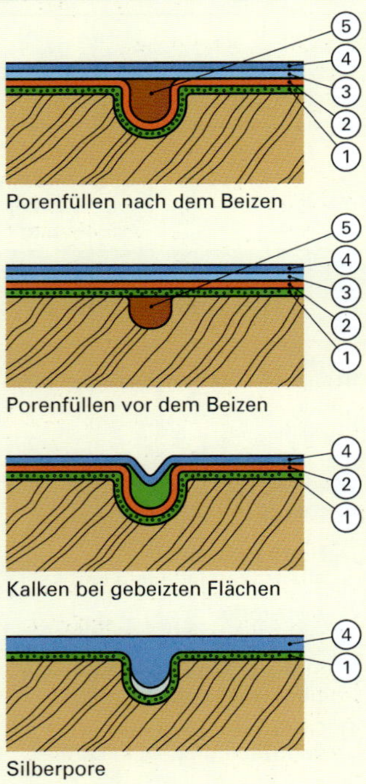

① gebeizte Fläche bzw. Pore
② Grundierung
③ Zwischenlackierung
④ Decklackierung
⑤ Porenfüller

Bild 2: Porenbehandlung

- **Trägermaterial:** Die Grundierung kann auch als Trägermaterial für bestimmte Additive dienen, wie z. B. UV-Absorber, Biozide, Farbstoffe usw.
- **Porenfüllung:** Eine geschlossenporige Oberfläche und insbesondere eine Hochglanzoberfläche setzen vollständig geschlossene Poren voraus. Hierzu werden porenfüllende Lacke eingesetzt.
- **Schleifbarkeit:** Da die Holzoberfläche nach der ersten Beschichtung aufraut, muss vor dem nachfolgenden Schritt ein Zwischenschliff durchgeführt werden. Dieser Zwischenschliff (Lackzwischenschliff) führt neben der Glättung auch zu einer guten Haftung des Decklacks.

Bei farblosen Oberflächenbehandlungen kommen sehr häufig sogenannte **Zweischichtsysteme** zum Einsatz. Hier wird das gleiche Produkt als Grund- und als Decklack eingesetzt. Wenn keine spezifischen Anforderungen an die Grundierung gestellt werden, sind die Zweischichtsysteme eine gute wirtschaftliche Lösung. Neben Flüssiglacksystemen können auch **Grundierfolien** verwendet werden.

Füller und Spachtel sind meist stark pigmentierte Beschichtungsstoffe mit einem hohen Bindemittelanteil. Sie dienen dazu, Unebenheiten in Trägerplatten auszugleichen. Sie werden in hohen Auftragsmengen aufgetragen und anschließend fein geschliffen. Auftrag und Schliff können sich mehrmals wiederholen. Der nachfolgende Auftrag erfolgt meist mit pigmentierten Systemen.

Porenfüllen nach dem Beizen: Bei gebeizten Flächen verwendet man auf den Beizton abgestimmte Porenfüller **(Bild 2)**. Der Porenfüller wird in die gebeizte und grundierte Fläche eingerieben und der Überschuss sofort abgerieben oder nach dem völligen Trocknen durch behutsames Schleifen entfernt. Der Porenfüller muss mit dem Überzugsmittel verträglich sein, damit dieses einwandfrei aushärtet und fest haftet.

Porenfüllen vor dem Beizen: Zum Porenfüllen vor dem Beizen trägt man die Porenfüllpaste direkt auf die geschliffene Holzoberfläche auf. Nach dem Trocknen und Schleifen wird gebeizt und anschließend der Überzug aufgebracht. Dieses Verfahren hat den Vorteil, dass die Oberfläche nicht vergraut, die Lackschichten einwandfrei haften und die Flächen durch das Beizen nur wenig aufrauen. Die Beize muss mit dem Porenfüller verträglich sein.

Kalken oder der Effekt Kalkeiche ist nur auf grobporigen Hölzern wie z. B. Eiche und Esche wirkungsvoll. Das Holz kann dabei naturbelassen oder gebeizt werden. Auf das Holz wird eine Grundierung aufgetragen, die Fläche wird leicht geschliffen oder gebürstet und entstaubt. Danach reibt man die sog. Kalkpaste in die Poren ein; die Paste besteht aus einer Porenfüllflüssigkeit und synthetischen weißen Pigmenten. Der Überschuss muss sorgfältig von der Fläche entfernt und die Fläche mit einem Mattlack überlackiert werden. In gleicher Weise lassen sich mit Porenfüllstoffen auch farbige Effekte erzielen.

Sind die zu kalkenden Flächen eben, werden sie häufig einmal mit einem verdünnten weißen Spritzspachtel behandelt und nach der Trocknung so lange geschliffen, bis nur noch die weißen Poren sichtbar sind. Dann wird die Fläche mit Klarlack lackiert.

Von einer **Silberpore** spricht man, wenn Luftblasen in der Pore zurückbleiben. Mit einer guten Benetzbarkeit der Grundierung kann man dies vermeiden **(Bild 2, Seite 420)**.

8.4.2 Decklackieren

Die Decklackierung besteht aus einer oder mehreren Schichten, wobei der letzte Lackauftrag auch als Schlusslackierung bezeichnet wird. Die Aufgaben der Decklackierung sind hauptsächlich, den auf die Oberfläche einwirkenden mechanischen, chemischen und klimatischen Beanspruchungen standzuhalten, durch Glanzgrad und Farbe das Aussehen der Oberfläche zu bestimmen und eine angenehme Haptik zu erreichen.

Man unterscheidet die offenporige transparente Decklackierung mit Klarlack, die offenporige farbige Decklackierung mit pigmentiertem Lack und die geschlossenporige Decklackierung, die zudem noch poliert werden kann.

8.4.2.1 Offenporige Decklackierung

Bei der offenporigen transparenten Decklackierung erfolgt der Klarlackauftrag auf die zwischengeschliffene Grundierung häufig in einer Schicht. Werden keine hohen Ansprüche an die Oberfläche gestellt, kann die Grundierung entfallen.

Bei der offenporigen farbigen Decklackierung wird der pigmentierte Lack in einer oder mehreren Schichten auf die zwischengeschliffene Grundierung oder Zwischenlackierung aufgetragen. Wenn die Fläche infolge eines höheren Pigmentanteils abriebempfindlich ist, wendet man zusätzlich einen Klarlack als Schlussbeschichtung an **(Bild 1)**.

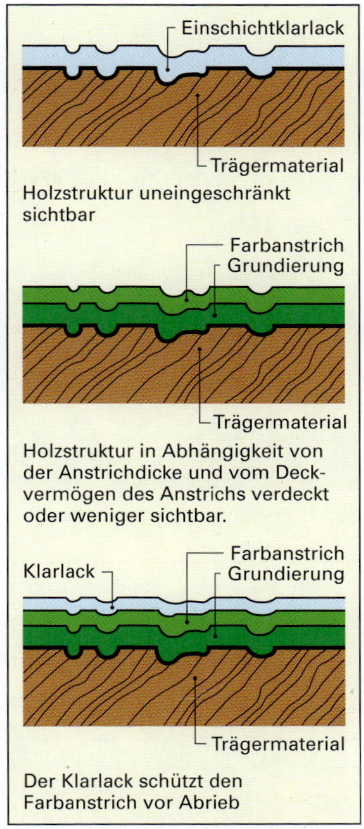

Bild 1: Offenporige Decklackierung

8.4.2.2 Geschlossenporige Decklackierung

Bei der geschlossenporigen Decklackierung **(Bild 2 und Bild 3)** müssen die Poren durch das vorhergehende Grundieren bzw. Porenfüllen vollständig ausgefüllt sein. Dies wird in mehreren Durchgängen mit Zwischenschliff oder durch Nass-in-Nass-Aufträge der Grundierung erreicht. Der anschließende Überzug muss so elastisch sein, dass er dem Quellen und Schwinden des Holzes folgen kann, ohne dabei zu reißen.

Der Glanzgrad der Decklackierung reicht von stumpf-matt (auch strukturiert) bis zu hochglänzend. Bei pigmentierten Systemen kann das Trägermaterial auch mit einer Grundierfolie beschichtet sein. So können je nach Qualität die ersten Arbeitsgänge des Porenfüllens bzw. Spachtelns entfallen.

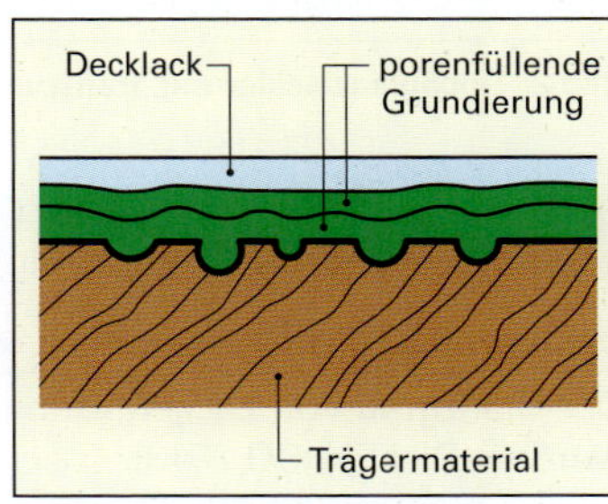

Bild 2: Geschlossenporige Lackierung, transparent

Hochglanz

Hochglänzend trocknende Lacke, meist auf PUR-Basis, benötigen eine annähernd staubfreie Umgebung und konstante Umgebungsbedingungen (Temperatur, Luftfeuchtigkeit) bei der Verarbeitung. Meist wird die Deckschicht nach dem Trocknen fein geschliffen, poliert und geschwabbelt, da kleine Verunreinigungen oftmals nicht zu vermeiden sind **(Bild 2, Seite 422)**.

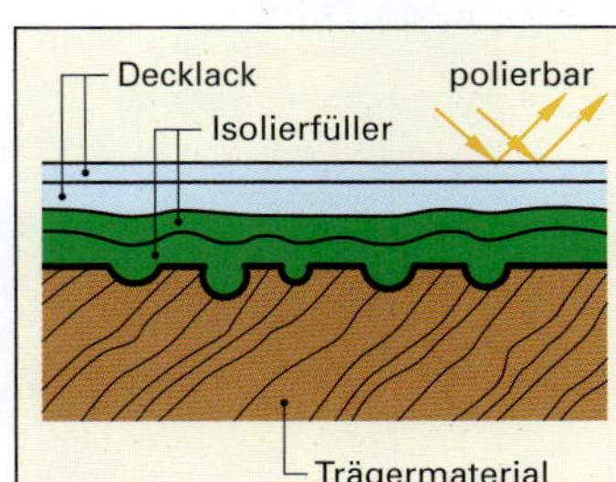

Bild 3: Geschlossenporige Lackierung, pigmentiert. Möglichkeit auf Hochglanz zu polieren

Bild 1: Küchenfront in Hochglanz

In mehreren Arbeitsgängen wird mit feiner werdenden Körnungen geschliffen, mit speziellen Polierpasten poliert und maschinell geschwabbelt. Große und plane Flächen können maschinell behandelt werden. Kleine Flächen, Kanten und Profile müssen manuell bearbeitet werden. Zwischen den einzelnen Aufträgen muss der Lack mehrere Stunden (bis zu 24 Std.) trocknen, um ein späteres „Nachfallen" zu vermeiden. Als Nachfallen des Lackes bezeichnet man das Absacken des trocknenden Lackfilms in die Unebenheiten des Untergrundes.

Der Anteil des direkt reflektierten Lichtes bestimmt die Glanzwahrnehmung der Oberfläche. In **Bild 1 und Bild 2** wird eine Hochglanzoberfläche dargestellt, bei der das Licht wie bei einem Spiegel im gleichen Winkel zurückreflektiert wird. Bei einer mattwirkenden Oberfläche **(Bild 3)** wird das einfallende Licht diffus gestreut.

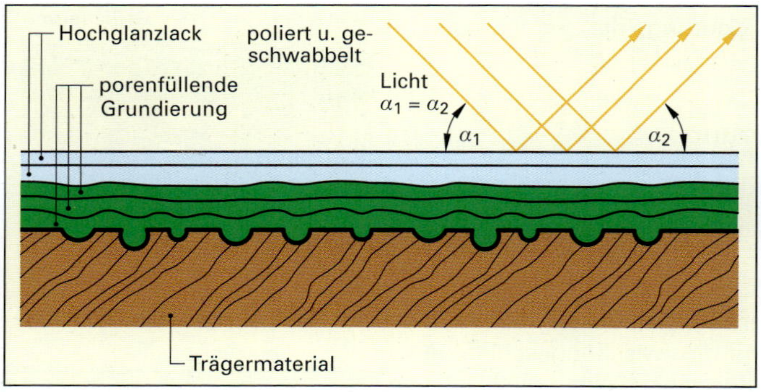

Bild 2: Hochglanzlackierung, transparent

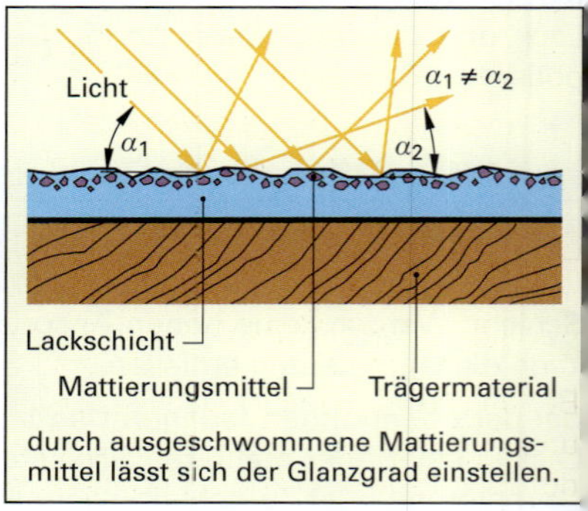

Bild 3: Mattglanzoberfläche

Die Reflexion des Lichtes an der Oberfläche wird durch die Materialart (Lack, Kunststoff, Metall), die Topographie der Oberfläche (glatt, rau, strukturiert) sowie die Transparenz und den Untergrund bestimmt.

Bestimmung des Glanzgrades von Lacken

Der Glanzgrad von Lacken kann mit dem Reflektometer **(Bild 4)** gemessen und zahlenmäßig klassifiziert werden (DIN EN ISO 2813).

Bild 4: Reflektometer

Exemplarischer Ablauf einer transparenten Hochglanzbeschichtung:

- 2- bis 3-malige Grundierung mit jeweiligem Zwischenschliff oder
- 3-malige Grundierung Nass-in-Nass mit anschließendem Zwischenschliff
- 2-malige Hochglanzlackierung mit sehr feinem Zwischenschliff oder
- 2-malige Hochglanzlackierung Nass-in-Nass
- Fein- und Polierschliff
- Polieren und Schwabbeln mit speziellen Polierpasten

Messung des Glanzgrades von Oberflächen nach DIN EN ISO 2813

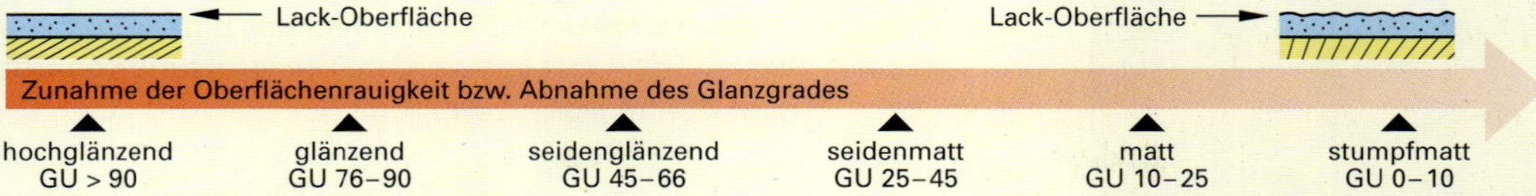

Der Lackfilm erscheint umso glänzender, je glatter die Oberfläche ist.	Der Lackfilm erscheint umso matter, je stärker und je gleichmäßiger die Rauigkeit verteilt ist.

Hochglänzende Flächen erzielt man:

- Mit einem speziell festkörperreichen Lack (Glanzlack), der in einem möglichst staubfreien Raum aufgetragen wird. Anschließendes Polieren entfällt.
- Durch Polieren bzw. Schwabbeln von Flächen, die geschlossenporig mit einem Hochglanzlack lackiert werden.

Mattglänzende Flächen erzielt man:

- Mit einem Lack, dem Mattierungsmittel hinzugefügt sind (Mattlack). Diese verursachen eine mikroskopisch feine Aufrauung.

Prinzip der Glanzgradmessung

Beim Messen des Glanzgrades wird die von einer Lichtquelle abgegebene Lichtmenge mit der von der Fotozelle aufgenommenen verglichen. Die gemessenen Glanzeinheiten (**G**loss **u**nits, **GU**) liegen je nach Glanzgrad i.d.R. zwischen 0 GU und 100 GU. Da als Kalibrierwert für den Wert 100 GU eine schwarze Glasscheibe eingesetzt wird, können auch Werte über 100 gemessen werden. Gemessen wird mit einem Einstrahlwinkel von

- 20° bei Hochglanz (GU > 70)
- 60° bei Mittelglanz (GU 10–70)
- 85° bei Mattglanz (GU <10)

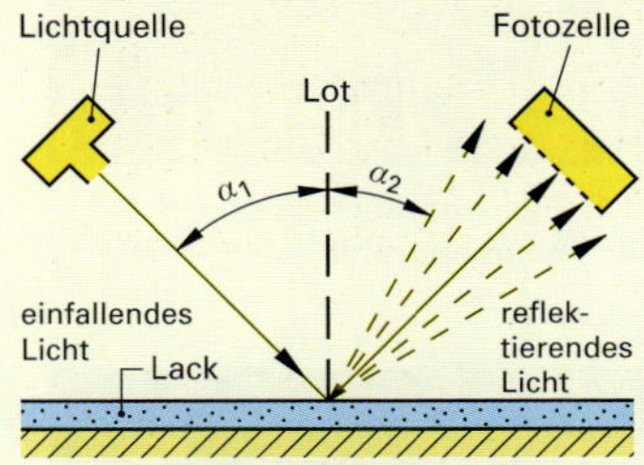

α_1 = Einstrahlwinkel des Lichtes,
α_2 = Ausfallwinkel des Lichtes
Die Fläche ist hochglänzend bei $\alpha_1 = \alpha_2$

8.4.3 Farbgebung

Bei der farbgebenden, deckenden Oberflächenbehandlung von Holz und Holzwerkstoffen wird die Eigenstruktur des Trägermaterials durch unlösliche, lichtundurchlässige Pigmente vollständig verdeckt. Die Farbe wird allerdings durch jeden Menschen subjektiv wahrgenommen und das Farbempfinden ist stark abhängig von der Art des Lichtes wie Sonnenlicht und künstliches Licht. Die verschiedenen Lichtarten unterscheiden sich stark in ihrem Emissionsspektrum und der Intensität pro Wellenlängenbereich. Das einfallende Licht wird vom beleuchteten Körper teilweise absorbiert und teilweise in das Auge des Betrachters reflektiert. Eine rot lackierte Oberfläche reflektiert überwiegend die roten Anteile des Lichtes. Entsprechend unterscheidet sich je nach Lichtquelle das Farbempfinden, da der reflektierte Anteil abhängig ist von der Intensität der emittierten Strahlung. Da die Farbe eine physikalische Größe ist, kann mithilfe eines Spektralfotometers die Reflexion über die gesamte Spektralbreite des Lichtes von infrarot bis ultraviolett gemessen und die von der gemessenen Oberfläche reflektierten Strahlen erfasst werden. Die Messwerte werden einem von der Internationalen Beleuchtungskommission (**C**ommission **I**nternationale de l'**É**clairage) entwickelten dreidimensionalen Koordinatensystem (CIE L, a, b) zugeordnet **(Bild 1)**.

In Farbsystemen werden die Farben international einheitlich bezeichnet. Den einzelnen Farben werden Koordinaten zugeordnet **(Bild 2)**, sodass jede Farbe klar bestimmt werden kann. Das vereinfacht die Kommunikation zwischen Gestaltern, Anwendern und Kunden. Das NCS-System (Natural Color System) ist eine der am meisten verbreiteten Farbsprachen.

Eine weitere sehr verbreitete Farbsprache ist die **RAL**-Farbkarte und das **RAL-Design-System**.

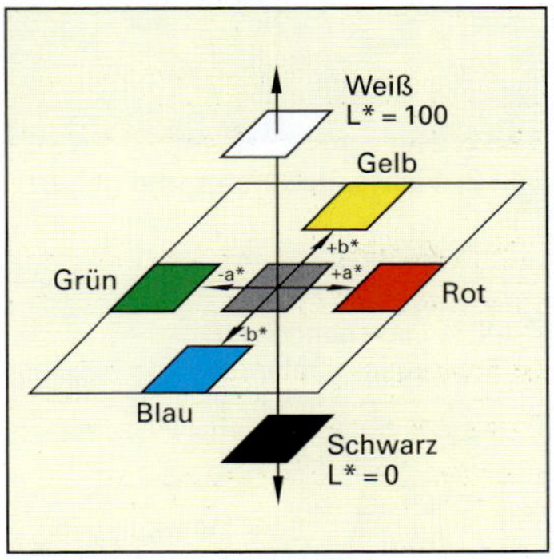

Bild 1: CIE L, a, b-System

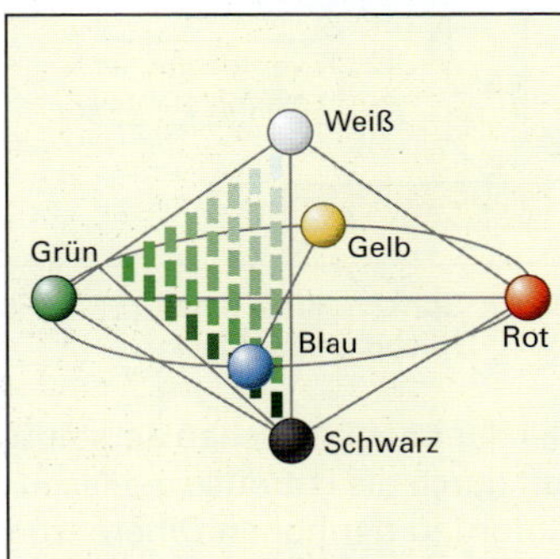

Bild 2: NCS-Farbsystem

8.4.4 Spezielle Vorbehandlungen

Bei Weichhölzern kann durch das Sandstrahlen, das Bürsten oder das Brennen ein rustikaler Effekt erzeugt werden. Die strukturierten Oberflächen können gebeizt und lackiert werden.

Sandstrahlen

Zum Sandstrahlen verwendet man scharfkörnigen, sauberen, feinkörnigen Sand, spezielle Kunststoffe, gemahlenes Glas oder Trockeneis. Das Material wird mit hohem Druck auf die Holzoberfläche geschleudert, sodass die weichen Jahresringe stärker abgebaut werden wie die harten Jahresringe. Dadurch entsteht eine reliefartige Struktur. Nach dem Entfernen der abgebauten Holzfasern und des zum Sandstrahlen verwendeten Materials kann die Oberfläche gebeizt und lackiert werden.

Bild 1: Eiche geräuchert und sandgestrahlt

Bürsten

Durch das Bürsten in Längsrichtung zur Holzfaser entsteht eine ähnlich strukturierte Oberfläche wie beim Sandstrahlen. Zur Verwendung kommen spezielle Metall- oder Kunststoffbürsten. Bei gerbstoffhaltigen Hölzern empfiehlt sich der Einsatz von Edelstahldraht oder Kunststoff, um Verfärbungen vorzubeugen.

Bild 2: Fichte, gebürstet und gebeizt

8.5 Lackauftragsverfahren

Bei der Oberflächenbeschichtung mit flüssigen Beschichtungsmaterialien wird zwischen den **Handauftragsverfahren** Streichen, Rollen, Spritzen und Tauchen und den **Maschinenauftragsverfahren** Spritzen mit Automaten oder Robotern, Gießen, Walzen, Tauchen und Fluten unterschieden.

Welches Auftragsverfahren zum Einsatz kommt, hängt im Wesentlichen ab von:

- der Werkstückgeometrie,
- der Oberflächenqualität,
- der Menge der zu lackierenden Teile und
- dem Beschichtungsmaterial.

8.5.1 Spritzverfahren

Das universellste Verfahren mit der besten Oberflächenqualität ist das Spritzverfahren. Es hat allerdings auch den schlechtesten Auftragwirkungsgrad, da beim Verspritzen von Lacken ein hoher Anteil der Lacktröpfchen am Werkstück vorbeifliegt **(Overspray)**. Der Auftragwirkungsgrad bezeichnet das Verhältnis zwischen dem Lack der auf dem Werkstück abgeschieden wird im Verhältnis zur eingesetzten Menge **(Bild 3)**.

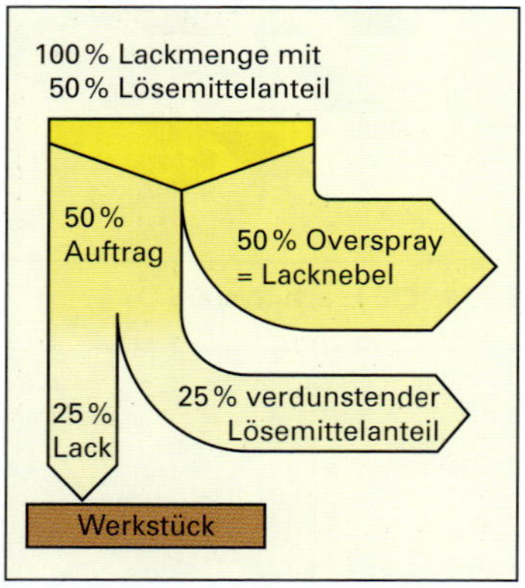

Bild 3: Spritzverluste beim Hochdruckspritzen

Bei den Spritzverfahren wird unterschieden in

- pneumatische Zerstäubung (Hochdruck und Niederdruck),
- hydraulische Zerstäubung (mit und ohne Luftunterstützung) und
- elektrostatisch unterstützte Zerstäubung.

Bei der pneumatischen Zerstäubung entsteht durch die hohe Luftgeschwindigkeit, mit der die Zerstäuberluft durch die Luftdüse geblasen wird, ein Unterdruck. Dieser Unterdruck reißt den Lack aus der Lackdüse. Aufgrund der hohen Differenzgeschwindigkeit zwischen nachfließendem Lack und Luft, wird der Lack in feine Tröpfchen zerteilt. Bei der hydraulischen Zerstäubung wird der Lack mit hohem Druck durch eine feine Düse gedrückt.

Bei elektrostatisch unterstützten Verfahren wird der Lack zusätzlich noch mit Hochspannung aufgeladen, was den Auftragwirkungsgrad wesentlich erhöht.

8.5.1.1 Hochdruckspritzen

Das Hochdruckspritzen ist ein weit verbreitetes Spritzverfahren im Handwerk. Die Oberflächenqualität ist aufgrund der sehr feinen pneumatischen Zerstäubung sehr gut. Voraussetzung für eine gute Oberflächenqualität ist wasserfreie Druckluft. Der Düsendurchmesser beträgt zwischen 0,8 und 2,5 mm. Der Luftdruck beträgt zwischen 3,0 und 4,0 bar. Die Lackzuführung kann durch einen Fließbecher, einen Saugbecher, aus einem separaten Druckkessel oder bei großen Mengen per Pumpe direkt aus dem Lackgebinde erfolgen **(Bild 1, Seite 426)**.

Um die Materialdüse sind zwei gegenüberliegende, als ringförmige Schlitze ausgebildete Luftaustrittdüsen angeordnet, um den Strahl zu formen **(Bild 1)**. Drückt man den Abzughebel nur wenig durch, öffnet sich das Luftventil und die komprimierte Luft strömt durch die Luftaustrittdüsen. Wird der Abzugshebel ganz durchgedrückt, öffnet die zurückgezogene Verschlussnadel die Materialdüse. Dabei entspannt sich die Luft schlagartig, zerteilt das ausfließende Spritzgut in feinste Tröpfchen (Nebel) und schleudert es in einem kegelförmigen Strahl auf die Fläche. Die Menge des Materialflusses kann durch Verstellen des Öffnungswegs der Düsennadel eingestellt werden. Die Einstellschraube dazu befindet sich hinter der Düsennadel. Beim Austreten des Spritzgutes aus der Materialdüse entsteht ein Sog. Er saugt Lack aus dem Materialbecher in die Materialdüse. Durch Veränderung des Spritzluftdruckes kann der Zerstäubungsgrad stark verändert werden. Auf diese Weise lassen sich Lacke bis zur Vernebelung zerstäuben. Je nach Einstellung der Luftdüsen entsteht ein Flach-, Breit- oder Rundstrahl **(Bild 3)**. In **Bild 4** wird die richtige Einstellung des Spritzstrahls dargestellt.

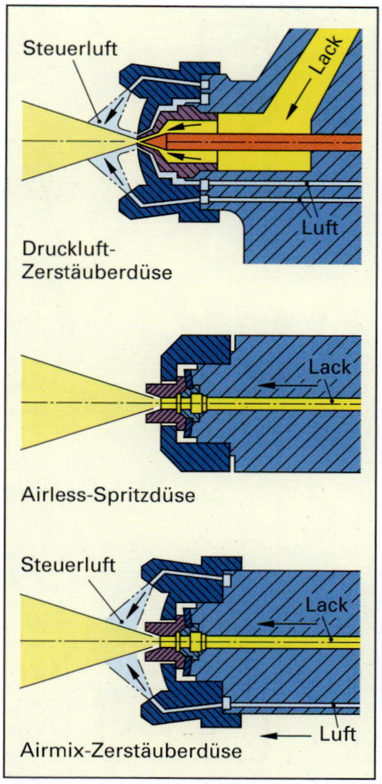

Bild 1: Die gebräuchlisten Spritzverfahren

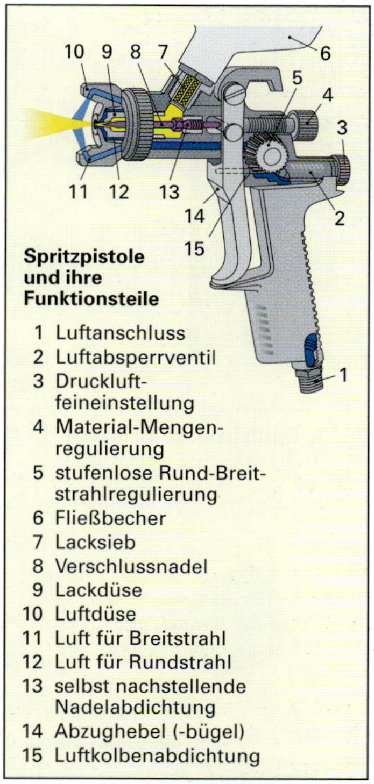

Bild 2: Teile einer Hochdruckspritzpistole (Schema)

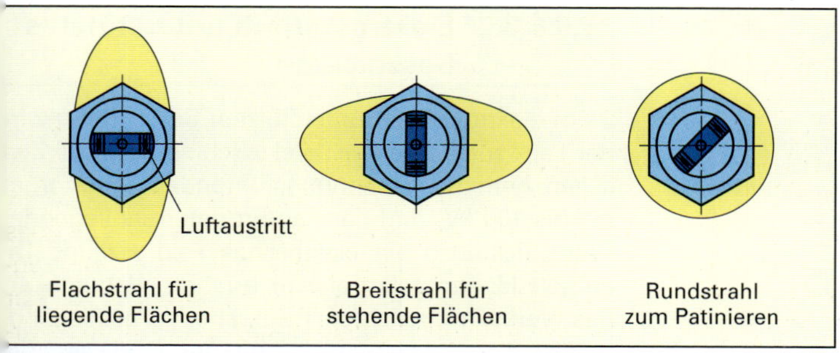

Bild 3: Einstellung des Spritzstrahls

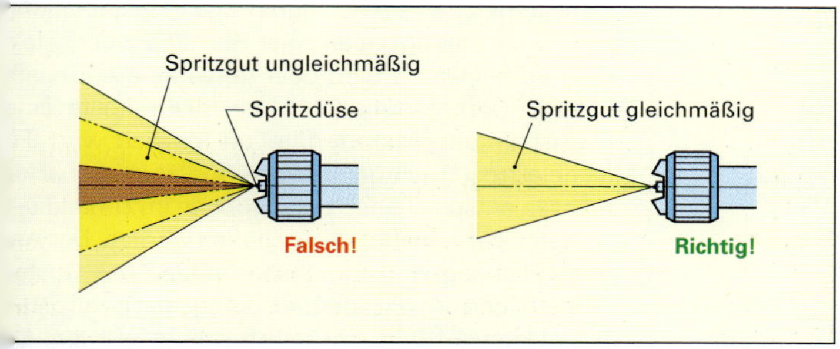

Bild 4: Spritzstrahl

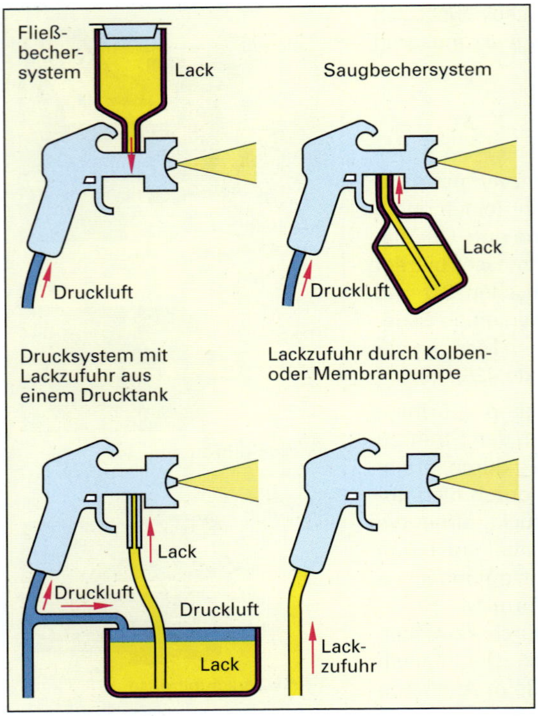

Bild 1: Spritzgutzufuhr

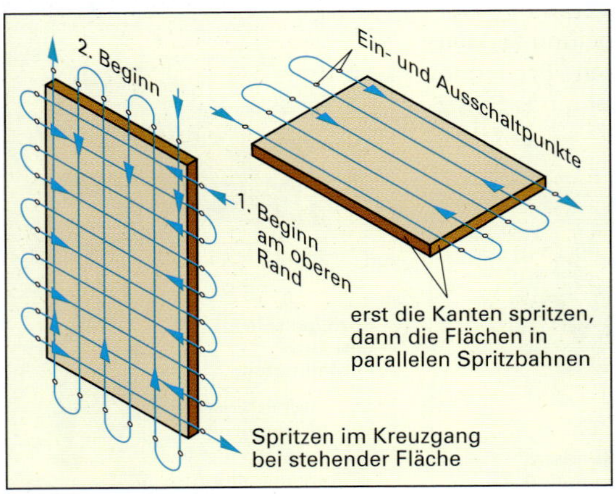

Bild 2: Spritzbahnen (Schema)

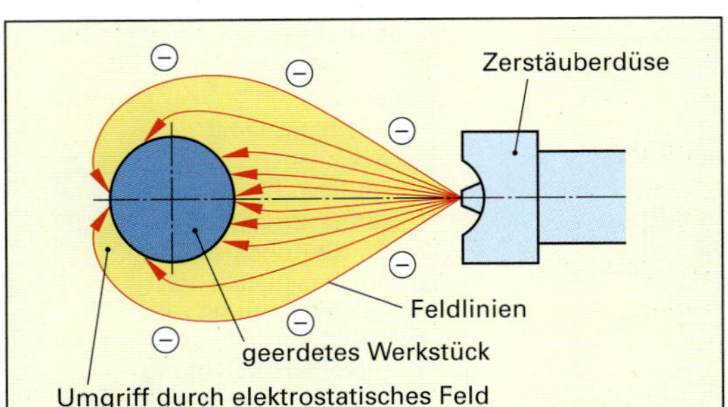

Bild 3: Elektrostatisches Beschichten (Prinzip)

Das Hochdruckspritzen hat verschiedene Vorteile. Die Zerstäubung des Lackes ist am Spritzgerät regelbar, sodass ein sauberes Spritzbild entsteht. Es können sowohl hoch- als auch niedrigviskose Überzugsmittel gespritzt werden. Nachteilig beim Hochdruckspritzen ist vor allem die starke Lacknebelbildung und der hohe Lackanteil, der am Werkstück vorbei gespritzt wird, der sogenannte **Overspray**. Der Lacknebel kann sich auf die bereits lackierte Fläche des Werkstückes niederschlagen und raut die Lackoberfläche auf. Der Overspray, der bei kleinen Werkstücken bis zu 70 % der Lackeinsatzmenge ausmachen kann, belastet die Umwelt und verursacht hohe Materialkosten.

8.5.1.2 Niederdruckspritzen

Beim Niederdruckspritzen unterscheidet man die beiden Verfahren HVLP (**H**igh **V**olume **L**ow **P**ressure) und LVLP (**L**ow **V**olume **L**ow **P**ressure). Bei einem Druck im Düsenkopf von 0,4 bis maximal 0,7 bar wird der Lack im Gegensatz zum Hochdruckspritzen weniger fein zerstäubt. Dies führt zu einem geringeren Overspray, aber auch zu einer geringeren Oberflächenqualität. Zudem wird die Arbeitsgeschwindigkeit reduziert. Man unterscheidet zwischen Geräten, die direkt an das Druckluftnetz angeschlossen werden und zwischen Geräten, bei denen die benötigte Druckluft mit einer elektrisch betriebenen Turbine erzeugt wird. Die Geräte mit einer Turbine kommen häufig auf Baustellen zum Einsatz. Die grundsätzliche Funktionsweise entspricht der des Hochdruckspritzens.

8.5.1.3 Elektrostatisch unterstütztes Beschichten

Beim elektrostatisch unterstützten Beschichten wir[d] der Lack zusätzlich noch elektrisch aufgeladen. Zwi[-] schen dem hochspannungsführenden Sprühorga[n] (50 bis 100 kV) und dem an Erdpotenzial liegende[n] Werkstück wird ein elektrisches Feld erzeugt. Di[e] aufgeladenen Lacktröpfchen erfahren dadurch au[f] das Werkstück gerichtete Feldkräfte. Vorbeifliegend[e] Lackpartikel werden auch von der Rückseite de[s] geerdeten Werkstücks angezogen **(Bild 3)**. Der Lac[k] kann aufgeladen werden durch eine Innenaufladun[g], bei der die Flüssigkeit an einer Hochspannungselek[t]rode vorbeigeführt wird oder durch eine Außenau[f]ladung (Corona-Aufladung), bei der mithilfe eine[r] Hochspannungskaskade die Luft ionisiert wird. Fü[r] das elektrostatisch unterstützte Spritzen von Lacke[n] müssen entsprechende Bedingungen im Umfeld un[d] Sicherheitsmaßnahmen geschaffen werden. Der Au[f]tragwirkungsgrad kann insbesondere bei Geste[ll]möbeln und im Fensterbau durch die elektrosta[ti]sche Unterstützung wesentlich erhöht werden. D[ie] Holzfeuchte sollte mindestens 8 % betragen.

8.5.1.4 Airless-Spritzen

Beim Airless-Spritzen erfolgt das Zerstäuben ohne Druckluft. Mit einem Druck von 80 bar bis 250 bar wird der Lack durch eine enge Düse von 0,18 mm bis 0,38 mm gepresst und dadurch hydraulisch zerstäubt. Der Druck wird durch eine Membran- oder Kolbenpumpe erzeugt, die elektrisch oder durch Druckluft mit einem Luftmotor und in explosionsgeschützten Bereichen **(Bild 1)** angetrieben wird. Dadurch ergeben sich ein hoher Materialdurchsatz und damit eine hohe Arbeitsgeschwindigkeit. Das Airless-Spritzen wird daher zum Spritzen von größeren Flächen eingesetzt. Da der Lack ohne Luft zerstäubt wird, ergibt sich eine geringe Spritznebelbildung. Es können auch Schrankinnenräume gespritzt werden, da keine Luft zurückprallt. Der Spritzstrahl ist scharf abgegrenzt und die Oberflächenqualität ist im Vergleich zur pneumatischen Zerstäubung etwas schlechter.

Es ist auch keine Ausstoßregulierung möglich. Der Spritzstrahl kann über die Bauart der Düse reguliert werden. Auf den Lack und auf die Düse abgestimmte Siebe in der Pistole verhindern ein Verstopfen der feinen Düsen. Durch den hohen Druck kann es insbesondere bei abrasiven Wasserlacken zu einem hohen Düsenverschleiß kommen.

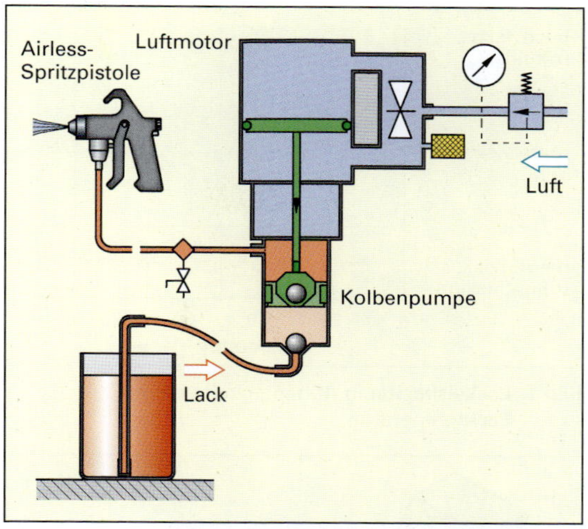

Bild 1: Prinzipskizze Airless-Spritzen, hydraulische Zerstäubung über Luftmotor

Bild 2: Spritzautomat

8.5.1.5 Airmix-, Aircombi- oder Aircoat-Spritzen

Bei diesem Verfahren wird wie beim Airless der Lack hydraulisch zerstäubt. Zusätzlich wird der Spritzstrahl mit Luft von ca. 0,5 bar bis 1 bar an den Rändern verwirbelt **(Bild 1, Seite 425)**. So entsteht ein homogener Spritzstrahl mit einem weichen Übergang. Es handelt sich um das am häufigsten angewendete Spritzverfahren. Bei diesem Verfahren werden die Vorteile der Airless-Spritztechnik mit denen der pneumatischen Zerstäubung vereinigt. Die Oberflächenqualität ist sehr gut, die Arbeitsgeschwindigkeit gegenüber dem Airless-Spritzen etwas vermindert. Der Materialdruck beträgt ca. 25 bar bis 120 bar. Der Düsendurchmesser beträgt wie beim Airless-Spritzen 0,18 mm bis 0,38 mm.

8.5.1.6 Spritzautomaten

Flächenspritzautomaten **(Bild 2)** werden eingesetzt, wenn flächige Teile in großen Mengen lackiert werden müssen. Mit Flächenspritzanlagen lässt sich eine sehr gute Oberflächenqualität erzeugen. In Flächenspritzanlagen können alle pneumatischen und hydraulischen Zerstäuberarten eingesetzt werden wie z. B. Airmix oder Airless.

Tabelle 1: Auftragwirkungsgrad verschiedener Lackierverfahren

Auftragsverfahren	Auftragwirkungsgrad in Prozent bei großen Flächen	bei kleinen Flächen
Streichen, Rollen	98	98
Hochdruckspritzen	65	20 bis 50
Airless-Spritzen	80	40 bis 70
elektrostatisches Spritzen	95	80 bis 85
Heißspritzen	70	40
Gießen	98	98
Walzen	98	98
Tauchen	90	80
Fluten	90	80

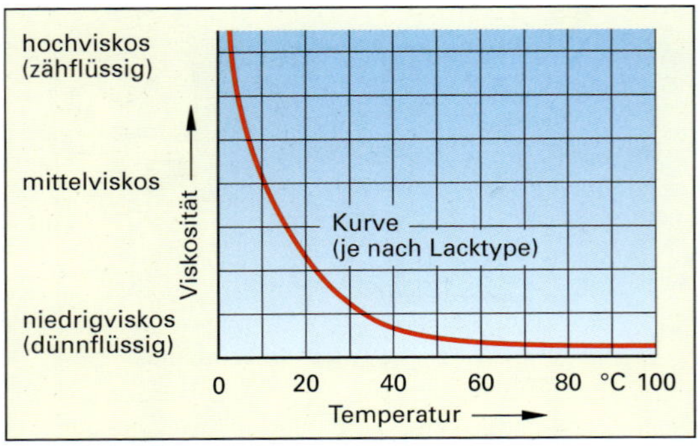

Bild 1: Lackviskosität in Abhängigkeit von der Lacktemperatur

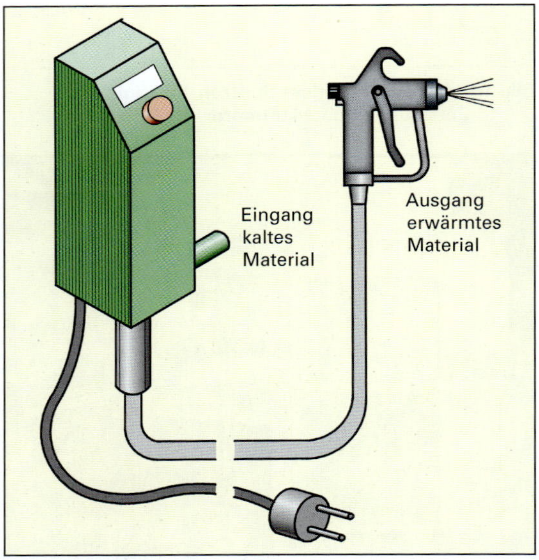

Bild 2: Anlage für Warm-Spritzen von Lacken (Schema)

8.5.1.7 Zweikomponentenlacke-Spritzen

Bei kleinen Verbrauchsmengen werden die beiden Lackkomponenten außerhalb der Spritzeinrichtung dosiert und gemischt und mit der Spritzeinrichtung gespritzt, die auch für Einkomponentenlacke verwendet wird. Zum Verarbeiten größerer Lackmengen ist eine sog. Zweikomponentenanlage erforderlich. In diesem Verarbeitungssystem werden die beiden Komponenten automatisch dosiert, gemischt und dann mit den herkömmlichen Spritzpistolen verspritzt.

8.5.1.8 Warm- bzw. Heiß-Spritzen

Beim Warm- bzw. Heiß-Spritzen wird der Lack mit einer Temperatur von ca. 40 °C zerstäubt und auf das Werkstück aufgebracht. Je nach Verfahren wird auch die Zerstäuberluft erwärmt.

Durch das Erwärmen wird eine Absenkung der Viskosität ohne Zugabe von Verdünnungsmitteln erreicht, die Zerstäubungsqualität erhöht und die Benetzung verbessert **(Bild 1 und Bild 2)**.

So können mit dem Warmspritzen Lacke mit einem höheren Festkörpergehalt (FKG) verarbeitet werden um die Emissionen von Lösemitteln (VOC) zu beschränken. Das Erwärmen des Lackes führt auch zu einem besseren Verlauf, einer schnelleren Trocknung und damit auch zu einem geringeren Aufstellen der Holzfasern. Zudem ist der Düsenverschleiß gegenüber dem Airless- und Airmix-Spritzen reduziert, da mit geringerem Druck gespritzt werden kann.

Wichtig: Über ihren Flammpunkt hinaus erwärmte Lacke müssen mit explosionsgeschützten Geräten verarbeitet werden (Pumpen, Elektrostatik, Durchlauferhitzer, Spritzräume). Auch Wasserlacke mit geringem Anteil an Lösungsmitteln können einen Flammpunkt unter 45 °C haben.

Arbeitsregeln für die Spritzverfahren

- Die zu spritzenden Flächen sollten möglichst horizontal gelagert sein.
- Die Viskosität des Lackes muss richtig eingestellt und auf Luftdruck und Lackmenge genau abgestimmt sein.
- Die Materialflussmenge muss richtig eingestellt werden. Das Spritzlack-Luftgemisch muss im Spritzkegel gleichmäßig dicht sein.
- Man muss die Pistole so führen, dass sich beim Spritzen die einzelnen Spritzbahnen etwas überlappen.
- Sollen größere Mengen Überzugsmaterial auf einmal aufgetragen werden, wird im Kreuzgang gespritzt. Beim Kreuzgang wird ein zweiter Spritzgang quer zum ersten aufgebracht.
- Die Pistole sollte so geführt werden, dass der Spritzkegel immer leicht über den Rand der zu spritzenden Fläche hinausgeführt wird. Auf diese Weise bilden sich am Flächenrand keine Ansätze.
- Der Abstand zwischen Pistole und Fläche sollte 25 cm bis 30 cm betragen.
- Stehende Flächen sind von unten nach oben zu spritzen. Damit Läufer vermieden werden, ist der Lack mehrmals dünn aufzutragen. Man muss vom Körper weg arbeiten.
- Nach dem Spritzen müssen Spritzpistole und Materialbecher sofort gereinigt werden.

8.5.2 Gießen

Mit Gießmaschinen lassen sich flächige Werkstücke lackieren, sofern ihre Oberfläche von einem Lackvorhang erfasst werden kann. Eine Gießmaschine ist mit einem über die Maschinenbreite (Arbeitsbreite bis 1500 mm) reichenden Gießkopf ausgestattet, der an seiner Unterseite einen in der Weite verstellbaren Spalt mit Spaltbreiten von 0,6 mm bis 1,2 mm hat. Aus dem Gießkopf tritt der Gießlack durch den Spalt als feiner geschlossener Vorhang aus und fällt auf die Werkstückoberfläche. Die Auftragsmenge liegt zwischen 40 g/m² und 300 g/m². Das Werkstück wird mit einem Transportband unter dem Gießkopf mit einer Vorschubgeschwindigkeit von 40 bis 90 m/min hindurchgeführt. Der nicht auf das Werkstück fallende Lack läuft über eine Auffangrinne in das Vorratsgefäß zurück. Aus diesem Gefäß pumpt eine stufenlos regelbare Förderpumpe den Lack wieder in den Gießkopf zurück **(Bild 1 und Bild 2)**.

Beim Lackgießen entstehen nur sehr geringe Lackverluste. Die Lackschichtdicke sowie die aufzutragende Lackmenge lassen sich durch den verstellbaren Abstand der Gießlippen und durch die Transportgeschwindigkeit des Werkstückes leicht regulieren. Werkstücktoleranzen spielen keine Rolle. Beim Einsatz einer Zweikopf-Gießmaschine kann zuerst der Härter und mit dem zweiten Gießkopf der Stammlack aufgetragen werden. Wenn die erste Lackschicht angeliert ist, kann eine zweite Lackschicht wieder im Nass-in-Nass-Verfahren aufgegossen werden.

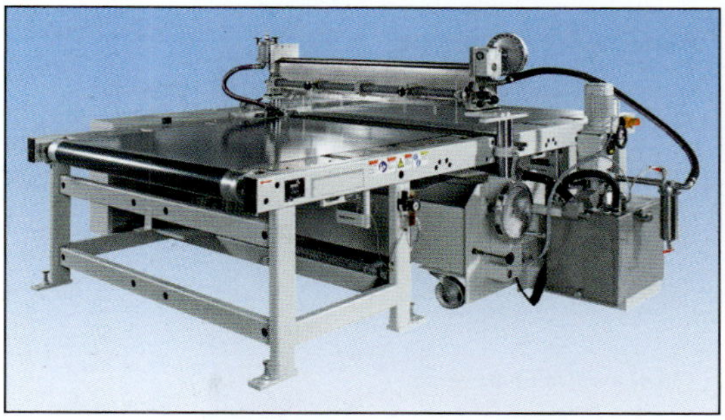

Bild 1: Lackgießmaschine

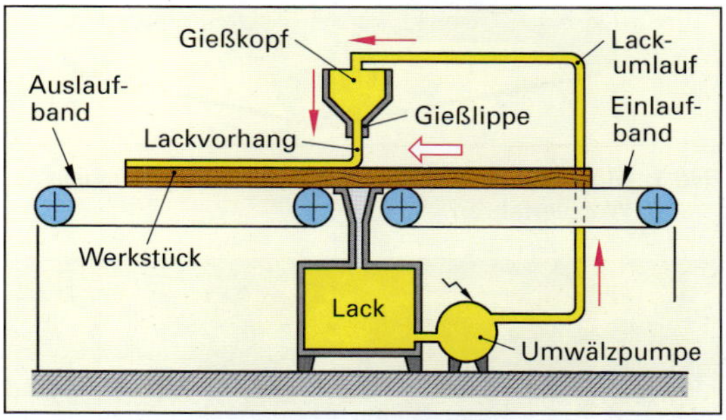

Bild 2: Lackgießmaschine (Prinzipskizze)

8.5.3 Walzen

Mit dem Walzverfahren **(Bild 3)** können Beizen, Lacke, Öle und Wachse auf flächige Teile aufgetragen werden. Vermehrt an Bedeutung gewinnt der Auftrag von 100% festkörperhaltigen UV-Lacken, da diese innerhalb von Sekunden durch UV-Licht chemisch härten und direkt weiterverarbeitet werden können. Sehr häufig wird das Walzverfahren für die Grundierung verwendet, bei Parkett und Türen auch für Decklackqualität. Die Auftragsmengen betragen zwischen 3 g/m² bis 20 g/m² bei Glattwalzen und bis zu 60 g/m² bei fein gerillten Walzen. Diese gerillten Walzen werden speziell für Grundierungen eingesetzt. In der Regel werden für eine Grundierung mehrere Aufträge durchgeführt, wobei darauf zu achten ist, dass der Lack nicht ausgehärtet ist, wenn ohne Zwischenschliff der nächste Auftrag stattfinden soll.

In dem Spalt **(Bild 4)** zwischen der gummierten Auftragswalze und der Dosierwalze aus Stahl befindet sich der Lackvorrat. Der seitlich ablaufende Lack wird aufgefangen und über eine Pumpe wieder in den Spalt gefördert. So ergibt sich ein sehr hoher Auftragwirkungsgrad von annähernd 100%.

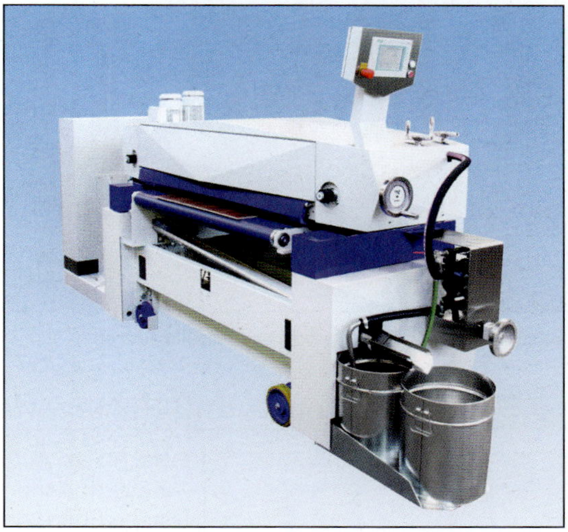

Bild 3: Walzmaschine

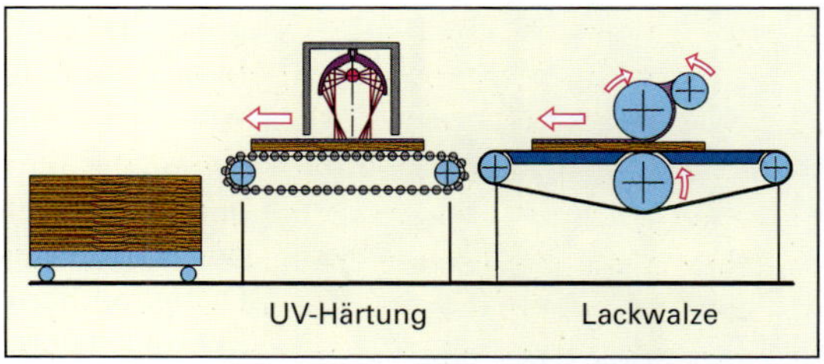

Bild 4: Auftrag und Aushärten von 100-%-UV-Walzlacken (Schema)

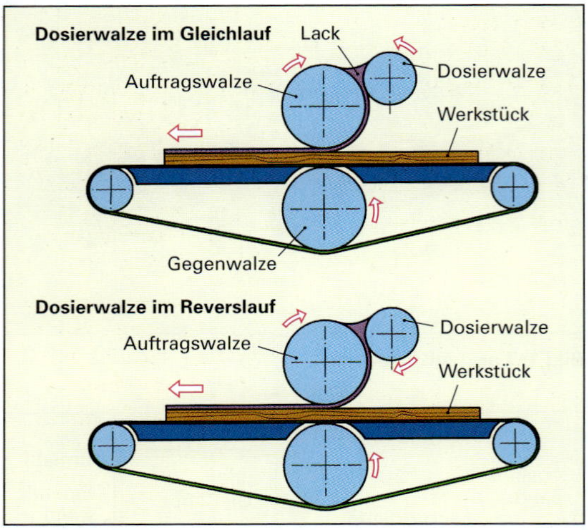

Bild 1: Mögliche Drehrichtungen der Dosierwalze beim Walzverfahren

Bild 2: Flutanlage mit Power- und Free-Förderer

Die Dosierwalze kann im Gleichlauf und im Reverslauf (Gegenlauf) zur Auftragswalze betrieben werden **(Bild 1)**. Beim Reverslauf ergibt sich ein ruhigeres Oberflächenbild.

Die Kanten müssen in einem separaten Arbeitsgang beschichtet werden. Dickentoleranzen haben im Gegensatz zum Gießen einen hohen Einfluss auf die Oberflächenqualität. Die Vorschubgeschwindigkeiten betragen 6 m/min bis 40 m/min.

8.5.4 Fluten

Das Fluten wird hauptsächlich für die Imprägnierung und Grundierung von Fenstern mit wässrigen Systemen eingesetzt. Die Werkstücke werden leicht schräg hängend mit einem **Power- and Free-Förderer** in einer Kammer an Düsenstöcken vorbeigeführt, wo sie mit einem geringen Druck von ca. 0,5 bar bis 1 bar besprüht werden. Das überschüssige und ablaufende Material wird wieder gesammelt, gefiltert und nach Einstellung der Viskosität wieder in den Kreislauf eingespeist. So ergibt sich ein sehr hoher Auftragswirkungsgrad **(Bild 2)**.

8.5.5 Tauchen

Beim Tauchen wird das Werkstück von Hand oder mithilfe entsprechender Fördereinrichtungen in das physikalisch trocknende Überzugsmittel eingetaucht und wieder herausgenommen. Das Verfahren wird hauptsächlich eingesetzt für die Imprägnierung und Grundierung von Fenstern oder Kleinteilen. Die Oberflächen sind von mittlerer Qualität. Beim Tauchen müssen die Lackviskosität und die Eintauch- und Ausziehgeschwindigkeit aufeinander abgestimmt sein. Die Teile sollten keine Taschen oder Vertiefungen aufweisen, aus denen der Lack nicht wieder ablaufen kann.

8.6 Trocknungs- und Härteverfahren für Überzugsmaterialien

Bild 3: Lacktrockenwagen

Nach dem Auftrag muss das Überzugsmaterial schnell, staubfrei, umweltschonend und energiesparend vom flüssigen in den festen Zustand überführt werden.

Je nach Art des Überzugsmaterials wird zwischen einer Trocknung und einer Härtung unterschieden. Trocknen ist ein physikalischer Vorgang, bei dem sich nach dem Verdunsten der Löse- und Verdünnungsmittel die Bindemittelteilchen zum Lackfilm zusammenlagern, wie z. B. bei Nitrolacken.

Härten ist ein Prozess, bei dem eine Molekülvergrößerung durch einen chemischen Vorgang oder durch eine Sauerstoffaufnahme aus der Luft stattfindet, wie z. B. bei Polyurethanlacken und bei den durch Oxidation härtenden Öl-Lacken. Die Härtung kann durch Zufuhr von Energie in Form von Strahlung oder Wärme beschleunigt werden. Die Trocknung von Wasserlacken wird durch heiße Luft, Infrarotstrahlung und Mikrowellenstrahlung beschleunigt.

Bei den häufig zum Einsatz kommenden Lacken findet nach der physikalischen Trocknung ein Härteprozess statt. Im Klein- und Mittelbetrieb erfolgen die Trocknung und Härtung meist auf Trockenwagen bei Raumtemperatur **(Bild 3, Seite 430)**.

Für kurze Trocken- und Härtungszeiten werden Trockenanlagen eingesetzt. Die Begriffe „trocknen" und „härten" werden sehr häufig gleichgesetzt. Beim Trocknen werden die notwendigen Temperaturen sowohl vom Lack als auch vom Material des Werkstückes bestimmt. Die Werkstücke aus Vollholz beispielsweise dürfen nur Temperaturen bis maximal 60 °C ausgesetzt werden, sonst schwindet das Holz und verzieht sich. Eine Trockenanlage besteht in der Regel aus drei Zonen: der Abdunstzone, der Trockenzone und der Kühlzone. Die Trockenanlagen werden unterschieden in Konvektionsanlagen und Strahlungs-Härtungsanlagen.

- **Abdunstzone:** Bei bis zu 40 °C verdunsten Löse- und Verdünnungsmittel, in der Lackschicht eingeschlossene Luft entweicht.
- **Trockenzone:** Der Lack wird meist vollständig getrocknet, schwer flüchtige Lösemittel trocknen u. U. erst später vollständig bei Raumklima aus.
- **Kühlzone:** Insbesondere thermoplastische Lacke werden gekühlt, damit sie ihre Plastizität, leichte Klebrigkeit verlieren.

8.6.1 Konvektions-Trocknungsverfahren

Die Konvektionstrockner sind wegen ihres breiten Anwendungsspektrums die am häufigsten eingesetzten Trockner. Bei der Konvektionstrocknung oder Umlufttrocknung wird ein Warmluftstrom mithilfe von Ventilatoren an das Werkstück geführt. Dadurch kommt es an der Oberfläche zu einem Energie- und Stoffaustausch. Das Trockenmedium, d.h. die warme Luft, kühlt sich ab und überträgt dadurch Wärmeenergie an das Werkstück. Dabei erhöht sich die Werkstücktemperatur. Gleichzeitig erwärmt sich der Lackfilm und setzt Lösemittel bzw. Wasser frei. Das Lösemittel bzw. das Wasser wird von der Luft aufgenommen und abtransportiert. Die Luft wird entweder von außen zugeführt und wieder nach außen über Wärmetauscher abgegeben (Frischluft-Abluftprinzip) oder mehrfach wieder erwärmt und umgewälzt (Umluftprinzip). In der Abdunstzone und der Kühlzone wird meist mit einem hohen Anteil an Frischluft gefahren, während in der Trockenzone der Umluftanteil überwiegt. Die Trocknerlänge bzw. die Verweilzeit der Teile im Trockner sind abhängig vom Lacktyp, der Auftragsmenge und dem Belegungsgrad des Trockners. Die benötigte Wärmeenergie wird in holzverarbeitenden Betrieben häufig durch Restholz und Späne erzeugt.

Die erwärmte Luft hat folgende Aufgaben:

- Dem Werkstück Wärme zur Lösemittel- bzw. Wasserverdunstung zuführen.
- Bei Reaktionslacken Wärme zur Beschleunigung der Härtung bereitstellen.
- Die verdunsteten Lösemittel bzw. das verdunstete Wasser abführen.

Bauformen von Konvektionstrockner können sein:

- Flachkanaltrockner **(Bild 1 und 4)**,
- Trockenanlagen mit großem Querschnitt für Hordenwagen **(Bild 2)** und
- Etagentrockner für Lacke mit langen Trockenzeiten mit bis zu 2 Std. **(Bild 3)**.

Bild 1: Flachkanaltrockner (Ausschnitt)

Bild 2: Hordenwagen

Bild 3: Etagentrockner

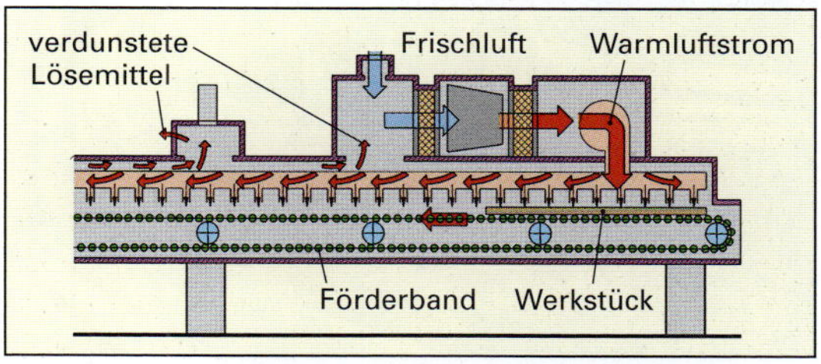

Bild 4: Schematische Darstellung eines Düsentrockners

Bei Konvektionstrocknern betragen die Luftgeschwindigkeiten in der Abdunstzone etwa 0,5 m/s bis 2 m/s, in der Trockenzone bei speziellen Düsentrocknern **(Bild 4, Seite 431)**, bei denen die Luft durch Düsen oder enge Schlitze auf das Werkstück geblasen wird, bis zu 25 m/s. Mit dieser in Flachkanaltrocknern eingesetzten Technik kann die Trockenzeit je nach Lacksystem auf wenige Minuten verkürzt werden.

Die Nachteile der Konvektionstrocknung sind der große Platzbedarf bei langen Trockenzeiten, der hohe Energieverbrauch durch Beheizungs-, Dämm- und Öffnungsverluste, sowie der Wärmeaustrag durch das Transportsystem und die Werkstücke.

Die Effizienz des Konvektionsverfahrens kann erhöht werden, indem die Luft entfeuchtet und somit das Wasseraufnahmevermögen der Luft wesentlich erhöht wird. Eine weitere Möglichkeit das Verfahren zu beschleunigen ist die Unterstützung mit Infrarotstrahlern.

In Trocknungsräumen für Werkstücke auf Hordenwagen und für große dreidimensionale Bauteile kann durch die Installation einer beidseitigen Querbelüftung im Trocknungsraum eine beschleunigte und schonende Trocknung erreicht werden. Es ist darauf zu achten, dass die Luftgeschwindigkeiten nicht zu hoch sind, da es sonst zur Hautbildung kommt und die darunter liegende Schicht nicht abtrocknen kann. Ebenso muss in belüfteten Trockenräumen darauf geachtet werden, dass kein Staub von Rohren und Einbauten aufgewirbelt und auf darunter liegende, frisch lackierte Werkstücke fallen kann.

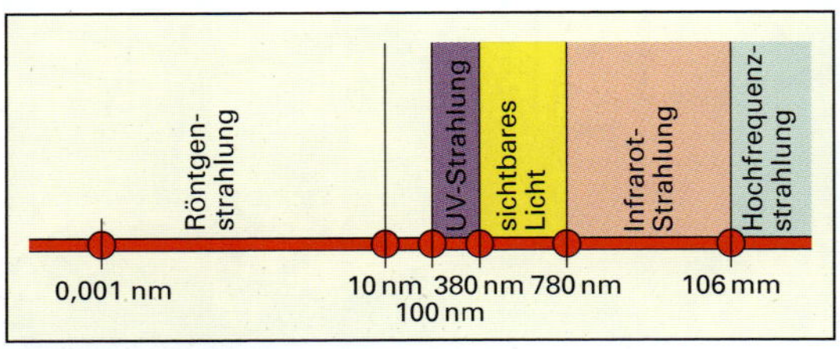

Bild 1: Strahlungsbereiche

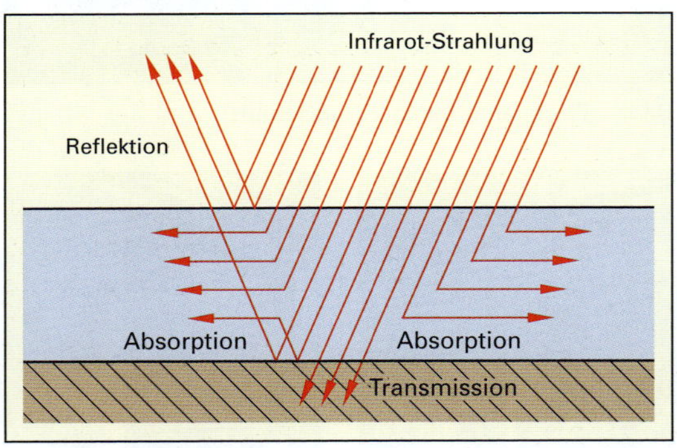

Bild 2: Infrarot-Strahlung: Absorption, Reflektion und Transmission der Strahlung

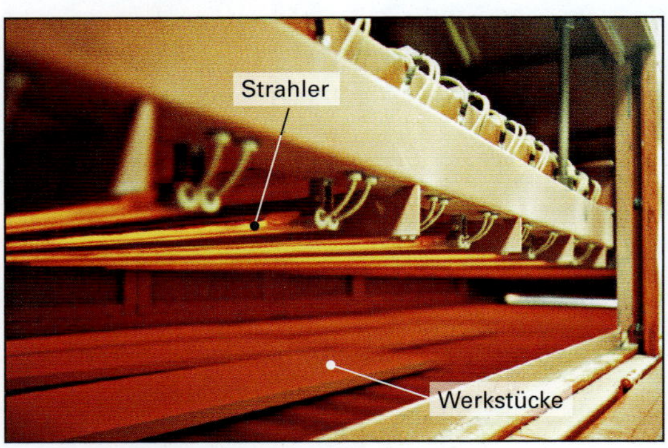

Bild 3: Infrarot-Trockner, seitlich geöffnet

8.6.2 Strahlungs-Härtungsverfahren

Von den Strahlungstrocknern werden die Infrarot-Trocknung (IR-Trocknung) sowie die Ultraviolettstrahlen-Härtung (UV-Härtung) eingesetzt. Beide Verfahren dienen vor allem der schnellen Trocknung und Härtung von lösemittelarmen bzw. lösemittelfreien Lacken.

Da Wasser die **Infrarot-Strahlung** optimal bei 3 µm (3000 nm) absorbiert, werden für die Trocknung von Wasserlacken hauptsächlich mittelwellige Infrarot-Strahler mit einer Wellenlänge zwischen 2 µm bis 4 µm eingesetzt. Die Oberflächentemperatur dieser mittelwelligen Strahler beträgt ca. 1200 °C. Zum Einsatz kommen aber auch kurzwellige Strahler (0,8 µm bis 2 µm) mit Oberflächentemperaturen bis zu 2600 °C. Die Strahlerleistung wird in Kilowatt je Quadratmeter Strahlerfläche angegeben bzw. in Kilowatt oder Watt je Strahlerlänge. Sie beträgt bei Mittelwellenstrahlern 50 kW bis 100 kW/m^2 bzw. 25 W/cm bis 70 W/cm. Von der Oberfläche des Werkstückes werden die Infrarot-Strahlen teils absorbiert, teils reflektiert **(Bild 2)**. Der absorbierte Strahlungsanteil führt zur schnellen Erwärmung der Lackschicht.

Die Strahler sind in der Höhe verstellbar. In einer Trockenanlage befinden sich mehrere Strahlerfelder, die bei Bedarf innerhalb von wenigen Sekunden zu- oder abgeschaltet werden können. So kann das IR-Verfahren sehr gut auf individuelle Anforderungen abgestimmt werden. Der Einsatz erfolgt bei überwiegend flächigen Werkstücken, meist in Verbindung mit der Konvektionstrocknung. Neben der Erzeugung von Infrarot durch elektrische Strahler **(Bild 3)** kann Infrarot auch durch katalytische Verbrennung von Gas erzeugt werden.

Die **UV-Strahlungshärtung** wird mit gebündelten UV-Strahlen aus Quecksilber- oder Gallium-dotierten Hochdruckstrahlern erzeugt **(Bild 1)**. Bei der UV-Strahlung handelt es sich um elektromagnetische Wellen im Wellenlängenbereich von 100 nm bis 400 nm. Konventionelle UV-Strahler emittieren neben dem UV-Licht auch IR-Strahlen und somit entsteht Wärme. „Kaltes" UV-Licht kann erzeugt werden, in dem die UV-Strahlung durch spezielle Spiegel von der IR-Strahlung getrennt wird.

Man unterscheidet zwischen:

- UV C 100 nm bis 280 nm für Klarlacke (Quecksilberlampen)
- UV B 280 nm bis 315 nm für die Unterstützung der Härtung
- UV A 315 nm bis 380 nm für hohe Farb- und Lackschichten (Galliumlampen)

Die UV-Lacke, meist auf Basis von Acrylat oder Polyester, enthalten Photoinitiatoren, die durch die Bestrahlung mit UV-Licht Radikale bilden, welche eine Polymerisation auslösen. Bei UV-Wasserlacken muss zuerst physikalisch getrocknet werden, bevor die Härtung stattfindet. 100-%-UV-Lacke werden direkt nach der Applikation ausgehärtet. Es muss sichergestellt werden, dass jede Fläche ausreichend mit UV-Licht bestrahlt wird. Nur so ist die Aushärtung sichergestellt.

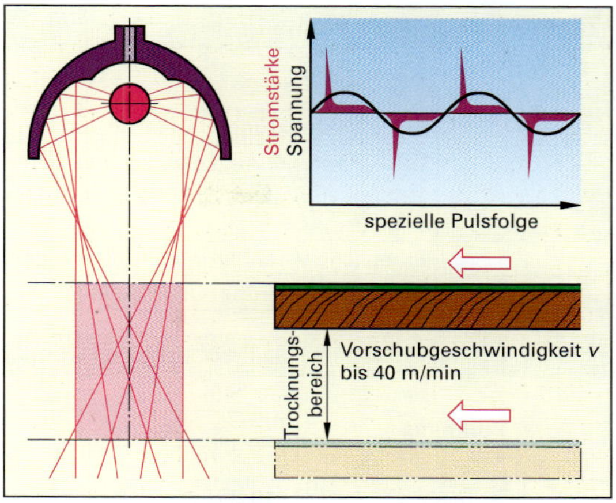

Bild 1: UV-Strahlungshärtung

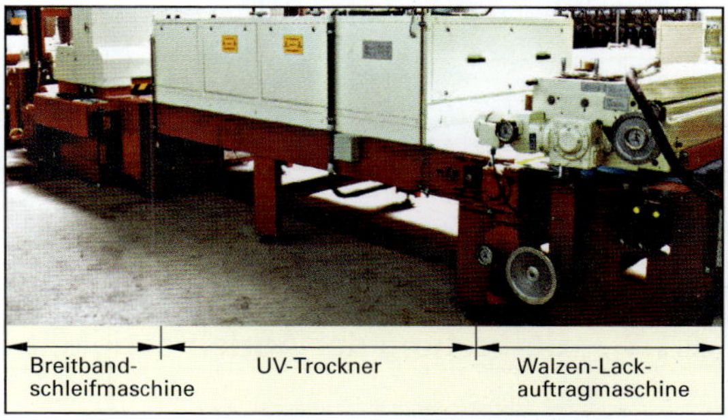

Bild 2: UV-Trockner in einer Flachlackierstraße

8.7 Prüfungen von Oberflächenbeschichtungen

Die Anforderung an die Beschichtung gegen zu erwartende chemische und mechanische Beanspruchungen muss im Vorfeld mit dem Kunden festgelegt werden. Mit der Norm DIN 68861 werden Beschichtungen in Beanspruchungsgruppen klassifiziert. Bei der chemischen Beanspruchung steht die Gruppe 1A für die höchste und 1D für die geringste Beanspruchungsgruppe.

Die DIN 68861 setzt sich aus nachfolgenden Teilen zusammen. In der Klammer sind die entsprechenden zugrunde liegenden Prüfnormen dargestellt.

- Teil 1: Verhalten bei chemischer Beanspruchung (DIN EN 12720)
- Teil 2: Verhalten bei Abriebbeanspruchung (DIN EN 15185)
- Teil 4: Verhalten bei Kratzbeanspruchung (DIN EN 15186)
- Teil 6: Verhalten bei Zigarettenglut
- Teil 7: Verhalten bei trockener Hitze (DIN EN 12722)
- Teil 8: Verhalten bei feuchter Hitze (DIN EN 12721)

8.7.1 Verhalten bei chemischer Beanspruchung

Bei der Beständigkeit gegen kalte Flüssigkeiten bzw. chemische Beanspruchung nach DIN EN 12720 bzw. DIN 68861-1 werden bis zu 24 definierte Prüfflüssigkeiten (z.B. Essigsäure, Aceton, Kaffee, Olivenöl, Wasser) auf die Oberfläche aufgebracht. Nach einer vorher festgelegten Zeitdauer (10 s, 2 min, 10 min, 1 Std., 6 Std., 16 Std., 24 Std., 7 Tage, 28 Tage) wird die Prüffläche nach **Tabelle 1, Seite 434** optisch beurteilt. Das Ergebnis kann nach DIN 68861-1 klassifiziert werden **(Tabelle 2, Seite 434)**.

Physikalisch trocknende Lacksysteme für Holz erreichen in der Regel die Beanspruchungsgruppe 1C, chemisch härtende Beschichtungen die Gruppe 1B.

Tabelle 1: Beschreibung numerischer Einstufungscode, verkürzt (Quelle: DIN EN 12720)

Numerische Einstufung	Beschreibung
5	Keine Veränderung: Prüffläche von Umgebungsfläche nicht zu unterscheiden
4	Leichte Veränderung: Nur zu unterscheiden, wenn sich Lichtquelle auf Prüfoberfläche spiegelt
3	Mäßige Veränderung: Sichtbar in mehrere Blickrichtungen, noch keine Veränderung der Oberflächenstruktur
2	Erhebliche Veränderung: Prüffläche deutlich zu unterscheiden, Oberflächenstruktur leicht verändert
1	Starke Veränderung: Oberflächenstruktur hat sich merklich verändert

Tabelle 2: Prüfmittel und Beanspruchungsgruppen nach DIN 68861-1 (Auszug)

Prüfmittel		Beanspruchungsgruppen							
		1A		1B		1C		1D	
		D	A	D	A	D	A	D	A
1	Essigsäure	16 Std.	5	6 Std.	5	–	–	–	–
5	Rotwein	16 Std.	5	6 Std.	5	10 min	5	2 min	5
7	Cola	16 Std.	5	16 Std.	5	10 min	5	2 min	5
12	Wasser	16 Std.	5	16 Std.	5	10 min	5	10 min	5
14	Aceton	16 Std.	5	10 s	2	–	–	–	–
17	Olivenöl	16 Std.	5	16 Std.	5	–	–	–	–
24	Reinigungslösung	16 Std.	5	1 Std.	5	2 min	5	2 min	5

D = Einwirkdauer,
A = Anforderung als Einstufungscode nach DIN EN 12720:2009-07

8.7.2 Bewertung der Abriebfestigkeit von Oberflächen

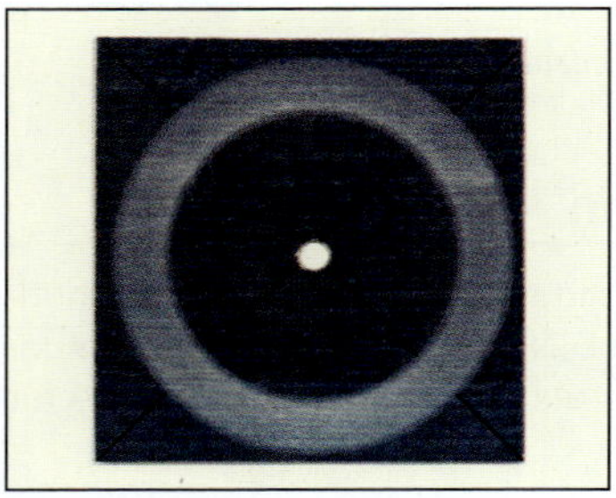

Bild 1: Erfasst wird die Anzahl Umdrehungen, bis der Abrieb in allen 4 Quadranten erreicht ist

Unter Abriebbeständigkeit bzw. Abriebwiderstand bezeichnet man den Widerstand einer Lackschicht gegen Reibbelastung. Der Widerstand einer Lackschicht gegen mechanische Belastung hängt nicht so sehr von der Härte, sondern vielmehr von der Elastizität des Filmes ab.

Bei der **Taber-Abraser-Prüfung** nach DIN EN 15185 und DIN 68861-2 rotieren zwei mit Schleifpapier beklebte Reibrollen auf dem sich drehenden Prüfstück. Es werden die Anzahl Umdrehungen gemessen, bis die Lackschicht zu einem bestimmten Maß bis auf den Untergrund durchgeschliffen wurde (**Bild 1**). Es kann auch der Gewichtsverlust bei einer definierten Anzahl Umdrehungen erfasst werden. Dieser Test wird häufig bei Materialien für Fußböden, wie z. B. Parkett, eingesetzt.

8.7.3 Kratzfestigkeit von Lacken

Mit den Normen DIN EN 15186 und DIN 68861-4 – Bewertung der Kratzfestigkeit von Oberflächen für Möbel – wird die Kraft gemessen, bei der eine definierte Kratzspitze aus Diamant Kratzspuren auf der Oberfläche hinterlässt. Je widerstandsfähiger die Oberfläche ist, desto mehr Kraft muss aufgewendet werden um eine sichtbare Kratzspur zu hinterlassen.

8.7.4 Beständigkeit gegen trockene und feuchte Hitze

Bei der Beständigkeit gegen trockene (DIN EN 12722 bzw. DIN 68861-7) und feuchte Hitze (DIN EN 12721 bzw. DIN 68861-8) wird ein erhitzter Aluminiumblock (je nach Anforderung mit 55 °C bis 200 °C) als Wärmequelle auf die Prüffläche gelegt. Bei beiden Tests liegt zwischen Aluminiumblock und Prüffläche ein spezielles Polyamid-Tuch, das bei der feuchten Hitze noch zusätzlich mit Wasser benetzt wird. Nach 20 min wird der Prüfkörper entfernt und nach weiteren 16 Std. bis 24 Std. wird die Veränderung der Prüfoberfläche beurteilt (vergleiche **Tabelle 1**).

8.7.5 Haftfestigkeit von Lacken

Zur Prüfung der Haftfestigkeit des trockenen Lackes wird ein genormtes Mehrschneidengerät mit sechs Schneiden verwendet. Mit dem Handgerät wird ein Schnittband 45° zum Verlauf der Holzmaserung mit sechs parallelen und im gleichen Abstand befindlichen Schnitten erzeugt. Der gewählte Schnittabstand zwischen ein und drei Millimetern ist dabei von der Schichtdicke abhängig. Senkrecht zu diesem Schnittband wird ein zweites Schnittband in die Lackschicht eingeschnitten, sodass ein Gitterschnitt entsteht (DIN EN ISO 2409). Anschließend wird auf das Schnittmuster ein Klebeband aufgebracht, welches dann mit gleichmäßiger Geschwindigkeit abgezogen wird. Je mehr Lackteilchen abgeplatzt sind, umso geringer ist die Haftung. Anhand einer Kennwerttabelle wird dann die Haftfestigkeit klassifiziert **(Tabelle 1)**.

Tabelle 1: Prüfung der Haftfestigkeit nach dem Gitterschnittverfahren

Gitterschnitt-Kennwert	Schnittbildbeschreibung	Aussehen des Gitterschnittbildes	Beurteilung der Beschichtung
0	Die Schnittränder weisen keine Ausbrüche auf; keines der Quadrate ist abgeplatzt.	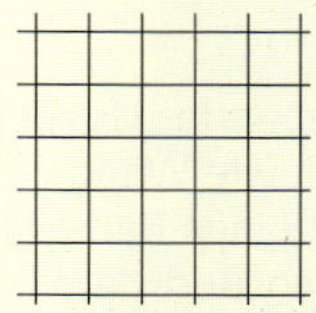	Haftung gut bis sehr gut
1	Die Schnittpunkte der Gitterlinien weisen kleine Ausbrüche auf; bis um 5 % der Gitterschnittfläche kann abgeplatzt sein.	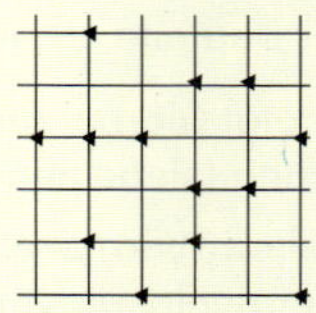	Haftung gut
2	Die Beschichtung ist längs der Schnittlinien und/oder an den Schnittpunkten der Gitterlinien abgeplatzt; die abgeplatzte Gitterschnittfläche liegt deutlich über 5 %, aber nicht wesentlich über 15 %.	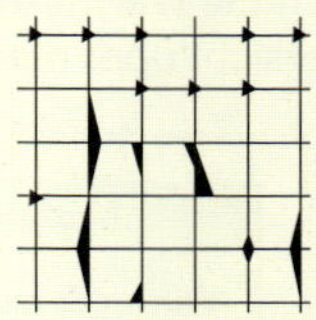	Haftung nur noch eingeschränkt vorhanden
3	Die Beschichtung ist längs der Schnittlinien teilweise oder ganz in breiten Streifen abgeplatzt. Einige Quadrate können ganz oder teilweise abgeplatzt sein; die abgeplatzte Gitterschnittfläche ist größer als 15 %, aber nicht wesentlich größer als 35 %.	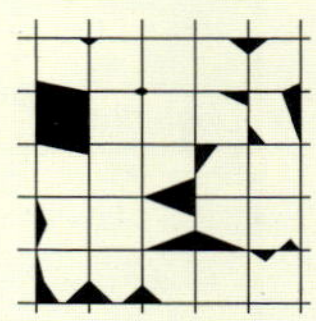	Haftung nicht mehr ausreichend
4	Beschreibung wie bei Kennwert 3. Die abgeplatzte Gitterschnittfläche ist größer als 35 %, aber nicht wesentlich größer als 65 %.	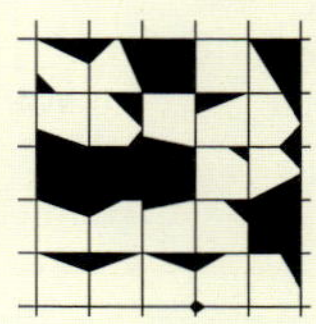	eine Haftung ist kaum mehr vorhanden
5	Beschreibung wie bei Kennwert 3. Die abgeplatzte Gitterschnittfläche macht mehr als 65 % der Gitterschnittfläche aus.	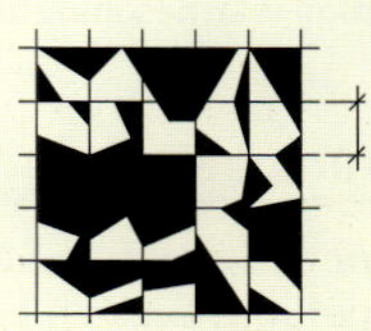	eine Haftung ist nicht mehr vorhanden

Der Schnittabstand ist von der Schichtdicke abhängig; bis 60 µm Schichtdicke zusätzlich vom Untergrund: Bei einer Schichtdicke ≤ 60 µm und hartem Untergrund 1 mm Abstand, bei weichem Untergrund 2 mm. Bei einer Schichtdicke zwischen 61 µm und 120 µm 2 mm Abstand, bei einer Schichtdicke zwischen 121 µm und 250 µm 3 mm.

9 Bauphysik

Bauwerke sind fortwährend vielen Einflüssen, wie Hitze, Frost, Feuchtigkeit und Lärm, im Brandfalle auch der Feuereinwirkung ausgesetzt. Diese Einwirkungen können Schäden am Bauwerk herbeiführen, sie können Belästigungen für die Bewohner dieser Gebäude darstellen und die ökologische und wirtschaftliche Qualität der Gebäude herabsetzen. Deshalb ist es notwendig, durch geeignete Maßnahmen diesen Einflüssen entgegenzuwirken. Man unterscheidet dabei den winterlichen und sommerlichen Wärmeschutz, den Feuchteschutz, den Schallschutz und den Brandschutz.

9.1 Wärmeschutz

Unter Wärmeschutz versteht man Maßnahmen zur Verringerung der Wärmeübertragung zwischen Räumen und der Außenluft bzw. zwischen Räumen mit verschiedenen Raumtemperaturen. Ausreichender Wärmeschutz ist eine wichtige Voraussetzung für gesundes und behagliches Wohnen. Durch guten Wärmeschutz wird der Energieverbrauch niedrig gehalten und die Instandsetzungskosten des Gebäudes werden verringert.

Der Wärmeschutz eines Gebäudes ist vor allem abhängig von der Wärmedämmfähigkeit der Bauteile, die das Gebäude umschließen, wie Wände, Decken, Dach, Fenster und Türen. Unter **Wärmedämmfähigkeit** versteht man die Fähigkeit eines Bauteils, den Durchgang von Wärme von der warmen zur kalten Seite des Bauteils einzuschränken und damit die Abwanderung (im Winter) oder Zufuhr (im Sommer) von Wärme möglichst zu verhindern. Sie kann durch Verwendung geeigneter Baustoffe und durch zweckmäßige Konstruktionen der Bauteile erreicht werden.

Die Wärmeübertragung erfolgt hierbei durch Wärmestrahlung, Wärmemitführung und im Bauteil selbst vor allem durch Wärmeleitung **(siehe auch Seite 643)**.

Der Umfang des erforderlichen Wärmeschutzes ist in DIN 4108 – Wärmeschutz und Energieeinsparung in Gebäuden sowie in der Energieeinsparverordnung (EnEV) bzw. dem Gebäudeenergiengesetz (GEG) festgelegt. Diese enthalten auch die wärmeschutztechnischen Größen und Einheiten sowie die notwendigen Rechenverfahren. Eine Übersicht über die wichtigsten Größen des Wärmeschutzes ist in **Bild 1** dargestellt.

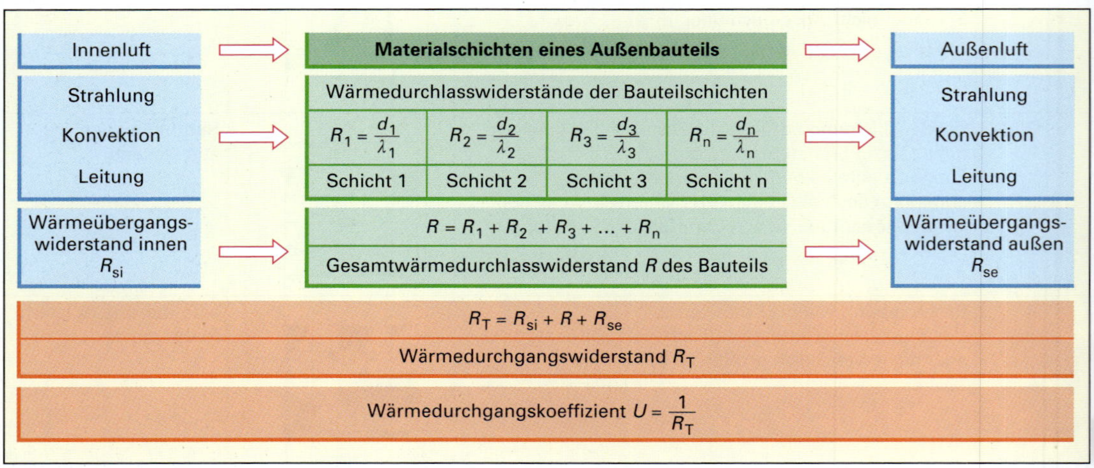

Bild 1: Übersicht über wichtige wärmeschutztechnische Größen

9.1.1 Wärmeleitfähigkeit

Als Kenngröße für die Wärmeleitung in Stoffen **(Tabelle 1, Seite 437)** ist die **Wärmeleitfähigkeit** λ (gesprochen: klein Lambda) eingeführt. Diese gibt diejenige Wärmemenge in Watt an, die durch eine 1 m² große Fläche eines Baustoffes von 1 m Dicke hindurchgeht, wenn der Temperaturunterschied zwischen beiden Oberflächen 1 Kelvin beträgt **(Bild 1, Seite 437)**. Daher ist als Einheit für die Wärmeleitfähigkeit Watt je Meter und Kelvin W/(m · K) festgelegt.

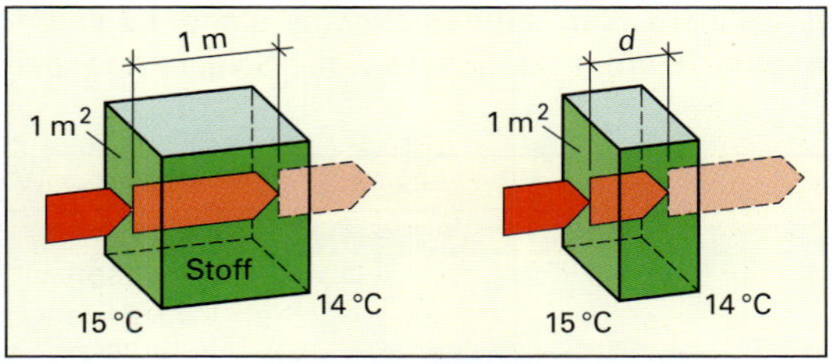

Bild 1: Darstellung der Wärmeleitfähigkeit (links) und des Wärmedurchlasskoeffizienten (rechts)

9.1.2 Wärmedurchlasskoeffizient, Wärmedurchlasswiderstand

Die Wärmeleitfähigkeit bezieht sich beim Wärmedurchgang auf einen 1 m dicken Baustoff. Die Bauteile sind in der Regel aber viel dünner als 1 m; sie haben die Schichtdicke *d*. Der **Wärmedurchlasskoeffizient** Λ (gesprochen: groß Lambda) gibt diejenige Wärmemenge in Watt an, die durch eine 1 m² große Fläche eines Baustoffes mit der Dicke *d* hindurchgeht, wenn der Temperaturunterschied zwischen beiden Oberflächen 1 Kelvin beträgt **(Bild 1)**.

Wärmedurchlasskoeffizient $\Lambda = \frac{\lambda}{d}$ in $\frac{W}{m^2 \cdot K}$

Während der Wärmedurchlasskoeffizient die Wärmemenge angibt, die durch ein Bauteil hindurchgeht, ist der **Wärmedurchlasswiderstand *R*** der Widerstand, den das Bauteil dem Durchgang der Wärme entgegensetzt. Rechnerisch ist dies der Kehrwert des Wärmedurchlasskoeffizienten.

Wärmedurchlasswiderstand $R = \frac{d}{\lambda}$ in $\frac{m^2 \cdot K}{W}$

Besteht ein Bauteil aus mehreren Schichten, so können die Wärmedurchlasswiderstände der einzelnen Schichten addiert werden. Je größer der Gesamtdurchlasswiderstand ist, desto besser ist die Wärmedämmung eines Bauteils **(Bild 1, Seite 438)**.

Wärmedurchlasswiderstand

$$R = \frac{d_1}{\lambda_1} + \frac{d_2}{\lambda_2} + \frac{d_3}{\lambda_3} + \ldots + \frac{d_n}{\lambda_n} \quad \text{in} \quad \frac{m^2 \cdot K}{W}$$

Berechnungen des Wärmedurchlasswiderstandes sind nur bei festen Baustoffen möglich. Der **Wärmedurchlasswiderstand R_g** von Luftschichten (g wie gas (engl.)), die sich zwischen den Schalen eines Bauteils befinden sind der **Tabelle 2** zu entnehmen. Diese Werte gelten für Luftschichten, die nicht mit der Außenluft in Verbindung stehen, und für Luftschichten bei mehrschaligem Mauerwerk nach **DIN EN 1996-1-1**.

Tabelle 1: Wärmeleitfähigkeit verschiedener Baustoffe (Auszug nach DIN 4108-4 mit Ergänzungen)

Baustoffe	Rohdichte ρ $\frac{kg}{m^3}$	Wärmeleitfähigkeit λ $\frac{W}{m \cdot K}$
Beton		
Normalbeton	2400	2,00
Leichtbeton	1000	0,36
Mauerwerk		
Vollziegel, Lochziegel	1200	0,50
Leichthochlochziegel, Typ W	700	0,21
Kalksand-Vollsteine	1800	0,99
Kalksand-Lochsteine	1400	0,70
Leichtbeton-Vollsteine	1200	0,54
Leichtbeton-Hohlblocksteine	800	0,41
Porenbetonsteine	600	0,19
Putz, Mörtel		
Kalkputz	1800	1,00
Zementmörtel	2000	1,60
Kalkgipsputz	1400	0,70
Gipsputz	1200	0,51
Gipsbaustoffe		
Gipswandbauplatten	1200	0,58
Gipsplatten	800	0,25
Holz und Holzwerkstoffe *		
Hartholz	700	0,18
Weichholz	500	0,13
Sperrholz	700	0,17
Holzspanplatte	600	0,14
Holzfaserplatte, hart	800	0,17
Wärmedämmstoffe		
Holzweichfaserplatte	150–190	0,040–0,055
Zellulose	25–65	0,040
Hanf, Jute, Flachs	20–80	0,040–0,045
Kalziumsilikatplatte	300	0,065
Schaumglas (Schüttung)		0,070
Mineralwolle (MW) WLS** 030–050	8–500	0,030–0,050
Polystyrol-Hartschaum (EPS)	15–35	0,020–0,040
Polyurethan-Hartschaum WLS** 020–030	30–35	0,020–0,030
Sonstige *		
Glas	2500	1,00
Stahl	7800	50
Aluminium-Legierungen	2800	160
Kupfer	8900	380

* Nach DIN EN 12524 ** Wärmeleitfähigkeitsstufe

Tabelle 2: Wärmedurchlasswiderstand R_g von ruhenden Luftschichten nach DIN EN ISO 6946 in m² · K/W

Luftschichtdicke in mm	Richtung des Wärmestroms		
	aufwärts	horizontal	abwärts
5	0,11	0,11	0,11
7	0,13	0,13	0,13
10	0,15	0,15	0,15
15	0,16	0,17	0,17
25	0,16	0,18	0,19
50	0,16	0,18	0,21
100	0,16	0,18	0,22
300	0,16	0,18	0,23

Bild 1 zeigt den Vergleich verschiedener Baustoffe bei gleichem Wärmedurchlasswiderstand. Es veranschaulicht, wie effektiv Wärmedämmstoffe sind. So hat eine 18 cm dicke Mineralwolle-Schicht den gleichen Dämmwert wie eine 2 m dicke Vollziegelwand.

Baustoffe		$R = 4{,}00\ m^2 \cdot K/W$ $\quad d = \lambda \cdot R \rightarrow d = \lambda \cdot 4{,}00\ m^2 \cdot K/W$
Beton:	$\lambda = 2{,}00\ W/(m \cdot K)$	$d = 800$ cm
Vollziegel:	$\lambda = 0{,}50\ W/(m \cdot K)$	$d = 200$ cm
Leichthochlochziegel:	$\lambda = 0{,}21\ W/(m \cdot K)$	$d = 84$ cm
Porenbeton:	$\lambda = 0{,}19\ W/(m \cdot K)$	$d = 76$ cm
Weichholz:	$\lambda = 0{,}13\ W/(m \cdot K)$	$d = 52$ cm
Poröse Weichfaserplatte:	$\lambda = 0{,}07\ W/(m \cdot K)$	$d = 28$ cm
Mineralwolle:	$\lambda = 0{,}045\ W/(m \cdot K)$	$d = 18$ cm
Polystyrol-Hartschaum:	$\lambda = 0{,}035\ W/(m \cdot K)$	$d = 14$ cm
PU-Hartschaum:	$\lambda = 0{,}020\ W/(m \cdot K)$	$d = 8$ cm

Bild 1: Vergleich der Schichtdicke verschiedener Baustoffe bei gleichem Wärmedurchlasswiderstand *R*

9.1.3 Wärmeübergangswiderstand

Der **Wärmeübergangswiderstand R_s** (s wie surface (engl.)) ist der Widerstand, den die an ein Bauteil angrenzenden Luftschichten dem Wärmeübergang entgegensetzen. Der Wärmeübergangswiderstand innen wird mit R_{si} (intern), der Wärmeübergangswiderstand außen wird mit R_{se} (extern) bezeichnet. Die Einheit ist $m^2 \cdot K/W$. Die Bemessungswerte der Wärmeübergangswiderstände sind in **Tabelle 1** angegeben.

Tabelle 1: Bemessungswerte der Wärmeübergangswiderstände nach DIN EN ISO 6946, DIN EN ISO 10077-1 und EN ISO 13370

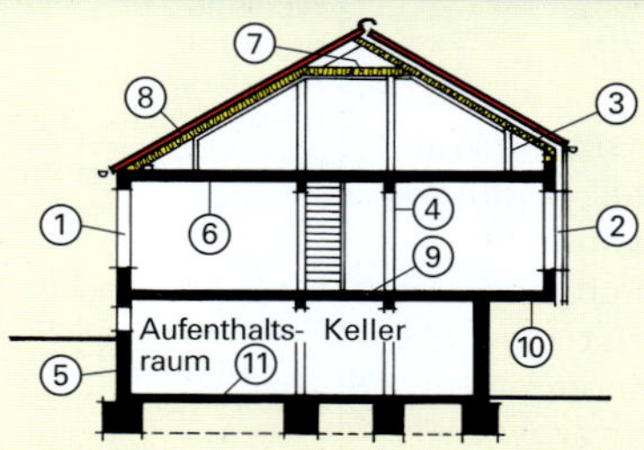

	Bauteile		Wärmeübergangswiderstand innen R_{si} $\frac{m^2 \cdot K}{W}$	Wärmeübergangswiderstand außen R_{se} $\frac{m^2 \cdot K}{W}$
1	Außenwand ohne hinterlüftete Außenhaut		0,13	0,04
2	Außenwand mit hinterlüfteter Außenhaut, Wände (auch Abseitenwände) zu nicht wärmegedämmten Dachräumen, Durchfahrten, Garagen, offenen Hausfluren		0,13	0,13
3	Wohnungstrennwände, Wände zu fremdgenutzten Räumen, zu dauernd unbeheizten Räumen, Abseitenwand zum wärmegedämmten Dachraum		0,13	0,13
4	Treppenraumwand zum Treppenraum		0,13	0,13
5	Wände, die an das Erdreich grenzen		0,13	0
6	Wohnungstrenndecken, Decken zwischen fremden Arbeitsräumen, Decken unter gedämmten Dachräumen, allgemein und in zentralbeheizten Gebäuden		0,10	0,10
7	Decken unter nicht ausgebauten Dachräumen oder unter belüfteten Räumen (z. B. belüftete Dachschrägen)		0,10	0,04
8	Decken, die Aufenthaltsräume nach oben gegen die Außenluft abgrenzen (z. B. Flachdächer und Decken unter Terrassen)		0,10	0,04
	Wärmegedämmte Steildächer Neigung ≥ 5°: Belüftet	Neigung ≤ 60°	0,10	0,10
		Neigung > 60°	0,13	0,13
	Nicht belüftet mit belüfteter Deckung ohne Zu- und Abluftöffnungen, Steildach mit Schalung	Neigung ≤ 60°	0,10	0,04
		Neigung > 60°	0,13	0,04
9	Kellerdecken, Decken gegen abgeschlossene unbeheizte Hausflure		0,17	0,17
10	Decken, die Aufenthaltsräume nach unten gegen die Außenluft abgrenzen (z. B. über Garagen oder Durchfahrten)		0,17	0,04
11	Unterer Abschluss nicht unterkellerter Aufenthaltsräume, unmittelbar an das Erdreich grenzend		0,17	0

Über die einzelnen Wärmedurchlasswiderstände der Schichten eines Bauteils lässt sich die **Temperaturverlaufskurve** durch ein Bauteil ermitteln.

Damit kann folglich auch die innere Oberflächentemperatur errechnet werden. Eine zu niedrige Oberflächentemperatur kann Ursache für Schimmelbildung und Tauwasser sein **(siehe auch Seite 446)**.

Die Vergleiche in **Bild 1** zeigen, dass je höher der Wärmedämmstandard eines Außenbauteils ist, desto höher ist die Oberflächentemperatur an der Innenseite.

Normbedingungen nach DIN 4108-3,
Klimabedingter Feuchteschutz:
innen: $\Theta_i = +20$ °C
außen: $\Theta_e = -5$ °C
Temperaturdifferenz: $\Delta T = 25$ K
$R_T \triangleq \Delta T$
$R_n \triangleq \Delta T \cdot R_n / R_T = \Delta T_n$ in K
Innere Oberflächentemperatur:
$\boldsymbol{\Theta_{Oi} = 20\ °C - 25\ K \cdot R_{si} / R_T}$

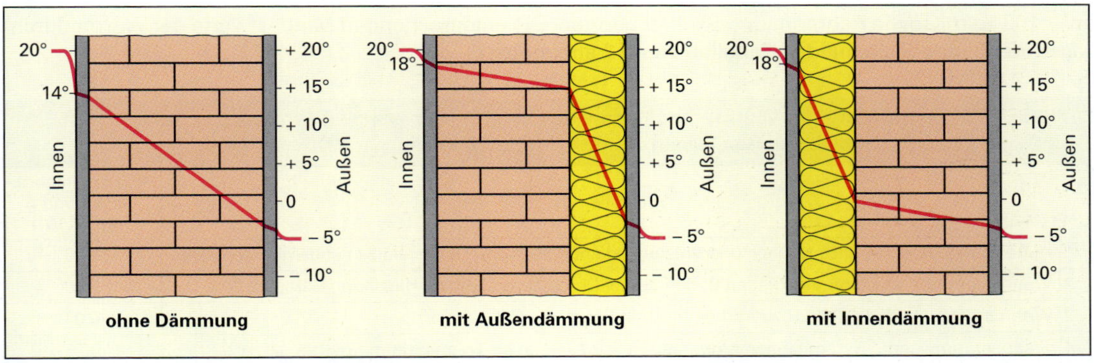

Bild 1: Vergleich der Temperaturverlaufskurven bei unterschiedlichem Wandaufbau

9.1.4 Wärmedurchgangswiderstand, Wärmedurchgangskoeffizient

Wärmedurchgangswiderstand

$$R_T = R_{si} + R + R_{se} \text{ in } \frac{m^2 \cdot K}{W}$$

Der **Wärmedurchgangswiderstand** $\boldsymbol{R_T}$ (T wie Transmission) eines Bauteils setzt sich zusammen aus dem Wärmeübergangswiderstand $\boldsymbol{R_{si}}$, dem Wärmedurchlasswiderstand $\boldsymbol{R}$ und dem Wärmeübergangswiderstand $\boldsymbol{R_{se}}$ **(Bild 1, Seite 436)**.

Wärmedurchgangskoeffizient

$$U = \frac{1}{R_T} \text{ in } \frac{W}{m^2 \cdot K}$$

$$U = \frac{1}{R_{si} + R + R_{se}} \text{ in } \frac{W}{m^2 \cdot K}$$

Der **Wärmedurchgangskoeffizient** $\boldsymbol{U}$ ist der Kehrwert des Wärmedurchgangswiderstandes. Er gibt die Wärmemenge in Watt (= Joule pro Sekunde) an, die durch 1 m² eines Bauteils bei 1 Kelvin Temperaturunterschied von der warmen Raumluft zur kalten Außenluft oder im Sommer von der warmen Außenluft zur kühlen Raumluft hindurchgeht. Der *U*-Wert kennzeichnet also die Wärmedämmqualität eines Bauteils. Je kleiner der *U*-Wert, desto besser die thermische Qualität. So lassen sich über einen bestimmten Zeitraum die Energieverluste über Außenbauteile in kWh berechnen.

Eine Wand mit $U = 1\ W/(m^2 \cdot K)$ verliert pro Stunde und Quadratmeter Fläche eine Wärmemenge von 1 Watt bei einer Temperaturdifferenz zwischen innen und außen von 1 Kelvin.

Beispiel **(Bild 2)**: bei 20 °C Innentemperatur und –5 °C Außentemperatur beträgt die Temperaturdifferenz 25 K. Der Wärmeverlust einer Außenwandfläche von 2,4 m² mit einem *U*-Wert = 1 W/(m² · K) entspricht folglich einer Glühlampe von 60 Watt.

Rechnung: $1\ W/(m^2 \cdot K) \cdot 2{,}4\ m^2 \cdot 25\ K = 60\ W$

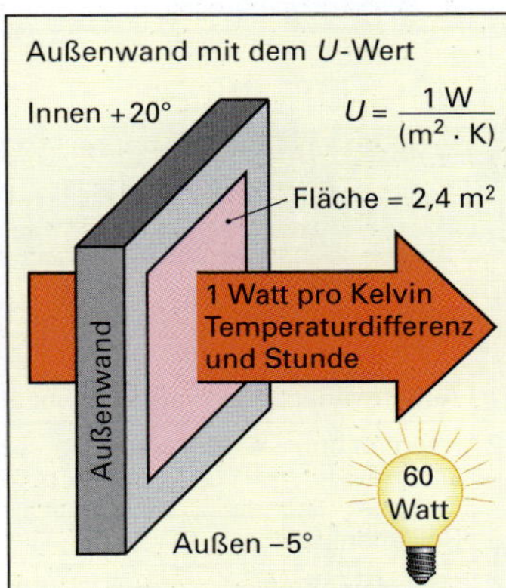

Bild 2: Veranschaulichung des Wärmedurchgangskoeffizienten

Dämmmaßnahmen haben das Ziel, den *U*-Wert eines Bauteiles zu verringern.

9.1.5 Anforderungen an den Wärmeschutz

In der DIN 4108 – Wärmeschutz und Energieeinsparung in Gebäuden – und in der Energieeinsparverordnung (EnEV) bzw. dem Gebäudeenergiengesetz (GEG) sind für den Wärmeschutz Mindest- und Höchstwerte vorgegeben. Danach dürfen die Anforderungen an die Wärmedurchlasswiderstände *R* nicht unterschritten, die Anforderungen an die Wärmedurchgangskoeffizienten *U* sowie an vorgegebene Energiebedarfswerte nicht überschritten werden.

Anforderungen nach DIN 4108

Für den **winterlichen Wärmeschutz** werden an die Außenbauteile eines Bauwerks Anforderungen als Mindestwerte vorgegeben. Dabei wird unterschieden zwischen Bauteilen mit einer flächenbezogenen Gesamtmasse von $m' \geq 100$ kg/m² und leichten Bauteilen mit einer flächenbezogenen Gesamtmasse von $m' < 100$ kg/m² sowie Rahmen- und Skelettbauarten. Die entsprechenden Mindestwerte der Wärmedurchlasswiderstände *R* sind in den **Tabellen 1 und 2** angegeben.

Tabelle 1: Mindestwerte der Wärmedurchlasswiderstände *R* für wärmeübertragende Bauteile mit einer flächenbezogenen Gesamtmasse von ≥ 100 kg/m² nach DIN 4108-2

	Bauteile		Wärmedurchlasswiderstand *R* m² · K/W
1	Außenwände einschließlich Nischen und Brüstungen unter Fenstern, Fensterstürzen und Wärmebrücken		1,20
2	Wände von Aufenthaltsräumen gegen Bodenräume, Durchfahrten, offene Hausflure, Garagen		1,20
3	Wohnungstrennwände, Wände zu fremdgenutzten Räumen		0,07
4	Treppenraumwände zum Treppenraum	mit Innentemperaturen $\Theta \leq 10$ °C, aber Treppenraum frostfrei	0,25
		mit Innentemperaturen $\Theta > 10$ °C, z. B. in Verwaltungsgebäuden, Geschäftshäusern, Unterrichtsgebäuden, Hotels, Gaststätten und Wohngebäuden	0,07
5	Wände von Aufenthaltsräumen, die an das Erdreich grenzen		1,20
6	Wohnungstrenndecken, Decken zwischen fremden Arbeitsräumen, Decken unter ausgebauten Dachräumen mit gedämmten Dachschrägen und Abseitenwänden	allgemein	0,35
		in zentralbeheizten Bürogebäuden	0,17
7	Decken unter nicht ausgebauten Dachräumen, Decken unter belüfteten Räumen zwischen Dachschrägen und Abseitenwänden bei ausgebauten Dachräumen, wärmegedämmte Dachschrägen		0,90
8	Decken und Dächer, die Aufenthaltsräume nach oben gegen die Außenluft abgrenzen, Decken und Dächer unter Terrassen, Umkehrdächer (mit zusätzlicher Zuschlagsberechnung)		1,20
9	Kellerdecken, Decken gegen abgeschlossene, unbeheizte Hausflure		0,90
10	Decken, die Aufenthaltsräume nach unten gegen die Außenluft abgrenzen, z. B. über Garagen, Durchfahrten (auch verschließbar) und belüfteten Kriechkellern		1,75
11	Unterer Abschluss nicht unterkellerter Aufenthaltsräume, wenn unmittelbar an das Erdreich grenzend (bis zu einer Raumtiefe von 5 m) oder über einem nicht belüfteten Hohlraum an das Erdreich grenzend		0,90

Tabelle 2: Mindestwerte der Wärmedurchlasswiderstände *R* für leichte Bauteile mit einer flächenbezogenen Gesamtmasse von < 100 kg/m², sowie für Rahmen- und Skelettbauarten nach DIN 4108-2

	Bauteile		Wärmedurchlasswiderstand *R* m² · K/W
1	Außenwände, Decken unter nicht ausgebauten Dachräumen und Dächer (< 100 kg/m²)		1,75
2	Rahmen und Skelettbauarten	im Gefachbereich	1,75
		für das gesamte Bauteil im Mittel (R_m)	1,00
3	Rollladenkästen		1,00
4	Deckel von Rollladenkästen		0,55
5	Nichttransparenter Teil der Ausfachungen von Fensterwänden und Fenstertüren	bei > 50 % der Gesamtausfachungsfläche	1,20
		bei < 50 % der Gesamtausfachungsfläche	1,00

Der **sommerliche Wärmeschutz** soll bei Sonneneinstrahlung und hohen Außentemperaturen ein angenehmes Raumklima bewirken. Das Raumklima wird günstig beeinflusst,

- wenn die Fensterflächen nicht zu groß bemessen werden und ein wirksamer Sonnenschutz durch auskragende Dächer und Balkone, durch Fensterläden, Rollläden, möglichst außenliegende Jalousien, Markisen und durch Sonnenschutzgläser vorgesehen wird,
- wenn eine Lüftung der Räume während der Nacht und früh morgens möglich ist,
- wenn die nichttransparenten Außenbauteile eine gute Wärmedämmung erhalten und
- wenn eine gute Wärmespeicherfähigkeit der den Raum umschließenden Wand- und Deckenflächen vorhanden ist.

Eigenschaften von Bauteilen mit einer großen **Wärmespeicherfähigkeit:**

- besitzen eine hohe Rohdichte,
- erwärmen sich nur langsam,
- nehmen viel Wärme aus der Raumluft auf und geben sie bei Abkühlung der Luft wieder ab,
- wirken temperaturausgleichend, da sie die Temperaturschwankungen im Raum verringern und
- wirken nur, wenn sie direkt mit der Raumluft in Verbindung stehen (z. B. nur ohne Vorsatzschale).

Anforderungen nach der Energieeinsparverordnung bzw. dem Gebäudeenergiengesetz

Im Gebäudeenergiengesetz GEG 2019 sind die Energieeinsparverordnung EnEV und das Erneuerbare-Energien-Wärmegesetz EEWärmeG zusammengeführt.

Bei Änderungen im Gebäudebestand sind energetische Anforderungen an Außenbauteile einzuhalten **(Tabelle 1)**. Bei Neubauten von Wohngebäuden sind in der Energieeinsparverordnung die Höchstwerte für den **Transmissionswärmeverlust** sowie für den **Jahres-Primärenergiebedarf** festgelegt. Dabei wird der maximale Jahres-Primärenergiebedarf für das Gebäude anhand eines **Referenzgebäudes** mit gleicher Geometrie, Ausrichtung und Nutzfläche unter Annahme standardisierter Bauteile und Anlagentechnik ermittelt. Er muss nach der EnEV ab 2016 mindestens 25% unter dem des Referenzgebäudes liegen und ab 2021 mindestens 55% darunter. Für Nichtwohngebäude gelten abweichende Regelungen.

Unter **Primärenergiebedarf** versteht man die Energiemenge, die zur Deckung des Heizenergie- und Warmwasserbedarfs zur Verfügung gestellt werden muss. Dabei werden alle Energiemengen mit einberechnet, die bei der Gewinnung, Umwandlung und Verteilung des jeweiligen Brennstoffes anfallen **(Bild 1, Seite 442)**.

Durch die Nutzung **erneuerbarer (regenerativer) Energien** wird der Jahres-Primärenergiebedarf eines Gebäudes verringert **(Bild 1, Seite 442)**. Erneuerbare Energien sind z. B. die Solarenergie (thermische oder photovoltaische), Wind-, Wasser- und Gezeitenenergie, Erd- und Umweltwärme, Energie aus Biomasse und in begrenztem Umfang aus Holz.

Tabelle 1: Höchstwerte der Wärmedurchgangskoeffizienten *U* bei erstmaligem Einbau, Ersatz und Erneuerung von Bauteilen in bestehenden Gebäuden (mit Innenraumtemperaturen > 19 °C) nach der Energieeinsparverordnung (EnEV 2014; Auszug aus Anlage 3)

	Bauteile	U_{max} in W/(m² · K)
1	Außenwände, a) die ersetzt oder erstmalig erbaut werden b) wenn außen Platten, Verschalungen oder Mauerwerks-Vorsatzschalen angebracht werden oder der Außenputz erneuert wird	0,24 0,24
2	Dachflächen einschließlich Dachgauben, Wände gegen unbeheizten Dachraum (einschließlich Abseitenwände), oberste Geschossdecken Dachflächen mit Abdichtung (z. B. Flachdächer)	0,24 0,20
3	Wände und Decken gegen Erdreich oder unbeheizte Räume a) außenseitige Anbringung von Bekleidungen, Verschalungen, Feuchtigkeitssperren oder Drainagen b) bei Erneuerung von Fußbodenaufbauten auf der beheizten Seite Decke nach unten an Außenluft	0,30 0,50 0,24
4	Erneuerung von Außentüren: Türflächen	1,80
5	Außen liegende Fenster, Fenstertüren, Dachflächenfenster a) bei Ersatz oder Neueinbau des gesamten Fensters oder bei Einbau von zusätzlichen Vor- oder Innenfenstern b) bei Ersatz der Verglasung c) Dachflächenfenster d) Fenstertüren mit Klapp-, Falt-, Schiebe- oder Hebemechanismus	1,30 1,10 1,40 1,60

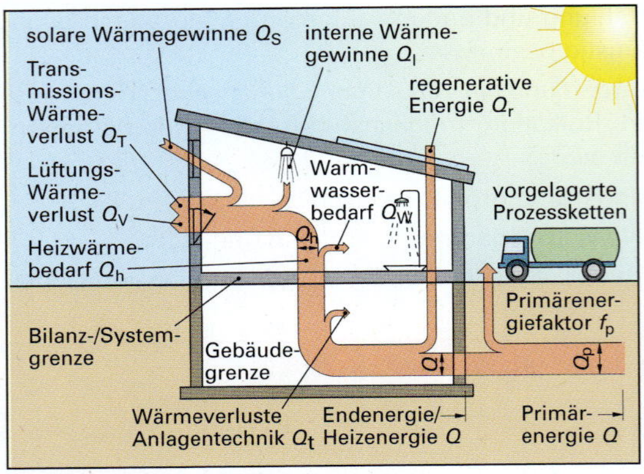

Bild 1: Primärenergiebedarf (schematisch)

Endenergie ist die Energie am Ort des Verbrauchs, die an den Verbraucher geliefert wird. Sie kann z.B. als Fernwärme aus Kraftwerken kommen, als Heizöl, als Kohle, als Stückholz, Hackschnitze, Holzpellets oder als Strom geliefert werden **(Bild 1).**

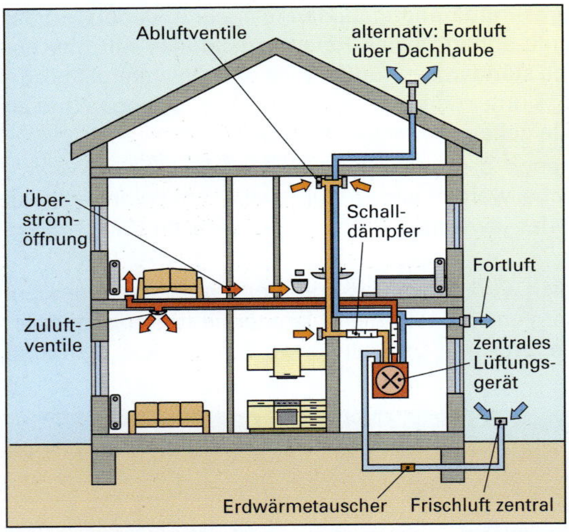

Bild 2: Mechanische Lüftung mit Wärmerückgewinnung

Der **Transmissionswärmebedarf** Q_T hat vorhandene Transmissionswärmeverluste (H_T) und der **Lüftungswärmebedarf** Q_V die Lüftungswärmeverluste (H_V) auszugleichen, damit ein gleichmäßiges Raumklima erhalten bleibt.

Die **Anlagenaufwandszahl** e_p umfasst die Anlagenverluste bei der Haustechnik, d. h., die Wärmeverluste bei der Erzeugung und Verteilung der Wärmeenergie im Gebäude sowie die Primärenergiefaktoren. Dies sind die Energieverluste bei der Gewinnung, der Umwandlung und beim Transport der Energieträger.

Der Energiebedarf eines Gebäudes kann reduziert werden durch:

- **Kompakte Bauweise** mit einer möglichst geringen Hüllfläche im Verhältnis zum beheizten Gebäudevolumen.
- **Erhöhte Wärmedämmung** für alle Außenbauteile eines Gebäudes, wie Wände, Decken, Dächer, Fenster, Fenstertüren und Außentüren. Dabei müssen **Wärmebrücken (siehe Seite 446)** verringert oder ganz vermieden werden.
- **Luftdichte Gebäudehülle (siehe Seite 446)** in den Flächen, Fugen und Anschlüssen, wobei der notwendige, kontrollierte **Luftwechsel** zu gewährleisten ist, wie z.B. durch eine kontrollierte mechanische Lüftungsanlage **(Bild 2)**.
- Einbau wirtschaftlicher und umweltfreundlicher **Heizanlagen**, wie z.B. Brennwertkessel.
- Erhöhte Wärmedämmung von Wärme- und Warmwasserverteilungsleitungen und Einbau von energiesparenden **Regelungssystemen.**
- Nutzung solarer Wärmegewinne, die durch Fenster mit einem hohen Gesamtenergiedurchlassgrad (g-Wert) erreicht werden können **(siehe Seite 551)**.
- Nutzung interner Wärmegewinne von wärmeabgebenden Geräten, wie Beleuchtungskörper, Herde, Kühlschränke, Computer usw.
- Energiesparenden **sommerlichen Wärmeschutz,** der energieverbrauchende Klimaanlagen auf ein Minimum reduziert.

Der Jahresheizwärmebedarf Q_h beinhaltet

- den Transmissionswärmebedarf Q_T
- den Lüftungswärmebedarf Q_V
- die nutzbaren solaren Wärmegewinne Q_s
- die nutzbaren internen Wärmegewinne Q_i

Jahresheizwärmebedarf $Q_h = Q_T + Q_V - Q_s - Q_i$

Der Jahres-Primärenergiebedarf Q_p beinhaltet

- den Jahresheizwärmebedarf Q_h
- den Wärmebedarf für die Trinkwassererwärmung Q_w
- die Anlagenaufwandszahl e_p

Jahres-Primärenergiebedarf $Q_p = (Q_h + Q_w) \cdot e_p$

Als Nachweis für die Einhaltung der Vorschriften nach der Energieeinsparverordnung ist ein **Energieausweis** für Wohn- und Nichtwohngebäude zu erstellen.

In ihm sind für **Neubauten** und bei Gebäudemodernisierungen der **Energiebedarf** durch Angaben über den Jahres-Primärenergiebedarf und den Endenergiebedarf zu machen.

Nur bei bestehenden Mehrfamilienhäusern mit mehr als 4 Wohneinheiten (Baujahr nach 1977) ist es möglich, einen verbrauchsabhängigen Energieausweis zu erstellen.

Zusätzlich sind für einen Energieausweis noch Angaben über Heizungssystem, Warmwassererzeugung, Lüftungsarten und Qualität der Gebäudehülle (Transmissionswärmeverlust) erforderlich.

Die Anforderungen an den sommerlichen Wärmeschutz müssen mit der EnEV ab 2016 schon bei Erweiterungen der Nutzfläche um 50 m² nachgewiesen werden.

Ein Energieausweis ist grundsätzlich bei Verkauf oder Vermietung eines Hauses oder einer Wohnung vorzuweisen.

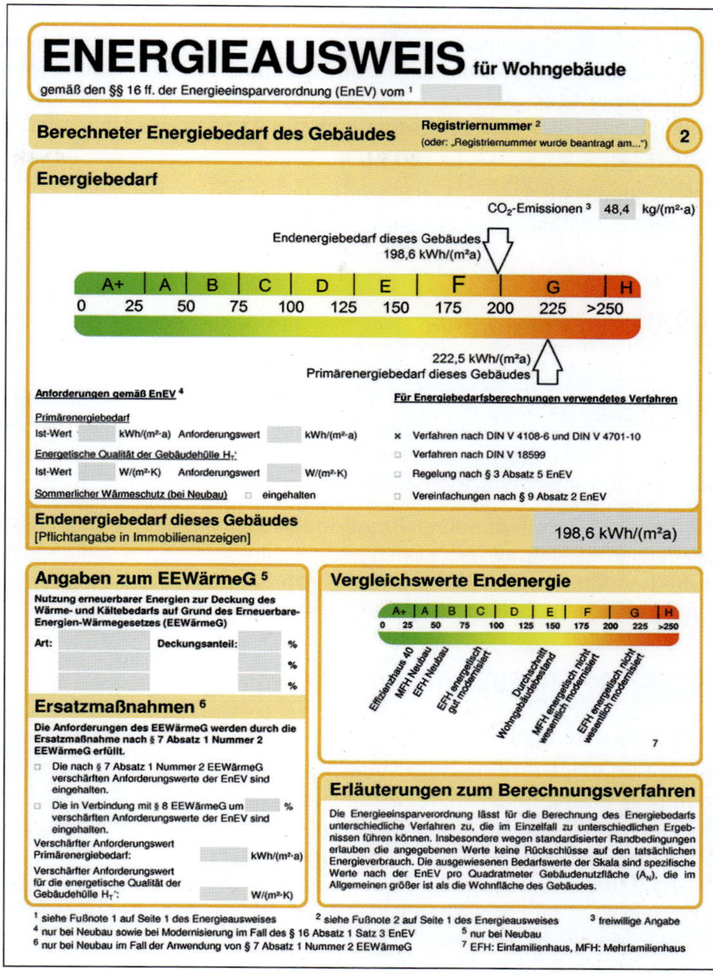
ENERGIEAUSWEIS für Wohngebäude

gemäß den §§ 16 ff. der Energieeinsparverordnung (EnEV) vom [1]

Berechneter Energiebedarf des Gebäudes Registriernummer [2] (oder: „Registriernummer wurde beantragt am...“) 2

Energiebedarf

CO_2-Emissionen [3] 48,4 kg/(m²·a)

Endenergiebedarf dieses Gebäudes 198,6 kWh/(m²a)

A+ | A | B | C | D | E | F | G | H

0 25 50 75 100 125 150 175 200 225 >250

222,5 kWh/(m²a) Primärenergiebedarf dieses Gebäudes

Anforderungen gemäß EnEV [4]

Primärenergiebedarf

Ist-Wert kWh/(m²·a) Anforderungswert kWh/(m²·a)

Energetische Qualität der Gebäudehülle H_T':

Ist-Wert W/(m²·K) Anforderungswert W/(m²·K)

Sommerlicher Wärmeschutz (bei Neubau) ☐ eingehalten

Für Energiebedarfsberechnungen verwendetes Verfahren

× Verfahren nach DIN V 4108-6 und DIN V 4701-10

☐ Verfahren nach DIN V 18599

☐ Regelung nach § 3 Absatz 5 EnEV

☐ Vereinfachungen nach § 9 Absatz 2 EnEV

Endenergiebedarf dieses Gebäudes
[Pflichtangabe in Immobilienanzeigen] 198,6 kWh/(m²a)

Angaben zum EEWärmeG [5]

Nutzung erneuerbarer Energien zur Deckung des Wärme- und Kältebedarfs auf Grund des Erneuerbare-Energien-Wärmegesetzes (EEWärmeG)

Art: Deckungsanteil: %

%

%

Ersatzmaßnahmen [6]

Die Anforderungen des EEWärmeG werden durch die Ersatzmaßnahme nach § 7 Absatz 1 Nummer 2 EEWärmeG erfüllt.

☐ Die nach § 7 Absatz 1 Nummer 2 EEWärmeG verschärften Anforderungswerte der EnEV sind eingehalten.

☐ Die in Verbindung mit § 8 EEWärmeG um % verschärften Anforderungswerte der EnEV sind eingehalten.

Verschärfter Anforderungswert Primärenergiebedarf: kWh/(m²·a)

Verschärfter Anforderungswert für die energetische Qualität der Gebäudehülle H_T': W/(m²·K)

Vergleichswerte Endenergie

A+ | A | B | C | D | E | F | G | H

0 25 50 75 100 125 150 175 200 225 >250

Effizienzhaus 40

MFH Neubau

EFH Neubau

EFH energetisch gut modernisiert

Durchschnitt Wohngebäudebestand

MFH energetisch nicht wesentlich modernisiert

EFH energetisch nicht wesentlich modernisiert

7

Erläuterungen zum Berechnungsverfahren

Die Energieeinsparverordnung lässt für die Berechnung des Energiebedarfs unterschiedliche Verfahren zu, die im Einzelfall zu unterschiedlichen Ergebnissen führen können. Insbesondere wegen standardisierter Randbedingungen erlauben die angegebenen Werte keine Rückschlüsse auf den tatsächlichen Energieverbrauch. Die ausgewiesenen Bedarfswerte der Skala sind spezifische Werte nach der EnEV pro Quadratmeter Gebäudenutzfläche (A_N), die im Allgemeinen größer ist als die Wohnfläche des Gebäudes.

[1] siehe Fußnote 1 auf Seite 1 des Energieausweises
[2] siehe Fußnote 2 auf Seite 1 des Energieausweises
[3] freiwillige Angabe
[4] nur bei Neubau sowie bei Modernisierung im Fall des § 16 Absatz 1 Satz 3 EnEV
[5] nur bei Neubau
[6] nur bei Neubau im Fall der Anwendung von § 7 Absatz 1 Nummer 2 EEWärmeG
[7] EFH: Einfamilienhaus, MFH: Mehrfamilienhaus

Bild 1: Beispiel für einen Energieausweis

9.1.6 Energieeffizient Bauen

Seit der Einführung der Energieeinsparverordnung (EnEV 2002) wurde der Jahresheizwärmebedarf bei Neubauten drastisch reduziert. Künftige Verschärfungen von Gesetzen und Verordnungen werden zu weiteren Senkungen führen.

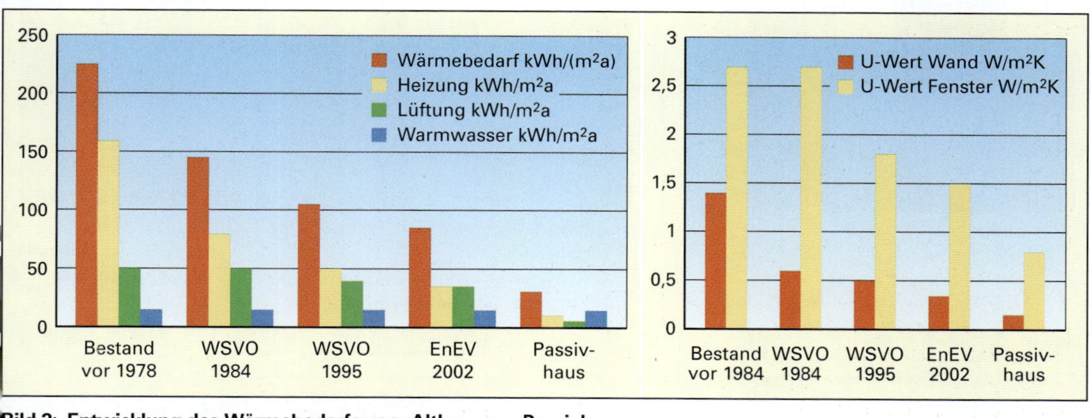

Bild 2: Entwicklung des Wärmebedarfs vom Altbau zum Passivhaus

Über die Mindestanforderungen der EnEV hinaus gibt es verschiedene Ansätze, Gebäude energetisch zu optimieren. Hierbei sind unter anderem Passivhäuser, Sonnenhäuser, Null- oder Plusenergiehäuser zu nennen. Dabei steht immer die für den Standort und die Nutzung intelligenteste Lösung im Vordergrund. Es ist abzuwägen zwischen technischem und materiellem Aufwand und der erreichbaren Effizienz eines Gebäudes. Hierbei müssen auch die Aspekte des Umweltschutzes miteinbezogen werden **(siehe Kapitel 15)**.

Neben den Neubauten sind bei der energetischen Betrachtung vorrangig die Bestandsgebäude von Bedeutung, da sie den Großteil der Gebäude ausmachen. Hier besteht die Herausforderung darin, im Rahmen der EnEV bzw. dem GEG eine energetisch sinnvolle Lösung zu finden.

9.1.7 Innenraumhygiene

Die Problematik der Innenraumlufthygiene kann beim Bau oder Innenausbau von Gebäuden nicht mehr außer Acht gelassen werden, da die Gebäude dichter geworden sind und eine unkontrollierte, kontinuierliche Lüftung über Undichtigkeiten nicht mehr gegeben ist. Hierbei werden die Belastungen der Raumluft durch Feinstaub, Emissionen von Bauprodukten, biologische Innenraumverunreinigungen durch Schimmel oder lüftungstechnische Anlagen betrachtet.

Bei der Wahl der verwendeten Bauprodukte sollte daher nicht nur die energetische Effizienz berücksichtigt werden, sondern auch, ob es sich bei den Materialien um schadstoffarme und somit wohngesunde Baustoffe handelt. Durch die Vermeidung von Bauprodukten, die chemische Stoffe kontinuierlich freisetzen, kann die Qualität der Innenraumluft verbessert werden.

9.1.8 Wärmedämmende Konstruktionen

Wärmedämmung bei Wänden

Bei Außenwänden können die Wärmedämmschichten auf der Außenseite der Außenwand (Außendämmung), auf der Innenseite der Außenwand (Innendämmung), als Kerndämmung zwischen zwei Schalen oder auf der Außen- und Innenseite der Außenwand (Mantelbauweise, Schalungssteine) angebracht werden. Auch monolithische Bauweisen sind möglich, wenn der verwendete Baustoff eine ausreichend hohe Wärmedämmung aufweist wie hohlraumgedämmte oder porosierte Mauersteine **(Seite 466)**. Die bauphysikalischen und wirtschaftlichen Vor- und Nachteile der unterschiedlichen Konstruktionen sind schon bei der Planung zu berücksichtigen.

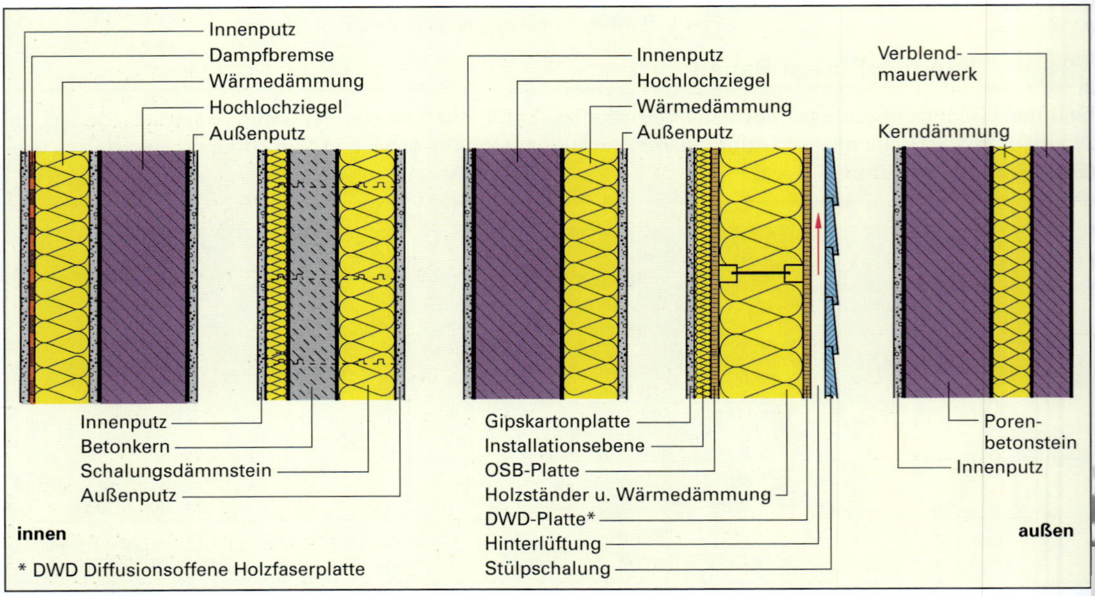

Bild 1: Wärmedämmung bei Wänden

Die Außendämmung ist als günstigste Lösung möglichst schon bei der Erstellung des Bauwerks einzuplanen. Vorteilhaft ist dabei, dass die Wand frostfrei bleibt, dass sich keine Wärmebrücken nach außen bilden, dass die Wärmedehnung der tragenden Bauteile gering ist und dass die wärmespeichernde Massivwand im Innenraum temperaturausgleichend wirkt. Somit kühlt sich der Raum im Winter langsamer ab, im Sommer dagegen erwärmt sich die Raumluft langsamer und zudem phasenverschoben zur Außentemperatur **(Bild 1, Seite 444)**.

Die Innendämmung wird vor allem im Sanierungsbereich eingesetzt, wenn keine Außendämmung möglich ist, z.B. bei Sichtfachwerk. Aufgrund von entstehenden Wärmebrücken und der erhöhten Problematik des Feuchtehaushalts des Außenbauteils **(siehe 9.2.2, Seite 447)** ist hier äußerste Sorgfalt bei der Planung und Ausführung notwendig. Durch die Reduzierung der Wärmespeicherfähigkeit der Bauteile können die Räume bei kurzzeitiger Nutzung schnell aufgeheizt werden, wie es z.B. bei Kirchen, Vortragsräumen oder Wochenendhäusern sinnvoll ist.

Bauten mit Fassaden aus Sichtbeton oder Sichtmauerwerk erhalten häufig eine Kerndämmung.

Eine Außenwand, die z.B. mit Schalungsdämmsteinen aufgebaut und mit Beton ausgegossen wurde, hat sowohl innen wie auch außen eine Dämmschicht.

Wärmedämmung bei Decken

Bei Decken über einem unbeheizten Keller oder über Durchfahrten kann die Wärmedämmung an der Unterseite der Decke angebracht werden **(Bild 1a)**. Zusätzlich kann auch die Dämmschicht unter dem Estrich erhöht werden, dabei ist aber auf die Tragfähigkeit des Estrichs zu achten.

Bei Decken unter nicht ausgebauten Dachgeschossen, z.B. Speicherböden, kann die Wärmedämmschicht oben auf die Decke aufgebracht und mit einer begehbaren Platte belegt werden **(Bild 1b)**.

Wärmedämmung bei Dächern

Geneigte Steildächer können belüftet (Kaltdach) und unbelüftet (Warmdach) ausgeführt werden. Die Belüftungsebene liegt beim belüfteten Dach oberhalb der Dämmschicht, sodass Wasserdampf gut abtransportiert werden kann. Beim unbelüfteten Steildach und beim belüfteten Steildach kann die Wärmedämmschicht unter den Sparren, zwischen den Sparren oder auf der Tragkonstruktion angebracht sein **(Bild 3)**. Aufgrund der notwendigen Dämmstoffdicken oder der Höhe des sich ergebenden Dachaufbaus sind Kombinationen dieser Lagen üblich.

Flachdächer werden ebenfalls als nicht belüftete (einschalige) und belüftete (zweischalige) Dächer ausgeführt **(Bild 2)**.

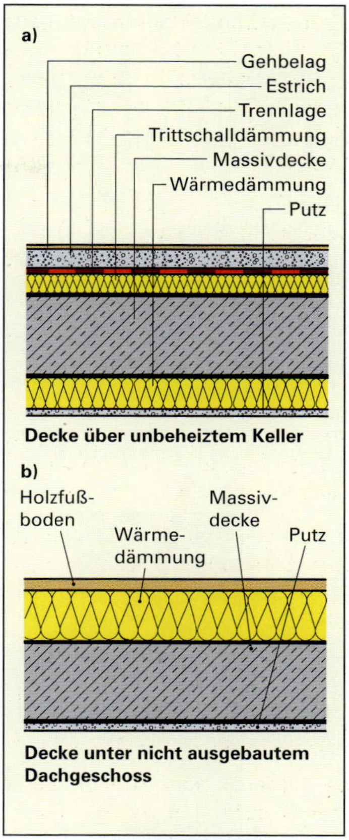

Bild 1: Wärmedämmschicht bei Decken

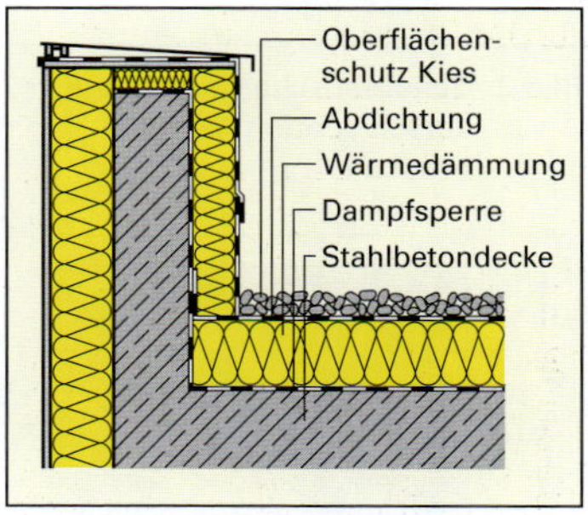

Bild 2: Wärmedämmschichten beim unbelüfteten Flachdach

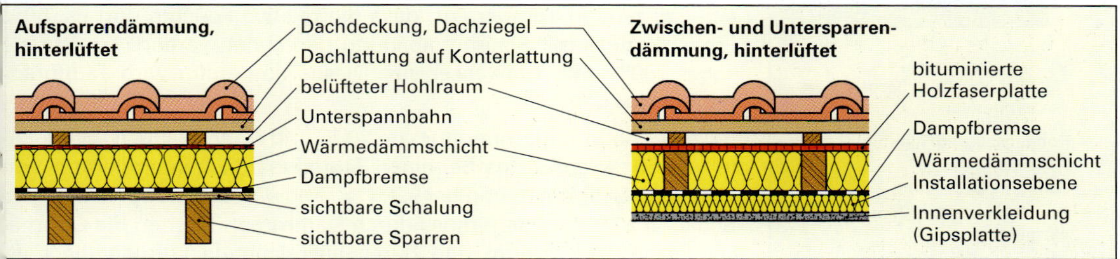

Bild 3: Wärmedämmschichten bei Dächern

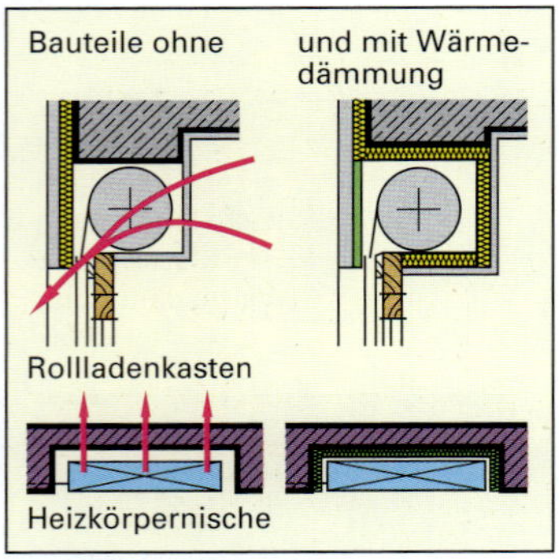

Bild 1: Wärmedämmschichten an Wärmebrücken

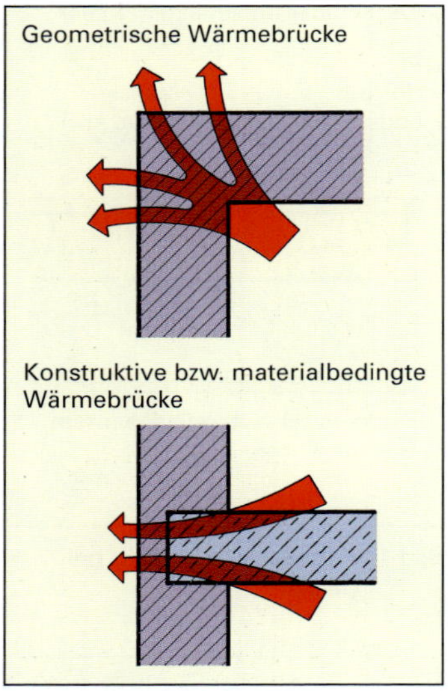

Bild 2: Schematische Darstellung verschiedener Wärmebrücken

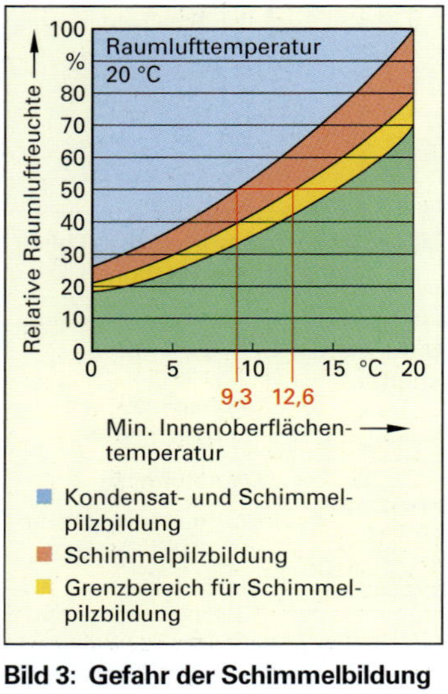

Bild 3: Gefahr der Schimmelbildung

Wärmebrücken

Wärmebrücken sind einzelne, örtlich begrenzte Stellen in Außenbauteilen, die eine geringere Wärmedämmung aufweisen als die übrigen Bauteile. Da über sie mehr Wärme nach außen abwandert, erhöhen sie den Transmissionswärmeverlust und können durch die niedrigere Oberflächentemperatur an ihrer Innenseite zu Tauwasserbildung führen. Daher sind Wärmebrücken durch geeignete Maßnahmen zu vermeiden **(Bild 1 und Bild 2)**.

Durch die erhöhten Wärmeverluste müssen Wärmebrücken bei der energetischen Betrachtung eines Gebäudes rechnerisch berücksichtigt werden. Dies kann durch eine detaillierte Berechnung des **Wärmebrückendurchgangskoeffizienten Ψ** (psi) erfolgen: Dieser Wert gibt die Wärmeverluste bei einer linienförmigen Wärmebrücke pro laufendem Meter und 1 K Temperaturunterschied an. Die Einheit ist W/(m · K) **(siehe auch Seite 551)**. Vereinfacht kann aber auch mit einem pauschalen **Wärmebrückenzuschlag ΔU_{WB}** gerechnet werden:

- vereinfachend, ohne Nachweis: $\Delta U_{WB} = 0{,}1$ W/(m² · K),
- bei Innendämmung: $\Delta U_{WB} = 0{,}15$ W/(m² · K),
- bei Konstruktionen nach Beiblatt 2 DIN 4108: $\Delta U_{WB} = 0{,}05$ W/(m² · K)

Luftdichtheit

Luftströmungen durch Bauteile hindurch und durch undichte Fugen an den Bauteilanschlüssen, z. B. Wand/Dach, führen zu erheblichen Lüftungswärmeverlusten und Feuchteschäden innerhalb des Bauteils. Dies ist durch eine durchgängige Luftdichtheitsebene am Gebäude, z. B. durch den Einbau einer Luftdichtheitsschicht aus Folien, Dichtungsbändern oder Dichtungsmassen, unbedingt zu verhindern. Diese müssen so eingebaut werden, dass sie bei Bauteilbewegungen standhalten.

9.2 Feuchteschutz

Als Feuchteschutz bezeichnet man alle Maßnahmen, die das Bauwerk vor dem Eindringen von Wasser und Feuchtigkeit schützen. Bei nicht fachgerechtem konstruktivem Aufbau eines Bauteils kann sich auf den inneren Bauteiloberflächen oder im Bauteilinneren Tauwasser niederschlagen. Dadurch wird die Wärmedämmung des Bauteils vermindert, Schimmel kann sich bilden, Holzteile können faulen, Stahlteile können rosten und Putze können abfallen. Diese Bauteilschäden müssen deshalb durch entsprechende Maßnahmen verhindert werden.

9.2.1 Tauwasser auf der Bauteiloberfläche

Die Raumluft enthält immer eine gewisse Menge an Wasserdampf. Diese wird abhängig von der jeweiligen Raumtemperatur mit der relativen Luftfeuchte angegeben **(Seite 642)**. Haben Bauteiloberflächen eine so geringe Temperatur, dass die relative Feuchte dort ca. 80 % erreicht, muss mit Schimmelbildung gerechnet werden. Erreicht sie sogar 100 %, fällt Tauwasser aus. Diese Temperatur wird **Taupunkttemperatur** genannt.

Bei einer Raumlufttemperatur von 20 °C und einer relativen Luftfeuchte von 50 % kommt es bei einer Bauteiloberflächentemperatur von 12,6 °C zu Schimmel- und bei 9,3 °C zu Tauwasserbildung. Um solche Schäden zu vermeiden, muss durch Dämmmaßnahmen die Oberflächentemperatur erhöht und durch ausreichende Lüftung die Luftfeuchte reduziert werden **(Bild 3,** Ablesebeispiel).

9.2.2 Tauwasserbildung im Bauteilinneren

Wasserdampfgehalt und Temperatur der Luft bewirken einen bestimmten Dampfdruck. Der Dampfdruck ist im Freien und in bewohnten Räumen meist unterschiedlich groß. Deshalb hat der Dampfdruck das Bestreben, sich zwischen innen und außen auszugleichen. Dabei entsteht eine Wanderung von Wasserdampf durch die Bauteile hindurch, meist von innen nach außen. Man nennt diese Wanderung des Wasserdampfes durch Bauteile **Wasserdampfdiffusion.**

Während der kalten Jahreszeit, wenn die Wohnraumtemperatur und die Außentemperatur im Freien stark voneinander abweichen, nimmt auch die Temperatur der Bauteile von innen nach außen ab **(Bild 1, Seite 439)**. Bei der Wanderung des Wasserdampfes von innen nach außen nimmt deshalb die relative Luftfeuchte in den Poren des Bauteils zu. Hat die relative Luftfeuchte 100 % erreicht, scheidet sich bei weiterer Abkühlung im Bauteil Tauwasser ab. Dauert dieser Vorgang längere Zeit, wird das Bauteil durchfeuchtet.

Um Tauwasserbildung in Bauteilen zu vermeiden, darf von der warmen Seite her nicht mehr Wasserdampf in das Bauteil eindringen, als auf der kalten Seite wieder zur Außenluft entweichen kann. Dies erreicht man, indem man auf der warmen Seite der Wärmedämmschicht die Baustoffe mit hohem Diffusionswiderstand, auf der kalten Seite der Wärmedämmschicht die Baustoffe mit geringerem Diffusionswiderstand anordnet, wie z. B. bei einer außen gedämmten Stahlbetonwand **(Bild 1a)**.

Ist die Dämmschicht durch eine Außenverkleidung mit hohem Diffusionswiderstand, z. B. aus Klinkermauerwerk, abgedeckt, ist eine Hinterlüftung vorzusehen, damit der ausdiffundierende Wasserdampf abgeführt werden kann **(Bild 1b und Bild 1e)**. Ist keine Hinterlüftung möglich, so ist auf der warmen Seite der Wand eine Dampfbremse anzubringen **(Bild 1d und Bild 1f)**. Wird die Dämmschicht innen angeordnet, entsteht wegen des geringen Diffusionswiderstandes des Innenputzes an der kalten, diffusionsdichteren Stahlbetonwand Tauwasser. Um dies zu vermeiden, ist auf der warmen Seite der Wärmedämmschicht eine Dampfbremse bzw. Dampfsperre vorzusehen **(Bild 1c)**.

Es kann aber auch eine **Kapillarwirkung** aufgebaut werden. Diffusionsoffene Baustoffsysteme auf der Rauminnenseite, die kapillarwirksam sind, können kondensierte Feuchtigkeit (in Tröpfchenform) wieder zur warmen Raumseite abtransportieren, wo sie in den Raum verdunsten. Dies erreicht man durch kapillaraktive Innendämmsysteme **(Bild 2)**.

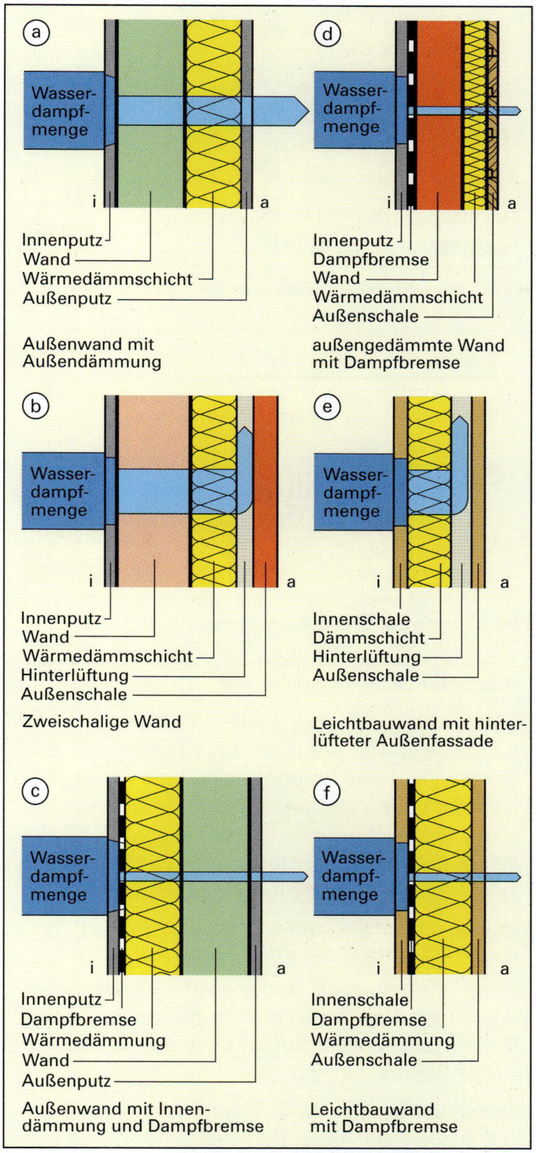

Bild 1: Wasserdampfdiffusion bei Außenwänden

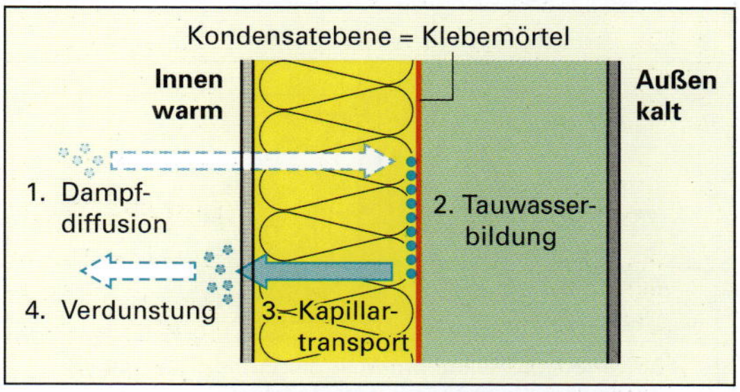

Bild 2: Schematische Darstellung der Wirkungsweise eines kapillaraktiven Innendämmsystemes

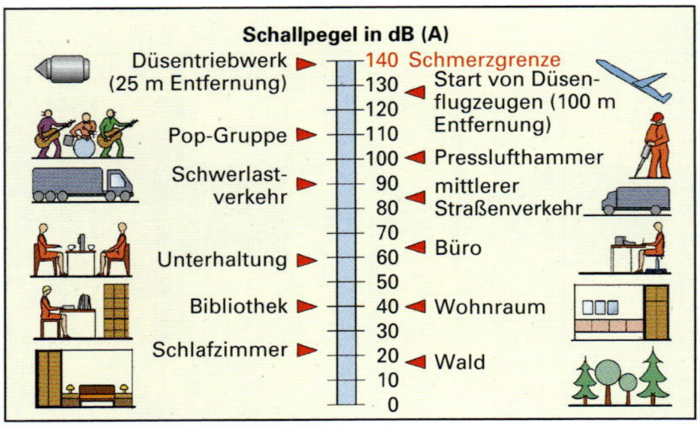

Bild 1: Verschiedene Schallpegel

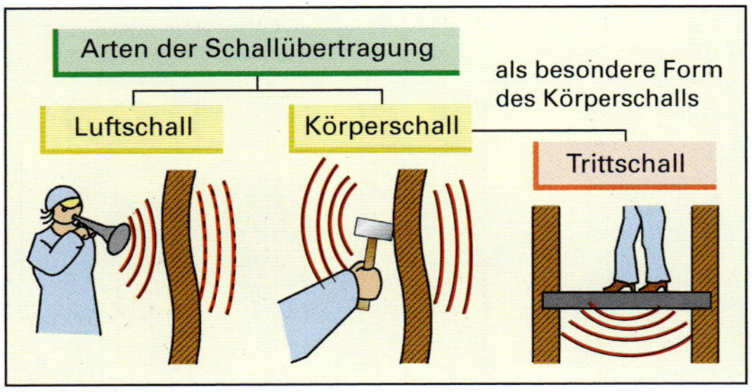

Bild 2: Arten der Schallübertragung

Arten der Schallübertragung:

Luftschall: Geräusche breiten sich in Form von Schallwellen in der Luft aus. Treffen die Luftschallwellen auf Raumgrenzen wie Wände und Decken, setzen sie diese Hindernisse in Schwingung. Der auftreffende Luftschall wird in Körperschall umgewandelt und dann wieder als Luftschall an benachbarte Räume abgegeben.

Körperschall: Eine direkte Einwirkung auf feste Körper, zum Beispiel Klopfen oder Hämmern, erzeugt Körperschall. Der größte Teil der Schallwellen wird als Luftschall an die angrenzenden Räume abgegeben, ein anderer Teil auf angrenzende Bauteile übertragen.

Trittschall ist eine besondere Form des Körperschalls, bei der durch Begehen einer Decke oder Möbelrücken Biegeschwingungen ausgelöst und an die Luft des Nachbarraums übertragen werden.

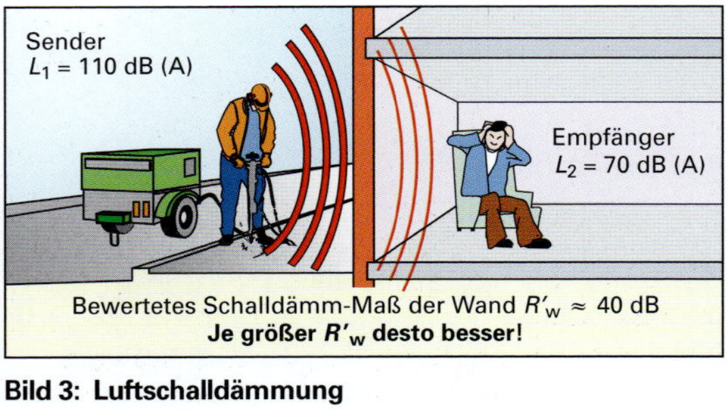

Bild 3: Luftschalldämmung

9.3 Schallschutz

Mit wachsender Technisierung von Industrie und Verkehr nimmt der Lärm immer mehr zu. Die ständige Lärmeinwirkung gefährdet die Gesundheit des Menschen. Die Aufgabe des Schallschutzes ist es, den Menschen vor Lärm, sowohl von außen als auch innerhalb von Gebäuden zu schützen. Dies wird durch Schalldämmung und durch Schallschluckung erreicht.

9.3.1 Schalldämmung

Unter Schalldämmung versteht man den Widerstand von Bauteilen, z. B. Wänden, Decken, Türen oder Fenster gegen den Durchgang von Schallenergie. Wenn man von Schalldämmung spricht, bezieht sich dies auf Schallvorgänge zwischen zwei Räumen oder zwischen Räumen und der Außenwelt. Nach Art der Schallausbreitung unterscheidet man verschiedene Schallübertragungen **(Bild 2)**.

Luftschalldämmung

Zur Bewertung der Luftschalldämmung wird das bewertete Schalldämm-Maß R'_w verwendet. Es wird in der Einheit Dezibel (dB) ausgedrückt.

Diese Größe wird nach einer Bezugskurve bestimmt, die in DIN EN ISO 140-4 festgelegt ist. Die Bezugskurve verläuft im bauakustisch wichtigen Frequenzbereich zwischen 100 Hz und 3150 Hz. Nach dem Verlauf der Bezugskurve sind die Anforderungen an den Luftschallschutz im unteren Frequenzbereich bei tiefen Tönen gering, bei hohen Tönen im oberen Frequenzbereich hoch. Hier wurde die Eigenschaft des menschlichen Gehörs berücksichtigt, das die tieferen Töne als weniger laut und damit als nicht so lästig empfindet wie die hohen Töne **(Bild 2, Seite 449)**.

Mit $R'_{w,P}$ werden Bauteile bezeichnet, die im Prüfstand gemessen wurden. Um den Verhältnissen im eingebauten Zustand gerecht zu werden, müssen Vorhaltemaße abgezogen werden: $\mathbf{R'_{w,R} = R'_{w,P}}$ **– Vorhaltemaß (Seite 490 und 553)**.

Ein wichtiges Kriterium der Luftschalldämmung von Bauelementen, wie Fenstern und Türen ist die Dichtigkeit **(Seite 553)**. Die Qualität der Schalldämmung einer Fuge kann durch die Angabe des **Fugenschalldämm-Maßes R_{ST} oder R_S,** beschrieben werden.

Anforderungen an den Luftschallschutz

Um einen ausreichenden Luftschallschutz zwischen Wohnungen und fremden Arbeitsräumen zu erreichen, werden in DIN 4109 Mindestluftschalldämmwerte vorgeschrieben. Zur Einhaltung des Schallschutzes bei Türen und Fenstern sind **Schallschutzklassen** definiert worden **(Seite 490 und 553)**.

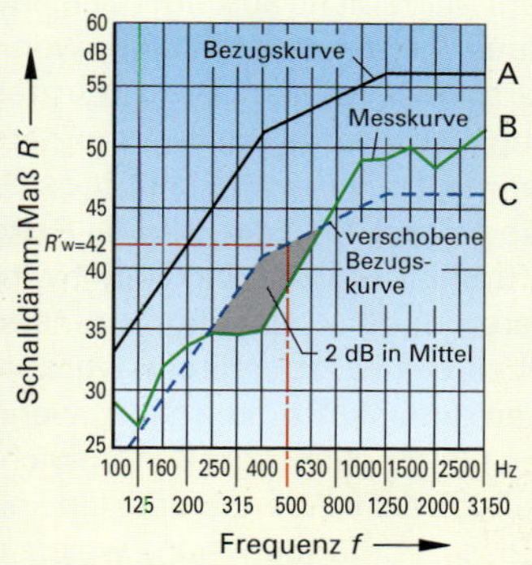

Das bewertete Schall-Maß R'_w wird ermittelt, indem man die Bezugskurve A so zur Messkurve B hin verschiebt, dass die Unterschreitung der Messkurve unterhalb der verschobenen Bezugskurve C im Mittel 2 dB beträgt. R'_w kann beim Schnittpunkt über der Frequenz von 500 Hz abgelesen werden.

Je höher der Wert, desto besser ist die Luftschalldämmung.

Bild 2: Ermittlung des bewerteten Schalldämm-Maßes R'_w

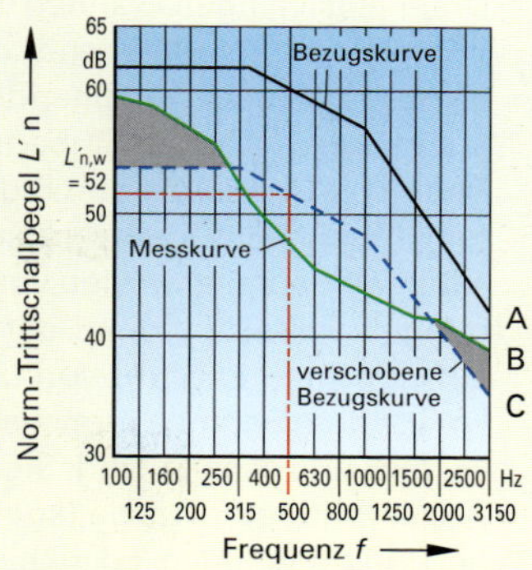

Der bewertete Norm-Trittschallpegel $L'_{n,w}$ wird ermittelt, indem man die Bezugskurve A so zur Messkurve B hin verschiebt, dass die Überschreitung der Messkurve oberhalb der verschobenen Bezugskurve C im Mittel 2 dB beträgt. $L'_{n,w}$ kann beim Schnittpunkt über der Frequenz von 500 Hz abgelesen werden.

Je niedriger der Wert, desto besser ist die Trittschalldämmung.

Bild 3: Ermittlung des bewerteten Norm-Trittschallpegels $L'_{n,w}$

Trittschalldämmung

Zur Bewertung der Trittschalldämmung wird der **bewertete Norm-Trittschallpegel $L'_{n,w}$** verwendet. Er wird nach einer Bezugskurve bestimmt, die in DIN EN ISO 140-7 festgelegt ist. Diese Bezugskurve verläuft wie bei der Luftschalldämmung im bauakustisch wichtigen Bereich zwischen 100 Hz und 3150 Hz unter Berücksichtigung der Eigenart des menschlichen Gehörs so, dass im Tieftonbereich bei niedrigen Frequenzen ein höherer Schallpegel zugelassen ist und damit die Anforderungen an den Trittschallschutz geringer sind als im Hochtonbereich **(Bild 3)**.

Der Trittschallschutz einer Decke kann durch Aufbringen eines schwimmenden Estrichs oder eines weich federnden Bodenbelags verbessert werden. Für die Bewertung der verschiedenen Deckenauflagen wurde das **Trittschallverbesserungsmaß ΔL_w** eingeführt. Das Trittschallverbesserungsmaß gibt an, um wie viel dB eine Deckenauflage den bewerteten Norm-Trittschallpegel einer Rohdecke verbessert. Trittschallschutzverbesserungsmaße für verschiedene Deckenauflagen sind in DIN 4109 angegeben.

Anforderungen an den Trittschallschutz

Um einen ausreichenden Trittschallschutz von Decken zu erreichen, werden in der DIN 4109 Mindesttrittschallschutzwerte vorgeschrieben, die nicht überschritten werden dürfen.

9.3.2 Schallschutz bei Wänden

Um zu verhindern, dass der Luftschall von einem Raum in den anderen gelangt, sind zwischen diesen Räumen schalldämmende Wände zu erstellen. Man unterscheidet dabei einschalige und zweischalige Wände.

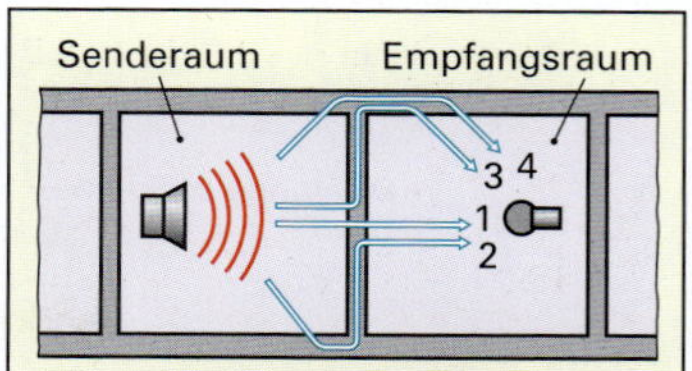

1 Direkt-Schallübertragung über Trennwand
2 Flankenübertragung über Längswand
3 Flankenübertragung über Trennwand
4 Direkt-Schallübertragung über Längswand

Bild 1: Wege des Luftschalls bei Wänden

Schallbrücken: Unter Schallbrücken versteht man schwingungsübertragende Bauteile und starre Verbindungen zwischen zwei Schalen, wie z.B. Schrauben, Mörtelbrücken oder durchgeführte Rohre.

Durch Schallbrücken können schalldämmende Maßnahmen wirkungslos werden.

Maßnahmen zur Vermeidung:

- Konstruktionen und Bauteile soweit möglich trennen (z.B. schwimmender Estrich, Putze durch Dämmstreifen trennen).
- Befestigungen schwingungsfähig ausführen (schwingungsfähige Abhängungen **(Bild 2, Seite 450)**, Federbügel, Hutschiene).
- Schalldämpfende Materialien einbauen (Moosgummi, Kork, Trennwandkitt **(Bild 4)**, weichfaserige Dämmstoffe).

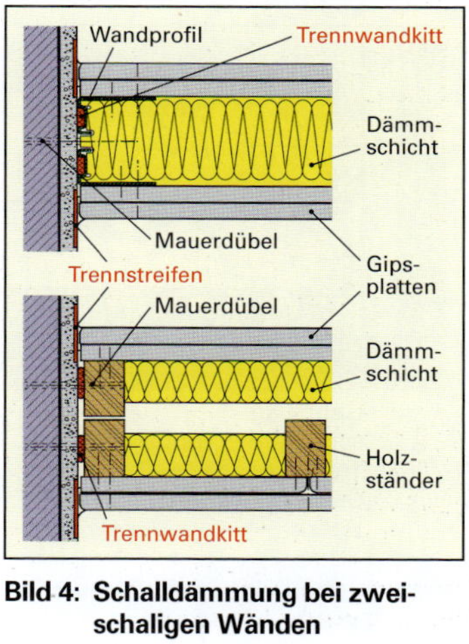

Bild 4: Schalldämmung bei zweischaligen Wänden

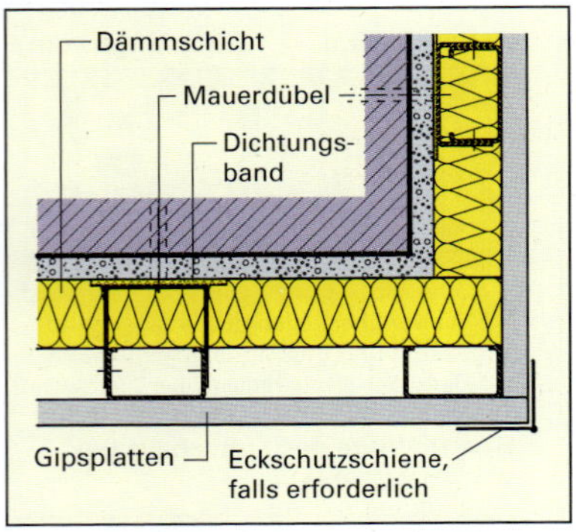

Bild 1: Schalldämmende Vorsatzschale

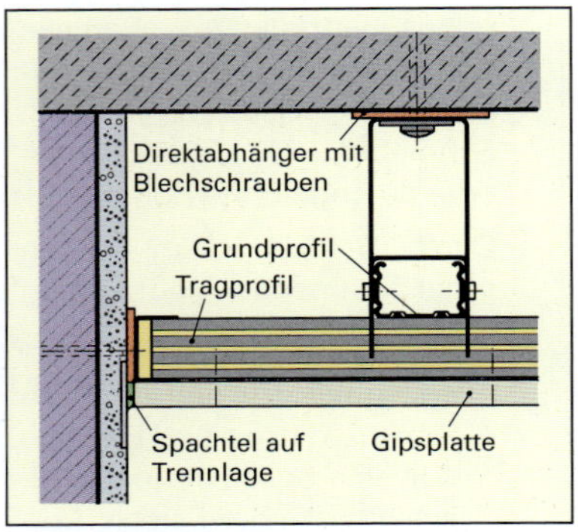

Bild 2: Luftschalldämmende Unterdecken

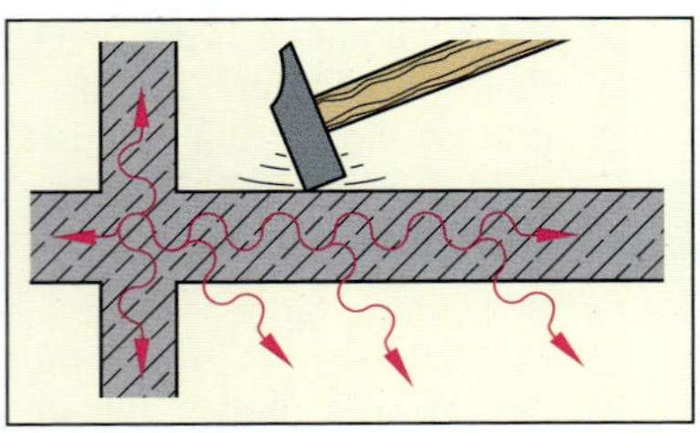

Bild 3: Trittschallübertragung ohne schwimmenden Estrich

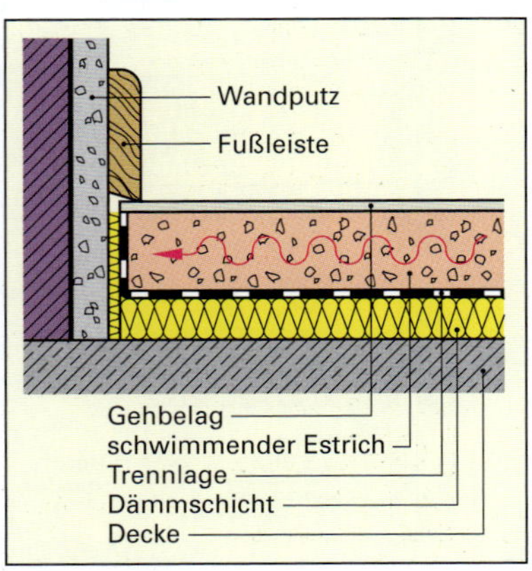

Bild 4: Aufbau eines schwimmenden Estrichs

Unter **einschaligen Wänden** versteht man solche aus einer Schicht, z. B. eine betonierte Wand, oder aus mehreren Schichten, wenn diese vollflächig miteinander verbunden sind, z. B. verputztes Mauerwerk. Die Schallübertragung von einem Raum in andere Räume erfolgt direkt durch die trennende Wand und als Längsleitung über die angrenzenden Wände und Decken **(Bild 1, Seite 449)**. Die Bauteile werden vom auftreffenden Luftschall in Schwingungen versetzt, die auf der anderen Seite an die angrenzenden Luftschichten in Form von Luftschall wieder abgegeben werden. Einschalige Bauteile erreichen einen guten Luftschallschutz, wenn sie dick und schwer sind. Sie sollen ein möglichst großes Gewicht je Quadratmeter Fläche (kg/m²) aufweisen. In Wänden dürfen keine durchgehenden Löcher und Risse vorhanden sein, weshalb z. B. gemauerte Wände zu verputzen sind.

Um bei **leichten Trennwänden** gute Schalldämmwerte zu erreichen, werden sie zweischalig hergestellt. Eine **zweischalige Wand** besteht aus zwei dünnen, unterschiedlich dicken bzw. unterschiedlich schweren Platten, auch Schalen genannt, die durch eine Luftschicht oder weichfedernde, schallabsorbierende Dämmschicht getrennt werden. Diese können z. B. aus Gipsplatten, Holzspanplatten, Sperrholzplatten o. Ä. bestehen. Die Schalen zweischaliger Wände sollten möglichst biegeweich sein. Ein Bauteil ist biegeweich, wenn es durch Luftschallwellen leicht (bei Frequenzen über 2000 Hz) zu Schwingungen angeregt werden kann.

Die Schalen sind entweder selbsttragend, wie z. B. Holzwolleleichtbauplatten, oder sie werden auf einer Unterkonstruktion aus Kanthölzern oder Stahlblechprofilen **(Bild 4, Seite 449)** befestigt.

Wird eine dünne, biegeweiche Schale vor einer schweren Wand angebracht, wie z. B. vor einer 24 cm dicken Vollziegelwand, so spricht man von einer **Vorsatzschale (Bild 1)**.

9.3.3 Schallschutz bei Decken

Der Schallschutz bei Decken umfasst die Luftschalldämmung, die Trittschalldämmung und die Körperschalldämmung.

Für die **Luftschalldämmung** bei Massivdecken gelten die gleichen Grundsätze wie bei einschaligen Wänden. Hat die Decke ein Mindestflächengewicht von 350 kg/m² bis 400 kg/m², so wird ein bewertetes Luftschalldämm-Maß von etwa $R'_{w,R}$ = 52 dB erreicht.

Da jedoch einige Deckenarten ein geringeres Gewicht besitzen und somit nicht den Mindestluftschallschutz erreichen, müssen solche Decken zweischalig ausgeführt werden. Sie erhalten eine Unterdecke **(Bild 2)**. Als Baustoffe für Unterdecken eignen sich z. B. Gipsplatten, Holzweichfaserplatten, verputzte Holzwolleleichtbauplatten oder Streckmetall mit Putz. Auch ein schwimmender Estrich auf der Decke bringt eine Verbesserung des Luftschallschutzes.

Da die **Trittschalldämmung** bei Massivdecken unzureichend ist **(Bild 3)**, wird ein schwimmender Estrich **(Bild 4)** oder ein weichfedernder Bodenbelag auf die Decke aufgebracht. Unter dem Estrich ist auf der Rohdecke eine Dämmschicht z. B., aus Polystyrolschaum, Mineralwolle, Kokosfasern oder ähnlich weichfedernden Materialien zu verlegen.

Die Dämmschicht ist z. B. mit Bitumenpappe oder Kunststofffolie gegen eindringende Feuchtigkeit aus dem frisch eingebrachten Estrich zu schützen. Als Estricharten werden Zementestriche, Gipsestriche, Magnesiaestriche oder Gussasphaltestriche verwendet. Durch weichfedernde Bodenbeläge, wie hochflorige Teppiche mit Unterlagen aus Filzpappe, Porengummi oder Kork kann der Trittschallschutz zusätzlich verbessert werden.

Anstelle eines nass eingebrachten Estrichs kann auch ein schwimmender Trockenunterboden auf der Rohdecke verlegt werden **(Bild 1)**. Als Trockenunterboden werden z. B. Spanplatten auf Lagerhölzern mit Dämmstreifen, Gips-Estrichplatten auf einer Dämmschicht oder bituminierte Holzweichfaser- oder Leichtbauplatten auf einer Ausgleichsschüttung verwendet.

Die herkömmlichen Holzbalkendecken erfüllen in Mehrfamilienhäusern nicht den geforderten Luft- und Trittschallschutz. Dieser kann erreicht werden, indem man die untere Deckenverkleidung als abgehängte Unterdecke mit Federbügeln oder Hutschienen an der Balkenlage befestigt **(Bild 2)**. Eine weitere Möglichkeit zur Verbesserung, vor allem des Trittschallschutzes, bringt ein schwimmender Estrich **(Bild 2a)** oder eine schwimmende Spanplatte **(Bild 2b)**. Zusätzlich sollte für den Schallschutz in die Konstruktion Masse in Form von Split- oder Sandschüttungen, Betonsteinen oder schweren Platten eingebracht werden.

Eine **Körperschalldämmung** ist dort vorzusehen, wo Maschinen, Motoren oder ähnliche Geräte Laufgeräusche und Schwingungen als Körperschall an den Fußboden bzw. an die Wand weitergeben können. Eine Dämmung des Körperschalls wird dadurch erreicht, dass man diese Maschinen auf Schwingungsisolatoren aus Hartgummi, Stahlfedern oder ähnliche Vorrichtungen stellt **(Bild 1, Seite 452)**.

9.3.4 Schallschutz durch Schallabsorption

Schallschluckmaßnahmen werden dort angewendet, wo in einem lauten Raum, z. B. in einem Maschinenraum **(Bild 2, Seite 452)**, der Lärmpegel gesenkt werden soll. Auch in Konzert- und Vortragsräumen, wo es auf gute Hörsamkeit ankommt, sind gezielte Schallschluckmaßnahmen notwendig. Die Schallschluckung, auch **Schallabsorption** genannt, bezieht sich also immer auf Luftschallvorgänge innerhalb des „lauten" Raumes.

Man unterscheidet poröse Absorber und Resonanzabsorber.

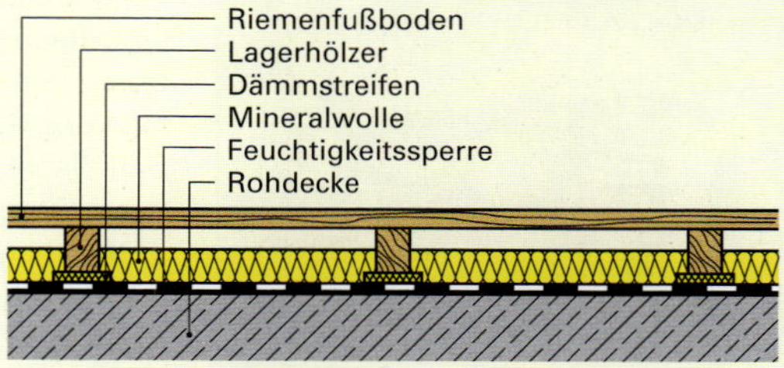

Holzfußboden auf Lagerhölzer

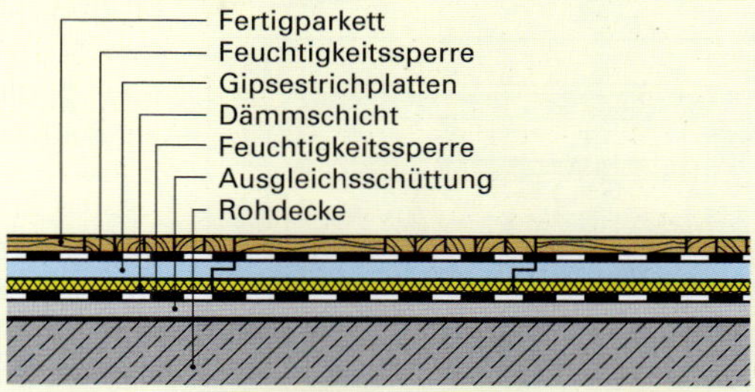

Fertigparkett auf Trockenestrich

Bild 1: Trockenunterböden

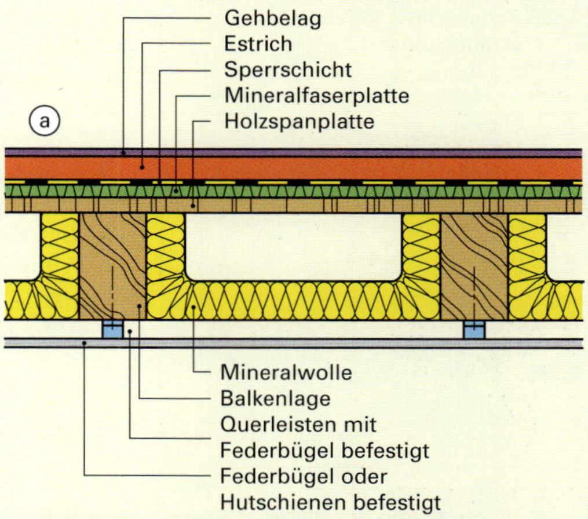

mit schwimmendem Estrich und Unterdecke

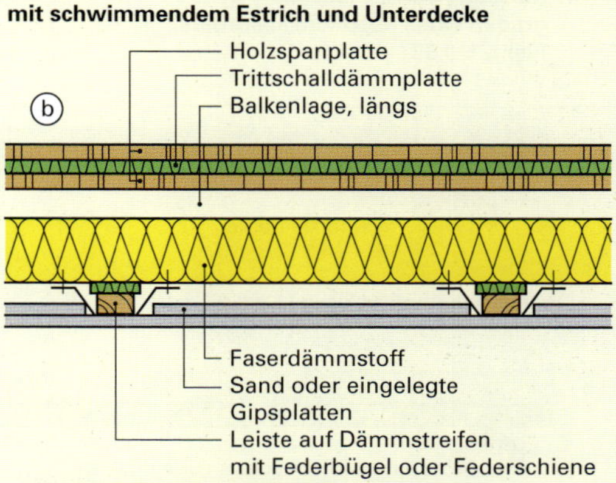

mit schwimmendem Spanplattenboden und beschwerter Unterdecke

Bild 2: Trittschallschutz bei Holzbalkendecken

Bild 1: Schwingungsdämpfer

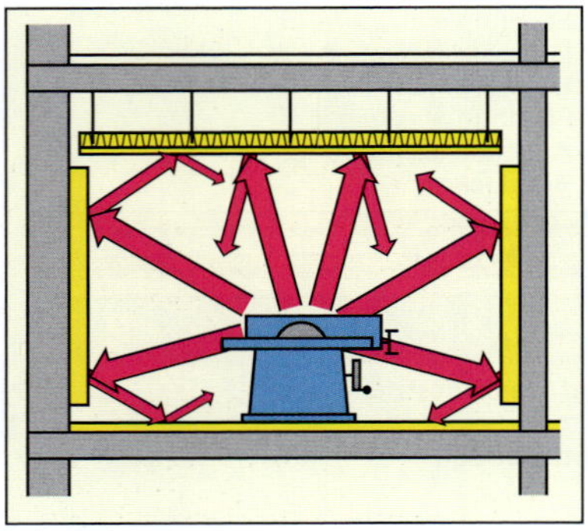

Bild 2: Schallschutz durch Schallschluckung

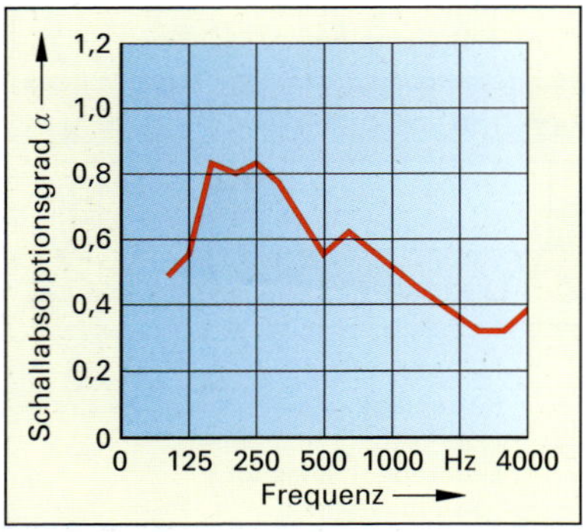

Bild 3: Messung von Schallabsorptionsgraden eines Resonanzabsorbers, hier α = 0,58

Poröse Absorber sind leichte Stoffe mit rauer und offenporiger Oberfläche, wie z.B. Mineralfaserplatten, Holzweichfaserplatten oder verschiedene Schaumkunststoffe. Die schallschluckende Wirkung der Absorber hängt von deren Oberfläche ab. Bei der Schallschluckung treffen die Luftschallwellen auf die Oberfläche des schluckenden Materials. Ein Teil der Schallwellen wird reflektiert, d.h., in den Raum zurückgeworfen, der andere Teil dringt in die Poren ein. Die hin- und herschwingenden Luftmoleküle werden dabei an den Porenwandungen durch Reibung abgebremst, wodurch die Schallenergie in Wärme- und Bewegungsenergie umgewandelt und damit der Schall nicht mehr im Raum vorhanden ist. Eine Erhöhung der Absorption erzielt man durch gelochte oder gerillte Oberflächen. Poröse Schallschlucker werden meist als Platten an Wand oder Decke befestigt und schlucken vor allem hohe Töne **(Bild 4b)**.

Resonanzabsorber bestehen aus geschlossenporigen Platten, wie z.B. aus dünnen Sperrholz-, Spanholz-, Holzfaser- oder Gipsplatten, die in einem bestimmten Abstand an der Wand oder an der Decke schwingungsfähig anzubringen sind. Sie werden durch die einwirkenden Luftschallwellen in Schwingung versetzt, wobei ein Teil der Schallenergie in Bewegungsenergie umgewandelt wird. Sie schlucken vor allem tiefe Töne **(Bild 4c)**.

Schallschlucker für den Mitteltonbereich erhält man durch eine Kombination von porösen Absorbern und Resonanzabsorbern. Dabei werden poröse, schallschluckende Materialien mit Abstand von der Wand oder Decke angebracht. Diese werden zusätzlich mit gelochten oder geschlitzten Blechen, Gipsplatten, Gipskörpern, Holzfaserplatten oder Sperrholzplatten abgedeckt **(Bild 4d)**.

Die Schallabsorptionsfähigkeit eines Stoffes oder einer Konstruktion kann mithilfe eines Messverfahrens nach EN ISO 354 ermittelt werden. Dabei wird der Schallschluckgrad α für die verschiedenen Schallfrequenzen festgestellt **(Bild 3)**.

So bedeutet z.B. ein Schallabsorptionsgrad von

$\alpha = 0{,}0$ keine Schluckung, also 100% Reflexion

$\alpha = 0{,}8$ achtzigprozentige Schluckung

$\alpha = 1{,}0$ hundertprozentige Schluckung, also keine Reflexion

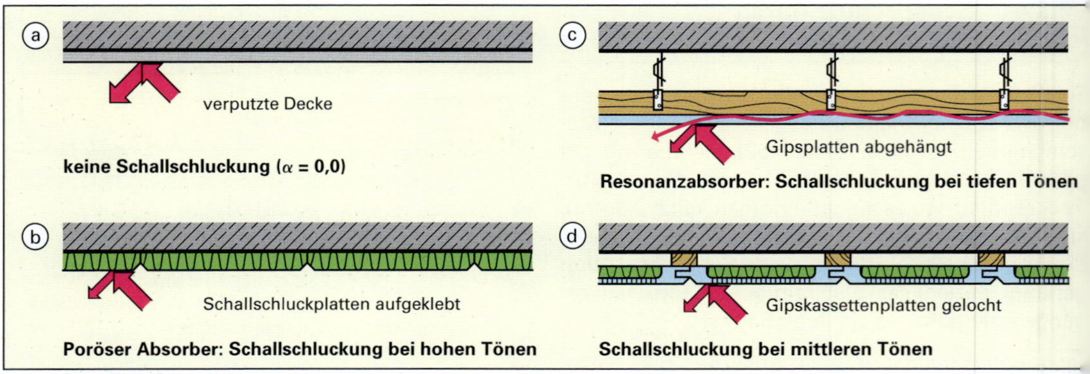

Bild 4: Schallschluckkonstruktionen

9.4 Brandschutz

Brandschutzmaßnahmen sind alle vorbeugenden baulichen, technischen und organisatorischen Maßnahmen, um das Entstehen und Ausbreiten eines Brandes zu verhindern **(Bild 1)**. Brände in Wohnungen, Betrieben und öffentlichen Gebäuden verursachen jährlich Sachschäden in Milliardenhöhe. Jährlich sterben z.B. in Deutschland mehrere hundert Menschen an den Folgen eines Brandes.

Ca. 95% der Brandopfer fallen nicht den Flammen zum Opfer, sondern sterben an den Folgen der giftigen Rauchgase. In vielen Ländern sind deshalb Rauchmelder in den Wohnungen vorgeschrieben. Im Gegensatz zu den bundesweit einheitlichen Vorschriften im Wärme- und Schallschutz ist der Brandschutz Ländersache mit eigenen Landesbauordnungen (LBO).

Sinn der sich ständig verschärfenden Gesetzgebung ist es, die Zahl der tödlich verlaufenden Unfälle und die Schäden an Gebäuden drastisch zu verringern.

9.4.1 Brandentstehung und Brandverlauf

Feuer kann im Haushalt und Betrieb auf vielfältige Art ausgelöst werden. Zündquellen können sein: fehlerhafte elektrische Anlagen (Kurzschluss), Kerze, offenes Feuer, Zigarettenkippe, Feuerwerkskörper, Überhitzung von Lagern, heiße Flächen, Blitzschlag oder Brandstiftung.

Der Verlauf eines Brandes lässt sich vom Entstehungsbrand bis zum Vollbrand in fünf Abschnitte einteilen **(Bild 2)**. Zunächst steigt die Temperatur in der Zündphase an, bis die zur Entzündung eines brennbaren Stoffes notwendige Temperatur er-

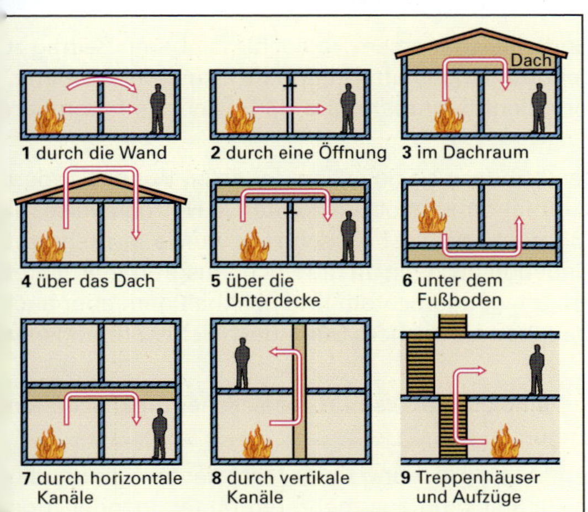

Bild 3: Möglichkeiten der Brandausbreitung

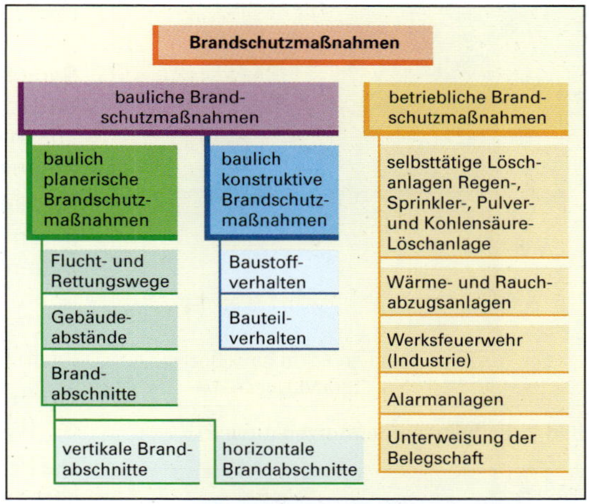

Bild 1: Planerische, konstruktive, technische und organisatorische Maßnahmen zum Brandschutz

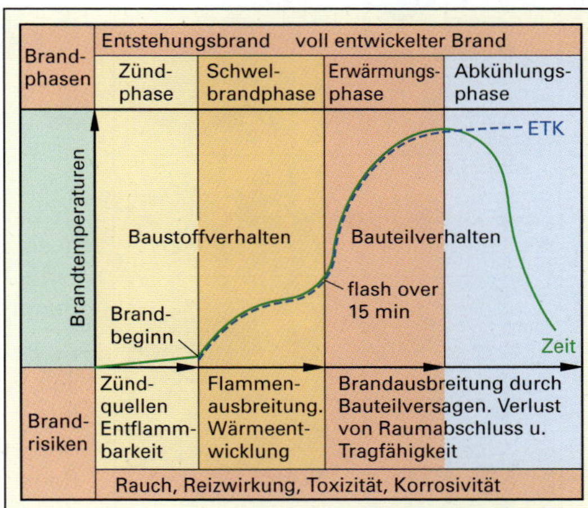

Bild 2: Brandverlauf

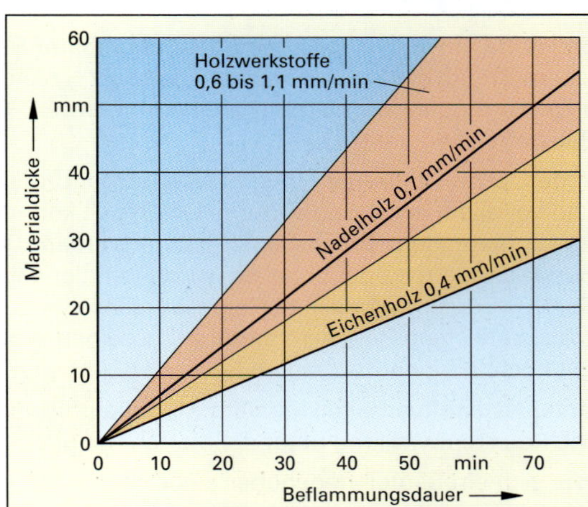

Bild 4: Abbrandgeschwindigkeit verschiedener Hölzer und Holzwerkstoffe

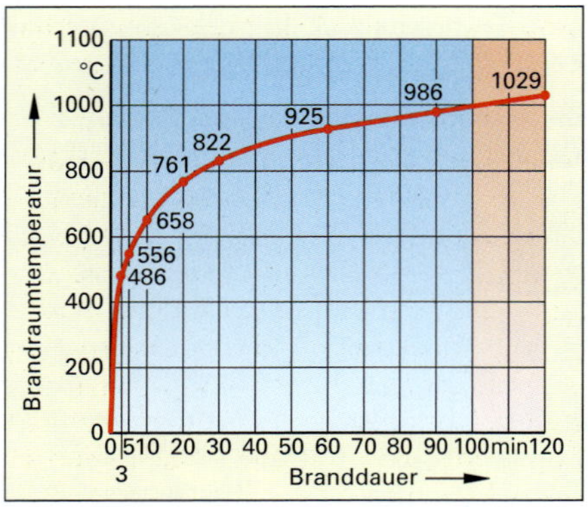

Bild 1: Einheitstemperaturzeitkurve ETK

	Klasse	Beispiele
A nicht brennbar	A1	
	A2 geringe Mengen brennbarer Bestandteile	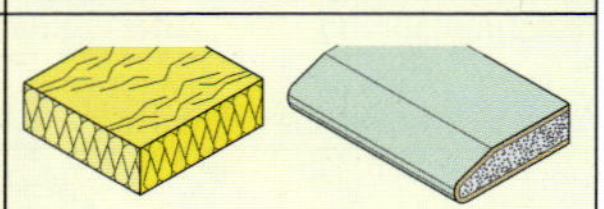
B brennbar	B1 schwer entflamm-bar	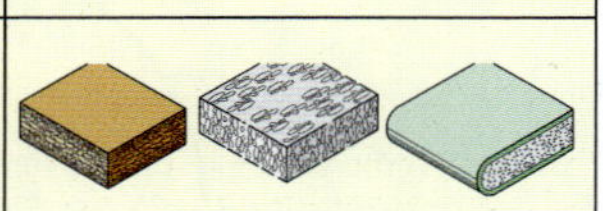
	B2 normal entflamm-bar	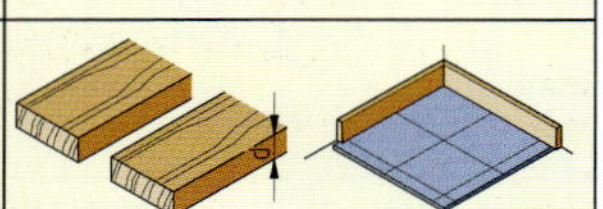
	B3 leicht entflamm-bar	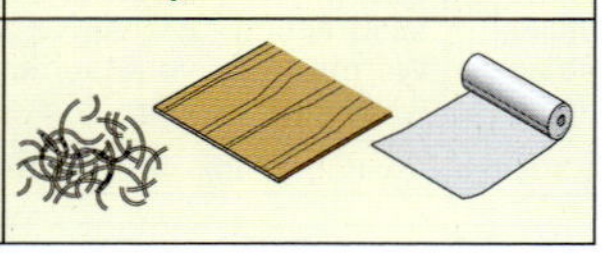

Bild 2: Baustoffklassen und Materialbeispiele nach DIN 4102

reicht ist. Der anschließende Schwelbrand erhitzt die Raumluft sowie die umliegenden Gegenstände. Zugeführter Sauerstoff, z. B. durch das Zerplatzen von Fensterscheiben oder das Öffnen von Türen, löst den Feuerübersprung (engl. „flash over“) und einen schlagartigen Anstieg der Temperatur aus.

Die Brandlast der Baustoffe und Einrichtungsgegenstände, deren Anordnung, die Raumgeometrie und vor allem die Sauerstoffmenge (Verbrennungsluft) beeinflussen den weiteren Brandverlauf in der Erwärmungsphase des Vollbrandes, den eigentlichen Brandangriff auf das Bauwerk Die letzte Phase wird als Abkühlungsphase bezeichnet.

Ein Brand kann sich auf vielfältige Arten und Wege ausbreiten **(Bild 3, Seite 453)**.

Die Prüfung von Bauteilen erfolgt in einer genormten Brennkammer nach der Einheitstemperaturkurve ETK und der dort angegebenen Branddauer **(Bild 1)**.

9.4.2 Brandschutznormen und -vorschriften

In der ganzen EU gilt das anerkannte CE-Konformitätszeichen als bauaufsichtlicher Nachweis. Durch die Anbringung der CE-Kennzeichnung an die Produkte bestätigt der Hersteller oder der Importeur, dass das Produkt den produktspezifisch geltenden europäischen EU-Richtlinien entspricht. Weitere gesetzliche Grundlagen zum Brandschutz enthalten die Musterbauordnung MBO, die Landesbauordnungen LBO, die Bauproduktenrichtlinie BPR sowie Sonderregelungen.

Es ist für alle Beschäftigten in den Baubranchen unerlässlich, sich ständig nach dem aktuellen Stand der Normung zu informieren. Die **DIN 4102** ist die den Bauordnungen zugeordnete deutsche Norm, die den Brennbarkeitsgrad von Baustoffen und die Feuerwiderstandsfähigkeit von Bauteilen definiert **(Bild 2)**. Baustoffe, die keinen Beitrag zu einem Brand leisten, werden als nicht brennbar in der Baustoffklasse A1 eingestuft.

Baustoffe mit einem geringen Anteil brennbarer Bestandteile, aber einem vernachlässigbaren Beitrag zu einem Brand, sind in der Baustoffklasse A2 = nicht brennbar eingestuft. Brennbare Baustoffe werden in 3 Untergruppen, B1 = schwer entflammbare, B2 = normalentflammbare und B3 = leicht entflammbare Baustoffe, eingeteilt.

In den letzten Jahren wurden die Landesbauordnungen bundesweit novelliert. In vielen Bundesländern und vor allem in der Schweiz und Österreich können nunmehr mehrstöckige Bauten in Holzbauweise mit funktionierendem Brandschutz gebaut werden. Die Begrenzung auf 5 Geschosse wurde in mehreren Bundesländern aufgehoben, es wurden mittlerweile Gebäude bis nahe an die Hochhausgrenze errichtet. Somit wird dem Wunsch nach ressourcenschonendem, umweltgerechtem und nachhaltigem aber auch wirtschaftlichem Bauen im mehrgeschossigen Wohnhausbau als auch im Büro- und Nichtwohnungsbau mit hochwertigen Holzbauten Rechnung getragen.

Unter Bau**stoff**verhalten versteht man die Brennbarkeit eines Materials und zusätzlicher Eigenschaften wie Rauchentwicklung unter definierten Randbedingungen.

Wie sich ein Bauteil gegenüber einer bestimmten Brandbeanspruchung unter festgelegten Randbedingungen verhält, gibt das Bau**teil**verhalten wieder. Ein Bauteil kann aus mehreren hintereinander- und oder nebeneinander angeordneten Schichten und Materialien bestehen. Eine Brandschutzprüfung muss deshalb für das komplette Verbundbauteil durchgeführt werden.

Kerninhalt der **DIN EN 13501-1** ist die Klassifizierung von Bauprodukten hinsichtlich ihres Brandverhaltens. Diese Beschreibung ist erheblich komplexer als die der DIN 4102-1, die sich primär auf die Brennbarkeit eines Baustoffes bezieht.

Dabei wird zwischen Baustoffen/Bauprodukten und Bodenbelägen differenziert. Neben den Hauptklassifizierungskriterien Entzündbarkeit, Flammenausbreitung und frei werdende Wärme werden zusätzlich die Brandparallelerscheinungen in jeweils drei Stufen für die Rauchentwicklung (s1, s2 und s3) und das brennende Abtropfen/Abfallen eines Baustoffes (d0, d1 und d2) festgelegt. Bei der Einstufung der Rauchentwicklung (s = smoke) wird die gesamte Rauchentwicklung der Probe in den ersten 600 Sekunden der Beanspruchung durch die Flammen des Hauptbrenners ermittelt; s1 bedeutet eine geringe, s2 eine mittlere und s3 eine hohe Rauchentwicklung. Das brennende Abtropfen (d = droplets) beim Brandversuch erfolgt ebenfalls in 3 Stufen. d0 bedeutet kein brennendes Abtropfen/Abfallen innerhalb von 600 Sekunden, d1 begrenztes Abtropfen (kein fortdauerndes brennendes Abtropfen/Abfallen mit einer Nachbrennzeit länger als 10 Sekunden innerhalb von 600 Sekunden) und d2 starkes Abtropfen.

Europäisches Klassifizierungssystem

Im Unterschied zum bisherigen nationalen Klassifizierungssystem nach DIN 4102-1 stellt das europäische Klassifizierungssystem mit 7 EURO-Hauptklassen und zahlreichen EURO-Unterklassen eine deutlich größere Vielfalt von Klassen und Klassenkombinationen zur Verfügung **(Tabelle 1)**.

Bei den Feuerwiderstandszeiten weist die europäische Klassifizierung bei vielen Bauteilen mehr Stufen als die nationale Klassifizierung aus: 15, 20, 30, 45, 60, 90, 120, 180, 240 min.

Bauprodukte der Baustoffklassen A1 und A2 leisten keinen Beitrag zum Brand, B einen sehr begrenzten Beitrag, C einen begrenzten und D einen hinnehmbaren Beitrag zum Brand, E haben ein hinnehmbares Brandverhalten und bei F wurde keine Leistung festgestellt.

Holz zählt zu den normal entflammbaren Baustoffen. Da es relativ langsam abbrennt, behält ein Bauteil seine Festigkeit lange aufrecht. Das verkohlte Holz bildet eine thermische Schutzschicht und leitet die Hitze wegen der geringen Wärmeleitfähigkeit nur begrenzt weiter. Je nach Holzart kann von einer Abbrandgeschwindigkeit von ca. 35 mm Dicke pro Stunde ausgegangen werden **(Bild 4, Seite 453)**.

Tabelle 1: EURO-Klassen für Bauprodukte nach DIN EN 13501-1				**Baustoffklassen nach DIN 4102**			
EURO-Hauptklassen	EURO-Unterklassen			Baustoffklasse		Bauaufsichtliche Benennung	Beispiele
A1	A1			A = Nichtbrennbare Baustoffe	A1	ohne brennbare Bestandteile	Gips, Kalk, Zement, Steine, Beton, Glas, Faserbetonplatten
						mit brennbaren Bestandteilen (< 1 %)	bestimmte Mineralfaser-Feuerschutzplatten, Fiber-Silikat-Platten
A2	A2 – s1, d0				A2	mit brennbaren Bestandteilen	Gipsplatten (GFK), Mineralfasererzeugnisse
	A2 – s2, d0 A2 – s3, d0	A2 – s1, d1 A2 – s2, d1 A2 – s3, d1	A2 – s1, d2 A2 – s2, d2 A2 – s3, d2	B = Brennbare Baustoffe	B1	schwerentflammbare Baustoffe	Gipsplatten mit gelochter Oberfläche, Holzwolle-Leichtbauplatten, schwerentflammbare Spanplatten, bestimmte Kunststoff-Hartschaumplatten, bestimmte PVC-Erzeugnisse, Eichenparkett, Gussasphaltestriche
B	B – s1, d0 B – s2, d0 B – s3, d0	B – s1, d1 B – s2, d1 B – s3, d1	B – s1, d2 B – s2, d2 B – s3, d2		B1		
C	C – s1, d0 C – s2, d0 C – s3, d0	C – s1, d1 C – s2, d1 C – s3, d1	C – s1, d2 C – s2, d2 C – s3, d2		B1		
D	D – s1, d0 D – s2, d0 D – s3, d0	D – s1, d1 D – s2, d1 D – s3, d1	D – s1, d2 D – s2, d2 D – s3, d2		B2	normalentflammbare Baustoffe	Holz und Holzwerkstoffe, $\rho > 400\ kg/m^3$ und über 2 mm Dicke, genormte Dachpappen und PVC-Bodenbeläge
E	E – d2				B2		
F	keine Leistung festgestellt				B3	leichtentflammbare Baustoffe	Papier, Holzwolle, Holz bis 2 mm Dicke

Bild 1: Brandprüfung im Normbrandraum

Wegen des geringen Längenausdehnungskoeffizienten ändern sich die Abmessungen nur sehr gering. Durch Beschichtung mit schaumschichtbildenden Materialien (Lacke) oder Einbringen von Feuerschutzsalzen – bei Spanplatten bereits bei ihrer Herstellung – kann die Entflammbarkeit von Holz ab 12 mm Dicke von normal entflammbar B2 bzw. D nach EURO-Klasse auf schwer entflammbar B1 bzw. A2 nach EURO-Klasse erhöht werden.

9.4.3 Feuerwiderstandsklassen

Nach DIN 4102-2 werden Bauteile in einem normgerechten Brandraum **(Bild 1)** auf ihr Brandverhalten mit Temperaturen entsprechend einer festgelegten Einheitstemperaturzeitkurve (ETK) geprüft **(Bild 1, Seite 454)**.

Der **Feuerwiderstand** eines Bauteils bezeichnet die Zeit (30-Minuten-Schritte), die ein Bauteil während eines Normbrands funktionsfähig bleibt. So muss die Tragfähigkeit eines Bauteils mit F 90 nach 90 Minuten erhalten bleiben und auf der dem Feuer abgewandten Seite darf die Temperaturerhöhung im Mittel 140 K und an keiner Messstelle mehr als 180 K gegenüber der Anfangstemperatur überschreiten. Zudem darf sich ein an der feuerabgekehrten Seite angehaltener Wattebausch nicht entzünden. Die Kurzbezeichnungen nach DIN 4102-2, z. B. F 90 A, erfassen die Merkmale Feuerwiderstandsklasse und Brennbarkeit des Materials. Nach der Musterbauordnung 2002 bedeuten die Zusätze A = das Bauteil besteht ausschließlich aus Baustoffen der Klasse A (nicht brennbar); AB = alle „wesentlichen Teile" des Bauteiles bestehen aus Baustoffen der Klasse A, im Übrigen können auch Baustoffe der Klasse B (brennbar) eingesetzt werden; B = ein Teil der „wesentlichen Teile" besteht aus Baustoffen der Klasse B (brennbar). Eine weitere Ergänzung nach dem Bauordnungsrecht sind die Begriffe „feuerhemmend" für Konstruktionen der Feuerwiderstandsklasse F 30, „hochfeuerhemmend" für F 60 und „feuerbeständig" für F 90.

Tabelle 1: Klassifizierungskriterien und zusätzliche Angaben des Feuerwiderstandes nach DIN EN 13501-2 und DIN EN 13501-3

Kurzzeichen	Kriterium	Anwendung
R (Resistance)	Tragfähigkeit	Feuerwiderstand der Bauteile
E (Étanchéité)	Raumabschluss	
I (Insulation)	Wärmedämmung	
W (Radiation)	Strahlungsdurchtritt	
M (Mechanical)	(Pendel)Stoßbeanspruchung	
Sm (Smoke)	Rauchdurchlässigkeit	Brand-, Rauchschutztüren
C… (Closing)	Selbstschließende Eigenschaft	Brand-, Rauchschutztüren
P (Power)	Energieversorgung	Elektrische Kabel
K1, K2	Kapselung Holzbauteile	Wände, Decken
i→o (in→ out) i←o	Richtung des Feuerwiderstandes	Nichttragende Außenwände, Installationskanäle
a↔b (above↔ below)		Unterdecken
ve (vertical, ho (horizontal)		Lüftungsleitungen

Bei feuerbeständigen Bauteilen dürfen für tragende und aussteifende Teile nur nichtbrennbare Baustoffe eingesetzt werden und bei raumabschließenden Bauteilen muss zusätzlich eine in Bauteilsebene durchgehende Schicht aus nichtbrennbaren Baustoffen bestehen.

Die Buchstaben der Feuerwiderstandsdauer nach DIN 13501 geben das jeweilige Leistungskriterium an, z. B. R für Tragfähigkeit, E für Raumabschluss und I für Wärmedämmung **(Tabelle 1)**.

Den Unterschied zwischen der nationalen DIN 4102 und der europaweit geltenden DIN EN 1365-1 veranschaulicht folgendes Beispiel einer brandtechnisch geprüften tragenden Wand: Tragfähigkeit (R) 110 min Raumabschluss (E) 85 min, Wärmedämmung (I) 55 min. Nach DIN 4102 erfüllt die Konstruktion als „tragende Wand ohne Raumabschluss" die Anforderung F 90, als „tragende Wand mit Raumabschluss" nur F 30.

Nach der europäischen Einstufung kann diese Wandkonstruktion nach der Tragfähigkeit mit R 90, nach Tragfähigkeit mit Raumabschluss mit RE 60 und nach Tragfähigkeit mit Raumabschluss und Wärmedämmung mit REI 30 klassifiziert werden, also R 90/RE 60/REI 30. Bauprodukte nach der europäischen Klassifizierung müssen das CE-Zeichen tragen.

9.4.4 Gebäudeklassen

Die Gebäudegröße und -art sowie die Einsatzmöglichkeiten von Feuerwehrgerätschaften haben einen wesentlichen Einfluss auf die Einstufung in 5 Gebäudeklassen **(Bild 1)**. Bis 7 m Höhe über OKFF können im Brandfall Steckleitern, darüber nur noch Drehleitern der Feuerwehrfahrzeuge eingesetzt werden. Die Gebäudeklasse 4 mit Anforderung F 60 hochfeuerhemmend (hfh) hat für den Holzbau eine große Bedeutung. Mehrgeschossige Gebäude können nun in Holzbauweise aus Bauteilen mit wesentlichen Teilen aus Baustoffen der Baustoffklasse B (brennbar), also mit Holz, z. B. in Holzrahmenbauweise, errichtet werden.

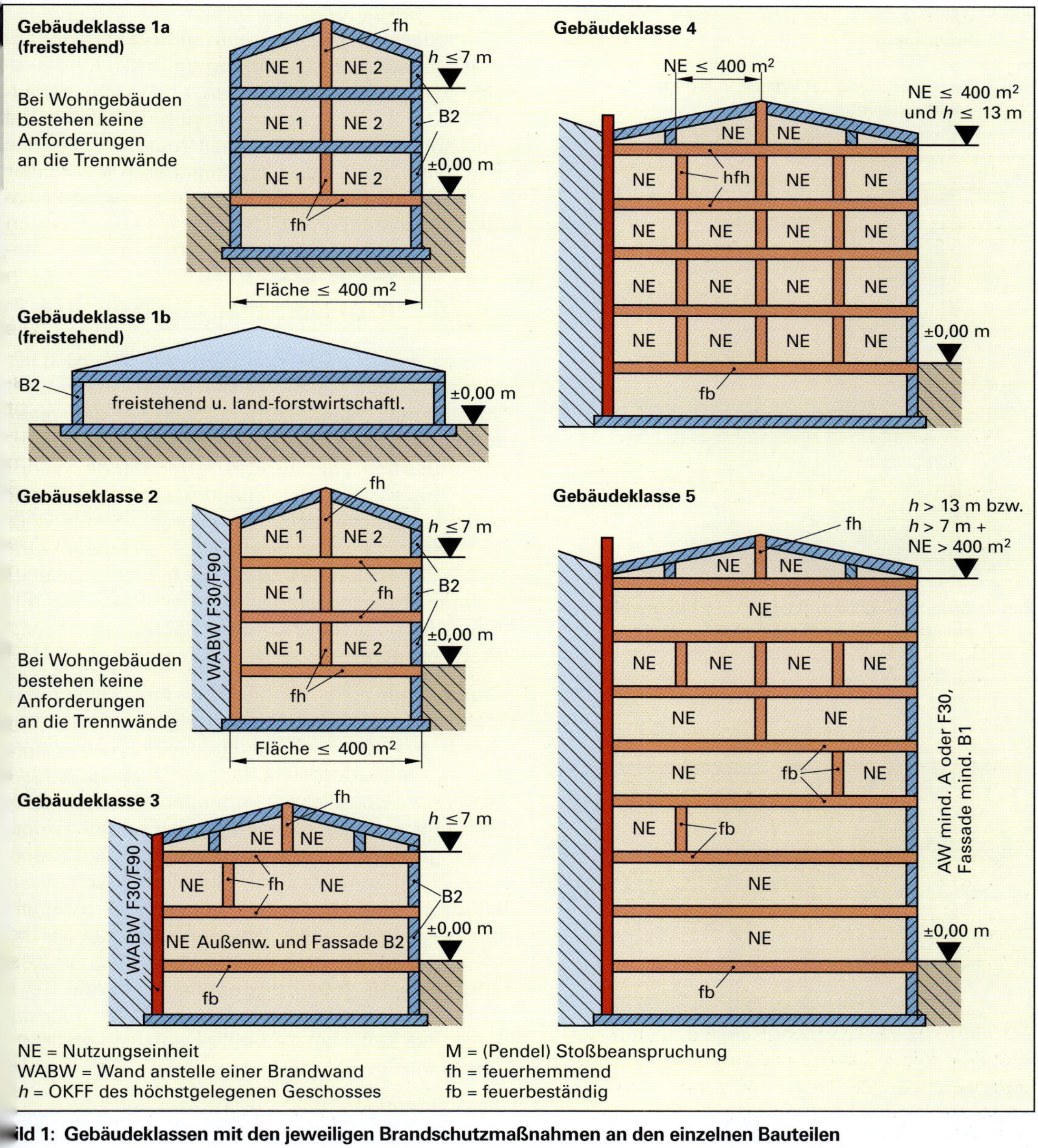

Bild 1: Gebäudeklassen mit den jeweiligen Brandschutzmaßnahmen an den einzelnen Bauteilen

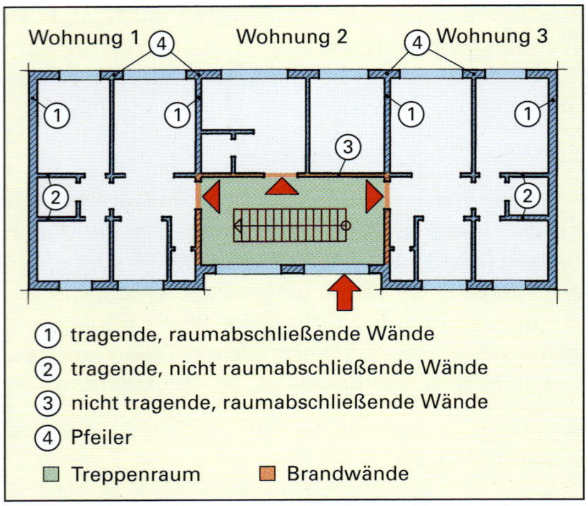

Bild 1: Bezeichnungen der Wände in einem Mehrfamilienhaus

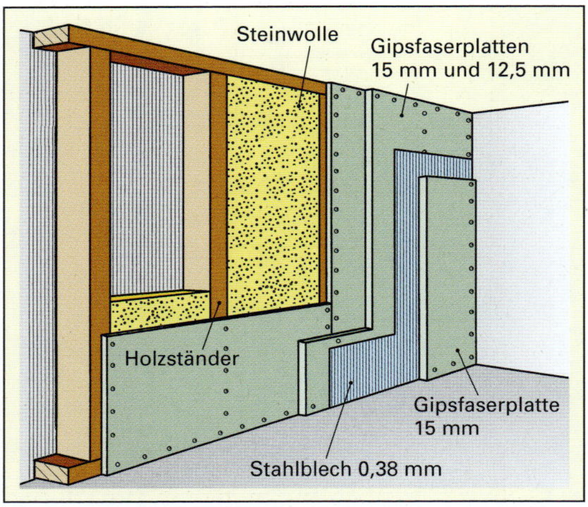

Bild 2: Brandwandkonstruktion in Leichtbauweise mit zusätzlich hohem Schallschutz

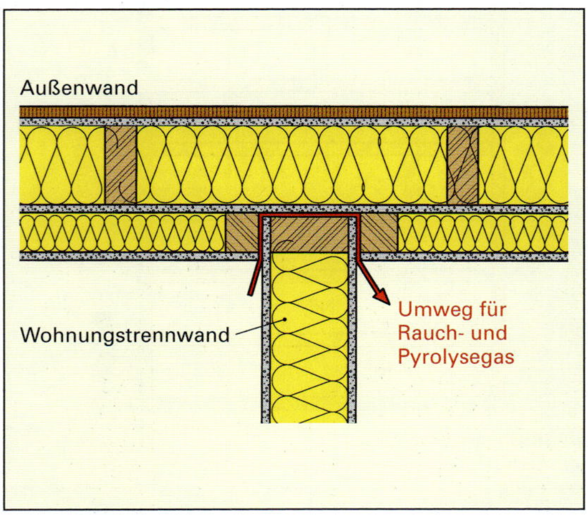

Bild 3: Brandschutztechnisch verbesserter Anschluss

Nach der „Musterrichtlinie über brandschutztechnische Anforderungen an hochfeuerhemmende Bauteile von Gebäuden der GK 4 in Holzbauweise – HFHHolzR" müssen diese Bauteile allseitig eine brandschutztechnisch wirksame Bekleidung aus nichtbrennbaren Baustoffen besitzen, die eine Entzündung der tragenden und aussteifenden Bauteile während eines Zeitraumes von mindestens 60 Minuten verhindern. Die Holzbauteile müssen mit nichtbrennbaren Baustoffen „eingekapselt" sein. Gipskarton- oder Gipsfaserfeuerschutzplatten (GKF nach DIN 18180/DF nach DIN EN 520) und bei höheren Feuerwiderstandsklassen glasfaserbewehrte Leichtbetonplatten eignen sich für eine solche Bekleidung. Zusätzlich zur Feuerwiderstandsklasse ist das Brandschutzvermögen der brandschutztechnisch wirksamen Bekleidung nach DIN EN 14135 nachzuweisen und nach DIN EN 13501-2 mit $K_2 60$ = Kapselkriterium für Wand- und Deckenbekleidungen zu klassifizieren. Es dürfen nur Dämmstoffe aus nichtbrennbaren Materialien Verwendung finden. Holzbauteile erreichen Feuerwiderstandszeiten von F 30 B bis F 90 B.

9.4.5 Brandverhalten von Bauteilen

Zu den Bauteilen gehören **tragende Wände** (Lastaufnahme und Lastableitung in den Baugrund), **aussteifende Wände** (Standsicherheit) und **nicht tragende Wände** (Raumteilung) **(Bild 1)**. Im Brandfall müssen tragende und aussteifende Wände und Stützen je nach Gebäudeklasse ausreichend lange standsicher sein. Raumabschließende Wände wie Wohnungstrennwände, Treppenraumwände, Brandwände und Wände in Rettungswegen trennen Nutzungseinheiten oder Brandbekämpfungsabschnitte oder schotten Räume mit erhöhter Brandlast ab.

Brandwände sollen für die Dauer ihrer Feuerwiderstandsfähigkeit eine Ausbreitung von Feuer und Rauch auf andere Gebäude (Gebäudeabschlusswand), Gebäudeabschnitte oder Nutzungseinheiten (innere Brandwand) verhindern. Dies kann der Fall sein, wenn ein Bauwerk so nah an eine Grundstücksgrenze gebaut werden soll, dass ein Brandüberschlag zum Nachbarn möglich oder ein Gebäude so groß ist, dass ein vollständiger Abbrand des Gesamtgebäudes nicht hingenommen werden kann (Gebäudefront länger als 40 m, höher als 22 m oder mehr als 1600 m² Grundfläche). In der Regel steht eine Brandwand mindestens 30 cm über das Dach über, um einen Feuerüberschlag oberhalb der Dachhaut zu verhindern.

Sind Öffnungen, wie z.B. Türen oder Fenster, in einer Brandwand erforderlich, so muss deren Fe erwiderstandsklasse der der Wand entsprechen. Diese Feuerwiderstandsklasse gilt auch für Kanäle und Installationsschächte.

Eine Brandwand muss mindestens 90 Minuten (je nach Gebäude bis 180 Minuten) einem normierten Brand und dann einer Pendelstoßbeanspruchung von 20 Nm mit einem Bleischrotsack widerstehen (Kennzeichnung REI-M, **Tabelle 1, Seite 456**).

Nach den Vorgaben der Hersteller montierte Trennwände in Holz- und Metallständerbauweise **(Bild 2 und Bild 3, Seite 458)** mit einer Beplankung aus Gipskarton-, Gipsfaserfeuerschutzplatten oder glasfaserverstärkten Leichtbetonplatten erreichen Feuerwiderstandsklassen von F 30 bis F 180. Die Brandschutzfunktion K (Kapselkriterium), geprüft nach DIN EN 14135, gibt die Fähigkeit einer Wand- oder Deckenbekleidung an, den dahinterliegenden Baustoff (Holz- oder Metallstützen oder Metallaufhänger) vor Entzündung, Verkohlung oder sonstigen Schäden für die festgelegte Zeit zu schützen. Dabei dürfen keine durchgehenden Fugen entstehen, die ein frühzeitiges Eindringen von heißen Gasen und ein Verkohlen am Holz ermöglichen. Deshalb ist die Bekleidung auf allen Seiten und durchgängig mit Fugenversatz, Stufenfalz oder Nut- und Federverbindungen anzubringen. Die Beplankung kann direkt an den Holzstützen, vor einer Installationsebene oder einseitig mit einer Federschiene von den Holzstützen entkoppelt angebracht werden.

An der unteren Seite der Trägerplatte darf die mittlere Temperatur während der Prüfzeit die Anfangstemperatur um nicht mehr als 250 K und an keiner Stelle um mehr als 270 K überschreiten **(Bild 1)**.

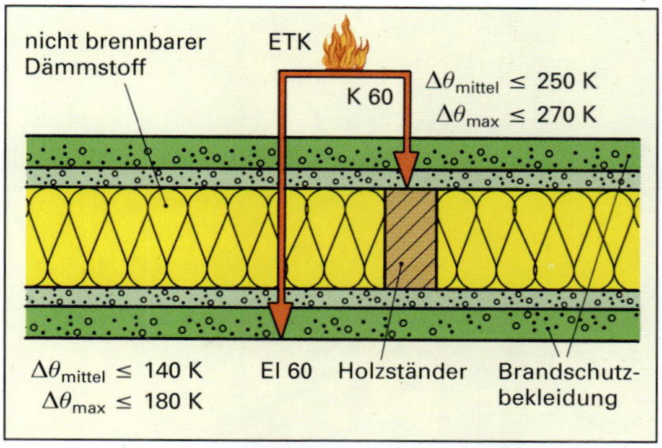

Bild 1: Brandschutz bei einer Holzständerwand

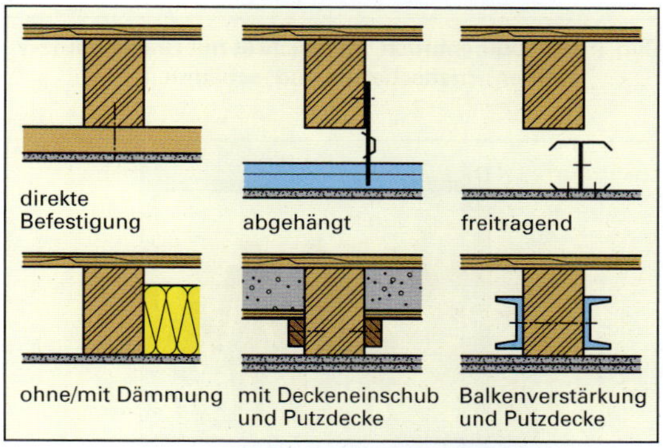

Bild 2: Brandschutztechnisch ertüchtigte Holzbalkendecke mit Gipskarton-, Gipsfaser- oder zementgebundenen Platten als Brandschutzunterdecke in F 30 bis 90 B direkt befestigt oder mit Unterkonstruktion

Bauteile mit brandschutztechnischen Sonderanforderungen wie Feuerschutzabschlüsse, z.B. Türen, Brandschutzverglasungen, Lüftungsleitungen, Kabelabschottungen usw. erhalten üblicherweise nicht den Kennbuchstaben F der DIN 4102, sondern beispielsweise W für nichttragende Wand, T für Türen und Tore, R für Rohrabschottungen, L für Lüftungsleitungen. In **Tabelle 1** sind auch die jeweiligen Zuordnungen nach DIN EN 13501 aufgeführt.

Tabelle 1: Feuerwiderstandsklassen nach DIN EN 13501 und DIN 4102

Benennung	Tragende Bauteile		Nichttragende Innenwände	Brandschutztür	Rauchschutztür	Brandschutzverglasung	
	Mit Raumabschluss	Ohne Raumabschluss				Raumabschluss und Dämmung	nur Raumabschluss
	DIN EN 13501 DIN 4102				DIN EN 13501 DIN 18095	DIN EN 13501 DIN 4102	
Feuerhemmend	REI 30 F 30	R 30 F 30	EI 30 W 30	EI$_2$30-C T 30	EI$_2$30 S$_m$-C5 T 30-RS	EI 30 F 30	E 30 G 30
Hochfeuerhemmend	REI 60 F 60	R 60 F 60	EI 60 W 60	EI$_2$60-C T 60	EI$_2$60 S$_m$-C5 T 60-RS	EI 60 F 60	E 60 G 60
Feuerbeständig	REI 90 F 90	R 90 F 90	EI 90 W 90	EI$_2$90-C T 90	EI$_2$90 S$_m$-C5 T 90-RS	EI 90 F 90	E 90 G 90
Hochfeuerbeständig	REI 120 F 120	R 120 F 120	EI 120 W 120	EI$_2$120-C T 120	EI$_2$120 S$_m$-C5 T 120-RS	EI 120 F 120	E 120 G 120

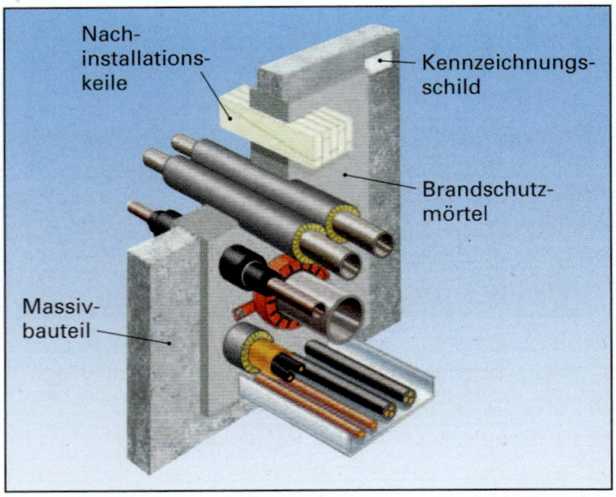

Bild 1: Wanddurchbruch, abgedichtet mit Brandschutzsteinen, -manschetten und -schäumen

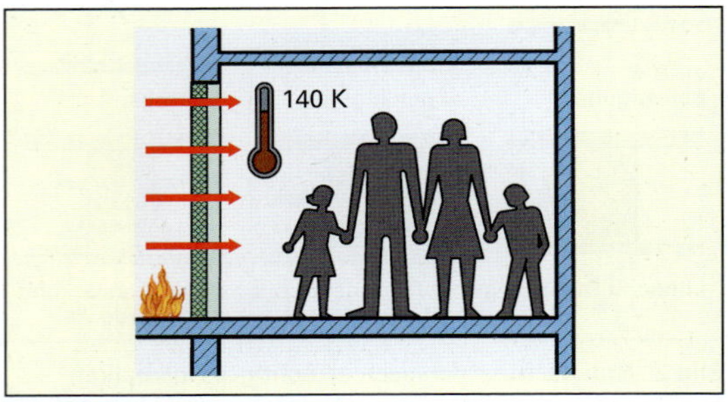

Bild 2: gefahrlose Fluchtwege durch F- bzw. EI-Verglasung

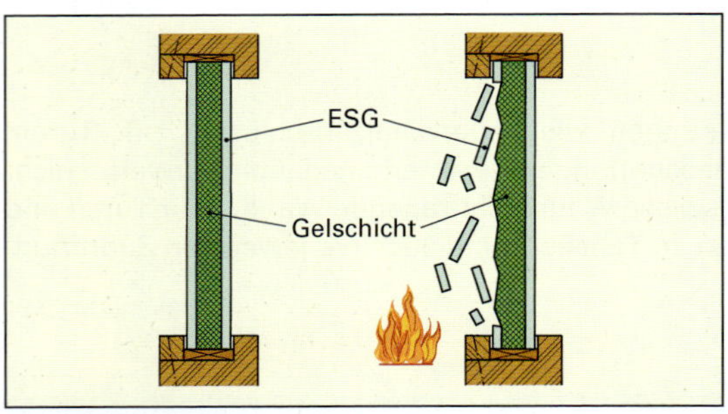

Bild 3: F- bzw. EI-Verglasung mit Gelschicht

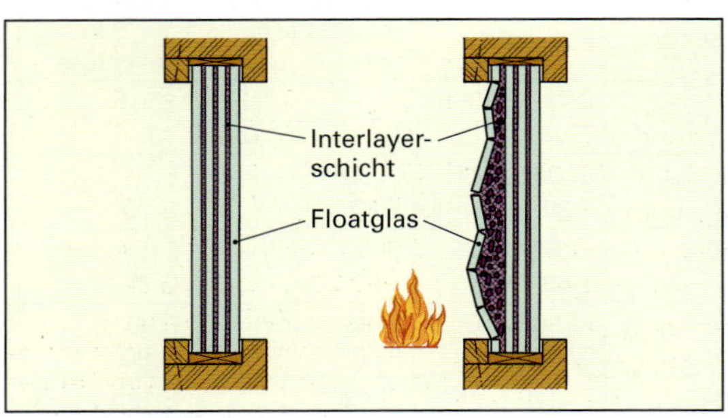

Bild 4: F- bzw. EI-Verglasung mit Inlayerschicht

Decken und Unterdecken: Rohdecken mit klassischem Aufbau in den Bauarten I bis IV (Bauart I – Stahlträgerdecken/Abdeckung mit Leichtbeton, Bauart II – Stahlträgerdecken/Abdeckung mit Normalbeton, Bauart III – Stahlbeton-/Spannbetondecken aus Normalbeton, Bauart IV – Holzbalkendecken) erreichen oftmals die geforderten brandschutztechnischen Werte.

Holzbalkendecken

In den Gebäuden, die bis zum Beginn des 20. Jahrhunderts gebaut wurden, befinden sich überwiegend Holzbalkendecken. Zwischen den tragenden Balken wurde Füllmaterial eingebaut. Oben schließt meist ein Holzdielenfußboden und unterhalb der Balken eine Bekleidung die Konstruktion ab; i.d.R. wird dieser Aufbau brandschutztechnisch mit F 30 eingestuft.

Mit einer durchgehenden Schicht aus nichtbrennbarem Estrich oberhalb der Balkenlage können höhere Feuerwiderstandsklassen bis F 90 B erreicht werden. Unterhalb der Balken sind die gleichen Feuerwiderstandsklassen mit einer feuerhemmenden oder feuerbeständigen Unterdecke zu erzielen die direkt auf die Balken, den Putz oder abgehängt auf einer Unterkonstruktion befestigt werden (**Bild 2, Seite 459**).

Durchbrüche durch Wände oder Decken müssen nach der Muster-Leitungsanlagen-Richtlinie MLAR die gleichen brandschutztechnischen Anforderungen erfüllen. Mehrere nebeneinander angeordnete Leitungen oder Rohre werden oft in einem Brandschutzkanal (waagerecht) oder Brandschutzschacht (senkrecht) in andere Brandabschnitte geführt. Ein „Zündschnureffekt" d. h., eine Übertragung von Feuer und Rauch durch Leitungsstränge in andere Brandabschnitte, muss wirksam unterbunden werden. Dies wird mit Schäumen, Schotts, Brandschutzsteinen, Kissen, Manschetten oder Bandagen erreicht **(Bild 1)**. Ein Ringspalt ist dicht zu verspachteln oder mit aufschäumenden Materialien auszufüllen.

Bei Brandschutzverglasungen wird zwischen F- und G-Verglasungen (nach DIN 4102) bzw. EI- und E-Verglasungen (nach DIN EN 13501) unterschieden.

Sind Personen, Baustoffe und Gegenstände auf der feuerabgewandten Seite vor Strahlungswärme zu schützen, müssen grundsätzlich F-/EI-Verglasungen eingebaut werden **(Bild 2)**. F-Verglasungen, auch mit Holzrahmen, sind strahlungsundurchlässige Verglasungen, weil sie alle Anforderungen an raumabschließende Bauteile einschließlich der Temperaturlimits 140 K/180 K entsprechend DIN 4102-2 erfüllen.

F-/EI-Verglasungen sind Mehrscheibengläser aus ESG-Glas mit Wasserglassilikat-Zwischenschicht und mit Gelfüllung **(Bild 3, Seite 460)** oder ca. 1 mm dicken **Inlayerschichten (Bild 4, Seite 460)** in den Zwischenräumen. Sie verlieren durch das Aufschäumen der Reaktionsschichten aus Alkalisilikaten ihre Transparenz und werden opak. Verhindern Verglasungen mit Rahmen, Dichtungen und Befestigungsmitteln den Flammen- und Brandgasdurchtritt für einen bestimmten Zeitraum, nicht aber den Durchtritt von Hitzestrahlung, werden diese als Brandschutzverglasung eingestuft (G 30–G 120 bzw. E 30–E 120). Im Brandfall behalten diese Gläser ihre Transparenz (z.B. Ofentür). Ob der Einbau einer G-Verglasung möglich ist, entscheidet nach den Zulassungsbescheiden die zuständige örtliche Bauaufsichtsbehörde im Einzelfall. G- bzw. E-Gläser bestehen aus Natriumsilikat-, Drahtguss- und Drahtspiegelglas ab ca. 6 mm Dicke mit weitgehend mittig liegendem, punktgeschweißtem Drahtnetz, Profilglas mit Drahteinlage, Glasbausteine gem. DIN 18175, vorgespanntem **Floatglas** oder vorgespanntem **Borosilikatglas.** Verglasungen, die den Raumabschluss gegenüber Feuer, heißen Gasen und Rauch sowie einen reduzierten Durchgang der Wärmestrahlung (in 1 m Entfernung) sichern, zählen zur (Zwischen-)Feuerwiderstandsklasse EW.

9.4.6 Brandschutz von Stahlbauteilen

Stahl zählt zu den nichtbrennbaren Baustoffen der Baustoffklasse A. Ungeschützt verliert er aber bei ca. 500 °C schon nach 5 bis 10 Minuten seine Festigkeit. Zudem kommt es bei Stahl in Folge der hohen Temperaturen zu einer massiven Längenausdehnung, die die umliegenden Gebäudeteile wie Decken und Wände durch enorme Kraftausübung in Mitleidenschaft ziehen. Daher ist der Schutz vor Feuer und Wärmeeinwirkungen unerlässlich. Beschichtungen sind reaktive Brandschutzsysteme und müssen gemäß der allgemeinen bauaufsichtlichen Zulassung aus mindestens zwei Komponenten bestehen, der Grund- bzw. Korrosionsbeschichtung und dem brandschutztechnisch entscheidenden anschwellenden Dämmschichtbildner **(Bild 1).** Dieser reagiert im Brandfall durch auftretende Hitzeeinwirkung und bildet explosionsartig eine aufschäumende kühlende Schicht, die den Stahlträger umschließt und über eine bestimmte Zeit vor hohen Temperaturen schützt. Eine Schicht mit 1 mm Dicke kann im Brandfall auf ca. 50 mm aufschäumen und dadurch eine wirksame Hitzeschicht aus mikroporösem „Kohleschaum" bilden.

Bei einer Ummantelung von tragenden Holz- oder Stahlkonstruktionen mit Brandschutzplatten im Trockenbau aus Gips, Fibersilikat, Kalziumsilikat oder Vermiculite werden diese angeschraubt, angenagelt oder geklebt **(Bild 2 und Bild 3).** Je nach Plattenart, -dicke und -anzahl können bei Stahlprofilen Feuerwiderstandsklassen bis F 180 erreicht werden.

Bild 1: Brandschutzbeschichtung

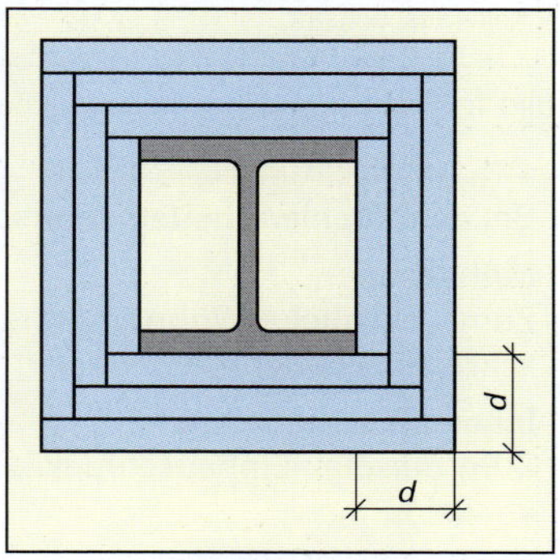

Bild 2: mehrlagige 4-seitige Stahlstützenbekleidung mit Feuerschutzplatten

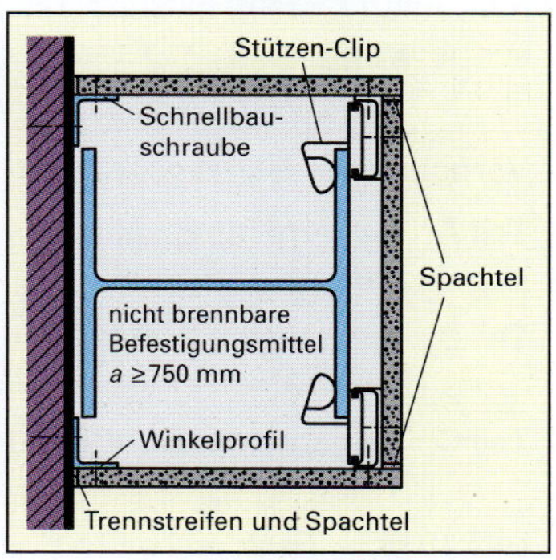

Bild 3: Stahlträger an Wand mit 3-seitiger Feuerschutzplattenbekleidung

9.4.7 Flucht- und Rettungswege

Nach § 14 der Musterbauordnung (MBO) sind Bauliche Anlagen so anzuordnen, zu errichten, zu ändern und in Stand zu halten, dass der Entstehung eines Brandes und der Ausbreitung von Feuer und Rauch (Brandausbreitung) vorgebeugt wird und bei einem Brand die Rettung von Menschen und Tieren sowie wirksame Löscharbeiten möglich sind.

Fluchtwege sind besonders gekennzeichnete Wege, über die das Gebäude im Notfall verlassen werden kann (= Selbstrettung). Sie führen ins Freie oder einen gesicherten Bereich. Rettungswege sind Zugänge für Einsatzkräfte, über die die Bergung von Menschen und Tieren sowie die Brandbekämpfung möglich sind (= Fremdrettung). In Mehrfamilienhäusern und Arbeitsstätten müssen die Fluchtwege gekennzeichnet sein und ein Flucht- und Rettungsplan öffentlich aushängen. Fluchtwegbreite und -höhe richten sich nach der Personenzahl im Einzugsgebiet.

10 Ausbau und Innenausbau

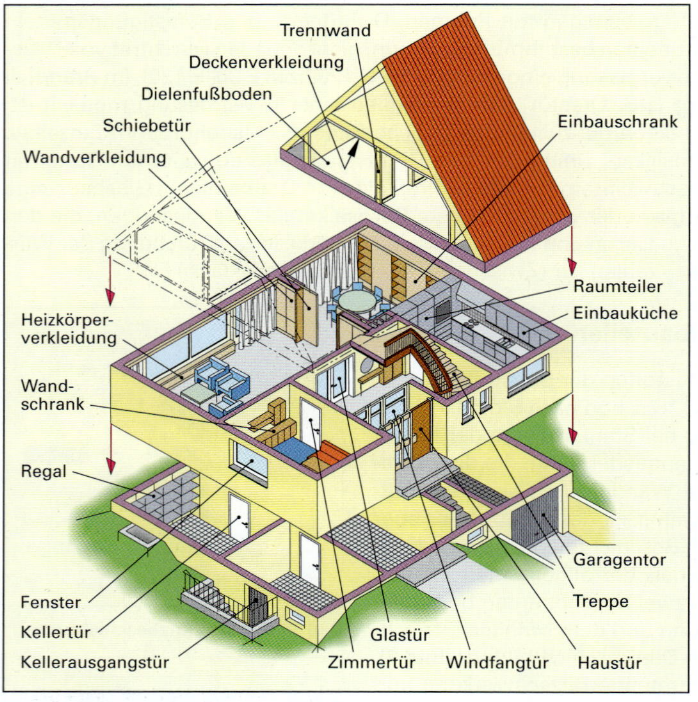

Bild 1: Ausbau- und Innenausbauarbeiten des Tischlers

Bei den **Tischlerarbeiten** unterscheidet man:

Möbelbau
Zum Beispiel: Wohnzimmerschränke, Anrichten, Geschirrschränke, Garderobenmöbel

Innenausbauarbeiten
Zum Beispiel: Einbauschränke, Innentüren, Wand- und Deckenverkleidungen

Bautischlerarbeiten
Haustüren, Trennwände, Tore, einfache Innentüren, Treppen, Fenster (Treppen und Trennwände werden vielerorts von Zimmerleuten erstellt, in Süddeutschland werden Fenster vom Glaser gefertigt).

Vergabe- und Vertragsordnung für Bauleistungen – VOB

Teil A: Allgemeine Bestimmungen für die Vergabe von Bauleistungen – DIN 1960

Teil B: Allgemeine Vertragsbedingungen für die Ausführung von Bauleistungen – DIN 1961

Teil C: Allgemeine technische Vertragsbedingungen für Bauleistungen

DIN 18355 – Tischlerarbeiten

DIN 18361 – Verglasungsarbeiten	DIN 18356 – Parkettarbeiten
DIN 18334 – Zimmererarbeiten	DIN 18357 – Beschlagarbeiten

Zum Ausbau und Innenausbau gehören die in Gebäuden und Räumen fest eingebauten Türen, Fenster, Treppen, leichten Trennwände, Wand- und Deckenverkleidungen sowie die eingebauten Schränke. Sie sind Bestandteile des Bauwerks und werden aus Holz oder Holzwerkstoffen sowie anderen, vom Tischler zu bearbeitenden Werkstoffen hergestellt **(Bild 1)**.

Das Erstellen eines Gebäudes erfordert zweckvolles Zusammenwirken mehrerer Gewerke. Damit eine einwandfreie Arbeit gewährleistet werden kann, müssen bestimmte Richtlinien und Bedingungen sowie Mindestanforderungen des Auftraggebers und Auftragnehmers eingehalten werden. Die Richtlinien sind in der vom deutschen Normenausschuss erstellten **Vergabe- und Vertragsordnung für Bauleistungen (VOB)** zusammengefasst. Sie gliedern sich in die drei Teile A, B und C.

Teil A regelt die Vergabe von Bauleistungen. In die Neufassung sind auch die EU-Länder einbezogen.

Teil B befasst sich u. a. mit Art und Umfang der Leistungen, den Ausführungsunterlagen und -fristen, der Kündigung und Haftung der Vertragspartner, der Vertragsstrafe und Mängelansprüchen (Verjährung nach 4 Jahren), der Regelung von Abschlagszahlungen und der Schlussrechnung.

Teil C legt die technischen Bedingungen der einzelnen Gewerke fest. Die für den Tischler maßgeblichen technischen Vorschriften und die Regelungen der Nebenleistungen, des Aufmaßes und der Abrechnung sind in der VOB, Teil C, DIN 18355, festgelegt.

Die VOB ist für öffentliche Ausschreibungen verbindlich. Bei juristischen Personen kann sie mit einbezogen werden, wenn auf ihre Geltung im Vertrag hingewiesen wurde. Bei privaten Auftraggebern kann die VOB Teil C ebenfalls Grundlage sein.

Die Vertragspartner müssen Kenntnis von der VOB haben. Sie liegt den Ausschreibungen zu Grunde und wird auch bei Streitfällen zur Klärung der Rechtslage herangezogen.

Diese technischen Vorschriften sind Mindestanforderungen. Es können auch höhere Güte- und Leistungsforderungen gestellt werden, die jedoch in der Ausschreibung oder im Auftrag genau festgelegt sein müssen. Hat der Tischler auch Beschlags-, Glaser-, Maler- oder Zimmererarbeiten auszuführen, so hat er die für diese Gewerke bestimmten technischen Vorschriften der VOB, Teil C, zu beachten. Allerdings darf der Tischler keine Arbeiten größeren Umfangs aus einem anderen Handwerksbereich, wie z. B. Zimmerer- oder Malerarbeiten, übernehmen.

Bei fast allen Aufträgen sind weitere Vorschriften, wie zum Beispiel ergänzende DIN-Vorschriften, baupolizeiliche Vorschriften sowie Brand-, Schall- und Wärmeschutzvorschriften zu berücksichtigen.

10.1 Maßnehmen am Bau

Die Ausführung eines jeden Auftrags beginnt, sofern für den Rohbau nicht genormte Fertigteile verwendet werden, mit dem Maßnehmen am Bau. Das Maßnehmen ist für den Auftragnehmer eine Verpflichtung. Das Aufmaß ist besonders gewissenhaft auszuführen, denn es schafft die Unterlagen für die maßgerechte Fertigung.

10.1.1 Maßordnung im Hochbau

In der Maßordnung im Hochbau (DIN 4172) wird zwischen Baurichtmaßen und Nennmaßen sowie zwischen Rohbaumaßen und Ausbaumaßen unterschieden.

Die **Baurichtmaße** sind Grundlage für die Einzel-, Rohbau- und Ausbaumaße. Die Baurichtmaße sind durch **Achtelmeter** (Kurzzeichen am) festgelegt **(Bild 1)**. Das Achtelmeter ist der achte Teil eines Meters und beträgt 12,5 cm. Alle Baurichtmaße sind das Vielfache oder Teile vom am, wie z. B. 87,5 cm = 7 × 12,5 cm = 7 am.

Rohbaumaße sind die am Rohbau tatsächlich vorhandenen Maße. Sie werden in die Bauzeichnungen eingetragen. Bei Bauten ohne Mauerwerksfugen, wie z. B. bei Beton, entsprechen die Rohbaumaße den Baurichtmaßen. Bei Bauten aus Mauerwerk mit Fugen ergeben sich die Rohbaumaße aus den Baurichtmaßen, abzüglich oder zuzüglich der Mörtelfugen. Die Fugendicke wird mit 10 mm angenommen **(Bild 1)**. Danach beträgt die Länge einer Maueröffnung in cm = X × 12,5 + 1, die Länge einer Mauervorlage in cm = X × 12,5, die Größe eines Mauerpfeilers, einer Wanddicke oder das Außenmaß einer Mauer in cm = X × 12,5 – 1. Die Nennmaßhöhen werden immer von Oberkante Fertigfußboden aus gemessen. Rohbaumaße sind alle am Rohbau vorhandenen Maße und sind in der Regel die Nennmaße **(Bild 3, Seite 464)**. Ausbaumaße sind Maße am fertigen Bau.

10.1.2 Maßtoleranzen im Hochbau

In der DIN 18202 sind die zulässigen Abweichungen von Wand- und Deckenöffnungen, Nischen, Geschoss- und Podesthöhen sowie die Ebenheitstoleranzen für Oberflächen von Wänden, Deckenunterseiten und Fußböden angegeben. Die Maßabweichungen beziehen sich jeweils auf den Nennmaßbereich und den Ausbaugrad des Bauteils, so sind z. B. die zulässigen Abweichungen bei großen Nennmaßen größer als bei kleineren und bei bereits fertigen, verputzten oder verfliesten Flächen kleiner als bei rohen Flächen.

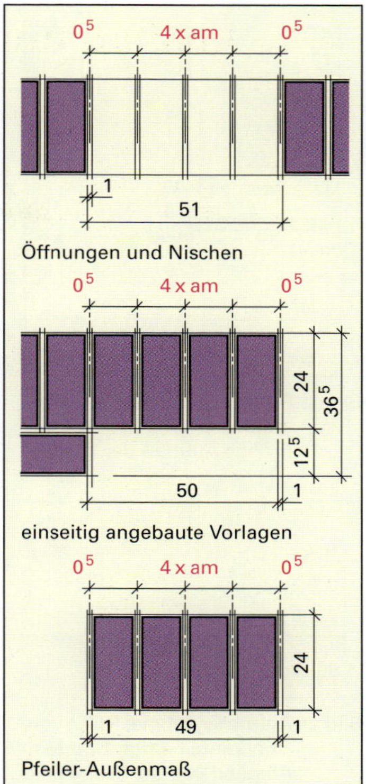

Bild 1: Öffnung, Vorlage und Pfeiler in „am" und Rohbaumaß

Tabelle 1: Maßtoleranzen im Hochbau

Zulässige Abmaße in mm bei Bauteilen, DIN 18202	Nennmaßbereich bis 1 m	über 1 m bis 2,5 m	über 2,5 m bis 5 m
Öffnungen, nicht fertig	± 10	± 10	± 15
Öffnungen, fertig	± 5	± 5	± 10
senkrechte/waagerechte Leibungsflächen	5	5	10
Zulässige Ebenheitstoleranzen in mm bei fertigen Bauteilen, DIN 18202	**Abstand der Messpunkte bis 1 m**	**bis 4 m**	**bis 10 m**
Wände und Decken	5	10	20
höhere Genauigkeit	3	8	15
fertige Fußböden	4	10	12
bei höherer Genauigkeit, wie z. B. Parkett	3	9	12

Beispiele:

1. Bei großen Wandöffnungen 1 m bis 2,5 m dürfen die Lot- und Waagerechte nur 5 mm aus dem „Wasser" sein, wenn die Wände verputzt oder fertig mit Sichtmauerwerk verblendet sind.
2. Bei Öffnungen bis 2,5 m dürfen die tatsächlichen Maße vom Nennmaß ± 5 mm abweichen.
3. Geputzte Wände und verlegte Fußböden müssen so eben sein, dass beim Abstand der Messpunkte von 4 m die Unebenheit nicht mehr als 10 mm beträgt.

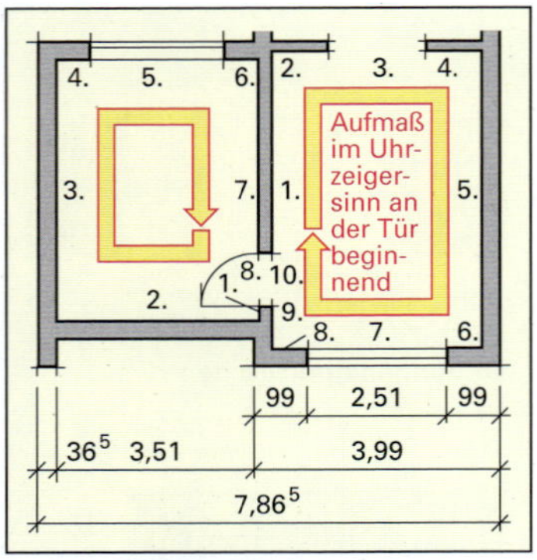

Bild 1: **Rohbaumaße bei Mauerwerksbauten und systematisches Aufmaß der Wände**

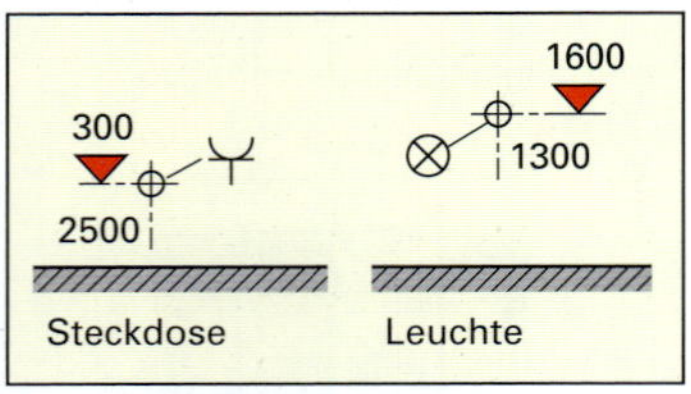

Bild 2: **Aufmaßsymbole, Höhe von Oberkante Fertigfußboden, Abstand von der Wand links bzw. rechts**

10.1.3 Aufmaß von Räumen und Objekten

Das Maßnehmen wird auf der Baustelle an Hand der Baupläne und Leistungsbeschreibungen ausgeführt. Die erforderlichen Hilfsmittel dazu sind Gliedermaßstab, Teleskopmaßstab, Bandmaß, Richtscheit, Wasserwaage, Schlauchwaage, eventuell Baulaser, Lot, Schmiege und Laserentfernungsmesser **(siehe Seite 200 und Seite 501)**.

Die Maße werden in geordneter und systematischer Reihenfolge erfasst **(Bild 1)**. Mit 3D-Baulaserscannern können Räume oder ganze Gebäude dreidimensional aufgenommen werden. Diese digitalen Informationen können bei der Auftragsplanung, der Konstruktion und Fertigung verwendet werden.

Nach DIN 18100 wird für Öffnungen zuerst das Breitenmaß und dann das Höhenmaß eingeschrieben. Bei Maueröffnungen mit gemauerten Anschlägen sowie bei Profilen und Schrägen werden am besten Schnittskizzen angelegt und in diese die Maße eingetragen.

Neben der Ermittlung der Maße ist es besonders wichtig, auch das Lot bzw. die Horizontale mit der Wasserwaage zu kontrollieren. Außerdem wird mit dem Richtscheit geprüft, ob Wände, Fußboden oder Decke eben sind. Bei größeren Abweichungen müssen die anzufertigenden Einbauteile dementsprechend mehr Spiel oder „Luft“ aufweisen und eventuell erforderliche Passleisten breiter sein.

Besonders in Küchen sind die Sanitär- und Elektroanschlüsse zu beachten (**Bild 3, Seite 465**). Beim Maßnehmen ist auch die Transportmöglichkeit der Einbauteile zu berücksichtigen. So ist zu kontrollieren, ob die Einbauteile durch die vorhandenen Türöffnungen, Treppenaufgänge und Flure transportiert werden können.

Tabelle 1: Maße bei Mauerwerk

am	1	2	3	4	5	6	7	8
Baurichtmaß	12,5	25	37,5	50	62,5	75	87,5	100
Außenmaß	11,5	24	36,5	49	61,5	74	86,5	99
Öffnungsmaß	13,5	26	38,5	51	63,5	76	88,5	101
Vorlagenmaß	12,5	25	37,5	50	62,5	75	87,5	100

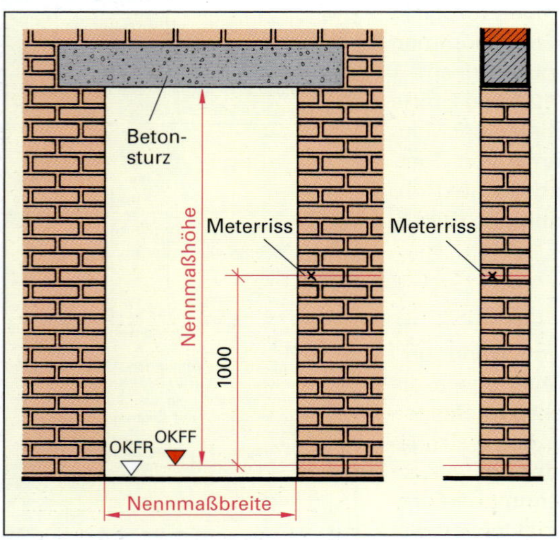

Bild 3: **Gemauerte Türöffnung mit Meterriss**

10.1.4 Aufmaß von Maueröffnungen

Bei Maueröffnungen wird zuerst die Breite und dann die Höhe des Nennmaßes gemessen. Bei Fensteröffnungen sind dies die lichten Maße. Die Mauerleibungen können ohne oder mit Anschlag, wie Innen- oder Außenanschlag, versehen sein **(Bild 2, Seite 465)**. Die Anschlagmaße sind dann gesondert aufzunehmen. Bei Türöffnungen wird die Breite genauso wie die Nennmaßbreite bei Fenstern ermittelt. Dagegen wird die Höhe des Nennmaßes von Türöffnungen von der **O**ber**k**ante des **f**ertigen **F**ußbodens **(OKFF)** bis zur Unterkante des Sturzes gemessen **(Bild 3)**. Das Maß ist in dem Raum zu nehmen, in den sich die Tür öffnen lässt. Beim Maßnehmen im Neubau ist in der Regel noch kein fertiger Fußboden vorhanden, sondern der Rohfußboden. Deshalb wird die vorgesehene **OKFF** vom Bauleiter durch den **Meterriss** festgelegt. (OKFR ist die Abkürzung für **O**ber**k**ante **F**ußboden, **r**oh.)

Der Meterriss wird wegen der besseren Übersicht in der Nähe der Türöffnung einen Meter über der zukünftigen Oberkante des fertigen Fußbodens am Mauerwerk angerissen **(Bild 3)**. Der Meterriss bildet z. B. den Ausgangspunkt für den Einbau der Türen, der Austritte von Treppen, der Höhen von Fußböden, Brüstungen und Decken.

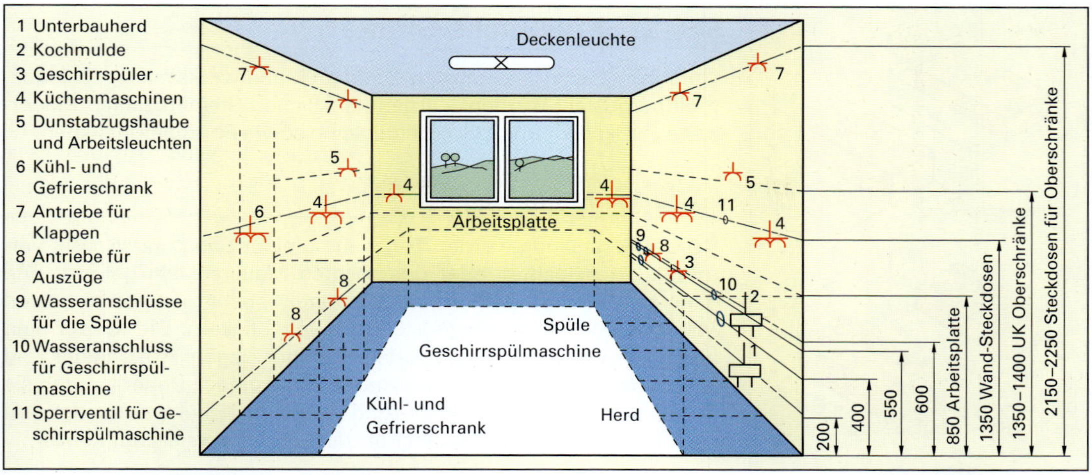

Bild 1: Installationsanschlüsse in Küchen

Ist der Meterriss nicht in der Nähe der aufzumessenden Öffnung angegeben, kann man ihn mithilfe der Schlauchwaage oder eines Baulasers von der angegebenen Stelle an eine andere Stelle übertragen **(Bild 1, Seite 198)**.

Beim Benutzen der Schlauchwaage muss das eine Schauglas an den Festpunkt gehalten werden. Mit dem anderen wird in der Höhe solange verfahren, bis sich der Wasserspiegel auf Höhe des Festpunktes einstellt. Es ist darauf zu achten, dass der Schlauch nicht abgeknickt wird.

Der Baulaser muss, sofern nicht selbstjustierend, exakt ausgerichtet werden. Dann kann man durch Drehen den Laserstrahl auf die anderen Wände und Pfeiler übertragen **(Bild 6, Seite 199)**.

Das Aufmessen von bogenförmigen Tür- und Fensteröffnungen sowie nicht rechtwinkliger Flächen muss am Bau so erfolgen, dass die jeweilige Form im Maßstab 1 : 1 im Betrieb wieder aufgezeichnet werden kann. Bei allen Bögen sind die Widerlager (Bogenbeginn) auf ihre waagerechte Lage zu prüfen. Der Abstand von Widerlager zu Widerlager ist die Spannweite **(Bild 3)**.

Beim **Segmentbogen** wird die lichte Breite und die Stichhöhe (von der Mitte der Sehne bis zum Scheitel des Bogens) gemessen. Mithilfe dieser Maße lässt sich der Bogen aufreißen **(Bild 3)**.

Der **Rundbogen** ist in jedem Fall nachzuprüfen. Die halbe lichte Breite ergibt den Bogenhalbmesser. Wird dieser vom Bogenscheitel senkrecht auf eine Waagerechte gemessen, so zeigt er die Höhe der Widerlager an. Auf dieser Höhe wird eine Latte an die Mauer geheftet, in der Mitte der Latte eine kleine Kerbe geschnitten und mit dem Meterstab oder einer Leiste der Verlauf des Kreisbogens nachgeprüft.

Korb- und **Ellipsenbögen** sind schwieriger auszumessen, da die geometrische Methode zur Herstellung des vorhandenen Bogens meist nicht bekannt ist. Die einfachste Wiedergabe des Bogens erhält man, wenn nach Festlegung des Widerlagers eine Platte vor den Bogen gestellt und dieser von der Gegenseite auf die Platte angerissen wird **(Bild 3)**.

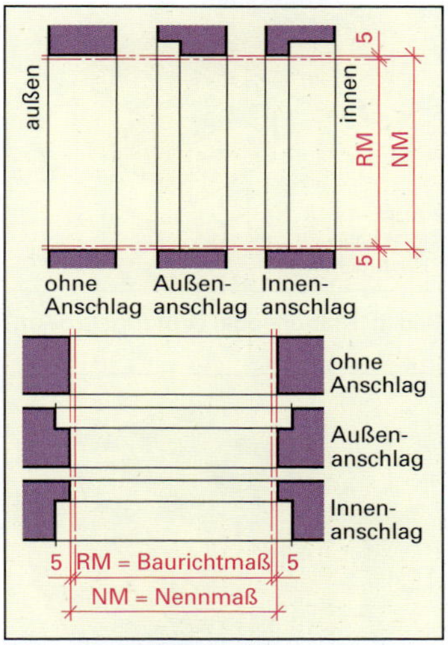

Bild 2: Anschlagsarten

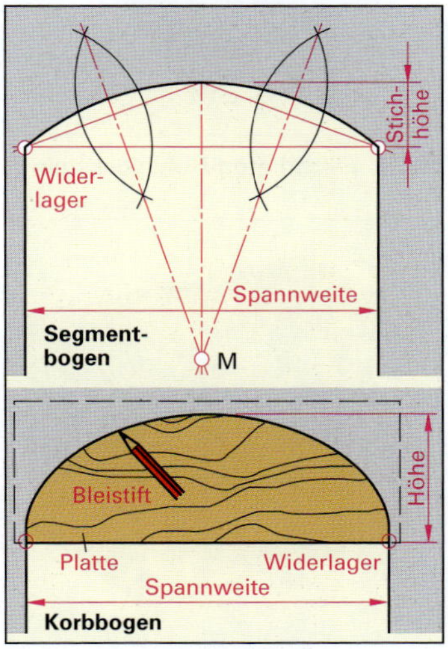

Bild 3: Ausmessen und Anreißen von Bögen

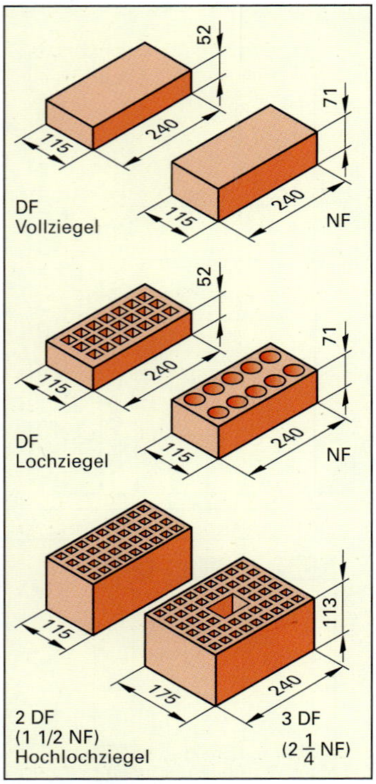

Bild 1: Mauerziegel (Vorzugsgrößen)

Bild 2: Leichtbeton-Hohlblockstein

Bild 3: Mineralwollverfüllter Porenziegel

10.2 Künstliche Steine

Unter künstlichen Steinen versteht man Mauerwerkssteine, die industriell hergestellt werden. Zu den künstlichen Steinen zählen Mauerziegel, Kalksand- und Leichtbetonsteine sowie Porenbetonsteine.

10.2.1 Mauerziegel

Bei der Herstellung werden Ton, Lehm, feiner Sand und Wasser vermischt, zu gelochten oder ungelochten Mauerziegeln geformt und dann gebrannt. Je nach Brenntemperatur spricht man von normalen Mauerziegeln, Vormauerziegeln oder von Klinkern. Die Klinker sind härter, druckfester und widerstandsfähiger gegen Frost, Feuer und aggressives Wasser als die normalen Mauerziegel. Daher werden sie für Sichtmauerwerk bei Innen- und Außenbereichen verwendet. Auf normalen Mauerziegeln haftet Putz dagegen besser als auf Klinker.

Das Normalformat (NF) und das Dünnformat (DF) **(Bild 1)** bilden die Berechnungsgrundlage der Abmessungen beim Mauern **(siehe auch Baurichtmaße, Seite 463)**.

Um die Wärmedämmfähigkeit von Mauerziegeln zu verbessern, können dem Rohling brennbare Bestandteile wie Sägemehl oder fein gemahlener Kunststoff beigemischt werden. Diese Stoffe verbrennen oder verkohlen beim Brennen der geformten Rohlinge. Die Mauerziegel sind dann besonders porig. Sie werden daher als **Poren- oder Leichtziegel** bezeichnet. Ihre Wärmedämmfähigkeit ist wegen der vielen kleinen Poren größer als die der übrigen Mauerziegel **(Bild 3)**.

10.2.2 Leichtbetonsteine

Statt Kies oder Sand wird dem Leichtbeton ein poriger, leichter Zuschlag (z.B. Bims, Blähton oder Blähglas) zugegeben. Zuschlag, Zugabewasser und Zement oder Kalk werden vermischt und zu Vollsteinen, Ein- und Mehrkammersteinen (Hohlblocksteinen) geformt. Sie härten an der Luft oder in Härtekesseln mithilfe von Wasserdampf und Druck aus. Ihre Frostbeständigkeit ist gering. Ihre Wärmedämmfähigkeit ist, abhängig von der jeweiligen Rohdichte, besser als die der Mauerziegel **(Bild 2)**.

Um die Wärmedämmung wesentlich zu verbessern, werden die Hohlkammern der Mauerziegel und der Leichtbetonsteine häufig mit wärmedämmenden Materialien, wie z.B. mit Perlite, Polyurethan, Mineralgranulat und Steinwolle gefüllt (siehe Dämmstoffe **Tabelle 1, Seite 468, Bild 3)**.

10.2.3 Kalksandsteine

Die mit Wasser vermischten Rohstoffe, wie feiner quarzhaltiger Sand, Kalk und Farbzusätze, werden zu gelochten oder ungelochten Kalksandsteinen in Pressen geformt und in einem Druckkessel bei Wärmeeinwirkung gehärtet. Kalksandsteine sind feuer- und zum Teil frostbeständig. Sie besitzen eine hohe Druckfestigkeit und durch ihre hohe Rohdichte erreichen sie eine gute Schalldämmung. Dadurch ist die Wärmedämmfähigkeit dieser Baustoffe aber kleiner als die der Mauerziegel.

10.2.4 Porenbetonsteine

Bei der Herstellung werden Zement, Kalk und feinkörniger Quarzsand mit Wasser vermischt, zusätzlich wird ein porenbildendes Mittel (z.B. Aluminiumpulver) zugegeben. Die aus den Rohstoffen gegossenen Vollsteine werden in einem Druckkessel unter Dampfeinwirkung gehärtet. Dieser Baustoff ist feuerbeständig, aber aufgrund seiner Offenporigkeit ist er nicht frostbeständig. Die Wärmedämmfähigkeit von Porenbeton ist viel besser als die von Mauerziegeln, Kalksand- und Leichtbetonsteinen **(Bild 1)**.

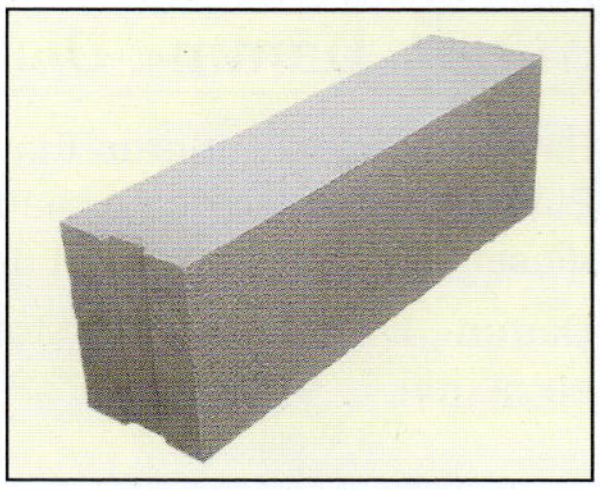

Bild 1: Porenbetonstein

10.3 Beton

Beton besteht aus Kies, Sand, Zement, Wasser und je nach Einsatzgebiet auch aus Zusätzen. Bei der Verarbeitung wird der gemischte Frischbeton in eine Form gebracht, meist in eine Schalung, und verdichtet. Der verdichtete Beton erreicht dann innerhalb von 28 Tagen Aushärtung seine Normfestigkeit; die Druckfestigkeit beträgt je nach Betongüte zwischen 5 N/mm² und 55 N/mm².

Enthält ein Beton Stahleinlagen, spricht man von bewehrtem (armiertem) Beton oder Stahlbeton. Im Gegensatz zu unbewehrtem Beton kann dieser nicht nur Druck-, sondern auch Biegezugkräfte aufnehmen.

> Wichtige Eigenschaften des Betons für den Ausbau und Innenausbau:
> Die Rohdichte von Beton liegt zwischen 2,0 kg/dm³ und 2,8 kg/dm³, die von Leichtbeton unter 2,0 kg/dm³ und die von Schwerbeton bei über 2,8 kg/dm³. Normalbeton hat eine geringere Wärmedämmfähigkeit als Leichtbeton.

10.4 Mörtel

Mörtel besteht aus Bindemitteln, Sand und Wasser. Bindemittel sind Zement, Kalk oder Gips. Mischungen aus Zement und Kalk oder Gips und Kalk sind ebenfalls möglich. Zement und Gips dürfen nicht miteinander vermischt werden, weil es sonst zu einer Fehlhärtung kommt. Der Sand im Mörtel bildet das feste Gerüst, verringert die Schwindrissbildung und ergibt die notwendige Porösität. Gipsmörtel nehmen um 1–2% an Volumen zu. Sie können deshalb ohne Sand verarbeitet werden.

Putzmörtel oder Putze

Putze werden ein- oder mehrlagig aufgebracht. Die Mörteldicke beträgt außen durchschnittlich 20 mm, innen 15 mm. Mit Putzmörteln können Oberflächen von Mauerwerk und Decken gestaltet, Witterungseinflüsse abgehalten sowie ein flächiger und ebener Untergrund für Anstriche, Tapeten und Wandverkleidungen geschaffen werden. Man unterscheidet drei Arten von Putzen:

- **Zementputze** haben eine hohe Festigkeit und Wasserbeständigkeit, aber eine geringe Elastizität.
- **Kalkputze** können relativ rasch Feuchtigkeit aufnehmen und abgeben. Ihre Festigkeit ist geringer als die der Zementputze, aber höher als die der Gipsputze.
- **Gipsputze** haben eine geringe Festigkeit und sie werden bei häufigem Wechsel zwischen feucht und trocken zerstört. Sie bilden aber besonders glatte Flächen. Gipsputze werden daher in trockenen Innenräumen verwendet.

Mauermörtel

Mauermörtel dienen als Verbindungsmittel für Mauersteine. Als Bindemittel kommen wegen der erforderlichen Festigkeit nur Kalke und Zement zur Anwendung. In Abhängigkeit vom Bindemittel werden drei Mörtelgruppen unterschieden:

- **Mörtelgruppe I** (Kalk)
- **Mörtelgruppe II** (Kalk-Zement)
- **Mörtelgruppe III** (Zement)

Estrichmörtel

Estrichmörtel oder Estriche werden als Frischmörtel (Fließestrich) in einer Dicke von 20 mm bis 70 mm aufgebracht. Dabei werden verschiedene Arten unterschieden.

- **Verbundestrich** ist mit dem Tragbeton (Rohdecke) fest verbundener Estrich.
- **Estrich auf Trennschicht** ist vom tragenden Untergrund durch eine dünne Zwischenlage (Trennschicht) getrennt.
- **Estrich auf Dämmschicht** ist auf einer Dämmschicht hergestellter Estrich, der auf seiner Unterlage beweglich ist und keine unmittelbare Verbindung mit angrenzenden Bauteilen aufweist. Man nennt ihn deshalb auch **„schwimmenden Estrich"** (siehe auch Schallschutz bei Decken, **Seite 450**).

10.5 Dämm-, Dicht- und Sperrstoffe

Bauwerke sind äußeren Einwirkungen wie z. B. Wärme, Kälte, Feuchtigkeit und Lärm ausgesetzt. Diese Einwirkungen können Schäden an Gebäuden verursachen, sie können Belästigungen für die Bewohner dieser Gebäude darstellen und die wirtschaftliche Nutzung der Gebäude mindern.

Dämm-, Dicht- und Sperrstoffe wirken den äußeren Einflüssen als Wärme-, Feuchte- sowie Schallschutz entgegen.

10.5.1 Dämmstoffe

Zum Dämmen werden Stoffe verwendet, die aufgrund ihrer Zusammensetzung und Struktur die Wärme und den Schall schlecht leiten. Es gibt Dämmstoffe, die nur zur Wärmedämmung oder nur zur Schalldämmung eingesetzt werden können oder Stoffe, die sich für beide Zwecke eignen.

Neben den reinen Dämmstoffen besitzen auch weitere Baustoffe eine gute Wärmedämmfähigkeit, z. B. Leichtbeton-, Porenbetonsteine, Holz und Holzwerkstoffe.

Wesentliche Kenngrößen sind auf der Verpackung der Dämmstoffe aufgeführt, z. B. die Wärmeleitfähigkeit **(Bild 1, Seite 470)**. Diese kann mit der **Wärmeleitfähigkeitsstufe** (WLS) angegeben werden. Bei dieser Angabe wird nur die Ziffernfolge nach dem Komma verwendet.

Beispiel: Die Wärmeleitfähigkeit von $\lambda = 0{,}032$ W/(m · K) wird durch die Wärmeleitfähigkeitsstufe WLS 032 gekennzeichnet. Bei einem Dämmstoff muss der λ-Wert immer kleiner sein als 0,10 W/(m · K) **(Wärmeschutz, Seite 436)**.

Tabelle 1: Anorganische Dämmstoffe (Auszug aus DIN 4108 und DIN EN 12524 mit Ergänzungen)

Dämmstoffart	Rohdichte ρ in kg/m³	Wärmeleitfähigkeit λ*) in W/(m · K)	Wasserdampfdiffusionswiderstandszahl μ**)	Bestandteile und Herstellung	Eigenschaften	Verwendung
1. Porige Dämmstoffe						
 Blähglimmer (Vermiculite (EV))	≤ 100	0,062 bis 0,096	3	durch Erhitzung aufgeblähter Glimmer, mit vielen kleinen geschlossenen Poren	unverrottbar, beständig gegen Ungeziefer, hitzebeständig, nicht brennbar	Dämmschüttungen, Erhöhung der Feuerbeständigkeit für Beton und Putze
 Blähperlit (EPB)	60 bis 180	0,046 bis 0,072	5	aufgeblähtes, vulkanisches, siliciumhaltiges Gestein (Naturglas)	nicht brennbar, resistent gegen Verrottung, Ungeziefer und Pilzbefall, nur mit Zusätzen feuchteunempfindlich	Dämmschüttungen, Leichtzuschlag für Beton und Putze
 Blähton	≤ 400	0,094 bis 0,140	3	gebrannte und geblähte Tonkügelchen	Nicht brennbar, frost- und feuchtebeständig, hohe Festigkeit, unverrottbar, nagetiersicher	Dämmschüttungen, Zuschlag für Leichtbeton
 Schaumglas (CG)	100 bis 160	0,038 bis 0,057	dampfdicht	geschlossenzelliges, aufgeschäumtes Glas, in Plattenform oder als Schotter	feuchteunempfindlich, nicht brennbar, unverrottbar, druckfest	Flachdach-, Perimeter- oder lastabtragende Dämmung
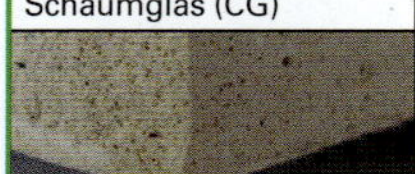 Calciumsilikat-Platte	300	0,062 bis 0,090	5/10	Aus porösem Kalksilikat, vermischt mit Zellulose und unter Wasserdampf gehärtet	nicht brennbar, resistent gegen Schimmel, Fäulnis und Ungeziefer, kapillarwirksam, druckfest, hygroskopisch	Brandschutz, Schimmelvorbeugung bei problematischen Innendämmungen
2. Faserige Dämmstoffe						
 Mineralwolle (MW)	8 bis 500	0,031 bis 0,052	1	Fasern aus geschmolzenem Glas (Quarzsand und Kalk) oder aus Basalt-/Diabasgestein, phenolharzgebunden	diffusionsoffen, nicht brennbar, resistent gegen Schimmel, Fäulnis, Ungeziefer, feuchteempfindlich	Zwischen-, Aufsparrendämmung, Trittschalldämmung, WDVS, vielseitig einsetzbar

Tabelle 1: Organische Dämmstoffe (Auszug aus DIN 4108 und DIN EN 12524 mit Ergänzungen)

Dämmstoffart	Rohdichte ρ in kg/m³	Wärmeleitfähigkeit λ*) in W/(m · K)	Wasserdampfdiffusionswiderstandszahl μ**)	Bestandteile und Herstellung	Eigenschaften	Verwendung
1. Porige Dämmstoffe						
 Expandierter Kork (ICB)	80 bis 500	0,049 bis 0,068	5/10	Korkschrot wird durch Erhitzen aufgebläht und zusammengebacken, mit und ohne Bitumen	unverrottbar, fäulnisresistent, geringe Feuchtigkeitsaufnahme, schall- und wärmedämmend	Trittschall- und Wärmedämmung
 Expandierter Polystyrolschaum (EPS)	10 bis 50	0,031 bis 0,052	20/100	Partikelschaumstoff aus verschweißtem geblähtem Polystyrolgranulat. Polystyrol ist ein Erdölraffinerieprodukt	unverrottbar, feuchteunempfindlich, wenig elastisch, nicht UV-beständig, schwer entflammbar	Wärme- und Trittschalldämmung, als WDVS, (mit Grafit vermengt: als Schalungsstein)
 Expandierter Polystyrolschaum (XPS)	20 bis 65	0,023 bis 0,046	80/250	mit CO_2 aufgeschäumtes Polystyrol	unverrottbar, wenig elastisch, nicht UV-beständig, schwer entflammbar	Wärmedämmung, lastabtragende Dämmung, Perimeterdämmung
 Polyurethan-Hartschaum (PUR)	28 bis 55	0,021 bis 0,041	40/200	Ausgangsstoff ist Erdöl, unter Zugabe von Pentan als Treibmittel entweder zu Platten oder zu Blöcken aufgeschäumt	geschlossenzellig, hart, unverrottbar, schimmel- und fäulnisresistent	Dämmung
2. Faserige Dämmstoffe						
 Holzwolle-Platten (WW)	360 bis 460	0,063 bis 0,105	2/5	langfaserige Holzwolle mit mineralischen Bindemitteln (Magnesit, Zement) gebunden	steif, aber mit elastischen Fasern, schalldämmend, gute Wärmespeicherung, schwer entflammbar	wärmedämmender Putzträger für Wände, Decken und Dächer, verputzt als schalldämmende Vorsatzschale oder für Leichtbauwände, unverputzt für Schallschluckung, als verlorene Schalung im Stahlbetonbau
 Holzwolle-Mehrschicht-Platten (WWC) mit EPS		0,031 bis 0,052	20/50	Schicht aus Dämmstoff (Mineralwolle oder Hartschaum) mit einseitiger oder beidseitiger HWL-Platte	bessere Wärmedämmfähigkeit, sonst wie HWL-Platte	
 Holzfaser-Dämmplatten (WF)	150 bis 250	0,034 bis 0,063	3/5	i. d. R. aus Nadelholzabfall, gepresste, verfilzte Holzfasern, Zugabe von Ammoniumsulfat (Brandschutz), mit/ohne Imprägnierung	diffusionsoffen, gute Wärmespeicherung, wärme- und schalldämmend, normal entflammbar	Wärmedämmung, oft in Kombination mit anderen Dämmstoffen, bituminiert als Unterdeckenplatten
 Zellulose Flocken und Platten	30 bis 80	0,040 bis 0,045	1/2	wiederverwertbares Zeitungspapier wird zerfasert, mit Borsalzen versetzt (Schimmel-, Brandschutz)	nicht druckbelastbar, normal bis schwer entflammbar	Zwischensparrendämmung, Dämmung bei Holzständerbauweise, Hohlraumdämmung
 Hanf Matten und Vlies	8 bis 500	0,040 bis 0,045	1/2	Verarbeitung von Hanffasern, z. T. durch Polyesterfasern verstärkt, Zugabe von Borsalzen (Brandschutz)	normal entflammbar, robust, feuchtigkeitsbeständig, resistent gegen Schädlingsbefall	Zwischendämmung, Trittschalldämmung, vielseitig einsetzbar
 Kokosfaser Rollfilz und Dämmplatten	70 bis 120	0,040 bis 0,050	1	Fasern von der Fruchthülle der Kokosnüsse, nach einem Verrottungsprozess unter Zugabe von Borsalzen verarbeitet	hoch elastisch, wärme- und schalldämmend, sehr verrottungsbeständig, feuchteausgleichend und -beständig, langlebig	Zwischenwand- und Hohlraumdämmung, Trittschall- und Luftschalldämmung
Schilfmatten, Schafwolle, Stroh, Flachs, ...						

*) Bemessungswerte **) Es ist jeweils der für die Baukonstruktion ungünstigere Wert einzusetzen.

Tabelle 1: Anwendungsgebiete von Dämmstoffen nach DIN V 4108-10

Kurzzeichen	Anwendungsbeispiele und Produkteigenschaften	Kurzzeichen	Anwendungsbeispiele und Produkteigenschaften
DAD (dk)	**A**ußendämmung von **D**ecke oder **D**ach, **k**eine **D**ruckbelastbarkeit	WI (wk)	**I**nnendämmung der **W**and, **k**eine Anforderungen an die **W**asseraufnahme
DAA (dh)	**A**ußendämmung von **D**ach oder Decke, Dämmung unter **A**bdichtung, **h**ohe **D**ruckbelastbarkeit	PW (wd)	Außen liegende **W**ärmedämmung von **W**änden gegen Erdreich außerhalb der Abdichtung (**P**erimeterdämmung)
DES (sm)	Innendämmung der **D**ecke unter **E**strich mit Trittschalldämmung, mittlere Zusammendrückbarkeit	WTH (sg)	Dämmung zwischen **H**austrennwänden mit **S**challschutzanforderungen, **g**eringe Zusammendrückbarkeit
WAP (zh)	**A**ußendämmung der **W**and unter **P**utz, **h**ohe **Z**ugfestigkeit	Weitere Beispiele s. DIN V 4108-10	

Weitere Aspekte spielen bei der Auswahl von Dämmstoffen eine wichtige Rolle: Energieaufwand für die Herstellung (Primärenergie), biologische Verträglichkeit, toxische Belastung (auch im Brandfall), Recyclingfähigkeit und Umweltbelastung bei der Entsorgung.

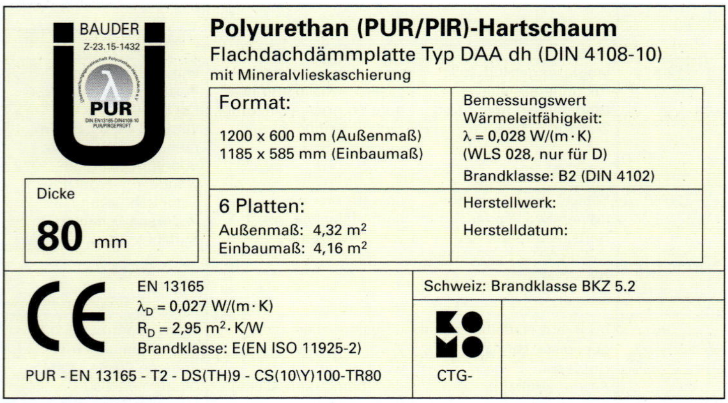

Bild 1: Normgerechte Kennzeichnung von Dämmstoffen

Dämmstoffe werden je nach Stoffart und nach Art der Verwendung in verschiedenen Formen hergestellt, z. B. als Schüttgut, in Form von Platten, Bahnen, Matten, Filzen oder Vliesen. Sie müssen den Normen und dem Güteschutz entsprechen und für das Bauwesen zugelassen sein. Für die Auswahl eines Dämmstoffs sind die Anwendungsgebiete und Produkteigenschaften in DIN 4108-10 festgelegt und in Buchstabenkombinationen ausgedrückt **(Tabelle 1)**.

Alle Dämmstoffe sind auf der Verpackung mit einem Etikett normgerecht gekennzeichnet **(Bild 1)**. Das Übereinstimmungszeichen (Ü-Zeichen) dokumentiert, dass das Bauprodukt mit den Normen übereinstimmt und die Herstellung überwacht wird.

Außerdem sind angegeben:

- Produktbezeichnung
- Stoffart und Lieferform
- Anwendungstyp
- DIN-Nummer
- Bemessungswert λ_D bzw. Wärmeleitfähigkeitsstufe
- Brandklasse
- Nenndicke, Länge, Breite
- Anschrift des Herstellers
- Herstelldatum
- Überwachungszeichen
- CE-Kennzeichnung

10.5.2 Dicht- und Sperrstoffe

Von **Abdichten** und **Sperren** spricht man bei Maßnahmen gegen das Eindringen von Feuchtigkeit in das Bauwerk. Man verwendet dazu Dicht- und Sperrstoffe als Bahnen aus Pappe, Metall- oder Kunststofffolie sowie gießbare Massen aus mineralischen oder organischen Bestandteilen. Diese Dicht- und Sperrstoffe lassen Wasser in flüssigem Zustand nicht durch, können aber den Durchgang von Wasserdampf entweder ermöglichen oder behindern, wie z. B. Dampfbremsen.

Dampfsperre/Dampfbremse

Eine Dampfsperre oder Dampfbremse wird eingesetzt, um ein Bauteil vor eindiffundierendem Wasserdampf und der damit verbundenen Tauwassergefahr zu schützen.

Wasserdampf diffundiert von der wärmeren Bauteilseite auf die Kältere. Bei Außenwänden verläuft daher die Wasserdampfdiffusion im Jahresmittel vom Gebäudeinneren ins Freie. Die Sperrschicht mit dem größeren Dampfdiffusionswiderstand ist demnach auf der wärmeren Bauteilseite anzubringen, damit das Eindringen von Wasserdampf und damit ein Feuchtigkeitsstau im Bauteilinneren verhindert wird.

Eine herkömmliche Dampfsperre oder Dampfbremse darf folglich nur auf der Warmseite einer Konstruktion verlegt werden. Ob sie jedoch überhaupt erforderlich ist und welchen Sperrwert sie haben sollte, muss vorher rechnerisch geklärt werden.

Die Dichtigkeit von Dampfsperren oder Dampfbremsen wird über den s_d-Wert definiert.

Der s_d-Wert oder Sperrwert stellt die sogenannte „wasserdampfdiffusionsäquivalente Luftschichtdicke" dar, die denselben Dampfdiffusionswiderstand hat wie die betrachtete Bauteilschicht.

Tabelle 1: Einteilung der Sperrwerte nach s_d

diffusionsoffene Schicht	$s_d \le 0{,}5$ m
diffusionshemmende Schicht = Dampfbremse	$0{,}5$ m $< s_d$ und $s_d \le 1500$ m
diffusionsdichte Schicht = Dampfsperre	$s_d > 1500$ m

Es stehen aber auch **feuchteadaptive (oder feuchtevariable) Dampfbremsen**, sogenannte Klimafolien, zur Verfügung. Sie stellen ihren Diffusionswiderstand auf die sie umgebende relative Luftfeuchte ein. Im Winter, wenn die Tauwassergefahr besonders groß ist, reagieren sie wie jede andere Dampfbremsfolie: Sie verhindern das Eindringen feuchter Raumluft in gedämmte Dächer oder Wände. Durch ihren variablen Diffusionswiderstand sorgen sie jedoch dafür, dass feucht gewordene, gedämmte Holzkonstruktionen wieder austrocknen können. Im Sommer wird die Folie durchlässig, sodass feuchtes Holz auch zum Wohnraum hin austrocknet. So bleibt die Konstruktion trocken und Feuchtigkeitsschäden werden vermieden **(Bild 1)**.

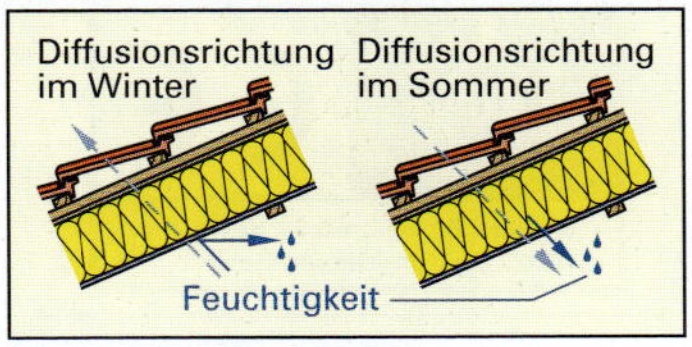

Bild 1: feuchteadaptive Dampfbremse

Gleichzeitig dient die Dampfsperre oder Dampfbremse auch als Wind- und Luftdichtigkeitsebene. Dies erfordert eine sorgfältige Verklebung an Rand- und Anschlussbereichen so wie bei nicht zu vermeidenden Durchdringungen. Diese Schicht darf nicht verletzt werden, z. B. durch Befestigungsmittel oder Einbauleuchten.

Dicht- und Sperrstoffe

Für Abdichtungsmaßnahmen nach DIN 18195 gegen Bodenfeuchtigkeit, gegen nicht drückendes Wasser und gegen von außen drückendes Wasser stehen verschiedene Baustoffe zur Auswahl.

Tabelle 2: Dicht- und Sperrstoffe

Stoffart	Herstellung und Aufbau	Verarbeitung	Verwendung
Dach- und Dachdichtungsbahnen auf Bitumenbasis			
Nackte Bitumenbahn	Rohfilzpappen mit Bitumen getränkt	vor Ort mit Bitumen verklebt	Abdichtung von hauptsächlich waagerechten Flächen, wie z. B. Fußböden, Flachdächer
Dachbahnen	Rohfilzpappe (R) oder Glasvlies (V) mit Bitumen getränkt, zusätzlich mit Bitumendeckmasse beidseitig beschichtet		
Dichtungsbahnen (DD)	Einlage aus Jutegewebe (J), Glasgewebe (G) oder Polyestervlies (PV) beidseitige mit Bitumenbeschichtung, einseitig oder beidseitig besandet oder beschiefert, Dicke ≥ 3,5 mm		
Schweißbahnen (S)	Dicke ≥ 4 mm Trägerbahnen und Deckschichten wie bei DD, zusätzlich eine Schicht als Klebemasse	durch Erhitzen mit Propangasbrennern vollflächig mit der Unterlage verklebt	
Anstriche			
Voranstrichmittel	Bitumenlösungen oder Bitumenemulsionen, kalt verarbeitet	Der Anstrich erfolgt meist in mehreren Schichten (Voranstrich und Deckanstrich).	Schutzanstrich für im Boden befindliche Bauteile, wie z. B. Untergeschossaußenwände, vorzugsweise für senkrechte Flächen
Deckaufstrichmittel	Heißverarbeitung: Bitumen mit mineralischen Füllstoffen Kaltverarbeitung: Bitumenlösungen oder -emulsionen		
Spachtelmassen	Deckaufstrichmittel mit einem Füllstoffanteil > 50 %	heiß oder kalt zu verarbeiten	
Dickbeschichtungen	aus Polymerbitumen (= Zugabe von thermoplastischen Elastomeren bzw. Thermoplasten)	Dicke: 3–4 mm zweilagig aufgebracht	Geeignet für Arbeiten an schwierigen Stellen, z. B. bei Vorsprüngen oder Überkopf
Kunststofffolien			
Thermoplastische Kunststofffolien	Polyisobutylen (PIB) oder Weichpolyvinylchlorid (PVC)	Stöße der Bahnen durch Quellschweißung verbunden	Abdichtung von Flachdächern
Unterspannbahn	Polyethylenfolie oder -vlies, hochdiffusionsoffen, wasserabweisend	Einbau im Steildach unterhalb der Dachdeckung	Ableitung von Flugschnee oder Regen

Bild 1: Nationales Zulassungszeichen

Bild 2: Europäisches Zulassungszeichen ETA (= European Technical Assessment)

10.6 Baumontage und Befestigungsmittel

Ausbau- und Möbelteile werden häufig fest mit dem Baukörper verbunden. Da hohe Lasten sicher und dauerhaft aufgenommen werden müssen, trägt der Anwender bei diesen Montagen eine hohe Verantwortung. Wenn durch die Montage oder den Montagegegenstand Gefahr für die öffentliche Sicherheit und Ordnung sowie für das Leben und die Gesundheit anderer besteht, dürfen nur Befestigungssysteme verwendet werden, deren Brauchbarkeit für den Verwendungszweck nachgewiesen ist. Dieser Nachweis ist bei allen tragenden Konstruktionen, Fassadenkonstruktionen, Feuer- und Brandschutzkonstruktionen, Deckenbekleidungen und Unterdecken, Geländer- und Gerüstmontagen zu führen. Der Nachweis gilt insbesondere dann als erbracht, wenn das verwendete Befestigungsmittel über eine allgemeine **bauaufsichtliche Zulassung** verfügt. Deutsche Zulassungen werden vom Deutschen Institut für Bautechnik (DIBt) erteilt **(Bild 1)**. Die Europäischen Technischen Bewertungen (ETA) sind in allen EU-Ländern gültig und beziehen sich auf konkrete Einsatzzwecke **(Bild 2)**.

10.6.1 Befestigungsplanung

Vor Beginn einer Montagearbeit sind Kenntnisse über die Größe und die Richtung der auftretenden Kräfte sowie über den vorliegenden Verankerungsgrund notwendig. Erst danach kann das richtige Befestigungsmittel ausgewählt werden. Grundsätzlich gilt: Je fester das Materialgefüge, je geschlossenporiger und je dickwandiger ein Werkstoff ist, desto höher kann ein einzelner Befestigungspunkt belastet werden. Vielfach gibt eine Probebohrung näheren Aufschluss über den vorliegenden Baustoff **(Tabelle 1)**.

Tabelle 1: Baustoffbestimmung anhand einer Probebohrung

Baustoff		Gipsplatte	Hochlochziegel	Kalksandlochstein	Leichtbeton-Hohlblockstein	Vollziegel	Porenbeton	Kalksandvollstein	Leichtbetonstein	Vollbeton
Abbildung				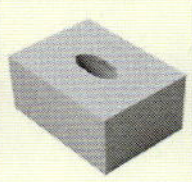				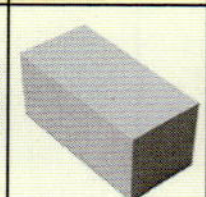		
Farbe des Bohrmehls	weißlich	X		X			X	X		
	grau				X				X	X
	rötlich		X			X				
Härte d. Materials	hart		X	X		X		X		X
	weich	X			X		X		X	
Porosität	keine Hohlräume					X	X	X	X	X
	Hohlräume	Platte	X	X	X					
Bohrverfahren	Drehbohren	X	X	X	X		X	X	X	
	Schlagbohren			(X)	(X)	X		X		X
	Hammerbohren					X				X

10.6.2 Montageart und Dübelauswahl

Viele Befestigungssysteme erzeugen Spreizkräfte. Die Wahl der Befestigungspunkte muss deshalb sorgfältig geplant sein, insbesondere müssen ausreichende Randabstände und Verankerungstiefen eingehalten werden. Diese Werte sind Teil der Zulassungsbestimmungen und können den Produktdatenblättern entnommen werden. Aufgrund ihrer Wirkungsweise unterscheidet man kraftschlüssige, formschlüssige und stoffschlüssige Befestigungssysteme sowie Kombinationen **(Bild 1, Seite 473)**.

kraftschlüssig	formschlüssig	kraft- und formschlüssig	stoffschlüssig
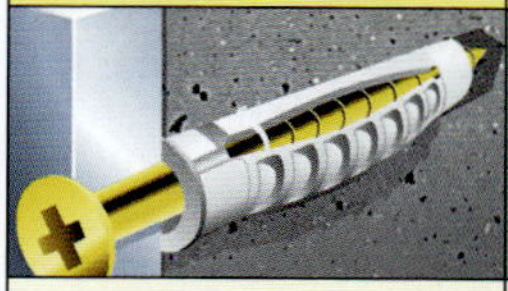			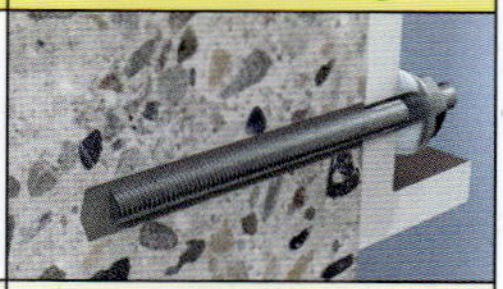
Der Dübel wird gegen die Bohrwandung gepresst (Haftreibung).	Der Dübel passt sich in seiner Form dem Traggrund an.	Der Multifunktionsdübel erzeugt in Hohlräumen Formschluss und zur Bohrwandung Haftreibung.	Mörtel oder Kunstharz verbinden den Dübel mit dem Traggrund.

Bild 1: Befestigungssysteme

Je nach Verwendungszweck unterscheidet man drei Montageformen **(Bild 2)**:

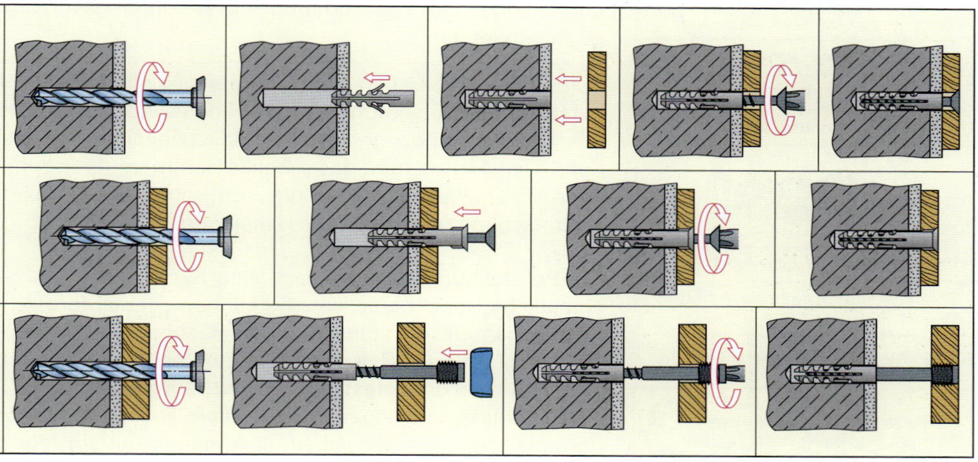

Bild 2: Montageformen

Tabelle 1: Übersicht über die gebräuchlichsten Dübel bzw. Anker

Bezeichnung	Montageart	Haftung	Vollwerkstoff	Hohlkammerstoff	Platten/Hohlraum	Bezeichnung	Montageart	Haftung	Vollwerkstoff	Hohlkammerstoff	Platten/Hohlraum
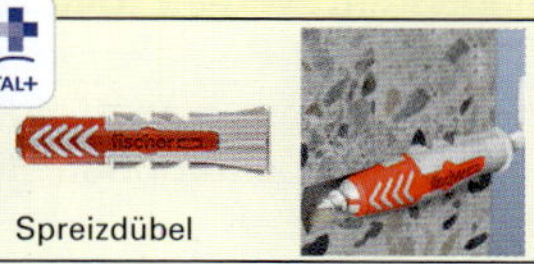 Spreizdübel	Vorsteck	Kraftschlüssig	x			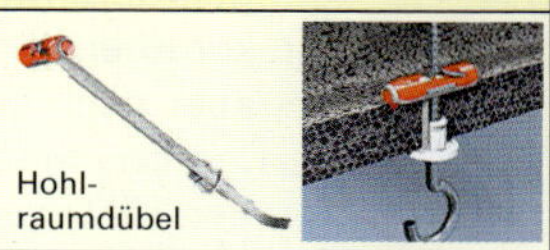 Hohlraumdübel	Vorsteck	Formschlüssig			x
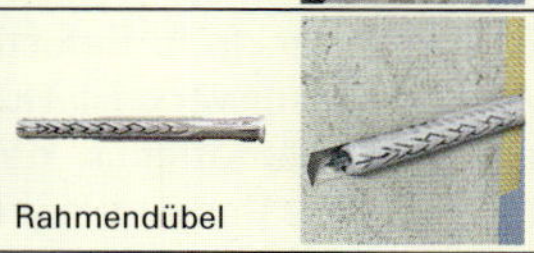 Rahmendübel	Durchsteck	Formschlüssig	x	x		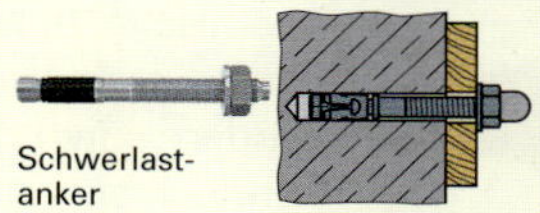 Schwerlastanker	Vorsteck Durchsteck	Kraftschlüssig	x		
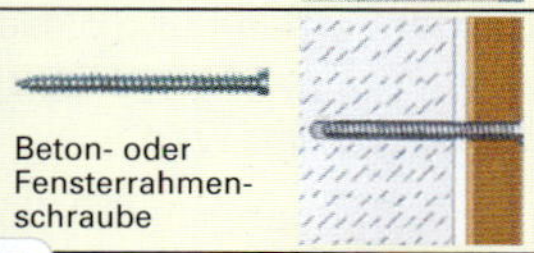 Beton- oder Fensterrahmenschraube	Durchsteck	Formschlüssig	x	x		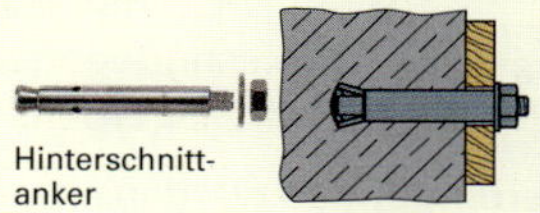 Hinterschnittanker	Vorsteck Durchsteck	Formschlüssig	x		
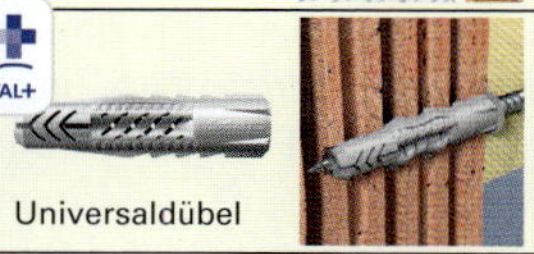 Universaldübel	Durchsteck	Kraft- und Formschlüssig	x	x	x	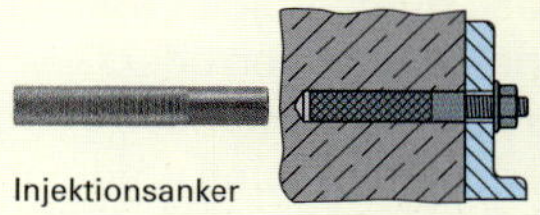 Injektionsanker	Vorsteck	Stoffschlüssig	x	x	
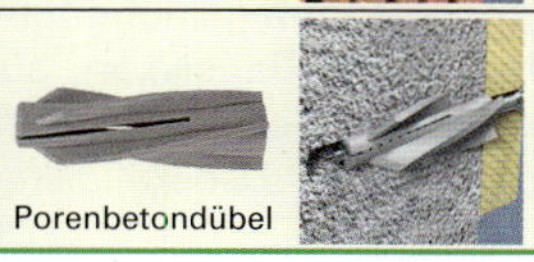 Porenbetondübel	Vorsteck	Kraftschlüssig	x			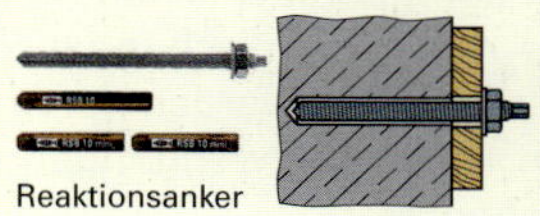 Reaktionsanker	Vorsteck	Stoffschlüssig	x		

Drehbohren
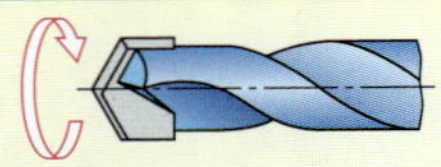
Lochsteine, Baustoffe mit geringer Festigkeit, Porenbeton
Das Bohrloch darf nicht ausweiten, Stege dürfen nicht ausbrechen
Schlagbohren
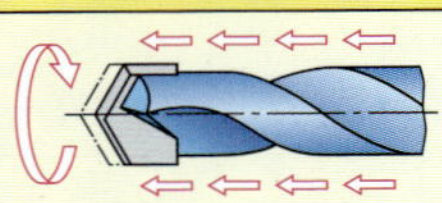
Vollbaustoffe mit dichtem Gefüge
Materialschonend, aber langsam
Hammerbohren
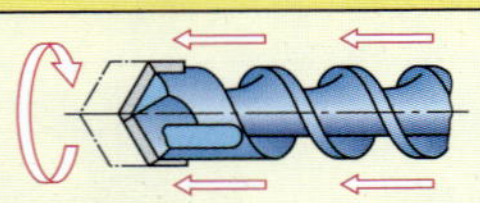
Vollbaustoffe mit dichtem Gefüge
Schnellste Bohrmethode in harten Werkstoffen

Bild 1: Montagebohrverfahren

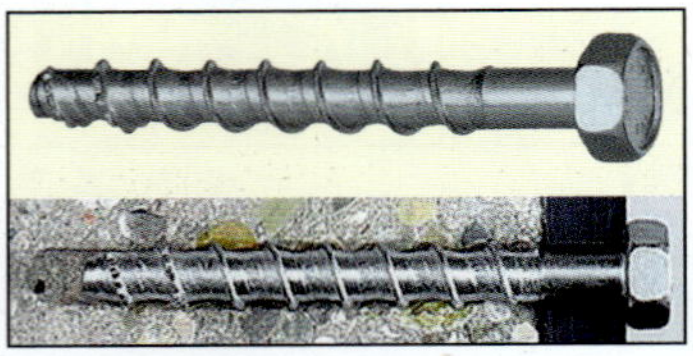

Bild 2: Befestigungsschraube

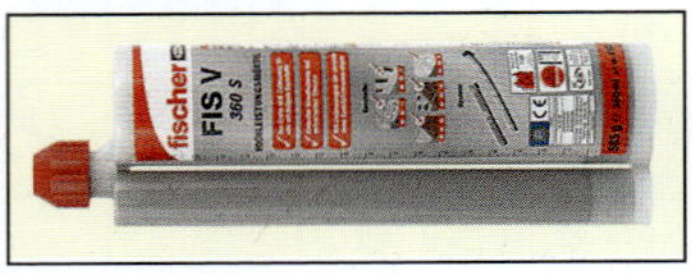

Bild 3: Injektionsmörtel

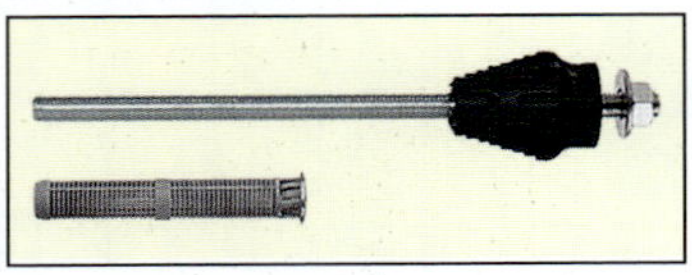

Bild 4: Thermisch entkoppelte Montageschraube

10.6.3 Montagevorbereitung

Für die Dübelbefestigung müssen Aufnahmebohrungen erstellt werden. Je nach Verankerungsgrund sind verschiedene Bohrverfahren, wie **Drehbohren, Schlagbohren** und **Hammerbohren,** sowie das richtige Bohrwerkzeug auszuwählen **(Bild 1)**.

Beim Drehbohren spielt die Wahl des Bohrwerkzeugs eine wichtige Rolle. Im Gegensatz zum Hammer- und Schlagbohren wird der Bohrgrund nicht zertrümmert, sondern durch die Drehbewegung abgetragen. Eine scharfe Schneidengeometrie erleichtert dabei den Bohrvorgang in harten Werkstoffen. Scharfe Werkzeuge werden durch Hammer- und Schlagbohren stumpf und damit für das Drehbohren unbrauchbar. Deshalb sind für das Drehbohren gesonderte Werkzeuge zu verwenden.

Die Wahl des falschen Bohrverfahrens ist eine häufige Versagensursache bei Dübelmontagen. Bei Loch- und Kammersteinen, insbesondere bei hochgedämmten Mauerziegeln mit geringen Wand- und Stegstärken, führt das schnelle Hammerbohren zur Zerstörung der Materialstruktur, kraft- und formschlüssige Verbindungen erzeugen dann unzureichende Haltekräfte.

Die **Bohrlochtiefe** wird bei fast allen Systemen etwas tiefer als der eigentliche Dübel bemessen. So können speziell formschlüssige Befestigungsmittel die volle Haltekraft erzeugen. Besonders im Schwerlastbereich müssen Befestigungsmittel, Achs- und Randabstände sowie die **Anzahl der Befestigungspunkte** sorgfältig geplant und auf den Befestigungsgrund abgestimmt werden. Tabellen oder Computerprogramme der Hersteller geben, in Abhängigkeit von der geforderten Tragkraft, Auskunft über die sachgerechte Planung und Durchführung der Montage.

10.6.4 Spezielle Montageverfahren

Spezielle **Befestigungsschrauben** können, abhängig vom Befestigungsgrund, mit oder ohne Vorbohrung eingedreht werden **(Bild 2)**. Sie kommen sehr häufig bei der Fenster-, Türen- oder Bauteilmontage, aber auch im Bereich der Brandschutzmontage zum Einsatz und verringern den Montageaufwand erheblich. Diese Schraubbefestigungen zählen zu den formschlüssigen Verbindungen.

Chemische Befestigungen ermöglichen die spreizdruckfreie Befestigung extremer Lasten in Beton, Porenbeton oder Mauerwerk. Hierfür werden entweder reaktive Gemische oder Injektionsmörtel in das Bohrloch eingeführt, die dort kraft- und formschlüssige Verbindungen mit dem Befestigungsmittel bilden **(Bild 3)**. Bei der Vorbereitung dieser Befestigungen muss das Bohrloch gründlich von Bohrmehl und Staub befreit werden, da sonst die Haltekraft drastisch reduziert wird.

Thermisch entkoppelte Verbindungen werden eingesetzt, wenn Befestigungen im Außenbereich die Wärmedämmung des Gebäudes durchdringen **(Bild 4)**. Dies ist insbesondere bei energieeffizienten Bauten erforderlich. Hierbei kommen Schrauben oder Gewindestangen zum Einsatz, die kraft- oder stoffschlüssig mit dem tiefliegenden Mauerwerk verbunden werden und vom Befestigungsgegenstand durch ein eingearbeitetes Kunststoffteil entkoppelt sind. Dadurch werden Wärmebrücken zwischen Außen- und Innenbereich verhindert. Neben den gebräuchlichen Montagemitteln werden zunehmend **Montagekleber** eingesetzt. Sie bestehen aus Kunstharzmischungen oder Acryl und werden, ähnlich wie Bausilikon, aus Kartuschen gepresst. Montagekleber werden nur im Niederlastbereich eingesetzt und zählen zu den stoffschlüssigen Verbindungen. Übliche Anwendungen sind die Anbringung von Abschluss- und Sockelleisten oder Glas- und Spiegelflächen.

10.7 Innentüren

Innentüren dienen als Zugang und Abschluss bei Räumen und Gebäudeabschnitten. Sie sollen darüber hinaus, je nach Bedarf, Sicherheit bieten oder auch wärme- und schalldämmend sein. Türen können unauffällig und zurückhaltend oder der Einrichtung bzw. der Aufgabe des Raumes angepasst gestaltet werden.

Innentüren werden wie folgt bezeichnet:

- Nach der **Art der Türrahmung** bzw. nach dem Anschluss zur Wand als Blockrahmen-, Blendrahmen- und Zargenrahmentür oder als Futtertür mit Bekleidungen;
- nach der **Bauart des Türblattes** als Bretter-, Rahmen-, Glas- oder Sperrtür sowie als schalldämmende und aufgedoppelte Tür;
- nach ihrer **Verwendung** als Wohnungseingangs-, Zimmer-, Badezellen-, WC-, Tapeten- und Kellertür;
- nach ihrem **oberen Abschluss** als Segment-, Rundbogen- oder Korbbogentür;
- nach der **Bewegung beim Öffnen und Schließen der Tür** als Dreh-, Pendel-, Schiebe-, Falt-, Harmonika- oder Hebeschiebetür;
- nach dem **Sitz des Türblattes im Türrahmen** als Falztür (gefälzte Tür) oder Stumpftür (stumpfe Tür) **(Bild 1, Seite 476)**;
- nach der **Anzahl der Türflügel** als ein- oder zweiflügelige Tür;
- nach dem **Sitz der Bänder** als Rechts- oder Linkstür.

10.7.1 Drehflügeltüren

Bei Drehflügeltüren sind die Türblätter an einer Längskante der Türumrahmung angeschlagen. Je nach Drehrichtung unterscheidet man Links- und Rechtstüren. Bei der **Links-** und **Rechtsbezeichnung** (DIN 107) betrachtet man die Tür von der Seite, zu der sie aufgeht. Sitzen die Bänder links vom Betrachter, so ist die Tür eine Linkstür. Die dazugehörenden Bänder sind Linksbänder und das dazugehörende Schloss ist ein Linksschloss **(Bild 1)**.

Türenmaße sind in der Regel genormt. Einflügelige Drehtüren gibt es mit den Baurichtmaßen 750 x 2000 mm, 875 x 2000 mm, 1000 x 2000 mm und 1125 x 2000 mm oder 875 x 2125 mm, 1000 x 2125 mm und 1125 x 2125 mm. In Architekturzeichnungen ist die Nennmaßbreite und -höhe sowie die Drehrichtung angegeben. Es ist darauf zu achten, dass die Nennmaßhöhe von Oberkante Fertigfußboden (OKFF) zu messen ist **(Bild 2)**.

Drehtüren bestehen im Wesentlichen aus der Türumrahmung, dem beweglichen Türblatt und den Beschlägen **(Bild 3)**.

10.7.1.1 Türumrahmungen

Die Türumrahmung wird fest mit dem Bau verbunden und hat das Türblatt zu tragen. In die Türumrahmung kann unten eine **Schwelle** aus Holz oder eine Schiene aus Metall eingebaut werden, die die Aufgaben haben, dem Türblatt einen Anschlag zu geben oder verschiedene Fußbodenbeläge voneinander zu trennen. Je nach Bauart der Türumrahmung unterscheidet man Blockrahmen, Blendrahmen, Zargenrahmen und Futterrahmen mit Bekleidungen.

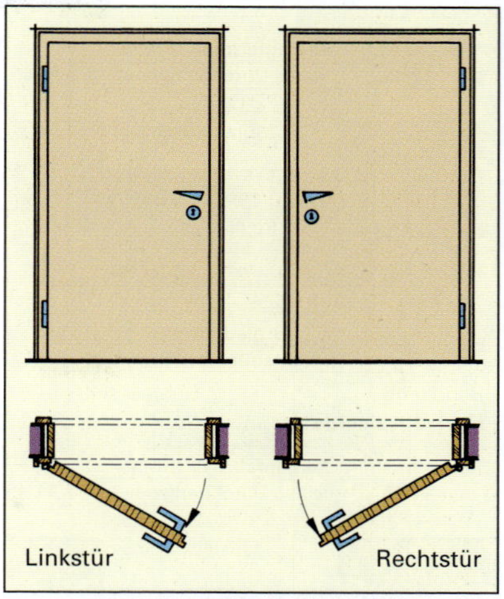

Bild 1: Links- und Rechtsbezeichnung bei Drehflügeltüren

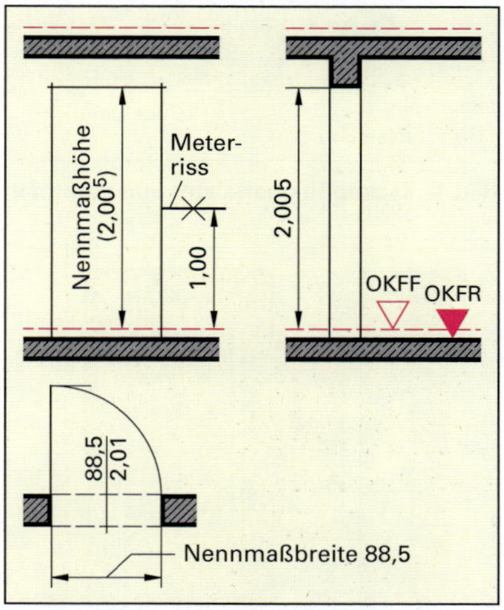

Bild 2: Maße und Drehrichtung in Bauzeichnungen

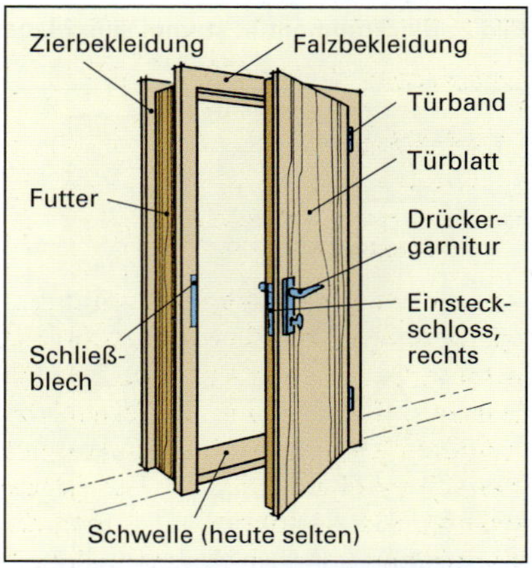

Bild 3: Teile einer Tür mit Futter und Bekleidungen

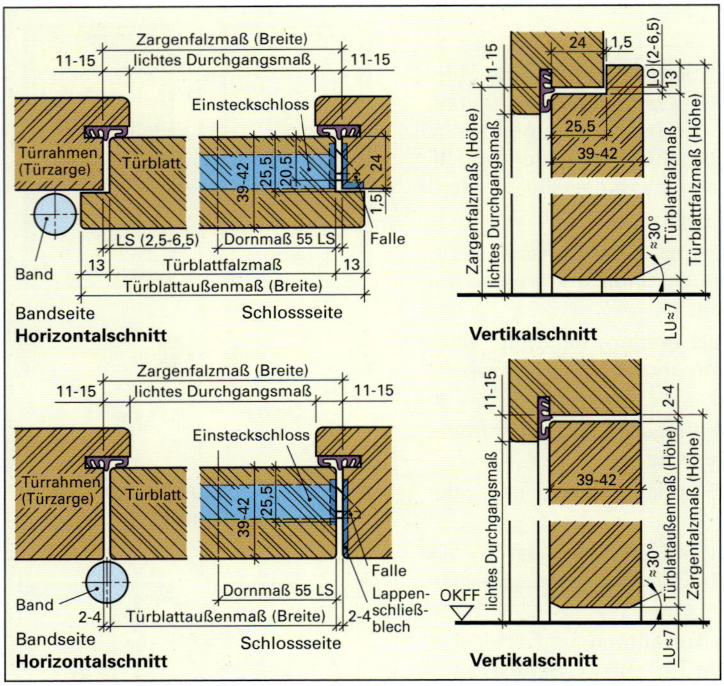

Bild 1: Falzmaße überfälzter und stumpf einschlagender Türen

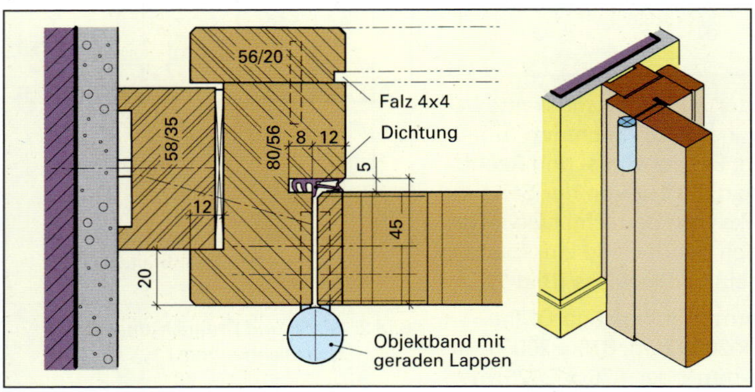

Bild 2: Blockrahmentür, stumpf einschlagend

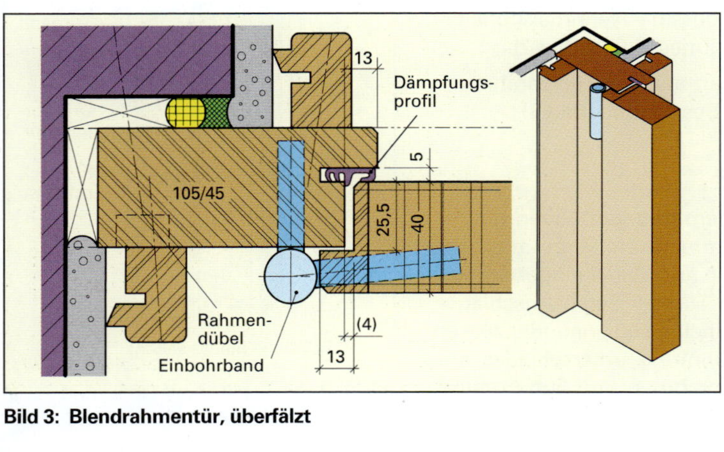

Bild 3: Blendrahmentür, überfälzt

Blockrahmen, auch Stockrahmen genannt, haben annähernd quadratischen Querschnitt. Sie werden in die Türöffnung putzbündig oder etwa in die Mitte der Mauerdicke gesetzt und durch Direktverschraubung oder Mauerdübel in der Leibung befestigt. Die Mauerleibungen sind in der Regel verputzt. Die Fugen kann man mit Deckleisten abdecken **(Bild 2)**.

Blendrahmen liegen in einem Mauerfalz und werden vorwiegend mit Blendrahmenschrauben, einzementierten Steinschrauben oder Dübeln am Mauerwerk befestigt **(Bild 3)**. Deckleisten können nach dem Einputzen des Blendrahmens angebracht werden.

Zargenrahmen bestehen aus Vollholz oder Holzwerkstoffen mit brettförmigem Querschnitt. Sie werden an die Mauerleibung der Türöffnung gesetzt und decken diese ganz oder teilweise ab. Sie können putzbündig sein oder etwas über dem Putz der Wandfläche vorstehen **(Bild 1, Seite 477)**.

Zargenrahmen kann man sichtbar durch Schrauben in Spreizdübeln oder unsichtbar mit Metallwinkeln, Futterklammern, Leimankern oder mit Montageschaum an der Mauerleibung befestigen. Der Anschluss an den Putz kann durch eingenutete Profilschienen aus verzinktem Stahlblech oder durch Deckleisten aus Holz erfolgen.

Futterrahmen mit Bekleidungen schützen die Mauerkanten der Türöffnung und decken die Mauerleibung vollständig ab, sodass diese nicht verputzt werden muss **(Bild 2, Seite 477)**. Futter, mit oder ohne Schwelle, aus Vollholz oder aus Holzwerkstoffen werden an den Ecken gefedert bzw. ausgefälzt und zusätzlich geleimt und mit Eckverbindern geklammert. Wird eine Schwelle eingebaut, ist diese aus Hartholz zu fertigen. Es können auch Schienen aus Winkelstahl, Flachstahl bzw. aus Messing eingebaut werden, durch die der Fußbodenbelag getrennt wird.

Türbekleidungen sollen durch Schlitz und Zapfen oder Formfedern an den Ecken verbunden sein, profilierte Sichtseiten sind vorne auf Gehrung abzusetzen. In die Falzbekleidungen müssen die Türblätter einfassen. Sie sind vor der Montage mit dem Futter fest verleimt. Die Zierbekleidungen befestigt man dagegen erst nach dem Einsetzen und Befestigen des Futters an der Mauerleibung **(Bild 2)**.

10.7.1.2 Türblätter

Türblätter können als Brettertüren, Rahmentüren mit Glas- oder Holzfüllungen, als Sperrtüren, als aufgedoppelte Türen, Ganzglastüren oder schalldämmende Türen hergestellt werden **(Bild 3)**.

Brettertüren können aus gespundeten oder gefederten Brettern gefertigt sein. Unverleimt werden diese durch aufgeschraubte Querleisten zusammengehalten und mit einer Strebeleiste (Bug) versteift. Bei Brettertüren mit eingegrateten Querleisten können die Bretter verleimt sein. Das Anschlagen von Brettertüren erfolgt meist mittels Langbändern, wobei die Kloben an den Blendrahmen geschraubt oder in die Mauer einzementiert werden.

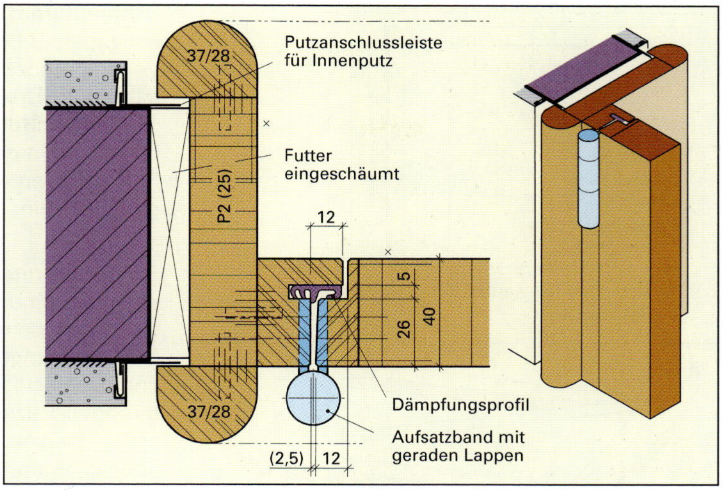

Bild 1: Zargenrahmentür, bündig überfälzt

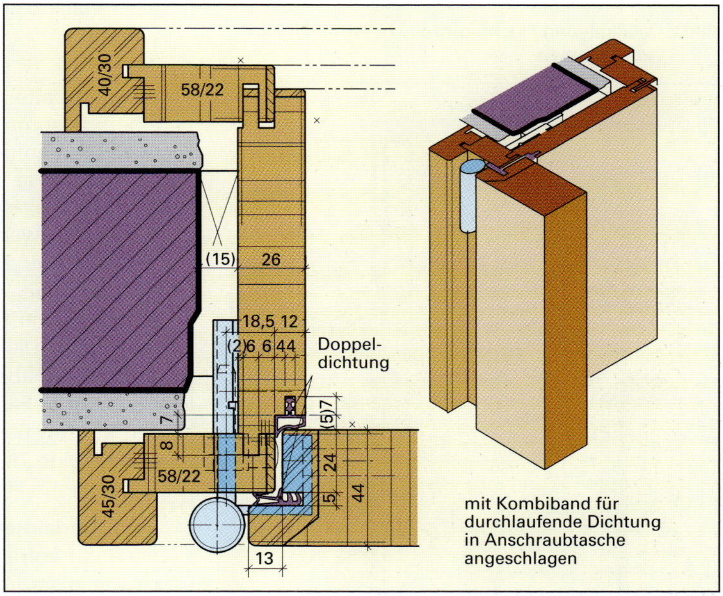

Bild 2: Futterrahmentür mit Bekleidungen

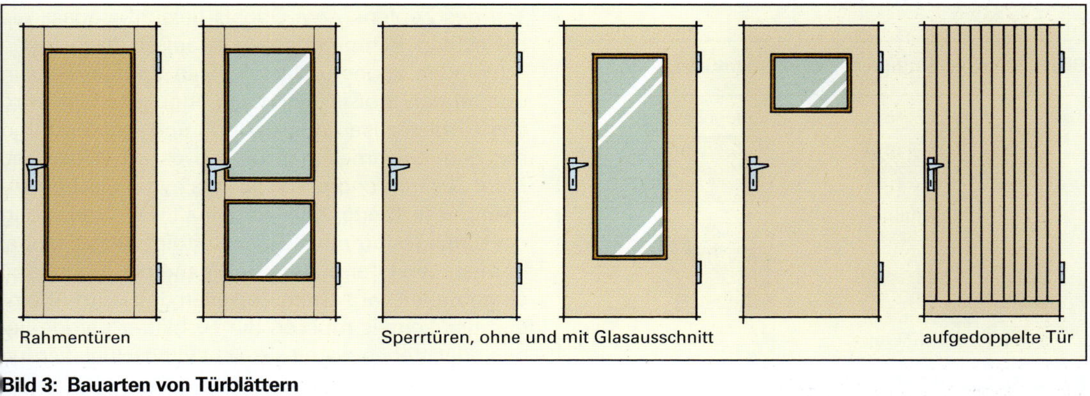

Bild 3: Bauarten von Türblättern

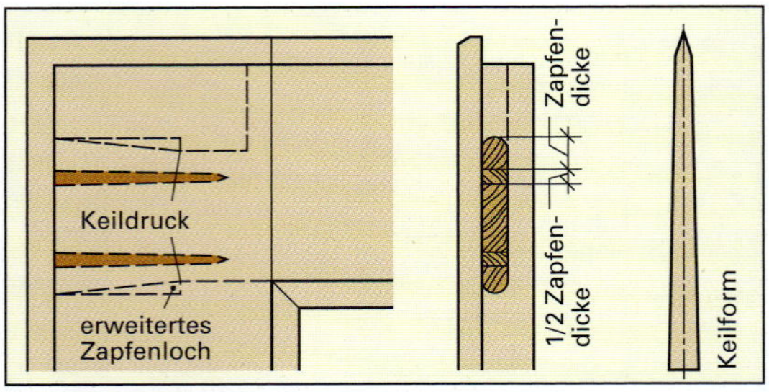

Bild 1: Verkeilen der Zapfen bei gestemmten Rahmentüren

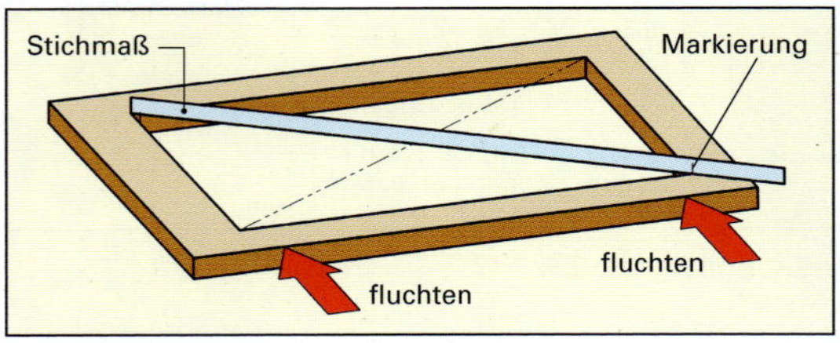

Bild 2: Winkel- und Fluchtkontrolle beim Verleimen von Rahmen

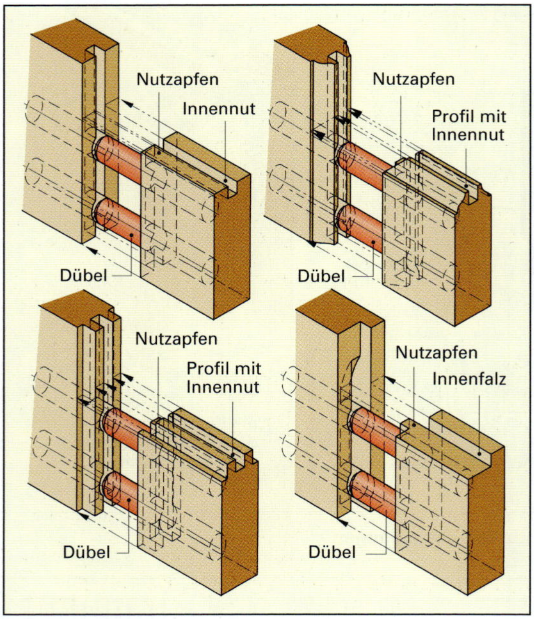

Bild 3: Dübelverbindungen bei Rahmentüren

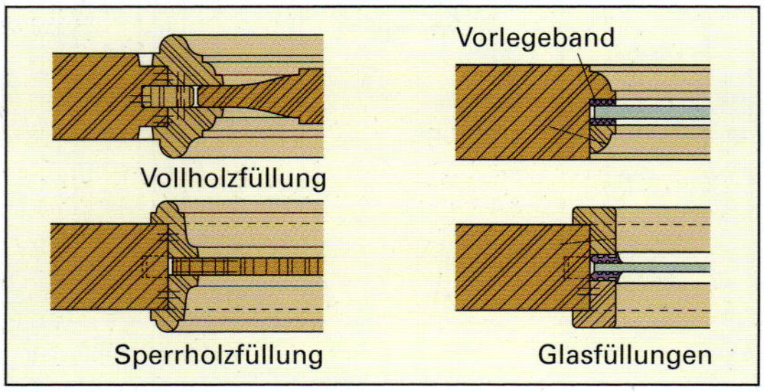

Bild 4: Dübelverbindungen bei Rahmentüren

Rahmentüren bestehen aus Rahmenfriesen und Füllungen **(Bild 3, Seite 477).** Für Rahmenfriese aus Vollholz eignen sich nur fehlerfreie Kern- oder Mittelbretter. Drehwüchsiges oder exzentrisch gewachsenes Holz ist ungeeignet, weil es jedes Türblatt verzieht oder dieses windschief werden lässt. Rahmentüren können an den Ecken gestemmt oder gedübelt sein.

Bei **gestemmten Rahmenecken (Bild 1)** werden die Zapfenverbindungen so verleimt und verkeilt, dass sich nach dem Schwinden keine offenen Fugen oder Gehrungen zeigen. Die Zapfen müssen mit dem Überschlag des Türblattes bündig liegen, damit beim Fälzen keine Zapfenteile am Überschlag stehen bleiben. Die Zapfenbreite darf 120 mm nicht überschreiten, die Nutzapfen müssen ca. 10 mm lang sein. Waagerechte Mittelfriese sollen nicht auf Schlosshöhe liegen, da ihre Zapfen beim Einfräsen der Einsteckschlösser zum größten Teil wegfallen würden.

Bei **gedübelten Rahmentüren** werden die Dübel in einem bestimmten Verhältnis zur Breite und Dicke der Rahmenfriese festgelegt. Die waagerechten Rahmenfriese sind bei gekehlten Innenkanten an den Stirnseiten mit einer Gegenkehlung zu versehen, sie werden gekontert. Bei Rahmenfriesen mit stumpfer Fuge muss die Stoßfuge zusätzlich gefedert sein. Rahmenfriese unter 150 mm Breite erhalten zwei Dübel, Rahmenfriese über 150 mm drei Dübel. Die Dübellänge beträgt 2 x $^2/_3$ der Friesbreite, die Dübeldicke $^2/_5$ der Friesdicke **(Bild 3).** Die Nuten bzw. Fälze für Füllungen aus Vollholz müssen 15 mm tief sein. Bei Füllungen aus Sperrholz genügt eine Tiefe von 12 mm.

Beim **Verleimen von Rahmentüren** werden zuerst die Rahmenfriese mit Füllungen ohne Leimangabe soweit zusammengesteckt, dass noch etwa $^1/_3$ der Zapfen- oder der Dübellänge zum Auftragen des Leimes frei bleiben. Dadurch wird nur der innere Teil des Zapfens bzw. Dübels beleimt, sodass die aufrechten Rahmenfriese von außen nach innen schwinden können. Nachdem an Zapfen, Dübeln und an den Stoßflächen Leim angegeben ist, wird das Türblatt zusammengeklopft und -gepresst und mit dem Stichmaß geprüft, ob es im Winkel ist. Beim Zusammenpressen ist eine hydraulische Rahmenpresse **(Seite 220)** vorteilhaft. Die Verkeilung der durchgestemmten Zapfen erfolgt zuletzt, wobei immer zuerst der äußere und dann der innere Keil eingetrieben wird. Beim Verkeilen und beim Abbinden des Leimes müssen die Türblätter gerade liegen oder stehen, damit sie nicht windschief werden **(Bild 2).**

Sperrtüren sind glatte Türblätter aus Holzwerkstoffen **(Seite 139)**. Die industriell hergestellten Türblätter werden vom Hersteller auch mit Edelholzfurnieren, Schichtpressstoffplatten oder Folien beschichtet, mit fertiger Oberflächenbehandlung sowie mit verschiedenen Ausschnitten geliefert **(Bild 1)**. Die Türen können fertig gefälzt und mit Schloss und Bändern versehen sein, die so vorbereitet in hierfür hergestellte Fertigfutter passen.

Zum nachträglichen Beschichten oder Furnieren eignen sich nur Hohlraumtüren mit steifer Innenlage oder Sperrtüren mit Vollholz- oder Spanholzmittellage. Einseitiges Aufleimen von Leisten, Friesblenden oder aufgesetzten Füllungen führt zum Werfen und Verziehen des Türblattes.

Ganzglastüren bestehen aus 8 mm bis 12 mm dickem Einscheibensicherheitsglas (ESG). In ihm müssen sämtliche Bohrungen und Aussparungen für die Beschläge vorhanden sowie alle Kanten gefast sein **(Seiten 184 und 488)**.

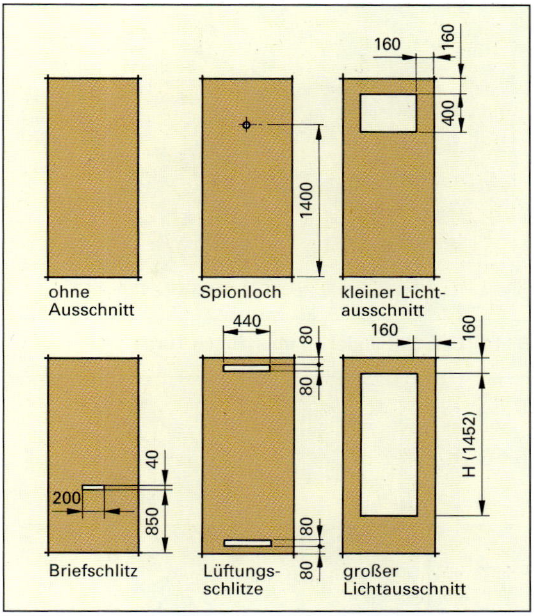

Bild 1: Ausschnitte in Sperrtüren

10.7.1.3 Türbeschläge

Zu den Beschlägen für Drehflügeltüren gehören Bänder, Schlösser und Schlosszubehör.

Bänder

Bei den Bändern sind Einstemm-, Einbohr-, Aufschraub- und Kombibänder sowie verdeckt liegende Bänder zu unterscheiden. Je nach Gewicht der Türblätter, nach der Gestaltung der Tür und Lage des Türblattes in der Türumrahmung sind die entsprechenden Bänder auszuwählen.

Einstemmbänder (Fitschen) verwendet man für überfälzte Türen. Sie können einen festen oder losen Stift haben. Beim losen Stift kann man die Tür aushängen, auch wenn nach oben kein Platz zum Hochheben des Türblattes vorhanden ist. Einstemmbänder für Zimmertüren haben eine Länge von 140 mm und 160 mm. Es gibt rechte und linke Bänder **(Bild 2 und Bild 3)**.

Einbohrbänder ermöglichen durch die Verwendung von Bohrlehren ein rasches Anschlagen. Sie werden vorwiegend für überfälzte Türen verwendet. Die Einbohrzapfen dieser Bänder können Gewinde haben oder glatt sein. Die Einbohrzapfen mit Gewinde müssen ins Holz eingedreht werden. Dadurch kann die „Luft" an der Anschlagseite reguliert werden. Glatte Einbohrzapfen sind durch Schrauben, Stifte oder Befestigungstaschen zusätzlich zu sichern. Einbohrbänder können links und rechts verwendet werden **(Bild 1, Seite 480, und Bild 2)**.

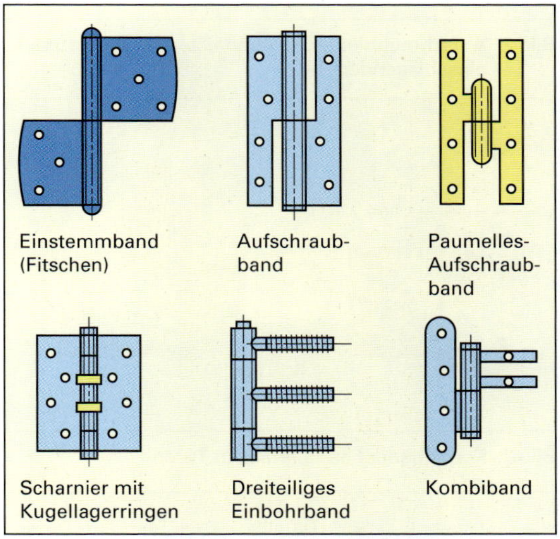

Bild 2: Bänder für Drehtüren (siehe auch Seite 480)

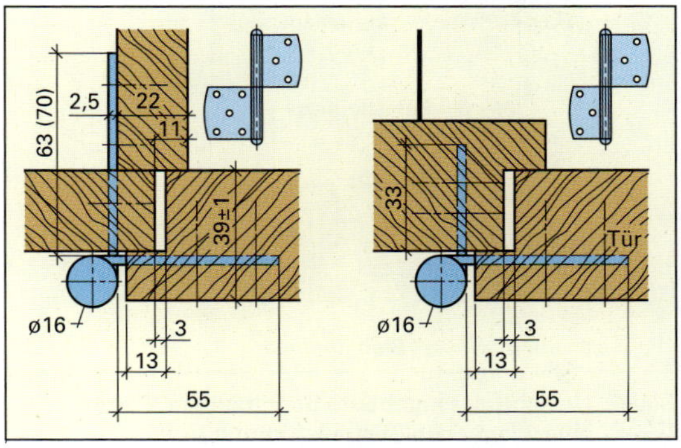

Bild 3: Einstemmbänder, auch Fitschen genannt, an Futter- und Blendrahmentür

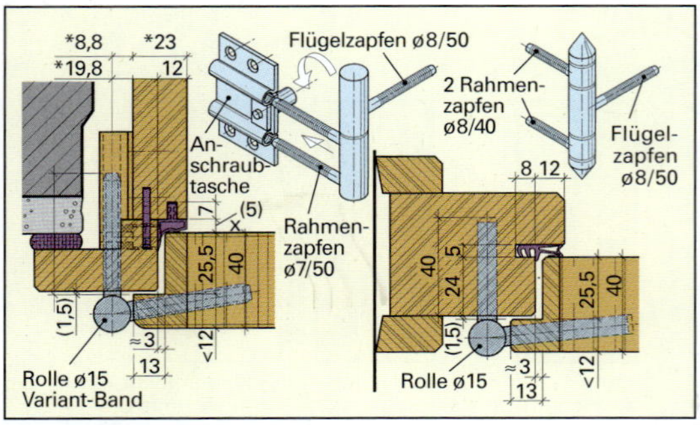

Bild 1: Einbohrbänder an überfälzten Türen

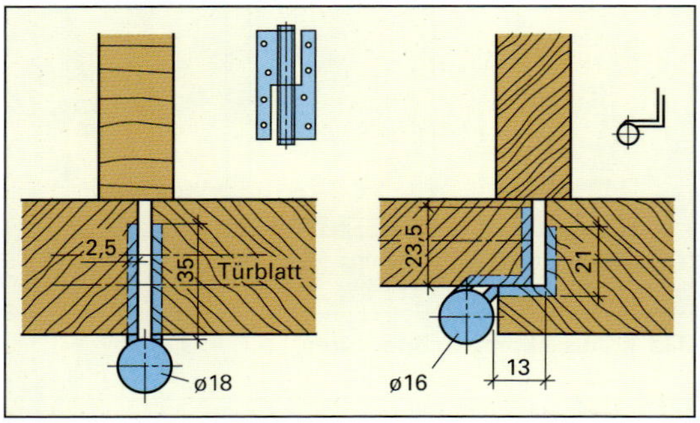

Bild 2: Aufschraubbänder an überfälzter Tür und stumpf einschlagender Tür

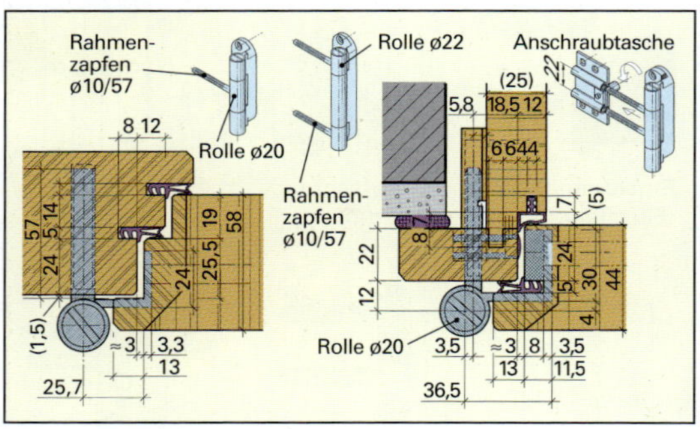

Bild 3: Kombibänder an überfälzten Türen

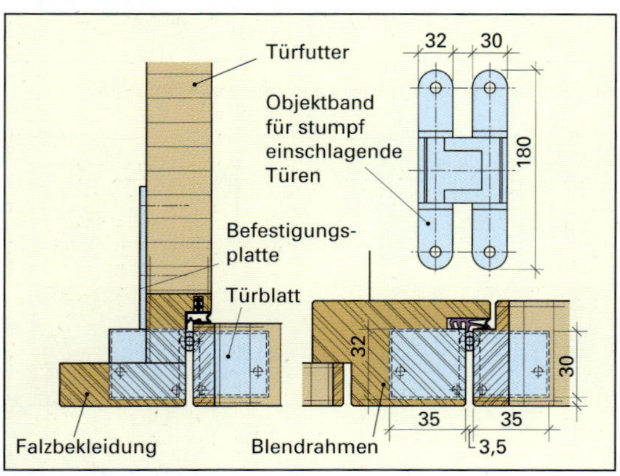

Bild 4: Unsichtbar eingebaute Scharniere in stumpf einschlagenden Türen

Aufschraubbänder können gerade oder gekröpfte Lappen aufweisen. Aufschraubbänder mit geraden Lappen werden für stumpf einschlagende Türen verwendet, solche mit Kröpfung D für überfälzte Türen. Für besonders schwere Türen können die Bänder zusätzlich mit Tragzapfen ausgestattet sein. Es gibt hier rechte und linke Bänder **(Bild 2)**.

Kombibänder sind Kombinationen aus Einstemmband und Einbohrband oder Einbohrband und Aufschraubband **(Bild 3)**. Es gibt auch Türbänder, die die Tür beim Öffnen heben, und Kombibänder, die ein Verstellen des Luftspalts ermöglichen.

Türbänder sind meist aus Stahl, verzinkt oder farbig pulverbeschichtet. Es gibt aber auch Bänder aus Messing, Edelstahl, Leichtmetall und Kunststoff.

Für Türbänder ist in DIN 18268 eine **Bandbezugslinie** festgelegt, die in der Regel in der Mitte der Rollenhöhe liegt, bei dreiteiligen Rollenbändern aber auch außermittig sein kann. Sie soll für einen einheitlichen Sitz der Türbänder bei industriell gefertigten Türblättern und Futtern sorgen **(Bild 3, Seite 483)**.

Sonderbänder sind z. B. unsichtbare Scharniere, Bänder für Bodentürschließer und frontal einbohrbare Bänder sowie Bänder für Spezialtüren wie Schallschutz- oder Brandschutztüren.

Unsichtbare Scharniere sind für stumpf einschlagende Türen geeignet. Sie haben einen gedachten Drehpunkt, der außerhalb des Scharnieres liegt. Unsichtbare Scharniere werden z. B. bei Tapetentüren oder besonders eleganten Lösungen verwendet, bei denen keine Bänder in der Front sichtbar sein sollen **(Bild 4)**.

Bodentürschließer werden besonders bei schweren Türen verwendet. In der oberen und unteren Türkante sind den Zapfenbändern ähnliche, schwere Bänder mit auskragendem Drehpunkt einzulassen **(Bild 5)**.

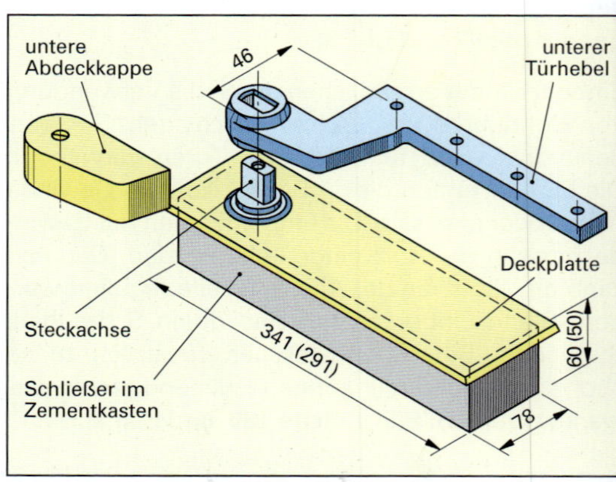

Bild 5: Bodentürschließer mit Türhebel für Holztüren

Türschlösser

Innen- und Außentüren erhalten im Allgemeinen **Einsteckschlösser** wie Haustürschlösser, Zimmertürschlösser sowie Badezellen- und WC-Türschlösser **(Bild 2).** Sie sind in DIN 18251 genormt und dadurch in ihren Maßen festgelegt. Haustürschlösser sind im Allgemeinen schwerer ausgebildet als Zimmertürschlösser. Badezellen- und WC-Türschlösser werden anstelle eines Schlüssels von der Innenseite mit einem Knebel verriegelt. Für Hoteltüren, Krankenhaustüren und schalldämmende Türen sind ebenfalls besondere Schlösser im Handel.

Die **Sicherungsart** kann bei den Einsteckschlössern verschieden sein. So unterscheidet man Buntbartschlösser, Zuhaltungsschlösser, Besatzungsschlösser, Schlösser für Schließzylinder wie Rund-, Profil- oder Ovalzylinder und Elektronikschlösser, die mit einer Magnetstreifenkarte oder einem Schlüssel mit eingebautem Sender zu öffnen sind.

Buntbartschlösser bieten die geringste Sicherheit. Sie werden für Zimmertürschlösser verwendet.

Besatzungsschlösser haben durch die aufgesetzten Reifen auf den Innenflächen des Schlosskastens, auf die die Schlüssel abgestimmt sind, eine höhere Sicherheit. Für Haustüren und Wohnungsabschlusstüren sind nur **Zuhaltungsschlösser** mit Wechsel, **Profil-** oder **Rundzylinderschlösser** mit Wechsel oder **Elektronikschlösser** zugelassen. Sie bieten die höchste Sicherheit. Die Bezeichnung **„mit Wechsel"** bedeutet, dass die Schlossfalle mit dem Schlüssel betätigt werden kann. Türen mit solchen Schlössern können auf der Außenseite einen Knopf oder Griff erhalten. Die Form des Schlüssels bzw. Schlüsselbartes gibt Aufschluss über die Bauart des Schlosses **(Bild 3 und Bild 3, Seite 566)**.

Für eine rechts angeschlagene Tür benötigt man ein **Rechtsschloss (R),** für eine links angeschlagene Tür ein **Linksschloss (L).** Es sind aber auch Zimmertüreinsteckschlösser im Handel, bei denen die Falle umgesteckt werden kann, sodass sie rechts und links zu verwenden sind. Außerdem unterscheidet man Schlösser für gefälzte und stumpf einschlagende Türen. Bei Schlössern für stumpf einschlagende Türen liegt der Stulp mittig auf dem Schlosskasten, für überfälzte Türen ist der Stulp einseitig mit dem Schlosskasten bündig. Für furnierte, überfälzte Türen wird meistens ein Schließblech mit schmalem Schenkel eingebaut; hierfür sind Schlösser mit hochliegendem Riegel zu verwenden **(Bild 1).**

Türschlösser sind mit einem **Dornmaß** von 25 mm bis 100 mm erhältlich. Meist sind jedoch für Zimmertüren Schlösser mit einem Dornmaß von **55 mm** im Gebrauch.

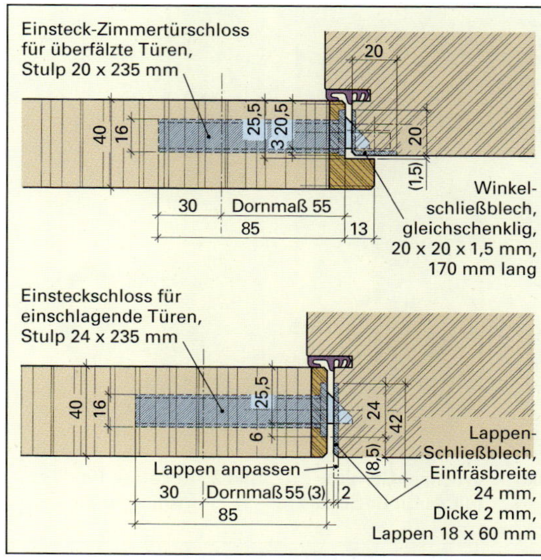

Bild 1: Einsteckschloss-Einbaumaße

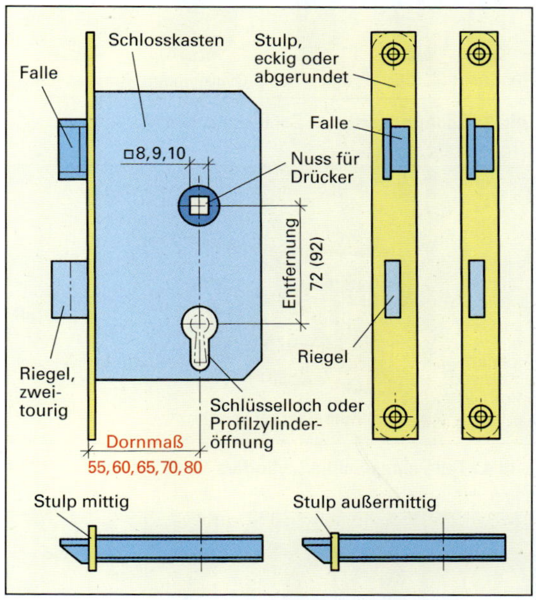

Bild 2: Einsteckschloss für Stumpf- und Falztüren

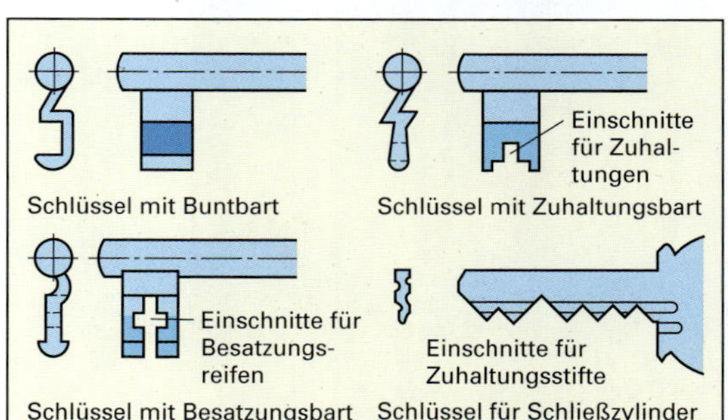

Bild 3: Schlüsselarten für Innentüren

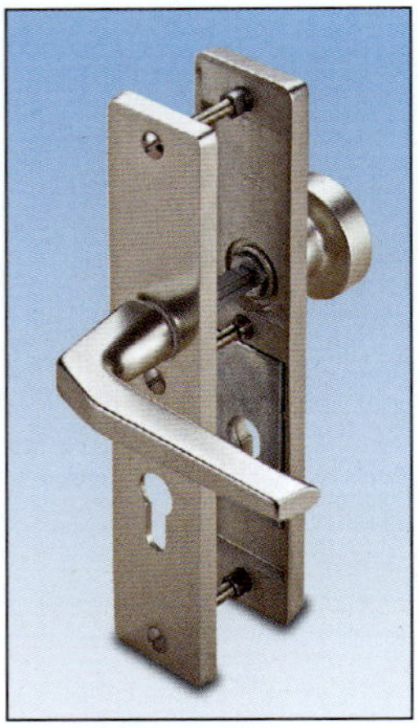

Bild 1: Wechsel-Garnitur mit Aufbohr-Schutz

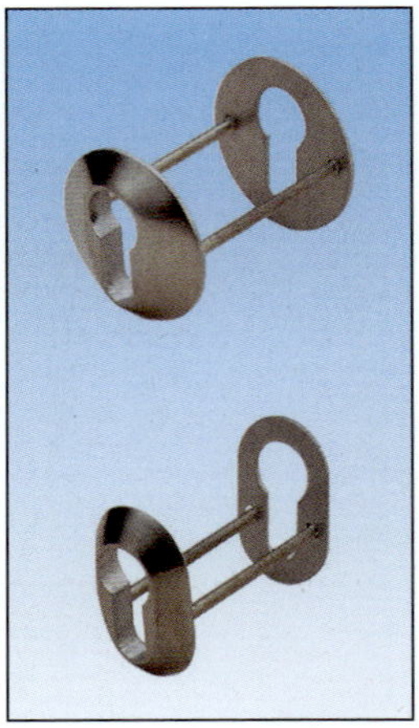

Bild 2: Rosetten für Profilzylinder

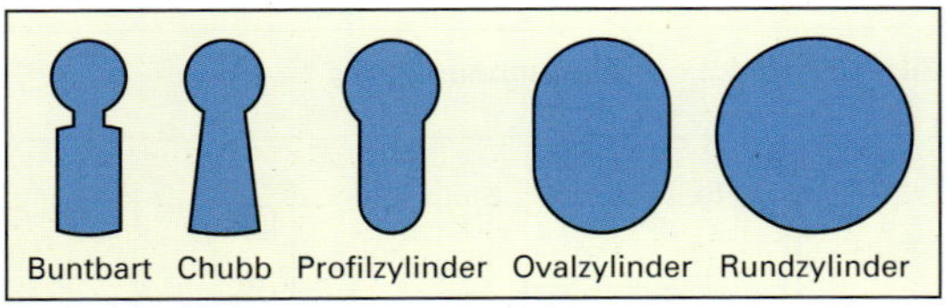

Bild 3: Lochungsarten in Schlüsselschildern

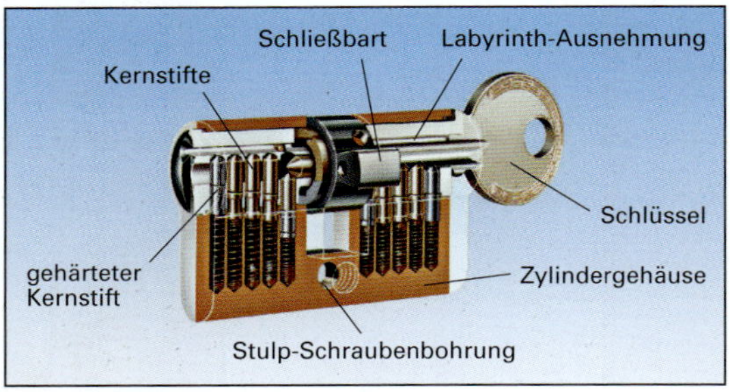

Bild 4: Teile eines Schließzylinders

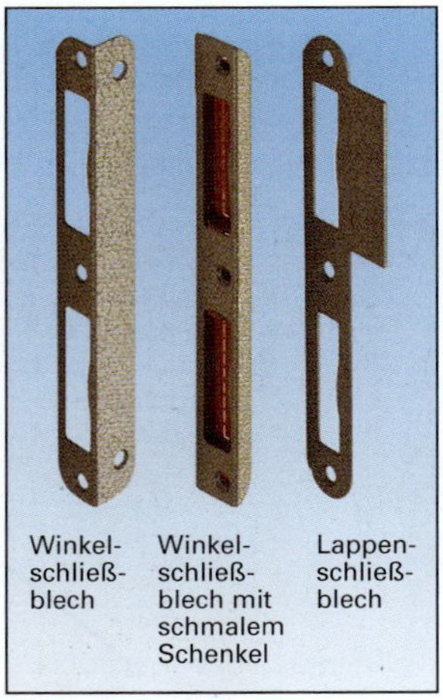

Bild 5: Schließblecharten

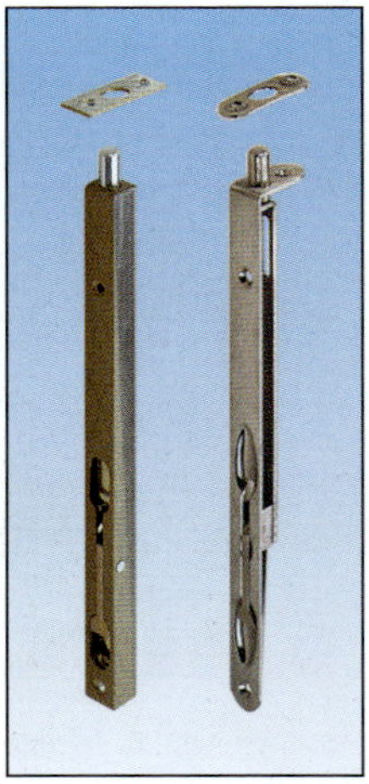

Bild 6: Kantenriegel

Schlosszubehör

Besonderes Schlosszubehör sind die Drückergarnituren, das Schließblech, der Schließzylinder und evtl. die Riegel.

Zu einer vollständigen **Türdrückergarnitur** gehören zwei Drücker, ein Drückerstift und die Türschilder bzw. Schlüsselrosetten **(Bild 1 und Bild 2)**. Wird die Tür nur von einer Seite mit einem Türdrücker versehen und die andere Seite mit einem Knopf oder Griff wie bei Wohnungseingangstüren, ist ein **Wechselstift** erforderlich. Der Wechselstift wird auf dem Schlosskasten oder am Knopfschild befestigt; er erlaubt die Befestigung des Türdrückers auf der Türinnenseite. Als Werkstoff für die Drückergarnituren wird Leichtmetall eloxiert, Temperguss oder Grauguss schwarz gebrannt, Messing, Edelstahl oder Kunststoff verwendet. Der Werkstoff für Drückerstifte ist Stahl. Bei Zimmertüreinsteckschlössern beträgt die **Entfernung** von Mitte Türdrücker bis Mitte Dorn 72 mm, bei Haustürschlössern 92 mm. Das Türschild muss zum Schlüssel bzw. Profil des Schließzylinders passen **(Bild 3)**.

Statt der Türschilder können auch Drückerrosetten oder Knöpfe mit Rosetten verwendet werden.

Die **Schließzylinder** für Einsteckschlösser werden gesondert geliefert. Sie müssen zur Türblattdicke einschließlich Drückergarnitur passen und werden durch den Stulp im Schloss festgeschraubt **(Bild 4)**.

Falle und Riegel der Schlösser fassen in das Schließblech ein. Man unterscheidet Winkelschließbleche und Lappenschließbleche **(Bild 5)**. **Winkelschließbleche mit gleichen Schenkeln** werden für überfälzte Türen verwendet, die später deckend gestrichen werden. **Winkelschließbleche mit schmalem Schenkel** sind für überfälzte Türen geeignet, bei denen das Schließblech durch den Überschlag der Tür abgedeckt werden soll. Bei der Verwendung von Schließblechen mit schmalem Schenkel muss man Schlösser mit hochliegendem Riegel einbauen. Die Schließbleche werden in der Regel passend zum Schloss mitgeliefert. Einige Firmen haben volleinfräsbare, links und rechts verwendbare Schließbleche entwickelt. **Lappenschließbleche** verwendet man bei stumpf einschlagenden Türen **(Bild 1, Seite 476)**.

Bei zweiflügeligen Türen ist in der Türkante am mittleren Überschlag des festzustellenden Flügels oben und unten ein **Kantenriegel** einzulassen **(Bild 6)**. Der obere Riegel fasst in den Türrahmen, der untere in den Fußboden.

Schließanlagen

Schließanlagen ermöglichen ein Öffnen und Verschließen mehrerer Türen mit einem Schlüsse oder das Öffnen und Verschließen einer zentralen Tür mit verschiedenen Einzelschlüsseln. Man unterscheidet Haupt- bzw. Generalhauptschlüsselanlagen und Zentralschlossanlagen.

Bei **Hauptschlüsselanlagen** können die Schlösser mehrerer Türen mit einem Schlüssel, dem Hauptschlüssel, betätigt werden. Der Generalhauptschlüssel passt in der Regel in sämtliche Türschlösser des Gebäudes. Haupt- und Generalschlüsselanlagen werden in Büros, öffentlichen Gebäuden usw. eingesetzt **(Bild 1)**.

Bei **Zentralschlossanlagen** kann man mit mehreren unterschiedlichen Schlüsseln das Schloss einer Tür betätigen. Zentralschlossanlagen werden z. B. in Mehrfamilienhäusern eingesetzt, in denen die verschiedenen Mieter mit ihrem Wohnungsschlüssel die gemeinsame Haustür und Kellertür öffnen und verschließen können **(Bild 1)**.

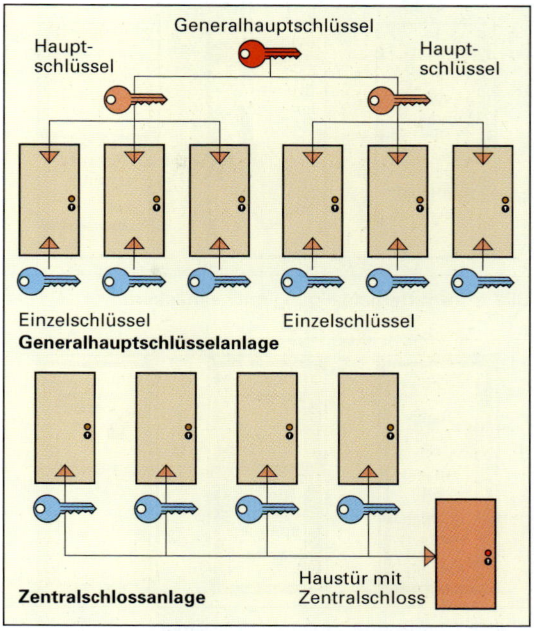

Bild 1: Schließanlagen

Dichtungen

Türen können ringsum in den Fälzen und am Boden gegen Luftdurchgang abgedichtet werden. Dies ist vor allem bei schalldämmenden Türen erforderlich **(Seite 489)**. Zur Dämpfung der Schließgeräusche genügt eine Falzdichtung. Am Boden werden bei Innentüren meist automatisch wirkende Bodendichtungen verwendet **(Bild 2)**.

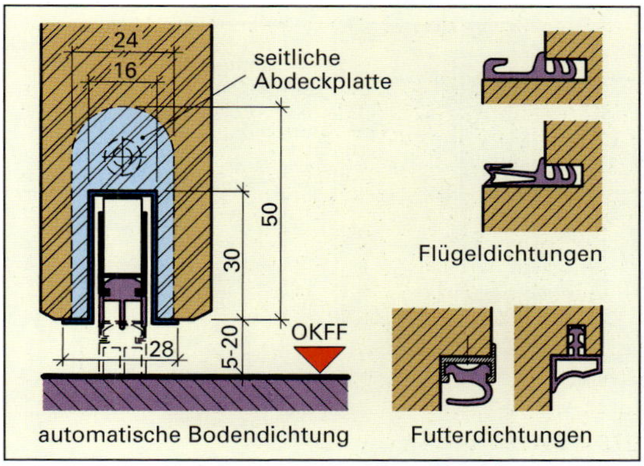

Bild 2: Dichtungen

10.7.1.4 Türen anschlagen und einsetzen

Zum **Anschlagen** gehört das Anbringen der Türbeschläge. Die Türen sind so anzuschlagen, dass sie sich leicht öffnen und schließen lassen und dass die geschlossenen Flügel im Rahmen gut anliegen. Die Flügel dürfen auch nach dem Anstrich an keiner Stelle streifen. Die Falzluft darf seitlich (LS) und oben (LO) 2,5 mm bis 6,5 mm, insgesamt aber nicht mehr als 9 mm, und unten (LU) 7 mm betragen **(Bild 1, Seite 476)**. Da sich die Türen später meistens noch etwas senken, soll die Luft im Falz an der Anschlagseite am unteren Band mehr betragen als am oberen Band. Die Höhe der Bandbezugslinie und des Drückers ist nach DIN 18101 genormt **(Bild 3)**.

Beim Einsetzen der Türen auf dem Bau wird zunächst die Bandseite des Türrahmens am Mauerwerk befestigt. Dabei wird mit der Wasserwaage das Lot kontrolliert. Drehtüren sollen so eingesetzt werden, dass der Flügel beim Öffnen etwas steigt. Dann wird die Schlossseite so am Mauerwerk befestigt, dass zwischen Tür und Rahmen ausreichend Luft verbleibt und die Tür am Überschlag überall gleichmäßig anliegt.

Das Befestigen des Futterrahmens und der Bekleidungen am Mauerwerk erfolgt durch Schrauben in

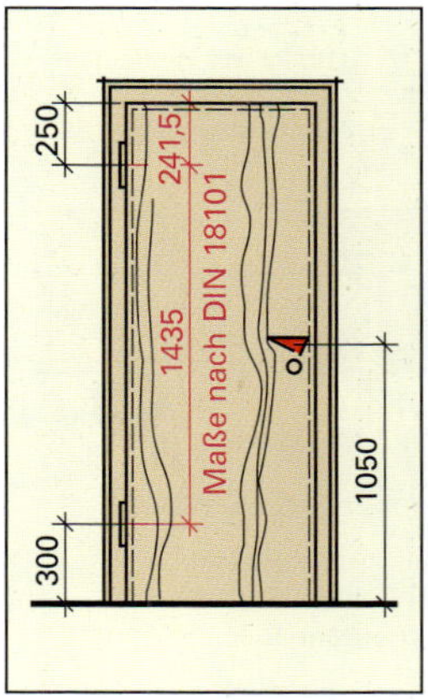

Bild 3: Band- und Schlosssitz

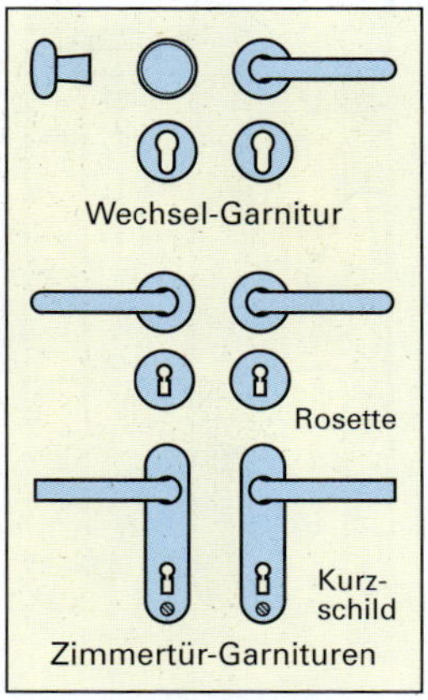

Bild 4: Drückergarnituren

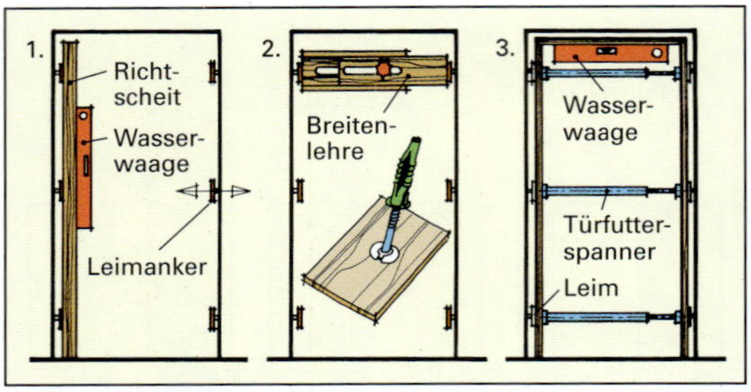

Bild 1: Türfutterbefestigung mit Leimankern

Bild 2: Türfutterspanner

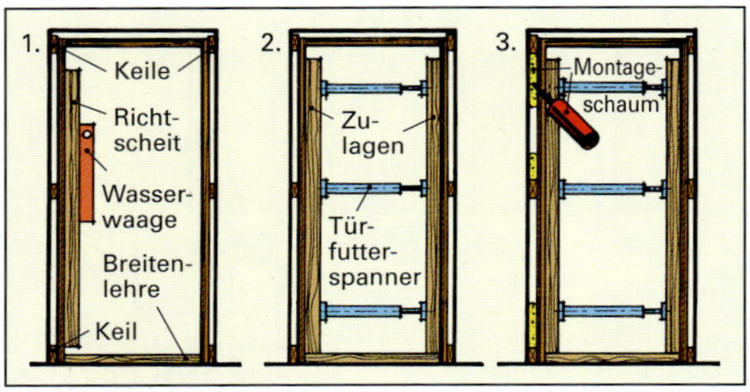

Bild 3: Türfutterbefestigung mit Montageschaum

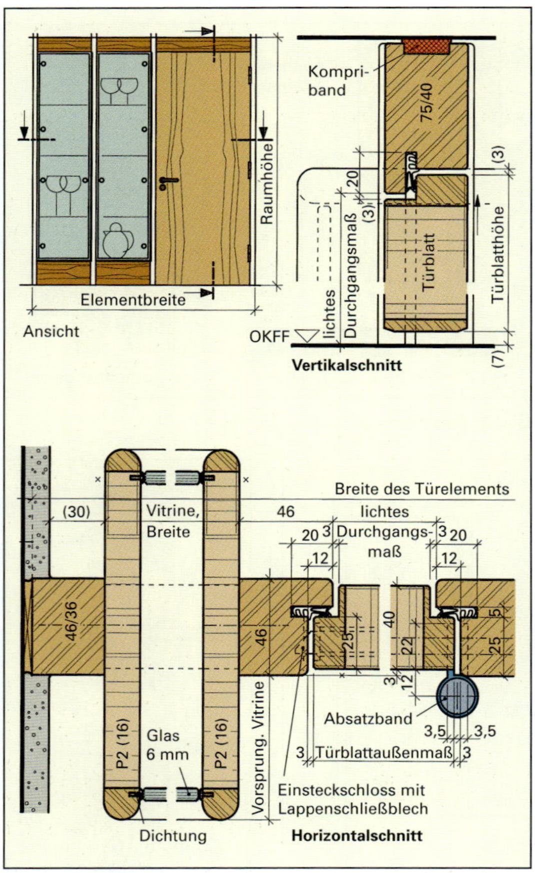

Bild 4: Beispiel einer Windfangtür mit beidseitig verglasten Vitrinen

Spreizdübeln. Bei naturfarbenem Holz und oberflächenfertigen Türen müssen die Befestigungsmittel unsichtbar angebracht werden. Man verwendet dazu Futterklammern aus Stahl, Stahlwinkel, Leimanker **(Bild 1)** oder schäumt die Futtertüren mit feinzelligem PU-Montageschaum ein. Hierbei sind die Türfutter vorher genau auszurichten und die aufrechten Futterstücke gegeneinander zu verspannen **(Bild 2 und Bild 3)**.

Die Innentüren können entweder vor dem Einbringen des Estrichs oder, nachdem der Fußbodenbelag fertiggestellt ist, eingesetzt werden. Werden die Türen im Rohbau eingesetzt, ist auf die Oberkante des Fertigfußbodens Rücksicht zu nehmen, die sich vom Meterriss her bestimmen lässt. Das Einsetzen der Tür vor dem Einbringen des Estrichs hat den Vorteil, dass der Rahmen unverrückbar im Estrich eingegossen werden kann, hat aber den Nachteil, dass der Fußbodenbelag genau an der Türumrahmung angepasst werden muss. Beim Einsetzen der Türen nach dem Einbringen des Fußbodens kann die Türumrahmung auf den Boden gesetzt werden. Die Gefahr der Beschädigung der Türumrahmung durch nachfolgende Ausbauarbeiten ist dann geringer.

Werden Innentüren in Nassräumen auf den Fliesenboden gesetzt, muss der Anschluss der Futter und Bekleidungen mit Silikon abgedichtet werden. Dies ist besonders bei Futtern aus Spanplatten wichtig, diese würden bei Nässeanfall stark aufquellen.

10.7.1.5 Windfangtüren

Windfangtüren trennen den sogenannten Windfang hinter der Haustür vom Wohnbereich. Es sind meist Türelemente, die von Wand zu Wand und vom Fußboden bis zur Decke reichen. Damit Licht in die Räume gelangen kann, werden die Türen verglast oder mit einem verglasten Seitenteil oder Oberlicht versehen. Vielfach kommen auch Ganzglastüren zum Einsatz. Im Beispiel in **Bild 4** sind die Seitenteile als beidseitig verglaste, kleine Vitrine konstruiert.

10.7.2 Schiebetüren

Schiebetüren bestehen aus einem oder mehreren Türblättern, der Türumrahmung sowie den Lauf- und Verschlussbeschlägen. Schiebetüren werden am Laufwerk aufgehängt und seitlich parallel zur Wandfläche verschoben **(Bild 2)**. Sie benötigen dadurch keinen Drehraum, sind also Platz sparend.

Schiebetüren können ein-, zwei-, drei- und vierteilig ausgeführt sein. Drei- und vierteilige Schiebetüren werden meist als Klapp- oder Teleskopschiebetüren hergestellt. Es gibt auch Laufwerke für kreisrund gebogene Schiebetüren **(Bild 3)**.

Bei Zugangs- oder Verbindungstüren von Wohn- oder Gesellschaftsräumen erfolgt der Einbau der Schiebetüren entweder in Mauertaschen oder zwischen Mauer und Wandverkleidung bzw. eingebautem Schrank. Dadurch sind die Schiebetüren im geöffneten Zustand unsichtbar.

Zum Aufhängen der Türblätter werden geschlossene **Rollen-** oder **Kugellaufwerke** verwendet, die seitlich an der Wand oder unter dem Sturz waagerecht befestigt werden müssen **(Bild 1, Seite 486)**. Nach DIN 18357 müssen sich Schiebetüren in Wohnräumen geräuscharm bewegen lassen. Die Laufwerke werden in der Regel vor dem Aufmauern der abschließenden Wände oder vor dem Anbringen der Verkleidungen bzw. vor dem Aufstellen eingebauter Schränke montiert. Die Laufbegrenzung wird durch Gummipuffer festgelegt, die so angebracht sein müssen, dass das Türblatt zu gleicher Zeit oben und unten anschlägt. Wird nur ein Puffer verwendet, so muss dieser in der Mitte der Türhöhe befestigt sein.

Zur unteren Türführung wird eine **Führungsnocke** am Beginn der Mauer- oder Wandtasche auf den Boden geschraubt. Sie gleitet in einer Laufnute an der Unterkante des Türblattes **(Bild 3, Seite 486)**.

Zum **Verschließen** der Türflügel dienen Schiebetürschlösser mit Zirkel- oder Flügelriegel **(Bild 4, Seite 487)**. Die Schlüssel haben umklappbare Grifffösen (Gelenkschlüssel). An Stelle von Drückern verwen-

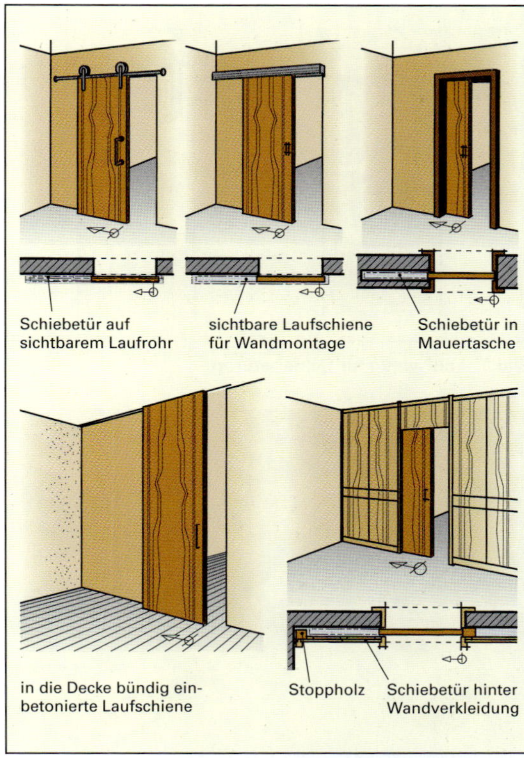

Bild 1: Einbaumöglichkeiten von einteiligen Schiebetüren

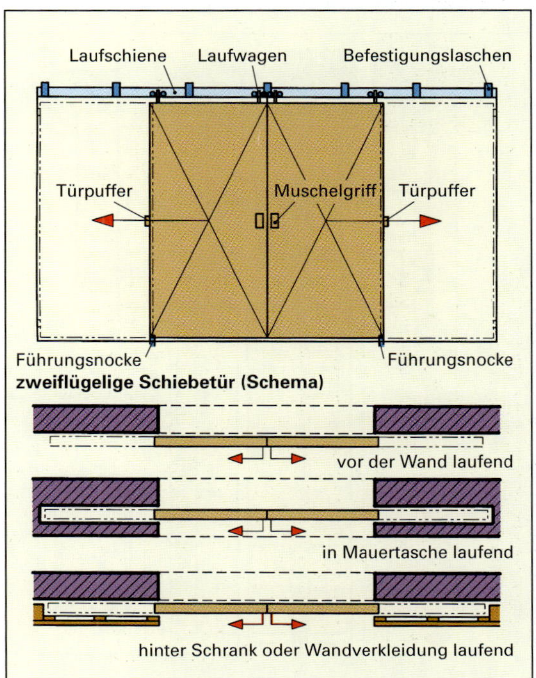

Bild 2: Einbaumöglichkeiten von zweiflügeligen Schiebetüren

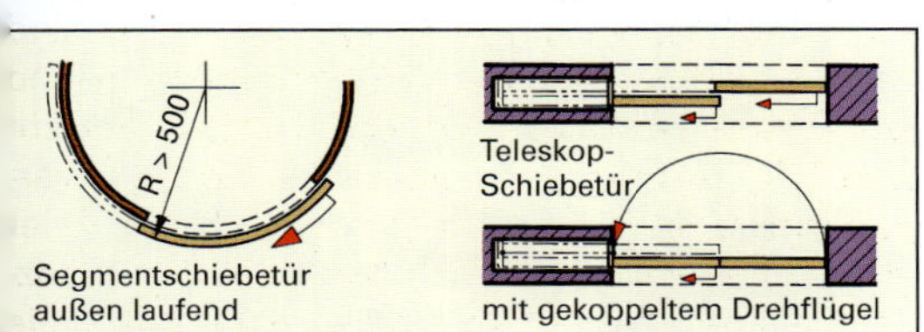

Bild 3: Schiebetüren mit Sonderlaufwerken

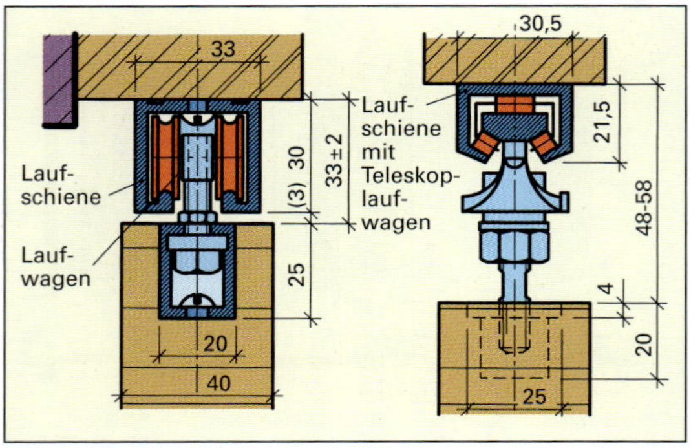

Bild 1: **Laufwerke für Schiebetüren**

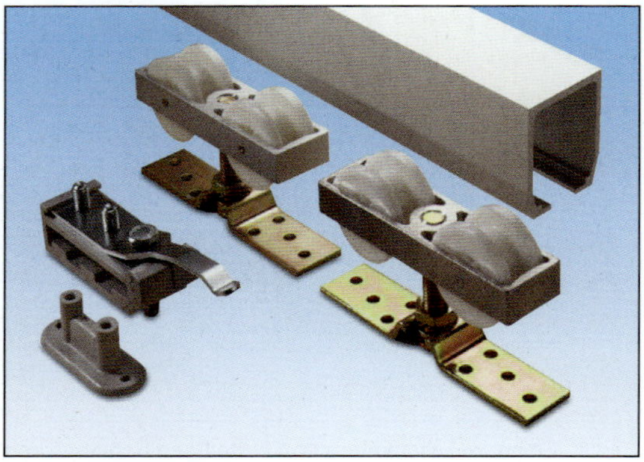

Bild 2: **Teile eines Schiebetürbeschlages – Laufrohr, Laufwagen, Auflaufbremse, Führungsnocke**

det man eingelassene Griffmuscheln aus Metall oder Kunststoff, um vorstehende Teile an den Türflächen zu vermeiden. Diese Beschläge erfordern eine Mindestdicke der Türblätter von 42 mm. Um ganz zurückgeschobene Türblätter wieder aus der Tasche ziehen zu können, sind in den Schlössern Springgriffe eingebaut, die durch Knopfdruck am Schlossstulp herausspringen.

Als Türrahmen und als Abdeckung der Rollenlaufwerke können Futter mit Bekleidungen verwendet werden. Damit die Laufwerke nach dem Einbau zum Ein- und Aushängen der Türblätter und für Reparaturen zugänglich sind, muss ein Halbfutter abnehmbar angebracht werden **(Bild 3)**.

Schiebetüren können aber auch vor einer Wand laufen. Schlichte, mit Alu-Profilen verkleidete Laufrohre oder Laufstangen aus Edelstahl, auf denen sichtbar die großen Laufrollen gesetzt werden, können an der Wand befestigt werden **(Bild 4)**. Außerdem gibt es Laufschienen, die mit dem Putz bündig in der Raumdecke einbetoniert werden können. Sie sind geeignet für raumhohe, vor der Wand laufende Schiebetüren. In den Laufrohren lassen sich Einzugsdämpfungen einbauen, die ein automatisches, sanftes Schließen bis in die Endstellung ermöglichen.

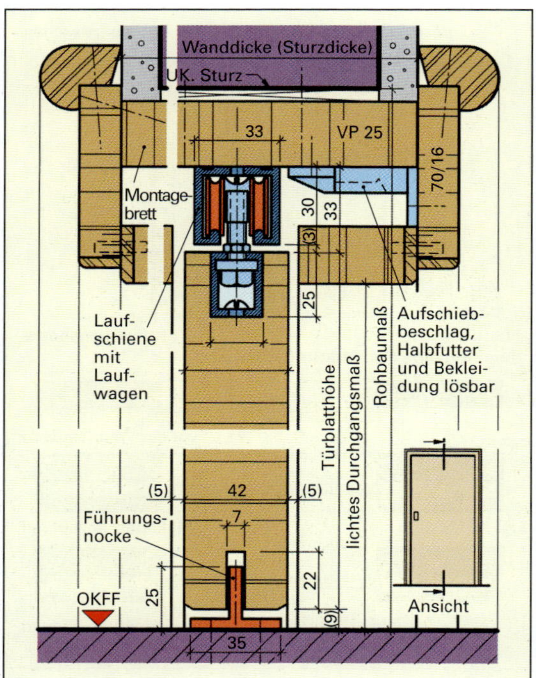

Bild 3: **Schiebetür, in Mauertasche laufend**

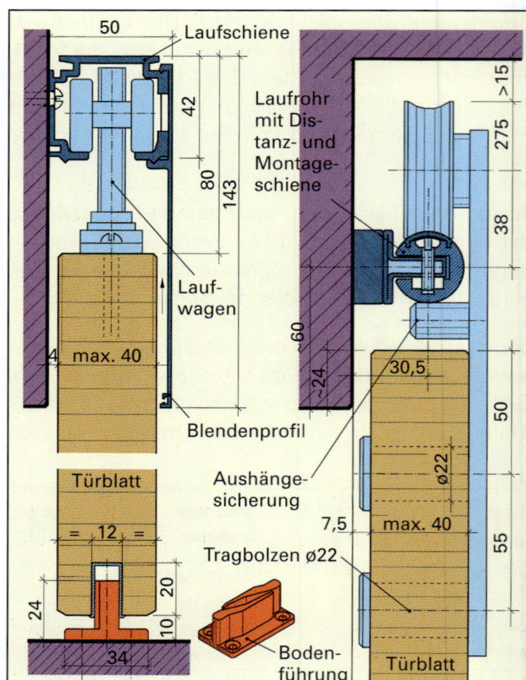

Bild 4: **Schiebetür, vor der Wand laufend**

10.7.3 Falt- und Harmonikatüren

Zum Unterteilen großer Räume können anstelle fester Zwischenwände faltbare und verschiebbare Türwände eingebaut werden. Die einzelnen Türflügel sind in Laufwerken aufgehängt, untereinander mit Scharnieren verbunden und werden an ihrer Unterkante mittels Führungsrollen in einer Bodenschiene geführt.

Bei **Falttüren** werden die einzelnen Flügel an den oberen und unteren Ecken geführt. Alle Türflügel sind nahezu gleich breit. Bei **Harmonikatüren** werden die Flügel in der Mitte der oberen Kante aufgehängt, eine Bodenführung kann hier entfallen. Der erste Flügel ist bei Harmonikatüren nur etwa halb so breit wie die übrigen Türflügel **(Bild 1)**.

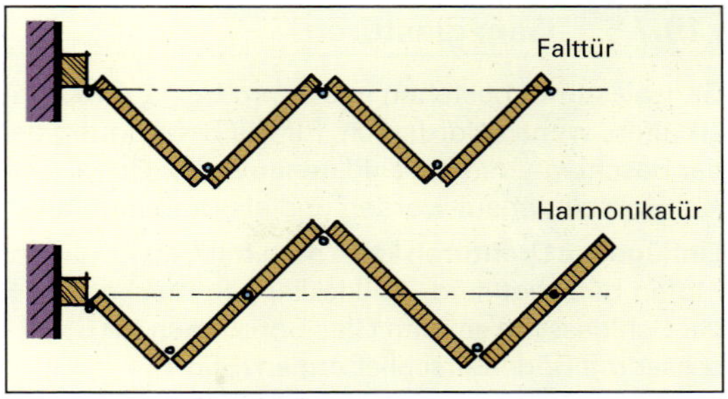

Bild 1: Falt- und Harmonikatür

10.7.4 Pendeltüren

Pendeltüren sind selbstschließende, nach beiden Seiten durch den Türrahmen schwingende Türen **(Bild 2)**. Sie ermöglichen einen raschen Durchgangsverkehr und schützen Flure und Wohnräume vor Zugluft.

Sie werden mit Pendeltürbändern (Bommerbänder) an einem Blend- oder Blockrahmen angeschlagen **(Bild 2)**. Diese Beschläge ermöglichen das Bewegen der Türen nach zwei Seiten. Eine Torsionsfeder im Innern des Bandes sorgt für selbsttätiges Schließen. Diese Pendeltürbänder schließen die Türen mit Schwung. Sollen die Türen langsamer schließen, so verwendet man einen Bodentürschließer. Dieser enthält im Bodenkasten eine Schließmechanik mit Federn und hydraulisch wirkenden Zylindern, die die Türen mittels Öldruck verzögernd schließen. Durch die Regelung des Öldrucks lassen sich verschiedene Schließgeschwindigkeiten einstellen **(Bild 3)**.

Um einen übersichtlichen Gegenverkehr zu ermöglichen, müssen mindestens die oberen zwei Drittel der Pendeltürflügel mit Glasfüllungen versehen sein. Die Scheiben schützt man gegen Stöße durch Griff- oder Schutzstangen bzw. durch Gitter oder man verwendet bruchfestes Glas.

Pendeltüren lassen sich durch besondere Pendeltürschlösser verschließen. Sie weisen eine Rollenfalle auf, die durch eine Schraube im Stulp zurückgedreht werden kann **(Bild 5)**. Zum Offenhalten der Pendeltüren dienen Türfeststeller. Bodentürschließer haben eine eingebaute Türfeststellung. Sie werden in der Regel nur mit Riegelschlössern verschlossen. Bodentürschließer verwendet man auch für Pendeltüren aus Ganzglas **(Seite 488)**.

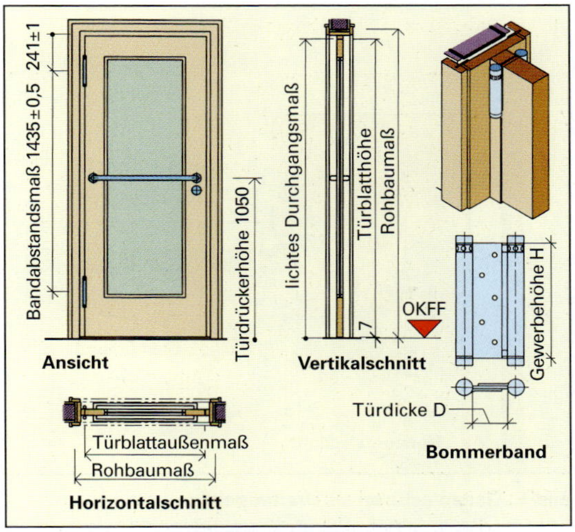

Bild 2: Pendeltür mit Bommerbändern

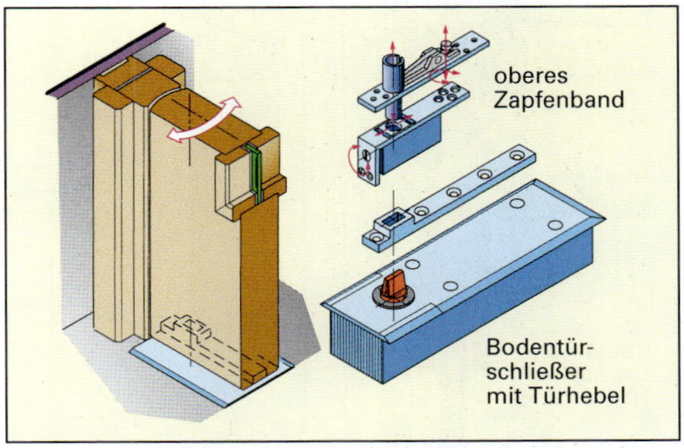

Bild 3: Pendeltür mit Bodentürschließer

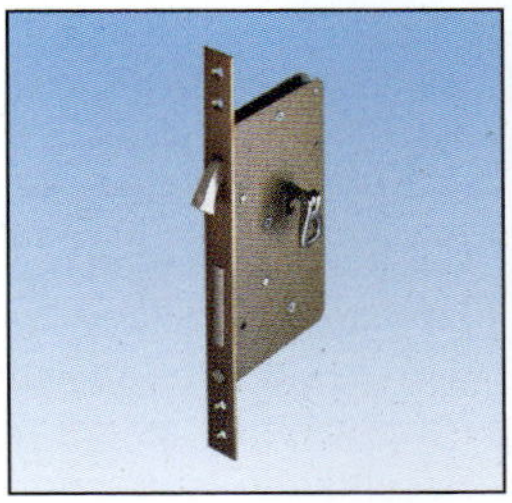
Bild 4: Zirkelriegelschloss

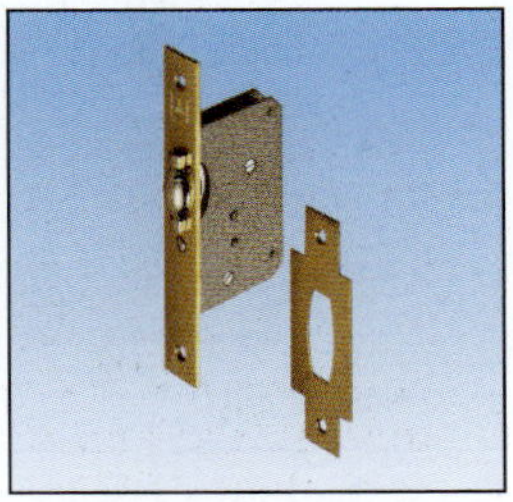
Bild 5: Rollenfallenschloss

10.7.5 Ganzglastüren

Ganzglastüren bestehen aus 8 mm bis 12 mm dickem Einscheibensicherheitsglas (ESG). Die Glasflächen erhalten, wenn erforderlich, für die Befestigung der Bänder und des Schlosses Bohrungen. Die Angaben der Beschlaghersteller sind genau zu beachten. Ganzglastüren können in Blockrahmen oder Futterrahmen aus Holz eingebaut werden und als Drehflügeltüren, Pendeltüren oder auch Schiebetüren funktionieren.

Einflügelige Drehtüren kann man mit Glastürbändern anschlagen, die an der Türumrahmung mit Einbohrzapfen befestigt sind. Abdeckkappen machen die Befestigungsschrauben an der Glastür unsichtbar. Auf der Schlossseite sind im Glas Bohrungen für Drücker und Schloss vorgesehen. Größere Türen schlägt man besser mit Bodentürschließern an **(Bild 1)**.

Pendeltüren werden vorwiegend mit Bodentürschließern angeschlagen. Im Privatbereich sind besonders die klemmfreien Beschläge zu empfehlen **(Bild 2)**.

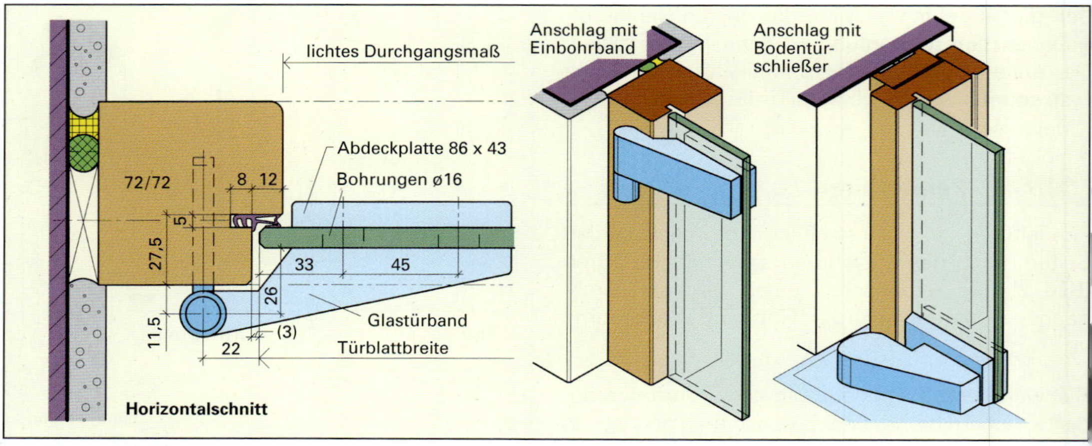

Bild 1: Ganzglastüren als Drehflügeltür

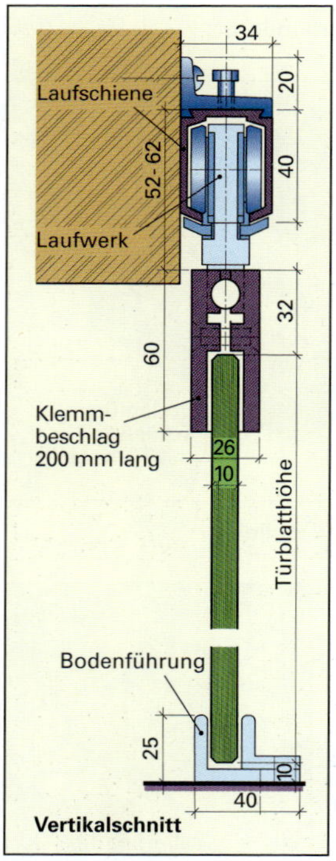

Bild 3: Ganzglastür als Schiebetür

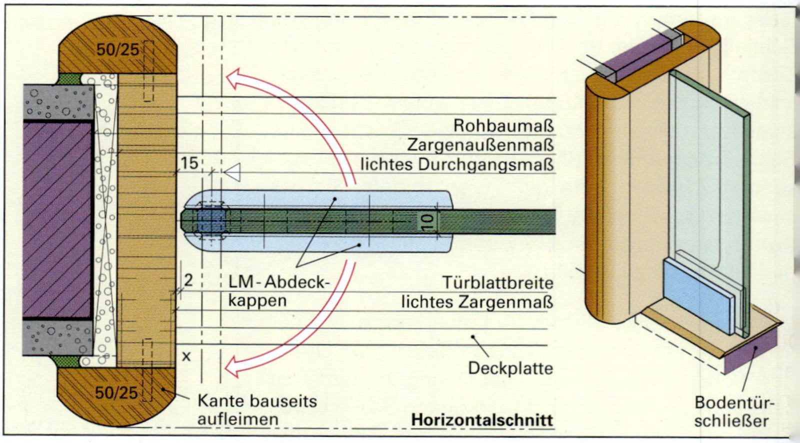

Bild 2: Ganzglastür als Pendeltür

Bei **Schiebetüren** werden die Glastüren oben in Klemmbeschläge eingespannt, die mit dem Laufwerk verbunden sind. Unten werden sie in einem u-förmigen Gleiter geführt **(Bild 3)**.

Bei sichtbar vor der Wand geführten Schiebetüren kommen in der Regel Edelstahlbeschläge zur Anwendung. Sie bestehen aus einem Laufrohr und den meist großen, kugelgelagerten Laufrollen. Für die Befestigung dieser Beschläge muss die Glastür im oberen Bereich gebohrt werden. Bei diesen Beschlägen ist besonders wichtig, dass die Schiebetüren in den Endstellungen abgestoppt werden und gegen Ausheben gesichert sind.

10.7.6 Spezialtüren

Spezialtüren haben neben den ästhetischen und den normalen technischen Funktionen zusätzlich weitere Sicherheitsfunktionen wie Brand-, Rauch-, Schall-, Einbruch-, Klima-, Strahlenschutz und in besonderen Fällen auch Durchschusshemmung zu erfüllen.

10.7.6.1 Schalldämmende Türen

Schalldämmende Türen werden zum Beispiel in Konzertsälen, in Konferenz- und Verhandlungsräumen sowie in Behandlungsräumen von Arztpraxen eingebaut. Normale Zimmertüren haben nur ein Schalldämmmaß von 15 dB bis 25 dB. Um einen besseren Schallschutz zu erreichen, sind folgende Grundsätze zu beachten:

- **Einschalige Türblätter** sollen schwer sein, jedoch aus konstruktiven Gründen das Gewicht von 60 kg/m² nicht überschreiten. Sie bestehen aus einem Rahmen mit dazwischenliegender Füllmasse. Beiderseits sind Deckschichten aus Sperrholz-, Span- oder harten Holzfaserplatten aufgeleimt.

  Bei Füllmassen aus Röhrenspanplatten können die waagerecht verlaufenden Röhren mit Sand gefüllt werden **(Bild 1a)**. Besteht die Füllmasse aus Spanplatten, harten oder porösen Holzfaserplatten, so ist es vorteilhaft, diese aus mehreren Schichten mit punktweiser Befestigung, geklammert oder geleimt, herzustellen **(Bild 1b)**. Auch dünne Blei- oder schwere Kunststoffplatten unter den Deckschichten sorgen für gute Schalldämmwerte **(Bild 1c)**.

- **Zweischalige Türblätter** sind wegen des erforderlichen Schalenabstandes dicker als die einschaligen Türblätter. Die beiden Schalen sollen biegeweich sein und deshalb aus dünnen Sperrholz- oder Spanplatten bestehen. Zur Erhöhung des Flächengewichts können auf der Innenseite der Schalen Bleiplatten **(Bild 1d)** aufgeklebt, Schalldämmplatten **(Bild 1e)** oder harte Holzfaserplatten sowie schwere Dachpappen angeheftet werden. Der Hohlraum ist mit Mineralwolle auszufüllen.

- Wegen des direkten Schalldurchgangs sind die **Türfälze** mit elastischen Türdichtungen abzudichten. Zur Verfügung stehen profilierte Dichtungsbänder aus Moosgummi **(Bild 3a)** sowie Hohlprofile oder Lippendichtungen aus Kunststoff. Die Türdichtungen können entweder mittels gerippter Stege in Nuten am Türfalz oder am Türfutter befestigt sowie mittels Leichtmetallschienen angeschraubt werden **(Bild 3b und Bild 3c)**.

ie Bodenfuge zwischen Türunterkante und Fußboden ist abzudichen. Eine besonders wirksame Abdichtung bietet der Türschwellennschlag mit einer Dichtung an der Schwelle oder an der Türunterante **(Bild 2a)**. Nachteilig wirkt sich der Anschlag jedoch beim egehen und Befahren aus. Eine Höckerschwelle aus Leichtmetall

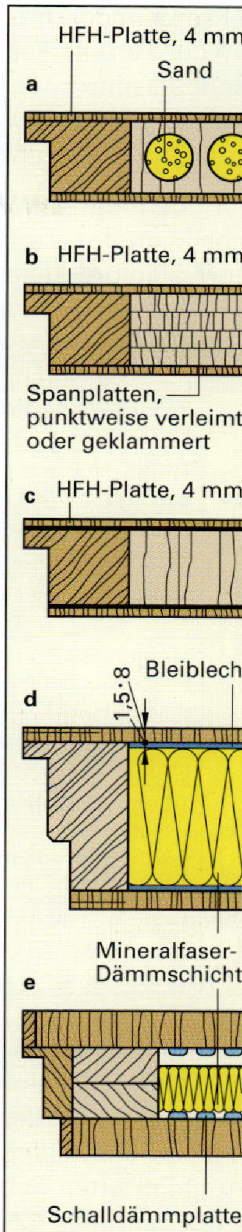

	Dicke mm	Gewicht kg/m²	R_w dB
a	41–43	32–36	38
b	41	33	42
c	45	52	34
d	86	46	45
e	82	50	46

Bild 1: Ein- und zweischalige Türblätter

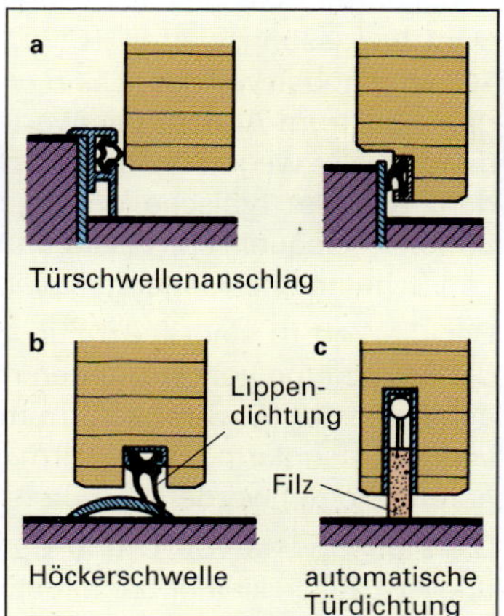

Bild 2: Tür-Bodendichtungen

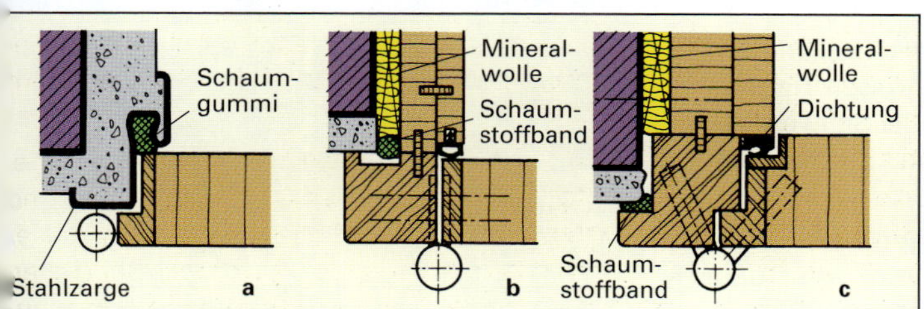

ld 3: Türfalzdichtungen

oder Kunststoff kann angeschraubt werden, wenn der Fußboden in beiden Räumen auf gleicher Ebene verläuft. Eine an der Türunterkante befestigte Lamellendichtung läuft auf die Höckerschwelle auf **(Bild 2b, Seite 489)**. Besonders effektiv dichten automatische Absenkdichtungen, die beim Schließen der Tür durch einen Auslösenocken im Falz ausgelöst werden **(Bild 2c, Seite 489)**. Diese Türdichtung sollte so breit wie das Zargenfalzmaß sein, also etwas breiter als das Türblatt.

Für schutzbedürftige Räume müssen Schallschutztüren nach DIN 4109 die in der **Tabelle 1** aufgeführten bewerteten Schalldämmmaße R'_w erfüllen. Das am Bau erwartete Schalldämmmaß muss in der Ausschreibung mit $R_{w,R}$ gefordert werden ($R_{w,R}$ = Rechenwert nach DIN 4109).

Tabelle 1: Mindestanforderungen an die Luftschalldämmung von Innentüren (Auszug aus DIN 4109)

Gebäudeart	Bereiche und Räume, zwischen denen eine Tür eingesetzt wird	Luftschalldämmung R'_w in dB	Schallschutzklasse (SSK)
Mehrfamilienhäuser, Bürogebäude und gemischt genutzte Gebäude	Türen, die von Hausfluren oder Treppenräumen in Flure und Dielen von Wohnungen und Wohnheimen oder von Arbeitsräumen führen	≥ 27 dB	SSK 1
	Türen, die von Hausfluren oder Treppenräumen unmittelbar in Aufenthaltsräume – außer Flure und Dielen – führen	≥ 37 dB	SSK 3
Hotels und Beherbergungsstätten	Türen zwischen Fluren und Übernachtungsräumen	≥ 32 dB	SSK 2
Krankenhäuser und Sanatorien	Türen zwischen • Untersuchungs- bzw. Sprechzimmern • Fluren und Untersuchungs- bzw. Sprechzimmern	≥ 37 dB	SSK 3
	Türen zwischen Räumen mit Anforderungen an erhöhtes Ruhebedürfnis und besondere Vertraulichkeit (Diskretion)	≥ 37 dB	SSK 3
	Türen zwischen • Fluren und Krankenräumen • Operations- bzw. Behandlungsräumen • Fluren und Operations- bzw. Behandlungsräumen	≥ 32 dB	SSK 2
Schulen, Hochschulen und vergleichbare Einrichtungen	Türen zwischen Unterrichtsräumen oder ähnlichen Räumen und Fluren	≥ 32 dB	SSK 2
	Türen zwischen Unterrichtsräumen oder ähnlichen Räumen untereinander	≥ 37 dB	SSK 3

Da die Laborbedingungen unter Prüfbedingungen beim tatsächlichen Einsatz auf dem Bau nicht anzutreffen sind, ist beim Türeneinbau das Vorhaltemaß bzw. der Sicherheitsbeiwert zu berücksichtigen. Beim Rechenwert $R_{w,R}$ sind demzufolge vom Laborwert $R_{w,p}$ 5 dB zu subtrahieren. Dies bedeutet, dass bei einem geforderten Schalldämmwert von 27 dB eine Tür mit geprüften 32 dB eingebaut werden muss.

Auf der künftigen CE-Konformitätsbescheinigung **(Bild 1)** nach der EN 14351 muss das bewertete Schalldämmmaß des Türelements mit den Spektrum-Anpassungswerten (C; C_{tr}) gemäß DIN EN 717 angegeben werden, z. B. R_w = 32 dB (–1; – 3). Mit den Spektrum-Anpassungswerten werden Schalldämmmaße wegen typischer Schallspektren geändert. C bildet typische Wohngeräusche mit eher höheren Frequenzen, Eisenbahnlärm sowie Lärm von Schulen und Kinderspielplätzen usw. ab.

Der C_{tr}-Wert (tr steht für traffic = Verkehr) kann für die Beurteilung von Störungen mit großen Tieftonanteilen, wie z. B. Straßenlärm mit viel Schwerlastverkehr, Fluglärm oder Lärm von Diskotheken herangezogen werden.

Die Zahlenwerte von C und C_{tr} liegen zwischen 0 und –10 dB. Je kleiner der negative Wert von C und C_{tr} ist, desto besser dämmt das gemessene Bauteil gegen Schalldurchgang.

CE

1234 [Nr. der Zertifizierungsstelle]
5678 [Nr. der Prüfstelle]

Schörghuber Spezialtüren KG, Neuhaus 3, 84539 Ampfing, Deutschland, Werk 1
17 [Herstelljahr]
12345678 [Nr. der Leistungserklärung]

DIN EN 16034 : 2016
Typ 3N (12345678 / 1234)
Bei Raumaufteilung in Brand- und/oder Rauchabschnitte und/oder Rettungswege

Feuerwiderstand (bei Raumaufteilung in Brandabschnitte):	$EI_2 30$
Rauchschutz (nur für Anwendungen, bei denen die Begrenzung der Rauchausbreitung gefordert wird):	S_{200}
Fähigkeit zur Freigabe:	Freigegeben
Selbstschließung (nur für selbstschließende Feuer- und/oder Rauchschutztüren):	C
Dauerhaftigkeit der Fähigkeit zur Freigabe:	Freigabe aufrechterhalten
Dauerhaftigkeit der Selbstschließung (nur für selbstschließende Feuer- und/oder Rauchschutztüren):	
- Gegenüber Qualitätsverlust (Dauerfunktionsprüfung):	5
- Gegenüber Alterung (Korrosion):	erfüllt

DIN EN 14351-2: xxxx
Typ 3N (12345678 / 1234)
Innentüren zur Verbindung in Bauwerken mit besonderen Verwendungszwecken

Freisetzung gefährlicher Stoffe (nur im Innenbereich):	–
Höhe:	2000 mm
Brandverhalten von Bauteilen:	D, s1, d0
Direkte Luftschalldämmung:	32 dB
Manuelle Bedienungskräfte:	Klasse 2
Mechanische Festigkeit:	Klasse 4
Verhalten zwischen unterschiedlicher Klimaten:	2 (b)
Einbruchhemmung:	RC2

Bild 1: CE-Konformitätsbescheinigung für eine Brandschutz-/Rauchschutztür

Bei Wohngeräuschen beträgt das Schalldämmmaß im angegebenen Beispiel demzufolge 32 dB – 1 dB = 31 dB, bei Verkehrslärm nur noch 32 dB – 3 dB = 29 dB.

10.7.6.2 Brandschutztüren

Die DIN 4102 definiert Brandschutztüren als „Feuerschutzabschlüsse". Feuerschutzabschlüsse sind selbst schließende Türen, Klappen und Tore, die im eingebauten Zustand den Durchtritt eines Feuers durch Öffnungen in Wänden oder Decken verhindern.

Als Türen gelten Wandöffnungen bis 6,25 m² (2,5 m x 2,5 m), darüber wird der Begriff Tore verwendet. Klappen messen max. 0,75 m in der Breite und 1,75 m in der Höhe. Vor allem bei Gebäuden mit hoher Besucherfrequenz müssen Türen im Bereich von langen Fluren, Treppenhäusern, Brandwänden, Notausgängen sowie zur Abschottung von Fluchtwegen feuer- oder rauchhemmende oder feuerbeständige Eigenschaften erfüllen. Hierzu zählen z. B. Schulen, Hochschulen, Kindergärten, Krankenhäuser, Hotels, Verwaltungs- und Bürogebäude, Banken, Behinderten- und Seniorenheime.

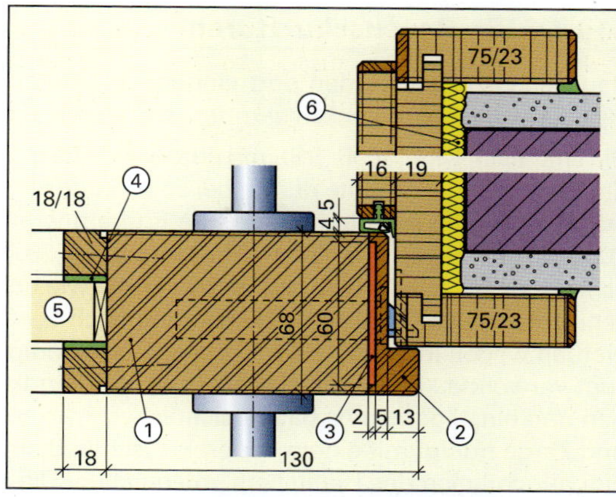

Bild 1: Aufbau der Brandschutztür mit Füllung
① und ②: Rahmenholz, Einleimer, Füllungsstab jeweils Vollholz $\varrho \geq 400$ kg/m³
Decklage alternativ auf Rahmenholz aus HDF, MDF 3 mm oder mit Aluminiumeinlage 4,5 mm jeweils furniert, HPL oder lackiert
③: intumeszierende (aufschäumende) Schicht
④: Silikonversiegelung bei Rauchschutzanforderung
⑤: Brandschutzglas oder Füllung mit Brandschutzanforderung
⑥: Laibung vollvolumig mit Brandschutzschaum ausgeschäumt

Brandschutztürenhersteller lassen die komplette Liefereinheit aus Türblatt, Türzarge und Beschlägen nur noch nach den verschärften europäischen Normen prüfen, wobei diese auch einer Dauerfunktionsprüfung unterzogen werden. Nach der Klassifizierung steht E für Raumabschluss; hier wird die Verhinderung des Flammendurchtritts, die Entzündbarkeit eines leicht entzündlichen Wattebausches auf der feuerabgewandten Türelementfläche und die Verformung mit genormten Spaltlehren geprüft **(siehe Tabelle 1, Seite 456)**.

Tabelle 1: Klassifizierung der Selbstschließungszyklen

Klasse nach DIN EN 14600	Zyklenzahl
C0	0
C1	500
C2	10000
C3	50000
C4	100000
C5	200000

Für Brandschutztüren aus Holz und Brandschutzverglasungen ist eine bauaufsichtliche Zulassung vorgeschrieben, die durch das DIBt (Deutsches Institut für Bautechnik) erteilt wird. Seit 2019 gibt es nur noch eine CE-Kennzeichnung für Türen. Alle bauaufsichtlich zugelassenen Türen erhalten ein Kennzeichnungsschild, das entweder am unteren, bandseitigen Rand des Türblattes oder im Türblattsteg angebracht wird **(Bild 1)**.

Bei der Klassifizierung $EI_2 30$ der Tür in **Bild 1** steht E für Raumabschluss, I für Wärmedämmung (maximale Temperaturerhöhung auf der feuerabgewandten Seite 140 K, an einzelnen Messstellen 180 K), die Indices 1 für einen Messbereich von 25 mm und 2 von 100 mm vom Türblattrand sowie C für Dauerhaftigkeit der Selbstschließung, wobei nach DIN EN 14600 in sechs Zyklenzahlen eingestuft wird **(Tabelle 1)**.

Bei feuerbeständigen Türen ist der Einbau eines Ein- oder Dreifallenschlosses nach DIN 18250 vorgeschrieben, um den Verzug infolge Wärmedehnung zu begrenzen. Brandschutztüren müssen mit automatischen Schließsystemen versehen sein, die ein selbsttätiges Schließen aus jedem Öffnungswinkel gewährleisten. Sind sie mit einer Feststellmöglichkeit ausgestattet, müssen sie über einen Rauchmelder verfügen, der die Feststellung im Brandfall aufhebt. Durch den Einbau von aufschäumenden (intumeszierenden) Mitteln im Falzbereich unterhalb der Türblattkante und unter der Deckschicht können Brandschutztüren aus Holz- und Holzwerkstoffen hergestellt werden. Die Aufschäummittel dichten die Fuge Türblatt-Zarge gegen die heißen Gase ab und fixieren das Türblatt gegen die Zarge. Sie entwickeln im Brandfall einen Druck bis zu 10 bar und vergrößern ihr Volumen auf das 10- bis 50-fache. Natrium-Silikat, Graphit oder Ammonium-Phosphat sind die Grundbestandteile dieser Materialien. Sie können offen oder durch Kantenmaterial verdeckt angebracht werden **(Bild 1, Seite 490)**.

10.7.6.3 Rauchschutztüren

Rauchschutztüren werden dort eingebaut, wo Feuerschutztüren nicht vorgeschrieben sind, aber rauchfreie Fluchtwege gewünscht werden, z. B. durch entsprechende Flurabschlusstüren.

Sie sind nach DIN 18095 (RS) und europäisch nach DIN EN 13501-2 genormt und mit „$S_{a/m}$-C..“ klassifiziert. Einflügelige Türelemente dürfen bei 50 Pa Luftdruck eine Leckrate von max. 20 m³/h Rauchdurchtritt, zweiflügelige von 30 m³/h aufweisen. Die Prüftemperatur wird durch das „m“ (m = medium, Prüftemperatur 200 °C) oder „a“ (a = ambient, Prüftemperatur 20 °C) gekennzeichnet. Für die Dauerhaftigkeit der Selbstschließung (C) gilt die gleiche Klassifizierung wie bei den Brandschutztüren. In Deutschland werden Rauchschutzabschlüsse mit der Klassifizierung nach S_m-C5 eingebaut. Schwerentflammbare Silikondichtungen werden wegen ihrer höheren Temperaturbeständigkeit thermoplastischen Elastomeren gegenüber bevorzugt verwendet. Der Hersteller muss an der Bandkante des Türblattes ein Kennzeichnungsschild anbringen und ein allgemeines bauaufsichtliches Prüfzeugnis (ABP) vorlegen. Die Abdichtung zwischen Wand und Zarge erfolgt mit einem dauerelastischen Dichtstoff (z. B. Silikon). Sämtliche Materialien müssen den Einbaurichtlinien des Herstellers entsprechen. Die Abdichtung des unteren Türspaltes mit einer automatisch absenkbaren Bodendichtung muss geprüft werden.

Tabelle 1: Resistenz- und Widerstandsklassen für Türen

Klasse DIN EN 1627 (neu)	Klasse DIN ENV 1627 (alt)	Erwarteter Tätertyp/ Werkzeuge	Widerstandszeit	Einsatzempfehlung
RC 1	**WK 1**	Einsatz körperlicher Gewalt wie Gegentreten, Gegenspringen, geringer Schutz gegen den Einsatz von Hebelwerkzeugen	keine manuelle Prüfung	**Grundsicherheit**
RC 2	**WK 2**	Einsatz einfacher Werkzeuge wie Schraubendreher, Zange und Keile	3 min	**Standardsicherheit** Wohnungsabschlusstüren und Haustüren
RC 3	**WK 3**	Einsatz eines zweiten Schraubendrehers und eines Kuh- bzw. Geißfußes	5 min	**erhöhte Sicherheit** Wohnungsabschlusstüren und Haustüren
RC 4	**WK 4**	Zusätzlicher Einsatz von Sägewerkzeugen und Schlagwerkzeugen wie Schlagaxt, Stemmeisen, Hammer und Meißel sowie von Akku-Bohrmaschinen	10 min	**hohe Sicherheit**
RC 5	**WK 5**	Zusätzlicher Einsatz von Elektrowerkzeugen, wie Bohrmaschine, Stich- oder Säbelsäge und Winkelschleifer	15 min	Türen für **Hochsicherheitsbereiche** und Personen mit hohem Risiko
RC 6	**WK 6**	Zusätzlicher Einsatz leistungsfähiger Elektrowerkzeuge, wie Bohrmaschine, Stich- oder Säbelsäge und Winkelschleifer	20 min	

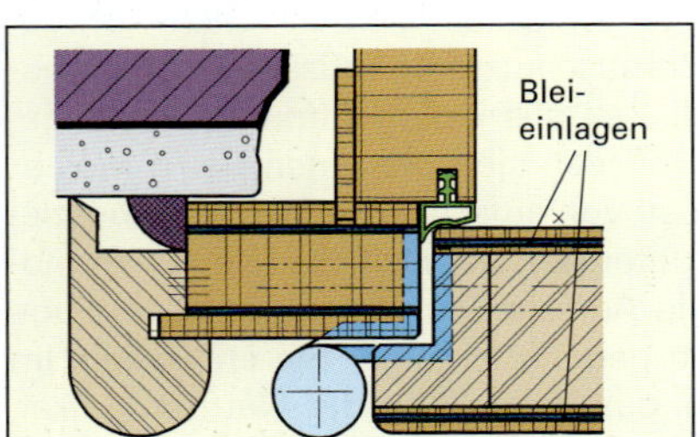

Bild 1: Strahlenschutztür

10.7.6.4 Einbruchschutztüren

In vielen Bereichen sind Einbruchschutztüren vorgeschrieben, die im geschlossenen und verriegelten Zustand Einbruchversuchen mit körperlicher Gewalt, sowohl ohne als auch mit Werkzeugen, eine bestimmte Zeit widerstehen. Für den privaten Bereich sind die Widerstandsklassen RC 2 und RC 3 ausreichend (**Tabelle 1**). In der Gesamtkonstruktion aus Türblatt, Zarge, Schloss und Beschlag darf es keinen Schwachpunkt geben. Aufgebaut ist das Türblatt aus einem stabilen Vollholzrahmen meist mit biegesteifen Metallstabilisatoren und Anleimern sowie harten und stoßfesten Decklagen. Einbruchhemmende Schlösser nach DIN 18251 mit Profilzylindern nach DIN 18252 mit Bohrschutz und mehrfach verankerte Schließbleche sollten eingebaut werden. Bandsicherungen bilden eine Verbindung zwischen Tür und Rahmen und erschweren das Aushebeln. Die Verankerung in der Wand muss nach den Vorgaben der zertifizierten Fachfirma erfolgen.

10.7.6.5 Strahlenschutztüren

Strahlenschutztürelemente **(Bild 1)** werden in medizinisch genutzten Diagnostik- und Therapieräumen eingesetzt, in denen sie vor Röntgen-, Gamma- oder Elektronenstrahlung schützen. Bleieinlagen in der Türkonstruktion und der Umrahmung bewirken die Strahlenminderung. Je nach Intensität der Strahlung ist die Bleieinlage zu bemessen. Die Dicke der Bleieinlage (in mm) bestimmt den Bleigleichwert (Schwächungsgrad nach DIN 6845).

Aufgrund des hohen Gewichtes sind Schwerlasttürbänder einzusetzen **(Bild 1, Seite 565)**.

10.8 Eingebaute Schränke

Schränke, die in ein Bauwerk eingebaut und fest damit verbunden sind, nennt man eingebaute Schränke. Manchmal dienen sie auch zugleich als Trennwand zwischen zwei Räumen (Raumteiler). Mit eingebauten Schränken gewinnt man mehr Schrankraum als mit freistehenden, weil man sie bis ganz an die Wand und bis zur Decke einbauen kann. Außerdem lassen sich Staubecken am Fußboden sowie zwischen Wand und Schrank vermeiden. Diese voll eingebauten Schränke werden auch als Schrankwände, die teileingebauten Schränke als Wandschränke bezeichnet.

10.8.1 Wandschränke

Wandschränke sind Teileinbauten und bedecken nur einen Teil der Wand **(Bild 1)**. Sie können entweder auf dem Boden stehen oder an der Wand aufgehängt werden. Zur Befestigung der Hängeschränke dienen Hängeleisten oder auch besondere Schrankbeschläge **(Bild 2)**. Damit die Aufhängung nicht zu sehr auf Zug belastet wird, sollte die Höhe des Hängeschrankes größer als die Tiefe sein. Bei fest eingebauten Wandschränken sind in der Regel die Schrankseiten oder Platten dicht an die Raumwand anzupassen oder diese Anschlüsse sind mit zusätzlichen Leisten abzudichten **(Bild 3)**.

10.8.2 Schrankwände

Schrankwände reichen vom Fußboden bis zur Decke und werden seitlich von den Raumwänden begrenzt. Je nach Frontausbildung ergibt sich eine unterschiedliche gestalterische Wirkung **(Bild 4)**.

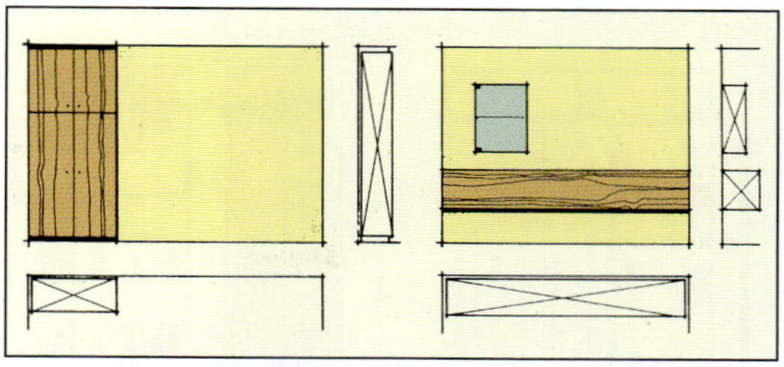

Bild 1: Wandschränke

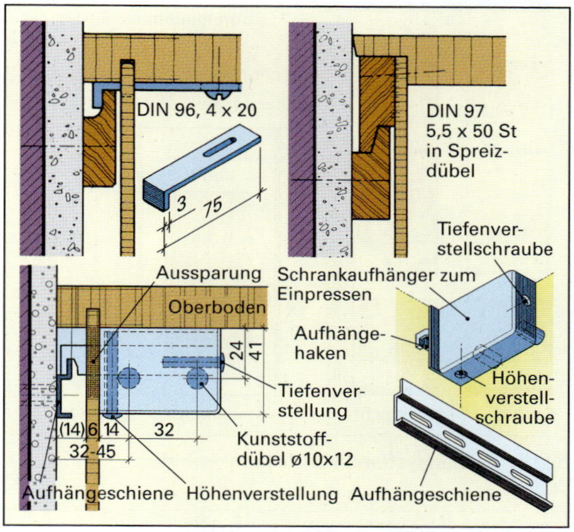

Bild 2: Aufhängemöglichkeit von Wandschränken

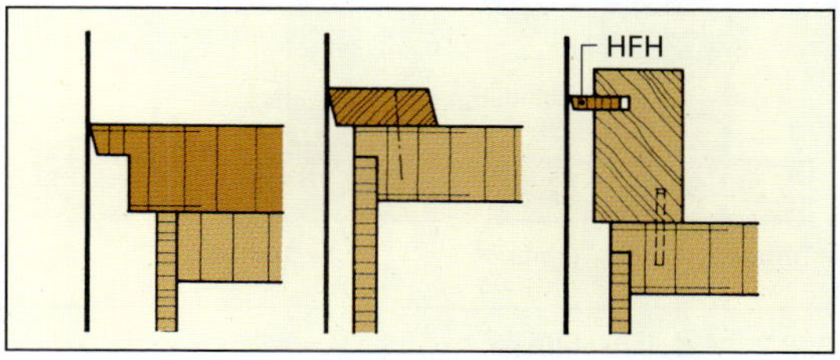

Bild 3: Wandanschlüsse bei Platten

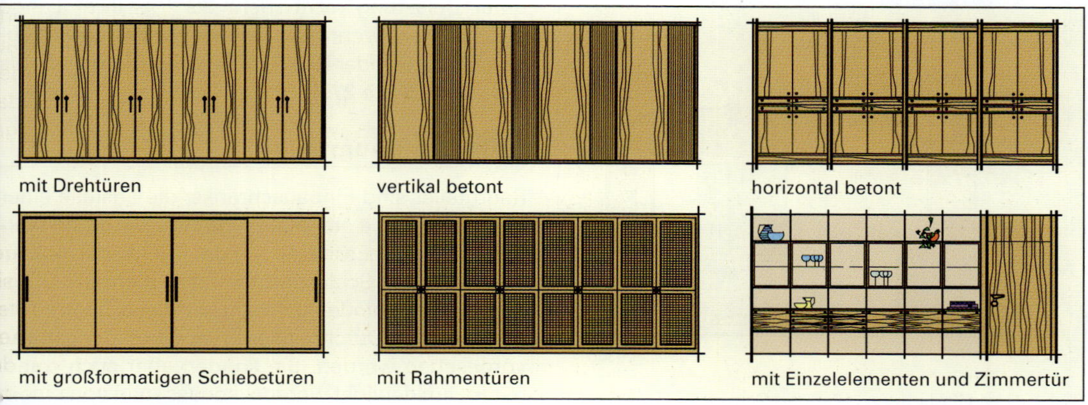

Bild 4: Schrankwände

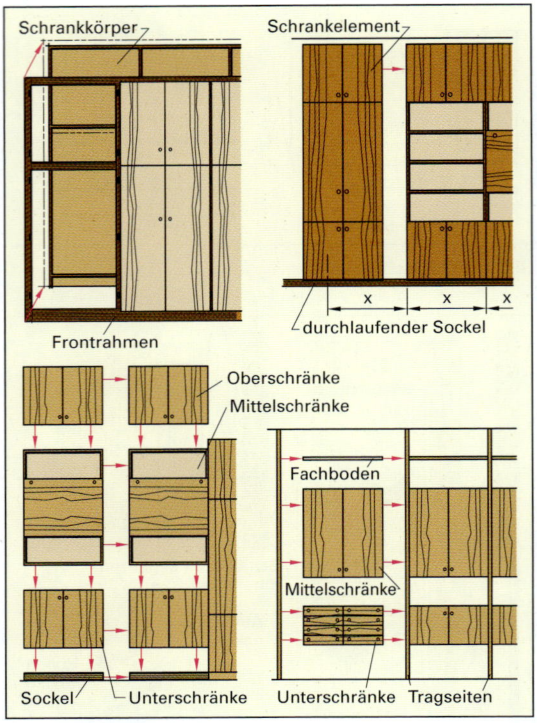

Bild 1: Aufbausysteme von Schrankwänden

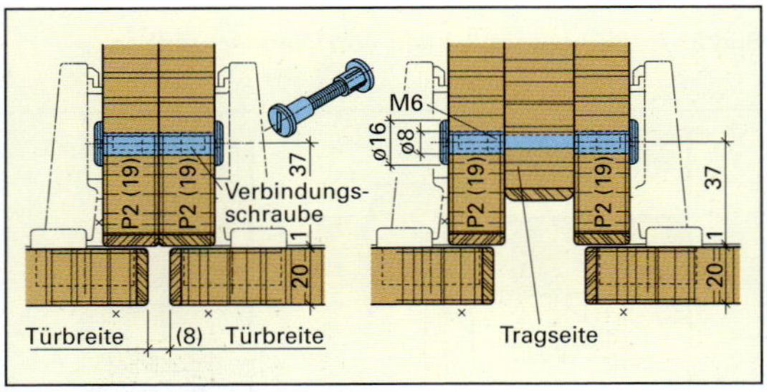

Bild 2: Mittelanschlüsse

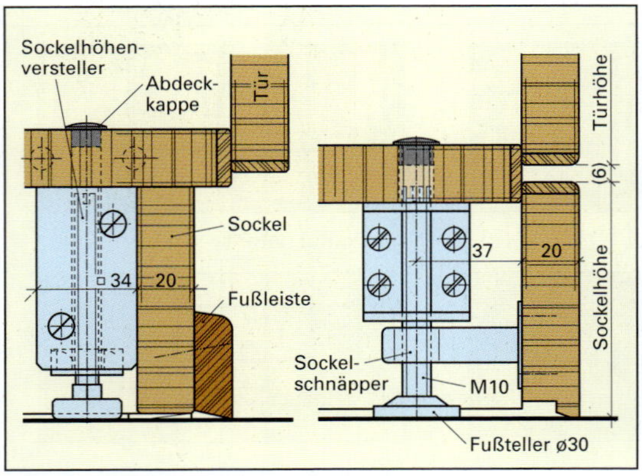

Bild 3: Sockelhöhenversteller und Sockelblenden-befestigung

Großflächige Türen mit schmalen Trennfugen ergeben eine schlichte Wirkung. Schmale raumhohe Türen betonen die Schrankfront in vertikaler Richtung.

Türen aus Rahmen und Füllung verleihen dem Schrank eine starke Gliederung. Ein Wechsel von Türen, Klappen, Schubkastenvorderstücken und offenen Fächern gestalten die Schrankfront lebendiger und lassen sie leichter erscheinen. Werden Zimmertüren in der Schrankwand erforderlich, können diese gestalterisch entweder bewusst von der Schrankfront getrennt oder harmonisch in diese einbezogen werden **(Bild 4, Seite 493)**.

Große einzubauende Schränke dürfen in der Werkstatt nicht fest zusammengebaut werden, weil man sie sonst nicht durch Türen und über Treppen transportieren kann. Auch das Aufstellen kann Schwierigkeiten bereiten. Man unterscheidet verschiedene Aufbausysteme. Aus einfachen Seiten und Fachböden aufgebaute Regale können entweder einen Frontrahmen mit Türen erhalten oder man bildet große Schrankwände aus mehreren kleinen Schrankelementen, die man aneinander oder aufeinander stellt. Kleinere Korpusse und Fachböden können aber auch in Tragseiten oder Leitergestelle eingehängt werden **(Bild 1)**.

Da die Raumwände sowie Boden und Decke oft nicht eben, die Wände außerdem häufig nicht genau senkrecht sind, müssen Schrankwände seitlich und zur Decke hin genügend Abstand haben. Dieser wird mittels besonderer Wand- oder Deckenanschlüsse, durch Leisten oder Blenden abgedeckt.

Bestehen die Schrankwände aus mehreren Korpussen, werden die Doppelseiten zusammengeschraubt. Zur Betonung der Trennung der Korpusteile können Leisten dazwischen gelegt werden **(Bild 2)**.

Bei Einbauschränken müssen gemäß VOB die Rückwände bei Verwendung von Furnierplatten mindestens 6 mm, bei Flachpressplatten mindestens 8 mm dick sein. Die Einlegeböden dürfen sich unter Belastung nicht mehr als $^1/_{250}$ ihrer Länge durchbiegen, wenn sich unter dem Boden Schubkasten, Türen oder Klappen befinden nicht mehr als $^1/_{300}$ **(siehe Seite 275)**.

10.8.3 Raumteiler

Raumteiler sind Einbauschränke, die anstelle einer Wand in Räume eingebaut werden. Mit ihnen werden häufig der Essraum von der Küche, der Ankleideraum vom Schlafzimmer oder mehrere Büroräume voneinander getrennt. In diese Raumteiler können auch Durchreichen oder Durchgangstüren vorgesehen werden. Sie können aber auch transparent ausgebildet werden, sodass man von einem Raum in den anderen Raum schauen kann.

10.8.4 Montage

Einbauschränke werden am Verwendungsort montiert. Die Teile dürfen nur so groß sein, dass sie zum Montageplatz transportiert und dort aufgerichtet und zusammengebaut werden können. Man unterscheidet hier verschiedene Aufbausysteme **(Bild 1, Seite 494)**. Besteht der Einbauschrank aus lauter Einzelteilen, unterscheidet man im Wesentlichen zwei Montagemöglichkeiten **(Bild 2)**. Entweder gehen die Schrankseiten bis zum Boden durch oder der Schrank wird auf einem durchlaufenden, gut ausgerichteten Sockel montiert. Im ersten Fall können zum Ausrichten Sockelhöhenversteller **(Bild 3, Seite 494)** verwendet werden. Die tragenden Seiten müssen aber unbedingt noch zusätzlich unterfüttert werden, damit nicht die gesamte Last des Schrankes auf den Höhenverstellern liegt.

Die Seiten- und Rückwände müssen von nicht gedämmten Raumwänden 25 mm bis 50 mm Abstand haben, damit ein Luftzwischenraum zum Hinterlüften entsteht. In der Schrankfront werden unten und oben Löcher oder Schlitze vorgesehen, um anfallende feuchte Luft abzuführen.

Liegen in der Wand Rauchrohre (Schornsteine), ist bei allen Holzteilen des Einbauschrankes ein Abstand von mindestens 70 mm von der Wand bzw. von Innenkante Rauchrohr 200 mm einzuhalten **(Bild 3)**.

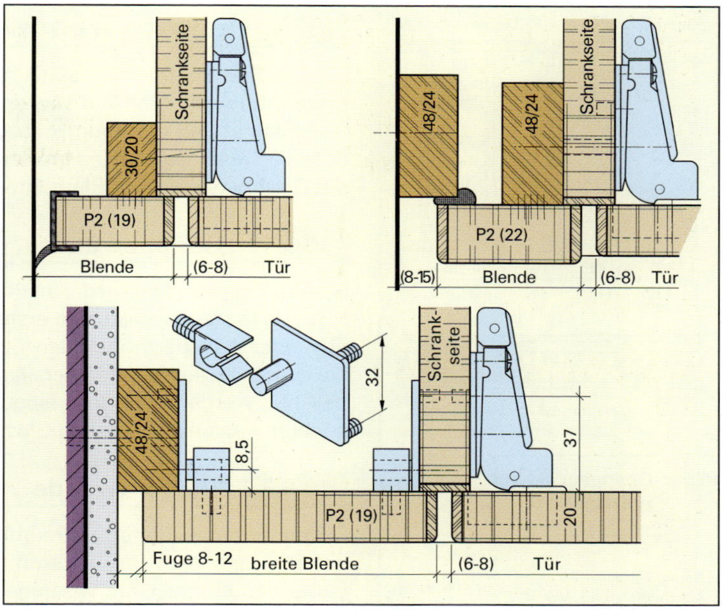

Bild 1: Wandanschlüsse bei Schrankwänden

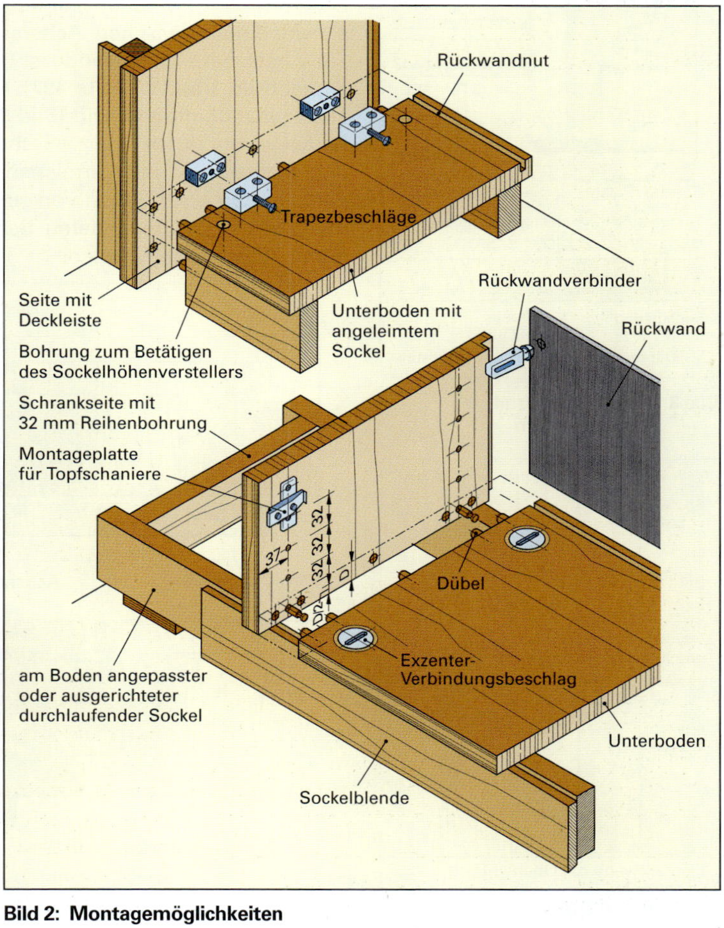

Bild 2: Montagemöglichkeiten

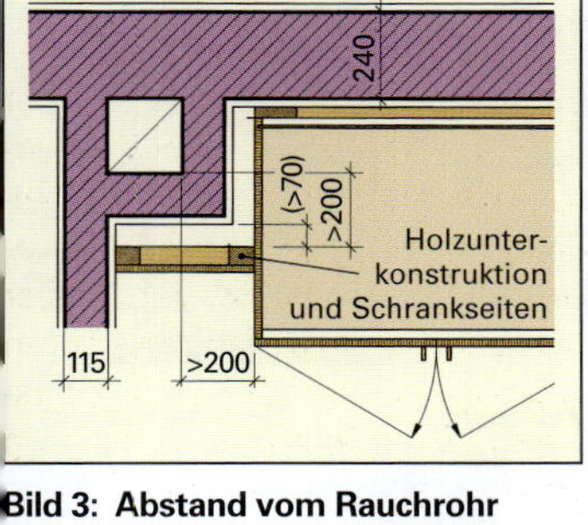

Bild 3: Abstand vom Rauchrohr

10.9 Leichte Trennwände

Leichte Trennwände sind statisch nichttragende Innenwände mit geringem Gewicht. Man kann sie umsetzen, ohne dass dabei die Trennwand selbst und der Raumkörper wesentlich beschädigt werden. Sie ermöglichen das Aufteilen großer Räume in kleinere. Man unterscheidet Gerippewände und Elementwände.

10.9.1 Gerippewände

Bei **Gerippewänden** wird am Bau zuerst die Unterkonstruktion aus Holz- oder Stahlblechstützen erstellt. Diese werden entweder mit Furnier- oder Stabsperrholzplatten, Spanplatten oder Gipsplatten beplankt, die Zwischenräume mit Mineralfaserplatten ausgefüllt. Sollen Flure mit belichtet werden oder wird eine Durchsicht von einem Raum in den anderen gewünscht, werden Glasfüllungen eingebaut **(Bild 1)**.

10.9.2 Elementwände

Elementwände können als raumhohe Fertigelemente im Betrieb vorgefertigt, auf dem Bau zusammengesetzt und zwischen Decke und Fußboden eingespannt werden. Sie bestehen aus Holzrahmen oder Metallprofilen, der Hohlraumfüllung und der beidseitigen Beplankung. Elementwände sind in der Breite und in der Höhe nach einem bestimmten Maßsystem aufgebaut **(Bild 2)**. Für die Montage unterscheidet man zwischen **Achsrastersystem** und **Bandrastersystem.** Für versetzbare Trennwände ist besonders das Bandrastersystem geeignet **(Bild 1 und 2, Seite 497)**. Meistens sollen leichte Trennwände auch **schalldämmend** sein **(Bild 3)**. Das lässt sich bei dieser leichten Bauweise nur durch eine zweischalige Konstruktion mit biegeweichen und schweren Schalen erreichen. Ein höheres Gewicht kann bei den Schalen durch Aufkleben von schweren Klötzen, von schwerer Bitumenpappe oder besonderen Schallschutzmatten an der Innenseite der Platten erreicht werden.

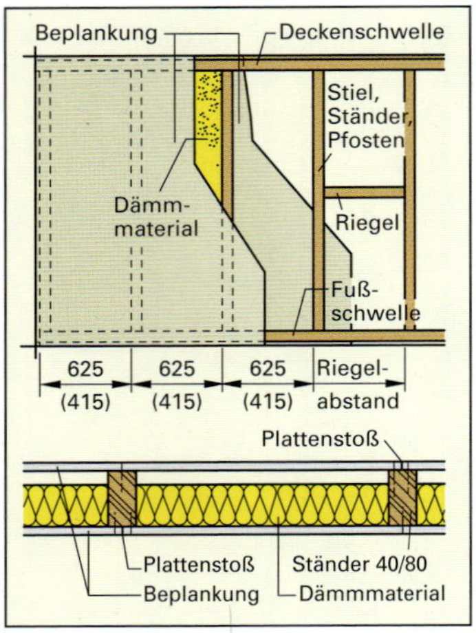

Bild 1: Gerippewand mit Holzständern

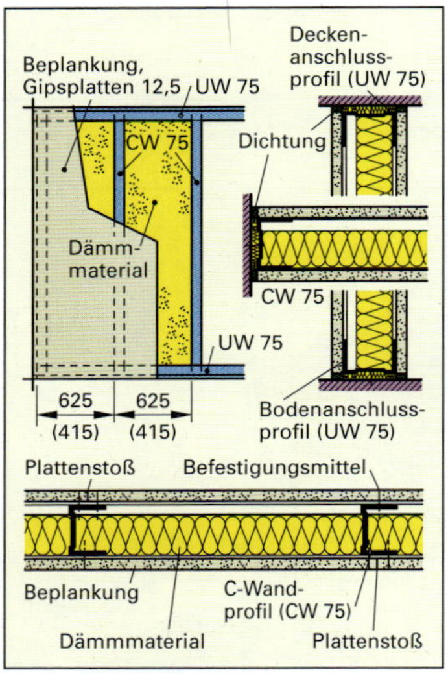

Bild 2: Gerippewand mit Metallständern

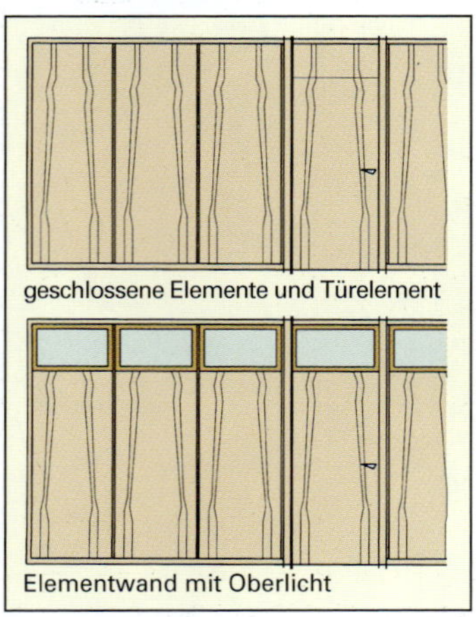

Bild 3: Elementwände

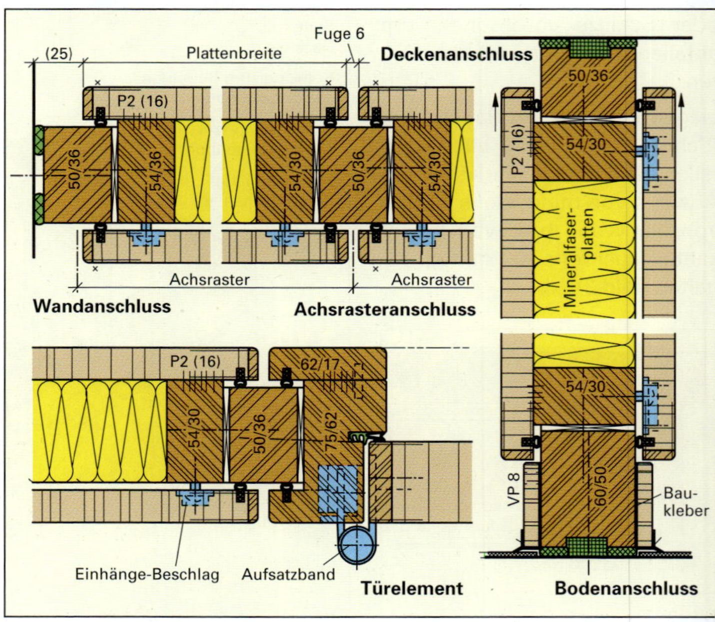

Bild 4: Elementwand in Holz

Der Abstand der Schalen ist so groß wie möglich zu halten und der Hohlraum mit Mineralwolle auszufüllen. Die Schalen dürfen nicht fest eingespannt oder verkeilt sein, damit sie frei schwingen können. Eine elastische Abdichtung an den Boden-, Decken- und Wandanschlüssen und an den Fugen zwischen den Elementen ist unbedingt erforderlich. Für den Einbau von Türen und von Glasfüllungen gelten die gleichen Grundsätze wie bei schalldämmenden Türen und Fenstern.

Sollen die Trennwände auch feuerhemmend sein, sind schwerentflammbare Spanplatten, schwerentflammbare Oberflächenmaterialien und als Hohlraumfüllung Mineralfaserdämmschichten zu verwenden.

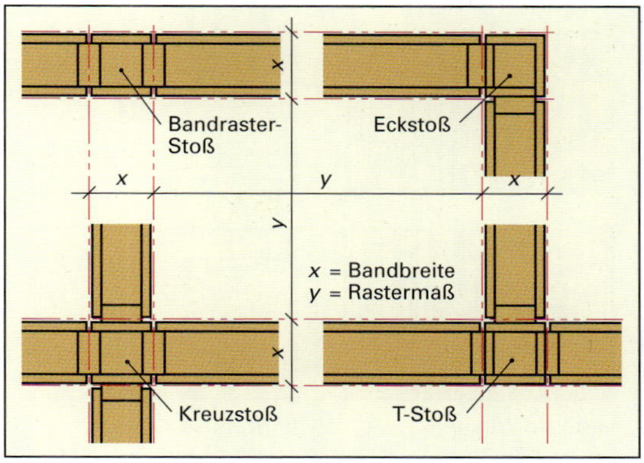

Bild 1: Bandrastersystem

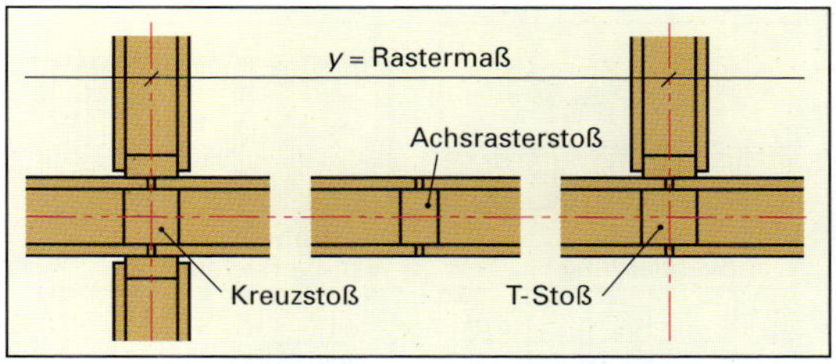

Bild 2: Achsrastersystem

10.9.3 Glastrennwände

Das Tragwerk der Glastrennwände, wie z. B. Ständer, Decken-, Wand- und Bodenprofil, besteht in der Regel aus Stahl, auf das Aluminiumprofile geklippst werden. Die Glasscheiben werden entweder durch Verglasungsschienen in den Profilen gehalten **(Bild 3)** oder ohne sichtbare Umrahmung auf diese aufgeklebt und mit Silikon abgedichtet **(Bild 4)**. Die Glasscheiben müssen bruchfest sein (ESG).

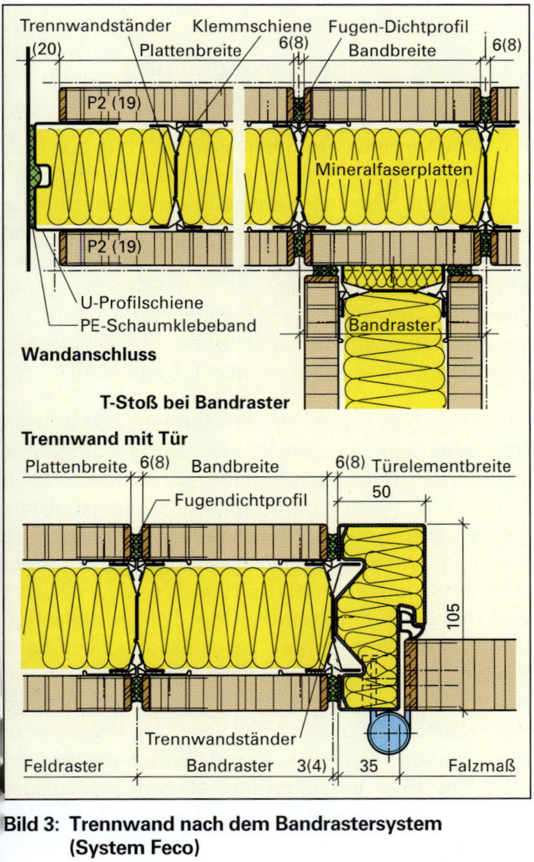

Bild 3: Trennwand nach dem Bandrastersystem (System Feco)

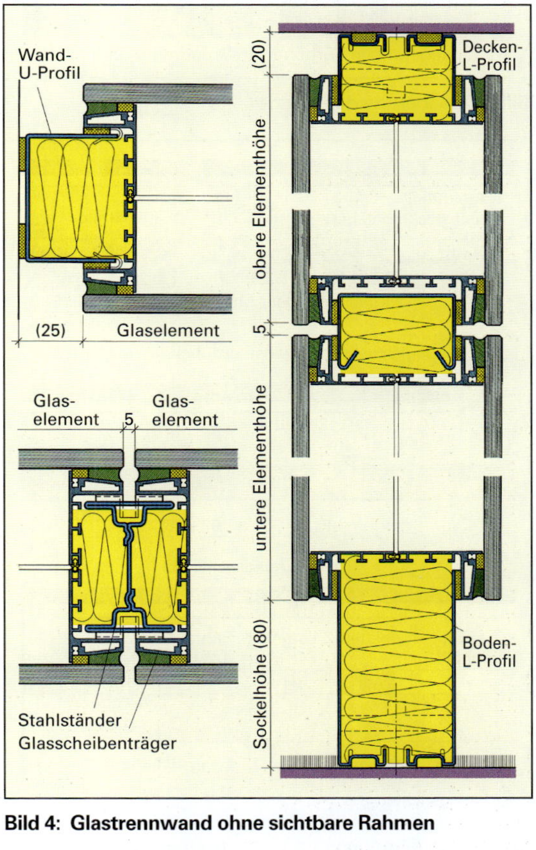

Bild 4: Glastrennwand ohne sichtbare Rahmen

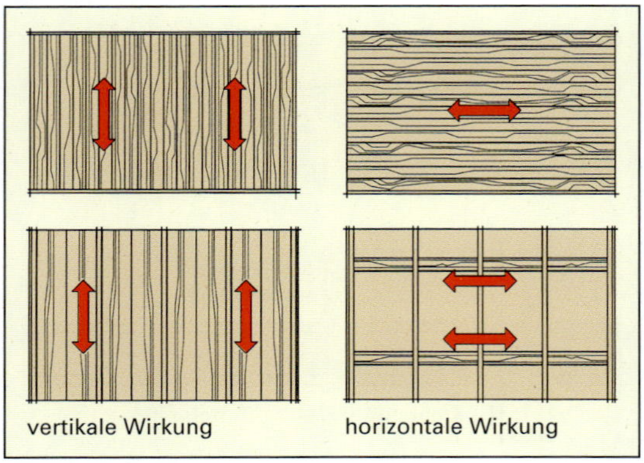

Bild 1: Architektonische Raumwirkung

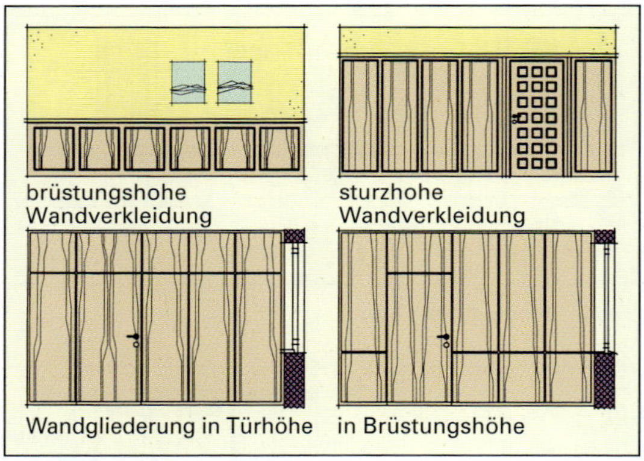

Bild 2: Gliederung der Wände

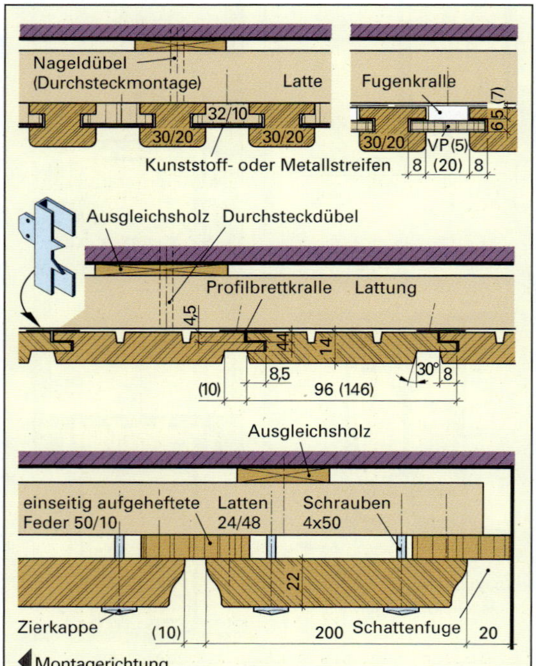

Bild 3: Verstäbungen und Verbretterungen

10.10 Wandverkleidungen

Nach der Bauart unterscheidet man Verbretterungen, Verstäbungen, Rahmentäfelungen und Plattenverkleidungen **(Bild 1)**. Für die Ausbildung sind die Raummaße, der Zweck und der Preis entscheidend. Je nach der Gliederung der Verkleidung verändert sich der Eindruck von Länge, Breite und Höhe eines Raumes. Bei senkrecht gegliederter Verkleidung erscheint ein Raum höher, kürzer und schmaler; bei waagerecht gegliederter Verkleidung niedriger, länger bzw. breiter. Eine großflächige Aufteilung wirkt raumverkleinernd, eine kleinflächige dagegen raumvergrößernd. Sind die Wände bis zur Decke mit Holz verkleidet, so erscheint der Raum kleiner. Deshalb verkleidet man kleine Räume nur bis zu einer gewissen Höhe. Diese Höhe soll aber nicht beliebig gewählt werden. Es ist vorteilhaft, im Raum schon vorhandene waagerechte Gliederungen weiterzuführen, die z. B. durch Fenstersimse, Fensterkämpfer oder Türbekleidungen gegeben sind. In keinem Fall soll die Verkleidung halb so hoch wie die Wand sein; es muss entweder die Fläche der Verkleidung oder die des unvertäfelten Wandteils höher sein **(Bild 2)**.

10.10.1 Verbretterungen und Verstäbungen

Einfache **Verbretterungen** lassen sich z. B. aus Nut- und Federbrettern herstellen. Diese befestigt man verdeckt mit Klammern auf Latten, die quer zum Fugenverlauf an die Raumwand geschraubt werden **(Bild 3)**. Schöne Verbretterungen erzielt man durch eine sorgfältige Holzauswahl, gute Gliederung und sinnvolle Anwendung von Profilen. Eine eindrucksvolle Schattenwirkung entsteht bei überschobenen oder überluckten Brettern **(Bild 1, Seite 499)**.

Stabartig gegliederte Verkleidungen nennt man **Verstäbungen.** Einfache Verstäbungen können aus profilierten und gespundeten schmalen Stäben hergestellt werden, die man ähnlich befestigt wie Nut- und Federbretter **(Bild 1, Seite 499)**. Besondere Arten von Verstäbungen stellt man aus zusammengefederten oder überfälzten Leisten her, die man rückseitig auf Blindrahmen oder Leisten befestigt. Dadurch erhält man eine geschlossene Fläche aus Stäben. Die einzelnen Stäbe können aber auch mit Abstand auf eine Platte geschraubt werden. Sind die Zwischenfelder aus einem anderen Holz oder in einer anderen Farbe als die Stäbe, so entsteht ein lebhaftes Bild. Verstäbungen eignen sich besonders gut zum Verkleiden von gewölbten Wänden und von Säulen.

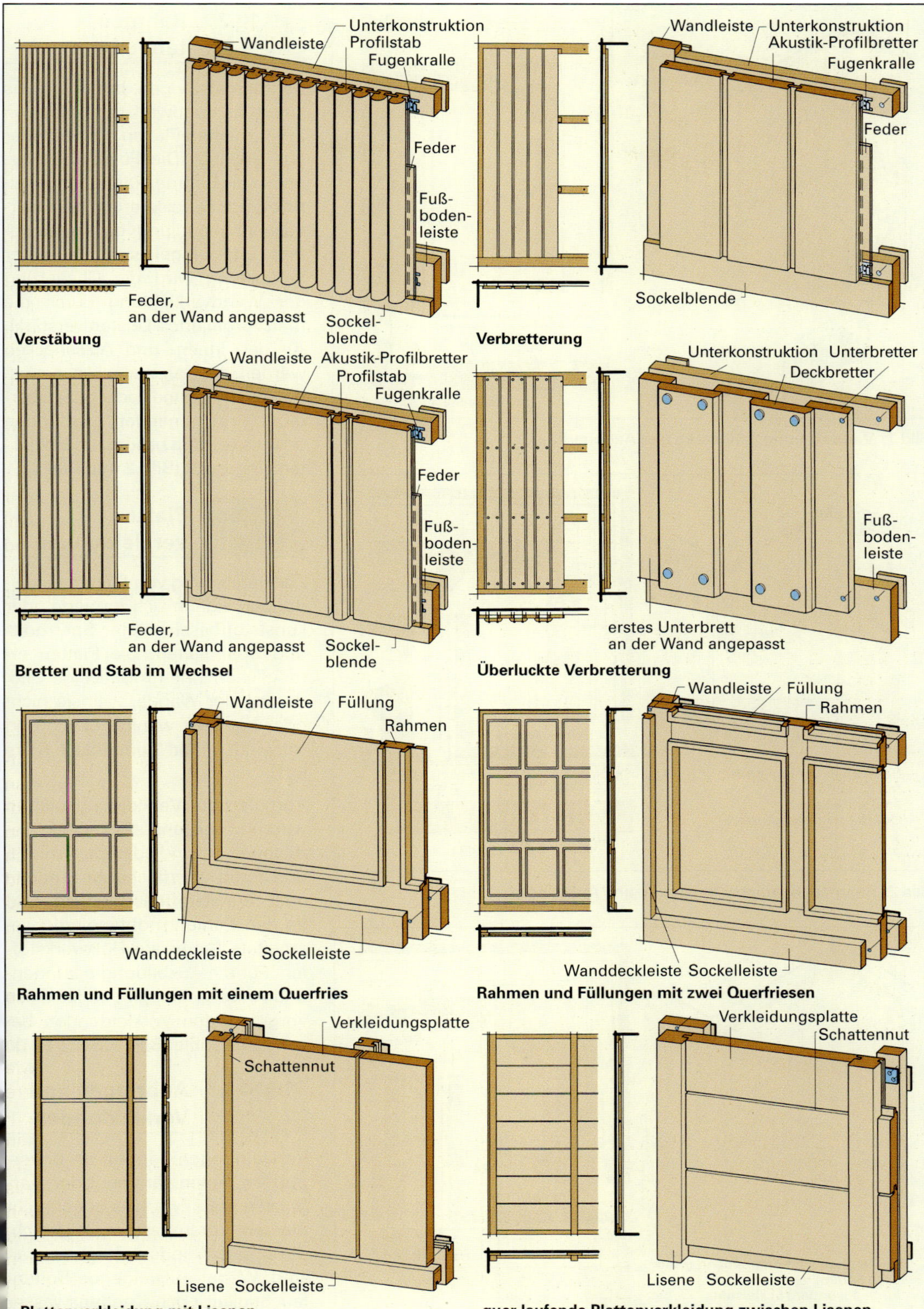

Bild 1: Bauarten von Wandverkleidungen

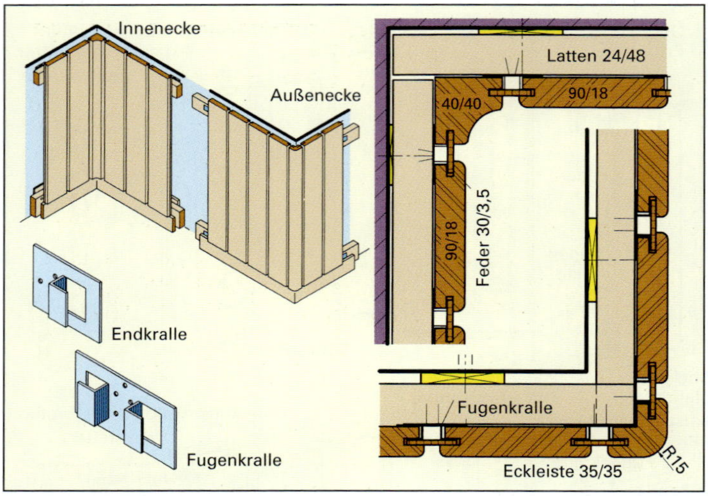

Bild 1: Verbretterung, Innenecke und Außenecke

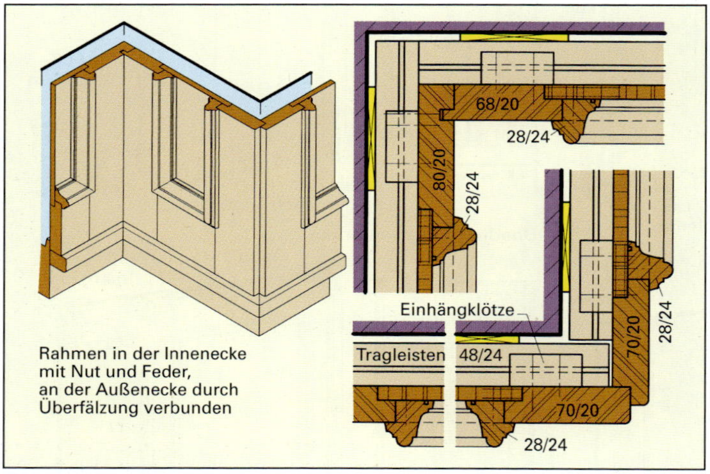

Bild 2: Rahmentäfelungen, Innenecke und Außenecke

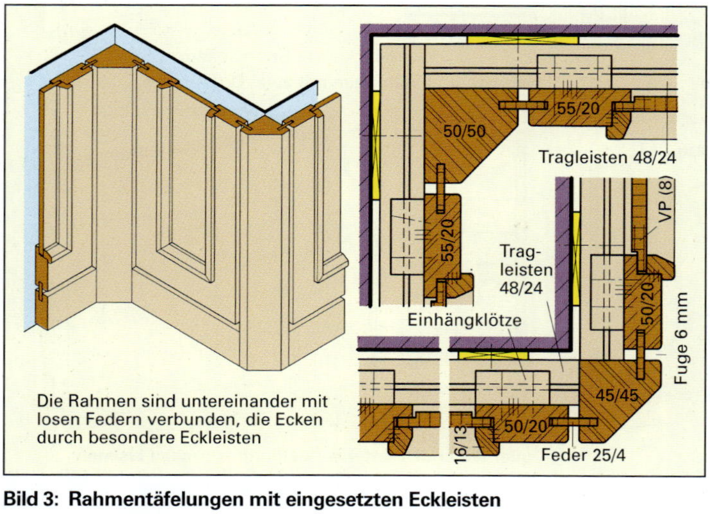

Bild 3: Rahmentäfelungen mit eingesetzten Eckleisten

10.10.2 Rahmentäfelungen

Rahmentäfelungen bestehen aus einem Rahmenwerk mit Füllungen aus furnierten Platten oder seltener aus Vollholz. Die Füllungen werden in die Rahmenkanten eingenutet oder zur Erleichterung der Oberflächenbehandlung besser eingefälzt und eingeleistet. Bei einer Verleistung wird die Gliederung der Wandverkleidung durch die meist profilierten Leisten verstärkt. An den Innen- und Außenecken werden die Rahmenecken entweder durch Nut und Feder oder Überfälzung miteinander verbunden oder es werden besondere Eckleisten eingesetzt **(Bild 2 und Bild 3)**.

10.10.3 Plattenverkleidungen

Zur Herstellung von Plattenverkleidungen eignen sich furnierte oder kunststoffbeschichtete Sperrholz- und Spanplatten. Die Platten ermöglichen eine großflächige Gliederung der Wände, weil sie nicht oder nur sehr wenig quellen und schwinden **(Bild 2 und Bild 3, Seite 501)**.

Vorgefertigte Verkleidungsplatten werden meistens als Paneele bezeichnet. Es sind edelholzfurnierte und fertig oberflächenbehandelte oder kunststoffbeschichtete und an den Kanten montagefertig bearbeitete Platten aus Holzwerkstoffen. Für die Ausbildung der Innen- und Außenecken gibt es für diese vorgefertigten Verkleidungen besondere Profile **(Bild 1, Seite 501)**.

10.10.4 Anbringen von Verkleidungen

Verkleidungen können an unverputzten Innenwänden oder verputzten Außenwänden angebracht werden. Voraussetzung ist jedoch, dass die Wände völlig trocken sind. Weder aufsteigende Bodenfeuchtigkeit noch Kondenswasser dürfen auf die Verkleidung einwirken.

Bei der Verkleidung von Außenwänden kann unter der Verkleidungsschale zusätzlich eine Wärmedämmschicht angebracht werden.

Täfelungen sollen nicht unmittelbar auf der Mauer oder auf dem Putz aufliegen, sondern 20 mm bis 30 mm Abstand haben. Dieser wird meist schon durch die Unterkonstruktion erreicht. Sie besteht aus Latten oder Montagerahmen, die mittels Schrauben in Spreizdübeln an der Wand befestigt werden **(Bild 2 und Bild 3)**.

Die Löcher hierfür werden in das Mauerwerk oder den Beton mit Schlagbohrmaschinen oder Bohrhämmern gebohrt **(siehe Seite 289)**. Die Verankerungslänge und die Dicke der Schraube muss zum verwendeten Dübel passen. Für die Montage der Lattung haben sich die Dübel mit verlängertem Schaft bewährt, die auch im Holz das Bohrloch ausfüllen (Seite 473). Es gibt auch Dübel mit speziellen Schrauben, mit denen der Abstand der Lattung zur Wand eingestellt werden kann **(Bild 6, Seite 226, und Bild 1, Seite 473)**. Sonst sind die Latten mit Ausgleichkeilen zu unterlegen.

Die Unterkonstruktion dient zum Ausgleich von Unebenheiten der Gebäudewand und zum Befestigen der Verkleidungsschale. Die Flucht sowie das Lot der Unterkonstruktion ist mit Richtscheit und Wasserwaage während der Montage zu überprüfen.

Der Hohlraum zwischen Täfelung und Wand dient als Luftpolster, das gegen Wärmeverluste dämmt. Sind Öffnungen oben und unten an der Verkleidung angebracht, kann sich die Luft hinter der Verkleidungsschale ständig erneuern. Diese Öffnungen sind immer dann erforderlich, wenn mit Feuchtigkeit gerechnet werden muss und wenn es sich um Verkleidungen an schlecht gedämmten Außenwänden handelt **(Bild 1, Seite 502)**.

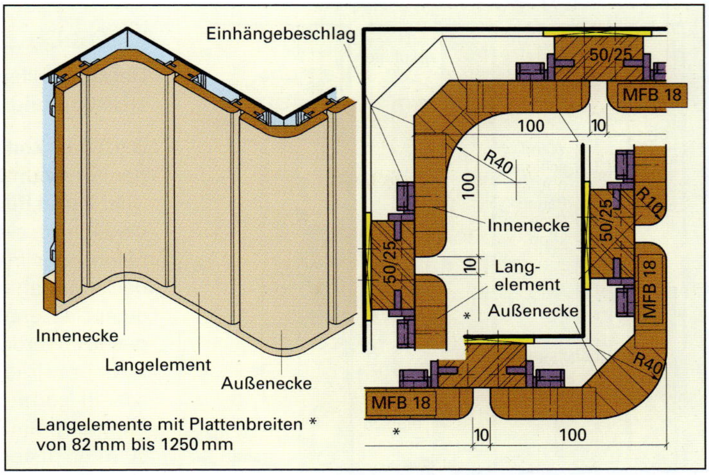

Bild 1: Plattenverkleidung aus vorgefertigten Elementen

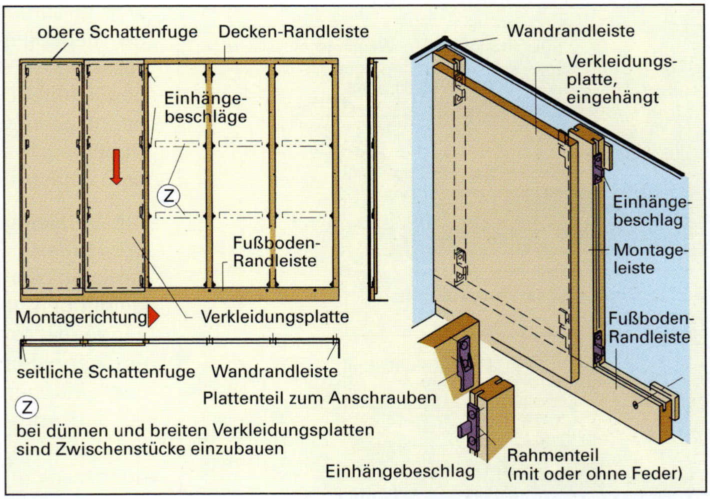

Bild 2: Unterkonstruktion für Montage mit Beschlägen

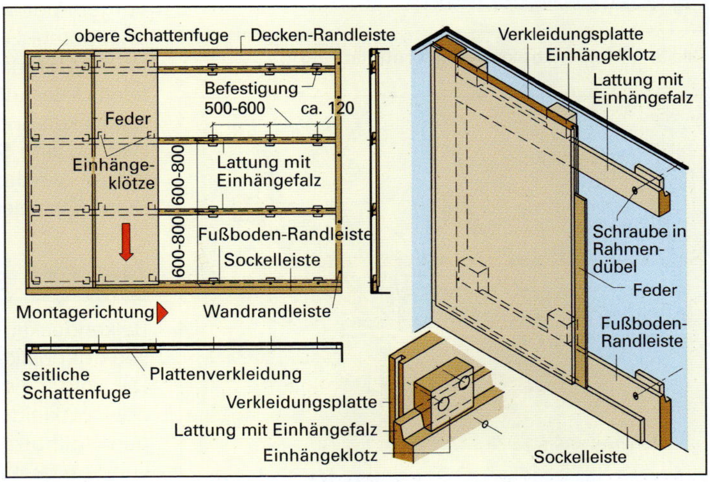

Bild 3: Unterkonstruktion für Einhängeklötze

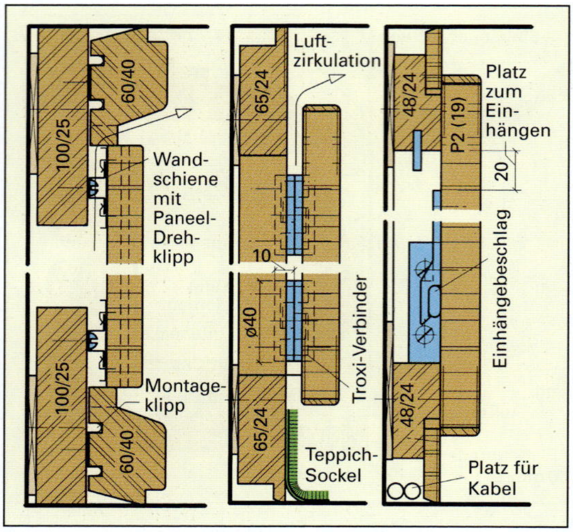

Bild 1: Höhenschnitte von Wandverkleidungen

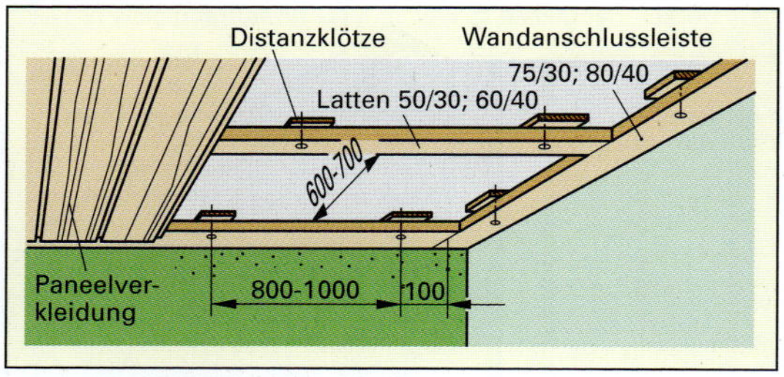

Bild 2: Direkte Unterkonstruktion

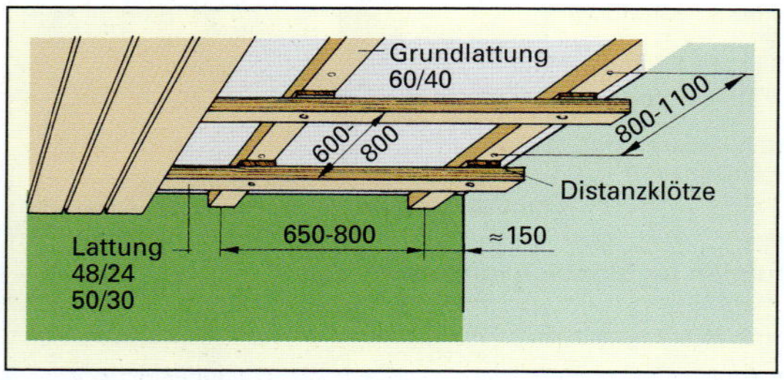

Bild 3: Unterkonstruktion mit Konterlattung

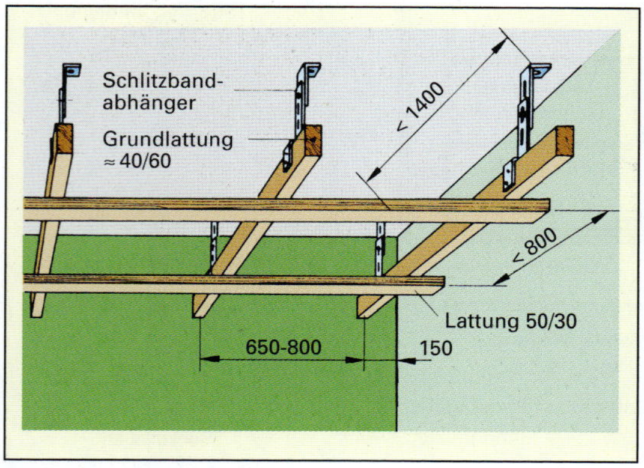

Bild 4: Abgehängte Unterkonstruktion

10.11 Deckenverkleidungen

Deckenverkleidungen bestehen aus der Unterkonstruktion und der Verkleidungsschale.

Die **Unterkonstruktion** kann bei Deckenbekleidungen direkt unter der Rohbaudecke befestigt werden **(Bild 2 und Bild 3)**. Bei sehr hohen Räumen kann sie bei Unterdecken wie beim Verkleiden von Klimakanälen oder Installationsleitungen von der Rohbaudecke abgehängt werden **(Bild 4)**. Zum Ausrichten einer Deckenabhängung können Rotationslaser eingesetzt werden **(siehe Seite 504)**. Der rotierende Strahl projiziert dabei eine waagrechte Ebene und schafft somit die Bezugsebene für die Deckenabhängung. Die Abweichung beträgt je nach Gerät auf 60 m höchstens 2 mm. Die Unterkonstruktion muss sorgfältig befestigt sein, da das ganze Gewicht der Deckenverkleidung an der Befestigung hängt. Sie wird außerdem durch Erschütterungen, besonders bei begangenen Decken, noch zusätzlich beansprucht. Aus diesem Grunde dürfen Unterkonstruktionen unter Decken nicht angeschossen werden. In öffentlichen Gebäuden müssen die verwendeten Dübel, auch aus Brandschutzgründen, eine besondere Zulassung haben.

Die **Verkleidungsschale** wird in der Regel mittels unsichtbarer Befestigungsmittel an der Unterkonstruktion montiert. Beim Anfertigen der Deckenverkleidungen muss besonders gut getrocknetes Holz verwendet werden, weil die Luft unter der Decke am wärmsten und am trockensten ist. Die Deckenverkleidungen sollten schon in der Werkstatt weitgehend vorgefertigt werden, damit die Montage möglichst einfach durchzuführen ist. Die Verkleidungsschale kann vielgestaltig sein und aus verschiedenen Werkstoffen bestehen. Für Deckenverkleidungen werden im Handel eine große Zahl vorgefertigter Formteile aus Span- oder Lagenholz angeboten. Sie können ohne weitere Bearbeitung an der Unterkonstruktion befestigt werden. Im Wesentlichen unterscheidet man Bretterdecken, Plattendecken und Kassettendecken **(Bild 3, Bild 4 und Bild 5, Seite 503)**. Es können auch sichtbare Holzbalken verkleidet oder Holzbalkendecken vorgetäuscht werden **(Bild 2, Seite 503)**.

10.11.1 Balkendecken

Balkendecken sind Decken, die vorstehende Balken oder balkenförmige Verkleidungen aufweisen. Die Felder zwischen den Balken können verputzt oder verkleidet sein. Bei echten Balkendecken tragen Vollholzbalken die Deckenlast. Um eine besondere gestalterische Wirkung zu erreichen, sind die Balken manchmal mit Brettern verkleidet. Mit

Scheinbalken kann man das gleiche Aussehen wie mit echten Balken erzielen. Bei Scheinbalken werden Bretter balkenförmig zusammengefügt. Sie können auf eine verputzte Decke gesetzt sein, wobei die Putzflächen zwischen den Balken sichtbar bleiben. Manchmal sind sie an der Rohdecke befestigt und die Zwischenfelder mit Brettern oder Platten verkleidet **(Bild 2)**.

10.11.2 Bretterdecken

Bei Bretterdecken ist die ganze Fläche der Decke mit Brettern verkleidet. Die Bretter können gespundet, gefedert, überfälzt, überschoben oder überluckt sein. Zum Überdecken der Fugen sind auch rückseitig aufgeleimte Deckleisten oder in Nuten eingeschobene profilierte Leisten geeignet. Die Bretter befestigt man an einer Unterkonstruktion aus Latten, die an der Massivdecke oder an den Deckenbalken angebracht wird. Die Bretter können sichtbar geschraubt werden. Man kann sie auch mit besonderen Profilbrettklammern oder Beschlägen unsichtbar auf der Unterkonstruktion befestigen **(Bild 3)**.

10.11.3 Plattendecken

Plattendecken werden in der Regel aus furnierten und oberflächenbehandelten bzw. kunststoffbeschichteten Holzwerkstoffen hergestellt. Die Gliederung der Decke erreicht man durch die Sicht- bzw. Schattenfugen zwischen den Plattenkanten. Die einzelnen Platten können durch Federn miteinander verbunden werden. Man kann sie unsichtbar mittels Klammern, Stahlplättchen oder Nutklötzen an der Unterkonstruktion befestigen **(Bild 4)**.

10.11.4 Kassettendecken

Kassettendecken sind Deckenverkleidungen mit quadratischen oder rechteckigen, vertieft angeordneten Feldern (Kassetten). Die Kassettenbegrenzung bilden Leisten, Rahmen, Zargen oder Scheinbalken. Flache Kassetten lassen sich in Rahmenbauweise herstellen. Tiefere Kassetten mit dünnen Rippen bildet man durch Leisten oder Zargen. Kassetten mit balkenartiger Begrenzung bestehen aus sich kreuzenden Scheinbalken, zwischen die Füllungen eingesetzt sind. Bei sehr großen und schweren Kassetten ist es zweckmäßig, jede Kassette für sich kastenartig zusammenzubauen und einzeln an der Decke zu befestigen **(Bild 5)**.

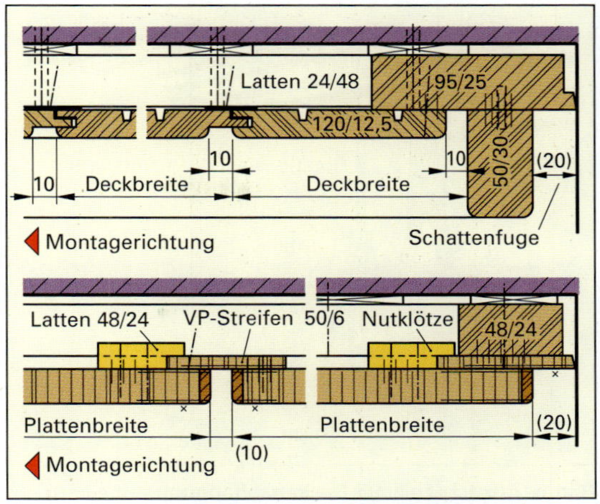

Bild 1: Wandanschlüsse bei Deckenverkleidungen

Bild 2: Balkendecke

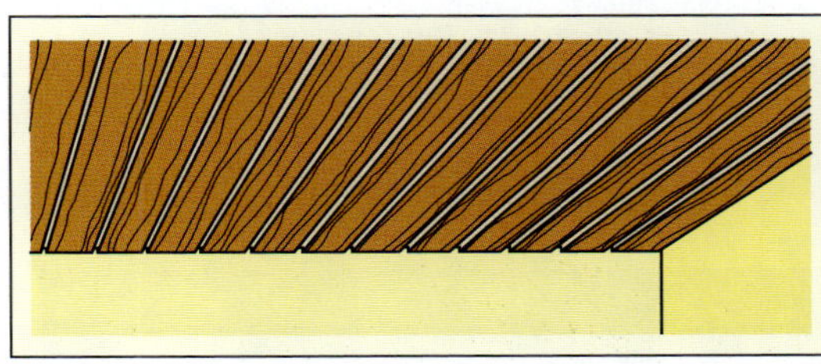

Bild 3: Bretterdecke

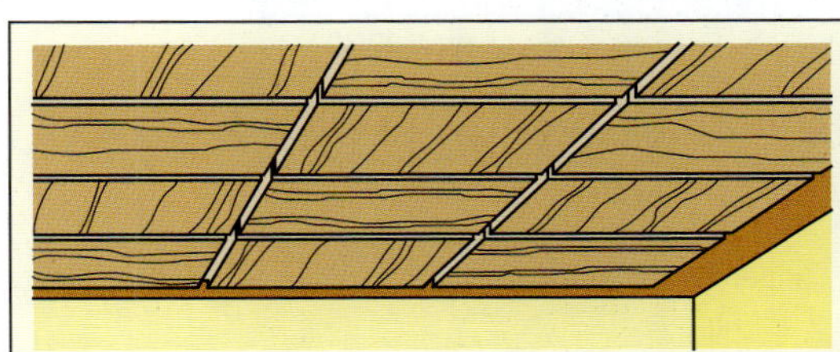

Bild 4: Plattendecke

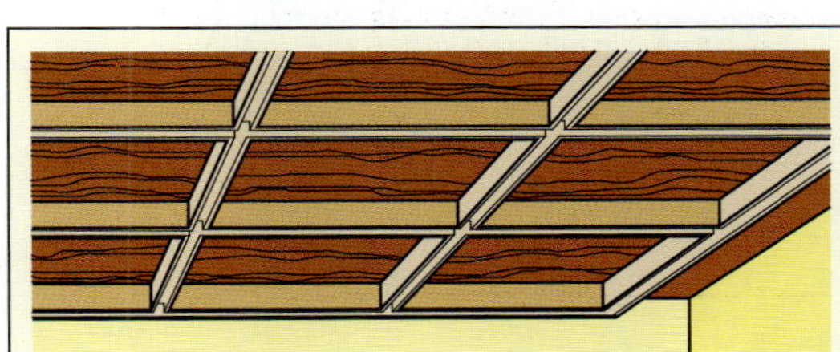

Bild 5: Kassettendecke

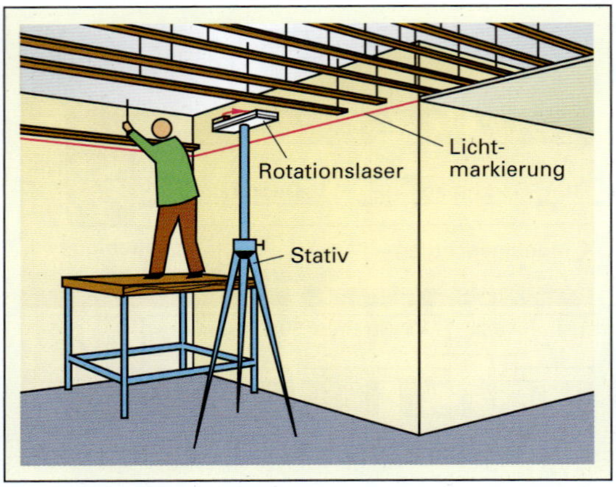

Bild 1: Ausrichten einer Deckenabhängung mit einem Rotationslaser

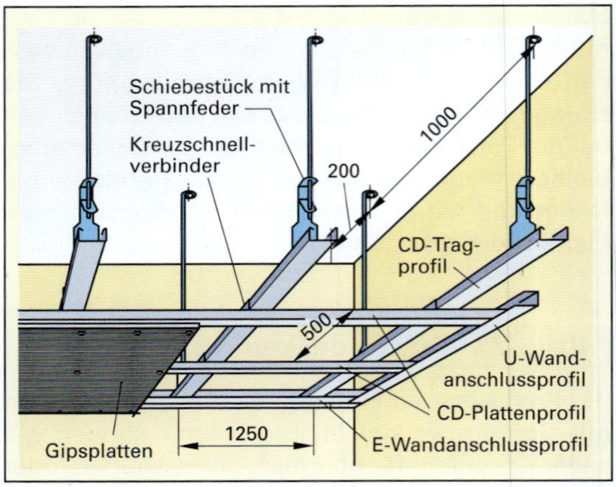

Bild 2: Abgehängte Unterkonstruktion aus Metallprofilen

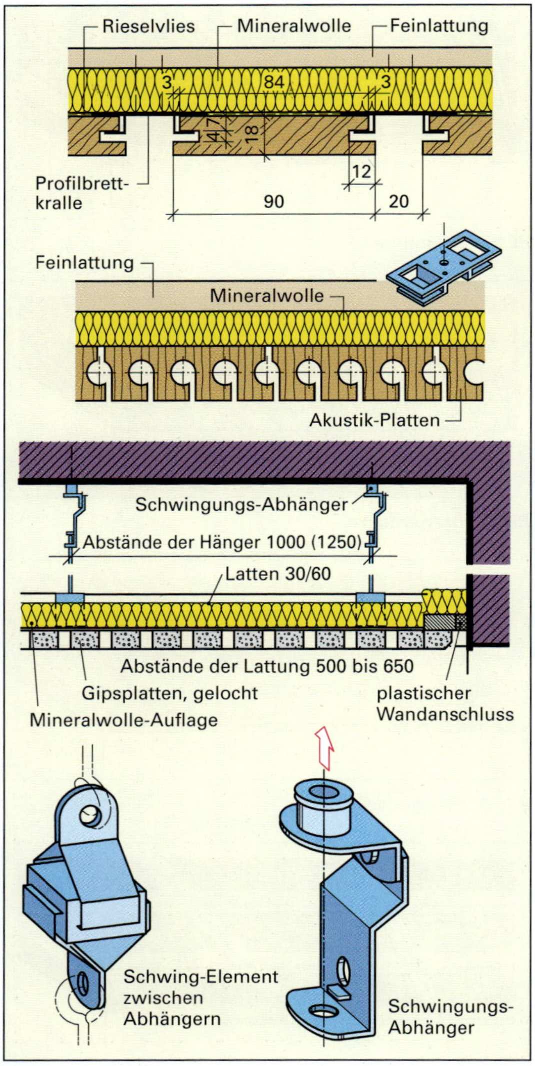

Bild 3: Akustikdecken

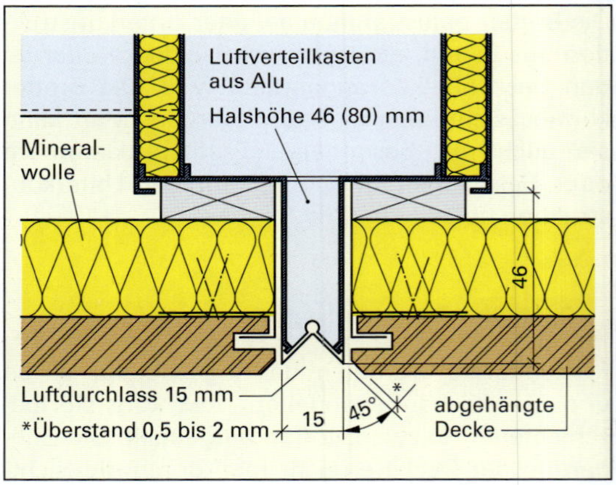

Bild 4: Luftdurchlass bei einer Lüftungsdecke

10.11.5 Akustikdecken

Akustikdecken sind schallschluckende Deckenverkleidungen. Sie haben die Aufgabe, die auftreffenden Schallwellen zu absorbieren. Dies geschieht in der Regel durch unterbrochene Verkleidungsschalen und durch Hinterlegen von porösem Schallschluckmaterial. Damit dieses durch die durchbrochene Verkleidungsschale nicht durchrieseln kann, ist es auf ein Rieselvlies zu legen **(Bild 3).**

10.11.6 Lüftungsdecken

Lüftungsdecken haben die Aufgabe, die im Deckenhohlraum in Klimaanlagen geführte Frischluft in den Raum einzuleiten. Hierzu dienen in der Regel Profile mit feinen Schlitzen, die in die Fugen der Plattenteilungen eingesetzt werden. Lüftungsdecken sind in Zusammenarbeit mit Klimatechnikern zu planen, die die Luftmenge für Raumnutzung und Raumgröße berechnen müssen **(Bild 4).**

10.12 Beleuchtung in Möbeln, Einbauschränken und Räumen

Licht gehört zu den Grundbedürfnissen des Menschen. Es steuert körperliche Prozesse und beeinflusst stark die innere Uhr. Ein stimmiges Zusammenwirken von Tageslicht und künstlicher Beleuchtung fördert Kommunikation und Motivation und steigert die Aufenthaltsqualität in Wohn- und Arbeitsbereichen.

10.12.1 Lampen und Leuchten

Lampen sind künstliche Lichtquellen wie Glühbirnen oder Leuchtstofflampen. Eine **Leuchte** umfasst den gesamten Beleuchtungskörper in dem die Lampe befestigt, betrieben und geschützt wird. Die Leuchte verteilt und lenkt das Licht und schützt vor Blendung. Beleuchtung mit Lichtfarbenwechsel, integriert in Schrank- und Regalsystemen, verwandeln diese in Wohn- oder Geschäftsräumen zu leuchtenden Objekten.

Die Lichtleistung einer Lichtquelle direkt am Leuchtmittel wird in der Einheit Lumen (lm) angegeben. Die Leuchtstärke in Lux (lx) gibt an, wie viel Lichtstrom auf eine Fläche von 1 m² trifft. Sie beträgt ein Lux, wenn der Lichtstrom von einem Lumen einen Quadratmeter Fläche gleichmäßig ausleuchtet **(Bild 1)**.

Glühlampen wurden bis zum Jahr 2012 vorwiegend zur Allgemeinbeleuchtung von Wohnräumen eingesetzt. Da ihr Energieverbrauch zu hoch ist (Energie-Effizienzklasse C), dürfen Glühlampen entsprechend einer EU-Verordnung nicht mehr verkauft werden.

Leuchtstofflampen erzeugen noch zu ca. 70% das Kunstlicht von Innenraumbeleuchtungen. Der Grund liegt in ihrer hohen Lichtausbeute, d.h. wie viel Licht in Lumen eine Lampe aus der eingebrachten Energie in Watt erzeugt. Mit 90 lm/W bis über 100 lm/W erreichen Leuchtstofflampen eine Lebensdauer, je nach Betriebsart und Typ, zwischen 5000 und 45000 Stunden – bei einer Glühlampe sind dies nur ca. 1000 Stunden. In eingebauten oder angebauten Rasterleuchten sorgen sie in Büros, Schulen, Banken, Krankenhäusern, Verkaufsräumen, Ausstellungsräumen und Schalterhallen für eine wirkungsvolle, breitstrahlende und gleichmäßige Beleuchtung von hoher Qualität **(Bild 2)**. Am häufigsten werden Leuchtstofflampen mit einem Rohrdurchmesser von 26 oder 16 mm eingesetzt. Lampen für Display-, Möbel- und Bilderleuchten haben einen Rohrdurchmesser von lediglich 4–7 mm. Vor allem die schlanken Mini-Leuchtstofflampen bieten für den Möbel- und Innenausbau vielfältige Gestaltungsmöglichkeiten.

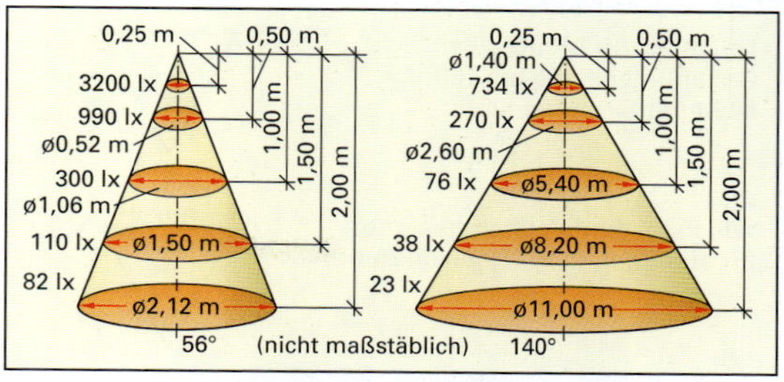

Bild 1: Lichtleistung und Leuchtstärke bei verschiedenen Abstrahlungswinkeln

Bild 2: Rasterleuchte mit Leuchtstoffröhren

Bild 3: Kompaktleuchtstofflampe in Röhren- und Spiralform

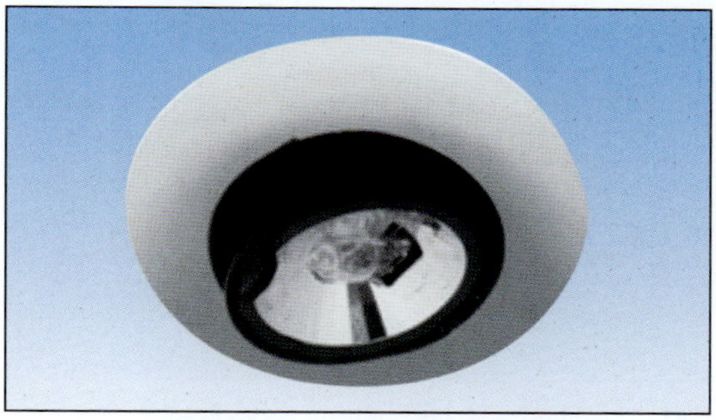

Bild 4: Möbel-Halogenlampe, 12 V, 350° drehbar, 90° schwenkbar

DIGITAL+

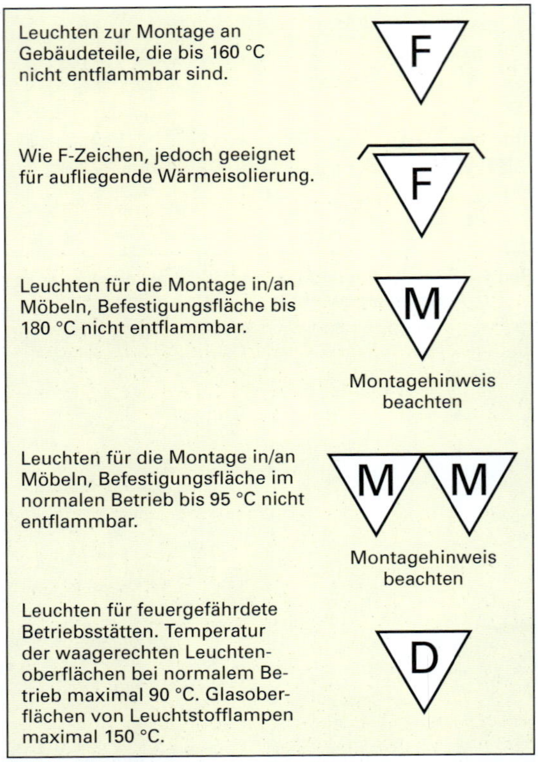

Bild 1: Brandschutz-Kennzeichnung von Leuchten

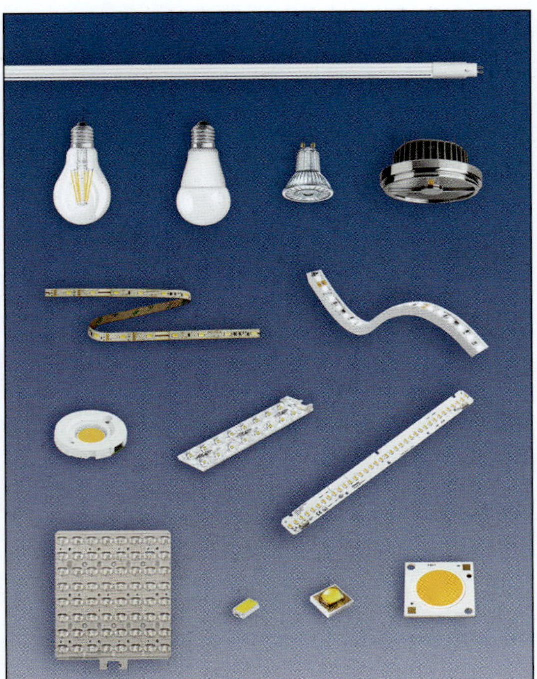

Bild 2: LED-Lampen: LED-Retrofit- bzw. Ersatzlampen (oben), LED-Stripes (Mitte), LED-Module und LED-Packages (unten)

Kompakt- oder Energiesparlampen sind „gefaltete" Leuchtstofflampen **(Bild 3, Seite 505)**. Sie eignen sich für den direkten Austausch der Glühlampen auch in kleineren runden Leuchten. Da sie ca. 80 % weniger Energie als Glühlampen verbrauchen, werden sie „Energiesparlampen" genannt. Neben der hohen Lichtausbeute mit 50 lm/W bis 86 lm/W überzeugt die lange Lebensdauer von etwa 15000 Betriebsstunden. Alle drei in Wohnräumen verwendeten Lichtfarben (warm-, neutral- und tageslichtweiß) werden eingesetzt, wobei warmweißes (ww) Licht als gemütlich und behaglich empfunden wird. Neutralweißes (nw) Licht erzeugt eine eher sachliche Stimmung. Tageslichtweißes (tw) Licht eignet sich für Innenräume mit hohen Beleuchtungsstärken ab 1000 lx.

Energiesparlampen gibt es in vielen Bauformen, wie Röhren-, Reflektor-, Glühlampen-, Globe- und Spiralform.

Die meisten **Halogenlampen** für normale Netzspannung von 230 V dürfen seit 1. September 2018 nach der Öko-Design-Richtlinie der EU nicht mehr hergestellt und verkauft werden. Betroffen sind vor allem die meist birnen- und kerzenförmigen Leuchten der Energieklasse D mit ungebündeltem Licht. Klare Halogenlampen mit den Sockeln R7s und G 9 und mindestens der Energieeffizienzklasse C bleiben vorläufig noch im Handel. Vom Verkaufsverbot noch nicht betroffen sind relativ energieeffiziente 12-V-Halogen-Leuchtmittel, wie die kleinen, flachen Halogen-Spots, die in Schreibtischlampen und Deckenstrahlern verwendet werden **(Bild 4, Seite 505)**.

Da sie viel Wärme in und entgegen ihrer Einbaurichtung abgeben, müssen Maßnahmen getroffen werden, um eine zu hohe Aufheizung der Umgebung zu verhindern. Im Möbelbau werden Sicherheitshalogenleuchten eingesetzt, die überprüfen, ob sich ein Gegenstand, beispielsweise eine Tür zu nahe unter der Leuchte befindet. Ist dies der Fall, wird die Leuchte ausgeschaltet **(Bild 4, Seite 505)**.

LED-Lampen (LED = **L**ight **E**mitting **D**iode bzw. Licht emittierende Diode oder kurz Leuchtdiode) sind elektronische Halbleiterbauelemente, die unter Niederspannung Licht in den Farben Rot, Grün, Gelb oder Blau abgeben und nach dem RGB-Muster mehr als 16 Millionen Farbtöne mischen können. Mehrere Dioden bilden ein Modul. Sie sind sehr klein, haben eine Lebensdauer bis zu 50 000 Stunden, das sind im Dauereinsatz knapp sechs Jahre und sind im Vergleich zu den anderen Lampen äußerst energiesparend. Mit einer Lichtausbeute von bis zu 250 lm/W übertreffen sie sämtliche anderen Lichtquellen **(Tabelle 1, Seite 507)**. Ein Vorschaltgerät ist notwendig. Sie erreichen ohne Aufwärmzeit sofort 100 % Helligkeit und erzeugen keinen Elektrosmog.

Tabelle 1: Effizienz und Wärmeentwicklung von Lichtquellen

Lumen/Watt	0	5	10	20	30	40	60	80	100	110	120	140	160	180	200	220	240	250
LED								■	■	■	■	■	■	■	■	■	■	■
Leuchtstofflampen							■	■	■	■								
Halogenlampen			■	■	■													
Glühlampen		■	■															
Wärmeentwicklung %	100		95	90				80		75								35

Dank Plug & Play sind LED-Leuchten in Möbeln, Innenräumen und als Außenleuchten schnell und einfach zu installieren und jederzeit erweiterbar. Kein Lampentyp verfügt über eine solch breite Palette an Bauformen **(Bild 2, Seite 506)**. Eine im Vergleich zu anderen Lampen geringere Wärmeabgabe erhöht zudem die Einsatzmöglichkeiten. Zu hohe Ströme und Temperaturen verringern allerdings die Lebensdauer von LEDs. Auf entsprechende Kühlflächen ist deshalb zu achten. Starre und flexible LED-Leisten, -Bänder und -Schläuche ermöglichen kreative Beleuchtung auf kleinstem Raum.

OLEDs (engl.: **O**rganic **L**ight **E**mitting **D**iode) sind Leuchtdioden mit organischen halbleitenden Polymeren. Sie werden auf papierdünne Trägerfolien aufgebracht und eröffnen vor allem Designern ganz neue Anwendungsgebiete in der Beleuchtung. Während LEDs, ausgehend von einem winzigen leuchtenden Chip, Licht punktförmig abgeben, erzeugen die sogenannten OLED-Panels eine leuchtende Fläche **(Bild 3)**. Die leuchtende Schicht der OLED ist ca. 400 Nanometer dick – das entspricht einem Hundertstel eines menschlichen Haares. Sie werden wegen ihrer geringen Einbautiefe in kleinen Displays (z. B. Smartphones) eingesetzt. Die blendungsfreien Flächenlichtquellen entwickeln sofort nach dem Einschalten ihre volle Lichtleistung ohne Hitzeentwicklung.

Schalter, extern oder unmittelbar an der Leuchte angebracht, schalten Leuchten ein oder aus. Dimmbare Schalter regeln stufenlos die Helligkeit. Bewegungsmelder schalten Lichtquellen in Gängen, Hallen, Klassenzimmern, Toiletten, Garagen und auch Privaträumen an und nach einer eingestellten Zeit wieder aus. Das gängigste System bei Bewegungsmeldern basiert auf der Erfassung von Infrarotstrahlung. Präsenzmelder können bei Anwesenheit von Personen zusätzlich z. B. noch die Heizung oder Lüftung steuern. Ein- und Ausschalten von Lichtquellen sowie deren Steuerung mit Smartphone, Smartwatches oder Tablet ist z. B. über den Funkstandard Bluetooth oder über BUS-Systeme ebenfalls möglich.

10.12.2 Beleuchtungsarten

Gute Beleuchtung erfordert eine sorgfältige Lichtplanung. Sie sorgt dafür, dass das richtige Licht zum richtigen Zeitpunkt in der richtigen Menge zur

Bild 1: Unterbauleuchte als lineare Funktionsbeleuchtung

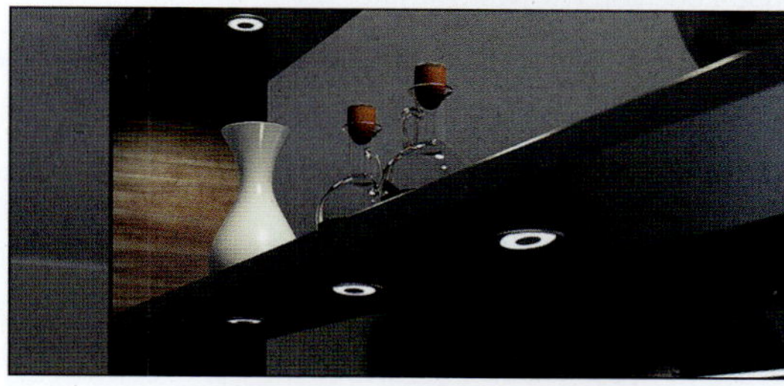

Bild 2: Schwenkbare Spot-LED-Einbauleuchte als Effektbeleuchtung

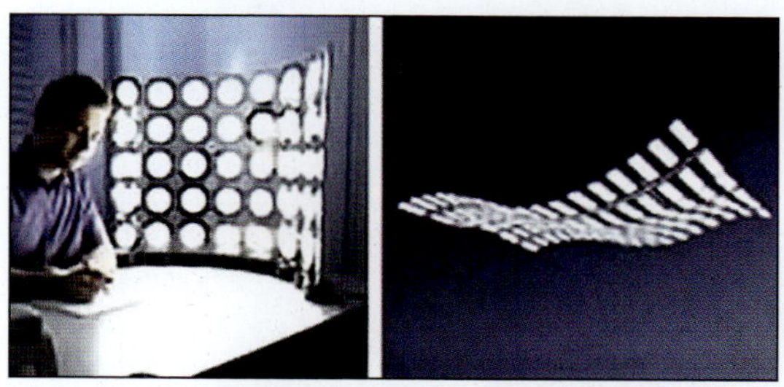

Bild 3: Flexible OLED-Leuchten mit einzelnen runden oder rechteckigen OLED-Paneelen

Tabelle 2: Empfohlene Beleuchtungsstärken

Funktionslicht	1000 lx	Präzisionsarbeiten, Warenprüfung, Farben erkennen, Montage feiner (Elektro-)Geräte
	750 lx	Zeichnen, Lesen, Schreiben, Furnierauswahl, Schleifen
	500 lx	Essenszubereitung, Küchen- und Hobby-Arbeiten, Besprechungsräume, Kassenbereiche von Verkaufsräumen
	300 lx	Wohn- und Speisezimmer ausleuchten, Hobby- und Warteräume, Drehen, Bohren, Fräsen, mittelfeine Montage
Orientierungslicht	100 lx	Diele, Garderobe, Bad, Schlafzimmer, Lagerräume, Eingangshallen, Verkehrswege in Gebäuden
	bis 60 lx	Treppen, Keller, Dachböden

Bild 1: Lichtfarben

Tabelle 1: Farbwiedergabestufen (Ra) verschiedener Lampen

Lampe	Farbwiedergabeindex
Sonne, Glühlampe, Halogenlampe	100
T5-Leuchtstofflampe	80–98
Kompaktleuchtstofflampe	80–90
LED-Leuchten ww (warm white)	80–97
LED-Leuchten cw (cool white)	70–90
Quecksilberdampf-Hochdruck-Lampen (z. B. Straßenbeleuchtung)	20–89

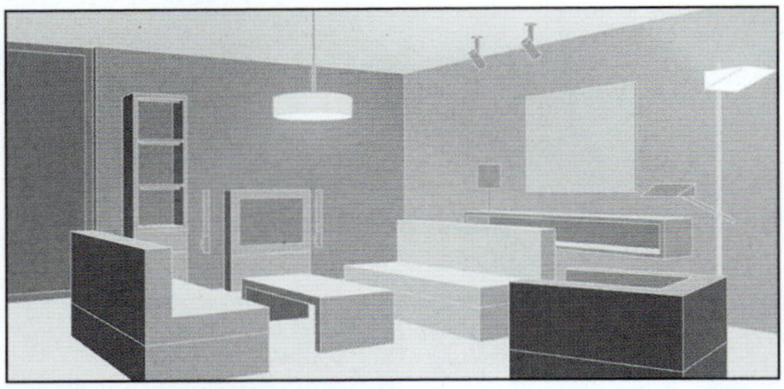

Bild 2: Allgemeinbeleuchtung: Leuchten strahlen Licht nach allen Seiten gleichmäßig ab

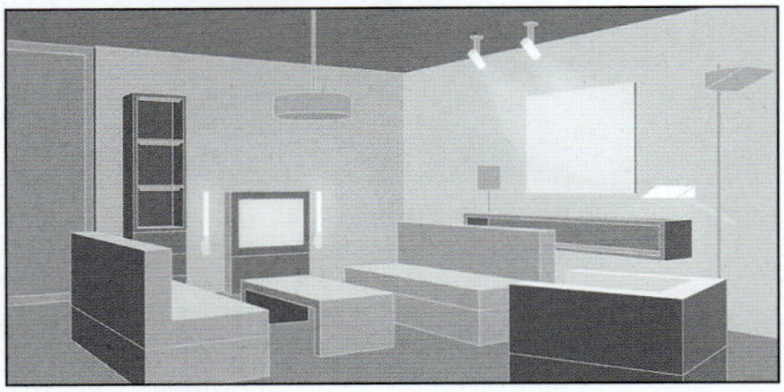

Bild 3: Funktionsbeleuchtung: Leuchten strahlen gezielt einzelne Objekte an

Bild 4: Effektbeleuchtung sorgt für Stimmung; leuchtet, aber beleuchtet kaum

Verfügung steht. Dabei wird zwischen drei Beleuchtungsarten unterschieden:

Grundbeleuchtung (Allgemeinbeleuchtung) erhellt einen Raum und Objekte im Raum gleichmäßig und dient der Orientierung **(Bild 2)**.

Funktionsbeleuchtung (Platzbeleuchtung oder Zonenlicht) liefert Extra-Licht für einzelne Teile des Raumes, in denen eine bestimmte Tätigkeit wie Lesen, Essen, Arbeiten oder Bilder betrachten ausgeführt wird. Die gezielte Beleuchtung eines Badspiegels, eines Bildes oder die Leselampe am Sessel sind Beispiele **(Bild 3 und Bild 1, Seite 507)**.

Akzent- und Effektbeleuchtung gestaltet den Raum durch Farben, durch starke Kontraste von Licht und harten Schatten, variiert Helligkeit und Lichteinfall und sorgt für Emotionen. Ihre Helligkeit liegt über der der Allgemeinbeleuchtung. Mit kleinen oder großen Abstrahlwinkeln kann das Licht direkt auf ein Objekt gelenkt werden **(Bild 4 und Bild 2, Seite 507)**.

Lichtfarbe

Das Licht jeder Lichtquelle besitzt eine Eigenfarbe, die sogenannte Lichtfarbe. Sie wird beschrieben durch die Farbtemperatur, gemessen in Kelvin (K). Je mehr Rotanteile, desto wärmer, wohnlicher und behaglicher wirkt das Licht. Mit zunehmendem Blauanteil wirkt das Licht kälter sowie leistungs- und konzentrationssteigernder **(Bild 1)**.

Farbwiedergabeindex Ra bzw. CRI

Je originalgetreuer die Farben der Objekte im beleuchteten Bereich wiedergegeben werden, desto höher ist der Farbwiedergabeindex Ra (allgemeiner Referenzindex) oder CRI (**C**olour **R**endering **I**ndex). Sonnenlicht und die Glühbirne haben den Maximalwert Ra = 100. In der EU sind für den Innenbereich nur Lichtquellen zugelassen, die einen Farbwiedergabeindex (CRI) von mehr als 80 haben.

10.12.3 Lichtmanagement

Zum Lichtmanagement zählen verschiedene Bausteine, die in unterschiedlichen Ausbaustufen und auch kombiniert eingesetzt werden können. Apps, Programme, Vorschaltgeräte oder Sensoren übernehmen das Steuern und Regeln der Beleuchtung und sorgen für bedarfsgerechtes Licht im Innen- und Außenbereich. Einzelne Leuchten oder Leuchtengruppen müssen separat bedienbar sein.

Über programmierte Steuerungsmodule können dynamische Farbfolgen – auch musikabhängig – von schnell wechselnd bis kaum wahrnehmbar eingestellt werden. Mit Farbeinstellungen von schwachen und starken Farben, die ineinander wechseln, nebeneinander stehen oder ineinander fließen, schafft LED-Licht faszinierende Erlebniswelten mit beruhigender oder anregender Wirkung.

10.13 Holzfußböden

Holzfußböden sind fußwarm, elektrostatisch wenig aufladbar, trittsympathisch und ergeben einen warmen gemütlichen Raumeindruck.

Für Fußböden muss das Holz gut trocken, gesund, rissfrei und möglichst astrein sein. Eichenholz darf keinen Splint und Rotbuchenholz keinen falschen Kern haben. Bei Kiefernholz soll der Splint nicht blau sein.

10.13.1 Einfache Dielenfußböden

Fußbodendielen (DIN EN 13990) werden auch als gespundete Bretter bezeichnet. Sie werden meist aus Fichten- oder Kiefernholz gefertigt. Gespundete Bretter sind einseitig gehobelt, 95 mm bis 180 mm breit und in der Regel 19,5 mm bis 35,5 mm, für besondere Fälle bis 70 mm dick **(Bild 3)**. Die Breite wird ohne Feder gemessen (Deckbreite).

Werden Seitenbretter aus Nadelholz verwendet, muss die linke Seite oben liegen, weil die rechte Seite splittern würde. Dabei lässt es sich aber kaum vermeiden, dass die Oberseite hohl wird und der Boden beim Begehen knarrt. Es ist besser, Bretter mit stehenden Jahresringen zu verwenden. Diese splittern nicht, bleiben gerade, schwinden weniger und nutzen sich nicht so leicht ab wie Seitenbretter **(Bild 1)**.

Verlegen eines Dielenfußbodens

Die Dielen verlegt man entweder auf eingebaute Deckenbalken oder auf Kanthölzer. Der Abstand der Lagerhölzer hängt von der Dielendicke, dem Deckengewicht und der Belastung des Fußbodens ab. Er beträgt im Mittel 60 cm bis 80 cm. Die Räume zwischen den Lagern werden zur besseren Schalldämmung mit trockenem Rollkies, Sand oder besonderer Trockenschüttung ausgefüllt. Zur Wärmedämmung dient beispielsweise Mineralwolle. Die Dielen werden mit Drahtstiften mit gestauchten Köpfen oder Schrauben befestigt. Die Länge der Drahtstifte soll mindestens das Dreifache, die Länge der Schrauben das Zweifache der Dielendicke betragen **(Bild 2)**.

Das sichtbare Nageln erfolgt 15 mm bis 20 mm neben den Fugen in einer angerissenen Flucht. Zum besseren Halt nagelt man wechselweise leicht schräg. Die Drahtstifte versenkt man mit einem Senkstift, damit sie beim Nachtrocknen der Dielen oder bei abgetretenem Boden nicht überstehen. Bei unsichtbarer Nagelung wird durch die Feder genagelt. Darum können die Dielen hier nur einzeln, Brett für Brett, verlegt werden.

Mit dem Verlegen der abgelängten Dielen beginnt man an der Wand. Die Nutkante der ersten Diele soll mit etwa 20 mm Abstand von der Wand zu liegen kommen, damit Raum für das Quellen der Dielen bleibt und die Trittgeräusche sich nicht auf die Wand übertragen. Ist die erste Diele gut festgenagelt, so werden bei sichtbarer Nagelung jeweils 4 bis 6 Dielen gelegt und fest zusammengepresst. Dies geschieht durch Einschlagen von Bauklammern und Eintreiben von Hartholzkeilen. Auch besondere Fußbodenpressen mit Zulagen können dazu verwendet werden. Zur Befestigung können auch spezielle Schrauben verwendet werden, die das Knarren der Dielen reduzieren.

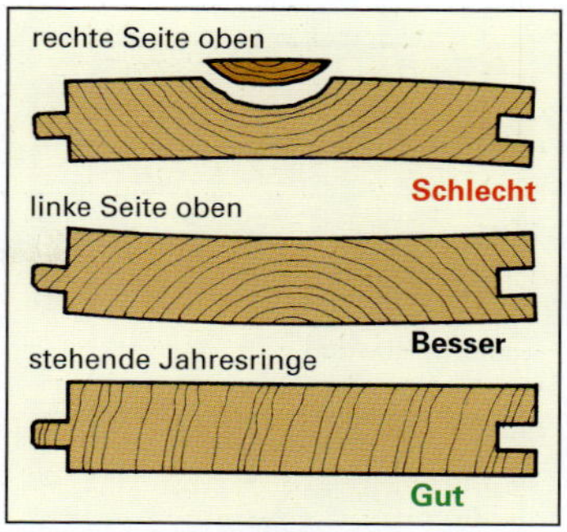

Bild 1: Jahresringverlauf bei Fußbodendielen

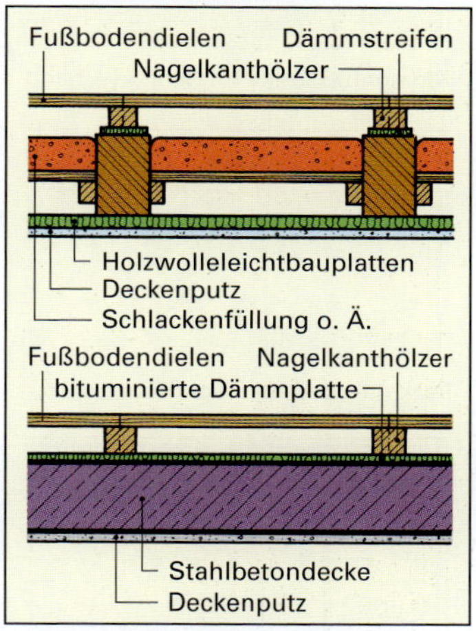

Bild 2: Fußbodenaufbau mit Fußbodendielen

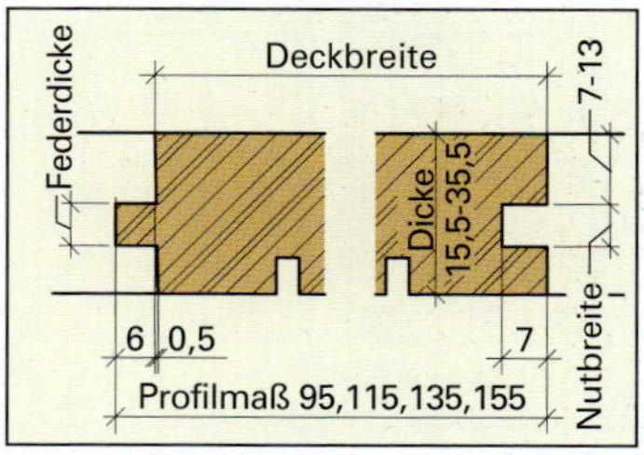

Bild 3: Hobeldiele

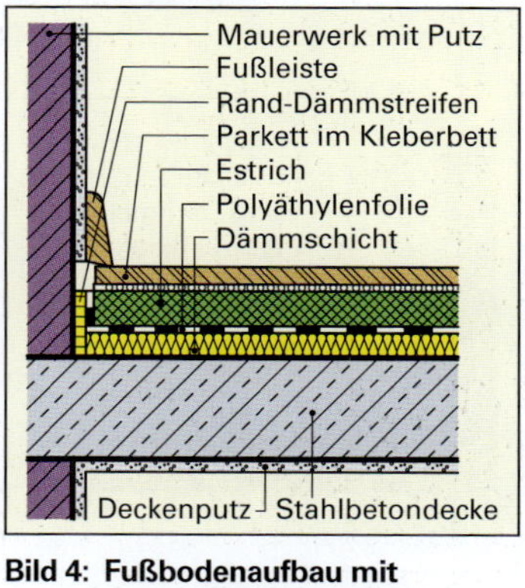

Bild 4: Fußbodenaufbau mit schwimmendem Estrich

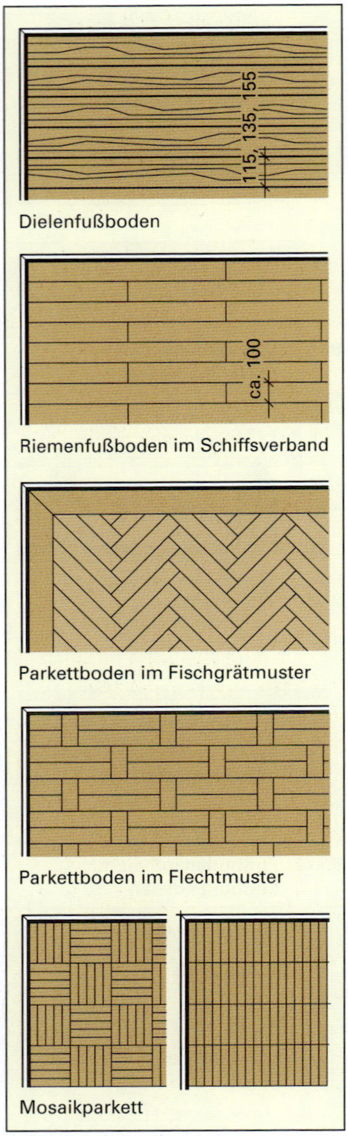

Bild 1: Dielen- und Parkettböden

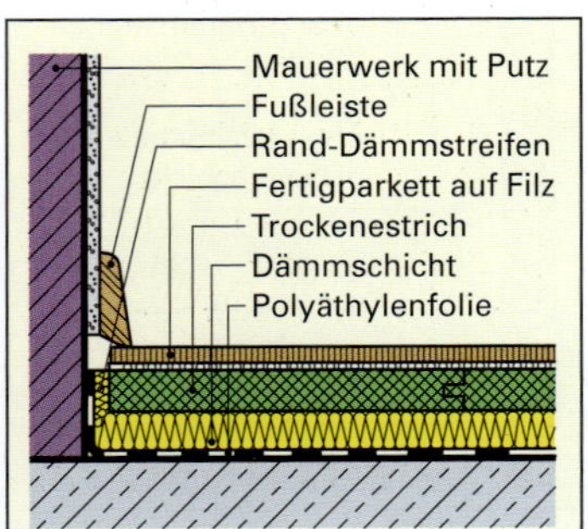

Bild 2: Trockenunterboden

10.13.2 Riemenfußböden

Fußbodenriemen sind gehobelte, etwa 100 mm breite Bretter. Man unterscheidet **Langriemen,** die Zimmerlänge haben können, und **Kurzriemen,** die in der Länge mehrfach zu stoßen sind. Langriemen sind gespundet, Kurzriemen zur Aufnahme von Querholzfedern an beiden Längs- und meist auch an den Querkanten genutet. Das Verlegen geschieht ähnlich wie beim Dielenfußboden, nur wird an der Feder verdeckt genagelt oder geschraubt, damit die Befestigungsstellen in der Bodenfläche nicht stören. Bei gespundeten Riemen muss der erste Riemen mit der Nut gegen die Wand zu liegen kommen. Kurzriemen sind in der Länge versetzt zu stoßen. Man bezeichnet diese Verlegungsart als **Schiffsverband (Bild 1)**.

10.13.3 Trockenunterböden

Trockenunterböden (Trockenestrich) werden aus OSB-, Flachpressplatten (P5) oder Gipsplatten hergestellt. Diese Verlegeplatten sind an den Kanten für die Aufnahme von Federn genutet oder mit Nut und Feder versehen. Sie können direkt auf die Lagerhölzer, auf alte Dielenfußböden oder schwimmend auf eine Trockenschüttung aus Sand bzw. auf Mineralfaserdämmplatten verlegt werden. Sie sollten von den aufsteigenden Wänden 15 mm Abstand haben, um den Platten eine eventuelle Flächenausdehnung zu ermöglichen und um eine Belüftung der Unterkonstruktion zu sichern. Bei der Verlegung auf Betondecken muss zusätzlich noch eine Feuchtigkeitssperre eingebracht werden. Beim Verlegen der Trockenunterböden auf Lagerhölzer sollen die quer verlaufenden Plattenstöße auf den Lagerhölzern erfolgen. Die Platten sind am Rand in Abständen von 200 mm bis 250 mm, in der Plattenmitte von 400 mm zu schrauben. Die Schraubenköpfe werden versenkt und verspachtelt. Genauso ist beim Verlegen auf alten Fußböden vorzugehen. Jedoch sind alte Holzfußböden vorher nachzunageln, damit diese nicht knarren. Werden die Verlegeplatten schwimmend verlegt, sind alle Plattenstöße zu verleimen. Die quer verlaufenden Plattenstöße müssen versetzt angeordnet werden. Auf solche Unterböden kann Parkett, Teppich oder Linoleum verlegt werden **(Bild 2 und Bild 1, Seite 451)**.

10.13.4 Parkettböden

Parkett ist ein Fußboden aus Vollholz. Er kann aus Parkettstäben, Parkettriemen, Parkettdielen, Mosaikstäbchen, Parkettplatten oder Mosaikparkettplatten bestehen. Die Holzarten sind vorwiegend Eiche, Buche, Esche, Ahorn, Kiefer und außereuropäische Hölzer.

Parkettstäbe sind ringsum zur Aufnahme von Hirnholzfedern genutet. Man unterscheidet Kurzstäbe mit einer Länge von 250 mm bis 560 mm und Langstäbe mit Längen über 600 mm (um 50 mm steigend). Sie sind 45 mm bis 80 mm breit (um 5 mm steigend) und 22 mm dick **(Bild 1, Seite 511)**.

Parkettriemen haben an einer Längskante sowie an einer Hirnkante eine angefräste Feder, die gegenüberliegenden Kanten sind genutet. Die Abmessungen entsprechen den Parkettstäben **(Bild 2, Seite 511)**.

Parkettdielen (Mehrschichten-Parkettdielen) sind vorgefertigte Verlegeeinheiten (Fertigparkett). Hartholzlamellen mit 4 mm bis 10 mm Dicke werden auf lange Weichholzriemen entweder quer oder in Mustern aufgeleimt. Die Weichholzriemen werden durch längs oder quer an der Unterseite angeordnete Sägeschnitte spannungsfrei gehalten. Parkettdielen sind länger als 1200 mm und 100 mm bis 240 mm breit. Die Dicke beträgt 13 mm bis 26 mm. Das Fertigparkett ist vielfach schon mit Kunstharzen versiegelt oder mit Naturharzen behandelt **(Bild 3)**.

Parkettplatten sind vorgefertigte Parkettelemente aus verschiedenen Holzarten. Sie können wie Stabsperrholz aus mehreren Schichten gefertigt sein. Ihr Deckmaß beträgt in der Länge und in der Breite 200 mm bis 650 mm, ihre Dicke 13 mm bis 26 mm.

Mosaikparkett besteht aus kleinen Parketthölzern (Lamellen), die etwa 165 mm lang, höchstens 25 mm breit und 8 mm dick sind. Aus ihnen wird Mosaikparkett (Lamellenparkett) zusammengesetzt. Sie kommen als vorgefertigte Tafeln in den Handel.

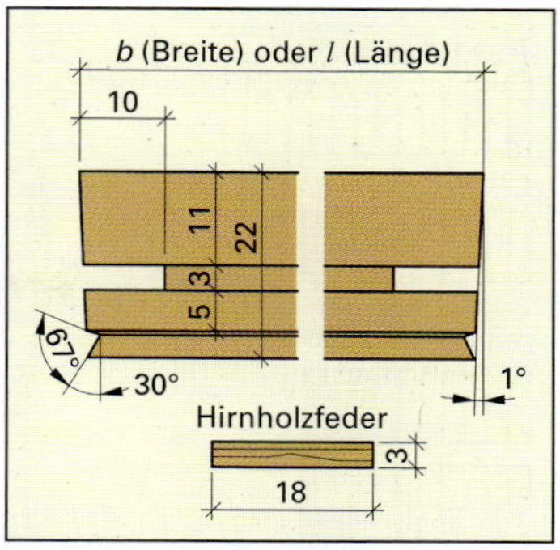

Bild 1: Parkettstäbe, Maße

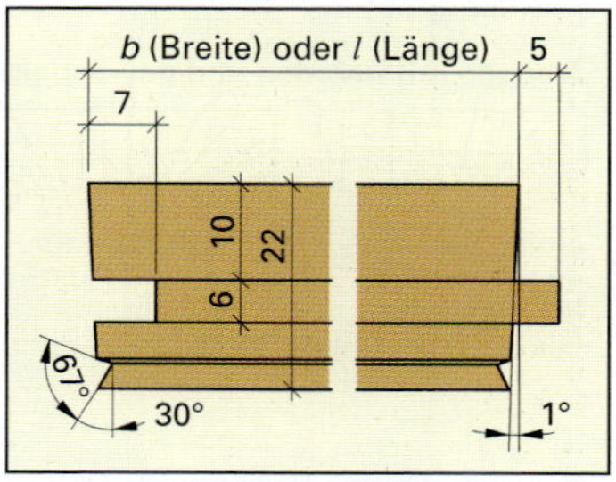

Bild 2: Parkettriemen, Maße

Verlegen und Verlegemuster

Parkettstäbe verlegt man auf einen Blindboden aus rauen, besäumten und nicht zu breiten Brettern von 18 mm bis 30 mm Dicke oder auf Trockenunterböden aus Flachpressplatten (Verlegeplatten).

Parkettstäbe kann man auch auf ebenen, trockenen Estrichflächen schubfest mit einer ausreichend dicken Klebeschicht aufkleben. Der Estrich ist vorher zu schleifen und mit einem Sperrgrund zu beschichten.

Parkettstäbe und -dielen kann man als Schiffsverband, in Gruppen längs- und querlaufend, in Würfel- oder Flechtmuster oder unter 45° schräg in Fischgrätmuster verlegen **(Bild 1, Seite 510)**.

Parkettdielen werden durch die besonderen Federn zusammengeklickt und mit Kleber auf den Estrich geklebt oder auch schwimmend verlegt **(Bild 4)**.

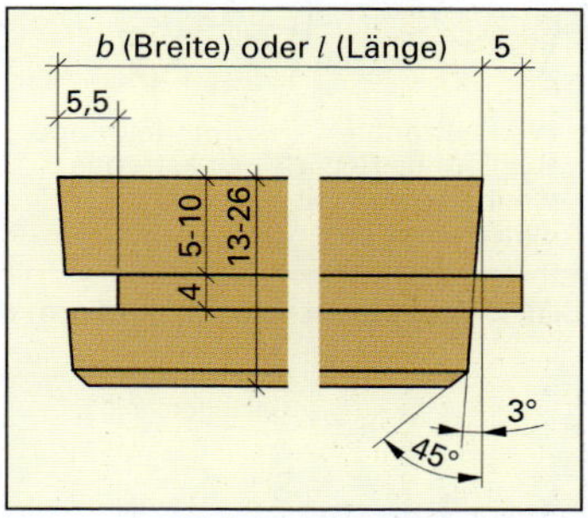

Bild 3: Parkettdielen und Parkettplatten, Maße

Ölen und Versiegeln

Parkett muss, wenn es nicht schon oberflächenfertig ist, nach dem Verlegen geschliffen und geölt oder versiegelt werden.

Zum Ölen werden hauptsächlich natürliche Öle und Öl-Wachskombinationen verwendet. Das Öl darf nicht zu dick aufgetragen werden, da sonst die Trockenzeit zu lang ist oder die Oberfläche klebrig bleibt. Das Öl dringt durch die Verdünnung mit Lösemittel wie Terpentinöl tief ins Holz ein und schützt so vor Wasser und Schmutz. Das Ölen ist mehrmals zu wiederholen.

Zum **Versiegeln** verwendet man Lacke, wie z.B. PU- bzw. DD-Lacke, Öl-Kunstharzlacke, Urethan-Alkydharz-Lacke und Wasserlacke. Mit ihnen erreicht man glatte, pflegeleichte und widerstandsfähige Oberflächen.

10.13.5 Laminatböden

Laminatböden bestehen aus Span- oder Faserplatten (MDF), die auf der Sichtseite und vielfach auch auf der Rückseite mit Kunststofffolien (HPL, CPL) belegt oder mit einer gehärteten Acrylatschicht mit mineralischen Anteilen beschichtet sind. Die Sichtseiten zeigen in der Regel Holzparkettimitate, die Gegenzugseite ist dagegen schlicht und farblos. Laminatplatten sind an den Längskanten mit besonderer Nut und Feder versehen, die ein Zusammenziehen der Platten ermöglichen. Sie werden schwimmend verlegt oder aufgeklebt. Sie sind strapazierfähig, können aber bei Beschädigungen nicht abgeschliffen werden **(Bild 4)**.

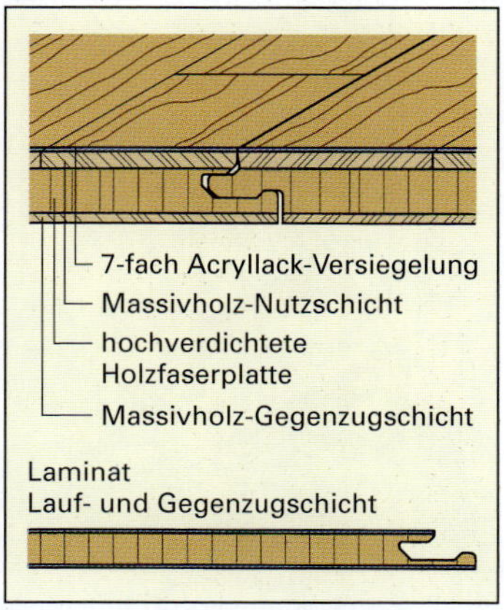

Bild 4: Fertigparkett mit Klickfuge

DIGITAL+

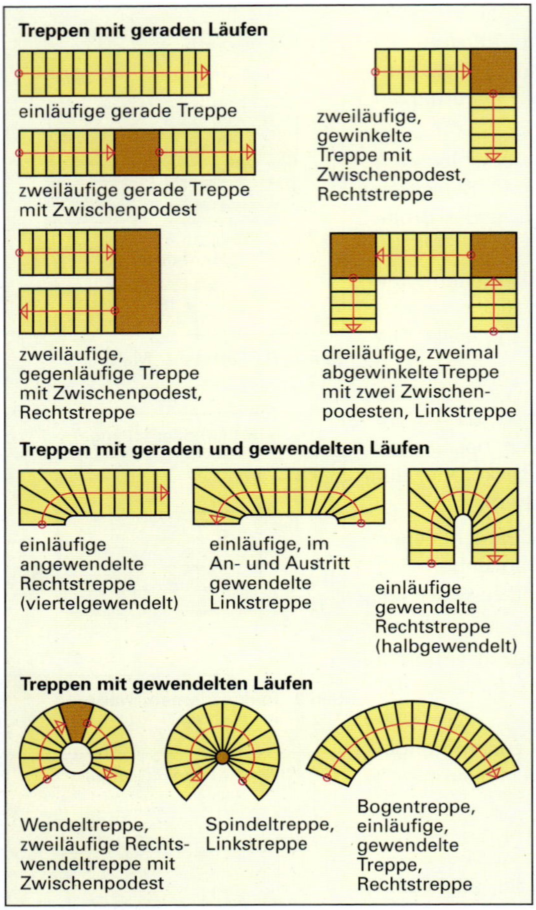

Bild 1: Treppenarten nach der Form der Läufe

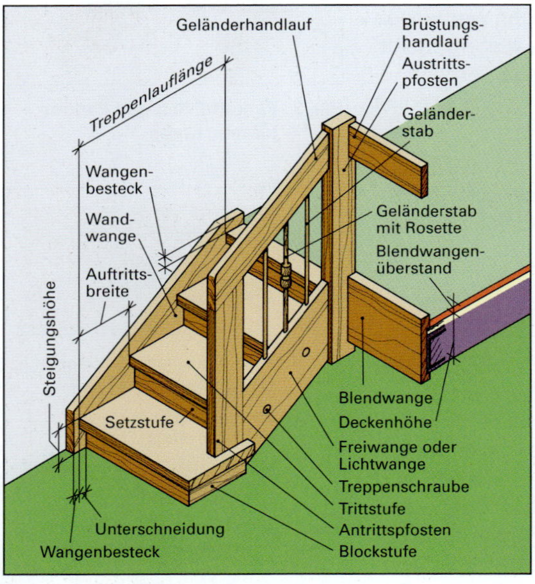

Bild 2: Bezeichnung von Treppenteilen bei Wangentreppen

10.14 Holztreppen

Treppen dienen zur Überwindung von Höhenunterschieden. In Einfamilienhäusern können sie aus Holz gefertigt werden. Eine Treppe besteht aus mindestens drei aufeinander folgenden Stufen, also drei Steigungen.

Die Treppe muss beim Begehen die geforderte Sicherheit und Bequemlichkeit gewährleisten. Sie muss formschön gestaltet und fachgerecht konstruiert sein. Treppen in und an Gebäuden sind in DIN 18064 und DIN 18065 genormt.

10.14.1 Treppenarten und Begriffe

Treppen werden nach der Verwendung, der Bauart sowie der Form und Richtung des Treppenlaufs unterschieden.

Nach der Verwendung sind Haupt- und Nebentreppen zu unterscheiden. Haupttreppen verbinden die einzelnen Wohngeschosse miteinander. Sie müssen bequem begehbar sein und den Transport von Möbeln zulassen. Sie werden als notwendige Treppen bezeichnet und sind in DIN 18065 für Gebäude im Allgemeinen sowie für Wohngebäude mit bis zu zwei Wohnungen und innerhalb von Wohnungen genormt. Nebentreppen wie Boden- bzw. Speichertreppen sind aus Platzgründen meist steiler als Haupttreppen und deshalb nicht so bequem zu begehen.

Nach der Form und Richtung des Treppenlaufes kann man gerade und gewendelte Treppen als Links- oder Rechtstreppen unterscheiden **(Bild 1)**.

Nach der Bauart sind bei Wangentreppen eingeschnittene, eingeschobene, gestemmte und halbgestemmte Treppen, Satteltreppen wie Treppen mit Tragholmen, abgehängte Treppen und Sondertreppen wie Spindel-, Wendel- oder Spartreppen, zu unterscheiden.

10.14.1.1 Wangentreppen

Bei Wangentreppen sind die Trittstufen an ihren Enden 20 mm bis 25 mm tief in die Wangen eingelassen. Nach Form der Ausnehmung in den Wangen werden eingeschnittene, eingeschobene, halbgestemmte oder gestemmte Treppen unterschieden. Die Wangen und die dazwischen liegenden Stufen werden mittels Treppenschrauben miteinander verspannt. Bei den Wangen sind Wandwangen und Freiwangen zu unterscheiden. Wie der Name sagt, liegen die Wandwangen an der Raumwand und können an dieser befestigt werden. Frei- oder auch Lichtwangen liegen an der freien Treppenseite und müssen für die freitragend statische Funktion dimensioniert und konstruiert sein. Wangen sind bei Treppen mit geradem Lauf gerade, bei gewendelten Treppen je nach Verziehen der Treppenstufen geschwungen.

Eingeschnittene Treppen

Bei der eingeschnittenen Treppe verlaufen die Ausnehmungen für die Auflage der Trittstufen waagerecht über die ganze Wangenbreite. Die Trittstufen stehen an der Wange vorne und hinten an den Wangenkanten bis zu 30 mm über. Setzstufen kommen hier nicht zur Anwendung. Die Treppe kann jedoch auf der Rückseite zur Aussteifung und gegen Durchblick verschalt werden. Die Stufen müssen dann hinten entsprechend der Wangenneigung abgeschrägt werden und mit der Wange bündig liegen. In der Regel werden Nebentreppen in dieser Weise konstruiert **(Bild 1)**.

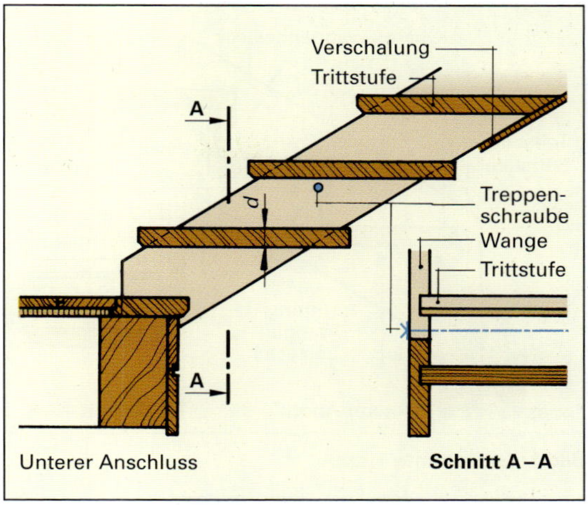

Bild 1: Eingeschnittene Treppe

Eingeschobene Treppen

Bei eingeschobenen Treppen stehen die Trittstufen nur vorne an der Wange vor. Die Trittstufen können an ihren Enden der Wangenneigung entsprechend ausgeklinkt werden, sodass die Vorderkanten der Trittstufen noch über die Wangenoberkante hinweglaufen. Wird auf der Rückseite der Treppe eine Verschalung angebracht, liegt diese zwischen den beiden Wangen und auf den entsprechend der Wangenneigung abgeschrägten Trittstufen auf. Da die Trittstufen von vorn in die Ausnehmungen der Wangen eingeschoben werden, nennt man diese Treppen eingeschobene Treppen **(Bild 2)**.

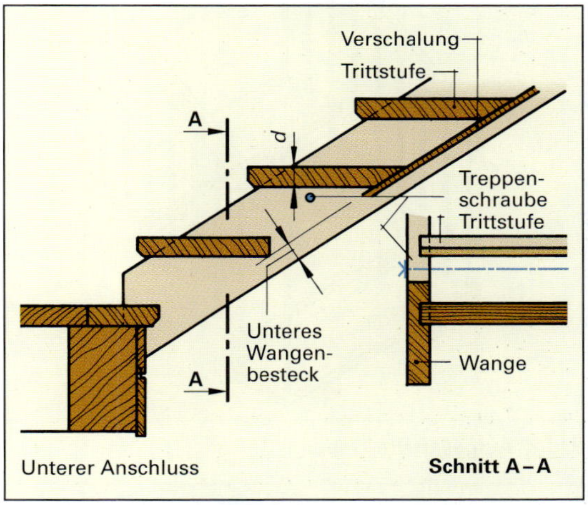

Bild 2: Eingeschobene Treppe

Halbgestemmte Treppen

Bei der halbgestemmten Treppe stehen die Trittstufen vorne und hinten von der Wange um mehrere Zentimeter zurück. Setzstufen sind hier nicht vorhanden. Während die eingeschnittenen und eingeschobenen Treppen nur mit geradem Lauf ausgeführt werden können, eignet sich die halbgestemmte Treppe auch für gewendelte Konstruktionen. Sie wirkt durch die offenen Stufen transparent und leicht **(Bild 3)**.

Die Nuten für die Aufnahme der Treppenstufen werden mit der Handoberfräse oder auf der CNC-Maschine in die Innenseiten der Wangen eingefräst. Beide Wangen müssen mit den eingebauten Treppenstufen durch Treppen- oder Spannschrauben miteinander verbunden werden.

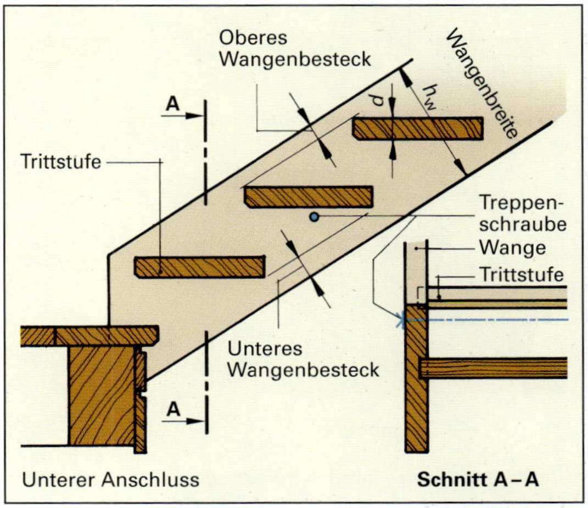

Bild 3: Halbgestemmte Treppe

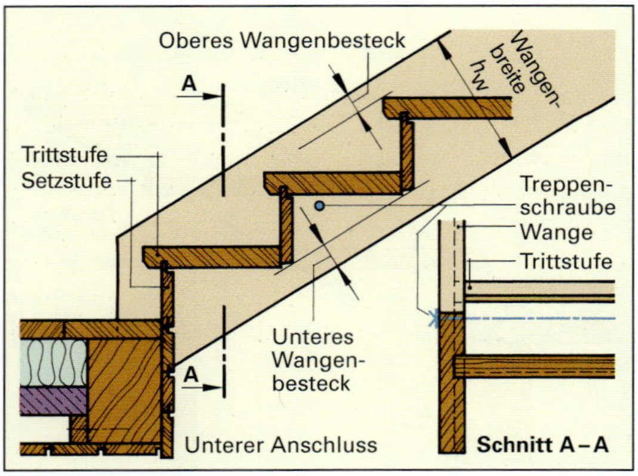

Bild 1: Gestemmte Treppe

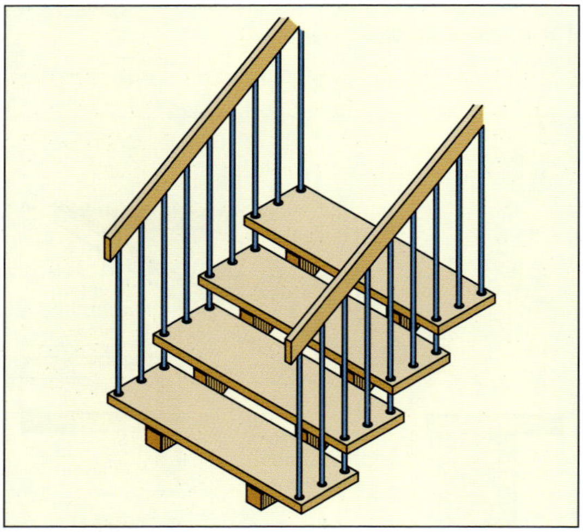

Bild 2: Aufgesattelte Treppe

Gestemmte Treppen

Gestemmte Treppen weisen sowohl Tritt- als auch Setzstufen auf. Beide Stufenarten sind in die Wangen eingelassen. Die Setzstufen können oben in die Trittstufen eingenutet werden und sind unten mit Schrauben oder Nägeln an der Hinterkante der Trittstufe befestigt **(Bild 1)**. Gestemmte Treppen gehören zu den klassischen Treppenbauarten, die sowohl mit geraden als auch mit gewendelten Treppenläufen hergestellt werden.

Tritt- und Setzstufen werden mit den Wangen durch Treppenschrauben zu einem räumlichen Tragwerk fest miteinander verbunden. Die beim Begehen anfallenden Lasten können dadurch statisch auf mehrere Treppenteile günstig verteilt werden.

10.14.1.2 Aufgesattelte Treppen

Bei aufgesattelten Treppen werden die Trittstufen auf Tragholme aus Schnittholz oder Brettschichtholz aufgesetzt. Dabei stehen die Stufen seitlich und vorne über die Tragholme vor. Da bei dieser Konstruktion keine Setzstufen verwendet werden, wirkt die Treppe leicht und transparent, besonders dann, wenn nur ein mittlerer Tragholm verwendet wird **(Bild 2)**.

Entscheidend für die Tragfähigkeit der Holme ist deren Höhe und Dicke. Die Tragholme weisen Konsolen, Stützfüße oder Flachstahlsattel zur Aufnahme der Trittstufen auf. In besonderen Fällen werden die Trittstufen als Blockstufen ausgeformt und direkt auf die Holme gesetzt **(Bild 3)**.

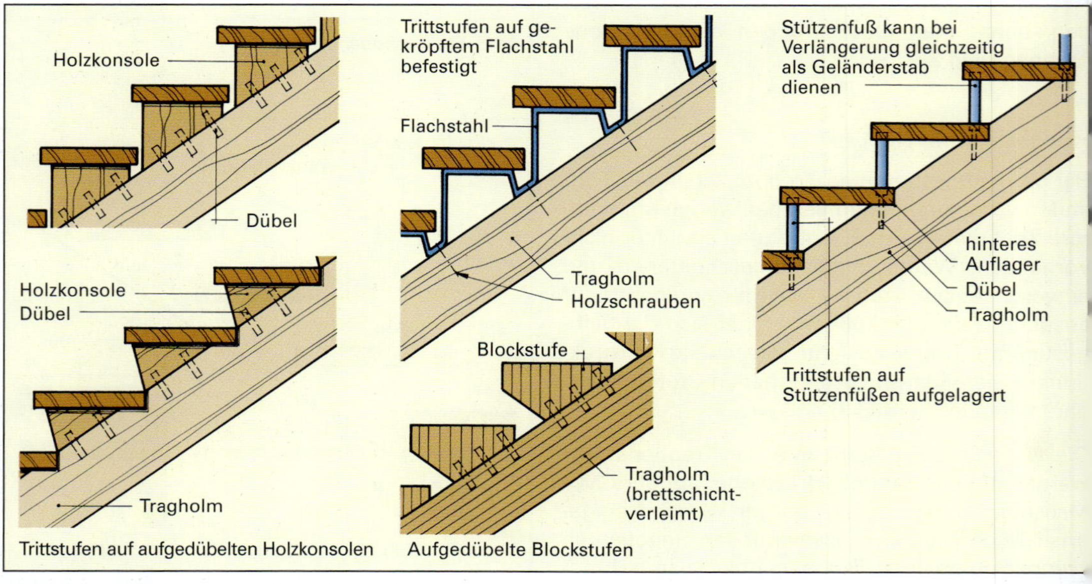

Bild 3: Konstruktionsarten aufgesattelter Treppen

10.14.1.3 Abgehängte Treppen

Bei abgehängten Treppen sind die Trittstufen an Zugstäben aus Metall aufgehängt. Die Zugstäbe übertragen die Kräfte in die Decken- bzw. Dachkonstruktion oder in den Handlauf. Die Zugstäbe werden durch zwei übereinanderliegende Stufen geführt und miteinander verspannt. Werden die Trittstufen an beiden Enden abgehängt, muss die Treppe zusätzlich gegen quer zum Treppenlauf wirkende Kräfte bzw. Bewegungen gesichert werden. Die Bewegungen können durch einen Handlauf oder durch Verankerung einzelner Stufen mit der Treppenhauswand aufgefangen werden.

Bei Treppen, die am Handlauf abgehängt werden, ist der Handlauf als tragendes Element wie die Tragholme zu konstruieren. Abgehängte Treppen sind Sonderkonstruktionen, für deren Zulassung besondere Prüfungen erforderlich sind **(Bild 1)**.

10.14.1.4 Sondertreppen

Zu den Sondertreppen zählen die Wendeltreppen (mit Treppenauge) und die Spindeltreppe (mit Treppenspindel). Sie weisen eine kreisrunde Grundrissform auf und verbinden in der Regel nur zwei Ebenen im privaten Bereich **(Bild 2 und Bild 3)**.

Eine besondere Treppenform sind die Raumspartreppen, im Volksmund auch Watschel- und Sambatreppen genannt. Sie sind nur etwa 50 cm bis 70 cm breit und sehr steil, weil sie durch die besondere Konstruktion zwei Steigungen bei einer Auftrittsbreite überwinden. Beim Begehen dieser Treppen muss man mit dem richtigen Fuß beginnen. Diese Sondertreppe ist im Wohnungsbau nicht zulässig.

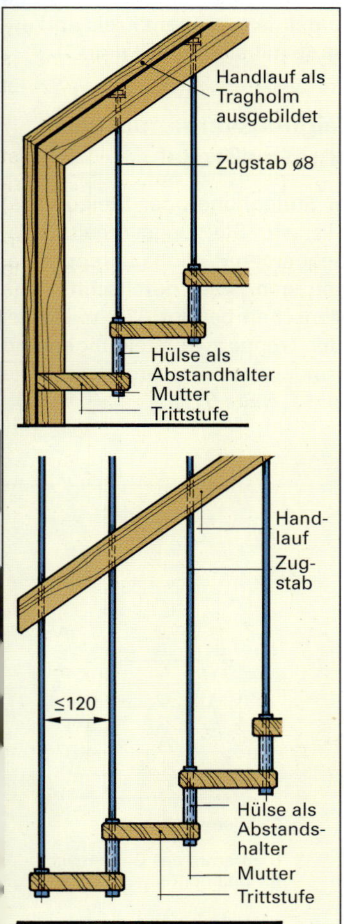

Bild 1: Abgehängte Treppen

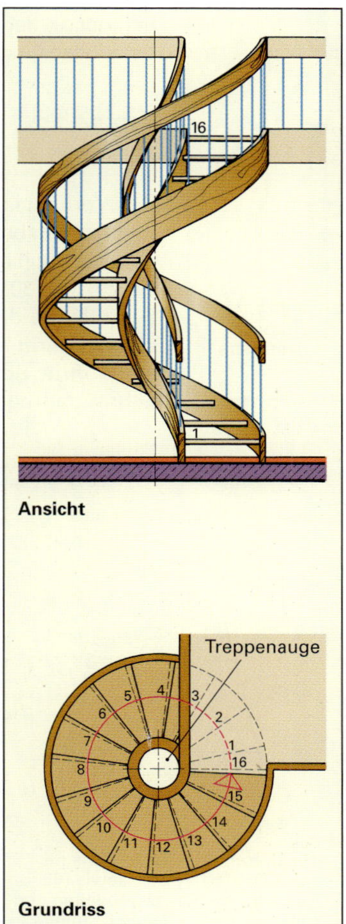

Bild 2: Wendeltreppe

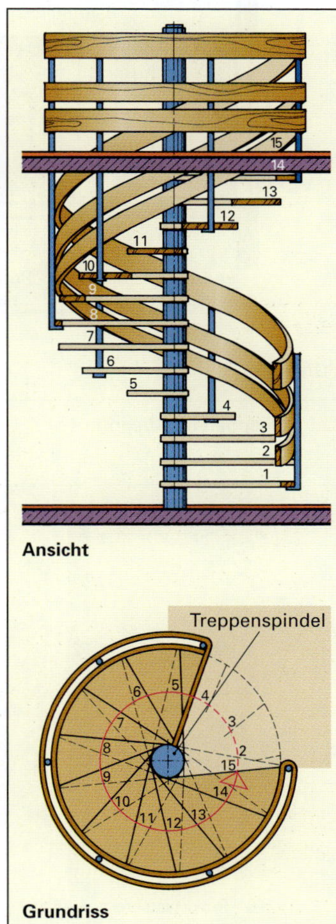

Bild 3: Spindeltreppe

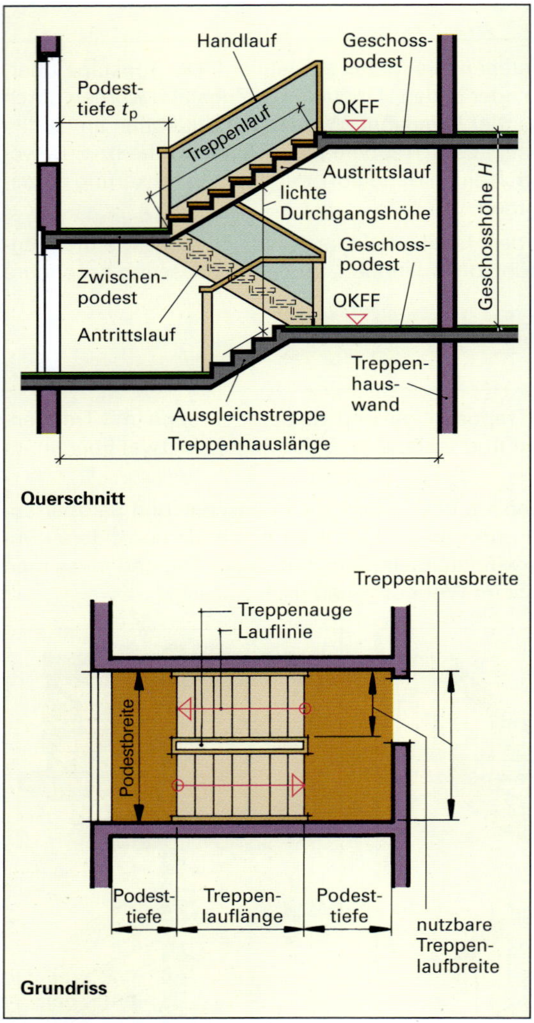

Bild 1: Treppen-Maßbegriffe

10.14.2 Maßbegriffe und Bezeichnungen

Die Treppen-Maßbegriffe schreiben vor, wie die Treppenteile zu messen sind. Außerdem dienen die Treppen-Maßbegriffe sowie die Bezeichnungen von Treppenteilen der Verständigung **(Bild 1)**.

10.14.2.1 Treppen-Lichtraumprofil und Gehbereich

Die lichten Laufbreiten und Durchgangshöhen richten sich nach der jeweiligen Landesbauordnung oder den gültigen Normen. Für Wohngebäude mit nicht mehr als zwei Wohnungen muss die nutzbare Treppenlaufbreite mindestens 80 cm, sonst 100 cm betragen, die Treppendurchgangshöhe 200 cm **(Bild 2)**. Der Gehbereich beträgt etwa $^{2}/_{10}$ der Laufbreite **(Bild 3)**. Innerhalb des Gehbereichs muss die Lauflinie liegen, auf der die Treppe entsprechend dem gewählten Steigungsverhältnis eingeteilt wird. Die Lauflinie wird im Grundriss eingezeichnet. Sie beginnt an der Antrittstufe mit einem Kreis und endet an der Austrittstufe mit einem Pfeil **(Bild 1)**.

10.14.2.2 Steigungsverhältnis und Schrittmaßregel

Das Verhältnis von Stufenhöhe oder Steigung (s) und Auftrittsbreite (a) wird Steigungsverhältnis genannt. Es soll bei bequemen Wohnhaustreppen ca. 17 : 29 (ca. 30°) betragen. Die durchschnittliche Schrittlänge der Menschen beträgt 63 cm. Da bei einem Schritt auf der Treppe zwei Steigungen und ein Auftritt überwunden werden, ergibt sich die Schrittmaßregel **(Bild 1, Seite 517)**.

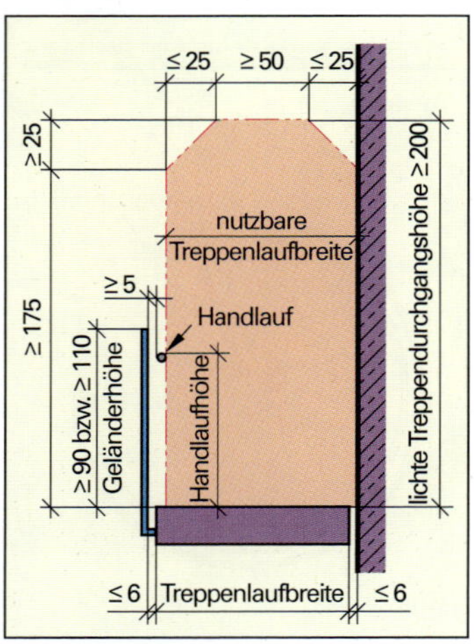

Bild 2: Treppen-Lichtraumprofil

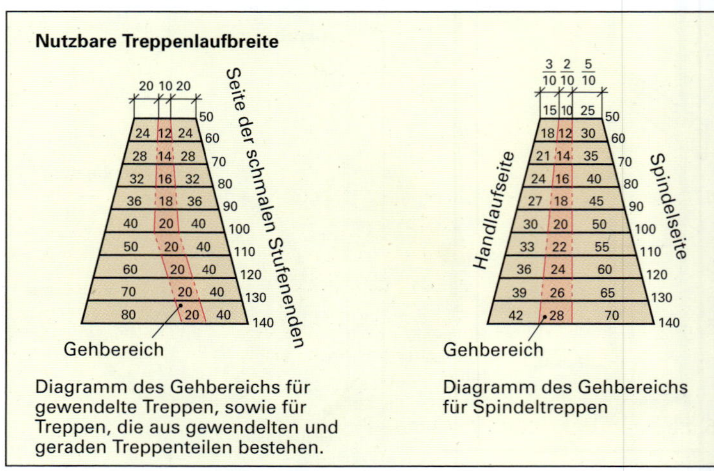

Bild 3: Gehbereiche bei Treppen

Schrittmaßregel:

2 Steigungshöhen (s) + 1 Auftrittsbreite (a) = 63 cm (nach DIN 59 cm bis 65 cm)

$\mathbf{2\,s + 1\,a = 63}$	$s = \dfrac{63 - a}{2}$	$a = 63 - 2\,s$

Bequemlichkeitsregel:

Auftrittsbreite (a) – Steigungshöhe (s) = 12 cm

(Bei Treppen mit einer Neigung um 30°)

Sicherheitsregel:

Auftrittsbreite (a) + Steigungshöhe (s) = 46 cm

Wenn der Steigungswinkel der Treppe bekannt ist, kann das Steigungsverhältnis auch zeichnerisch ermittelt werden **(Bild 2)**. In der Regel wird das Steigungsverhältnis rechnerisch ermittelt (siehe Beispiel).

Beispiel einer Treppenberechnung:

Die Geschosshöhe von OK-Fußboden (OKFF) Erdgeschoss bis OK-Fußboden 1. Obergeschoss beträgt 275 cm. Die Treppe soll bequem zu begehen sein und die Steigungshöhe ca. 17 cm betragen.

Gegeben: $H = 275$ cm; $s \sim 17$ cm.

Lösung:

1. Anzahl der Steigungen = 275 : 17 = 16,18
   Gewählt: **16 Steigungen**
2. Anzahl der Auftritte: = Anzahl der Steigungen – 1 = 16 – 1 = **15**
3. Steigungshöhe $s = \dfrac{\text{Geschosshöhe } H}{\text{Anzahl der Steigungen}}$

   $s = \dfrac{275\text{ cm}}{16} = \mathbf{17{,}2\text{ cm}}$
4. Auftrittsbreite (a) = 63 cm – 2 x Steigungshöhe (s)

   $a = 63\text{ cm} - 2 \cdot 17{,}2\text{ cm}$

   $a = 28{,}6$ cm, gewählt **29 cm**
5. Lauflinienlänge $L_{G'}$ = Anzahl der Auftritte x Auftrittsbreite (a) = 15 · 29 cm = **435 cm**
6. Bequemlichkeitsregel: 29 cm – 17 cm = **12 cm**
7. Sicherheitsregel: 29 cm + 17 cm = **46 cm**

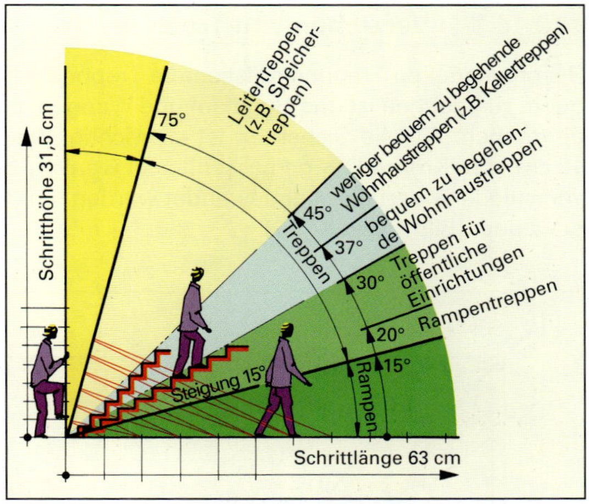

Bild 1: Steigungsverhältnisse

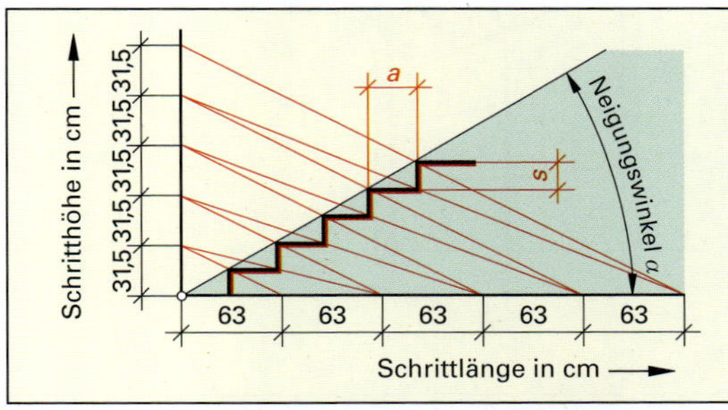

Bild 2: Zeichnerische Ermittlung des Steigungsverhältnisses

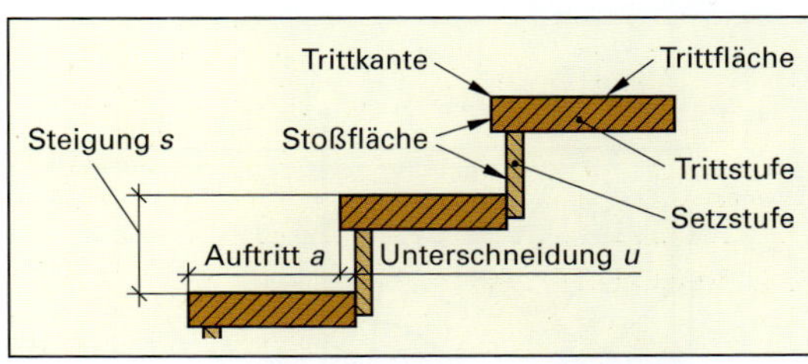

Bild 3: Bezeichnung an Stufen

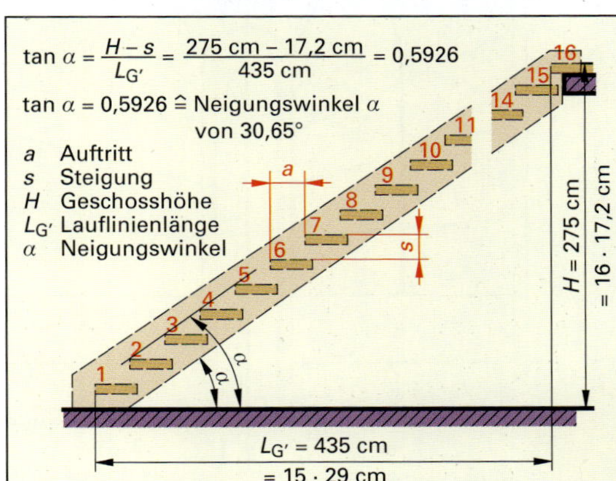

Bild 4: Maße zur Ermittlung des Steigungsverhältnisses

10.14.3 Verziehen von Treppen

Bei gewendelten Treppen müssen die Treppenstufen verzogen werden, damit die Treppe sicher und bequem zu begehen ist und Handlauf und Wangen harmonisch von dem geraden in den gebogenen Verlauf übergehen. Für die Sicherheit ist es wichtig, dass die schmalste Auftrittsbreite der verzogenen Stufe, 15 cm vom Krümmling gemessen, nicht weniger als 10 cm beträgt. Zum Verziehen von Treppen können verschiedene Verfahren angewendet werden. Im Beispiel 1 und Beispiel 2 wurde die Winkelmethode angewendet **(Bild 1 und Bild 2)**.

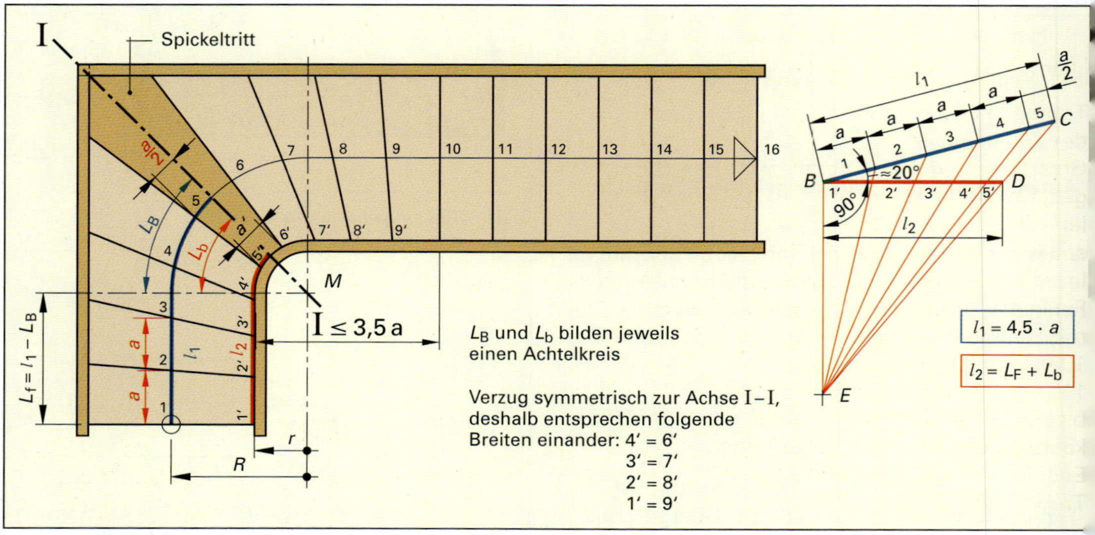

Bild 1: Verziehen einer viertelgewendelten Treppe nach der Winkelmethode

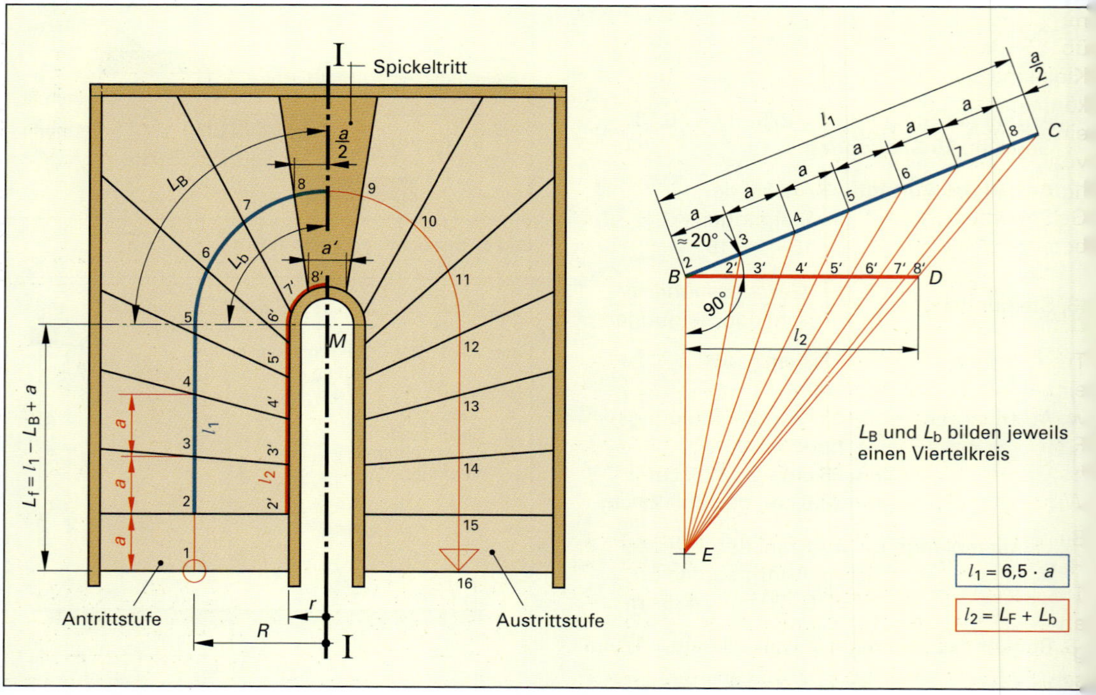

Bild 2: Verziehen einer halbgewendelten Treppe nach der Winkelmethode

10.14.4 Treppenpodest

Treppenpodeste sind Treppenabsätze, die am Anfang oder Ende eines Treppenlaufes eingebaut werden. Meistens werden lange Treppenläufe, wie sie bei Treppen in hohen Geschossen nötig sind, durch Zwischenpodeste unterbrochen. Zum bequemen Begehen muss die Podesttiefe 63 cm (oder ein Vielfaches von 63 cm) plus eine Auftrittsbreite *a* betragen **(Bild 2)**.

10.14.5 Treppengeländer

Treppengeländer bestehen aus dem Handlauf und den Füllungselementen, wie Füllungen aus Holz, Glas oder Stäben aus Stahl bzw. Holz. Treppengeländer haben die Aufgabe, gegen Absturz parallel und rechtwinklig zur Laufrichtung zu sichern sowie Hilfe beim Begehen der Treppe zu gewährleisten. Außerdem haben sie eine gestalterische Funktion zu erfüllen. Die Geländerhöhen müssen mindestens 90 cm betragen, bei Arbeitsstätten 100 cm und bei Absturzhöhen von mehr als 12 m 110 cm. Die Handlaufhöhe ist in der Regel 90 cm bis 95 cm hoch und wird lotrecht von der Vorderkante Stufe bis zur Oberkante Handlauf gemessen. Er sollte ohne Knicke den harmonisch verzogenen Treppenstufen folgen.

Im Allgemeinen dürfen die Geländer keine horizontalen Elemente enthalten, die ein Überklettern des Geländers durch unbeaufsichtigte Kinder ermöglichen. Das Treppengeländer ist so niedrig über Podest oder Treppenlauf zu montieren, dass Kleinkinder nicht unter diesem hindurch rutschen können. Bei Podesten ist eine Höhe von max. 12 cm einzuhalten, bei Treppenläufen darf ein Würfel von 15 cm Kantenlänge nicht durch die Öffnung hindurch passen. Der Abstand von senkrechten Geländerstäben darf auch nicht mehr als 12 cm betragen **(Bild 3)**.

10.14.6 Treppenmontage

Treppen werden in das sogenannte Treppenloch eingebaut. Bei Wangentreppen werden die Wandwangen an der Treppenhauswand montiert. Die Freiwangen und auch die Tragholmen sind gegen horizontales Verschieben an den Podesten durch Winkel zu sichern **(Bild 4)**.

Bei Sondertreppen, wie die im Treppenauge am Handlauf aufgehängten Treppen, müssen alle Treppenstufen an den Stirnseiten mit Beschlägen an der Gebäudewand montiert werden. Bei wangenlosen Treppen werden die Stufen mit trittschalldämpfenden Beschlägen direkt in die Gebäudewand montiert.

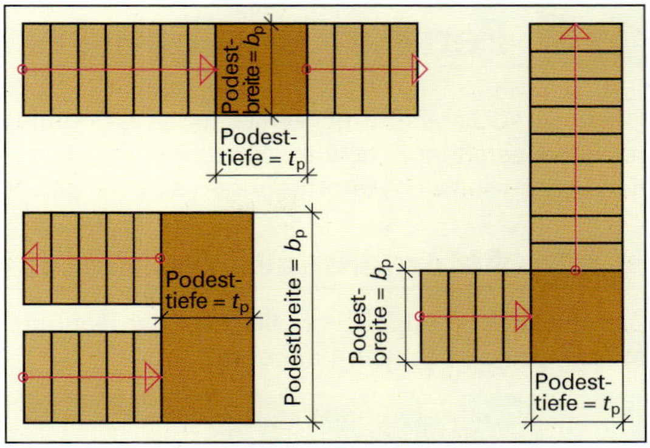

Bild 1: Maßangaben bei Podesten

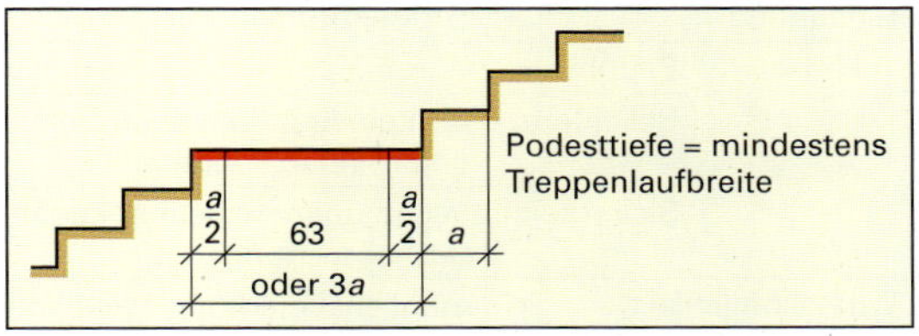

Bild 2: Podesttiefe

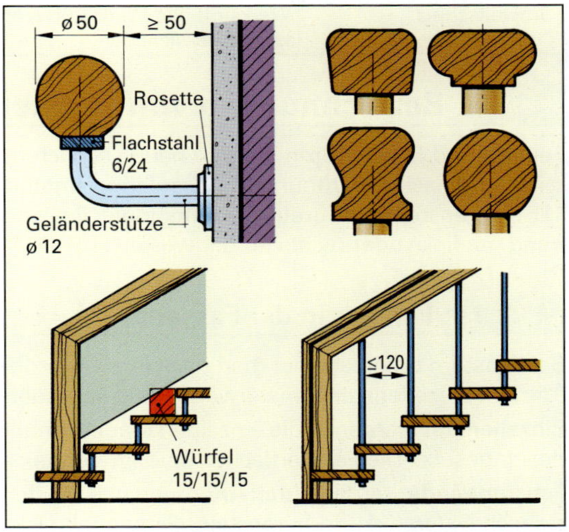

Bild 3: Treppengeländer

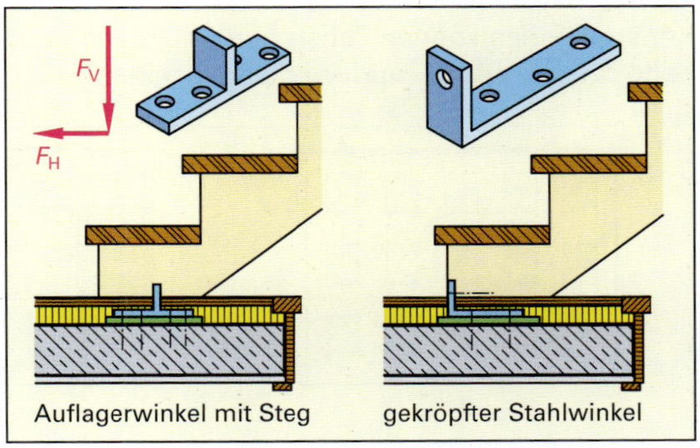

Bild 4: Sicherung der Wangen auf dem Podest

11 Fenster und Fenstertüren

Fenster und Fenstertüren verschließen Öffnungen in der Gebäudefassade. Aus Kriterien, die den Bereichen Gestaltung, Technik, Wirtschaftlichkeit, menschliches Wohlbefinden und Umweltschutz zugeordnet sind, lassen sich Anforderungen an Fenster und Fenstertüren ableiten.

11.1 Anforderungen an Fenster und Fenstertüren

Die Anforderungen, die vor allem bei der Planung von Fenstern und Fenstertüren berücksichtigt werden müssen, sind in **Tabelle 1** angegeben.

Tabelle 1: Anforderungen an Fenster und Fenstertüren

Anforderungen werden gestellt an die Bereiche		Anforderungen
Gestaltung		Größe, Aufteilung, Form, Öffnungsart, Werkstoff, Sprossen, Setzholz, Kämpfer, Farbe
Technik	Bauphysik	Wärme- und Schallschutz, Fugendurchlässigkeit, Schlagregendichtheit, Lüftung
	Belichtung	Lichteinstrahlung blendfrei und dosierbar; Aus- und Einsicht ermöglichen und unterbinden können
	Sicherheit	gegen unerwünschten Zugang, im Brandfall, bei Bedienung und mechanischer Beanspruchung
Wirtschaftlichkeit		möglichst niedrige Investitions-, Unterhaltungs- und Energiekosten
Menschliches Wohlbefinden		Bedürfnis nach Kontakt, privater Sphäre, Orientierung, Aufmerksamkeit und Ablenkung berücksichtigen
Umweltschutz		Werkstoff und Werkstoffverarbeitung, Wiederverwendbarkeit und Entsorgungsmöglichkeit berücksichtigen

11.2 Bezeichnungen von Fenstern und Fenstertüren

Fenster und Fenstertüren werden hauptsächlich nach der Anordnung in der Fassade, nach ihren Einzelteilen und nach der Öffnungsart ihrer Flügel unterschieden. Maßgebend und hilfreich sind hier die DIN EN 12519 „Fenster und Türen – Terminologie; Dreisprachige Fassung EN 12519" und die DIN 107 „Bezeichnung mit links oder rechts im Bauwesen".

11.2.1 Fenster in der Fassade

Bei Fenstern unterscheidet man nach ihrer Anordnung in der Fassade eines Gebäudes drei Ausführungsformen: Einzelfenster, Fensterwände und Fassadensysteme **(Bild 1).**

Einzelfenster werden in die einzelnen Maueröffnungen einer Gebäudefassade, die sogenannte Lochfassade, eingesetzt. Die Fensterflächen sind im Vergleich zur Fassadenfläche verhältnismäßig klein.

Fensterwände werden durch Anordnen von Pfosten und Riegeln, Koppeln einzelner Fensterelemente und statischer Verstärkung hergestellt. Es handelt sich um wandartige, größere Bauteile, welche aber in der Regel zwischen Geschossdecken und Wänden montiert werden.

Fassadensysteme werden aus statisch dimensionierten Pfosten-Riegelkonstruktionen erstellt. In diese Konstruktionen können Fenster und Türen eingebaut werden. Es handelt sich in der Regel um geschosshohe bzw. geschoss- und. wandübergreifende, vorgehängte Bauteile.

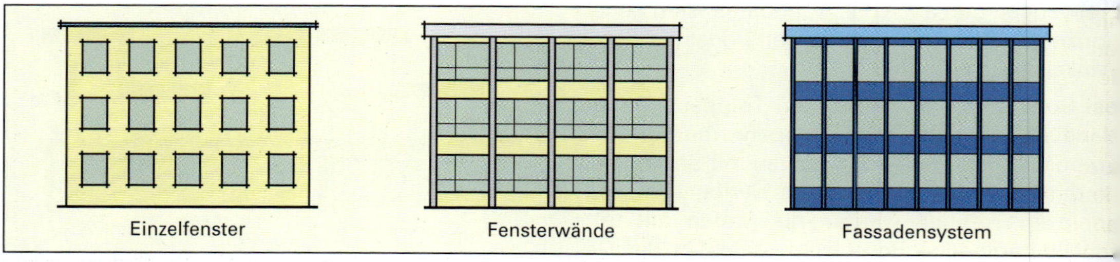

Bild 1: Ausführungsformen von Fenstern und Fassaden

11.2.2 Einzelteile des Fensters

Fenster und Fenstertüren bestehen aus Einzelteilen, deren Bezeichnung und Aufgabe für die Konstruktion und Fertigung bekannt sein müssen **(Bild 1 und Bild 2, Seite 522).** Diese Bezeichnungen sind in der **DIN EN 12519** „Fenster und Türen – Terminologie“ zum großen Teil dreisprachig geregelt.

Ein Fenster besteht in der Regel aus einem Blendrahmen und einem oder mehreren Flügelrahmen.

Der **Blendrahmen** ist mit dem Baukörper fest verbunden und ist das tragende, statisch aussteifende Teil am Fenster. Die senkrechte Unterteilung eines Blendrahmens erfolgt mittels **Pfosten,** die waagrechte Unterteilung mittels **Riegel.**

Es gibt **Blendrahmenfüllstücke** zur Blendrahmeninnenverbreiterung, meistens mit dem Zweck, Glaskanten angrenzender Elemente optisch durchlaufen zu lassen. Man kann Profile mit **unterschiedlichen Blendrahmenbreiten** einsetzen.

Aufdoppelungen können den Blendrahmen nach außen verbreitern. **Statische Verstärkungsprofile** können am Blendrahmen montiert werden.

Der **Flügelrahmen** ist beweglich und als zu öffnendes Teil am Fenster eingebaut. **Flügelfüllstücke** dienen zur inneren Flügelverbreiterung. Flügelrahmen müssen alle Belastungen über die Beschläge in den Blendrahmen übertragen können. Im Flügel ist die **Verglasung** meistens mittels **Glashalteleisten** eingebaut. Die Verglasung trägt über die **Verklotzung** mit dazu bei, dass der Flügelrahmen im Winkel bleibt (**siehe Seite 550, Bild 1**).

Quer- und Längssprossen unterteilen den Flügelrahmen. Sprossen sollten grundsätzlich eine möglichst geringe Ansichtsbreite aufweisen.

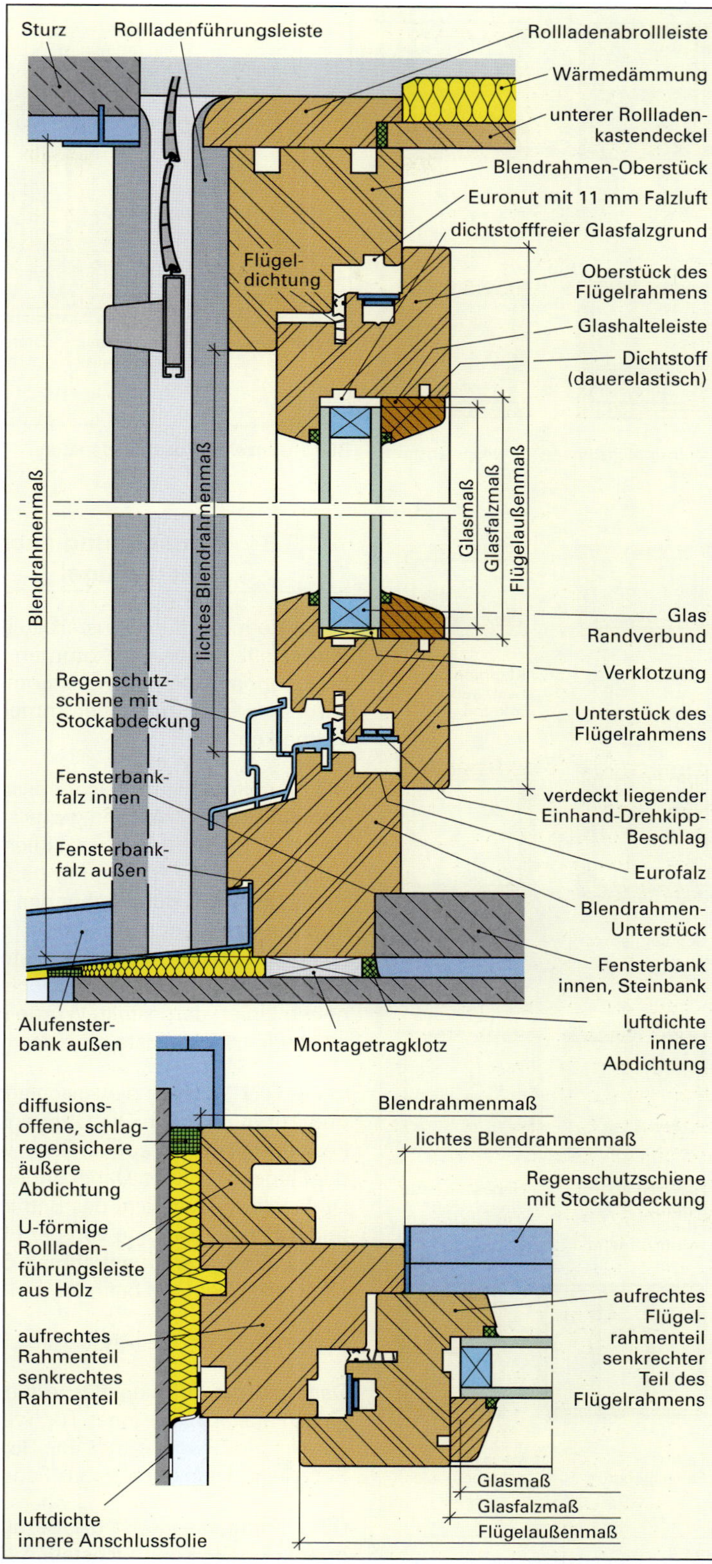

Bild 1: Bezeichnungen am Holzfenster

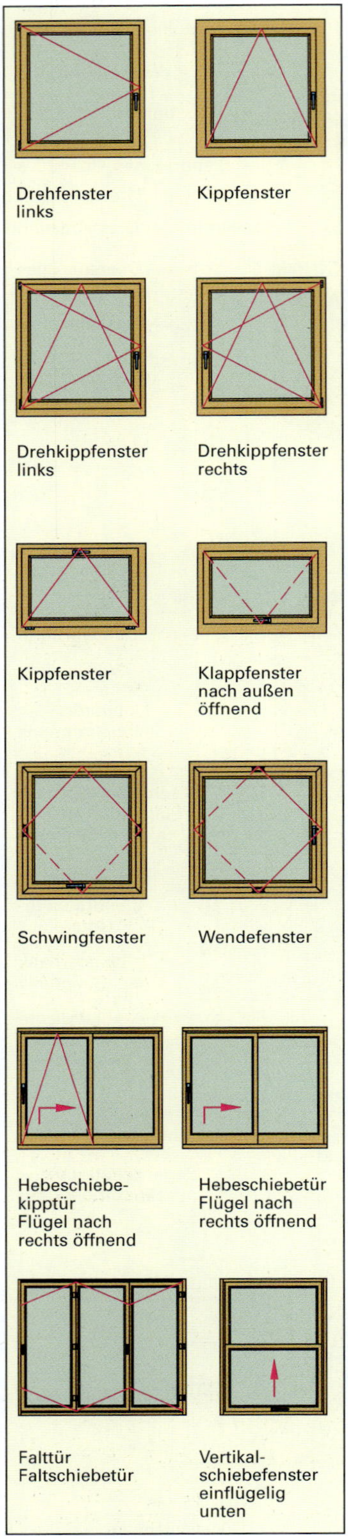

Bild 2: Öffnungsarten nach DIN EN 12519

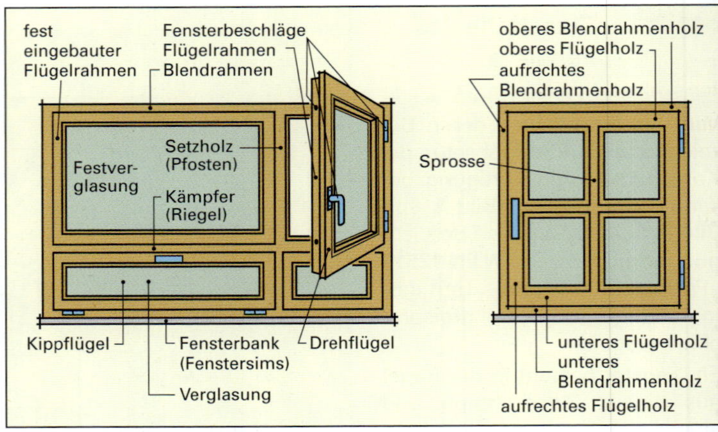

Bild 1: Einzelteile des Holzfensters

11.2.3 Bezeichnung nach der Öffnungsart der Fensterflügel

In der Regel wird im Fensterbau immer die **Innenansicht** zeichnerisch dargestellt. Es kann vorkommen, wie z. B. im Wintergarten- und Glasfassadenbau oder bei Haustüren, dass die **Außenansicht** dargestellt wird. Dies sollte man aber immer innerhalb der Zeichnung eindeutig vermerken.

Die Sinnbilder für die zeichnerische Darstellung der **Öffnungsrichtung** und die **Öffnungsart** sind gemäß **DIN EN 12519** europaweit eindeutig geregelt. Sie bestehen aus Linien, Dreiecken und Pfeilen **(Bild 2)**. Dabei gilt, dass die Bewegung des zu öffnenden Teils in Richtung des Betrachters mit **durchgehenden Volllinien** dargestellt werden sollte. Bewegungen des zu öffnenden Teils weg vom Betrachter werden mittels **gestrichelten Linien** dargestellt. Hat man z. B. eine Innenansicht, wird ein Drehkippfenster, welches nach innen öffnet, mit durchgezogenen Linien dargestellt. Würde man dieses Fenster in der Außenansicht zeichnen, müsste man gestrichelte Linien verwenden.

In der **DIN 107** wird die Anschlags- und Öffnungsrichtung für Fenster und Türen definiert. Die Öffnungsrichtung aus Sicht des Betrachters bezieht sich immer auf die Seite, wo sich die Bänder befinden und sich der Flügel hin öffnet. Dabei öffnet sich ein **rechter Flügelrahmen** in der Drehstellung aus Sicht des Betrachters nach rechts. Die Griffolive befindet sich demzufolge von der Blickrichtung her links und die Bänder rechts. Ein **linker Flügelrahmen** öffnet sich aus Sicht des Betrachters nach links. Der Griff befindet sich rechts und die Bänder links.

Zudem definiert die DIN 107 den Begriff **Öffnungsfläche**:

Dabei ist die **Öffnungsfläche** die Fläche eines zu öffnenden Flügels eines Fensters oder einer Tür, welche auf derjenigen Seite liegt, nach der sich der Flügel öffnet. Die **Schließfläche** ist die Fläche, die auf der Seite liegt, nach der sich das Fenster oder die Türe schließt.

Die Öffnungsfläche ist die Bezugsfläche für die Bezeichnung rechts oder links. Die Kennbuchstaben **„L"** gelten für **Linksflügel** und **„R"** für **Rechtsflügel**.

11.2.4 Fensterformen

In der Praxis gibt es unterschiedliche Fensterformen.

Man unterscheidet:

- Rechteckfenster
- Modellfenster

Zu den Modellfenstern gehören:

- Schrägfenster
- Dreieckfenster
- Vieleckfenster
- Segmentbogenfenster
- Rundbogenfenster
- Korbbogenfenster
- Kreisrunde Fenster

Das Segmentbogenfenster hat als oberen Abschluss ein Kreis-Segment, während beim Rundbogenfenster ein halbkreisförmiger Bogen mit einem gleichbleibenden Radius die Form bildet. Ein Korbbogenfenster hat einen Bogen, welcher aus mehreren Radien besteht. Ein kreisrundes Fenster sollte man als Festfenster oder Schwingfenster konstruieren, wobei die Schlagregendichtheit im unteren Bereich gegeben sein muss.

Es gibt einflügelige und mehrflügelige Fenster. Letztere kann man mittels Pfosten und Riegel oder auch durch Kopplungen herstellen.

Es gibt Fenster mit Oberlicht oder/und Unterlicht. Fenster mit Unterlicht werden oft in Küchen eingesetzt. Dann wird das Unterlicht auch als Topfscheibe bezeichnet.

Oberlichter können fest, mit Flügel kippbar oder drehbar ausgeführt werden.

Es gibt einen sogenannten Putzflügel, welcher sich nur von der Seiter aus mit einem Fenstergriff (Griffolive) öffnen lässt. Es gibt aufliegende und verdecktliegende Oberlichtöffner. Diese lassen sich mit Kipphebel, mit Spindelgetriebe und Kurbel oder motorisch öffnen. Es gibt mehrflügelige Fenster mit breitem Oberlicht. Die Beschläge sind dann statisch gemäß Herstellerangaben auszulegen.

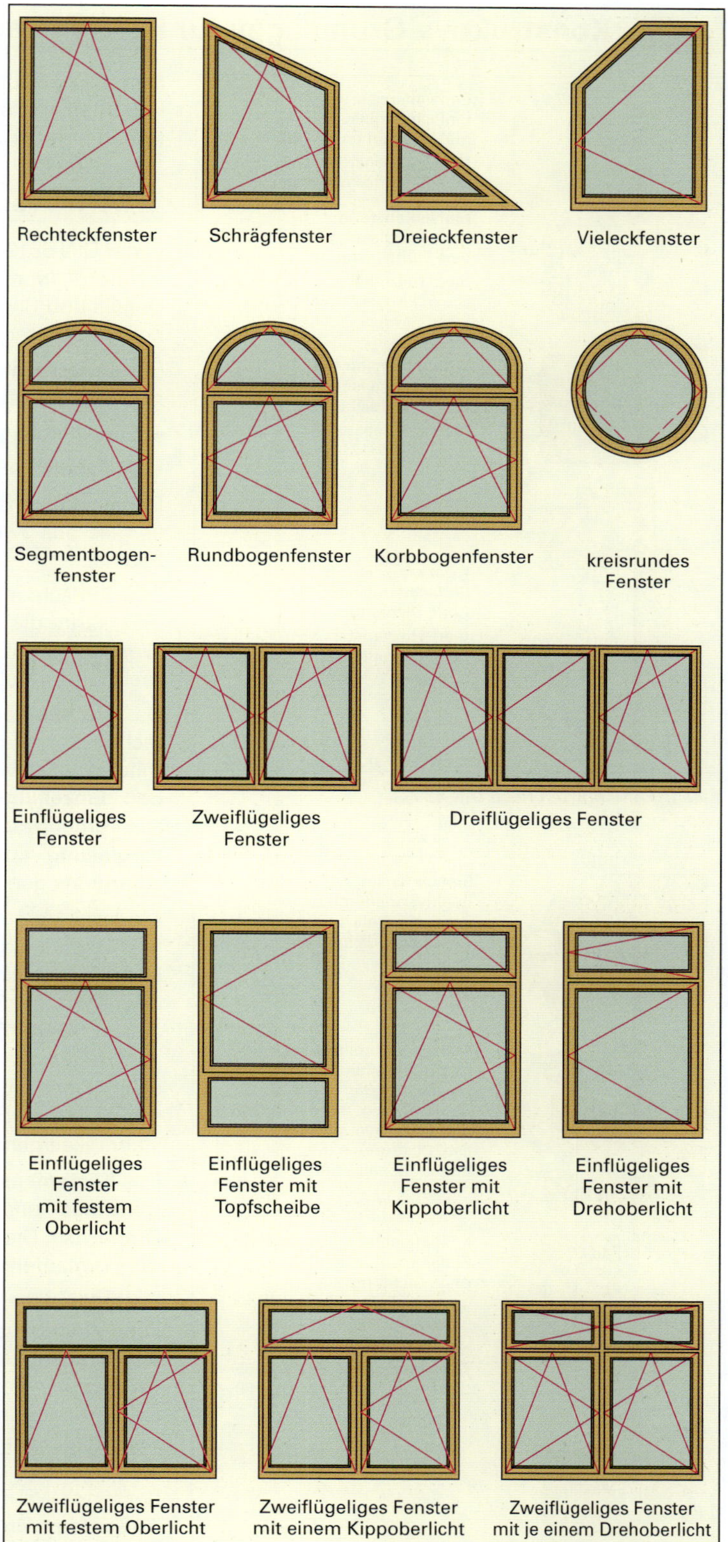

Bild 1: Fensterformen

11.3 Konstruktive Grundlagen für Holzfenster

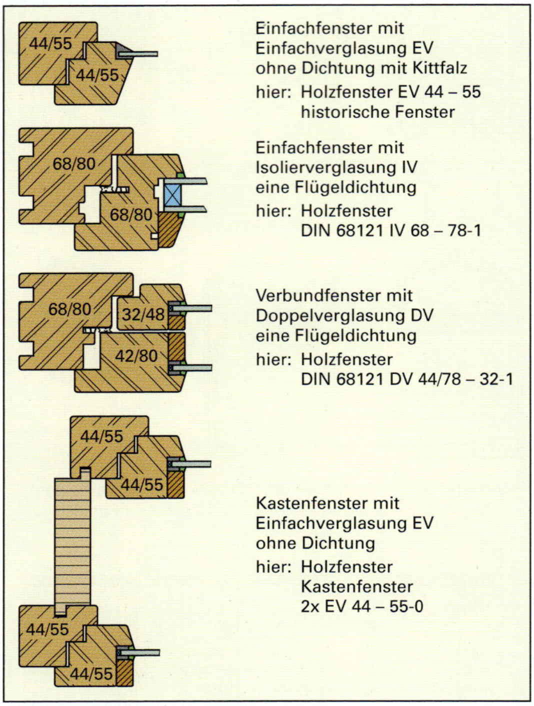

Bild 1: Fensterarten nach DIN 68121

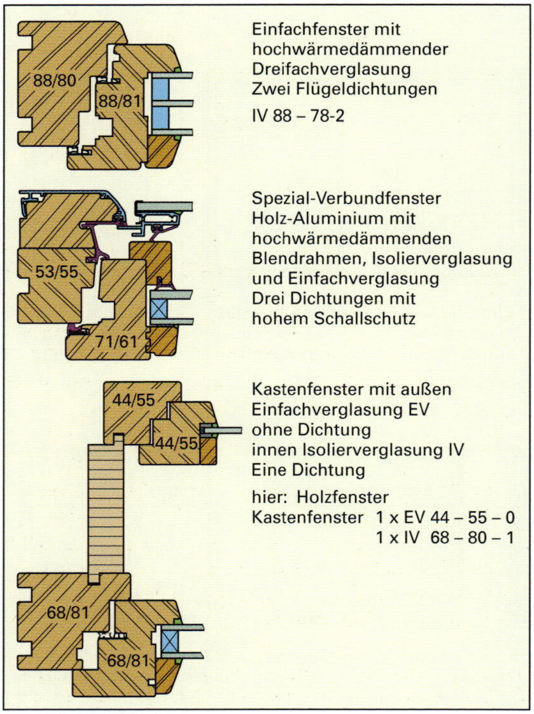

Bild 2: Abgeleitete neuartige Fenstersysteme

Durch Forschung, Entwicklung und Erfahrungen haben sich konstruktive Grundsätze im Holzfensterbau ergeben.

11.3.1 Fensterarten

In der DIN 68121 „Holzprofile für Fenster und Fenstertüren" werden zentrale holzfensterspezifische Details und Begriffe festgelegt. Es gibt verschiedene Fensterarten.

Ein **Einfachfenster** ist definiert durch den Einbau nur einer Verglasung, entweder als

- **Einscheibenglas,** Kurzbezeichnung **EV** oder
- **Mehrscheibenisolierglas,** Kurzbezeichnung **IV.**

Dabei ist es unerheblich, ob das Mehrscheibenisolierglas aus zwei oder drei Einzelscheiben aufgebaut ist.

Das Einfachfenster ist die verbreiteste Fensterart und kann die wesentlichen Anforderungen wie Wärmeschutz, Schallschutz, Einbruchschutz, Denkmalschutz durch Konstruktionsvarianten erfüllen.

Das **Verbundfenster** unterscheidet sich zum Einfachfenster dadurch, dass der Flügel aus **zwei** fest miteinander verbundenen **hintereinanderliegenden Einzelflügeln** mit gemeinsamer Drehachse zusammengesetzt ist. Der Flügel hat eine **Doppelverglasung,** Kurzbezeichnung **DV,** mit **zwei** hintereinanderliegenden **Einzelscheiben.**

Moderne Verbundfenster können aber auch so aufgebaut sein, dass der innere Flügel stärker ausgebildet ist und ein **Mehrscheibenisolierglas** trägt. Zudem gibt es Materialkombinationen, bei denen außen **Aluminium** und innen **Holz** angeordnet wird. In diesem Fall kann dieses Fenster konstruktiv sehr hohen Anforderungen hinsichtlich Wärmeschutz, gepaart mit Schallschutz und Witterungsbeständigkeit genügen.

Das **Kastenfenster** besteht aus zwei **Einzelfenstern** mit **Innen-** und **Außenflügeln** mit jeweils eigener Drehachse. Die Fenster sind in der Regel durch ein ringsumlaufendes **Futter** miteinander verbunden.

In traditionellen Kastenfenstern ist **Einfachverglasung** eingebaut. Moderne Konstruktionen beinhalten je nach Anforderung **Mehrscheibenisoliergläser,** wobei dieses in der Regel im Innenfenster angeordnet wird. Kastenfenster werden oft im Bereich der Sanierung mit hohen Anforderungen an den Denkmalschutz und in Kombination mit verbesserter Wärme- und Schalldämmung eingebaut. Außerdem wird dieses Fenstersystem für Extremanforderungen in Einzelbereichen, wie z. B. Schall- und Explosionsschutz, eingesetzt.

Gemäß DIN 68121 gibt es Normbezeichnungen für die verschiedenen Fenstersysteme. In der Praxis reduziert man z. B. nebenstehende Bezeichnung umgangssprachlich auf: „IV 68/80", wobei in Fachkreisen bekannt ist, um welches Holz-Fenstersystem es sich handelt.

Holzfenster DIN 68121 IV68 – 80 – 1

- Benennung → Holzfenster
- Norm-Hauptnummer → DIN 68121
- Kennzeichen des Profils → IV68
- Profilbreiten → 80
- Anzahl der Dichtungen → 1

Tabelle 1: Profilquerschnitte für Einfachfenster und Einfachfenstertüren mit Isolierverglasung

Kennzeichen des Profils	Flügel- und Blendrahmen			
	Mindestdicke in mm[1)]	Nenndicke in mm	Breite in mm[2)]	Rahmenquerschnitte Dicke/Breite
IV 56	55	56	78 bzw. 92	56/78 bzw. 56/92
IV 63	62	63	78 bzw. 92	63/78 bzw. 63/92
IV 68	66	68	78 bzw. 92	68/78 bzw. 68/92
IV 78	76	78	78 bzw. 92	78/78 bzw. 78/92
IV 92	90	92	78 bzw. 92	92/78 bzw. 92/92

1) Die Mindestdicke darf nicht unterschritten werden.
2) Bei doppelter Falzrichtung und bei Fenstertüren ist der Flügelrahmen jeweils 92 mm breit.
Für Einfachfenstertüren gelten für die unteren horizontalen Rahmenhölzer teilweise andere Profilbreiten als hier angegeben (siehe DIN 68121).

Tabelle 2: Profilquerschnitte für Verbundfenster und Verbundfenstertüren

Kennzeichen des Profils	Innenflügel			Außenflügel			Flügelrahmenquerschnitte	
	Mindestdicke in mm[1)]	Nenndicke in mm	Breite in mm	Mindestdicke in mm[1)]	Nenndicke in mm	Breite in mm	Innenflügel	Außenflügel
DV 44/78-32	42	44	78	30	32	51	44/78	32/51
44/92-32[2)]	42	44	92	30	32	65	44/92	32/65
DV 44/78-44	42	44	78	42	44	51	44/78	44/51
44/92-44[2)]	42	44	92	42	44	65	44/92	44/65
DV 56/78-36	54	56	78	34	36	51	56/78	36/51
56/92-36[2)]	54	56	92	34	36	65	56/92	36/65

1) Die Mindestdicke darf nicht unterschritten werden.
2) Fenstertüren. Für die unteren horizontalen Rahmenhölzer gelten teilweise andere Profilbreiten als hier angegeben (siehe DIN 68121).

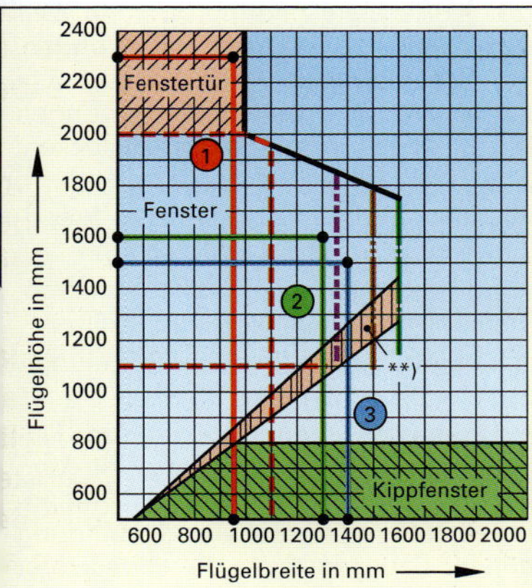

**) nur gelegentlich zur Reinigung drehen

Diagramm für Profil IV 78 mit 78 mm Rahmenbreite

Flügelaußenmaße

Die Flügelaußenmaße werden nach der DIN 68121 anhand von Diagrammen ermittelt. Die maximalen Flügelaußenmaße, insbesondere die Flügelbreiten, hängen von der Beanspruchungsgruppe BG ab. Bei der Erfüllung der Anforderungen an die Beanspruchungsgruppe spielt die Zahl der Zusatzverriegelungen eine wesentliche Rolle.

- - - - - - - - Zusatzverriegelung
—··—··— max. Flügelbreite für BG B ist 1500 mm
-·-·-·-·- max. Flügelbreite für BG C ist 1350 mm
—·—·— max. Flügelbreite für BG A ist 1600 mm

(1) Eine Fenstertüre von 950 mm x 2300 mm soll der Beanspruchungsgruppe C zugeordnet sein: In der Höhe sind zwei Zusatzverriegelungen vorzusehen.

(2) Ein Fenster von 1300 mm x 1600 mm soll der Beanspruchungsgruppe B zugeordnet sein: In der Breite und in der Höhe sind je eine Zusatzverriegelung vorzusehen.

(3) Ein Fenster von 1400 mm x 1500 mm soll der Beanspruchungsgruppe A zugeordnet sein: In der Breite und in der Höhe sind je eine Zusatzverriegelung vorzusehen.

11.3.2 Klassische Konstruktionsmerkmale

Die wesentlichen Konstruktionskriterien für Holzfenster wurden ursprünglich in der DIN 68121 festgelegt. Diese ist nach wie vor gültig, obwohl Weiterentwicklungen durch aktuellere Erkenntnisse in der Fensterforschung zunehmend in neuere Profilgebungen mit einfließen.

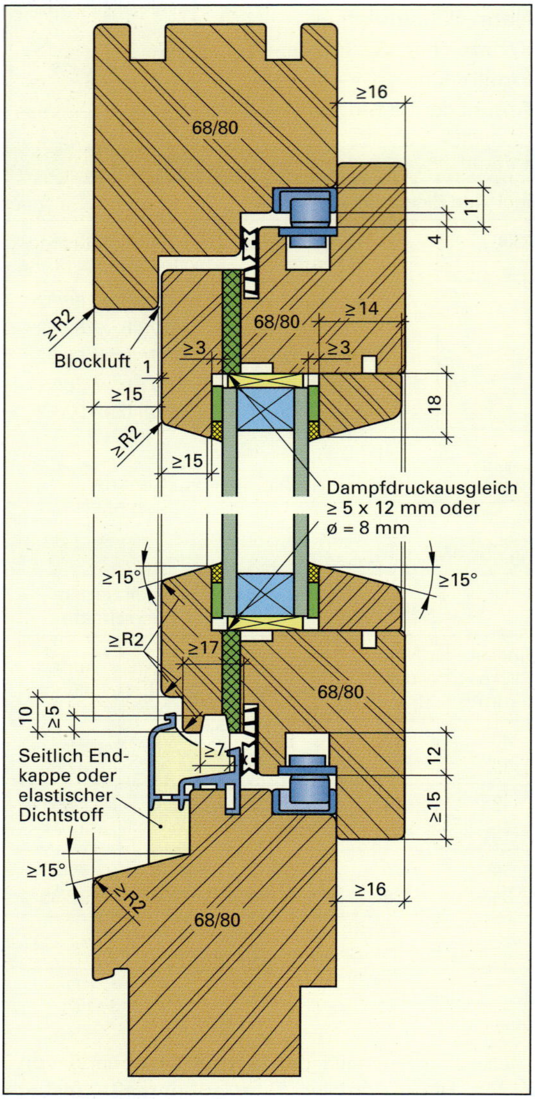

Bild 1: Fenster nach DIN 68121

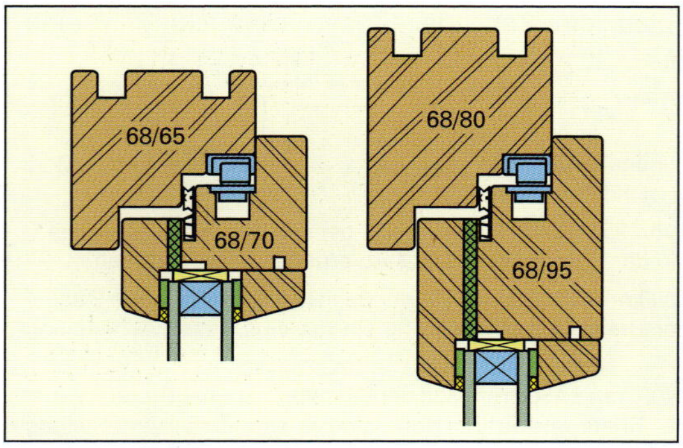

Bild 2: Verschiedene Flügel- und Blendrahmenbreiten

Allgemeine Grundsätze der DIN 68121:

- Die Ablaufneigung des unteren Querstückes von Flügel und Blendrahmen außen muss ≥ 15° betragen.
- Bei erhöhter raumseitiger Tauwasserbildung muss die Ablaufneigung der Glasleisten ebenfalls ≥ 15° sein.
- Alle Rundungen im Witterungsbereich müssen einen Radius ≥ 2 mm aufweisen.
- Das untere Flügelholz muss eine Wasserabreißnut aufweisen. Die Mindestbreite dieser Nut sollte 7 mm, die Mindesthöhe 5 mm betragen. Die äußere Wange sollte mindestens 5 mm dick sein.
- Die räumliche Trennung zwischen Regen- und Windsperre muss mindestens 17 mm betragen.
- Die Befestigung der witterungsbeständigen Wetterschutzschiene (Alu) mit Wasserkammer und Entwässerungsschlitzen sollte mittels Schrauben oder Klemmung erfolgen.
- Der seitliche Abschluss der Wetterschutzschiene zum Blendrahmen muss mit Endkappen oder dauerelastischer Abdichtung erfolgen. Die Abdichtung muss bis zur Oberkante der inneren Aufkantung der Wetterschutzschiene hochgezogen werden.
- Seitlich entstehende Hohlräume zwischen Blendrahmen und Wetterschutzschiene müssen abgedichtet werden.
- Die Glasfalzhöhe beträgt bei Mehrscheibenisolierglas mindestens 18 mm.
- Die Glasleiste kann genagelt bzw. geklammert werden. Die Mindestauflage beträgt 14 mm.
- Die Auflagebreite kann auf 12 mm reduziert werden, wenn die Glasleiste verschraubt wird.
- Bei Verglasungen mit dichtstofffreiem Glasfalzgrund muss dieser zur Außenseite geöffnet werden. Der Dampfdruckausgleich kann durch Bohrungen, Durchmesser 8 mm und/oder durch Schlitze 5 × 12 mm an den 4 Flügelecken erfolgen. Die Öffnungen müssen auch bei Festverglasungen, Füllstücken, Sprossen und dgl. vorgesehen werden.
- Der Flügel sollte am äußeren Anschlag zum Blendrahmen ringsum 1 mm Luft (Blockluft) haben.
- Die Mitteldichtung ist die Winddichtung und maßgebend für die Trennung von Innen- und Außenklima.
- Zusätzlich kann eine zweite innere Flügelüberschlagsdichtung eingebaut werden.
- Bei Fenstertüren sollte das untere Querstück des Flügelrahmens nicht breiter als 140 mm sein. Eine Verbreiterung kann durch ein weiteres Füllstück mit angefrästem Konterprofil erfolgen. Die Verbindung muss nach außen dauerelastisch so abgedichtet sein, dass keine Kapillarfuge entsteht.
- Die Rahmenverbindung sollte dauerhaft dicht sein und die Maßhaltigkeit nicht beeinträchtigen. Die Rahmenverbindung kann mittels Schlitz und Zapfen oder gekontert mit Dübelverbindung erfolgen.

- Die Luft (das Spiel) zwischen Flügel und Blendrahmen beträgt mindestens 4 mm (bei eingefrästen Schließplatten).
- Bei Eurofalz und Euronut beträgt die Luft in der Regel 11 mm, wobei die Auflagebreite des Flügelüberschlags auf dem Blendrahmen 4 mm nicht unterschreiten darf.
- Die Maße in **(Bild 1, Seite 526)** sind mindestens einzuhalten.

11.3.3 Aktuelle Konstruktionsmerkmale

Neuere Forschungen und Studien zeigen, dass die DIN 68121 Defizite aufweist. Teilweise besteht erhöhter Tauwasseranfall und Wärmebrückeneffekte können Folgeschäden verursachen. Deshalb ergeben sich weitere Konstruktionsmerkmale.

Aktuelle konstruktive Grundsätze:

- Das Anliegen der Mitteldichtung direkt am Metall der Regenschiene stellt eine Wärmebrücke im Falz dar. Abhilfe schafft entweder eine thermisch getrennte Regenschiene oder besser eine völlig neue Konstruktion mit vorgesetzter Regenschiene und Anlage der Mitteldichtung am Holz des Blendrahmenunterstücks.
- Damit ein fließender Wärmeübergang in den Fälzen gegeben ist und eine Tauwasserbildung vermieden wird, ist die Anbringung einer inneren Überschlagsdichtung sinnvoll. Diese funktioniert aber nur perfekt, wenn die Dichtungsebene nicht durch Beschlagteile wie Eckband und Ecklager unterbrochen wird. Eine innere Überschlagdichtung ist in jedem Fall trotzdem sinnvoll und Stand der Technik.
- Zur Vermeidung von Tauwasser im Glasfalz muss die Fuge zwischen Glasleiste und Flügel zur Raumseite möglichst dampfdicht durch eine zusätzliche Dichtung hergestellt werden, auch wenn diese überfälzt ist. Die dampfdichteste Konstruktion ist die angefräste Glasleiste.
- Die Ausblasöffnung der Dampfdruckausgleichsbohrungen sollte so weit wie möglich außen, weit entfernt von der Mitteldichtung liegen.
- Kapillarfugen sind konstruktiv und verarbeitungstechnisch zwingend zu vermeiden.
- Die sogenannte Blockluft zwischen Blendrahmen und Flügel am äußeren Anschlag sollte optimiert 0,5 mm betragen. Bei Blockluft > 0,9 mm tritt erheblich mehr Wasser in die äußeren Fälze ein.
- Die Wasserabreißnut des unteren Flügelholzes sollte möglichst weit außen bzgl. der inneren Abtropfkante vor der unteren letzten Aufkantung des Blendrahmens in Bezug auf die innere Dichtung liegen.
- Diese Aufkantung sollte möglichst konstruktiv mit deutlicher Erhöhung und Kante ausgebildet werden.
- Die Wasserkammer außen unten im Bereich der Regenschiene sollte ≥ 32 mm vom Wassereintritt bis zur Mitteldichtung haben.
- Die Mitteldichtung muss aus Gründen der Schlagregendichtheit mehr andrücken als die Überschlagsdichtung.

Bild 1: Schlagregenproblempunkt Anlage Mitteldichtung unten in den Ecken

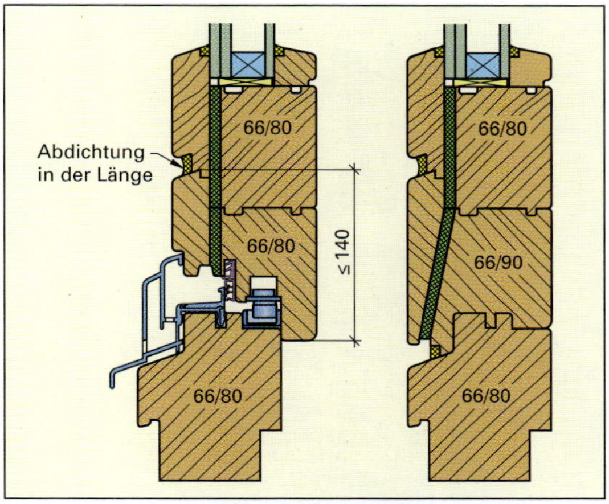

Bild 2: Unteres Querholz, gekontert nach DIN 68121

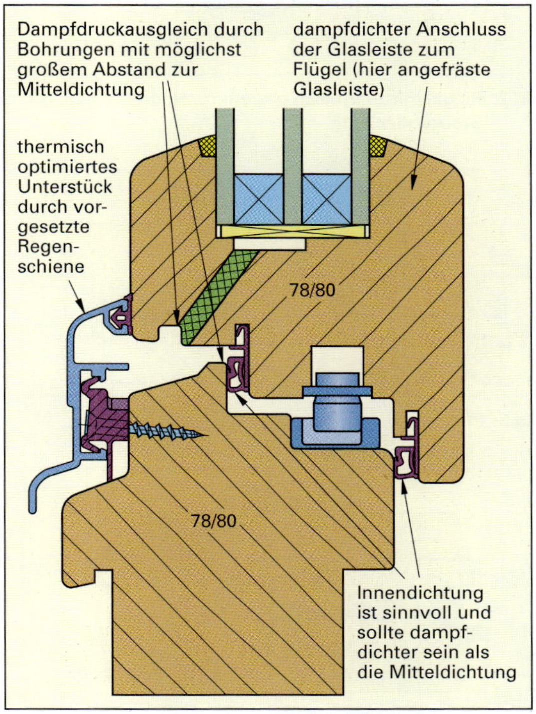

Bild 3: Aktuelle Fensterkonstruktion gemäß neuesten Erkenntnissen

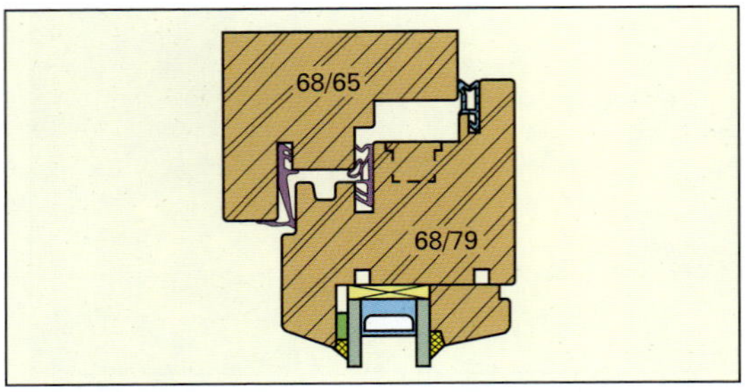

Bild 1: Fenster mit hoher Schlagregensicherheit mit äußerer zusätzlicher Schlagregendichtung

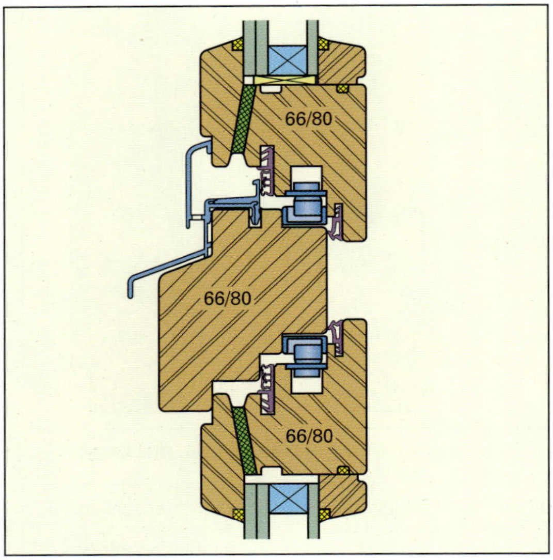

Bild 2: Riegel mit thermisch getrennter Regenschiene mit Stockabdeckung

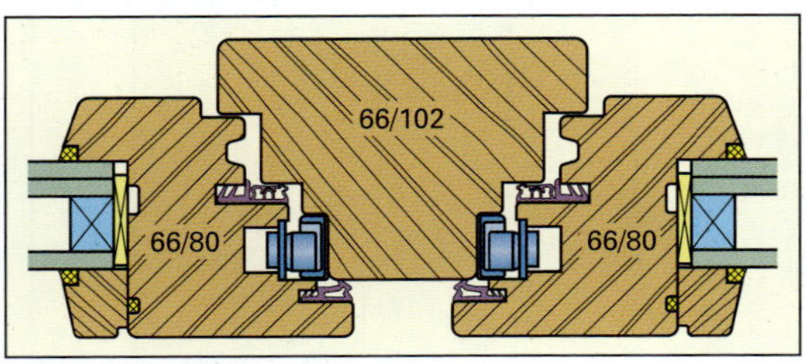

Bild 3: Pfosten

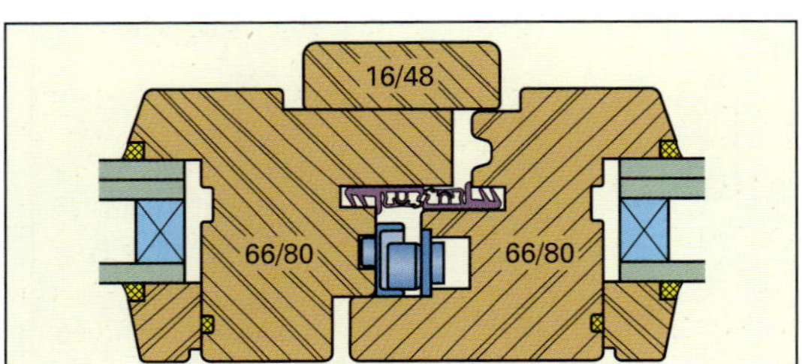

Bild 4: Ineinanderschlagende Flügel ohne Pfosten (Stulpkonstruktion)

- Damit der Andruck des Flügels am Blendrahmen optimiert ist, müssen die Systemmaße zwischen Beschlags-, Dichtungs- und Werkzeughersteller abgestimmt werden (d.h. 13er Achslage = 13,15 mm Maß)
- Für Hochleistungs-Schlagregensichere Fenster (< 600 Pascal) ist eine zusätzliche Dichtung außen im Überschlagbereich Blendrahmen zu Flügel sinnvoll.

Im Merkblatt HO10 des Verbands der Fenster- und Fassadenhersteller werden zur traditionellen Regenschiene zusätzliche Angaben gemacht:
- Die Wasserkammer sollte möglichst groß sein und weit außen liegen. Abstand zwischen Ablauf und innerer Überlaufkante ≥ 15 mm.
- Die Regenschiene sollte mit Abdeckung des unteren Blendrahmens (Stockabdeckung) versehen sein und einen Abstand von > 3 mm zum Holz und einen Überstand von 3–6 mm gegenüber der Blendrahmenaußenkante haben.
- Entwässerungsöffnungen der Schienen sollten mindestens 5 × 25 mm groß und mit einem lichten Abstand von ≤ 100 mm verteilt sein.
- Bei Einsatz von Kappen sollten die Kappen seitlich zum aufrechten Blendrahmen zusätzlich abgedichtet werden.
- Bei seitlich ausgeklinkter Ausführung der Regenschiene sollte ein Abstand ≥ 1 mm zum aufrechten Holz mit dauerelastischer Abdichtung von innen bis zur Kante des äußeren Überschlags erfolgen.

Angepasste traditionelle Fensterprofile können durch konstruktive Änderungen die neuen Erkenntnisse teilweise umsetzen (**Bild 2 bis Bild 4**).

Thermisch getrennte Regenschienen bestehen im Außenbereich aus Aluminium, wobei sich nach innen ein Kunststoffprofil anschließt. Die innere Aufkantung, an welcher die Mitteldichtung anliegt, besteht dann aus schlecht wärmeleitendem Kunststoff. Dadurch wird die Wärmebrücke minimiert und die Temperatur in den Fälzen erhöht.

Eine innere Überschlagsdichtung lässt sich meistens relativ leicht zusätzlich an ein Flügelaußenprofil anfräsen. Eine dichte innere Flügelüberschlagsabdichtung erreicht man konstruktiv nur mit völlig verdecktliegenden Beschlägen.

Zwischen Glasleiste und Flügel muss man Dichtungsmaterial einbringen, damit ein dampfdichter Anschluss des Glasfalzes nach innen hergestellt wird.

Es gibt erhebliche Unterschiede in der Ansichtsbreite von gekoppelten Fenstern gegenüber Pfosten (**Bild 3**) oder ineinanderschlagenden Flügeln, einer sogenannten Stulpkonstruktion (**Bild 4**). Je schmaler die Ansichten werden, umso optisch besser sieht das Fenster in der Regel aus. Die statische Stabilität wird allerdings immer geringer. Bei Anforderungen hinsichtlich Einbruchschutz und Winddichtheit ist eine Stulpkonstruktion die schwächste Lösung.

11.3.4 Fenstereckverbindungen

Fenster bestehen aus Rahmen mit biegesteifen Eckverbindungen. Im Holzfensterbau werden diese Eckverbindungen klassisch mit einer Schlitz- und Zapfenverbindung ausgeführt.

Historische Fenster EV 40 haben nur einen Zapfen und einen Schlitz.

Moderne Fenster haben mindestens einen Doppelzapfen und Doppelschlitz, wobei im Blendrahmen das Oberstück und Unterstück als geschlitzte, die aufrechten Teile als gezapfte Stücke ausgebildet werden. Erkennbar ist dies an den Querfugen **(Bild 1)**. Beim Flügel ist dies genau umgekehrt, erkennbar an den aufrecht verlaufenden Fugen.

Man erreicht einen erhöhten konstruktiven Holzschutz, wenn der Flügel mit $2^1/_2$-fach Zapfen ausgestattet wird. Hier verläuft die sichtbare Fuge außen wie beim Blendrahmen waagerecht, innen aber senkrecht.

Dübelverbindungen, wobei ein Konterprofil im Querbereich angefräst wird **(Bild 2)**, setzen sich insbesondere im Einsatz von CNC-Bearbeitungszentren im Fensterbau durch. Es sind mehrere Dübel (Dübelbilder) notwendig, um eine entsprechende Leimfläche und Formstabilität zu erreichen. Zudem gibt es mittlerweile eine Reihe von neuen Verbindungen mit Keilzinken, rillenförmigen Oberflächen (Riptec, **Bild 3**) zur Erhöhung der Leimfläche, Verringerung der Ausrisse, Finger- oder schwalbenschwanzförmigen Zapfen. Neue Eckverbindungen müssen an einer notifizierten Stelle auf Gebrauchstauglichkeit (CE-konform) geprüft werden.

Alle unlösbaren Verbindungen wie Schlitz und Zapfen bzw. Konter und Dübel werden wasserfest (D4) verleimt, gemäß DIN EN 204. Dabei ist es wichtig, dass Leim aus der Fuge austritt, damit insbesondere im Außenbereich eine vollflächige Verklebung der Brüstungsfugen stattfindet. Die Entstehung einer Kapillarfuge, welche Feuchtigkeit anzieht, wird dadurch vermieden. Unbehandeltes Hirnholz im Konterbereich würde in der Fuge stehende Feuchtigkeit aufsaugen, was zwangsläufig zu fatalen Schäden führt.

Alle Kanten sind mindestens mit R 2 mm abgerundet. Dadurch entsteht eine offene, beidseitig gerundete Brüstungsfuge. Die Deckschichten der Hölzer, welche durch Diffusion durch die Oberflächenbehandlung verstärkt schwinden und quellen, können frei arbeiten.

Statt eine Konter-/Dübelverbindung zu verleimen, besteht auch die Möglichkeit, diese zu verschrauben. Die Verbindung bleibt lösbar. Diese Eigenschaft ermöglicht es, dass man am Flügel mit angefräster Glasleiste arbeiten kann. Das Fenster wird nach der maschinellen Profilierung nicht zu einem Rahmen verleimt, sondern weitgehend „am losen Stück" weiter verarbeitet, so erfolgt auch die Oberflächenbehandlung. Neben den Längsflächen werden auch alle Hirnholzflächen durch Lack oder Lasur geschützt. Erst beim Verglasen werden die Flügelteile um das Glas gelegt und mittels Spezialschraubverbindung lösbar zu einem Rahmen verbunden **(Bild 4)**.

Die Verklotzung sollte verstellbar von außen ausgeführt werden. Der konstruktive Holzschutz bei diesem Konstruktionsprinzip ist optimal, da alle Teile perfekt geschützt sind. Notwendig ist trotzdem ein abdichtendes Fugenfüll- und Trennmittel, damit kein Schlagregen über die Fuge nach innen treten kann.

Ganz neu ist eine geprüfte mechanische Eckverbindung Konter/Verschraubt **(Bild 4)**. Alle Dübelbohrungen entfallen (ca. 30 Dübel/Fenster), was zu erheblichen Kosteneinsparungen im Ablauf führt und im Übrigen die Kapillarfugenproblematik weiter entschärft.

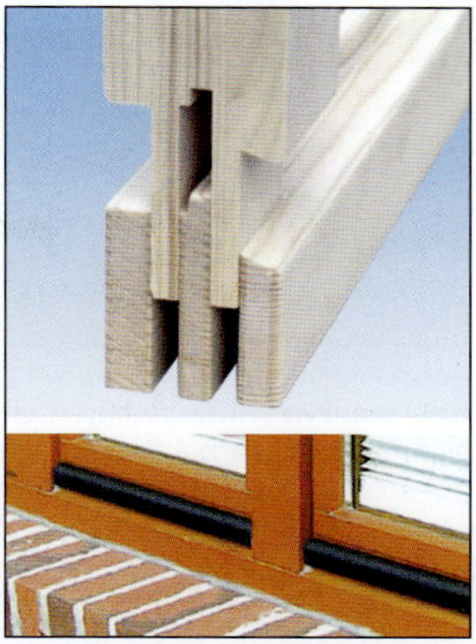

Bild 1: Schlitz- und Zapfenverbindung

Bild 2: CNC-gefertigte gestemmte Zapfenverbindung

Bild 3: Konter-Dübelverbindung

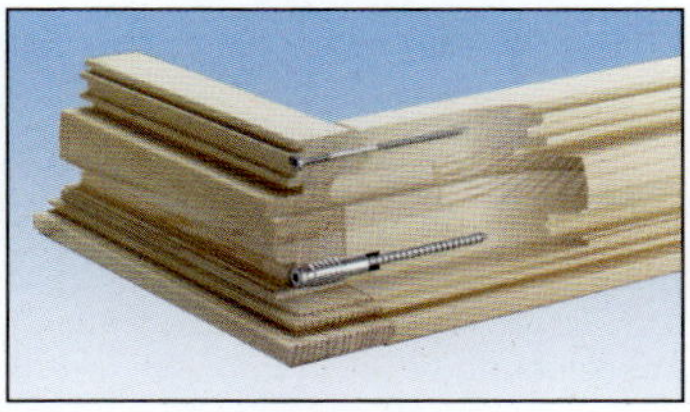

Bild 4: Konter-/Verschraubte Verbindung

DIGITAL+

11.4 Werkstoffe für Fensterrahmen

Werkstoffe für Fensterrahmen sind Holz, Kunststoff, Aluminium und Stahl. Diese Werkstoffe kommen auch im Verbund zum Einsatz, wie z.B. beim Holz-Aluminium-Fenster.

11.4.1 Holz

An die Qualität von Holz für den Fensterbau werden hohe Anforderungen gestellt. Das eingesetzte Holz muss in ausreichenden Mengen am Markt verfügbar sein. Es sollte gleichmäßig gewachsen und von geringer Astigkeit sein. Es muss ein gutes Stehvermögen sowie eine hohe Widerstandsfähigkeit gegen Pilze, Insekten, Witterungseinflüsse und mechanische Einwirkungen aufweisen. Das Holz muss genügend fest sein, sich gut bearbeiten, imprägnieren und anstreichen lassen und außerdem im naturbelassenen Zustand gut aussehen. Die Holzarten Douglasie, Fichte, Kiefer, Afzelia, Afrormosia, Agba, Dark Red Meranti, Lauan, Makoré, Niangon, Pitch Pine, Redwood, Sipo und Teak haben weitgehend diese Eigenschaften.

Die Gütebedingungen für Fensterholz sind in der DIN EN 942 „Holz in Tischlerarbeiten“ definiert. Der Kunde bzw. die ausschreibende Stelle muss aber in jedem Fall die Qualitätsklasse eindeutig angeben. Diese liegt zwischen J2 und J10 **(Tabelle 1)**.

Künftig wird die DIN EN 13307 zu berücksichtigen sein, außerdem das Merkblatt HO.02 des Verbands der Fenster- und Fassadenhersteller e.V. (VFF).

Tabelle 1: Fensterholz-Anforderungen

Grundsätzliche Anforderungen:		
Holzfeuchtigkeit	13% ± 2% max. Feuchteabweichung im Profil ≤ 2%	
Rohdichteuntergrenze	Nadelholz ≥ 350 kg/m³ Laubholz ≥ 450 kg/m³	
Faserneigung	max. bis 20 mm/m	
max. Breite der Jahrringe (Zuwachszonen)	Nadelholz ≤ 6 mm (1) Laubholz ≤ 9 mm	Abweichung im Profil max. 3 mm Abweichung im Profil max. 6 mm
Durchgehende Risse	nicht zulässig	
Quer- oder Schrägrisse	nicht zulässig	
Verkientes Holz (außerordentlich hoher Harzgehalt)	nicht zulässig	
sichtbare Markröhre	nicht zulässig	
Bläue	geringe Bläue im Anfangsstadium ist zulässig, wenn diese durch den Anstrich nachträglich nicht mehr sichtbar ist	
Farbunterschiede	zulässig, wenn diese durch den Anstrich nachträglich nicht mehr sichtbar sind oder ausdrücklich als Gestaltungsmerkmal erwünscht und vereinbart sind	

Weitere Anforderungen nach Qualitätsklasse	Klasse J2/BJ2	J10/BJ10	Bemerkungen
Äste max. Durchmesser	2 mm 10%	10 mm 30%	Äste dürfen sich nach der Oberflächenbehandlung nicht mehr abzeichnen
Harzgallen/Rindeneinwuchs	nicht zulässig	≤ 3 x 75 mm	sind zulässig, wenn diese dauerhaft ausgebessert werden und nach Oberflächenbehandlung nicht mehr sichtbar sind
Risse	nicht zulässig	≤ 0,5 x 50 mm max. 10% der Gesamtlänge	zulässig, wenn diese dauerhaft ausgebessert werden und nach Oberflächenbehandlung nicht mehr sichtbar sind
Schädigung Ambrosiakäfer	nicht zulässig	zulässig	wenn diese dauerhaft ausgebessert sind und nach Oberflächenbehandlung nicht mehr sichtbar sind
Keilzinkung	nicht zulässig	zulässig	bei J2 nur möglich, wenn gesonderte vertragliche Vereinbarung mit Auftraggeber fixiert wurde

Ausgebessert werden können lose oder ungesunde Äste, Risse, Harzgallen, Rindeneinwuchs und Insektenfraßstellen (Ambrosiakäfer), und zwar mit Pfropfen (Dübeln) oder Füllmitteln. Pfropfen müssen von der gleichen Holzart wie das umgebende Holz sein, den gleichen Faserverlauf aufweisen und mit geeignetem Klebstoff fest im umgebenden Holz verankert werden. Füllmittel müssen die Fehlstelle vollständig ausfüllen und auf den endgültigen Verwendungszweck des Holzes abgestimmt sein.

11.4.1.1 Dauerhaftigkeit, Resistenz

Fensterhölzer sollten witterungsbeständig und resistent gegen Holzzerstörer sein. Die DIN EN 335:2013-06 definiert 5 Gebrauchsklassen und die entsprechenden holzschädigenden Organismen. Dies sind holzzerstörende bzw. holzverfärbende Pilze, Insekten, Termiten und Holzschädlinge im Meerwasser.

In der DIN EN 350:2016-12 wird auf die Gebrauchsklasse 4 (Holz, welches sich ständig in Kontakt mit Erde oder Süßwasser befindet und ständig einer Befeuchtung ausgesetzt ist) Bezug genommen und eine Klassifikation der natürlichen Dauerhaftigkeit gegen holzzerstörende Pilze (Braunfäule, Weißfäule, Moderfäule) zugeordnet **(Tabelle 1)**.

Bild 1: Schäden an Fenstern: Vergrauen und Braunfäule

Tabelle 1: Dauerhaftigkeit nach DIN EN 350:2016-12, Holzartenklassifikation

Klasse	Beschreibung	Holzarten	Rohdichte g/cm³	Dimensions-stabilität	Feuchte-angleichge-schwindigkeit	Anstrich-gruppe ift-Tabelle*)
1	sehr dauerhaft	Teak Afzelia Makoré	0,65–0,75 0,73–0,83 0,62–0,72	sehr gut sehr gut gut	gering bis mittel sehr gering gering	III III III
1 bis 2	sehr dauerhaft bis dauerhaft	Merbau Iroko	0,73–0,83 0,63–0,67	sehr gut gut	sehr gering sehr gering	III III
2	dauerhaft	Eiche europäisch Mahagoni Swiet. Sipo Mahagoni	0,67–0,76 0,51–0,77 0,59–0,66	mittel sehr gut gut	gering sehr gering sehr gering	III III III
2 bis 3	dauerhaft bis mäßig dauerhaft	Amerik. Weißeiche Framiré Western Red Cedar Tola, Agba	0,67–0,77 0,52–0,56 0,33–0,39 0,48–0,51	mittel gut gut gut	gering mittel gering gering	III III II II
3	mäßig dauerhaft	Dark Red Meranti Niangon Khaya Mahagoni Oregon Pine	≥ 0,68 0,67–0,71 0,48–0,60 0,47–0,55	gut gut gut gut	gering sehr gering gering gering	III III III I
3 bis 4	mäßig dauerhaft bis wenig dauerhaft	Meranti Kiefer Lärche Eucalyptus grandis	≥ 0,49 0,50–0,54 0,47–0,65 0,37–0,55	gut mittel mittel mittel	mittel mittel gering mittel	III I I III
4	wenig dauerhaft	Fichte/Tanne Hemlock Amerik. Roteiche West. White Spruce	0,44–0,48 0,47–0,51 0,65–0,79 0,42–0,54	gut gut mittel gut	mittel mittel mittel mittel	II II III II
5	nicht dauerhaft	Sitka Fichte Pinus Radiata	0,44–0,45 0,42–0,50	gut mittel	mittel mittel	II I

*) ift = Institut für Fenstertechnik, Rosenheim

11.4.1.2 Lamellierte Holzfensterprofile

Ein Großteil der Rahmenhölzer wird vor allem aus Gründen der Formstabilität und der problemloseren, rationelleren Durchlaufgeschwindigkeit aus Schichtholz, das auch als Laminat bezeichnet wird, hergestellt **(Bild 1 und Bild 2)**. Hinweise zur Herstellung und Qualitätssicherung sind in der Richtlinie „Lamellierung von Profilen für Holzfenster" angegeben, herausgegeben vom Institut für Fenstertechnik, Rosenheim.

Bei der Herstellung und Weiterverarbeitung von Leimholzkanteln ist Folgendes zu beachten:

- Verwendung von wasserfestem Leim (PVAc) mit Härter D4 nach DIN EN 204 Mindestklebfestigkeit bei 80° C = 7 N/mm².
- Die Klebefuge sollte nicht der direkten Außenbewitterung ausgesetzt sein.
- Die Klebefuge sollte parallel zur Außenoberfläche verlaufen.
- Decklamellen müssen mindestens 17 mm stark sein. Bei Haustüren sind dünnere Decklagen möglich.
- Die Lamellen sollten möglichst stehende Jahresringe aufweisen (bis 45/50° geneigt ist zulässig).
- Profile, welche stärker als 72 mm sind, sollten aus mehr als drei Lamellen hergestellt werden.
- Sollten Klebefugen ausnahmsweise der direkten Bewitterung ausgesetzt sein, müssen Klebstoffe verwendet werden, die für diesen Anwendungsfall geeignet sind.
- Die Querschnitte müssen symmetrisch aufgebaut sein. Gegenüberliegende Lamellen sollen in der Dicke, der Holzart und der Holzstruktur gleich sein.
- Die Herstellung der Rohkanteln in L-, Z- oder T-Form ist möglich. Alle Klebefugen sollten möglichst gleich breit sein, damit sich der Pressdruck gleichmäßig verteilen kann.
- In der Dicke und in der Breite ist jeweils eine Bearbeitungszugabe von 4 bis 6 mm erforderlich.
- Klebeflächen müssen glatt gehobelt sein. Leimflächen mit Profil ergeben im Allgemeinen keine erhöhte Festigkeit.
- Eine Breitenklebung ist nur in der Mittellage zulässig.

Bild 2: Mehrschichtig verleimte Kanteln in unterschiedlichen Ausführungen

Bild 1: Kantel, 3-Schicht-verleimt, Decklagen und Mittellage keilgezinkt — Kantel, 3-Schicht-verleimt, Decklagen durchgehend, Mittellage keilgezinkt — Massivkantel

Keilzinkenverbindung

Gemäß DIN 18355 „Tischlerarbeiten", VOB Teil C gilt:

Bei nichtdeckendem (lasierenden) Anstrich ist Keilzinkung nach DIN 68140 „Keilzinkenverbindung von Holz" nur mit Zustimmung des Auftraggebers zulässig.

Wichtig sind komplett geschlossene Klebstoff-Fugen, welche das Eindringen von Feuchtigkeit nicht zulassen. Profile mit offenen Zinkengrund, offenen Fugen und Rissen sind unzulässig.

Lamellenabschnitte, welche in der Länge kürzer als 18 cm sind, sollten in der Mittellage verwendet werden. Längsstöße sollten immer keilgezinkt ausgeführt werden.

Insbesondere bei Keilzinken in den Decklagen ist darauf zu achten, dass Hölzer mit gleicher Struktur und ähnlicher Jahrringlage miteinander verklebt werden, da sich sonst die Keilzinken abzeichnen können.

Spezialisierte Unternehmen vertreiben mehrschichtverleimte Kanteln als Halbfertigware in hochwertiger Qualität in unterschiedlichsten Sortimenten. Standard ist die 3-Schicht-verleimte Fensterkantel. Man unterscheidet folgende Ausführungen:

- Mittellage keilgezinkt und Decklagen durchgehend in Fixlängen von 400 mm bis 3000 mm für lasierende, halbtransparente Anstriche.
- Decklagen und Mittellage keilgezinkt als 6 m Stangen für deckende, nichttransparente Anstriche.

Standarddimensionen sind:		Sonderdimensionen sind:	
• 72 x 86 mm	• 72 x 145 mm	• 72 x 75 mm	• 72 x 105 mm
• 72 x 115 mm		• 72 x 95 mm	• 72 x 125 mm

Bild 1: Kanteln mit Außenlagen aus thermisch vergütetem Holz

Bild 2: Kantel, Decklagen und Mittellagen keilgezinkt

Bild 3: Kantel, Innere Ansicht aus Edelholz

11.4.1.3 Lamellierte Materialkombinationen

Durch entsprechende Formen, Materialien und den Konstruktionsaufbau kann man bestimmte Eigenschaften des aus diesen Kanteln hergestellten Fensters bereits vorherbestimmen.

Grundsätzlich gibt es die Möglichkeit

- unterschiedliche Holzarten miteinander zu verleimen:
  1. Im Außenbereich witterungsbeständige Hölzer.
     Im Innenbereich wird z. B. Fichte mit Klasse 4 verarbeitet, im Außenbereich wird Lärche mit Klasse 3 bis 4 verarbeitet.
  2. Im Innenbereich werden Edelhölzer eingesetzt **(Bild 3)**.
     Im Außenbereich verwendet man gängige Fensterhölzer, im Innenbereich werden aus gestalterischen, architektonischen Gründen Edelhölzer wie Nussbaum, Kirschbaum, Erle verarbeitet.
- vergütete, unterschiedliche Materialien mit Hölzern zu verleimen:
  1. Es wird thermisch vergütetes Holz eingesetzt **(Bild 1)**.
     Durch thermische Behandlung von Holz erreicht man eine Reduzierung des Quell- und Schwindverhaltens, eine fortlaufende Senkung der Ausgleichsfeuchte und eine höhere Dauerhaftigkeit (Klasse 2 bis 3).
  2. Es wird thermisch modifiziertes Holz und chemisch modifiziertes Holz mit normalem Holz verleimt. Die Quellungskoeffizienten der unterschiedlichen Holzarten müssen aufeinander abgestimmt und es sollte im Labor geprüft sein. Eine sehr moderne funktionale Materialkombination ist: Außen Accoya, sehr witterungsbeständig, Mittellage aus Pappel, thermisch modifiziert, sehr gute Wärmedämmung, Innenlage Fichte, als Ansicht dekorativ.

     Man erhält ein hochleistungsfähiges Ganzholzfenster mit Funktionsschichten. Dieses System ist geprüft. Der Einbruchschutz verbessert sich sogar, obwohl die Mittellage aus Weichholz ist.
  3. In der Mittellage oder Außenlage werden hochwärmedämmende Materialien wie Purenit, Kork, PUR eingebaut **(Bild 4)**.

     Der U-Wert des Fensterrahmens kann so erheblich verbessert werden. Nachteile sind ein höherer Preis, die Verarbeitungs- und Abfallproblematik muss gelöst werden.

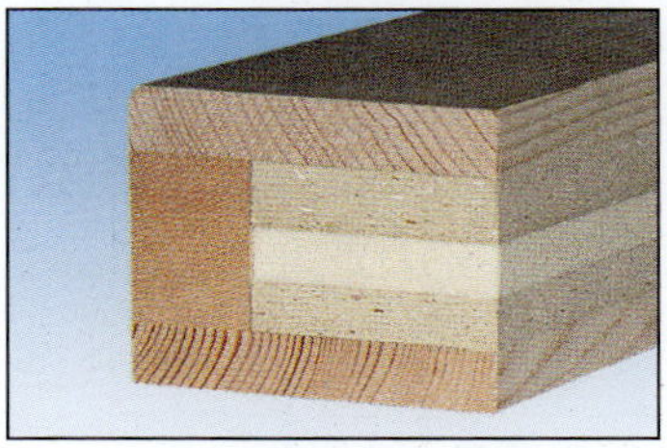

Bild 4: Kantel, Mittellage mehrschichtig, hochwärmedämmend für Passivhaus

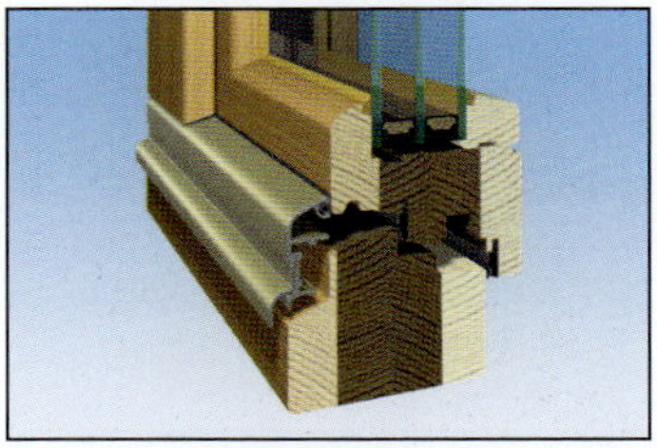

Bild 5: Funktionsschichten: außen Witterungsbeständigkeit, Mittellage Wärmedämmebene, Innen Dekoration

Bild 6: Verbesserung der Wärmedämmung durch nachträglich eingefrästen Wärmedämmeinschub

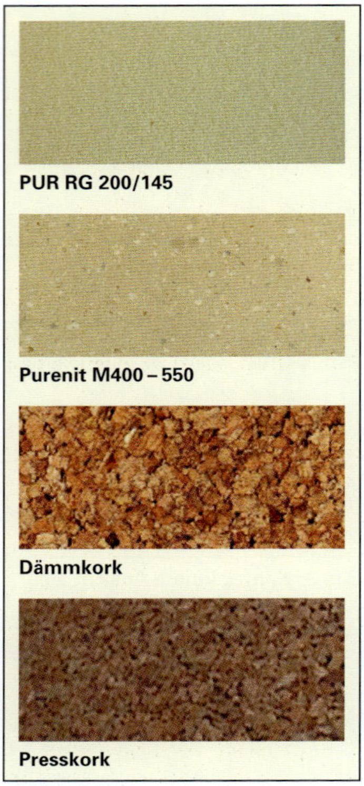

Bild 1: Wärmedämmmaterialien

Bild 2: Prüfinstitute für Zertifizierungen

- die Profilgebung und den Konstruktionsaufbau der Kantel zu verändern:
  1. In der Mittellage werden luftgefüllte Hohlkammern eingebaut. Dies führt zu einer Verbesserung der Wärmedämmung der Kantel.
  2. Durch nachträgliche Einfräsungen im Blendrahmen von außen oder im Flügel von der Glasfalzseite kann man wärmedämmende Einschübe, z. B. aus PU-Schaum, einbringen. Diese verbessern nochmals den U-Wert des Fensters. Dies ist eine handwerkliche, preisgünstige Lösung, ohne dass teure Spezialkantel verwendet werden müssen **(Bild 6, Seite 533)**.

11.4.1.4 Lamellierte hochwärmegedämmte Fensterprofile

Hochwärmedämmende Materialien im Verbund mit Holz für mehrschichtige verleimte Kanteln müssen eine hohe Festigkeit mit einer niedrigen Wärmeleitfähigkeit (Lambda) und gute Verleimbarkeit in sich vereinen **(Bild 3)**.

Purenit M400 – 550
ist ein Funktionswerkstoff auf Basis von Polyurethan-Hartschaum:

- Rohgewicht: 400 – 550 kg/m³
- Lambda: 0,078 – 0,09 W/mK
- mechanisch hoch belastbar, druckfest, formstabil, gut klebbar
- unverrottbar, fäulnisbeständig, recycelbar

Dämmkork bzw. Presskork
ist ein leichterer Kork mit guten Wärmedämmeigenschaften, aber schlechterer Festigkeit:

- Rohgewicht: 120 – 400 kg/m³
- Lambda: 0,04 – 0,06 W/mK
- rein Holz bis hochdruckfest
- verbrennbar wie Holz

Man sollte nur durch ein akkreditiertes Prüfinstitut zertifizierte Kanteln verarbeiten. Gemäß einer Richtlinie muss eine Systembeschreibung erstellt, eine Systemprüfung, ein Eignungsnachweis und eine Fremdüberwachung durchgeführt werden. Dadurch erhält man eine definierte, gleichbleibende Qualität.

Ein weiterer wichtiger Aspekt ist die Zertifizierung des Holzes hinsichtlich ganzheitlicher Nachhaltigkeit bei der Erzeugung. Diese sollte ökologische, soziale und ökonomische Aspekte beinhalten **(Bild 2)**.

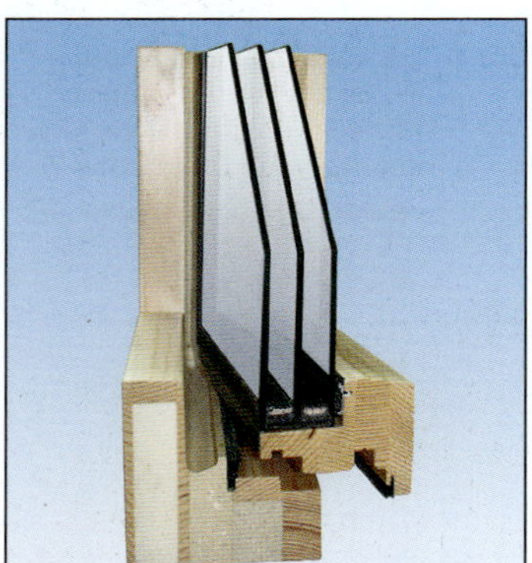

Bild 3: Passivhausfenster, Verbund Holz, Purenit

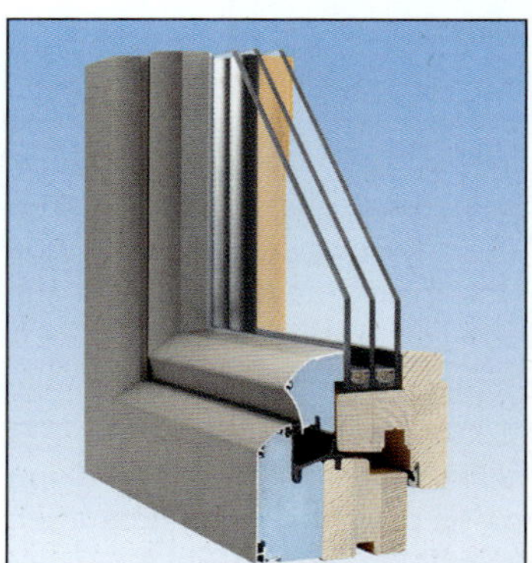

Bild 4: Holz-Aluminium-Fenster mit PU-Wärmedämmschicht, innen Holz

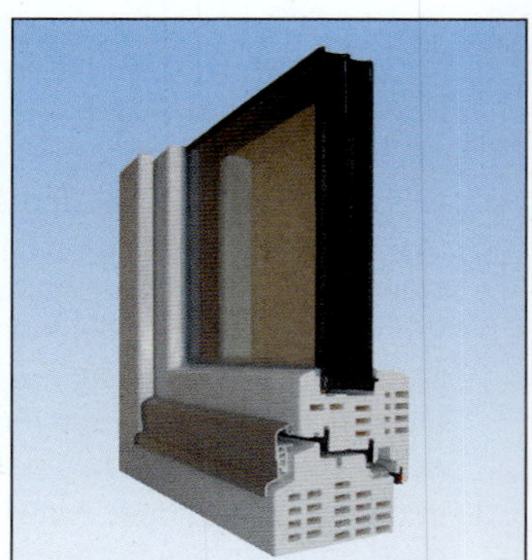

Bild 5: Fenster aus Holzprofilen mit Hohlräumen zur Verbesserung des U-Wertes

11.4.1.5 Hochvergütetes Laminat durch Acetylierung

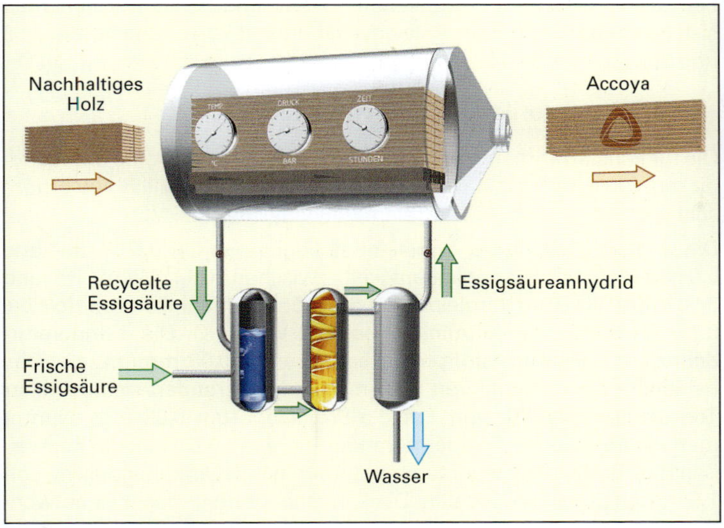

Bild 1: Prozess der Acetylierung

Bild 2: Druckkessel zur Acetylierung

Bild 3: Holz nach der Acetylierung

Durch chemische Behandlung mittels Acetylierung von Holzkanteln kann man das Holz vergüten. Da bisher nur ein Hersteller dieses Verfahren anwendet, gibt es einen Markennamen: Accoya Holz **(Bild 1)**.

Beim Verfahren der Acetylierung werden die Hydroxyl-Gruppen in der Zellwand des Holzes durch Essigsäureanhydrid in Acetyl-Gruppen überführt. Die Reaktion vollzieht sich mehrstufig unter erhöhten Temperaturen und hohem Druck. Das Holz wird in einem Druckkessel diesem Verfahren ausgesetzt **(Bild 2)**.

Nach der Reaktion wird das modifizierte Holz mit Dampf gewaschen und anschließend getrocknet.

Bild 4: Acetyliertes Fensterprofil

Eigenschaftsverbesserungen des Holzes nach der Acetylierung:
- Die Quellung und Schwindung wird um 75% reduziert.
- Farben und Lacke weisen eine bis zu 40% längere Haltbarkeit auf – die Folge ist ein deutlich geringerer Wartungsaufwand.
- Wesentliche Verbesserung der Dauerhaftigkeit auf Klasse 1, damit eine Dauerhaftigkeit wie Teak.
- Widerstandsfähigkeit gegen Insekten sowie Schimmel und Pilze wird erhöht.
- Acetyliertes Holz kann praktisch nicht verfaulen, es ist trotzdem ungiftig.
- Das Holz weist eine hohe Widerstandsfähigkeit gegen die Effekte von UV-Strahlung auf.
- Im Verhältnis zu seiner enormen Festigkeit hat man ein sehr leichtes Material mit relativ guten Wärmedämmeigenschaften.

Problematiken der Acetylierung:
- Obwohl ungiftig, bekommt das Holz einen essigartigen Geruch. Dies kann den Nutzer stören. Durch eine geeignete Oberflächenbehandlung kann man das Problem eindämmen. Bei neueren Kanteln wird nur Accoya in der Außenlage eingesetzt, dadurch ist das Problem gelöst.
- Es besteht größere Korrosionsgefahr, wenn Metallteile in Kontakt mit acetyliertem Holz kommen. Deshalb ist die Verwendung von Edelstahl bzw. speziell geschützten Metallbeschlägen anzuraten. Bei Verwendung von Accoya nur in der Außenlage, besteht das Problem nicht mehr. Zudem wird diese Kantel erheblich preisgünstiger.
- Bezüglich der Oberflächenbehandlung sind genaue Abstimmungen mit dem Lacklieferanten zu treffen und Garantien zu vereinbaren.

Bild 5: Acetyliertes Holz, hier im Freilandversuch

Bild 6: Acetylierte Holzprobe nach längerem Erdkontakt

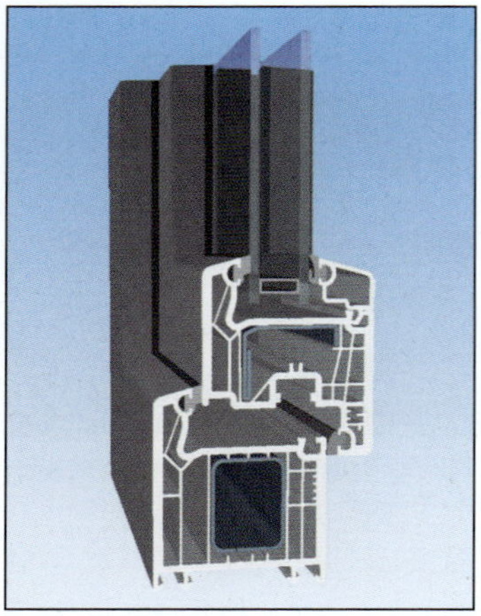

Bild 1: Standard-Fünf-Kammerprofil

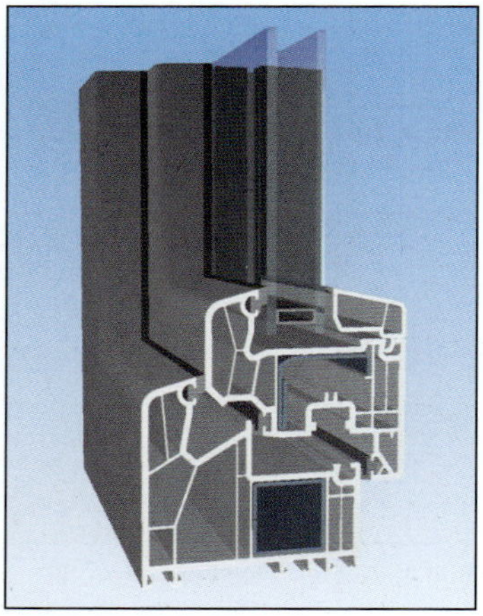

Bild 2: Hochwärmedämmendes Sechs-Kammerprofil mit Dichtungen

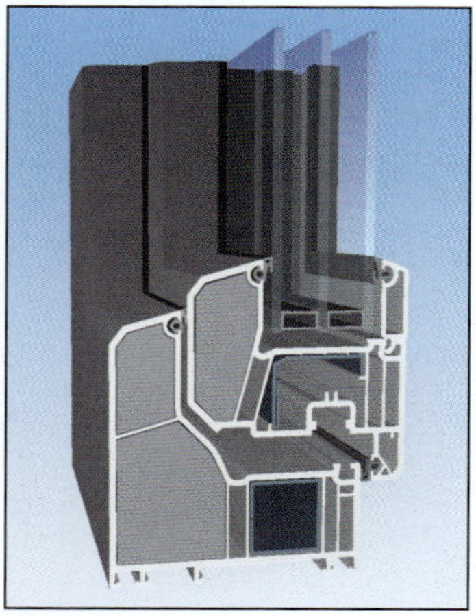

Bild 3: Passivhausfenster aus Kunststoff mit eingeschobener Wärmedämmung

11.4.2 Kunststoff

Für die Herstellung von Kunststofffenstern und -fenstertüren eignen sich besonders Profile aus Polyvinylchlorid und Polyurethan **(Seiten 95 und 96)**.

11.4.2.1 Profile aus Polyvinylchlorid

Die für Fensterrahmen verwendeten Kunststoff-Hohlprofile mit Wanddicken von 2 mm bis 4 mm bestehen fast ausschließlich aus erhöht schlagzähem, weichmacherfreiem Polyvinylchlorid, PVC.

Die Zugfestigkeit dieses Kunststoffes liegt zwischen 3,5 N/mm^2 und 5,0 N/mm^2, die Wärmeleitfähigkeit zwischen 0,14 W/(m · K) und 0,20 W/(m · K). Zum Vergleich liegt die Wärmeleitfähigkeit von Holz bei 0,14 W/(m · K), von Aluminium bei 200 W/(m · K). Die Temperaturdehnzahl α der Kunststoffprofile beträgt etwa 0,08 mm/(m · K), d.h., bei einem Fensterprofil von 1000 mm Länge verändert sich bei einer Temperaturänderung von 1 K die Profillänge um 0,08 mm. Nimmt man eine maximale Temperaturänderung von 50 K an, kann bei weißen PVC-Profilen mit einer temperaturbedingten Längenänderung von 1,6 mm/m gerechnet werden. Die Längenänderung macht es notwendig, dass im Falz zwischen Flügel und Blendrahmen ringsumlaufend 6 mm Luft (Spiel) bleiben muss. Die in die Profile eingeführten Verstärkungen aus Metall, die sog. Armierungen, müssen an jeder Kunststoff-Schweißnaht um etwa 10 mm kürzer sein, als die Kunststoffprofile.

Kunststoffprofile für Fenster haben in der Regel mehrere Kammern. Bei diesem sogenannten **Mehrkammersystem** dient die Hauptkammer zur Aufnahme des Verstärkungsprofils. Die äußere Nebenkammer wird bei vielen Systemen zur Entwässerung des Glasfalzes herangezogen. Die hintereinander liegenden Kammern bilden in sich abgeschlossene Lufträume, sodass die Wärmedämmung durch die stehenden Luftschichten wesentlich besser wird, je mehr Kammern man konstruktiv anordnet.

Mindestens hat man **Drei-Kammersysteme.** Standard sind **Fünf-Kammersysteme.** Es gibt auch **Sechs-** und **Sieben-Kammersysteme** für hochwärmedämmende Fenster **(Bild 1 und Bild 2)**.

Je höher die Anzahl der Kammern wird, umso kleiner wird die mittlere Kammer. Demzufolge wird das Armierungsprofil immer kleiner. Dies geht zu Lasten der statischen Stabilität. Die Wärmedämmwirkung steigt jedoch.

Kunststoffe sind gegen Korrosion, viele Säuren, Laugen sowie Abgase und Reinigungsmittel beständig. Kunststofffenster sind pflegeleicht. Eine gründliche Reinigung ist notwendig, da sich im Laufe der Zeit auf den Oberflächen ein Belag durch die Luftverschmutzung bildet. Zudem kann sich die Oberfläche durch Reibung elektrostatisch aufladen, sodass Staub vermehrt angezogen wird. Fenster aus weißem Kunststoff sind am wenigsten anfällig. Bei homogen eingefärbtem PVC treten höhere Belastungen des Materials auf. Dies liegt an der erhöhten Temperaturaufnahme und Wärmedehnung bei Sonneneinstrahlung. Kunststofffenster gibt es in weiß, in Holzdekoren und in vielen Farbbeschichtungen nach RAL. Eine unterschiedliche Beschichtung auf der Innen- und Außenseite ist möglich. Dies erreicht man durch Folien und Deckschichten.

Im Brandfall ist PVC sehr problematisch; es ist entflammbar. Beim Abbrennen bilden sich giftige Gase. Konstruktiv unterscheidet man Profile für flächenbündige und für flächenversetzte Fensterkonstruktionen.

11.4.3 Aluminium

Profile für Aluminiumfenster werden aus Aluminiumlegierungen mit Magnesium und Silizium hergestellt, da die Festigkeitswerte des reinen Aluminiums für den Rahmenbau nicht ausreichen. Es handelt sich in der Regel um Strangpressprofile mit einer Mindestzugfestigkeit von 215 N/mm^2. Die zulässige Druck- und Zugspannung je nach Lastfall beträgt 95 N/mm^2 oder 105 N/mm^2, der Elastizitätsmodul 7000 kN/cm^2 (nach DIN 4113).

Die Temperaturdehnzahl α von Aluminium beträgt etwa 0,024 mm/m · K. Dies bedeutet, dass bei einem wärmegedämmten dunklen Aluminiumprofil bei einer Temperaturänderung von 55 K sich die Länge um 1,3 mm/m ändern kann. Die Wärmeleitfähigkeit von Aluminium liegt bei 200 W/m · K. Die Wärmedämmung ist also sehr gering. Ungedämmte Profile haben einen *U*-Wert um 6 W/m^2K. Bei modernen, thermisch getrennten Profilen sind Drei-Kammersysteme üblich. Dabei bilden die Außenschale, das Mittelteil mit den Isolierstegen aus glasfaserverstärktem Polyamid (PA) oder Polythermid (PT) und die Innenschale eine Kammer. Der Mittelteil unterbricht den Wärmefluss und sorgt für eine bessere Wärmedämmung **(Bild 2)**.

Normal thermisch getrennte Fenster erreichen die Rahmenmaterialgruppe 2 gemäß der alten DIN 4108. Die Rahmenmaterialgruppe (RMG) definiert die Wärmedämmeigenschaft eines Fenster- oder Türrahmen-Systems. Grenzwert der RMG 1 ist U_f = 2,0 W/m^2K; bei RMG 2,1 ist dieser bei U_f = 2,8 W/m^2K.

Nach DIN EN ISO 10077-1 und DIN EN ISO 6946 ist das wärmetechnische Verhalten von Fenstern nicht mehr durch Rahmenmaterialgruppen, sondern durch Berechnungen oder auf dem Prüfstand zu ermitteln. Zudem fordert die nationale EnEV (Energieeinsparverordnung) immer niedrigere Mindest-U_w-Werte für Fenster und Türen.

Aluminium wird von Laugen angegriffen. Man muss deshalb darauf achten, dass ungeschützte Aluminiumteile nicht mit frischem Kalk- und Zementmörtel in Berührung kommen. Deshalb ist es sinnvoll die Aluprofile während der Lagerung, des Transports und der Montage mit (restlos) abziehbaren Klebebändern und Kunststofffolien zu schützen.

Aluminium gibt es als Strangpressprofile in der Regel von 5 bis 7 m Länge. Die Wanddicken liegen zwischen 2,5 bis 5,0 mm.

Die Profiloberfläche kann durch anodische Oxidation, Tauchfärbung oder durch Pulverbeschichtung geschützt werden. Beim letzteren Verfahren sind beliebige RAL-Farbtöne möglich. Die Pulverbeschichtung ergibt eine sehr robuste, kratzunempfindliche, dauerhafte und leicht zu pflegende Oberfläche.

Aluminiumfenster werden häufig im Industriebau eingesetzt. Außerdem verwendet man Aluminium bei stark beanspruchten Türen, bei denen es auf erhöhte mechanische Dauerbelastbarkeit (öffentliche Gebäude mit viel Durchgangsverkehr) in Kombination mit erhöhter statischer Stabilität ankommt.

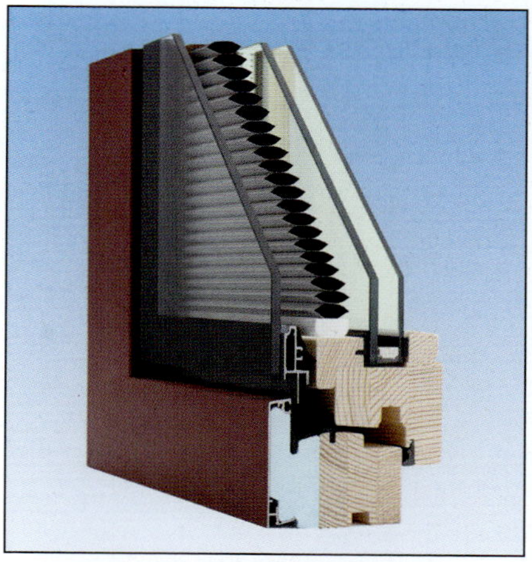

Bild 1: Multifunktionales Holz-Aluminium-Verbundfenster mit geschützter Jalousie

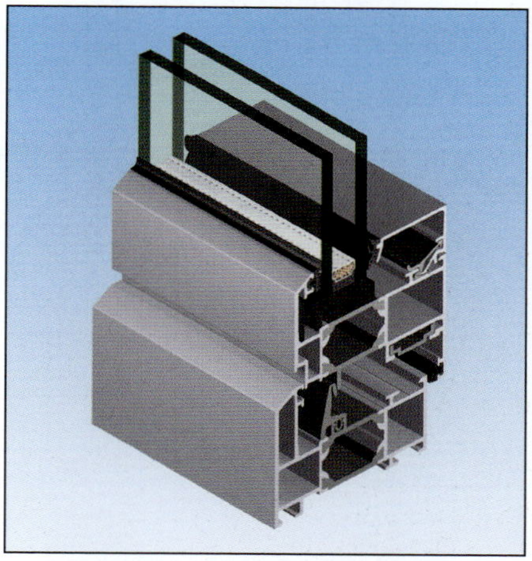

Bild 2: Standard-Aluminiumfenster mit thermischer Trennung

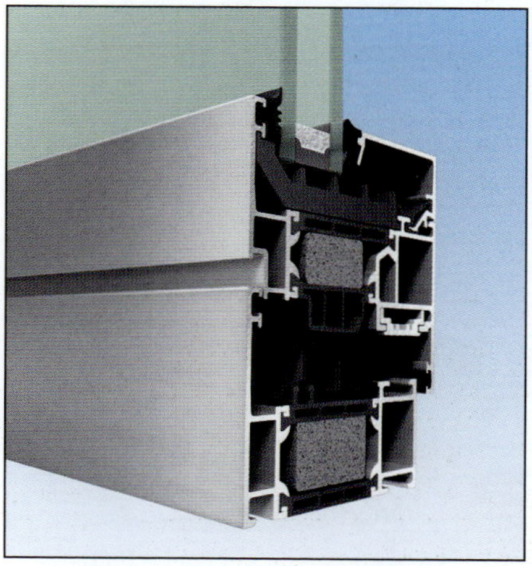

Bild 3: Aluminiumfenster mit verbesserter Wärmedämmung

11.5 Arbeitsabläufe und Arbeitstechniken beim Bau von Fenstern

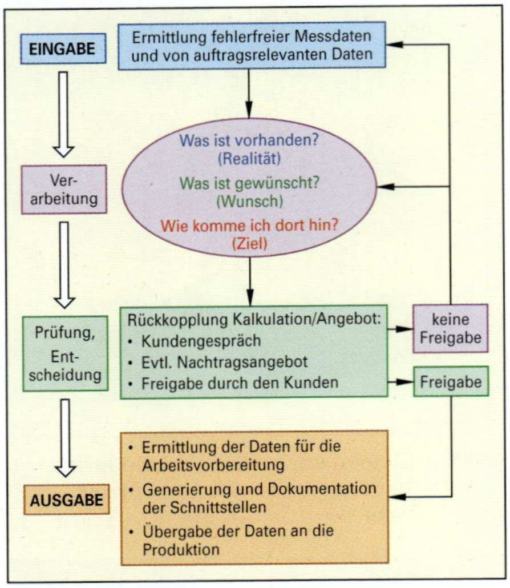

Bild 1: Organisation und Ablaufdiagramm des Arbeitsablaufes

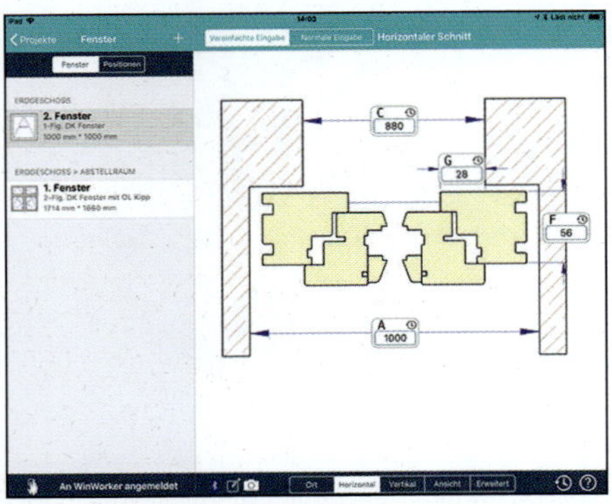

Bild 2: Mobile Aufmaßsoftware mit grafischer Benutzeroberfläche

Bild 3: Lasermessgerät mit Funkschnittstelle, Tablet zur mobilen digitalen Aufmaßerfassung

Der Arbeitsablauf zum Bau eines Fensters gliedert sich in die Arbeitsvorbereitung und Arbeitsdurchführung.

11.5.1 Arbeitsvorbereitung

Festlegen der Anforderungen und der Konstruktion: Nach der Auftragserteilung werden die formalen und konstruktiven Anforderungen an das Fenster festgelegt. Die formalen Anforderungen sind auf Form und Ästhetik bezogen, die konstruktiven auf Technik und Funktion. Aus diesen Anforderungen wird die Konstruktionsbeschreibung für das Fenster abgeleitet. Diese bildet die Basis für die Festlegung des Fenstersystems, aus welchem sich Rahmenquerschnitte, Profilausbildung, Verglasung, Abdichtung und Oberflächenschutz ableiten.

Aufmaß am Bau: Auf der Baustelle werden alle notwendigen Daten und Maße, welche für die Abarbeitung des Auftrags wichtig sind, fehlerfrei ermittelt. Vom Rohbaumaß ausgehend werden abhängig von der Anschlagsart, Luft abgezogen, die Blendrahmenaußenmaße, die Blendrahmenbreiten, Flügelbreiten sowie Blendrahmenaußenprofilierung, insbesondere die unteren Falzgeometrien, festgelegt. Weitere wichtige relevante Daten sind z. B. die Öffnungsart, Drehrichtung, Glasart, Teilung, Einbauart, Abdichtung, Verleistung und die Ermittlung des notwendigen Zubehörs.

Zur Ermittlung der Daten dienen traditionelle Messmittel wie Gliedermaßstab, Maßband sowie Messstab und auch moderne Messmittel wie Lasermessgeräte und Aufmaßsoftware.

Aus den Anforderungen und dem Aufmaß wird der innerbetriebliche Auftrag bzw. die externe Bestellung generiert, wobei im Vorfeld ein Abgleich mit der Kalkulation, dem Angebot und den Wünschen des Kunden mit **Freigabe** erfolgen sollte.

Dieser Auftrag mündet dann in die **Arbeitsvorbereitung,** welche in der Regel mittels **Fensterbranchensoftware** bearbeitet wird. Abhängig vom Fenstersystem und den **Stammdaten** werden alle produktionstechnisch wichtigen Daten seitens der Software ermittelt. Es können verschiedenste Listen, angefangen von Materialzusammenstellungen und -bestellungen bis hin zu Zuschnittlisten, Fertigungslisten, Beschlags- und Glaslisten, Lieferschein und Rechnung gedruckt werden.

Möglich sind auch **PPS-** (Produktionsplanungs- und Steuerungssysteme) oder **ERP-Systeme** (Enterprise Resource Planing = Planung von Unternehmensresourcen) per Software. Diese beinhalten eine **Kapazitätsplanung** bzw. **papierlose Fertigung** mittels PC an den Arbeitsplätzen in der Fertigung. Die erfolgt von einem **Produktionsleitstand** aus.

In der normalen Software bereits integriert sind in der Regel Kalkulation, Angebotserstellung, Auftragsbestätigung, Fakturierung und Schnittstellen zur Buchhaltung. Detaillierte **Fertigungszeichnungen** lassen sich aus der Arbeitsvorbereitung ableiten und per **CAD** (**C**omputer **A**ided **D**esign = genaues Zeichnen per Computer) bearbeiten.

11.5.2 Fensterfertigung

Das Fertigungsverfahren beim Fensterbau ist vom Rahmenmaterial abhängig.

11.5.2.1 Holzfenster

Holzzuschnitt: Fenster werden in der Regel aus mehrschichtig verleimten Kanteln hergestellt. Für lasierende Oberflächen gibt es dreifach verleimte Fensterkanteln mit durchgehender Decklage in Fixlängen. Aus einem längensortierten Kantellager können die entsprechenden Kanteln gemäß Zuschnittliste zusammengestellt werden. In diesem Fall entfällt der Längenzuschnitt. Anders bei Kanteln mit keilgezinkten Decklagen. Aus den 6 m langen Stangen müssen die gewünschten Kanteln in der Länge zugeschnitten werden.

Hobeln: Danach werden die Kanteln vierseitig gehobelt. Sehr oft werden an dieser Stelle die beiden Deckflächen genau auf Stärke feingehobelt (hydrogehobelt = ohne Messerschlag) oder auch geschliffen.

Maschinelle Teilefertigung: Anschließend kann traditionell z. B. mittels einer Winkelkombination, eines Doppelendprofilers mit Endprofilstation oder einer längenunabhängigen Fertigung die Quer- und Längsholzprofilierung vorgenommen werden. Zunehmend setzen sich hier auch CNC-Bearbeitungszentren durch, wobei in einer Aufspannung programmgesteuert mehrere Teile vierseitig komplett maschinentechnisch bearbeitet werden können.

Pressen: Anschließend werden die Einzelteile bei „rahmenweiser Fertigung" an der Presse zu Rahmen verleimt. Bei Fertigung „am losen Stück" hat der Flügel meistens eine angefräste Glasleiste. Das Fenster wird erst am Ende der Produktion „aus losen Stücken" um das Glas herum zum Rahmen verschraubt. Falls noch nicht vierseitig bearbeitet wurde, müssen die Rahmen noch durch Umfälzung mit einem Außenprofil versehen werden. Sind die Glasleisten noch nicht auf Gehrung abgelängt, erfolgt dies jetzt. Anschließend werden die auf Gehrung geschnittenen Glasleisten mittels Distanzhalter im Flügel für die Oberflächenbehandlung befestigt.

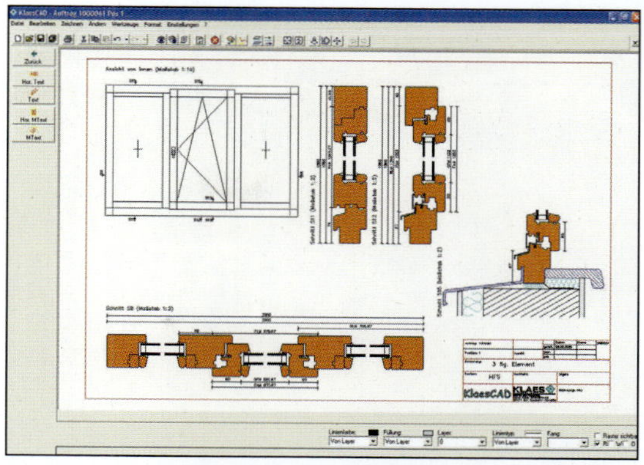

Bild 1: Branchensoftware mit CAD für den Fensterbau

Bild 2: CNC-Bearbeitungszentrum für Fensterfertigung

Bild 3: CNC-Fenster-Bearbeitungszentren mit mehreren Spindeln (Werkzeugsplitting), dadurch höhere Kapazität

Bild 4: Winkelkombination mit Quer- und Längsbearbeitung

Bild 5: Blick in eine Werkhalle mit Holzfensterproduktion

Bild 1: Oberflächenbehandlung mit Hängebahn

Bild 2: Endfertigung, Bereiche Anschlagen, Verglasen

Oberflächenbehandlung: Blendrahmen und Flügel mit Glasleisten und Zusatzprofilen werden oberflächenbehandelt. Dies erfolgt traditionell im Tauch- oder Flut- und Spritzverfahren. Die Fenster werden imprägniert (mit Holzschutz versehen) und grundiert. Die Grundierung stellt die Haftung des Lackes oder der Lasur auf der Holzoberfläche her. Danach erfolgt in der Regel ein Zwischenschliff. Dann werden die Fenster ein- oder zweimal spritzlackiert. Die Oberflächenbehandlung muss dann ausreichend trocknen. Bei Fertigung am losen Stück werden die Einzelteile (evtl. im Durchlauf) oberflächenbehandelt **(siehe Kap. 13.7)**.

Beschlagmontage: Am Flügel wird der verdecktliegende Beschlag montiert, am Blendrahmen die Schließstücke, Ecklager und das Eckband. Danach wird durch das **Anschlagen** der Flügel mit dem Blendrahmen verbunden und die Funktionsfähigkeit des Beschlages hergestellt. Bei Fertigung „am losen Stück“ werden soweit wie möglich die Beschlagteile am losen Stück montiert. Der Beschlag muss speziell für diese Fertigungsart geeignet sein.

Verglasen: Die Verglasung erfolgt in der Regel mit oder ohne Vorlegeband. Die passende Scheibe wird in den Flügel gestellt und verklotzt. Die Funktionsfähigkeit des Beschlages nach der Verklotzung wird überprüft. Die Glasleisten werden montiert und befestigt. Es erfolgt, wenn nicht eine Trockenverglasung vorgesehen ist, die Abdichtung der Verglasung zum Rahmen mittels dauerelastischen Dichtungsmaterials **(siehe Kap. 11.7)**.

Endkontrolle: An dieser Stelle sollte unbedingt eine Qualitätsendkontrolle erfolgen, wobei das Fenster neben der Funktionsfähigkeit auch auf Material- und Oberflächenschäden geprüft wird.

Verladen: Anschließend werden die Fenster in der Regel auf geeignete, flexible Transportsysteme (Paletten, Böcke) oder direkt auf den Lkw verladen. Durch die hohen Gewichte ist in jedem Fall ein geeignetes Transportmittel wie Stapler, Hubwagen, Vakuumhebegeräte, Kranbahn sinnvoll.

11.5.2.2 Kunststofffenster

Die Fertigung des Kunststofffensters unterscheidet sich in einzelnen Arbeitsbereichen wesentlich von der des Holzfensters.

Zuschnitte der Profile: Je nach Betriebsgröße werden zum Zuschneiden Einfach- oder Doppelgehrungssägen verwendet. Beim Zuschneiden kommt es auf die Einstellung der genauen Profillänge an. Jedem Profil muss an jedem zu verschweißenden Ende zwischen 2,5 mm und 3,0 mm in der Länge zu den Fertigmaßen hinzu gegeben werden, weil sich das Profil beim Anschmelzen um dieses Maß, den sogenannten Abbrand, verkürzt **(Bild 1 und 2, Seite 103)**.

Aussteifung der Profile: PVC-Profile weisen eine relativ große Elastizität auf. Es ist daher erforderlich, PVC-Fensterflügel ab einer Kantenlänge von etwa 800 mm mit Aluminiumprofilen oder verzinkten Stahlblechprofilen vor dem Verschweißen auszusteifen. Die Schnittflächen der Stahlprofile müssen vor dem Einbau der Armierung in das Kunststoffprofil gegen Korrosion geschützt werden. Die auf Gehrung geschnittenen Verstärkungsprofile, die etwa 10 mm vor beiden Schnittflächen des Kunststoffprofils enden müssen, werden gegen Verrutschen mit dem Kunststoffprofil verschraubt.

Durch die hohen Anforderungen an die Wärmedämmung des Rahmens (U_f-Wert), werden immer häufiger Armierungs-Kastenprofile oder -stege aus Glasfaserverbundmaterialien eingesetzt. Bei der Montage sind hinsichtlich der Befestigung einige zusätzliche Faktoren zu beachten.

Bohr- und Fräsarbeiten: Wasserablauföffnungen zur Blendrahmen- und Glasfalzentwässerung sowie Öffnungen für die Dreh- und Schließeinrichtung werden im Kleinbetrieb mit Handmaschinen unter Zuhilfenahme von Bohr- und Fräslehren eingebohrt oder eingefräst.

Im größeren Betrieb werden diese Arbeiten mit ortsfesten Spezialmaschinen durchgeführt. Bei diesen Arbeiten kommt es vor allem darauf an, die vorgeschriebenen Winkel und Abstände für die Ausnehmungen einzuhalten.

Schweißarbeiten: Die Kunststoffprofile werden fast ausschließlich mithilfe von Pressstumpfschweißmaschinen im sogenannten Schweißspiegelverfahren verbunden, selten mit Winkeln verschraubt **(Bild 2)**.

Die auf Gehrung geschnittenen Profile werden pneumatisch solange an die beiden elektrisch beheizten Schweißspiegel angedrückt, bis sie die erforderliche Schweißtemperatur von 230 °C bis 265 °C erreicht haben.

Danach presst die gleiche Maschine die zähflüssig gewordenen Enden der Profile mit einem Druck von 0,2 N/mm² bis 0,4 N/mm² zur Fensterecke zusammen.

Verschiedene Schweißautomaten ermöglichen es, alle Ecken eines Fensters in einem Arbeitsgang miteinander zu verschweißen.

Gängig sind heute 4-Ecken-Schweißautomaten, welche mit der anschließenden Fertigung verkettet sind **(siehe auch Kap. 2.6)**.

Bild 1: Einzelprofilbearbeitung beim Kunststofffenster

Bild 2: 4-Ecken-Schweißautomat

Bild 3: Automatisierte Kunststofffensterfertigung

Verputzarbeiten: Nach Ablauf der vorgeschriebenen Druck- und Abkühlzeit wird die Schweißstelle mit Handmaschinen oder sog. Eckenputzautomaten verputzt, d.h. eingeebnet.

Der Eckenputzautomat verfügt über Ziehmesser, die die obere und untere Schweißraupe gleichzeitig abschälen und ein vom Kunststoffprofil abhängiges Fräswerkzeug, das zum Verputzen der Innen- und Außenecken dient. An Handmaschinen werden Sichtflächen-Nutfräser oder Schweißraupen-Abstechgeräte eingesetzt, die die vorstehende Schweißraupe durch die Erzeugung einer am fertigen Fenster sichtbaren Nut im Gehrungsschnitt entfernen.

Einbau von Dichtprofilen und Beschlägen: Die Dichtprofile werden vor oder nach dem Verschweißen der Ecken von Hand oder maschinell in das Fensterprofil eingezogen. Dabei dürfen sie nicht gestreckt werden, um Spannungen im Dichtprofil zu vermeiden.

Die Beschlagmontage ist ähnlich wie beim Holzfenster. Es gibt verschiedene Stufen der Automatisierung bis hin zu personenlosen Beschlagmontagestraßen. Bei Bohrarbeiten für Schraubverbindungen ist besonders darauf zu achten, dass der Bohrerdurchmesser nicht zu groß gewählt wird und die Schrauben der Beschläge durch mindestens zwei Profilwände, besser noch bis in die Stahlverstärkung hindurch gehen sollten. Die Schrauben dürfen in keinem Fall überdreht werden.

Zuschneiden der Glashalteleisten: Vor dem Verglasen erfolgt der Zuschnitt der Glashalteleisten. Im Kleinbetrieb werden die Längen mit dem Maßstab gemessen und die Glashalteleiste auf der Kapp- oder Gehrungssäge zugeschnitten. In größeren Betrieben werden zum Zuschnitt besondere Kopierkreissägemaschinen verwendet. Dabei kann die Länge der Glashalteleiste durch Abtasten der entsprechenden Falzmasse an dem noch unverglasten Flügel ermittelt werden, wobei sich die Maschine automatisch einstellt.

Beim Zuschnitt der Glashalteleisten muss die richtige Länge eingehalten werden. Bei zu langen Glashalteleisten entstehen Spannungen, die dazu führen können, dass die Glashalteleisten aus der Verankerung springen bzw. nicht sauber eingeklipst werden können.

Verglasen: Das Verglasen erfolgt wie beim Holzfenster. Man verwendet im Allgemeinen eine Trockenverglasung, da die Profile sich stark thermisch in der Länge verändern. Das Gummiprofil übt ständig einen Druck auf die Scheibe aus, welches die Dichtigkeit herstellt. Bei Längenänderung des Profils kann das Gummi auf der Scheibe gleiten. Eine dauerelastische Fuge einer Nassverglasung würde derartige Bewegungen auf Dauer nicht standhalten. Die Abdichtung würde aufreißen. Dauerelastische Materialien können nur ca. 20% bis 25% des Fugenquerschnitts als Längenbewegung aufnehmen.

Die Glasleisten können per Klemmprofil mit einem Gummihammer zügig eingeschlagen werden.

Bild 1: Endfertigung Kunststofffenster, Verglasen

Bild 2: Kommissionierung, Lager

11.5.2.3 Aluminiumfenster

Die Arbeitsgänge zum Bau eines Aluminiumfensters und eines Kunststofffensters ähneln sich.

Zuschneiden der Profile: Der Zuschnitt der Rahmenprofile erfolgt auf einer weitgehend automatisierten Einfach- oder Doppelgehrungssägemaschine; die höchstzulässige Toleranz der Zuschnittlänge beträgt ± 1 mm. Erforderliche Nacharbeiten an den Gehrungsschnittflächen dürfen nicht von Hand ausgeführt werden, denn nur ein Nachschneiden, das sog. Schälen, ergibt dichte Fugen.

Durchführen von Stanz-, Kopierfräs- und Bohrarbeiten: Mit der hydropneumatischen Stanzmaschine erfolgt nach der Fixierung des Rahmenprofils das Ausstanzen von z. B. Entwässerungs- und Entlüftungsschlitzen oder der Befestigungslöcher für das Getriebe sowie das Ablängen und Lochen der Schubstangen des Beschlages.

An der Kopierfräsmaschine werden Löcher und andere Ausnehmungen bei hohen Schnittgeschwindigkeiten und unter Anwendung von Spezial-Aluminiumfräsern mit einem Durchmesser zwischen 5 mm und 20 mm am eingespannten Rahmenprofil mithilfe von Schablonen und Anschlägen gefräst.

An der Ständer- oder an der Tischbohrmaschine werden bei hoher Drehfrequenz Löcher, wie z. B. Schrauben- und Bolzenlöcher für die Eckverbindung gebohrt. Verwendet werden Bohrlehren, um zeitaufwendiges Anzeichnen und Ankörnen zu ersparen und um eine sehr genaue Lage des Bohrloches zu erhalten. Die drei genannten Maschinen können für verschiedene Arbeitsgänge wahlweise eingesetzt werden; runde Löcher können z. B. mit den drei Maschinen hergestellt werden.

Herstellung der Eckverbindung: Man unterscheidet die mechanische Eckverbindung in Kombination mit Kleben und die Eckverbindung mittels Abbrennstumpfschweißen in einer speziellen Schweißmaschine. In kleineren Betrieben wird fast ausnahmslos die mechanische Eckverbindung angewendet **(Bild 1)**. Bei ihr werden die auf Gehrung geschnittenen Rahmenprofile durch eine in den Profilhohlraum eingeschobene, druckgegossene oder stranggepresste Aluminiumprofilecke verbunden. Die Befestigung des Winkels erfolgt durch Einstanzen und Pressen der Profilwandungen in vorgesehene Nuten des Eckwinkels oder ins volle Material. Eine andere Möglichkeit der Verbindung besteht in der Befestigung durch Schrauben, Bolzen oder Keilstifte. Fast immer kommt zur mechanischen Eckverbindung zusätzlich eine Verklebung mit einem speziellen Zweikomponentenklebstoff unter gleichzeitiger Abdichtung der Gehrungsfuge hinzu. Der Klebstoff bzw. die Verklebung muss witterungsbeständig und wärmefest sein. Bei der Durchführung der Verklebung sind bestimmte Vorschriften einzuhalten.

Einbau der Beschläge: Die Befestigung der einzelnen Beschlagteile wird mit Stellschrauben, Keilen oder Anschlägen in den dafür vorgepressten Nuten sowie in den Ausnehmungen vorgenommen. Die zum Befestigen verwendeten Schrauben sind selbstschneidend oder weisen eine Klemmwirkung auf. Durch die Anwendung von Schablonen und Lehren ist der Beschlageinbau vereinfacht. Zugleich ist der einwandfreie Gang der Beschläge gewährleistet. Die beweglichen Teile sind vor dem Einbau in den Rahmen mit einem säurefreien Fett leicht einzufetten.

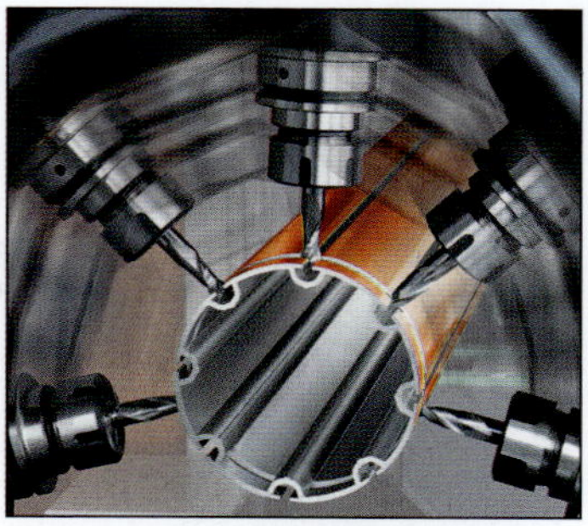

Bild 1: Metallprofilstabbearbeitung

Bild 2: 5-Achs-CNC-Sägen, Metall

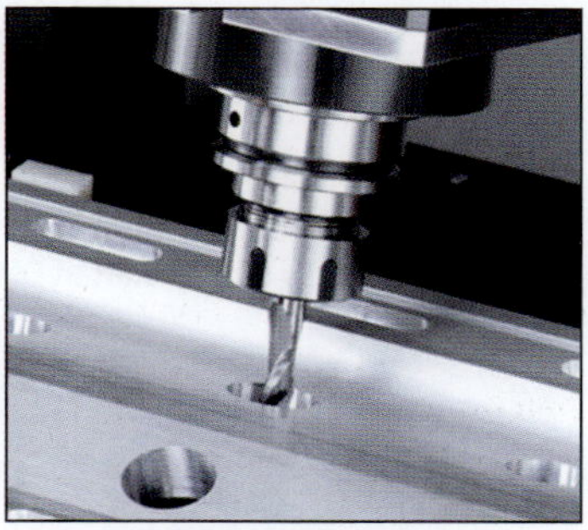

Bild 3: CNC-Bohren, -Fräsen, Aluminium

Bild 4: Moderne Abkantbank

11.6 Systemprüfung, CE-Kennzeichnung

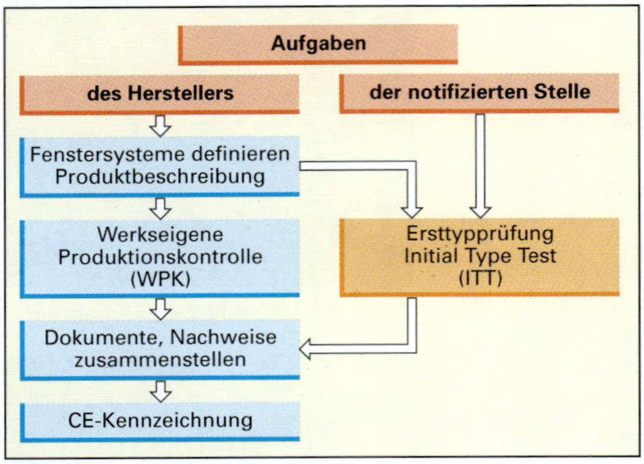

Bild 1: Ablauf CE-Kennzeichnung

Lfd Nr.	Wesentliche mandatierte Eigenschaften	Mandat M 101 DIN EN 14351-1	
		Fenster	Außentüren
1	Schlagregendichtheit	Ja	Ja
2	Gefährliche Substanzen	Ja	Ja
3	Widerstandsfähigkeit gegen Windlast	Ja	Ja
4	Tragfähigkeit von Sicherheitseinrichtungen	Ja	Ja
5	Stoßfestigkeit	Nein	Ja
6	Höhe und Breite	Nein	Ja
7	Bedienkräfte	Nein	Ja
8	Schallschutz	Ja	Ja
9	Wärmedurchgangskoeffizient	Ja	Ja
10	Luftdurchlässigkeit	Ja	Ja
11	Strahlungseigenschaften Verglasung (g-Wert)	Ja	Ja

Bild 2: Mandatierte Eigenschaften DIN EN 14351-1

Bild 3: Ersttypprüfung in einer notifizierten Prüfstelle

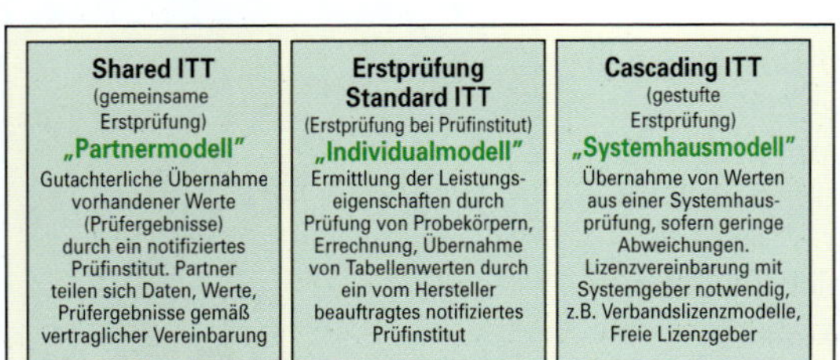

Bild 4: Alternativen zur Ersttypprüfung (Lizenzmodelle)

Ab dem 1. Februar 2010 dürfen alle Betriebe nur noch Fenster und Außentüren in den europäischen Warenverkehr bringen, wenn diese mit einem CE-Kennzeichen ausgestattet sind.

Die CE-Kennzeichnung wird nicht vergeben, sondern eigenverantwortlich vom Hersteller angebracht. Es wird also eine Herstellererklärung abgegeben, welche durch nachprüfbare Dokumente den Mindestanforderungen der harmonisierten EU-Richtlinien genügen muss. Die Gebrauchstauglichkeit und die Eignung für den freien europäischen Warenverkehr werden damit bescheinigt.

Maßgebend für die CE-Kennzeichnung ist die harmonisierte europäische Produktnorm mit Leistungseigenschaften: DIN EN 14351-1 „Fenster und Außentüren ohne Eigenschaften bezüglich Feuerschutz und/oder Rauchdichtheit" nach dem Konformitätsverfahren 3. Diese Norm definiert materialunabhängig viele Leistungseigenschaften und verweist auf weitere Berechnungs-, Klassifizierungs- und Prüfnormen.

Ersttypprüfung – Initial Typ Test (ITT)

Bei der Ersttypprüfung geht es um die Ermittlung und den Nachweis von Leistungseigenschaften durch Prüfungen, Berechnungen und Übertragung von vorhandenen Werten eines zugelassenen (notifizierten) Prüfinstituts. Der Fensterbauer definiert seine Fenstersysteme, bildet Produktfamilien, macht Systembeschreibungen, fertigt repräsentative Kombinationsprüfkörper an und lässt diese bzgl. bestimmter Eigenschaften bei einer zugelassenen Stelle prüfen.

Man unterscheidet Leistungseigenschaften, zu welchen **in jedem Fall** Angaben gemacht werden müssen, sogenannte **mandatierte** Eigenschaften und zusätzliche, nicht mandatierte Eigenschaften, welche im Bedarfsfall ausgewiesen werden können.

Neben dieser Form der Erstprüfung besteht auch die Möglichkeit einer gutachterlichen Übernahme vorhandener Werte **(Shared ITT)** durch eine notifizierte Prüfstelle. Hier greift man auf vorhandene Daten, Werte, Prüfergebnisse bzgl. der Leistungseigenschaften zurück. Man nennt dies auch „Partnermodell", weil meistens ein Hersteller die ITT-Ergebnisse von einem anderen Hersteller durch „partnerschaftliche vertragliche Bindung" erhält.

Als weitere Möglichkeit gibt es die Systemhausprüfung **(Cascading ITT)**. Ein Systemhaus definiert Fenstersysteme und lässt diese prüfen. Sofern keine großen Abweichungen bestehen, können Fensterhersteller über einen Lizenzvertrag die Rechte nutzen. Beispiel: „Fenster Marke Tischler".

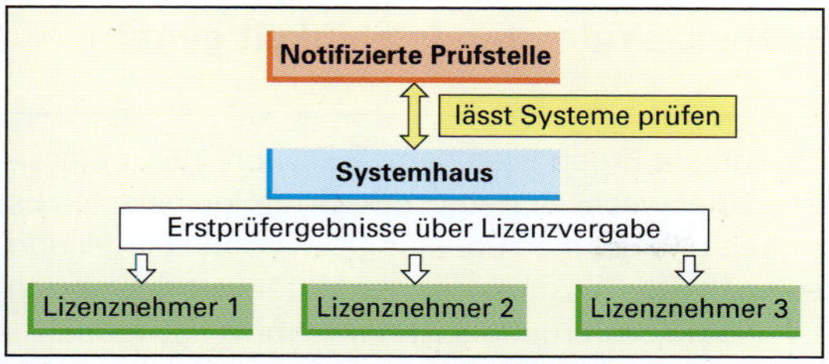

Bild 1: Cascading ITT (gestufte Erstprüfung): „Systemhausmodell"

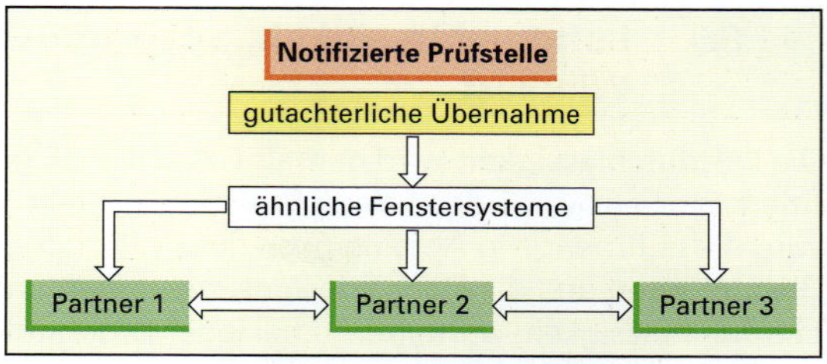

Bild 2: Shared ITT (gemeinsame Erstprüfung): „Partnermodell"

Werkseigene Produktionskontrolle (WPK)

Die werkseigene Produktionskontrolle soll gewährleisten, dass die gefertigten Produkte mit der Norm und den ermittelten Leistungseigenschaften übereinstimmen. Die WPK kann vom Betrieb selbst durchgeführt werden. Betriebe mit Qualitätsmanagementsysteme (DIN EN ISO 9001, RAL-Güte- und Prüfbedingungen) erfüllen bereits die Anforderungen der WPK.

Bei der WPK finden schriftlich zu fixierende Kontrollen vor, während und nach der Produktion statt. Der Produzent dokumentiert nachvollziehbar für Außenstehende seinen Herstellungsprozess.

Zuerst wird eine Istanalyse der Produktionsabläufe und der Betriebsausstattung erstellt. Alle Mess- und Prüfmittel werden dabei aufgelistet. Ein WPK-Handbuch wird angelegt, ein WPK-Beauftragter wird ausgewählt. Der Betrieb wird in Zuständigkeitsbereiche mit Verantwortlichen aufgeteilt. Diese bekommen festgelegte Aufgaben in Bezug auf die WPK und die damit einhergehende Dokumentation mit dem WPK-Handbuch. Notwendig ist nach Einführung der WPK ein Audit, das ist ein Untersuchungsverfahren, welches dazu dienen soll, Prozessabläufe, hinsichtlich der Erfüllung von Anforderungen und Richtlinien zu bewerten **(siehe Kap. 1.2.4.3)**. Dies kann vom WPK-Beauftragten erfolgen. Sinnvoll ist hier allerdings eine Hilfe von außen durch externe Fachleute (Fachverbände, iBAT, ift, PFB, VBH). Falls nach dieser Überprüfung Korrekturmaßnahmen erforderlich sind, sollte ein Wiederholungs-Audit erfolgen. Veränderungen müssen im Handbuch dokumentiert werden, alle Unterlagen, Fehlersammellisten und Protokolle mit dem WPK-Handbuch müssen mindestens fünf Jahre archiviert werden. Jährlich sollte ein Wiederholungs-Audit, am besten mit externer Hilfe erfolgen.

Bild 3: WPK-Dimensionskontrolle

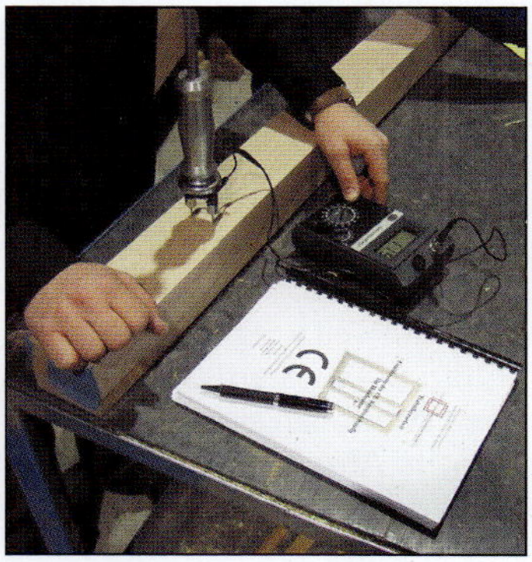

Bild 4: WPK-Feuchtigkeitsmessung

Bild 5: CE-Kennzeichnung

Die CE-Kennzeichnung

Wenn alle schriflichen Nachweise und Dokumente vorliegen, kann der Betrieb die CE-Kennzeichnung seiner Produkte vornehmen. Es gibt verschiedene Mustervorlagen. Die Kennzeichnung kann auf dem Produkt selbst, dem Lieferschein, einem Begleitpapier oder der Gebrauchs- und Wartungsanweisung erfolgen.

Zusätzlich ist der Hersteller verpflichtet eine gesonderte Konformitätserklärung für jedes Produkt zu erstellen. Außerdem muss noch eine Montage-Gebrauchs-Wartungsanleitung erstellt werden.

Gemäß DIN EN 14351-1 (CE-Kennzeichnung Fenster und Außentüren) müssen mittels einer Ersttypprüfung die Leistungseigenschaften von Fenstersystemen normativ bei einer notifizierten, europäisch zugelassenen Prüfstelle festgestellt werden.

11.6.1 Luftdurchlässigkeit, Schlagregendichtheit, Widerstandsfähigkeit gegen Windlast

Die **Luftdurchlässigkeit** wird gemäß DIN EN 1026 geprüft und die Ergebnisse gemäß DIN EN 12207 klassifiziert. Ein Fenster wird auf einen Prüfstand gestellt und mit einer wechselnden Druck-/Sogfolge belastet. Es wird die Luftmenge in Abhängigkeit des Prüfdruckes ermittelt und auf die Fugenlänge zwischen Flügel und Blendrahmen und die Fläche des gesamten Elements bezogen. Das als numerischer Mittelwert der beiden Luftdurchlässigkeitswerte (m^3/h) bei jeder Druckstufe festgelegte Prüfergebnis ist nach Norm anzugeben.

Luftdurchlässigkeit		1	2	3	4
Maximaler Prüfdruck (Pa)	npd	(150)	(300)	(600)	(600)
Referenz-Luftdurchlässigkeit bei 100 Pa ($m^3/(h \cdot m^2)$ oder $m^3/(h \cdot m)$)		(50 oder 12,50)	(27 oder 6,75)	(9 oder 2,25)	(3 oder 0,75)

Bild 1: DIN EN 12207, Klassifizierung Luftdurchlässigkeit

Die **Schlagregendichtheit** wird gemäß DIN EN 1027 geprüft und die Ergebnisse gemäß DIN EN 12208 klassifiziert. Ein Probefenster auf einem Prüfstand wird mittels Düsen mit Wasser besprüht und gleichzeitig in festgelegten Zeitintervallen (5 min) in Stufen mit ansteigendem statischem Luftdruck belastet. Klassifiziert wird der Druck (Pa), kurz bevor Wasser nach innen eintritt. Normativ gibt es zwei Prüfverfahren:
a) Besprühverfahren in ungeschützter Einbaulage (exponiert),
b) Besprühverfahren in geschützter Einbaulage (etwas geschützt, z. B. Dachüberstand, tiefe Laibung).

Schlagregendichtheit											
Ungeschützt (**A**) Prüfdruck (**Pa**)	npd	1 A *(0)*	2 A *(50)*	3 A *(100)*	4 A *(150)*	5 A *(200)*	6 A *(250)*	7 A *(300)*	8 A *(450)*	9 A *(600)*	Exxx *(> 600)*

Schlagregendichtheit								
Geschützt (**B**) Prüfdruck (**Pa**)	npd	1 B *(0)*	2 B *(50)*	3 B *(100)*	4 B *(150)*	5 B *(200)*	6 B *(250)*	7 B *(300)*

Bild 2: DIN EN 12208, Klassifizierung Schlagregendichtheit

Die **Widerstandsfähigkeit** gegen Windlast wird gemäß DIN EN 12211 geprüft und die Ergebnisse gemäß DIN EN 12210 klassifiziert. Gegenstand der Norm sind Sicherheits- und Haltbarkeitsaspekte in Bezug auf Rahmen und Beschlag sowie deren Zusammenwirken. Die Prüfung beinhaltet eine Belastung durch eine festgelegte Folge positiver und negativer Drücke. Dabei wird die relative frontale Durchbiegung bei einem bestimmten Prüfdruck gemessen und die Widerstandsfähigkeit gegen Versagen oder Beschädigungen bei Windböen überprüft. Der Bezug der Durchbiegung auf die Länge ergibt die relative Durchbiegung als Verhältnis (z. B. l/300). Es gibt drei Teilprüfungen: Beim ersten Teil wird mit einem Prüfdruck P1 die frontale Durchbiegung gemessen. Dann ist der Probekörper fünfzig Mal einem Druck-Sog-Wechsel mit Prüfdruck P2 ausgesetzt. Hier wird die wechselnde Belastung durch Windböen simuliert. Danach wird der Probekörper auf Beschädigungen und Funktionsstörungen untersucht. Anschließend wird die Prüfung der Luftdurchlässigkeit nach DIN EN 1026 wiederholt. Abschließend wird mit Prüfdruck P3 geprüft, um die Sicherheit des Probekörpers unter extremen Bedingungen zu ermitteln. Diese Prüfung wird zuletzt ausgeführt, da die Zerstörung des Prüfkörpers möglich ist. Eventuelle Beschädigungen und Mängel werden dokumentiert. Z. B. bedeutet die Klassifizierung C3, dass bei einem Prüfdruck von 1200 Pa sich der Flügel maximal l/300 durchgebogen hat; npd bedeutet in diesem Zusammenhang „**n**on **p**erformance **d**etermined" = keine Leistung gefordert.

Widerstandsfähigkeit gegen Windlast		1	2	3	4	5	Exxxx
Prüfdruck P1 (Pa)	npd	*(400)*	*(800)*	*(1200)*	*(1600)*	*(2000)*	*(> 2000)*

Widerstandsfähigkeit gegen Windlast		A	B	C
Rahmendurchbiegung	npd	*(≤ 1/150)*	*(≤ 1/200)*	*(≤ 1/300)*

Bild 3: DIN EN 12210, Klassifizierung Widerstandsfähigkeit gegen Windlast

11.6.2 Dichtprofile und deren Anordnung in der Fuge

Der Einbau von mindestens zwei Dichtungen, einer Flügelmitteldichtung und einer Flügelüberschlagsdichtung, ist heute Stand der Technik. Die Mitteldichtung ist die Hauptdichtung. Sie ist in erster Linie eine Winddichtung. Bei der Schlagregenprüfung entscheidet sich letztendlich an dieser Stelle, ob Regen eindringt oder nicht. Mitteldichtungen, welche die Anschlagkante ballenförmig umhüllen, erhöhen deshalb die Schlagregendichtheit **(Bild 5)**. Eine weitere, innere Überschlagsdichtung ist in jedem Fall sinnvoll, weil die Dichtigkeit von innen erhöht wird.

Standard-Kunststofffenster mit Blendrahmendichtung außen und Flügeldichtung innen haben einen glatten, leicht zu putzenden Innenfalz. Die Rahmen der Fenster werden schlanker. Anspruchsvollere Konstruktionen haben zusätzlich eine Mitteldichtung im Flügel.

Moderne Materialien für Dichtungen sind aus Elastomeren (EPDM), thermoplastischen Elastomeren (TPE), Thermoplasten (PVC) und Silikonen hergestellt. Um eine gute Dichtwirkung zu erreichen, muss das Dichtungsprofil ununterbrochen in einer Ebene vollflächig anliegen. Die Ecken müssen verarbeitungstechnisch sauber ausgebildet sein. In der Vergangenheit gab es bei Holzfenstern thermoplastische Dichtungen auf PVC-Basis mit Weichmacheranteilen, welche in den Ecken auf Gehrung geschnitten und verschweißt wurden. Bei EPDM für Aluminiumfenster wurden diese vulkanisiert oder geklebt.

Bei neuen Entwicklungen werden die Ecken mit einer speziellen Gehrungsstanze 2 × 45° ausgeklinkt, außenseitig nicht durchtrennt und in den Ecken und oben in der Mitte des Querstücks stumpf gestoßen. So sind Elastomere und koextrudierte Profile aus unterschiedlichen Materialien verwendbar.

Winddichtung und Regendichtung sollte man trennen. Dies nennt sich zweistufiges Dichtungssystem. Regenwasser sollte nur bis zu einer Abtropfkante vordringen können. Von dieser Kante wird der Schlagregen mittels Druckausgleich in eine Wasserkammer geleitet und kontrolliert entwässert. Hinter dieser Wasserkammer wird die Winddichtung angeordnet.

Im senkrechten Bereich kann man eine Regendichtung durch gegenüberliegende Nuten (Wirbelnut), in Tiefe und Breite > 8 mm herstellen. Das Regenwasser dringt bis zu dieser Nut vor und wird dann nach unten in die Wasserkammer der Regenschiene abgeleitet. Die sogenannte Blockluft zwischen Blendrahmen und Flügel am äußeren Anschlag sollte optimiert 0,5 mm betragen. Hochleistungs-Schlagregendichte Fenster erhalten eine zusätzliche Dichtung im Blendrahmenüberschlag außen.

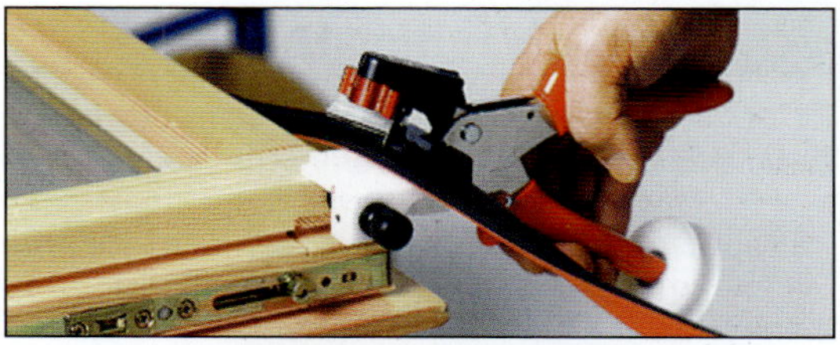
Bild 1: Gehrungsschnitt, Dichtung ohne Durchtrennung

Bild 2: optimal gestoßene Dichtungsecke

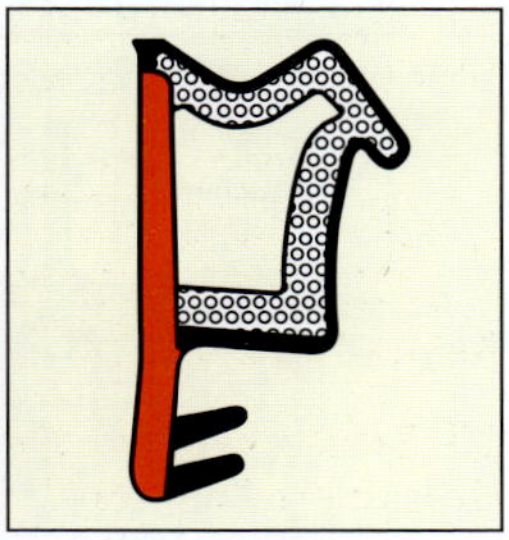
Bild 3: Dichtung mit 3-fach-Materialverbund

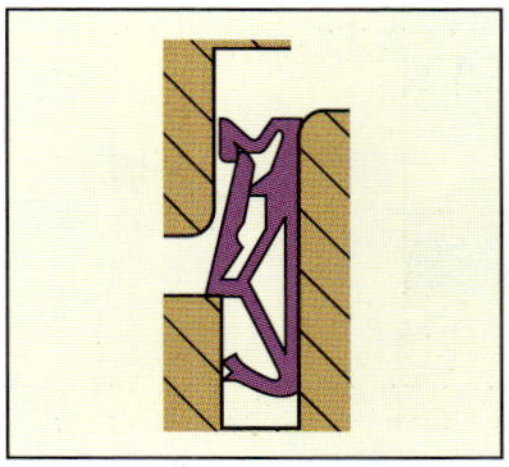
Bild 4: Mitteldichtung Standard

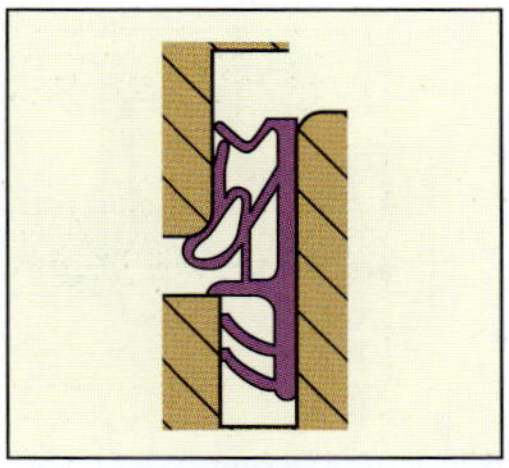
Bild 5: Mitteldichtung mit erhöhter Dichtigkeit (Schlagregenschutz)

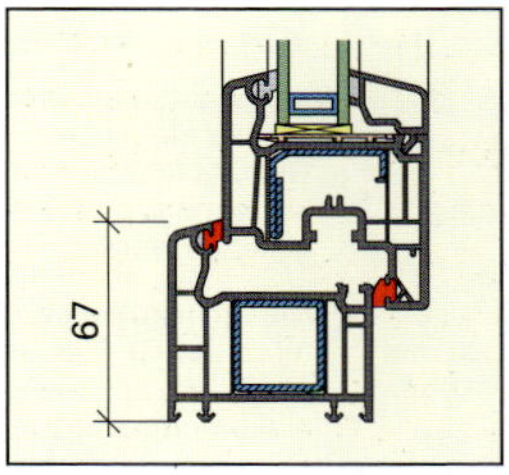

Bild 6: Standard-Kunststofffenster mit zwei Dichtungen

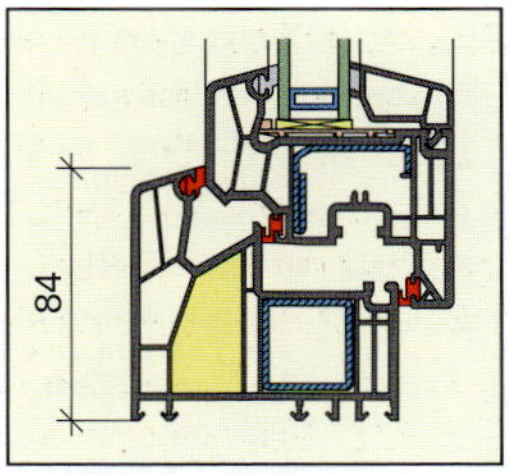

Bild 7: Kunststofffenster mit 3 Dichtungen einschließlich Mitteldichtung

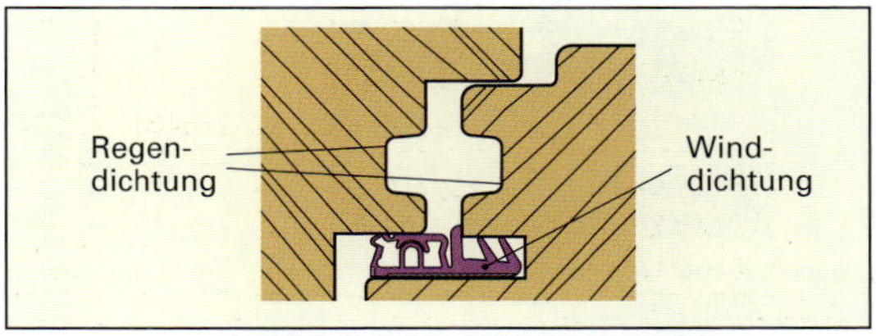

Bild 8: Zweistufiges Dichtungssystem, senkrecht

11.7 Verglasungsarbeiten

Zu den Verglasungsarbeiten zählen das Festlegen des Verglasungssystems und der Glasdicken, die Berücksichtigung der Glasfalzabmessungen, das Vorbereiten der Glasfälze und das Abdichten.

11.7.1 Unterscheidung der Fenster nach der Verglasung

Unterschieden werden Einfachfenster (EV) mit Einscheibenglas, Einfachfenster (IV) mit Mehrscheiben-Isolierglas und Verbundfenster (DV) mit Einscheiben- und/oder Mehrscheiben-Isolierglas **(Bild 1)**.

11.7.1.1 Einfachfenster mit Einscheiben-Verglasung

Einfachfenster mit Einfachverglasung gibt es meistens nur noch bei denkmalgeschützten Fenstern oder Verbundfenstern. Es besteht die Möglichkeit mit Vorlegeband und geeigneten dauerelastischen Dichtstoffen gemäß DIN 18545-2 zu arbeiten. Sollte gemäß Denkmalschutz ein sogenannter historischer Kittfalz gefordert werden, gibt es heute auch teilplastische, hochwertige und optisch passende Dichtstoffe.

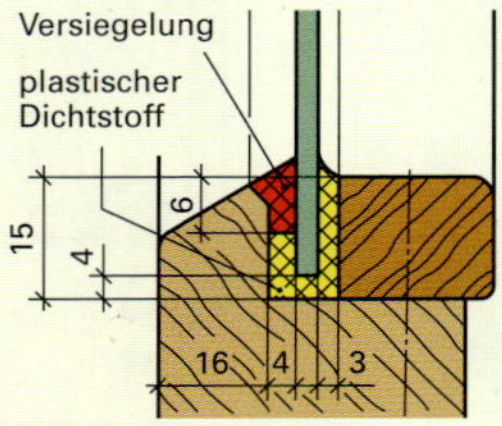

Verglasungen mit Vorlegeband nach DIN 18545-1 und -3 Dichtstoffauswahl nach DIN 18545-2

entspricht der VOB/C DIN 18361 Verglasungsarbeiten

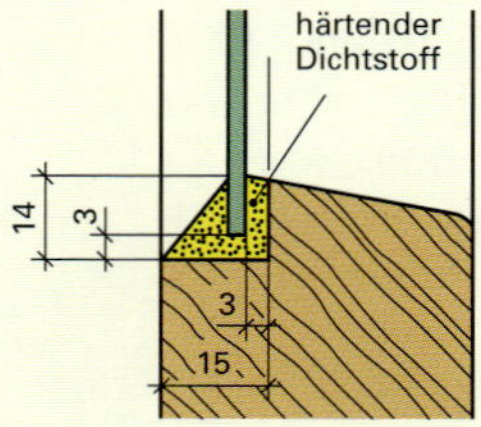

Verglasungen ohne Vorlegeband nach ift-Richtlinie „Verglasung von Holzfenstern ohne Vorlegeband" Schrift 9/83

entspricht den rechtlich anerkannten Regeln der Technik

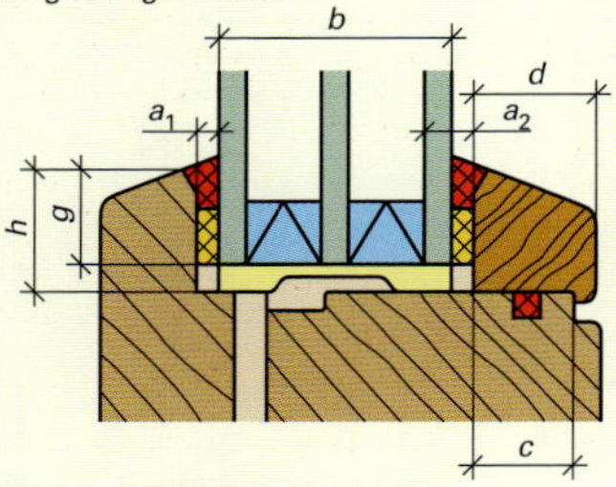

Mehrscheiben-Isolier-Verglasung
gültig für Werkstoff Holz

- a_1 äußere Dichtstoffdicke bis Kantenlänge 2000 = 3 mm; von Ktl. 2000 bis 3000 = 4 mm; von Ktl. 3000 bis 4000 = 5 mm
- a_2 innere Dichtstoffdicke ist wie a1 bis 1 mm erlaubt
- b Dicke der Verglasungseinheit
- c Auflagerbreite der Glashalteleiste min. 12 mm geschraubt min. 14 mm genagelt
- d Breite der Glashalteleiste
- g Glaseinstand ca. 2/3 der Glasfalzhöhe in der Regel 12 bis 14 mm, max. 20 mm bei Kantenlänge ≤ 500 mm Reduktion auf 11 mm
- h Glasfalzhöhe; bei Kanten ≤ 500 mm min. 14 mm in der Regel 18 bis 20 mm, bis 25 mm werden bei wärmebrückenoptimierten Systemen toleriert

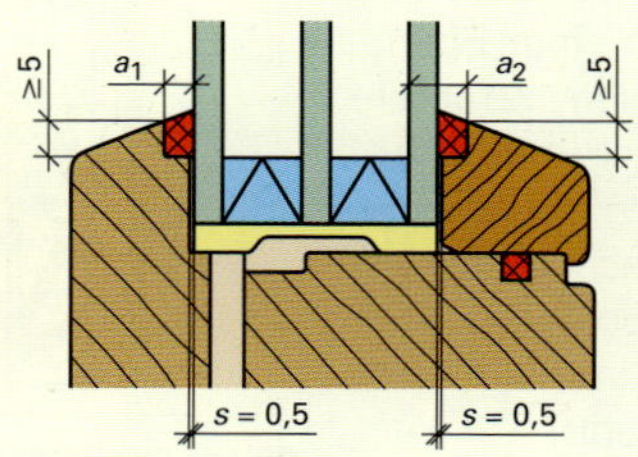

gültig für Werkstoff Holz

- a_1 äußere Dichtstoffdicke ist generell min. 4 mm; erlaubt nur bis max. 6 m² Scheibengröße und bis max. 3 m Scheibenlänge
- a_2 innere Dichtstoffdicke ist generell min. 4 mm

im eingebauten Zustand darf das Glas nicht im Falz eingespannt sein, d. h. zwischen Glas, Anlagefläche Rahmen und Glashalteleiste muss mindestens $s = 0{,}5$ mm Luft vorgesehen werden.

Die Dichtstoffauswahl gemäß DIN 18545-2 muss der Gr. E entsprechen. Es handelt sich i. d. R. um ein Silicon oder Hybrid-Polymer, einkomponentig, neutralvernetzend mit zul. Gesamtverformung von 25 % (IVD). Die Anstrichverträglichkeit A1 gemäß DIN 52452-4 muss gegeben sein.

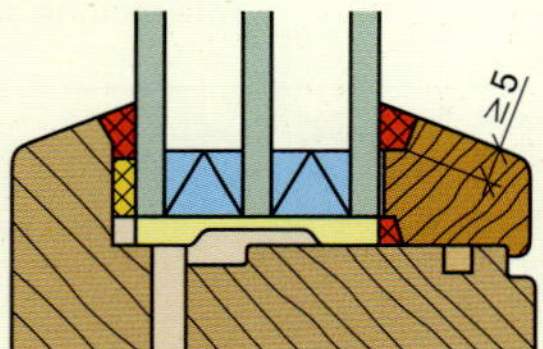

erlaubt Kombinationen aus DIN 18545 und ift-Richtlinie

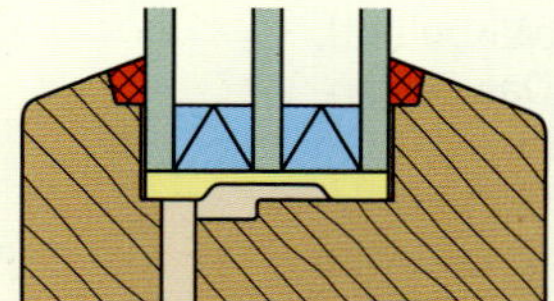

Variante mit angefräster Glasleiste

Bild 1: Verglasungssysteme mit Dichtstoffen und Vorlegeband

11.7.1.2 Einfachfenster mit Mehrscheiben-Isolierverglasung

Die Glasfalzabmessungen sind maßgebend für die Stabilität der Lagerung und Befestigung der Verglasung. Der Glasfalz zusammen mit der Glasleiste schützt den Randverbund und die Glaskanten vor UV-Strahlung und mechanischer Beschädigung. Außerdem wird die Wärmedämmung in diesem Wärmebrückenbereich verbessert. Man verglast mit Vorlegeband und geeigneten dauerelastischen Dichtstoffen gemäß DIN 18545-2. Die Verarbeitungstemperatur sollte bei min. 5 °C und max. 40 °C liegen. Der Untergrund sollte fertig oberflächenbehandelt, staub-, fettfrei und trocken sein. Dies ist am besten möglich unter Fertigungsbedingungen aber schwierig an der Baustelle. Die Silikonfuge sollte vollsatt ausgefüllt sein und am Holz wie am Glas gut haften. Lufteinschlüsse sind zu vermeiden. Zum Versiegeln können auch Automaten eingesetzt werden.

11.7.1.3 Verglasungen mit dichtstofffreiem Falzraum, Dampfdruckausgleich, Glasfalzbelüftung nach außen

Bei Verglasungen mit dichtstofffreiem Falzraum müssen vom Falzraum Öffnungen zum Dampfdruckausgleich mit dem Außenklima vorhanden sein, damit sich im Hohlraum zwischen Glaskante und Falzgrund kein Tauwasser bilden und ein Ausgleich der Luftfeuchtigkeit stattfinden kann. Drei Öffnungen im unteren horizontalen Falz und jeweils eine Öffnung im oberen Eckbereich ist zu empfehlen. Die Mindestgröße der Öffnungen soll bei Bohrungen 8 mm und bei Schlitzen 5 mm × 20 mm nicht unterschreiten **(Bild 1, Seite 526)**. Zu große Öffnungen nach außen können sich nachteilig auswirken, da der Falzraum dann zu stark auskühlt. Tauwasser bildet sich verstärkt in diesem Bereich und auch an der inneren Glasscheibe im Bereich der Glasleiste. Die Dampfdruckausgleichsöffnungen sollten sich zudem so weit wie möglich von der Mitteldichtung entfernt befinden, da durch Vereisung hier die Gefahr des Festfrierens der Mitteldichtung besteht. Zur Vermeidung von Tauwasser im Glasfalz muss die Fuge zwischen Glasleiste und Flügel zur Raumseite möglichst dampfdicht sein. Eine zusätzliche Abdichtung zwischen Glasleiste und Glasfalz ist hier zwingend notwendig. Noch besser ist eine angefräste Glasleiste.

11.7.1.4 Trockenverglasungen mit Glasdichtungsprofilen

Neben Nassverglasungen gibt es Trockenverglasungen mit Glasdichtungsprofilen innen und außen. Da diese Systeme nicht an der Scheibe bzw. Rahmen kleben, sondern nur aufliegen, muss das Dichtungsprofil mit einem definierten Andruck montiert werden. Dies erreicht man in der Regel durch formschlüssige Klippsverbindungen der Glasleiste.

Die Dichtung wirkt als „Schlagregenbremse", d.h., das Eindringen von geringen Wassermengen (tropfenförmig) kann diese Dichtung nicht verhindern. Hier wird die Dampfdruckausgleichsöffnung zur Entwässerungsöffnung. Der Vorteil dieses Dichtsystems ist, dass es wesentlich größere Bewegungen der Rahmenmaterialien in Längsrichtung aufnehmen kann, da die Dichtung auf der Scheibe gleiten kann. Aus diesen Gründen wird die Trockenverglasung insbesondere bei Kunststoff-, Aluminium- und Holz-Aluminium-Fenstern verwendet, da die Rahmenmaterialien eine erhöhte Wärmeausdehnung haben. Holz arbeitet dagegen in Längsrichtung sehr wenig, ist aber empfindlicher gegen eindringendes Wasser. Deshalb ist die Nassverglasung bei reinen Holzkonstruktionen besser geeignet.

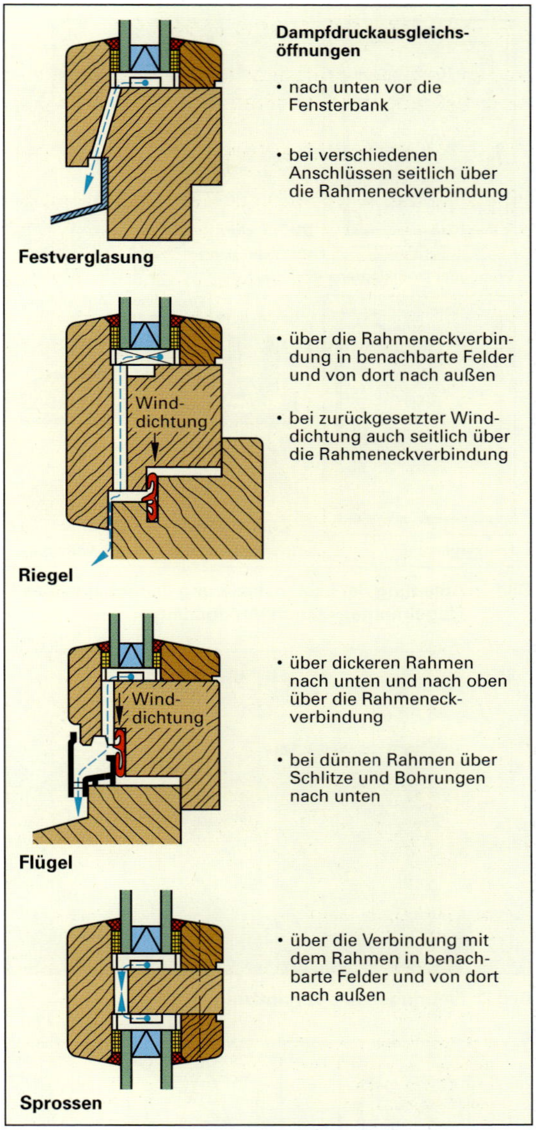

Bild 1: Dampfdruckausgleichsöffnungen bei Holzfenstern

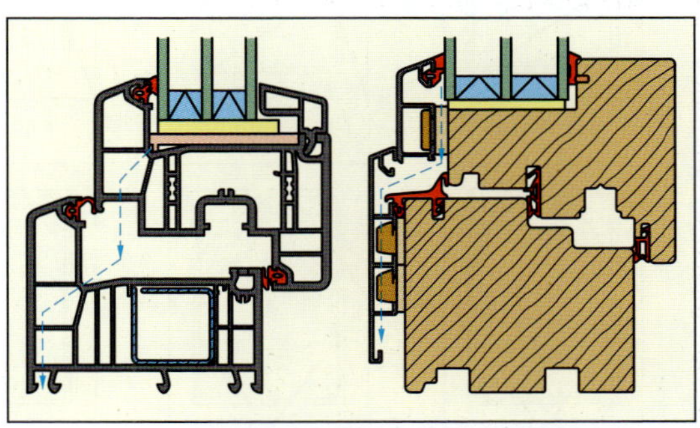

Bild 2: Trockenverglasung mit Dichtprofilen mit Glasfalzentwässerung beim Kunststoff- und Holz-Aluminiumfenster

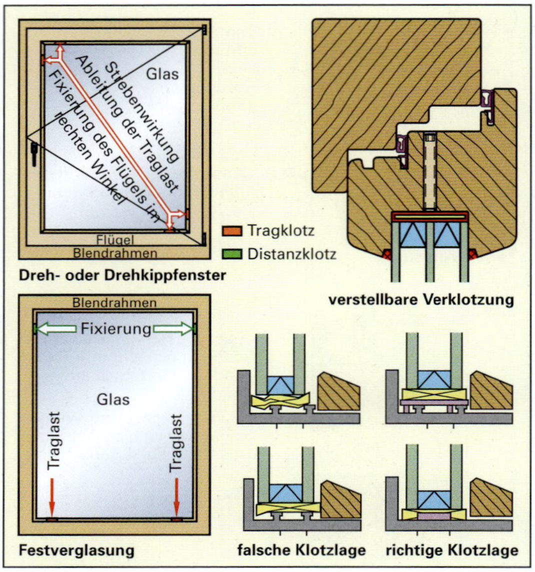

Bild 1: Ableitung der Lasten, Fixierung der Scheibe, des Flügelrahmens durch Verklotzung

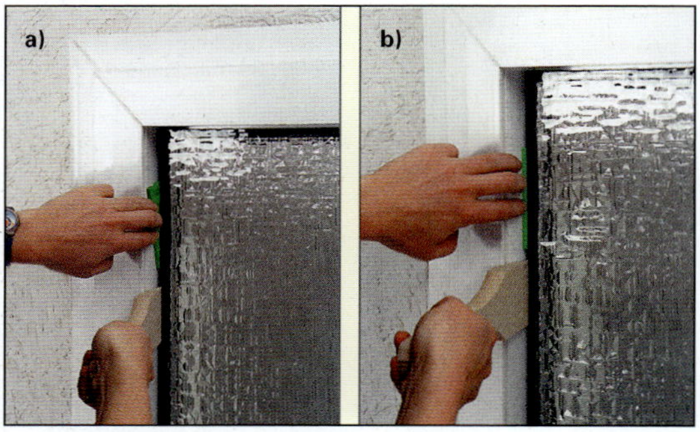

Bild 2: Einbringen der Verklotzung

11.7.2 Verklotzen der Glasscheiben

Glas wird mithilfe der Verklotzung in Flügel und Blendrahmen (bei Festverglasung) fixiert. Die Verklotzung hält durch Querverstrebung den Rahmen im Winkel. Durch Verklotzung kann man den Rahmen im Winkel so positionieren, dass der Flügel passgenau schließt, auch wenn der Blendrahmen im eingebauten Zustand nicht exakt im Winkel ist. Der Druck über die Verklotzung darf aber nicht so stark sein, dass es zum Glasbruch kommt. Man unterscheidet in der Theorie zwischen Trag- und Distanzklötzen **(Bild 3)**. Alternativ gibt es die Glasverklebung. Diese muss systemgeprüft sein. Eine verstellbare Verklotzung ist bei der Einzelteilfertigung notwendig, wenn durch eine angefräste Glasleiste die Verschraubung der Einzelteile zum Rahmen um die Verglasung erfolgt **(Bild 1)**.

Maßgebend ist die Technische Richtlinie des Instituts des Glaserhandwerks, Hadamar, Schrift Nr. 3, „Klotzung von Verglasungseinheiten". Für die Verklotzung werden in der Regel Kunststoffklötze aus Polyamid oder aus imprägniertem Hartholz verwendet **(Bild 2)**. Die eingesetzten Klotzmaterialien müssen druckstabil, alterungs-, feuchtigkeits- und temperaturbeständig und mit allen in Berührung kommenden Materialien verträglich sein. Der Abstand der Klötze zur Ecke sollte mindestens Klotzlänge betragen. Der Klotz sollte in der Regel die volle Dicke der Verglasungseinheit aufnehmen. Nuten im nicht ebenmäßigen Glasfalzgrund sind stabil zu überbrücken und dort die Klötze gegen Abrutschen oder Abkippen zu sichern. Die Klotzung bzw. Klotzbrücke darf die Wasserabführung und den Dampfdruckausgleich nicht behindern. Bei Kunststofffenstern und Einbruchhemmung ist eine Klotzung im Bereich der Schließstellen sinnvoll und evtl. notwendig.

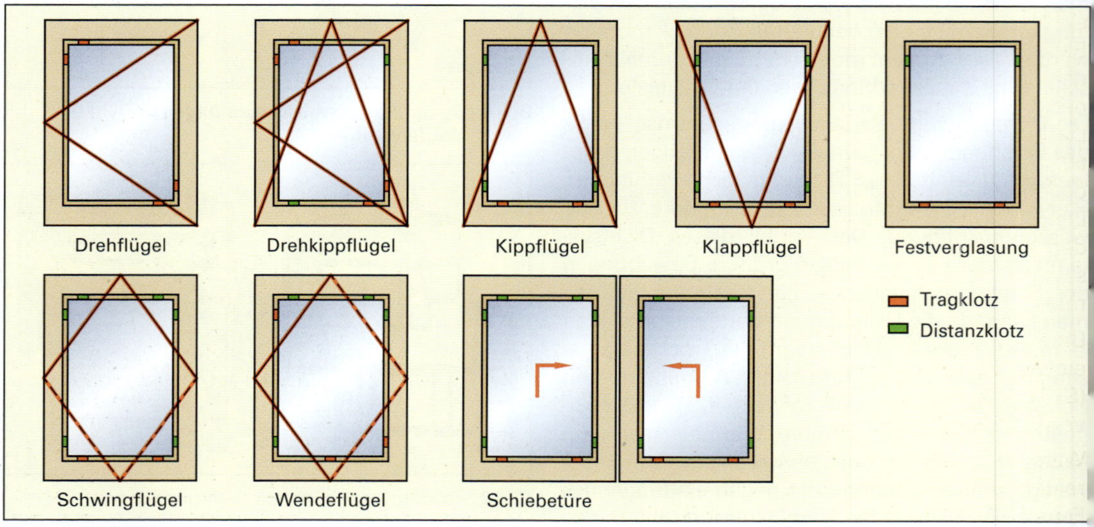

Bild 3: Verklotzung

11.8 Wärme- und Schalldämmung bei Fenstern

Fenster und Fenstertüren müssen Wärmeschutz bieten und gegen Schall dämmen.

11.8.1 Wärmedämmung bei Fenstern und Fenstertüren

Maßgebend für die Wärmedämmung sind vier Faktoren: Wärmeleitung durch den Baukörper, Wärmestrahlung durch transparente Bauteile und Konvektion, Wanderung von Luft infolge Undichtheit und Wärmebrücken.

11.8.1.1 U_w-Wert, *g*-Wert, *Q*-Wert, *Ψ*-Wert

Der U_w-Wert (w vom engl. window) ist der Wärmedurchgangskoeffizient für ein Fenster mit der Einheit W/m²K, d.h., Watt ist hier die Energiemenge, welche durch einen Quadratmeter Bauteilfläche bei einem Kelvin, das entspricht einem Grad Celsius durchwandert. Der U_w-Wert bezieht sich auf das gesamte Fenster. In der DIN EN 14351-1, maßgebend für die CE-Kennzeichnung, wird eine feste Fenstergröße von 1,23 × 1,48 m Außenmaß zum Vergleich von Fenstersystemen definiert. Bezogen auf diese Fenstergröße wird der Wärmedurchgangskoeffizient für die Scheibe U_g, der Wärmedurchgangskoeffizient für den Rahmen U_f (f vom engl. frame = Rahmen) mit den bauteilbezogenen Flächen multipliziert. Zu diesem wird der Längenumfang der Scheibe mit dem Wärmebrückenfaktor des Glasabstandhalters multipliziert und addiert und durch die Gesamtfläche geteilt. Der Wert kann über Messung am realen Fenster gemäß EN 12567 noch genauer ermittelt werden. Eine U_w-Wert-Berechnung zeigt sehr deutlich, dass dieser sich je nach Fenstergröße ändert, da sich die Flächenanteile von Rahmen und Glas ändern. Je höher die Anforderung an den U_w-Wert ist, umso maßgebender wird der U_f-Wert (Rahmendämmwert) und der Wärmebrückenfaktor des Glasabstandhalters.

Der Gesamtenergiedurchlassgrad (auch *g*-Wert) ist ein Maß für die Durchlässigkeit von transparenten Bauteilen für Energie. Er setzt sich zusammen aus der direkt durchgelassenen Sonnenstrahlung sowie der Wärmeabgabe nach innen durch Strahlung und Luftbewegung. Ein *g*-Wert von 0,6 bedeutet, dass 60% der eingestrahlten Sonnenenergie ins Innere des Raumes gelangen. Der Rest der eingestrahlten Energie wird reflektiert (zurückgestrahlt) oder von der Scheibe absorbiert (aufgenommen). In der Heizsaison ist ein hoher *g*-Wert somit vorteilhaft, weil mehr solare Energie das Gebäude erwärmt.

Die Fugendurchlässigkeit (*Q*-Wert, ehemals *a*-Wert) eines Fensters wird nach DIN EN 12207 klassifiziert **(Seite 546)**. Über undichte Fenster geht über Konvektion Energie verloren.

Wärmebrücken, *Ψ*-Werte gibt es nicht nur im Bereich des Glasrandverbundes, sondern auch an den Fenster-/Mauerwerksanschlüssen, z.B. Blendrahmen unten, Fensterbankanschlüsse **(Bild 2)**.

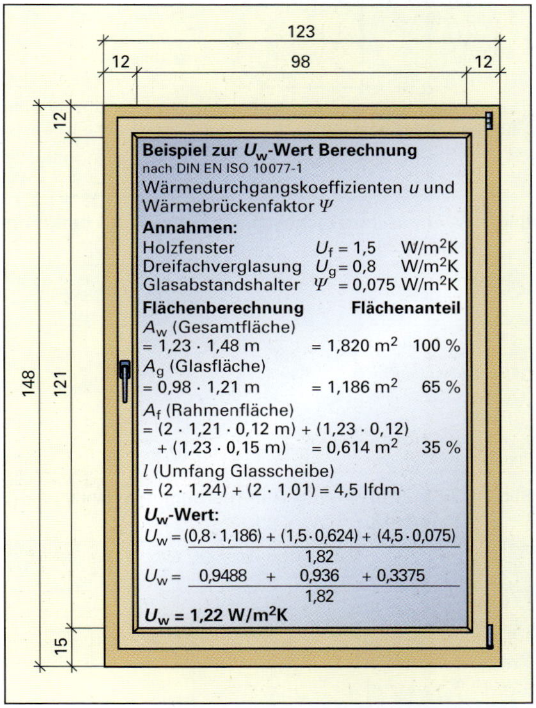

Bild 1: U_w-Wert-Berechnung gemäß DIN EN ISO 10077-1

Formel zur U_w-Wert-Berechnung:

$$U_w = \frac{(U_g \cdot A_g) + (U_f \cdot A_f) + (L \cdot \Psi)}{A_w}$$

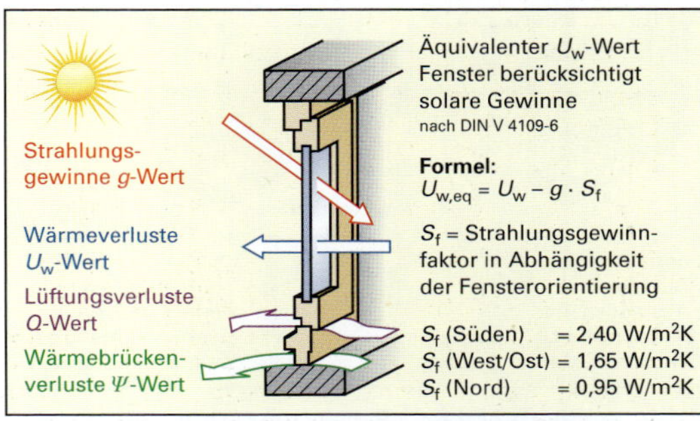

Bild 2: Maßgebende Energieströme beim Fenster

11.8.1.2 Energieeinsparverordnung EnEV 2016

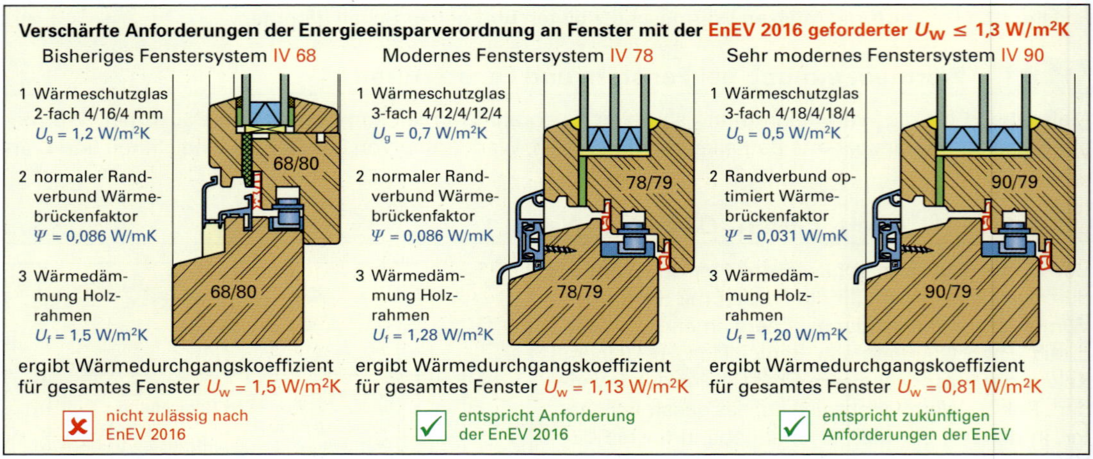

Bild 1: Wärmeschutztechnischer Vergleich des herkömmlichen Fensters IV 68 mit modernen Fenstersystemen IV 78 und IV 90

Bauteil	Referenzwerte W/(m²K)	Höchstwerte W/(m²K) lt. Ref.-Entw.	*g*-Wert
Fenster Fenstertüren Dachflächenfenster	1,30 1,40	1,9	0,6 0,6
Außentüren Haustüren	1,80	2,9	–
Vorhangfassaden (in Nicht-Wohngeb.)	1,40	1,9	0,48

Bild 2: EnEV 2016, *U*-Wert-Anforderungen im Neubau (Referenz)

Bauteil	Max. *U*-Wert W/(m²K) Normalverglasung	Max. *U*-Wert W/(m²K) Sonderverglasung
Fenster Fenstertüren Dachflächenfenster	1,30 1,40	2,00 2,00
Außentüren Haustüren	2,90	–
Austausch von Verglasungen	1,10	1,60
Vorhangfassaden	1,50	2,3

Bild 3: EnEV 2016, *U*-Wert-Anforderungen im Altbau (Referenz)

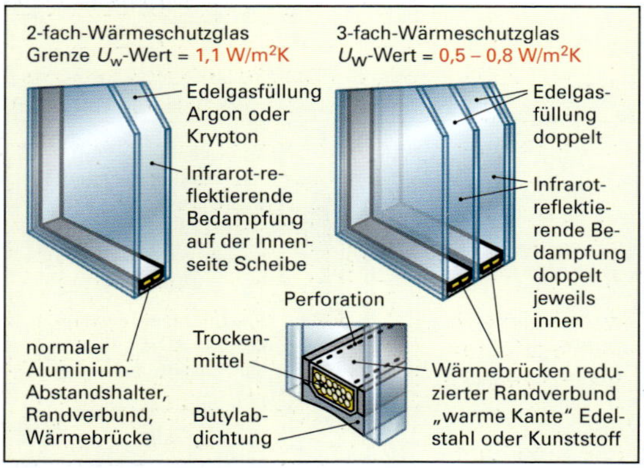

Bild 4: Vergleich 2-fach-, 3-fach-Wärmeschutzglas, wärmebrückenreduzierter Randverbund „warme Kante"

Für den Fensterbau ist die Energieeinsparverordnung (EnEV) von 2016 sehr wichtig. Ziel ist es, das energetische Niveau soweit anzuheben, dass bis 2021 Passivhäuser bzw. Nullenergiehäuser zum Standard werden. In der EnEV 2016 wird für Fenster ein U_w-Wert von ≤ 1,3 W/m²K mit einem *g*-Wert von mindestens 0,6 gefordert. Das Fenstersystem IV 68 mit Zweifach-Wärmeschutzglas stößt hier an Leistungsgrenzen. 3-fach-Glas wird zukünftig notwendig sein. Das IV 68-Fenster bietet für 3-fach-Glas zu wenig Platz. Zudem gibt es durch neuere Fensterforschung völlig neue wärmebrückenreduzierte, optimierte Profilgeometrien. Notwendig werden variable, flexible Fenstersysteme in den Stärken von ca. 78 bis 90 mm und mehr. Das IV 78-Fenster mit 3-fach-Glas genügt den derzeitigen Anforderungen. In Zukunft werden aber dickere Fenster mit dem Rahmendämmwert U_f immer wichtiger werden. Bei Ganzholzkonstruktionen erreicht man dies nur über die Holzstärke. Eine hinsichtlich Wärmebrücken optimierte Konstruktion, sei es im Glasrandbereich oder im Wand-, Brüstungsanschlussbereich, wird ebenfalls immer entscheidender.

Ein wärmebrückenreduzierter Randverbund (schwarz) aus Edelstahl bzw. Kunststoff oder ein höherer Glaseinstand verringern den Wärmebrückenfaktor, den sogenannten Ψ-Wert im Glasfalzbereich. Als Faustformel kann je mm Mehreinstand der Verglasung eine Verbesserung von U_f um 0,01 W/m²K erreicht werden. Je hochwärmedämmender das Gebäude, umso wichtiger wird der *g*-Wert, da dieser solare Zugewinne bei süd-, ost-, westseitigem Einbau bewirkt.

11.8.2 Schalldämmung bei Fenstern und Fenstertüren

Das Schalldämm-Maß *R* eines Bauteils ist von der Frequenz (Tonhöhe) abhängig. Der bauakustische Frequenzbereich kann sich nach EN 717-1 von 100 Hz bis 3150 Hz erstrecken. Meßtechnisch ergibt sich für jede Frequenz eine unterschiedliche Schalldämmung (*R*) in dB (Dezibel), wie man aus der Kurve **(Bild 3)** ersehen kann. Gemäß EN 717-1 wird eine Normbezugskurve so lange mit dem Messdiagramm verschoben, bis die Unterschreitung im Mittel nicht mehr als 2 dB beträgt. Sodann ergibt sich ein bewertetes Schalldämm-Maß R_w für das Bauteil. Aufgrund des logarithmischen Maßstabs der Maßeinheit dB bewirkt eine Verbesserung der Schalldämmung von 10 dB eine Halbierung der Lärmbelastung. Grundsätzlich muss für die Verglasung messtechnisch im Labor der ($R_{w,P}$) ermittelt werden. Zusätzlich werden in diesem Zusammenhang zwei Spektrum-Anpassungswerte *C* und C_{tr} anhand des Messdiagramms ermittelt, welche den Kurvenverlauf genauer beschreiben sollen. Auf Basis dieser Werte kann $R_{w,P}$ (*C*; C_{tr}) für ein Fenster gemäß EN 12519 unter Anwendung von tabellarischen Werten errechnet werden. Eine entsprechende Ermittlung der Werte durch Prüfung gemäß EN ISO 140-3 ist auch möglich. Dieser Wert muss bei jeder Fensterlieferung mit der CE-Kennzeichnung angegeben werden. Nach Einbau der Fenster reduziert sich dieser Wert in der Regel um –2 bis –3 dB. Dies kann durch Messung an der Baustelle ($R_{w,B}$) im Nachgang festgestellt werden. Deshalb ist es wichtig, ob in der Ausschreibung ein bewertetes Schalldämm-Maß ohne Schallübertragung über flankierende Bauteile (R_w) oder mit Schallübertragung über flankierende Bauteile (R'_w) gefordert ist. Eine gute Einschätzung für Schallschutz bekommt man durch die stark an Bedeutung verlorene VDI-Richtlinie 2719. In dieser gibt es sechs Schallschutzklassen. Für Fenster sind die Schallschutzklassen III (leichter Schallschutz) mit R'_w 35 bis 39 dB und Schallschutzklasse IV (erhöhter Schallschutz) mit R'_w 40 bis 44 dB in erster Linie relevant.

Fugendichtigkeit

Schallschutz erreicht man durch sehr dichte Konstruktionen zur Vermeidung von Fugenschall. Eine kleine Leckage kann den Schallschutz massiv verschlechtern. Bis 37 dB reicht eine Flügelmitteldichtung aus. Für höheren Schallschutz braucht man eine zweite Dichtung. Die Dichtungen sollten möglichst weit voneinander entfernt liegen. Schallschutzreduzierter Einbau entsteht durch dauerelastische Abdichtung der Innen- und Außenfugen. Die äußere Abdichtung sollte jedoch dampfdiffussionsdurchlässiger wie die innere sein.

Verglasung

Je dicker und schwerer eine Glasscheibe ist, desto besser ist die Schalldämmung. Isolierverglasung mit symmetrischem Aufbau (zwei gleichdicke Scheiben) ist jedoch von der Schalldämmung schlechter als eine Einfachscheibe. Dies kommt durch den Effekt der Doppelwandresonanz. Diesen Effekt kann man durchbrechen, indem man eine Scheibe stärker wählt. Es ändert sich das Schwingungsverhalten. Dies beginnt bei einer Scheibendicke von 6 mm und endet bei 10 bis 12 mm (ca. 39 db, preisgünstiges Schallschutzglas). Höherer Schallschutz wird durch Gießharzkombinationen oder den Einsatz von Schallschutzfolien zum Verkleben von zwei Scheiben, wie beim VSG, erreicht. Zweifachglas ist möglich bis R_w = 52 dB, Dreifachglas bis zu 47 dB. Bei Kastenfenstern kann man einen sehr hohen Schallschutz durch Entkoppelung der Außen- von der Innenkonstruktion mit Schall absorbierenden Materialien und entsprechenden Verglasungskombinationen erreichen.

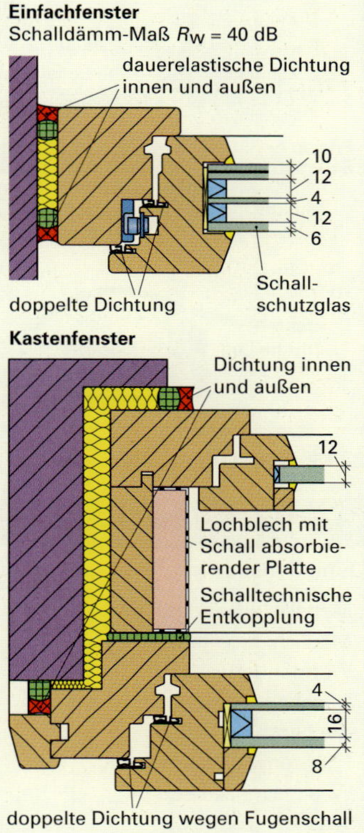

Bild 1: Schalldämmende Fenster

Forderungen gem. VDI 2719, Tab. 2 und 3		
Verglasung R_w	SSK	Fenster R'_w
≥ 27 db oder: *d* ges. ≥ 6 mm SZR ≥ 6 mm	1	25 dB bis 29 dB
≥ 32 dB oder: *d* ges. ≥ 8 mm SZR ≥ 12 mm	2	30 dB bis 34 dB
≥ 37 dB	3	35 dB bis 39 dB
≥ 45 dB	4	40 dB bis 44 dB
–	5	45 dB bis 49 dB
–	6	> 50 dB

Bild 2: VDI 2719 Schallschutzklassen wurde abgelöst von DIN 4109

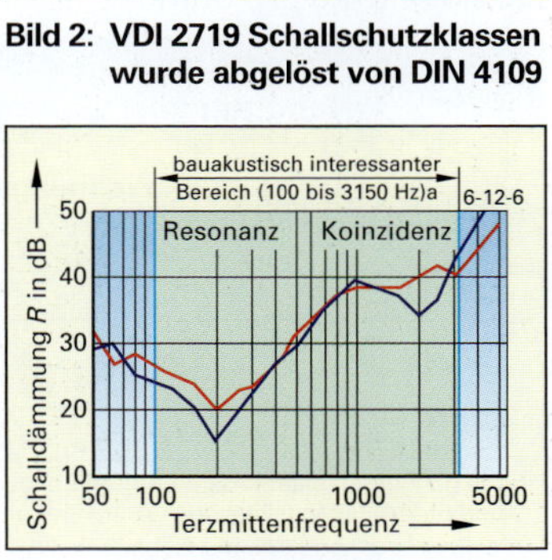

Bild 3: Doppelwandresonanz tritt auf bei symmetrischem Aufbau

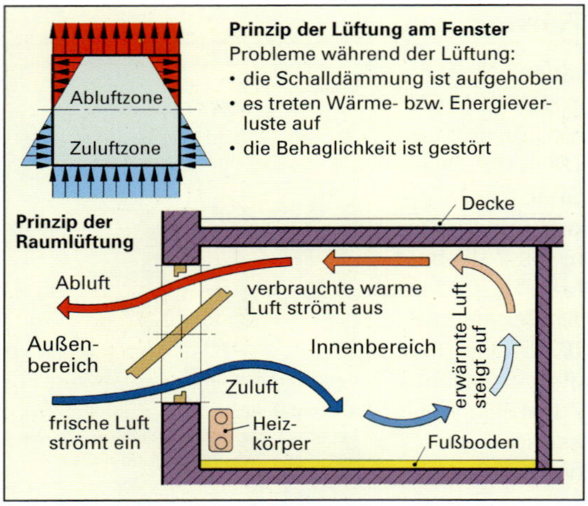

Bild 1: Freie Lüftung durch das geöffnete Fenster

Tabelle 1: Feuchteemissionen in Wohnungen

Emissionsquelle	Feuchteabgabe in g/h
Mensch, sitzend, ruhend	68
Mensch, arbeitend	181
Wannenbad	680
Duschen	2600
Kochen	1700
Pflanzenwachstum	34
Wäsche, geschleudert	193
Wäsche, tropfnass	500

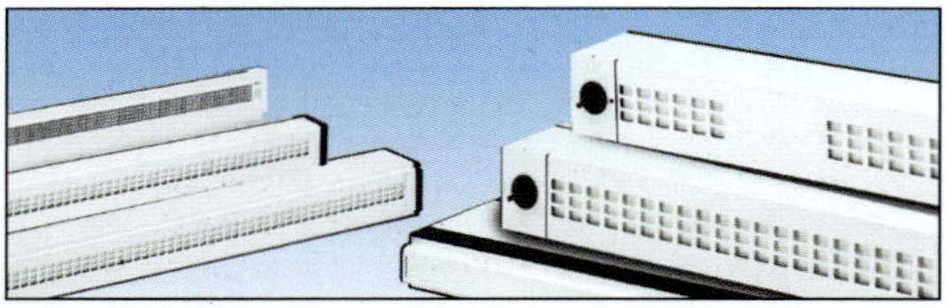

Bild 2: Fensterlüftungsgeräte mit und ohne Wärmedämmung

11.9 Lüftung durch Fenster

In der EnEV wird eine dauerhaft luftundurchlässige Ausführung der wärmeübertragenden Umfassungsflächen eines Gebäudes gefordert. Dabei unterscheidet man Bauteilanschlussfugen, z. B. die Fuge zwischen Blendrahmen und Mauerwerk. Diese muss gemäß DIN 4108-7 luftdicht ausgeführt sein. Zudem gibt es Funktionsfugen, z. B. die Fuge zwischen Flügel und Blendrahmen. Eine für diese Fuge im Labor gemäß DIN EN 1214 ermittelte Luftdurchlässigkeit von $a < 0{,}1$ m³/[h m (daPa)2/3] für ein geschlossenes Fenster wird als luftdicht angesehen.

Demgegenüber steht ein gemäß DIN 4108-2 geforderter Mindestluftwechsel für Gebäude zum Abtransport von Schad- und Geruchsstoffen, Zuführung von Sauerstoff und der Erzeugung eines behaglichen Raumklimas. Wichtige Faktoren für ein behagliches Raumklima sind die relative Luftfeuchte, die Lufttemperatur und Luftbewegung. Eine relative Luftfeuchte von 40 % bis 60 % ist anzustreben. In der DIN 1946-6 „Raumlufttechnik" werden Anforderungen für die Lüftung von Wohnungen festgelegt. Neben der freien Lüftung **(Bild 1)**, welche im Wesentlichen über die Anzahl, Anordnung und Ausführung der Fenster herzustellen ist, gibt es die maschinelle Lüftung, welche über raumlufttechnische Anlagen hergestellt wird. Eine raumlufttechnische Anlage mit einer Wärmerückgewinnung wird ab dem Einsparlevel eines Niedrigstenergiehauses zwingend erforderlich, da ansonsten die Lüftungswärmeverluste über die Fenster im Winter zu hoch werden. Es gibt verschiedene, auch kleinere Lüftungsgeräte und Zusatzeinrichtungen am Fenster, um neben der Lüftung über Dreh- und Kipp auch eine regelbare einfache Lüftungsmöglichkeit zu erreichen **(Bild 2)**. Diese können auch mit Wärmerückgewinnung ausgestattet sein. Die Maßeinheit für die Lüftung ist die **Luftwechselrate**. Mit dieser wird angegeben, wie oft das gesamte Luftvolumen eines Raumes je Stunde erneuert werden sollte. Rechnet man die geforderten Volumen pro Stunde der untenstehenden **Tabelle 2** aus DIN 1946-6 auf das Raumvolumen um, so ergibt sich eine Luftwechselrate von ca. 0,5 und 1,0 pro Stunde.

Tabelle 2: Planmäßige Außenluftvolumenströme 1) für die einzelnen Wohnungsgruppen ohne Berücksichtigung der besonderen Anforderungen fensterloser Räume (Küche, Bad, WC-Raum)

Wohnungsgruppe	Wohnungsgröße 2) m²	Geplante Belegung Personen	Planmäßige Außenluftvolumenströme bei freier Lüftung 3) m³/h	Planmäßige Außenluftvolumenströme bei maschineller Lüftung 4) m²
I	≤ 50	bis 2	60	60
II	> 50 ≤ 80	bis 4	90	120
III	> 80	bis 6	120	80

1) Die genannten planmäßigen Außenluftvolumenströme dienen in erster Linie der Bemessung von technischen Einrichtungen zur Freien Lüftung und RLT-Anlagen (siehe auch Anhang B unter allgemeine Anforderungen).

2) Wohnfläche innerhalb der Gebäudehülle

3) Entspricht der Grundlüftung bei maschineller Lüftung

4) Volumenströme bei Bedarfslüftung

11.10 Fenster- und Fenstertürkonstruktionen

In der DIN 68121 sind für Einfachfenster und Einfachfenstertüren sowie für Verbundfenster und Verbundfenstertüren Profilquerschnitte angegeben **(Tabelle 1 und Tabelle 2, Seite 525, Bilder 1 bis 3)**. Diese Profilquerschnitte dienen als Grundlage für Fenster- und Fenstertürkonstruktionen.

Bei den Fensterkonstruktionen wird zwischen Dreh-, Drehkipp-, Hebedreh-, Hebeschiebe-, Schwing-, Wende-, Kipp- und Klappflügelfenster sowie Kastenfenster unterschieden.

11.10.1 Drehflügelfenster und Drehflügeltür

Das Drehflügelfenster ist ein Einfach- oder Verbundfenster. Es kann ein-, zwei- oder mehrflügelig ausgebildet sein. Beim zweiflügeligen Fenster handelt es sich in der Regel um ein Fenster mit Mittenüberschlag (Stulp) und Schlagleiste. Das dreiflügelige Fenster ist mit einem oder zwei Pfosten unterteilt. Wird nur ein Pfosten eingebaut, dient er für einen Flügel als Aufschlag und gleichzeitig für einen zweiten Flügel zur Aufnahme des Drehbeschlages. Der Drehbeschlag wird aufgeschraubt, eingelassen oder eingebohrt. Dem Drehbeschlag gegenüber, an der Öffnungsseite, ist die Verriegelung, z. B. ein Kantengetriebe, angebracht. Sie wird mit einem Fenstergriff, einer Olive, betätigt. Der Drehflügel sollte im geöffneten Zustand gegen Windstoß gesichert werden. Als Sicherung kann z. B. eine im oberen Falz liegende Flügelschere dienen.

Die Drehflügeltür ist ihrer Bauart und Wirkungsweise nach wie das Drehflügelfenster ausgebildet. Sie dient als Zugang zum Balkon und zur Terrasse **(Bild 1, Seite 556)**.

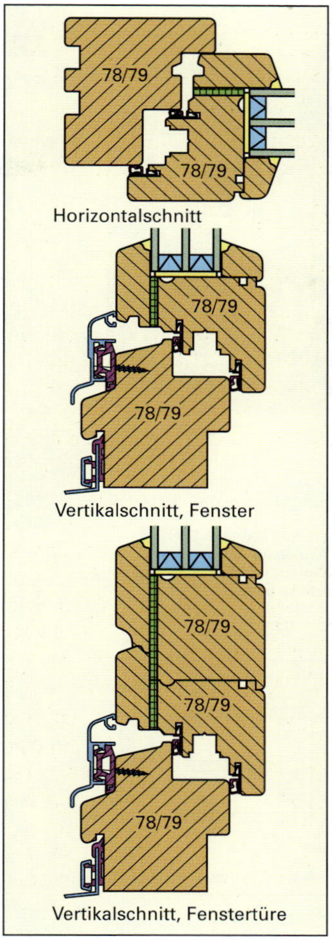

Bild 1: Profilquerschnitt IV 78/79

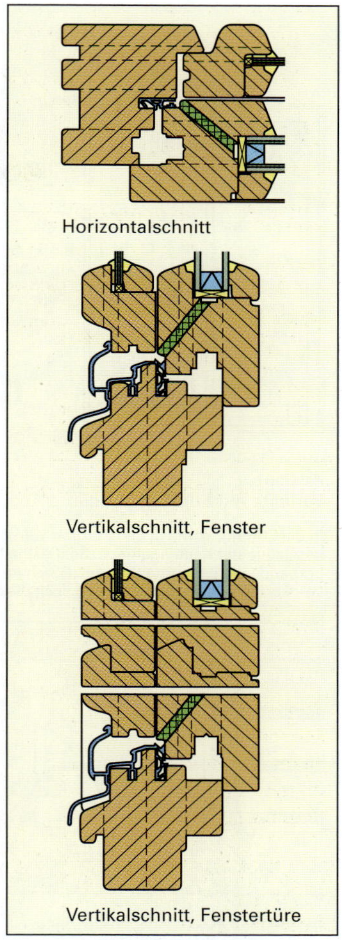

Bild 2: Verbundfenster DV, Außenflügel Einfachglas 40 mm, Innenflügel Zweifachglas 56 mm

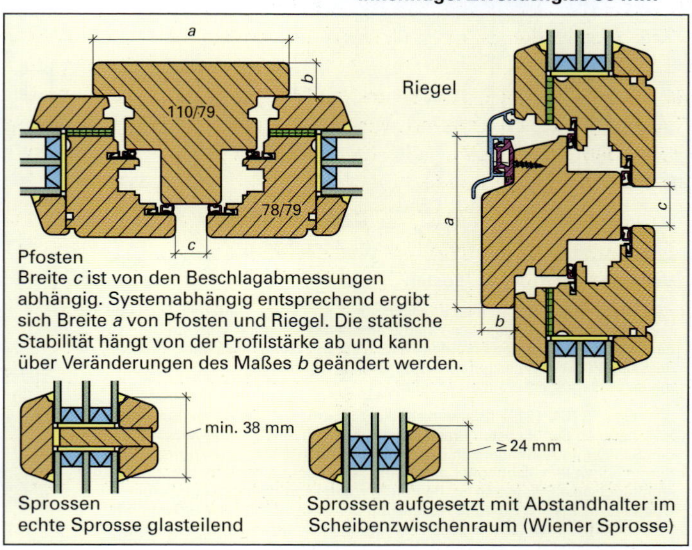

Bild 3: Pfosten, Riegel, Sprossen

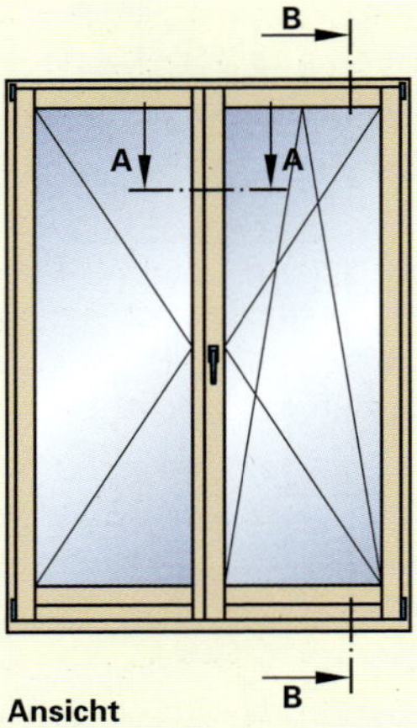

Ansicht

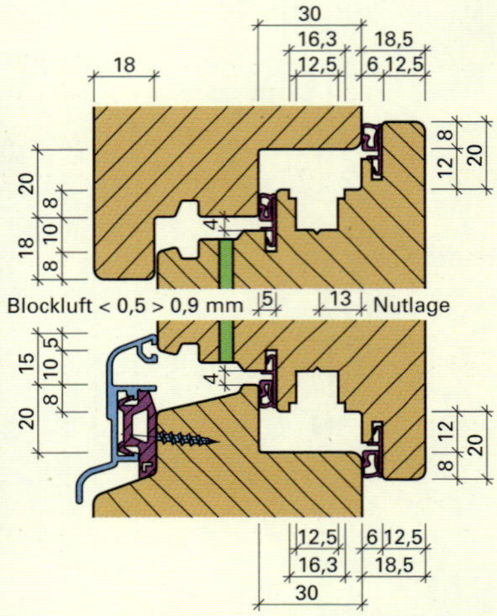

Variante mit Eurofalz (moderne Abmessungen) normale Schwelle

In die Euronut sowie in den Eurofalz werden verdeckt liegende Drehkippbeschläge mit Kantengetriebe, Schließplatten eingebaut. Ecklager und Eckband sind beim traditionellen Beschlag von innen sichtbar beim völlig verdecktliegenden Beschlag sind auch diese nicht sichtbar.

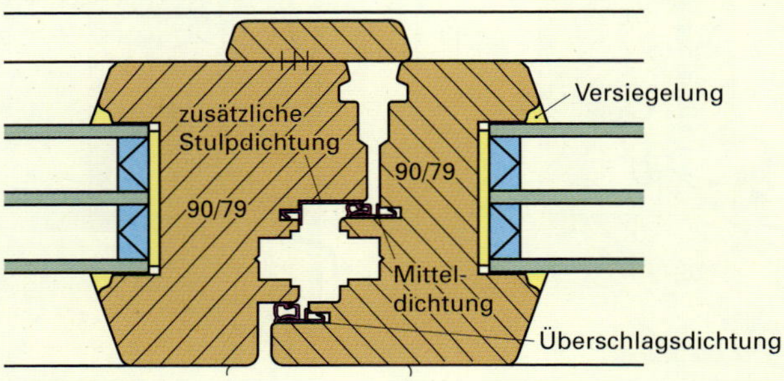

Schnitt A - A
ineinanderschlagende Flügel (Stulp)

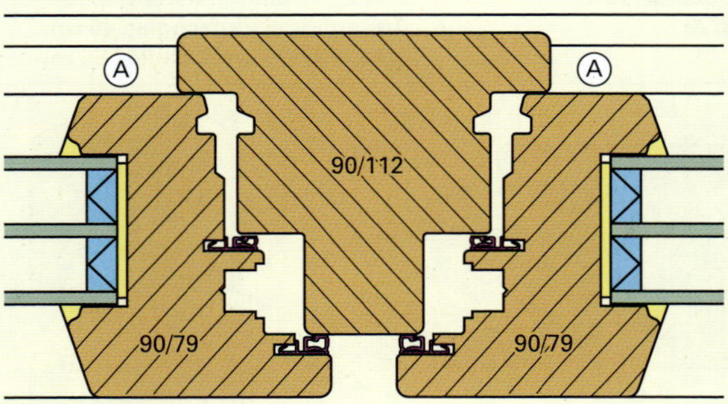

Variante Schnitt A - A Pfosten

(A) In der DIN 68121 ist eine Blockluft von 1 mm vorgeschrieben. Die Fuge dient dem Druckausgleich, damit anfallendes Regenwasser im Bereich der Regenschiene unten ablaufen kann. Neuere Erkenntnisse haben gezeigt, dass die Blockluft zwischen min. 0,5 bis max. 0,9 mm liegen sollte, um optimalen Schlagregenschutz zu erzielen.

(B) Gemäß DIN 18195 (Bauwerksabdichtungen) muß die untere Schwellenhöhe an der höchsten Stelle mindestens 150 mm über der wasserführenden Schicht im Außenbereich liegen. Gemäß DIN 18024 (Barrierefreies Bauen) dürfen Schwellen nicht höher als 20 mm sein, damit eine Berrierefreiheit (Rollstuhltauglichkeit) gegeben ist. Beiden Normen kann man gerecht werden durch einen vorgelagerten Rost mit Absenkung der wasserführenden Schicht oder vorgelagerter, ausreichend gegen Schlagregen schützender Überdachung.

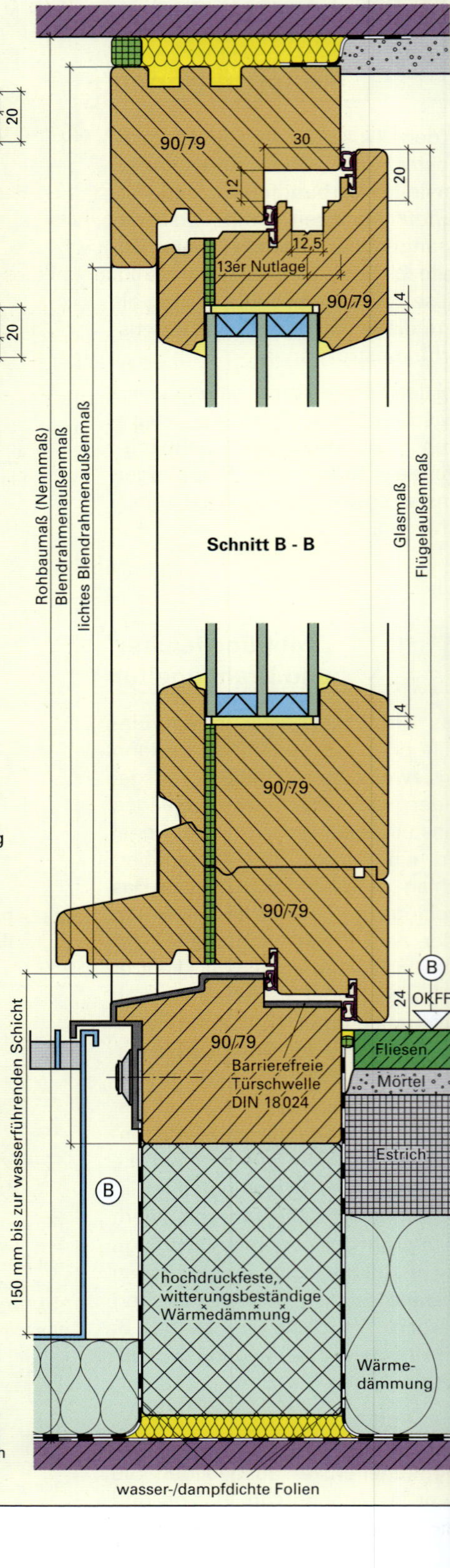

Bild 1: Drehflügeltür und Drehkippflügeltür

11.10.2 Drehkippflügelfenster und Drehkippflügeltür

Das Drehkippflügelfenster **(Bild 1)** ist eine Kombination von Dreh- und Kippflügelfenster. In Drehstellung kann das Fenster leicht gereinigt werden. In Kippstellung kann die verbrauchte Luft vom Rauminnern durch die obere Öffnung entweichen, während von beiden Seiten frische Luft von außen zugfrei nachströmen kann. Witterungseinflüsse werden in Kippstellung besser vom Innenraum abgehalten als z.B. beim Dreh- und Wendeflügelfenster.

Im gekippten Zustand wird der Flügel oben durch eine tragende Dreh- bzw. Drehkippschere gehalten. Diese verbirgt sich beim geschlossenen Fenster unsichtbar im Falz. Beim traditionellen Drehkippbeschlag sind das Eckband unten und das Ecklager für die Schere oben von innen sichtbar. Mittlerweile gibt es völlig verdecktliegende Drehkippbeschläge. Bei diesen sind Eckband und Ecklager von innen nicht sichtbar.

Dadurch kann die innere Überschlagsdichtung ununterbrochen am Blendrahmen anliegen und so nahezu dampfdicht wirken, was bauphysikalisch sehr vorteilhaft ist. Die statische Haltbarkeit dieser Beschläge muss aber dauerhaft gewährleistet sein.

Beim Drehkippbeschlag gibt es Beschlagteile wie Getriebe, Eckumlenkungen, Mittelverschlüsse, Verlängerungen mit Schließzapfen, welche in eine genormte Flügelnut eingebaut werden. Gegenüberliegend im Blendrahmen befinden sich die Schließstücke. Die Schließzapfen können als Pilzzapfen, die Schließstücke als Stahlschließstücke zur Erhöhung des Einbruchschutzes ausgebildet sein. Ein gekipptes Fenster ist grundsätzlich nicht einbruchsicher.

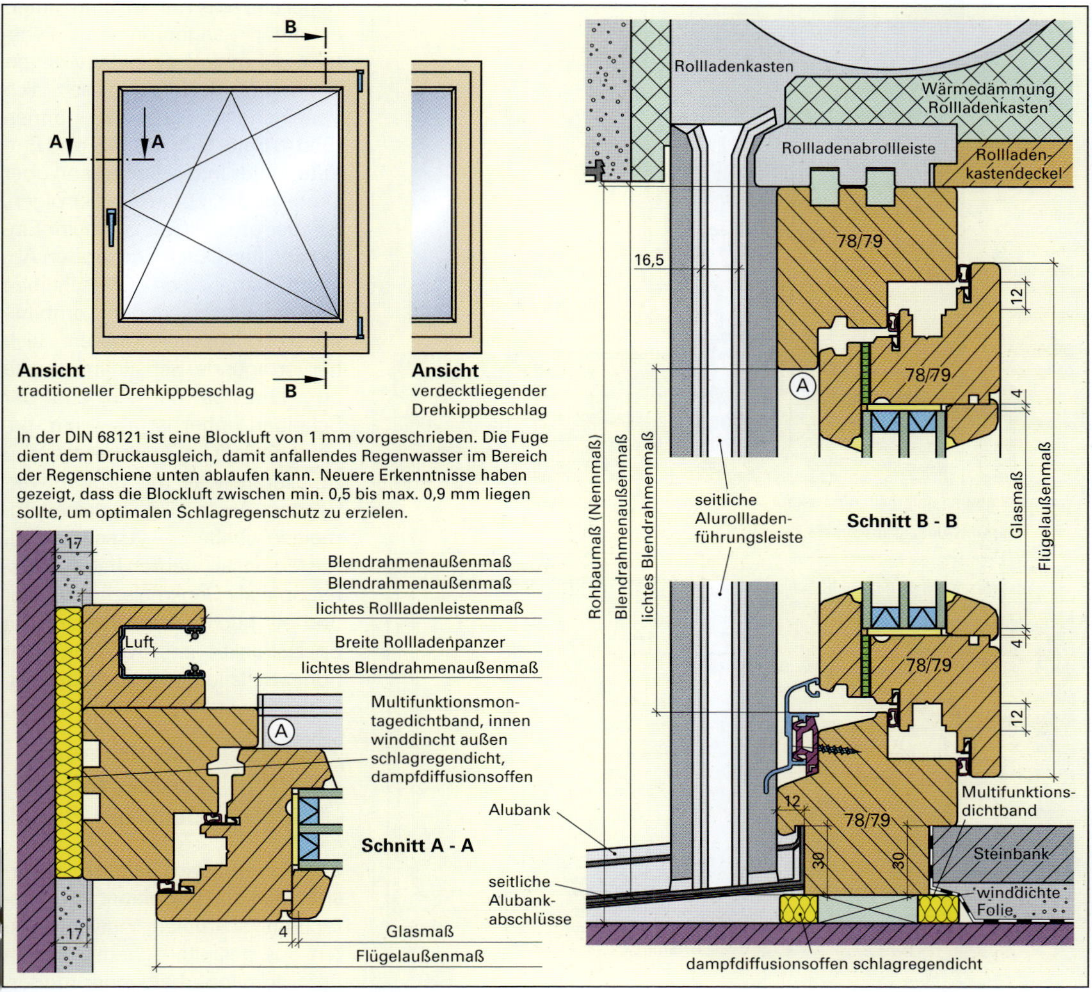

Bild 1: Drehkippflügelfenster in Holzkonstruktion

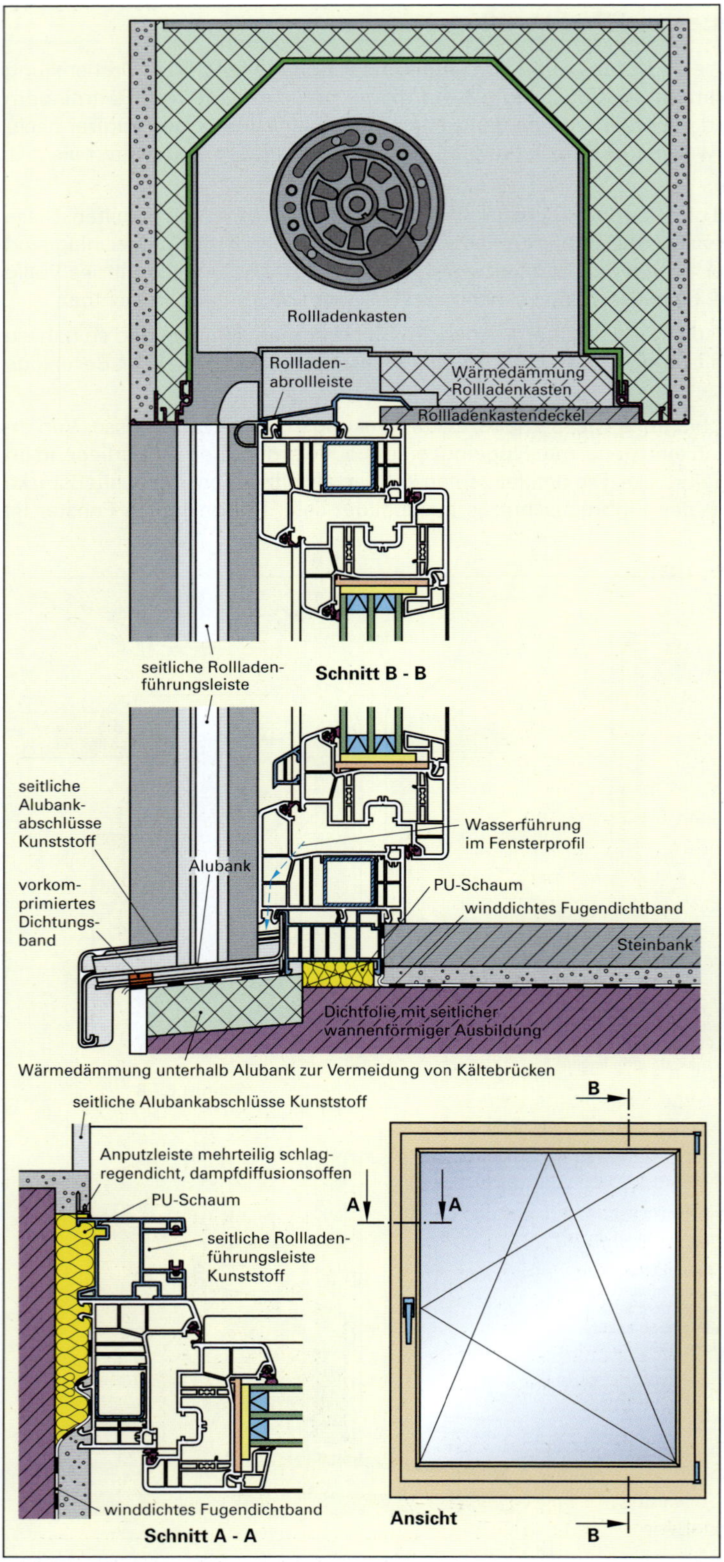

Bild 1: Drehkippflügelfenster in Kunststoffkonstruktion

Die Drehkippflügeltüre, auch Balkon- oder Terrassentüre genannt, ist in ihrem Beschlag und ihrer Wirkungsweise nach ähnlich. Wird der Türrahmenquerschnitt entsprechend vergrößert, kann man ein PZ-Getriebe mit Innen- und Außengriff mit Profilzylinder abschließbar einbauen. Die Basis ist aber immer noch ein Drehkippbeschlag, welcher sich grundsätzlich von einem Beschlag für Haus- und Nebeneingangstüren unterscheidet, wo ein Einsteckschloss mit Falle zum Einsatz kommt **(Bild 1, Seite 556)**.

11.10.3 Kastenfenster

Das Kastenfenster besteht in der Regel aus zwei mit Abstand hintereinander angeordneten Fenstern, die mittels eines Futters verbunden sind. Diese lassen sich voneinander getrennt öffnen **(Bild 1, Seite 553)**. Die Be- und Entlüftung des Innenraums kann über Dreh- und Kippfunktion erfolgen, ist aber uneffektiver wie beim Einfachfenster. Durch den großen Abstand der beiden Glasscheiben und den verschiedenen Kombinationsmöglichkeiten lassen sich hervorragende Schalldämmwerte erreichen. Da der Abstand der Scheiben höher ist als 4 cm, beginnt die Luft im Zwischenraum zu zirkulieren, was mit größer werdendem Abstand die Wärmedämmeigenschaften verschlechtert. Kastenfenster werden heute in erster Linie als Denkmalschutzfenster und als hochpreisige Fenster mit Spezialfunktionen, wie mit sehr hoher Schalldämmung eingesetzt.

11.10.4 Blendrahmenfenster mit verdecktem Flügel

Zunehmend wird seitens der Architekten und Bauplaner ein Fenster mit schmalen Ansichtsbreiten aus gestalterischen Gründen gefordert. Innerhalb einer modernen Fassadenkonstruktion aus

Aluminium oder bei architektonisch anspruchsvollen Gebäuden kann man mit einem sogenannten Blendrahmenfenster neben schmalen Ansichtsbreiten auch einen flächenbündigen Charakter herstellen. Bei diesen Konstruktionen werden entweder die Aluschale oder der Holzüberschlag des Blendrahmens außen so hoch gezogen, dass er den Flügel komplett überdeckt. Dabei gibt es verschiedene Konstruktionsvarianten. Eine andere Möglichkeit ergibt sich durch den Einsatz von Stufenisolierglas. Hierbei hat die äußere Scheibe einen Überstand gegenüber der inneren Scheibe. Diese Scheibe schlägt dann direkt an einen Überschlag des Blendrahmens an. Die Befestigung der Verglasung erfolgt meistens kraftschlüssig über eine spezielle Klebetechnik am Flügel. Konstruktiv erreicht man optisch sehr ansprechende, schlanke Ansichtsbreiten bzw. wird die Gesamtbreite von Flügel und Blendrahmen geringer. Dies verringert den Rahmenanteil, erhöht den Glasanteil und verbessert den Lichteinfall. Neben dem optischen Reiz können, je nach Konstruktion, auch zum Teil bessere Wärmedämmwerte erzielt werden **(Bild 1)**.

11.10.5 Hebeschiebefenster und Hebeschiebetüren

Schiebetüren haben den Vorteil gegenüber Drehtüren, dass der Flügel konstruktiv breiter ausgelegt werden kann. Der Flügel lässt sich durch einfaches Öffnen seitlich verschieben und steht nicht wie der Drehflügel im Raum, da es keinen Drehbereich gibt. Man hat eine bessere Raumausnutzung, da Gegenstände bis unmittelbar an die Türe heran positioniert werden können. Zudem kann er nicht durch Windeinwirkung zuschlagen.

Unterschieden werden Hebeschiebetüren von Parallel-Schiebe-Kipp-Türen. Die Hebeschiebetüre ist die traditionelle Form einer Schiebetüre und hat einen Blockrahmen als Außenrahmen. Der Festflügel ist gegenüber dem Schiebeflügel versetzt. Es gibt Konstruktionen mit Holzschwelle und Aluabdeckung. In der Regel werden aber Aluschwellen verwendet, die es mittlerweile auch in hochwärmedämmender Ausführung mit thermischer Trennung gibt **(Bild 1, Seite 560)**. Die Trittschwellenhöhen lassen sich stark reduzieren, wenn man innen und außen entsprechend hoch anschließt. Die Hebeschiebetüre ist sehr einfach und praktisch zu bedienen. Durch Umlegen des Hebels wird die Türe angehoben und lässt sich seitlich verschieben. Durch Absenken des Flügels in jeder Position kann dieser festgestellt werden. In der Standardausführung ist die Türe nicht kippbar. Es gibt aber Sonderformen, bei welchen dies möglich ist. Zudem gibt es verschiedene Konstruktionsvarianten, wobei sich z. B. zwei Flügel von der Mitte aus nach rechts und links hinter ein Festteil schieben lassen. Bei einer anderen Variante kann man zwei verschiebbare Flügel auf zwei Laufschienen hinter ein Festteil schieben, sodass ca. 2/3 der Schiebetürbreite zu öffnen ist.

Die Rollen der zwei- oder vierrolligen Laufwagen bewegen sich auf einer Laufschiene. Der Laufwagen ist im unteren waagrechten Rahmenteil des Flügels eingebaut. Im oberen Bereich wird der Flügel durch entsprechend ausgebildete Stahlprofile geführt. Zur oberen und seitlichen Abdichtung werden Lippen- und Bürstendichtungen eingebaut.

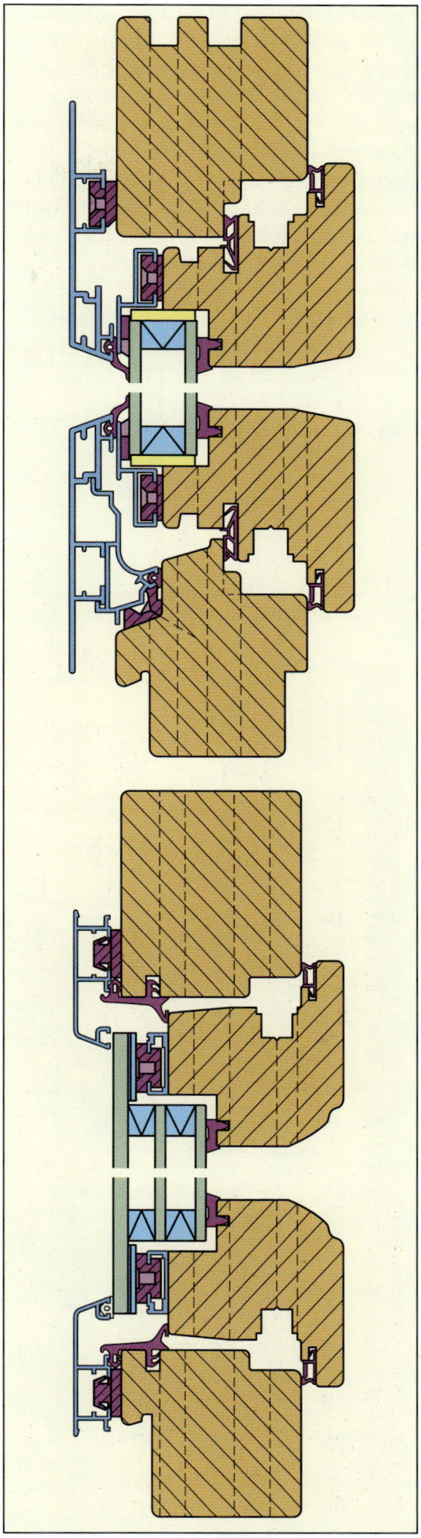

Bild 1: Blendrahmenfenster mit verdeckten Flügeln in Holz/Aluminium

Parallel-Schiebe-Kipp-Türen unterscheiden sich konstruktiv von Hebeschiebetüren. Die Türe besteht aus einem wie bei der Drehkipptüre profilierten Flügel und Blendrahmen. Über den PSK-Beschlag kann man den Flügel durch Betätigung des Griffes von der senkrechten Stellung in die waagrechte Position zuerst kippen. Durch weitere Betätigung des Griffes nach unten lässt sich der Flügel unten parallel ausstellen und seitlich verschieben. Beim Zuschieben kippt der Flügel unten bei hochwertigen Beschlägen durch eine Zwangsverriegelung automatisch an und rastet in fixierter Kippstellung ein. Vorteilhaft ist die Kippfunktion. Die PSK-Tür ist schlanker, leichter, winddichter und meistens preisgünstiger. Die maximalen Flügelbreiten sind aber geringer. Die Schwellenhöhe ist durch die notwendige Beschlagtechnik erheblich größer wie bei der Hebeschiebetüre. Es gibt Öffnungsvarianten auch als Stulpkonstruktion mit zwei Flügeln nach rechts und links verschiebbar.

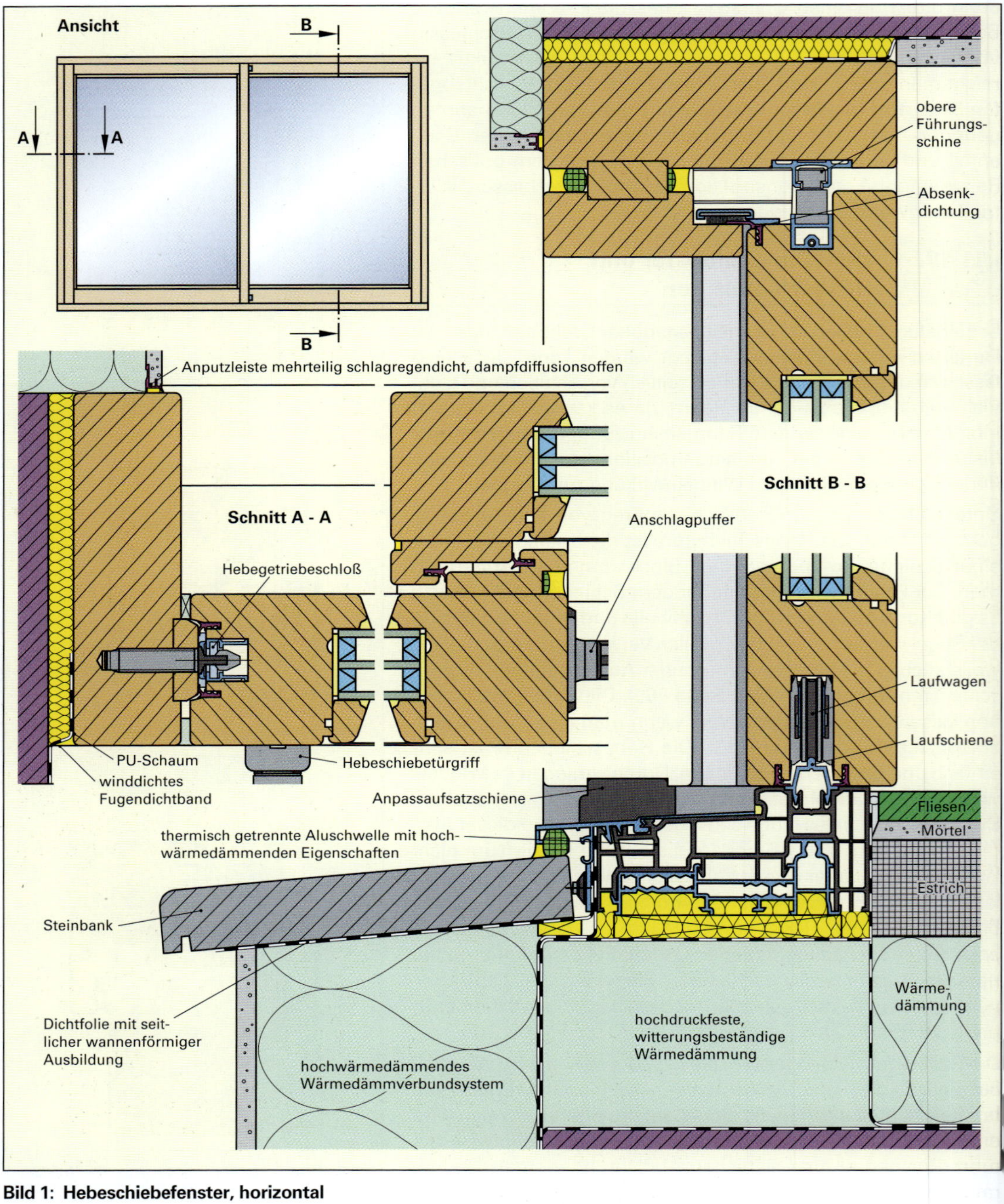

Bild 1: Hebeschiebefenster, horizontal

11.10.6 Schwingflügelfenster

Die Flügel des Schwingflügelfensters sind seitlich mittig gelagert; der untere Flügelteil schwingt nach außen und der obere nach innen. Diese Fensterart wird hauptsächlich bei großflächigen Fenstern verwendet. Durch die Zwei-Wege-Lüftung zieht die verbrauchte Luft durch den oberen Spalt ab, gleichzeitig strömt durch den unteren Spalt frische Luft nach. Wenn allerdings diese Fenster an der Süd- oder Südwestseite eines Gebäudes eingebaut sind, kann an der Fassade aufsteigende Warmluft bei geöffnetem Fenster in den Innenraum gelangen und zu Wärmestauungen führen. Der Flügel lässt sich um seine horizontale Mittelachse um 180° drehen, sodass die äußere Glasfläche vom Innenraum aus gereinigt werden kann. In dieser Stellung wird auch bei herabgelassenen Jalousetten oder Rollläden der Innenraum gleichmäßig und zugfrei belüftet. Schwingflügel sind im halb geöffneten Zustand verhältnismäßig sicher gegen Einregnen **(Bild 2)**.

Die Flügel des Schwingflügelfensters sind seitlich mittig gelagert; der untere Flügelteil schwingt nach außen und der obere Flügelteil nach innen

Bild 1: Schwingflügel-Lager

Der Schwingflügel kann bis zu 2600 mm breit und 2600 mm hoch sein; sein Gewicht darf bis 150 kg betragen. Der Drehpunkt liegt meist mittig, d.h., in unmittelbarer Nähe der Schwerpunktachse. Die Schwinglager sind mit zwei Drehpunkten ausgestattet. Der erste Drehpunkt ermöglicht ein Öffnen des Flügels bis etwa 55°, der zweite Drehpunkt lässt dann Drehbewegungen bis 180° zu. Eine im Drehlager eingebaute, verstellbare Bremse ermöglicht es, den Gang des Flügels einzustellen **(Bild 1)**. Beim Drehen des Flügels um 180° wird das Glas durch sein Eigengewicht stark beansprucht. Es muss daher eine entsprechend hohe Festigkeit aufweisen.

Als Verschluss dient ein Zentralverschluss, der mit einer Handkurbel betätigt wird. Die ringsum laufenden Schließstangen sind dabei in den Falz eingefräst. Bei Flügelbreiten über 2000 mm dient eine Mittelverriegelung dazu, den Flügel fest an den Blendrahmen zu drücken **(Bild 2)**.

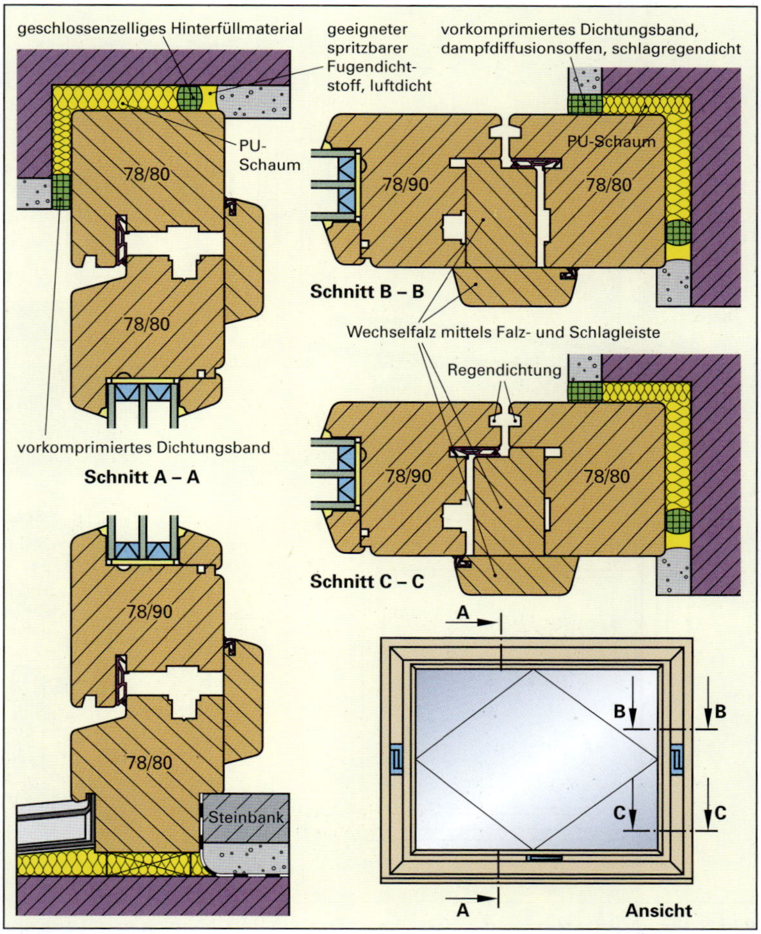

Bild 2: Schwingflügelfenster

11.10.7 Passivhausfenster

1996 wurde das Passivhausinstitut in Darmstadt gegründet. Hier wurden frühzeitig energetisch neuartige Gebäude entwickelt. Ziel war die Entwicklung eines Hauses ohne klassische Heizung. Der jährliche Heizenergiebedarf soll ≦ 15 kWh/(m²a) = 1,5 Liter/m²a liegen. Seit 1990 wurde an diesem Ziel geforscht und entwickelt. 1998–2002 wurden eine ganze Reihe Passivhäuser gebaut und messtechnisch untersucht. Daraus ergaben sich empirisch sehr interessante, neue Erkenntnisse im Bereich des Fensterbaus. Passivhausfenster müssen U_w-Werte ≦ 0,8 W/m²K haben und möglichst wärmebrückenreduziert konstruiert sein. Weitere Kriterien (z. B. auch Einbaudetails) müssen eingehalten werden, damit eine Zertifizierung des Systems, i. d. R. beim Passivhausinstitut in Darmstadt, erfolgen kann. Diese ist Voraussetzung, damit man diese Fenster in ein Passivhaus einbauen darf. Mittlerweile gibt es Passivhausfenster in Holz, Holz-Alu, Alu und Kunststoff.

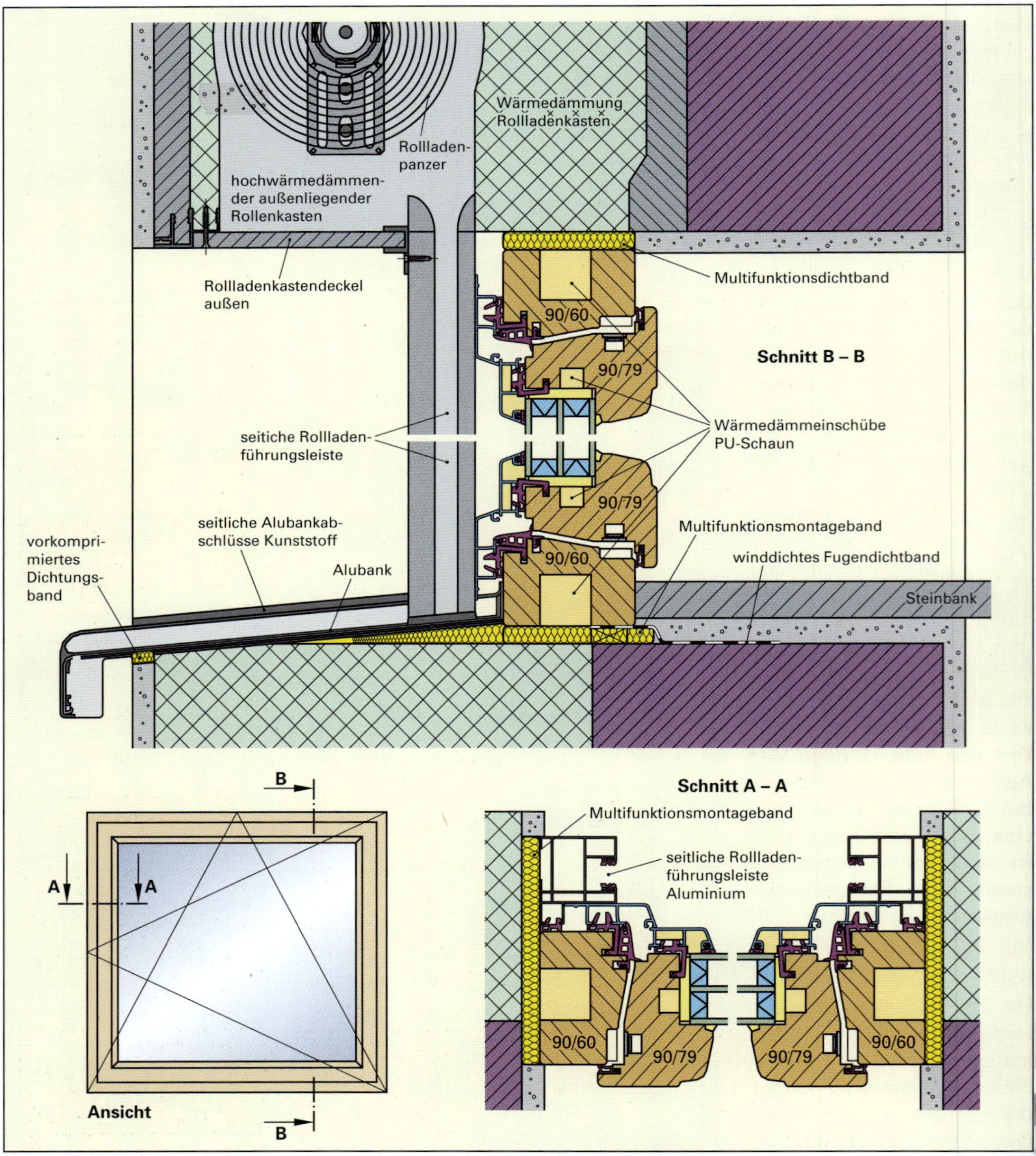

Bild 1: Hochwärmedämmendes Passivhausfenster in Holz-Aluminium mit entsprechendem Rollladen, außenliegend mit Motor, wärmebrückenreduziert eingebaut

12 Haustüren

Haustüren müssen gestalterisch gut zum Gebäude passen und so gefertigt werden, dass sie durch Witterungseinflüsse keine Schäden nehmen können, dass sie einbruchhemmend, wärmedämmend und stets funktionsfähig sind **(Bild 2)**.

Aus diesem Grund sollten Haustüren in der Gebäudefront zurückliegend eingebaut werden, nicht an der Wetterseite liegen und aus gesunden, widerstandsfähigen Hölzern gefertigt und mit einbruchhemmenden Beschlägen angeschlagen sein.

12.1 Türblätter

Die Türblätter von Haustüren können besondere **Sperrholztüren, Rahmentüren** mit Glas oder Holzfüllungen sowie **aufgedoppelte Türblätter** sein. Sperrholztürblätter für Haustüren sind 68 mm bis 92 mm dick, weisen meistens eine Mittellage aus Vollholz und eingebaute Stabilisatoren aus Metall oder Kunststoff auf **(Bild 3)**. Diese müssen kraftschlüssig eingeklebt werden. Bei Rahmentüren mit Füllungen ist darauf zu achten, dass kein Wasser in die Fugen und Nuten gelangen und das Niederschlagswasser gut von den Kanten und Profilen abfließen kann.

Alle Türblätter müssen in der Dicke symmetrisch aufgebaut werden, d. h., die Schichten auf der Innenseite und der Außenseite der Tür müssen gleich sein, um ein Verziehen des Türblattes zu vermeiden.

Einseitig angebrachte **Aufdoppelungen** dürfen deshalb nicht aufgeleimt werden, sondern müssen mit besonderen Beschlägen auf dem Türblatt befestigt werden **(Bild 1, Seite 564)**.

Wird als unterer Abschluss des Türblattes ein **Wetterschenkel** vorgesehen, ist dieser von der Aufdoppelung abzusetzen, damit hier keine Kapillarfuge entsteht. Der Wetterschenkel weist an der Unterseite eine Wassernut und Tropfnase auf und ist oben um 20° abgeschrägt, damit das Niederschlagswasser abfließen kann **(Bild 3, Seite 564)**. Alle Kanten sind mit dem Radius von 3 mm abzurunden. Die Verleimungen bei Haustüren müssen der **Beanspruchungsgruppe D4** entsprechen.

Für **Verglasungen** werden meist Mehrscheiben-Isoliergläser verwendet. Es können aber auch einbruchhemmende Verglasungen eingebaut werden. Der Einbau der Glasscheiben hat nach den Richtlinien der Fensterverglasungen zu erfolgen (Seite 548). Glasleisten sind bei Haustüren grundsätzlich innen anzubringen und im Glasfalz ausreichend sicher zu verschrauben **(Bild 2, Seite 564)**.

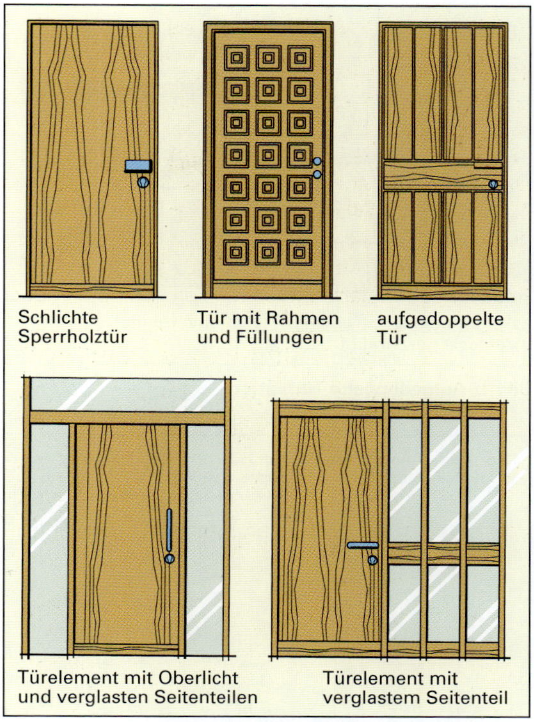

Bild 1: Haustüren und Haustürelemente

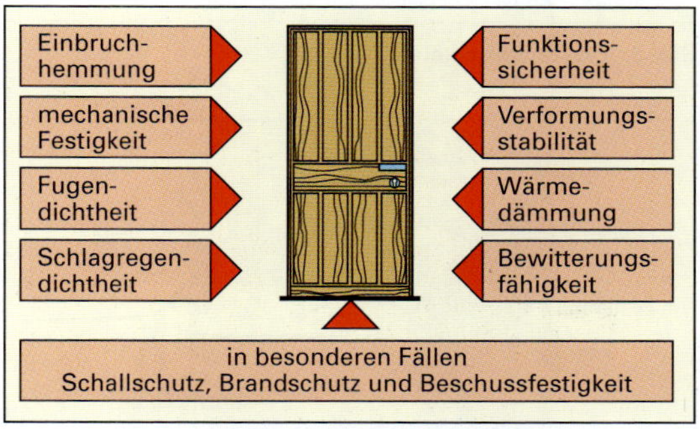

Bild 2: Technische Anforderungen an Haustüren

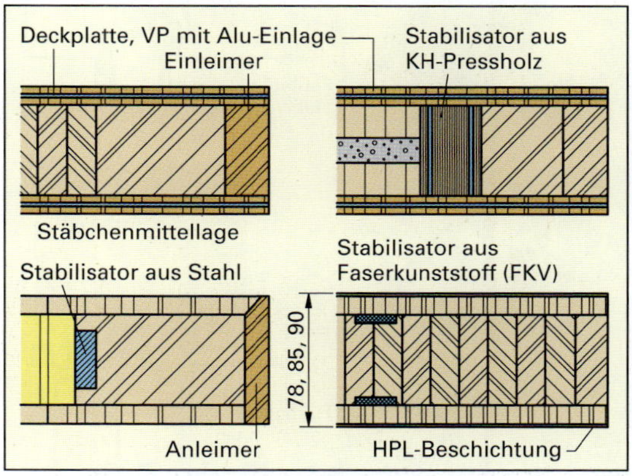

Bild 3: Aufbau von Haustürblättern

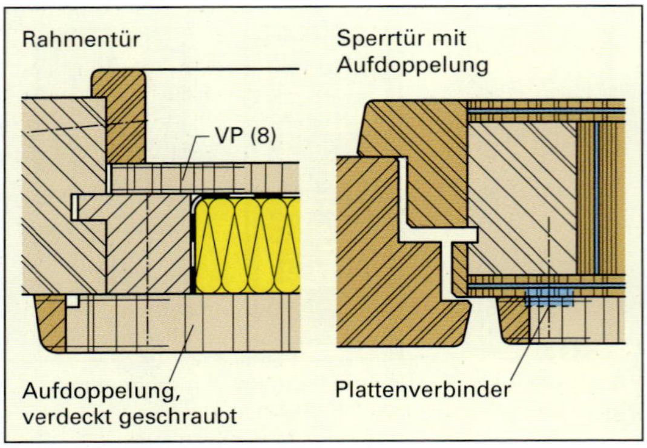

Bild 1: Aufgedoppelte Türblätter

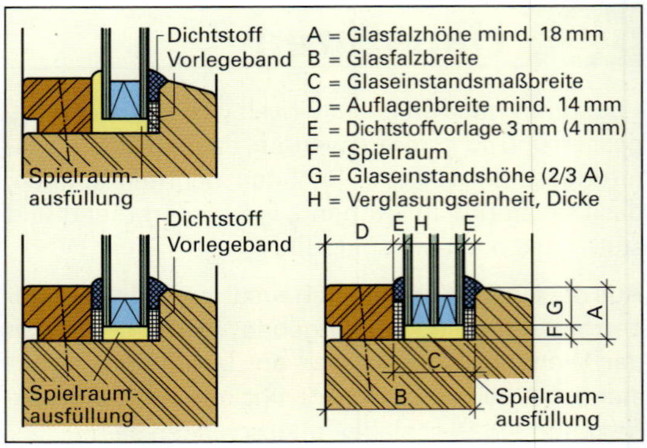

Bild 2: Verglasung

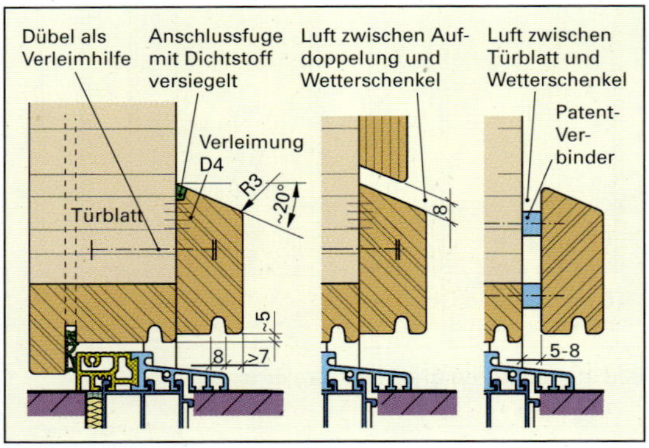

Bild 3: Wetterschenkel

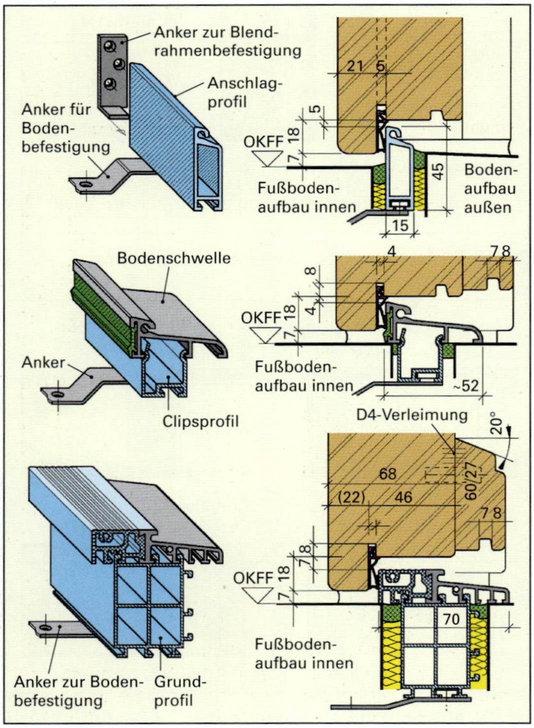

12.2 Türumrahmung

Die Türumrahmung ist in der Regel ein **Blendrahmen** oder **Blockrahmen.** Am Türrahmen wird unten eine Metallschiene für den Anschlag des Türflügels angebracht. Zweckmäßiger ist der Einbau spezieller Bodenschwellen **(Bild 4)**. Bei ihnen kann der äußere und innere Boden auf einer Höhe durchgehen. Außerdem bewirken sie eine thermische Trennung zwischen dem inneren und dem äußeren Bodenaufbau. Bei barrierefreien Türen werden Schwellen toleriert, die nicht höher als 2 cm sind. Besser geeignet sind schwellenlose Bodenübergänge. Diese erfordern Magnetdichtungen oder automatische Absenkdichtungen, die in die Türblattunterkante eingebaut werden.

Haustüren gehen im Allgemeinen nach innen auf. Das Haustürblatt wird in die Türumrahmung mit Einfachfalz oder Doppelfalz eingebaut. Beim Doppelfalz muss die erste Falzbreite hinter dem Türanschlag so breit sein, dass hier der Stulp des Schlosses sicher untergebracht werden kann (25 mm). Im nächsten Falz kann ein **Dichtungsprofil**, eine Mitteldichtung, eingebaut werden. Die zweite Dichtung, die Innendichtung, liegt unter dem Anschlag. Sie muss im Türfalz umlaufend eingenutet sein. Damit die Dichtung auch bei geringer Verformung des Türblattes noch überall gut anliegt, sind Dichtungsprofile mit großem Dichtungsweg einzubauen **(Bild 1, Seite 565)**.

Die Türumrahmung sollte für Haustüren bei Einfamilienhäusern ein **lichtes Durchgangsmaß** in der Breite von 900 mm und in der Höhe von 2050 mm haben. Bei größeren Rohbauöffnungen können die Türöffnungen um verglaste Seitenteile erweitert werden **(Bild 1, Seite 567)**.

Bild 4: Unterer Türanschlag an Bodenschwellen

12.3 Beschläge

Wegen des großen Gewichtes des Türblattes und der höheren Einbruchsicherheit (mind. RC 2, besser RC 3 nach DIN EN 1627) sind bei Haustüren besondere Beschläge wie **spezielle Haustürbänder (Bild 1), schwere Haustürschlösser** und verstärkte und verlängerte **Schließbleche** erforderlich. Besonders schwere Türblätter können auch mit drei Bändern angeschlagen werden. Das dritte Band sollte dann nicht mittig, sondern über der Mitte der Türblatthöhe, ca. 300 mm unter dem oberen Band, sitzen. **Drückergarnituren, Griffplatten, Briefkästen** und **elektrische Türöffner** sowie **Klingelplatten, Gegensprechanlagen** und **Türkamera** können weitere Beschläge sein. Da die sichtbaren Beschläge die Gestaltung der Haustüranlage wesentlich mitbestimmen, ist bei der Auswahl und Platzierung mit viel Formgefühl vorzugehen.

Für Haustüren werden **schwere Haustürschlösser** mit **eingebautem Wechsel** verwendet. Die Nuss im Haustürschloss muss den für Haustüren geeigneten 10 mm dicken **Wechselstift** aufnehmen. Durch ihn ist es möglich, nur von innen einen Türdrücker zu befestigen, ohne dass das Türblatt ganz durchgebohrt werden muss. In der Regel werden in Haustüren, Schlösser mit Mehrfachverriegelung (dreifach, fünffach) eingesetzt. Sie haben einen verlängerten Stulp, in dem weitere Riegel oder Schließhaken eingebaut sind **(Bild 2)**. Zur Sicherung werden Profilzylinder mit Aufbohrschutz in das Schloss eingesetzt. Sie müssen so bemessen und eingebaut werden, dass sie gegenüber der Rosette oder dem Türschild nicht vorstehen, da sie sonst mit Werkzeugen gefasst und abgedreht werden können. Die äußeren Rosetten sollten aus diesem Grund an den Kanten stark abgeschrägt sein.

Es gibt auch Haustürschlösser mit Motor, sogenannte **Motorschlösser**, die beim Zuziehen der Tür diese motorisch verschließen und nach Eingabe eines Nummern-Codes die Tür wieder öffnen.

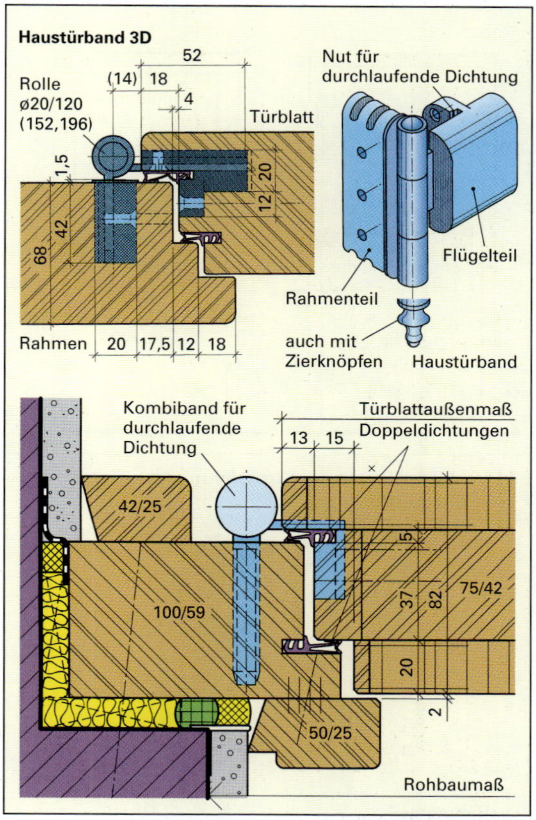

Bild 1: Anschlagmöglichkeiten von Haustüren bei Mitteldichtungen und Innendichtung (Doppeldichtung)

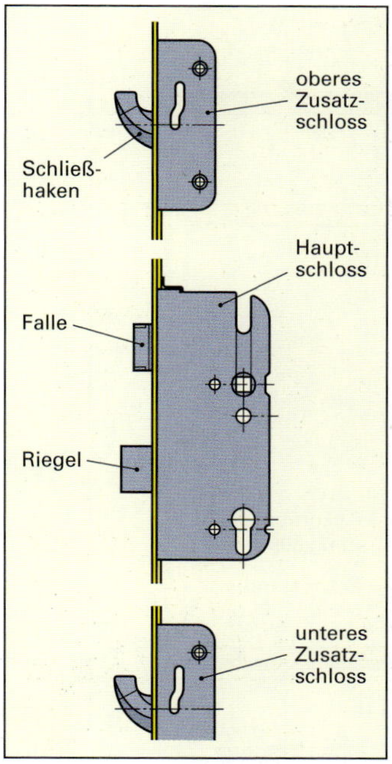

Bild 2: Schloss mit Mehrfachverriegelung

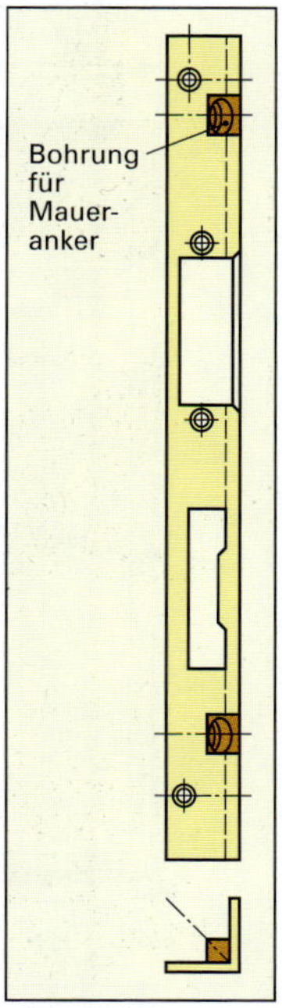

Bild 3: Sicherheitsschließblech

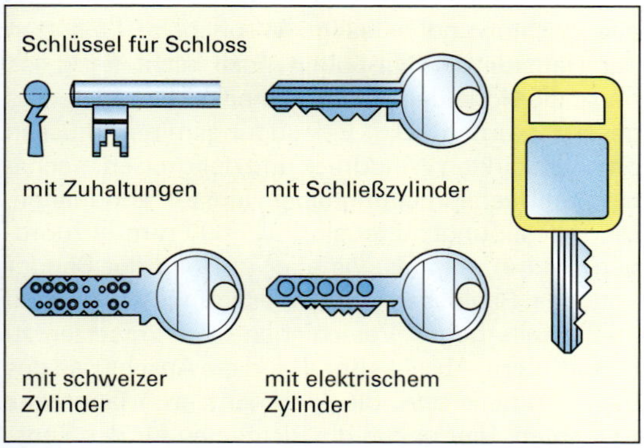

Bild 4: Schlüssel für verschiedene Zuhaltungsarten

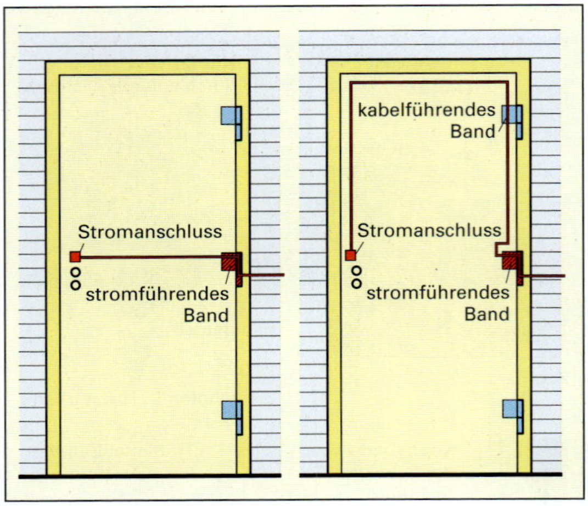

Bild 1: Möglichkeiten der Stromführung zum Elektronikschloss

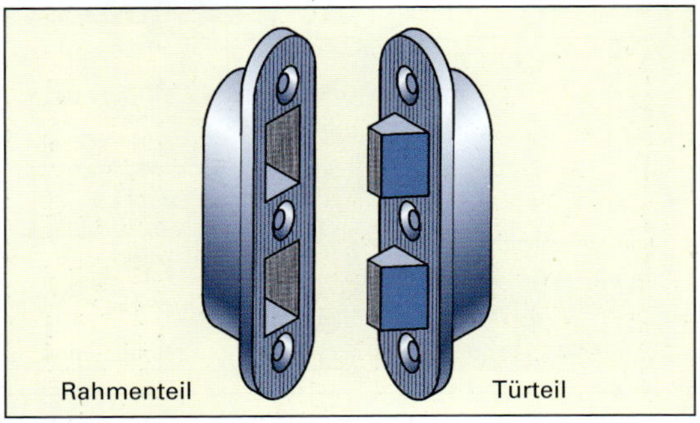

Bild 2: Bandseitensicherung

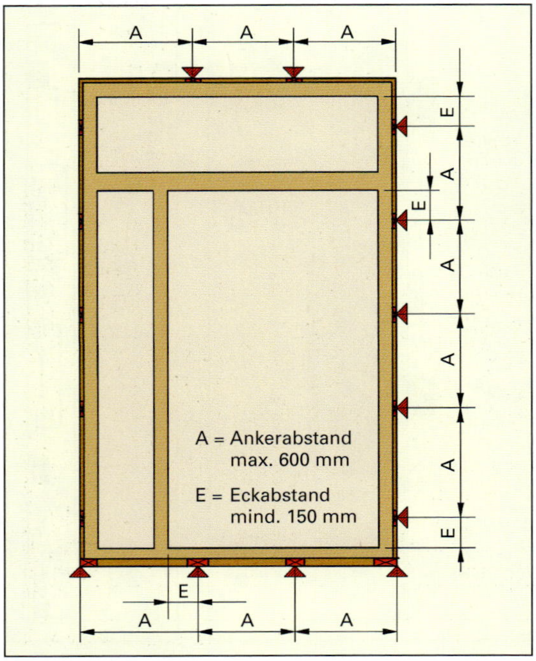

Bild 4: Anordnung der Befestigungen

Oder es werden elektrisch betriebene Schließzylinder eingebaut, die berührungslos mit einem elektronisch codierten Medium wie Chipkarte, Key oder Fingerabdrucksensor das Schloss öffnen **(Bild 3)**.

Neben der Sicherung der Haustür auf der Schlossseite können auch auf der Bandseite sogenannte Bandseitensicherungen im Tür- und Rahmenfalz eingelassen werden. Die beiden Beschlagsteile verkeilen oder verhaken sich beim Schließen der Tür so ineinander, dass ein Aufhebeln der Tür auch mit Einbruchwerkzeugen sehr erschwert ist **(Bild 2)**.

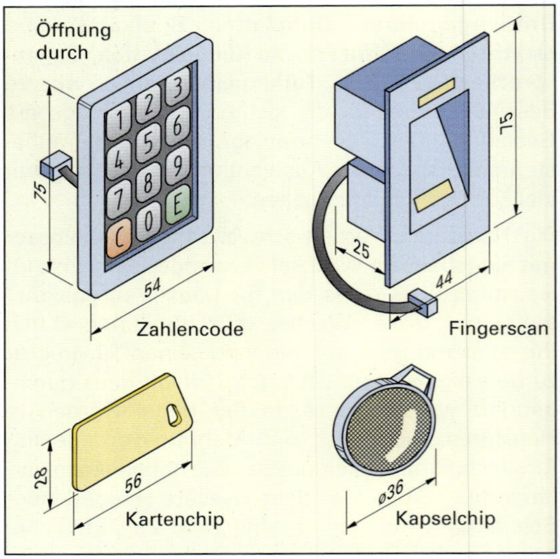

Bild 3: Öffnervarianten für Elektronikschlösser

12.4 Einsetzen der Haustüren

Beim Einsetzen der Haustüren ist darauf zu achten, dass die Haustür sich gut öffnen und schließen lässt. Zuerst wird die Bandseite des Blend- oder Blockrahmens lotrecht ausgerichtet und befestigt, dann nach dem einwandfreien Schließverhalten des Türblattes die Schlossseite des Türrahmens ausgerichtet und befestigt. Wenn beim Einsetzen der Haustür der Fußboden noch nicht fertig ist, muss die Höhe der Türschiene nach dem Meterriss gesetzt werden. Die Befestigungsmittel müssen dem verstärkten Winddruck und der großen mechanischen Beanspruchung einer Haustür standhalten. Die Befestigungsmittel sind alle 600 mm anzuordnen **(Bild 4)**, mindestens aber in Höhe der Bänder und des Schlosses. Die Befestigungsstellen sind durch Keile gegen Verschieben oder Versetzen zu hinterfüttern. Abschließend sind die Anschlüsse des Blendrahmens bzw. Blockrahmens am Mauerwerk zu dichten. Hier gelten die Richtlinien für den Fensterrahmeneinbau sinngemäß **(siehe Seite 568)**.

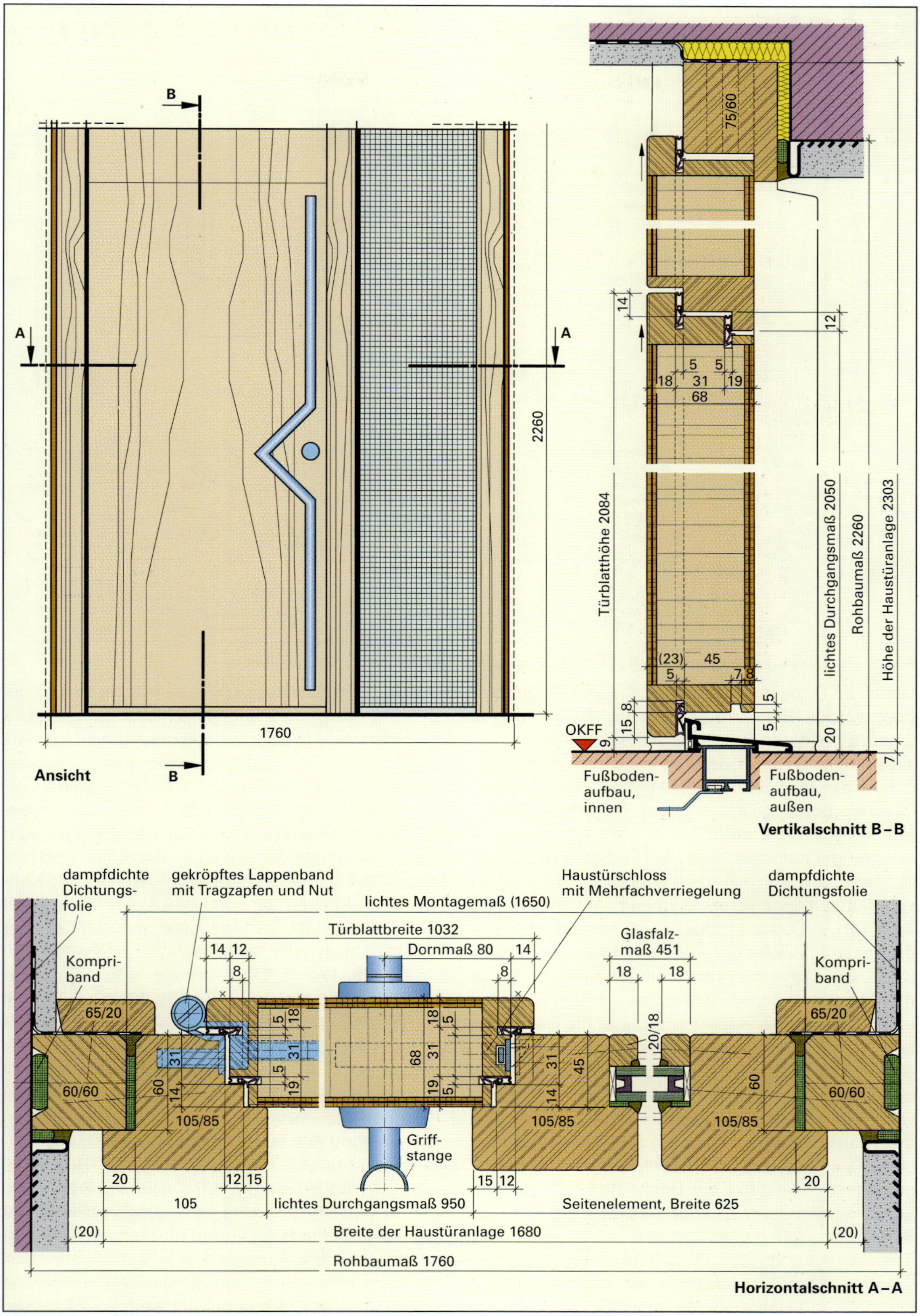

Bild 1: Haustür mit feststehendem Glasteil (Beispiel)

13 Montage von Fenstern und Türen im Bauwerk

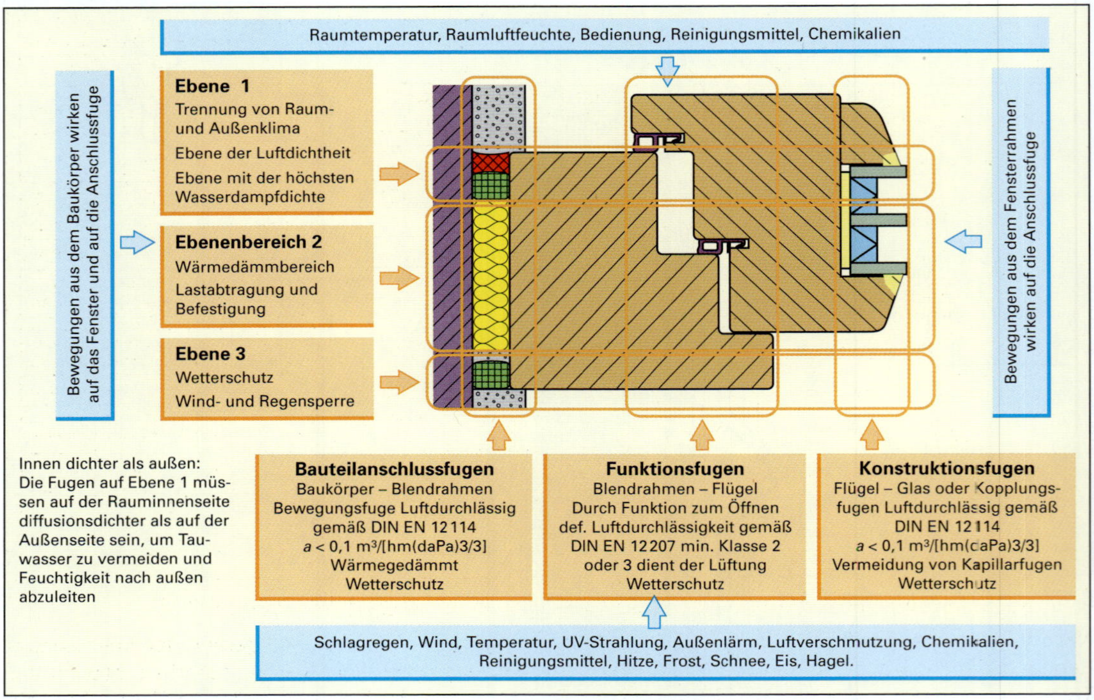

Bild 1: Ebenenmodell, Fugenarten und Hauptbeanspruchungen beim eingebauten Fenster

Damit ein Fenster die gestellten Anforderungen und Funktionen erfüllen kann, sollte es fachgerecht eingebaut werden. Bei richtiger Planung des Einbaus entsteht eine geeignete Bauteilanschlussfuge zwischen Blendrahmen und Baukörper. Diese Bauteilanschlussfuge unterscheidet sich von einer Funktionsfuge, wie sie zwischen Flügel und Blendrahmen entsteht, dahingehend, dass sie luftundurchlässig ausgeführt werden muss. Gemäß DIN EN 12114 bedeutet das, dass der Q-Wert < 0,1 m³/[hm(daPa)2/3] der Fuge sein muss. Eine Funktionsfuge hat dagegen eine definierte Luftdurchlässigkeit gemäß DIN EN 12207 und muss mindestens die Klasse 2 oder 3 erreichen. Konstruktionsfugen, wie der Anschluss von Glas und Flügel oder Kopplungsfugen zwischen zwei Fenstern sind wie Bauteilanschlussfugen zu bewerten. Zusätzlich sind hier Kapillarfugen, insbesondere bei Holzfenstern zu vermeiden. Alle Fugenarten haben eine notwendige Konstruktionstiefe mit verschiedenen Funktionsebenen, um die unterschiedlichen gestellten Anforderungen zu erfüllen. Die Ebene 1 befindet sich so weit wie möglich innen, darf nicht unterbrochen sein und muss über die gesamte Fläche der Außenwand erkennbar sein. Hier befindet sich die Ebene der Luftdichtheit (EnEV, DIN 4108-2) bzw. die Ebene mit der höchsten Wasserdampfdichte. Die Oberflächentemperaturen (Isothermen) in dieser Ebene sollten bei richtiger Planung gemäß Normklima nicht größer als 12,8° sein, damit dauerhaft kein Tauwasser und damit die Gefahr von Schimmelpilzwachstum entsteht. Alle Ebenen weiter nach außen müssen wasserdampfdurchlässiger (diffusionsoffen) gestaltet werden. Die Ebene 3 hat die Aufgabe des Wetterschutzes. Diese Ebene muss schlagregendicht und winddicht sein. Wasser sollte definiert nach außen geleitet werden. Obwohl diffusionsoffen muss bei Schallschutzfenstern die Fuge so dicht sein, dass Fugenschall vermieden wird. Ebene 2 ist der Fugenzwischenraum zwischen Ebene 1 und 3. In den meisten Fällen befindet sich hier die mechanische Befestigung des Fensters über Dübel oder Direktbefestigungssysteme. Der verbleibende Fugenzwischenraum der Ebene 2 ist gemäß VOB/C ATV DIN 18355 möglichst vollständig mit Dämmstoff auszufüllen. Dies kann z.B. PU-Schaum, Mineralwolle, Spritzkork, Schaumstofffüllbänder oder ähnliches sein. Durch diffusionsoffene Ausführung nach außen sollte dieser Bereich „trocken bleiben". Alle Dichtungsmaterialien einschließlich der Befestigung müssen alle anfallenden Bewegungen aus dem Baukörper sowie Bewegungen aus dem Fensterrahmen aufnehmen. Das Schwind- und Quellverhalten von Holzfenstern längs zur Faser ist dabei zu vernachlässigen. Kritisch ist die Längenausdehnung von Kunststoff ε = 1,6 mm/m, insbesondere von farbigem Kunststoff ε = 2,4 mm/m und Aluminium ε = 1,3 mm/m. Die Längenänderung der Profile kann auch noch höher ausfallen.

13.1 Montagevorbereitung, Mauerwerk, Toleranzen, Glattstrich

1.0 Bezugsnennmaße
1.1 Grenzabweichungen (Toleranzen für Nennmaß)
2.0 Bezugsmaß
2.1 Winkelabweichungen (Stichmaß)
3.0 Messpunktabstand
3.1 Ebenheitsabweichungen (Stichmaß)

Grenzabweichungen DIN 18202	**zulässige Abweichungen** (Toleranzen) bezogen auf das **Nennmaß** Höhe oder Breite		
Nennmaß	bis 1 m	1–3 m	3–6 m
Öffnungen, z. B. Fenster, Türen, Einbauelemente	+/– 10 mm	+/– 12 mm	+/– 16 mm
Öffnungen wie vor, jedoch mit oberflächenfertigen Leibungen	+/– 8 mm	+/– 10 mm	+/– 12 mm

Winkelabweichungen DIN 18202	**zulässige Winkelabweichungen** (Stichmaße) bezogen auf ein **Bezugsmaß**			
Bezugsmaß	bis 0,5 m	0,5–1 m	1–3 m	3–6 m
Vertikale, horizontale und geneigte Flächen	max. 3 mm	max. 6 mm	max. 8 mm	max. 12 mm

Einheitsabweichungen DIN 18202	**zulässige Ebenheitsabweichungen** (Stichmaße) bezogen auf den **Messpunktabstand**			
Messpunktabstand	bis 0,1 m	0,1–1 m	1– 4 m	4–10 m
Nichtflächenfertige Wände und Unterseiten von Rohdecken	max. 5 mm	max. 10 mm	max. 15 mm	max. 25 mm
Flächenfertige Wände, z. B. geputzte Wände, Decken	max. 3 mm	max. 5 mm	max. 10 mm	max. 20 mm
erhöhte Anforderungen, flächenfertige Wände, z. B. geputzte Wände, Decken	max. 2 mm	max. 3 mm	max. 8 mm	max. 15 mm

Bild 1: Auszug aus DIN 18202 „Toleranzen im Hochbau", für Fenster maßgebliche Rohbautoleranzen

Nach VOB/B hat ein Auftragnehmer die Leistung unter „eigener Verantwortung" gemäß den anerkannten Regeln der Technik auszuführen. Dazu ist er aber nur in der Lage, wenn der Rohbau innerhalb bestimmter Toleranzen erstellt wurde. Maßgeblich dazu sind die Toleranzen der DIN 18202 **(Bild 1)**. Zudem legt die VOB/C ATV DIN 18360 fest, dass für das Abdichten von Fugen zwischen Bauwerken und Bauteilen, die als Raumabschluss dienen (z. B. Fenster, Fensterwände, Türen) die DIN 18540 sinngemäß anzuwenden ist. Die DIN 18540 fordert, dass Fugenflanken bis zu einer Tiefe, die der doppelten Fugenbreite entspricht ($t = 2b$), parallel verlaufen müssen, um dem Hinterfüllmaterial genügend Halt zu verschaffen. Sie fordert weiterhin das Mauersteinfugen bündig abzustreichen sind. Unebenheiten in Leibungsbereichen, die keine fachgerechte Abdichtung zulassen, müssen deshalb durch einen Glattstrich mit Zementmörtel ausgeglichen werden. Der Glattstrich muss vor dem Einbau der Fenster erfolgen (DIN 4108-7 und VOB/C ATV DIN 18330). Falls die Abdichtung z. B. durch ein geeignetes Putzanschlussprofil oder andere zugelassene Maßnahmen erfolgt, kann auf den Glattstrich verzichtet werden. In jedem Fall muss der Auftragnehmer vor Montagebeginn die Vorarbeiten gemäß VOB/C ATV DIN 18355 bzw. DIN 18360 überprüfen und die Montagedetails genau planen und mit allen weiteren Gewerken entsprechend abstimmen. Er hat gemäß § 4 Nr. 3 VOB/B eine Prüf- und Hinweispflicht. Sind die bauseitigen Voraussetzungen nicht ausreichend, um fachgerecht einbauen zu können, muss der Auftraggeber vor dem Einbau unverzüglich schriftlich Bedenken anmelden. Ansonsten hat er den Rohbau in der gegebenen Form akzeptiert und damit abgenommen und muss unter den gegebenen Vorarbeiten seine Leistungen Norm- und Anforderungsgerecht erbringen.

Bild 2: Glattstrich

Bild 3: Sauberer Anschluss durch Glattstrich

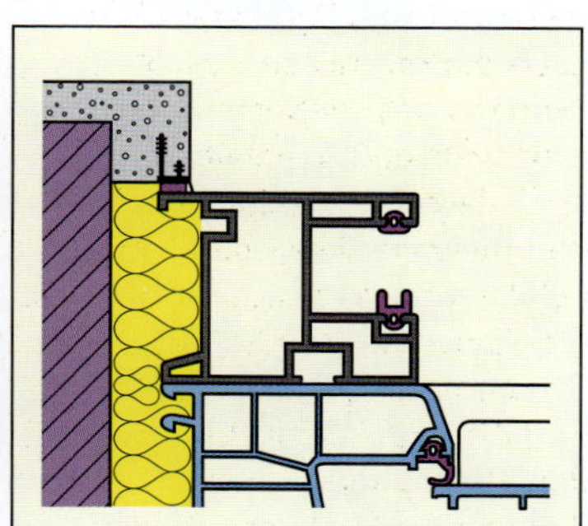

Bild 4: Alternatives Putzanschlussprofil

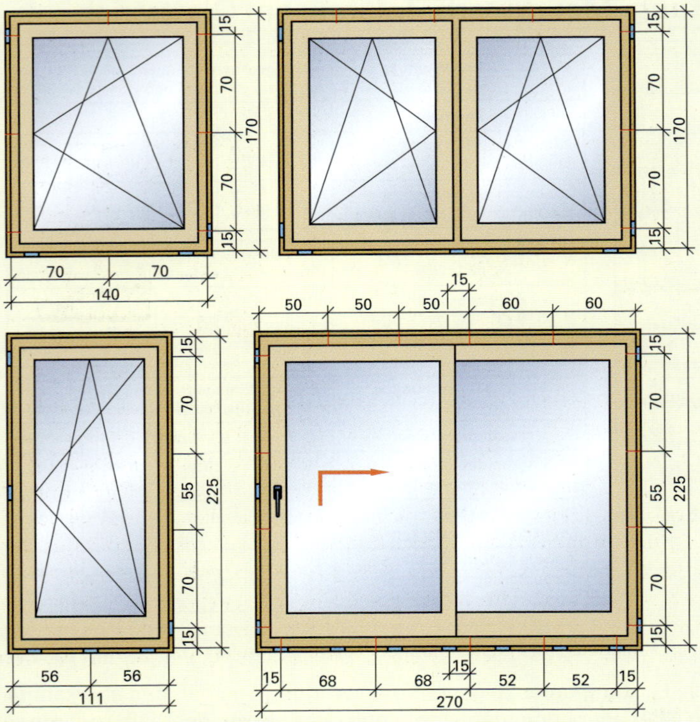

Beispiele für die Anordnung der Trag- und Distanzklötze und die max. Befestigungsabstände. Je nach Lastfall und den Angaben des Befestigungsmittelherstellers ergeben sich die Anzahl der Befestigungen und Befestigungsabstände. Im Regelfall sollten diese aber nicht größer sein als: Ankerabstand: bei Alu, Holz/Alu, Holzfenster max. 800 mm, bei Kunststofffenster max. 700 mm Abstand von der Rahmeninnenecke bzw. Pfosten, Riegel max. 100 mm bis 150 mm.

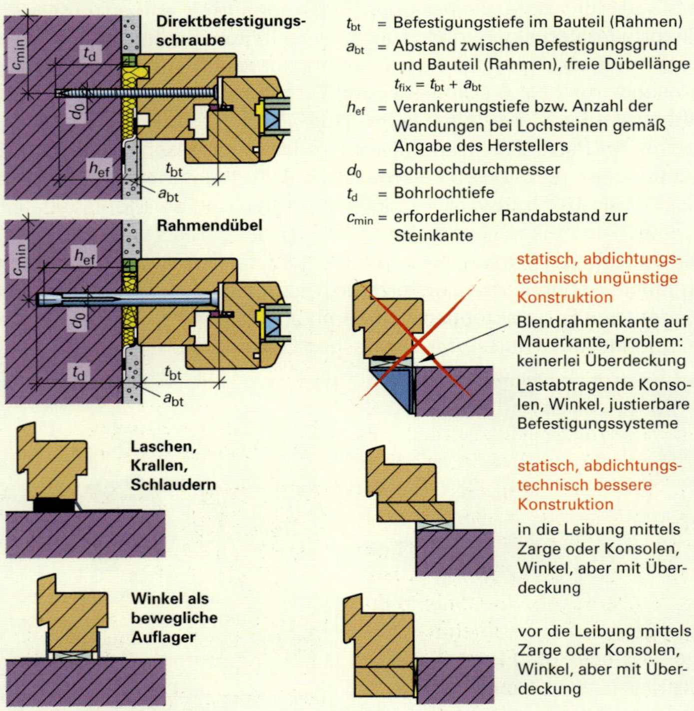

t_{bt} = Befestigungstiefe im Bauteil (Rahmen)
a_{bt} = Abstand zwischen Befestigungsgrund und Bauteil (Rahmen), freie Dübellänge $t_{fix} = t_{bt} + a_{bt}$
h_{ef} = Verankerungstiefe bzw. Anzahl der Wandungen bei Lochsteinen gemäß Angabe des Herstellers
d_0 = Bohrlochdurchmesser
t_d = Bohrlochtiefe
c_{min} = erforderlicher Randabstand zur Steinkante

Bild 1: Befestigungsabstände, Trag-/Distanzklötze, Befestigungsarten

13.2 Lastabtragung, Befestigung

Fenster sollen keine Kräfte aus dem Baukörper aufnehmen. Alle auf das Fenster einwirkenden Kräfte wie Eigengewicht und vertikale Nutzlast bei geöffnetem Flügel (EN 13115), Windlast (DIN 1055-4) und horizontale Nutzlast (DIN 1055-3) sind über mechanische Befestigungssysteme wie Rahmendübel, Direktbefestigungsschrauben, Laschen, Krallen, Winkel, Konsolen usw. unter Einhaltung der Verarbeitungsvorgaben der Hersteller in das Gebäude sicher abzuleiten. PU-Schaum, Kleber und Abdichtungen allein erfüllen diese Aufgabe nicht ausreichend. Fenster und Türen sind waag-, lot- und fluchtgerecht (1,5 mm/m höchstens 3 mm = Wasserwaagengenauigkeit) einzubauen.

Nur auf Druck zu belastende Trag- und Distanzklötze aus dauerhaftem Hartholz oder Kunststoff sind bei Dübeln zur Lastableitung, insbesondere unten, erforderlich. Bei Distanzschrauben gilt dies nicht, wenn ein entsprechender Nachweis des Herstellers vorliegt. Materialspezifische, insbesondere thermische Bewegungen bei PVC- und Aluminiumfenstern bzw. Bewegungen des Bauwerks müssen über verschiebbare Befestigungselemente ausgeglichen werden. Jeder Pfosten und Riegel sollte zudem druckfest hinterlegt werden. Je nach Rahmenmaterial und den Vorgaben des Befestigungsherstellers müssen Befestigungsabstände und Abstände aus den Innenecken eingehalten werden. Die Breite der Tragklötze ist auf die Rahmendicke und die Fuge abzustimmen, sodass sich anschließende Abdichtungsmaßnahmen einwandfrei ausführen lassen. Die Konstruktion sollte so geplant werden, dass eine abdichtungstechnisch und statisch geeignete Fuge durch Überdeckung entsteht.

13.3 Abdichtung von Bauteilanschlussfugen

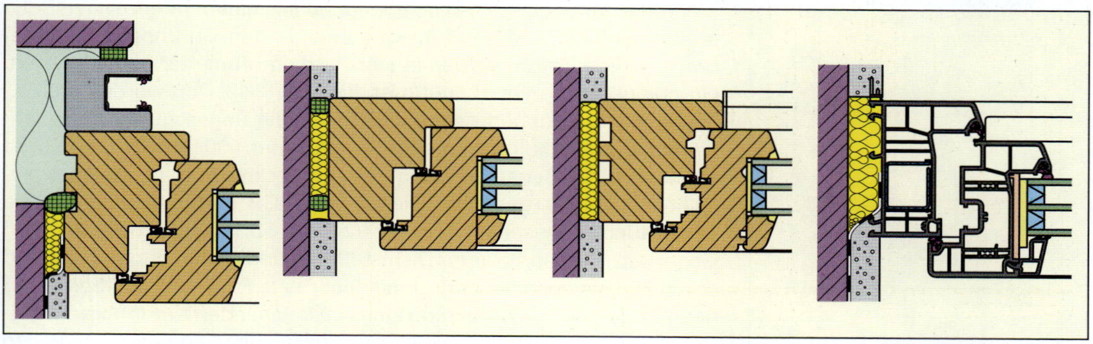

Bild 1: Abgestimmte Abdichtungssysteme: Folien, Fugendichtbänder, Multifunktionsbänder, spritzbare Dichtstoffe

Die luftdichte Abdichtung ist gemäß Ebenenmodell **(Bild 1, Seite 568)** in aller Regel auf der Raumseite anzuordnen. Diese verhindert den Anfall von Schwitzwasser und damit Gefahr der Schimmelbildung sowie einer Durchfeuchtung der Bauteilanschlussfuge. Auf Ebene 3 ist der Wetterschutz mit Wind- und Regensperre außen anzuordnen. Diese Ebene ist diffusionsoffener als die Ebene 1 zu planen. Maßgeblich für die Wasserdampfdurchlässigkeit ist hierfür der s_d-Wert. Ein s_d-Wert von ≤ 0,5 m gilt als dampfdiffusionsoffen, ein s_d-Wert von > 100 m als luftdicht und ein s_d-Wert von ≥ 1500 m als dampfdiffusionsdicht. Bei spritzbaren Dichtstoffen kann man über die Fugentiefe des Dichtstoffs den s_d-Wert proportional einstellen. Alle Abdichtungsmaterialien müssen entsprechende Bewegungen der Fuge auf Dauer ohne Beeinträchtigung aufnehmen können und sollten sorgfältig, in einer Ebene ohne Unterbrechung, verarbeitet werden.

13.3.1 Spritzbare Fugendichtstoffe

Spritzbare Dichtstoffe dürfen nur dann eingesetzt werden, wenn diese vom Hersteller für die Anwendung zur Abdichtung von Anschlussfugen deklariert sind (DIN 18540 und das IVD-Merkblatt Nr. 9 vom Industrieverband Dichtstoffe). Die Verträglichkeit des Dichtstoffes mit angrenzenden Materialien sollte gemäß den technischen Datenblättern der Dichtstoffhersteller überprüft werden. Beispielsweise kann ein sauer reagierender Dichtstoff, der Essigsäure enthält, auf Zinkblech, Naturstein und ähnlichem Material nicht eingesetzt werden, da die Werkstoffe nicht verträglich sind. Die Haft- und Tragfähigkeit der Fugen sind zu prüfen. Gegebenenfalls müssen diese nach Herstellervorgaben mit Primern (Haftvermittlern) vorbehandelt werden. Alle Bewegungen der Fuge sind ohne Beeinträchtigung dauerhaft vom Fugendichtstoff aufzunehmen. Aus diesem Grunde bedarf es einer Zweiflankenhaftung mit einer definierten Fugenbreite. Die Fugentiefe sollte mindestens die Hälfte der Fugenbreite betragen ($t \geq 0{,}5b$). Notwendige Fugenbreiten liegen mindestens bei 10 mm und können, je nach Längenausdehnung des Rahmenmaterials, der Einbausituation und Größe des Elements, z. B. bei PVC farbig, bis zu 25–30 mm betragen. Bei Holz genügen bei jeder Größe und Einbausituation 10 mm. Es empfiehlt sich jedoch aus verarbeitungstechnischen Gründen einen minimalen Fugenquerschnitt von 13 mm zu planen. Damit die Fuge in der Tiefe begrenzt ist und eine freie Beweglichkeit im Fugengrund gewährleistet ist, sollte ein nichtsaugendes, geschlossenzelliges Hinterfüllmaterial (Rundschnur) eingelegt werden. Alternativ kann dies auch z. B. bei Kopplungsfugen eine Trennfolie sein. Dreiecksfugen und Dreiflankenfugen, undefinierte Fugen können dauerhaft nicht die Bewegungen der Fuge aufnehmen und reißen irgendwann. Auf der Außenseite (Wetterschutz, Ebene 3) sollten spritzbare Dichtstoffe mit einer zulässigen Gesamtverformung von 25 % eingesetzt werden, auf der Innenseite (Luftdichte Schicht, Ebene 1) mit mindestens 15 % und einem s_d-Wert > 100 m **(siehe Kap. 2.6.2.4)**.

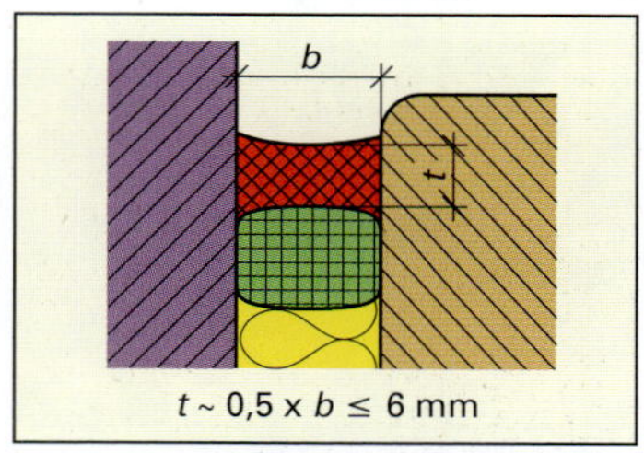

Bild 2: Fachgerechte Abdichtung

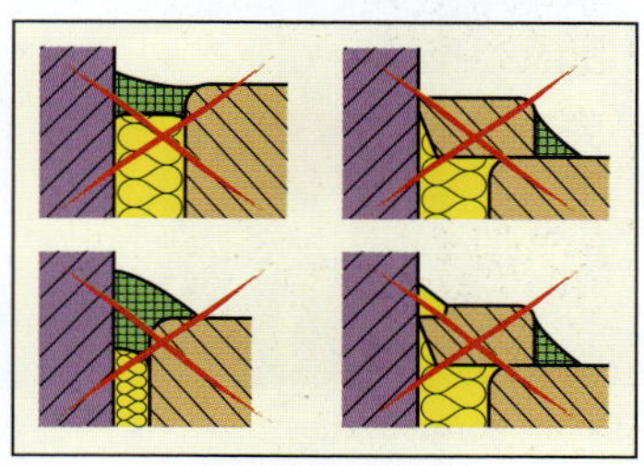

Bild 3: Nicht fachgerechte Abdichtungslösungen

Bild 4: Dichtstoffe brauchen einen Eignungsnachweis des Herstellers

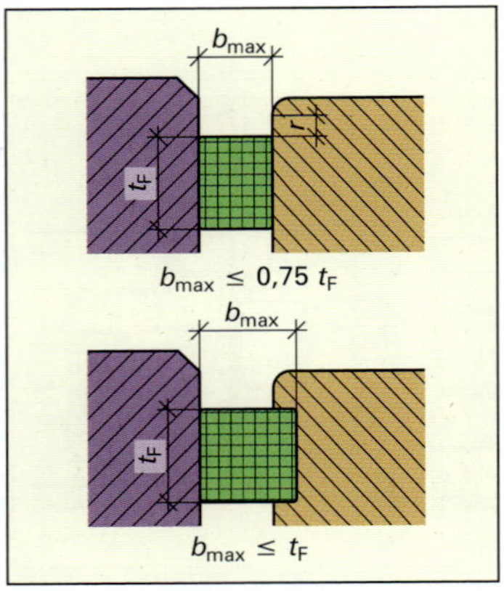

Bild 1: Verhältnis Fugentiefe zur Fugenbreite

Bild 2: Verarbeitung

Bild 3: Eckstoß

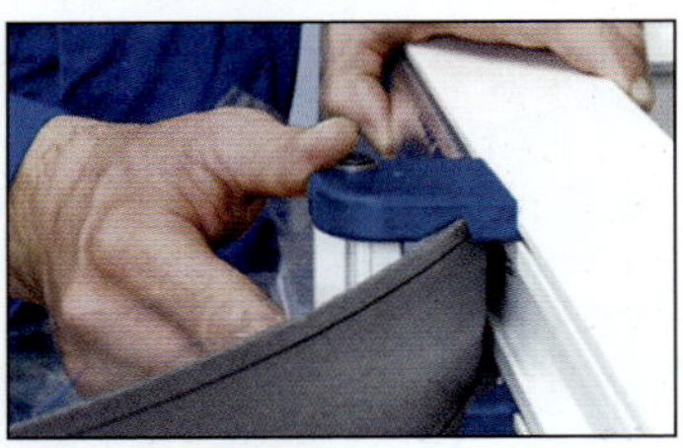

Bild 4: Vormontage

13.3.2 Imprägnierte Fugendichtbänder

Dichtungsbänder bestehen überwiegend aus einem offenzelligen Polyurethan-Schaumstoff als Trägermaterial, in den ein Imprägnat eingebracht wurde. Diese werden in stark vorkomprimierter Form geliefert. Grundlage für die Verarbeitung ist die DIN 18542. Dort werden drei Beanspruchungsgruppen definiert: BG1 für die ungeschützte Außenanwendung. Diese soll schlagregendicht bis min. 600 Pa sein. Die BG2 ist ebenfalls für Außenanwendung, aber verdeckten Einbau, schlagregendicht bis 300 Pa, geeignet. Die Gruppe BGR ist für die raumseitige Abdichtung vorgesehen: luftdicht (Q-Wert < 0,1 m³/[hm(daPa)2/3]). Im Gegensatz zum spritzbaren Dichtstoff funktioniert ein Fugendichtband durch Expansion in der Fuge. Eine dauerhafte Funktion der Abdichtung hängt stark von der Einhaltung eines ausreichenden Kompressionsgrades im eingebauten Zustand ab. Die empfohlenen Fugenbreiten liegen zwischen 6 bis 12 mm. Dabei sind die Vorgaben des Bandherstellers für die Einsatzfugenbreiten (b_{min}–b_{max}) einzuhalten **(Bild 1)**. Die Fugenflächen sollten planparallel verlaufen. Weiche Übergänge werden vom Band gut aufgenommen, jedoch keine sprunghaften Absätze. Wichtig ist eine saubere Verarbeitung, insbesondere in den Ecken, und das Einhalten eines Rücksprungs, damit das Band nicht herausquillt. Langfristig ist eine verdeckte bzw. wenigstens formschlüssig fixierte Anordnung ratsam, da das Band gegen mechanische Beeinträchtigung (Rausziehen, Druckstellen, Löcher) empfindlich ist. Die Verarbeitungstemperatur ist entscheidend für die Expansionsgeschwindigkeit.

13.3.3 Multifunktionsfugendichtbänder

Eine Weiterentwicklung der imprägnierten Fugendichtbänder sind vorkomprimierte Multifunktionsfugendichtbänder. Mit nur einem Abdichtungsmaterial wird den Anforderungen aller drei Ebenen genügt. Multifunktionsbänder dichten die Fuge innen luftdicht, außen schlagregendicht, aber diffusionsoffen ab und erfüllen alle Anforderungen hinsichtlich Wärmedämmung und gegebenenfalls sogar der Schalldämmung. Da in diesem Abdichtungssystem Trag- und Distanzklötze störend sind, sollte die Befestigung mit abgestimmten selbstfixierenden Distanzbefestigungsschrauben erfolgen. Die Fugenflanken sollten planparallel und in voller Fugentiefe möglichst eben verlaufen. In der Renovierung ist das oft sehr schwierig. Moderne Fugenbänder erreichen aber auch hier hervorragende Ergebnisse. Der Vorteil dieses Bandes ist, dass es den Montageaufwand stark rationalisiert. Nach Expansion sind alle Abdichtungsebenen sofort funktionsbereit **(Bild 5)**.

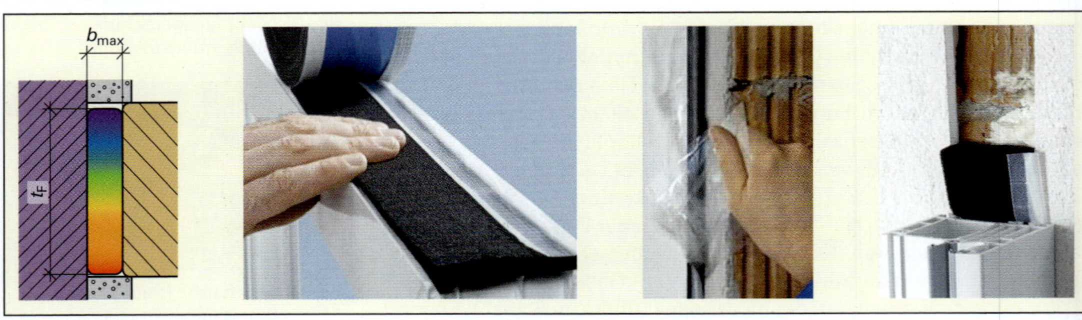

Bild 5: Multifunktionsdichtband erfüllt die Anforderungen aller Ebenen, lässt sich einfach und schnell verarbeiten

13.3.4 Fugendichtbänder, Dichtfolien

Bild 1: Fugendichtbänder können geklebt werden und es gibt sie mit variablem s_d-Wert (siehe Kap. 13.3)

Fugendichtbänder gibt es als abgestimmte Systeme mit definierten Eigenschaften aus den Basismaterialien Butyl, Polyisobutylen, Polyethylen oder Polypropylenfolien als Gewebevarianten. Die Fugendichtbänder sind ein- oder beidseitig selbstklebend oder können mittels dazugehörigen, spritzbaren Klebers montiert werden. Es gibt Bänder mit Anschlussprofilen oder Kedern, Putzträgerbeschichtungen, Alukaschierungen in unterschiedlichen Breiten und Materialdicken. Mit Fugendichtbändern und Folien kann man sehr gut große Fugentoleranzen und -bewegungen überbrücken. Die grundsätzliche Eignung mit Leistungseigenschaften wird durch einen Bauteilversuch in einem akkreditierten Prüfinstitut ermittelt. Die Haftflächen der Fugen sind vorher zu prüfen und gegebenenfalls mit einem geeigneten Primer (Haftvermittler) vorzubehandeln. Bei überputzbaren Fugendichtbändern sind weiterhin folgende Kriterien zu berücksichtigen: Das Fugendichtband sollte die Leibung nicht mehr als 50 % der Leibungstiefe und nicht mehr als 60 mm überdecken. Das Fugendichtband muss im Bereich der späteren Putzüberdeckung gut verklebt sein (min. 75 % der Anlagefläche) gemäß Angaben des Herstellers. Die Verarbeitung sollte sehr sauber erfolgen. Die Längs- und Eckstöße sollten überlappend verklebt werden. Dichtfolien dienen zur Überbrückung größerer Abstände und zur definierten Wasserableitung und werden sehr oft im Fassadenbau eingesetzt. Der Dampfdruckausgleich im Bereich des Wetterschutzes, Ebene 3, kann über die Konstruktion (schlagregensichere Öffnungen nach außen) oder über dampfdiffusionsoffene Folien hergestellt werden. Bei neueren Entwicklungen kann über Membrantechnologie eine Folie mit variablem s_d-Wert hergestellt werden.

13.3.5 Anputzdichtleisten

Anputzdichtleisten wurden aus Anputzleisten entwickelt, um den erhöhten Anforderungen an schlagregendichte Anschlüsse von Wärmedämmverbundsystemen zu Fenstern zu genügen. Eine Anputzdichtleiste hat somit eine erhöhte abdichtende Funktion. Man unterscheidet deshalb einteilige Systeme mit geringer Bewegungsaufnahme (< 4 mm) und mehrteilige Systeme mit größerer Bewegungsaufnahme (> 4 mm). Grundlage für die Anforderungen und den Einsatz von Anputzdichtleisten bildet die ift-Richtlinie MO-01/1 „Baukörperanschluss von Fenstern". Die Systeme werden in der Regel am Blendrahmen aufgeklebt und ein elastisches Element dient zur Putzanbindung. Dieses kann dann mit Gewebearmierung eingeputzt werden. Die Haftflächen sind vorher auf Haftfähigkeit zu überprüfen. Gegebenenfalls muss die Haftfläche gereinigt oder vorbehandelt werden. In der Regel werden zunächst die aufrechten Leisten und dann die obere Leiste dazwischen angebracht.

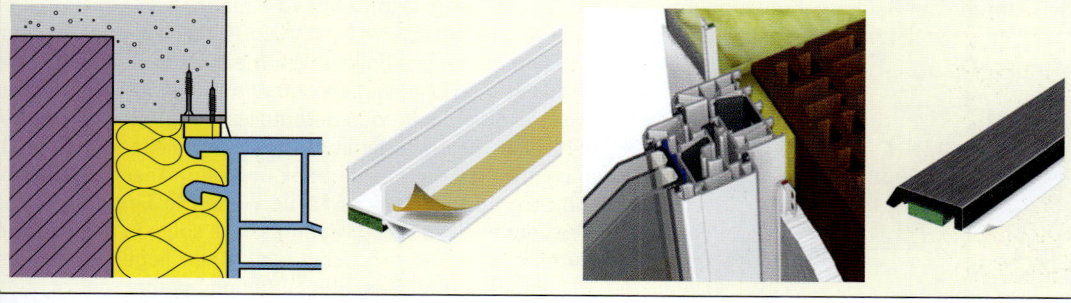

Bild 2: Anputzdichtleisten in unterschiedlichen Ausführungen

13.4 Fugendämmung

Bild 1: Fugendämmung mit PU-Schaum

Der verbleibende Fugenraum zwischen innerer und äußerer Abdichtung auf Ebene 2 ist möglichst vollständig mit Dämmstoff auszufüllen. (VOB/C ATV DIN 18355). Dies ist möglich mit PU-Ortschaum, Mineralfaserdämmstoffen, Schaumstofffüllbändern, Spritzkork oder biologischen aufbereiteten, geeigneten Naturprodukten mit dämmenden Eigenschaften. Beim Einsatz von PU-Schaum sollte man minimal eine Fugenbreite von 13 mm vorsehen, da man mit professionellen Schaumpistolen sonst nicht in die Fuge kommt. Schäumt man von einer Seite nur bis zur Mitte der Fuge aus, lässt den Schaum dann aushärten, sodass sich eine Haut bildet und schäumt dann von der anderen Seite, kann man die Luftdichtigkeit stark erhöhen. Gemäß DIN EN 13829 kann man dann die Luftdichtheit der Gebäudehülle ermitteln und damit einen bauseitigen Nachweis über die Luftdichtheit des gesamten Systems erbringen (Blower-Door-Methode). Bei Fugenbreiten unterhalb von 6 mm ist das vollständige Ausfüllen von Bauanschlussfugen in der Praxis nicht herstellbar. Hier ist zu prüfen, ob nicht eine stehende Luftschicht als wärmedämmende Schicht wie beim dichtstofffreien Glasfalzgrund in Ansatz zu bringen ist.

13.5 Abdichtung von Kopplungsfugen

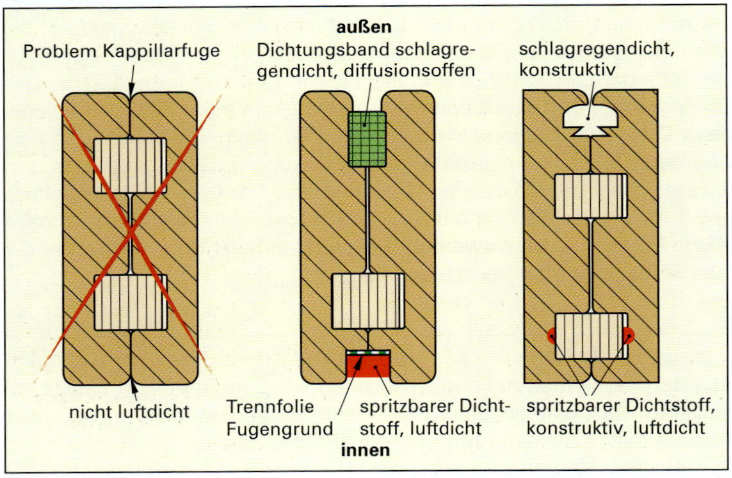

Bild 2: Kopplungsfugen beim Holzfenster, Kapillarfugen vermeiden, innen luftdicht

Ein wichtiger Aspekt, insbesondere beim Holzfenster, ist die richtige Ausführung von Kopplungsfugen. Kapillarfugen verursachen Langzeitschäden an der Oberfläche und am Holz. Je enger eine Fuge wird, solange sie nicht verklebt und komplett verschlossen ist, umso mehr zieht sie Wasser an und trocknet auch nicht aus. Die äußere Kopplungsfuge sollte aber nicht nur schlagregendicht sein, sondern auch diffusionsoffener als die luftdichte Abdichtung innen. Dies kann man über geeignete Dichtungsmaterialien und/oder über konstruktive Maßnahmen herstellen.

13.6 Wärmebrücken im Anschlussbereich Fußboden, Wand, Fenster

Wärmebrücken können zu Tauwasser-, Schimmelbildung und Bauschäden führen. Hier sind zusätzliche Maßnahmen am Baukörper vorzunehmen (Leibungsdämmung, Dämmung von außen). Der Fensterbauer hat hier bei der Planung gemäß § 4 Nr. 3 VOB/B eine Prüf- und Hinweispflicht. Kritisch sind augenscheinliche Wärmebrücken, z.B. wenn die Wand einen schlechteren U_{aw}-Wert von 1,0 W/m²K hat. Wärmebrücken sind vorhanden bei durchlaufenden Betonteilen oder Stahlträgern, bei alten Rollladenkästen, bei ungedämmten, gut wärmeleitenden Bauteilanschlüssen, sehr oft bei der Fensterbank und dem Anschluss Blendrahmen unten zum Fußboden oder Mauerwerk. Die Einbaulage des Fensters im Mauerwerk ist ebenso wichtig. Diese sollte in der Regel in der Wärmedämmebene und möglichst weit innen liegen, wobei im Detail die Befestigung und Anschlusssituation sauber gelöst sein muss. Eine Isothermenberechnung schafft hier Planungssicherheit.

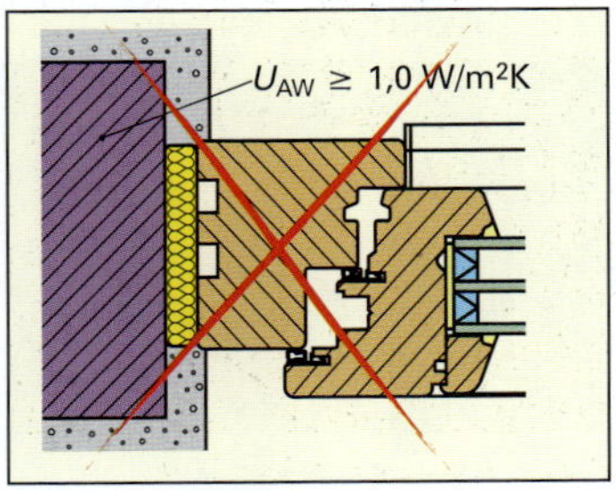

Bild 3: *U*-Wert Wand ≥ 1,0 W/m²K

13.7 Oberflächenschutz bei Fenstern und Fenstertüren

Anstriche dienen als Wetterschutz, als Holzschutz und als Gestaltungsmaßnahme. Eingesetzt werden Lasuren und deckende Anstriche. Fenster und Türen sind maßhaltige Bauteile. Jede Feuchteänderung des Holzes führt zum Quellen und Schwinden. Die Oberflächenbehandlung reduziert und puffert die Feuchteeinwirkung von außen. Im Laufe der Zeit stellt sich eine Gleichgewichtsfeuchte zwischen drinnen und draußen von 13 ± 2 % ein **(siehe auch Kap. 2.4)**.

Die Oberflächenbehandlung sollte unter definierten klimatischen Bedingungen (Luftfeuchte, Temperatur) im Werk erfolgen. Neben der Qualität der Oberflächenmaterialien ist die Ausführung der Oberflächenbehandlung entscheidend für die Oberflächengüte und -langlebigkeit.

Insbesondere wenig resistente Hölzer benötigen einen wirksamen Holzschutz gem. DIN 68800, Teil 3. Leistungsfähige Imprägnierungen sind gemäß DIN EN 113 und 152 „Wirksamkeit gegen Fäulnis und Bläue" geprüft und ausgezeichnet **(Bild 1)**.

Sehr oft ist diese Imprägnierung, gepaart mit einer Grundierung und Holzverfestiger, wasserlöslich und wird im Tauch- oder Flutverfahren aufgebracht. Danach erfolgt in der Regel ein Zwischenschliff, wobei die aufgestellte Faser gebrochen wird. In diesem Zusammenhang werden die Eckverbindungen, die Kapillarfugen und die Hirnholzflächen durch einen speziellen Fugenschutz oder Fugensiegel behandelt und dadurch gut geschützt. Es erfolgen zwei oder drei Arbeitsgänge, wobei auf wasserlöslicher Dickschichtbasis spritzlackiert wird. Die Teile trocknen dann aufgehängt an einer Hängebahn. Acrylate (wasserlösliche Oberflächenmaterialien) sind sehr schnell lufttrocken (Stunden), brauchen aber für die komplette Trocknung wesentlich länger (Tage). Eine definierte Trocknung über Trockenkanäle Frischluft-/Abluft, UV-Trocknung oder Infrarottrocknung sind deshalb besser und erhöhen die Blockfestigkeit (Grad der Durchtrocknung). Die Trockenschichtdicke bei deckenden Lacksystemen sollte über 100 µm, bei lasierenden Systemen über 80 µm liegen. Je höher die Trockenschichtdicke, desto höher die Langlebigkeit, aber umso geringer die Blockfestigkeit.

Die Oberflächenbehandlung soll vor Feuchtigkeit schützen, aber diffusionsfähig sein. Solche Oberflächenmaterialien haben amorphe Polymerteilchen und Core-Shell-Bindemittel, welche zu einer verbesserten Vernetzung des Anstrichs mit erhöhtem Feuchteschutz bei gleichzeitiger Diffusionsfähigkeit führen **(Bild 2)**. Zudem wurden mikroschaumarme Beschichtungsmittel entwickelt, welche diesen Effekt erhöhen **(Bild 3)**. Deckende, weiße Anstriche haben die höchste Langlebigkeit, da sie einen kompletten UV-Schutz bieten und sich nicht so stark erwärmen wie farbige und dunkle Anstriche. Gerade aufgrund sich verändernder Holzqualitäten wird die Aufgabenstellung „Isolierung von Holzinhaltsstoffen" insbesondere bei weißen Fenstern immer schwieriger, da wasserlösliche Holzinhaltsstoffe zum Ausbluten neigen. Hierfür gibt es Oberflächenmaterialien mit Mehrfachisolierung und Absperrwirkung ohne Zinkoxid (ZnO). UV-Strahlung, welche durch transparente Lasuren bis zur Holzoberfläche durchdringt, zerstört die Holzoberfläche und damit die Verbindung zwischen Lasur und Holz. Pigmente in der Lasur hindern diesen Prozess. Je transparenter eine Lasur früher war, umso rechtzeitiger musste nachgestrichen werden und umso eher kam es zu UV-Schäden, wobei sich zuerst das Holz unterhalb der Oberflächenbehandlung dunkel verfärbt und dann die Lasur sich nach und nach ablöst. Mittlerweile gibt es hochtransparente UV-Absorber, welche dieses Problem entschärft haben.

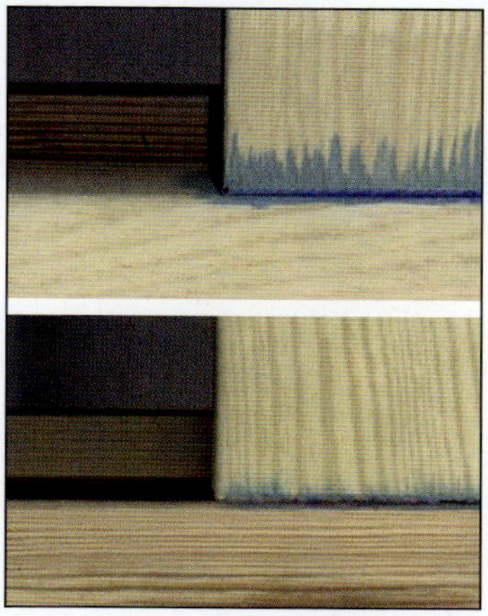

Bild 1: Hydrophobierung im Hirnholzbereich durch Imprägnierung

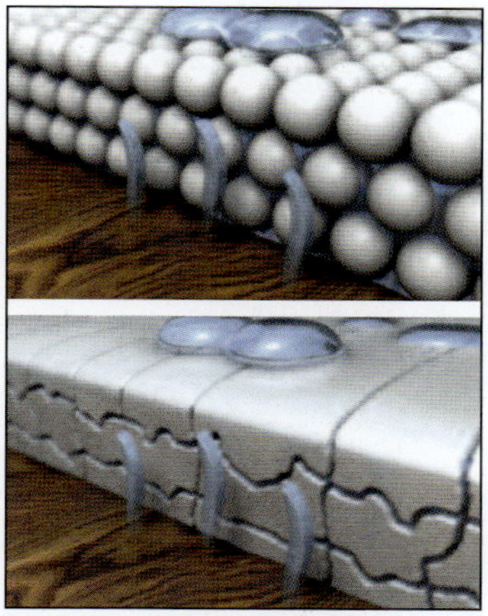

Bild 2: Bessere Oberflächendichte durch amorphe Polymerteilchen

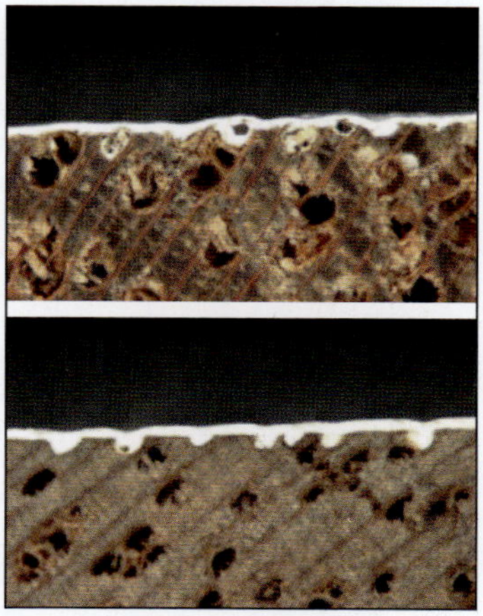

Bild 3: Besserer Lackverlauf, schaumfrei ohne Einschlüsse

Tabelle 1: Anstrichgruppen für Fenster und Fenstertüren aus Holz

Oberflächenschutz		Lasuranstrich[4]			Deckender Anstrich[5]		
Holzartengruppe[6]		I	II	III	I	II	III
Beanspruchung	Farbton						
Außenraumklima[1] (indirekte Bewitterung)	ohne Einschränkung	A	A	A	C	C	C
Freiluftklima bei normaler direkter Bewitterung[2]	hell				C	C	C
	mittel	B	B	B	C	C	C
	dunkel	B	B	B	C	C	C
Freiluftklima bei extremer direkter Bewitterung[3]	hell				C	C	C
	hell		B	B	C	C	C
	hell		B	B		C	C

[1] Fenster und Türen sind gegen Niederschläge und direkte Sonneneinwirkung geschützt.
[2] Regen, Sonne und Wind können unmittelbar auf Fenster und Türen einwirken; Gebäude bis zu drei Geschosse hoch.
[3] Eine starke Bewitterung (Schlagregen, Sonne, Wind) kann auf Fenster und Türen direkt einwirken; Gebäude mit mehr als drei Geschossen.
[4] Lasuranstriche:
hell z. B. gelb, „kiefer"
mittel z. B. mittelbraun, „afrormosia"
dunkel z. B. dunkelbraun, „nussbaum"
[5] Deckende Anstriche:
hell z. B. weiß und Abtönungen
mittel z. B. taubenblau, steingrau
dunkel z. B. tannengrün, weinrot
„Helle" Lasuranstriche sind im Freiluftklima wegen der UV-Einwirkung durchgehend ungeeignet. Bei den Farbtönen „mittel" und „dunkel" muss bei Hölzern der Holzartengruppe I bei lasierenden und deckenden Anstrichen mit Harzaustritt gerechnet werden.
[6] Holzartgruppen:
I Harzreiche Nadelhölzer, wie z. B. Kiefer, Douglasie, Pitch pine
II Harzarme Nadelhölzer, wie z. B. Fichte und Redwood
III Laubhölzer, wie z. B. Sipo, Meranti, Teak, Eiche

13.7.1 Anforderungen an den Anstrichgrund

An den Anstrichgrund Holz werden eine Reihe von Anforderungen gestellt, die erfüllt werden müssen, weil nur dann der Oberflächenschutz gewährleistet ist.

Anforderungen an den Anstrichgrund

- Das Holz soll möglichst harzarm, wenig rissanfällig und in der Struktur und Beschaffenheit gleichmäßig sein. In der DIN 68360 ist die erforderliche Holzqualität festgelegt. Der zulässige Feuchtegehalt des Holzes beim Verlassen des Fenster-Herstellerbetriebes ist in der DIN 18355 festgelegt.
- Das Holz muss möglichst trocken sein. Bei Nadelhölzern und tropischen Laubhölzern soll der Feuchtegehalt ≤ 15 % betragen, bei europäischen Laubhölzern ≤ 12 %.
- Bei tropischen Laubhölzern müssen die hemmenden (inhibierenden) Inhaltsstoffe vor dem Grundanstrich ausgebürstet oder durch einen Voranstrich mit Polyurethanlack am Austreten gehindert werden.
- Alle dem Freiluftklima ausgesetzten Kanten und Profile müssen abgerundet sein; die Rundungen müssen einen Radius von 2 mm und mehr aufweisen. Die beiden Abtropfkanten der Wasserabreißnut dürfen nicht gerundet sein.
- Horizontal angeordnete Profile müssen zur Wasserableitung mindestens 15° abgeschrägt sein.
- Alle verleimten Holzfugen müssen dauerhaft dicht sein. Die Verleimung ist nach den Vorschriften der DIN EN 204 auszuführen. Alle Verleimungen müssen der Beanspruchungsgruppe D4 entsprechen. Für Fenster mit weißem Anstrich ist die Gruppe D3 ausreichend.
- Die Holzoberfläche muss einwandfrei geschliffen oder fein gehobelt sein, sie darf nur geringe Faserabweichungen aufweisen.
- Das Holz muss vor dem Verglasen und vor dem endgültigen Anbringen der Beschläge einen farblosen oder pigmentierten Grundanstrich und einen deckenden oder lasierenden Zwischenanstrich erhalten. Stahlbeschläge müssen gegen Korrosion geschützt werden.
- Nach besonderer Vereinbarung kann gemäß DIN 68800, Teil 3, auf einen chemischen Holzschutz verzichtet werden.
- Aus dem Dichtstoff dürfen keine Bestandteile ausdiffundieren, die beim Auftragen des Anstrichs zu Verlaufs- und Haftstörungen, zu Verfärbungen und Erweichungen führen.

13.7.2 Anforderungen an die Anstrichverträglichkeit des Dichtstoffes

Die Anstrichverträglichkeit ist eine der wichtigsten Eigenschaften des Dichtstoffes beim Einsatz. Ein Dichtstoff ist anstrichverträglich, wenn sich keine schädigenden Wechselwirkungen zwischen dem Dichtstoff, dem Anstrich und den angrenzenden Baustoffen ergeben. Unterschieden werden muss zwischen der Anstrichverträglichkeit des Dichtstoffes mit einem vorhandenen ausgehärteten Anstrich, wie z. B. vor der Verglasung, und der Anstrichverträglichkeit des Dichtstoffes mit nachfolgendem Anstrich, wie z. B. beim Schlussanstrich. Ein Anstrich darf den Dichtstoff grundsätzlich nur auf 1 mm Breite überdecken. Dies gilt auch dann, wenn ein Dichtstoff als mit dem Anstrich verträglich eingestuft ist.

In **Tabelle 1 und Tabelle 2** ist die Anstrichverträglichkeit der Dichtstoffe mit Anstrichen angegeben.

Tabelle 1: Verträglichkeit von Dichtstoffen mit vorhandenen ausgehärteten Anstrichen

Dichtstoff / Untergrund	Silicon			Polysulfid	PUR	Acryl-Dispersion	Acryl-Lösemittel	MS-Polymer
	neutral	alkalisch	sauer					
Fensteranstrichsysteme								grundsätzlich Versuche erforderlich
Alkydharzlasur	+	+	+	+	+	+	+	
Dispersionslasur	+	+	+	–	+	+	+	
Alkydharzlackfarbe	+	–	+	+	–	+	+	
Dispersionslack	+	+	+	–	+	+	+	

+ = Einsatz möglich, – = Einsatz nicht ratsam

Tabelle 2: Verträglichkeit von Dichtstoffen mit nachfolgenden aufzutragenden Anstrichen

Dichtstoff / Anstrich	Silicon			Polysulfid	PUR	Acryl-Dispersion	Acryl-Lösemittel	MS-Polymer
	neutral	alkalisch	sauer					
Fensteranstrichsysteme								grundsätzlich Versuche erforderlich
Alkydharzlasur	+	–	–	+	+	+	+	
Dispersionslasur	E	–	–	–	+	+	+	
Alkydharzlackfarbe	+	–	–	+	–	+	+	
Dispersionslack	E	–	–	–	+	+	+	

+ = Einsatz möglich, – = Einsatz nicht ratsam, E = Eignung vom Hersteller bestätigen lassen

13.7.3 Anforderungen an die Ausführung des Anstrichs

Die Ausführung des Anstrichs ist wesentlich mitentscheidend für die Funktionsfähigkeit des Anstriches und unterliegt deshalb folgenden Anforderungen:

Anforderungen an die Ausführung

- Die DIN 68805 ist zu beachten. In ihr sind Anforderungen an den Grundanstrich bezüglich des vorbeugenden chemischen und anstrichtechnischen Schutzes des Holzes gestellt.
- Die Verarbeitungsrichtlinien der Anstrichhersteller sind genau einzuhalten.
- Der Anstrich muss in der vom Anstrichhersteller empfohlenen oder vorgeschriebenen Schichtdicke aufgebracht werden.
- Vor jedem erneuten Auftrag einer Anstrichschicht muss der Untergrund trocken sein. Es gibt Anstrichsysteme, die es ermöglichen, an einem Tag mehrere Anstrichschichten aufzutragen.
- Ein zweiter Zwischenanstrich sowie ein oder zwei Schlussanstriche müssen spätestens innerhalb einer vorgeschriebenen Zeit nach dem Fenstereinbau aufgebracht werden.
- Im Gegensatz zum Erneuerungsanstrich darf beim Überholanstrich der Altanstrich nur geringe Schäden aufweisen und muss als Anstrichträger geeignet sein. Wenn der alte Anstrich zerstört ist, müssen die Anstrichreste entfernt und eine tragfähige Holzoberfläche wieder hergestellt werden.

14 Holz im Außenbereich

14.1 Terrassendielen und Holzfassaden

Für die Verwendung von Holz im Außenbereich sind vor allem Einflüsse durch direkte Bewitterung und Holz abbauende bzw. zerstörende Pilze und Insekten auf die Eigenschaften und Verwendung von Holzarten und -produkten zu beachten. **Tabelle 1, Seite 579,** enthält eine Auswahl an Holzarten sowie deren Eigenschaften für Terrassenbeläge, Fassaden, Zäune und tragende Konstruktionen. Neben dauerhaften Holzarten werden kesseldruckimprägnierte (KDI), chemisch modifizierte (CMT), mit Hitze behandelte Holzprodukte (Thermoholz) oder Wood Plastic Composites (WPC) eingesetzt **(siehe Seite 71 und Seite 535)**. Mithilfe von **macroHOLZdata** können Verwendungszwecke, Eigenschaften und Holzarten gezielt abgefragt werden, z. B. zur Verwendung als Terrassendielen **(Bild 1)** und Holzfassaden **(Bild 2)**.

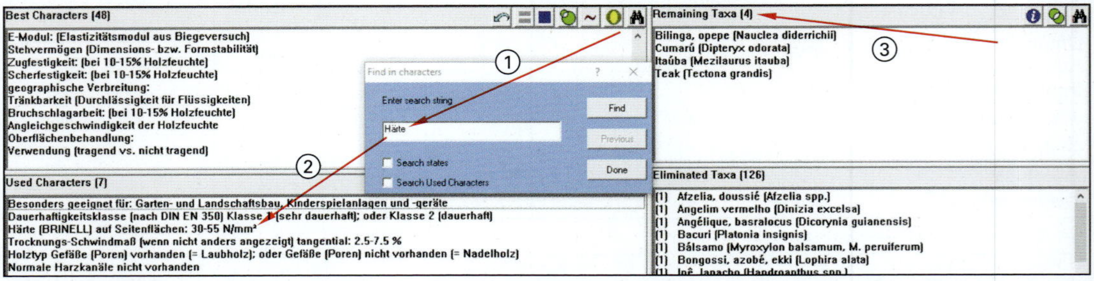

Bild 1: Holzartenauswahl für Terrassendielen mit macroHOLZdata. Schritt 1: Klicken auf Symbol „Fernglas" für Schnellsuche und Eingabe von Kriterien; Schritt 2: Eingabe von Wertebereichen (mit „DOT" statt „Komma"), z. B. <Trocknungs-Schwindmaß tangential> dann <2.5-7.5>; Schritt 3: Liste an Holzarten, für die die ausgewählten Merkmale und Werte zutreffen.

Für tragende Holzkonstruktionen sind natürliche Dauerhaftigkeit nach DIN EN 350 oder durch chemisch vorbeugenden Holzschutz erprobte Dauerhaftigkeit nach DIN 68800 und Statik bzw. Dimensionierung von Holzquerschnitten anhand von Sortierklassen nach DIN 1052 und DIN 4074 sowie konstruktive Maßnahmen gegen Niederschlag, Wind, Sonne und Untergrund maßgeblich. Kann Niederschlagswasser von der Holzoberfläche frei abfließen, wird die Gefährdung durch Pilzbefall vermindert. Durch konstruktive Maßnahmen, z. B. Dachüberstände, werden Verdrehen, Schwinden, Rissbildung, Staufeuchte und nachträglicher Harzaustritt erheblich reduziert.

Blaue, graue und schwarze Verfärbungen entstehen durch korrodierende Beschläge und Verbindungsmittel sowie Metallbearbeitung auf der Holzfläche (z. B. Funkenflug). Der Untergrund von Holzkonstruktionen kann mit Asphalt, Beton, Schotter oder Kies mit leichtem Gefälle hergestellt werden, damit Regenwasser abfließen kann. Für höhere Aufbauten und besondere Verkehrslasten muss eine statisch sichere und dauerhafte Unterkonstruktion einschließlich der Abstände der Lagerhölzer ermittelt werden.

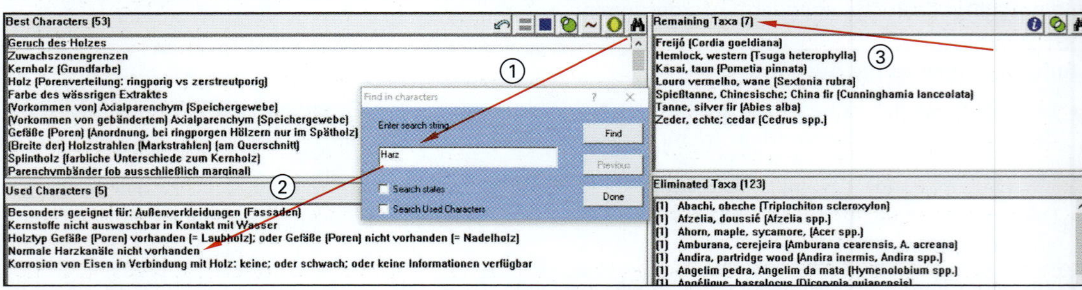

Bild 2: Holzartenauswahl für Holzfassaden mit macroHOLZdata. Schritt 1: Klicken auf Symbol „Fernglas" für Schnellsuche <Verwendung> dann <Besonders geeignet für Außenverkleidungen (Fassaden)>; Schritt 2: Auswahl von Kriterien, z. B. <Normale Harzkanäle> <nicht vorhanden>; Schritt 3: Liste an Holzarten, für die die ausgewählten Merkmale zutreffen

Die Änderungen der Holzquerschnitte (oder Fugenbreiten) kann abhängig vom holzartspezifischem maximalem Quell- und Schwindmaß, dem Fasersättigungsbereich (FSB), der aktuellen Holzfeuchte, Witterungseinfluss, Einbauzeitpunkt und Änderung der Gleichgewichtsfeuchte (Holzfeuchte zwischen ca. 10 % im Sommer und 25 % im Winter) ermittelt werden.

14.2 Holz für tragende Konstruktionen

Tabelle 1: Auswahl an Hölzern für Terrassen und tragende Konstruktionen

Holzart, Kurzzeichen nach DIN EN 13556	Dauerhaftigkeitsklasse (DKL)	Gebrauchsklasse (GKL)			Verfärbung (F), Korrosion (K), Auswaschung (W), Harzaustritt (H)				Maximales tangentiales Trocknungsschwindmaß	E-Modul
		3.1	3.2	4	F	K	W	H	β_{tan} [%]	[N/mm²]
Bilinga NADD	1				++	++	+		8,1	12500 ... 14400
Ipé/Lapacho TBXX	1								7,3–8,0	18300 ... 26300
Massaranduba MNXX	1				+				9,0–10,2	18600 ... 28000
Okan CKGB	1								7,3–9,6	15200 ... 20600
Tali EYXX	1				+	+			8,4	13000 ... 19000
Teak (Plantagenteak DKL 3) TEGR	1								2,5	10000 ... 13700
Angelim vermelho (Kurzzeichen nicht aufgeführt)	1–2								6,6–9,5	15900 ... 19400
Cumarú DXOD	1–2								7,2–7,9	20000 ... 22200
Garapa (Kurzzeichen nicht aufgeführt)	3				++	+	+		7,5	15880
Robinie ROPS	1–2				++	++	++		10,2–11,8	11000 ... 15700
Bangkirai/Yellow Balau SHBL	2				++	++	+	+	9,3–10,2	19500 ... 20500
Bongossi (Vorverkernungszone DKL 3)/Azobe LOAL	2								8,3–10,8	15000 ... 21600
Eiche QCXE	2–4				++	++	++		4–5,5	10500 ... 14500
Jatoba HYCB	2–3								7,15	20870
Kapur (provenienzabhängig DKL 1–3) DRXX	2				++	++	++	++	9,1	10900 ... 18600
Red Balau SHRB	3–4				++	++	++	+	8,8	14800
Chem. modifizierte Hölzer (CMT) – prozessabhängig DKL 1–2 (3)	2								Ermittlung der Eigenschaften in Abhängigkeit von Holzart und Prozessparametern	
Thermohölzer (TMT) – verfahrens- und holzartenabhängig DKL 1–3	2				+	+	++			
Nadelhölzer kesseldruckimprägniert (KDI) – Prüfzeichen Iv, P, W (KI, LÄ, DGL)	1–2									
Western Red Cedar/Thuja Plicata THPL	2–3								3,2	7400 ... 8400
Europäische Douglasie PSMN	3–4				+	+	+	+	4,0	11000 ... 13200
Europäische Lärche LADC	3–4				++	+	+	+	4,5	10600 ... 14500
Kiefer PNSY	3–4								4,5	10800 ... 13000

Laubholz — Nadelholz — chemisch modifiziert (CMT)/kesseldruckimprägniert/Thermoholz

- einsetzbar als bauaufsichtlich tragender Teil
- einsetzbar als bauaufsichtlich nicht tragender Teil
- einsetzbar im nicht tragenden Bereich bei Inkaufnahme ggf. kürzerer Nutzungsdauer
- Dauerhaftigkeitsklasse in DIN 68800-1 aufgeführt
- Dauerhaftigkeit nach DIN EN 350 klassifiziert
- Dauerhaftigkeit nicht normativ klassifiziert, aber durch angewandte Forschung gesichert eingestuft, z. B. von Thünen-Institut, Hamburg

GKL 3.1 = Gebrauchsklasse 3.1: Holz ist der Witterung ausgesetzt: Wasser kann schnell ablaufen, aber es reichert sich nicht oder nur kurz im Holz an, z. B. Holzfassaden.

GKL 3.2 = Gebrauchsklasse 3.2: Holz ist horizontal der Witterung ausgesetzt: es kann zur stärkeren, länger anhaltenden Anreicherung von Wasser im Holz kommen, z. B. Terrassendielen; Pilzbefall möglich.

GKL 4 = Gebrauchsklasse 4: Holz im Erdkontakt oder im Süßwasser: Moderfäulegefahr

+ = schwach: Verfärbung (schwach grau)/Korrosion/Auswaschung von Inhaltsstoffen durch Wasser/Harzaustritt von frischem Holz

++ = stark: Verfärbung (blau, grau, schwarz)/Korrosion/Auswaschung von Inhaltsstoffen durch Wasser/Harzaustritt von frischem Holz

15 Umweltschutz

Umweltschutz umfasst Maßnahmen zur Erhaltung oder Schaffung einer gesunden Umwelt. Leitlinien und Regeln für Umweltschutz werden durch Umweltpolitik und Umweltgesetze festgelegt. In Deutschland erschienen Forderungen zum Schutz der Umwelt bis 1970 lediglich als Unterpunkte allgemeiner Gesetze und Verordnungen, wie etwa der Gewerbeordnung von 1869. 1971 hat die Bundesregierung ein Umweltprogramm beschlossen, nach dem unter Umweltschutz die Gesamtheit aller Maßnahmen verstanden wird, die notwendig sind, um **„dem Menschen eine Umwelt zu sichern, wie er sie für seine Gesundheit und ein menschenwürdiges Dasein braucht, Boden, Wasser und Luft, Tierwelt und Pflanzenwelt vor nachteiligen Wirkungen menschlicher Einwirkungen zu schützen und Schäden oder Nachteile aus menschlichen Einwirkungen zu beseitigen"**. Dies schließt Schutzziele wie Klima- und Artenschutz sowie Nachhaltigkeit ein. Die Bundesregierung strebt an, diese Ziele durch Anwendung des Vorsorgeprinzips, des Verursacherprinzips und des Kooperationsprinzips zu erreichen.

15.1 Luftreinhaltung (außerhalb von Räumen)

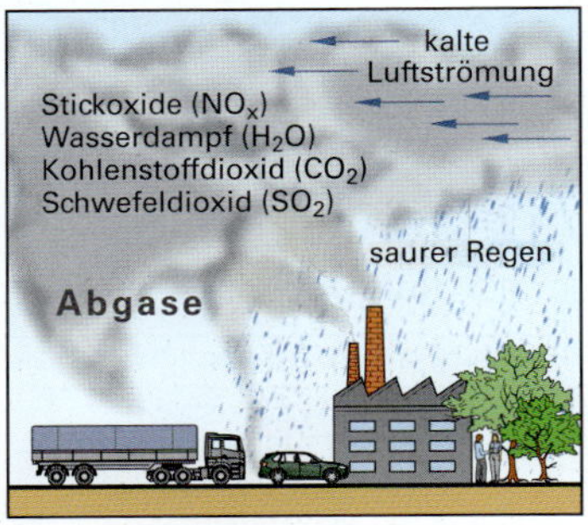

Bild 1: „Saurer Regen"

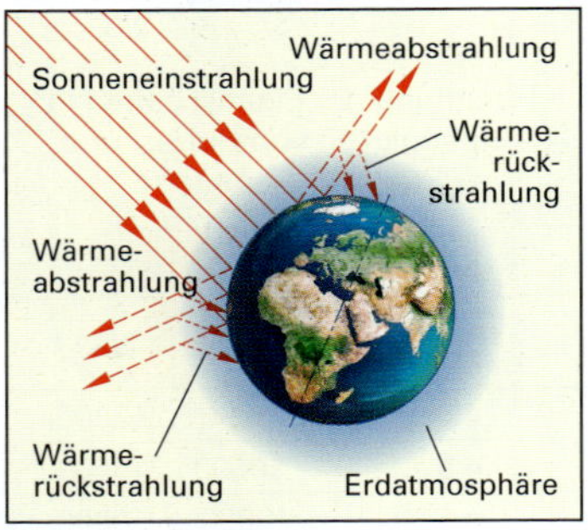

Bild 2: Treibhauseffekt

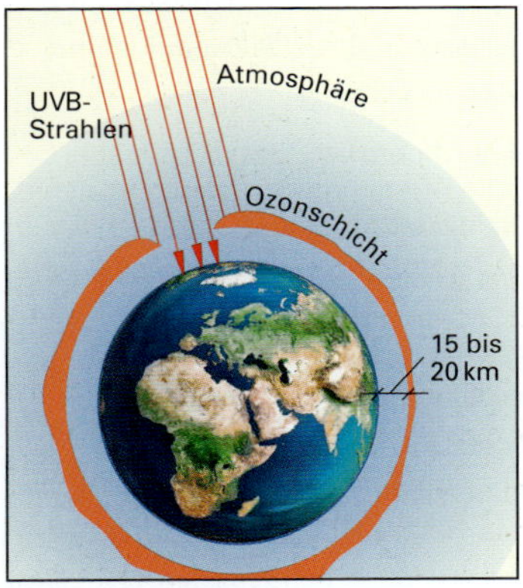

Bild 3: Ozonschicht

Die Luft wird hauptsächlich verunreinigt durch Stäube, die gasförmigen Schadstoffe Kohlenstoffdioxid (CO_2), Schwefeldioxid (SO_2), Stickoxide (NO_x) sowie flüchtige organische Verbindungen (VOC). Sie entstehen bei der Verbrennung von fossilen Brennstoffen, wie z. B. Kohle, Öl und Erdgas in Kraftwerken, Heizungsanlagen, Verbrennungsmotoren sowie in Haushalten, Verkehr und Gewerbe.

Kohlenstoffdioxid (CO_2), Schwefeldioxid (SO_2) und Stickoxide (NO_x) verbinden sich mit dem Wasserdampf der Luft bzw. mit dem Regen zu Kohlensäure (H_2CO_3), schwefliger Säure (H_2SO_3) und Salpetersäure (HNO_3). Schwefeldioxid (SO_2) wandelt sich durch das Ozon der Luft in Schwefeltrioxid (SO_3) um und wird mit Regenwasser zu Schwefelsäure (H_2SO_4). Dieser sogenannte **„Saure Regen"** beeinträchtigt u. a. das Pflanzenwachstum („Waldsterben", **Bild 1**).

Durch die Sonneneinstrahlung erwärmt sich die Erdoberfläche. Vor allem Kohlenstoffdioxid (CO_2), aber auch Stickstoffdioxid (NO_2) und Fluor-Chlor-Kohlenwasserstoffe (FCKW) in der Luft reflektieren die von der Erdoberfläche abgestrahlten, langwelligen Wärmestrahlen wieder auf die Erdoberfläche und heizen diese auf. Dieser „Treibhauseffekt" erwärmt die Erde und die Atmosphäre. Dies führt zum Ansteigen des Meeresspiegels, zur Zunahme von Orkanen, Überschwemmungen, Dürren und Waldbränden **(Bild 2)**.

Fluor-Chlor-Kohlenwasserstoffe (FCKW) sind in Kühlmitteln, Spraydosen und Lösemitteln enthalten. Sie schädigen die Ozonschicht. Durch das sogenannte „Ozonloch" treffen die im Sonnenlicht enthaltenen, zellschädigenden UV-B-Strahlen ungehindert auf die Erdoberfläche. Diese können zu Gesundheitsschäden von Menschen, Tieren und Pflanzen und zu Ernteausfällen in der Landwirtschaft führen (**Bild 3**).

Maßnahmen zur Verringerung der Luftbelastung sind:

- Einschränkung des Verbrauchs an Kraftstoff, Strom und Brennstoffen in Haushalt, Gewerbe und Industrie, Freizeit und Konsum.
- Reinigung der Abgase bei Kohlekraftwerken, in Gewerbebetrieben, bei Heizungsanlagen und Kraftfahrzeugen.
- Nutzung erneuerbarer Energien durch den Betrieb von Wasserkraftanlagen, Windgeneratoren und Solaranlagen.
- Neupflanzung von Bäumen und Wäldern zur CO_2-Bindung.

15.2 Wasser- und Gewässerschutz

Der Schutz des Wassers ist im Wasserhaushaltsgesetz (WHG) und Bodenschutzgesetz geregelt. Wasser gilt bereits jetzt schon als kostbares, überlebenswichtiges Gut. Der größte Teil des Wassers wird in Haushalten und im Gewerbe benötigt, aus denen es verschmutzt als Abwasser abgeführt wird. Die Abwässer dürfen jedoch keine schädlichen Stoffe enthalten. In Betrieben fallen hauptsächlich beim Beizen und Lackieren giftige Stoffe an. Aber auch Reinigungs- und Lösemittel, wie z.B. Tetrachlorkohlenstoff (CCl_4) und Trichlorethylen (CCl_2CHCl) sowie Leime, Holzschutzmittel und Öle gehören dazu. Diese dürfen keinesfalls in Boden oder Abwasser gelangen.

15.3 Schutz des Waldes vor Umwelteinflüssen

Wald- bzw. Baumsterben bedeutet, dass Bäume und Wälder durch negative Umwelteinflüsse geschädigt werden und absterben können. Haushalte, Landwirtschaft, Industrie und Verkehr verschmutzen die Umwelt großräumig, intensiv und langanhaltend mit pflanzenschädigenden Schadstoffen über Luft, Wasser und Boden **(Bild 1)**. Ein Teil dieser gasförmigen Stoffe (organische Kohlenwasserstoffverbindungen, Ammoniak, Ozon) dringen in Blätter und Nadeln ein, stören die Stoffwechselprozesse und schädigen die Blätter und Nadeln direkt.

Schwefeldioxid und Stickoxide bilden zusammen mit Regen und Nebel saures Wasser. Dieses wäscht Mineralstoffe aus Blättern und Nadeln aus und führt zur Bodenversauerung. Ein saurer Boden verursacht Wurzelschäden. Wenn die Wurzeln geschädigt sind, ist die Wasser- und Nährstoffaufnahme aus dem Boden gestört. Außerdem verliert der Baum seine Standfestigkeit, er ist anfälliger gegen Windbruch.

1984 wurde die erste bundesweite Waldschadenserhebung durchgeführt.

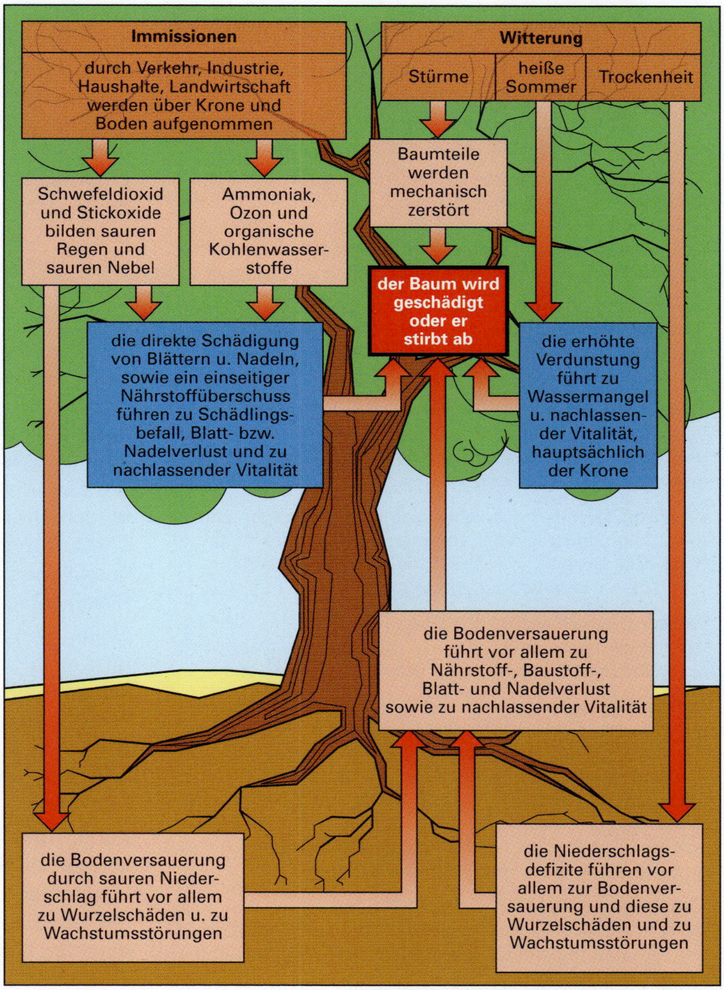

Bild 1: Ablauf des Baum- bzw. Waldsterbens durch negative Umwelteinflüsse

Vor dem Jahre 1985 waren hauptsächlich Nadelbäume erkrankt. Ab 1985 zeigten sich bereits Schäden in größerem Ausmaß auch an Laubbäumen, vor allem an Buchen und Eichen. Heute sind etwa 25 % aller Bäume mittel bis stark geschädigt **(siehe auch Kapitel 2.1.1.4)**.

Die Baumartenverteilung wird durch den Klimawandel beeinflusst. Für heimische Baumarten wie Weißtanne, Schwarzerle, Fichte, Schwarzpappel und Silberweide sind Standorte, die durch die Erderwärmung zunehmend zu trocken werden, nicht geeignet. Fichte und Tanne haben immerhin einen Anteil von ca. 30 % der Gesamtwaldfläche in Deutschland.

Wichtige Regelwerke zum Umweltschutz in der Holzverarbeitung

Bundes-Immissionsschutzgesetz (BImSchG)

Schutz von Menschen, Tieren, Pflanzen und Sachgütern vor schädlichen Umwelteinwirkungen (Immissionen), wie Luftverunreinigungen (Staub, Späne, Rauch, Gase oder Dämpfe), Lärm, Erschütterungen und Strahlungen.

Bundes-Immissionsschutzverordnungen (BImSchV) zur Durchführung des BImSchG:

1. BImSchV: Verordnung über kleine und mittlere Feuerungsanlagen: zulässige Brennstoffe, Emissionen und Anlagenleistung < 1000 kW.

4. BImSchV: Verordnung über genehmigungsbedürftige Anlagen: z. B. Feuerungsanlagen ≥ 1000 kW < 50 MW pro Lackieranlage > 25 kg pro Stunde und pro Anlage zur Kraft-Wärme-Kopplung.

7. BImSchV: Auswurfbegrenzung von Holzstaub mit einem Grenzwert an Holzstaub ≤ 20 mg/m^3.

31. BImSchV: Verordnung zur Begrenzung der Emissionen flüchtiger organischer Verbindungen (VOC) bei der Verwendung organischer Lösemittel in bestimmten Anlagen: Anlagen zum Beschichten von Holz oder Holzwerkstoffen mit einem jährlichen Lösemittelverbrauch > 15 Tonnen.

Verordnung über die bauliche Nutzung der Grundstücke (Baunutzungsverordnung – BauNVO): regelt die Genehmigung von Gewerbebetrieben und Lärmbelastung nach Art der Bebauung und Nutzung der Flächen.

TA-Luft: Technische Anleitung zur Reinhaltung der Luft: dient der Vorsorge und dem Schutz der Allgemeinheit und der Nachbarschaft vor schädlichen Umwelteinwirkungen durch Luftverunreinigungen.

TA-Lärm: Technische Anleitung zum Schutz gegen Lärm: dient dem Schutz und der Vorsorge der Allgemeinheit und der Nachbarschaft vor schädlichen Umwelteinwirkungen durch gewerblich bedingten Lärm.

Wasserhaushaltsgesetz (WHG): Vorschriften über das Einleiten von Abwasser in Gewässer durch Direkteinleiter und durch Indirekteinleiter über die öffentliche Kanalisation.

Kreislaufwirtschaftsgesetz (KrWG): Regelungen zur Förderung der Kreislaufwirtschaft sowie zur Vermeidung, Verwertung und umweltverträglichen Beseitigung von Abfällen mit einer Reihe mitgeltender Verordnungen, z. B. über Abfallverzeichnis, Verwertungs- und Beseitigungsnachweise, Transportgenehmigung und besonders überwachungsbedürftige Abfälle (früher Sondermüll), Entsorgung von Gewerbe-, Bau- und Abbruchabfall.

Altholzverordnung (AltholzV): stellt Anforderungen an die stoffliche und energetische Verwertung und Beseitigung von Altholz (Industrierestholz und Gebrauchtholz) als Abfall

ISPM 15: Richtlinie zur Regelung von Holzverpackungsmaterial im internationalen Handel regelt u. a. die Hitzebehandlung von Holzpackmittel über min. 30 Minuten und mindestens 56 °C im Kern des größten Querschnitts, um die Einschleppung von Schadorganismen zu vermeiden.

Washingtoner Artenschutzabkommen (WA): enthält eine Liste nach **CITES** (**C**onvention on **i**nternational **t**rade in **e**ndangered **s**pecies of wild fauna and flora) geschützter Holzarten, die entweder nicht mehr verwendet oder nach Herkunft oder Menge kontrolliert gehandelt werden.

15.4 Umweltschutz in der Holzwirtschaft

Die natürlichen Lebensgrundlagen auf der Erde werden zunehmend durch menschliche Aktivitäten wie Güter- und Personenverkehr, Rohstoff- und Energieverbrauch sowie Konsum beeinträchtigt. Umweltschutz in der Holzwirtschaft trägt dazu bei, Wasser, Boden, Luft und Lebewesen vor gesundheitlichen Belastungen und Gefahren durch gewerbliche Produktionsprozesse **(Immissionsschutz)** sowie durch Ausdünstungen (Emissionen) aus Holzbauten, Bauprodukten, Beschichtungen und Klebern in Wohnräumen **(Innenraumluftbelastungen)** zu schützen. Neu hinzugekommen sind weltweite Anstrengungen zum Klimaschutz und zur **effizienten und nachhaltigen Nutzung von Rohstoffen und Energie.** In der Holzwirtschaft können Emissionen, wie z. B. Lärm, Staub und Gerüche, die sich aus dem Betrieb ausbreiten, belästigend oder schädigend auf Menschen und die Umwelt einwirken.

Wesentliche **Emissionen** aus Betrieben der Holzverarbeitung sind **Lärm** (Produktion und Verkehr), **Rauch** (Holzfeuerungen), **Staub** (Spänesilos und Holzfeuerungen) sowie **Gerüche** (Lackierräume, Schnittholztrockner, Heizungsanlagen). Weitere Belastungen durch Betriebe der Holzwirtschaft sind **Abfälle** (imprägniertes Industrierestholz, Flug- und Filterasche, Bau- und Abbruchholz, Verpackungen und **Abwasser** aus Dämpfgruben, Trocknern, Imprägnier- und Beschichtungsanlagen.

Neben den produktionsbedingten Immissionen gibt es ökologische Faktoren, wie z. B. **Artenschutz** (Baum- und Holzarten), Importverbot von illegal geschlagenem Holz oder Pflanzenschutz gegen Einschleppung von Schadorganismen z. B. auf Verpackungsholz oder importiertem Rohholz.

Klima- und gesundheitsschädliche Emissionen aus Lackieranlagen entstehen vor allem durch Lösemittel, die beim Auftragen und Aushärten der Oberflächenbeschichtung sowie beim Reinigen der Lackiergeräte an die Luft abgegeben werden.

Maßnahmen zur Vermeidung und Reduzierung von Staub, Feinstaub, Rauch, Gerüchen und Lösemitteln dienen in unmittelbarer Umgebung (also in Arbeits- und Wohnräumen) dem Gesundheitsschutz. Klimarelevante Belastungen der Umwelt wirken grenzübergreifend und erfordern ein weltweites Handeln. Jeder Mensch kann als Konsument die Gesundheit und das Klima direkt in seinem Umfeld beeinflussen.

15.5 Feinstaub

Zum Feinstaub bzw. Schwebstaub zählen alle festen und flüssigen Teilchen, die nicht sofort zu Boden sinken, sondern eine gewisse Zeit in der Atmosphäre verweilen.

Feinstaub (engl.: **p**article **m**atter; PM_{10}) bezeichnet die Masse aller im Gesamtstaub enthaltenen Partikel, deren aerodynamischer Durchmesser kleiner als 10 µm (= 0,01 mm) ist. Er stammt aus natürlichen Prozessen (z. B. Pollenflug, Bodenerosion, Pilzsporen) und aus gewerblichen Aktivitäten (z. B. Energie, Verkehr, Verbrennung, Produktion, Baustellen, Schüttgüter sowie durch Rauchen).

Feinstaub steht im Verdacht, die Erkrankung der Atemwege und das Krebsrisiko zu erhöhen.

Untersuchungen der Weltgesundheitsorganisation belegen ein verstärktes Auftreten von Atemwegs- und Herzkreislauferkrankungen bei hoher Feinstaubkonzentration. Personen mit bereits bestehenden Erkrankungen sind besonders anfällig.

Die Gefährlichkeit von Feinstaub hängt nicht nur von der Feinheit der Partikel, sondern auch von deren Form und Giftigkeit ab. Je feiner die Staubpartikel sind, desto tiefer gelangen sie in die Atmungsorgane. Während Staubpartikel PM_{10} durch Nase und Rachen gefiltert werden, gelangen Staubpartikel $PM_{2,5}$ bis zu den Lungenbläschen (Alveolen) und werden kaum noch ausgeschieden. Diese differenziertere Belastung durch Feinstaub gilt besonders für Ballungsgebiete mit hoher Luftbelastung sowie für Innenräume, in denen Menschen sich die längste Zeit aufhalten **(siehe auch Kapitel 15.7)**.

Gefährlichkeit von Feinstaub durch:

- **Partikelgröße** (Korngröße) PM_{10}: **E-Belastung** (**e**inatembarer Feinstaub, der aber durch Nase oder Rachen gefiltert und teilweise wieder ausgeschieden werden kann); oder $PM_{2,5}$: **A-Belastung** (**a**lveolengängiger Feinstaub, der sich auf den Lungenbläschen = Alveolen ablagert und entweder überwuchert wird oder toxisch wirkt).
- **Toxizität** (= Giftigkeit) aufgrund chemischer Wirkung, z. B. Tabakrauch.
- **Gestalt/Form,** z. B. Asbestfasern, die sich mit Widerhaken in den Lungenbläschen verankern und mechanisch wirken.
- **Kumulierung** (= Anhäufung) von Feinstaub durch Fernwirkung in hohen Luftschichten, Auswaschung, Ablagerung im Boden, Wiederaufnahme (giftiger Stoffe) in der Nahrungskette sowie durch direkte Ansammlung in der Lunge.

15.6 Gefahrensymbole und Gefahrenkennzeichnungen

Materialgebinde und Erzeugnisse sind, wenn erforderlich, mit den betreffenden Gefahrensymbolen versehen. Zur eigenen Sicherheit und zur Vermeidung von Umweltschäden sind diese Symbole zu beachten und die jeweils erforderlichen Vorsichtsmaßnahmen zu ergreifen. In **Bild 1** sind die wichtigsten neuen und alten Gefahrensymbole zusammengefasst.

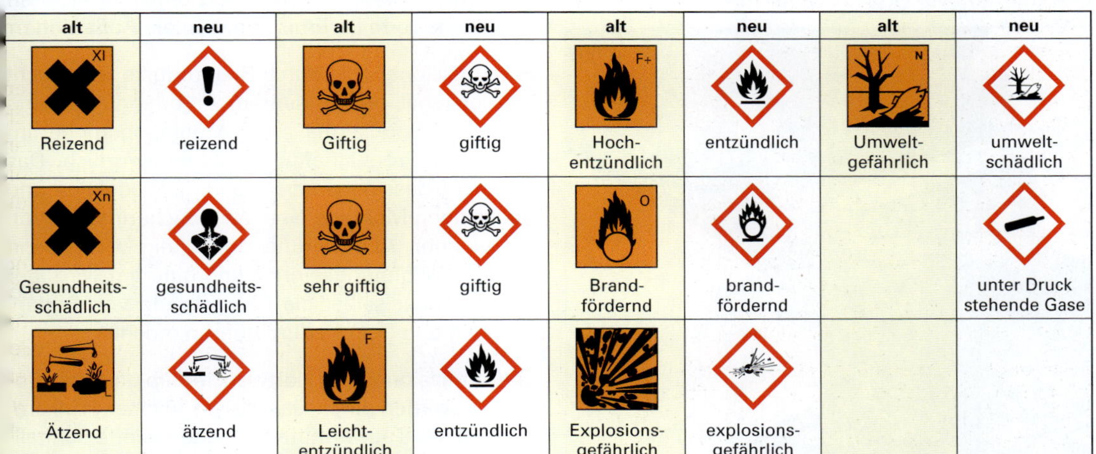

Bild 1: Alte und neue Gefahrensymbole und Gefahrenbezeichnungen

15.7 Innenraumlufthygiene und Gerüche

Neben Autoverkehr als Hauptverursacher menschlich erzeugter VOCs in Städten, kommt inzwischen die Hälfte der Emissionen an VOCs aus **flüchtigen chemischen Produkten** (= **v**olatile **c**hemical **p**roducts oder **VCPs)**. Das bedeutet, dass sowohl Umgebungs-/Außenluft und (außerhalb geschlossener Wohn- und Arbeitsräume) Klima als auch die Innenraumluft (innerhalb geschlossener Wohn- und Arbeitsräume) durch chemische Produkte und menschliche Aktivitäten belastet werden.

Lüftungstechnik kann zwar die Konzentration in geschlossenen Räumen reduzieren, nicht aber die Ansammlung gesundheits- und klimarelevanter Konzentrationen in der Außenluft.

Menschen halten sich überwiegend (bis zu 90 % ihrer Lebenszeit) in geschlossenen Räumen auf und nehmen damit über eine lange Zeitdauer Emissionen aus Produkten auf, die einzeln oder in Kombination belästigend bis gesundheitsgefährdend wirken können. Menschen nehmen in Innenräumen folgende Gruppen an VOC-Emissionen über die Haut sowie die Atemwege auf:

- Emissionen aus Verbrennungsrückständen, wie z. B. Kerzen-, Tabak- und Ofenrauch,
- Emissionen aus Elektrogeräten (ohne Strahlung), Leuchtmitteln, Druckern,
- Emissionen aus Kleidung und Schuhen, inkl. Schuhputzmittel, Gardinen, Polstermöbel, Matratzen
- Emissionen aus Produkten zur Körperpflege, Hygiene, Reinigung, Parfums, Haarsprays sowie
- Emissionen aus Bauprodukten, wie z. B. Bodenbeläge, Teppiche, Tapeten, Kleber, Farben, Dichtstoffe, Holz und Holzwerkstoffe oder Möbel.

Die gesundheitlichen Belastungen durch VOC-Emissionen in Innenräumen können zwar durch kontrollierte Belüftung deutlich reduziert werden, belasten aber dennoch die Gesamt- bzw. Atemluft und das Klima. Durch Information und Produktberatung kann Verbrauchern der Zusammenhang zwischen Emissionen aus Bauprodukten sowie Konsumgütern und Luftbelastung bewusst gemacht werden **(Bild 1)**.

Emissionen aus Bauprodukten können unterschiedlich auf Menschen wirken. Hersteller legen häufig nicht die chemische Zusammensetzung ihrer Bauprodukte detailliert offen. Die Wirkungen von chemischen Verbindungen aus Produkten oder Kombination mit anderen Emissionen auf die menschliche Gesundheit können vielfältig sein und sind häufig nicht bekannt.

Emissionen aus privatem Konsum und Bauprodukten können als Gift sensibilisierend, allergisierend oder direkt auf die Gesundheit wirken. Sie können sich über lange Zeit und große Entfernung zunächst in der Umgebungsluft, im Boden, im Wasser, in der Nahrungskette und dann im Körper ansammeln.

Für Emissionen durch private menschliche Aktivitäten ist jeder Verbraucher (Konsument) selbst verantwortlich. Arbeits- und Gesundheitsschutz regeln den Umgang mit chemischen Produkten und Emissionen während der Arbeitszeit in Arbeitsräumen. Umwelt-, Immissions- und Klimaschutz regeln die zulässigen Grenzwerte für Emissionen in die Außenluft.

Bild 1: Formaldehyd-Emission aus Bauprodukten

Für Emissionen, die durch Bauprodukte verursacht werden, egal, ob in Innenräumen oder außen, sind Händler, Produktions- und Montagebetriebe im Sinne der Produkthaftung mitverantwortlich. Das bedeutet, dass neben der Planung, Produktion und bauseitigen Montage eine Verbraucherinformation zur eigenen Absicherung notwendig wird, wenn z. B. eine Wohnungseinrichtung gefertigt wird, der Bauherr aber selbst die Renovierung von Böden, Wänden und Decken durchführen möchte.

VOC-Emissionen aus Holzwerkstoffen und Holzprodukten werden durch Gasanalyse in einer Prüfkammer über 28 Tage ermittelt. Standardisierte Schnelltests befinden sich in der Entwicklung.

15.8 Ökologie und Nachhaltigkeit

Ökologie ist die Lehre des Haushaltens: Beschaffen von Rohstoffen, Verarbeiten zu Erzeugnissen, Nutzen der Produkte und deren Rückführung nach Gebrauch in den Natur- und Wirtschaftskreislauf mit effizientem Einsatz nachhaltig erzeugter Energien und Ressourcen sowie sozialverträglicher (menschlicher) Arbeit.

Nachhaltiges Handeln der Menschen als Verursacher, Nutznießer und Betroffene bezieht sich gleichwertig auf die Aspekte Wirtschaft, Ökologie und Gesellschaft, indem nur so viel an Fläche, Ressourcen, Energie, Wasser, Boden, Luft und Natur durch Produktion und Konsum verbraucht werden darf, wie nachwächst bzw. dass der Erde für nachfolgende Generationen vergleichbare Lebensbedingungen erhalten werden.

Seit mehr als 300 Jahren wird in Deutschland eine nachhaltige Waldbewirtschaftung praktiziert, die trotz katastrophaler Schäden durch Kriege und Stürme sowie steigendem Holzverbrauch funktioniert und gleichzeitig wichtige Funktionen zum Schutz von Klima, Natur, Boden, Luft und Erholung leistet.

Neben den geltenden nationalen Waldgesetzen, dem Holzhandelssicherungs- und dem Artenschutzgesetz wird nachhaltige Waldwirtschaft durch Zertifizierungssysteme wie z.B. FSC (Forest Stuartship Council) oder PEFC (Pan European Forest Certificate) überprüft.

Seit 1984 gilt das **Washingtoner Artenschutzabkommen (WA)** (**C**onvention on **I**nternational **T**rade in **E**ndangered **S**pecies of wild fauna and flora – **CITES)** zum weltweiten Schutz der vom Aussterben bedrohten Tiere und Pflanzen. Innerhalb der Europäischen Union wird das Washingtoner Artenschutzabkommen (CITES) durch die EG-Verordnungen Nr. 338/97 und 865/2006 vollständig umgesetzt. Die geschützten Hölzer werden je nach Gefährdungsgrad in die Anhänge A, B und C (entsprechend CITES-Annex I, II und III) wie folgt eingestuft:

- **CITES I/Anhang A:** Der Handel mit Rio Palisander *(Dalbergia nigra)* und Alerce *(Fitzroya cupressoides)* ist untersagt, weil sie vom Aussterben bedroht sind.
- **CITES II/Anhang B:** Pockholz *(Guaiacum spp.)*, Ramin *(Gonystylus spp.)*, Afrormosia *(Pericopsis elata)*, Echtes Mahagoni *(Swietenia spp.)* und seit dem 4. 2. 2017 auch die gesamten Hölzer der Gattung *Dalbergia spp.* (Palisander) können durch vorsichtige wirtschaftliche Nutzung unter strikter Kontrolle des Ursprungs- und Importlandes noch als Baumarten erhalten werden.
- **CITES III/Anhang C:** Cedro *(Cedrela odorata)* in Peru und Kolumbien sowie Mongolische Eiche *(Quercus mongolica)* aus der Russischen Föderation unterliegen besonderen Handelsbeschränkungen in ihrem Ursprungsgebiet.

Alle CITES-geschützten Holzarten werden wegen ihrer besonderen Eigenschaften und Verwendung nachgefragt.

Die Datenbank **CITESwoodID** enthält aktuell 44 CITES-geschützte Holzarten sowie äußerlich ähnliche und leicht zu verwechselnde, nicht geschützte Handelsholzarten **(Beispiele siehe Bild 1 und 2)** mit der gleichen Funktionalität wie **macroHOLZdata**.

Bild 1: Vergleich links: Alerce (Fitzroya cupressoides) (CITES I) – rechts: Redwood (Sequoia sempervirens) im Querschnitt

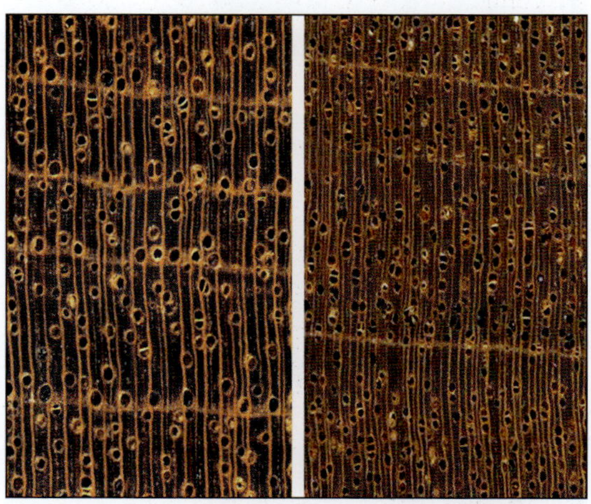

Bild 2: Vergleich links: Cedro (Cedrela odorata) (CITES III) – rechts: Echtes Mahagoni (Swietenia spp.) im Querschnitt

16 Stilgeschichte und Möbelkultur

1950 Bücherregal String – Karin und Nisse Strinning

1960 Anbauwand – zerlegbar, beliebig kombinierbar
BMZ - Behr Möbel

1970 Innenausbauprogramm – Herbert Hirche

1980 Verschiebbare Wohnwand – Herbert Hirche

Bild 1: Die Entwicklung der Wohnzimmermöbel in der Nachkriegszeit

Möbel sind Ausdruck der politischen, sozialen, wirtschaftlichen und geistigen Haltung einer Zeit, eines Landes, einer Gesellschaft und eines Individuums. Möbel tradieren die Kultur eines Volkes und repräsentieren den Kulturstand einer Nation.

Der Mensch als soziales Wesen in der Gemeinschaft unterliegt dem ständigen Widerstreit zwischen Modetrend und Selbstverwirklichung. Den eigenen Stil zu finden gilt als Krönung der Persönlichkeit, als Vervollkommnung der Individualität in einer freien Gesellschaft.

Was erschafft einen Stil? Stile und Epochen beginnen oder enden nie mit einem fixen Datum. Daten sind lediglich Hilfsmittel für vergleichende Betrachtungen. Kultur präsentiert sich vielschichtig in Technik, Philosophie, Bau-Kunst, Literatur und Religion. Zwischen diesen Bereichen existiert ein länderübergreifendes Beziehungsgeflecht im abendländischen Kulturkreis, heute in einer multikulturellen, globalisierten Welt. Gegenseitige Beeinflussung und Abhängigkeit, ein gleichzeitiges Miteinander, aber auch Entstehen und Untergang unterschiedlicher Ausdrucksformen prägen die verschiedenen Stile. Möbel stehen in enger Beziehung zur Geschichte, zur Technik, zur Architektur und zur bildenden Kunst.

Wann entsteht ein Stil? Im Idealfall entwickelt er sich aus einer philosophischen Idee, die einen kreativen Menschen zu einem Kunstwerk inspiriert, das als richtungsweisendes Werk von einer Vielzahl von Menschen akzeptiert wird und kreative Nachahmer findet. Ein Stil kann in autoritären Staatssystemen aber auch von einem Herrscher angeordnet und zur Staatskunst erhoben werden (Ludwig XIV., Napoleon, Staatskunst im Dritten Reich). Politisch-militärische Hegemonie kann zum Kulturexport wie im Hellenismus aber auch zur Vermischung führen.

Innerhalb einer Gesellschaft dient ein Stil als Zeichen der sozialen Selbsteinschätzung und Abgrenzung gegen andere Gruppen. Dies zeigt sich deutlich von der Kleidung bis zur Architektur. Möbel werden vom Konservativismus über die Bürgerlichkeit bis zur Avantgarde zur Demonstration der gesellschaftlichen Stellung, von Geisteshaltung und Lebensstil benutzt. Innerhalb eines Lebens ändern sich Stilvorstellungen mit wachsender Reife und Entwicklung der Persönlichkeit.

Der Tischler mit seinen Möbelentwürfen steht in der Freiheit des Kulturschaffenden. Er muss die Balance zwischen Kreativität und Selbstverwirklichung des Kunden finden. Zu einer soliden Ausbildung gehört damit auch die Kenntnis der historisch kulturellen Zusammenhänge sowie der künstlerischen Formgebung wie Gestaltung.

16.1 Erscheinungsformen alter Möbel

Alte Möbel erwirbt man durch Erbschaft, kauft sie auf Auktionen, im Antiquitätenhandel, auf Antikmärkten und beim spezialisierten Schreiner. Gerade Trödelmärkte bieten Möbel im Fundzustand bis „restauriert".

Als **Originale** bezeichnet man Möbel aus der Zeit ihres Ursprungs, die im zeittypischen Stile-Zustand ohne große Veränderungen erhalten sind.

Bild 1: Kabinett mit Scagliola (Kunstmarmor aus gefärbter Stuckmasse), Florenz 17. Jh., Kunsthandel Fischer, Luzern: Schwarz gebeiztes Holz mit architektonischen, figürlichen und ornamentalen Stuckmarmorintarsien, Korpus zweiteilig mit Kranzschublade, gerader Sockelbereich mit Profilleisten und zwei Schubladen, innen elf Schubladen; teilweise spätere Ergänzungen. Diese mindern den Wert eines 300 Jahre alten Möbels kaum.

Bild 2: Truhe, Engadin um 1900, arrangiert aus Teilen, datiert 1655, Kunsthandel Fischer, Luzern: Arve mit heraldischen Intarsien, Rusticaparketterie. Gerader Korpus auf 4 Stollenfüßen, mit 3 Bogenarkadenfüllungen flankiert von Hermenpilastern. Mitte: Wappen der Familien Jenatsch und von Planta. 3 Schubladen. Die Intarsien sind dem Tischler und Intarsienkünstler Antoni Zanet zugeschrieben (belegte Werke 1635, 1650, 1667). Da die dokumentierten Familien die Schweizer Geschichte mitgestalteten und die Intarsien einem hochrangigen Künstler der Zeit zugeschrieben wurden, entschloss man sich um 1900 ein **Möbel im Stil der Zeit** wieder entstehen zu lassen.

Kopien oder Reproduktionen sind originalgetreue Abbilder des Originals aus meist späteren Zeiten. Im 19. Jhdt. möblierte man im historischen Stil. Fehlende Originale wurden in Handwerkstechnik, aber auch mit Maschinen reproduziert. Oft erkennen nur Fachleute die zeittypischen Abweichungen und Veränderungen. Bei diesen Möbeln findet man alte Patina und Gebrauchsspuren, wie sie auch bei Originalen auftreten.

Bild 3: Kabinett Barockstile, Kunsthandel Fischer, Luzern: Hartholz furniert und geschwärzt (in der Zeit häufig Ebenholz), Schildpatt rot unterlegt, gerader Unterbau mit 2 Schubladen, Vierkantfüße, Kabinett mit Tabernakeltür, mit Rustikanische bekrönt, umgeben von 7 Schubladen mit Buckelfüllungen; hinter der Tabernakeltür 3 Schubladen. Beginnend in den 70ern des 20. Jahrhunders, als die Nachfrage nach Vollholzmöbeln einsetzte, wurden vor allem Bauernmöbel im Barockstil aus alten Eichenbalken nachgefertigt und als **Altholzmöbel** angeboten.

Stilmöbel sind moderne Kopien, die in Formgebung, Beschlägen den Originalen entsprechen.

Bild 4: Frankfurter Schrank im Stil des 17. Jhdt./Kopie des 20. Jhdt.; Türen auch innen furniert, Rückwand in Sperrholz. Wellenschränke tauchen auch dreitürig vollmassiv mit ungefähr 1,60 m Höhe auf. Ob es diese Möbel in den Maßen je gegeben hat bleibt fraglich, sie dürften eher dem Wohngeschmack der 50/60er-Jahre entsprechen.

Möbel mit Intarsien im Stil des Rokoko, des Empire oder Biedermeier werden maschinell reproduziert. Je nach Qualität sind sie oft nur schwer von Originalen zu unterscheiden. Aus Italien kommen Rokokomöbel, Indien liefert u. a. englische Massivholzmöbel, Ägypten wiederum Empiremöbel mit Messing- oder Bronzebeschlägen.

Bild 5: Schreibtisch Barockstil, Kunsthandel Henry's Schifferstadt, Abteilung Lifestile, Massivholz, florale Messingapplikationen, 3 Schubfächer.

16.2 Möbelkultur Ägyptens

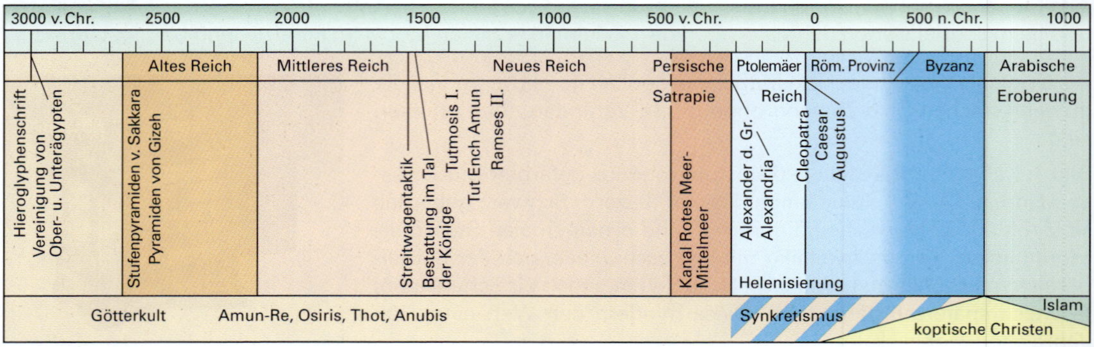

Ägypten stellt eine der frühen Hochkulturen des Mittelmeerraumes dar. Das warme Klima und die Flusslandschaft gewährleisten eine ausreichende Ernährung. Die Entwicklung einer Schriftsprache mit Hieroglyphen, die Herstellung von Papyrus begünstigen die Ausbildung eines differenzierten Staatswesens mit arbeitsteiliger Gesellschaft, Verwaltung, Wissenschaft und Kunst. Es entwickeln sich Stände wie Arbeiter, Bauern, Handwerker, Aufseher, Schreiber, Krieger und Priester. An der Spitze eines Staates steht der Pharao als Gottkönig, der mithilfe eines Beamtenapparates zentralistisch regiert.

Kulturelle Leistungen der Ägypter sind: **Astronomie**; ein Kalender teilt das Sonnenjahr in 12 x 30 + 5 Tage. **Mathematik**; man kennt das Dezimalsystem, jede Potenz von 10 bis zu 1.000.000 besitzt ein eigenes Zahlzeichen, Methoden der Subtraktion und Multiplikation sowie Stammbrüche. **Geometrie;** die Flächen- und Winkelberechnungen dienen als Grundlage der Landvermessung. Das Maßsystem wird auf den Menschen bezogen, z.B. Elle, Fuß, Spanne, Daumen. **Medizin;** systematische Lehrbücher mit einheitlicher Fachsprache und therapeutischen Anweisungen sowie die Mumifizierung belegen das hohe Niveau.

Die Ägypter glaubten an ein Weiterleben nach dem Tode. Deshalb finden sich z.B. in den sorgfältig gesicherten Grabkammern im Tal der Könige Zeremonial- wie auch Gebrauchsgegenstände, die sich im trockenen Wüstenklima über Jahrtausende erhalten haben. Das Grab Tutanchamuns enthielt Luxusmöbel des Pharaos.

Bild 1: Gebrauchsstuhl des Prinzen, Ägyptisches Museum Kairo, Material: Ebenholz, Elfenbein, Gold

Löwenbeine sind in die Sitzfläche eingezapft und mit Bronzenägeln fixiert, Köpfe mit Goldkappen geschmückt. Die Stabilisierung des Untergestells erfolgt durch Querstreben. Sie enden in Elfenbeinhülsen (Windstreben-Konstruktion).

Gebrauchs- und Zeremonialmöbel aus dem Grab Tutanchamuns waren für den Gebrauch des Gottkönigs im Jenseits bestimmt. Einfachere Möbel fanden sich in den Gräbern hoher Reichsbeamter. Weitere erhaltene Möbeltypen sind: Bett, Klapphocker, Truhe, Stollenschrank.

Bild 2: Brettspiel, Ägyptisches Museum Kairo, Material: Ebenholz, Elfenbein

Zwei Kufen, die mit Querstreben durch Zinken verbunden sind, tragen vier Löwenbeine (Zapfenverbindung). Deren obere Enden halten einen Rahmen, auf dem ein Spielkasten lose aufliegt. Ober- und Unterseite des Kastens zeigen unterschiedliche Spielfelder in Intarsientechnik. Der Schubkasten ist auf der Stirnseite mit halbverdeckten Schwalbenschwanzzinken verbunden.

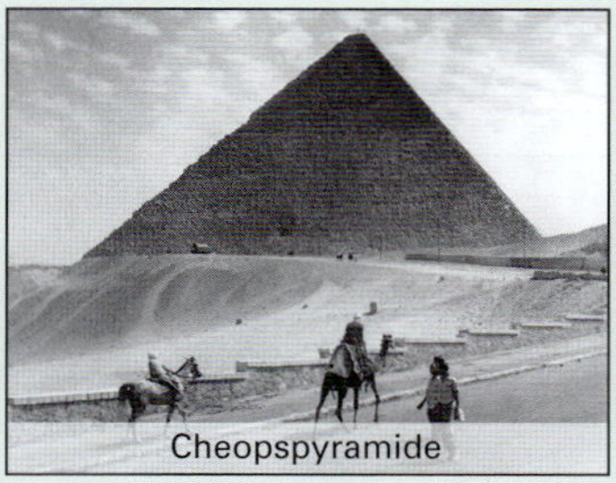
Cheopspyramide

Amun Tempel, Karnak

Tempel in Edfu

Von den ägyptischen Bauwerken haben sich neben den drei großen Pyramiden auch weitere Grabstätten im Tal der Könige und Tempelbauten in ganz Ägypten erhalten. Die Paläste der Pharaonen und Privatgebäude können nur mithilfe von archäologischen Grabungsergebnissen rekonstruiert werden. Innerhalb der ummauerten Dörfer und Städte können Wohnviertel durch Gebäudegröße und Bebauungsdichte unterschieden werden. Die Viertel der kleinen Leute besitzen meist eine hohe Bebauungsdichte. Häuser für Mensch und Vieh sind in Vorraum, ein Zimmer mit Säule, Küche und Kammer aufgeteilt. Dagegen besitzen die Häuser des Mittelstandes in Gegenden mit großzügiger Bebauung mehrere Stockwerke, in denen zwei, drei oder vier oft nur kleine quadratische Fenster für Licht sorgen. Die Geschosse zu ebener Erde bewohnen die Handwerker. Verwalterhäuser liegen oft außerhalb des bebauten Bezirks, besitzen mehrere Höfe, eine Eingangshalle, Empfangsräume, Herrschaftsräume, Badezimmer, Ruhegemächer. Eine besondere Vorliebe scheinen die Ägypter für Gartenanlagen mit Wasserbecken und Seerosenbewuchs gehabt zu haben. Verwalterhäuser besitzen großzügige Gartenanlagen mit rechtwinklig geometrischer Anlage, die mit Bäumen bepflanzt sind. Ein Verwalter hat fast alle im Niltal vorkommenden Baumarten gesammelt und auf seinem Besitz angepflanzt. Dies sind Dattel-, Dum-, Kokospalmen, Sykomoren, Feigen, Judendorn, Persea, Granatbäume, Akazien, Eiben, Tamarisken und Weiden.

Kostbare Möbelhölzer wie Ebenholz werden bei Expeditionen aus dem sagenhaften Land Punt geholt oder wie das Elfenbein aus Nubien erworben. Holzhandwerker verarbeiten außerdem Akazienholz, Wacholder, Johannisbrotbaum. Pinie und Zeder werden aus Syrien importiert.

**Bild 1: Goldener Statuenschrein,
Ägyptisches Museum, Kairo,
Material: Holz, beschlagen mit Gold- und Silberblech**

Auf einem in Silberblech eingeschlagenen Schlitten mit Goldblech verkleidete Rahmenkonstruktion, die ein für die Zeit typisches Dach trägt. Durch die beiden Türen entsteht eine Schrankkonstruktion.

Bretter sägen die Ägypter mit Handsägen aus den Stämmen heraus, die an einem in die Erde gerammten Pfahl befestigt sind. Balken werden mit Hacken aus dem Stamm herausgearbeitet. Das Dachsbeil dient als Glätt- und Hobeleisen. Hobelbänke sind den Ägyptern unbekannt. Ein Fiedelbogen treibt den Bohrer. Holzverbindungen werden durch Zapfen, Holznägel oder Leim hergestellt. Metallnägel dienen oft zur Befestigung von Metallplatten. Im Neuen Reich wird der Wagenbau ein spezieller Teil des Holzhandwerks. Weitere Spezialgebiete sind die Anfertigung von Bogen, Pfeilen, Wurfspießen, Stöcken, Zeptern, Musikinstrumenten. Gruppenarbeit ist die beliebteste Organisationsform, die wie alle Arbeit von Aufsehern streng überwacht wird.

**Bild 2: Klappstuhl,
Ägyptisches Museum, Kairo, Material: Ebenholz und Elfenbein**

Die gebogene Sitzfläche besteht aus Ebenholz mit eingelegten Elfenbein-Intarsien, die ein stilisiertes Raubkatzenfell darstellen. Die Querverstrebungen enden in den Kufen als Entenköpfe.

16.3 Möbelkultur Griechenlands

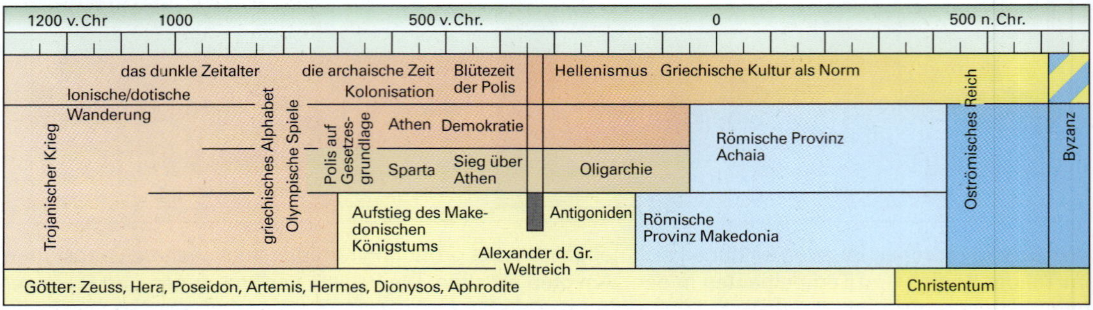

Die griechisch hellenistische Kultur bildet die Grundlage für die politischen, naturwissenschaftlichen und philosophischen Grundstrukturen. Mit der Polis entsteht die Keimzelle für ein differenziertes Sozialgefüge mit demokratisch gewählter Regierung. Neben der Architektur bildet die griechische Mathematik, z. B. des Euklid oder Phythagoras, die Grundlage unserer Geometrie und Arithmetik. Für die Physik soll der Name Archimedes, für die Medizin der Eid des Hypokrates genannt werden. Bereits die Griechen wussten von der Kugelgestalt der Erde und berechneten ihren Umfang annähernd genau. Auf der griechischen Philosophie mit den verschiedenen Schulen eines Platon oder Sokrates baut die moderne Philosophie auf. Besonders die staatsphilosophischen Schriften des Aristoteles, seine Abhandlungen über Logik und Literatur bilden ein System, das bis in unser Jahrhundert als Grundlage diente. Die Form der Tragödie und Komödie, das Epos, wurden von Sophokles, Aristophanes und Homer entwickelt. Die Anfänge der Geschichtswissenschaft liegen bei Herodot oder Thukydides. Die Olympischen Spiele mit ihren Grundsportarten werden heute wie früher abgehalten. Darüber hinaus enthält die deutsche Sprache eine Vielzahl griechischer Fremdwörter und Lehnworte wie Psychologie, Thermometer und Katalysator.

Bild 1: Rotfigurige Schale um 440 v. Chr., Berlin: Staatl. Museum, Material: Metall

Die Göttin Themis verkündet auf dem delphischen Dreifuß einen Orakelspruch.

Die Kenntnis griechischer Möbel stammt zumeist von Abbildungen auf Vasen oder Reliefs. Als Material wurde Holz, Bronze und Marmor verwendet. Der Bestand an Möbeltypen war nicht groß: Truhen zur Aufbewahrung der Kleidung, Speisesofas und Liegen, sogenannte Klinen, Tische zum Abstellen von Speisen und Gefäßen. Sitzmöbel lassen sich in drei Kategorien unterteilen, Schemel, Stuhl und Ehrensessel. Die Pfosten sind eckig oder gedreht und laufen in einem knaufartigen Abschluss aus. Gedrehte Pfosten haben am oberen Ende einen vierkantigen Abschluss, in den die Zarge eingezapft ist. Der Falthocker wird von der ägyptischen Form beeinflusst, neben Löwenfüßen erscheinen auch Haustierhufe zur Verfeinerung der Stützen. Der Stuhl mit Rückenlehne diente auch zu Repräsentationszwecken. Vornehme Personen scheinen stets eine Fußbank benutzt zu haben. Der griechische Haushalt verfügte über nur wenige Möbel, die je nach Bedarf zusammengestellt wurden.

Bild 2: Grabrelief der Ampharete 405 v. Chr., Athen: Nationalmuseum

Sessel mit geschwungenen Stollen, oben verlängert und verstärkt zur Aufnahme der eingezapften Zarge, S-förmig geschwungener weit nach hinten ausladender einteiliger Hinterstollen und breiter gewölbter Rückenlehne.

Tempel Paestum 5. Jh. v. Chr.

Akropolis Erechtheion 421 – 406 v. Chr.

Epiduros, Theater um 300 v. Chr.

Athen, Akropolis, Jonisches Kapitell

Korinthisches Kapitell 360 – 330 v. Chr.

Kranzgesims am Zeusaltar

Bis in die Gegenwart dienen die Bauformen griechischer Tempel wie die Akropolis als Vorbild für Architekten. Die Grundlagen griechischer Baukunst bilden klare geometrische Formen. Ästhetische Vorstellungen können in Maß, Zahl und Proportionen ausgedrückt werden. Alle Maße sind voneinander abhängig. Griechische Ornamente zieren Bauwerke und Möbel zu allen Zeiten. Beispiele für Proportionen liefern bis heute griechische Tempel. Das Verhältnis der Säulenzahl von Giebelseite zu Langseite beträgt z. B. 6 : 15, der Säulenabstand das 2,5-fache, die Höhe das 5- bis 6-fache und die Verjüngung das $^1/_4$-fache des unteren Durchmessers.

Bild 1: Symposion, 6. bis 5. Jh. v. Chr., Athen: Nationalmuseum

Der Gast auf einer Kline reicht einer Hetäre ein Trinkgefäß. Hocker aus vier gedrehten Säulen oben verstärkt zur Aufnahme der Zargenstücke mit Flechtsitz und Sitzkissen.

Kline aus vier massiven Stollen, die oft kapitellähnlich enden. Tisch, dreibeinig mit eingepasster oder aufgelegter Platte zum Abstellen der kostbaren Tischgarnituren.

Handwerk konnte nur in einer Werkstatt erlernt werden. Vorrangig war die Familientradition, kinderlose Handwerksmeister konnten einen Jungen armer Bürger adoptieren, ihn als Lehrling annehmen (Ausbildungsvertrag) oder sich einen Sklaven kaufen. Talent konnte nur durch Ausbildung verbessert werden. Die Ausbildung erfolgte bereits mit Kindern und Jugendlichen. Es werden Handwerker mit meisterlichen Fähigkeiten erwähnt, die zwischen 12 und 16 Jahre alt waren. Während einerseits Holzhandwerker auch die Arbeit eines Zimmermanns oder Maurers ausüben konnten, kam es zu einer zunehmenden Spezialisierung: Steinmetzen, Bildhauer, Wachsmoduleure, Holzschnitzer, Zimmerleute, Säger, Tischler, Dreher, Maler, Leimkocher, Vergolder wurden unterschieden. Die Bezahlung der Arbeit war stets dieselbe, gleichgültig ob ein Freier oder Sklave sie verrichtete.

Bild 2: Frau mit Dienerin, 4. Jh. v. Chr., Athen: Nationalmuseum

Hocker mit gedrechselten Beinen auf quaderförmigen Sockeln mit Sitzkissenauflage. Die Proportionen sind um die Fußbankhöhe gestreckt. Truhe in Stollenkonstruktion.

16.4 Möbelkultur Roms

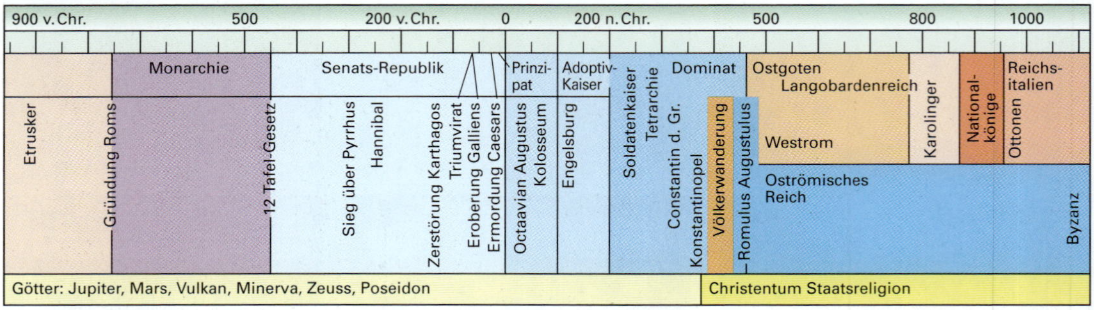

Die Gründe für Roms Aufstieg liegen in der günstigen geografischen Lage und in den römischen Bürgertugenden, wie z. B. der Hingabe an die römische Republik. Nach einer Phase der Monarchie verbindet die republikanische Verfassung geschickt monarchische, aristokratische und demokratische Elemente. In den Punischen Kriegen steigt Rom zur Seemacht und damit zur Hegemonialmacht im Mittelmeerraum auf. Soziale und wirtschaftliche Folgen schaffen revolutionäres Konfliktpotenzial, das sich in Kämpfen um römisches Bürgerrecht und politische Mitsprache entlädt. Diese Revolution führt zur Umbildung des Stadtstaates zu einem italischen Gesamtstaat. Cäsars Außenpolitik leitet u. a. die Romanisierung Galliens ein. Seine Alleinherrschaft widerspricht der republikanischen Verfassung und führt zu seiner Ermordung. Es folgt das Prinzipat des Augustus und die römische Kaiserzeit. Nach einer Glanzzeit, in der das Reich seine größte Ausdehnung erreicht, führt eine umfassende Reichskrise auch zu einem allgemeinen Kulturverfall. In der Spätantike gelingt Diokletian durch Aufteilung des Reiches eine kurze politische und wirtschaftliche Stabilisierung. Nach Jahren der Verfolgung wird unter Konstantin dem Großen und seinem Nachfolger das Christentum zur Staatsreligion erhoben. Trier bleibt nicht nur Kaiserresidenz, sondern wird auch Bischofsstadt. Das Gesamtreich erlebt vor den Wirren der Völkerwanderung eine kurze, späte Blüte.

Bild 1: Sarkophag von Simpelfeld, Rijksmuseum Leiden

Sarg mit innen eingemeißelter kompletter Wohnungseinrichtung: Tisch, Schrank, Regal mit Vorratsbehältern, Sessel, Kline.

Bild 2: Kline mit Porträt der Verstorbenen, Detail aus Bild 1, Foto: U. Rudischer

Profilierter Rahmen auf gedrechselten Füßen, nach innen konkav geschwungene Seitenteile, Rückwand mit vier Füllungen.

Bild 3: Schulszene, Landesmuseum Trier

Nördlich der Alpen haben sich keine Möbel erhalten. Funde stammen zumeist aus Herculaneum in Italien. Die römischen Möbel zeigen klare geometrische Formen mit deutlich gegliederten Flächen und klaren Proportionsverhältnissen. Eiserne Hobel, auch mit Zahnhobeleisen waren in Gebrauch. Von Profilhobeln haben sich nur die Hobeleisen erhalten. Verbindungen wurden mit Schwalbenschwanzzinken und Zapfen hergestellt. Verleimungen, z. B. dreilagig für Schilde, waren gebräuchlich, die Oberflächenbehandlung erfolgte mit Ölen. Römische Werkzeuge haben sich in ihrer Form auf allen Gebieten des Handwerks in originaler oder leicht abgewandelter Form bis heute erhalten.

Rom, Kolosseum 70/80 n. Chr.

Rom, Konstantinbogen 312 n. Chr.

Rom, Pantheon 118-126 n. Chr.

Trastevere, Santa Maria, Jonisches Kap.

Rom, Korinthisches Kapitell

Pantheon, Innenraum

Römische Architektur beeindruckt durch ihre monumentale Steinbauweise. Typisch ist die Bauweise mit Flachziegeln. Thermenbauten, Wasserleitungsbau mit Aquädukten, aber auch die Ausstattung von Villen mit Bädern, Fußboden- wie auch Wandheizung belegen den hohen technischen Standard. Die Innenausstattung, die Wandmalereien, Fußbodenmosaiken und Möbel zeugen von der Wohnkultur der Römer.

Bild 1: Familienszene,
Rheinisches Landesmuseum Trier

Runder Sessel mit geschlossener Rückenlehne, zwei Beistelltische mit jeweils quadratischer in die Stollen eingefälzter Platte, aufgelegte Tischdecke, dreibeiniger Sessel mit brettstuhlartigem Untergestell und halbrunder gewölbter, massiver Rückenlehne.

Römisches Handwerk wurde von Sklaven und Freien ausgeübt. Handwerksmeister konnten auch „Großbetriebe" besitzen. Ziegel wurden zur Kennzeichnung mit Firmenstempeln versehen. Römische Ethik besagt: Arbeit gewährleistet den sozialen Frieden. Wenn aus Faulheit Armut und Verbrechen entsteht, rüttelt dies an den Grundfesten eines Staates. Handarbeit an sich kennzeichnete die Person als Angehörigen eines niederen Standes. Freie Professionen wie Architektur oder Medizin galten als ehrbar. Wer zur gesellschaftlichen Elite gehören wollte, durfte nie arbeiten, sein Vermögen musste ihm ein Leben mit Freizeit und Muße gewährleisten. Er konnte seine Zeit frei einteilen. Dafür sollen diese Menschen einige Stunden des Tages darauf verwenden, ihren häuslichen Geschäften, wie der Güterverwaltung, oder ihren politischen Aufgaben nachzugehen. Ein öffentliches Amt verlieh seinem Besitzer hohe Würde und Ansehen.

Bild 2: Schrankrelief Sarkopharg salerno

Bild 3: Projektarbeit, BBS Wittlich

Konstruktion ohne Leimverbindungen. Schrank (Sarkophag, Simpelfeld).

16.5 Möbelkultur der Romanik

Frühmittelalter					Hochmittelalter					
750 n. Chr.	800	850	900	950	1000	1050	1100	1150	1200	1250
Althochdeutsch						Mittelhochdeutsch				
Vorromanik				Frühromanik			Hochromanik	Spätromanik		Gotik
Karolingische Kunst				Ottonische Kunst			Salische Kunst	Staufische Kunst		
Karolinger			Sachsenkaiser			Salier		Staufer		
Karl d. Gr.			Otto I. II. III.			Heinrich IV.		Friedrich I.	Friedrich II.	
						Kreuzzüge 1.	2.	3. 4.	5.	
Geistliche Orden, Benediktiner		Cluniacenser				Kartäuser, Prämonstratenser	Zisterzienser	Bettelorden: Dominikaner	Franziskaner, Karmeliter	
Ritterorden						Templer	Johanniter		Deutscher Orden	
		Städtegründungen/ Stadtrechtsverleihungen		Leipzig	Nürnberg	Freiburg	Lübeck, München	Wien		Annweiler
				Zünfte/Gilden		Worms	Würzburg, Köln	Hanse		

Die Romanik fällt in die Zeit des Hochmittelalters. Eine eigenständige neue Kultur entsteht, deren Lebensformen teilweise Jahrhunderte überdauern. Herrschergeschlechter prägen die Zeit. Die Gesellschaft gliedert sich nach der Dreiständelehre: Klerus „du bete", Adel „du schütze", Bauer „du arbeite". Der Adel gewinnt in dem Idealbild des christlichen Ritters eine kulturelle Vorbildfunktion, dessen Ideale Höflichkeit, Ritterlichkeit, Tischsitten, Minnegesang alle Stände beeinflussen. Die Bauern sind hörig geworden. Die aufkommenden Städte werden in ihrer Funktion als Burg oder Markt zu Zentren des Gewerbes und Handels. Das Motto lautet: Stadtluft macht frei. Zünfte übernehmen die Kontrolle von Produktion und Qualität. Gleichzeitig geht damit eine Differenzierung der Handwerksberufe mit festgesetzten Tätigkeitsfeldern einher. Die Sozialfürsorge in den Städten übernehmen die Bettelorden mit Siechenhäusern und Hospitälern.

Bild 1: Schreibpult, Romanische Buchmalerei, Stadtbibliothek Trier

Der Heilige Gregor am Schreibpult. Zweigeschossiger Aufbau, Rahmenbau auf Gehrung geschnitten, umlaufendes Profilgesims, obere Reihe als Rundbogenportal ausgebildet.

> Die Möbel der Romanik unterliegen antikem Einfluss. Nur wenige Stücke sind erhalten geblieben. Abbildungen erscheinen in der Buchmalerei. Erwähnt werden Möbel in den Schatzverzeichnissen der Klöster und Kirchen neben dem Altargerät nur als Einzelstücke. Möbeltypen sind der Faltstuhl, für hochgestellte Persönlichkeiten, meist prächtig dekoriert, bronze- und elfenbeinverziert. Die Rundpfostenbank fällt klobiger aus als in der Antike. Lehnsessel und Stühle sind nur aus künstlerischen Darstellungen erhalten geblieben. Steinmöbel wie der Thron Karls d. Gr. können mit Bronze gefasst sein oder in Teilen aus Guss bestehen. Kastenmöbel wie die Truhe leben in romanischen Formen vor allem im norddeutschen Raum weiter. Der Giebelschrank besteht aus vollen Brettern und kennt keine Unterscheidung von Rahmen und Füllungen. Dekor wird durch Eisenbänder und Nagelköpfe gebildet.

Bild 2: Frontstollenschrank, 12. Jh., aus Aubazine

Konstruktion: zweigeschossige Seitengliederung als Doppelbogenfenster mit Mittelsäule, die Türen mit außen liegenden Bändern ebenfalls mit Rundbogenabschluss, verschließbar mit Schloss und Riegelkonstruktion.

Maria Laach, Abteikirche 1093/1230

Lorsch, ehem. Benediktinerkloster Torhalle, um 800

Trier, Befestigter Wohnturm, 11./12. Jh.

Quedlingburg, Stiftskirche, 11./12. Jh.

Freiberg, Sachsen, Dom, Goldene Pforte, 1230

Fulda, Michaelskapelle, 820 – 822 Rotunde

Der Klerus bewahrt das antike Wissen über die Wirren der Völkerwanderung bis ins Mittelalter hinein. Kirchen und Klöster werden zu Zentren des Wissens und der Macht. Repräsentative Steinbauten in römischer Tradition entstehen deshalb in kirchlichem Auftrag. Trotz einer Weiterbenutzung römischer Maße entstehen neue Formen bei Säulen, Pfeilern und Kapitellen. Portale, Zwerggalerien, klare Fassadengliederung und die Verwendung von Quadern statt Bruchsteinen bestimmen die kirchliche Architektur. Die Flachdecke setzt der Breite des Kirchenschiffs Grenzen. Die ästhetische Wirkung erreicht man durch Verschachtelung geometrischer Formen. Reiche Bürger demonstrieren mit Geschlechterwohntürmen ihr Selbstbewusstsein.

Bild 1: Seitenstollentruhe, Schweden

Konstruktion: Durchgängige Seitenstollen in zimmermannsmäßiger Verarbeitung, Eisenbänder als konstruktives, dekoratives wie auch Schutzelement, breiter Schlüssel-Schild. Truhen dieser Art finden sich in den normannischen Fürstengräbern. Dort hat sich auch ein zerlegbares Bettgestell erhalten.

Die großen Grundherrschaften mit ihren Selbstversorgungseinrichtungen liefern spärliche Nachrichten über die Differenzierung des Handwerks. Im Kloster Corvey, das als Bildungsakademie des niederdeutschen Adels betrachtet werden kann, leben 300 Mönche und 150 Laienbrüder. Aufgeführt sind eine Bäckerei, Brauerei, Werkstätten, Mühle, Laienschule. Im Klosterplan von St. Gallen erscheint ein Handwerkerhaus, eine Küferei, Drechslerei, Brauerei, Bäckerei, ein Wagenschuppen. Das Prümer Urbar verzeichnet zwar die einzelnen Abgaben der Hörigen und ihre Dienstleistungen, Möbel werden dort nicht erwähnt. Man darf davon ausgehen, dass diese im Kloster von den Laienbrüdern hergestellt wurden.

Bild 2: Frontstollentruhe, 12. Jh., Schweiz

Konstruktion: Stollen zweigliedrig, unten Portal mit darüber liegendem Doppelfenster, plastisch gestaltet mit Rundbogennischen, oben zwei Rosettenornamente in Kerbschnitzerei. Korpus mit zweigeschossigen Rundbogenarkaden in Flachschnitzerei.

16.6 Möbelkultur der Gotik

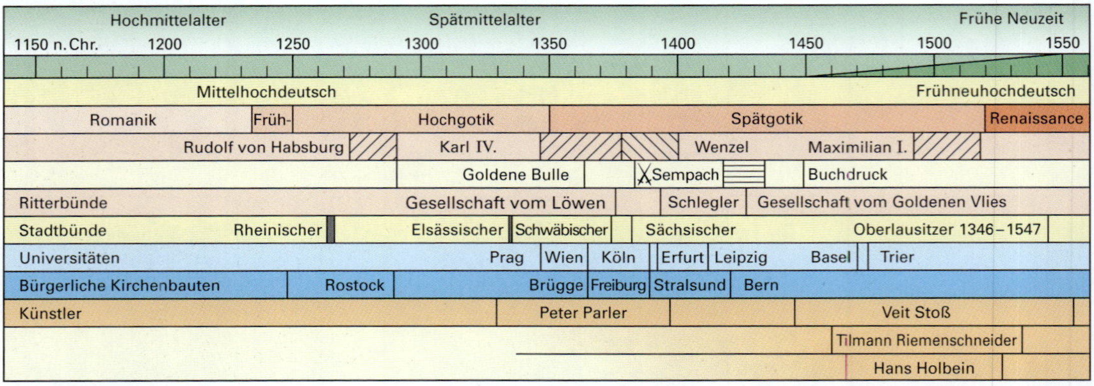

Die Gotik fällt in die Zeit des Spätmittelalters. Diese Zeit wird geprägt durch die Schwäche des Königtums und ein Erstarken der Kurfürsten durch Wahlmonarchie. Diese Kurfürsten bekommen in der Goldenen Bulle im Jahre 1348 von Karl IV. den Bestand ihrer Territorien verbrieft. Die Schweiz behauptet durch Siege über Österreich ihre politische Unabhängigkeit. Die Bevölkerung von 14 bis 15 Millionen Menschen wird durch die große Pestepidemie von 1348 um ein Drittel dezimiert. Die Städte erleben trotzdem einen Aufschwung durch Handwerk, Handel und Messen. Zünfte und Kaufleute gelangen zunehmend zu politischem Einfluss und zu einer Beteiligung am Stadtrat. Städtische Autonomie zeigt sich im Bau von Rathäusern, Zeughäusern, Siechenhäusern. Zünfte bestimmen einen Großteil des städtischen Lebens. Qualitätskontrolle und -bewusstsein lassen Spitzenprodukte handwerklichen Könnens entstehen. Städtische Schreibschulen und kirchliche Universitätsgründungen heben das Bildungsniveau. Der Adel schließt sich in Ritterbünden mit eigenen Turnierveranstaltungen zusammen, streng getrennt vom städtischen Patriziat, das diese Formen übernimmt.

Bild 1: Schrank aus Süddeutschland

Bestehend aus zwei übereinander gestellten Truhen. Der truhenähnliche Untersatzrahmen ist wie die Seitenleisten reich beschnitzt. Hohes Kranzgesims mit durchbrochenen Rosetten und Dreipässen, gekrönt von einem aufgesetzten Zinnenfries.

Als Werkstoff verwendete man nach wie vor einheimische Holzarten. Die Möbel der Gotik waren leichter, gefälliger und reicher gestaltet als die der Romanik. Das war nur möglich, weil Holzverbindungen weiter entwickelt wurden, die das Arbeiten des Holzes ermöglichten. Die meisten der heute üblichen Verbindungen von Vollholz wie das Graten, Zinken, Fälzen, Nuten, Federn, Stemmen, Schlitzen und Überblatten stammen aus der Zeit der Gotik.

Das Erstarken der Zünfte führt zu einer Differenzierung der Holz verarbeitenden Berufe und ihrer Tätigkeiten. 1248 verzeichnet Basel außer Zimmerleuten nur Wagner und Fassbinder. 1271 erscheinen Wanner und Drechsler, erst 1434 der Beruf des Schreiners. 1378 verzeichnet Frankfurt am Main 143 Angehörige des Holz und Horn verarbeitenden Gewerbes, Zimmerleute, Fassbinder waren zünftig. Fremden Zünften angegliedert waren Küfer, Wagner, Holzsäger, Stuhlmacher, Leistenmacher, Drechsler, Kistler.

Bild 2: Schrank aus Flandern

Konstruktion: Stollen- und Rahmenbauweise, an vier langen Bändern befestigte Türen, vertikale Faltwerkfüllungen. Die säulenartige Dekoration betont die Mitte und verdeckt den Türspalt.

Ulm, Münster, 1377

Marienburg, Deutschordensschloss, um 1272-1300

Greifswald, Bürgerhaus, um 1425

Kölner Dom, 1248

Marienburg, Kapitellsaal, um 1320

Nürnberg, Gotisches Arbeitszimmer, 15. Jh.

Das veränderte Bewusstsein der Epoche drückt sich in einem neuen Baustil aus. Der Spitzbogen ermöglicht eine vertikale Ausrichtung. Das feingliedrige Skelett des Strebwerks aus Gewölberippen, Diensten und Strebebogen leitet die Last von Dach und Gewölbe nach außen auf die Strebepfeiler. Die massigen Mauern werden überflüssig und ermöglichen große bleiverglaste Fenster in einem zierlichen Maßwerk. Häuser reicher Kaufleute zieren eine Blendfassade mit Staffel oder Treppengiebel.

Bild 1: Hängeschränkchen, spätes 15. Jh., Museum für angewandte Kunst, Köln

Konstruktion: Durchbrochen geschnitzte Front mit Maßwerkapplikation, Mitteltür zwischen zwei festen Seitenteilen. Proportionen der Frontgliederung 2:3, 3:3, 3:4. Unter- und Mittelgeschoss mit Blüten gefüllte Vierpässe, Obergeschoss mit Kielbogen, Zinnenkranz. Der Schrank ähnelt der äußeren Form nach einem Geschlechterwohnturm.

Die Zunft schreibt den Berufen ihre Tätigkeiten vor. Der Unterschied beweglich/unbeweglich schied die Arbeit der Kistler von der der Zimmerer. Leimen und Hobeln war ein streng gehütetes Privileg der Kistler. Zimmerleute durften keine eigenen Werkstätten in ihren Häusern unterhalten und nicht bei Licht arbeiten. Ihnen war grobes Kistlerwerk erlaubt: Webstühle, Krämergestelle, „Teeken", „Totenkisten" mit eisernen Nägeln. Furnieren und Einlegearbeiten sowie der Gebrauch von Dübeln ist als Kistlerarbeit anerkannt, ebenso Altäre, Beichtstühle, Gemälderahmen, Tische, Stühle und Betten.

Bild 2: Scherensessel, Mitte 15. Jh., Oberitalien, Museum für angewandte Kunst, Köln

S-förmig geschweifte Leisten überkreuzen sich scherenförmig und sind in Kufen und Armlehnen eingepasst. Auf Lücke sitzende Querstäbe bilden die Sitzfläche, fixiert mit drei durchgeschobenen Rundhölzern, das rechte als Drehpunkt. Die Rückenlehne ist drehbar auf den Zapfen einer Armlehne aufgesteckt. Es entsteht ein zusammenlegbares Reisemöbel.

16.7 Möbelkultur der Renaissance

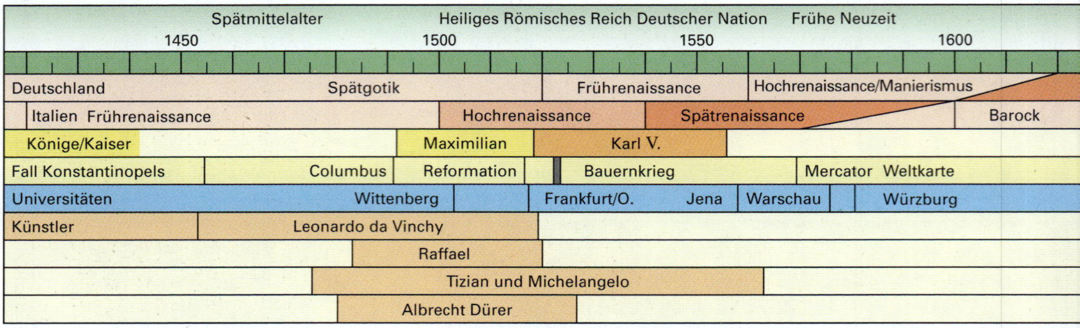

Die Renaissance: Die Wiedererweckung und Neugestaltung der Antike, verbunden mit der Geisteshaltung des Humanismus, fördert die Entdeckung der Persönlichkeit und die Idee der Gleichwertigkeit aller Menschen. Mit der Konzentration auf Volkssprache, Volksbildung durch Übersetzung (Lutherbibel) und Kommentierung kann das antike Wissen weite Verbreitung finden (Buchdruck). Das Handwerk schafft im Meistersang ein kulturelles Pendant zum Minnesang, wie z.B. Hans Sachs in Nürnberg. Dieser Trend zur Bildung setzt sich in der Gründung bürgerlicher Universitäten fort. Das Zusammenspiel aller Erkenntnisse führt zu Innovationen auf naturwissenschaftlich-technischem wie kulturell-künstlerischem Gebiet. Das neue Weltbild durch Kenntnisse der Astronomie und durch die Entdeckung Amerikas stellt die traditionelle kirchliche Weltanschauung in Frage. Die Umgestaltung der Territorien zu Flächenstaaten und der aufkommende Absolutismus führen zu sozialen Spannungen, die sich im Ritter- und Bauernkrieg entladen.

Bild 1: Kabinettschrank, 1. Viertel 17. Jh., Museum für angewandte Kunst, Köln

Tafel- und Brettbauweise mit vorgeblendetem Rahmenwerk, Filets aus Bein in die Ebenholzfurniere eingebettet. Die beiden Türen und die Seitenfüllungen sind mit Szenen adligen Lebens bemalt. Der Innenteil bedeckt mit marketierten Polyedern in perspektivischer Darstellung zeigt den humanistischen Bildungsanspruch des Auftraggebers, wie die Qualität handwerklicher Arbeit. Griechische Mathematik und Geometrie gehören zum Bildungskanon.

Das wichtigste Möbelstück bleibt die Truhe als universales Sitz- und Bewahrmöbel. Italienische Möbel verwenden häufig die Form der Architektur. Die italienische Cassapanca erhält Rücken- und Seitenlehnen und bildet so eine Vorform des Sofas. Die Kredenz ist eine Verbindung von Truhe und Schrank mit zwei Türen an der Vorderseite und Schubladen. Das italienische Bett besitzt ein überhöhtes Kopfteil und einen rundumlaufenden Truhenkasten.

Beliebte Tische bilden die rechteckigen Tafelformen, die auf zwei Böcken ruhen (Gotik). Die Stützen sind in Anlehnung an römische Marmortische volutenartig geschwungen und mit Löwenköpfen verziert. Schemel bestehen aus zwei parallelen Brettstützen mit Schnitzereien (Masken, Sphinxe) und einer ähnlich geformten Rückenlehne. Vierbeinige Stühle weisen vorn gedrechselte und hinten vierkantige Beine auf.

Bild 2: Renaissance-Schrank aus Nürnberg

Die Form der Gotik hat sich erhalten, Variationen erfolgen durch Wandlung der Ornamentik und Reliefschnitzerei, Andeutung an Triglyphe und Zahnschnitt.

Florenz, Palazzo Strozzi, 1489–1539

Florenz, Palazzo Uguccioni, 16. Jh.

Haarlem, Vleeshal, 1602 – 1603

Palazzo Pitti, 1458 – 1738, Saal der Ilias

Florenz, Palazzo Strozzi, 1489 – 1539, Innenhof

Danzig, Rathaus 1587 – 1595, Diele

In den Städten entstehen prachtvolle Bürgerhäuser, Rathäuser, Zunfthäuser und Wohnhausbauten in residenzähnlichem Stil. Damit tritt der Bürger zunehmend als Kulturträger auf und löst den Klerus ab. Ausdruck des neuen bürgerlichen Selbstbewusstseins bildet prächtige Kleidung, die luxuriöse Ausgestaltung der Innenräume mit Wand- und Deckenvertäfelungen in aufwendiger Kassettentechnik, die Einführung der Tapete und die Ausbildung neuer Möbeltypen. Die Idealform des Sakralbaus ist der überkuppelte Zentralbau. Rechtecke und Kreise bilden die dominierenden Formen. Andrea Palladios Symmetrie und Proportionslehre werden zum klassischen Vorbild.

Bild 1: Fassadentruhe, Anfang 16. Jh., Kunsthandel Fischer, Luzern

Zentrale Rustikalbogennische, flankiert von zwei Bogenarkaden, vorgestellte Halbsäulen, die äußeren über Eck gestellt, zwei seitliche Tragegriffe. Das Untergestell mit nachempfundenen Säulen wurde möglicherweise später gefertigt.

Auf dem Gebiet des Handels und der Produktion entstehen mit den Verlagssystemen der Fugger und Welser Handelsimperien. Vom Rohstoff bis zum Fertigprodukt lag alles in einer Hand. Die Verleger benutzen die Bevölkerung ganzer Dörfer als Arbeitskräfte. Bereits die Rohstoffgewinnung erfolgt in eigenen Betrieben, die Vermarktung der Fertigprodukte liegt ebenfalls beim Verleger. Dieses auf Mengen ausgerichtete System bedient den Durchschnittsgeschmack. Gegen diese Konkurrenz reagieren die Zünfte durch die Abschließung städtischer Märkte. Strenge Reglementierung bei gleichzeitiger Anhebung des Qualitätsstandards lassen handwerkliche Spitzenprodukte entstehen.

Bild 2: Kastentisch, 16. Jh., Kunsthandel Fischer, Luzern

Nussbaum und Weichholz, profilierte rechteckige Zarge mit aufklappbarem Blatt, Wangen mit doppeltem Mittelsteg. Auf der Rückseite Einteilung mit Schubladen.

16.8 Möbelkultur des Barock und Rokoko

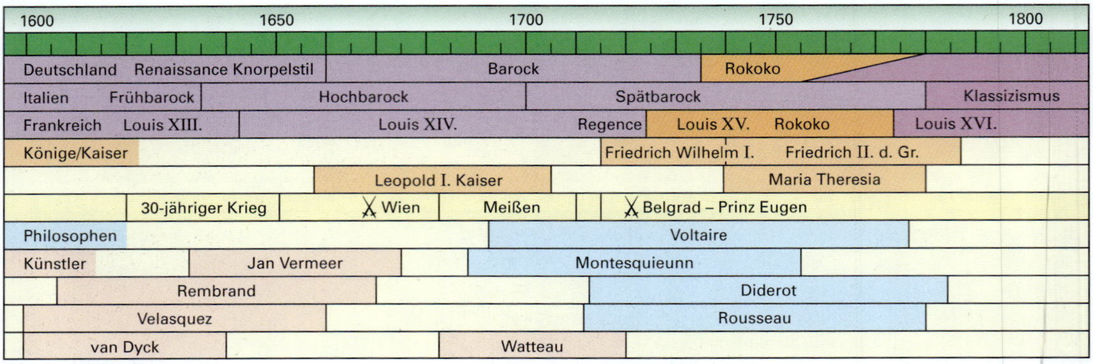

Der Barock beginnt nach dem dreißigjährigen Krieg, der einen Bevölkerungsverlust von 50 % auf dem Land und 30 % in der Stadt verursacht. Es entstehen eine Vielzahl souveräner, absolutistisch regierter Kleinstaaten. Die Schweiz und die vereinigten Niederlande erhalten ihre Unabhängigkeit. Preußen steigt unter Friedrich Wilhelm I., Österreich nach dem Sieg über die Türken bei Wien zur Großmacht auf. In Frankreich führt Ludwig XIV. den Absolutismus zu voller Blüte. Die französische Sprache, Sitten und Gebräuche werden zum kulturellen Vorbild. Im zentral regierten Frankreich kann der König Kulturstifter sein. Die Stilepochen werden nach Herrschern benannt. Mit der Einführung der arbeitsteiligen Manufaktur unter staatlicher Leitung produziert Frankreich Luxusgüter höchster Qualität für den Bedarf von Fürstenhäusern und Großbürgern in ganz Europa. Das 18. Jahrhundert wird zum Jahrhundert der Aufklärung. Sie fördert rationale Wissenschaft, religiöse Toleranz und Menschenrechte. Sie führt in Deutschland zum aufgeklärten Absolutismus unter Friedrich II. von Preußen oder in Österreich unter Maria Theresia, in Frankreich letztendlich zur französischen Revolution.

Bild 1: Nasenschrank, Zürich, Mitte 18. Jh., Kunsthandel Fischer, Luzern

Furnierter Nussbaumkorpus mit über Eck gestellten Wulstlisenen auf gequetschten Ballenfüßen, ausladender profilierter Kranz. Diese Schränke werden bei rechteckigem Korpus ursprünglich als Wellenschränke bezeichnet.

In Frankreich werden neue Möbeltypen entwickelt. Der Kabinettschrank ruht auf einem Untergestell mit acht bis zwölf gewundenen Stützen. Ein weiterer Typ ist das „Bureau". Sofa und Chaiselongue dokumentieren die neue Wohnkultur. Die Kommode ersetzt den Schrank, sie wurde mit reicher Marketterie versehen, mit Einlegearbeiten aus Elfenbein, Schildpatt, Metallen und Hölzern. Ebenholz kommt vermehrt zum Einsatz. Der beste Ebenist der „Manufacture royale" war André Boulle. In Deutschland waren die großen säulenverzierten Schränke mit ausladendem Deckgesims beliebt. Die Frankfurter Wellenschränke wurden massiv oder furniert hergestellt.

Bild 2: Barock-Schrank aus Nürnberg

Schrank mit ausladendem Deckgesims, gedrehten Säulen auf angedeuteten Postamenten, Türfüllungen mit Rundbogenmotiv, gekrönt von Knorpelwerkschnitzerei.

Weingarten, 1715 – 1724

Rom, Vatikanstadt, Sankt Peter, 1590

Vaux-Le-Vicomte, Schloss, erb. 1656 – 1661

Klosterkirche, Innenansicht

Rom, Sankt Peter, Hauptkuppel

Vaux-Le-Vicomte, Gatensaal

Der Barock ist der Stil des Absolutismus, der die Größe der christlich-römischen Kirche und des Glaubens symbolisiert. Architekturentwürfe stellen Gesamtkunstwerke dar. Garten, Gebäude, Interieur, Möbel und Dekoration, selbst die Zeremonie gilt als Teil des Welttheaters. Die Fassade gewinnt an Bedeutung. Die Durchdringung konkaver und konvexer Mauerteile mit unbedingter Symmetrie bestimmt die Konzeption. Es kommt zu einer Häufung plastischer Ornamente von Figuren, Pfeilern und Säulen. Bürgerhäuser werden in Stein ausgeführt. Der erste Stock gilt als „Beletage“ und enthält Wohnräume und Küche.

Bild 1: Tabernakelaufsatzschreibkommode, um 1740, Kunsthandel Fischer, Luzern

Nussbaum, parkettiert mit Band- und Fadeneinlagen, Ballenfüße, leicht abgeschrägte Klappe zum Schreibfach, rückgesetzter geschweifter Aufsatz mit Tür, flankiert von Schubladen.

In Frankreich bilden sich die unter staatlicher Aufsicht stehenden Manufakturen heraus, die durch den Export von Luxusgütern die Staatseinnahmen aufbessern. Die Organisation der Arbeit wird verändert. Arbeitsteilungen und Spezialisierung unter Einbeziehung von „Maschinen“ verbessern die Quantität, aber auch die Qualität. Berühmt werden Stoffe, wie auch Gobelins, die in Residenzen und Kirchen die Wände verzieren. Beliebte Vorlagen bilden die antiken Sagenmotive wie auch Darstellungen aus der Schäferdichtung (Bukolik). Die Möbelherstellung vollzieht sich in großen Werkhallen mit Reihen von Hobelbänken. Hier überwiegt auch weiterhin die Handarbeit.

Bild 2: Bemalte Rokoko-Kommode aus Franken

Mehrfach geschwungener Korpus, farbiger Untergrund, von den Füßen aufsteigende florale Verzierung zu den Schubladen verästelnd, Ranken und Blütenmotive.

16.9 Möbelkultur des Klassizismus, Louis XVI., Empire

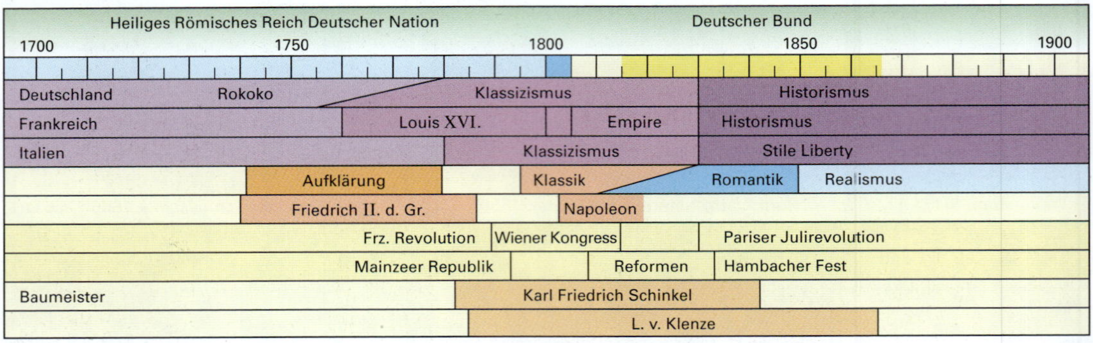

Das 18. Jahrhundert, das Zeitalter der Aufklärung und des aufgeklärten Absolutismus, führt zur Emanzipation des Bürgertums. Die Forderung nach Gleichheit aller Menschen und Stände, nach Menschenrechten und religiöser Toleranz überwindet schließlich in der französischen Revolution das Ancien Régime. Die Akzeptanz der französischen Revolution mit Freiheit, Gleichheit, Brüderlichkeit wandelt sich unter der Schreckensherrschaft der Jakobiner. Napoleon erlangt Bewunderung (Goethe) für die Wiederherstellung eines Systems, das Ordnung, monarchische Repräsentanz und klassischen Stil verkörpert. Der Wiener Kongress regelt nach der Verbannung Napoleons die Neugliederung Europas, die zum Deutschen Bund führt, aber nicht wie von vielen Bürgerlichen erhofft zu einem einheitlichen Nationalstaat. Die Phase der Restauration wird unterbrochen von der Pariser Julirevolution (1830), die in Belgien, Polen und Italien zu Aufständen führt, in Deutschland eine Politisierung hervorruft. Spätestens mit dem Tode Goethes 1832 endet die Literatur der Klassik, die in Schiller, Hölderlin, Herder und Wieland ihre herausragendsten Vertreter hat.

Bild 1: Alkovenbett Louis XVI., Kunsthandel Fischer, Luzern

Rechteckiges Nussbaumgestell mit Intarsien auf Pyramidenbeinen, Rücken mit Halbkreisbogen, Pfostenabschluss mit gedrechselten Eichelmotiven, reliefierter Kymation und intarsierter Bandfries.

Der **Louis-seize-Stil** wurde in Paris entwickelt. Die Konstruktionen im Möbelbau wurden wieder sichtbar und teilweise sogar besonders hervorgehoben und betont, die Möbelflächen wieder eben und rechteckig. Man verarbeitete Edelhölzer, vornehmlich Mahagoni. Die natürliche Schönheit des Holzes und seine Maserung galt als Schmuck und wurde durch Polieren noch gesteigert. Als zusätzlicher Schmuck dienten die Beschläge. Sie waren aus Bronze, Messing oder Silber, manchmal auch vergoldet. Man bezeichnet die Beschläge als „Bronzen". Schmuckornamente waren Girlanden, Kränze, Schleifen sowie Medaillons. Beliebt war auch der Perlstab.

Bild 2: Zylinderbureau

Pyramidenbeine. Die halbrunde Klappe verdeckt die Innenaufteilung. Aufsatz mit Intarsienornamenten, aufgesetzte Zaungalerie, Umrisse und Bandeinlagen zweidimensional dargestellt, erinnern an die Konturen eines Bürgerhauses.

Berlin, Schauspielhaus, 1818 – 1821

Weimar, Bertuch-Haus, 1780 – 1802

Paris, Pantheon, 1757–1790

Hanau, Schloss Philippsruh, um 1800

London, Landsdowne House, Ballsaal 1768

Paris, Pantheon, Innenansicht

Der Archäologische Klassizismus beginnt Mitte des 18. Jahrhunderts mit Winkelmanns Ausgrabungen in Pompeji. Besonders die französische Revolution sieht in den altrömischen Bürgertugenden die Heilung vom Übel des „Ancien Régime" und erklärt die römische Antike zum Vorbild der Architektur. Die Architektur soll sich aus der Geometrie regenerieren. Napoleon erklärt den Klassizismus zur offiziellen Staatskunst. Besonders Kommunalbauten werden in diesem Stil errichtet. Die Privathäuser wurden von diesem Stil nur ansatzweise berührt, hier finden klassische Motive besonders in der Innenarchitektur Verwendung. Die Salons in vornehmen Privathäusern waren Treffpunkt von Intellektuellen, Künstlern und Philosophen.

Bild 1: Sekretär

Rechteckiger Korpus, Mahagoni-Spiegelfurnier, zwei Türen, begrenzt durch Hermen und geschmückt durch Lorbeerkranz. Schreibklappe mit Adlermotiv, seitliche Begrenzung durch Faszienstäbe, gekrönt mit griechischen Bronzehelmen, am unteren Ende zwei Beile, an Liktorenbündel erinnernd, die die Amtsgewalt römischer Magistrate symbolisieren.

Wirtschaftlich vollzieht sich ein Umschwung durch die Reformen Steins und Hardenbergs in Preußen. Die Bauernbefreiung, Aufhebung der Leibeigenschaft, städtische Selbstverwaltung, Einführung der Gewerbefreiheit durch Aufhebung der Zünfte, Vereinfachung der Ministerien und Verwaltungsbehörden (1807–1814), sollen die Wirtschaftskraft und den Wiederaufbau Preußens voranbringen.

Bild 2: Salontisch, Empire, Kunsthandel Fischer, Luzern

Mahagoni mit Messingfadenintarsien, runde Zarge auf drei Säulenbeinen und Dreipasssockel auf Ballenfüßen mit Messingrollen, weiße, grau geäderte Marmorplatte.

16.10 Möbelkultur des 19. Jahrhunderts, Biedermeier, Historismus

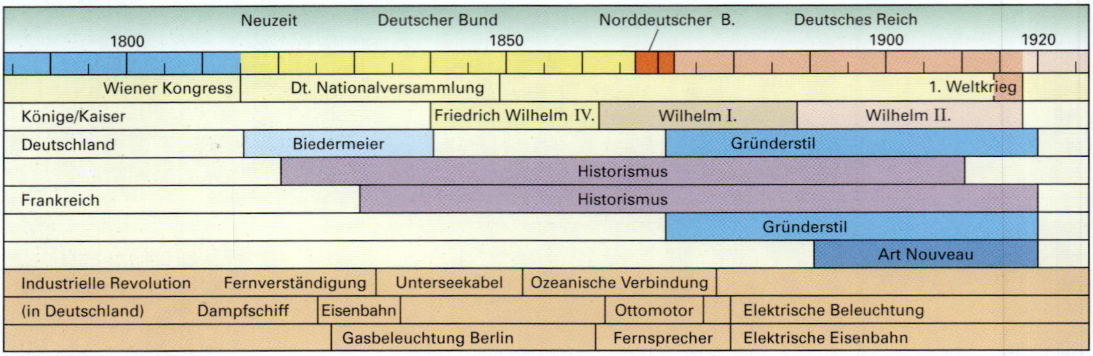

Das 19. Jahrhundert bildet eine Zeit paralleler, aber auch widersprüchlicher Strömungen. Viele Bürger treten den Rückzug aus der Politik ins Private an. Verspottet werden diese Bürger mit dem Begriff „Biedermeier". Häuslichkeit und Familie führen weg von der Repräsentation eines Salons zu einer gediegenen Wohnlichkeit mit warmer Atmosphäre. Die Romantik zeigt das Ideal eines mit der Natur in Einklang stehenden Menschen. Bildung durch Reisen gehört unmittelbar zu diesem Lebensziel. Die Rheinromantik mit dem Wiederaufbau zerstörter Ritterburgen, der Raumausstattung mit antikisierten Möbeln, nachgefertigten Ritterrüstungen und mittelalterlichen Waffen. Eine gleichzeitige Beschwörung des Mittelalters als gemeinsamer kultureller Vergangenheit soll den Weg zur nationalstaatlichen Einheit ebnen. Politisch führt der Weg der nationalen Entwicklung über die niedergeschlagene Revolution in Frankfurt 1848. Die Auseinandersetzung Österreichs mit Preußen 1867 bringt die Vorherrschaft Preußens und das Ausscheiden Österreichs aus dem Deutschen Bund. In Versailles wird nach dem deutsch-französischen Krieg die Reichsgründung ausgerufen. Die Jahrhundertwende, „Fin de siècle", wird von vielen als Zeitenwende verstanden. Sie führt schließlich mit Ende des Ersten Weltkrieges zu einer völligen Umgestaltung und Neuausrichtung in die Moderne.

Bild 1: Zwei Kanapees, Biedermeier, Kunsthandel Fischer, Luzern

Nussbaum, teilweise furniert, durchbrochene Rückenlehne, gebogene Füllhornfüße.

Man wollte nicht mehr repräsentativ, sondern gemütlich leben. Aus dieser Haltung heraus entwickelte sich der **Biedermeierstil,** der die einfachen, klassischen Formen wieder zur Geltung brachte. Einfachheit, Schlichtheit und Klarheit waren die Forderungen, die man an das Möbel stellte. Neben Kirschbaum wurde auch Nussbaum, Birke, Esche und Mahagoni verarbeitet. An Stelle der teuren Bronzen verwendete man schwarze Profilstäbe und Adern aus Buchsbaum, Ebenholz, Nussbaum und Ahorn.

Bild 2: Vitrine, Biedermeier, Kunsthandel Fischer, Luzern

Korpus mit Nussbaumfurnier auf Würfelfüßen, flankierende Säulen aus geschwärztem Hartholz auf Podesten, reliefierter Kranz.

Koblenz, Schloss Stolzenfels, 1836–1842

Worms, Villa Neyl, 19. Jh.

Berlin, Bahnhofsgebäude 1878 – 1882

Stolzenfels, Rittersaal, Neugotik

Gotenburg Museum, Bürgerliches Empfangszimmer, um 1885

London, Kristallpalast 1851

Die Gründerzeit führt in Deutschland zu einer Belebung der Bautätigkeit. Alle bedeutenden Stile werden nachgebaut. Der Kölner Dom erhält erst in diesem Jahrhundert sein perfektes gotisches Aussehen. In den meisten europäischen Staaten repräsentieren Kommunalbauten auf klassischem Fundament ruhendes Staatswesen. Bei der Stilwahl galten für den Justizbereich die romanische Tradition, für Rathäuser und Schulen die Gotik und für die Verwaltung griechische Stilelemente.

Bild 1: Bugholzstühle, J. & J. Kohn, Wien. Kunsthandel Kottmeier, Trier

Gebogenes Buchenholz, Sitzfläche mit Geflecht und geprägtem Furniersitz. Diese Stühle wurden seit 1849 von den Gebrüdern Thonet produziert. Nach Ablauf des Patentschutzes begannen Kohn und andere Firmen 1869 mit der Nachfertigung. 1900 beschäftigte Thonet 6000 Arbeiter, die mit Dampfbiegemaschinen auf eine Tagesproduktion von 4000 Möbelstücken kamen. Der Stuhl Nr. 14, der typische Kaffeehausstuhl, wurde bis heute 100 Millionen Mal verkauft.

Industrialisierung und Technisierung mit ihrer rasanten Umgestaltung der Welt und der Rückzug in traditionelle Werte scheinen sich zu bedingen. Es entsteht eine Konkurrenz zwischen Handwerk und Industrie. Handwerker versuchen qualitativ und künstlerisch hochwertigere Produkte in bester Tradition zu liefern. Die Industrie reagiert mit Serien traditioneller Produkte unter wissenschaftlicher Begleitung. So entstehen hochwertige Repliken, aber auch Möbel in einem historischen Stil. Ebenso kommt es zu Neuschöpfungen mit Industriefertigung wie die der Gebrüder Thonet. Dieser Trend setzt sich fort in der Gründerzeit bis zum Ende des Ersten Weltkrieges.

Bild 2: Klappsekretär, Historismus, Kunsthandel Fischer, Luzern

Gerader Korpus auf Kreiselfüßen mit korinthischen Pilastern, drei Schubladen, abklappbarer Schreibplatte. Innenausbau mit romanischem Säulenfenster, ovales lorbeergeschmücktes Medaillon, darüber weitere Schublade; Abschluss mit schwarzer Marmorplatte.

16.11 Möbelkultur 1. Viertel 20. Jahrhundert, Jugendstil, Art Deco

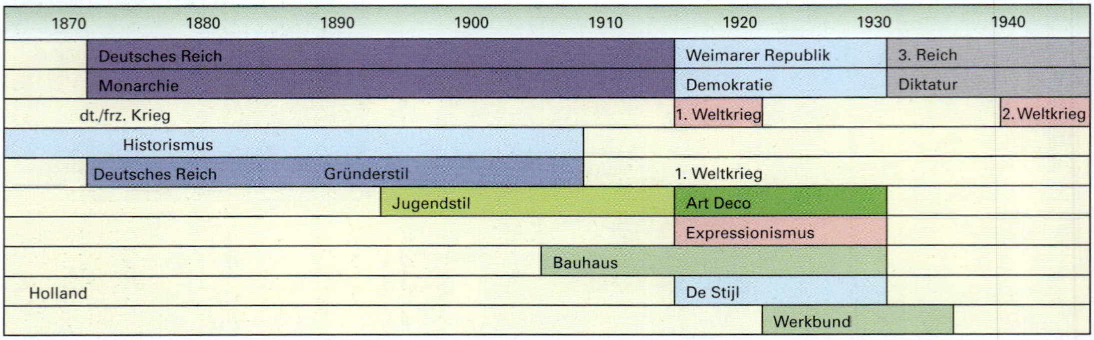

Mit der Wende vom 19. zum 20. Jahrhundert hält **die Moderne** Einzug in die Kultur. Die Technik erschließt dem Menschen neue Dimensionen. Politisch feiert Deutschland den Sieg über Frankreich, der zur Reichsgründung führt. Mit ihm geht der Gründerstil einher, der klassisch kulturelle Werte vermitteln soll. Nach der Niederlage des Ersten Weltkrieges endet die Monarchie in Deutschland. In Russland bringt die Oktoberrevolution die Kommunisten an die Macht. Die Weimarer Republik kann die Anfangserfolge wirtschaftlich wie politisch nicht stabilisieren, u.a. bringt die enorme Arbeitslosigkeit Adolf Hitler an die Macht. Mit dieser Diktatur endet auch die kulturelle Vielfalt der Weimarer Republik, die eine Modernität erreicht, die weit in die Zukunft hätte reichen können. Eine Monumentalarchitektur tritt an deren Stelle.

Impressionisten, Expressionisten, aber auch Künstler des Bauhauses werden 1933 verboten, zur entarteten Kunst degradiert und „national völkischen" Gesichtspunkten untergeordnet. Damit erlebt Deutschland durch das Dritte Reich einen intellektuellen wie künstlerischen Einbruch, der mit dem Wiederaufbau in der Nachkriegszeit einen mühsamen kulturellen Neubeginn verbinden muss.

Bild 1: Schreibtisch im Jugendstil (Van den Velde)

Zitat: „Als Keim dieses Stils steht mir klar das Bestreben vor Augen: nichts zu schaffen, das nicht einen vernünftigen Existenzgrund hat."

Der Jugendstil kann als bewusste Gegenbewegung zum Historismus gewertet werden. Es wird der Versuch unternommen, ein Gesamtkunstwerk zu schaffen, bei dem Baukunst, Malerei, Plastik und Kunstgewerbe zu einer neuen Einheit verschmelzen. Es herrscht der Wille, mit einfachen wellig fließenden Linien und Formen nach dem Vorbild aus der Pflanzen- und Tierwelt Eleganz zu schaffen. Das Ziel ist die ästhetische Einheit. Die Ensemblewirkung steht im Mittelpunkt.

Raumgestaltung gilt als Einheit, in der sich das einzelne Möbelstück diesem Rhythmus in Ornament und Gliederung unterordnen musste. Sitzmöbel werden der organischen Bewegungsfunktion des menschlichen Körpers angepasst.

Bild 2: Quartett Satztische, Kunsthandel Fischer, Luzern

Auf Stützen ruhende Platten, mit rechteckigen Blättern parkettiert. Zusammengeschoben hängen die Tische in einer Nut auf der Wangeninnenseite des jeweils größeren Tisches.

Traben-Trabach, Villa Nollen

Utrecht, Schröder-Haus, 1924 – 25, De-Stijl

Dessau, Bauhaus 1925/26, von Walter Gropius

Brüssel, Hotel v. Eetvelde

Utrecht, Schröder-Haus, Innenansicht

W. Gropius, Arbeitszimmer mit Anbau-Möbeln

Der Jugendstil entwickIt sich in Europa ab 1890 bis zum ersten Weltkrieg und war in Europa weit verbreitet. Er verwendete hauptsächlich stilisierte Pflanzen- und Blumenformen in graziösen Linienmustern und breite bunte Farbflächen.

De-Stijl, Schröder-Schräder-Haus, Utrecht 1924/25, v. G.Th. Rietveld. Backstein, Beton-Stahlelemente, Holzbalkendecke, Kleinräume im Untergeschoss, Großräume im Obergeschoss mit Wohn-, Ess-, Musikzone, durch Schiebewände in 7 Räume teilbar.

Dessau, Bauhaus, 1925/26, v. W. Gropius. 3L-förmiger Baukörper – Schule, Modellfabrik, Wohnheim, Vorhangfassaden am Werkstattgebäude, Fensterbänder am Berufsschulgebäude.

Bild 1: Blauroter Stuhl, 1917, von G. Th. Rietveld

Konstruktion mit Rechteckformen: schwarzer Rahmen, blaue Sitzfläche, rote Rückenlehne. Der Stuhl bestand ursprünglich aus unlackiertem Buchenholz, die Farbgebung erfolgte 1923, als Rietveld Mitglied der De-Stijl-Gruppe war, und folgt der Theorie Piet Mondrians, der eine völlig abstrakte Kunst forderte: nur horizontale und vertikale Linien als Bildelemente – Farben waren neben den Primärfarben Rot, Blau, Gelb nur Schwarz, Grau und Weiß.

In den zwanziger Jahren machte sich der De-Stijl-Einfluss am Bauhaus bemerkbar. Industrietaugliche Entwürfe sollten in Stahlrohr, Sperrholz und Industrieglas umgesetzt werden. Das Ziel der Kreation von preiswerter Massenware, die in Serie zu produzieren war, sollte die Grundbedürfnisse der breiten Bevölkerungsschichten befriedigen. Dies wurde u. a. bei den Stahlrohrstühlen verwirklicht, die Thonet produzierte. Die Formen waren aus der Theorie des Funktionalismus entstanden, nach der sich die Form aus der Funktion ergibt und jegliche Dekoration unnütz bzw. ästhetisch schädlich ist.

Bild 2: Stahlrohrmöbel von Ludwig Mies van der Rohe, um 1930

16.12 Möbelkultur des Dritten Reichs

1925	30	33	34	35	36	37	38	39	40	41	42	43	44	45	46	47	48	49	50	55
		Machtergreifung			Einmarsch Rheinl.			Münchner Abkommen						bedingungslose Kapitulation						
		Ermächtigungsgesetz					Kriegsbeginn			Kriegseintritt USA			Kapi. Stalingrad		Potsd. Konf. Besatzg.			Gründ. BRD		
		KZ-Dachau		Nürnberger Rassegesetze						Wannseekonf.			Kapitulation Afrikacorps					Gründ. DDR		
		völlige staatliche Gleichschaltung								Judenstern		allierte Landung Sizilien								
		Gleichschaltung aller kultureller Aktivitäten				Ausstellung entartete Kunst							alliierte Landung Normandie							
											Atombombenabwurf Hiroshima/Nagasaki							Wiederaufbau		
Art Deco												Kriegserkl. UdSSR an Japan								
Expressionismus																				
Bauhaus																				
De Stijl																				
Werkbund	gleichgeschaltet					aufgelöst									Neugründung					

Am 30. 1. 1933 beginnt die Machtergreifung Hitlers mit seiner Ernennung zum Reichskanzler. Nach der Reichtagsbrandverordnung (2/33), dem Ermächtigungsgesetz (3/33) und der Übernahme des Amtes des Reichspräsidenten (8/34) hat Hitler sein Ziel – Diktatur – erreicht. Er vereint die Ämter des Reichskanzlers, Reichspräsidenten, obersten Gesetzgebers, Reichsrichters, Oberkommandierenden der Wehrmacht und Parteiführers in seiner Person. Deutschland wird gleichgeschaltet. Kernpunkt der nationalsozialistischen Rassenideologie war die vermeintliche germanische Abstammung aller Deutschen, die als Vorvolk der germanischen Rasse die Weltherrschaft antraten, als quasi „natürliche Weiterentwicklung der Evolution". Der Mensch war für die Nationalsozialisten nicht Individuum, sondern Volksgenosse, dessen höchstes Ziel es war, in der Volksgemeinschaft aufzugehen. Lebensziel und Inhalt bestimmte die Partei bzw. Hitler. Der „Reinheitsgedanke", eine aus dem Sozialdarwinismus entlehnte Idee des 19. Jahrhunderts, führte zur Euthanasie („Vernichtung lebensunwerten Lebens"), der Errichtung von Konzentrationslagern und spätestens mit den Beschlüssen der Wannseekonferenz (1/42) zu einem mit allen staatlichen Mitteln und Institutionen angestrebten Ziel der Vernichtung jeglichen jüdischen Lebens in Deutschland und dem besetzten Europa. Der von Deutschland begonnene Zweite Weltkrieg forderte 60 bis 65 Millionen Opfer.

Bild 1: Ess-Wohnzimmerschrank, abgebildet in: „Neue Gebrauchsmöbel", Augsburg 1942

Nussbaum natur. Mattiert, innen oben Ahorn, innen unten Birnbaum.

Möbel sollten den „einfachen, ewigen Grundregeln" folgen, ein geschlossenes System verkörpern und „die gemeinsame geschlossene Weltanschauung" sowie „die gesunde deutsche Ordnung" im Sinne des völkischen Rassegedankens widerspiegeln. Möbel sollten „schlicht, klar, edel" sein. Das Wirrwarr des 19. Jahrhunderts habe die alte Tradition zerstört, auf die es sich jetzt zurückzubesinnen gelte. Die Idee des Bauhauses, billige Möbel für die breite Masse zu entwerfen wurde zur neuen Volkskultur uminterpretiert. Die Rückbesinnung auf Holz propagiert. Metall wurde in der Rüstung gebraucht. Das Bauhaus wurde als Vertreter entarteter Kunst aufgelöst, der Werkbund schaltete sich selbst gleich. Architekten wie Ludwig Mies van der Rohe und Walter Gropius emigrierten, ebenso wie zahlreiche Intellektuelle und Wissenschaftler

Bild 2: Schreibsekretär

Eibe, Nussbaum und Ahorn, Zargen, abgesperrt und furniert, Schubvorderstücke massiv, Platte Sperrholz.

Staatsarchitektur in Anlehnung an klassische Vorbilder mit dem Hang zum Gigantomanen und Kultischen. Abgeb. in: Petsch, Dokumente der Unterwerfung, Kunst im 3. Reich Frankfurt 1979

Siedlungshaus, abgebildet in: Petsch, Kunst im 3. Reich, Köln 1983

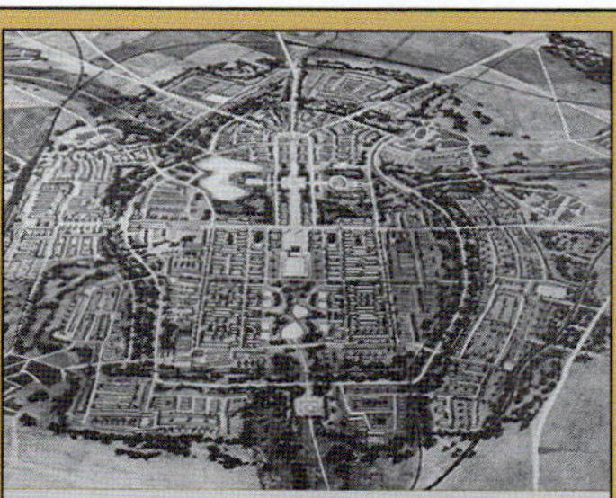

Stadt der Göhring Werke, Entwurf 1939, erinnert an barocke, feudalistische Entwürfe. Abgebildet in: Petsch, Kunst im 3. Reich, Köln 1983

Helmut Gieseler, Speisesaal in der Ordensburg Sonthofen, abgebildet in: Sembach Möbeldesign, Köln 1939 Innenarchitektur. Innenarchitektur versinnbildlicht den Wert der „Volksgemeinschaft" in der der Einzelne nichts zählt.

Musterwohnung in einem Siedlungshaus im saarländischen Dorf im Warndt 1936, mit dem obligatorischen Hitlerbild. Abgebildet in: Sembach, Möbeldesign Köln 1993

Hitler prahlte 1940, er werde Städte ausradieren! 1954 gab es keine deutsche Groß- und Mittelstadt, die nicht fast vollständig zerstört war. Düren nach dem Angriff vom Nov. 1944 (amerik. Frontzeitschrift). Abgebildet in: Die Kleine Stadt, Neuß 1960

Bild 1: Entwurf eines Wohn-/Essraumes, abgebildet in: Neue Gebrauchsmöbel, Augsburg 1942

Bild 2: Schreibschrank

Stollen, Nussbaum massiv, unverleimt, Seiten Sperrholz furniert, Türen Sperrholz mit massiven Kanten, Oberteil leicht zurückgesetzt, auf dem Untergestell aufgedübelt. Das Möbel erinnert an einen Biedermeiersekretär.

16.13 Möbelkultur in der Nachkriegszeit

1948	1950	1952	1954	1956	1958	1960	1962	1964	1966	1968	1970	1972
Gründung BRD/DDR	Volksaufstand DDR					Mauerbau				68er Revolte	RAF-Terror	Olymp. Atten.
Blockade Berlins						Gastarbeiter						Ölkrise
Marshallplan	Wiederaufbau		soziale Marktwirtschaft									
Kanzler BRD		Adenauer					Erhard		Kiesinger	Brandt		
Staatsratsvorsitzende DDR	Pieck					Ulbricht						
K. Krieg Luftbrücke Berlin		Volksaufstand DDR				Kubakrise						
alliierte Luftbrücke												
Indochinakrieg			Teilung Vietnams/Bürgerkrieg					Vietnamkrieg				
	Koreakrieg							Kubakrise		6-Tage-Krieg		
Entspannungspolitik				Dt.-Frz. Freundschaftsvertrag			Ostverträge/Passierscheinabk.			Moskauer/Warschauer Ver.		
Europapolitik	Europ. Gemeinschaft für Kohle/Stahl			Europ. Wirtschaftsgemeinschaft						Europäische Gemeinschaft		

Deutschland ist in Besatzungszonen aufgeteilt. Der Alltag wird beherrscht vom Hunger und Überlebenswillen der städtischen Bevölkerung, von der Beseitigung der Schuttberge (Trümmerfrauen), der allmählichen Rückkehr der Männer aus der Kriegsgefangenschaft (UdSSR bis zu 10 Jahren) und dem rasanten Wiederaufbau mithilfe des Marshallplans. Der VW Käfer steht als Beispiel für das Wirtschaftswunder. International verfolgt Deutschland die strikte Westanbindung, die Aussöhnung mit Frankreich und die Idee eines vereinten friedlichen Europa. Der Kalte Krieg beherrscht das Weltgeschehen. Die Konkurrenz zwischen freiheitlicher Demokratie/Marktwirtschaft und Kommunismus/Planwirtschaft und das Abstreifen alter Strukturen bestimmt die politische Diskussion (68er). Musikalisch setzten sich bei der Jugend Rock'n'Roll und Beat durch, der neue Kunststil heißt Pop Art.

Bild 1: Ray und Charles Eames (1956), Lounge Chair mit Ottoman, Kunsthandel Fischer, Luzern

Schichtholzschalen furniert (Riopalisander), Lederpolster, Armlehnen verbinden Sitz und Rückenlehne. Das neue Kanzleramt in Bonn wird mit Eames-Möbeln ausgestattet.

In der Nachkriegszeit mussten Möbel entworfen werden für Menschen, die ausgebombt auf den sozialen Wohnungsbau mit Wohnraumzuweisung angewiesen waren. Hier kamen nur platzsparende Kleinmöbel infrage.

Bild 2: Musterwohnung der Firma Knoll International im Haus von Alvar Aalto auf der internationalen Bauausstellung in Berlin 1957. Sessel von Pierre Jeanneret, Sofa von Florence Knoll. Am Essplatz vor der Durchreiche Stühle von Harry Bertoia. Abgebildet in: Sembach, Möbeldesign des 20. Jahrhunderts, Köln 1993

Bild 2: Nierentisch 50er und 60er Jahre, Kunsthandel Art und Design, Bremerhaven

Tischlerplatte Resopal, Design der 60er, umlaufende Messingschiene, Beine Buchenholz rund, in Messinghülse endend – ein äußerst populäres Möbel, oft kombiniert mit Cocktailsesseln.

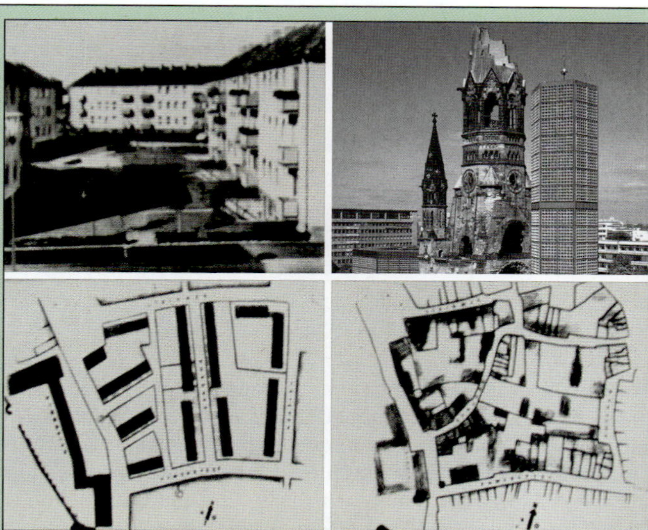

Der Wiederaufbau Dürens veränderte die Altstadtstruktur, Wohnblocks entstehen wegen der Wohnungsnot (sozialer Wohnungsbau), abgedruckt in: Die kleine Stadt, Neuß 1960

Ausstellungspavillon Le Corbusier, Zürich 1963, das letzte Werk des Architekten und Designers. Abgedruckt in: Ambiente 6 (1989)

Geprägt vom Anknüpfen an das internationale Design der Vorkriegszeit, dem Weiterwirken dieser Designer, aber auch dem Aufkommen einer jungen Avantgarde. Die fortschreitende Technik und der Experimentierwille mit neuen Materialien lassen neue Wohnkonzepte entstehen. Die Enttäuschung aus der fehlgeschlagenen 68er-Revolte bewirkt einen Rückzug auf das Ursprüngliche, Natürliche (Umweltgedanke), im Bereich der Möbel auf die Rückbesinnung auf alte Bauernmöbel aus Massivholz. Holz musste sichtbar sein. Dazu wurden Möbel abgelaugt um die modernen Farbschichten zu entfernen, meist ohne Rücksicht auf die darunterliegende originale Bemalung. Eichenmöbel wurden oft mit der Drahtbürste strukturiert, um den Holzcharakter zu betonen. Die Trödelwelle beginnt in Deutschland. Reproduktionen und Kopien entstehen **(siehe Seite 587)**. Daneben erfreut sich dänisches Design mit klaren Linien großer Beliebtheit.

Bild 1:
Joe Colombo, Wohnmodell 1969, gezeigt auf der Visiona, einer Ausstellung der Bayer AG im Rahmen der internationalen Möbelmesse Köln, 1969

Der Einsatz von Kunststoffen ließ neue ungewohnte Wohnlandschaften entstehen.

Bild 2: Sideboard, dänisches Design der 70er-Jahre, Kunsthandel Fischer, Luzern

Ausführung in Teakholz.

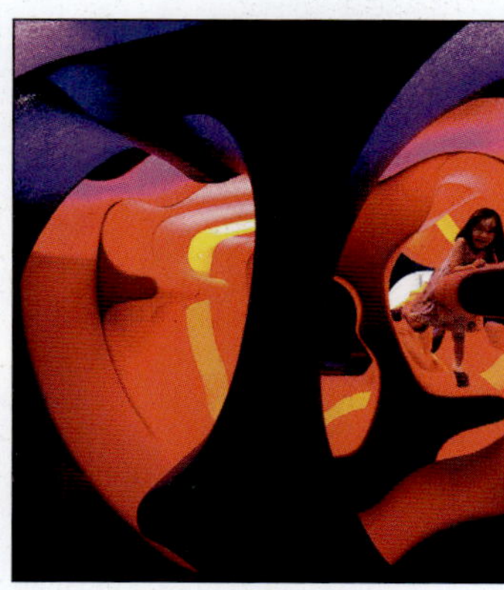

Bild 3: Verner Panton, Rauminszenierung der Bayer AG

16.14 Möbelkultur der Postmoderne

1972	1974	1978	1982	1986	1990	1994	1998	2002	2006	2010	2014	2018
	Spanien Demokratie/ Juan Carlos			Tschernobyl	Jugoslawienkrieg							
Afghanistankrieg		sowjetische Invasion				Taliban	dt. Beteiligung					
Nahost-konflikt	Jom Kipur Krieg	Camp David Israel.-ägyptischer Friede				Israel.-jordanischer Friede			Irak-Krieg	Rückzug USA-IS Terror		
Attentate		Aldo Moro	Johannes Paul Olof Palme									
Kanzler BRD Brandt	Schmidt		Kohl				Schröder		Merkel			
Staatsratsvor-sitzende DDR	Stoph	Honecker										
					Mauerfall/ Wiedervereinigung			2 plus 4 Vertrag Moskau 1990				
		Grüne			PDS				Linke	AFD		

Nach dem Ende des Kalten Krieges und dem Zerfall der UdSSR bestimmen regionale Konflikte das Weltgeschehen. Die Ausweitung der Nato führt zu Konfrontation mit Russland. China etabliert sich als neue Wirtschaftsmacht. Europa erlebt den ersten Krieg seit dem Zweiten Weltkrieg, den Jugoslawienkrieg. Die Europäische Gemeinschaft wächst, verliert aber Großbritannien. Der Nahe Osten wird weiter destabilisiert durch regionale Konflikte und den IS-Terror. Der Umgang mit Migration erweist sich als europäisches Problem.

Der Bauhausstil mit seinem Rationalismus, Funktionalismus und seiner klaren Geometrie prägt das Bauen der Moderne bis heute mit dem Motto: „Form folgt Funktion". Der internationale Stil beeinflusste die Welt des Designs in allen Bereichen. Ihn kennzeichnen der Verzicht auf repräsentative Details, man verwendet industriell gefertigte Baustoffe, kubistische Elemente, die Materialien Beton, Glas und Stahl.

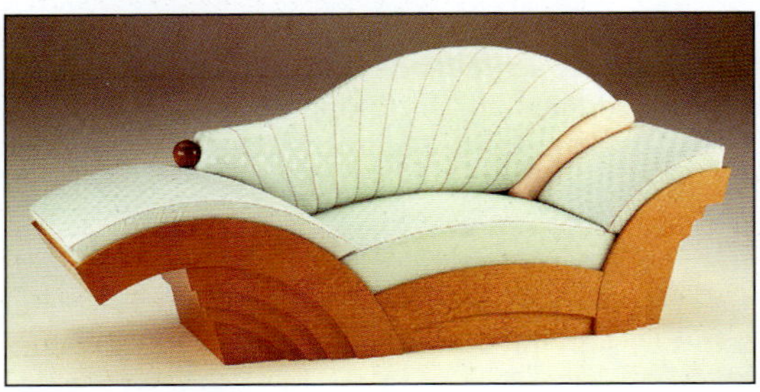

Bild 1: Hans Hollein, 1981, Sofa-Modell Marilyn, abgebildet in: Sembach, Möbeldesign des 20. Jahrhunderts, Köln 1993

Ahornwurzelholz, Satinbezug, Reminiszenzen an das Art Deco.

Bild 3: Hans Hollein, Inneneinrichtung des Ladens der Firma Ludwig Beck, München, im Trump Tower in New York, 1981–83, abgebildet in: Sembach, Möbeldesign des 20. Jahrhunderts, Köln 1993

Bild 2: Ettore Sottsass, Raumteiler 1981, Modell Carlton, abgebildet in: Sembach, Möbeldesign des 20. Jahrhunderts, Köln 1993

Plastiklaminat, die Form erinnert an De Stijl.

Kommunalbau Salerno. Mit Anklägern an die Tradition der Region

Zaha Hadid, Stazione Marittima, Salerno

ökologischer Holzrahmenbau Wittlich-Wengerohr

Messehalle Leipzig, Gerkan, Marg&Partner, abgebildet in: Zeitgenössiche Architektur, Köln 2000

Zaha Hadid, Innenansicht

Massivholzwände und -decken, Bauphase

In den 60er-Jahren entwickelt sich Kritik an rein rationaler Gestaltung, an der Überbetonung des Funktionalismus. Die *Postmoderne*, struktureller Expressionismus, Hightech-Architektur verwendet Stilelemente der Vergangenheit, wird zum „Zitatenspiel der Literaturepochen", lehnt bloßen Funktionalismus ab. Stahl und Glas sind bevorzugte Baustoffe. Die offene Demonstration der Tragstrukturen gilt als charakteristisch. Der *Dekonstruktivismus* lehnt die Vorgängerarchitektur ab. Er gestaltet Außenflächen, die gebogen, gefaltet, auch unproportional verzerrt wirken. Er will eine Alternative zum Funktionalismus bilden. Die *Nachhaltigkeit – Ökologie und Umwelt* – greift auf den Rohstoff Holz zurück, berücksichtigt den Energieaspekt, thematisiert Architektur und Landschaft. Diese Epochen oder Strömungen existieren einzeln, in Schnittmengen oder parallel. Möbeldesign ist Innenarchitektur, korrespondiert mit der Architektur. Der Designer kann seiner Kreativität freien Lauf lassen bei der Gestaltung und der Umsetzung.

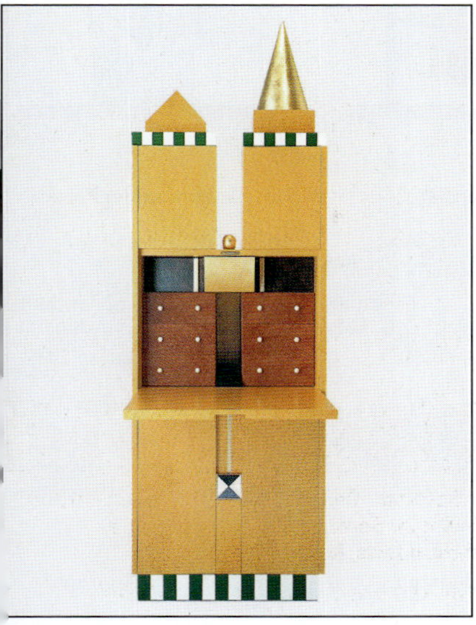
Bild 1: Norbert Berghof, Schreibsekretär „F1"

Bild 2: Peter Draenert, „Danseuse", Konsole in Holz. Abgebildet in: Atrium 3 (2018)

17 Grundlagen und Informationen

In der Holztechnik werden aus einer Vielzahl von Werkstoffen mithilfe bestimmter Arbeitsverfahren Möbel und Bauteile für den Innenausbau, wie z. B. Fenster, Türen, Wand- und Deckenverkleidungen sowie Treppen, hergestellt. Dies erfordert Kenntnisse über Aufbau, Eigenschaften und Verhalten der Werkstoffe sowie über deren Auswahl und deren fachgerechte Verarbeitung.

Grundlagen dafür bilden die Naturwissenschaften **Chemie** und **Physik.** Ein wichtiges Teilgebiet der angewandten Physik ist die **Elektrotechnik.**

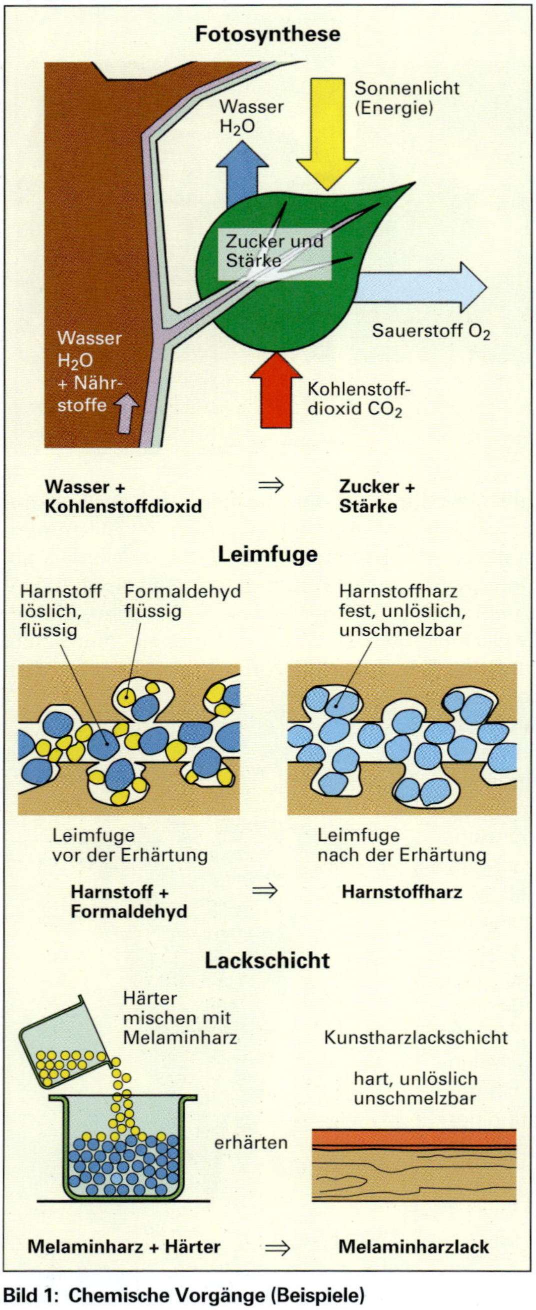

Bild 1: Chemische Vorgänge (Beispiele)

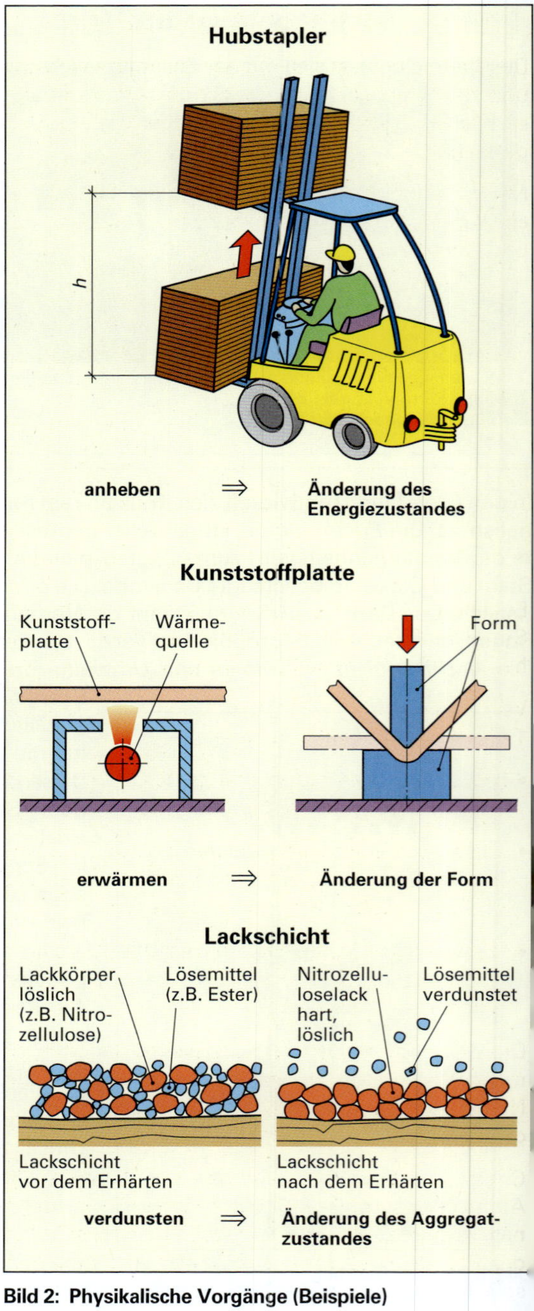

Bild 2: Physikalische Vorgänge (Beispiele)

Grundsätzlich sind chemische und physikalische Vorgänge zu unterscheiden.

Die Chemie befasst sich mit dem Aufbau, der Zusammensetzung, der Herstellung und den Eigenschaften der Stoffe sowie mit deren Umwandlungen und den dabei ablaufenden Vorgängen. Vorgänge, bei denen aus einem oder mehreren Ausgangsstoffen ein Stoff oder mehrere Stoffe mit ganz anderen Eigenschaften als die der Ausgangsstoffe entstehen.

Die Physik befasst sich mit dem Zustand der Körper und dessen Veränderungen bei physikalischen Vorgängen, wie Veränderung der Zustandsform wie fest, flüssig oder gasförmig, der Lage oder Bewegung und der Form. Die stoffliche Zusammensetzung ändert sich dabei aber nicht.

17.1 Chemische Grundlagen

Die Chemie befasst sich mit der Zusammensetzung und den Eigenschaften der Stoffe sowie mit den stofflichen Veränderungen bei chemischen Vorgängen.

Nach dem Aufbau der Stoffe unterscheidet man **chemische Elemente**, **chemische Verbindungen** und **Gemenge** oder **Gemische (Bild 1)**.

17.1.1 Chemische Elemente

Chemische Elemente, auch Grundstoffe genannt, sind Stoffe, die sich nicht mehr in andere Stoffe zerlegen lassen.

Es gibt 90 natürliche Elemente, aus denen sich alle Stoffe der Erde aufbauen. 19 Elemente konnten bisher künstlich hergestellt werden.

Von den natürlichen Elementen sind 66 Metalle, 17 Nichtmetalle und 6 Halbmetalle.

- **Metalle** sind glänzend und gute Leiter für den elektrischen Strom und für Wärme.
- **Nichtmetalle** sind meist gasförmig, überwiegend Nichtleiter für den elektrischen Strom und schlechte Wärmeleiter, wie z. B. Schwefel.
- **Halbmetalle** können sowohl metallische als auch nichtmetallische Eigenschaften haben, wie z. B. Silicium.

Die Elemente werden mit Kurzzeichen benannt, die meist von ihren lateinischen und griechischen Namen oder von den Namen ihrer Entdecker abgeleitet sind, z. B. Einsteinium **(Tabelle 1)**.

Chemische Elemente bestehen aus Atomen. Die Atome eines bestimmten Elementes sind untereinander gleich. Die unterschiedlichen Eigenschaften der Elemente ergeben sich daher aus dem verschiedenartigen Aufbau ihrer Atome.

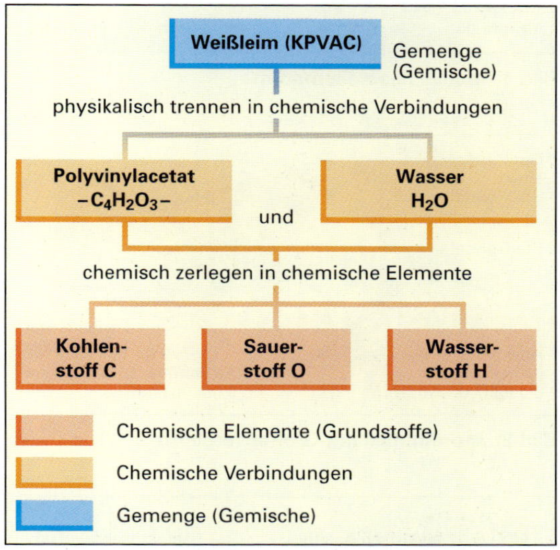

Bild 1: Einteilung der Stoffe

Tabelle 1: Namen und Kurzzeichen wichtiger Elemente

Namen	Kurzzeichen	Namen	Kurzzeichen
Metalle		Metalle	
Aluminium	Al	Wolfram	W
Blei (Plumbum)	Pb	Zink	Zn
Chrom	Cr	Zinn (Stannum)	Sn
Eisen (Ferrum)	Fe	Nichtmetalle	
Gold (Aurum)	Au	Argon	Ar
Kalium	K	Chlor	Cl
Calcium	Ca	Fluor	F
Kobalt (Cobalt)	Co	Helium	He
Kupfer (Cuprum)	Cu	Kohlenstoff (Carboneum)	C
Magnesium	Mg	Neon	Ne
Mangan	Mn	Phosphor	P
Molybdän	Mo	Sauerstoff (Oxygenium)	O
Natrium	Na	Schwefel (Sulfur)	S
Nickel	Ni	Stickstoff (Nitrogenium)	N
Niob	Nb	Wasserstoff (Hydrogenium)	H
Platin	Pt	Halbmetalle	
Quecksilber (Hydrargyrum)	Hg	Silicium	Si
Silber (Argentum)	Ag	Selen	Se
Tantal	Ta		
Titan	Ti		
Vanadium	V		

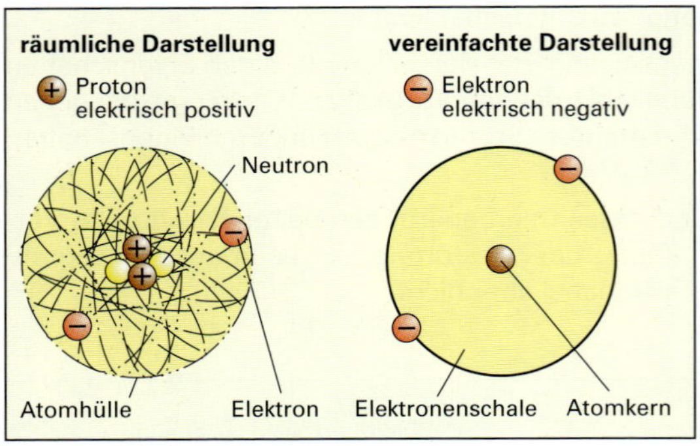

Bild 1: Modell des Heliumatoms

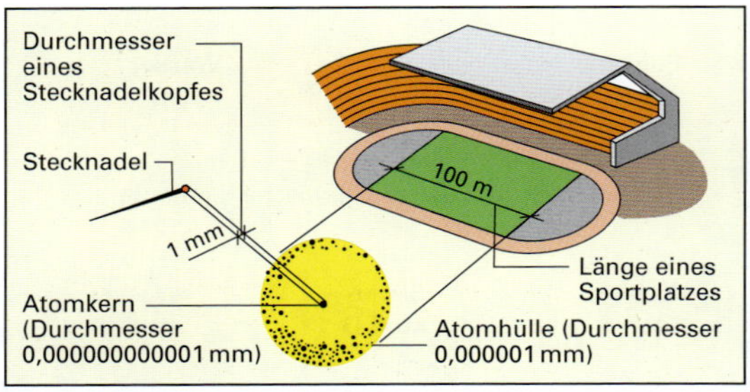

Bild 2: Atommodell mit Größenvergleich

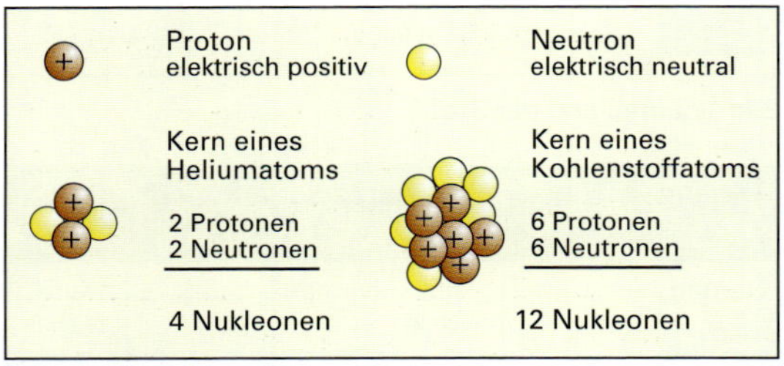

Bild 3: Aufbau des Atomkerns

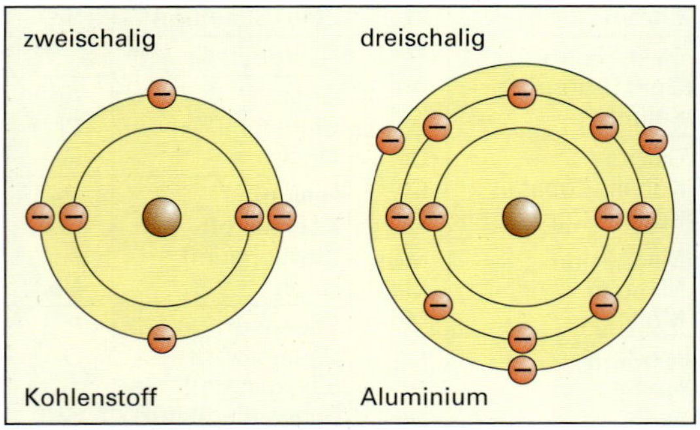

Bild 4: Darstellung mehrschaliger Atome

Atome eines bestimmten Elementes mit unterschiedlicher Neutronenzahl bezeichnet man als Isotope.

Atome

Die kleinsten Teilchen eines Stoffes nennt man Atome. Man stellt sich den Bau der Atome und die Vorgänge im Atom mithilfe von Modellen vor. Nach dem Modell des dänischen Naturforschers Niels Bohr (1885 bis 1962) haben die Atome kugelförmige Gestalt und bestehen aus Atomkern und Atomhülle **(Bild 1).**

Atomkern

Der Atomkern befindet sich in der Mitte des Atoms und vereinigt fast die gesamte Masse des Atoms. Er besteht aus den Kernbausteinen oder Nukleonen. Diese können aus mehreren elektrisch positiv geladenen Protonen und elektrisch neutralen Neutronen bestehen **(Bild 1)**.

Die Anzahl der Protonen und Neutronen im Atom ergibt die Massenzahl oder Nukleonenzahl. Die Anzahl der Protonen im Atomkern ergibt die Ordnungszahl oder Kernladungszahl **(Bild 3)**.

Atomhülle

Die Atomhülle wird von Elektronen gebildet. Diese kreisen mit hoher Geschwindigkeit in einem kugelförmigen Bereich in veschiedenen Richtungen um den Atomkern. Diesen Bereich nennt man Elektronenschale **(Bild 1).**

Elektronen sind elektrisch negativ geladen und besitzen eine sehr geringe Masse. Die negative Ladung entspricht der positiven Ladung eines Protons. Durch die entgegengesetzten Ladungen werden die Elektronen auf ihren Bahnen gehalten. Im Atom ist die Anzahl der Elektronen und Protonen gleich, somit ist das Atom nach außen elektrisch neutral.

Die Atomhülle kann aus bis zu 7 Schalen bestehen, die vom Atomkern jeweils unterschiedliche Entfernungen haben.

Die Elemente werden nach ihren Eigenschaften in 7 waagerechte Perioden und 8 senkrechte Hauptgruppen in einer Tabellenform angeordnet. Diese bezeichnet man als das **Periodensystem der Elemente (PSE)**.

Isotope

Die Atome eines bestimmten Elementes, z.B. des Kohlenstoffs, haben zwar die gleiche Protonenzahl, die Anzahl der Neutronen kann jedoch unterschiedlich sein.

Isotope, z.B. des Kohlenstoffs, haben die gleichen chemischen Eigenschaften, jedoch unterschiedliche Massen. Fast alle Elemente bilden Isotope, allerdings nur in sehr geringem Umfang.

17.1.2 Chemische Verbindungen

Verschiedene Atome bzw. Elemente können sich miteinander verbinden. Den dabei entstehenden neuen Stoff nennt man chemische Verbindung. Dieser neue Stoff hat völlig andere Eigenschaften als die Elemente, aus denen er besteht. Es verbinden sich z. B. 1 Atom Sauerstoff (O) mit 2 Atomen Wasserstoff (H) zu einem Molekül Wasser (H_2O). Die chemische Verbindung Wasser hat andere Eigenschaften als die Elemente Wasserstoff und Sauerstoff **(Bild 1)**.

> Ein Molekül ist stets das kleinste Teilchen einer chemischen Verbindung.
> Die Moleküle einer chemischen Verbindung sind untereinander gleich.

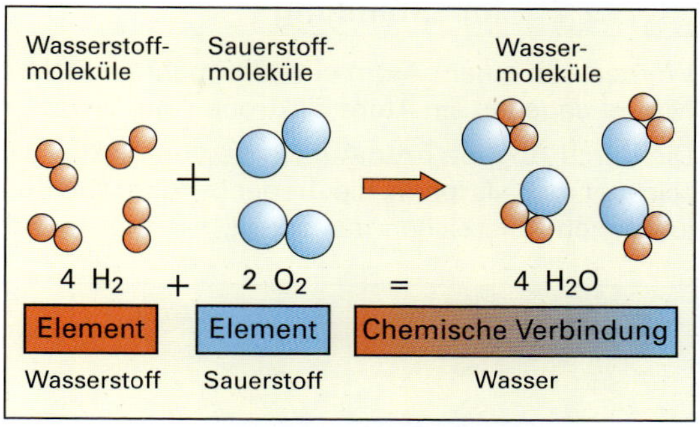

Bild 1: Chemische Verbindungen (Beispiel)

Bei vielen Elementen hat sich eine bestimmte Anzahl von Atomen zu Molekülen zusammengeschlossen. Diese nennt man Elementmoleküle, z. B. Sauerstoff mit 2 und Schwefel mit 6 Atomen. Nur bei den Edelgasen, z. B. Helium, liegen Einzelatome vor **(Bild 2)**. In metallischen Elementen bilden die Atome kristallartige Teilchenverbände **(Bild 3)**. Die Anzahl der Atome eines Elementes in einem Molekül wird durch eine tiefergestellte Zahl (Index) nach dem Kurzzeichen dargestellt, wobei der Index 1 entfällt.

Beispiele:

CH_4 1 Molekül Methan besteht aus 1 Atom Kohlenstoff und 4 Atomen Wasserstoff,

NaCl 1 Molekül Natriumchlorid (Kochsalz) besteht aus 1 Atom Natrium und 1 Atom Chlor.

Bei chemischen Verbindungen verbinden sich die Atome auf verschiedene Arten. Man unterscheidet die Elektronenpaarbindung, die Ionenbindung und die Metallbindung.

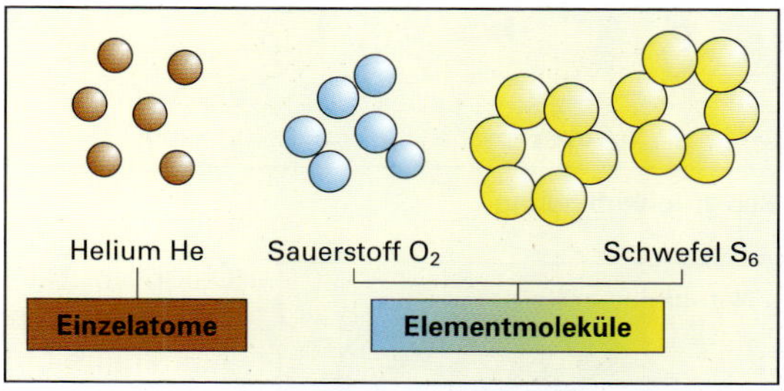

Bild 2: Einzelatome und Elementmoleküle

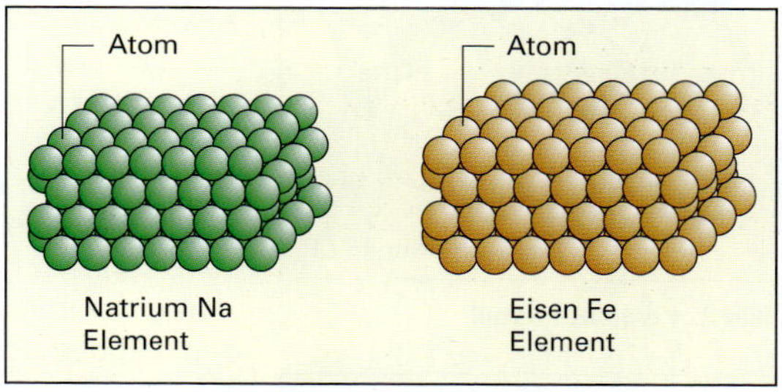

Bild 3: Teilchenverbände

17.1.2.1 Elektronenpaarbindung

Elemente, deren Atome auf ihren Elektronenschalen mit 8 Elektronen voll besetzt sind, haben keine Neigung, sich mit anderen Elementen zu verbinden. Sie befinden sich in stabilem Zustand (Edelgase). Elemente, die nur ein oder wenige Elektronen zu viel oder zu wenig auf ihren Außenschalen haben, sind bestrebt, in den stabilen Zustand zu gelangen und sind deshalb sehr reaktionsfreudig.

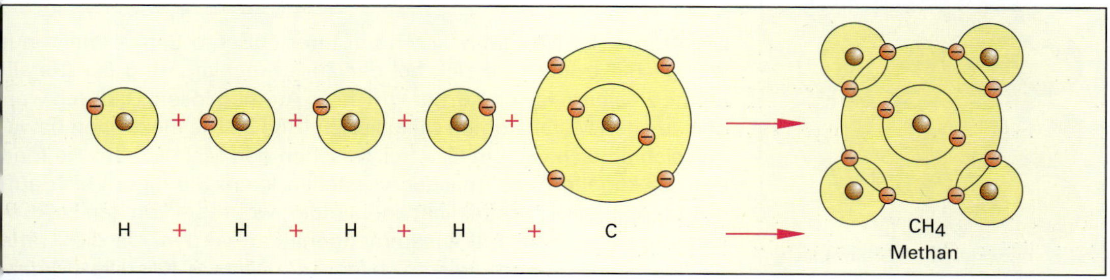

Bild 4: Elektronenpaarbindung

Kommen z. B. 4 Wasserstoffatome und 1 Kohlenstoffatom zusammen, versucht jedes Atom durch Aufnahme bzw. Abgabe eines Elektrons aus der Atomhülle des anderen seine Schale aufzufüllen. Dies geschieht dadurch, dass je ein Elektron der äußeren Schalen gemeinsam benutzt wird bzw. paarweise die Atomkerne umkreisen und die Atome sich dabei zu einem Molekül Methan verbinden. Da die Verbindung mithilfe gemeinsamer Elektronenpaare zu Stande kommt, bezeichnet man diese Bindungsart als **Elektronenpaarbindung (Bild 4, Seite 617)**.

17.1.2.2 Ionenbindung

Werden von einem Atom ein oder mehrere Elektronen abgetrennt, wird seine Ladung elektrisch positiv. Nimmt dagegen ein Atom Elektronen auf, wird es elektrisch negativ.

Die durch Abgabe bzw. Aufnahme von Elektronen entstandenen positiven bzw. negativen Teilchen bezeichnet man als Ionen, die Art der Ladung wird durch ein Plus- oder Minuszeichen rechts oben neben dem jeweiligen Kurzzeichen dargestellt, z. B. Na^+ (positiv geladenes Natriumion) oder Cl^- (negativ geladenes

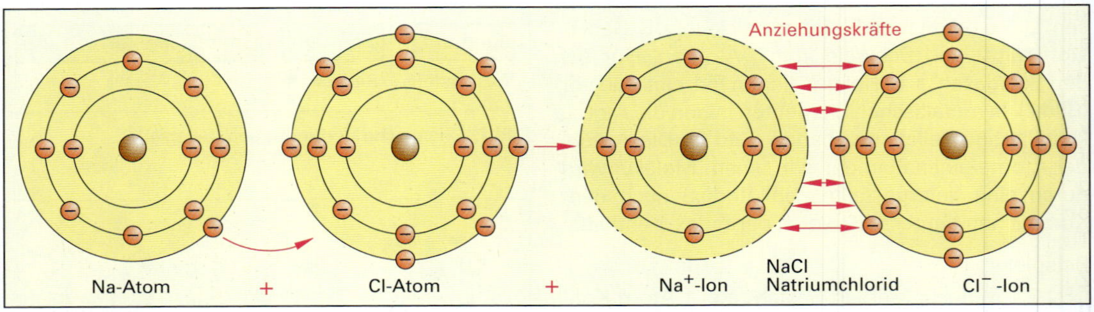

Bild 1: Ionenbindung

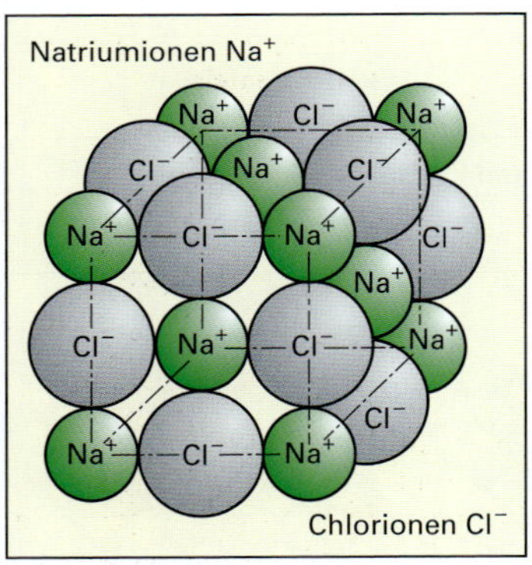

Bild 2: Kochsalzkristall

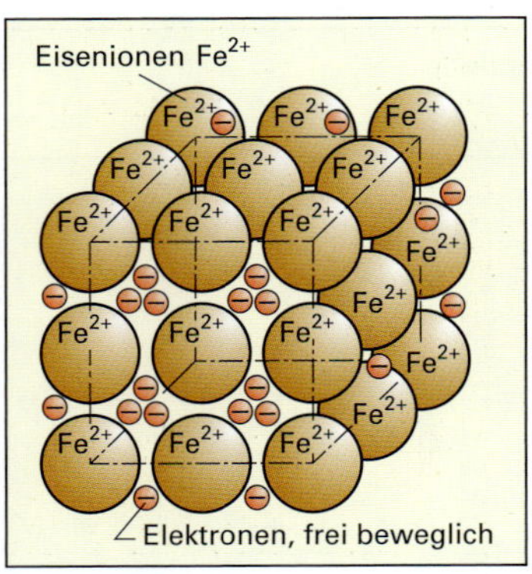

Bild 3: Metallbindung (Eisenkristall)

Chlorion). Die Anzahl der Ladungen wird durch eine Zahl vor dem Ladungszeichen ausgedrückt, z. B. Al^{3+} (dreifach positiv geladenes Aluminiumion). Ionen mit entgegengesetzten Ladungen ziehen einander an und können sich deshalb miteinander verbinden. Bei der Entstehung von Natriumchlorid (Kochsalz) z. B. gibt das Natriumatom sein Außenelektron an das Chloratom ab **(Bild 1)**. Dadurch entsteht das positiv geladene Natriumion und das negativ geladene Chlorion, die sich durch ihre entgegengesetzten Ladungen anziehen und die chemische Verbindung Natriumchlorid bilden. Diese Bindungsart bezeichnet man als **Ionenbindung.** Sie kommt hauptsächlich bei den Verbindungen von Metallen mit Nichtmetallen vor (Salze). Die Anziehungskräfte bei der Ionenbindung wirken nicht nur zwischen zwei Ionen, sondern nach allen Richtungen. Dadurch kommt es zur Bildung von gitterartigen Ionenverbänden. Diese nach geometrischen Gesetzen aufgebauten Raumgitter führen zu festen, ebenflächig begrenzten Körpern, die man als **Kristalle** (Ionenkristallgitter) bezeichnet **(Bild 2)**.

17.1.2.3 Metallbindung

Die Atome der Metalle besitzen auf ihrer äußeren Schale meist nur wenige Elektronen, die sich bei der Zusammenlagerung der Metallatome zu einem festen Körper von ihren Atomen lösen. Dadurch werden aus den Metallatomen Metallionen **(Bild 3)**. Die Elektronen bewegen sich ähnlich wie ein Gas frei zwischen den Metallionen, die man sich als kugelförmige Teilchen vorstellen kann. Sie lagern sich aufgrund elektrischer Kräfte dicht aneinander, wobei sie von den Elektronen wie von einem Kitt zusammengehalten werden. Da die Kräfte nach allen Richtungen wirken, bilden die Metalle **Kristalle** (Metallkristallgitter) **(Kap. 2.11, Seite 169)**.

17.1.3 Gemenge

Man kann manche Stoffe beliebig miteinander vermengen, ohne dass diese sich chemisch verbinden. Das entstehende Gemenge oder Stoffgemisch ist kein neuer Stoff. Es lässt sich daher mit phsikalischen Verfahren wieder in seine Ausgangsstoffe trennen, z. B. durch Destillieren, Abdampfen, Filtrieren, magnetisches Trennen oder Absetzen. Gemenge sind z. B. Lösungen, Dispersionen und Legierungen.

17.1.3.1 Lösungen

Zahlreiche feste, flüssige und gasförmige Stoffe lassen sich in Flüssigkeiten so fein verteilen, dass nur noch Einzelmoleküle oder Ionen vorhanden sind. Die Stoffe befinden sich dann in **Lösung.** Die Flüssigkeit nennt man **Lösemittel (Bild 1).** Eine bestimmte Menge Lösemittel kann bei einer bestimmten Temperatur nur eine begrenzte Menge eines Stoffes lösen. Ist dieser Zustand erreicht, ist die Lösung **gesättigt.** Eine annähernd gesättigte Lösung bezeichnet man als **konzentriert,** eine vom Sättigungszustand weiter entfernte Lösung als **verdünnt.** Der Lösungsvorgang lässt sich durch Zerkleinern des zu lösenden Stoffes sowie durch Umrühren oder Erwärmen beschleunigen. Gelöste feste Stoffe können aus Lösungen durch Verdampfen bzw. Verdunsten des Lösemittels ausgeschieden werden, z. B. beim Trocknen von Lacken.

Zur Trennung zweier ineinander gelöster Flüssigkeiten unterwirft man die Lösung einer **Destillation.** Dabei wird die Lösung zum Sieden gebracht. Die leichter siedende Flüssigkeit verdampft und wird durch Abkühlung wieder verflüssigt. Die schwerer siedende Flüssigkeit bleibt im Gefäß zurück **(Bild 4).** Die Trennung mehrerer ineinander gelöster Flüssigkeiten erfolgt durch mehrmaliges Destillieren, wobei die Flüssigkeiten entsprechend ihrer Siedepunkte verdampfen und getrennt aufgefangen werden. Man spricht dabei von der fraktionierten Destillation, z. B. bei der Auftrennung des Erdöls in Benzine, Heizöle, Schmieröle und Bitumen.

17.1.3.2 Dispersionen

Bei einer Dispersion sind sehr kleine Stoffteilchen fein in einer Flüssigkeit verteilt, ohne darin gelöst zu sein. Die Flüssigkeit bezeichnet man als Dispersionsmittel. Ist der fein verteilte Stoff ein fester Stoff, spricht man von einer **Suspension,** z. B. Betonit **(Bild 2),** ist er eine Flüssigkeit, von einer **Emulsion,** z. B. Bitumenemulsion oder Schalöl **(Bild 3).** Bei Dispersionen setzen sich die fein verteilten Stoffe ab und es tritt eine allmähliche Entmischung ein. Sie sind deshalb vor Gebrauch zu schütteln oder umzurühren. Beispiele sind Dispersionsleime, z. B. die KPVAC- oder Weißleime, und Dispersionsfarben.

17.1.3.3 Legierungen

Viele Metalle lassen sich in geschmolzenem Zustand ineinander lösen. Die erstarrte Lösung bezeichnet man als Legierung. Die Eigenschaften einer Legierung weichen oft erheblich von denen der darin enthaltenen Einzelmetalle ab, z. B. in ihrer Festigkeit, Härte und ihrem Schmelzpunkt. Durch Legieren lassen sich Werkstoffe mit bestimmten Eigenschaften herstellen, so wird z. B. Stahl durch Zulegieren von Chrom und Nickel korrosionsbeständig.

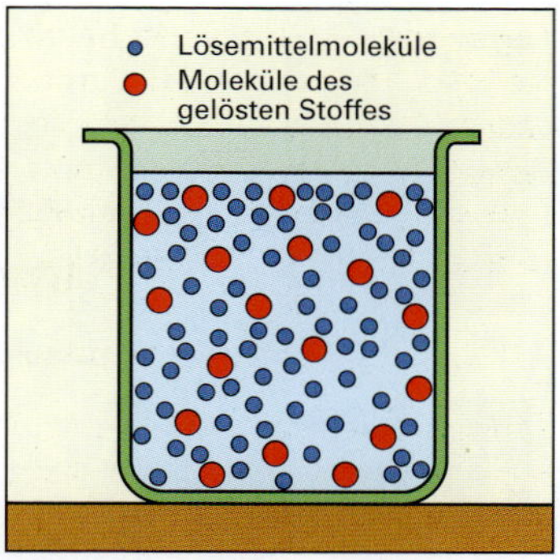

Bild 1: Lösung

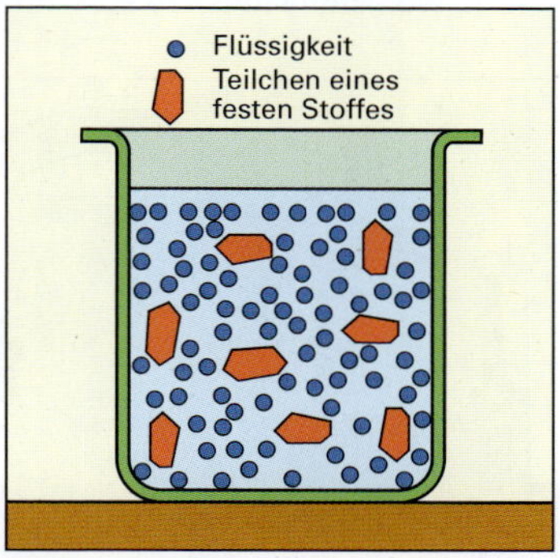

Bild 2: Suspension

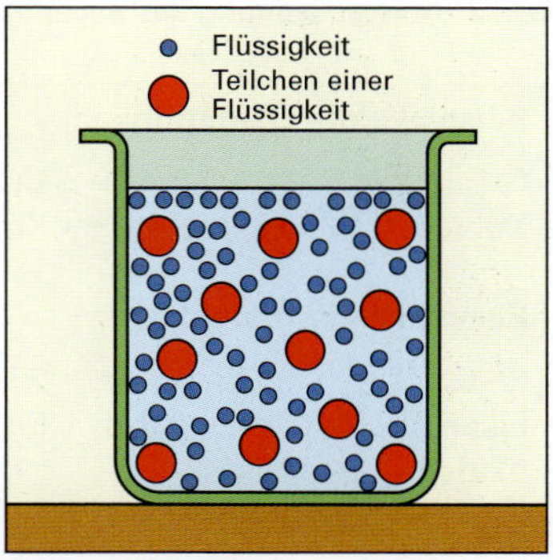

Bild 3: Emulsion

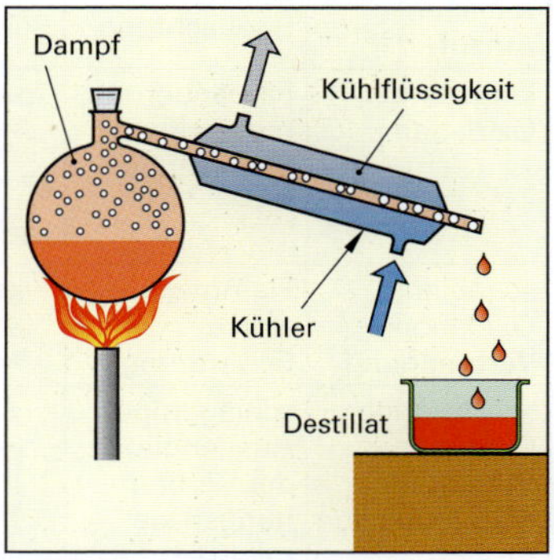

Bild 4: Destillation

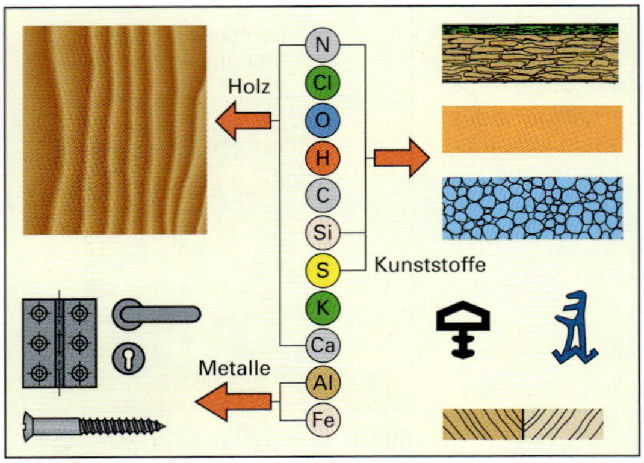

Bild 1: **Werkstoffe und ihre Elemente (Beispiele)**

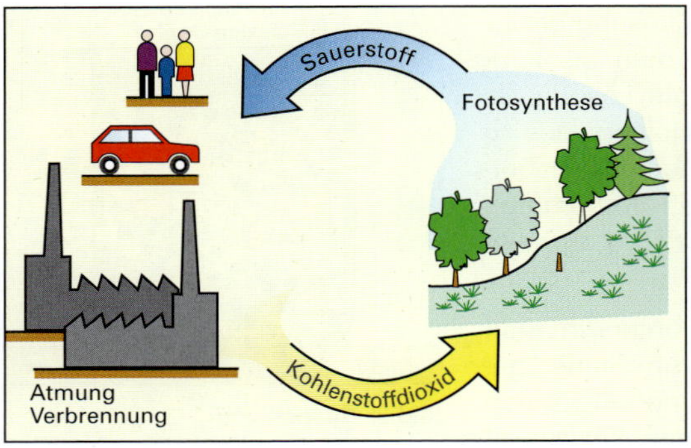

Bild 2: **Rückgewinnung des Sauerstoffs**

Beispiel einer Oxidation:

C	+	O_2	$\longrightarrow$	CO_2 + Wärme
Kohlenstoff		Sauerstoff		Kohlenstoffdioxid

Beispiel einer Reduktion:

Fe_2O_3	+	3 CO	$\longrightarrow$	2 Fe	+	3 CO_2
Eisen-oxid		Kohlenstoff-oxid		Eisen		Kohlen-stoffdioxid

Tabelle 1: Oxidationsvorgänge

zeitlicher Ablauf	Beobachtung	Beispiele
langsame Oxidation	Farbänderung, nur geringe Erwärmung	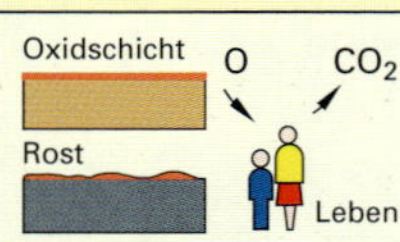
schnelle Oxidation = Verbrennung	Flamme, starke Erwärmung	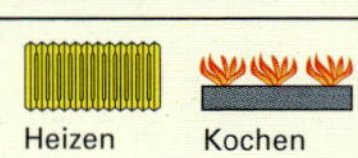
schlagartige Oxidation = Verpuffung oder Explosion	schlagartige Ausdehnung der Verbrennungsgase mit Knall	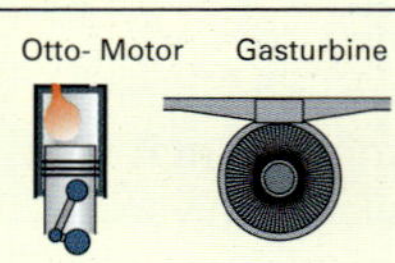

17.1.4 Wichtige Grundstoffe und ihre Verbindungen

Die meisten Werkstoffe sind Gemenge aus verschiedenen chemischen Verbindungen, die ihrerseits aus Elementen bestehen **(Bild 1)**.

17.1.4.1 Sauerstoff (O)

Eigenschaften: Sauerstoff ist ein geruchloses, geschmackloses, farbloses Gas und schwerer als Luft. Er ist zur Verbrennung sowie zur Atmung notwendig, brennt aber selbst nicht. In reinem Sauerstoff verbrennen viele Stoffe, auch Metalle, schnell und sehr heftig.

Vorkommen: Etwa 21% der Luft ist freier Sauerstoff. Der größte Teil des Sauerstoffs ist in den Gesteinen der Erdrinde und im Wasser, chemisch gebunden, enthalten. Von den Pflanzen wird der Sauerstoff durch Fotosynthese aus Kohlenstoffdioxid zurückgewonnen **(Bild 2)**.

Oxidation, Reduktion

Verbindet sich ein Stoff mit Sauerstoff, spricht man von Oxidation, die dabei entstehende chemische Verbindung heißt **Oxid.** Bei jeder Oxidation wird Wärme frei. Eine Oxidation kann zeitlich verschieden schnell ablaufen **(Tabelle 1)**.

Wird einem Oxid der Sauerstoff entzogen, spricht man von Reduktion (Zurückführung). Zu einer Reduktion ist Wärme erforderlich. Die Gewinnung vieler Metalle aus ihren Erzen erfolgt durch Reduktion.

17.1.4.2 Wasserstoff (H)

Eigenschaften: Wasserstoff ist ein farbloses und geruchloses Gas, er ist der spezifisch leichteste aller Stoffe, 1 Liter wiegt 0,09 g. Ein Gemisch von Wasserstoff und Sauerstoff im Verhältnis 2:1 ist hochexplosiv (Knallgas).

Vorkommen: Wasserstoff kommt in reiner Form in der Natur nicht vor, chemisch gebunden dagegen in vielen fossilen Brennstoffen und im Wasser. Der für die Industrie benötigte Wasserstoff wird aus Erdöl oder Erdgas hergestellt.

Wasserstoffperoxid

Wasserstoffperoxid (H_2O_2) ist farblos und in reinem Zustand flüssig. Er zersetzt sich bei Tageslicht leicht in seine Bestandteile Sauerstoff und Wasserstoff und sollte deswegen stets kühl und in braunen Glasflaschen aufbewahrt werden. Wasserstoffperoxid wird zum Bleichen von Holz verwendet.

Zersetzung von Wasserstoffperoxid:

$$2\,H_2O_2 \xrightarrow{\text{Licht}} 2\,H_2O + O_2$$

Wasserstoffperoxid → Wasser + Sauerstoff

17.1.4.3 Kohlenstoff (C)

Vorkommen: Kohlenstoff kommt in reiner Form in der Natur als Grafit und Diamant vor. Chemisch gebunden ist er in den Gesteinen der Erdrinde, z. B. im Kalkstein ($CaCO_3$), und in pflanzlichen Rückständen, z. B. in Kohle, Erdöl und Erdgas, enthalten. Daneben ist er Bestandteil der Biomasse von Pflanzen und Tieren. Als Kohlenstoffdioxid (CO_2) ist er in der Luft und gelöst im Wasser vorhanden **(Bild 1)**.

Eigenschaften: Grafit ist ein weicher, schwarz-glänzender und schwarz-abfärbender Stoff. Diamant ist farblos, glasartig, sehr hart und spröde.

Verwendung: Technisch hergestellter Kohlenstoff dient als Koks zur Eisengewinnung, als Ruß für Füllstoff von Gummi, als Kohlenstofffasern zur Verstärkung von Kunststoffen, als Diamant für den Besatz von Gesteinsbohrern und für Schneidstoffe. Diamant in Pulverform wird als Schleifmittel, z. B. für Trennscheiben, sowie für Poliermittel verwendet **(Bild 2)**.

Kohlenstoffverbindungen

Man unterscheidet anorganische und organische Kohlenstoffverbindungen. Zu den anorganischen zählen das Kohlenstoffmonoxid (CO), das Kohlenstoffdioxid (CO_2), die Kohlensäure und deren Salze sowie die Karbide, alle übrigen sind organische Kohlenstoffverbindungen **(Bild 3)**.

Anorganische Kohlenstoffverbindungen

Kohlenstoffmonoxid (CO) entsteht bei der Verbrennung von kohlenstoffhaltigen Stoffen unter unzureichender Sauerstoffzufuhr. Es ist ein farbloses, geruchloses und sehr giftiges Gas und brennt mit bläulicher Flamme. Es wird zur großtechnischen Herstellung vieler Stoffe, z. B. der Kunststoffe und Lösemittel, verwendet.

Kohlenstoffdioxid (CO_2) entsteht bei der Verbrennung kohlenstoffhaltiger Stoffe. Es ist ein nicht brennbares, geruchloses, farbloses und ungiftiges Gas. Da es etwa 1,5-mal schwerer ist als Luft, sammelt es sich an tiefstgelegenen Stellen an, wie z. B. in Kellern und Schächten. Es besteht dort Erstickungsgefahr!

Kohlensäure (H_2CO_3) entsteht, wenn Kohlenstoffdioxid sich in Wasser löst. Salze der Kohlensäure sind die **Carbonate (siehe Seite 625)**.

Karbide sind Verbindungen von Kohlenstoff mit Metallen, wie z. B. Eisenkarbid Fe_3C, Wolframkarbid WC, Titankarbid TiC, Kalziumkarbid CaC_2, Siliciumkarbid SiC und Borkarbid B_4C_3. Einige Karbide besitzen eine große Härte und werden deshalb als Schleifmittel und Schneidstoffe **(Kap. 6.6.5.4, Seite 332)** eingesetzt.

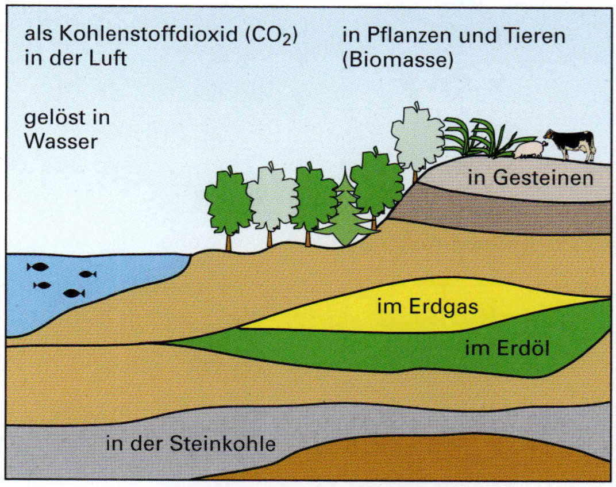

Bild 1: Kohlenstoffvorkommen in der Natur

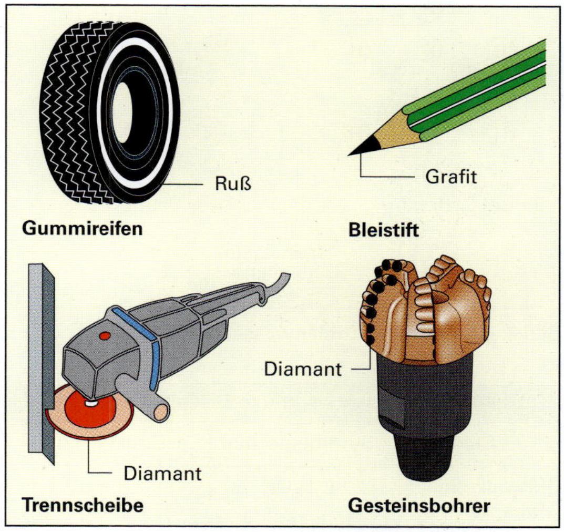

Bild 2: Anwendung des Kohlenstoffs (Beispiele)

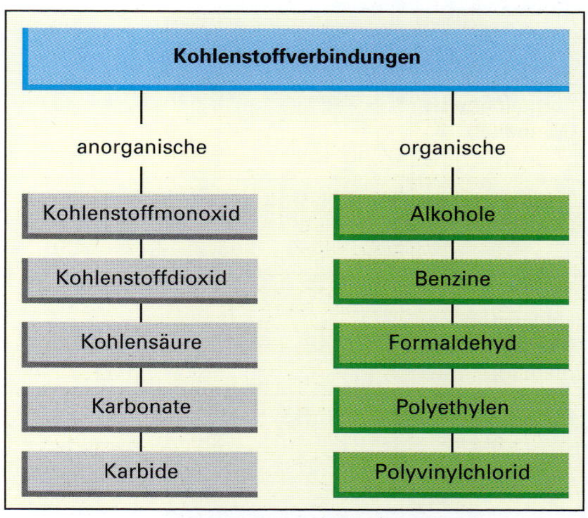

Bild 3: Wichtige Kohlenstoffverbindungen

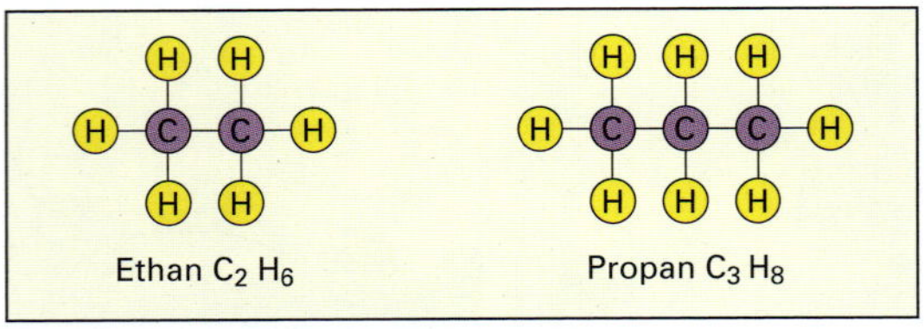

Bild 1: Kettenförmige Kohlenwasserstoffe

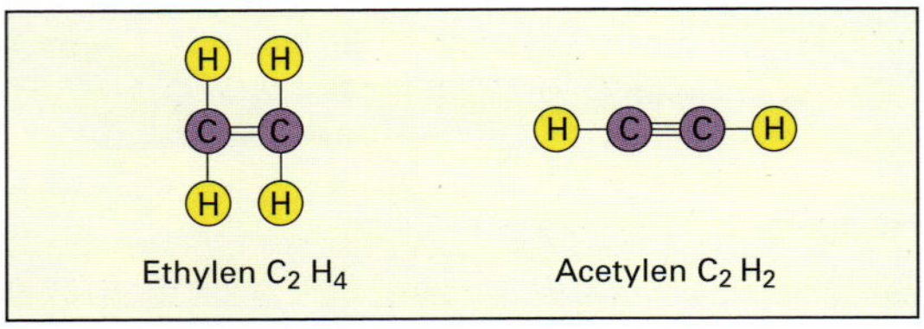

Bild 2: Ungesättigte Kohlenwasserstoffe

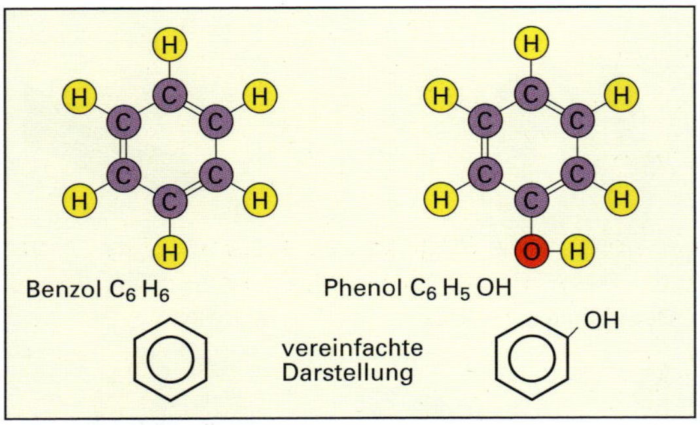

Bild 3: Ringförmige Kohlenwasserstoffe

Organische Kohlenstoffverbindungen

Wichtige organische Kohlenstoffverbindungen sind die **Kohlenwasserstoffe.** Nach ihrem Molekülaufbau unterscheidet man ketten- und ringförmige sowie verzweigte Kohlenwasserstoffe. Bei den **kettenförmigen** Kohlenwasserstoffen reihen sich die Kohlenstoffatome aneinander und die freien Valenzen sind mit Wasserstoffatomen besetzt **(Bild 1)**. Kohlenwasserstoffketten mit bis zu 5 C-Atomen sind gasförmig, z. B. Propangas C_3H_8, mit 6 bis 15 C-Atomen flüssig, z. B. Oktan C_8H_{18}, und mit 15 und mehr C-Atomen pastenförmig bis fest, z. B. Stearin $C_{18}H_{38}$. Benzin ist ein Gemenge von flüssigen Kohlenwasserstoffen. Kohlenstoffatome können sich auch durch 2 oder 3 Wertigkeiten miteinander verbinden. Man bezeichnet diese als **ungesättigt.** Ungesättigte Kohlenwasserstoffe sind z. B. die Gase Acetylen und Ethylen **(Bild 2)**. Die einfachste **ringförmige** Kohlenwasserstoffverbindung ist das Benzol C_6H_6. Eine andere, vom Benzol abgeleitete Verbindung ist das Phenol C_6H_5OH **(Bild 3)**. Ringförmige und ungesättigte Kohlenwasserstoffe sind wichtige Ausgangsstoffe für die chemische Industrie, z. B. zur Kunststoffherstellung. Weitere organische Kohlenstoffverbindungen, die neben Wasserstoff noch andere Elemente, wie z. B. Sauerstoff, Chlor und Stickstoff enthalten, sind Alkohole (Alkanole), Aldehyde (Alkanale), organische Säuren (Alkansäuren) und die chlorierten Kohlenwasserstoffe **(Tabelle 1) (siehe Kapitel 2.6, Kunststoffe)**.

Tabelle 1: Wichtige organische Kohlenstoffverbindungen

Stoff	Summenformel	Strukturfomel	Eigenschaften	Verwendung
Ethylalkohol (Ethanol)	C_2H_5OH	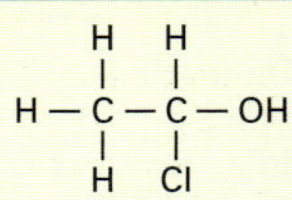	leicht flüchtig, leicht entzündbar, angenehmer Geruch, Dämpfe schwerer als Luft	Lösemittel für Schellack und Nitrozellulose, Ausgangsstoff für Lack- und Kunststoffindustrie
Essigsäure (Ethansäure)	CH_3COOH	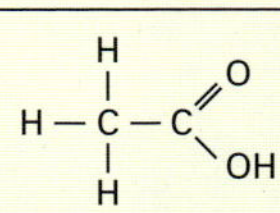	leicht flüchtig, stechend riechend, ätzend	Lösemittel, Konservierungsmittel, Ausgangsstoff für Kunststoffherstellung, Färbereitechnik
Formaldehyd (Methanal)	HCHO	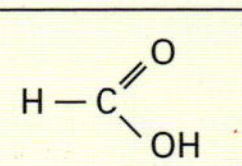	stechend riechend, Dämpfe sind giftig	Herstellung von Phenol-, Harnstoff- und Melaminharzen, Desinfektionsmittel
Trichlorethylen (Trichlorethen)	CCl_2CHCl	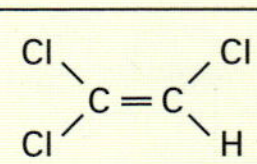	leicht flüchtig, narkotisierend, giftig, nicht brennbar	Lösemittel und Reinigungsmittel
Tetrachlorkohlenstoff (Tetrachlormethan)	CCl_4	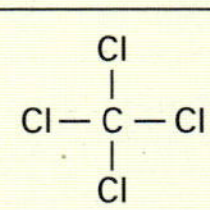	süßlich riechend, schwer entzündbar, giftig	Lösemittel und Reinigungsmittel
Benzol	C_6H_6	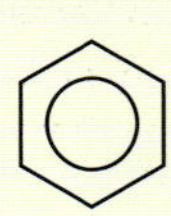	leicht flüchtig, süßlicher Geruch (nach Benzin), verbrennt mit stark rußender Flamme, sehr giftig!	Lösemittel für Kunststoffe; Kraftstoffzusatz, Ausgangsstoff für die Kunststoff-, Farb- und Arzneimittelherstellung

17.1.5 Säuren

Säuren entstehen, wenn man Nichtmetalloxide in Wasser löst, z.B. Kohlensäure (H_2CO_3) oder Schwefelsäure (H_2SO_4). Auch Verbindungen einiger Nichtmetalle, wie z.B. Chlor (Cl) und Fluor (F), mit Wasserstoff (H) ergeben in Wasser gelöste Salzsäure (HCl) und Flusssäure (HF).

Säuremoleküle spalten sich in wässriger Lösung teilweise oder vollständig in Wasserstoffionen H^+ und Säurerestionen, z. B. SO_4^{2-} **(Bild 1)**.

Die Eigenschaften der Säuren werden durch die abgespaltenen H^+-Ionen verursacht. Säuren wirken deshalb nur als wässrige Lösung. Die Stärke einer Säure hängt davon ab, wie viele der aggressiven Wasserstoffionen in der Lösung enthalten sind.

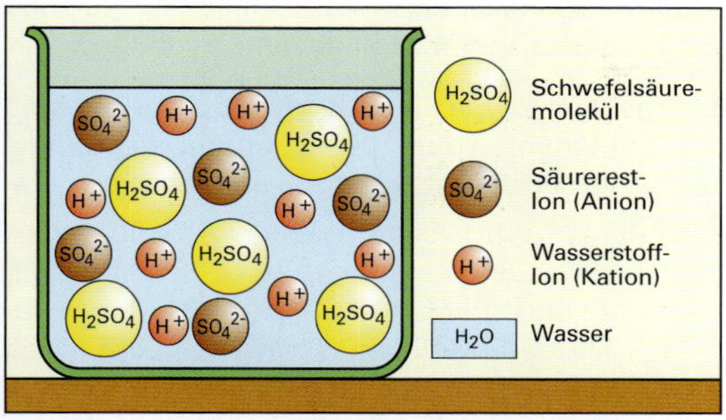

Bild 1: Schwefelsäure (schematisch)

Entstehung von Säuren:

CO_2	+	H_2O	⟶	H_2CO_3
Kohlenstoff-dioxid		Wasser		Kohlensäure
SO_3	+	H_2O	⟶	H_2SO_4
Schwefel-trioxid		Wasser		Schwefelsäure

Säuren bestehen aus Wasserstoffionen H^+ und Säurerestionen, z. B. SO_4^{2-}, CO_3^{2-} oder Cl^-.

Allgemeine Eigenschaften:

- Säuren greifen die meisten Metalle und viele organische Stoffe an.
- Säuren schmecken sauer. (Beachte: Geschmacksprobe nur bei schwachen oder stark verdünnten Säuren!)
- Säuren leiten den elektrischen Strom.
- Säuren färben blaues Lackmuspapier rot!

Die positiv geladenen Wasserstoffionen bezeichnet man als Kationen, die negativ geladenen Säurerestionen als Anionen.

Beispiele:

Kohlensäure $H_2CO_3 \xrightarrow{\text{Wasser}} 2\,H^+ \quad CO_3^{2-}$

Salzsäure $HCl \xrightarrow{\text{Wasser}} H^+ \quad Cl^-$

Tabelle 1: Wichtige Säuren

Bezeichnung	Eigenschaften	Verwendung
Salzsäure HCl	leicht gelbliche Flüssigkeit, raucht an feuchter Luft, stechend riechend, ätzt die Haut, starke Säure	Bestandteil der Härter für synthetische Leime, verdünnt zum Neutralisieren von Laugenrückständen auf Holz, Bleichen harzreicher Hölzer
Schwefelsäure H_2SO_4	schwere, ölige Flüssigkeit, zieht begierig Wasser an, starke Säure, ätzt die Haut	verkohlt organische Stoffe, Trockenmittel Vorsicht! Beim Verdünnen Säure in Wasser gießen und nicht umgekehrt!
Essigsäure CH_3COOH	verdunstet leicht	verdünnt mit Wasser zum Neutralisieren von Laugenrückständen auf Holz
Oxalsäure $(COOH)_2$	sehr giftig, in Kristallform im Handel	in Wasser gelöst Bleichmittel für gerbstoffhaltige Hölzer, z. B. Eiche, Entfernen von Kalk-, Gips- und Zementflecken
Zitronensäure	in Kristallform im Handel	Aufhellen gerbstoffhaltiger Hölzer, Fleckenentfernungsmittel
Gerbsäuren	verursachen mit Eisen und Eisensalzen dunkle Flecken im Holz	in heißem Wasser gelöst als Vorbeize Arten: Tannin, Pyrogallol, Brenzkatechin, Katechu
Flusssäure HF	greift Quarz und Glas an, sehr giftig, verätzt die Haut	Ätzen von Glas

Entstehung von Laugen:

K_2O + H_2O ⟶ 2 KOH
Kaliumoxid Wasser Kalilauge (Ätzkali)

Ca + H_2O ⟶ $Ca(OH)_2$ + H_2⇑
Calcium Wasser Calciumhydroxid (gelöschter Kalk) Wasserstoff

Laugen bestehen aus einem Metallion und aus Hydroxid-Ionen (OH-Gruppen).

Beispiel:
Gelöschter Kalk $Ca(OH)_2 \xrightarrow{\text{Wasser}} Ca^{2+}\ 2\ OH^-$

Eigenschaften:

- Laugen greifen einige Metalle an, z.B. frischer Mörtel Aluminium.
- Laugen wirken fettlösend und lösen pflanzliche und tierische Stoffe auf.
- Laugen ätzen die Haut und zerstören die Kleidung.
- Laugen fühlen sich seifig an.
- Laugen färben rotes Lackmus blau.

Vorsicht im Umgang mit Säuren und Laugen!

Säuren und Laugen ätzen die Haut sowie die Schleimhäute! Sie zerstören die Kleidung!

Säuren sind meist giftig!

Beachte:

Säuren und Laugen sind gefährlich, sie dürfen nur in deutlich gekennzeichneten Flaschen, nicht in Getränkeflaschen aufbewahrt werden!

Schutzkleidung und Schutzbrille tragen!

17.1.6 Laugen

Laugen entstehen beim Lösen von wasserlöslichen Metalloxiden, z.B. Kaliumoxid (K_2O), in Wasser. Außerdem können die Alkalimetalle Natrium (Na), Kalium (K) und Calcium (Ca) oder deren Oxide auch direkt mit Wasser reagieren und Laugen bilden.

Löst man Ammoniakgas NH_3 in Wasser, entsteht Ammoniakwasser $NH_4(OH)$, auch Salmiakgeist genannt. Salmiakgeist ist ebenfalls eine Lauge.

Durch Eindampfen der Laugen erhält man die Metallhydroxide, z. B. Natriumhydroxid (NaOH). Dies sind farblose bis weiße Feststoffe, die man als Basen bezeichnet. Durch Zugabe von Wasser kann die entsprechende Lauge hergestellt werden.

Die Metallhydroxide spalten sich im Wasser teilweise oder vollständig in Metallionen, z.B. Na^+, und in die aggressiven Hydroxidionen OH^- **(Bild 1)**.

Maßgebend für die Eigenschaften der Laugen sind die OH-Ionen, wobei deren Anzahl die Stärke der Lauge bestimmt. Laugen wirken basisch **(Tabelle 1)**.

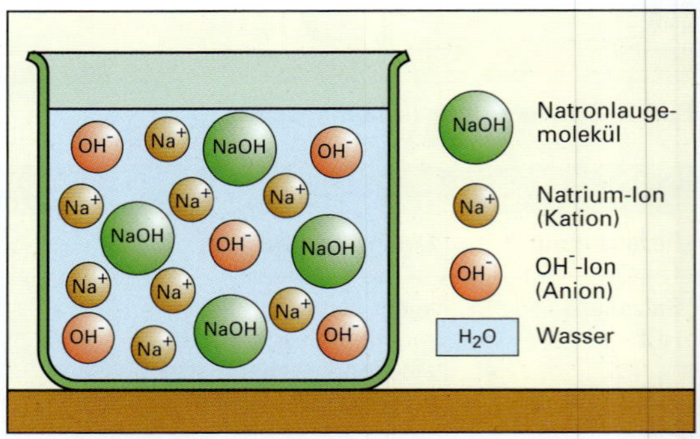

Bild 1: Natronlauge (schematisch)

Tabelle 1: Wichtige Laugen

Bezeichnung	Eigenschaften	Verwendung
Salmiakgeist ($NH_4\,OH$)	stechend riechend, fettlösend, quillt organische Stoffe auf	Räuchern von Eichenholz, Zusatz zu Nachbeizen bringt Farbsteigerung, Ablaugen von Farbanstrichen
Calciumhydroxid ($Ca(OH)_2$)	greift Metalle an, besonders Aluminium	Bindemittel für die Herstellung von Kalkmörtel, als Kalkmilch für Anstrichmittel geeignet

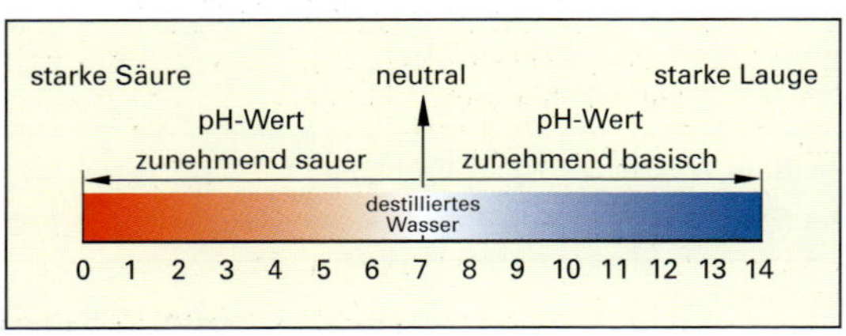

Bild 2: pH-Wert-Skala

pH-Wert

Häufig muss festgestellt werden, wie stark eine Lösung sauer oder basisch ist. Ein Maß hierfür ist der pH-Wert. Destilliertes Wasser hat den pH-Wert 7. Lösungen mit einem pH-Wert von 0 bis 7 sind sauer, von 7 bis 14 basisch. Den pH-Wert einer Lösung ermittelt man mit Indikatorpapieren oder Indikatorlösungen sowie mit elektrischen Geräten **(Bild 2)**.

17.1.7 Salze

Salze bestehen aus Metallionen und Säurerestionen. In einem Salz, z. B. Kupfersulfat ($CuSO_4$), ist das Metallion Kupfer Cu^{2+} mit dem Säurerestion SO_4^{2-} verbunden.

Salze entstehen durch Neutralisation zwischen einer Säure und einer Lauge. Säurewirkungen und Laugenwirkung heben sich dabei auf **(Bild 1)**. Außerdem bilden sich Salze durch Reaktion einer Säure mit einem Metall oder Metalloxid sowie direkt aus Metall und Nichtmetall.

Ein Salz spaltet sich in wässriger Lösung teilweise oder vollständig in Metallionen und Säurerestionen.

Beispiele:

Kochsalz	NaCl	$\xrightarrow{\text{Wasser}}$	$Na^+\ Cl^-$
Kupfersulfat	$CuSO_4$	$\xrightarrow{\text{Wasser}}$	$Cu^{2+}\ SO_4^{2-}$

In Wasser gelöste Salze bilden beim Verdampfen des Wassers Ionenverbände (Kristalle).

Die chemische Bezeichnung der Salze leitet sich von der an ihrer Entstehung beteiligten Säuren und Metalle ab **(Tabelle 1 und Tabelle 2)**.

Tabelle 1: Bezeichnung von Salzen

Säuren	Salze	Beispiele
Schwefelsäure H_2SO_4	Sulfate	Zinksulfat $ZnSO_4$
Salzsäure HCl	Chloride	Zinkchlorid $ZnCl_2$
Kohlensäure H_2CO_3	Carbonate	Calciumcarbonat $CaCO_3$
Kieselsäure H_2SiO_3	Silikate	Aluminiumsilikat $Al(SiO_2)_3$
Phosphorsäure H_3PO_4	Phosphate	Calciumphosphat $Ca(PO_4)_2$

Entstehung von Salzen:

NaOH Natronlauge	+	HCl Salzsäure	⟶	NaCl Natriumchlorid	+	H_2O Wasser
Zn Zink	+	HCl Salzsäure	⟶	$ZnCl_2$ Zinkchlorid	+	H_2 Wasserstoff
CuO Kupferoxid	+	H_2SO_4 Schwefelsäure	⟶	$CuSO_4$ Kupfersulfat	+	H_2O Wasser
2 Na Natrium	+	Cl_2 Chlor	⟶	2 NaCl Natriumchlorid		

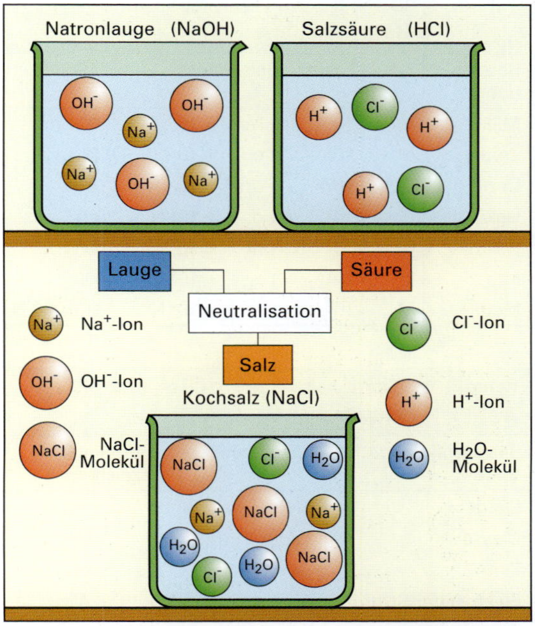

Bild 1: Kochsalz (schematisch)

Tabelle 2: Wichtige Salze

Bezeichnung	Eigenschaften	Verwendung
Kaliumcarbonat K_2CO_3	weiße bröckelige Masse, Wasser anziehend, wirkt in Wasser gelöst wie eine Lauge (Pottasche)	als Nachbeize, in der Glasherstellung (Bleiglas), in der Seifenherstellung
Natriumcarbonat Na_2CO_3	weißes körniges Pulver, nimmt Feuchtigkeit auf, wirkt in Wasser gelöst wie eine Lauge (Soda)	als Nachbeize, in der Glasherstellung (Bleiglas), in der chemischen Industrie
Calciumcarbonat $CaCO_3$	weiß-gelbliches Mineral, wasserunlösliches Salz	Herstellung von Kalk und Zement, Naturstein (Marmor, Kalkstein), Glasherstellung
Natriumchlorid NaCl	weiße Kristalle, leicht wasserlösliches Salz	als Speisesalz (Kochsalz), Tau- und Streusalz, in der chemischen Industrie
Kaliumbichromat $K_2Cr_2O_7$	giftige, rötlichgelbe Kristalle, lichtempfindlich	Nachbeize (nicht mehr erlaubt)

Die meisten Salze reagieren neutral, d. h., ihre Lösungen verfärben Lackmusfarbstoff nicht.

Die Lösungen von Soda (Na_2CO_3), Pottasche (K_2CO_3) und Borax ($Na_2B_4O_7$) wirken jedoch basisch; dagegen wirkt die Lösung von Aluminiumsulfat ($Al_2(SO_4)_3$) sauer.

Bild 1: Physikalische Vorgänge

Tabelle 1: Wichtige Vorsatzzeichen für Basiseinheiten

Bezeichnung	Zeichen	Faktor	Beispiel
Milli-	m	10^{-3}	1 mm = 10^{-3} m = 0,001 m
Zenti-	c	10^{-2}	1 cm = 10^{-2} m = 0,01 m
Dezi-	d	10^{-1}	1 dm = 10^{-1} m = 0,1 m
Deka-	da	10^{1}	1 daN = 10^{1} N = 10 N
Hekto-	h	10^{2}	1 hl = 10^{2} l = 100 l
Kilo-	k	10^{3}	1 kg = 10^{3} g = 1000 g
Mega-	M	10^{6}	1 MN = 10^{6} N = 1 000 000 N

Tabelle 2: Wichtige SI-Basisgrößen und Basiseinheiten

Basisgröße	Basiseinheit	Einheitenzeichen
Länge	Meter	m
Masse	Kilogramm	kg
Zeit	Sekunde	s
Elektrischer Strom	Ampere	A
Temperatur	Kelvin	K

Tabelle 3: Wichtige abgeleitete SI-Einheiten mit besonderen Namen und Einheitenzeichen

Physikalische Größe	Einheit	Einheitenzeichen	Beziehung
Kraft	Newton	N	$1\ \text{N} = 1\ \frac{\text{kgm}}{\text{s}^2}$
Arbeit, Energie	Joule	J	1 J = 1 Nm
Druck	Pascal	Pa	$1\ \text{Pa} = 1\ \frac{\text{N}}{\text{m}^2}$
Leistung	Watt	W	$1\ \text{W} = 1\ \frac{\text{J}}{\text{s}}$
Elektrische Spannung	Volt	V	$1\ \text{V} = 1\ \frac{\text{W}}{\text{A}}$
Elektrischer Widerstand	Ohm	Ω	$1\ \Omega = 1\ \frac{\text{V}}{\text{A}}$
Frequenz	Hertz	Hz	$1\ \text{Hz} = 1\ \frac{1}{\text{s}}$

17.2 Physikalische Grundlagen

Bei physikalischen Vorgängen ändert sich die Form eines Körpers, seine Lage oder seine Zustandsform. In der Holztechnik gibt es solche Veränderungen von Körpern, die messbar sind. Gemessen wird z.B. die Veränderung von Längen, von Massen, von Zeiten und von Temperaturen.

Die Form ändert sich z.B. beim Herstellen von Sperrholzformteilen oder beim Fräsen.

Eine Lageänderung tritt ein, wenn z.B. Spanplatten von Hand oder mit einem Hubwagen transportiert werden.

Von einer Zustandsänderung spricht man, wenn z.B. bei der Holztrocknung das freie Wasser oder bei einer Lackierung das Lösemittel verdunstet **(Bild 1)**.

17.2.1 Physikalische Größen

Um eine physikalische Größe angeben zu können, muss man ihre Einheit und deren Zahlenwert kennen.

> Physikalische Größen bestehen aus dem Produkt eines **Zahlenwertes** mit einer **Einheit**.
>
> Physikalische Größe = Zahlenwert · Einheit

Der Zahlenwert gibt an, um wie viel mal größer die physikalische Größe als die Einheit ist.

Beispiel: Länge $l = 5 \cdot 1\ \text{m} = 5\ \text{m}$, d.h., die Länge eines Stabes ist 5-mal größer als die Längeneinheit 1 m.

Sind die Zahlenwerte sehr groß oder sehr klein, werden sie durch Vorsatzzeichen vor der Einheit übersichtlicher und lesbarer **(Tabelle 1)**.

Die Einheiten der physikalischen Größen entsprechen den Einheiten des Internationalen Einheitensystems (**S**ystème **I**nternationale d'Unités = **SI**-Einheiten). Aus den gesetzlich festgelegten **Basiseinheiten** lassen sich alle anderen Einheiten meist mit besonderen Namen und Einheitenzeichen ableiten **(Tabelle 2 und Tabelle 3)**.

Beispiel: Die abgeleitete Größe Geschwindigkeit wird aus den Basisgrößen Länge und Zeit gebildet.

$$\text{Geschwindigkeit} = \frac{\text{Länge (Weg)}}{\text{Zeit}}$$

Die abgeleitete Einheit der Geschwindigkeit wird aus den Basiseinheiten Meter und Sekunde gebildet.

$$\text{Einheit der Geschwindigkeit} = \frac{\text{Meter}}{\text{Sekunde}}$$

17.2.2 Volumen, Masse, Dichte

Volumen (Raum)

Jeder Körper nimmt ein Volumen ein. Die Einheit des Volumens ist das Kubikmeter (m^3), das entspricht einem Würfel von 1 m Kantenlänge **(Bild 1)**. Teile des Kubikmeters sind Kubikdezimeter (dm^3), Kubikzentimeter (cm^3) und Kubikmillimeter (mm^3). Bei Flüssigkeiten wird häufig die Einheit Liter (l) verwendet.

$1\ m^3 = 1000\ dm^3$, $1\ dm^3 = 1000\ cm^3$
$1\ cm^3 = 1000\ mm^3$, $1\ dm^3 = 1\ l$

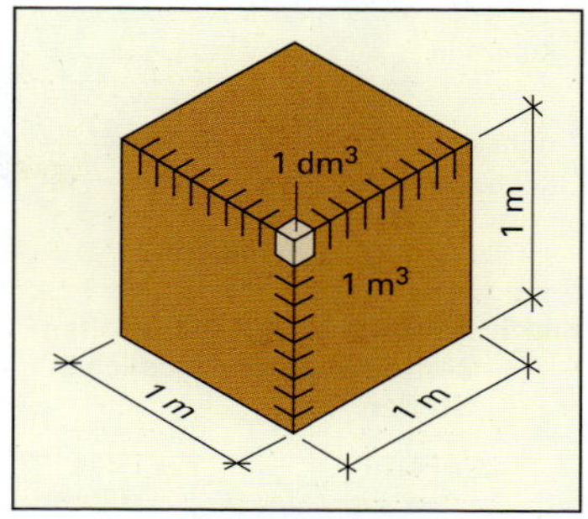

Bild 1: Körper mit dem Volumen von 1 m³

Masse

Jeder Körper hat eine Masse (Stoffmenge). Die Einheit der Masse eines Körpers ist das Kilogramm (kg). Dieses entspricht der Masse von 1 dm^3 (= 1 l) Wasser bei 4 °C **(Bild 2)**.

Das Vielfache eines Kilogramms ist die Tonne. Teile des kg sind das Gramm (g) und das Milligramm (mg).

$1\ t = 1000\ kg$, $1\ kg = 1000\ g$
$1\ g = 1000\ mg$

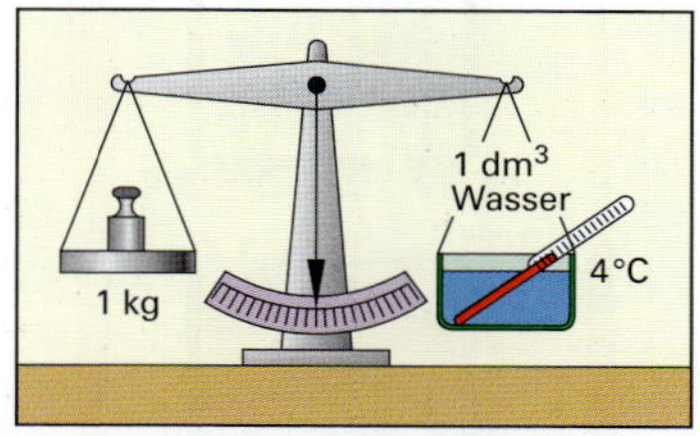

Bild 2: Masse von 1 l Wasser

Dichte

Unterschiedliche Stoffe mit gleicher Masse haben meist ein unterschiedliches Volumen. Unterschiedliche Stoffe mit gleichem Volumen haben meist unterschiedliche Massen **(Bild 3)**.

Die Dichte ϱ (gesprochen rho) eines Körpers ist das Verhältnis seiner Masse zu seinem Volumen.

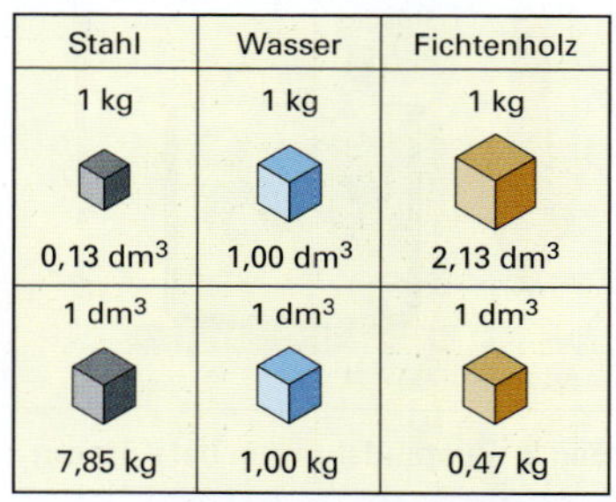

Bild 3: Vergleich unterschiedlicher Stoffe hinsichtlich Masse und Volumen

$$\text{Dichte} = \frac{\text{Masse}}{\text{Volumen}}$$

$$\varrho = \frac{m}{V}$$

$$\text{Volumen} = \frac{\text{Masse}}{\text{Dichte}}$$

$$V = \frac{m}{\varrho}$$

$$\text{Masse} = \text{Volumen} \cdot \text{Dichte}$$

$$m = V \cdot \varrho$$

m = Masse in g, kg, t
V = Volumen in cm^3, dm^3, m^3
ϱ = Dichte in $\frac{g}{cm^3}$, $\frac{kg}{dm^3}$, $\frac{t}{m^3}$,

Die Dichten von Baustoffen werden als Mittelwerte angegeben **(Tabelle 1)**.

In der Bau- und Holztechnik wird zwischen Dichte (ϱ) und und Rohdichte (ϱ_R) unterschieden.

Von **Dichte** spricht man bei Stoffen, die keine Poren und Lufthohlräume aufweisen.

Unter **Rohdichte** versteht man die Dichte fester Stoffe, die Poren oder auch Hohlräume enthalten, z. B. Holz und Schaumstoffe.

Beispiel: Die Masse eines Eichenholzbalkens mit einem Volumen von 0,3 m^3 beträgt

$$m = V \cdot \varrho_R = 300\ dm^3 \cdot 0{,}7\ \frac{kg}{dm^3} = \mathbf{210\ kg}$$

Tabelle 1: Dichte (Mittelwerte)

Stoff	kg/dm³
Blei	11,3
Kupfer	8,9
Stahl	7,85
Zink	7,1
Aluminium	2,7
Glas	2,5
Stahlbeton	2,5
Mauervollziegel	1,8
Wasser	1,0
Porenbeton	0,8
Eichenholz (lufttrocken)	0,67
Fichtenholz (lufttrocken)	0,47
Polystyrolhartschaum	0,02

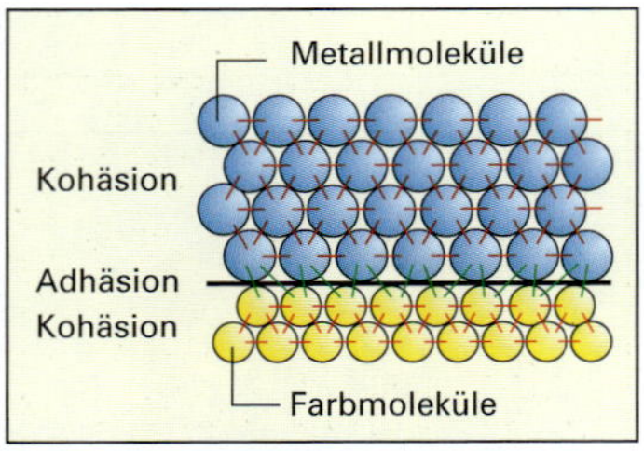

Bild 1: Kohäsions- und Adhäsionskräfte bei unterschiedlichen Stoffen

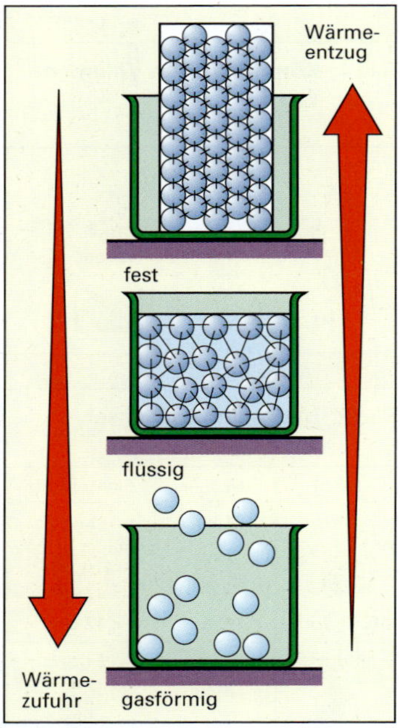

Bild 2: Zustandsformen bei Körpern

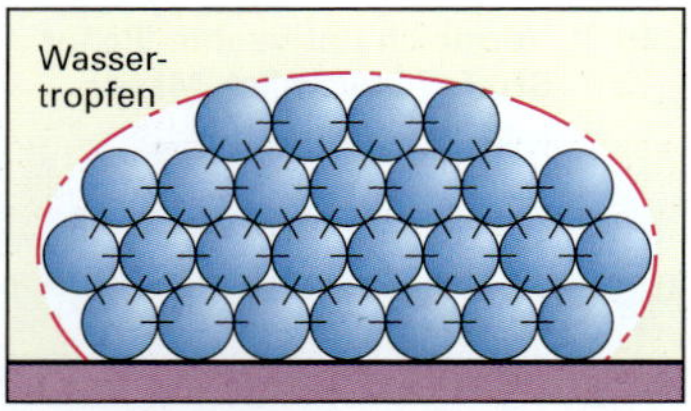

Bild 3: Oberflächenspannung

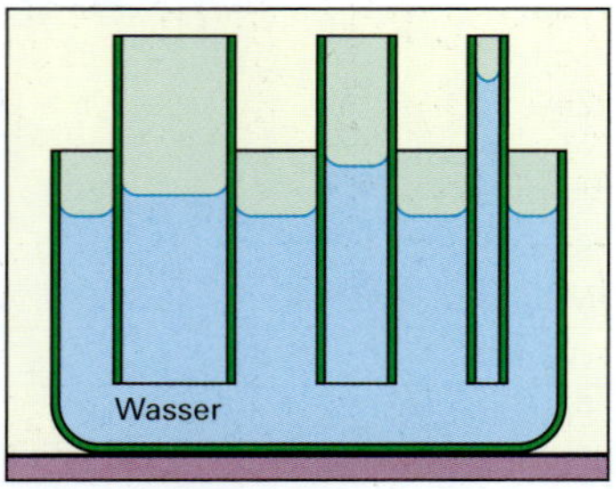

Bild 4: Kapillarität in verschiedenen Röhren

17.2.3 Kohäsion, Adhäsion, Zustandsformen

Kohäsion

Unter Kohäsion versteht man die Kraft, mit der sich die Moleküle innerhalb eines Körpers gegenseitig anziehen. Man nennt sie auch Zusammenhangskraft.

Spaltet man z. B. eine Steinplatte mit einem Meißel, setzt dieser Werkstoff der Zerlegung einen Widerstand, die Kohäsion, entgegen.

Adhäsion

Unter Adhäsion versteht man die Anziehungskraft der Moleküle verschiedener Stoffe. Man nennt diese auch Anhangskraft.

Die Adhäsion bewirkt z. B. bei Lacken oder Farben das Haften an der Holzoberfläche. Auch in der Leimfuge tritt an den Berührungsflächen zwischen Holz und Leim die Adhäsion auf, während innerhalb der Leimschicht die Kohäsion wirksam ist **(Bild 1)**.

Zustandsformen

Durch die verschieden große Kohäsion sind drei Zustandsformen eines Körpers möglich:

- fest: Die Moleküle bleiben am Ort, da eine große Kohäsion wirkt.
- flüssig: Die Moleküle können ihren Ort verändern, da die Kohäsion gering ist.
- gasförmig: Die Moleküle stoßen sich ab, da keine Kohäsion vorhanden ist. Das dadurch verursachte Ausdehnungsbestreben bei Gasen nennt man Expansion **(Bild 2)**.

Die Zustandsformen eines Körpers nennt man auch **Aggregatzustände.** Sie lassen sich durch Wärme ineinander überführen.

17.2.4 Oberflächenspannung, Kapillarität, Viskosität

Oberflächenspannung

Die Kohäsionskräfte bewirken auch den Zusammenhalt der Moleküle an der Oberfläche einer Flüssigkeit. Die Kräfte nennt man Oberflächenspannung. Sie zeigt sich z. B., wenn Wassertropfen auf einer trockenen Glasfläche annähernd kugelförmig bleiben und nicht zerfließen **(Bild 3)**.

Kapillarität

Unter Kapillarität versteht man das Aufsteigen von Flüssigkeiten in Kapillaren (Haarröhrchen). Je enger die Kapillaren sind, desto höher steigt die Flüssigkeit nach oben.

So wirken auf die Flüssigkeitsmoleküle sowohl deren Kohäsionskräfte wie auch die Adhäsionskräfte zur Gefäßwand hin. Sind die Adhäsionskräfte zwischen Flüssigkeit und Gefäßwand größer als die Kohäsionskräfte und die Erdanziehungskraft, wie z. B. bei Wasser, so wird die Flüssigkeit an der Gefäßwand nach oben gezogen **(Bild 4)**.

Viskosität

Wird eine Flüssigkeit umgerührt, setzt sie der Bewegung einen Widerstand entgegen. Diese kommt von der zwischen den Molekülen auftretenden Reibung. Sie wird als Viskosität bezeichnet. Zähflüssige Stoffe nennt man **hochviskos,** dünnflüssige **niedrigviskos.**

17.2.5 Mechanische Eigenschaften fester Körper

Bei der Verwendung von festen Werkstoffen sowie bei ihrer Verarbeitung sind deren mechanische Eigenschaften zu berücksichtigen. Man unterscheidet dabei zwischen hart und weich, zäh und spröde, elastisch und plastisch. Ursache dieser Eigenschaften sind im Wesentlichen die Kohäsionskräfte zwischen den Stoffmolekülen.

Härte

Kann ein Stoff dem Eindringen eines anderen Körpers widerstehen, ist er härter als der andere **(Bild 2)**.

> Unter Härte versteht man den Widerstand eines Stoffes, den dieser dem Eindrücken oder Einritzen in seine Oberfläche durch einen anderen Körper entgegensetzt.

Die Beurteilung der Härte geschieht z. B. nach der Mohs'schen Härteskala durch einen einfachen Ritzversuch. Der weichere Stoff wird von einem härteren geritzt. Dabei unterscheidet man die Härtegrade 1 (weich) bis 10 (hart) **(Bild 1)**. Zur Beurteilung werden verschiedene Mineralien den Härtegraden zugeordnet. Die Härte für Holz wird nach Brinell, durch Eindrücken einer Stahlkugel, bestimmt.

Zähigkeit

> Unter Zähigkeit versteht man die Fähigkeit eines Stoffes, bei Biege-, Schlag- oder Stoßbeanspruchung zwar nachzugeben, aber dabei nicht einzureißen oder zu brechen **(Bild 3)**.

Zähe Werkstoffe sind z. B. Holz, Stahl, Blei, Leder und die thermoplastischen Kunststoffe. Sie haben oft ein faseriges Gefüge.

Sprödigkeit

> Unter Sprödigkeit versteht man die Eigenschaft eines Stoffes, bei Biege-, Schlag- oder Stoßbeanspruchungen sich nicht zu verformen, sondern gleich zu brechen **(Bild 4)**.

Zu den spröden Werkstoffen zählen z. B. Glas, Natursteine und Pressmassen aus Polystyrol. Das Gefüge ist meist körnig. Die Sprödigkeit von Werkstoffen gilt allgemein als nachteilig.

Elastizität

> Elastizität ist die Eigenschaft eines Stoffes, sich zusammenzudrücken oder dehnen zu lassen und nach Wegnahme der Krafteinwirkung wieder in seine ursprüngliche Form zurückzukehren **(Bild 5)**.

Elastische Werkstoffe sind z. B. Gummi und Federstahl, die man zum Abfedern z. B. von Körperschallwellen verwenden kann. Auch Hölzer sind mehr oder weniger elastisch. Es gibt Stoffe, die bei übermäßiger Belastung nicht wieder in ihre ursprüngliche Form zurückkehren, weil ihre Elastizitätsgrenze überschritten wurde. Solche Werkstoffe, wie z. B. Holz, Silikon-Kautschuk und Baustahl, dürfen nur unterhalb ihrer Elastizitätsgrenze beansprucht werden.

Plastizität

> Plastizität nennt man die Eigenschaft eines Stoffes, sich bei Einwirkung einer Kraft verformen zu lassen und diese neue Form beizubehalten **(Bild 6)**.

Als plastische Baustoffe sind z. B. Lehm, Blei und Leinölkitt zu nennen.

Talk	1	Blei
Gips	2	
Kalkspat	3	Fingernagel
Flussspat	4	Baustahl
Apatit	5	
Kalifeldspat	6	Messerstahl
Quarz	7	
Topas	8	Feile
Korund	9	Schmirgel
Diamant	10	

Bild 1: Mohs'sche Härteskala

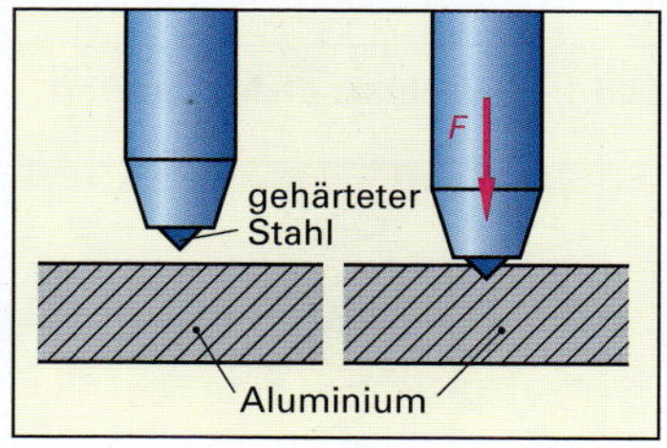

Bild 2: Härte

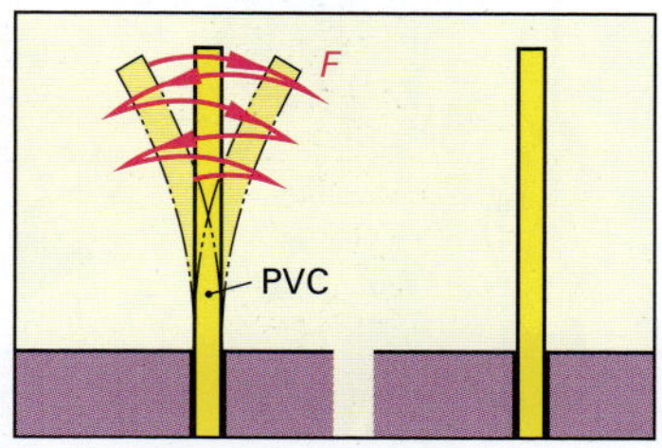

Bild 3: Zähigkeit

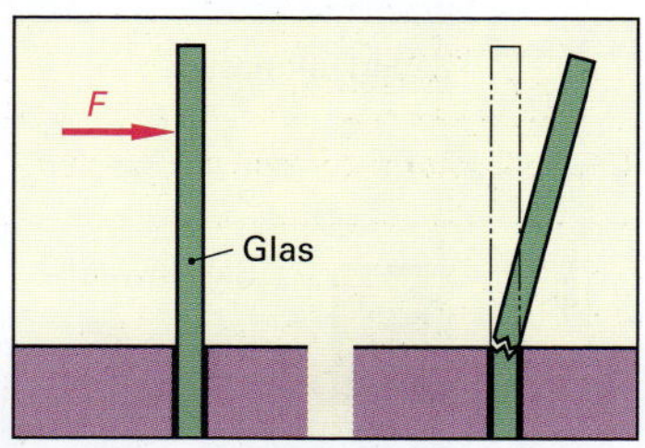

Bild 4: Sprödigkeit

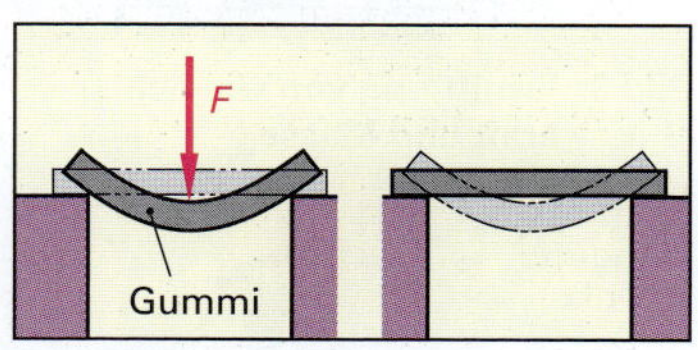

Bild 5: Elastizität

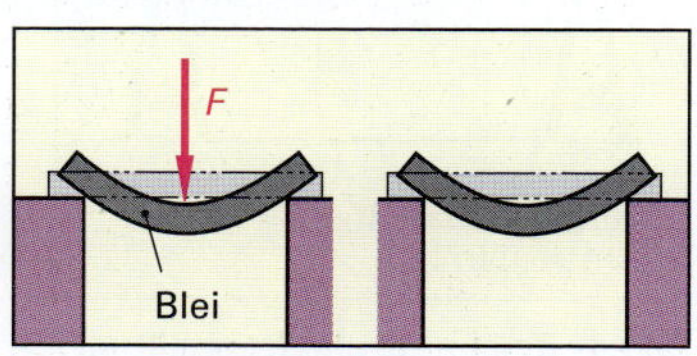

Bild 6: Plastizität

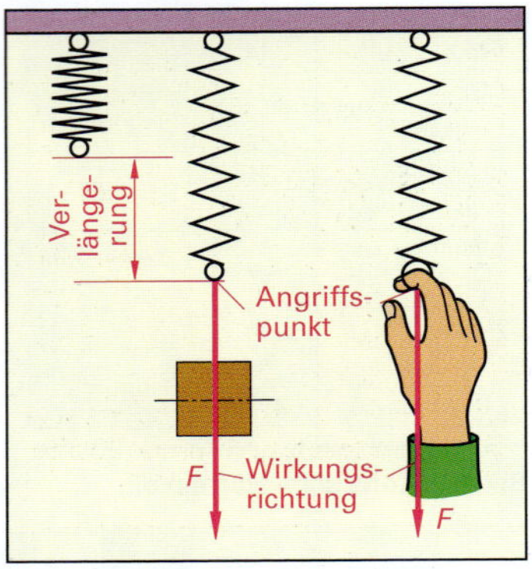

Bild 1: Gewichtskraft, Muskelkraft

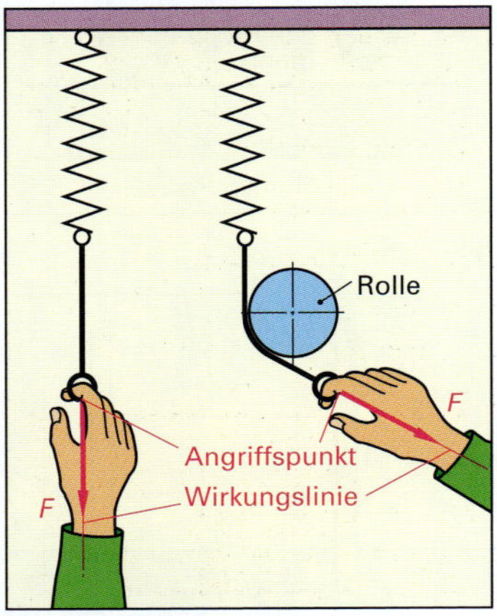

Bild 2: Wirkung von Kräften

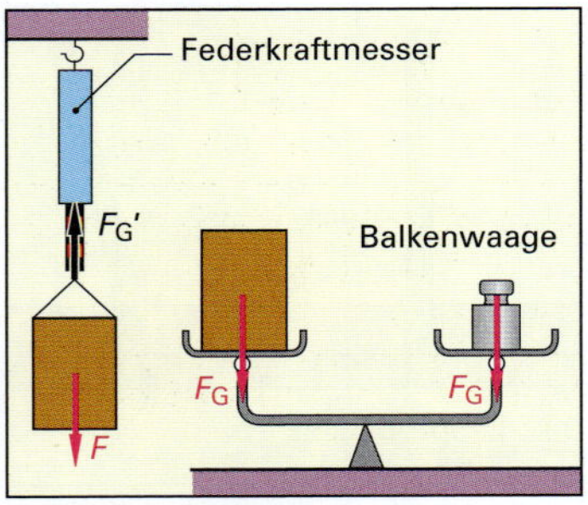

Bild 3: Ermittlung von Gewichtskraft und Masse

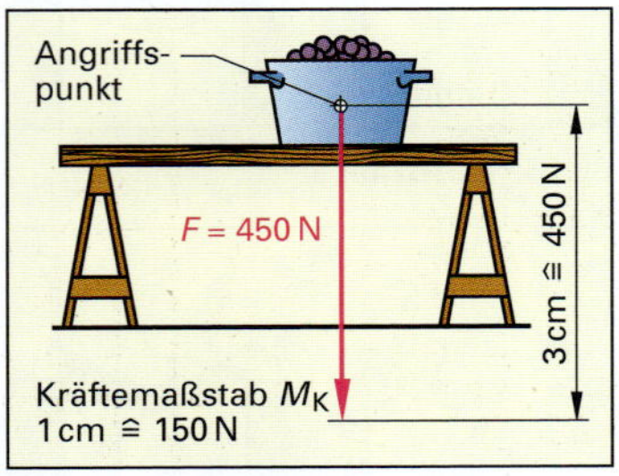

Bild 4: Zeichnerische Darstellung von Kräften

17.2.6 Kräfte

Auf jeden Körper wirkt eine Vielzahl von Kräften, wie z. B. Druckkräfte und Zugkräfte.

17.2.6.1 Begriff der Kraft

Zieht man mit einer Hand an einer Schraubenfeder, so wird diese um ein bestimmtes Maß verlängert. Dasselbe erreicht man, wenn man an die Feder eine Masse hängt **(Bild 1)**. In beiden Fällen wirkt auf die Feder eine **Kraft** *F*, hier als Muskel- oder Gewichtskraft. Sie ist die Ursache der Federverlängerung. Sind die Verlängerungen gleich groß, so müssen auch die Kräfte gleich groß sein.

Die Einheit der Kraft ist das Newton (N).

Dezimale Vielfache der Einheit Newton sind das Kilonewton (kN) und das Meganewton (MN).

1 kN = 1000 N, 1 MN = 1000 kN

Kräfte treten beim Beschleunigen und Abbremsen von Körpern auf. Sie entstehen durch magnetische oder elektrostatische Anziehung bzw. Abstoßung sowie durch Druckunterschiede.

17.2.6.2 Gewichtskraft und Gewicht

Auf die Masse eines Körpers übt die Masse der Erde eine Anziehungskraft aus. Sie wird als **Gewichtskraft** F_G bezeichnet. Diese Anziehungskraft ist umso größer, je größer die Masse des Körpers und je kleiner sein Abstand vom Erdmittelpunkt sind.

Die Gewichtskraft eines Körpers wird in den Einheiten für Kräfte in N, kN oder MN angegeben.

Die Gewichtskraft (F_G) einer Masse (m) von 1 kg beträgt

$$F_G = 9{,}81\ \text{N} \approx 10\ \text{N}.$$

Die Gewichtskraft eines Körpers wird mit einem Federkraftmesser ermittelt. Die Gewichtskraft eines Körpers verändert sich mit seiner Entfernung zum Erdmittelpunkt. Sie kann z. B. bei sehr großer Entfernung gleich null werden (schwereloser Zustand). Dagegen bleibt seine Masse überall gleich groß.

Massen kann man mithilfe einer Balkenwaage messen. Dabei vergleicht man die Masse eines Körpers mit geeichten Massesätzen. Diese Massesätze werden auch als Gewichtssätze bezeichnet. Deshalb wird in herkömmlicher Weise die **Masse** eines Körpers häufig sein **Gewicht** genannt **(Bild 3)**.

17.2.6.3 Wirkung und Darstellung von Kräften

Eine Kraft ist stets notwendig, wenn ein ruhender Körper in Bewegung gesetzt, ein bewegter Körper beschleunigt oder verzögert oder seine Bewegungsrichtung geändert werden soll. Auch zur Verformung eines Körpers ist Kraft notwendig.

Die Wirkung einer Kraft hängt nicht nur von ihrer Größe, sondern auch von ihrer Richtung und ihrem Angriffspunkt ab. Während Gewichtskräfte stets lotrecht wirken **(Bild 1)**, ist bei anderen Kräften jede beliebige Wirkungsrichtung möglich **(Bild 2)**.

Die Verlängerung der Wirkungsrichtung einer Kraft bezeichnet man als ihre Wirkungslinie. Die Wirkung verändert sich nicht, wenn der Angriffspunkt auf der Wirkungslinie verschoben wird **(Bild 2, Seite 630)**.

Kräfte stellt man durch Pfeile dar **(Bild 4, Seite 630)**. Die Länge des Pfeiles ergibt mithilfe eines Kräftemaßstabes M_K (z. B. 1 cm ≙ 150 N) die Größe der Kraft. Die Richtung des Pfeiles bezeichnet die Kraftrichtung.

Wirkt auf einen Körper eine Kraft, so entsteht eine Gegenkraft, wie z.B. beim Spannen mit einem pneumatischen Spannelement. Der Kraft F wirkt eine gleich große Gegenkraft F' entgegen **(Bild 1)**.

Da Kraft und Gegenkraft gleich groß sind, herrscht Gleichgewicht.

Gleich große, einander entgegengesetzt wirkende Kräfte heben sich in ihrer Wirkung gegenseitig auf. Es herrscht Gleichgewicht. Der Körper bleibt in Ruhe oder bleibt in gleichförmiger geradliniger Bewegung **(Bild 1)**.

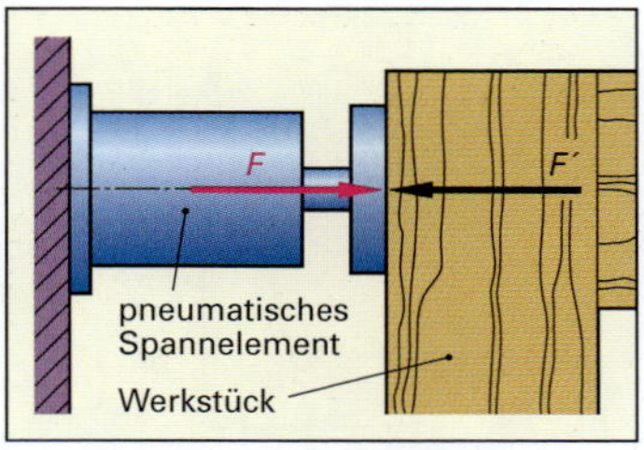

Bild 1: Gleich große, einander entgegengesetzt wirkende Kräfte

17.2.6.4 Zusammensetzung und Zerlegen von Kräften

Zwei oder mehrere Kräfte können entweder auf gleicher Linie oder unter einem Winkel zueinander wirken.

Kräfte auf gleicher Wirkungslinie

Kräfte auf derselben Wirkungslinie werden addiert, wenn sie in gleicher Richtung wirken, sie werden subtrahiert, wenn sie entgegengesetzt zueinander wirken **(Bild 2)**. Als Ergebnis erhält man die eigentlich wirkende, die resultierende Kraft F_R.

Zusammensetzen von Kräften

Bei zwei unter einem Winkel zueinander wirkenden Kräften F_1 und F_2, z.B. bei den Streben eines Dachstuhls, kann man die Größe und Richtung der resultierenden Kraft F_R zeichnerisch mithilfe des Kräfteparallelogramms oder mithilfe des Kräftedreiecks ermitteln **(Bild 3)**.

Beim Kräfteparallelogramm stellt die resultierende Kraft F_R die Diagonale in einem Parallelogramm dar, bei dem zwei der Schenkel durch die Kräfte F_1 und F_2 dargestellt werden.

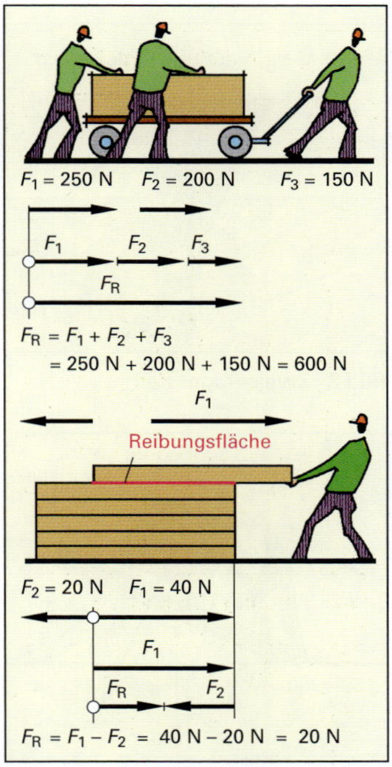

Bild 2: Kräfte auf gleicher Wirkungslinie

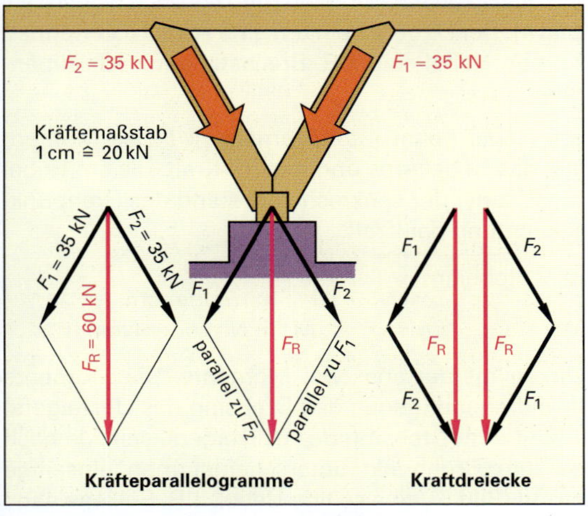

Bild 3: Zusammensetzen von Kräften

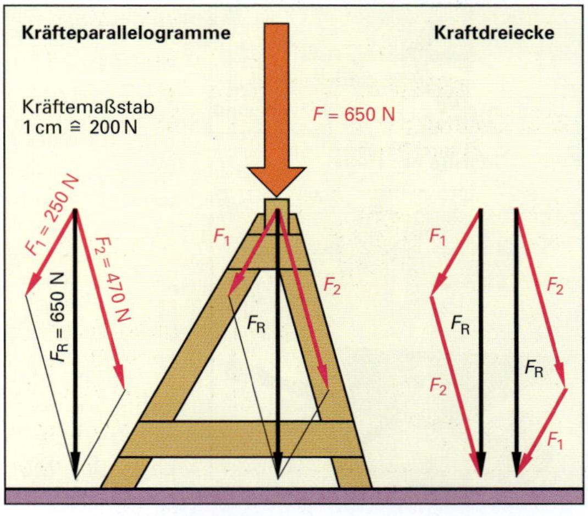

Bild 4: Zerlegen von Kräften

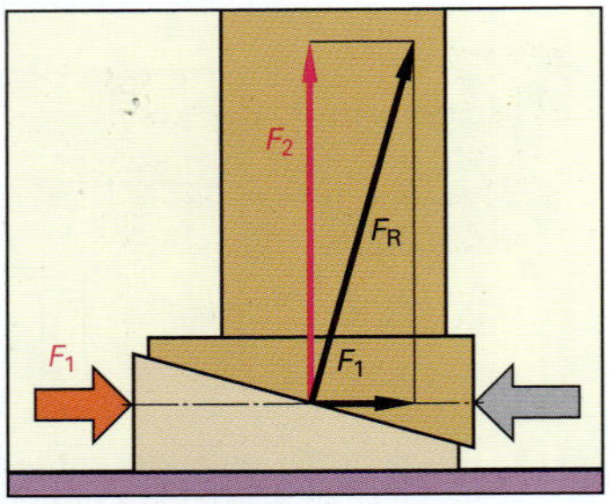

Bild 1: Einseitiger Keil

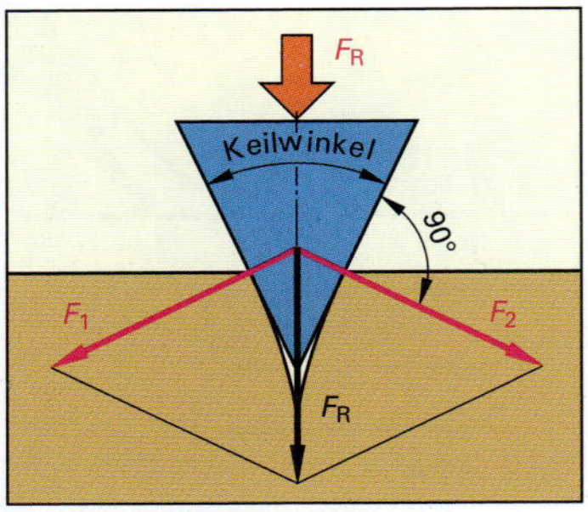

Bild 2: Zweiseitiger Keil

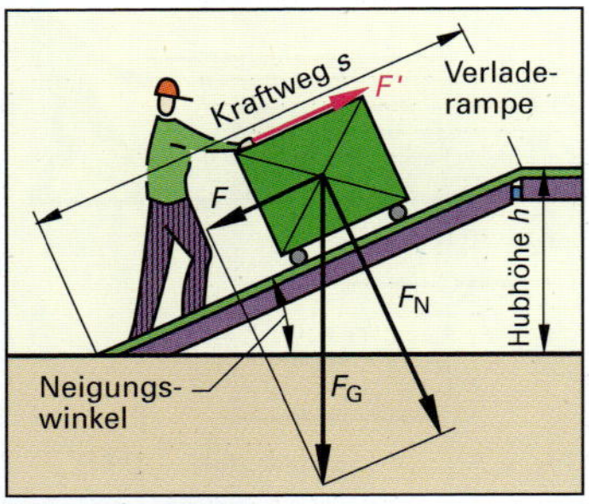

Bild 3: Schiefe Ebene

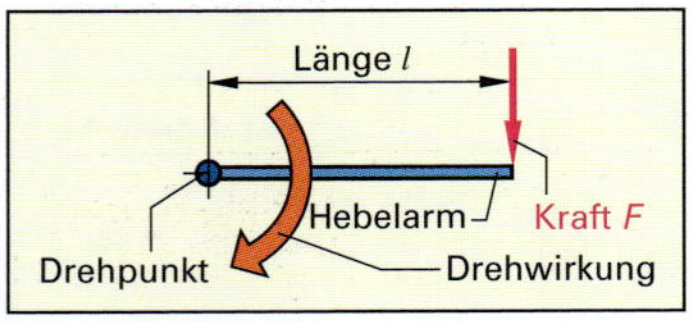

Bild 4: Begriffe am Hebel

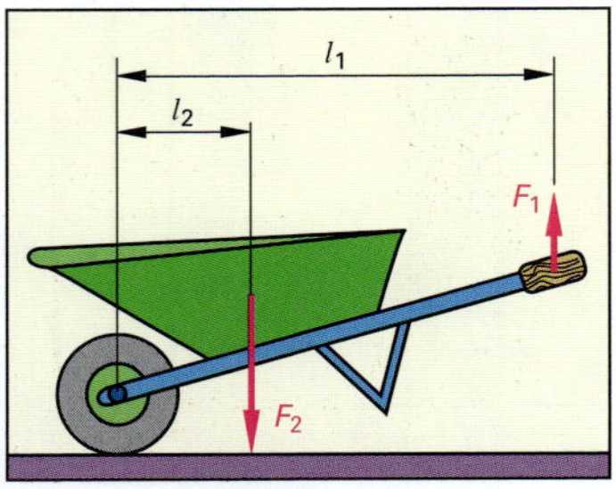

Bild 5: Einseitiger Hebel

Beim Kraftdreieck werden die beiden Einzelkräfte F_1 und F_2 als Kraftpfeile mit ihrer gegebenen Größe und Richtung addiert. Verbindet man Anfangs- und Endpunkte der Kraftpfeile, so erhält man die resultierende Kraft F_R **(Bild 4, Seite 631)**.

Zerlegen von Kräften

Soll eine Kraft F_R in zwei unter einem Winkel wirkende Einzelkräfte zerlegt werden, so kann man deren Größe ebenfalls mithilfe des Kräfteparallelogramms oder des Kraftdreiecks bestimmen **(Bild 4, Seite 631)**.

Keil

Mithilfe von Keilen lässt sich die Kraftwirkung vergrößern. Keile werden z.B. zum Spalten von Stoffen und zum Anheben schwerer Lasten verwendet. Der Keil ist die Grundform der Werkzeugschneide. Die Größen der Kräfte am Keil lassen sich mithilfe des Kräfteparallelogramms zeichnerisch ermitteln.

Beim einseitigen Keil wird die auf den Keil wirkende Schlagkraft F_1 in die wesentlich größere Spannkraft F_2 umgewandelt **(Bild 1)**.

Beim zweiseitigen Keil wird die auf den Keil wirkende Schlagkraft in zwei rechtwinklig zu den Keilflächen verlaufende Spaltkräfte zerlegt. Die Größe der Spaltkräfte ist vom Winkel des Keiles (Keilwinkel) und von der Schlagkraft abhängig **(Bild 2)**.

Schiefe Ebene

Eine gegen die Waagerechte geneigte Ebene bezeichnet man als schiefe Ebene **(Bild 3)**. Man kann auf ihr mit einer verhältnismäßig kleinen Kraft *F* eine große Last F_G aufwärts bewegen, also um die Höhe *h* heben. Die Kraft *F* hängt von dem Neigungswinkel der schiefen Ebene und der Größe der Last F_G ab. F_N ist dabei die Kraft, mit der die schiefe Ebene belastet wird.

Die bei der Anwendung der schiefen Ebene „gesparte" Kraft muss durch einen gegenüber der Hubhöhe *h* längeren Kraftweg *s* ausgeglichen werden.

17.2.6.5 Hebel, Moment

Jeder Körper, an dem eine Kraft eine Drehwirkung verursacht, wird als **Hebel** bezeichnet **(Bild 4)**. Der Hebel ist ein um eine Achse (Drehpunkt) drehbarer starrer Körper. Hebel sind z.B. Brechstangen, Schraubenschlüssel und Zangen.

Die Drehwirkung am Hebel nennt man Moment *(M)*. Das Moment wächst mit der Länge des Hebelarms und mit der Kraft, die am Hebel wirkt. Der Hebelarm ist dabei der senkrechte Abstand des Drehpunktes von der Wirkungsrichtung der Kraft.

Moment = Kraft x Hebelarm

$$M = F \cdot l$$

F in N
l in m oder cm
M in Nm oder Ncm

An einem Hebel wirken mindestens zwei Momente. Die Momente können entweder linksdrehend (gegen den Drehsinn des Uhrzeigers) oder rechtsdrehend (mit dem Drehsinn des Uhrzeigers) sein. Je nach Lage der Momente zum Drehpunkt unterscheidet man einseitige Hebel, z.B. Schubkarren **(Bild 5)**, zweiseitige Hebel, z.B. Balkenwaage **(Bild 1, Seite 633)**, und Winkelhebel, z.B. Nageleisen.

Ein Hebel ist im Gleichgewicht, wenn das linksdrehende Moment gleich dem rechtsdrehenden Moment ist (Hebelgesetz).

Linksdrehendes Moment	=	Rechtsdrehendes Moment
M_1	=	M_2
$F_1 \cdot l_1$	=	$F_2 \cdot l_2$

Da Momente bei Hebeln nicht im Gleichgewicht sind und eine Drehbewegung bewirken, bezeichnet man sie als **Drehmomente**.

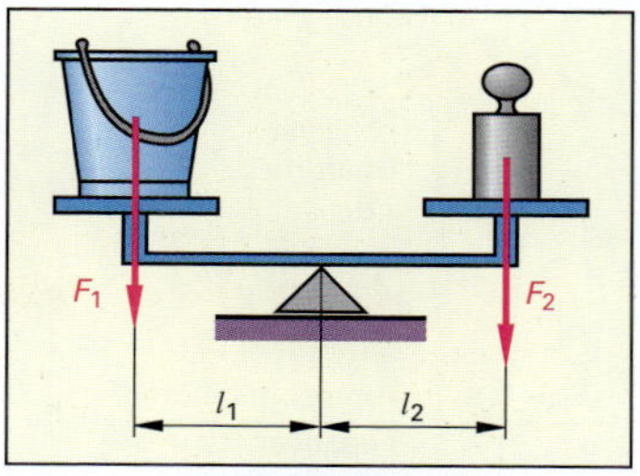

Bild 1: Zweiseitiger Hebel

17.2.7 Druck in Flüssigkeiten und Gasen

17.2.7.1 Druck in Flüssigkeiten

Eine Flüssigkeit lässt sich praktisch nicht zusammendrücken. Ein Druck p, der auf eine eingeschlossene Flüssigkeit ausgeübt wird, pflanzt sich nach allen Seiten hin gleichmäßig fort **(Bild 2)**.

Der Druck ist innerhalb einer Flüssigkeit überall gleich.

$$\text{Druck} = \frac{\text{Kraft}}{\text{gedrückte Fläche}}$$

$$P = \frac{F}{A}$$

F in N
A in m², cm² oder mm²
p in Pa, bar, N/m², N/cm², N/mm²

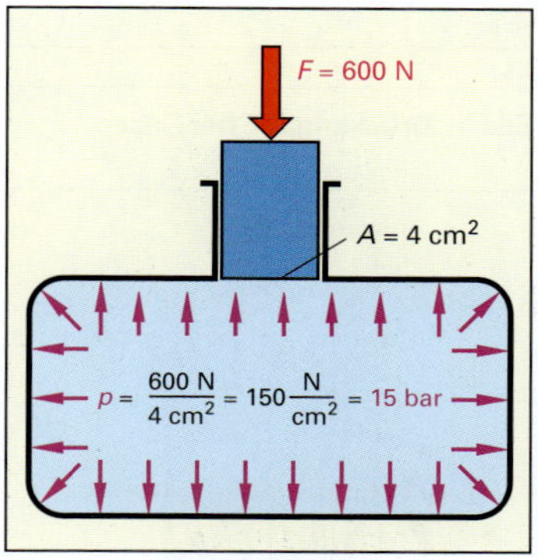

Bild 2: Flüssigkeitsdruck

Einheiten des Druckes sind das Pascal (Pa) und das Bar (bar).

$$1 \text{ Pa} = 1 \frac{\text{N}}{\text{m}^2}; \; 1 \text{ bar} = 100\,000 \text{ Pa} = 100 \text{ kPa} = 0{,}1 \text{ MPa}$$

$$1 \text{ bar} = 100\,000 \frac{\text{N}}{\text{m}^2} = 10 \frac{\text{N}}{\text{cm}^2} = 0{,}1 \frac{\text{N}}{\text{mm}^2}$$

Hydrostatischer Druck

Füllt man in ein Gefäß, das seitlich übereinander eine Reihe von Öffnungen besitzt, eine Flüssigkeit, so stellt man fest, dass diese aus den oberen Öffnungen in kleinem Bogen, aus den unteren Öffnungen in größerem Bogen austritt **(Bild 3)**. Dies zeigt, dass im unteren Bereich des Gefäßes ein höherer Druck herrscht als im oberen Bereich. Diese Druckzunahme entsteht dadurch, dass mit zunehmender Höhe h der Flüssigkeitssäule und somit auch die nach unten wirkende Gewichtskraft der Flüssigkeit, der hydrostatische Druck, größer wird.

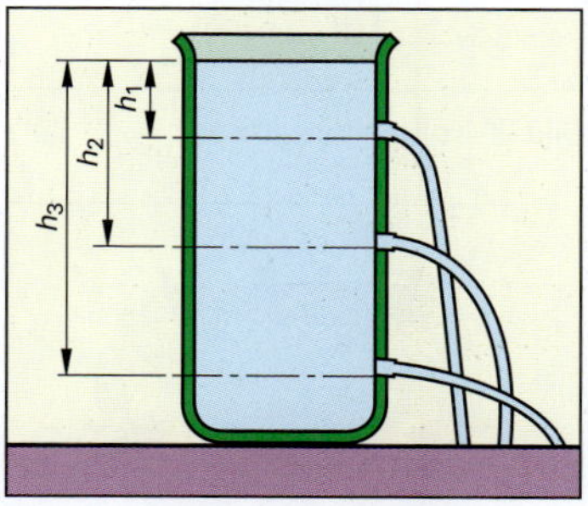

Bild 3: Größe des hydrostatischen Drucks

Unter dem hydrostatischen Druck versteht man den von der Gewichtskraft einer Flüssigkeit erzeugten Druck.

Hydraulische Presse

Bei einer hydraulischen Presse kann man z. B. mit einer kleinen Kraft $F_1 = 800$ N und einem kleinen Kolben mit der Fläche $A_1 = 10$ cm² eine große Kraft $F_2 = 3200$ N auf einen großen Kolben mit der Fläche $A_2 = 40$ cm² erzeugen **(Bild 4)**.

$$\frac{F_1}{A_1} = \frac{F_2}{A_2}; \; \frac{800 \text{ N}}{10 \text{ cm}^2} = \frac{3200 \text{ N}}{40 \text{ cm}^2}, \; p = 80 \frac{\text{N}}{\text{cm}^2} = 8 \text{ bar}$$

Das Verhältnis der Kräfte ist gleich dem Verhältnis der Flächen. Das Verhältnis der Kolbenwege s_1 und s_2 ist umgekehrt.

$$\frac{F_1}{F_2} = \frac{800 \text{ N}}{3200 \text{ N}} = \frac{1}{4}; \; \frac{A_1}{A_2} = \frac{10 \text{ cm}^2}{40 \text{ cm}^2} = \frac{1}{4}, \; \frac{s_1}{s_2} = \frac{10 \text{ cm}}{3 \text{ cm}} = \frac{4}{1}$$

Wie bei allen Maschinen gilt auch hier die „Goldene Regel der Mechanik“: Was an Kraft gewonnen wird, geht an Weg verloren.

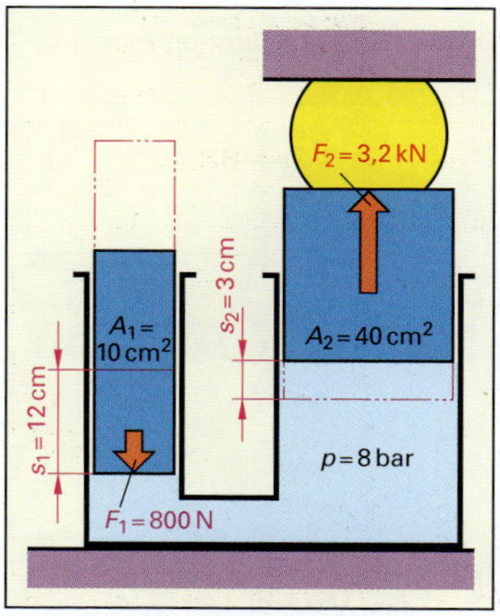

Bild 4: Hydraulische Presse

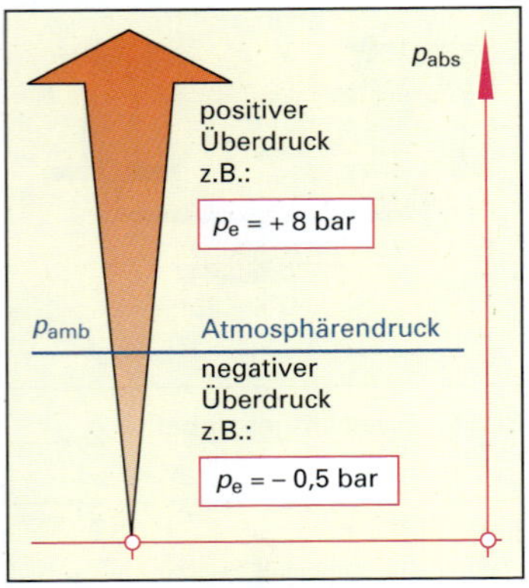

Bild 1: Druckangabe bei Gasen

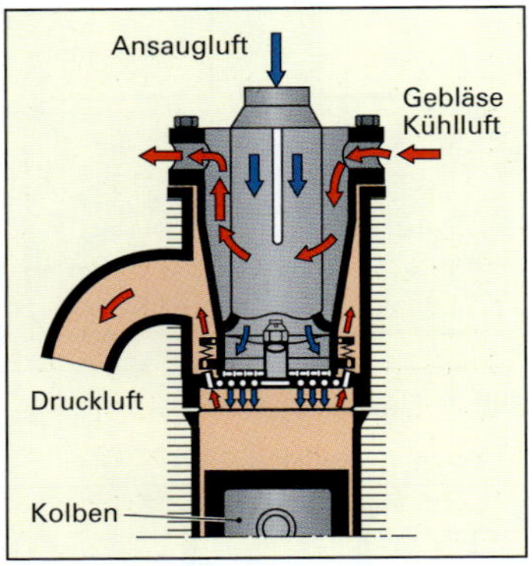

Bild 2: Kolbenkompressor

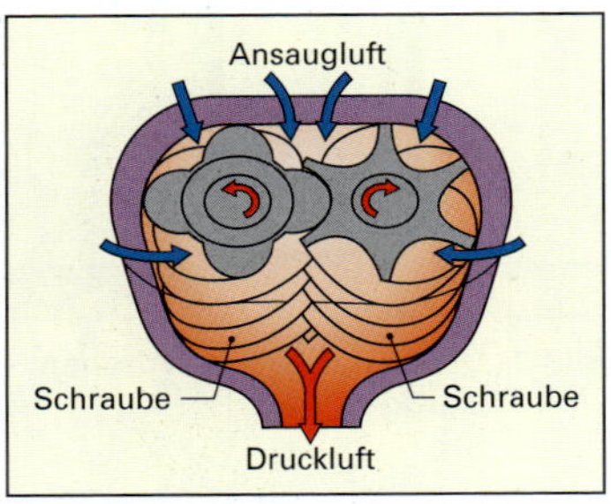

Bild 3: Schraubenkompressor

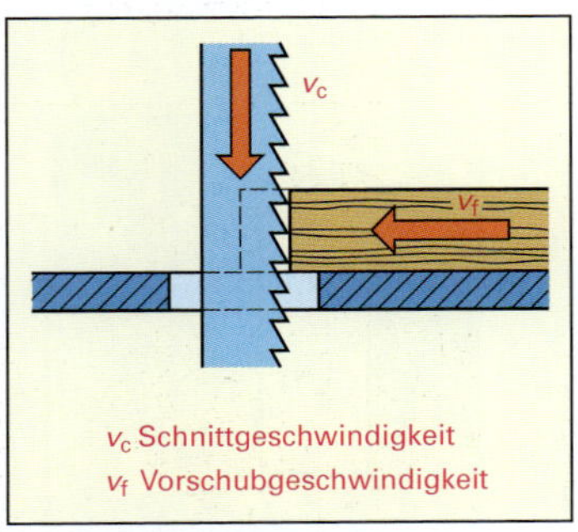

Bild 4: Vorschub- und Schnittgeschwindigkeit an der Bandsägemaschine

17.2.7.2 Druck in Gasen

Gase sind Körper und haben ein Gewicht. 1 m³ Luft wiegt etwa 1,29 kg. Die Moleküle eines Gases stoßen einander ab. Gase nehmen daher stets den ihnen zur Verfügung stehenden Raum ein und üben auf die Begrenzungsflächen des Raumes einen Druck aus. Zwischen den Molekülen eines Gases ist viel leerer Raum. Gase lassen sich deshalb leicht zusammendrücken oder komprimieren. Beim Zusammendrücken eines Gases steigt seine Temperatur.

Luftdruck

Die Erde ist von einer etwa 500 km hohen Lufthülle, der Atmosphäre, umgeben. Diese wird mit zunehmender Höhe immer dünner. Die Luftmasse übt auf die Luft, z.B. in der Nähe der Meeresoberfläche, eine Gewichtskraft aus, die bei normalen atmosphärischen Verhältnissen einen Druck von etwa 1 bar (Atmosphärendruck) erzeugt. Der Atmosphärendruck ist umso kleiner, je größer der Abstand von der Meeresoberfläche ist. Die Einheit für den Luftdruck ist Hektopascal (hPa). 1 bar = 1000 hPa; 1 bar = 10^5 Pa; 1 mbar = 1 hPa.

Gasdruck

In der Technik wird nicht der Druck gegenüber dem luftleeren Raum, dem absoluten Druck p_{abs}, sondern der Druck gegenüber dem jeweiligen Atmosphärendruck p_{amb} gemessen. Ist in einem geschlossenen Behälter der Gasdruck größer als der Atmosphärendruck, so spricht man von Überdruck p_e. Der Überdruck p_e ist somit die Differenz zwischen dem absoluten Druck p_{abs} und dem herrschenden Atmosphärendruck p_{amb} **(Bild 1)**. Somit ist $p_e = p_{abs} - p_{amb}$. Herrscht in einem Behälter ein kleinerer Druck als der Atmosphärendruck, so entsteht ein negativer Überdruck (früher: Unterdruck). Ist der Druck wesentlich kleiner als der Atmosphärendruck, spricht man üblicherweise von Vakuum.

Kompressoren

Kompressoren (Verdichter) erzeugen die zum Betrieb von pneumatischen Spannelementen und Steuerungen, zum Lack- und Beizspritzen sowie von Pressluftnagel-, Heft- und Schraubgeräten erforderliche Druckluft. Man unterscheidet Kolbenkompressoren **(Bild 2)** und Schraubenkompressoren **(Bild 3)**.

17.2.8 Bewegungen

Man unterscheidet nach der Bewegungsrichtung geradlinige und krummlinige (z.B. kreisförmige) Bewegungen, nach dem Bewegungsverlauf gleichförmige oder ungleichförmige Bewegungen.

17.2.8.1 Geradlinige Bewegung

Bei der **geradlinigen** Bewegung bewegt sich der Körper in gerader Richtung, z.B. das Werkstück bei der Bearbeitung auf der Kreissäge. Bewegt sich der Körper so, dass er in gleichen Zeitabschnitten gleiche Wegstrecken zurücklegt, so bezeichnet man seine Bewegung als **gleichförmig.** Ein wichtiges Merkmal für die Bewegung eines Körpers ist die **Geschwindigkeit.**

Legt ein Fahrzeug eine Strecke von 120 km in 2 Stunden zurück, so ist seine Durchschnittsgeschwindigkeit $v = \frac{120\text{ km}}{2\text{ h}}$ = 60 Kilometer je Stunde (km/h). Also ist

$$\text{Geschwindigkeit} = \frac{\text{Weg}}{\text{Zeit}} \qquad v = \frac{s}{t}$$

Übliche Einheiten für die Geschwindigkeit sind:

km/h	(Kilometer je Stunde)	z.B. Fahrzeuggeschwindigkeit v,
m/min	(Meter je Minute)	z.B. Vorschubgeschwindigkeit v_f in der Holzbearbeitung,
m/s	(Meter je Sekunde)	z.B. Schnittgeschwindigkeit v_c in der Holzbearbeitung.

Schnittgeschwindigkeit bei der Holzbearbeitung:

Meter je Sekunde (m/s)

Schnittgeschwindigkeit bei der Metallbearbeitung:

Meter je Minute (m/min)

Unter **Schnittgeschwindigkeit v_c** versteht man die Geschwindigkeit der Werkzeugschneide beim Schneidvorgang.

Die **Vorschubgeschwindigkeit v_f** ist die Geschwindigkeit, mit der das Werkstück entweder von Hand (Handvorschub) oder maschinell (automatischer Vorschub) gegen das Werkzeug bewegt wird bzw. umgekehrt.

Die Vorschubgeschwindigkeiten können bei Kreissägemaschinen mit Handvorschub 5 m/min bei automatischem Vorschub bis zu 50 m/min, bei Fräsmaschinen zwischen 5 m/min und 20 m/min betragen.

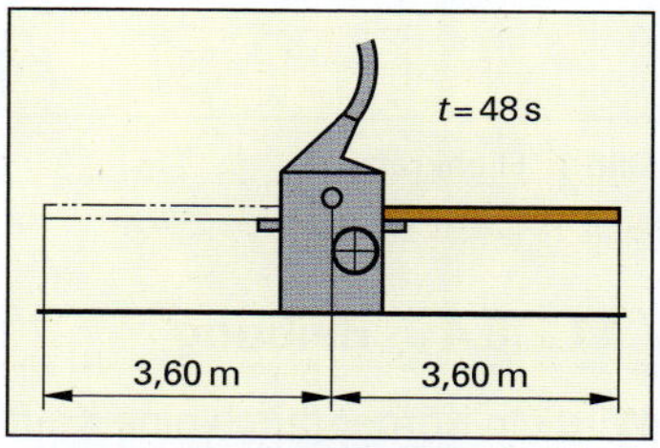

Bild 1: Dickenhobelmaschine

Beispiel:

Ein 3,60 m langes Brett durchläuft die Dickenhobelmaschine in $t = 48$ s. Wie groß ist die Vorschubgeschwindigkeit v_f **(Bild 1)?**

$$\boldsymbol{v_f} = \frac{s}{t} \qquad v_f = \frac{3{,}60\ \text{m} \cdot 60\ \text{s}}{48\ \text{s} \cdot 1\ \text{min}} \qquad \boldsymbol{v_f = 4{,}50\ \text{m/min}}$$

Tabelle 1: Übliche Schnittgeschwindigkeiten v_c in m/s

Bandsägen	30 bis 40
Kreissägen	40 bis 65
Hobelmaschinen	30 bis 48
Tischfräsen	30 bis 60

17.2.8.2 Kreisförmige Bewegung

Bewegt sich ein Punkt P auf einer Kreislinie **(Bild 2),** so lässt sich seine Geschwindigkeit v (Umfangsgeschwindigkeit) mithilfe des Kreisdurchmessers d und der Drehfrequenz n errechnen. Es ist üblich, die Drehfrequenz als Anzahl der Umdrehungen je Minute einzusetzen.

Bei einer Umdrehung legt der Umfangspunkt P den Weg $d \cdot \pi$ (Länge des Umfangs) zurück. In 1 Minute, also nach n Umdrehungen, ist sein Weg $d \cdot \pi \cdot n$. Den Weg eines Umfangspunktes in einer Minute nennt man die **Umfangsgeschwindigkeit.**

Umfangsgeschwindigkeit = Durchmesser · π · Drehfrequenz

$$v = d \cdot \pi \cdot n$$

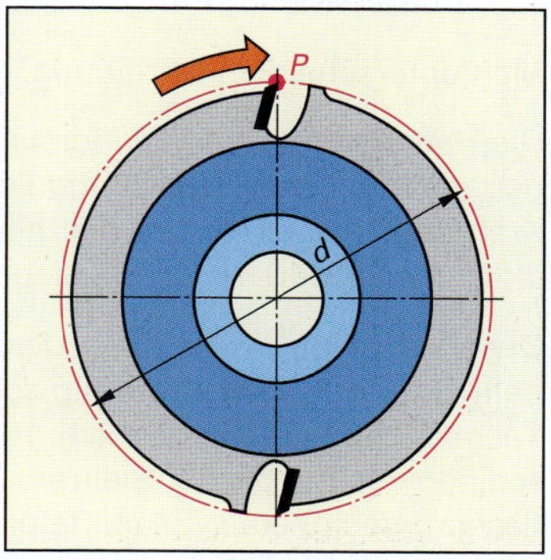

Bild 2: Kreisförmige Bewegung

Bei schneidenden Werkzeugen mit Drehbewegung wird die Umfangsgeschwindigkeit der Schneiden als **Schnittgeschwindigkeit v_c** bezeichnet.

$$v_c = \frac{d \cdot \pi \cdot n}{60\ \text{s}}$$

d = Flugkreisdurchmesser des Werkzeugs in m
n = Drehfrequenz in 1/min
v_c = Schnittgeschwindigkeit in m/s

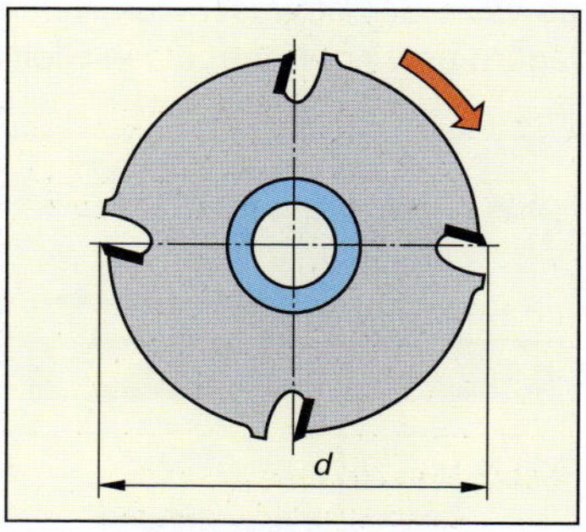

Bild 3: Nutenfräser

Beispiel:

Der Durchmesser eines Nutenfräsers beträgt $d = 120$ mm **(Bild 3).** Die Drehfrequenz ist $n = 6000$ 1/min. Wie groß ist die Schnittgeschwindigkeit v_c?

$$\boldsymbol{v_c} = \frac{d \cdot \pi \cdot n}{60\ \text{s}} \qquad v_c = \frac{0{,}120\ \text{m} \cdot 3{,}14 \cdot 6000}{60\ \text{s}} \qquad \boldsymbol{v_c = 37{,}68\ \text{m/s}}$$

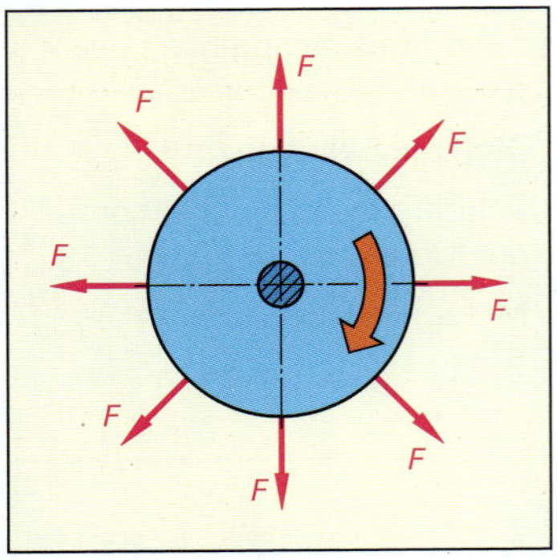

Bild 1: Fliehkräfte

17.2.8.3 Beschleunigung, Verzögerung, Fliehkräfte

Nimmt die Geschwindigkeit zu, so spricht man von **Beschleunigung**. Nimmt sie ab, spricht man von **Verzögerung**. Beschleunigung und Verzögerung sind Geschwindigkeitsänderungen. Sie treten z. B. beim Anlaufen und Auslaufen der Maschinen auf.

Wird ein Körper kreisförmig bewegt, so entstehen **Fliehkräfte (Bild 1)**. Sie sind umso größer, je größer die Masse des sich drehenden Körpers und je größer die Umfangsgeschwindigkeit ist. Sie können so groß werden, dass sie die Zusammenhangkraft der Moleküle (Kohäsion) überwinden, wodurch der Drehkörper zerreißt. Daher dürfen z. B. bei Fräswerkzeugen oder Schleifscheiben die vorgeschriebenen Drehfrequenzen nicht überschritten werden.

17.2.8.4 Reibung

Wird ein Körper durch eine Kraft F auf seiner Unterlage bewegt, so entsteht an der Berührungsfläche die Reibungskraft F_R **(Bild 1)**. F_R ist bei waagerechter Unterlage so groß wie F und hat entgegengesetzte Richtung. **Die Reibung ist eine Widerstandskraft gegen das Verschieben eines Körpers auf seiner Unterlage.** Die Reibungskraft ist abhängig von der senkrecht zur Reibfläche wirkenden Kraft F_N (Normalkraft) **(Bild 2)** und der Reibungszahl μ (sprich mü). Die Reibungszahlen wurden durch Versuche ermittelt **(Tabelle 1)**.

Reibungskraft = Reibungszahl · Normalkraft

$$F_R = \mu \cdot F_N$$

F_N = Normalkraft in N
F_R = Reibungskraft in N

Die Reibungskraft ist umso größer, je größer die Normalkraft und je größer die Reibungszahl ist.

Die Größe der Berührungsfläche ist ohne Einfluss auf die Reibung.

Man unterscheidet Haftreibung, Gleitreibung und Rollreibung.

Die **Haftreibung** ist der Widerstand, den ein **ruhender Körper** dem Verschieben auf seiner Unterlage entgegensetzt. Ohne Haftreibung könnte man nicht gehen; auch könnten sich Fahrzeuge nicht aus eigener Kraft bewegen (Auto auf Glatteis). Die Haftreibung kann durch Verwendung von entsprechendem Werkstoff, durch Aufrauen der Auflageflächen oder durch Streuen von Sand vergrößert werden.

Die **Gleitreibung (Bild 2)** ist der Widerstand, der entsteht, wenn der Körper sich bereits in **Bewegung** befindet, also die Haftreibung schon überwunden ist. Sie ist kleiner als die Haftreibung und spielt in der Technik eine außerordentlich große Rolle, z. B. bei Gleitlagern, Schubkästen und Schiebetüren. Bei Maschinen sucht man die Gleitreibung so klein wie möglich zu halten. Man erreicht dies durch glatte Oberflächen, geeignete Werkstoffe und vor allem durch gute Schmierung. Bei Bremsen dagegen ist man bestrebt, eine möglichst große Gleitreibung zu erzielen.

Die **Rollreibung** entsteht, wenn sich ein runder Körper, z. B. ein Rad oder eine Kugel, auf seiner Unterlage abwälzt. Sie ist wesentlich kleiner als die Gleitreibung. Daher ist z. B. die Reibung in Wälzlagern (Kugellagern usw.) geringer als in Gleitlagern.

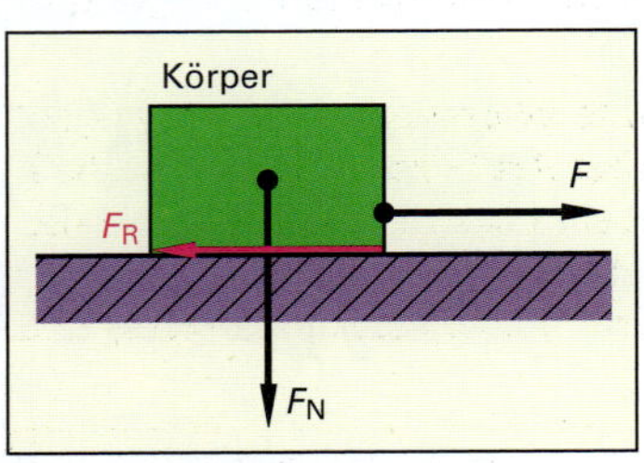

Bild 2: Gleitende Reibung

Tabelle 1: Reibungszahlen

Reibungsart	Stahl auf Stahl	Stahl auf Holz	Holz auf Holz
Haftreibung μ_0	0,2 bis 0,3	0,5	0,5 bis 0,6
Gleitreibung trocken μ geschmiert μ	 0,1 bis 0,2 0,02 bis 0,03	 0,25 bis 0,5 0,02 bis 0,08	 0,3 bis 0,4 0,03 bis 0,05
Rollreibung μ_R	0,001	~ 0,002	~ 0,005

17.2.9 Arbeit, Energie

17.2.9.1 Arbeit

Hebt man einen Körper mit einer Gewichtskraft F_G um die Höhe *h*, so hat man eine mechanische Arbeit *W* verrichtet **(Bild 1)**.

Arbeit = Gewichtskraft · Höhe

$$W = F_G \cdot h$$

Oder:

Um den Körper zu heben, d. h. um diese Arbeit zu verrichten, muss man die Kraft *F* entlang der Wegstrecke *s* aufwenden **(Bild 1)**.

Arbeit = Kraft · Kraftweg

$$W = F \cdot s$$

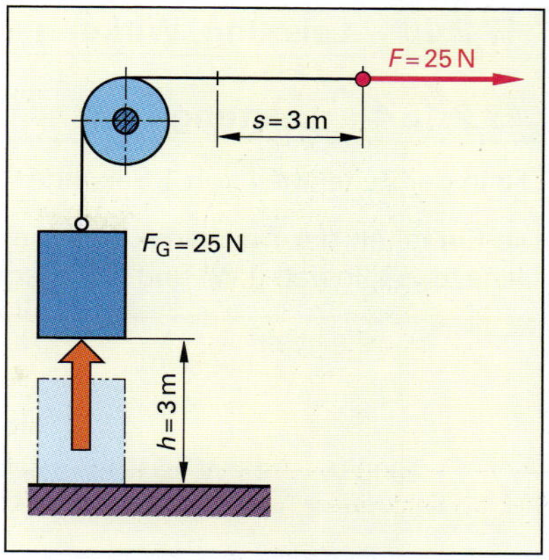

Bild 1: Mechanische Arbeit

Je größer die Kraft und je größer der Weg ist, desto größer ist die mechanische Arbeit. Die Einheit für die mechanische Arbeit ist das **Newtonmeter (Nm)** und das **Joule (J)**.

Die Arbeit von 1 Joule wird verrichtet, wenn man einen Körper mit der Gewichtskraft 1 N um 1 m hochhebt.

$$1\ J = 1\ Nm = 1\ N \cdot 1\ m$$

Beispiel: Mechanische Arbeit = Kraft · Kraftweg

$$W = F \cdot s$$

$$W = 25\ N \cdot 3\ m = 75\ Nm = 75\ J$$

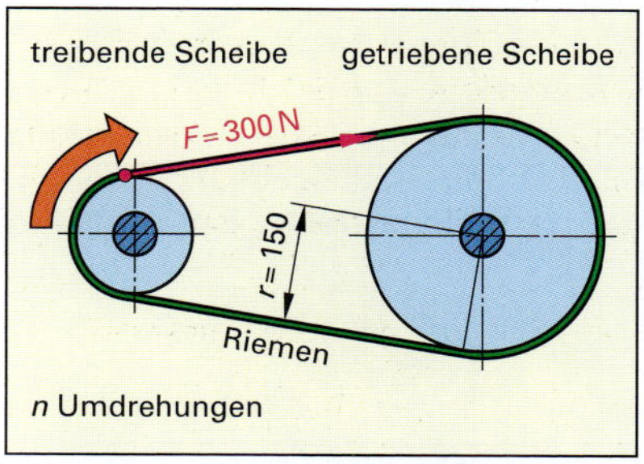

Bild 2: Drehmoment und Arbeit

Mechanische Arbeit und Moment haben zwar die gleiche Einheit Nm, sind aber nicht das Gleiche. Wird z. B. die Riemenscheibe eines Riementriebs mit der gleichbleibenden Riemenzugkraft *F* angetrieben, so bleibt das Drehmoment *M* gleich groß, während die Arbeit *W* mit zunehmendem Drehweg wächst **(Bild 2)**.

Beispiel: Drehmoment $M = F \cdot r = 300\ N \cdot 0{,}15\ m = 45\ Nm$

Arbeit *W* bei 1 Umdrehung $= F \cdot d \cdot \pi \cdot 1 = 300\ N \cdot 0{,}3\ m \cdot 3{,}14 \cdot 1 = 283\ Nm$

Arbeit *W* bei 5 Umdrehungen $= F \cdot d \cdot \pi \cdot 5 = 300\ N \cdot 0{,}3\ m \cdot 3{,}14 \cdot 5 = 1413\ Nm$

Arbeit *W* bei 100 Umdrehungen $= F \cdot d \cdot \pi \cdot 100 = 300\ N \cdot 0{,}3\ m \cdot 3{,}14 \cdot 100 = 28260\ Nm$

17.2.9.2 Energie

Wasser, das in einen Stausee hochgepumpt wurde, kann durch seine Lage mechanische Arbeit verrichten. Das Wasser hat jetzt ein **Arbeitsvermögen;** es steckt in ihm mechanische **Energie.** Das Wasser kann seine Energie an eine tieferliegende Turbine abgeben. Dabei wird die Lageenergie in Bewegungsenergie umgeformt. Ein an die Turbine angeschlossener Generator wandelt diese Bewegungsenergie in elektrische Energie um. Leitet man den elektrischen Strom durch ein Heizgerät, so wird die elektrische Energie in Wärmeenergie umgewandelt.

Man kann also durch entsprechende Geräte und Maschinen eine Energieform in eine andere Energieform umwandeln. Erzeugen oder vernichten lässt sich Energie nicht.

Da Energie die Fähigkeit besitzt, Arbeit zu verrichten oder eine bestimmte Wärmemenge zu erzeugen, werden die Größen **Energie, Arbeit** und **Wärmemenge** als **Größen gleicher Art** bezeichnet und deshalb auch in der gleichen Einheit Joule (J) gemessen. Vielfache dieser Einheit sind das Kilojoule (kJ) und das Megajoule (MJ) **(Seite 626)**. Weitere Einheiten, die dem Joule gleichgesetzt sind, sind das Newtonmeter (Nm) und die Wattsekunde (Ws). Vielfache davon Kilonewtonmeter (kNm), Kilowattsekunde (kWs) und Kilowattstunde (kWh).

$$1\ J = 1\ Nm = 1\ Ws$$

$$1000\ J = 1\ kJ = 1\ kNm = 1\ kWs$$

17.2.10 Leistung, Wirkungsgrad

17.2.10.1 Leistung

Die in der Zeiteinheit von 1 Sekunde verrichtete Arbeit bezeichnet man als Leistung P.

Die Einheiten der mechanischen wie auch der elektrischen Leistung sind das **Watt (W)** und seine Vielfache, das Kilowatt (kW) und das Megawatt (MW).

$$1\,\text{W} = 1\,\frac{\text{Nm}}{\text{s}} = 1\,\frac{\text{J}}{\text{s}}$$

$$1000\,\text{W} = 1\,\text{kW} = 1\,\frac{\text{kNm}}{\text{s}} = 1\,\frac{\text{kJ}}{\text{s}}$$

$$\text{Leistung} = \frac{\text{Kraft} \cdot \text{Kraftweg}}{\text{Zeit}}$$

$$P = \frac{F \cdot s}{t}$$

F in N
s in m
t in s

$$\text{Leistung} = \frac{\text{Arbeit}}{\text{Zeit}}$$

$$P = \frac{W}{t}$$

W in Nm
P in W

$$\text{Leistung} = \text{Kraft} \cdot \text{Geschwindigkeit}$$

$$P = F \cdot v$$

F in N
v in m/s
P in W

$$\text{Arbeit} = \text{Leistung} \cdot \text{Zeit}$$

$$W = P \cdot t$$

P in W
t in s
W in Ws

Beispiel: Wird ein Brett mit einer Gewichtskraft von 150 N in 3 Sekunden um 2 m hoch gehoben, so ist die vollbrachte Leistung

$$P = \frac{150\,\text{N} \cdot 2\,\text{m}}{3\,\text{s}} = 100\,\frac{\text{Nm}}{\text{s}} = \mathbf{100\,W}$$

In der Formel $P = \frac{F \cdot s}{t}$ steht neben der Kraft der Bruch $\frac{s}{t}$, also die Geschwindigkeit v. Die Leistung lässt sich somit auch mithilfe der Kraft, die ein Körper erfährt, und der Geschwindigkeit des Körpers errechnen.

Aus Leistung und Zeit lässt sich die verrichtete Arbeit errechnen. Man benutzt insbesondere zur Errechnung der elektrischen Arbeit **(siehe Seite 650)** diese Formel.

Beispiel: Ein Kran hebt eine Last mit der Gewichtskraft 30 kN mit einer Geschwindigkeit von 0,5 m/s hoch. Wie groß ist dabei die erforderliche Leistung?

$$P = F_G \cdot v = 30\,000\,\text{N} \cdot 0{,}5\,\frac{\text{m}}{\text{s}}$$

$$P = 15\,000\,\frac{\text{Nm}}{\text{s}} = 15\,000\,\text{W} = \mathbf{15\,kW}$$

17.2.10.2 Wirkungsgrad

Maschinen dienen entweder der Nutzbarmachung oder der Umwandlung von Energie. Die elektrische Energie wird z. B. von Motoren in Bewegungsenergie, Reibungs-, Wärme- und Schallenergie umgewandelt. Reibungs-, Wärme- und Schallenergie bedeuten jedoch einen Verlust. Die an die Werkzeugmaschine abgegebene Energie je Sekunde bezeichnet man als abgegebene Leistung P_{ab}, die vom Motor dem elektrischen Netz entnommene Energie je Sekunde als zugeführte Leistung P_{zu}. Das Verhältnis der abgegebenen Leistung P_{ab} zur zugeführten Leistung P_{zu} bezeichnet man als Wirkungsgrad η (gesprochen: eta). Die Differenz zwischen der zugeführten Leistung P_{zu} und der abgegebenen Leistung P_{ab} wird als Verlustleistung P_v bezeichnet.

$$\text{Wirkungsgrad} = \frac{\text{abgegebene Leistung}}{\text{zugeführte Leistung}};\quad \eta = \frac{P_{ab}}{P_{zu}}$$

Da die abgegebene Leistung infolge der Verluste immer kleiner ist als die zugeführte Leistung, ist der Wirkungsgrad stets kleiner als 1. Der Wirkungsgrad kann auch in % angegeben werden.

Beispiel: Ein Elektromotor entnimmt dem elektrischen Netz die Leistung von P_{zu} = 3 kW. An die angeschlossene Kreissägemaschine gibt er eine Leistung von P_{ab} = 2,52 kW ab. Wie groß ist der Wirkungsgrad des Motors und die Verlustleistung?

$$\eta = \frac{P_{ab}}{P_{zu}} = \frac{2{,}52\,\text{kW}}{3{,}0\,\text{kW}} = 0{,}84 \text{ oder } 84\,\% \qquad P_v = P_{zu} - P_{ab} = 3{,}0\,\text{kW} - 2{,}52\,\text{kW} = \mathbf{0{,}48\,kW}$$

17.2.11 Wärme

17.2.11.1 Wesen der Wärme

Die Moleküle eines jeden Stoffes sind dauernd in Bewegung. Gasmoleküle bewegen sich ungeordnet durcheinander, Moleküle fester Körper schwingen um ihre Ruhelage hin und her. Sie bewegen sich bei Stoffen mit hoher Temperatur mit großer, bei Stoffen mit niedriger Temperatur mit geringerer Geschwindigkeit und stoßen dabei gegeneinander. Sie stoßen umso heftiger gegeneinander, je wärmer der Stoff ist. Wärme ist also Bewegungsenergie der Moleküle. Einen Körper erwärmen heißt somit, die Bewegungsenergie seiner Moleküle erhöhen.

17.2.11.2 Temperatur und Temperaturmessung

Temperatur und Wärme werden häufig einander gleichgesetzt. Sie haben jedoch verschiedene Bedeutung. Während die Temperatur den jeweiligen Wärmezustand eines Körpers angibt, versteht man unter Wärme die in einem Körper enthaltene Wärmemenge. Die Einheiten der Temperatur sind Kelvin (K) und Grad Celsius (°C). 0 °C entspricht dem Gefrierpunkt des Wassers (Eispunkt). 100 °C entsprechen dem Siedepunkt des Wassers bei normalem Luftdruck (Dampfpunkt).

Die tiefste Temperatur liegt bei – 273 °C; man bezeichnet sie als den **absoluten Nullpunkt.** Bei dieser Temperatur befinden sich alle Stoffe in festem Zustand, da hier jede Molekularbewegung aufhört.

Bei der Einheit Kelvin geht man vom absoluten Nullpunkt aus. 0 K ist demnach der absolute Nullpunkt, 273 K entspricht dem Eispunkt, 373 K dem Siedepunkt des Wassers **(Bild 1)**.

Geräte zur Temperaturmessung nennt man **Thermometer**. Man unterscheidet Flüssigkeits- und Bimetallthermometer sowie elektrische Thermometer und Segerkegel.

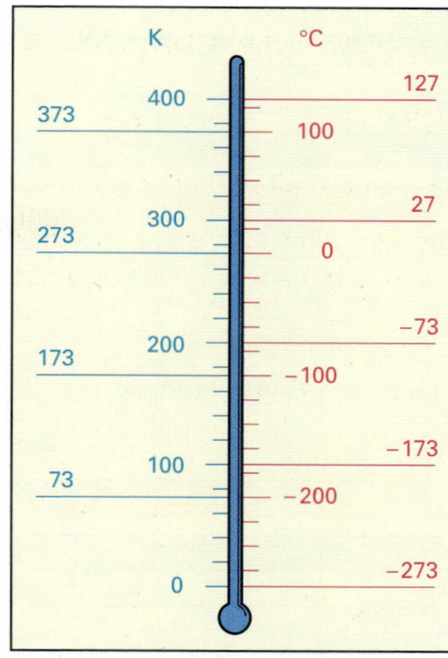

Bild 1: Temperaturskala in K und °C

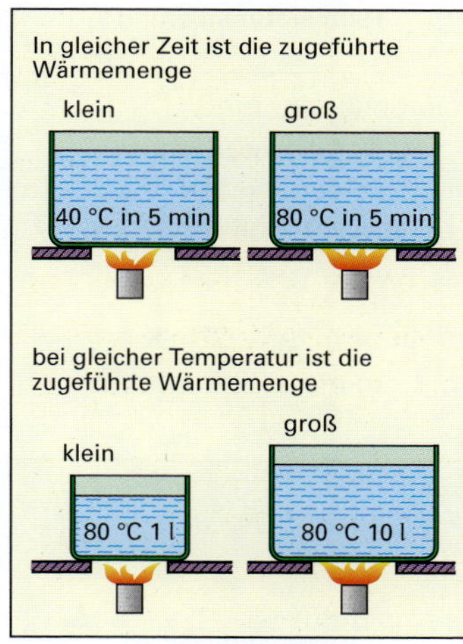

Bild 2: Unterschied zwischen Temperatur und Wärmemenge

17.2.11.3 Wärmemenge

Um feststellen zu können, welche von zwei Wärmequellen mehr Wärme liefert, erhitzt man auf jeder von ihnen eine gleich große Menge Wasser. Dem Wasser, das in gleicher Zeit die höhere Temperatur erreicht hat, wurde eine größere Wärmemenge oder Wärmeenergie zugeführt **(Bild 2).** Umgekehrt: 10 l Wasser enthalten eine zehnmal größere Wärmemenge als 1 l Wasser von gleicher Temperatur **(Bild 2).**

Die Einheit der Wärmemenge ist das Joule (J).

James Joule hat 1843 nachgewiesen, dass jede Wärmemenge einer bestimmten mechanischen Arbeit entspricht. Deshalb werden Arbeit, Energie und Wärmemenge als Größen gleicher Art betrachtet **(siehe Seite 637).** Als Einheiten gelten das Joule (J), das Newtonmeter (Nm) und die Wattsekunde (Ws).

$$1\,J = 1\,Nm = 1\,Ws$$
$$1000\,J = 1\,kJ = 1\,kNm = 1\,kWs$$
$$1\,kWh = 3600\,kWs = 3600\,kNm = 3600\,kJ$$

Tabelle 1: Mittlere spezifische Wärmekapazität von Stoffen

Stoff	kJ/kg · K
Wasser	4,2
Aluminium	0,96
Glas	0,75
Stahl	0,46
Holz bei	
0 % Holzfeuchte	1,35
15 % Holzfeuchte	1,70
92 % Holzfeuchte	2,85
Schaumstoffe	1,88
Gasbeton	1,05
Gips	0,84
Beton	0,8
Bausteine	0,8

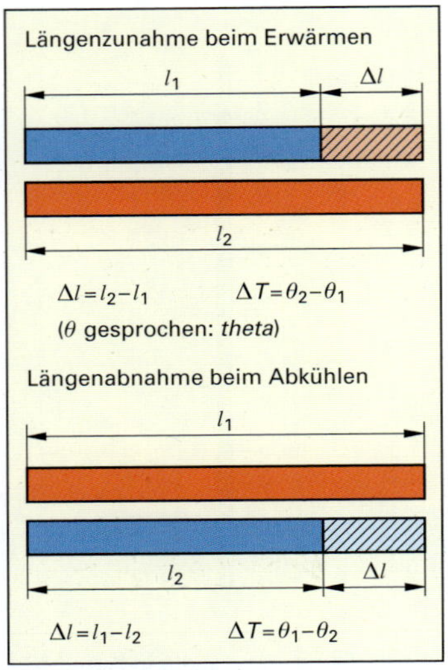

Bild 1: Längenänderung bei Temperaturänderung

Längenänderung
= Temperaturdehnzahl α
· Ausgangslänge l_1
· Temperaturdifferenz ΔT

$\Delta l = \alpha \cdot l_1 \cdot \Delta T$

Δl in mm ΔT in K
l_1, l_2 in m α in mm/(m · K)

Ausgangslänge $l_1 = \frac{\Delta l}{\alpha \cdot \Delta T}$

Temperaturdifferenz $\Delta T = \frac{\Delta l}{\alpha \cdot l_1}$

Tabelle 1: Temperaturdehnzahlen von Baustoffen

Baustoff	Temperaturdehnzahl α in mm/(m · K)
Stahlbeton	0,01
Mauerwerk aus Klinker	0,01
Kalksandstein, Gasbeton, Leichtbeton	0,008
Mauerziegel	0,006
Glas, Fliesen	0,008
Baustahl	0,01
Kupfer	0,017
Aluminium	0,024
Zink, Blei	0,029
Holz, Holzwerkstoffe	–

17.2.11.4 Spezifische Wärmekapazität

Verschiedenartige Stoffe von gleicher Masse benötigen zu ihrer Erwärmung unterschiedliche Wärmemengen. Simsabdeckungen aus Aluminium erhalten z. B. bei gleicher Wärmezufuhr durch Sonneneinstrahlung eine höhere Temperatur als Holz oder Putz.

Die zu einer bestimmten Temperaturerhöhung erforderliche Wärmemenge ist also nicht nur von der Masse, sondern auch von der Art des Stoffes abhängig.

Die spezifische Wärmekapazität ist diejenige Wärmemenge, welche notwendig ist, um 1 kg eines Stoffes um 1 K (≙ 1 °C) zu erwärmen.

Beispiel: Die spezifische Wärmekapazität von Beton ist 0,8 $\frac{kJ}{kg \cdot K}$ **(Tabelle 1, Seite 639),** d. h., zur Erwärmung der Masse von 1 kg Beton um 1 K sind 0,8 kJ erforderlich.

Zur Erwärmung von Holz ist etwa die doppelte Wärmemenge erforderlich wie für die gleiche Menge Aluminium, d. h., durch Zuführung der gleichen Wärmemenge erreicht Aluminium die doppelte Temperatursteigerung wie Holz. Dies wirkt sich z. B. als unterschiedliche Längenänderung der Bauteile aus.

17.2.11.5 Wärmewirkungen

Wärmeausdehnung

Bei Erwärmung dehnen sich die Körper nach allen Richtungen aus.

Volumenänderung bei festen Körpern

Alle Bauteile dehnen sich bei Erwärmung aus und ziehen sich bei Abkühlung zusammen, d. h., sie verändern bei Temperaturänderung ihr Volumen **(Bild 1)**. Bei Bauteilen ist vor allem die Längenänderung zu berücksichtigen.

Die Längenänderung Δl (Δ gesprochen: delta) hängt ab von der Länge l des Bauteils, der Temperaturdifferenz ΔT als Temperaturzunahme oder -abnahme und der Temperaturdehnzahl α des Baustoffes, aus dem das Bauteil besteht.

Die Temperaturdehnzahl α gibt an, um wieviel Millimeter sich ein 1 Meter langer Körper bei einer Temperaturdifferenz von 1 Kelvin ausdehnt oder zusammenzieht.

Die Einheit der Temperaturdehnzahl α ist hier in mm/(m · K) angegeben **(Tabelle 1)**.

Es dehnt sich z. B. der Kunststoff Polyethylen 17-mal mehr, Aluminium zweimal mehr als Stahl. Da Beton etwa die gleiche Wärmeausdehnung besitzt wie Stahl, ist eine Bauweise in Stahlbeton überhaupt erst möglich. Werden Stoffe mit unterschiedlicher Wärmeausdehnung am Bau miteinander verbunden, wie z. B. Verbundfenster aus Holz und Aluminium oder Blechabdeckungen auf Mauerwerk, ist darauf zu achten, dass sich die Stoffe unabhängig voneinander bewegen können. Bei längeren Beton- oder Mauerwerkskörpern müssen Dehnfugen vorgesehen werden.

Volumenänderung bei flüssigen Körpern

Flüssigkeiten dehnen sich bei Erwärmung wesentlich mehr aus als feste Körper. Aceton hat eine sehr große, Wasser und Quecksilber haben von den Flüssigkeiten die kleinste Wärmeausdehnung.

Von der Regel, dass sich jeder Körper bei Abkühlung zusammenzieht, macht das Wasser eine Ausnahme (Anomalie des Wassers). Sein Volumen nimmt zwar bei Abkühlung bis zu + 4 °C ab, jedoch bei weiterer Abkühlung von + 4 °C auf 0 °C wieder zu. Wasser hat daher bei + 4 °C seine größte Dichte. Die Volumenzunahme von Eis ist auch der Grund, warum Eis im Wasser schwimmt und zugefrorene Wasserleitungen platzen.

Volumenänderung bei gasförmigen Körpern

Gase dehnen sich bei Erwärmung wesentlich mehr aus als Flüssigkeiten. Ihre Ausdehnung beträgt für jedes °C Temperaturerhöhung $^1/_{273}$ ihres Rauminhalts bei 0 °C. Wird z. B. die Luft in einem Raum erwärmt, dehnt sie sich aus. Ihre Dichte wird gegenüber der nicht erwärmten Luft kleiner; die erwärmte Luft steigt deshalb nach oben.

Ein Gas, das sich in einem abgeschlossenen Behälter, z. B. in einer Flasche, befindet, kann sich bei Erwärmung nicht ausdehnen. Der Gasdruck steigt, was zum Zerreißen des Behälters führen kann.

Schmelzen und Verdampfen

Die Stoffe treten in drei verschiedenen Zuständen, fest, flüssig und gasförmig, auf, die man als Aggregatzustände bezeichnet. Die Umwandlung vom einen Zustand in den anderen erfolgt bei bestimmten Temperaturen **(Bild 1)**.

Feste Stoffe werden flüssig, wenn durch Wärmezufuhr die Moleküle so stark in Bewegung versetzt werden, dass sie die Bindung an einen bestimmten Ort innerhalb des Gefüges verlieren. Die Temperatur, bei der dies geschieht, nennt man den **Schmelzpunkt** oder die **Schmelztemperatur (Tabelle 1, Seite 642)**.

Um 1 kg eines Stoffes vom festen in den flüssigen Zustand zu überführen, ist eine bestimmte Wärmemenge, die sog. **Schmelzwärme,** erforderlich. Sie beträgt z. B. bei Wasser 335 kJ/kg.

Bei zunehmender Erwärmung einer Flüssigkeit nimmt die Wärmebewegung der Moleküle so zu, dass ihre gegenseitigen Kohäsionskräfte vollständig überwunden werden und die Flüssigkeit gasförmig wird. Diesen Vorgang nennt man Verdampfen **(Bild 1, Seite 642)**. Bei dieser Temperatur ist der **Siedepunkt** oder die **Siedetemperatur** der Flüssigkeit erreicht **(Tabelle 2, Seite 642)**. Diejenige Wärmemenge, die man zur Überführung von 1 kg einer Flüssigkeit vom flüssigen in den gasförmigen Zustand zuführen muss, nennt man **Verdampfungswärme.** Sie beträgt z. B. bei Wasser 2250 kJ/kg.

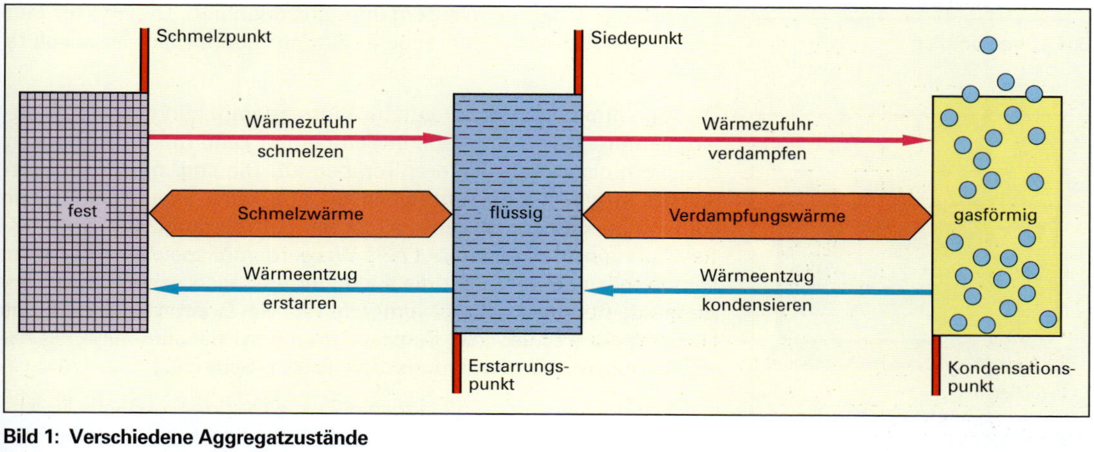

Bild 1: Verschiedene Aggregatzustände

Tabelle 1: Schmelz- bzw. Erstarrungstemperaturen von Stoffen

Stoff	°C
Chrom	1900
Stahl	1450 ... 1530
Nickel	1450
Gusseisen	1150 ... 1250
Kupfer	1070 ... 1093
Aluminium	658
Zink	419
Blei	327
Wasser	0
Quecksilber	– 39
Stickstoff	– 210
Sauerstoff	– 227

Tabelle 2: Siedetemperaturen bei 1013 mbar

Stoff	°C
Wasserstoff	– 253
Sauerstoff	– 196
Stickstoff	– 183
Alkohol	78,4
Aceton	57
Wasser	100
Quecksilber	357
Blei	1525

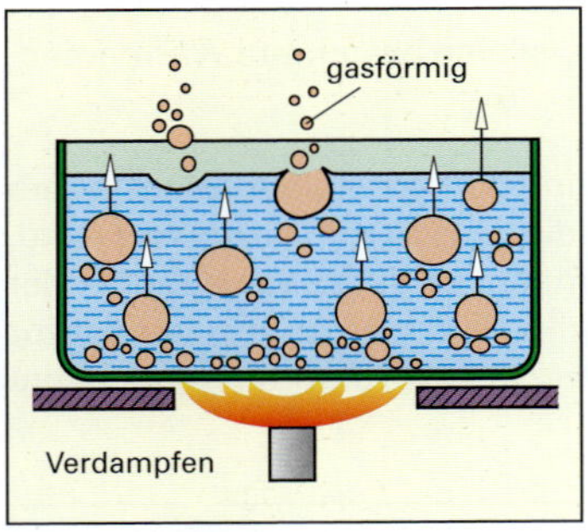

Bild 1: Verdampfen

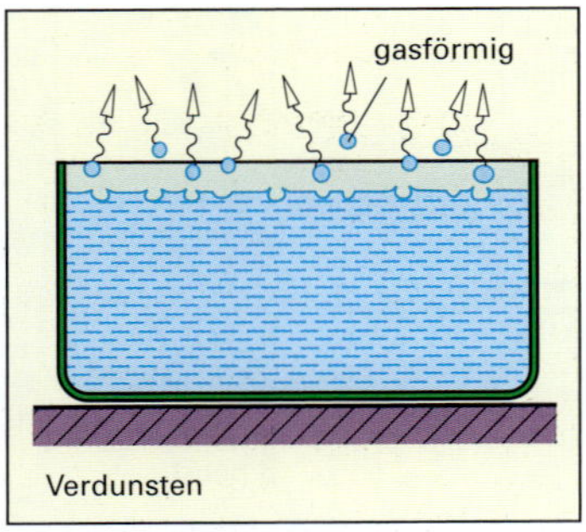

Bild 2: Verdunsten

Kondensieren und Erstarren

Wird einem gasförmigen Körper, z.B. Wasserdampf, Wärme entzogen, so verdichtet er sich bei entsprechender Temperatur zu einer Flüssigkeit, z.B. zu Wasser. Diese Temperatur nennt man den **Kondensationspunkt** oder **Taupunkt,** die dabei freiwerdende Wärme **Kondensationswärme.** Die Kondensationswärme ist gleich der Verdampfungswärme. Im Bauwesen muss vor allem die Kondensation von Wasserdampf an der Innenseite von Außenwänden und im Innern dieser Bauteile beachtet werden. Feuchtigkeit im Bauwerk führt zu Bauschäden und verminderter Wärmedämmung.

Wird eine Flüssigkeit abgekühlt, so erstarrt sie. Die dabei herrschende Temperatur nennt man **Erstarrungspunkt (Tabelle 1),** bei Wasser **Gefrier-** oder **Eispunkt.**

Schmelzpunkt und Erstarrungspunkt fallen zusammen. Die beim Erstarren freiwerdende Wärmemenge ist gleich der Schmelzwärme.

Während sich erstarrende Stoffe zusammenziehen, dehnt sich Wasser beim Gefrieren aus. Porige Baustoffe, deren Poren sich mit Wasser gefüllt haben, können bei Frost durch die Sprengwirkung des Eises zerstört werden.

Verdunsten

Eine Flüssigkeit kann auch unterhalb ihres Siedepunktes, jedoch nur an ihrer Oberfläche, gasförmig werden. Diesen Vorgang nennt man Verdunsten **(Bild 2)**. Die Verdunstung erfolgt umso schneller, je trockener und bewegter die umgebende Luft ist und je näher die Flüssigkeitstemperatur beim Siedepunkt liegt. Eine Flüssigkeit verdunstet deshalb bei Raumtemperatur umso schneller, je tiefer ihr Siedepunkt liegt, z. B. bei Alkohol, Nitroverdünnung und Benzin.

Beim Verdunsten werden die Moleküle aus der Flüssigkeitsoberfläche herausgeschleudert und von der Luft aufgenommen **(Bild 2)**. Die dazu erforderliche Bewegungsenergie entnehmen sie der Flüssigkeit in Form von Wärmeenergie. Den damit verbundenen Temperaturabfall nennt man **Verdunstungskälte**. Der Verdunstungsvorgang kann durch Vergrößerung der Flüssigkeitsoberfläche, z. B. durch Aufschneiden des Holzes zur Trocknung, beschleunigt werden.

Luftfeuchtigkeit

Luft hat die Fähigkeit, Wasserdampf aufzunehmen. Die in 1 m³ Luft enthaltene Wasserdampfmenge in Gramm nennt man die **absolute Luftfeuchte.**

Die Aufnahmefähigkeit der Luft für Wasserdampf hängt von der Lufttemperatur ab. Luft mit höherer Temperatur kann mehr Feuchtigkeit speichern als Luft mit tieferer Temperatur. Die sog. **maximale Luftfeuchte** in g/m³ ist erreicht, wenn die Luft keine Feuchtigkeit mehr aufnehmen kann. In diesem Fall ist die Luft gesättigt. So kann z. B. 1 m³ Luft von 20 °C maximal 17,3 g Wasserdampf speichern, bei einer Temperatur von 10 °C tritt die Sättigung dagegen schon bei einem Wasserdampfgehalt von 9,4 g/m³ ein. Wie viel Gramm Wasserdampf die Luft bei verschiedenen Temperaturen maximal aufnehmen kann, ersieht man aus der Sättigungskurve **(Bild 1, Seite 643)**.

In der Regel enthält die Luft jedoch nicht die maximal mögliche Feuchtigkeit, also 100 %, sondern weniger. Dieser Feuchtigkeitsgehalt der

Luft wird als Verhältnis der absoluten Luftfeuchte zur maximalen Luftfeuchte in % ausgedrückt und die **relative Luftfeuchte** genannt.

$$\text{Relative Luftfeuchte in \%} = \frac{\text{absolute Luftfeuchte} \cdot 100\,\%}{\text{Maximale Luftfeuchte}}$$

Beispiel: Enthält 1 m³ Luft von 20 °C eine absolute Luftfeuchte von 10,4 g Wasserdampf, so beträgt bei der maximalen Luftfeuchte von 17,3 g/m³ die

$$\text{relative Luftfeuchte} = \frac{10{,}4\ \text{g/m}^3 \cdot 100\,\%}{17{,}3\ \text{g/m}^3} = 60\,\%$$

Luft mit einer relativen Luftfeuchte von 60 % kann somit mehr Wasserdampf aufnehmen als Luft mit einer relativen Luftfeuchte von 70 %.

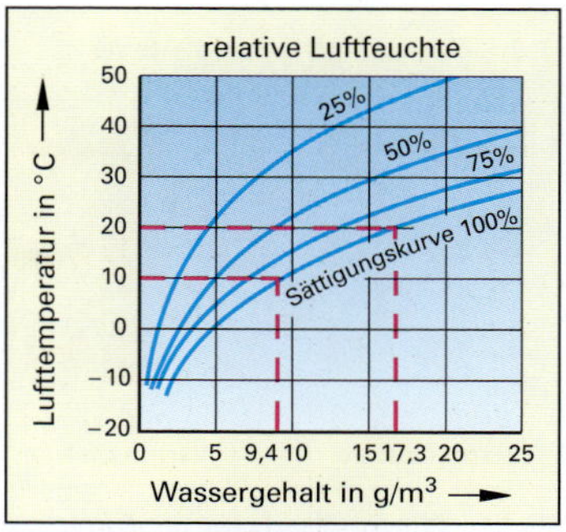

Bild 1: Wassergehalt der Luft in Abhängigkeit von der relativen Luftfeuchte und der Lufttemperatur

Tabelle 1: Heizwerte von Brennstoffen

Brennstoffart	Menge	kJ
Koks	1 kg	28596
Briketts	1 kg	20097
Brennholz	1 kg	14654
Heizöl, leicht	1 l	37153
Heizöl, schwer	1 l	39062
Stadtgas	1 m³	15994
Erdgas	1 m³	31736

17.2.11.6 Wärmequellen

Die wichtigste Wärmequelle für die Erde ist die **Sonne.** Sie überträgt die Wärme durch Strahlung; bei senkrechtem Auftreffen der Sonnenstrahlen liefert sie etwa 80 kJ/m²/min. Weitere Wärmequellen sind die in der Erde vorkommenden festen, flüssigen und gasförmigen **Brennstoffe.** Sie sind in der Regel pflanzlichen oder tierischen Ursprungs und geben bei der Verbrennung Wärme ab.

Die bei der Verbrennung von 1 kg eines Brennstoffes freiwerdende Wärmemenge bezeichnet man als **Heizwert** des Stoffes. Der Heizwert der Brennstoffe ist verschieden **(Tabelle 1).**

Zunehmende Bedeutung gewinnt die Wärmeerzeugung durch **Wind- und Solarenergie.** Wärmeenergie kann auch durch **Umwandlung anderer Energieformen,** z. B. aus elektrischer Energie, erzeugt werden.

17.2.11.7 Wärmeübertragung

Jeder Körper, der wärmer als seine Umgebung ist, stellt für diese eine Wärmequelle dar. Die Übertragung der Wärme kann durch Wärmestrahlung, Wärmemitführung oder Wärmeleitung geschehen.

Wärmestrahlung

Wärmestrahlen verhalten sich ähnlich wie Lichtstrahlen. Sie übertragen die Wärmeenergie als Strahlung, auch durch materiefreie Räume, und geben diese erst beim Auftreffen auf einen Körper ab **(Bild 2).** Dabei wird die Strahlungsenergie in Wärmebewegung der Moleküle umgesetzt. Die Aufnahmefähigkeit für die Wärmestrahlung hängt überwiegend von der Oberflächenbeschaffenheit der verschiedenen Körper ab. Körper mit dunkler und rauer Oberfläche nehmen einen großen Teil der Wärmestrahlung auf und erwärmen sich dadurch stärker als helle und glatte Körper, die einen großen Teil der eingestrahlten Wärme zurückwerfen. Als Beispiel kann die Wärmeaufnahme eines schwarzen Auto- oder Hausdachs oder schwarze Kleidung bei Sonneneinstrahlung genannt werden. Umgekehrt strahlen dunkle Körper, z. B. Heizkörper, die Wärme leichter ab als helle. Technisch wird die Wärmestrahlung z. B. zur Raumheizung, zur Härtung von Leimen und Lacken verwendet.

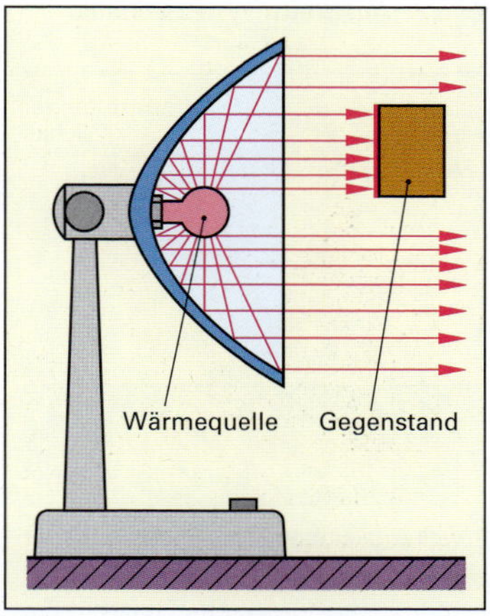

Bild 2: Wärmeübertragung durch Strahlung

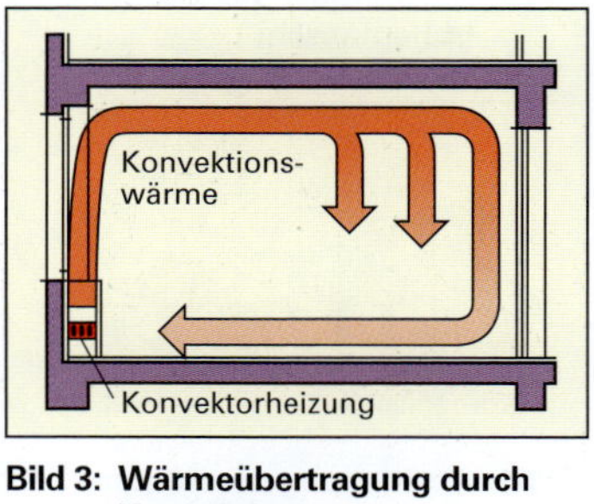

Bild 3: Wärmeübertragung durch Konvektion

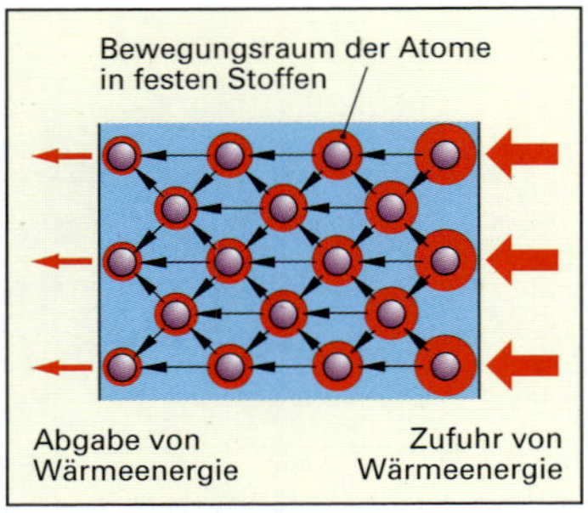

Bild 1: Wärmeübertragung durch Leitung (schematische Darstellung)

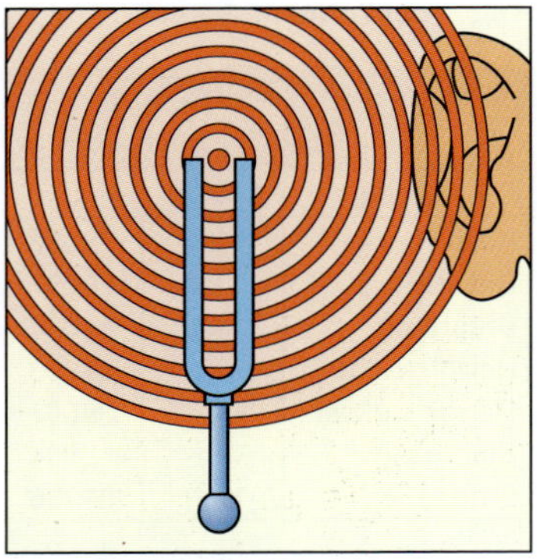

Bild 2: Ausbreitung des Schalls

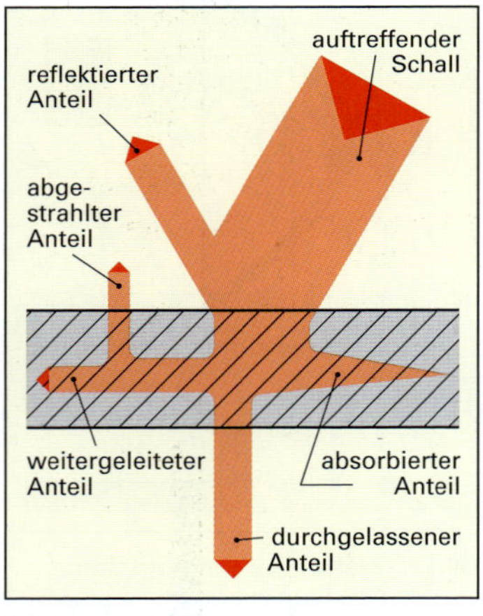

Bild 3: Ausbreitung des Luftschalls (schematisch)

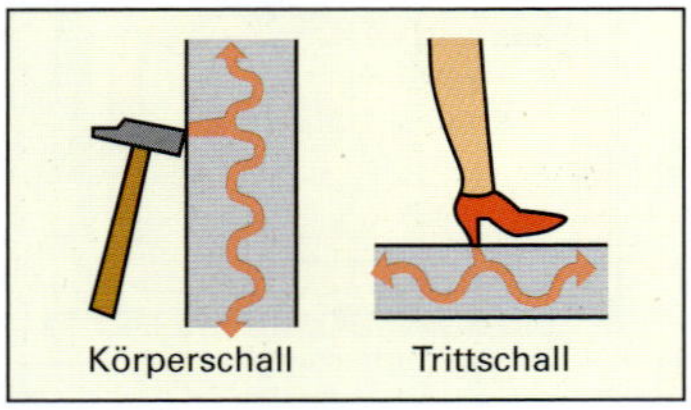

Bild 4: Ausbreitung des Körperschalls

Wärmemitführung (Konvektion)

Im Gegensatz zur Wärmestrahlung ist die Wärmemitführung (Konvektion) nur in Gasen oder Flüssigkeiten möglich. Werden diese Gase, z. B. Luft oder Flüssigkeiten, z. B. Wasser, im Heizungssystem erwärmt, dehnen sich diese aus. Sie werden durch ihre geringere Dichte leichter und steigen nach oben, während kältere und damit schwerere Wasser- bzw. Luftmengen an ihre Stelle treten. Es entsteht eine Gas- oder Flüssigkeitsströmung, die die Wärme von der Wärmequelle wegführt und an weniger warme Stoffe, wie Mauerwerk, Beton, Luft usw., wieder abgibt. Beispiele sind die Luftumwälzung an Heizkörpern und die Warmwasser-Schwerkraftheizung **(Bild 3, Seite 643)**.

Konvektion tritt auch an den Oberflächen von Bauteilen oder in Luftschichten mit unterschiedlich warmen Begrenzungsflächen, z. B. bei Doppelscheibenfenstern, auf.

Wärmeleitung

Bei der Wärmeleitung erfolgt der Temperaturausgleich durch die Weitergabe der Wärme in einem Stoff von Molekül zu Molekül, ohne dass diese ihren Ort wechseln. Die Wärme wird als Schwingungsenergie von den bei der Wärmequelle liegenden und stark schwingenden Molekülen an benachbarte, schwächer schwingende Moleküle durch Stoßvorgänge weitergegeben **(Bild 1)**.

Gute Wärmeleiter sind feste Stoffe mit hoher Dichte, besonders die Metalle. Schlechte Wärmeleiter sind Holz, Kunststoffe, porige Baustoffe. Auch Flüssigkeiten und besonders Gase leiten die Wärme schlecht, wenn die Konvektion verhindert wird.

Die Wärmeleitung eines Stoffes nimmt umso mehr ab,

- je kleiner seine Rohdichte ist
- je poröser der Stoff ist
- je kleiner die Poren sind
- je geringer sein Feuchtegehalt ist.

17.2.12 Schall

17.2.12.1 Entstehung des Schalls

Wird eine Stimmgabel angestoßen, führen die beiden freien Gabelenden Hin- und Herbewegungen, sogenannte Schwingungen, aus. Diese Schwingungen der Stimmgabelenden werden an die angrenzenden Luftmoleküle weitergegeben. Dabei entstehen Verdichtungs- und Verdünnungszonen in der Luft, die sich von der Schallquelle weg als Schallwellen ausbreiten. Erreichen diese Schwingungen das Ohr, so werden sie über das mitschwingende Trommelfell als Ton hörbar, wenn die Anzahl der Schwingungen je Sekunde zwischen 16 und 20000 liegt **(Bild 2)**.

Die Anzahl der Schwingungen je Sekunde bezeichnet man als **Frequenz** des Tones; die Einheit der Frequenz ist das Hertz (Hz). Je größer die Frequenz, desto höher ist der Ton.

Schall, der aus vielen Tönen zusammengesetzt ist, nennt man **Geräusch.** Ein störendes oder unangenehmes Geräusch wird als Lärm bezeichnet **(Bild 1)**.

Lärm gefährdet die Gesundheit des Menschen und beeinträchtigt seine Leistungsfähigkeit. Der Lärm ist umso lästiger, je heftiger und je häufiger er auftritt und je länger die einzelnen Intervalle dauern. Wo starker Arbeitslärm auftritt, z. B. in Maschinenräumen, ist außerdem die Arbeitssicherheit des Menschen in Gefahr.

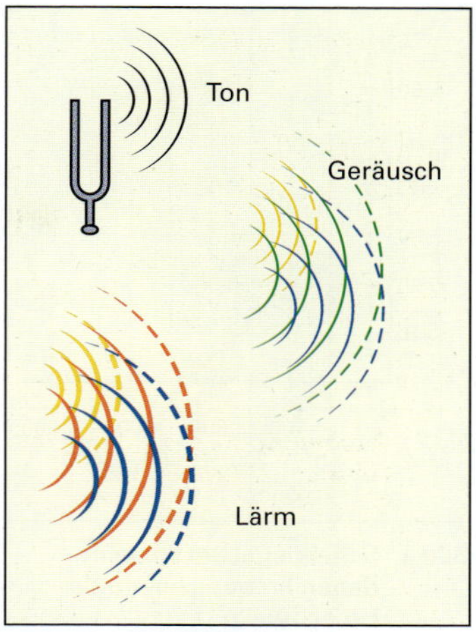

Bild 1: Schallformen

17.2.12.2 Ausbreitung des Schalls

Der Schall braucht, um sich ausbreiten zu können, einen Körper, der die Schwingungen weiterleitet. Deshalb ist z.B. eine Glocke im Vakuum nicht zu hören **(Bild 2)**. Schallleitende Körper können gasförmig, flüssig oder fest sein. Der Schall gelangt normalerweise durch schwingende Luftmoleküle an das menschliche Ohr. Er wird deshalb **Luftschall** genannt. Luftschall entsteht z. B. durch vibrierende Stimmbänder beim Sprechen oder Singen, durch die Vibration der Membrane im Lautsprecher, durch angeregte Resonanzböden bei Musikinstrumenten. Schall breitet sich nach allen Richtungen aus. Trifft er auf ein Bauteil, so wird ein Teil des auftreffenden Luftschalls reflektiert, d. h. zurückgeworfen, der andere Teil versetzt das Bauteil in Schwingung. Diese Schwingungen werden sowohl in andere Bauteile weitergeleitet, als auch auf der anderen Bauteilseite abgestrahlt bzw. im Bauteil ausgelöscht **(Bild 3, Seite 644)**.

Körperschall nennt man den Schall, der sich in festen Körpern, z. B. im Mauerwerk, ausbreitet und durch direkte Anregung, z. B. durch Klopfen, entsteht. Da Körperschall hauptsächlich beim Begehen einer Decke bzw. beim Auftreten auf den Fußboden entsteht, spricht man in diesem Fall auch von **Trittschall (Bild 4, Seite 644)**. Körper- und Trittschallschwingungen in Decken und Wänden werden von diesen Bauteilen teilweise ausgelöscht, zum großen Teil wieder als Luftschall abgestrahlt und damit hörbar.

Bild 2: Schallausbreitung im Vakuum

17.2.12.3 Messung des Schalls

Bei der Feststellung der Schallstärke wird der Druck gemessen, den die Schwingungen der Luftmoleküle auf das Messgerät ausüben. Diesen Druck bezeichnet man als Schalldruck. Diesem Schalldruck entspricht ein bestimmter Schallpegel. Der gemessene Schalldruck wird auf der Skale eines Messgeräts mit einem Messbereich von 0 bis 120 als Schallpegel dargestellt. Dabei entspricht ein Skalenteil der Einheit von 1 Dezibel (1 dB) **(Bild 3)**.

Wie Untersuchungen gezeigt haben, hat das menschliche Gehör die Eigenschaft, tiefe Töne weniger laut zu empfinden als hohe Töne. Der Beginn der Hörempfindung, die **Hörschwelle**, liegt z. B. beim Ton der Frequenz 1000 Hz bei 0 dB. Beim Ton von 100 Hz beginnt sie erst beim Schallpegel von 25 dB **(Bild 1, Seite 646)**.

Diese Besonderheit des menschlichen Gehörs, verschieden hohe Töne unterschiedlich laut zu empfinden, wird dadurch berücksichtigt, dass bei Lärmmessungen ermittelte Schallpegelwerte in dB noch korrigiert werden. Diese Korrekturwerte sind in DIN EN ISO 60651 festgelegt. Nach Berücksichtigung der Korrekturwerte erhält man den **bewerteten Schallpegel** (A-Schallpegel), der in dB(A) ausgedrückt wird.

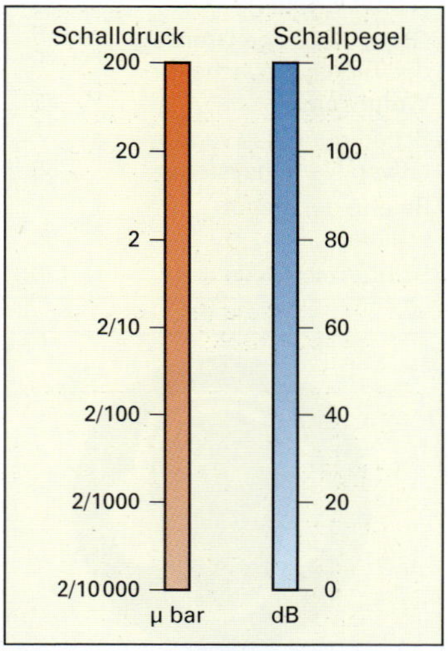

Bild 3: Vergleich zwischen Schalldruck und Schallpegel

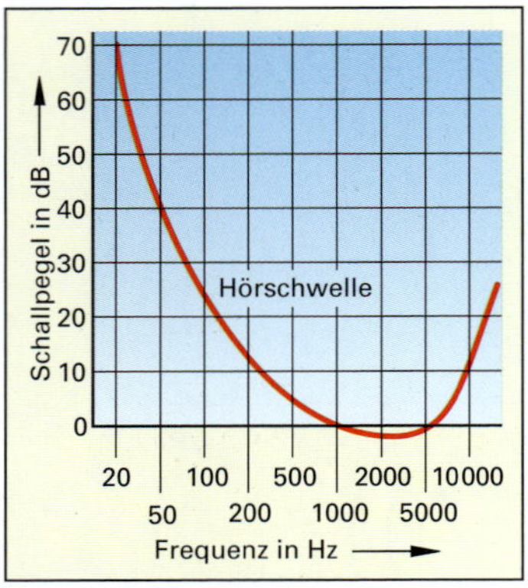

Bild 1: Schallpegel bei verschiedenen Frequenzen an der Hörschwelle

Tabelle 1: Bewerteter Schallpegel bekannter Geräusche

Geräuschart	dB(A)
Übliche Wohngeräusche	30
Leise Unterhaltung	40
Übliche Unterhaltungsgespräche	50
Lautes Sprechen	60
Starker Verkehrslärm	80
Motorradlärm	90

Tabelle 2: Schallpegelgrenzwerte

Grenzsituation	dB(A)
Hörschwelle	0
Obere zulässige Grenze der Nachtgeräusche in Wohnvierteln	35
Obere zulässige Grenze der Tagesgeräusche in Wohnvierteln	45
Schädigung des vegetativen Nervensystems	65
Beginn der Gehörschäden	90
Schmerzschwelle	120

Bild 2: Gebotsschild „Lärmbereich"

Zum Abschätzen der Höhe des bewerteten Schallpegels können die in **Tabelle 1** angegebenen bekannten Geräusche dienen. Schallpegelgrenzwerte sind in **Tabelle 2** angegeben. Wenn Lärm mehrerer Lärmquellen gleichzeitig auf den Menschen einwirkt, erhöht sich der **Schallpegel.** Der höhere Schallpegel ist jedoch nicht so hoch wie die Summe der A-Schallpegelwerte der einzelnen Lärmquellen. Werden zwei gleich hohe A-Schallpegelwerte addiert, steigt der Gesamtschallpegel um 3 dB(A) an.

Beispiel:

Zwei Hobelmaschinen mit A-Schallpegelwerten von je 80 dB(A) ergeben einen Gesamtschallpegel von 83 dB(A).

Als doppelt so laut empfindet der Mensch ein Geräusch, wenn der A-Schallpegel um 10 dB(A) ansteigt, z. B. wenn sich der A-Schallpegel von 80 dB(A) auf 90 dB(A) erhöht.

Wie aus **Tabelle 2** zu ersehen ist, ist eine dauernde Lärmeinwirkung auf den Menschen gesundheitsschädlich, und zwar umso mehr, je größer der Lärm ist und je länger die Lärmeinwirkung andauert. So ist z. B. ein Arbeiter, der eine ganze Arbeitsschicht an lauten Maschinen arbeitet, besonders gefährdet. Zum Schutz der Beschäftigten ist in der **Lärm- und Vibrations-Arbeitsschutzverordnung** geregelt, ab welcher Gefährdungsbeurteilung Schall-Schutzmaßnahmen vorzusehen sind. Da für die Lärmbelastung nicht nur der A-Schallpegel, sondern auch die Einwirkdauer des Lärms entscheidend ist, wird für diese Beurteilung der Lärmexpositionspegel eingeführt.

Der Tages-Lärmexpositionspegel ($L_{EX,8h}$) ist der über die Zeit gemittelte Lärmexpositionspegel bezogen auf eine Achtstundenschicht. Er umfasst alle am Arbeitsplatz auftretenden Schallereignisse.

Der Spitzenschalldruckpegel ($L_{pC,peak}$) ist der Höchstwert des momentanen Schalldruckpegels.

Es wurde festgestellt, dass bei einem gemessenen A-Schallpegel von 90 dB(A) mit einer achtstündigen Einwirkdauer der Expositionspegel 90 dB(A) beträgt. Beträgt die Einwirkdauer nur vier Stunden pro Tag, so nimmt der Expositionspegel um 3 dB(A) auf 87 dB(A) ab. Beträgt die Einwirkdauer nur zwei Stunden pro Tag, so verringert sich der Expositionspegel wieder um 3 dB(A) auf 84 dB(A). Allgemein ausgedrückt heißt dies, dass bei gleichbleibendem A-Schallpegel durch eine Halbierung der Einwirkzeit der Expositionspegel um 3 dB(A) verringert wird.

Laut Lärm- und Vibrations-Arbeitsschutzverordnung muss ein Arbeitsbereich als **Lärmbereich** gekennzeichnet werden, wenn für diesen Bereich ein Tages-Lärmexpositionspegel $L_{EX,8h}$ > 85 dB(A) oder ein Spitzenschalldruckpegel $L_{pC,peak}$ > 137 dB(C) festgestellt wird (Stand 2017). Die Lärmbereiche sind durch blau-weiße Gebotsschilder zu kennzeichnen **(Bild 2)**. Zur Vermeidung von Gehörschäden ist in Lärmbereichen das Tragen von persönlichen Schallschutzmitteln, wie z. B. Gehörschutzstöpseln, Gehörschutzkapseln oder Schallschutzhelmen, vorgeschrieben. Schon bei einem Beurteilungspegel ab 85 dB(A) bzw. 80 dB(A) ab dem Jahr 2007, hat der Betrieb persönliche Schallschutzmittel zur Verfügung zu stellen.

17.3 Elektrotechnische Grundlagen

Die Elektrotechnik befasst sich mit der Erzeugung, Verteilung und Nutzung von elektrischer Energie. Elektrische Energie ist eine hochwertige Energieform, weil sie sich ohne große Verluste leicht in jede andere Energieform wie in Wärme oder mechanische Arbeit umwandeln lässt.

17.3.1 Grundbegriffe

Die meisten technischen Geräte und Anlagen benötigen elektrischen Strom. Deshalb ist die Kenntnis der Grundlagen der Elektrotechnik wichtig.

Stromkreis: Elektrische Energie kann nur in Kreislaufsystemen, sogenannten Stromkreisen, verteilt werden.

Die Bewegung elektrisch geladener Teilchen nennt man **elektrischen Strom.** Er besteht in metallischen Leitern aus bewegten Elektronen.

Zur Erläuterung der Grundbegriffe der Elektrotechnik kann ein einfacher Hydraulikstromkreis mit einem elektrischen Stromkreis verglichen werden. Für den Hydraulikstromkreis erzeugt eine Pumpe **(Bild 1)** den nötigen Druck; der Flüssigkeitsstrom treibt einen Hydraulikmotor an. Für den elektrischen Stromkreis wird in einem Generator **(Bild 2)** elektrische Spannung erzeugt; der Elektronenstrom setzt einen Elektromotor in Bewegung.

Die Hydraulikpumpe erzeugt zum Beispiel auf der einen Seite einen Überdruck, auf der anderen Seite einen Unterdruck. Der Druckunterschied ist die Ursache für den Flüssigkeitsstrom.

Spannung (*U*): Analog zur Hydraulikpumpe erzeugt ein elektrischer Generator an einem Anschluss (Minuspol) ein Elektronen-Überschuss und am anderen Anschluss (Pluspol) ein Elektronen-Mangel. Dadurch entsteht ein Elektronen-Druckunterschied, den man **elektrische Spannung** nennt.

> Die elektrische Spannung wird in Volt (V) gemessen.

Das Messgerät für elektrische Spannung nennt man Spannungsmesser (Voltmeter). Man misst die Spannung an einem Verbraucher, indem man die beiden Klemmen des Spannungsmessers mit den beiden Klemmen des Verbrauchers verbindet **(Bild 3).**

Mit einem **Phasenprüfer** kann man feststellen, ob ein Leiter gegenüber der Erde Spannung führt. Berührt man mit der Prüfspitze einen spannungsführenden Leiter, wird ein Stromkreis über Glimmlampe, Schutzwiderstand, Feder, Kontakt und menschlichem Körper geschlossen und die Glimmlampe leuchtet auf. Der Schutzwiderstand im Phasenprüfer begrenzt den Strom auf einen für den Menschen ungefährlichen Wert.

Strom (*I*): Elektrischer Strom kann nur fließen, wenn Spannung vorhanden und der Stromkreis geschlossen ist. Der elektrische **Strom** ist die Zahl von Elektronen, die je Zeiteinheit durch einen Leiterquerschnitt fließen.

> Der elektrische Strom wird in Ampere (A) gemessen.

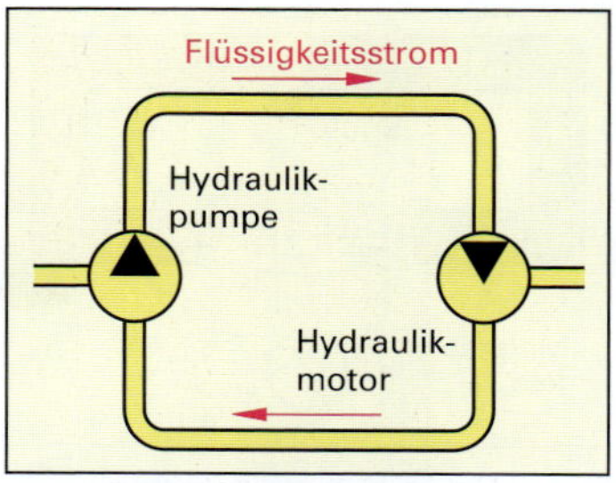

Bild 1: Hydraulikstromkreis

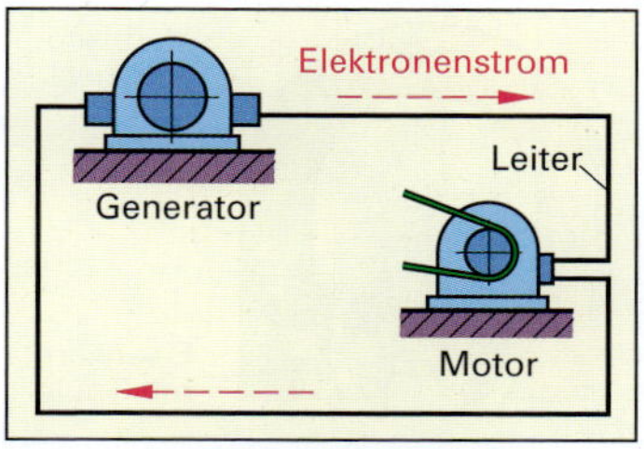

Bild 2: Elektrischer Stromkreis

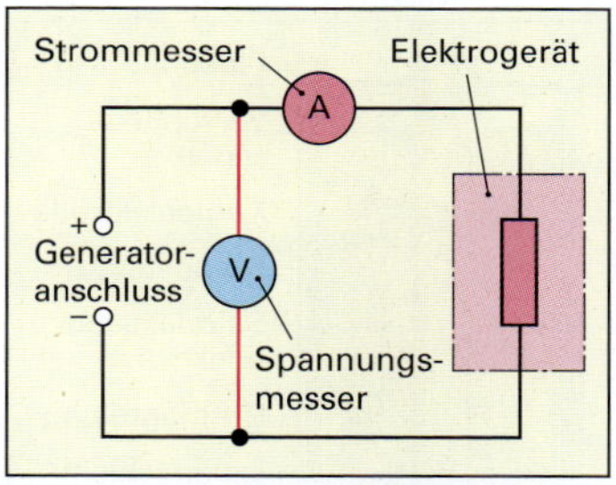

Bild 3: Spannungs- und Strommessung

> Metallatome besitzen freie Elektronen. Diese sind nur locker an die Atome gebunden und können zwischen den Atomen ausgetauscht werden. Schlechte Leiter haben nur wenige freie Elektronen.

> So wie in einem geschlossenen Hydraulikstromkreis keine Flüssigkeit entweichen kann, so können auch aus einem isolierten Stromkreis keine Elektronen verloren gehen. Flüssigkeit bzw. Elektronen werden nicht verbraucht. Beim nicht verzweigten Flüssigkeitskreislauf ist ebenso wie beim nicht verzweigten elektrischen Stromkreis der Strom an allen Stellen gleich stark.

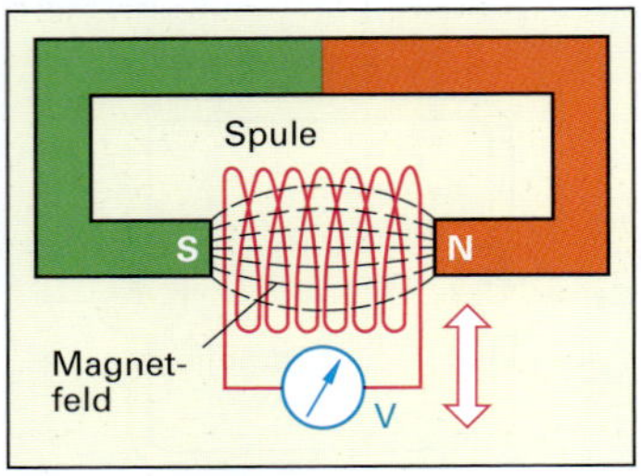

Bild 1: Spannung durch Induktion

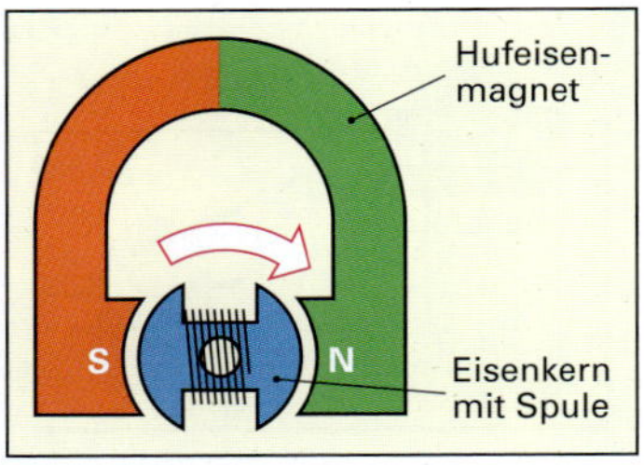

Bild 2: Generator-Prinzip

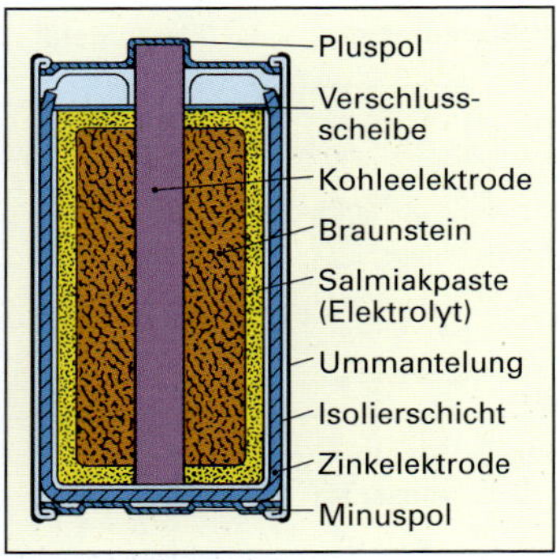

Bild 3: Kohle-Zink-Element

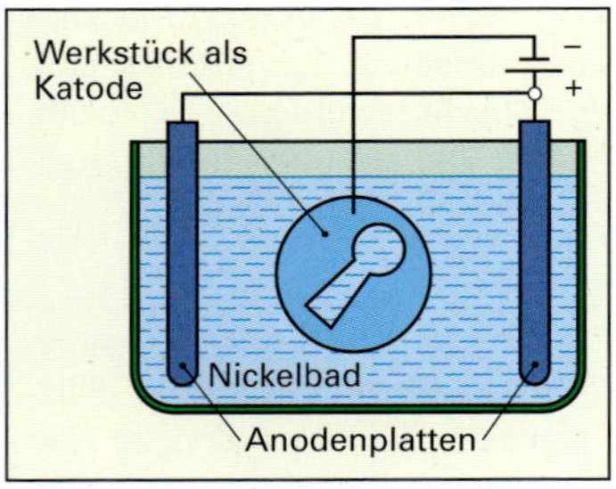

Bild 4: Galvanisches Vernickeln

Bestimmte Gase (Neon, Quecksilberdampf) leuchten bei Stromdurchgang auf. Dieses Licht, z.B. in Leuchtstofflampen, nennt man „kaltes" Licht im Gegensatz zum „warmen" Licht der Glühlampe.

Widerstand (*R*): Alle elektrischen Leitungen und Geräte setzen dem Elektronenfluss einen mehr oder weniger großen **Widerstand** entgegen.

Die Größe des Widerstandes wird in Ohm (Ω) gemessen.

17.3.2 Spannungserzeugung

Elektrische Spannung kann durch Induktion, durch Umwandlung chemischer Energie, durch Licht und durch Reibung entstehen.

Spannungserzeugung durch Induktion liegt vor, wenn ein elektrischer Leiter bzw. eine Spule in einem Magnetfeld bewegt wird **(Bild 1)**. Diese Möglichkeit, Spannung zu erzeugen, wird vor allem in Generatoren, in Kraftwerken und in Fahrzeugen (Lichtmaschine) ausgenutzt **(Bild 2)**.

Spannungserzeugung durch chemische Energie entsteht, wenn zwei verschiedene Metalle oder Kohle und ein Metall mit einer leitenden Flüssigkeit (Elektrolyt) in Berührung kommen. Dabei entsteht ein **galvanisches Element.**

Mehrere zusammengesetzte galvanische Elemente bezeichnet man als Batterie bzw. Akkumulator (Akku). Handelsübliche Batterien sind meist aus Elementen mit den Elektroden Kohle und Zink zusammengesetzt **(Bild 3).** Diese Kohle-Zink-Elemente liefern eine Spannung von je 1,5 Volt. Bei Stromentnahme wird der unedlere Pol zerstört, in diesem Fall Zink.

Spannungserzeugung durch Licht. In einem Fotoelement entsteht eine elektrische Spannung, solange Licht darauf fällt, wie z. B. bei Belichtungsmessern und Solarzellen.

Spannungserzeugung durch Reibung (Statische Elektrizität). Kunststoffe sind meist gute Isolierstoffe und können durch Reibung auf hohe Spannungen aufgeladen werden.

Auch Metallgehäuse, die gegenüber der Erde isoliert sind, z. B. ein Auto beim Fahren auf trockener Straße, können durch Reibung auf über 1000 V aufgeladen werden. Dies zeigt sich durch ein Anziehen von Staubteilchen, Haften von Folien und Funkenbildung begleitet von knisterndem Geräusch. Der beim Entladen auftretende Strom ist allerdings sehr gering.

Explosionen von Lösemitteldämpfen (Staubluftgemischen) können durch Entladungsfunken ausgelöst werden.

17.3.3 Wirkungen des elektrischen Stromes

Elektrische Energie lässt sich in Wärme- und Lichtenergie, in magnetische und chemische Energie sowie in Bewegungsenergie umwandeln.

Wärme und Licht: In elektrischen Heizgeräten, z. B. in Heizspiralen, ist der Elektronenfluss nur durch einen kleinen Widerstand behindert. Der dadurch auftretende große Elektronenstrom verursacht durch Reibung im Draht Wärme bis zur Rotglut (Heizstrahler) oder bis zum hellen Aufleuchten (Glühlampe). Bei Glühlampen ist der Wirkungsgrad recht gering. Etwa 3 % der Energie wird als Licht abgestrahlt, 97 % der elektrischen Energie wird in Wärme umgewandelt.

Bei Leuchtstofflampen (Gasentladungslampen) dagegen kann man einen Wirkungsgrad von etwa 15 % bis 20 % erreichen.

Die **magnetische Wirkung** des elektrischen Stromes wird z. B. beim Elektromotor und bei Lautsprechern ausgenutzt.

Chemische Wirkung: Leitet man Gleichstrom durch eine leitende Flüssigkeit, so werden am Pluspol negativ geladene und am Minuspol positiv geladene Teilchen (negative und positive Ionen) angezogen. Diese Erscheinungen nennt man **Elektrolyse.** Man nutzt sie aus zur Zerlegung des Wassers in seine Bestandteile Wasserstoff und Sauerstoff, beim Galvanisieren **(Bild 4, Seite 648)** und beim Eloxieren.

Wirkung auf Lebewesen: Menschen und Tiere sind in Gefahr, wenn elektrischer Strom durch sie hindurchfließt. Bei feuchter Haut ist großflächige Berührung mit Teilen, die unter elektrischer Spannung stehen, besonders gefährlich **(siehe Seite 655)**.

17.3.4 Wichtige Kenngrößen elektrischer Verbraucher

Für einen sicheren Umgang mit elektrischen Maschinen und Geräten ist es wichtig, die Grundzusammenhänge von elektrischer Spannung, Strom, Widerstand, Arbeit und Leistung zu kennen.

Leitungswiderstand *(R)*

Jeder Leiter und damit auch jeder Verbraucher hat einen bestimmten **Widerstand,** dessen Größe von den Abmessungen und dem Werkstoff des Leiters abhängt. Der Widerstand eines elektrischen Leiters ist umso größer, je länger er ist, je kleiner sein Querschnitt ist und je schlechter der Werkstoff leitet. Den Widerstand eines Leiters von 1 m Länge und 1 mm² Querschnitt nennt man spezifischen Widerstand (ϱ). Seine Größe hängt vom Werkstoff ab und ist aus Tabellen zu entnehmen.

Zwei Adern sind zur Stromleitung notwendig, die gesamte Leiterlänge z. B. bei einem 50 m langen Kabel beträgt daher 2 x 50 = 100 m. Die 3. Ader (Schutzleiter) führt keinen Strom **(Beispiel 1)**.

Beispiel 1:

Ein dreiadriges Verlängerungskabel aus Kupferdraht ist 50 m lang. Der Querschnitt jeder Ader beträgt 1,5 mm². Der Leiterwiderstand des Verlängerungskabels ist:

$$R = \frac{l \cdot \varrho}{A}$$

$$R = \frac{100\ \text{m} \cdot 0{,}0178\ \Omega \cdot \text{mm}^2}{1{,}5\ \text{mm}^2 \cdot \text{m}} = \mathbf{1{,}2\ \Omega}$$

Ohmsches Gesetz/Spannung *(U)*, Strom *(I)*

Der durch einen Leiter oder Verbraucher fließende Strom ist umso stärker, je größer die Spannung und je kleiner der Widerstand ist.

Wird ein Gerät mit dem Widerstand von 10 Ohm an eine Spannung von 6 V angeschlossen, dann fließt ein Strom von 0,6 Ampere (A). Wird dasselbe Gerät an 230 V angeschlossen, ist der Strom 23 Ampere (A) groß **(Beispiel 2)**.

Ist ein Gerät für den Anschluss an 230 V bestimmt, dann kann es an 6 V nicht arbeiten, da der Strom zu schwach ist. Ist ein Gerät für 6 V berechnet, dann wird es bei Anschluss an 230 V zerstört, weil der Strom zu stark ist.

Beispiel 2:

Wie groß ist der Strom eines Gerätes mit 10 Ohm, das an eine Spannung von 6 V bzw. 230 V angeschlossen ist?

$$I = \frac{U}{R} = \frac{6\ \text{V}}{10\ \Omega} = \mathbf{0{,}6\ A}$$

$$I = \frac{U}{R} = \frac{230\ \text{V}}{10\ \Omega} = \mathbf{23\ A}$$

Elektrische Leistung *(P)*

Die elektrische Leistung eines Betriebsmittels hängt sowohl bei Gleichstrom als auch bei Wechselstrom mit Anschluss von Verbrauchern von der jeweiligen Spannung und Stromstärke ab.

Die elektrische Leistung ist das Produkt aus elektrischer Spannung und Stromstärke. Die Einheit der Leistung ist Watt (W) oder Kilowatt (kW) **(Beispiel 3)**.

Jedes Gerät darf nur an der Spannung betrieben werden, für die es gebaut ist. Siehe Leistungsschild!

Beispiel 3:

Wie groß ist der Strom eines Heizgerätes von 3 kW, das an eine Spannung von 230 V angeschlossen ist?

$$P = U \cdot I \quad \Rightarrow \quad I = \frac{P}{U}$$

$$I = \frac{3000\ \text{W}}{230\ \text{V}} = \mathbf{13{,}0\ A}$$

Beispiel 4:

Wie groß ist der Spannungsverlust des Heizgerätes, das mit dem in Beispiel 1 berechneten 50 m langen Verlängerungskabel angeschlossen ist?

$U = R \cdot I$

$U \approx 1{,}2\ \Omega \cdot 13{,}0\ \text{A} \approx \mathbf{15{,}6\ V}$

Dieser Spannungsverlust ist nicht zulässig!

Die Erwärmung des Verlängerungskabels entspricht einer Leistung von

$P = U \cdot I$

$P = 15{,}6\ \text{V} \cdot 13{,}0\ \text{A} \approx \mathbf{202{,}8\ W}$

Beispiel 5:

Ein Heizgerät mit einer Anschlussleistung von 2 kW ist 5 Stunden lang in Betrieb. Wie hoch sind die Kosten bei einem Tarif von 0,12 €/kWh?

$W = P \cdot t$

$W = 2\ \text{kW} \cdot 5\ \text{h} = 10\ \text{kWh}$

$\text{Kosten} = \frac{0{,}12\ € \cdot 10\ \text{kWh}}{\text{kWh}} = \mathbf{1{,}2\ €}$

Sind elektrische Geräte oder Maschinen an Verlängerungskabel angeschlossen, entsteht durch das Verlängerungskabel ein Spannungsverlust. Der Spannungsverlust darf vom Zähler bis zum Verbraucher nur 1,5 % betragen, das ist bei einer Netzspannung von 230 V ein zulässiger Spannungsverlust von 3,5 V. Bei Zuleitungen für Motoren darf der Spannungsverlust höchstens 3 % sein **(Beispiel 4)**.

Außerdem wird ein Verlängerungskabel durch den Strom erwärmt. Auf einer Kabeltrommel aufgewickelte Kabel können durch diesen Wärmestau beschädigt werden. Bei Anschluss von größeren Leistungen müssen die Kabel deshalb in ihrer ganzen Länge von der Kabeltrommel abgewickelt werden.

Elektrische Arbeit *(W)*

Je größer die Leistung und je länger die Betriebsdauer eines angeschlossenen Gerätes ist, desto größer ist die **elektrische Arbeit.** Sie ist also das Produkt aus elektrischer Leistung und Zeit. Die dem Netz entnommene elektrische Arbeit wird vom Zähler in Kilowattstunden gemessen.

Kosten elektrischer Arbeit

Die **Kosten für die elektrische Arbeit** ergeben sich aus dem Produkt aus der elektrischen Arbeit und dem Tarif **(Beispiel 5)**. Neben den Kosten für elektrische Arbeit wird von den meisten Elektrizitäts-Versorgungs-Unternehmen (EVU) eine Grundgebühr berechnet.

Tabelle 1: Zusammenfassung der Formeln

	Leiterwiderstand	Ohmsches Gesetz	elektrische Leistung	elektrische Arbeit
Formeln	$R = \frac{l \cdot \rho}{A}$	$I = \frac{U}{R}$ $R = \frac{U}{I}$ $U = R \cdot I$	$P = U \cdot I$	$W = P \cdot t$
Einheiten	$1\ \Omega = \frac{1\ \text{V}}{1\ \text{A}}$	$1\ \text{A} = \frac{1\ \text{V}}{1\ \Omega}$	1 W = 1 V · 1 A	1 kWh = 1 kW · 1 h
Formelzeichen	I = Stromstärke in Ampere (A) U = Spannung in Volt (V) R = Widerstand in Ohm (Ω) l = Leiterlänge in Meter (m) ρ = spezifischer Widerstand „Rho" Tabellenwert (Ω · mm²/m) A = Querschnitt des Leiters (mm²)		P = Anschlussleistung in Watt (W) oder Kilowatt (kW) W = elektrische Arbeit in Kilowattstunden (kWh) t = Zeit in Stunden (h)	

17.3.5 Stromarten

Man unterscheidet Gleichstrom und Wechselstrom.

Bei **Gleichstrom (–)** fließt der Strom nur in einer Richtung, z. B. bei der Taschenlampe und bei elektrischen Anlagen in einigen Kraftfahrzeugen. Das Galvanisieren von Metallteilen und das Laden der Autobatterie zum Beispiel ist nur mit Gleichstrom möglich.

Nachteilig ist, dass Gleichstrom nicht mithilfe von Transformatoren in höhere oder niedrigere Spannungen umgeformt werden kann. Außerdem treten bei Feuchtigkeit in Gleichstromanlagen stärkere Korrosionserscheinungen auf.

Bei **Wechselstrom (~)** ändert der Strom ständig seine Richtung. Im europäischen Energieversorgungsnetz schwingt er in jeder Sekunde 50-mal hin und her. Die Schwingungszahl je Sekunde nennt man Frequenz. Einheit der Frequenz ist Hertz (Hz) = 1 Schwingung je Sekunde **(Bild 1)**.

Von **Hochfrequenzstrom** spricht man, wenn die Schwingungszahlen wesentlich über 50 Hz liegen. Im Hochfrequenzfeld kann man leitende und auch nichtleitende Stoffe erwärmen (z. B. Mikrowelle).

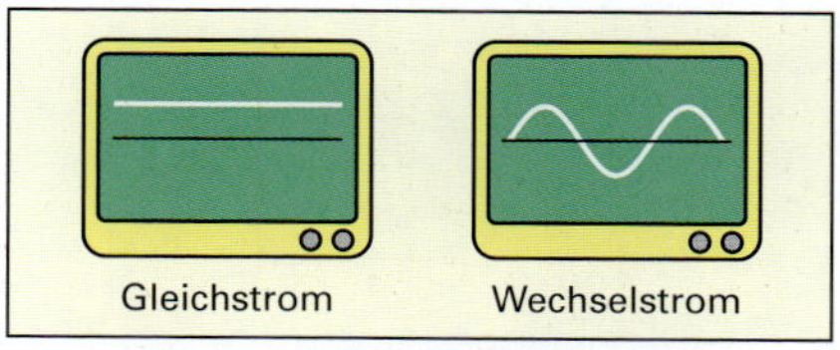

Bild 1: Stromarten im Oszillografenbild

> Hochfrequenzstrom kann man zum Verleimen von Fugen, zum Trocknen von Schnittholz und zum autogenen Schweißen einsetzen.

17.3.6 Magnetismus

Eisen, Nickel und Kobalt sowie deren Legierungen haben magnetische Eigenschaften.

Jeder Magnet hat einen Nord- und einen Südpol. Zwischen den magnetischen Polen sind Kräfte wirksam. Gleichnamige Pole stoßen sich ab, ungleichnamige ziehen sich an.

Man unterscheidet Dauermagnete und Elektromagnete.

Von **Dauermagneten** erwartet man, dass ihre Magnetkraft auch unter ungünstigen Bedingungen nicht nachlässt, z. B. bei Erschütterungen. Dauermagnete werden aus besonderen Stahllegierungen, z. B. Alnico (Legierung aus Fe, Al, Ni und Co), sowie aus Metalloxiden (Ferrite) hergestellt.

Dauermagnete werden z. B. für Möbelverschlüsse, bei Magnetspannplatten und in Kleinmotoren benutzt.

Beim Dauermagneten kann die magnetische Wirkung nicht geregelt werden.

Elektromagnete haben gegenüber den Dauermagneten den Vorteil, dass ihre magnetische Wirkung abgeschaltet und geregelt werden kann.

Um einen stromdurchflossenen Leiter entsteht ein Magnetfeld. Die magnetischen Feldlinien laufen dabei kreisförmig um den Leiter. Fließt der Strom vom Betrachter weg, dann denkt man sich die Feldlinien im Uhrzeigersinn gerichtet; kommt der Strom auf den Betrachter zu, dann zeigt ihre Richtung gegen den Uhrzeigersinn. Das Ende des Strompfeiles wird mit einem Kreuz, der Anfang mit einem Punkt gekennzeichnet **(Bild 2)**.

Eine Spule vervielfacht das Magnetfeld entsprechend ihrer Windungszahl **(Bild 3)**.

Durch Einfügen eines Weicheisenkernes in eine Spule kann man eine erhebliche Verstärkung des Magnetfeldes erreichen. Der Feldlinienverlauf eines Stabmagneten **(Bild 4)** und einer stromdurchflossenen Spule mit Eisenkern **(Bild 1, Seite 652)** sind gleich.

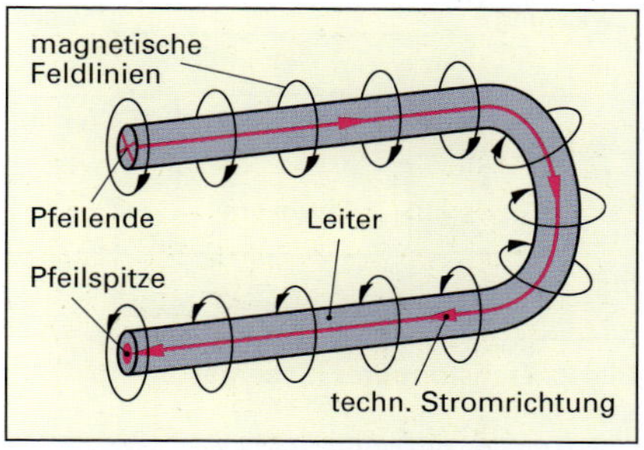

Bild 2: Magnetfeld um einen stromdurchflossenen Leiter

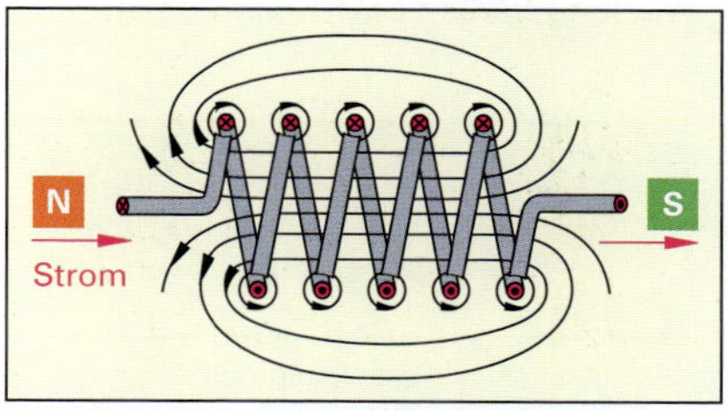

Bild 3: Stromdurchflossene Spule mit Magnetfeld

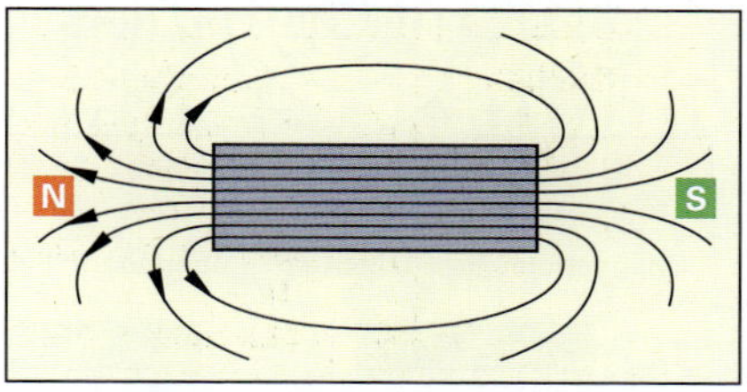

Bild 4: Stabmagnet

> Beispiele für Elektromagnete:
>
> Magnetkupplung, Schrottmagnet, Türöffner, elektrisch betätigte Ventile und elektrisch gesteuerte Schalter (Schütze).

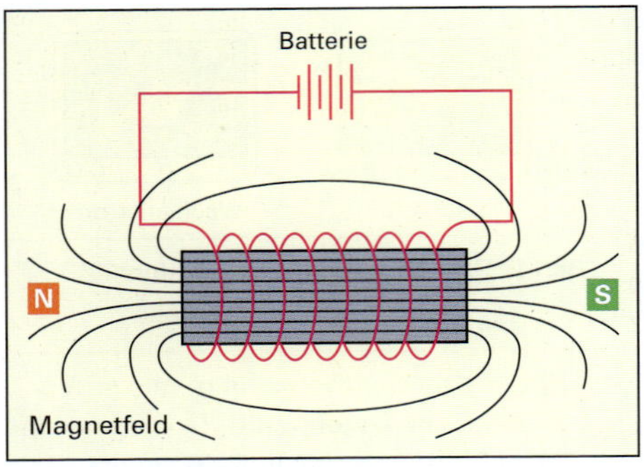

Bild 1: **Spule mit Eisenkern**

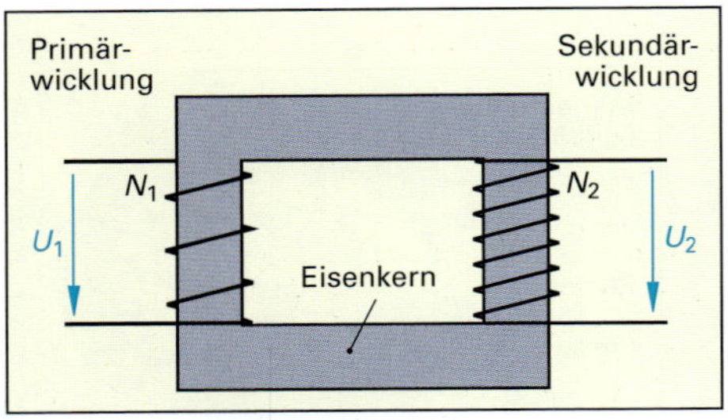

Bild 2: Transformator (Schema)

Bei einem Transformator verhalten sich die Spannungen *(U)* wie die Windungszahlen *(N)* und der Strom *(I)* umgekehrt wie die Windungszahlen oder Spannungen.

$$\frac{U_1}{U_2} = \frac{N_1}{N_2} \qquad \frac{I_2}{I_1} = \frac{N_1}{N_2} = \frac{U_1}{U_2}$$

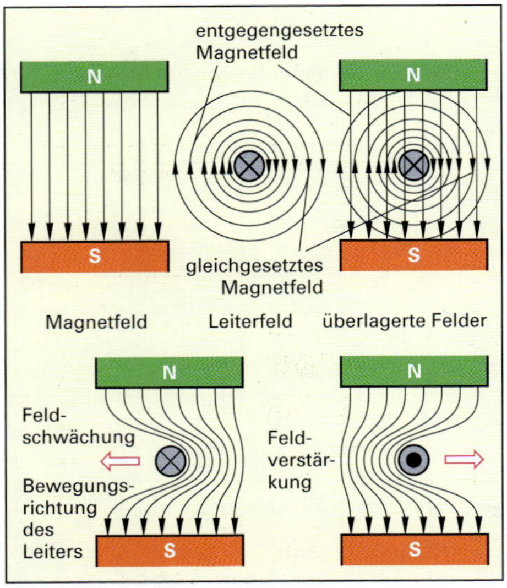

Bild 3: Stromdurchflossener Leiter im Magnetfeld

17.3.7 Induktion

Bei einer Spannungserzeugung durch Induktion braucht man einen Magneten und einen elektrischen Leiter. Der Leiter ist als Spule ausgebildet. Elektrische Spannung entsteht, wenn sich die Stärke des Magnetfeldes innerhalb der Spule ändert, z. B. durch Bewegen des Magneten in der Spule **(Bild 1, Seite 648)**.

Wirkungsweise des Transformators

Ein Transformator besteht im Prinzip aus zwei Spulen, die durch einen Eisenkern verbunden sind.

Schließt man Spule 1 (Primärspule) an eine Wechselspannung an, so fließt in ihr ein Wechselstrom, der ein wechselndes Magnetfeld erzeugt. Dabei entsteht in der zweiten Spule (Sekundärspule) durch Induktion ebenfalls eine Wechselspannung. Das Verhältnis der Windungen der Spulen bestimmt dabei das Verhältnis der Spannungen. Hat z. B. die erste Spule 1000 Windungen und die zweite 500 Windungen, dann ist das Verhältnis 1000 : 500 = 2 : 1, so ist auch das Spannungsverhältnis 2:1.

Dadurch können mit Transformatoren höhere oder niedrigere Spannungen erzeugt werden. Beispiele für Transformatoren sind der Klingeltransformator 230 V/8 V und der Lampentransformator 230/25 V bzw. 60 V **(Bild 2)**.

17.3.8 Nutzung magnetischer Kräfte

In Elektromotoren wird elektrische Energie in mechanische Energie umgewandelt (Kapitel 6.1). Dabei nutzt man die magnetische Wirkung auf stromdurchflossene Leiter aus.

Befindet sich ein stromdurchflossener Leiter im Magnetfeld, so wirken zwei sich überlagernde Magnetfelder aufeinander, das Feld des Dauermagneten und das Feld, das durch den Strom im Leiter erzeugt wird **(Bild 3)**. Gleich gerichtete Feldlinien (Kräfte) verstärken sich, entgegengesetzt gerichtete Feldlinien heben sich auf. Aus den beiden Einzelmagnetfeldern ergibt sich ein Gesamtmagnetfeld. Auf der linken Seite tritt eine Feldschwächung, auf der rechten Seite eine Feldverstärkung auf. Die Feldlinien versuchen auf dem kürzesten Wege den anderen Pol zu erreichen und drängen den Leiter aus dem Feld hinaus. Wechselt man die Richtung des Magnetfeldes oder die Stromrichtung im Leiter, so wird das Gesamtfeld links neben dem Leiter verstärkt und der Leiter nach rechts hinausgedrückt **(Bild 3)**. Diese Kraftwirkungen auf stromdurchflossene Leiter im Magnetfeld werden bei Elektromotoren ausgenützt **(siehe Kap. 6.1)**.

Beispiel Gleichstrommotor

Ist in einem Magnetfeld eine Leiterschleife auf einer Achse drehbar gelagert, so wirken auf die Leiterstücke oben und unten bei Stromdurchgang Kräfte, welche die Leiterschleife im Uhrzeigersinn drehen **(Bild 1, Seite 653)**. Dieselben Kräfte wirken auf die anderen Schleifen **(Bild 2),** wenn diese in die senkrechte Stellung kommen. Die Stromzufuhr erfolgt über Kohlebürsten und einen Kollektor, an dem die Leiterschleifen angeschlossen sind.

Wird eine Wicklung in einem Magnetfeld gedreht, so entsteht in der Wicklung eine elektrische Spannung. So kann jeder **Gleichstrommotor** auch als **Generator** benutzt werden. Die erzeugte Spannung hängt von der Stärke des Magnetfeldes, von der Windungszahl, der Läuferwicklung und der Drehfrequenz des Läufers ab. Im Stillstand wird keine Spannung erzeugt **(Bild 2)**.

Der Gleichstrommotor ist zugleich ein Generator.

Eine Spannungserzeugung tritt auch beim Motorbetrieb auf, denn ein Magnetfeld und eine bewegte Wicklung sind vorhanden. Die durch die Drehung des Läufers erzeugte Spannung ist **gegen** die angelegte Netzspannung gerichtet. Diese Gegenspannung vermindert die Wirkung der Netzspannung; daher wird mit zunehmender Drehfrequenz die Stromaufnahme geringer. Beim Einschalten ist die Gegenspannung noch nicht vorhanden, denn im **Einschaltaugenblick** steht der Motor still; hier ist die Netzspannung also voll wirksam und der aufgenommene Strom am stärksten.

17.3.9 Verteilung der elektrischen Energie

Zur Verteilung der elektrischen Energie werden Leitungen, Sicherungen und Schaltgeräte benötigt.

Für kleinere Leistungen wird **Einphasenwechselstrom** mit 230 V und einer Frequenz von 50 Hz verwendet. Dafür benötigt man einen spannungsführenden Leiter und eine Rückleitung.

Für größere Leistungen wird **Dreiphasenwechselstrom** (Drehstrom oder auch Kraftstrom) verwendet. In ihm sind drei einphasige Wechselspannungen zusammengefasst, die um je eine Drittel-Schwingung zeitgleich versetzt sind. Man könnte damit drei getrennte Netze versorgen und benötigte dabei für Hin- und Rückleitungen insgesamt sechs Leitungen. Fasst man die Rückleitungen zusammen, so kommt man mit vier Leitungen aus **(Bild 3)**.

Die gemeinsame Rückleitung der geerdeten Leiter wird als **Neutralleiter** (**N**, blau) bezeichnet. Die anderen drei **Leiter** (Außenleiter) haben die Kurzbezeichnung **L1, L2** (schwarz) und **L3** (braun). Außerdem gibt es noch einen **Schutzleiter PE** (Protected Earth, gelb/grün), der mit der Erde verbunden ist.

Die Spannung zwischen einem Außenleiter und dem Neutralleiter bzw. der Erde ist jeweils 230 V. Die Spannung zwischen zwei Außenleitern, z. B. zwischen L1 und L2, beträgt 400 V. Diese Spannung wird für Motoren und andere Anlagen benutzt.

Die Ortsnetze werden über Hochspannungsleitungen und nachgeschaltete Transformatoren von den Kraftwerken mit elektrischer Energie gespeist. Der Anschluss einer Verbraucheranlage an das Ortsnetz erfolgt über Kabel- oder Freileitung zum Hausanschlusskasten. Dieser durch Plomben gesicherte Kasten enthält die Hausanschlusssicherung. Auch die Anschlüsse der Hauptleitung bis zum Zähler sind plombiert, sodass ohne Verlet-

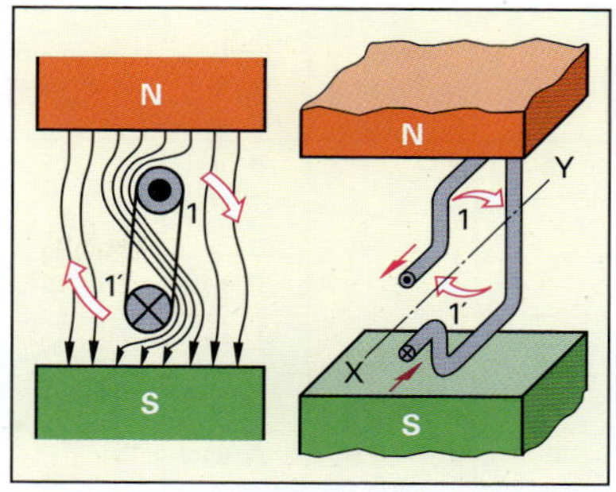

Bild 1: Spule im Magnetfeld

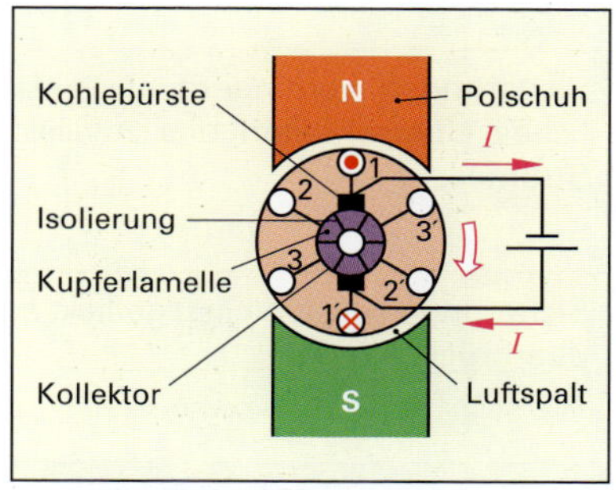

Bild 2: Gleichstrommotor

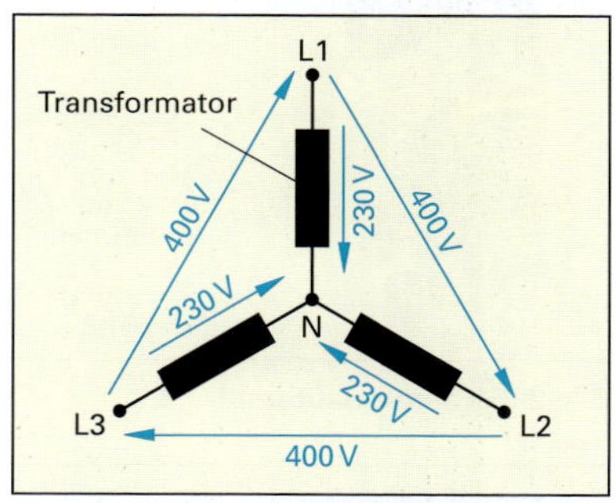

Bild 3: Dreiphasenwechselstrom

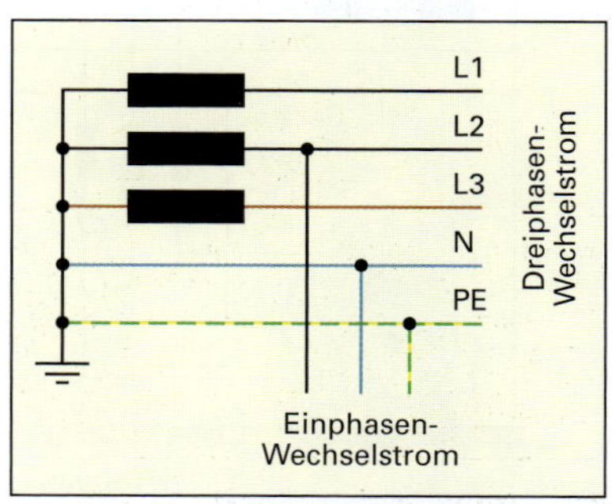

Bild 4: Einphasen-Dreiphasen-Stromnetz

Nennstrom A	Passschraube	Farbe auf	Sicherungseinsatz
6 A		grün	
10 A		rot	
16 A		grau	
20 A		blau	
25 A		gelb	
35 A		schwarz	
50 A		weiß	
63 A		Kupfer	

Bild 1: Sicherungen und ihre Kennzeichnung

Sicherungen verhindern ein gefährliches Überschreiten des zulässigen Stromes.

Sicherungen dürfen nicht geflickt oder überbrückt werden.

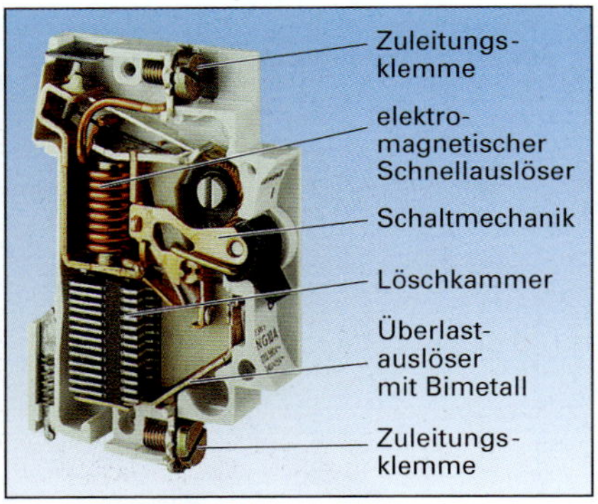

Bild 2: Sicherungsautomat

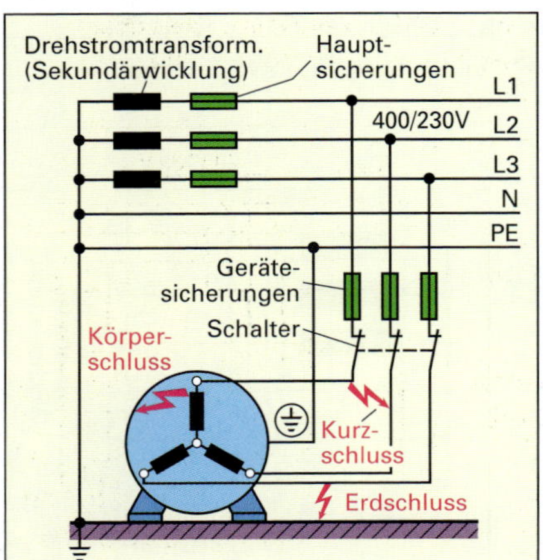

Bild 3: Fehlerarten

zung der Plomben elektrische Energie nicht ungezählt entnommen werden kann.

Für elektrische Leitungen wird wegen der guten Leitfähigkeit meist Kupfer verwendet. Aber auch Kupferdraht wird bei Stromdurchgang infolge seines Widerstandes erwärmt. Zu hohe Stromstärke erzeugt eine unzulässige Erwärmung und verursacht dadurch Schäden an der Isolation oder Brände.

Der zulässige Strom kann durch Überlastung oder durch Kurzschluss überschritten werden. **Überlastung** tritt dann auf, wenn die angeschlossenen Geräte insgesamt einen zu starken Strom fließen lassen. **Kurzschluss** ist eine direkte Verbindung zwischen elektrischen Leitungen unter Umgehung des Verbrauchers; deshalb wird der Strom außerordentlich groß.

Schmelzsicherungen (Bild 1) enthalten im Innern einen dünnen draht- oder bandförmigen Schmelzleiter, der bei zu starkem Strom durchschmilzt und dadurch den Stromkreis unterbricht.

Eine durchgeschmolzene Sicherung muss durch eine neue, gleichwertige ersetzt werden.

Die Passschraube **(Bild 1)** soll verhindern, dass eine Sicherungspatrone mit unzulässig hohem Wert eingeschraubt werden kann. Passschrauben und zugehörige Sicherungspatronen sind genormt **(Bild 1)**. Die Passschraube ist nach dem Leitungsquerschnitt bemessen und darf nur durch einen Fachmann ausgewechselt werden.

Sicherungsautomaten können nach dem Auslösen wieder eingeschaltet werden. Sie haben zwei Auslöser, einen magnetischen, der auf Kurzschluss anspricht, und einen Bimetall-Auslöser, der bei Überlastung wirksam wird. Wurde ein Sicherungsautomat durch den Bimetall-Auslöser abgeschaltet, dann kann erst wieder eingeschaltet werden, wenn der Bimetallstreifen abgekühlt ist **(Bild 2)**.

17.3.10 Fehler an elektrischen Anlagen und Schutzmaßnahmen

An elektrischen Anlagen können z. B. durch Isolierungsfehler folgende Fehler auftreten: Kurzschluss, Körperschluss und Erdschluss **(Bild 3)**.

Tabelle 1: Fehlerarten

Kurzschluss	Berührung zweier spannungsführender Leiter ohne Isolierung.
Körperschluss (Gehäuseschluss)	Fehlerhafte Verbindung eines spannungsführenden Leiters mit leitenden Teilen, die nicht zum Stromkreis gehören (z. B. Gehäuse).
Erdschluss	Fehlerhafte direkte Verbindung eines spannungsführenden Leiters mit der Erde bzw. geerdeten Teilen.

Im Ortsnetz ist die gemeinsame Rückleitung an mehreren Stellen geerdet. Da die Erde gut leitet, ist die Rückleitung des Stromes auch über die Erde möglich. Wenn man ein schadhaftes Kabel oder ein Gerät bei einem Gehäuseanschluss berührt, schließt sich der Stromkreis über den menschlichen Körper und die Erde **(Bild 1)**. Diesen Strom nennt man Fehlerstrom. Die Größe des Fehlerstromes hängt vom Widerstand des menschlichen Körpers, vor allem von seinem Hautwiderstand und von der Leitfähigkeit der Erde ab. Bei gut isolierenden Fußböden bleibt ein schadhaftes oder falsch angeschlossenes Gerät oft lange unentdeckt, weil man von der Spannung auf dem Gehäuse nichts merkt. Berührt man aber zugleich eine gut geerdete Leitung, z. B. ein Wasser-, Gas- oder Heizungsrohr, dann kann ein gefährlich starker Strom durch den Menschen fließen **(Bild 2)**.

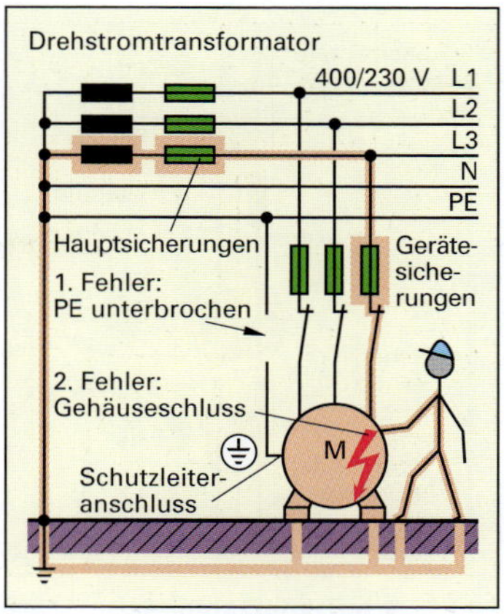

Bild 1: Gefährliche Berührungsspannung

17.3.11 Wirkungen des elektrischen Stromes im menschlichen Körper

Bei Befehlen aus dem Gehirn an die Muskeln fließen sehr schwache elektrische Ströme durch die Nerven. Dringt von außen her elektrischer Strom in den menschlichen Körper ein, so gehorchen die Muskeln diesen wesentlich stärkeren „Befehlen"; das Gehirn kann dagegen nicht mehr ankommen und wird blockiert.

Die Folgen sind Muskelverkrampfung, Nicht-loslassen-können, Versagen des Herzschlags und der Atmung. Schockwirkungen können ein Versagen des Kreislaufs zur Folge haben. Sofort eingeleitete Wiederbelebungsversuche durch künstliche Beatmung und Herzmassage und schnellste **ärztliche Hilfe** entscheiden oft über Tod oder Leben des Verunglückten.

> Strom über 0,05 A und Spannungen über 50 V können Lebensgefahr bedeuten.

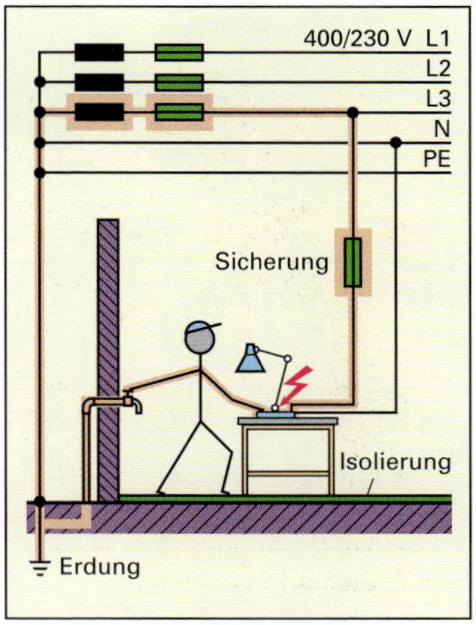

Bild 2: Fehlerstromkreis über geerdete Leitung

17.3.12 Schutzmaßnahmen

In allen Anlagen mit Betriebsspannungen über 25 V/60 V sind deshalb Schutzmaßnahmen vorgeschrieben. Sie dienen dem Schutz des Menschen vor zu hohen Berührungsspannungen.

Die wichtigsten Schutzmaßnahmen sind: Schutzisolierung, Erdung, Schutztrennung, Schutzkleinspannung und Fehlerstromschutzschaltung.

Schutzisolierte Geräte haben auf dem Leistungsschild das Zeichen für **Schutzisolierung** ⧈, ein kleines Quadrat in einem großen Quadrat. Alle Metallteile, die durch einen Fehler unter Spannung stehen können, sind gegen Berührung isoliert.

Diese Schutzmaßnahme wird häufig für Kleinmaschinen angewendet. In schutzisolierten Handbohrmaschinen kann z. B. ein Kunststoffzahnrad die elektrische Verbindung zwischen Bohrspindel und Motor unterbrechen.

Außerdem müssen das Gehäuse und der Schalter dieser Bohrmaschine isoliert sein. Zuleitung und Stecker sind bei schutzisolierten Geräten zweipolig.

Die **Erdung** ist die am häufigsten angewandte Schutzmaßnahme. Dabei wird das Metallgehäuse des angeschlossenen Gerätes mit dem grüngelb gekennzeichneten Schutzleiter verbunden **(Bild 3)**.

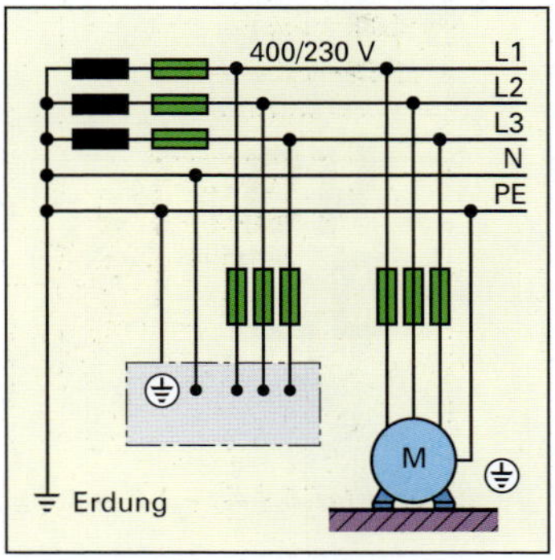

Bild 3: Erdung

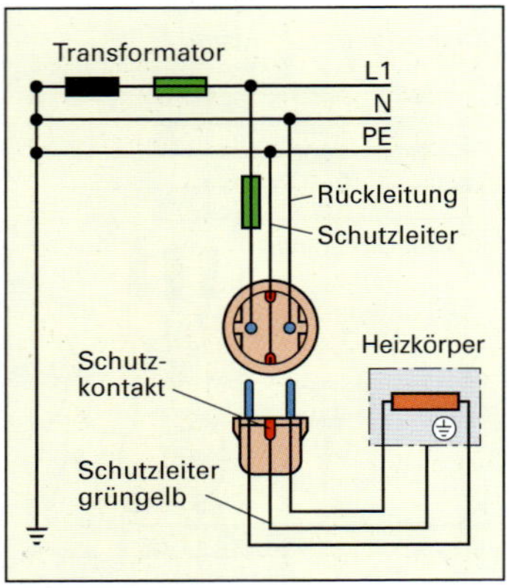

Bild 1: Schutzkontaktsteckverbindung

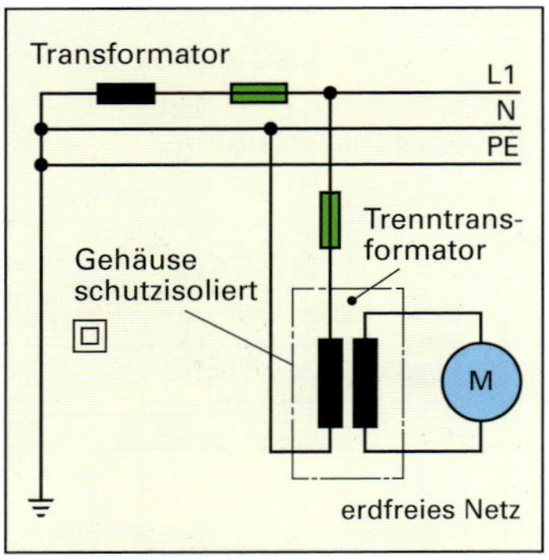

Bild 2: Schutztrennung

Vermeide stets zugleich ein Elektrogerät und eine gute Erdverbindung anzufassen.

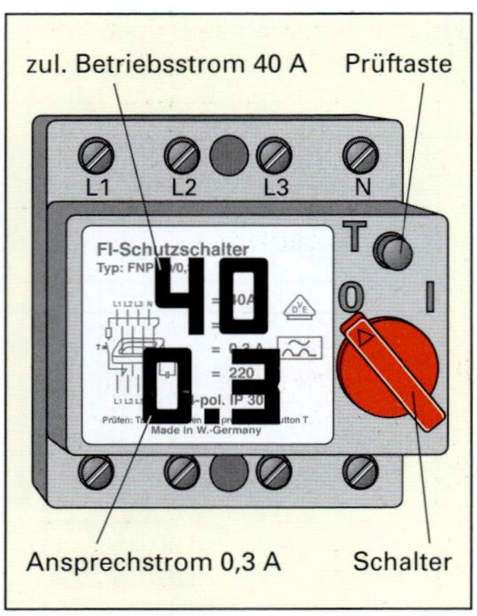

Bild 3: Fehlerstromschutzschalter

Im Leitungsweg des Schutzleiters darf keine Sicherung und keine Unterbrechung sein.

Tritt in einem Gerät mit Erdung ein Gehäuseschluss ein, so fließt ein starker Kurzschlussstrom und die vorgeschaltete Sicherung spricht an **(Bild 2, Seite 655)**.

Bewegliche Geräte werden über **Schutzkontakt**-Steckvorrichtungen angeschlossen. Das Metallgehäuse des Elektrogerätes wird über den Schutzleiter verbunden. Dadurch treten im Fehlerfall keine gefährlichen Berührungsspannungen auf. Selbst wenn die Sicherung nicht auslöst (Fehlerstrom zu gering), ist das Gehäuse geerdet und damit ungefährlich **(Bild 1)**.

Bei **Schutztrennung** wird ein Transformator zwischen das Netz und das Elektrogerät geschaltet, dessen Ausgangsspannung nicht geerdet ist. Diesen Transformator nennt man Trenntransformator . An jedem Transformator darf nur ein Elektrogerät angeschlossen sein. Die Schutztrennung wird vor allem bei Baumaschinen wie Betonmischer, Betonrüttler und Nassschleifmaschinen angewandt **(Bild 2)**.

Bei der **Schutzkleinspannung** benutzt man eine Spannung von höchstens 25 V/60 V, die z. B. durch einen Transformator erzeugt wird. Sie ist z. B. vorgeschrieben für Handleuchten, mit denen in Kesseln gearbeitet wird. Bei höheren Leistungen ist die Anwendung dieser Schutzmaßnahme nicht zweckmäßig, weil dabei größere Leitungsquerschnitte erforderlich wären.

Bei der **Fehlerstromschutzschaltung,** die auch kurz FI-Schutzschaltung genannt wird, werden die Stromstärken in Zu- und Rückleitung durch einen besonderen Transformator untereinander verglichen. Normalerweise ist die Stromstärke in Zu- und Rückleitung gleich groß und ihre Magnetfelder heben sich auf. Weichen die Stromstärken in den beiden Leitungen voneinander ab, z. B. bei schadhafter Isolierung, spricht der Schutzschalter an und schaltet innerhalb von 0,2 Sekunden die Leitung ab **(Bild 3)**.

In Baustromverteilern sind FI-Schutzschalter vorgeschrieben.

Tabelle 1: Geräteschutzklassen

Schutzklasse	I	II	III
Kennzeichnung			
Schutzmaßnahme	Schutzleiter	Schutzisolierung	Schutzkleinspannung
Beispiele	Elektromotoren	Leuchten, Haushaltsgeräte	Kleingeräte bis 50 V

17.3.13 Allgemeine Hinweise für den Umgang mit Elektrogeräten

Nach der Statistik sind die meisten Elektrounfälle mit tödlichem Ausgang auf schadhafte Steckvorrichtungen und defekte Leitungen zurückzuführen.

Schadhafte Leitungen, Steckvorrichtungen und Geräte sind sofort außer Betrieb zu setzen. Die Reparatur, Änderung und Einrichtung von elektrischen Anlagen ist nur von Elektrofachleuten auszuführen.

Doppelstecker, auch Schuko-Doppelstecker, sind nicht zulässig. Leitungen dürfen nicht behelfsmäßig geflickt oder verlängert werden, z. B. durch Zusammendrehen und Umwickeln mit Isolierband. Strom führende blanke oder umhüllte Leitungen, z. B. Freileitungen und Hausanschlüsse, dürfen nicht berührt werden, auch nicht mittelbar, z. B. durch Werkzeuge.

Beim Transport von Maschinen ist der Stecker aus der Dose zu ziehen. Ebenso sind ortsveränderliche Elektrogeräte nach Gebrauch wieder vom Netz zu trennen. Geräte mit der Aufschrift: „Vor Nässe schützen" dürfen nicht im Regen benutzt werden oder im Freien liegen bleiben. Auf elektrischen Maschinen und Elektro-Wärmegeräten dürfen keine Kleidungsstücke oder andere Gegenstände aufgehängt oder abgelegt werden.

Elektrogeräte, Steckvorrichtungen und Leitungen müssen den VDE-Bestimmungen entsprechen und sollen das VDE-Zeichen tragen (VDE = Verband Deutscher Elektrotechniker). Die wichtigsten Sinnbilder auf Elektrogeräten zeigt **Bild 1**.

In Verbraucheranlagen ist der Schutzleiter getrennt zu verlegen. Die Zuleitung zu einer Schukosteckdose muss daher dreiadrig sein.

Seit 1981 müssen alle Flachsteckvorrichtungen für Drehstrom durch die neuen Rundsteckvorrichtungen nach CEE-Norm (CEE = Internationale **C**ommission für Regeln zur Begutachtung **E**lektrotechnischer **E**rzeugnisse) ersetzt sein. Die international genormten Rundsteckvorrichtungen bieten gegenüber den alten Flachsteckvorrichtungen wesentliche Vorteile: Die Verwendung höherer Stromstärken, spritzwassergeschützte oder wasserdichte Ausführung und vor allem die **Unverwechselbarkeit** je nach der verwendeten Spannung, Stromart bzw. Frequenz.

Die Unverwechselbarkeit erreicht man durch die Anordnung der Schutzkontakbuchse zur Führungsnut bei diesen Steckvorrichtungen. Eine fünfpolige Drehstromsteckdose für 400 V ist an der 6-h-Stellung zu erkennen **(Bild 1, Seite 658)**. Die Führungsnut zeigt nach unten. Die Schutzkontaktbuchse PE hat einen größeren Durchmesser als die Buchsen für die drei Pole L1, L2 und L3 sowie für den Neutralleiter N. Bei Steckvorrichtungen für die normale Netzspannung von 230/400 V steht die Schutzkontaktbuchse in der 6-h-Stellung. Für die Netzspannung von 120/230 V z. B. gilt die 9-h-Stellung. Dadurch ist das Anschließen eines Gerätes an der falschen Betriebsspannung unmöglich **(Tabelle 1, Seite 658)**.

- Änderungen und Reparaturen an elektrischen Geräten dürfen nur von einer Elektro-Fachkraft ausgeführt werden.
- Schadhafte Geräte sind außer Betrieb zu nehmen.
- Kabel sind sorgfältig zu behandeln; sie dürfen weder über scharfe Kanten gezogen noch auf Zug beansprucht werden.
- Bei Störungen, bei Funken, Brandgeruch und auffallenden Geräuschen ist die Anlage abzuschalten.

Bild 1: VDE-Prüfzeichen

Tabelle 1: Bildzeichen für IP-Schutzarten

Bildzeichen	Schutzart	IP-Schutzart
	tropfwassergeschützt	IP 31
	regengeschützt	IP 33
	spritzwassergeschützt	IP 54
	strahlwassergeschützt	IP 55
	wasserdicht	IP 67
 ...bar	druckwasserdicht	IP 68
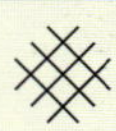	staubgeschützt	IP 5x
	staubdicht	IP 6x

x = fehlende Kennziffer

Bild 1: Drehstromsteckervorrichtung

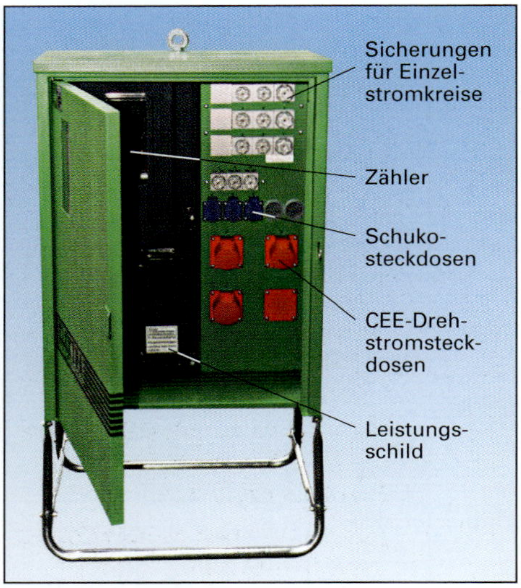

Bild 2: Anschluss-Verteiler-Schrank

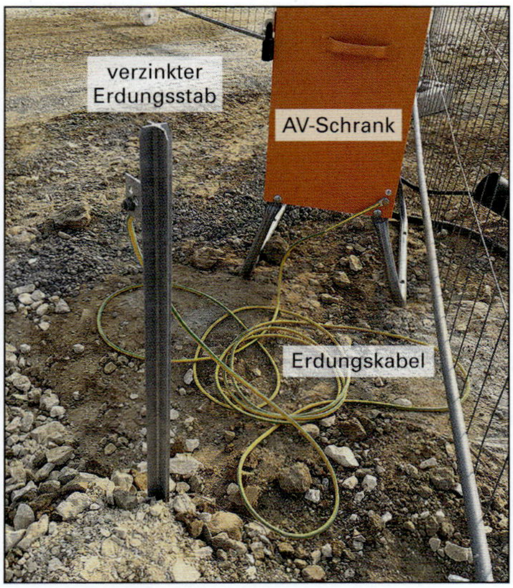

Bild 3: Erdungsanlage

Tabelle 1: Steckverbindungen nach CEE-Norm

Polzahl	Schutzkontaktlage im Ziffernblatt bei Stromart				
	110…130 V ~ 50 und 60 Hz	220…250 V ~ 50 und 60 Hz	380…415 V ~ 50 und 60 Hz	…380 V ~ 50 und 60 Hz nach Trenntrafo	50…250 V – Gleichstrom
3	4h	6h	9h	12h	3h
4	4h	9h	6h	12h	—
5	4h	9h	6h	—	—
Farbe	gelb	blau	rot	grau	blau

17.3.14 Elektrische Anlagen auf Baustellen

Auf Baustellen ist die elektrische Installation oftmals noch nicht fertiggestellt und betriebsbereit, sodass man elektrischen Strom aus dem **Anschluss-Verteilerschrank** (AV-Schrank) beziehen muss **(Bild 2)**.

Alle elektrisch betriebenen Maschinen und Geräte auf einer Baustelle müssen an diesem Baustromverteiler angeschlossen werden. Der Baustromverteiler soll den gültigen Bestimmungen (VDE 0612) entsprechen. Das Gehäuse des Baustromverteilers muss aus Metall oder Kunststoff bestehen. Ein Holzschrank ist hierfür nicht zulässig.

In einem AV-Schrank ist der Anschluss an die Stromversorgung und der Verteiler untergebracht. Außerdem enthält er den Zähler, FI-Schutzschalter, die Sicherungen sowie die Steckvorrichtungen und Klemmen. Der Schrank muss verschließbar sein. Von größter Wichtigkeit ist eine einwandfreie **Erdungsanlage** für den Baustromverteiler **(Bild 3)**.

Für den Zustand der elektrischen Anlage ist ein Verantwortlicher und ein Stellvertreter zu benennen, der allen im Betrieb beschäftigten Personen bekannt zu machen ist. Er hat täglich durch Bedienen der Prüftasten alle FI-Schutzschalter zu prüfen und nach Betriebsschluss durch Betätigung des Hauptschalters die gesamte elektrische Anlage abzuschalten und den AV-Schrank abzuschließen.

Firmenverzeichnis

Die nachfolgend aufgeführten Personen und Firmen haben die Autoren durch Beratung, Druckschriften, reproduzierbare Fotos oder Filmmaterial unterstützt.

Adolf Würth GmbH & Co. KG
www.wuerth.de
Künzelsau

Alumat-Frey GmbH
www.alumat-frey.de
Kaufbeuren

Anuba-Beschläge
X. Hein & Sohn GmbH
www.anuba.de
Vöhrenbach

Athmer oHG
www.athmer.de
Arnsberg-Müschede

BARTH GmbH
www.barth.de
Feichten

BaSys-Bartels
www.basys.biz
Kalletal

Baustoffwerke Löbnitz
GmbH & Co. KG
www.bwloebnitz.de
Löbnitz

Blum GmbH
www.blum.com
A-Höchst

BRB-Lagertechnik
www.brb-lagertechnik.de
Wenden-Gerlingen

Bug-Alutechnik
www.bug.de
Vogt

Christof Högemann
www.christof-hoegemann.de
Olpe

Dan-list A/S Maskinfabrik
www.danlist.dk
DK-Randers

Deventer Pofile GmbH & Co.KG
www.deventer-profile.com
Berlin

Dieter Schmid Werkzeuge GmbH
www.feinewerkzeuge.de
Berlin

DOM GmbH &Co.KG
www.dom-group.eu
Brühl/Köln

Dorma-Glas GmbH
www.dorma.com
Bad Salzuflen

EKU AG
www.eku.ch
CH-Sirnach

Elumatec AG
www.elumatec.com
Mühlacker

Enno Roggemann GmbH & Co KG
www.roggemann.de
Bremen

Famag-Werkzeugfabrik
GmbH & Co. KG
www.famag.de
Remscheid

Feco
www.feco-systeme.de
Karlsruhe

Fentech AG
www.fentech.ch
CH-St. Gallen

Festool, TTS Tooltechnik
www.Festool.de
Wendlingen

Forest Stewardship Concil (FSC)
www.fsc-deutschland.de
Freiburg

Fritz Becker GmbH & Co. KG
www.becker-brakel.de
Brakel

Gebrüder Otto und Heinrich
Müller Holzbearbeitung GmbH
www.muellerholzfensterbau.de
Essen

GEDORE Werkzeugfabrik
GmbH & Co. KG
www.gedore.com
Remscheid

Gottfried Joos Maschinenfabrik
GmbH & Co. KG
www.joos.de
Pfalzgrafenweiler

Grass GmbH
www.grass.at
A-Höchst

Guido Einemann
www.guidoeinemann.de
Hude/Lintel

Häfele GmbH & Co. KG
www.hafele.com
Nagold

Halemeier GmbH
www.halemeier.de
Melle

Hamberger Industriewerke
www.hamberger.de
Stephanskirchen

Hans Brügmann GmbH & Co. KG
www.rampa.com
Büchen

Hasenkopf Industrie Manufaktur
GmbH & Co. KG
www.hasenkopf.de
Mehring

HAWA Sliding Solutions AG
www.hawa.com
CH-Mettmanstetten

Hettich FurnTech GmbH Co. KG
www.hettich.com
Vlotho

Hoffmann GmbH
www.hoffmann-schwalbe.de
Bruchsal

Holz Schiller GmbH
www.holz-schiller.de
Regen

HOMAG Bohrsysteme GmbH
www.homag.com
Herzebrock-Clarholz

Homag GmbH
www.homag.com
Schopfloch

Horst Klaes GmbH & Co KG
www.klaes.com
Bad Neuenahr-Ahrweiler

Hutchinson Stop-Choc
GmbH & Co. KG
www. Stop-choc.de
Renningenl

KON effeff
www.ikon.de
Heiligenhaus

Interiorcad
www.extragroup.de
Münster

Internorm International GmbH
www.internorm.com
A-Tram

Interpane Glas Industrie AG
www.interpane.com
Lauenförde

J. Schmalz GmbH
www.schmalz.com
Glatten

J. Wagner GmbH
www.wagner-group.com
Markdorf

JuNie Jul. Niederdrenk
www.junie.de
Velbert/Tönisheide

Knapp GmbH
www.knapp-verbinder.com
Aschheim

Lamello AG
www.lamello.com
CH-Bubendorf

LAP GmbH Laser Applikationen
www.lap-laser.com
Lüneburg

Leica Geosystems GmbH Vertrieb
www.leica-geosystems.com
München

Leitz GmbH & Co KG
www.leitz.org
Oberkochen

MAKA Systems GmbH
www.maka.com
Nersingen

Michael Weinig AG
www.weinig.com
Tauberbischofsheim

OGRO Beschlagstechniken GmbH
www.ogro.de
Velbert

OHRA
www.ohra.de
Kerpen

Otto Martin Maschinenbau
GmbH & Co. KG
www.martin.info
Ottobeuren

PEFC Deutschland e. V.
www.pefc.de
Stuttgart

Prämeta GmbH & Co. KG
www.praemeta.de
Troisdorf

Puren GmbH
www.puren.com
Überlingen

Range und Heine GmbH
www.range-heine.de
Winnenden

Rehau
www.rehau.com
Renningen

Reichenbacher Hamuel GmbH
www.reichenbacher.de
Dörfles-Esbach

Remmers GmbH
www.remmers.com
Lönningen

Roto Gluske-BKV GmbH
www.gluske-bkv.de
Wuppertal

Rudolf Ostermann GmbH
www.ostermann.eu
Bocholt

S. Siedle & Söhne
www.siedle.de
Furtwangen

SCHOTT Technical Glass
Solutions GmbH
www.schott.com
Jena

Schüco International KG
www.schueco.de
Bielefeld

SFS Intec GmbH
www.sfsintec.biz
Oberursel

Siegenia-Aubi KG
www.siegenia-aubi.com
Wilnsdorf

Simonswerk GmbH
www.simonswerk.de
Rheda-Wiedenbrück

Stock Fensterbau GmbH
www.stockfenster.de
Wartenberg/Hessen

Stöckel GmbH
www.stoeckel-fenster.de
Vechtel

STORCH Malerwerkzeuge &
Profigeräte GmbH
www.storch.de
Wuppertal

TANOS GmbH
www.TANOS.de
Illertissen

Thünen-Institut
www.thuenen.de
Hamburg

Trelleborg Sealing Profiles
Germany GmbH
www.trelleborg.com/de
Grossheubach

Tresselt GmbH Maschinenfabrik
und Metallverarbeitung
www.tresselt-gmbh.de
Großbreitenbach

Variotec GmbH & Co.KG
www.variotec.de
Neumarkt i.d. Pf.

VBH Deutschland GmbH
www.vbh.de
Korntal-Münchingen

VEKA AG
www.veka.com
Sendenhorst

Votteler Lackfabrik
GmbH & Co. KG
www.votteler.com
Korntal-Münchingen

Wegener International GmbH
www.wegenerwelding.de
Eschweiler

Wienerberger GmbH
www.wienerberger.de
Hannover

Wood-Mizer Sägewerke
Vertriebs GmbH
www.woodmizer.de
Schletau

Zentralverband der
Elektroindustrie
www.licht.de
Frankfurt

Sachwortverzeichnis

E

G

N

T

U

V

X

Y

Z